BECK'SCHE KOMMENTARE ZUM ARBEITSRECHT
HERAUSGEGEBEN VON GÖTZ HUECK UND DIRK NEUMANN
BAND I

BECK'SCHE KOMMENTARE ZUM ARBEITSRECHT
HERAUSGEGEBEN VON OTTO HOFER UND DIRK NEUMANN
BAND 1

Tarifvertragsgesetz

mit Durchführungs- und Nebenvorschriften

KOMMENTAR

herausgegeben von

DR. HERBERT WIEDEMANN

6., neubearbeitete Auflage
von

DR. HARTMUT OETKER
Universitätsprofessor
Universität Jena
Richter am Thüringer Oberlandesgericht

DR. ROLF WANK
Universitätsprofessor
Ruhr-Universität Bochum

DR. HERBERT WIEDEMANN
em. Universitätsprofessor
Universität zu Köln
Richter am Oberlandesgericht a. D.

C. H. BECK'SCHE VERLAGSBUCHHANDLUNG
MÜNCHEN 1999

Zitiervorschlag:
Wank, in: Wiedemann, 6. Aufl. 1999, § 4 TVG, Rnr. 100.

ISBN 3 406 35938 8

© C. H. Beck'sche Verlagsbuchhandlung (Oscar Beck), München 1999
Druck der C. H. Beck'schen Buchdruckerei, Nördlingen
Gedruckt auf säurefreiem, alterungsbeständigem Papier.
Hergestellt aus chlorfrei gebleichtem Zellstoff

Bearbeiterverzeichnis

Geschichte	Oetker
Einleitung	Wiedemann
§ 1 1. u. 2. Abschnitt	Wiedemann
3. Abschnitt: A–D I	Wiedemann
3. Abschnitt: D II–E	Oetker
4. Abschnitt	Wiedemann
5. Abschnitt	Wank
§§ 2 und 3	Oetker
§§ 4 und 5	Wank
§§ 6–12	Oetker
§ 12a	Wank
§§ 12b und 13	Oetker
Anhang	Oetker

Vorwort

Der Kommentar hat seine eigene Geschichte. Die erste Auflage erschien 1950 im Jahr nach dem Inkrafttreten des Gesetzes. Damals bearbeiteten Alfred Hueck die Einleitung Teil I (Geschichte des Tarifrechts) sowie die Kommentierung zu den §§ 1 und 5–11 des Gesetzes, Hans Carl Nipperdey die Einleitung Teil II (Entstehungsgeschichte des Gesetzes) und die Kommentierung zu den §§ 2–4 des Gesetzes. Die zweite Auflage erschien bereits 1951 mit unveränderter Arbeitsaufteilung. Bei der dritten Auflage im Jahr 1955 trat Ernst Tophoven in den Kreis der Verfasser ein und besorgte die Neubearbeitung der bisher von Nipperdey betreuten Abschnitte. Die vierte Auflage brachte den Kommentar auf den Stand von 1964 und wurde in allen Teilen von Eugen Stahlhacke betreut. Für die fünfte Auflage 1977 wurde der Kommentar von Herbert Wiedemann und Hermann Stumpf neu verfaßt.

Mit der jetzt überarbeiteten Neuauflage sind Hartmut Oetker und Rolf Wank in den Kreis der Bearbeiter eingetreten. Der lange Abstand von der früheren Auflage und die starke Entwicklung des Tarifvertragsrechtes machten eine Erweiterung und abermals eine Neufassung vielfach unumgänglich. Rechtsprechung und Rechtslehre wurden bis in die zweite Jahreshälfte 1998 berücksichtigt. Die Verfasser haben alle Teile der Kommentierung gemeinsam besprochen; jeder Bearbeiter trägt aber für seinen Teil die wissenschaftliche Verantwortung.

An der Zielsetzung des Kommentars, in verständlicher und vollständiger Form auf wissenschaftlicher Grundlage über das geltende deutsche Tarifvertragsrecht zu informieren, hat sich nichts geändert. Wie schon 1977 festgestellt, ist das Tarifvertragsgesetz ein knappes, aber klares und gutes Gesetz, das die für Abschluß und Durchführung der Tarifverträge erforderlichen Mindestbestimmungen und die für die weitere Rechtsentwicklung notwendigen Leitprinzipien enthält. Das Grundgesetz der sozialen Selbstverwaltung im Arbeitsrecht hat sich auch in den letzten Jahren konjunktureller und struktureller Schwierigkeiten des Arbeitsmarktes weitgehend bewährt. Die Reformkritik richtete sich überwiegend an die Tarifpolitik, nicht an die Institutionen des Gesetzes; soweit dessen Änderung vorgeschlagen wurde, hat sie politisch bisher keine ausreichende Resonanz gefunden.

Wir haben herzlichen Dank abzustatten. Er gilt allen Mitarbeitern und Mitarbeiterinnen im Institut für Arbeits- und Wirtschaftsrecht der Universität zu Köln und bei den Lehrstühlen von Prof. Oetker an der Universität Jena und von Prof. Wank an der Ruhr-Universität Bochum. Dem Verlag danken wir für die vorzügliche Betreuung der Manuskripte.

Bochum/Jena/Köln, im Dezember 1998

Herausgeber und Autoren

Inhaltsverzeichnis

	Seite
Abkürzungen	XV

I. Gesetzestext

Wortlaut des Tarifvertragsgesetzes	1

II. Geschichte des Tarifvertragsgesetzes

I. Entwicklung des Tarifvertragsrechts bis zum Tarifvertragsgesetz ...	8
II. Entstehung des Tarifvertragsgesetzes für das Vereinigte Wirtschaftsgebiet	26
III. Rechtsentwicklung außerhalb des Vereinigten Wirtschaftsgebiets .	60
IV. Rechtsentwicklung nach Inkrafttreten des Tarifvertragsgesetzes ...	65

III. Einleitung

1. Abschnitt. Allgemeines und Verfassungsgarantie	75
A. Allgemeines zur Tarifautonomie	78
B. Verfassungsgarantie der Tarifautonomie	117
2. Abschnitt. Tarifvertrag und höherrangiges Recht	151
A. Tarifvertrag und supranationales Recht	153
B. Tarifvertrag und Verfassung	176
C. Tarifvertrag und Gesetzesrecht	256
D. Tarifvertrag und andere Rechtsnormen	283
3. Abschnitt. Innenschranken der Tarifautonomie	285
A. Rechtsdogmatische Grundlagen	287
B. Schutz der (kollektiven) Vertragsgegenseite	291
C. Schutz der (individuell) Normunterworfenen	305

IV. Kommentar

§ 1 Inhalt und Form des Tarifvertrages	309
1. Abschnitt. Begriff, Rechtsnatur und Einzugsbereich	310
A. Begriff und Bedeutung	313
B. Rechtsnatur und Arten	327
C. Einzugsbereich des Tarifvertragsrechts	340
2. Abschnitt. Der Abschluß des Tarifvertrages	383
A. Die Parteien des Tarifvertrages	386
B. Abschluß- und Gestaltungsfreiheit	399
C. Form und Bekanntgabe des Tarifvertrages	426
D. Mängel des Tarifvertrages	433
E. Beendigung des Tarifvertrages	435

Inhalt

Inhaltsverzeichnis

	Seite
3. Abschnitt. Die Tarifvertragsnormen	435
A. Allgemeines	445
B. Inhaltsnormen	468
C. Abschluß- und Beendigungsnormen	542
D. Normen zu betrieblichen und betriebsverfassungsrechtlichen Fragen	578
E. Normen für Gemeinsame Einrichtungen	601
4. Abschnitt. Rechte und Pflichten der Tarifvertragsparteien	618
A. Parteien und Arten der tarifvertraglichen Pflichten	622
B. Notwendige tarifvertragliche Folgepflichten	626
C. Andere tarifvertragliche Absprachen	650
5. Abschnitt. Die Auslegung von Tarifverträgen	660
A. Gesetzes- oder Vertragsauslegung	662
B. Allgemeine Auslegungsgrundsätze	664
C. Inhaltskontrolle von Tarifverträgen	677
D. Fortbildung von Tarifverträgen	678
E. Besondere Auslegungsprobleme	680
F. Prozeßrechtliche Fragen	682
§ 2 Tarifvertragsparteien	684
1. Abschnitt. Tariffähigkeit und Tarifzuständigkeit	688
A. Die Tariffähigkeit	691
B. Die Tarifzuständigkeit	705
C. Tariffähigkeit und Tarifzuständigkeit außerhalb des materiellen Tarifrechts	721
2. Abschnitt. Die Tariffähigkeit des einzelnen Arbeitgebers	726
A. Allgemeines	728
B. Firmentarifverträge und firmenbezogene Verbandstarifverträge	740
3. Abschnitt. Die tariffähigen Berufsverbände	754
A. Allgemeines	760
B. Anforderungen an die Organisation der Berufsverbände	767
C. Anforderungen an Zielsetzung und Mittel	807
4. Abschnitt. Die tariffähigen Spitzenorganisationen	824
A. Allgemeines	824
B. Der Abschluß eigener Tarifverträge	826
C. Der Abschluß von Tarifverträgen für angeschlossene Verbände	829
D. Die Haftung der Spitzenorganisationen nach § 2 Abs. 4	831
§ 3 Tarifgebundenheit	832
1. Abschnitt. Die Tarifgebundenheit	836
A. Der Begriff der Tarifgebundenheit	836
B. Der Umfang der Tarifgebundenheit	840

Inhalt

Seite

2. Abschnitt. Beginn und Ende der Tarifgebundenheit	845
A. Der Beginn der Tarifgebundenheit	847
B. Die Beendigung der Tarifgebundenheit	851
3. Abschnitt. Die (unmittelbar) tarifunterworfenen Personen	869
A. Der Arbeitgeber als Tarifvertragspartei	872
B. Die Mitglieder der Tarifvertragsparteien	872
C. Mitglieder der Spitzenorganisationen angehörenden Verbände	881
D. Gemeinsame Einrichtungen der Tarifvertragsparteien	882
E. Die alleinige Tarifgebundenheit des Arbeitgebers	887
F. Tarifgebundenheit durch Allgemeinverbindlicherklärung	895
G. Tarifgebundenheit des Rechtsnachfolgers und Betriebsübergang	895
4. Abschnitt. Die (mittelbar) tarifbetroffenen Personen	921
A. Bezugnahme auf Tarifvertrag im Einzelarbeitsvertrag	923
B. Bezugnahme durch betriebliche Einheitsregelung	945
C. Bezugnahme und Betriebsübergang	949
D. Andere Rechtsgrundlagen	951

§ 4 Wirkung der Rechtsnormen ... 954

1. Abschnitt. Inkrafttreten und Beendigung des Tarifvertrages	955
A. Inkrafttreten des Tarifvertrages	957
B. Beendigung des Tarifvertrages	960
2. Abschnitt. Geltungsbereich des Tarifvertrages	983
A. Allgemeines	989
B. Räumlicher Geltungsbereich	995
C. Branchenmäßiger Geltungsbereich	1000
D. Fachlicher Geltungsbereich	1010
E. Persönlicher Geltungsbereich	1025
F. Zeitlicher Geltungsbereich	1029
3. Abschnitt. Das Verhältnis der Tarifvertragsnormen zu ranggleichen und rangniedrigeren Regelungen	1039
A. Verhältnis zu gleichrangigen Regelungen	1050
B. Einwirkungen auf ungünstigere Individualabsprachen	1062
C. Verhältnis zu günstigeren Individualabsprachen	1087
D. Verhältnis zu rangniedrigeren Kollektivordnungen	1144
4. Abschnitt. Der Rechtsverlust im Tarifvertragsrecht	1178
A. Der Verzicht auf entstandene tarifliche Rechte	1184
B. Verjährung, Verwirkung, Einwand der Arglist	1193
C. Tarifvertragliche Ausschluß- oder Verfallklausel	1200

§ 5 Allgemeinverbindlichkeit ... 1249

A. Allgemeines	1255
B. Rechtsnatur der Allgemeinverbindlicherklärung	1263

Inhalt

	Seite
C. Materielle Voraussetzungen der Allgemeinverbindlicherklärung	1270
D. Formelle Voraussetzungen der Allgemeinverbindlicherklärung	1278
E. Beginn und Ende der Allgemeinverbindlicherklärung	1284
F. Wirkungen der Allgemeinverbindlicherklärung	1290
G. Mängel der Allgemeinverbindlicherklärung und Rechtsweg	1300
H. Die Allgemeinverbindlicherklärung de lege ferenda	1305

§ 6 Tarifregister 1306

    I. Entstehungsgeschichte 1307
    II. Zweck des Tarifregisters 1308
    III. Zuständigkeit 1309
    IV. Ablehnung der Eintragung und Prüfungsrecht 1310
    V. Inhalt des Tarifregisters 1311
    VI. Rechtswirkungen der Eintragung 1313
    VII. Öffentlichkeit und Auskunftspflicht 1314

§ 7 Übersendungs- und Mitteilungspflicht 1316

    I. Entstehungsgeschichte und Normzweck 1317
    II. Rechtsnatur der Pflichten 1318
    III. Inhalt der Pflichten 1318
    IV. Adressaten der Pflichten 1320
    V. Erfüllung der Übersendungs- und Mitteilungspflichten .. 1321
    VI. Durchsetzung der Übersendungs- und Mitteilungspflichten .. 1322

§ 8 Bekanntgabe des Tarifvertrages 1324

    I. Entstehungsgeschichte 1324
    II. Normzweck 1325
    III. Inhalt der Auslegungspflicht 1326
    IV. Verletzung der Auslegungspflicht 1329

§ 9 Feststellung der Rechtswirksamkeit 1332

    I. Entstehungsgeschichte 1333
    II. Normzweck 1336
    III. Dogmatik der Bindungswirkung 1336
    IV. Anforderungen an die bindende Entscheidung 1340
    V. Umfang der Bindungswirkung 1346
    VI. Beendigung der Bindungswirkung 1350
    VII. Pflicht zur Übersendung der rechtskräftigen Urteile .. 1350

§ 10 Tarifvertrag und Tarifordnungen 1350

    I. Entstehungsgeschichte 1351
    II. Beendigung der Rechtswirkungen 1353
    III. Rechtslage im Beitrittsgebiet 1356
    IV. Text der fortgeltenden Tarifordnungen 1356

Inhaltsverzeichnis **Inhalt**

Seite

§ 11 Durchführungsbestimmungen 1358

§ 12 Spitzenorganisationen 1360
I. Entstehungsgeschichte 1361
II. Bedeutung der Legaldefinition 1361
III. Spitzenorganisationen im Sinne von Satz 1 1362
IV. Gleichgestellte Vereinigungen 1364
V. Behandlung als Spitzenorganisation 1364

§ 12 a Arbeitnehmerähnliche Personen 1365

A. Allgemeines 1369
   I. Arbeitnehmerähnliche im Verhältnis zu Arbeitnehmern und Selbständigen 1369
   II. Unterteilung innerhalb der Gruppe der Arbeitnehmerähnlichen 1370
   III. Entstehungsgeschichte 1374
   IV. Verhältnis zur Verfassung und zu anderen Gesetzen 1377
B. Tatbestandliche Voraussetzungen 1380
   I. Der Anwendungsbereich des § 12 a 1380
   II. Die einzelnen Tatbestandsvoraussetzungen 1387
C. Rechtsfolgen 1393
   I. Tarifvertragsparteien 1393
   II. Tarifvertragsnormen 1393
   III. Gemeinsame Tarifverträge für Arbeitnehmer und arbeitnehmerähnliche Personen 1396
   IV. Arbeitskampfrechtliche Fragen 1396

§ 12 b Berlin-Klausel *(gegenstandslos)* 1397

§ 13 Inkrafttreten 1399
I. Inkrafttreten des Tarifvertragsgesetzes bis zur Vereinigung Deutschlands 1401
II. Inkrafttreten des Tarifvertragsgesetzes im Beitrittsgebiet 1402
III. Vor Inkrafttreten des Tarifvertragsgesetzes abgeschlossene Tarifverträge 1420

V. Anhang

Übersicht

A. **Ergänzende Rechtsvorschriften zum Tarifvertragsgesetz** 1424
   1. Verordnung zur Durchführung des Tarifvertragsgesetzes vom 23. Dezember 1988 1424
B. **Internationale Abkommen und Gemeinschaftsrecht** 1427
   2. Europäische Sozialcharta vom 18. Oktober 1961 (Auszug) 1427

XIII

Inhalt

Inhaltsverzeichnis

	Seite
3. Konvention zum Schutze der Menschenrechte und Grundfreiheiten vom 4. November 1950 (Auszug)	1428
4. Vertrag zur Gründung der Europäischen Gemeinschaft vom 25. März 1957 (Auszug)	1429
5. Protokoll des EU-Vertrages über die Sozialpolitik sowie das Abkommen zwischen den Mitgliedstaaten der Europäischen Gemeinschaft mit Ausnahme des Vereinigten Königreichs Großbritannien und Nordirland über die Sozialpolitik	1431
6. Vertrag zur Gründung der Europäischen Gemeinschaft vom 25. März 1957 – konsolidierte Fassung mit den Änderungen durch den Vertrag von Amsterdam vom 2. Oktober 1997	1435
7. ILO-Übereinkommen Nr. 87 über die Vereinigungsfreiheit und den Schutz des Vereinigungsrechts vom 9. Juli 1948	1440
8. ILO-Übereinkommen Nr. 98 über die Anwendung der Grundsätze des Vereinigungsrechtes und des Rechts zu Kollektivverhandlungen vom 1. Juli 1949	1445
9. ILO-Übereinkommen Nr. 135 über Schutz und Erleichterungen für Arbeitnehmervertreter im Betrieb vom 23. Juni 1971	1449
10. Allgemeine Erklärung der Menschenrechte vom 10. Dezember 1938 (Auszug)	1452
11. Internationaler Pakt über bürgerliche und politische Rechte vom 19. Dezember 1966 (Auszug)	1452
12. Internationaler Pakt über wirtschaftliche, soziale und kulturelle Rechte vom 19. Dezember 1966 (Auszug)	1453
C. Satzungsrecht der Koalitionen	1454
13. Satzung der Bundesvereinigung der Deutschen Arbeitgeberverbände	1454
14. Satzung des Deutschen Gewerkschaftsbundes	1461
Sachverzeichnis	1481

Abkürzungsverzeichnis und Verzeichnis abgekürzt zitierter Literatur

a. A.	anderer Ansicht
ABl.	Amtsblatt
ABl. Bayr. ArbMin.	Amtsblatt des Bayerischen Staatsministeriums für Arbeit und Sozialordnung, München
ABl. EG	Amtsblatt der Europäischen Gemeinschaften (seit 11/1968: Ausgabe C [„Communications"]: Mitteilungen und Bekanntmachungen; Ausgabe L [„Lois"]: Rechtsvorschriften), Luxemburg
ABl. EKD	Amtsblatt der Evangelischen Kirchengemeinde Deutschlands, Stuttgart
ABM	Arbeitsbeschaffungsmaßnahme
abw.	abweichend
AcP	Archiv für civilistische Praxis, Tübingen
ÄndG	Änderungsgesetz, Gesetz zur Änderung
AEntG	Gesetz über zwingende Arbeitsbedingungen bei grenzüberschreitenden Dienstleistungen (Arbeitnehmer-Entsendegesetz – AEntG) vom 26. Februar 1996 (BGBl. I S. 227)
AfA	Arbeitsgemeinschaft für Arbeitnehmer – AfA, Bonn (Arbeitnehmer-Arbeitsgemeinschaft der SPD)
AFG	Arbeitsförderungsgesetz (AFG) vom 25. Juni 1969 (BGBl. I S. 582)
AfP	Archiv für Presserecht. Zeitschrift für Fragen des Presse-, Urheber- und Werberechts, Bonn
AG	Aktiengesellschaft
AGB-DDR	Arbeitsgesetzbuch (aus der früheren Deutschen Demokratischen Republik) vom 16. Juni 1977 (GBl. DDR I S. 185; BGBl. 1990 II S. 1207)
AGBG	Gesetz zur Regelung des Rechts der Allgemeinen Geschäftsbedingungen (AGB-Gesetz) vom 9. Dezember 1976 (BGBl. I S. 3317)
AiB	Arbeitsrecht im Betrieb, Köln
AktG	Aktiengesetz vom 6. September 1965 (BGBl. I S. 1089)
All ER	The All England Law Reports, London
AltersteilzeitG	Altersteilzeitgesetz, Artikel 1 des Gesetzes zur Förderung eines gleitenden Übergangs in den Ruhestand vom 23. Juli 1996 (BGBl. I S. 1078)
AöR	Archiv des öffentlichen Rechts, Tübingen
AOG	Gesetz zur Ordnung der nationalen Arbeit vom 20. Januar 1934 (RGBl. I S. 45)
AP	Arbeitsrechtliche Praxis. Sammlung der Entscheidungen des Bundesarbeitsgerichtes und der Landesarbeitsgerichte, München; bis 1954 Nr. 166 zitiert nach Jahrgang und Nummer der Entscheidung, später als Nachschlagewerk des Bundesarbeits-

Abkürzungen

Abkürzungsverzeichnis

	gerichts jeweils mit der Nummer der Entscheidung zu den einzelnen Vorschriften
ArbBeschFG	Arbeitsrechtliches Gesetz zur Förderung von Wachstum und Beschäftigung (Arbeitsrechtliches Beschäftigungsförderungsgesetz) vom 25. September 1996 (BGBl. I S. 1476)
ArbBl.	Arbeitsblatt. Herausgeber: Verwaltung für Arbeit, Frankfurt am Main, Stuttgart
ArbBlBritZ	Arbeitsblatt für die Britische Zone. Herausgeber: Zentralamt für Arbeit, Lemgo, Minden
ArbG	Arbeitsgericht
ArbGeb./Arbeitgeber	Der Arbeitgeber. Offizielles Organ der Bundesvereinigung der Deutschen Arbeitgeberverbände, Köln
ArbRGeg(w)	Das Arbeitsrecht der Gegenwart. Jahrbuch für das gesamte Arbeitsrecht und der Arbeitsgerichtsbarkeit, Berlin
ArbGG	Arbeitsgerichtsgesetz vom 3. September 1953 (BGBl. I S. 1267) in der Fassung der Bekanntmachung vom 2. Juli 1979 (BGBl. I S. 853, bereinigt S. 1036)
AR-Blattei	Arbeitsrechts-Blattei, Stuttgart
ArbKrankhG	Gesetz zur Verbesserung der wirtschaftlichen Sicherung der Arbeitnehmer im Krankheitsfalle vom 26. Juni 1957 (BGBl. I S. 649)
ArbPlSchG	Gesetz über den Schutz des Arbeitsplatzes bei Einberufung zum Wehrdienst (Arbeitsplatzschutzgesetz) vom 30. März 1957 (BGBl. I S. 293) in der Fassung der Bekanntmachung vom 14. April 1980 (BGBl. I S. 425)
ArbNorganisationen	Arbeitnehmerorganisationen
ArbR	Arbeitsrecht. Zeitschrift für das gesamte Dienstrecht der Arbeiter, Angestellten und Beamten, herausgegeben von *Heinz Potthoff*, München, Stuttgart
ArbuSozFürs	Arbeit und Sozialfürsorge. Amtliches Organ des Ministeriums für Arbeit und Gesundheitswesen, Berlin
ArbuSozPol.	Arbeit und Sozialpolitik. Eine unabhängige Zeitschrift, Baden-Baden, Frankfurt
ArbuR	Arbeit und Recht. Zeitschrift für Arbeitsrechtspraxis, Köln
ArbV(erf)G	Arbeitsverfassungsgesetz (Österreich) (BGBl. 1974/22 in der Fassung BGBl. 1986/563 sowie 1987/321)
ArbVGE	Entwurf eines Arbeitsvertragsgesetzes (ArbVG) (BR-Drucks. 293/95 S. 15)
ArbZG	Arbeitszeitgesetz, Artikel 1 des Gesetzes zur Vereinheitlichung und Flexibilisierung des Arbeitszeitrechts (Arbeitszeitrechtsgesetz – ArbZRG) vom 6. Juni 1994 (BGBl. I S. 1170)
ARS	Arbeitsrechtssammlung. Entscheidungen des Reichsarbeitsgerichts, der Landesarbeitsgerichte und Arbeitsgerichte, Berlin
ARSP	Archiv für Rechts- und Sozialphilosophie, Neuwied
ARSt	Arbeitsrecht in Stichworten, Hamburg
ATG	Altersteilzeitgesetz, Artikel 1 des Gesetzes zur Förderung eines gleitenden Übergangs in den Ruhestand vom 23. Juli 1996 (BGBl. I S. 1078)

Abkürzungsverzeichnis

Abkürzungen

ATO	Allgemeine Tarifordnung für Arbeiter im öffentlichen Dienst
AuA	Arbeit und Arbeitsrecht. Monatszeitschrift für die betriebliche Praxis, Berlin
AÜG	Gesetz zur Regelung der gewerbsmäßigen Arbeitnehmerüberlassung (Arbeitnehmerüberlassungsgesetz – AÜG) vom 7. August 1972 (BGBl. I S. 1393) in der Fassung der Bekanntmachung vom 3. Februar 1995 (BGBl. I S. 158)
AuL	Arbeit und Leistung. Zentralblatt für Arbeitswissenschaft und soziale Betriebspraxis, Köln
AuR	Arbeit und Recht. Zeitschrift für Arbeitsrechtspraxis, Köln
AVE	Allgemeinverbindlicherklärung
AVR	Archiv des Völkerrechts, Tübingen
AwbG Nordrhein-Westfalen	Gesetz zur Freistellung von Arbeitnehmern zum Zwecke der beruflichen und politischen Weiterbildung (Arbeitnehmerweiterbildungsgesetz – AWbG) vom 6. November 1984 (GVBl. S. 678)
AWD (des BB)	Außenwirtschaftsdienst des Betriebs-Beraters, Heidelberg
AZ	Arbeitszeit
AZO	Arbeitszeitordnung vom 30. April 1938 (RGBl. I S. 447)
BABl.	Bundesarbeitsblatt. Herausgeber: Bundesministerium für Arbeit und Sozialordnung, Bonn, Stuttgart
BäckAZG	Gesetz über die Arbeitszeit in Bäckereien und Konditoreien vom 29. Juni 1936 (RGBl. I S. 521)
BAG	Bundesarbeitsgericht
BAGE	Entscheidungen des Bundesarbeitsgerichts, Berlin, New York
BAPostG	Gesetz über die Errichtung einer Bundesanstalt für Post und Telekommunikation Deutsche Bundespost (Bundesanstalt PostGesetz – BAPostG), Artikel 1 des Gesetzes zur Neuordnung des Postwesens und der Telekommunikation (Postneuordnungsgesetz – PTNeuOG) vom 14. September 1994 (BGBl. I S. 2325)
BAT	Bundes-Angestelltentarifvertrag (Bund, Länder und Gemeinden)
BAT-O	Bundes-Angestelltentarifvertrag (Ost)
BAVAV	Bundesanstalt für Arbeitsvermittlung und Arbeitslosenversicherung (heute: Bundesanstalt für Arbeit)
BayVerfGH	Bayerischer Verfassungsgerichtshof
BayVerfGHE	Sammlung von Entscheidungen des Bayerischen Verwaltungsgerichtshofs mit Entscheidungen des Bayerischen Verfassungsgerichtshofs (ab 4/1951 ferner: des Bayerischen Dienststrafhofs; ab 5/1952: und des Bayerischen Gerichtshofs für Kompetenzkonflikte), München
BB	Betriebs-Berater. Zeitschrift für Recht und Wirtschaft, Heidelberg

Abkürzungen

Abkürzungsverzeichnis

BBesG	Bundesbesoldungsgesetz (BBesG) vom 27. Juli 1957 (BGBl. I S. 993) in der Fassung der Bekanntmachung vom 16. Mai 1997 (BGBl. I S. 1065)
BBiG	Berufsbildungsgesetz vom 14. August 1969 (BGBl. I S. 1112)
BDA	Bundesvereinigung der Deutschen Arbeitgeberverbände
BDI	Bundesverband der Deutschen Industrie
Becker	*Friedrich Becker, Jörg Wulfgramm,* Kommentar zum Arbeitnehmerüberlassungsgesetz, 3. Auflage Neuwied, Darmstadt 1985
Belling, Günstigkeitsprinzip	*Detlev W. Belling,* Das Günstigkeitsprinzip im Arbeitsrecht, Berlin 1984
BENeuglG	Gesetz zur Zusammenführung und Neugliederung der Bundeseisenbahnen, Artikel 1 des Gesetzes zur Neuordnung des Eisenbahnwesens (Eisenbahnneuordnungsgesetz – EneuOG) vom 27. Dezember 1993 (BGBl. I S. 2378, bereinigt 1994 I S. 2439)
BerDGesVR	Berichte der deutschen Gesellschaft für Völkerrecht, Karlsruhe
BergmannVersorgScheinG NRW	Gesetz über einen Bergmannversorgungsschein im Land Nordrhein-Westfalen (Bergmannversorgungsscheingesetz – BVSG NW) vom 20. Dezember 1983 (GV NW S. 635, SGV NW S. 81)
BErzGG	Gesetz über die Gewährung von Erziehungsgeld und Erziehungsurlaub (Bundeserziehungsgeldgesetz – BErzGG) vom 6. Dezember 1985 (BGBl. I S. 2154) in der Fassung der Bekanntmachung vom 31. Januar 1994 (BGBl. I S. 180)
BeschFG	Gesetz über arbeitsrechtliche Vorschriften zur Beschäftigungsförderung, Artikel 1 des Beschäftigungsförderungsgesetzes 1985 (BeschFG 1985) vom 26. April 1985 (BGBl. I S. 710)
BesVNG	Gesetz zur Vereinheitlichung und Neuregelung des Besoldungsrecht in Bund und Ländern (BesVNG) vom 18. März 1971 (BGBl. I S. 208) in der Fassung der Bekanntmachung vom 23. Mai 1975 (BGBl. I S. 1173)
BetrAVG	Gesetz zur Verbesserung der betrieblichen Altersversorgung (Betriebsrentengesetz) vom 19. Dezember 1974 (BGBl. I S. 3610)
Betrieb	Der Betrieb. Wochenschrift für Betriebswirtschaft, Steuerrecht, Wirtschaftsrecht, Arbeitsrecht, Düsseldorf
BetriebsräteG	Betriebsrätegesetz vom 4. Februar 1920 (RGBl. S. 147)
BetrR	Der Betriebsrat, Hannover
BetrVerf.	Die Betriebsverfassung, Frankfurt am Main
BetrVG	Betriebsverfassungsgesetz vom 15. Januar 1972 (BGBl. I S. 13) in der Fassung der Bekanntmachung vom 23. Dezember 1988 (BGBl. I 1989 S. 1, bereinigt S. 902)

Abkürzungen

BFG Rheinland-Pfalz	Landesgesetz über die Freistellung von Arbeitnehmerinnen und Arbeitnehmern für Zwecke der Weiterbildung (Bildungsfreistellungsgesetz – BFG) vom 30. März 1993 (GVBl. S. 157)
BFH	Bundesfinanzhof
BFQG Schleswig-Holstein	Bildungsfreistellungs- und Qualifizierungsgesetz (BFQG) für das Land Schleswig-Holstein vom 7. Juni 1990 (GVBl. S. 364)
BGB	Bürgerliches Gesetzbuch vom 18. August 1896 (RGBl. S. 195)
BGBl	Bundesgesetzblatt
BGE	Entscheidungen des Schweizerischen Bundesgerichts. Amtliche Sammlung, Arrêts du Tribunal Fédéral Suisse, Lausanne
BGH	Bundesgerichtshof
BGHZ	Entscheidungen des Bundesgerichtshofes in Zivilsachen, Köln
Biedenkopf, Tarifautonomie	Kurt H. Biedenkopf, Grenzen der Tarifautonomie, Karlsruhe 1964
BildUG Berlin	Berliner Bildungsurlaubsgesetz (BiUrlG) vom 24. Oktober 1990 (GVBl. S. 2209)
BildUG Brandenburg	Gesetz zur Regelung und Förderung der Weiterbildung im Land Brandenburg (Brandenburgisches Weiterbildungsgesetz – BbgWBG) vom 15. Dezember 1993 (GVBl. S. 498)
BildUG Bremen	Bremisches Bildungsurlaubsgesetz vom 18. Dezember 1974 (GBl. S. 348)
BildUG Hamburg	Hamburgisches Bildungsurlaubsgesetz vom 21. Januar 1974 (GVBl. S. 261)
BildUG Hessen	Hessisches Gesetz über den Anspruch auf Bildungsurlaub vom 16. Oktober 1984 (GVBl. S. 261)
BildUG Niedersachsen	Niedersächsisches Gesetz über den Bildungsurlaub für Arbeitnehmer vom 5. Juni 1974 (GVBl. S. 321) in der Fassung der Bekanntmachung vom 25. Januar 1991 (GVBl. S. 29)
BlStSoz(Vers)ArbR	Blätter für Steuerrecht, Sozialversicherung und Arbeitsrecht, Neuwied
BMA	Bundesministerium für Arbeit
BMAS	Bundesministerium für Arbeit und Soziales
BMT-G II	Bundes-Mantel-Tarifvertrag für Arbeiter der gemeindlichen Verwaltungen und Betriebe
BPersVG	Bundespersonalvertretungsgesetz (BPersVG) vom 15. März 1974 (BGBl. I S. 693)
BR	Betriebsrat
BR-Drucks.	Verhandlungen des Deutschen Bundesrates, Drucksachen, Bonn-Bad Godesberg
BremGBl	Gesetzblatt der freien Hansestadt Bremen, Bremen
BSHG	Bundessozialhilfegesetz (BSHG) vom 30. Juni 1961 (BGBl. I S. 815, bereinigt S. 1875) in der Fassung der Bekanntmachung vom 23. März 1994 (BGBl. I S. 646, bereinigt S. 2975)
BT	Bundestag

Abkürzungen

BT-Drucks. .... Verhandlungen des Deutschen Bundestages, Drucksachen, Bonn-Bad Godesberg
BUrlG .... Mindesturlaubsgesetz für Arbeitnehmer (Bundesurlaubsgesetz) vom 8. Januar 1963 (BGBl. I S. 2)
BVerfG .... Bundesverfassungsgericht
BVerfGE .... Entscheidungen des Bundesverfassungsgerichts, Tübingen
BVerfGG .... Gesetz über das Bundesverfassungsgericht (Bundesverfassungsgerichtsgesetz – BVerfGG) vom 13. März 1951 (BGBl. I S. 243) in der Fassung der Bekanntmachung vom 11. August 1993 (BGBl. I S. 1473)
BVerwG .... Bundesverwaltungsgericht
BVerwGE .... Entscheidungen des Bundesverwaltungsgerichts, Berlin

Cal. L. Rev. .... California Law Review, Berkeley, California
Cass. soc. .... Cour de Cassation chambre sociale
CDA .... Christlich-Demokratische Arbeitnehmerschaft Deutschlands, Königswinter, (Arbeitnehmer-Arbeitsgemeinschaft der CDU)
CDU .... Christlich-Demokratische Union
Ch. .... Chapter (Kapitel)
Co. .... Company (Gesellschaft)
Comp. Ltd. .... Company Limited
CSU .... Christlich-Soziale Union
CT .... Code du Travail

Däubler, Tarifvertragsrecht ..... *Wolfgang Däubler,* Tarifvertragsrecht. Ein Handbuch, 3., grundlegend überarbeitete Auflage Baden-Baden 1993
Däubler/Hege,
 Koalitionsfreiheit .... *Wolfgang Däubler, Hans Hege,* Koalitionsfreiheit. Ein Kommentar, Baden-Baden 1976
DAG .... Deutsche Angestelltengewerkschaft
DDR .... Deutsche Demokratische Republik
DGB .... Deutscher Gewerkschaftsbund
Diss. .... Dissertation
DIW .... Deutsches Institut für Wirtschaftsforschung, Berlin
DJT .... Deutscher Juristentag
DJZ .... Deutsche Juristenzeitung, Berlin
DNotZ .... Deutsche Notarzeitschrift. Herausgegeben vom Deutschen Notarverein, Berlin, München
DÖV .... Die Öffentliche Verwaltung. Zeitschrift für öffentliches Recht und Verwaltungswissenschaft, Stuttgart
DP .... Deutsche Partei
DR .... Deutsches Recht, Berlin
DRdA .... Das Recht der Arbeit, Wien
DuR .... Demokratie und Recht. Vierteljahresschrift, Köln
DVBl. .... Deutsches Verwaltungsblatt, Köln, Berlin
DVO .... Durchführungsverordnung
DVO-TVG 1949 .... Verordnung zur Durchführung des Tarifvertragsgesetzes vom 7. Juni 1949 (WiGBl. 1949 Nr. 18 S. 89)
DZWiR/DZWir. .... Deutsche Zeitschrift für Wirtschaft, Berlin

Abkürzungsverzeichnis

Abkürzungen

EAS................................	*Hartmut Oetker, Ulrich Preis* (Hrsg.), EAS, Europäisches Arbeits- und Sozialrecht, Rechtsvorschriften, Systematische Darstellungen, Entscheidungssammlung, Loseblatt-Ausgabe, Heidelberg 1994
ed....................................	Edition (Auflage)
EEA................................	Einheitliche Europäische Akte vom 28. Februar 1986 (BGBl. II S. 1102; ABl. EG 1987 Nr. L 169/1)
EFZG..............................	Gesetz über die Zahlung des Arbeitsentgelts an Feiertagen und im Krankheitsfall (Entgeltfortzahlungsgesetz), Artikel 53 des Gesetzes zur sozialen Absicherung des Risikos der Pflegebedürftigkeit (Pflege-Versicherungsgesetz – PflegeVG) vom 26. Mai 1994 (BGBl. I S. 1014, 1065)
EG..................................	Europäische Gemeinschaft(en)
EGBGB..........................	Einführungsgesetz zum Bürgerlichen Gesetzbuch vom 18. August 1896 (RGBl. S. 604) in der Fassung der Bekanntmachung vom 21. September 1994 (BGBl. I S. 2494)
EGKO............................	Gesetz betreffend die Einführung der Konkursordnung vom 10. Februar 1877 (RGBl. S. 390)
EGStPO..........................	Einführungsgesetz zur Strafprozeßordnung vom 1. Februar 1877 (RGBl. S. 346)
EGV/EG-Vertrag............	Vertrag zur Gründung der Europäischen Gemeinschaft vom 25. März 1957 (BGBl. II S. 766) in der Fassung des Vertrages über die europäische Union vom 7. Februar 1992 (BGBl. II S. 1253)
EGZPO............................	Gesetz betreffend die Einführung der Zivilprozeßordnung vom 30. Januar 1877 (RGBl. S. 244)
ES....................................	Entscheidungssammlung
EStG................................	Einkommensteuergesetz (EStG 1961) vom 16. Oktober 1934 (RGBl. I S. 1005) in der Fassung der Bekanntmachung des Einkommensteuergesetzes 1990 (EStG 1990) (BGBl. I S. 1898, bereinigt 1991 I S. 808)
EU..................................	Europäische Union; vergleiche Vertrag über die Europäische Union vom 7. Februar 1992 (BGBl. II S. 1253)
EuGH..............................	Europäischer Gerichtshof
EuGVÜ............................	Übereinkommen über die gerichtliche Zuständigkeit und die Vollstreckung gerichtlicher Entscheidungen in Zivil- und Handelssachen vom 27. September 1968 (BGBl. 1972 II S. 774; ABl. EG Nr. L 299/32 vom 31. Dezember 1972)
EuR................................	Europarecht. In Verbindung mit der Wissenschaftlichen Gesellschaft für Europarecht, München
EuSchVÜ........................	Europäisches Übereinkommen über das auf vertragliche Schuldverhältnisse anzuwendende Recht vom 19. Juni 1980 (BT-Drucks. 10/503 S. 57)
EuZW............................	Europäische Zeitschrift für Wirtschaftsrecht, München
EWG..............................	Europäische Wirtschaftsgemeinschaft
EWGV/EWG-Vertrag......	Vertrag zur Gründung der Europäischen Wirtschaftsgemeinschaft vom 25. März 1957 (BGBl. II S. 766)

Abkürzungen

EWiR .... Entscheidungen zum Wirtschaftsrecht, Köln
EzA .... Entscheidungen zum Arbeitsrecht, Neuwied
FAZ .... Frankfurter Allgemeine Zeitung
FDP .... Freie Demokratische Partei
FeiertagslohnzahlungsG .... Gesetz zur Regelung der Lohnzahlung an Feiertagen vom 2. August 1951 (BGBl. I S. 479)
FIW .... Forschungsinstitut für Wirtschaftsverfassung und Wettbewerb e. V., Köln
FIRG .... Gesetz zur Einführung eines zusätzlichen Registers für Seeschiffe unter der Bundesflagge im internationalen Verkehr (Internationales Seeschiffahrtsregister – ISR) vom 23. März 1989 (BGBl. I S. 550)
FuR .... Familie und Recht, Neuwied
Gamillscheg, Internationales Arbeitsrecht .... *Franz Gamillscheg,* Internationales Arbeitsrecht, Arbeitsverweisungsrecht, Berlin, Tübingen 1959
Gamillscheg, Kollektives Arbeitsrecht I ... *Franz Gamillscheg,* Kollektives Arbeitsrecht. Ein Lehrbuch, Band 1: Grundlagen, Koalitionsfreiheit, Tarifvertrag, Arbeitskampf und Schlichtung, München 1997
GBl. .... Gesetzblatt
GBl. DDR .... Gesetzblatt der Deutschen Demokratischen Republik, Berlin
Germelmann/Matthes/ Prütting .... *Claas-Hinrich Germelmann, Hans-Christoph Matthes, Hanns Prütting,* Arbeitsgerichtsgesetz. Kommentar, 2. Auflage München 1995
GewArch. .... Gewerbearchiv. Zeitschrift für Verwaltungs-, Gewerbe- und Handwerksrecht, Berlin
GewO .... Gewerbeordnung vom 21. Juni 1869 (RGBl. S. 245) in der Fassung der Bekanntmachung vom 1. Januar 1987 (BGBl. I S. 425)
GewStG .... Gewerbesteuergesetz (GewStG) vom 1. Dezember 1936 (RGBl. I S. 979) in der Fassung der Bekanntmachung vom 21. März 1991 (BGBl. I S. 814)
GG .... Grundgesetz für die Bundesrepublik Deutschland vom 23. Mai 1949 (BGBl. S. 1)
GK-ArbGG .... Gemeinschaftskommentar zum Arbeitsgerichtsgesetz, GK-ArbGG, von *Peter Bader, Hans-Wolf Friedrich, Wolfgang Leinemann, Eugen Stahlhacke, Leonhard Wenzel,* Loseblatt-Ausgabe, Neuwied 1991
GK-BetrVG .... Betriebsverfassungsgesetz: Gemeinschaftskommentar, von *Fritz Fabricius,* Gesamtredaktion: *Günther Wiese,* 5. Auflage Neuwied, Kriftel, Berlin 1994; Band I: §§ 1–73 mit Wahlordnungen, 6. Auflage von *Fritz Fabricius, Alfons Kraft, Günther Wiese, Peter Kreutz, Hartmut Oetker,* mitbegründet von *Wolfgang Thiele,* Gesamtredaktion: *Hartmut Oetker,* Neuwied, Kriftel, Berlin 1997
GK-BUrlG .... Gemeinschaftskommentar zum Bundesurlaubsgesetz (BUrlG), bearbeitet unter Einbeziehung urlaubs-

GK-TzA	rechtlicher Vorschriften aus dem Arbeitsplatzschutzgesetz, Bundeserziehungsgeldgesetz, Eignungsübungsgesetz, Schwerbehindertengesetz und dem Seemannsgesetz, von *Eugen Stahlhacke*, 5. neubearbeitete und erweiterte Auflage Neuwied 1992 Gemeinschaftskommentar zum Teilzeitarbeitsrecht (GK-TzA), von *Friedrich Becker, Harald Danne, Walter Lang, Gert-Albert Lipke, Ernst Mikosch, Ulrich Steinwedel*, Gesamtredaktion: *Friedrich Becker*, Neuwied, Darmstadt 1987
GmbHG	Gesetz betreffend die Gesellschaften mit beschränkter Haftung vom 20. April 1892 (RGBl. S. 477) in der Fassung der Bekanntmachung vom 20. Mai 1898 (RGBl. S. 369, 846)
GMH	Gewerkschaftliche Monatshefte. Herausgegeben vom Bundesvorstand des Deutschen Gewerkschaftsbundes, Köln
GroßK-AktG	Aktiengesetz. Großkommentar, begründet von *W. Gadow* und *E. Heinichen*, herausgegeben von *Klaus J. Hopt, Herbert Wiedemann*, 4. neubearbeitete Auflage Berlin, New York 1992
Gruchot Beitr.	Beiträge zur Erläuterung des Deutschen Rechts, begründet von *Gruchot*, Berlin
Grunsky	*Wolfgang Grunsky*, Kommentar zum Arbeitsgerichtsgesetz, 7. neubearbeitete Auflage München 1995
GS	Großer Senat
GS NW	Sammlung des bereinigten Landesrechts Nordrhein-Westfalen, Düsseldorf
GTB	Gewerkschaft Textil-Bekleidung
GV NW	Gesetz- und Verordnungsblatt für das Land Nordrhein-Westfalen, Düsseldorf
GVBl.	Gesetz- und Verordnungsblatt
GVG	Gerichtsverfassungsgesetz (GVG) vom 27. Januar 1877 (RGBl. S. 41) in der Fassung der Bekanntmachung vom 9. Mai 1975 (BGBl. I S. 1077)
GWB	Gesetz gegen Wettbewerbsbeschränkungen vom 27. Juli 1957 (BGBl. I S. 1081) in der Fassung der Bekanntmachung vom 20. Februar 1990 (BGBl. I S. 235)
HAG	Heimarbeitsgesetz vom 14. März 1951 (BGBl. I S. 191)
Hanau/Adomeit, Arbeitsrecht	*Peter Hanau, Klaus Adomeit*, Arbeitsrecht, 11. neubearbeitete Auflage Neuwied 1994
HandwO	Gesetz zur Ordnung des Handwerks (Handwerksordnung) vom 17. September 1953 (BGBl. I S. 1411) in der Fassung der Bekanntmachung vom 28. Dezember 1965 (BGBl. 1966 I S. 1)
Hauck	*Friedrich Hauck*, Arbeitsgerichtsgesetz. Kommentar, München 1996
HausarbTagsG NW	Gesetz über die Freizeitgewährung für Frauen mit eigenem Hausstand im Land Nordrhein-Westfalen vom 27. Juli 1948 (GS NW S. 833)
HBV	Gewerkschaft Handel, Banken, Versicherungen und sonstige private Dienstleistungen

Abkürzungen

HessBUG	Hessisches Gesetz über den Anspruch auf Bildungsurlaub vom 16. Oktober 1984 (GVBl. I S. 261, GVBl. II 73–11)
HGB	Handelsgesetzbuch vom 10. Mai 1897 (RGBl. S. 219)
HL	House of Lords
h. L.	herrschende Lehre
h. M.	herrschende Meinung
HRG	Hochschulrahmengesetz (HRG) vom 26. Januar 1976 (BGBl. I S. 185) in der Fassung der Bekanntmachung vom 9. April 1987 (BGBl. I S. 1170)
Hrsg.	Herausgeber
hrsg.	herausgegeben
Hs.	Halbsatz
Hueck, A., Tarifvertragsrecht	*Alfred Hueck,* Das Recht des Tarifvertrages unter besonderer Berücksichtigung der Verordnung vom 23. Dezember 1918, Berlin 1920
Hueck, A., Tarifrecht	*Alfred Hueck,* Das Tarifrecht, Stuttgart 1922
Hueck/v. Hoyningen-Huene, Kündigungsschutzgesetz	*Alfred Hueck, Götz Hueck, Gerrick von Hoyningen-Huene,* Kündigungsschutzgesetz. Kommentar, 12. völlig neubearbeitete Auflage München 1997
Hueck/Nipperdey, Arbeitsrecht	*Alfred Hueck, Hans Carl Nipperdey,* Lehrbuch des Arbeitsrechts, 7. neubearbeitete Auflage Berlin, Frankfurt 1963–1970
HzA	HzA, Handbuch zum Arbeitsrecht. Herausgegeben von *Wolfgang Leinemann,* Neuwied
IG	Industriegewerkschaft
ILJ	The Industrial Law Journal, London
ILO	International Labour Office, International Labour Organization
Int. & Comp. L. Q.	International and Comparative Law Quarterly, London
Int. Encycl. Comp. L.	International Encyclopedia of Comparative Law. Under the auspices of the international association of legal science, Tübingen, Boston, Lancaster
Int. Lab. Rev.	International Labour Review. International Labour Office, Geneva
IPR	Internationales Privatrecht
Iprax	Praxis des Internationalen Privat- und Verfahrensrechts, Bielefeld
Iprax Rechtspr.	Die deutsche Rechtsprechung auf dem Gebiet des internationalen Privatrechts, Tübingen
IRLR	Industrial Relations Law Review
IWH	Institut für Wirtschaftsforschung, Halle
Jarass/Pieroth	*Hans D. Jarass, Bodo Pieroth,* Grundgesetz für die Bundesrepublik Deutschland. Kommentar, 4. Auflage München 1997

Abkürzungsverzeichnis **Abkürzungen**

JArbSchG	Gesetz zum Schutze der arbeitenden Jugend (Jugendarbeitsschutzgesetz – JArbSchG) vom 12. April 1976 (BGBl. I S. 965)
JherJb.	Jherings Jahrbücher für die Dogmatik des bürgerlichen Rechts, Jena
JR	Juristische Rundschau, Berlin
JurA	Juristische Analysen, Bad Homburg
Jura	Juristische Ausbildung, Berlin
Jura Europae, Arbeitsrecht	Jura Europae. Droit des Pays de la Communauté Economique Européenne. Das Recht der Länder der Europäischen Wirtschaftsgemeinschaft, Loseblatt-Ausgabe, München, Paris 1971
JuS	Juristische Schulung. Zeitschrift für Studium und Ausbildung, München, Frankfurt am Main
JW	Juristische Wochenschrift, Leipzig, Berlin
JZ	Juristen-Zeitung, Tübingen
KapErhG	Gesetz über steuerliche Maßnahmen bei Erhöhung des Nennkapitals aus Gesellschaftsmitteln und bei Überlassung von eigenen Aktien an Arbeitnehmer vom 30. Dezember 1959 (BGBl. I S. 834) in der Fassung der Bekanntmachung vom 10. Oktober 1967 (BGBl. I S. 977)
Kaskel/Dersch, Arbeitsrecht	*Walter Kaskel, Hermann Dersch*, Arbeitsrecht, 5. Auflage Berlin 1957
Kasseler Handbuch	Kasseler Handbuch zum Arbeitsrecht, herausgegeben von *Wolfgang Leinemann*, Neuwied 1997
Kempen/Zachert	*Otto Ernst Kempen, Ulrich Zachert*, Tarifvertragsgesetz. Kommentar für die Praxis, begründet von *Christian Hagemeier*, 3. Auflage Köln 1997
KG	Kommanditgesellschaft, Kammergericht
KirchE	Entscheidungen in Kirchensachen seit 1946. Herausgegeben von *Carl Joseph Hering* und *Hubert Lentz*, fortgeführt von *Manfred Baldus* und *Dietrich Pirson*, Berlin
KO	Konkursordnung vom 10. Februar 1877 (RGBl. S. 351) in der Fassung der Bekanntmachung vom 20. Mai 1898 (RGBl. S. 612)
Koberski/Clasen/Menzel	*Wolfgang Koberski/Clasen/Menzel*, Tarifvertragsgesetz. Kommentar, Loseblatt-Ausgabe, Stand: 11. Ergänzung, – November 1997, Neuwied
KOM	Dokumente der Kommission der Europäischen Gemeinschaften, Luxemburg
Komm	Kommentar
KPD	Kommunistische Partei Deutschlands
KR	Gemeinschaftskommentar zum Kündigungsschutzgesetz und sonstigen kündigungsschutzrechtlichen Vorschriften, von *Friedrich Becker, Gerhard Etzel, Hans-Wolf Friedrich, Wilfried Hillebrecht, Gert-Albert Lipke, Thomas Pfeiffer, Friedhelm Rost, Andreas Michael Spilger, Horst Weigand, Ingeborg Wolff*, Gesamtredaktion: *Gerhard Etzel*, 4. Auflage Neuwied, Darmstadt 1996
KRG	Kontrollratsgesetz

Abkürzungen

Abkürzungsverzeichnis

KriegswirtschaftsVO	Kriegswirtschaftsverordnung vom 4. September 1939 (RGBl. I S. 1609)
KSchG	Kündigungsschutzgesetz (KSchG) vom 10. August 1951 (BGBl. I S. 499) in der Fassung der Bekanntmachung vom 25. August 1969 (BGBl. I S. 1317)
LAG	Landesarbeitsgericht
LAGE	Entscheidungen der Landesarbeitsgerichte, Neuwied
Larenz/Canaris, Methodenlehre	Karl Larenz, Claus Wilhelm Canaris, Methodenlehre der Rechtswissenschaft, 3. neubearbeitete Auflage Berlin 1995
Leinemann/Linck	Wolfgang Leinemann, Rüdiger Linck, Urlaubsrecht. Kommentar, unter Mitarbeit von Martin Fenski, München 1995
LFZG	Gesetz über die Fortzahlung des Arbeitsentgelts im Krankheitsfalle (Lohnfortzahlungsgesetz), Artikel 1 des Gesetzes über die Fortzahlung des Arbeitsentgelts im Krankheitsfalle und über Änderungen des Rechts der gesetzlichen Krankenversicherung vom 27. Juli 1969 (BGBl. I S. 946)
Lieb, Arbeitsrecht	Manfred Lieb, Arbeitsrecht, 6. neubearbeitete Auflage Heidelberg 1997
lit.	litera (Buchstabe)
LM	Fritz Lindenmaier, Philipp Möhring, Nachschlagewerk des Bundesgerichtshofes, Loseblatt-Ausgabe, München 1961
Löwisch, Manfred	Manfred Löwisch, Kommentar zum Kündigungsschutzgesetz, 7. völlig neubearbeitete Auflage des von Wilhelm Herschel begründeten Werks, Heidelberg 1997
Löwisch	Manfred Löwisch, Kommentar zum Sprecherausschußgesetz, 2. neubearbeitete Auflage Heidelberg 1994
Löwisch/Rieble	Manfred Löwisch, Volker Rieble, Tarifvertragsgesetz. Kommentar, München 1992
LohnFG	Lohnfortzahlungsgesetz (vgl. LFZG)
LohnstopVO 1939	Lohnstopverordnung 1939
LS	Leitsatz
M.	Meinung, Monat(e), (Reichs)Mark
v. Mangoldt/Klein	Hermann von Mangoldt, Friedrich Klein, Das Bonner Grundgesetz. Kommentar, 2. neubearbeitete Auflage Berlin, Frankfurt am Main 1957-, 3. vollständig neubearbeitete Auflage, Band 1: Präambel Art. 1–5, München 1985
Maunz/Dürig	Theodor Maunz, Günter Dürig, Roman Herzog, Rupert Scholz, Peter Lerche, Hans-Jürgen Papier, Albrecht Randelzhofer, Eberhard Schmidt-Assmann, Grundgesetz. Kommentar, Loseblatt-Ausgabe, München 1989-
Maus	Wilhelm Maus, Tarifvertragsgesetz. Kommentar, Göttingen 1956
MDR	Monatszeitschrift für Deutsches Recht, Köln, Hamburg

Abkürzungen

MindArbBedG	Gesetz über die Festsetzung von Mindestarbeitsbedingungen vom 11. Januar 1952 (BGBl. I S. 17)
Mich.L.Rev.	Michigan Law Review
MitbestErgG	Gesetz zur Ergänzung des Gesetzes über die Mitbestimmung der Arbeitnehmer in den Aufsichtsräten und Vorständen der Unternehmen des Bergbaus und der Eisen und Stahl erzeugenden Industrie vom 7. August 1956 (BGBl. I S. 707 in der in BGBl. III, Gliederungsnummer 801-3 veröffentlichten bereinigten Fassung)
MitbestG	Gesetz über die Mitbestimmung der Arbeitnehmer (Mitbestimmungsgesetz – MitbestG) vom 4. Mai 1976 (BGBl. I S. 1153)
MittAB	Mitteilungen aus der Arbeitsmarkt- und Berufsforschung, Stuttgart, Berlin, Köln, Mainz
MontanMitbestG	Gesetz über die Mitbestimmung der Arbeitnehmer in den Aufsichtsräten und Vorständen der Unternehmen des Bergbaus und der Eisen und Stahl erzeugenden Industrie vom 21. Mai 1951 (BGBl. I S. 347)
MTB II	Manteltarifvertrag für Arbeiter des Bundes
MTL II	Manteltarifvertrag für die Arbeiter der Länder
MTV	Manteltarifvertrag
MTV Ang DFVLR	Manteltarifvertrag für die Angestellten der Deutschen Forschungsanstalt für Luft- und Raumfahrt e. V.
MuA	Mensch und Arbeit. Zeitschrift für Sozial- und Wirtschaftspraxis in Betrieb und Verwaltung, München
MünchArbR	Münchener Handbuch zum Arbeitsrecht, herausgegeben von *Reinhard Richardi*, *Otfried Wlotzke*, München 1992
MünchKomm., BGB	Münchener Kommentar zum Bürgerlichen Gesetzbuch, herausgegeben von *Kurt Rebmann*, *Franz Jürgen Säcker*, 2. Auflage München 1984-, 3. Auflage München 1992-
MünchKomm., HGB	Münchener Kommentar zum Handelsgesetzbuch, München 1996-
MünchKomm., ZPO	Münchener Kommentar zur Zivilprozeßordnung mit Gerichtsverfassung und Nebengesetzen, herausgegeben von *Gerhard Lüke*, *Alfred Walchshöfer*, München 1992-
MuSchG	Gesetz zum Schutze der erwerbstätigen Mutter (Mutterschutzgesetz) vom 24. Januar 1952 (BGBl. I S. 69) in der Fassung der Bekanntmachung vom 17. Januar 1997 (BGBl. I S. 22, bereinigt S. 293)
m. w. N.	mit weiteren Nachweisen
NachwG	Gesetz über den Nachweis der für ein Arbeitsverhältnis geltenden wesentlichen Bedingungen (Nachweisgesetz – NachwG) vom 20. Juli 1995 (BGBl. I S. 946)
NBER	National Bureau of Economic Research
Neumann, Urlaubsrecht	*Dirk Neumann*, Urlaubsrecht. Bundesurlaubsgesetz mit allen bundes- und landesrechtlichen Urlaubsre-

Abkürzungen

	gelungen und Erläuterungen, 11. neubearbeitete Auflage München 1995
n. F.	neue Fassung
Nikisch, Arbeitsrecht	*Arthur Nikisch,* Arbeitsrecht, 2. erweiterte und völlig neubearbeitete Auflage Tübingen 1955-
NJW	Neue Juristische Wochenschrift, München
NLRA	National Labour Relations Act
NLRB	National Labour Relations Board
No./Nr./n°	Nummer, numéro
NRW	Nordrhein-Westfalen
n. v.	nicht veröffentlicht
NW	Nordrhein-Westfalen
NZA	Neue Zeitschrift für Arbeitsrecht, München
NZfA	Neue Zeitschrift für Arbeitsrecht, Mannheim, Berlin, Leipzig
NZS	Neue Zeitschrift für Sozialrecht, München
OECD	Übereinkommen über die Organisation für Wirtschaftliche Zusammenarbeit und Entwicklung vom 14. Dezember 1960 (BGBl. 1961 II S. 1151)
ÖTV	Gewerkschaft öffentliche Dienste, Transport und Verkehr
ÖZöffR	Österreichische Zeitschrift für öffentliches Recht, Austrian Journal of Public and International Law, Wien, New York
OGH	Oberster Gerichtshof Österreich
OHG	Offene Handelsgesellschaft
o. J.	ohne Jahr
OLG	Oberlandesgericht
OR	Schweizerisches Obligationenrecht vom 30. März 1911/18
ORDO	Jahrbuch für die Ordnung von Wirtschaft und Gesellschaft, Stuttgart
OVG	Oberverwaltungsgericht
PartG	Gesetz über die politischen Parteien (Parteiengesetz) vom 24. Juni 1967 (BGBl. I S. 773) in der Fassung der Bekanntmachung vom 31. Januar 1994 (BGBl. I S. 149)
PersR/Personalrat	Der Personalrat. Zeitschrift für das Personalrecht im öffentlichen Dienst, Köln
PersVertr.	Die Personalvertretung. Fachzeitschrift des gesamten Personalwesens für Personalvertretungen und Dienststellen, Berlin, Bielefeld, München
PersVG	Bundespersonalvertretungsgesetz (BPersVG) vom 15. März 1974 (BGBl. I S. 693)
PersVG Baden-Württemberg	Personalvertretungsgesetz für das Land Baden-Württemberg (Landespersonalvertretungsgesetz – LPVG) vom 30. Juni 1958 (GBl. S. 175) in der Fassung der Bekanntmachung vom 1. Februar 1996 (GBl. S. 205)
PersVG Bayern	Bayerisches Personalvertretungsgesetz vom 21. November 1958 (GVBl. S. 333)

Abkürzungsverzeichnis Abkürzungen

PostPersRG	Gesetz zum Personalrecht der Beschäftigten der früheren Deutschen Bundespost (Postpersonalrechtsgesetz – PostPersRG) vom 14. September 1994 (BGBl. I S. 2325)
PostVerfG	Gesetz über die Unternehmensverfassung der Deutschen Bundespost (Postverfassungsgesetz – PostVerfG), Artikel 1 des Gesetzes zur Neustrukturierung des Post- und Fernmeldewesens und der Deutschen Bundespost (Poststrukturgesetz – PostStruktG) vom 8. Juni 1989 (BGBl. I S. 1026), außer Kraft nach Maßgabe des Artikels 13 § 2 durch Artikel 13 § 1 Nr. 3 des Gesetzes zur Neuordnung des Postwesens und der Telekommunikation (Postneuordnungsgesetz – PTNeuOG) vom 14. September 1994 (BGBl. I S. 2325)
PostVerwG	Gesetz über die Verwaltung der Deutschen Bundespost (Postverwaltungsgesetz) vom 24. Juli 1953 (BGBl. I S. 676), aufgehoben durch Artikel 1 § 66 des Gesetzes zur Neustrukturierung des Post- und Fernmeldewesens und der Deutschen Bundespost (Poststrukturgesetz – PostStruktG) vom 8. Juni 1989 (BGBl. I S. 1026)
PrAR	*Gerhard Müller, Karl Gröninger,* Praktisches Arbeitsrecht, Sammlung, zitiert mit der Nummer der Entscheidung zu den einzelnen Vorschriften entsprechend der Gestaltung in der Loseblattausgabe
PRRG	Vorentwurf eines Gesetzes über die allgemeinen Rechtsverhältnisse der Presse (Presserechtsrahmengesetz – PRRG)
Q. B.	Queen's Bench Division, The Law Reports, London
RabelsZ	Rabels Zeitschrift für ausländisches und internationales Privatrecht, Berlin, Tübingen
RABl.	Reichsarbeitsblatt. Herausgegeben vom Reichsministerium und vom Generalbevollmächtigten für den Arbeitseinsatz, Berlin
RAG	Reichsarbeitsgericht
RAGE	Entscheidungen des Reichsarbeitsgerichts, Berlin
RAW	Rechtsarchiv der Wirtschaft, Stuttgart, München, Hannover
RdA	Recht der Arbeit. Zeitschrift für die Wissenschaft und Praxis des gesamten Arbeitsrechts, München
Rec. des Cours	Académie de Droit International, Recueil des Cours
Reg. Begr.	Regierungs-Begründung
RegBl.	Regierungsblatt
RegE	Regierungsentwurf
resp.	respektive (beziehungsweise)
RG	Reichsgericht
RGBl.	Reichsgesetzblatt. Herausgegeben vom Reichsminister des Innern, Berlin
RGRK	Das Bürgerliche Gesetzbuch (Reichsgerichtsrätekommentar) mit besonderer Berücksichtigung der

XXIX

Abkürzungen

	Rechtsprechung des Reichsgerichts und des Bundesgerichtshofes. Kommentar, herausgegeben von den Mitgliedern des Bundesgerichtshofes, 12. neubearbeitete Auflage Berlin, New York 1974-
RGSt	Entscheidungen des Reichsgerichts in Strafsachen, Berlin
RGZ	Entscheidungen des Reichsgerichts in Zivilsachen, Berlin
RiA	Das Recht im Amt. Zeitschrift für den öffentlichen Dienst, Neuwied
Richardi	*Reinhard Richardi,* Betriebsverfassungsgesetz mit Wahlordnung. Kommentar, begründet von *Rolf Dietz,* 7. völlig neubearbeitete Auflage, München 1998
Richardi, Kollektivgewalt	*Reinhard Richardi,* Kollektivgewalt und Individualwille bei der Gestaltung des Arbeitsverhältnisses, München 1968
RIW	Recht der Internationalen Wirtschaft, Heidelberg
RRG	Gesetz zur Reform der gesetzlichen Rentenversicherung (Rentenreformgesetz 1992 – RRG 1992) vom 18. Dezember 1989 (BGBl. I S. 2261, bereinigt 1990 I S. 1337)
Rspr.	Rechtsprechung
RuW	Recht und Wirtschaft. Nachrichtenblatt für die Rechtspflege und Wirtschaftslenkung sowie amtliche Bekanntmachungen des Regierungspräsidenten Köln, Köln
RVO	Reichsversicherungsordnung vom 19. Juli 1911 (RGBl. S. 509) in der Fassung der Bekanntmachung vom 15. Dezember 1924 (RGBl. I S. 779)
SaarlABl.	Amtsblatt des Saarlandes, Saarbrücken
Sachs	*Michael Sachs* (Herausgeber), Grundgesetz. Kommentar, München 1996
SAE	Sammlung arbeitsrechtlicher Entscheidungen, Köln
Säcker, Gruppenautonomie	*Franz-Jürgen Säcker,* Gruppenautonomie und Übermachtkontrolle im Arbeitsrecht, Berlin 1972
Säcker/Oetker, Tarifautonomie	*Franz Jürgen Säcker, Hartmut Oetker,* Grundlagen und Grenzen der Tarifautonomie. Erläutert anhand aktueller tarifpolitischer Fragen, München 1992
Schaub, Arbeitsrechts-Handbuch	*Günter Schaub,* Arbeitsrechts-Handbuch. Systematische Darstellung und Nachschlagewerk für die Praxis, 8. überarbeitete Auflage München 1996
Schl. H.	Schleswig-Holstein
SchlW	Das Schlichtungswesen. Monatszeitschrift für Arbeitsrecht und Schlichtung, Stuttgart
SchwbG	Gesetz zur Sicherung der Eingliederung Schwerbehinderter in Arbeit, Beruf und Gesellschaft (Schwerbehindertengesetz – SchwbG) vom 16. Juni 1953 (BGBl. I S. 389) in der Fassung der Bekanntmachung vom 26. August 1986 (BGBl. I S. 1421, bereinigt S. 1550)

S. E.	Société européenne, Societas Europaea
sec.	Section (Paragraph, Abschnitt, Absatz)
Seem(anns)G	Seemannsgesetz vom 26. Juli 1957 (BGBl. II S. 713, in der in BGBl. III, Gliederungsnummer 9513-1 veröffentlichten bereinigten Fassung)
SeuffBl.	Seufferts Blätter für Rechtsanwendung, Erlangen
SG	Sozialgericht
SGB III	Sozialgesetzbuch (SGB), Drittes Buch (III) – Arbeitsförderung –, Artikel 1 des Gesetzes zur Reform der Arbeitsförderung (Arbeitsförderungs-Reformgesetz – AFRG) vom 24. März 1997 (BGBl. I S. 594)
SGB IV	Sozialgesetzbuch (SGB), Viertes Buch (IV) – Sozialversicherung –, Artikel 1 des Sozialgesetzbuches (SGB) – Gemeinsame Vorschriften für die Sozialversicherung – vom 23. Dezember 1976 (BGBl. I S. 3845)
SGB VI	Sozialgesetzbuch (SGB), Sechstes Buch (VI) – Gesetzliche Rentenversicherung –, Artikel 1 des Gesetzes zur Reform der gesetzlichen Rentenversicherung (Rentenreformgesetz 1992 – RRG 1992) vom 18. Dezember 1989 (BGBl. I S. 2261, bereinigt 1990 I S. 1337)
SGV NW	Sammlung des bereinigten Gesetz- und Verordnungsblattes für das Land Nordrhein-Westfalen, Düsseldorf
Slg. EuGH	Gerichtshof der Europäischen Gemeinschaften, Sammlung der Rechtsprechung des Gerichtshofs und des Gerichts erster Instanz, Luxemburg
SMAD	Sowjetische Militäradministration in Deutschland
Söllner, Arbeitsrecht	*Alfred Söllner,* Grundriß des Arbeitsrechts, 11. neubearbeitete Auflage München 1994
Soergel	*Hans Theodor Soergel,* Bürgerliches Gesetzbuch mit Einführungsgesetz und Nebengesetzen, 12. neubearbeitete Auflage Stuttgart, Berlin, Köln, Mainz 1987
SozFort.	Sozialer Fortschritt. Unabhängige Zeitschrift für Politik, Berlin
SozPraxis	Soziale Praxis, Berlin
SPD	Sozialdemokratische Partei Deutschlands
SprAuG	Gesetz über Sprecherausschüsse der leitenden Angestellten (Sprecherausschußgesetz – SprAuG), Artikel 2 des Gesetzes zur Änderung des Betriebsverfassungsgesetzes über Sprecherausschüsse der leitenden Angestellten und zur Sicherung der Montan-Mitbestimmung vom 20. Dezember 1988 (BGBl. I S. 2312)
SR	Sonderregelungen
st.	ständige (vgl. unten st. Rspr.)
StabG	Gesetz zur Förderung der Stabilität und des Wachstums der Wirtschaft vom 8. Juni 1967 (BGBl. I S. 582)
Staudinger	*Julius v. Staudingers* Kommentar zum Bürgerlichen Gesetzbuch mit Einführungsgesetz und Nebenge-

Abkürzungen

	setzen, 12. neubearbeitete Auflage Berlin 1978-; 13. Bearbeitung, Berlin 1993-
Stein, Tarifvertragsrecht........	*Axel Stein,* Tarifvertragsrecht, Stuttgart 1997
Stern, Staatsrecht	*Klaus Stern,* Das Staatsrecht der Bundesrepublik Deutschland, München 1977-, Band 1: Grundbegriffe und Grundlagen des Staatsrechts, Strukturprinzipien der Verfassung, 2. Auflage München 1984
st. Rspr...............................	ständige Rechtsprechung
SVR....................................	Sachverständigenrat zur Begutachtung der Gesamtwirtschaftlichen Entwicklung
SWBG Saarland...................	Saarländisches Weiterbildungs- und Bildungsurlaubsgesetz vom 17. Januar 1990 (ABl. Saar S. 1359)
SZ Kann..............................	Entscheidungen des österreichischen Obersten Gerichtshofs in Zivil- (bis 34/1961: und Justizverwaltungs)sachen, Wien
TarifVO...............................	Verordnung über Tarifverträge, Arbeiter- und Angestelltenausschüsse und Schlichtung von Arbeitsstreitigkeiten vom 23. Dezember 1918
TO......................................	Tarifordnung
TOA....................................	Tarifordnung A für Angestellte im öffentlichen Dienst
TV.......................................	Tarifvertrag
TVAL II...............................	Tarifvertrag für die Arbeitnehmer bei den Stationierungsstreitkräften im Gebiet der Bundesrepublik Deutschland
TV Ang Bundespost.............	Tarifvertrag für die Angestellten der Deutschen Bundespost
TV Arb Bundespost..............	Tarifvertrag für die Arbeiter der Deutschen Bundespost
TVB II Berlin.......................	Tarifvertrag für die bei den Dienststellen, Unternehmen und sonstigen Einrichtungen der alliierten Behörden und der alliierten Streitkräfte im Gebiet von Berlin beschäftigten Arbeitnehmer
TVO vom 23. 12. 1918/ TVVO	Tarifvertragsordnung vom 23. Dezember 1918 (vgl. oben TarifVO)
U. K....................................	United Kingdom (Vereinigtes Königreich Großbritannien und Nordirland)
UmwG.................................	Umwandlungsgesetz (UmwG), Artikel 1 des Gesetzes zur Bereinigung des Umwandlungsrechts (UmwBerG) vom 28. Oktober 1994 (BGBl. I S. 3210, berichtigt 1995 I S. 428)
UrhG...................................	Gesetz über Urheberrecht und verwandte Schutzrechte (Urheberrechtsgesetz) vom 9. September 1965 (BGBl. I S. 1273)
U. S....................................	United States Supreme Court Reports
U. Tor. L. Y.	University of Toronto Law Journal
UWG...................................	Gesetz gegen den unlauteren Wettbewerb vom 7. Juni 1909 (RGBl. S. 499)

Abkürzungen

v.	von, vom, versus (gegen)
VBlBW	Verwaltungsblätter für Baden-Württemberg. Zeitschrift für öffentliches Recht und öffentliche Verwaltung, Stuttgart
VereinsG	Gesetz zur Regelung des öffentlichen Vereinsrechts (Vereinsgesetz) vom 5. August 1964 (BGBl. I S. 593)
VerfNW	Verfassung des Landes Nordrhein-Westfalen vom 28. Juni 1950 (GV NW S. 127, GV NW S. 3, SGV NW S. 100)
VermBG	Fünftes Gesetz zur Förderung der Vermögensbildung der Arbeitnehmer (Fünftes Vermögensbildungsgesetz – 5. VermBG) vom 1. Juli 1965 (BGBl. I S. 585) in der Fassung der Bekanntmachung vom 4. März 1994 (BGBl. I S. 406)
VerwArch.	Verwaltungsarchiv. Zeitschrift für Verwaltungslehre, Verwaltungsrecht und Verwaltungspolitik, Köln
VO	Verordnung
VOBl.	Verordnungsblatt
Vol.	Volume (Band)
Vorauflage	Tarifvertragsgesetz mit Durchführungs- und Nebenvorschriften. Kommentar, begründet von *Alfred Hueck* und *Hans Carl Nipperdey*, weitergeführt von *Ernst Tophoven* und *Eugen Stahlhacke*, neubearbeitet von *Herbert Wiedemann* und *Hermann Stumpf*, 5. neubearbeitete Auflage München 1977
VRG	Gesetz zur Förderung von Vorruhestandsleistungen (Vorruhestandsgesetz – VRG) vom 13. April 1984 (BGBl. I S. 601)
VVDStRL	Veröffentlichungen der Vereinigung der Deutschen Staatsrechtslehrer, Berlin
WährG	Erstes Gesetz zur Neuordnung des Geldwesens (Währungsgesetz) vom 20. Juni 1948 (WiGBl. Beil. 5 S. 1) (= Gesetz Nr. 61 der Amerikanischen und der Britischen Militärregierung; Verordnung Nr. 158 der Französischen Militärregierung)
WiGBl.	Gesetzblatt der Verwaltung des Vereinigten Wirtschaftsgebietes, Frankfurt am Main
WiR	Wirtschaftsrecht. Beiträge und Berichte aus dem Gesamtbereich des Wirtschaftsrechts, Köln
WiSt	Wirtschaftswissenschaftliches Studium, München, Frankfurt
WiSU	Wirtschaftsstudium, Düsseldorf
Wlotzke, Günstigkeitsprinzip	*Otfried Wlotzke*, Das Günstigkeitsprinzip im Verhältnis zum Einzelarbeitsvertrag und zur Betriebsvereinbarung, Heidelberg 1957
WM	Wertpapier-Mitteilungen, Köln
WRV	Verfassung des Deutschen Reichs (Weimarer Reichsverfassung) vom 11. August 1919 (RGBl. S. 1283)
WSI	Wirtschafts- und Sozialwissenschaftliches Institut des Deutschen Gewerkschaftsbundes

Abkürzungen

Abkürzungsverzeichnis

WSI Mitt.	Monatszeitschrift des Wirtschafts- und Sozialwissenschaftlichen Instituts des Deutschen Gewerkschaftsbundes, Köln
WuW	Wirtschaft und Wettbewerb, Düsseldorf
WWI-Mitt.	Wirtschaftswissenschaftliche Mitteilungen. Herausgegeben vom wirtschaftswissenschaftlichen Institut der Gewerkschaften Köln, Köln
Yale L.J.	The Yale Law Journal
ZAS	Zeitschrift für Arbeits- und Sozialrecht, Wien
ZBR	Zeitschrift für Beamtenrecht, Stuttgart
ZevKR	Zeitschrift für evangelisches Kirchenrecht, Tübingen
ZEW	Zentrum für Europäische Wirtschaftsforschung GmbH, Mannheim
ZfA	Zeitschrift für Arbeitsrecht, Köln, Berlin, Bonn, München
ZfSozWiss.	Zeitschrift für Sozialwissenschaft: ZfS, Leipzig
ZGR	Zeitschrift für Unternehmens- und Gesellschaftsrecht, Frankfurt am Main
ZgStW	Zeitschrift für die gesamte Staatswissenschaft, Tübingen
ZHR	Zeitschrift für das gesamte Handelsrecht und Wirtschaftsrecht, begründet von *Goldschmidt,* Stuttgart
ZIAS	Zeitschrift für ausländisches und internationales Arbeits- und Sozialrecht, Heidelberg
ZIP	Zeitschrift für Wirtschaftsrecht (und Insolvenzpraxis), Köln
Zöllner/Loritz, Arbeitsrecht ...	*Wolfgang Zöllner, Karl-Georg Loritz,* Arbeitsrecht. Ein Studienbuch, 5. neubearbeitete Auflage München 1998
ZPO	Zivilprozeßordnung vom 30. Januar 1877 (RGBl. S. 83) in der Fassung der Bekanntmachung des Artikel 9 des Gesetzes zur Wiederherstellung der Rechtseinheit auf dem Gebiete der Gerichtsverfassung, der bürgerlichen Rechtspflege, des Strafverfahrens und des Kostenrechts vom 12. September 1950 (BGBl. S. 455)
ZRP	Zeitschrift für Rechtspolitik, München, Frankfurt
ZTR	Zeitschrift für Tarif-, Arbeits- und Sozialrecht des öffentlichen Dienstes, München
ZVglRWiss	Zeitschrift für vergleichende Rechtswissenschaft, München, Stuttgart, Heidelberg
ZZP	Zeitschrift für Zivilprozeß, Berlin

Im übrigen wird verwiesen auf: *Hildebert Kirchner,* Abkürzungsverzeichnis der Rechtssprache, 4. erneuerte und erweiterte Auflage Berlin 1993

I. Gesetzestext

Tarifvertragsgesetz (TVG)

In der Fassung vom 25. August 1969 (BGBl. I S. 1323)

Geändert durch HeimarbeitsändG vom 29. Oktober 1974 (BGBl. I S. 2879) mit Maßgaben für das Gebiet der ehem. DDR durch Anlage I Kapitel VIII Sachgebiet A Abschnitt III Nr. 14 des Einigungsvertrages vom 31. 8. 1990 (BGBl. II S. 889)

BGBl. III/FNA 802-1

Das TVG vom 9. April 1949 (WiGBl. S. 55) wurde geändert durch das Gesetz zur Änderung des Tarifvertragsgesetzes vom 11. Januar 1952 (BGBl. I S. 19) und neugefaßt am 25. August 1969 (BGBl. I S. 1323) aufgrund des Ersten Arbeitsrechtsbereinigungsgesetzes vom 14. August 1969 (BGBl. I S. 1106). Hinsichtlich seines Geltungsbereichs wurde es erweitert durch das Gesetz über die Erstreckung des Tarifvertragsgesetzes vom 23. April 1953 (BGBl. I S. 156) und durch das Gesetz zur Einführung von Bundesrecht auf den Gebieten der Arbeitsbedingungen und des Familienlastenausgleichs im Saarland vom 30. Juni 1959 (BGBl. I S. 361). In West-Berlin wurde es durch das Gesetz vom 16. Januar 1975 (GVBl. S. 193, 196) übernommen.

Der Geltungsbereich wurde abermals erweitert für das Gebiet der ehem. DDR durch Anlage I Kapitel VIII Sachgebiet A Abschnitt III Nr. 14 des Einigungsvertrages vom 31. 8. 1990 (BGBl. II S. 889) mit folgender Maßgabe:

„Bis zum Abschluß eines neuen Tarifvertrages ist der geltende Rahmenkollektivvertrag oder Tarifvertrag mit allen Nachträgen und Zusatzvereinbarungen weiter anzuwenden, soweit eine Registrierung entsprechend dem Arbeitsgesetzbuch erfolgt ist. Der Rahmenkollektivvertrag oder Tarifvertrag tritt ganz oder teilweise außer Kraft, wenn für denselben Geltungsbereich oder Teile desselben ein neuer Tarifvertrag in Kraft tritt. Bestimmungen bisheriger Rahmenkollektivverträge oder Tarifverträge, die im neuen Tarifvertrag nicht aufgehoben oder ersetzt sind, gelten weiter. Rationalisierungsschutzabkommen, die vor dem 1. Juli 1990 abgeschlossen und registriert worden sind, treten ohne Nachwirkung am 31. Dezember 1990 außer Kraft; soweit Arbeitnehmer bis zum 31. Dezember 1990 die Voraussetzungen der Rationalisierungsschutzabkommen erfüllt haben, bleiben deren Ansprüche und Rechte vorbehaltlich neuer tarifvertraglicher Regelungen unberührt. Die Regelungen des Artikel 20 des Vertrages und der dazu ergangenen Anlagen bleiben unberührt."

Übersicht

	§§
Inhalt und Form des Tarifvertrages	1
Tarifvertragsparteien	2
Tarifgebundenheit	3
Wirkung der Rechtsnormen	4
Allgemeinverbindlichkeit	5
Tarifregister	6

	§§
Übersendungs- und Mitteilungspflicht	7
Bekanntgabe des Tarifvertrages	8
Feststellung der Rechtswirksamkeit	9
Tarifvertrag und Tarifordnungen	10
Durchführungsbestimmungen	11
Spitzenorganisationen	12
Arbeitnehmerähnliche Personen	12a
Berlin-Klausel	12b
Inkrafttreten	13

§ 1 Inhalt und Form des Tarifvertrages

(1) Der Tarifvertrag regelt die Rechte und Pflichten der Tarifvertragsparteien und enthält Rechtsnormen, die den Inhalt, den Abschluß und die Beendigung von Arbeitsverhältnissen sowie betriebliche und betriebsverfassungsrechtliche Fragen ordnen können.

(2) Tarifverträge bedürfen der Schriftform.

§ 2 Tarifvertragsparteien

(1) Tarifvertragsparteien sind Gewerkschaften, einzelne Arbeitgeber sowie Vereinigungen von Arbeitgebern.

(2) Zusammenschlüsse von Gewerkschaften und von Vereinigungen von Arbeitgebern (Spitzenorganisationen) können im Namen der ihnen angeschlossenen Verbände Tarifverträge abschließen, wenn sie eine entsprechende Vollmacht haben.

(3) Spitzenorganisationen können selbst Parteien eines Tarifvertrages sein, wenn der Abschluß von Tarifverträgen zu ihren satzungsgemäßen Aufgaben gehört.

(4) In den Fällen der Absätze 2 und 3 haften sowohl die Spitzenorganisationen wie die ihnen angeschlossenen Verbände für die Erfüllung der gegenseitigen Verpflichtungen der Tarifvertragsparteien.

§ 3 Tarifgebundenheit

(1) Tarifgebunden sind die Mitglieder der Tarifvertragsparteien und der Arbeitgeber, der selbst Partei des Tarifvertrages ist.

(2) Rechtsnormen des Tarifvertrages über betriebliche und betriebsverfassungsrechtliche Fragen gelten für alle Betriebe, deren Arbeitgeber tarifgebunden ist.

(3) Die Tarifgebundenheit bleibt bestehen, bis der Tarifvertrag endet.

§ 4 Wirkung der Rechtsnormen

(1) Die Rechtsnormen des Tarifvertrages, die den Inhalt, den Abschluß oder die Beendigung von Arbeitsverhältnissen ordnen, gelten unmittelbar und zwingend zwischen den beiderseits Tarifgebundenen, die unter den Geltungsbereich des Tarifvertrages fallen. Diese Vorschrift gilt entsprechend

für Rechtsnormen des Tarifvertrages über betriebliche und betriebsverfassungsrechtliche Fragen.

(2) Sind im Tarifvertrag gemeinsame Einrichtungen der Tarifvertragsparteien vorgesehen und geregelt (Lohnausgleichskassen, Urlaubskassen usw.), so gelten diese Regelungen auch unmittelbar und zwingend für die Satzung dieser Einrichtung und das Verhältnis der Einrichtung zu den tarifgebundenen Arbeitgebern und Arbeitnehmern.

(3) Abweichende Abmachungen sind nur zulässig, soweit sie durch den Tarifvertrag gestattet sind oder eine Änderung der Regelungen zugunsten des Arbeitnehmers enthalten.

(4) Ein Verzicht auf entstandene tarifliche Rechte ist nur in einem von den Tarifvertragsparteien gebilligten Vergleich zulässig. Die Verwirkung von tariflichen Rechten ist ausgeschlossen. Ausschlußfristen für die Geltendmachung tariflicher Rechte können nur im Tarifvertrag vereinbart werden.

(5) Nach Ablauf des Tarifvertrages gelten seine Rechtsnormen weiter, bis sie durch eine andere Abmachung ersetzt werden.

§ 5 Allgemeinverbindlichkeit

(1) Der Bundesminister für Arbeit und Sozialordnung kann einen Tarifvertrag im Einvernehmen mit einem aus je drei Vertretern der Spitzenorganisationen der Arbeitgeber und der Arbeitnehmer bestehenden Ausschuß auf Antrag einer Tarifvertragspartei für allgemeinverbindlich erklären, wenn
1. die tarifgebundenen Arbeitgeber nicht weniger als 50 vom Hundert der unter den Geltungsbereich des Tarifvertrages fallenden Arbeitnehmer beschäftigen und
2. die Allgemeinverbindlicherklärung im öffentlichen Interesse geboten erscheint.

Von den Voraussetzungen der Nummern 1 und 2 kann abgesehen werden, wenn die Allgemeinverbindlicherklärung zur Behebung eines sozialen Notstandes erforderlich erscheint.

(2) Vor der Entscheidung über den Antrag ist Arbeitgebern und Arbeitnehmern, die von der Allgemeinverbindlicherklärung betroffen werden würden, den am Ausgang des Verfahrens interessierten Gewerkschaften und Vereinigungen der Arbeitgeber sowie den obersten Arbeitsbehörden der Länder, auf deren Bereich sich der Tarifvertrag erstreckt, Gelegenheit zur schriftlichen Stellungnahme sowie zur Äußerung in einer mündlichen und öffentlichen Verhandlung zu geben.

(3) Erhebt die oberste Arbeitsbehörde eines beteiligten Landes Einspruch gegen die beantragte Allgemeinverbindlicherklärung, so kann der Bundesminister für Arbeit und Sozialordnung dem Antrag nur mit Zustimmung der Bundesregierung stattgeben.

(4) Mit der Allgemeinverbindlicherklärung erfassen die Rechtsnormen des Tarifvertrages in seinem Geltungsbereich auch die bisher nicht tarifgebundenen Arbeitgeber und Arbeitnehmer.

(5) Der Bundesminister für Arbeit und Sozialordnung kann die Allgemeinverbindlicherklärung eines Tarifvertrages im Einvernehmen mit dem in Abs. 1 genannten Ausschuß aufheben, wenn die Aufhebung im öffentlichen Interesse geboten erscheint. Die Absätze 2 und 3 gelten entsprechend. Im übrigen endet die Allgemeinverbindlichkeit eines Tarifvertrages mit dessen Ablauf.

(6) Der Bundesminister für Arbeit und Sozialordnung kann der obersten Arbeitsbehörde eines Landes für einzelne Fälle das Recht zur Allgemeinverbindlicherklärung sowie zur Aufhebung der Allgemeinverbindlichkeit übertragen.

(7) Die Allgemeinverbindlicherklärung wie die Aufhebung der Allgemeinverbindlichkeit bedürfen der öffentlichen Bekanntmachung.

§ 6 Tarifregister

Bei dem Bundesminister für Arbeit und Sozialordnung wird ein Tarifregister geführt, in das der Abschluß, die Änderung und die Aufhebung der Tarifverträge sowie der Beginn und die Beendigung der Allgemeinverbindlichkeit eingetragen werden.

§ 7 Übersendungs- und Mitteilungspflicht

(1) Die Tarifvertragsparteien sind verpflichtet, dem Bundesminister für Arbeit und Sozialordnung innerhalb eines Monats nach Abschluß kostenfrei die Urschrift oder eine beglaubigte Abschrift sowie zwei weitere Abschriften eines jeden Tarifvertrages und seiner Änderungen zu übersenden; sie haben ihm das Außerkrafttreten eines jeden Tarifvertrages innerhalb eines Monats mitzuteilen. Sie sind ferner verpflichtet, den obersten Arbeitsbehörden der Länder, auf deren Bereich sich der Tarifvertrag erstreckt, innerhalb eines Monats nach Abschluß kostenfrei je drei Abschriften des Tarifvertrages und seiner Änderungen zu übersenden und auch das Außerkrafttreten des Tarifvertrages innerhalb eines Monats mitzuteilen. Erfüllt eine Tarifvertragspartei die Verpflichtungen, so werden die übrigen Tarifvertragsparteien davon befreit.

(2) Ordnungswidrig handelt, wer vorsätzlich oder fahrlässig entgegen Absatz 1 einer Übersendungs- oder Mitteilungspflicht nicht, unrichtig, nicht vollständig oder nicht rechtzeitig genügt. Die Ordnungswidrigkeit kann mit einer Geldbuße geahndet werden.

(3) Verwaltungsbehörde im Sinne des § 36 Abs. 1 Nr. 1 des Gesetzes über Ordnungswidrigkeiten ist die Behörde, der gegenüber die Pflicht nach Absatz 1 zu erfüllen ist.

§ 8 Bekanntgabe des Tarifvertrages

Die Arbeitgeber sind verpflichtet, die für ihren Betrieb maßgebenden Tarifverträge an geeigneter Stelle im Betrieb auszulegen.

§ 9 Feststellung der Rechtswirksamkeit

Rechtskräftige Entscheidungen der Gerichte für Arbeitssachen, die in Rechtsstreitigkeiten zwischen Tarifvertragsparteien aus dem Tarifvertrag oder über das Bestehen oder Nichtbestehen des Tarifvertrages ergangen sind, sind in Rechtsstreitigkeiten zwischen tarifgebundenen Parteien sowie zwischen diesen und Dritten für die Gerichte und Schiedsgerichte bindend.

§ 10 Tarifvertrag und Tarifordnungen

(1) Mit dem Inkrafttreten eines Tarifvertrages treten Tarifordnungen und Anordnungen auf Grund der Verordnung über die Lohngestaltung vom 25. Juni 1938 (RGBl. I S. 691) und ihrer Durchführungsverordnung vom 23. April 1941 (RGBl. I S. 222), die für den Geltungsbereich des Tarifvertrages oder Teile desselben erlassen worden sind, außer Kraft, mit Ausnahme solcher Bestimmungen, die durch den Tarifvertrag nicht geregelt worden sind.

(2) Der Bundesminister für Arbeit und Sozialordnung kann Tarifordnungen und die im Abs. 1 bezeichneten Anordnungen aufheben; die Aufhebung bedarf der öffentlichen Bekanntmachung.

§ 11 Durchführungsbestimmungen

Der Bundesminister für Arbeit und Sozialordnung kann unter Mitwirkung der Spitzenorganisationen der Arbeitgeber und der Arbeitnehmer die zur Durchführung des Gesetzes erforderlichen Verordnungen erlassen, insbesondere über

1. die Errichtung und die Führung des Tarifregisters und des Tarifarchivs;
2. das Verfahren bei der Allgemeinverbindlicherklärung von Tarifverträgen und der Aufhebung von Tarifordnungen und Anordnungen, die öffentlichen Bekanntmachungen bei der Antragstellung, der Erklärung und Beendigung der Allgemeinverbindlichkeit und der Aufhebung von Tarifordnungen und Anordnungen sowie die hierdurch entstehenden Kosten;
3. den in § 5 genannten Ausschuß.

§ 12 Spitzenorganisationen

Spitzenorganisationen im Sinne dieses Gesetzes sind – unbeschadet der Regelung in § 2 – diejenigen Zusammenschlüsse von Gewerkschaften oder von Arbeitgebervereinigungen, die für die Vertretung der Arbeitnehmer- oder der Arbeitgeberinteressen im Arbeitsleben des Bundesgebietes wesentliche Bedeutung haben. Ihnen stehen gleich Gewerkschaften und Arbeitgebervereinigungen, die keinem solchen Zusammenschluß angehören, wenn sie die Voraussetzungen des letzten Halbsatzes in Satz 1 erfüllen.

§ 12a Arbeitnehmerähnliche Personen

(1) Die Vorschriften dieses Gesetzes gelten entsprechend

1. für Personen, die wirtschaftlich abhängig und vergleichbar einem Arbeitnehmer sozial schutzbedürftig sind (arbeitnehmerähnliche Personen), wenn sie auf Grund von Dienst- oder Werkverträgen für andere Personen tätig sind, die geschuldeten Leistungen persönlich und im wesentlichen ohne Mitarbeit von Arbeitnehmern erbringen und
   a) überwiegend für eine Person tätig sind oder
   b) ihnen von einer Person im Durchschnitt mehr als die Hälfte des Entgelts zusteht, das ihnen für ihre Erwerbstätigkeit insgesamt zusteht; ist dies nicht voraussehbar, so sind für die Berechnung, soweit im Tarifvertrag nichts anderes vereinbart ist, jeweils die letzten sechs Monate, bei kürzerer Dauer der Tätigkeit dieser Zeitraum, maßgebend,
2. für die in Nummer 1 genannten Personen, für die die arbeitnehmerähnlichen Personen tätig sind, sowie für die zwischen ihnen und den arbeitnehmerähnlichen Personen durch Dienst- oder Werkverträge begründeten Rechtsverhältnisse.

(2) Mehrere Personen, für die arbeitnehmerähnliche Personen tätig sind, gelten als eine Person, wenn diese mehreren Personen nach der Art eines Konzerns (§ 18 des Aktiengesetzes) zusammengefaßt sind oder zu einer zwischen ihnen bestehenden Organisationsgemeinschaft oder nicht nur vorübergehenden Arbeitsgemeinschaft gehören.

(3) Die Absätze 1 und 2 finden auf Personen, die künstlerische, schriftstellerische oder journalistische Leistungen erbringen, sowie auf Personen, die an der Erbringung, insbesondere der technischen Gestaltung solcher Leistungen unmittelbar mitwirken, auch dann Anwendung, wenn ihnen abweichend von Absatz 1 Nr. 1 Buchstabe b erster Halbsatz von einer Person im Durchschnitt mindestens ein Drittel des Entgelts zusteht, das ihnen für ihre Erwerbstätigkeit insgesamt zusteht.

(4) Die Vorschrift findet keine Anwendung auf Handelsvertreter im Sinne des § 84 des Handelsgesetzbuchs.

§ 12b Berlin-Klausel *(gegenstandslos)*

§ 13 Inkrafttreten[1]

(1) Dieses Gesetz tritt mit seiner Verkündung in Kraft.

(2) Tarifverträge, die vor dem Inkrafttreten dieses Gesetzes abgeschlossen sind, unterliegen diesem Gesetz.

---

[1] *Amtliche Anmerkung:* „Die Vorschrift betrifft das Inkrafttreten des Gesetzes in der Fassung vom 9. April 1949 (Gesetzblatt der Verwaltung des Vereinigten Wirtschaftsgebietes S. 55). Der Zeitpunkt des Inkrafttretens der späteren Änderungen und Ergänzungen ergibt sich aus den in der vorangestellten Bekanntmachung bezeichneten Vorschriften."
Vgl. die Bekanntmachung der Neufassung des TVG vom 5. 8. 1969 (BGBl. I S. 1323).
Die alte Fassung des TVG wurde am 22. 4. 1949, die Neufassung am 27. 8. 1969 verkündet.

II. Geschichte des Tarifvertragsgesetzes

Übersicht

	Rnr.
I. Entwicklung des Tarifvertragsrechts bis zum Tarifvertragsgesetz	1–18
1. Die Zeit bis zum Ersten Weltkrieg	1–6
a) Der Tarifvertrag als legaler Schuldvertrag	1–5
b) Entwürfe für ein Tarifvertragsgesetz	6
2. Entwicklung der Gesetzgebung und rechtspolitische Diskussion in der Zeit der Weimarer Republik	7–14
a) Die Tarifvertragsverordnung	7–11
b) Die rechtspolitische Diskussion in der Weimarer Zeit	12–14
3. Zerschlagung des Tarifvertragswesens	15–18
II. Entstehung des Tarifvertragsgesetzes für das Vereinigte Wirtschaftsgebiet	19–46
1. Die Rechtslage in der amerikanischen und der britischen Besatzungszone	19
2. Entwürfe und Materialien zum Tarifvertragsgesetz	20–38
a) Vorbemerkung	20
b) Vorarbeiten in der britischen Besatzungszone	21–24
aa) Referentenentwurf des Zentralamtes für Arbeit (sog. Lemgoer Entwurf)	22, 23
bb) Entwurf der Arbeitsgemeinschaft der Arbeitgeber	24
c) Die Entwürfe des Länderrats	25–27
aa) Der Vorentwurf des Länderrats	26
bb) Entwurf des Arbeitsrechtsausschusses des Länderrats (sog. Zusmarshausener oder Stuttgarter Entwurf)	27
d) Die Entwürfe der Gewerkschaften	28–33
aa) Erster Vorentwurf zu dem Entwurf des Bundesvorstandes des Gewerkschaftsbundes für die britische Zone (April 1948)	29
bb) Zweiter Vorentwurf zu dem Entwurf des Bundesvorstandes des Gewerkschaftsbundes für die britische Zone	30
cc) Entwurf des Bundesvorstandes des Deutschen Gewerkschaftsbundes für die britische Zone	31
dd) Entwurf des Gewerkschaftsrates der Vereinigten Zonen vom 7. September 1948	32, 33
e) Die Beratungen im Wirtschaftsrat des Vereinigten Wirtschaftsgebietes	34–46
aa) Initiativantrag der SPD-Fraktion	37
bb) Entwurf der Verwaltung für Arbeit	38
cc) Protokoll der Sitzung des Ausschusses für Arbeit am 13. 10. 1948	39
dd) Der Entwurf der Redaktionskommission	40
ee) Protokoll der Sitzung des Ausschusses für Arbeit am 3. 11. 1948	41
ff) Aktennotiz der Hauptabteilung III/1870/4 vom 9. 11. 1948	42
3. Die Lesung im Wirtschaftsrat	43
4. Die Genehmigung der Alliierten	44–46

	Rnr.
III. Rechtsentwicklung außerhalb des Vereinigten Wirtschaftsgebiets	47–57
1. Länder der französischen Besatzungszone	47–51
a) Rheinland-Pfalz	48
b) Baden	49
c) Württemberg-Hohenzollern	50
d) Bayerischer Kreis Lindau	51
2. Saarland	52
3. Berlin (West)	53, 54
4. Sowjetische Besatzungszone	55–57
IV. Rechtsentwicklung nach Inkrafttreten des Tarifvertragsgesetzes	58–80
1. Fortgeltung als Bundesrecht	58
2. Gesetz zur Änderung des Tarifvertragsgesetzes	59–62
3. Erstreckung auf die Länder der ehem. französischen Besatzungszone	63
4. Inkrafttreten im Saarland	64
5. Erstes Arbeitsrechtsbereinigungsgesetz	65–71
6. Heimarbeitsänderungsgesetz	72–76
7. Inkrafttreten in Berlin	77, 78
8. Inkrafttreten im Beitrittsgebiet	79, 80

I. Entwicklung des Tarifvertragsrechts bis zum Tarifvertragsgesetz

1. Die Zeit bis zum Ersten Weltkrieg

1 **a) Der Tarifvertrag als legaler Schuldvertrag.** Als dogmengeschichtlicher Ausgangspunkt für die Geschichte des kodifizierten Tarifvertragsrechts sind jene Bestimmungen der Gewerbeordnung für das Deutsche Reich anzusehen, die das vormals bestehende Koalitionsverbot aufhoben. Die insoweit einschlägigen §§ 152, 153 der Gewerbeordnung für das Deutsche Reich in der Fassung der Bekanntmachung vom 26. Juli 1900[1] hatten folgenden Wortlaut:

„§ 152. (1) Alle Verbote und Strafbestimmungen gegen Gewerbetreibende, gewerbliche Gehülfen, Gesellen oder Fabrikarbeiter wegen Verabredungen und Vereinigungen zum Behufe der Erlangung günstiger Lohn- und Arbeitsbedingungen, insbesondere mittels Einstellung der Arbeit oder Entlassung der Arbeiter, werden aufgehoben.

(2) Jedem Teilnehmer steht der Rücktritt von solchen Vereinigungen und Verabredungen frei, und es findet aus letzteren weder Klage noch Einrede statt.

§ 153. Wer Andere durch Anwendung körperlichen Zwanges, durch Drohungen, durch Ehrverletzung oder durch Verrufserklärung bestimmt oder zu bestimmen versucht, an solchen Verabredungen (§ 152) Theil zu nehmen, oder ihnen Folge zu leisten, oder Andere durch gleiche Mittel hindert oder zu hindern sucht, von solchen Verabredungen zurückzutreten, wird mit Gefängnis bis zu drei Monaten bestraft, sofern nach dem allgemeinen Strafgesetze nicht eine härtere Strafe eintritt."

---

[1] RGBl. S. 871. Die Vorschrift des § 153 GewO wurde am 22. 5. 1918 aufgehoben (RGBl. S. 423). Demgegenüber blieb § 152 Abs. 2 GewO formell in Kraft, wurde jedoch seit dem Jahre 1925 vom Reichsgericht mit der Begründung, daß die Vorschrift gegen Art. 159 WRV verstoße, nicht mehr angewandt (RGZ 111, S. 119, 200 ff.).

Keineswegs einhellig wurde die Frage beantwortet, ob sich der Ausschluß der Klagbarkeit, den § 152 Abs. 2 GewO a. F. anordnete, auf Tarifverträge bezog. Anlaß für kontroverse Diskussionen lieferte vor allem die Judikatur der reichsgerichtlichen Strafsenate. So stellte der 3. *Strafsenat* in einem Erkenntnis vom 30. *April 1903* fest, daß die Lohnabrede einer aus Arbeitgeber- und Arbeitnehmervertretern zusammengesetzten Kommission unter die Bestimmungen der §§ 152, 153 GewO a. F. fiel.[2] Die Judikatur der Zivilsenate des Reichsgerichts war demgegenüber – nicht zuletzt aufgrund der literarischen Kritik[3] – von einem restriktiveren Verständnis geprägt. Insbesondere der 6. *Zivilsenat* stellte in seiner Grundsatzentscheidung vom 20. *Januar 1910*[4] unmißverständlich klar, daß Tarifverträge nicht zu den von § 152 Abs. 2 GewO a. F. erfaßten „Verabredungen" gehörten und unterwarf sie dementsprechend den allgemeinen Bestimmungen des Vertragsrechts. Wörtlich führte das Gericht aus:

„Die Auffassung, daß jeder Tarifvertrag eine unter § 152 GewO fallende Verabredung sei, ist in jenen Urteilen weder ausdrücklich ausgesprochen, noch ergibt sie sich mittelbar aus den dort dargelegten Erwägungen. In der Literatur hat sie ebenfalls nur ganz vereinzelt Vertretung gefunden; sie kann auch nicht als begründet erachtet werden. Allerdings werden die Tarifverträge zu dem Zwecke abgeschlossen, eine für die Arbeitgeber und für die Arbeitnehmer erwünschte Gestaltung der Arbeits- und Lohnverhältnisse oder doch einen Zustand herbeizuführen, der den beiderseitigen Wünschen so weit gerecht wird, daß er von ihnen als erträglich angesehen wird. Daraus folgt aber noch keineswegs die Richtigkeit der vorstehend bezeichneten Auffassung. Wenn in § 152 Abs. 1 GewO durch Aufhebung aller entgegenstehenden Verbote bestimmt worden ist, es solle im Gebiete des Gewerberechtes sowohl den Arbeitgebern als den Arbeitnehmern erlaubt sein, sich zur Erlangung günstiger Arbeitsbedingungen zusammen zu tun, um gemeinsam ihre Wünsche betreffs dieser Bedingungen durchzusetzen, und weiter zugelassen worden ist, daß jeder Teil, um den Widerstand der Gegenpartei zu überwinden, auch die im Schlußsatze des Abs. 1 gekennzeichneten Kampfmittel anwenden dürfe, so haben diese Vorschriften überall nur die Frage zum Gegenstande, in welcher Weise beim Widerstreite der gegenseitigen Interessen der Kampf geführt werden darf. Danach kann auch die Vorschrift in Abs. 2 nur auf Vereinigungen, die zum Zwecke des Kampfes geschlossen, und auf Verabredungen, die über den Kampf und seine Führung getroffen sind, bezogen werden. Ein Tarifvertrag ist aber an sich kein Kampfmittel, dessen sich die streitenden Parteien zur Erreichung des von ihnen angestrebten Zieles bedienen. Der Abschluß des Tarifvertrages stellt vielmehr, wenn ihm ein Kampf vorangegangen ist, entweder selbst das Ziel, das durch diesen erreicht werden sollte, dar, oder ist doch dessen Ergebnis, ganz ebenso, wie dann, wenn eine Partei in dem Streite völlig unterlegen ist, ihre Unterwerfung unter die Forderungen des obliegenden Teils keine dessen Bekämpfung bezweckende Maßnahme, sondern der dem Kampf beendende Friedensschluß ist. Kommt aber der Tarifvertrag zustande, ohne daß bereits zur Brechung des vom Gegner geleisteten Widerstandes bestimmte Maßregeln ergriffen worden waren, so ist der Vertrag ein Akt, der zur Abwendung des Kampfes vorgenommen wird.
Der Meinung, daß auf die Tarifverträge die Bestimmung in § 152 Abs. 2 GewO Anwendung zu finden habe, steht übrigens auch die Erwägung entgegen, daß es nicht als die Absicht des Gesetzgebers angesehen werden kann, Einigungen zwischen Grup-

---

[2] RGSt. 36, S. 236, 240.
[3] Z. B. *Baum,* Das Gewerbe- und Kaufmannsgericht Bd. 9, 1904, Sp. 233 ff.; *Rundstein,* Die Tarifvertragsidee und die moderne Rechtswissenschaft, 1906, S. 43; *Landmann,* DJZ 1910, Sp. 497 ff.; sowie zusammenfassend *Rainer Schröder,* Die Entwicklung des Kartellrechts und des kollektiven Arbeitsrechts durch die Rechtsprechung des Reichsgerichts vor 1914, 1988, S. 365 ff.
[4] RGZ 73, S. 92 ff.

pen von Arbeitgebern und Arbeitnehmern über Lohn- und sonstige Arbeitsbedingungen durch Versagung jeden Rechtsschutzes für die hierauf abzielenden Vereinbarungen zu entwerten und damit mittelbar zu verhindern. Auch sonst liegt kein Grund vor, solchen Vereinbarungen, abweichend von den allgemeinen über die Klagbarkeit der Verträge bestehenden Rechtsgrundsätzen, diese abzusprechen."[5]

3 Die hiermit eingeleitete Legalisierung des Tarifvertrages war zwar als Fortschritt zu bewerten, darf jedoch nicht darüber hinwegtäuschen, daß die Anwendung der allgemeinen zivilrechtlichen Maximen des Vertragsrechts dem Zweck der Tarifverträge nur unzureichend gerecht wurde. Das Ziel einer normativen Wirkung, abweichende, insbesondere ungünstigere Abreden in den Einzelverträgen zu verdrängen, ließ sich mit Hilfe des Vertragsrechts konstruktiv nicht bewältigen. Gegenteilige rechtsdogmatische Überlegungen, insbesondere der von *Lotmar* herausgearbeitete vertretungsrechtliche Ansatz,[6] konnten sich zur damaligen Zeit nicht durchsetzen.[7] Vielmehr entsprach es der vorherrschenden Ansicht, daß es hierfür eines gesetzgeberischen Aktes bedurfte.[8]

4 Die stiefmütterliche Behandlung des Tarifvertrages durch den Gesetzgeber konnte seine tatsächliche Verbreitung nur begrenzt einschränken. Das Tarifvertragswesen entwickelte sich in Deutschland nach englischem Vorbild in der zweiten Hälfte des 19. Jahrhunderts. Der erste wichtige Tarifvertrag, der einheitlich für das damalige Reichsgebiet galt, war der Buchdruckertarif von 1873. Charakteristisch für ihn ist, daß er über eine bloße Festsetzung der Arbeitsbedingungen hinausging und ein dauerndes Zusammenwirken der Parteien zur Aufrechterhaltung und Fortbildung des Tarifvertrages vorsah (sog. Tarifgemeinschaft). 1896 wurde ein neuer und technisch verbesserter Tarifvertrag für das Buchdruckergewerbe abgeschlossen; 1899 folgte der Bauarbeitertarif. Dann nahm die Bewegung rasch zu, da die freien (sozialistischen) Gewerkschaften sich auf einem Gewerkschaftskongreß im Jahre 1899 zugunsten der kollektiven Gestaltung von Arbeitsbedingungen aussprachen und ihren früheren Widerstand aufgaben. 1906 waren es schon 4000 Tarifverträge, und 1913 zählte man 12369 Tarifverträge für 193000 Betriebe und 1,8 Mio. Arbeitnehmer. Trotzdem wurde nur der kleinere Teil der gewerblichen Arbeitnehmer von Tarifverträgen erfaßt. Die Großindustrie, insbes. der Bergbau, der Handel und das Versicherungs- und Bankgewerbe waren in der

---

[5] RGZ 73, S. 92, 99 f.
[6] *Lotmar*, Der Arbeitsvertrag Bd. I, 1902, S. 775 ff., 780 ff.; ebenso zumindest im Ergebnis *Koehne*, Die Arbeitsordnungen, 1901, S. 260; *Bail*, Das Rechtsverhältnis der Arbeitgeber und Arbeitnehmer, 1904, S. 73 f.; *Rundstein*, Die Tarifverträge und die moderne Rechtswissenschaft, 1906, S. 135 ff.; sowie anfänglich auch noch *Sinzheimer*, Das Gewerbe- und Kaufmannsgericht Bd. 10, 1905, S. 375 ff.
[7] Ablehnend insbesondere *Sinzheimer*, Der korporative Arbeitsnormenvertrag Bd. II, 1908, S. 54 ff.; ebenso *Baum*, Gruchot Beitr. Bd. 49 (1905) S. 261, 265 f.; *Enneccerus*, Lehrbuch des Bürgerlichen Rechts Bd. I/2, 4./5. Aufl. 1910, § 365 IV, S. 383; *Oertmann*, ZfSozWiss. 1907, S. 1, 22 ff.; *Prenner*, SeuffBl. Bd. 72, S. 222 ff.; *Schall*, JherJb. Bd. 52 (1907) S. 1, 199 ff.; *Sigel*, Der gewerbliche Arbeitsvertrag, 1903, S. 33 ff. Instruktiv zum damaligen Meinungsstand *Thilo Ramm*, Die Parteien des Tarifvertrages, 1961, S. 36 ff., der seinerseits versucht, die „Vertreter-Theorie" Lotmars wiederzuerwecken.
[8] Hueck/*Nipperdey*, Arbeitsrechts II, 1./2. Aufl. 1930, § 21 I 1, S. 212 Fn. 2; *Molitor*, TVVO, 1930, § 1 TVVO, Rnr. 35.

Zeit vor 1914 im allgemeinen tariffeindlich eingestellt. Für die nichtgewerblichen Arbeitnehmer fehlten Tarifverträge fast völlig.

Die Bezeichnung „Tarifvertrag" erklärt sich daraus, daß man in diesen **5** Verträgen in erster Linie die Löhne regelte, und zwar nicht nur Einzellöhne, sondern ganze Tarife für die verschiedenen Gruppen der Arbeitnehmer aufstellte. Der Name geht seinerseits auf den Zolltarif – so benannt nach der südlich von Gibraltar gelegenen Stadt Tarifa – zurück.[9] Der Ausdruck wurde beibehalten, obwohl er seit langem zu eng ist, da es sich heute nicht nur um die Festsetzung der Lohn- und Gehaltsstaffel, sondern um die Gesamtregelung der Arbeits- und Wirtschaftsbedingungen der Arbeitnehmer handelt. Im deutschsprachigen Ausland spricht man in Österreich von einem „Kollektivvertrag" und in der Schweiz von einem „Gesamtarbeitsvertrag".

b) Entwürfe für ein Tarifvertragsgesetz. Zeitgleich mit der zuneh- **6** menden tatsächlichen Verbreitung von Tarifverträgen kamen seit Beginn des 20. Jahrhunderts wiederholt Forderungen nach einer Kodifizierung des Tarifvertragsrechts auf. Während die Verbände der Arbeitgeber und Arbeitnehmer darauf eher zurückhaltend bis ablehnend reagierten[10] und auch die im Reichstag eingebrachten Initiativen eine Ablehnung erfuhren,[11] wurden vor allem seitens der Rechtswissenschaft Entwürfe für eine Kodifizierung des Tarifvertragsrechts vorgestellt, die für die späteren gesetzlichen Regelungen prägende Bedeutung besaßen.[12] Besonders hervorzuheben sind in diesem Zusammenhang die Vorschläge von *Lotmar/Sulzer*,[13] die Empfehlungen des 29. Deutschen Juristentages[14] sowie die Entwürfe von *Wölbling*,[15] *Rosenthal*[16] und *Sinzheimer*.[17]

---

[9] Vgl. *Herschel*, RdA 1975, S. 333, 337.
[10] Siehe *Stefan Hainke*, Vorgeschichte und Entstehung der Tarifvertragsverordnung vom 23. Dezember 1918, Diss. Kiel 1987, S. 15 ff. (Arbeitnehmerverbände), S. 24 ff. (Arbeitgeberverbände).
[11] Näher *Stefan Hainke*, Vorgeschichte und Entstehung der Tarifvertragsverordnung vom 23. Dezember 1918, Diss. Kiel 1987, S. 29 ff.
[12] Aus der damaligen Diskussion siehe neben den im Text genannten Entwürfen ferner die Beiträge von *Brentano*, Verhandlungen des Vereins für Sozialpolitik Bd. 116, S. 135 ff.; *Köppe*, Jahrbuch für Nationalökonomie und Statistik Bd. 30 (1905), S. 289 ff.; *ders.*, Der Arbeitstarifvertrag als Gesetzgebungsproblem, 1908; *Schall*, JherJb. Bd. 52 (1907), S. 1, 199 ff.; *Schalhorn*, Soziale Praxis Bd. 15, 1905/1906, Sp. 50 ff.; *Schmidt*, Sozialistische Monatshefte 1908, S. 492 ff.; *Zimmermann*, Verhandlungen des 29. Deutschen Juristentages Bd. III, 1908, S. 187 ff.; *ders.*, Das Gewerbe- und Kaufmannsgericht Bd. 15, 1909/1910, Sp. 418 ff.; *Zimmermann/Sinzheimer*, Arbeitstarifverträge, 1908.
[13] Veröffentlicht in: Soziale Praxis Bd. 9, 1901/1902, Sp. 349 ff.; zuvor bereits *ders.*, Archiv für Soziale Gesetzgebung und Statistik Bd. 15, 1900, S. 1 ff.; sowie nachfolgend *ders.*, DJZ 1908, Sp. 902 ff.
[14] Verhandlungen des 29. Deutschen Juristentages Bd. V, 1909, S. 18 ff.; sowie die Gutachten von *v. Schulz* und *Zimmermann*, Verhandlungen des 29. Deutschen Juristentages Bd. II, 1908, S. 201, 267 ff.; Verhandlungen des 29. Deutschen Juristentages Bd. III, 1908, S. 187, 237 ff.
[15] Abgedruckt in: Soziale Praxis Bd. 18, 1908/1909, Sp. 166 ff.; sowie die ausführliche Begründung bei *Wölbling*, Archiv für Sozialwissenschaften und Sozialpolitik Bd. 29 (1910), Heft 2 Sp. 481 ff., Heft 3 Sp. 299 ff.
[16] *Rosenthal*, in: Festgabe für Paul Laband Bd. II (1908), S. 135, 147 ff.
[17] *Sinzheimer*, Ein Arbeitstarifgesetz, 1916; sowie das zuvor von Sinzheimer erstattete Gutachten (Brauchen wir ein Tarifvertragsgesetz, 1913) und die dogmatische Stu-

2. Entwicklung der Gesetzgebung und rechtspolitische Diskussion in der Zeit der Weimarer Republik

7 a) Die Tarifvertragsverordnung. Zur Durchsetzung gelangten die Bestrebungen zu einer Kodifizierung des Tarifrechts erst nach der sog. Novemberrevolution am 9. November 1918. Einen ersten Einschnitt bewirkte bereits das Stinnes-Legien-Abkommen vom 15. November 1918.[18] Hinsichtlich des Tarifvertragsrechts enthielt die Vereinbarung folgende Aussagen:

> „1. Die Gewerkschaften werden als berufene Vertretung der Arbeiterschaft anerkannt.
> (...)
> 6. Die Arbeitsbedingungen für alle Arbeiter und Arbeiterinnen sind entsprechend den Verhältnissen des betreffenden Gewerbes durch Kollektivvereinbarungen mit den Berufsvereinigungen der Arbeiterschaft festzusetzen. Die Verhandlungen hierüber sind ohne Verzug aufzunehmen und schleunigst zum Abschluß zu bringen.
> (...)
> 8. In den Kollektivvereinbarungen sind Schlichtungsausschüsse bzw. Einigungsämter vorzusehen, bestehend aus der gleichen Anzahl von Arbeitnehmer- und Arbeitgebervertretern."

8 Aufgegriffen wurden die in dem Abkommen deutlich gewordenen Bestrebungen einer verstärkten Anerkennung der Tarifverträge in der „Verordnung über Tarifverträge, Arbeiter- und Angestelltenausschüsse und Schlichtung von Arbeitsstreitigkeiten" vom 23. Dezember 1918,[19] die in den §§ 1–6 den Tarifverträgen zu einer gesetzlichen Anerkennung verhalf und ihnen den Vorrang gegenüber den Einzelarbeitsverträgen einräumte.[20] Die Verordnung wurde kurze Zeit später durch die „Bestimmungen über die Führung des Tarifregisters" vom 7. Mai 1919[21] ergänzt. Aufgrund des Gesetzes vom 17. April 1919[22] wurde die Verordnung vom 23. Dezember 1918 im Wege der Verordnung vom 31. Mai 1920[23] geändert und die Verpflichtung der Tarifvertragsparteien zur Übersendung der Tarifverträge eingeführt. Das Gesetz vom 28. Februar 1928[24] veränderte letztmalig die Verordnung vom 23. Dezember 1918, indem es die Pflicht zur Übersendung der Tarifverträge geringfügig modifizierte und zugleich den Reichsarbeitsminister ermächtigte, die bisherige Verordnung als Tarifvertragsverordnung im Reichsgesetzblatt neu bekanntzugeben. Seitdem hatte sie folgenden Wortlaut:

---

die (Der korporative Arbeitsnormenvertrag, 1907, 1908). Zur damaligen Diskussion in der Gesellschaft für Soziale Reform siehe *Stefan Hainke*, Vorgeschichte und Entstehung der Tarifvertragsverordnung vom 23. Dezember 1918, Diss. Kiel 1987, S. 47 ff.; außerdem *Isele*, in: Studi Barassi (1965), S. 247 ff.; *Müller-Jentsch*, Leriathan, 1983, S. 118, 139 ff.; *Ramm*, Die Parteien des Tarifvertrages, 1961, S. 36 ff.
[18] RABl. 1918, S. 874.
[19] RGBl. 1918, S. 1456.
[20] Zur Entstehungsgeschichte dieser Verordnung siehe ausführlich *Stefan Hainke*, Vorgeschichte und Entstehung der Tarifvertragsverordnung vom 23. Dezember 1918, Diss. Kiel 1987, S. 91 ff., S. 166 ff. (Entwurf der Verordnung).
[21] RGBl. 1919, S. 446.
[22] RGBl. 1919, S. 394.
[23] RGBl. 1920, S. 1128; zur Begründung: Verhandlungen der verfassunggebenden Deutschen Nationalversammlung, Drucks. Nr. 3023.
[24] RGBl. 1928 I S. 46; zur Begründung: Verhandlungen des Reichstages, III. Wahlperiode 1924, Drucks. Nr. 3944.

„**§ 1.** (1) Sind die Bedingungen für den Abschluß von Arbeitsverträgen zwischen Vereinigungen von Arbeitnehmern und einzelnen Arbeitgebern oder Vereinigungen von Arbeitgebern durch schriftlichen Vertrag geregelt (Tarifvertrag), so sind Arbeitsverträge zwischen den beteiligten Personen insoweit unwirksam, als sie von der tariflichen Regelung abweichen. Abweichende Vereinbarungen sind jedoch wirksam, soweit sie im Tarifvertrage grundsätzlich zugelassen sind, oder soweit sie eine Änderung der Arbeitsbedingungen zugunsten des Arbeitnehmers enthalten und im Tarifvertrage nicht ausdrücklich ausgeschlossen sind. An die Stelle unwirksamer Vereinbarungen treten die entsprechenden Bestimmungen des Tarifvertrags.

(2) Beteiligte Personen im Sinne des Abs. 1 sind Arbeitgeber und Arbeitnehmer, die Vertragsparteien des Tarifvertrags oder Mitglieder der vertragschließenden Vereinigungen sind oder bei Abschluß des Arbeitsvertrags gewesen sind oder die den Arbeitsvertrag unter Berufung auf den Tarifvertrag abgeschlossen haben.

§ 2. (1) Der Reichsarbeitsminister kann Tarifverträge, die für die Gestaltung der Arbeitsbedingungen des Berufskreises in dem Tarifgebiet überwiegende Bedeutung erlangt haben, für allgemein verbindlich erklären. Sie sind dann innerhalb ihres räumlichen Geltungsbereichs für Arbeitsverträge, die nach der Art der Arbeit unter den Tarifvertrag fallen, auch dann verbindlich im Sinne des § 1, wenn der Arbeitgeber oder Arbeitnehmer oder beide an dem Tarifvertrage nicht beteiligt sind.

(2) Fällt ein Arbeitsvertrag unter mehrere allgemein verbindliche Tarifverträge, so ist im Streitfall, vorbehaltlich einer abweichenden Bestimmung des Reichsarbeitsministers, derjenige von ihnen maßgebend, der für die größte Zahl von Arbeitsverträgen in dem Betrieb oder Betriebsabteilung Bestimmungen enthält.

§ 3. (1) Die Erklärung des Reichsarbeitsministers nach § 2 erfolgt nur auf Antrag. Antragsberechtigt sind jede Vertragspartei des Tarifvertrags sowie Vereinigungen von Arbeitgebern oder Arbeitnehmern, deren Mitglieder durch die Erklärung des Reichsarbeitsministers betroffen werden würden.

(2) Die Vertragsparteien haben ihrem Antrag die Urschrift oder eine amtlich beglaubigte Abschrift des Tarifvertrags beizufügen. Wird der Antrag durch andere Vereinigungen gestellt, so hat der Reichsarbeitsminister diese Urkunden von den Vertragsparteien einzufordern; diese sind verpflichtet, seiner Aufforderung nachzukommen.

§ 4. (1) Der Reichsarbeitsminister macht den Antrag bekannt. Dabei ist anzugeben, bis zu welchem Zeitpunkt Einwendungen erhoben werden können. Die an dem Tarifvertrag als Vertragsparteien beteiligten Vereinigungen sollen außerdem zur Äußerung aufgefordert werden.

(2) Nach Ablauf der Frist entscheidet der Reichsarbeitsminister unter Berücksichtigung der erhobenen Einwendungen über den Antrag. Seine Entscheidung ist endgültig. Gibt er dem Antrag statt, so hat er zugleich zu bestimmen, mit welchem Zeitpunkt die allgemeine Verbindlichkeit des Tarifvertrags beginnt.

§ 5. (1) Die allgemein verbindlichen Tarifverträge sind unter Bezeichnung ihres räumlichen Geltungsbereichs sowie des Beginns der allgemeinen Verbindlichkeit in das Tarifregister einzutragen. Dieses Register wird bei dem Reichsarbeitsministerium oder bei einer von dem Reichsarbeitsminister bezeichneten Behörde nach näherer Bestimmung des Reichsarbeitsministers geführt. Die Urschriften oder beglaubigten Abschriften der Tarifverträge sind als Anlage zu dem Tarifregister zu verwahren.

(2) Die Einsichtnahme in das Tarifregister und seine Anlagen ist während der regelmäßigen Dienststunden jedem gestattet. Arbeitgeber und Arbeitnehmer, für die ein Tarifvertrag infolge der Erklärung nach § 2 verbindlich werden würde oder verbindlich ist, können außerdem, sobald der Antrag auf Erklärung der allgemeinen Verbindlichkeit gestellt ist, von den Vertragsparteien einen Abdruck des Vertrags gegen Erstattung der Kosten verlangen.

(3) Die Eintragung in das Tarifregister sind bekanntzumachen. Dabei ist auf die Vorschriften im Abs. 2 hinzuweisen.

§ 6. Ist ein Tarifvertrag für allgemein verbindlich erklärt, so gelten die Vorschriften der §§ 2 bis 5 entsprechend auch bei Abänderung dieses Vertrags.

§ 7. Alle auf die allgemeine Verbindlichkeit von Tarifverträgen bezüglichen öffentlichen Bekanntmachungen erfolgen auf Kosten der Vertragsparteien im Reichsarbeitsblatte nach näherer Bestimmung des Reichsarbeitsministers.

§ 8. (1) Die Parteien des Tarifvertrags sind verpflichtet, den vom Reichsarbeitsminister bestimmten Stellen nach Abschluß des Vertrags innerhalb eines Monats kostenfrei Abschriften oder Abdrucke des Tarifvertrags und seiner Abänderungen zu übersenden und das Außerkrafttreten des Tarifvertrags innerhalb eines Monats mitzuteilen. Durch die Erfüllung der Verpflichtung seitens einer Vertragspartei werden die übrigen Vertragsparteien frei.

(2) Kommt eine Vertragspartei einer Verpflichtung aus Abs. 1 nicht nach, so kann der Reichsarbeitsminister ihr eine Ordnungsstrafe in Geld unter Festsetzung einer Frist zur Nachholung androhen und bei ergebnislosem Ablauf der Frist festsetzen. Seine Entscheidung ist endgültig. Bei nachträglicher genügender Entschuldigung ist die Strafe aufzuheben oder zu ermäßigen.

(3) Die Ordnungsstrafen werden durch die Gemeindebehörde oder die sonst nach Landesrecht zuständige Stelle wie Gemeindeabgaben beigetrieben. Sie fließen in die Reichskasse.

§ 9. Der Reichsarbeitsminister kann die ihm durch diese Verordnung zugewiesenen Aufgaben ganz oder teilweise anderen Behörden übertragen.

§ 10. Diese Verordnung hat Gesetzeskraft und tritt am 1. März 1928 in Kraft."

9 Die Tarifvertrags-Verordnung enthielt in zwei Punkten grundsätzliche Fortschritte gegenüber dem bisherigen Rechtszustand. Einmal setzte sie die *Unabdingbarkeit* der Tarifnormen fest und machte diese damit zu zwingenden Rechtsnormen für alle tarifgebundenen Personen. Sodann sah sie die Möglichkeit zur *Allgemeinverbindlicherklärung* der Tarifverträge, d.h. zur Erstreckung der Normen auf die nichtorganisierten Arbeitnehmer vor.

10 Das Tarifrecht der Weimarer Zeit bleibt unvollständig, wenn nicht zugleich das Schlichtungsrecht in die Betrachtungen einbezogen wird. Nachdem bereits die Verordnung vom 23. Dezember 1918 die Bildung von Schlichtungsausschüssen für Streitigkeiten der Individualvertragsparteien vorgesehen hatte, dehnte die Verordnung über das Schlichtungswesen vom 30. Oktober 1923[25] dieses Instrumentarium auf den Abschluß von „Gesamtvereinbarungen" aus, zu denen – ausweislich der Regelung in § 3 – auch Tarifverträge gehörten. Die Besonderheit der Schlichtungsverordnung bestand vor allem darin, daß sie das Zustandekommen eines Tarifvertrages durch einen Schiedsspruch ermöglichte, der die an sich erforderliche Einigung der Tarifvertragsparteien ersetzte (§ 6).[26] Die näheren verfahrensrechtlichen Einzelheiten zur Tätigkeit und zum Verfahren der Schlichtungsausschüsse wurden in der Verordnung über das Schlichtungswesen vom 29. Dezember 1923[27] festgelegt.

11 Die während der Zeit der Weimarer Republik geschaffenen rechtlichen Rahmenbedingungen führten zu einer wesentlichen Ausdehnung der Tarif-

---

[25] RGBl. I S. 1043 f.
[26] Ausführlich zur Schlichtungsverordnung aus neuerer Zeit *Isabelle von Brauchitsch*, Staatliche Zwangsschlichtung, 1990, S. 85 ff.
[27] RGBl. 1924 I S. 9.

verträge. Ende des Jahres 1922 wurden bereits 10768 Tarifverträge gezählt, die für 890000 Betriebe und 4,2 Mio. Arbeitnehmer galten. Die Zahl der Tarifverträge hatte zwar infolge der Zunahme der Reichstarife und der Verträge für größere räumliche Bezirke abgenommen, die Zahl der beteiligten Arbeitgeber und Arbeitnehmer jedoch stark zugenommen. Dazu kam die statistisch nicht zu erfassende Ausdehnung auf die nichtorganisierten Arbeitnehmer durch Anordnung der Allgemeinverbindlichkeit zahlreicher Tarifverträge. Nimmt man hinzu, daß die Kollektivvereinbarungen von nun an nicht nur für Fabrik- und Bergarbeiter, sondern für alle Arten der Arbeiter und Angestellten geschlossen wurden, so kann man von einem Durchbruch des Tarifgedankens und der sozialen Selbstverwaltung sprechen: An die Stelle der Vereinbarung der Arbeitsbedingungen im Einzelvertrag war im weiten Umfang die kollektive Regelung und das Prinzip der sozialen Selbstverwaltung getreten. Dabei ist es, mit Schwankungen im einzelnen, bis zum Jahre 1933 geblieben.

b) Die rechtspolitische Diskussion in der Weimarer Zeit. Die Tatsache, daß die Tarifvertrags-Verordnung während der Weimarer Zeit weitgehend unverändert blieb, darf nicht darüber hinwegtäuschen, daß die dortige Strukturierung des Tarifvertragsrechts von Beginn an als Provisorium verstanden und schon unmittelbar nach ihrem Inkrafttreten der Ruf nach einer gesetzlichen Neuregelung laut wurde. Einen institutionellen Rahmen für die Diskussionen zu einer abschließenden gesetzlichen Ausgestaltung des Tarifvertragsrechts bildete zunächst der seitens der Reichsregierung bereits im Jahre 1919 einberufene Arbeitsrechtsausschuß,[28] der u.a. einen Unterausschuß für das „Arbeitstarifrecht" einsetzte.[29] Aus mehreren Vorentwürfen von *Sinzheimer*[30] und intensiven Erörterungen im Arbeitsrechtsausschuß ging schließlich ein vom Reichsarbeitsministerium im Jahre 1921 veröffentlichter Entwurf hervor.[31] Neben kürzeren Stellungnahmen im Schrifttum[32] erfuhr der seitens des Arbeitsrechtsausschusses vorgelegte Entwurf eine umfassende und detaillierte Würdigung durch *Hans Carl Nipperdey* in seinen im Jahre 1924 publizierten Beiträgen zum Tarifrecht,[33] die – in Auseinandersetzung mit den namentlich von *Sinzheimer* vorgetragenen Überlegungen – in einen Gegenvorschlag einmündeten.[34]

---

[28] Zu ihm *Thomas Bohle*, Einheitliches Arbeitsrecht in der Weimarer Republik, 1990, S. 7ff.
[29] Zu den dortigen Arbeiten an einem Arbeitstarifgesetz ausführlich *Thomas Bohle*, Einheitliches Arbeitsrecht in der Weimarer Republik, 1990, S. 34ff.; sowie *Jürgen P. Nautz*, Die Durchsetzung der Tarifautonomie in Westdeutschland, 1985, S. 27ff.
[30] Die ersten beiden Vorentwürfe sind abgedruckt bei: *Kahn-Freund/Ramm*, Hugo Sinzheimer – Arbeitsrecht und Rechtssoziologie Bd. 1, 1976, S. 45ff. (II. Vorentwurf), S. 441ff. (I. Vorentwurf).
[31] Abgedruckt in: RABl. 1921, Amtlicher Teil, S. 491ff. (Gesetzestext), S. 493ff. (Begründung) = ArbR 1921, S. 97ff. (Begründung), S. 106ff. (Gesetzestext).
[32] Speziell hierzu aus damaliger Zeit z.B. *A. Hueck*, DJZ 1921, S. 394ff.; *ders.*, JW 1921, S. 613ff.; *Erdel*, SchlW 1921, S. 117ff.; *Hedemann*, RuW 1921, S. 185ff.; *Meissinger*, Arbeitgeber 1921, S. 141ff.; *Zimmermann*, SozPraxis Bd. 30, 1921, S. 434ff.; sowie die Änderungsvorschläge von *Sinzheimer*, JW 1924, S. 1008.
[33] *Nipperdey*, Beiträge zum Tarifrecht, 1924, S. 107ff.
[34] *Nipperdey*, Beiträge zum Tarifrecht, 1924, S. 186ff.; hierzu insbesondere *Sinzheimer*, JW 1924, S. 1008ff.

13 Die im Jahre 1924 eingestellten Überlegungen zu einer grundlegenden Neugestaltung des Tarifrechts[35] wurden erst im Rahmen der in den Jahren 1927/1928 eingeleiteten Bestrebungen zur Angleichung des deutschen und des österreichischen Tarifrechts wieder aufgegriffen.[36] Über das Stadium eines seitens des Reichsarbeitsministeriums ausgearbeiteten Referentenentwurfs[37] kamen die damaligen Vorarbeiten jedoch nicht hinaus. Der Referentenentwurf zielte in seiner Fassung vom Mai 1931[38] auf eine gemeinsame Regelung des Rechts der Tarifverträge und der Betriebsvereinbarungen ab und besaß hinsichtlich der für das Tarifvertragsrecht aus heutiger Sicht noch relevanten Partien folgenden Wortlaut:

14 „Erster Teil. Tarifvertrag

Erster Abschnitt. Allgemeine Vorschriften

Erster Unterabschnitt. Begriff und Anwendungsgebiet

§ 1 **Begriff.** (1) Tarifvertrag ist der Vertrag zwischen einem oder mehreren Arbeitgebern oder tariffähigen Vereinigungen von Arbeitgebern einerseits und tariffähigen Vereinigungen von Arbeitnehmern andererseits zur Regelung des Arbeitsverhältnisses oder unmittelbar damit zusammenhängender Beziehungen. Soweit in einem Tarifvertrag auch andere Angelegenheiten geregelt werden, findet das Tarifvertragsgesetz keine Anwendung.

(2) Der Tarifvertrag ist als solcher nur rechtswirksam, wenn er schriftlich abgeschlossen ist, und wenn aus ihm der räumliche Geltungsbereich, die Art der erfassten Betriebe (fachlicher Geltungsbereich) und der Kreis der erfassten Arbeitnehmer (persönlicher Geltungsbereich) ersichtlich sind.

(3) Bestimmungen des Tarifvertrags, die zwingend gesetzlichen Vorschriften widersprechen, sind nichtig. Die übrigen Bestimmungen des Tarifvertrags sind gültig, wenn anzunehmen ist, daß sie auch ohne die nichtigen Bestimmungen vereinbart worden wären.

(4) Die Vorschriften über den Tarifvertrag finden auch auf Verträge Anwendung, durch die ein Tarifvertrag geändert oder ergänzt wird.

§ 2 **Beteiligung mehrerer Parteien.** (1) Sind auf einer Seite mehrere Vertragsparteien beteiligt, so können sie einzeln keine vom Tarifvertrag abweichende Vereinbarung treffen. Im übrigen sind sie selbständig berechtigt und verpflichtet. Jede kann das Kündigungsrecht selbständig ausüben, ohne daß hierdurch das Tarifverhältnis der übrigen Vertragsparteien berührt wird.

(2) Eine vom Abs. 1 abweichende Regelung kann nur von sämtlichen Vertragsparteien durch Tarifvertrag vereinbart werden.

---

[35] *Brauns*, Soziale Praxis Bd. 33, 1924, Sp. 122.
[36] Hierzu *Thomas Bohle*, Einheitliches Arbeitsrecht in der Weimarer Republik, 1990, S. 37 f.; *Festl-Wietek*, in: Brauneder (Hrsg.), Österreichisch-deutsche Rechtsbeziehungen Bd. I, 1996, S. 199, 235 ff.; *Julius Georg Lautner*, Probleme der Tarifrechtsreform, 1929, S. 6 f.; *Oetker*, Die Arbeiten zur deutsch-österreichischen Tarifrechtsangleichung, 1998, S. 9 ff. Zu den damaligen Arbeiten siehe ferner *Goldschmidt*, RABl. 1929, Teil II, S. 507 ff.; *ders.*, NZfA 1930, Sp. 29 ff.; *ders.*, Magazin für Arbeitsrecht und Sozialpolitik 1931, S. 2 ff.; *Nipperdey*, Das Arbeitsgericht 1929, Sp. 128 ff.; *Friedrich Sitzler/Fritz Hawelka*, Grundfragen einer Tarifrechtsreform in Deutschland und Österreich, 1932.
[37] Erwähnt bei: *Sitzler*, NZfA 1932, Sp. 201, 207.
[38] Der vollständige Entwurf einschließlich der umfangreichen Vorarbeiten ist abgedruckt bei: *Oetker*, Die Arbeiten zur deutsch-österreichischen Tarifrechtsangleichung, 1998, S. 319 ff.

§ 3 Arbeitnehmer. (1) Die Vorschriften über den Tarifvertrag gelten für Arbeiter und Angestellte samt Lehrlingen und anderen in der Berufsausbildung stehenden Personen.

(2) Sie gelten nicht für
1. öffentliche Beamte und Arbeitnehmer, denen die Rechte und Pflichten von Reichs- und Landesbeamten auf Grund öffentlichen Rechts übertragen sind; den Beamten stehen die in den Vorbereitungs- oder Probedienst einberufenen Beamtenanwärter gleich;
2. Geistliche und Religionsgesellschaften, die Körperschaften des öffentlichen Rechts sind, und Beamte dieser Religionsgesellschaften, deren Beamteneigenschaft von der obersten Landesbehörde anerkannt ist;
3. Angehörige der Wehrmacht.

(3) Hausgewerbetreibende und Zwischenmeister gelten auch wenn sie die Roh- oder Hilfsstoffe selbst beschaffen, im Verhältnis zu ihren Auftraggebern als Arbeitnehmer im Sinne der Vorschriften über den Tarifvertrag; ihre Auftraggeber gelten insoweit als Arbeitgeber. Der Reichsarbeitsminister kann mit Zustimmung des Reichsrats bestimmen, daß diese Vorschrift auch auf andere Gruppen von arbeitnehmerähnlichen Personen Anwendung findet.

§ 4 Lehrlinge. In Angelegenheiten des Lehrlingswesens, zu deren Regelung nach dem Berufsausbildungsgesetz besondere Stellen berufen sind, ist eine Regelung durch Tarifvertrag nur insoweit rechtswirksam, als § 24 des Berufsausbildungsgesetzes eine solche Vereinbarung zuläßt.

Zweiter Unterabschnitt. Tariffähigkeit

§ 5 Tariffähigkeit im allgemeinen. (1) Zum Abschlusse von Tarifverträgen befähigt (tariffähig) ist eine Vereinigung von Arbeitgebern und von Arbeitnehmern, die
1. eine nicht nur vorübergehende Verbindung darstellt, einen eigenen Namen führt, einen Vorstand hat und nach ihrer Satzung vom Wechsel der Mitglieder unabhängig ist;
2. nach ihrer Satzung die Regelung von Arbeitsbedingungen zu ihren Aufgaben zählt oder sich tatsächlich mit der Regelung von Arbeitsbedingungen befaßt, auch wenn es im Widerspruch mit der Satzung geschieht;
3. nach ihrem Wesen und Verhalten die Gewähr bietet, daß sie die Angelegenheiten ihrer Mitglieder selbständig und unabhängig von der Gegenseite wahrnimmt.

(2) Eine Vereinigung, die in erster Linie politische Zwecke verfolgt, ist nicht tariffähig. Das gleiche gilt für Arbeitnehmervereinigungen, wenn sie die Mitgliedschaft von der Zugehörigkeit zu einem oder mehreren bestimmten Betrieben im Sinne des Betriebsrätegesetzes abhängig macht.

(3) Die Tariffähigkeit einer Vereinigung wird dadurch nicht ausgeschlossen, daß ihr eine Minderheit von arbeitnehmerähnlichen Personen (§ 3 Abs. 3) oder solchen Personen angehört, die weder Arbeitgeber noch Arbeitnehmer sind. Personen die weder Arbeitgeber noch Arbeitnehmer sind, haben kein Stimmrecht in Tarifangelegenheiten.

(4) Tariffähige Vereinigungen von Arbeitgebern und Arbeitnehmern besitzen Rechtspersönlichkeit. Auf solche Vereinigungen finden die Vorschriften über rechtsfähige Vereine Anwendung; doch ist eine Eintragung ins Vereinsregister nicht erforderlich und können die der Mitgliederversammlung vorbehaltenen Aufgaben durch die Satzung einem anderen Organe der Vereinigung übertragen werden.

§ 6 Innungen. (1) Innungen, einschließlich der Zwangsinnungen, sind tariffähig und gelten als Arbeitgebervereinigungen.

(2) Mitglieder von Zwangsinnungen können ihre Bindung an Tarifverträge der Innung innerhalb zweier Wochen nach Beginn ihrer Mitgliedschaft durch schriftliche Erklärung gegenüber dem Innungsvorstand ausschließen. Mitglieder, die die Erklärung nicht abgegeben haben, können die tarifvertragliche Vertretungsbefugnis der Innung ablehnen; sie endet dann mit dem Ablauf des Kalenderjahrs, oder wenn

die Erklärung nicht mindestens drei Monate vorher erfolgt ist, mit dem Ablauf des nächsten Kalenderjahrs.

(3) Mitglieder von Innungen, die in der Regel keine Arbeitnehmer beschäftigen, und Mitglieder von Zwangsinnungen, die die Bindung an Tarifverträge der Innung abgelehnt haben oder aus der tarifvertraglichen Vertretungsbefugnis ausgeschieden sind, gelten in Tarifangelegenheiten nicht als Mitglieder der Innung.

§ 7 Hausfrauenvereine. (...)

§ 8 Vereinigungen von Hausgewerbetreibenden und Zwischenmeistern. (...)

§ 9 Zusammengesetzte Vereinigungen. Eine Vereinigung, die sich aus tariffähigen Vereinigungen zusammensetzt, ist, wenn ihre Satzung nichts anderes ergibt, zum Abschluß von Tarifverträgen für die ihr angeschlossenen Vereinigungen ermächtigt. Soweit einer solchen Vereinigung neben tariffähigen Vereinigungen auch Einzelmitglieder angehören, gilt sie hinsichtlich dieser als Vereinigung von Arbeitgebern oder Arbeitnehmern (§§ 5 ff.).

§ 10 Streit über die Tariffähigkeit. (1) Wird in Verfahren vor einem Gericht, einer anderen Behörde oder einer nach dem Vierten Teil des Arbeitsgerichtsgesetzes vereinbarten Stelle die Tariffähigkeit einer Vereinigung streitig und hängt von der Tariffähigkeit die Entscheidung ab, so kann das Gericht, die Behörde oder die vereinbarte Stelle das Verfahren aussetzen und die Entscheidung der Tarifspruchstelle darüber einholen. Sie müssen es tun, wenn der Reichsarbeitsminister darum ersucht. Dieser kann auch in anderen Fällen, in denen Zweifel über die Tariffähigkeit einer Vereinigung entstehen, eine Entscheidung der Tarifspruchstelle herbeiführen.

(2) Die Tarifspruchstelle wird im Reichsarbeitsministerium gebildet. Sie besteht aus zwei Beamten, von denen einer den Vorsitz führt, je einem Vertreter der Arbeitgeber und der Arbeitnehmer und einer sozialpolitisch erfahrenen Persönlichkeit, die weder Arbeitgeber noch Arbeitnehmer ist. Die Beamten werden vom Reichsarbeitsminister, die übrigen Mitglieder vom Reichswirtschaftsrat bestellt. Die Mitglieder der Tarifspruchstelle sind in ihrer Entscheidung unabhängig und nicht an Weisungen gebunden.

(3) Die Tarifspruchstelle hat die Vereinigung, deren Tariffähigkeit streitig ist, vor ihrer Entscheidung zu hören und die Verhältnisse aufzuklären. Sie kann Auskünfte einholen und Zeugen und Sachverständige nach den für die Beweisaufnahme vor dem Arbeitsgericht geltenden Vorschriften vernehmen. Sie entscheidet auf Grund der Ergebnisse des Verfahrens nach freier Überzeugung. Entscheidungen der Tarifspruchstelle sind für alle mit der Frage der Tariffähigkeit der Vereinigung befaßten Gerichte, anderen Behörden und nach dem Vierten Teil des Arbeitsgerichtsgesetzes vereinbarten Stellen bindend.

(4) Der Reichsarbeitsminister kann eine neue Entscheidung der Tarifspruchstelle herbeiführen, wenn ihm glaubhaft gemacht wird, daß seit der Entscheidung Tatsachen eingetreten oder bekannt geworden sind, die eine andere Beurteilung der Tariffähigkeit rechtfertigen können.

Dritter Unterabschnitt. Tarifangehörigkeit

§ 11 Voraussetzungen der Tarifangehörigkeit. Tarifangehörig sind, soweit der Tarifvertrag nicht eine Einschränkung vorsieht,
1. Arbeitgeber, die Vertragspartei sind;
2. Arbeitgeber und Arbeitnehmer, die zur Zeit des Abschlusses des Tarifvertrags Mitglieder einer am Vertrage beteiligten Vereinigung sind oder später werden; soweit es um Beschäftigung im Haushalt handelt, ersetzen die Mitgliedschaft des Haushaltsleiters die des Arbeitgebers;
3. Arbeitgeber, auf die der Betrieb eines tarifangehörigen Arbeitgebers übergeht.

§ 12 Allgemeine Geltung des Tarifvertrags im Betriebe. (1) Arbeitnehmer, die in den Geltungsbereich eines Tarifvertrags fallen und nicht schon nach § 11 Nr. 2 tarifangehörig sind, gelten als tarifangehörig, wenn sie bei einem tarifangehörigen Arbeitgeber beschäftigt werden.

(2) Die allgemeine Geltung des Tarifvertrags im Betriebe nach Abs. 1 endet mit dem Tag, an dem der Betriebsrat gegen sie beim Arbeitgeber Einspruch erhebt. Der Einspruch ist nur innerhalb zweier Wochen nach dem Tage zulässig, an dem der Arbeitgeber dem Betriebsrat von dem Bestehen des Tarifvertrags Mitteilung macht oder an dem dieser auf andere Weise davon Kenntnis erlangt. Betrifft der Tarifvertrag nur Arbeiter oder nur Angestellte und ist in dem Betriebe ein Gruppenrat vorhanden, so tritt dieser an die Stelle des Betriebsrats.

(3) In Betrieben ohne Betriebsrat tritt für die Erhebung des Einspruchs an Stelle des Betriebsrats die Gesamtheit der in den Geltungsbereich des Tarifvertrags fallenden Arbeitnehmer. Die zweiwöchige Frist beginnt in diesem Falle mit dem Tag, an dem der Arbeitgeber das Bestehen des Tarifvertrags durch Anschlag im Betrieb oder durch Mitteilung an sämtliche betroffenen Arbeitnehmer bekannt gibt. Über die Erhebung des Einspruchs beschließen die betroffenen Arbeitnehmer mit Stimmenmehrheit.

(4) Der Einspruch kann nur mit Zustimmung des Arbeitgebers zurückgenommen werden. Im Falle der Zurücknahme beginnt die allgemeine Geltung des Tarifvertrags im Betriebe, sofern nicht ein anderer Zeitpunkt vereinbart wird, mit dem Tage der Zustimmung.

(5) Die Vorschriften der Abs. 1 bis 4 finden keine Anwendung, wenn für Arbeitsverträge der in dem Tarifvertrage geregelten Art im Betriebe Tarifverträge verschiedenen Inhalts neben einander gelten.

§ 13 Erlöschen der Tarifangehörigkeit. (1) Die Tarifangehörigkeit erlischt mit der Beendigung des Tarifvertrags. Als Beendigung gilt auch eine wesentliche Änderung oder Ergänzung des Tarifvertrags.

(2) Scheiden tarifangehörige Arbeitgeber oder Arbeitnehmer vor Beendigung des Tarifvertrags aus einer am Tarifvertrage beteiligten Vereinigung aus, so erlischt ihre Tarifangehörigkeit mit dem Zeitpunkte, zu dem die Kündigung des Tarifvertrags bei ihrem Ausscheiden frühestens zulässig ist. Die Tarifangehörigkeit eines Arbeitnehmers erlischt jedoch nicht, wenn der Tarifvertrag zu jenem Zeitpunkt im Betrieb allgemein gilt (§ 12).

(3) Beruht die Tarifangehörigkeit eines Arbeitnehmers auf der allgemeinen Geltung des Tarifvertrags (§ 12), so erlischt sie, wenn diese endet, wenn der Arbeitnehmer aus dem Betrieb ausscheidet oder wenn sein Arbeitsvertrag unter eine andere Tarifsatzung fällt.

(4) Eine auf Übergang des Betriebes beruhende Tarifangehörigkeit eines Arbeitgebers (§ 11 Nr. 3) erlischt mit dem Zeitpunkte, zu dem die Kündigung des Tarifvertrags bei dem Übergange des Betriebes frühestens zulässig ist.

(5) Die Tarifparteien können durch Tarifvertrag ein früheres Erlöschen der Tarifangehörigkeit vereinbaren.

Vierter Unterabschnitt. Beendigung des Tarifverhältnisses

§ 14 Regelmäßige Beendigung. (1) Ein für bestimmte Zeit geschlossener Tarifvertrag endet mit ihrem Ablauf, ein für unbestimmte Zeit unter Vereinbarung einer Kündigungsfrist geschlossener im Falle der Kündigung mit dem Ablaufe der Kündigungsfrist.

(2) Ein für unbestimmte Zeit ohne Vereinbarung einer Kündigungsfrist geschlossener Tarifvertrag kann jeweils zum Jahrestage seines Inkrafttretens mit einer Frist von drei Monaten gekündigt werden. Ein für längere Frist als drei Jahre geschlossener Tarifvertrag gilt nach Ablauf von zwei Jahren als für unbestimmte Zeit ohne Vereinbarung einer Kündigungsfrist geschlossen.

(3) Ist nichts anderes vereinbart, so bedarf die Kündigung der schriftlichen Form; telegraphische Übermittlung genügt.

(4) Bei Übergang des Betriebes eines Arbeitgebers tritt dieser anstelle des bisherigen als Vertragspartei in das Tarifverhältnis ein.

§ 15 Beendigung durch Auflösung einer Vereinigung. Die Auflösung einer Vereinigung von Arbeitgebern oder Arbeitnehmern gilt als Kündigung des Tarifvertrags für den ersten Zeitpunkt, für den diese zulässig ist.

Zweiter Abschnitt. Rechte und Pflichten aus dem Tarifvertrage

Erster Unterabschnitt. Rechte und Pflichten der Tarifangehörigen

§ 16 Tarifsatzung. (1) Die Tarifsatzung umfaßt die Bestimmungen des Tarifvertrags, die bestimmt und geeignet sind, in den Arbeitsvertrag einzugehen.

(2) Der Arbeitsvertrag zwischen Tarifangehörigen hat hinsichtlich der im Tarifvertrage geregelten Fragen den Inhalt, den die Tarifsatzung vorschreibt. Eine von der Tarifsatzung abweichende Vereinbarung zwischen den Parteien des Arbeitsvertrags ist jedoch wirksam, soweit sie im Tarifvertrage zugelassen ist oder soweit sie eine Änderung der Arbeitsbedingungen zugunsten des Arbeitnehmers enthält und im Tarifvertrage nicht ausdrücklich ausgeschlossen ist. Abweichende Vereinbarungen über die Entlohnung von Arbeitnehmern, die infolge körperlicher oder geistiger Gebrechen nicht voll leistungsfähig sind, sind im Zweifel wirksam.

§ 17 Nachwirkung. (1) Verliert ein Tarifvertrag seine Wirksamkeit und fallen die ihm bisher unterworfenen Arbeitsverträge nicht unter einen anderen Tarifvertrag, unter eine Regelung nach § 24 des Berufsausbildungsgesetzes oder unter eine Betriebsvereinbarung, so behalten sie bis zu ihrer Abänderung den der Tarifsatzung entsprechenden Inhalt. Soweit es sich um Arbeitsvertragsbestimmungen handelt, die nur auf Grund eines Tarifvertrags rechtswirksam vereinbart werden können, gilt der Tarifvertrag noch bis zur Abänderung des Arbeitsvertrags, längstens jedoch für drei Monate, als fortbestehend.

(2) Die Vorschriften des Abs. 1 finden keine Anwendung, soweit durch tarifvertragliche Vereinbarung oder mangels einer solchen durch ausdrückliche Vereinbarung im Arbeitsvertrag etwas anderes bestimmt ist.

(3) Erlischt die Tarifangehörigkeit eines Arbeitnehmers durch Erhebung des Einspruchs gegen die allgemeine Geltung des Tarifvertrags im Betriebe nach § 12, so bestimmt sich der Inhalt des Arbeitsvertrags vom Zeitpunkt des Erlöschens der Tarifangehörigkeit an ohne Rücksicht auf die bisherige Geltung des Tarifvertrags.

§ 18 Unmittelbare Berechtigung und Verpflichtung der Tarifangehörigen.
(1) Durch den Tarifvertrag können den Tarifangehörigen der einen Seite gegenüber der Tarifpartei der Gegenseite unmittelbare Ansprüche eingeräumt und unmittelbare Verpflichtungen auferlegt werden. Die Tarifangehörigen können jedoch unmittelbare Ansprüche nur insoweit geltend machen, als sie nicht hierdurch mit Erklärungen und Handlungen der Vertragsparteien ihrer Seite in Widerspruch treten.

(2) Die Friedenspflicht (§ 24 Abs. 1 und 2) gibt mangels anderer Tarifvereinbarung einen unmittelbaren Anspruch nach Abs. 1.

(3) Gebietet, verbietet oder beschränkt ein Tarifvertrag die Eingehung von Arbeitsverträgen oder legt er dem Arbeitgeber bestimmte Leistungen zugunsten der Arbeitnehmerschaft seines Betriebes oder einer ihrer Gruppen oder Teile auf, so ist mangels einer anderen Tarifvereinbarung eine unmittelbare Verpflichtung im Sinne des Abs. 1 anzunehmen.

§ 19 Verzicht. Auf Ansprüche, die dem Arbeitnehmer auf Grund des Tarifvertrags zustehen, kann er während der Dauer des Arbeitsverhältnisses, auch nach Fälligkeit, nicht rechtswirksam verzichten. Mit der Beendigung des Arbeitsverhältnisses erlöschen gerichtlich noch nicht geltend gemachte Ansprüche, soweit sie nicht im letzten Jahre vor Beendigung oder bei Beendigung fällig geworden sind. Die hiernach noch bestehenden Ansprüche sind bei sonstigem Ausschluß binnen einem Monat nach Beendigung des Arbeitsverhältnisses gerichtlich geltend zu machen.

§ 20 Ausschluß der Rückforderung. Sind auf Grund eines ungültigen Tarifvertrags unter den Parteien des Arbeitsvertrags Leistungen bewirkt, so findet eine Rückforderung nicht statt.

§ 21 Rückwirkung. (1) Bestimmungen eines Tarifvertrags über die Kündigung von Arbeitsverträgen wirken auf eine vor seinem Inkrafttreten oder, falls der Tarifvertrag mit Rückwirkung abgeschlossen ist, vor seinem Abschluß ausgesprochene Kündigung im Zweifel nicht zurück.

(2) Die Bestimmungen eines mit rückwirkender Kraft abgeschlossenen Tarifvertrags finden auf ein Arbeitsverhältnis, das vor seinem Abschluß beendet ist, nur Anwendung, wenn der Tarifvertrag es ausdrücklich bestimmt.

§ 22 Erweiterung der Rechtskraft.

Rechtskräftige Urteile der Arbeitsgerichtsbehörden, ihnen gleichstehende Schiedssprüche und Schiedsgutachten tariflich vereinbarter Schiedsgutachterstellen, die in bürgerlichen Rechtsstreitigkeiten zwischen Tarifparteien aus dem Tarifvertrag oder über das Bestehen oder Nichtbestehen des Tarifvertrags ergangen sind, sind in Streitigkeiten unter den Parteien des Arbeitsvertrags für die Gerichte und die nach dem Vierten Teil des Arbeitsgerichtsgesetzes vereinbarten Stellen bindend.

§ 23 Zusammentreffen mehrerer Tarifverträge.

(1) Fällt ein Arbeitsvertrag in den Geltungsbereich mehrerer Tarifverträge, so hat zunächst der Tarifvertrag des Betriebszweiges, dem der Betrieb nach seinem wirtschaftlichen Hauptzweck angehört, den Vorrang. Gelten für den gleichen Betriebszweig mehrere Tarifverträge, so findet der für den Betrieb fachlich engste Anwendung.

(2) Hat keiner der Tarifverträge nach Abs. 1 den Vorrang, so findet der Tarifvertrag mit dem engsten persönlichen Geltungsbereich, bei gleichem persönlichen Geltungsbereich der Tarifvertrag mit dem weitesten räumlichen Geltungsbereich Anwendung.

Zweiter Unterabschnitt. Rechte und Pflichten der Tarifparteien

§ 24 Friedens- und Duldungspflicht.

(1) Der Tarifvertrag verpflichtet die Vertragsparteien, Kampfmaßnahmen zu unterlassen, die gegen den Tarifvertrag oder einzelne seiner Bestimmungen gerichtet sind. Die am Vertrage beteiligten Vereinigungen sind außerdem verpflichtet, darauf hinzuwirken, daß auch ihre Mitglieder solche Maßnahmen unterlassen.

(2) Die Friedenspflicht besteht im Zweifel auch für solche Fragen, die im Tarifvertrage nicht ausdrücklich geregelt sind, soweit sie Gegenstand einer tariflichen Regelung der Vertragsparteien sein können; sie besteht nicht für Fragen, die im Tarifvertrage besonderer tariflicher Regelung vorbehalten sind.

(3) Die Verpflichtung der Vertragsparteien zur Durchführung des Tarifvertrags umfaßt bei Vereinigungen auch die Verpflichtungen, auf ein tarifmäßiges Verhalten ihrer Mitglieder hinzuwirken.

§ 25 Vertragsverletzung bei Beteiligung mehrerer Parteien.

(1) Sind auf einer Seite mehrere Vertragsparteien beteiligt und verletzt eine von ihnen ihre Pflichten aus dem Tarifvertrag, so sind die Vertragsparteien der Gegenseite berechtigt, die ihnen gegen die vertragsverletzende Partei zustehenden Maßnahmen gegen alle Parteien der Gegenseite anzuwenden, soweit eine Beschränkung auf die vertragsverletzende Partei nicht möglich oder nicht zumutbar ist.

(2) Eine von Abs. 1 abweichende Regelung kann nur von sämtlichen Vertragsparteien durch Tarifvertrag vereinbart werden.

§ 26 Entschädigung.

(1) Verletzt eine Vertragspartei die Friedenspflicht oder eine andere Pflicht aus dem Tarifvertrage, so hat sie den Vertragsparteien der Gegenseite eine billige Entschädigung in Geld zu zahlen. Schadenersatzansprüche, die den Vertragsparteien, ihren Mitgliedern und anderen Tarifangehörigen ihrer Seite wegen der Vertragsverletzung nach anderen gesetzlichen Vorschriften zustehen würden, sind ausgeschlossen. Der Entschädigungsanspruch verjährt in sechs Monaten.

(2) Bei Bemessung der Entschädigung sind neben dem entstandenen Vermögensschaden auch andere den Vertragsparteien, ihren Mitgliedern und anderen Tarifangehörigen ihrer Seite erwachsene Nachteile zu berücksichtigen. Der Nachweis des Schadens ist nicht erforderlich; es genügt Glaubhaftmachung.

(3) Der Höchstbetrag der Entschädigung kann im Tarifvertrage vereinbart werden; er kann für die einzelnen Parteien verschieden sein. Mangels einer solchen

Vereinbarung darf die Entschädigung den Gesamtbetrag der durchschnittlichen Wochenverdienste der tarifangehörigen Mitglieder der entschädigungspflichtigen Arbeitnehmervereinigungen oder der bei den entschädigungspflichtigen Arbeitgebern oder bei den tarifangehörigen Mitgliedern der entschädigungspflichtigen Arbeitgebervereinigungen beschäftigten Arbeitnehmer nicht übersteigen; der Durchschnittsverdienst und die Zahl der Arbeitnehmer bestimmt sich nach dem Zeitpunkte der Vertragsverletzung. Ist nicht ein Höchstbetrag im Tarifvertrage vereinbart, so ist darauf Bedacht zu nehmen, daß den entschädigungspflichtigen Vereinigungen die Erfüllung ihrer sozialen Aufgaben nicht unmöglich gemacht wird. Im übrigen setzt das Gericht die Entschädigung nach freiem Ermessen fest.

(4) Die Entschädigungssumme ist auf die entschädigungsberechtigten Vertragsparteien zu verteilen. Dabei ist neben dem diesen erwachsenen Schaden auch der von der Entschädigungssumme erfaßte Schaden ihrer Mitglieder und der von ihnen vertretenen anderen Tarifangehörigen ihrer Seite zu berücksichtigen. Die Vertragsparteien sind verpflichtet, die auf sie entfallenden Entschädigungssummen im Verhältnis des ihnen selbst, ihren einzelnen Mitgliedern und den von ihnen vertretenen anderen Tarifangehörigen erwachsenen Schadens zu verteilen und den Mitgliedern und den anderen Tarifangehörigen ihren Anteil auszuzahlen.

(5) Hat die Zwangsvollstreckung gegen eine entschädigungspflichtige Vereinigung nicht zur vollen Befriedigung des Gläubigers geführt, so sind die Personen, die der Vereinigung zur Zeit der Vertragsverletzung als Mitglieder angehört haben, verpflichtet, ihr den fehlenden Betrag im Verhältnis ihrer Mitgliedsbeiträge einzuzahlen. Der Vorstand der Vereinigung hat die Beiträge einzuziehen und dem Gläubiger abzuliefern; für die Erfüllung dieser Verpflichtung haften die Mitglieder des Vorstandes persönlich.

§ 27 Sicherheitsleistung. (1) Wird eine Vertragspartei gemäß § 26 zur Entschädigung verurteilt, so kann die Arbeitsgerichtsbehörde ihr auf Antrag im Urteil die Verpflichtung auferlegen, für die künftige Erfüllung ihrer Pflichten aus dem Tarifvertrage, längstens jedoch für die Dauer von zwei Jahren von der Rechtskraft des Urteils ab, Sicherheit zu leisten. Für die Bemessung der Sicherheit gelten die Grundsätze des § 26 Abs. 3 entsprechend.

(2) Die Arbeitsgerichtsbehörde hat auf Antrag die Rückgabe der Sicherheit anzuordnen, wenn die Partei, deren Sicherung sie bezweckt, einverstanden oder der Tarifvertrag erloschen oder eine Gefährdung seines Zweckes nicht mehr zu befürchten ist.

Dritter Abschnitt. Allgemeinverbindlichkeit

§ 28 Grundsatz. Hat der Inhalt eines Tarifvertrags für die Gestaltung der Arbeitsbedingungen in seinem Geltungsbereich überwiegende Bedeutung, so kann der Tarifvertrag vom Bundesarbeitsminister für allgemeinverbindlich erklärt werden. Sollen mehrere inhaltlich gleiche, von einzelnen Arbeitgebern abgeschlossene Tarifverträge für allgemeinverbindlich erklärt werden, so gilt als räumlicher Geltungsbereich im Sinne des Satzes 1 der wirtschaftlich zusammenhängende Bezirk, in dem sich die Betriebe befinden.

§ 29 Verfahren. (1) Die Allgemeinverbindlicherklärung erfolgt nur auf Antrag. Antragsberechtigt ist jede Vertragspartei. Dem Antrag ist die Urschrift oder eine behördlich beglaubigte Abschrift des Tarifvertrags beizufügen. Wird die Allgemeinverbindlicherklärung mehrerer inhaltlich gleicher, von einzelnen Arbeitgebern abgeschlossener Tarifverträge beantragt, so ist bei der Antragstellung der Bezirk, für den die Allgemeinverbindlicherklärung erfolgen soll, unter Berücksichtigung der Vorschrift des § 28 Satz 2 anzugeben.

(2) Der Reichsarbeitsminister macht den Antrag öffentlich bekannt und bestimmt eine Frist, in der Einspruch erhoben werden kann. Vertragsparteien, die nicht selbst den Antrag gestellt haben, ist Gelegenheit zur Äußerung zu geben.

(3) Der Reichsarbeitsminister hat die Berechtigung der Einsprüche zu prüfen. Wenn er ihnen stattzugeben beabsichtigt, hat er den Vertragsparteien Gelegenheit zur Äußerung zu geben.

(4) Ist ein Antrag auf Allgemeinverbindlicherklärung gestellt, so können Arbeitgeber und Arbeitnehmer, die von der Allgemeinverbindlichkeit betroffen würden, von einer der Vertragsparteien eine Abschrift oder einen Abdruck des Tarifvertrags gegen Erstattung der Selbstkosten verlangen.

§ 30 Entscheidung. (1) Nach Ablauf der Einspruchsfristen entscheidet der Reichsarbeitsminister über den Antrag. Seine Entscheidung ist endgültig.

(2) Gibt er dem Antrage statt, so bestimmt er zugleich den Zeitpunkt, mit dem die Allgemeinverbindlichkeit beginnt. Er darf nicht vor dem Tage des Inkrafttretens des Tarifvertrags und, wenn es sich nicht um die Erneuerung oder Änderung eines allgemeinverbindlichen Tarifvertrags handelt, nicht vor dem Tage der öffentlichen Bekanntmachung des Antrags liegen.

(3) Soweit Nichttarifangehörigen die Einhaltung von Tarifbestimmungen nicht zugemutet werden kann, ist dies bei der Allgemeinverbindlicherklärung durch Einschränkung des Geltungsbereichs oder Ausnahme einzelner Tarifbestimmungen zu berücksichtigen. Würde jedoch der Tarifvertrag durch solche Einschränkungen oder Ausnahmen seine Bedeutung verlieren, oder müßten Bestimmungen ausgenommen werden, ohne die die übrigen Bestimmungen offenbar nicht vereinbart worden wären, so ist die Allgemeinverbindlichkeit nicht zu erklären.

(4) Ist eine tariffähige Vereinigung, deren Beteiligung nach der Zahl ihrer in den Geltungsbereich des Tarifvertrags fallenden Mitglieder und nach ihrer allgemeinen Bedeutung geboten war, zum Abschluß des Tarifvertrags trotz ihres Verlangens von den Vertragsparteien nicht zugelassen worden, so soll die Allgemeinverbindlichkeit nicht erklärt werden, es sei denn, daß die nicht beteiligte Vereinigung damit einverstanden ist oder eine Ausnahme aus besonderen Gründen geboten erscheint.

§ 31 Eintragung und Veröffentlichung. (1) Die Allgemeinverbindlicherklärung ist in das beim Reichsarbeitsministerium geführte Tarifregister einzutragen und öffentlich bekannt zu machen. Ihre Rechtswirksamkeit hängt von der öffentlichen Bekanntmachung ab.

(2) Die Einsicht in das Tarifregister und in die bei ihm zu verwahrenden Tarifurkunden (§ 29 Abs. 1) ist jedem gestattet.

(3) Arbeitgeber und Arbeitnehmer, die dem Tarifvertrage durch die Allgemeinverbindlicherklärung unterworfen werden, können von einer der Vertragsparteien eine Abschrift oder einen Abdruck des Vertrages gegen Erstattung der Selbstkosten verlangen.

§ 32 Wirkung. (1) Die Allgemeinverbindlichkeit erstreckt sich nur auf die Tarifsatzung und auf Bestimmungen des Tarifvertrags, die eine unmittelbare Berechtigung oder Verpflichtung der Tarifangehörigen nach § 18 enthalten. Sie erstreckt sich nicht auf Schiedsverträge in Arbeitsstreitigkeiten, Güteverträge und Schiedsgutachtenverträge.

(2) Für die Dauer der Allgemeinverbindlichkeit gelten innerhalb des Geltungsbereichs des Tarifvertrags auch nichttarifangehörige Personen als tarifangehörig, soweit die Allgemeinverbindlicherklärung nicht Einschränkungen vorsieht. Regelt ein Tarifvertrag auch die Arbeitsbedingungen von Arbeitnehmern, die vom räumlichen Geltungsbereich aus außerhalb dieses Gebietes beschäftigt werden, so erstreckt sich die Wirkung der Allgemeinverbindlichkeit auch auf sie.

(3) Wird ein Tarifvertrag mit rückwirkender Kraft für allgemeinverbindlich erklärt, so finden seine Bestimmungen über die Kündigung von Arbeitsverträgen auf eine vor dem Tage der öffentlichen Bekanntmachung der Allgemeinverbindlicherklärung ausgesprochene Kündigung eines Arbeitsvertrags, der nur kraft der Allgemeinverbindlichkeit von dem Tarifvertrag erfaßt wird, keine Anwendung. Ferner findet der Abs. 2 auf ein Arbeitsverhältnis, das vor dem Tage der öffentlichen Bekanntmachung der Allgemeinverbindlicherklärung aufgelöst worden ist, nur dann Anwendung, wenn die Allgemeinverbindlicherklärung es ausdrücklich bestimmt.

§ 33 Beendigung. (1) Die Allgemeinverbindlichkeit endet mit der Beendigung des Tarifvertrags. Der Reichsarbeitsminister hat die Beendigung der Allgemeinverbindlichkeit öffentlich bekannt zu machen, sobald er von der Beendigung der Tarifvertrags glaubhaft Kenntnis erhält. Die Beendigung der Allgemeinverbindlichkeit ist in das Tarifregister einzutragen.

(2) Die Allgemeinverbindlichkeit ist aufzuheben, wenn die Vertragsparteien es übereinstimmend beantragen. Der Reichsarbeitsminister kann sie auch aus anderen wichtigen Gründen nach Anhörung der Vertragsparteien aufheben oder einschränken. Die Entscheidung des Reichsarbeitsministers tritt, wenn er keinen späteren Zeitpunkt festsetzt, mit ihrer öffentlichen Bekanntmachung in Kraft. Sie ist in das Tarifregister einzutragen.

(3) Werden die von der Allgemeinverbindlichkeit betroffenen Bestimmungen eines Tarifvertrags während seiner Geltungsdauer geändert, so bleiben die durch die Änderung nicht betroffenen Bestimmungen allgemeinverbindlich. Der Reichsarbeitsminister hat auf die eingetretene Änderung durch öffentliche Bekanntmachung und im Tarifregister hinzuweisen. Betrifft die Änderung jedoch wesentliche Bestimmungen des Tarifvertrags, so hat der Reichsarbeitsminister, falls die neuen Bestimmungen nicht für allgemeinverbindlich erklärt werden, die Allgemeinverbindlichkeit der restlichen Bestimmungen unter Bestimmung des Zeitpunktes ihrer Beendigung aufzuheben; die Aufhebung ist öffentlich bekannt zu machen und in das Tarifregister einzutragen.

(4) Ergibt sich aus einer Entscheidung der Tarifspruchstelle (§ 10), daß im Zeitpunkt der Allgemeinverbindlicherklärung ein rechtswirksamer Tarifvertrag nicht bestanden hat, so hat der Reichsarbeitsminister die Unwirksamkeit der Allgemeinverbindlicherklärung öffentlich bekannt zu machen und in das Tarifregister einzutragen. Das gleiche gilt, wenn die Rechtsunwirksamkeit durch ein Urteil, einen Schiedsspruch oder ein Schiedsgutachten der im § 22 bezeichneten Art festgestellt wird.

§ 34 Zusammentreffen mit einem allgemeinverbindlichen Tarifvertrage. Die Vorschrift des § 23 über das Zusammentreffen mehrerer Tarifverträge findet auch Anwendung, wenn allgemeinverbindliche Tarifverträge untereinander oder mit anderen Tarifverträgen zusammentreffen, wenn nicht der Reichsarbeitsminister etwas anderes bestimmt.

(...)

§ 52 Wirtschaftliche Vereinigungen. Wirtschaftliche Vereinigungen von Arbeitgebern und Arbeitnehmern im Sinne der arbeitsrechtlichen Gesetzgebung sind nur die nach dem Tarifvertragsgesetz tariffähigen Vereinigungen.

(...)"

3. Zerschlagung des Tarifvertragswesens

15 Die Machtergreifung der Nationalsozialisten führte unmittelbar zur Zerschlagung des in der Weimarer Zeit etablierten freiheitlichen Tarifvertragswesens und setzte bereits mit der Auflösung der Gewerkschaften und ihrer „Ersetzung" durch die Deutsche Arbeitsfront ein.[39] Die Tarifvertragsverordnung blieb zunächst zwar formell unangetastet, ihre Basis war durch diesen Schritt aber bereits ausgehöhlt.

16 Die Aufhebung der Tarifvertragsverordnung erfolgte kurze Zeit später durch § 65 Nr. 6 des Gesetzes zur Ordnung der Nationalen Arbeit vom 20. Januar 1934[40] zum 1. Mai 1934. Zugleich wurden die Verordnungen über das Schlichtungswesen aufgehoben (§ 65 Nr. 7 AOG). Die Aufgabe der

---

[39] Siehe insoweit die Anordnungen des „Aktionskomitees zum Schutz der deutschen Arbeit" vom 3. Mai 1933, abgedruckt in: Magazin für Arbeitsrecht und Sozialpolitik 1933, S. 70.
[40] RGBl. I S. 45.

Tarifverträge, allgemeine Mindestarbeitsbedingungen für die Einzelarbeitsverhältnisse festzulegen, übernahmen fortan Tarifordnungen, die der Treuhänder der Arbeit einseitig erließ, wenn die Festsetzung von Mindestbedingungen zur Regelung der Arbeitsverhältnisse zum Schutz der Beschäftigten einer Gruppe von Betrieben zwingend geboten war (§ 32 Abs. 2 Satz 1 AOG). Sie galten als objektive Rechtssätze[41] für alle Arbeitsverhältnisse und prägten diese als Mindestarbeitsbedingungen; sie schlossen somit für den Arbeitnehmer günstigere Individualabsprachen nicht aus (§ 32 Abs. 1 Satz 2 AOG). Dogmatisch standen sie unterhalb des Gesetzesrechts und waren wegen der hoheitlichen Stellung des Treuhänders der Arbeit als staatliche Rechtsverordnungen zu qualifizieren.[42]

Hinsichtlich der unter der Geltung der Tarifvertragsverordnung abgeschlossenen Tarifverträge ordnete § 72 Abs. 1 AOG an, daß sie spätestens am 30. April 1934 ihre Geltungskraft verloren, sofern nicht der Treuhänder der Arbeit oder der Reichsarbeitsminister ihre Fortgeltung ausdrücklich anordnete (§ 72 Abs. 2 AOG). In diesem Fall wandelten die Tarifverträge jedoch ihren bisherigen rechtsdogmatischen Charakter; sie galten – wie § 72 Abs. 2 AOG festlegte – als Tarifordnungen fort und besaßen seit dem ebenfalls den Charakter einer staatlichen Rechtsverordnung.[43] Deshalb beurteilte sich ihre Fortgeltung nach dem Inkrafttreten des Tarifvertragsgesetzes des Jahres 1949 ebenso wie bei Tarifordnungen ausschließlich nach § 10.[44]

Trotz des radikalen Wandels von der kollektiven Selbstbestimmung hin zu einer staatlichen Regelung behielt das Gesetz zur Ordnung der nationalen Arbeit die Vorschriften für die Wirkung der „Tarifbestimmungen" auf das Einzelarbeitsverhältnis im wesentlichen bei, so daß insofern eine gewisse Fortbildung des Tarifrechts, wenn auch unter völlig veränderten Voraussetzungen, erfolgte. Der Schwerpunkt der Regelung der Arbeitsbedingungen sollte ursprünglich in die Betriebe verlagert werden. Deshalb sollte die Betriebsordnung im Vordergrund stehen. Die tatsächliche Entwicklung verlief indes anders. Die tarifliche Regelung der Arbeitsbedingungen behielt ihre zentrale Bedeutung; sie verstärkte sich im Gegenteil, als sich die Einflußnahme des Staates auf das Arbeitsleben im Laufe der Zeit steigerte, so daß die Tarifordnungen, wie zuvor die Tarifverträge, die bei weitem wichtigste Rechtsquelle für die Gestaltung der Arbeitsbedingungen darstellten. Diese Epoche wurde mit der Verordnung über die Lohngestaltung vom 25. Juni 1938[45] und ihrer Durchführungsverordnung vom 23. April 1941[46] abgeschlossen und den Treuhändern der Arbeit u.a. auch die Befugnis verliehen, Höchstlöhne festzusetzen.

---

[41] RAG ARS 44, S. 300, 303.
[42] RAG ARS 44, S. 300, 303; *Hueck/Nipperdey/Dietz*, 4. Aufl. 1943, AOG § 32, Rnr. 118.
[43] BAG 14. 2. 1957 AP Nr. 1 zu § 32 AOG Weitergeltung von TV als TO *(Tophoven)*; BAG 19. 12. 1968 AP Nr. 16 zu § 101 ArbGG 1953 *(A. Hueck); Hueck/Nipperdey/Stahlhacke*, 4. Aufl. 1964, § 9 TVG, Rnr. 3; sowie näher zur Transformation alter Tarifverträge *Hueck/Nipperdey/Dietz*, 4. Aufl. 1943, § 72 AOG.
[44] Siehe näher hierzu unten § 10, Rnr. 1.
[45] RGBl. I S. 691.
[46] RGBl. I S. 222.

II. Entstehung des Tarifvertragsgesetzes für das Vereinigte Wirtschaftsgebiet

1. Die Rechtslage in der amerikanischen und in der britischen Besatzungszone

19 Die Besatzungsmächte verstanden die Tarifautonomie als integralen Bestandteil der Demokratie. Mit der Zulassung der Gewerkschaften und der Arbeitgeberverbände wurden die institutionellen Voraussetzungen für die Verwirklichung eines „free collective bargaining" geschaffen.[47] Das Tarifvertragswesen erfuhr zwar keine spezialgesetzliche Regelung,[48] mehrere Kontrollratsdirektiven[49] und Verordnungen gestatteten jedoch ausdrücklich den Abschluß von Tarifverträgen, ließen aber die näheren (rechtlichen) Einzelheiten offen.[50] Exemplarischen Charakter besitzt die „Verordnung der Militärregierung für Bayern über Abschluß und Inhalt von Tarifverträgen" vom 22. Mai 1946:[51]

„1. Tarifverträge über Löhne und andere Arbeitsbedingungen können zwischen Gewerkschaften oder deren Verbänden einerseits und Arbeitgebern oder deren Verbänden andererseits abgeschlossen werden. Solche Verträge können alle Fragen umfassen, die sich auf das Verhältnis zwischen Arbeitgeber und Arbeitnehmer, auf Arbeitsbedingungen und Löhne beziehen, einschließlich auch derjenigen Fragen, welche durch bereits in Kraft befindliche Tarifordnungen geregelt sind.
2. Tarifvertragliche Vereinbarungen dürfen nicht im Widerspruch stehen zu den Vorschriften der Verfügungen Nr. 14 und 26 des Kontrollrats oder irgendwelchen nachfolgenden Verfügungen über Löhne, Arbeitszeit und sonstigen Arbeitsbedingungen oder zu den Bestimmungen anderer veröffentlichter Gesetze.
3. Tarifverträge können die nachstehend aufgeführten Hauptgebiete der Arbeitsbeziehungen und Arbeitsbedingungen umfassen:
   a) Alle Arten zusätzlicher Vergütungen und Lohnabstufungen, die jedoch den Vorschriften der Verfügung Nr. 14 und irgendwelchen sonstigen Verfügungen über Lohnabstufungen und der daraus sich ergebenden Abschaffung verschiedener zusätzlicher Vergütungen entsprechen müssen,
   b) die Einstufung der Arbeitnehmer nach Berufen und Befähigung für die Anwendung der Lohnsätze,
   c) die Lohnstruktur, welche entweder auf Akkord- oder Zeitlohn beruhen kann,
   d) die Arbeitszeit einschl. Nachtarbeit, Feiertage und Urlaub,
   e) Arbeitsschutz, Betriebssicherung und Betriebshygiene,
   f) Regelungen für Lehrverhältnisse,
   g) Regelung für Einstellungen und Entlassungen,
   h) Verhandlungsverfahren für das Zustandekommen und die Revision von Tarifverträgen,
   i) Verfahren für Vermittlung und Schlichtung.
4. Das Recht der Tarifvertragsparteien, den Inhalt ihres Tarifvertrags auf weitere Gebiete zu erstrecken, wird durch 3 a)–i) nicht eingeschränkt.

---

[47] Näher zu den Entwicklungen in der amerikanischen und in der britischen Besatzungszone *Martin Dreschers,* Die Entwicklung des Rechts des Tarifvertrags in Deutschland, 1994, S. 94 ff., 99 ff.; *Jürgen P. Nautz,* Die Durchsetzung der Tarifautonomie in Westdeutschland, 1985, S. 41 ff., 56 ff.
[48] Nach damals vorherrschendem Verständnis führte die Beseitigung des AOG nicht dazu, daß die Tarifvertrags-Verordnung wieder auflebte; kritisch hierzu *Nipperdey,* BB 1948, S. 157 ff.
[49] Zu ihnen *Nipperdey,* BB 1948, S. 157, 158 f.
[50] Siehe insoweit *Nipperdey,* BB 1948, S. 157, 159 f.
[51] ABl. Bayr. ArbMin. 1946, S. 75.

5. Nach den Vorschriften der Verfügung Nr. 14 des alliierten Kontrollrates dürfen Änderungen der Lohnsätze ohne die Zustimmung der deutschen Arbeitsämter nicht vorgenommen werden.
6. Alle Tarifverträge müssen bei der zuständigen deutschen Arbeitsbehörde registriert werden.
7. Tarifverträge kommen zustande:
   a) durch gegenseitige Vereinbarung zwischen den beiden Parteien und
   b) nach Registrierung des unterschriebenen Vertrages bei der zuständigen deutschen Arbeitsbehörde.

Streitigkeiten, die bei Verhandlungen über das Zustandekommen oder die Revision von Tarifverträgen entstehen, können durch gütliche Vermittlung oder Schlichtung erledigt werden."

2. Entwürfe und Materialien zum Tarifvertragsgesetz

a) Vorbemerkung. Unabhängig von den Überlegungen der Alliierten in 20 der amerikanischen und der britischen Besatzungszone setzten bei den deutschen Behörden Diskussionen zur Schaffung eines Tarifvertragsgesetzes ein. Diese entwickelten sich zunächst separat in den jeweiligen Besatzungszonen. Während in der britischen Besatzungszone das Zentralamt für Arbeit (zuvor: Hauptamt für Arbeit) die Initiative ergriff (siehe unten Rnr. 21–23), wurden in der amerikanischen Besatzungszone erste Überlegungen durch den beim Länderrat gebildeten „Unterausschuß Arbeitsrecht" eingeleitet (unten Rnr. 24, 25). Der hieraus entstandene Lemgoer-Entwurf (Rnr. 21, 22) und der Zusmarshausener bzw. Stuttgarter-Entwurf (Rnr. 25) sowie die Entwürfe der Gewerkschaften (Rnr. 26–30) bildeten die Grundlage für die späteren Erörterungen im Wirtschaftsrat für das Vereinigte Wirtschaftsgebiet (Rnr. 31–39).[52]

b) Vorarbeiten in der britischen Besatzungszone. Der von dem 21 Zentralamt für Arbeit vorgelegte Entwurf (sog. Lemgoer Entwurf, unten Rnr. 22, 23) prägte die Vorarbeiten zu einem Tarifvertragsgesetz in der britischen Besatzungszone entscheidend. Trotz eingehender Diskussionen dieses Entwurfs legte ausschließlich die Arbeitsgemeinschaft der Arbeitgeber in der britischen Besatzungszone einen Gegenentwurf vor (siehe unten Rnr. 24).

aa) Referenten-Entwurf des Zentralamtes für Arbeit (sog. Lemgo- 22 **er Entwurf).** Treibende Kraft in der britischen Besatzungszone war das Zentralamt für Arbeit, dessen Leiter der Hauptabteilung III, *Wilhelm Herschel*, bereits im November 1946 mit dem Entwurf für eine Verordnung über Tarifverträge[53] eine erste Beratungsgrundlage schuf. Ihren Abschluß erreichten die seitens des Zentralamtes für Arbeit initiierten Erörterungen[54] durch den Anfang 1948 vorgelegten offiziellen Referentenentwurf, der – benannt nach dem Sitz des Zentralamtes – als Lemgoer-Entwurf in die Diskussion einging.

---

[52] Allg. zur Entstehung des Tarifvertragsgesetzes aus damaliger Zeit z. B. *Goldschmidt*, Betrieb 1949, S. 229 ff.; *Herschel*, ArbBlBritZ 1949, S. 22 ff.; *Koselev*, BB 1949, S. 83 ff.; *Meissinger*, Betrieb 1949, S. 623 ff.; *Nipperdey*, RdA 1949, S. 81 ff.; *Storch*, BB 1949, S. 233 ff.; sowie aus neuerer Zeit *Herschel*, ZfA 1973, S. 183 ff.; *Jürgen P. Nautz*, Die Durchsetzung der Tarifautonomie in Westdeutschland, 1985.
[53] Abgedruckt bei: *Jürgen P. Nautz*, Die Durchsetzung der Tarifautonomie in Westdeutschland, 1985, S. 165 f.
[54] Zu ihnen ausführlich *Jürgen P. Nautz*, Die Durchsetzung der Tarifautonomie in Westdeutschland, 1985, S. 69 ff.

„**§ 1 Tariffähigkeit.** (1) Tariffähig sind Gewerkschaften, Arbeitgeberverbände und Arbeitgeber.

(2) Spitzenverbände sind nur tariffähig, wenn der Abschluß von Tarifverträgen zu ihren satzungsmäßigen Aufgaben gehört.

§ 2 Form des Tarifvertrages. Tarifverträge bedürfen der Schriftform und der Eintragung in das Tarifregister (§ 7).

§ 3 Inhalt des Tarifvertrages. (1) Der Tarifvertrag regelt die Beziehungen der Tarifvertragsparteien und enthält zwingende Rechtsnormen, die das Eingehen, den Inhalt und die Beendigung von Arbeitsverhältnissen sowie betriebliche Fragen ordnen können. Tarifunterworfen sind die Mitglieder der Tarifvertragsparteien und der Arbeitgeber, der selbst Partei des Tarifvertrages ist.

(2) Ist der Tarifvertrag von einem Spitzenverband abgeschlossen, so haften neben diesem die vom Tarifvertrag betroffenen Mitgliedsverbände für die Friedens- und Durchführungspflichten als Gesamtschuldner.

§ 4 Wirkung der Tarifnormen. (1) Tarifunterworfene Arbeitsverhältnisse sind insoweit nichtig, als ihr Inhalt von den Normen des einschlägigen Tarifvertrages abweicht und die Abweichung den Arbeitnehmer ungünstiger stellt. Abweichende Vereinbarungen sind jedoch zulässig, soweit sie durch den Tarifvertrag gestattet sind oder soweit sie im Rahmen der geltenden Vorschriften eine Änderung der Arbeitsbedingungen zugunsten des Arbeitnehmers enthalten und durch den Tarifvertrag nicht ausdrücklich ausgeschlossen sind.

(2) Nach Ablauf des Tarifvertrages gelten seine Normen weiter, bis sie durch Einzelvereinbarungen, Betriebsvereinbarungen oder einen neuen Tarifvertrag ersetzt werden.

(3) Abs. 1 und 2 gelten entsprechend für das Verhältnis von Tarifvertrag und Betriebsvereinbarung.

(4) Fällt ein Arbeitsverhältnis sowohl in den Geltungsbereich einer Tarifordnung wie eines Tarifvertrages, so gelangt nur die jüngere Regelung zur Anwendung.

§ 5 Allgemeinverbindlicherklärung. (1) Der Präsident des Zentralamtes für Arbeit kann auf Weisung der Militärregierung einen Tarifvertrag für allgemeinverbindlich erklären, wenn dieser in seinem Geltungsbereich überwiegende Bedeutung erlangt hat oder die Interessen der alliierten Besatzung berührt werden.

(2) Mit Ausspruch der Allgemeinverbindlicherklärung erfassen die Normen des Tarifvertrages auch die bisher noch nicht tarifunterworfenen Arbeitgeber und Arbeitnehmer.

§ 6 Nichtigkeit und Unwirksamkeit des Tarifvertrages. Die Nichtigkeit oder Unwirksamkeit eines im Tarifregister eingetragenen Tarifvertrages oder einzelner seiner Bestimmungen kann nur geltend gemacht werden, wenn sie durch rechtskräftiges Urteil zwischen den Tarifvertragsparteien festgestellt ist.

§ 7 Tarifregister. Beim Zentralamt für Arbeit wird ein Tarifregister geführt.

§ 8 Eintragungen in das Tarifregister. (1) Die Eintragungen in das Tarifregister erfolgen durch den Registerführer auf Anordnung des Präsidenten des Zentralamtes für Arbeit. Sie müssen vom Registerführer unterzeichnet werden und den Tag der Eintragung enthalten. Erfolgt die Eintragung nicht binnen eines Monats nach Stellung des Antrages, so sind die Gründe hierfür den Tarifvertragsparteien mitzuteilen. Die Ablehnung des Antrages darf nur erfolgen, wenn zwingende Gründe des Allgemeinwohls es erfordern. Vor der Ablehnung soll den Parteien tunlichst eine Nachfrist zur Behebung beanstandeter Mängel gesetzt werden. Ist zur Wirksamkeit des Tarifvertrages auch die Zustimmung anderer Stellen erforderlich, so erfolgt die Eintragung erst, wenn dem Registerführer die Erteilung der Zustimmung durch öffentliche Urkunde nachgewiesen ist.

(2) Erst nach der Eintragung in das Tarifregister werden Abschluß, Änderung und auf Einvernehmen der Tarifvertragsparteien beruhende vorzeitige Aufhebung des Tarifvertrages wirksam, und zwar von dem in der Vereinbarung bestimmten Zeitpunkt ab.

(3) Eintragungen, die durch Beendigung oder Änderungen der Vereinbarungen zwischen den Tarifvertragsparteien überholt sind, werden in einer ihre Leserlichkeit nicht beeinträchtigenden Weise rot unterstrichen, Schreibfehler und ähnliche offenbare Unrichtigkeiten werden durch Eintragung eines vom Registerführer zu unterschreibenden Vermerks von Amts wegen berichtigt.

§ 9 Registerakten. Für jeden in das Tarifregister eingetragenen Tarifvertrag wird eine besondere Registerakte angelegt. In sie sind die Urschrift oder eine beglaubigte Abschrift des Tarifvertrages sowie alle sich auf den Tarifvertrag beziehenden Schriftstücke aufzunehmen.

§ 10 Einsichtnahme in das Tarifregister. (1) Die Einsichtnahme in das Tarifregister sowie in die Registerakten ist jedem gestattet. Von den Eintragungen kann jeder, der ein berechtigtes Interesse darlegt, Abschriften verlangen, die auf Antrag zu beglaubigen sind. Für die Abschriften werden Gebühren erhoben; ihre Höhe richtet sich nach den Bestimmungen des Gerichtskostengesetzes.

(2) Der Präsident des Zentralamtes für Arbeit kann anordnen, daß bei von ihm bestimmten Behörden der Arbeitsverwaltung Abschriften von Tarifverträgen ausgelegt werden. Das Nähere bestimmt der Präsident des Zentralamtes für Arbeit.

§ 11 Aushang des Tarifvertrages. (1) Die Arbeitgeber sind verpflichtet, die für ihren Betrieb maßgebenden Tarifverträge an gut sichtbarer Stelle auszuhängen. Der Aushang muß dauernd in lesbarem Zustande gehalten werden.

(2) Die Einhaltung dieser Vorschrift haben die Gewerbeaufsichtsämter sicherzustellen.

§ 12 Durchführungsverordnungen. Der Präsident des Zentralamtes für Arbeit ist ermächtigt, Durchführungsverordnungen zu erlassen.

§ 13 Inkrafttreten. (1) Diese Verordnung tritt am ... in Kraft.

(2) Tarifverträge, die vor dem in Abs. 1 genannten Zeitpunkte abgeschlossen sind, unterliegen nunmehr dieser Verordnung. Sie verlieren ihre Gültigkeit, wenn sie nicht binnen drei Monaten nach dem Inkrafttreten dieser Verordnung registriert werden."

Begründung zum Entwurf einer Tarifvertragsverordnung:

„**I. Allgemeines.** Der Tarifvertrag ist nicht nur sozial- und wirtschaftspolitisch von großer Bedeutung, vielmehr verdient er auch Beachtung als grundlegende Erscheinungsform einer volkstümlichen Demokratie, die von unten nach oben wächst. Es steht zu erwarten, daß sich die Kollektivparteien des Arbeitslebens durch den Tarifvertrag in zunehmendem Maße ihr eigenes und ihnen gemäßes Recht selbst in freier Vereinbarung schaffen. Diese erfreuliche Entwicklung verdient jede Förderung. Hierzu gehört in erster Linie, für die kommenden Tarifverträge eine einfache, klare und feste Rechtsgrundlage herauszubilden. Das um so mehr, als der Tarifvertrag seinerseits zu den wichtigsten Rechtsquellen unseres Volkslebens gehört. Gerade im gegenwärtigen Augenblick erscheint es geboten, eine solche rechtliche Untermauerung des Tarifvertrages zu schaffen, damit die beginnende Neuentwicklung des Tarifvertragswesens von vornherein auf eine gesunde Basis gestellt wird und die Tarifordnungen aus der Zeit des Nationalsozialismus sicher und schnell überwunden werden können.

Freilich dürfte es weder erforderlich noch angebracht sein, schon jetzt eine erschöpfende gesetzliche Regelung zu treffen. Das muß einer späteren Zeit vorbehalten bleiben, in der sich die wirtschaftlich-sozialen Verhältnisse gefestigt haben und in der das deutsche Volk wieder die Möglichkeit hat, durch ein Parlament eine einheitliche gesetzgeberische Regelung für ganz Deutschland zu treffen. Von diesen Erwägungen ausgehend hat das Zentralamt für Arbeit in der britischen Besatzungszone den Entwurf einer Tarifvertragsverordnung ausgearbeitet, der hiermit zur Erörterung gestellt wird. Auf Grund der so erhofften kritischen Mitarbeit von Sachverständigen und Interessenten wird dann demnächst eine verbesserte Fassung ausgearbeitet werden.

II. Einzelheiten. Im folgenden soll der Entwurf, soweit erforderlich, kurz erläutert werden:

Zu § 1.

(1) Der Begriff der Tariffähigkeit war der früheren Gesetzessprache fremd, hat sich aber seit langem in Wissenschaft und Praxis eingebürgert. Er konnte deshalb hier unbedenklich übernommen werden, und es erscheint sogar notwendig, ihn in die Gesetzessprache einzuführen.

(2) Im Gegensatz zu der abstrakten Ausdrucksweise der Verordnung vom 23. Dezember 1918 werden hier die Träger der Tariffähigkeit konkret bezeichnet, und zwar in der Hoffnung, daß so Mißverständnisse eher vermieden werden. Dabei dürfte es keine Meinungsverschiedenheiten darüber geben, was im Sinne der Verordnung unter einer Gewerkschaft zu verstehen ist. Zum Begriff des Arbeitgeberverbandes besagt ein Erlaß des Präsidenten des Zentralamtes für Arbeit vom 12. November 1946:

„Wirtschaftliche Vereinigungen von Arbeitgebern im Sinne der genannten Vorschrift sind Organisationen, deren Zweck oder Hauptzweck die Einwirkung auf die Gestaltung der Arbeitsverhältnisse ist. Eine Organisation, die sich mit allgemeinen wirtschaftlichen Fragen eines Wirtschaftszweiges oder eines Bezirkes befaßt, fällt nicht ohne weiteres unter diesen Begriff. Sie erfüllt vielmehr die hier geforderten Voraussetzungen nur dann, wenn die erwähnte sozialpolitische Zielsetzung mindestens eine ihrer wesentlichen satzungsgemäßen Aufgaben ist und die Betätigung auf diesem Gebiete auch tatsächlich erfolgt, eine nur beiläufige Beschäftigung mit der Regelung von Arbeitsverhältnissen würde nicht genügen. Die Entscheidung hierüber im Einzelfall müßte dem Richter vorbehalten bleiben."

Im übrigen besagt der Entwurf nichts über die Form der Arbeitgeberverbände, er will bewußt in dieser Hinsicht der Entwicklung nicht vorgreifen. Hier ist nicht vorgeschrieben, daß die Verbände privatrechtlicher Natur sind. Deshalb steht der Tariffähigkeit der Innungen grundsätzlich nichts im Wege; ob eine Innung tariffähig ist, kann nur von Fall zu Fall entschieden werden.

Es wäre undemokratisch, den Spitzenverbänden die Tariffähigkeit kraft Gesetzes vorzuenthalten. Vielmehr ist es Aufgabe des Gesetzgebers, die rechtlichen Voraussetzungen dafür zu schaffen, daß sich die Beteiligten so einrichten können, wie sie es selbst für richtig halten. Dem trägt § 1 Abs. 2 Rechnung. Andererseits mußte hier eine Sicherung dagegen eingebaut werden, daß die Verbände nicht durch die Spitzenverbände vergewaltigt werden. Deshalb wird die Tariffähigkeit der Spitzenverbände von einer entsprechenden Bestimmung der Satzungen abhängig gemacht. Das erschien als notwendig, aber auch als ausreichend.

Zu § 2.

(1) Soweit es sich um die Schriftform handelt, ist auch hier das ältere Recht übernommen worden. Gemeint ist Schriftform im Sinne des § 126 BGB.

(2) Eine Eintragung in das Tarifregister war schon früher vorgeschrieben; indessen gibt der Entwurf ihr eine weitergehende Bedeutung. Darauf ist unten bei § 3 Abs. 1 und 2 näher einzugehen.

Zu § 3 Abs. 1.

(1) Der Vollständigkeit halber werden hier zunächst „die Beziehungen der Tarifvertragsparteien" selbst, also die schuldrechtlichen (obligatorischen) Bestimmungen des Tarifvertrages genannt. Der Entwurf glaubt sich mit einer bloßen Erwähnung begnügen zu können, da dieser Rechtsbereich durch die ältere Praxis so sehr geklärt ist, daß sich für die Übergangszeit weiteres erübrigt.

(2) Was die normativen Bestimmungen anlangt, so sieht der Entwurf eine wesentliche Erweiterung in mehreren Punkten vor. Zunächst bezieht er in die Zuständigkeit der Tarifnormen auch den Abschluß und die Beendigung von Arbeitsverhältnissen ein. Das entspricht einem praktischen Bedürfnis. Insbesondere wird so die bisher schmerzlich vermißte Möglichkeit eröffnet, bei Beendigung von Arbeitskämpfen Maßregelungsverbote zu erlassen, die das einzelne Arbeitsverhältnis unmittelbar zwingend erfassen. Außerdem macht der Entwurf der tariflichen Regelung Fragen zugänglich, deren Bedeutung über das einzelne Arbeitsverhältnis hinaus-

reicht und deren tarifvertragliche Normierung daher bislang mindestens zweifelhaft war.

(3) Im letzten Satz will § 3 die Tarifunterworfenheit regeln, allerdings nicht erschöpfend; denn es bedarf keiner näheren Ausführung, daß die genannten Personen nur dann von den Tarifnormen erfaßt werden, wenn das Arbeitsverhältnis außerdem in den persönlichen, sachlichen, räumlichen und zeitlichen Geltungsbereich des Tarifvertrages fällt.

Zu § 3 Abs. 2.
Erfahrungsgemäß haben die Spitzenverbände weniger moralischen Einfluß auf die einzelnen Arbeitgeber und Arbeitnehmer als die Verbände, denen die einzelnen Arbeitgeber und Arbeitnehmer unmittelbar als Mitglieder angehören. Auch pflegen sie weniger Vermögen zu besitzen als die ihnen angeschlossenen Verbände. Es ist deshalb notwendig, die angeschlossenen Verbände im Falle des Tarifabschlusses durch einen Spitzenverband mit in die schuldrechtlichen Verhältnisse einzubeziehen.

Zu § 4 Abs. 1.
Dieser Vorschlag enthält keine sachliche Abweichung von dem ehemaligen Tarifvertragsrecht; jedoch ist der Versuch gemacht worden, die hier in Rede stehende Rechtsfolge (Unabdingbarkeit) schärfer zu formulieren. Im Allgemeinen wird kein praktisches Bedürfnis gegeben sein, die Tarifnormen zugleich als Maximalbedingungen auszugestalten. Wo aber die Tarifvertragsparteien, zum Beispiel im öffentlichen Dienst, hierzu ein Bedürfnis empfinden sollten, muß der Gesetzgeber ihnen die erforderlichen Rechtsformen an die Hand geben. Dem sucht der Entwurf in Übereinstimmung mit dem älteren Tarifvertragsrecht zu entsprechen.

Zu § 4 Abs. 2.
Die neuere Rechtsprechung des Reichsarbeitsgerichts hat unter Preisgabe der früheren Judikatur die Nachwirkung der Tarifnormen verneint. Es erübrigt sich, hierzu Stellung zu nehmen. Jedenfalls hat sich diese Auffassung in der Praxis als wenig sachdienlich erwiesen. Der Entwurf sucht hier zu helfen, indem er die Nachwirkung sicherstellt, ohne der wissenschaftlichen Streitfrage vorzugreifen, ob die Tarifnormen korrektorisch in den Inhalt der Arbeitsverhältnisse eingehen oder ob sie sich darauf beschränken, sogenanntes zwingend ergänzendes Recht darzustellen.

Zu § 4 Abs. 3.
Diese Bestimmung ist nur scheinbar neu. In Wahrheit spricht sie einen Rechtsgedanken aus, der schon seit langem durchaus geläufig ist, der aber der Deutlichkeit halber festgelegt werden muß.

Zu § 4 Abs. 4.
Es erschien notwendig, das Verhältnis von Tarifordnung und Tarifvertrag zu regeln. Es wäre formalistisch, wollte man sagen, die Tarifordnung gehe schlechthin als eine vom Staate erlassene Rechtsnorm dem Tarifvertrag vor. Die Beziehungen beider müssen vielmehr auf Grund folgender Erwägung geordnet werden. Das adäquate Mittel des kollektiven Arbeitsrechts ist nicht die Tarifordnung, sondern der Tarifvertrag. Tarifordnungen sind lediglich ein Hilfsmittel der Übergangszeit gedacht, das mehr und mehr zurücktreten soll. Darum muß der jüngere Tarifvertrag der älteren Tarifordnung vorgehen. Umgekehrt muß aber auch die jüngere Tarifordnung dem älteren Tarifvertrag vorgehen. Hierauf kann einstweilen noch nicht verzichtet werden. Es muß aber von den staatlichen Stellen erwartet werden, daß sie sich äußerste Zurückhaltung auferlegen, wenn eine neue Tarifordnung in den Bereich eines älteren Tarifvertrages einbrechen würde.

Zu § 5 Abs. 1.
Soweit ersichtlich, sind sich alle Praktiker darüber einig, daß man auf eine Allgemeinverbindlicherklärung von Tarifverträgen nicht verzichten kann. Dieser Meinung schließt sich der Entwurf an. Er macht für den Hauptanwendungsfall – überwiegende Bedeutung – den Ausspruch der Allgemeinverbindlicherklärung von einer wichtigen Bedingung abhängig, so daß diese Rechtsinstitution mit den Grundsätzen der Demokratie durchaus vereinbar bleibt. Voraussetzung ist in diesem Falle, daß die Kollektivparteien einen Tarifvertrag abgeschlossen haben. Wenn die-

ser innerhalb seines Geltungsbereichs schon aus eigener Kraft überwiegende Bedeutung erlangt hat und wenn sich dennoch einige Außenseiter ihm aus unsachlichen Gründen versagen, so erfordert es die Demokratie, daß es ein Mittel gibt, diese durch einen Hoheitsakt unter das Recht zu beugen, das sich die überwiegende Mehrheit der Berufsgenossen freiwillig selbst gegeben hat. Denn es kann nicht um irgendwelcher formalistischer Auffassungen willen hingenommen werden, daß undisziplinierte Außenseiter die Möglichkeit haben, das demokratische Gesetzgebungswerk der überwiegenden Mehrheit der Beteiligten zu durchkreuzen. Wie die Beschlüsse des Parlaments auch den Nichtwähler oder den Angehörigen einer Minderheit binden, so ist es mit den demokratischen Grundsätzen durchaus vereinbar, einen Außenseiter des kollektiven Arbeitsrechts in besonders krassen Fällen dem frei betätigten Willen der Mehrheit der Beteiligten zu unterwerfen. Daß die Allgemeinverbindlicherklärung ferner dann ausgesprochen werden kann, wenn die Interessen der alliierten Besatzung berührt werden, bedarf keiner besonderen Rechtfertigung.

Zu § 5 Abs. 2.

Hier werden die Wirkungen der Allgemeinverbindlicherklärung bestimmt. In Anlehnung an das frühere Recht wird klargestellt, daß die obligatorischen Bestimmungen unberührt bleiben und daß lediglich der persönliche Bereich der Tarifunterworfenheit (§ 3 Satz 2) auf Außenseiter erstreckt wird. Zur Frage der wissenschaftssystematischen Einordnung der Allgemeinverbindlicherklärung Stellung zu nehmen hat der Entwurf keinen Anlaß gesehen.

Zu § 6.

Dieser Paragraph stellt einen wesentlichen Fortschritt in Richtung des sozialen Friedens dar; er ist von allen Theoretikern und Praktikern, mit denen er besprochen worden ist, lebhaft begrüßt worden und aus den praktischen Erfahrungen der Jahre 1918 bis 1933 hervorgegangen. Materiell will die Vorschrift an der etwaigen Nichtigkeit oder Unwirksamkeit eines Tarifvertrages nichts ändern, aber sie will zweierlei:

a) der registrierte Tarifvertrag ist ein wichtiges rechtliches und sozialpolitisches Instrument. Ist er einmal registriert und veröffentlicht, so erfordern es das Ansehen der Tarifvertragsparteien, die Autorität der Behörden der Arbeitsverwaltung wie der soziale Friede in gleicher Weise, daß er so lange als gültig behandelt wird, bis der Richter ein abschließendes, die Nichtigkeit bindend feststellendes Wort gesprochen hat. Gedacht ist hierbei nicht an eine beiläufige richterliche Bemerkung, sondern an einen formellen Ausspruch im Tenor des rechtskräftigen Urteils selbst. Würde man von einer solchen Regelung absehen, so öffnete man der Rechtsunsicherheit und dem rechtlichen Chaos Tür und Tor.

b) Es kann nicht Aufgabe eines jeden beliebigen Interessenten sein, einen derartigen Ausspruch herbeizuführen, insbesondere darf es nicht irgendwelchen dunklen Elementen gestattet sein, auf solche Weise Verwirrungen zu stiften. Auch muß Mißbräuchen vorgebeugt und z.B. verhindert werden, daß ein Arbeitgeber gegen einen ihm willfährigen Arbeiter einen Scheinprozeß führt und in diesem – vielleicht durch Anerkenntnisurteil – die Feststellung erstreitet, daß der Tarifvertrag nichtig ist. Hier ist dem einzelnen eine gewisse demokratische Prozeßdisziplin durchaus zumutbar. Solange die Tarifvertragsparteien selbst bei ihrem Vertragswerk stehenbleiben wollen und es übereinstimmend als gültig betrachten, muß ein anerkennenswertes Rechtsschutzbedürfnis für einen Außenseiter verneint werden, um die Gültigkeit oder Wirksamkeit eines Tarifvertrages einen Rechtsstreit vor den Arbeitsgerichtsbehörden zu führen.

Aus diesem Grunde ist der Vorschlag des Entwurfs ein wichtiger Fortschritt in der Gestaltung des Sozialrechts.

Zu § 7.

Daß ein Tarifregister nur zentral, d.h. heute zoneneinheitlich geführt werden kann versteht sich von selbst.

Zu § 8 Abs. 1.

(1) Bemerkenswert ist zunächst Satz 2. Für den Fall, daß sich die Eintragung mehr als einen Monat verzögert, sieht er einen Zwischenbescheid vor, der mit

Gründen zu versehen ist. Die Vorschrift hat nur verfahrensrechtliche Bedeutung. Unbedingt notwendig ist sie nicht. Sie trägt aber einem Wunsche Rechnung, der aus der Praxis an das Zentralamt herangetragen worden ist, und daher wird sie zur Erörterung gestellt, zumal da sie einen heilsamen Anlaß zur Beschleunigung schwieriger Eintragungsverfahren abgeben kann. Freilich ist damit zu rechnen, daß die Eintragungen regelmäßig in einem viel kürzeren Zeitraum erledigt werden.

(2) Gemäß Satz 3 kann der Präsident des Zentralamtes für Arbeit den ordnungsmäßig gestellten Eintragungsantrag nur ablehnen, wenn zwingende Gründe des Allgemeinwohls es erfordern. In allen anderen Fällen muß er also dem Antrag stattgeben. Das bedeutet, daß er bei der Entscheidung mit Großzügigkeit verfahren muß. Er hat die formelle und inhaltliche Ausgestaltung des Tarifvertrages den Parteien zu überlassen und nur in den ganz seltenen Fällen, in denen ausnahmsweise zwingende Gründe des Allgemeinwohls die beabsichtigte Regelung untragbar machen, kann und muß er seine Mitwirkung versagen, weil es sinnwidrig wäre, eine Behörde zu einem Verwaltungsakt zu zwingen, der dem Allgemeinwohl in einem wesentlichen Punkte ins Gesicht schlägt. Für seine Entscheidung trägt der Präsident des Zentralamtes für Arbeit die politische Verantwortung, insbesondere gegenüber dem Lohnberatenden Ausschuß des Zentralamtes für Arbeit.

(3) Satz 3 baut eine weitere demokratische Sicherung ein. Der Präsident des Zentralamtes für Arbeit soll einen von ihm als verfehlt erkannten Antrag nicht ohne weiteres ablehnen, sondern zunächst den Parteien Gelegenheit geben, die Beanstandung durch nachträgliche Änderungen zu beheben. Damit die zu setzende Nachfrist ihren Zweck erfüllt, werden oft mündliche Erörterungen mit den Parteien (Nachverhandlungen) angebracht sein.

(4) Es kommt vor, daß der Tarifvertrag zu seiner Entstehung der Zustimmung von Stellen außerhalb der Arbeitsverwaltung bedarf. Gedacht ist hierbei insbesondere an die Zuständigkeiten, die sich die Militärregierung vorbehalten hat. In solchen Fällen kann die Eintragung in das Tarifregister erst erfolgen, wenn die erforderliche Zustimmung der anderen Stellen durch öffentliche Urkunde nachgewiesen ist.

Zu § 8 Abs. 2.
Wesentlich ist, daß die Eintragung mehr als eine bloße Protokollierung, sie hat vielmehr rechtserzeugende Kraft: Erst durch die Eintragung wird der Tarifvertrag wirksam. Mit den Willenserklärungen der Parteien zusammen bildet daher die Eintragung den wesentlichen rechtsgeschäftlichen Tatbestand des Tarifvertrages. Diese Regelung ist schon deshalb erforderlich, weil ein Abgehen hiervon gegen Ziffer 7 der von der Manpower Division herausgegebenen „Empfehlungen an die Zonenkommandeure über die grundlegenden Prinzipien für den Abschluß und den Inhalt von Tarif-Kollektivverträgen" vom 12. April 1946 verstoßen würde. Im übrigen wurde bereits eben in Ziffer 2 zu § 8 Abs. 1 hervorgehoben, daß die empfohlene Regelung eine verwaltungsmäßige Notwendigkeit darstellt. Gewiß soll das Tarifvertragswesen eine Angelegenheit kollektiver Selbstverwaltung sein. Gerade deshalb muß so verfahren werden. Nach einhelliger Meinung ist für den Begriff der Selbstverwaltung – mag sie im übrigen noch so weitgehend sein – die Kontrolle einer höheren Verwaltungsbehörde unerläßlich. Es gibt in Theorie und Praxis keine Selbstverwaltung ohne solche Kontrolle. Wo diese Grenze überschritten wird, endet die Selbstverwaltung und beginnt die Anarchie. Im Tarifvertragswesen kann eine Ausnahme hiervon nicht zugelassen werden.

Zu § 8 Abs. 3.
Über die Notwendigkeit dieser Verfahrensvorschriften dürfte es keine Meinungsverschiedenheiten geben.

Zu § 9.
Diese Bestimmung hat sich schon im früheren Recht bewährt.

Zu § 10 Abs. 1.
Hier handelt es sich um eine völlig neue Fortbildung des bisherigen Rechts, wobei der Entwurf die Erfahrungen verwertet, die mit den bewährten Auslegestellen

Geschichte 24

des ehemaligen Reichspatentamtes gemacht worden sind. Auch für das Tarifvertragswesen besteht ein derartiges Bedürfnis. Da hier die Einrichtung neu ist, befürwortet der Entwurf eine elastische Regelung, indem er den Präsidenten des Zentralamtes für Arbeit zu näheren Anordnungen ermächtigt wissen will.

Zu § 11 Abs. 1.

(1) In der Zeit der Papierknappheit läßt sich ein Abdruck aller Tarifverträge im Amtsblatt des Zentralamtes für Arbeit nicht durchführen. Die Verhältnisse sind in dieser Hinsicht so unsicher, daß vom Erlaß diesbezüglicher Bestimmungen vorderhand Abstand genommen werden muß.

(2) Der Aushang der Tarifverträge in den Betrieben ist aus grundsätzlichen und praktischen Gründen vorgesehen. Jeder Arbeitnehmer wird so instandgesetzt, sich aus eigenem [Antrieb] über das für ihn maßgebende Recht zu unterrichten.

Zu § 11 Abs. 2.

Der Entwurf sieht davon ab, hier Strafandrohungen zu empfehlen, weil diese mißlich erscheinen. Das vorgesehene Mittel dürfte zur Durchsetzung der Vorschrift genügen.

Zu § 12.

Hier ist nicht an wichtige materielle Ergänzungen gedacht, sondern an formelle Nebenbestimmungen, wie Übersendung von Abschriften der Tarifverträge an die Gewerbeaufsichtsämter, statistischen Ämter und ähnliches mehr.

Zu § 13 Abs. 1.

Es erschien notwendig, für das Inkrafttreten der Verordnung einen festen Zeitpunkt vorzusehen.

Zu § 13 Abs. 2.

Die Vorschrift enthält eine Übergangsregelung, die Frist von 3 Monaten dürfte ausreichen."

24 **bb) Entwurf der Arbeitsgemeinschaft der Arbeitgeber.** Der Lemgoer-Entwurf wurde zwar eingehend von der Arbeitsrechtswissenschaft und den Ländern beraten, jedoch verzichteten die Gewerkschaften auf eine eigene Stellungnahme, da sie sich auf die Arbeiten im Rahmen des arbeitsrechtlichen Ausschusses des amerikanischen Länderrates konzentrierten.[55] Lediglich die Arbeitsgemeinschaft der Arbeitgeber in der britischen Zone legte im Juni 1948 einen ihren Vorstellungen entsprechenden Gegenentwurf vor, der folgenden Wortlaut besaß:[56]

„**§ 1 Tariffähigkeit.** (1) Tariffähig sind Gewerkschaften, Arbeitgeberverbände und einzelne Arbeitgeber.

(2) Tariffähig sind auch Zusammenschlüsse von Vereinigungen von Arbeitgebern und Arbeitnehmern (Spitzenverbände), wenn sie satzungsmäßig zum Abschluß von Tarifverträgen befugt sind und ihnen im Einzelfall der Auftrag und die Ermächtigung von der ihnen zusammengeschlossenen Verbänden erteilt sind.

§ 2 Inhalt des Tarifvertrages. Der Tarifvertrag regelt die Rechte und Pflichten der Tarifvertragsparteien und enthält Rechtsbestimmungen, die den Inhalt von Arbeitsverträgen ordnen.

§ 3 Form des Tarifvertrages. Tarifverträge bedürfen der Schriftform.

§ 4 Wirkung der Tarifbestimmungen. (1) Tarifgebunden sind:
1. die Mitglieder der Tarifvertragsparteien,

---

[55] Siehe *Jürgen P. Nautz,* Die Durchsetzung der Tarifautonomie in Westdeutschland, 1985, S. 93 ff.
[56] Wiedergegeben bei: *Jürgen P. Nautz,* Die Durchsetzung der Tarifautonomie in Westdeutschland, 1985, S. 172 ff.

2. frühere Mitglieder der Tarifvertragsparteien, wenn sie bei Abschluß eines Tarifvertrages einer Tarifvertragspartei angehörten,
3. Arbeitgeber, die selbst Partei des Tarifvertrages sind,
4. Arbeitgeber und Arbeitnehmer, die den Arbeitsvertrag unter Berufung auf einen Tarifvertrag abgeschlossen haben.

(2) Die Rechtsnormen des Tarifvertrages gelten unmittelbar und zwingend für die Arbeitsverträge der Tarifgebundenen, die unter den räumlichen, betrieblichen, fachlichen und zeitlichen Geltungsbereich des Tarifvertrages fallen.

(3) Bestimmungen eines tarifgebundenen Arbeitsverhältnisses sind insofern nichtig, als der Inhalt von dem Tarifvertrag zu Ungunsten des Arbeitnehmers abweicht. Abweichende Vereinbarungen sind jedoch zulässig, soweit sie durch den Tarifvertrag gestattet sind oder soweit Vorschriften eine Änderung der Arbeitsbedingungen zu Gunsten des Arbeitnehmers enthalten und durch den Tarifvertrag nicht ausdrücklich ausgeschlossen sind.

(4) Zwingende tarifliche Bestimmungen gehen solchen aus betrieblichen Vereinbarungen vor.

(5) Ein Tarifvertrag verdrängt eine bestehende Tarifordnung, ohne daß es einer besonderen Aufhebung bedarf, soweit der räumliche und persönliche Geltungsbereich der Tarifordnung vom Tarifvertrag erfaßt wird.

§ 5 Allgemeinverbindlichkeitserklärung. (1) Die Oberste Arbeitsbehörde kann auf Antrag einer Partei einen Tarifvertrag für allgemein verbindlich erklären, wenn dieser in seinem Geltungsbereich überwiegende Bedeutung erlangt hat. Auf übereinstimmenden Antrag beider Tarifvertragsparteien muß die Oberste Arbeitsbehörde die Allgemeinverbindlichkeit erklären, falls der Tarifvertrag überwiegende Bedeutung erlangt.

(2) Die Oberste Arbeitsbehörde macht den Antrag bekannt. Dabei ist anzugeben, bis zu welchem Zeitpunkt Einwendungen erhoben werden können. Die an dem Tarifvertrag als Vertragsparteien beteiligten Vereinigungen sollen außerdem zur Äußerung aufgefordert werden.

(3) Nach Ablauf der Frist entscheidet die Oberste Arbeitsbehörde unter Berücksichtigung der erhobenen Einwendungen über den Antrag. Ihre Entscheidung ist endgültig. Gibt sie dem Antrag statt, so hat sie zugleich zu bestimmen, mit welchem Zeitpunkt die allgemeine Verbindlichkeit des Tarifvertrages beginnt.

(4) Mit dem Ausspruch der Allgemeinverbindlichkeitserklärung gelten die Bestimmungen des Tarifvertrages auch für die Arbeitsverträge der bisher noch nicht tarifgebundenen Arbeitgeber und Arbeitnehmer.

§ 6 Nichtigkeit und Unwirksamkeit des Tarifvertrages. Ist in einem Rechtsstreit über das Bestehen oder Nichtbestehen eines Tarifvertrages zu entscheiden, so hat das Gericht die Tarifvertragsparteien zu dem Rechtsstreit hinzuzuziehen. Diese haben dann die Stellung eines streitgenössischen Nebenintervenienten.

§ 7 Tarifregister. Bei der Obersten Arbeitsbehörde wird ein Tarifregister geführt.

§ 8 Eintragungen in das Tarifregister. Die Tarifvertragsparteien sind verpflichtet, unverzüglich nach Abschluß eines Tarifvertrages der Obersten Arbeitsbehörde zwei Stücke des Tarifvertrages zur Eintragung in das Tarifregister einzureichen.

§ 9 Aushang des Tarifvertrages. Die Arbeitgeber sind verpflichtet, die für ihren Betrieb maßgebenden Tarifverträge an gut sichtbarer Stelle auszuhängen. Der Aushang muß dauernd in lesbarem Zustand gehalten werden.

§ 10 Durchführungsverordnungen. Die Oberste Arbeitsbehörde ist nach Anhören der Vereinigungen der Arbeitgeber und der Arbeitnehmer ermächtigt, im Rahmen dieser Verordnung Durchführungsbestimmungen zu erlassen.

§ 11 Inkrafttreten. (1) Diese Verordnung tritt am . . . in Kraft.

(2) Tarifverträge, die vor dem in Abs. 1 genannten Zeitpunkt abgeschlossen sind, unterliegen nunmehr dieser Verordnung."

25 c) Die Entwürfe des Länderrats. Parallel zu den Vorarbeiten in der Britischen Zone begannen auch in der Amerikanischen Zone die Vorbereitungen für ein Tarifvertragsgesetz, die in institutioneller Hinsicht bei dem Länderrat angesiedelt waren. Eingeleitet wurde die Diskussion durch den ersten Entwurf des Unterausschusses vom 14. März 1947 (unten Rnr. 26), der später in dem vergrößerten Länderrat zum sog. Stuttgarter Entwurf (unten Rnr. 27) fortentwickelt wurde.

26 aa) Der Vorentwurf des Länderrats. In der amerikanischen Besatzungszone wurden die gesetzgeberischen Vorarbeiten durch den beim Länderrat der amerikanischen Zone gebildeten „Unterausschuß Arbeitsrecht" eingeleitet.[57] Als Vorentwurf für den später verabschiedeten Stuttgarter-Entwurf (Rnr. 27) ist ein erster Entwurf des Unterausschusses vom 14. März 1947 anzusehen:[58]

„§ 1. Tarifverträge sind schriftliche Vereinbarungen zwischen Gewerkschaften oder deren Verbänden und einzelnen Arbeitgebern oder Vereinigungen von Arbeitgebern zur Regelung des Arbeitsverhältnisses. In den Tarifverträgen können auch unmittelbar damit zusammenhängende Beziehungen zwischen Arbeitnehmern und Arbeitgebern geregelt werden.

§ 2. Vereinigungen der Arbeitgeber im Sinne des § 1 sind freiwillige Zusammenschlüsse von Arbeitgebern, die sich satzungsgemäß mit der Regelung der Arbeitsbeziehungen und Arbeitsbedingungen durch den Abschluß von Tarifverträgen beschäftigen.

§ 3. Gewerkschaften im Sinne des § 1 sind freiwillige Vereinigungen von Arbeitnehmern, die sich satzungsgemäß mit der Regelung der Arbeitsbeziehungen und Arbeitsbedingungen durch den Abschluß von Tarifverträgen beschäftigen, keine Arbeitgeber als Mitglieder aufnehmen und wirtschaftlich unabhängig von Arbeitgebern oder deren Organisationen sind.

§ 4. Die Bestimmungen eines Tarifvertrages sind für Arbeitsverträge zwischen Beteiligten als Mindestbedingungen rechtsverbindlich. Entgegenstehende betriebliche Vereinbarungen und Bestimmungen in Einzelarbeitsverträgen sind nichtig; an ihrer Stelle gelten die entsprechenden Bestimmungen des Tarifvertrages. (Es soll eine Bestimmung aufgenommen werden, die die Nachwirkungen des Tarifvertrages bejaht.)

§ 5. (1) Beteiligte Arbeitgeber im Sinne des § 4 sind Arbeitgeber, die Vertragspartei des Tarifvertrages sind oder für die eine Vereinigung der Arbeitgeber den Tarifvertrag abgeschlossen hat.

(2) Beteiligte Arbeitnehmer im Sinne des § 4 sind Arbeitnehmer, die Mitglieder der vertragschließenden Gewerkschaften sind und unter den fachlichen und räumlichen Geltungsbereich des Tarifvertrages fallen.

(3) Berufen sich die Arbeitsvertragsparteien bei Abschluß eines Arbeitsvertrages auf einen Tarifvertrag, so wird mangels abweichender Bestimmung angenommen, daß sie sich dem Tarifvertrag in seiner jeweils geltenden Fassung haben unterwerfen wollen.

§ 6. Die Tarifvertragsparteien sind verpflichtet, die Beteiligten zur Durchführung und Einhaltung des Tarifvertrages mit allen Mitteln anzuhalten, insbesondere auch während der Geltungsdauer eines Tarifvertrages, wirtschaftliche Kampfmaßnahmen mit dem Ziel einer Abänderung desselben zu unterlassen.

---

[57] Siehe *Jürgen P. Nautz*, Die Durchsetzung der Tarifautonomie in Westdeutschland, 1985, S. 98 ff.

[58] Wiedergegeben bei: *Jürgen P. Nautz*, Die Durchsetzung der Tarifautonomie in Westdeutschland, 1985, S. 167 ff.

§ 7. Die Tarifvertragsparteien können Einrichtungen zur Auslegung und Durchführung der Bestimmungen des Tarifvertrages sowie zur Beilegung von Gesamt- und Einzelstreitigkeiten schaffen.

§ 8. Die Tarifvertragsparteien sind verpflichtet, unmittelbar nach Abschluß des Vertrages dem Arbeitsministerium des Landes kostenfrei die Urschrift oder eine amtlich beglaubigte Abschrift des Tarifvertrages und seiner Abänderungen sowie 20 Mehrdrucke zu übersenden sowie das Außerkrafttreten eines Tarifvertrages umgehend mitzuteilen.

§ 9. (1) Der Arbeitsminister des Landes kann einen Tarifvertrag für allgemein verbindlich erklären, wenn der Tarifvertrag in seinem Geltungsbereich eine für die Gestaltung der Arbeitsbedingungen überwiegende Bedeutung erlangt hat.

(2) Der Arbeitsminister kann die allgemeine Verbindlichkeit auch dann erklären, wenn durch den Tarifvertrag eine Tarifordnung ergänzt wird, oder wenn die einheitliche Regelung von Arbeitsbedingungen innerhalb des Geltungsbereiches des Tarifvertrages aus wirtschaftlichen oder sozialen Gründen im Allgemeininteresse geboten ist.

§ 10. Allgemeinverbindliche Tarifverträge sind innerhalb ihres räumlichen Geltungsbereiches für Arbeitsverträge, die nach der Art der Arbeit unter den Tarifvertrag fallen, auch dann verbindlich im Sinne des § 4, wenn der Arbeitgeber oder der Arbeitnehmer oder beide an dem Tarifvertrag nicht beteiligt sind.

§ 11. Fällt ein Arbeitsvertrag unter mehrere allgemein verbindliche Tarifverträge, so ist im Streitfall, vorbehaltlich einer abweichenden Bestimmung des Arbeitsministers, derjenige von ihnen maßgebend, der für die größte Zahl von Arbeitsverträgen in dem Betriebe oder der Betriebsabteilung Bestimmungen enthält. (Die Frage des Zusammentreffens mehrerer Tarifverträge soll noch näher nachgeprüft werden.)

§ 12. (1) Die Erklärung des Arbeitsministers nach § 9 erfolgt nur auf Antrag. Antragsberechtigt ist jede Vertragspartei des Tarifvertrages.

(2) Die Vertragsparteien haben ihrem Antrag die Urschrift oder eine amtlich beglaubigte Abschrift des Tarifvertrages beizufügen, falls diese noch nicht gemäß § 8 dem Arbeitsminister eingereicht ist.

§ 13. Der Arbeitsminister macht den Antrag bekannt. Dabei ist anzugeben, bis zu welchem Zeitpunkt Einwendungen erhoben werden können. Die an dem Tarifvertrag als Vertragsparteien beteiligten Vereinigungen und Vertretungen sollen außerdem zur Äußerung aufgefordert werden.

Nach Ablauf der Frist entscheidet der Arbeitsminister unter Berücksichtigung der erhobenen Einwendungen über den Antrag. Seine Entscheidung ist endgültig. Gibt er dem Antrage statt, so hat er zugleich zu bestimmen, mit welchem Zeitpunkt die allgemeine Verbindlichkeit des Tarifvertrages beginnt. (Es soll noch eine Bestimmung aufgenommen werden, durch die klargemacht wird, daß die allgemeine Verbindlichkeit mit dem Ablauf des Tarifvertrages endet.)

§ 14. Die allgemeinverbindlichen Tarifverträge sind unter Bezeichnung ihres räumlichen Geltungsbereiches sowie des Beginns der allgemeinen Verbindlichkeit in das Tarifregister einzutragen. Dieses Register wird bei dem Arbeitsministerium oder einer von dem Arbeitsministerium bezeichneten Behörde nach näherer Bestimmung des Arbeitsministers geführt. Die Urschriften oder beglaubigten Abschriften der Tarifverträge sind als Anlage zu dem Tarifregister zu verwahren.

Die Einsichten in das Tarifregister und seine Anlagen ist während der regelmäßigen Dienststunden jedem gestattet. Arbeitgeber und Arbeitnehmer, für die ein Tarifvertrag infolge der Erklärung nach § 9 verbindlich werden würde oder verbindlich ist, können außerdem, sobald der Antrag auf Erklärung der allgemeinen Verbindlichkeit gestellt ist, von den Vertragsparteien einen Abdruck des Vertrages gegen Erstattung der Kosten verlangen.

Die Eintragungen in das Tarifregister sind bekanntzumachen. Dabei ist auf die Vorschriften in Abs. 2 hinzuweisen.

§ 15. Ist ein Tarifvertrag für allgemeinverbindlich erklärt, so gelten die Vorschriften der §§ 9 bis 14 entsprechend auch bei Abänderung dieses Vertrages.

§ 16. Alle auf die Allgemeinverbindlichkeit von Tarifverträgen bezüglichen öffentlichen Bekanntmachungen erfolgen auf Kosten der Vertragsparteien im Amtsblatte des Arbeitsministeriums nach näherer Bestimmung des Arbeitsministers.

§ 17. Dieses Gesetz tritt am ... in Kraft."

27 bb) **Entwurf des Arbeitsrechtsausschusses des Länderrats (sog. Zusmarshausener oder Stuttgarter Entwurf).** Im Zuge der Vereinigung der Besatzungszonen zur Bi-Zone und den hierdurch vergrößerten Länderrat (des Vereinigten Wirtschaftsgebietes) wurde der Entwurf vom 14. März 1947 durch eine Dreierkommission *(Fitting, Goldschmidt, Herschel)* überarbeitet[59] und im Frühjahr 1948 im Unterausschuß beraten.[60] Ihren Abschluß erreichten die Arbeiten des Länderrats durch den im Juli 1948 vorgelegten Entwurf, der folgenden Wortlaut besaß:

„**§ 1 Begriff des Tarifvertrages.** (1) Der Tarifvertrag ist eine schriftliche Vereinbarung zur Regelung zwischen den Tarifparteien (Gewerkschaften einerseits, Arbeitgeber oder Vereinigungen von Arbeitgebern andererseits) und zur Festsetzung von Rechtsnormen, die das Eingehen, den Inhalt und die Beendigung von Arbeitsverhältnissen sowie betriebliche und betriebsverfassungsrechtliche Fragen ordnen können.

(2) Zusammenschlüsse tariffähiger Vereinigungen können nur Partei eines Tarifvertrages sein, wenn der Abschluß von Tarifverträgen zu ihren satzungsmäßigen Aufgaben gehört oder wenn sie einen entsprechenden Auftrag oder eine entsprechende Vollmacht erhalten haben.

§ 2 Friedens- und Durchführungspflicht. (1) Der Tarifvertrag verpflichtet die Tarifparteien, Kampfmaßnahmen zu unterlassen, die gegen den Tarifvertrag oder einzelne seiner Bestimmungen gerichtet sind. Sie sind außerdem verpflichtet, darauf hinzuwirken, daß auch die Tarifunterworfenen (§ 3) und im Falle des § 1 Abs. 2 die zusammengeschlossenen Vereinigungen solche Maßnahmen unterlassen.

(2) Die Verpflichtung der Tarifparteien zur Durchführung des Tarifvertrags umfaßt bei Vereinigungen auch die Verpflichtung, auf ein tarifmäßiges Verhalten der Tarifunterworfenen und im Falle des § 1 Abs. 2 der zusammengeschlossenen Vereinigungen hinzuwirken.

§ 3 Wirkung der Tarifnormen. (1) Den Tarifnormen über Arbeitsverhältnisse unterliegen die Mitglieder der Tarifparteien oder im Falle des § 1 Abs. 2 der zusammengeschlossenen Vereinigungen sowie Arbeitgeber, die selbst Tarifpartei sind.

(2) Die Tarifnormen gelten unmittelbar und zwingend für die Arbeitsverhältnisse zwischen Tarifunterworfenen. Abweichende Vereinbarungen sind zulässig, soweit sie durch den Tarifvertrag gestattet sind oder eine Änderung der Arbeitsbedingungen zugunsten des Arbeitnehmers enthalten und durch den Tarifvertrag nicht ausdrücklich ausgeschlossen sind.

(3) Werden durch Tarifvertrag Einrichtungen der Tarifparteien errichtet, durch die ein sozialer Lastenausgleich bewirkt werden soll (Lohnausgleich, Kasse, Urlaubsmarkenregelung usw.), so kann der Tarifvertrag die Satzungen dieser Einrichtungen sowie ihr Verhältnis zu den einzelnen tarifunterworfenen Arbeitgebern und Arbeitnehmern regeln.

(4) Nach Ablauf des Tarifvertrages wirken seine Normen nach, bis sie durch Tarifvertrag oder Einzelvereinbarung ersetzt werden.

---

[59] Die Vorlage der Kommission vom 15. 4. 1948 ist wiedergegeben bei: *Jürgen P. Nautz,* Die Durchsetzung der Tarifautonomie in Westdeutschland, 1985, S. 196 f.
[60] Siehe *Jürgen P. Nautz,* Die Durchsetzung der Tarifautonomie in Westdeutschland, 1985, S. 104.

(5) Betriebsverfassungen unterliegen den Tarifnormen, wenn der Arbeitgeber tarifunterworfen ist. Abs. 2 und 4 gelten entsprechend für das Verhältnis zwischen Tarifvertrag und Betriebsverfassung.

(6) Wer tarifunterworfen ist, bleibt tarifunterworfen, bis der Tarifvertrag endet oder geändert wird.

§ 4 Aufhebung von Tarifordnungen und Anordnungen. (1) Mit dem Inkrafttreten eines Tarifvertrages sind für seinen Geltungsbereich die entsprechenden Bestimmungen von Tarifordnungen oder von Anordnungen, die aufgrund der Verordnung über die Lohngestaltung vom 25. Juni 1938 (RGBl. I S. 691) und ihrer Durchführungsverordnung vom 23. April 1941 (RGBl. I S. 222) erlassen sind, aufgehoben, und zwar auch mit Wirkung für Arbeitsverhältnisse, die nicht dem Tarifvertrag unterliegen.

(2) Die Oberste Arbeitsbehörde kann auf Antrag einer Gewerkschaft oder einer Vereinigung von Arbeitgebern Tarifordnungen und die in Abs. 1 bezeichneten Anordnungen aufheben.

§ 5 Tarifregister. (1) Auf Antrag einer Tarifpartei wird der Tarifvertrag aufgrund einer Verfügung der Obersten Arbeitsbehörde in das Tarifregister eingetragen. Dem Antrag ist die Urschrift oder eine amtlich beglaubigte Abschrift des Tarifvertrages beizufügen. Erfolgt die Eintragung nicht binnen eines Monats nach Stellung des Antrags, so sind die Gründe hierfür den Tarifparteien mitzuteilen. Die Ablehnung des Antrages darf nur erfolgen, wenn der Tarifvertrag oder einzelne seiner Bestimmungen nichtig sind oder zwingende Gründe des Allgemeinwohls es erfordern.

(2) Vor der Ablehnung soll den Parteien tunlichst eine Frist zur Behebung beanstandeter Mängel gesetzt werden. Ist zur Wirksamkeit des Tarifvertrages auch die Zustimmung anderer Stellen erforderlich, so erfolgt die Eintragung erst, wenn die Erteilung der Zustimmung durch öffentliche Urkunde nachgewiesen ist.

(3) Erst mit Eintragung in das Tarifregister wird der Tarifvertrag wirksam, und zwar von dem von ihm bestimmten Zeitpunkt ab.

§ 6 Allgemeinverbindlichkeit. (1) Ein Tarifvertrag kann auf Antrag einer Tarifpartei für allgemeinverbindlich erklärt werden, wenn er in seinem Geltungsbereich überwiegende Bedeutung besitzt oder wenn die soziale Ordnung in seinem Geltungsbereich es erfordert oder wenn er an die Stelle einer Tarifordnung tritt. Die Allgemeinverbindlichkeit bewirkt, daß die Tarifnormen auch die bisher nicht unterworfenen Arbeitgeber und die Arbeitnehmer in seinem Geltungsbereich erfassen.

(2) Die Oberste Arbeitsbehörde macht den Antrag öffentlich bekannt und bestimmt eine Frist, in der Einwendungen erhoben werden können. Sie hat zu prüfen, ob die Einwendungen begründet sind. Vor Abweisung eines Antrags soll dem Antragsteller Gelegenheit zur Äußerung gegeben werden.

(3) Wird dem Antrag stattgegeben, so ist zugleich der Zeitpunkt zu bestimmen, mit dem die Allgemeinverbindlichkeit beginnt. Er darf nicht vor dem Tage des Inkrafttretens des Tarifvertrags und, wenn es sich nicht die Erneuerung oder Änderung eines allgemeinverbindlichen Tarifvertrags oder um die Ersetzung einer Tarifordnung handelt, nicht vor dem Tage der öffentlichen Bekanntmachung des Antrags liegen.

(4) Die Allgemeinverbindlichkeit wird durch die oberste Arbeitsbehörde nach Anhörung eines Ausschusses erklärt, der aus je drei Vertretern der Arbeitgeber und der Arbeitnehmer besteht. Widerspricht der Ausschuß der Allgemeinverbindlicherklärung, so kann diese nicht erfolgen.

(5) Die Allgemeinverbindlicherklärung ist in das Tarifregister einzutragen und öffentlich bekannt zu machen. Ihre Rechtswirksamkeit hängt von der öffentlichen Bekanntmachung ab.

(6) Die Allgemeinverbindlicherklärung endet mit dem Fortfallen des Tarifvertrages. Die Oberste Arbeitsbehörde soll die Beendigung der Allgemeinverbindlichkeit öffentlich bekanntmachen. Die Beendigung der Allgemeinverbindlichkeit ist in das Tarifregister einzutragen.

§ 7 Feststellung der Rechtswirksamkeit. Rechtskräftige Entscheidungen der Arbeitsgerichtsbehörden, die in Rechtsstreitigkeiten zwischen Tarifparteien aus dem Tarifvertrag oder über das Bestehen oder Nichtbestehen des Tarifvertrages ergangen sind, sind in Rechtsstreitigkeiten zwischen tarifunterworfenen Parteien sowie zwischen diesen und Dritten für die Gerichte, Schiedsgerichte und Schiedsgutachterstellen bindend.

§ 8 Zusammentreffen mehrerer Tarifverträge. (1) Fällt ein Arbeitsverhältnis in den Geltungsbereich mehrerer Tarifverträge, so hat zunächst der Tarifvertrag des Wirtschaftszweigs, dem der Betrieb nach seinem wirtschaftlichen Hauptzweck angehört, den Vorrang. Gelten für den gleichen Wirtschaftszweig mehrere Tarifverträge, so findet der für den Betrieb fachlich engste Anwendung.

(2) Hat keiner der Tarifverträge nach Abs. 1 den Vorrang, so findet der Tarifvertrag mit dem engsten persönlichen Geltungsbereich, bei gleichem persönlichen Geltungsbereich der Tarifvertrag mit dem weitesten räumlichen Geltungsbereich Anwendung.

(3) Die Vorschriften der Abs. 1 und 2 finden auch Anwendung, wenn allgemeinverbindliche Tarifverträge untereinander oder mit anderen Tarifverträgen oder Tarifverträge mit Tarifordnungen oder Anordnungen der in § 4 Abs. 1 genannten Art zusammentreffen.

(4) Die Abs. 1–3 finden auf die Tarifnormen über die Betriebsverfassung entsprechend Anwendung.

§ 9 Aushang des Tarifvertrags. (1) Die Arbeitgeber sind verpflichtet, die für ihren Betrieb maßgebenden Tarifverträge an gut sichtbarer Stelle auszuhängen. Der Aushang muß dauernd in lesbarem Zustand gehalten werden.

(2) Die Einhaltung dieser Vorschrift haben die Gewerbeaufsichtsämter sicherzustellen.

§ 10 Oberste Arbeitsbehörde. Oberste Arbeitsbehörde im Sinne dieses Gesetzes ist die Oberste Arbeitsbehörde des Landes, wenn es sich um eine Regelung handelt, die sich nicht über den Bereich des Landes erstreckt; im übrigen das Verwaltungsamt für Arbeit.

§ 11 Durchführungsbestimmung. (1) Der Direktor für Arbeit kann die zur Durchführung des Gesetzes erforderlichen Verordnungen erlassen, insbesondere über
1. die Verpflichtung der Tarifparteien zur Übersendung von Abschriften (Abdrucken) von Tarifverträgen und ihrer Änderungen und zur Mitteilung des Außerkrafttretens des Tarifvertrags, über die Stellen, an die die Übersendung und Mitteilung zu erfolgen haben, über die Erzwingung dieser Verpflichtungen und die Bestrafung bei Zuwiderhandlung;
2. die Übersendungs- und Mitteilungspflicht der Obersten Arbeitsbehörden der Länder;
3. die Errichtung und Führung des Tarifregisters und des Tarifarchivs;
4. die Veröffentlichung über die Eintragung und die Allgemeinverbindlichkeit von Tarifverträgen und die Tragung der hierdurch entstehenden Kosten;
5. den im § 6 Abs. 3 genannten Ausschuß.

(2) Der Direktor für Arbeit kann nach Anhören der Obersten Arbeitsbehörden der Länder Grundsätze für die Entscheidung über Anträge auf Eintragung (§ 5) und Allgemeinverbindlichkeitserklärung (§ 6) und von Tarifverträgen aufstellen.

§ 12 Inkrafttreten. (1) Dieses Gesetz tritt bezüglich des § 11 am Tage seiner Verkündigung am ... in Kraft.

(2) Tarifverträge, die vor dem letztgenannten Zeitpunkt abgeschlossen sind, bleiben in Kraft, es sei denn, daß sie im ganzen oder im einzelnen Bestimmungen nichtig sind. Sie werden von Amts wegen in das Tarifregister eingetragen."

28   **d) Die Entwürfe der Gewerkschaften.** Die parlamentarischen Vorarbeiten für ein Tarifvertragsgesetz wurden begleitet und beeinflußt durch

mehrere gewerkschaftliche Entwürfe, die ihre endgültige Fassung in dem Entwurf vom 7. September 1948 erfuhren (unten Rnr. 32, 33). Die Entstehungsgeschichte dieses Gegenentwurfs wird transparent durch die drei Vorentwürfe, die seit dem Frühjahr des Jahres 1948 aufgestellt wurden.

aa) Erster Vorentwurf zu dem Entwurf des Bundesvorstandes des Gewerkschaftsbundes für die britische Zone (April 1948)

„**§ 1 Tariffähigkeit.** (1) Tariffähig sind Gewerkschaften, Arbeitgeberverbände und einzelne Arbeitgeber.

(2) Spitzenverbände können für die ihnen angeschlossenen Verbände Tarifverträge abschließen, wenn sie einen entsprechenden Auftrag oder eine entsprechende Vollmacht erhalten haben. In diesem Falle haften auch die Spitzenverbände für die Erfüllung der tariflichen Verpflichtungen.

§ 2 Form des Tarifvertrages. Tarifverträge bedürfen der Schriftform.

§ 3 Inhalt des Tarifvertrages. Der Tarifvertrag regelt die Rechte und Pflichten der Tarifvertragsparteien und enthält Rechtsnormen, die den Inhalt, den Abschluß und die Beendigung von Arbeitsverträgen sowie betriebliche und betriebsverfassungsrechtliche Fragen ordnen können.

§ 4 Tarifgebundenheit. Tarifgebunden sind diejenigen, die Mitglieder der Tarifvertragsparteien sind oder beim Abschluß des Arbeitsvertrages gewesen sind, und der Arbeitgeber, der selbst Partei des Tarifvertrages ist.

§ 5 Wirkung der Tarifnormen. (1) Die Rechtsnormen des Tarifvertrages gelten unmittelbar und zwingend für die beiderseits Tarifgebundenen, die unter den räumlichen, zeitlichen, betrieblichen und fachlichen Geltungsbereich des Tarifvertrages fallen. Abweichende Vereinbarungen sind jedoch zulässig, soweit sie durch den Tarifvertrag gestattet sind oder eine Änderung der Arbeitsbedingungen zugunsten des Arbeitnehmers enthalten und durch den Tarifvertrag nicht ausdrücklich ausgeschlossen sind.

(2) Nach Ablauf des Tarifvertrages gelten seine Rechtsnormen weiter, bis sie durch einen neuen Tarifvertrag, eine Betriebsvereinbarung oder eine arbeitsvertragliche Regelung ersetzt werden.

§ 6 Tarifvertrag und Tarifordnung. Der Tarifvertrag kann Tarifordnungen abändern oder aufheben, soweit der räumliche, betriebliche und fachliche Geltungsbereich der Tarifordnung vom Geltungsbereich des Tarifvertrages erfaßt wird.

§ 7 Allgemeinverbindlicherklärung. (1) Der Direktor für Arbeit kann einen Tarifvertrag auf Antrag einer Tarifpartei für allgemeinverbindlich erklären, wenn dieser in seinem Geltungsbereich überwiegende Bedeutung erlangt hat. Wird die Allgemeinverbindlicherklärung von sämtlichen Tarifparteien beantragt, so muß die Allgemeinverbindlicherklärung erfolgen.

(2) Mit Ausspruch der Allgemeinverbindlicherklärung erfassen die Normen des Tarifvertrages auch die bisher noch nicht tarifgebundenen Arbeitgeber und Arbeitnehmer.

§ 8 Tarifregister. Beim Direktorat für Arbeit wird ein Tarifregister geführt, in das der Abschluß, die Änderung und die Aufhebung der Tarifverträge eingetragen werden.

§ 9 Aushang des Tarifvertrages. (1) Die Arbeitgeber sind verpflichtet, die für ihren Betrieb maßgebenden Tarifverträge an gut sichtbarer Stelle auszuhängen. Der Aushang muß dauernd in lesbarem Zustand gehalten werden.

(2) Die Einhaltung dieser Vorschrift haben die Gewerbeaufsichtsbeamten sicherzustellen.

§ 10 Durchführungsverordnungen. Das Direktorat für Arbeit ist ermächtigt, Verordnungen zur Durchführung dieses Tarifvertragsgesetzes zu erlassen, insbesondere die Eintragung und die Einsichtnahme in das Tarifregister sowie die Führung der Registerakten zu regeln.

§ 11 Inkrafttreten. (1) Das Gesetz tritt am . . . in Kraft.

(2) Tarifverträge, die vor dem . . . abgeschlossen sind, unterliegen nunmehr diesem Gesetz."

bb) Zweiter Vorentwurf zu dem Entwurf des Bundesvorstandes des Gewerkschaftsbundes für die britische Zone

„**§ 1 Tariffähigkeit.** (1) Tariffähig sind Gewerkschaften, Arbeitgeberverbände und einzelne Arbeitgeber.

(2) Spitzenverbände können für die ihnen angeschlossenen Verbände Tarifverträge abschließen, wenn sie eine entsprechende Vollmacht erhalten haben. In diesem Falle haften auch die Spitzenverbände für die Erfüllung der tariflichen Verpflichtungen.

§ 2 Form des Tarifvertrags. Tarifverträge bedürfen der Schriftform.

§ 3 Inhalt des Tarifvertrags. Der Tarifvertrag regelt die Rechte und Pflichten der Tarifvertragsparteien und enthält Rechtsnormen, die den Inhalt, den Abschluß und die Beendigung von Arbeitsverträgen sowie betriebliche und betriebsverfassungsrechtliche Fragen ordnen können.

§ 4 Tarifgebundenheit. Tarifgebunden sind diejenigen, die Mitglieder der Tarifvertragsparteien sind oder beim Abschluß des Arbeitsvertrages gewesen sind, und der Arbeitgeber, der selbst Partei des Tarifvertrags ist.

§ 5 Wirkung der Tarifnormen. (1) Die Rechtsnormen des Tarifvertrags gelten unmittelbar und zwingend für die beiderseits Tarifgebundenen, die unter den räumlichen, zeitlichen, betrieblichen und fachlichen Geltungsbereich des Tarifvertrages fallen. Abweichende Vereinbarungen sind jedoch zulässig, soweit sie durch den Tarifvertrag gestattet sind oder eine Änderung der Arbeitsbedingungen zugunsten des Arbeitnehmers enthalten und durch den Tarifvertrag nicht ausdrücklich ausgeschlossen sind.

(2) Nach Ablauf des Tarifvertrags gelten seine Rechtsnormen weiter, bis sie durch eine andere Vereinbarung ersetzt werden.

§ 6 Tarifvertrag und Tarifordnung. Der Tarifvertrag kann Tarifordnungen abändern oder aufheben, soweit der räumliche, betriebliche und fachliche Geltungsbereich der Tarifordnung vom Geltungsbereich des Tarifvertrags erfaßt wird.

§ 7 Allgemeinverbindlicherklärung. (1) Der Direktor für Arbeit kann einen Tarifvertrag auf Antrag einer Tarifpartei für allgemeinverbindlich erklären, wenn dieser in seinem Geltungsbereich überwiegende Bedeutung erlangt hat.

(2) Wird die Allgemeinverbindlicherklärung eines Tarifvertrags von sämtlichen Tarifparteien beantragt, so muß die Allgemeinverbindlicherklärung erfolgen.

(3) Mit der Allgemeinverbindlicherklärung erfassen die Normen des Tarifvertrages auch die bisher noch nicht tarifgebundenen Arbeitgeber und Arbeitnehmer.

§ 8 Tarifregister. Beim Direktorat für Arbeit wird ein Tarifregister geführt, in das der Abschluß, die Änderung und die Aufhebung der Tarifverträge eingetragen wird.

§ 9 Aushang des Tarifvertrags. (1) Die Arbeitgeber sind verpflichtet, die für ihren Betrieb maßgebenden Tarifverträge an gut sichtbarer Stelle auszuhängen. Der Aushang muß dauernd in lesbarem Zustand gehalten werden.

(2) Die Einhaltung dieser Vorschrift haben die Gewerbeaufsichtsbeamten sicherzustellen.

§ 10 Durchführungsverordnungen. Der Direktor für Arbeit ist ermächtigt, Verordnungen zur Durchführung dieses Tarifvertragsgesetzes zu erlassen, insbesondere die Eintragung und die Einsichtnahme in das Tarifregister sowie die Führung der Registerakten zu regeln.

§ 11 Inkrafttreten. (1) Dieses Gesetz tritt am ... in Kraft.

(2) Tarifverträge, die vor dem ... abgeschlossen sind, unterliegen nunmehr diesem Gesetz."

cc) Entwurf des Bundesvorstandes des Deutschen Gewerkschaftsbundes für die britische Zone

„**§ 1 Tariffähigkeit.** (1) Tariffähig sind Gewerkschaften, Arbeitgeberverbände und einzelne Arbeitgeber.

(2) Spitzenverbände können für die ihnen angeschlossenen Verbände Tarifverträge abschließen, wenn sie eine entsprechende Vollmacht erhalten haben. In diesem Falle haften auch die Spitzenverbände für die Erfüllung der tariflichen Verpflichtungen.

§ 2 Form des Tarifvertrages. Tarifverträge bedürfen der Schriftform.

§ 3 Inhalt des Tarifvertrages. Der Tarifvertrag regelt die Rechte und Pflichten der Tarifvertragsparteien und enthält Rechtsnormen, die den Inhalt, den Abschluß und die Beendigung von Arbeitsverträgen sowie betriebliche und betriebsverfassungsrechtliche Fragen ordnen können.

§ 4 Tarifgebundenheit. Tarifgebunden sind diejenigen, die Mitglieder der Tarifvertragsparteien sind oder beim Abschluß des Arbeitsvertrages gewesen sind, und der Arbeitgeber, der selbst Partei des Tarifvertrages ist.

§ 5 Wirkungen der Tarifnormen. (1) Die Rechtsnormen des Tarifvertrags gelten unmittelbar und zwingend für die beiderseits Tarifgebundenen, die unter den räumlichen, zeitlichen, betrieblichen und fachlichen Geltungsbereich des Tarifvertrags fallen. Abweichende Vereinbarungen sind jedoch zulässig, soweit sie durch den Tarifvertrag gestattet sind oder eine Änderung der Arbeitsbedingungen zugunsten des Arbeitnehmers enthalten und durch den Tarifvertrag nicht ausdrücklich ausgeschlossen sind.

(2) Nach Ablauf des Tarifvertrags gelten seine Rechtsnormen weiter, bis sie durch eine andere Vereinbarung ersetzt werden.

§ 6 Tarifvertrag und Tarifordnung. Der Tarifvertrag kann Tarifordnungen und lohnregelnde Anordnungen abändern oder aufheben, soweit der räumliche, betriebliche und fachliche Geltungsbereich der Tarifordnung vom Geltungsbereich des Tarifvertrags erfaßt wird.

§ 7 Allgemeinverbindlicherklärung. (1) Der Direktor für Arbeit kann einen Tarifvertrag auf Antrag einer Tarifpartei für allgemeinverbindlich erklären, wenn dieser in seinem Geltungsbereich überwiegende Bedeutung erlangt hat oder wenn die soziale Ordnung in seinem Geltungsbereich es so erfordert.

(2) Wird die Allgemeinverbindlicherklärung eines Tarifvertrags von sämtlichen Tarifparteien beantragt, so muß die Allgemeinverbindlicherklärung erfolgen.

(3) Mit der Allgemeinverbindlicherklärung erfassen die Normen des Tarifvertrages auch die bisher noch nicht tarifgebundenen Arbeitgeber und Arbeitnehmer.

§ 8 Tarifregister. Beim Direktorat für Arbeit wird ein Tarifregister geführt, in das der Abschluß, die Änderung und die Aufhebung der Tarifverträge sowie der Ausspruch und die Beendigung der Allgemeinverbindlicherklärung eingetragen werden.

§ 9 Aushang des Tarifvertrages. (1) Die Arbeitgeber sind verpflichtet, die für ihren Betrieb maßgebenden Tarifverträge an gut sichtbarer Stelle auszuhängen. Der Aushang muß dauernd in lesbarem Zustand gehalten werden.

(2) Die Einhaltung dieser Vorschrift haben die Gewerbeaufsichtsbeamten sicherzustellen.

§ 10 Durchführungsverordnungen. Der Direktor für Arbeit ist ermächtigt, Verordnungen zur Durchführung dieses Tarifvertragsgesetzes zu erlassen, insbesondere die Eintragung und die Einsichtnahme in das Tarifregister sowie die Führung

Geschichte 32 Geschichte des Tarifvertragsgesetzes

der Registerakten und das Verfahren bei der Allgemeinverbindlicherklärung zu regeln.

§ 11 Inkrafttreten. (1) Dieses Gesetz tritt am . . . in Kraft.

(2) Tarifverträge, die vor dem . . . abgeschlossen sind, unterliegen nunmehr diesem Gesetz."

32 **dd) Entwurf des Gewerkschaftsrates der Vereinigten Zonen vom 7. September 1948**

„**§ 1 Tariffähigkeit.** (1) Tariffähig sind Gewerkschaften, einzelne Arbeitgeber sowie wirtschaftliche Vereinigungen von Arbeitgebern.

(2) Spitzenverbände können im Namen der ihnen angeschlossenen Verbände Tarifverträge abschließen, wenn sie eine entsprechende Vollmacht erhalten haben. In diesem Falle haften auch die Spitzenverbände für die Erfüllung der tariflichen Verpflichtungen.

§ 2 Form des Tarifvertrages. Tarifverträge bedürfen der Schriftform.

§ 3 Inhalt des Tarifvertrages. Der Tarifvertrag regelt die Rechte und Pflichten der Tarifvertragsparteien und enthält Rechtsnormen, die den Inhalt, den Abschluß und die Beendigung von Arbeitsverträgen sowie betriebliche und betriebsverfassungsrechtliche Fragen ordnen können.

§ 4 Tarifgebundenheit. Tarifgebunden sind diejenigen, die Mitglieder der Tarifvertragsparteien sind, und der Arbeitgeber, der selbst Partei des Tarifvertrages ist. Die Tarifgebundenheit bleibt bestehen, bis der Tarifvertrag endet.

§ 5 Wirkung der Tarifnormen. (1) Die Rechtsnormen des Tarifvertrages gelten unmittelbar und zwingend für die beiderseits Tarifgebundenen, die unter den räumlichen, zeitlichen, betrieblichen und fachlichen Geltungsbereich des Tarifvertrages fallen. Auch der Verzicht auf entstandene tarifliche Ansprüche ist während der Dauer des Arbeitsverhältnisses nichtig. Abweichende Vereinbarungen sind nur zulässig, soweit sie durch den Tarifvertrag gestattet sind oder eine Änderung der Arbeitsbedingungen zugunsten des Arbeitnehmers enthalten und durch den Tarifvertrag nicht ausdrücklich ausgeschlossen sind.

(2) Nach Ablauf des Tarifvertrages gelten seine Rechtsnormen weiter, bis sie durch eine andere Vereinbarung ersetzt werden.

§ 6 Tarifvertrag und Tarifordnung. Der Tarifvertrag kann Tarifordnungen und sonstige lohnregelnde Anordnungen abändern oder aufheben, soweit der räumliche, betriebliche und fachliche Geltungsbereich der Tarifordnung vom Geltungsbereich des Tarifvertrages erfaßt wird.

§ 7 Allgemeinverbindlicherklärung. (1) Der Direktor für Arbeit kann einen Tarifvertrag auf Antrag einer Tarifpartei für allgemeinverbindlich erklären; wenn dieser in seinem Geltungsbereich überwiegende Bedeutung hat.

(2) Mit der Allgemeinverbindlicherklärung erfassen die Normen des Tarifvertrages in seinem Geltungsbereich auch die bisher noch nicht tarifgebundenen Arbeitgeber und Arbeitnehmer.

§ 8 Tarifregister. Beim Direktorat für Arbeit wird ein Tarifregister geführt, in das der Abschluß, die Änderung und die Aufhebung der Tarifverträge sowie der Ausspruch und die Beendigung der Allgemeinverbindlichkeit eingetragen werden.

§ 9 Aushang des Tarifvertrages. (1) Die Arbeitgeber sind verpflichtet, die für ihren Betrieb maßgebenden Tarifverträge an gut sichtbarer Stelle auszuhängen. Der Aushang muß dauernd in lesbarem Zustand gehalten werden.

(2) Die Einhaltung dieser Vorschrift haben die Gewerbeaufsichtsbeamten sicherzustellen.

§ 10 Durchführungsverordnung. Der Direktor für Arbeit ist nach Anhörung der Gewerkschaften und der Vereinigungen der Arbeitgeber ermächtigt, Verordnungen zur Durchführung dieses Tarifvertragsgesetzes zu erlassen, insbesondere die Eintragung, Bekanntmachung und die Einsichtnahme in das Tarifregister sowie die Führung der Registerakten und das Verfahren bei der Allgemeinverbindlicherklärung zu regeln sowie Übersendungs- und Mitteilungspflichten der Tarifparteien anzuordnen.

§ 11 Inkrafttreten. (1) Dieses Gesetz tritt am . . . in Kraft.

(2) Tarifverträge, die vor dem . . . abgeschlossen sind, unterliegen nunmehr diesem Gesetz."

Begründung des Entwurfs eines Tarifvertragsgesetzes, aufgestellt vom Gewerkschaftsrat der Vereinten Zonen:

„Der Sozialpolitische Ausschuß des Gewerkschaftsrats hat sich unter eingehender Berücksichtigung des Referentenentwurfs des Zentralamts für Arbeit in Lemgo (Lemgoer Entwurf, LE) sowie des Entwurfs des Arbeitsrechtsausschusses des Länderrats vom Juli 1948 (Stuttgarter Entwurf, StE) und des Entwurfs des Bundesvorstandes des Gewerkschaftsbundes für die britische Zone mit den Vorarbeiten für ein Tarifvertragsgesetz beschäftigt. Er hat einstimmig die Aufstellung des beiliegenden Entwurfs beschlossen, dem die nachfolgende Begründung gegeben wird:
1. Nachdem den Gewerkschaften und den Vereinigungen der Arbeitgeber das Recht zur Regelung der Lohn- und Arbeitsbedingungen zurückgegeben ist, muß für die Tarifverträge als die Grundform des kollektiven Arbeitsrechts eine feste und klare Rechtsgrundlage in einem für das Vereinigte Wirtschaftsgebiet raschestens zu erlassenden Tarifvertragsgesetz gegeben werden. Wie der Lemgoer Entwurf mit Recht hervorhebt, muß eine umfassende und erschöpfende Regelung einer späteren Zeit, in der sich die wirtschaftlichen und sozialen Verhältnisse gefestigt haben und in der eine einheitliche Regelung für ganz Deutschland möglich ist, vorbehalten bleiben. Z. Z. genügt die Normierung der wichtigen Grundfragen in einem kurzen und klaren Gesetz.
2. Der Gewerkschaftsentwurf (GE) lehnt es daher ab, eine Regelung der Friedens- und Durchführungspflicht in das Gesetz aufzunehmen, wie das in § 2 StE geschehen ist. Eine solche Bestimmung ergibt sich ohne weiteres aus dem Grundsatz der Vertragstreue, entspricht der allgemein herrschenden Lehre und Rechtsprechung und braucht nicht gesetzlich festgelegt zu werden.
3. Ebenso bedarf es nicht einer Bestimmung über die sogenannte Tarifkonkurrenz (Zusammentreffen mehrerer Tarifverträge), wie sie § 8 StE vorsieht. Nachdem die Gewerkschaften nach dem Organisationsprinzip der Industrieverbände aufgebaut sind und es nur einheitliche Gewerkschaften, nicht mehr verschiedene Gewerkschaftsrichtungen gibt, wird die Tarifkonkurrenz nur eine geringe Rolle spielen. Es wird Aufgabe der beiderseitigen Tarifkontrahenten sein, Tarifkonkurrenz zu verhindern. Im übrigen ist es Sache der Wissenschaft und der Rechtsprechung, die Konkurrenzfrage im Sinne des Prinzips der Tarifeinheit zu entscheiden. Eine detaillierte Festlegung ist keinesfalls zu empfehlen.
4. Da nur die Hauptgrundsätze des Tarifvertragsrechts in das Tarifvertragsgesetz gehören, sind alle Verfahrensvorschriften in eine Durchführungsverordnung zu verweisen, die selbstverständlich an die Normen des Tarifvertragsgesetzes gebunden ist. Das gilt namentlich auch für die Einzelheiten der Allgemeinverbindlichkeitserklärung. Daher erscheint es zweckmäßig, die Vorschriften des § 6 Abs. 2–6 StE, soweit sie überhaupt erforderlich sind, in die Durchführungsverordnung zu verweisen.
5. Über die Tariffähigkeit besteht allseits Einigkeit, daß, ohne eine nähere Begriffsbestimmung zu geben, gesagt werden sollte, daß Gewerkschaften, Arbeitgeber und wirtschaftliche Vereinigungen von Arbeitgebern tariffähig sind (§ 1 I GE, § 1 I LE, § 1 I StE).
6. Die Tariffähigkeit der Spitzenverbände wird von den Gewerkschaften abgelehnt. Sie vermögen ein hinreichendes praktisches Bedürfnis für diese Neuerung nicht einzusehen. Mit Recht hat bereits die Begründung zum LE darauf hingewiesen, daß die Spitzenverbände weniger moralischen Einfluß auf die einzelnen Arbeitgeber und Arbeitnehmer haben als die Verbände, denen die einzelnen Arbeitgeber und Arbeitnehmer unmittelbar als Mitglieder angehören. Auch pflegen sie weniger

Vermögen zu besitzen als die ihnen angeschlossenen Verbände. Die Regelung hinsichtlich der Tarifgebundenheit würde, wie der StE zeigt, schwerfällig und kompliziert sein. Es gibt auch zu denken, daß der StE im Falle des Abschlusses des Tarifvertrags durch Spitzenverbände zwar eine Einwirkungspflicht auf die angeschlossenen Vereinigungen, nicht aber auf die einzelnen Arbeitgeber und Arbeitnehmer vorsieht (§ 2 I und II StE). Dagegen halten wir es aus praktischen Gründen für nützlich, ausdrücklich die Möglichkeit vorzusehen, daß Spitzenverbände, wenn sie Vollmacht haben, im Namen der angeschlossenen Verbände Tarifverträge abschließen können. Für diesen Fall erscheint es geboten, auch den bevollmächtigten Spitzenverbänden die Haftung aufzuerlegen (§ 1 II GE).

7. Es ist richtig, den denkbaren Inhalt des Tarifvertrags, d. h. seinen obligatorischen und seinen normativen Teil, anzugeben, (§ 3 GE, § 3 I 1 LE), nicht aber eine lehrbuchmäßige Definition des Tarifvertrags vorzunehmen, wie es § 1 I StE tut.

8. Einigkeit besteht darüber, daß der normative Teil des Tarifvertrags erweitert werden muß und zwar auf Abschlußnormen (d. h. Abschlußgebote, Abschlußverbote, Formvorschriften für den Abschluß) sowie auf betriebliche und betriebsverfassungsrechtliche Fragen (§ 3 GE, 3 LE, § 1 I StE).

9. Einigkeit besteht über das Erfordernis der Schriftform des Tarifvertrags. Dagegen ist die Eintragung in das Tarifregister als Gültigkeitsvoraussetzung des Tarifvertrags abzulehnen (vgl. die folgenden Ausführungen unter 10).

10. Die Regelung der Tarifverträge muß auf die Grundlage der freien Autonomie der Gewerkschaften und der Vereinigungen der Arbeitgeber erfolgen. Die Verbände sind in der Lage, verantwortungsbewußt und sachkundig, die Interessen der Arbeitnehmer und Arbeitgeber wie der Gesamtheit wahrend, die Regelung der Arbeitsbedingungen vorzunehmen. Daher ist die Einführung des Erfordernisses einer staatlichen Genehmigung für Tarifverträge und der konstitutiv wirkenden Eintragung der Verträge in das Tarifregister unter allen Umständen abzulehnen. In diesem Punkte sind sich die Gewerkschaften mit den Arbeitgebervereinigungen völlig einig. Die Regelung des § 8 LE oder des § 5 StE ist für die Gewerkschaften untragbar. Zur näheren Begründung wird auf die Ausführungen von Erich Bührig in seinem Aufsatz: „Der Weg zum neuen Tarifrecht" in der Zeitschrift „Recht der Arbeit" 1948, Heft 1, Seite 14 f. verwiesen. Die Gründe, die die Begründung des LE für die Einführung der Neuerung anführt, sind in keiner Weise überzeugend. Die Begründung kann keinen einzigen Fall aus der Zeit vor 1933 anführen, bei dem sich aus der Tarifautonomie Mißstände ergeben hätten. Die geplante Regelung ist auch widerspruchsvoll. Über die Nichtigkeit von Tarifbestimmungen (§ 5 I 3 StE) können nur die Gerichte, nicht aber eine Verwaltungsbehörde entscheiden (vgl. auch § 7 StE). Die Formel, daß Tarifverträge aus zwingenden Gründen des Allgemeinwohls beanstandet werden können, ist unbrauchbar. Sie gibt der Verwaltung Möglichkeiten, tarifliche Bestimmungen zu beanstanden, die sie für verfehlt hält, ohne daß eine unabhängige Rechtskontrolle besteht. Will der Staat eine bestimmte Politik auf dem Gebiete der Löhne und Arbeitsbedingungen verfolgen, so muß er durch Gesetze von vornherein eine allgemeine Regelung treffen. Im übrigen muß jedoch die Regelung der Löhne und Arbeitsbedingungen der Tarifautonomie überlassen bleiben. Die beabsichtigte Regelung des LE und StE steht auch in einem gewissen Widerspruch zu Artikel XI des Kontrollratsgesetzes Nr. 35 (Schlichtungsgesetz). Es ist ganz unerträglich, daß die Tarifparteien, die z. B. nach einem Arbeitskampf ein Lohnabkommen schließen, längere Zeit im Ungewissen sind, ob der Tarifvertrag Wirkung hat oder nicht. Solange auf Grund von Bestimmungen der Militärregierungen noch ein Genehmigungszwang notwendig sein sollte, verbleibt es natürlich dabei. Es besteht jedoch kein Anlaß, derartige Bestimmungen in ein neues deutsches Gesetz aufzunehmen.

11. Die Gewerkschaften halten es für richtiger, von Tarifgebundenheit (§ 4 GE) nicht von Tarifunterworfenheit (§ 3 LE, § 3 II StE) zu sprechen. Außerdem muß die Tarifgebundenheit in einer besonderen Bestimmung, nicht aber in der Bestimmung über die Wirkung der Tarifnormen enthalten sein. Daraus erklärt sich die Fassung des § 3 GE. Die Tarifgebundenheit muß solange bestehen bleiben, bis der Tarifvertrag endet (§ 4 I 2 GE). Eine Änderung des Tarifvertrags, wie es § 3 VI StE will, darf die Tarifgebundenheit nicht beseitigen.

12. Das Unabdingbarkeitsprinzip ist gegenüber der nicht gelungenen Fassung des § 4 I LE in unserem § 5 I 1 GE klar formuliert. Es ist auch nicht richtig, die Wirkung, wie das der § 3 II 1 StE tut, nur für die Arbeitsverhältnisse auszusprechen, da das die Abschlußverbote und Abschlußgebote nicht umfassen würde.
13. Die Gewerkschaften halten es, um die frühere unhaltbare Rechtsprechung zum sogenannten Verzicht auf den Tariflohn ein für alle Mal zu verhindern, für unbedingt geboten, ausdrücklich auszusprechen, daß auch der Verzicht auf entstandene tarifliche Ansprüche während der Dauer des Arbeitsverhältnisses nichtig ist.
14. § 3 III StE halten die Gewerkschaften für überflüssig, da diese Fragen durch die Inhaltsbestimmung des Tarifvertrages, wie sie in unserem § 3 GE gegeben wird, ohne weiteres umfaßt sind.
15. Über die Nachwirkung des Tarifvertrages besteht Einigkeit (§ 5 II GE, § 4 II LE, § 3 IV StE). Gegenüber den Versuchen der Arbeitgeberorganisationen, die Nachwirkung zu Fall zu bringen oder einzuschränken, erklären die Gewerkschaften ausdrücklich, daß sie auf der Festlegung der Nachwirkung unter allen Umständen bestehen müssen.
16. Nach Ansicht der Gewerkschaften bedarf es einer Bestimmung über die Wirkung der Tarifnormen auf Betriebsvereinbarungen, wie sie § 4 III LE, § 3 V StE vorsehen, nicht. Es bestehen hier auch sachliche Bedenken insbesondere gegen § 3 V StE. Die Gewerkschaften haben kein Interesse, ohne weiteres eine tariflich festgelegte Betriebsverfassung für Unorganisierte gelten zu lassen. In geeigneten Fällen hilft hier die Allgemeinverbindlichkeitserklärung. Es ist auch nicht einzusehen, warum nur auf die Tarifgebundenheit des Arbeitgebers abgestellt wird. Es könnte z. B. sein, daß der Arbeitgeber nicht tarifgebunden ist, wohl aber eine große Anzahl Arbeitnehmer des Betriebes tarifgebunden sind. Außerdem dürfte § 3 V StE dem Artikel X Abs. 3 des Kontrollratsgesetzes Nr. 35 (Schlichtungsgesetz) widersprechen. Daß der Tarifvertrag der Betriebsvereinbarung vorgeht, ergibt sich im übrigen schon aus richtiger Auslegung des Betriebsrätegesetzes (Kontrollratsgesetz Nr. 22, vgl. dazu Bührig, „Erläuterungen zum Betriebsrätegesetz", 1948, Seite 48, 49).
17. Das Verhältnis der Tarifverträge zu den bisher bestehenden Tarifordnungen und sonstigen lohnregelnden Anordnungen ist im § 5 unseres GE eindeutig geregelt. Der Vorschlag des § 4 IV LE war unhaltbar und ist wohl zugunsten des § 4 StE aufgegeben. Aber auch § 4 StE muß von den Gewerkschaften abgelehnt werden, da er keine hinreichende Rechtsklarheit schafft und Meinungsverschiedenheiten bestehen bleiben können, welche Tarifordnungsbestimmungen weiter gelten und welche nicht. Die Tarifparteien sollen vielmehr klipp und klar sagen, ob und inwieweit sie Tarifordnungen und sonstige lohnregelnde Anordnungen aufheben oder abändern. Das dient der Rechtssicherheit. § 4 II StE erscheint demgegenüber überflüssig.
18. Nicht haltbar sind nach der Auffassung der Gewerkschaften sowohl § 6 LE wie § 7 StE. Keine dieser Bestimmungen sollte in das Tarifvertragsgesetz aufgenommen werden. § 6 LE würde es Arbeitnehmern, Arbeitgebern und Arbeitsgerichten, obwohl sie klar erkennen, daß eine Tarifbestimmung z. B. gegen ein gesetzliches Verbot des Arbeitsschutzrechts verstößt, zumuten, diese Bestimmung als gültig zu behandeln, nur weil noch kein entsprechender Prozeß zwischen den Tarifparteien stattgefunden hat. Das ist unmöglich und mit dem Rechtsstaat nicht vereinbar. Aber auch § 7 StE ist durchaus unerwünscht. Handelt es sich um eine Entscheidung des Obersten Arbeitsgerichts, so wird sich diese ohnehin kraft seiner sachlichen Autorität durchsetzen. Aber selbst in diesem Fall kann es durchaus im Interesse der Sache liegen, in einem späteren Einzelprozeß die Rechtsfrage erneut dem Obersten Arbeitsgericht vorzulegen, um eine frühere Fehlentscheidung zu korrigieren. Ganz unhaltbar ist § 7 StE aber, wenn es sich um rechtskräftige Entscheidungen der unteren Gerichte handelt. Hier ist in keiner Weise einzusehen, warum es einzelnen Tarifgebundenen nicht freistehen soll, in einem neuen Prozeß eine andere Entscheidung herbeizuführen.
19. Einigkeit besteht darüber, daß das Institut der Allgemeinverbindlichkeit in das Tarifvertragsgesetz aufzunehmen ist (§ 7 GE, § 5 LE, § 6 StE). Die Allgemeinverbindlichkeit soll entgegen § 5 LE nur auf Antrag einer Tarifpartei ausgesprochen werden können. Die Gewerkschaften sind der Ansicht, daß die Allgemeinverbind-

lichkeit dann erklärt werden kann, wenn der Tarifvertrag in seinem Geltungsbereich überwiegende Bedeutung hat. Das entspricht dem bisherigen Recht. Dagegen lehnen die Gewerkschaften den Vorschlag des § 6 StE ab, wonach die Allgemeinverbindlichkeit auch ausgesprochen werden soll, wenn die soziale Ordnung es erfordert oder wenn der Tarifvertrag an die Stelle einer Tarifordnung tritt. Damit würde unter Umständen die Möglichkeit geschaffen, einen Tarifvertrag, der nur eine geringe Zahl von Arbeitsverhältnissen erfaßt, für allgemeinverbindlich zu erklären, was mehr auf ein staatliches Lohnamtssystem hinaus kommt, als daß es mit der Tarifautonomie vereinbar ist. Was das Verfahren bei der Allgemeinverbindlichkeit betrifft, so wurde bereits darauf hingewiesen, daß dieser besser in vollem Umfang in die Durchführungsverordnung zu verweisen ist. Dabei wäre über die Vorschläge des StE § 6 mit den Gewerkschaften und Arbeitgeberverbänden des näheren zu verhandeln. Auch der LE § 5 beschränkte sich darauf, den Grundsatz auszusprechen, und wollte das Verfahren in die Durchführungsverordnung verweisen.
20. Bezüglich des Registers verweisen wir auf § 8 unseres GE. Die Eintragung hat (entsprechend dem früheren Recht bei der Allgemeinverbindlichkeit) deklaratorische Bedeutung und dient der Publizität. Die Einzelheiten gehören auch hier in die Durchführungsverordnung. Vergleiche § 10 GE. Hier ist auch das Recht zur Einsichtnahme in das Register festzulegen.
21. Über die Verpflichtung zum Aushang besteht Einigkeit (§ 9 GE, § 11 LE, § 9 StE).
22. Hinsichtlich der Ermächtigung des Gesetzes an den Direktor für Arbeit, Durchführungsverordnungen zu erlassen, legen die Gewerkschaften entscheidendes Gewicht darauf, daß im Gesetz das Anhörungsrecht der Gewerkschaften und der Vereinigungen der Arbeitgeber festgelegt wird. Selbstverständlich ist, daß die Durchführungsverordnungen die Grenze des Gesetzes selbst unberührt lassen müssen. Die in Stuttgart ausgearbeitete Durchführungsverordnung ist eine brauchbare Grundlage.
23. Hinsichtlich des Inkrafttretens halten wir die Regelung unseres § 11 GE für zweckmäßig. Die Bestimmung des § 13 II LE sowie des § 12 Abs. 2 StE ergeben sich aus dem von uns abgelehnten konstitutiven Registerzwang und sind daher wegzulassen."

e) Die Beratungen im Wirtschaftsrat des Vereinigten Wirtschaftsgebietes. Mit der Übertragung der Gesetzgebungszuständigkeit auf den Wirtschaftsrat verlagerten sich die Beratungen zum Tarifvertragsgesetz in die parlamentarischen Gremien.[61] Meinungsverschiedenheiten über die Gestaltung des Gesetzes gab es lediglich in einzelnen Punkten. So sahen die Arbeitsverwaltungen in der britischen wie in der amerikanischen Zone in Fortführung des alliierten Rechts[62] ursprünglich in ihren Vorentwürfen die konstitutiv wirkende Registrierung der Tarifverträge vor: erst mit der Eintragung sollte der Tarifvertrag wirksam werden; die Ablehnung des Antrages auf Registrierung sollte erfolgen dürfen, wenn der Tarifvertrag oder einzelne seiner Bestimmungen nichtig sind oder zwingende Gründe des allgemeinen Wohls es erfordern.[63] Gegen diese Pläne wandten sich einmütig die Gewerkschaften, die Arbeitgeberverbände, die Arbeitsrechtswissenschaft und die Vertreter der Arbeitsgerichtsbarkeit.[64] Ihnen schloß sich auch die Verwaltung für Arbeit des Vereinigten Wirtschaftsgebietes an. In Baden und Württemberg-Hohenzollern galt das Prinzip der konstitutiven Eintragung allerdings in

---

[61] Siehe insoweit auch die Thesen von *Nipperdey*, BB 1948, S. 157, 160.
[62] Siehe Nr. 7 lit. b der Verordnung der Militärregierung für Bayern über Abschluß und Inhalt von Tarifverträgen vom 22. Mai 1946 (oben Rnr. 19).
[63] § 5 Zusmarshausener Entwurf; einschränkend § 8 Lemgoer Entwurf.
[64] Dazu *Bührig*, RdA 1948, S. 14 u. 290; *Fettback*, RdA 1949, S. 404; *Sitzler*, RdA 1948, S. 8.

einem gewissen Umfang;[65] es wurde erst aufgrund des Gesetzes über die Erstreckung des TVG vom 23. April 1953 aufgehoben.

Meinungsverschiedenheiten gab es außerdem hinsichtlich der Tariffähigkeit der Spitzenorganisationen, die auf Initiative und im Interesse des Handwerks eingeführt wurde. Die Tariffähigkeit der einzelnen Arbeitgeber war vorübergehend strittig.[66] Die Frage, ob ein Beitritt zum Tarifvertrag möglich sein sollte, wurde fallengelassen, nachdem die Wiedereinführung der Allgemeinverbindlicherklärung feststand. Bestritten war schließlich, ob den Tarifvertragsparteien – hauptsächlich mit Rücksicht auf den öffentlichen Dienst – die Möglichkeit eröffnet werden sollte, nach ihrem Ermessen die Normen als Höchstnormen auszugestalten. Es setzte sich jedoch die Ansicht durch, daß eine derartige Regelung weder einem praktischen Bedürfnis noch der natürlichen Funktion des Tarifvertrages entspreche.[67] 35

Aus den über die Beratungen zum Tarifvertragsgesetz vorliegenden Materialien werden nachfolgend wiedergegeben: 36
- Der Initiativantrag der SPD-Fraktion im Wirtschaftsrat (Rnr. 37),
- Der Entwurf der Verwaltung für Arbeit (Rnr. 38),
- Das Protokoll der Sitzung des Ausschusses für Arbeit am 13. 10. 1948 (Rnr. 39),
- Der Entwurf der Redaktionskommission (Rnr. 40),
- Das Protokoll der Sitzung des Ausschusses für Arbeit am 3. 11. 1948 (Rnr. 41),
- Aktennotiz der Hauptabteilung III/1870/48 vom 9. 11. 1948 (Rnr. 42).

aa) Initiativantrag der SPD-Fraktion. Eingeleitet wurden die parlamentarischen Arbeiten durch einen von der SPD-Fraktion eingereichten Initiativantrag,[68] der auf den Vorschlägen der Gewerkschaften aufbaute und folgenden Wortlaut besaß: 37

„**§ 1 Tariffähigkeit.** (1) Tariffähig sind Gewerkschaften, einzelne Arbeitgeber sowie wirtschaftliche Vereinigungen von Arbeitgebern.

(2) Spitzenverbände können im Namen der ihnen angeschlossenen Verbände Tarifverträge abschließen, wenn sie eine entsprechende Vollmacht erhalten haben. In diesem Falle haften auch die Spitzenverbände für die Erfüllung der tariflichen Verpflichtungen.

§ 2 Form des Tarifvertrages. Tarifverträge bedürfen der Schriftform.

§ 3 Inhalt des Tarifvertrages. Der Tarifvertrag regelt die Rechte und Pflichten der Tarifvertragsparteien und enthält Rechtsnormen, die den Inhalt, den Abschluß und die Beendigung von Arbeitsverträgen sowie betriebliche und betriebsverfassungsrechtliche Fragen ordnen können.

§ 4 Tarifgebundenheit. Tarifgebunden sind diejenigen, die Mitglieder der Tarifvertragsparteien sind, und der Arbeitgeber, der selbst Partei des Tarifvertrages ist. Die Tarifgebundenheit bleibt bestehen, bis der Tarifvertrag endet.

§ 5 Wirkung der Tarifnormen. (1) Die Rechtsnormen des Tarifvertrags gelten unmittelbar und zwingend für die beiderseits Tarifgebundenen, die unter den

---

[65] § 3 Abs. 1 Satz 2 der Landesgesetze über die Aufhebung des Lohnstops vom 23. 11. 1948 für Baden (GVBl. 1948, S. 215) und vom 25. 2. 1949 für Württemberg-Hohenzollern (RegBl. 1949 Nr. 14 S. 80).
[66] Dazu *Herschel*, ZfA 1973, S. 183, 190.
[67] *Herschel*, ZfA 1973, S. 183, 193.
[68] Drucks. des Wirtschaftsrates Nr. 613 vom 8. 10. 1948.

räumlichen, zeitlichen, betrieblichen und fachlichen Geltungsbereich des Tarifvertrages fallen. Auch der Verzicht auf entstandene tarifliche Ansprüche ist während der Dauer des Arbeitsverhältnisses nichtig. Abweichende Vereinbarungen sind nur zulässig, soweit sie durch den Tarifvertrag gestattet sind oder eine Änderung der Arbeitsbedingungen zugunsten des Arbeitnehmers enthalten und durch den Tarifvertrag nicht ausdrücklich ausgeschlossen sind.

(2) Nach Ablauf des Tarifvertrages gelten seine Rechtsnormen weiter, bis sie durch eine andere Vereinbarung ersetzt werden.

§ 6 **Tarifvertrag und Tarifordnung.** Der Tarifvertrag kann Tarifordnungen und sonstige lohnregelnde Anordnungen abändern oder aufheben, soweit der räumliche, betriebliche und fachliche Geltungsbereich des Tarifvertrages erfaßt wird.

§ 7 **Allgemeinverbindlicherklärung.** (1) Die Oberste Arbeitsbehörde kann einen Tarifvertrag nach Anhörung eines Beirats auf Antrag einer Tarifpartei für allgemeinverbindlich erklären, wenn dieser in seinem Geltungsbereich überwiegende Bedeutung hat.

(2) Mit der Allgemeinverbindlicherklärung erfassen die Normen des Tarifvertrages in seinem Geltungsbereich auch die bisher noch nicht tarifgebundenen Arbeitgeber und Arbeitnehmer.

§ 8 **Tarifregister.** Beim Direktor für Arbeit wird ein Tarifregister geführt, in das der Abschluß, die Änderung und die Aufhebung der Tarifverträge sowie der Ausspruch und die Beendigung der Allgemeinverbindlichkeit eingetragen werden.

§ 9 **Aushang des Tarifvertrages.** (1) Die Arbeitgeber sind verpflichtet, die für ihren Betrieb maßgebenden Tarifverträge an gut sichtbarer Stelle auszuhängen. Der Aushang muß dauernd in lesbarem Zustand gehalten werden.

(2) Die Einhaltung dieser Vorschrift haben die Gewerbeaufsichtsbeamten sicherzustellen.

§ 10 **Durchführungsverordnungen.** Die Oberste Arbeitsbehörde ist ermächtigt, im Einvernehmen mit den Spitzenverbänden Verordnungen zur Durchführung dieses Tarifvertragsgesetzes zu erlassen, insbesondere die Eintragung, Bekanntmachung und die Einsichtnahme in das Tarifregister sowie die Führung der Registerakten und das Verfahren bei der Allgemeinverbindlicherklärung zu regeln sowie Übersendungs- und Mitteilungspflichten der Tarifparteien anzuordnen.

§ 11 **Inkrafttreten.** (1) Dieses Gesetz tritt am ... in Kraft.

(2) Tarifverträge, die vor dem ... abgeschlossen sind, unterliegen nunmehr diesem Gesetz."

38 bb) **Entwurf der Verwaltung für Arbeit.** Als Reaktion auf den Initiativantrag der SPD-Fraktion legte die Hauptverwaltung für Arbeit ihrerseits einen Referentenentwurf vor, der der Sitzung des Ausschusses für Arbeit am 11. Oktober 1948 als Diskussionsgrundlage diente, dort grundsätzlich gebilligt wurde und folgenden Wortlaut hatte:[69]

„§ 1 **Begriff des Tarifvertrages.** (1) Der Tarifvertrag ist eine schriftliche Vereinbarung zur Regelung der Rechtsverhältnisse zwischen den Tarifparteien (Gewerkschaften einerseits, Arbeitgeber oder Vereinigungen von Arbeitgebern andererseits) und zur Festsetzung von Rechtsnormen, die den Abschluß, den Inhalt und die Beendigung von Arbeitsverhältnissen sowie die Betriebsverfassung ordnen können.

(2) Zusammenschlüsse von Verbänden können nur Partei eines Tarifvertrages sein, wenn der Abschluß von Tarifverträgen zu ihren satzungsgemäßen Aufgaben gehört.

---

[69] Wiedergegeben bei: *Jürgen P. Nautz*, Die Durchsetzung der Tarifautonomie in Westdeutschland, 1985, S. 175 ff.

§ 2 Tarifgebundenheit. (1) Den Tarifnormen über Arbeitsverhältnisse unterliegen die Mitglieder der Tarifparteien oder im Falle des § 1 Abs. 2 der zusammengeschlossenen Verbände sowie Arbeitgeber, die selbst Tarifpartei sind. Wer tarifgebunden ist, bleibt tarifgebunden, bis der Tarifvertrag endet oder in einer wesentlichen Bestimmung geändert wird.

(2) Tarifnormen über die Betriebsverfassung gelten für die Betriebe, deren Arbeitgeber tarifgebunden ist.

§ 3 Wirkung der Tarifnormen. (1) Die Tarifnormen gelten unmittelbar und zwingend für die Arbeitsverhältnisse zwischen Tarifgebundenen. Abweichende Vereinbarungen können getroffen werden, soweit sie durch den Tarifvertrag gestattet sind oder eine Änderung der Arbeitsbedingungen zu Gunsten des Arbeitnehmers enthalten und durch den Tarifvertrag nicht ausdrücklich ausgeschlossen sind.

(2) Werden durch Tarifvertrag gemeinsame Einrichtungen der Tarifparteien vorgesehen (Lohnausgleichskassen, Urlaubsmarkenregelung usw.), so können die Tarifparteien die Satzung dieser Einrichtung sowie deren Rechte und Pflichten gegenüber den einzelnen tarifgebundenen Arbeitgebern und Arbeitnehmern regeln.

(3) Nach Ablauf des Tarifvertrages wirken seine Normen nach, bis sie durch eine andere Abrede ersetzt werden.

(4) Abs. 1 und 3 gelten entsprechend für das Verhältnis zwischen Tarifvertrag und Betriebsverfassung.

§ 4 Aufhebung von Tarifordnungen und Anordnungen. (1) Mit dem Inkrafttreten eines Tarifvertrages sind für seinen Geltungsbereich die entsprechenden Bestimmungen von Tarifordnungen oder Anordnungen, die auf Grund der Verordnung über die Lohngestaltung vom 25. Juni 1938 (RGBl. I S. 691) und ihrer Durchführungsverordnung vom 23. April 1941 (RGBl. I S. 222) erlassen sind, aufgehoben, und zwar mit Wirkung auch für Arbeitsverhältnisse, die nicht dem Tarifvertrag unterliegen.

(2) Der Direktor der Verwaltung für Arbeit kann auf Antrag einer Gewerkschaft oder einer Vereinigung von Arbeitgebern Tarifordnungen und die im Abs. 1 bezeichneten Anordnungen aufheben; die Aufhebung bedarf der öffentlichen Bekanntmachung.

§ 5 Allgemeinverbindlichkeit. (1) Der Direktor der Verwaltung für Arbeit kann auf Antrag einer Tarifpartei nach Anhörung eines Ausschusses, der aus je drei Vertretern der Arbeitgeber und Arbeitnehmer besteht, einen Tarifvertrag für allgemeinverbindlich erklären, wenn dieser in seinem Geltungsbereich überwiegende Bedeutung besitzt oder wenn die soziale Ordnung in seinem Geltungsbereich es erfordert oder wenn er an die Stelle einer Tarifordnung tritt. Die Allgemeinverbindlichkeit bedarf der öffentlichen Bekanntmachung.

(2) Die Allgemeinverbindlichkeit bewirkt, daß die Tarifnormen auch die bisher nicht tarifgebundenen Arbeitgeber und Arbeitnehmer im Geltungsbereich des Tarifvertrages erfassen.

(3) Die Allgemeinverbindlichkeit endet, vorbehaltlich einer früheren, durch öffentliche Bekanntmachung erfolgenden Aufhebung seitens des Direktors der Verwaltung für Arbeit, mit dem Fortfall des Tarifvertrages.

§ 6 Tarifregister. Beim Direktor der Verwaltung für Arbeit wird ein Tarifregister geführt, in das der Abschluß, die Änderung und die Aufhebung der Tarifverträge sowie die Erklärung und die Beendigung der Allgemeinverbindlichkeit eingetragen werden.

§ 7 Feststellung der Rechtswirksamkeit. Rechtskräftige Entscheidungen der Arbeitsgerichtsbehörden, die in Rechtsstreitigkeiten zwischen Tarifparteien aus dem Tarifvertrag über das Bestehen oder Nichtbestehen des Tarifvertrages ergangen sind, sind in Rechtsstreitigkeiten zwischen tarifgebundenen Parteien sowie zwischen diesen und Dritten für die Gerichte, Schiedsgerichte und Schiedsgutachterstellen bindend.

§ 8 Zusammentreffen mehrerer Tarifverträge. (1) Fällt ein Arbeitsverhältnis in den Geltungsbereich mehrerer Tarifverträge, so hat, wenn nicht ein Tarifvertrag selbst einem anderen den Vorrang einräumt, zunächst der Tarifvertrag des Wirtschaftszweiges, dem der Betrieb nach seinem wirtschaftlichen Hauptzweck angehört, den Vorrang. Gelten für den gleichen Wirtschaftszweig mehrere Tarifverträge, so findet der für den Betrieb fachlich engste Anwendung.

(2) Hat keiner der Tarifverträge nach Abs. 1 den Vorrang, so findet der Tarifvertrag mit dem engsten persönlichen Geltungsbereich, bei gleichem persönlichen Geltungsbereich der Tarifvertrag mit dem weitesten räumlichen Geltungsbereich Anwendung.

(3) Die Vorschriften der Abs. 1 und 2 finden auch Anwendung, wenn allgemeinverbindliche Tarifverträge untereinander oder mit anderen Tarifverträgen oder Tarifverträge mit Tarifordnungen oder Anordnungen der im § 4 Abs. 1 genannten Art zusammentreffen.

(4) Die Abs. 1 bis 3 finden auf die Tarifnormen über die Betriebsverfassung entsprechende Anwendung.

§ 9 Aushang des Tarifvertrages. (1) Die Arbeitgeber sind verpflichtet, die für ihren Betrieb maßgebenden Tarifverträge an geeigneter Stelle im Betriebe auszulegen.

(2) Die Einhaltung dieser Vorschrift haben die Gewerbeaufsichtsämter sicherzustellen.

§ 10 Durchführungsbestimmungen. Der Direktor der Verwaltung für Arbeit kann die zur Durchführung des Gesetzes erforderlichen Verordnungen erlassen, insbesondere über
1. die Verpflichtungen der Tarifparteien zur Übersendung von Tarifverträgen und ihrer Änderungen oder von Abschriften (Abdrucken) derselben zur Mitteilung des Außerkrafttretens der Tarifverträge über die Stellen, an die die Übersendung und Mitteilung zu erfolgen haben, über die Erzwingung dieser Verpflichtung und die Bestrafung bei Zuwiderhandlung;
2. die Errichtung und Führung des Tarifregisters und des Tarifarchivs;
3. das Verfahren bei der Aufhebung von Tarifordnungen und Anordnungen, bei der Allgemeinverbindlicherklärung von Tarifverträgen, die öffentlichen Bekanntmachungen bei der Antragstellung, der Aufhebung von Tarifordnungen und Anordnungen, der Erklärung und Beendigung der Allgemeinverbindlichkeit und die Tragung der hierdurch entstehenden Kosten;
4. den im § 5 Abs. 1 genannten Ausschuß.

§ 11 Inkrafttreten. Dieses Gesetz tritt bezüglich des § 10 am Tage seiner Verkündung, im übrigen am . . . in Kraft."

cc) **Protokoll Nr. 16 der Sitzung des Ausschusses für Arbeit am 13. 10. 1948.** Grundlage für die Beratungen im Ausschuß für Arbeit des Wirtschaftsrates am 13. 10. 1948 bildete trotz des kurz zuvor erarbeiteten Entwurfs der Hauptverwaltung für Arbeit der Initiativantrag der SPD-Fraktion. Aus dem angefertigten Beschlußprotokoll wird jedoch deutlich, daß sich die Hauptverwaltung für Arbeit weitgehend mit ihren Vorstellungen durchsetzen konnte. Folgende Ergebnisse wurden auf der Sitzung des Ausschusses für Arbeit erzielt:[70]

„**§ 1, Tariffähigkeit,** wird § 2. In Absatz 1 ist noch nicht geklärt, ob es statt „wirtschaftliche Vereinigungen von Arbeitgebern" nur „Vereinigungen von Arbeitgebern" heißen soll.

In Absatz 2 soll an Stelle des Begriffs „Spitzenverbände", der unter bestimmten Voraussetzungen zu eng erschien, „Zusammenschlüsse von Gewerkschaften und

---

[70] Siehe auch *Jürgen P. Nautz*, Die Durchsetzung der Tarifautonomie in Westdeutschland, 1985, S. 119 ff.

Entstehung des Tarifvertragsgesetzes 39 **Geschichte**

Vereinigungen von Arbeitgebern" gesetzt werden. Außerdem wurde für Absatz 2 der folgende Zusatz vorgeschlagen:
„Zusammenschlüsse von Gewerkschaften und wirtschaftlichen Vereinigungen von Arbeitgebern können selbst Partei eines Tarifvertrags sein, wenn der Abschluß von Tarifverträgen zu ihren satzungsmäßigen Aufgaben gehört."

§ 2, **Form des Tarifvertrags,** wird vereinigt mit
§ 3, **Inhalt des Tarifvertrags.**
Sie ergeben den
neuen § 1, Inhalt und Form des Tarifvertrags, indem der frühere § 2 nunmehr Absatz 2 wird.

Neu § 3 (alt § 4), Tarifgebundenheit. Prof. Herschel schlug folgenden Zusatz vor:
„Tarifnormen über betriebliche und betriebsverfassungsrechtliche Fragen gelten für alle Betriebe, deren Arbeitgeber tarifgebunden ist".

Neu § 4 (alt § 5), Wirkung der Tarifnormen. In Abs. 1 stellte der Vorsitzende die Streichung des letzten Halbsatzes zur Diskussion. Der Gesichtspunkt, daß durch diesen Halbsatz die tarifliche Vereinbarung von Höchstlöhnen ermöglicht wird, ließ die Streichung nicht unbedingt zweckmäßig erscheinen.
In Abs. 2 wurde das Wort „Vereinbarung" durch „Abmachung" ersetzt.
Prof. Herschel machte zu 3 Punkten besondere Ausführungen, die bei der endgültigen Formulierung des Paragraphen berücksichtigt werden sollen:
a) Der Absatz 1 Satz 2 soll möglichst eine größere Elastizität enthalten.
b) Als neuer Absatz 2 wäre einzufügen:
„(2) Werden durch den Tarifvertrag gemeinsame Einrichtungen der Tarifparteien vorgesehen (Lohnausgleichskassen, Urlaubsmarkenregelung usw.), so können die Tarifparteien die Satzungen dieser Einrichtungen sowie deren Rechte und Pflichten gegenüber den einzelnen tarifgebundenen Arbeitgebern und Arbeitnehmern regeln".
c) Ein neuer Absatz 3 sollte Bestimmungen über die Unabdingbarkeit betrieblicher und betriebsverfassungsrechtlicher Regelungen enthalten.
d) Der ehemalige Absatz 2 wird Absatz 4.

Neu § 5 (alt § 6), Tarifvertrag und Tarifordnung. Nach einer Diskussion über die Frage der Aufhebung der alten Tarifordnungen, einesteils durch Inkrafttreten neuer Tarifverträge, anderenteils durch Anordnung des Direktors der Verwaltung für Arbeit, wurde vorgeschlagen, der Fassung dieses Paragraphen folgende des Länderrats-Entwurfs Stuttgart zur Diskussion gegenüberzustellen:
„(1) Mit dem Inkrafttreten eines Tarifvertrags sind für seinen Geltungsbereich die entsprechenden Bestimmungen von Tarifordnungen und Anordnungen, die auf Grund der Verordnung über die Lohngestaltung vom 25. Juni 1938 (RGBl. I S. 691) und ihrer Durchführungsverordnung vom 23. April 1941 (RGBl. I S. 222) erlassen sind, aufgehoben und zwar mit Wirkung auch für Arbeitsverhältnisse, die nicht dem Tarifvertrag unterliegen.
(2) Die Oberste Arbeitsbehörde kann auf Antrag einer Gewerkschaft oder einer wirtschaftlichen Vereinigung von Arbeitgebern Tarifordnungen und die in Abs. 1 bezeichneten Anordnungen aufheben; die Aufhebung bedarf der öffentlichen Bekanntmachung.

Neu § 6 (alt § 7), Allgemeinverbindlich-Erklärung. Generell wird in dem Gesetzentwurf die „Oberste Arbeitsbehörde" durch „Direktor der Verwaltung für Arbeit" ersetzt, so auch in Abs. 1.
Der Nebensatz „nach Anhörung eines Beirates" wird gestrichen und statt dessen „unter Mitwirkung eines aus je 3 Vertretern der Gewerkschaften und der wirtschaftlichen Vereinigungen der Arbeitgeber bestehenden Ausschusses" gesetzt. Weiterhin soll Abs. 1 folgenden Zusatz erhalten: „oder wenn die soziale Ordnung es erfordert".
Absatz 2 wird Absatz 3.
Als Absatz 2 wird neu eingefügt: „Der Direktor der Verwaltung für Arbeit kann die Allgemeinverbindlich-Erklärung eines Tarifvertrags unter Mitwirkung des in

Oetker 53

Absatz 1 angeführten Ausschusses durch öffentliche Bekanntmachung vor Ablauf des Tarifvertrages aufheben; im übrigen endet die Allgemeinverbindlich-Erklärung des Tarifvertrags mit dessen Ablauf".

Dem Wunsch der Länderminister, ihnen für Tarifverträge, die nur in ihrem Land gelten, die Allgemeinverbindlich-Erklärung zu übertragen, gab der Ausschuß nicht statt, da in Anbetracht der Bedeutung dieser Erklärung in wirtschafts- und lohnpolitischer Hinsicht eine einheitliche Handhabung unbedingt geboten erscheint.

Neu § 7 (alt § 8), Tarifregister. Satz 1 soll beginnen: „Bei der Verwaltung für Arbeit wird . . ." und das Wort „Ausspruch" wird durch „Beginn" ersetzt.

Auf die Fragen durch den Vertreter des Länderrates erklärte der Stellvertreter des Direktors, Herr Scheuble, daß die Rechtswirksamkeit des Tarifvertrages vom Eintrag in das Tarifregister unabhängig sei.

Prof. Herschel beantragte, einen

Neuen § 8, Feststellung der Rechtswirksamkeit

einzufügen mit folgendem Wortlaut:

„Rechtskräftige Entscheidungen der Arbeitsgerichtsbehörden, die in Rechtsstreitigkeiten zwischen Tarifparteien aus dem Tarifvertrag oder über das Bestehen oder Nichtbestehen des Tarifvertrages ergangen sind, sind in Rechtsstreitigkeiten zwischen Tarifgebundenen Parteien sowie zwischen diesen und Dritten für die Gerichte, Schiedsgerichte und Schiedsgutachterstellen bindend".

Weitere von Prof. Herschel beantragte Bestimmungen, die die Frage der Tarifkonkurrenz regeln sollen, nahm der Ausschuß nicht in den Gesetzentwurf auf.

Die Frage soll von den Abgeordneten noch einmal überdacht werden. Es war folgende Formulierung vorgeschlagen worden:

„(1) Fällt ein Arbeitsverhältnis in den Geltungsbereich mehrerer Tarifverträge, so hat, wenn nicht ein Tarifvertrag selbst anderen den Vorrang einräumt, zunächst der Tarifvertrag des Wirtschaftszweiges, dem der Betrieb nach seinem wirtschaftlichen Hauptzweck angehört, den Vorrang. Gelten für den gleichen Wirtschaftszweig mehrere Tarifverträge, so findet der für den Betrieb fachlich engste Anwendung.

(2) Hat keiner der Tarifverträge nach Abs. 1 den Vorrang, so findet der Tarifvertrag mit dem engsten persönlichen Geltungsbereich, bei gleichem persönlichen Geltungsbereich der Tarifvertrag mit dem weitesten räumlichen Geltungsbereich Anwendung.

(3) Die Vorschriften des Abs. 1 und 2 finden Anwendung, wenn allgemeinverbindliche Tarifverträge untereinander oder mit anderen Tarifverträgen oder Tarifverträge mit Tarifordnungen oder Anordnungen der im § 4 Abs. 1 genannten Art zusammentreffen.

(4) Die Abs. 1 bis 3 finden auf die Tarifnormen über die Betriebsverfassung entsprechende Anwendung."

§ 9, Aushang des Tarifvertrages. Ab Abs. 1 soll es statt „auszuhängen", „auszulegen" heißen. Abs. 2 soll gestrichen werden.

§ 10, Durchführungsverordnungen: Anstelle der „Obersten Arbeitsbehörde" tritt „der Direktor der Verwaltung für Arbeit".

Der Vertreter des Länderrates wies darauf hin, daß die Länderminister den Erlaß von Durchführungsverordnungen nach Anhören der Zusammenschlüsse der Sozialpartner und im Benehmen mit den Arbeitsministern vorschlagen. Diesem Wunsch der Arbeitsminister widersprachen verschiedene Mitglieder des Ausschusses. Nachdem Präsident Scheuble erläutert hatte, daß, wenn die Voraussetzungen eines Einvernehmens mit den Zusammenschlüssen der Sozialpartner nicht erreicht werden kann, der Verwaltung für Arbeit der Erlaß einer Durchführungsverordnung unmöglich gemacht werde, wurde folgende Formulierung vorgeschlagen:

„unter Mitwirkung der Zusammenschlüsse der Gewerkschaften und der wirtschaftlichen Vereinigungen von Arbeitgebern Verordnungen zur Durchführung dieses Gesetzes zu erlassen, . . ."

Die endgültige Fassung soll nach einer Gegenüberstellung mit den entsprechenden Bestimmungen im Länderratsentwurf, Stuttgart, fertiggestellt werden. Dieser lautet:

„Der Direktor der Verwaltung für Arbeit kann die zur Durchführung des Gesetzes erforderlichen Verordnungen erlassen, insbesondere über
1. die Verpflichtung der Tarifpartner zur Übersendung von Tarifverträgen und ihrer Änderungen oder von Abschriften (Abdrucken) derselben und zur Mitteilung des Außerkrafttretens des Tarifvertrags, über die Stellen, an die die Übersendung und Mitteilung zu erfolgen haben, über die Erzwingung dieser Verpflichtungen und die Bestrafung bei Zuwiderhandlung;
2. die Errichtung und die Führung des Tarifregisters und des Tarifarchivs;
3. das Verfahren bei der Aufhebung von Tarifordnungen und Anordnungen, bei der Allgemeinverbindlicherklärung von Tarifverträgen, die öffentlichen Bekanntmachungen bei der Antragstellung, der Aufhebung von Tarifordnungen und Anordnungen, der Erklärung und Beendigung der Allgemeinverbindlichkeit und die Tragung der hierdurch entstandenen Kosten;
4. den in § 5 Abs. 1 genannten Ausschuß."

§ 11, Inkrafttreten, soll lauten:

(1) Dieses Gesetz tritt mit seiner Verkündigung in Kraft.

(2) Tarifverträge, die vor dem Inkrafttreten dieses Gesetzes abgeschlossen sind, unterliegen nunmehr diesem Gesetz."

dd) Entwurf der Redaktionskommission. Aufgrund der Beratungen im Ausschuß für Arbeit tagte am 26. Oktober 1948 eine Redaktionskommission, die als Ergebnis ihrer Beratungen den nachstehenden Entwurf formulierte,[71] der die Grundlage für die weitere Behandlung des Tarifvertragsgesetzes im Wirtschaftsrat bildete:

„**§ 1.** (1) Der Tarifvertrag regelt die Rechte und Pflichten der Tarifvertragsparteien und enthält Rechtsnormen, die den Inhalt, den Abschluß und die Beendigung von Arbeitsverhältnissen sowie betriebliche und betriebsverfassungsrechtliche Fragen ordnen können.

(2) Tarifverträge bedürfen der Schriftform.

§ 2. (1) Tarifvertragsparteien sind Gewerkschaften, einzelne Arbeitgeber sowie (wirtschaftliche) Vereinigungen von Arbeitgebern.

(2) Zusammenschlüsse von Gewerkschaften und von (wirtschaftlichen) Vereinigungen von Arbeitgebern (Spitzenorganisationen) können im Namen der ihnen angeschlossenen Verbände Tarifverträge abschließen, wenn sie eine entsprechende Vollmacht haben.

(3) Spitzenorganisationen können selbst Parteien eines Tarifvertrages sein, wenn der Abschluß von Tarifverträgen zu ihren satzungsmäßigen Aufgaben gehört.

(4) In den Fällen der Abs. 2 und 3 haften sowohl die Spitzenorganisationen wie die ihnen angeschlossenen Verbände für die Erfüllung der gegenseitigen Verpflichtungen der Tarifvertragsparteien.

§ 3. (1) Tarifgebunden sind die Mitglieder der Tarifvertragsparteien und der Arbeitgeber, der selbst Partei des Tarifvertrages ist. Die Tarifgebundenheit bleibt bestehen, bis der Tarifvertrag endet.

(2) Rechtsnormen des Tarifvertrages über betriebliche und betriebsverfassungsrechtliche Fragen gelten für alle Betriebe, deren Arbeitgeber tarifgebunden ist.

§ 4. (1) Die Rechtsnormen des Tarifvertrages, die die Arbeitsverhältnisse ordnen, gelten unmittelbar und zwingend für die Arbeitsverhältnisse zwischen Tarifgebundenen, die unter den Geltungsbereich des Tarifvertrages fallen. Abweichende Abmachungen sind nur zulässig, soweit sie durch den Tarifvertrag gestattet sind oder eine Änderung der Arbeitsbedingungen zu Gunsten des Arbeitnehmers enthalten. Diese Vorschriften gelten entsprechend für Rechtsnormen des Tarifvertrages über betriebliche und betriebsverfassungsrechtliche Fragen.

---

[71] Wiedergegeben bei: Jürgen P. Nautz, Die Durchsetzung der Tarifautonomie in Westdeutschland, 1985, S. 201 ff.

(2) Ein Verzicht auf entstandene tarifliche Rechte ist nur in einem von den Tarifvertragsparteien gebilligten Vergleich zulässig.

(3) Werden durch den Tarifvertrag gemeinsame Einrichtungen der Tarifvertragsparteien vorgesehen (Lohnausgleichskassen, Urlaubsmarkenregelung usw.), so können die Tarifvertragsparteien die Satzung dieser Einrichtungen sowie deren Rechte und Pflichten gegenüber den einzelnen tarifgebundenen Arbeitgebern und Arbeitnehmern regeln.

(4) Nach Ablauf des Tarifvertrages gelten seine Rechtsnormen weiter, bis sie durch eine andere Abmachung ersetzt werden.

§ 5. (1) Der Direktor der Verwaltung für Arbeit kann einen Tarifvertrag im Einvernehmen mit einem aus je 3 Vertretern der Spitzenorganisationen der Arbeitgeber und Arbeitnehmer bestehenden Ausschuß auf Antrag einer Tarifvertragspartei für allgemeinverbindlich erklären, wenn dieser in seinem Geltungsbereich überwiegende Bedeutung hat oder wenn es die soziale Ordnung in seinem Geltungsbereich erfordert. Vor der Entscheidung über die Allgemeinverbindlicherklärung sind die beteiligten Länder zu hören.

(2) Mit der Allgemeinverbindlicherklärung erfassen die Rechtsnormen des Tarifvertrages in seinem Geltungsbereich auch die bisher nicht tarifgebundenen Arbeitgeber und Arbeitnehmer.

(3) Der Direktor der Verwaltung für Arbeit kann die Allgemeinverbindlichkeit eines Tarifvertrages im Einvernehmen mit dem im Abs. 1 genannten Ausschuß nach Anhörung der beteiligten Länder aufheben; im übrigen endet die Allgemeinverbindlichkeit des Tarifvertrages mit dessen Ablauf.

(4) Die Allgemeinverbindlicherklärung wie die Aufhebung der Allgemeinverbindlichkeit bedürfen der öffentlichen Bekanntmachung.

§ 6. Bei dem Direktor der Verwaltung für Arbeit wird ein Tarifregister geführt, in das der Abschluß, die Änderung und die Aufhebung der Tarifverträge sowie der Beginn und die Beendigung der Allgemeinverbindlichkeit eingetragen werden.

§ 7. Die Arbeitgeber sind verpflichtet, die für ihren Betrieb maßgebenden Tarifverträge an geeigneter Stelle im Betrieb auszulegen.

§ 8. Rechtskräftige Entscheidungen der Arbeitsgerichtsbehörden, die in Rechtsstreitigkeiten zwischen Tarifvertragsparteien aus dem Tarifvertrag oder über das Bestehen oder Nichtbestehen des Tarifvertrages ergangen sind, sind in Rechtsstreitigkeiten zwischen tarifgebundenen Parteien sowie zwischen diesen und Dritten für die Gerichte, Schiedsgerichte und Schiedsgutachterstellen bindend.

§ 9. (1) Der Tarifvertrag kann Tarifordnungen und Anordnungen, die auf Grund der Verordnung über die Lohngestaltung vom 25. Juni 1938 ... und ihrer Durchführungsverordnung vom 23. April 1941 ... erlassen sind, ändern oder aufheben, soweit der Geltungsbereich des Tarifvertrages erfaßt wird, und zwar mit Wirkung auch für Arbeitsverhältnisse, die nicht dem Tarifvertrag unterliegen.

(2) Der Direktor der Verwaltung für Arbeit kann auf Antrag einer Gewerkschaft oder einer (wirtschaftlichen) Vereinigung von Arbeitgebern Tarifordnungen und die in Abs. 1 bezeichneten Anordnungen aufheben; die Aufhebung bedarf der öffentlichen Bekanntmachung.

(3) Erfolgt eine Änderung oder Aufhebung in dem Tarifvertrag nach Abs. 1 oder 2 nicht, so gehen die Bestimmungen des Tarifvertrages den Bestimmungen der Tarifordnung oder Anordnung vor und zwar mit Wirkung auch für Arbeitsverhältnisse, die nicht dem Tarifvertrag unterliegen.

§ 10. Der Direktor der Verwaltung für Arbeit kann unter Mitwirkung der Spitzenorganisationen der Arbeitgeber und Arbeitnehmer die zur Durchführung des Gesetzes erforderlichen Verordnungen erlassen.

§ 11. (1) Dieses Gesetz tritt mit seiner Verkündung in Kraft.

(2) Tarifverträge, die vor dem Inkrafttreten dieses Gesetzes abgeschlossen sind, unterliegen nunmehr diesem Gesetz."

ee) Protokoll der Sitzung des Ausschusses für Arbeit am 3. 11. 1948

„Vor Eintritt in die Tagesordnung stellte Abg. Günther den Antrag, Vertreter des Handwerks in gleicher Weise wie die Vertreter der Gewerkschaften und der Arbeitgeberverbände zu Ausschuß-Sitzungen zu laden. Nach eingehender Diskussion wurde die Entscheidung vertagt.
Der Direktor der Verwaltung für Arbeit, Herr Storch, erbat die abschließende Beratung des Tarifvertragsgesetzes, damit es die 24. Vollversammlung des Wirtschaftsrats verabschieden kann.
Zu Punkt 1 der Tagesordnung: Tarifvertragsgesetz
Vorsitzender Richter gab anhand eines Protokolls der 2. Sitzung des Ausschusses für Arbeit des Länderrates vom 11. 10. 1948 und eines Schreibens von Arbeitsminister Halbfell die Stellungnahme der Länderminister zu dem Initiativantrag eines Tarifvertragsgesetzes bekannt. Danach legen die Arbeitsminister besonderen Wert darauf, daß ihnen das Recht zuerkannt wird, für Tarifverträge, deren Geltungsbereich nicht über den Bereich eines Landes hinausgeht, die Allgemeinverbindlicherklärung auszusprechen. Nachdem der Ausschuß die Vor- und Nachteile einer zentralisierten und einer dezentralisierten Handhabung der Allgemeinverbindlicherklärung diskutiert hatte, wurde ein Kompromiß beschlossen, der dem Direktor der Verwaltung für Arbeit die Möglichkeit gibt, das Recht der Allgemeinverbindlicherklärung sowie der Aufhebung der Allgemeinverbindlichkeit für einzelne Fälle an die Oberste Arbeitsbehörde eines Landes zu delegieren. Auch sollen die Länder das Recht der Mitwirkung haben.
Den Mitgliedern des Ausschusses lag der Entwurf eines Tarifvertragsgesetzes in der Fassung des Redaktionsausschusses des Ausschusses für Arbeit vom 26. 10. 1948 vor. Der abschließenden Beratung des Gesetzes lag dieser Text zu Grunde. Die Beratung brachte folgendes Ergebnis:

§ 1. **Inhalt und Form des Tarifvertrages** wurde in der vorliegenden Form genehmigt.

§ 2. **Tarifvertragsparteien.** In diesem Zusammenhang wurde erneut erörtert, ob der Zusammenschluß von Arbeitgebern als „wirtschaftliche Vereinigung" oder nur als „Vereinigung" bezeichnet werden soll. Die Abstimmung im Ausschuß ergab, daß die Mehrheit die Bezeichnung „Vereinigung" befürwortete. Daher wird in § 2 Abs. 1 und 2 jeweils das Wort „wirtschaftliche" gestrichen. Im übrigen wurde die Fassung des § 2 genehmigt.

§ 3. **Tarifgebundenheit.** Der Ausschuß beschloß, Satz 2 von Abs. 1 zu Abs. 3 zu machen. In dieser Fassung wurde der § 3 genehmigt.

§ 4. **Wirkung der Rechtsnormen.** Hierzu lag ein Abänderungsvorschlag der Gewerkschaften vor, dem sich der Ausschuß in einigen Punkten anschloß.
§ 4 erhielt somit folgende Fassung:
„(1) Die Rechtsnormen des Tarifvertrags, die den Inhalt, den Abschluß oder die Beendigung von Arbeitsverhältnissen ordnen, gelten unmittelbar und zwingend zwischen den beiderseits Tarifgebundenen, die unter den Geltungsbereich des Tarifvertrags fallen. Diese Vorschrift gilt entsprechend für Rechtsnormen des Tarifvertrags über betriebliche und betriebsverfassungsrechtliche Fragen.
(2) Sind im Tarifvertrag gemeinsame Einrichtungen der Tarifvertragsparteien vorgesehen und geregelt (Lohnausgleichskassen, Urlaubsmarkenregelung usw.), so gelten diese Regelungen auch unmittelbar und zwingend für die Satzung dieser Einrichtung und das Verhältnis der Einrichtung zu den tarifgebundenen Arbeitgebern und Arbeitnehmern.
(3) Abweichende Abmachungen sind nur zulässig, soweit sie durch den Tarifvertrag gestattet sind oder eine Änderung der Regelung zugunsten des Arbeitnehmers enthalten.
(4) Ein Verzicht auf entstandene tarifliche Rechte ist nur in einem von den Tarifvertragsparteien gebilligten Vergleich zulässig. Die Verwirkung von tariflichen

Rechten ist ausgeschlossen. Ausschlußfristen für die Geltendmachung tariflicher Rechte können nur im Tarifvertrag vereinbart werden.

(5) Nach Ablauf des Tarifvertrags gelten seine Rechtsnormen weiter, bis sie durch eine andere Abmachung ersetzt werden."

§ 5. Allgemeinverbindlichkeit. Der letzte Satz von Abs. 1 wurde gestrichen. Abs. 2 wurde in der vorgeschlagenen Fassung genehmigt. In Abs. 3 Zeile 3 wurde „nach Anhörung" gestrichen. Es wurde ein neuer Abs. 4 eingefügt mit folgendem Wortlaut:

„(4) Die beteiligten Länder wirken bei der Allgemeinverbindlicherklärung und bei der Aufhebung der Allgemeinverbindlichkeit mit. Der Direktor der Verwaltung für Arbeit kann der Obersten Arbeitsbehörde eines Landes für einzelne Fälle das Recht der Allgemeinverbindlicherklärung sowie der Aufhebung der Allgemeinverbindlichkeit übertragen."

Der alte Abs. 4 wurde Abs. 5 und in der vorliegenden Fassung genehmigt.

§ 6. Tarifregister,

§ 7. Bekanntgabe des Tarifvertrages,

§ 8. Feststellung der Rechtswirksamkeit wurden in der vorliegenden Fassung genehmigt.

§ 9. Tarifvertrag und Tarifordnung. Abs. 1 erhielt auf Anregung von stellv. Direktor Scheuble folgende Neufassung:

„(1) Mit dem Inkrafttreten eines Tarifvertrags treten Tarifordnungen und Anordnungen auf Grund der Verordnung über die Lohngestaltung vom 25. Juni 1938 (RGBl. I S. 691) und ihrer Durchführungsverordnung vom 23. April 1941 (RGBl. I S. 222), die für den Geltungsbereich des Tarifvertrags oder Teile desselben erlassen worden sind, außer Kraft, mit Ausnahme solcher Bestimmungen, die durch den Tarifvertrag nicht geregelt worden sind."

In Abs. 2 Zeile 1 bis 3 wurden die Worte „auf Antrag einer Gewerkschaft oder einer wirtschaftlichen Vereinigung von Arbeitgebern" gestrichen.

Abs. 3 wurde ebenfalls gestrichen.

§ 10. Durchführungsbestimmungen,

§ 11. Inkrafttreten

wurden in der vorliegenden Fassung genehmigt."

ff) Aktennotiz der Hauptabteilung III/1870/48 vom 9. 11. 1948.

„Bearbeiter: Herschel
Herr Direktor Storch hat einigen Abgeordneten des Wirtschaftsrats in Aussicht gestellt, nach Inkrafttreten des Gesetzes solle eine amtliche Verlautbarung erfolgen, die folgendes klarstelle:
1. daß bei § 2 Abs. 1 nur an diejenigen Arbeitgeber gedacht sei, die aus irgendwelchen Gründen von einem Arbeitgeberverband nicht erfaßt würden,
2. daß bei § 4 Abs. 4 Satz 2 die Einrede der Arglist im übrigen bestehen bleibe,
3. daß in § 4 Abs. 5 unter Abmachung auch eine Individualabmachung zu verstehen sei,
4. daß in § 8 nur an Prozesse zwischen den Tarifvertragsparteien über den gleichen Tarifvertrag gedacht sei."[72]

3. Die Lesung im Wirtschaftsrat

Ein neu überarbeiteter Entwurf wurde am 3. November 1948 dem Wirtschaftsrat vorgelegt[73] und am 9. November 1948 in zweiter und dritter Le-

---

[72] Als die von Storch avisierte amtliche Verlautbarung wird man den Aufsatz von *Herschel*, ArbBlBritZ 1949, S. 22 ff., bewerten müssen. Der von *Storch* selbst verfaßte Beitrag (BB 1949, S. 233 f.) enthält hinsichtlich der angekündigten Klarstellungen keine Aussagen.
[73] Drucks. 1948, Nr. 672 = ZfA 1973, S. 156–158.

sung als Gesetz Nr. 68 unter Ablehnung einiger Abänderungsanträge, namentlich der KPD-Fraktion,[74] unverändert einstimmig angenommen.[75] Ein Abänderungsantrag des Länderrats zu § 5 und 10[76] wurde vom Wirtschaftsrat auf Antrag des Ausschusses für Arbeit[77] am 3. Dezember 1948 abgelehnt.[78]

4. Die Genehmigung der Alliierten

Die beiden Militärregierungen genehmigten erst nach mehreren Monaten das Gesetz Nr. 68. Die Schwierigkeiten betrafen die Allgemeinverbindlicherklärung des § 5 des Gesetzes. Zunächst hatten Meinungsverschiedenheiten zwischen dem Wirtschaftsrat und dem Länderrat über die Zuständigkeit für den Ausspruch der Allgemeinverbindlicherklärung bestanden. Es fragte sich, ob der Direktor der Verwaltung für Arbeit (der dem heutigen Bundesarbeitsminister entsprechen würde) oder, jedenfalls bei den Tarifverträgen, deren räumlicher Geltungsbereich sich auf ein Land beschränkte, die Oberste Arbeitsbehörde des entsprechenden Landes (Landesarbeitsminister) für den Ausspruch der Allgemeinverbindlicherklärung zuständig sein sollte. Die Frage wurde grundsätzlich zugunsten der Zentralbehörde geregelt, gleichzeitig aber eine weitgehende Mitwirkung der beteiligten Länder vorgesehen. Diese Mitwirkung der Länder erschien den Militärregierungen jedoch nicht genügend gesichert. Vor allem aber veranlaßte die Unbestimmtheit des Begriffs der „überwiegenden Bedeutung" im ursprünglichen § 5 des Gesetzes die Militärregierungen zu bestimmten Forderungen für eine Umgestaltung des Gesetzes. Sie sollte nur dann angenommen werden, wenn die tarifgebundenen Arbeitgeber nicht weniger als 50 v. H. der unter den Geltungsbereich des Tarifvertrages fallenden Arbeitnehmer beschäftigten. Weiter wurde gefordert, daß vor der Allgemeinverbindlicherklärung alle von ihr betroffenen interessierten Kreise einschließlich der Länderregierungen und der Organisationen der Arbeitnehmer und Arbeitgeber eingehend gehört werden mußten. Der Direktor der Verwaltung für Arbeit sollte verpflichtet sein, sich davon zu überzeugen, daß eine Allgemeinverbindlicherklärung im öffentlichen Interesse lag; und er sollte die Zustimmung des Verwaltungsrats des Vereinigten Wirtschaftsgebietes dann einholen, wenn eine Oberste Arbeitsbehörde gegen die beantragte Allgemeinverbindlicherklärung Einspruch erhob. Entsprechende Vorschriften wurden für die Aufhebung der Allgemeinverbindlicherklärung verlangt.[79]

Daraufhin wurde, aufgrund eines Antrags des Ausschusses für Arbeit vom 18. 2. 1949,[80] § 5 in der Sitzung des Wirtschaftsrates vom 18. 2. 1949 neu

---

[74] Drucks. 1948, Nr. 684 = ZfA 1973, S. 159.
[75] Drucks. des Wirtschaftsrats: wörtlicher Bericht über die 24. Vollversammlung am 9. und 10. November 1948, S. 1094–1100 = ZfA 1973, S. 159–170.
[76] Drucks. 1948, Nr. 706 und 752 = ZfA 1973, S. 170–171.
[77] Drucks. 1948, Nr. 752 = ZfA 1973, S. 171.
[78] Drucks. des Wirtschaftsrats: wörtlicher Bericht über die 27. Vollversammlung des Wirtschaftsrats, S. 1243 = ZfA 1973, S. 171–173.
[79] Drucks. 1949, Nr. 946. Das entsprechende Schreiben der Militärregierung ist wiedergegeben in: ZfA 1973, S. 173–174; siehe ferner *Jürgen P. Nautz*, Die Durchsetzung der Tarifautonomie in Westdeutschland, 1985, S. 131 ff.
[80] Drucks. 1949, Nr. 961 = ZfA 1973, S. 174–175.

gefaßt.[81] Eine nochmalige Änderung von § 5 Abs. 5 erfolgte entsprechend einem Beschluß des Länderrates[82] durch den Wirtschaftsrat am 4. 3. 1949.[83] Die Regelung für die Allgemeinverbindlicherklärung lautete nunmehr:

„Der Direktor der Verwaltung für Arbeit kann einen Tarifvertrag im Einvernehmen mit einem aus je drei Vertretern der Spitzenorganisationen der Arbeitgeber und Arbeitnehmer bestehenden Ausschuß auf Antrag einer Tarifvertragspartei für allgemeinverbindlich erklären, wenn
1. die tarifgebundenen Arbeitgeber nicht weniger als 50 v. H. der unter den Geltungsbereich des Tarifvertrags fallenden Arbeitnehmer beschäftigen oder die soziale Ordnung in seinem Geltungsbereich es erfordert;
2. die Allgemeinverbindlicherklärung im öffentlichen Interesse geboten erscheint."

46 Die Militärregierungen beanstandeten aber auch diese Fassung.[84] Sie verlangten, daß entweder in § 5 Abs. 1 Nr. 1 das Wort „oder" durch das Wort „und" ersetzt wird oder die Worte „oder die soziale Ordnung in seinem Geltungsbereich es erfordert" ganz gestrichen werden. Diesem Verlangen hat der Wirtschaftsrat auf Antrag des Ausschusses für Arbeit[85] in seiner 35. Sitzung vom 24. 3. 1949 entsprochen, indem er in § 5 Abs. 1 Nr. 1 die Worte „oder die soziale Ordnung in seinem Geltungsbereich es erfordert" strich.[86] Der Länderrat stimmte in seiner 14. Sitzung vom 31. 3. 1949 zu.[87] Daraufhin genehmigten die Militärregierungen das Gesetz.

III. Rechtsentwicklung außerhalb des Vereinigten Wirtschaftsgebiets

1. Länder der französischen Besatzungszone

47 Nahezu parallel zu der Rechtsentwicklung im Vereinigten Wirtschaftsgebiet erfuhr das Tarifvertragsrecht auch in den Ländern der französischen Besatzungszone eine rechtliche Strukturierung, die sich allerdings durch eine unterschiedliche Regelungsdichte auszeichnete. Erst das Gesetz über die Erstreckung des Tarifvertragsgesetzes vom 23. April 1953[88] führte eine bundeseinheitliche Regelung für das Tarifvertragsrecht im Bundesgebiet herbei.

48 **a) Rheinland-Pfalz.** Die ausführlichste Regelung erfuhr das Tarifvertragsrecht in Rheinland-Pfalz, wo das Landesgesetz über den Tarifvertrag vom 24. Februar 1949[89] eine weitgehend an das kurze Zeit später für das Vereinigte Wirtschaftsgebiet in Kraft getretene Tarifvertragsgesetz angelehnte geschlossene Kodifikation schuf.[90] Diese wich lediglich in drei Punkten von

---

[81] Wörtlicher Bericht über die 33. Vollversammlung des Wirtschaftsrats am 18. 2. 1949, S. 1447; Drucks. Nr. 961 = ZfA 1973, S. 177–178.
[82] Drucks. Nr. 1017 und 1023 = ZfA 1973, S. 175–176.
[83] Wörtlicher Bericht über die 35. Vollversammlung des Wirtschaftsrats am 4. 3. 1949, S. 1504 = ZfA 1973, S. 178.
[84] Drucks. 1949, Nr. 1079 = ZfA 1973, S. 176–177.
[85] Drucks. 1949, Nr. 1080 = ZfA 1973, S. 177.
[86] Wörtlicher Bericht über die 35. Vollversammlung des Wirtschaftsrats am 24./25. 3. 1949, S. 1560 = ZfA 1973, S. 178–179.
[87] Drucks. 1949, Nr. 1102.
[88] BGBl. I S. 165; hierzu näher unten Rnr. 60.
[89] GVBl. S. 82.
[90] Hierzu die ausführliche Darstellung von *Kraegeloh*, RdA 1949, S. 369 ff.; sowie *Fechner*, RdA 1950, S. 129 ff.

dem Tarifvertragsgesetz für das Vereinigte Wirtschaftsgebiet ab. Neben der Pflicht zum Aushang der Tarifverträge, die § 8 dahin umschrieb, daß die Tarifverträge an gut sichtbarer Stelle auszuhängen waren, und der Einschränkung der Bindungswirkung gerichtlicher Entscheidungen auf höchstrichterliche Erkenntnisse (§ 9), ist die erweiterte Möglichkeit einer Allgemeinverbindlicherklärung von Tarifverträgen hervorzuheben. Abweichend von der Rechtslage im Vereinigten Wirtschaftsgebiet sollte diese bereits erfolgen können, wenn der Tarifvertrag in seinem Geltungsbereich überwiegende Bedeutung erlangt hatte (§ 6 Abs. 1). Ebenso wie für das Tarifvertragsgesetz vom 9. April 1949 erließ auch der Arbeitsminister des Landes Rheinland-Pfalz eine Durchführungsverordnung (vom 23. August 1949),[91] die die näheren Einzelheiten über die Führung des Tarifregisters sowie das bei einer Allgemeinverbindlicherklärung einzuhaltende Verfahren normierte.

b) Baden. In Baden fehlte eine vergleichbar detaillierte Regelung. Hier beschränkte sich das Landesgesetz über die Aufhebung des Lohnstops vom 23. November 1948[92] auf eine formale Regelung zur Rechtswirksamkeit von Tarifverträgen. § 3 Nr. 1 des Landesgesetzes legte insoweit fest, daß die abgeschlossenen Tarifverträge zu ihrer Registrierung beim Ministerium der Wirtschaft und Arbeit einzureichen waren und erst mit ihrer Eintragung in das Tarifregister Rechtswirksamkeit erlangten. Zur Ablehnung der Eintragung war das Ministerium nur berechtigt, wenn der Inhalt des Tarifvertrages gegen ein gesetzliches Verbot verstieß oder wichtige Interessen des Gemeinwohls auf dem Gebiet der Lohn- und Preispolitik gefährdet waren (§ 3 Nr. 2). Die näheren Verfahrensmodalitäten wurden in der Landesverordnung über die Registrierung von Tarifverträgen vom 20. Januar 1949[93] geregelt. Bestrebungen zu einer eigenständigen Ausformung des Tarifvertragsrechts gelangten angesichts der bevorstehenden Rechtsvereinheitlichung nicht mehr zur Verwirklichung.[94]

c) Württemberg-Hohenzollern. Eine vergleichbare Rechtslage war in Württemberg-Hohenzollern anzutreffen. Auch dort beschränkte sich das Gesetz über die Aufhebung des Lohnstops vom 25. Februar 1949[95] auf eine Regelung (§ 3), die der Bestimmung in Baden entsprach. Zum Erlaß der in § 3 Abs. 4 vorgesehenen Durchführungsverordnung durch das Arbeitsministerium kam es – soweit ersichtlich – nicht. Ebenso wie in Baden gelangten die Bestrebungen zur Schaffung eines eigenständigen Tarifvertragsgesetzes nicht über das Entwurfsstadium hinaus.[96]

d) Bayerischer Kreis Lindau. Im bayerischen Kreis Lindau beschränkte sich die gesetzliche Regelung des Tarifvertragsrechts auf eine Übernahme der im Land Bayern geltenden Regelungen.[97]

---

[91] GVBl. S. 519.
[92] GVBl. S. 215.
[93] GVBl. S. 73.
[94] Zum Inhalt entsprechender Entwürfe *Fechner*, RdA 1950, S. 129, 131 ff.
[95] RegBl. S. 80.
[96] *Fechner*, RdA 1950, S. 129, 131 ff.
[97] Siehe insoweit die Rechtsanordnung vom 13. 4. 1951 (ABl. Nr. 17 des bayerischen Kreises Lindau v. 28. 4. 1951); sowie die Rechtsanordnung vom 11. 1. 1952 (ABl. Nr. 11 des bayerischen Kreises Lindau v. 8. 3. 1952).

2. Saarland

52 Die tarifrechtliche Entwicklung im Saarland geht auf die Verordnung über Lohn und Gehaltsfragen zwischen den saarländischen Gewerkschaften und den Arbeitgebern vom 2. März 1948[98] zurück, die sich in gegenständlicher Hinsicht jedoch noch auf eine kollektivvertragliche Regelung der Löhne und Gehälter beschränkte. Diese wurde am 21. Juli 1950 durch das Gesetz über Tarifverträge und Schlichtungswesen vom 22. Juni 1950[99] abgelöst. Konzeptionell lehnte sich das Gesetz bereits eng an das zuvor für das Vereinigte Wirtschaftsgebiet verabschiedete Tarifvertragsgesetz vom 9. April 1949 an. Hervorzuheben ist jedoch, daß das saarländische Gesetz nicht für den Öffentlichen Dienst galt (§ 2), Tarifverträge günstigere Regelungen als die gesetzlichen Vorschriften enthalten konnten (§ 1 Abs. 2), ein staatliches Einspruchsrecht gegen lohnregelnde Tarifbestimmungen bestand (§ 11) und bei Verstößen gegen die Bestimmungen der Tarifverträge Ordnungsstrafen verhängt werden konnten (§ 16). Im Vorfeld der Angleichung an das Recht der Bundesrepublik Deutschland löste das am 31. Dezember 1956 in Kraft getretene Tarifvertragsgesetz vom 22. Dezember 1956[100] das Gesetz über Tarifverträge und Schlichtungswesen ab. Die Verordnung zur Durchführung des Tarifvertragsgesetzes vom 27. Februar 1957[101] ergänzte das Tarifvertragsgesetz. Beide tarifrechtlichen Regelungen wurden kurze Zeit später durch das Gesetz vom 30. Juni 1959[102] (§ 2 Nr. 1) aufgehoben, da zugleich das Tarifvertragsgesetz vom 9. April 1949 am 6. Juli 1959[103] im Saarland in Kraft trat.

3. Berlin (West)

53 Eine gesetzliche Sonderentwicklung war auch für das Tarifvertragsrecht in Berlin (West) zu verzeichnen. Den Ausgangspunkt für die gesetzliche Strukturierung des Tarifvertragsrechts setzte dort die am 29. April 1946 in Kraft getretene Verordnung zur Errichtung eines Tarifregisters vom 16. Februar 1946.[104] Neben der deklaratorischen Bestimmung, daß die bis zur Kapitulation des Deutschen Reiches geltenden Tarifordnungen und Lohnsätze weiterhin in Kraft blieben (§ 1),[105] legalisierte § 2 die in den Grenzen des Befehls der alliierten Kommandantur vom 14. Januar 1946 (BK/O [46] 14) abgeschlossenen Tarifverträge. Sie unterlagen jedoch anfänglich einem umfassenden Genehmigungserfordernis (§ 2) und wurden erst mit der Eintragung in das Tarifregister rechtswirksam (§ 3).

54 Eine vollständige und in sich geschlossene Kodifizierung erfuhr das Tarifvertragsrecht in Berlin (West) erst durch das Tarifvertragsgesetz für Groß-

---

[98] ABl. S. 309.
[99] ABl. S. 597.
[100] ABl. S. 1708.
[101] ABl. S. 225.
[102] BGBl. I S. 361; hierzu auch unten Rnr. 61.
[103] Das Inkrafttreten des Gesetzes bestimmte sich nach dem Ende der Übergangszeit nach Art. 3 des Saarvertrages. Nach der Bekanntmachung vom 30. Juni 1959 (BGBl. I S. 401) trat dieses am 5. Juli 1959 um 24.00 Uhr ein.
[104] VOBl. S. 144.
[105] Siehe auch unten § 10, Rnr. 1.

Berlin vom 12. September 1950,[106] das am 28. September 1950 unter Aufhebung der Verordnung vom 29. April 1946 in Kraft trat. Es lehnte sich eng an das damals im Vereinigten Wirtschaftsgebiet geltende Tarifvertragsgesetz vom 9. April 1949 an. Hervorzuheben ist als Abweichung jedoch die in § 6 des Gesetzes enthaltene Bestimmung für das Tarifregister. Hatten die Tarifvertragsparteien ihre Tariffähigkeit nicht gegenüber der Arbeitsverwaltung nachgewiesen, so erlangten die getroffenen Vereinbarungen erst nach erfolgter Eintragung in das Tarifregister Rechtswirksamkeit (§ 6 Abs. 2). Einsprüche gegen die Nichteintragung eines Tarifvertrages wurden im arbeitsgerichtlichen Beschlußverfahren entschieden (§ 6 Abs. 3). Entsprechend der Konzeption des Tarifvertragsgesetzes wurde auch das Tarifvertragsgesetz für Groß-Berlin durch die am 19. Oktober 1950 in Kraft getretene Durchführungsverordnung vom 5. Oktober 1950[107] ergänzt, die ihrerseits durch eine Verordnung vom 24. November 1967[108] geändert wurde. Bis zum Inkrafttreten des Übernahmegesetzes vom 16. Januar 1975[109] blieb das Tarifvertragsgesetz für Groß-Berlin vom 12. September 1950 unverändert.

4. Sowjetische Besatzungszone

Die Fundamente für das Recht kollektiver Normenverträge wurden bereits durch Befehle der Sowjetischen Militärverwaltung gelegt, die die bis zur Vereinigung Deutschlands geltende Rechtslage für Kollektivverträge in der ehem. DDR hinsichtlich seiner Grundstrukturen prägte. Im Anschluß an den SMAD-Befehl Nr. 2 vom 10. Juni 1945 und den SMAD-Befehl Nr. 180 vom 22. Dezember 1945[110] schuf erstmals der SMAD-Befehl Nr. 61 vom 14. März 1947[111] in der Sowjetischen Besatzungszone eine allgemeine Grundlage für den Abschluß von „Tarifverträgen", für die sich schon damals der Begriff des Kollektivvertrages herausbildete. Sein Zweck lag vor allem in der Beseitigung der unter der Herrschaft des Gesetzes zur Ordnung der nationalen Arbeit aufgrund von § 32 AOG erlassenen Tarifordnungen, deren Fortgeltung trotz der Aufhebung der gesetzlichen Grundlage durch das Kontrollratsgesetz Nr. 40 auch in der sowjetischen Besatzungszone bejaht wurde.[112] Zuvor wurde bereits die organisatorische Grundlage für den Aufbau eines neuen Tarifregisters gelegt.[113]

Die Rechtslage nach dem SMAD-Befehl Nr. 61 vom 14. März 1947 zeichnete sich neben dem eingeschränkten sachlichen Regelungsbereich für

---

[106] VOBl. S. 417.
[107] VOBl. S. 469.
[108] GVBl. S. 1660.
[109] GVBl. S. 194.
[110] Zu ihnen *Schaum*, ArbuSozFürs. 1947, S. 168, 169; *Schneider*, Geschichte des Arbeitsrechts in der Deutschen Demokratischen Republik, 1957, S. 33 f.
[111] Abgedruckt in: ArbuSozFürs. 1947, S. 168; hierzu *Schaum*, ArbuSozFürs. 1947, S. 168 ff.; *Schneider*, Geschichte des Arbeitsrechts in der Deutschen Demokratischen Republik, 1957, S. 34 ff.
[112] *Helm*, ArbuSozFürs. 1947, S. 12, 13 f.; sowie inzident der SMAD-Befehl Nr. 61 vom 14. 3. 1947.
[113] Siehe *Schaum*, ArbuSozFürs. 1946, S. 178 f.; sowie den Tarifregisterplan, abgedruckt in: ArbuSozFürs. 1946, S. 209 f.

Kollektivverträge (Nr. 3), dem allgemeinen Genehmigungsvorbehalt (Nr. 4) und der Registrierung als Wirksamkeitsvoraussetzung (Nr. 8)[114] dadurch aus, daß Kollektivverträge nicht den Charakter freiheitlicher Tarifverträge besaßen. Dies folgte vor allem aus der eingeschränkten Befugnis zum Abschluß von Kollektivverträgen.[115] Sie wurden zwischen den „Freien Deutschen Gewerkschaften" und den Betriebsverwaltungen bzw. ihren Vereinigungen[116] oder den Handwerkskammern bzw. den Industrie- und Handelskammern abgeschlossen (Nr. 5). Bei den Kammern handelte es sich aufgrund ihrer Zusammensetzung indes nicht um gleichgewichtige Gegenspieler der Gewerkschaften; ihre Organe wurden majorisiert durch Vertreter der Gewerkschaften und der öffentlichen Körperschaften.[117] Der bewußt eingeleitete Bruch mit der tradierten Vorstellung einer Tariffähigkeit,[118] den die Nichtzulassung von Arbeitgeberverbänden[119] verstärkte, führte mit Recht zu der Feststellung, daß die Kollektivverträge als ein Institut des öffentlichen Rechts anzusehen sind.[120] Zudem bewirkte der als Anlage zu dem SMAD-Befehl Nr. 61 vom 14. März 1947 beigefügte Musterkollektivvertrag[121] eine erhebliche Eingrenzung des Gestaltungsspielraums, da den dort festgelegten Arbeitsbedingungen der Charakter von Mindestarbeitsbedingungen beigemessen wurde.[122] Eine nahezu vollständige Ausschaltung einer Autonomie im Verständnis des klassischen Tarifrechts bewirkte ferner der Umstand, daß „Verhandlungen" auf der Grundlage eines behördlich genehmigten Entwurfs der zuständigen Industriegewerkschaft geführt werden mußten.[123] Charakteristisch für das Kollektivvertragsrecht war zudem, daß die in den Kollektivverträgen festgelegten Arbeitsbedingungen zwingendes Recht darstellten, die auch nicht zugunsten des Arbeitnehmers in dem Einzelarbeitsvertrag abbedungen werden konnten,[124] und darüber hinaus für alle vom fachlichen und regionalen Geltungsbereich des Kollektivvertrages erfaßten Arbeitsverhält-

---

[114] Zu den Wirksamkeitsvoraussetzungen siehe auch *Schaum*, ArbuSozFürs. 1947, S. 412 ff.

[115] Treffend Hueck/*Nipperdey*, Arbeitsrecht II 1, § 13 VI, S. 230.

[116] Hierbei handelte es sich nicht um Arbeitgebervereinigungen im klassischen Sinne vgl. *Bogs*, in: Festschrift für Julius von Gierke (1950), S. 39, 47 Fn. 25; *Schaum*, ArbuSozFürs. 1947, S. 168, 169.

[117] *Bogs*, in: Festschrift für Julius von Gierke (1950), S. 39, 47 f.; *Rüthers*, Arbeitsrecht und politisches System, 1972, S. 129; *Schneider*, Geschichte des Arbeitsrechts in der Deutschen Demokratischen Republik, 1957, S. 35 f.; sowie exemplarisch später § 5 Abs. 2 der Verordnung zur Errichtung der Industrie- und Handelskammern v. 6. 8. 1953, GBl. DDR S. 917. Versuch einer Rechtfertigung bei *Schaum*, ArbuSozFürs. 1947, S. 205 ff.

[118] *Nikisch*, RdA 1948, S. 4, 7; *Schaum*, ArbuSozFürs. 1947, S. 168, 169 f.

[119] Hierzu *Nikisch*, RdA 1948, S. 4, 6; *Schaum*, ArbuSozFürs. 1947, S. 205; *Schneider*, Geschichte des Arbeitsrechts in der Deutschen Demokratischen Republik, 1957, S. 35.

[120] *Nikisch*, RdA 1948, S. 4, 7; *Schaum*, ArbuSozFürs. 1949, S. 274, 276; *ders.*, ArbuSozFürs. 1950, S. 418, 419.

[121] Abgedruckt in: ArbuSozFürs. 1947, S. 191 f.

[122] *Haas*, AuR 1953, S. 12; *Schaum*, ArbuSozFürs. 1947, S. 168, 170.

[123] *Bogs*, in: Festschrift für Julius von Gierke (1950), S. 39, 48; *Nikisch*, RdA 1948, S. 4, 7.

[124] *Schaum*, ArbuSozFürs. 1947, S. 168, 170; *Schneider*, Geschichte des Arbeitsrechts in der Deutschen Demokratischen Republik, 1957, S. 37 f.; einschränkend aber *Schaum*, ArbuSozFürs. 1947, S. 412, 414.

nisse ohne Rücksicht auf ihre Organisationszugehörigkeit verbindlich waren.[125]

Der Kollektivvertrag besaß aufgrund der vorstehend skizzierten Grundstruktur von Beginn an keine Gemeinsamkeiten mit dem in der Weimarer Zeit entwickelten Institut des Tarifvertrages und dem Tarifvertragsrecht der Bundesrepublik Deutschland. Mit ihm hatte er lediglich seine äußere Form gemeinsam.[126] Die kollektivvertraglichen Regelungen übernahmen zwar funktional die Aufgabe von Tarifverträgen, indem sie im Rahmen der staatlichen Ordnung die Arbeitsbedingungen branchenspezifisch präzisierten, ihr Zustandekommen und ihre Rechtswirkungen zeigten jedoch, daß sie lediglich den Charakter delegierter Rechtssetzungsmacht zur Durchführung und Konkretisierung staatlicher Normen besaßen,[127] die durch das Genehmigungs- und Registrierungserfordernis unter der Vormundschaft der staatlichen Verwaltung standen; der Gedanke einer Regelungsautonomie wäre mit den Funktionsmechanismen einer staatlich gelenkten Wirtschaftsordnung ohnehin unvereinbar gewesen.[128] Es trifft deshalb durchaus zu, wenn zeitgenössische Stimmen die Kollektivverträge als „Tarifverträge" einer neuen Entwicklung qualifizierten.[129] Die rechtliche Ordnung für Kollektivverträge war ein konsequenter Ausdruck der völlig veränderten wirtschaftsverfassungsrechtlichen Vorgaben.

IV. Rechtsentwicklung nach Inkrafttreten des Tarifvertragsgesetzes

1. Fortgeltung als Bundesrecht

Das Tarifvertragsgesetz vom 9. April 1949 trat zunächst im Vereinigten Wirtschaftsgebiet, also in den Ländern der britischen und amerikanischen Zone, in Kraft. Nach Art. 123, 125 GG galt das Tarifvertragsgesetz mit Inkrafttreten des Grundgesetzes als partielles Bundesrecht fort. An die Stelle des im Tarifvertragsgesetz zunächst vorgesehenen Direktors der Verwaltung für Arbeit des Vereinigten Wirtschaftsgebietes trat der Bundesminister für Arbeit und Sozialordnung. Auf ihn ging gem. Art. 129 GG auch die in § 10 a. F. geregelte Ermächtigung zum Erlaß von Durchführungsverordnungen über. Art. 127 GG hätte es der Bundesregierung zwar gestattet, das Tarifvertrags-

---

[125] *Bogs*, in: Festschrift für Julius von Gierke (1950), S. 39, 49 f.; *Mohr*, ArbuSozFürs. 1949, S. 8; *Nikisch*, RdA 1948, S. 4, 8; *Schneider*, Geschichte des Arbeitsrechts in der Deutschen Demokratischen Republik, 1957, S. 37 f.; *Schnorr*, ArbuSozFürs. 1948, S. 476 ff.
[126] Treffend *Mampel*, Arbeitsverfassung und Arbeitsrecht in Mitteldeutschland, 1966, S. 62; sowie *Jacobi*, ArbuSozFürs. 1954, S. 408; *Schaum*, ArbuSozFürs. 1950, S. 559, 561; *Schneider*, Geschichte des Arbeitsrechts in der Deutschen Demokratischen Republik, 1957, S. 35.
[127] So auch *Bogs*, in: Festschrift für Julius von Gierke (1950), S. 39, 51; *Pleyer*, ZHR Bd. 125 (1963), S. 81, 89.
[128] Treffend bereits *Bogs*, in: Festschrift für Julius von Gierke (1950), S. 39, 51 f.; sowie später *Rüthers*, Arbeitsrecht und politisches System, 1972, S. 128.
[129] So *Schaum*, ArbuSozFürs. 1947, S. 168, 170; siehe auch *Nikisch*, RdA 1948, S. 4, 7 f.; *Schneider*, Geschichte des Arbeitsrechts in der Deutschen Demokratischen Republik, 1957, S. 35.

gesetz auf die Länder Baden, Groß-Berlin, Rheinland-Pfalz und Württemberg-Hohenzollern zu erstrecken, wegen der fehlenden Zustimmung der betroffenen Länderregierungen[130] scheiterten zunächst die Versuche zu einer Rechtsvereinheitlichung für das Gebiet der Bundesrepublik Deutschland. Diese wurden erst später durch das Gesetz zur Erstreckung des Tarifvertragsgesetzes vom 23. April 1953 verwirklicht (hierzu unten Rnr. 60).

2. Gesetz zur Änderung des Tarifvertragsgesetzes

59 Eine erste Modifikation des Tarifvertragsgesetzes führte das Änderungsgesetz vom 11. Januar 1952[131] herbei.

60 Im Vordergrund der Gesetzesänderung standen Bestrebungen, die restriktiven Voraussetzungen für eine Allgemeinverbindlicherklärung der Tarifverträge zu erweitern. Bereits während des Genehmigungsverfahrens der alliierten Militärbehörden war es zu Auseinandersetzungen über die tatbestandlichen Voraussetzungen für eine Allgemeinverbindlichkeitserklärung gekommen. Insbesondere hatte sich der Wirtschaftsrat nicht mit seiner Forderung durchsetzen können, daß eine Allgemeinverbindlichkeitserklärung auch dann zulässig sein sollte, wenn dies die soziale Ordnung in dem Geltungsbereich des Tarifvertrages erforderte und die Allgemeinverbindlichkeitserklärung im öffentlichen Interesse geboten erschien (siehe oben Rnr. 43). Nach Auffassung der Bundesregierung erwies sich die 50%-Klausel in § 5 Abs. 1 Satz 1 Nr. 1 jedoch als zu eng. Anlaß für die Gesetzesänderung, die die Allgemeinverbindlichkeitserklärung auch zur Behebung eines sozialen Notstandes ermögliche (§ 5 Abs. 1 Satz 2), waren vor allem die Bedingungen in der Landwirtschaft, da Arbeitgeberverbände dort entweder völlig fehlten oder aber durch die tarifgebundenen Arbeitgeber weniger als 50% der unter den Geltungsbereich des Tarifvertrages fallenden Arbeitnehmer beschäftigt wurden.[132]

61 Dementsprechend strebte die Bundesregierung eine Ergänzung von § 5 Abs. 1 an, nach der von den Voraussetzungen in § 5 Abs. 1 Satz 1 Nr. 1 und 2 abgewichen werden konnte,

„wenn die Allgemeinverbindlichkeitserklärung zur Behebung eines sozialen Notstandes erforderlich erscheint."[133]

Der Bundesrat stimmte dem Anliegen grundsätzlich zu, schlug jedoch eine Ergänzung von § 5 Abs. 5 vor, nach der in diesem Fall eine Aufhebung der Allgemeinverbindlichkeitserklärung nur möglich sein sollte,

„wenn sie zur Behebung des sozialen Notstandes nicht mehr erforderlich erscheint."[134]

Eine entsprechende Änderung von § 5 Abs. 5 wurde von der Bundesregierung mit der Erwägung verworfen, daß der Begriff des „öffentlichen Inter-

---

[130] Für die Länder der ehem. französischen Besatzungszone *Fechner*, RdA 1950, S. 129, 131 f.; *Scheerer*, AuR 1953, S. 144, 145.
[131] BGBl. I S. 19; siehe auch *A. Hueck*, RdA 1951, S. 261.
[132] Reg. Begr., BT-Drucks. I/2396, S. 2.
[133] BT-Drucks. I/2396, S. 2.
[134] BT-Drucks. I/2396, S. 3.

esses" in § 5 Abs. 1 und Abs. 5 nicht identisch sei. Das „öffentliche Interesse" im Sinne von § 5 Abs. 5 liege nicht bereits dann vor, wenn die Voraussetzungen für die Allgemeinverbindlichkeitserklärung weggefallen wären, sondern vielmehr müsse gerade an der Aufhebung der Allgemeinverbindlichkeitserklärung ein besonderes öffentliches Interesse bestehen. Deshalb sei die vom Bundesrat vorgeschlagene Ergänzung von § 5 Abs. 5 weder nötig noch angebracht.[135]

Eine zweite Ergänzung, die das Gesetz zur Änderung des Tarifvertragsgesetzes herbeiführte, betraf den Begriff der Spitzenorganisation, der ursprünglich auch für die §§ 5 und 10 a. F. aus § 2 entnommen wurde.[136] Die heute im Gesetz enthaltene Regelung wurde erst im Rahmen des Gesetzgebungsverfahrens aufgrund einer Initiative der Fraktionen von CDU/CSU, FDP und DP eingebracht und vom Ausschuß für Arbeit dem Deutschen Bundestag zur Beschlußfassung empfohlen.[137] Zur Begründung trug der Abgeordnete *Sabel* (CDU) in der Dritten Lesung als Berichterstatter vor:[138]

„Der zweite Teil der Drucksache betrifft eine andere Frage, und zwar die Einfügung eines § 10 a entsprechend einer Anregung, die in dem Antrag der Fraktionen der CDU/CSU, FDP und DP – Umdruck Nr. 308 – enthalten ist. Hier geht es darum, daß der im Tarifvertragsgesetz wiederholt vorkommende Begriff der Spitzenorganisation erläutert oder ergänzt wird. In den §§ 5 und 10 des Tarifvertragsgesetzes ist bei bestimmten Funktionen die Mitwirkung der Sozialpartner vorgesehen. So kann nach § 5 des Tarifvertragsgesetzes die allgemeinverbindliche Erklärung eines Tarifvertrages nur im Einvernehmen mit einem aus je drei Vertretern der Arbeitnehmer und der Arbeitgeber bestehenden Ausschuß ausgesprochen werden, und in § 10 ist vorgesehen, daß die Ausführungsbestimmungen zu dem Tarifvertragsgesetz unter Mitwirkung der Spitzenorganisationen der Arbeitgeber und Arbeitnehmer erlassen werden können. Nach der bisherigen Auslegung des Begriffs „Spitzenorganisation" ist es nicht möglich, andere Arbeitnehmerorganisationen einzuschalten, die keiner Spitzenorganisation angehören.

Ohne nun dem Begriff der Spitzenorganisation eine andere Bedeutung geben zu wollen, will der neue § 10a bestimmte Organisationen unter ganz bestimmten Voraussetzungen den Spitzenorganisationen gleichstellen. Diese besonderen Voraussetzungen sind notwendig, da die Gremien, die insbesondere nach § 5 des Tarifvertragsgesetzes in Frage kommen, sehr klein sind und deswegen eben nicht allzuviel Organisationen berücksichtigt werden können. Als Voraussetzung für die Gleichsetzung mit einer Spitzenorganisation soll gelten, daß die Verbände, sei es auf Arbeitnehmer-, sei es auf Unternehmerseite, im Arbeitsleben des Bundesgebietes wesentliche Bedeutung haben. Diese letztere Voraussetzung ist dann natürlich analog auch für die Spitzenorganisationen gefordert worden, damit nicht irgendeine unwesentliche Organisation in der Form der Spitzenorganisation ein größeres Recht hat als andere Verbände."

3. Erstreckung auf die Länder der ehem. französischen Besatzungszone

Die tarifrechtliche Sondersituation in den Ländern der französischen Besatzungszone (oben Rnr. 47–51) löste in mehrerer Hinsicht praktische Schwierigkeiten aus. Sie behinderte nicht nur den Abschluß bundesweiter Tarifverträge und deren Allgemeinverbindlicherklärung,[139] sondern führte

---
[135] BT-Drucks. I/2396, S. 4.
[136] Z.B. *Hueck/Nipperdey*, TVG, 2. Aufl. 1951, § 5 Rnr. 11, § 10 TVG, Rnr. 1.
[137] BT-Drucks. I/2779.
[138] Verhandlungen des Deutschen Bundestages, I. Wahlperiode, Stenographische Berichte, S. 7314 (B) und (C).
[139] *Hering*, RdA 1952, S. 107 f.; *A. Hueck*, RdA 1952, S. 467.

Geschichte 64–67 Geschichte des Tarifvertragsgesetzes

vor allem zu Problemen bei der Beseitigung alter Tarifordnungen,[140] da § 9 TVG a. F. für die Länder der französischen Besatzungszone keine Anwendung fand. Die hieraus resultierende Zersplitterung des Tarifrechts wurde deshalb noch in der 1. Legislaturperiode des Deutschen Bundestages durch das Gesetz über die Erstreckung des Tarifvertragsgesetzes vom 23. April 1953[141] beseitigt.[142] Am 29. Mai 1953 trat unter Aufhebung der bisherigen landesrechtlichen Bestimmungen auch in den ehemaligen Ländern Baden und Württemberg-Hohenzollern sowie in Rheinland-Pfalz und dem bayerischen Kreis Lindau das Tarifvertragsgesetz in Kraft.

4. Inkrafttreten im Saarland

64 Im Saarland trat das Tarifvertragsgesetz vom 9. April 1949 erst am 6. Juli 1959 aufgrund des Gesetzes zur Einführung von Bundesrecht auf den Gebieten der Arbeitsbedingungen und des Familienlastenausgleichs vom 30. Juni 1959[143] in Kraft. § 2 Nr. 1 des Gesetzes vom 30. Juni 1959 hob zugleich die früheren landesrechtlichen Bestimmungen im Saarland (siehe oben Rnr. 52) auf.

5. Erstes Arbeitsrechtsbereinigungsgesetz

65 Nach dem Änderungsgesetz des Jahres 1952 führte das Erste Arbeitsrechtsbereinigungsgesetz vom 14. August 1969[144] zu einer in materieller Hinsicht wenig bedeutungsvollen Änderung des Tarifvertragsgesetzes.

66 Der neu in das Gesetz eingefügte § 6a (= § 7 n. F.) regelt seitdem die Mitteilungs- und Übersendungspflichten der Tarifvertragsparteien an den Bundesminister für Arbeit und Sozialordnung sowie an die obersten Arbeitsbehörden der Länder über Abschluß und Inhalt sowie über Außerkrafttreten von Tarifverträgen und erklärt die Verletzung dieser Pflichten zur Ordnungswidrigkeit. Die Regelung brachte eine Umstellung der für die Verletzung der bezeichneten Pflichten der Tarifvertragsparteien bisher in § 17 der Durchführungsverordnung vorgesehenen Strafen auf das System der Ordnungswidrigkeiten. Das entsprach dem auch in anderen Bereichen erkennbar gewordenen Bestreben des Gesetzgebers, eine Trennung des Ordnungsunrechts von Kriminalunrecht zu fördern. Die Aufnahme des § 6a bedingte eine Streichung des § 10 Abs. 1 sowie der §§ 17 und 13 Abs. 1 DVO-TVG 1949.

67 Das Erste Arbeitsrechtsbereinigungsgesetz trug in Art. 4 Nr. 1 des weiteren der Tatsache Rechnung, daß das Vereinigte Wirtschaftsgebiet nicht mehr existierte, das Gesetz aber mittlerweile Geltung für das gesamte Gebiet der Bundesrepublik Deutschland erlangt hatte. Deshalb wurde der Begriff des

---

[140] Anschaulich die Regierungsbegründung zum Erstreckungsgesetz, BT-Drucks. I/4032, S. 3 f.
[141] BGBl. I S. 165; hierzu auch *Scheerer*, AuR 1953, S. 144 ff.
[142] Zur Begründung vgl. BT-Drucks. I/4032. Der Schriftliche Bericht des Ausschusses für Arbeit ist als Anlage 3 zum Stenographischen Bericht der 256. Sitzung veröffentlicht, siehe Verhandlungen des Deutschen Bundestages, I. Wahlperiode, Stenographische Berichte, S. 12414.
[143] BGBl. I S. 361.
[144] BGBl. I S. 1106.

„Direktors der Verwaltung der Arbeit" durch den des „Bundesministers für Arbeit und Sozialordnung", der Begriff des „Verwaltungsrates des Vereinigten Wirtschaftsgebietes" durch den der „Bundesregierung" und der Begriff der „Arbeitsgerichtsbehörden" durch die Worte „Gerichte für Arbeitssachen" ersetzt.[145]

Zugleich hatte die Bundesregierung zunächst eine Änderung der Durchführungsverordnung zum Tarifvertragsgesetz (Art. 4 Abs. 2 Nr. 3) beabsichtigt, wonach ein Beschluß des Tarifausschusses der Mehrheit der Stimmen seiner Mitglieder bedurft hätte. Der Bundestagsausschuß für Arbeit verwarf jedoch diesen Änderungswunsch, da die vorgeschlagene Änderung der Durchführungsverordnung von dem Bundesminister für Arbeit und Sozialordnung aufgrund der ihm erteilten Ermächtigung in eigener Zuständigkeit vorgenommen werden konnte.[146]

Des weiteren war in den Beratungen des Ausschusses für Arbeit erwogen worden, die Allgemeinverbindlichkeitserklärung tarifvertraglicher Bestimmungen über gemeinsame Einrichtungen zu modifizieren. Diskutiert wurde insoweit eine Ergänzung von § 5 Abs. 4 um folgenden Satz:

„Der Bundesminister für Arbeit und Sozialordnung kann auf übereinstimmenden Antrag der Tarifvertragsparteien die Allgemeinverbindlicherklärung tarifvertraglicher Bestimmungen über gemeinsame Einrichtungen (§ 4 Abs. 2) auf die bisher nicht tarifgebundenen Arbeitgeber oder auf die bisher nicht tarifgebundenen Arbeitnehmer beschränken."[147]

Der Schriftliche Bericht des Ausschusses für Arbeit führte zur Begründung aus:

„Damit wären zusätzlich zum bisherigen Recht zwei weitere Arten der Allgemeinverbindlicherklärung von Tarifverträgen geschaffen worden. Diese Neuerung wäre geeignet, die Errichtung und die Arbeitsmöglichkeit solcher gemeinsamer Einrichtungen, in denen gewisse Sonderleistungen für die Arbeitnehmer vorgesehen sind, zu fördern und damit auch der im öffentlichen Interesse liegenden Weiterentwicklung guter Beziehungen zwischen den Arbeitgebern und ihren Arbeitnehmern zu dienen."[148]

Der Ausschuß für Arbeit sah jedoch davon ab, diesen Vorschlag formell in das Gesetzgebungsverfahren einzubringen. Vielmehr begnügte er sich damit, dem Deutschen Bundestag die Annahme einer dem inhaltlichen Anliegen Rechnung tragenden Entschließung zu empfehlen.

Im Anschluß an die Beratungen des Ersten Arbeitsrechtsbereinigungsgesetzes faßte der Deutsche Bundestag in seiner Sitzung vom 26. Juni 1969 entsprechend der Empfehlung des Bundestagsausschusses für Arbeit folgende Entschließung:

„Die Bundesregierung wird gebeten, ihre Bemühungen um eine Bereinigung und Fortentwicklung des Arbeitsrechts in enger Zusammenarbeit mit den Sozialpartnern fortzusetzen. Dabei sollen insbesondere die Probleme behandelt werden, die sich aus der Rechtsprechung zum Tarifvertragsrecht, namentlich in der Frage der gemeinsamen Einrichtungen der Tarifvertragsparteien ergeben haben, wobei gegebenenfalls

---

[145] Reg. Begr., BT-Drucks. V/3913, S. 12.
[146] Siehe den Schriftlichen Bericht des Ausschusses für Arbeit, BT-Drucks. V/4376, S. 3.
[147] Schriftlicher Bericht des Ausschusses für Arbeit, BT-Drucks. V/4376, S. 1.
[148] BT-Drucks. V/4376, S. 1.

Vorschläge gesetzgeberischer Art gemacht werden sollen. Auch soll hierbei zusammen mit dem Lande Berlin die Möglichkeit der Einführung des einheitlichen Tarifvertragsrechts im Bund und im Lande Berlin geprüft werden. Die Bundesregierung wird in diesem Zusammenhang ferner gebeten zu prüfen, ob eine Aufhebung des Kontrollratsgesetzes Nr. 35 (Ausgleichs- und Schiedsverfahren in Arbeitsstreitigkeiten) in die Wege geleitet werden kann."[149]

71 Art. 7 Abs. 1 Nr. 2 des Ersten Arbeitsrechtsbereinigungsgesetzes ermächtigte den Bundesminister für Arbeit und Sozialordnung zugleich, das Tarifvertragsgesetz unter Berücksichtigung der durch das Erste Arbeitsrechtsbereinigungsgesetz erfolgten Änderungen neu bekannt zu machen. Hierfür ermächtigte Art. 7 Satz 2 des Ersten Arbeitsrechtsbereinigungsgesetzes auch zur Streichung von Vorschriften, die infolge Zeitablaufs überholt waren. Abgesehen von der Ergänzung des Wortlauts des 2. Halbsatzes von § 5 Abs. 2 Satz 1 durch das Wort „werden" betraf dies ausschließlich § 9 (= § 8 a. F.), der im letzten Satzteil die überflüssig gewordenen „Schiedsgutachterstellen" nicht mehr aufführte. In einer Neufassung vom 25. Oktober 1969 wurde das Tarifvertragsgesetz im Bundesgesetzblatt verkündet.[150]

6. Heimarbeitsänderungsgesetz

72 Eine letztmalige Änderung erfuhr das Tarifvertragsgesetz durch das Gesetz zur Änderung des Heimarbeitsgesetzes und anderer arbeitsrechtlicher Vorschriften (Heimarbeitsänderungsgesetz vom 29. Oktober 1974).[151] Dieses Gesetz wurde vom Deutschen Bundestag in der 51. und 106. Sitzung der VII. Wahlperiode beraten[152] und führte zur Einfügung von § 12a in das Tarifvertragsgesetz. Die im Gesetz enthaltene Regelung erfuhr im Laufe des Gesetzgebungsverfahrens mehrere Änderungen.

73 Im Referentenentwurf war zunächst noch folgende Regelung vorgesehen:
„Die Vorschriften des Gesetzes gelten entsprechend
1. für arbeitnehmerähnliche Personen,
    a) die aufgrund von Dienst- oder Werkverträgen für eine andere Person überwiegend tätig sind, wenn entsprechende Tätigkeiten durch Tarifvertrag geregelt sind oder üblicherweise geregelt werden oder
    b) die dadurch wirtschaftlich unselbständig sind, daß sie von einer Person, für die sie aufgrund von Dienst- oder Werkverträgen tätig sind, durchschnittlich mehr als die Hälfte des Entgelts beziehen, das sie für ihre Erwerbstätigkeit insgesamt erhalten, und die die aufgrund solcher Verträge geschuldeten Leistungen im wesentlichen persönlich erbringen,
2. für die in Nr. 1 genannten Personen, die für die arbeitnehmerähnlichen Personen tätig sind, sowie für die zwischen ihnen und den arbeitnehmerähnlichen Personen durch Dienst- oder Werkverträge begründeten Rechtsverhältnisse."

74 Demgegenüber beinhaltete der spätere Regierungsentwurf[153] folgende Regelung:

---

[149] Verhandlungen des Deutschen Bundestages, V. Wahlperiode, Stenographische Berichte, S. 13551 (C). Zum Inhalt des Antrags siehe die Beschlußempfehlung des BT-Ausschusses für Arbeit, BT-Drucks. V/4376, S. 5.
[150] BGBl. I S. 1323.
[151] BGBl. I S. 2879.
[152] Verhandlungen des Deutschen Bundestages, VII. Wahlperiode, Stenographische Berichte, S. 2863 ff., 7207; Bericht und Antrag des Ausschusses für Arbeit und Sozialordnung, BT-Drucks. 7/2025.
[153] BT-Drucks. 7/975, S. 23.

„(1) Die Vorschriften dieses Gesetzes gelten entsprechend
1. für Personen, die wirtschaftlich abhängig und vergleichbar einem Arbeitnehmer sozial schutzbedürftig sind (arbeitnehmerähnliche Personen), wenn sie aufgrund von Dienst- oder Werkverträgen für andere Personen tätig sind, die geschuldeten Leistungen persönlich und im wesentlichen ohne Mitarbeit von Arbeitnehmern erbringen und
   a) überwiegend für eine Person tätig sind und wenn vergleichbare Tätigkeiten durch Tarifverträge für Arbeitnehmer geregelt sind oder üblicherweise geregelt werden, oder
   b) ihnen von einer Person im Durchschnitt mehr als die Hälfte des Entgelts zusteht, das ihnen für ihre Erwerbstätigkeit insgesamt zusteht; ist dies nicht voraussehbar, so sind für die Berechnung, soweit im Tarifvertrag nichts anderes vereinbart ist, jeweils die letzten sechs Monate, bei kürzerer Dauer der Tätigkeit dieser Zeitraum, maßgebend,
2. für die in Nr. 1 genannten Personen, für die die arbeitnehmerähnlichen Personen tätig sind, sowie für die zwischen ihnen und den arbeitnehmerähnlichen Personen durch Dienst- oder Werkverträge begründeten Rechtsverhältnisse.

(2) Mehrere Personen, für die arbeitnehmerähnliche Personen tätig sind, gelten als eine Person, wenn diese mehreren Personen nach der Art eines Konzerns (§ 18 des Aktiengesetzes) zusammengefaßt sind oder zu einer zwischen ihnen bestehenden Organisationsgemeinschaft gehören.

(3) Die Vorschrift findet keine Anwendung auf Handelsvertreter im Sinne des § 84 des Handelsgesetzbuchs."

Seine endgültige Fassung erfuhr § 12 a durch den Beschluß des Ausschusses für Arbeit und Sozialordnung,[154] dessen Vorschlag wie folgt lautete:

„(1) Die Vorschriften dieses Gesetzes gelten entsprechend
1. für Personen, die wirtschaftlich abhängig und vergleichbar einem Arbeitnehmer sozial schutzbedürftig sind (arbeitnehmerähnliche Personen), wenn sie aufgrund von Dienst- oder Werkverträgen für andere Personen tätig sind, die geschuldeten Leistungen persönlich und im wesentlichen ohne Mitarbeit von Arbeitnehmern erbringen und
   a) überwiegend für eine Person tätig sind oder
   b) unverändert.
2. unverändert.

(2) Mehrere Personen, für die arbeitnehmerähnliche Personen tätig sind, gelten als eine Person, wenn diese mehreren Personen nach der Art eines Konzerns (§ 18 des Aktiengesetzes) zusammengefaßt sind oder zu einer zwischen ihnen bestehenden Organisationsgemeinschaft oder nicht nur vorübergehenden Arbeitsgemeinschaft gehören.

(2) a) Absätze 1 und 2 finden auf Personen, die künstlerische, schriftstellerische oder journalistische Leistungen erbringen, sowie auf Personen, die an der Erbringung, insbesondere der technischen Gestaltung solcher Leistungen unmittelbar mitwirken, auch dann Anwendung, wenn ihnen abweichend von Absatz 1 Nr. 1 Buchstabe b erster Halbsatz von einer Person im Durchschnitt mindestens ein Drittel des Entgelts zusteht, das ihnen für ihre Erwerbstätigkeit insgesamt zusteht.

(3) unverändert."

Diese Änderungen gegenüber dem Regierungsentwurf begründete der 11. Ausschuß folgendermaßen:

„1. Die Ausschußmehrheit hat das eingrenzende Merkmal in § 12 a Abs. 1 Buchstabe a für entbehrlich gehalten und schlägt dessen Streichung vor. Nach ihrer Auffassung reicht es zur Begründung einer arbeitnehmerähnlichen Stellung nach dieser Alternative aus, wenn eine Person überwiegend für einen Auftraggeber tätig ist, sofern zugleich die im Text der Vorschrift vorangegangenen allgemeinen Merkmale für die Arbeitnehmerähnlichkeit erfüllt sind (insbesondere Tätigkeit aufgrund eines Dienst- oder Werkvertrags, höchstpersönliche Arbeitsleistung, wirtschaftliche Abhängigkeit und so-

---

[154] BT-Drucks. 7/2025, S. 23.

ziale Schutzbedürftigkeit). Im übrigen hat die Streichung keine Erweiterung der Regelungsbefugnisse nach dem TVG zur Folge. Die Streichung hat im übrigen keine Erweiterung des erfaßten Personenkreises zur Folge, weil der Personenkreis, der von dem Merkmal unter Buchstabe a erfaßt wird, grundsätzlich auch unter die Regelung des Buchstaben b fallen kann. Während die Regelung des Buchstaben b auf die Entgeltverhältnisse abstellt, muß das Überwiegen der Tätigkeit nach Buchstabe a jedoch am Verhältnis der aufgewandten Arbeitszeit gemessen werden.

2. Der Regelung des § 12a Abs. 2 ist aus der Sicht der Ausschußmehrheit besondere Bedeutung beizumessen, weil sie Umgehungen entgegenwirken soll. (Nach Absatz 2 gelten für die Feststellung der Merkmale „überwiegende Beschäftigung durch einen Auftraggeber" [Absatz 1 Buchstabe a] und „mehr als die Hälfte des Gesamtentgelts [Absatz 1 Buchstabe b] mehrere Auftraggeber unter den dort bezeichneten Voraussetzungen als ein Auftraggeber). Die Ausschußmehrheit verfolgt mit der Einführung des Begriffs Arbeitsgemeinschaft das Ziel, zweifelsfrei klarzustellen, was mit dem § 12a Abs. 2 gemeint ist. Sie sieht die Zielsetzung des Gesetzesvorhabens dann für gefährdet an, wenn neben Konzernen oder Organisationsgemeinschaften nicht auch andere Zusammenschlüsse oder Vereinigungen von Auftraggebern – u.a. die Arbeitsgemeinschaft der Rundfunkanstalt Deutschlands – unter die Regelung fallen würden. Dabei gehört es nach Auffassung der Ausschußmehrheit zum Inhalt des neu eingeführten Begriffs, daß die einer Arbeitsgemeinschaft angehörenden Auftraggeber gegenüber den für sie tätigen Personen hinsichtlich der Vertragsbezeichnungen ein gleichartiges Verhalten an den Tag legen. Ferner müssen, wie auch textlich klargestellt, solche Arbeitsgemeinschaften auf gewisse Dauer angelegt sein.

3. Die Ausschußmehrheit hat sich eingehend mit der Frage beschäftigt, ob die in § 12a Abs. 1 Nr. 1 Buchstabe b des Regierungsentwurfs enthaltene Verdienstrelation – die arbeitnehmerähnliche Person muß von einem Auftraggeber mehr als die Hälfte des gesamten Entgelts für Erwerbstätigkeit beziehen – den Verhältnissen der gesetzespolitischen Zielgruppe gerecht wird. Die in Artikel 5 des Grundgesetzes besonders herausgehobene Bedeutung der Medien, der Kunst, der Wissenschaft und der Forschung und Lehre zwang die Ausschußmehrheit, auch den Besonderheiten der Verhältnisse der freien Mitarbeiter in diesem Bereich Rechnung zu tragen. Die Ausschußmehrheit hat aus einer Anzahl von Eingaben und Anträgen von Verbänden die sichere Erkenntnis gewonnen, daß in bestimmten beruflicher Leistungen die überwiegende Bindung an einen Auftraggeber im Sinne des Absatzes 1 Nr. 1 Buchstabe b nicht sozialtypisch ist; es bestünde die Gefahr, daß die Vorschrift insofern an der Wirklichkeit vorbeiginge. Vor allem Personen, die künstlerische, schriftstellerische oder journalistische Leistungen erbringen, sind nach der Überzeugung der Ausschußmehrheit vorwiegend für mehrere Auftraggeber tätig, ohne daß eine absolut überwiegende wirtschaftliche Bindung im Sinne des Absatzes 1 Nr. 1 Buchstabe b vorläge. Die Ausschußmehrheit hielt es deshalb für zwingend geboten, eine Sonderregelung für den im Bereich des Artikels 5 des Grundgesetzes tätigen Personenkreis zu schaffen. Eingeschränkt auf diesen Personenkreis soll es deshalb genügen, wenn eine Person von einem Auftraggeber mindestens ein Drittel ihres gesamten Entgelts für Erwerbstätigkeit bezieht. In die Sonderregelung sind auch diejenigen Personen einzubeziehen, die nicht selbst künstlerische, schriftstellerische oder journalistische Leistungen erbringen, aber an solchen Leistungen für denselben Arbeitgeber – ohne Arbeitnehmer zu sein – unmittelbar mitwirken, z.B. beim Film oder Fernsehen als Kameramann oder als Cutter.

4. Die Ausschußmehrheit hält es für geboten, daß die Bundesregierung dem Deutschen Bundestag nach angemessener Zeit über die mit dem § 12a TVG gewonnenen Erfahrungen berichtet; darauf zielt der Vorschlag eines Entschließungsantrags zu der neuen Vorschrift. In dem Bericht soll insbesondere die Frage behandelt werden, ob bei der Handhabung der Vorschrift evtl. Umgehungstendenzen aufgetreten sind. In dem weiteren Teil der Entschließung wird die Bundesregierung ersucht, für einen besonders schutzbedürftigen Kreis von Selbständigen und freiberuflich Tätigen Maßnahmen vorzuschlagen bzw. einzuleiten, die der sozialen Situation dieser Gruppen Rechnung tragen."[155]

---

[155] BT-Drucks. 7/2025, S. 5f.

7. Inkrafttreten in Berlin

In Berlin (West) trat das Tarifvertragsgesetz in der Fassung vom 25. August 1969 erst am 26. Januar 1975 in Kraft. Hierzu bedurfte es zunächst einer Ergänzung des Tarifvertragsgesetzes, die durch Art. II § 1 des Gesetzes zur Änderung des Heimarbeitsgesetzes und anderer arbeitsrechtlicher Vorschriften vom 29. Oktober 1974[156] vorgenommen wurde (näher unten § 12b, Rnr. 1). Aufgrund der nunmehr eingefügten Berlin-Klausel (§ 12b)[157] wurde das Tarifvertragsgesetz mittels des Übernahmegesetzes vom 16. Januar 1975[158] in Berlin (West) in Kraft gesetzt. Die gleichzeitige Übernahme der Durchführungsverordnung vom 20. Februar 1970[159] beendete die gesetzliche Sonderentwicklung des Tarifrechts in Berlin (West).

Die mit dem Heimarbeitsänderungsgesetz eingeleitete Vereinheitlichung des Tarifrechts in der Bundesrepublik Deutschland und in Berlin (West) trug einer Entschließung des Deutschen Bundestages vom 26. Juni 1969[160] Rechnung, in der die Bundesregierung im Anschluß an die Verabschiedung des Ersten Arbeitsrechtsbereinigungsgesetzes gebeten wurde, die Möglichkeiten zur Einführung eines einheitlichen Tarifrechts in der Bundesrepublik Deutschland und in Berlin (West) zu prüfen.[161] Damit wurde ein Anliegen aufgegriffen, das bereits bei der Erstreckung des Tarifvertragsgesetzes auf die Länder der ehem. französischen Zone verfolgt,[162] damals aber mit Rücksicht auf die exponierte Lage Berlins und befürchtete politische Nachteile zurückgestellt wurde.[163]

8. Inkrafttreten im Beitrittsgebiet

Mit dem Wirksamwerden des Beitritts am 3. Oktober 1990 trat das Tarifvertragsgesetz in seiner Fassung vom 25. Oktober 1969 und den Änderungen durch das Heimarbeitsänderungsgesetz auch im Beitrittsgebiet (Art. 3 EVertr.) in Kraft. Der Einigungsvertrag versah das Inkrafttreten des Tarifvertragsgesetzes in Anl. I Kap. VIII Sachgeb. A Abschnitt III Nr. 14 EVertr. jedoch mit folgender Maßgabe, deren Regelungsgehalt unter § 13 Rnr. 28 ff. erläutert ist:

„Bis zum Abschluß eines neuen Tarifvertrages ist der geltende Rahmenkollektivvertrag oder Tarifvertrag mit allen Nachträgen und Zusatzvereinbarungen weiter anzuwenden, soweit eine Registrierung entsprechend dem Arbeitsgesetzbuch erfolgt ist. Der Rahmenkollektivvertrag oder Tarifvertrag tritt ganz oder teilweise außer Kraft,

---

[156] BGBl. I S. 2879.
[157] Zu ihrem Inhalt die Erläuterungen zu § 12b.
[158] GVBl. S. 194.
[159] GVBl. S. 196; berichtigt: GVBl. 1975 S. 652.
[160] Verhandlungen des Deutschen Bundestages, V. Wahlperiode, Stenographische Berichte, S. 13551 (C). Zum Inhalt des Antrags siehe die Beschlußempfehlung des BT-Ausschusses für Arbeit, BT-Drucks. V/4376, S. 5; dazu auch Rnr. 70.
[161] Reg. Begr., BT-Drucks. 7/975, S. 21.
[162] Siehe § 2 des Regierungsentwurfs zum Gesetz über die Erstreckung des Tarifvertragsgesetzes, BT-Drucks. I/4032, S. 4, 5.
[163] Näher der Schriftliche Bericht des Ausschusses für Arbeit, veröffentlicht als Anlage 3 zum Stenographischen Bericht der 256. Sitzung des Deutschen Bundestages, Verhandlungen des Deutschen Bundestages, I. Wahlperiode, Stenographische Berichte, S. 12414.

Geschichte

wenn für denselben Geltungsbereich oder Teile desselben ein neuer Tarifvertrag in Kraft tritt. Bestimmungen bisheriger Rahmenkollektivverträge oder Tarifverträge, die im neuen Tarifvertrag nicht aufgehoben oder ersetzt sind, gelten weiter. Rationalisierungsschutzabkommen, die vor dem 1. Juli 1990 abgeschlossen und registriert worden sind, treten ohne Nachwirkung am 31. Dezember 1990 außer Kraft; soweit Arbeitnehmer bis zum 31. Dezember 1990 die Voraussetzungen der Rationalisierungsschutzabkommen erfüllt haben, bleiben deren Ansprüche und Rechte vorbehaltlich neuer tarifvertraglicher Regelungen unberührt. Die Regelungen des Art. 20 des Vertrages und der dazu ergangenen Anlagen bleiben unberührt."

80   Gemäß Art. 8 EVertr. trat zugleich die Durchführungsverordnung zum Tarifvertragsgesetz in der Fassung vom 19. Dezember 1988 in Kraft. Im Hinblick auf die Regelung in § 10 ist hervorzuheben, daß über Art. 8 EVertr. auch die im Bundesgebiet noch fortgeltenden Tarifordnungen (zu ihnen unten § 10 Rnr. 12 ff.) in Kraft traten. Der Einigungsvertrag versah ihr Inkrafttreten in Anl. I Kap. VIII Sachgebiet H Abschnitt III Nr. 2 und 3 aber mit der Maßgabe, daß die Regelungen erst ab dem 1. Januar 1991 Anwendung finden und für die vorherige Zeit keine Anwartschaften begründet werden können (näher unten § 10 Rnr. 11).

III. Einleitung

Gesamtübersicht

	Rnr.
1. Abschnitt. Allgemeines und Verfassungsgarantie	1–150
A. Allgemeines zur Tarifautonomie	1–86
B. Verfassungsgarantie der Tarifautonomie	87–150
2. Abschnitt. Tarifvertrag und höherrangiges Recht	151–430
A. Tarifvertrag und supranationales Recht	151–197
B. Tarifvertrag und Verfassung	198–356
C. Tarifvertrag und Gesetzesrecht	357–424
D. Tarifvertrag und andere Rechtsnormen	425–430
3. Abschnitt. Innenschranken der Tarifautonomie	431–472
A. Rechtsdogmatische Grundlagen	431–435
B. Schutz der (kollektiven) Vertragsgegenseite	436–464
C. Schutz der (individuell) Normunterworfenen	465–472

1. Abschnitt. Allgemeines und Verfassungsgarantie

Übersicht

	Rnr.
A. Allgemeines zur Tarifautonomie	1–86
I. Begriff	1
II. Aufgaben	2–32
1. Schutzfunktion	3–6
a) Historische Sicht	3
b) Rechtliche Sicht	4–6
2. Verteilungsfunktion	7–12
a) Lohngerechtigkeit	7, 8
b) Einkommensgerechtigkeit	9–12
3. Ordnungsfunktion	13–19
a) Bedeutung	13–15
b) Grundlagen	16–19
4. Gesamtgesellschaftliche Aufgaben	20–26
a) Bedeutung	20–24
b) Verantwortung	25, 26
5. Friedensfunktion	27–29
6. Andere gesellschaftspolitische Aufgaben	30–32
III. Notwendige Voraussetzungen	33–39
1. Allgemeines	33
2. Tarifkartell	34–36
3. Arbeitskampf	37–39
IV. Lohnbildung und Lohnstruktur	40–50
1. Lohnbildung	40–47
a) Tarifvertragliche Ebene	41–45
b) Übertarifliche Entlohnung	46
c) Untertarifliche Entlohnung	47
2. Lohnstruktur	48–50
a) Differenzierung der Lohnstruktur	48
b) Flexibilität der Lohnstruktur	49, 50
V. Ökonomische Wirkungen	51–65
1. Einfluß auf die Preisniveaustabilität	51–58

Einleitung

1. Abschnitt. Allgemeines und Verfassungsgarantie

	Rnr.
2. Einfluß auf die Beschäftigungssituation	59–63
3. Einfluß auf die Unternehmenspolitik	64, 65
VI. Reformvorschläge	66–86
1. Reformvorschläge	67–72
a) Verkürzung der zeitlichen Tarifbindung	67
b) Veränderte Interpretation des Günstigkeitsprinzips	68
c) Neufassung des § 77 Abs. 3 BetrVG 1972	69
d) Langzeitarbeitslose	70
e) Einschränkung der Allgemeinverbindlicherklärung	71
f) Ergebnisse	72
2. Gegenstimmen	73–81
a) Ökonomische Sicht	74–80
aa) Sachliche Besonderheiten	75–78
bb) Zeitliche Besonderheiten	79
cc) Folgerungen	80
b) Sozialpolitische Erfordernisse	81
3. Zwischenbilanz	82–86
a) Gesetzgeber	82
b) Rechtsprechung	83
c) Rechtslehre	84
d) Tarifvertragsparteien	85, 86
B. Verfassungsgarantie der Tarifautonomie	**87–150**
I. Art. 9 Abs. 3 GG als Kollektivgrundrecht	87–94
1. Koalitionsbildungsgarantie	88–90
2. Koalitionsbetätigungsgarantie	91–94
II. Arbeits- und Wirtschaftsbedingungen	95–102
1. Regelungsziel	96, 97
2. Regelungsinhalt	98–102
III. Tarifautonomie und staatliches Gesetz	103–150
1. Entwicklung	104–124
a) Kernbereich und Unerläßlichkeit	104–106
b) Ausgestaltung und Eingriff	107–124
aa) Aussperrungsbeschluß	108, 109
bb) Beamteneinsatz	110
cc) Flaggen-Zweitregister	111, 112
dd) § 116 AFG	113–115
ee) Gewerkschaftliche Betätigung im Betrieb	116
ff) Hochschulrahmengesetz	117
gg) Unerledigte Fälle	118–124
2. Teilgewährleistungen in Art. 9 Abs. 3 GG	125–128
3. Sonderstellung der Tarifautonomie	129–150
a) Zielrichtung	130–136
b) Gegenstand	137–142
c) Inhalt	143, 144
d) Zeitliche Wirkung	145–150

Schrifttum (Auswahl): Peter Badura, Die Verfassung als Auftrag, Richtlinie und Grenze der wirtschafts- und arbeitspolitischen Gesetzgebung, WiR 1974, S. 1–28; G. Balke, Gewerkschaften und betriebliche Lohnpolitik. Ein Beitrag zur Tarifvertragspolitik der Gewerkschaften in der Bundesrepublik Deutschland, Diss. Münster 1969; Hans D. Barbier, Tarifautonomie kontrovers. Berichtsband über ein Diskussionsforum des Frankfurter Instituts für wirtschaftspolitische Forschung e. V. und der Frankfurter Allgemeinen Zeitung GmbH, Bad Homburg 1991; Kay-Uwe Bartels, Katholische Soziallehre und ordoliberale Ordnungskonzeption. Eine ordnungspolitische Analyse der Enzyklika Centesimus Annus, Frankfurt am Main 1997; Lutz Bellmann/Susanne Kohaut, Betriebliche Determinanten der Lohnhöhe und überbetriebliche Bezahlung. Eine em-

A. Allgemeines zur Tarifautonomie **Einleitung**

pirische Analyse auf der Basis des IAB-Betriebspanels, MittAB 1995, S. 62; *Norbert Berthold,* Lohnstarrheit und Arbeitslosigkeit, Freiburg im Breisgau 1987; *Norbert Berthold/Bernhard Külp,* Gewerkschaftsinterne Entscheidungsprozesse als Ursache inflexibler Löhne, Jahrbuch für neue politische Ökonomie 1986, 5. Bd., S. 74–190; *Oliver J. Blanchard/L. H. Summers,* Hysteres and the European Unemployment Problem, in: S. Fischer (Hrsg.), NBER Macroeconomics Annual 1986, S. 15–78, Cambridge (Mass.) 1986; *Walter Bogs,* Autonomie und verbandliche Selbstverwaltung im modernen Arbeits- und Sozialrecht, RdA 1956, S. 1–9; *Gustav-Adolf Bulla,* Soziale Selbstverantwortung der Sozialpartner als Rechtsprinzip, in: Festschrift für Hans Carl Nipperdey (1965), Bd. II, S. 79–104; *Hermann Butzer,* Verfassungsrechtliche Grundlagen zum Verhältnis zwischen Gesetzgebungshoheit und Tarifautonomie, RdA 1994, S. 375– 385; *Eberhard R. Dall'Asta,* Theorie der Lohnpolitik, Volkswirtschaftliche Schriften, Heft 156, Berlin 1971; *Wolfgang Däubler,* Arbeitsbeziehungen am Ende des 20. Jahrhunderts. Übersicht über aktuelle Entwicklungen in den Industrieländern, ZIAS 1995, S. 279–311; *Werner Dichmann,* Kollektive Interessenvertretung, Recht und ökonomische Effizienz. Eine institutionelle Theorie und Politik des Arbeitsmarktes, Freiburg 1992; *Rainer Faupel,* Tarifhoheit und völkerrechtliche Vertragserfüllungspflicht. Durchführung von Übereinkommen der internationalen Arbeitsorganisation durch Tarifverträge, Baden-Baden 1969; *Wolfgang Franz,* Arbeitsmarktökonomik, 2. Aufl. Berlin u. a. 1994; *Wolfgang Franz/Viktor Steiner* (Hrsg.), Der westdeutsche Arbeitsmarkt im strukturellen Anpassungsprozeß, Wirtschaftsanalysen, Baden-Baden 1995; *Eduard Heimann,* Die rechtliche Möglichkeit eines staatlichen Eingriffs in die Tarifautonomie der Sozialpartner, RdA 1956, S. 409–410; *P. H. Herder-Dorneich,* Zur Verbandsökonomik. Ansätze zu einer ökonomischen Theorie der Verbände. Berlin 1973; *Wilhelm Herschel,* Das Tarifvertragsgesetz des Vereinigten Wirtschaftsgebietes, ArbBl. 1949, S. 22–25; *G. Himmelmann,* Lohnbildung durch Kollektivverhandlungen. Eine politologische Analyse unter Berücksichtigung der Strategie und Taktik der Gewerkschaften, Berlin 1971; *International Labour Office* (ILO), Collective Bargaining in Industrialized Market Economies, Genf 1973; *Berndt Keller,* Theorien der Kollektivverhandlungen. Ein Beitrag zur Problematik der Arbeitsökonomik, Volkswirtschaftliche Schriften, Heft 218, Berlin 1974; *Ernst Rudolf Kissel,* Gedanken zum Verhältnis von Tarifautonomie und Rechtsprechung, in: Festschrift für Hermann Brandt (1982), S. 75–79; *ders.,* Die Entwicklung der Tarifautonomie im 20. Jahrhundert, Symposion der Bertelsmann-Stiftung „Zwischen Konflikt und Kooperation", 1988, S. 3–33; *Hans-Georg Koppensteiner,* Konzertierte Aktion im Spannungsfeld zwischen Geldwertstabilität und Tarifautonomie, in: Erich Hoppmann (Hrsg.), Konzertierte Aktion. Kritische Beiträge zu einem Experiment, 1971, S. 231–263; *Michael Krautzberger,* Die Erfüllung öffentlicher Aufgaben durch Private. Zum Begriff des staatlichen Bereichs, Berlin 1971; *Günther Küchenhoff,* Das Prinzip der staatlichen Subsidiarität im Arbeitsrecht, RdA 1959, S. 201–206; *Bernhard Külp,* Lohnbildung im Wechselspiel zwischen politischen und wirtschaftlichen Kräften, Berlin 1965; *ders.,* Theorie der Drohung, Stuttgart 1965; *ders.,* Grenzen der Tarifautonomie, Der Volkswirt 1967, Nr. 33, S. 1782–1786; *ders.,* Streik und Streikdrohung. Ihre Rolle in der Volkswirtschaft und im Sozialprozeß, Berlin 1969; *ders.,* Der Einfluß von Schlichtungsformen auf Verlauf und Ergebnis von Tarif- und Schlichtungsverhandlungen, Sozialpolitische Schriften, Heft 28, Berlin 1972; *ders.,* Zur Problematik der Tarifautonomie, in: Hamburger Jahrbuch für Wirtschafts- und Gesellschaftspolitik, H.-D. Ortlieb/B. Molitor/W. Krone (Hrsg.), 17. Jahr, Tübingen 1972, S. 199–222; *ders.,* Verteilungstheorie, Stuttgart 1974; *ders.,* Der Lohnfindungsprozeß der Tarifpartner, Bestimmungsgründe, Auswirkungen, Reformvorschläge, Darmstadt 1977; *Franz Josef Link,* Unternehmensgewinne, Konjunktur und Einkommensverteilung, Beiträge zur Wirtschafts- und Sozialpolitik, Bd. 225, Institut der deutschen Wirtschaft, Köln 1995; *Leonhard Männer,* Grenzen des Lohnanteils am Sozialprodukt einer optimal wachsenden Wirtschaft, Göttinger Wirtschafts- und Sozialwissenschaftliche Studien, Bd. 11, Göttingen 1969; *Wolfgang Martens,* Öffentlich als Rechtsbegriff, Berlin 1969; *Werner Meißner/Lutz Unterseher,* Verteilungskampf und Stabilitätspolitik, Bedingungen der Tarifauseinandersetzung, Stuttgart 1972; *Wernhard Möschel,* Arbeitsmarkt und Arbeitsrecht, ZRP 1988, S. 48–51; *Bruno Molitor,* Lohn- und Arbeitsmarktpolitik, München 1988; *Wolfgang Mückl,* Langfristige Probleme der Lohnpolitik und der Vermögensbildung in Arbeitnehmerhand, Institut für angewandte Wirtschaftsforschung, Tübingen 1971; *Werner Mühlbradt/Egon*

Einleitung 1   1. Abschnitt. Allgemeines und Verfassungsgarantie

Lutz, Der Zwang zur Sozialpartnerschaft. Hintergründe der Zusammenarbeit von Gewerkschaften und Arbeitgebern, Neuwied und Berlin 1969; *Gerhard Müller,* Die Tarifautonomie in der Bundesrepublik Deutschland. Rechtliche und ethische Grundlagen, Berlin 1990; *Hans Carl Nipperdey,* Das Tarifvertragsgesetz des Vereinigten Wirtschaftsgebietes, RdA 1949, S. 81–89; *Jürgen Pätzold,* Stabilisierungspolitik. Grundlagen der nachfrage- und angebotsorientierten Wirtschaftspolitik, 5. Aufl. Bern u. a. 1993; *Johannes W. Pichler/Theo Quené* (Hrsg.), Sozialpartnerschaft und Rechtspolitik. Veränderungschancen am Hintergrund des Modells des Niederländischen Sozial-Ökonomischen Rates, Wien 1990; *Volker Rieble,* Arbeitsmarkt und Wettbewerb. Der Schutz von Vertrags- und Wettbewerbsfreiheit im Arbeitsrecht, Heidelberg 1996; *Claus Schäfer,* Soziale Polarisierung bei Einkommen und Vermögen – Zur Entwicklung der Verteilung 1994, WSI-Mitteilungen 1995, S. 605–633; *Sabine van Scherpenberg,* Kollektive Bestimmung der Arbeitsbedingungen in Deutschland und England, Baden-Baden 1995; *Ulrich Scheuner,* Die Rolle der Sozialpartner in Staat und Gesellschaft, Stuttgart 1973; *Carlo Schmid,* Soziale Autonomie und Staat, Schriften der Gesellschaft für sozialen Fortschritt, Bd. 1 (1951), S. 27-40; *Werner Schmidt,* Der Wandel der Unternehmerfunktionen in der Bundesrepublik Deutschland unter dem Einfluß der Konzertierten Aktion, Volkswirtschaftliche Schriften, H. 213, Berlin 1974; *Claus Schnabel,* Die übertarifliche Bezahlung: Ausmaß, Entwicklung und Bestimmungsgründe, Köln 1994; *Dieter W. Schöppner,* Grenzen der Lohnpolitik, München 1971; *Werner Sesselmeier/Gregor Blauermel,* Arbeitsmarkttheorien – Ein Überblick, Heidelberg 1990; *Alfred Söllner,* Der Flächentarifvertrag – ein Kartell? ArbRGegw. 35 (1998), S. 21–32; *Rudolf Strasser,* Das Recht und die Interessenverbände im internationalen Vergleich, in: Floretta/Strasser, Die kollektiven Mächte im Arbeitsleben, Wien 1963, S. 99–119; *Ulrich Teichmann,* Lohnpolitik, Stuttgart 1974; *Mouna Thiele,* Gespalteter Arbeitsmarkt und Beschäftigung, Frankfurt am Main 1997; *Hansjörg Weitbrecht,* Effektivität und Legitimität der Tarifautonomie. Eine soziologische Untersuchung am Beispiel der deutschen Metallindustrie, Berlin 1969; *Christine Windbichler,* Arbeitsrecht und Wettbewerb in der europäischen Wirtschaftsverfassung, RdA 1992, S. 74 –84; *Manfred Wolf,* Tarifautonomie, Kampfparität und gerechte Tarifgestaltung, ZfA 1971, S. 151–179; *Ulrich Zachert* (Hrsg.), Die Wirkung des Tarifvertrages in der Krise. Ein Vergleich des Verhältnisses von autonomem Tarifrecht mit staatlichem Recht und anderen arbeitsrechtlichen Schutzebenen in verschiedenen europäischen Ländern, Baden-Baden 1991; *Jürgen Zerche,* Lohnfindung durch Tarifverhandlungen. Neue Ansätze in der Collective-Bargaining-Forschung, Tübingen 1970; *Werner Zohlnhöfer* (Hrsg.), Die Tarifautonomie auf dem Prüfstand, Berlin 1996; *Wolfgang Zöllner,* Die Rechtsnatur der Tarifnormen nach deutschem Recht, Wien 1966.

A. Allgemeines zur Tarifautonomie

I. Begriff

1   Unter Tarifautonomie versteht man die Befugnis der Arbeitgeber(verbände) und Gewerkschaften, die Arbeits- und Wirtschaftsbedingungen ihrer Mitglieder in kollektiven Verträgen mit zwingender Wirkung selbständig und selbstverantwortlich zu regeln. Das bedeutet, daß den Tarifvertragsparteien eine Regelungszuständigkeit verliehen ist, kraft derer sie Abschluß, Inhalt und Beendigung von Arbeitsverhältnissen vertraglich ausgestalten können. Die Tarifautonomie hat danach mit der Privat- und Verbandsautonomie gemeinsam, daß sie eine selbständige und von der staatlichen Rechtsetzung unabhängige Regelungsbefugnis gewähren. Dies gehört zum Kern des Autonomiebegriffs[1], daß ein Rechtsträger unabhängig tätig, nicht unbedingt, daß

---

[1] Vgl. zur ursprünglichen Verwendung des Wortes *Sophokles,* Antigone (Tusculumausgabe), Vers 821: es beinhaltet Eigen-Gesetzlichkeit, nicht Willkür.

er nur für seinen eigenen Rechtskreis tätig werden kann.[2] Abschluß- oder Beitrittsfreiheit zählen durchweg zum Mindestbestand der jeweiligen Entscheidungsbefugnis. Darin erschöpft sich bereits die Gemeinsamkeit der Tarif- mit der Privatautonomie; insgesamt überwiegen die Unterschiede. Die Tarifautonomie ist vom Staat nicht als *vorstaatliche* Regelungsbefugnis anerkannt[3], sondern sie wird vom Verfassungsgeber in Art. 9 Abs. 3 GG gewährt; vgl. dazu unten Rnr. 91. Eine weitere Besonderheit liegt in der mit der Zuständigkeit verbundenen Regelungswirkung: die Gewerkschaften und Arbeitgeberverbände setzen für tarifgebundene Unternehmen und Arbeitnehmer fremdbestimmt zwingendes Recht. Darüber hinaus entfalten die Tarifnormen eine Breitenwirkung, die persönlich und sachlich nicht auf einzelne Arbeitsverhältnisse beschränkt ist, sondern die Unternehmen, die Betriebsparteien und die Belegschaft als solche ansprechen können. In allen genannten Punkten ist die Autonomie der Tarifvertragsparteien mit der Privat- oder Verbandsautonomie des Zivilrechts nicht zu vergleichen.

II. Aufgaben

Angesichts der Vielfalt der Aufgaben, die die Tarifverträge in einer Marktwirtschaft erfüllen können, ist es schwierig, dafür ein erschöpfendes System zu finden.[4] Der einheitliche Lebenssachverhalt hat in den Industrieländern sehr unterschiedliche gesetzliche und richterrechtliche Lösungen erfahren.[5] Die Aufgaben des Tarifwesens aufzuzählen, dient dem Verständnis und der Auslegung des Gesetzes; sie bilden keine Legitimationsgrundlage der einzelnen Tarifverträge. Tarifliche Schutznormen etwa sind in ihrer Geltung infolgedessen nicht davon abhängig, ob der berechtigte Arbeitnehmer im Einzelfall, z.B. bei Vertragsschluß, schutzbedürftig ist. Insofern gilt dasselbe wie für staatliche Schutzgesetze (KSchG, VerbrKrG), deren Anwendung nicht den Nachweis eines konkreten Schutzbedürfnisses voraussetzt, solange und soweit dies nicht als Tatbestandsmerkmal in die jeweilige Rechtsnorm aufgenommen ist.[6] Eine Tarifvertragsnorm verliert ihre Geltung auch nicht dadurch, daß Zweifel an ihrer Erfolgstauglichkeit entstehen.

1. Schutzfunktion

a) Aus **historischer Sicht** entspringt die Tarifautonomie dem Schutzbedürfnis des einzelnen Arbeitnehmers. Während der industriellen Revolution verhielten sich die Unternehmen zeitgebunden nach den Vorstellungen des

---

[2] Vgl. zu den verschiedenen Autonomiebegriffen eingehend *Waltermann*, Rechtsetzung durch Betriebsvereinbarung, 1996, S. 54 ff.; *Zöllner*, Rechtsnatur der Tarifnormen, 1966, S. 9 ff.
[3] Vgl. *Badura*, RdA 1974, S. 129, 133; *Herzog*, Allgemeine Staatslehre, 1971, S. 367; *F. Kirchhof*, Private Rechtsetzung, 1987, S. 179.
[4] Einen profunden Überblick geben rechtsvergleichend *Schmidt/Neal*, Int.Encycl. Comp.L., Vol. XV (1984), Ch. 12 No. 16 ff.
[5] Vgl. *Däubler*, ZIAS 1995, S. 279–311.
[6] Vgl. etwa BGH, NJW 1983, S. 1789; BGH, NJW 1985, S. 3076, 3077 (zu § 89b HGB); vgl. entsprechend zur Verfassungsmäßigkeit BAG 6. 9. 1995 AP Nr. 22 zu § 611 BGB Ausbildungsbeihilfe.

wirtschaftlichen Liberalismus und der gegebenen Wettbewerbssituation. Die strukturelle Unterlegenheit der Arbeitnehmer führte zum Mißbrauch der Vertragsfreiheit: vielen Arbeitern wurde ein menschenwürdiges Dasein vorenthalten. Das veranlaßte den Ruf nach Selbsthilfe, die Forderung nach Vereinigungsfreiheit und schließlich die Bildung von Koalitionen, die durch den kollektiven Zusammenschluß ein Machtpotential auf der Arbeitnehmerseite schaffen mußten, um die lediglich formale rechtliche Gleichstellung in eine wirkliche Gleichberechtigung zu verwandeln. Die Selbsthilfe der Beteiligten war um so notwendiger, als sich der Gesetzgeber in Deutschland nur zögernd entschließen konnte, zum Schutz der Beschäftigten arbeitsrechtliche Mindestnormen zu schaffen. Er trug im Gegenteil zur Aufrechterhaltung der Unterlegenheit der Arbeitnehmer durch Gewerkschaftsverbote bei.[7] Der bis 1918 andauernde politische Widerstand gegen die Tarifautonomie steht in einem heute schwer nachvollziehbaren Widerspruch zur vorbildlichen Entwicklung des Rechts der sozialen Sicherheit in der gleichen Epoche.

4 b) Aus **rechtlicher Sicht** hat sich an der Schutzfunktion des Tarifvertrages nichts geändert; sie ist im Gegenteil verfassungsrechtlich als Hauptaufgabe der Tätigkeit der Berufsverbände „zur Wahrung und Förderung der Arbeits- und Wirtschaftsbedingungen" in Art. 9 Abs. 3 GG festgeschrieben worden.[8] Die Rechtsprechung des Bundesverfassungsgerichts und des Bundesarbeitsgerichts bestätigen dies.

BVerfGE 84, S. 212, 229: „Tarifautonomie ist darauf angelegt, die strukturelle Unterlegenheit der einzelnen Arbeitnehmer beim Abschluß von Arbeitsverträgen durch kollektives Handeln auszugleichen und damit ein annähernd gleichgewichtiges Aushandeln der Löhne und Arbeitsbedingungen zu ermöglichen. Soweit Arbeitskämpfe zu einem Ungleichgewicht führen, wird die Funktionsfähigkeit der Tarifautonomie beeinträchtigt."

5 Diese Auffassung wird allerdings in letzter Zeit wieder in Frage gestellt. Der Wandel des Arbeitslebens habe dazu geführt, daß die Arbeitnehmer nach der Theorie der Marktgesetze weitgehend selbst angemessene Arbeitsbedingungen vereinbaren könnten; soweit dies nicht möglich sei, greife der staatliche Schutz durch zwingendes Gesetzesrecht ein. Dabei wird allerdings nirgends die Abschaffung der Tarifautonomie vorgeschlagen, sondern lediglich eine auf den notwendigen Inhalt beschränkte Geltung.[9] Die Kritik ist nur teilweise berechtigt. Bedingt durch die wirtschaftliche Entwicklung in der Bundesrepublik Deutschland mit ihrer anhaltend guten Konjunkturlage hat der Schutzzweck der Tarifverträge vorübergehend seinen Rang eingebüßt. Das galt jedenfalls für die Lohn- und Gehaltsbestimmungen, weniger für den

---

[7] Vgl. zur historischen Entwicklung im einzelnen *Horn*, in: Conze-Lepsius, Sozialgeschichte der Bundesrepublik Deutschland, 1983, S. 324 ff.; Hueck/*Nipperdey*, Arbeitsrecht II 1, § 13, S. 212 ff.; *Müller-Jentsch*, Leviathan, 1983, S. 118, 139 ff.; *Nikisch*, Arbeitsrecht II, § 68, S. 15 ff.; *Ullmann*, Tarifverträge und Tarifpolitik in Deutschland bis 1914, 1977.
[8] Vgl. *Däubler*, Tarifvertragsrecht, Rnr. 18; *Gamillscheg*, Kollektives Arbeitsrecht I, § 12 7, S. 496 ff.; Hueck/*Nipperdey*, Arbeitsrecht II 1, § 14, S. 235; *Löwisch*/Rieble, Grundl., Rnr. 4; MünchArbR/*Löwisch*, § 245 Rnr. 35.
[9] Vgl. den Bericht der Deregulierungskommission, 1991, Rnr. 597 ff.; Monopolkommission, 10. Hauptgutachten 1992/1993, Nr. 933 ff.; *Donges*, Deregulierung am Arbeitsmarkt und Beschäftigung, 1992, S. 37 ff.; *Heinze*, NZA 1991, S. 329, 332 ff.

übrigen Inhalt des Tarifvertrages. Es gab und gibt jedoch stets persönliche (ältere Arbeitnehmer), sachliche (Gratifikationen, Ruhegeld) und räumliche (neue Bundesländer) Umstände, die zwingende tarifliche *Mindestarbeitsbedingungen* zum Schutz abhängiger Arbeitnehmer erfordern. Im Bereich der menschengerechten Ausgestaltung der Arbeit kann die Schutz- und Sicherungsaufgabe des Tarifvertrages ihre Bedeutung im übrigen kaum verlieren. Die Verfassungsgarantie kann nicht konjunkturabhängig ausgelegt und angewandt werden. Es gehört gerade zum Wesen der Tarifautonomie, daß die Tarifvertragsparteien das Maß des notwendigen Schutzes selbst bestimmen. Zum Inhalt der gewährten Betätigungsgarantie der Koalitionen zählt ein über den staatlichen Sockel hinausgehender *Interessenwahrungsauftrag*. Aufgabe des staatlichen Gesetzgebers ist – plakativ formuliert – die Gewährung des sozialethischen Minimums, Aufgabe der Tarifvertragsparteien die Ausgestaltung des angemessenen Arbeitsvertrages.

Auch ein Tarifvertrag, der lediglich der Ordnung des Arbeitslebens dient, ist wirksam. Das ergibt sich aus § 87 Abs. 1 Eingangssatz BetrVG 1972. Das Bundesarbeitsgericht[10] erklärte zwar eine Betriebsvereinbarung, durch die eine Fahrlässigkeitshaftung des Arbeitgebers für eingebrachte Arbeitnehmerfahrzeuge ausgeschlossen wird, mit der Begründung für unwirksam, der Betriebsrat habe die Interessen der Belegschaft zu vertreten, er könne folglich keine Maßnahmen treffen, die einseitig den Arbeitgeber begünstigen.[11] Ob das für die Betriebsvereinbarung zutrifft, muß hier offenbleiben. Für das Tarifvertragsrecht läßt sich ein dahingehender Rechtssatz nicht aufstellen, da die Schutzfunktion eine Begründung, aber keine Begrenzung der Tarifautonomie abgibt.

2. Verteilungsfunktion

a) **Lohngerechtigkeit** im Geltungsbereich des Tarifvertrages. Die Tarifvertragsparteien bestimmen mit den Lohn- und Gehaltsbestimmungen nicht nur die Höhe der Vergütungen im weiteren Sinn, sondern auch ihre Relation zueinander. Dabei ist eine doppelte Einwirkung auf die *Lohnstruktur* zu beobachten: einmal wird innerhalb des Geltungsbereichs des Tarifvertrages ein verbindliches Lohn- und Gehalts*gefüge* festgesetzt[12]; außerdem bestimmen die Tarifverträge in ihrer branchenmäßigen und regionalen Gliederung die Lohnstruktur der gesamten Volkswirtschaft. Da es keine formelle Abstimmung zwischen den Spitzenverbänden der Sozialpartner gibt, können die Tarifvertragsparteien nur für die Lohngerechtigkeit im Geltungsbereich ihres eigenen Tarifvertrages verantwortlich zeichnen, selbst wenn ihre Kollektivvereinbarung, wie nicht selten, Pilotfunktion für andere Bereiche hat und haben soll.

An der Kompetenz der Tarifvertragsparteien, innerhalb ihrer Zuständigkeit eine überbetriebliche *Lohngerechtigkeit* herzustellen, ist nicht zu zweifeln; sie entspricht der vom Bundesarbeitsgericht in ständiger Rechtsprechung

---

[10] BAG 5. 3. 1959 AP Nr. 26 zu § 611 BGB Fürsorgepflicht (*A. Hueck*).
[11] Kritisch dazu *Hilger,* Referat zum 43. DJT 1960, S. F 5, 9.
[12] *Gamillscheg,* Kollektives Arbeitsrecht I, § 12 7 c, S. 499.

dem § 87 Nr. 10 BetrVG unterlegten Ziel der „innerbetrieblichen Lohngerechtigkeit"[13]: die als vorgegeben gedachte Lohnsumme soll durch allgemeine Regeln gerecht auf die unterschiedlichen Leistungsgruppen verteilt werden. Dabei geht die Tarifpolitik allerdings dahin, die Verteilung nicht nur nach dem Leistungsprinzip, sondern auch an Hand einer bedürfnisgerechten Orientierung der Löhne und Gehälter vorzunehmen[14]; vgl. zu den Eingruppierungskriterien unten Rnr. 257 ff., § 1 Rnr. 356 ff. Das alles gilt für das eigentliche Arbeitsentgelt so gut wie für andere vermögenswerte Leistungen mit Entgeltcharakter. Im Unterschied zur betrieblichen Mitbestimmung bezieht sich die Zuständigkeit der Tarifvertragsparteien freilich gerade auch auf die Höhe der Arbeitsentgelte und nicht nur auf die Verteilungsproportionen und Entlohnungsmethoden. Die Tarifvertragsparteien sind dabei an die verfassungsmäßigen und europarechtlichen Maßstäbe der Gleichbehandlung der Arbeitnehmer nach Art. 3 GG und Art. 119 EGV gebunden; vgl. dazu unten Rnr. 213 ff.

9   b) **Einkommensgerechtigkeit** in der Bevölkerung. Ob die Gewerkschaften die funktionale Einkommensverteilung des Sozialprodukts zugunsten der Arbeitnehmer nachhaltig verändern können, ist umstritten.[15] Als Meßgröße wird in der Diskussion meist die Lohnquote (Verhältnis von Bruttolohnsumme zu Nettosozialprodukt) genannt.[16]

10 aa) Nicht bewahrheitet haben sich die Vorhersagen der Vertreter des wissenschaftlichen Sozialismus, daß die Lohnquote ständig fallen wird. Um die Jahrhundertwende vertraten die Ökonomen vielfach die These, die Gewerkschaften hätten keinen Einfluß auf die Einkommensverteilung, die über den von den Marktkräften definierten Bereich hinausgingen. Bei Überschreiten würden die Unternehmen ihre Arbeitsnachfrage senken, so daß die Arbeitnehmer aus Angst vor Arbeitslosigkeit wieder bereit wären, zu einem niedrigeren Lohn zu arbeiten und die von den Gewerkschaften durchgesetzten Lohnsteigerungen so unterlaufen werden.[17] Die gesamtwirtschaftliche Verteilungstheorie, wie sie vor allem von *N. Kaldor*[18] entwickelt wurde, kommt zu dem Ergebnis, daß Barlohnsteigerungen zu keiner Erhöhung der

---

[13] Vgl. die Zusammenstellung der Urteile bei BAG AP Nr. 1 zu § 87 BetrVG 1972 Lohngestaltung; GK-BetrVG/*Wiese*, § 87, Rnr. 805.
[14] Vgl. *Bredemeier*, Lohnbestimmung durch organisationspolitische Größen, Volkswirtschaftliche Schriften, Heft 248, 1976; *Wiedemann*, in: 25 Jahre BAG (1979), S. 635, 641.
[15] Vgl. dazu *Külp*, Lohnbildung im Wechselspiel zwischen politischen und wirtschaftlichen Kräften, 1965, S. 245 ff.; *ders.*, Verteilungstheorie, 1974, S. 135 ff.; *Schmidt-Rink*, Grundsätze der Verteilungstheorie, 1971.
[16] Aus den Angaben des Statistischen Bundesamtes (Fachserie 18, Volkswirtschaftliche Gesamtrechnung) zum Gesamtvolkseinkommen und dem Bruttoeinkommen aus unselbständiger Arbeit kann die Bruttolohnquote ermittelt werden. Die um die Arbeitnehmerquote bereinigte Lohnquote nimmt einen steigenden Verlauf von 65% in 1960 auf 72% Anfang der achtziger Jahre an und fällt dann wieder auf ca. 66% Anfang der neunziger Jahre zurück. Vgl. Statistisches Bundesamt Fachserie 18; zur Interpretation dieser Zahlen vgl. *Schäfer*, WSI 1995, S. 605 ff.; *Link*, Unternehmensgewinne, Konjunktur und Einkommensverteilung, 1995.
[17] Vgl. *v. Böhm-Bawerk*, Macht oder ökonomisches Gesetz, 1914, abgedr. in: Gesammelte Schriften von *v. Böhm-Bawerk*, hrsg. v. Weiss, 1924, S. 230 ff.
[18] Vgl. *Kaldor*, The Review of Economic Studies, 1955/56, S. 83, 94 ff.

Lohnquote führen. Reallohnerhöhungen, die im Maße der Arbeitsproduktivität erfolgen, bedeuten die Konstanz der Lohnquote; darüber hinausgehende Erhöhungen werden durch Anpassungsreaktionen zunichte gemacht. Verteilungswirkungen zugunsten der Arbeitnehmer sind danach nur durch eine steigende Sparquote erzielbar. Wird ein größerer Teil gespart, bestehen geringere Überwälzungsmöglichkeiten und die Lohnsteigerungen kommen den Arbeitnehmern tatsächlich zugute. Die wirtschaftspolitische Schlußfolgerung ist die Einführung von Investivlöhnen oder vermögenswirksamen Leistungen. Der gewerkschaftliche Einfluß wird dabei nicht generell geleugnet, er ist aber von der verfolgten Strategie abhängig.[19]

bb) Empirische Untersuchungen bestätigen das *Gesetz der konstanten Lohnquote* nicht.[20] Selbst wenn diese gelten würde, ließe sich daraus keine Aussage über die verteilungspolitische Funktionslosigkeit gewerkschaftlicher Lohnpolitik ableiten, denn es kann gerade dem Gewerkschaftseinfluß zuzuschreiben sein, daß sich die Lohnquote nicht geändert hat. Unabhängig von der Beurteilung einer angeblichen Konstanz der Lohnquote[21], bleibt diese auch als Meßgröße aus verschiedenen Gründen besser unberücksichtigt. Einmal zählt zur Lohnquote das Gehalt eines Vorstandsvorsitzenden, zum „Einkommen aus Unternehmertätigkeit" dagegen das Einkommen jedes kleinen Einzelhändlers oder mithelfenden Familienangehörigen. Außerdem verringert die bestehende Querverteilung, das heißt der gestiegene Bestand an Geld- und Sachvermögen in Arbeitnehmerhand, ihren Aussagewert. Weitet der Staat seine Unternehmertätigkeit zu Lasten der privaten Unternehmer aus, so verändert dies die funktionale Einkommensverteilung zwischen Unselbständigen und privaten Selbständigen zugunsten der ersteren. Schließlich führen Schwankungen im Konjunkturzyklus zu Verschiebungen: Gewinneinkommen reagieren in der Regel wesentlich flexibler, so daß im Abschwung die Lohnquote steigt und in der Rezession am höchsten ist, im Aufschwung gelten die Verhältnisse umgekehrt. Dazu kommt, daß sich die Zahl der unselbständig Beschäftigten – z. B. durch Zuwanderung ausländischer Arbeitskräfte, die überwiegend in unteren Lohngruppen arbeiten – ändern kann, wodurch sich die Verteilungsrelation zugunsten der selbständigen Gruppe verschiebt, ohne daß sich ihr Einkommen verändert hat. Nach alledem ist die Sinnhaftigkeit der Lohnquote zu bezweifeln. Der wissenschaftliche Beirat beim Bundesministerium der Wirtschaft hat deshalb bereits 1961 gefordert, „wegen ihrer Inhaltslosigkeit und nicht zuletzt auch wegen der großen Schwierigkeiten einer einigermaßen genauen Berechnung sollte die Lohnquote tunlichst aus der Lohndebatte verschwinden".[22]

cc) Es bestehen keine rechtlichen Bedenken, das aus dem Schutzgedanken geborene Rechtsinstitut des Tarifvertrages auch zur Lohn- und Einkommenspolitik einzusetzen. Eine Änderung der Einkommens- und Vermögensverteilung wird von Art. 9 Abs. 3 GG mit den „Arbeits- und Wirtschaftsbe-

---

[19] Vgl. *Külp,* Der Lohnfindungsprozeß der Tarifpartner, 1977, S. 44 ff.
[20] Vgl. *Molitor,* Lohn- und Arbeitsmarktpolitik, 1988, S. 41.
[21] Vgl. *Molitor,* Lohn- und Arbeitsmarktpolitik, 1988, S. 38 ff.
[22] Der wissenschaftliche Beirat beim Bundeswirtschaftsministerium, Gutachten Bd. 5, 1961, S. 86.

dingungen" angesprochen – insofern im Gegensatz zu den „Lohn- und Arbeitsbedingungen" des Art. 165 Abs. 1 der Weimarer Verfassung. Ebenso wie die Verfasser des Grundgesetzes die Entwicklung der Wirtschaftsverfassung vor allem durch die Gemeinwohlbindung des Art. 14 GG und durch die Sozialstaatsklausel in Art. 20 GG[23] der Wandelbarkeit der politischen, gesellschaftlichen und ökonomischen Anschauungen überließen, gaben sie damit auch den Raum für eine Weiterentwicklung der Tarifautonomie frei.

3. Ordnungsfunktion

13 **a) Bedeutung.** Jeder Vertrag erfüllt eine Ordnungsfunktion, indem er die Rechtsbeziehungen zwischen den Parteien regelt; vgl. eindrucksvoll Code civil Art. 1134 Abs. 1: *„Les conventions légalement formées tiennent lieu de loi à ceux qui les ont faites."* Das gilt erst recht für den Tarifvertrag als einen Normenvertrag, zumal wenn er, wie in Deutschland üblich, sachlich und regional flächendeckend abgeschlossen wird. Die Individualverträge der einzelnen Arbeitnehmer können sich dann auf die Einstellung des Arbeitnehmers und auf ergänzende Abreden hinsichtlich über- oder außertariflicher Leistungen beschränken. Der Tarifvertrag erzielt den Rationalisierungserfolg, den erprobte allgemeine Arbeits- oder Geschäftsbedingungen bieten: Arbeitsvertragsparteien können gefahrlos darauf Bezug nehmen, andere Kollektivvertragsparteien können sie übernehmen.

14 Darüber hinaus enthält der Tarifvertrag Rahmenbestimmungen, die in Ermangelung eines Arbeitsgesetzbuches für die geordnete Durchführung des Arbeitslebens notwendig sind (Verfallklauseln, Eingruppierungsbestimmungen usw). Die großen Tarifwerke wie der Bundesangestelltentarifvertrag (BAT) bilden daher ein branchenspezifisches Arbeitsgesetzbuch. Dazu kommt, daß Tarifverträge auch Fragen ordnen können, die nur unter Einbeziehung der gesamten Belegschaft zu regeln sind. Das gilt für die im Gesetz ausdrücklich genannten betrieblichen und betriebsverfassungsrechtlichen Bestimmungen sowie für die Normen zu Gemeinsamen Einrichtungen. Es gilt aber weiter auch für Sachfragen, die inhaltlich mit Rücksicht auf andere Arbeitnehmer oder auf die gesamte Belegschaft ausgestaltet werden müssen (z. B. Versorgungseinrichtungen).

15 Wenn man von der Ordnungsaufgabe des Tarifvertrages spricht, ist aber nicht nur diese jedem Dauervertrag innewohnende „Planfestlegung" gemeint, sondern die Frage, ob der Tarifvertrag und damit die Koalitionen darüber hinaus ordnungspolitische Aufgaben im Arbeits- und Wirtschaftsleben wahrnehmen können, z. B. Arbeitsplatzbeschaffung, Frauenförderung oder Ausbildungsstandard. An der Bedeutung einer solchen gesamtwirtschaftlichen Ordnungsaufgabe sollte kein Zweifel bestehen. Sie wird von den Koalitionen begrüßt und befürwortet: Für die Unternehmen bedeutet der Tarifvertrag eine deutliche Herabsenkung der Transaktionskosten; dies wird auch von der – im übrigen zurückhaltenden – Arbeitsmarktökonomik anerkannt.[24] Außer-

---

[23] Vgl. *Zacher*, Das soziale Staatsziel, in: Isensee/Kirchhof, HdbStR I (1987), § 25, Rnr. 22 ff., 51, 65 ff.
[24] Vgl. *Donges*, Deregulierung am Arbeitsmarkt und Beschäftigung, 1992, S. 50; *Franz*, Arbeitsmarktökonomik, 1994, S. 223, 237 ff.

A. Allgemeines zur Tarifautonomie 16–18 **Einleitung**

dem begründet der Tarifvertrag während seiner Laufzeit eine feste Kalkulationsgrundlage für alle tarifgebundenen Unternehmen hinsichtlich ihrer Lohnkosten (vgl. zur Kartellwirkung sogleich unten Rnr. 34 ff.). Von den Gewerkschaften werden flächendeckende Tarifverträge unterstützt, weil sie ihren Anspruch verstärken, als Vertreter der gesamten Arbeitnehmerschaft aufzutreten und Lohnkonkurrenz unter Arbeitnehmern verhindern.

b) Grundlagen. Bundesverfassungsgericht und Bundesarbeitsgericht[25] bestätigen die Ordnungsaufgabe der Koalitionen: 16

BVerfGE 4, S. 96, 107: „Geht man nämlich davon aus, daß einer der Zwecke des Tarifvertragssystems eine *sinnvolle Ordnung des Arbeitslebens*, insbesondere der Lohngestaltung unter Mitwirkung der Sozialpartner sein soll, so müssen die sich aus diesem Ordnungszweck ergebenden Grenzen der Tariffähigkeit auch im Rahmen der Koalitionsfreiheit wirksam werden."
BVerfGE 18, S. 18, 28 = AP Nr. 15 zu § 2 TVG: „Die aus der Koalitionsfreiheit entspringende Tarifautonomie verfolgt den im öffentlichen Interesse liegenden Zweck, in dem von der staatlichen Rechtsetzung freigelassenen Raum das Arbeitsleben im einzelnen durch Tarifverträge sinnvoll zu ordnen, insbesondere die Höhe der Arbeitsvergütung für die verschiedenen Berufstätigkeiten festzulegen und so letztlich die Gemeinschaft sozial zu befrieden."
BVerfGE 50, S. 290, 371: „Vielmehr kann die sinnvolle Ordnung und Befriedung des Arbeitslebens, um die es Art. 9 Abs. 3 GG geht, auf verschiedenen Wegen angestrebt werden: nicht nur durch Gestaltungen, die, wie das Tarifsystem, durch die Grundelemente der Gegensätzlichkeit der Interessen, des Konflikts und des Kampfes bestimmt sind, sondern auch durch solche, die Einigung und Zusammenwirken in den Vordergrund rücken..."

Die Ordnungsaufgabe des Tarifvertrages wird auch im Schrifttum überwiegend anerkannt: 17

Bejaht von *Griebeling*, in: Festschrift für Günter Schaub (1998), S. 219; *Herschel*, RdA 1975, S. 333, 336; *Hueck/Nipperdey*, Arbeitsrecht II 1, § 14 I, S. 235; *Löwisch/Rieble*, Grundl., Rnr. 5; *Gerhard Müller*, Betrieb 1975, S. 205, 207; *Nikisch*, Arbeitsrecht II, § 68 V 2, S. 206; *Säcker/Oetker*, Tarifautonomie, S. 264; *Siebert*, in: Festschrift für H. C. Nipperdey (1955), S. 119, 122; *Waltermann*, RdA 1993, S. 209, 217; *Wiedemann*, RdA 1997, S. 297, 298 ff.;
zurückhaltend gegenüber dem Ordnungsauftrag *Biedenkopf*, Tarifautonomie, S. 75; *ders.*, Verhandlungen des 46. DJT 1966, Bd. I, S. 97, 113; *Forsthoff*, BB 1965, S. 381, 386; *Hensche*, RdA 1971, S. 9, 15; *Mayer-Maly*, Betrieb 1965, S. 32; *Radke*, Betrieb 1965, S. 1176; *Richardi*, Betrieb 1990, S. 1613, 1615; *Schelp*, in: Festschrift für H. C. Nipperdey (1965), Bd. II, S. 579, 590;
verneint oder jedenfalls eingeschränkt von *Gitter/Boerner*, RdA 1990, S. 129, 134; *Hromadka*, Betrieb 1992, S. 1401; *Löwisch*, ZfA 1996, S. 293, 300, 313; *Loritz*, SAE 1991, S. 245, 254; *Reuter*, ZfA 1995, S. 1, 38; *Rieble*, Arbeitsmarkt und Wettbewerb, 1996, Rnr. 1307; *Zöllner*, Betrieb 1989, S. 2121, 2122.

Auch der Gesetzgeber hat die Ordnungsaufgabe des Tarifvertrages in verschiedenen Bestimmungen vorgesehen. Hierher zählt insbesondere § 3 Abs. 2 des Gesetzes, wonach Tarifnormen überbetriebliche und betriebsverfassungsrechtliche Fragen auch für nicht organisierte Arbeitnehmer regeln, wenn nur der Arbeitgeber tarifgebunden ist. Weiter rechnen dazu die Vorschriften für Gemeinsame Einrichtungen nach § 4 Abs. 2, in denen die Tarifvertragsparteien überbetriebliche Organisationseinheiten schaffen können, um arbeits- 18

---

[25] BAG 9. 6. 1982 AP Nr. 1 zu § 1 TVG Durchführungspflicht (*Grunsky*); BAG 21. 12. 1982 AP Nr. 76 zu Art. 9 GG Arbeitskampf; BAG 25. 9. 1987 AP Nr. 1 zu § 1 BeschFG 1985.

und sozialpolitische Aufgaben zu bewältigen, die die Finanzkraft des einzelnen Unternehmens übersteigen. Schließlich ist § 4 Abs. 5 des Gesetzes zu erwähnen, der den Tarifnormen nach Ablauf des Tarifvertrages dispositive Wirkung beilegt, um die einmal geschaffene Ordnung zunächst aufrechtzuerhalten. Die Bedeutung dieser Nachwirkung hat sich namentlich gezeigt, als der BAT in den siebziger Jahren gekündigt war, seine Bestimmungen aber über Jahre wie selbstverständlich die Rechtsverhältnisse im öffentlichen Dienst gestalteten.[26] Ein Tarifvertrag ist freilich auch dann wirksam, wenn er sich als Firmentarifvertrag lediglich auf einen konkreten Sachverhalt bezieht. Allerdings erklärte das Bundesarbeitsgericht im Zusammenhang mit der Unwirksamkeit von Effektivklauseln[27], Gegenstand kollektiver Regelung könne nur die Festsetzung allgemeiner und gleicher Mindestarbeitsbedingungen sein; darüber hinausgehende, dem Arbeitnehmer günstigere Regelungen sollen der freien und frei abänderlichen Vereinbarung durch den Einzelarbeitsvertrag vorbehalten sein, weil die allgemeine Mindestbedingungen übersteigenden individuellen Regelungen in der Vielfalt der ihnen zugrundeliegenden Anlässe und Bedürfnisse kollektiv nicht erfaßbar sind. Die Entscheidung verdient Zustimmung, nicht jedoch ihre Begründung.

19 Die Ordnungsaufgabe tritt allerdings in ein deutliches Spannungsverhältnis einerseits zur individuellen Vertrags- und Berufsfreiheit, andererseits zum Gesetzgebungsauftrag der öffentlichen Staatsgewalt. Es gilt mit anderen Worten einen Ausgleich zu finden zwischen Art. 9 Abs. 3 GG einerseits und den Art. 2 und 12 GG andererseits (vgl. dazu unten Rnr. 307ff.), sowie zwischen der Koalitionsfreiheit und der Gesetzgebungsverantwortung nach Art. 20 und 74 Nr. 12 GG (vgl. dazu unten Rnr. 129ff.). Hätten die Tarifpartner z.B. die Aufgabe, eine allgemeine Tarifordnung zu schaffen, so könnten sie – jedenfalls beschränkt auf einzelne Gegenstände – auch Höchstarbeitsbedingungen einführen. Daß sie dies grundsätzlich nicht beschließen können[28], weil den Parteien des Einzelarbeitsvertrages eine eigene Gestaltungsbefugnis vorbehalten sein muß, zeigt deutlich die Grenzen der Ordnungsfunktion. Wo diese im einzelnen gegenüber der staatlichen Gesetzgebung oder gegenüber dem individuellen Arbeitgeber und Arbeitnehmer zu ziehen sind, muß im jeweiligen Sachzusammenhang entschieden werden.

4. Gesamtgesellschaftliche Aufgaben

20 **a) Bedeutung.** Die Tarifvertragsverbände sind Mitgliederorganisationen, deren Zielsetzung primär in der Wahrung und Durchsetzung von Mitgliederinteressen liegt. Ihre Regelungen wirken jedoch vielfältig auf Rahmendaten und Entscheidungen von Marktteilnehmern, die nicht am Verhandlungsprozeß beteiligt sind. Damit stellt sich die Frage, inwieweit die Sozialpartner diese anderen gesamtgesellschaftlichen Ziele berücksichtigen und berücksichtigen dürfen.

---

[26] Vgl. BAG 14. 2. 1973 AP Nr. 6 zu § 4 TVG Nachwirkung (*Wiedemann*); BAG 29. 1. 1975 AP Nr. 8 zu § 4 TVG Nachwirkung (*Wiedemann*).
[27] Vgl. BAG 14. 2. 1968 AP Nr. 7 zu § 4 TVG Effektivklausel (*Boetticher*).
[28] Allg. Ansicht; vgl. *Gamillscheg*, Kollektives Arbeitsrecht I, § 18 V 3 a, S. 843; *Joost*, ZfA 1984, S. 173, 186ff.; *Nikisch*, Arbeitsrecht II, § 82 I 3, S. 420; *Stein*, Tarifvertragsrecht, Rnr. 590; sowie unten § 4 Rnr. 387.

A. Allgemeines zur Tarifautonomie   21, 22 **Einleitung**

In der **ökonomischen Literatur** ist eine Reihe von *mikroökonomischen* 21
Modellen entwickelt worden, die versuchen, gewerkschaftliche Zielsetzungen
verhaltenstheoretisch zu erklären. Die Zielsetzung der Gewerkschaft folgt aus
der Interessenstruktur der Mitglieder und dem Durchsetzungsvermögen einzelner Gruppen innerhalb der Organisation. Ältere Modelle betrachten die
Bestimmung der Mitgliederinteressen als ein Maximierungsproblem des Gesamtnutzens der Gewerkschaftsmitglieder, wobei nicht zwischen beschäftigten
und arbeitslosen Mitgliedern unterschieden wird. Die Gewerkschaft versucht
dabei, ihre Zielfunktion in dem *trade-off* zwischen Lohn und Beschäftigung
zu maximieren.[29] Neuere Ansätze berücksichtigen, daß der Organisationsgrad
von Arbeitslosen in der Regel gering ist und innerhalb der Gewerkschaft deshalb eine größere Ausrichtung auf die Interessen der beschäftigten Arbeitnehmer erfolgt.[30] Beschäftigungswirkungen werden nur soweit berücksichtigt
wie die Beschäftigung der Gewerkschaftsmitglieder gefährdet ist. Zum gleichen Ergebnis kommt das aus der politischen Ökonomie übertragene Median-Wähler-Modell. Es beschreibt, daß die Gewerkschaftsführung eine Lohnpolitik betreibt, die sich an den Präferenzen des typischen Gewerkschaftsmitglieds ausrichtet.[31] Erschwert wird eine solche Analyse bei einer dynamischen
Betrachtung, weil dann Mitgliedschaftseffekte betr. zukünftige Organisationsgröße und Mitgliederstruktur berücksichtigt werden müssen. Insgesamt ist
nach der mikroökonomisch orientierten Theorie zu erwarten, daß innerhalb
der Gewerkschaft in erster Linie eine Ausrichtung auf die Interessen der beschäftigten Arbeitnehmer erfolgt. Dasselbe gilt für die Unternehmensverbände. Auch sie sind von der finanziellen und personellen Unterstützung ihrer
Mitglieder abhängig und betreiben deshalb eine mitgliederorientierte Politik.

Eine andere Begründungsebene dafür, daß gesamtwirtschaftliche Interes- 22
sen nur beschränkt Einfluß gewinnen, liefern *stabilitätspolitische Überlegungen*.
Hier werden die gewerkschaftlichen Zielsetzungen mit der Verbesserung
oder zumindest dem Erhalt der Verteilungsposition ihrer Mitglieder unter
Berücksichtigung ihrer Beschäftigungssituation beschrieben. Im Verteilungskampf versuchen Gewerkschaften, die Einkommensposition ihrer Mitglieder
gegenüber den Unternehmen zu verbessern. In die gleiche Richtung wirkt
das Bestreben, die Position der eigenen Mitglieder im Vergleich zu den Mitgliedern anderer Berufsverbände zu verbessern, also eine höhere Position in
der Lohnpyramide zu erreichen. Die Beschäftigungswirkungen, die von diesem Verteilungskampf ausgehen, werden um so stärker berücksichtigt, je
mehr Beschäftigungswirkungen für die Mitglieder zu erwarten sind. Die
Rücksicht auf gesamtwirtschaftliche Wirkungen hängt dann von der Größe
der Gewerkschaft ab. Die Lohnzurückhaltung kleiner Verbände hat nur geringe positive Einflüsse auf gesamtwirtschaftliche Größen wie Preisniveaustabilität und Beschäftigung. Die Nachteile, die für die Gewerkschaftsmitglieder

---

[29] Vgl. hierzu z. B. *Schnabel*, Zur ökonomischen Analyse der Gewerkschaften in der
Bundesrepublik Deutschland, 1989; *McDonald/Solow*, American Review 1981,
S. 896–908.
[30] Vgl. *Blanchard/Summers*, Hysteres and the European Unemployment Problem, in:
S. Fischer (Hrsg.), NBER Macroeconomics Annual 1986.
[31] Vgl. *Berthold/Külp*, Jahrbuch für neue politische Ökonomie, 1986, S. 74–190;
Berthold, Lohnstarrheit und Arbeitslosigkeit, 1987, S. 171 ff.

Wiedemann

mit einer zurückhaltenden Lohnpolitik einhergehen, sind dagegen deutlich in Form von Verlusten in der Verteilungsposition festzustellen. Deshalb besteht für die einzelne Gewerkschaft nur ein geringer Anreiz, sich stabilitätsgerecht zu verhalten. Üben andere Gewerkschaften Lohnzurückhaltung, so besteht für eine einzelne Gewerkschaft sogar ein Anreiz, höhere Löhne als üblich durchzusetzen, um die Verteilungsposition ihrer Mitglieder aufzubessern.[32]

23 Auch wenn in der mikro- und makroökonomischen Analyse die Betonung von Mitgliederinteressen vorherrscht, wird doch eine gewisse Berücksichtigung der Interessen von Nichtbeschäftigten in der wirtschaftswissenschaftlichen Diskussion festgestellt.[33] Die dafür maßgebenden Faktoren finden in den modelltheoretischen Zielfunktionen der Tarifvertragsparteien keinen Niederschlag. Hierher rechnen: das Interesse der Sozialpartner an öffentlichem Ansehen, mögliche politische Interessen der Berufsverbände und andere Faktoren, die in einer ökonomischen Analyse nur unzureichend erfaßt werden können.

24 Ein Teil der Schwierigkeiten des Arbeitsmarktes wird dadurch begründet, daß Organisationen mit der Aufgabe der Verfolgung von Mitgliederinteressen gleichzeitig dafür zuständig sind, Arbeits- und Wirtschaftsbedingungen zu regeln, die weit über die Wirkung für die unmittelbar betroffenen Mitglieder hinausgehen. Macht und Verantwortung dürften aber nicht auseinanderfallen; der Vertrag zu Lasten Dritter wird als stabilitätspolitisches Dilemma bezeichnet.[34] Interessenorganisationen dürften keine Regelungsfreiheiten haben, ohne an gesamtwirtschaftliche Zielsetzungen gebunden zu sein, aus denen arbeitsmarktpolitische Ziele abzuleiten sind. Effiziente Regelungen auf dem Arbeitsmarkt müssen daher so gestaltet werden, daß ein Ausgleich zwischen Mitgliederinteressen der Sozialpartner und gesamtwirtschaftlichen Zielen möglich wird. Arbeitsmarktpolitische Rahmendaten dürfen deshalb entweder den Interessenverbänden keine zu große Möglichkeit zur Beeinflussung gesamtwirtschaftlicher Ziele einräumen oder müssen Anreize vorsehen, wie eine stärkere Berücksichtigung gesamtwirtschaftlicher Interessen durch die Tarifvertragsparteien erreicht werden kann.

25 b) Verantwortung. Aus rechtlicher Sicht ist die Frage nach der Verantwortung der Sozialpartner für die gesamtwirtschaftlichen Wirkungen der Tarifverträge ebenso ungelöst. Das Bundesarbeitsgericht hat sich in ständiger Rechtsprechung geweigert, eine Inhaltskontrolle von Tarifverträgen auf unangemessene Drittwirkungen (Minderheitsgruppen), erst recht auf ihre Gemeinwohlverträglichkeit, vorzunehmen.[35] Das Schrifttum ist dem im wesentlichen gefolgt.[36]

---

[32] Vgl. *Ribhegge*, Außenseiterproblem und Stabilisierungspolitik, 1979, S. 23 ff.
[33] Vgl. *Franz*, Arbeitsmarktökonomik, 1994, S. 292.
[34] Vgl. *Keuchel*, Kann der Arbeitsmarkt dem Wettbewerb unterworfen werden?, 1989, S. 77 f. und die dort angegebene Literatur.
[35] BAG 14. 12. 1982 AP Nr. 1 zu § 1 BetrAVG Besitzstand (*Wiedemann/Mangen*); BAG 6. 2. 1985 AP Nr. 1 zu § 1 TVG Tarifverträge Süßwarenindustrie (*von Stebut*; *Brackmann*); offengelassen in BAG 20. 12. 1984 AP Nr. 9 zu § 620 BGB Bedingung (*Belling*); *obiter dictum* BVerfGE 26. 6. 1991 84, S. 212 = AP Nr. 117 zu Art. 9 GG Arbeitskampf.
[36] Vgl. *Löwisch*/Rieble, Grundl., Rnr. 36 ff.; *Däubler*, Tarifvertragsrecht, Rnr. 562; abw. *Rüfner*, RdA 1985, S. 193; Vorauflage, Einl. Rnr. 130.

In letzter Zeit ist die Zuständigkeit der Sozialpartner zur Wahrung ge- 26
samtwirtschaftlicher Ziele, insb. zur Verfolgung beschäftigungsfördernder
Ziele, im Ansatz verneint worden, wobei die Frage nach den Rechtsfolgen
noch offen blieb.[37] Es wird eingewandt, die Tarifvertragsparteien seien jedenfalls nicht berechtigt, bei der Festsetzung der Lebens- oder Wochenarbeitszeit beschäftigungspolitische Ziele zu verfolgen. Inhaltsnormen hätten
nur der Ordnung der Interessen der einzelnen Arbeitsvertragspartner zu dienen. Diese Auffassung ist mit dem Verfassungsauftrag der Wahrung und Förderung der Arbeits- und Wirtschaftsbedingungen in Art. 9 Abs. 3 GG, in der
ihm vom Bundesverfassungsgericht gegebenen Interpretation (vgl. dazu unten Rnr. 97), schwer vereinbar. Infolge der starken Außenwirkung von Verbandstarifverträgen würden Einfluß und Verantwortung auseinanderfallen,
wenn sich die Sozialpartner darauf berufen könnten, daß ihnen zur Rücksichtnahme auf gesamtgesellschaftliche Belange bereits die Zuständigkeit
fehle. Es liegt ein Widerspruch darin, den Tarifvertragsparteien einerseits eine ordnungspolitische Zuständigkeit für Drittinteressen ganz oder teilweise
abzusprechen, ihnen aber gleichzeitig den Vorwurf zu machen, die Interessen der Arbeitslosen und anderer Bevölkerungsgruppen nicht genügend
wahrzunehmen. Wären die Tarifvertragsparteien nicht auch dazu befugt, den
Arbeitsmarkt zu beeinflussen, müßte im übrigen der staatliche Gesetzgeber
diese Aufgabe wahrnehmen und Mindestarbeitsbedingungen einführen.

5. Friedensfunktion

Die Friedensfunktion ist zusammen mit dem Schutzzweck die historisch 27
älteste Aufgabe der Kollektivverträge in einer freien Wettbewerbswirtschaft.[38] Sie beinhaltete ursprünglich nur eine Art Waffenstillstand zwischen
streikenden Arbeitnehmern und aussperrenden Arbeitgebern[39], bedeutet
heute aber ein Friedensabkommen, in dem sich die Tarifvertragsparteien
verpflichten, für die Laufzeit des Vertrages und im Umfang seiner Regelung
sämtliche Kampfmaßnahmen zu unterlassen. Im deutschen Tarifvertragsrecht
gilt die Friedenspflicht zwischen den Sozialpartnern als zwingender Bestandteil des Vertragsinhalts; vgl. dazu näher unten § 1 Rnr. 664 ff. In der Rechtsprechung des Bundesverfassungsgerichts wird die Aufgabe der „Befriedung"
des Arbeitslebens durch Art. 9 Abs. 3 GG mehrfach angesprochen, ohne daß
daraus allerdings unmittelbare Rechtsfolgen abgeleitet werden.

BVerfGE 50, S. 290, 371, 372: „Vielmehr kann die sinnvolle Ordnung und Befriedung des Arbeitslebens, um die es Art. 9 Abs. 3 GG geht, auf verschiedenen Wegen
angestrebt werden... Auch der zweite Weg vermag namentlich der Aufgabe der Befriedung gerecht zu werden... Insgesamt läßt sich mithin nicht annehmen, daß Art. 9

---

[37] Vgl. *Bengelsdorf*, ZfA 1990, S. 563, 570; *Loritz*, ZfA 1990, S. 133, 163; *Zöllner*,
Betrieb 1989, S. 2121, 2122; beschränkt auch *Gitter/Boerner*, RdA 1990, S. 129, 134;
Hromadka, Betrieb 1992, S. 1042; kritisch *Däubler*, Betrieb 1989, S. 2534; *Schweibert*,
Verkürzung der Wochenarbeitszeit durch Tarifvertrag, 1994, S. 54 ff.; *Waltermann*,
NZA 1991, S. 754; *ders.*, RdA 1993, S. 209, 217.
[38] Vgl. ausführlich *Schmidt/Neal*, Int.Encycl.Comp.L., Vol. XV (1984), Ch. 12 No.
17 ff.
[39] Vgl. *Brentano*, Zur Kritik der Englischen Gewerkvereine. Die Arbeitergilden der
Gegenwart II, 1872, S. 253 ff.

Abs. 3 GG andere Formen einer sinnvollen Ordnung und Befriedung des Arbeitslebens als die des Tarifsystems ausschließen will."
BVerfGE 58, S. 233, 248: „Es ist mit dem Grundrecht der Koalitionsfreiheit vereinbar, nur solche Koalitionen an der Tarifautonomie teilnehmen zu lassen, die in der Lage sind, den von der staatlichen Rechtsordnung freigelassenen Raum des Arbeitslebens durch Tarifverträge sinnvoll zu gestalten, um so die Gemeinschaft sozial zu befrieden (BVerfGE 18, S. 18, 28; vgl. auch BVerfGE 4, S. 96, 108; 20, S. 312, 317; 50, S. 290, 367)."

28 Die Friedensfunktion wirkt sich um so stärker aus, je umfangreicher die Sachbereiche sind, die von Tarifverträgen geregelt werden. Damit kann und soll die grundsätzliche Konfliktsituation zwischen Arbeitgebern und Arbeitnehmern nicht geleugnet werden. Sie wird auch nicht dadurch beseitigt, daß man die Tarifvertragsparteien, also die Träger der sozialen Selbstverwaltung, als „Sozialpartner" bezeichnet.[40] Aber das vorhandene Spannungsverhältnis wird durch die Institutionalisierung eines die Konflikte jedenfalls sachlich und zeitlich beschränkt lösenden Verfahrens wesentlich entschärft. Die Tarifautonomie ist deshalb keine „Institutionalisierung des Klassenkonflikts"[41], sondern gerade umgekehrt ein Verfahren, das zu einer begrenzten Integration von Arbeitnehmern und Arbeitgebern führen soll. Soweit eine Meinungsübereinstimmung nicht zu erzielen ist, kann der Streit durch einen an der Zielvorgabe orientierten und dem Verhältnismäßigkeitsprinzip entsprechenden Arbeitskampf ausgetragen werden. Das Ergebnis, die Tarifbestimmungen selbst, vermittelt den Arbeitnehmern die Gewißheit, durch ihre Berufsorganisation gestaltend an den gesellschaftlichen und sozialen Verhältnissen mitgewirkt zu haben und einen gerechten finanziellen und sozialen Status in der Gesamtbevölkerung einzunehmen. Freilich kann der Tarifvertrag seine Aufgabe, temporär für ein soziales Gleichgewicht zu sorgen, nur erfüllen, wenn er eine wirtschaftlich sinnvolle und sozial gerechte Regelung herbeiführt. Das Aufflammen wilder Streiks, deren Forderungen sich auf eine Verbesserung tariflich geregelter Entgelte oder anderer Arbeitsbedingungen beziehen, bildet ein Anzeichen dafür, daß der Tarifvertrag sein Ziel nicht (mehr) erreicht hat.

29 Neben der Sicherung des Lebensstandards der Arbeitnehmer und ihrer angemessenen Beteiligung am Gesamteinkommen erfüllt die Tarifautonomie eine weitere rechtspolitische Aufgabe, nämlich die Sicherung des sozialen Friedens durch Mitbestimmung und Mitgestaltung der Koalitionen bei der Regelung der Arbeits- und Wirtschaftsbedingungen. Wie weit der Tarifvertrag dabei allerdings über seine historische Aufgabe hinaus als *Instrument der Mitbestimmung* in der Wirtschaftsdemokratie eingesetzt werden soll, ist noch nicht ausgelotet. Ansätze dazu finden sich namentlich in der europäischen Gesetzgebung.[42]

---

[40] Vgl. jetzt den Sprachgebrauch in Art. 118b EGV; Art. 3 und 4 des Elfer-Abkommens der EG über die Sozialpolitik, BGBl. 1992 II, S. 1314. Dieser wird auch in den Artt. 138, 139 des durch den Amsterdamer Vertrag geänderten EGV beibehalten werden.
[41] *Geiger,* Klassenkonflikt im Schmelztiegel, 1949, S. 183.
[42] Vgl. die Vorschläge zur Gestaltung der Mitbestimmung der Arbeitnehmer in Leitungsorganen: Vorschlag für eine Richtlinie zur Ergänzung des SE-Statuts Art. 6; Abschlußbericht der Sachverständigengruppe „European Systems of Worker Involvment" (Davignon-Gruppe), Mai 1997; zuletzt *P. Hanau,* RdA 1998, S. 231.

6. Andere gesellschaftspolitische Aufgaben

Die Tarifautonomie ermöglicht eine **staatsentlastende Tätigkeit** der Sozialpartner. Die Selbstregulierung der Wirtschaft befreit die staatliche Gewalt davon, neben der Verantwortung für das gesamtwirtschaftliche Gleichgewicht auch noch diejenige für gerechte Entgelt- und Arbeitsbedingungen übernehmen zu müssen. Die meisten Industrieländer haben deshalb im Grundsatz die Tarifautonomie anerkannt. Im Rahmen der Europäischen Union wird die staatsentlastende Tätigkeit durch den „sozialen Dialog" der Sozialpartner, durch die in Art. 2 Abs. 4 des Sozialabkommens (jetzt Art. 137 Abs. 4 EGV n. F.) vorgesehene Möglichkeit, ihnen die Durchführung von bestimmten EG-Richtlinien zu übertragen, und ihre in Art. 4 Abs. 1 des Sozialabkommens verliehene Vereinbarungsbefugnis unterstrichen.[43] Der Wunsch auf Unterstützung und Entlastung kommt auch in Appellen des Gesetzgebers oder der Regierung an die Tarifvertragsparteien zum Ausdruck.[44]

Tarifverträge sind **Schrittmacher** des sozialen Fortschritts, deren Ergebnisse der Gesetzgeber später übernehmen kann. Dies ist in der Vergangenheit mehrfach geschehen, z. B. auf dem Gebiet des Erholungsurlaubs, der Lohnfortzahlung im Krankheitsfall, der Staffelung von Kündigungsfristen usw. Regelungen, die sich ursprünglich in einzelnen Tarifwerken fanden, gehören mittlerweile zum unumstrittenen sozialen Fundus des Arbeitsrechts. Diese Entwicklungsfunktion dauert an.

Ein erheblicher Vorzug tarifvertraglicher gegenüber staatlicher Regelung liegt schließlich in der größeren **Flexibilität** der Tarifnormen. Der staatliche Gesetzgeber greift immer stärker zur „Indienstnahme" der Tarifvertragsparteien, wenn er staatliches Recht tarifoffen gestaltet und den Tarifvertragspartnern sowie gleichstehenden Institutionen ein Abweichen auch zuungunsten der Arbeitnehmer gestattet; vgl. zum tarifdispositiven Recht unten Rnr. 357, 387 ff. Die Tarifverträge sollen und können damit unterschiedlichen Erfordernissen in der Arbeits- und Wirtschaftsstruktur Rechnung tragen. Daß trotzdem in der Vergangenheit der Ruf nach mehr Flexibilität gerade gegenüber den Tarifverträgen erhoben wurde, liegt nicht in der Institution des Tarifvertragsrechts, sondern in ihrer Handhabung durch die Tarifvertragsparteien.

III. Notwendige Voraussetzungen

1. Allgemeines

Zur Wahrung und Erfüllung der beschriebenen Aufgaben bedarf es rechtlicher Regelungen, die den Sozialpartnern einen Ausgleich der am Arbeitsmarkt widerstreitenden Interessen ermöglichen. Aus historischen und nationalen Gründen sind solche Basisregeln in den verschiedenen Ländern unter-

---

[43] Abkommen zwischen den Mitgliedstaaten der EG (mit Ausnahme von Großbritannien und Nordirland) über die Sozialpolitik, BGBl. 1992 II, S. 1314; vgl. nach Inkrafttreten des Amsterdamer Vertrages Art. 136 ff., insb. Art. 139 Abs. 1 EGV, die nach Ratifikation auch für Großbritannien und Nordirland gelten.
[44] Vgl. *Kissel*, in: Carl Bertelsmann-Symposion, 1988, S. 9, 25.

schiedlich gestaltet. Das gilt für die Verhandlungsebene, für den persönlichen und sachlichen Geltungsbereich und für die Regelungsdichte tarifvertraglicher Normen. Trotz dieser länderspezifischen Verschiedenheiten lassen sich verfassungs- oder einfachgesetzliche Vorgaben aufzeigen, die auch im internationalen Arbeitsrecht verwurzelt sind. Hierzu zählen:
- die Koalitionsfreiheit des Art. 9 Abs. 3 GG,
- die zwingende Wirkung der Tarifvertragsnormen und,
- soweit diese erstreikbar sind, die Konfliktlösung durch Arbeitskämpfe.

Daß die Möglichkeit des Zusammenschlusses der Arbeitnehmer und der Kartellierung ihres Arbeitsangebotes eine Vorbedingung freier kollektivrechtlicher Gestaltung von Arbeitsbedingungen bildet, ist unbestritten.[45] Deshalb wird beides in Art. 9 Abs. 3 GG und in verschiedenen völkerrechtlichen Abkommen[46] anerkannt. Die zweite Säule des Kollektivvertragswesens, die Tarifautonomie kann aus Art. 9 Abs. 3 GG nur mittelbar hergeleitet werden; vgl. dazu ausführlich unten Rnr. 91 ff. Wie weit damit verfassungsrechtlich die gesetzliche Ausgestaltung der zwingenden Mindestwirkungen der Tarifvertragsnormen abgesichert wird, ist bestritten, und der Umfang, in dem kollektive Kartellregelungen tatsächlich Einfluß auf die Arbeitsverhältnisse nehmen müssen und dürfen, ist persönlich (§ 3 Abs. 2) und sachlich (§ 4 Abs. 3) noch nicht endgültig geklärt. Die dritte Mindestbedingung freier Kollektivvereinbarungen beinhaltet als *ultima ratio* die Anerkennung von Arbeitskämpfen zur Konfliktlösung.

2. Tarifkartell

34   Der Einfluß auf die Arbeitsbedingungen verlangt auf der Seite der Arbeitnehmer eine Kartellbindung; sie erfolgt durch Verteuerung der Arbeitskraft und Verknappung der Arbeitszeit. Das setzt wiederum voraus, daß die Tarifvertragsnormen jedenfalls nach unten zwingende Wirkung entfalten. Allgemeine Arbeitsbedingungen oder Rahmenrichtlinien können diese Aufgabe nicht übernehmen. Die Gewerkschaften sehen die Verbindlichkeit von Kollektivabreden historisch zu recht als Teil der verfassungsrechtlich gesicherten Koalitionsfreiheit an und verteidigen sie gegen einschränkende Reformbestrebungen. Darüber hinaus setzt die Kartellwirkung voraus, daß ein ausreichend großer Teil der Belegschaft tarifgebundener Unternehmen entweder wie in Österreich und Frankreich[47] unmittelbar oder wie in Deutschland durch Gleichstellungsabreden mittelbar von den tarifvertraglichen Arbeitsbedingungen erfaßt wird. Ein unmittelbarer oder mittelbarer Zwang zum Beitritt in die Gewerkschaft gilt heute im in- und ausländischen Recht als rechtswidrig.

---

[45] Vgl. statt aller *Gamillscheg*, Kollektives Arbeitsrecht I, § 12 7c, S. 499; Löwisch/*Rieble*, Grundl., Rnr. 6; *Rieble*, Arbeitsmarkt und Wettbewerb, 1996, Rnr. 487 ff.; *Rüthers*, Tarifmacht und Mitbestimmung in der Presse, 1975, S. 15; *Schmidt/Neal*, Int.Encycl.Comp.L., Vol. XV (1984), Ch. 12 No. 25 ff.; zurückhaltend *Lieb*, NZA 1994, S. 337, 340.
[46] Vgl. ILO Übereinkommen Nr. 87 v. 9. 7. 1948; Europäische Sozialcharta Art. 5 (BGBl. 1964 II, S. 1262); ausgenommen im sog. Elfer-Abkommen der EU über die Sozialpolitik Art. 2 Abs. 6 [Art. 137 Abs. 6 EGV n. F.].
[47] Vgl. Frankreich Code du Travail Art. L.135–2; Österreich ArbVerfG § 12.

Die Kartellwirkung der Tarifverträge auf das wirtschaftliche und gesellschaftliche Umfeld wird um so stärker, je größer der räumliche, sachliche und persönliche Geltungsbereich des Tarifvertrages gespannt ist. Das gilt insbesondere, wenn Verbands- und Branchentarifverträge überregional abgeschlossen werden, wie in den westeuropäischen Ländern und in Japan, während diese Wirkungen bei Firmentarifverträgen zurücktreten.[48] Umgekehrt verliert die Kartellwirkung ihre Bedeutung in internationalen Konzernen, die ihre Waren oder Dienstleistungen kurzfristig verlagern können. Die Reaktion in Richtung: grenzüberschreitende Tarifvertragspolitik (Europäisierung) steht noch aus.[49] Welcher Zusammenhang zwischen einer zentralen oder einer dezentralen Lohnfindung zur Leistungsfähigkeit der Volkswirtschaft besteht, ist in der Wirtschaftswissenschaft noch nicht geklärt.[50] Es gibt Anzeichen dafür, daß eine mehr zentralisierte Verhandlungsebene zu einem höheren Beschäftigungsstand führt. Als gesichert kann nur gelten, daß zentrale oder koordinierte Lohnverhandlungen zu größerer Gleichförmigkeit der Entgeltbedingungen führen. Das Spektrum der Tarifverhandlungsebenen ist weit gespannt und ändert sich im Zeitablauf. In Australien, England und Schweden hat eine starke Dezentralisierung stattgefunden, in Italien, Norwegen und Portugal verlief die Entwicklung umgekehrt.

Die Kartellwirkungen des Verbandstarifvertrages kommen zwischen den Unternehmen zum Tragen. Die Tarifverträge schaffen einheitliche Arbeitsbedingungen in den Unternehmen und führen damit zu ähnlichen Lohnkosten. Für nicht organisierte Unternehmen sind sie zwar nicht rechtlich, wohl aber je nach Lage des Arbeitsmarktes oder anderer institutioneller Bedingungen faktisch bindend. In welchem Umfang die Kartellwirkungen zwischen den Unternehmen an Bedeutung erlangen, hängt auch von Marktstrukturen und Nachfragebedingungen am Gütermarkt ab. Die Kartellwirkung verstärkt sich, wenn der Tarifvertrag für allgemein verbindlich erklärt wird, um einen Wettbewerbsvorteil der koalitionsfreien gegenüber den verbandsangehörigen Unternehmen zu verhindern. Die Arbeitgeber werden versuchen, sich der Kartellwirkung der Tarifverträge zu entziehen, wenn die höheren Lohnkosten die damit einhergehenden Vergünstigungen überschreiten. Letztere umfassen die Senkung von Transaktionskosten sowie die Standardisierung und Stabilisierung von Arbeitsbedingungen. Auch insoweit wirken sich die Wettbewerbsbedingungen des Gütermarktes aus. Tendenziell gilt, daß die Arbeitgeber um so eher versuchen, sich den tarifvertraglichen Regelungen zu entziehen, je enger die in- und ausländische Konkurrenzlage ist, je höher die Güternachfrageelastizität in der Branche ist, je höher die Substitutionsmöglichkeiten der Konsumenten zu anderen in relativen Preisen günstigeren Gütern ist und je niedriger die Markteintrittsschranken sind.[51]

---

[48] Vgl. *Schmidt/Neal*, Int.Encycl.Comp. L., Vol. XV (1984), Ch. 12 No. 25 ff.
[49] Vgl. *Zachert*, in: Festschrift für Günter Schaub (1998), S. 811.
[50] Vgl. dazu OECD, Employment Outlook, July 1997, S. 63–92; sowie *Berthold/Fehn*, in: Zohlnhöfer, Die Tarifautonomie auf dem Prüfstand, 1996, S. 57–94; *Traxler*, WSI-Mitteilungen 1998, S. 249, 251 alle m. w. N.
[51] Vgl. *Stewart*, The Economic Journal 1990, S. 1126.

Einleitung 36   1. Abschnitt. Allgemeines und Verfassungsgarantie

Tarifverhandlungsebenen im internationalen Vergleich			
Land	Zentrale überfachliche Ebene	Branchenebene (zentral oder regional)	Unternehmensebene
Belgien	(Festlegung von Mindesteinkommen)	wichtigste Verhandlungsebene	ergänzend
Dänemark	früher von größerer Bedeutung	wichtigste Verhandlungsebene	
Deutschland		wichtigste Verhandlungsebene	(ergänzend)
Finnland	wichtigste Verhandlungsebene	Folge- oder Ersatzverhandlungen	(ergänzend)
Frankreich		Verhandlungen über Tarif(mindest)löhne	Aushandlung der Effektivlöhne
Großbritannien		abnehmende Bedeutung	wichtigste Verhandlungsebene
Italien	(Festlegung der Lohnindexierung bis 1991)	wichtigste Verhandlungsebene	ergänzend
Japan			wichtigste Verhandlungsebene, aber übergeordnete Koordination
Kanada			wichtigste Verhandlungsebene
Niederlande		wichtigste Verhandlungsebene	(ergänzend)
Norwegen	wichtigste Verhandlungsebene	Folge- oder Ersatzverhandlungen	(ergänzend)
Österreich			wichtigste Verhandlungsebene, aber übergeordnete Koordination
Portugal		wichtigste Verhandlungsebene	
Schweden	früher von entscheidender Bedeutung	wichtigste Verhandlungsebene	
Schweiz			wichtigste Verhandlungsebene
Spanien		wichtigste Verhandlungsebene	ergänzend; u. a. Abschlüsse in Großunternehmen
Vereinigte Staaten			wichtigste Verhandlungsebene

36   Nach überwiegender Ansicht in der Rechtsprechung und in der arbeitsrechtlichen Lehre[52] ist die tarifvertragliche Kartellabrede generell vom Gel-

---

[52] Vgl. BAG 27. 6. 1989 AP Nr. 113 zu Art. 9 GG Arbeitskampf (*Wiedemann/Wonneberger*); KG 21. 2. 1990 AP Nr. 60 zu Art. 9 GG; *Bechtold*, RdA 1983, S. 99,

tungsbereich des § 1 GWB ausgenommen. Auch Art. 85, 86 EGV befassen sich nicht mit arbeitsrechtlichen Angelegenheiten.[53] Die klassische Formulierung dafür, daß die Antitrust-Politik für den Arbeitsmarkt nicht gelten soll, findet sich in Art. 6 Clayton Act: „*The labor of a human being is not a commodity or article of commerce.*" Diese Auffassung wird freilich aus wirtschaftsrechtlicher[54] Sicht kritisiert; vgl. dazu ausführlich unten Rnr. 371. Auch die Wirtschaftswissenschaft steht der Ausnahmestellung des Arbeitsmarktes zurückhaltend gegenüber.[55] In dem Umfang, in dem die Besonderheiten der (früh)kapitalistischen Arbeitsbedingungen als überwunden eingeschätzt werden, wird auch die Berechtigung der Freistellung von Wettbewerbsgrundsätzen zunehmend in Frage gestellt.[56] Im geltenden Kartellrecht sprechen historische und systematische Erwägungen für einen Ausnahmebereich Arbeitsmarkt. Die Geschichte des GWB belegt zweifelsfrei, daß Kollektivverträge insgesamt nicht erfaßt werden sollten. Bei den Beratungen wurde eine ausdrückliche Ausnahmeregelung gerade mit dem Hinweis abgelehnt, daß die Tarifvertragsparteien im Rahmen ihrer gesetzmäßigen Tätigkeit nicht unter das Gesetz fielen. Auch wenn die Problematik erst später voll entdeckt wurde, war der unterschiedliche Systemansatz den Vätern des GWB bewußt[57]: der Dienstleistungs- und Gütermarkt soll vom Wettbewerbsprinzip, der Arbeitsmarkt vom Gegengewichtsprinzip beherrscht werden. Schließlich geht es in der Sache nicht darum, dem Kartellrecht oder dem Wettbewerbsprinzip größeren Einfluß auf den Arbeitsmarkt zu verschaffen, sondern die Grenzen der Tarifautonomie auszuloten. Es soll nicht die Regulierung des Arbeitsmarktes durch Tarifverträge aufgehoben, sondern der Einfluß kollektiver Abreden auf andere Märkte verhindert werden. Dafür bietet das Kartellrecht weder Sachlösungen noch Abgrenzungskriterien an; vgl. dazu unten Rnr. 371.

3. Arbeitskampf

Als letzte Vorbedingung einer funktionierenden Tarifautonomie gilt die Gewährleistung entweder eines Arbeitskampfrechtes oder die Einrichtung einer staatlichen Zwangsschlichtung. Das geltende deutsche Recht wählt die erste Alternative. Anders als im Bereich der Privatautonomie ist ein beliebiges Ausweichen auf einen anderen Vertragspartner im Tarifvertragsrecht weitgehend ausgeschlossen; lehnt eine potentielle Vertragspartei den Ab-

---

100; MünchArbR/*Löwisch*, § 240 Rnr. 15; *Rittner*, Wirtschaftsrecht, 2. Aufl. 1987, § 15, Rnr. 38; *Rieble*, Arbeitsmarkt und Wettbewerb, 1996, Rnr. 459; *Wulf-Henning Roth*, in: Tarifautonomie und Kartellrecht, 1990, S. 7 ff.
[53] Schriftliche Anfrage Nr. 777/89, ABl. EG 1990 Nr. C 328/3.
[54] Vgl. *Immenga*, Grenzen des kartellrechtlichen Ausnahmebereichs Arbeitsmarkt, 1989, S. 6 ff.; *Kulka*, RdA 1988, S. 336, 337; *Nacken*, WuW 1988, S. 475, 484; *Poth*, NZA 1989, S. 626, 629.
[55] Vgl. *Schmid*, in: Buttler-Gerlach-Schmiede, Arbeitsmarkt und Beschäftigung, 1987, S. 24–63; *W. Sesselmeier*, Gewerkschaften und Lohnfindung, 1993, S. 27 ff.
[56] Vgl. *Dichmann*, Kollektive Interessenvertretung, Recht und ökonomische Effizienz, 1992, S. 207; *Meyer*, in: Jahrbuch für Sozialwissenschaft, 1987, S. 320–332.
[57] Regierungsbegründung zu dem Entwurf eines Gesetzes gegen Wettbewerbsbeschränkungen, BT-Drucks. 2/1158, nach Anl. 1, S. 30; *Söllner*, ArbRGegw 1998, S. 21, 22 ff.

schluß der Kollektivvereinbarung ab, so bleibt nur die Möglichkeit einer individualrechtlichen oder im Rahmen des § 77 BetrVG betrieblichen Regelung. Eine unternehmensübergreifende Ordnung der Arbeits- und Wirtschaftsbedingungen ist versperrt. Die Konfliktlösung durch Arbeitskampf liegt im Interesse der betroffenen Arbeitnehmer und Arbeitgeber, darüber hinaus aber auch im Interesse der Allgemeinheit an der Einrichtung einer stabilen Sozialordnung. Mit dem Arbeitskampfrecht wird den Trägern der Tarifautonomie die Möglichkeit eingeräumt, notfalls, d. h. beim Scheitern einer freiwilligen Einigung, durch Arbeitsverweigerung Druck auf die Gegenseite auszuüben und sie dadurch zu dem vorgeschlagenen Vertragsschluß zu bewegen. Der Arbeitskampf dient damit zur Herbeiführung einer Konsensbereitschaft, die im übrigen Vertragsrecht mit der Drohung versucht werden kann, zur Konkurrenz zu wechseln. Zwar wird damit das Prinzip der freiwilligen Vereinbarung zugunsten einer Funktionsfähigkeit der Tarifautonomie durchbrochen. Das rechtfertigt sich jedoch damit, daß gerade in Phasen unüberwindlicher Interessengegensätze eine Regelung staatsunabhängig erfolgen muß: die Tarifautonomie ist eben nicht nur Recht, sondern Aufgabe der Tarifvertragsparteien.

38 Die Tarifvertragsparteien haben es in der Hand, Arbeitskämpfe durch lange Laufzeit der Kollektivvereinbarung und durch ein arbeitskampffreies Schlichtungsverfahren einzuschränken; vgl. zum sog. Schweizer Friedensabkommen ausführlich unten § 1 Rnr. 699 ff. Das Arbeitskampfrecht ist darüber hinaus in der deutschen Rechtsprechung und Rechtslehre dadurch eingeschränkt worden, daß Arbeitskämpfe nur als subsidiäres Regelungsmittel freier Vertragsgestaltung und Vertragsverhandlung anerkannt werden und dies unter einer doppelten Bedingung: Ziel eines rechtmäßigen Arbeitskampfes kann nur die Durchsetzung eines Tarifvertragsabschlusses sein; außerdem ist der Arbeitskampf erst dann zulässig, wenn die Verhandlungen für gescheitert erklärt sind.

39 Wie weit auf diesem Weg das Ergebnis der Vertragsgerechtigkeit durch *Richtigkeitschance* des angemessenen Ausgleichs auch im Tarifvertragsrecht erreicht werden kann, ist zweifelhaft; vgl. dazu ausführlich unten § 1 Rnr. 216 ff. Erst recht ist ungeklärt, wie weit eine solche Richtigkeitsgewähr der tarifvertraglichen Einigung als Leitgedanke des Arbeitskampfrechts dienen kann.[58]

IV. Lohnbildung und Lohnstruktur[*]

1. Lohnbildung

40 In Deutschland erfolgt der Lohnbildungsprozeß zweistufig: in Kollektivverhandlungen werden die Tariflöhne festgelegt und in den Unternehmen die Effektivlöhne bestimmt. Die Höhe und Veränderung der Löhne und Gehälter, also des Entgelts im Sinne des § 40 ArbVGE, wird freilich überwiegend durch die kollektiven Vereinbarungen der Tarifvertragsparteien gesteuert.

---

[58] Vgl. *Enderlein*, RdA 1995, S. 264–280.
[*] Für ihre Mitarbeit bei diesem und beim nächsten Abschnitt dankt der Verfasser Frau Diplom-Volkswirtin Dr. *Mouna Thiele*, Köln.

A. Allgemeines zur Tarifautonomie   41–44 **Einleitung**

a) Auf **tarifvertraglicher Ebene** verhandeln Vertreter von Gewerk- 41
schaften und Arbeitgeber(verbänden) über die Veränderung tariflicher
Löhne. Eine Vielzahl wirtschaftstheoretischer Ansätze versucht, wichtige
Determinanten der Lohnbildung aufzuzeigen und Lohnveränderungen zu
prognostizieren. Die Frage, ob die Lohnbildung stärker durch ökonomische
Gesetzmäßigkeiten oder durch institutionelle Machtfaktoren bestimmt wird,
wurde bereits bei den Klassikern diskutiert und ist bis heute in den Theorien
der Lohnfindung nicht abschließend beantwortet worden.[59]

Die *markttheoretischen* Ansätze, die ökonomische Gesetzmäßigkeiten als 42
wichtigste Bestimmungsfaktoren der Lohnentwicklung sehen, berücksichtigen vor allem die Beschäftigungssituation, die Produktivitätsentwicklung und
die Preisniveauentwicklung.[60] Theoretischer Ansatzpunkt ist die neoklassische Grenzproduktivitätstheorie. Unter neoklassischen Bedingungen können
Lohnveränderungen nur auf Veränderungen der Güterpreise oder der Produktivität zurückgeführt werden. Produktivitätszuwächse schaffen Lohnerhöhungsspielräume und/oder Spielräume für Beschäftigungsexpansion. In
diese Betrachtung fällt auch das Zusammenspiel von Arbeitsangebot und
-nachfrage, wobei tendenziell die Wirkung von Beschäftigungsungleichgewichten mit stärkerem Umfang größer wird.

Die *machttheoretisch* oder *organisatorisch* orientierten Ansätze räumen dage- 43
gen den institutionellen Bedingungen entscheidendere Bedeutung bei der
Lohnbildung ein. Sie gehen von der Hypothese aus, daß ein Verhandlungspartner die Lohnbildung zumindest zum Teil zu seinen Gunsten beeinflussen
kann. Als Faktoren, die die Macht der Parteien in Tarifverhandlungen beeinflussen, werden in der Literatur genannt: Organisationsgrad (insb. seine
Veränderung), Marktbedingungen am Gütermarkt (insb. die Wettbewerbssituation), Güter- und Sachleistungspräferenzen, reine Verhandlungsmacht
(Verhandlungsgeschick und Fähigkeit, unabhängig von den Marktbedingungen günstigere Bedingungen zu erzielen).[61] Dieses Konzept erlaubt die Zielfunktion der Verhandlungsparteien zu berücksichtigen.[62]

Unsicherheiten bestehen auch über das Verhalten der Tarifvertragsparteien 44
im eigentlichen Verhandlungsprozeß. Dieser ist Untersuchungsgegenstand der
bargaining-Ansätze.[63] Der Lohn wird als Ergebnis von Verhandlungsmechanis-

---

[59] Vgl. zu den verschiedenen Verhandlungstheorien des Lohnes *Farber*, The Analysis
of Union Behavior, 1986; *Keller*, Theorien der Kollektivverhandlungen, 1974; *Külp*,
Der Lohnfindungsprozeß der Tarifpartner, 1977; *Meyer*, Bestimmungsfaktoren der
Tariflohnbewegung, 1990; *Schmidt*, Tariflohnbestimmung im IfW-Modell für Westdeutschland 1966–1993, 1994; *Schnabel*, Zur ökonomischen Analyse der Gewerkschaften in der Bundesrepublik Deutschland, 1989.
[60] Vgl. zur zusammenfassenden Darstellung weiterhin *Külp*, Der Lohnfindungsprozeß der Tarifpartner, 1977, S. 23 ff.
[61] Vgl. *Külp*, Der Lohnfindungsprozeß der Tarifpartner, 1977, S. 29 ff.
[62] Die Grundüberlegungen, ob ökonomische oder politische Variablen die relativ
größere Bedeutung im Verhaltenskalkül der Gewerkschaften haben, wird in der
Dunlop-Ross-Kontroverse diskutiert; vgl. *Dunlop*, Wage Determination under Trade
Unions, 1950; *Ross*, Trade Union Wage Policy, 1948. Vgl. zur kurzen Darstellung der
Debatte *Külp*, Der Lohnfindungsprozeß der Tarifpartner, 1977, S. 11 ff.; *Schmidt*, Tariflohnbestimmung im IfW-Modell für Westdeutschland 1966–1993, 1994, S. 14.
[63] Vgl. *Hicks*, The Theory of Wages, 1963, S. 143 ff. Die Kritik an diesem Grundmodell hat zu zahlreichen Erweiterungen der Collective Bargaining-Theorie geführt,

men und in Abhängigkeit des Einsatzes von Drohpotentialen gesehen. Diese Ansätze beleuchten, wie es den Tarifvertragsparteien gelingt, die Gegenseite zu Konzessionen zu bewegen. Informationen über das Verhandlungsgleichgewicht der Tarifvertragsparteien liefert auch die Anwendung der Spieltheorie.[64]

45 Neuere Lohnbildungstheorien diskutieren verstärkt den Einfluß von Lohnstarrheit (Lohnrigiditäten), die durch den Lohnbildungsprozeß bedingt sein können, auf die bestehende hohe und persistente Arbeitslosigkeit. Zu dieser neuen Generation der Lohntheorien zählen die *insider-outsider*-Ansätze, die *Effizienzlohntheorien* und die Theorien der *impliziten Kontrakte* (implicit contracts). Die *insider-outsider*-Theorien[65] thematisieren den Interessenkonflikt zwischen Beschäftigten und Arbeitslosen und untersuchen, inwieweit die Beschäftigten die Entlohnung zu ihren Gunsten beeinflussen können. Ausgangspunkt der Effizienzlohntheorien[66] ist die Erfahrung, daß über die Höhe der Entlohnung die Arbeitsleistung der Beschäftigten beeinflußt werden kann. Eine über dem Marktlohn liegende Entlohnung kann für Unternehmen durch ihre produktivitätssteigernde Wirkung effizient sein. Die Theorien der impliziten Kontrakte[67] betonen die Wirkung von unsicherheitsbedingten Kosten und Risiken in Arbeitsbeziehungen. Unternehmen und Arbeitnehmer vereinbaren neben dem üblichen Arbeitsvertrag implizit eine Versicherungskomponente: die Unternehmensseite garantiert ein verstetigtes Entgelt, dafür ist die Arbeitnehmerseite bereit, einen geringeren, aber stabilen Lohn zu akzeptieren. Dies ist für beide Seiten so lange von Vorteil, wie die Verluste aus den vom Gleichgewichtslohn abweichenden Fixlöhnen niedriger sind als die andernfalls mit der Anpassung an veränderte Gleichgewichtsbedingungen zu erwartenden Informations- und Umstellungskosten.

Bisher konnte keine der Theorien den bestehenden Unbestimmtheitsbereich des Lohnbildungsprozesses befriedigend schließen und die vielfältig ökonomischen, institutionellen, sozialen und historischen Einflüsse in ausreichender Weise berücksichtigen.

46 b) Übertarifliche Entlohnung. In vielen Arbeitsverhältnissen werden neben der tariflichen Entlohnung übertarifliche Leistungen gewährt, die individuell ausgehandelt oder auf betrieblicher Ebene festgelegt sind. Eine wichtige Ausnahme bildet der öffentliche Dienst. Als Meßkonzepte zur Erfassung von übertariflicher Bezahlung dienen die *Lohnspanne* (Differenz zwi-

---

die z. B. das Zeitelement berücksichtigen; vgl. *Keller,* Theorien der Kollektivverhandlungen, 1974, S. 89 ff.; *Külp,* Der Lohnfindungsprozeß der Tarifpartner, 1977, S. 41 ff.; *Schnabel,* Zur ökonomischen Analyse der Gewerkschaften in der Bundesrepublik Deutschland, 1989, S. 113 ff.

[64] Vgl. *Card,* American Economic Review, Papers & Proceedings, 1990, S. 410 ff.; *Güth,* Zur Theorie kollektiver Lohnverhandlungen, 1978; *Keller,* Theorien der Kollektivverhandlungen, 1974, S. 61 ff.

[65] Vgl. *Lindbeck/Snower,* The Insider-Outsider Theory of Employment and Unemployment, 1988; *Solow,* Scandinavian Journal of Economics 1985, S. 411–428; *Blanchard/Summers,* Hysteries and the European Unemployment Problem, 1986, S. 15–78.

[66] Vgl. *Akerlof/Yellen,* Efficiency Wage Models of the Labor Market, 1986; *Levine,* The Economic Journal 1992, S. 1110; *Scheuer,* Zur Leistungsfähigkeit neoklassischer Arbeitsmarkttheorien, 1987, S. 111 f.; *Weiss,* Efficiency Wages, 1991.

[67] Vgl. zum Überblick *Diekmann,* Kontrakttheoretische Arbeitsmarktmodelle, 1982; *Rosen,* Journal of Economic Literature 1985, S. 1144–1175.

schen dem effektiv gezahlten Lohn und dem tariflich vereinbarten Lohn zu einem bestimmten Zeitpunkt) und die *Lohndrift* (Differenz der Wachstumsraten zwischen Effektiv- und Tariflöhnen). Der durchschnittliche Wert der Lohnspanne wird mit 8% angegeben, wobei allerdings die erhebliche Varianz der Werte nicht zum Ausdruck kommt.[68] Die Lohndrift war bis in die achtziger Jahre positiv, seitdem schwankt ihr Wert um Null.[69] Statistisch belegt ist, daß sehr hohe Tariflohnveränderungen mit geringer oder negativer Lohndrift einhergehen. Die Verringerung der übertariflichen Bezahlung dient damit teilweise als Korrektiv der Tarifvertragslöhne. Für übertarifliche Entlohnung gibt es verschiedene ökonomische Erklärungen: es kann eine konjunkturell oder strukturell begründete Überschußnachfrage nach Arbeitskräften auf unterschiedlichen Arbeitsmärkten bestehen. Bei betrieblichen Nachverhandlungen können Machtfaktoren von Bedeutung sein. Neuere Überlegungen bauen auf den Effizienzlohntheorien auf, die die Motivationswirkung und damit die Produktivitätswirkung von höheren Löhnen betonen. Institutionelle Begründungen ergeben sich aus dem innerbetrieblichen Differenzierungsbedarf bei intermediären oder zentralistischen Lohnabschlüssen. Stärkerer Differenzierungsbedarf kann hinsichtlich der Leistungsfähigkeit der Betriebe und bezüglich einzelner Lohngruppen bestehen sowie im zeitlichen Ablauf hervortreten.[70]

c) Untertarifliche Entlohnung. Durch die verschlechterte Beschäftigungslage haben Möglichkeiten zur Abweichung vom Tarifvertrag nach unten in der betrieblichen Praxis und der Literatur vermehrte Aufmerksamkeit erfahren. Untertarifliche Entlohnung stellt ebenso wie übertarifliche Bezahlung eine Abweichung von der im Tarifvertrag festgelegten Lohnhöhe dar. Genauere empirische Daten über die Häufigkeit einer untertariflichen Entlohnung liegen nicht vor. Die OECD ermittelt für Deutschland (West) für das Jahr 1992 eine Durchsetzungsrate der tariflichen Arbeitsbedingungen von über 80%.[71] Dieser Wert wird sich jedoch mit der letzten wirtschaftlichen Talfahrt in den alten Bundesländern reduziert haben. Hierfür spricht die zunehmende Anzahl an Austritten aus den Arbeitgeberverbänden. Über seine Höhe liegen keine Zahlen vor, ein deutlicher Mitgliederrückgang wird jedoch allgemein vermutet.[72] Hinzu kommt, daß der Organisationsgrad der Arbeitgeber in den neuen Bundesländern deutlich niedriger ist als in den alten, weil viele Unternehmen einem Arbeitgeberverband nicht beigetreten

---

[68] Zur neueren Schätzung der Lohnspanne in Deutschland vgl. *Bellmann/Kohaut*, MittAB 1995, S. 63 f.; *Meyer*, Analyse der Bestimmungsfaktoren der übertariflichen Entlohnung auf Basis von Firmendaten, 1995, S. 50–71; *Schnabel*, Übertarifliche Entlohnung. Einige Erkenntnisse auf Basis betrieblicher Effektivverdienststatistiken, 1995, S. 28–49.
[69] Vgl. *Schnabel*, Die übertarifliche Bezahlung, 1994, S. 23.
[70] Vgl. *Bellmann/Kohaut*, MittAB 1995, S. 63 f.; *Franz*, Arbeitsmarktökonomik, 1994, S. 310 f.; *Schnabel*, Die übertarifliche Bezahlung, 1994, S. 11 ff.
[71] Vgl. OECD, Jobs Study, 1994, Part II, S. 10; einen hohen Anteil an Übernahmen der Tarifbedingungen schätzt ebenfalls *Freeman*, American Exceptionalism in the Labor Market; Union-Nonunion Differentials in the United States and other Countries, 1994, S. 280.
[72] Vgl. *Berthold*, Wirtschaftsdienst 1996, S. 14; *Buchner*, NZA 1995, S. 769; *Däubler*, NZA 1996, S. 225; *Ehmann/Schmidt*, NZA 1995, S. 194.

oder bereits wieder ausgetreten sind.[73] Neben dem Verbandsaustritt oder der Mitgliedschaft ohne Tarifbindung treffen tarifgebundene Unternehmen wohl auch zunehmend tarifwidrige Absprachen.[74] Nach Schätzungen zahlen in den neuen Bundesländern rund 30% der tarifgebundenen Unternehmen mit Einverständnis ihrer Belegschaft Löhne unter Tarif.[75]

2. Lohnstruktur

48 **a) Differenzierung der Lohnstruktur.** Neben der Lohnhöhe ist auch die Lohnstruktur, also das Verhältnis der Entgelte zueinander für die Ergebnisse am Arbeitsmarkt außerordentlich bedeutsam. In Abhängigkeit verschiedener Vergleichsebenen existieren zahlreiche Lohnstrukturen. Die *gesamtwirtschaftlichen* Lohnstrukturen differieren nach Regionen, Wirtschaftssektoren, Industriebranchen, Berufsqualifikationen und Unternehmensgrößen.[76] Zusätzlich besteht innerhalb der Unternehmen eine innerbetriebliche Lohnstruktur, der § 87 Abs. 1 Nr. 10 BetrVG Rechnung trägt. Werden verschiedene Lohnstrukturen empirisch erfaßt, zeigen sie zunächst nur, wie weit die Lohnhöhen auseinanderliegen. Wichtiger für die Betrachtung ist, wodurch eine bestehende oder eine Veränderung der bestehenden Lohnstruktur ausgelöst werden kann. Gründe sind die bestehenden Knappheitsrelationen an Teilarbeitsmärkten und andere Faktoren wie unterschiedliche Trends der Arbeitsproduktivitäten in verschiedenen Segmenten, unterschiedliche Anforderungen und Qualifikationsniveaus, unterschiedliche wettbewerbliche Bedingungen und die Mobilität von Arbeitnehmern. Hauptproblem ist, daß die Bedeutung der verschiedenen Faktoren nur unzureichend zu identifizieren ist.[77] Für die Festlegung der *innerbetrieblichen* Lohnstruktur sind in der Personalwirtschaft Verfahren und Indikatoren der Arbeitsbewertung entwickelt worden. In Arbeitsbewertungsverfahren wird der Arbeitsplatz näher eingestuft. Hier werden Größen wie notwendige Qualifikation, körperliche und geistige Belastung, Erfahrung, Verantwortung für die eigene Arbeit usw. erfaßt; vgl. dazu auch unten im Zusammenhang mit dem Gleichheitsgebot Rnr. 257 ff. Gängig sind verschiedene summarische und analytische Verfahren.[78] Zur Erfassung der Leistungskomponente des einzelnen Arbeitnehmers dienen Verfahren der Leistungsbewertung.[79]

49 **b) Flexibilität der Lohnstruktur.** In den letzten Jahren wird verstärkt diskutiert, ob eine verzerrte Lohnstruktur Ursache der Arbeitslosigkeit ist.[80]

---

[73] Vgl. *Müller-Jentsch*, WSI-Mitteilungen 1993, S. 501.
[74] Vgl. *Buchner*, Betrieb 1996, Beilage 12, S. 4.
[75] Vgl. DIW/IfW/IWH, DIW-Wochenbericht 1994, S. 213.
[76] Vgl. *Franz*, Arbeitsmarktökonomik, 1994, S. 310 f.; *Paqué*, WiSt 1996, S. 112; *Seitel*, Öffnungsklauseln in Tarifverträgen, 1995, S. 36.
[77] Vgl. *Franz*, Arbeitsmarktökonomik, 1994, S. 310 f.; *Paqué*, WiSt 1996, S. 112.
[78] Vgl. *Bisani*, Personalwesen und Personalführung, 1995, S. 432 ff.; *Franke*, Lohn- und Gehaltsgerechtigkeit, 1995, S. 7 ff.; *Gerum*, WiSt 1985, S. 495 ff.; *Oechsler*, Personal und Arbeit, 6. Aufl. 1997, S. 334 ff.
[79] *Drumm*, Personalwirtschaftslehre, 3. Aufl. 1995, S. 78 ff.
[80] Vgl. *Bellmann*, MittAB 1995, S. 391 ff.; *Gundlach*, Die Weltwirtschaft 1986, S. 74 ff.; *Hardes*, MittAB 1988, S. 52–73; *Paqué*, WiSt 1996, S. 112–118; *Sadowski/Schneider*, WSI-Mitteilungen 1996, S. 19–25; *Thiehoff*, Lohnnivellierung und qualifikatorische Arbeitslosigkeitsstruktur, 1987.

A. Allgemeines zur Tarifautonomie

Aus der überproportionalen Arbeitslosigkeit bestimmter Arbeitnehmergruppen und in bestimmten Regionen und Branchen wird auf eine regional, sektoral und nach Qualifikationen unzureichend differenzierte Lohnstruktur geschlossen.[81] Hieraus wird wiederum die Hypothese abgeleitet, daß die Lohnstrukturen nicht flexibel genug auf den Strukturwandel reagieren können. Indiz dafür, daß die Lohnentwicklung den sektoralen Strukturwandel nur bedingt berücksichtigt, kann eine stabile Rangordnung zwischen Hoch- und Niedriglohnsektoren insbesondere in Krisenzeiten sein. Die hohe Arbeitslosigkeit von gering qualifizierten Arbeitnehmern wird teilweise auf überproportionale Lohnanhebungen für diese Arbeitnehmergruppen zurückgeführt. Auch im Zeitverlauf regional stabile Lohnrelationen können ein Zeichen geringer Anpassungsfähigkeit an Veränderungen der Güter- und Arbeitsmärkte sein. Die Nivellierungstendenzen werden schließlich aus der „Pilotfunktion" zuerst in einer Lohnrunde abgeschlossener Tarifverträge hergeleitet: sie haben Signalwirkungen für die Tarifabschlüsse in anderen Regionen und Branchen, weil deren Gewerkschaften keine Verschlechterung ihrer Position in der Lohnpyramide hinnehmen möchten.[82] Erschwert wird die Diskussion über die Lohnstruktur jedoch dadurch, daß bereits das empirische Ausmaß der Nivellierungstendenzen umstritten und bisher nicht abschließend zu quantifizieren ist.[83]

Die wirtschaftspolitische Forderung nach einer größeren sektoralen und zwischen unterschiedlichen Arbeitnehmergruppen bestehenden Lohnstrukturflexibilität wird durch das theoretische *Konzept der Lohnstrukturflexibilität* gestützt.[84] Die Bedeutung einer flexiblen Lohnstruktur kann bei fortschreitendem Strukturwandel verdeutlicht werden. Strukturwandel ist durch veränderte Produktionsstrukturen gekennzeichnet, die sich durch Nachfrageverschiebungen am Gütermarkt, veränderte Konkurrenzverhältnisse oder technischen Fortschritt ergeben. Der Strukturwandel führt damit auch zu einer veränderten Arbeitsnachfrage zwischen verschiedenen Branchen, Regionen und Arbeitnehmerqualifikationen. Entsprechend dem Konzept der Lohnstrukturflexibilität müssen sich die Lohnstrukturen den veränderten Knappheitsverhältnissen anpassen, um die Beschäftigungswirkungen am Arbeitsmarkt abzufedern. Hierzu muß entweder eine hohe Mobilität der Arbeitnehmer zwischen den verschiedenen Teilarbeitsmärkten oder eine ausreichende Lohnflexibilität bestehen, andernfalls kommt es zu Mengenanpas-

---

[81] Vgl. *Bellmann,* MittAB 1995, S. 394; *Gundlach,* Die Weltwirtschaft 1986, S. 75 ff.; *Seitel,* Öffnungsklauseln in Tarifverträgen, 1995, S. 36 f.
[82] Vgl. *Kraft,* Jahrbuch für Nationalökonomie und Statistik, 1991, S. 239; *Seitel,* Öffnungsklauseln in Tarifverträgen, 1995, S. 36 f.
[83] Eine abnehmende Differenzierung der Lohnstruktur konstatieren: *Gundlach,* Die Weltwirtschaft 1986, S. 81 f.; OECD, Jobs Study, 1994, Part I, S. 55; *Thiehoff,* Lohnnivellierung und qualifikatorische Arbeitslosigkeitsstruktur, 1987. Anderer Ansicht vgl. *Hardes,* MittAB 1988, S. 62 ff.; *Buttler,* Regulierung und Deregulierung der Arbeitsbeziehungen, 1986, S. 31 ff. Ein differenziertes Bild der Lohnstrukturentwicklung zeigt *Franz.* Er stellt insgesamt eine zunehmende Differenzierung fest, jedoch Nivellierungstendenzen in einzelnen Bereichen. *Franz,* Arbeitsmarktökonomik, 1994, S. 263, 315.
[84] Vgl. zur Darstellung *Bellmann,* MittAB 1995, S. 391 ff.; *Paqué,* WiSt 1996, S. 113; *Hardes,* MittAB 1988, S. 53 ff.

sungen in Form von Arbeitslosigkeit. Dabei gilt: je weniger mobil die Arbeitnehmer zwischen den Teilarbeitsmärkten sind, desto größer müssen die notwendigen Lohnanpassungen sein, um Ungleichgewichte zu verhindern. Dies bedeutet tendenziell unterdurchschnittliche Lohnsteigerungen in schrumpfenden Branchen und für Arbeitnehmergruppen, die besonders von Arbeitslosigkeit betroffen sind. Ziel ist es, auf diese Weise Beschäftigungsmöglichkeiten in marginalen Unternehmen zu erhalten, einen geringeren Druck zum Abbau von Arbeitsplätzen sowie Anpassungszeit im Strukturwandel zu schaffen. Für Arbeitnehmer wird durch eine größere Lohndifferenzierung ein größerer Anreiz zum Erwerb von höheren Qualifikationen gegeben.[85] Inwieweit das Konzept der Lohnstrukturflexibilität zu einer Verringerung der Arbeitslosigkeit beitragen kann, ist in der Literatur umstritten.[86]

V. Ökonomische Wirkungen

1. Einfluß auf die Preisniveaustabilität

51 Wichtiger Entscheidungsparameter auf dem Arbeitsmarkt ist der Reallohn, der durch das Verhältnis Nominallohn dividiert durch Preisniveau bestimmt wird. Die Tarifpartner haben aber bei ihren Verhandlungen nur Einfluß auf die Höhe des Nominallohns. Preisniveauänderungen haben sowohl ex ante als auch ex post Wirkungen auf die realen Ergebnisse der Tarifabschlüsse. Es ist von Interesse, wann es zu Preisniveauerhöhungen kommt und ob bzw. unter welchen Voraussetzungen von den Abschlüssen der Tarifparteien eine Gefahr für das Ziel der Geldwertstabilität ausgeht. Zur Untersuchung möglicher Wirkungen der Tarifabschlüsse auf die Preisniveaustabilität können verschiedene Inflationstheorien herangezogen werden:

52 a) Aus **quantitätstheoretischer** Sicht führt eine Geldmengenveränderung[87] bei Konstanz der Umlaufgeschwindigkeit des Geldes[88] und des realen Sozialproduktes zu einer Veränderung des Preisniveaus. Preisniveausteigerung resultiert hiernach aus Geldmengenexpansion. Löhne, die über das gesamtwirtschaftlich vertretbare Niveau hinausgehen, führen zur Arbeitslosigkeit, Inflation kann nur durch zu expansive Geldpolitik verursacht werden. Lohnerhöhungen verändern höchstens die Preisstruktur aber nicht das Niveau. Die Tarifpartner sind somit nicht für inflationäre Tendenzen verant-

---

[85] Vgl. *Bellmann,* MittAB 1995, S. 394; *Seitel,* Öffnungsklauseln in Tarifverträgen, 1995, S. 37 ff.; SVR, Jahresgutachten 1985/86, Rnr. 287; SVR, Jahresgutachten 1994/95, Rnr. 418 ff.

[86] Vgl. zur positiven Beurteilung OECD, Jobs Study, 1994; *Paqué,* WiSt 1996, S. 112 ff.; *Seitel,* Öffnungsklauseln in Tarifverträgen, 1995, S. 37 ff.; Sachverständigenrat, Jahresgutachten 1994/95, Rnr. 418 ff.; wohl eher positiv auch *Bellmann,* MittAB 1995, S. 391 ff.; abw. *Hardes,* MittAB 1988, S. 62 ff.; *Buttler,* Regulierung und Deregulierung der Arbeitsbeziehungen, 1986, S. 31 ff.

[87] Geldmenge (Geldvolumen): Bestand an Zahlungsmitteln einer Volkswirtschaft. Der Begriff wird als geldpolitische Steuer- und Zielgröße unterschiedlich abgegrenzt.

[88] Die Umlaufgeschwindigkeit des Geldes gibt an, wie häufig innerhalb einer Periode eine Geldeinheit im Durchschnitt zur Finanzierung von Gütertransaktionen benutzt wird. Vgl. *Jarchow,* Theorie und Politik des Geldes, Bd. 1, 1990, S. 192 f.

wortlich. Es ist Aufgabe der Zentralbank, stabilitätsgerechte Geldpolitik zu betreiben.[89]

b) Nachfrageinduzierte Inflationstheorien verstehen Nachfrageüberhänge auf Gütermärkten als Inflationsauslöser (inflatorische Lücke). Die Nachfragefaktoren (privater Konsum, Investition, Staatsausgaben und Auslandsnachfrage) sind größer als das produzierbare Sozialprodukt. Je näher sich die Volkswirtschaft an der Vollbeschäftigungssituation befindet, desto weniger ist eine Ausweitung der Produktion möglich. Preiseffekte überwiegen zunehmend Mengeneffekte. Die realen Nachfragewünsche können kurzfristig durch eine Erhöhung der Umlaufgeschwindigkeit finanziert werden. Für eine anhaltende Erhöhung der gesamtwirtschaftlichen Nachfrage bedarf es jedoch der monetären Finanzierung durch Geldmengenausdehnung seitens der Zentralbank. Sie kann sich wachsendem Druck ausgesetzt sehen und eine expansivere Geldpolitik betreiben, als es mit dem monetären Stabilitätsziel kompatibel ist.[90] Diese Gefahr wird tendenziell bei einer regierungsabhängigen Zentralbank vergrößert.

Nominallohnsteigerungen, die ceteris paribus produktivitätsorientiert sind und zu einem parallelen Wachstum von Angebot und Nachfrage auf dem Gütermarkt führen, bedeuten keine Gefährdung der Stabilität. Zum Inflationsauslöser werden Lohnsteigerungen erst dann, wenn sie zum Initiator für die Nachfrageüberhänge werden.[91] Lohnerhöhungen sind aus Sicht nachfrageorientierter Inflationstheorien nur eine von mehreren zu berücksichtigenden Variablen, und Preisniveaustabilität ist nur bei stabilitätsgerechten Werten aller Einflußfaktoren erreichbar.

c) Der **angebotsorientierte** Ansatz beleuchtet die Inflationswirkungen, die von der Angebotsseite der Güter- und Faktormärkte ausgehen können. Hier von Interesse ist der Spezialfall der *wage-push*-Inflation (Lohnkosteninflation).[92] Ihm wird heute wohl die größte Bedeutung bei der Einflußnahme der Lohnerhöhungen auf die Preisniveaustabilität zugewiesen. Lohnsteigerungen, die über das produktivitätsorientierte Niveau hinausgehen, bedeuten für die Unternehmen Lohnstückkosten-Steigerungen. Gelingt dem Unternehmer die Überwälzung auf Dritte, insbesondere die Vorwälzung auf die Konsumenten[93], so gehen davon Preiserhöhungen aus, und bei einer entsprechenden Verbreitung und permissiver Geldpolitik kann es zu lohninduzierter Inflation kommen.

Zu den Faktoren, die eine Überwälzung begünstigen, zählen Branchenabschlüsse, da alle Unternehmen der Branche von der Kostensteigerung betroffen sind und gemeinsam agieren können. In der konjunkturellen Aufschwungphase ist die Vorwälzung aufgrund der Erwartungshaltung und des

---

[89] Vgl. *Külp*, Zur Problematik der Tarifautonomie, in: Hamburger Jahrbuch für Wirtschafts- und Gesellschaftspolitik, 1972, S. 201 f.
[90] Vgl. *Issing*, Einführung in die Geldtheorie, 1991, S. 185 ff.
[91] Vgl. *Külp*, Zur Problematik der Tarifautonomie, in: Hamburger Jahrbuch für Wirtschafts- und Gesellschaftspolitik, 1972, S. 202 ff.
[92] Vgl. *Issing*, Einführung in die Geldtheorie, S. 187 ff.
[93] Vorwälzungen auf Konsumenten ist i. d. R. leichter als eine Rückwälzung auf Lieferanten, weil diese oftmals selbst von den Lohnerhöhungen betroffen sind und tendenziell stärkeren Widerstand leisten.

expansiven Geld-(Kredit-)volumens tendenziell leichter als in der Rezession. Der Lohn besitzt eine Doppelnatur in dem Sinne, daß Lohnerhöhungen neben dem Kosteneffekt für die Unternehmen auch einen Einkommenseffekt für die Lohnempfänger darstellen. Durch diesen steigt die monetäre Nachfrage bei unveränderter Sparquote und ein zusätzlicher Nachfragedruck kann entstehen. Angebots- und Nachfrageeffekte wirken zusammen. Zum Teil wird auch argumentiert, daß die Nachfrager sich an periodisch steigende Preise nach Tarifabschlüssen gewöhnen und deshalb eher bereit sind, die Preissteigerung zu akzeptieren. Überwälzungshemmend wirkt die Existenz von Substitutionsgütern, die im Preis unverändert sind. Von Bedeutung sind bei weltwirtschaftlich eng verflochtenen Volkswirtschaften ausländische Konkurrenten. Ebenfalls reduziert eine steigende Sparquote die Überwälzungschancen, weil die Konsumnachfrage geringer ist als bei konstanter Konsumquote.[94]

57   Nachfrage- und angebotsseitige Inflationsursachen sind in der Realität oftmals nicht trennbar. In ihnen zeigt sich der Wunsch einzelner gesellschaftlicher Gruppen, die eigene Position bezogen auf das Sozialprodukt zu verbessern. Steigt die Summe aller durchgesetzten nominellen Ansprüche am Sozialprodukt schneller als die reale Produktion, so faßt der Begriff Anspruchsinflation diese Inflationsursachen zusammen.

58   Insgesamt ist festzuhalten, daß die Tarifparteien Inflationstendenzen hervorrufen oder verstärken können, daß letztlich aber die monetäre Alimentation immer notwendig ist. Aufgabe der Tarifparteien ist es, die stabilitätsgerechte Geldpolitik der Zentralbank zu unterstützen, da Lohnsteigerungen, die über dem Marktniveau liegen, bei restriktiver Geldpolitik zu Arbeitslosigkeit führen. Bei expansiver Geldpolitik der Zentralnotenbank kommt es dagegen zu Inflation. Langfristig ist Inflation ein monetär verursachtes Phänomen.

2. Einfluß auf die Beschäftigungssituation

59   **a) Neoklassische Beschäftigungstheorie.** Aus Sicht der Neoklassiker ist die Beschäftigung reallohnabhängig. Eine gesamtwirtschaftliche Produktionsfunktion ordnet jeder Beschäftigungshöhe einen realen Output zu. Im allgemeinen wird eine substitutionale Produktionsfunktion – wobei die zusätzlichen Erträge (Grenzerträge) von Anfang an abnehmen – als gegeben angesehen. Kurzfristig gilt der Kapitalbestand als konstant. Da die Unternehmen annahmegemäß ihren Gewinn zu maximieren versuchen, werden sie solange zusätzliche Arbeit nachfragen wie der daraus entstehende Erlös größer ist als die damit verbundenen zusätzlichen Kosten. Das Gewinnmaximum liegt in dem Punkt, wo die Grenzproduktivität der Arbeit gleich dem Reallohn ist, d.h. Grenzkosten = Grenzerlös. Ist der Reallohn kleiner als das Grenzprodukt der Arbeit, das heißt ist der Einkommenszuwachs, der sich aus der Einstellung eines weiteren Arbeitnehmers ergibt, größer als die zusätzlich entstehenden Kosten, wird die Arbeitsnachfrage ausgeweitet. Zwischen dem Reallohn und der Arbeitsnachfrage besteht ein negativer funktionaler Zu-

---

[94] Vgl. *Molitor*, Lohn- und Arbeitsmarktpolitik, 1988, S. 102 f.

sammenhang. Mit sinkendem Lohn steigt die Nachfrage nach Arbeitskräften *et vice versa.* Das Arbeitsangebot wird als positiv abhängig vom Reallohn gesehen. Reallohnerhöhungen, die über die Grenzproduktivität der Arbeit hinausgehen, führen also nach neoklassischem Verständnis zu Arbeitslosigkeit.[95]

b) Kaufkrafttheorie. Eine andere Sicht haben die Vertreter der Kaufkrafttheorie des Lohnes. Sie sehen nicht den Lohn als entscheidende Variable der Arbeitsnachfrage an, sondern den Absatz. Durch Lohnanhebungen steigt die Güternachfrage, weil die marginale Konsumquote der Lohneinkommensbezieher größer ist als die der Besitzeinkommensbezieher.[96] Die Unternehmen nutzen die verbesserten Absatzchancen zur Steigerung ihrer Produktion und fragen folglich mehr Arbeit nach. Die Beschäftigung wird ausgedehnt.[97] Damit sich der beschriebene positive Beschäftigungseffekt einstellt, müssen eine Reihe von Bedingungen gegeben sein. Die kurzfristig eintretenden Kostensteigerungen für die Unternehmen müssen längerfristig durch Einkommenseffekte kompensiert werden. Dazu darf eine Überwälzung durch Güterpreiserhöhungen nur unterproportional stattfinden. Die relativ zu den Kapitalkosten steigenden Lohnkosten führen tendenziell dazu, daß Arbeit durch Kapital substituiert wird. Das Investitionsvolumen und die Staatsnachfrage müssen mindestens konstant bleiben. Dies ist kritisch, weil zum einen die Gewinne der Unternehmen sinken; zum anderen werden die Einnahmen der öffentlichen Haushalte sinken, wenn die Gewinneinkommen durchschnittlich steuerlich höher belastet werden als Lohneinkommen. Es ist auch nicht zu erwarten, daß Export und Import unverändert bleiben. Der Export wird durch Preissteigerungen sinken, der Import wird durch die positive Einkommenselastizität steigen und einen Teil der Nachfragesteigerung absorbieren.[98] Werden diese Effekte berücksichtigt, ist die Kaufkrafttheorie des Lohnes gesamtwirtschaftlich nicht haltbar.

Insgesamt ist festzuhalten, daß die Lohnpolitik große Bedeutung für den Beschäftigungsgrad hat, wenn auch keine monokausale Zuweisung möglich ist. Die Beschäftigungslage hat disziplinierende Wirkung auf die Lohnpolitik, auch wenn diese durch sehr hohen Kündigungsschutz, versteckte Arbeitslosigkeit und ausgeprägte Schattenwirtschaft verringert werden kann. Sie geht dann verloren, wenn der Staat Beschäftigungsgarantie übernimmt.

c) Die Phillips-Kurven-Diskussion ist durch die 1958 veröffentlichte empirische Arbeit von *A. W. Phillips* ausgelöst worden. Ihre zentrale Aussage ist die langfristige stabile Beziehung zwischen Arbeitslosigkeit und Veränderung der Nominallohnhöhe. Verschärfte Brisanz erhielt sie, als die originäre Phillips-Kurve 1960 in eine Darstellung zwischen Inflation und Arbeitslosigkeit modifiziert wurde *(Samuelson* und *Solow).* Es wird eine Substitutionsbeziehung zwischen Arbeitslosenquote und Inflationsrate postuliert. Unter der

---

[95] Vgl. z.B. *Blümle/Patzig,* Grundzüge der Makroökonomie, 1988, S. 273; *Sesselmeier/Blauermel,* Arbeitsmarkttheorien, 1990, S. 23.
[96] Die marginale Konsumquote ist der Anteil, der von einer zusätzlichen Einkommenseinheit für Konsumzwecke genutzt wird. Eine weitere Annahme ist, daß die Arbeitsnachfrageelastizität zwischen 0 und 1 liegt.
[97] Vgl. *Külp,* Der Lohnfindungsprozeß der Tarifpartner, 1977, S. 69 ff.
[98] Vgl. *Donges,* Deregulierung am Arbeitsmarkt und Beschäftigung, 1992, S. 23 ff.

Einleitung 63–65   1. Abschnitt. Allgemeines und Verfassungsgarantie

Annahme, der Staat könne durch Geld- und Fiskalpolitik die Arbeitslosigkeit beeinflussen, befand sich die Wirtschaftspolitik in der Situation, zwischen zwei Übeln beliebig wählen zu müssen, geringere Arbeitslosigkeit auf Kosten höherer Inflation zu erkaufen und umgekehrt.[99]

63 Empirische Phänomene wie Stagflation (gleichzeitiges Auftreten von Inflation und Arbeitslosigkeit in größerem Maße) und weitere theoretische Konzepte, insbesondere die Berücksichtigung von Inflationserwartungen, ließen die Existenz des postulierten Zusammenhangs bezweifeln. Heute ist es herrschende Meinung, daß es langfristig keine *trade off*-Problematik zwischen Inflation und Arbeitslosigkeit gibt.[100]

3. Einfluß auf die Unternehmenspolitik

64 Langfristig kann eine substitutionale makroökonomische Produktionsfunktion von Arbeit und Kapital unterstellt werden. Daraus folgt, daß mittel- bis langfristig die Unternehmen den teurer gewordenen Faktor Arbeit durch den relativ preiswerteren Faktor Kapital ersetzen werden (**Faktorsubstitution**). Es kann somit zur Fehlallokation im Vergleich zur Faktorausstattung der Volkswirtschaft kommen. Der Faktor Arbeit heizt eine kapitalintensive Produktion an.

65 Bei arbeitssparendem technischen Fortschritt steigen die Kapitalintensität und folglich die Arbeitsproduktivität. Dadurch entstehen Chancen zur Kompensation der Lohnsteigerung. Wichtig ist in diesem Zusammenhang das Verhältnis zwischen Arbeitsproduktivität und Produktionswachstum.[101] Ist die sektorale Arbeitsproduktivität größer als das sektorale Produktionswachstum, setzt dies Arbeitskräfte frei. Ist das Produktionswachstum größer als die Arbeitsproduktivität, können zusätzliche Arbeitskräfte angeworben werden.[102]

VI. Reformvorschläge

Schrifttum (Auswahl): *Klaus Adomeit*, Regelung von Arbeitsbedingungen und ökonomische Notwendigkeiten, München/Landsberg am Lech 1996; *Reinhard Bispinck*, Überreguliert, undifferenziert, unbeweglich? Zum Flexibilitspotential des Tarifvertragssystems und zu den Anforderungen an die künftige Tarifpolitik, ArbRGegw 34 (1997), S. 49–67; *ders.* (Hrsg.), Tarifpolitik der Zukunft. Was wird aus dem Flächentarifvertrag?, Hamburg 1995; *Robert Boyer*, Labour Market Flexibility: Many forms and uncertain effects, in: Labour and Society 1987, S. 108–129; *Wolfgang Brandes/Peter Weise*, Arbeitsmarkt und Arbeitslosigkeit, Würzburg/Wien 1983; *Christoph F. Büchtemann/Helmut Neumann* (Hrsg.), „Mehr Arbeit durch weniger Recht?". Chancen und Risiken der Arbeitsmarktflexibilisierung, Berlin 1990; *Friedrich Buttler*, Regulierung und Deregulierung der Arbeitsbeziehungen, in: H. Winterstein (Hrsg.): Sozialpolitik in der Beschäftigungskrise II, Schriften des Vereins für Socialpolitik, N. F., Bd. 152/II, Berlin 1986, S. 9–52; *F. Buttler/K. Gerlach/R. Schmiede* (Hrsg.), Arbeitsmarkt und Beschäftigung, Frankfurt am Main 1987; *Simon Deakin/Frank Wilkinson*, Rights vs Efficiency? The Economic Case for Transnational Labour Standards, Industrial Law Journal 1994, S. 289–310; *Deregulierungskommission*, Unabhängige Expertenkommission zum Abbau marktwidriger Regulierungen, Marktöffnung und Wett-

---

[99] Vgl. *Felderer/Homburg*, Makroökonomik und neue Makroökonomik, 1991, S. 265.
[100] Vgl. *Dornbusch/Fischer*, Makroökonomik, 3. Aufl. 1987, S. 464f.
[101] Vgl. *Molitor*, Lohn- und Arbeitsmarktpolitik, 1988, S. 103 ff.
[102] Vgl. *Pätzold*, Stabilisierungspolitik, 5. Aufl. 1993, S. 257 ff.

bewerb, 2. Bericht, Stuttgart 1991; *Juergen B. Donges*, Deregulierung am Arbeitsmarkt und Beschäftigung, Walter Eucken Institut, Vorträge und Aufsätze, Bd. 138, Tübingen 1992; *Johann Eekhoff*, Beschäftigung und soziale Sicherung, Tübingen 1996; *Wolfgang Franz*, Chancen und Risiken einer Flexibilisierung des Arbeitsrechts aus ökonomischer Sicht, Forschungsschwerpunkt „Internationale Arbeitsmarktforschung", Universität Konstanz, Diskussionspapier 10, 1993; *ders.*, Ist die Tarifautonomie noch zeitgemäß?, Zeitschrift für Wirtschaftspolitik 45 (1996), S. 31–38; *Wolfgang Franz/Viktor Steiner* (Hrsg.), Der westdeutsche Arbeitsmarkt im strukturellen Anpassungsprozeß, ZEW-Wirtschaftsanalysen, Baden-Baden 1995; *Peter Hanau*, Die Deregulierung von Tarifverträgen durch Betriebsvereinbarungen als Problem der Koalitionsfreiheit (Art. 9 Abs. 3 GG), RdA 1993, S. 1–11; *Meinhard Heinze*, Kollektive Arbeitsbedingungen im Spannungsfeld zwischen Tarif- und Betriebsautonomie, NZA 1995, S. 5–8; *Detlef Hensche*, Tarifpolitik in der Krise, ArbRGegw 34 (1997), S. 35–48; *Martin Henssler*, Flexibilisierung der Arbeitsmarktordnung. Überlegungen zur Weiterentwicklung der tariflichen Regelungsmacht, ZfA 1994, S. 487–515; *Rudolf Hickel*, Grundzüge einer ökonomischen und sozialen stabilen Arbeitsmarktverfassung und Kritik aktueller Vorschläge zur Deregulierung des Arbeitsmarktes, in: W. Dichmann/R. Hickel, Zur Deregulierung des Arbeitsmarkts. Pro und Contra, Beiträge zur Gesellschafts- und Bildungspolitik 148, hrsg. v. Institut der deutschen Wirtschaft, Köln 1989, S. 7–28; *Abbo Junker*, Flächentarifvertrag im Spannungsverhältnis von Tarifautonomie und betrieblicher Regelung, ZfA 1996, S. 383–417; *Berndt Keller*, Einführung in die Arbeitspolitik, 2. Aufl. München 1991; *Otto Rudolf Kissel*, Kollektive Arbeitsbedingungen im Spannungsfeld zwischen Tarif- und Betriebsautonomie, NZA 1995, S. 1–5; *Horst Konzen*, Die Tarifautonomie zwischen Akzeptanz und Kritik, NZA 1995, S. 913–920; *Kronberger Kreis*, Mehr Mut zum Markt im Arbeitsrecht. Konkrete Problemlösungen, Frankfurt am Main 1986; *Manfred Lieb*, Mehr Flexibilität im Tarifvertragsrecht? „Moderne" Tendenzen auf dem Prüfstand, NZA 1994, S. 289–294 und 337–342; *Manfred Löwisch*, Schutz der Selbstbestimmung durch Fremdbestimmung. Zur verfassungsrechtlichen Ambivalenz des Arbeitnehmerschutzes, ZfA 1996, S. 293–318; *ders.*, Neuabgrenzung von Tarifvertragssystem und Betriebsverfassung, JZ 1996, S. 812–821; *ders.*, Tariföffnung bei Unternehmens- und Arbeitsplatzgefährdung, NJW 1997, S. 905–911; *Fritz Machlup*, The Political Economy of Monopoly, Baltimore 1952; *Heinz Markmann*, Deregulierung schafft keine Arbeitsplätze (Minderheitsvotum zum Gutachten der Deregulierungskommission), Beschäftigungsentwicklung und Arbeitsmarktpolitik, Schriften des Vereins für Socialpolitik, N.F., Bd. 219, Berlin 1992, S. 143–153; *Monopolkommission*, Zehntes Hauptgutachten 1992/93. Mehr Wettbewerb auf allen Märkten, Baden-Baden 1994; *Helmut Neumann*, Staatliche Regulierung betrieblicher Beschäftigungspolitik. Ein Vergleich zentraler und dezentraler Arbeitsmarktinstitutionen, Frankfurt am Main/New York 1991; *Johannes W. Pichler/Theo Quené* (Hrsg.), Sozialpartnerschaft und Rechtspolitik. Veränderungschancen am Hintergrund des Modells des Niederländischen-Sozial-Ökonomischen Rates (SER), Wien 1990; *Dieter Reuter*, Die Rolle des Arbeitsrechts in marktwirtschaftlichen Systemen. Eine Skizze, ORDO 36 (1985), S. 51–88; *ders.*, Das Verhältnis von Individualautonomie, Betriebsautonomie und Tarifautonomie. Ein Beitrag zum Wandel der Arbeitsrechtsordnung, RdA 1991, S. 193–204; *ders.*, Möglichkeiten und Grenzen einer Auflockerung des Tarifkartells, ZfA 1995, S. 1–94; *ders.*, Empfiehlt es sich, die Regelungsbefugnisse der Tarifparteien im Verhältnis zu den Betriebsparteien neu zu ordnen?, Referat zum 61. DJT 1996, Bd. II 1, S. K 35 – K 59; *Reinhard Richardi*, Empfiehlt es sich, die Regelungsbefugnisse der Tarifparteien im Verhältnis zu den Betriebsparteien neu zu ordnen?, Gutachten zum 61. DJT 1996, Bd. I B; *Volker Rieble*, Krise des Flächentarifvertrages?, Herausforderung für das Tarifrecht, RdA 1996, S. 151–158; *Holger Senne*, Das Schweizerische Friedensabkommen. Modell für eine Krisenbewältigung seitens der Sozialpartner – Folgerungen für die industriellen Beziehungen in Deutschland, ZTR 1997, S. 110–112; *Werner Sesselmeier*, Gewerkschaften und Lohnfindung. Zur arbeitsmarkt- und gewerkschaftstheoretischen Analyse flexibler Lohnstrukturen, Heidelberg 1993'; *ders.*, Der Arbeitsmarkt aus neoinstitutionalistischer Sicht, Wirtschaftsdienst 1994, S. 136–142; *Robert Solow*, The Labor Market as a Social Institution, Cambridge (Mass.) 1992; *Rüdiger Soltwedel* (Hrsg.), Regulierungen auf dem Arbeitsmarkt der Bundesrepublik, 1990; *ders.*, Mehr Arbeit am Arbeitsmarkt, München 1984; *Georg Vobruba*, Wege aus der Flexibilisierungsfalle. Politische Voraussetzungen individueller Zeitsouveränität, in:

Einleitung 66   1. Abschnitt. Allgemeines und Verfassungsgarantie

„Mehr Arbeit durch weniger Recht?" Chancen und Risiken der Arbeitsmarktflexibilisierung, Christoph F. Büchtemann/Helmut Neumann (Hrsg.), Berlin 1990, S. 245–259; *Wolf-Dietrich Walker*, Möglichkeiten und Grenzen einer flexibleren Gestaltung von Arbeitsbedingungen. Das Spannungsverhältnis von Tarifautonomie und Betriebsautonomie, ZfA 1996, S. 353–381; *ders.*, Der rechtliche Rahmen für tarifpolitische Reformen, ZTR 1997, S. 193–203; *Rolf Wank*, Empfiehlt es sich, die Regelungsbefugnisse der Tarifparteien im Verhältnis zu den Betriebsparteien neu zu ordnen?, NJW 1996, S. 2273–2282; *Christian Watrin*, Sozialpolitische Hemmnisse für die betriebliche Flexibilisierung, Zeitschrift für Wirtschaftspolitik 1984, S. 325–340; *Ulrike Wendeling-Schröder*, Empfiehlt es sich, die Regelungsbefugnisse der Tarifparteien im Verhältnis zu den Betriebsparteien neu zu ordnen?, Referat zum 61. DJT 1996, Bd. II 1, S. K 9 – K 26; *Herbert Wiedemann*, Die Gestaltungsaufgabe der Tarifvertragsparteien, RdA 1997, S. 297; *Oliver E. Williamson/Michael Wachter/Jeffrey Harris*, Understanding the Employment Relation: The Economics of Idiosyncratic Exchange, Bell Journal of Economics and Management Science 1975, S. 250–278; *Ulrich Zachert*, Krise des Flächentarifvertrages? Herausforderungen für das Tarifrecht, RdA 1996, S. 140–151; *Lothar Zimmermann*, Aufgaben der Tarifpolitik in den 90er Jahren, WSI-Mitteilungen 1991, S. 121–129.

66   Seit der Mitte der achtziger Jahre gibt es eine lebhafte Diskussion zur Deregulierung des Arbeitsmarktes und zur Reform des Tarifvertragsrechts, die überwiegend von volkswirtschaftlicher Seite angeregt und getragen wurde.[103] Besondere Aufmerksamkeit erhielten die Reformvorschläge der 1987 von der Bundesregierung eingesetzten Deregulierungskommission[104], einer Arbeitsgruppe der FAZ von Wirtschaftswissenschaftlern und Juristen[105] und der Monopolkommission.[106] Die sich anschließende Diskussion beschäftigte sich mit den Reformvorschlägen aus juristischer Sicht.[107] Ausgangspunkt der ökonomischen Diskussion ist die Auffassung, daß sich aus den Beschäftigungsproblemen und dem steigenden Standortwettbewerb ein dringender Reformbedarf (auch) des Tarifvertragssystems ergibt. Besonders von wirtschaftswissenschaftlicher Seite wird vertreten, das derzeitige Lohnsystem müsse stärker der Beschäftigungslage Rechnung tragen.[108] Die kollektive Ebene soll hierbei erhalten bleiben, gleichzeitig soll den Betrieben jedoch ein breiterer Spielraum geschaffen werden, in dem die Lohnhöhe und die Entlohnungsformen eine bessere Anpassung an die betriebliche Lage erlauben, ohne in Tarifverhandlungen und Arbeitskämpfe hineingezogen zu werden. Der 61. Deutsche Juristentag hat 1996 die Regelungsbefugnisse der Tarifparteien im Verhältnis zu den Betriebsparteien zum Hauptthema seiner ar-

---

[103] Vgl. Kronberger Kreis, Mehr Markt im Arbeitsrecht, 1986; *Soltwedel*, Mehr Markt im Arbeitsmarkt, 1984.
[104] Deregulierungskommission, Vorschläge Nr. 86 ff., Rnr. 597 ff.
[105] Vgl. FAZ v. 5. 6. 1993, S. 13. Der Arbeitsgruppe gehörten an: Hermann Albeck, Hans D. Barbier, Gerhard Fels, Karl-Georg Loritz, Bernd Rüthers, Christian Watrin sowie – bis zu seiner Ernennung zum Landeszentralbankpräsidenten – Olaf Sievert.
[106] Vgl. Monopolkommission, Zehntes Hauptgutachten, Kapitel VII Arbeitsmarkt und Wettbewerb, Rnr. 873 ff.; vgl. zur Stellungnahme der Bundesregierung BR-Drucks. 330/95.
[107] Vgl. *Adomeit*, Regelung von Arbeitsbedingungen und ökonomische Notwendigkeiten, 1996; *Beuthien/Meik*, Betrieb 1993, S. 1519; *Henssler*, ZfA 1994, S. 500; *Konzen*, NZA 1995, S. 918; *Lieb*, NZA 1994, S. 289 und 337; *Löwisch*, JZ 1996, S. 812; *ders.*, NJW 1997, S. 905; *Rieble*, RdA 1996, S. 151; *Reuter*, ORDO 36 (1985), S. 51; *ders.*, ZfA 1995, S. 1; *Walker*, ZTR 1997, S. 193; *Zachert*, RdA 1996, S. 140.
[108] Vgl. u. a. *Donges*, Deregulierung am Arbeitsmarkt und Beschäftigung, 1992, S. 57 ff.

A. Allgemeines zur Tarifautonomie   67, 68 **Einleitung**

beitsrechtlichen Abteilung gemacht.[109] Die wichtigsten tarifvertragsgesetzlichen Reformvorschläge, ihre Wirkungen sowie Stellungnahmen dazu sollen im folgenden besprochen werden.

1. Reformvorschläge

a) Verkürzung der zeitlichen Tarifbindung des Unternehmens. Ver- 67 schiedene sehr unterschiedliche Vorschläge regen an, die zeitliche Bindung des Unternehmens an den Tarifvertrag zu begrenzen. Für Unternehmen, die aus dem Arbeitgeberverband ausgetreten sind, soll nur eine zeitlich beschränkte Weitergeltung des Tarifvertrages im Sinne des § 3 Abs. 3 gelten; insbesondere die zum Teil langfristige Gebundenheit an manche Tarifverträge wird als unzumutbare Einschränkung der unternehmerischen Entscheidungsfreiheit gewertet. Vorgeschlagen wird, die Tarifgebundenheit nach § 3 Abs. 3 derart einzuschränken, daß bei auslaufender Bindungswirkung des Lohn- und Gehaltstarifs auch sonstige tarifvertragliche Bindungen entfallen sollten[110] oder die Bindungsdauer maximal ein Jahr umfassen soll.[111] Weitergehend ist der Vorschlag, die Tarifbindung nach Verbandsaustritt auf die Wirkungen des § 4 Abs. 5 zu beschränken, mit anderen Worten die zwingende Tarifbindung aufzuheben.[112] Ebenso wird eine gesetzliche Klarstellung gefordert, wann nach einem Verbandsaustritt die Nachwirkung der Tarifvertragsnormen nach § 4 Abs. 5 keine Anwendung mehr finden soll.[113] Hierzu zählt auch der Vorschlag, nur Tarifverträge mit überschaubaren Laufzeiten abzuschließen, um unzumutbare tarifvertragliche Arbeitsbedingungen für Unternehmen einzuschränken und ggf. sogar die Nachwirkung nach § 4 Abs. 5 auszuschließen. Zu einem ähnlichen Ergebnis gelangt man, wenn in den Tarifverträgen Wiederaufnahmeklauseln für die Verhandlung aufgenommen werden, die eine schnelle Anpassung an unerwartet veränderte Umweltbedingungen ermöglichen.[114] Für Unternehmen, die in existenzielle Notlagen geraten, wird empfohlen, Tarifkündigungen aus wichtigem Grund zuzulassen. Dazu gehört vor allem die Existenzgefährdung des Unternehmens. Bei Verbandstarifverträgen soll durch eine außerordentliche Kündigung nicht nur die Mitgliedschaft beendet werden, sondern auch der für das Unternehmen unzumutbar gewordene geltende Tarifvertrag aufgehoben werden. Eine solche außerordentliche Kündigung soll allerdings nur in engen Grenzen möglich sein.[115]

b) Veränderte Interpretation des Günstigkeitsprinzips. Gefordert 68 wird eine Interpretation des Günstigkeitsprinzips, die die Beschäftigungslage

---

[109] Vgl. das Gutachten von *Richardi* und die Referate von *Reuter* und *Wendeling-Schröder*, Empfiehlt es sich, die Regelungsbefugnisse der Tarifparteien im Verhältnis zu den Betriebsparteien neu zu ordnen?, Veröffentlichungen des 61. DJT 1996, Bd. I und II.
[110] Monopolkommission, Zehntes Hauptgutachten, Kapitel VII, Rnr. 947.
[111] Vgl. *Rieble*, RdA 1996, S. 155; gleicher Ansicht zu Manteltarifverträgen auch *Konzen*, NZA 1995, S. 920.
[112] Vgl. *Adomeit*, Regelung von Arbeitsbedingungen und ökonomische Notwendigkeiten, 1996, S. 55 f., 70; *Beuthien/Meik*, Betrieb 1993, S. 15, 19.
[113] Monopolkommission, Zehntes Hauptgutachten, Kapitel VII, Rnr. 948.
[114] Vgl. *Zachert*, RdA 1996, S. 149.
[115] Vgl. *Belling*, NZA 1996, S. 906, 909; *Löwisch*, NJW 1997, S. 905, 907 ff.; *Oetker*, RdA 1995, S. 94; *Rieble*, RdA 1996, S. 151, 155.

Einleitung 69

berücksichtigt. So soll der Ansatzpunkt für einen Günstigkeitsvergleich so erweitert werden, daß den Arbeitnehmern ein Wahlrecht zwischen den tarifvertraglichen Bedingungen und anderweitigen Abmachungen eingeräumt wird. Die Grenzen dieser Wahlfreiheit sollen sich einerseits aus dem gesetzlichen Arbeitnehmerschutz und andererseits aus dem Schutz vor Selbstbindung ergeben. Arbeitnehmern soll die Möglichkeit offenstehen, binnen einer angemessenen Frist zu den Tarifvertragsbedingungen zurückzukehren; die einmal getroffene Wahl soll für sie also nicht auf Dauer bindend sein.[116] Außerdem wird angeregt, in den Günstigkeitsvergleich eine erhöhte Arbeitsplatzsicherheit einzubeziehen. So empfiehlt *Adomeit* eine Anwendung des Günstigkeitsprinzips derart, daß Arbeitnehmer die Möglichkeit erhalten, Lohnverzicht im Sinne einer Verringerung des geltenden Tarifvertrags zu leisten, wenn sie dafür rechtlich gültige Arbeitsplatzsicherheiten gewinnen.[117] Noch weiter geht der Vorschlag, der einen Günstigkeitsvergleich zwischen einem geringeren Lohn und einer andernfalls bestehenden Nichtbeschäftigung zulassen möchte.[118]

69 **c) Neufassung des § 77 Abs. 3 BetrVG 1972.** Eine Vielzahl von Vorschlägen empfiehlt ein verändertes Verhältnis von Tarifvertrag und Betriebsvereinbarung mit dem Ziel der Beschäftigungsförderung.[119] Am weitesten reicht der Vorschlag einer *allgemeinen gesetzlichen Öffnungsklausel*.[120] Da hiergegen jedoch verfassungsrechtliche Bedenken bestehen (vgl. dazu unten Rnr. 84), werden folgende eingeschränkte Öffnungsklauseln diskutiert:

– *Tarifliche Korridorlösung*: Vereinbarung einer Spanne der Tariflohnerhöhung. Unternehmen und Belegschaft sollen sich dann in Abhängigkeit der Unternehmenslage auf eine konkrete Ausgestaltung einigen.[121]
– Bei der *Optionslösung* soll ein oberer Grenzwert festgelegt werden und die Ausgestaltung des Grenzwertes auf Betriebsebene erfolgen (Barlohnerhöhungen gegen Beschäftigungssicherheit). Bei der *Menülösung* werden verschiedene Optionen angeboten.[122]
– Mit *Notfallklauseln* soll die Möglichkeit geschaffen werden, den Tarifvertrag generell in Notlagen abbedingen zu können.[123]

---

[116] Vgl. *Buchner*, Betrieb 1990, S. 1720; *ders.*, RdA 1990, S. 16; MünchArbR/ *Löwisch*, § 265, Rnr. 50; *ders.*, BB 1991, S. 62.
[117] Vgl. *Adomeit*, Regelung von Arbeitsbedingungen und ökonomische Notwendigkeiten, 1996, S. 38 ff.
[118] Vgl. *Eekhoff*, Beschäftigung und soziale Sicherung 1996, S. 63 f.; *Hundt*, Arbeitgeber 1998, S. 49, 50; Monopolkommission, Zehntes Hauptgutachten, Kapitel VII, Rnr. 946; kritisch *Gamillscheg*, Kollektives Arbeitsrecht I, § 18 V 4 c, S. 848.
[119] Vgl. *Adomeit*, Regelung von Arbeitsbedingungen und ökonomische Notwendigkeiten, 1996, S. 57, 71; *Ehmann/Schmidt*, NZA 1995, S. 198; *Löwisch*, JZ 1996, S. 812, 815; *Reuter*, RdA 1991, S. 193; *Weyand*, AuR 1989, S. 193, 198; kritisch dazu Hanau, RdA 1993, S. 1, 4 ff.
[120] Monopolkommission, Zehntes Hauptgutachten, Kapitel VII, Rnr. 936 ff.
[121] Vgl. Monopolkommission, Zehntes Hauptgutachten, Kapitel VII, Rnr. 944.; FAZ v. 5. 6. 1993, S. 13.
[122] Monopolkommission, Zehntes Hauptgutachten, Kapitel VII, Rnr. 944.
[123] Vgl. Deregulierungskommission, Vorschläge Nr. 86 ff., Rnr. 597 ff.; FAZ v. 5. 6. 1993, S. 13; Monopolkommission, Zehntes Hauptgutachten, Kapitel VII, Rnr. 944; *Löwisch*, NJW 1997, S. 905, 910.

d) **Sachliche Abbedingung des Tarifvertrages bei Einstellung von Langzeitarbeitslosen.** Es wird angeregt, daß mit Arbeitslosen, die länger als ein Jahr ohne Beschäftigung waren, bei ihrer Einstellung die Vereinbarung getroffen werden kann, sie für einen begrenzten Zeitraum zu untertariflichen Arbeitsbedingungen zu beschäftigen.[124] Ähnliche Abweichungen werden auch für Regionen mit hoher Arbeitslosigkeit oder bestimmten Branchen vorgeschlagen.[125] **70**

e) **Einschränkung der Allgemeinverbindlicherklärung.** Ihre Bedeutung für die Beschäftigungsentwicklung wird als größer eingeschätzt als die empirischen Zahlen dies andeuten. Da dem Instrument der Allgemeinverbindlicherklärung negative Beschäftigungswirkungen zugerechnet werden, wird eine Einschränkung auf jene Sachbereiche gefordert, in denen der Gesetzgeber den Tarifvertragspartnern konkretisierende Ordnungsaufgaben beimißt oder solche Fälle, in denen die tarifvertraglichen Regelungen sonst nicht zu organisieren wären, insbesondere bei Gemeinsamen Einrichtungen.[126] **71**

f) **Ergebnisse** der tarifvertraglichen Reformdiskussion stehen noch aus; eine unmittelbare Auswirkung auf das Gesetz zeichnet sich nicht ab. Die juristischen Stellungnahmen sowohl der Praxis wie der Wissenschaft sind überwiegend zurückhaltend gegenüber Gesetzesänderungen; der 61. Deutsche Juristentag 1996 gab ein eindeutiges Votum für die Beibehaltung des bisherigen Tarifvertragsrechts ab.[127] Die höchstrichterliche Rechtsprechung änderte ihre Rechtsprechung zur Tarifbindung in § 3 Abs. 3 und zum Günstigkeitsprinzip in § 4 Abs. 3 bislang nicht.[128] Aussichten auf Erfolg haben praktisch nur Vorschläge zur zeitlichen Eingrenzung der Tarifbindung des Arbeitgebers nach § 3 Abs. 3 und zur Einschränkung des Tarifvorranges vor Betriebsvereinbarungen in § 77 Abs. 3 BetrVG. Folglich schließen sich Appelle an die Tarifvertragsparteien an, in der Hoffnung auf diese Weise schneller positive Wirkungen für die Beschäftigungsentwicklung zu erreichen. Die Forderungen richten sich an die Bereitschaft und Fähigkeit der Tarifvertragsparteien, beschäftigungsgefährdende Regelungen abzubauen. Anstelle von Öffnungsklauseln wird die verstärkte Ausrichtung der Tarifpolitik auf branchen- und regionalspezifische Besonderheiten gefordert. Der Erfolg ist nicht ausgeblieben; vgl. dazu unten Rnr. 83. **72**

2. Gegenstimmen

Die vorgestellten Deregulierungsvorschläge beruhen überwiegend auf einem markttheoretischen Ansatz neoklassischer Art; sie sind damit Teil eines angebotstheoretischen Konzepts, das auf eine Verbesserung der Angebotsbedingungen einer Volkswirtschaft abzielt. Die im ökonomischen und im juristischen Schrifttum dagegen vorgebrachten Bedenken sind wirtschafts- und sozialpolitischer Natur. **73**

---

[124] Deregulierungskommission, Vorschläge Nr. 86 ff., Rnr. 599 ff.
[125] Monopolkommission, Zehntes Hauptgutachten, Kapitel VII, Rnr. 946.
[126] Deregulierungskommission, Vorschlag Nr. 88, Rnr. 601 ff.
[127] Vgl. die Abstimmungsergebnisse in: Verhandl. des 61. DJT 1996, Bd. II 1, S. K 69.
[128] Vgl. BAG 13. 12. 1995 AP Nr. 3 zu § 3 TVG Verbandsaustritt (*Rieble*); BAG 18. 12. 97 AP Nr. 46 zu § 2 KSchG 1969 (*Wiedemann*).

Einleitung 74–76   1. Abschnitt. Allgemeines und Verfassungsgarantie

74   a) Aus **ökonomischer Sicht** wird allgemein darauf verwiesen, institutionelle Regelungen dürften nicht nur unter verhaltensbeschränkenden Aspekten diskutiert werden; es seien vielmehr auch ihre verhaltensstützenden Effekte zu berücksichtigen. Im Mittelpunkt der Einwendungen stehen Hinweise auf die Asymmetrie des Arbeitsmarktes im Vergleich zu Nicht-Arbeitsmärkten. Dabei wird der Schwerpunkt auf sachliche und zeitliche Besonderheiten gelegt.

75   **aa) Sachliche Besonderheiten.** Die Arbeitsmarktbeziehungen weisen sachliche Besonderheiten auf, die sie von anderen Nicht-Arbeitsmärkten unterscheiden und die rechtliche Eingriffe in diesen Ausnahmebereich rechtfertigen; das wird auch im ökonomischen Schrifttum beachtet.[129] Es bestehen Verteilungsasymmetrien, die auf unterschiedlichen materiellen Freiheiten beruhen. Diese führen zu vertraglichen Disparitäten zuungunsten der Arbeitnehmer. Das Bundesverfassungsgericht beschreibt diesen Sachverhalt in der Bürgschafts-Entscheidung[130] als typisierbare Fallgestaltung, die eine „strukturelle Unterlegenheit" des einen Vertragsteils erkennen läßt und zu einer ungewöhnlichen Belastung für den unterlegenen Vertragsteil führt.

76   – Die Arbeitskraft ist untrennbar mit der *Person* des Arbeitnehmers verbunden, eine Trennung von Schuldnerperson und Schuldnerleistung nicht möglich. Sie läßt sich außerdem auf dem Markt regelmäßig nur in einem *einheitlichen* Vertrag und nicht – wie beim selbständigen Unternehmer oder im freien Beruf – durch eine Vielzahl von Austauschverträgen mit variablen Chancen verwerten.[131] Daraus folgen unterschiedliche Ausprägungen des Angebotszwangs. Für den Arbeitnehmer bedeutet der Arbeitsplatz Existenzgrundlage. Um seinen Lebensunterhalt zu verdienen, ist er darauf angewiesen, seine Arbeitskraft auch unter ungünstigen Arbeitsbedingungen einzusetzen. Sozialversicherungssysteme können dies nur bis zu einem gewissen Grad ausgleichen. Unter extremen Marktbedingungen, wie sie in der Zeit der frühen Industrialisierung herrschten, ist der Arbeitnehmer bei sinkendem Lohn sogar gezwungen, vermehrt Arbeit anzubieten, um das bisherige Einkommensniveau zu halten.[132] Dies konnte dazu führen, daß der

---

[129] Vgl. *Boyer*, Labour and Society 1987, S. 108–129; *Buttler*, Regulierung und Deregulierung der Arbeitsbeziehungen, in: Sozialpolitik in der Beschäftigungskrise, 1986; *Deakin/Wilkinson*, Industrial Law Journal 1994, S. 289–310; *Hickel*, Zur Deregulierung des Arbeitsmarktes, 1992; *Keller*, Einführung in die Arbeitspolitik, 1991; *Markmann*, Deregulierung schafft keine Arbeitsplätze, in: Schriften des Vereins für Socialpolitik, 1992, N. F. 219, S. 143–153; *Machlup*, The Political Economy of Monopoly, 1952; *Schmid*, Der organisierte Arbeitsmarkt, in: Buttler, F./Gerlach, K./Schmiede, R. (Hrsg.), Arbeitsmarkt und Beschäftigung, S. 24–65; *W. Sesselmeier*, Gewerkschaften und Lohnfindung, 1993; *Spahn/Vobruba*, Das Beschäftigungsproblem, Wissenschaftszentrum Berlin, Diskussionsbeiträge IIM/LMP 86–14, 1986; *Vobruba*, Wege aus der Flexibilisierungsfalle – Politische Voraussetzungen individueller Zeitsouveränität, in: Mehr Arbeit durch weniger Recht? Berlin 1990, S. 245–259.

[130] BVerfGE 89, S. 214, 232.

[131] Vgl. *Wank*, Arbeitnehmer und Selbständige, 1988, S. 34 und passim; *Wiedemann*, Arbeitsverhältnis, S. 14 ff.

[132] Der damit einhergehende „*additional worker effect*" diente bereits *W. Eucken* zur Begründung für eine Arbeitsmarktordnung; vgl. *Eucken*, Grundsätze der Wirtschaftspolitik, 1952, S. 303.

Lohn durch das gestiegene Arbeitsangebot weiter sank und die Arbeitsangebotskurve einen inversen Verlauf annahm.[133] Unternehmen sind dagegen vom Bestehen bestimmter Arbeitsverträge weniger und vom gegebenen Personalstand insgesamt nicht in dem Maße abhängig wie der Arbeitnehmer.[134]

– Arbeitnehmer und Unternehmen verfügen über unterschiedlichen *Kapitalbesitz*. Wichtigster Kapitalbesitz der Arbeitnehmer ist ihr Humankapital, das im Vergleich zum Geld- und Realkapital des Unternehmers relativ immobil ist. Es wird nur langsam erworben und ist untrennbar mit der Person des Anbieters verbunden. Daraus ergibt sich eine schlechtere Transferierbarkeit und Handelbarkeit; Geld- und Realkapital des Unternehmens sind in quantitativer, qualitativer und zeitlicher Hinsicht anpassungsfähiger. Arbeitnehmer haben deshalb auch geringere Entscheidungsspielräume und höhere Mobilitätskosten als Unternehmen. Ihre Dispositionsfreiheit ist durch die Gefahr einer beschäftigungslosen Zeit zusätzlich verringert.[135]

– Asymmetrien folgen schließlich aus dem unterschiedlichen *Informationsstand* beider Vertragsparteien vor Vertragsschluß. Arbeitnehmer haben regelmäßig geringere Möglichkeiten, sich über die Arbeitsmarktlage und über ihre mögliche Produktivität im Unternehmen zu informieren.

bb) Zeitliche Besonderheiten. Die Asymmetrien des Arbeitsmarktes wirken sich außerdem nicht nur *vor*, sondern wie bei den meisten Dauerschuldverhältnissen auch *nach* Vertragsschluß aus. Von ökonomischer Seite wird vor allem auf die Gefahr des „opportunistischen Verhaltens" des Arbeitgebers hingewiesen. Die Möglichkeit dazu ist gegeben, wenn nach Vertragsabschluß unvollkommene Informationen über die Leistungen der anderen Vertragspartei (z.B. über die tatsächliche Arbeitsleistung oder über Aufstiegsmöglichkeiten im Unternehmen) bestehen.[136] Opportunistisches Verhalten ist weiter dann möglich, wenn durch betriebsspezifische Qualifikationen[137] die Entlohnung einen Quasi-Rentenanteil enthält. Der Arbeitnehmer kann dann insoweit unter Druck gesetzt werden, als ein Verzicht auf einen Teil der Quasi-Rente sich für ihn noch immer günstiger darstellt als der endgültige Verlust des Arbeitsplatzes.[138] Quasi-Renten erhöhen die Abwanderungskosten zu einem alternativen Beschäftigungsverhältnis.

cc) Folgerungen. Die Kritik weist darauf hin, daß Öffnungsklauseln, die nicht von den Tarifvertragsparteien ausdrücklich zugelassen werden, die Ge-

---

[133] Vgl. *Hickel*, Zur Deregulierung des Arbeitsmarktes, 1992, S. 20 f.
[134] Vgl. *Markmann*, Deregulierung schafft keine Arbeitsplätze, in: Schriften des Vereins für Sozialpolitik, 1992, N.F. 219, S. 146; *Sesselmeier*, Gewerkschaften und Lohnfindung, 1993, S. 33.
[135] Vgl. *Sesselmeier*, Wirtschaftsdienst 1994, S. 139.
[136] Vgl. *Sesselmeier*, Wirtschaftsdienst 1994, S. 140 f.; *Vobruba*, Wege aus der Flexibilisierungsfalle – Politische Voraussetzungen individueller Zeitsouveränität, in: Mehr Arbeit durch weniger Recht?, 1990, S. 245–259.
[137] *Williamson/Wachter/Harris*, Bell Journal of Economics and Management Science 1975, S. 256 f., unterschieden vier typische Formen der betriebsspezifischen Qualifikationen.
[138] Vgl. *Klein*, American Economic Review 1984, S. 322–338; *Neumann*, Staatliche Regulierung betrieblicher Beschäftigungspolitik, 1991, S. 18.

fahr „unfairer" Austauschbeziehungen erhöhen, Arbeitnehmer verunsichern und den Lohnkonflikt in die Unternehmen hineintragen, wo sie von den Betriebsparteien schwieriger und teurer zu bewältigen sind als von den Sozialpartnern.[139] Wenn und soweit Branchentarifverträge an Bedeutung verlieren, werden Gewerkschaften wie Arbeitgeberverbände geschwächt; die Konflikte in Arbeitsbeziehungen werden dadurch ggf. erhöht und die Kooperationsbereitschaft der Arbeitsmarktparteien jedenfalls nicht gefördert. Gegen eine Einschränkung der Möglichkeit von Allgemeinverbindlicherklärungen von Tarifverträgen spricht die sozialpolitische Notwendigkeit, in einer verantwortungsbewußten Gesellschaftsordnung Mindestarbeitsbedingungen bereitzuhalten. Geschieht dies nicht durch Allgemeinverbindlicherklärung, so muß der Gesetzgeber Mindestarbeitsbedingungen nach dem Gesetz vom 11. Januar 1952 (BGBl. I S. 17) festsetzen.

81   **b) Sozialpolitische Erfordernisse.** Die in einem Land bestehenden Schutzbestimmungen für Arbeitnehmer und soziale Sicherungen, die auf mikroökonomischer Ebene ansetzen, werden vom ökonomischen Entwicklungsstand beeinflußt. Die gesellschaftliche Nachfrage nach Arbeitnehmerschutzvorschriften und sozialer Sicherheit steigt mit steigendem Volkseinkommen. Die Höhe der Transaktionskosten wird auch durch die Konflikt- oder Kooperationsbereitschaft der Arbeitsmarktträger bestimmt. Schutzbestimmungen wirken sich stets auch positiv aus; der damit gewonnene soziale Frieden wird in der Deregulierungsdebatte unterschätzt. Der Arbeitsmarkt unterscheidet sich von anderen Märkten eben dadurch, daß er auch eine soziale Institution bildet.[140]

3. Zwischenbilanz

82   **a)** Der **Gesetzgeber** hat Aufforderungen zur Reform des Tarifvertragsrechtes bisher nicht aufgegriffen. Die Mehrheit des Deutschen Juristentages 1996 lehnte Vorschläge zur Novellierung der §§ 3 bis 5 des Gesetzes und des § 77 Abs. 3 BetrVG ab.[141] Wesentliche Änderungen des positiven Rechts sind aber im Individualarbeitsrecht zu verzeichnen. Am 1. 7. 1994 ist als Art. 1 des Gesetzes zur Vereinheitlichung und Flexibilisierung des Arbeitszeitrechts (ArbZRG) das neue Arbeitszeitgesetz (ArbZG) vom 6. 6. 1994 in Kraft getreten (BGBl. I S. 1170). Außerdem wurde mit Art. 1 Nr. 1 BeschFG 1994 vom 26. 7. 1994 (BGBl. I S. 1786) das Vermittlungsmonopol der Bundesanstalt für Arbeit in § 4 AFG praktisch aufgehoben. Schließlich wurde mit dem Arbeitsrechtlichen Gesetz zur Förderung von Wachstum und Beschäftigung (ArbRBeschFG) vom 25. 9. 1996 (BGBl. I S. 1476) das Recht des Kündigungsschutzes, der Entgeltfortzahlung im Krankheitsfall, der Betriebsänderung und vor allem der Zulässigkeit der Befristung von Arbeitsverhältnissen geändert.[142]

---

[139] Vgl. *Henssler*, ZfA 1994, S. 487, 500; *Lieb*, NZA 1994, S. 289, 342.
[140] Vgl. *Solow*, The Labor Market as a Social Institution, 1990.
[141] Vgl. Verhandlungen des 61. DJT 1996, Bd. II 2, S. K 193 – 195 und dazu *Peters/Thüsing*, RdA 1996, S. 376.
[142] Vgl. dazu u. a. *Bader*, NZA 1996, S. 1125; *Löwisch*, NZA 1996, S. 1009; *Rolfs*, NZA 1996, S. 1134; *Schiefer*, Betrieb 1998, S. 925.

b) In der höchstrichterlichen **Rechtsprechung** ist zum Tarifvertragsrecht 83
keine wesentliche Rechtsfortbildung zu verzeichnen. Bemerkenswert sind
Stellungnahmen zu § 3 Abs. 3 hinsichtlich der Weitergeltung des Tarifvertrages beim Verbandsaustritt[143] und zu § 4 Abs. 3 des Gesetzes zum Verständnis des Günstigkeitsprinzips,[144] in denen an der bisherigen Rechtsauffassung festgehalten wurde. In Entscheidungen des Bundesarbeitsgerichts zu
Öffnungsklauseln wird die Möglichkeit ergänzender und abweichender Betriebsvereinbarungen betont.[145] Urteile zu Einzelfragen des Zusammenwirkens von Tarif- und Betriebsparteien stehen noch aus.

c) Die **Rechtslehre** hat sich mit den verschiedenen Reformvorschlägen 84
eingehend und besonnen auseinandergesetzt;[146] die Beurteilung war und ist
eher zurückhaltend. *De lege lata* wird eine mit der bisherigen Rechtsauffassung nicht zu vereinbarende Neu- oder Uminterpretation der Gesetzesvorschriften, insb. des Günstigkeitsprinzips, überwiegend abgelehnt. Auf den
präzisen Vergleich der einschlägigen Abmachungen kann im Rahmen des
§ 4 Abs. 3 gegenüber zwingenden Tarifvertragsnormen so wenig verzichtet
werden, wie gegenüber zwingendem Gesetzesrecht; auch einem Arbeitslosen
kann kein Arbeitsplatz unbefristet unter Verzicht auf den gesetzlichen Kündigungsschutz angeboten werden. *De lege ferenda* wird vor allem erörtert, ob
und wie sich der Arbeitgeberverband oder das einzelne Verbandsunternehmen unter veränderten Wirtschaftsbedingungen von einem Tarifvertrag –
wenigstens teilweise – lösen kann. Eine zeitliche Begrenzung der Weiterwirkung der Tarifvertragsnormen in § 3 Abs. 3 und eine Formulierung der
Möglichkeiten zur (Änderungs)Kündigung von Tarifverträgen erscheint
wünschenswert. Weitergehend werden Öffnungsklauseln zugunsten der Betriebspartner diskutiert. Dabei gilt eine *generelle* gesetzliche Öffnungsklausel,
wonach jede tarifvertragliche Vereinbarung betriebsvereinbarungsdispositiv
sein soll, das Rangverhältnis zwischen Tarifvertrag und Betriebsvereinbarung
also umgekehrt wird, als verfassungsrechtlich bedenklich und sozialpolitisch
unerwünscht. Dem Gesetzgeber ist nicht jede Regelung im Schutzbereich
des Art. 9 Abs. 3 GG verwehrt; den Tarifvertragsparteien muß aber ein ausreichend großes Feld von Arbeitsbedingungen zur Verfügung stehen, in dem
sie Leistung und Gegenleistung des Arbeitsverhältnisses zwingend festlegen
können.[147] Änderungsvorschläge, die die Unabdingbarkeit eines Tarifvertrages beseitigen und damit praktisch die geltende Tarifordnung abschaffen,
lassen sich mit Art. 9 Abs. 3 GG nicht vereinbaren. Auch sozialpolitisch haben die Vorschläge bei Arbeitgeberverbänden und Gewerkschaften keine

---

[143] BAG 13. 12. 1995 AP Nr. 3 zu § 3 TVG Verbandsaustritt (*Rieble*).
[144] BAG 18. 12. 1997 AP Nr. 46 zu § 2 KSchG 1969 (*Wiedemann*).
[145] BAG 18. 8. 1987 AP Nr. 23 zu § 77 BetrVG (*v. Hoyningen-Huene*); BAG 18. 12. 1997 AP Nr. 46 zu § 2 KSchG 1969 (*Wiedemann*).
[146] Vgl. u. a. *Beuthien/Meik*, Betrieb 1993, S. 1519; *Hanau*, RdA 1998, S. 65; *Henssler*, ZfA 1994, S. 500; *Hromadka*, AuA 1996, S. 289; *A. Junker*, ZfA 1996, S. 383, 393 ff.; *Konzen*, NZA 1995, S. 918; *Lieb*, NZA 1994, S. 289 und 337; *Löwisch*, JZ 1996, S. 812; *ders.*, NJW 1997, S. 905; *Richardi*, Gutachten zum 61. DJT 1996, Veröffentlichungen des DJT, Bd. I 1, S. B; *Rieble*, RdA 1996, S. 151; *Walker*, ZTR 1997, S. 193; *Waltermann*, RdA 1996, S. 129; *Wank*, NJW 1996, S. 22, 73.
[147] Vgl. *Konzen*, NZA 1995, S. 913, 919; *Löwisch*, JZ 1996, S. 812, 816; weitergehend *Hanau*, RdA 1993, S. 1, 10.

Einleitung 85   1. Abschnitt. Allgemeines und Verfassungsgarantie

Zustimmung erfahren, weil damit das Konfliktpotential in die einzelnen Unternehmen und ihre Betriebe verlagert wird.[148] *Eingeschränkte* gesetzliche Öffnungsklauseln würden es beim grundsätzlichen Vorrang tarifvertraglicher Regelungen belassen, sähen aber in Ausnahmesituationen eine Anpassung durch die Betriebspartner, durch den Arbeitgeber oder eine Schlichtungsstelle vor. Das ist, wenn es sich um begrenzte Durchbrechungen handelt, bei denen die Funktionsfähigkeit der Tarifautonomie und die Zuständigkeit der Tarifpartner für die Regelung der Arbeits- und Wirtschaftsbedingungen nicht in Frage gestellt wird, verfassungsrechtlich wohl zulässig.[149] Justiziable Tatbestandsvoraussetzungen für eine Ergänzung des § 4 Abs. 3 sind aber noch nicht ausgearbeitet.[150] Die Zulässigkeit von Notbetriebsvereinbarungen müßte sachlich und verfahrensmäßig festgelegt werden. Dabei sollte die Öffnung (1) von einer Krisensituation des Unternehmens, (2) von tarifvertraglich vorgegebenen Höchstgrenzen (z. B. bis zu etwa 2% der individuellen Lohn- oder Gehaltshöhe) und (3) bei weitergehenden Eingriffen vom Spruch einer Sachverständigenkommission abhängen, deren Entscheidung gerichtlich nur auf grobe Ermessensfehler überprüft werden kann. Durchweg wird man verlangen, daß die Tarifvertragsparteien beim Anpassungsverfahren, wenn nicht zustimmungs- so doch anhörungsberechtigt bleiben, damit sie in ausreichendem Umfang von der tatsächlichen Bestandskraft des Kollektivvertrages informiert sind und ihrerseits Abhilfe vereinbaren können. Die Einschaltung eines Belegschaftsvotums – in Anlehnung an § 1 Abs. 4 Satz 3 KSchG 1996 – ist bedenklich, weil eine überwiegend nicht organisierte Belegschaft zwar einen nicht vorhandenen Betriebsrat ersetzen, aber nicht einen lediglich für die organisierten Arbeitnehmer unmittelbar geltenden Tarifvertrag außer Kraft setzen kann.

85   d) Die **Tarifvertragsparteien** haben die Vorschläge zur Flexibilisierung der Tarifverträge in großem Umfang und diejenigen zur Dezentralisierung wenigstens teilweise aufgegriffen und ihre Tarifpolitik in den letzten Jahren aus eigener Kraft wesentlich umgestaltet;[151] manche sprechen von einer „stillen Revolution" der Tarifpolitik. Dabei sind historisch zwei Entwicklungsabschnitte zu verzeichnen. Der erste Schritt wurde mit den Arbeitszeitabkommen 1984/85 vollzogen, in denen die individuellen Arbeitszeiten von der Betriebsnutzungszeit abgekoppelt wurden und damit Lage und Verteilung der Arbeitszeit betriebsnahe gestaltet werden konnten. Die zweite Phase begann mit der Beschäftigungskrise 1992 und wirkte sich in den Folgejahren auf eine beschäftigungssichernde Tarifpolitik aus.[152] Einschränkun-

---

[148] Vgl. *Glaubitz*, Verhandlungen des 61. DJT 1996, Bd. II 2, S. K 119; *Hundt*, Arbeitgeber 1998, S. 49, 50; *Molitor*, Verhandlungen des 61. DJT 1996, Bd. II 2, S. K 112 ff.; *ders.*, in: Festschrift für Günter Schaub (1998), S. 487; *Wendeling-Schröder*, WSI-Mitteilungen 1997, S. 90, 94.
[149] Ebenso *Henssler*, ZfA 1994, S. 487, 511; *Löwisch*, JZ 1996, S. 812, 820; *Walker*, ZTR 1997, S. 193, 201.
[150] Vgl. zuletzt *Löwisch*, NJW 1997, S. 905, 910.
[151] Vgl. dazu Bundesministerium für Arbeit und Sozialordnung, Tarivertragliche Arbeitsbedingungen im Jahre 1996 (1997), S. 24 ff. sowie Tarifvertragliche Arbeitsbedingungen im Jahre 1997 (1998), S. 3 ff. (Geschäftszeichen III a 3 – 31205 – 2); *Bispinck*, WSI Informationen zur Tarifpolitik, Oktober 1997.
[152] Vgl. *Rosdücher*, Arbeitsplatzsicherheit durch Tarifvertrag, 1997, S. 166 ff.

gen der betriebsbedingten Kündigung werden dabei mit Einschränkungen der Arbeitgeberleistungen (Abstriche bei Sondervergütungen, Begrenzung der Mehrarbeit, Verkürzung der Arbeitszeit) verbunden. Sachlich sind zwei Entwicklungslinien zu verzeichnen: die Hinwendung zu niederen Verhandlungsebenen (Dezentralisierung) und die stärkere Auffächerung von Entgelt und Arbeitszeit (Flexibilisierung). Beide Erscheinungen sind unabhängig voneinander. Ein Beispiel bietet Österreich mit hoher Verhandlungszentralisierung und starker Entgeltdifferenzierung.[153] In Deutschland stoßen dezentrale Lohnverhandlungen aus rechtlichen und (verbands)politischen Gründen auf stärkeren Widerstand als die größere Streuung von Löhnen und Gehältern.[154]

Das Tarifvertragsgesetz steht Veränderungen im Verhandlungsprozeß und im Vertragsinhalt von Kollektivvereinbarungen nicht entgegen. Verbands- und Firmentarifverträge werden grundsätzlich gleich behandelt; § 4 Abs. 3 des Gesetzes sieht eine formell unbeschränkte Öffnung des Tarifvertrages gegenüber den Betriebsparteien und eine auf günstigere Regelungen beschränkte Öffnung gegenüber Individualabreden vor. Rechtliche Schranken ergeben sich freilich aus Art. 9 Abs. 3 GG und aus den §§ 77 Abs. 3, 87 Einleitungssatz BetrVG 1972. Die Rechtsordnung wird in Zukunft allerdings berücksichtigen müssen, daß die faktische Geltungskraft von Verbandstarifverträgen nachgelassen hat. Ihre verminderte Wirkung beruht zum einen darauf, daß die Zahl der organisierten Arbeitgeber und Arbeitnehmer in den Branchen unterschiedlich zurückgeht, zum anderen darauf, daß Tarifverträge auch von tarifunterworfenen Personen gelegentlich nicht strikt eingehalten werden (Fall Viessmann).[155] Das gilt namentlich für den Arbeitsmarkt in den neuen Bundesländern.

B. Verfassungsgarantie der Tarifautonomie

Schrifttum: *Robert Alexy*, Theorie der Grundrechte, Göttingen 1985; *Kurt Biedenkopf*, Grenzen der Tarifautonomie, Karlsruhe 1964; *Gustav-Adolf Bulla*, Soziale Selbstverantwortung des Sozialpartner als Rechtsprinzip, in: Festschrift für Hans Carl Nipperdey (1965), Bd. II, S. 79–104; *Hermann Butzer*, Verfassungsrechtliche Grundlagen zum Verhältnis von Gesetzgebung und Tarifautonomie, RdA 1994, S. 375–385; *Claus-Wilhelm Canaris*, Tarifdispositive Normen und richterliche Rechtsfortbildung, in: Gedächtnisschrift für Rolf Dietz (1973), S. 199–224; *Christian Ehrich*, Die Bedeutung der Wesentlichkeitstheorie im Arbeitskampfrecht, Betrieb 1993, S. 1237–1239; *Hans Ulrich Evers*, Arbeitskampffreiheit, Neutralität, Waffengleichheit und Aussperrung, Hamburg 1969; *Friedhelm Farthmann/Martin Coen*, Tarifautonomie, Unternehmensverfassung und Mitbestimmung, in: Ernst Benda/Werner Mayhofer/Hans Jochen Vogel (Hrsg.), Handbuch des Verfassungsrechts der Bundesrepublik Deutschland,

---

[153] Vgl. *P.G. Schmidt*, in: Zohnhöfer, Die Tarifautonomie auf dem Prüfstand, 1996, S. 95, 112.

[154] Vgl. *Berthold/Fehn*, in: Zohnhöfer, Die Tarifautonomie auf dem Prüfstand, 1996, S. 57, 82 ff.

[155] Die Durchbrechung des Verbandstarifvertrages wurde durch einen zwischen dem hessischen Arbeitgeberverband der Metall- und Elektroindustrie und der IG-Metall abgeschlossenen Einfirmenverbandstarifvertrag beendet; vgl. dazu *Buchner*, NZA 1996, S. 1304.

Einleitung 1. Abschnitt. Allgemeines und Verfassungsgarantie

2. Aufl. Berlin u. a. 1994, S. 851–960; *Franz Gamillscheg*, Die allgemeinen Lehren der Grundrechte und das Arbeitsrecht, AuR 1996, S. 41–48; *ders.*, Kollektives Arbeitsrecht, Bd. I, Grundlagen, Koalitionsfreiheit, Tarifvertrag, Arbeitskampf und Schlichtung, 1997; *Rolf Gessgen*, Soziale Rechte unter Vorbehalt?, NZA 1995, S. 504–508; *Peter Hanau*, Tarifautonomie in der Bewährung, GMH 1994, S. 129; *ders.*, Arbeitsrechtliche und verfassungsrechtliche Fragen zu Karenztagen, Bonn 1993; *ders.*, Zum Kernbereich des Koalitionswesens, AuR 1983, S. 257–265; *ders.*, Die Koalitionsfreiheit sprengt den Kernbereich, ZIP 1996, S. 447; *Joachim Heilmann*, Koalitionsfreiheit als normales Grundrecht, AuR 1996, S. 121–123; *Wilhelm Herschel*, Tarifautonomie und Gemeinwohl, RdA 1986, S. 1–2; *ders.*, Kernbereichslehre und Kodifikationsprinzip in der Tarifautonomie, AuR 1986, S. 265–269; *Wolfgang Höfft*, Zweitregister oder Ausflaggen – Auf dem Weg zur Neubestimmung des Art. 9 Abs. 3 GG, NJW 1995, S. 2329–2331; *Josef Isensee*, Streikeinsatz unter Gesetzesvorbehalt. Gesetzesvollzug unter Streikvorbehalt, DZWiR 1994, S. 309–315; *ders.*, Die verfassungsrechtliche Verankerung der Tarifautonomie, Bd. 24 der Veröffentlichungen der Walter-Raymond-Stiftung, Köln 1986, S. 159–176; *Hans D. Jarass*, Tarifverträge und Verfassungsrecht, NZA 1990, S. 505–510; *Abbo Junker*, Der Flächentarifvertrag im Spannungsverhältnis von Tarifautonomie und betrieblicher Regelung, ZfA 1996, S. 383–417; *Otto Ernst Kempen*, Der verfassungsrechtliche Vorrang der Tarifautonomie im arbeitsrechtlichen Regelungsgefüge, AuR 1996, S. 336–344; *Michael Kemper*, Die Bestimmung des Schutzbereichs der Koalitionsfreiheit (Art. 9 III GG), Heidelberg 1990; *Eckhard Kreßel*, Neutralität des Staates im Arbeitskampf, NZA 1995, S. 1121–1126; *Jürgen Kühling*, Arbeitsrecht in der Rechtsprechung des Bundesverfassungsgerichts, AuR 1994, S. 126–132; *Rainer Lagoni*, Koalitionsfreiheit und Arbeitsverträge auf Seeschiffen, JZ 1995, S. 499–503; *Peter Lerche*, Verfassungsrechtliche Zentralfragen des Arbeitskampfes, Bad Homburg 1968; *Klaus Lörcher*, Beamtenstreikbrechereinsatz und Völkerrecht, AuR 1993, S. 279–282; *René Alexander Lohs*, Kann der Gesetzgeber in laufende Tarifverträge eingreifen?, BB 1996, S. 1273–1274; *Gerhard Müller*, Tarifautonomie und gesetzliche Regelung des Arbeitskampfrechts, Betrieb 1992, S. 269–274; *Frank Andreas Meik*, Der Kernbereich der Tarifautonomie. Dargestellt am Funktionszusammenhang von Unternehmens-, Betriebs- und Tarifautonomie, Berlin 1987; *Jürgen P. Nautz*, Die Durchsetzung der Tarifautonomie in Westdeutschland. Das Tarifvertragsgesetz vom 9. April 1949, Frankfurt am Main 1985; *Alfred Oppholzer/Ulrich Zachert*, Gesetzliche Karenztage und Tarifautonomie, BB 1993, S. 1353–1359; *Hansjörg Otto*, Die verfassungsrechtliche Gewährleistung der koalitionsspezifischen Betätigung, Stuttgart 1982; *Hans Peters/Fritz Ossenbühl*, Die Übertragung von öffentlich-rechtlichen Befugnissen auf die Sozialpartner unter besonderer Berücksichtigung des Arbeitsschutzes, Stuttgart 1967; *Eduard Picker*, Die Regelung der „Arbeits- und Wirtschaftsbedingungen". Vertragsprinzip oder Kampfprinzip, ZfA 1986, S. 199–339; *Harro Plander*, Rechtliche Eingriffe öffentlicher Arbeitgeber in Tarifverträge und Tarifabschlußfreiheit als verfassungswidriger Angriff auf die Tarifautonomie, RiA 1985, S. 54–61; *Bernd Preis*, Tarifdispositives Richterrecht. Ein Beitrag zur Funktion und zum Rangverhältnis von Tarifvertrag und staatlichem Recht, ZfA 1972, S. 271–303; *Dieter Reuter*, Betriebsverfassung und Tarifautonomie, RdA 1994, S. 152–168; *Reinhard Richardi*, Richterrecht und Tarifautonomie, in: Gedächtnisschrift für Rolf Dietz (1973), S. 269–298; *Helmut Ridder*, Zur verfassungsrechtlichen Stellung der Gewerkschaften im Sozialstaat nach dem Grundgesetz für die Bundesrepublik Deutschland, Stuttgart 1960; *Bernd Rüthers*, Streik und Verfassung, Köln 1960; *Franz Jürgen Säcker*, Grundprobleme der kollektiven Koalitionsfreiheit, Düsseldorf 1969; *Ulrich Scheuner*, Der Inhalt der Koalitionsfreiheit (Rechtsgutachten 1960), Bergisch Gladbach 1960; *Rupert Scholz*, Koalitionsfreiheit als Verfassungsproblem, München 1971; *ders.*, Das Grundrecht der Koalitionsfreiheit anhand ausgewählter Entscheidungen zur Rechtsstellung von Gewerkschaften und Arbeitgeberverbänden, Stuttgart 1972; *Rupert Scholz/Horst Konzen*, Die Aussperrung im System von Arbeitsverfassung und kollektivem Arbeitsrecht, Berlin 1980; *Gunter Schwerdtfeger*, Individuelle und kollektive Koalitionsfreiheit, Berlin u. a. 1981; *Peter Schwerdtner*, Beschäftigungsförderungsgesetz, Tarifautonomie und Betriebsverfassung, NZA 1985, S. 577–585; *Hugo Seiter*, Die Rechtsprechung des Bundesverfassungsgerichts zu Art. 9 Abs. 3 GG, AöR 109 (1984), S. 88–136; *Helge Sodan*, Verfassungsrechtliche Grenzen der Tarifautonomie, JZ 1998, S. 421–430; *Alfred Söllner*, Grenzen des Tarifvertrags, NZA 1996, S. 897–906; *Wolfgang Thiele*, Zur gerichtli-

chen Überprüfung von Tarifverträgen und Betriebsvereinbarungen, in: Festschrift für Karl Larenz (1973), S. 1046–1062; *Wolf-Dieter Walker,* Möglichkeiten und Grenzen einer flexibleren Gestaltung von Arbeitsbedingungen, ZfA 1996, S. 353–381; *Rolf Wank,* Anmerkung zu BVerfG vom 14. 11. 1995, JZ 1997, S. 629–632; *Werner Weber,* Koalitionsfreiheit und Tarifautonomie als Verfassungsproblem, Berlin u. a. 1965; *Norbert Wimmer,* Minderer Grundrechtsschutz bei internationalen Arbeitssachverhalten?, NZA 1995, S. 250–256; *Rosemarie Winterfeld,* Das Verhältnis von Art. 1 § 1 BeschFG zu tarifvertraglichen Regelungen über befristete Arbeitsverträge, ZfA 1986, S. 157–176; *Ulrich Zachert,* Grenzen für eine gesetzliche Absenkung tariflicher Schutzstandards, NZA 1994, S. 529–534; *ders.,* Der Streit um den Streikparagraphen. Eine Zwischenetappe, ZRP 1995, S. 445–448; *Wolfgang Zöllner,* Die Rechtsprechung des Bundesverfassungsgerichts zu Art. 9 Abs. 3 GG, AöR 98 (1973), S. 71–102; *Thomas Zuleger,* Karenztage im Krankheitsfall. Fragen statt Antworten, AuR 1992, S. 231–235.

I. Art. 9 Abs. 3 GG als Kollektivgrundrecht

Art. 9 Abs. 3 GG schützt in erster Linie die individuelle Koalitionsfreiheit 87 des einzelnen Arbeitnehmers und Arbeitgebers, also das Recht, einen Berufsverband (Koalition) zu gründen, ihm beizutreten, dort tätig zu werden, auszutreten oder ihm von vornherein fernzubleiben.[156] Wenn sich auch der Schwerpunkt der juristischen Diskussion von der individuellen zur kollektiven Betrachtungsweise verschoben hat, bleibt die Individualgarantie doch eine Hauptaufgabe des Verfassungsschutzes. Allerdings ist die Schutzrichtung, die von der individuellen Koalitionsfreiheit gewährt werden soll, in der Zwischenzeit erweitert worden: der Freiheitsspielraum des Einzelnen, sich einem Berufsverband anzuschließen und in und mit ihm tätig zu werden, kann nicht nur vom Gesetzgeber oder vom sozialen Gegenspieler, sondern auch vom eigenen Verband gefährdet werden (sog. innere Koalitionsfreiheit); der einzelne Arbeitnehmer und Arbeitgeber bedarf deshalb eines verfassungsrechtlich geschützten Handlungsspielraums auch gegenüber Maßnahmen der eigenen Berufsorgane.

1. Koalitionsbildungsgarantie

Art. 9 Abs. 3 GG enthält die Grundlage des Koalitions- und Kollektivvertragswesens. Nach Wortlaut und Entstehungsgeschichte bezweckte die Vorschrift allerdings lediglich den Individualschutz. Dieser Ansatzpunkt erwies sich jedoch bald als zu eng und wurde vom Bundesverfassungsgericht frühzeitig aufgegeben. Es leitete in der Schlüsselentscheidung vom 18. November 1954 die Entwicklung eines kollektivbezogenen Verständnisses des Art. 9 Abs. 3 GG ein (*Doppelgrundrecht*);[157] gestützt auf das Sozialstaatsprinzip des Art. 20 GG sowie auf Art. 19 Abs. 3 GG sprach das Gericht den Berufsverbänden einen durch Art. 9 Abs. 3 GG garantierten **Bestandsschutz** zu: 88

BVerfGE 4, S. 96, 101: „Die Auffassung, daß die Vereinigung selbst in den Schutz des Grundrechts der Koalitionsfreiheit mit einzubeziehen sei, trifft auch für das Grundgesetz zu. Zwar fehlt hier eine dem in Art. 165 Abs. 1 WRV entsprechende

---

[156] Allg. Ansicht; vgl. *Scholz,* in: Maunz/Dürig, Art. 9 GG, Rnr. 104; *v. Münch,* in: Bonner Kommentar, Art. 9 GG, Rnr. 114; *Scholz,* in: Isensee/Kirchhof, HdbStR VI (1989), § 151, Rnr. 80 ff.
[157] BVerfGE 4, S. 96 = AP Nr. 1 zu Art. 9 GG.

ausdrückliche Vorschrift über die Anerkennung der beiderseitigen Organisationen; sie war aber entbehrlich, weil das Grundgesetz unter Berücksichtigung des bestehenden verfassungs- und arbeitsrechtlichen Zustandes in den Ländern von der rechtlichen Anerkennung der Sozialpartner als selbstverständlich ausgehen konnte.... Entscheidend für die hier gefundene Auslegung des Art. 9 Abs. 3 GG ist das ausdrückliche Bekenntnis des Grundgesetzes zum sozialen Rechtsstaat (Art. 20 Abs. 1, 28 Abs. 1 Satz 1 GG). Diese Entscheidung des Verfassungsgebers schließt es aus, ein Grundrecht, dessen Ausdehnung auf soziale Gemeinschaften sich bereits in der Weimarer Zeit angebahnt hatte, nunmehr ohne zwingenden Grund in seiner Wirksamkeit auf Einzelpersonen zu beschränken."

In der späteren Rechtsprechung des Bundesverfassungsgerichts wird der Doppelcharakter des Grundrechts als Individual- und Kollektivgrundrecht ständig wiederholt.[158] Die Rechtsprechung wird im Aussperrungsbeschluß vom 26. Juni 1991 dahin zusammengefaßt:

BVerfGE 84, S. 212, 224: „Das Grundrecht beschränkt sich auch nicht auf die Freiheit des Einzelnen, eine derartige Vereinigung zu gründen, ihr beizutreten, oder fernzubleiben oder sie zu verlassen. Es schützt vielmehr ebenso die Koalition selber in ihrem Bestand, ihrer organisatorischen Ausgestaltung und ihrer Betätigung, soweit diese gerade in der Wahrung und Förderung der Arbeits- und Wirtschaftsbedingungen besteht. Das ist zwar im Gegensatz zur Weimarer Verfassung nicht ausdrücklich ausgesprochen, ergibt sich aber aus der Aufnahme des Vereinigungszwecks in den Schutzbereich des Grundrechts (vgl. BVerfGE 4, S. 96, 101 f.; 50, S. 290, 367). Ein wesentlicher Zweck der von Art. 9 Abs. 3 GG geschützten Koalition ist der Abschluß von Tarifverträgen. Darin sollen die Vereinigungen nach dem Willen des Grundgesetzes frei sein (vgl. BVerfGE 44, S. 322, 341 m. w. N.; 50, S. 290, 367). Die Wahl der Mittel, die sie zur Erreichung dieses Zwecks für geeignet halten, überläßt Art. 9 Abs. 3 GG grundsätzlich den Koalitionen (vgl. BVerfGE 18, S. 18, 29 ff.; 50, S. 290, 368). Soweit die Verfolgung des Vereinigungszwecks von dem Einsatz bestimmter Mittel abhängt, werden daher auch diese vom Schutz des Grundrechts umfaßt."

89 Das Bundesarbeitsgericht und fast das gesamte Schrifttum haben sich der Lehre vom kollektiven Grundrecht angeschlossen.

Vgl. BAG 14, S. 282, 288 = AP Nr. 5 zu Art. 9 GG; 17, S. 218, 221 = AP Nr. 6 zu Art. 9 GG (*Pohle*); 19, S. 217, 221 = AP Nr. 10 zu Art. 9 GG; BAG GS 20, 175, S. 210 = AP Nr. 13 zu Art. 9 GG unter VI 4 a; *Biedenkopf*, Tarifautonomie, S. 102 ff.; *Brox*, in: Festschrift für H. C. Nipperdey (1965), Bd. II, S. 55, 63; *Dietz*, in: Bettermann/Nipperdey/Scheuner, Grundrechte III/1, S. 416, 458; *Evers*, Arbeitskampffreiheit, Neutralität, Waffengleichheit und Aussperrung, 1969, S. 13; *Gamillscheg*, Die Differenzierung nach der Gewerkschaftszugehörigkeit, 1966, S. 24; Hamann/*Lenz*, 3. Aufl. 1970, Art. 9 GG, Anm. A 2, B 8 b; Hanau/*Adomeit*, Arbeitsrecht, 1994, S. 62; *Hesse*, Grundzüge des Verfassungsrechts, 17. Aufl. 1990, Rnr. 415; Hueck/*Nipperdey*, Arbeitsrecht II 1, § 3 IV 3, S. 40, 46, 134; *Huber*, Wirtschaftsverwaltungsrecht II, 2. Aufl. 1953/54, S. 381; *Lerche*, Verfassungsrechtliche Zentralfragen des Arbeitskampfes, 1968, S. 25; *Löwer*, in: v. Münch/Kunig, 4. Aufl. 1992, Art. 9 GG, Rnr. 59; MünchArbR/*Löwisch*, § 237, Rnr. 7; *v. Mangoldt/Klein*, Art. 9 GG, Anm. V 3; *Maunz/Zippelius*, Deutsches Staatsrecht, 29. Aufl. 1994, § 24 VI, S. 193 f.; *Misera*, Tarifmacht und Individualbereich, 1969, S. 26; *v. Münch*, in: Bonner Kommentar, Art. 9 GG, Rnr. 114, 141; MünchArbR/*Otto*, § 277, Rnr. 37, 42; *Peters/Ossenbühl*, Die Übertragung von öffentlich-rechtlichen Befugnissen auf die Sozialpartner unter besonderer Berücksichtigung des Arbeitsschutzes, 1967, S. 13; *Ridder*, Zur verfassungsrechtlichen Stellung der Gewerkschaften im Sozialstaat, 1960, S. 32 ff.; *Rüthers*, Streik und Verfassung, 1960, S. 29 ff.; *Schaub*, Arbeitsrechts-Handbuch, § 188 V, S. 1591 f.; *Scheuner*, Der Inhalt der Koalitionsfreiheit (Rechtsgutachten 1960), 1960, S. 36 ff.;

---

[158] Vgl. BVerfGE 17, S. 319, 333 = AP Nr. 1 zu Art. 81 PersVG Bayern; 19, S. 303, 312 = AP Nr. 7 zu Art. 9 GG; 28, S. 295, 304 = AP Nr. 16 zu Art. 9 GG; 50, S. 290, 373 = AP Nr. 1 zu § 1 MitbestG (*Wiedemann*).

Schmidt-Bleibtreu/*Klein*, 8. Aufl. 1995, Art. 9 GG, Rnr. 12; *Schwerdtfeger*, Individuelle und kollektive Koalitionsfreiheit, 1981, S. 6; *ders.*, in: Die Koalitionsfreiheit des Arbeitnehmers, 1980, Teil 1, S. 149, 159; *Säcker*, Grundprobleme der kollektiven Koalitionsfreiheit, 1969, S. 33; *Seiter*, Die Rechtsprechung des Bundesverfassungsgerichts zu Art. 9 Abs. 3 GG, AöR 109 (1984), S. 88f.; *Söllner*, Arbeitsrecht, § 9 III 2 b, S. 62f.; *Stein*, Staatsrecht, 12. Aufl. 1990, § 29 II, S. 275; *Stern*, Staatsrecht III/1, § 68 V 7, S. 849; *W. Weber*, Koalitionsfreiheit und Tarifautonomie als Verfassungsproblem, 1965, S. 14.

Gegen die Sicht des Art. 9 Abs. 3 GG als Doppelgrundrecht mit sowohl individuellem als auch kollektivem Charakter wenden sich *Scholz*, Koalitionsfreiheit als Verfassungsproblem, 1971, S. 135; *ders.*, RdA 1970, S. 210; *ders.*, in: Maunz/Dürig, Art. 9 GG, Rnr. 23; *ders.*, in: Isensee/Kirchhof, HdbStR VI (1989), § 153, Rnr. 73 ff.; *Scholz/Konzen*, Die Aussperrung im System von Arbeitsverfassung und kollektivem Arbeitsrecht, 1980, S. 124; *Zöllner*, AöR 98 (1973), S. 71, 77; siehe auch *Zöllner/Loritz*, Arbeitsrecht, § 8 IV 4e, S. 119f. Nach Auffassung von *Scholz* erweist sich die Koalitionsfreiheit ihrem Wortlaut und ihrem Entstehungsgrund entsprechend als ausschließliches Individualgrundrecht; Art. 9 Abs. 3 GG schütze den gesamten Vorgang des kollektiven Koalitionsdaseins und Koalitionswirkens nur in der Person der sich vereinigenden Individuen. Die Grundrechtssubjektivität der Koalitionen selbst folge erst aus Art. 19 Abs. 3 GG. In den praktischen Konsequenzen ergäben sich allerdings zur herrschenden Auffassung keine relevanten Unterschiede. *Zöllner* sieht in Art. 9 Abs. 3 GG ein einheitliches Grundrecht mit verschieden gestufter Zuständigkeit zur Ausübung; es müsse die Gefahr vermieden werden, der Kollektivität Eigenwert und eigenständige Bedeutung zu verleihen, wo es in Wahrheit nur darum gehe, das Zusammenwirken interessierter Arbeitnehmer zu ermöglichen. Letztlich vertrete die Koalition nur die gebündelten Mitgliederinteressen (vgl. *Zöllner*, AöR 98 (1973), S. 79, 80).

Bei der Frage, ob Art. 9 Abs. 3 GG die Berufsverbände als solche schützt 90 oder ob es diesen nur nach Art. 19 Abs. 3 möglich ist, gebündelte Individualinteressen auszuüben, scheint es sich zunächst lediglich um angewandte Rechtstechnik zu handeln. Art. 19 Abs. 3 betrifft jedoch ausschließlich die Grundrechtsträgerschaft, läßt also den Inhalt der Grundrechtsverbürgung offen. Der Streit um eine individuelle oder eine danebenstehende kollektive Koalitionsgarantie in Art. 9 Abs. 3 GG reicht deshalb entgegen der Auffassung von *Scholz* über die rechtstechnische Ebene hinaus. *Scholz* bestimmt Inhalt und Grenzen der Betätigungsfreiheit des Kollektivs aus denen der individuellen Betätigungsfreiheit; bei kollektiver Sicht des Art. 9 Abs. 3 GG können jedoch eigene selbständige Verbandsinteressen mit den Individualinteressen in Konflikt geraten und ihnen möglicherweise vorgehen, was bei einer individuellen Betrachtung bereits denklogisch ausgeschlossen ist.

Eine ausschließlich individuelle Sicht der Koalitionsfreiheit verträgt sich weder mit der geschichtlich gewachsenen Bedeutung der Berufsverbände noch mit dem Verfassungsprinzip der sozialen Selbstverwaltung noch mit der grundgesetzlich verbürgten Vereinigungsfreiheit. Die freie Verbandsbildung nach Art. 9 Abs. 1 GG ist ein Aufbauprinzip der verfassungsmäßigen Ordnung, die den frei gebildeten, intermediären Gewalten Eigenwert verleiht.[159] Gegenüber anderen Vereinigungen genießen neben den politischen Parteien gerade die Sozialpartner eine Sonderstellung, denn ihnen ist durch Art. 9 Abs. 3 GG die „öffentliche Aufgabe" zugewiesen,[160] die Arbeits- und Wirt-

---

[159] BVerfGE 38, S. 281, 302 ff.; BVerfGE 50, S. 290, 353 ff.; *Hesse*, Grundzüge des Verfassungsrechts, 17. Aufl. 1990, Rnr. 410; Schmidt-Bleibtreu/*Klein*, 8. Aufl. 1995, Art. 9 GG, Rnr. 5.
[160] Vgl. BVerfGE 28, S. 295, 304; 55, S. 7, 24.

schaftsbedingungen in eigener Verantwortung und im wesentlichen ohne staatliche Einflußnahme zu gestalten.[161] Dazu kommt eine große Zahl von Mitwirkungsrechten im Arbeits- und Wirtschaftsleben. Nicht zu unterschätzen ist schließlich die Bedeutung der Gemeinschaftsgebundenheit des Individuums. Die stärkere Qualität der Freiheitsausübung im Kollektiv, in dem sich das soziale Geschehen abspielen kann, berechtigt dazu, den Berufsorganen eine eigenständige, von den gebündelten Individualinteressen losgelöste Grundrechtsverbürgung zu bestätigen. Die bewußte Betonung des Eigenwertes der Gruppe wird vom Bundesverfassungsgericht von Art. 9 GG in der Zwischenzeit im übrigen auch auf andere Grundrechte übertragen.[162]

2. Koalitionsbetätigungsgarantie

91 a) Neben der Bestandsgarantie enthält Art. 9 Abs. 3 Satz 1 GG auch eine Betätigungsgarantie der Berufsverbände im Innen- und Außenverhältnis. Sie umfaßt das Recht auf zweckmäßige Ausgestaltung der eigenen Satzung und auf Freiheit zu unbeeinflußter interner Willensbildung (Organisationsfreiheit).[163] Im Außenverhältnis garantiert die Verfassung den Berufsverbänden, die Arbeits- und Wirtschaftsbedingungen ihrer Mitglieder zu wahren und zu fördern.

BVerfGE 17, S. 319, 333: „Die durch Art. 9 Abs. 3 GG gewährleistete Koalitionsfreiheit ist nur dann sinnvoll, wenn die Rechtsordnung den Koalitionen die Möglichkeit gibt, durch spezifisch koalitionsgemäße Betätigung die in Art. 9 Abs. 3 GG genannten Zwecke zu verfolgen, nämlich die Arbeits- und Wirtschaftsbedingungen ihrer Mitglieder zu wahren und zu fördern."

92 In der späteren Rechtsprechung des Bundesverfassungsgerichts wird die Garantie der Zweckverfolgung vielfach bestätigt.[164] Welche Betätigungsrechte der Berufsverbände im einzelnen verfassungsrechtlich gewährleistet sind, ist umstritten.[165] Das kann hier nicht weiter behandelt werden. Nach allg. Ansicht, gehört zu den grundrechtlich gewährleisteten Betätigungen der Sozialpartner auch und gerade der Abschluß von Tarifverträgen, also die Tarifautonomie.

BVerfGE 18, S. 18, 26: „Ausdrücklich spricht das Grundgesetz dabei allerdings weder von Tarifverträgen noch von Tariffähigkeit. Indes ist die Koalitionsfreiheit nur dann sinnvoll, wenn die Rechtsordnung den Koalitionen auch die Erreichung ihres in Art. 9 Abs. 3 GG bezeichneten Zweckes, nämlich die Arbeits- und Wirtschaftsbedingungen ihrer Mitglieder zu wahren und zu fördern, gewährleistet; das tut sie nur, wenn sie der Koalition das Recht gibt, diesen Zweck durch spezifisch koalitionsgemäße Betätigung zu verwirklichen."...(S. 28): „Die aus der Koalitionsfreiheit entspringende Tarifautonomie verfolgt den im öffentlichen Interesse liegenden Zweck, in dem von der staatlichen Rechtsetzung freigelassenen Raum das Arbeitsleben im einzelnen durch Tarifverträge sinnvoll zu ordnen, insbesondere die Höhe der Arbeitsvergütung für die verschiedenen Berufstätigkeiten festzulegen, und so letztlich die Gemeinschaft sozial zu befrieden."

---

[161] Vgl. BVerfGE 44, S. 322, 340; 50, S. 290, 367; 55, S. 7, 24.
[162] BVerfGE 19, S. 129, 132 = AP Nr. 3 zu Art. 4 GG; BVerfGE 24, S. 236, 245.
[163] Vgl. BVerfGE 50, S. 290, 354; *Reuß*, Betrieb 1965, S. 817, 820; *ders.*, AuR 1975, S. 1, 3.
[164] Vgl. BVerfGE 18, S. 18, 26; 19, S. 303, 312; 20, S. 319; 28, S. 295, 304.
[165] Vgl. dazu *Scholz*, in: Isensee/Kirchhof, HdbStR VI (1989), § 151, Rnr. 92, 101 ff.; *Säcker*, Grundprobleme der kollektiven Koalitionsfreiheit, 1969, S. 39 ff.

B. Verfassungsgarantie der Tarifautonomie

BVerfGE 20, S. 312, 317: „Art. 9 Abs. 3 GG gewährleistet mit der Koalitionsfreiheit auch die sog. Tarifautonomie und damit den Kernbereich eines Tarifvertragssystems, weil sonst die Koalitionen ihre Funktion, in dem von der staatlichen Rechtsetzung freigelassenen Raum das Arbeitsleben im einzelnen durch Tarifverträge zu ordnen, nicht sinnvoll erfüllen könnten (BVerfGE 4, S. 96, 108; 18, S. 18, 28). Eine solche Gewährleistung ist aber ganz allgemein und umfaßt nicht die besondere Ausprägung, die das Tarifvertragssystem in dem zur Zeit des Inkrafttretens des Grundgesetzes geltenden Tarifvertragsgesetz erhalten hat. Sie läßt dem einfachen Gesetzgeber einen weiten Spielraum zur Ausgestaltung der Tarifautonomie."

BVerfGE 38, S. 281, 305: „Der Zweck aller Koalitionen, die Arbeits- und Wirtschaftsbedingungen zu wahren und zu fördern, wird von den Gewerkschaften vorwiegend dadurch verfolgt, daß sie in der Auseinandersetzung über Löhne und Arbeitsbedingungen mit dem sozialen Gegenspieler, den Arbeitgebern, für die Arbeitnehmer möglichst günstige Tarifverträge abschließen und, wenn nötig, in Arbeitskämpfen durchsetzen. Das Bundesverfassungsgericht hat deshalb den Kernbereich des Art. 9 Abs. 3 GG vor allem in der Garantie eines vom Staat bereitzustellenden Tarifvertragssystems und in der Bildung freier Koalitionen als Partner der Tarifverträge gesehen (BVerfGE 4, S. 96, 106; 18, S. 18, 26)."

BVerfGE 44, S. 322, 341: „Den frei gebildeten Koalitionen ist durch Art. 9 Abs. 3 GG die im öffentlichen Interesse liegende Aufgabe zugewiesen und in einem Kernbereich garantiert, insbesondere Löhne und sonstige materielle Arbeitsbedingungen in einem von staatlicher Rechtsetzung freigelassenen Raum in eigener Verantwortung und im wesentlichen ohne staatliche Einflußnahme durch unabdingbare Gesamtvereinbarungen sinnvoll zu ordnen (vgl. BVerfGE 4, S. 96, 106; 18, S. 18, 26, 28; 20, S. 312, 317; 28, S. 295, 304; 38, S. 281, 306). Der Gesetzgeber hat den Koalitionen auf der Grundlage dieser historisch gewachsenen Bedeutung des Grundrechts der Koalitionsfreiheit im Tarifvertragsgesetz das Mittel des Tarifvertrags an die Hand gegeben, damit sie die von Art. 9 Abs. 3 GG intendierte autonome Ordnung des Arbeitslebens verwirklichen können (vgl. BVerfGE 4, S. 96, 106; 18, S. 18, 26; 28, S. 295, 305)."

Auch wenn es sich in der Rechtsprechung des Bundesverfassungsgerichts **93** gelegentlich um Zitate aus eigenen früheren Entscheidungen handelt, die für die jeweilige neue Entscheidung nicht tragend sind, unterstützt doch die rituelle Wiederholung der Aufgaben der Sozialpartner, daß die gemeinsame Betätigung der Koalitionen als Tarifvertragsparteien (*Zwillingsgrundrecht*) nach Ansicht des höchsten Gerichts eindeutig von der Verfassung gewährleistet wird. Die übrige Rechtsprechung und die Rechtslehre haben sich dieser Auffassung im Grundsatz angeschlossen. Inhalt und Umfang dieser Gewährleistung sind freilich alles andere als unumstritten; vgl. dazu sofort Rnr. 95 ff.

b) Aus der Koalitionsbetätigungsgarantie folgt nicht automatisch, daß jeder **94** von der Verfassung geschützte Berufsverband auch tariffähig sein muß; die Grenzen der Tariffähigkeit zu ziehen, ist vielmehr Aufgabe des Gesetzgebers.[166] Die Tariffähigkeit ist deshalb keine durch Art. 9 Abs. 3 GG automatisch gewährleistete Folge der Koalitionseigenschaft. Eine Deckungsgleichheit von Koalitionseigenschaft und Tariffähigkeit ist schon deshalb zu verneinen, weil die Berufsverbände der Beamten von einer tariflichen Lohngestaltung durch Art. 33 Abs. 5 GG ausgeschlossen sind.[167]

---

[166] BVerfGE 4, S. 96, 107, 108 = AP Nr. 1 zu Art. 9 GG.
[167] Vgl. BVerfGE 4, S. 96, 107; sowie die Auseinandersetzung dazu unten § 2 Rnr. 24 ff.

II. Arbeits- und Wirtschaftsbedingungen

95 Die Sozialpartner können Tarifvertragsnormen nur in dem vom Art. 9 Abs. 3 GG vorgegebenen Rahmen, also „zur Wahrung und Förderung der Arbeits- und Wirtschaftsbedingungen" vereinbaren. Dabei ist ungeklärt, welche Zwecke zur Wahrung und Förderung im einzelnen verfolgt werden dürfen; seit jeher ist außerdem das Begriffspaar der Arbeits- und Wirtschaftsbedingungen umstritten.

1. Regelungsziel

96 Art. 9 Abs. 3 GG nennt die **Wahrung** und **Förderung** der Arbeits- und Wirtschaftsbedingungen. Das wurde bisher breit ausgelegt. Nach herrschender Auffassung hatten die Tarifvertragsparteien das Recht und sogar die Pflicht, neben dem Schutz ihrer Mitglieder auch den Schutz der ganzen Unternehmensbranche und des gesamten Berufsstandes und darüber hinaus *beschäftigungsrelevante Interessen der Gesamtbevölkerung*, wie z. B. die Förderung der tatsächlichen Durchsetzung der Gleichberechtigung oder die Pflege der Ausbildung von Jugendlichen wahrzunehmen. Das kam in § 3 StabG deutlich zum Ausdruck, wonach die Bundesregierung Gewerkschaften und Unternehmensverbänden Orientierungsdaten zur Verfügung zu stellen hatte, wenn die Erreichung eines hohen Beschäftigungsstands gefährdet war. Die Regelungsmacht der Sozialpartner wurde zwar auch bisher vom Regelungsziel her begrenzt und z. B. die einseitige Wahrnehmung sekuritätspolitischer Gewerkschaftsinteressen ausgenommen; vgl. dazu unten Rnr. 440. Es war aber nie zweifelhaft, daß die Tarifvertragsparteien neben der Schutz- auch eine Ordnungsaufgabe erfüllen können und müssen.[168] Diese Auffassung wurde in jüngster Zeit in Frage gestellt, und zwar zunächst hinsichtlich des Mandats der Sozialpartner, durch Arbeitszeithöchstbedingungen Beschäftigungspolitik zu betreiben,[169] später hinsichtlich aller Aufgaben, die über den *unmittelbaren Schutz* der tarifunterworfenen Arbeitnehmer vor ihrem überlegenen Vertragspartner hinausgehen: *soweit* oder *sobald* der Tarifvertrag die individuelle Vertragsfreiheit unverhältnismäßig einschränke – also zum Schutz des einzelnen Arbeitnehmers nicht mehr geeignet, erforderlich und verhältnismäßig ist – müsse die zwingende Wirkung der Tarifvertragsnormen entfallen.[170] Dem ist nicht zu folgen.

97 Eine *Stellungnahme* muß unterscheiden: Die generelle Einschränkung der Tarifautonomie auf das – abstrakt oder sogar konkret nachgewiesene – Regelungsziel des Arbeitnehmerschutzes widerspricht der über Jahrzehnte

---

[168] Vgl. Sachverständigenbericht „Mitbestimmung im Unternehmen", BT-Drucks. VI/334, Nr. IV, 99; *Badura*, in: Festschrift für Friedrich Berber (1973), S. 11, 31.
[169] Vgl. *Bengelsdorf*, ZfA 1990, S. 563, 570 ff.; *Gitter/Boerner*, RdA 1990, S. 129, 134; *Hromadka*, Betrieb 1992, S. 1042, 1045; *Loritz*, ZfA 1990, S. 133, 163; *Rieble*, Arbeitsmarkt und Wettbewerb, 1996, S. 481; *ders.*, ZTR 1993, S. 54; *Zöllner*, Betrieb 1989, S. 2121, 2122; kritisch dazu *Däubler*, Betrieb 1989, S. 2534, 2535; *Richardi*, Betrieb 1990, S. 1613, 1615; *Schlüter*, in: Festschrift für Walter Stree und Johannes Wessels (1993), S. 1061, 1066 ff.; *Waltermann*, NZA 1991, S. 754, 755 ff.
[170] *Löwisch*, ZfA 1996, S. 293, 300, 313.

herrschenden Rechtsauffassung, die auch vom Bundesverfassungsgericht in ständiger Rechtsprechung unterstützt wurde. Sie ist in der Leitentscheidung BVerfGE 4, S. 96, 101 begründet und in BVerfGE 44, S. 322, 341 dahin zusammengefaßt: „Den frei gebildeten Koalitionen ist durch Art. 9 Abs. 3 GG die im öffentlichen Interesse liegende Aufgabe zugewiesen und in einem Kernbereich garantiert, insbesondere Löhne und sonstige materielle Arbeitsbedingungen in einem von staatlicher Rechtsetzung freigelassenen Raum in eigener Verantwortung und im wesentlichen ohne staatliche Einflußnahme durch unabdingbare Gesamtvereinbarungen sinnvoll zu ordnen." Wenn damit den Sozialpartnern die „sinnvolle Ordnung des Arbeitslebens" (BVerfGE 50, S. 290, 367) aufgegeben ist, kann diese Aufgabe nicht anders als mit Rücksicht auf die gesamte Arbeits- und Wirtschaftslage und auf die Interessen der nicht organisierten Arbeitnehmer und der Gesamtbevölkerung bewältigt werden. Auch wenn die Verfassung gegenüber sich wandelnden wirtschaftlichen und sozialen Bedingungen offen bleiben muß, ist nicht ersichtlich, wodurch der Verfassungs- oder der einfache Gesetzgeber den Sozialpartnern in den letzten Jahren ihr ordnungspolitisches Mandat entzogen haben könnte. Am Umfang der Tarifautonomie und am Regelungsziel der Tarifvertragsnormen sollte nicht gerüttelt werden. Davon sind die abgeschwächten Vorschläge derjenigen zu unterscheiden, die dem Tarifvertrag, soweit er nicht unmittelbar dem Arbeitnehmerschutz dient, zwar nicht die Legitimation, wohl aber die volle *zwingende* Wirkung absprechen wollen.[171] Tarifvertragsnormen außerhalb des eng gefaßten Schutzauftrags hätten danach entgegen dem Wortlaut des § 4 Abs. 1 des Gesetzes nur noch dispositive Wirkung, könnten also von Arbeitgeber und Arbeitnehmer jederzeit abgeändert werden. Auch dem ist nicht zu folgen. Zum einen können auch zum Kern des Tarifvertrages gehörende Schutznormen beschäftigungspolitische und allgemein gesellschaftliche Außenwirkungen entfalten; zum andern müßte die Unterscheidung dann sämtliche Tarifvertragsnormen, also auch solche zu den Gemeinsamen Einrichtungen treffen und sich bei einer Allgemeinverbindlicherklärung dort fortsetzen. Vor allem aber ist die Abstufung mit dem Gebot der *Rechtssicherheit* von Normen unvereinbar, weil sich deren zwingende oder dispositive Wirkung entweder unmittelbar aus dem Wortlaut oder wenigstens aus dem System des Regelungswerkes ergeben muß. Das gilt insbesondere für den Vorschlag, ein Tarifvertrag solle mit Unrentabilität der Beschäftigung, also mit Zeitablauf, seine zwingende Wirkung insgesamt und automatisch verlieren. Die Parömie „Cessante ratione legis cessat lex ipsa"[172] kann nicht Bestandteil einer rechtsstaatlichen Ordnung sein. Dahingehende Vorschläge wären diskutabel, soweit nur bestimmte *Sachbereiche* von der zwingenden Tarifmacht ausgenommen werden, was für Entgelt und Arbeitszeit nicht in Betracht kommt.

---

[171] So *Hromadka*, Betrieb 1992, S. 1042, 1045; *Löwisch*, ZfA 1996, S. 293, 300; *Rieble*, Arbeitsmarkt und Wettbewerb, 1996, S. 481; *Schlüter*, in: Festschrift für Walter Stree und Johannes Wessels (1993), S. 1061, 1084.
[172] Vgl. dazu *Krause*, SZ Kan. 46 (1960), S. 81–111.

2. Regelungsinhalt

98 Der Regelungsinhalt wird von Art. 9 Abs. 3 GG als Wahrung und Förderung der **Arbeits- und Wirtschaftsbedingungen** festgelegt.[173] Eine maßgebende Auslegung durch das Bundesverfassungsgericht fehlte lange Zeit. Die Rechtsprechung enthielt lediglich die Vorgabe, daß die Tarifautonomie ihre verfassungsrechtliche Grenze in Art. 9 Abs. 3 Satz 1 GG findet.[174] In dem Beschluß vom 24. April 1996 zur Zulässigkeit befristeter Arbeitsverträge mit wissenschaftlichem Personal[175] finden sich jetzt deutlichere Hinweise auf den möglichen Regelungsinhalt von Tarifverträgen und zum Verhältnis von staatlicher und tarifvertraglicher Normsetzung. Das Bundesverfassungsgericht lehnt dabei seine Verfassungsinterpretation an § 77 Abs. 3 BetrVG und die dort genannten Regelungsbereiche „Arbeitsentgelte und sonstige Arbeitsbedingungen" an und betont auch im übrigen eine an Herkommen und Üblichkeit orientierte Auslegung der Tarifautonomie. Dabei soll die Wirkkraft des Grundrechts in dem Maße zunehmen, in dem die Tarifvertragsparteien der Materie näherstehen und von ihrer Regelungsmacht in der Praxis Gebrauch gemacht haben.[176] Damit wird der von den Sozialpartnern im Rahmen der Arbeits- und Wirtschaftsbedingungen „eroberte" Besitzstand für die Zukunft stark abgesichert, insbesondere eine gesetzliche Tarifsperre erschwert, auf der anderen Seite das Subsidiaritätsprinzip abgelehnt.

99 Im Schrifttum werden im wesentlichen drei Auslegungsvarianten angeboten. Eine enge Interpretation beschränkt die Arbeits- und Wirtschaftsbedingungen auf „Lohn- und Arbeitsbedingungen",[177] das heißt auf den Rahmen, der früher durch § 152 GewO festgesetzt, aber bereits von Art. 159 WRV durch die Wirtschaftsbedingungen erweitert wurde. Auf der anderen Seite wird im Wege der extensiven Auslegung das Begriffspaar der Arbeits- und Wirtschaftsbedingungen vom Arbeitsverhältnis abgekoppelt.[178] Nach herrschender Ansicht bilden die „Arbeits- und Wirtschaftsbedingungen" einen Einheitsbegriff, mit dem aus juristischer Sicht die Gesamtheit der Bedingungen zusammengefaßt wird, unter denen abhängige Arbeit geleistet wird,[179] oder die aus ökonomischer Sicht den Arbeitsmarkt regulieren.

---

[173] Grundlegend dazu *Säcker/Oetker*, Tarifautonomie, S. 40 ff.; vgl. außerdem *Badura*, ArbRGegw 15 (1978), S. 17, 28; *Scheuner*, in: Bettermann/Nipperdey/Scheuner, Grundrechte III/1, S. 417, 422; *Söllner*, ArbRGegw 16 (1979), S. 19, 22 ff.; *Waltermann*, NZA 1991, S. 754, 757; *Wiedemann*, RdA 1986, S. 231.
[174] Vgl. BVerfGE 19, S. 303, 312; 44, S. 322, 349.
[175] BVerfGE 94, S. 268.
[176] BVerfGE 94, S. 268, 283 f.
[177] Vgl. *Forsthoff*, BB 1965, S. 381, 385; *Werner Weber*, Koalitionsfreiheit und Tarifautonomie, 1965, S. 22; Zöllner/Loritz, Arbeitsrecht, § 8 III 1, S. 111 f.
[178] Vgl. *Berg/Wendeling-Schröder/Wolter*, RdA 1980, S. 299, 307; *Däubler*, Das Grundrecht auf Mitbestimmung, 1973, S. 187; *Dürig*, NJW 1955, S. 729.
[179] So mit Differenzierungen im einzelnen *Badura*, ArbRGegw 15 (1977), S. 17, 27; *Biedenkopf*, Gutachten zum 46. DJT 1966, S. 97, 163; *Kempen*, AuR 1980, S. 193, 195; *Konzen*, ZfA 1980, S. 77, 90; *Säcker/Oetker*, Tarifautonomie, S. 42 ff.; *Scholz*, ZfA 1990, S. 377, 395; *Seiter*, Streikrecht und Aussperrungsrecht, 1975, S. 492; *Söllner*, ArbRGegw 16 (1978), S. 19, 24; *ders.*, NZA 1996, S. 897, 899; *Wiedemann*, in: Festschrift für Stefan Riesenfeld (1983), S. 303, 305.

Praktische Bedeutung kann die Abgrenzung für den Umfang der Tarifautonomie in folgender Hinsicht gewinnen:
- Vor dem Hintergrund der hohen Arbeitslosigkeit und der Reformdiskussion wurde die Ansicht geäußert, die verfassungsrechtlich garantierte Tarifautonomie umfasse lediglich das Recht zur Vereinbarung von Tarifverträgen, nach deren Inhalt „die Gesamtkosten der Arbeit so weit unter ihrer Produktivität liegen, daß allgemein im Tarifgebiet die Arbeits- und Wirtschaftsbedingungen dauerhaft gewahrt und stetig gefördert werden"; Tarifverträge, die diese Grenze aktuell überschreiten, hätten keinen rechtlichen Status und seien mithin nichtig.[180] Das wird man nicht dahin verstehen können, daß die Ausübung des Individual- oder Kollektivrechts des Art. 9 Abs. 3 GG in jedem Einzelfall dem Grundrechtsvollzug dienen muß und dies dann jeweils gerichtlich nachgeprüft werden kann. Zwar ist gesichert, daß die Grundrechte nicht nur als Abwehrrechte zu verstehen sind, sondern darüber hinaus eine objektive Wertordnung errichten. Würde aber jede einzelne Grundrechtsausübung daran gemessen, ob sie den objektiven Wertgehalt des ausgeübten Grundrechts selbst fördert, so würde die Freiheitsgewährleistung der Grundrechte in bedenklicher Weise verkürzt. Für die Tarifautonomie würde sie eine Inhaltskontrolle von Tarifverträgen (Tarifzensur) und damit auch eine erhebliche Rechtsunsicherheit nach sich ziehen. Weiter ist zu bedenken, daß das Grundrecht der Koalitionsbildung und Koalitionsbetätigung auch abstrakt in erster Linie nicht fremdnützig im Interesse des Gemeinwohls, sondern zur Förderung der Arbeits- und Wirtschaftsbedingungen der *Grundrechtsträger* selbst verliehen wurde. Das Merkmal der Wahrung und Förderung der Arbeits- und Wirtschaftsbedingungen kann mithin nicht als verfassungsunmittelbare Schranke zur Begrenzung der tarifvertraglichen Regelungsbefugnis verstanden werden, umschreibt vielmehr einen verfassungsrechtlich geschützten Rechtsraum, der allerdings auf Grenzen der Drittinteressen und des Gemeinwohls stößt; vgl. dazu unten Rnr. 198 ff., 345 ff.
- Es ist fraglich, wieweit die Tarifvertragsparteien durch tarifvertragliche Regelungen *Vermögenspolitik* betreiben, insbesondere Investivlöhne vereinbaren können[181] oder darüber hinaus eine Beteiligung von Arbeitnehmern am Kapital ihres Unternehmens vorsehen dürfen. Soweit Bedenken gegen eine erzwungene Vermögensbildung bestehen, resultieren sie aus der Unzulässigkeit von Lohnverwendungsklauseln, nicht aus der mangelnden Beziehung zum Arbeitsverhältnis; vgl. dazu unten Rnr. 468.
- Bedeutung hat die Abgrenzung weiter für all die tarifvertraglichen Absprachen, deren Durchführung für das Unternehmen nicht nur einen Kostenfaktor bildet, die sich vielmehr auf die Entscheidungen der *Unternehmensführung* im übrigen auswirken, sie möglicherweise sogar blockieren. Das trifft heute für viele Tarifvertragsnormen zu, angefangen von Arbeitszeitbestimmungen, Besetzungsregelungen, Kündigungsbe-

---

[180] *Sodan*, JZ 1998, S. 421, 423 ff.
[181] Vgl. dazu *Loritz*, Betrieb 1985, S. 531; Löwisch/*Rieble*, § 1 TVG, Rnr. 644; *L. Vollmer*, Die Entwicklung partnerschaftlicher Unternehmensverfassungen, 1976, S. 112.

schränkungen, Wiedereinstellungsklauseln und Rationalisierungsvorschriften bis hin zu betrieblichen und betriebsverfassungsrechtlichen Regeln und zur Beteiligung der Arbeitnehmer oder des Betriebsrats an unternehmerischen Maßnahmen. Alle genannten Regeln erschöpfen sich nicht nur darin, daß sie – wie etwa § 613a BGB – die Folgen unternehmerischer Entscheidungen abmildern und für die Belegschaft sozial ausgestalten wollen, sondern daß sie mit der Ausgestaltung des Arbeits- oder Betriebsverhältnisses den unternehmerischen Handlungsspielraum unmittelbar einschränken und dies auch beabsichtigen, wobei der Ermessensspielraum ausnahmsweise auf null reduziert wird (z.B. beim Ausschluß der ordentlichen Kündigung oder bei Wiedereinstellungsklauseln). Es kann keinem Zweifel unterliegen, daß Arbeitszeitregelungen zu den „Arbeits- und Wirtschaftsbedingungen" zählen und deshalb Gegenstand von Kollektivvereinbarungen sein können.[182] Daraus folgt, daß auch die anderen aufgeführten Regelungsgegenstände nicht allein mit dem Hinweis auf ihre (gleichzeitig) unternehmerische Qualität aus dem Bereich der Tarifbedingungen ausgeklammert werden können.[183]

102 Zweifelhaft ist schließlich, wieweit zur Wahrung und Förderung der Arbeits- und Wirtschaftsbedingungen auch Abreden gehören, die den Arbeitnehmer vor Auswirkungen des Waren- oder Dienstleistungs-Marktrisikos schützen sollen.[184] Dazu würden Tarifvertragsnormen gehören, die der Gewerkschaft oder dem Betriebsrat ein Zustimmungs- oder Vetorecht bei Kündigungen, Investitionsvorhaben oder Produktionsverlagerungen einräumen oder die eine Lohnskala vorsehen, die sich am Investitionswert und der Produktivität der eingesetzten Maschinen orientiert. Die Entscheidung dazu ist eindeutig. Nicht von den „Arbeits- und Wirtschaftsbedingungen" erfaßt und deshalb von der Gestaltungsmacht der Tarifvertragsparteien ausgenommen sind rein unternehmerische Entscheidungen und Maßnahmen, die *ausschließlich* Produktion und Vertrieb oder Investition, Finanzierung und Organisation des Unternehmens betreffen. Dagegen sind tarifvertragliche Absprachen, die betriebsbedingte Kündigungen einschränken oder auf Zeit unmöglich machen, von dem verfassungsrechtlichen Begriffspaar umfaßt und in der Zwischenzeit in „Bündnissen für Arbeit" auch verbreitet.

III. Tarifautonomie und staatliches Gesetz

103 Mit der Gewährung der Tarifautonomie als verfassungsrechtlich geschützte Betätigung der Koalitionen verbinden sich mannigfache Anschlußprobleme, für die die Verfassung in Art. 9 Abs. 3 GG keine Lösungsansätze bietet. Da

---

[182] Im Ergebnis teilweise abweichend *Heinze*, RdA 1998, S. 14, 17 betr. Einführung von Kurzarbeit; *Richardi*, ZfA 1990, S. 211, 219 und *Zöllner*, Betrieb 1989, S. 2121, 2122 betr. Verkürzung der Wochenarbeitszeit.
[183] Ebenso *Beuthien*, ZfA 1984, S. 1, 14; *Säcker/Oetker*, Tarifautonomie, S. 73ff.; *Söllner*, ArbRGegw 16 (1978), S. 19, 28; *Wiedemann*, in: Festschrift für Stefan Riesenfeld (1983), S. 301, 306; abw. *Biedenkopf*, Gutachten 46. DJT 1966, S. 97, 162: sozialer Datenkranz; *Bulla*, Betrieb 1980, S. 103, 106; *Richardi*, Kollektivgewalt, S. 181.
[184] Vgl. dazu *Biedenkopf*, Verhandlungen des 46. DJT 1966, Bd. I 1, S. 97, 159; *Söllner*, ArbRGegw 16 (1978), S. 19, 21.

sich der Verfassungsgeber unmittelbar nur die besondere Vereinigungsfreiheit zu einem Berufsverband vorgestellt hat, fehlt – von Art. 9 Abs. 2 abgesehen – schon ein Gesetzesvorbehalt. Das kann für Art. 9 Abs. 3 GG ebenso wie für Art. 9 Abs. 1 GG gewiß nicht bedeuten, daß die kollektive Vereinigungs- und Koalitionsfreiheit für den staatlichen Gesetzgeber im gleichen Umfang unantastbar ist, wie das Individualrecht der sich zu einem Verband zusammenschließenden Personen. Die Koalitions- wie die Vereinigungsfreiheit müssen vielmehr gerade im Interesse dieser Personen näher ausgestaltet werden. Das gilt erst recht für das Zwillingsgrundrecht der Tarifautonomie, das seiner Natur nach der Berücksichtigung beider Sozialpartner bedarf und das überdies im Hinblick auf die charakteristische Normsetzungsbefugnis mit dem übrigen Verfassungsrecht abgestimmt werden muß. Die Voraussetzungen und Grenzen der staatlichen Regelungsbefugnis sind trotz einer reichen Rechtsprechung des Bundesverfassungsgerichts nach wie vor nicht abschließend geklärt. In jüngster Zeit geriet die Rechtsentwicklung erneut in Bewegung.

1. Entwicklung

a) **Kernbereich** und **Unerläßlichkeit**. Bis zum Aussperrungsbeschluß im Jahr 1991[185] bestimmte das Bundesverfassungsgericht die Reichweite der Grundrechtsgewährleistung in Art. 9 Abs. 3 GG – jedenfalls verbal – nach der von ihm entwickelten Kernbereichslehre.[186] Die grundlegenden Feststellungen dazu stammen aus der Frühzeit der Verfassungsrechtsprechung[187] und sind in der Folgezeit vom Bundesverfassungsgericht nicht in demselben Maße fortentwickelt worden, wie die Bereichsdogmatiken der übrigen Grundrechte. Ein schlüssiges Konzept von Schutzbereich und Schranken des Art. 9 Abs. 3 GG konnte die Kernbereichslehre bis zu ihrer Aufgabe durch die Verfassungsrechtsprechung nicht anbieten.[188] Ihre Aussagekraft litt zudem unter den teils widersprüchlichen Aussagen des Gerichts: Die „Unerläßlichkeitsformel" schien auf einen von vorneherein eng umgrenzten Schutzbereich der Koalitionsbetätigungsfreiheit hinzudeuten und hat in der Literatur zu dem Schlagwort vom verfassungsrechtlichen Kern ohne verfassungsrechtliche Schale geführt:[189]

BVerfGE 38, S. 281, 305: „Nach der Rechtsprechung des Bundesverfassungsgerichts ist den Koalitionen (Gewerkschaften) nur ein „Kernbereich" koalitionsmäßiger Tätigkeit verfassungsrechtlich garantiert, d.h. diejenigen Tätigkeiten, für die sie gegründet sind und die für die Erhaltung und Sicherung ihrer Existenz als unerläßlich betrachtet werden müssen (BVerfGE 4, S. 96, 101 f.; 28, S. 295, 304 f.)."

Dagegen implizierte die „Abwägungsformel" des Gerichts auf der Grundlage des herkömmlichen Grundrechtsverständnisses das Vorstellungsbild von

---

[185] BVerfGE 84, S. 212.
[186] Zentral: BVerfGE 4, S. 96, 108; 28, S. 295, 304; 38, S. 281, 305; 50, S. 290, 368; 58, S. 233, 247.
[187] BVerfGE 4, S. 96, 108.
[188] Zur Kritik vgl. zuletzt *Farthmann/Coen*, in: Benda/Mayhofer/Vogel, Handbuch des Verfassungsrechts, 1994, S. 851 ff.; *Gamillscheg*, Kollektives Arbeitsrecht I, § 6 III 2 b, S. 227 ff.
[189] *Isensee*, Die verfassungsrechtliche Verankerung der Tarifautonomie, in: Die Zukunft der sozialen Partnerschaft, 1986, S. 157, 172.

der Gewährleistung einer umfassenden Betätigungsfreiheit, der aber nach verfassungsrechtlichen Grundsätzen Grenzen gezogen werden können: BVerfGE 28, S. 295, 306: „Dem Betätigungsrecht der Koalitionen dürfen aber nur solche Schranken gezogen werden, die zum Schutz anderer Rechtsgüter von der Sache her geboten sind (BVerfGE 19, S. 303, 322)."

106 Wie die beiden Sichtweisen in Einklang miteinander zu bringen sind, ist ungeklärt geblieben. Das Bundesverfassungsgericht stellt beide Ansätze in BVerfGE 50, S. 290, 368 zuletzt unverbunden nebeneinander.

107 **b) Ausgestaltung und Eingriff.** Seit dem Aussperrungsbeschluß[190] greift das Bundesverfassungsgericht in seiner Rechtsprechung zur Koalitionsfreiheit nicht mehr auf die Kernbereichsformel zurück.[191] Die Kommentare dazu deuteten eine Wende an.[192] In der Zwischenzeit hat das Bundesverfassungsgericht in einer Kette von Entscheidungen[193] begonnen, die Schrankensystematik des Art. 9 Abs. 3 GG unter Rückgriff auf die allgemeinen Grundrechtslehren neu zu strukturieren.[194] Den Entscheidungen läßt sich entnehmen, daß zur Bestimmung von Reichweite und Schranken der Koalitionsfreiheit stärker zwischen den Einzelgewährleistungen der Grundrechte zu unterscheiden ist.[195] Innerhalb der Einzelgewährleistungen des Art. 9 Abs. 3 GG unterscheidet das Bundesverfassungsgericht weiter zwischen einem Eingriffsbereich, in dem Grundrechtsbeschränkungen nur unter den allgemein für vorbehaltlos gewährleistete Grundrechte geltenden (erhöhten) Voraussetzungen möglich sind, und einem Ausgestaltungsbereich, der in weitem Umfang der grundrechtsformenden Tätigkeit von Gesetzgeber und Rechtsprechung unterliegt. Darüber hinaus hat das Bundesverfassungsgericht in seiner Entscheidung zum Hochschulrahmengesetz (HRG)[196] wichtige Sachaussagen zum Verhältnis von staatlicher und tariflicher Gesetzgebung getroffen.

108 **aa)** Im **Aussperrungsbeschluß**[197] hatte das Bundesverfassungsgericht über die Verfassungsgemäßheit der vom Bundesarbeitsgericht vorgenomme-

---

[190] BVerfGE 84, S. 212.
[191] Zusammenfassend BVerfGE 93, S. 352, 360.
[192] Vgl. *Dieterich,* RdA 1994, S. 181; *Kühling,* AuR 1994, S. 126, 132.
[193] BVerfGE 84, S. 212; 88, S. 103; 92, S. 26; 92, S. 365; 93, S. 352; 94, S. 268.
[194] Dazu *Butzer,* RdA 1994, S. 375; *Hanau,* ZIP 1996, S. 447; *Heilmann,* AuR 1996, S. 121; *Henssler/Suckow,* Anm. zu BVerfG 4. 7. 1995, EzA AFG § 116 Nr. 5; *Höfling,* in: Festschrift für Karl Heinrich Friauf (1996), S. 378; *A. Junker,* ZfA 1996, S. 383 ff.; *Kempen,* AuR 1996, S. 336; *Konzen,* Anm. zu BVerfG 4. 7. 1995, SAE 1996, S. 202; *Lieb,* Anm. zu BVerfG 4. 7. 1995, JZ 1995, S. 1169; *Lohs,* BB 1996, S. 1273; *G. Müller,* Betrieb 1992, S. 269, 270; *Müller/Thüsing,* Anm. zu BVerfG 24. 4. 1996, EzA Art. 9 GG Nr. 61; *Oppholzer/Zachert,* BB 1993, S. 1354, 1355; *Reuter,* RdA 1994, S. 152, 162; *Rüfner,* RdA 1997, S. 130, 131 f.; *Söllner,* NZA 1996, S. 897, 901; *Thüsing,* Anm. zu BVerfG 14. 11. 1995, EzA Nr. 60 zu Art. 9 GG; *Walker,* ZfA 1996, S. 353, 355 f.; *Wank,* Anm. zu BVerfG vom 14. 11. 1995, JZ 1996, S. 627, 630 ff.; *Zachert,* NZA 1994, S. 529, 533.
[195] Dazu bereits *Wiedemann,* in: Festschrift für Eugen Stahlhacke (1995), S. 675, 679.
[196] BVerfGE 94, S. 268.
[197] BVerfGE 84, S. 212 = EzA Art. 9 GG Arbeitskampf Nr. 97 (*Rieble*) = SAE 1991, S. 329 (*Konzen*) = AR-Blattei, Arbeitskampf III, Entsch. 15 (*Löwisch*); vgl. dazu auch *G. Müller,* Betrieb 1992, S. 269–274.

nen Beschränkung der suspendierenden Abwehraussperrung[198] zu befinden. Das Gericht nimmt die Entscheidung zum Anlaß, den Grundriß der geänderten Schrankensystematik des Art. 9 Abs. 3 GG zu skizzieren:

BVerfGE 84, S. 217, 228: „Das Grundrecht der Koalitionsfreiheit ist zwar vorbehaltlos gewährleistet. Damit ist aber nicht jede Einschränkung von vorneherein ausgeschlossen. Sie kann durch Grundrechte Dritter und anderer mit Verfassungsrang ausgestatteter Rechte gerechtfertigt sein (vgl. etwa BVerfGE 28, S. 243, 260 ff.; 30, S. 173, 193; 57, S. 70, 98 f.; st. Rspr.). Darüber hinaus bedarf die Koalitionsfreiheit der Ausgestaltung durch die Rechtsordnung, soweit das Verhältnis der Tarifvertragsparteien zueinander berührt wird, die beide den Schutz des Art. 9 Abs. 3 GG genießen."

Die aus der Kernbereichslehre stammende Abwägungsformel wird – wie auch in den folgenden Urteilen – noch erwähnt, fließt aber nicht in den Prüfungsaufbau ein: ob der Gesetzgeber weitergehende Regelungsbefugnisse zum Schutz sonstiger Rechtsgüter habe, brauche nicht vertieft zu werden.[199] Auch das Vorstellungsbild von einem von Art. 19 Abs. 2 GG zu unterscheidenden eingriffsfesten Bereich der Koalitionsfreiheit wird nicht weiter verfolgt: der Fall gebe keinen Anlaß, die Grenze eines unantastbaren „Kernbereichs" der Koalitionsfreiheit näher zu bestimmen.[200] Stattdessen prüft das Bundesverfassungsgericht eine Verletzung der kollektiven Koalitionsbetätigungsfreiheit (Garantie der Kampfmittel) durch die Rechtsprechung des Bundesarbeitsgerichts anhand des für Freiheitsgrundrechte allgemein üblich gewordenen dreistufigen Prüfungsaufbaus und den speziellen für vorbehaltlos gewährleistete Grundrechte geltenden Regeln: Eingriff in den Schutzbereich, verfassungsrechtliche Rechtfertigung des Eingriffs durch Grundrechte Dritter und andere mit Verfassungsrang ausgestattete Rechtsgüter, Schranken der Grundrechtsbegrenzung. In der Sache billigt das Bundesverfassungsgericht die Beschränkung der Aussperrungsbefugnis. Sie sei durch den Schutz entgegenstehender Grundrechte der Arbeitnehmer und ihrer Organisationen gerechtfertigt; sie verletze weder den Wesensgehalt der Koalitionsfreiheit, noch greife sie in unverhältnismäßiger Weise in das Grundrecht ein.

bb) In seiner Entscheidung zum **Beamteneinsatz** auf bestreikten Arbeitsplätzen des öffentlichen Dienstes[201] begründet das Bundesverfassungsgericht ausführlich die Ausgestaltungsbedürftigkeit der Koalitionsfreiheit für den Bereich des Arbeitskampfes. Maßgeblich hierfür sind aus der Sicht des Gerichts der besondere Charakter der Tarifautonomie als Zwillingsgrundrecht und die erheblichen Auswirkungen des Arbeitskampfes auf die Allgemeinheit:

BVerfGE 88, S. 103, 115: „Gerade wegen dieser Eigenart bedarf das Grundrecht der Koalitionsfreiheit der Ausgestaltung durch die Rechtsordnung (vgl. BVerfGE 84, S. 212, 228). Zum einen erfordert der Umstand, daß beide Tarifvertragsparteien den Schutz von Art. 9 Abs. 3 GG prinzipiell gleichermaßen genießen, bei seiner Ausübung aber in scharfem Gegensatz zueinander stehen, koordinierende Regelungen, die ge-

---

[198] BAGE 33, S. 140; 33, S. 185.
[199] BVerfGE 84, S. 212, 228 unter Hinweis auf BVerfGE 28, S. 295, 306.
[200] BVerfGE 84, S. 212, 228 unter Hinweis auf BVerfGE 4, S. 96, 106; 17, S. 319, 333; 38, S. 386, 393; 58, S. 233, 247; *Henssler*, ZfA 1998, S. 1, 8 ff.
[201] BVerfGE 88, S. 103; vgl. dazu auch *Ehrich*, Betrieb 1993, S. 1237; *Isensee*, DZWiR 1994, S. 309; *Lörcher*, AuR 1993, S. 279.

Einleitung 111, 112   1. Abschnitt. Allgemeines und Verfassungsgarantie

währleisten, daß die aufeinander bezogenen Grundrechtspositionen trotz ihres Gegensatzes nebeneinander bestehen können. Zum anderen macht die Möglichkeit des Einsatzes von Kampfmitteln rechtliche Rahmenbedingungen erforderlich, die sichern, daß Sinn und Zweck des Freiheitsrechts sowie seine Einbettung in die verfassungsrechtliche Ordnung gewahrt bleiben."

Wie der Ausgestaltungsbereich der Koalitionsbetätigungsfreiheit in Abgrenzung zum Eingriffsbereich zu bestimmen ist und wo die Ausgestaltungsbefugnis des Gesetzgebers und – subsidiär – der Gerichte endet, führt die Entscheidung nicht aus. Das Bundesverfassungsgericht mußte hierzu nicht Stellung nehmen, weil nach seiner Auffassung die Abordnung von Beamten auf bestreikte Arbeitsplätze bereits mit Rücksicht auf den Vorbehalt des Gesetzes am Fehlen einer gesetzlichen Regelung scheitert.

111   cc) Eine erste Konkretisierung von Voraussetzungen und Grenzen der Ausgestaltungsbefugnis des Gesetzgebers bringt – für den Bereich der Tarifautonomie – die Entscheidung zum **Flaggen-Zweitregister**.[202] Das Bundesverfassungsgericht hatte über die Vereinbarkeit des § 21 Abs. 4 FlRG mit Art. 9 Abs. 3 GG zu entscheiden. Satz 1 der Vorschrift erschwert den deutschen Tarifpartnern die Regelung der Arbeitsverhältnisse ausländischer Seeleute auf deutschen Handelsschiffen, indem er für diese Arbeitsverhältnisse die automatische Geltung deutschen Rechts beseitigt. Satz 2 bestimmt, daß Tarifverträge für diese Seeleute, die mit ausländischen Gewerkschaften zustandekommen, nur dann den Schutz und die Wirkungen des TVG genießen, wenn die Geltung deutschen Tarifrechts und die Zuständigkeit deutscher Gerichte ausdrücklich vereinbart wurden. Nach Satz 3 des § 21 Abs. 4 FlRG sollten die Tarifpartner zur Einbeziehung ausländischer Seeleute in ihre Tarifverträge eine Erstreckungsklausel vereinbaren müssen. Das Bundesverfassungsgericht ordnet die Vorschriften in die Kategorie der Ausgestaltungsgesetze ein, weil sie die Voraussetzungen der Ausübung der Tarifautonomie betreffen und das Verhältnis der Tarifpartner zueinander regeln:

BVerfGE 92, S. 26, 41: „Die Koalitionsfreiheit ist ein vorbehaltlos gewährleistetes Grundrecht. Grundsätzlich können ihr daher nur zur Wahrung verfassungsrechtlich geschützter Güter Schranken gesetzt werden. Das schließt allerdings eine Ausgestaltungsbefugnis des Gesetzgebers nicht aus, soweit er Regelungen trifft, die erst die Voraussetzungen für eine Wahrnehmung des Freiheitsrechts bilden. Das gilt insbesondere dort, wo es um die Regelung der Beziehungen zwischen den Trägern widerstreitender Interessen geht (BVerfGE 88, S. 103, 115; vgl. BVerfGE 84, S. 212, 228)."

Zugleich gibt das Bundesverfassungsgericht in der Entscheidung Leitlinien für die Ausgestaltungsgesetzgebung vor:

BVerfGE 92, S. 26, 41: „Die Ausgestaltung muß sich jedoch am Normziel von Art. 9 Abs. 3 GG orientieren und darf die Parität der Tarifpartner nicht verfälschen."

112   In der konkreten Verfassungskontrolle des § 21 Abs. 4 FlRG scheitert Satz 3 der Regelung am Verhältnismäßigkeitsgrundsatz. Mit dem Verhältnismäßigkeitsprinzip ist zugleich eine wesentliche Schranke grundrechtsge-

---

[202] BVerfGE 92, S. 26 = AP Nr. 76 zu Art. 9 GG *(Wank)*; vgl. dazu auch *Gessken*, NZA 1995, S. 504; *Höfft*, NJW 1995, S. 2329; *Lagoni*, JZ 1995, S. 499; *Wimmer*, NZA 1995, S. 250.

staltender Gesetzgebungs- und Rechtsprechungstätigkeit im Bereich des Art. 9 Abs. 3 GG angesprochen. Die Vorschriften der Sätze 1 und 2 des § 21 Abs. 4 FlRG haben vor ihnen nach Ansicht des Bundesverfassungsgerichts nur Bestand, weil der Gesetzgeber im internationalen Schiffahrtsverkehr ohnehin nur einen verminderten Grundrechtsstandard zur Durchsetzung bringen kann und die Gestaltungsfreiheit des Gesetzgebers dementsprechend erweitert werden müsse.

dd) Der Beschluß zu § 116 AFG[203] enthält weitere wesentliche Aussagen zu den Grenzen grundrechtsgestaltender Tätigkeit des Gesetzgebers. In ihm spricht das Bundesverfassungsgericht erstmals auch den Leistungsanspruch an, den die Institutsgarantie an die Ausgestaltungsgesetzgebung stellt. Die Entscheidung formuliert schließlich Vorgaben für den Gesetzgeber bei der Gestaltung der Rechtsverhältnisse der Koalitionen als organisatorische Zusammenschlüsse. Sachlich betrifft die Entscheidung die Neuordnung des Rechts der Lohnersatzleistungen für arbeitskampfbedingte Lohnausfälle durch das Neutralitätsgesetz vom 15. 5. 1986. Von Gewerkschaftsseite war geltend gemacht worden, die Neuformulierung des § 116 AFG verschiebe die Kampfparität zwischen den Koalitionen in verfassungswidriger Weise zugunsten der Arbeitgeber. Das Bundesverfassungsgericht bekräftigt seine Auffassung, das Grundrecht der Koalitionsfreiheit bedürfe der Ausgestaltung durch die Rechtsordnung, soweit es die Beziehung zwischen den Trägern widerstreitender Interessen zum Gegenstand habe. Speziell für das Arbeitskampfrecht spricht das Gericht dem Gesetzgeber dabei „einen weiten Handlungsspielraum" zu.[204] Das Grundgesetz schreibe dem Gesetzgeber nicht vor, wie die gegensätzlichen Grundrechtspositionen im einzelnen abzugrenzen seien. Bei der Beurteilung, ob die Parität zwischen den Tarifvertragsparteien gestört sei und welche Auswirkungen eine gesetzliche Regelung auf das Kräfteverhältnis habe, stehe ihm zudem eine Einschätzungsprärogative zu. Sodann führt das Bundesverfassungsgericht neben dem Verhältnismäßigkeitsgrundsatz die zweite wesentliche Grenze für die Gestaltungsgesetzgebung ein, den „objektiven Gehalt" des Art. 9 Abs. 3 GG:

BVerfGE 92, S. 365, 394: „Der Gestaltungsspielraum des Gesetzgebers findet seine Grenzen am objektiven Gehalt des Art. 9 Abs. 3 GG. Die Tarifautonomie muß als ein Bereich gewahrt bleiben, in dem die Tarifvertragsparteien ihre Angelegenheiten grundsätzlich selbstverantwortlich und ohne staatliche Einflußnahme regeln können (vgl. BVerfGE 50, S. 290, 376). Ihre Funktionsfähigkeit darf nicht gefährdet werden. Die Koalitionen müssen ihren verfassungsrechtlich anerkannten Zweck, die Arbeits- und Wirtschaftsbedingungen ihrer Mitglieder zu wahren und zu fördern, insbesondere durch den Abschluß von Tarifverträgen erfüllen können."

An diesem Maßstab gemessen läßt das Bundesverfassungsgericht die Neuregelung der materiellen Voraussetzungen des § 116 AFG verfassungsrechtlich unbeanstandet. Das Gericht betont aber, daß der Gesetzgeber im Falle einer zukünftigen Verschiebung des Gleichgewichts zwischen den Tarifpart-

---

[203] BVerfGE 92, S. 365, EzA § 116 Nr. 5 (*Henssler/Suckow*) = AuR 1996, S. 11 (*Heilmann/Menke*) = JZ 1995, S. 1169 (*Lieb*) = SAE 1996, S. 202 (*Konzen*); vgl. dazu auch *Kreßel*, NZA 1995, S. 1121; *Rüfner*, RdA 1997, S. 130 ff.; *Wiedemann*, EWiR 1995, Art. 9 GG, S. 889; *Zachert*, ZRP 1995, S. 445.
[204] BVerfGE 92, S. 365, 394.

nern durch eine Änderung der tatsächlichen Verhältnisse zum Eingreifen verpflichtet wäre. Die Grundrechtsgestaltung berechtigt den Gesetzgeber also nicht nur, sie ist ihm zugleich als Pflicht auferlegt:

> BVerfGE 92, S. 365 Leitsatz 1: „§ 116 Abs. 3 Satz 1 des Arbeitsförderungsgesetzes ist mit dem Grundgesetz vereinbar. Treten in der Folge dieser Regelungen strukturelle Ungleichheiten der Tarifvertragsparteien auf, die ein ausgewogenes Aushandeln der Arbeits- und Wirtschaftsbedingungen nicht mehr zulassen und durch die Rechtsprechung nicht ausgeglichen werden können, muß der Gesetzgeber Maßnahmen zur Wahrung der Tarifautonomie treffen."

115 Aus Anlaß der Überprüfung des § 116 Abs. 3 Satz 2 AFG, der eine Fiktion für die Erhebung tariflicher Forderungen im Arbeitskampf enthält, formuliert das Bundesverfassungsgericht den Auftrag des Art. 9 Abs. 3 GG an den Gesetzgeber zur Bereitstellung eines geeigneten Organisationsrechts für die Koalitionen:

> BVerfGE 92, S. 365, 403: „Die Koalitionsfreiheit schützt auch die Selbstbestimmung der Koalitionen über ihre eigene Organisation, das Verfahren ihrer Willensbildung und die Führung der Geschäfte (BVerfGE 50, S. 290, 373 f.). Der Staat muß, um diesen Schutz zu gewährleisten, den Koalitionen geeignete Rechtsformen zur Verfügung stellen, die eine hinreichende rechtliche Handlungsmöglichkeit gewährleisten. Das gilt für ihre Innenstruktur ebenso wie für ihre Wirksamkeit nach außen. Darüber hinaus darf er dem Selbstbestimmungsrecht der Koalitionen nur solche Schranken setzen, die zum Schutz anderer Grundrechte oder verfassungsrechtlich geschützter Rechtsgüter geboten sind."

116 ee) Die Entscheidung zur **gewerkschaftlichen Betätigung im Betrieb**[205] ist der Eingriffsrechtsprechung zuzuordnen. Die Parteien des Ausgangsverfahrens stritten darum, ob in der Werbung eines Arbeitskollegen als Gewerkschaftsmitglied während der Arbeitszeit eine Verletzung des Arbeitsvertrages liege. Während das Bundesarbeitsgericht ausgehend von der Unerläßlichkeitsformel der Kernbereichslehre angenommen hatte, die Mitgliederwerbung zähle nicht zu den von Art. 9 Abs. 3 GG geschützten Tätigkeiten,[206] betont das Bundesverfassungsgericht jetzt, daß sich der Schutz der Koalitionsbetätigungsfreiheit auf alle „koalitionsspezifischen Verhaltensweisen" erstrecke.[207] Für die – von den Fachgerichten zu beantwortende – Frage nach dem Vorliegen einer Vertragsverletzung seien die Grundrechtspositionen beider Vertragspartner zu berücksichtigen.

117 ff) Die Entscheidung zum **Hochschulrahmengesetz**[208] bildet den vorläufigen Schlußpunkt der Rechtsentwicklung durch das Bundesverfassungsgericht. In den §§ 57 HRG läßt der Gesetzgeber abweichend von den Tarifverträgen für den öffentlichen Dienst in erweitertem Umfang die Befristung von Arbeitsverträgen mit wissenschaftlichem Hochschulpersonal zu. § 57a Satz 2 HRG sichert die Regelung durch eine Tarifsperre gegen Veränderun-

---

[205] BVerfGE 93, S. 352 = EzA Art. 9 GG Nr. 60 (*Thüsing*) = JZ 1996, S. 630 (*Wank*); vgl. dazu auch *Hanau*, ZIP 1996, S. 447; *Heilmann*, AuR 1996, S. 121; *Wiedemann*, EWiR 1996, Art. 9 GG, S. 357.
[206] BAG 13. 11. 1991 AP Nr. 7 zu § 611 BGB Abmahnung = EzA § 611 BGB Abmahnung Nr. 24.
[207] BVerfGE 93, S. 352, 358.
[208] BVerfGE 94, S. 268 = EzA Art. 9 GG Nr. 61 (*Müller/Thüsing*) = AR-Blattei, ES 1650, Nr. 17 (*Löwisch*) = SAE 1997, S. 129 (*Hufen*).

gen durch die Tarifvertragsparteien ab. Das Bundesverfassungsgericht wertet das Gesetz – wiederum ohne nähere Begründung – nicht als Grundrechtsausgestaltung, sondern als Eingriff in die verfassungsrechtlich geschützte Betätigungsfreiheit der Koalitionen, genauer die Tarifautonomie. Dahin gelangt das Gericht über eine weite Umschreibung des Schutzbereichs der Tarifautonomie: Der den Koalitionen überlassene Teil der Regelungen der Arbeits- und Wirtschaftsbedingungen beziehe sich auf solche Materien, die sie in eigener Verantwortung zu regeln vermöchten.[209] Von diesem Ansatz aus bedarf der Eingriff wiederum der Rechtfertigung durch Grundrechte Dritter oder anderer mit Verfassungsrang ausgestatteter Rechtsgüter, wofür das Bundesverfassungsgericht Art. 5 Abs. 3 GG heranzieht. Im Rahmen der Verhältnismäßigkeitsprüfung konkretisiert das Gericht dann seine Sichtweise vom Verhältnis tarifvertraglicher und staatlicher Gesetzgebung. Danach ist der Rechtfertigungsbedarf für einen Eingriff in laufende Tarifverträge um so höher, je tarifüblicher die betroffene Regelung ist:

BVerfGE 94, S. 268, 284: „Im Rahmen der Verhältnismäßigkeitsprüfung kommt es wesentlich auf den Gegenstand der gesetzlichen Regelung an. Der Grundrechtsschutz ist nicht für alle koalitionsmäßigen Betätigungen gleich intensiv. Die Wirkkraft des Grundrechts nimmt vielmehr in dem Maße aus Sachgründen zu, in dem eine Materie aus Sachgründen am besten von den Tarifvertragsparteien geregelt werden kann, weil sie nach der dem Art. 9 Abs. 3 GG zugrunde liegenden Vorstellung des Verfassungsgebers die gegenseitigen Interessen angemessener zum Ausgleich bringen können als der Staat. Das gilt vor allem für die Festsetzung der Löhne und der anderen materiellen Arbeitsbedingungen. Die sachliche Nähe einer Materie im Bereich der Arbeits- und Wirtschaftsbedingungen zur Tarifautonomie wird äußerlich an dem Umfang erkennbar, in dem die Tarifvertragsparteien in der Praxis von ihrer Regelungsbefugnis Gebrauch machen."

Die Errichtung einer Tarifsperre unterscheidet sich vom „einfachen" Eingriff in laufende Tarifverträge nach dem Verständnis des Gerichts nur in der Intensität des dadurch bewirkten Eingriffs. Für ihre Rechtfertigung gelten daher keine abweichenden Regeln; die Tarifsperre unterliegt lediglich einer verschärften Verhältnismäßigkeitskontrolle. Allerdings soll dem Gesetzgeber im Rahmen der Geeignetheitsprüfung eine Einschätzungsprärogative zukommen, ob eine Beseitigung seiner Regelung durch die Tarifpartner droht.[210] Im Ergebnis hält das Bundesverfassungsgericht die §§ 57 HRG für mit Art. 9 Abs. 3 GG vereinbar.

gg) Unerledigte Fälle. Der Streit um die Verfassungsmäßigkeit gesetzgeberischer Tätigkeit ist für einzelne Gesetze oder Gesetzesvorhaben (bisher) nicht entschieden worden:
– Nicht eindeutig vorgezeichnet ist die Beurteilung des § 249h AFG, der für die neuen Bundesländer eine besondere Form von Arbeitsbeschaffungsmaßnahmen auf dem Gebiet der Umwelt, der sozialen Dienste und der Jugendhilfe einführt.[211] Die Zuschußgewährung ist unter anderem daran geknüpft, daß Arbeitsentgelte vereinbart werden, die „angemessen niedriger sind, als Arbeitsentgelte vergleichbarer nicht zugewiesener Ar-

---

[209] BVerfGE 94, S. 268, 283.
[210] BVerfGE 94, S. 268, 287; abw. *Kühling,* Minderheitsvotum, S. 294 ff.
[211] Gegen § 249h AFG ist Verfassungsbeschwerde eingelegt: BVerfG 1 BvR 2203/93.

beitnehmer". Dies zwingt die Tarifpartner zum Abschluß spezieller ABM-Tarifverträge, für die sie dann hinsichtlich des Entgeltes einer Tarifsperre unterliegen. Andernfalls können sie wegen § 3 Abs. 1 TVG die von der Vorschrift erfaßten Arbeitnehmer nicht vertreten. Der Eingriff läßt sich wohl nicht allein mit der Notwendigkeit rechtfertigen, verbilligte Arbeitsplätze als Beschäftigungsanreize in den neuen Bundesländern zu schaffen, weil der Gesetzgeber seine Einschätzungsprärogative hinsichtlich der Erforderlichkeit einer solchen Maßnahme überspannt, wenn er ohne den Nachweis eines Funktionsdefizits der Tarifautonomie vom geltenden Konsens der Tarifvertragsparteien abweicht. Ansonsten stünde die Tarifautonomie in der Beliebigkeit politischer Strömungen. Der Staat darf aber unter dem Gesichtspunkt der notwendigen Kostenentlastung der Beitragszahler zur Arbeitslosenversicherung versuchen zu verhindern, daß subventionierte Arbeit zur Regel wird. Dies liegt letztlich im Interesse der Funktionsfähigkeit der Sozialversicherung und der Gesamtwirtschaft. Der Eingriff dürfte unter dem Gesichtspunkt der Befristung auch angemessen im engeren Sinne sein.[212]

119 – § 1 BeschFG räumt den Parteien des Arbeitsvertrages bei Neueinstellungen und der Beschäftigung im unmittelbaren Anschluß an die Berufsausbildung die Möglichkeit ein, ein befristetes Arbeitsverhältnis auch ohne rechtfertigenden sachlichen Grund einzugehen. Damit hat der Gesetzgeber zwar die strengere Rechtsprechung zur Zulässigkeit befristeter Arbeitsverhältnisse – zeitweilig und für einen Teilbereich – suspendiert, nicht aber zugleich Tarifverträge, die diese Rechtsprechung in Bezug nehmen. Das Bundesarbeitsgericht hat § 1 BeschFG als einseitig zwingende Norm interpretiert, die tarifvertragliche Regelungen zugunsten der Arbeitnehmer jederzeit zulasse, also weder bei Erlaß des Gesetzes bestehende günstigere Tarifverträge verdränge noch für die Zukunft den Abschluß solcher Tarifverträge verbiete.[213] Für dieses Auslegungsergebnis zieht das Bundesarbeitsgericht auch verfassungsrechtliche Argumente heran. Solange und soweit der staatliche Gesetzgeber nicht eindeutig zu erkennen gegeben habe, daß er in einem bestimmten von ihm geregelten Bereich des Arbeitslebens die Regelungsmacht der Koalitionen zurückdrängen wolle, müsse angesichts der Normsetzungsprärogative der Koalitionen angenommen werden, daß die gesetzliche Regelung tarifdispositiven Charakter habe.[214] Damit stellt das Gericht zugleich klar, daß der Gesetzgeber nach seiner Auffassung in der Lage gewesen wäre, in abweichende tarifvertragliche Befristungsregelungen einzugreifen. Das Verbot von Abweichungen zuungunsten der Arbeitnehmer ist als Arbeitnehmerschutzvorschrift unproblematisch zulässig.

120 – In seiner Entscheidung zu der zwischenzeitlich wieder geänderten Altersgrenzenregelung des **§ 41 Abs. 4 Satz 3 SGB VI** i.d.F. des Rentenreformgesetzes 1992 bestätigt das Bundesarbeitsgericht diese Sicht-

---

[212] A. A. *U. Mayer*, AuR 1993, S. 309; s. a. *Löwisch*, NZS 1993, S. 473.
[213] BAG 25. 9. 1987 AP Nr. 1 zu § 1 BeschFG 1985; umfassend *Dütz* Anm. zu EzA Nr. 1 zu § 1 BeschFG 1985; abweichend *Falkenberg*, ZTR 1987, S. 19f. (volle Tarifdispositivität); *Winterfeld*, ZfA 1986, S. 157 (zweiseitig zwingende Regelung).
[214] BAG 25. 9. 1987 AP Nr. 1 zu § 1 BeschFG 1985, Bl. 770.

weise.²¹⁵ Die Vorschrift bestimmte, daß Vereinbarungen, nach denen das Arbeitsverhältnis zu einem Zeitpunkt enden solle, in dem der Arbeitnehmer Anspruch auf eine Altersrente habe, nur wirksam seien, wenn die Vereinbarung innerhalb der letzten drei Jahre vor diesem Zeitpunkt geschlossen oder von dem Arbeitnehmer bestätigt worden sei. In der Literatur war geltend gemacht worden, wenn man unter den Begriff der Vereinbarung auch Tarifverträge fasse, liege ein Eingriff in den Kernbereich der Tarifautonomie vor, weil Altersgrenzenregelungen als Beendigungsnormen i. S. d. § 1 Abs. 1 zum unantastbaren Kerngehalt tariflicher Regelungen zählten. Jedenfalls sei die Beschränkung der Rechtsetzungsbefugnis der Tarifpartner unverhältnismäßig.²¹⁶ Das Bundesarbeitsgericht ist auf diese Sachbereichsabgrenzung nicht eingegangen, sondern hat einen Eingriff in den Kernbereich der Koalitionsfreiheit deshalb abgelehnt, weil der Eingriff in den Schutzbereich des Grundrechts im Interesse der Funktionsfähigkeit des Sozialversicherungssystems und unter dem Aspekt der Stärkung der Berufsfreiheit der Arbeitnehmer gerechtfertigt sei.²¹⁷

- Den Vorrang zwingenden Gesetzesrechts vor Tarifverträgen hat die Rechtsprechung ferner für **Dienstordnungen** anerkannt.²¹⁸ Die Dienstbezüge der Angestellten der Sozialversicherungsträger werden historisch bedingt gemäß den §§ 33f., 29 Abs. 3, Abs. 4 SGB IV, 351 ff. und 690 ff. RVO nicht durch Tarifverträge, sondern durch Dienstordnungen, bei denen es sich um öffentlich-rechtliche Satzungen handelt, festgelegt. Die verfassungsrechtliche Rechtfertigung hierfür sieht das Bundesarbeitsgericht in der besonderen Situation der Dienstordnungsangestellten, deren Status auch im übrigen dem der Beamten weitgehend angenähert sei.²¹⁹ Der Kernbereich der Tarifautonomie bleibe im Hinblick darauf, daß es sich lediglich um einen kleinen Teil der Arbeitnehmerschaft handele, unangetastet. Vgl. dazu auch unten zu § 1 Rnr. 113 f.
- Bereits während des Gesetzgebungsverfahrens zum Arbeitsrechtlichen Beschäftigungsförderungsgesetz vom 25. September 1996 (BGBl. I S. 1476) wurden Zweifel an der Verfassungsmäßigkeit der durch dieses Gesetz eingeführten § 4a Abs. 1 EFZG und § 10 Abs. 1 BUrlG geäußert.²²⁰

---

²¹⁵ BAG 20. 10. 1993 AP Nr. 3 zu § 41 SGB VI (*Linnenkohl/Rauschenberg*) = EzA § 41 SGB VI Nr. 1 (*Oetker*); zur Neufassung *Ehrich*, BB 1994, S. 1633; *Waltermann*, NZA 1994, S. 822.
²¹⁶ *Sieberg*, ZTR 1993, S. 140; *Kappes*, BB 1993, S. 1359; *Worzalla*, Betrieb 1993, S. 834.
²¹⁷ BAG 20. 10. 1993 AP Nr. 3 zu § 41 SGB VI, Bl. 1226 (*Linnenkohl/Rauschenberg*); zustimmend *Gitter/Boerner*, RdA 1990, S. 129; *Steinmeyer*, RdA 1992, S. 6.
²¹⁸ BAG 25. 4. 1979 AP Nr. 49 (*Reichel*) und 26. 9. 1984 AP Nr. 59 (*Stutzky*) zu § 611 BGB Dienstordnungsangestellte.
²¹⁹ Eingehend *Hanau*, Die Bedeutung des Art. VIII 2. BesVNG für Tarifverträge zur Regelung der Arbeitsverhältnisse von Dienstordnungsangestellten der Sozialversicherungsträger, Schriftenreihe der Gewerkschaft ÖTV, 1978.
²²⁰ *Buschmann*, AuR 1996, S. 285, 290 f.; *Leinemann*, BB 1996, S. 1381, 1382. Vgl. mittlerweile die Vorlagebeschlüsse des ArbG Arnsberg, Personalrat 1997, S. 463, und des ArbG Heilbronn, AuR 1998, S. 217 ff. (jeweils zu § 10 Abs. 1 BUrlG), sowie das Urteil des ArbG Kaiserslautern, AuR 1998, S. 219, das im Wege einer verfassungskonformen Auslegung des § 10 BUrlG die Anrechnungsmöglichkeit auf einzelvertraglich vereinbarten übergesetzlichen Urlaub begrenzen will.

Einleitung 1. Abschnitt. Allgemeines und Verfassungsgarantie

§ 4a Abs. 1 EFZG räumt dem *Arbeitnehmer* das Recht ein, zur Verhinderung der bloß 80%igen Lohnfortzahlung im Krankheitsfall (vgl. § 4 Abs. 1 Satz 1 EFZG) durch einseitige Willenserklärung gegenüber dem Arbeitgeber zu verlangen, daß ihm von je fünf Krankheitstagen der erste Tag auf den Erholungsurlaub angerechnet wird. Für den angerechneten Tag erhält er dann Urlaubsentgelt und für die restlichen vier Tage 100%ige Entgeltfortzahlung. **§ 10 Abs. 1 BUrlG** eröffnet dem *Arbeitgeber* eine ähnliche Anrechnungsmöglichkeit bei Arbeitsverhinderung infolge Maßnahmen der medizinischen Vorsorge oder Rehabilitation (vgl. § 9 Abs. 1 EFZG). Er ist berechtigt, von je fünf Tagen der so verursachten Arbeitsverhinderungen die ersten zwei Tage auf den Erholungsurlaub anzurechnen. Die 80%ige Lohnfortzahlung wird dadurch aber nur für die angerechneten Tage vermieden.

123 Beide Anrechnungsoptionen gelten lediglich für die über den gesetzlichen Mindesturlaub hinausgehenden Urlaubsansprüche (vgl. § 4a Abs. 2 EFZG; § 10 Abs. 2 BUrlG), für solche also, die durch Einzel- oder Tarifvertrag zugesichert wurden.[221] Die Tarifautonomie wird von den neuen Anrechnungsvorschriften hinsichtlich *künftiger* Tarifverträge nicht berührt.[222] Es bleibt den Tarifvertragsparteien überlassen, sich durch Abbedingen des § 4 Abs. 1 EFZG[223] dem Anwendungsbereich des § 4a Abs. 1 EFZG zu entziehen.[224] Ebenso können sie nach § 13 Abs. 1 Satz 1 BUrlG die Anrechnungsoption nach § 10 Abs. 1 BUrlG ausschließen.[225] Darüber hinaus kann durch Verlängerung des Erholungsurlaubs die für die Höhe des Freizeitvolumens nachteilige Wirkung der Regelungen vermindert werden.[226] Für im Zeitpunkt des Inkrafttretens des ArbBeschFG bereits *bestehende* Tarifverträge ist die Verfassungsmäßigkeit des Eingriffs in die Tarifautonomie bestritten,[227] da sie ein Abweichen von bestehenden Tarifvertragsnormen ermöglichen und zu einem Verlust tarifvertraglicher Ansprüche führen, den Tarifnormen somit ihren gemäß § 4 Abs. 1 Satz 1 des Gesetzes zwingenden Charakter nehmen.[228]

---

[221] Anderer Ansicht *Buschmann*, AuR 1996, S. 285, 290, der im Wege einer verfassungskonformen Auslegung tarifvertraglich begründete Urlaubsansprüche von der Anrechnungsmöglichkeit des § 10 Abs. 1 BUrlG ausnehmen will.
[222] Vgl. *Dörner*, in: Festschrift für Günter Schaub (1998), S. 135, 148, 152.
[223] Dieser ist nach Willen des Gesetzgebers und einhelliger Meinung im Schrifttum „tarifdispositiv"; BT-Drucks. 12/5263; *Boerner*, ZTR 1996, S. 435, 439.
[224] *Dörner*, in: Festschrift für Günter Schaub (1998), S. 135, 147 f.; anderer Ansicht *Buchner*, NZA 1996, S. 1177, 1180; *Löwisch*, NZA 1996, S. 1009, 1014 f., der §§ 4a Abs. 1 EFZG, 10 Abs. 1 BUrlG für zwingend hält.
[225] *Bauer/Lingemann*, BB 1996, Beilage 17, S. 8, 13; *Boerner*, ZTR 1996, S. 435, 441; *Dörner*, in: Festschrift für Günter Schaub (1998), S. 135, 152; anderer Ansicht *Löwisch*, NZA 1996, S. 1009, 1015.
[226] *Boerner*, ZTR 1996, S. 435, 441.
[227] Verfassungswidrigkeit nehmen an: *Boerner*, ZTR 1996, S. 435, 448; *Buschmann*, AuR 1996, S. 285, 290 f.; *Dörner*, in: Festschrift für Günter Schaub (1998), S. 135, 152; *ders.*, NZA 1998, S. 561, 567 (für § 10 Abs. 1 BUrlG); *Leinemann*, BB 1996, S. 1381, 1382.
Verfassungskonformität vertreten: *Bauer/Lingemann*, BB 1996, Beilage 17, S. 8, 12 f.; *Buchner*, NZA 1996, S. 1177, 1180 (für § 4a Abs. 1 EFZG); *Dörner*, in: Festschrift für Günter Schaub (1998), S. 135, 152; *ders.*, NZA 1998, S. 561, 566 (für § 4a Abs. 1 EFZG); *Henssler*, ZfA 1998, S. 1, 16; *Löwisch*, NZA 1996, S. 1009, 1015.
[228] *Boerner*, ZTR 1996, S. 435, 447 f.; *Buchner*, NZA 1996, S. 1177, 1180 (für § 4a Abs. 1 EFZG); *Dörner*, in: Festschrift für Günter Schaub (1998), S. 135, 149, 152 f.;

Ob der Eingriff mit dem Ziel der Beschäftigungsförderung durch Senkung der Lohnnebenkosten (§§ 4a Abs. 1 EFZG, 10 Abs. 1 BUrlG) oder der finanziellen Stabilisierung der Sozialversicherungsträger (§ 10 Abs. 1 BUrlG) gerechtfertigt werden kann,[229] ist zweifelhaft. Zugunsten der Verfassungsmäßigkeit des § 4a Abs. 1 EFZG läßt sich anführen, daß die Initiative hier vom Arbeitnehmer ausgehen muß und seine Entscheidung als Konkretisierung des Günstigkeitsprinzips gedeutet werden kann. Die Verfassungsmäßigkeit des § 10 Abs. 1 BUrlG dagegen ist wegen seiner „faktischen Anrechnungsautomatik" zu verneinen.

- Nach **Art. 6 ArbBeschFG** in Verbindung mit § 113 InsO ist in der Insolvenz die Verkürzung von tarifvertraglichen Kündigungsfristen bzw. die Außerkraftsetzung tarifvertraglicher Kündigungsausschlüsse möglich. Arbeitsverhältnisse können gem. § 113 InsO, der über Art. 6 ArbBeschFG schon vor dem Inkrafttreten der neuen Insolvenzordnung anzuwenden ist, vom Insolvenzverwalter mit einer Kündigungsfrist von 3 Monaten zum Monatsende ohne Rücksicht auf vereinbarte längere Kündigungsfristen oder einen vereinbarten Ausschluß des Rechts zur ordentlichen Kündigung gekündigt werden. Das Arbeitsgericht Stuttgart hat im Hinblick auf Art. 9 Abs. 3 GG Bedenken gegen die Verfassungsmäßigkeit von Art. 6 ArbBeschFG in Verbindung mit § 113 InsO erhoben und die Frage dem Bundesverfassungsgericht zur Entscheidung vorgelegt.[230] Regelungen der einzuhaltenden Kündigungsfristen und über den Ausschluß der ordentlichen Kündigungsmöglichkeiten gehören zweifellos zu den Materien, die Inhalte von Tarifverträgen sind und die die Tarifvertragsparteien in eigener Verantwortung zu ordnen vermögen. Jedoch kann die Ausnahmesituation der Insolvenz, nämlich die Rücksicht auf *alle* Gläubiger die durch § 113 InsO ermöglichte Einschränkung des Normsetzungsrechts der Tarifvertragsparteien rechtfertigen.

2. Teilgewährleistungen in Art. 9 Abs. 3 GG

Eine Schwäche der arbeitsrechtlichen Lehre zu Art. 9 Abs. 3 GG liegt darin, daß sie die verschiedenen Teilgarantien der Betätigungsfreiheit der Berufsverbände formell auf einen gemeinsamen Nenner bringen und zugleich inhaltlich einem in der Verfassung nicht vorgesehenen Gesetzesvorbehalt unterwerfen will.[231] Das kann zu keinem überzeugenden Ergebnis führen; dazu ist der aus der Verfassung abgeleitete Sachbereich zu umfangreich und zu inhomogen. Ob ein Gewerkschaftsvertreter außerhalb der Arbeitszeit Handzettel im Betrieb verteilen oder eine Großgewerkschaft verhindern darf, daß der Bundestag gesetzliche Karenztage bei der Entgeltfortzahlung einführt, unterliegt nach Anlaß und Gewicht ersichtlich anderen Maßstäben schon deshalb, weil dem Ursprung der besonderen Vereinigungsfreiheit in Art. 9

---

anderer Ansicht *Bauer/Lingemann*, BB 1996, Beilage 17, S. 8, 11; *Löwisch*, NZA 1996, S. 1009, 1015 (für § 4a Abs. 1 EFZG).
[229] BT-Drucks. 13/4612, S. 10f.
[230] ArbG Stuttgart, Vorlagebeschluß v. 4. 8. 1997, ZIP 1997, S. 2013 ff.
[231] Vgl. *Löwisch*, Anm. zu BVerfG 24. 4. 1996 (Hochschulrahmengesetz), AR-Blattei ES 1650, Nr. 17, S. 6; *Wank*, Anm. zu BVerfG 14. 11. 1995 (Gewerkschaftswerbung im Betrieb), JZ 1996, S. 629, 631.

Abs. 3 GG unterschiedlich nahe steht. Entsprechend müssen sich die Äußerungen des Bundesverfassungsgerichts eine Auslegung anhand des jeweiligen Schutzbereichs gefallen lassen.[232] Im Rahmen der Tätigkeitsgarantie der Berufsverbände lassen sich charakteristische Teilgewährleistungen unterscheiden:

126 – Die *verbandspolitische Tätigkeit* der Berufsverbände:[233] Die Verfassung schützt wie bei der allgemeinen Vereinigungsfreiheit nicht nur die Gründung, sondern auch das aktive Leben (*la vie sociale*) des Verbandes, also seine Gestaltungsfreiheit bei der Satzungs- und späteren Beschlußfassung und bei anderen organisatorischen Maßnahmen im Innenverhältnis und außerdem das Auftreten gegenüber Dritten (rechtsgeschäftliches Handeln) und in der Öffentlichkeit (Selbstdarstellung). Die Beschränkung auf einen Kernbereich kann hier nicht in Betracht kommen, wohl aber wie in Art. 9 Abs. 1 GG eine gesetzliche Ausgestaltung des Grundrechts zur realen Entfaltung der mit dem Grundrecht verfolgten Ziele.[234] Wie im Gesellschaftsrecht kann und muß der Gesetzgeber bei der Ausgestaltung des Koalitionsrechts seinem Schutzauftrag einerseits so wie Drittinteressen und Gemeinwohlverträglichkeit andererseits Rechnung tragen.[235] Die Verwandtschaft von Vereinigungs- und Koalitionsfreiheit zeigt sich beim Schutz des Zusammenschlusses als solchen durch die kollektive Vereinigungsfreiheit[236] und die kollektive Koalitionsfreiheit (vgl. dazu oben Rnr. 88 ff.), beim Schutz der negativen Vereinigungsfreiheit[237] und der negativen Koalitionsfreiheit,[238] beim Schutz der Selbstdarstellung eines Vereins[239] und der Wahlwerbung einer Koalition.[240]

127 – Die *tarifpolitische Tätigkeit* der Koalitionen:[241] Die gemeinsame Tätigkeit der Sozialpartner zur Ordnung und Befriedung des Arbeitslebens, also der Bereich des Tarifvertrags-, des Arbeitskampf- und des Schlichtungsrechts

---

[232] Ebenso im Ansatz *Henssler*, ZfA 1998, S. 1, 12 ff.; *Höfling*, in: Festschrift für Karl Heinrich Friauf (1996), S. 377, 384; *Wiedemann*, in: Festschrift für Eugen Stahlhacke (1995), S. 675, 679.
[233] BVerfGE 28, S. 295; 31, S. 296; 38, S. 281; 42, S. 133; 57, S. 220; 59, S. 231; 77, S. 1; 93, S. 352; BVerfG NZA 1993, S. 655.
[234] Vgl. BVerfGE 50, S. 290, 355 zur Vereinigungsfreiheit; BVerfGE 74, S. 297, 334 zur Rundfunkfreiheit; BVerfGE 94, S. 365, 403 Binnenorganisation der Verbände.
[235] Die Zulässigkeit der Gesetzgebung im Bereich des Gesellschaftsrechts wird im verfassungsrechtlichen Schrifttum unter Verweis auf das Mitbestimmungsurteil BVerfGE 50, S. 290, 354 mit der Befugnis des Gesetzgebers zur Ausgestaltung des Art. 9 Abs. 1 GG erklärt; vgl. etwa *Höfling*, in: Sachs, 1996, Art. 9 GG, Rnr. 34 ff. Unter dem Begriff des Eingriffs werden nur unmittelbare Freiheitsverkürzungen, wie z. B. Vereinsverbot oder Zwangsmitgliedschaft, subsumiert. Für derartige Maßnahmen wird ein erst-recht-Schluß ein Schrankenvorbehalt aus Art. 9 Abs. 2 GG hergeleitet. Kritische Stellungnahmen zu diesem Verständnis des Art. 9 Abs. 1 GG finden sich nicht.
[236] BVerfGE 10, S. 102; 30, S. 415, 426; offengelassen in BVerfGE 4, S. 267; *Scholz*, in: Maunz/Dürig, Art. 9 GG, Rnr. 421.
[237] BVerfGE 10, S. 102; 30, S. 415, 426; vgl. auch BVerfGE 4, S. 7, 26; *Scholz*, in: Maunz/Dürig, Art. 9 GG, Rnr. 42, 88.
[238] BVerfGE 50, S. 290, 367; 55, S. 7, 21: AVE für Sozialtarife des Baugewerbes.
[239] BVerfGE 28, S. 295, 300; 84, S. 372, 379: Lohnsteuerhilfeverein.
[240] BVerfGE 19, S. 303, 312; 28, S. 295, 305; 93, S. 352, 358.
[241] BVerfGE 4, S. 97; 18, S. 19; 20, S. 313; 44, S. 322; 55, S. 7; 58, S. 233; 64, S. 208; 84, S. 212; 88, S. 103; BVerfG, NZA 1992, S. 125; NZA 1994, S. 34; BVerfGE 92, S. 26; 92, S. 365; 94, S. 268.

hebt sich von der allgemeinen Vereinigungsfreiheit und von anderen Individualgrundrechten erheblich ab: der Staat beteiligt die Koalitionen an seinem Rechtsetzungs- und Gewaltmonopol, überläßt die Zuständigkeit zur Normsetzung den Koalitionen allerdings nur gemeinsam als Zwillingsgrundrecht. Daß eine solche Arbeitsteilung im Bereich der Arbeits- und Wirtschaftsbedingungen dem Inhalt der Verfassung entspricht, auch wenn sie in Wortlaut und Vorstellungsbild der Verfassung nicht anklingt, hat sich im Gesetz, in der Rechtsprechung und in der Rechtslehre allgemein durchgesetzt. Ob und welche Beschränkungen daraus für den staatlichen Gesetzgeber zu ziehen sind, ist aber noch offen.

– Die *wirtschaftspolitische Tätigkeit* der Gewerkschaften und Arbeitgeberverbände in staatlichen oder privaten Institutionen des Arbeits- und Wirtschaftslebens, also Entsendung oder Wahl von Repräsentanten in die Spruchkörper der Gerichte, in die Organe der sozialen Selbstverwaltung oder in den Aufsichtsrat privater Unternehmen ist vom Gesetzgeber – verfassungsmäßig – in verschiedener Richtung eingeführt und ausgebaut worden. Ob dieser Schutzbereich überhaupt von der Verfassungsgarantie erfaßt und deshalb vom Gesetzgeber nicht frei ausgestaltet werden kann, ist zweifelhaft und hier nicht weiter zu verfolgen. Dem Gesetzgeber ist jedenfalls für diese Teilgarantie ein Gesetzesvorbehalt einzuräumen, was im Ergebnis der bisherigen Rechtsprechung des Bundesverfassungsgerichts entspricht.[242] **128**

3. Sonderstellung der Tarifautonomie

Zur Zuständigkeitsverteilung zwischen parlamentarischem Gesetzgeber **129** und Kollektivvertragsparteien gibt es eine stattliche Zahl sich teils ergänzender, teils widersprechender Vorschläge in Rechtsprechung und Rechtslehre. Es wäre vermessen, einen einzigen unter ihnen für „richtig" erklären zu wollen, nachdem sich in Verfassungs- und Gesetzesrecht keine zwingenden Vorgaben nachweisen lassen und auch die Natur der Sache solche offenbar nicht anbietet.[243] Einen, wenn auch geringen Anhalt, bieten Art. 74 Nr. 12 GG, wonach sich die konkurrierende Gesetzgebung des Bundes global auf das Arbeitsrecht erstreckt, und § 1 Abs. 1 MindArbBedG, wonach die Regelung von Entgelten und sonstigen Arbeitsbedingungen grundsätzlich durch Vereinbarungen zwischen den Tarifvertragsparteien erfolgt. An diesen Grundsatz hat sich die Gesetzgebung bisher gehalten. Er hat in der Rechtslehre aber bislang keine einheitliche Gestalt gefunden. Nach dem gegenwärtigen Erkenntnisstand kommen folgende Abgrenzungskriterien in Betracht (wobei extreme Ansichten, etwa zur ausschließlichen Zuständigkeit der Tarifvertragsparteien oder zur Notzuständigkeit des Staates zurückgestellt werden):

a) **Zielrichtung** der Regelung. Eine verbreitete Auffassung, die namentlich vom Bundesverfassungsgericht vertreten wird, unterscheidet im Rahmen **130**

---

[242] Vgl. BVerfGE 17, S. 319, 333; 19, S. 303, 312; 50, S. 290, 366 ff.; 51, S. 77, 87 f.; 60, S. 162, 169 ff.
[243] Vgl. zuletzt den Vorschlag *Henssler,* ZfA 1998, S. 1, 15.

des Art. 9 Abs. 3 GG zwischen dem Ausgestaltungsauftrag an den staatlichen Gesetzgeber und damit seiner *Ausgestaltungsbefugnis* einerseits und dem *Eingriff* in das kollektive Grundrecht andererseits, wobei vor allem das Fehlen eines Gesetzesvorbehalts hervorgehoben wird. Die These lautet: Freiheitsermöglichung und Freiheitsverkürzung können nicht denselben Regeln folgen; die Grundrechtsunterstützung muß erleichtert möglich sein. Das bringt das Bundesverfassungsgericht zum Ausdruck, wenn es zwischen Grundrechtsausgestaltungen unterscheidet, die bereits durch Interessen des Gemeinwohls gerechtfertigt werden können,[244] und Grundrechtseingriffen, die nur zum Schutz der Grundrechte Dritter und anderer mit Verfassungsrang ausgestatteter Rechtsgüter erlaubt sein sollen.[245] Nach welchen Kriterien im einzelnen abzugrenzen ist, läßt der Gerichtshof freilich bisher ebenso offen, wie das hierarchische Verhältnis der beiden Kategorien, ob nämlich die Ausgestaltung nur einen speziellen Rechtfertigungsgrund für Grundrechtsbeeinträchtigungen bildet[246] oder eine dem Eingriff gleich geordnete Kategorie darstellt, die ihren eigenen – erweiterten oder verengten – Rechtfertigungshaushalt besitzt.[247] Das Bundesverfassungsgericht hat überdies sein System dadurch angreifbar gemacht, daß es den Grundsatz der Verhältnismäßigkeit auch auf die Ausgestaltungsgesetze anwendet.[248] Wenn aber die Voraussetzungen für Ausgestaltung und Eingriff identisch werden, weil in beiden Fällen Drittinteressen und Gemeinwohl eine Beeinträchtigung des Grundrechts rechtfertigen können und weil diese Beeinträchtigung jeweils am Übermaßverbot gemessen wird, dann verliert die Unterscheidung nach der Zielrichtung an Bedeutung und kann letztlich ganz aufgegeben werden. Dieser Problematik soll hier mit einigen Anschlußfragen nachgegangen werden:

131 aa) Die *erste* Frage geht dahin, wie sich Ausgestaltungs- von Eingriffsgesetzen unterscheiden.[249] Die *Ausgestaltung* der Tarifautonomie erfaßt sachlich *kollektive* Beziehungen der Berufsverbände, also die Organisation der Sozialpartner (Koalitionsgesetz), das Verfahren zur vertraglichen Normsetzung (Arbeitskampf- und Schlichtungsgesetz) und die Vorgaben für die Wirkungen der Kollektivverträge (Tarifvertragsgesetz). Der Auftrag an den Gesetzgeber war mit dem vorzüglich verfaßten Tarifvertragsgesetz bereits vor Inkrafttreten der Verfassung erfüllt. Die hier geschaffene Infrastruktur der Arbeitsverfassung wurde vom Bundesverfassungsgericht bisher in keinem Punkt beanstandet, allerdings verschiedentlich betont, daß die gegenwärtige Gesetzeslage nicht unabänderlich sei, sondern mehr als bei anderen Freiheitsrechten „die Möglichkeit zu Modifikationen und Fortentwicklungen" offenlassen müsse.[250] In welchem Umfang und in welcher Tiefenstaffelung der Gesetzgeber

---

[244] Vgl. BVerfGE 88, S. 103, 115; 92, S. 26, 41; 92, S. 365, 394.
[245] Vgl. BVerfGE 84, S. 217, 228; 93, S. 352, 358.
[246] So *Jarass,* Die Freiheit des Rundfunks vom Staat, 1981, S. 20; *Jarass*/Pieroth, Vorb. vor Art. 1 GG, Rnr. 25.
[247] So BVerfGE 57, S. 295, 320; BVerfGE 92, S. 26, 41: FlRG.
[248] BVerfGE 92, S. 26, 43; kritisch zur Differenzierung zwischen Ausgestaltung und Eingriff auch *Henssler,* ZfA 1998, S. 1, 11.
[249] Vgl. zum Begriff der Ausgestaltung im Rahmen des Art. 14 GG BVerfGE 21, S. 73, 83; 79, S. 29, 40; 80, S. 137, 150.
[250] BVerfGE 50, S. 290, 368; 58, S. 233, 248.

die Tarifautonomie ausgestaltet, folgt den historischen Gegebenheiten und den sachlichen Bedürfnissen eines funktionierenden Tarifvertragssystems. Die Verfassung enthält keine Tatbestandsgarantie des Tarifvertragswesens; der Staat muß deshalb nicht dafür sorgen, daß tatsächlich Berufsverbände bestehen und Tarifverträge in nennenswertem Umfang oder mit richtigem Inhalt zustandekommen.[251] Da es keinen Gewährleistungsanspruch für die Sozialpartner gibt, läßt sich aus Art. 9 Abs. 3 GG auch keine Förderungspflicht des Staates ableiten. Erst recht begründet das Grundrecht keine Verpflichtung für die Tarifvertragsparteien selbst, Kollektivverträge einzugehen und die ihnen eingeräumte soziale Selbstverwaltung tatsächlich voll auszuschöpfen.

Ein Arbeitskampf- und ein Koalitionsgesetz wurden bisher nicht eingebracht;[252] die vorhandenen Lücken werden mit § 2 des Tarifvertragsgesetzes und mit dem allgemeinen Verbandsrecht sowie hilfsweise durch Richterrecht ausgefüllt. Das Bundesverfassungsgericht hat die Nichterfüllung des Verfassungsauftrags bis in die jüngste Zeit nicht beanstandet, überraschend allerdings in einem Einzelfall des Arbeitskampfrechts, nämlich beim Einsatz von Beamten während eines Poststreiks, eine gesetzliche Grundlage angemahnt.[253] Hinsichtlich des verfassungsrechtlichen Eingriffs- und des Wesentlichkeitsvorbehaltes[254] wird bei dieser Gelegenheit das Richterrecht dem Gesetzesrecht gleichgeachtet: die Gerichte müssen bei unzureichenden gesetzlichen Vorgaben das materielle Recht mit den anerkannten Methoden der Rechtsfindung aus den allgemeinen Rechtsgrundlagen ableiten, die für das betreffende Rechtsverhältnis maßgeblich sind.[255]

Eingriffsgesetze haben einen anderen Inhalt: sie entfalten das Grundrecht nicht, sondern verkürzen die von der Verfassung vorgegebene Freiheit. Das trifft zunächst auf Regelungen zu, die *gezielt* grundrechtlich geschützte Tätigkeiten verbieten. Die Schwierigkeit liegt hier freilich in der Bestimmung dessen, was durch die Verfassung vorgegeben ist; eine Grenze zur Ausformung des Grundrechts läßt sich häufig nicht eindeutig ziehen. Das Bundesverfassungsgericht hat – ohne auf die Frage einzugehen – in der Beschränkung der Aussperrungsbefugnis durch die Rechtsprechung des Bundesarbeitsgerichts einen Eingriff in die kollektive Koalitionsbetätigungsfreiheit gesehen.[256] Ob dies zutreffend war, soll hier nicht vertieft werden; Regelungen, die gezielt in den Schutzbereich des Art. 9 Abs. 3 GG eingreifen, bilden in der Verfassungswirklichkeit die Ausnahme. Ihre eigentliche Bedeutung entfaltet die Eingriffskategorie für den Bereich der Konkurrenztätigkeit des Gesetzgebers, also der Regelung der *individuellen* Arbeits- und Wirtschaftsbedingungen. Wie das Bundesverfassungsgericht in der Entscheidung zum Hochschulrahmengesetz zutreffend herausgestellt hat, liegt auch in der Durchnormierung des Individualarbeitsrechts ein Eingriff in die Tarifauto-

---

[251] Ebenso *Säcker,* Grundprobleme der kollektiven Koalitionsfreiheit, 1969, S. 68; abw. *Zachert,* NZA 1994, S. 529, 533.
[252] Vgl. *Gerhardt,* Das Koalitionsgesetz, 1977.
[253] BVerfGE 88, S. 103, 116; kritisch dazu *Isensee,* DZWiR 1994, S. 309, 311 ff.
[254] Vgl. BVerfGE 50, S. 290, 354, 368; 58, S. 233, 248; 84, S. 212, 225 ff.
[255] BVerfGE 88, S. 103, 115.
[256] BVerfGE 84, S. 217, 228.

nomie.[257] Der Eingriff ist offenkundig, wenn das staatliche Gesetz allseitig zwingend gelten soll, weil damit eine Tarifsperre für die Zukunft gebildet und der Zuständigkeitsbereich der Tarifvertragsparteien geschmälert wird. Auch das dem Günstigkeitsvergleich nach oben offene staatliche Schutzgesetz beinhaltet aber einen Eingriff in die Tarifautonomie, weil und wenn die Behandlung der vom Gesetzgeber besetzten Themen auf höherer Ebene und daher unter erschwerten Bedingungen stattfinden muß. Das gilt abgemildert selbst für tarifdispositives staatliches Recht, da sich insoweit die Gewerkschaften auf Ausgleichsansprüche in anderen Bereichen einstellen müssen. Die Erkenntnis, daß es sich um Eingriffsgesetzgebung handelt, beleuchtet freilich nur einen Ausschnitt des Konkurrenzproblems zwischen tariflicher und staatlicher Gesetzgebung. Das Spezifische der Fragestellung liegt darin, daß Art. 9 Abs. 3 GG mit der Tarifautonomie als einziges Grundrecht in diesem Umfang eine Tätigkeit schützt, deren Wahrnehmung zugleich auch dem Staat als originäre Aufgabe zugewiesen ist. Insofern ist die Konfliktsituation zwischen Grundrechtsträger und Staat in der Verfassung ohne Vorbild; welche Folgerungen daraus abzuleiten sind, ist bislang nur wenig geklärt.

134 bb) Die *zweite* Frage gilt der Rechtfertigung von Ausgestaltungsgesetzen. Im Rahmen der Ausgestaltung ist es dem Gesetzgeber nicht *verboten*, das Grundrecht anzutasten, sondern *geboten*, das Grundrecht näher auszumünzen und die Grundrechtsausübung zu ermöglichen. Dabei stellt der objektive Gehalt[258] der Koalitionsfreiheit nicht Grenz-, sondern Orientierungsmarke der legislativen Konkretisierung dar. Das Parlament, das der Tarifautonomie ein Gebäude errichtet, muß zwangsläufig in die Selbstbestimmung der Verbände eingreifen. Die maßgeblichen Gesichtspunkte werden in der Rechtsprechung des Bundesverfassungsgerichts aufgezählt:[259] die Einfügungen der Koalitionen in die allgemeine Rechtsordnung, die Sicherheit des Rechtsverkehrs, die Rechte der Mitglieder und die Berücksichtigung schutzbedürftiger Belange Dritter oder öffentlicher Interessen. Der Gesetzgeber muß vor allem die richtige Balance zwischen den widerstreitenden Interessen der beiden Sozialpartner herstellen und muß dabei verhindern, daß die Ausübung der Arbeitskampf- und Normsetzungsbefugnis übermäßig in Rechte und Interessen außenstehender Dritter und der Allgemeinheit einwirkt. Speziell im Tarifvertragssystem sind die Voraussetzungen der Kollektivvereinbarung und ihre Wirkungen im einzelnen festzulegen. Umfang und Dichte dieser Regulierung, zwingender und dispositiver Charakter der Gesetzesnormen, stehen dabei im sachorientierten Ermessen des Gesetzgebers. Dabei versteht es sich fast von selbst, daß dieser das Wesen des Grundrechts nach Art. 19 Abs. 2 GG nicht verletzen darf, sondern gerade entfalten soll. Der objektive Gehalt ist Leitmotiv seiner Tätigkeit: die Rahmenordnung soll sicherstellen, daß Sinn und Zweck des Grundrechts voll zum Tragen kommen.

---

[257] BVerfGE 94, S. 268, 283 ff.; vgl. auch *Söllner,* NZA 1996, S. 897, 900.
[258] BVerfGE 92, S. 365, 394 (Flaggen-Zweitregister).
[259] BVerfGE 50, S. 290, 354, 368; 84, S. 372, 378; 88, S. 103, 115; 92, S. 26, 41; 92, S. 365, 394; 94, S. 268, 284.

Das bedeutet freilich nicht, daß man sich *verfassungswidrige Ausgestaltungs-* 135 *gesetze* nicht vorstellen könnte.[260] Nach der Rechtsprechung des Bundesverfassungsgerichts muß die Ausgestaltungsgesetzgebung den Verhältnismäßigkeitsgrundsatz wahren;[261] keinesfalls darf sie den objektiven Gehalt des Grundrechts antasten.[262] Die Regelung des § 21 Abs. 4 Satz 3 FlRG scheiterte in der Kontrolle durch das Gericht am Verhältnismäßigkeitsprinzip.[263] Allerdings ist die Grenze des verfassungsrechtlich Zulässigen in der Tat weit hinausgeschoben. Die Verhältnismäßigkeitsprüfung wird häufig die praktische Konkordanz – sowohl zwischen den widerstreitenden Interessen der Koalitionen als im Verhältnis zu den Rechten Dritter – zum Gegenstand haben, für die dem Gesetzgeber eine Einschätzungsprärogative eingeräumt ist.[264] Der „objektive Gehalt" der Koalitionsfreiheit dürfte durch eine einzelne Regelung kaum je angetastet werden; wesentlich ist insoweit, daß das Grundrecht nicht auf Dauer ausgehöhlt wird.[265]

cc) Die *dritte* Frage gilt der Rechtfertigung von Eingriffsgesetzen. Zur 136 Rechtfertigung von Eingriffsgesetzen des Staates, mit denen er den Tarifvertragsparteien im Bereich der Arbeits- und Wirtschaftsbedingungen vorgreift, gibt es bisher nur wenige Erkenntnisse. Sie beschränken sich auf die – insoweit unstreitigen – Feststellungen, daß auch ein Grundrecht ohne Gesetzesvorbehalt Einwirkungen dulden muß, die zum Schutz anderer Grundrechte oder anderer verfassungsmäßiger Rechte erforderlich, geeignet und verhältnismäßig sind.[266] Ob andere Drittinteressen oder das Gemeinwohl eine Eingriffsgesetzgebung legitimieren, wurde vom Bundesverfassungsgericht bislang nicht entschieden und ist in der Rechtslehre bestritten.[267] Die Entscheidung kann sich nicht an andere Grundrechte ohne Gesetzesvorbehalt anlehnen. Denn die Tarifautonomie ist zum einen nicht unmittelbar Gegenstand der in Art. 9 Abs. 3 GG geschützten Koalitionsfreiheit, sondern erst im Wege der Verfassungsrechtsfortbildung daraus abgeleitet. Sie bedarf zum anderen der Sonderbeurteilung, weil sie das einzige Grundrecht darstellt, in dem Staat Normsetzungsbefugnisse in Konkurrenz zur hoheitlichen Gewalt gewährt. Welche Schlußfolgerungen hieraus abzuleiten sind, harrt noch der Aufarbeitung. Die zum Verhältnis der parlamentarischen zur exekutivischen Gesetzgebung entwickelten Grundsätze lassen sich nicht übertragen, weil die Aufgabenverteilung zwischen Staat und Koalitionen ersichtlich andere Ziele

---

[260] Abw. im Rahmen des Art. 5 GG freilich BVerfGE 73, S. 118, 166; vgl. demgegenüber aber im Rahmen des Art. 9 Abs. 1 GG BVerfGE 30, S. 227, 243 ff. (Eingriff in das Namensrecht der nichtgewerkschaftlichen Ersatzkassen); BVerfGE 84, S. 372, 378.
[261] BVerfGE 92, S. 26, 43 f.; 92, S. 365, 395 f.
[262] BVerfGE 92, S. 365, 394.
[263] Vgl. oben Rnr. 111 f.
[264] BVerfGE 92, S. 365, 396.
[265] Vgl. in diese Richtung BVerfGE 92, S. 365, 394.
[266] Vgl. BVerfGE 84, S. 212, 228; BVerfGE 94, S. 268, 284: Grundrechte Dritter oder andere mit Verfassungsrang ausgestattete Rechte.
[267] Bejaht von *Löwisch*/*Rieble*, § 1 TVG, Rnr. 222; *Löwisch*, Anm. zu BVerfG 24. 4. 1996 (Hochschulrahmengesetz), AR-Blattei ES 1650, Nr. 17, S. 6; *Wank*, JZ 1996, S. 629, 631; verneint von *Kempen*/*Zachert*, Grundl., Rnr. 205, 208; *Opholzer*/*Zachert*, BB 1993, S. 1354, 1355; *Zachert*, NZA 1994, S. 529, 533.

verfolgt. Das Konkurrenzverhältnis zwischen staatlicher und privater Rechtsetzung im Bereich des Satzungsrechts und des Rechts der allgemeinen Vertragsbedingungen[268] bietet kein Vorbild, weil im Tarifrecht die Möglichkeit fehlt, zwischen mehreren Regelungsgebern zu wählen.

137 **b) Gegenstand** der Regelung. Eine andere Sicht des Problems nimmt man ein, wenn der Gegenstand der Regelung maßgebend sein soll. Dieser Ansatz findet sich in Rechtsprechung und Rechtslehre. Das Verhältnis von staatlicher und tarifvertraglicher Normsetzung wird in der Hochschulentscheidung dahin erläutert:[269]

„(Zur Tarifautonomie) gehören vor allem das Arbeitsentgelt und die anderen materiellen Arbeitsbedingungen wie etwa Arbeits- und Urlaubszeiten sowie nach Maßgabe von Herkommen und Üblichkeit weitere Bereiche des Arbeitsverhältnisses, außerdem darauf bezogene soziale Leistungen und Einrichtungen. Dementsprechend zählt auch § 77 Abs. 3 des Betriebsverfassungsgesetzes zum Regelungsbereich von Tarifverträgen in Abgrenzung zu demjenigen von Betriebsvereinbarungen, Arbeitsentgelte und sonstige Arbeitsbedingungen, „die durch Tarifvertrag geregelt sind oder üblicherweise geregelt werden."

138 Im Rahmen der Verhältnismäßigkeitsprüfung wird weiter betont, daß der Grundrechtsschutz des Art. 9 Abs. 3 GG für verschiedene koalitionsmäßige Betätigungen im Bereich der Tarifautonomie abgestuft ist und sich die sachliche Nähe einer Materie zum Bereich von Arbeits- und Wirtschaftsbedingungen auch daran orientiert, wieweit die Tarifvertragsparteien bisher in der Praxis von ihrer Regelungsmacht Gebrauch gemacht haben. Das bedeutet, daß es jedenfalls keine sachliche oder zeitliche Prärogative der tarifvertraglichen Normsetzung gibt, und daß der Konkurrenzdruck des Staates in dem Maß abnimmt, in dem die Tarifvertragsnormen den Kern des Arbeitsverhältnisses, also Entgelt und Arbeitszeit regeln.

139 Das Bundesarbeitsgericht[270] ist bei einer frühen Entscheidung von der Verfassungskonformität des in bestehende tarifvertragliche Regelungen eingreifenden ArbKrankhG ausgegangen; es begründete den Wegfall entgegenstehender tarifvertraglicher Regelungen mit dem auch auf das Verhältnis von Gesetz und Tarifvertrag anzuwendenden Ordnungsprinzip, vor allem aber damit, daß es sich bei dem Gesetz um eine neue, umfassend regelnde Kodifikation handelte, die auch bestehende tarifvertragliche Regelungen vereinheitlichen sollte. In anderem Zusammenhang wird der Vorrang des Gesetzesrechts als „höhere Rechtsquelle" gegenüber dem Tarifvertrag ausgesprochen.[271]

140 Zugespitzt hatte früher *Biedenkopf* eine sachliche Zuständigkeitsverteilung wie folgt vorgeschlagen:[272]
– Alleinzuständigkeit der Sozialpartner für bestimmte materielle Arbeitsbedingungen, insb. Lohn- und Arbeitsgestaltung, solange nicht schutzwürdige Interessen Dritter und der öffentlichen Hand bestehen (*Tabu-Zone*);

---

[268] Dazu *F. Kirchhof*, Private Rechtsetzung, 1987, S. 107 ff.
[269] BVerfGE 94, S. 268, 283.
[270] BAG GS 17. 12. 1959 AP Nr. 21 zu § 616 BGB (*A. Hueck*) betr. ArbKrankhG vom 26. Juni 1957.
[271] BAG 26. 9. 1984 AP Nr. 21 zu § 1 TVG (*Brackmann*); BAG 18. 5. 1983 AP Nr. 51 zu § 1 TVG Tarifverträge Bau (*Leipold*).
[272] *Biedenkopf*, Tarifautonomie, S. 188, 210.

– Konkurrierende Zuständigkeit des staatlichen Gesetzgebers für Sockel- oder Mindestbedingungen, die jederzeit von Tarifvertragsnormen verbessert werden können (*Tarifsperre*).

Ein „Vorbehaltsgut" der Tarifpartner wird heute nicht einmal hinsichtlich des Entgelts anzuerkennen sein;[273] eine generelle Tabu-Zone kann es angesichts der uneingeschränkten Zuständigkeit des staatlichen Gesetzgebers für das Arbeitsrecht in Art. 74 Nr. 12 GG und der Hilfszuständigkeit für die Regelung von Entgelten und sonstigen Arbeitsbedingungen in § 1 MindArbBedG nicht geben. Wenn dies in Ausführung des Sozialstaatsgebots notwendig ist, muß der Bundesgesetzgeber sowohl Mindestlöhne wie Höchstarbeitszeiten festsetzen können, selbst wenn es dabei zu Überschneidungen mit tatsächlich oder potentiell geltenden Tarifbedingungen kommt. Ein absolutes Verbot, Löhne und andere Arbeitsbedingungen zu beeinflussen, läßt sich bei historischem Verständnis der Verfassung nicht entnehmen; in der Rechtsprechung des Bundesverfassungsgerichts oder des Bundesarbeitsgerichts findet sich für die abweichende Ansicht auch kein Anhalt. Im Gegenteil bestätigt die unangefochtene Existenz des Gesetzes über die Festsetzung von Mindestarbeitsbedingungen und die Existenz der einschlägigen Vorschriften zur Allgemeinverbindlicherklärung, daß der Staat sich vorbehalten kann, das Sozialstaatsgebot im Notfall auch für den Kernbereich der Arbeitsbedingungen durchzusetzen.

Der Gedanke ist aber ohne weiteres in der Weise zu verwenden, daß bestimmte Sachgegenstände (wie Lohn und Arbeitszeit) der Tarifautonomie näher stehen als andere (wie Beschäftigungs- oder Vermögensbildungsförderung), sei es weil sie historisch oder regional üblich sind und weil sie ihr überhaupt ihre Bedeutung verleihen. Sie müssen deshalb in erster Linie für Kollektivverträge offen sein und offen bleiben.[274] Daraus läßt sich freilich keine zentimetergenaue Zuständigkeitsverteilung gewinnen, es ist dies eine Testfrage unter anderen. Die Verfassung erlaubt es, zwischen Kern- und Randbereichen zu unterscheiden.

c) **Inhalt** der Regelung. Ähnliches gilt für die Unterscheidung nach der Geltungsweise, also danach, ob das staatliche Gesetz nur *Mindestbedingungen* sichert, also tarifdispositives Recht anbietet. Auch dieses Unterscheidungsmerkmal kann man nicht absolut setzen – auch nicht unter dem Vorbehalt, daß damit Maßnahmen zum Schutze anderer Grundrechtsträger nicht ausgeschlossen sein sollen.[275] Der Subsidiaritätsgedanke beinhaltet nur eine Leitlinie, wonach sich staatliche Gesetze auf Mindestregelungen beschränken sollen, die auf der nach oben offenen Günstigkeitsskala durch Tarifverträge abänderbar bleiben, also tarifdispositives Recht darstellen. Das Vermeiden einer *Tarifsperre* entspricht guter Gesetzgebungspolitik der Bundesrepublik (vgl. BUrlG, BetrAVG), ein dahingehendes Verfassungsverbot besteht aller-

---

[273] Ebenso *Butzer*, RdA 1994, S. 375, 379; *Gamillscheg*, Kollektives Arbeitsrecht I, § 7 II 2, S. 297; MünchArbR/*Löwisch*, § 239 Nr. 45; *Löwisch*/Rieble, Grundl., Rnr. 16.
[274] Vgl. BVerfGE 94 S. 268, 283 mit dem Hinweis auf § 77 Abs. 3 BetrVG; *Gamillscheg*, Kollektives Arbeitsrecht I, § 7 II 2 d, S. 299; *Henssler*, ZfA 1998, S. 32 ff.: Stufenbildung.
[275] So *Kempen*/Zachert, Grundl., Rnr. 110.

dings nicht.[276] Im Interesse einer einheitlichen Ordnung bleibt der staatliche Gesetzgeber grundsätzlich befugt, eine abschließende arbeitsrechtliche Regelung zu treffen. Dafür gibt es im wesentlichen zwei Begründungsansätze: einmal darf der Staat seine Verantwortung für die gesamte Arbeitsordnung, die auch Interessen von nicht organisierten Unternehmen oder Arbeitnehmern berücksichtigen muß, nicht vollständig aufgeben; zum anderen steht ihm eine Einschätzungsbefugnis zu, ob „günstigere" Regelungen durch Kollektiv- oder Individualvereinbarungen möglich sind und zulässig sein sollen. Dies ist nicht mit der Frage zu vermengen, wie staatliche Schutzvorschriften *auszulegen* sind. Die Auslegungsregel, wonach Schutzvorschriften im Zweifel einseitig dispositiv, Organisations- und Ordnungsvorschriften dagegen zweiseitig zwingend gelten, entspricht allgemeiner Ansicht.[277] Soweit der staatliche Gesetzgeber nicht zu erkennen gibt, daß er die Regelungsbefugnis der Koalitionen in einem bestimmten Bereich des Arbeitslebens zurückdrängen will, ist bei Arbeitnehmerschutznormen vom tarifdispositiven Charakter der gesetzlichen Regelung auszugehen.

144 Auch wenn die spezielle Kernbereichslehre vom Bundesverfassungsgericht mit Recht aufgegeben wurde (vgl. oben Rnr. 104 ff.), steht doch nichts entgegen, eine Stufenfolge zu entwerfen, wonach bestimmte Angelegenheiten den Sozialpartnern „näher stehen" als der parlamentarischen Gesetzgebung. Das Bundesverfassungsgericht betont die unterschiedliche Sachnähe im Hochschulbeschluß und weist den Tarifvertragsparteien solche Materien zu, bei denen sie nach der dem Art. 9 Abs. 3 GG zugrunde liegenden Vorstellung des Verfassungsgebers die gegenseitigen Interessen angemessener zum Ausgleich bringen können als der Staat.[278] Als Maßstab für die Kompetenzverteilung werden dort vor allem die Festsetzung der Löhne und der anderen materiellen Arbeitsbedingungen genannt; außerdem wird auf die Tarifüblichkeit abgestellt.[279] Die Rechtsprechung enthält die ausdrückliche Absage an ein Rechtsetzungsmonopol der Tarifvertragsparteien und die stillschweigende Ablehnung eines Regel- und Ausnahmeverhältnisses oder einer Normsetzungsprärogative. Die Tätigkeit des staatlichen Gesetzgebers ist also für die beiden klassischen Sachbereiche: Arbeitszeit und Löhne (NLRA Sections 8 (d) und 9 (a): „Rates of pay, wages, hours, and other conditions of employment.") stärker eingeschränkt, als für Randgebiete der Arbeits- und Wirtschaftsbedingungen, wie Alterversorgung oder Vermögensbildung.

145 **d) Zeitliche Wirkung** der Regelung. Eine Zuständigkeitsverteilung unter zeitlichen Gesichtspunkten könnte dahin vorgenommen werden, daß der staatliche Gesetzgeber seine Kompetenz für diejenigen Sachbereiche, die von den Tarifvertragsparteien aufgegriffen werden, gänzlich verliert oder jeden-

---

[276] Ebenso BAG 26. 9. 1984 AP Nr. 59 zu § 611 BGB Dienstordnungs-Angestellte Bl. 1069 (*Stuzky*); *Buchner*, RdA 1985, S. 258, 281; *Schwerdtner*, NZA 1985, S. 577, 580; *Winterfeld*, ZfA 1986, S. 157, 173; abw. *Kohte*, BB 1986, S. 397, 400.
[277] Vgl. BAG 25. 9. 1987 AP Nr. 1 zu 1 BeschFG 1985 Bl. 770.
[278] BVerfGE 94, S. 268, 285.
[279] Vgl. zu den entsprechenden Überlegungen zum Wesensgehalt oder Kernbereich der Selbstverwaltungsgarantie der Gemeinden zuletzt BVerfGE 96, S. 107, 118 und 79, S. 127, 146, wobei auch zu Art. 28 GG bestritten ist, ob der Kernbereich bloße Abwägungsprämisse oder unantastbares Essentialia der Selbstverwaltungsgarantie darstellt.

falls in bestehende Tarifregelungen nicht eingreifen darf. Beide Alternativen sind bedenklich. Da die Sozialpartner – wenn auch unterschiedlich in den einzelnen Branchen – letztlich sämtliche Sachfragen der Arbeitsrechtsordnung angeschnitten haben, würde diese Theorie jedenfalls auf Dauer die Gesetzgebungsbefugnis nach Art. 74 Nr. 12 GG ausdörren. Im Zusammenhang mit der „Normsetzungsprärogative" betont das Bundesverfassungsgericht[280] indes, die subsidiäre Regelungszuständigkeit des Staates bleibe jedenfalls erhalten, wenn die soziale Schutzbedürftigkeit einzelner Arbeitnehmer oder Arbeitnehmergruppen oder ein sonstiges öffentliches Interesse das Eingreifen des Staates erforderlich mache. Für einen Kompetenzverlust des Gesetzgebers gibt es weder in der Verfassung noch in der sie weiterführenden Rechtsprechung Anhaltspunkte.

Allerdings können sich die Tarifvertragsparteien wie andere Grundrechtsträger auf das rechtsstaatliche **Rückwirkungsverbot** und die Sicherung ihres Besitzstandes berufen, da diese Grundsätze, aus dem Rechtsstaatsprinzip hergeleitet, unterschiedslos alle normenunterworfene Rechtsträger erfassen. Anzuknüpfen ist dabei an die von der Rechtsprechung des Bundesverfassungsgerichts herausgearbeitete Unterscheidung zwischen echter und unechter Rückwirkung von Rechtsfolgen oder – so die Formulierung des Zweiten Senats – von der „Rückbewirkung" von Rechtsfolgen und der tatbestandlichen „Rückanknüpfung". Eine *echte Rückwirkung* liegt vor, wenn der Gesetzgeber nachträglich in Tatbestände eingreift, die in der Vergangenheit begonnen und abgeschlossen wurden und das Gesetz nunmehr an diese bereits abgeschlossenen Tatbestände andere Rechtsfolgen knüpft als die bisherige Regelung.[281] Sie ist nur ausnahmsweise zulässig, wenn für den Rückwirkungszeitraum mit der dann getroffenen Regelung zu rechnen war und aus diesem Grund kein schutzwürdiger Vertrauenstatbestand geschaffen wurde,[282] oder wenn die bisherige Rechtslage „unklar und verworren" war, ihre Bereinigung damit ein Erfordernis der Rechtssicherheit darstellt, denn auch in diesem Fall ist das Entstehen schutzwürdigen Vertrauens ausgeschlossen.[283] Ob darüber hinaus zwingende Gründe des öffentlichen Wohls eine echte Rückwirkung rechtfertigen können, ist noch nicht abschließend geklärt.[284] Es müßte sich dann aber um besonders gelagerte Ausnahmefälle handeln. Eine *unechte Rückwirkung* (tatbestandliche Rückanknüpfung) liegt vor, wenn vom Gesetzgeber in Tatbestände eingegriffen wird, die in der Vergangenheit begonnen, jedoch noch nicht abgeschlossen wurden. Sie ist regelmäßig zulässig, solange nicht im Einzelfall besonders schutzwürdiges Vertrauen der Betroffenen entgegensteht.[285]

Ein rückwirkender Eingriff in laufende Tarifverträge – tatbestandlich als echte Rückwirkung zu werten – ist deshalb in der Praxis so gut wie ausgeschlossen. Zwingende Gründe des Gemeinwohls dafür, einem Arbeitnehmer Teile seines bereits verdienten und womöglich verbrauchten Einkommens

---

[280] BVerfGE 44, S. 322, 342: AVE.
[281] BVerfGE 72, S. 200, 241; 76, S. 263, 345.
[282] BVerfGE 37, S. 363, 397; 45, S. 142, 173.
[283] BVerfGE 37, S. 363, 397.
[284] Vgl. in diese Richtung BVerfGE 13, S. 272.
[285] BVerfGE 72, S. 200, 241; 76, S. 263, 345.

abzuerkennen, oder einen Arbeitgeber durch Gesetz entgegen seiner Wirtschaftsplanung zu nachträglichen Zahlungen an seine Arbeitnehmer zu veranlassen, werden sich kaum finden lassen. Hinsichtlich des Eingriffs in laufende Tarifverträge mit Wirkung für die Zukunft ist dagegen zu unterscheiden:

148 – Beim Eingriff in laufende Tarifverträge dürfen die Tarifvertragsparteien nicht weniger geschützt werden als andere Grundrechtsträger beim Eingriff in laufende Verträge. Das Bundesverfassungsgericht hat im Regelfall den Eingriff in laufende Verträge als unechte Rückwirkung eingestuft und damit für zulässig erachtet, wenn nicht ein besonders schutzwürdiges Vertrauen der Betroffenen entgegenstand.[286] Dies gilt für einen Eingriff in laufende Tarifverträge entsprechend.

149 – Daneben ist der Besonderheit des Tarifvertrages Rechnung zu tragen, als Rechtsnorm die Arbeitsverhältnisse der einzelnen Arbeitnehmer zu gestalten. Änderungen des Tarifvertrages greifen damit nicht nur in die Rechtspositionen der vertragsbeteiligten Sozialpartner ein, sondern auch in diejenigen der tarifunterworfenen Arbeitnehmer und Arbeitgeber. Für sie stellt auch ein lediglich für die Zukunft wirkender Eingriff eine ggf. grundlegende, nachträgliche Neubewertung der in der Vergangenheit einheitlich durch Laufzeit und Inhalt des Tarifvertrags bestimmten Wirtschaftssituation dar. Das muß dazu führen, daß die Zulässigkeit eines rückwirkenden Eingriffs enger begrenzt wird als bei sonstigen Dauerschuldverhältnissen. Der Gesetzgeber bedarf daher, auch wenn er den laufenden Tarifvertrag nur für die Zukunft abändern will, zwingender Sachgründe, die einen Eingriff in die tarifvertragliche Ordnung notwendig machen.

150 Die zeitliche Dimension könnte schließlich zur Zuständigkeitsabgrenzung derart eingesetzt werden, daß dem staatlichen Gesetzgeber die *Langzeitgestaltung*, den Tarifvertragsparteien die *Einzelfallregelung* vorbehalten sein soll. Daraus könnte man dann ein Verbot staatlicher Maßnahmegesetze ableiten, die sich speziell gegen eine tarifvertragliche Gestaltung der Arbeitsbedingungen richten.[287] Praxis und Theorie der Arbeitsgesetzgebung sprechen gegen eine solche Aufteilung. In § 1 BeschFG hat der Gesetzgeber gegenüber ständigem Richterrecht und verbreiteter Tarifpraxis eine *ad hoc*-Regelung getroffen, ohne die Zuständigkeit der Gerichte und der Sozialpartner im übrigen beschränken zu wollen. Auf der anderen Seite tragen langdauernde Manteltarifverträge wie der BAT den Charakter eines Spezialgesetzbuchs. Als Kollisionsregel für staatliches und kollektivvertragliches Arbeitsrecht ist der Gesichtspunkt der zeitlichen Wirksamkeit nicht sachgerecht.

---

[286] Vgl. insb. BVerfGE 71, S. 230, 251: Kappungsgrenze für Mieterhöhungen auch bei bestehenden Mietverträgen; *Klußmann*, Zulässigkeit und Grenzen von nachträglichen Eingriffen des Gesetzgebers in laufende Verträge, 1970, S. 113 ff.
[287] Vgl. Hueck/*Nipperdey*, Arbeitsrecht II 1, § 19 A I 3, S. 371; *Preis*, ZfA 1972, S. 271, 297.

2. Abschnitt. Tarifvertrag und höherrangiges Recht

Übersicht

	Rnr.
A. Tarifvertrag und supranationales Recht	151–197
I. Tarifvertrag und europäisches Gemeinschaftsrecht	151–188
1. Rechtsgrundlagen	151–155
a) EG-Vertrag und Richtlinien	151–153
b) Rechtsprechung	154, 155
2. Diskriminierungsverbot: Inhalt	156–184
a) Unmittelbare Diskriminierung	156–162
aa) Arbeitsentgelt	157, 158
bb) Gleichwertigkeit	159–162
b) Mittelbare Diskriminierung	163–183
aa) Europäischer Gerichtshof	166–170
bb) Stellungnahme	171–179
cc) Sachliche Rechtfertigung	180–183
c) Umgekehrte Diskriminierung	184
3. Diskriminierungsverbot: Rechtsfolgen	185–188
a) Nichtigkeit	185, 186
b) Anpassung	187
c) Konkurrenzen	188
II. Tarifvertrag und internationale Abkommen	189–197
1. Allgemeine Erklärung der Menschenrechte	190
2. ILO-Übereinkommen Nr. 98	191
3. Konvention zum Schutze der Menschenrechte und Grundfreiheiten	192
4. Art. 6 Europäische Sozialcharta (ESC)	193
5. Internationaler Pakt über wirtschaftliche, soziale und kulturelle Rechte	194, 195
6. Auslegungsrichtlinie	196, 197
B. Tarifvertrag und Verfassung	198–356
I. Bindung an die Grundrechte	198–340
1. Allgemeines	198–210
a) Unmittelbare Grundrechtswirkung	199–201
b) Mittelbare Grundrechtsbindung	202–204
c) Stellungnahme	205–210
aa) Geltungsgrund	206, 207
bb) Geltungswirkung	208–210
2. Art. 2 GG Allgemeine Handlungsfreiheit	211, 212
3. Art. 3 GG Gleichheitsgebote	213–281
a) Verfassungsbindung	214, 215
b) Geltungsrahmen	216, 217
c) Verletzungs- und Rechtfertigungsformen	218, 219
d) Gestaltungsspielraum	220, 221
e) Inhalt	222–226
aa) Positive Tatbestandsvoraussetzung	224
bb) Arbeitsleistung	225
cc) Kausalität	226
f) Sachlicher Grund	227–255
aa) Gleichberechtigung	230–234
bb) Benachteiligungsverbot	235–255
g) Tarifvertraglich gebildete Gruppen	256–260
h) Rechtsfolgen des Gleichheitsverstoßes	261–278
i) Beweislastverteilung	279–281

Einleitung

2. Abschnitt. Tarifvertrag und höherrangiges Recht

	Rnr.
4. Art. 4 GG Glaubens- und Gewissensfreiheit............	282
5. Art. 5 GG Meinungsfreiheit..................................	283
6. Art. 6 GG Ehe und Familie...................................	284
7. Art. 9 Abs. 3 GG Koalitionsfreiheit........................	285–306
a) Begriffsbestimmungen	286–291
b) Positive individuelle Koalitionsfreiheit................	292, 293
c) Negative individuelle Koalitionsfreiheit..............	294
d) Solidaritätsbeitrag...	295–297
e) Differenzierungs- oder Tarifausschlußklausel......	298–305
aa) Entwicklung..	299, 300
bb) Rechtsstreit über die Differenzierungsklauseln	301, 302
cc) Stellungnahme...	303–305
f) Belastungsquote beim Vorruhestand	306
8. Art. 12 GG Berufsfreiheit....................................	307–339
a) Verfassungsrechtsprechung................................	307, 308
b) Transfer...	309–317
aa) Zuständigkeit	310
bb) Eingriffstatbestand	311
cc) Interessenwahrnehmung..............................	312–316
dd) Interessenabwägung.....................................	317
c) Einzelfälle...	318–339
aa) Arbeitszeit..	319–324
bb) Altersgrenzen..	325
cc) Qualitative/quantitative Besetzungsregeln.....	326–331
dd) Rückzahlungsklauseln	332–334
ee) Nebentätigkeitsverbot	335, 336
ff) Wettbewerbsverbote	337–339
9. Art. 14 GG Eigentumsgarantie	340
II. Bindung an verfassungsrechtliche Grundsätze.............	341–353
1. Rechtsstaatsprinzip...	341
2. Sozialstaatsprinzip	342
3. Demokratieprinzip..	343, 344
4. Gemeinwohlbindung..	345–353
a) Entwicklung und Meinungsstand.....................	345–347
b) Ableitungsmöglichkeiten..................................	348–350
aa) Delegation staatlicher Verantwortung...........	348
bb) Öffentlicher Status..	349
cc) Außenwirkung der tarifvertraglichen Vereinbarungen	350
c) Einwände...	351
d) Inhalt	352
e) Sanktionen	353
III. Verfassungskontrolle durch die Gerichte	354–356
1. Grundgesetz...	354, 355
2. Länderverfassungen..	356
C. Tarifvertrag und Gesetzesrecht................................	357–424
I. Zwingendes und dispositives Gesetzesrecht.............	357–386
1. Allseitig zwingendes Gesetzesrecht........................	359–381
a) Auslegung	359–361
aa) Arbeitnehmerschutzgesetze.........................	360
bb) Arbeitsorganisationsgesetze	361
b) Wirkung..	362
c) Einzelfälle...	363–381
aa) § 1 BeschFG	364, 365
bb) § 15 BErzGG...	366
cc) § 3 Abs. 1 BUrlG...	367
dd) § 12 EFZG	368, 369

		Rnr.
ee) § 115 Abs. 2 GewO		370
ff) § 1 GWB		371
gg) §§ 57a ff. HRG		372
hh) §§ 1,2 KSchG		373, 374
ii) § 14 MuSchG		375
jj) § 47 SchwbG		376
kk) § 3 StabG		377
ll) § 41 Abs. 4 Satz 3 SGB VI		378
mm) § 3 WährG		379–381
2. Einseitig zwingendes Gesetzesrecht		382
3. Allseitig dispositives Gesetzesrecht		383–386
a) Abdingbarkeit		383
b) Übernahme		384–386
II. Tarifdispositives Gesetzesrecht		387–408
1. Begriff und Bedeutung		387–393
a) Begriff		387
b) Bedeutung		388, 389
c) Abgrenzung		390–393
2. Zulässigkeit		394–399
a) Pflicht		395
b) Umfang		396, 397
c) Konkurrenz		398, 399
3. Geltungsbereich		400–406
a) Persönlicher Geltungsbereich		400–405
b) Zeitlicher Geltungsbereich		406
4. Verdeckt tarifdispositives Gesetzesrecht		407, 408
III. Tarifdispositives Richterrecht		409–424
1. Begriff und Entstehung		409, 410
a) Begriff		409
b) Entwicklung		410
2. Zulässigkeit		411–416
a) Pflicht		411
b) Grenzen		412–414
c) Sachlicher Grund		415, 416
3. Geltungsbereich		417, 418
a) Persönlicher Geltungsbereich		417
b) Zeitlicher Geltungsbereich		418
4. Einzelbeispiele		419–424
a) Rückerstattung		420, 421
b) Befristete Arbeitsverträge		422
c) Wettbewerbsverbot		423
d) Arbeitskampfregeln		424
D. Tarifvertrag und andere Rechtsnormen		425–430
1. Unfallverhütungsvorschriften		426, 427
2. Berufsausbildungsanordnungen		428, 429
3. Dienstordnungen		430

A. Tarifvertrag und supranationales Recht

Schrifttum: *Kai Bahlmann,* Der Grundsatz der Gleichbehandlung von Mann und Frau im Europäischen Gemeinschaftsrecht, RdA 1984, S. 98–103; *Rainer Biermann,* Die Gleichbehandlung von Teilzeitbeschäftigten bei entgeltlichen Ansprüchen, Diss. Köln 1997; *Albert Bleckmann/Rolf Eckhoff,* Der „mittelbare" Grundrechtseingriff, DVBl. 1988, S. 373–382; *Christian Blomeyer,* Das Verbot der mittelbaren Diskriminierung gemäß Art. 119 EGV. Seine Funktion im deutschen Arbeitsrecht, Baden-Baden 1994; *Wolfgang Blomeyer/Karl Albrecht Schachtschneider* (Hrsg.), Die europäische

Einleitung 2. Abschnitt. Tarifvertrag und höherrangiges Recht

Union als Rechtsgemeinschaft, Berlin 1995; *Colin Bourn/John Whitmore*, Anti-Discrimination Law in Britain, 3. Aufl. London u. a. 1996; *Hans Brox/Bernd Rüthers*, Arbeitskampfrecht. Ein Handbuch für die Praxis, 2. Aufl. Stuttgart u. a. 1982; *Ninon Colneric*, Der Ausschluß geringfügig Beschäftigter aus der Sozialversicherung als Verstoß gegen die Richtlinie 79/7/EWG, AuR 1994, S. 393–405; *Wolfgang Däubler*, Sozialstaat EG? Die andere Dimension des Binnenmarktes, Gütersloh 1989; *Matthias Döring*, Frauenquoten und Verfassungsrecht. Die Rechtmäßigkeit „umgekehrter Diskriminierung" nach US-amerikanischem Verfassungsrecht und ihre Bedeutung für die Verfassungsmäßigkeit gesetzlicher Frauenquoten auf dem Arbeitsmarkt der deutschen Privatwirtschaft, Berlin 1996; *Rudolf Echterhölter*, Der internationale Pakt der vereinten Nationen über wirtschaftliche, soziale und kulturelle Rechte, BB 1973, S. 1595–1598; *Eberhard Eichenhofer/Manfred Zuleeg* (Hrsg.), Die Rechtsprechung des Europäischen Gerichtshofs zum Arbeits- und Sozialrecht im Streit, Bundesanzeiger 1995; *Ingwer Epsen*, Zur Koordinierung der Rechtsdogmatik beim Gebot der Gleichberechtigung von Männern und Frauen zwischen europäischem Gemeinschaftsrecht und innerstaatlichem Verfassungsrecht, RdA 1993, S. 11–16; *François Eyraud* (Hrsg.), Equal Pay Protection in Industrialized Market Economies: in Search of Greater Effectiveness, International Labor Office, Geneva 1993; *Henrich Fabis*, Die Auswirkungen der Freizügigkeit gemäß Art. 48 EG-Vertrag auf Beschäftigungsverhältnisse im nationalen Recht. Der Schutz ausländischer Gemeinschaftsbürger vor Diskriminierungen aufgrund der Staatsangehörigkeit in privaten und öffentlich-rechtlichen Beschäftigungsverhältnissen, Frankfurt am Main 1995; *Franz Gamillscheg*, Die mittelbare Benachteiligung der Frau im Arbeitsleben, in: Festschrift für Hans Floretta (1983), S. 171–185; *Gert Griebeling*, Aspekte der Gleichbehandlung in Systemen der betrieblichen Altersversorgung aus deutscher und europäischer Sicht, NZA 1996, S. 449–452; *Hans von der Groeben/Jochen Thiesing/Claus-Dieter Ehlermann*, Kommentar zum EWG-Vertrag, 4. Aufl. Baden-Baden 1991, 5. Aufl. Baden-Baden 1997; *Peter Hanau/Dirk Gilberg*, Die Bindungswirkung des EuGH-Urteils vom 15. 12. 1994 zu Überstundenzuschlägen für Teilzeitbeschäftigte, BB 1995, S. 1238–1240; *Peter Hanau/Ulrich Preis*, Zur mittelbaren Diskriminierung wegen des Geschlechts, ZfA 1988, S. 177–207; *Hermann Heinemann*, Das kollektive Arbeitsrecht in der Europäischen Gemeinschaft, Arbeitskreis Europäisches Sozialrecht, Berlin 1991; *Thomas Kania*, Nichtarbeitsrechtliche Beziehungen zwischen Arbeitgeber und Arbeitnehmer, Frankfurt am Main u. a. 1989; *Horst Konzen*, Europäische Sozialcharta und Ultima-ratio-Prinzip, JZ 1986, S. 157–163; *Christine Langenfeld*, Die Gleichbehandlung von Mann und Frau im europäischen Gemeinschaftsrecht, Mainz 1989; *Uwe Langohr-Plato*, Auswirkungen des europarechtlichen Lohngleichheitsgrundsatzes auf das deutsche Betriebsrentenrecht, EuZW 1995, S. 239–243; *Ulrich Maidowski*, Umgekehrte Diskriminierung: Quotenregelungen zur Frauenförderung im öffentlichen Dienst und in den politischen Parteien, Berlin 1989; *Aileen McColgan*, Equal Pay, Market Forces and CCT, 24 Industrial Law Journal 1995, S. 368–371; *Matthias Mitscherlich*, Das Arbeitskampfrecht der Bundesrepublik Deutschland und die europäische Sozialcharta, Baden-Baden 1977; *Andrea Nicolai*, Anwendbarkeit des AGB-Gesetzes auf „nichtarbeitsrechtliche Beziehungen" zwischen Arbeitgeber und Arbeitnehmer, ZIP 1995, S. 359–366; *Heide M. Pfarr*, Mittelbare Diskriminierung von Frauen, NZA 1986, S. 585–589; *Heide M. Pfarr/Christine Fuchsloch*, Quoten und Grundgesetz. Notwendigkeit und Verfassungsmäßigkeit von Frauenförderung, Baden-Baden 1988; *Heide M. Pfarr/Klaus Bertelsmann*, Diskriminierung im Erwerbsleben, Ungleichbehandlung von Frauen und Männern in der Bundesrepublik Deutschland, Baden-Baden 1989; *Stefan Rating*, Mittelbare Diskriminierung der Frau im Erwerbsleben nach europäischem Gemeinschaftsrecht. Richterrecht des EuGH und die Voraussetzungen seiner Rezeption am Beispiel Spaniens und der Bundesrepublik, Baden-Baden 1994; *Monika Schlachter*, Wege zur Gleichberechtigung. Vergleich des Arbeitsrechts der Bundesrepublik Deutschland und der Vereinigten Staaten, München 1993; *dies.*, Probleme der mittelbaren Benachteiligung im Anwendungsbereich des Art. 119 EGV, NZA 1995, S. 393–399; *Rupert Scholz/Horst Konzen*, Die Aussperrung im System von Arbeitsverfassung und kollektivem Arbeitsrecht, Berlin 1980; *Hugo Seiter*, Streikrecht und Aussperrungsrecht. Ein Arbeitskampfrechtssystem auf der Grundlage subjektiver privater Kampfrechte, Tübingen 1975; *Norman Selwyn*, Law of Employment, 8. Aufl. London u. a. 1993; *Gregor Thüsing*, Der Außenseiter im Arbeitskampf. Zur Rechtsstellung des nicht und anders organisierten Arbeitnehmers und Arbeitgebers bei Streik und Aussperrung, Berlin 1996; *Bernd Waas*, Zur mittelbaren Diskriminierung von Frauen in der Rechtsprechung von EuGH und deutschen Gerichten, EuR 1994, S. 97–107; *Rolf Wank*, Die Teilzeitbeschäftigung im Arbeitsrecht, RdA 1985, S. 1–22; *Philippa Watson*, Equality of Treatment: A Variable Concept?, 24 Industrial Law Journal 1995, S. 33–48; *Herbert Wiedemann*, Probleme der Gleichberechtigung im europäischen und deutschen Arbeitsrecht, in: Festschrift für Karl Heinrich Friauf (1996), S. 135–154; *Hellmut Wißmann*, Geschlechtsdiskriminierung, EG-Recht und Tarifverträge, ZTR 1994, S. 223–231; *ders., Manfred Zuleeg*, Der internationale Pakt über wirtschaftliche, soziale und kulturelle Rechte, RdA 1974, S. 321–332.

I. Tarifvertrag und europäisches Gemeinschaftsrecht

1. Rechtsgrundlagen

a) EG-Vertrag und **Richtlinien.** Der Grundsatz der Gleichbehandlung der Geschlechter beim Arbeitsentgelt ist im EG-Vertrag mit unmittelbarer Wirkung für die Mitgliedstaaten niedergelegt. Dabei wurde der Grundsatz des gleichen Entgelts ursprünglich aus dem Verbot der Wettbewerbsverzerrungen und erst in der Folgezeit als Grundrecht der Arbeitnehmer verstanden.[1] Der EG-Vertrag wurde in Art. 6 Abs. 1 und 2 des Sozialabkommens [jetzt Art. 141 Abs. 4 EGV n. F.] wiederholt, dort aber in Absatz 3 durch eine Stellungnahme zur umgekehrten Diskriminierung ergänzt:

(3) Dieser Artikel hindert einen Mitgliedstaat nicht daran, zur Erleichterung der Berufstätigkeit der Frauen oder zur Verhinderung bzw. zum Ausgleich von Benachteiligungen in ihrer beruflichen Laufbahn spezifische Vergünstigungen beizubehalten oder zu beschließen.

Der EG-Vertrag ist durch einzelne Richtlinien konkretisiert worden, die aber angesichts der breiten Auslegung des Art. 119 EGV durch den Europäischen Gerichtshof für das Tarifvertragsrecht nur geringere Bedeutung gewonnen haben. EG-Richtlinien werden regelmäßig durch Gesetze, Verordnungen und Verwaltungsentscheidungen des Mitgliedstaates umgesetzt; vgl. Art. 189 EGV. Nach Art. 2 Abs. 4 des Abkommens über die Sozialpolitik [Art. 137 Abs. 6 EGV n. F.] können Richtlinien auch durch Tarifvertrag durchgeführt werden. Der Mitgliedstaat erfüllt seine Verantwortung zur Durchführung von Richtlinien aber nur, wenn der Tarifvertrag für allgemeinverbindlich erklärt wird und damit für alle betroffenen Arbeitgeber und Arbeitnehmer gilt.[2]

(1) Richtlinie des Rates 75/117/EWG zur Angleichung der Rechtsvorschriften der Mitgliedstaaten über die Anwendung des Grundsatzes des gleichen Entgelts für Männer und Frauen vom 10. Februar 1975 (ABl. EG Nr. L 45 vom 19. 2. 1975, S. 19).
In das deutsche Recht umgesetzt durch die §§ 611a, 611b, 612 Abs. 3, 612a BGB.
(2) Richtlinie des Rates 76/207/EWG zur Verwirklichung des Grundsatzes der Gleichbehandlung von Männern und Frauen hinsichtlich des Zugangs zur Beschäfti-

---

[1] EuGH 25. 10. 1988, Slg. 1988, S. 6315, 6337: Kommission/Frankreich; *Bahlmann*, RdA 1984, S. 98, 99; *Forman*, in: Groeben/Thiesing/Ehlermann, Kommentar zum EWG-Vertrag, 4. Aufl. 1991, Art. 119 Rnr. 11f.
[2] Vgl. das Hintergrundpapier der Generaldirektion V der Europäischen Kommission vom 10. 12. 1996, D2/MH D(96).

Einleitung 153   2. Abschnitt. Tarifvertrag und höherrangiges Recht

gung, zur Berufsbildung und zum beruflichen Aufstieg sowie in bezug auf die Arbeitsbedingungen vom 9. Februar 1976 (ABl. EG Nr. L 39 vom 14. 2. 1976, S. 40).
In das deutsche Recht umgesetzt durch die §§ 611a, 611b, 612 Abs. 3, 612a BGB.
(3) Richtlinie des Rates 86/378/EWG zur Verwirklichung des Grundsatzes der Gleichbehandlung von Männern und Frauen bei den betrieblichen Systemen der sozialen Sicherheit vom 24. Juli 1986 (ABl. EG Nr. L 225 vom 12. 8. 1986, S. 40).
(4) Zweite Entschließung des Rates (86/C203/02) zur Förderung der Chancengleichheit der Frauen vom 24. Juli 1986 (ABl. EG Nr. C 203 vom 12. 8. 1986, S. 2).
(5) Empfehlung des Rates 84/635/EWG zur Förderung positiver Maßnahmen für Frauen vom 13. Dezember 1984 (ABl. EG Nr. L 331 vom 19. 12. 1984, S. 34).
(6) Richtlinie des Rates 97/80/EG über die Beweislast bei Diskriminierung aufgrund des Geschlechts vom 15. Dezember 1997 (ABl. EG Nr. L 14/6 vom 20. 1. 1998).

153 Nicht minder wichtig, aber bisher weniger erörtert ist das in Art. 48 EGV [Art. 39 EGV n. F.] niedergelegte **Freizügigkeitsgebot,** wonach jede Diskriminierung zwischen Arbeitnehmern der Mitgliedstaaten hinsichtlich der Beschäftigung, der Entlohnung, anderer Arbeitsbedingungen sowie der sozialen Sicherheit verboten ist. Der EuGH legt diese Vorschrift mittlerweile als *Beschränkungsverbot* aus, so daß für In- und Ausländer unterschiedslos geltende Beeinträchtigungen der Freizügigkeit ebenfalls gegen Art. 48 EGV verstoßen können.[3] Dieser Rechtsprechung hat sich das Schrifttum angeschlossen.[4] Art. 48 EGV wird durch die FreizügigkeitsVO Nr. 1612/68 vom 15. Oktober 1968 (ABl. EG Nr. L 257/1) und durch das allgemeine Gleichbehandlungsgebot in Art. 6 EGV [Art. 12 EGV n.F.] ergänzt.[5] In dem Verfahren Boukhalfa/Bundesrepublik Deutschland hat das Bundesarbeitsgericht dem Europäischen Gerichtshof die Frage vorgelegt, ob Art. 48 EGV die unterschiedliche Behandlung von deutschen Beschäftigten einerseits und Bürgern anderer Mitgliedstaaten (hier belgische Arbeitnehmerin) der Europäischen Union andererseits bei Tätigkeiten in einem nichteuropäischen Drittland (hier Algerien) verbietet.[6] Der Europäische Gerichtshof hat diese Frage bejaht.[7] Er unterstellte den Gemeinschaftsbezug des Arbeitsverhältnisses, weil der Arbeitsvertrag als Gerichtsstand Bonn/Berlin vorsah, die Arbeitnehmerin der deutschen Sozialversicherung angehörte und sie in der Bundesrepublik (beschränkt) einkommensteuerpflichtig war. Demgegenüber sei die ständige Tätigkeit an einem Arbeitsort außerhalb der Grenzen der Europäischen Union ohne Bedeutung. Daraufhin erklärte das Bundesarbeitsgericht den die Differenzierung gestattenden Tarifvertrag nach Art. 7 Abs. 4 der VO Nr. 1612/68/EWG für nichtig, weil Arbeitnehmer der Europäischen Union in seinen Geltungsbereich nicht einbezogen waren.[8] In einem weiteren Urteil vom 15. 5. 1998 erklärte der EuGH eine Tarifvertragsvorschrift für unvereinbar mit Art. 48 EGV und Art. 7 Absätze 1 und 4 VO Nr. 1612/68/EWG, welche nach Ablauf einer achtjährigen Tätigkeit im öffentlichen

---

[3] EuGH 15. 12. 1995, Slg. 1995 I, S. 4921: Bosman.
[4] Vgl. *Hirsch,* RdA 1998, S. 193; *Wölker,* in: Groeben/Thiesing, Ehlermann, Kommentar zum EU-/EG-Vertrag, 5. Aufl. 1997, Art. 48 EGV, Rnr. 6; beide mit weiteren Nachweisen.
[5] Vgl. dazu *Fabis,* Die Auswirkungen der Freizügigkeit gemäß Art. 48 EG-Vertrag auf Beschäftigungsverhältnisse im nationalen Recht, 1995.
[6] BAG 23. 6. 1994 AP Nr. 18 zu Art. 48 EWG-Vertrag.
[7] EuGH 30. 4. 1996, Slg. 1996 I, S. 2273, 2280.
[8] BAG 8. 8. 1996 AP Nr. 22 zur Art. 48 EWG-Vertrag: TVAng Ausland.

Dienst eine Höhergruppierung vorsah und dabei Beschäftigungszeiten außer Betracht ließ, die in einem vergleichbaren Tätigkeitsfeld des öffentlichen Dienstes in einem anderen Mitgliedstaat erbracht worden waren.[9] Dem Vorabentscheidungsverfahren nach Art. 177 EGV lag die Klage einer griechischen Fachärztin gegen die Freie und Hansestadt Hamburg zugrunde. Kalliope Schöning-Kougebetopoulou war vor ihrer Anstellung in Deutschland nahezu sechs Jahre im öffentlichen Dienst Griechenlands als Fachärztin tätig gewesen und begehrte die Berücksichtigung dieser Beschäftigungszeit bei ihrer Eingruppierung nach dem BAT. Der EuGH beschränkte sich nicht nur auf die Feststellung der Nichtigkeit einer entsprechenden Tarifvertragsvorschrift gemäß Art. 7 Abs. 4 VO Nr. 1612/68/EWG. Er entschied außerdem, daß auf die diskriminierten Personen dieselbe Regelung anzuwenden sei wie auf die übrigen Arbeitnehmer, ohne daß der Ersatz dieser Bestimmung durch Tarifverhandlungen oder ein anderes Verfahren verlangt oder abgewartet werden müsse. Damit nahm der EuGH eine „Angleichung nach oben" vor; vgl. hierzu unten Rnr. 187, 264 ff.

b) Die **Rechtsprechung** des EuGH hat in einer Reihe von Entscheidungen den Verstoß eines Tarifvertrages gegen Art. 119 EGV festgestellt; **154**

EuGH 8. 4. 1976, Slg. 1976, S. 455, 476: Defrenne II;
EuGH 11. 3. 1981, Slg. 1981, S. 767, 793: Worringham;
EuGH 8. 11. 1983, Slg. 1983, S. 3431, 3446: Kommission/U.K.;
EuGH 1. 7. 1986, Slg. 1986, S. 2101, 2114: Rummler = AP Nr. 13 zu Art. 119 EWGV;
EuGH 25. 10. 1988, Slg. 1988, S. 6315, 6336: Kommission/Frankreich;
EuGH 17. 10. 1989, Slg. 1989, S. 3199, 3227, 3229: Danfoss = AP Nr. 19 zu Art. 119 EWGV;
EuGH 17. 5. 1990, Slg. 1990 I, S. 1944, 1950: Barber = AP Nr. 20 zu Art. 119 EWGV;
EuGH 27. 6. 1990, Slg. 1990 I, S. 2591, 2611: Kowalska = AP Nr. 21 zu Art. 119 EWGV;
EuGH 7. 2. 1991, Slg. 1991 I, S. 297, 320: Nimz = AP Nr. 25 zu § 23a BAT;
EuGH 27. 10. 1993, Slg. 1993 I, S. 5535 = AP Nr. 50 zu Art. 119 EWGV = SAE 1995, S. 48 (*Kappes/Korte*): Enderby;
EuGH 31. 5. 1995, Slg. 1995 I, S. 1275: Royal Copenhagen = AP Nr. 68 zu Art. 119 EWG-Vertrag;
EuGH 13. 2. 1996, Slg. 1996 I, S. 475: Gillespie u. a. = AP Nr. 74 zu Art. 119 EWG-Vertrag.

Vgl. zur Diskriminierung nach Art. 48 EGV:
EuGH 12. 12. 1974, Slg. 1974, S. 1405: Walrave;
EuGH 14. 7. 1976, Slg. 1976, S. 1333: Donà;
EuGH 30. 5. 1989, Slg. 1989, S. 1591: Allue I;
EuGH 2. 8. 1993, JZ 1994, S. 94: Alue II; auf Vorlagebeschluß des BAG 20. 10. 1993, SAE 1994, S. 306,
(vgl. dazu *Birgit Friedel*, ILJ 1996, S. 66; *Steindorff*, JZ 1994, S. 95);
EuGH 15. 12. 1995, Slg. 1995 I, S. 4921: Bosman;
EuGH 30. 4. 1996, Slg. 1996 I, S. 2273, 2280: Boukhalfa;
EuGH 15. 1. 1998, Slg. 1998 I, S. 47: Schöning-Kougebetopoulou = AP Nr. 1 zu Art. 48 EG-Vertrag (dazu gerade Rnr. 153); vgl. auch EuGH 12. 3. 1998, Slg. 1998 I, S. 1095: Kommission/Griechenland.

---

[9] EuGH 15. 1. 1998, Rs. C-15/96, Slg. 1998 I, S. 47: Kalliope Schöning-Kougebetopoulou, EuZW 1998, S. 118 = NZA 1998, S. 205 = JZ 1998, S. 562 (*v. Danwitz*); vgl. auch EuGH 12. 3. 1998, Rs. C-187/96, Slg. 1998 I, S. 1095: Kommission/Griechenland.

155 Soweit die Diskriminierung bereits nach Art. 119 EGV beurteilt werden kann, wird dabei auf die zu seiner Ausführung ergangenen Richtlinien 75/117/EWGV und 76/207/EWGV nicht mehr zurückgegriffen.[10] Tarifverträgen wird in der bisherigen Rechtsprechung des EuGH im Vergleich zu staatlichen Normen oder anderen Kollektivvereinbarungen keine Sonderstellung eingeräumt. Der in der deutschen Rechtsprechung im Hinblick auf die Tarifautonomie den Sozialpartnern zugestandene Gestaltungs- und Beurteilungsspielraum (hinsichtlich der Gleichbehandlung oder der Arbeitsplatzbewertung) findet in der Rechtsprechung des EuGH keinen Niederschlag,[11] die Kontrolle des Art. 119 EGV wird vielmehr gleichmäßig auf gesetzliche wie auf kollektivvertragliche oder individualrechtliche Regelungen erstreckt.[12] Dabei wird ausdrücklich darauf verwiesen, daß es auf die rechtliche Konstruktion, mit der ein Kollektivvertrag auf die Einzelarbeitsverhältnisse einwirkt, nicht ankommt.[13] Diese Rechtsprechung entspricht Art. 4 der Richtlinie 75/117/EWG, Art. 4 lit. b der Richtlinie 76/207/EWG und Art. 7 lit. a der Richtlinie 86/378/EWG, die übereinstimmend die Mitgliedstaaten dazu verpflichten, die notwendigen Maßnahmen zu treffen, damit dem Grundsatz der Gleichbehandlung entgegenstehende Bestimmungen in Tarifverträgen „nichtig sind oder für nichtig erklärt werden können." Folgerichtig hält der EuGH die Mitgliedstaaten für verpflichtet, *selbst* – und nicht etwa nur durch Tarifverträge – dafür Sorge zu tragen, daß die Bestimmungen des EGV und die Richtlinien der Gemeinschaft im Interesse der Staatsbürger durchgesetzt werden.[14]

2. Diskriminierungsverbot: Inhalt

156 **a) Unmittelbare Diskriminierung.** Art. 119 Abs. 1 EGV enthält den Grundsatz des gleichen Entgelts für Männer und Frauen bei gleicher Arbeit. In Absatz 2 gibt die Vorschrift eine Erläuterung des Begriffs des Entgelts, in Absatz 3 einen Hinweis auf die Anforderungen an den Gleichheitsmaßstab. Hinsichtlich anderer Arbeitsbedingungen neben dem Entgelt wird der EG-Vertrag durch die beiden (Gleichbehandlungs)Richtlinien Nr. 76/207/EWG und Nr. 86/378/EWG ergänzt. Dabei gilt Art. 119 EGV unmittelbar für sämtliche Staatsbürger der Mitgliedstaaten, während die genannten Richtlinien nur unter den Ausnahmevoraussetzungen der horizontalen Wirkung von Richtlinien Ansprüche von Privatpersonen gegenüber Privatpersonen be-

---

[10] EuGH 27. 3. 1980, Slg. 1980, S. 1275, 1290: Macarthys; EuGH 11. 3. 1981, Slg. 1981, S. 767, 791: Worringham; EuGH 31. 3. 1981, Slg. 1981, S. 911, 926: Jenkins; EuGH 17. 5. 1990, Slg. 1990 I, S. 1944, 1949: Barber.
[11] EuGH 27. 6. 1990, Slg. 1990 I, S. 2591, 2611: Kowalska; EuGH 7. 2. 1991, Slg. 1991 I, S. 297, 321: Nimz; *Wißmann*, ZTR 1994, S. 223, 225.
[12] EuGH 8. 4. 1976, Slg. 1976, S. 455, 476: Defrenne II; EuGH 27. 6. 1990, Slg. 1990 I, S. 2591, 2611: Kowalska; EuGH 7. 2. 1991, Slg. 1991 I, S. 297, 318: Nimz; EuGH 28. 9. 1994, Slg. 1994 I, S. 4389, 4412: Coloroll Pensions; EuGH 15. 12. 1994, Slg. 1994 I, S. 5727, 5751: Helmig.
[13] EuGH 8. 11. 1983, Slg. 1983, S. 3431, 3447: Kommission/U.K.
[14] EuGH 30. 1. 1985, Slg. 1985, S. 427, 435: Kommission/Dänemark; EuGH 25. 10. 1988, Slg. 1988, S. 6315, 6338: Kommission/Frankreich.

A. Tarifvertrag und supranationales Recht

gründen können.[15] Ein weiterer Unterschied besteht darin, daß Art. 119 EGV keine Ausnahmen vorsieht, während solche in den genannten Richtlinien (Art. 2 der Richtlinie Nr. 76/207/EWG) enthalten sind.

aa) Der Begriff des **Arbeitsentgelts** wird vom EuGH und entsprechend vom Bundesarbeitsgericht weit ausgelegt. Es zählen dazu sämtliche Geld- und Sachleistungen im Austauschverhältnis[16], also neben Lohn und Gehalt alle Zusatz- und Nebenleistungen (wie Reisekosten[17]) sowie Leistungen des Arbeitgebers nach Beendigung des Arbeitsverhältnisses oder im Ruhestandsverhältnis.[18] Das gilt für Pensionsleistungen selbst dann, wenn sie an die Stelle der Leistungen nach dem gesetzlichen Altersrentensystem treten.[19] Als Arbeitsentgelt gilt dabei auch eine staatliche Beamtenpension, die nicht auf individual- oder kollektivvertraglicher, sondern auf gesetzlicher Grundlage beruht.[20] Selbst die Vorschriften des BAT über den quasi-automatischen Aufstieg in eine höhere Vergütungsgruppe unterfallen diesem Entgeltbegriff des Art. 119 EGV.[21] Dagegen werden die staatlichen Systeme der Sozialversicherung von Art. 119 EGV nicht erfaßt, auch wenn der Arbeitgeber einen Anteil an der Finanzierung trägt.[22]

Zu den **sonstigen Arbeitsbedingungen** zählen sämtliche Vertragsbedingungen, soweit es sich nicht um „nicht-arbeitsrechtliche Beziehungen" zwischen Arbeitgeber und Arbeitnehmer handelt.[23] Allerdings beruht das Diskriminierungsverbot hier nicht mehr auf Art. 119 EGV, sondern auf Art. 2–5 der (Gleichbehandlungs)Richtlinie 76/207/EWG.

bb) Gleichwertigkeit. Art. 119 EGV spricht nur von „gleicher" Arbeit; das Tatbestandsmerkmal der „gleichwertigen" Arbeit stammt aus Art. 1 Abs. 1 der (Gleichbehandlungs)Richtlinie 75/117/EWG und wird von § 612 Abs. 3 BGB übernommen. Nach Ansicht des EuGH enthält die Richtlinie lediglich eine inhaltliche Präzisierung von Art. 119 EGV, der mithin auch für die Überprüfung der Gleichwertigkeit unmittelbar einschlägig ist.[24] Welche Maßstäbe für den Gleichheitssatz gelten, wann insbesondere von gleichwertiger Arbeit gesprochen werden muß, ist als Tatsachenfeststellung grundsätzlich der Beurteilung durch die nationalen Gerichte überlassen. Diese definieren die objektiven Merkmale der Gleichwertigkeit nach den einschlä-

---

[15] Vgl. zuletzt EuGH 14. 7. 1994, Slg. 1994 I, S. 3347: Paola Faccini Dori.
[16] EuGH 4. 6. 1992, Slg. 1992 I, S. 3589, 3611: Bötel = AP Nr. 39 zu Art. 119 EWG-Vertrag; EuGH 17. 2. 1998, EuZW 1998, S. 212, 213: Grant (*Szczekalla*).
[17] EuGH 9. 2. 1982, Slg. 1982, S. 359, 369: Garland.
[18] EuGH 13. 5. 1986, Slg. 1986, S. 1607, 1626: Bilka; EuGH 17. 5. 1990, Slg. 1990 I, S. 1944, 1952: Barber; EuGH 6. 11. 1993, DB 1993, S. 2132: Stichting.
[19] EuGH 17. 5. 1990, Slg. 1990 I, S. 1944, 1952: Barber.
[20] EuGH 28. 9. 1994, Slg. 1994 I, S. 4471: Beune = EuZW 1995, S. 152 (*Eichenhofer*).
[21] EuGH 7. 2. 1991, Slg. 1991 I, S. 297, 318: Nimz.
[22] EuGH 25. 5. 1971, Slg. 1971, S. 445, 452: Defrenne I; EuGH 6. 10. 1993, DB 1993, S. 2132: Stichting.
[23] BAG 26. 5. 1993 AP Nr. 3 zu § 23 AGBG (*Kohte*) = ZIP 1993, S. 1251; vgl. dazu *Kania*, Nichtarbeitsrechtliche Beziehungen zwischen Arbeitgeber und Arbeitnehmer, 1989, S. 23 ff. und passim; *Nicolai*, ZIP 1995, S. 359.
[24] EuGH 8. 4. 1976, Slg. 1976, S. 455, 478: Defrenne II; EuGH 11. 3. 1981, Slg. 1981, S. 767, 791: Worringham.

gigen nationalen Gesetzen.²⁵ Die eigenen Anforderungen des EuGH werden dabei weniger streng formuliert als für das Diskriminierungsverbot von Ausländern im Rahmen der Freizügigkeit.²⁶ Auf folgende Gesichtspunkte ist hinzuweisen:

160 – Auf eine *Benachteiligungsabsicht* kommt es bei der offenen oder verdeckten unmittelbaren Diskriminierung nach allgemeiner Ansicht nicht an. Diskriminierungen sind nicht wegen ihrer hostilen Gesinnung unzulässig, sondern wegen ihrer nachteiligen Wirkung.²⁷

161 – Das Gleichbehandlungsgebot muß nicht nur sachlich, sondern auch *zeitlich* eingehalten werden; es setzt keine Gleichzeitigkeit der Beschäftigung für die Vergleichspersonen voraus. Frauen, die denselben Arbeitsplatz übernehmen, der bisher von männlichen Kollegen besetzt war, können deshalb gleiches Entgelt und gleiche Arbeitsbedingungen verlangen wie die bisherigen männlichen Stelleninhaber.²⁸

162 – Das Gleichbehandlungsgebot fordert, daß ein von Männern und Frauen gleichermaßen zu erfüllendes Entgeltsystem aufgestellt wird. Ausdrücklich verlangt Art. 1 Abs. 2 der (Entgelt)Richtlinie 75/117/EWG, daß ein *System beruflicher Einstufung* auf für männliche und weibliche Arbeitnehmer gemeinsamen Kriterien beruhen und so beschaffen sein muß, daß Diskriminierungen aufgrund des Geschlechts ausgeschlossen werden. Läßt sich ein unterschiedlicher Erfolg nicht vermeiden, weil die erforderliche (z.B. muskelmäßige) Anstrengung tatsächlich männliche Arbeitnehmer begünstigt, so müssen für weibliche Arbeitnehmer kompensatorische Vergütungsgruppenmerkmale eingeführt werden.²⁹ Sachlicher Vergleichsmaßstab ist mithin das Entgeltsystem in seiner Gesamtheit. Vgl. zur Beweislast unten zu Art. 3 GG Rnr. 279 ff.

163 **b) Mittelbare Diskriminierung.** Der Schwerpunkt der vom EuGH zu entscheidenden Sachverhalte betrifft Fälle der sog. mittelbaren Diskriminierung; vgl. zum Begriff auch unten Rnr. 218.

EuGH 31. 3. 1981, Slg. 1981, S. 911: Jenkins.
EuGH 13. 5. 1986, Slg. 1986, S. 1607: Bilka; auf Vorlagebeschluß des BAG 5. 6. 1984 AP Nr. 3 zu Art. 119 EWG-Vertrag; Anschlußentscheidung BAG 14. 10. 1986 AP Nr. 11 zu Art. 119 EWG-Vertrag (*Pfarr*); vgl. dazu *Pfarr* AP Nr. 10 zu Art. 119 EWG-Vertrag; *Colneric*, AR-Blattei (D) Gleichbehandlung im Arbeitsverhältnis: Entsch. 77; *Birk*, EWiR 1986, S. 683; *Mayer-Maly*, SAE 1987, S. 165.
EuGH 1. 7. 1986, Slg. 1986, S. 2101: Rummler.
EuGH 13. 7. 1989, Slg. 1989, S. 2743: Rinner-Kühn; auf Vorlagebeschluß des ArbG Oldenburg 5. 5. 1988, NZA 1988, S. 697; Anschlußentscheidung ArbG Oldenburg 14. 12. 1989, NZA 1990, S. 438; vgl. dazu *Plagemann*, EWiR 1989, S. 1227.

---

²⁵ Vgl. Deutschland § 612 Abs. 3 Satz 1 BGB (und dazu *Gamillscheg*, in: Festschrift für Floretta (1983), S. 171, 184); Großbritannien Equal Pay Act sec. 1 (dazu *Selwyn*, Law of Employment, 8. Aufl. 1993, No. 4.72ff.); vgl. auch U.S. Equal Pay Act sec. 3 (d)(1) *(skill, effort, responsibility, similar working conditions)*.
²⁶ Vgl. *Watson* (1995) 24 ILJ, 33, 47.
²⁷ *Gamillscheg*, in: Festschrift für Hans Floretta (1983), S. 171, 178; *Hanau/Preis*, ZfA 1988, S. 177, 189; *Schlachter*, NZA 1995, S. 393, 395.
²⁸ EuGH 8. 4. 1976, Slg. 1976, S. 455, 476: Defrenne II; EuGH 27. 3. 1980, Slg. 1980, S. 1275, 1289: Macarthys.
²⁹ EuGH 1. 7. 1986, Slg. 1986, S. 2101, 2117: Rummler (20 kg Pakete).

A. Tarifvertrag und supranationales Recht

EuGH 17. 10. 1989, Slg. 1989, S. 3199: Danfoss; vgl. dazu *Colneric,* EuZW 1991, S. 75.
EuGH 13. 12. 1989, Slg. 1989, S. 4311; Ruzius-Wilbrink.
EuGH 27. 6. 1990, Slg. 1990 I, S. 2591: Kowalska; vgl. dazu *Berger/Delhey,* EzA Art. 119 EWG-Vertrag Nr. 3; *Bertelsmann,* PersR 1990, S. 306 f.
EuGH 7. 2. 1991, Slg. 1991 I, S. 297: Nimz; Anschlußentscheidung BAG 2. 12. 1992 AP Nr. 28 zu § 23 a BAT.
EuGH 4. 6. 1992, Slg. 1992 I, S. 3589: Bötel; auf Vorlagebeschluß des LAG Berlin 24. 10. 1990, DB 1991, S. 51; vgl. dazu *Blomeyer,* EWiR 1993, S. 45; *Heinze,* ZfA 1992, S. 331; *Schiefer/Erasmy,* DB 1992, S. 1482.
EuGH 27. 10. 1993, Slg. 1993 I, S. 5535: Enderby.
EuGH 15. 12. 1994, Slg. 1994 I, S. 5727: Helmig; auf Vorlagebeschluß u. a. des LAG Hamm 22. 10. 1992, NZA 1993, S. 573; ArbG Hamburg 4. 11. 1992, EuZW 1993, S. 456; 6. 11. 1992, EuZW 1993, S. 392; ArbG Bochum 21. 1. 1993, AuR 1993, S. 305; vgl. dazu *Hanau/Gilberg,* DB 1995, S. 1238; *Rikki Holtmaat* [1995], 24 ILJ, 387.
EuGH 17. 10. 1995, Slg. 1995 I, S. 3051: Kalanke; auf Vorlagebeschluß des BAG 22. 6. 1993 AP Nr. 193 zu Art. 3 GG (*Maidowski/Pfarr*); Folgeentscheidung BAG 5. 3. 1996, NJW 1996, S. 2529; vgl. dazu *Loritz,* EuZW 1995, S. 764; *Stark,* JZ 1995, S. 197; *Kahnert,* ZTR 1996, S. 8; *Colneric,* ArbRGegw 34 (1997), S. 69.
EuGH 14. 12. 1995, Slg. 1995 I, S. 4625: Nolte; auf Vorlagebeschluß des SG Hannover 16. 6. 1993, EuZW 1995, S. 648; vgl. dazu *Sowka,* Betrieb 1996, S. 43.
EuGH 6. 2. 1996, Slg. 1996 I, S. 243: Lewark; auf Vorlagebeschluß des BAG 20. 10. 1993 AP Nr. 90 zu § 37 BetrVG 1972 (*Schiefer*); vgl. dazu *Stichler,* BB 1996, S. 426.
EuGH 8. 2. 1996, Slg. 1996 I, S. 273: Laperre.
EuGH 7. 3. 1996, Slg. 1996 I, S. 1165: Freers und Speckmann.
EuGH 2. 10. 1997, Slg. 1997 I, S. 5253: Gerster = AP Nr. 5 zu Art. 119 EG-Vertrag.
EuGH 2. 10. 1997, Slg. 1997 I, S. 5289: Kording = AP Nr. 7 zu Art. 119 EG-Vertrag.
EuGH 11. 11. 1997, Slg. 1997 I, S. 6363: Marschall (vgl. unten Rnr. 237).
EuGH 11. 12. 1997, Slg. 1997 I, S. 7153: Magorrian & Cunningham = AP Nr. 8 zu Art. 119 EG-Vertrag (zu den Rechtsfolgen mittelbarer Diskriminierung).
EuGH 17. 6. 1998, Rs. C-243/95, Tätigkeiten des Gerichtshofes und des Gerichts erster Instanz der Europäischen Gemeinschaften, Nr. 16/98: Kathleen Hill und Ann Stapleton/The Revenue Commissioners und Department of Finance.

In England gab es seit Erlaß des Equal Pay Act im Jahre 1970 eine ansehnliche Zahl von Entscheidungen, in denen die mittelbare Diskriminierung von Frauen sowohl bei der Einstellung wie bei der Ausgestaltung der Arbeitsbedingungen gerichtlich geahndet wurde.[30] Bemerkenswert ist insofern, daß das Fallmaterial sich – wie in den Vereinigten Staaten, aber anders als im Gemeinschaftsrecht – überwiegend auf die Einstellungspraxis ohne Gruppenvergleich konzentrierte, daß die sachlichen Anforderungen für eine Ungleichbehandlung jedenfalls früher mit *reasonableness* nicht sehr hoch angesetzt wurden und daß schließlich den Kräften des Arbeitsmarktes ein gewisser Einfluß eingeräumt wurde.[31] Das gesetzliche Verbot der mittelbaren Diskri-

164

---

[30] Vgl. zuletzt Ratcliffe vs North Yorkshire County Council [1995] IRLR 439 (HL); sowie *Colin Bourn/John Whitmore,* Anti-Discrimination Law in Britain, 3. Aufl. 1996, Rnr. 2–41 ff.; *T. K. Hervey,* 40 Int. & Comp. L. Q. 807, 817 ff. (1991); *Christopher McCrudden,* in: François Eyraud (Hrsg.), Equal Pay Protection in Industrialized Market Economies, ILO 1993, S. 141, 145.
[31] Vgl. zum Einfluß ökonomischer Marktbedingungen Clay Cross (Quarry Service) vs Fletcher [1979] 1 All ER 474; Rainey vs Greater Glasgow Health Board [1987] IRLR 26 (HL); Ratcliffe vs North Yorkshire County Council [1995] IRLR 439 (HL); sowie dazu *Aileen McColgan* 24 ILJ 368 (1995).

minierung taucht dann etwa gleichzeitig im englischen Sex Discrimination Act 1975 sec. 1 (1) (b) und in der (Gleichbehandlungs) Richtlinie 76/207/EWG Art. 2 Abs. 1 auf. Die einschlägige englische Vorschrift lautet:

„A person discriminates against a woman in any circumstances relevant for the purposes of any provision of this Act if
 a) on the ground of her sex he treats her less favourably than he treats or would treat a man; or
 b) he applies to her a requirement or condition which he applies or would apply equally to a man but (1) which is such that the proportion of women who can comply with it is considerably smaller than the proportion of men who can comply with it and (2) which he cannot show to be justifiable, irrespective of the sex of the person to whom it is applied; and (3) which is to her detriment because she cannot comply with it."

165 Wie weit für die europäische Entwicklung des Gleichheitsgebotes Entscheidungen des U. S.amerikanischen Supreme Court in *disparate impact cases* als Vorbild dienten, ist schwierig zu beurteilen; das englische Recht lehnte sich an das amerikanische Vorbild an,[32] für das Gemeinschaftsrecht ist der Einfluß wenig geklärt. In den Vereinigten Staaten wurde der Schutz vor verdeckter Diskriminierung auf Title VII des Civil Rights Act 1964 gestützt, beschränkt sich allerdings dort überwiegend auf die Kontrolle der Einstellungs- und Beförderungspraxis der Unternehmen.[33] Die Leitentscheidungen ergingen zu Sachverhalten, in denen der Arbeitgeber Bewerbungsbedingungen aufstellte, die von farbigen oder weiblichen Arbeitnehmern verhältnismäßig selten erfüllt werden konnten (Berufsqualifikation, Körpergröße) und die in keinem notwendigen Zusammenhang mit dem zu besetzenden Arbeitsplatz standen (*business justification*). Rechtsprechung zur Durchsetzung der Lohngleichheit von Mann und Frau ist rar und solche zur mittelbaren Diskriminierung beim Entgelt erst recht selten.[34]

166 aa) Der **Europäische Gerichtshof** hat die Verurteilung der mittelbaren Diskriminierung geradezu zum Markenzeichen seiner Rechtsprechung im Arbeits- und Sozialrecht gemacht. Nach einem vorbereitenden Urteil in der Sache Jenkins[35] folgte die maßgebende Leitentscheidung in dem Rechtsstreit Bilka;[36] die dogmatisch schwer einzuordnende Enderby-Entscheidung[37] setzte eine Hoch- und Wendemarke, deren Standard in dem Helmig-Urteil[38] nicht fortgeführt wurde.

---

[32] Vgl. dazu *T. K. Hervey,* 40 Int. & Comp. L. Q. 807, 816 ff. (1991).
[33] Griggs vs Duke Power Co., 401 U. S. 424, 91 S. Ct. 489 (1971); Dothard vs Rawlinson, 433 U. S. 321 (1977); Watson vs Fort Worth Bank & Trust, 407 U. S. 2777 (1988); Wards Cove Packing Co. vs Atonio, 490 U. S. 642 (1989).
[34] Vgl. County of Washington vs Gunther, 452 U. S. 161 (1981); American Nurses' Association vs Illinois, 783 F. 2 d 716 (7th Cir. 1986) und dazu *Janice R. Bellace,* in: François Eyraud (Hrsg.), Equal Pay Protection in Industrialized Market Economies, ILO 1993, S. 159, 163: „... the (Supreme) Court is extremely reluctant to venture into the area of unintentional or indirect discrimination".
[35] EuGH 31. 3. 1981, Slg. 1981, S. 911: Jenkins.
[36] EuGH 13. 5. 1986, Slg. 1986, S. 1607: Bilka = SAE 1987, S. 165 (*Mayer-Maly*); vgl. dazu *Hanau/Preis,* ZfA 1988, S. 177, 200; *Wank,* RdA 1985, S. 20.
[37] EuGH 27. 10. 1993, Slg. 1993 I, S. 5535; *Rikki Holtmaat* (1995) 24 ILJ 387.
[38] EuGH 15. 12. 1994, Slg. 1994 I, S. 5727: Helmig; vgl. dazu: *Hanau/Gilberg,* BB 1995, S. 1238.

A. Tarifvertrag und supranationales Recht 167, 168 Einleitung

Hinsichtlich der *Voraussetzungen* einer mittelbaren Diskriminierung 167 verzichtete der Europäische Gerichtshof von vornherein auf subjektive Tatbestandsmerkmale, also auf eine absichtliche oder auch nur bewußte Ungleichbehandlung. In seiner Rechtsprechung verlangt ein Verstoß gegen Art. 119 EGV nur, daß eine gesetzliche oder vertragliche Regelung, die nicht unmittelbar an ein Geschlecht anknüpft, für ein Geschlecht tatsächlich eine unverhältnismäßig nachteilige Wirkung hat und nicht auf Gründen beruht, die einem objektiv gerechtfertigten wirtschaftlichen Bedürfnis des Unternehmens entsprechen sowie zur Erreichung dieses Zwecks erforderlich und verhältnismäßig sind. Wesentlich für die mittelbare Diskriminierung ist mithin nur die geschlechtsneutrale Formulierung der Regelung bei gleichzeitig faktischer Benachteiligung der mittelbar diskriminierten Untergruppe.[39] In dieser Hinsicht unterscheidet sich die *mittelbare* von der *verdeckten* Diskriminierung, weil bei letzterer nur ein anderes Tatbestandsmerkmal vorgeschoben wird, die benachteiligte Gruppe aber in sich homogen zusammengesetzt ist. Zwei objektive **Tatbestandsmerkmale** bedürfen der Hervorhebung:

– Die mittelbare Benachteiligung von Frauen oder Männern (oder einer an- 168 deren Arbeitnehmergruppe) durch eine nichtformulierte Schlechterstellung verlangt die zahlenmäßig überproportionale Beteiligung einer mittelbar diskriminierten Untergruppe an der sachlich zurückgesetzten Hauptgruppe im Hinblick auf eine sachlich bevorzugte *Vergleichsgruppe*. Die betroffene Hauptgruppe ist also insgesamt *unmittelbar* benachteiligt, die mittelbar diskriminierte Gruppe in ihr überrepräsentiert; die Statistik dient dabei als Aufgreifkriterium für den „Durchgriff". Häufigste Benachteiligungsgruppen waren in der Rechtsprechung bisher die teilzeitbeschäftigten und andere geringfügig oder jedenfalls nicht vollzeitig beschäftigten Arbeitnehmer.[40] Vergleichsgruppe waren dann jeweils die vollzeitbeschäftigten Arbeitnehmer. Welche Zahlenverhältnisse im einzelnen in der betroffenen Gruppe abweichend von denjenigen in der begünstigten Vergleichsgruppe vorliegen müssen, ist ungesichert.[41] Der EuGH spricht insoweit nur von „erheblichen" Unterschieden in der prozentualen Beteiligung.[42]

---

[39] Vgl. aus dem Schrifttum *Ebsen*, RdA 1993, S. 11; *Gamillscheg*, in: Festschrift für Hans Floretta (1983), S. 171, 177; *Hanau/Preis*, ZfA 1988, S. 177; *Pfarr*, NZA 1986, S. 585; *Pfarr/Bertelsmann*, Diskriminierung im Erwerbsleben, 1989; *Schlachter*, NZA 1995, S. 393, 396; *Waas*, EuR 1994, S. 97; *Wank*, RdA 1985, S. 1; *Watson* (1995) 24 ILJ, S. 33, 47; *Wißmann*, ZTR 1994, S. 223, 224.
[40] Vgl. nur EuGH 31. 3. 1981, Slg. 1981, S. 911, 925: Jenkins; EuGH 13. 5. 1986, Slg. 1986, S. 1607, 1627: Bilka; EuGH 27. 6. 1990, Slg. 1990 I, S. 2607, 2611: Kowalska; BAG 9. 10. 1991 AP Nr. 95 zu § 1 LohnFG = SAE 1992, S. 367 (*Loritz*) zu § 1 Abs. 2 Nr. 2 LFZG = EzA § 1 LohnFG Nr. 122 (*Oetker*); BAG 10. 12. 1997, Betrieb 1998, S. 161, folgt dem EuGH-Muster.
[41] EuGH 31. 3. 1981, Slg. 1981, S. 911, 925: Jenkins; EuGH 13. 5. 1986, Slg. 1986, S. 1607, 1627: Bilka; BAG 9. 10. 1991 AP Nr. 95 zu § 1 LohnFG = SAE 1992, S. 367 (*Loritz*); BAG 9. 3. 1994 AP Nr. 31 zu § 23a BAT; *Wißmann*, ZTR 1994, S. 223, 224.
[42] Von den US-amerikanischen Behörden wird eine vierfünftel Daumenregel zugrundegelegt; vgl. *Smith/Merrifield/St. Antoine*, Labor Relations Law, 6th ed. 1979, S. 770; BAG 10. 12. 1997 AP Nr. 3 zu § 612 BGB Diskriminierung, spricht bei einem Frau-

Einleitung 169 2. Abschnitt. Tarifvertrag und höherrangiges Recht

169 – Zweifelhaft ist, ob in den früheren Entscheidungen des Europäischen Gerichtshofs ein zweites Tatbestandsmerkmal vorausgesetzt wird dahingehend, daß die die Angehörigen eines Geschlechts treffende nachteilige Wirkung auf der Geschlechterrolle beruhen müsse, wie dies bei Teilzeitarbeit als typischer Frauenarbeit zutrifft.[43] Ob an diesem Tatbestandsmerkmal festzuhalten ist[44] oder auch eine nur zufällige Über- oder Unterrepräsentation einer Gruppe genügt, bleibt in der späteren Rechtsprechung des EuGH offen und wird in der Rechtsprechung des Bundesarbeitsgerichts[45] angezweifelt. Eine solche Prüfung der **Kausalität** verlangte die Feststellung, ob durch die Ausgestaltung der Regelung oder Maßnahme diskriminierte Personen nur zufällig benachteiligt werden, oder ob sie diesen Nachteil erleiden, eben weil sie einem Geschlecht (einer Gruppe) angehören. Es müßte also geprüft werden, ob die nachteilige Wirkung einer Regelung z.b. auf Frauen auch anders als mit dem Geschlecht und den Geschlechtsrollen erklärt werden kann.[46] In der jüngeren Rechtsprechung und Rechtslehre wird das Merkmal der Kausalität nicht mehr aufrechterhalten.[47] In der Tat eignet sich die Kausalität nicht für ein zusätzliches Tatbestandsmerkmal mittelbarer Diskriminierung. Entweder verlangt man nur, daß sich die kontrollbedürftige Regelung auf eine Gruppe der Arbeitnehmer tatsächlich besonders ungünstig auswirkt (*disparate impact*), dann wird dies schon im Rahmen der Voraussetzungen der mittelbaren Diskriminierung geprüft. Oder man verlangt eine wertende Stellungnahme, die die Benachteiligung als sachlich gerechtfertigt, womöglich unvermeidbar erscheinen läßt, dann geht die Kausalitäts- in der Rechtswidrigkeitsprüfung auf.[48]

---

enanteil von 42,45% gegenüber einem Männeranteil von 57,5% von einer geschlechtsneutralen Besetzung der Vergleichsgruppen.
[43] EuGH 13. 5. 1986, Slg. 1986, S. 1607, 1627: Bilka; ebenso BAG 14. 10. 1986 AP Nr. 11 zu Art. 119 EWG-Vertrag; BAG 9. 10. 1991 AP Nr. 95 zu § 1 LohnFG = SAE 1992, S. 367 (*Loritz*); später offengelassen in EuGH 27. 6. 1990, Slg. 1990 I, S. 2591, 2611: Kowalska; EuGH 27. 10. 1993 AP Nr. 50 zu Art. 119 EWG-Vertrag: Enderby; BAG 2. 12. 1992 AP Nr. 28 zu § 23a BAT = EzA Art. 119 EWG-Vertrag Nr. 7 (*Schüren/Beduhn*). Zum Kausalitätserfordernis im US-amerikanischen Arbeitsrecht vgl. Griggs vs Duke Power Co., 401 U.S. 424 (1971); Albemarle Payer Co. vs Moody, 422 U.S. 405 (1975); Watson vs Fort Worth Bank & Trust, 407 U.S. 2777 (1988).
[44] Bejaht von *Hanau/Preis*, ZfA 1988, S. 177, 188 (Zurechnung); *Langenfeld*, Die Gleichbehandlung von Mann und Frau im Europäischen Gemeinschaftsrecht, 1990, S. 217; *Rating*, Mittelbare Diskriminierung der Frau im Erwerbsleben, 1994, S. 105; *Waas*, EuR 1994, S. 97, 99; *Wank*, SAE 1994, S. 195, 197; *Kempen/Zachert*, Grundl., Rnr. 177; ablehnend *Colneric*, AuR 1994, S. 393, 396; *Pfarr/Bertelsmann*, Diskriminierung im Erwerbsleben, 1989, S. 121 ff.; *Schlachter*, NZA 1995, S. 393, 397; *Biermann*, Die Gleichbehandlung von Teilzeitbeschäftigten bei entgeltlichen Ansprüchen, Kapitel 4 C IV 3 e (3) (c), S. 107 ff.
[45] BAG 2. 12. 1992 AP Nr. 28 zu § 23a BAT; BAG 26. 5. 1993 AP Nr. 42 zu Art. 119 EWG-Vertrag.
[46] Vgl. *Pfarr/Bertelsmann*, Gleichbehandlungsgesetz, 1985, S. 107; *Pfarr*, Anm. zu AP Nr. 11 zu Art. 119 EWG-Vertrag.
[47] EuGH 27. 6. 1990, Slg. 1990 I, S. 2591: Kowalska; EuGH 4. 6. 1992, Slg. 1992 I, S. 3589, 3612: Bötel; EuGH 27. 10. 1993, Slg. 1993 I, S. 5535: Enderby.
[48] Vgl. *Schlachter*, Wege zur Gleichberechtigung, 1993, S. 391; *dies.*, NZA 1995, S. 393, 397; *Wiedemann/Peters*, RdA 1997, S. 100, 103.

Der Europäische Gerichtshof hat in der Bilka-Entscheidung[49] Anhaltspunkte dafür gegeben, wann eine mittelbare Diskriminierung **sachlich berechtigt** sein kann. Dieser sog. Bilka-Test enthält drei Elemente:
– objektive Gründe für die unterschiedliche Behandlung durch den Arbeitgeber;
– Erforderlichkeit für die von ihm verfolgten Ziele und
– Verhältnismäßigkeit von Ziel und Benachteiligung.

Dabei handelt es sich im wesentlichen um dieselben Maßstäbe, wie sie für die sachlichen Gründe zur Ungleichbehandlung im deutschen Recht im Rahmen des Art. 3 Abs. 1 GG und überhaupt als Übermaßverbot beim Grundrechtseingriff ausgearbeitet sind. Daß objektive Gründe die Ungleichbehandlung legitimieren müssen, daß die Regelung objektiv einem Bedürfnis der Unternehmen dienen muß und lediglich vorgeschobene Gründe nicht ausreichen, ist fast selbstverständlich. Wichtig dagegen sind die Ausführungen des Europäischen Gerichtshofs zur Vorgabe des Normzwecks: die Ungleichbehandlung muß einem wirklichen Bedürfnis des Unternehmens[50] oder einem notwendigen Ziel der Sozialpolitik[51] dienen. Die Übernahme des dritten Merkmals, der Verhältnismäßigkeit im engeren Sinn, bereitet keine europäischen Sonderprobleme.

bb) Die **Stellungnahme** zur mittelbaren Diskriminierung bespricht den gedanklichen Ansatz dieser Rechtsfigur und daran anschließend einige Einwendungen, sowie nach gleichem Aufbau später die sachlichen Rechtfertigungsgründe.

(1) Die mittelbare Diskriminierung setzt in der Rechtsprechung des EuGH die Benachteiligung eines Geschlechts oder einer anderen Gruppe im Rahmen einer insgesamt unmittelbar benachteiligten Gruppe (*Betroffenengruppe*) voraus. Die Diskriminierung verlangt einen Maßstab: dafür wird die begünstigte Gruppe der Arbeitnehmer (*Vergleichsgruppe*) herangezogen, für die eine vorteilhaftere Regelung gilt. Die von der Rechtsprechung des EuGH und dann entsprechend des Bundesarbeitsgerichts[52] gewählte Gruppenbildung knüpft an die unterschiedlichen zahlenmäßigen Vertreter der Geschlechter oder einer anderen Gruppe sowohl in der Vergleichs- wie in der Betroffenengruppe an. Allerdings hält sich der EuGH gelegentlich nicht an sein eigenes Schema, wenn er in manchen Urteilen die Feststellung genügen läßt, daß der Benachteiligtengruppe erheblich mehr Frauen als Männer angehören.[53] Im übrigen wird man zwischen mehreren Gestaltungsmöglichkeiten unterscheiden müssen:

---

[49] EuGH 13. 5. 1986, Slg. 1986, S. 1607: Bilka; vgl. dazu BAG 26. 5. 1993 AP Nr. 42 zu Art. 119 EWG-Vertrag: Karneval.
[50] EuGH 13. 5. 1986, Slg. 1986, S. 1607, 1627: Bilka.
[51] EuGH 13. 7. 1989, Slg. 1989, S. 2743, 2761: Rinner-Kühn.
[52] Vgl. dazu BAG 14. 10. 1986 AP Nr. 11 zu Art. 119 EWG-Vertrag (*Pfarr*); BAG 2. 12. 1992 AP Nr. 28 zu § 23a BAT; BAG 9. 3. 1994 AP Nr. 31 zu § 23a BAT; BAG 10. 12. 1997, Betrieb 1998, S. 161; BAG 5. 3. 1997, Betrieb 1998, S. 373.
[53] EuGH 27. 6. 1990, Slg. 1990 I, S. 2591, 2611: Kowalska; EuGH 7. 2. 1991, Slg. 1991 I, S. 297, 319: Nimz; EuGH 15. 12. 1994, Slg. 1994 I, S. 5727, 5753: Helmig.

Einleitung 173–175   2. Abschnitt. Tarifvertrag und höherrangiges Recht

173 Ist die nachteilig betroffene Gruppe neben der Vergleichsgruppe in die gesamte Normsetzung einbezogen, so ergibt sich die Abgrenzung der Vergleichsgruppe, der betroffenen und der mittelbar diskriminierten Gruppe unmittelbar aus dem Regelungswerk. Wenn also in ein und demselben Tarifvertrag eine Vergütungsgruppe B schlechter gestellt wird als eine Vergütungsgruppe A und die prozentuale Beteiligung von Frauen in B 90% und in A 50% darstellt, ist eine mittelbare Diskriminierung zu überprüfen.[54] Das gleiche muß gelten, wenn umgekehrt die Vergütungsgruppe B besser gestellt wird als die Gruppe A und in der ersteren Frauen nur zu 10%, in der letzteren zu 50% beschäftigt werden.[55] Die Regelungstechnik kann auf die rechtliche Beurteilung keinen Einfluß haben. Dieselben Maßstäbe gelten für einseitige Maßnahmen des Arbeitgebers.

174 Schwieriger sind die Fälle zu beurteilen, in denen eine Regelung lediglich für eine Gruppe oder einen Teil der Belegschaft gilt (z.B. Altersversorgung für leitende Angestellte), für den – größeren oder kleineren – Rest der Arbeitnehmer aber nicht einschlägig sein soll. Hier ist die Vergleichsgruppe der Bevorzugten durch den Kreis der positiv geregelten Arbeitnehmer leicht gefunden, der Anteil der Frauen hieran zu ermitteln kein Problem. Schwieriger aber ist es, den Kreis der durch die Regelung benachteiligten Arbeitnehmer zu konkretisieren, um den Anteil der Frauen (oder einer anderen diskriminierten Gruppe) an diesen untersuchen zu können. Die Benachteiligung liegt hier bei genauer Betrachtung darin, von einer Begünstigung trotz möglicher Einbeziehung ausgeschlossen worden zu sein. Benachteiligt sind also nicht alle Arbeitnehmer, sondern nur diejenigen, die vom Regelungsgeber hätten erfaßt werden können und bei einer diskriminierungsfreien Regelung erfaßt worden wären. Es ist also der potentielle Adressatenkreis der Regelung zu ermitteln, dem die konkret nicht erfaßten Arbeitnehmer als benachteiligte Gruppe zu entnehmen sind. Der Kreis der potentiell betroffenen Arbeitnehmer einer Norm ist dabei durch den *potentiellen Geltungsrahmen* zu bestimmen: bei der Betriebsvereinbarung mithin durch Betrieb oder Unternehmen, beim Tarifvertrag durch die kleinste gemeinsame Tarifzuständigkeit und beim Gesetzgeber durch den relevanten Arbeitsmarkt. Wenn in der Gruppe der so ermittelten Benachteiligten erheblich mehr Frauen vertreten sind als in der Gruppe der konkret durch die Regelung Bevorzugten, ist eine mittelbare Diskriminierung zu überprüfen.

175 In der Rechtssache Kowalska[56] hatte der EuGH den Fall zu beurteilen, daß eine Bestimmung eines Tarifvertrages eine Zahlung von Übergangsgeld unter bestimmten Voraussetzungen vorsah, eine solche Regelung für Teilzeitbeschäftigte aber nicht bestand. Der EuGH begnügte sich mit der Feststellung, daß eine mittelbare Diskriminierung dann vorliegen könne, wenn prozentual erheblich weniger Männer als Frauen teilzeitbeschäftigt sind. Konsequent hätte aber überprüft werden müssen, ob die Beteiligung der Frauen an der Gruppe der insoweit nicht betroffenen Tarifunterworfenen das Verhältnis derselben an den begünstigten Tarifunterworfenen deutlich übersteigt.

---

[54] So EuGH 7. 2. 1991, Slg. 1991 I, S. 297, 319: Nimz; EuGH 15. 12. 1994, Slg. 1994 I, S. 5727, 5753: Helmig; vgl. dazu ebenso BAG 5. 4. 1995 AP Nr. 18 zu § 1 TVG Tarifverträge: Lufthansa.
[55] So BAG 23. 9. 1992 AP Nr. 1 zu § 612 BGB Diskriminierung = EzA § 612 BGB Nr. 16 (*Schüren/Beduhn*) = SAE 1993, S. 283 (*Bittner*) für den Fall eines betrieblichen Lohnsystems.
[56] EuGH 27. 6. 1990, Slg. 1990 I, S. 2591, 2611: Kowalska.

Nach dem Modell der Rechtsprechung folgt eine mittelbare Diskriminierung wegen des Geschlechts nicht schon daraus, daß unter den von einer Regelung nachteilig Betroffenen erheblich mehr Angehörige eines Geschlechts sind. Es muß vielmehr hinzukommen, daß zugleich das prozentuale Verhältnis der Geschlechter unter den von der Regelung Begünstigten wesentlich anders gelagert ist.[57] Es sind Fälle denkbar, in denen Frauen zwar in einer benachteiligten Gruppe überrepräsentiert sind, die Rechtsprechung dennoch bisher von einer mittelbaren Diskriminierung absieht. Wenn z. B. im Einzelhandel zu 80% Frauen beschäftigt werden, und deren Anteil an den Gruppen der Teilzeit- und der Vollzeitbeschäftigten jeweils in vergleichbarer Höhe liegt, kann eine mittelbare Diskriminierung nicht darin gesehen werden, daß eine der beiden Gruppen in einen Regelungsbereich (wie z. b. betriebliche Altersversorgung) nicht aufgenommen wird. Der Arbeitgeber wird durch Art. 119 EGV nicht dazu verpflichtet, eine etwa bestehende *allgemeine* Benachteiligung von Frauen im Erwerbsleben zu bekämpfen.

Entscheidet man anders, so prüft man nicht die Legitimation für die mittelbare Diskriminierung, sondern für die unmittelbare Ungleichbehandlung – etwa von Teilzeitbeschäftigten nach § 2 BeschFG. Dafür gelten indes andere Rechtsgrundlagen und andere Rechtfertigungsmaßstäbe. Art. 119 EGV als Sonderbestimmung betreffend die Lohndiskriminierung zwischen männlichen und weiblichen Arbeitnehmern[58] begründet dafür keine Zuständigkeit, es sei denn, man würde ihn dahin auslegen, daß er neben dem Benachteiligungsverbot ein positives Förderungsgebot für typische Frauenarbeitsplätze enthält. Das ist jedoch kein Bestandteil des Gleichbehandlungsgrundsatzes, sondern ein sozialpolitisches Gebot und wird vom Europäischen Gerichtshof selbst abgelehnt.[59]

(2) Ein weiteres Bedenken lautet: die Beurteilung der Gruppenbenachteiligung auf ihre Rechtmäßigkeit wird nicht als solche der mittelbaren Diskriminierung der *Untergruppe*, sondern als solche der unmittelbaren Benachteiligung der *Hauptgruppe* behandelt. Das zeigt sich, wenn es um die sachlichen Gründe für eine Ungleichbehandlung geht. Wäre die mittelbare Diskriminierung der Frauen innerhalb der benachteiligten Teilzeitbeschäftigten der Stein des Anstoßes, so wäre die Rechtfertigung auf der (zweiten) Ebene der mittelbar Benachteiligten und nicht auf der (ersten) Ebene der unmittelbar Betroffenen zu suchen. Der Europäische Gerichtshof geht aber wie selbstverständlich davon aus, daß es die Benachteiligung der Teilzeitbeschäftigten ist, die es zu rechtfertigen gilt.[60] Dabei kann der Gesichtspunkt, daß Teilzeitbeschäftigte überwiegend weibliche Arbeitnehmer sind und deshalb (alle) Teilzeitbeschäftigten nicht hinter den Vollzeitarbeitnehmern zurückstehen sollen, gewiß eine Rolle spielen – aber eben nicht allein, sondern nur im *Gesamtrahmen* der rechtlichen Beurteilung von Teilzeitarbeitsplätzen. Wäre es anders und müßte die Diskriminierung der weiblichen Arbeitnehmer gerechtfertigt werden, so müßten an die Benachteiligung dieser Gruppe jedenfalls nach deutschem Rechtsverständnis weit strengere Anforderungen gestellt werden, da die Gleichberechtigung gemäß Art. 3 Abs. 2 GG von absoluter Gleichstellung ausgeht, also mehr verlangt, als nur eine „business necessity"[61]

---

[57] BAG 2. 12. 1992 AP Nr. 28 zu § 23a BAT; vgl. auch die Vorgehensweise in BAG 14. 10. 1986 AP Nr. 11 zu Art. 119 EWG-Vertrag (*Pfarr*); BAG 10. 12. 1997, Betrieb 1998, S. 161.
[58] EuGH 15. 6. 1978, Slg. 1978, S. 1365, 1378: Defrenne III.
[59] EuGH 17. 10. 1995 AP Nr. 6 zu EWG-Richtlinie Nr. 76/207: Kalanke = EuZW 1995, S. 762 (*Loritz*) = DZWir 1996, S. 15 (*Colneric*).
[60] EuGH 31. 3. 1981, Slg. 1981, S. 911, 925: Jenkins; EuGH 13. 5. 1986, Slg. 1986, S. 1607, 1628: Bilka.
[61] Vgl. U. S. Civil Rights Act 1964 Title VII sec. 703 (k) (1) (A).

oder den Nachweis, daß der Unterschied „is genuinely due to a material factor which is not the difference of sex".[62]

178 Die Entscheidung des EuGH in der Sache Helmig[63] bedeutet insofern einen Bruch in der Rechtsprechung, weil materiell auf die Belange der benachteiligten teilzeitbeschäftigten Frauen überhaupt nicht eingegangen wird. Formal betrachtet ist es gewiß richtig, daß Teilzeitbeschäftigte, deren vertragliche Arbeitszeit 18 Stunden beträgt, wenn sie eine 19. Stunde arbeiten, die gleiche Gesamtvergütung wie ein Vollzeitbeschäftigter für 19 Arbeitsstunden erhalten. Überstundenzuschläge werden für Teilzeitbeschäftigte danach erst dann fällig, wenn sie das Volumen der vollzeitbeschäftigten Arbeitskräfte erreichen. Die Entscheidung vernachlässigt aber, daß teilzeitbeschäftigte Frauen mit einer „Überstunde" über ihre normale Arbeitszeit hinaus ein im Zweifel vielleicht größeres „Opfer" erbringen als vollzeitbeschäftigte männliche Arbeitnehmer, die in ihrer Freizeit eingeschränkt werden. Wenn eine solch unterschiedliche Behandlung nicht als Verstoß gegen Art. 119 EGV anerkannt wird, dann wird auf die typische Lage teilzeitbeschäftigter Familienmütter keine Rücksicht genommen, die Zusammensetzung der benachteiligten Gruppe ist also rechtlich nicht relevant. Wenn in der Entscheidung bereits den Tatbestand einer mittelbaren Diskriminierung ausgeschlossen wird, so scheint dies in einem gewissen Widerspruch zu der bisherigen Rechtsprechung des Europäischen Gerichtshofs zu stehen; es belegt aber den Einwand, daß die Auswirkungen einer Regelung auf die Gesamtheit der benachteiligten Gruppe überprüft werden.

179 Weitere Bedenken gegen die Kontrolle der Gruppengleichheit bestehen darin, daß es Schwierigkeiten bereiten wird, geeignete Vergleichsgruppen – der EuGH spricht von Bezugssystem – zu bilden, die wegen anderer Zusammensetzung den Vorwurf unsachlicher Gleichbehandlung tragen. Eine bevorzugte Vergleichsgruppe, die z.B. aus einer anderen Lohneingruppierung, möglicherweise in einem anderen Tarifvertrag besteht, muß personell und zeitlich fixiert werden, damit die Dominanz eines Geschlechts während eines relevanten Zeitraums mit einem bestimmten Prozentsatz nach bereinigten Werten festgestellt werden kann. Wie ist die Vergleichsgruppe zu bilden, wenn in anderen Kollektivverträgen für gleichwertige Arbeiten andere Eingruppierungsmerkmale benutzt werden? Was soll gelten, wenn eine Vergleichsgruppe beim Aufbau eines Unternehmens (noch) nicht vorhanden ist, bisher also z.B. nur Teilzeitbeschäftigte eingestellt wurden? Bei der Einzeldiskriminierung spielt dies alles keine Rolle; der bevorzugte männliche oder weibliche Arbeitnehmer wird *hypothetisch* in das Bezugssystem eingeführt.

180 **cc) Sachliche Rechtfertigung**. Wie bei allen Verstößen gegen die Gleichbehandlung ist zu prüfen, ob die Regelung oder Maßnahme nicht durch sachliche Gründe gerechtfertigt ist. Auch Art. 119 EGV fordert keine *égalité*. In seiner Bilka-Entscheidung[64] konkretisiert der EuGH dies, indem er objektiv gerechtfertigte wirtschaftliche Gründe verlangt, die zu erreichen die diskriminierende Maßnahme erforderlich und verhältnismäßig sein müsse. In ähnlichen Formulierungen wird in der Rinner-Kühn-Entscheidung[65] von Maßnahmen gesprochen, die einem notwendigen Zweck dienen und zu seiner Erreichung geeignet und erforderlich sind. Als Beispiele für solche

---
[62] Vgl. U.K. Equal Pay Act 1970 sec. 1 (3).
[63] EuGH 15. 12. 1994, Slg. 1994 I, S. 5727, 5752 ff.: Helmig.
[64] EuGH 13. 5. 1986, Slg. 1986, S. 1606, 1628: Bilka.
[65] EuGH 13. 7. 1989, Slg. 1989, S. 2743, 2761: Rinner-Kühn.

Gründe werden anderweit Flexibilität und Berufsausbildung eines Arbeitnehmers genannt, wenn sie für die Ausführung der dem Arbeitnehmer übertragenen spezifischen Aufgaben von Bedeutung sind; auch die Dauer der Betriebszugehörigkeit wird als ein die Ungleichbehandlung rechtfertigender Grund aufgeführt.[66]

Man wird nicht fehlgehen, darin ähnliche Anforderungen zu sehen, wie sie für den Grundrechtseingriff nach deutschem Recht hinsichtlich der Interessen- und Güterabwägung unter Beachtung der Verhältnismäßigkeit gelten. Das führt allerdings auch innerhalb der Konzeption des EuGH zu Anschlußfragen. Eine davon lautet, ob an die rechtfertigenden Gründe so strenge Anforderungen zu stellen sind, wie sie für die Gleichberechtigung nach Art. 3 Abs. 2 GG ausgearbeitet wurden. Das würde bedeuten, daß die zu beurteilende Regelung unumgänglich ist und ein die mittelbar diskriminierte Gruppe am wenigsten belastendendes Mittel bildet, den beabsichtigten Zweck zu erreichen.[67] Eine so hohe Meßlatte, die die Benachteiligung nur in unumgänglichen Situationen, etwa zum Schutz verfassungsmäßiger Rechte, zuläßt, entspricht wohl kaum der Rechtsprechung des EuGH,[68] weil nach seiner Ansicht einzelne Tatbestandsmerkmale wie Teilzeitbeschäftigung, Betriebszugehörigkeit, Berufsqualifikation oder Kräfteeinsatz eine Verschiedenbehandlung durchaus legitimieren können. 181

Wenig erörtert ist bislang, ob die **Arbeitsmarktlage** eine geeignete Legitimation zur Differenzierung abgibt, ob der Arbeitgeber also seine Ungleichbehandlung im Einzel- oder Gruppenvergleich darauf stützen kann, daß die Besser- oder Schlechterstellung ökonomisch und damit unternehmerisch veranlaßt gewesen sei. Man kann die Frage allgemein dahin stellen, ob eine ungleiche Entlohnung nur mit unterschiedlicher Ausbildung, Begabung, Einsatzbereitschaft, Kräfteverzehr oder anderen subjektiven Voraussetzungen gerechtfertigt werden kann oder ob dazu auch objektive Bedingungen wie Kosteneinsparung oder Effizienzerhöhung ausreichen können. Die Rechtsprechung des Europäischen Gerichtshofs enthält dazu nur Andeutungen, weil die Überprüfung der sachlichen Gründe Sache des nationalen Gerichts ist.[69] Soweit die Rechtfertigung im Rahmen des Art. 119 EGV nach nationalem Recht zu beurteilen ist, wird man unterscheiden müssen. Eine *Gruppenbildung*, die sich am jeweiligen Arbeitsmarkt orientiert, also unterschiedliche Angebote berücksichtigen muß, kann ein unterschiedliches Entgelt oder andere Arbeitsbedingungen legitimieren, auch wenn sich später herausstellt, daß Männer oder Frauen beim jährlichen oder saisonalen Neuzugang unterschiedlich repräsentiert sind. Es wäre mit den gegenwärtigen Bestrebungen, Arbeitsbedingungen dem Arbeitsmarkt anzupassen, nicht zu vereinbaren, wenn die Gruppengleichheit auch in der Zeit festgeschrieben wird. 182

Wenn man der Rechtsprechung des Europäischen Gerichtshofs mithin im Umfang nicht folgen kann, weil sich die Rechtfertigung der Ungleichbehandlung an der Gesamtheit der betroffenen Gruppe orientiert und weil in diesem Rahmen auch arbeitsmarktbedingte Gründe berücksichtigt werden dürfen, so stellt sich die Frage, ob die Rechtsfigur womöglich überflüssig ist. Wenn der Arbeitgeber sich entschließen darf, erst höher bezahlte Arbeitskräfte einzustellen, beim später laufenden Geschäft aber auf das normale 183

---

[66] EuGH 17. 10. 1989, Slg. 1989, S. 3199, 3228: Danfoss; EuGH 27. 10. 1993 AP Nr. 50 zu Art. 119 EWG-Vertrag: Enderby.

[67] In dieser Richtung *Pfarr*, Anm. zu BAG AP Nr. 10 und 11 zu Art. 119 EWG-Vertrag unter IV.

[68] Abw. BAG 26. 5. 1993 AP Nr. 42 zu Art. 119 EWG-Vertrag; *Wißmann*, ZTR 1994, S. 223, 225: höhere Anforderungen als § 2 Abs. 1 BeschFG.

[69] Vgl. EuGH 31. 3. 1981, Slg. 1981, S. 911, 925, 926: Jenkins; EuGH 13. 5. 1986, Slg. 1986, S. 1607, 1628: Bilka; vgl. auch BAG 23. 8. 1995 AP Nr. 134 zu § 242 BGB Gleichbehandlung = SAE 1997, S. 228, 230 (*Boecken*); BAG 5. 3. 1997 AP Nr. 123 zu § 37 BetrVG 1972.

Lohnniveau zurückzukehren, oder wenn er vorsehen darf, daß leitende Positionen nicht aufgeteilt werden dürfen, auch wenn in beiden Fällen vorrangig weibliche Arbeitnehmer betroffen sind, weil sie weniger mobil oder mehr teilzeitinteressiert sind, scheint der Anwendungsbereich zusammenzuschmelzen. Das ist richtig, das Verbot der mittelbaren Diskriminierung wird dadurch aber nicht gegenstandslos. Es bleiben die Fälle, in denen der Arbeitgeber absichtlich oder jedenfalls *bewußt* Arbeitnehmer dem Gleichberechtigungsgebot zuwider benachteiligt, dies aber in den Einstellungs- oder Beschäftigungsbedingungen nicht zum Ausdruck kommt. In diesen Fällen bedarf es – insoweit abweichend von der bisherigen Rechtsprechung zum Gemeinschaftsrecht – keiner mit bestimmten Relationen zusammengesetzten Vergleichsgruppe; es genügt der hypothetische Vergleich, daß die *hauptsächlich betroffenen* Arbeitnehmer im strengen Wortsinn „diskriminiert" werden, andere sachliche Gründe für die Ausgestaltung der Arbeitsbedingungen mithin nicht vorgetragen werden können.

184   c) **Umgekehrte Diskriminierung** bedeutet positive Bevorzugung der Frauen gegenüber den Männern, um auf diesem Weg eine tatsächliche Chancengleichheit beim Zugang zur Beschäftigung und bei der Durchführung der Beschäftigungsverhältnisse zu erreichen.[70] Auch diese Rechtsproblematik findet ihr Vorbild im US-amerikanischen Recht.[71] Die Entwicklung erfolgte allerdings dort vor allem im Kampf gegen die Rassendiskriminierung. Das gegenwärtige europäische Gemeinschaftsrecht empfiehlt zwar den Mitgliedstaaten eine Politik der umgekehrten Diskriminierung, enthält aber selbst keine Vorschriften, um sie zu vollziehen. Art. 2 Abs. 4 der (Gleichbehandlungs)Richtlinie Nr. 76/207/EWG lautet:

> Diese Richtlinie steht nicht den Maßnahmen zur Förderung der Chancengleichheit für Männer und Frauen, insbesondere durch Beseitigung der tatsächlich bestehenden Ungleichheiten, die die Chancen der Frauen in den in Art. 1 Absatz 1 genannten Bereichen beeinträchtigen, entgegen.

Eine ausdrückliche Empfehlung gleichheitsdurchbrechender positiver Maßnahmen fehlt.[72] Nach der Rechtsprechung des EuGH stellt die umgekehrte Diskriminierung eine unzulässige Benachteiligung der nicht geförderten Gruppe dar.[73]

3. Diskriminierungsverbot: Rechtsfolgen[74]

185   a) **Nichtigkeit.** Nationale Gesetze, Kollektivvereinbarungen und Individualverträge, die gegen Art. 119 EGV verstoßen, sind nichtig; eines Rück-

---

[70] Vgl. das „Aktionsprogramm in der Europäischen Union", Jahresbericht 1996 (1997); sowie Richtlinie 97/80/EG des Rates v. 15. 12. 1997 über die Beweislast bei Diskriminierung aufgrund des Geschlechts, ABl. EG L 14 v. 20. 1. 1998, S. 6.
[71] Vgl. zur *affirmative action* United Steelworkers of America vs Weber, 443 U. S. 193 (1979); zuletzt Taxman vs Board of Education, 91 F. 3d 1547 (3 d Cir. 1996).
[72] Vgl. *Döring,* Frauenquoten und Verfassungsrecht, 1996, S. 187, 188; *Maidowski,* Umgekehrte Diskriminierung, 1989, S. 94, 95.
[73] EuGH 17. 10. 1995, Slg. 1995 I, S. 3051: Kalanke; vgl. dazu unten Rnr. 237.
[74] Vgl. dazu auch ausführlich unten Rnr. 261 ff.

A. Tarifvertrag und supranationales Recht

griffs auf § 134 BGB bedarf es nicht.[75] Der EuGH räumt dabei weder dem Gesetzgeber noch den Tarifvertragsparteien eine Entscheidungsprärogative oder einen Ermessensspielraum ein.[76] Allerdings ist die betroffene Regelung jeweils nur insoweit nichtig, wie der Verstoß gegen das Gleichbehandlungsgebot reicht; § 139 BGB gilt nicht.[77] Soweit die Nichtigkeit einer Regelung allerdings deswegen Platz greift, weil Frauen oder Männer in einer Gruppe überrepräsentiert sind, erstreckt sich die Unwirksamkeit auf die *ganze* Gruppenregelung, also z.B. auf alle teilzeitbeschäftigte Arbeitnehmer, weil sonst der unterrepräsentierte Teil seinerseits diskriminiert würde.[78]

Die Rechtsprechung des EuGH beschränkt sich, soweit sie Tarifverträge betrifft, bisher auf Verstöße gegen Art. 119 EGV, also gegen den Lohngleichheitsgrundsatz. In mehreren Verfahren sind zwar einzelne Mitgliedstaaten verpflichtet worden, die Gleichbehandlungs-Richtlinien tatsächlich durchzuführen.[79] Entscheidungen, in denen Tarifverträge für nichtig erklärt wurden, die das Gleichbehandlungsgebot bei anderen Arbeitsbedingungen verletzen, sind bisher nicht ersichtlich.

b) Anpassung. In den Fällen, in denen ein Verstoß gegen die Gleichbehandlung darin liegt, daß die – unmittelbar oder mittelbar – diskriminierte Gruppe eine Negativ- oder Nichtbehandlung erfahren hat, führt die Nichtigerklärung der beanstandeten Regelung nicht ohne weiteres zum Ziel. Unter Umständen scheidet sie aus, weil die Regelung selbst, die z.B. nur den Vollzeitbeschäftigten Ruhegeld gewährt, nur Vorteile einräumt, eine benachteiligende Norm aber nicht geschaffen wurde. Wenn dies auch überspitzt erscheint und die Regelung eben wegen ihres unrichtigen Geltungsbereichs für rechtswidrig erklärt werden kann, so können die diskriminierten Personen daraus doch keinen Nutzen herleiten. Anstelle der Nichtigkeitssanktion muß vielmehr eine *Korrektur des persönlichen Geltungsbereichs* vorgenommen werden; der EuGH[80] – und in seiner Folge das Bundesarbeitsgericht[81] – ent-

---

[75] Vgl. aber BAG 14. 10. 1986 AP Nr. 11 zu Art. 119 EWG-Vertrag *(Pfarr);* BAG 5. 10. 1993 AP Nr. 20 zu § 1 BetrAVG Lebensversicherung.
[76] EuGH 8. 4. 1976, Slg. 1976, S. 455, 476: Defrenne II; EuGH 13. 7. 1989, Slg. 1989, S. 2743, 2761: Rinner-Kühn.
[77] BAG 14. 10. 1986 AP Nr. 11 zu Art. 119 EWG-Vertrag *(Pfarr).*
[78] Ebenso *Wißmann,* ZTR 1994, S. 223, 225.
[79] EuGH 8. 11. 1983, Slg. 1983, S. 31, 34: Kommission/Vereinigtes Königreich; EuGH 21. 5. 1985, Slg. 1985, S. 1474, 1487: Kommission/Deutschland; EuGH 25. 10. 1988, Slg. 1988, S. 6315, 6338: Kommission/Frankreich.
[80] EuGH 8. 4. 1976, Slg. 1976, S. 455, 473: Defrenne II; EuGH 27. 6. 1990, Slg. 1990 I, S. 2591, 2613: Kowalska; EuGH 7. 2. 1991, Slg. 1991 I, S. 297, 321: Nimz; EuGH 28. 9. 1994, Slg. 1994 I, S. 4389, 4414: Coloroll Pensions; EuGH 15. 12. 1994, Slg. 1994 I, S. 5727, 5751: Helmig u.a.; für den Fall der Anpassung einer gesetzlichen Regelung vgl. EuGH 13. 12. 1989, Slg. 1989, S. 4311, 4333: Ruzius-Wilbrink; für Verstoß gegen Art. 48 EGV vgl. EuGH 15. 1. 1998, EuZW 1998, S. 118, 120: Kalliope Schöning.
[81] BAG 28. 7. 1992 AP Nr. 18 zu § 1 BetrAVG Gleichbehandlung; BAG 2. 12. 1992 AP Nr. 28 zu § 23a BAT; BAG 23. 9. 1992 AP Nr. 1 zu § 612 BGB Diskriminierung = EzA § 612 BGB Nr. 16 *(Schüren/Beduhn)* = SAE 1993, S. 283 *(Bittner);* anders noch BAG 13. 11. 1985 AP Nr. 136 zu Art. 3 GG *(Zuleeg);* für den Fall einer tariflichen Leistung vgl. BAG 9. 9. 1981 AP Nr. 117 zu Art. 3 GG *(Pfarr);* BAG 25. 8. 1982 AP Nr. 53 zu § 242 BGB Gleichbehandlung.

scheiden deshalb auf Anwendung der benachteiligenden Tarifvertragsnormen für die übrigen Arbeitnehmer. Das Ergebnis lautet auf eine „Angleichung nach oben"; vgl. dazu eingehend unten Rnr. 264 ff. Die beiden wesentlichen Einwendungen gegen einen Ausgleichsanspruch der benachteiligten Gruppe, daß nämlich damit dem Arbeitgeber vereinbarungswidrig zusätzliche Kosten aufgebürdet werden und daß es Sache der Kollektivvertragsparteien ist, die Lückenfüllung selbst zu regeln,[82] werden vom EuGH nicht behandelt. Er stellt in der Nimz-Entscheidung[83] fest, es sei „mit dem Wesen des Gemeinschaftsrechts unvereinbar", wenn das nationale Gericht nicht *unmittelbar* bei der ihm obliegenden Anwendung des Gemeinschaftsrechts Tarifvertragsbestimmungen außer Anwendung lassen könnte. Es bedürfte aber näherer Begründung, warum es mit dem Wesen des Gemeinschaftsrechts unvereinbar ist, die diskriminierende Regelung insgesamt nicht solange auszusetzen, bis die Kollektivvertragsparteien selbst eine Neuregelung gefunden haben. Mit der Frage eines „Bezugssystems" oder eines Ermessensspielraums der Kollektivvertragsparteien hat das nichts zu tun.

188   c) **Konkurrenzen**. Das Gemeinschaftsrecht bleibt auch nach Erlaß nationaler Ausführungsgesetze zu den verschiedenen Gleichbehandlungs-Richtlinien wirksam. Der EuGH ist deshalb weiter dafür zuständig, unmittelbare Verstöße gegen Art. 119 EGV und mittelbare – durch unrichtige Auslegung oder Ausführung herbeigeführte – Verstöße gegen die Richtlinien zu überprüfen.[84] Ebenso sind die nationalen Gerichte verpflichtet, die von verschiedenen Voraussetzungen ausgehenden und inhaltlich unterschiedlich streng formulierten Gleichheitsgebote nebeneinander anzuwenden.[85] Ist Art. 119 EGV anwendbar, bedarf es eines Rückgriffs auf die §§ 611a, 612 Abs. 3 Satz 1 BGB nicht mehr, die lediglich Richtlinien des Europäischen Gemeinschaftsrechts, also vom EG-Vertrag abgeleitetes Recht, in nationales Recht umsetzen.[86]

II. Tarifvertrag und internationale Abkommen

189   Das Koalitions- und Tarifvertragsrecht ist nicht nur Gegenstand des EG-Rechts, sondern auch einiger internationaler Abkommen und Erklärungen. Diese führen allerdings zu keiner Bindung der Tarifvertragsparteien, sondern richten sich ausschließlich an die Unterzeichnerstaaten.

190   1. Die **Allgemeine Erklärung der Menschenrechte** vom 10. Dezember 1948 (vgl. Anhang 10) erwähnt in Art. 23 Abs. 4 ausdrücklich das Recht zur Bildung von Koalitionen. Diese „Deklaration" ist jedoch nicht unmittelbar geltendes Recht. Sie soll nur die allgemeine Rechtsüberzeugung zum Ausdruck bringen.

---

[82] So noch BAG 13. 11. 1986 AP Nr. 136 zu Art. 3 GG (*Zuleeg*).
[83] EuGH 7. 2. 1991, Slg. 1991 I, S. 297, 321.
[84] Abw. Erman/*Hanau*, 9. Aufl. 1993, § 612 BGB, Rnr. 26; *Gamillscheg*, in: Festschrift für Hans Floretta (1983), S. 171, 174.
[85] BAG 26. 5. 1993 AP Nr. 42 zu Art. 119 EWG-Vertrag.
[86] *Zuleeg*, Anm. zu BAG 13. 11. 1985 AP Nr. 136 zu Art. 3 GG; so wohl auch BAG 2. 12. 1992 AP Nr. 28 zu § 23a BAT.

A. Tarifvertrag und supranationales Recht **191–193 Einleitung**

2. **ILO-Übereinkommen Nr. 98** über die Anwendung der Grundsätze 191
des Vereinigungsrechtes und des Rechts zu Kollektivverhandlungen und
ILO-Empfehlung Nr. 91 betreffend die Gesamtarbeitsverträge. Art. 4 des
ILO-Übereinkommens Nr. 98[87] verpflichtet die Bundesrepublik als Vertragsunterzeichnende, „den Landesverhältnissen angepaßte Maßnahmen zu treffen, um im weitesten Umfang Entwicklung und Anwendung von Verfahren zu fördern, durch die Arbeitgeber oder Organisationen von Arbeitgebern einerseits und Organisationen von Arbeitnehmern andererseits freiwillig über den Abschluß von Gesamtarbeitsverträgen zur Regelung der Lohn- und Arbeitsbedingungen verhandeln können." Als lediglich völkerrechtliche Verpflichtung ist eine innerstaatliche Geltung damit ausgeschlossen. In der Rechtsprechung des Bundesarbeitsgerichts ist diese Vereinbarung (soweit ersichtlich) bislang nicht von Relevanz gewesen. Die ILO-Empfehlung Nr. 91 vom 29. 6. 1951 bestimmt in Abschnitt I 1, Abs. 1: „Im Wege der Vereinbarung oder der Gesetzgebung, je nach den den Verhältnissen des betreffenden Landes entsprechenden Verfahren, sollen den Umständen jedes einzelnen Landes angepaßte Einrichtungen zur Verhandlung über Gesamtarbeitsverträge sowie für den Abschluß, die Änderung und die Erneuerung solcher Verträge oder zur Unterstützung der Parteien bei der Verhandlung über Gesamtarbeitsverträge sowie beim Abschluß, bei der Änderung oder der Erneuerung solcher Verträge geschaffen werden." Infolge ihres Charakters als Empfehlung verpflichtet diese Vereinbarung nicht einmal die Bundesrepublik völkerrechtlich. Diese hatte zudem dem Erfordernis bereits vorher durch Erlaß des Tarifvertragsgesetzes Rechnung getragen. Dies erklärt die auch hier fehlende praktische Relevanz der Vereinbarung.

3. Die **Konvention zum Schutze der Menschenrechte und Grundfreiheiten** vom 4. November 1950 (BGBl. 1952 II S. 686; vgl. Anhang 3) 192
garantiert ebenfalls die Koalitionsfreiheit in ihrem Art. 11.

4. **Art. 6 Europäische Sozialcharta (ESC).** In Teil 2 Art. 6 der in der 193
Bundesrepublik am 26. 2. 1965 in Kraft getretenen Europäischen Sozialcharta (ESC)[88] verpflichtete sich die Bundesrepublik, „um die wirksame Ausübung des Rechtes auf Kollektivverhandlungen zu gewährleisten", unter anderem dazu, „Verfahren für freiwillige Verhandlungen zwischen Arbeitgebern oder Arbeitgeberorganisationen einerseits und Arbeitnehmerorganisationen andererseits zu fördern, soweit dies notwendig und zweckmäßig ist, mit dem Ziele, die Beschäftigungsbedingungen durch Gesamtarbeitsverträge zu regeln" (Art. 6 Nr. 2 ESC). Vorgaben für die nähere Ausgestaltung des Tarifvertragsrechtes werden bislang daraus nicht hergeleitet, zumal bereits streitig ist, ob Art. 6 ESC nicht lediglich den nationalen Gesetzgeber zu einer Umsetzung verpflichtet, und damit nicht unmittelbar selbst Rechte und Pflichten für die Staatsbürger der Unterzeichnerstaaten begründet. Diese Frage wird zumeist im Hinblick auf Art. 6 Nr. 4 ESC und das darin gewährleistete „Recht der Arbeitnehmer und der Arbeitgeber auf kollektive Maßnahmen einschließlich des Streikrechts im Fall von Interessenskonflikten" erörtert. Ein *self-executing* Charakter der Bestimmung wird von der herrschenden

---

[87] BGBl. 1955 II, S. 1122 ff.
[88] BGBl. 1964 II, S. 1262, 1267.

Meinung wohl zutreffend mit Hinweis auf die Präambel zu Teil 3 des Anhangs abgelehnt: „Es besteht Einverständnis darüber, daß die Charta rechtliche Verpflichtungen internationalen Charakters enthält, deren Durchführung ausschließlich der in ihrem Teil 4 vorgesehenen Überwachung unterliegt."[89] Auch bei Unterzeichnung ging man zumindest auf deutscher Seite von einem *non self-executing* Charakter des Vertragswerks aus.[90] Zu beachten ist allerdings, daß das Bundesarbeitsgericht nach anfänglichem Zögern eine Bindung des rechtsfortbildenden Richters an die Vorgaben der Europäischen Sozialcharta bejaht.[91] Diese Bindung beruht auf dem Gedanken, daß es einem Unterzeichnerstaat freisteht, in welcher gesetzestechnischen Weise er seine Verpflichtung aus dem Vertrag in innerstaatliches Recht umsetzt, ob er also ein formelles Gesetz, oder aber z.B. eine Rechtsverordnung wählt. Eine Umsetzung kann bei Untätigkeit des Gesetzgebers auch durch den rechtsfortbildenden Richter erfolgen. Wird er stellvertretend für die Legislative tätig, unterliegt er den gleichen Bindungen wie sie, also auch den Verpflichtungen aus völkerrechtlichen Verträgen. Dies alles dürfte im Bereich des Tarifrechts jedoch wenig Konsequenzen haben, da (anders als im Arbeitskampfrecht) mit dem Tarifvertragsgesetz eine positiv-rechtliche Kodifikation existiert, auf deren Grundlage der Abschluß von Gesamtarbeitsverträgen erfolgt; Rechtsfortbildung spielt hier nur eine untergeordnete Rolle.

5. Der **Internationale Pakt über wirtschaftliche, soziale und kulturelle Rechte** vom 19. Dezember 1966 ist mit Zustimmungsgesetz vom 23. November 1973 vom Bundestag beschlossen und im Bundesgesetzblatt verkündet worden (BGBl. II S. 1569; vgl. Anhang 12). Zum Wirksamwerden des Paktes bedurfte es gemäß seinem Art. 27 Abs. 1 der Hinterlegung von 35 Ratifikations- oder Beitrittsurkunden beim Generalsekretär der Vereinten Nationen. Drei Monate nach Hinterlegung der 35. Urkunde trat der Pakt am 3. Januar 1976 für die Bundesrepublik Deutschland in Kraft (BGBl. II S. 428; vgl. RdA 1976, S. 255). Der Pakt garantiert das Koalitions- und Arbeitskampfrecht in Art. 8, allerdings nur für die Arbeitnehmerseite.[92]

---

[89] H.M. vgl. *Brox/Rüthers*, Arbeitskampfrecht, S. 124; *Schaub*, Arbeitsrechts-Handbuch, § 193 I 3, S. 1613; *Seiter*, Streikrecht und Aussperrungsrecht, 1975, S. 129ff.; *Thüsing*, Der Außenseiter im Arbeitskampf, 1996, S. 34ff.; *Zöllner/Loritz*, Arbeitsrecht, § 9 I 2, S. 124; abw. *Mitscherlich*, Das Arbeitskampfrecht der Bundesrepublik Deutschland und die Europäische Sozialcharta, 1977, S. 36ff. Die Rechtsprechung hat sich noch nicht festgelegt, vgl. BVerfGE 58, S. 233, 254; BAG 10. 6. 1980 AP Nr. 64 zu Art. 9 GG Arbeitskampf (*Mayer-Maly*) = EzA Art. 9 GG Arbeitskampf Nr. 37 (*Rüthers*); BAG 12. 9. 1984 AP Nr. 81 zu Art. 9 GG Arbeitskampf (*Herschel*) = EzA Art. 9 GG Arbeitskampf (*Seiter*).
[90] Vgl. BT-Drucks. IV/2117, S. 28: „Die Charta begründet aber ... kein unmittelbar geltendes Recht, sondern zwischenstaatliche Verpflichtungen der Vertragsparteien."
[91] Vgl. BAG 12. 9. 1984 AP Nr. 81 zu Art. 9 GG Arbeitskampf (*Herschel*); offengelassen noch BAG 10. 6. 1980 AP Nr. 64 zu Art. 9 GG Arbeitskampf (*Mayer-Maly*) = EzA Art. 9 GG Arbeitskampf Nr. 37 (*Rüthers*); im Schrifttum ist dies weiterhin umstritten, pro: *Seiter*, Streikrecht und Aussperrungsrecht, 1975, S. 137ff.; contra: *Scholz/Konzen*, Die Aussperrung im System von Arbeitsverfassung und kollektivem Arbeitsrecht, 1980, S. 61ff.; *Konzen*, JZ 1986, S. 157, 162.
[92] Vgl. zum Inhalt des Paktes *Echterhölter*, BABl. 1973, S. 494; *ders.*, BB 1973, S. 1595; *Zuleeg*, RdA 1974, S. 321, 327ff. Zur unmittelbaren Geltung als innerstaatliches Recht vgl. *Zuleeg*, RdA 1974, S. 321, 323.

Aus Art. 2 Abs. 1 ergibt sich, daß Verpflichtete nur die Vertragsstaaten sind. Zweifelhaft könnte dies angesichts von Art. 5 Abs. 1 sein, denn diese Vorschrift besagt, daß keine Bestimmung des Pakts im Sinne des Rechts von Gruppen oder Einzelpersonen zu einem Angriff auf die in dem Pakt genannten Rechte ausgelegt werden darf. Doch bedeutet dies eben noch keine Verpflichtung von Privatpersonen oder Organisationen auf diese Rechte, sondern nur, daß aus den Paktrechten kein Recht zur Beschränkung dieser Rechte hergeleitet werden kann. Demnach bindet der Pakt nur die Vertragsstaaten, nicht aber Personen und Organisationen wie die Tarifvertragsparteien.

6. Internationale Vereinbarung als **Auslegungsrichtlinie**. Von der Frage zu unterscheiden, inwieweit das Tarifvertragswesen in seinen Grundlagen auf völkerrechtliche und internationale Vereinbarungen gestützt werden kann, ist die Frage, wie weit auf Grundlage des deutschen Tarifvertragsrechts abgeschlossene Tarifverträge durch solche internationalen Vereinbarungen beeinflußt werden: Tarifverträge haben Gesetzeswirkung und es ist verbreitete Auffassung, daß innerstaatliche Gesetze im Zweifel völkerrechtskonform ausgelegt werden müssen, also so, daß ein Konflikt mit dem Völkerrecht nicht entsteht.[93] Daraus wird teilweise gefolgert, daß auch Tarifverträge im Sinne nicht nur der allgemeinen Grundsätze des Völkerrechts, sondern auch im Sinne derjenigen völkerrechtlichen Verträge, die die Bundesrepublik Deutschland abgeschlossen hat, zu interpretieren und an sie gebunden seien.[94] Diese Herleitung erscheint nicht unbedenklich. Der Grundsatz der völkerrechtsfreundlichen Auslegung des einfachen Gesetzesrechts soll nicht bestritten werden. Soweit aber davon ausgegangen wird, daß Tarifvertragsparteien auch dann keine dem zwischenstaatlichen Recht zuwiderlaufenden Tarifnormen setzen dürfen, soweit die Bundesrepublik Deutschland völkerrechtliche Verpflichtungen noch nicht umgesetzt hat, ist eine Begründung schwierig. Denn es ist anerkannt, daß in den Fällen, in denen ein dem Vertragsinhalt widerstreitendes Bundesgesetz zeitlich nach dem Transformationsgesetz erlassen wird, dieses Gesetz als *lex posterior* Vorrang hat.[95] Ein solches völkervertragswidriges Gesetz hätte also sogar in dem Fall Gültigkeit, daß die vertragliche Verpflichtung in nationales Recht umgesetzt wurde; für Tarifverträge kann kaum etwas anderes gelten. Ist also unstreitig, daß die Tarifvertragsparteien Tarifverträge im Widerspruch zu völkerrechtlichen Verpflichtungen abschließen können, ist kein Grund ersichtlich, warum sie es nicht auch dürften, denn die vertragliche Verpflichtung trifft nur die Bundesrepublik als Vertragsbeteiligte, nicht aber die Tarifvertragsparteien.

Im übrigen ist ein weiteres problematisch: die lapidare Gleichsetzung der staatlichen Bindung und der Bindung der Tarifvertragsparteien mit dem Hinweis, daß diese „wie der Staat Recht setzen",[96] ist in diesem Zusammenhang wohl keine hinreichende Begründung. Hier ist auf die ähnlich gela-

---

[93] Vgl. *Maunz*, in: Maunz/Dürig, Art. 25 GG, Rnr. 30; *Tomuschat*, in: Isensee/Kirchhof, HdbStR VII (1992), § 172, Rnr. 35; vgl. auch BVerfGE 58, S. 1, 34.
[94] Vgl. *Däubler*, Tarifvertragsrecht, Rnr. 505; *Löwisch*/Rieble, § 1 TVG, Rnr. 215.
[95] Vgl. *Tomuschat*, in: Isensee/Kirchhof, HdbStR VII (1992), § 172, Rnr. 35.
[96] Vgl. *Löwisch*/Rieble, § 1 TVG, Rnr. 215.

Einleitung 2. Abschnitt. Tarifvertrag und höherrangiges Recht

gerte Problematik der Grundrechtsbindung der Tarifvertragsnormen hinzuweisen, wo ebenfalls (heute weitgehend unbestritten) der bloße Hinweis auf die Normqualität tarifvertraglicher Regelungen für eine Gleichbehandlung mit staatlichem Recht nicht ausreicht; die dort ergänzend vorgenommenen Begründungen (soziale Mächtigkeit, Delegation) können nicht hierher übertragen werden. Die Frage dürfte jedoch von geringer praktischer Bedeutung sein, da hinreichend bestimmte völkerrechtlich verbindliche Vereinbarungen, die ihrem Regelungsgehalt nach geeignet wären, durch Tarifverträge umgesetzt oder aber verletzt zu werden, nicht ersichtlich sind.

B. Tarifvertrag und Verfassung

Schrifttum: *Uwe Aussem,* Die Ausstrahlungswirkung der Grundrechte auf das Arbeitsrecht, Diss. Köln 1994; *Thorsten Beck,* Rationalisierungsschutz und Grenzen der Tarifmacht (Teil II), AuR 1981, S. 367–377; *Detlev W. Belling,* Das Günstigkeitsprinzip im Arbeitsrecht, Berlin 1984; *Peter Bengelsdorf,* Tarifliche Arbeitszeitbestimmungen und Günstigkeitsprinzip, ZfA 1990, S. 563–606; *Peter Berg/Ulrike Wendeling-Schröder/ Henner Wolter,* Die Zulässigkeit tarifvertraglicher Besetzungsregelungen, RdA 1980, S. 299–313; *Kurt Biedenkopf,* Das Problem der negativen Koalitionsfreiheit, JZ 1961, S. 346–354; *ders.,* Grenzen der Tarifautonomie, Karlsruhe 1964; *Wolfgang Blomeyer,* Besitzstandwahrung durch Tarifvertrag, ZfA 1980, S. 1–76; *Dietmar Boerner,* Der neue (alte) § 41 Abs. 4 Satz 3 SGB IV, ZfA 1995, S. 537–579; *Herbert Buchner,* Tarifliche Arbeitszeitbestimmungen und Günstigkeitsprinzip, Betrieb 1990, S. 1715–1723; *Hermann Butzer,* Verfassungsrechtliche Grundlagen zum Verhältnis zwischen Gesetzgebungshoheit und Tarifautonomie, RdA 1994, S. 375–385; *Claus-Wilhelm Canaris,* Tarifdispositive Normen und richterliche Rechtsfortbildung, in: Gedächtnisschrift für Rolf Dietz (1973), S. 199–224; *ders.,* Grundrechte und Privatrecht, AcP 184 (1984), S. 201–246; *Michael Coester,* Vorrangprinzip des Tarifvertrages, Abhandlungen zum Arbeits- und Wirtschaftsrecht, Bd. 27, Heidelberg 1974; *Dieter Conrad,* Freiheitsrechte und Arbeitsverfassung, Berlin 1965; *Johannes Dälken,* Möglichkeiten eines tarifvertraglichen Bestands- und Inhaltsschutzes für Arbeitsverhältnisse gegen Rationalisierungsmaßnahmen, Diss. Münster 1986; *Wolfgang Däubler,* Der Arbeitsvertrag. Ein Mittel zur Verlängerung der Wochenarbeitszeit?, Betrieb 1989, S. 2534–2538; *Ludwig Diekhoff,* Tarifrecht und Solidaritätsbeitrag, Betrieb 1961, S. 167–168; *Max Dietlein,* Zum verfassungsrechtlichen Verhältnis der positiven zur negativen Koalitionsfreiheit, AuR 1970, S. 200–206; *Rolf Dietz,* Rechtsgutachtliche Äußerung zu der Frage, ob Art. 3 Abs. 2 und 3 GG der Berücksichtigung einer geringeren Wertigkeit von Frauenarbeit gegenüber Männerarbeit sowie einer typisch geringeren sozialen Belastung der Frau gegenüber dem Mann bei der Aufstellung einer Norm für den Lohn entgegensteht, Köln 1957, (dazu *Beitzke,* RdA 1958, S. 114–115); *Rolf Dietz/Hans Carl Nipperdey,* Die Frage der tariflichen Regelung der Einziehung von Gewerkschaftsbeiträgen durch die Betriebe, Düsseldorf 1963; *Matthias Döring,* Frauenquoten und Verfassungsrecht. Die Rechtmäßigkeit „umgekehrter Diskriminierung" nach US-amerikanischem Verfassungsgsrecht und ihre Bedeutung für die Verfassungsmäßigkeit gesetzlicher Frauenquoten mit Arbeitsmarkt der deutschen Privatwirtschaft, Berlin 1996; *Eberhard Dorndorf,* Freie Arbeitsplatzwahl und Recht am Arbeitsergebnis, Frankfurt am Main 1979; *Johann Eekhoff,* Beschäftigung und soziale Sicherung, Tübingen 1996; *Lorenz Fastrich,* Richterliche Inhaltskontrolle im Privatrecht, München 1992; *Erich Frey,* Konkurrenz von Gesetz und Tarifvertrag bei der Zuschußzahlung zum Krankengeld, BB 1957, S. 753–755; *ders.,* Gleichheitsfragen im Tarifvertragsrecht, Betrieb 1971, S. 2407–2412; *Karl-Heinrich Friauf,* Qualitative Besetzungsklauseln in Tarifverträgen und Grundgesetz, n.v.; *Hans-Peter Fröhlich/Hans-Peter Klös/Rolf Kroker/Franz Josef Link/Claus Schnabel,* Lohnpolitik in der Europäischen Währungsunion, Gutachten, in: Beiträge zur Wirtschafts- und Sozialpolitik 215, Institut der deutschen Wirtschaft, Köln 1994; *Hans Galperin,* Gleicher Lohn für Männer und Frauen, JZ 1956, S. 105–109; *Franz Gamillscheg,* Die Grundrechte im Arbeitsrecht, AcP 164 (1964), S. 385–

445; *ders.*, Die Differenzierung nach der Gewerkschaftszugehörigkeit, Berlin 1966; *ders.*, Zur Gratifikation mit Rückzahlungsvorbehalt, RdA 1968, S. 407–410 = Anm. zu BAG AP Nr. 63 zu § 611 BGB Gratifikation; *ders.*, Differenzierung nach der Gewerkschaftszugehörigkeit beim Vorruhestand, BB 1988, S. 555–557; *ders.*, Allgemeine Lehren der Grundrechte und Arbeitsrechte, AuR 1996, S. 41–48; *Wolfgang Gitter*, Die Unzumutbarkeit als Grenze der Tarifmacht, AuR 1970, S. 129–134; *ders.*, Differenzierung nach der Gewerkschaftszugehörigkeit, JurA 1970, S. 148–174; *Wolfgang Gitter/Dietmar Boerner*, Altersgrenzen in Tarifverträgen, RdA 1990, S. 129–138; *Peter Hanau*, Gemeingebrauch am Tarifvertrag?, JuS 1969, S. 213–220; *Christian Hartmann*, Gleichbehandlung und Tarifautonomie. Zur Ermittlung der Rechtsfolgen bei Gleichheitsverstößen in Tarifverträgen, Berlin 1994; *Karin Heide*, Die Einwirkungen des Verfassungsrechts auf das Tarifvertragsrecht, Diss. Würzburg 1970; *Meinhard Heinze*, Tarifautonomie und sogenanntes Günstigkeitsprinzip, NZA 1991, S. 330–336; *Martin Henssler*, Was ist von der Altersgrenze geblieben?, Betrieb 1993, S. 1669–1675; *ders.*, Tarifautonomie und Gesetzgebung, ZfA 1998, S. 1–40; *Bob Hepple*, Equality and Discrimination, in: European Community Labour Law; Principles and Perspectives, Liber Amicorum Lord Wedderburn of Charlton (1996), S. 237–259; *Wilhelm Herschel*, Gratifikationsrückzahlung und Tarifvertrag, Betrieb 1967, S. 245–249; *ders.*, Die individualrechtliche Bezugnahme auf einen Tarifvertrag, Betrieb 1969, S. 659–663; *ders.*, Die Zulassungsnormen des Tarifvertrages, RdA 1969, S. 211–215; *ders.*, Grenze der Freiheit im kollektiven Arbeitsrecht, AuR 1970, S. 193–199; *ders.*, Gedanken zu Richterrecht und Tarifautonomie, AuR 1972, S. 129–135; *H. Heussner*, Die Sicherung der Koalition durch sogenannte Solidaritätsbeiträge der Nichtorganisierten, RdA 1960, S. 295–299; *Reinhard Hildebrandt*, Disparität und Inhaltskontrolle im Arbeitsrecht, Göttingen 1987; *Manfred O. Hinz*, Tarifhoheit und Verfassungsrecht. Eine Untersuchung über die tarifvertragliche Vereinbarungsgewalt, Schriften zum öffentlichen Recht, Bd. 137, Berlin 1971; *Alfred Hueck*, Die Bedeutung des Art. 3 des Bonner Grundgesetzes für die Lohn- und Arbeitsbedingungen der Frauen, Düsseldorf 1951; *ders.*, Die Fragen der tarifrechtlichen Zulässigkeit von Solidaritätsbeiträgen nach geltendem deutschen Recht, RdA 1961, S. 141–149; *ders.*, Tarifausschlußklauseln und verwandte Klauseln im Tarifvertragsrecht, München/Berlin 1966; *Friedhelm Hufen*, Berufsfreiheit. Erinnerung an ein Grundrecht, NJW 1994, S. 2913–2922; *Hans D. Jarass*, Tarifverträge und Verfassungsrecht. Am Beispiel des Streits um den Ladenschluß, in: Tarifautonomie und Kartellrecht, FIW-Schriftenreihe, Heft 136, Köln/Berlin/Bonn/München 1990, S. 27–39; *Renate Käppler*, Tarifvertragliche Regelungsmacht, NZA 1991, S. 745–754; *Michael Kemper*, Die Bestimmung des Schutzbereichs der Koalitionsfreiheit (Art. 9 III GG). Zugleich ein Beitrag zur Lehre von den Einrichtungsgarantien, Heidelberg 1989; *Klein*, Rechtsgutachten über verfassungsrechtliche Fragen des Urteils des BAG vom 2. März 1955 betreffend Lohngleichheit von Mann und Frau, 1955; *Ulrich Koebel*, Grundrechte und Privatrecht, JZ 1961, S. 521–526; *Wolfram Konertz*, Tarifrechtliche Regelungsmöglichkeiten der Rationalisierung, Frankfurt am Main 1983; *Hildegard Krüger*, Verfassungsrechtliche Probleme der Frauenlohnurteile des BAG, RdA 1955, S. 205–210; *Günther Küchenhoff*, Verbandsautonomie, Grundrechte und Staatsgewalt, AuR 1963, S. 321–334; *ders.*, Einwirkungen des Verfassungsrechts auf das Arbeitsrecht, in: Festschrift für Hans Carl Nipperdey (1965), Bd. II, S. 317–348; *ders.*, Einwirkung des Verfassungsrechts auf das Arbeitsrecht, RdA 1969, S. 97–108; *Otto Kunze*, Das Verhältnis des dispositiven Gesetzesrechts zum Tarifvertrag, ArbRGgw 1 (1963), S. 119–143; *Gerhard Leibholz*, Verfassungsrecht und Arbeitsrecht, in: A. Hueck/Leibholz, Zwei Vorträge zum Arbeitsrecht, München 1960; *ders.*, Staat und Verbände, RdA 1966, S. 281–289; *Peter Lerche*, Zur Bindung der Tarifnormen an Grundrechte, insbesondere an das Grundrecht der Berufsfreiheit, in: Festschrift für Ernst Steindorff (1990), S. 897–910; *Georg Leventis*, Tarifliche Differenzierungsklausel nach dem Grundgesetz und dem Tarifvertragsgesetz, Schriften zum Sozial- und Arbeitsrecht, Bd. 18, Berlin 1974; *Karl Linnekohl/Hans-Jürgen Rauschenberg/Rolf Schmidt*, Flexibilisierung (Verkürzung) der Lebensarbeitszeit, BB 1984, S. 603–608; *Karl-Georg Loritz*, Betriebliche Arbeitnehmerbeteiligungen in Tarifverträgen und Betriebsvereinbarungen, Betrieb 1985, S. 531–539; *ders.*, Rechtsprobleme der tarifvertraglichen Regelung des „freien Wochenendes", ZfA 1990, S. 133–201; *ders.*, Tarifautonomie und Gestaltungsfreiheit des Arbeitgebers. Dargestellt anhand der gewerkschaftlichen Forderungen nach tarifvertraglicher Regelung der Bemessungs-

Einleitung   2. Abschnitt. Tarifvertrag und höherrangiges Recht

vorgaben bei der Deutschen Bundespost, Berlin 1990; *Manfred Löwisch,* Die Ausrichtung der tariflichen Lohnfestsetzung am gesamtwirtschaftlichen Gleichgewicht. Ein Beitrag zum Spannungsverhältnis von Tarifautonomie und Staatsintervention, RdA 1969, S. 129–137; *ders.,* Richterliches Arbeitskampfrecht und der Vorbehalt des Gesetzes, Betrieb 1988, S. 1013–1015; *ders.,* Dienstleistungsabend mit freiwilligen Mitarbeitern, NZA 1989, S. 959–960; *ders.,* Zur Zulässigkeit freiwilliger Samstagsarbeit nach dem Günstigkeitsprinzip, Betrieb 1989, S. 1185–1188; *ders.,* Arbeitszeitverlängerung nach der Tarifvertragsregelung in der Metallindustrie, Betrieb 1990, S. 1613–1618; *Peter Mathys,* Das Verhältnis zwischen Kartellrecht und kollektivem Arbeitsrecht. Versuch einer Grenzziehung, Baseler Studien zur Rechtswissenschaft, Heft 88, Basel 1969; *Theodor Maunz,* Rechtsgutachten zur Frage, ob Tarifverträge dem Grundsatz der Lohngleichheit von Mann und Frau unterworfen sind, Düsseldorf 1956; *Hans-Bernd Maute,* Gleichbehandlung von Arbeitnehmern. Ein Beitrag zur Dogmatik und zu den Erscheinungsformen des arbeitsrechtlichen Gleichbehandlungsgrundsatzes, Frankfurt am Main 1993; *Theo Mayer-Maly,* Die negative Koalitionsfreiheit als Prüfstein, ZAS 1969, S. 81–91; *Meier-Scherling,* Die Benachteiligung des kündigenden Arbeitnehmers und Art. 12 GG, RdA 1959, S. 85–87; *Erich Molitor,* Die arbeitsrechtliche Bedeutung des Art. 3 des Bonner Grundgesetzes, AcP 151 (1950/51), S. 385–415; *Wilhelm Moll,* Künstliche Beschäftigung im Kollektivvertragsrecht der USA und der Bundesrepublik Deutschland, Frankfurt am Main 1982; *Herbert Monjau,* Binden die Grundrechte die Tarifpartner bei der Schaffung eines Tarifvertrages?, Betriebsverfassung 1955, Nr. 7, S. 1–5; *ders.,* Diskriminierungsverbot bei der Beschäftigung von Ausländern, RdA 1965, S. 81–85; *ders.,* Leistungslohn und Lohngleichheit (Art. 24 VerfNW), AuR 1966, S. 7–11; *Christoph J. Müller,* Die Berufsfreiheit des Arbeitgebers. Einwirkungen des Art. 12 Abs. 1 GG auf das Individual- und Kollektivarbeitsrecht, Köln 1996; *Gerhard Müller,* Drittwirkung von Grundrechten und Sozialstaatsprinzip, RdA 1964, S. 121–128; *Dirk Neumann,* Arbeitsrecht und Flexibilisierung, NZA 1990, S. 961–966; *R. Ney,* Das Verhältnis der Tarifautonomie zur arbeitsrechtlichen Bundesgesetzgebung, Diss. Frankfurt am Main 1966; *Arthur Nikisch,* Inhalt und Grenzen des tariflichen Günstigkeitsprinzips, Betrieb 1963, S. 1254–1257; *Hans Carl Nipperdey,* Gleicher Lohn für die Frau für gleiche Leistung, Köln 1951; *ders.,* Grundrechte und Privatrecht, Krefeld 1961; *Walter Oechsler,* Personal und Arbeit, 5. Aufl. München/Wien 1994; *Gert Olbersdorf,* Grundrechte und Arbeitsverhältnis, AuR 1958, S. 193–202; *Heide M. Pfarr/Christine Fuchsloch,* Quoten und Grundgesetz. Notwendigkeit und Verfassungsmäßigkeit von Frauenförderung, Baden-Baden 1988; *Thomas Pfeiffer,* Einladung zum Abfindungspoker, Flexibilisierung der Lebensarbeitszeit oder Rettung der Rentenkasse?, ZIP 1994, S. 264–274; *Ulrich Preis,* Neuer Wein in alten Schläuchen. Zur Neuauflage der Altersgrenzendebatte, in: Festschrift für Eugen Stahlhacke (1995), S. 417–441; *Olaf Radke,* Das Bundesarbeitsgericht und die Differenzierungsklausel, AuR 1971, S. 4–15; *Olaf Radke/Wilhelm Rathert,* Gleichberechtigung? Eine Untersuchung über die Entwicklung der Tariflöhne und Effektivverdienste der Frauen in der Metallindustrie nach dem Gleichheitssatz des Grundgesetzes, Frankfurt am Main 1964; *Werner Reichenbaum,* Grundrechte und soziale Gewalten, Diss. Köln 1962; *Wilhelm Reuß,* Die Stellung des kollektiven autonomen Arbeitsrechts im Rechtssystem, AuR 1958, S. 321–331; *ders.,* Arbeitsrechtliches Gutachten zur Frage der Verfassungsmäßigkeit des zweiten Vermögensbildungsgesetzes, in: Scheuner/Ulrich, Die Verfassungsmäßigkeit des 2. Vermögensbildungsgesetzes, Schriftenreihe des Bundesministers für Arbeit und Sozialordnung, Heft 14, Stuttgart 1968; *ders.,* Der Streit um die Differenzierungsklauseln, AuR 1970, S. 33–35; *ders.,* Die Unzulässigkeit gerichtlicher Tarifzensur, AuR 1975, S. 289–294; *Dieter Reuter,* Zulässigkeit und Grenzen tarifvertraglicher Besetzungsregeln, ZfA 1978, S. 1–44; *ders.,* Das Verhältnis von Individualautonomie, Betriebsautonomie und Tarifautonomie, RdA 1991, S. 193–204; *Reinhard Richardi,* Richterrecht und Tarifautonomie, in: Gedächtnisschrift für Rolf Dietz (1973), S. 269–297; *ders.,* Grenzen industrieller Sonntagsarbeit, Bonn 1988; *ders.,* Kollektivvertragliche Arbeitszeitregelung, ZfA 1990, S. 211–243; *ders.,* Arbeitszeitflexibilisierung, in: Festschrift für Franz Merz (1992), S. 481–496; *Ingo Riedel,* Das Grundrecht der Berufsfreiheit im Arbeitsrecht, Diss. Würzburg 1987; *Wolfgang Rüfner,* Grundrechtsadressaten, in: Handbuch des Staatsrechts (Hrsg. Isensee/Kirchhof), Bd. V (1992), § 117, S. 525–562; *ders.,* Zur Gemeinwohlbindung der Tarifvertragsparteien, RdA 1985, S. 193–199; *Bernd Rüthers,* Arbeitsrecht und politisches System, Frankfurt am

B. Tarifvertrag und Verfassung **Einleitung**

Main 1972; *Franz-Jürgen Säcker*, Grundlagen der kollektiven Koalitionsfreiheit, Düsseldorf 1969; *ders.*, Tarifvertrag und Dienstordnung der Angestellten der Sozialversicherungsträger, Betrieb 1971, S. 1476–1477; *ders.*, Kollektivgewalt und Individualwille bei der Gestaltung des Arbeitsverhältnisses, RdA 1972, S. 291–302; *ders.*, Streikhilfeabkommen und Kartellrecht, ZHR 137 (1973), S. 455–481; *ders.*, Die Institutions- und Betätigungsgarantie der Koalitionen im Rahmen der Grundrechtsordnung, ArbRGegw 12 (1975), S. 17–67; *Franz-Jürgen Säcker/Hartmut Oetker*, Grundlagen und Grenzen der Tarifautonomie. Erläutert anhand aktueller tarifpolitischer Fragen, München 1992; *Brigitte Saunders*, Gleiches Entgelt für Teilzeitarbeit, Heidelberg 1996; *Karl Albrecht Schachtschneider*, Imperative Lohnleitlinien unter dem Grundgesetz, Der Staat 16 (1977), S. 493–520; *Ulrich Scheuner*, Die Förderung der Vermögensbildung der Arbeitnehmer und das Verfassungsrecht, BABl. 1965, S. 666–686; *Axel Aino Schleusener*, Die Zulässigkeit qualitativer Besetzungsregelungen in Tarifverträgen, 1997; *Schmidt-Rimpler/Gieseke/Friesenhahn/Knur*, Lohngleichheit von Männern und Frauen (Bonner Gutachten), AöR 76 (1950/51), S. 165–186; *Hans Schneider*, Autonome Satzung und Rechtsverordnung. Unterschiede und Übergänge, in: Festschrift für Philipp Möhring (1965), S. 521–542; *Wilfried Schlüter*, Die Grenzen der Tarifmacht bei der Regelung der Wochenarbeitszeit, in: Festschrift für Walter Stree und Johannes Wessels (1993), S. 1061–1084; *Wilfried Schlüter/Detlev W. Belling*, Die Zulässigkeit von Altersgrenzen im Arbeitsverhältnis, NZA 1988, S. 297–304; *Gerhard Schnorr*, Das arbeitsrechtliche Diskriminierungsverbot nach Art. 48 Abs. 2 EWG-Vertrag, AuR 1960, S. 161–168; *Rupert Scholz*, Die Berufsfreiheit als Grundlage und Grenze arbeitsrechtlicher Regelungssysteme, ZfA 1981, S. 265–302; *ders.*, Grundgesetzliche Arbeitsverfassung. Grundlagen und Herausforderungen, Betrieb 1987, S. 1192–1198; *Roland Schwarze*, Die Grundrechtsbindung der Tarifnormen aus der Sicht grundrechtlicher Schutzpflichten, ZTR 1996, S. 1–8; *Ulrike Schweibert*, Die Verkürzung der Wochenarbeitszeit durch Tarifvertrag, Baden-Baden 1994; *Rolf Seitenzahl/Ulrich Zachert/Heinz-Dieter Pütz*, Vorteilsregelungen für Gewerkschaftsmitglieder, Köln 1976; *Jochen Sievers*, Die mittelbare Diskriminierung im Arbeitsrecht, Pfaffenweiler 1997; *Spiros Simitis*, Die Altersgrenzen. Ein spät entdecktes Problem, RdA 1994, S. 257–263; *Reinhard Singer*, Vertragsfreiheit, Grundrechte und der Schutz des Menschen vor sich selbst, JZ 1995, S. 1133–1141; *ders.*, Tarifvertragliche Normenkontrolle am Maßstab der Grundrechte?, ZfA 1995, S. 611–638; *Vera Slupik*, Die Entscheidung des Grundgesetzes für Parität im Geschlechterverhältnis. Zur Bedeutung von Art. 3 Abs. 2 und 3 GG in Recht und Wirklichkeit, Berlin 1988; *Alfred Söllner*, Die Bedeutung des Gleichbehandlungsgrundsatzes in der Rechtsprechung des Bundesverfassungsgerichts, Schriften der Juristischen Studiengesellschaft Regensburg, Heft 13, 1994; *ders.*, Grenzen des Tarifvertrags, NZA 1996, S. 897–906; *Eugen Stahlhacke*, Tarifliche Zulassungsnormen und nachwirkende Tarifverträge, Betrieb 1969, S. 1651–1654; *ders.*, Die Begrenzung von Arbeitsverhältnissen durch Festlegung einer Altersgrenze, Betrieb 1989, S. 2329–2333; *Ernst Stark*, Verfassungsfragen einer Arbeitsplatzsicherung durch Tarifvertrag, Diss. München 1989; *Axel Stein*, Tarifvertragsrecht, Stuttgart 1997; *Rudolf Steinberg*, Koalitionsfreiheit und tarifliche Differenzierungsklauseln. Ein verfassungsrechtlicher Beitrag zu den Grenzen der Koalitionsfreiheit, RdA 1975, S. 99–106; *Heinz-Dietrich Steinmeyer*, Kollektivrechtliche Altersbegrenzungsregelungen ab 1. Januar 1992, RdA 1992, S. 6–16; *Klaus Stern/Paul Münch/Karl-Heinrich Hansmeyer*, Gesetz zur Förderung der Stabilität und des Wachstums der Wirtschaft, 2. Aufl. Stuttgart 1972; *Oliver Vollstädt*, Die Beendigung von Arbeitsverhältnissen durch Vereinbarung einer Altersgrenze, Köln 1997; *Raimund Waltermann*, Berufsfreiheit im Alter. Verfassungsrechtliche und arbeitsrechtliche Schranken tarifvertraglicher Altersgrenzenregelungen, Berlin 1989; *ders.*, Kollektivvertrag und Grundrechte, RdA 1990, S. 138–144; *ders.*, Altersgrenzen in Kollektivverträgen, RdA 1993, S. 209–218; *ders.*, Wieder Altersgrenze 65?, NZA 1994, S. 822–830; *Rolf Wank*, Das Recht auf Arbeit im Verfassungsrecht und im Arbeitsrecht, Königstein 1980; *Werner Weber*, Koalitionsfreiheit und Tarifautonomie als Verfassungsproblem, Berlin u. a. 1965; *Helmut Weingärtner*, Tarifvertragliche Klauseln über die Rückzahlung von Gratifikationen bei Kündigung, BB 1967, S. 1041–1042; *Bernhard Weller*, Zur Frage der Differenzierungsklausel, AuR 1970, S. 161–166; *Rainer Wend*, Die Zulässigkeit tarifvertraglicher Arbeitsplatzbesetzungsregelungen. Am Beispiel neuerer Tarifvereinbarungen in der Druckindustrie, Bielefeld 1984; *Stefan Westhoff*, Wirtschaftliche und verfassungsrechtliche Legitimation von Wettbewerbsverboten, RdA 1976, S. 353–364; *Joachim Weyand,* Die tarifvertragliche Mitbestimmung unternehmerischer Personal- und Sachentscheidungen, Baden-Baden 1989; *Anton Wiedemann,* Die Bindung der Tarifnormen an Grundrechte, insbesondere an Art. 12 GG, Heidelberg 1994; *Herbert Wiedemann,* Die deutschen Gewerkschaften – Mitgliederverband oder Berufsorgan?, RdA 1969, S. 321–336; *ders.*, Zur Typologie zulässiger Zeitarbeitsverträge, in: Festschrift für Heinrich Lange (1970), S. 395–411; *ders.*, Leistungsprinzip und Tarifvertragsrecht, in: 25 Jahre BAG (1979), S. 635–660; *ders.*, Tarifautonomie und staatliches Gesetz, in: Festschrift für Eugen Stahlhacke (1995), S. 675–692; *Gerlind Wisskirchen,* Mittelbare Diskriminierung von Frauen im Erwerbsleben. Die Rechtsprechung des Bundesarbeitsgerichts, des Europäischen Gerichtshofes und des U.S. Supreme Court, Berlin 1994; *Ulrich Zachert,* Aufhebung der Tarifautonomie durch „freiwillige Regelungen" im Arbeitsvertrag?, Betrieb 1990, S. 986–989; *ders.*, „Das System der Kollektivverhandlungen darf nicht zerbrochen werden", AuR 1993, S. 65–68; *ders.*, Renaissance der tariflichen Differenzierungsklausel? Betrieb 1995, S. 322–325; *B. Zanetti,* Gewerkschaftsfreiheit und obligatorische Beiträge der nicht-organisierten Arbeitnehmer in der Schweiz, RdA 1973, S. 77–87; *Albrecht Zeuner,* Günstigkeitsprinzip und Verbandsbeschluß zur Verhinderung übertariflicher Arbeitsbedingungen, Betrieb 1965, S. 630–633; *Wolfgang Zöllner,* Tarifmacht und Außenseiter, RdA 1962, S. 453–459; *ders.*, Tarifvertragliche Differenzierungsklauseln, Düsseldorf 1967; *ders.*, Die Zulässigkeit einzelvertraglicher Verlängerung der tariflichen Wochenarbeitszeit, Betrieb 1989, S. 2121–2126.

I. Bindung an die Grundrechte

1. Allgemeines

198 Die Tarifvertragsparteien sind an die Grundrechte der Verfassung gebunden. Das entsprach jedenfalls für Jahrzehnte der allgemeinen Ansicht[97] im Arbeitsrecht, so daß eine nähere Begründung müßig erschien. Einige Autoren ließen daher die dogmatische Herleitung der Grundrechtsbindung der Tarifvertragsparteien offen,[98] andere sprachen von einem Gewohnheitsrecht.[99] Allerdings zeigten sich bei der Durchführung des Programms seit jeher beträchtliche Unsicherheiten sowohl in den Anforderungen der Grundrechtsbindung wie in den Rechtsfolgen. Das verfassungsrechtliche Schrifttum stand der Grundrechtsbindung außerdem stets zurückhaltend gegenüber.[100] In den letzten Jahren bahnt sich im Arbeitsrecht ein Meinungswechsel an.[101] Es wird eingewandt,[102] daß die Tarifautonomie ein Bestandteil der allgemeinen Handlungs- und Vertragsfreiheit sei, für die eine unmittelbare und unkontrollierte Grundrechtsbindung nicht in Betracht komme. Die mittelbare Drittwirkung über die zivilrechtlichen Generalklauseln der §§ 138, 242 BGB

---

[97] Kritisch zur Grundrechtsbindung der Tarifvertragsparteien schon früh *Biedenkopf,* Tarifautonomie, S. 82; *Hartmann,* Gleichbehandlung und Tarifautonomie, 1994, S. 79; *Misera,* Tarifmacht und Individualbereich, 1969, S. 86; *Richardi,* in: Festschrift für Franz Merz (1992), S. 481, 494; *Zöllner/Loritz,* Arbeitsrecht, § 7 III, S. 102f.
[98] So *Löwisch/Rieble,* § 1 TVG, Rnr. 156; *Waltermann,* RdA 1990, S. 138, 141.
[99] So *Gamillscheg,* Kollektives Arbeitsrecht I, § 16 I 1 c, S. 668.
[100] Vgl. *Jarass/Pieroth,* Art. 1 GG, Rnr. 21; *Rüfner,* in: Isensee/Kirchhof, HdbStR V (1992), § 117, Rnr. 10, S. 530; *Scholz,* in: Maunz/Dürig, Art. 9 GG, Rnr. 357; *Starck,* in: v. Mangoldt/Klein, Art. 1 GG, Rnr. 161; *Stern,* Staatsrecht III/1, § 73 III 6 a, S. 1276f.
[101] Vgl. *Dieterich,* in: Festschrift für Günter Schaub (1998), S. 117; *Kempen/Zachert,* Grundl., Rnr. 154ff.; *Singer,* ZfA 1995, S. 611, 616ff.; *Söllner,* NZA 1996, S. 897, 901; *A. Wiedemann,* Die Bindung der Tarifnormen an Grundrechte, 1994, S. 46ff.
[102] *Dieterich,* in: Festschrift für Günter Schaub (1998), S. 117, 121 ff., 126.

führe zu einer – allgemein für unzulässig gehaltenen – Tarifzensur. Vor allem werde die Gerichtskontrolle am Maßstab der Grundrechte der Tarifautonomie sachlich nicht gerecht; ihre Grenzen seien teils weiter, teils enger zu ziehen als der Spielraum der staatlichen Gesetzgebung im Bereich der Arbeits- und Wirtschaftsbedingungen.

a) Unmittelbare Grundrechtswirkung. Die bisher herrschende Lehre **199** von der unmittelbaren Grundrechtsbindung befaßt sich vor allem mit der Frage, wie die Tarifvertragsparteien Grundrechtsadressaten werden können, warum sie also im Grundrechtsverhältnis des Staates zum Bürger die Stelle des staatlichen Normsetzers einnehmen. Von der Rechtsprechung des Bundesarbeitsgerichts[103] wird dies damit begründet, daß die Vereinbarung von Tarifverträgen Gesetzgebung im Sinne des Art. 1 Abs. 3 GG darstelle. Das überzeugt nicht. Art. 1 Abs. 3 GG bindet die „Gesetzgebung" an die nachfolgenden Grundrechte. Gesetzgebung im Sinne dieses Verfassungsartikels ist jedoch nur die staatliche Rechtsetzung. Das zeigt der systematische Zusammenhang: „Gesetzgebung, vollziehende Gewalt und Rechtsprechung" werden im Grundgesetz durchweg zur Kennzeichnung der staatlichen Hoheitsgewalt eingesetzt. Gemäß Art. 20 Abs. 2 GG wird diese Staatsgewalt vom Volk in Wahlen und Abstimmungen durch besondere Organe der Gesetzgebung oder der vollziehenden Gewalt und der Rechtsprechung ausgeübt. Dort wie hier ist nicht der Normencharakter einer Regelung, sondern die Ausübung staatlicher Gewalt entscheidend.[104] Wenn überhaupt, käme also nur eine Analogie des Art. 1 Abs. 3 GG für die Gesetzgebung durch Kollektivvertragsparteien in Betracht – und dann muß eben diese Analogie eigens begründet werden.

Mehr Überzeugungskraft besitzt eine Begründung, die sich auf die Delegation **200** staatlicher Macht an die Tarifvertragsparteien,[105] an ihre Funktionsnachfolge[106] oder an ihren öffentlichen Status als beliehene Verbände[107] und ihre tatsächliche soziale Macht[108] beruft. Allerdings läßt sich auch hier einwenden, daß der Gesetzgeber nicht „seine" Gesetzgebungsbefugnis auf die Kollektivvertragsparteien übertragen hat, diese vielmehr ihre Normsetzung eigenverantwortlich und durch Art. 9 Abs. 3 GG grundrechtlich legitimiert wahrnehmen. Eine staatsrechtliche Delegation liegt nicht vor.[109] Ähnliche

---

[103] Grundlegend BAG 15. 1. 1955 AP Nr. 4 zu Art. 3 GG (*Beitzke*); sowie später BAG 15. 1. 1964 AP Nr. 87 zu Art. 3 GG (*Wertenbruch*); ebenso *Gamillscheg*, Die Grundrechte im Arbeitsrecht, 1989, S. 103; Hueck/*Nipperdey*, Arbeitsrecht II 1, § 19 II, S. 373 ff.; *Schaub*, Arbeitsrechts-Handbuch, § 198 III, S. 1488; Vorauflage, Einl., Rnr. 57.
[104] Ebenso *Dürig*, in: Maunz/Dürig, Art. 1 Abs. 3 GG, Rnr. 101; *Stern*, Staatsrecht III/1, § 73 III 6 a β, S. 1277; *Waltermann*, RdA 1990, S. 138, 141; a.A. Hueck/*Nipperdey*, Arbeitsrecht II 1, § 18 III 4, S. 351.
[105] Vgl. BAG 15. 1. 1955 AP Nr. 4 zu Art. 3 GG (*Beitzke*); *Nikisch*, Arbeitsrecht II, § 69 IV 1, S. 227 ff.
[106] Vgl. *Lerche*, in: Festschrift für Ernst Steindorff (1990), S. 897, 906.
[107] Vgl. *Scheuner*, in: Weber/Scheuner/Dietz, Koalitionsfreiheit (1961), S. 27 ff., 62 ff.; *Wiedemann*, RdA 1969, S. 321.
[108] *Däubler*, Tarifvertragsrecht, Rnr. 414; *Gamillscheg*, AcP 164 (1994), S. 385, 407; *ders.*, Kollektives Arbeitsrecht I, § 16 I 1 c, S. 669; *Löwisch*, ZfA 1996, S. 293, 300.
[109] Vgl. zur Delegationstheorie unten § 1 Rnr. 43 ff.; kritisch *F. Kirchhof*, Private Rechtsetzung, 1987, S. 163 ff.; dazu *Singer*, ZfA 1995, S. 611, 619.

Vorbehalte lassen sich auch gegenüber der Begründung vortragen, es liege zwar keine Delegation vor, wohl aber befänden sich die Tarifvertragsparteien in einer Funktionsnachfolge zum Gesetzgeber, der seine eigene Regelungszuständigkeit insoweit zurückgenommen habe, wie er sie den Tarifvertragsparteien eröffnete und zu einem solchen Rückzug nur dann legitimiert sei, wenn dies nicht zu einer Minderung des Grundrechtsschutzes führe. Der demokratische Rechtsstaat hat zu keiner Zeit Arbeitsbedingungen in ähnlich detaillierter Weise gesetzlich geregelt wie die Tarifvertragsparteien dies verabreden; er beschränkte sich in seiner Gesetzgebung vielmehr auf eine Rahmenordnung, die von den Tarifvertragsparteien ausgefüllt wurde. Trotz dieser Einwände bleibt anzuerkennen, daß die Grundrechtsbindung hier zutreffend – und schon lange vor der Rechtsprechung des Bundesverfassungsgerichts – aus der Verantwortung des Staates für eine verfassungskonforme Ausgestaltung der Arbeits- und Wirtschaftsbedingungen durch die Tarifvertragsparteien abgeleitet wird. Darauf ist sogleich zurückzukommen.

201 Den Delegationstheorien im weiteren Sinn steht eine Begründung nahe, die an die rechtliche Qualifizierung des Tarifvertrages als **Normsetzungsvertrag** anknüpft, der ebenfalls grundrechtsgebunden ist, weil er für nicht unmittelbar Beteiligte Regeln aufstellt.[110] Die These von der „Normsetzungshypothek" hat ihre Berechtigung für diejenigen Anforderungen, die in einer rechtsstaatlichen Verfassung an alle Akte der Normsetzung gerichtet werden müssen, also für die Gleichheitsgebote des Art. 3 GG und für andere rechtsstaatliche Prinzipien; vgl. dazu unten Rnr. 213 ff., 341 ff. Eine Geltung der Freiheitsrechte des einzelnen Arbeitgebers und Arbeitnehmers gegenüber den Tarifvertragsnormen vermag sie nicht ohne weiteres zu begründen.

202 **b) Mittelbare Grundrechtsbindung.** Die Theorie der mittelbaren Grundrechtswirkung geht von einem privatrechtlichen Verständnis der Kollektivnormen aus. Da der Gestaltungsfreiraum der Tarifvertragsparteien auf autonomer Unterwerfung ihrer Mitglieder beruhe, müsse er weitergehen als die Staatsbefugnisse zu hoheitlichen Eingriffen. Die mittelbare Grundrechtsbindung begegnet in zwei Spielarten:

203 Die lange Zeit herrschende Meinung begründete und beschränkte die Grundrechtswirkung im rechtsgeschäftlichen Verkehr mit der erstmals im sog. Lüth-Urteil ausgearbeiteten „Ausstrahlungswirkung" der Verfassung.[111] Das Grundgesetz stelle keine wertneutrale Ordnung dar, habe vielmehr in seinem Grundrechtsabschnitt objektive *Wertentscheidungen* getroffen, die für alle Bereiche des Rechts, also auch für das Zivilrecht Geltung beanspruchten. Im Privatrecht geschehe dies durch die Rechtsnormen des Bürgerlichen Rechts, insb. die Generalklauseln. Diese Lehre der mittelbaren Drittwirkung hat im Tarifvertragsrecht keine größere Gefolgschaft gefunden.[112] Eine Ge-

---

[110] Vgl. *Biedenkopf,* Tarifautonomie, S. 31, 61, 73; *Fastrich,* Richterliche Inhaltskontrolle im Privatrecht, 1992, S. 205 ff.; MünchArbR/*Löwisch,* § 246, Rnr. 27 ff.; *Mayer-Maly,* RdA 1965, S. 430; *Säcker/Oetker,* Tarifautonomie, S. 242 ff; kritisch dazu *Singer,* ZfA 1995, S. 611, 618.
[111] BVerfGE 7, S. 198, 205 ff.
[112] Vgl. aber BVerfGE 73, S. 261, 268: Ausstrahlungswirkung der Grundrechte im Rahmen der Auslegung und Anwendung der §§ 133, 157 BGB für einen Sozialplan; BAG 6. 9. 1995 AP Nr. 22 zu § 611 BGB Ausbildungsbeihilfe (*v. Hoyningen-Huene*):

richtskontrolle von Tarifverträgen anhand der mit Verfassungsgehalt angereicherten §§ 138, 242 BGB würde, so wird befürchtet, eine Tarifzensur ermöglichen, die mit dem herkömmlichen Verständnis der Tarifautonomie nicht vereinbar sei.

Auf der Grundlage eines Vortrags von *Canaris*[113] und zweier Leitentscheidungen des Bundesverfassungsgerichts[114] hat sich im Zivilrecht die Theorie vom **Schutzauftrag** der Verfassung durchgesetzt und die These von der mittelbaren Grundrechtswirkung modifiziert. Die neue Lehre stellt vor allem zutreffend klar, daß Grundrechtsadressat auch im Privatrecht nur die staatliche Gewalt und nicht der einzelne Staatsbürger sein kann. Die Grundrechte können ihre Wirkung im Privatrecht lediglich dadurch entfalten, daß Gesetzgebung und Rechtsprechung die Privatrechtsverhältnisse aktiv an der Wertordnung der Verfassung ausrichten. Die staatliche Gewalt bleibt Schuldner des Schutzanspruchs der Bürger, die von ihm eine – unter Umständen modifizierte – Durchsetzung des Grundrechtsschutzes im Privatrecht verlangen können. Diese Lehre vom „Untermaßverbot"[115] hat auch im Tarifvertragsrecht Anerkennung gefunden,[116] löst freilich die inhaltlichen Probleme nicht.[117]

c) Die **Stellungnahme** unterscheidet zwischen Geltungsgrund und Geltungswirkung der Grundrechte für die Kollektivvereinbarungen, begrenzt die Diskussion hier allerdings auf die Auswirkungen der Freiheits-Grundrechte. Es entspricht gesicherter Ansicht, daß die Gleichheitsgebote des Art. 3 Abs. 1–3 GG sowie andere rechts- und sozialstaatliche Prinzipien unmittelbar für die Normsetzungsbefugnisse der Tarifvertragsparteien und mittelbar auch für ihre schuldrechtlichen Vereinbarungen gelten.[118] Das folgt nicht aus einer wie auch immer erklärten Drittwirkung, sondern ist notwendige Folge jeder mit Außenwirkung ausgestatteten Rechtsetzungsbefugnis; vgl. dazu unten Rnr. 214, 341 f.

aa) Was den **Geltungsgrund** anlangt, lassen sich das Übermaßverbot wie das Untermaßgebot beide gut vertreten.

– Daß breitflächige Verbandstarifverträge den Arbeitsmarkt wie staatliche Gesetze regulieren und daß der einzelne Arbeitgeber, geschweige denn der einzelne Arbeitnehmer auf diese Normsetzung wenig Einfluß nehmen kann, ist offenkundig. Der Einwand, der Begriff der „sozialen Macht" sei

---

Maßstab des § 242 BGB durch Art. 12 GG ausgefüllt; *F. Kirchhof*, Private Rechtsetzung, 1987, S. 521; *Säcker/Oetker*, Tarifautonomie, S. 244; *Vollstädt*, Die Beendigung von Arbeitsverhältnissen durch Vereinbarung einer Altersgrenze, 1997, S. 336, 338; *Zöllner/Loritz*, Arbeitsrecht, § 7 III, S. 102 f.
[113] *Canaris*, AcP 184 (1984), S. 228, 232 ff.
[114] BVerfGE 81, S. 242, 255: Handelsvertreter = JZ 1990, S. 695 (*Wiedemann*); BVerfGE 89, S. 214, 232 ff.: Bürgschaft = JZ 1994, S. 411 (*Wiedemann*); vgl. dazu *Dieterich*, RdA 1995, S. 129; *Fastrich*, RdA 1997, S. 65.
[115] Vgl. *Canaris*, AcP 184 (1984), S. 201, 228; vgl. auch *Isensee*, in: Isensee/Kirchhof, HdbStR V (1992), § 111, Rnr. 165 f., S. 232; BVerfGE 88, S. 203, 251.
[116] Vgl. *Dieterich*, in: Festschrift für Günter Schaub (1998), S. 117, 122; *A. Wiedemann*, Die Bindung der Tarifnormen an Grundrechte, 1994, S. 108 ff.; *Singer*, ZfA 1995, S. 611, 623; kritisch *Gamillscheg*, RdA 1998, S. 2, 6.
[117] *Rüfner*, in: Isensee/Kirchhof, HdbStR V (1992), § 117, Rnr. 60 ff.
[118] Ebenso zuletzt BAG 26. 8. 1997 AP Nr. 74 zu § 87 BetrVG 1972 Arbeitszeit.

nicht genau zu formulieren, geht fehl, weil es sich nicht um das Tatbestandsmerkmal eines Rechtsatzes, sondern um die zugrunde liegende Begründungsthese handelt.[119] Ein Vergleich mit der Geltung von Verbandssatzungen, für die eine Grundrechtsbindung nicht diskutiert wird, scheidet unter mehreren Gesichtspunkten aus. Tarifverträge greifen in die Lebensgestaltung der Arbeitnehmer und in die Unternehmensführung der Arbeitgeber in mit der Satzungsgewalt unvergleichlicher Weise ein. Einmal regeln sie nicht die Binnenordnung des Berufsverbandes zu seinen Mitgliedern, die ihrerseits ja an einen engen Satzungszweck gefesselt ist, sondern die Rechtsbeziehungen der Mitglieder mit dritten Personen; zum anderen sind die Adressaten der Tarifvertragsnormen nicht nur der Einwirkung des eigenen, sondern auch der gegnerischen Tarifvertragspartei ausgesetzt; zum dritten sind Umfang und Belastung, die von späteren Kollektivvereinbarungen herbeigeführt werden, im voraus unbestimmt und unbestimmbar, so daß nicht einmal die aus der Kernbereichslehre[120] und anderen gesellschaftsrechtlichen Grundsätzen folgenden Einschränkungen der Verbandsmacht Platz greifen können; schließlich kommt für die nicht organisierten Arbeitnehmer und Arbeitgeber ein Schutz durch Verbandsordnung nicht in Betracht. Die bisher ständige Rechtsprechung des Bundesarbeitsgerichts, das Schutzbedürfnis der Adressaten der Tarifvertragsnormen mit demjenigen der Staatsbürger gegenüber der Hoheitsgewalt auf eine Stufe zu stellen und dabei auf die grundrechtlichen Schutzwerte der Art. 12 und 14 GG zurückzugreifen, war und ist folglich wohl begründet.

207 – Man kann aber auch an die moderne Rechtsprechung des Verfassungsgerichts anknüpfen: Schuldner des Grundrechtsverhältnisses ist und bleibt die staatliche Gewalt, also die Gesetzgebung und ersatzweise die Rechtsprechung. Beide haben den Auftrag, einen Mindestgehalt der Verfassung auch in Privatrechtsverhältnissen durchzusetzen. Das gilt unter Bezugnahme auf die Voraussetzungen einer gerechten Vertragsordnung – keine strukturelle Unterlegenheit und keine einseitige Belastung[121] – auch im Verhältnis zwischen den Tarifvertragsparteien als Normsetzer und den davon betroffenen einzelnen Arbeitgebern oder Arbeitnehmern, deren Berufs- und Lebensbedingungen vom Kollektivvertrag umfassend gestaltet werden. Wendet man ein, daß die betroffenen Arbeitgeber oder Arbeitnehmer mit dem für sie verbindlichen Normenvertrag im voraus einverstanden waren, sich ihm also generell unterwerfen wollten, so kommt dies realistisch nur für den Arbeitgeber beim Abschluß eines Firmentarifvertrages in Betracht. Ein Verzicht auf den Grundrechtsschutz, soweit er überhaupt im voraus zulässig ist,[122] kann im Beitritt zur Arbeitgebervereinigung oder zur Gewerkschaft im Hinblick auf die Unbestimmtheit, den Umfang und die Außenwirkung des Auftrags zur Tarifgesetzgebung, wie ausgeführt, nicht gesehen werden. Eine verfassungskonforme Ausgestaltung des Tarifvertragsrechts durch den Gesetzgeber oder den gesetzesver-

---

[119] Zutreffend *Gamillscheg*, Kollektives Arbeitsrecht I, § 16 I 1 c, S. 669.
[120] Vgl. *Wiedemann*, Gesellschaftsrecht I, § 7 I 1 b, S. 360.
[121] BVerfGE 84, S. 212, 229: Aussperrung; BVerfGE 89, S. 214, 232: Bürgschaft.
[122] Vgl. *Pieroth/Schlink*, Staatsrecht II Grundrechte, 13. Aufl. 1997, Rnr. 131 ff.

tretenden Richter muß mithin die Wahrung der Freiheitsrechte der Unterworfenen gewährleisten, und zwar nicht nur im Binnenverhältnis zum eigenen Berufsverband, sondern erst recht im Verhältnis zu den beiden Sozialpartnern. Die Beschränkung der Grundrechtskontrolle auf Interessenkonflikte im eigenen Lager (z. B. zum Schutz von Minderheiten) erscheint nicht ausreichend.[123]

bb) Geltungswirkung. Die eigentlichen Schwierigkeiten liegen darin, Inhalt und Maßstäbe zu bestimmen, die der staatliche Gesetzgeber oder hilfsweise die höchstrichterliche Rechtsprechung zur Beachtung der Grundrechte bei der kollektiven Normsetzung vorgeben müssen. In diesem Punkt bereiten die beiden Theorien gleich große, wenn auch inhaltlich unterschiedliche Probleme. **208**

– Bei unmittelbarer Grundrechtswirkung für die tarifliche Normsetzung kann es keine schlichte „Parallelverschiebung" der für den Staatseingriff, insb. für die Art. 12 und 14 GG ausgearbeiteten Inhaltskriterien auf das Verhältnis zwischen den Tarifvertragsparteien und den Tarifunterworfenen geben. Der staatliche Eingriff in Grundrechte legitimiert sich aus der Wahrnehmung anderer verfassungsmäßig geschützter Rechtsgüter oder aus der Wahrnehmung von Drittinteressen und Gründen des Gemeinwohls. Dieses Koordinatensystem bedarf bei der Übertragung auf die Tarifvertragsnormen erheblicher **Anpassungen**.[124] Die für Grundrechtseingriffe charakteristische Güter- und Interessenabwägung ist sowohl auf der Seite der Grundrechtsträger wie auch der Wertungen, die eine Grundrechtsbeschränkung legitimieren können, abzuändern. Für das organisierte Mitglied als Grundrechtsträger ist zu berücksichtigen, daß es sich dem zuständigen Berufsverband freiwillig angeschlossen hat. Angesichts der weitreichenden Regelungsbefugnisse der Sozialpartner bedeutet dies gewiß nicht, daß es damit auf seinen Grundrechtsschutz verzichten wollte oder ihn, wie der Arbeitgeber beim Firmentarifvertrag, auf den unverzichtbaren Kern zurückgeführt hat.[125] Der einzelne Arbeitgeber und Arbeitnehmer muß indes damit rechnen, daß Tarifvertragsnormen seine Berufsausübung und seine Arbeitstätigkeit regulieren werden, denn dazu werden sie vereinbart. Die Stellung und der Betroffenheitsgrad der im Berufsverband organisierten Mitglieder ist weder mit derjenigen des gehorsamen Staatsbürgers noch mit derjenigen des freien Vertragspartners zu vergleichen; anderes gilt freilich für die Betroffenheit der nicht organisierten Arbeitgeber und Arbeitnehmer. Der Grundrechtsschutz tritt deshalb erst auf den Plan, wenn der Adressat des Tarifvertrages seine Interessen bei der Willensbildung im eigenen und bei der Vereinbarung mit dem gegnerischen Verband nicht ausreichend berücksichtigt findet. Noch deutlicher wird das **209**

---

[123] Vgl. aber *W. Blomeyer*, ZfA 1980, S. 1, 22; *Singer*, ZfA 1995, S. 611, 629; *A. Wiedemann*, Die Bindung der Tarifnormen an Grundrechte, 1994, S. 117 ff.
[124] Im Ansatz deshalb nicht überzeugend *C. J. Müller*, Die Berufsfreiheit des Arbeitgebers, 1996, S. 152 ff.; *E. Stark*, Verfassungsfragen einer Arbeitsplatzsicherung durch Tarifvertrag, 1989, S. 133; *Wend*, Die Zulässigkeit tarifvertraglicher Arbeitsplatzbesetzungsregelungen, 1984, S. 143.
[125] Vgl. dazu BAG 18. 10. 1994 AP Nr. 11 zu § 615 BGB Kurzarbeit; BAG 27. 1. 1994 AP Nr. 1 zu § 15 BAT-O.

Einleitung 210   2. Abschnitt. Tarifvertrag und höherrangiges Recht

Anpassungsbedürfnis beim Vergleich zwischen den Rechtszielen, die den staatlichen Gesetzgeber und denjenigen, die die Tarifvertragsparteien zu einem Grundrechtseingriff legitimieren. Die Zielsetzung der Sozialpartner ist nicht auf Belange der Allgemeinheit beschränkt – im Gegenteil: ihr Verfassungsauftrag lautet auf Wahrnehmung der Arbeits- und Wirtschaftsbedingungen ihrer Mitglieder.[126] Der Kompetenzbereich ist mithin im Vergleich zur Zuständigkeit des staatlichen Gesetzgebers teils eingeschränkt, teils erweitert. Die Tarifpartner dürfen Grundrechte der Arbeitgeber oder Arbeitnehmer folglich für beschäftigungs-, sozialpolitische und Standesaufgaben zurückdrängen, nicht jedoch, um anderweitige politische Ziele zu verfolgen.[127] Auf der anderen Seite sind sie berechtigt, in erster Linie Partikularinteressen, also diejenigen ihrer Mitglieder und darüberhinaus der Gesamtheit der Arbeitgeber oder der Arbeitnehmer der betreffenden Branche wahrzunehmen; Drittinteressen und Gemeinwohl bilden für sie keine Zielvorgabe.[128] Aus diesem im Verhältnis zur staatlichen Gesetzgebung veränderten „Kräftefeld" erklärt sich, daß die Rechtsprechung des Bundesarbeitsgerichts, auch wenn sie unmittelbar auf Grundrechte zurückgriff – wie z. B. bei der Überprüfung tarifvertraglicher Besetzungsregeln auf Art. 12 GG[129] – die Dogmatik des Bundesverfassungsgerichts nur begrenzt übernahm und eigene Maßstäbe der Freiheitsbeschränkung entwickelte; vgl. dazu unten Rnr. 326 ff. Verhältnismäßig unverändert gilt schließlich für die Tarifvertragsnormen die Abwägung anhand des Verhältnismäßigkeitsgrundsatzes (Übermaßverbot): die Grundrechtsbeschränkung muß zur Verfolgung der in Art. 9 Abs. 3 GG genannten Ziele erforderlich, geeignet und angemessen sein.

210 – Die Problematik der Lehre vom *Schutzauftrag* der Grundrechte liegt darin, daß sie vorerst nur wenige Regeln zur Begrenzung der Tarifmacht anbietet, weil die Rechtsprechung jede Art von Inhaltskontrolle vermeidet.[130] Wenn sie die Gleichheitsgebote der Verfassung und der Gesetze auf einen

---

[126] BAG 7. 11. 1995 AP Nr. 1 zu § 3 TVG Betriebsnormen (*H. Hanau*): „Ausschnitt des Gemeinwohls".

[127] In diesem Sinne auch *Dieterich*, in: Festschrift für Günter Schaub (1998), S. 117, 126.

[128] *Richardi*, ZfA 1990, S. 211, 220; abw. *Glaubitz*, in: Hess/Schlochauer/Glaubitz, 5. Aufl. 1997, § 87 BetrVG, Rnr. 146; *Zöllner*, Betrieb 1989, S. 2121, 2122; vgl. zur Schrankenfunktion des Gemeinwohls unten Rnr. 345 ff.

[129] Vgl. BAG 13. 9. 1983 AP Nr. 1 zu § 1 TVG Tarifverträge Druckindustrie (*Reuter*); BAG 26. 4. 1990 AP Nr. 57 zu Art. 9 GG; BAG 22. 1. 1991 AP Nr. 67 zu Art. 12 GG: Hervorhebung, daß die Aufgabe der Tarifvertragsparteien im Rahmen des Art. 12 GG eine andere sei als die des staatlichen Gesetzgebers; zu *Gratifikationen* vgl. BAG 31. 3. 1966 AP Nr. 54 (*Biedenkopf*), 23. 2. 1967 AP Nr. 57 (*A. Hueck*), 16. 11. 1967 AP Nr. 63 (*Gamillscheg*) zu § 611 BGB Gratifikation: Betonung der Grundrechtsträgerschaft der Tarifvertragsparteien; zu *Altersgrenzen* vgl. BAG 6. 3. 1986 AP Nr. 1 zu § 620 BGB Altersgrenze: Unterscheidung zwischen subjektiven Zulassungsvoraussetzungen für ganze Berufssparten und solchen für einzelne Arbeitsplätze; zu einem *Beschäftigungsverbot* vgl. BAG 7. 11. 1995 AP Nr. 1 zu § 1 TVG Betriebsnormen (*H. Hanau*).

[130] Vgl. den Ansatz in BAG 18. 10. 1994 AP Nr. 11 zu § 615 BGB Kurzarbeit: Schutzpflicht für den einmal gewählten Arbeitsplatz mit den geltenden Kündigungsschutzvorschriften erfüllt, ein tarifvertragliches Abweichen vom gesetzlichen Mindeststandard nicht zulässig.

Minderheitenschutz reduzieren möchte,[131] wird dies dem Verfassungsgebot der Gleichbehandlung nicht gerecht: dieses garantiert ein Individual-, nicht nur ein Gruppengrundrecht. Im übrigen bietet das Untermaßverbot bislang keine inhaltlichen Rechtsätze zur Ausfüllung des Art. 12 GG oder anderer Freiheitsrechte an, die die verfassungsgerichtlichen Erkenntnisse ersetzen könnten.[132] Die Rechtsprechung zur Grundrechtswirkung in Ungleichgewichtslagen ist auf Austauschverträge und andere bürgerlich-rechtliche Rechtsgeschäfte zugeschnitten. Welche „Schutzzonen" der Gesetzgeber für die Mitglieder der Koalitionen und vor allem für davon unmittelbar oder mittelbar auch betroffene Nicht-Mitglieder schaffen muß, ist offen. Auch insofern genügt es nicht, hierher nur den Mindestschutz der Mitglieder gegenüber dem eigenen Verband zu rechnen. Die Grundrechte wären dann (gesellschaftsrechtlich gesprochen) eine Art garantierter Kernbereich von Mitgliedschaftsrechten – eine Auffassung, die dem Rechtscharakter der Tarifnormen und dem Bedürfnis nach Individualschutz nicht gerecht werden kann. Die Bedeutung der Kollektivnormen besteht gerade in der Einflußmöglichkeit auf die beiderseitigen Verbandsangehörigen und darüberhinaus auf außenstehende Dritte sowie auf die allgemeinen Arbeits- und Wirtschaftsbedingungen. Auf der anderen Seite setzt der Individual- und Minderheitenschutz im Gesellschaftsrecht keine Grundrechtswürde voraus; zum unverzichtbaren Kernbereich gehören Zustimmungserfordernisse für rechtsverkürzende und pflichtenerhöhende Gesellschafterbeschlüsse.[133]

2. Art. 2 GG Allgemeine Handlungsfreiheit

a) § 2 Abs. 2 der TO für Filmschaffende vom 19. 8. 1943 wurde von BAG 7. 11. 1958 AP Nr. 1 zu § 611 BGB Film für rechtsunwirksam erklärt, weil eine Tarifbestimmung nicht anordnen dürfe, daß der Arbeitsvertrag persönlich und nicht durch einen Bevollmächtigten abgeschlossen werden könne; dieses generelle Verbot der Vertretung wurde als (auch) mit Art. 2 Abs. 1 GG unvereinbar angesehen. Weiter wurde in BAG 2. 8. 1963 AP Nr. 5 zu Art. 9 GG (*Mayer-Maly*) = SAE 1964, S. 94 (*Bötticher*) eine Verhandlungspflicht der Tarifvertragsparteien (auch) unter Berufung auf Art. 2 Abs. 1 GG abgelehnt, weil die Vertragsfreiheit auch die Freiheit in der Wahl des Vertragspartners umfasse. Diese Begründung übersieht, daß die Vertragsfreiheit im Rahmen des Art. 2 Abs. 1 GG sachlichen Beschränkungen unterliegt. Dazu kann sowohl eine Beschränkung der Abschluß- wie auch der Gestaltungsfreiheit, in einem bilateralen Monopol deshalb auch eine Verhandlungspflicht gehören. Vgl. zur Verhandlungspflicht der Tarifvertragsparteien unten § 1 Rnr. 182 ff.

211

b) Bei der Frage, wie weit die individuelle Vertragsfreiheit des Einzelarbeitsvertrages gewährleistet wird, ist scharf zu trennen zwischen der Freiheits-

212

---

[131] So *Dieterich*, in: Festschrift für Günter Schaub (1998), S. 117, 133 f.; abw. Kempen/Zachert, Grundl., Rnr. 155.
[132] Vgl. *C.J. Müller*, Die Berufsfreiheit der Arbeitgeber, 1996, S. 94 ff., 104 ff.
[133] Vgl. *Karsten Schmidt*, Gesellschaftsrecht, 3. Aufl. 1997, § 16 III 3 b, S. 478 ff.; *Wiedemann*, WM 1992, Beilage Nr. 7, S. 1, 28.

Einleitung 213, 214   2. Abschnitt. Tarifvertrag und höherrangiges Recht

garantie des Art. 2 Abs. 1 GG und der Gewährleistung des Günstigkeitsprinzips in § 4 Abs. 3 des Gesetzes.[134] Art. 2 Abs. 1 GG gestattet dem Gesetzgeber jeden im Allgemeininteresse notwendigen und verhältnismäßigen Eingriff in die Vertragsfreiheit.[135] Zur Durchführung der Schutz- und Ordnungsaufgabe der Tarifvertragsparteien wäre es mithin denkbar, die individuelle Vertragsfreiheit der Arbeitsparteien partiell einzuschränken. Der Gesetzgeber hat jedoch durch § 4 Abs. 3 das Günstigkeitsprinzip zwingend für positive Inhaltsnormen eingeführt. Tarifliche Höchstnormen verstoßen deshalb zwar nicht gegen die Verfassung, wohl aber gegen das geltende Tarifrecht: tarifliche Vereinbarungen, die eine gegenüber den Tarifnormen günstigere einzelvertragliche Regelung verbieten, sind unwirksam. Eine Gewährleistung des Günstigkeitsprinzips durch die Verfassung wird überwiegend abgelehnt.[136]

3. Art. 3 GG Gleichheitsgebote

213   Der Gleichheitssatz ist unerschöpflich und sucht sich stets neue Anwendungsfelder. Was frühere Generationen als naturgegebene Unterschiede hingenommen haben, erscheint uns heute vielfach mit einer „am Gerechtigkeitsgedanken orientierten" Rechtsordnung gänzlich unvereinbar. Manche hegen die Befürchtung, die Ausweitung des Geltungsbereichs dieses rechtsethischen Grundprinzips werde in ferner Zukunft herausragende Leistungen und deren Anerkennung überhaupt verhindern. Das ist unwahrscheinlich. Unsere Einstellung zur Gleichbehandlung ist und bleibt ambivalent: sie zielt einerseits darauf ab, sich jeder Zurücksetzung zu erwehren, andererseits jede Bevorzugung zu legitimieren. Leistungserfolge und andere Besitzstände werden daher auch in Zukunft verteidigt werden; nur die Wertskala unterliegt Veränderungen.

214   a) **Verfassungsbindung. aa)** Die Bindung der Tarifvertragsparteien an die Gleichheitsgebote des Art. 3 GG und des Art. 119 EGV [Art. 141 EGV n. F.] entspricht gesicherter Rechtsauffassung. Auch dort, wo die Geltung der Grundrechte für die Sozialpartner in Frage gestellt wird, macht man für die Gleichbehandlung eine Ausnahme[137] und daran sollte auch die jetzt wiederbelebte Diskussion zur Grundrechtsbindung der Tarifvertragsparteien nicht rütteln. Der Gleichheitssatz gilt für alle Kollektivvereinbarungen und er trifft sie *unmittelbar*. Das hat seinen Grund im Charakter des Tarifvertrages als Normenvertrag und weiter in der Eigenschaft des Gleichheitssatzes als Bestandteil jeder Verteilungsgerechtigkeit (*justitia distributiva*): wer berechtigt ist,

---

[134] Nicht eindeutig insoweit *Biedenkopf*, Tarifautonomie, S. 74 ff.
[135] Vgl. zu der sehr bestrittenen Auslegung BVerfGE 6, S. 32; *Hesse*, Grundzüge des Verfassungsrechts, 17. Aufl. 1990, § 12 I, S. 173–176; *Dürig*, in: Maunz/Dürig, Art. 2 GG, Rnr. 17 ff.; *Stein*, Staatsrecht, 12. Aufl. 1990, § 20 II 4, S. 214, 215.
[136] Vgl. *Nikisch*, Betrieb 1963, S. 1254, 1255; *Zeuner*, Betrieb 1965, S. 630, 632; a. A. *Hueck/Nipperdey*, Arbeitsrecht II 1, § 13 VII 2, S. 232 und im Anschluß an ihn BAG 15. 12. 1960 AP Nr. 2 und 3 zu § 4 TVG Angleichungsrecht (*Küchenhoff*); zum Günstigkeitsprinzip als Schranke der tariflichen Regelungsmacht vgl. unten § 4 Rnr. 381 ff.
[137] Vgl. *Biedenkopf*, Tarifautonomie, S. 82; *Hartmann*, Gleichbehandlung und Tarifautonomie, 1994, S. 79; *Misera*, Tarifmacht und Individualbereich, 1969, S. 86; *Richardi*, in: Festschrift für Franz Merz (1992), S. 481, 494.

allgemeine Regeln für die Mitglieder einer Gemeinschaft aufzustellen, muß sie am Gerechtigkeitsgedanken orientieren.[138] Daß die Regelungen des Tarifvertrages die Eigenschaft von *Rechtsnormen* haben, ist – bei allem Streit hinsichtlich ihres Rechtscharakters im übrigen – unbestritten und nach dem Wortlaut des § 1 Abs. 1 auch unbestreitbar. Die Zusammenfassung der Mitglieder in einer Koalition, insb. also der organisierten Arbeitnehmer in einer Gewerkschaft, begründet eine Verteilungsgemeinschaft, die die Gleichbehandlungspflicht nachzieht.[139] Es war deshalb weder Un- noch Zufall, daß das Bundesarbeitsgericht seine Rechtsprechung zur Lohngleichheit von Männern und Frauen unmittelbar auf der Basis des Art. 3 Abs. 2 GG errichtete; der Fehler dieser Lehre von der unmittelbaren Drittwirkung lag nur darin, die dabei gewonnene Erkenntnis unbesehen auf Grundrechte mit anderem Inhalt übertragen zu wollen.[140] Im nationalen Recht hat die Bindung der Kollektivvertragsparteien an Art. 3 GG gewohnheitsrechtlichen Charakter; sie wird in der Rechtsprechung nicht mehr näher begründet, sondern vorausgesetzt.[141] Im europäischen Recht ist die Gleichheitsgarantie vom Grundrechtsverständnis unabhängig, weil Art. 119 EGV in der Rechtsprechung des Europäischen Gerichtshofs als alle Arbeitgeber unmittelbar bindende Rechtsnorm verstanden wird.[142] Gelegentlich findet sich in der Rechtsprechung des Bundesarbeitsgerichts zu Mehrarbeitszuschlägen[143] der absichernde Hinweis auf Art. 4 der Richtlinie 75/117/EWG, wonach die Mitgliedstaaten sicherstellen müssen, daß mit dem Grundsatz des gleichen Entgelts unvereinbare Bestimmungen in Tarifverträgen nichtig sind oder für nichtig erklärt werden können.

bb) Bisher gab es wenig Erkenntnisse dazu, in welchem Verhältnis die Grundrechte des Art. 119 EGV und des Art. 3 GG zu den speziellen nationalen Vorschriften stehen, die mit unterschiedlichem Adressatenkreis und unterschiedlichem Inhalt das Gleichheitsgebot näher konkretisieren; vgl. § 612 Abs. 3 BGB, § 2 BeschFG, § 5 Abs. 3 VermögensBiG, § 1 Abs. 1 Satz 4 BetrAVG. In einer neueren Entscheidung erklärt der 8. Senat des Bundesarbeitsgerichts § 612 Abs. 3 BGB zum Spezialgesetz gegenüber dem Gleichheitssatz des Art. 3 Abs. 2 GG und gegenüber dem allgemeinen arbeitsrechtlichen Gleichbehandlungsgrundsatz: die gemeinschaftsrechtlichen

---

[138] Vgl. die moderne Formel des Bundesverfassungsgerichts in BVerfGE 57, S. 107, 115; 71, S. 255, 271 und ihre Erweiterung durch den Grundsatz der Verhältnismäßigkeit in BVerfGE 82, S. 126, 146; 90, S. 46, 56.

[139] Vgl. zum Gleichbehandlungsgrundsatz aber *Rieble*, Arbeitsmarkt und Wettbewerb, 1996, Rnr. 972 ff.

[140] Vgl. *Dürig*, in: Festschrift für Hans Nawiaski (1956), Grundrechte und Zivilrechtsprechung, S. 157 ff.

[141] Vgl. zur unmittelbaren Wirkung des Art. 3 GG zuletzt BAG 5. 4. 1995 AP Nr. 18 zu § 1 TVG Tarifverträge: Lufthansa; BAG 20. 6. 1995 AP Nr. 1 zu § 1 TVG Tarifverträge: Nährmittelindustrie (*Schüren*); BAG 17. 10. 1995 AP Nr. 132 zu § 242 BGB Gleichbehandlung (*Wiedemann*); BAG 28. 5. 1996 AP Nr. 143 zu § 1 TVG Tarifverträge: Metallindustrie; BAG 26. 8. 1997 AP Nr. 74 zu § 87 BetrVG 1972 Arbeitszeit.

[142] Vgl. grundlegend zur unmittelbaren gemeinschaftsrechtlichen Geltung EuGH 8. 4. 1976, Slg. 1976, S. 455, 476: Defrenne II.

[143] BAG 20. 6. 1995 AP Nr. 1 zu § 1 TVG Tarifverträge: Nährmittelindustrie (*Schüren*).

Gleichheitsgebote für Mann und Frau seien durch die richtlinienkonform auszulegende Bestimmung des § 612 Abs. 3 BGB in innerstaatliches Recht umgesetzt worden.[144] Wenn damit betont werden soll, daß die Sozialpartner auch an das einfache Gesetzesrecht und nicht nur an Grundrechte gebunden sind, ist dem zuzustimmen. Auf der anderen Seite ist aber nicht zu übersehen, daß § 612 Abs. 3 BGB lediglich einen schmalen Sektor der Verteilungsgerechtigkeit, nämlich die Anspruchsgrundlage für die Gleichbehandlung von Männern und Frauen beim Entgelt umfaßt, die Grundrechte also im übrigen ihre Bedeutung behalten. Dazu kommt, daß die Auslegung des Lohngleichheitsgebotes als verdecktes Gemeinschaftsrecht auch in Zukunft am EG-Vertrag und den Richtlinien der EU ausgerichtet sein muß, die Rechtsprechung des EuGH zur Weiterentwicklung der höherrangigen Gleichheitsgebote mithin unverändert zu berücksichtigen ist. Die praktischen Konsequenzen der Änderung der Rechtsprechung sind also gering; in der Mehrzahl der jüngeren Entscheidungen zum Gleichheitsgebot werden auch weiter die verschiedenen Verfassungs- und Gesetzesgrundlagen nebeneinander herangezogen.[145]

216 **b) Geltungsrahmen. aa)** Der 3. Senat des Bundesarbeitsgerichts hat den Vergleichsrahmen, der bisher auf *eine* Kollektivvereinbarung und ihren Geltungsbereich beschränkt war, auf mehrere Tarifverträge zwischen denselben Tarifvertragsparteien erweitert: sie müssen vergleichbare Arbeitnehmergruppen auch in unterschiedlichen Tarifverträgen gleich behandeln.[146] Das Urteil bezieht sich ausdrücklich auf die Vorabentscheidung des EuGH vom 27. 10. 1993 (Slg. 1993 I, S. 5535): Enderby, das sein Verdikt aus Anlaß einer mittelbaren Diskriminierung auf zwei verschiedene Tarifverträge in unterschiedlichen Unternehmen (Behörden), aber zwischen gleichen Vertragsparteien erstreckte. Der EuGH begründet dies lapidar damit, daß die Tarifvertragsparteien sich der Beachtung des Grundsatzes des gleichen Entgelts sonst leicht durch getrennte Verhandlungen entziehen könnten. Das trifft zu, rechtfertigt aber noch nicht die Einbeziehung verschiedener Berufsgruppen in unterschiedlichen Unternehmen. Die Entscheidung des BAG läßt offen, ob die beiden Vergleichsgruppen der Fleischbeschauertierärzte in denselben öffentlichen Schlachthöfen tätig waren.[147]

217 **bb)** Mittelbar ergibt sich eine Erweiterung des Gleichheitssatzes dann, wenn der Tarifvertrag von nicht tarifgebundenen Parteien des Einzelarbeitsverhältnisses **in Bezug genommen** wird.[148] Wenn eine solche Bezugnahme auf die einschlägigen Tarifverträge zwischen Arbeitgeber und Arbeitnehmer

---

[144] BAG 23. 8. 1995 AP Nr. 48 zu § 612 BGB; BAG 20. 11. 1996 AP Nr. 149 zu § 242 BGB Gleichbehandlung; ebenso schon früher *Schlachter*, Wege zur Gleichberechtigung, 1993, S. 88; *Wank*, SAE 1994, S. 195, 197; abw. für Versorgungsleistung BAG 3. 6. 1997 AP Nr. 35 zu § 1 BetrAVG Gleichbehandlung (*Schlachter*).
[145] Vgl. etwa BAG 7. 11. 1995 AP Nr. 119 EWG-Vertrag; BAG 20. 6. 1995 AP Nr. 1 zu § 1 TVG Tarifverträge: Lufthansa und BAG 20. 6. 1995 AP Nr. 11 zu § 1 TVG Tarifverträge: Chemie; ebenso *Wißmann*, in: Festschrift für Günter Schaub (1998), S. 793, 803.
[146] BAG 17. 10. 1995 AP Nr. 132 zu § 242 BGB Gleichbehandlung (*Wiedemann*).
[147] Vgl. den Hinweis in BAG 13. 5. 1997, NZA 1997, S. 1294, 1297.
[148] Vgl. BAG 25. 4. 1995 AP Nr. 25 zu § 1 BetrAVG Gleichbehandlung: Hausmeister; BAG 17. 10. 1995 AP Nr. 132 zu § 242 BGB Gleichbehandlung: Fleischbeschauer.

vereinbart ist, scheidet der arbeitsrechtliche Gleichbehandlungsgrundsatz als Rechtsgrundlage aus. An seine Stelle tritt der in Bezug genommene Tarifvertrag. Ein Schutz des einzelnen Arbeitnehmers gegenüber der Gestaltungsmacht des Arbeitgebers erübrigt sich, wenn die übernommene tarifvertragliche Regelung ihrerseits einer verfassungsrechtlichen Überprüfung standhält; eine im Einklang mit der Verfassung stehende und von den Sozialpartnern gebilligte Gruppenbildung darf vom nicht tarifgebundenen Arbeitgeber durch Bezugnahme imitiert werden. Diese Rechtsprechung unterstreicht die gesellschaftspolitische Stellung der Sozialpartner in sachlicher und personeller Hinsicht: sachlich erfüllen die Tarifvertragsparteien nicht nur einen Schutz- sondern auch einen Ordnungsauftrag, wenn sie das Gleichheitsgebot konkretisieren; personell werden sie nicht nur für ihre organisierten Mitglieder, sondern in bestimmtem Umfang auch als Repräsentanten der nicht oder anders organisierten Arbeitgeber und Arbeitnehmer tätig. Eine aktuelle Bestätigung dieser Aufgabe als verlängerter Arm des staatlichen Gesetzgebers findet sich jüngst in § 7 Abs. 3 ArbZG, der nicht tarifgebundenen Unternehmen im Geltungsbereich eines Tarifvertrages die Möglichkeit einräumt, abweichende tarifvertragliche Regelungen durch Betriebsvereinbarung oder Einzelabrede zu übernehmen. Dabei ist es ein wesentliches Ziel des Gesetzes, den Tarifvertragsparteien im Interesse eines praxisnahen, sachgerechten und effektiven Arbeitszeitschutzes mehr Befugnisse und mehr Verantwortung als bisher zu übertragen.[149]

c) **Verletzungs- und Rechtfertigungsformen.** Bei der Überprüfung von Kollektivverträgen auf ihre Vereinbarkeit mit dem Gleichheitsgebot sind verschiedene Kategorien ausgearbeitet worden:
— Der *direkte offene Verstoß* gegen das Gleichheitsgebot: der Tatbestand benachteiligt eine Arbeitnehmergruppe unmittelbar dadurch, daß er von ihr nicht zu erfüllende Voraussetzungen aufstellt; dies ist der klassische Fall der Diskriminierung (= rechtswidrigen Ungleichbehandlung).
— Der *direkte verdeckte Verstoß* gegen das Gleichheitsgebot: der Tatbestand stellt auf ein neutrales Kriterium ab, benachteiligt damit aber sachlich vorgegeben eine Arbeitnehmergruppe, die das geforderte Merkmal nicht oder überwiegend nicht erfüllen kann.[150]
— Die *mittelbare Diskriminierung*: der Tatbestand benachteiligt eine Arbeitnehmergruppe zunächst zu Recht; da die Regelung aber für eine wesentliche Untergruppe eine Diskriminierung darstellt, wird – bei pauschalierender Betrachtung – die Differenzierung insgesamt für rechtswidrig erklärt.
Die beiden ersten Gruppen unterscheiden sich in ihren Anforderungen im übrigen und in den Rechtsfolgen nach allg. Ansicht nicht; auch die verdeckte Diskriminierung setzt keine darauf abzielende Absicht voraus. Dagegen sind die tatbestandlichen Voraussetzungen und Rechtsfolgen der mittelbaren Diskriminierung nicht voll geklärt; vgl. dazu oben Rnr. 167 ff.

---

[149] Vgl. ArbZG E BT-Drucks. 12/5888, S. 20, 24.
[150] EuGH 8. 11. 1990, Slg. 1990 I, S. 3941, 3973: Dekker; EuGH 14. 7. 1994, Slg. 1994 I, S. 3567, 3585: Webb; vgl. die Legaldefinition in Richtlinie 97/80/EG v. 15. 12. 1997 Art. 2 Abs. 2.

219 In ähnlicher Weise lassen sich auch die Rechtfertigungsformen ordnen:
- Bei *unmittelbarer Rechtfertigung* wird nachgewiesen, daß die Ungleichbehandlung für Art. 3 Abs. 1 GG sachlich gerechtfertigt ist; in den Sonderfällen des Art. 3 Abs. 2 und 3 GG muß nachgewiesen werden, daß die Ungleichbehandlung sachlich unvermeidlich ist.[151]
- Bei *mittelbarer Rechtfertigung* benachteiligt der Tatbestand eine Arbeitnehmergruppe nur scheinbar zu Unrecht: da für die Regelung hinsichtlich einer wesentlichen Untergruppe jedoch zwingende Gründe vorliegen, wird – bei pauschalierender Betrachtung – die Differenzierung insgesamt für rechtmäßig erklärt.

220 **d) Gestaltungsspielraum.** Besondere Aufmerksamkeit gebührt den Aussagen des Bundesarbeitsgerichts zum Verhältnis von Art. 3 GG zu Art. 9 Abs. 3 GG, und zwar sowohl im Rahmen der Voraussetzungen wie der Folgen (vgl. dazu unten Rnr. 261 ff.) des Gleichheitssatzes. In einer größeren Zahl von Entscheidungen hatte sich das Revisionsgericht mit dem Einwand auseinanderzusetzen, daß die Tarifvertragsparteien im Rahmen der Tarifautonomie selbst bestimmen können, wie sie ihre Gruppenbildung vornehmen, wo sie die Grenzen abstecken und welche Gruppen sie von einer Regelung ausnehmen. Die Antwort der verschiedenen Senate des Bundesarbeitsgerichts lautet einheitlich – und zutreffend: die Tarifvertragsparteien sind Normgeber, sie sind deshalb wie die parlamentarische Gesetzgebung an den Gleichheitssatz gebunden. Das wurde vom zweiten Senat für unterschiedliche Kündigungsfristen von Arbeitern und Angestellten,[152] vom dritten Senat für Ruhegeldleistungen,[153] vom fünften Senat für die Teilzeitbeschäftigten[154] und vom zehnten Senat für die unterschiedliche Behandlung von Fehlzeiten bei Arbeitern und Angestellten[155] gleichlautend beschieden.

221 Ältere Urteile waren hier – jedenfalls im Ansatz – weniger streng. Sie legitimierten die richterliche Zurückhaltung gegenüber einer Verfassungskontrolle mit der „Richtigkeitsgewähr" der Tarifverträge, die die Vermutung für sich hätten, daß sie den Interessen beider Seiten gerecht werden und keiner Seite ein unzumutbares Übergewicht vermitteln.[156] Dabei war der 2. Senat in seiner Rechtsprechung seit jeher vorsichtiger mit dem Testat der materiellen Richtigkeitsgewähr und betonte zutreffend, daß es jedenfalls keine Vermutung für die Verfassungsmäßigkeit von Tarifverträgen gäbe.[157] Wenn die Rechtsprechung deutlich machen wollte, daß den Tarifvertragsparteien wie dem staatlichen Gesetzgeber ein **Beurteilungsspielraum** bei seiner eigenen

---

[151] Dem entspricht in etwa das Erfordernis der „*strict scrutiny*" im US-amerikanischen Recht; vgl. Palmore v. Sidoti, 466 U.S. 429, 432 (1984).
[152] BAG 10. 3. 1994 AP Nr. 117 zu § 1 TVG Tarifverträge: Metallindustrie = SAE 1996, S. 104 (*Buchner*).
[153] Vgl. die Zusammenstellung der Urteile AP zu § 1 BetrAVG Gleichbehandlung und § 1 BetrAVG Gleichberechtigung; zuletzt grundsätzlich BAG 13. 5. 1997 AP Nr. 36 zu § 1 BetrAVG Gleichbehandlung.
[154] Vgl. zuletzt BAG 9. 10. 1996 AP Nr. 50 zu § 2 BeschFG 1985.
[155] BAG 6. 12. 1995 AP Nr. 186 zu § 611 BGB Gratifikation.
[156] Vgl. nur BAG 3. 10. 1969 AP Nr. 12 zu § 15 AZO (*Söllner*); BAG 6. 2. 1985 AP Nr. 1 zu § 1 TVG Tarifverträge: Süßwarenindustrie (*v. Stebut; Brackmann*); BAG 29. 8. 1991 AP Nr. 32 zu § 622 BGB; BAG 23. 1. 1992 AP Nr. 37 zu § 622 BGB.
[157] BAG 29. 8. 1991 AP Nr. 32 zu § 622 BGB.

Gruppenbildung zusteht und daß die Bindung an den Gleichheitssatz nicht dazu führen kann, Tarifverträge auf Zweckmäßigkeit oder Angemessenheit zu überprüfen, so trifft dies gewiß zu. Ob damit auch eine Kontrolle auf Treu und Glauben nach § 242 BGB ausgeschlossen sein kann,[158] ist fraglich und hier nicht weiter zu verfolgen. Für die Geltung des allgemeinen oder der besonderen Gleichheitsgebote gibt es dagegen keine sachliche Beschränkung. Die Tarifvertragsparteien sind damit vor allem an die Gleichbehandlung derjenigen Gruppen gebunden, die der staatliche Gesetzgeber nicht diskriminieren darf, also an die Gleichheitsgebote des Art. 3 Abs. 3 GG.

e) Inhalt. Im Tarifvertrag dürfen wesentlich gleiche Sachverhalte nicht willkürlich verschieden behandelt werden.[159] Für die Tarifvertragsparteien gilt also dieselbe Formulierung des Gleichheitssatzes wie für den staatlichen Gesetzgeber und nicht das egalitäre Gleichheitsverständnis der französischen Revolution. Nach der jüngeren Rechtsprechung des BVerfG enthält der Gleichheitssatz des Art. 3 Abs. 1 GG allerdings nicht nur ein Willkürverbot; der Maßstab lautet vielmehr seit BVerfGE 57, S. 107, 115:

„Dieses Grundrecht ist dann verletzt, wenn eine Gruppe von Normadressaten im Vergleich zu anderen Normadressaten ungleich behandelt wird, obwohl zwischen beiden Gruppen keine Unterschiede von solcher Art und solchem Gewicht bestehen, daß sie die ungleiche Behandlung rechtfertigen könnten. Welche Sachverhaltselemente so wichtig sind, daß ihre Verschiedenheit eine Ungleichbehandlung rechtfertigt, hat regelmäßig der Gesetzgeber zu entscheiden; sein Spielraum endet erst dort, wo die ungleiche Behandlung nicht mehr mit einer am Gerechtigkeitsgedanken orientierten Betrachtungsweise vereinbar ist (BVerfGE 9, S. 334, 337; st. Rspr.)."

Das Verhältnis von Willkürverbot und Gerechtigkeitsgebot hat das BVerfG später dahin zusammengefaßt, daß sich je nach Regelungsgegenstand und Differenzierungsmerkmalen *unterschiedliche Grenzen* für den Gesetzgeber ergeben, die vom bloßen Willkürverbot bis zu einer strengen Bindung an Verhältnismäßigkeitserfordernisse reichen; die Bindung werde umso enger, je mehr sich die personenbezogenen Merkmale den in Art. 3 Abs. 3 GG genannten annähern und je größer deshalb die Gefahr ist, daß eine an sie anknüpfende Ungleichbehandlung zur Diskriminierung einer Minderheit führt.[160] Diese Abstufungen des Gleichheitsgebotes gelten auch für die Tarifpartner. Im übrigen gilt es folgendes zu bedenken: Soweit die Tarifvertragsnormen besonders wertvolle Rechtsgüter, nämlich die menschliche Arbeitskraft und die Entfaltung der Persönlichkeit einsetzen, sind deshalb an den sachlichen Grund für Differenzierungen strengere Maßstäbe anzulegen als bei der Ausgestaltung von Normen, die lediglich die Vermögenssphäre betreffen. Auf der anderen Seite steht den Tarifvertragsparteien ein größerer Gestaltungsspielraum zur Verfügung als dem einzelnen Arbeitgeber; sie sind nicht dem allgemeinen

---

[158] So BAG 6. 2. 1985 AP Nr. 1 zu § 1 TVG Tarifverträge: Süßwarenindustrie (*v. Stebut; Brackmann*); zurückhaltend BAG 21. 5. 1981 AP Nr. 15 zu § 61 BGB Bühnenengagementvertrag (*Herschel/Fessmann*).
[159] St. Rspr. des BAG seit BAG 15. 1. 1955 AP Nr. 4 zu Art. 3 GG (*Beitzke*).
[160] Vgl. BVerfGE 60, S. 123, 134; 82, S. 126, 146; 88, S. 87, 96; 91, S. 346, 362; BAG 23. 6. 1994 AP Nr. 13 zu § 1 TVG Tarifverträge: DDR BAG 29. 1. 1998, ZTR 1998, S. 3/4, 315; *Sachs/Osterloh*, 1996, Art. 3 GG, Rnr. 13 ff.; *Söllner*, Die Bedeutung des Gleichbehandlungsgrundsatzes, 1994, S. 11.

arbeitsrechtlichen Gleichbehandlungsgrundsatz unterworfen.[161] Das bedeutet nicht, daß die Tatsache der Aufnahme in einen Tarifvertrag bereits einen „sachlichen Grund" für die Regelung in sich trägt. Es besteht auch keine Vermutung in der Richtung, daß Regelungen in Kollektivvereinbarungen im Zweifel den Anforderungen des Art. 3 GG entsprechen und deshalb verfassungsmäßig sind.

224   aa) *Positive* Tatbestandsvoraussetzung des Gleichheitsgebotes ist die unterschiedliche Behandlung gleicher oder gleichwertiger Arbeitsleistungen. Diese Voraussetzung des Gleichheitssatzes wird namentlich vom Europäischen Gerichtshof betont: wenn Teilzeitbeschäftigte für die gleiche Anzahl geleisteter Arbeitsstunden die gleiche Gesamtvergütung wie Vollzeitbeschäftigte erhalten würden, fehle es bereits am Tatbestand der Ungleichbehandlung.[162] Das Bundesarbeitsgericht billigt diesen dogmatischen Ansatz und folgt ihm im Rahmen des Art. 119 Abs. 1 EGV, übergeht ihn aber bei der Prüfung der Gleichbehandlungspflicht nach § 2 Abs. 1 BeschFG.[163] Das leuchtet nicht ein. Die Struktur des Gleichheitssatzes ist durchweg dieselbe und verlangt eine klare Entscheidung dazu, ob überhaupt eine Ungleichbehandlung vorliegt und erst, wenn man diesen Tatbestand bejaht, ob ein sachlich tragfähiger Grund für die Ungleichbehandlung zu finden ist.

225   bb) Der Gleichheitssatz verlangt einen Vergleich dahingehend, ob die zurückgesetzten Arbeitnehmer dieselbe *Arbeitsleistung* erbringen wie die bevorzugten, also z. B. „eine besonders schwierige Tätigkeit" geschuldet wird.[164] Würde man streng auf *Identität* der Arbeitsleistung abstellen, so wäre der Gleichheitssatz auf multiple Arbeitsqualifikationen oder Arbeitsplätze beengt. Das europäische Recht läßt deshalb „Gleichwertigkeit" in der Richtlinie 75/117/EWG[165] genügen, wobei es an den englischen Equal Pay Act 1970 und die anschließende Rechtsprechung anknüpfen konnte.[166] Die Mitgliedstaaten müssen deshalb gewährleisten, daß die Gleichwertigkeit von Tätigkeiten rechtswirksam festgestellt wird.[167] Der deutsche Gesetzgeber hat diese Anordnung in § 612a Abs. 3 BGB befolgt.[168] Kriterien für die Gleichwertigkeit der Tätigkeiten enthält weder das europäische noch das deutsche Recht. Das Bundesarbeitsgericht widmet dem Merkmal der gleichen und der gleichwertigen Arbeit im Urteil des 5. Senats vom 23. August 1995 erste

---

[161] BAG 3. 4. 1974 AP Nr. 2 zu § 1 TVG Tarifverträge: Metallindustrie (*Blomeyer*): Nettolöhne; BAG 10. 3. 1982 AP Nr. 47 zu § 242 BGB Gleichbehandlung (*Wiedemann*).
[162] EuGH 31. 3. 1981, Slg. 1981, S. 911: Jenkins; EuGH 15. 12. 1994, Slg. 1994 I, S. 5727: Helmig = EAS EGV Art. 119, Nr. 35 (*Siemes*).
[163] Vgl. BAG 20. 6. 1995 AP Nr. 1 zu § 1 TVG Tarifverträge: Nährmittelindustrie (*Schüren*).
[164] Vgl. LAG Köln 11. 1. 1996, LAGE Art. 119 EWG-Vertrag Nr. 15 (*Peters/Thüsing*).
[165] ABl. EG Nr. L 45, S. 19.
[166] Equal Pay Act 1970 Art. 1 (2) (c): „of equal value to that of a man in the same employment"; vgl. dazu *Bourn/Whitmore*, Anti-Discrimination Law in Britain, 3. Aufl. 1996, Rnr. 6–68 ff., 6–78.
[167] EuGH 21. 10. 1986, Slg. 1986, S. 2110: Rummler; EuGH 31. 5. 1995, Slg. 1995 I, S. 1275, 1305: Royal Copenhagen.
[168] Ebenso Frankreich, Code du travail, Art. L 140–2.

Ausführungen.[169] Ob die Arbeit „gleich" sei, müsse durch einen Gesamtvergleich der Tätigkeiten ermittelt werden. Um eine „gleichwertige" Arbeit handle es sich, wenn Arbeitnehmer Tätigkeiten ausübten, die nach objektiven Maßstäben der Arbeitsbewertung denselben Arbeitswert haben; dabei sei der jeweils erforderliche Umfang von Vorkenntnissen und Fähigkeiten sowie die vielseitige Verwendbarkeit der Arbeitnehmer zu berücksichtigen. Das ist ein überzeugender Ansatz für die weitere Entwicklung der Rechtsprechung, schöpft die Problematik aber naturgemäß noch nicht aus. Es müssen jeweils zwei Merkmale zur Beurteilung der Gleichwertigkeit berücksichtigt werden: einmal die *Gruppenabgrenzung* der angeblich bevorzugten und der benachteiligten Arbeitnehmer; zum anderen die Gesamtschau der erbrachten Leistungen des Arbeitnehmers und in diesem Rahmen, soweit dies gemessen werden kann, auch die jeweilige Arbeitsproduktivität für den Arbeitgeber. Aussagefähige Gruppen, sagt der EuGH, müssen jeweils sämtliche Arbeitnehmer umfassen, „die unter Zugrundelegung einer Gesamtheit von Faktoren, wie Art der Arbeit, Ausbildungsanforderungen und Arbeitsbedingungen, als in einer vergleichbaren Situation befindlich angesehen werden können."[170] Mit der repräsentativen Abgrenzung soll Zufallsergebnissen vorgebeugt werden. Dazu kommt als zweites Hauptmerkmal die Bewertung der *Arbeitsleistung*, die sich auf Qualifikationserfordernisse, Erfahrung, Verantwortung und Schwierigkeit sowie Arbeitsbedingungen erstrecken soll.[171] Dabei kann auch berücksichtigt werden, welchen Beitrag die verglichenen Arbeitnehmergruppen zur Arbeitsproduktivität erbringen. Der Tarifvertrag verteilt die vorgegebene kumulative Lohnsumme nicht nur nach Aufwands- und Versorgungsgesichtspunkten, sondern muß auch den Verwendungseffekt der Arbeitsleistung auf seiten des Gläubigers, also des Unternehmensträgers in Rechnung stellen. Das Erfordernis gleicher Bezahlung von gleichwertigen Arbeitsleistungen wird der Arbeitsgerichtsbarkeit noch viel zu schaffen machen; auf die Lohndifferenzierungskriterien ist (unten Rnr. 258) zurückzukommen.

cc) Für die speziellen Gleichheitsgebote des Art. 3 Abs. 2 und 3 GG war lange ungesichert, wie das Verbot, jemand „wegen" bestimmter Eigenschaften zu diskriminieren, auszulegen sei – ob dafür einfache *Kausalität* der benachteiligten Gruppenzugehörigkeit genüge, oder ob es zusätzlich einer subjektiven Benachteiligungsabsicht bedürfe. Die neueren Urteile des Bundesarbeitsgerichts gehen auf diese Frage nicht mehr ein und schließen sich damit wohl stillschweigend der im Staatsrecht herrschend gewordenen Ansicht an, wonach die genannten Gleichheitsgebote keine gezielte Ungleich-

---

[169] BAG 23. 8. 1995 AP Nr. 48 zu § 612 BGB.
[170] EuGH 17. 10. 1989, Slg. 1989, S. 3199: Danfoss; EuGH 27. 10. 1993, Slg. 1993 I, S. 5535: Enderby; EuGH 31. 5. 1995, Slg. 1995 I, S. 1275, 1310: Royal Copenhagen; BAG 10. 12. 1997 AP Nr. 3 zu § 612 BGB Diskriminierung.
[171] Vgl. BAG 23. 8. 1995 AP Nr. 48 zu § 612 BGB; BAG 10. 12. 1997 AP Nr. 3 zu § 612 BGB Diskriminierung; LAG Köln, LAGE Art. 119 EWG-Vertrag Nr. 15 (*Peters/Thüsing*); vgl. dazu *Adams*, JZ 1991, S. 534, 537; *Wissmann*, in: Festschrift für Günter Schaub (1998), S. 793, 802, 809; *M. Schlachter*, Wege zur Gleichberechtigung (1993), S. 208.

behandlung fordern, vielmehr allgemeine Kausalität ausreichen lassen.¹⁷² Das verbotene Merkmal darf mit anderen Worten nicht Anknüpfungspunkt einer unterschiedlichen Regelung sein.

227 **f) Sachlicher Grund.** *Negative* Tatbestandsvoraussetzung des Gleichheitsgebotes ist, daß sich die unterschiedliche Behandlung der Arbeitnehmer nicht durch einen sachlichen Grund rechtfertigen läßt. In der neueren Rechtsprechung steht dies nicht mehr im Vordergrund der Erörterungen, da die Probleme der vor die Gerichte getragenen Fälle von Ungleichbehandlung meist im davor gelagerten Bereich der Tatsachenfeststellung und -wertung liegen. Der Schwerpunkt der Streitfragen liegt nach der grundsätzlichen Anerkennung des Erfordernisses des sachlichen Grundes auch für die Fälle der mittelbaren Diskriminierung¹⁷³ in der Ausarbeitung der möglichen materiellen Gesichtspunkte, die als Sachgrund eine Ungleichbehandlung rechtfertigen können.

228 Unterschiede müssen sich aus der Arbeitstätigkeit, der Betriebs- und Unternehmensstruktur und aus den Gesetzen des Arbeitsmarktes erklären lassen. Letztere rechtfertigen insb. eine unterschiedliche Behandlung von Arbeitnehmern oder Arbeitnehmergruppen „in der Zeit". Die Frage, wie weit neben Maßstäben arbeitswissenschaftlicher Bewertung der Arbeitsplätze¹⁷⁴ auch *arbeitsmarktpolitische* Erwägungen einfließen dürfen, ist in Rechtsprechung und Rechtslehre bisher wenig behandelt worden;¹⁷⁵ sie ist zu bejahen. Im übrigen gibt es für die Vielzahl der Regelungsgegenstände in Kollektivverträgen keine endgültigen Sachvorgaben. Lediglich bei der Gewährung freiwilliger Sozialleistungen ist ein Untersatz des Gleichheitsgebotes mit dem Inhalt ausgearbeitet worden, daß die Differenzierung in einem sachlichen Zusammenhang mit den von den Tarifvertragsparteien selbst zum Ausdruck gekommenen Zwecken stehen muß.¹⁷⁶

229 Die Rechtskontrolle durch die Gerichte kann nicht dazu führen, anhand des Art. 3 Abs. 1 GG generell die Zweckmäßigkeit oder Sozialverträglichkeit tarifvertraglicher Normen zu überprüfen.¹⁷⁷ Das Gleichheitsgebot führt insb. nicht dazu, die Tarifvertragsparteien zu einer ausschließlich nach der Arbeitsleistung oder der sozialen Bedürftigkeit abgestuften Entlohnung oder Ein-

---

¹⁷² Vgl. BVerfGE 85, S. 191, 206; BVerfGE 89, S. 276, 288; *Rüfner*, in: Festschrift für Karl Heinrich Friauf (1996), S. 331, 333; *Sachs*, in: Isensee/Kirchhof, HdbStR V (1992), § 126, Rnr. 65 ff.
¹⁷³ Vgl. EuGH 31. 3. 1981, Slg. 1981, S. 911: Jenkins; EuGH 13. 5. 1986, Slg. 1986, S. 1607: Bilka.
¹⁷⁴ Vgl. BAG 6. 4. 1955 AP Nr. 7 zu Art. 3 GG.
¹⁷⁵ BAG 23. 8. 1995 AP Nr. 134 zu § 242 BGB Gleichbehandlung; vgl. im englischen Recht dazu *Christopher McCrudden*, in: Eyraud (Hrsg.), Equal Pay Protection in Industrialized Market Economies, ILO 1993, S. 141, 147.
¹⁷⁶ St. Rspr.; BAG 5. 3. 1980 AP Nr. 44 zu § 242 BGB Gleichbehandlung (*Mayer-Maly*); BAG 11. 9. 1985 AP Nr. 76 zu § 242 BGB Gleichbehandlung (*Hromadka*); BAG 20. 7. 1993 AP Nr. 11 zu § 1 BetrAVG Gleichbehandlung; *Schüren*, NZA 1993, S. 529 ff.
¹⁷⁷ Allg. Ansicht; vgl. BAG 28. 7. 1992 AP Nr. 1 zu § 1 TVG Seniorität; BAG 24. 11. 1992 AP Nr. 13 zu § 1 TVG Vorruhestand: (typisierende Betrachtungsweise zulässig); BAG 5. 4. 1995 AP Nr. 18 zu § 1 TVG Tarifverträge: Lufthansa; *Löwisch/Rieble*, § 1 TVG, Rnr. 184.

gruppierung zu verpflichten.¹⁷⁸ Ob und in welchem Umfang andere Verteilungskriterien wie Familienstand, Betriebszugehörigkeit oder Belastbarkeit eine unterschiedliche tarifvertragliche Regelung rechtfertigen, läßt sich nur im Einzelfall unter Berücksichtigung des gesamten Regelungswerkes beurteilen; vgl. dazu unten Rnr. 258.

aa) Gleichberechtigung nach Art. 3 Abs. 2 GG. Die Vorschrift wurde **230** seit jeher dahin verstanden, daß sie nicht nur eine diskriminierende staatliche Regelung verbietet, sondern dem Staat darüber hinaus *gebietet*, die Gleichwertigkeit der Geschlechter in der gesellschaftlichen Wirklichkeit in Zukunft auch durchzusetzen.¹⁷⁹ Diese Auffassung ist mit der Reform des Grundgesetzes in Art. 3 Abs. 2 Satz 2 GG bestätigt und in den Verfassungstext aufgenommen worden. Dabei rechtfertigt der neue Satz 2 allerdings keinen Eingriff in den Gleichbehandlungsanspruch des anderen Geschlechts und deshalb keine Bevorzugung von Frauen bei Einstellung oder Beförderung.¹⁸⁰ Die Förderung der Frauenbeschäftigung muß also wie zum Beispiel beim Mutterschutz in einer Weise durchgeführt werden, die den Gleichheitssatz nicht verletzt. Trotz des engen Wortlauts der Verfassung trifft die Pflicht nach Satz 2 zur Durchsetzung des Gleichbehandlungsgebotes auch die Tarifvertragsparteien bei ihrer Normsetzung im Rahmen des Art. 9 Abs. 3 GG. Es sind gerade die Arbeits- und Wirtschaftsbedingungen, in deren Geltungsbereich die Gleichberechtigung besondere Förderung verdient.

Art. 3 Abs. 2 Satz 1 GG wird außerdem seit jeher dahin verstanden, daß **231** der Normsetzer nicht nur die Benachteiligung wegen des Geschlechts, sondern jede Ungleichbehandlung vermeiden muß. Schon der Wortlaut verlangt **absolute Gleichstellung**, duldet aber deshalb auch keinen unbedingten oder automatischen Vorrang von Männern oder Frauen. Das strikte Gleichheitsgebot hat sich dann auch bei den Rechtsfolgen dahin ausgewirkt, daß verfassungswidrige Regelungen stets durch Angleichung der benachteiligten Personen korrigiert werden müssen.

In der arbeitsrechtlichen Praxis war es namentlich die **Lohngleichheit** **232** von Mann und Frau, die auf der Grundlage des Art. 3 Abs. 2 GG von der Rechtsprechung durchgesetzt und vom Gesetzgeber später – auch zum Vollzug des Art. 119 EGV und der ihn ausfüllenden Richtlinie 75/117/EWG – in den §§ 611a Abs. 1 und 612 Abs. 3 BGB konkretisiert wurde. Dabei entspricht die Bindung der Tarifvertragsparteien an das Gleichheitsgebot beim Entgelt für gleiche oder gleichwertige Arbeit seit den Grundsatzurteilen des Bundesarbeitsgerichts im Jahre 1955 einhelliger Ansicht.¹⁸¹ Soweit die Gleichberechtigung in § 612 Abs. 3 BGB jetzt konkretisiert ist, geht diese Norm auch für die Sozialpartner als *lex specialis* dem höherrangigen Verfas-

---

¹⁷⁸ Vgl. nur BAG 9. 11. 1972 AP Nr. 36 zu § 242 BGB Gleichbehandlung (*Götz Hueck*); BAG 3. 4. 1974 AP Nr. 2 zu § 1 TVG Tarifverträge: Metallindustrie (*Blomeyer*); *Däubler*, Tarifvertragsrecht, Rnr. 437.
¹⁷⁹ Vgl. BVerfGE 74, S. 163: Altersruhegeld; BVerfGE 84, S. 9: Namensrecht; BVerfGE 85, S. 191: Nachtarbeitsverbot.
¹⁸⁰ Vgl. EuGH 17. 10. 1995, Slg. 1995 I, S. 3051 = EuZW 1995, S. 762 (*Loritz*): Kalanke; vgl. dazu *Schmidt*, NJW 1996, S. 1724; OVG Münster, EuZW 1996, S. 158.
¹⁸¹ BAG 15. 1. 1955 AP Nr. 2 zu Art. 3 GG (*Beitzke*); BAG 2. 3. 1955 AP Nr. 6 zu Art. 3 GG; BAG 6. 4. 1955 AP Nr. 7 zu Art. 3 GG.

sungs- und Gemeinschaftsrecht vor.[182] Das verfassungsrechtliche und das europarechtliche Gleichheitsgebot behalten freilich insoweit Bedeutung, wie ihr Geltungsbereich und ihr Inhalt über § 612 BGB hinausgehen.

233 Jede Tarifklausel, die hinsichtlich des Entgelts im weitesten Sinn generell oder konkret, offen oder verdeckt, die Schlechterstellung eines Arbeitnehmers wegen seines Geschlechts vorsieht, ist rechtswidrig.[183] Das gleiche gilt für Tarifvertragsbestimmungen, die eine besondere Lohngruppe ohne jede Tätigkeitsmerkmale für Arbeitnehmerinnen vorsehen.[184] Beispiele für die *unmittelbare Benachteiligung*, also für eine unterschiedliche tarifvertragliche Vergütung gleicher Arbeitsleistung sind in der Rechtsprechung selten geworden. Eine Tarifvertragsnorm, die den Anspruch weiblicher Arbeitnehmerinnen auf Kinderzulage von der Stellung eines besonderen Antrags abhängig macht, während männliche Arbeitnehmer die Kinderzulage ohne einen solchen Antrag erhalten, ist nichtig.[185] Es verstößt gegen die Gleichberechtigung, wenn die Gewährung einer Haushaltszulage an eine verheiratete Arbeitnehmerin an eine besondere Antrags- und Nachweispflicht geknüpft wird, die für verheiratete Arbeitnehmer nicht besteht.[186] Schließlich verträgt sich eine Ehefrauenzulage für männliche Arbeitnehmer nicht mit Art. 3 Abs. 2 GG.[187] Spektakuläre Fälle der Diskriminierung von Frauen betrafen freiwillige übertarifliche Leistungen[188] sowie ein diskriminierendes Einstellungsverfahren.[189] Gleichbehandlungsverstöße wurden außerdem auch in jüngerer Zeit mehrfach bei der Ausgestaltung einer betrieblichen Altersversorgung festgestellt.[190] Anerkannte Ausnahmeregelungen, die keiner sachlichen Rechtfertigung bedürfen, liegen vor, wenn „eine Vereinbarung oder eine Maßnahme die Art der vom Arbeitnehmer auszuübenden Tätigkeit zum Gegenstand hat und ein bestimmtes Geschlecht unverzichtbare Voraussetzung für diese Tätigkeit ist"; vgl. § 611a Abs. 1 Satz 2 BGB. Beispiele sind männliche Schauspielrollen oder die Beaufsichtigung weiblicher Strafgefangener.[191] Tatbestandliche Voraussetzung bleibt auch im Rahmen des § 612 Abs. 3 BGB, daß eine gleiche oder gleichwertige Arbeitsleistung erbracht wird.

---

[182] BAG 23. 8. 1995 AP Nr. 48 zu § 612 BGB; BAG 10. 12. 1997 AP Nr. 3 zu § 612 BGB Diskriminierung; abw. BAG 28. 7. 1992 AP Nr. 18 zu § 1 BetrAVG Gleichbehandlung = SAE 1993, S. 321 (*Misera*).
[183] Rechtsvergleichend *François Eyraud* (Hrsg.), Equal Pay Protection in Industrialized Market Economies, ILO 1993.
[184] BAG 23. 3. 1957 AP Nr. 18 zu Art. 3 GG.
[185] BAG 25. 1. 1964 AP Nr. 87 zu Art. 3 GG (*Wertenbruch*).
[186] BAG 20. 4. 1977 AP Nr. 111 zu Art. 3 GG (*Wiedemann/Willemsen*).
[187] BAG 13. 11. 1985 AP Nr. 136 zu Art. 3 GG (*Zuleeg*).
[188] BAG 9. 9. 1981 AP Nr. 117 zu Art. 3 GG (*Pfarr*): Heinze-Frauen.
[189] BVerfGE 89, S. 276, 287.
[190] Vgl. die in AP zu § 1 BetrAVG Gleichbehandlung und § 1 BetrAVG Gleichberechtigung zusammengestellten Urteile; zuletzt BAG 25. 4. 1995 AP Nr. 25 zu § 1 BetrAVG Gleichbehandlung: Ausschluß unterhälftig beschäftigter Teilzeitkräfte aus der betrieblichen Altersversorgung und BAG 7. 3. 1995 AP Nr. 26 zu § 1 BetrAVG Gleichbehandlung (*Bauschke*): Ausschluß von Teilzeitkräften von der Zusatzversorgung und BAG 20. 11. 1990 AP Nr. 8 zu § 1 BetrAVG Gleichberechtigung = EzA Art. 119 EWG-Vertrag Nr. 2 (*Boecken*) = SAE 1992, S. 89 (*Stebut*): mittelbare Diskriminierung von Frauen.
[191] Vgl. RdA 1980, S. 54 und RdA 1988, S. 36.

Im Vollzug der gemeinschaftsrechtlichen Gesetzgebung und Rechtsprechung (vgl. dazu oben Rnr. 163 ff.) liegt ein Verstoß gegen das Gleichberechtigungsgebot auch dann vor, wenn der Kollektivvertrag das unterschiedliche Entgelt an neutrale Merkmale anknüpft, die Schlechterstellung aber im wesentlichen nur ein Geschlecht betrifft und für die Differenzierung kein sachlich notwendiger Grund vorhanden ist (**mittelbare Diskriminierung**).[192] Urteile zur mittelbaren Diskriminierung sind in der höchstrichterlichen Rechtsprechung bisher vereinzelt geblieben, da die vom Europäischen Gerichtshof behandelte Hauptgruppe der Diskriminierung teilzeitbeschäftigter Frauen im deutschen Recht unmittelbar durch § 2 BeschFG pönalisiert ist. Zwei Urteile zur europaverfassungskonformen Auslegung vermeiden das Problem dadurch, daß das Tätigkeitsmerkmal „nicht leichter" oder „schwerer" körperlicher Arbeit auf alle die Arbeitnehmer belastenden Umstände bezogen wird, so daß davon Männer und Frauen gleichmäßig betroffen sind.[193] In drei weiteren Entscheidungen beschäftigte sich das Bundesarbeitsgericht mit der Frage nach der zutreffenden Abgrenzung von Vergleichsgruppen.[194] Im Ansatz wie der Europäische Gerichtshof, aber sprachlich schärfer formuliert das Bundesarbeitsgericht die Untersuchungsmethode dahin, daß Vergleichsgruppen zu ermitteln seien, wobei in den Vergleich immer nur, aber auch alle die Arbeitnehmer einzubeziehen sind, für welche die fragliche Norm eine günstige oder ungünstige Regelung trifft. Anschließend sei in einem zweiten Schritt das zahlenmäßige Verhältnis der Geschlechter in beiden Vergleichsgruppen zu ermitteln.[195] Das Verbot der mittelbaren Diskriminierung nimmt insofern eine Sonderstellung innerhalb der Gleichberechtigung ein, als nicht jede Abweichung *ipso iure* rechtswidrig ist, die mittelbare Diskriminierung vielmehr sachlich gerechtfertigt werden kann;[196] vgl. zu der Problematik der mittelbaren Diskriminierung bereits oben Rnr. 163 ff.

234

---

[192] BAG 14. 10. 1986 AP Nr. 11 zu Art. 119 EWG-Vertrag *(Pfarr)*: Bilka-Folgeentscheidung; BAG 20. 11. 1990 AP Nr. 8 zu § 1 BetrAVG Gleichberechtigung = SAE 1992, S. 89 *(Stebut)*: Ausschluß von Teilzeitbeschäftigten in Versorgungsordnung; BAG 28. 7. 1992 AP Nr. 18 zu § 1 BetrAVG Gleichbehandlung = AR-Blattei 1560 Nr. 32 *(Pfarr)*; BAG 23. 9. 1992 AP Nr. 1 zu § 612 BGB Diskriminierung = EzA § 612 BGB Nr. 16 *(Schüren/Beduhn)* = SAE 1993, S. 283 *(Bittner)*: Eingruppierung von Kommissioniererinnen; BAG 16. 3. 1993 AP Nr. 6 zu § 1 BetrAVG Teilzeit *(Steinmeyer)*: Ausschluß Teilzeitbeschäftigter von Zusatzversorgung; BAG 26. 5. 1993 AP Nr. 42 zu Art. 119 EWG-Vertrag; BAG 7. 3. 1995 AP Nr. 26 zu § 1 BetrAVG Gleichbehandlung: Ausschluß unterhälftig beschäftigter Teilzeitkräfte aus Altersversorgung.
[193] BAG 27. 4. 1988 AP Nr. 63 zu § 1 TVG Tarifverträge: Metallindustrie (mit kritischer Anmerkung von *v. Hoyningen-Huene* und zustimmender Anmerkung von *Pfarr*): Folgeentscheidung zu EuGH, Slg. 1986, S. 2101: Rummler; BAG 29. 7. 1992 AP Nr. 32 zu § 1 TVG Tarifverträge: Einzelhandel.
[194] BAG 2. 10. 1992 AP Nr. 28 zu § 23a BAT: zu EuGH, Slg. 1991 I S. 297: Nimz; BAG 9. 3. 1994 AP Nr. 31 zu § 23a BAT; BAG 10. 12. 1997 AP Nr. 3 zu § 612 BGB Diskriminierung = SAE 1999 *(Thüsing)*: im BAT privilegierte Technische Angestellte; Vorinstanz LAG Köln, LAGE Art. 119 EWG-Vertrag Nr. 15 *(Peters/Thüsing)*.
[195] Vgl. dazu *Wißmann*, in: Festschrift für Otfried Wlotzke (1996), S. 807, 809; ders., in: Festschrift für Günter Schaub (1998), S. 793, 794.
[196] BAG 18. 6. 1997, NZA 1998, S. 267: Zulässigkeit der Nichtanrechnung von Zeiten des Erziehungsurlaubs für Fallgruppenbewährungsaufstieg nach BAT.

235 bb) **Benachteiligungsverbot** nach Art. 3 Abs. 3 GG. Das allgemeine Gleichheitsgebot wird durch Art. 3 Abs. 3 GG für die dort genannten Personengruppen zum *jus strictum* verschärft: es läßt insofern keine sachlichen oder auch nur vernünftigen Differenzierungsgründe zu; eine unterschiedliche Behandlung ist vielmehr nur dann zulässig, wenn es sich um unverzichtbare Voraussetzungen für bestimmte Arbeitsleistungen handelt.[197] Nach Auffassung des Bundesverfassungsgerichts stellt dies heute auch für das Verhältnis von Frauen und Männern die maßgebende Norm dar, weil Art. 3 Abs. 2 GG nach seiner Ergänzung nicht nur ein Verhaltensverbot, sondern ein Handlungsgebot enthält.[198] Die Tarifvertragsparteien sind an das absolute Diskriminierungsverbot so gut gebunden wie an Art. 3 Abs. 1 GG. Sie können deshalb absolute Beschäftigungsverbote nur in dem Umfang aufstellen, in dem dies auch dem Gesetzgeber möglich ist, soweit also zwingende Sachgründe wie Eignung, Erfahrung oder Leistungsfähigkeit nur bei Personen einer Sondergruppe vorhanden sein können.

236 Das Gesetz und damit der Tarifvertrag darf niemanden wegen seines Geschlechtes, seiner Abstammung, seiner Rasse, seiner Sprache, seiner Heimat und Herkunft, seines Glaubens, seiner religiösen Anschauung benachteiligen oder bevorzugen. Das BVerfG vertrat früher die Auffassung, ein Verstoß gegen Art. 3 Abs. 3 GG setze die *bezweckte* Benachteiligung oder Bevorzugung nach einem der aufgeführten Gründe voraus, verbiete jedoch nicht einen Vor- oder Nachteil, der die Folge einer andere Zwecke verfolgenden Regelung sei.[199] In der Entscheidung zum Nachtarbeitsverbot für Frauen hat das BVerfG diese Ansicht für die Diskriminierung wegen des Geschlechts aufgegeben.[200] Das Geschlecht darf danach nicht als Anknüpfungspunkt für eine rechtliche Ungleichbehandlung herangezogen werden, auch wenn die Regelung in erster Linie andere Ziele verfolgt. Allerdings sind differenzierende Regelungen zulässig, soweit sie zur Lösung von Problemen, die ihrer Natur nach nur entweder bei Männern oder bei Frauen auftreten können, zwingend erforderlich sind.[201] Der Katalog der Verfassung ist nicht vollständig; es fehlt z. B. das Verbot der Diskriminierung wegen der Staatsangehörigkeit. Art. 3 Abs. 3 GG ist deshalb durch Art. 48 Abs. 2 EGV und die dazu gehörige VO Nr. 1612/68 über die Freizügigkeit der Arbeitnehmer innerhalb der EU und durch das ILO-Übereinkommen Nr. 111 über die Diskriminierung in Beschäftigung und Beruf vom 25. 6. 1958 zu ergänzen.[202] Die Gewerkschaftszugehörigkeit fällt nicht unter den Begriff der „politischen Anschauung".[203]

---

[197] Vgl. Richtlinie Nr. 76/207/EWG, Art. 2 Abs. 2.
[198] BVerfGE 85, S. 191, 206: Nachtarbeitsverbot; BVerfGE 92, S. 91, 109: Feuerwehrdienstpflicht.
[199] BVerfGE 2, S. 266, 286; 5, S. 17, 22; 18, S. 384, 386; zuletzt BVerfGE 75, S. 40, 70.
[200] BVerfGE 85, S. 191, 206.
[201] *Söllner*, Die Bedeutung des Gleichbehandlungsgrundsatzes, 1994, S. 13.
[202] *Däubler*, Tarifvertragsrecht, Rnr. 461; *Löwisch*/Rieble, § 1 TVG, Rnr. 187; einschränkend BAG 23. 5. 1989 AP Nr. 27 zu § 1 BetrAVG Zusatzversorgungskassen: Herausnahme rückkehrwilliger Ausländer aus der Versicherungspflicht.
[203] *Bötticher*, Gemeinsame Einrichtungen, 1966, S. 118; *Kempen*/Zachert, Grundl., Rnr. 183; Hueck/*Nipperdey*, Arbeitsrecht II 1, § 19 II 1, S. 379.

B. Tarifvertrag und Verfassung 237 Einleitung

In der Praxis werden die Fälle einer direkten Diskriminierung seltener.[204] **237** Im Vordergrund steht die Diskussion zur mittelbaren Diskriminierung sowie zu Quotenregelungen faktisch benachteiligter Gruppen. Zur Frage der Zulässigkeit von Quotenregelungen gab es in jüngerer Zeit zwei bemerkenswerte EuGH-Entscheidungen, die allerdings keine Tarifvertrags-, sondern Gesetzesregelungen betreffen. Im Kalanke-Urteil befand der EuGH eine Regelung, wie sie im Bremischen Landesgleichstellungsgesetz vorgesehen war, als mit dem Gemeinschaftsrecht unvereinbar.[205] § 4 Bremisches Landesgleichstellungsgesetz sah vor, daß weiblichen Bewerbern, die die gleiche Qualifikation wie ihre männlichen Mitbewerber besitzen, in Tätigkeitsbereichen, in denen im jeweiligen Beförderungsamt weniger Frauen als Männer beschäftigt sind, bei einer Beförderung *automatisch* der Vorrang einzuräumen ist. In einer solchen Regelung sah der EuGH eine unzulässige Diskriminierung männlicher Bewerber aufgrund des Geschlechts, somit einen Verstoß gegen Art. 2 Abs. 1 und 4 der Richtlinie 76/207/EWG des Rates vom 9. Februar 1976 zur Verwirklichung des Grundsatzes der Gleichbehandlung von Männern und Frauen hinsichtlich des Zugangs zur Beschäftigung, zur Berufsbildung und zum beruflichen Aufstieg sowie in bezug auf die Arbeitsbedingungen. Maßnahmen zur Förderung der *Chancengleichheit* seien zulässig, solche zur *Ergebnisgleichheit* dagegen rechtswidrig. Damit wurde gleichzeitig die Zulässigkeit sog. starrer Quoten, wonach ein bestimmter Prozentsatz zu besetzender Stellen für Frauen oder andere Personengruppen unabhängig von ihrer Qualifikation reserviert sein soll, abgelehnt. Es blieb zunächst offen, ob sich das Verdikt des EuGH auch auf Quotenregelungen mit Härteklauseln bezog. In seiner Marschall-Entscheidung, die rund zwei Jahre später erging, hielt der Europäische Gerichtshof eine Regelung, wie sie in § 25 Abs. 5 Satz 2 des Beamtengesetzes für das Land Nordrhein-Westfalen vorgesehen war, für gemeinschaftsrechtskonform.[206] Im Unterschied zu der dem Kalanke-Urteil zugrundeliegenden Gesetzesvorschrift enthält die nordrhein-westfälische Regelung eine Klausel, der zufolge Frauen nicht vorrangig befördert werden müssen, wenn in der Person eines männlichen Mitbewerbers liegende Gründe überwiegen (Härteklausel). Ob das Marschall-Urteil als generelle Abkehr von der Kalanke-Entscheidung zu bewerten ist oder vielmehr als deren Konkretisierung und Ergänzung, ist im Schrifttum bestritten;[207]

---

[204] Vgl. aber BAG 7. 11. 1995 AP Nr. 71 zu Art. 119 EWG-Vertrag, wo das BAG allerdings primär Art. 119 EG-Vertrag anwendet.
[205] Vgl. dazu EuGH 17. 10. 1995, Slg. 1995 I, S. 3051: Kalanke; Vorlageentscheidung BAG 22. 6. 1993 AP Nr. 193 zu Art. 3 GG *(Pfarr)*; Folgeentscheidung BAG 5. 3. 1996 AP Nr. 226 zu Art. 3 GG; OVG Münster 19. 12. 1995, EuZW 1996, S. 158; zustimmend *Starck*, JZ 1996, S. 196; *Loritz*, EuZW 1995, S. 762; kritisch *Griebeling*, NZA 1996, S. 449; *Schmidt*, NJW 1996, S. 1724 ff.; für die Zulässigkeit von Frauenquoten bei entsprechenden Öffnungsklauseln ArbG Berlin 10. 1. 1996, AuR 1996, S. 156; vgl. zur Auslegung der Entscheidung des EuGH durch die Kommission: *Hasselbach*, NZA 1996, S. 1308; ausführlich *Colneric*, ArbRGegw 34 (1997), S. 69, insb. S. 78 ff. zu den Reaktionen der Instanzgerichte.
[206] EuGH 11. 11. 1997, Rs. C-409/95, Slg. 1997 I, S. 6363: Marschall, DVBl. 1998, S. 183 = JZ 1998, S. 139 = EuZW 1997, S. 756.
[207] Vgl. einerseits *Abele*, EuZW 1997, S. 756, 758 („Trendwende"); *Sachs*, DVBl. 1998, S. 183, 184 („Kehrtwendung"); *ders.*, RdA 1998, S. 129, 140; andererseits *Hohaus*, MDR 1998, S. 349, 351 („Präzisierung"); *Lenz*, NJW 1998, S. 1619, 1620 („auf

richtigerweise wird man es als Fortsetzung der Rechtsprechung mit gewissen Einschränkungen interpretieren. Die mittelbare Diskriminierung beruht auf der Erkenntnis, daß ein Verstoß gegen das Diskriminierungsverbot auch dann vorliegt, wenn eine Regelung zwar unterschiedslos auf Männer und Frauen anzuwenden ist, die Angehörigen des einen und des anderen Geschlechts von der Regelung aber ungleich betroffen werden und das Ergebnis nicht durch objektive Faktoren gerechtfertigt werden kann, die nichts mit einer Diskriminierung aufgrund des Geschlechts zu tun haben.[208] Die vielfach die Rechtsprechung beschäftigenden Fälle der Benachteiligung von Teilzeitbeschäftigten (und damit oftmals mittelbar der Frauen) sind über die speziellere Norm des § 2 Abs. 1 BeschFG zu lösen.

238 (1) **Arbeiter und Angestellte.** Das Bundesverfassungsgericht hat durch Beschluß vom 30. 5. 1990[209] festgestellt, daß § 622 Abs. 2 BGB a. F. insoweit mit dem allgemeinen Gleichheitssatz des Art. 3 Abs. 1 GG unvereinbar sei, als danach Kündigungsfristen für Arbeiter kürzer seien als für Angestellte. Damit wurde klargestellt, daß für eine Differenzierung innerhalb der Gestaltung von Kündigungsfristen, sei es durch den Gesetzgeber oder durch die Parteien eines Tarifvertrages, zur sachlichen Rechtfertigung nicht auf die bloße Qualifizierung eines Arbeitnehmers als Arbeiter oder Angestellter zurückgegriffen werden darf.[210] Deswegen ist aber nicht jede tarifvertragliche Unterscheidung zwischen Arbeitern und Angestellten verfassungs- oder rechtswidrig.[211] Soweit sachliche Gründe vorliegen, können die Tarifvertragsparteien auch in Zukunft die Arbeitsbedingungen für Arbeiter und Angestellte unterschiedlich gestalten, was im Hinblick auf die Gruppenrechte in der Betriebsverfassung und die Unterschiede im Sozialversicherungsrecht unvermeidlich sein kann.

239 Während der Gesetzgeber die Arbeitsverhältnisse aller Arbeiter und Angestellten ohne weitere Einschränkungen zu regeln hat, unterliegen der Regelungsbefugnis der Tarifvertragsparteien die Arbeitsverhältnisse einer *bestimmten Branche* oder eines *einzelnen Unternehmens*. Daraus können sich spezielle Bedürfnisse ergeben, die eine differenzierende Regelung verschiedener Arbeitsbedingungen bei Arbeitern und Angestellten sachgerecht erscheinen lassen. Dabei hatte sich die Rechtsprechung im Anschluß an die Entschei-

---

der Linie des Urteils Kalanke"); *Ott*, ZBR 1998, S. 121, 127 f. („Eingrenzung"); *Starck*, JZ 1998, S. 139, 140 („Verbesserung der Chancengleichheit"); *Suhr*, EuGRZ 1998, S. 121, 126 („nur uneingeschränkt formulierte Bevorzugungsregelung gemeinschaftsrechtswidrig"); zu den Folgen vgl. *Pape*, AuR 1998, S. 14.
[208] BAG 20. 6. 1995 AP Nr. 1 zu § 1 TVG Tarifverträge: Nährmittelindustrie *(Schüren)*; BAG 7. 3. 1995 AP Nr. 26 zu § 1 BetrAVG Gleichbehandlung; BAG 9. 3. 1994 AP Nr. 31 zu § 23a BAT; grundlegend: EuGH 31. 3. 1981, Slg. 1981, S. 911, 925 f.: Jenkins; EuGH 13. 5. 1996, Slg. 1986, S. 1607, 1627: Bilka; EuGH 31. 5. 1995 I, S. 1275, 1303 f.: Royal Copenhagen.
[209] BVerfGE 82, S. 126 ff. = AP Nr. 28 zu § 622 BGB.
[210] Vgl. für die Differenzierung bei der Gewährung freiwilliger Sozialleistungen BAG 5. 3. 1980 AP Nr. 44 zu § 242 BGB Gleichbehandlung *(Mayer-Maly)*; BAG 25. 1. 1984 AP Nr. 66, 67 und 68 zu § 242 BGB Gleichbehandlung *(Herschel)*: Weihnachtsgratifikation; vgl. auch ArbG Reutlingen 9. 1. 1997, BB 1997, S. 687, 688 zur Differenzierung bei der Lohnfortzahlung; *Boerner*, ZfA 1997, S. 67, 75 ff.; *Gamillscheg*, Kollektives Arbeitsrecht I, § 16 I 2 b (3), S. 674.
[211] Vgl. *Kraushaar*, AuR 1981, S. 65, 74; *Molitor*, RdA 1989, S. 240, 242.

dung des Bundesverfassungsgerichts vor allem mit zwei Fragen zu beschäftigen: zum einen galt es zu klären, welche besonderen Bedürfnisse innerhalb einer durch Tarifvertrag geregelten Branche als sachlicher Grund für unterschiedliche Kündigungsfristen von Arbeitern und Angestellten anzuerkennen sind, zum anderen, inwieweit diese Bedürfnisse eine Ungleichbehandlung bei der Kürzung von Sondervergütungen im Krankheitsfall rechtfertigen können.

Das Bundesarbeitsgericht hat die Bildung der Gruppe der Angestellten auf der einen und die der Arbeiter auf der anderen Seite in Tarifverträgen weiterhin grundsätzlich für zulässig erachtet, allerdings für die konkrete Unterscheidung das Vorliegen eines sachlichen Grundes sehr genau überprüft. Es hat die Vereinbarung unterschiedlicher Kündigungsfristen für Arbeiter und Angestellte in Tarifverträgen aus mehreren Gründen akzeptiert: so, wenn die Fluktuation der Arbeiter im Vergleich zu der der Angestellten stärker ist, nur eine verhältnismäßig kleine Arbeitnehmergruppe wenig intensiv benachteiligt wird, und vor allem in jüngerer Zeit auch, wenn funktions-, branchen- und betriebsspezifische Interessen eine Differenzierung rechtfertigen.[212] Mit zunehmender Beschäftigungszeit allerdings sollen die angeführten Differenzierungskriterien erheblich an Gewicht verlieren, so daß nur innerhalb der Regelung der Grundkündigungsfristen ein Bedürfnis zur Differenzierung anerkannt wird, nicht aber bei den verlängerten Kündigungsfristen.[213] **240**

Sachlicher Grund für die Vereinbarung kürzerer **Kündigungsfristen** für Arbeiter als für Angestellte in Tarifverträgen kann danach vor allem ein erhöhtes Bedürfnis nach personalwirtschaftlicher Flexibilität in bestimmten Branchen sein.[214] Technische und wirtschaftliche Veränderungen erfordern in einigen Branchen kurzfristigere personelle Folgemaßnahmen wie Entlassungen oder Änderungskündigungen bei den Arbeitern als im Bereich der Angestellten. So wirken sich Auftragseinbrüche in der Automobilindustrie zuerst innerhalb der Produktion aus, in der hauptsächlich Arbeiter beschäftigt sind, während für die Angestellten des Verwaltungs- oder Konstruktionsbereiches längere Kündigungsfristen ausreichen. Das Bundesarbeitsgericht gesteht den Tarifvertragsparteien dabei das Recht zu, ein solches Bedürfnis generalisierend für ihren Tarifbereich festzustellen.[215] Allerdings behält es sich vor, die Erforderlichkeit einer besonders großen Differenz **241**

---

[212] Vgl. BAG 10. 3. 1994 AP Nr. 117 zu § 1 TVG Tarifverträge: Metallindustrie = SAE 1996, S. 104 (*Buchner*) in Fortsetzung von BAG 12. 12. 1985 AP Nr. 21; BAG 21. 3. 1991 AP Nr. 31; BAG 23. 1. 1992 AP Nr. 35; BAG 23. 1. 1992 AP Nr. 36; BAG 23. 1. 1992 AP Nr. 37; BAG 2. 4. 1992 AP Nr. 38 und BAG 16. 9. 1993 AP Nr. 42 (*Jansen*) zu § 622 BGB.
[213] Zust. *Wank*, NZA 1993, S. 366; *Worzalla*, NZA 1994, S. 148; *Kempen*/*Zachert*, Grundl., Rnr. 171; krit. *Buchner*, SAE 1996, S. 109; *Hromadka*, BB 1993, S. 2378; *Meyer*, Betrieb 1992, S. 1882.
[214] BAG 16. 9. 1993 AP Nr. 42 zu § 622 BGB (*Jansen*) und BAG 10. 3. 1994 AP Nr. 117 zu § 1 TVG Tarifverträge: Metallindustrie = SAE 1996, S. 104, 106 (*Buchner*) für die Metallindustrie; BAG 23. 1. 1992 AP Nr. 36, 37 zu § 622 BGB für die Textilindustrie; BAG 2. 4. 1992 AP Nr. 38 zu § 622 BGB für das Baugewerbe; krit. *Kempen*/*Zachert*, Grundl., Rnr. 171.
[215] BAG 16. 9. 1993 AP Nr. 42 zu § 622 BGB (*Jansen*); BAG 10. 3. 1994 AP Nr. 117 zu § 1 TVG Tarifverträge: Metallindustrie = SAE 1996, S. 104, 108 (*Buchner*).

zwischen den Kündigungsfristen von Arbeitern und Angestellten zu überprüfen.[216]

242 Mit dem Bundesarbeitsgericht ist zu fordern, daß gerade die Unterscheidung zwischen Arbeitern und Angestellten geeignet sein muß, einem spezifisch im jeweiligen Geltungsbereich des Tarifvertrages bestehenden Interesse an unterschiedlichen Regelungen für bestimmte Arbeitnehmergruppen zu entsprechen. Mit anderen Worten darf die Unterscheidung von Arbeitern und Angestellten nicht Ersatz für eine aufgabenspezifische Gruppenbildung sein; so kann man z. B. dem Bedürfnis nach einer schnellen Reaktionsmöglichkeit auf Absatzeinbrüche durch Abbau von Produktionspersonal nur dann mit kürzeren Kündigungsfristen für Arbeiter nachkommen, wenn die Arbeiter auch tatsächlich in der Produktion überwiegen.[217] Weiterhin muß das Ausmaß der Differenzierung zwischen den für Arbeiter und den für Angestellte geltenden Bestimmungen im Verhältnis zu dem erstrebten Regelungsziel stehen. Sie muß erforderlich sein, um das Ziel zu verwirklichen. Die Beurteilung, ob ein entsprechendes Interesse für die durch einen Tarifvertrag zu regelnde Branche besteht, ist den Tarifvertragsparteien überlassen. Dies ergibt sich aus der verfassungsrechtlichen Gewährleistung der Tarifautonomie selbst. Dabei können sie die Interessen der Gesamtbranche *pauschalieren*, um eine einheitliche Regelung im Tarifvertrag zu gewährleisten.[218]

243 Ein weiteres Beispiel für eine vom Bundesarbeitsgericht gebilligte Differenzierung zwischen Arbeitern und Angestellten findet sich bei der für zulässig erachteten Kürzung des 13. Monatsgehalts, die ausschließlich **Fehlzeiten** der Arbeiter, nicht aber der Angestellten berücksichtigt. Das Bundesarbeitsgericht hat die entsprechenden Bestimmungen einer Betriebsvereinbarung gebilligt und die Übernahme gleichlautender tarifvertraglicher Bestimmungen für zulässig gehalten.[219] Als sachlichen Grund hat es den unterschiedlichen Krankenstand (Arbeiter 15%, Angestellte 2%) innerhalb der beiden Arbeitnehmergruppen anerkannt. Das Bundesverfassungsgericht (AuR 1998, S. 41) hält eine Schlechterstellung der gewerblichen Arbeitnehmer bei Sonderzuwendungen jedoch nur dann als mit Art. 3 Abs. 1 GG vereinbar, wenn der erhöhte Krankenstand in der Sphäre der Arbeitnehmer und nicht in der Sphäre des Arbeitgebers (z. B. gesundheitsschädliche Arbeitsbedingungen) liegt. Durch die Neuregelung der Entgeltfortzahlung im Krankheitsfalle haben die Tarifvertragsparteien nunmehr auch die Möglichkeit die Höhe des fortzuzahlenden Entgeltes unterschiedlich zu gestalten.[220] Die tatsächlichen

---

[216] Vgl. die Zusammenstellung der wesentlichen Kriterien der Rechtsprechung des BAG bei *Jansen*, Anm. zu BAG 16. 9. 1993 AP Nr. 42 zu § 622 BGB; und *Buchner*, SAE 1996, S. 109, 112.
[217] BAG 10. 3. 1994 AP Nr. 117 zu § 1 TVG Tarifverträge: Metallindustrie; BAG 11. 8. 1994 AP Nr. 20 zu § 1 TVG Tarifverträge: Textilindustrie (abgedr. in AP Nr. 31 zu § 1 KSchG 1969 Krankheit).
[218] So auch *Boerner*, ZfA 1997, S. 67, 79; *Gamillscheg*, Kollektives Arbeitsrecht I, § 16 I 2 b (1), S. 672.
[219] BAG 6. 12. 1995 AP Nr. 186 zu § 611 BGB Gratifikation im Anschluß an BAG 19. 4. 1995 AP Nr. 172 zu § 611 BGB Gratifikation; letzteres aufgehoben durch BVerfG 17. 4. 1997, AuR 1998, S. 42, 43.
[220] Vgl. dazu *Boerner*, ZfA 1997, S. 67, 78.

Verhältnisse der jeweiligen Branche sind in diesem Zusammenhang gerade ein gewünschter Anknüpfungspunkt für die Normsetzung durch die Tarifvertragsparteien.[221]

(2) **Teilzeitbeschäftigte.** Einer strikten Gleichbehandlung von Teilzeit- mit Vollzeitbeschäftigten gilt die besondere Zuwendung der Rechtsprechung des Bundesarbeitsgerichts. Sie kommt deutlich in der Begründung zum Ausdruck: das unterschiedliche Arbeitspensum der Teilzeitbeschäftigten und der Vollzeitbeschäftigten rechtfertigt allein keine unterschiedliche Behandlung; die Sachgründe müssen anderer Art sein, etwa auf Arbeitsleistung, Qualifikation, Berufserfahrung oder unterschiedlichen Anforderungen am Arbeitsplatz beruhen.[222] Diese Grundeinstellung zieht sich durch die Urteile aller damit befaßten Senate und läßt nur enge Ausnahmen zu, wenn nämlich Entgelt oder Sondervergütung in unmittelbare Verbindung mit der Menge der Arbeitsleistung gebracht werden können. Die Rechtsprechung gewährt dabei den Tarifvertragsparteien – auch unter Beachtung des Art. 9 Abs. 3 GG[223] – keinen Ermessensspielraum beim Vollzug des allgemeinen Gleichheitssatzes des Art. 3 Abs. 1 GG.[224] Das gilt auch für die Bestimmung des persönlichen Geltungsbereichs eines Tarifvertrages; der sachlich nicht gerechtfertigte Ausschluß der Teilzeitbeschäftigten aus dem Geltungsbereich macht den Tarifvertrag insoweit unwirksam.[225]

Die **Rechtsgrundlage** zur Gleichstellung der Teilzeitbeschäftigten ist im nationalen Recht in § 2 BeschFG tarifresistent vorgegeben. Dagegen verstoßende Tarifvertragsnormen sind unwirksam. Auch § 6 BeschFG, wonach durch Tarifvertrag von den Vorschriften des Zweiten Abschnitts des Gesetzes zu Ungunsten des Arbeitnehmers abgewichen werden kann, gestattet den Tarifvertragsparteien kein Abweichen von dem in § 2 Abs. 1 BeschFG einfachrechtlich kodifizierten Grundsatz der Gleichbehandlung entsprechend

---

[221] Vgl. auch BAG 5. 3. 1980 AP Nr. 44 zu § 242 BGB Gleichbehandlung *(Mayer-Maly)* = EzA § 242 BGB Gleichbehandlung Nr. 21 *(Falkenberg)*: zur Gewährung unterschiedlich hoher Weihnachtsgratifikationen.

[222] Vgl. BAG 6. 12. 1990 AP Nr. 12 zu § 2 BeschFG 1985; BAG 28. 7. 1992 AP Nr. 18 zu § 1 BetrAVG Gleichbehandlung; BAG 17. 6. 1993 AP Nr. 32 zu § 2 BeschFG 1985 *(Schüren/Beduhn)*; BAG 23. 6. 1993 AP Nr. 1 zu § 34 BAT; BAG 25. 10. 1994 AP Nr. 40 zu § 2 BeschFG 1985: Betriebsvereinbarung zur Altersversorgung; BAG 13. 3. 1997 AP Nr. 54 zu § 2 BeschFG 1985; BAG 25. 9. 1997 AP Nr. 63 zu § 2 BeschFG 1985; alle mit weiteren Nachweisen.

[223] BAG 28. 3. 1996 AP Nr. 49 zu § 2 BeschFG 1985 Bl. 2133; BAG 21. 1. 1997, ZTR 1997, S. 317, 318.

[224] BAG 21. 3. 1991 AP Nr. 31 zu § 622 BGB; BAG 16. 9. 1993 AP Nr. 2 zu § 9 TV Arb Bundespost; BAG 13. 3. 1997 AP Nr. 54 zu § 2 BeschFG 1985; BAG 18. 9. 1997, NZA 1998, S. 153, 154.

[225] BAG 29. 8. 1989 AP Nr. 6 zu § 2 BeschFG 1985 *(Schüren/Kirsten)*: Ausgrenzung von Teilzeitbeschäftigten aus der Altersversorgung; BAG 7. 3. 1995 AP Nr. 26 zu § 1 BetrAVG Gleichbehandlung *(Bauschke)*; BAG 28. 3. 1996 AP Nr. 49 zu § 2 BeschFG 1985: kein Ausschluß der Studierenden aus dem Geltungsbereich des BAT; BAG 9. 10. 1996 AP Nr. 50 zu § 2 BeschFG 1985; *Löwisch*/Rieble, § 1 TVG, Rnr. 187; Kempen/*Zachert*, Grundl., Rnr. 176; *Wiedemann*/Lembke, Anm. zu BAG 24. 4. 1985 AP Nr. 4 zu § 3 BAT; *Biermann*, Die Gleichbehandlung von Teilzeitbeschäftigten bei entgeltlichen Ansprüchen, Kapitel 8 B I, S. 249 ff. und D II, S. 273; zur entsprechenden Bindung des Gesetzgebers vgl. BVerfG 27. 11. 1997, NZA 1998, S. 247, 248 betr. RuhegeldG Hamburg.

der zentralen Wertvorgabe des Art. 3 Abs. 1 GG.[226] Eine entsprechende Vorschrift im Gemeinschaftsrecht fehlt. Der Europäische Gerichtshof hat die Prüfung der Gleichbehandlung von Teilzeitbeschäftigten praktisch über die Rechtsfigur der mittelbaren Diskriminierung von Frauen vorgenommen; nahezu sämtliche Entscheidungen des EuGH, die eine mittelbare Diskriminierung von Frauen feststellen, betreffen gleichzeitig die unmittelbare von Teilzeitbeschäftigten.[227] Trotz der großen Zahl von Entscheidungen ist es dem EuGH nicht ganz gelungen, für die von ihm entworfene mittelbare Diskriminierung eine überzeugende Begründung und Abgrenzung zu finden.[228] Auf die britische oder U.S.-amerikanische Rechtsfigur der mittelbaren Diskriminierung konnte sich das Gemeinschaftsrecht nicht berufen, da dort jeweils präzise Tatbestandsmerkmale gegeben sein müssen, die von der benachteiligten Minderheitsgruppe (unmittelbar) nicht oder nicht so häufig erfüllt werden können wie von den übrigen Arbeitnehmern.

246   **Gegenstand** der richterlichen Diskriminierungskontrolle sind Lohn- und Gehaltsleistungen des Arbeitgebers,[229] Sondervergütungen,[230] Altersversorgung[231] und Beihilfeversprechen,[232] aber auch Unkündbarkeitsstellung[233] und andere nicht geldwerte Arbeitnehmerpositionen.[234] Hervorzuheben ist der Wechsel in der Rechtsprechung zur Frage, ob die unterschiedliche Behandlung von Teilzeitbeschäftigten damit gerechtfertigt werden kann, daß der Arbeitnehmer diese Tätigkeit *nebenberuflich* ausübt und seine Existenz und Altersversorgung durch die – selbständige oder unselbständige – hauptberufliche Tätigkeit voll und unkündbar abgesichert sind. Die Berücksichtigung der „sozialen Lage" wurde zunächst als sachlicher Grund für eine Schlechterstellung der Teilzeitbeschäftigten angesehen. In Grundsatzentscheidungen des Dritten Senats (BAG 7. 3. 1995 AP Nr. 26 zu § 1 BetrAVG Gleich-

---

[226] BAG 17. 6. 1993 AP Nr. 32 zu § 2 BeschFG 1985 (*Schüren/Beduhn*); BAG 7. 3. 1995 AP Nr. 26 zu § 1 BetrAVG Gleichbehandlung (*Bauschke*); BAG 9. 10. 1996 AP Nr. 50 zu § 2 BeschFG 1985.

[227] Vgl. die Zusammenstellung des Generalanwalts *P. Léger* in Slg. 1995 I, S. 1275, 1287: Royal Copenhagen.

[228] Kritisch dazu *Bourn/Whitmore,* Anti-Discrimination Law in Britain, 3. Aufl. 1996, Rnr. 2–52; *Wiedemann,* in: Festschrift für Karl Heinrich Friauf (1996), S. 135, 143 ff.

[229] BAG 23. 4. 1996 AP Nr. 7 zu § 17 BErzGG (*Bauschke*): kein Ausschluß vom Bezug des tariflichen Urlaubsgeldes; BAG 9. 10. 1996 AP Nr. 50 zu § 2 BeschFG 1985: kein Ausschluß nebenberuflich tätiger Arbeitnehmer von der Anwendung des BAT.

[230] BAG 22. 5. 1996 AP Nr. 1 zu § 39 BAT: Jubiläumszuwendung.

[231] BAG 28. 7. 1992 AP Nr. 18 zu § 1 BetrAVG Gleichbehandlung; BAG 25. 10. 1994 AP Nr. 40 zu § 2 BeschFG 1985: Betriebsvereinbarung; BAG 7. 3. 1995 AP Nr. 26 zu § 1 BetrAVG Gleichbehandlung (*Bauschke*); BAG 16. 1. 1996 AP Nr. 222 zu Art. 3 GG; BAG 27. 2. 1996 AP Nr. 28 zu § 1 BetrAVG Gleichbehandlung; BAG 12. 3. 1996 AP Nr. 1 zu § 24 TV Arb Bundespost; BAG 9. 10. 1996 AP Nr. 50 zu § 2 BeschFG 1985; BAG 21. 1. 1997, ZTR 1997, S. 317: Zusatzversorgung; BAG 13. 5. 1997 AP Nr. 36 zu § 1 BetrAVG Gleichbehandlung; BAG 17. 2. 1998, AP Nr. 37 zu § 1 BetrAVG Gleichbehandlung (einzelvertraglich).

[232] BAG 25. 9. 1997 AP Nr. 63 zu § 2 BeschFG 1985: Beihilfeanspruch bejaht; BAG 19. 2. 1998 – 6 AZR 460/96 –: Beihilfeanspruch verneint im Hinblick auf die neue Zwecksetzung.

[233] BAG 13. 3. 1997 AP Nr. 54 zu § 2 BeschFG 1985; BAG 18. 9. 1997 AP Nr. 5 zu § 53 BAT.

[234] BAG 15. 5. 1997 AP Nr. 9 zu § 3 BAT: Berücksichtigung von Beschäftigungszeit nicht vollbeschäftigter Angestellter.

behandlung) und des Fünften Senats (BAG 1. 11. 1995 AP Nr. 45 zu § 2 BeschFG 1985) wurde diese Ansicht später verworfen. Es entspricht jetzt ständiger höchstrichterlicher Rechtsprechung[235] und herrschender Lehre,[236] daß anderweitige finanzielle Absicherung im Rahmen des § 2 BeschFG nicht berücksichtigt werden soll. Dieser Auslegung des Gleichheitsgrundsatzes ist zuzustimmen, wenn Teilzeitbeschäftigte (auch) auf die Nebentätigkeit für ihren Lebensunterhalt angewiesen sind, diesen womöglich mit mehreren Teilzeitarbeitsplätzen bestreiten. Der Gleichheitssatz verbietet den Tarifvertragsparteien aber schwerlich, jegliche Zurücksetzung von unkündbaren Angestellten oder Beamten und Richtern mit Lebenszeitstellungen zu vermeiden.[237] Daß dann auch für Vollzeitkräfte ein „Sozialabschlag" eingeführt werden müßte, wenn sie anderweit vermögensmäßig abgesichert sind,[238] ist nicht zuzugeben; maßgebend für eine teilweise ungünstigere Regelung ist nicht der Gesichtspunkt der Teilzeitarbeit, sondern derjenige der finanzierten „Liebhaberei".[239]

Sachlich begründete **Ausnahmen** von der Gleichstellung der Teilzeit- mit den Vollzeitbeschäftigten wurden in der Rechtsprechung anerkannt, wenn Arbeitsleistung, Qualifikation, Berufserfahrung oder unterschiedliche Anforderungen am Arbeitsplatz dies rechtfertigen.[240] Ungeklärt war vorübergehend die Beurteilung von Tarifvertragsnormen, bei denen die Zahlung von *Mehrarbeitszuschlägen* lediglich für diejenige Arbeitszeit vorgesehen ist, die die für Vollzeitbeschäftigte festgelegte Arbeitszeit überschreitet. Unter Hinweis auf die entsprechenden Urteile des Europäischen Gerichtshofs[241] hält das Bundesarbeitsgericht dies letztlich für zulässig.[242] Der damit verbundene faktische Ausschluß von Teilzeitbeschäftigten von der Zahlung von Mehrarbeitszuschlägen wurde für sachlich gerechtfertigt gehalten. Die Lösung des BAG ist überzeugend, wenn die Tarifvertragsparteien mit der Gewährung von Mehrarbeitszuschlägen ausschließlich den Zweck verfolgt haben, die besonderen körperlichen Belastungen des Arbeitnehmers bei Mehrarbeit auszugleichen und den Arbeitgeber von der Anordnung von Mehrarbeit abzuhalten. Daß dies auch bei Mehrarbeitszuschlägen, die an die regelmäßige wöchentliche Arbeitszeit anknüpfen, immer der Fall sein soll, ist freilich zweifelhaft. Die Tarifvertragsparteien können in diesen Fällen auch einen Ausgleich dafür schaffen wollen, daß die Arbeitnehmer durch die Mehrarbeit die Möglichkeit zur Disposition über die ihnen zur Verfügung stehende Freizeit einbü-

---

[235] BAG 1. 11. 1995 AP Nr. 45 (*Schüren*) und 1. 11. 1995 AP Nr. 46 zu § 2 BeschFG 1985; BAG 13. 3. 1997 AP Nr. 54 zu § 2 BeschFG 1985; BAG 18. 9. 1997, NZA 1998, S. 153, 154.
[236] *Richardi*, NZA 1992, S. 625, 628; MünchArbR/*Schüren*, § 157, Rnr. 86; abw. *Wank*, RdA 1985, S. 1, 18; *Wiedemann*/*Peters*, RdA 1997, S. 100, 105.
[237] Vgl. die Vorbemerkung Nr. 5 der Anlage II (Bundesbesoldungsordnung C) zum BBesG betr. Dienstbezüge für Professoren als Richter.
[238] So *Schüren*, Anm. zu BAG AP Nr. 45 zu § 2 BeschFG 1985.
[239] Vgl. BAG 27. 2. 1996 AP Nr. 28 zu § 1 BetrAVG Gleichbehandlung; BAG 12. 3. 1996 AP Nr. 1 zu § 24 TV ArbBundespost; *Beduhn*, AuR 1996, S. 485, 487.
[240] Vgl. BAG 25. 10. 1994 AP Nr. 40 zu § 2 BeschFG 1985; Betriebsvereinbarung; BAG 13. 3. 1997 AP Nr. 54 zu § 2 BeschFG 1985.
[241] Vgl. EuGH 15. 12. 1994, Slg. 1994 I, S. 5727: Helmig.
[242] BAG 20. 6. 1995 AP Nr. 11 zu § 1 TVG Tarifverträge: Chemie (*Wisskirchen*).

ßen.²⁴³ Dies ist bei Teilzeitbeschäftigten schon bei einer Beschäftigung über die mit ihnen vereinbarte regelmäßige wöchentliche Arbeitszeit hinaus der Fall und die einschlägige Tarifvertragsnorm kann dann gegen § 2 Abs. 1 BeschFG verstoßen. Bei *Sondervergütungen* richtet sich der sachliche Grund zum Leistungsausschluß von Teilzeitbeschäftigten nach dem Leistungszweck.²⁴⁴ Dieser ist auch maßgebend dafür, ob den Teilzeitbeschäftigten ein Anspruch auf die volle Leistung²⁴⁵ oder nur ein ihrer Arbeitszeit entsprechender Anteil zusteht.²⁴⁶

248 (3) Gleichstellung **organisierter** und **nicht organisierter Arbeitnehmer**. Das deutsche Tarifvertragsrecht geht von dem Grundsatz aus, daß Tarifverträge nur für die beteiligten Tarifvertragsparteien und ihre organisierten Mitglieder gelten; vgl. § 3 Abs. 1 des Gesetzes. Ein Tarifvertrag kann damit als solcher nicht gegen den Gleichheitssatz der Verfassung verstoßen. Umgekehrt ist eine unterschiedliche Behandlung wegen der Gewerkschaftszugehörigkeit durchweg untersagt; vgl. Art. 9 Abs. 3 Satz 2 GG, § 75 Abs. 1 BetrVG, § 6 ArbVGE.

249 Im Tarifvertragsrecht lautet der Grundsatz, daß Tarifverträge ihre normative Wirkung nur für die tarifgebundenen Arbeitsvertragsparteien entfalten. Das folgt eindeutig aus Wortlaut und System des § 3 Abs. 1 und 2 und des § 4 Abs. 1 und 2 des Gesetzes. Deshalb sind die Tarifvertragsparteien auch grundsätzlich nicht verpflichtet, im Wege der schuldrechtlichen Gleichstellungsabrede alle tarifgebundenen Arbeitgeber zur einheitlichen Anwendung des Tarifvertrages zu verpflichten. So unbestreitbar der Grundsatz, so eindeutig gewisse gesetzliche und sachgebotene Ausnahmen:

250 – Eine *erste* Ausnahme bilden tarifvertragliche Normen zu betrieblichen und betriebsverfassungsrechtlichen Fragen, die nach § 3 Abs. 2, § 4 Abs. 1 für alle Arbeitnehmer des tarifgebundenen Unternehmens unterschiedslos gelten sollen. Ob und wieweit diese Betriebsnormen eine Konkretisierung des Gleichheitsgebotes darstellen, ist zwar bestritten; vgl. dazu unten zu § 1 Rnr. 567. Unabhängig davon wirken sich aber Betriebsnormen, soweit sie für die nicht organisierten Arbeitnehmer Vergünstigungen beinhalten, auch als Erstreckung des Gleichheitssatzes aus.

251 – Eine *zweite* Ausnahme enthält das Arbeitskampfrecht als Vorstufe des Tarifvertragsrechts: nicht organisierte Arbeitnehmer und Arbeitgeber dürfen sich an einem (rechtmäßigen) Arbeitskampf so gut beteiligen wie organisierte Mitglieder der Verbände.²⁴⁷ Im Zusammenhang damit ist bestritten, ob allen Arbeitnehmern, die sich aktiv an einem Arbeitskampf beteiligt haben, auch die positive Teilhabe am *Ergebnis* zu garantieren ist. Dafür spricht das Prinzip der Einheit von Einsatz und Gewinn: wer sich an Einbußen und Risiken eines Arbeitskampfes beteiligt und ohne Streikunterstützung Ver-

---

²⁴³ Dies betont das BAG 25. 7. 1996 AP Nr. 6 zu § 35 BAT, verneint es aber im konkreten Fall für § 35 Abs. 1 Satz 2 a BAT.
²⁴⁴ BAG 27. 2. 1996 AP Nr. 28 zu § 1 BetrAVG Gleichbehandlung.
²⁴⁵ BAG 22. 5. 1996 AP Nr. 1 zu § 39 BAT; BAG 25. 9. 1997 AP Nr. 63 zu § 2 BeschFG 1985.
²⁴⁶ BAG 11. 12. 1996 AP Nr. 19 zu §§ 22, 23 BAT Zulagen.
²⁴⁷ Vgl. dazu grundlegend *Thüsing,* Der Außenseiter im Arbeitskampf, 1996, S. 23 ff. mit weiteren Nachweisen.

luste gewärtigen muß, kann vom Ergebnis des Arbeitskampfes nicht ausgeschlossen werden.[248] Offen bleibt insofern, ob Vergünstigungen des Tarifvertrages auch unabhängig von einem Arbeitskampf den nicht organisierten Arbeitnehmern zugute kommen sollen, sie also das tarifvertragliche Entgelt und andere Arbeitsbedingungen im Wege der Gleichstellung und ohne Bezugnahmeklausel beanspruchen dürfen. Zwar läßt sich vorbringen, daß die Vorteile eines Tarifvertrages in erster Linie den organisierten Arbeitnehmern zugute kommen, weil sie bereit sind, ihre Interessen hilfsweise in einem Arbeitskampf durchzusetzen. Das „Arbeitskampfpotential" umfaßt aber notwendig auch die nicht organisierten Arbeitnehmer, ohne deren Unterstützung Arbeitskämpfe regelmäßig nicht stattfinden und erfolgreich nicht einmal angedroht werden können. Man könnte einwenden, es sei doch ungewiß, in welchem Umfang sich nicht organisierte Arbeitnehmer an einem hypothetischen Arbeitskampf beteiligen würden; diese Überlegung gilt aber auch für die organisierten Gewerkschaftsmitglieder.

— Eine *dritte* Ausnahme macht das Betriebsverfassungsrecht in § 87 Abs. 1 Einleitungssatz BetrVG 1972. Danach entfällt das zwingende Mitbestimmungsrecht des Betriebsrats, wenn und soweit eine tarifvertragliche Regelung besteht. Da man nicht davon ausgehen kann, daß der Gesetzgeber die nicht organisierten Arbeitnehmer, und d.h. vielfach die Mehrheit der Arbeitnehmer des sozialen Schutzes berauben will, müssen die Normen des Tarifvertrages, soweit sie eine Mitbestimmung des Betriebsrats verdrängen, sich wenigstens im Wege der Gleichbehandlungspflicht des Arbeitgebers auf die gesamte Belegschaft auswirken.[249] Wenn man den Geltungsbereich des § 87 Abs. 1 Einleitungssatz BetrVG 1972 nicht restriktiv auf organisierte Arbeitnehmer beschränken will, verlangt eine verfassungsmäßige Auslegung des Gesetzes — unabhängig von § 3 Abs. 2 TVG — die Ausdehnung der Tarifvertragsnormen für soziale Angelegenheiten auf nicht organisierte Arbeitnehmer.[250]

— Eine *vierte* Ausnahme könnte sich allgemein aus der Gleichbehandlungspflicht des Arbeitgebers ergeben. Sie wird im Beschluß des Großen Senats vom 29. 11. 1967 AP Nr. 13 zu Art. 9 GG angedeutet.

„Die Gleichbehandlung von Organisierten und Nichtorganisierten in Entgeltfragen wird heute weitgehend als ein Ausdruck der sozialen Gerechtigkeit empfunden. ... Die faktische Gleichbehandlung der Organisierten und Außenseiter führt nicht nur dazu, daß in vielen Fällen der Außenseiter auf das tarifliche Lohnniveau der Organisierten angehoben wird, sondern bringt es in ähnlicher Weise unter dem Gesichtspunkt der Zweckmäßigkeit und Gerechtigkeit auch mit sich, daß der Organisierte zusammen mit den Außenseitern ein einheitliches übertarifliches Lohnniveau erreicht."

Eine automatische Ausdehnung von Tarifvertragsnormen auf nicht organisierte Arbeitnehmer *qua* Gleichbehandlungsgebot ist mit dem Schrifttum

---

[248] Ebenso *Säcker*, Gruppenautonomie, S. 333; *Thüsing*, Der Außenseiter im Arbeitskampf, 1996, S. 115 ff.; *ders.* ZTR 1997, S. 433, 437.
[249] Ebenso schon Vorauflage, § 3 TVG, Rnr. 125; *H. Hanau*, RdA 1996, S. 158, 173; abw. *Kempen/Zachert*, § 4 TVG, Rnr. 4; *Lieb*, Arbeitsrecht, Rnr. 539.
[250] Vgl. zu anderen, aber weniger überzeugenden Lösungsvorschlägen MünchArbR/ *Löwisch*, § 238, Rnr. 55, S. 92; *Löwisch/Rieble*, AR-Blattei, Betriebsverfassung XIV, Mitwirkung und Mitbestimmung B, Soziale Angelegenheiten, Entscheidungen 102 (unter I 2).

abzulehnen.²⁵¹ Eine Ausnahme wird für vom Arbeitgeber gewährte Vergünstigungen gemacht, wenn die Vorenthaltung zu einer Diskriminierung führen würde.²⁵² Die Rechtsprechung verpflichtet den Arbeitgeber außerdem zur Gleichbehandlung vergleichbarer Tätigkeiten, wenn er generelle Regeln hinsichtlich des Entgelts oder der Sondervergütungen aufstellt.

255 Insgesamt bleibt die Stellung der nicht organisierten Arbeitnehmer im deutschen Tarifvertragsrecht faktisch und rechtlich zwiespältig. Faktisch²⁵³ kommt es durch globale Bezugnahmeerklärungen vielfach zur *einheitlichen Behandlung* der Belegschaften im Öffentlichen Dienst und in den Großunternehmen und ihren Betrieben. Unterschiede bestehen von Branche zu Branche. Verläßliche statistische Angaben fehlen, wie weit die einheitliche Behandlung in mittelständischen und Kleinunternehmen durchgeführt wird; vgl. dazu unten § 1 Rnr. 30. Rechtlich ist vom Grundsatz der auf die Mitglieder beschränkten Normwirkung des § 3 Abs. 1 auszugehen, der allerdings einer darüber hinausgehenden Gleichbehandlung unstreitig nicht entgegensteht. Daß der Arbeitgeber bei außer- und übertariflichen Leistungen zur Gleichbehandlung verpflichtet ist, wenn er Gruppenbildungen vornimmt, und daß er auf sachgerecht gebildete Gruppen von Arbeitnehmern unterschiedliche Vergütungsgrundsätze anwenden darf,²⁵⁴ ist ebenfalls unstreitig. Eine Gleichbehandlungspflicht des Arbeitgebers bezüglich tarifvertraglicher Grund- und Sondervergütungen kann sich schließlich aus einer betrieblichen Übung ergeben, Bezugnahmeklauseln einzelvertraglich einzuführen.

256 **g) Tarifvertraglich gebildete Gruppen. aa)** Die Tarifvertragsparteien berücksichtigen in ihren Regelungen nicht nur die ihnen vorgegebenen Personalstrukturen, sondern nehmen – vor allem im Entgeltbereich – selbst Gruppenbildungen vor, an die sich dann weitreichende Rechtsfolgen anschließen. Diese tarifvertraglichen Gruppenbildungen dürfen den gesetzlichen Diskriminierungsverboten, insb. dem Art. 3 GG, nicht widersprechen.²⁵⁵ Hierzu zählt das Verbot der Ungleichbehandlung von Arbeitnehmern wegen ihrer politischen oder gewerkschaftlichen Betätigung; vgl. § 4 Abs. 2 und 6 ArbVGE.²⁵⁶ Vielfach wird es sich nicht vermeiden lassen, daß Tarifverträge ebenso wie Gesetze *Pauschalierungen* vornehmen, die zu einer Gleichbehandlung ungleicher Sachverhalte führen; die Gleichheitsgebote setzen dem aber Grenzen.²⁵⁷ In der Rechtsprechung werden pauschalierende

---

²⁵¹ Vgl. *Däubler,* Tarifvertragsrecht, Rnr. 329; *Kempen*/Zachert, § 4 TVG, Rnr. 4; *Konzen,* in: Festschrift für Gerhard Müller (1981), S. 245, 257 ff.; *Löwisch,* in: Festschrift für Gerhard Müller (1981), S. 301, 303; *Thüsing,* ZTR 1997, S. 433, 436.
²⁵² Vgl. *Lieb,* Arbeitsrecht, Rnr. 537; kritisch *Gamillscheg,* Kollektives Arbeitsrecht I, § 15 VI 3, S. 593.
²⁵³ Vgl. den Geschäftsverteilungsplan des BAG 1998 unter B 6, RdA 1998, S. 48.
²⁵⁴ BAG 12. 1. 1994 AP Nr. 112 und BAG 20. 11. 1996 AP Nr. 149 zu § 242 BGB Gleichbehandlung.
²⁵⁵ Vgl. zur Gruppenbildung BAG 23. 6. 1994 AP Nr. 13 zu § 1 TVG Tarifverträge: DDR; BAG 25. 7. 1996 AP Nr. 6 zu § 11 BAT.
²⁵⁶ Entwurf eines Arbeitsvertragsgesetzes (ArbVG) vom 23. 5. 1995 BR-Drucks. 293/95, S. 16, 17.
²⁵⁷ BVerfGE 82, S. 126, 152; BAG 26. 8. 1997 AP Nr. 74 zu § 87 BetrVG 1972 Arbeitszeit.

Regelungen nur dann für unbedenklich gehalten, wenn eine verhältnismäßig kleine Gruppe benachteiligt oder bevorzugt wird und der Gleichheitsverstoß nicht sehr intensiv wirkt.[258] Die Rechtsprechung zur Pauschalierung bei tarifvertraglichen Gruppenbildungen ist allerdings nicht ganz einheitlich; vgl. zu tariflichen Arbeiterkündigungsfristen unten § 1 Rnr. 548.

Schwieriger als die Vermeidung verpönter Merkmale ist die Ausarbeitung positiver Kriterien, an die die Kollektivvertragsparteien ihre Gruppenbildung anknüpfen dürfen und die Gewichtung dieser Kriterien. In der Rechtsprechung hat die Diskussion dazu erst begonnen.[259] Die Arbeitswissenschaft bietet seit jeher Arbeitsbewertungsmerkmale für die Bestimmung des Arbeitsentgelts an, wobei sie sich allerdings auf eine Untersuchung nach dem Arbeitsinhalt und den Arbeitsanforderungen beschränkt, persönliche Leistungen und Bedürfnisse des einzelnen Arbeitnehmers dagegen ausklammert und keine Rücksicht auf die Signale des Arbeitsmarktes nimmt.[260] **257**

Folgende *Bewertungsvorgaben* kommen heute als sachgerechte Unterscheidungskriterien in Betracht: **258**

— *Anforderungen des Arbeitsplatzes (Soll-Erfordernisse):* das Merkmal beschreibt die Erfordernisse, die vom Arbeitnehmer aktiv (Ausbildung, Qualifikation, Berufserfahrung) oder passiv (Belastungen durch Umwelt) bewältigt werden sollen; die Operationalisierung dieser Anforderungen kann über summarische oder analytische Verfahren der Arbeitsbewertung erfolgen.[261]

— *Angebot des Arbeitnehmers (Ist-Leistungen):* hierher zählen alle Qualifikationsmerkmale, die der individuelle Arbeitnehmer als Summe seiner Fähigkeiten und Kenntnisse tatsächlich einbringt, also insb. Ausbildung, Begabung, Führungskraft, Zuverlässigkeit usw.

— *Beitrag des Arbeitnehmers (Arbeits-Erfolg):* die Arbeitsproduktivität wird nur bei der eigentlichen Leistungsentlohnung, also bei den besonderen Entgeltformen des Stücklohnes und der Provisions- oder Tantiemezahlungen der Vergütung zugrunde gelegt; im übrigen wirkt sie sich in Leistungszulagen und bei Beförderungen zugunsten des jeweiligen Mitarbeiters aus.

— *Bedarf des Arbeitnehmers (Lebensunterhalt):* hierher zählen die Bedürfnisse des Arbeitnehmers an individuellem Lebensunterhalt unter Berücksichtigung von Alter, Gesundheit, Familienstand, Wohnort und anderen Belastungen (Mindestentgelt, Sozialzulagen).

---

[258] BAG 26. 8. 1997 AP Nr. 74 zu § 87 BetrVG 1972 Arbeitszeit; zur Kontrolle der Gruppenbildung anhand des Gleichbehandlungsgrundsatzes vgl. zuletzt BAG 18. 6. 1997 AP Nr. 2 zu § 3d BAT; BAG 17. 2. 1998 AP Nr. 37 zu § 1 BetrAVG Gleichbehandlung.

[259] Vgl. EuGH 15. 12. 1994, Slg. 1994 I, S. 5727: Helmig = EAS EG-Vertrag Art. 119 Nr. 35 *(Siemes)*; EuGH 31. 5. 1995, Slg. 1995 I, S. 1275, 1310: Royal Copenhagen; sowie BAG 5. 4. 1995 AP Nr. 18 zu § 1 TVG Tarifverträge: Lufthansa unter Hinweis auf BAG 20. 4. 1983 AP Nr. 72 und BAG 5. 12. 1990 AP Nr. 153 zu §§ 22, 23 BAT 1975; LAG Köln, LAGE Nr. 15 zu Art. 119 EWG-Vertrag *(Peters/Thüsing)*; BAG 18. 6. 1997 AP Nr. 2 zu § 3d BAT.

[260] Vgl. MünchArbR/*Kreßel*, § 64, Rnr. 35 ff.; *W. Oechsler,* Personal und Arbeit, 5. Aufl. 1994; *K. Olfert/P. Steinbuch,* Personalwirtschaft, 6. Aufl. 1995, S. 270 ff.

[261] Vgl. *Bisani,* Personalwesen und Personalführung, 1995, S. 432 ff.; *Gerum,* Wist 1985, S. 493 ff.; *Oechsler,* Personal und Arbeit, 5. Aufl. 1994, S. 299.

– *Bedingungen des Arbeitsmarktes* sind ebenfalls anzuerkennende – und in jüngster Zeit auch anerkannte – Merkmale für Differenzierungen beim Entgelt und bei anderen Vertragsfolgen.[262] Ein Tarifvertrag darf berücksichtigen, daß in einem Berufszweig oder in einer qualifizierten Berufsgruppe Arbeitskräfte nur schwer zu gewinnen sind.

259 Der Katalog versucht die Lohndifferenzierungsmerkmale zu systematisieren, die im Lichte des Gleichheitssatzes zur tarifvertraglichen Gruppenbildung benutzt werden *können*. Er ist möglicherweise nicht vollständig und jedenfalls nicht derart verbindlich, daß die genannten Kriterien stets alle berücksichtigt werden *müssen*. Erst recht gibt er noch keine Hinweise auf die Gewichtung der einzelnen Merkmale und auf das Verhältnis der Entgeltstufen zueinander. Insoweit verweist die arbeitsgerichtliche Rechtsprechung bislang auf das gesetzgeberische Ermessen der Tarifvertragsparteien, das die einzelnen Kriterien gewichtet und die Entgeltstruktur, also das Verhältnis der einzelnen Arbeits- und Berufsgruppen zueinander, festlegt. Die angemessene Vergütung für lange Ausbildungszeiten, für die Leistung von Nacht- und Wochenendarbeit oder für hohen persönlichen Einsatz, erst recht der Abstand zwischen den einzelnen Vergütungsstufen, kann in der Tat von der Arbeitswissenschaft nicht ausgerechnet werden. Die Anwendung des Gleichheitssatzes liegt hier noch im Dunkeln.

260 **bb)** Nach der Rechtsprechung des Bundesverfassungsgerichts zu gesetzlichen Regelungen besteht keine Notwendigkeit, alle tatsächlichen Unterschiede auch rechtlich unterschiedlich zu behandeln.[263] Entsprechend besteht auch für die Tarifvertragsparteien keine *Pflicht* zur Gruppenbildung; sie können entscheiden, welche Differenzierungen nicht vorgenommen werden sollen und können deshalb innerhalb verwandter Branchen eine einheitliche Entgeltstruktur schaffen oder fortschreiben.[264] Nur wenn für die unterbliebene Differenzierung jeder sachliche Gesichtspunkt fehlt, kann ein Verstoß gegen Art. 3 Abs. 1 GG vorliegen.

261 **h) Rechtsfolgen des Gleichheitsverstoßes.** Welche Folgen der Verstoß einer tarifvertraglichen Regelung gegen das Gleichheitsgebot hat, ist bislang nicht mit hinreichender Sicherheit geklärt.[265] Abgesehen vom Benachteiligungsverbot enthalten die Gleichheitsgebote der Verfassung und der Gesetze regelmäßig *keine* konkrete Rechtsfolgenanordnung; vgl. nur Art. 3 GG, Art. 119 EGV, § 75 BetrVG.

---

[262] Vgl. EuGH 27. 10. 1993, Slg. 1993 I, S. 5535: Enderby; BAG 23. 8. 1995 AP Nr. 134 zu § 242 BGB Gleichbehandlung = SAE 1997, S. 228 (*Boecken*) betr. individuell unterschiedliche Entlohnung; BAG 18. 6. 1997 AP Nr. 2 zu § 3d BAT betr. Vereinbarung untertariflicher Vergütung mit ABM-Kräften; *Kempen/Zachert*, Grundl., Rnr. 181; abw. früher BAG 9. 9. 1981 AP Nr. 117 zu Art. 3 GG (*Pfarr*).
[263] Vgl. BVerfGE 86, S. 81, 87; BVerfGE 90, S. 226, 239.
[264] Einprägsam BAG 10. 3. 1994 AP Nr. 117 zu § 1 TVG Tarifverträge: Metallindustrie = SAE 1996, S. 104 (*Buchner*): einheitliche Kündigungsfristenregelung für die gesamte Metallbranche.
[265] Vgl. *Baumann*, RdA 1994, S. 272; *Sachs*, RdA 1989, S. 25; *Wiedemann/Mangen*, Anm. zu BAG 14. 12. 1982 AP Nr. 1 zu § 1 BetrAVG Besitzstand; *Biermann*, Die Gleichbehandlung von Teilzeitbeschäftigten bei entgeltlichen Ansprüchen, Diss. Köln, Kapitel 8 E, S. 295 ff.

aa) Vorgelagert ist die Frage, wie weit die zu überprüfenden Kollektiv- **262** vertragsnormen einer **verfassungskonformen Auslegung** zugänglich sind, die einen Grundrechtsverstoß im Ergebnis vermeiden lassen.[266] Dafür spricht die Normenwirkung eines Tarifvertrages oder einer Betriebsvereinbarung, die bei verschiedenen Auslegungsalternativen eine verfassungskonforme, geltungserhaltende Auslegung erfordert.[267] Auch das Bundesarbeitsgericht zieht eine solche grundsätzlich in Erwägung.[268] So wurde eine Regelung, die es dem Arbeitgeber erlaubte, nur einen bestimmten Prozentsatz von Arbeitnehmern an einer Vorruhestandsregelung teilhaben zu lassen, dahingehend ausgelegt, daß die Quote sowohl auf tarifgebundene Arbeitnehmer, als auch auf nicht oder anders organisierte Arbeitnehmer anzuwenden sei, um der negativen Koalitionsfreiheit der Außenseiter zu genügen. Das Ergebnis hätte sich allerdings auch über eine Qualifizierung der Tarifvertragsnorm als Betriebsnorm erreichen lassen, die nach § 4 Abs. 1 Satz 3 in Verbindung mit § 3 Abs. 2 des Gesetzes die gesamte Belegschaft des tarifgebundenen Arbeitgebers erfaßt. Eine verfassungskonforme Auslegung stößt allerdings dort auf Grenzen, wo der Wortlaut der Bestimmung eine andere als die gleichheitswidrige Auslegung nicht zuläßt. Dies wird häufig in Fällen der direkten Diskriminierung zutreffen. Daneben zieht das Bundesarbeitsgericht grundsätzlich auch eine *Umdeutung* gleichheitswidriger Tarifvertragsnormen nach § 140 BGB in Betracht, erkennt aber deren enge Anwendungsvoraussetzungen und damit die begrenzte Anwendungsmöglichkeit auf Tarifverträge an.[269]

bb) Das Bundesarbeitsgericht geht von dem Grundsatz aus, daß tarifvertrag- **263** liche Bestimmungen, die gegen den Gleichheitssatz des Art. 3 GG verstoßen, grundsätzlich **nach § 134 BGB nichtig** sind.[270] Dies trifft im Ergebnis zu, ergibt sich aber bereits aus dem Charakter der Grundrechte als ranghöherer Rechtsquelle.[271] Zu Recht wendet das Bundesarbeitsgericht nicht die Regelung des § 139 BGB bei Unwirksamkeit einzelner Normen eines Tarifvertrages an, sondern greift auf die vom Bundesverfassungsgericht entwickelten Grundsätze zur Nichtigkeit von Gesetzen zurück.[272] Damit erstreckt sich die

---

[266] Vgl. *Löwisch/Rieble*, § 1 TVG, Rnr. 411ff.; Vorauflage, § 1 TVG, Rnr. 404; *Wiedemann/Willemsen*, Anm. zu BAG 20. 4. 1977 AP Nr. 111 zu Art. 3 GG; *Schlachter*, in: Festschrift für Günter Schaub (1998), S. 651, 660.
[267] BAG 1. 4. 1993 AP Nr. 143 zu § 1 TVG Auslegung (abgedr. in AP Nr. 4 zu § 1 TVG Tarifverträge: Bewachungsgewerbe).
[268] BAG 20. 4. 1977 AP Nr. 111 zu Art. 3 GG (*Wiedemann/Willemsen*); BAG 16. 2. 1978 AP Nr. 178 zu § 242 BGB Ruhegehalt (*Crisolli*); BAG 21. 1. 1987 AP Nr. 46, 47 zu Art. 9 GG (*Scholz*) = EzA Art. 9 GG Nr. 42 (*Konzen/Weber*); vgl. auch ArbG Reutlingen 9. 1. 1997, BB 1997, S. 687.
[269] BAG 13. 11. 1985 AP Nr. 136 zu Art. 3 GG (*Zuleeg*).
[270] BAG 15. 1. 1964 AP Nr. 87 zu Art. 3 GG (*Wertenbruch*); BAG 21. 3. 1991 AP Nr. 29 zu § 622 BGB; BAG 9. 3. 1994 AP Nr. 31 zu § 23a BAT; BAG 5. 4. 1995 AP Nr. 18 zu § 1 TVG Tarifverträge: Lufthansa; abw. BAG 24. 2. 1982 AP Nr. 7 zu § 17 BAT (*Meisel*), wo das BAG § 306 BGB anwendet.
[271] *Baumann*, RdA 1994, S. 272, 275; *Sachs*, RdA 1989, S. 25, 34.
[272] BAG 26. 2. 1986 AP Nr. 12 zu § 4 TVG Ordnungsprinzip; BAG 7. 3. 1995 AP Nr. 26 zu § 1 BetrAVG Gleichbehandlung (*Bauschke*); BAG 5. 4. 1995 AP Nr. 18 zu § 1 TVG Tarifverträge: Lufthansa; abw. BAG 20. 4. 1977 AP Nr. 111 zu Art. 3 GG (*Wiedemann/Willemsen*); BAG 13. 11. 1985 AP Nr. 136 zu Art. 3 GG (*Zuleeg*); zu-

Nichtigkeit in der Regel nur auf diejenigen Normen des Tarifvertrages, die gegen den Gleichheitssatz verstoßen. Die übrigen Normen werden nur dann von der Nichtigkeitsfolge erfaßt, wenn sie keine selbständige Bedeutung haben können oder wenn sie Teil einer Gesamtregelung sind, die ohne einen ihrer Bestandteile ihren Sinn und ihre Rechtfertigung verlieren würde.[273] Die Nichtigkeit des gleichheitswidrigen Tarifvertrages tritt *ipso iure* ein, wird also vom Gericht lediglich festgestellt, bestand aber schon bei Erlaß der Tarifvertragsnorm.[274]

264 Schwierigkeiten bereitet die Anwendung dieser Grundsätze in der Praxis. So gelangt das Bundesarbeitsgericht in ständiger Rechtsprechung zu einer „Anpassung nach oben",[275] indem es leistungsgewährende Tarifvertragsbestimmungen auf diejenigen Personen erstreckt, die entgegen dem Gebot des Gleichheitssatzes von der Gewährung tariflicher Leistungen ausgeschlossen wurden. Nach Ansicht des Gerichts soll die Nichtigkeit einer Tarifvertragsnorm, die bestimmte Arbeitnehmergruppen von der Gewährung einer im Tarifvertrag vorgesehenen Leistung ausschließt, nicht die Bedeutung einer Zusatzversorgung als Regelungsgefüge berühren.[276] Damit geht das Bundesarbeitsgericht im Grundsatz davon aus, daß die Entscheidung der Tarifvertragsparteien, eine Leistung zu gewähren, und die Bestimmung des begünstigten Personenkreises nicht in untrennbarem Zusammenhang stehen.

265 Das stößt auf Bedenken. Das Bundesarbeitsgericht selbst sieht die Grenze seiner Entscheidungsbefugnis in der Gewährleistung der Tarifautonomie des Art. 9 Abs. 3 GG. Letztere bleibt seiner Auffassung nach solange unberührt, als die Gerichte eine unwirksame Norm nicht durch eine andere Norm ersetzen. Diese Grenze scheint aber dann überschritten, wenn das Gericht eine Norm, die bestimmten Arbeitnehmergruppen eine Leistung gewähren will, in eine solche umwandelt, die *allen* Arbeitnehmern die Leistung verspricht. Die Bestimmung des Kreises der Empfangsberechtigten steht in einem untrennbaren Zusammenhang mit der Leistungsgewährung. Die Normierung einer Anspruchsgrundlage macht erst Sinn, wenn auch der Kreis der Anspruchsinhaber definiert wird. Dabei kann es keine Rolle spielen, ob der Kreis der Anspruchsberechtigten durch positive Formulierung des Kreises der empfangsberechtigten Personen oder durch Ausschluß eines gewissen Personenkreises erfolgt. Immer ist eine Grundentscheidung innerhalb der Tarifnorm betroffen, die einem spezifischen, von Art. 9 Abs. 3 GG vorausgesetz-

---

stimmend *Boerner*, ZfA 1997, S. 67, 80; *Schlachter*, in: Festschrift für Günter Schaub (1998), S. 651, 660.
[273] BAG 5. 4. 1995 AP Nr. 18 zu § 1 TVG Tarifverträge: Lufthansa.
[274] BAG 16. 2. 1978 AP Nr. 178 zu § 242 BGB Ruhegehalt (*Crisolli*).
[275] Vgl. nur BAG 28. 7. 1992 AP Nr. 18 zu § 1 BetrAVG Gleichbehandlung = AR-Blattei ES Teilzeitarbeit Nr. 32 (*Pfarr*); BAG 7. 11. 1995 AP Nr. 71 zu Art. 119 EWG-Vertrag; BAG 16. 1. 1996 AP Nr. 222 zu Art. 3 GG; BAG 22. 5. 1996 AP Nr. 1 zu § 39 BAT; so in st. Rspr. auch der EuGH, vgl. EuGH 8. 4. 1976, Slg. 1976, S. 455: Defrenne II; EuGH 27. 6. 1990, Slg. 1990 I, S. 2591: Kowalska; EuGH 7. 2. 1991, Slg. 1991 I, S. 297: Nimz; einschränkend nunmehr BAG 28. 5. 1996 AP Nr. 143 zu § 1 TVG Tarifverträge: Metallindustrie; BAG 13. 5. 1997, NZA 1997, S. 1294, 1297.
[276] BAG 7. 3. 1995 AP Nr. 26 zu § 1 BetrAVG Gleichbehandlung (*Bauschke*).

ten Normbildungsprozeß entspringt.[277] So erkennt auch das Bundesarbeitsgericht im Grundsatz die aus dem Normencharakter des Tarifvertrages sich ergebende Konsequenz an, daß den Tarifvertragsparteien als Normgeber ein Regelungsspielraum verbleiben muß, was eine Ausdehnung des Tarifvertrages durch die Rechtsprechung nicht ohne weiteres als möglich erscheinen läßt.[278] Es folgt daraus, daß eine Erstreckung tariflicher Leistungen auf im Tarifvertrag gleichheitswidrig ausgeschlossene Personen im Urteil nur erfolgen darf, wenn der Gleichheitsverstoß anders nicht beseitigt werden kann. Dies aber soll für die Vergangenheit immer der Fall sein; nur für die Zukunft bleibe es den Tarifvertragsparteien unbelassen, die Leistungsgewährung einzuschränken oder ganz aufzuheben.[279]

Durch die Nichtigkeit der gleichheitswidrigen Norm entsteht im Normengefüge des Tarifvertrages eine ungewollte **Regelungslücke**. Kann diese bei Tarifvertragsnormen, die dispositives Gesetzesrecht verdrängen, noch durch Rückgriff auf die subsidiären gesetzlichen Regelungen geschlossen werden, so muß die Lücke bei eigenständigen Tarifnormen, wie solchen, die Leistungen gewähren sollen, auf andere Weise bewältigt werden. Über die Art und Weise, ob, wie und von wem diese Lücke zu schließen ist, herrscht Unsicherheit. Das Bundesarbeitsgericht vertritt in seiner bisherigen Rechtsprechung unterschiedliche Lösungsansätze. In der früheren Rechtsprechung steht die Frage nach der Legitimation zur Lückenfüllung, in der gegenwärtigen die Frage nach der Rückwirkung von den Arbeitgeber zusätzlich belastenden Urteilen im Vordergrund. Der vierte Senat hat eine *Lückenfüllung* nur unter engen Voraussetzungen zugelassen.[280] Unbewußte Regelungslücken könnten nur dann geschlossen werden, wenn sichere Anhaltspunkte dafür bestehen, welche Regelung die Tarifvertragsparteien getroffen hätten; seien verschiedene Lösungen denkbar, könne ein mutmaßlicher Wille der Tarifvertragspartei nicht festgestellt und die Tariflücke durch die Gerichte im Hinblick auf die Tarifautonomie nicht geschlossen werden. Demgegenüber hat sich der dritte Senat für befugt erklärt, die aufgrund des Gleichheitsverstoßes entstandene Regelungslücke selbst zu schließen, weil nur so die Verletzung des Art. 3 Abs. 1 GG beseitigt werden könne.[281] Dies gelte auch, wenn mehrere Regelungsmöglichkeiten innerhalb des Gestaltungsspielraums denkbar sind; den Kollektivvertragsparteien selbst Gelegenheit zu geben, aus der Vielzahl der Lösungsmöglichkeiten eine bestimmte auszuwählen, sei dem Parteiprozeß fremd. Das Gericht wähle diejenige, die dem Regelungssystem des umstrittenen Tarifvertrages am nächsten kommt und keine ergänzende

---

[277] Vgl. *Gamillscheg*, Kollektives Arbeitsrecht I, § 16 I 2 b (4) (a), S. 75 f.
[278] BAG 7. 3. 1995 AP Nr. 26 zu § 1 BetrAVG Gleichbehandlung (*Bauschke*).
[279] Vgl. zuletzt BAG 13. 3. 1997 AP Nr. 54 zu § 2 BeschFG 1985.
[280] BAG 23. 9. 1981 AP Nr. 19 zu § 611 BGB Lehrer, Dozenten; BAG 13. 11. 1985 AP Nr. 136 zu Art. 3 GG (*Zuleeg*); BAG 5. 4. 1995 AP Nr. 18 zu § 1 TVG Tarifverträge: Lufthansa; ebenso BAG (3. Senat) 16. 2. 1978 AP Nr. 178 zu § 242 BGB Ruhegehalt (*Crisolli*); BAG (5. Senat) 10. 12. 1986 AP Nr. 1 zu § 42 MTB II.
[281] BAG 14. 12. 1982 AP Nr. 1 zu § 1 BetrAVG Besitzstand (*Wiedemann/Mangen*); BAG 28. 7. 1992 AP Nr. 18 zu § 1 BetrAVG Gleichbehandlung; BAG 7. 3. 1995 AP Nr. 26 zu § 1 BetrAVG Gleichbehandlung (*Bauschke*).

oder zweckändernde rechtspolitische Entscheidung erforderlich macht.[282] Ähnlich entscheidet der fünfte Senat zugunsten der Gleichbehandlung bei Gehaltserhöhungen, wenn der gesamte Umfang der Gehaltserhöhungen auf einer allgemeinen Regelung beruht.[283] Die Frage der zukünftigen oder sogar rückwirkenden *Mehrbelastung* der Unternehmen tritt erst in jüngster Zeit in den Mittelpunkt der Erörterung.[284] Das Bundesarbeitsgericht hält eine auch rückwirkende Zusatzbelastung des Arbeitgebers grundsätzlich für zulässig, weil das Interesse der diskriminierten Arbeitnehmer an einer uneingeschränkten Beachtung des Gleichheitssatzes den Vorzug verdiene. Es bleibe den Kollektivvertragsparteien allerdings unbenommen, die einschlägigen Regelungen für die Zukunft abzuändern und die durch den Gleichheitssatz angefallenen Kosten wieder zu verringern.

cc) Eine **Stellungnahme** hat zwischen der Zuständigkeitsfrage und der materiellen Anhebung oder Absenkung von Arbeitsbedingungen sowie jeweils zwischen einer etwaigen Rückwirkung oder der Neugestaltung für die Zukunft deutlich zu unterscheiden.

267 – Es ist Aufgabe der Tarifvertragsparteien selbst, den Normsetzungsfehlgriff zu korrigieren, also darüber zu entscheiden, wie der Gleichheitsverstoß zwischen der begünstigten und der diskriminierten Gruppe ausgeglichen und ob die Belastung der Unternehmen erhöht werden soll,[285] oder welche Arbeitsbedingungen im übrigen, z.B. Kündigungsfristen, in Zukunft gelten sollen.[286] Eine Neuregelung durch die Rechtsprechung käme einem unzulässigen Eingriff in die Tarifautonomie gleich.[287] Dagegen wiegen Zuständigkeitsbedenken geringer, soweit kollektive Regelungen für die Vergangenheit für nichtig erklärt werden. Die „rechtlichen Grundüberlegungen",[288] die zur Entfaltung der verschiedenen Gleichheitsgebote führen, sind jedenfalls den Parteien eines Verbandstarifvertrages bekannt oder müssen ihnen bekannt sein.

268 Eine allgemeine Ausnahme gilt, wenn für die Vergangenheit und für die Zukunft nur eine einzige Lösungsmöglichkeit in Betracht kommt, das Ermessen der Tarifvertragsparteien also auf Null geschrumpft ist.[289] Dafür reicht es aber nicht aus, daß „sichere Anhaltspunkte" dafür bestehen, welche Regelung die Tarifvertragsparteien getroffen hätten,[290] denn dies wird

---

[282] Vgl. auch BAG 21. 3. 1991 AP Nr. 29 zu § 622 BGB.
[283] BAG 11. 9. 1985 AP Nr. 76 zu § 242 BGB Gleichbehandlung (*Hromadka*); BAG 15. 11. 1994 AP Nr. 121 zu § 242 BGB Gleichbehandlung (*Röckl*).
[284] Vgl. grundlegend BAG 14. 10. 1986 AP Nr. 11 zu Art. 119 EWG-Vertrag: Bilka (*Pfarr*); BAG 28. 7. 1992 AP Nr. 18 zu § 1 BetrAVG Gleichbehandlung (Verfassungsbeschwerde dagegen nicht angenommen BVerfG 7. 2. 1994); BAG 7. 3. 1995 AP Nr. 26 zu § 1 BetrAVG Gleichbehandlung (*Bauschke*); früher schon BAG 13. 11. 1985 AP Nr. 136 zu Art. 3 GG (*Zuleeg*).
[285] BAG 13. 11. 1985 AP Nr. 136 zu Art. 3 GG (*Zuleeg*).
[286] BAG 21. 3. 1991 AP Nr. 29 zu § 622 BGB.
[287] Vgl. BAG 16. 2. 1978 AP Nr. 178 zu § 242 BGB Ruhegehalt (*Crisolli*); BAG 10. 12. 1986 AP Nr. 1 zu § 42 MTB II.
[288] BAG 7. 3. 1995 AP Nr. 26 zu § 1 BetrAVG Gleichbehandlung (*Bauschke*).
[289] Vgl. *Hartmann*, Gleichbehandlung und Tarifautonomie, 1994, S. 223.
[290] So aber BAG 23. 9. 1981 AP Nr. 19 zu § 611 BGB Lehrer, Dozenten; BAG 13. 11. 1985 AP Nr. 136 zu Art. 3 GG (*Zuleeg*); *Boerner*, ZfA 1997, S. 67, 83; Bier-

regelmäßig einer Ermessensausübung gleichkommen. Andernfalls nimmt das Gericht eine Kompetenz war, die ihm nicht zusteht und die es nicht an sich ziehen kann.[291]

- Die *rückwirkende Belastung* von Unternehmen durch Nichtigerklärung kollektivvertraglicher Bestimmungen bei einem Gleichheitsverstoß stößt trotz der eindringlichen Begründung des Bundesarbeitsgerichts (in seinen Entscheidungen vom 7. 3. 1995 und vom 13. 5. 1997[292]) auf Bedenken. Zwei Gesichtspunkte seien herausgegriffen: **269**

Verschiedentlich wurde dem Bundesarbeitsgericht entgegengehalten,[293] eine Rückwirkung könne es dann nicht geben, wenn das Gericht im Wege der Rechtsfortbildung wie ein Gesetzgeber entscheide; nähere sich die Rechtsprechung der Rechtsetzung, so verhindere der aus dem Rechtsstaatsprinzip fließende Vertrauensschutz eine rückwirkende Belastung der Normadressaten. Die Replik des Gerichts lautet verkürzt, der Gleichheitssatz des Art. 3 GG gelte seit 1949 und die Lohngleichheit sei seit rund 40 Jahren fester Bestandteil der Arbeitsrechtsordnung;[294] bei einem Verstoß gegen Art. 3 Abs. 2 GG verlange überdies das Gleichberechtigungsgebot, daß Frauenlöhne *ipso iure* auf die Höhe der Männerlöhne angehoben würden.[295] Nun ist an der Geltung der Gleichberechtigung seit Erlaß des Grundgesetzes nicht zu zweifeln, die Grundrechte haben aber insgesamt und der Gleichheitssatz im besonderen eine „Entfaltung" erfahren, die zwar im Grundrechtskatalog verwurzelt ist, aber sicher zur Zeit des Inkrafttretens der Verfassung der Rechtsanwendung noch nicht bewußt war. Wenn die Rechtsfortbildung eine eigene Kategorie der Rechtsprechung mit präzisierbaren Voraussetzungen und Rechtsfolgen bildet, so steht die Entwicklung der mittelbaren Diskriminierung oder der Gruppengleichheit einer solchen Rechtsfortbildung zumindest nahe. **270**

Das Problem liegt in dem „wenn". Der deutschen Tradition entspricht es, gerichtliche Entscheidungen als Erkenntnisse des geltenden Rechts und nicht als Entscheidungen für eine zukünftige Rechtsordnung aufzufassen. Daß dies in anderen Rechtskreisen, wie im anglo-amerikanischen Rechtskreis, anders aufgefaßt wird, wird vielfach hervorgehoben. Und daß sich auch im europäischen Recht ein Wandel abzeichnet, ist nicht ausgeschlossen. Ausgeschlossen ist es aber, einen arbeitsrechtlichen Sonderweg bei der Umsetzung des Gleichbehandlungsgebotes einzuschlagen. Verstöße gegen Art. 3 GG müssen von allen damit befaßten Revisionsgerichten einheitlich beurteilt werden, und es müssen außerdem operationable Kri- **271**

---

mann, Die Gleichbehandlung von Teilzeitbeschäftigten bei entgeltlichen Ansprüchen, Kapitel 5 E V 5b, S. 320.
[291] Die gegenteilige Annahme von *Nicolai*, ZfA 1996, S. 481, 486, das Gericht dürfe im Wege der Rechtsfortbildung tätig werden, legitimiert durch den Effektivitätsgrundsatz, gibt der Rechtsprechung ein Recht zur Begründung eigener Kompetenzen.
[292] AP Nr. 26 zu § 1 BetrAVG Gleichbehandlung (*Bauschke*) und NZA 1997, S. 1294, 1297.
[293] Vgl. *Hanau/Preis*, Betrieb 1991, S. 1276, 1281; sowie umfassend *Christoph Louven*, Problematik und Grenzen rückwirkender Rechtsprechung des Bundesarbeitsgerichts, Diss. Köln 1995.
[294] BAG 28. 7. 1992 AP Nr. 18 zu § 1 BetrAVG Gleichbehandlung.
[295] *Söllner*, Die Bedeutung des Gleichbehandlungsgrundsatzes, 1994, S. 16.

terien ausgearbeitet sein, wo die Grenzlinie zwischen deklaratorischen Erkenntnissen und konstitutiven Entscheidungen der höchstrichterlichen Rechtsprechung verlaufen soll. In der Rechtstheorie wird die deklaratorische Natur von Gerichtsentscheidungen mit der Behauptung in Frage gestellt, jeder richterliche Akt enthalte dezisionistische Elemente.[296] Damit wird es von der Gegenposition der herrschenden Meinung unmöglich gemacht, trennscharf zwischen Rechtsplanung und Rechtsvollzug zu unterscheiden. Solange die theoretischen und praktischen Voraussetzungen für eine Rechtsfortbildungslehre fehlen,[297] sind die Revisionsgerichte von Ausnahmen wie § 132 Abs. 4 GVG abgesehen gehalten, über den Streitgegenstand mit Rückwirkung zu entscheiden.

272 – Erhebliche Bedenken gegen eine rückwirkende Mehrbelastung der Unternehmen durch Einbeziehung bisher benachteiligter Gruppen bestehen aber im Hinblick auf den *Verteilungscharakter* von Kollektivvereinbarungen. Es geht hier nicht nur um den allgemeinen Vertrauensschutz in die bestehenbleibende Vermögenssituation, sondern um den Schutz der Unternehmen davor, daß ein in der Vergangenheit eingeführter Verteilungsplan über die erzielten Erträge des Unternehmens – der seinerseits Grundlage der in die Zukunft wirkenden Bilanz-, Investitions- und Finanzentscheidungen war[298] – später nicht einseitig aufgehoben wird. Wäre den Kollektivvertragsparteien die später aufgeklärte Rechtslage beim Vertragsabschluß oder bei der Vertragsverlängerung bewußt gewesen, so hätten die Arbeitgeber das ihnen abgerungene oder freiwillig eingebrachte Gesamtvolumen anders verteilt, im Zweifel aber nicht einseitig erhöht.[299] Kollektivvereinbarungen setzen eben nicht nur Normen, sondern stellen Verträge und zwar zur Teilhabe am Unternehmensertrag dar. Derartige Verträge verdienen denselben Schutz wie das Eigentum nach Art. 14 Abs. 1 GG; als Dispositions- und Kalkulationsgrundlage können sie nur für die Zukunft verändert werden.[300] Dem Bundesarbeitsgericht ist ohne weiteres zuzugeben, daß Individualverstöße gegen die Gleichbehandlung in der Regel auch für die Vergangenheit korrigiert werden können, weil und soweit dies die Finanzplanung der Unternehmen nicht berührt. Insoweit überwiegt das Interesse *einzelner* Arbeitnehmer an einer uneingeschränkten Beachtung des Gleichheitssatzes. Das läßt sich aber nicht auf die Korrektur von Gruppenbildungen übertragen. Das Bundesarbeitsgericht macht dazu selbst eine Konzession, wenn die Rückwirkung zu einer „unzumutbaren Belastung" des Vertragspartners führt, aber damit ist die Latte zu hoch angesetzt.

---

[296] Vgl. *J. Esser,* Vorverständnis und Methodenwahl, 1970, S. 7 ff.; *Kriele,* Theorie der Rechtsgewinnung, 1967, S. 47 ff.
[297] Vgl. zuletzt *Weber,* WM 1996, S. 49.
[298] Vgl. auch *Nicolai,* ZfA 1996, S. 481, 488 die auf den Vertrauensschutz des Arbeitgebers abstellt.
[299] So auch *Lieb,* ZfA 1996, S. 319, 343; *Hartmann,* Gleichbehandlung und Tarifautonomie, 1994, S. 212 f.
[300] Vgl. zur Korrektur zu günstiger tarifvertraglicher Leistungen für die Zukunft BAG 7. 8. 1967 AP Nr. 121 zu § 242 BGB Ruhegehalt (*Wiedemann*); BAG 31. 1. 1969 AP Nr. 26 zu § 1 FeiertagslohnzahlungsG (*Canaris*); *W. Blomeyer,* in: Festschrift für Karl Molitor (1988), S. 41, 58.

B. Tarifvertrag und Verfassung 273–275 Einleitung

Bis zu einem gewissen Grad tragen neuere Entscheidungen des Bundesarbeitsgerichts[301] den Bedenken jetzt Rechnung, wenn sie darauf abstellen, daß die Tarifvertragsparteien bei Kenntnis von der Erweiterung der Kostenlast durch Erweiterung des Anwendungsbereichs an der Leistungsgewährung festgehalten hätten. **273**

Das Bundesarbeitsgericht stellt in seiner Entscheidung vom 7. 3. 1995[302] ausdrücklich fest: „Verstöße gegen den Gleichheitssatz des Art. 3 Abs. 1 GG lösen bei Tarifverträgen und Gesetzen die gleichen Rechtsfolgen aus." Für die Zukunft sollte eine Lösung darin bestehen, die gleichheitswidrige Bestimmung des Tarifvertrages für verfassungswidrig zu erklären, aber keine Nichtigkeit *ex tunc* eintreten zu lassen.[303] Dies ist für gesetzliche Bestimmungen in der Rechtsprechung des Bundesverfassungsgerichts anerkannt[304] und entspricht dem Charakter der Tarifvertragsbestimmungen als Rechtsnormen. Argument des Bundesverfassungsgerichts für die Anordnung des Weiterbestehens der gleichheitswidrigen Norm ist die Gestaltungsfreiheit des Gesetzgebers bei der Regelung des Sachbereiches. Diese steht den Tarifvertragsparteien für ihren Bereich der Regelung der Arbeits- und Wirtschaftsbedingungen aber ebenfalls zu, so daß die Begründung auf die tarifvertragliche Normsetzung übertragen werden kann. **274**

– Anhängige Verfahren sind dann bis zur Neuregelung durch die Tarifvertragsparteien auszusetzen.[305] Entsprechend entscheidet das Bundesverfassungsgericht, daß anhängige Verfahren, bei denen die Entscheidung von einer verfassungswidrigen Norm abhängt, bis zum Inkrafttreten einer Neuregelung auszusetzen sind.[306] Das Bundesarbeitsgericht ist dem hinsichtlich verfassungswidriger *gesetzlicher* Bestimmungen gefolgt. Es hat gleichheitswidrige Normen für unanwendbar erklärt, die betroffenen Verfahren ausgesetzt und auf eine Neuregelung durch den Gesetzgeber verwiesen.[307] Tarifvertragliche Normen können in diesem Punkt wie gesetzliche Bestimmungen behandelt werden. Dies gilt auch für die vom Bundesverfassungsgericht regelmäßig vorgenommene Fristsetzung gegenüber dem Normgeber für eine Neuregelung. Auch das Bundesarbeitsgericht erkennt eine Normierungspflicht der Tarifvertragsparteien zur Beseitigung gleichheitswidriger Zustände an, lehnt es aber ab, den Tarifvertragspartnern **275**

---

[301] BAG 28. 5. 1996 AP Nr. 143 zu § 1 TVG Tarifverträge: Metallindustrie; BAG 13. 5. 1997, NZA 1997, S. 1294, 1297.
[302] BAG 7. 3. 1995 AP Nr. 26 zu § 1 BetrAVG Gleichbehandlung (*Bauschke*); ebenso *Nicolai*, ZfA 1996, S. 481, 494.
[303] *A. A. Hartmann*, Gleichbehandlung und Tarifautonomie, 1994, S. 191; vgl. auch *Nicolai*, ZfA 1996, S. 481, 496, die eine anspruchserzeugende Wirkung der gerichtlichen Entscheidung für die Zukunft anerkennt.
[304] Vgl. BVerfGE 82, S. 126, 154; BVerfGE 85, S. 191, 211; abw. *Sachs*, RdA 1989, S. 25, 29.
[305] *Baumann*, RdA 1994, S. 272, 275; *Boerner*, ZfA 1997, S. 67, 84; *Schlachter*, in: Festschrift für Günter Schaub (1998), S. 651, 671; unklar Kempen/*Zachert*, Grundl., Rnr. 339; a. A. *Biermann*, Die Gleichbehandlung von Teilzeitbeschäftigten bei entgeltlichen Ansprüchen, Kapitel 8 E V 5, S. 313.
[306] BVerfGE 82, S. 126, 155.
[307] BAG 26. 1. 1982 AP Nr. 29 zu § 1 HausarbTagsG NW; BAG 21. 3. 1991 AP Nr. 30 zu § 622 BGB; BAG 28. 2. 1985 AP Nr. 21 zu § 622 BGB.

eine Frist zu setzen[308] und verneint die gerichtliche Durchsetzung der Normierungspflicht.[309] Gegen die Aussetzung des Verfahrens wendet das Bundesarbeitsgericht ein, daß eine Verzögerung der Entscheidung des Rechtsstreits eintreten würde, auf die die Parteien keinen Einfluß hätten, und deren Ende nicht absehbar wäre; eine Aussetzung sei deshalb nur in seltenen Ausnahmefällen in Betracht zu ziehen, in denen eine tarifvertragliche Neuregelung ohnehin bevorstehe und diese den Streitgegenstand betreffe.[310] Insofern besteht jedoch kein Unterschied zum Vorgehen des Bundesverfassungsgerichts bei staatlichen Gesetzen, da die gerichtliche Durchsetzung der Normierungspflicht auch in diesen Fällen ausgeschlossen ist. Der Ablauf der gesetzten Frist führt vielmehr zur Ersatzgesetzgebung durch die Gerichte, um der Rechtsgewährungsgarantie der Bürger gerecht zu werden, wenn der primär zuständige Normgeber dies verweigert. Ein entsprechendes Vorgehen kann auch bei Tarifnormen erwogen werden. Weiter ist es wie bei staatlichen Gesetzen denkbar, daß die verfassungswidrige Regelung bis zum Inkrafttreten einer Neuregelung durch die Tarifvertragsparteien weiter gilt, falls der regelungslose Zustand der Verfassung noch stärker widerspricht als die verworfene Tarifvertragsnorm.

276 – Besonderheiten gelten, wenn die Tarifvertragsparteien schuldhaft eine gleichheitswidrige Norm in Geltung gesetzt haben, die einige Normunterworfene derart nachteilig betrifft, daß ihnen daraus ein Schaden erwächst. Hier kann eine Parallele zu den Fällen legislativen Unrechts gezogen werden, in denen die Vorgaben einer EG-Richtlinie von einem Mitgliedstaat nicht fristgerecht in innerstaatliches Recht umgewandelt wurden. Der EuGH[311] gewährte den betroffenen Einzelpersonen einen **Schadensersatzanspruch**. Als Anspruchsgrundlage kommt § 823 Abs. 2 BGB in Verbindung mit Art. 3 GG in Betracht, da Grundrechte als Schutzgesetze im Sinne dieser Vorschrift anzuerkennen sind.[312] Probleme bereitet die Bestimmung des Verschuldens der Normgeber. Ein solches kann nicht schon in der gleichheitswidrigen Normierung selbst gesehen werden, verlangt vielmehr, daß die Verfassungswidrigkeit der Regelung erkennbar war. Das zieht der Schadenersatzpflicht der Tarifvertragsparteien Grenzen, die zu ihrem Schutz als Normgeber notwendig sind.

277 Im einzelnen kann ein Verschulden der Tarifvertragsparteien wohl nur in Betracht gezogen werden, wenn (1) ein offensichtlicher Verstoß gegen anerkannte Gerechtigkeitserwägungen, (2) ein Fall der direkten Diskriminierung nach Art. 3 Abs. 2 oder Art. 3 Abs. 3 GG oder (3) ein Fall der an-

---

[308] BAG 30. 5. 1991 AP Nr. 29 zu § 622 BGB; vgl. auch 16. 2. 1978 AP Nr. 178 zu § 242 BGB Ruhegehalt (*Crisolli*).
[309] BAG 14. 12. 1982 AP Nr. 1 zu § 1 BetrAVG Besitzstand (*Wiedemann/Mangen*); BAG 13. 11. 1985 AP Nr. 136 zu Art. 3 GG (*Zuleeg*).
[310] BAG 14. 12. 1982 AP Nr. 1 zu § 1 BetrAVG Besitzstand (*Wiedemann/Mangen*); zustimmend *Sachs*, RdA 1989, S. 25, 34.
[311] EuGH 19. 11. 1991, Slg. 1991 I, S. 5357, 5413: Francovich; EuGH 5. 3. 1996, Slg. 1996 I, S. 1029: Brasserie du Pêcheur und Factortame; EuGH 8. 10. 1996, Slg. 1996 I, S. 4845: Dillenkofer u. a.
[312] *Baumann*, RdA 1994, S. 272, 278; *Gamillscheg*, Die Grundrechte im Arbeitsrecht, 1989, S. 44. Das BAG erkennt § 2 Abs. 1 BeschFG als Schutzgesetz i. S. des § 823 Abs. 2 BGB an, vgl. BAG 12. 6. 1996 AP Nr. 4 zu § 611 BGB Werkstudent.

erkannten mittelbaren Diskriminierungsfälle vorliegt. Die Tarifvertragsparteien haften dann als Gesamtschuldner.

– Anlaß für eine Überprüfung eines Tarifvertrages auf seine Vereinbarkeit **278** mit den Gleichheitssätzen wird vor allem die Geltendmachung von Ansprüchen aus dem Tarifvertrag sein. Das kann mit einer Leistungsklage, gegebenenfalls aber auch mit einer Feststellungsklage notwendig werden, wenn der Arbeitnehmer ein rechtliches Interesse an der alsbaldigen Feststellung des Inhalts seiner Entgelt- oder Versorgungsrechte hat. Zutreffend hat die Rechtsprechung eine Überprüfung der Wirksamkeit von Tarifverträgen auch dann vorgenommen, wenn ihre Wirkung auf einer arbeitsvertraglichen Bezugnahme durch – tarifgebundene oder nicht tarifgebundene – Arbeitgeber und Arbeitnehmer beruht.[313] Die Gleichbehandlungspflicht beruht dann zwar nicht auf der durch den Tarifvertrag vermittelten Wirkung der Verfassung, sondern auf dem allgemeinen arbeitsrechtlichen Gleichbehandlungsgebot. Dieses ist aber bei Bezugnahme auf den einschlägigen Tarifvertrag nach dessen Verfassungsanforderungen zu beurteilen, weil der Arbeitgeber die geltende Ordnung nicht selbst geschaffen, sondern das Regelungswerk der Tarifvertragsparteien übernommen hat und übernehmen durfte.

i) Beweislastverteilung. Für die Verteilung der Beweislast in Fällen, in **279** denen ein Arbeitnehmer eine diskriminierende Behandlung durch Anwendung einer seiner Meinung nach gleichheitswidrigen Bestimmung eines Tarifvertrages rügt, gelten keine grundsätzlichen Abweichungen von den allgemeinen Regeln. Die Rechtsprechung spricht allerdings allzu allgemein davon, daß der Arbeitnehmer die Beweislast dafür trage, daß der Arbeitgeber gegen das Diskriminierungsverbot verstößt.[314]

Eine genauere Betrachtung erscheint indes angebracht. Der Arbeitnehmer **280** muß als Anspruchsvoraussetzung das Vorliegen einer tatsächlichen Ungleichbehandlung beweisen. Er muß konkret darlegen, inwieweit die Gruppen, die ungleich behandelt werden, vergleichbar sind, etwa weil die Tätigkeiten, die von beiden Arbeitnehmergruppen ausgeübt werden, vergleichbar sind. Dabei hat er bestimmte Tätigkeitsmerkmale aufzuzeigen und zu qualifizieren. Pauschale Behauptungen reichen insoweit nicht.[315] Eine Ausnahme wird von den Gerichten zu Recht in den Fällen gemacht, in denen dem Arbeitnehmer die Beweisführung nicht zuzumuten ist, etwa weil der Arbeitgeber ein Entlohnungssystem anwendet, dem jede Durchschaubarkeit fehlt und damit ein erster Anschein für das Vorliegen einer Diskriminierung spricht.[316] Dies entspricht dem in § 282 BGB enthaltenen allgemeinen Grundsatz, daß sich

---

[313] Vgl. BAG 7. 3. 1995 AP Nr. 26 zu § 1 BetrAVG Gleichbehandlung (*Bauschke*); BAG 17. 10. 1995 AP Nr. 132 zu § 242 BGB Gleichbehandlung (*Wiedemann*).
[314] Vgl. EuGH 27. 10. 1993, Slg. 1993 I, S. 5535: Enderby; BAG 9. 9. 1981 AP Nr. 117 zu Art. 3 GG (*Pfarr*); LAG Köln 11. 1. 1996, LAGE Art. 119 EWG-Vertrag Nr. 15 (*Peters/Thüsing*).
[315] Vgl. LAG Köln, 11. 1. 1996, LAGE Art. 119 EWG-Vertrag Nr. 15 (*Peters/Thüsing*).
[316] Vgl. EuGH 30. 6. 1988, Slg. 1988, S. 3559: Kommission/Frankreich; EuGH 17. 10. 1989, Slg. 1989, S. 3199, 3225: Danvoss; EuGH 27. 10. 1993, Slg. 1993 I, S. 5535: Enderby; EuGH 31. 5. 1995, Slg. 1995 I, S. 1275, 1306: Royal Copenhagen.

die Beweislast umkehrt, wenn der beweisbelasteten Partei die Beweisführung unzumutbar erschwert ist, während die Gegenseite, aus deren Sphäre die zu beweisende Tatsache herrührt, ihn unschwer zu erbringen vermag. Eine allgemeine Beweiserleichterung, wie sie im Richtlinienvorschlag zum Problem der Beweislast bei Geschlechtsdiskriminierungen vorgesehen war, ist durch die inzwischen vom Rat erlassene Richtlinie 97/80/EG vom 15. 12. 1997 (ABl. EG L 14 vom 20. 1. 1998, S. 6) dahingehend abgeschwächt worden, daß der Arbeitnehmer zunächst Tatsachen glaubhaft zu machen hat, die das Vorliegen einer unmittelbaren oder mittelbaren Diskriminierung vermuten lassen. Dann erst obliegt es dem Arbeitgeber zu beweisen, daß keine Verletzung des Gleichbehandlungsgrundsatzes vorgelegen hat.

Diskussionswürdig erscheint es auch, dem Arbeitgeber eine Dokumentationspflicht bei kollektiven Maßnahmen als Obliegenheit aufzugeben, die bei Nichtbeachtung die Beweislast auf ihn überträgt. Dies würde die Transparenz und damit die Überprüfungsmöglichkeiten der Gerichte verbessern. Insoweit kann auf die Rechtslage im Arzthaftungsprozeß verwiesen werden, wo der Patient zwar das Vorliegen eines Behandlungsfehlers beweisen muß, doch die Beweislast vom BGH derart modifiziert wurde, daß Versäumnisse bei der Dokumentation des Behandlungsverlaufs die Vermutung begründen, daß nicht dokumentierte Maßnahmen vom Arzt auch nicht getroffen wurden.[317]

281 Liegen die tatbestandlichen Voraussetzungen vor, so ist es Sache des Arbeitgebers, nunmehr zu beweisen, daß die tatsächliche Ungleichbehandlung durch einen sachlichen Grund gerechtfertigt werden kann. Er muß also den Grund für die Ungleichbehandlung offenlegen, will er nicht Gefahr laufen, schon wegen der Beweislast den Prozeß zu verlieren.[318] Auch dies ergibt sich aus den allgemeinen Regeln der Beweislast, wonach der Anspruchsteller die Beweislast für die rechtsbegründenden, der Anspruchsgegner die für die rechtsvernichtenden Tatbestandsmerkmale trägt.[319]

4. Art. 4 GG Glaubens- und Gewissensfreiheit

282 Ein Tarifvertrag darf die Glaubens- und Gewissensfreiheit und die Freiheit des religiösen und weltanschaulichen Bekenntnisses nicht verletzen. Jedoch bleiben Art. 140 GG und Art. 137 Abs. 2 und 3 WRV zu beachten; vgl. dazu unten § 1 Rnr. 115 ff. Entscheidungen, die einen Tarifvertrag überprüfen oder für nichtig erklären, sind, soweit ersichtlich, nicht ergangen. Nach BAG 29. 11. 1960 AP Nr. 12 zu § 123 GewO kann kein Bürger im Arbeitsvertrag verpflichtet werden, für eine Zeitschrift tätig zu sein, die den freiheitlichen demokratischen Rechtsstaat angreift. Nach BVerwG 9. 11. 1962 AP Nr. 1 zu Art. 4 GG verstößt ein Lehrherr, der minderjährige Lehrlinge für den Übertritt zu einem anderen Glauben (hier: zur Lehre der Zeugen Jehovas) wirbt, gröblich gegen seine Pflichten im Sinne des § 20 HandwO, wenn er

---

[317] Vgl. nur BGH 28. 6. 1988, NJW 1988, S. 2949; vgl. für die Fälle der Produzentenhaftung nach § 823 Abs. 1 BGB, BGH 8. 12. 1992, NJW 1993, S. 528, 529.

[318] BAG 9. 9. 1981 AP Nr. 117 zu Art. 3 GG (*Pfarr*); Kempen/Zachert, Grundl., Rnr. 180.

[319] Vgl. nur BGH 14. 1. 1991, NJW 1991, S. 1052, 1053.

seiner Werbung durch eine bevorzugte Behandlung der dieser Werbung zugänglichen Lehrlinge Nachdruck verleiht.

5. Art. 5 GG Meinungsfreiheit

Ein Tarifvertrag darf das Recht der freien Meinungsäußerung nach Art. 5 Abs. 1 GG nicht beeinträchtigen. Dieses Recht findet seine Schranken nach Art. 5 Abs. 2 in den „Vorschriften der allgemeinen Gesetze". Ein Tarifvertrag ist kein *allgemeines* Gesetz im Sinne dieser Vorschrift, wenn er gezielt die Meinungsäußerung zu unterbinden sucht. Allgemeine Gesetze sind nur diejenigen Normen, die nicht eine Meinung als solche verbieten, die sich nicht gegen die Äußerung der Meinung als solche richten, die vielmehr dem Schutze eines schlechthin, ohne Rücksicht auf eine bestimmte Meinung zu schützenden Rechtsguts dienen, dem Schutze eines Gemeinschaftswerts, der gegenüber der Betätigung der Meinungsfreiheit den Vorrang hat.[320] Entscheidungen, die einen Tarifvertrag überprüfen oder für nichtig erklären, sind, soweit ersichtlich, bisher nicht ergangen. Das Bundesarbeitsgericht hat § 8 BAT und gleichlautende andere Vorschriften verfassungskonform dahin ausgelegt, daß sich der Umfang der dort geforderten politischen Treuepflicht nach der jeweils ausgeübten Funktion bestimmt.[321] Der Tarifvertrag kann die der Meinungsfreiheit durch Gesetz und Rechtsprechung gezogenen Grenzen nicht hinausschieben, wenn damit Grundrechte oder verfassungsmäßig geschützte Interessen anderer Personen gefährdet werden.[322]

283

6. Art. 6 GG Ehe und Familie

Nach der Rechtsprechung des Bundesverfassungsgerichts enthält Art. 6 Abs. 1 GG sowohl ein Grundrecht wie eine Institutsgarantie, deren Wertentscheidung für den gesamten Bereich des die Ehe und Familie betreffenden privaten und öffentlichen Rechts verbindlich ist.[323] Die Bindung der Tarifverträge an Art. 6 GG ist von der Rechtsprechung mehrfach bestätigt worden. Der Tarifvertrag darf deshalb Ehegatten nicht schlechter stellen als ledige Arbeitnehmer.[324] Gewährt ein Tarifvertrag verwitweten, geschiedenen oder ledigen weiblichen Arbeitnehmern Rechtsansprüche auf Zulagen, so ist ein Tarifvertrag, der verheiratete weibliche Arbeitnehmer von dem Bezug solcher Zulagen trotz Vorliegens gleicher Voraussetzungen ausschließt, mit Art. 6 GG unvereinbar.[325] Ein Tarifvertrag darf nicht bestimmen, daß Arbeitsverhältnisse im Falle der Eheschließung oder der Schwangerschaft der Arbeitnehmerin endigen.[326] Die Gleichstellung nicht ehelicher Kinder in

284

---

[320] Grundlegend BVerfGE 7, S. 198, 209f. (Lüth), wodurch der in der Weimarer Zeit bestehende Streit zwischen Sonderrechtslehre und Abwägungslehre durch einen vereinigten Kompromiß gelöst wurde.
[321] BAG 31. 3. 1976 AP Nr. 2 zu Art. 33 Abs. 2 GG (*Scheuner*).
[322] Abw. *Däubler*, Tarifvertragsrecht, Rnr. 465; *Kempen/Zachert*, Grundl., Rnr. 185.
[323] BVerfGE 6, S. 55, 71; 9, S. 242; 32, S. 260, 267.
[324] BAG 26. 11. 1980 AP Nr. 6 zu § 17 BAT (*Zmarzlik*).
[325] So BAG 2. 6. 1961 AP Nr. 68 zu Art. 3 GG (*A. Hueck*).
[326] BAG 10. 5. 1957 AP Nr. 1 und 28. 11. 1958 AP Nr. 3 zu Art. 6 GG (*Hildegard Krüger*) betr. Arbeitsverträge.

Art. 6 Abs. 5 GG verbietet es, bei der Gewährung von Zulagen zwischen Müttern ehelicher und nicht ehelicher Kinder zu differenzieren.[327]

7. Art. 9 Abs. 3 GG Koalitionsfreiheit

285 Obwohl die Tarifvertragsfreiheit selbst durch Art. 9 Abs. 3 GG geschützt wird, können die Tarifbestimmungen an dieser Grundrechtsnorm gemessen werden, weil sie auch das Individualgrundrecht der positiven und negativen Koalitionsfreiheit gewährleistet. Dadurch können Kollisionen zwischen der individuellen Freiheit und der Rechtsetzungsbefugnis der Berufsorgane entstehen.

286 a) **Begriffsbestimmungen.** Tarifvertragliche Organisationsklauseln gibt es mit unterschiedlichem Inhalt und verschiedener Tragweite. Gemeinsam ist ihnen, daß das Verhältnis zu den nicht organisierten Arbeitnehmern geregelt werden soll. Im einzelnen unterscheidet man wie folgt:[328]

287 *Organisations- oder Absperrklauseln*: Der Arbeitgeber soll verpflichtet werden, keine nicht organisierten Arbeitnehmer in seinem Unternehmen zu beschäftigen. Man unterscheidet die allgemeine (absolute) Organisationsklausel, die den tarifgebundenen Arbeitgeber verpflichtet, nur organisierte Arbeitnehmer zu beschäftigen, und die beschränkte (relative) Organisationsklausel, die dem Arbeitgeber verbietet, nicht der oder den tarifschließenden Gewerkschaften angehörende Arbeitnehmer einzustellen. Die Organisations- oder Absperrklausel beschränkt mithin die Abschlußfreiheit.

288 *Tarifausschlußklauseln*: Sie verbieten die Gewährung tariflicher Arbeitsbedingungen an nicht oder anders organisierte Arbeitnehmer. Auch hier wird zwischen *allgemeinen* und *beschränkten* Tarifausschlußklauseln unterschieden: die allgemeine Klausel richtet sich nur gegen nicht organisierte, die beschränkte auch gegen anders organisierte Arbeitnehmer. Die Bezeichnung ist offensichtlich irreführend, soll aber, weil üblich, hier beibehalten werden. Die Tarifausschlußklauseln schränken die Gestaltungs- und Inhaltsfreiheit des Arbeitgebers ein.

289 *Differenzierungsklauseln*: Sie sollen erreichen, daß gewerkschaftsangehörige Arbeitnehmer *bestimmte* tarifliche Leistungen *zusätzlich* erhalten (Lohn, Urlaub, Zulagen), die an nicht oder anders organisierte Arbeitnehmer nicht geleistet werden. Sie stellen daher einen Unterfall der Tarifausschlußklauseln dar.

290 *Spannen(Sicherungs)Klauseln und Abstandsklauseln* sind ihrerseits Unterfälle der Differenzierungsklausel: der Arbeitgeber soll verpflichtet werden, den allgemein üblichen Betrag jeweils für die gewerkschaftsangehörigen Arbeitnehmer aufzustocken und ihnen dadurch einen bestimmten Entgeltvorsprung automatisch zu erhalten.

291 *Außenseiterklauseln* (= Gleichstellungsklauseln): Sie gebieten die Gleichbehandlung der nicht oder anders organisierten Arbeitnehmer mit den tarifge-

---

[327] So BAG 25. 1. 1963 AP Nr. 77 zu Art. 3 GG (*Mayer-Maly*) betr. betriebliche Arbeitsbedingungen unter Berufung auf Art. 3 Abs. 1 GG.
[328] Vgl. zu den Begriffsbestimmungen *Gamillscheg*, Die Differenzierung nach der Gewerkschaftszugehörigkeit, 1966, S. 10 ff.; *A. Hueck*, Tarifausschlußklausel und verwandte Klauseln im Tarifvertragsrecht, 1966, S. 13; Hueck/*Nipperdey*, Arbeitsrecht II 1, § 10 III 1, S. 162; *Zöllner*, Tarifvertragliche Differenzierungsklauseln, 1967, S. 11; alle mit weiteren Angaben.

bundenen Arbeitnehmern, stellen also das Gegenteil der Tarifausschlußklausel dar. Die Stellungnahme der Berufsverbände zu den Außenseiterklauseln hat im Laufe der Zeit geschwankt.[329]

b) Positive individuelle Koalitionsfreiheit. Eine beschränkte Organisations- und Tarifausschlußklausel verletzt die positive Koalitionsfreiheit des einzelnen Arbeitnehmers nach Art. 9 Abs. 3 GG, weil sie ihn dahingehend beeinflussen will, keine andere Koalition zu gründen und sich keiner anderen Gewerkschaft anzuschließen.[330] Urteile des Bundesverfassungsgerichts oder des Bundesarbeitsgerichts zu dieser Frage sind nicht bekannt geworden.[331] 292

Der Schutz der Mitglieder vor ihrer eigenen Organisation, also vor rechtswidrig wahrgenommener Verbands-, inbes. Satzungsgewalt wird durch das Verbandsrecht gewährleistet.[332] Art. 9 Abs. 3 GG kann den Mitgliederschutz allenfalls durch Überprüfung einseitiger Organisationsakte ergänzen, die die Tariffähigkeit oder Tariffreiheit der Mitglieder unangemessen beschränken. Die Tarifvertragsnormen werden dagegen nicht am Maßstab der Organisationsgewalt gemessen.[333] Den notwendigen Minderheitenschutz übernehmen vielmehr die einschlägigen Gleichheitsgebote in Art. 119 EGV, Art. 3 GG, § 2 BeschFG sowie, soweit sie anerkannt wird, die Inhaltskontrolle von Tarifverträgen; vgl. dazu unten § 1 Rnr. 223 ff. 293

c) Negative individuelle Koalitionsfreiheit. Die früher umstrittene Frage, ob die Anerkennung der negativen Koalitionsfreiheit als Individualgrundrecht aus Art. 9 Abs. 3 oder aus Art. 2 Abs. 1 GG herzuleiten sei, ist sowohl vom Bundesverfassungsgericht[334] wie vom Bundesarbeitsgericht[335] zugunsten der speziellen Rechtsnorm des Art. 9 Abs. 3 GG entschieden worden. Das entspricht den ausdrücklichen Bestimmungen in Art. 48 Satz 2 der Verfassung von Bremen und in Art. 36 Abs. 2 der Verfassung von Hessen sowie der überwiegenden Ansicht der Rechtslehre.[336] Die Freiheit, keinem Berufsverband beizutreten, ist die notwendige Kehrseite, das Korrelat zur Freiheit, einen Berufsverband zu gründen. Nur wenn gewährleistet wird, 294

---

[329] Vgl. *A. Hueck*, Tarifausschlußklausel und verwandte Klauseln im Tarifvertragsrecht, 1966, S. 14 ff.
[330] Allg. Ansicht; vgl. LAG Düsseldorf, Betrieb 1965, S. 1366; *Biedenkopf*, Tarifautonomie, S. 89; *Däubler*, Tarifvertragsrecht, Rnr. 468; *Dietz*, in: Bettermann/Nipperdey/Scheuner, Grundrechte III/1, S. 417, 457; Hueck/*Nipperdey*, Arbeitsrecht II 1, § 10 III 1, S. 163; *Löwisch*/Rieble, § 1 TVG, Rnr. 161; differenzierend *Gamillscheg*, Die Differenzierung nach der Gewerkschaftszugehörigkeit, 1966, S. 65 ff.
[331] Vgl. zur Rechtslage in der Weimarer Zeit *Kaskel*, Arbeitsrecht, 3. Aufl. 1928, § 77 IV A, S. 279; Hueck/*Nipperdey*, Arbeitsrecht, 3.–5. Aufl. 1931/1932, § 49 III 4, S. 510 ff.
[332] Vgl. zuletzt BGHZ 105, S. 306, 316 ff.: Westfälischer Genossenschaftsverband; *van Look*, WM 1994, Sonderheft, S. 46.
[333] Ebenso *Löwisch*/Rieble, § 1 TVG, Rnr. 151 ff.
[334] BVerfGE 38, S. 281, 298 (zur negativen Vereinigungsfreiheit); BVerfGE 50, S. 290, 367; 55, S. 7, 22; 57, S. 220, 245; 64, S. 208, 213; 73, S. 261, 270.
[335] BAG GS 29. 11. 1967 AP Nr. 13 zu Art. 9 GG = SAE 1969, S. 246 (*Wiedemann*); BAG 21. 1. 1987 AP Nr. 46 und 21. 1. 1987 AP Nr. 47 zu Art. 9 GG (*Scholz*).
[336] Vgl. die Zusammenstellung in der Vorauflage, Einl., Rnr. 72; sowie heute *Löwisch*/Rieble, § 1 TVG, Rnr. 158; *Kempen*/Zachert, Grundl., Rnr. 187; *Zöllner*/Loritz, Arbeitsrecht, § 8 IV 5, S. 120; abw. *Gamillscheg*, Grundrechte im Arbeitsrecht, 1989, S. 101; *Söllner*, Arbeitsrecht, § 9 IV, S. 66.

daß man jederzeit einen Konkurrenzverband gründen kann, wird die positive Koalitionsfreiheit umfassend gesichert. Und dazu ist das Fernbleiben oder notfalls der Austritt notwendige Voraussetzung. Es ist deshalb unrichtig, wenn die negative Koalitionsfreiheit als ein Raum privater Selbstherrlichkeit oder zweckloser legitimer Willkür[337] beschrieben wird. In vielen Fällen ist überdies der Austritt aus einer Organisation die einzige Form, das mangelnde Einverständnis oder die Unzufriedenheit mit Zielen oder Mitteln eines Verbandes zum Ausdruck zu bringen. Systematisch ist die negative Koalitionsfreiheit aus Art. 9 Abs. 3 GG abzuleiten, da dies der üblichen und anerkannten Abgrenzung des Spezialitätsverhältnisses besonderer Grundrechte zur allgemeinen Handlungsfreiheit entspricht. Positive und negative Koalitionsfreiheit müssen freilich nicht gleich bewertet werden.[338] Das Fernbleiberecht beinhaltet das Recht, zum Eintritt in einen Berufsverband nicht gezwungen zu werden, nicht aber das Recht darauf, daß das Arbeits- und Wirtschaftsleben der nicht organisierten Arbeitnehmer dem Einfluß der Berufsverbände entzogen ist, denn die Gestaltung des sozialen Bereiches wird den Koalitionen durch Art. 9 Abs. 3 GG positiv verbürgt, und damit ist eine gewisse Einwirkung auf die nicht organisierten Arbeitnehmer und Arbeitgeber verbunden.

295 d) Solidaritätsbeitrag. Die deutschen Gewerkschaften haben in früheren Jahren mehrfach tarifvertragliche Mittel einsetzen wollen, um den nicht organisierten Arbeitnehmer zu veranlassen, in die Gewerkschaft einzutreten. Derartige sekuritätspolitische Maßnahmen zur Selbsterhaltung der Koalition können Bestandteil der Bestandsgarantie der Berufsverbände nach Art. 9 Abs. 3 GG sein.[339] Gesetzgeber und Gerichte haben die Maßnahmen zu gestatten, die erforderlich sind, damit leistungsfähige Berufsverbände erhalten bleiben.

296 Die Gewerkschaften forderten früher[340] einen – nach Schweizer Vorbild genannten – Solidaritätsbeitrag, also eine Leistung der nicht organisierten Arbeitnehmer an die zuständige Gewerkschaft dafür, daß der nicht organisierte Arbeitnehmer tatsächlich in den Genuß der tarifvertraglich abgesicherten Leistungen kommt.[341] Auszugleichen sind danach die Kosten, die Abschluß und Durchsetzung des Tarifvertrages verursachen, wie etwa Kosten für Verhandlungen, Sitzungsgelder, Kosten des Sekretariats, der Kontrollorgane, der Kontrollbesuche, der Schlichtungs- und Schiedsverhandlungen. Das Schweizer Bundesgericht erwähnt zudem die Aufwendungen für Ausstellung und Kontrolle der Arbeitskarten. Nicht zu quantifizieren sind die

---

[337] So aber *Säcker,* Grundprobleme der kollektiven Koalitionsfreiheit, 1969, S. 24.
[338] Vgl. *Gitter,* JurA 1970, S. 148, 151; *Mayer-Maly,* ZAS 1969, S. 81, 84; *Wiedemann,* RdA 1969, S. 321, 330.
[339] BAG 11. 11. 1968 AP Nr. 14 zu Art. 9 GG (*Rüthers*); BVerfGE 17, S. 319 = AP Nr. 1 zu Art. 81 PersVG Bayern; BVerfGE 19, S. 303 = AP Nr. 7 zu Art. 9 GG; *Säcker,* Grundprobleme der kollektiven Koalitionsfreiheit, 1969, S. 63 ff.
[340] Zurückhaltend *Seitenzahl/Zachert/Pütz,* Vorteilsregelungen für Gewerkschaftsmitglieder, 1976, S. 3 ff.
[341] Zur Rechtslage in der Schweiz vgl. *Zanetti,* Gewerkschaftsfreiheit und obligatorische Beiträge der nicht-organisierten Arbeitnehmer in der Schweiz, RdA 1973, S. 77 ff.; zur Frage, welche Kostenelemente in Betracht fallen und wie hoch die Solidaritätsbeiträge zu bemessen sind, vgl. Schweizer BGE 74 II, S. 168 und BGE 75 II, S. 315.

Vorteile, die einem nicht organisierten Arbeitnehmer dadurch zugute kommen, daß eine Gewerkschaft dank ihrer wirtschaftlichen und politischen Macht günstige Arbeitsbedingungen aushandelt. Bei dem Vergleich mit dem Schweizer Recht ist zu beachten, daß die Solidaritätsbeiträge nach Art. 365 b Abs. 2 Schweizer OR nicht ausschließlich einer Tarifvertragspartei zugute kommen dürfen. Damit soll verhindert werden, daß die Beiträge irgendwelchen Verbandszwecken, die mit dem Tarifvertrag nichts zu tun haben, dienstbar gemacht werden.

Nach deutschem Recht würde ein *angemessener Beitrag* der nicht organisierten Arbeitnehmer zur Organisationsarbeit der Gewerkschaften nicht gegen die negative Koalitionsfreiheit des Art. 9 Abs. 3 GG verstoßen, solange der Beitrag deutlich hinter dem entsprechenden Mitgliedsbeitrag zurückbleibt.[342] Ein solcher Solidaritätsbeitrag kann jedoch nicht ohne gesetzliche Grundlage in einem Tarifvertrag eingeführt werden.[343] Eine gesetzliche Grundlage ist aus doppeltem Grund erforderlich. Einmal können im Tarifvertrag normativ keine Abreden getroffen werden, die lediglich Pflichten der nicht organisierten Arbeitnehmer einführen. Außerdem bedürfen Belastungen des Staatsbürgers in der sozialen Selbstverwaltung ebenso einer gesetzlichen Grundlage wie die Tätigkeit der staatlichen Eingriffsverwaltung. Der rechtsstaatliche Grundsatz der Gesetzmäßigkeit der Verwaltung gilt auch für die Berufsverbände.

e) Differenzierungs- oder **Tarifausschlußklausel.** Prüfstein des Umfangs der negativen Koalitionsfreiheit sind seit jeher tarifvertragliche Differenzierungs- oder Tarifausschlußklauseln, die den organisierten Arbeitnehmern einen von den nicht oder anders organisierten Arbeitnehmern nicht erreichbaren Vorteil gewähren wollen.

aa) Entwicklung. Die Einführung tarifvertraglicher Differenzierungsklauseln durch die IG Bau und die Gewerkschaft Textil führte zu einer der schärfsten tarifrechtlichen Diskussionen der sechziger Jahre. Die Gewerkschaft Textil-Bekleidung wollte durch Tarifvertrag ein zusätzliches Urlaubsgeld in Höhe von etwa 60 DM einführen, das ausschließlich den in der Gewerkschaft organisierten Arbeitnehmern vorbehalten sein sollte. Der Tarifvertrag sollte folgenden Wortlaut haben:

„Wenn und soweit in der Firma Beschäftigte, aber nicht in der GTB organisierte Arbeitnehmer des Betriebes, Geld oder sonstige Leistungen erhalten, die über die in dieser Vereinbarung festgelegten Ansprüche hinausgehen, so muß jeder in der Firma beschäftigte und der GTB angehörende Arbeitnehmer zusätzlich zu den sich aus dieser Vereinbarung ergebenden Leistungen die gleichen Geld- und sonstigen Zuwendungen erhalten, wie es bei den nicht organisierten Arbeitnehmern der Fall ist."
Vgl. die ausführliche Sachverhaltsdarstellung bei *Gamillscheg*, Die Differenzierung nach der Gewerkschaftszugehörigkeit, 1966, S. 15 ff. und *A. Hueck*, Tarifausschlußklausel und verwandte Klauseln im Tarifvertragsrecht, 1966, S. 9 ff.

Diese und andere Differenzierungsklauseln wurden in ihren verschiedenen Variationsmöglichkeiten überwiegend für unzulässig gehalten, wobei sich

---

[342] Ebenso *Biedenkopf*, JZ 1961, S. 346, 350.
[343] *Diekhoff*, Betrieb 1961, S. 167, 168; *Gamillscheg*, Koalitionsfreiheit und soziale Selbstverwaltung, 1968, S. 61; *A. Hueck*, RdA 1961, S. 141; *Heussner*, RdA 1960, S. 295, 299; *Zöllner/Loritz*, Arbeitsrecht, § 38 II 2, S. 427.

allerdings einige ältere Stellungnahmen auf die Tarifausschlußklausel beschränkten. Zur Begründung der Unzulässigkeit wurden verfassungsrechtliche und tarifrechtliche Überlegungen vorgebracht.[344] Die Gegner dieser Auffassung verwiesen darauf, daß im Rahmen der negativen Koalitionsfreiheit eine Quantifizierung des „Drucks" unvermeidlich sei, weil Maßnahmen, die nicht geeignet seien, auf die Entschlußfreiheit der nicht organisierten Arbeitnehmer einzuwirken, auch nicht gegen die negative Koalitionsfreiheit verstoßen könnten. Es dürften deshalb nicht per se sämtliche sekuritätspolitischen Maßnahmen der Gewerkschaften als verfassungswidrig angesehen werden. Die für die Zulässigkeit maßgebende Grenze wurde im einzelnen verschieden festgesetzt.[345]

301 **bb) Rechtsstreit über die Differenzierungsklauseln.** Der 1. Senat des Bundesarbeitsgerichts legte die Streitsache durch Beschluß vom 21. 2. 1967 AP Nr. 12 zu Art. 9 GG dem Großen Senat vor. Dieser entschied mit Beschluß vom 29. 11. 1967 AP Nr. 13 zu Art. 9 GG, daß in Tarifverträgen zwischen den bei der vertragsschließenden Gewerkschaft organisierten und anders und nicht organisierten Arbeitnehmern nicht differenziert werden dürfe. In der Begründung wird darauf hingewiesen, daß die allgemeinen Differenzierungsklauseln die negative Koalitionsfreiheit nach Art. 9 Abs. 3 Satz 2 GG rechtswidrig einschränkten und daß sie außerdem durch die Tarifmacht der Koalitionen nicht gedeckt seien. Gegen den Beschluß legte die Gewerkschaft Verfassungsbeschwerde ein, mit der sie die Verletzung der positiven Koalitionsfreiheit nach Art. 9 Abs. 3 GG rügte. Das Bundesverfassungsgericht verwarf die Verfassungsbeschwerde als unzulässig; vgl. AP Nr. 19 zu Art. 9 Abs. 3 GG. Die Voraussetzungen für eine Verfassungsbeschwerde seien erst nach der endgültigen Sachentscheidung durch den zuständigen Senat des Bundesarbeitsgerichts gegeben. In diesem Verfahren erklärten sich die Parteien mit dem Ruhen des Verfahrens einverstanden. Im Schrifttum wurde die Entscheidung des Großen Senats des Bundesarbeitsgerichts – jedenfalls mit der gegebenen Begründung – vielfach abgelehnt.[346]

302 Im Jahre 1994 entschied das LAG Hamm,[347] die Bestimmung eines Firmentarifvertrags sei zulässig, wonach organisierte Arbeitnehmer, die einem Urlaubskassenverein der Tarifvertragsparteien beigetreten sind, von diesem eine Erholungsbeihilfe pro Urlaubsjahr erhalten. Zur Begründung führte es

---

[344] Vgl. die Zusammenstellung der Literatur in der Vorauflage, Einl., Rnr. 74.

[345] Vgl. *Biedenkopf*, Gutachten zum 46. DJT 1966, S. 127, 132; *Gamillscheg*, Die Differenzierung nach der Gewerkschaftszugehörigkeit, 1966, S. 63 ff.; sowie die Nachweise des Schrifttums in der Vorauflage, Einl., Rnr. 74 ff.

[346] So von *Dietlein*, AuR 1970, S. 200, 204; *Gitter*, JurA 1970, S. 148 ff.; ders., AuR 1970, S. 129, 132; *Hanau*, JuS 1969, S. 213; *Herschel*, AuR 1970, S. 193, 194; *Kempen/Zachert*, Grundl., Rnr. 131 und § 3 TVG, Rnr. 119 ff.; *Olaf Radke*, AuR 1971, S. 4; *Reuß*, AuR 1970, S. 33; *E.H. Ritter*, JZ 1969, S. 111; *Rüthers*, Arbeitsrecht und politisches System, 1973, S. 117; *Seitenzahl/Zachert/Pütz*, Vorteilsregelungen für Gewerkschaftsmitglieder, 1976, S. 67 ff.; *Söllner*, Arbeitsrecht, § 9 V 3, S. 62; *Stein*, Tarifvertragsrecht, Rnr. 363; *Steinberg*, RdA 1975, S. 99, 100; *Weller*, AuR 1970, S. 161, 163.
Zustimmend *Löwisch/Rieble*, § 1 TVG, Rnr. 529; *Mayer-Maly*, ZAS 1969, S. 81; *Scholz*, AöR 1974, S. 173; *Wiedemann*, SAE 1969, S. 265, 267; *Zöllner/Loritz*, Arbeitsrecht, § 38 II 2, S. 427.

[347] LAG Hamm 11. 1. 1994 LAGE § 4 TVG Nr. 4.

aus, einem legitimen und sozial adäquaten Druck dürften Arbeitgeber und Arbeitnehmer ausgesetzt werden. Nicht organisierte Arbeitnehmer müßten es deswegen hinnehmen, daß Ansprüche aus nicht allgemein verbindlichen Tarifverträgen nur tarifgebundenen Arbeitnehmern zustehen. Das Bundesarbeitsgericht hat die Revision gegen dieses Urteil zugelassen, eine Entscheidung ist jedoch nicht ergangen.[348]

303 cc) Die **Stellungnahme** beschränkt sich hier auf die verfassungsrechtliche Zulässigkeit der Differenzierungs- und Tarifausschlußklauseln; zur Frage der Grenzen der Tarifmacht vgl. unten Rnr. 441 ff. Wenn man die negative Koalitionsfreiheit anerkennt, darf durch eine Differenzierung zwischen organisierten und nicht organisierten Arbeitnehmern kein derartiger Druck auf die nicht organisierten Arbeitnehmer ausgeübt werden, daß sie sich deshalb zu einem Beitritt zum Berufsverband entschließen. Auf die gewählte rechtliche Form kann es dabei nicht ankommen. Nur öffentlich-rechtlichen Körperschaften ist das Recht zur Zwangsmitgliedschaft auf gesetzlicher Grundlage und unter staatlicher Aufsicht eingeräumt. Eine freiwillige Organisation dagegen darf Mitglieder nicht dadurch werben, daß die Betroffenen zwischen dem Beitritt einerseits oder erheblichen wirtschaftlichen Nachteilen andererseits wählen müssen; denn darin kann eine rechtswidrige Beeinträchtigung der Entscheidungsfreiheit der nicht oder anders organisierten Arbeitnehmer liegen. Der Arbeitgeber hat, ohne seinerseits gegen Art. 9 Abs. 2 Satz 2 GG zu verstoßen, keine Möglichkeit, die den Gewerkschaftsmitgliedern vorbehaltenen Leistungen durch anderweitige Arbeitsbedingungen auszugleichen. Auf der anderen Seite kann nicht jede Differenzierung *per se* als rechtswidriger Druck und damit als Eingriff in die negative Koalitionsfreiheit bezeichnet werden. Eine für die Entscheidung des Einzelnen über den Koalitionsbeitritt unerhebliche finanzielle Verschiedenbehandlung verletzt Art. 9 Abs. 3 GG nicht. Etwas anderes hat wohl auch der Beschluß des Großen Senats des Bundesarbeitsgerichts AP Nr. 13 zu Art. 9 GG nicht festgestellt: die Verfassungswidrigkeit wird dort mit der Art und den Umständen der Differenzierung (vgl. Teil IV, VII 3 f, 4 c, 5 f; „Ausgleichsforderung berechnungsmäßig undurchsichtig und nicht kostengerecht klar dargelegt") begründet. Der Beschluß betont an anderer Stelle, es könne nicht jeder Druck als Verletzung der positiven und negativen Koalitionsfreiheit angesehen werden (Teil IV, VIII 5 c).

304 Die Verfassungswidrigkeit ist zu verneinen, wenn der den nicht oder anders organisierten Arbeitnehmern vorenthaltene Vorzug wertmäßig derart unter dem Gewerkschaftsbeitrag liegt, daß davon die Entscheidungsfreiheit des Einzelnen nicht betroffen werden kann. Dadurch wird vielmehr den Gewerkschaftsmitgliedern ein teilweiser Ersatz ihres Mitgliedsbeitrags oder eine „Anerkennungszahlung" geboten. Stellt sich der den organisierten Arbeitnehmern gewährte Vorzug als zwar erheblicher Anreiz, jedoch noch nicht als rechtswidriger Druck dar, so ist abzuwägen, ob das Interesse an der Erhaltung der Berufsverbände und an der Funktionsfähigkeit der sozialen Selbstverwaltung oder der Schutz der negativen Koalitionsfreiheit vorgeht. Beide Rechtsgüter werden von Art. 9 Abs. 3 GG geschützt. Die Entschei-

---

[348] Vgl. *Zachert*, Betrieb 1995, S. 322, 324.

dung darüber, welchem Rechtsgut der Vorzug gebührt, unterliegt der verfassungsgerichtlichen Kontrolle.

305 Tarifliche Differenzierungs- und Ausschlußklauseln sind weiter auf ihre Vereinbarkeit mit Art. 2 Abs. 1 GG und mit Art. 3 GG zu überprüfen. Sie wollen erreichen, daß nicht oder anders organisierte Arbeitnehmer in der Gesamtheit der Arbeitsbedingungen gegenüber den Mitgliedern der Berufsverbände ständig schlechter gestellt werden. Das bedeutet, daß zu Lasten der nicht oder anders organisierten Arbeitnehmer zwingend ein „negatives Günstigkeitsprinzip" aufgestellt wird: es wird ihnen die Chance genommen, die Vorteile eines später abgeschlossenen Tarifvertrages oder andere sie womöglich übersteigende Vorteile in ihrem Individualarbeitsvertrag zu verabreden. Ein derartiger Eingriff in die durch Art. 2 Abs. 1 GG geschützte Vertragsfreiheit der nicht tarifunterworfenen Arbeitnehmer kann möglicherweise durch Gesetz, nicht jedoch durch einen Tarifvertrag vorgenommen werden. Die ständige Ungleichbehandlung der nicht organisierten Arbeitnehmer verstößt außerdem solange gegen das Diskriminierungsverbot in Art. 3 Abs. 1 GG, als die nicht oder anders organisierten Arbeitnehmer bei der Durchführung von Arbeitskämpfen, insb. bei Aussperrungen, voll in den Arbeitskampf einbezogen werden.[349] Dann darf ihnen jedenfalls die Chance nicht genommen werden, die Vorteile des von ihnen mit erkämpften Kollektivvertrages in ihren Individualarbeitsvertrag zu übernehmen.

306 **f) Belastungsquote** beim **Vorruhestand**. Ein Eingriff in die negative Koalitionsfreiheit stand abermals zur Debatte, als Tarifverträge Vorruhestandsregelungen einführten, die dahingehende Ansprüche älterer Arbeitnehmer auf einen bestimmten Prozentsatz der Gesamtbelegschaft des Arbeitgebers begrenzten. Die einschlägigen Tarifverträge warfen die Frage auf, ob die Belastungsgrenze ausschließlich durch tarifgebundene Arbeitnehmer ausgefüllt werden müsse, oder ob auch nicht oder anders organisierte Arbeitnehmer, wenn sie die sachlichen Voraussetzungen des einschlägigen Tarifvertrages erfüllten, gleichberechtigt in die Prozentzahl einzubeziehen seien. Das Bundesarbeitsgericht bejahte im Ergebnis die Gleichstellung.[350] Die Tarifvertragsklauseln wurden nach ihrer Zwecksetzung nicht als Betriebsnormen, sondern als Beendigungsnormen eingestuft, so daß sie nur für tarifgebundene Arbeitnehmer Geltung erlangen konnten. Die *Auslegung* der Tarifverträge ergebe aber, daß die Tarifvertragsparteien dem Arbeitgeber gestatten wollten, auch nicht oder anders organisierte Arbeitnehmer in das tarifvertraglich vorgesehene Reservoir aufzunehmen; jede andere Auslegung würde auf die nicht oder anders organisierten Arbeitnehmer einen inadäquaten Druck ausüben und deshalb gegen die negative Koalitionsfreiheit in Art. 9 Abs. 3 GG verstoßen. Das Schrifttum stimmt dem Ergebnis weitgehend zu,[351] be-

---

[349] Vgl. BAG GS 29. 11. 1967 AP Nr. 13 zu Art. 9 GG; BAG 21. 4. 1971 AP Nr. 43 zu Art. 9 GG Arbeitskampf, Bl. 8; BAG 10. 6. 1980 AP Nr. 66 zu Art. 9 GG Arbeitskampf, Bl. 3 (*Mayer-Maly*) = EzA Art. 9 GG Arbeitskampf Nr. 38 (*Rüthers*); BAG 22. 3. 1994 AP Nr. 130 zu Art. 9 GG Arbeitskampf.
[350] Vgl. BAG 21. 1. 1987 AP Nr. 46 und 47 zu Art. 9 GG (*Scholz*).
[351] *Gamillscheg*, BB 1988, S. 555; *ders.*, Kollektives Arbeitsrecht I, § 15 VIII, S. 617; *Löwisch/Rieble*, § 1 TVG, Rnr. 448; *Scholz*, Anm. zu BAG 21. 1. 1987 AP Nr. 47 zu

gründet die Einbeziehung der nicht oder anders organisierten Arbeitnehmer jedoch teilweise mit einem sich aus Art. 3 und Art. 9 Abs. 3 GG ergebenden Diskriminierungsverbot. Der Rückgriff auf die Gleichbehandlung legt die Qualifizierung der Normen (auch) als Betriebsnormen nahe, deren begriffliche Abgrenzung als Einheitsnorm eben davon abhängt, daß eine *sachliche* oder *rechtliche* Notwendigkeit dafür besteht, allen Beschäftigten gleichmäßige Arbeitsbedingungen anzubieten.[352] Der Rechtscharakter (auch) als Betriebsnorm wird deutlich, wenn der Vorruhestands- oder Altersteilzeit-Tarifvertrag Auswahlrichtlinien vorsieht, die auch für die nicht oder anders organisierten Arbeitnehmer gelten sollen.

8. Art. 12 GG Berufsfreiheit

a) **Verfassungsrechtsprechung**. Die Bedingungen, unter denen der Gesetzgeber das Recht der Berufsfreiheit regeln darf, sind vom Bundesverfassungsgericht in zwei Etappen entfaltet worden. Nach der zunächst aus dem Gewerberecht entwickelten Drei-Stufen-Theorie[353] bedarf eine gesetzliche Regelung höherwertiger Gemeinwohlbelange je nachdem, ob in die Berufsausübung oder in die Berufswahl eingegriffen wird. (1) Für bloße Regelungen der Berufsausübung genügen vernünftige Erwägungen des Gemeinwohls.[354] (2) Bei den Einschränkungen der Berufswahl ist zwischen (2a) subjektiven Zulassungsvoraussetzungen und (2b) objektiven Zulassungsvoraussetzungen zum Beruf zu unterscheiden: subjektive Zulassungsvoraussetzungen sind als gebotene Vorkehrung zum Schutze wichtiger Gemeinschaftsgüter gerechtfertigt, die der Freiheit des einzelnen vorgehen.[355] Objektive Zulassungsvoraussetzungen sind dagegen nur zulässig, wenn sie der Abwehr nachweisbarer schwerwiegender Gefahren für ein überragend wichtiges Gemeinschaftsgut dienen.[356] Der Gesetzgeber muß Regelungen nach Art. 12 Abs. 1 GG jeweils auf der Stufe vornehmen, die den geringsten Eingriff in die Freiheit der Berufswahl mit sich bringt, und darf die nächste Stufe erst dann betreten, wenn mit hoher Wahrscheinlichkeit dargetan werden kann, daß die befürchteten Gefahren mit verfassungsmäßigen Mitteln auf der vorausgehenden Stufe nicht wirksam bekämpft werden können. Eingriffe in die Berufsfreiheit dürfen dabei nicht weitergehen, als die sie legitimierenden öffentlichen Interessen es erfordern. Die Stufen sind dabei nicht trennscharf auseinanderzuhalten, so daß drastische Eingriffe in die Berufsausübung praktisch eine Beschränkung der Berufswahl darstellen können. Am freiesten ist der Gesetzgeber, wenn er eine reine Ausübungsregelung trifft, die auf die Freiheit der Berufswahl nicht zurückwirkt, vielmehr nur bestimmt, in welcher Art und Weise die Berufsangehörigen ihre Berufstätigkeit im einzelnen

---

Art. 9 Abs. 3 GG; kritisch *Däubler*, Tarifvertragsrecht, Rnr. 1189; *Dorndorf*, AuR 1988, S. 1, 8; *Kempen*/Zachert, § 3 TVG, Rnr. 121.
[352] Vgl. *Gamillscheg*, BB 1988, S. 555; *Weber*, SAE 1987, S. 206.
[353] BVerfGE 7, S. 377: Apotheken-Urteil = AP Nr. 13 zu Art. 12 GG; BVerfGE 13, S. 97: Befähigungsnachweis der HandwerksO.
[354] St. Rspr.; BVerfGE 7, S. 377, 405; 81, S. 70, 84.
[355] St. Rspr.; BVerfGE 9, S. 338, 345; 86, S. 28, 40.
[356] St. Rspr.; BVerfGE 7, S. 377, 408; 85, S. 360, 373.

zu gestalten haben. Zwar gilt die grundsätzliche Freiheitsvermutung des Art. 12 GG auch hier und bindet die Exekutive unmittelbar. Unbeschadet dessen können in diesem Bereich jedoch in weitem Maße Gesichtspunkte der Zweckmäßigkeit zur Geltung kommen. Eine Ausgestaltung der Berufsausübung wird daher auf dieser Stufe durch jede sachgerechte und vernünftige Erwägung des Gemeinwohls gerechtfertigt.[357]

308 Neben der Stufenlehre wirkt sich im Grundrecht des Art. 12 GG zunehmend auch das aus dem Polizeirecht stammende Verhältnismäßigkeitsgebot (Übermaßverbot) aus. Es gilt als verfassungsrechtliches Prinzip für sämtliche Grundrechtsbeschränkungen und fordert für jeden Eingriff Eignung, Erforderlichkeit und Proportionalität (Verhältnismäßigkeit im engeren Sinn).[358] Bezugspunkt der Verhältnismäßigkeitsprüfung ist der Zweck der jeweiligen Regelung.

309 **b) Transfer** auf die Tarifvertragsparteien. Die Bedeutung der Berufsfreiheit und der Rechtsprechung des BVerfG als *zentrales Grundrecht* der Arbeitnehmer und Arbeitgeber ist im Tarifvertragsrecht kaum zu überschätzen – jedenfalls solange der Gesetzgeber nicht in zwingenden Bestimmungen eines Arbeitsvertragsgesetzes auch die Befugnisse der Tarifvertragsparteien eingrenzt. Art. 12 GG hat in der Rechtsprechung der Arbeitsgerichte bisher in unterschiedlichen Situationen Bedeutung gewonnen. Überwiegend handelt es sich dabei nicht um subjektive oder objektive Zulassungsvoraussetzungen, sondern um Einschränkungen auf der Stufe der Berufsausübung. Einheitliche Regeln sind noch wenig ausgearbeitet.[359]

310 **aa) Zuständigkeit.** Eine allgemeine Einschränkung der Kompetenz der Tarifvertragsparteien und damit auch ihrer Eingriffsmöglichkeit in Grundrechte könnte sich aus der **Wesentlichkeitstheorie** und dem daraus abgeleiteten partiellen Delegationsverbot ergeben. Die Einschränkung der Ermächtigung zur autonomen Rechtsetzung wird auch und gerade im Rahmen des Art. 12 GG aufgegriffen. Soweit es sich um Eingriffe in die Berufswahl handle, gelte der sog. *Parlamentsvorbehalt*, wonach berufsrechtliche Regelungen, die den Status der Berufsfreiheit betreffen, ausschließlich in den Verantwortungsbereich des Gesetzgebers fallen.[360] Das würde bedeuten, daß Tarifnormen zur Berufswahl, und zwar auch „verkappte" Berufswahlregelungen, nicht auf eine Güter- und Interessenabwägung geprüft werden können, weil sie von vornherein verfassungswidrig sind.[361] Dem ist nicht zu folgen. Die von der Verfassungsrechtsprechung in dem Facharztbeschluß herausgearbeiteten Grenzen der Ermächtigung öffentlich-rechtlich verfaßter Körperschaften zur autonomen Rechtsetzung lassen sich auf die Tarifver-

---

[357] BVerfGE 7, S. 377, 405 = AP Nr. 13 zu Art. 12 GG; 9, S. 213, 221; 10, S. 185, 197; 14, S. 19, 22.
[358] Vgl. *Sachs,* in: Sachs, 1996, Art. 20 GG, Rnr. 94 ff.; *Tettinger,* in: Sachs, 1996, Art. 12 GG, Rnr. 114 ff.
[359] Vgl. *Bengelsdorf,* ZfA 1990, S. 563, 568 ff.; *Loritz,* ZfA 1990, S. 133, 140 ff.; *Säcker/Oetker,* Tarifautonomie, S. 250 ff.; *Schweibert,* Die Verkürzung der Wochenarbeitszeit durch Tarifvertrag, 1994, S. 100 ff.
[360] Vgl. BVerfGE 33, S. 125, 155; 41, S. 251, 263; 71, S. 162, 172; 76, S. 171, 185.
[361] Vgl. *Friauf,* Qualitative Besetzungsklauseln in Tarifverträgen und Grundgesetz, S. 79 ff.; *Loritz,* ZfA 1990, S. 133, 149; *Scholz,* ZfA 1981, S. 265, 295 ff.

tragsparteien nicht übertragen.³⁶² Art. 9 Abs. 3 GG kennt keinen „Vorbehalt des Gesetzes" und kein „partielles Delegationsverbot"; er vertraut vielmehr gerade umgekehrt den Sozialpartnern die Ordnung von Arbeits- und Wirtschaftsbedingungen an und behält sich lediglich eine eigene Zuständigkeit für dieses Rechtsgebiet vor. Wenn und soweit die Verfassung mit der Koalitionsfreiheit eine Delegation der Arbeits- und Wirtschaftsbedingungen an die Sozialpartner befiehlt, kann die Lehre vom partiellen Delegationsverbot keine Geltung beanspruchen; andernfalls würde die tarifvertragliche Regelungsbefugnis unter einen allgemeinen Gesetzesvorbehalt gestellt.³⁶³

bb) Eingriffstatbestand. Kollektivverträge greifen mit der Regelung der Arbeitsbedingungen unvermeidlich und breitflächig in die tägliche Berufsausübung der Arbeitgeber und der Arbeitnehmer ein. Jede Lohn- und Arbeitszeitregelung, alle Vorschriften zur Durchführung und Beendigung des Vertrages, jede Betriebsordnung und alle Vertragssanktionen wirken auf die Dienstleistungs- oder Entgeltpflichten und auf die Verhaltenspflichten der Partner des Arbeitsvertrages ein; Sinn der Normsetzung durch die Tarifvertragsparteien ist es ja gerade, die Berufsausübung von Arbeitgebern und Arbeitnehmern und damit die notwendigen Interessenabwägungen zwischen beiden und ihre Auswirkungen auf Dritte verbindlich festzulegen. Die Ausgestaltung der Arbeits- und Wirtschaftsbedingungen ist den Tarifvertragsparteien von der Verfassung überantwortet worden, kann also grundsätzlich nicht als rechtswidriger Eingriff in die Berufsfreiheit gewertet werden. Grundrechtsdogmatisch gibt es für die Beurteilung der Kollektivverträge zwei Ansatzpunkte: Man könnte der durch Art. 9 Abs. 3 GG eingeräumten Tarifautonomie dadurch Rechnung tragen, daß man die Gestaltung der Arbeits- und Wirtschaftsbedingungen regelmäßig im Vorhof des Art. 12 GG nur als „Ausgestaltung"³⁶⁴ anspricht, die noch keinen Eingriff in das Grundrecht enthält und deshalb generell keiner Rechtfertigung bedarf. Eine solche vor- oder außergrundrechtliche Ausgestaltung wurde bisher insb. für die Grundrechte der Art. 5, 9 Abs. 3 und 14 GG ausgearbeitet.³⁶⁵ Sie im Rahmen der Tarifautonomie auch in Art. 12 Abs. 1 GG nachzuvollziehen, würde den Rechtfertigungsdruck der Vereinbarkeit von Tarifnormen mit der Verfassung wesentlich abmildern,³⁶⁶ auf der anderen Seite allerdings neue Abgrenzungsschwierigkeiten zwischen grundrechtsfreier Ausgestaltung des Arbeitsverhältnisses und grundrechtsunterworfener Einschränkung der Berufsfreiheit herbeiführen. Zur Begründung einer solchen Ausgestaltungstheorie ließe sich anführen, daß der Tarifvertrag auf der Grundlage der Mitgliedschaft und aufgrund seines Kompromißcharakters die Vermutung für eine sachgerechte

---

³⁶² Ebenso *Säcker/Oetker,* Tarifautonomie, S. 266 ff.; *Schweibert,* Verkürzung der Wochenarbeitszeit durch Tarifvertrag, 1994, S. 109; *Waltermann,* RdA 1993, S. 209, 215.
³⁶³ Vgl. *Löwisch,* Betrieb 1988, S. 1013, 1014.
³⁶⁴ Vgl. zur Begriffsbestimmung der „Ausgestaltung" BVerfGE 50, S. 290, 368; *Alexy,* Theorie der Grundrechte, 2. Aufl. 1994, S. 300 ff.; *Kemper,* Die Bestimmung des Schutzbereiches der Koalitionsfreiheit, 1989, S. 65 ff.; zum Ausgestaltungsvorbehalt in Art. 5 GG *Silke Ruck,* AöR 117 (1992), S. 543, 545 ff.
³⁶⁵ Vgl. dazu *Jarass/Pieroth,* Vorb. vor Art. 1 GG, Rnr. 26 mit weiteren Nachweisen.
³⁶⁶ In dieser Richtung *Canaris,* AcP 184 (1984), S. 244; *Singer,* ZfA 1995, S. 611, 632.

Berufsregelung in sich trage, so daß die große Menge kollektiver Vorschriften in ihrer Mehrheit nicht auf den verfassungsrechtlichen Prüfstand gestellt werden muß. Es ist derselbe Gedanke, der früher im Zivil- und Strafrecht eine Rechtswidrigkeitsprüfung bei *sozialadäquatem Verhalten* erübrigen sollte.[367] Will man diesem Ansatz nicht folgen, weil er bisher in Rechtsprechun und Rechtslehre zu Art. 12 GG keinen Anhalt findet, so müssen allerdings alle Inhalts-, Abschluß-, Beendigungs- und Betriebsnormen am Maßstab des Art. 12 GG kontrolliert werden, ohne daß damit eine gerichtliche Inhaltskontrolle von Tarifverträgen eingeführt werden darf. Abgrenzungsschwierigkeiten ergeben sich dann ebenfalls, nur an einer anderen Stelle.[368]

312   cc) **Interessenwahrnehmung.** Die Geltung des Grundrechts der Berufsfreiheit für die Tarifvertragsparteien bedarf einer Anpassung der allgemeinen Grundrechtsdogmatik. Zur Rechtfertigung des staatlichen Gesetzgebers für Eingriffe in die Berufsfreiheit genügen – vereinfacht betrachtet – bei der Berufsausübung vernünftige, bei der Berufswahl zwingende Gründe des Gemeinwohls. Für Tarifverträge betrifft die Prüfung unter mehreren Gesichtspunkten eine veränderte Situation; vgl. dazu bereits oben Rnr. 209. Die Besonderheit besteht einmal darin, daß der Rechtsetzer, also die Tarifvertragsparteien, in Ausübung eines *eigenen* Grundrechts tätig wird, zum anderen darin, daß die Rechtsetzung sich sachnotwendig auf die Berufsfreiheit *beider* Parteien des Arbeitsverhältnisses auswirkt. Das macht den Interessenausgleich schwieriger als die dem staatlichen Gesetzgeber im Rahmen des Art. 12 GG gestellte Aufgabe. Im einzelnen ist folgendes zu bedenken:

313   – *Interessen der Arbeitnehmer,* insb. der Schutz der Gesundheit, der Arbeitskraft und der Persönlichkeit der Arbeitnehmer können Eingriffe in die Handlungs- und Berufsfreiheit der Arbeitgeber rechtfertigen. Die Unternehmensführung muß sich an gesetzlichen und kollektivvertraglichen Vorgaben ausrichten; der Arbeitgeber kann keinen absoluten Freiraum beanspruchen, wenn kollektivvertragliche Normen begrenzt unternehmerische Entscheidungen erschweren oder unmöglich machen.[369] Auch der Schutz der Arbeitnehmer vor sich selbst kann einen Eingriff in ihre Berufsausübung legitimieren; den Selbstschutz der Person wahrzunehmen ist so gut eine Aufgabe der Sozialpartner wie des Gesetzgebers.

314   – *Interessen des Arbeitgebers* können eine Beschränkung der Berufsausübung des Arbeitnehmers rechtfertigen. Hierher zählen notwendige Aufsichts- (z.B. Torkontrollen) sowie andere Maßnahmen zum Schutz der Erfüllungspflichten des Arbeitnehmers (z.B. Einschränkung von Nebentätigkeiten) sowie Entscheidungen, die sich aus der unternehmerischen Freiheit ergeben, Arbeitsverhältnisse zu begründen und zu beenden (z.B. betriebsbedingte Kündigungen).[370]

315   – *Interessen Dritter,* insb. der Personen- und Sachschutz der die Produktion oder Dienstleistung entgegennehmenden Verbraucher, rechtfertigen an-

---

[367] Vgl. Soergel/Zeuner, 11. Aufl. 1985, Rnr. 3; *Wiethölter,* Der Rechtfertigungsgrund des verkehrsrichtigen Verhaltens, 1960.
[368] Vgl. BVerfG vom 10. 9. 1991, NZA 1992, S. 125: Sozialkassen.
[369] Ebenso *Löwisch*/Rieble, § 1 TVG, Rnr. 197; abw. *Loritz,* ZfA 1990, S. 133, 145 ff.
[370] Vgl. jetzt BAG 5. 2. 1998, Betrieb 1998, S. 1035 = EWiR § 626 BGB 98/2, S. 537 (*Wiedemann*).

gemessene Anforderungen an die Arbeitsleistung und damit auch Eingriffe in die Berufsausübung, notfalls sogar in die Berufswahl der Arbeitnehmer. Hierher zählen notwendige Qualifikationsvoraussetzungen ebenso wie laufende Kontrollen und Sanktionen des Arbeitgebers bis hin zur Beendigung des Arbeitsverhältnisses wegen Alter oder Krankheit, selbst wenn damit die Berufstätigkeit praktisch unterbunden wird.

– Inwieweit *Allgemeininteressen* oder berufsständische und unternehmerische Partikularinteressen von den Tarifvertragsparteien berücksichtigt werden dürfen, um einen Eingriff in die Berufsfreiheit zu rechtfertigen, ist nicht gesichert. Die Diskussion zur Berücksichtigung von Allgemeininteressen durch die Tarifvertragsparteien hat gerade bei der Arbeitszeitverkürzung im Zuge des Kampfes gegen die Arbeitslosigkeit Bedeutung gewonnen. Dabei wurde den Gewerkschaften und damit den Sozialpartnern die Kompetenz zur Wahrnehmung beschäftigungspolitischer Ziele entweder ganz abgesprochen[371] oder dahin eingeschränkt, daß die Tarifvertragsparteien keine verbindlichen Höchstarbeitszeiten festlegen dürfen.[372] Der zuerst genannten Auffassung ist nicht zu folgen; vgl. dazu oben Rnr. 26, 96 f. Abgesehen davon, daß die Sozialpartner nach der ständigen Rechtsprechung einen Verfassungsauftrag zur Wahrung und Förderung der Arbeits- und Wirtschaftsbedingungen haben, wäre es gerade bei Normen zur Dauer und Lage der Arbeitszeit schwierig, trennscharf festzustellen, ob und wie weit sie (subjektiv) das Ziel verfolgen, Gesundheit und Persönlichkeit der Arbeitnehmer zu schützen oder das Arbeitsplatzreservoir auf eine größere Beschäftigtenzahl zu verteilen.[373]

dd) Interessenabwägung. Unklarheit besteht weiter darüber, wie weit Vorgaben des staatlichen Gesetzes- oder Richterrechts für die Interessenabwägung der Tarifvertragsparteien maßgebend sind, ob also zum Beispiel die dort festgelegten Mindestvoraussetzungen für ein wirksames nachvertragliches Wettbewerbsverbot auch für die Tarifvertragsparteien verbindlich sind oder die Berufsfreiheit der Arbeitnehmer in Kollektivvereinbarungen stärker eingeschränkt werden kann. Sind die staatlichen Normen tarifdispositiv, so erledigt sich die Frage; die Tarifnormen müssen dann unmittelbar an der Verfassung gemessen werden.[374] Im übrigen spricht eine Vermutung dafür, daß das Gesetzes- oder Richterrecht die Interessenbewertung richtig, also verfassungskonform vornimmt. Die Kollektivvertragsparteien sollten sich deshalb und im Interesse der Rechtssicherheit daran orientieren. Im Einzelfall können Abweichungen sachlich gerechtfertigt sein, bedürfen dann aber zugunsten des Arbeitnehmers einer Kompensation an anderer Stelle.

c) Einzelfälle. Solange der Gesetzgeber für einzelne Sachfragen wie Altersgrenzen (vgl. § 130 ArbVGE), Rückzahlungen (vgl. §§ 53, 70

---

[371] *Bengelsdorf*, ZfA 1990, S. 563, 570; *Loritz*, ZfA 1990, S. 133, 163; *Zöllner*, Betrieb 1989, S. 2121, 2122; kritisch dazu *Däubler*, Betrieb 1989, S. 2534, 2535; *Käppler*, NZA 1991, S. 745, 748; *Waltermann*, RdA 1993, S. 209, 217.
[372] Vgl. mit anderer Begründung *Buchner*, Betrieb 1990, S. 1715, 1718; *Richardi*, ZfA 1990, S. 211, 242.
[373] Vgl. *Schweibert*, Die Verkürzung der Wochenarbeitszeit durch Tarifvertrag, 1994, S. 41 ff.
[374] Vgl. BAG 6. 9. 1995 AP Nr. 22 zu § 611 BGB Ausbildungsbeihilfe.

ArbVGE) oder Wettbewerbsverbote (vgl. §§ 91–98 ArbVGE) keine auch für die Tarifvertragsparteien maßgebende Regelung trifft, bleibt es Aufgabe von Rechtsprechung und Rechtslehre, im Lichte der Berufsfreiheit des Art. 12 GG den *Mindeststandard des arbeitsrechtlichen Schutzes* zu entwickeln. Die Verfassung liefert dafür die Maßstäbe, das Arbeitsrecht die Inhalte. Bei der bisherigen Entwicklung fällt auf, daß es leichter gelingt, die Grenzen der Tarifmacht für Sachfragen aufzuzeigen, die auch im Einzelarbeitsverhältnis zu lösen sind (vgl. dazu die obigen Beispiele), als für tarifspezifische Sachfragen wie Arbeitszeitvolumen, Besetzungsregeln oder Betriebsordnung. Insoweit ist mit einer schnellen Abhilfe durch den Gesetzgeber nicht zu rechnen, weil hier eine Konkordanz der Tarifautonomie des Art. 9 Abs. 3 GG mit der Berufsfreiheit herzustellen ist.

319 **aa) Arbeitszeit.** Tarifvertragliche Arbeitszeitregelungen sehen sich aus verschiedenen Gründen einer verfassungsrechtlichen Kritik ausgesetzt. Zum einen gibt es Bedenken gegen die Tarifmacht der Sozialpartner, wenn damit beschäftigungs- und ordnungspolitische Ziele verfolgt werden; zum anderen werden einzelne Vereinbarungen zu Dauer und Lage der Arbeitszeit verfassungsrechtlich korrigiert.

320 Die Tarifmacht zur Arbeitszeitgestaltung wird man nicht generell in Frage stellen können, auch wenn die damit verbundenen arbeitsmarkt- und industriepolitischen Ziele ökonomisch umstritten sind. Die Arbeitgeber(verbänden) und Gewerkschaften überantworteten Arbeits- und Wirtschaftsbedingungen umfassen zwangsläufig auch die Verfügung über die Gesamtarbeitszeit der Belegschaft und über die Verteilung vorhandener Arbeitsplätze; vgl. dazu oben Rnr. 101. Generell liegt darin kein Eingriff in die Berufstätigkeit der einzelnen Arbeitgeber und Arbeitnehmer, der nicht durch Art. 9 Abs. 3 GG gerechtfertigt wäre. Dagegen gibt es verfassungsrechtliche Grenzen für Verlängerung oder Verkürzung der individuellen Arbeitszeit und für die Lage der Arbeitszeit. Zwar hat der Gesetzgeber die Berufsfreiheit im Arbeitszeitrecht sorgfältig konkretisiert und in den §§ 7 und 12 ArbZG abweichende Gestaltungen durch Kollektivvereinbarungen ausdrücklich vorgesehen; dadurch ist aber die Prüfung der Verfassungsmäßigkeit von einschneidenden Arbeitszeitverkürzungen nicht ausgeschlossen worden:

321 Vielfach wird angenommen, Einschränkungen der **Dauer der** wöchentlichen **Arbeitszeit** würden die Berufswahl oder zumindest die Berufsausübung des *Arbeitgebers* einschränken, da es für die Überprüfungsbedürftigkeit genüge, wenn objektiv eine berufsregelnde Norm vorliegt.[375] Tarifnormen, die eine kontinuierliche Beschäftigung von Arbeitnehmern verhindern, könnten sich als Eingriff in die Berufswahl auswirken, wenn das Gewerbe nach seiner Art nur ohne Unterbrechung betrieben werden kann (z. B. Versorgungsunternehmen, Krankenhäuser).[376] In der Regel werde ein Verbot oder eine Verknappung der Wochenendarbeit oder der Nachtarbeit allerdings nur die Berufsausübung des Arbeitgebers betreffen, wenn Produktion und Vertrieb während der erzwungenen Betriebspause eingestellt und Wettbewerbsnachteile hingenommen werden können. Zur Rechtfertigung eines solchen Ein-

---

[375] Vgl. BVerfGE 13, S. 181, 185; 16, S. 147, 162; 22, S. 380, 384; 52, S. 42, 54.
[376] *Loritz*, ZfA 1990, S. 133, 151.

griffs in die Berufsfreiheit des Arbeitgebers komme der Gesundheits- und Persönlichkeitsschutz der Arbeitnehmer ebenso in Betracht wie eine erhoffte beschäftigungspolitische Wirkung.[377] Auch wenn man dem Ansatz folgt, wonach bloße Rahmenbedingungen in die Berufsausübung des Arbeitgebers eingreifen können (obwohl dieser keinen Anspruch auf ein unbegrenztes Tätigkeitsvolumen der Arbeitnehmer hat), sind die wiedergegebenen Überlegungen doch ergänzungsbedürftig. Einmal ist im Rahmen der Rechtmäßigkeit des Eingriffs in die Arbeitgeberfreiheit zu berücksichtigen, daß die Koalitionstätigkeit zwangsläufig einen solchen Eingriff nach sich zieht, die unternehmerische Freiheit also mit Art. 9 Abs. 3 GG abgestimmt werden muß.[378] Dazu kommt, daß die Berufsfreiheit des Arbeitgebers die gegenläufige Berufsausübung des Arbeitnehmers zu berücksichtigen hat, die nicht nur den Personenschutz des Arbeitnehmers bezweckt, sondern durch kollektive Arbeitsverknappung auch der Höherwertigkeit seiner Tätigkeit dienen kann.

Einschränkungen der Berufsausübung der *Arbeitnehmer* durch Bestimmungen zur Dauer der täglichen oder wöchentlichen Arbeitszeit liegen vor, wenn der Arbeitnehmer bei ein und demselben Arbeitgeber ein bestimmtes Arbeitskontingent nicht überschreiten soll. Das kann dadurch erreicht werden, daß die Arbeitsleistung an bestimmten Tagen (Samstags/Sonntagsarbeitsverbot) oder zu bestimmten Zeiten nicht erbracht werden kann, oder dadurch, daß ein Zeitkontingent vorgegeben wird, innerhalb dessen Überstunden mit späterer Freizeit auszugleichen sind (Arbeitszeitkonten). Ob davon abweichende einzelvertragliche Abreden, die entgegen dem Kollektivvertrag *freiwillig* eine Pflicht zur Mehrarbeit begründen, nach dem Günstigkeitsprinzip zulässig sein müssen, ist bestritten,[379] aber hier nicht zu entscheiden; vgl. dazu ausführlich unten § 1 Rnr. 334 und § 4 Rnr. 479 ff. Die Einführung gesetzlicher oder tarifvertraglicher Höchstarbeitszeiten ist zum Schutz der Beschäftigten vor gesundheitlicher und persönlicher Überlastung grundsätzlich gerechtfertigt. Den Tarifvertragsparteien steht unabhängig vom staatlichen Arbeitszeitrecht eine breite Einschätzungsprärogative zur Verfügung, wie weit sie den Schutz der Arbeitnehmer vor übermäßiger Arbeitsbelastung festlegen und gleichzeitig allgemein beschäftigungsfördernde Maßnahmen durchsetzen wollen. Die Arbeitszeit zu verknappen stellt ein klassisches Instrument der Gewerkschaftspolitik dar.[380] Ein wesentlicher und selbstverständlich begründungsbedürftiger Eingriff in die Berufsausübung des Arbeitnehmers liegt aber vor, wenn die zur Verfügung gestellte Höchstarbeitszeit für die Erhaltung des Berufsstandards oder für einen angemessenen Verdienstsockel nicht mehr ausreicht; vgl. dazu ausführlich zu § 1 Rnr. 335.

---

[377] So *Säcker/Oetker*, Tarifautonomie, S. 287; *Schweibert*, Verkürzung der Wochenarbeitszeit durch Tarifvertrag, 1994, S. 119 ff.; *Stein*, Tarifvertragsrecht, Rnr. 439; abw. *Bengelsdorf*, ZfA 1990, S. 563, 573; *Zöllner*, Betrieb 1989, S. 2121, 2123.
[378] Vgl. *Gamillscheg*, Kollektives Arbeitsrecht I, § 18 V 4 c, S. 847 ff.; *Schweibert*, Die Verkürzung der Wochenarbeitszeit durch Tarifvertrag, 1994, S. 110 ff. (beschränkt auf den Kernbereich der Tarifautonomie).
[379] Vgl. *Däubler*, Tarifvertragsrecht, Rnr. 217, 218; *Heinze*, NZA 1991, S. 335; *Löwisch*, Betrieb 1989, S. 1185, 1186; *ders.*, NZA 1989, S. 959, 960; *Richardi*, Betrieb 1990, S. 1613, 1617; *Zachert*, Betrieb 1990, S. 986, 988.
[380] Vgl. schon die Beiträge bei *Leipart* (Hrsg.), Die 40 Stunden-Woche. Untersuchungen über Arbeitsmarkt, Arbeitsertrag und Arbeitszeit, 1931, S. 24, 139 ff.

Einleitung 323–325   2. Abschnitt. Tarifvertrag und höherrangiges Recht

323   Einschränkungen der **Lage der Arbeitszeit** betreffen in erster Linie die Berufsausübung des *Arbeitgebers*, wenn sie sich auf Herstellung oder Verwendung seiner Produkte auswirken. Arbeitszeitverteilende Kollektivvereinbarungen können dazu führen, daß Art und Umfang der Produktion beeinflußt und der Vertrieb gedrosselt wird. Im Verfassungsrecht gelten deshalb Reglementierungen der Ladenöffnungszeiten nicht nur als Ausgestaltung, sondern als Eingriff in die Berufsfreiheit der Unternehmen.[381] Die Rechtsprechung ist diesem Sachverhalt im Betriebsverfassungsrecht nicht ganz gerecht geworden.[382] Für die Tarifvertragsparteien handelt es sich bei der Arbeitszeitverteilung grundsätzlich um eine Ausgestaltung der unternehmerischen Berufsausübung, deren Legitimation sich aus dem Arbeitnehmerschutz ergibt: die Lage der Arbeitszeit an Wochentagen und Wochenenden, die Verteilung auf Früh-, Spät- und Nachtschichten und die Festlegung von Ruhepausen dient dazu, einen notwendigen und sinnvollen Rhythmus zwischen Arbeit und Erholung zu schaffen. Die sich daraus ergebenden Konsequenzen zählen zu den typischen unternehmerischen Organisationsaufgaben. Einen Eingriff in die Berufswahl würde es bedeuten, wenn die Tarifvertragsparteien dem betroffenen Arbeitgeber praktisch keine alternativen Unternehmensentscheidungen übriglassen, wenn diese also zwingend mit dem Tarifvertrag vorgegeben sind. Das kann bei einer Arbeitszeitverteilung, die gleichzeitig die Betriebs- oder Ladenöffnungszeiten festlegt, zutreffen, wenn für notwendige Rest- oder Überbrückungszeiten keine Beschäftigten zur Verfügung stehen und zusätzliche Arbeitnehmer dafür nicht gewonnen werden können.

324   Einschränkungen der Lage der Arbeitszeit können sich auch auf die Berufsausübung des *Arbeitnehmers* auswirken, wenn der Tarifvertrag vorsieht, daß an bestimmten Wochentagen oder zu bestimmten Tageszeiten nicht gearbeitet werden soll. Wie die §§ 7 und 12 ArbZG zeigen, sind die Tarifvertragsparteien in besonderem Maße zur Ausgestaltung von Lage und Dauer der Arbeitszeit legitimiert.[383] Sie können deshalb bestimmte Zeiten oder Tage von der Arbeitspflicht ausnehmen. Auch wenn man darin schon einen Eingriff in die Berufsausübung der Arbeitnehmer sieht, kann er nach den bisher aufgezeigten Maßstäben gerechtfertigt sein.

325   **bb)** Tarifvertragliche **Altersgrenzen** greifen nicht nur in die Berufsausübung, sondern bereits auf der Stufe der subjektiven Zulassungsvoraussetzungen in die Freiheit der Berufswahl ein, weil und wenn sie die betroffenen älteren Arbeitnehmer zum vollständigen Ausscheiden aus dem Berufsleben zwingen. Das entspricht heute allgemeiner Ansicht.[384] Trotzdem hat der zweite Senat des Bundesarbeitsgerichts kollektivvertragliche Altersgrenzen in

---

[381] BVerfGE 13, S. 237, 239; 58, S. 336, 355; *Ossenbühl,* AöR 115 (1990), S. 1, 8; *Säcker/Oetker,* Tarifautonomie, S. 309.
[382] BAG 31. 8. 1982 AP Nr. 8 zu § 87 BetrVG 1972 Arbeitszeit (*Rath-Glawatz*), (dazu BVerfG AP Nr. 15 zu § 87 BetrVG 1972 Arbeitszeit); BAG 27. 9. 1989 AP Nr. 113 zu Art. 9 GG Arbeitskampf (*Wiedemann/Wonneberger*); *Säcker/Oetker,* Tarifautonomie, S. 314 ff; *Scholz,* NJW 1986, S. 1587, 1590.
[383] Kritisch dazu *Richardi,* Grenzen industrieller Sonntagsarbeit, 1988, S. 107 ff.
[384] BVerfGE 9, S. 338, 345; 64, S. 72, 82; BAG 6. 3. 1986 AP Nr. 1 zu § 620 BGB Altersgrenze; BAG 12. 2. 1992, AP Nr. 5 zu § 620 BGB Altersgrenze.

seiner früheren Rechtsprechung nicht am Maßstab des Art. 12 GG gemessen, sondern einen Eingriff aus *sachlichen Gründen* für zulässig erklärt.[385] Dies wurde damit begründet, daß die kollektivvertragliche Altersgrenze im Gegensatz zur gesetzlichen keine subjektive Zulassungsvoraussetzung für ganze Berufe enthalte, sondern nur die Erhaltung eines einzelnen Arbeitsplatzes von einem bestimmten Lebensalter abhängig mache. In den jüngeren Altersgrenzenentscheidungen des siebten Senats des Bundesarbeitsgerichts gewannen die Wertentscheidungen des Art. 12 Abs. 1 GG jedoch zunächst an Bedeutung.[386] Das Schrifttum spricht sich seit langem überwiegend dafür aus, Altersgrenzen in Kollektivvereinbarungen nicht nur am Erfordernis eines sachlichen Grundes zu messen, sondern die – wirklich oder vermeintlich – strengeren Anforderungen des Art. 12 GG heranzuziehen.[387] Dabei ist dann allerdings im einzelnen bestritten, welche Überlegungen die Kollektivvertragsparteien zum (verhältnismäßigen) Eingriff in die Berufsfreiheit legitimieren, ob sie insb. einzelne arbeits- und sozialpolitische Ziele zu vorrangigen Gemeinschaftsgütern erklären dürfen; vgl. hierzu § 1 Rnr. 525 ff.

cc) **Qualitative Besetzungsregeln** stellen an die Einstellung und Beförderung von Arbeitnehmern bestimmte persönliche Qualifikationserfordernisse. Bei der Auswahl von neu einzustellenden oder zu kündigenden Arbeitnehmern sollen Personen, die die tarifvertragliche Qualifikation erfüllen, jedenfalls in erster Linie berücksichtigt werden. Derartige qualitative Besetzungsregeln finden sich in vielen Tarifverträgen, insbesondere für eine abgeschlossene Lehre oder für ein abgeschlossenes Studium. Ihre Zulässigkeit ist bisher nur für die Druckindustrie erörtert worden; die Rechtsprechung bejaht sie,[388] die Rechtslehre macht Bedenken geltend.[389] Ihre Beurteilung hängt von folgenden Überlegungen ab:

---

[385] Vgl. betr. tarifvertragliche Altersgrenzen BAG 6. 3. 1986 AP Nr. 1 zu § 620 BGB Altersgrenze; BAG 12. 7. 1988 AP Nr. 54 zu § 99 BetrVG 1972; betr. betriebliche Altersgrenzen BAG 20. 11. 1987 AP Nr. 2 zu § 620 BGB Altersgrenze (*Joost*) = EzA § 620 BGB Altersgrenze Nr. 1 (*Belling*); BAG 7. 11. 1989 AP Nr. 46 zu § 77 BetrVG 1972 = EzA § 77 BetrVG 1972 Nr. 34 (*Otto*); zustimmend *Stein*, Tarifvertragsrecht, Rnr. 490.
[386] BAG 12. 2. 1992 AP Nr. 5 zu § 620 BGB Altersgrenze; BAG 20. 10. 1993 AP Nr. 3 zu § 41 SGB VI (*Linnenkohl/Rauschenberg*); BAG 1. 12. 1993 AP Nr. 4 zu § 41 SGB VI (*Steinmeyer*); anders jetzt wieder BAG 25. 2. 1998 und 11. 3. 1998, NZA 1998, S. 715, 716.
[387] Grundlegend *Waltermann*, Berufsfreiheit im Alter, 1989, S. 78 ff.; *ders.*, RdA 1993, S. 209, 214 ff.; *ders.*, NZA 1994, S. 822; sowie *Boerner*, ZfA 1995, S. 537, 557; *Gamillscheg*, Kollektives Arbeitsrecht I, § 16 I 3 b, S. 679; *Henssler*, Betrieb 1993, S. 1669, 1673; *Hufen*, NJW 1994, S. 2913, 2921; *Linnenkohl/Rauschenberg/Schmidt*, BB 1984, S. 603, 607; *Preis*, in: Festschrift für Eugen Stahlhacke (1995), S. 417, 425; *Riedel*, Das Grundrecht der Berufsfreiheit im Arbeitsrecht, 1987, S. 120; *Schlüter/Belling*, NZA 1988, S. 297, 302; *Simitis*, RdA 1994, S. 257; *Stein*, Tarifvertragsrecht, Rnr. 490; *Steinmeyer*, RdA 1992, S. 6, 11.
[388] BAG 13. 9. 1983 AP Nr. 1 zu § 1 TVG Tarifverträge: Druckindustrie (*Reuter*); BAG 26. 4. 1990 AP Nr. 57 zu Art. 9 GG = EzA § 4 TVG Druckindustrie Nr. 20 (*Kittner*) = SAE 1991, S. 236 (*Loritz*); BAG 22. 1. 1991 AP Nr. 67 zu Art. 12 GG.
[389] *Biedenkopf*, Tarifautonomie, S. 111 ff.; *Dorndorf*, Freie Arbeitsplatzwahl und Recht am Arbeitsergebnis, 1979, S. 100; *Reuter*, ZfA 1978, S. 1, 37 ff.; *Säcker/Oetker*, Tarifautonomie, S. 292 ff.; *Schleusener*, Die Zulässigkeit qualitativer Besetzungsregeln in Tarifverträgen, 1997, S. 131 ff.

327 – *Ziel der Tarifvertragsnormen.* Qualifikationserfordernisse können dem Schutz der Arbeitnehmer und ihrer Mitarbeiter (Gefährdung durch mangelhafte Ausbildung oder Erfahrung) dienen. Hierher gehören auch **Rationalisierungsschutzabkommen** oder Besetzungsregeln, die aus Anlaß von Rationalisierungen, Einführung neuer Technologien oder anderer unternehmerischer Strukturentscheidungen – auf Zeit – einen Arbeitsplatzerhalt garantieren oder jedenfalls fördern möchten.[390] Besetzungsregeln können weiter der Qualität von Produkten oder Dienstleistungen des Arbeitgebers dienen, um eine Schädigung Dritter (Gesundheits- oder Vermögensschaden) oder des Unternehmens selbst (Regressansprüche) zu verhindern. Hierher zählen auch Anforderungen, die den Ruf der Firma und ihre Wettbewerbsfähigkeit unterstützen sollen. Die tarifvertraglichen Regeln können schließlich das Ziel verfolgen, den Berufsstand oder die „Zunft" einer bestimmten Arbeitnehmergruppe vor der Konkurrenz nicht oder weniger qualifizierter Bewerber zu schützen oder ihnen jedenfalls einen Vorsprung zu verschaffen.[391]

328 – *Rechtscharakter der Tarifvertragsnormen.* Besetzungsregeln zum Schutz der Arbeitnehmer tragen in erster Linie den Charakter von (negativen) Inhaltsnormen, wenn neben der Zusammensetzung der Belegschaft auch die individuelle Rechtsstellung der begünstigten Arbeitnehmer gestaltet wird.[392] Da alle Inhaltsnormen auch die Berufsausübung gestalten, bestehen gegen Besetzungsregeln insoweit keine verfassungsmäßigen Bedenken. Qualitative Besetzungsnormen stellen sich jedoch darüber hinaus regelmäßig als *Betriebsnormen* dar, da die privilegierte Einstellung oder Nicht-Entlassung für alle Bewerber und Belegschaftsmitglieder gelten und von nicht tarifgebundenen Arbeitnehmern nicht unterlaufen werden soll. Sie können ihren Zweck nur als Betriebsnormen nach § 3 Abs. 2 erreichen, indem sie die Struktur der Belegschaft insgesamt gestalten.[393] Ob Betriebsnormen allgemein den verfassungsrechtlichen Anforderungen standhalten, ist hier nicht zu prüfen; vgl. dazu unten zu § 1 Rnr. 564, § 3 Rnr. 133 ff. Nach dem Maßstab des Art. 12 Abs. 1 GG ist indes zu entscheiden, ob die Besetzungsregeln nur für den tarifgebundenen Arbeitgeber – mit Reflexwirkung für nicht oder nicht ausreichend qualifizierte Arbeitnehmer – gelten und dessen Auswahlermessen wie bei Betriebsvereinbarungen nach § 95 Abs. 1 BetrVG einschränken,[394] oder ob sie darüber hinaus in die Arbeitsplatzwahlfreiheit der nicht oder weniger qualifizierten Arbeitnehmer eingreifen. Die Frage läßt sich nicht einheitlich beantworten. Ein Firmentarifvertrag oder ein regionaler Verbandstarifvertrag, die lediglich ein schmales Segment des Arbeitsmarktes berühren, beeinträchtigen die Be-

---

[390] So BAG 13. 9. 1983 AP Nr. 1 zu § 1 TVG Tarifverträge: Druckindustrie (*Reuter*).
[391] So BAG 26. 4. 1990 AP Nr. 57 zu Art. 9 GG; BAG 22. 1. 1991 AP Nr. 67 zu Art. 12 GG.
[392] Ebenso *Säcker/Oetker,* Tarifautonomie, S. 122 ff.; abw. *Dälken,* Möglichkeiten eines tarifvertraglichen Bestands- und Inhaltsschutzes, 1986, S. 158: Abschlußnormen.
[393] BAG 22. 1. 1991 AP Nr. 67 zu Art. 12 GG; ebenso *Löwisch/Rieble,* § 1 TVG, Rnr. 517; *Reuter,* ZfA 1978, S. 1, 4; *Zöllner,* RdA 1962, S. 453, 454.
[394] So BAG 26. 4. 1990 AP Nr. 57 zu Art. 9 GG und 22. 1. 1991 AP Nr. 67 zu Art. 12 GG; *Wiedemann,* in: 25 Jahre BAG (1979), S. 635, 656 ff.

rufsfreiheit der nicht oder weniger qualifizierten Arbeitnehmer nicht anders als eine betriebliche Auswahlrichtlinie oder andere Verträge mit Lastwirkung gegenüber Dritten.[395] Die Kollektivvertragsparteien sind nicht verpflichtet, eine radikale Öffnung des Arbeitsmarktes herbeizuführen. Besetzungsregeln sind erst dann an Art. 12 Abs. 1 GG zu messen, wenn sie eine fühlbare Wettbewerbsbeschränkung auf dem relevanten Arbeitsmarkt herbeiführen können. Auch dann handeln die Tarifvertragsparteien innerhalb ihrer Tarifmacht, aber sie müssen sich ebenso wie der Gesetzgeber einer Kontrolle ihrer Normen anhand der Grundrechte stellen.

– Eingriff in *Berufsausübung* oder *Berufszulassung*. Die Einstufung von Besetzungsregeln in die vom Apotheken-Urteil[396] vorgenommene Stufentheorie ist bestritten. Manche sprechen sich für die Zuweisung zur Berufsausübung,[397] manche für die Einstufung als subjektive Zulassungsvoraussetzung[398] aus. Im modernen Schrifttum wird zutreffend die Ansicht vertreten, daß zwischen der Regelung der Berufsausübung und derjenigen des Berufszugangs die *Arbeitsplatzwahl* eine eigenständige Bewertung im Rahmen des Art. 12 Abs. 1 GG erfordere,[399] die einzelnen „Stufen" mithin durch eine ansteigende Schräge zu ersetzen sind. Dazu kommt, daß die Prüfung der Verhältnismäßigkeit des Eingriffs nicht allein von der Verortung auf einer stufenlosen Linie, sondern von der Notwendigkeit und Schwere des Eingriffs und der Verhältnismäßigkeit beider Tatbestandsvoraussetzungen abhängt.

– *Verhältnismäßigkeit* des *Eingriffs*. Für arbeitsmarktrelevante Besetzungsregeln gelten die allgemeinen Bedingungen des Grundrechtsschutzes: sie sind nur zulässig, wenn ein Eingriff im Hinblick auf andere Rechtsgüter geeignet und erforderlich und dem betroffenen Grundrechtsträger nach der Interessen- und Güterabwägung zumutbar ist. Dienen die Besetzungsregeln dazu, den Arbeitnehmer vor Überforderung oder gesundheitlichen Gefahren zu schützen oder die Mitarbeiter und das Unternehmen vor Störungen der Arbeitsabläufe zu bewahren, so ist die Ausgestaltung der Berufstätigkeit verfassungsrechtlich in der Regel nicht zu beanstanden. Dasselbe gilt für Rationalisierungsschutzabkommen und Überbrückungstarifverträge, die den von der Kündigung bedrohten Arbeitnehmern ihren Arbeitsplatz vorerst erhalten oder ihnen im Hinblick auf ihre bisherige Qualifikation die bevorzugte Umsetzung auf neue Arbeitsplätze anbieten. Das alles gilt auch für Tarifverträge, die auf Zeit den Arbeitsplatzschutz auf Kosten anderer Arbeitnehmer mit geringerer, aber sachlich ausreichender Qualifikation garantieren, wie dies in der Druckindustrie aus Anlaß der Einführung

---

[395] Vgl. dazu *Habersack*, Vertragsfreiheit und Drittinteressen, 1992, S. 55 ff.; MünchKomm/*Gottwald*, § 328 BGB, Rnr. 145.
[396] BVerfGE 7, S. 377.
[397] So BAG 26. 4. 1990 AP Nr. 57 zu Art. 9 GG; BAG 22. 1. 1991 AP Nr. 67 zu Art. 12 GG; *Beck*, AuR 1981, S. 367, 373; *Däubler*, Tarifvertragsrecht, Rnr. 474, 846; *Wiedemann*, in: 25 Jahre BAG (1979), S. 635, 656.
[398] So *Biedenkopf*, Tarifautonomie, S. 111; Vorauflage, Einl., Rnr. 80; *Reuter*, ZfA 1978, S. 1, 37 f.; offengelassen in Hueck/*Nipperdey*, Arbeitsrecht II 1, § 19 II 3 b, S. 382.
[399] So unter Berufung auf BVerfGE 84, S. 133, 148: *Dorndorf*, Freie Arbeitsplatzwahl und Recht am Arbeitsergebnis, 1979, S. 100; *Löwisch/Rieble*, § 1 TVG, Rnr. 519; *Säcker/Oetker*, Tarifautonomie, S. 298; *Schleusener*, Die Zulässigkeit qualitativer Besetzungsregeln in Tarifverträgen, 1997, S. 150.

rechnergesteuerter Textsysteme notwendig war.[400] Darin mag ein Eingriff in die Arbeitsplatzwahl nicht oder weniger qualifizierter Arbeitnehmer liegen, weil die entsprechenden Arbeitsplätze den bisherigen Fachkräften der Druckindustrie vorbehalten bleiben; die zeitlich begrenzte *Überbrückungshilfe* für einen schutzbedürftig gewordenen Berufsstand oder eine überflüssig gewordene Berufsgruppe ist nach der Sozialstaatsklausel verfassungsrechtlich wenn nicht geboten, so doch erlaubt. Ebenso eindeutig zulässig – wenn auch bereits im Rahmen des Berufszugangs liegend – sind Qualifikationserfordernisse, die dem Schutz Dritter dienen oder demjenigen des Unternehmens vor Ansprüchen aus Berufs- oder Produkthaftung (Heilberufe, Verkehrsgewerbe usw.). Der Schutz der Interessen Dritter und des Gemeinwohls überwiegt. Wirklich zweifelhaft sind nur demjenigen Fälle, in denen der Beschäftigungsschutz von Fachkräften oder von anderen Berufsgruppen *auf Dauer* erreicht werden soll, die bevorzugten Arbeitnehmer also praktisch vor Konkurrenz bewahrt werden. In den einschlägigen Verfahren wurde das Privileg als Belohnung für eine gründliche Ausbildung dargestellt; ohne einen derartigen Anreiz würde eine qualifizierte Ausbildung nicht mehr im erwünschten Umfang nachgefragt werden. In der Regel wird eine Fachausbildung nicht aus berufsständischen, sondern aus arbeitsplatzbedingten Gründen gefordert werden. Eine zeitlich unbegrenzte Zugangssperre, die nur den Berufs- oder Handwerksstand als solchen unterstützen will, kann einen verfassungswidrigen Eingriff in die Berufsfreiheit der ausgegrenzten Arbeitnehmer bedeuten.

331 **Quantitative Besetzungsregeln** steuern die Belegschaftsstruktur im Innenverhältnis. Sie bestimmen, wie viele Arbeitnehmer sich an einer Arbeitsaufgabe oder an einem Arbeitsvorgang beteiligen müssen. Sie können gegen die Berufsfreiheit des Arbeitgebers verstoßen, wenn sie ihn zwingen sollen, „überflüssige" Arbeitnehmer zu beschäftigen.[401] Im übrigen gelten dieselben Sachgesetzlichkeiten wie bei den qualitativen Besetzungsklauseln. Die Einschränkung der Berufsausübung ist erforderlich und für den Arbeitgeber auch zumutbar, wenn dies dem Arbeitnehmerschutz, der Arbeitsorganisation oder dem Interessen- und Güterschutz Dritter dient. Zweifelhaft wären Fälle, in denen durch quantitative Besetzungsregeln (auch) arbeitsmarktpolitische Ziele, z. B. die Beschäftigung von Langzeitarbeitslosen, verfolgt werden sollen, die sachliche Verwendbarkeit der Arbeitskräfte aber nicht gesichert ist. Die Bekämpfung der Arbeitslosigkeit wird in derartigen Situationen den Eingriff in die Unternehmensführung rechtfertigen.

332 **dd) Rückzahlungsklauseln** verpflichten den Arbeitnehmer, Ausbildungsbeihilfen, Gratifikationen, Umzugskosten oder Vermögensbeteiligungen, also freiwillige Arbeitgeberleistungen zurückzuzahlen, wenn das Ar-

---

[400] Vgl. BAG 13. 9. 1983 AP Nr. 1 zu § 1 TVG Tarifverträge: Druckindustrie (*Reuter*); ebenso: *Berg/Wendeling-Schröder/Wolter*, RdA 1980, S. 299, 313; *Löwisch/Rieble*, § 1 TVG, Rnr. 520; *Säcker/Oetker*, Tarifautonomie, S. 303; *Wank*, Das Recht auf Arbeit im Verfassungsrecht und im Arbeitsrecht, 1989, S. 118; *Wiedemann*, in: 25 Jahre BAG (1979), S. 635, 656.
[401] Vgl. *Beck*, AuR 1981, S. 367, 372; *Blomeyer*, ZfA 1980, S. 1, 28; *Säcker/Oetker*, Tarifautonomie, S. 306 ff; *Wend*, Zulässigkeit tarifvertraglicher Arbeitsplatzbesetzungsregelungen, 1984, S. 170.

beitsverhältnis vor Ablauf bestimmter Fristen beendet wird, oder andere sachliche Voraussetzungen wegfallen. Für die Zulässigkeit derartiger Vereinbarungen in Individualarbeitsverträgen hat die Rechtsprechung – überwiegend anhand von § 242 BGB – detaillierte Kriterien erarbeitet.[402] Danach muß das Maß der durch die Erstattungspflicht bewirkten Bindung an den Betrieb in einem angemessenen Verhältnis zu den Vorteilen stehen, die dem Arbeitnehmer zugeflossen sind. Auch muß die Erstattungspflicht dem Arbeitnehmer zuzumuten sein. Die für den Arbeitnehmer tragbaren Bindungen sind aufgrund einer Güter- und Interessenabwägung nach Maßgabe des Verhältnismäßigkeitsgrundsatzes und der Heranziehung der Umstände des Einzelfalles zu ermitteln.

De lege ferenda werden für die Rückzahlungspflicht von Sondervergütungen Mindestbeträge vorgesehen; außerdem wird der Bindungszeitraum auf regelmäßig sechs Monate beschränkt; vgl. § 53 ArbVGE. Diese Regelung soll auch für Tarifvertragsparteien zwingend gelten. Das widerspricht der bisherigen Rechtsprechung des Bundesarbeitsgericht, das die Zulässigkeit einzelvertraglicher Klauseln sachlich beschränkt, die richterrechtlichen Regeln aber für tarifdispositiv erklärt.[403] Rückzahlungsklauseln in Tarifverträgen sind danach nur auf Verstöße gegen die Verfassung, gegen zwingendes Gesetzesrecht (z. B. § 5 Abs. 2 BBiG) und gegen die guten Sitten zu überprüfen. Nach Ansicht des Bundesarbeitsgerichts kann einer entsprechenden Tarifnorm insoweit erst dann die Anerkennung versagt werden, wenn sie zu einer grundlegenden Schlechterstellung von Arbeitnehmern im Vergleich zu einer sachlich vertretbaren Lösung führt, wobei wegen der Gesamtwirkung des Tarifvertrages eine generelle, nicht eine individuelle Betrachtungsweise geboten sei. Es müsse den Tarifvertragsparteien überlassen bleiben, in eigener Verantwortung Vorteile in einer Hinsicht mit Zugeständnissen in anderer Hinsicht auszugleichen.[404]

Man kann gegen diese Rechtsprechung Bedenken haben: formal, weil sie eine eingehende Prüfung der Wirksamkeit der Rückzahlungsklausel anhand des Art. 12 GG vermissen läßt; der Kerngedanke des Richterrechts (keine unzumutbare Erschwerung des beruflichen Fortkommens) ist auch im Rahmen

---

[402] BAG 10. 5. 1962 AP Nr. 22 und 23 zu § 611 BGB Gratifikation (*Nikisch*); BAG 24. 2. 1975 AP Nr. 50 zu Art. 12 GG (*Blomeyer*); BAG 17. 3. 1982 AP Nr. 108 und 110 zu § 611 BGB Gratifikation (*Blomeyer*); BAG 23. 4. 1986 AP Nr. 10 zu § 611 BGB Ausbildungsbeihilfe (*Pleyer*); BAG 11. 4. 1990, 24. 7. 1991, 15. 12. 1993 AP Nr. 14 –17 zu § 611 BGB Ausbildungsbeihilfe; BAG 16. 3. 1994 AP Nr. 18 zu § 611 BGB Ausbildungsbeihilfe (*Wiedemann*); BAG 6. 9. 1995 AP Nr. 23 zu § 611 BGB Ausbildungsbeihilfe (*v. Hoyningen-Huene*); BAG 23. 4. 1997 NZA 1997, S. 1002; aus dem Schrifttum: *Griebeling*, in: Festschrift für Günter Schaub (1998), S. 219, 235; *Hanau/Stoffels*, Die Beteiligung von Arbeitnehmern an Kosten der beruflichen Fortbildung, 1992; MünchArbR/*Hanau*, § 67, Rnr. 43 ff.; *Preis*, Grundfragen der Vertragsgestaltung im Arbeitsrecht, 1993, S. 498 ff.
[403] BAG 31. 3. 1966 AP Nr. 54 zu § 611 BGB Gratifikation (*Biedenkopf*); BAG 23. 2. 1967 AP Nr. 57 zu § 611 BGB Gratifikation (*A. Hueck*); strikt gegen jede weitergehende Kontrolle BAG 4. 9. 1985 AP Nr. 123 zu § 611 BGB Gratifikation (*Mangen*); BAG 6. 9. 1995 AP Nr. 22 zu § 611 BGB Ausbildungsbeihilfe (*v. Hoyningen-Huene*).
[404] BAG 4. 9. 1985 AP Nr. 123 zu § 611 BGB Gratifikation (*Mangen*); BAG 23. 11. 1994 AP Nr. 12 zu § 1 TVG Rückwirkung (*Wiedemann*).

der verfassungsgesicherten Berufsausübung zu berücksichtigen. Das gilt für Sondervergütungen gleichermaßen wie für Aus- und Fortbildungskosten. Sachlich sind gegen die Rechtfertigung der Rückzahlungsverpflichtung durch „kollektiven Günstigkeitsvergleich" Einwendungen möglich: der Eingriff in Grundrechte eines Arbeitnehmers kann nicht mit wirklichen oder vermeintlichen Vorteilen zugunsten *anderer* Arbeitnehmer gerechtfertigt werden. Der Rückzahlungsbetrag muß sich außerdem mit der Länge der Verweildauer im Betrieb vermindern. Insgesamt ist für die Wirksamkeit des Tarifvertrages ausschlaggebend, ob er einen angemessenen Ausgleich zwischen dem Interesse des Arbeitgebers, den Arbeitnehmer an sich zu binden, und der Arbeitsplatzwahlfreiheit des jeweils Betroffenen herbeiführt. In diesem Rahmen kommt den Tarifvertragspartnern allerdings eine weitergehende Gestaltungsfreiheit zu als den Parteien des Individualvertrages: nicht jedes Abweichen von den für den Einzelarbeitsvertrag ausgearbeiteten richterrechtlichen Angemessenheitskriterien begründet einen Grundrechtsverstoß.[405] Der Tarifvertrag darf die Rückzahlungspflicht deshalb auch an die Auflösung des Arbeitsverhältnisses durch eine Kündigung des Arbeitgebers anknüpfen.[406]

335 **ee) Nebentätigkeitsverbot.** Tarifverträge oder Einzelarbeitsverträge enthalten nicht selten Nebenbeschäftigungsverbote oder Genehmigungsvorbehalte für Nebentätigkeiten; vgl. § 11 BAT, der hinsichtlich der Nebentätigkeit der Angestellten des Öffentlichen Dienstes pauschal auf eine entsprechende Anwendung der Bestimmungen des Beamtenrechts verweist[407] und der hinsichtlich der Abführungspflicht von BAG 25. 7. 1996 AP Nr. 6 zu § 11 BAT zur Wahrung der Dienstinteressen für verfassungsmäßig erklärt wurde. In Nebentätigkeitsklauseln kann entweder ein absolutes Nebentätigkeitsverbot oder ein Genehmigungsvorbehalt oder wenigstens eine Anzeigepflicht enthalten sein. Ziel solcher Verbots- oder Kontrollklauseln ist es, entweder den Arbeitnehmer vor Überforderung zu schützen oder dem Arbeitgeber die Arbeitskraft zu erhalten bzw. zu monopolisieren oder außenstehende Dritte vor Leistungsminderungen zu bewahren.[408]

336 Ein *absolutes* Nebentätigkeitsverbot greift weit in die Privatsphäre des Arbeitnehmers ein und wird sich für Art. 12 GG nur in Ausnahmesituationen (z.B. für leitende Angestellte oder Personen mit Rufbereitschaft) rechtfertigen lassen.[409] Grundsätzlich wird das von der Verfassung vorgegebene Höchstmaß der Arbeitsbelastung durch die Schutzbestimmungen des Arbeitszeitrechts erreicht. Ein Nebentätigkeitsverbot mit *Erlaubnisvorbehalt* bezweckt im Zweifel nur den Schutz des (Haupt)Arbeitgebers. Seine Verfassungsmäßigkeit setzt ein berechtigtes und überwiegendes Interesse des Unternehmens

---

[405] BAG 6. 9. 1995 AP Nr. 22 zu § 611 BGB Ausbildungsbeihilfe (*v. Hoyningen-Huene*).
[406] Für die betriebsbedingte Arbeitgeberkündigung BAG 4. 9. 1985 AP Nr. 123 zu § 611 BGB Gratifikation (*Mangen*).
[407] Vgl. zum Nebentätigkeitsrecht im öffentlichen Dienst *Keymer*, ZTR 1988, S. 193, 194 ff.
[408] Vgl. *Gamillscheg*, Kollektives Arbeitsrecht I, § 16 I 3 c, S. 681; *Preis*, Grundfragen der Vertragsgestaltung im Arbeitsrecht, 1993, S. 534; *Stein*, Tarifvertragsrecht, Rnr. 498; *Wank*, Nebentätigkeit, 1995, Rnr. 307.
[409] LAG Berlin, WM 1988, S. 1519, 1523: Einzelarbeitsvertrag; kritisch *Preis*, Grundfragen der Vertragsgestaltung im Arbeitsrecht, 1993, S. 535.

an der Beschränkung der Berufsausübung durch weitere Tätigkeiten voraus. Das ist zu bejahen, wenn die zusätzliche Tätigkeit mit der geschuldeten Arbeitsleistung zeitlich zusammenfällt oder das Arbeitsverhältnis im übrigen durch eine Nebenbeschäftigung schwer beeinträchtigt wird.[410] Das Erfordernis eines sachlichen Grundes und eines überwiegenden Arbeitgeberinteresses gilt gleichermaßen, wenn auch in abgeschwächter Form, für die *Anzeigepflicht* von ausgeübten Nebentätigkeiten. Sie kommt zum Beispiel für geringfügig Beschäftigte in Betracht, wenn der Arbeitgeber durch die zusätzliche Tätigkeit des Arbeitnehmers zur Entrichtung von Sozialbeiträgen verpflichtet wird.[411] Einschränkungen der Berufsausübung durch Nebentätigkeitsklauseln, die unverhältnismäßig sind und deshalb gegen Art. 12 GG verstoßen, können durch verfassungskonforme Auslegung wirksam bleiben.[412] Ein Nebentätigkeitsverbot für Teilzeitarbeitnehmer oder geringfügig Beschäftigte wird danach nur in Ausnahmefällen Bestand haben, wenn die (beschränkte) Arbeitskraft ausschließlich einem einzigen Arbeitgeber zugute kommen soll.[413]

ff) Wettbewerbsverbote. Auch insoweit hat sich die Rechtsprechung bisher nur zur Vereinbarkeit von Wettbewerbsverboten in Einzelarbeitsverträgen oder in allgemeinen Arbeitsbedingungen mit den Art. 2 und 12 GG befaßt.[414] Das Bundesarbeitsgericht hat vor Jahren erwogen, die zwingenden gesetzlichen Bestimmungen in den §§ 74 ff. HGB innerhalb bestimmter Mindesterfordernisse (Prinzip der Entschädigungspflicht sowie zeitliche, sachliche und räumliche Begrenzung) für tarifdispositiv zu erklären.[415] Zu einer Verfassungskontrolle einschlägiger Tarifvertragsklauseln ist es aber ersichtlich bisher nicht gekommen. Zu ihrer Beurteilung ist wie durchweg bei Wettbewerbsbeschränkungen zwischen Konkurrenzverboten während des Arbeitsverhältnisses und nachvertraglichen Wettbewerbsverboten zu unterscheiden; vgl. dazu auch *de lege ferenda* § 91 einerseits und §§ 92–98 ArbVGE andererseits. **337**

– Die Zulässigkeit der Wettbewerbsbeschränkung *während* des Arbeitsverhältnisses entspricht heute allg. Ansicht; § 60 HGB enthält insoweit einen allgemeinen Rechtsgedanken, der für alle Arbeitnehmer und unabhängig von einer ausdrücklichen Vereinbarung gilt.[416] Der Tarifvertrag kann da- **338**

---

[410] Vgl. BAG 13. 6. 1958 AP Nr. 6 zu Art. 12 GG (*Wertenbruch*); BAG 3. 12. 1970 AP Nr. 60 zu § 626 BGB (*A. Hueck*); BAG 26. 8. 1976 AP Nr. 68 zu § 626 BGB (*Löwisch/Röder*): Einzelarbeitsverträge.

[411] Vgl. BAG 18. 11. 1988 AP Nr. 3 zu § 611 BGB Doppelarbeitsverhältnis (*Gitter*) = AR-Blattei ES 1230 Nr. 9 (*Wank*).

[412] BAG 26. 8. 1976 AP Nr. 68 zu § 626 BGB (*Löwisch/Röder*); BAG 18. 11. 1988 AP Nr. 3 zu § 611 BGB Doppelarbeitsverhältnis (*Gitter*) = AR-Blattei ES 1230 Nr. 9 (*Wank*): Einzelarbeitsverträge; kritisch *Preis*, Grundfragen der Vertragsgestaltung im Arbeitsrecht, 1993, S. 536.

[413] Vgl. *Däubler*, Tarifvertragsrecht, Rnr. 881; Löwisch/*Rieble*, § 1 TVG, Rnr. 611.

[414] Vgl. dazu *Preis*, Grundfragen der Vertragsgestaltung im Arbeitsrecht, 1993, S. 528 ff.

[415] BAG 12. 11. 1971 AP Nr. 28 zu § 74 HGB (*Canaris*); *Gamillscheg*, RdA 1975, S. 13, 23.

[416] Vgl. BAG 30. 5. 1978 AP Nr. 9 zu § 60 HGB (*Schröder*); BAG 17. 10. 1969 AP Nr. 7 zu § 611 BGB Treuepflicht (*Canaris*).

von im Kern nicht abweichen,[417] er kann aber die Modalitäten der Genehmigung einer Nebentätigkeit durch den Arbeitgeber (z.B. konkludente Einwilligung durch Schweigen auf einen Antrag des Arbeitnehmers) festlegen.

339 – Für Wettbewerbsbeschränkungen *nach Beendigung* des Arbeitsverhältnisses fehlt vorerst eine allgemeine gesetzliche Regelung. Soweit die §§ 74 ff. HGB unmittelbar oder mittelbar – durch Einzel- oder Kollektivvereinbarung – gelten, kann ein Tarifvertrag davon im Grundsätzlichen nicht abweichen. Zum verfassungsfesten Kern gehören: Schutzbedürfnis des Arbeitgebers, Zumutbarkeit für den Arbeitnehmer, Beschränkung auf zwei Jahre und Entschädigungspflicht durch den Arbeitgeber.[418] Die Rechtsprechung hält ein nachvertragliches Wettbewerbsverbot insb. dann für unbillig, wenn der Arbeitgeber das Ziel verfolgt, jede Stärkung der Konkurrenz durch den Arbeitsplatzwechsel zu verhindern, ohne daß die Gefahr der Weitergabe von Geschäftsgeheimnissen oder des Einbruchs in den Kundenstamm zu besorgen ist.[419] Die Rechtssicherheit spricht dafür, die Höchstdauer des Wettbewerbsverbotes und die Mindestkarenzentschädigung als auch für die Kollektivvertragsparteien maßgebende verfassungskonforme Ausgestaltung anzusprechen.[420] Mit der zur Zeit noch *de lege ferenda* vorgeschlagenen Regelung wird der Gesetzgeber seinem Schutzauftrag gegenüber Grundrechtsbeeinträchtigungen des Arbeitnehmers nach Art. 12 GG gerecht;[421] die Abgrenzung sollte deshalb auch für die Tarifvertragsparteien maßgeblich sein.

9. Art. 14 GG Eigentumsgarantie

340 Die Bindung der Tarifvertragsparteien an die Eigentumsgarantie hat in der Rechtsprechung der Arbeitsgerichte bisher nur eine geringe Rolle gespielt. Das Bundesarbeitsgericht hat u. a. festgestellt, die tarifvertragliche Regelung, daß ein neu zu gewährender Lohnzuschlag von dem Arbeitgeber an eine durch die Tarifvertragsparteien gebildete Lohnausgleichskasse abgeführt wird, und daß diese Lohnausgleichskasse das alleinige Forderungsrecht hinsichtlich dieses Lohnzuschlages hat, stelle keine grundgesetzwidrige Enteignung dar.[422] Es hat weiter festgestellt, daß in einer von dem Tarifvertrag angeordneten rückwirkenden Lohnminderung keine unzulässige Enteignung nach Art. 14 Abs. 3 GG liegt.[423] Das Mitbestimmungsurteil des Bundesverfassungsgerichts enthält keinen Hinweis darauf, wie weit Tarifverträge Mitarbeiterbeteiligungen einführen dürfen. Den Anteilseignern der GmbH oder der AG Gesellschaftsanteile zu entziehen, würde gegen Art. 14 GG versto-

---

[417] Abw. *Däubler,* Tarifvertragsrecht, Rnr. 828; Löwisch/*Rieble,* § 1 TVG, Rnr. 660.
[418] Vgl. § 92 Entwurf des Arbeitsvertragsgesetzes, 59. DJT 1992, S. D 48.
[419] BAG 24. 6. 1966 AP Nr. 2 zu § 74a HGB (*Duden*); BAG 1. 8. 1995 AP Nr. 5 zu § 74a HGB.
[420] Ebenso *Däubler,* Tarifvertragsrecht, Rnr. 882; abw. Löwisch/*Rieble,* § 1 TVG, Rnr. 662.
[421] BVerfGE 81, S. 242, 255: Handelsvertreter = JZ 1990, S. 691 (*Wiedemann*); BVerfGE 89, S. 214, 232: Bürgschaft = JZ 1994, S. 408 (*Wiedemann*).
[422] BAG 5. 12. 1958 AP Nr. 1 zu § 4 TVG Ausgleichskasse (*Tophoven*).
[423] BAG 23. 11. 1994 AP Nr. 12 zu § 1 TVG Rückwirkung (*Wiedemann*).

ßen.⁴²⁴ Zweifelhaft ist, in welchem Umfang Tarifverträge eine angemessene Vermögensbeteiligung der Arbeitnehmer an dem Unternehmen des Arbeitgebers vereinbaren können, ohne mit der Verfassung in Widerspruch zu geraten.

II. Bindung an verfassungsrechtliche Grundsätze

1. Rechtsstaatsprinzip

Aus dem Rechtsstaatsprinzip, wie es in Art. 20 Abs. 3 GG seinen Niederschlag gefunden hat, werden für den staatlichen Gesetzgeber die verschiedensten Beschränkungen seiner Normsetzungsbefugnisse hergeleitet. Zwei Anforderungen sind auch für das Tarifvertragsrecht einflußreich: Gesetze müssen hinreichend klar und bestimmt sein, um den dem Recht unterworfenen Bürgern zu ermöglichen, sich ein eigenes Bild von der Rechtslage zu machen (**Bestimmtheitsgrundsatz**).⁴²⁵ Das Bundesarbeitsgericht hat mehrfach Tarifvertragsnormen wegen mangelnder Justitiabilität für unanwendbar und unwirksam erklärt.⁴²⁶ Außerdem dürfen belastende Gesetze nur eingeschränkt Rückwirkung haben (**Bestandsschutz**). Eine echte Rückwirkung ist regelmäßig unzulässig; sie liegt vor, wenn ein Gesetz nachträglich ändernd in abgewickelte, der Vergangenheit angehörende Tatbestände eingreift; eine unechte Rückwirkung liegt vor, wenn ein Gesetz auf gegenwärtige, noch nicht abgeschlossene Rechtsbeziehungen für die Zukunft einwirkt und damit zugleich die betroffene Rechtsposition nachträglich beeinträchtigt; letztere ist regelmäßig zulässig.⁴²⁷ Der Bestimmtheitsgrundsatz hat sich vor allem im Rahmen der Verweisung eines Tarifvertrages auf andere Normen ausgewirkt. Das Bundesarbeitsgericht gestattet die Blankettverweisung nur unter der Voraussetzung, daß die beiden Tarifbereiche in einem engen Sachzusammenhang stehen; damit wird die Verweisungsmöglichkeit gegenüber den allgemeinen rechtsstaatlichen Erfordernissen unnötig eingeschränkt; vgl. dazu näher unten § 1 Rnr. 198 ff. In ähnlicher Weise hatte die arbeitsrechtliche Rechtsprechung früher auch Rückwirkungsmöglichkeiten stärker begrenzt, als dies bei staatlichen Gesetzen anerkannt wird: erbrachte Vermögensleistungen des Arbeitgebers konnten nicht zurückgefordert werden. Das Urteil des Bundesarbeitsgerichts vom 23. 11. 1994 nahm den Arbeitnehmerschutz

---

[424] Ebenso *Loritz,* Betrieb 1985, S. 531, 534; *Löwisch*/Rieble, § 1 TVG, Rnr. 190.
[425] Vgl. BVerfGE 21, S. 73, 79; 26, S. 41, 42; 31, S. 255, 264; 62, S. 169, 183.
[426] Für Tarifverträge vgl. BAG 26. 4. 1966 AP Nr. 117 zu § 1 TVG Auslegung (*A. Hueck*); BAG 28. 2. 1979 AP Nr. 9 zu § 1 TVG Tarifverträge: Rundfunk (*Joachim* u. a.); BAG 27. 1. 1982 AP Nr. 3 zu § 1 TVG Tarifverträge: Banken (*Pleyer*); BAG 29. 1. 1986 AP Nr. 115 zu §§ 22, 23 BAT 1975 (*Brox*); BAG 18. 10. 1994 AP Nr. 11 zu § 615 BGB Kurzarbeit; vgl. dazu *Gamillscheg,* Kollektives Arbeitsrecht I, § 15 XI 1 a, S. 642 und § 15 XI 4, S. 662; *Neumann,* RdA 1994, S. 370, 372.
[427] Vgl. Formulierungen in BVerfGE 68, S. 287, 306; zur teilweise abweichenden Wortwahl des 2. Senats der dortigen Unterscheidung zwischen tatbestandlicher Rückanknüpfung und Rückbewirkung von Rechtsfolgen vgl. BVerfGE 72, S. 200, 241 und BVerfGE 78, S. 249, 283.

zurück und stellte die Parallelschaltung zum staatlichen Gesetzesrecht her;[428] vgl. dazu unten zu § 1 Rnr. 141 ff.

2. Sozialstaatsprinzip

342 Die Förderung der Entwicklung sozialer Gerechtigkeit als Prinzip jeder staatlichen Maßnahme hat im Grundgesetz mit seiner Betonung des Sozialstaats einen besonderen Akzent erhalten. Es wird die annähernd gleichmäßige Verteilung der Lasten erstrebt.[429] Die staatliche Ausgestaltung des Arbeitsrechts läßt sich als Konkretisierung des Sozialstaatsprinzips verstehen; Teil dieser Ausgestaltung ist das Tarifvertragsrecht.[430] Auf die Tarifvertragsparteien selbst und ihre normsetzende Tätigkeit wirkt sich das Sozialstaatsprinzip jedoch kaum aus.[431] Schon für den staatlichen Gesetzgeber lassen sich keine konkreten einzelnen Handlungspflichten oder Ansprüche auf den Erlaß bestimmter Normen daraus herleiten; das gilt erst recht für die Tarifvertragsparteien. Sofern das Bundesverfassungsgericht feststellt, daß „das Wesentliche zur Verwirklichung des Sozialstaats aber ... nur der Gesetzgeber tun (kann)" und daß dieser „gewiß verfassungsrechtlich zu sozialer Aktivität, insbesondere dazu verpflichtet (ist), sich um einen erträglichen Ausgleich der widerstreitenden Interessen und um die Herstellung erträglicher Lebensbedingungen ... zu bemühen",[432] ist dies freilich nicht notwendig auf den staatlichen Gesetzgeber beschränkt. Zwar ist es primär eine „Pflicht des Staates, für eine gerechte Sozialordnung zu sorgen",[433] die Sozialpartner trifft jedoch die Pflicht, die darauf abzielenden staatlichen Maßnahmen nicht zu unterlaufen.[434] Soweit Arbeitnehmerschutzrecht dispositiv ausgestaltet ist, haben die Koalitionen daher deren sozialen Zweck im Auge zu behalten und müssen ihn bei ihrer Normsetzung wahren. Das heißt aber nicht, daß es den Sozialpartnern aufgrund des Sozialstaatsprinzips verwehrt wäre, Arbeitsbeschaffungsmaßnahmen, die sie für ein ungeeignetes Instrument zur Beschäftigungsförderung halten, durch ein generelles Verbot befristeter Arbeitsverhältnisse zu bekämpfen.[435] Ebenso wie der Gesetzgeber bei der Erfüllung der Pflicht zur Umsetzung des Sozialstaatsprinzips einen weiten Gestaltungsspielraum hat,[436] kann dieser auch den Tarifvertragsparteien zugestanden sein.

Zulässig wäre es, durch tarifzwingendes Gesetz festzulegen, daß befristete Arbeitsverträge ohne sachliche Begründung in größerem Umfang zulässig

---

[428] BAG 23. 11. 1994 AP Nr. 12 zu § 1 TVG Rückwirkung (*Wiedemann*); ebenso für Betriebsvereinbarungen BAG 19. 9. 1995 AP Nr. 61 zu § 77 BetrVG 1972; abw. *Stein*, Tarifvertragsrecht, Rnr. 119 ff.: Billigkeitskontrolle.

[429] BVerfGE 5, S. 85, 198; vgl. auch BVerfGE 40, S. 121, 133; 52, S. 303, 348.

[430] Vgl. *Benda*, RdA 1979, S. 1; *Obermayer*, RdA 1979, S. 8; für das Tarifvertragsrecht *Däubler*, Tarifvertragsrecht, Rnr. 409; *Gamillscheg*, Kollektives Arbeitsrecht I, § 3, 2 c, S. 131 und 3 i, S. 136; *Kempen*/Zachert, Grundl., Rnr. 72 ff., 90 ff.

[431] Vgl. etwa *Butzer*, RdA 1994, S. 375, 382; *Gamillscheg*, Kollektives Arbeitsrecht I, § 3, 3 i, S. 136; *Rieble*, RdA 1993, S. 140, 143.

[432] Vgl. BVerfGE 1, S. 97, 105.

[433] Vgl. BVerfGE 59, S. 211, 263 m. w. N.

[434] Vgl. auch *Löwisch*/Rieble, § 1 TVG, Rnr. 212.

[435] So aber *Löwisch*/Rieble, § 1 TVG, Rnr. 212; a. A. *Däubler*, Tarifvertragsrecht, Rnr. 409.

[436] Vgl. BVerfGE 18, S. 257, 273; 29, S. 221, 235; 59, S. 231, 263.

sind, als dies § 1 BeschFG 1996 entspricht. Sofern dies aus beschäftigungspolitischen Gründen geschieht, könnte ein solches die Koalitionsfreiheit der Tarifvertragsparteien beschränkendes Gesetz also auch mit einem Hinweis auf das Sozialstaatsprinzip gerechtfertigt werden – jedenfalls dort, wo die Tarifvertragsparteien zu erkennen geben, daß sie es aus nichtbeschäftigungspolitischen Gründen und ohne Rücksicht auf diesen besonderen Zweck tarifvertraglich abdingen wollen.[437] Schließlich bindet das Sozialstaatsprinzip die Tarifvertragsparteien dort, wo der Staat die Umsetzung und Konkretisierung dieses Prinzips auf sie delegiert hat: wenn nach § 1 Abs. 4 KSchG die Tarifvertragsparteien berufen sind, durch Tarifvertrag das Verhältnis der sozialen Gesichtspunkte für eine betriebsbedingte Kündigung zueinander zu bewerten, so könnte schon aus dem Sozialstaatsprinzip folgen, daß grobe Fehler in der Gewichtung zur Unwirksamkeit führen.

3. Demokratieprinzip

Das Demokratieprinzip gebietet, daß Hoheitsgewalt zumindest mittelbar von den davon Betroffenen legitimiert wird.[438] Das Demokratieprinzip wirkt sich unmittelbar im Tarifvertragsrecht aus: der persönliche Geltungsbereich der Tarifvertragsnormen ist nach § 3 des Gesetzes grundsätzlich auf die Mitglieder der vertragschließenden Parteien beschränkt; vgl. dazu die Ausführungen unter § 3 Rnr. 24 ff.

Maßgebend ist das Demokratieprinzip auch als Maßstab der *inneren Organisation* der Koalitionen. So fordert die herrschende Meinung zu Recht den demokratischen Aufbau der Koalitionen; diese sind nicht frei im „ob", sondern nur im „wie" ihrer demokratischen Organisation, insb. ob sie diese unmittelbar etwa durch Urabstimmungen oder mittelbar durch Vorstandsentscheidungen wahrnehmen.[439] Als möglicher Begründungsansatz kann Art. 21 Abs. 1 Satz 3 GG, der die Parteien zu einem demokratischen Aufbau verpflichtet, nicht herangezogen werden, ebensowenig die Konkretisierungen des Parteiengesetzes. Denn die demokratische Legitimation der Koalitionen ist in erster Linie deshalb notwendig, weil diese im Rahmen ihrer Tarifautonomie Normsetzungsbefugnisse wahrnehmen, deren Wirkungen über das mitgliedschaftliche Verhältnis hinausgehen; Parteien kommen solche Befugnisse nicht zu.[440] Soweit aus dem Demokratieprinzip und dem ihm immanenten Grundsatz, daß wesentliche Entscheidungen nur vom parlamentarischen Gesetzgeber selbst getroffen werden dürfen (Wesentlichkeitstheorie), die Folgerung gezogen wird, auch die Tarifvertragsparteien dürften

---

[437] Die Befristung durch § 57a HRG erfolgte nicht aus beschäftigungspolitischen Gründen, so daß BVerfGE 94, S. 268 = EzA Art. 9 GG Nr. 61 (*Müller/Thüsing*) zu Recht nicht auf das Sozialstaatsprinzip einging.
[438] Vgl. dazu im einzelnen *Stern*, Staatsrecht I, § 19 III 8 i, S. 741 ff.
[439] Vgl. grundlegend *Schüren*, Die Legitimation der tariflichen Normsetzung, 1990, S. 227 ff.; *Stindt*, Verfassungsgebot und Wirklichkeit demokratischer Organisationen der Gewerkschaften, 1976; *Vorderwülbecke*, Rechtsform der Gewerkschaften und Kontrollbefugnisse des Gewerkschaftsmitgliedes, 1988.
[440] Vgl. *Michlik*, Die gewerkschaftliche Urabstimmung vor einem Arbeitskampf, 1994, S. 222; *Schüren*, Die Legitimation der tariflichen Normsetzung, 1990, S. 242; a. A. Hanau/*Adomeit*, Arbeitsrecht, S. 60.

ihre Rechtsetzungsmacht gegenüber Nichtmitgliedern nicht selbst treffen,[441] kann dieser Aussage nicht gefolgt werden. Sie ist einerseits zu eng, andererseits zu unbestimmt: zu eng weil grundrechtsrelevante Entscheidungen staatlicher Rechtspolitik auch dort durch den Gesetzgeber selbst zu treffen sind, wo sie nur oder vor allem Koalitionsmitglieder betreffen; zu unbestimmt, weil eben nur *grundlegende* Entscheidungen in parlamentarischen Gesetzen erfolgen müssen, und nicht auch solche, die sich bloß durch gewichtige Folgen für einzelne Arbeitnehmer auszeichnen; vgl. im übrigen bereits oben Rnr. 310. Schließlich werden von dieser Aussage auch nicht die oben dargelegten Bindungen betriebsverfassungsrechtlicher Normen erfaßt.[442]

4. Gemeinwohlbindung

345 **a) Entwicklung und Meinungsstand.** Das Bundesverfassungsgericht hat die Gemeinwohlbindung der Tarifvertragsparteien in seiner Entscheidung vom 18. 12. 1974 zurückhaltend bejaht, wenn auch ohne Auseinandersetzung mit abweichenden Auffassungen:

> BVerfGE 38, S. 281, 307: „Die Gewerkschaften sind nach ihrem Ursprung Kampfverbände, entstanden aus dem Gegensatz zu den Arbeitgebern, denen gegenüber die Ansprüche der abhängigen Arbeitnehmer auf gerechten Lohn und angemessene Arbeitsbedingungen durchzusetzen waren....Ihre Tätigkeit ist deutlich interessengerichtet. Selbstverständlich müssen auch die Gewerkschaften angesichts der Bedeutung ihrer Tätigkeit für die gesamte Wirtschaft und ihres (auch geistigen) Einflusses auf weite Bereiche des öffentlichen Lebens bei allen ihren Aktivitäten das gemeine Wohl berücksichtigen. Trotzdem erhält ihre ganze Arbeit ihren besonderen Akzent von dem Gedanken des ‚Kampfes' für die Hebung der sozialen und wirtschaftlichen Stellung der Arbeitnehmer."

346 An das Tarifvertragsrecht ist die Frage der Gemeinwohlbindung der Koalitionen vom Arbeitskampfrecht herangetragen worden, wo eine Verpflichtung der Koalitionen zur Rücksichtnahme auf Dritt- und Allgemeininteressen, insb. in Form des *Verhältnismäßigkeitsgrundsatzes* weitgehend anerkannt ist.[443] In seiner grundlegenden Entscheidung vom 21. 4. 1971 führte der Große Senat des Bundesarbeitsgerichts aus:

> „Arbeitskämpfe müssen deshalb unter dem obersten Gebot der Verhältnismäßigkeit stehen. Dabei sind die wirtschaftlichen Gegebenheiten zu berücksichtigen, das Gemeinwohl darf nicht offensichtlich verletzt werden. Diese Gesichtspunkte hat das BAG wegen der möglichen tiefgreifenden wirtschaftlichen und sozialen Folgen von Arbeitskämpfen sowie im Hinblick auf die Verantwortung der Tarifvertragsparteien gegenüber der Allgemeinheit schon mehrfach betont (vgl. zuletzt BAG 20, S. 175, 195 = AP Nr. 13 zu Art. 9 GG)."

347 Ein weiterer Impuls erfolgte durch das StabG vom 8. 6. 1967.[444] Nach § 1 StabG sind Bund und Länder verpflichtet, „bei ihren wirtschaftlichen und finanzpolitischen Maßnahmen die Erfordernisse des gesamtwirtschaftlichen Gleichgewichts zu beachten". Ihre Maßnahmen sind so zu treffen, „daß sie

---

[441] *Löwisch*/Rieble, § 1 TVG, Rnr. 212.
[442] Vgl. dazu auch *Däubler*, Tarifvertragsrecht, Rnr. 410.
[443] Vgl. dazu allgemein *Isensee*, in: Isensee/Kirchhof, HdbStR III (1988), § 57, S. 3, 49.
[444] BGBl. 1967 I, S. 582.

im Rahmen der marktwirtschaftlichen Ordnung gleichzeitig zur Stabilisierung des Preisniveaus, zu einem hohen Beschäftigungsstand und außenwirtschaftlichem Gleichgewicht bei stetigem und angemessenem Wirtschaftswachstum beitragen." Die Bundesregierung konnte nach § 3 StabG den Koalitionen Orientierungsdaten an die Hand geben. Diese enthielten zumeist Angaben darüber, welche Lohnsteigerung die Bundesregierung im Zuge einer gesamtwirtschaftlichen Betrachtung für vertretbar hält, wie weit sie also ohne volkswirtschaftlichen Schaden für die Allgemeinheit durchgeführt werden kann. Dieses hatte insb. im Rahmen der konzertierten Aktion Bedeutung. 1967, ausgehend von einer Initiative des Sachverständigenrates, sollte durch ein abgestimmtes Verhalten der Gebietskörperschaften, der Gewerkschaften und der Unternehmensverbände ein sozialer Konsens hergestellt werden, um stabilitätswidrige Verteilungskämpfe zu vermeiden.[445] 1977 scheiterte die konzertierte Aktion, als die Gewerkschaften aus Protest gegen eine Arbeitgeberklage gegen das Mitbestimmungsgesetz ihre Teilnahme aufgaben.[446] Damit scheiterte auch das keynesianisch beeinflußte Stabilitätsgesetz. Seit der Mitte der siebziger Jahre wurde die Phase der Globalsteuerung in der Bundesrepublik Deutschland in zunehmendem Maße durch ein von neoklassischem Gedankengut geprägtes wirtschaftspolitisches Handeln ersetzt.[447] Ob und wie weit diese Orientierungsdaten verbindlich waren,[448] kann heute offen bleiben, weil das StabG 1967 nicht mehr praktiziert wird. Geblieben ist freilich die Frage, ob eine Gemeinwohlbindung der Tarifvertragsparteien nicht nur im Bereich des Arbeitskampfes, sondern auch für ihre Normensetzung anzuerkennen ist,[449] und ob die Gemeinwohlbindung bloß eine politische Kategorie darstellt oder auch rechtliche Auswirkungen besitzt.

b) Ableitungsmöglichkeiten. Die Drittverantwortlichkeit oder Fremdnützigkeit der Tätigkeit der Tarifvertragsparteien kann mit unterschiedlichen Gesichtspunkten begründet werden.

aa) Delegation staatlicher Verantwortung. Teilweise wird die Verantwortung der Tarifvertragsparteien mit der Delegation der sozialen Selbstverwaltung begründet. Das Zugeständnis der Tarifautonomie schließe zugleich die Verpflichtung zu sozialer Selbstverantwortung ein.[450] Die Delegation von Aufgaben sagt indes nicht notwendig etwas darüber aus, ob diese Aufgaben

---

[445] *Pätzold*, Stabilisierungspolitik, 4. Aufl. 1991, S. 262.
[446] *Lampert*, Lehrbuch der Sozialpolitik, 4. Aufl. 1996, S. 217.
[447] *Pätzold*, Stabilisierungspolitik, 4. Aufl. 1991, S. 51 ff.
[448] Vgl. Nachweise Vorauflage, Einl., Rnr. 194 und Zöllner/*Loritz*, Arbeitsrecht, § 38 V, S. 433, Fn. 47.
[449] Die Bindung der Tarifvertragsparteien wird von der h. M. bejaht; vgl. statt aller: *Gamillscheg*, Kollektives Arbeitsrecht I, § 7 III 1 a, S. 317 ff.; *Lieb*, Arbeitsrecht, S. 189, Rnr. 603; *Rüfner*, RdA 1985, S. 193 ff.; *Säcker*, Gruppenautonomie, S. 277 ff.; Zöllner/*Loritz*, Arbeitsrecht, § 38 V, S. 433; alle mit weiteren Nachweisen.
Die Gemeinwohlbindung lehnen ab: BAG 29. 1. 1986 AP Nr. 115 zu §§ 22, 23 BAT 1975 (*Brox*); *Kempen*/*Zachert*, Grundl., Rnr. 135 ff.; *Löwisch*/*Rieble*, Grundl., Rnr. 36, 39; *Picker*, ZfA 1986, S. 199, 217; *Richardi*, ZfA 1990, S. 211, 220; *Zöllner*, ZfA 1994, S. 423, 432.
[450] So namentlich *Bulla*, in: Festschrift für H. C. Nipperdey (1965), Bd. II, S. 79, 82; vgl. auch *Rüfner*, RdA 1985, S. 193, 194.

eigen- oder fremdnützig ausgeführt werden sollen. Die Übertragung der rechtsgeschäftlichen Autonomie an die Privatrechtsobjekte beinhaltet keine Delegation der Verantwortung für das Ganze.[451] Allein aus dem Delegationsgedanken kann eine Gemeinwohlbindung der Koalitionen daher wohl nicht hergeleitet werden. Allerdings ist zu beachten, daß die Normsetzung der Sozialpartner trotz der Beschränkungen, die sich aus dem Vertragserfordernis ergeben, gemeinwohlwidrige Auswirkungen zeigen kann – sei es durch Arbeitskämpfe, sei es durch gesamtwirtschaftlich kritische Lohn- und Arbeitsbedingungen (Arbeitszeitgestaltung). Die Verfassung eines sozialen Rechtsstaats kann es den Koalitionen des Arbeitsrechts nicht freistellen, ihre weitreichende Normsetzungsmacht ohne Rücksicht auf Gemeinwohlbelange auszuüben. Dies widerspräche dem Gedanken der Gewaltenteilung zwischen Staat und gesellschaftlichen Gruppen und dem Menschenbild des Grundgesetzes, das nicht das eines allein sich selbst verpflichteten Individuums, sondern das der vielfältig in die Gemeinschaft eingebundenen Persönlichkeit ist.[452]

349 **bb) Öffentlicher Status.** Eine Bindung der Koalitionen an das Gemeinwohl kann man versuchen, aus dem Status der Berufsverbände abzuleiten. Je mehr ihnen – z.B. mit dem Erlaß tarifdispositiven Gesetzesrechts oder durch gemeinsam mit der Regierung eingegangene „Bündnisse für Arbeit" – staatsentlastende Funktionen zugewiesen werden, desto näher liegt die Annahme, sie auch in die gleiche Verpflichtung zu nehmen wie staatliche Institutionen.[453] Das gilt namentlich, wenn man den Berufsverbänden ähnlich wie den politischen Parteien einen öffentlichen Status als *Berufsorgan* zuweist.[454] Diese Ableitung aus dem Öffentlichkeitsstatus der Tarifvertragsparteien ist in sich schlüssig, denn eine mehr oder weniger weitgehende Drittverantwortung ist jedem öffentlichen Status immanent; Berufsverbände erfüllen ihren Ordnungsauftrag nicht, wenn sie ihre Verhalten lediglich am eigenen Interesse ausrichten. Es ist jedoch zu beachten, daß die Tarifvertragsparteien Interessen- und Grundrechtsträger sind und deshalb nicht wie der Staat oder andere Träger öffentlicher Verwaltung auf eine gemeinwohlorientierte Erfüllung ihrer Aufgaben verpflichtet werden können. Sie dürfen und müssen die Privatinteressen ihrer Mitglieder wahrnehmen. Daher kann aus dem öffentlichen Status der Koalitionen nur eine Pflicht zur *Beachtung*, nicht zur *Förderung* des Gemeinwohls hergeleitet werden; das Gemeinwohl ist nicht Ziel, sondern nur Grenze der Tarifautonomie.

350 **cc) Außenwirkung der tarifvertraglichen Vereinbarungen.** Wenn und je stärker sich Tarifverträge auch auf nicht organisierte Arbeitnehmer oder andere bestimmbare Dritte auswirken, müssen auch die Interes-

---

[451] Vgl. *Säcker,* Gruppenautonomie, S. 277.
[452] Vgl. BVerfGE 12, S. 45, 51; 33, S. 1, 10; *Rüfner,* RdA 1985, S. 193, 194.
[453] Vgl. die amtliche Begründung zum ArbZG 1996, BT-Drucksache 12/5888 13. 10. 1993, S. 20.
[454] Vgl. in dieser Richtung *Gamillscheg,* Kollektives Arbeitsrecht I, § 11 III 4, S. 479; *Lerche,* Verfassungsrechtliche Zentralfragen des Arbeitskampfes, 1968, S. 28 f.; *Krüger,* Gutachten zum 46. DJT 1966, Bd. I, S. 25; *W. Weber,* DVBl. 1969, S. 417; *Wiedemann,* RdA 1969, S. 321, 327; kritisch dazu *Säcker,* Gruppenautonomie, S. 239; *Martens,* Öffentlichkeit als Rechtsbegriff, 1969, S. 165 f.; *Rüfner,* RdA 1985, S. 193, 194 mit weiteren Nachweisen.

sen dieser mittelbar betroffenen Personen berücksichtigt werden.[455] Dem entspricht es, daß gemäß Art. 14 Abs. 2 GG der Gebrauch des Eigentums dem „Wohle der Allgemeinheit dienen" soll und daß daher dem Eigentum Grenzen gezogen werden dürfen, je stärker die Zuordnung einer Sache sich auf die Allgemeinheit auswirkt:[456] der Sozialbindung des Eigentums würde die Sozialbindung der Tarifautonomie entsprechen. Was in Art. 14 Abs. 2 GG für das Eigentum ausdrücklich normiert wurde, kann in Art. 9 Abs. 3 GG aus der systematischen Interpretation der Verfassung abgeleitet werden.[457]

c) Der **Einwände** sind viele.[458] Eine nicht geringe Schwierigkeit rührt aus der juristischen Unbestimmtheit des Gemeinwohlprinzips und seiner Bedeutung im Staatsrecht her.[459] Teils soll die Gemeinwohlbindung dazu dienen, Befugnisse der Staatsgewalt zugunsten von Individualinteressen zu begrenzen, teils gerade umgekehrt dazu, Grundrechtseingriffe zu rechtfertigen. Teils werden unter diesem Begriff viele ungeschriebene Allgemeininteressen – vom Arbeitsschutz bis zur Zukunftssicherung – entfaltet, teils wird das Gemeinwohl auf ausreichende Kompetenz und gesichertes Verfahren reduziert. Ähnlich wie bei der Frage nach der Grundrechtsbindung der Tarifvertragsparteien lassen sich diese für den staatlichen Gesetzgeber entworfenen Erwägungen auf die Sozialpartner nicht übertragen. Dem steht nicht nur deren eigene Verfassungsgarantie und das kontradiktorische Normsetzungsverfahren entgegen, sondern vor allem die inhaltlich abweichende Problemstellung. Für die Tarifvertragsparteien kann die Aufgabe nicht dahin lauten, das Gemeinwohl zu formulieren, sondern es bei der eigenen Normsetzung zu berücksichtigen. Man sollte also besser vom Erfordernis der **Gemeinwohlverträglichkeit** der tarifvertraglichen Regelungen sprechen.[460] Dabei gilt es auch darüber zu entscheiden, ob die Sozialpartner an politische Vorgaben der staatlichen Organe, insb. der Gesetzgebung und der Rechtsprechung auch gebunden sind, soweit diese nicht als Gesetze, Urteile oder sonstige Hoheitsakte verbindlich geworden sind. In abgeschwächter Form kann eine solche Vorformulierung des Gemeinwohls auch durch vom Staat eingesetzte oder anerkannte Institutionen, wie z.B. durch die Monopolkommission oder den Sachverständigenrat erfolgen.

d) **Inhalt.** Der Inhalt der Gemeinwohlbindung von Tarifverträgen müßte dahin entwickelt werden, daß sich die Sozialpartner auch im Rahmen ihrer Grundrechtsausübung nicht in völlig unangemessener Weise über öffentliche

---

[455] Vgl. insb. *Koppensteiner,* in: Hoppmann, Konzertierte Aktion, 1971, S. 231 ff.; *Rüfner,* RdA 1985, S. 193, 194; Scholz, Betrieb 1987, S. 1192, 1194.
[456] Vgl. auch BVerfGE 50, S. 290, 340 = AP Nr. 1 zu § 1 MitbestG (*Wiedemann*).
[457] Vgl. dazu *Böckenförde,* Der Staat, Bd. XV (1976), S. 471; *Rüfner,* RdA 1985, S. 193, 194; *Scholz,* in: Maunz/Dürig, Art. 9 GG, Rnr. 350.
[458] Vgl. *Erdmann,* ZfA 1980, S. 433 ff.; *Kempen/Zachert,* Grundl., Rnr. 135; *Kunze,* in: Duvernell, Koalitionsfreiheit und Tarifautonomie (1968), S. 114; *Löwisch/*Rieble, Grundl., Rnr. 36; *Picker,* ZfA 1986, S. 199, 229 ff.; *Plander,* AuR 1986, S. 65, 75; *Reuss,* ZfA 1970, S. 319, 322.
[459] Vgl. dazu ausführlich *Isensee,* in: Isensee/Kirchhof, HdbStR III (1988), § 57; *Stern,* Staatsrecht III/2, § 79 IV 4, S. 341 ff., beide mit weiteren Nachweisen.
[460] Ebenso im Ergebnis *Rüfner,* RdA 1985, S. 193, 198.

Interessen oder Belange Dritter hinwegsetzen dürfen. Höchstrichterliche Erkenntnisse dazu liegen, soweit ersichtlich, nicht vor. Sie müßten sich auf dem schmalen Grat zwischen gebotener Gemeinwohlverträglichkeit und verbotener Tarifzensur bewegen. Folgende Situationen sind erwägenswert:
– Die Tarifvertragsparteien dürfen sich bei der Normsetzung nicht mit der „Politik des Gesetzes"[461] in Widerspruch setzen. Dazu gehört auch, daß parlamentarisch zunächst umkämpfte Gesetze von den Tarifvertragsparteien später nicht ausgehöhlt oder gegenstandslos gemacht werden dürfen.
– Bei der Auslegung von Tarifvertragsnormen ist auch der Gesichtspunkt des öffentlichen Interesses zu berücksichtigen, wenn eine der möglichen Deutungen den Interessen anderer Berufs- oder Bevölkerungsgruppen oder der Allgemeinheit widerspricht.[462]

353   **e) Sanktionen.** Die Gemeinwohlbindung stellt wie das Gleichheits- oder das Rechtsstaatsprinzip keinen anwendbaren Rechtsatz, sondern nur ein öffentliche und Drittinteressen zusammenfassendes Orientierungsgebot dar mit noch offenen Rechtsfolgen.[463] Wirklich oder vermeintlich gemeinwohlwidrige Tarifverträge sind grundsätzlich nicht unwirksam und verpflichten noch nicht zu Schadenersatz. § 823 Abs. 2 BGB greift nicht ein, da die Gemeinwohlbindung kein Schutzgesetz darstellt; vertragliche Verpflichtungen gegenüber Dritten zu einer bestimmten Normsetzung existieren in der Praxis nicht, ihre Wirksamkeit wäre zudem fraglich. Dementsprechend wies der Bundesgerichtshof eine Schadenersatzklage eines Sparers gegen die Tarifvertragsparteien wegen inflationsfördernder Tarifvertragsabschlüsse ab; Tarifverträge seien auch dann rechtmäßig, wenn sie ungünstige Auswirkungen auf die gesamtwirtschaftliche Lage hätten.[464] Wenn die von unabhängigen Sachverständigen oder Wirtschaftsinstituten abgegebenen Orientierungsdaten einen immer höheren Grad von Verläßlichkeit erreichen, ist es nicht ausgeschlossen, in Fällen offensichtlicher Gemeinwohlwidrigkeit die Unabdingbarkeit eines Tarifvertrages oder jedenfalls seine Friedenspflicht gerichtlich überprüfen zu lassen. Dazu kann es ggf. ausreichen, wenn eine Berufsgruppe ihre Schlüsselstellung dazu ausnutzt, um im Verhältnis zu anderen Beschäftigten oder Berufsgruppen unverhältnismäßige Lohnforderungen durchzusetzen und diese Mehrkosten dann unmittelbar auf die Allgemeinheit überwälzt werden; nicht jede engagierte Verfolgung von Partikularinteressen kann freilich der Wirksamkeit von Verträgen entgegenstehen. Folge der Gemeinwohlbindung ist zumindest, daß sich die Tarifvertragsparteien zu einer sachlichen, gesamtwirtschaftliche Belange einbeziehenden Argumentation veranlaßt sehen.[465]

---

[461] Vgl. *Steindorff*, in: Festschrift für Wolfgang Hefermehl (1971), S. 177.
[462] *Gamillscheg*, Kollektives Arbeitsrecht I, § 7 III 1 b, S. 320.
[463] Vgl. *Alexy*, Rechtsregeln und Rechtsprinzipien, ARSP Beiheft Nr. 25, 1985, S. 13 ff.; *Dworkin*, Taking Rights Seriously, 2. Aufl. 1978, S. 15 ff.
[464] BGH, NJW 1978, S. 2031, 2032; gleichsinnig BAG 20. 8. 1986 AP Nr. 6 zu § 1 TVG Tarifverträge: Seniorität (*v. Hoyningen-Huene*): keine Schadensersatzansprüche tarifunterworfener Arbeitnehmer oder Arbeitgeber gegen die Tarifvertragsparteien.
[465] Vgl. *Rüfner*, RdA 1985, S. 193, 198.

III. Verfassungskontrolle durch die Gerichte

1. Grundgesetz

Zur Zuständigkeit der Arbeitsgerichte gehört die Kontrolle darüber, ob 354 und in welchem Umfang Tarifvertragsnormen das Bonner Grundgesetz, insb. einzelne Grundrechte verletzen. Eine Vorlagepflicht nach Art. 100 Abs. 1 GG kommt nicht in Betracht, da Gegenstand der konkreten Normenkontrolle ausschließlich Gesetze im formellen Sinn sind. Die Arbeitsgerichte haben deshalb in ständiger Rechtsprechung die Vereinbarkeit der Tarifbestimmungen mit den Grundrechten geprüft.

Die Frage, ob ein Tarifvertrag zu den hoheitlichen Akten gehört, die un- 355 mittelbar mit der **Verfassungsbeschwerde** nach § 90 BVerfGG angreifbar sind, hat das BVerfG bisher offengelassen.[466] Im Schrifttum wird sie teilweise bejaht, teilweise abgelehnt, jedenfalls solange der Tarifvertrag nicht durch staatlichen Hoheitsakt für allgemeinverbindlich erklärt wurde.[467] Die Zulässigkeit der Verfassungsbeschwerde hängt davon ab, ob die Tarifvertragspartner als „öffentliche Gewalt" im Sinne des § 90 Abs. 1 BVerfGG anzusprechen sind. Die Frage ist für die Rundfunkanstalten[468] und die Rechtsanwaltskammer[469] bejaht, für innerkirchliche Maßnahmen dagegen verneint worden.[470] Der Begriff der öffentlichen Gewalt hat im Laufe der Zeit eine über das öffentlich-rechtliche Handeln hinausgehende Bedeutung erhalten. Da die Tarifvertragsparteien die Rechtsetzung nach Art. 9 Abs. 3 GG mit Verfassungsauftrag durchführen, und da sich die Tarifvertragsnormen auf die unterworfenen Arbeitnehmer und Arbeitgeber wie Hoheitsakte auswirken können, ist eine Verfassungsbeschwerde nach § 90 BVerfGG für zulässig zu erachten, um eine Rechtsverletzung auch außerhalb eines Streitverfahrens feststellen zu lassen.[471] Dabei ist das Gebot der Rechtswegerschöpfung nach § 90 Abs. 2 Satz 1 BVerfGG (Grundsatz der Subsidiarität) einzuhalten. Schwebt bereits ein Prozeß, in dem die Frage der Verfassungsmäßigkeit einer Tarifvertragsnorm *incidenter* geprüft werden kann, so besteht grundsätzlich kein Rechtsschutzinteresse für eine Verfassungsbeschwerde. Dagegen ist dem Arbeitgeber oder Arbeitnehmer nicht zuzumuten, gegen seinen Vertragspartner eine Feststellungsklage zu erheben, ohne daß dieser Anlaß dazu gegeben hätte, nur um die Wirksamkeit des Tarifvertrages überprüfen zu lassen.

---

[466] BVerfG 2. 12. 1969 AP Nr. 5 zu § 90 BVerfGG.
[467] Bejaht von *Leibholz/Rupprecht,* § 90 BVerfGG, Rnr. 42; verneint von Maunz/*Schmidt-Bleibtreu*/Klein/Ulsamer, § 90 BVerfGG, Rnr. 87.
[468] BVerfGE 7, S. 99, 104.
[469] BVerfGE 18, S. 203, 213.
[470] BVerfGE 18, S. 385, 386.
[471] Ebenso *Baumann,* RdA 1987, S. 270, 275; abgelehnt von BAG 19. 12. 1991 AP Nr. 27 zu § 72a ArbGG 1979; *Kempen*/Zachert, Grundl., Rnr. 203; Löwisch/*Rieble,* § 9 TVG, Rnr. 83; *Dürig,* in: Maunz/Dürig, Art. 1 Abs. 3 GG, Rnr. 116.

2. Länderverfassungen

356 Die Arbeitsgerichte können auch die Vereinbarkeit eines Tarifvertrages mit den Bestimmungen einer Landesverfassung überprüfen.[472] Der bayerische Verfassungsgerichtshof hat die verfassungsrechtliche Nachprüfbarkeit von Tarifvertragsnormen im Wege der **Popularklage** nach Art. 98 Satz 4 BayVerf abgelehnt, da Tarifverträge nicht als „Gesetze und Verordnungen" im Sinne dieser Vorschrift anzusehen seien. Tarifvertragsnormen seien nach ihrer Entstehung und ihrem Geltungsbereich dem hoheitlich gesetzten Recht nicht vergleichbar. Diese stark einschränkende Auslegung der Voraussetzungen der Popularklage nach Art. 98 Satz 4 BayVerf überzeugt nicht. In dem abweichenden Votum eines Richters zu der Entscheidung wird zutreffend darauf hingewiesen, daß diese Verfassungsnorm für die Träger der überbetrieblichen sozialen Selbstverwaltung schwerlich anders ausgelegt werden kann, als für die Träger der kommunalen Selbstverwaltung, denen ebensowenig eine allgemeine Normsetzungsbefugnis zusteht wie den Sozialpartnern; ein Grund, die auf Art. 9 Abs. 3 GG, § 1 des Gesetzes beruhende Tarifautonomie hinsichtlich der Normenkontrolle anders zu behandeln als die ebenfalls verfassungsrechtlich und gesetzlich gewährleistete Kommunalautonomie, sei nirgends ersichtlich. Die Überlegungen, mit denen der BayVerfGH eine Gleichbehandlung des Tarifvertrages mit anderen Gesetzen und Verordnungen ablehnt (fehlende Staatsaufsicht, Eigenart der Entstehungsweise, beschränkte Tarifgebundenheit), vernachlässigen, daß der einzelne Arbeitnehmer oder Arbeitgeber am Zustandekommen der Verbandstarifverträge regelmäßig nicht beteiligt und ihren Wirkungen deshalb ebenso ausgesetzt ist wie der eigentlich hoheitlichen Gewalt.

C. Tarifvertrag und Gesetzesrecht

Schrifttum: *E. Michael Andritzky*, Beschäftigungsförderungsgesetz 1985: Eine Zwischenbilanz, NZA 1986, S. 385–388; *Detlev W. Belling*, Das Günstigkeitsprinzip im Arbeitsrecht, Berlin 1984; *Peter Bengelsdorf*, Die tariflichen Kündigungsfristen für Arbeiter nach der Entscheidung des Bundesverfassungsgerichts vom 30. 5. 1990, NZA 1991, S. 121–133; *Kurt Biedenkopf*, Grenzen der Tarifautonomie, Karlsruhe 1964; *Winfried Boecken*, Das SGB VI ÄndG und die Wirksamkeit von „alten" Altersgrenzenvereinbarungen, NZA 1995, S. 145–149; *Dietmar Boerner*, Der neue (alte) § 41 Abs. 4 Satz 3 SGB VI, ZfA 1995, S. 537–579; *Claus Wilhelm Canaris*, Tarifdispositive Normen und richterliche Rechtsfortbildung, in: Gedächtnisschrift für Rolf Dietz (1973), S. 199–224; *Christian Fieberg*, Tarifliche Altersgrenze 65 – erneut im Zivilrecht?, Probleme der Kollision von Tarifvertrag und Gesetz, ZTR 1995, S. 291–294; *Peter Friedhofen/Ulrich Weber*, Rechtsprobleme des befristeten Arbeitsvertrages nach Art. 1 § 1 des Beschäftigungsförderungsgesetzes 1985, NZA 1985, S. 337–341; *Hans Galperin*, Die autonome Rechtsetzung im Arbeitsrecht, in: Festschrift für Erich Molitor (1962), S. 143–160; *Claas-Heinrich Germelmann/Hans-Christoph Matthes/Hanns Prütting*, ArbGG, 2. Aufl. München 1995; *Richard Giesen*, Das neue Entgeltfortzahlungs- und Urlaubsrecht, RdA 1997, S. 193–204; *Wolfgang Gitter/Dietmar Boerner*, Altersgrenzen in Tarifverträgen, RdA 1990, S. 129–138; *Christian Hagemeier*, Tariföffnungsklauseln

---

[472] Vgl. BAG 14. 7. 1961 AP Nr. 1 (*Küchenhoff*) und 18. 10. 1961 AP Nr. 2 (*Gumpert*) zu Art. 24 VerfNW.

C. Tarifvertrag und Gesetzesrecht **Einleitung**

im Beschäftigungsförderungsgesetz und im Arbeitszeitgesetz, AuR 1985, S. 144–149; *Meinhard Heinze*, Das befristete Arbeitsverhältnis zwischen Gesetz und Tarifvertrag, Betrieb 1986, S. 2327–2334; *Martin Henssler*, Tarifautonomie und Gesetzgebung, ZfA 1998, S. 1 –40; *Wilhelm Herschel*, Gratifikationsrückzahlung und Tarifvertrag, Betrieb 1967, S. 245–249; *ders.*, Die Zulassungsnormen des Tarifvertrages, RdA 1969, S. 211–215; *ders.*, Gesetzesvertretendes Richterrecht und Tarifautonomie, RdA 1973, S. 147–156; *ders.*, Tarifdispositives Richterrecht, Betrieb 1973, S. 919–924; *Mari-Luise Hilger*, Überlegungen zum Richterrecht, in: Festschrift für Karl Larenz (1973), S. 109–123; *Ulrich Immenga*, Grenzen des kartellrechtlichen Ausnahmebereichs Arbeitsmarkt, München 1989; *Renate Käppler*, Voraussetzungen und Grenzen tarifdispositiven Richterrechts, Berlin 1977; *Sudabeh Kamanabrou*, Die Auslegung tarifvertraglicher Entgeltfortzahlungsklauseln. Zugleich ein Beitrag zum Verhältnis der Tarifautonomie zu zwingenden Gesetzen, RdA 1997, S. 22–34; *Otto Ernst Kempen*, Arbeitnehmerschutz, Tarifverträge und Beschäftigungsförderungsgesetz, AuR 1985, S. 374–386; *Wolfhar Kohte*, Über den Umgang mit Tarifverträgen. Eine Intervention aus aktuellem Anlaß, BB 1986, S. 397–408; *Michael Kramer*, Unterschiedliche vertragliche Kündigungsfristen für Arbeiter und Angestellte, ZIP 1994, S. 929–937; *Otto Kunze*, Das Verhältnis des dispositiven Gesetzesrechts zum Tarifvertrag, ArbRGegw 1 (1963), S. 119–143; *Ole Lando/Hugh Beale* (ed.), Principles of European Contract Law. Part I: Performance, Non-performance and Remedies, Prepared by the Commission on European Contract Law, Dordrecht 1995; *Manfred Lieb*, Die Entwicklung des Arbeitsrechts im Jahre 1969, ZfA 1970, S. 197–239; *ders.*, Kritische Gedanken zum tarifdispositiven Richterrecht, RdA 1972, S. 129–143; *Manfred Lieb/Stefan Westhoff*, Voraussetzungen und Abgrenzung von richterlicher Inhaltskontrolle und Rechtsfortbildung, Betrieb 1973, S. 69–76; *Manfred Löwisch*, Gemeinschaftsarbeiten für Bezieher von Arbeitslosengeld und Arbeitslosenhilfe in rechtlicher Sicht, NZS 1993, S. 473–482; *ders.*, Das Beschäftigungsförderungsgesetz 1985, BB 1985, S. 1200–1207; *ders.*, Zur Verfassungsmäßigkeit der erweiterten Zulassung befristeter Arbeitsverträge durch das Beschäftigungsförderungsgesetz, NZA 1985, S. 478–481; *René Alexander Lohs*, Anpassungsklauseln in Tarifverträgen, Frankfurt a. M. 1996; *Udo R. Mayer*, ABM und tarifliche Entlohnung in den neuen Bundesländern, AuR 1993, S. 309–316; *Ludwig Nies*, Indexklauseln in Tarifverträgen, RdA 1970, S. 169–173; *Hansjörg Otto*, Erleichterte Zulassung befristeter Arbeitsverträge, NJW 1985, S. 1807–1813; *Eduard Picker*, Richterrecht und Richterrechtsetzung, JZ 1984, S. 153–163; *Harro Plander*, Gesetzliche Fixierung oder Beeinflussung des Inhalts von Tarifverträgen?, Betrieb 1986, S. 2180–2187; *Bernd Preis*, Tarifdispositives Richterrecht. Ein Beitrag zur Funktion und zum Rangverhältnis von Tarifvertrag und staatlichem Recht, ZfA 1972, S. 271–303; *Hermann Reichold*, Vom Bleibegeld zur Stillegungsprämie, Betrieb 1988, S. 498–502; *Reinhard Richardi*, Richterrecht und Tarifautonomie, in: Gedächtnisschrift für Rolf Dietz (1973), S. 269–297; *Volker Rieble*, Arbeitsmarkt und Wettbewerb, Freiburg 1996; *ders.*, Die Einschätzung der gesetzlichen Entgeltfortzahlung im Krankheitsfall und ihre Auswirkung auf inhaltsgleiche Regelungen in Tarifverträgen, RdA 1997, S. 134–141; *Wulf-Henning Roth*, Tarifverträge aus kartellrechtlicher Sicht, in: Tarifautonomie und Kartellrecht, FIW-Schriftenreihe, Heft 136, 1990, S. 7–25; *Bernd Rüthers*, Tarifmacht und Mitbestimmung in der Presse, Berliner Abhandlungen zum Presserecht, Heft 21, Berlin 1975; *Harald Schliemann,* Tarifdispositiver Arbeitszeitschutz. Zur Abänderbarkeit staatlicher Arbeitszeitnormen durch Tarifverträge, Betriebsvereinbarungen, Dienstvereinbarungen und kirchliche Arbeitsrechtsregelungen, in: Festschrift für Günter Schaub (1998), S. 675–697; *Gerhard Schnorr*, Genehmigungsbedürftigkeit tariflicher Indexlöhne, AuR 1963, S. 136–141; *Rupert Scholz*, Arbeitsverfassung und Richterrecht, Betrieb 1972, S. 1771–1780; *Thomas Sieber*, Tarifdispositives Recht. Mittel zur Stärkung und Flexibilisierung des Gesamtarbeitsvertragssystems anhand der Beispiele des Nachtarbeitsverbotes und der Ladenöffnungszeiten, Bern 1996; *Alfred Söllner*, Zur Verfassungs- und Gesetzestreue im Arbeitsrecht, RdA 1985, S. 328–337; *Reinhard Vossen*, Tarifdispositives Richterrecht, Berlin 1974; *Helmut Wagner*, Stabilitätspolitik. Theoretische Grundlagen und institutionelle Alternativen, 3. Aufl. München 1996; *Werner Weber*, Koalitionsfreiheit und Tarifautonomie als Verfassungsproblem, Berlin u. a. 1965; *Peter Wedde*, Besteht aufgrund der Manteltarifverträge der Metall-, Elektro- und Stahlindustrie trotz der gesetzlichen Neuregelung (§ 4 Abs. 1 EFZG n. F.) weiterhin ein Anspruch auf 100%ige Fortzahlung im Krankheitsfall?, AuR 1996, S. 421–429; *Herbert Wiedemann*, Das Arbeitsverhältnis als Austausch- und Gemeinschaftsverhältnis, Karlsruhe 1966; *ders.*, Die deutschen Gewerkschaften – Mitgliederverband oder Berufsorgan, RdA 1969, S. 321–336; *ders.*, Tarifautonomie und staatliches Gesetz, in: Festschrift für Eugen Stahlhacke (1995), S. 675–692; *Manfred Wolf*, Tarifautonomie, Kampfparität und gerechte Tarifgestaltung, ZfA 1971, S. 151–179; *Ulrich Zachert*, Grenzen für eine gesetzliche Absenkung tariflicher Schutzstandards, NZA 1994, S. 529–534; *Jan Zilius*, Tarifvertrag und Richterrecht. Zu den Grenzen richterlicher Rechtsfortbildung gegenüber Tarifverträgen, ArbRGegw 22 (1984), S. 63–73; *Johannes Zmarzlik*, Dauer der Arbeitszeit bei Nachwirkung von Tarifverträgen, AuR 1962, S. 148–152.

I. Zwingendes und dispositives Gesetzesrecht

357 Grundsätzlich gilt für die Tarifvertragsparteien die Unterscheidung zwischen zwingendem und dispositivem Gesetzesrecht ebenso wie für die Parteien des Einzelarbeitsverhältnisses. Infolge der Zwischenschaltung der Kollektivvereinbarungen zwischen staatlichem Gesetz und Einzelvertrag ist das Verhältnis Tarifvertrag und Gesetz aber variationsreicher ausgestaltet. Man kann **vier Modalitäten** unterscheiden:

– Das *zweiseitig zwingende* Gesetz läßt ein Abweichen durch den Tarifvertrag oder eine andere Vereinbarung in keiner Richtung zu (*Vorrang* der staatlichen Ordnung); es handelt sich um allseitig zwingendes und deshalb auch tarifzwingendes Recht.

– Das *einseitig zwingende* Gesetz läßt ein Abweichen durch den Tarifvertrag oder eine andere Vereinbarung nur zugunsten des Arbeitnehmers zu, unterscheidet also nach dem Regelungsgegenstand (*Mindestschutz* der staatlichen Ordnung); insoweit gilt das arbeitsrechtliche Schutzprinzip.

– Das *tarifdispositive* Gesetz erlaubt den Tarifvertragsparteien, nicht aber den Parteien der Betriebsvereinbarung oder des Einzelarbeitsvertrages ein Abweichen auch zu Lasten des Arbeitnehmers, unterscheidet also nach dem Regelungsadressaten (*personell* gespaltene Rechtswirkung).[473]

– Das *allseitig dispositive* Gesetz enthält Regelungsvorschläge und Auslegungshilfen. Ein Abweichen ist durch den Tarifvertrag oder eine andere Vereinbarung zugunsten wie zu Lasten des Arbeitnehmers zulässig, aber auch notwendig.

358 Zu den **Gesetzen**, für die eine Kollisionsnorm mit dem Tarifvertrag aufgestellt werden muß, gehören: das Grundgesetz, das europäische Recht, die Bundesgesetze, die Rechtsverordnungen des Bundes, die Landesverfassungen,[474] soweit sie keine bloßen Programmsätze enthalten,[475] die Landesgesetze sowie die Landesverordnungen und die Satzungen der öffentlich-rechtlichen Körperschaften, Anstalten und Stiftungen. Auch die Dienstordnungen der Sozialversicherungsträger sind öffentlich-rechtlicher Natur; die allgemeine Ansicht schließt mit Recht aus dem öffentlich-rechtlichen Charakter der Dienstordnungen, daß diese, sofern nichts anderes bestimmt ist, dem Tarifvertrag

---

[473] Früher sprach man von Zulassungsnormen; vgl. dazu unten Rnr. 387, § 1 Rnr. 266.

[474] Vgl. BAG 14. 7. 1961 (*Küchenhoff*) AP Nr. 1 und BAG 18. 10. 1961 (*Gumpert*) AP Nr. 2 zu Art. 24 VerfNW.

[475] Vgl. dazu BAG 10. 6. 1964 AP Nr. 3 zu Art. 24 VerfNW (*A. Hueck*).

zugunsten der Arbeitnehmer vorgehen. Dem zwingenden Gesetzesrecht steht schließlich zwingendes gesetzesvertretendes *Richterrecht* gleich; es ist seiner Natur nach nicht notwendig tarifdispositiv.[476] Soweit die Rechtsprechung legitimiert ist, als Ersatzgesetzgeber tätig zu werden, nimmt sie am Rang der Gesetzgebung teil, kann also selbst entscheiden, ob sie ihre Schutzbestimmungen oder Schutzprinzipien tariffest ausgestaltet; vgl. dazu unten Rnr. 411.

1. Allseitig zwingendes Gesetzesrecht

a) Auslegung. Der staatliche Gesetzgeber bestimmt selbst, ob seine Regelung – zweiseitig oder einseitig – zwingendes oder dispositives Gesetzesrecht darstellen soll. Wie weit dies zutrifft, folgt aus Wortlaut, Sinn und Zweck der Rechtsnorm. Dabei ist die Frage der Auslegung nicht mit der nach der Zuständigkeit des staatlichen Gesetzgebers zu vermengen; letztere ist der Auslegung vorgelagert. Keineswegs muß sich das zwingende Gesetzesrecht auf die Minimalbestimmungen zur Sicherung eines menschenwürdigen Daseins[477] oder auf die zur Sicherung von Allgemeininteressen dienenden Gesetzesbestimmungen[478] oder auf den Schutz verfassungsgeschützter Rechtsgüter[479] beschränken; vgl. dazu oben Rnr. 143. Die genannten Kriterien können aber eine Auslegungshilfe bilden. Allgemein wird man davon ausgehen können, daß es sich bei den arbeitsrechtlichen *Schutzgesetzen* im Zweifel um einseitig zwingende Normen handelt, die zwar Verschlechterungen ausschließen, Verbesserungen aber nicht verhindern wollen (vgl. § 151 ArbVGE), bei den arbeitsrechtlichen *Organisationsgesetzen* dagegen um zweiseitig bindende Normen.

aa) Arbeitnehmerschutzgesetze. Für das Verhältnis zwischen staatlichen Schutzgesetzen und Tarifverträgen gilt die – auch dem § 151 ArbVGE zugrunde liegende – *Auslegungsregel*, wonach Schutzgesetze im Zweifel rangniedere und damit sachnähere Kollektivvereinbarungen zulassen, wenn sie die Arbeitnehmer begünstigen. Der Grundsatz wurde in der Rechtslehre vorbereitet[480] und in der Rechtsprechung bestätigt.[481] Die Auslegungsregel entspricht dem arbeitsrechtlichen Schutzprinzip oder Arbeitnehmerschutzprinzip,[482] das, wie das Subsidiaritätsprinzip oder andere Rechtsprinzipien,

---

[476] Ebenso *Canaris,* in: Gedächtnisschrift für Rolf Dietz (1973), S. 199, 218 ff.; *Käppler,* Voraussetzungen und Grenzen tarifdispositiven Richterrechts, 1977, S. 120; *Löwisch*/Rieble, Grundl., Rnr. 26; *Vossen,* Tarifdispositives Richterrecht, 1974, S. 141; abw. *Gitter/Boerner,* RdA 1990, S. 129, 132; *Zilius,* ArbRGegw 22 (1984), S. 63, 71.
[477] So *Biedenkopf,* Tarifautonomie, S. 154 ff.
[478] So *Galperin,* in: Festschrift für Erich Molitor (1962), S. 143, 158; *M. Wolf,* ZfA 1971, S. 151, 159.
[479] So *Kempen*/Zachert, Grundl., Rnr. 205.
[480] *Wiedemann,* Arbeitsverhältnis, S. 22; Vorauflage, § 4 TVG, Rnr. 214.
[481] Vgl. BAG GS 16. 9. 1986 AP Nr. 17 zu § 77 BetrVG 1972; BAG 25. 9. 1987 AP Nr. 1 zu § 1 BeschFG 1985.
[482] Aus dem Blickwinkel des Sozialstaatsprinzips vgl. dazu Zacher, Sozialpolitik und Verfassung im ersten Jahrzehnt der Bundesrepublik Deutschland, 1980, S. 782 ff.; *ders.,* in: Handbuch der Wirtschaftswissenschaft (HdWW), 7. Band (1977), S. 152, 155, 158; *ders.,* in: Isensee/Kirchhof, HdbStR I (1987), S. 162 f., 165 ff.

freilich lediglich ein *Orientierungsgebot* enthält, keinen unmittelbar geltenden Rechtsatz. Rechtsprinzipien sind offener formuliert als positive Rechtsätze; sie enthalten regelmäßig keine Rechtsfolgen, sondern nur Wegweiser für die Rechtsentwicklung, sind aber trotzdem Bestandteil des geltenden Rechts im Sinne des Art. 20 Abs. 3 GG.[483] Das Arbeitnehmerschutzprinzip unterscheidet sich vom Günstigkeitsprinzip des § 4 Abs. 3 sowohl förmlich wie inhaltlich: das Günstigkeitsprinzip stellt einen ausformulierten zwingenden Rechtsatz dar, der auf dem Recht zur Selbstbestimmung nach Art. 2 Abs. 1 GG beruht, das arbeitsrechtliche Schutzprinzip begründet dagegen lediglich eine Auslegungsregel für die einseitige Selbstbeschränkung des staatlichen Gesetzgebers. Außerdem unterscheiden sich die Vergleichsmaßstäbe, da das Schutzprinzip jeweils einen Einzelvergleich zwischen der vorteilhaften Gesetzesbestimmung und dem Kollektivvertrag erfordert, während das Günstigkeitsprinzip einen Gesamtvergleich zwischen Tarifvertrag und Einzelarbeitsvertrag erlaubt.

361 **bb) Arbeitsorganisationsgesetze.** Zu den im Zweifel zweiseitig zwingenden Organisationsgesetzen zählen namentlich die meisten Vorschriften des BetrVG und des PersVG sowie alle Vorschriften, die die Unternehmensorganisation betreffen, insb. das MitbestG 1976. Bei älteren Rechtsvorschriften ist zu beachten, daß die Rechtsfigur des tarifdispositiven Gesetzesrechts nur im Arbeitszeitrecht bekannt war. Es ist deshalb zu prüfen, wie weit ältere Gesetze in ihrer Einzelausgestaltung tarifdispositiv geworden sind.

362 **b) Wirkung.** Zweiseitig zwingendes Gesetzesrecht untersagt (auch) den Tarifvertragsparteien jegliches Abweichen. Tarifverträge, die gegen zwingendes staatliches Recht verstoßen, sind unwirksam, was nicht, wie vielfach angenommen wird, aus § 134 BGB hergeleitet werden muß,[484] sondern bereits aus dem Charakter der Tarifvertragsnorm als rangniedere Rechtsquelle folgt. Ist ein Tarifvertrag mit dem zwingenden Gesetzesrecht ganz oder teilweise unvereinbar, so ist er unwirksam, weil den Tarifvertragsparteien insoweit die Zuständigkeit zur Rechtsetzung fehlt. Das höherrangige Gesetz bestimmt, in welchem zeitlichen und sachlichen Umfang entgegenstehende Tarifverträge ihre Wirkung verlieren – ob also auch bereits bestehende oder nur zukünftige Kollektivvereinbarungen betroffen sind, ob entgegenstehende Tarifverträge auf Zeit oder endgültig außer Kraft gesetzt werden sollen und in welchem Umfang nur eine Teilnichtigkeit herbeigeführt wird. Was die betroffenen Kollektivvereinbarungen anlangt, beschränkt sich der Gesetzesvorrang im Zweifel auf zukünftige und nicht (auch) auf bestehende Tarifverträge. Ebenso wird vom Gesetzesvorbehalt nur für die Dauer der gesetzlichen Regelung Gebrauch gemacht.[485] Dieselbe Vermutung gilt schließlich hinsichtlich der Teilnichtigkeit, soweit die kollektive Regelung im übrigen

---

[483] Ebenso *Gamillscheg*, Kollektives Arbeitsrecht I, § 18 V 1 a, S. 835; beschränkt auf Minimalgesetzgebung; *Belling*, Günstigkeitsprinzip, 1984, S. 161, 164; vgl. auch Frankreich Code du travail Art. L. 132–4 (freilich mit dem Vorbehalt des *ordre public* des Gesetzes).
[484] So aber BAG 15. 1. 1964 AP Nr. 87 zu Art. 3 GG *(Wertenbruch)*; BAG 21. 3. 1991 AP Nr. 29 zu § 622 BGB.
[485] BAG 27. 11. 1986 AP Nr. 11 zu § 62 BAT = AR-Blattei Schwerbehinderte Entsch. 79 *(Buchner)*.

noch selbständig anwendbar bleibt.[486] Für alle genannten Modalitäten scheidet die Anwendbarkeit der §§ 134, 139 BGB aus, denn diese Vorschriften formulieren die Gesetzeswirkungen aus der Sicht von Vertragspartnern. Das gilt besonders deutlich auch für die §§ 308, 309 BGB, wonach der Vertrag von vornherein für den Fall der Aufhebung des Verbots geschlossen werden muß.[487]

c) Einzelfälle. Zum allseitig zwingenden Gesetzesrecht zählen neben der Verfassung und einzelnen staatlichen Gesetzesvorschriften auch die tragenden Grundsätze des Arbeitsrechts[488] und die das Privatrecht im übrigen beherrschenden Rechtsprinzipien wie der Grundsatz von Treu und Glauben,[489] das Sittengebot[490] und die Kooperationspflicht im Arbeitsvertragsrecht.[491] Der staatliche Gesetzgeber hat die Unternehmens- und Wirtschaftsordnung im Gesellschafts- und Kapitalmarktrecht weitgehend zwingend vorgezeichnet; eine Kollision mit der Tarifautonomie scheidet insoweit aus, weil den Tarifvertragsparteien außerhalb des Art. 9 Abs. 3 GG bereits die Zuständigkeit fehlt. Soweit der staatliche Gesetzgeber das Arbeitnehmerschutzprinzip (vgl. dazu oben Rnr. 360) in einzelnen Gesetzen ausgeformt hat, können die Tarifvertragsparteien den Arbeitnehmerschutz unstreitig verbessern. Zu Konflikten mit dem Gesetzesrecht kann es kommen, wenn Tarifverträge Abgrenzungen vornehmen oder Randbereiche regeln. Die Rechtsprechung hat hier vorbildlich *gesetzliche Schutzzonen* herausgearbeitet, die auch von den Tarifvertragsparteien nicht angetastet werden dürfen.[492] Der den Sozialpartnern eingeräumte Gestaltungsspielraum ist zwar weitläufiger als die Vertragsfreiheit im Einzelarbeitsverhältnis. Die Tarifvertragsparteien können aber keine Regelung treffen, die dem Arbeitgeber ein einseitiges Bestimmungsrecht einräumt und den Arbeitnehmerschutz praktisch aufhebt. Eine „gespaltene" Auslegung staatlicher Schutzgesetze, die den Tarifvertragsparteien eine Einschätzungsbefugnis zubilligt, erscheint nicht ausgeschlossen.

aa) § 1 BeschFG enthält keine zweiseitig, sondern nur eine einseitig zwingende Regelung: für den Arbeitnehmer vorteilhaftere Vorschriften im Tarifvertrag, wie die Voraussetzung eines sachlichen Grundes für den Abschluß von Zeitverträgen, bleiben daher für Vergangenheit und Zukunft wirksam. Das Bundesarbeitsgericht hat dies in seiner Leitentscheidung vom 25. 9. 1987 für BAT SR II y bekräftigt und die schon vordem herrschende Ansicht

---

[486] BAG 26. 6. 1985 AP Nr. 1 zu § 1 TVG Teilnichtigkeit.
[487] Abw. BAG 27. 11. 1986 AP Nr. 11 zu § 62 BAT = AR-Blattei Schwerbehinderte Entsch. 79 (*Buchner*).
[488] Vgl. BAG 30. 1. 1970 AP Nr. 142 zu § 242 BGB Ruhegehalt (*Richardi*); BAG 14. 12. 1982 AP Nr. 1 zu § 1 BetrAVG Besitzstand (*Wiedemann/Mangen*); BAG 28. 11. 1984 AP Nr. 2 zu § 4 TVG Bestimmungsrecht (*Wiedemann*); BAG 10. 10. 1989 AP Nr. 3 zu § 1 TVG Vorruhestand (*Wiedemann/Arnold*).
[489] Bedenklich BAG 6. 2. 1985 AP Nr. 1 zu § 1 TVG Tarifverträge: Süßwarenindustrie (*von Stebut; Brackmann*).
[490] Mißverständlich *Däubler*, Tarifvertragsrecht, Rnr. 368; *Kempen*/Zachert, Grundl., Rnr. 206.
[491] Vgl. *Lando/Beale* (ed.), The Principles of European Contract Law, 1995, Part I, Art. 1.107: duty to co-operate.
[492] Musterbeispiel: BAG 27. 1. 1994 AP Nr. 1 zu § 15 BAT-O; BAG 18. 10. 1994 AP Nr. 11 zu § 615 BGB Kurzarbeit.

damit bestätigt.[493] In diesem Zusammenhang betont das Bundesarbeitsgericht mit Recht, bei Arbeitnehmerschutznormen müsse davon ausgegangen werden, daß sie abweichende tarifvertragliche Regelungen nicht ausschließen wollten, wenn diese für den Arbeitnehmer günstiger seien; der staatliche Gesetzgeber könne zwar wie in § 57a HRG die Regelungsmacht der Koalitionen zurückdrängen, müsse dies aber eindeutig zu erkennen geben. Seit der genannten Entscheidung steht der Vorrang des Kollektivvertrages vor § 1 BeschFG fest. Diese Rechtsprechung entspricht dem arbeitsrechtlichen Schutzprinzip, wonach die Arbeitsrechtsordnung in Deutschland so ausgestaltet sein soll, daß sie im Zweifel dem einzelnen Arbeitnehmer und damit auch seinem Berufsverband die Chance gewährt, bessere Arbeits- und Beschäftigungsbedingungen zu erlangen. Der staatliche Gesetzgeber bestimmt unter Berücksichtigung des Art. 9 Abs. 3 GG, ob und in welchem Umfang seine Vorschriften allseitig zwingenden Charakter tragen sollen.[494]

365 Das Bundesarbeitsgericht hält eine Tarifvertragsnorm – abweichend von § 4 Abs. 1 Satz 2 BeschFG – für wirksam, wonach sich die Arbeitszeit teilzeitbeschäftigter Arbeitnehmer nach dem Arbeitsanfall und damit nach dem Direktionsrecht des Arbeitgebers richten soll, ohne zugleich eine Mindestdauer der Arbeitszeit festzulegen. Eine solche Tarifnorm verstoße nicht gegen zwingende Vorschriften des Kündigungsschutzrechts.[495] Das begegnet Bedenken. Der Gestaltungsspielraum des Gesetzgebers kann das zwingende Arbeitnehmerschutzprinzip, das im KSchG ausgeformt wurde, nicht aufheben; die Tarifvertragsparteien müssen deshalb eine dem § 4 Abs. 1 Halbsatz 2 BeschFG entsprechende Ersatzlösung bestimmen, mit der den Interessen des teilzeitbeschäftigten Arbeitnehmers Rechnung getragen wird; vgl. dazu unten § 1 Rnr. 346.

366 bb) § 15 BErzGG. Besteht kein Anspruch auf eine tarifvertragliche Sonderzahlung für Zeiten, in denen das Arbeitsverhältnis kraft Gesetzes ruht, so gilt dies auch bei Inanspruchnahme von Erziehungsurlaub; darin liegt kein Verstoß gegen § 15 Abs. 3 BErzGG.[496]

367 cc) § 3 Abs. 1 BUrlG. Der Abgeltungsanspruch als Ersatz für den gesetzlich zwingend bestehenden Urlaubsanspruch nach § 1 und § 3 Abs. 1 BUrlG steht nicht zur Disposition der Tarifvertragsparteien. Er ist unabdingbar und unterliegt deshalb auch nicht einer tarifvertraglichen Ausschlußfrist.[497]

368 dd) § 12 EFZG legt bereits in seinem Wortlaut eindeutig fest, daß von den Vorschriften des Gesetzes nicht zuungunsten des Arbeitnehmers oder der

---

[493] BAG 25. 9. 1987 AP Nr. 1 zu § 1 BeschFG 1985; vgl. zum früheren, heute überholten Diskussionsstand *Dütz,* Anm. zu ArbG Bonn EzA § 1 BeschFG 1985 Nr. 1; *Kempen/*Zachert, Grundl., Rnr. 214; *Löwisch/*Rieble, § 1 TVG, Rnr. 225.
[494] Vgl. BAG 25. 9. 1987 AP Nr. 1 zu § 1 BeschFG 1985 mit Akzentverschiebung zur Normsetzungsprärogative der Koalitionen.
[495] BAG 12. 3. 1992 AP Nr. 1 zu § 4 BeschFG (*Mosler*).
[496] BAG 8. 10. 1986 AP Nr. 7 zu § 8a MuSchG 1968; BAG 24. 11. 1993 AP Nr. 158 zu § 611 BGB Gratifikation; für Einzelarbeitsvertrag BAG 24. 10. 1990 AP Nr. 135 zu § 611 BGB Gratifikation.
[497] BAG 24. 11. 1992 AP Nr. 23 zu § 1 BUrlG.

Heimarbeiter abgewichen werden kann, daß es sich also (nur) um einseitig zwingendes Gesetzesrecht handelt. Zugunsten der betroffenen Arbeitnehmer darf der Tarifvertrag eine abweichende Regelung vorsehen.[498] Eine Ausnahme vom einseitig zwingenden Charakter des Gesetzes beinhaltet § 4 Abs. 4 EFZG, wonach die Tarifvertragsparteien die Berechnungsmethode und (auch) die Berechnungsgrundlage zuungunsten des Arbeitnehmers abändern können.[499]

Dem Schutzzweck der gesetzlichen Normen über die Entgeltfortzahlung im Krankheitsfall widerspricht es nicht, wenn eine tarifliche Jahressonderzahlung im Hinblick auf – zu bezahlende – Fehlzeiten gekürzt wird. Die Entgeltsicherung im Krankheitsfall umfaßt nach dem Lohnausfallprinzip nur den Verdienst während der Zeit der Arbeitsunfähigkeit, nicht aber die Sicherung eines allgemeinen Lebensstandards.[500] **369**

ee) § 115 Abs. 2 GewO, also das Verbot des Warenkreditierens, enthält allseitig zwingendes Recht. Dagegen verstoßende Individualverträge sind nach § 117 GewO nichtig;[501] vgl. dazu unten Rnr. 468, § 1 Rnr. 362. Gegen die tarifvertragliche Einführung der bargeldlosen Lohnzahlung bestehen jedoch keine Bedenken, da das Truckverbot nur ein Abweichen von der Geldleistung, nicht aber verschiedene Modalitäten der Geldleistung verbietet.[502] **370**

ff) § 1 GWB. Der Arbeitsmarkt ist insgesamt von den nationalen und europäischen Kartellverboten oder Kartelleinschränkungen ausgenommen.[503] Das war vorübergehend streitig,[504] entspricht aber seit der Leitentscheidung des Bundesarbeitsgerichts vom 27. 6. 1989[505] allg. Ansicht. Das Tarifvertragsgesetz ist zwar kein Gesetz *für* Wettbewerbsbeschränkungen,[506] die kartellmäßigen Nebenwirkungen von Kollektivverträgen müssen jedoch in Kauf genommen werden, um eine zwingende Basisregelung der Arbeitsbedingungen herbeizuführen. Von der Ausnahme betroffen sind auch tarifvertragliche Regelungen, die nicht ausschließlich auf die Stellung des Arbeitgebers am **371**

---

[498] Ebenso *Kempen/Zachert*, Grundl., Rnr. 211.
[499] Vgl. *J. Schmitt*, 2. Aufl. 1995, § 4 EFZG, Rnr. 124 ff.
[500] BAG 12. 7. 1995 AP Nr. 177 zu § 611 BGB Gratifikation.
[501] BAG 20. 3. 1974 AP Nr. 1 zu § 115 GewO (*Weitnauer/Holtkamp*); zur Verfassungsmäßigkeit der §§ 115, 117 GewO vgl. BVerfG 24. 2. 1992 = NJW 1992, S. 2143.
[502] Vgl. dazu BAG 19. 4. 1963 AP Nr. 2 zu § 56 BetrVG 1952 Entlohnung (*Küchenhoff*); BAG 15. 12. 1976 AP Nr. 1 zu § 1 TVG Arbeitsentgelt (*Wiedemann*); BAG 31. 7. 1984 AP Nr. 1 zu § 26a BMT-G II; BAG 12. 9. 1984 AP Nr. 135 zu § 1 TVG Auslegung (*Pleyer*) = EzA § 1 TVG Auslegung Nr. 14 (*Belling*); BAG 5. 7. 1991 AP Nr. 11 zu § 87 BetrVG Auszahlung.
[503] *Däubler*, Tarifvertragsrecht, Rnr. 379; *Rieble*, Arbeitsmarkt und Wettbewerb, 1996, S. 136; *Roth*, in: FIW-Tarifautonomie und Kartellrecht, 1990, S. 10; *Säcker/Oetker*, Tarifautonomie, S. 211 ff.; *von Wallwitz*, Tarifverträge und die Wettbewerbsordnung des EG-Vertrages, 1997, S. 32 ff.
[504] Vgl. KG 21. 2. 1990 AP Nr. 60 zu Art. 9 GG; *Immenga*, Grenzen des kartellrechtlichen Ausnahmebereichs Arbeitsmarkt, 1989, S. 35.
[505] BAG 27. 6. 1989 AP Nr. 113 zu Art. 9 GG Arbeitskampf (*Wiedemann/Wonneberger*) = EzA Art. 9 GG Arbeitskampf Nr. 94 (*Reuter*); BAG 28. 3. 1990 AP Nr. 25 zu § 5 TVG.
[506] So *Richardi*, Kollektivgewalt, S. 179; *Rüthers*, Tarifmacht und Mitbestimmung in der Presse, 1975, S. 15.

Arbeitsmarkt einwirken, sondern auch auf sein Verhalten als Unternehmer am Güter- und Warenmarkt ausstrahlen. Der Geltungsverzicht des GWB erstreckt sich weiter auch auf Wettbewerbsbeschränkungen ausschließlich zwischen den Arbeitgebern, mit denen sie ihr Arbeitsmarktverhalten koordinieren.[507] Sie können sich deshalb z. B. zu Alters- oder Ausgleichskassen zusammenschließen. Eine Ausnahme in der umgekehrten Richtung gilt, wenn die Tarifvertragsparteien in Wirklichkeit wettbewerbsregelnde Absichten verfolgen, das Rechtsinstitut des Tarifvertrages also mißbrauchen.[508]

372   **gg) §§ 57a ff. HRG.** Durch das Gesetz über befristete Arbeitsverträge mit wissenschaftlichem Personal an Hochschulen und Forschungseinrichtungen (HFVG) wurde mit zweiseitig zwingender Wirkung die Zulässigkeit befristeter Arbeitsverträge mit wissenschaftlichem Personal festgelegt und damit eine gesetzliche Tarifsperre eingeführt. Das Bundesverfassungsgericht erklärte dies als mit der Tarifautonomie nach Art. 9 Abs. 3 GG vereinbar, weil der Gesetzgeber sich dabei auf das Grundrecht der Wissenschaftsfreiheit stützen konnte und den Grundsatz der Verhältnismäßigkeit einhielt;[509] vgl. dazu oben Einl. Rnr. 117.

373   **hh) § 1 KSchG** enthält einseitig zwingendes Gesetzesrecht.[510] Deshalb hat das Bundesarbeitsgericht § 15 Abs. 5 BAT-O, der die Anordnung von Kurzarbeit durch den Arbeitgeber erlaubte, ohne Regelungen über Voraussetzungen, Umfang und Höchstdauer dieser Maßnahme zu treffen, wegen Gesetzesverletzung für unwirksam erklärt.[511] Auch wenn den Tarifvertragsparteien ein größerer Gestaltungsfreiraum zuzubilligen sei als den Parteien des Arbeitsvertrages, könne dies doch nicht zur Umgehung zwingender Schutzbestimmungen führen; das sei zu bejahen, wenn es an allen formalen und materiellen Voraussetzungen mangele, Kurzarbeit einzuführen. Man wird dies dahin ergänzen können, daß der Tarifvertrag dem Arbeitgeber auch nicht gestatten darf, bei Arbeitszeit oder Teilzeitbeschäftigung[512] Anordnungen ohne entsprechende Voraussetzungen des Tarifvertrages zu Dauer und Umfang zu treffen.[513] Eine weitere Frage lautet, ob sich kollektivvertragliche Unkündbarkeitsklauseln dahin auswirken, daß die davon begünstigten Arbeitnehmer bei der Sozialauswahl nach § 1 Abs. 3 KSchG nicht berücksichtigt werden können; vgl. dazu ausführlich unten § 1 Rnr. 537ff.

374   **§ 2 KSchG** bietet ähnliche Abgrenzungsschwierigkeiten. Der Tarifvertrag kann das Direktionsrecht des Arbeitgebers dahin festlegen, daß er dem Arbeitnehmer einseitig eine andere, auch nach einer niedrigeren Lohngruppe

---

[507] *Rieble*, Arbeitsmarkt und Wettbewerb, 1996, S. 117.
[508] Ebenso BAG 27. 6. 1989 AP Nr. 113 zu Art. 9 GG Arbeitskampf (*Wiedemann/Wonneberger*); *Däubler*, Tarifvertragsrecht, Rnr. 380.
[509] BVerfGE 94, S. 268 = EzA Art. 9 GG Nr. 61 (*Müller/Thüsing*) = AR-Blattei, ES 1650, Nr. 17 (*Löwisch*) = SAE 1997, S. 129 (*Hufen*).
[510] BAG 14. 5. 1987 AP Nr. 5 zu § 1 KSchG 1969 Wartezeit: Günstigere Berechnung der Voraussetzungen des § 1 Abs. 1 KSchG.
[511] BAG 27. 1. 1994 AP Nr. 1 zu § 15 BAT-O; BAG 18. 10. 1994 AP Nr. 11 zu § 615 BGB Kurzarbeit.
[512] BAG 12. 12. 1984 AP Nr. 6 zu § 2 KSchG 1969: Umgehung des Kündigungsschutzes durch Einzelarbeitsvertrag bei teilzeitbeschäftigten Musiklehrern.
[513] Kritisch dazu *Stein*, Tarifvertragsrecht, Rnr. 486.

zu vergütende Tätigkeit zuweisen kann. Von einer „Erweiterung" des Direktionsrechts sollte man hier nicht sprechen, da es keinen (naturrechtlich) vorgegebenen Umfang des Direktionsrechts gibt, sein Inhalt sich vielmehr aus den Kollektivvereinbarungen oder einem günstigeren Einzelarbeitsvertrag ergibt.[514] Wohl aber sind die Tarifvertragsparteien an den durch § 2 KSchG geschützten Mindestrahmen des Arbeitsverhältnisses gebunden, innerhalb dessen jede Vertragsänderung der Kündigung bedarf. Tarifvertraglich kann deshalb nicht eine *voraussetzungslose* Änderung der Arbeitstätigkeit und erst recht des Arbeitsentgelts vorgesehen werden. Eine ähnliche Abgrenzung wird man bei tarifvertraglichen Arbeitszeitverkürzungen ohne Lohnausgleich durch einseitige Anordnung des Arbeitgebers vornehmen können; der Tarifvertrag muß Anlaß und Umfang genau formulieren.

ii) § 14 MuSchG. Dem Schutzzweck des MuSchG zur Entgeltfortzahlung widerspricht es nicht, wenn ein Tarifvertrag die Zeit der Mutterschutzfristen *nicht* als eine Zeit tatsächlicher Arbeitsleistung für eine Gratifikation bewertet.[515] 375

jj) § 47 SchwbG. Der Umfang des gesetzlichen Zusatzurlaubs nach § 47 SchwbG ist wie der Umfang des Urlaubs nach dem BUrlG zwingendes Recht und unterliegt nicht der Disposition der Tarifvertragsparteien zum Nachteil des Schwerbehinderten. Auch wenn die Zwölftelungsvorschriften des § 5 Abs. 1 BUrlG heranzuziehen sind, könnten die Tarifvertragsparteien nicht die Verringerung des gesetzlichen Mindesturlaubs für Arbeitnehmer anordnen, die in der zweiten Jahreshälfte ausscheiden.[516] 376

kk) § 3 StabG. Die Bedeutung des Gesetzes zur Förderung der Stabilität und des Wachstums der Wirtschaft (StabG) vom 8. Juni 1967 (BGBl. I, S. 582) ist heute entfallen; es wird deshalb auf die Ausführungen in der Vorauflage, Einl., Rnr. 97 ff. verwiesen. 377

ll) § 41 Abs. 4 Satz 3 SGB VI. Nachdem das Bundesarbeitsgericht generelle tarifvertragliche Altersgrenzen als von § 41 Abs. 4 Satz 3 SGB VI a. F. betroffen und daher wegen Verstoßes gegen zwingendes Gesetzesrecht für nichtig erklärt hatte,[517] änderte der Gesetzgeber die Vorschrift 1994 und verfügte gleichzeitig, daß die Rechtsfolgen der alten Fassung sowie der jüngsten Rechtsprechung für die Zukunft aufgehoben seien.[518] Mit dem Inkrafttreten des Änderungsgesetzes wurden einzel- und kollektivvertragliche Altersgrenzenvereinbarungen (wieder) möglich, die das Ausscheiden des Arbeitnehmers allein von der Vollendung des 65. Lebensjahres abhängen lassen. Offen blieb dabei die Frage, ob frühere Tarifverträge, die – entweder qua rangniederes Recht oder qua § 134 BGB – nichtig waren, automatisch wieder in Kraft traten oder einer ausdrücklichen oder konkludenten Bestätigung 378

---

[514] Treffend BAG 22. 5. 1985 AP Nr. 7 zu § 1 TVG Tarifverträge: Bundesbahn (*Weiss/Weyand*) mit Nachweisen der älteren Rechtsprechung.
[515] BAG 12. 7. 1995 AP Nr. 177 zu § 611 BGB Gratifikation.
[516] BAG 8. 3. 1994 AP Nr. 5 zu § 47 SchwbG 1986.
[517] BAG 20. 10. 1993 AP Nr. 3 zu § 41 SGB VI (*Linnenkohl/Rauschenberg*) = EzA § 41 SGB VI Nr. 1 (*Oetker*); BAG 1. 12. 1993 AP Nr. 4 zu § 41 SGB VI (*Steinmeyer*) = EzA § 41 SGB VI Nr. 2 (*Oetker*).
[518] SGB VI ÄndG vom 26. 7. 1994, BGBl. I 1994, S. 1797.

bedurften. Die Frage lautet in diesem Zusammenhang also nicht dahin, wieweit das zwingende Gesetz abweichende Kollektivvereinbarungen *sachlich* verdrängt, sondern dahin, ob es einen gesetzwidrigen Tarifvertrag nur *auf Zeit* suspendieren, also verdrängen will. Letzteres ist im Zweifel anzunehmen, wenn der Gesetzgeber einen Sachbereich im Interesse des Allgemeinwohls allseitig zwingend regelt.[519]

379 **mm) § 3 WährG.** Wie weit tarifliche Indexlöhne und Wertsicherungsklauseln der Genehmigung der Deutschen Bundesbank nach § 3 Satz 2 WährG bedürfen, ist höchstrichterlich bisher nicht geklärt und im Schrifttum bestritten.[520] Die Möglichkeit einer festen Bindung von Tariflöhnen oder Tarifgehältern an Preise, Indices oder andere Bezugsgrößen ist in Deutschland im Gegensatz zum Ausland, wo Indexklauseln in Tarifverträgen bereits verbreitet sind, bisher nicht ausgenutzt worden. Die Tarifvertragsparteien haben nur einmal einen Antrag auf Ausnahmegenehmigung gestellt. Die Lohnindexierung wird auf gewerkschaftlicher Seite als Einengung der Tarifautonomie angesehen.[521] Seinem Wortlaut nach trifft § 3 WährG nicht zu, weil die Tarifvertragsnorm nicht die Eingehung sachwertabhängiger Geldschulden durch *Rechtsgeschäft* beinhaltet. Eine Ausdehnung des Anwendungsbereichs des Währungsrechts auf Rechtsetzungsverfahren ist nach dem Wortlaut des Gesetzes nicht beabsichtigt. Einer extensiven Auslegung des Gesetzes auf Kollektivverträge, die auch anderweit nicht automatisch dem Individualvertragsrecht unterworfen sind, steht entgegen, daß es dazu, ob die volkswirtschaftlichen Wirkungen von Anpassungsklauseln akzeptiert werden sollen, sehr unterschiedliche Auffassungen gibt.[522]

380 Bestimmte Klauseln werden von § 3 WährG von vornherein nicht erfaßt. Dazu gehören Abreden, wonach sich Löhne und Gehälter bei Veränderungen von Umsätzen und Erträgen der Betriebe, bei Veränderungen des Sozialprodukts, der Industrieproduktion oder der Arbeitsproduktivität erhöhen oder ermäßigen sollen (*Spannungsklauseln*). Entsprechendes gilt für Tarifvereinbarungen, in denen für diesen Fall neue Tarifverhandlungen in Aussicht genommen werden. Eine nach § 3 WährG genehmigungsbedürftige Abrede liegt schließlich auch dann nicht vor, wenn den Tarifvertragsparteien bei der Neufestsetzung Spielraum verbleibt, der Tarifvertrag z. B. vorsieht, daß die Preisänderung „in billiger Weise auszugleichen" ist oder eine „entsprechende" Anpassung von Löhnen oder Gehältern erfolgen muß.

381 Zur Vereinbarung von *Indexkündigungsklauseln*, die ein automatisches Auslaufen des Tarifvertrages bei Erreichen bestimmter Indexzahlen vorsehen, vgl. unten § 4 Rnr. 18.

---

[519] Ebenso *Boecken,* NZA 1995, S. 145, 147; abw. *Kempen/Zachert,* Grundl., Rnr. 192, 208.
[520] Hueck/*Nipperdey,* Arbeitsrecht II 1, § 19 B I, S. 395; *Lohs,* Anpassungsklauseln in Tarifverträgen, 1996, S. 171; Löwisch/*Rieble,* § 1 TVG, Rnr. 557, *W. Weber,* Koalitionsfreiheit und Tarifautonomie als Verfassungsproblem, 1965, S. 46 bejahen die Genehmigungsbedürftigkeit; *Däubler,* Tarifvertragsrecht, Rnr. 569; *Nies,* RdA 1967, S. 169; *Schnorr,* AuR 1963, S. 136, 137 verneinen sie.
[521] Vgl. *Däubler,* Tarifvertragsrecht, Rnr. 570.
[522] Vgl. *Blanchard,* Journal of Political Economy, 1979, S. 789–815; *Dornbusch/Fischer,* Makroökonomik, 3. Aufl. 1987, S. 535 ff.; *Wagner,* Stabilitätspolitik, 1996, S. 195 ff.

2. Einseitig zwingendes Gesetzesrecht

Die Geltung staatlicher Gesetze als einseitig zwingendes Recht, von dem durch Einzel- oder Kollektivvertrag zugunsten der Arbeitnehmer abgewichen werden darf, entspricht dem Modellbild des Verhältnisses von parlamentarischer Gesetzgebung und Tarifautonomie: für den Arbeitnehmer vorteilhafte Abweichungen sollen grundsätzlich zulässig sein. Diese Auffassung liegt auch dem Entwurf eines Arbeitsvertragsgesetzes zugrunde; vgl. die Erläuterungen zu § 151 ArbVGE.[523] Die mit der Tarifautonomie notwendig werdende Zuständigkeitsabgrenzung zwischen staatlichem und kollektivvertraglichem Handeln kann nur begrenzt sachlich-gegenständlich (vgl. oben Rnr. 137 ff.) und keinesfalls regional-föderalistisch erfolgen.[524] Sie kann aber in der Wirkungsstrenge der Normen dahin geordnet werden, daß der staatliche Gesetzgeber in erster Linie für die allgemeinen Grundbedingungen der Arbeits- und Sozialordnung verantwortlich ist und die angemesseneren und besseren Regelungen den Sozialpartnern überläßt.

3. Allseitig dispositives Gesetzesrecht

a) Abdingbarkeit des dispositiven Gesetzesrechts. Das dispositive Gesetzesrecht stellt Ergänzungs- und Auslegungsregeln für den Fall zur Verfügung, daß die Parteien des Einzelarbeitsvertrages oder der Kollektivvereinbarung keine eigenständige Ordnung treffen. Das dispositive Gesetzesrecht geht daher den genannten Rechtsquellen im Range grundsätzlich nach: die Tarifvertragsparteien können vom dispositiven Recht ebenso wie die Parteien des Einzelarbeitsvertrages oder der Betriebsvereinbarung abweichen. Allerdings ist ihre Freiheit nicht unbeschränkt. Aus ihrer Stellung in der sozialen Selbstverwaltung folgt, daß die Tarifvertragsparteien den gesetzlichen Regelungsvorschlag nicht willkürlich und nicht ohne sachlichen Grund abändern dürfen, besonders dann nicht, wenn damit die Interessen einer Partei oder einer bestimmten Gruppe ungebührlich vernachlässigt würden.[525] Das dispositive Gesetzes-, insb. das dispositive Vertragsrecht der §§ 241 ff. und der §§ 611 ff. BGB stellt mithin eine Leitlinie für die Kollektivvertragsparteien dar, die nicht ohne Grund verlassen werden sollte; ein Anlaß dazu kann z. B. darin liegen, daß im Wege der Kompensation andere Ansprüche des Arbeitnehmers verbessert werden sollen.

b) Übernahme des dispositiven Gesetzesrechts. Die Tarifvertragsparteien können dispositives Gesetzesrecht ihrer Regelung zugrunde legen. Dabei gibt es für sie verschiedene Modalitäten. Sie können das Gesetz wörtlich oder sachlich wiederholen oder auf seinen Inhalt Bezug nehmen oder auch nur darauf hinweisen (*deklaratorische* Bedeutung), sie können die gesetzliche Regelung indes auch abändern oder ergänzen oder eindeutig als Bestandteil

---

[523] BR-Drucks. 293/95, S. 157.
[524] Abw. *Kempen/Zachert*, Grundl., Rnr. 209.
[525] Ebenso BAG 2. 11. 1955 AP Nr. 1 zu 27 BetrVG 1952; BAG 7. 11. 1958 AP Nr. 1 zu § 611 BGB Film (*A. Hueck*); *Nikisch*, Arbeitsrecht II, § 69 IV 3, S. 229; abw. *Hueck/Nipperdey*, Arbeitsrecht II 1, § 19 D II, S. 397; *Kunze*, ArbRGegw 1 (1963), S. 119, 141.

Einleitung 385   2. Abschnitt. Tarifvertrag und höherrangiges Recht

des Tarifvertrages übernehmen und damit bekräftigen (*konstitutive* Bedeutung). Diese Alternativen haben bei der Auslegung des 1996 neu gefaßten § 4 Abs. 1 EFZG zu einer intensiven Diskussion zur Auswirkung von Gesetzesänderungen auf inhaltsgleiche Tarifverträge geführt. Die Eckpunkte sind unbestritten: wenn und soweit der Tarifvertrag die gesetzliche Regelung modifiziert – was nach § 12 EFZG grundsätzlich nur zugunsten der Arbeitnehmer möglich ist –, kommt der Kollektivvereinbarung eigene Regelungskraft zu; Änderungen des staatlichen Rechts führen mithin solange zu keiner Änderung des Tarifvertrages, als die Tarifvertragsnormen nicht aufgehoben oder aus anderen Gründen undurchführbar geworden sind. Wenn und soweit der Tarifvertrag dagegen die gesetzliche Regel nur inhaltlich wiederholt oder auf deren Geltung hinweist, führt eine spätere Änderung des staatlichen Gesetzes zugleich zur inhaltlichen Angleichung des Tarifvertrages. Ob die eine oder die andere Rechtsfolge eintreten soll, bestimmen die Sozialpartner selbst. Rechtliche Zweifelsfragen beginnen erst, wenn der Tarifvertrag die gesetzliche Regelung *übernimmt* und seine Auslegung kein eindeutiges Ergebnis zeitigt, denn dann bedarf es einer Auslegungsregel.

385 Lange Zeit entsprach es allgemeiner Ansicht, daß dispositives Gesetzesrecht mit der inhaltsgleichen Wiederholung im Tarifvertrag an dessen Wirkungen konstitutiv beteiligt werden soll.[526] Die Rechtsprechung hat diese Auslegungsregel aber zunehmend in Frage gestellt,[527] wobei die Mehrheit der Entscheidungen die Auswirkung der verfassungsgerichtlichen Rechtsprechung zu § 622 BGB a. F.[528] auf entsprechende Tarifverträge betraf. Die neuere Rechtsprechung setzte den Akzent umgekehrt: „Werden einschlägige gesetzliche Vorschriften wörtlich oder inhaltlich unverändert in einen umfangreichen Tarifvertrag aufgenommen, so handelt es sich um deklaratorische Klauseln, wenn der Wille der Tarifvertragsparteien zu einer gesetzesunabhängigen Tarifregelung im Tarifvertrag keinen hinreichend erkennbaren Ausdruck gefunden hat."[529] Zur Begründung wies der 2. Senat später darauf hin, den Tarifpartnern sei der Wechsel der Rechtsprechung bekannt gewesen; sie hätten also dafür sorgen können, daß ein etwaiger Normsetzungswille in ihrem Tarifvertrag auch seinen Niederschlag findet. Der Senat mag dabei eine Flurbereinigung bezweckt haben: als Folge dieser Rechtsprechung waren sämtliche Kündigungsklauseln in den auf das Gesetz bezugnehmenden Tarifverträgen – ohne spezielle Überprüfung am Maßstab des Art. 3 Abs. 1 GG – unwirksam. Die Resonanz auf die neuere Rechtsprechung war im Schrifttum zwiespältig.[530] Höchstrichterliche Rechtsprechung zur Auslegung der Tarifverträge, die eine volle Entgeltfortzahlung im Krankheitsfall vorsa-

---

[526] BAG 23. 4. 1957 AP Nr. 1 zu § 1 TVG; BAG 5. 3. 1957 AP Nr. 1 zu § 1 TVG Rückwirkung; Hueck/*Nipperdey*, Arbeitsrecht II 1, § 19 D III, S. 400; abw. schon früher *Nikisch*, Arbeitsrecht II, § 69 IV 5, S. 231.
[527] BAG 27. 8. 1982 AP Nr. 133 zu § 1 TVG Auslegung (*Wiedemann*).
[528] Vgl. BVerfGE 82, S. 126 = AP Nr. 28 zu § 622 BGB.
[529] BAG 5. 10. 1995 AP Nr. 48 (*Bengelsdorf*), 4. 3. 1993 AP Nr. 40 (*Hergenröder*), 16. 9. 1993 AP Nr. 42 (*Jansen*) und 10. 3. 1994 AP Nr. 44 zu § 622 BGB.
[530] Zustimmend *Kramer*, ZIP 1994, S. 929, 930; *Hromadka*, BB 1993, S. 2372, 2375; *Kamanabrou*, RdA 1997, S. 22, 27; ablehnend *Bengelsdorf*, NZA 1991, S. 121, 126; *Giesen*, RdA 1997, S. 193, 202 ff.; *Rieble*, RdA 1997, S. 134, 139 ff.; *Wedde*, AuR 1996, S. 421, 423.

hen und mit Erlaß des § 4 Abs. 1 EFZG qualifiziert werden mußten, ist erst während der Drucklegung ergangen.[531]

Der Rechtsprechung, wonach der Tarifvertrag einen eigenständigen Regelungswillen dokumentieren müsse, um konstitutive Wirkung zu begründen, ist insoweit zu folgen, als bloße *Verweisungen* auf gesetzliche Vorschriften nur Informationscharakter haben. Hier fehlt den Tarifvertragsparteien im Zweifel der Regelungswille. Wird dagegen eine gesetzliche Regelung wort- oder inhaltsgleich *übernommen*, so gilt abweichend von der jüngsten Rechtsprechung des Bundesarbeitsgerichts die umgekehrte Auslegungsregel: im Zweifel wird eine eigenständige Rechtsgeltung herbeigeführt. Der Rechtsprechung läßt sich entgegenhalten, daß eine lückenlose Information über die gesetzliche Rechtslage in den meisten Fällen nicht vermittelt werden kann und deshalb auch nicht beabsichtigt ist. Außerdem begründet die Schriftform des Tarifvertrages eine Vollständigkeitsvermutung. Darüber kann man freilich streiten. Gegen die vom Bundesarbeitsgericht aufgestellte Auslegungsregel sprechen aber zwingende tarifvertragsrechtliche Gesichtspunkte, die in der Rechtsprechung nicht berücksichtigt werden.[532] Eine konstitutive Übernahme allseitig dispositiven Gesetzesrechts in den Tarifvertrag macht die Regelung zu zwingendem Recht, die Übernahme einseitig zwingenden Gesetzesrechts macht sie wenigstens verzichtsresistent; vgl. § 4 Abs. 1 und 4 des Gesetzes. Zum anderen unterliegt der eigene Inhalt des Tarifvertrages der Durchsetzungs- und Einwirkungspflicht der Sozialpartner; die Gewerkschaft kann vom Arbeitgeberverband oder vom einzelnen Arbeitgeber Vertragstreue einfordern. Das ist ja auch der Grund dafür, daß die Tarifvertragsparteien die gesetzliche Regelung aufnehmen. Dazu kommt, daß der konstitutiv beschlossene Inhalt des Tarifvertrages der Friedenspflicht unterliegt, während bloße Hinweise auf die Rechtslage nach dem staatlichen Gesetz von der Friedenspflicht nicht erfaßt werden.[533] Beim Ergebnis ist schließlich zu berücksichtigen, daß offenkundige Arbeitnehmerschutzbestimmungen im Zweifel zugunsten der Arbeitnehmer auszulegen sind und die Einheit des Regelungscharakters die Rechtssicherheit verstärkt.

II. Tarifdispositives Gesetzesrecht

1. Begriff und Bedeutung

a) Begriff. Unter tarifdispositivem Recht versteht man Gesetzesnormen, die lediglich für die Parteien des Arbeitsvertrages und der Betriebsvereinbarung, nicht aber für die Tarifvertragsparteien zwingende Wirkung entfalten. Es handelt sich um Gesetzesrecht mit gespaltener Rechtswirkung. Da Arbeitsbedingungen, die für die Arbeitnehmer günstiger sind als das Gesetz, in der Regel vereinbart werden dürfen, haben die erwähnten Bestimmungen ihre Bedeutung vor allem darin, daß sie eine tarifvertragliche *Schlechterstellung*

---

[531] Vgl. BAG 16. 6. 1998, NZA 1998, S. 1061 und BAG 1. 7. 1998, NZA 1998, S. 1066
[532] Überzeugend *Rieble*, RdA 1997, S. 134, 139.
[533] Abw. LAG Schleswig-Holstein, 29. 11. 1996 (nicht veröffentlicht); *Rieble*, RdA 1997, S. 134, 141.

der betroffenen Arbeitnehmer zulassen; eine Verböserung soll durch Tarifvertrag und *nur* dadurch ermöglicht werden. Dabei kann der Gesetzgeber die ungünstigere Regelung nach unten – aber nur bis zum verfassungsrechtlichen Untermaßverbot – freigeben wie in § 6 BeschFG, oder den Spielraum der Tarifvertragsparteien von sich aus eingrenzen wie in § 7 ArbZG. Von gesetzlichen *Zulassungsnormen* wird heute nur noch gesprochen, wenn das Gesetz dem Tarifvertrag ein Abweichen gestattet, eine abweichende Regelung im Einzelarbeitsvertrag und entsprechend eine Bezugnahme nicht organisierter Arbeitnehmer auf den Tarifvertrag der Natur der Sache nach aber ausgeschlossen ist; vgl. zur Begriffsbildung unten zu § 1 Rnr. 266.

388 b) **Bedeutung**. Der moderne Gesetzgeber macht von der Möglichkeit der allseitigen Öffnung seiner Regelungen zugunsten der Tarifvertragsparteien und darüberhinaus der Bezugnahme der nicht organisierten Arbeitsvertragsparteien auf die tarifvertragliche Regelung zunehmend Gebrauch. Das ist geschehen für Kündigungsfristen in § 622 Abs. 4 BGB, für das Urlaubsrecht in § 13 BUrlG, für die betriebliche Altersversorgung in § 17 Abs. 3 BetrAVG, für die Teilzeitarbeit in § 6 BeschFG, für die Lohnfortzahlung in § 4 Abs. 4 EFZG, § 115b Abs. 3 AGB-DDR, für die Arbeitszeit in § 7 ArbZG, § 21a JArbSchG, für die Arbeitnehmerüberlassung in § 1 Abs. 1 und 3 AÜG, für die Vermögensbildung in § 10 Abs. 3 des 5. VermBG und für Seeleute in den §§ 100a, 104, 140 SeemannsG.

389 Die Bedeutung des tarifdispositiven Gesetzesrecht hat zugenommen; moderne arbeitsrechtliche Gesetze machen davon in beträchtlichem Umfang Gebrauch. Sie wollen die größere Sachnähe und die leichtere Anpassungsmöglichkeit der Tarifverträge an veränderte Umstände anerkennen;[534] die Tarifvertragsparteien können der Wirtschaftslage schneller Rechnung tragen, als es das schwerfällige Verfahren der parlamentarischen Gesetzgebung zuläßt. Tarifdispositives Gesetzesrecht sorgt außerdem für Dezentralisierung und trägt dem Subsidiaritätsprinzip Rechnung, intensiviert freilich gleichzeitig die Kartellwirkung der Kollektivvereinbarungen.[535] Das tarifdispositive Gesetzesrecht und die darin meist vorgesehene Bezugnahmemöglichkeit bildet schließlich ein Zeichen der Anerkennung der Tarifautonomie und ihrer Einbettung in die staatliche Gesetzgebung: tarifdispositive Gesetzesnormen stärken die Stellung der Gewerkschaften und der Arbeitgeberverbände, und zwar auch gegenüber den nicht organisierten Arbeitnehmern. Der staatliche Gesetzgeber geht von der Vorstellung aus, daß die Tarifvertragsnormen eine gleichrangige Gewähr für ausgewogene, sachgerechte und zeitnahe Lösungen bieten. Hier kommt der Gedanke der „Richtigkeitsgewähr" des Tarifvertrags zum Tragen; vgl. dazu unten zu § 1 Rnr. 216ff. Mit der Bezugnahmemöglichkeit durch die nicht tarifgebundenen Arbeitsvertragsparteien bestätigt der Gesetzgeber schließlich die Einwirkungsbefugnisse der Koalitionen gegenüber nicht oder anders organisierten Arbeitnehmern:[536] die Tarifvertragspar-

---

[534] Vgl. die amtliche Begründung im Entwurf zum ArbZG, BT-Drucks. 12/5888, S. 20, 26.
[535] Vgl. zu den Vor- und Nachteilen des tarifdispositiven Rechts *Sieber,* Tarifdispositives Recht, 1996, S. 181 ff.
[536] Vgl. *Wiedemann,* RdA 1969, S. 321, 327 ff.

teien dürfen *gesetzesvertretendes Arbeitsrecht* erlassen – freilich vorbehaltlich der Übernahme durch die Parteien des Einzelarbeitsvertrages. Das tarifdispositive Gesetzesrecht gibt aber immerhin einen Anhalt dafür, die Koalitionen insoweit als Repräsentanten des gesamten Berufs- oder Wirtschaftszweiges anzusprechen.

Jüngere tarifdispositive Gesetze wie § 7 Abs. 3 und 4 ArbZG sehen eine Tariföffnung auch für Betriebsvereinbarungen und zusätzlich für Regeln der Kirchen und der öffentlich-rechtlichen Religionsgesellschaften vor.

c) **Abgrenzung.** Kein tarifdispositives Recht und keine gesetzliche Zulassungsnorm liegt vor, wenn durch den Tarifvertrag bisher geltendes Recht, das ihm prinzipiell gleichrangig war, aufgrund einer Zeit-Kollisionsregel außer Kraft tritt. So handelt es sich bei § 10 des Gesetzes, wonach ein Tarifvertrag die den gleichen Geltungsbereich beanspruchenden Tarifordnungen und Lohngestaltungsordnungen außer Kraft setzt, nicht um einen Fall der Tarifdisponibilität.

Nicht zum tarifdispositiven Recht zählen die Zulassungsnormen des **BetrVG 1972**, in denen dieses Gesetz die Tarifvertragsparteien ermächtigt, von der gesetzlichen Regelung der Betriebsorganisation abzuweichen; vgl. die §§ 3 Abs. 1 Nr. 1–3 (Schaffung zusätzlicher betriebsverfassungsrechtlicher Vertretungen der Arbeitnehmer bestimmter Beschäftigungsarten oder Arbeitsbereiche; Errichtung einer anderen Vertretung der Arbeitnehmer für Betriebe, in denen wegen ihrer Eigenart der Errichtung von Betriebsräten besondere Schwierigkeiten entgegenstehen; von § 4 abweichende Regelungen über die Zuordnung von Betriebsteilen und Nebenbetrieben), § 38 Abs. 1 Satz 3 (anderweitige Regelung der Freistellung von Betriebsratsmitgliedern), §§ 47 Abs. 4, 55 Abs. 4, 72 Abs. 4 (anderweitige Regelung der Mitgliederzahl im Gesamtbetriebsrat, im Konzernbetriebsrat und in der Gesamtjugendvertretung), § 76 Abs. 8 (Ersetzung der betrieblichen Einigungsstelle durch eine tarifliche Schlichtungsstelle), § 86 (Regelung des Beschwerdeverfahrens), § 117 Abs. 2 (Errichtung einer Vertretung für im Flugbetrieb beschäftigte Arbeitnehmer und Regelung der Zusammenarbeit mit den gesetzlichen Vertretungen der Arbeitnehmer der Landbetriebe). Dabei nimmt § 3 BetrVG 1972 eine Sonderstellung ein, da es sich hier, wie die Genehmigungspflicht der obersten Arbeitsbehörde des Landes (vgl. § 3 Abs. 2) beweist, um eine Einschränkung der Tarifautonomie handelt; andererseits bedeutet die Ermächtigung, die Betriebsvertretung abweichend vom Gesetz zu gestalten, eine Erweiterung der Tarifautonomie. In den anderen genannten Bestimmungen des BetrVG fehlt ein Genehmigungsvorbehalt. Insofern liegt ein Tarifvertrag im normalen Zuständigkeitsbereich der sozialen Gegenspieler.[537] Man kann diese Bestimmungen nicht als tarifdispositives Gesetzesrecht betrachten, weil eine abweichende Regelung im Einzelarbeitsvertrag nicht in Betracht kommt. Die Mitwirkung der Tarifvertragsparteien in der Betriebsverfassung ist eine Frage ihrer betriebsverfassungsrechtlichen Zuständigkeit.

Zweifeln kann man, ob die Prorogationsfreiheit der Tarifvertragsparteien nach **§ 48 Abs. 2 ArbGG**, wonach diese frei darüber entscheiden können, ob sie eine ausschließliche oder eine zusätzliche Zuständigkeit begründen

---

[537] Ebenso *Löwisch*/Rieble, § 1 TVG, Rnr. 233.

wollen, die nach dem Gesetz nicht vorgesehen ist, als dispositives Gesetzesrecht angesprochen werden kann.[538] Für die tarifvertragliche Prorogation gilt die Schriftform nach § 1 Abs. 2 des Gesetzes. Die Möglichkeit tarifvertraglicher Vereinbarungen eines an sich örtlich nicht zuständigen Arbeitsgerichts für Streitigkeiten zwischen einer Gemeinsamen Einrichtung und dem Arbeitnehmer oder Arbeitgeber wird jetzt vom Gesetz klargestellt.

393 Kein tarifdispositives Recht und keine gesetzliche Zulassungsnorm liegt vor, wenn die Gesetzesfassung (Generalklausel, unbestimmter Rechtsbegriff) es ermöglicht, daß der Tarifvertrag eine nähere **Konkretisierung** vornimmt. Die Rechtsprechung spricht zwar auch in diesem Zusammenhang gelegentlich von tarifdispositivem Recht,[539] die Besonderheit besteht hier jedoch nicht in einer Bevorzugung der Tarifvertragsparteien im Vergleich zu den Betriebsvereinbarungspartnern oder den Parteien des Einzelarbeitsvertrages. Eine gewisse Parallele zum tarifdispositiven Recht läßt sich im Ergebnis erst dann feststellen, wenn die Gerichte die Konkretisierung durch die Tarifvertragsparteien nicht nachprüfen, während sie eine Konkretisierung durch die Parteien des Einzelarbeitsverhältnisses oder durch die Betriebspartner überprüfen, den Tarifvertragsparteien mit anderen Worten ein breiterer Ermessensspielraum eingeräumt wird. Auch dies folgt jedoch nicht aus einer gespaltenen Rechtswirkung der jeweiligen Norm, sondern aus der Zurückhaltung der richterlichen Inhaltskontrolle gegenüber Tarifverträgen; vgl. dazu unten § 1 Rnr. 223 ff.

2. Zulässigkeit

394 Da der Gesetzgeber die Regelung der Arbeits- und Wirtschaftsbedingungen grundsätzlich den Tarifvertragsparteien überlassen kann, bestehen gegen die Möglichkeit tarifdispositiver Regelungen keine Bedenken. Innerhalb des durch Art. 9 Abs. 3 GG gesteckten Rahmens steht es dem einfachen Gesetzgeber frei, Umfang und Ausmaß der Delegation zu bestimmen und damit den Tarifvertragsparteien ein mehr oder minder breites Feld zur eigenverantwortlichen Regelung zu eröffnen.

395 a) **Pflicht** zur Tarifdispositivität. Ob der einfache Gesetzgeber zur Konstituierung von tarifdispositivem Gesetzesrecht verpflichtet ist, hängt davon ab, ob man in Art. 9 Abs. 3 GG nicht nur einen funktionalen, sondern auch einen gegenständlichen Kernbereich der Tarifautonomie garantiert sieht, in dem der staatliche Gesetzgeber mit den Sozialpartnern nicht in Konkurrenz treten darf. Das ist abzulehnen; vgl. dazu oben Rnr. 141 ff. Aus Art. 9 Abs. 3 GG und der ihn weiterführenden Rechtsprechung des Bundesverfassungsgerichts läßt sich keine Pflicht des Gesetzgebers ableiten, die Arbeits- und Wirtschaftsbedingungen allgemein oder von einem bestimmten Grad der Konkretisierung an den Tarifvertragsparteien zu überlassen. Da das geltende Gesetzesrecht in weitem Umfang nur einseitig zwingend ausgestaltet ist, mithin Abweichungen *zugunsten* der Arbeitnehmer duldet, wird die Tätigkeit der Tarifvertragsparteien durch zwingendes Gesetzesrecht nicht über Gebühr beschränkt.

---

[538] Vgl. dazu *Germelmann*/Matthes/Prütting, § 48 ArbGG, Rnr. 99.
[539] Vgl. etwa BAG GS 21. 4. 1971 AP Nr. 43 zu Art. 9 GG Arbeitskampf.

b) Umfang der Tarifdispositivität. Der Umfang des tarifdispositiven Gesetzesrechts ist im Wege der Auslegung und Lückenfüllung festzustellen. Im Zweifel ermächtigt der Gesetzgeber die Tarifvertragspartner zwar, vom Gesetz abzuweichen, aber nur innerhalb der gesetzlichen Wertordnung selbst. Der dem Gesetz zugrundeliegende Schutzgedanke ist in der Regel zwingend ausgestaltet, so daß den Tarifvertragsparteien Dispositionsfreiheit lediglich hinsichtlich der Einzelausformung verbleibt. Dabei geht der Gesetzgeber davon aus, daß die Sozialpartner einen *insgesamt* gleichwertigen Schutz herbeiführen.

Die Tarifvertragsparteien können vom Gesetzgeber nicht zu Regelungen ermächtigt werden, die ihm selbst durch die Verfassung verwehrt sind.[540] Das gilt insbesondere für die strikte Bindung der Tarifvertragsparteien an die verfassungsrechtlichen, europäischen und einfachgesetzlichen Gleichheitsgebote; vgl. dazu ausführlich oben Rnr. 213ff.

c) Konkurrenz zu neuem Gesetzesrecht. Tritt ein neues Gesetz im materiellen Sinn in Kraft, so ist das Verhältnis zu noch geltenden Tarifvertragsnormen zu klären. Die Entscheidung hängt davon ab, ob das Gesetz für zukünftige Tarifverträge einseitig zwingend oder tarifdispositiv ausgestaltet ist. Für *einseitig* zwingendes Gesetzesrecht läßt sich keine Auslegungsregel aufstellen. Die Rechtsprechung hat sich früher dahin entschieden,[541] daß Bestimmungen in den vor dem 1. 7. 1957 in Kraft getretenen Tarifverträgen, die bei unverschuldeter Krankheit eines krankenversicherungspflichtigen Arbeiters die Entgeltfrage regelten, am 30. 6. 1957 außer Kraft getreten sind. Begründet wurde dies mit dem Ordnungsprinzip (im Sinne der kodifizierenden Wirkung neuer Rechtsnormen), mit der Entstehungsgeschichte des ArbKrankhG und mit den §§ 6, 11 Abs. 2 dieses Gesetzes. Soweit zur Rechtfertigung auf das Ordnungsprinzip zurückgegriffen wurde, ist dem nicht zu folgen. Wohl aber kann der Gesetzgeber höherrangigen Gesetzesnormen die Wirkung zuerkennen, alle früheren gleichrangigen oder rangniederen Normen außer Kraft zu setzen.

Bei *tarifdispositivem* Recht bleiben die bereits geltenden Tarifverträge im Zweifel unberührt, denn der Tarifvorrang kommt sämtlichen Tarifvertragsnormen, also auch den bereits bestehenden zugute.[542] Eine Ausnahme gilt, wenn das neue Gesetz eine veränderte Wertskala einführt, den Ermessensspielraum der Tarifvertragsparteien einschränkt[543] oder das verfassungsrechtliche Untermaßverbot konkretisiert.

3. Geltungsbereich

a) Persönlicher Geltungsbereich. Das Institut des tarifdispositiven Gesetzesrechts drängt ebenso wie das Institut der Gemeinsamen Einrichtungen

---

[540] BAG 28. 1. 1988 AP Nr. 24 und BAG 23. 1. 1992 AP Nr. 37 zu § 622 BGB; *Sachs*, RdA 1989, S. 25, 26.
[541] BAG 17. 12. 1959 AP Nr. 21 zu § 616 BGB (*A. Hueck*).
[542] St. Rspr.; vgl. BAG 9. 7. 1964 AP Nr. 1, 9. 7. 1964 AP Nr. 2 und 15. 2. 1965 AP Nr. 6 (*Götz Hueck*) zu § 13 BUrlG; BAG 12. 11. 1971 AP Nr. 28 zu § 74 HGB (*Canaris*).
[543] Vgl. dazu BAG 5. 8. 1971 AP Nr. 10 zu § 622 BGB (*Wiedemann*) für die damalige Neufassung des § 622 Abs. 2 Satz 2 und Abs. 3 BGB; BAG 5. 3. 1974 AP Nr. 1 zu § 87 BetrVG Kurzarbeit (*Wiese*) zur Neufassung von § 87 Abs. 1 Nr. 3 BetrVG.

auf Einbeziehung der nicht organisierten Arbeitnehmer. Die Gewerkschaften werden einem Abweichen von der günstigeren gesetzlichen Regel nur zustimmen, wenn eine Gleichstellung der nicht organisierten Arbeitnehmer wenigstens möglich ist. Die nicht organisierten Arbeitnehmer werden von einem Tarifvertrag, der die gesetzliche Öffnungsklausel ausnutzt, *ex lege* nur betroffen, soweit es sich um betriebliche oder betriebsverfassungsrechtliche Fragen handelt. Im Ausland ist dies zum Teil anders: in Schweden erfaßt die normative Wirkung eines Tarifvertrags grundsätzlich zwar nur die Mitglieder der tarifvertragsabschließenden Gewerkschaft, sofern der Gesetzgeber dort aber tarifdispositives Recht schafft, enthalten die Gesetze immer eine ergänzende Klausel, die den Arbeitgeber dazu ermächtigt, den gesetzesverdrängenden Tarifvertrag auch auf die Arbeitsverhältnisse seiner nicht organisierten Arbeitnehmer anzuwenden, so lange diese nicht von einem anderen Tarifvertrag erfaßt werden.[544]

401 Wenn und soweit unterschiedliche Arbeitszeit- oder andere Organisationsregeln einen geordneten Produktionsablauf verhindern würden, handelt es sich bei tarifvertraglichen Regelungen um Betriebsnormen, die ohne weiteres für tarifgebundene und nicht organisierte Arbeitnehmer gelten. Das gleiche gilt, wenn der Tarifvertrag gemäß § 5 für allgemeinverbindlich erklärt wurde. Liegt indes weder ein Fall des § 3 Abs. 2 noch eine Allgemeinverbindlicherklärung vor, so kann der Tarifvertrag auf nicht organisierte Arbeitnehmer nur durch **Bezugnahme** im Einzelarbeitsvertrag (Unterwerfungsvertrag, Adhäsionsvertrag) erreicht werden; vgl. dazu auch unten § 3 Rnr. 204 ff. Gegen die Bezugnahme auf eine vom Gesetz zuungunsten der Arbeitnehmer abweichende Tarifvertragsregel bestehen Bedenken, weil sie sich unter Umständen auf die schlechter stellenden Abreden beschränken und andere, gegenüber der gesetzlichen Regelung günstigere Abreden, die den tarifgebundenen Arbeitnehmern erst eine insgesamt angemessene Regelung garantieren, ausklammern könnte. Deshalb wird die Bezugnahme vom Gesetz nur unter bestimmten Voraussetzungen ermöglicht:

402 – *Erstens* darf eine Bezugnahme nur auf den in dem Unternehmen geltenden, also auf den einschlägigen Tarifvertrag durchgeführt werden. Die Bezugnahme kann mit anderen Worten nur im Geltungsbereich des Tarifvertrages erfolgen; vgl. § 48 Abs. 2 ArbGG, § 6 Abs. 2 BeschFG, § 622 Abs. 3 BGB, § 13 Abs. 1 BUrlG, § 4 Abs. 4 EFZG. Die Bezugnahmeklausel kann dahin abgefaßt werden, daß der für den Arbeitnehmer *jeweils* geltende Tarifvertrag Anwendung finden soll (Gleichstellungsabrede).[545]

403 – *Zweitens* war die Bezugnahme früher nach dem Gesetz nur zulässig, wenn sie den einschlägigen Tarifvertrag *insgesamt* oder wenigstens den gesamten tariflichen Regelungskomplex übernahm; vgl. § 48 Abs. 2 Satz 2 und § 101 Abs. 2 Satz 3 ArbGG; § 613a Abs. 1 Satz 4 BGB; § 13 Abs. 1 Satz 2 BUrlG. Das Gebot einer *summarischen* Übernahme diente dem Arbeit-

---

[544] Vgl. *Adlerkreutz*, in: Blanpain, International Encyclopedia for Labour Law and Industrial Relations, Art. Schweden, Rnr. 563 mit Beispielen.
[545] BAG 4. 9. 1996 AP Nr. 5 und 28. 5. 1997 AP Nr. 6 zu § 1 TVG Bezugnahme auf Tarifvertrag.

nehmerschutz:[546] Ließe das Gesetz eine einzelvertragliche Bezugnahme zu, die sich auf den verschlechternden Teil des Tarifvertrages beschränkt, wäre die gesetzliche Entscheidung, daß die betreffende Norm gegenüber einzelvertraglicher Vereinbarung zwingend sein soll, umgangen (Rosinentheorie). In jüngeren Gesetzen bleibt die Frage entweder offen oder es wird ausdrücklich eine Bezugnahme auf den gesetzlichen Regelungsgegenstand und die entsprechende Tarifvertragsregelung erlaubt; vgl. § 7 Abs. 3 Satz 1 ArbZG: „abweichende tarifvertragliche Regelungen"; § 622 Abs. 4 Satz 2 BGB: „abweichende tarifvertragliche Bestimmungen"; § 4 Abs. 4 Satz 2 EFZG: „Anwendung der tarifvertraglichen Regelung über die Fortzahlung des Arbeitsentgelts im Krankheitsfalle". Die genannten Vorschriften fordern zwar nicht die Übernahme des gesamten Tarifvertrages oder der gesamten Arbeitszeit- oder Entgeltregeln. Zum Schutz der Arbeitnehmer ist aber weiterhin vorauszusetzen, daß alle mit der Verschlechterung im *Sachzusammenhang* stehenden Regeln – möglicherweise in mehreren Tarifverträgen – in Bezug genommen werden. Es kann deshalb nach § 4 Abs. 4 EFZG nicht ausschließlich eine ungünstigere Bemessungsgrundlage aus dem Tarifvertrag entnommen und im übrigen das Gesetz fortgeschrieben werden. Soweit nur einzelne tarifvertragliche Regeln ausgesucht sind, greift vielmehr das Günstigkeitsprinzip ein, daß heißt sie müssen den Arbeitnehmer gegenüber den Gesetzesvorschriften bevorzugen.[547]

– *Drittens* sieht das tarifdispositive Gesetzesrecht überwiegend eine Bezugnahmemöglichkeit für „nicht tarifgebundene Arbeitgeber und Arbeitnehmer" vor. Das schließt selbstverständlich eine Bezugnahme zwischen tarifgebundenen Arbeitgebern und nicht oder anders organisierten Arbeitnehmern und eine solche zwischen tarifgebundenen Arbeitgebern und tarifgebundenen Arbeitnehmern nicht aus.[548] **404**

Eine Ausnahme gilt, wenn die Parteien den Individualvertrag als gleichgewichtige Partner „ausgehandelt" haben. Dann benutzen sie den Tarifvertrag als Modell, aus dem sie ihr Normgut beziehen. In allen Fällen können die Vertragspartner, die eine tarifvertragliche Regel übernehmen, aus Anlaß der Gleichstellungsabrede Verbesserungen zugunsten des Arbeitnehmers vorsehen. Die Kollektivvereinbarung ist nur Mindestnorm. **405**

b) Zeitlicher Geltungsbereich. Obwohl das Gesetz in § 4 Abs. 5 die *Nachwirkung* aller Tarifvertragsnormen anordnet, ist die Frage für Tarifvertragsbestimmungen, die auf tarifdispositivem Gesetzesrecht beruhen, umstritten. Teils wird die Nachwirkung dieser Tarifvertragsnormen überhaupt in Frage gestellt, teils wird die Möglichkeit der Bezugnahme auf den nur nachwirkenden Tarifvertrag insoweit verneint. Beides ist nicht zutreffend. Im Rahmen des tarifdispositiven Rechts gilt das Vorrangprinzip auch für nachwirkende Tarifverträge, da der Kollektivvertrag damit nicht seine Gül- **406**

---

[546] Vgl. ein entsprechendes Vorgehen des Gesetzgebers zum Verbraucherschutz in § 23 Abs. 2 Nr. 5 AGB-Gesetz.
[547] Ebenso *J. Schmitt*, 2. Aufl. 1995, § 5 EFZG, Rnr. 131; *Zmarzlik/Anzinger*, § 7 ArbZG, Rnr. 75.
[548] BAG 4. 9. 1996 AP Nr. 5 zu § 1 TVG Bezugnahme auf Tarifvertrag.

tigkeit, sondern lediglich die Qualität seiner Rechtsgeltung ändert.[549] Der Tarifvertrag ist weiter auch im Stadium der Nachwirkung geeignet, als Grundlage einer die Vorrangwirkung ebenfalls auslösenden *neuen* einzelvertraglichen Berufung auf den Tarifvertrag zu dienen, und zwar gleichermaßen für organisierte wie für nicht organisierte Arbeitnehmer.[550] Die Auffassung der Rechtsprechung geht von einem anderen Verständnis der Nachwirkung aus; vgl. dazu unten § 4 Rnr. 320 ff. Kraft Tarifvertragsrecht entfaltet der abgelaufene Tarifvertrag für organisierte Arbeitnehmer und Arbeitgeber, die den Arbeitsvertrag erst nach Ablauf des Tarifvertrages schließen, allerdings keine zwingende Wirkung. Deshalb müssen hier auch organisierte Arbeitnehmer eine Bezugnahme vereinbaren. Das kann auch stillschweigend geschehen. Aus der gesetzlichen Öffnungsklausel kann sich freilich ein abweichender Wille des Gesetzgebers ergeben, so daß die Tarifvertragsnorm mit Ablauf des Tarifvertrages ersatzlos wegfällt. Soweit das Gesetz indes nichts anderes anordnet, gilt der tarifliche Vorrang im Interesse der Aufrechterhaltung einer einheitlichen Ordnung weiter.

4. Verdeckt tarifdispositives Gesetzesrecht

407 Ist tarifdispositives Recht bei ausdrücklicher gesetzlicher Anordnung zulässig, so fragt sich, ob unter Umständen auch Gesetzesbestimmungen als tarifdispositiv gewertet werden können, bei denen eine dahingehende Zulassungsbestimmung fehlt. Allein mit dem Gesichtspunkt der materiellen Richtigkeitschance der betreffenden Regelung kann die Zulässigkeit von verdeckt tarifdispositivem Gesetzesrecht freilich nicht begründet werden. Mit Hilfe dieser Überlegung könnte letztlich jede gesetzliche Schutzregel – mit Ausnahme des sozialethischen Minimums – zuungunsten der Arbeitnehmer in die Disposition der Tarifvertragsparteien gestellt werden. Mit Recht hat schon *Seiter*[551] darauf hingewiesen, daß das in der großen Mehrzahl der Fälle bestehende Machtgleichgewicht, das die Anerkennung der Tarifautonomie als Rechtsinstitut mitträgt, im Einzelfall „eine rechtlich kaum absicherbare, weitgehend auf tatsächlichen Machtverhältnissen beruhende Gegebenheit" darstellt und im gegebenen Fall durchaus gestört sein kann. Zum anderen besteht die Gefahr, daß das Verantwortungsbewußtsein der Sozialpartner dort seine Grenze finden kann, wo es nicht um die Belange der die Willensbildung beeinflussenden Mehrheit, sondern um die einer Minderheit der Mitglieder geht. Aus diesen und anderen Gründen behält der gesetzliche Arbeitnehmerschutz gegenüber der konkurrierenden tariflichen Zuständigkeit seinen guten Sinn. Da es mit diesem Schutzzweck der Gesetze unvereinbar wäre, wenn die gesetzlichen Bestimmungen von den Koalitionen zugunsten einer überdurchschnittlichen und damit werbewirksamen tarifvertraglichen

---

[549] Ebenso Löwisch/*Rieble,* § 3 TVG, Rnr. 105 unter Berufung auf BAG 27. 1. 1987 AP Nr. 42 zu § 99 BetrVG 1972.
[550] Abw. BAG 15. 2. 1965 AP Nr. 6 zu § 13 BUrlG (*Götz Hueck*); BAG 29. 1. 1975 AP Nr. 8 zu § 4 TVG Nachwirkung (*Wiedemann*); Lieb, ZfA 1970, S. 197, 204; *Herschel,* RdA 1969, S. 211, 215; *Zmarzlik,* AuR 1962, S. 148, 152; nicht eindeutig Löwisch/*Rieble,* § 3 TVG, Rnr. 105.
[551] SAE 1970, S. 206, 208; *ders.,* ZfA 1970, S. 355, 363.

Vergütung eingetauscht würden, kann die Frage nach dem verdeckt tarifdispositiven Recht ernsthaft nur für rechtstechnische Regelungen, wie Fristbestimmungen, Berechnungsmodi und andere Einzelkonkretisierungen, diskutiert werden, denen kein rechtsethischer Gehalt innewohnt.

Wenn man bedenkt, daß ein Fall des tarifdispositiven Rechts schon in § 2 der AZO 1923 und später in den §§ 2 und 4 Abs. 1 BäckAZG enthalten war, so wird deutlich, daß als Gesetze, bei deren Schaffung der Gesetzgeber das Institut des tarifdispositiven Rechts noch nicht kannte, nur wenige ältere Gesetze in Frage kommen. Diskutiert wird vor allem die verdeckte Tarifdispositivität der kaufmännischen Wettbewerbsregeln der §§ 74ff. HGB, wird dort aber überwiegend abgelehnt.[552] Bei jüngeren Gesetzen, bei deren Entstehung die Rechtsfigur des tarifdispositiven Gesetzesrechts geläufig war, kann verdeckte Tarifdispositivität nur ausnahmsweise angenommen werden. Die gesetzliche Bestimmung einer Frist oder eines Berechnungsmodus kann in diesen Fällen auch nicht als willkürlich bezeichnet werden mit der Begründung, die Tarifvertragsparteien könnten diese Bestimmungen wegen ihrer Sachkenntnis besser vornehmen. Ein dezisionistisches Element liegt jeder exakten Grenzziehung zugrunde, die im Interesse der Rechtssicherheit notwendig werden kann.

III. Tarifdispositives Richterrecht

1. Begriff und Entstehung

a) Begriff. Unter tarifdispositivem Richterrecht versteht man richterrechtliche Regeln, die nur für die Einzelarbeitsvertragsparteien und die Betriebspartner, nicht aber für die Tarifvertragsparteien zwingende Wirkung entfalten. In dem Umfang, in dem die Rechtsprechung die nähere Ausgestaltung den Tarifvertragsparteien überläßt, dürfen diese von im übrigen zwingenden Regeln abweichen. Dem liegt, ebenso wie beim tarifdispositiven Gesetzesrecht die Auffassung zugrunde, die Tarifvertragsparteien seien kraft Sachnähe, Verantwortungsbewußtsein und beiderseitiger Mächtigkeit in der Lage, andere, ebenfalls angemessene Regelungen zu finden. Und ähnlich dem tarifdispositiven Gesetzesrecht dispensiert auch das Richterrecht nicht von den im Wege der Lückenfüllung oder Rechtsfortbildung gewonnenen Grundprinzipien, sondern nur von ihrer Konkretisierung im einzelnen.

b) Entwicklung. Das tarifdispositive Richterrecht geht auf eine Entscheidung des 5. Senats des Bundesarbeitsgerichts im Jahre 1966 zurück.[553] Der Senat hatte vorher in einer Reihe von Entscheidungen den Grundsatz entwickelt, daß Rückzahlungsvereinbarungen für Gratifikationszahlungen nur in bestimmten Grenzen rechtlich zulässig sind. Die Tarifpartner könnten aber selbst eine Ordnung schaffen, deren Fehlen angesichts des Nichtvorliegens umfassender kollektiver Regelungen dieser Frage in der privaten Wirtschaft

---

[552] Vgl. statt aller *Vossen*, Tarifdispositives Richterrecht, 1974, S. 134 ff.
[553] BAG 31. 3. 1966 AP Nr. 54 zu § 611 BGB Gratifikation (*Biedenkopf*).

Anlaß zur Rechtsprechung des Senats gewesen sei; hier sei eine Korrektur oder Lückenausfüllung durch die Gerichte nur dann erforderlich, wenn ein Tarifvertrag die Grenzen der Tarifautonomie überschreitet, also gegen Grundrechte oder gegen gesetzliche Verbote verstößt oder arbeitsrechtliche Grundprinzipien vernachlässigt. Diese Ansicht wurde in weiteren Urteilen desselben Senats fortgeführt und vertieft.[554] Ein Abweichen vom Richterrecht wird auch gestattet, wenn der Tarifvertrag auf das Arbeitsverhältnis nur kraft individualrechtlicher Bezugnahme anzuwenden ist. Dagegen wird den Parteien einer Betriebsvereinbarung ein Abweichen von den richterrechtlichen Leitlinien nicht gestattet. Die Rechtsfigur hat in anderem Zusammenhang ebenfalls Bedeutung gewonnen, namentlich für befristete Arbeitsverhältnisse[555] und für Wettbewerbsverbote.[556] Im Schrifttum wurde die Problematik pro[557] und contra[558] früher ausführlich diskutiert.

2. Zulässigkeit

411 **a) Pflicht** zur Tarifdispositivität. Ebenso wie zum tarifdispositiven Gesetzesrecht wurde auch hier die Ansicht vertreten, der Richter sei jedenfalls im Kernbereich der Tarifautonomie verpflichtet, eine tarifvertragliche Regelung zu respektieren, auch wenn sie nicht unerheblich von den richterrechtlichen Grundsätzen abweicht.[559] Diese Auffassung ist mit der Aufgabe der Kernbereichstheorie überholt. Der Richter hat als Ersatzgesetzgeber dieselben Befugnisse gegenüber den Tarifvertragsparteien wie der parlamentarische Gesetzgeber. Für diesen ist es eine Frage guter Rechtspolitik, wie weit er sein Normgut zwingend oder tarifdispositiv oder allseitig dispositiv ausgestaltet: es besteht *keine* Delegationspflicht gegenüber den Sozialpartnern. Ähnliches gilt für die Zulässigkeit tarifdispositiven Richterrechts. Der Richter ist nicht zu einer durchgängigen Geltungseinschränkung seiner rechtsfortbildenden Entscheidungen berechtigt; er hat vielmehr zwingenden Schutz- und Ordnungsvorstellungen den Vorrang zu geben, wenn er die Ermächtigung der Tarifvertragsparteien zu ungünstigeren Regelungen nicht für angemessen hält.[560]

412 **b) Grenzen** der Tarifdispositivität. Die Arbeitsgerichte dürfen und müssen Tarifverträge auf ihre Vereinbarkeit mit Gesetz und Recht überprüfen. Dazu gehört sowohl eine Rechtskontrolle anhand der Verfassung, des übri-

---

[554] BAG 23. 2. 1967 AP Nr. 57 zu § 611 BGB Gratifikation (*A. Hueck*) und 19. 11. 1967 AP Nr. 63 zu § 611 BGB Gratifikation (*Gamillscheg*).

[555] Erstmals BAG 4. 12. 1969 AP Nr. 32 (*Richardi*) und 30. 9. 1971 AP Nr. 36 (*Palenberg*) zu § 620 BGB Befristeter Arbeitsvertrag.

[556] BAG 12. 11. 1971 AP Nr. 28 zu § 74 HGB (*Canaris*).

[557] *Canaris*, in: Gedächtnisschrift für Rolf Dietz (1973), S. 199; Kempen/*Zachert*, Grundl., Rnr. 235 ff.; *Herschel*, RdA 1973, S. 147; *Richardi*, in: Gedächtnisschrift für Rolf Dietz (1973), S. 269; *Vossen*, Tarifdispositives Richterrecht, 1974; *Käppler*, Voraussetzungen und Grenzen tarifdispositiven Richterrechts, 1977.

[558] *Lieb*, RdA 1972, S. 129; *Lieb/Westhoff*, Betrieb 1973, S. 69 ff.

[559] BAG 23. 2. 1967 AP Nr. 57 zu § 611 BGB Gratifikation (*A. Hueck*).

[560] Ebenso *Käppler*, Voraussetzungen und Grenzen tarifdispositiven Richterrechts, 1977, S. 60 ff.; abw. Kempen/*Zachert*, Grundl., Rnr. 237: Gesetzesvertretendes Richterrecht stets tarifdispositiv; *Herschel*, RdA 1973, S. 147, 149: freies Ermessen; *M. Wolf*, ZfA 1971, S. 151, 158: Pflicht zur Tarifdispositivität.

gen staatlichen Rechts und der allgemeinen Rechtsprinzipien wie auch eine, allerdings sehr beschränkte Inhaltskontrolle; vgl. dazu unten § 1 Rnr. 191, 216, 225.

Ist eine Bestimmung wegen ihres Inhalts rechts- oder sittenwidrig, so kann diese *per se*-Rechtswidrigkeit auch nicht durch Aufnahme in einen Tarifvertrag geheilt werden. Da das Unwerturteil in keinem Zusammenhang mit dem Geltungsgrund steht und deshalb auch kein Zusammenhang mit dem Vertragsprozeß hergestellt werden kann, wirkt sich der Maßstab der materiellen Richtigkeit einheitlich aus. Tarifvertragsbestimmungen, die den §§ 134, 138, 242 BGB widersprechen, können auch nicht durch anderweite Besserstellung der Arbeitnehmer im Tarifvertrag aufgewogen werden, denn es gibt weder im Einzel- noch im Kollektivvertrag „Geschäfte mit der Rechtswidrigkeit".

Der abweichenden Ansicht von *Lieb*[561] ist entgegenzuhalten, daß es nicht nur eine Inhaltskontrolle gibt, die auf Disparität der Vertragspartner beruht. Das Bundesarbeitsgericht hat diesen Irrtum allerdings durch einige mißverständliche Formulierungen gefördert. Unvereinbar wäre es etwa, wenn die Rechtsprechung zur Eingrenzung von Rückzahlungsklauseln auf Art. 12 Abs. 1 GG zurückgeführt wäre, ihre Richtlinien aber gleichzeitig tarifdispositiv sein sollten. Dieselbe Regelung kann nur entweder verfassungsmäßig oder verfassungswidrig sein – unabhängig davon, *wer* sie erläßt.[562] Das Bundesarbeitsgericht ist dahin zu verstehen, daß lediglich das allgemeine Prinzip des Verbots unzumutbar langer Bindung an den Betrieb in einen Begründungszusammenhang mit Art. 12 Abs. 1 GG gebracht werden sollte.

c) Sachlicher Grund. Gesetzesvertretendes Richterrecht steht in der Normenhierarchie auf der Stufe des ersetzten oder ergänzten Gesetzesrechts.[563] Im Unterschied zum Parlamentsgesetz, bei dem Anlaß und Motive den Geltungsgrund nicht beeinflussen, ist Richterrecht stets von seiner Begründung abhängig. Diese Begründung ist konstituierender Bestandteil und leitet und begrenzt deshalb seine Auslegung und Anwendung.[564] Daraus folgt für die Tarifdispositivität, daß die Tarifvertragsparteien an die in den Entscheidungsgründen angegebenen Rechtsgrundlagen ebenso gebunden sind, wie das darauf bezugnehmende Gericht. Zutreffend hat das Bundesarbeitsgericht deshalb für den „sachlichen Grund" der Befristung von Arbeitsverträgen deutlich gemacht, daß die eigenen, anläßlich der Rechtsfortbildung herausgestellten Rechtsgrundsätze nicht tarifdispositiv sein könnten.[565]

Die Rechts- und Inhaltskontrolle von Tarifverträgen unterscheidet sich deutlich von derjenigen des Individualvertrages; vgl. dazu § 1 Rnr. 221 ff. Deshalb ist es möglich, daß eine bestimmte Regelung als einzelvertragliche

---

[561] *Lieb*, RdA 1972, S. 137 ff.
[562] *Gamillscheg*, Anm. zu BAG 26. 2. 1964 AP Nr. 33 zu § 611 BGB Gratifikation = RdA 1968, S. 407, 409.
[563] Vgl. BAG 10. 6. 1980 AP Nr. 64 zu Art. 9 Abs. 3 GG Arbeitskampf (*Mayer-Maly*).
[564] Zur verfassungsrechtlichen Legitimation von Richterrecht vgl. im übrigen *Picker*, JZ 1984, S. 153, 157; *Scholz*, Betrieb 1972, S. 1771, 1776; *Söllner*, RdA 1985, S. 328, 332.
[565] BAG 4. 12. 1969 AP Nr. 32 zu § 620 BGB Befristeter Arbeitsvertrag (*Richardi*); *Canaris*, in: Gedächtnisschrift für Rolf Dietz (1973), S. 199, 218.

gegen einen etwa aus der Fürsorgepflicht gewonnenen richterrechtlichen Rechtssatz verstößt, ohne daß damit etwas darüber ausgesagt ist, ob bei einer tarifvertraglichen Vereinbarung gleichen Inhalts die Grenze des Zulässigen überschritten wäre. Der tarifvertraglichen Rechtsnorm können innerhalb des allgemeinen Rechtsprinzips weitere Grenzen gesteckt sein, als dies bei der richterrechtlichen Konkretisierung für die Einzelvertragsparteien der Fall ist. Der Richter hat dann in seiner judikativen Funktion die tarifvertragliche Regelung nicht daran zu messen, wie er selbst die Lücke schließen würde, sondern an der unteren Grenze der vertretbaren – durch allgemeine Rechtssätze vorgeschriebenen – Lückenschließungsmöglichkeit.[566]

3. Geltungsbereich

417 a) Hinsichtlich des **persönlichen Geltungsbereichs** der in Ausfüllung tarifdispositiven Richterrechts zustandegekommenen Tarifvertragsnormen gelten die im Zusammenhang mit dem tarifdispositiven Gesetzesrecht genannten Grundsätze; vgl. dazu oben Rnr. 400 ff. Deshalb kann der Feststellung des Bundesarbeitsgerichts, eine vertragliche Bezugnahme des nicht organisierten Arbeitnehmers auf die in Durchbrechung des richterrechtlichen Rechtssatzes zustandegekommene Regelung sei ohne weiteres möglich,[567] nur mit der Einschränkung zugestimmt werden, daß die gesamte einschlägige tarifvertragliche Regelungsmaterie mit ihren Vorzügen und Nachteilen übernommen wird. Außerdem gilt wie beim tarifdispositiven Gesetzesrecht die Voraussetzung der Bezugnahme im *Geltungsbereich* des Tarifvertrages.

418 b) In den Fragen des **zeitlichen Geltungsbereichs** ergeben sich ebenfalls keine Unterschiede zu den kraft gesetzlicher Zulassung zustandegekommenen Tarifverträgen; vgl. dazu oben Rnr. 406. Das kraft gesetzlicher Delegationsermächtigung zustandegekommene Recht hat nur solange Vorrang vor den richterrechtlichen Rechtssätzen, als es auch mit voller, unabdingbarer Wirkung dessen Aufgaben ausfüllen kann.

4. Einzelbeispiele

419 Da der staatliche Gesetzgeber, der sich im Individualarbeitsrecht lange Zeit zurückgehalten hat, in den letzten Jahren stärker tätig geworden ist, hat das Richterrecht und damit das tarifdispositive Richterrecht seine Bedeutung eingebüßt. Diese Entwicklung wird sich mit dem Erlaß eines Arbeitsvertragsgesetzes fortsetzen.[568] Eine Ausnahme bietet nach wie vor das Schlichtungs- und Arbeitskampfrecht.

---

[566] Zur Bedeutung einer „grundlegenden Schlechterstellung" von Arbeitnehmern vgl. BAG 4. 9. 1985 AP Nr. 123 zu § 611 BGB Gratifikation (*Mangen*) = SAE 1986, S. 204 (*Kraft*); sowie dazu *Reichold*, Betrieb 1988, S. 498, 501.
[567] Vgl. BAG 23. 2. 1967 AP Nr. 57 zu § 611 BGB Gratifikation (*A. Hueck*); zustimmend *Herschel*, Betrieb 1967, S. 245, 247; *ders.*, RdA 1969, S. 215; *Gamillscheg*, Anm. zu BAG 19. 11. 1967 AP Nr. 63 zu § 611 BGB Gratifikation; einschränkend mit Recht *Biedenkopf*, Anm. zu BAG 31. 3. 1966 AP Nr. 54 zu § 611 BGB Gratifikation; vgl. auch *Wiedemann*, RdA 1969, S. 321, 324.
[568] Vgl. den Entwurf eines Arbeitsvertragsgesetzes (ArbVG), BR-Drucks. 293/95 v. 23. 5. 1995.

a) **Rückerstattung** von Sondervergütungen. Wie erwähnt, wurde die 420 Rechtsfigur des tarifdispositiven Richterrechts von der Rechtsprechung des Bundesarbeitsgerichts und der Landesarbeitsgerichte zu Gratifikationsrückzahlungen entwickelt.[569] Diese Rechtsprechung ist von der Rechtslehre überwiegend positiv aufgenommen worden.[570] Keine ganz einheitliche Linie zeigt die Rechtsprechung in der Beantwortung der Frage, wie weit die Sozialpartner von der richterrechtlich aufgestellten Regel abweichen dürfen, insb. ob sie auch die der Rechtsprechung zugrundeliegenden Rechtsprinzipien zurückdrängen können. Während das Bundesarbeitsgericht diese Frage zunächst nur vorsichtig dahingehend entschied, daß eine geringfügige Überschreitung möglich sei,[571] stellte es bereits 1967 klar, eine Entscheidung der Tarifvertragsparteien sei auch dann zu respektieren, wenn sie nicht unerheblich von den in der Rechtsprechung aufgestellten Grundsätzen abweiche.[572] Bei dieser Rechtsprechung, wonach die Grundsätze einzelvertraglicher Rückzahlungsklauseln tarifoffen gelten, ist es bis heute geblieben.[573] Zwingendes – auch die Tarifvertragsparteien bindendes – Recht stellten nur die aus Art. 12 Abs. 1 GG abgeleiteten allgemeinen Rechtsgrundsätze dar. *De lege ferenda* sieht § 53 ArbVGE dagegen zwingende Mindestregeln für Einzel- wie Tarifvertrag gleichermaßen vor. Die Tarifvertragsparteien sollten diesen Mindeststandard auch jetzt schon berücksichtigen; vgl. dazu oben Rnr. 332 ff.

Für einen Sonderfall hat die Rechtsprechung gewechselt. Zunächst ent- 421 schied das Bundesarbeitsgericht, auch in Tarifverträgen könnten Rückzahlungsklauseln – ebenso wie der Ausschluß von Jahresleistungen – *betriebsbedingt* gekündigte Arbeitnehmer nicht schlechter stellen als ungekündigte Arbeitsverhältnisse;[574] dabei handele es sich im Hinblick auf § 162 BGB um eine mißbräuchliche Vertragsgestaltung. Diese Rechtsprechung wurde vom 5. Senat des Bundesarbeitsgerichts in seinem Urteil vom 4. 9. 1985[575] ausdrücklich aufgegeben. Den Tarifvertragsparteien müsse ein weiterer Gestaltungsspielraum zugestanden und dabei auch die Vereinbarung von Klauseln erlaubt sein, die in Einzelarbeitsverträgen regelmäßig als unzulässig angesehen werden. Tarifvertragsklauseln, die den Anspruch auf eine Sonderzuwendung nicht allein an die Betriebszugehörigkeit knüpfen, sondern von weiteren Voraussetzungen abhängig machen, seien deshalb als zulässig zu betrachten, selbst wenn der Arbeitnehmer die Erfüllung der weiteren Voraussetzungen nicht beeinflussen könne. Diese Freistellung der Tarifvertragsparteien ist be-

---

[569] Vgl. die in der Arbeitsrechtlichen Praxis zu § 611 BGB Gratifikation unter der Nr. 54 ff. zusammengestellten Urteile.
[570] Vgl. *Käppler,* Voraussetzungen und Grenzen tarifdispositiven Richterrechts, 1977, S. 44 ff.; *Löwisch*/Rieble, § 1 TVG, Rnr. 244; *Vossen,* Tarifdispositives Richterrecht, 1974, S. 97 ff.; sowie die Hinweise in der Vorauflage, Einl., Rnr. 144.
[571] Vgl. BAG 31. 3. 1966 AP Nr. 54 zu § 611 BGB Gratifikation (*Biedenkopf*).
[572] BAG 23. 2. 1967 AP Nr. 57 zu § 611 BGB Gratifikation (*A. Hueck*); einschränkend BAG 12. 11. 1971 AP Nr. 28 zu § 74 BGB (*Canaris*).
[573] BAG 6. 9. 1995 AP Nr. 23 zu § 611 BGB Ausbildungsbeihilfe (*v. Hoyningen-Huene*).
[574] BAG 27. 10. 1978 AP Nr. 98 zu § 611 BGB Gratifikation (*Herschel*).
[575] BAG 4. 9. 1985 AP Nr. 123 zu § 611 BGB Gratifikation (*Mangen*) = SAE 1986, S. 206 (*Kraft*).

denklich, wenn und soweit der Tarifvertrag gegen die der Rechtsprechung zugrundliegenden allgemeinen Rechtsprinzipien verstößt.[576] Die Rechtsordnung erlaubt es freilich, vertragliche Ansprüche von der bloßen Existenz des Arbeitsverhältnisses abhängig zu machen (z. B. durch Wartezeiten) und dem Arbeitnehmer insoweit das Risiko der von ihm erwarteten Betriebstreue zuzuteilen. Mit loyalem Vertragsverhalten ist es aber nicht vereinbar, einen Vertrag zunächst *vorbehaltlos* zu erfüllen und die Voraussetzungen der Erfüllung nachträglich *selbst* in Wegfall zu bringen. Auch die Tarifvertragsparteien sind an die Grundsätze von Treu und Glauben gebunden.

422 b) **Befristete Arbeitsverträge.** Die Entscheidung des Bundesarbeitsgerichts vom 4. 12. 1969[577] hat die Tarifdispositivität auf die Beurteilung – auch mehrfach – befristeter Arbeitsverträge (Kettenarbeitsverträge) übertragen. Da angenommen werden könne, daß die schutzwerten Interessen der Arbeitnehmer bei der tarifvertraglichen Regelung gebührend berücksichtigt worden seien, sei eine entsprechende tarifvertragliche Ordnung über die Zulässigkeit befristeter Arbeitsverhältnisse als rechtswirksam anzusehen. Das wurde später insofern erweitert, als die tarifvertraglich vorgesehene Befristung von Arbeitsverhältnissen als „übliche" und damit zugleich zulässige Regelung der Arbeitsbedingungen angesprochen wird. Dieser Rechtsprechung ist mit der Maßgabe zuzustimmen,[578] daß es Recht und Aufgabe der Tarifvertragsparteien ist, den „sachlichen Grund" für eine auch mehrfache Befristung von Arbeitsverträgen zu konkretisieren. Dabei können sie sich heute auch auf die sachlichen Gründe nach § 1 BeschFG stützen.

423 c) **Wettbewerbsverbot.** Ebenso wie die §§ 74 ff. HGB als tarifdispositives Gesetzesrecht behandelt werden können, könnten folgerichtig auch die Grundsätze, mit denen das Bundesarbeitsgericht diese Normen auf die gewerblichen Arbeitnehmer überträgt als tarifdispositiv angesehen werden.[579] Stimmt man der Dispositivität der §§ 74 ff. HGB in ihrer direkten Anwendung zu, so ist dieser Schluß zwingend, da diese Normen in ihrer über den Wortlaut hinausgehenden Ausdehnung keine stärkere Wirkung haben können als bei direkter Anwendung. Aber auch wenn man entgegen der hier vertretenen Auffassung die §§ 74 ff. HGB in ihrer direkten Anwendung nicht für tarifdispositiv hält, könnte man bei ihrer analogen Übertragung durch den Richter auf alle übrigen Arbeitnehmer zu einem anderen Ergebnis kommen. Die Analogie ist ein Mittel der Lückenfüllung, so daß auch hier ein Fall richterlicher Rechtschöpfung vorliegt.

424 d) Tarifdispositivität von **Arbeitskampfregeln.** Im Beschluß des Großen Senats des Bundesarbeitsgerichts vom 21. 4. 1971 AP Nr. 43 zu Art. 9 GG Arbeitskampf wird den Kollektivvertragsparteien zur Pflicht gemacht, Ver-

---

[576] Kritisch auch MünchArbR/*Hanau,* § 68, Rnr. 53; *Löwisch*/Rieble, § 1 TVG, Rnr. 245; *Reichold,* Betrieb 1988, S. 498, 499.
[577] BAG 4. 12. 1969 AP Nr. 32 zu § 620 BGB Befristeter Arbeitsvertrag (*Richardi*) = SAE 1970, S. 204 (*Seiter*); später BAG 30. 9. 1971 AP Nr. 36 zu § 620 BGB Befristeter Arbeitsvertrag (*Palenberg*); BAG 25. 11. 1973 AP Nr. 37 zu § 620 BGB Befristeter Arbeitsvertrag (*Birk*).
[578] MünchArbR/*Wank,* § 113, Rnr. 61.
[579] Vgl. BAG 2. 5. 1970 AP Nr. 26 zu § 74 HGB (*Buchner*).

einbarungen über die Austragung der Interessengegensätze zu treffen. Derartige Vereinbarungen seien „grundsätzlich ähnlich dem Vorrangprinzip des Tarifvertrages gegenüber gesetzlichen Vorschriften anzuerkennen". Die hiermit geforderten Arbeitskampfregeln zwischen den Tarifvertragsparteien sind jedoch streng genommen mit dem tarifdispositiven Recht nicht zu vergleichen. Das tarifdispositive Recht enthält zwingende Regeln für die Parteien des Einzelarbeitsvertrages, befreit jedoch die Tarifvertragsparteien ganz oder teilweise davon. Eine solche gespaltene Rechtswirkung kann es für Arbeitskampfregeln, die notwendig kollektivrechtlicher Natur sind, nicht geben. Es empfiehlt sich außerdem nicht, von tarifdispositiven Arbeitskampfregeln zu sprechen, weil der Grundsatz der Verhältnismäßigkeit, also das rechtliche Leitprinzip des Arbeitskampfrechtes gerade nicht zur Disposition der Tarifvertragsparteien steht. Insofern handelt es sich um ein zwingendes Rechtsprinzip. Den Berufsverbänden wird lediglich die Möglichkeit eröffnet, dieses Rechtsprinzip im einzelnen zu konkretisieren. Denkbar ist es jedoch, (zukünftige) gesetzliche Regeln zur Verteilung des Arbeitskampfrisikos in Drittbetrieben tarifdispositiv zu gestalten, wie dies in §§ 30, 33 des Entwurfs zu einem Gesetz zur Regelung kollektiver Arbeitskonflikte (1988) vorgesehen ist.

D. Tarifvertrag und andere Rechtsnormen

Der Tarifvertrag steht im Rang nicht nur unter dem Verfassungs- und Gesetzesrecht, sondern auch unter anderem staatlichen Recht aus Verordnungen oder delegierter Rechtsetzungsbefugnis des Bundes und der Länder. Dagegen sind Tarifvertragsnormen gegenüber anderem autonomen Recht der Gemeinden, Landkreise oder anderen öffentlich-rechtlichen Körperschaften grundsätzlich gleichrangig.[580] Der staatliche Gesetzgeber kann aber den Vorrang der einen oder anderen autonomen Rechtsquelle festlegen. Dies ist in Ausnahmefällen geschehen:

1. Unfallverhütungsvorschriften

Die Unfallverhütung stellt eine eigene Aufgabe der Unfallversicherungsträger dar, die diese im Rahmen der ihnen vom Gesetz verliehenen Selbstverwaltung als Auftragsangelegenheiten wahrnehmen. Daher handelt es sich bei den Unfallverhütungsvorschriften nicht um auf Delegation beruhende Rechtsverordnungen, sondern um autonome Rechtsnormen, die als öffentlich-rechtlicher Satzungsakt durch die Vertreterversammlung nach den §§ 14 ff. SGB VII erlassen werden. Eine ausdrückliche gesetzliche Regelung für die Konkurrenz zwischen solchen Unfallverhütungsvorschriften und Tarifnormen betr. Arbeitssicherheit gibt es nicht.

Nach allgemeiner Ansicht[581] sind tarifvertragliche Bestimmungen, wenn sie den berufsgenossenschaftlichen Unfallverhütungsvorschriften widersprechen, jedoch nichtig. Hätten die Tarifvertragsparteien die Möglichkeit, die

---

[580] Löwisch/Rieble, § 1 TVG, Rnr. 143.
[581] Hueck/Nipperdey, Arbeitsrecht II 1, § 19 L, S. 417; Löwisch/Rieble, § 1 TVG, Rnr. 146.

Unfallverhütung selbst zu regeln, so würden sie damit in das den Berufsgenossenschaften gesetzlich garantierte Selbstverwaltungsrecht eingreifen können. Außerdem würde die Staatsaufsicht über den Regelungsgehalt der Unfallverhütungsvorschriften umgangen werden können. Allerdings stellen die Unfallverhütungsvorschriften in der Regel nur Mindestnormen dar. Den Tarifvertragsparteien bleibt es daher unbenommen, zusätzliche Verpflichtungen der Unternehmen zur Unfallvorsorge einzuführen.

2. Berufsausbildungsanordnungen

428 Nach den Vorschriften des Berufsbildungsrechtes obliegt es den Kammern als Körperschaften des öffentlichen Rechts, die Berufsausbildung und das Prüfungswesen zu regeln, soweit dafür nicht andere Vorschriften bestehen; vgl. die §§ 44, 75 BBiG für die Industrie- und Handelskammer, §§ 44, 79 BBiG für die Landwirtschaftskammer, §§ 73, 74 BBiG in Verbindung mit § 91 Abs. 1 Nr. 4 HandwO für die Handwerkskammer. Die Kammern nehmen die berufsrechtlichen Angelegenheiten als Selbstverwaltungsangelegenheiten wahr. Die Kompetenz dazu wird ihnen durch das Berufsbildungsgesetz und die Handwerksordnung ausdrücklich eingeräumt; vgl. § 44 BBiG, §§ 41, 41a HandwO. Die Anordnungen der Kammern tragen den Charakter einer Satzung.

429 Die Anordnungen der Kammern einerseits und die Tarifverträge andererseits haben verschiedene Regelungsaufgaben, so daß eine Überschneidung kaum in Betracht kommt. Die Anordnungen der Kammern betreffen Angelegenheiten der Berufsausbildung. Die Tarifvertragsparteien sind nicht befugt, in dieses gesetzlich garantierte Recht einzugreifen. Andererseits haben die Kammern keine Möglichkeit, arbeitsvertragliche und sozialpolitische Fragen bindend zu regeln. Der Bereich der Arbeits- und Wirtschaftsbedingungen ist den Tarifvertragsparteien vorbehalten; vgl. hierzu die §§ 3 Abs. 2, 18 BBiG.[582] Treffen die Kammern trotzdem derartige Regelungen, so handelt es sich um unverbindliche Richtlinien. In § 1 Abs. 5 des Bundesgesetzes zur vorläufigen Regelung des Rechts der Industrie- und Handelskammern vom 18. 12. 1956 (BGBl. I, S. 920) wird klargestellt, daß die Wahrnehmung arbeits- und sozialpolitischer Interessen nicht zu den Aufgaben der Industrie- und Handelskammern gehört; das gleiche muß auch für die anderen Kammern gelten. In der Praxis kann die theoretisch klare Einteilung in berufsrechtliche Fragen einerseits und arbeitsrechtliche Fragen andererseits freilich zu Schwierigkeiten führen, da beide Regelungen sich auf das gleiche Ausbildungsverhältnis auswirken. Einschlägige Rechtsprechung dazu ist, soweit ersichtlich, nicht ergangen.

3. Dienstordnungen

430 Dienstordnungen sind autonomes Recht, das von einer Körperschaft des öffentlichen Rechts im eigenen Namen aufgrund gesetzlicher Ermächtigung gesetzt wird; vgl. die §§ 351 ff. RVO und 144 ff. SGB VII. Sie stehen in ihrer Wirkung einer Satzung gleich und regeln die unterworfenen Arbeitsver-

---

[582] Grundlegend früher BAG 12. 3. 1962 AP Nr. 1 zu § 84 HandwO (*Götz Hueck*).

hältnisse mit abschließender und zunehmender Wirkung. Die §§ 357 Abs. 3 und 700 Abs. 2 RVO schließen jede von der Dienstordnung abweichende Regelung des Dienstverhältnisses aus. Individual- und kollektivrechtliche Bestimmungen, die einer Dienstordnung zuwider laufen, sind deshalb unwirksam.[583] Das Günstigkeitsprinzip gilt nicht, soweit nicht die Dienstordnung selbst zugunsten des Tarif- oder Einzelarbeitsvertrages eine Öffnungsklausel enthält.

3. Abschnitt. Innenschranken der Tarifautonomie

Übersicht

	Rnr.
A. Rechtsdogmatische Grundlagen	431–435
I. Kollektivfreie Individualsphäre	431–433
1. Sachliche Eingrenzungen	432
2. Funktionelle Eingrenzungen	433
II. Verhältnis zum Verfassungsrecht	434, 435
1. Einfluß des Verfassungsrechts	434
2. Eigenständigkeit des Tarifvertragsrechts	435
B. Schutz der (kollektiven) Vertragsgegenseite	436–464
I. Unterstützung der Vertragsgegenseite	440–452
1. Differenzierungs- und Tarifausschlußklausel	441–444
a) Unzumutbarkeit	442
b) Aufgabenstellung	443
c) Gleichheitsgebot	444
2. Unterstützung gewerkschaftlicher Vertrauensleute	445–451
a) Entwicklung	445
b) Zulässigkeit	446, 447
c) Grenzen	448–451
3. Einziehung von Gewerkschaftsbeiträgen	452
II. Schwächung der Vertragsgegenseite	453–464
1. Einfluß auf die Unternehmensverfassung	454, 455
2. Einfluß auf die Geschäftsführung	456–460
a) Allgemeines	456
b) Einzelfragen	457–460
aa) Rationalisierungsschutz	458
bb) Betriebsänderungen	459
cc) Öffnungszeiten	460
3. Unzumutbare Belastungen	461–464
a) Unzumutbare Vertragsleistung	462, 463
b) Unzumutbare Mitgliederbelastung	464
C. Schutz der (individuell) Normunterworfenen	465–472
I. Privatsphäre	465–470
1. Rechtsausübung	467
2. Lohnverwendung	468
3. Lohnabtretung	469
4. Lohnverzicht	470
II. Selbstbestimmungsrecht	471, 472

---

[583] Vgl. BAG 8. 1. 1976 AP Nr. 45 und 25. 4. 1979 AP Nr. 49 zu § 611 BGB Dienstordnungs-Angestellte (*Salzhuber*); BAG 26. 6. 1985 AP Nr. 1 zu § 1 TVG Teilnichtigkeit.

Einleitung

3. Abschnitt. Innenschranken der Tarifautonomie

Schrifttum: *Markus Arnold,* Die tarifrechtliche Dauerrechtsbeziehung. Eine Schnittstelle zwischen Schuldrecht und kollektivem Arbeitsrecht, Heidelberg 1996; *Detlev W. Belling/Christian Hartmann,* Die Unzumutbarkeit als Begrenzung der Bindung an den Tarifvertrag, ZfA 1997, S. 87–144; *Volker Beuthien,* Erweiterte wirtschaftliche Mitbestimmung durch Tarifvertrag?, JurA 1970, S. 130–147; *Kurt H. Biedenkopf,* Sinn und Grenzen der Vereinbarungsbefugnis der Tarifvertragsparteien. Gutachten zum 46. DJT 1966, Bd. I, S. 97–167; *ders.,* Auswirkungen der Unternehmensverfassung auf die Grenzen der Tarifautonomie, Festgabe für Kronstein (1967), S. 79–105; *Peter Blom,* Die Tarifausschlußklausel, Diss. Köln 1966; *Wolfgang Blomeyer,* Die Zulässigkeit von Tarifverträgen zugunsten gewerkschaftlicher Vertrauensleute, Betrieb 1977, S. 101–113; *Eduard Bötticher,* Tarifliche Zuschläge für Gewerkschaftsangehörige, BB 1965, S. 1077–1082; *ders.,* Die gemeinsamen Einrichtungen der Tarifvertragsparteien, Heidelberg 1966; *ders.,* Tarifvertragliche Sonderstellung der gewerkschaftlichen Vertrauensleute im Arbeitsverhältnis. Eine betriebsverfassungsrechtliche Angelegenheit, RdA 1978, S. 133–146; *Werner Bulla,* Die rechtliche Zulässigkeit von Tarifverträgen über die Begünstigung von gewerkschaftlichen Vertrauensleuten, BB 1975, S. 889–894; *Ludwig Diekhoff,* Abtretungsverbot durch Betriebsvereinbarung?, AuR 1958, S. 304–305; *ders.,* Die Rückwirkung von Tarifverträgen, Betrieb 1958, S. 1245–1247; *ders.,* Tarifrecht und Solidaritätsbeitrag, Betrieb 1961, S. 167–168; *ders.,* Kann die Zahlung der Gewerkschaftsbeiträge durch Lohnabführung tariflich normiert werden?, BB 1964, S. 927–929; *Thomas Dieterich,* Die Grundrechtsbindung von Tarifverträgen, in: Festschrift für Günter Schaub (1998), S. 117–134; *Friedhelm Farthmann,* Rechtsprobleme zur Einziehung des Gewerkschaftsbeitrages durch den Arbeitgeber, AuR 1963, S. 353–360; *Erich Fechner,* Die tarifliche Regelung der Abführung von Gewerkschaftsbeiträgen durch den Arbeitgeber, Rechtsgutachten, Tübingen 1964; *Rolf A. Födisch,* Freiheit und Zwang im geltenden Koalitionsrecht, RdA 1955, S. 88–93; *Karl-Helmut Freund,* Die Mitbestimmung des Betriebsrates in wirtschaftlichen Angelegenheiten als Gegenstand tariflicher Abmachungen, Diss. Köln 1966; *Hans Galperin,* Inhalt und Grenzen des kollektiven Koalitionsrechts, AuR 1965, S. 1–9; *ders.,* Kann die Struktur der Beteiligungsrechte im BetrVG durch Tarifvertrag geändert werden?, Betrieb 1966, S. 620–625; *Franz Gamillscheg,* Die Differenzierung nach der Gewerkschaftszugehörigkeit, Berlin 1966; *ders.,* Nochmals: Zur Differenzierung nach der Gewerkschaftszugehörigkeit, BB 1967, S. 45–53; *Hans-Joachim Georgi,* Die Zulässigkeit von Differenzierungs- und Tarifausschlußklauseln in Tarifverträgen, Diss. Köln 1971; *Wolfgang Gitter,* Die Unzumutbarkeit als Grenze der Tarifmacht, AuR 1970, S. 129–130; *Peter Hanau,* Gemeinsame Einrichtungen von Tarifvertragsparteien als Instrument der Verbandspolitik. Ein Beitrag zu dem arbeitsrechtlichen Thema des 48. Deutschen Juristentages, RdA 1970, S. 161–168; *Friedrich H. Heither,* Außenseiter und Solidaritätsbeiträge im Schweizer Arbeitsrecht, AuR 1961, S. 193–201; *Wilhelm Herschel,* Tariffähigkeit und Tarifmacht, Privatrechtliche Abhandlungen des Instituts für Arbeits-, Wirtschafts- und Auslandsrecht an der Universität Köln, Bd. 2, Mannheim/Berlin 1932; *ders.,* Vereinbarte Unabtretbarkeit von Lohnansprüchen, Betrieb 1956, S. 713–714; *ders.,* Grenzen der Freiheit im kollektiven Arbeitsrecht, AuR 1970, S. 193–199; *ders.,* Zur Absicherung gewerkschaftlicher Vertrauensleute durch Firmentarifvertrag, AuR 1977, S. 137–143; *H. Heussner,* Die Sicherung der Koalitionen durch sogenannte Solidaritätsbeiträge der Nichtorganisierten, RdA 1960, S. 295–299; *Manfred O. Hinz,* Die zwingende Wirkung der Tarifnormen und die Gestaltungsfreiheit im Arbeitsvertrag. Eine Untersuchung über die tarifvertragliche Vereinbarungsgewalt, Diss. Mainz 1964; *Hannsjosef Hohn,* Betriebliche Rechtsfragen zum Lohnabtretungsverbot, BB 1962, S. 54–55; *Alfred Hueck,* Die Frage der tariflichen Zulässigkeit von Solidaritätsbeiträgen nach geltendem deutschen Recht, RdA 1961, S. 141–149; *ders.,* Tarifausschlußklauseln und verwandte Klauseln im Tarifvertragsrecht, München und Berlin 1966; *Götz Hueck,* Zur kollektiven Gestaltung der Einzelarbeitsverhältnisse, in: Festschrift für Erich Molitor (1962), S. 203–228; *Wilhelm Ilbertz,* Die tarifliche Regelung der Einziehung und Abführung der Gewerkschaftsbeiträge durch die Arbeitgeber, Diss. Köln 1965; *Hellmut Georg Isele,* Der Einfluß des kollektiven Arbeitsrechts auf das Einzelarbeitsverhältnis, JR 1960, S. 289–291; *ders.,* Sinn und Grenzen der Vereinbarungsbefugnis der Tarifparteien, JZ 1966, S. 585–587; *Alexander Karakatsanis,* Die kollektivrechtliche Gestaltung des Arbeitsverhältnisses und ihre Grenzen, Heidelberg 1963; *Hermann Kauffmann,* Zur Abtretung von Lohn- und Gehaltsforderungen und ihren Grenzen, Betrieb 1959, S. 287–290; *ders.*, Zum Anspruch auf einen Solidaritätsbeitrag gegen Außenseiter, AuR 1961, S. 267–272; *ders.*, Normsetzungsbefugnis der Tarifpartner, NJW 1966, S. 1681–1686; *E. Klett*, Grenzen der tarifvertraglichen Normsetzungsbefugnis, Diss. Würzburg 1967; *Peter Knevels*, Die Wirkung des kollektiven Lohnabtretungsverbots auf frühere Vorausabtretungen, Betrieb 1960, S. 552–553; *ders.*, Verbot einer Nebentätigkeit und Ansprüche auf Gehalt oder Krankengeldzuschuß bei Unfall, Betrieb 1961, S. 168–169; *Alfons Kraft*, Die Regelung der Rechtsstellung gewerkschaftlicher Vertrauensleute im Betrieb, ZfA 1976, S. 243–272; *Herbert Krüger*, Sinn und Grenzen der Vereinbarungsbefugnis der Tarifvertragsparteien, Gutachten zum 46. DJT 1966, Bd. I, S. 7–96; *Karl-Georg Loritz*, Tarifautonomie und Gestaltungsfreiheit des Arbeitgebers. Dargestellt anhand der gewerkschaftlichen Forderungen nach tarifvertraglicher Regelung der Bemessungsvorgaben bei der Deutschen Bundespost, Berlin 1990; *Ulrich Mertz*, Kollektivvertragliche Regelung einer Kostenpauschale für die Bearbeitung von Lohnpfändungen und -abtretungen, BB 1959, S. 493–495; *Karlheinz Misera*, Tarifmacht und Individualbereich unter Berücksichtigung der Sparklausel, Berlin 1969; *H.-J. Mürau*, Die Zulässigkeit tariflicher Sonderleistungen für gewerkschaftlich organisierte Arbeitnehmer, Diss. Würzburg 1967; *Erwin Neumann*, Kollektivvereinbarungen über die Wirksamkeit von Lohnabtretungen, BB 1957, S. 111–112; *Hans Carl Nipperdey*, Unzulässigkeit von Höchstlöhnen in Tarifverträgen und Tarifordnungen der öffentlichen Hand, in: Festschrift für Wilhelm Herschel (1955), S. 9–26; *Olaf Radke*, Die „Tarifausschlußklausel" aus der Perspektive des organisierten Arbeitnehmers, AuR 1967, S. 269–273; *ders.*, Das Bundesarbeitsgericht und die Differenzierungsklausel, AuR 1971, S. 4–15; *Wilhelm Reuß*, Der Streit um die Differenzierungsklauseln, AuR 1970, S. 33–35; *ders.*, Die Unzulässigkeit gerichtlicher Tarifzensur, AuR 1975, S. 289–294; *Reinhard Richardi*, Koalitionsgewalt und individuelle Koalitionsfreiheit, AöR 93 (1968), S. 243–269; *Walram Schichtel*, Die Grenzen kollektivrechtlicher Regelung von Arbeitsentgelten, Diss. Münster 1961; *Gerhard Schnorr*, Kollektivmacht und Individualrechte im Berufsverbandswesen, in: Festschrift für Erich Molitor (1962), S. 229–252; *ders.*, Genehmigungsbedürftigkeit tariflicher Indexlöhne, AuR 1963, S. 136–141; *ders.*, Inhalt und Grenzen der Tarifautonomie, JR 1966, S. 327–334; *Winfried Schuschke*, Erweiterung der Mitwirkung des Betriebsrates bei Kündigungen durch Tarifvertrag oder Betriebsvereinbarung, Diss. Köln 1966; *Wolfgang Siebert*, Kollektivmacht und Individualsphäre beim Arbeitsverhältnis, BB 1953 S. 241–243; *ders.*, Kollektivnorm und Individualrecht im Arbeitsverhältnis, in: Festschrift für Hans Carl Nipperdey (1955), S. 119–145; *ders.*, Die Erweiterung des Mitbestimmungsrechts des Betriebsrates durch Betriebsvereinbarung oder Tarifvertrag, BB 1958, S. 421–424; *Karsten Umnuß*, Organisation der Betriebsverfassung und Unternehmerautonomie. Grundlegung für die Reform des organisatorischen Teils der Betriebsverfassung, Baden-Baden 1993; *Hubert Weber*, Die Rückwirkung von Tarifverträgen, Diss. Köln 1963; *Eberhard Wehr*, Der Einfluß eines betrieblichen Lohnabtretungsverbots auf Vorausabtretungen, BB 1960, S. 709–710; *Helmut Weidelener*, Die Tarifausschlußklausel, Diss. München 1964; *Bernhard Weller*, Zur Frage der Differenzierungsklausel, AuR 1970, S. 161–166; *Herbert Wiedemann*, Zeitliche Grenzen kollektiver Gestaltungsmacht, RdA 1959, S. 454–458; *Rainer Will*, Die Tarifausschlußklausel als Problem der Tarifautonomie, Diss. Köln 1968; *Otfried Wlotzke*, Zur Zulässigkeit von Tarifverträgen über den Schutz und die Erleichterung der Tätigkeit gewerkschaftlicher Vertrauensleute, RdA 1976, S. 80–84; *Klaus C. Wrede*, Schaffung und Erweiterung von Beteiligungsrechten der Arbeitnehmer durch Kollektivvereinbarungen, Diss. Köln 1963; *Ulrich Zachert*, Rechtsfragen bei Tarifverträgen zum Schutz der Tätigkeit gewerkschaftlicher Vertrauensleute, BB 1976, S. 514–520

A. Rechtsdogmatische Grundlagen

I. Kollektivfreie Individualsphäre

Die Grenzen der Tarifautonomie zum Schutz der normunterworfenen Arbeitgeber und Arbeitnehmer wurden früher unter dem das Problem veranschaulichenden Titel „Individualbereich" zusammengefaßt.[1] Damit war eine Sammelbezeichnung für diejenigen Gesichtspunkte gewählt, die bei der Interessen- und Güterabwägung zwischen der Normsetzungsbefugnis der Tarifvertragsparteien und dem Individual- oder Minderheitenschutz der betroffenen Arbeitgeber und Arbeitnehmer berücksichtigt werden müssen. Die rechtsdogmatische Grundlage dafür hat sich im Laufe der Jahrzehnte mehrfach geändert.

1. Sachliche Eingrenzungen

432 In der Frühzeit des Tarifvertragsrechts wurde versucht, die sachliche Bestimmung der Innenschranken der Tarifautonomie durch eine gegenständlich beschriebene „tariffreie Individualsphäre" vorzunehmen.[2] Soweit die Aufgaben der Tarifvertragsparteien reichen, ist ein solcher tariffreier Raum jedoch lediglich Reflex der kollektivvertraglichen Normsetzung. Die Lehre von der Individualsphäre vertauscht, wie *Gamillscheg*[3] treffend bemerkt, Ursache und Wirkung. Der richtige Ansatz muß vielmehr die Sachfragen ermitteln, auf die sich die Tarifverträge (positiv) beschränken müssen oder die sie (negativ) nicht behandeln dürfen. Hierher gehören die häufig vertretenen Thesen: (1) die Tarifautonomie beschränke sich auf Regelungen, die – gedanklich – auch Inhalt des Arbeitsverhältnisses oder sogar nur des Synalagmas sein könnten;[4] oder (2) Gegenstand kollektiver Regelung könne nur die Festsetzung allgemeiner und abstrakter Arbeitsbedingungen[5] sein oder nur die Regelung gruppenbezogener Sachverhalte.[6] Diese Thesen stehen im Widerspruch zu Verfassung, Gesetz und Wirklichkeit. Die Tarifautonomie auf den *möglichen* Inhalt des Einzelarbeitsverhältnisses zurückzudrängen, vernachlässigt ihre Verteilungs- und Ordnungsaufgabe, wie sie sich in Vergütungsvorschriften, Abschlußnormen und Betriebsordnungen manifestiert.[7] Auf der anderen Seite gibt es keinen zwingenden Grund dafür, daß in einem Tarifvertrag, insb. einem Firmentarifvertrag lediglich abstrakt-generelle Regelungen vorgenommen werden dürfen, der Einzelfall dagegen ausgespart bleiben muß. Die Gründung einer Gemeinsamen Einrichtung nach § 4 Abs. 2 ist notwendig dem Einzelfall gewidmet. Ähnliche Einwendungen gelten für das Erfordernis, die tarifvertragliche Regelung müsse vom Gegenstand her gruppenbezogen oder sie müsse einer Allgemeinverbindlicherklärung zugänglich sein. Daraus lassen sich keine Schranken der Tarifautonomie gewinnen, die nicht bereits aus dem Gleichheitsgebot folgen. Der Haupteinwand gegen beide genannten Thesen geht schließlich dahin, daß die Innenschranken auch und gerade für Normen auszuarbeiten sind, die Inhalt des Einzelarbeits-

---

[1] Vgl. dazu Vorauflage, Einl., Rnr. 203.
[2] Vgl. *Dietz*, in: Freiheit und Bindung im kollektiven Arbeitsrecht, 1957, S. 13, 21; *Nikisch*, BB 1956, S. 468, 470; *Wlotzke*, Günstigkeitsprinzip, S. 63; kritisch *Richardi*, Kollektivgewalt, S. 406.
[3] *Gamillscheg*, Die Differenzierung nach der Gewerkschaftszugehörigkeit, 1966, S. 79.
[4] Vgl. dazu ausführlich *Wiedemann*, RdA 1997, S. 297, 298.
[5] So BAG 14. 2. 1968 AP Nr. 7 zu § 4 TVG Effektivklausel (*Böttcher*); *Säcker*, Gruppenautonomie, S. 269.
[6] So *Hilger*, Referat zum 43. DJT 1960, Bd. 2, S. F 6, 14 ff.
[7] Ebenso im Ergebnis *Gamillscheg*, Kollektives Arbeitsrecht I, § 7 III 3 b, S. 333.

verhältnisses sein könnten, und gruppenbezogene Bestimmungen davon sicher nicht auszunehmen sind.

2. Funktionelle Eingrenzungen

Die sachliche Bestimmung der Innenschranken der Tarifautonomie wurde weiter durch eine Funktionsbestimmung des Kollektivvertrages einerseits und des Arbeitsvertrages andererseits versucht.[8] Danach soll der Tarifvertrag eine Schutz- und Ordnungsfunktion erfüllen; der Einzelarbeitsvertrag habe dagegen die Aufgabe, das Leistungsprinzip, den Bedürftigkeitsgedanken oder andere individuelle Umstände des einzelnen Arbeitsverhältnisses zur Geltung zu bringen. Diese Lehre führt nicht nur zu einer Einschränkung der Kollektivmacht, sondern außerdem zu einer Begrenzung des Günstigkeitsprinzips des § 4 Abs. 3 auf individuelle Vereinbarungen des einzelnen Arbeitsvertrages; Vertragsklauseln mit kollektivem oder Ordnungscharakter könnten von Kollektivvereinbarungen jederzeit abgeändert oder aufgehoben werden. Eine Kompetenzabgrenzung kann demnach in der geschilderten Weise nicht erfolgen, weil der Individualvertrag auch Aufgaben eines Kollektivvertrages wahrnehmen kann und darf. Umgekehrt wird die Tarifautonomie mit der These konfrontiert, die Tarifvertragsparteien hätten jedenfalls in erster Linie die Aufgabe, zum *Schutz* ihrer Mitglieder Vereinbarungen abzuschließen. Auch dem vermag ich nicht zuzustimmen, weil Verteilungs- und Ordnungsaufgaben gleichrangig Anerkennung verdienen; vgl. dazu ausführlich oben Rnr. 7ff., 13ff. Es ist schwierig, wenn auch in Ausnahmefällen vielleicht unvermeidlich, Zulässiges von Unzulässigem im Tarifvertrag nach Zielrichtung und Beweggrund der Sozialpartner abzugrenzen.[9]

II. Verhältnis zum Verfassungsrecht

1. Einfluß des Verfassungsrechts

Die Entwicklung innerer Sachgesetzlichkeiten aus dem Vertrags- und dem Normencharakter der Kollektivvereinbarungen wurde zunächst begleitet, später überlagert und heute fast verdrängt von der Lehre ihrer mittelbaren oder unmittelbaren Grundrechtsbindung. Anschaulich zeigt sich der Umschwung während der Diskussion zur Zulässigkeit der Differenzierung nach der Gewerkschaftszugehörigkeit bei tarifvertraglichen Leistungen. Während das wissenschaftliche Schrifttum in erster Linie die tarifvertragliche Zulässigkeit oder Bedenklichkeit ausarbeitete,[10] brachte der Entscheid des Großen Senats des Bundesarbeitsgerichts vom 29. 11. 1967[11] insofern eine Wende, als

---

[8] Vgl. *Nipperdey*, in: Festschrift für Heinrich Lehmann (1937), S. 257; *Siebert*, in: Festschrift für H. C. Nipperdey (1955), S. 119, 127.
[9] Ebenso *Gamillscheg*, Kollektives Arbeitsrecht I, § 7 III 3 b, S. 333; *Hromadka*, Betrieb 1992, S. 1042, 1043; *Rieble*, ZTR 1993, S. 55, 56.
[10] Vgl. nur *Gamillscheg*, Die Differenzierung nach der Gewerkschaftszugehörigkeit, 1966; *A. Hueck*, Tarifausschlußklausel und verwandte Klauseln im Tarifvertragsrecht, 1966.
[11] BAG 29. 11. 1967 AP Nr. 13 zu Art. 9 GG = SAE 1969, S. 265 (*Wiedemann*) = EzA Art. 9 GG Nr. 42 (*Konzen*).

Einleitung 435   3. Abschnitt. Innenschranken der Tarifautonomie

er die Unzulässigkeit dieser Differenzierung sowohl auf immanente Grenzen der Tarifautonomie (Unzumutbarkeit) wie auf verfassungsrechtliche Schranken (Koalitionsfreiheit) stützte. Etwa von dieser Zeit an verlagerte sich das Interesse von Arbeitsrecht und Sozialpolitik auf die Frage der Verfassungsmäßigkeit von Tarifverträgen. In der arbeitsrechtlichen Rechtsprechung und namentlich im vorbereitenden und begleitenden Schrifttum treten nun die Prüfung von Tarifvertragsnormen am Maßstab der Grundrechte in den Vordergrund. Soweit man sich gegen die „Übermacht" der Sozialpartner zur Wehr setzen will, wird dies, mit wechselndem Erfolg, überwiegend mit Verfassungsverstößen belegt – so im Fall der Besetzungsrichtlinien,[12] der Bemessungsvorgaben[13] und vor allem der Arbeitszeitgestaltung;[14] vgl. dazu oben Rnr. 319ff., 326ff. Das entspricht einer im Privatrecht zu beobachtenden Rechtsentwicklung, die verfassungsrechtlichen Wertungen in der gesamten Rechtsordnung stärker hervortreten zu lassen.

2. Eigenständigkeit des Tarifvertragsrechts

435 Die Ausbildung verfassungsgerechter Standards im Zivilrecht soll nicht aufgehalten werden; sie macht aber die in Jahrhunderten tradierten Rechtssätze des Vertragsrechts und allgemein der Privatrechtsordnung nicht überflüssig. Dafür sprechen zwei Überlegungen. Im privaten Vertrags-, Vermögens- und Organisationsrecht gelten viele zwingende Rechtsnormen, die vom Gesetzgeber oder von der höchstrichterlichen Rechtsprechung ausgearbeitet wurden, die sich aber nicht ausnahmslos auf einzelne Grundrechte zurückführen lassen. Geläufige Beispiele für die Einschränkung der Privatautonomie sind im Vertragsrecht die Regeln zur Unzumutbarkeit (Kündigung aus wichtigem Grund, Wegfall der Geschäftsgrundlage), im Vermögensrecht die Übertragungs- und Belastungsvorschriften, im Gesellschaftsrecht der Minderheiten- und Gläubigerschutz. Die einschlägigen Normen verfolgen meist Mehrfachziele: sie dienen vornehmlich dem Schutz des Vertragspartners, bezwecken aber auch den Schutz mittelbar betroffener Verkehrsteilnehmer (Rechtsscheinstatbestände) oder der Interessen der Allgemeinheit (Publizität). All dies kann nicht als konkretisiertes Verfassungsrecht gedeutet werden; das Privatrecht behält seinen Eigenwert vielmehr auch im Lichte der neuen Lehre vom verfassungsrechtlichen Untermaßverbot, wonach der Gesetzgeber die Vertragsordnung so auszugestalten hat, daß alle Beteiligten den Schutz des Art. 2 Abs. 1 GG genießen und sich gleichermaßen auf die grundrechtliche Gewährleistung ihrer Privatautonomie berufen können (*ordre constitutionnel*[15]). Selbst dort, wo ein Verfassungsgebot existiert, verpflichtet es Gesetzgeber und Rechtsprechung nur zu einem *Mindestschutz* der Vertragspartner.[16] Es steht dem Gesetzgeber des Privatrechts und auch des Tarifvertragsrechts frei, davon nach seinem Ermessen abzuweichen. Zwei geläufige Beispiele

---

[12] BAG 26. 4. 1990 AP Nr. 57 zu Art. 9 GG = SAE 1991, S. 536 (*Loritz*); BAG 22. 1. 1991 AP Nr. 67 zu Art. 12 GG.
[13] BAG 3. 4. 1990 AP Nr. 56 zu Art. 9 GG = EzA Art. 9 GG Nr. 49 (*Reuter*); *Loritz*, Tarifautonomie und Gestaltungsfreiheit des Arbeitgebers, 1990, S. 67 ff.
[14] Vgl. dazu ausführlich *Stein*, Tarifvertragsrecht, Rnr. 433–495.
[15] *Wiedemann*, JZ 1990, S. 695, 697.
[16] Vgl. *Dieterich*, in: Festschrift für Günter Schaub (1998), S. 117, 122, 133.

sind die Ausgestaltung der Gleichheitsgebote und des Vertrauensschutzes. Für alle Normsetzer gilt der weite Rahmen des Art. 3 Abs. 1 GG, für den Arbeitgeber dagegen der strengere Maßstab des Gleichbehandlungsgebots.[17] Für den Gesetzgeber gilt das rechtsstaatliche Rückwirkungsverbot, für die Tarifvertragsparteien galt bis zum Urteil des Bundesarbeitsgerichts vom 23. 11. 1994[18] das darüber hinausgehende Verbot, wohlerworbene und bereits erfüllte Ansprüche rückwirkend zu beeinträchtigen. Unabhängig davon, ob man dieser Rechtsprechungsänderung folgt oder nicht, zeigt die Rückwirkungsproblematik doch deutlich, daß das Tarifvertragsrecht in der Lage ist, eigenständige Maßstäbe zu entwickeln. Die Beispiele ließen sich vermehren.

B. Schutz der (kollektiven) Vertragsgegenseite

Der Inhalt des Tarifvertrages betrifft die Vertragspartner als *solche* und **436** weiter die von ihnen *repräsentierte* Arbeitgeber- und Arbeitnehmerschaft sowie schließlich die *einzelnen* mittelbar oder unmittelbar normbetroffenen Personen. Die Situation ist also mit derjenigen des einfachen Schuldvertrages nicht zu vergleichen. Alle Überlegungen zur Gestaltungsmacht der Sozialpartner müssen dem Erfordernis Rechnung tragen, daß im Tarifvertragsverhältnis die Interessen dieser verschiedenen *Bezugsgruppen* zu berücksichtigen sind. Bei lediglich dieser Unterscheidung kann es aber nicht bleiben: es ist zusätzlich zu bedenken, ob und wie sich die Interessen dieser Bezugsgruppen neben dem Tarifvertragsverhältnis auch im *Mitgliedsverhältnis* zwischen Verband und Einzelarbeitgeber oder Einzelarbeitnehmer und schließlich im *Vertragsverhältnis* zwischen den Parteien des Einzelarbeitsvertrages auswirken können. Beispiel: Ob sich eine außergewöhnliche persönliche oder wirtschaftliche Belastung auf die anfängliche Wirksamkeit oder die spätere Weitergeltung eines Kollektivvertrages auswirkt, hängt offenbar davon ab, ob die Belastung den Vertragsgegner (der den Tarifvertrag immerhin selbst eingegangen ist) unmittelbar trifft, oder die kollektive Vertragsgegenseite, die von den Verbandsorganen repräsentiert wird, oder aber den einzelnen Arbeitgeber oder Arbeitnehmer (dessen Einfluß auf Verbandstarifverträge begrenzt ist). Und die Auswirkung auf das Tarifvertragsverhältnis hängt weiter davon ab, ob sich der Konflikt nicht richtiger im internen Mitgliedschaftsverhältnis oder im Einzelarbeitsverhältnis bewältigen läßt. Hinsichtlich der Innenschranken der Tarifautonomie sind deshalb drei verschiedene Interessenkreise und Wirkungsebenen zu unterscheiden:[19]
– Die Tarifvertragsparteien begründen durch Verhandlungen und Vertrags- **437** schluß ein Dauerschuldverhältnis eigener Art *untereinander*.[20] In diesem Tarifvertragsverhältnis schlagen sich deshalb in erster Linie die Interessen der jeweiligen Vertragspartner nieder, also des Arbeitgeberverbandes oder

---

[17] Vgl. *Lieb,* Arbeitsrecht, Rnr. 98; *Wiedemann/Peters,* RdA 1997, S. 100.
[18] BAG 23. 11. 1994 AP Nr. 12 zu § 1 TVG Rückwirkung (*Wiedemann*).
[19] Im Ansatz ebenso *Belling/Hartmann,* ZfA 1997, S. 87, 118 ff.; *Buchner,* NZA 1993, S. 289, 298; *Däubler,* ZTR 1996, S. 241, 244; *Henssler,* ZfA 1994, S. 487, 491.
[20] Vgl. *Arnold,* Die tarifrechtliche Dauerrechtsbeziehung, 1996, S. 34 ff.

des einzelnen Arbeitgebers und der vertragsschließenden Gewerkschaft. Danach richten sich die inhaltlichen Pflichten zur korrekten Vertragserfüllung wie die Rechtsbehelfe bei Vertragsverletzung (Kündigung und Schadenersatz). Diese Binnenordnung der Tarifvertragsparteien wird in dem sog. schuldrechtlichen Teil abgehandelt; vgl. dazu unten § 1 Rnr. 657 ff.

438 — In die Beurteilung des Tarifvertragsverhältnisses sind weiter die *kollektiven* Interessen derjenigen Personen aufzunehmen, die vom Tarifvertrag insgesamt betroffen werden, also insb. die Erfüllungsinteressen der organisierten Arbeitnehmer und die Friedensinteressen der organisierten Arbeitgeber. Die Belange dieser Bezugsgruppen sind beim Verbandstarifvertrag nicht notwendig identisch mit denjenigen der Tarifvertragsparteien, müssen aber in das Tarifvertragsverhältnis integriert werden, da es zwischen den beiden „Blöcken" keine eigenständigen Rechtsbeziehungen gibt. Allerdings steht für die Belange dieser Bezugsgruppen neben der Tarifvertragsebene noch das jeweilige Mitgliedsverhältnis zum eigenen Berufsverband zur Verfügung, um etwaige Zweifel an Inhalt und Wirksamkeit einer Kollektivvereinbarung zu schlichten. In welchem Umfang sich Verbandskonflikte oder Minderheitsinteressen auch im Tarifvertragsverhältnis auswirken sollen, ist bisher wenig geklärt.

439 — In das Tarifvertragsverhältnis müssen schließlich die Interessen der *einzelnen* normunterworfenen Arbeitgeber und Arbeitnehmer integriert werden, damit die Kollektivvereinbarung auf die individuelle Betroffenheit ausreichend Rücksicht nehmen kann. Dieser Individualschutz kann zusätzlich im Mitgliedsverhältnis zum Berufsverband und darüber hinaus auch im Einzelarbeitsverhältnis Auswirkungen zeitigen. Im Zweifel beschränken sich die Rechtsbehelfe auf das Mitglieds- oder das Arbeitsvertragsverhältnis; ein einzelner Arbeitgeber oder Arbeitnehmer kann einen Verbandstarifvertrag nicht selbst wegen Undurchführbarkeit kündigen – und zwar weder mit Wirkung für die Koalition noch für seine eigene Person.[21] Der Austritt aus einem Gesellschafts- oder Vereinsverhältnis führt – auch unabhängig von § 3 Abs. 3 des Gesetzes – nicht dazu, bisher wirksam begründete Verpflichtungen abzustreifen. *Schadenersatzansprüche* eines tarifunterworfenen Arbeitnehmers oder Arbeitgebers, der sich durch tarifvertragliche Normen benachteiligt fühlt, gegen die Tarifvertragsparteien oder deren Repräsentanten, hat das Bundesarbeitsgericht in einer Leitentscheidung zurückgewiesen; der zuständige Senat beruft sich dafür auf die staatliche Gesetzgebung, die keiner Amtshaftung für normatives Unrecht unterliegt.[22] Unabhängig davon, wie die Frage im Staatsrecht zu entscheiden ist, kann der Ansicht des Bundesarbeitsgerichts nicht gefolgt werden. Die Vertretungsorgane, Repräsentanten und Angestellten der Koalitionen haben nicht die Stellung von Parlamentsmitgliedern; sie sind vielmehr dem Verband und seinen Mitgliedern nach allgemeinem Gesellschaftsrecht verantwortlich.[23] Die Mitgliederversammlung kann beschließen, Schadener-

---

[21] Abw. *Löwisch,* NJW 1997, S. 905, 907.
[22] BAG 20. 8. 1986 AP Nr. 6 zu § 1 TVG Tarifverträge: Seniorität (*v. Hoyningen-Huene*).
[23] *Karsten Schmidt,* Gesellschaftsrecht, 3. Aufl. 1997, § 24 III 2, S. 695.

satzansprüche geltend zu machen; hilfsweise muß dieses Recht auch einzelnen Mitgliedern oder jedenfalls einer Minderheit zur Verfügung stehen; vgl. § 147 AktG. Darüber hinaus kann das einzelne Vereinsmitglied Schadensersatzansprüche gegenüber dem Verband bei schuldhafter Verletzung seiner Mitgliedschaft als „sonstiges Recht" im Sinne des § 823 Abs. 1 BGB verlangen.[24]

Die sachlichen Kollektiv- und Individualinteressen und ihr Niederschlag im Tarifvertragsverhältnis sind in den folgenden Abschnitten darzustellen.

I. Unterstützung der Vertragsgegenseite

Als sekuritätspolitische Bestimmungen bezeichnet man Tarifvertragsnormen, die die Existenz einer Gewerkschaft oder eines Berufsverbandes sichern oder deren Arbeit unterstützen und ihre Stellung verbessern wollen. Dafür genügt es nicht, daß bei bestimmten Regelungen sekuritätspolitische Motive *mit*wirken, da alle Tarifvertragsnormen geeignet sind, die Anziehungskraft der Gewerkschaften zu erhöhen oder abzusenken. Wesensmerkmal sekuritätspolitischer Ziele ist vielmehr, daß die Absicht, die Gewerkschaft zu unterstützen, das vorherrschende Motiv bildet. Die Frage, wie weit die Tarifvertragsparteien dahingehende Vereinbarungen treffen dürfen, ist bisher nicht eindeutig geklärt. Sie ist von der ganz anderen Frage zu trennen, wie weit die Gewerkschaften unabhängig vom Tarifvertrag in Ausübung ihres Grundrechts nach Art. 9 Abs. 3 GG eine Werbetätigkeit auch innerhalb der Betriebe und des Unternehmens der gegnerischen Tarifvertragspartei vornehmen dürfen. Den Umfang dieser Rechtsausübung hat das Bundesverfassungsgericht in seiner Entscheidung vom 14. 11. 1995[25] dahin bestimmt, daß „alle koalitionsspezifischen Verhaltensweisen, insb. die Mitgliederwerbung durch die Koalition und ihre Repräsentanten, vom Verfassungsschutz gedeckt werden". Daraus folgt aber nicht, wie weit die Tätigkeit der Gewerkschaften und ihrer Mandatsträger im Tarifvertrag zusätzlich gefördert und unterstützt werden darf. Nur für einzelne Fragen hat sich in diesem Zusammenhang bisher eine herrschende Rechtsansicht gebildet.

1. Differenzierungs- und Tarifausschlußklausel

Zur Begriffsbestimmung der Differenzierungs- und Tarifausschlußklauseln, zur Diskussion ihrer Zulässigkeit und zum Beschluß des Großen Senats des Bundesarbeitsgerichts vgl. oben Rnr. 288 f., 298 ff. Differenzierungs- und Tarifausschlußklauseln können nicht nur gegen die Verfassung, sondern auch gegen das Tarifvertragsrecht verstoßen. Nach allg. Ansicht können Tarifvertragsnormen, von § 3 Abs. 2 abgesehen, nicht unmittelbar auf Arbeitsverhältnisse der nicht oder anders organisierten Arbeitnehmer einwirken. Damit scheidet eine *normative* Wirkung ihnen gegenüber aus. Wenn überhaupt, könnten Differenzierungs- und Tarifausschlußklauseln nur schuldrechtlich

---

[24] Vgl. BGHZ 110, S. 323, 327: Schärenkreuzer; *Habersack,* Die Mitgliedschaft – subjektives und „sonstiges" Recht, 1996, S. 151 ff., 171 ff.
[25] BVerfGE 93, S. 352, 358: Mitgliederwerbung.

zwischen den Tarifvertragsparteien derart vereinbart werden, daß sich der Arbeitgeber oder der Arbeitgeberverband verpflichten, für eine entsprechende Bevorzugung der organisierten Arbeitnehmer zu sorgen. Der Große Senat des Bundesarbeitsgerichts[26] erklärte 1967 aber auch dahingehende *schuldrechtliche* Abreden für rechtswidrig, weil sie im Ergebnis eine nach allgemeinen Gesetzen unzulässige Beitragserhebung darstellten und außerdem im Verhältnis zur Arbeitgeberkoalition die Grenze des Zumutbaren überschritten. Im Schrifttum wurden weitere Bedenken gegen den Einsatz des Tarifvertrages in diesem Zusammenhang vorgetragen.[27] Zu den gewichtigen Argumenten gehört der Hinweis auf die Unzumutbarkeit einer solchen Regelung für die Arbeitgeber, auf die Aufgabenstellung der Gewerkschaften und auf das Gleichheitsgebot.

442 **a) Unzumutbarkeit.** In der Diskussion zu den Differenzierungs- und Tarifausschlußklauseln wurde die Unzumutbarkeit unterschiedlich begründet. Teilweise wurde angenommen, es sei für die Arbeitgeber oder den Arbeitgeberverband unzumutbar, in einem Tarifvertrag Vorzugsbedingungen für die organisierten Arbeitnehmer zu vereinbaren.[28] Anderwärts erschien die Unzumutbarkeit als Schranke der Tarifmacht im Verhältnis der Tarifvertragsparteien zu den normunterworfenen Mitgliedern, bei den Differenzierungs- und Ausschlußklauseln also insb. im Verhältnis des Arbeitgeberverbandes zu seinen Mitgliedern.[29] Der Große Senat des Bundesarbeitsgerichts wollte in der erwähnten Entscheidung mit dem Gesichtspunkt der Unzumutbarkeit wohl zum Ausdruck bringen, daß in einem Tarifvertrag keine Bedingungen festgelegt werden dürfen, die das *Kräftegleichgewicht* zwischen den Tarifvertragsparteien ändern sollen und die wirtschaftliche und soziale Stellung einer Partei auf Kosten der anderen unterstützen. Das ist ein zutreffender Ansatz zur Kontrolle aller sekuritätspolitischen Ziele einer Tarifvertragspartei; inwieweit Tarifausschluß- und Differenzierungsklauseln tatsächlich zu einer Gefährdung der Gleichgewichtslage zwischen den Tarifvertragsparteien führen, hat der Große Senat des Bundesarbeitsgerichts allerdings nicht näher geprüft; vgl. zum Argument der Unzumutbarkeit näher unten Rnr. 461 ff.

443 **b) Aufgabenstellung.** Die Gewerkschaften sind nicht nur Interessenvertreter ihrer Mitglieder, sondern unter bestimmten Voraussetzungen und in begrenztem Umfang Repräsentanten aller Arbeitnehmer im räumlichen und persönlichen Geltungsbereich ihrer Satzung. Daraus wurden hinsichtlich der Zulässigkeit von Differenzierungs- und Tarifausschlußklauseln gegensätzliche

---

[26] BAG 29. 11. 1967 AP Nr. 13 zu Art. 9 GG = SAE 1969, S. 246 (*Wiedemann*).
[27] Vgl. *Bötticher*, Gemeinsame Einrichtungen, 1966, S. 105, 114; *Hueck/Nipperdey*, Arbeitsrecht II 1, § 10 II 3, S. 167 und § 16 III 2, S. 329 ff.; *Hölters*, Harmonie normativer und schuldrechtlicher Abreden in Tarifverträgen, 1973; *Leventis*, Tarifliche Differenzierungsklauseln, 1974, S. 76 ff.; *Mayer-Maly*, BB 1965, S. 829, 833; *Zöllner*, Tarifvertragliche Differenzierungsklauseln, 1967, S. 49 ff.
[28] So BAG 29. 11. 1967 AP Nr. 13 zu Art. 9 GG = SAE 1969, S. 246 (*Wiedemann*).
[29] So *Bötticher*, Gemeinsame Einrichtungen, 1966, S. 146 ff.; *A. Hueck*, Tarifausschlußklausel und verwandte Klauseln im Tarifvertragsrecht, 1966, S. 67.; kritisch dazu *Biedenkopf*, Gutachten zum 46. DJT 1966, Bd. I, S. 96, 124; *Gamillscheg*, Kollektives Arbeitsrecht I, § 7 III 3 c, S. 334; *Gitter*, AuR 1970, S. 129 ff.; *Stein*, Tarifvertragsrecht, Rnr. 364; *Wlotzke*, RdA 1976, S. 80, 83.

Schlüsse gezogen.[30] Zwingende Folgerungen aus der Stellung der Gewerkschaften lassen sich in der Tat schwer gewinnen, weil zwar einerseits die Interessen auch mittelbar betroffener Arbeitnehmer und Dritter berücksichtigt werden sollen, die Gewerkschaften auf der anderen Seite jedoch zweifellos berechtigt sind, in erster Linie die Belange ihrer Mitglieder zu wahren und zu verbessern.

c) Gleichheitsgebot. Die Einführung von Differenzierungs- oder Tarifausschlußklauseln ist nach geltendem Recht unzulässig, weil sich Vergütung und Sondervergütung im Arbeitsverhältnis an der Leistung oder an der sozialen Umwelt (vgl. oben Rnr. 257ff.), nicht aber an Partei- oder Gewerkschaftszugehörigkeit orientieren dürfen. Eine bevorzugte Behandlung gesetzlicher oder tarifvertraglicher Zuschläge im Steuerrecht hat das Bundesverfassungsgericht als unsachliche Begünstigung der organisierten Arbeitnehmer für verfassungswidrig erklärt.[31] Eine bestimmte Quote des Entgelts nur den organisierten Arbeitnehmern vorzubehalten, widerspricht dem arbeitsrechtlichen Leistungsprinzip ebenso wie es dem arbeitsrechtlichen Schutzprinzip zuwiderliefe, Sozialzulagen nur für Kinder von Verbands- oder Gewerkschaftsmitgliedern vorzusehen. Eine dahingehende Differenzierung wäre vielleicht tragbar, wenn die Gewerkschaften sich ausschließlich auf die Wahrnehmung ihrer Aufgaben als Mitgliedsverbände beschränken würden, also nur „Geschäftsgewerkschaften" wären. Das ist jedoch nicht der Fall. Nach ihrem Selbstverständnis nehmen die deutschen Gewerkschaften nicht nur sozialpolitische, sondern auch allgemein gesellschaftspolitische Aufgaben wahr (vgl. § 2 Nr. 3 der Satzung des DGB, § 2 Abs. 1 Satz 3 und 4 der Satzung der IG Metall vom 1. 1. 1996). Arbeitsentgelt und andere Arbeitsbedingungen dürfen dann konsequent – ohne gesetzliche Grundlage – nicht von der Zugehörigkeit zu einer Vereinigung abhängen, die auch andere als arbeits- und wirtschaftspolitische Ziele verfolgt. Der Einwand, es gebe auch andere Bestandteile des Entgelts, die vom Leistungs- oder Versorgungsdenken unabhängig seien, ist nicht stichhaltig, da sie jedenfalls nicht dazu dienen dürfen, gleichzeitig allgemein gesellschaftspolitische Ziele zu unterstützen.

2. Unterstützung gewerkschaftlicher Vertrauensleute

a) Entwicklung. In der Frühzeit der Arbeiterbewegung waren die gewerkschaftlichen Vertrauensleute gleichzeitig Vertreter der Arbeitnehmerinteressen gegenüber dem Unternehmen. Eine Anerkennung organisierter Betriebsvertrauensleute erfolgte in den Tarifgemeinschaften des Buchdruckergewerbes am Ende des 19. Jahrhunderts; sie sahen ausdrücklich Vertrauensleute als unterste gewerkschaftliche Organe vor, denen ein besonderer Schutz gegen Entlassung zustand.[32] Die Entwicklung der Betriebsausschüsse und Betriebsräte verdrängte die gewerkschaftlichen Vertrauensleute als Vertreter der Belegschaft. Sowohl das BetriebsräteG von 1920 wie die modernen

---

[30] Vgl. einerseits *Gamillscheg,* Die Differenzierung nach der Gewerkschaftszugehörigkeit, 1966, S. 44, 96; andererseits *Zöllner,* Tarifvertragliche Differenzierungklauseln, 1967, S. 49 ff.
[31] BVerfGE 25, S. 101, 106.
[32] Vgl. *Herkner,* Die Arbeiterfrage, Bd. 1, 7. Aufl. 1921, S. 463.

Betriebsverfassungs- und Personalvertretungsgesetze sehen von einer Institutionalisierung der gewerkschaftlichen Vertrauensleute im Betrieb ab. Auch ohne gesetzliche Regelung gibt es jedoch in vielen Unternehmen gewählte Vertretungen der dort beschäftigten Gewerkschaftsmitglieder. Die Vertrauensleute der Gewerkschaften wollen die Interessen der Gewerkschaftsmitglieder wahrnehmen, den Betriebsrat unterstützen und die Orts- und Bezirksverwaltung der Gewerkschaften informieren: sie verkörpern die Gewerkschaft vor Ort. In einer Reihe von Tarifverträgen vor allem aus den 60er Jahren ist die Stellung der gewerkschaftlichen Vertrauensleute sowie – in gemindertem Umfang – der Schutz gewerkschaftlicher Mandatsträger näher geregelt worden. Solche Tarifverträge beinhalten unter anderem: die Wahl der Vertrauensleute in den Betrieben während oder außerhalb der Arbeitszeit, Arbeitsbefreiungen zur Wahrnehmung ihrer betrieblichen Aufgaben als Vertrauensleute, Freistellung zum Besuch von gewerkschaftlichen Bildungsveranstaltungen, erweiterter Kündigungsschutz durch Einschaltung des zuständigen Gewerkschaftsorgans, Befugnisse zur Abhaltung von Sitzungen und Informationsveranstaltungen in Betriebs- oder Diensträumen sowie ein allgemeines Benachteiligungsverbot. In den Tarifverträgen zum Schutz gewerkschaftlicher Mandatsträger wird diesen vor allem Freistellung von der Arbeit zur Teilnahme an Sitzungen ihrer Gewerkschaften bei Fortzahlung des Entgelts gewährt; ähnliche Vereinbarungen existieren auch heute noch für Mitglieder der örtlichen und bezirklichen Tarifkommission.[33]

446 b) Die **Zulässigkeit** von Tarifvertragsnormen, die gewerkschaftliche Vertrauensleute und Mandatsträger unterstützen, wird unterschiedlich beurteilt. In der Rechtsprechung werden Freistellungsabreden unter Entgeltfortzahlung – im wesentlichen ohne Auseinandersetzung mit den Bedenken im Schrifttum – für zulässig erachtet.[34] Im Schrifttum wird gegen die Wirksamkeit einschlägiger Tarifvertragsbestimmungen geltend gemacht, daß sie gegen den Grundsatz der Gegnerunabhängigkeit verstoßen, die Grenzen normativer Tarifmacht überschreiten und mit einzelnen Bestimmungen des Betriebsverfassungs- und Personalvertretungsrechts wie den §§ 3, 75 BetrVG und §§ 3, 67 BPersVG nicht vereinbar seien.[35]

447 Grundsätzlich bestehen gegen die Unterstützung gewerkschaftlicher Vertrauensleute und Mandatsträger in einem Tarifvertrag keine Bedenken.[36] Der Einwand, eine tarifvertragliche Regelung durch Inhaltsnormen sei nicht möglich, weil dadurch nicht das konkrete Arbeitsverhältnis geregelt werde

---

[33] Vgl. Vereinbarung der Südwestdeutschen Bekleidungsindustrie und der Gewerkschaft Textilbekleidung vom 1. 2. 1963.
[34] BAG 5. 4. 1987 AP Nr. 2 zu § 1 TVG Tarifverträge: Banken (*Pleyer*); BAG 19. 7. 1983 AP Nr. 5 zu § 87 BetrVG Betriebsbuße (*Herschel*); BAG 11. 9. 1985 AP Nr. 67 zu § 616 BGB = AuR 1985, S. 366 und AuR 1986, S. 28; offen gelassen in BAG 8. 10. 1997 AP Nr. 29 zu § 4 TVG Nachwirkung.
[35] Vgl. insb. *W. Blomeyer*, Betrieb 1977, S. 101; *Bötticher*, RdA 1978, S. 133; *Kraft*, ZfA 1976, S. 243; *Losaker*, ArbRGegw 2 (1965), S. 56, 65; *Richardi*, RdA 1968, S. 427, 428; *Rieble*, RdA 1993, S. 140, 143; für Zulässigkeit dagegen *Herschel*, AuR 1977, S. 137; *Kempen/Zachert*, § 1 TVG, Rnr. 270; *Wlotzke*, RdA 1976, S. 80.
[36] Ebenso *Gamillscheg*, Kollektives Arbeitsrecht I, § 4 I 2 b, S. 163; *Löwisch/Rieble*, § 1 TVG, Rnr. 550.

und weil entsprechende Klauseln nicht für allgemeinverbindlich erklärt werden können,[37] ist nicht stichhaltig. Abgesehen von etwaigen Wahl-, Informations- und Werbeveranstaltungen regeln die Tarifverträge nicht die Tätigkeit der Vertrauensleute, sondern die arbeitsvertraglichen Voraussetzungen und Folgen einer solchen Tätigkeit. Das liegt im Bereich der Inhaltsnormen. Keine Wirksamkeitsvoraussetzung eines Tarifvertrages stellt es dar, daß jede Tarifnorm auch für allgemeinverbindlich erklärt werden kann.[38] Der Grundsatz der Gegnerunabhängigkeit wird nicht in Frage gestellt, weil die Gewerkschaften durch die Unterstützung ihrer Vertrauensleute keinen Einfluß auf die Arbeitgeberseite gewinnen wollen. Die Gegnerunabhängigkeit ist – wenn überhaupt – nicht schon dadurch verletzt, daß das zwischen den Tarifvertragsparteien bestehende Kräfteverhältnis geändert wird. Gegnerabhängigkeit liegt nur vor, wenn durch personelle Verflechtung, auf organisatorischem Weg oder durch finanzielle Zuwendungen die eigenständige Interessenwahrnehmung der Tarifvertragsparteien gefährdet wird. Die schließlich auch noch genannte Unzumutbarkeit für den Arbeitgeber stellt keine generelle Schranke der Tarifmacht dar. Bei einem Firmentarifvertrag, der ohne vorangehenden Arbeitskampf abgeschlossen wird, bestimmt der Arbeitgeber selbst, welche Belastungen für ihn zumutbar sind. Bei einem Verbandstarifvertrag ist die Unzumutbarkeit jedenfalls dann zu verneinen, wenn die Verbandsmitglieder dem Tarifabschluß entweder alle zustimmen oder den Tarifvertrag ohne innerverbandliche Beanstandungen durchführen.[39] Für den Grundsatz ist schließlich maßgebend, daß die gewerkschaftliche Tätigkeit im Betrieb von der Rechtsordnung und von Art. 9 Abs. 3 GG garantiert wird; dies muß auch für die Tätigkeit des einzelnen Gewerkschaftsmitglieds gelten, der gleichzeitig Mandatsträger und Arbeitnehmer im Betrieb ist.

c) Grenzen. Der Tarifvertrag darf die Tätigkeit gewerkschaftlicher Vertrauensleute oder Mandatsträger nur durch Inhaltsnormen und nur im Rahmen der geltenden Betriebsverfassung und Personalvertretung unterstützen.
– Mit den § 3 BetrVG, § 3 BPersVG ist die Errichtung *zusätzlicher* oder *alternativer* betriebsverfassungs- oder personalvertretungsrechtlicher Organe in einem Tarifvertrag nicht zu vereinbaren. Tarifvertragsbestimmungen, mit denen während der Arbeitszeit Wahl-, Informations- und Werbeveranstaltungen der gewerkschaftlichen Vertrauensleute durchgeführt werden sollen, sind deshalb unzulässig. Da diese Veranstaltungen nur die Mitglieder der im Betrieb vertretenen Gewerkschaften betreffen, würde die vom BetrVG und BPersVG erstrebte Einheitlichkeit der Betriebs- und Personalverfassung gestört. Weder Betriebsnormen noch betriebsverfassungsrechtliche Normen des Tarifvertrages ermöglichen eine „Zusatzbetriebsverfassung" für organisierte Arbeitnehmer.[40]

---

[37] So *Bulla*, BB 1957, S. 889, 892.
[38] Abw. *Bötticher*, RdA 1966, S. 401, 404; *ders.*, Die gemeinsamen Einrichtungen der Tarifvertragsparteien, 1966, S. 102.
[39] Ebenso *W. Blomeyer*, Betrieb 1977, S. 101, 106; *Gitter*, AuR 1970, S. 129, 133; *Wlotzke*, RdA 1976, S. 80, 83.
[40] *Gamillscheg*, Kollektives Arbeitsrecht I, § 4 I 2 b, S. 163; Löwisch/*Rieble*, § 1 TVG, Rnr. 549.

450 – Ein *Sonderkündigungsschutz* für gewerkschaftliche Vertrauensleute oder Mandatsträger ist in der Weise zulässig, daß der Tarifvertrag die vorherige Mitteilung oder Anhörung der zuständigen Gewerkschaft bei Versetzung oder Kündigung vorschreibt.[41] Eine Kündigung gegenüber gewerkschaftlichen Vertrauensleuten kann außerdem nach § 13 KSchG unwirksam sein, wenn in der Kündigung ein Verstoß gegen die Verpflichtung zur vertrauensvollen Zusammenarbeit mit den Gewerkschaften nach den § 2 BetrVG, § 2 BPersVG liegt. Dagegen kann der Tarifvertrag keinen erweiterten Kündigungsschutz einführen, wie er nach § 15 KSchG, § 103 BetrVG für Betriebsratsmitglieder gilt, weil damit eine Nebenorganisation eigenständiges Gewicht erlangen würde. Gegen unberechtigte Kündigungen, die mit der Tätigkeit als gewerkschaftliche Vertrauensperson oder Mandatsträger zusammenhängen, schützt Art. 9 Abs. 3 Satz 2 GG.

451 – Eine persönliche Unterstützung gewerkschaftlicher Vertrauensleute oder Mandatsträger, die so geringfügig bleibt, daß sie den Arbeitsablauf nicht beeinträchtigt, ist zulässig, muß allerdings die §§ 75 Abs. 1, 78 Satz 2 BetrVG beachten. Danach kommen vor allem die teilweise Freistellung von der Arbeit unter Entgeltfortzahlung, Aufwandsentschädigung, Sonderurlaub sowie gewerkschaftliche Tätigkeit während der Arbeitszeit im Unternehmen in Betracht.[42]

3. Einziehung von Gewerkschaftsbeiträgen

452 Auch die Zulässigkeit der Einziehung von Gewerkschaftsbeiträgen durch Tarifverträge wird im Schrifttum unterschiedlich beurteilt.[43] Das Argument, daß mit der Einziehung der Gewerkschaftsbeiträge durch den Arbeitgeber die Gegnerunabhängigkeit der Gewerkschaft in Frage gestellt werde, überzeugt nicht. Der Grundsatz der Gegnerunabhängigkeit verlangt personelle, finanzielle und organisatorische Unabhängigkeit vom sozialen Gegenspieler, da sonst der Tarifvertrag zu keinem Interessenausgleich führen kann. Die Unabhängigkeit der Willensbildung großer Gewerkschaften wird jedoch durch ein Beitragseinziehungsverfahren nicht in Frage gestellt. Die Beitragsaufbringung im Wege des Lohnabzugs führt zu keiner nennenswerten Veränderung des bestehenden Kräfteverhältnisses. Wohl aber verstößt eine Tarifvertragsnorm, die ohne Einwilligung des betroffenen Arbeitnehmers zur Einbehaltung von Lohnbestand-

---

[41] Ebenso *Wlotzke*, RdA 1976, S. 80, 85; Beispiel dafür die Vereinbarung zwischen dem Verband der Südwestdeutschen Bekleidungsindustrie und der Gewerkschaft Textilbekleidung vom 1. 2. 1963.

[42] Weitergehend für Sonderkündigungsschutz ArbG Kassel, 5. 8. 1976, BB 1976, S. 1127; *Herschel*, AuR 1977, S. 143.

[43] Zulässigkeit bejaht von *Biedenkopf*, Tarifautonomie, S. 264; *Däubler*, Tarifvertragsrecht, Rnr. 1170 ff.; *Farthmann*, AuR 1963, S. 353, 358; *Fechner*, Die tarifliche Regelung der Abführung von Gewerkschaftsbeiträgen durch den Arbeitgeber, 1964; *Gamillscheg*, Koalitionsfreiheit und soziale Selbstverwaltung, 1968, S. 35; *ders.*, Kollektives Arbeitsrecht I, § 9 III 1 c, S. 422; *Herschel*, JZ 1965, S. 81, 82; G. *Küchenhoff*, AuR 1963, S. 321, 327; *Reuß*, ArbRGegw 1 (1964), S. 144, 148; *Wiedemann*, RdA 1976, S. 72, 75; Zulässigkeit verneint von *Dieckhoff*, BB 1964, S. 927, 929; *Dietz/Nipperdey*, Die Frage der tariflichen Regelung der Einziehung von Gewerkschaftsbeiträgen durch die Betriebe, 1963, S. 26 ff.; einschränkend *Löwisch/Rieble*, § 1 TVG, Rnr. 553, 554.

teilen führt, gegen das Lohnverwendungsverbot; vgl. dazu unten Rnr. 468. Die Einziehungsermächtigung bedarf deshalb gemäß den §§ 362 Abs. 2, 185 BGB der Zustimmung des Gläubiger-Arbeitnehmers, die dieser allerdings auch gegenüber seiner Gewerkschaft abgeben kann. Unter diesem Vorbehalt können Abzug und Abführung von Gewerkschaftsbeiträgen zwischen den Tarifvertragsparteien schuldrechtlich vereinbart werden.[44] An die Stelle der Einziehung durch den Arbeitgeber ist in der Praxis zunehmend das Abbuchungsverfahren durch das kontoführende Kreditinstitut des Arbeitnehmers getreten.[45]

II. Schwächung der Vertragsgegenseite

Die Grenzen tarifvertraglicher Einwirkung auf unternehmerische Entscheidungen im weitesten Sinn, also auf Unternehmensverfassung, Betriebsorganisation oder wirtschaftliche oder personelle Einzelmaßnahmen, sind weder vom Mitbestimmungsurteil des Bundesverfassungsgerichts[46] noch von der Debatte über kollektivvertragliche Besetzungspläne[47] oder andere Tarifklauseln ausgelotet worden.[48] Klärungsbedürftig ist namentlich, wieweit die Ermächtigungsgrundlage in Art. 9 Abs. 3 GG auch eine Erweiterung der wirtschaftlichen Mitbestimmung trägt und wieweit die unternehmerische Freiheit als Berufsausübung des Arbeitgebers nach Art. 12 Abs. 1 GG dagegen abgeschirmt wird; vgl. dazu oben Rnr. 101, 311 ff. Auch hier gilt es, immanente Grenzen der Tarifautonomie aufzuzeigen.

1. Einfluß auf die Unternehmensverfassung

Ein Tarifvertrag kann an der von den Gesetzen vorgesehenen und vom Gesellschaftsstatut näher ausgeführten Unternehmens- und Gesellschaftsverfassung nichts ändern, er kann insb. keinen Einfluß auf den Unternehmensgegenstand, den Gesellschaftszweck oder die Zuständigkeiten der Gesellschaftsorgane nehmen. Eine von dem vertretungsbefugten Organ einer Handelsgesellschaft eingegangene tarifvertragliche Verpflichtung, Satzungs- oder

---

[44] Ebenso Löwisch/*Rieble*, § 1 TVG, Rnr. 554 ff.
[45] *Däubler*, Tarifvertragsrecht, Rnr. 1175; heute jedoch noch in Kraft die Vereinbarung zwischen der Südwestdeutschen Bekleidungsindustrie und der Gewerkschaft Textilbekleidung vom 1. 2. 1963, wo vereinbart wurde, daß die Mitgliedsfirmen des Verbandes „auf Antrag der Gewerkschaft Textilbekleidung soweit die Mitglieder dies wünschen, die Gewerkschaftsbeiträge durch Abzug vom Lohn (einziehen) und ... sie der Gewerkschaft Textilbekleidung überweisen".
[46] BVerfGE 50, S. 290, 322 ff. = AP Nr. 1 zu § 1 MitbestG (*Wiedemann*).
[47] BVerfGE 50, S. 290, 372; *Beuthien*, ZfA 1984, S. 12; *Däubler*, Tarifvertragsrecht, Rnr. 1094 ff.; *Wiedemann*, in: Festschrift für Stefan Riesenfeld (1983), S. 301 = RdA 1986, S. 238.
[48] Vgl. *Beuthien*, ZfA 1984, S. 1; *Däubler*, Tarifvertragsrecht, Rnr. 1094 ff.; *Gamillscheg*, Kollektives Arbeitsrecht I, § 7 III 5, S. 339 ff.; *Loritz*, ZfA 1991, S. 1; *C. J. Müller*, Die Berufsfreiheit des Arbeitgebers, 1996; *Runggaldier*, Kollektivvertragliche Mitbestimmung bei Arbeitsorganisation und Rationalisierung, 1983; *Stockmann*, Die tarifvertragliche Partizipation an Unternehmensentscheidungen, 1991; *Umnuß*, Organisation der Betriebsverfassung und Unternehmerautonomie, 1993, S. 220 ff.; *Wiedemann*, in: Festschrift für Stefan Riesenfeld (1983), S. 301 = RdA 1986, S. 231.

anderweitige Strukturänderungen vorzunehmen, wäre schon aus gesellschaftsrechtlichen Gründen unwirksam.[49] Die Entscheidung über die sachlichen und formalen Unternehmensziele und über die Zuständigkeitsverteilung zwischen den Leitungs- und Aufsichtsorganen einerseits und der Verwaltung und der Gesellschafterversammlung andererseits gehört, soweit sie nicht im Einklang mit der Verfassung von den Gesetzen zwingend vorgeschrieben wird, zur *ausschließlichen* Zuständigkeit der Gesellschafter- oder Hauptversammlung. Die Geschäftsführung besitzt in keiner Gesellschaftsform eine Zuständigkeit für Grundlagen- und Strukturmaßnahmen; sie kann deshalb weder in einem Firmentarifvertrag noch in einer Betriebsvereinbarung auf ihre eigenen Kompetenzen verzichten oder sie ganz oder teilweise anderen Personen oder Personengruppen überlassen. Ein von den Geschäftsführern abgeschlossener Firmentarifvertrag, der die Mitbestimmung der Arbeitnehmer im Aufsichtsrat oder im Vorstand einer Kapitalgesellschaft abweichend von Gesetz und Satzung regeln will, wäre nichtig. Das gleiche gilt für einen Verbandstarifvertrag, denn die Verbandsmitgliedschaft legitimiert die Arbeitgebervereinigung nicht zu Eingriffen in die Satzungsautonomie der Handelsgesellschaften oder Genossenschaften.

455 *Obligatorische Abreden*, die in Stimmbindungsverträgen (mit Mitgliedern) oder schuldrechtlichen Absprachen (mit der Geschäftsführung) außenstehenden Dritten Einfluß auf das Statut oder die Struktur von Handelsgesellschaften gewähren möchten, sind im Hinblick auf den Grundsatz der Satzungsautonomie oder Verbandssouveränität gesellschaftsrechtlich ebenfalls ohne Wirkung.[50] Soweit sie schuldrechtlich wirksam zustandegekommen sind, haftet die Gesellschaft dem außenstehenden Dritten und der verantwortliche Geschäftsführer der Gesellschaft ggf. auf Schadenersatz wegen Nichterfüllung.

2. Einfluß auf die Geschäftsführung

456 **a) Allgemeines.** Zu den Zentralproblemen der Tarifmacht gehört im In- und Ausland ihre Abgrenzung zu den ausschließlich der Unternehmensleitung vorbehaltenen Geschäftsbereichen, also der Umfang der *„managerial prerogatives"*.[51] Ähnlich wie bei der Kompetenzabgrenzung zum staatlichen Gesetz sind auch insoweit eindeutige und anerkannte Zuständigkeitsgrenzen aus der verfassungsrechtlichen Vorgabe oder aus der Natur der Sache kaum zu gewinnen.[52] „Arbeits- und Wirtschaftsbedingungen" des jeweiligen Unternehmens gehören ebenso zu jeder Geschäftsführung wie sie den Regelungsauftrag der Koalitionen bilden. Deshalb können extreme Lösungen nicht mit Zustimmung rechnen. Dazu gehört etwa die Auffassung, wonach

---

[49] Vgl. GroßK/*Wiedemann*, § 179 AktG, Rnr. 155; Hachenburg/*Ulmer*, § 53 GmbHG, Rnr. 37; abw. *Däubler*, Tarifvertragsrecht, Rnr. 1100.
[50] *Karsten Schmidt*, Gesellschaftsrecht, 3. Aufl. 1997, § 5 I 3, S. 88 ff.; *Wiedemann*, Gesellschaftsrecht I, § 7 II 1, S. 371.
[51] Vgl. dazu grundlegend Fibreboard Paper Products Corp. v. NLRB 379 U.S. 203 (1964); First National Maintenance Corp. v. NLRB 452 U.S. 666 (1981).
[52] Vgl. zur unternehmerischen Freiheit im Betriebsverfassungsrecht BAG 4.3. 1986 AP Nr. 3 zu § 87 BetrVG 1972 Kurzarbeit (*Wiese*) = SAE 1987, S. 34 (*Reuter*); im Kündigungsschutzrecht BAG 7. 12. 1978 AP Nr. 6 (*Reuter*) und BAG 24. 10. 1979 AP Nr. 8 (*Herschel*) zu § 1 KSchG 1969 Betriebsbedingte Kündigung.

der Tarifvertrag nur arbeits- und sozialwirtschaftliche Daten setzen könne, während die Planungs- und Entscheidungshoheit des Unternehmens als solche frei zu bleiben habe, so daß sich die Tarifmacht auf die Bewältigung der *sozialen Folgen* beschränkt.[53] Dazu gehört aber auch die umgekehrte Aussage, daß sämtliche im Unternehmen anfallende Entscheidungen der Tarifautonomie zugänglich sind, und die Unternehmensleitung eben ihrerseits die kollektivvertraglichen Vorgaben zu bewältigen habe.[54] Richtig an diesen Auffassungen ist freilich die Beobachtung, daß sich im Laufe der historischen Entwicklung Sachbereiche herauskristallisiert haben, die als originäre Zuständigkeiten der Unternehmensleitung einerseits oder der Tarifvertragsparteien andererseits gelten. Daher zählen etwa zur Unternehmensautonomie: Produktion und Vertrieb, Finanzierung und Investition sowie internes Rechnungswesen, zur Tarifautonomie das Personalwesen und zu beiden Bereichen die Organisation. Eine abstrakte Abgrenzung kann man in der Richtung versuchen, daß die Tarifvertragsparteien als Arbeits- und Wirtschaftsbedingungen alles aufgreifen dürfen, was *unmittelbar* den Status des einzelnen Arbeitnehmers oder der Arbeitnehmerschaft insgesamt betrifft, während die Unternehmensführung darüber entscheidet, welche Geld- und Sachmittel aufgenommen und wie sie zur Gewinnerzielung eingesetzt werden sollen.[55] Sicher werden sich auch diese Entscheidungen mittelbar auf die Beschäftigung der Arbeitnehmer auswirken, aber insoweit steht den Kollektivvertragsparteien nur eine Kompetenz zur Folgeregelung zu. Eine völlige Auflösung der Bilder ist damit aber nicht zu erreichen; man kann nur feststellen, daß die verschiedenen Unternehmensbereiche der Arbeitswelt näher oder ferner stehen. Es bleibt eine Grauzone, innerhalb deren die Tarif- und die Unternehmensautonomie der Konkordanz bedürfen.

b) Einzelfragen. Die Abstimmung kann im Einzelfall entweder als immanente Grenze der Tarifvertragszuständigkeit oder als Untermaßverbot gegenüber Gesetzes- und Richterrecht formuliert werden.

aa) Der **Rationalisierungsschutz** zählt zur Tarifmacht, soweit die personellen und sozialen *Folgen* von Rationalisierungsmaßnahmen für die beschäftigten Arbeitnehmer geregelt werden, also das sog. soziale Netz.[56] Dazu zählen auch Vorschriften zur vorrangigen Unterbringung oder Versorgung von Arbeitnehmern, deren Arbeitsplätze wegfallen oder abgewertet werden. Der Schutz des sozialen Besitzstandes gehört zum genuinen Regelungsauftrag der Tarifvertragsparteien.[57] Diese Auffassung wurde vom Bundesarbeitsgericht in

---

[53] Vgl. *Biedenkopf,* Verhandlungen des 46. DJT 1966, Bd. I, S. 156, 161; *Reuter,* ORDO 36 (1985), S. 51, 81; kritisch dazu *Beuthien,* ZfA 1984, S. 1, 14; *Gamillscheg,* Kollektives Arbeitsrecht I, § 7 III 5 a, S. 342; *Säcker/Oetker,* Tarifautonomie, S. 71 ff.
[54] Vgl. *Auffarth,* RdA 1976, S. 1, 2; *Däubler,* Das Grundrecht auf Mitbestimmung, 1973, S. 187 und passim; abw. BAG 3. 4. 1990 AP Nr. 56 zu Art. 9 GG; *Gamillscheg,* Kollektives Arbeitsrecht I, § 7 III 5 a, S. 341.
[55] Vgl. zu anderen Ansätzen *Beuthien,* ZfA 1984, S. 1, 12 ff.; *Joost,* Betrieb und Unternehmen, 1988, S. 198 ff.; *Loritz,* ZfA 1991, S. 1, 24.
[56] Vgl. BAG 13. 4. 1994 AP Nr. 117 zu § 1 TVG Tarifverträge: Metallindustrie (Zuschüsse); BAG 20. 4. 1994 AP Nr. 9 zu § 1 TVG Tarifverträge: DDR (Überbrückungsgeld); BAG 31. 5. 1994 AP Nr. 10 zu § 1 TVG Tarifverträge: Banken (Abfindung).
[57] Vgl. ausführlich zur Diskussion *Bormann,* Der Schutz des sozialen Besitzstandes der Arbeitnehmer bei Rationalisierungsmaßnahmen, 1971; *Dälken,* Möglichkeiten eines

Einleitung 459, 460 3. Abschnitt. Innenschranken der Tarifautonomie

seiner Grundlagenentscheidung zu den Besetzungsregeln der Druckindustrie gebilligt.[58] Zweifelhaft ist indes, ob ein Tarifvertrag einzelne Rationalisierungsmaßnahmen untersagen oder von der (wirtschaftlichen) Mitbestimmung der Gewerkschaft, des Betriebsrats oder eines Dritten abhängig machen kann. Man wird dies, insb. für einen Firmentarifvertrag nicht generell verneinen können, weil Arbeitgeber und Gewerkschaften berechtigt sind, das Problem verringerter Arbeitsnachfrage auch an seiner Wurzel anzupacken. Da die Entscheidung über Rationalisierungen jedoch im Schwerpunkt zur Organisation und in ihren Wirkungen gleichmäßig zu Produktion wie Arbeitsleben gehört, können dahingehende Tarifvereinbarungen nicht Gegenstand eines Arbeitskampfes sein.[59] Der Arbeitskampf dient der Tarifautonomie – nicht umgekehrt. Ein Tarifvertrag kann seine Aufgabe normativ wie schuldrechtlich auch erfüllen, wenn der Arbeitgeber(verband) freiwillig Maßnahmen der zukünftigen Betriebs- und Arbeitsorganisation mit der zuständigen Gewerkschaft festlegt.

459 **bb) Betriebsänderungen.** Kein Verhandlungsgegenstand der Tarifvertragsparteien sind die gesellschaftsrechtlichen Beschlüsse zur Liquidation, Umwandlung oder Konzernierung einer Handelsgesellschaft. Für die Entscheidung einer Betriebs- oder Werksstillegung innerhalb eines Unternehmens, für die Vergabe der Leistungserstellung an Dritte oder andere Maßnahmen der Betriebsorganisation gilt zunächst das für Rationalisierungsmaßnahmen Gesagte: der Tarifvertrag kann die sozialen *Folgen* regeln. Darüber hinaus kann man aber die Tarifmacht für die genannten Wirtschaftsmaßnahmen nicht generell ausschließen – zumindest dann nicht, wenn die Zusagen des Arbeitgebers hinsichtlich einer bestimmten Produktionskapazität oder Fördermenge der Erhaltung von Arbeitsplätzen und damit dem Schutz der Arbeitnehmer dienen. In der Gemengelage unternehmerischer und sozialer Gesichtspunkte muß eine Interessenabwägung zwischen Unternehmens- und Tarifautonomie stattfinden.[60]

460 **cc) Öffnungszeiten.** Die Beschränkung der unternehmerischen Freiheit durch Mitbestimmung bei den Öffnungszeiten des Einzelhandels war Gegenstand einer viel diskutierten Entscheidung des Bundesarbeitsgerichts im Jahre 1982.[61] Ob es einen zwingenden Unternehmensvorbehalt im Rahmen der Betriebsverfassung gibt, wird seitdem unterschiedlich beurteilt.[62] Im Ta-

---

tarifvertraglichen Bestands- und Inhaltsschutzes für Arbeitsverhältnisse gegen Rationalisierungsmaßnahmen, 1986; *Konertz,* Tarifrechtliche Regelungsmöglichkeiten der Rationalisierung, 1983; *Stark,* Verfassungsfragen einer Arbeitsplatzsicherung durch Tarifvertrag, 1989; *Wend,* Die Zulässigkeit tarifvertraglicher Arbeitsplatzbesetzungsregelungen, 1984; *Weyand,* Die tarifvertragliche Mitbestimmung unternehmerischer Personal- und Sachentscheidungen, 1989.
[58] BAG 22. 1. 1991 AP Nr. 67 zu Art. 12 GG; vgl. dazu *Gamillscheg,* Kollektives Arbeitsrecht I, § 7 III 5 d, S. 348 ff.
[59] Ebenso *Gamillscheg,* Kollektives Arbeitsrecht I, § 22 I 3 a, S. 1070; abw. MünchArbR/*Otto,* § 278 Nr. 7, 12.
[60] Abw. *Loritz,* Tarifautonomie und Gestaltungsfreiheit des Arbeitgebers, 1990, S. 115, betr. Personalbemessungssystem.
[61] BAG 31. 8. 1982 AP Nr. 8 zu § 87 BetrVG 1972 Arbeitszeit (*Rath-Glawatz*).
[62] Verneint von BAG 4. 2. 1986 AP Nr. 3 zu § 87 BetrVG 1972 Kurzarbeit (*Wiese*); bejaht von BAG 10. 8. 1993 AP Nr. 12 zu § 87 BetrVG 1972 Auszahlung (unter dem Gesichtspunkt der Ermessensüberschreitung).

rifvertragsrecht hat das Bundesarbeitsgericht 1995 eine Tarifklausel als zulässige Betriebsnorm eingestuft, wonach Silvester grundsätzlich dienstfrei sein soll und die Geschäftsstellen geschlossen bleiben.[63] Die behandelte Tarifklausel gibt ein gutes Beispiel für die zweiseitige Natur einer unternehmens- wie arbeitsorganisatorischen Maßnahme. Auf ihrer der Belegschaft zugewandten Seite enthält sie ein für sämtliche Arbeitnehmer geltendes Beschäftigungsverbot, das zweifellos im Bereich der Tarifmacht liegt. Die Einschränkung der unternehmerischen Freiheit ist so geringfügig, daß ihre Wirksamkeit keinen Bedenken begegnet. Allerdings werden tiefergreifende Einschnitte in die Unternehmensautonomie nur freiwillig vereinbart werden können, ein Arbeitskampf darf sie also nicht zu erzwingen versuchen.

3. Unzumutbare Belastungen

461 Ob die Unzumutbarkeit Einfluß auf die Gültigkeit eines Tarifvertrages gewinnen kann, ist in zwei verschiedenen Zusammenhängen zu erörtern, nämlich für die anfängliche Unzumutbarkeit als Grenze der Tarifmacht und für die nachträgliche Unzumutbarkeit im Rahmen des Wegfalls der Geschäftsgrundlage, der Unmöglichkeit oder der Kündigung aus wichtigem Grund. Die Unzumutbarkeit als solche ist kein selbständiger Rechtsbehelf und kein Rechtsprinzip, sondern nur Bewertungskriterium innerhalb anerkannter Rechtsinstitute.[64] Bei der hier aufzugreifenden Unmöglichkeit der Vertragserfüllung ist danach zu unterscheiden, ob sie sich aus der Situation des eigentlichen Vertragspartners oder derjenigen der von ihm repräsentierten Arbeitgeberschaft oder Arbeitnehmerschaft oder schließlich aus derjenigen des einzelnen normunterworfenen Arbeitgebers oder Arbeitnehmers ergeben soll; vgl. zu letzterem unten Rnr. 464.

462 a) **Unzumutbare Vertragsleistung.** Die Unzumutbarkeit einer Leistung bewirkt kein automatisches Wirksamkeitshindernis des schuldrechtlichen Vertrags; sie kann aber dazu führen, daß für den Schuldner ein begrenztes Leistungsverweigerungsrecht entsteht. Die Schuldrechtsreformkommission hat es abgelehnt, § 275 BGB zu einer Unzumutbarkeitsentlastung zu erweitern: der Schuldner weiß oder muß wissen, auf welche Belastungen er sich einläßt. Ihr Abschlußbericht schlägt als Grenze der Leistungspflicht in § 275 BGB-KE vor:[65]

„Besteht die Schuld nicht in einer Geldschuld, kann der Schuldner die Leistung verweigern, soweit und solange er diese nicht mit denjenigen Anstrengungen zu erbringen vermag, zu denen er nach Inhalt und Natur des Schuldverhältnisses verpflichtet ist."

463 Dies entspricht herrschender Rechtsprechung und Rechtslehre im Schuldrecht, die sich über die Beschränkung des § 275 BGB (auf naturwissenschaftliche Unmöglichkeit) hinaus entwickelt haben: die Vorschrift wird

---

[63] BAG 7. 11. 1995 AP Nr. 1 zu § 3 TVG Betriebsnormen (*H. Hanau*).
[64] *Buchner*, NZA 1993, S. 289, 293; zurückhaltend mit Recht *Preis*, Prinzipien des Kündigungsrechts bei Arbeitsverhältnissen, 1987, § 9, S. 135 ff.; abw. *Belling/Hartmann*, ZfA 1997, S. 87, 92; NZA 1998, S. 57, 60 ff., beide mit weiteren Nachweisen.
[65] Abschlußbericht der Kommission zur Überarbeitung des Schuldrechts, hrsg. vom Bundesminister der Justiz, 1992, S. 117.

auf sachliche und rechtliche Unmöglichkeit angewandt; eine weitere Ausdehnung auf die sog. wirtschaftliche Unmöglichkeit oder das Überschreiten der Opfergrenze ist umstritten.[66] Im Rahmen anderer Entlastungsgründe ist die Unzumutbarkeit Tatbestandskriterium beim Rechtsinstitut des Wegfalls der Geschäftsgrundlage[67] und bei der Kündigung aus wichtigem Grund.[68] Unabhängig davon wird die Unzumutbarkeit nur eingesetzt, wo dem Schuldner eine Pflichtenkollision oder sonst eine *persönliche* Überforderung droht.[69] Die Beurteilungskriterien „Inhalt und Natur des Schuldverhältnisses" und „Unzumutbarkeit" unterscheiden sich im Ansatzpunkt recht deutlich: die erste Formulierung geht vom Schuldverhältnis aus, die zweite dagegen von der Person des Schuldners. Beide Ansatzpunkte können zu verschiedenen Ergebnissen führen: das Schuldverhältnis kann den Schuldner auch zu Anstrengungen verpflichten, die ihm unzumutbar erscheinen; umgekehrt kann das Schuldverhältnis für den Schuldner auch eine Opfergrenze ziehen, deren Überschreitung ihm nicht in jedem Fall unzumutbar sein muß.[70]

Wenn Rechtsprechung und Schrifttum bei den Differenzierungsklauseln, bei der Unterstützung gewerkschaftlicher Vertrauensleute oder bei der Abführung von Gewerkschaftsbeiträgen durch den Arbeitgeber und bei der Erstattungspflicht von Betriebsratsschulungen in gewerkschaftseigenen Einrichtungen auf die „Unzumutbarkeit" derartiger Leistungen hingewiesen haben, so wurde hiermit in Wirklichkeit – und zutreffend – auf die Änderung des *Gleichgewichts* zwischen den Tarifvertragsparteien aufmerksam gemacht. Für die Tarifvertragsparteien kommt ein Rechtsbehelf der anfänglichen Unzumutbarkeit, selbst wenn man ihn anerkennen würde, nicht in Betracht. Die vom Arbeitgeberverband und von der Gewerkschaft mit dem Vertragsschluß verbundenen Verpflichtungen müssen die Sozialpartner – soweit sie nicht *ex lege* gelten – selbst einschätzen. Dagegen können die Tarifvertragsparteien sich im Rahmen der Kündigung aus wichtigem Grund wie jede Vertragspartei auch auf die unzumutbar gewordene Situation berufen. Die durch den Tarifvertrag unzumutbar belastete Partei muß allerdings zunächst

---

[66] Vgl. zuletzt *Emmerich*, Recht der Leistungsstörungen, 4. Aufl. 1997, § 6 II, S. 77 f. mit weiteren Nachweisen.

[67] Vgl. zum Wegfall der Geschäftsgrundlage BGHZ 2, S. 176, 188; 84, S. 1, 9; 128, S. 230, 238; *Larenz*, Lehrbuch des Schuldrechts I, 14. Aufl. 1987, § 21 II, S. 320; *Medicus*, Bürgerliches Recht, 17. Aufl. 1996, Rnr. 166; MünchKomm/*Roth*, § 242 BGB, Rnr. 509, 540; Palandt/*Heinrichs*, § 242 BGB, Rnr. 129; *Schlechtriem*, Schuldrecht Allg. Teil, 3. Aufl. 1997, Rnr. 275; Soergel/*Teichmann*, § 242 BGB, Rnr. 245 ff. mit weiteren Nachweisen.

[68] Vgl. zur Kündigung aus wichtigem Grund BGHZ 41, S. 104, 108 mit weiteren Nachweisen; *Larenz*, Lehrbuch des Schuldrechts I, 14. Aufl. 1987, § 2 VI, S. 32 f. und § 10 II, S. 136 f.; MünchKomm/*Schwerdtner*, § 626 BGB, Rnr. 1; Palandt/*Putzo*, § 626 BGB, Rnr. 40; Soergel/*Teichmann*, § 241 BGB, Rnr. 8.

[69] RGZ 92, S. 355, 358; 99, S. 156, 157; 106, S. 316, 318; BAG 22. 12. 1982 AP Nr. 23 zu § 123 BGB (*Kramer*); vgl. *Fikentscher*, Schuldrecht, 8. Aufl. 1992, Rnr. 190; *Larenz*, Lehrbuch des Schuldrechts I, 14. Aufl. 1987, § 10 II, S. 135; *Medicus*, Bürgerliches Recht, 17. Aufl. 1996, Rnr. 157; Soergel/*Wiedemann*, § 275 BGB, Rnr. 41 mit weiteren Nachweisen.

[70] Abschlußbericht der Kommission zur Überarbeitung des Schuldrechts, hrsg. vom Bundesminister der Justiz, 1992, S. 120.

versuchen, die Möglichkeiten der tarifautonomen Anpassung als milderes Mittel auszuschöpfen.[71] In nicht geeigneter Weise hat das Bundesarbeitsgericht die Unzumutbarkeit in Zusammenhang mit der Einwirkungspflicht des Verbandes auf seine Mitglieder gebracht; vgl. dazu § 1 Rnr. 717.

b) Unzumutbare Mitgliederbelastung. Die Unzumutbarkeit läßt sich **464** daneben auch im Verhältnis zwischen Koalition und Mitglied verorten.[72] Berücksichtigt man dies, wird die *Tarifabschlußmacht* der eigenen Berufsvertretung angezweifelt.[73] Für die Unzumutbarkeit ist dann zu entscheiden, ob der Konflikt nur im internen Verbandsrecht zu schlichten ist[74] oder ob er über eine Einschränkung der Abschluß- und Vertretungsbefugnis der eigenen Organe die Tarifgegenseite mit einem Unwirksamkeitsrisiko belasten soll. In welchem Umfang die Verbandsvertreter ihre Mitglieder bei Tarifvertragsverhandlungen verpflichten können, richtet sich nach der Verbandssatzung und etwaigen Verbandsbeschlüssen; gegen ihnen untragbar erscheinende Belastungen können sich die Mitglieder also im voraus bei der Abstimmung oder durch Verbandsaustritt zur Wehr setzen.[75] Im übrigen gilt der verbandsrechtliche Minderheitenschutz, der den mit jeder Mitgliedschaft verbundenen Autonomieverlust ausgleicht. Ungeklärt ist, ob darüber hinaus die Tarifmacht des Verbandes durch Einschränken seiner Rechtsfähigkeit oder der Abschlußbefugnis seiner Organe – im Vergleich zum allgemeinen Gesellschafts- und Verbandsrecht – zurückgenommen ist. Für Grenzziehungen, die der anderen Tarifvertragspartei nicht bekannt sind oder bekannt sein müssen, ist dies zu verneinen.

C. Schutz der (individuell) Normunterworfenen

I. Privatsphäre

Außerhalb der Tarifmacht liegt alles, was nicht zum Arbeits- und Wirt- **465** schaftsleben von Arbeitgeber und Arbeitnehmer gehört, also der private Einsatz der Person und ihrer Rechtsgüter (Tätigkeit, Urlaubszeit, Vermögen). Das schließt nicht aus, daß im Interesse der Vermögensbildung ein gewisser Anreiz zur Vermögensanlage ausgeübt wird; vgl. zum 5. VermBG unten § 1 Rnr. 412 ff. Eine ähnliche Ausnahme gilt für begründete **Nebentätigkeits-** und **Wettbewerbsverbote**. Der Tarifvertrag kann aber dem Arbeitnehmer nicht *jedwede* Nebentätigkeit verbieten, da sich die Normsetzungsbefugnis der Kollektivvertragsparteien nicht auf die Gestaltung der ar-

---

[71] Vgl. BAG 18. 12. 1996 AP Nr. 1 zu § 1 TVG Kündigung; BAG 18. 6. 1997 AP Nr. 2 zu § 1 TVG Kündigung = EzA § 1 TVG Nr. 3 Fristlose Kündigung *(Hamacher)*.
[72] Vgl. zur Mitgliederbelastung auch *Buchner*, NZA 1993, S. 289, 298; *Däubler*, ZTR 1996, S. 241, 244; *Henssler*, ZfA 1994, S. 487, 491 ff.
[73] Vgl. *Belling/Hartmann*, ZfA 1997, S. 87, 132, 140 f.
[74] Zurückhaltend BAG 20. 8. 1986 AP Nr. 6 zu § 1 TVG Tarifverträge: Seniorität *(v. Hoyningen-Huene)*: keine Schadenersatzansprüche tarifunterworfener Arbeitnehmer oder Arbeitgeber gegen die Tarifvertragsparteien oder deren Repräsentanten.
[75] Vgl. dazu BGH, ZIP 1997, S. 1419, 1420.

beitsfreien Zeit des Arbeitnehmers erstreckt. Tarifbestimmungen, die den Arbeitnehmer veranlassen wollen, seinen Urlaub in bestimmter Weise (z.B. in einem werkseigenen Erholungsheim) zu verbringen, wären deshalb unwirksam. Der Schutz der Persönlichkeit des Arbeitnehmers geht insoweit über den Grundrechtsschutz nach Art. 12 GG hinaus, als der Einfluß auf jedwede Tätigkeit, nicht nur auf eine berufliche oder gewerbliche Tätigkeit neben dem Arbeitsverhältnis verboten ist. Auch dieses Verbot gilt aber nicht absolut. Im Interesse der Erhaltung der Arbeitskraft des Arbeitnehmers oder zum Schutz des Unternehmens können in angemessenem Umfang Wettbewerbsverbote eingeführt werden;[76] vgl. zum Verfassungsschutz oben Rnr. 337 ff.

466 Keine Frage der Tarifmacht stellt es dar, wenn der einzelne Arbeitgeber oder Arbeitnehmer in seiner konkreten Situation tarifvertragliche Pflichten nicht erfüllen kann und sich deshalb auf (faktische oder rechtliche) Unmöglichkeit oder Unzumutbarkeit beruft; wirtschaftliche Schwierigkeiten befreien nicht.[77] Dem ist im Einzelarbeitsverhältnis mit Leistungsverweigerungsrecht oder Wegfall der Geschäftsgrundlage Rechnung zu tragen. Wirksamkeit und Geltung des Tarifvertrages werden davon nicht berührt.

1. Rechtsausübung

467 Der Tarifvertrag kann nicht anordnen, daß Arbeitnehmer und Arbeitgeber subjektive Rechte, insb. Gestaltungs- und Klagerechte aus dem Arbeitsverhältnis ausüben oder nicht ausüben und er kann eine entsprechende Gestaltung deshalb auch nicht selbst durchführen (Abschluß oder Kündigung eines Arbeitsvertrages, Geltendmachung von tariflichen, übertariflichen oder außertariflichen Ansprüchen). Im Tarifvertrag kann dem Arbeitgeber oder dem Arbeitnehmer freilich ein *Recht* auf Abschluß eines Arbeitsvertrages oder auf seine Beendigung eingeräumt oder ein Anspruch durch Ausschlußklauseln beeinträchtigt werden; die Herrschaft über das Vertragsverhältnis liegt indes bei den Parteien des Einzelvertrages selbst.[78] Die Tarifvertragsnormen bestimmen, wann Rechte entstehen, unter welchen Bedingungen sie geltend zu machen sind und wann sie erlöschen. Sie dürfen aber die individuelle Rechtsausübung nicht ersetzen, einzelne Arbeitgeber oder Arbeitnehmer daher nicht zur Klageerhebung zwingen. Das Vorgehen des Gesetzgebers in § 4 Abs. 4 Satz 1 des Gesetzes kann mit anderen Worten von den Tarifvertragsparteien nicht nachgeahmt werden.

2. Lohnverwendung

468 Entgeltverwendungsabreden in Tarifverträgen sind grundsätzlich unzulässig, da der Arbeitnehmer die Gegenleistung des Arbeitgebers nach seinen eigenen Bedürfnissen und Vorstellungen ausgeben oder sparen können muß.[79] Ein Tarifvertrag kann deshalb nicht vorschreiben, daß der Arbeitnehmer beim Arbeitgeber Waren einkaufen, bestimmte Beträge sparen oder

---

[76] BAG 26. 8. 1976 AP Nr. 68 zu § 626 BGB (*Löwisch/Röder*): Einzelarbeitsvertrag.
[77] *Medicus*, AcP 188 (1988), S. 489, 491.
[78] *Hilger*, Gutachten zum 43. DJT 1960, S. F 5, 24.
[79] Ebenso *Gamillscheg*, Kollektives Arbeitsrecht I, § 7 III 10b, S. 367.

Zahlungen zugunsten kirchlicher, karitativer, politischer oder anderer Einrichtungen vornehmen muß. Personell und sachlich beschränkt ergibt sich das Verbot im geltenden Recht aus den §§ 115, 117 GewO, *de lege ferenda* aus § 41 Abs. 3 ArbVGE.[80] Gegen das Lohnverwendungsverbot wird nicht verstoßen, wenn der Arbeitgeber verpflichtet wird, auf tarifvertraglicher Grundlage Beiträge an Gemeinsame Einrichtungen oder gleichstehende Institutionen abzuführen; ebensowenig, wenn der Arbeitnehmer verpflichtet wird, (Teil)vergütungen zur Vermögensbildung nach dem 5. VermBG zu verwenden.

3. Lohnabtretung

In den Tarifvertrag kann nach heute allg. Ansicht ein Entgeltabtretungsverbot aufgenommen werden.[81] Das Abtretungsverbot dient in erster Linie dem Interesse einer geordneten Betriebsführung, aber auch dem Schutz des Arbeitnehmers, der sich nicht durch Vorausabtretungen seines Unterhalts berauben und verschulden soll.[82] Das Lohnabtretungsverbot wird daher von der Schutzfunktion des Kollektivvertrages noch gedeckt. Ein Entgeltabtretungsverbot gilt nicht gegenüber öffentlichen Versicherungsträgern, die kraft gesetzlicher Bestimmung dem Arbeitnehmer vorschußweise oder endgültig Unterhaltsleistung erbringen müssen, bevor die endgültige Zahlungspflicht des Arbeitgebers feststeht.[83] Soweit ein Entgeltabtretungsverbot kollektivvertraglich vereinbart werden kann, handelt es sich um eine Rahmenvorschrift, die den Inhalt des Anspruchs unmittelbar gestaltet, nicht um ein Veräußerungsverbot im Sinne des § 135 BGB. Ein Entgeltabtretungsverbot kann lediglich für die Zukunft wirken; es schließt die Aufrechnung des Arbeitgebers gegen Lohn- und Gehaltsforderungen nicht aus.[84]

4. Lohnverzicht

Ob ein Lohnverzicht durch einen Tarifvertrag möglich ist, erscheint auch nach der Rechtsprechungswende zur Rückwirkung[85] problematisch. Handelt es sich um noch nicht erfüllte Ansprüche des Arbeitnehmers, so kann eine belastende Rückwirkung in den durch den Vertrauensgrundsatz gezogenen Grenzen gebilligt werden. Dagegen ist ein nachträglicher Verzicht auf bereits vom Arbeitgeber erfüllte und womöglich vom Arbeitnehmer verbrauchte Vergütungsleistungen nach wie vor bedenklich.[86]

---

[80] Zur Weitergeltung des Truckverbots vgl. BVerfG 24. 2. 1992 AP Nr. 5 zu § 115 GewO.
[81] Vgl. BAG 20. 12. 1957 AP Nr. 1 (*A. Hueck*) und BAG 5. 9. 1960 AP Nr. 4 (*Larenz*) und BAG 2. 6. 1966 AP Nr. 8 (*Baumgärtel*) zu § 399 BGB: Betriebsvereinbarung; sowie *Gamillscheg*, Kollektives Arbeitsrecht I, § 7 III 10 d, S. 369; MünchArbR/*Hanau*, § 71, Rnr. 7; GK-BetrVG/*Kreutz*, § 77, Rnr. 289; sowie die Nachweise in der Vorauflage, Einl., Rnr. 211; abw. *Löwisch*, ZfA 1996, S. 293, 308; *Waltermann*, Rechtsetzung durch Betriebsvereinbarung, S. 169 ff.
[82] Zu den Grenzen individualrechtlicher Lohnabtretungsklauseln für Ratenkredit BGH 22. 6. 1989 AP Nr. 5 und BGH 7. 7. 1992 AP Nr. 6 zu § 398 BGB.
[83] Vgl. BAG 2. 6. 1966 AP Nr. 8 zu § 399 BGB (*Baumgärtel*): Betriebsvereinbarung.
[84] MünchArbR/*Hanau*, § 71, Rnr. 7.
[85] BAG 23. 11. 1994 AP Nr. 12 zu § 1 TVG Rückwirkung (*Wiedemann*).
[86] Vgl. *Gamillscheg*, Kollektives Arbeitsrecht I, § 7 III 10 b, S. 367; Hueck/*Nipperdey*, Arbeitsrecht II 1, § 19 II 2, S. 407.

II. Selbstbestimmungsrecht

471 Über- und außertarifliche Leistungen sind begrifflich von einem Tarifvertrag aktuell nicht geregelt. Das erlaubt nicht die logische Schlußfolgerung, daß sie deshalb (sachlich) der Tarifmacht entzogen sind; auch hier droht die Verwechslung von Ursache und Wirkung. Trotzdem ist die ganz herrschende Meinung zutreffend, daß gegenüber der Tarifautonomie ein Selbstbestimmungsrecht der Arbeitsvertragsparteien bestehen muß, das vom Gesetz in Form des Günstigkeitsprinzips konkretisiert wurde.[87]

472 § 1 Abs. 1 Satz 2 TarifVO enthielt keine Schranke der Kollektivmacht. Der Tarifvertrag konnte ausdrücklich festlegen, daß auch die einzelvertraglich vereinbarten Arbeitsbedingungen ohne Rücksicht darauf, ob sie für den Arbeitnehmer günstiger waren oder nicht, durch die tarifvertragliche Regelung ersetzt werden. Das Günstigkeitsprinzip diente lediglich als *Auslegungsregel*, wenn tarifvertragliche und einzelvertragliche Regelungen zeitlich aufeinanderfolgten. Es sollte grundsätzlich auch dann zur Anwendung gelangen, wenn ein Tarifvertrag eine bereits bestehende tarifliche Regelung ablöste.[88] Mit § 29 AOG wurde das Günstigkeitsprinzip als Rechtsgrundsatz eingeführt, allerdings nicht im Verhältnis zu kollektivvertraglichen Regelungen, sondern im Verhältnis zu staatlichen Arbeitsbedingungen. Diese sollten nur als *Mindestbedingungen* gelten, von denen zugunsten des Arbeitnehmers abgewichen werden konnte. Diese Gestaltungsfreiheit wurde allerdings mit der KriegswirtschaftsVO und der LohnstopVO 1939 wieder beseitigt.[89] § 4 Abs. 3 des Gesetzes garantiert den Parteien des Einzelarbeitsvertrages abweichende Abmachungen, soweit sie durch den Tarifvertrag gestattet sind oder eine Änderung der Regelungen zugunsten des Arbeitnehmers enthalten. Das darin enthaltene Günstigkeitsprinzip bewahrt den Parteien des Einzelarbeitsvertrages eine *vorrangige Kompetenz* zur Regelung über- und außertariflicher Sachverhalte. Es handelt sich um eine typische Innenschranke der Tarifautonomie: alle Sachgegenstände der Arbeits- und Wirtschaftsbedingungen sollen – soweit dies im Einzelarbeitsverhältnis sachlich möglich ist – auch der Regelungszuständigkeit der individuellen Vertragsparteien offenstehen. Das Gesetz verbürgt den Bestand älterer günstigerer Einzelabreden und ermöglicht solche auch nach Inkrafttreten des Tarifvertrages für die Zukunft. Das bedeutet, daß die Tarifvertragsparteien ihren Bestimmungen grundsätzlich nicht den Charakter von Höchstarbeitsbedingungen verleihen können, weil das Gesetz das individuelle Selbstbestimmungsrecht des Arbeitgebers und des Arbeitnehmers gewährleistet.[90] Vgl. dazu im einzelnen unten § 4 Rnr. 383 ff.

---

[87] Vgl. BAG 10. 3. 1982 AP Nr. 47 zu § 242 BGB Gleichbehandlung; BAG 16. 9. 1987 AP Nr. 15 zu § 4 TVG Effektivklausel (*Brox/Franz Müller*); Löwisch/*Rieble*, § 1 TVG, Rnr. 536 ff.; Zöllner/*Loritz*, Arbeitsrecht, § 36 IV 2, S. 402 f.; abw. *Buchner*, Betrieb 1990, S. 1721 (für Mehrarbeitszuschläge); *Däubler*, Tarifvertragsrecht, Rnr. 590 ff.; *Gamillscheg*, Kollektives Arbeitsrecht I, § 7 III 10b, S. 369; *Stein*, Tarifvertragsrecht, Rnr. 336 ff.

[88] Vgl. *Jacobi*, Grundlehren des Arbeitsrechts, 1927, S. 234, 235.

[89] Vgl. Hueck/*Nipperdey*/Dietz, AOG, 4. Aufl. 1943, Kriegswirtschaftsverordnung § 18, Rnr. 2 ff.

[90] Vgl. schon Vorauflage, Einl. Rnr. 220.

IV. Kommentar

Tarifvertragsgesetz (TVG)

In der Fassung vom 25. August 1969 (BGBl. I S. 1323)
Geändert durch HeimarbeitsändG vom 29. Oktober 1974 (BGBl. I S. 2879) mit Maßgaben für das Gebiet der ehem. DDR durch Anlage I Kapitel VIII Sachgebiet A Abschnitt III Nr. 14 des Einigungsvertrages vom 31. 8. 1990 (BGBl. II S. 889)

BGBl. III/FNA 802-1

§ 1 Inhalt und Form des Tarifvertrages

(1) Der Tarifvertrag regelt die Rechte und Pflichten der Tarifvertragsparteien und enthält Rechtsnormen, die den Inhalt, den Abschluß und die Beendigung von Arbeitsverhältnissen sowie betriebliche und betriebsverfassungsrechtliche Fragen ordnen können.

(2) Tarifverträge bedürfen der Schriftform.

Gesamtübersicht

	Rnr.
1. Abschnitt. Begriff, Rechtsnatur und Einzugsbereich	1–147
A. Begriff und Bedeutung	1–33
B. Rechtsnatur und Arten	34–59
C. Einzugsbereich des Tarifvertragsrechts	60–147
2. Abschnitt. Der Abschluß des Tarifvertrages	148–247
A. Die Parteien des Tarifvertrages	148–181
B. Abschluß- und Gestaltungsfreiheit	182–226
C. Form und Bekanntgabe des Tarifvertrages	227–242
D. Mängel des Tarifvertrages	243–246
E. Beendigung des Tarifvertrages	247
3. Abschnitt. Die Tarifvertragsnormen	248–656
A. Allgemeines	248–313
B. Inhaltsnormen	314–478
C. Abschluß- und Beendigungsnormen	479–554
D. Normen zu betrieblichen und betriebsverfassungsrechtlichen Fragen	555–608
E. Normen für Gemeinsame Einrichtungen	609–656
4. Abschnitt. Rechte und Pflichten der Tarifvertragsparteien	657–762
A. Parteien und Arten der tarifvertraglichen Pflichten	658–663
B. Notwendige tarifvertragliche Folgepflichten	664–730
C. Andere tarifvertragliche Absprachen	731–762
5. Abschnitt. Die Auslegung von Tarifverträgen	763–833
A) Gesetzes- oder Vertragsauslegung	763–766
B) Allgemeine Auslegungsgrundsätze	767–810
C) Inhaltskontrolle von Tarifverträgen	811
D) Fortbildung von Tarifverträgen	812–817
E) Besondere Auslegungsprobleme	818–825
F) Prozessrechtliche Fragen	826–833

1. Abschnitt. Begriff, Rechtsnatur und Einzugsbereich

Übersicht

	Rnr.
A. Begriff und Bedeutung	1–33
I. Begriff des Tarifvertrages	1–23
1. Begriff	1
2. Einzelne Voraussetzungen	2–8
a) Vertrag	2–4
b) Schriftform	5
c) Parteien	6
d) Inhalt	7, 8
3. Die Einordnung des Tarifvertrages	9–16
a) Gesetz im materiellen Sinn	9, 10
b) Institut des Privatrechts	11
c) Zuordnung zum Bundes- oder Landesrecht	12
d) Einzelfragen	13–16
4. Abgrenzungen	17–23
a) Koalitionsvereinbarungen	18–22
aa) Verbreitung	19–21
bb) Rechtscharakter	22
b) Einseitig erlassene Arbeitsregelungen	23
II. Heutige Tarifpraxis	24–33
1. Zahl der Tarifverträge	25–28
2. Umfang der betroffenen Arbeitsverhältnisse	29, 30
3. Inhalt der Tarifverträge	31–33
B. Rechtsnatur und Arten	34–59
I. Rechtsnatur des Tarifvertrages	34–48
1. Ausländisches Recht	35–38
2. Deutsches Recht	39–48
a) Rechtsgeschäftliche Selbstbindung	41
b) Verbandsrechtliches Mandat	42
c) Staatlich delegierte Ermächtigung	43–45
d) Verfassungsrechtlich anerkannte Normsetzungsbefugnis	46
e) Stellungnahme	47, 48
II. Arten der Tarifverträge	49–59
1. Firmen- oder Verbandstarifverträge	50–52
a) Firmentarifvertrag	50
b) Verbandstarifvertrag	51
c) Flächentarifvertrag	52
2. Entgelt- und Manteltarifverträge	53–56
a) Lohn- und Gehaltstarifverträge	53, 54
b) Manteltarifverträge	55, 56
3. Ein- und mehrgliedrige Tarifverträge	57
4. Ursprungs- und Anschlußtarifverträge	58
5. Stufentarifverträge	59
C. Einzugsbereich des Tarifvertragsrechts	60–147
I. Räumlicher Geltungsbereich	60–107
1. Allgemeines	60–62
a) Rechtsgrundlagen	60, 61
b) Territorialitätsgrundsatz	62
2. Geltung deutscher Tarifverträge	63–80
a) Inlandstätigkeit	64–75
aa) Ausländisches Unternehmen/deutscher Arbeitsvertrag	65

1. Abschnitt. Begriff, Rechtsnatur, Einzugsbereich §1

Rnr.

    bb) Deutsches Unternehmen/ausländischer Arbeitsvertrag 66–71
    cc) Ausländisches Unternehmen/ausländischer Arbeitsvertrag 72–75
  b) Auslandstätigkeit 76–80
    aa) Deutsches Unternehmen/deutscher Arbeitsvertrag 77, 78
    bb) Deutsches Unternehmen/ausländischer Arbeitsvertrag 79
    cc) Ausländisches Unternehmen/ausländischer Arbeitsvertrag 80
 3. Geltung ausländischer Tarifverträge 81, 82
 4. Tarifvertragliches Kollisionsrecht 83–90
  a) Arbeitsvertragsstatut 84, 85
  b) Tarifvertragsstatut 86–90
    aa) Objektive Anknüpfung 87, 88
    bb) Subjektive Anknüpfung 89, 90
 5. Internationale Tarifverträge 91–95
  a) Begriff 91
  b) Konzerntarifverträge 92–95
    aa) Paralleltarifverträge 93
    bb) Konzerntarifvertrag kraft Rechtswahl 94
    cc) Konzern-Einwirkungspflicht 95
 6. Europäische Tarifverträge 96–107
  a) Rechtsgrundlagen 96–101
    aa) Tarifvertrag der S. E. 97, 98
    bb) Rechtsgrundlagen im EG-Recht 99–101
  b) Ermächtigungen für die EG 102–105
    aa) Rechtsvereinheitlichung 103
    bb) Europäisches Tarifvertragsrecht 104
  c) Ermächtigungen für die Sozialpartner 105–107
II. Persönlicher Geltungsbereich 108–139
 1. Beamte und Dienstordnungs-Angestellte 109–114
  a) Beamte 109
  b) Dienstordnungs-Angestellte 110–114
 2. Kirchliche Beamte und Angestellte 115–129
  a) Privatrechtliche Arbeitsverhältnisse 115–117
    aa) Öffentlich-rechtliche Gestaltung 116
    bb) Privatrechtliche Gestaltung 117
  b) Staatskirchenrechtliche Grundlage 118–121
  c) Kircheneigene Ordnungen 122–126
    aa) Kirchliche Tarifverträge 123
    bb) Kircheneigenes Regelungsverfahren 124–126
  d) Folgerungen 127–129
    aa) Mitarbeitervereinigungen 128
    bb) Mitarbeiterregelungen 129
 3. Arbeitnehmer bei Tendenzunternehmen 130–139
  a) Allgemeines 130
  b) Regelung des Arbeitsverhältnisses 131–134
    aa) Berufsspezifische Schutzinteressen 132
    bb) Weisungsrecht 133
    cc) Ausbildungsordnung von Redaktionsvolontären 134
  c) Regelung der Unternehmensverfassung 135
  d) Regelung der Betriebsverfassung 136, 137
  e) Redaktionsstatute 138, 139
III. Zeitlicher Geltungsbereich 140–147
 1. Zuständigkeit 140
 2. Rückwirkung 141–147

Wiedemann 311

		Rnr.
a)	Entwicklung	142–144
b)	Bedeutung und Arten	145
c)	Grenzen	146
d)	Tarifbindung als Voraussetzung	147

Schrifttum: *Klaus Adomeit*, Zur Theorie des Tarifvertrages, RdA 1967, S. 297–305; *ders.*, Rechtsquellenfragen im Arbeitsrecht, München 1969; *Baum*, Die rechtliche Natur des kollektiven Arbeitsvertrags, Gruchot 49 (1905), S. 261–275; *Gerd Berger*, Grenzüberschreitende Tarifverträge innerhalb der Europäischen Wirtschaftsgemeinschaft, Diss. Köln 1972; *Eduard Bötticher*, Gestaltungsrecht und Unterwerfung im Privatrecht, Berlin 1964; *Walter Bogs*, Zur Entwicklung der Rechtsform des Tarifvertrages, in: Festschrift für Julius v. Gierke (1950), S. 39–69; *ders.*, Autonomie und verbandliche Selbstverwaltung im modernen Arbeits- und Sozialrecht, RdA 1956, S. 1–9; *Gustav-Adolf Bulla*, Soziale Selbstverantwortung der Sozialpartner als Rechtsprinzip, in: Festschrift für H.C. Nipperdey (1965), Bd. II, S. 79–104; *Johann Frank*, Grundsätze des Dienst- und Arbeitsrechts der evangelischen Kirche, in: Essener Gespräche zum Thema Staat und Kirche 10, Münster 1976; *Hans Galperin*, Die autonome Rechtsetzung im Arbeitsrecht, in: Festschrift für Erich Molitor (1962), S. 143–160; *Peter Hanau*, Personelle Mitbestimmung des Betriebsrates in Tendenzbetrieben, insbesondere Pressebetrieben, BB 1973, S. 901–908; *Volker Henckel*, Die Rechtsnatur des amerikanischen Tarifvertrages und seine Durchsetzbarkeit, Diss. Köln 1966; *Detlev Hensche/Michael Kittner*, Mitbestimmung in Presseunternehmen, ZRP 1972, S. 177–180; *Wilhelm Herschel*, Teilnichtigkeit kollektiver Regelungen, BB 1965, S. 791–792; *Hans Hofbauer*, Der Rechtscharakter der Tarifverträge und der Allgemeinverbindlicherklärung, Schriften zum Sozial- und Arbeitsrecht, Bd. 13, Berlin 1974; *Alfred Hueck*, Normenverträge, Iherings Jahrb. 73 (1923), S. 33–118; *Andreas Ihlefeld*, Noch einmal: die Tarifverträge der „Westfälischen Rundschau" aus betriebsverfassungsrechtlicher Sicht, AfP 1973, S. 516–518; *Josef Jurina*, Dienst- und Arbeitsrecht in der katholischen Kirche, in: Essener Gespräche zum Thema Staat und Kirche 10, Münster 1976; *Ferdinand Kirchhof*, Private Rechtsetzung, Schriftenreihe der Hochschule Speyer Bd. 98, Berlin 1987; *Martin Kruse*, Die Leistungsfähigkeit des britischen, deutschen und französischen Tarifvertrags- und Arbeitskampfrecht im Vergleich. Überlegungen zu einer europäischen Arbeitsmarktordnung, Baden-Baden 1996; *Ladeur*, Kritik der herrschenden Tarifvertragsdoktrin, DuR 1973, S. 135; *Manfred Lieb*, Die Rechtsnatur der Allgemeinverbindlicherklärung von Tarifverträgen als Problem des Geltungsbereichs autonomer Normensetzung, Diss. München 1960; *Wolfgang Martens*, Öffentlich als Rechtsbegriff, Berlin 1969; *Theo Mayer-Maly*, Zur Rechtsnatur des Tarifvertrages, RdA 1955, S. 464–465; *ders.*, Grundsätzliches und Aktuelles zum „Tendenzbetrieb", BB 1973, S. 761–769; *ders.*, Das staatliche Arbeitsrecht und die Kirchen, in: Essener Gespräche zum Thema Staat und Kirche 10, Münster 1976; *H. Meissinger*, Der Tarifvertrag als Einrichtung des privaten oder des öffentlichen Rechts, BetrVerf 1956, S. 181–185; *Karl Molitor*, Außertarifliche Sozialpartnervereinbarungen, in: Festschrift für Eugen Stahlhacke (1995), S. 339–347; *Gerhard Müller*, Einflüsse des kollektiven Arbeitsrechts auf das Arbeitsverhältnis, Betrieb 1967, S. 903–909 u. 948–950; *Hartmut Oetker*, Die Kündigung von Tarifverträgen, RdA 1995, S. 82–103; *Peter Pernthaler*, Das Problem der verfassungsrechtlichen Einordnung (Legitimation) des Kollektivvertrages, ZAS 1966, S. 33–43; *ders.*, Verfassungsrechtliche Probleme der autonomen Rechtsetzung im Arbeitsrecht, ÖZöffR XVII (1967), S. 45–89; *Hans Peters/Fritz Ossenbühl*, Die Übertragung von öffentlich-rechtlichen Befugnissen auf die Sozialpartner unter besonderer Berücksichtigung des Arbeitszeitschutzes, Berlin 1967; *Harro Plander*, Was sind Tarifverträge? ZTR 1997, S. 145–152; *ders.*, Nichttarifliche Übereinkünfte zwischen Gewerkschaften und Trägern öffentlicher Gewalt, in: Festschrift für Karl Kehrmann (1997), S. 295–320; *Thilo Ramm*, Die Parteien des Tarifvertrages. Kritik und Neubegründung der Lehre vom Tarifvertrag, Stuttgart 1961; *ders.*, Die Rechtsnatur des Tarifvertrages, JZ 1962, S. 78–83; *Manfred Rehbinder*, Die Rechtsnatur des Tarifvertrages, JR 1968, S. 167–171; *F. Ruppel*, Die geschichtliche Entwicklung des kollektiven Arbeitsvertrages in Deutschland, Diss. Graz 1967; *Bernd Rüthers*, Paritätische Mitbestimmung und Tendenzschutz, AfP 1974, S. 542–547; *ders.*, Tarifmacht und Mitbestimmung in der Presse, Berliner Abhandlungen zum Presserecht, Heft 21, Berlin 1975; *H. F. v. Schierstädt,* Der Tarifvertrag im belgischen Recht, rechtsvergleichend dargestellt zum deutschen Tarifrecht, Diss. München 1968; *Hans Schneider,* Autonome Satzung und Rechtsverordnung, in: Festschrift für Philipp Möhring (1965), S. 521–542; *Gerhard Schnorr,* Die für das Arbeitsrecht spezifischen Rechtsquellen, Wien 1969; *Peter Schwerdtner,* Das Rechtsverhältnis zwischen Verleger und Redakteur, BB 1971, S. 833–840; *ders.,* Innere Pressefreiheit – privatwirtschaftliche Organisation und öffentliche Aufgabe der Presse – oder: der Versuch der Quadratur des Kreises, JR 1972, S. 357–364; *Karl Sieg,* Der Tarifvertrag im Blickpunkt der Dogmatik des Zivilrechts, AcP 151 (1950/51), S. 246–261; *Josef Siegers,* Die Auslegung tarifvertraglicher Normen, Betrieb 1967, S. 1630–1637; *ders.,* Die Rechtsnatur der Tarifnormen, BABl. 1967, S. 153–155; *Hugo Sinzheimer,* Der korporative Arbeitsnormenvertrag, I. Teil, Leipzig 1907; II. Teil, Leipzig 1908; *Eugen Stahlhacke,* Kollektive Einwirkung auf erworbene Rechte, RdA 1959, S. 266–273; *Ludwig Straetmanns,* Hat der Vertrag zugunsten Dritter im Rahmen des Tarifvertrags heute noch eine Berechtigung? Diss. Köln 1966; *Gregor Thüsing,* 20 Jahre „Dritter Weg". Rechtsnatur und Besonderheiten der Regelung kirchlicher Arbeitsverhältnisse, RdA 1997, S. 163–170; *Hansjörg Weber,* Mitbestimmung durch Redaktionsstatut? NJW 1973, S. 1953–1958; *Werner Weber,* Innere Pressefreiheit als Verfassungsproblem, Berliner Abhandlungen zum Presserecht, Heft 16, Berlin 1973; *Herbert Wiedemann,* Zeitliche Grenzen kollektiver Gestaltungsmacht, RdA 1959, S. 454–458; *Wolfgang Zöllner,* Tarifmacht und Außenseiter, RdA 1962, S. 453–459; *ders.,* Das Wesen der Tarifnormen, RdA 1964, S. 443–450; *ders.,* Die Rechtsnatur der Tarifnormen nach deutschem Recht, Wien 1966.

A. Begriff und Bedeutung

I. Begriff des Tarifvertrages

1. Begriff

Der Tarifvertrag ist ein schriftlicher Vertrag zwischen einer Gewerkschaft und einem oder mehreren Arbeitgebern oder einer Vereinigung von Arbeitgebern, in dem Rechtsnormen zur Regelung von Arbeits- und Wirtschaftsbedingungen festgesetzt und Rechte und Pflichten der Tarifvertragsparteien selbst begründet werden.[1]

Zur *Terminologie*: Die im deutschsprachigen Ausland auch verwandte Bezeichnung als „Kollektivvertrag" oder „Kollektivvereinbarung" ist an den anglo-amerikanischen Sprachgebrauch des *collective bargaining* angelehnt, der stärker auf den Verhandlungsprozeß denn auf das Ergebnis abstellt. Tarifvertrag und Betriebsvereinbarung werden gelegentlich unter dem Sammelbegriff „Gesamtvereinbarung" zusammengefaßt.

Aus dieser Begriffsbestimmung ergeben sich drei Merkmale für das Vorhandensein eines Tarifvertrages: (1) es muß ein schriftlicher *Vertrag* zwischen (2) den dazu befugten *tariffähigen Parteien* zustande kommen, und dieser Vertrag muß (3) einen bestimmten *Inhalt* haben, nämlich die Arbeits- und Wirtschaftsbedingungen durch Rechtsnormen oder in anderer Weise regeln zu wollen. Man sieht: die Begriffselemente umfassen gleichzeitig auch Wirksamkeitsvoraussetzungen, aber nicht alle. Ob man die Formbedürftigkeit des Tarifvertrages zu den Begriffsvoraussetzungen rechnet, kann dahinstehen. Als möglichen Inhalt von Tarifverträgen nennt das Gesetz gleichrangig schuld-

---

[1] Allg. Ansicht; vgl. zuletzt BAG 8. 3. 1996 AP Nr. 17 zu §§ 22, 23 BAT Zuwendungs-TV; *Gamillscheg,* Kollektives Arbeitsrecht I, § 12 1, S. 482; *Hueck/Nipperdey,* Arbeitsrecht II 1, § 12 I 1, S. 207; *Kempen/Zachert,* § 1 TVG, Rnr. 1; MünchArbR/*Löwisch,* § 239, Rnr. 130 ff., § 246, Rnr. 46 ff.; *Zöllner/Loritz,* Arbeitsrecht, § 33 I 1, S. 366.

rechtliche Abreden zwischen den Parteien und Rechtsnormen mit verschiedenem Inhalt; deshalb sind auch Firmen- oder Verbandstarifverträge, die lediglich einen schuldrechtlichen Inhalt haben, wie Schlichtungsabkommen oder Arbeitskampfregelungen, Tarifverträge im Sinne des Gesetzes.[2]

2. Einzelne Voraussetzungen

2 a) **Vertrag.** Ob man den Tarifvertrag als „Vertrag" oder als „Vereinbarung" qualifiziert, ist für die Rechtsanwendung nicht erheblich.[3] Sachlich muß eine Willenseinigung mindestens zweier tariffähiger Parteien zur Herbeiführung eines verbindlich gewollten Rechtserfolges vorliegen. Deshalb stellen die Allgemeinen Anstellungsbedingungen des DGB keinen Tarifvertrag dar, weil es sich nicht um einen Vertrag zwischen tariffähigen Parteien, sondern um einseitige, von einem Organ des Bundesausschusses aufgrund der Satzung erlassene interne Richtlinien an den Vorstand handelt, die für die einheitliche Gestaltung der Gehalts- und Anstellungsbedingungen der gewerkschaftlichen Arbeitnehmer sorgen sollen.[4] Das gleiche gilt für Dienstordnungen der Sozialversicherungsträger und andere autonome Regelungen. Bei dem durch die Dienstordnung gesetzten Recht handelt es sich um öffentliches Recht, das von einer Körperschaft des öffentlichen Rechts im eigenen Namen aufgrund gesetzlicher Ermächtigung erlassen wird; vgl. dazu unten Rnr. 23.

3 Unterschiedlich wird beurteilt, ob ein **Vorvertrag** zu einem Tarifvertrag zulässig ist und ob er bereits als Tarifvertrag zu qualifizieren und entsprechenden Anforderungen zu unterwerfen ist. An der Zulässigkeit eines Vor-Tarifvertrages besteht kein Zweifel.[5] Die Tarifvertragsparteien können sich auf einzelne Verhandlungsergebnisse festlegen; sie können sich außerdem zur Übernahme eines noch nicht abgeschlossenen (Verbands)Tarifvertrages im voraus verpflichten.[6] Das Bundesarbeitsgericht hat einer solchen Vereinbarung die Rechtsnatur eines Tarifvertrages im Rahmen des § 72a Abs. 1 Nr. 1 ArbGG allerdings abgesprochen mit der Begründung, daß es sich um einen „Vertrag ohne Außenwirkung" handele.[7] Letzteres wäre nur überzeugend, wenn die genannte Vorschrift – enger als das Gesetz – lediglich Tarifverträge mit Rechtsnormen erfassen und alle nur schuldrechtlichen Abreden zwischen den Tarifvertragsparteien ausnehmen würde, was mit Wortlaut und

---

[2] BAG 31. 10. 1958 AP Nr. 2 zu § 1 TVG Friedenspflicht; *Beuthien*, ZfA 1983, S. 141, 150; *Gamillscheg*, Kollektives Arbeitsrecht I, § 12 1, S. 482; Hueck/*Nipperdey*, Arbeitsrecht II 1, § 12 I 3 b, S. 210; MünchArbR/*Löwisch*, § 270, Rnr. 32 f.; abw. *Nikisch*, Arbeitsrecht II, § 69, S. 211; *Plander*, ZTR 1997, S. 145, 148.
[3] Vgl. dazu *Hinz*, Tarifhoheit und Verfassungsrecht, 1971, S. 107; *Jacobi*, Grundlehren des Arbeitsrechts, 1927, S. 260; *Vogel*, Vertrag und Vereinbarung, 1932, S. 14 ff.
[4] BAG 25. 4. 1959 AP Nr. 15 zu § 242 BGB Gleichbehandlung *(Götz Hueck)*; BAG 25. 6. 1964 AP Nr. 1 *(A. Hueck)* und 18. 9. 1969 Nr. 2 *(Schnorr von Carolsfeld)* zu § 611 BGB Gewerkschaftsangestellte.
[5] Vgl. *Birk*, AuR 1977, S. 235, 236; *Gamillscheg*, Kollektives Arbeitsrecht I, § 13 I 3 c, S. 515.
[6] BAG 19. 10. 1976 AP Nr. 6 zu § 1 TVG Form *(Wiedemann)* = AuR 1977, S. 254.
[7] BAG 26. 1. 1983 AP Nr. 20 zu § 1 TVG *(Wiedemann)* = SAE 1983, S. 101 *(Streckel)*; abw. *Birk*, AuR 1977, S. 236.

Sinn der Norm schwer zu vereinbaren ist. Sicher steht es dem Gesetzgeber frei, den Begriff des Tarifvertrages im Verfahrensrecht abweichend vom materiellen Recht festzulegen. Da das Gesetz jedoch lediglich schuldrechtliche Vereinbarungen zwischen den Tarifvertragsparteien, wenn sie einen entsprechenden Inhalt haben, als Tarifvertrag qualifiziert (vgl. dazu unten Rnr. 7), würde es besonderer Begründung bedürfen, einen abweichenden Sprachgebrauch im arbeitsgerichtlichen Verfahren anzunehmen. Ob ein verbindlicher Vorvertrag beabsichtigt ist, richtet sich nach den Grundsätzen der Auslegung der Vereinbarung; vgl. §§ 133, 157 BGB.

Aus der Qualifizierung als Vertrag allein folgt nicht, daß für den Tarifvertrag die allgemeinen Lehren für Rechtsgeschäfte nach den §§ 104 ff. BGB und die besonderen Vorschriften der §§ 145–157 BGB ohne nähere Nachprüfung gelten, auch wenn die im BGB weit vorangetriebene Abstraktion des Vertragsbegriffes dies nahe legt.[8] Im Hinblick auf die sozialpolitische Aufgabenstellung der Tarifvertragsparteien und die in der Regel dem Tarifvertrag zukommende Außenwirkung muß bei Anwendung der einzelnen Vorschriften des BGB geprüft werden, ob und wieweit sie mit der Rechtsnatur des Kollektivvertrages vereinbar sind. Dabei scheidet die Anwendbarkeit einer Reihe von Vorschriften, wie der §§ 116 ff., 139, 142 und 305 BGB von vornherein aus.

b) Schriftform. Der Tarifvertrag bedarf der Schriftform des § 126 BGB. Die Schriftform gilt nicht für die Annahme eines Schiedsspruchs oder des Vertrages, durch den die Parteien die Annahme eines Schiedsspruchs vor seiner Festsetzung vereinbaren. Art. IX Abs. 5 Satz 1 KRG Nr. 35 bestimmte allerdings, daß der Schiedsspruch seinerseits schriftlich niederzulegen ist[9]; vgl. dazu unten Rnr. 240.

c) Parteien. Der Tarifvertrag ist eine Vereinbarung, die ausschließlich zwischen bestimmten tariffähigen und tarifzuständigen Vertragsparteien, nämlich zwischen einem Arbeitgeber oder einer Arbeitgebervereinigung und einer Gewerkschaft oder einer anderen Arbeitnehmerkoalition zustande kommen kann. Auf der Arbeitgeberseite können entweder ein einzelner oder mehrere Arbeitgeber oder Vereinigungen von Arbeitgebern oder Zusammenschlüsse von Vereinigungen von Arbeitgebern (Spitzenorganisationen) stehen, auf der Arbeitnehmerseite eine oder mehrere Gewerkschaften oder Zusammenschlüsse von Gewerkschaften (Spitzenorganisationen); vgl. dazu unten § 2 Rnr. 8 ff., 43 ff. Die kollektive Gesetzgebungs- und Regelungsbefugnis unterscheidet sich insofern grundlegend von der Selbstgestaltungsbefugnis jedes einzelnen Bürgers. Ob ein zwischen einem einzelnen Arbeitgeber und einem Gewerkschaftsfunktionär in Vertretung der einzelnen Arbeitnehmer geschlossener Vertrag als Firmentarifvertrag oder als Bündel von Einzelarbeitsverträgen zu qualifizieren ist, hängt von Form, Inhalt und Zweck der Vereinbarung ab.[10]

---

[8] A. A. Hueck/*Nipperdey,* Arbeitsrecht II 1, § 12 I 2, S. 208; *Nikisch,* Arbeitsrecht II, § 69 I 3, S. 212.
[9] Vgl. dazu *Löwisch/Rumler,* Schlichtungs- und Arbeitskampfrecht, 1997, 170.11, Rnr. 72.
[10] BAG 18. 11. 1965 AP Nr. 17 zu § 1 TVG *(Zöllner).*

7   d) Inhalt. Das Gesetz legt den Inhalt des Tarifvertrages teils allgemein („Rechte und Pflichten der Tarifvertragsparteien"), teils konkret (Festsetzung von „Rechtsnormen, die den Inhalt, den Abschluß und die Beendigung von Arbeitsverhältnissen sowie betriebliche und betriebsverfassungsrechtliche Fragen ordnen") fest. § 1 TarifVO sprach nur von normativen Bestimmungen. Aus dem Wortlaut des heutigen Gesetzes ergibt sich eindeutig, daß der Tarifvertrag eine Regelung der Arbeits- und Wirtschaftsbedingungen entweder durch Rechtsnormen oder durch Abreden zwischen den Tarifvertragsparteien vornehmen kann. Die **Normsetzung** ist für den Tarifvertrag zwar allgemein üblich und prägt den Typus des Tarifvertrages, ist jedoch **nicht begriffswesentlich** in dem Sinn, daß ein Tarifvertrag ausscheidet, wenn es an der Vereinbarung von Rechtsnormen fehlt.[11] Für die Regelung von Arbeits- und Wirtschaftsbedingungen ist es nicht erforderlich, daß die schuldrechtlichen Pflichten der Tarifparteien auf einen Tarifnormenvertrag Bezug nehmen.[12] Schlichtungsabkommen, Arbeitskampfvereinbarungen und kollektive Schiedsgerichtsverträge werden allgemein als Tarifverträge angesehen. Dagegen fallen Kaufverträge zwischen den Tarifvertragsparteien oder Abmachungen über Kostenerstattungen offensichtlich nicht unter den Begriff des Tarifvertrages.

8   Da die Regelungsgewalt der Tarifvertragsparteien auf der Verfassung beruht und vom Gesetz näher ausgestaltet ist, sind ihre Befugnisse nicht unbeschränkt. Der Umfang der vertraglichen Rechtsetzungsgewalt muß sich vielmehr an Verfassungsauftrag und Gesetzesrahmen orientieren. Die mit diesem Auftrag verbundenen Schranken und Bindungen erstrecken sich gleichermaßen auf schuldrechtlich wie normativ wirkende Abreden.[13]

3. Die Einordnung des Tarifvertrages

9   a) Gesetz im materiellen Sinn. Nach Wortlaut und Willen des Gesetzes[14] haben die Tarifvertragsregelungen nicht nur unmittelbare und zwingende Wirkung – was auch für Betriebsvereinbarungen zutrifft; sie stellen überdies „Rechtsnormen" dar, sind deshalb Gesetz im materiellen Sinn[15] und damit *Bestandteil der staatlichen Rechtsordnung*.[16] Das allein schließt es schon aus, Tarifverträge lediglich rechtsgeschäftlich erklären zu wollen; vgl. dazu unten Rnr. 190 ff. Folglich erfassen im Zweifel alle Vorschriften, die auf

---

[11] Ebenso Hueck/*Nipperdey*, Arbeitsrecht II 1, § 12 I 3, S. 210; BAG 31. 10. 1958 AP Nr. 2 zu § 1 TVG Friedenspflicht; unsicher BAG 26. 1. 1983 AP Nr. 20 zu § 1 TVG *(Wiedemann)*; abw. *Nikisch*, Arbeitsrecht II, § 69 I 2, S. 211; *Plander*, ZTR 1997, S. 145, 148.
[12] Abw. *Zöllner/Loritz*, Arbeitsrecht, § 33 I 2, S. 366.
[13] Ebenso *Biedenkopf*, Tarifautonomie, S. 20 ff.; *Hölters*, Harmonie normativer und schuldrechtlicher Abreden in Tarifverträgen, 1973, S. 82 ff., 107.
[14] Vgl. zur Entstehungsgeschichte BAG 7. 6. 1984 AP Nr. 5 zu § 22 KO unter II 2.
[15] BVerfGE 18, S. 18, 26 = AP Nr. 15 zu § 2 TVG; BVerfGE 55, S. 7, 8, 21; BAG 15. 1. 1955 AP Nr. 4 zu Art. 3 GG; BAG 23. 3. 1957 AP Nr. 16 zu Art. 3 GG; BAG 14. 7. 1961 AP Nr. 1 zu Art. 24 VerfNRW; BVerwGE 7, S. 82, 84; BayVerfGH 6. 5. 1971 AP Nr. 19 zu § 1 TVG; Hueck/*Nipperdey*, Arbeitsrecht II 1, § 18 II 4, S. 350; F. *Kirchhof*, Private Rechtsetzung, 1987, S. 181 ff.; *Nikisch*, Arbeitsrecht II, § 69 II 4, S. 216; *Richardi*, Kollektivgewalt, S. 137; abw. *Kempen*/Zachert, Grundl., Rnr. 154; *Dürig*, in: Maunz/Dürig, Art. 1 GG, Rnr. 115.
[16] *Hanau*, RdA 1989, S. 207, 208; *Löwisch*/Rieble, § 1 TVG, Rnr. 14.

Gesetze oder gesetzliche Bestimmungen Bezug nehmen, auch tarifvertragliche Normen; vgl. insb. Art. 2 EGBGB, § 12 EGZPO, § 2 EGKO, § 7 EGStPO. Die Gleichstellung der tarifvertraglichen Normen mit der staatlichen Rechtsordnung wurde von der Rechtsprechung für § 126 BGB[17], § 110 Abs. 1 Nr. 2 ArbGG[18], § 22 Abs. 1 Satz 2 KO[19] und für §§ 134, 823 Abs. 2 BGB[20] anerkannt. Die Geltung des § 134 BGB und des damit verbundenen Umgehungsschutzes[21] macht abermals die Gleichstellung der Tarifvertrags- mit anderen Gesetzesnormen und den Unterschied zu den Statuten von Vereinen und Körperschaften deutlich.

Die Gerichte für Arbeitssachen sind bei der Entscheidung über Ansprüche 10 aus dem Arbeitsverhältnis nicht gehalten, von Amts wegen zu prüfen, ob das Arbeitsverhältnis von tarifvertraglichen Normen beherrscht wird. Ergibt sich jedoch aus dem Parteivortrag, daß tarifvertragliche Normen für die Entscheidung erheblich sein könnten, so haben sie den Inhalt dieser Rechtsnormen nach den Grundsätzen des § 293 ZPO zu ermitteln.[22] Dies gilt entsprechend für die gerichtliche Entscheidung zur Einholung von Auskünften der Tarifvertragsparteien zum Zweck der Tarifauslegung.[23] Daß die Gerichte für Arbeitssachen die Existenz von Tarifvertragsnormen nicht von Amts wegen kennen oder ermitteln, hängt einmal mit dem Schutz der Koalitionsfreiheit, zum anderen mit der mangelnden Publizität von Tarifverträgen zusammen. Die Gleichstellung von Tarifvertrags- und Gesetzesnormen gilt entsprechend für Verwaltungsbehörden; Abweichungen bedürfen gesetzlicher Grundlage.[24]

b) Institut des Privatrechts. Nach überwiegender Ansicht ist der Tarif- 11 vertrag ein Institut des Privatrechts.[25] Von den für die Zuordnung zum Privatrecht oder zum Öffentlichen Recht genannten Gesichtspunkten sind einige als Abgrenzungskriterien nicht geeignet. Dazu gehören: (1) der Zeitcharakter des Tarifvertrages, denn die Mehrzahl der Manteltarifverträge wird nicht auf Zeit beschränkt abgeschlossen, andererseits steht die Befristung der Rechtsnatur als staatlichem Hoheitsakt nicht entgegen; (2) die Regelung privatrechtlicher Verhältnisse, denn das gleiche gilt für eine große Zahl eindeutig öffentlich-rechtlicher Rechtsnormen; (3) das Zustandekommen des Tarifvertrages in Form eines Vertrages, denn normsetzende öffentliche Verträge sind insbes. als „kommunale Vereinbarungen" auch im Öffentlichen Recht

---

[17] BAG 6. 9. 1972 AP Nr. 2 zu § 4 BAT.
[18] BAG 12. 5. 1982 AP Nr. 20 zu § 611 BGB Bühnenengagementsvertrag.
[19] BAG 7. 6. 1984 AP NR. 5 zu § 22 KO.
[20] BAG 25. 11. 1970 AP Nr. 12 zu § 4 TVG Günstigkeitsprinzip.
[21] Zum Entwurf einer eigenständigen Umgehungsvorschrift im BGB vgl. *Teichmann*, Die Gesetzesumgehung, 1962, S. 11.
[22] BAG 29. 3. 1957 AP Nr. 4 zu § 4 TVG Tarifkonkurrenz *(Gumpert);* BAG 9. 8. 1995 AP Nr. 8 zu § 293 ZPO.
[23] BAG 25. 8. 1982 AP Nr. 55 zu § 616 BGB.
[24] *Löwisch/*Rieble, § 1 TVG, Rnr. 18, 19.
[25] Vgl. BVerfGE 34, S. 307, 316 = AP Nr. 7 zu § 19 HAG; BAG 23. 3. 1957 AP Nr. 18 zu Art. 3 GG; Hueck/*Nipperdey*, Arbeitsrecht II 1, § 18 I 1, S. 341; *F. Kirchhof*, Private Rechtsetzung, 1987, S. 182 ff.; *Ramm*, JZ 1962, S. 78; *M. Rehbinder*, JR 1968, S. 167; *Richardi*, Kollektivgewalt, S. 164; *Zöllner*, RdA 1964, S. 443; abw. für öffentlich-rechtlichen Charakter *Hinz*, Tarifhoheit und Verfassungsrecht, 1971, S. 106; *E. R. Huber*, Wirtschaftsverwaltungsrecht Bd. II, 2. Aufl. 1953/54, S. 422 ff., 431; *Nikisch*, Arbeitsrecht II, § 69 II 4, S. 216.

bekannt; (4) die bewußte Ausrichtung der Tarifverträge auf die Gerechtigkeit, denn diese ist kein notwendiges Charakteristikum öffentlich-rechtlicher Rechtsetzung (z. B. Zweckmäßigkeits- oder Maßnahmegesetze); (5) die Beitritts- oder Unterwerfungsnotwendigkeit, denn der Eintritt in die Gewerkschaft ist vergleichbar mit dem Erwerb der Staatsangehörigkeit oder der Niederlassung in einer Gemeinde.[26] Für eine dem Privatrecht angehörende Normsetzung spricht zweierlei: die mangelnde Staatsaufsicht und die Qualität der Tarifvertragsparteien als Subjekte des Privatrechts. Die Tarifvertragsparteien erfüllen zwar öffentliche Aufgaben, sie sind aber keine öffentlich-rechtlichen Körperschaften oder Anstalten, sondern bleiben private Berufsorgane.[27] Jede dem Öffentlichen Recht angehörende Normsetzung unterliegt außerdem einer präventiven oder repressiven Staatsaufsicht. Die einheitliche Zuordnung des Tarifvertrages zum Privatrecht entspricht schließlich der historischen Entwicklung und der Tatsache, daß sich die Tarifvertragsverhandlungen und der Vertragsschluß im nichtstaatlichen Raum abspielen.[28]

12   c) **Zuordnung zum Bundes- oder Landesrecht.** Tarifverträge stellen unabhängig von ihrem Geltungsbereich kein Bundes- oder Landesrecht dar. Sie sind auch in den Fällen kein Bundesrecht, in denen der Bund und die in der Tarifgemeinschaft der Länder zusammengefaßten Länder als Vertragspartner am Abschluß des Tarifvertrages beteiligt sind[29]; die Qualität als Bundes- oder Landesrecht hängt auch nicht davon ab, ob sich der räumliche Geltungsbereich eines Tarifvertrages über den Bereich eines Landes hinaus auf das gesamte Bundesgebiet oder Teile davon erstreckt. Die Tarifverträge sind sowohl an Bundesrecht wie an das gültige Landesrecht einschließlich des Landesverfassungsrechts gebunden. Die Bindung an Landesrecht tritt nur insoweit ein, als der räumliche Geltungsbereich des Tarifvertrages sich auf das Hoheitsgebiet eines Landes oder Teile davon erstreckt. Zur Verfassungsbindung vgl. oben Einleitung Rnr. 198 ff.

13   d) **Einzelfragen.** Es muß bei jeder gesetzlichen, betrieblichen oder vertraglichen Regel geprüft werden, ob ein Tarifvertrag die Voraussetzungen eines „Gesetzes" oder einer „Rechtsnorm" oder einer anderweit beschriebenen Regelung erfüllt.

14   aa) Für Art. 98 Satz 4 BayVerf (Popularklage) hat der Bayerische Verfassungsgerichtshof[30] den Charakter des Tarifvertrages als Gesetz oder Verordnung abgelehnt und eine Popularklage, mit der die Grundrechtswidrigkeit eines Tarifvertrages festgestellt werden sollte, als unzulässig abgewiesen. Das BVerfG hat die Frage, ob ein Tarifvertrag zu den hoheitlichen Akten gehört,

---

[26] Ebenso *Hinz,* Tarifhoheit und Verfassungsrecht, 1971, S. 104; *Jacobi,* Grundlehren des Arbeitsrechts, 1927, S. 273; abw. *Richardi,* Kollektivgewalt, S. 163, 164; *Zöllner,* Rechtsnatur der Tarifnormen, 1966, S. 30.
[27] Vgl. *Badura,* RdA 1974, S. 129, 137; *Wiedemann,* RdA 1969, S. 321.
[28] Vgl. *F. Kirchhof,* Private Rechtsetzung, 1987, S. 182.
[29] BVerfGE 12, S. 205, 251; BAG 14. 7. 1961 AP Nr. 1 zu Art. 24 VerfNRW; BayVerfGH 6. 5. 1971 AP Nr. 19 zu § 1 TVG *(Reichel);* Löwisch/Rieble, § 9 TVG, Rnr. 83; *Maunz,* in: Maunz/Dürig, Art. 31 GG, Rnr. 10; *Nikisch,* Arbeitsrecht II, § 69 IV 1, S. 227.
[30] BayVerfGH 6. 5. 1971 AP Nr. 19 zu § 1 TVG *(Reichel);* zustimmend *Pestalozza,* Verfassungsprozeßrecht, 1971, Rnr. 93, 95.

die unmittelbar mit der (Rechtsatz)Verfassungsbeschwerde zum BVerfG angreifbar sind, bisher offengelassen[31]. Von Rechtsprechung und Rechtslehre wird die Frage wohl überwiegend verneint.[32] Dieser Meinung ist zu folgen. Zwar verleiht das Gesetz den tariflichen Vereinbarungen ausdrücklich die Qualität der „Rechtsnormen". Das Bundesverfassungsgericht schränkt die Zulässigkeit der Rechtsatzbeschwerde jedoch zunehmend ein, um die Voraussetzungen der Grundrechtsverletzung erst im Rechtszug der jeweiligen Fachgerichte aufarbeiten zu lassen. Das Bundesverfassungsgericht wird einen Tarifvertrag daher nicht als hoheitlichen Akt ansprechen, solange er nicht für allgemeinverbindlich erklärt wurde.

bb) Im Sinne der Bundes- und Landesgesetze sind Tarifverträge im Zweifel Gesetze im materiellen Sinn; vgl. dazu oben Rnr. 9. Das gilt auch für das UrhG, so daß sie ebenso wie Gesetze im formellen Sinn, Verordnungen und amtliche Erlasse oder Bekanntmachungen keinen urheberrechtlichen Schutz genießen.[33] **15**

cc) Die Frage, ob Tarifrecht existiert, müssen die Gerichte in entsprechender Anwendung von § 293 ZPO klären und es von Amts wegen anwenden.[34] **16**

4. Abgrenzungen

Tarifverträge sind begrifflich und sachlich zu unterscheiden von anderen Übereinkommen zwischen den Sozialpartnern (a) sowie von anderen kollektiven Regelungen (b). **17**

a) Koalitionsvereinbarungen – auch außertarifliche oder Sozialpartner-Vereinbarungen genannt. Die Tarifvertragsparteien können schuldrechtliche Verträge abschließen, die inhaltlich im Rahmen der Arbeits- und Wirtschaftsbedingungen des Art. 9 Abs. 3 GG liegen oder dessen Grenzen überschreiten. Solche vor- oder außertariflichen Übereinkünfte brauchen die Voraussetzung des § 1 des Gesetzes nicht einzuhalten; sie haben aber auch nicht die in den §§ 3 und 4 vorgesehenen Wirkungen. Auslegung und Anwendung bestimmen sich nach dem von den Sozialpartnern vereinbarten Inhalt. **18**

aa) Verbreitung. Außertarifliche Abkommen zwischen den Sozialpartnern existieren namentlich in der Chemischen Industrie.[35] Sie beschränken **19**

---

[31] Vgl. BVerfG 2. 11. 1969 AP Nr. 5 zu § 90 BVerfGG.
[32] Zulässigkeit der Verfassungsbeschwerde verneint von BAG 19. 12. 1991 AP Nr. 27 zu § 72a ArbGG 1979; *Benda*/Klein, Verfassungsprozeßrecht, 1991, Rnr. 438 ff.; Maunz/*Schmidt-Bleibtreu*/Klein/Ulsamer, § 90 BVerfGG, Rnr. 87 (abw. für AVE); bejaht von *Baumann*, RdA 1987, S. 270, 275; *Klas*, Die Zulässigkeit der Verfassungsbeschwerden gegen Tarifnormen, Diss. Münster, 1979, S. 127; Löwisch/*Rieble*, § 9 TVG, Rnr. 85; *Leibholz*/*Rupprecht*, § 90 BVerfGG, Rnr. 42; offengelassen von *Söllner*, AuR 1991, S. 45, 49.
[33] BAG 11. 11. 1968 AP Nr. 14 zu Art. 9 GG *(Rüthers)*.
[34] Vgl. BAG 29. 3. 1957 AP Nr. 1 und den Hinweis unter Nr. 2 zu § 293 ZPO; BAG 29. 3. 1957 AP Nr. 4 zu § 4 TVG Tarifkonkurrenz *(Gumpert)*; BAG 25. 8. 1982 AP Nr. 55 zu § 616 BGB; Germelmann/Matthes/*Prütting*, § 58 ArbGG, Rnr. 14.
[35] Bundesarbeitgeberverband Chemie e. V. (Hrsg.): Außertarifliche Sozialpartner-Vereinbarungen, 1994; vgl. dazu *Eich*, NZA 1995, S. 149; *Molitor*, in: Festschrift für Eugen Stahlhacke (1995), S. 339, 340 ff.; *Schack*, NZA 1996, S. 923 (Gruppenarbeitsvereinbarung).

sich überwiegend auf Richtlinienverträge, gehen aber teilweise darüber hinaus und sprechen Empfehlungen für die Betriebsparteien aus. Inhaltlich betreffen sie so unterschiedliche Themen wie Betriebsratskontakte auf europäischer Ebene, Frauenförderung, Gruppenarbeit, Abgrenzung des Begriffs des leitenden Angestellten, Umweltschutzfragen und Beschäftigungsförderung. Nur ausnahmsweise wird insoweit von den Sozialpartnern das Rechtsinstitut des Tarifvertrages eingesetzt, nämlich bei der Errichtung von Schlichtungsstellen und bei der Gründung des Unterstützungsvereins der Chemischen Industrie; in beiden Fällen handelt es sich um eine Gemeinsame Einrichtung im Sinne des § 4 des Gesetzes. Bei anderen Gemeinschaftsveranstaltungen (Berufsbildungsrat, Gesellschaft zur Information von Betriebsräten über Umweltschutz, Stiftung zur Förderung der Weiterbildung in der chemischen Industrie) wird die Form des Tarifvertrages dagegen absichtlich vermieden.[36]

20   Übereinkünfte nicht-tariflicher Art finden sich in jüngerer Zeit auch zwischen Gewerkschaften des Öffentlichen Dienstes und Trägern der öffentlichen Gewalt, insbes. in den neuen Bundesländern.[37] An diesen Übereinkünften werden vielfach auch die zuständigen Personalvertretungen beteiligt – teils auf Seite des Dienstherrn, teils auf Seite der Gewerkschaft, teils ohne Zuordnung. Gegenstand dieser Vereinbarungen sind die Reform der Verwaltungsorganisation, die Erweiterung der Mitbestimmung sowie die sozialverträgliche Umgestaltung oder Auflösung arbeits- und beamtenrechtlicher Verhältnisse.

21   Noch weiter entfernt von Tarifverträgen sind *„Bündnisse für Arbeit"*, in denen Hoheitsträger einzelnen Industriezweigen Subventionen zusagen oder Beiträge zur Wirtschafts- und Beschäftigungsförderung (z. B. durch Erhöhung der Zahl der Ausbildungsplätze) versprechen.[38]

22   **bb) Rechtscharakter.** Tariffähige Parteien können nicht-tarifvertragliche Vereinbarungen eingehen.[39] Ihre Rechtsgrundlage finden sie in Art. 2 GG und in § 305 BGB. Ihr Rechtscharakter richtet sich nach dem Parteiwillen. Es können *rechtsverbindliche* Vereinbarungen nicht-tarifvertraglicher Art eingegangen oder lediglich koalitionspolitische Absichts- oder Wohlverhaltenspflichten (mit tarifvertraglichem oder nicht-tarifvertraglichem Inhalt) als *soft law* begründet werden, die keine Erfüllungs- oder wenigstens keine Schadensersatzpflicht herbeiführen sollen.[40] Die Abgrenzung zwischen Tarif-

---

[36] Vgl. zur Unbedenklichkeit BAG 28. 7. 1988 AP Nr. 1 zu § 5 TVArb Bundespost: Gemeinsame Erklärung der Tarifvertragsparteien, wonach Änderungen des für die Beamten maßgebenden Arbeitszeitrechts mit negativen Auswirkungen auf Arbeitnehmer nur mit Zustimmung der Deutschen Postgewerkschaft zulässig sein sollen.
[37] Vgl. dazu BAG 5. 11. 1997 AP Nr. 29 zu § 1 TVG; *Däubler,* Tarifvertragsrecht, Rnr. 1618 ff.; Kempen/*Zachert,* § 1 TVG, Rnr. 366; *Plander,* in: Festschrift für Karl Kehrmann (1997), S. 295, 296 ff.
[38] Vgl. *Plander,* in: Festschrift für Karl Kehrmann (1997), S. 295, 298.
[39] BAG 28. 9. 1983 AP Nr. 2 zu § 1 TVG Tarifverträge: Seniorität; BAG 28. 7. 1988 AP Nr. 1 zu § TV Arb Bundespost; BAG 5. 11. 1997 AP Nr. 29 zu § 1 TVG; *Gamillscheg,* Kollektives Arbeitsrecht I, § 129a, S. 509; Kempen/*Zachert,* § 1 TVG, Rnr. 366; *Löwisch*/Rieble, TVG Grundl., Rnr. 85; zur verfassungsrechtlichen Zulässigkeit vgl. BVerfGE 93, S. 37, 82 betr. § 59 MBG Schleswig-Holstein.
[40] Vgl. zum Richtlinienvertrag MünchArb/*Löwisch,* § 273, Rnr. 10, 23.

verträgen und Koalitionsvereinbarungen und diejenige zwischen rechtsverbindlichen Verträgen und Absichtserklärungen bereitet im Einzelfall Schwierigkeiten. Objektiv fehlen die Voraussetzungen eines Tarifvertrages, wenn (auch) Parteien an der Übereinkunft beteiligt werden, die nicht tariffähig sind (wie Betriebs- oder Personalrat) oder Rechtsverhältnisse geregelt werden sollen, die den Tarifvertragsparteien nicht zugänglich sind (Beamtenverhältnisse).[41] Ob subjektiv die Voraussetzungen für einen Tarifvertrag gegeben sind, richtet sich nach dem Parteiwillen; die Bezeichnung als Tarifvertrag ist lediglich Indiz für die Auslegung. Auch wenn die Parteien bewußt keinen Tarifvertrag schaffen wollen, können doch nach § 328 BGB Ansprüche und Verpflichtungen zugunsten der Arbeitnehmer, z.B. auf erweiterten Kündigungsschutz, begründet werden. Sie können dann wie Tarifverträge objektiv auszulegen sein, wenn sie den Charakter von „Regelungen" tragen, also einen Tarifvertrag vorbereiten, ersetzen oder ergänzen sollen.[42]

b) Einseitig erlassene **Arbeitsregelungen** unterliegen nicht dem Tarifvertragsrecht.[43] Hierher zählen Erlasse und Eingruppierungsrichtlinien des öffentlichen Arbeitgebers, Dienstordnungen der Sozialversicherungsträger (vgl. dazu unten Rnr. 111), Einstellungsbedingungen des DGB[44] oder Vereinbarungen mit der Treuhandanstalt.[45] Dasselbe gilt grundsätzlich für die kirchlichen Arbeitsbedingungen (vgl. dazu unten Rnr. 124ff.); sie werden allerdings in einzelnen, modernen Gesetzen, die tarifdispositiv ausgestaltet sind, den Tarifverträgen gleichgestellt; vgl. § 7 Abs. 4 ArbZG, § 6 Abs. 3 BeschFG. Nach § 1 Abs. 4 Satz 2 KSchG 1997 kann jetzt auch der Arbeitgeber in betriebsratslosen Betrieben Auswahlrichtlinien mit Regelungen einseitig erlassen, die zu ihrer Wirksamkeit allerdings der Zustimmung von mindestens zwei Dritteln der Arbeitnehmer des Betriebes oder der Dienststelle bedürfen.

II. Heutige Tarifpraxis

Die gegenwärtige Bedeutung der Tarifverträge in der geltenden deutschen Rechts- und Wirtschaftsordnung ist kaum zu überschätzen. Sie bilden eine zentrale Rechtsquelle des Arbeitsrechts. Das ergibt sich aus der absoluten Zahl der Tarifverträge, aus dem Umfang der betroffenen Unternehmen und Arbeitnehmer sowie schließlich aus dem inhaltlichen Reichtum der vorhandenen Tarifwerke.

---

[41] BVerwGE 91, S. 200; abw. *Plander,* Die beamtenrechtliche Vereinbarungsautonomie, 1991.
[42] BAG 5. 11. 1997 – 4 AZR 872/95 – AP Nr. 29 zu § 1 TVG; Fehlerhafter Eintrag in das Tarifregister nicht maßgebend.
[43] Ausführlich *Gamillscheg,* Kollektives Arbeitsrecht I, § 12 9a, S. 508.
[44] Vgl. BAG 25. 4. 1959 AP Nr. 15 zu § 242 BGB Gleichbehandlung *(G. Hueck):* Lohnwellenurteil; BAG 25. 6. 1964 AP Nr. 1 *(A. Hueck)* und 18. 9. 1969 AP Nr. 2 *(Schnorr v. Carolsfeld)* zu § 611 BGB Gewerkschaftsangestellte.
[45] Vgl. BAG 21. 4. 1993 AP Nr. 109 zu § 1 TVG Tarifverträge: Metallindustrie (Rahmenvereinbarung zwischen Treuhandanstalt und IG-Metall als Zusatz zur Gemeinsamen Erklärung zwischen Treuhandanstalt, DGB und DAG); Rahmenvereinbarung der Treuhandanstalt mit IG-Chemie über Sanierungsgesellschaften, RdA 1993, S. 296.

1. Zahl der Tarifverträge

25 Eine amtliche Statistik, aus der sich Zahl und Inhalt der neu abgeschlossenen oder abgeänderten Tarifverträge sowie der auslaufenden Tarifverträge ergeben würde, existiert nicht. Jedoch verfügt das nach § 6 des Gesetzes beim Bundesministerium für Arbeit und Sozialordnung geführte Tarifregister über Aufzeichnungen für den internen Gebrauch. Das Ministerium veröffentlicht jährlich „Tarifvertragliche Arbeitsbedingungen" des Vorjahres; diese werden außerdem in regelmäßigen Zeitabständen im Bundesarbeitsblatt (BABl.) ausgewertet.[46] Statistische Unterlagen finden sich außerdem im Archiv des Wirtschafts- und Sozialwissenschaftlichen Instituts des Deutschen Gewerkschaftsbundes[47] und im Tarifarchiv der Bundesvereinigung der Deutschen Arbeitgeberverbände[48].

26 Die Entwicklung der Tarifvertragspraxis anhand der jährlichen Auswertung des Tarifregisters im Bundesarbeitsblatt ergibt folgende Daten:

Tabelle 1[49]

	eingetragen	in Geltung	davon FirmenTV	allgemeinverbindlich	Neuabschlüsse
1975					8 000
1976					8 000
1977					8 000
1978					–
1979	170 000	36 000	–		8 000
1980	180 000	36 000	–		8 000
1981	187 000	40 000	10 000		8 000
1982	194 000	42 000	14 000	600	7 200
1983	201 000	43 000	15 000	600	7 000
1984	208 000	43 000	15 000	600	7 000
1985	215 000	–	15 000	–	6 800
1986	221 000	44 000	14 000	–	6 200

---

[46] Vgl. BABl. 1975, H. 5, S. 280; 1976, H. 3, S. 94; 1977, H. 1, S. 13, H. 3/4, S. 122; 1978, H. 3, S. 64; 1979, H. 2, S. 26; 1980, H. 3, S. 31; 1981, H. 3, S. 16; 1982, H. 3, S. 22; 1983, H. 4, S. 11; 1984, H. 3. S. 16; 1985, H. 3, S. 5; 1986, H. 3, S. 25; 1987, H. 3, S. 10; 1988, H. 4, S. 5; 1989, H. 3, S. 17; 1990, H. 3, S. 5; 1991, H. 3, S. 11; 1991, H. 6, S. 5 (Zwischenbilanz Ost); 1992, H. 4, S. 5; 1993, H. 3, S. 14; 1994, H. 3, S. 19.
Die Auswertungen sind zusammengefaßt in RdA, 1975, 254; 1976, 189; 1977, 243; 1978, 113; 1979, 116; 1980, 170; 1981, 240; 1982, 170; 1983, 176; 1984, 241; 1985, 235; 1986, 312; 1987, 169; RdA 1998, 173.
[47] Tarifarchiv des WSI, Hans-Böckler-Straße 39, 40476 Düsseldorf, Tel. 0211/4375-0.
[48] BDA, Gustav-Heinemann-Ufer 72, 50968 Köln, Tel. 0221/3795-0.
[49] Bundesministerium für Arbeit und Sozialordnung, Tarifvertragliche Regelungen in ausgewählten Wirtschaftszweigen (1998), S. 20, 21.

	eingetragen	in Geltung	davon FirmenTV	allgemeinverbindlich	Neuabschlüsse
1987	227 000	45 000	15 000	–	6 000
1988	234 000	32 000	8 000	–	7 000
1989	239 000	32 000	8 000	–	5 200
1990	245 000	34 200 W: 33 500 O: 700	W: 9 250 8 800 O: 450	542 nur West	5 700 W: 5 000 O: 700
1991	254 000	37 700 W: 35 300 O: 2 400	11 300 W: 9 800 O: 1 500	507 W: 481 O: 26	9 600 W: 7 400 O: 2 200
1992	263 000	39 500 W: 36 100 O: 3 400	11 700 W: 10 100 O: 1 600	525 W: 469 O: 56	9 000 W: 6 900 O: 2 100
1993	271 000	41 700	12 800	566 W: 467 O: 99	7 700
1994	279 000	43 166	13 770	567	7 953
1995	286 000	43 638	14 822	627	7 461
1996	293 500	45 148	15 371	571	7 076
1997	302 000	47 334	16 555	558	8 442

Hinsichtlich der Manteltarifverträge gibt es in den westlichen Bundesländern bei den Verbandstarifverträgen 850 sektoral und regional unterschiedliche Tarifbereiche, in den neuen Bundesländern etwa 280. Vergütungstarifverträge werden in den alten Bundesländern häufiger als Manteltarifverträge auf Landesebene abgeschlossen. Man zählt daher etwa 1 200 verschiedene Geltungsbereiche.[50]

Tabelle 2[49]
Neu Registrierte Tarifverträge:

	davon FirmenTV	Mantel TV	TV mit einzelnen Mantelbestimmungen	Lohn-, Gehalts-, Entgelt-, Ausbildungsvergütungs TV	Änderungs-, Anschluß-, ParallelTV	Unternehmen mit FirmenTV
1990	2 450 W: 2 000 O: 450	550	960	2 100	2 090	2 100
1991	3 800 W: 2 700 O: 1 100	1 100	1 600	3 600	3 300	2 300
1992	3 400 W: 2 500 O: 900	900	1 300	3 600	3 200	3 600 W: 2 400 O: 1 200

---

[50] *Clasen,* BArbbl. 1994, S. 19.

	davon FirmenTV	Mantel TV	TV mit einzelnen Mantelbestimmungen	Lohn-, Gehalts-, Entgelt-, AusbildungsvergütungsTV	Änderungs-, Anschluß-, ParallelTV	Unternehmen mit FirmenTV
1993	3 200 W: 2 400 O: 800	900	1 200	3 200	2 400	4 000 W: 2 600 O: 1 400
1994	3 376 W: 2 601 O: 775	840	1 524	3 183	2 406	4 100 W: 2 700 O: 1 400
1995	3 326 W: 2 596 O: 730	808	1 351	3 158	2 144	4 500 W: 2 900 O: 1 600
1996	3 116 W: 2 537 O: 579	653	1 631	2 692	2 100	4 700 W: 3 100 O: 1 600
1997	3 714 W: 3 045 O: 669	857	2 468	2 652	2 465	5 000 W: 3 300 O: 1 700

2. Umfang der betroffenen Arbeitsverhältnisse

29 Wieviele Arbeitsverhältnisse insgesamt von Tarifverträgen unmittelbar oder mittelbar erfaßt werden, läßt sich mangels entsprechender statistischer Unterlagen nicht genau feststellen. Einen Anhaltspunkt dafür gibt die Anzahl der erfaßten Gewerbebereiche. Etwa 90% aller sozialversicherungspflichtigen Arbeitnehmer arbeiten in Gewerbebereichen, für die Tarifverträge bestehen. Nur in einzelnen Sektoren, vor allem des Dienstleistungsbereichs, fehlen Tarifverträge vollständig. Allerdings beziehen sich diese Angaben nur auf die alten Bundesländer. In den neuen Bundesländern besteht keine Arbeitnehmerstatistik. Nach Einschätzung des Bundesarbeitsministeriums ist der Verbreitungsgrad von Tarifverträgen in der Zwischenzeit jedoch ähnlich hoch geworden.

30 Von den Tarifverträgen werden nach überschlägigen Berechnungen rund 18–19 Mio. Arbeitnehmer erfaßt. Da die tariflichen Arbeitsbedingungen in der Regel auch für die nicht organisierten Arbeitnehmer übernommen werden, wird vermutet, daß sie sich in einzelnen Branchen auf bis zu 90% der abhängig Beschäftigten erstrecken. Genaue statistische Angaben über den Verbreitungsgrad der Tarifverträge in den alten und neuen Bundesländern, geschweige denn in den einzelnen Branchen, sind nicht verfügbar. Einem Bericht der OECD aus dem Jahre 1994 zufolge lag der durchschnittliche Verbreitungsgrad in Deutschland bei 80%, nach den Employment Outlook vom Juli 1997 S. 72 bei über 90% aller Arbeitnehmer.

The OECD Jobs Study, Part II, The Adjustment Potential of the Labour Market (1994), S. 10: „In most countries the share of employees covered by collective contracts is substantially higher than the share of employees belonging to trade unions (Chart 5.3). This is notably the case in the continental European countries. France is an extreme case, combining the lowest unionisation rate and the highest coverage rate of collective contracts. The reason for this discrepancy is that collective agreements are voluntarily extended to non-union workers by employers covered by the settlements, and that collective agreements are also extended by statute to third parties. The coverage of collective contracts will thus depend more on the number of workers with employers belonging to employers' federations and the authorities' use of statutory extensions than on the unionisation rate. The coverage rate did not show any marked tendency to fall in the 1980s in contrast to the contraction in union density rates in some European countries. The coverage rate in France even increased at a time when unionisation was in marked retreat. In the United States and in the United Kingdom there has, however, been a marked trend towards individualised paysetting arrangements. The shift away from collective bargaining has been accompanied by increased use of performance-related pay."

Vgl. zur Differenz der Arbeitsbedingungen zwischen Gewerkschaftsangehörigen und nicht organisierten Arbeitnehmern in den Vereinigten Staaten und in anderen Ländern *Richard B. Freeman,* in: C. Kerr/P. Staudohar (Hrsg.), Labor Economics and Industrial Relations: Market and Instructions, 1995, S. 272–299.

3. Inhalt der Tarifverträge

Charakteristisch für die sachliche Bedeutung der deutschen Tarifverträge, mit der sie dem staatlichen Gesetzgeber immer stärker Konkurrenz machen, ist der Abschluß von speziellen Manteltarifverträgen auf fast allen Gebieten des Arbeitsrechts. Während in der Nachkriegszeit die beiden klassischen Themen Löhne (im weiteren Sinn) und Arbeitszeit (*wages and time*) die Tarifverhandlungen beherrschten, tauchen in den sechziger und verstärkt in den siebziger Jahren Tarifverträge zu neuen Regelungsgegenständen auf. Erwähnenswert sind dabei die Tarifverträge zum Rationalisierungsschutz[51] und diejenigen zu Gemeinsamen Einrichtungen, wie z.B. die Urlaubskasse, die Lohnausgleichskasse und die Zusatzversorgungskasse des Baugewerbes.[52]

Es folgten Tarifverträge zu vermögenswirksamen Leistungen[53], zu Vorruhestands-[54] und Ruhestandsverhältnissen[55], zur Sicherung gegen Abgruppie-

---

[51] Vgl. z.B. das Rationalisierungsschutzabkommen in der Metallindustrie vom 19. 5. 1968, abgedruckt in RdA 1968, S. 260; aus dem Schrifttum: *Böhle/Burkhart,* Rationalisierungsschutzabkommen, 1974; *Däubler,* Tarifvertragsrecht, Rnr. 1116 ff.; *Ingo Koller,* ZfA 1978, S. 45; *Wiedemann,* RdA 1968, S. 420.

[52] Die Sozialkassen des Baugewerbes sind geregelt in § 8 des BundesrahmenTV vom 24. 9. 1990, im ZusatzversorgungsTV vom 22. 12. 1989, im LohnausgleichsTV vom 11. 2. 1991 und dem TV über das Sozialkassenverfahren im Baugewerbe vom 11. 2. 1991; vgl. dazu BVerfGE 55, S. 7; BAG 25. 1. 1989 AP Nr. 5 zu § 1 Gesamthafenbetriebsg (*Zeuner*); aus dem Schrifttum: *Bötticher,* Gemeinsame Einrichtungen, 1966; *Schelp,* in: Festschrift für H.C. Nipperdey, Bd. 2 (1965), S. 579; *Zöllner,* Gutachten zum 48. DJT 1970, Bd. I, S. G 64.

[53] Vgl. dazu heute § 10 Abs. 1 des 5. VermBG; ferner z.B. den TV in der Metallindustrie vom 5. 12. 1988, abgedruckt bei *Thüsing* (Hrsg.), Kommentar zum 5. VermBG, 1992, § 10 Rnr. 80; aus dem Schrifttum: *Schaub,* Arbeitsrechts-Handbuch, § 83 VI 2, S. 623.

[54] Vgl. z.B. den TV über den Vorruhestand im Baugewerbe vom 26. 9. 1984, abgedruckt in NZA 1985, S. 54; BAG 10. 10. 1989 AP Nr. 3 zu § 1 TVG Vorruhestand; aus dem Schrifttum: *Däubler,* Tarifvertragsrecht, Rnr. 326, 793 ff.; *Gamillscheg,* BB 1989, S. 555; *v. Hoyningen-Huene,* BB 1986, S. 1909.

[55] Vgl. z.B. die ZusatzversorgungsTV für die Angestellten im öffentlichen Dienst nach § 46 BAT, abgedruckt bei *Crisolli/Tiedtke,* Das Tarifrecht der Angestellten im öffentlichen Dienst, Teil V d; BAG 1. 6. 1970 AP Nr. 143 zu § 242 Ruhegehalt; *Schaub,* Arbeitsrechts-Handbuch, § 81 II 6, V 6, S. 529, 549; *Schwerdtner,* ZfA 1975, S. 171.

rung[56] und mit quantitativen und qualitativen Besetzungsregeln in der Druckindustrie.[57] In den achtziger Jahren verlagerte sich das Schwergewicht tarifvertraglicher Auseinandersetzungen auf verschiedene Modelle der Arbeitszeitregelung.[58] Daneben begannen die Tarifvertragsparteien die Gleichstellung von Arbeitern und Angestellten[59] sowie eine Anhebung der gesetzlichen Standards im Bereich der betrieblichen Mitbestimmung[60], des Kündigungsschutzes[61] und der Entgeltfortzahlung im Krankheitsfall[62] zu betreiben. Sonderprobleme ergaben sich mit der Erstreckung der Koalitionsfreiheit und des TVG auf das Gebiet der ehemaligen DDR.[63] Die Tarifpartner vereinbarten Stufenregelungen zur Entgeltanpassung in den neuen Bundesländern[64] und übernahmen mit dem Abschluß von Sozialplantarifverträgen übergangsweise Aufgaben der Betriebspartner.[65] Die Gegenwart wird beherrscht von Abreden zur Beschäftigungssicherung[66] und zur Altersteilzeit.

33 Wie der Überblick zeigt, gibt es heute kaum eine arbeitsrechtliche Materie, für die nicht in dem einen oder anderen Industriezweig eine – wenn

---

[56] Vgl. z.B. den TV zur Sicherung der Eingruppierung und zur Verdienstsicherung bei Abgruppierung in der Metallindustrie Baden-Württemberg vom 3. 4. 1978, abgedruckt in RdA 1978, S. 384; BAG 16. 4. 1980 AP Nr. 9 zu § 4 TVG Effektivklausel *(Wiedemann)* = EzA Nr. 1 zu § 4 TVG Effektivklausel *(Konzen)* = SAE 1981, S. 144 *(Mayer-Maly)*.

[57] Vgl. z.B. den TV über Einführung und Anwendung rechnergesteuerter Textsysteme vom 20. 3. 1978, abgedruckt in RdA 1978, S. 116; BAG 13. 9. 1983 AP Nr. 1 zu § 1 TVG Tarifverträge: Druckindustrie *(Reuter)*; vgl. aus dem Schrifttum: *Reuter*, ZfA 1978, S. 1; *Ernst Stark*, Verfassungsfragen einer Arbeitsplatzsicherung durch Tarifvertrag, 1989; *Rainer Wend*, Zulässigkeit tarifvertraglicher Arbeitsplatzbesetzungsregelungen, 1984; *Wiedemann*, in: 25 Jahre Bundesarbeitsgericht (1979), S. 635, 652.

[58] Der Einigungsvorschlag der besonderen Schlichtungsstelle vom 28. 6. 1984 ist abgedruckt in NZA 1984, S. 79; zum sogenannten Leber-Kompromiß vgl. BAG 18. 8. 1987 AP Nr. 23 zu § 77 BetrVG 1972 *(v. Hoyningen-Huene)*; aus dem Schrifttum: *v. Hoyningen-Huene*, NZA 1985, S. 11; *Löwisch*, Betrieb 1984, S. 2457; *Hans Jürgen Rauschenberg*, Flexibilisierung und Neugestaltung der Arbeitszeit, 1993; *Richardi*, Betrieb 1990, S. 1613; *ders*. ZfA 1990, S. 211.

[59] Vgl. z.B. den Bundesentgelttarifvertrag für die chemische Industrie vom 18. 7. 1987, abgedr. in RdA 1987, S. 351 und NZA 1987, S. 768; *Weyel*, NZA 1987, S. 765; *Däubler*, Tarifvertragsrecht, Rnr. 275.

[60] Vgl. BAG 10. 2. 1988 AP Nr. 53 zu § 99 BetrVG 1972; dazu *Löwisch*, in ARBlattei, Betriebsverfassung XIV A Anm. zu Entsch. 34.

[61] Vgl. etwa § 53 Abs. 3 BAT; BAG 4. 6. 1987 AP Nr. 16 zu § 1 KSchG 1969; *Löwisch/Rieble*, § 1 TVG, Rnr. 560ff.; *Säcker/Oetker*, Tarifautonomie, S. 185ff.

[62] Vgl. etwa BAG 19. 10. 1983 AP Nr. 62 zu § 616 BGB *(Trieschmann)*; sowie den Nachweis von Tarifklauseln bei Löwisch/Rieble, § 1 TVG, Rnr. 596.

[63] Vgl. *Clasen*, BABl. 1991, H. 3, S. 11; *Wank*, RdA 1991, S. 1; sowie BAG AP zu § 1 TVG Tarifverträge: DDR und zu BAT- O.

[64] Vgl. die Darstellung der Stufenregelungen in ihren Grundzügen bei *Buchner*, NZA 1993, S. 289; *Clasen*, BABl. 1994, H. 3, S. 19; *Hanau/Kania*, Betrieb 1995, S. 1229; *Zachert*, NZA 1993, S. 299.

[65] Vgl. etwa den Tarifvertrag über Kündigungsschutz mit Qualifizierung bei Umstrukturierungsmaßnahmen (TVKQ) für Sachsen; dazu BAG 21. 4. 1993, ZIP 1994, S. 235; BAG 24. 11. 1993 AP Nr. 116 zu § 1 TVG Tarifverträge: Metallindustrie = SAE 1994, S. 198 *(Jochem Schmitt)*.

[66] Vgl. z.B. den FirmenTV zwischen der Volkswagen AG und der IG Metall Bezirksleitung Hannover, NZA 1994, S. 111; aus dem Schrifttum: *Bauer/Diller*, NZA 1994, S. 353; *Meine*, AuR 1998, S. 356; *Richardi*, Betrieb 1990, S. 1613; *Rosdücher*, Arbeitsplatzsicherheit durch Tarifvertrag, 1997.

vielleicht auch nur fragmentarische – Tarifregelung zu finden ist. Die Entwicklung ist allerdings in den letzten Jahren durch die Rezession von 1992/93 gebremst worden. Arbeitgeber- wie Arbeitnehmerkoalitionen verlieren in der Rezession Mitglieder und büßen damit notwendig ihren Einfluß ein. Dazu kommt, daß die Rechtsetzung durch Betriebsvereinbarungen – teils mit, teils ohne Unterstützung der Tarifpartner – zunehmend breiteren Raum einnimmt, um den Besonderheiten des jeweiligen Unternehmens (z. B. bei der Gestaltung des Arbeitsprozesses, der Verteilung der Arbeitszeit oder beim betrieblichen Ruhegehalt) Rechnung zu tragen. Schließlich wird der ökonomische Stellenwert der Kollektivvereinbarungen in der modernen Arbeitsmarkttheorie zurückhaltender eingestuft als im früheren Schrifttum; vgl. dazu oben Einl. Rnr. 59 ff.

B. Rechtsnatur und Arten

I. Rechtsnatur des Tarifvertrages

Der Rechtscharakter des Tarifvertrages als einer Vereinbarung zwischen Unternehmen und Gewerkschaft mit Drittwirkung für die Arbeitsverhältnisse hängt ganz davon ab, wie der Gesetzgeber das Instrument der Kollektivvereinbarung ausgestalten will. Rechtsgeschichte und Rechtsvergleichung zeigen, daß es für die Architektur des Tarifvertrages zwar einheitliche Vorbedingungen, jedoch nur wenige zwingende Sachgesetzlichkeiten gibt.[67]

1. Ausländisches Recht

Die Rechtsnatur des Tarifvertrages und die Art seiner Einwirkung auf die einzelnen Arbeitsverhältnisse werden in den verschiedenen Rechtskreisen sehr unterschiedlich erfaßt. Gemeinsam ist ihnen allen die ursprüngliche Schwierigkeit, den Tarifvertrag als einen erlaubten Kartellvertrag anzuerkennen und seine Einwirkungen auf die einzelnen Arbeitsverhältnisse zu erklären. Mit diesen beiden Grundproblemen – dem horizontalen Machtausgleich auf dem Arbeitsmarkt und der vertikalen Repräsentation der betroffenen Unternehmen oder Arbeitnehmer – beschäftigt sich das Tarifvertragsrecht von seinen Ursprüngen bis heute, aber die Modelle, die die einzelnen Rechtsordnungen im Laufe des Jahrhunderts entwickelt haben, könnten unterschiedlicher kaum gedacht werden. Dafür sollen hier einzelne Beispiele genannt werden:

In **Großbritannien** werden *collective agreements* – von einer Zwischenperiode von 1971 bis 1974 abgesehen – im Zweifel nicht als rechtlich bindende und einklagbare Verträge eingegangen. Die Parteien können zwar einen Vertrag nach *common law* vereinbaren. Regelmäßig geschieht dies aber nicht, die Vereinbarung trägt vielmehr den Charakter eines *gentlemen agreement*. Die

---

[67] Vgl. dazu *Gamillscheg,* Kollektives Arbeitsrecht I, § 12, 6, S. 494; *Folke Schmidt/Alan C. Neal,* Int.Encycl.Comp.L., Vol. XV (1982), Ch. 12 No. 12–45 ff., 12–302 ff.

Vorstellung, daß die Sozialpartner eine semi-legislative Aufgabe wahrnehmen, ist dem englischen Recht fremd. Zur Rechtsnatur der kollektivrechtlichen Vereinbarung bestimmt heute sec. 179 Trade Union and Labour Relations Act (TULRA) 1974:

„(1) A collective agreement shall be conclusively presumed not to have been intended by the parties to be a legally enforceable contract unless the agreement –
(a) is in writing, and
(b) contains a provision which (however expressed) states that the parties intend that the agreement shall be a legally enforceable contract.
(2) A collective agreement which does satisfy those conditions shall be conclusively presumed to have been intended by the parties to be a legally enforceable contract."

Da die Parteien beim Abschluß eines *collective agreement* im Zweifel nicht die Absicht haben, rechtliche Verbindlichkeiten einzugehen[68], geschweige denn Rechtsnormen zu setzen, ist es folgerichtig, wenn die Rechtsprechung eine einstweilige Verfügung zur Durchsetzung von Vertragsrechten nicht gewährt.[69] Die Umsetzung der Kollektivvereinbarung in die einzelnen Arbeitsverhältnisse wird als Inkorporation bezeichnet.[70] Die Übernahme geschieht nicht automatisch, sondern durch ausdrückliche (*expressive*) oder konkludente (*implied*) Bezugnahme.

37 Im Arbeitsrecht der **Vereinigten Staaten** hat sich eine Vertretungslösung durchgesetzt, wobei die gewählte Gewerkschaft *(union)* auch als gesetzlicher Repräsentant der diese Gewerkschaft nicht wählenden Belegschaftsmitglieder gilt.[71] Die heute maßgebende Bestimmung im National Labor Relations Act (NLRA) in § 9 (a), 29 U. S. C. § 159 (a) lautet:

„Representatives designated or selected for the purposes of collective bargaining by the majority of the employees in a unit appropriate for such purposes, shall be the exclusive representatives of all employees in such unit for the purposes of collective bargaining in respect of rates of pay, wages, hours of employment, or other conditions of employment."

Die amerikanische Doktrin stellt den – allseitig zwingenden – Tarifvertrag auf eine Stufe mit zwingendem Satzungsrecht.[72] Ihre Hauptprobleme sieht sie in der Bestimmung der vom *collective bargaining* betroffenen Personen und Sachfragen[73] sowie in der richtigen Abgrenzung der *bargaining unit*.[74]

---

[68] Vgl. repräsentativ *Kahn-Freund,* Selected Writings, 1978, S. 61.
[69] Leitentscheidung: Ford Motor Comp. Ltd. v. Amalgamated Union of Engineering and Foundry Workers, [1969] 2 Q. B. 303.
[70] Vgl. dazu *Gamillscheg,* Kollektives Arbeitsrecht I, 1997, § 1 II 2 d, S. 24 ff. und § 12, 6, S. 495; *Martin Kruse,* Die Leistungsfähigkeit des britischen, deutschen und französichen Tarifvertrags- und Arbeitskampfrechts im Vergleich, Baden-Baden 1996; *Ursula Maria Kulbe,* Kollektivrechtliche Vereinbarungen im englischen Arbeitsrecht, Diss. Köln 1986, S. 72 ff.; *Stefanie Lebek-Linke,* Organisation und Aufgaben der Gewerkschaften in Deutschland und England, Diss. Köln 1998; *Sabine van Scherpenberg,* Kollektive Bestimmung der Arbeitsbedingungen in Deutschland und England, 1995, S. 69 ff.
[71] Vgl. *Folke Schmidt/Alan C. Neal,* Int.Encycl.Comp.L., Vol. XV (1982), Ch. 12 No. 12–322.
[72] Vgl. *Cox,* 57 Mich.L.Rev. 1, 30 (1958/59) „The industrial constitution of the enterprise".
[73] Vgl. *Feldman,* 15 Berkeley Journal of Employment and Labor Law, 187–272, (1994); *Summers,* 78 Yale L.J. 525 (1969).
[74] Vgl. *Gamillscheg,* ZfA 1975, S. 357, 389 ff.

Auf dem Kontinent verlief die Entwicklung nicht ganz so unterschiedlich. **38** Sowohl im **französischen** wie im deutschen Recht wird der Tarifvertrag als echter Vertrag und gleichzeitig als Akt der Normsetzung (*règlement*) aufgefaßt, der wie – einseitig – zwingendes staatliches Recht unmittelbar den Inhalt der Arbeitsverhältnisse gestaltet.[75] Ein wesentlicher Unterschied zwischen dem französischen und dem deutschen Arbeitsrecht besteht darin, daß der Code du travail die Tarifgebundenheit auf alle im tarifunterworfenen Unternehmen beschäftigten Arbeitnehmer unabhängig von ihrer Gewerkschaftszugehörigkeit erstreckt. Art. L 135–2 bestimmt:

„Lorsqu'un employeur est lié par les clauses d'une convention ou d'un accord collectif de travail, ces clauses s'appliquent aux contrats de travail conclus avec lui, sauf dispositions plus favorables."

Die Einwirkung des Tarifvertrages auf das Arbeitsverhältnis wird der Gesetzeswirkung gleichgeachtet; sie vollzieht sich ohne besonderen Umsetzungsakt und unabhängig davon, ob sie vor oder nach seinem Inkrafttreten begründet werden.

2. Deutsches Recht

Eine widerspruchsfreie und allgemein anerkannte Deutung der Normsetzungsbefugnis durch die Tarifvertragsparteien ist bis heute nicht gelungen und ist wahrscheinlich nur in der Weise möglich, daß die traditionellen Denkkategorien der staatlichen Normsetzung und der privaten Selbstbindung um eine weitere Kategorie *staatlich anerkannter Normenverträge*[76] erweitert werden. Die Erklärung der Tarifvertragsnormen spielt vor allem bei der Bindung der Kollektivvertragsparteien an die Grundrechte (vgl. dazu oben Einl. Rnr. 198 ff.), aber nicht nur dort eine wesentliche Rolle. **39**

Das zentrale Problem, ob es sich um eine autonome oder eine heteronome Normsetzung handelt, ist nicht mit der Frage zu verwechseln, ob die Tarifvertragsnormen Rechtsatzcharakter tragen. Letzteres ist nicht zu bezweifeln. Da § 1 Abs. 1 des Gesetzes den Tarifvertragsbestimmungen ausdrücklich die Qualität von „Rechtsnormen" verleiht, müßte diese gesetzliche Aussage widerlegt werden. Aus der Geltungs*art* kann man indes keine zwingenden Folgen hinsichtlich des Geltungs*grundes* ableiten;[77] es ist jedenfalls nicht ausgeschlossen, sich die Tarifvertragsbestimmungen als gemeinsame Satzungsnormen der Sozialpartner vorzustellen. Ähnlich steht es mit der Frage, ob der einfache Gesetzgeber verfassungsrechtlich gebunden ist, ein funktionierendes Tarifvertragssystem bereitzuhalten und die Koalitionsmittelfreiheit zu gewährleisten; vgl. dazu oben Einl. Rnr. 131. Auch Art. 9 Abs. 3 GG ist hinsichtlich der Erklärung des Geltungsgrundes offen. **40**

---

[75] Vgl. *Gamillscheg,* Kollektives Arbeitsrecht I, 1997, § 1 II 2 c, S. 19 ff. und § 12, 6, S. 494; *Gabriel Krieger,* Das französische Tarifvertragsrecht, 1991, S. 165 ff., 200; *Folke Schmidt/Alan C. Neal,* Int.Encycl.Comp.L., Vol. XV (1982), Ch. 12 No. 12–53; *Martin Kruse,* Die Leistungsfähigkeit des britischen, deutschen und französischen Tarifvertrags- und Arbeitskampfrechts im Vergleich, Baden-Baden 1996.
[76] Vgl. *A. Hueck,* Tarifvertragsrecht, S. 24 ff.; *ders.,* JherJb. 73, 1923, S. 33 ff.; *Hueck/Nipperdey,* Arbeitsrecht II 1, § 18 II 2, S. 345; *Sinzheimer,* Der korporative Arbeitsnormenvertrag, Bd. I, 1907, S. 107.
[77] Ebenso *Rieble,* Arbeitsmarkt und Wettbewerb, 1996, S. 358.

41 a) Privatautonom rechtsgeschäftliche Selbstbindung. Eine ausschließlich rechtsgeschäftliche Deutung des Tarifvertrages, die den Normencharakter des Tarifvertrages leugnet und ihm lediglich schuldrechtliche Wirkung beimißt, stand am Beginn der Tarifvertragsgeschichte.[78] Sie wird heute nicht mehr vertreten. *Bötticher*[79] hat darauf hingewiesen, theoretisch könne die Tarifmacht nach dem Grundsatz des § 317 BGB auch als ein privatrechtlich begründetes „Dauergestaltungsrecht" aufgefaßt werden, das sich auf eine unbestimmte Vielzahl von Rechtsverhältnissen erstrecke; eine derartige Erklärung sei allerdings im Hinblick auf die gesetzliche Regelung des Tarifvertragsrechts überflüssig geworden. Eine solche Legitimation der Wirkung des Tarifvertrages auf der Grundlage der bürgerlich-rechtlichen Rechtsgeschäftslehre vermag nicht zu überzeugen. Die zwingende Wirkung von Abschlußnormen, denen keine Selbstbindung vorausgehen kann, und von betrieblichen und betriebsverfassungsrechtlichen Normen, die von einer Unterwerfungserklärung nach § 3 Abs. 2 des Gesetzes unabhängig sind, sowie schließlich von Normen über Gemeinsame Einrichtungen, läßt sich rechtsgeschäftlich nicht erfassen. Das gleiche gilt für die Wirkung der Tarifnormen gegenüber nicht organisierten Arbeitnehmern nach § 3 Abs. 2, für die Weitergeltung des Tarifvertrages in § 3 Abs. 3 und die Nachwirkung in § 4 Abs. 5 des Gesetzes sowie schließlich für den globalen Einfluß des Tarifvertrages auf sämtliche – gesetzliche wie einzelvertragliche – Ansprüche aus dem Arbeitsverhältnis.

42 b) Privatautonom verbandsrechtliches Mandat. Im Unterschied zu diesen rein rechtsgeschäftlichen Erklärungen wird der Charakter des Tarifvertrages als Rechtsnormenvertrag von der mandatarischen Theorie anerkannt; man bezeichnet die Tarifautonomie danach als Recht zur „kollektiven Privatautonomie".[80] Ihrer Ansicht nach soll jedoch die Befugnis zur tariflichen Gestaltung der Arbeitsverhältnisse nicht auf Hoheitsgewalt, sondern auf privater Rechtsetzungsbefugnis beruhen, wobei die Ansichten sich noch dadurch unterscheiden, daß einzelne Autoren von einer verfassungsunmittelbaren Ermächtigung der Tarifvertragsparteien ausgehen (Integrationstheorie).[81] Für die verbandsrechtliche Legitimation werden im wesentlichen zwei Begründungen gegeben: die Tarifvertragsparteien würden ihre Gestaltungsaufgabe nicht mit hoheitlichen Handlungsformen, sondern mit den *Mitteln*

---

[78] Vgl. *Jacobi*, Grundlehren des Arbeitsrechts, 1927, S. 246 ff.; in neuerer Zeit *Ramm*, Die Parteien des Tarifvertrages, 1961, S. 84 ff.; sowie für das internationale Tarifvertragsrecht *Hergenröder*, AR-Blattei, Internationales Tarifvertragsrecht, Tarifvertrag XV (1550.15), Rnr. 49; und für das österreichische Recht *Tomandl*, ZAS 1969, S. 168, 206.

[79] Vgl. *Bötticher*, Gestaltungsrecht und Unterwerfung im Privatrecht, 1964, S. 18 ff.

[80] Vgl. BAG 23. 11. 1994 AP Nr. 12 zu § 1 TVG Rückwirkung *(Wiedemann)*; *Richardi*, Kollektivgewalt, S. 127 ff.; *ders.*, in: MünchArbR, § 233, Rnr. 24, 25; *Rieble*, Arbeitsmarkt und Wettbewerb, 1996, S. 358 ff.: Privatautonomer Gesamtvertrag; *Singer*, ZfA 1995, S. 611, 620; *Zöllner/Loritz*, Arbeitsrecht, § 7 III, S. 103; kritisch dazu *Säcker*, RdA 1969, S. 291; *ders.*, AuR 1994, S. 1, 6.

[81] *Biedenkopf*, Tarifautonomie, S. 102 ff.; *Galperin*, in: Festschrift für Erich Molitor (1962), S. 143, 153; *Werner Weber*, Koalitionsfreiheit und Tarifautonomie als Verfassungsproblem, 1965, S. 24; eine solch originäre Rechtsetzungsmacht wird heute nur den Religionsgemeinschaften nach Art. 140 GG, Art. 137 WRV zugebilligt.

des Privatrechts erfüllen; und: ihre Gestaltungsmacht beruhe auf privatautonomer *Unterwerfung*, nämlich auf der jeweils freiwilligen Verbandsmitgliedschaft. Da die tarifliche Rechtsetzung grundsätzlich nur gegenüber ihren Verbandsmitgliedern gelte, müsse sie „von unten nach oben" mitgliedschaftlich legitimiert werden. Einwände gegen eine solche Unterwerfungstheorie liegen nahe. § 1 Abs. 1 und § 4 Abs. 1 des Gesetzes ermächtigen die Tarifvertragsparteien zur *Normsetzung*. Diese Normen behandelt die Rechtsordnung durchweg – anders als Verbandssatzungen – als objektives Recht (vgl. nur § 80 Abs. 1 Nr. 1 BetrVG). Das Unterwerfungsmodell steht weiter mit § 3 Abs. 2 und § 5 Abs. 4 der Gesetzesbestimmungen, mit der Möglichkeit, außertarifliche und gesetzliche Ansprüche während und Ruhestandsbezüge nach Ablauf des Arbeitsverhältnisses tarifvertraglich zu gestalten, sowie mit der Existenz tarifdispositiven Gesetzesrechts und schließlich mit der tatsächlichen Wirkung der Tarifverträge im Wirtschaftsleben und mit dem Status der Sozialpartner im Widerspruch. Die Tarifvertragsparteien und ihre Vereinbarungen haben im nationalen wie im europäischen Recht[82] eine Sonderstellung gewonnen, die jeden Vergleich mit anderen privaten Satzungsgebern erschwert.

c) Staatlich delegierte Ermächtigung. Die überwiegende Auffassung geht heute (noch) dahin, die Geltung der Tarifverträge beruhe auf staatlicher Delegation; sie gehe auf die Koalitionsmittelgarantie in Art. 9 Abs. 3 GG zurück, die vom Gesetz als Ausführungsgesetz näher ausgeprägt wurde. Dies ist namentlich der Standpunkt der Rechtsprechung des Bundesarbeitsgerichts.[83] Er wird überwiegend auch in der Rechtslehre vertreten, wobei allerdings unterschiedliche Begründungen gegeben werden.[84] Die gemeinsame Vorstellung der Delegationstheorie liegt darin, der Staat habe seine Rechtsetzungsbefugnis an die Sozialpartner übertragen und sie werde von den Kollektivvertragsparteien dann wie eine staatliche Gewalt im eigenen Namen ausgeübt. Dagegen enthält die Delegationstheorie nicht notwendig die Aussage, dem Koalitionsbeitritt komme daneben keine Legitimationskraft mehr zu.[85] Der Geltungsgrund der Tarifnormen kann ohne weiteres auf zwei

---

[82] Vgl. nur Art. 118 EGV; Art. 3 und 4 des Elfer-Abkommens zwischen den Mitgliedstaaten der EG über die Sozialpolitik (BGBl. 1992 II, S. 1314, 1315); in Zukunft Art. 137 EGV n. F.
[83] Vgl. BAG 15. 1. 1955, 23. 3. 1957 AP Nr. 4 *(Beitzke)*, 16 und 18 zu Art. 3 GG; BAG 20. 6. 1958 AP Nr. 2 zu § 1 TVG Rückwirkung *(Tophoven)*; BAG 16. 2. 1962 AP Nr. 12 zu § 3 TVG Verbandszugehörigkeit; BAG 29. 11. 1967 AP Nr. 13 zu Art. 9 GG; übereinstimmend BVerwGE 18, S. 135, 139 = AP Nr. 4 zu § 4 TVG Angleichungsrecht *(Stahlhacke)*.
[84] Zu den Variationen der Delegationstheorie vgl. im einzelnen: *Bötticher*, Gestaltungsrecht und Unterwerfung im Privatrecht, 1964, S. 24 ff.; *Gamillscheg*, Kollektives Arbeitsrecht I, § 15 III 2a, S. 557; *Gießen*, Die Gewerkschaften im Prozeß der Volks- und Staatswillensbildung, 1976, S. 116 ff.; *Hinz*, Tarifhoheit und Verfassungsrecht, 1971, S. 68 ff., 134 ff.; Hueck/Nipperdey, Arbeitsrecht II, § 15 I, S. 239 f., § 18 III, S. 346 ff.; *Nikisch*, Arbeitsrecht II, § 61 II 1, S. 68, § 69 II 4, S. 216; *Peters/Ossenbühl*, Die Übertragung von öffentlich-rechtlichen Befugnissen auf die Sozialpartner, 1967, S. 13 ff.; *Säcker*, Grundprobleme der kollektiven Koalitionsfreiheit, 1969, S. 74; siehe auch *Säcker/Oetker*, Tarifautonomie, S. 102 ff.
[85] So aber *A. Wiedemann*, Die Bindung der Tarifnormen an Grundrechte, 1994, S. 66 ff.

Pfeilern beruhen: auf der staatlichen Anerkennung *und* auf dem Beitritt zum Berufsverband.

44 Gegen die Delegation hoheitlicher Rechtsetzungsbefugnisse wird eingewandt, daß das Gesetz die Voraussetzungen des Art. 80 GG nicht erfülle[86] und daß kollektivvertragliche Vereinbarungen nicht der Staatsaufsicht unterliegen.[87] Die ausführlichste Kritik der Delegationslehre stammt von *F. Kirchhof*[88]: er betrachtet es als einen Kardinalfehler der Übertragungslehre, daß Voraussetzungen und Folgen des staatsrechtlich definierten Delegationsbegriffes auf den Tarifvertrag und andere Kollektivvereinbarungen nicht passen. Die Delegation sei im öffentlichen Recht für ein festes Zuständigkeitssystem entwickelt worden, in dem der übertragende Rechtsträger in einem genau bestimmten Ausmaß seine Kompetenz verliere, die umgekehrt der Erwerber mit der Befugnisübertragung gewinne. An der Qualität des staatlichen Rechtsetzungsaktes dürfe sich dadurch aber nichts ändern. Dieser Kritik ist zuzugeben, daß offenbar keine Delegation im streng staatsrechtlichen Sinn vorliegt, weil die Sozialpartner eigene und nicht-staatliche Rechtsnormen setzen dürfen. Es handelt sich also bestenfalls um eine vom Staat ausgegliederte oder, wie BVerfGE 64, S. 215 sagt, „überlassene" Rechtsetzungsbefugnis. Die Darstellung von *Kirchhof* wird allerdings ihrerseits der tariflichen Rechtsetzung nicht ganz gerecht, wenn er die Rechtsetzung nur rechtsformbezogen und nicht personenorientiert anerkennt.[89] Das Gesetz ermächtigt die Kollektivvertragsparteien in den §§ 1 und 4 nicht als „diffus vorgezeichnete Rechtsgebilde pauschal und ohne Anbindung an ein in Form und Inhalt näher ausgestaltetes Rechtsinstitut". An der Bestimmbarkeit der kollektiven Rechtsträger kann kein Zweifel bestehen, lediglich der Umfang des in Art. 9 Abs. 3 GG eingeräumten Normsetzungsauftrages ist bestritten.

45 Eine der Delegationstheorie nahestehende Variante vertritt *Scholz*.[90] Danach sollen nicht die Tarifvertragsparteien, sondern die allein von ihnen geschlossenen Tarifverträge mit normativer Wirkung beliehen sein. Die normative Verbindlichkeit des Tarifvertrages folge damit direkt aus dem Gesetz und nicht aus einer gesetzgeberischen Ermächtigung; jeder Tarifvertrag sei nur „Tatbestandsmerkmal" der Vorschriften des Gesetzes. Diese Auffassung wäre nur zutreffend, wenn der jeweilige Tarifvertrag Bestandteil des *staatlichen* Rechtes würde, was mit der Stellung der Tarifverträge im Stufenbau der Rechtsquellen nicht zu vereinbaren ist. Eine Inkorporation der Kollektivvereinbarungen in das staatliche Rechtsetzungsmonopol ist weder von § 1 des Gesetzes noch von § 77 BetrVG beabsichtigt. Eine weitere Variante schlägt *Lerche* vor.[91] Danach übernehmen die Tarifvertragsparteien ohne ei-

---

[86] Vgl. *Hans Schneider,* in: Festschrift für Philipp Möhring (1965), S. 521, 524.
[87] Vgl. Maunz/*Dürig,* Art. 1 GG, Rnr. 116; *Richardi,* Kollektivgewalt, S. 147.
[88] Vgl. *F. Kirchhof,* Private Rechtsetzung, 1987, S. 163–175; vertieft von *Waltermann,* Rechtsetzung durch Betriebsvereinbarung, 1996, S. 118.
[89] Vgl. *F. Kirchhof,* Private Rechtsetzung, 1987, S. 182, 183.
[90] Vgl. *Scholz,* Koalitionsfreiheit als Verfassungsproblem, 1971, S. 58 ff., 260 ff.; kritisch dazu *F. Kirchhof,* Private Rechtsetzung, 1987, S. 153 ff.
[91] *Lerche,* in: Festschrift für Ernst Steindorff (1990), S. 897, 906; kritisch dazu *A. Wiedemann,* Die Bindung der Tarifnormen an Grundrechte, 1994, S. 34.

gentliche Delegation die Aufgabe des Staates zur Ordnung des Arbeits- und Wirtschaftslebens. Das wiederum würde allerdings voraussetzen, daß diese Aufgabe ursprünglich vom Staat wahrgenommen wurde, was der historischen Entwicklung widerspricht.

d) Verfassungsrechtlich anerkannte Normsetzungsbefugnis. Das 46 BVerfG betrachtet die Tarifautonomie als Bestandteil der Koalitionsmittelgarantie in Art. 9 Abs. 3 GG:

BVerfGE 34, S. 317: „Die durch die Vereinbarung der Tarifparteien begründeten und nach Maßgabe des TVG verbindlichen Regeln für den Inhalt der davon erfaßten Arbeitsverträge sind, wie immer man das im einzelnen begründen mag, Rechtsregeln (normative Bestandteile des Tarifvertrages) kraft Anerkennung durch die staatliche Gewalt, vorbehaltlich ihrer hier nicht weiter interessierenden Begrenzung durch die staatlichen Gesetze".
BVerfGE 64, S. 208, 215: „Im Rahmen des Art. 9 Abs. 3 GG hat der Staat seine Rechtsetzungszuständigkeit zurückgenommen und die Ausgestaltung der Rechtsordnung in weitem Maße den Tarifvertragsparteien überlassen (vgl. BVerfGE 34, S. 307, 316f.; 44, S. 322, 340 unten)."

Die Auffassung von der durch die Verfassung anerkannten und vom Staat im TVG ausgeformten Normsetzungsbefugnis findet seit jeher viele Anhänger.[92] Die Erklärung ist historisch zutreffend, sachlich kaum zu widerlegen, allerdings im entscheidenden Punkt nicht sehr aussagekräftig, weil die Normsetzung weder der heteronom staatlichen noch der autonom privaten Seite zugeschlagen wird. Damit gewährt die Anerkennungstheorie (zu) wenige Gesichtspunkte zur Lösung der Folgeprobleme.

e) Stellungnahme. Beide Ansätze, der selbstbestimme privatrechtliche 47 und der fremdbestimmte sozialrechtliche Charakter, lassen sich je nach der Sachlage mit Erfolg zur Erklärung der Tarifvertragswirkungen heranziehen, reichen aber jeweils zur Deutung nicht aus. Für einen Arbeitgeber, der einen Haustarifvertrag eingeht, werden die darin getroffenen Vereinbarungen durch Vertragsschluß verbindlich. Er kann sich deshalb später nur ausnahmsweise auf die Unzumutbarkeit der Tarifbedingungen berufen – jedenfalls solange der Tarifvertrag ohne Arbeitskampf oder Androhung eines Streiks zustande gekommen ist. Ähnlich wird die Verbindlichkeit der Tarifvertragsnormen durch verbandsrechtliche Mitgliedschaft und Organvertretung ausreichend legitimiert, wenn sie von einem kleinen Arbeitgeberverband (Dachdeckergewerbe Coburg) oder von einer stark spezialisierten Gewerkschaft (Vereinigung Cockpit) vereinbart werden. Die autonomen Elemente sind aber in einem mitgliederstarken Arbeitgeberverband und erst recht in einer Massengewerkschaft nicht mehr wirksam. Der Umschlag von der autonomen Unterwerfung zu einer heteronomen Rechtsetzung zeigt sich, wenn Individual- und Minderheitsinteressen in Großverbänden nicht

---

[92] Vgl. dazu *Biedenkopf,* Tarifautonomie, S. 102; *Däubler,* Tarifvertragsrecht, Rnr. 19; *Herschel,* in: Festschrift für Walter Bogs (1959), S. 125, 130; *Galperin,* in: Festschrift für Erich Molitor (1962), S. 143, 156; *Singer,* ZfA 1995, S. 611, 619; *Söllner,* AuR 1966, S. 257, 260; *Waltermann,* Rechtsetzung durch Betriebsvereinbarung, S. 123; kritisch dazu *F. Kirchhof,* Private Rechtsetzung, 1987, S. 158; *Richardi,* Kollektivgewalt, S. 144.

ausreichend berücksichtigt werden können.[93] Hervorzuheben ist dabei, daß die im Verbandsrecht geltenden Schutzmechanismen für die tarifvertragliche Normsetzung unter verschiedenen Gesichtspunkten nicht ausreichen können. Einmal erstreckt sich eine Vereinsgewalt auf den durch den Verbandszweck und die Mitgliedschaft eng umgrenzten Lebenssachverhalt; das ist mit der Einflußnahme der Gewerkschaften auf das Fundament der Arbeits- und Berufsgestaltung ihrer Mitglieder nicht vergleichbar. Der Schutz des einzelnen Arbeitgebers und des einzelnen Arbeitnehmers vermag sich schon im eigenen „Lager" nicht, und noch weniger bei dem kollektiven Normsetzungskompromiß ausreichend durchzusetzen. Man kann nicht unterstellen, daß Arbeitgeber und Arbeitnehmer auf ihren Güter- und Interessenschutz mit dem Verbandsbeitritt verzichten wollen. Ein dritter Gesichtspunkt ist ausschlaggebend. Der Gegenstand des Tarifvertrages weicht grundlegend vom Objekt sonstiger privatrechtlicher Verträge ab: die Sozialpartner tauschen nicht addierte einzelne Arbeits- oder Entgeltleistungen aus, Gegenstand des Vertrages ist vielmehr eine kollektivierte und damit qualitativ veränderte Angebots- und Nachfragestruktur. Der Tarifvertrag gehört nicht nur zur *justitia commutativa*, sondern auch zur *justitia distributiva*. Nicht zu übersehen ist schließlich, daß der Austritt und die Neugründung einer eigenen Interessenvertretung bei Monopolverbänden nicht in Betracht kommen. Die Autonomie des einzelnen Arbeitnehmers wird durch die Rechtsprechung des Bundesarbeitsgerichts zur Sozialmächtigkeit der Gewerkschaft als Voraussetzung ihrer Tariffähigkeit zusätzlich eingeschränkt. *Zusammengefaßt* verläßt der Flächentarifvertrag also die realistische Legitimation der Normwirkung durch Verbandsbeitritt, denn es überwiegen – wie bei der staatlichen Gesetzgebung – die Elemente einer fremdgesteuerten Regelbildung. Diese läßt sich mit einer staatsrechtlichen Delegation freilich nicht vergleichen, stellt vielmehr auf verfassungsrechtlicher Grundlage eine Normsetzung *sui generis* dar.

48 Die Sonderstellung der tarifvertraglichen Normwirkung läßt sich auch nicht mit dem Hinweis entkräften, eine vertrags- oder verbandsrechtliche Erklärung, wie sie vor Inkrafttreten der TarifVO 1919 versucht wurde, sei der staatlichen Anerkennungstheorie funktional überlegen.[94] Das Gegenteil trifft zu. Eine verbandsrechtliche Tarifgebundenheit würde die Zustimmung jedes einzelnen Arbeitgebers zu jedem einzelnen Tarifvertrag und zu seinen Änderungen voraussetzen; die Übernahme im voraus unbestimmbarer Beitrags- oder anderer Lasten sowie ihre ständige Erweiterung wäre verbandsrechtlich bedenklich, soweit dafür Mehrheitsbeschlüsse in Frage kommen sollen.[95] Das gilt schon während der Zugehörigkeit zu einem Verband, erst recht nach dem Austritt eines Mitglieds. Mit der Nachwirkung nach § 4 Abs. 5 wollte der Gesetzgeber seiner Ordnungsaufgabe gerecht werden.[96] Dieses Ziel läßt sich am einfachsten und wirksamsten vertragsunabhängig mit

---

[93] Ebenso *Reuter,* ZfA 1978, S. 1, 22; *Schüren,* AuR 1988, S. 245, 246; *Singer,* ZfA 1995, S. 611, 627 ff.; *A. Wiedemann,* Die Bindung der Tarifnormen an Grundrechte, 1994, S. 117 ff.; abw. Kempen/Zachert, Grundl., Rnr. 155; Löwisch/Rieble, § 1 TVG, Rnr. 152; *Rieble,* Arbeitsmarkt und Wettbewerb, 1996, S. 363.
[94] Vgl. dazu *Rieble,* Arbeitsmarkt und Wettbewerb, 1996, S. 367 ff.
[95] Vgl. *Wiedemann,* Gesellschaftsrecht I, § 7 IV 1, S. 393 ff.
[96] BAG 18. 3. 1992 AP Nr. 13 zu § 3 TVG = SAE 1993, S. 132 *(Krebs).*

einer Fortgeltung der Tarifvertragsnormen erreichen. Die Regelung in
§ 613a Abs. 1 BGB, wonach die tariflich ausgestalteten Arbeitsbedingungen
als Bestandteil des Arbeitsvertrages zwingend bleiben, ist demgegenüber ein
Notbehelf, der nur subsidiär eingreift, wenn die kollektive Ordnung nicht
als solche weitergilt, und mit dem der Gesetzgeber lediglich die negative
Koalitionsfreiheit des neuen Arbeitgebers berücksichtigen wollte.[97] Beim
Ausscheren eines Betriebs oder Unternehmens aus dem Geltungsbereich des
Tarifvertrages zu einem neuen Unternehmensträger kann weder die Normen- noch die Vertragstheorie eine Weitergeltung rechtfertigen.[98] Nach
überwiegender Auffassung gibt es nur eine analoge Nachwirkung gem. § 4
Abs. 5.[99]

II. Arten der Tarifverträge

Das Gesetz unterscheidet bestimmte Arten von Tarifverträgen nur mittelbar, indem es besondere Rechtsfolgen an ihren Inhalt (Tarifverträge mit oder ohne Öffnungsklauseln) oder an ihre Rechtsqualität (vollwirksame oder nur nachwirkende Tarifverträge) knüpft. Das ist im Rahmen der jeweiligen Gesetzesnorm zu besprechen. Die herkömmlichen Unterscheidungen verschiedener Arten von Tarifverträgen haben dagegen juristisch meist nur deskriptive Bedeutung; sie orientieren sich an den Tarifvertragsparteien oder am Vertragsinhalt. Von den zur Zeit gültigen Tarifverträgen sind knapp 29 800 Verbandstarifverträge und knapp 15 400 Firmentarifverträge oder – nach Arten betrachtet – rund 5200 Manteltarifverträge und 10 400 Tarifverträge mit einzelnen „Mantelbestimmungen", rund 6300 Lohn-, Gehalts-, Entgelt- und Ausbildungsvergütungstarifverträge und rund 23 200 Änderungs-, Anschluß- und Paralleltarifverträge.[100] Rechtspolitisch richtet sich die Kritik vordringlich an bundeseinheitliche oder überregionale Verbandstarifverträge, deren Kartellwirkung den Arbeitsmarkt „zementiere"; vgl. dazu oben Einleitung Rnr. 34. Dabei ist allerdings zu bedenken, daß Dritt- und Allgemeininteressen (Schutz jugendlicher, Eingliederung arbeitsloser Arbeitnehmer) von einem Verbandstarifvertrag wirksamer berücksichtigt werden können und berücksichtigt werden als von einem einzelnen Firmentarifvertrag.

1. Firmen- oder Verbandstarifverträge

a) Der **Firmentarifvertrag** (auch Haus-, Werks- oder Unternehmenstarifvertrag genannt) kommt zwischen einem einzelnen Arbeitgeber (= Unternehmensträger) und der zuständigen Gewerkschaft (der örtlichen Gewerkschaftsvertretung) zustande; vgl. dazu ausführlich unten zu § 2 Rnr. 124 ff. Mit dem Betriebsrat oder der Belegschaft kann ein Tarifvertrag nicht abgeschlossen werden, wohl aber mit einer Gewerkschaft, deren Zuständigkeit ausschließlich auf ein Unternehmen oder eine Unternehmensgruppe be-

---

[97] *Seiter,* Betrieb 1980, S. 877, 878.
[98] Abw. *Rieble,* Arbeitsmarkt und Wettbewerb, 1996, S. 375, 379.
[99] Ebenso *Kempen/Zachert,* § 4 TVG, Rnr. 55.
[100] BMA, Tarifvertragliche Arbeitsbedingungen im Jahre 1996 (Februar 1997), S. 5; zur modernen Tarifstruktur vgl. *Bispink,* Tarifpolitik WSI, Juni 1998, S. 3 ff.

schränkt ist (z. B. Postgewerkschaft). Die Wirkung eines Firmentarifvertrages unterscheidet sich nicht von derjenigen des Verbandstarifvertrages; auch der Firmentarifvertrag gilt unmittelbar nur für die organisierten Arbeitnehmer und nicht für die gesamte Belegschaft.

51 b) Der **Verbandstarifvertrag** kommt zwischen einem Arbeitgeberverband und der zuständigen Gewerkschaft oder zwischen den jeweiligen Spitzenorganisationen zustande. Die Tarifvertragsparteien brauchen dabei nicht ihren gesamten Zuständigkeitsbereich auszuschöpfen und den Geltungsbereich auf das Bundesgebiet auszudehnen, sie können ihn auf bestimmte räumliche Bezirke oder einzelne Arbeitgeber- oder Arbeitnehmergruppen beschränken. Ausnahmsweise kann deshalb auch ein firmenbezogener Verbandstarifvertrag zustande kommen, der dann die Qualität eines Verbands- und den Geltungsbereich eines Firmentarifvertrages aufweist. Derartige Tarifverträge sind zulässig.[101] Es müssen aber sachliche Gründe für die Auswahl und die Abgrenzung des Geltungsbereichs gegeben sein; die Tarifvertragsparteien sind auch insoweit an das Gleichheitsgebot des Art. 3 Abs. 1 GG gebunden.

52 c) Mit **Flächentarifvertrag** wird ein Verbandstarifvertrag bezeichnet, der für eine Region, für einen Regierungsbezirk oder für ein oder mehrere Bundesländer gilt. Bundestarifverträge haben in bestimmten Industriezweigen Tradition (Bau, Druck, Bekleidung, öffentlicher Dienst etc.); in anderen Branchen sind Regionaltarifverträge üblich (z.B. IG Metall). Die Bezeichnung „Flächentarifvertrag" stammt aus der allgemeinen Presse und hat neben dem Begriff des Verbandstarifvertrages keine juristische Bedeutung.

2. Entgelt- und Manteltarifverträge

53 a) **Lohn- und Gehaltstarifverträge** (Vergütungstarifverträge) bestimmen unmittelbar die Höhe des Arbeitsentgeltes (Zeit- oder Leistungslohn), wobei die Veränderungen ggf. nur für die Ecklöhne (Vergütung eines Facharbeiters einer repräsentativen Tarifgruppe) vorgenommen werden. Die Lohn- und Gehaltstarifverträge werden in der Regel kurzfristig, meist mit einer Laufzeit von einem Jahr abgeschlossen[102]; erhebliche Ausnahmen mit mehrjähriger Laufzeit sind aber bekannt. Sie werden ergänzt durch Lohn- und Gehaltsrahmentarifverträge, in denen Vergütungsgruppen nach abstrakten Merkmalen gebildet werden. Diese Lohnkategorien werden dann durch Tätigkeitsbeschreibungen und Tätigkeitsbeispiele konkretisiert. Die „Eingruppierung" des einzelnen Arbeitnehmers durch den Arbeitgeber hat lediglich deklaratorische Bedeutung. Der Arbeitnehmer hat einen Anspruch auf das Entgelt, das der richtigen Anwendung des Rahmentarifvertrages entspricht (Tarifautomatik).[103]

---

[101] BAG 20. 3. 1991 AP Nr. 20 zu § 4 TVG Tarifkonkurrenz; *Gamillscheg,* Kollektives Arbeitsrecht I, § 12 8 e, S. 405.
[102] Vgl. *Däubler,* Tarifvertragsrecht, Rnr. 97; *Gamillscheg,* Kollektives Arbeitsrecht I, § 12 8 a, S. 502; Kempen/*Zachert,* § 1 TVG, Rnr. 7.
[103] Allg. Ansicht seit BAG 23. 9. 1954 AP Nr. 1 und 2 zu § 3 TOA *(Neumann-Duesberg);* abw. früher RAG, ARS 38, S. 98; 39, S. 419, 425, 429, 440; 40, S. 192, 318; 42, S. 10; vgl. dazu unten Rnr. 369.

Vielfach wurde kritisiert, die tarifvertraglichen Löhne und Gehälter seien 54
nicht stark genug aufgefächert, um den Anforderungen des Güter- und
Dienstleistungsmarktes gerecht zu werden. Die Auswertungen der Tarifverträge durch das Bundesministerium für Arbeit und Sozialordnung zeigen
jedoch, daß die Differenzierung der Tarifentgelte in den letzten Jahren fortgeschritten ist. Der jüngste Bericht zu den tarifvertraglichen Arbeitsbedingungen im Jahre 1997 stellt dazu fest:

„In der Tarifrunde 1997 hat die Differenzierung der Tariflöhne und -gehälter weiter zugenommen und zwar sowohl zwischen den Branchen und Regionen als auch
innerhalb der Traifverträge. Einerseits wurde in „Hochlohnbereichen" zum Teil höher abgeschlossen als in „Niedriglohnbereichen" (z.B. in der Energiewirtschaft
Nordrhein-Westfalen mit 2,2%, dagegen in der Schuhindustrie Westdeutschland nur
mit 1,5%, wodurch sich die Spanne zwischen den Tarifverträgen vergrößert hat. Andererseits sind in einige Tarifverträge neue Lohngruppen aufgenommen worden (z.B.
im Baugewerbe und bei der Volkswagen AG – zwei zusätzliche untere Gruppen für
Dienstleistungsbereiche –) oder es wurden Regelungen über Einstiegslöhne verlängert
(z.B. chemische Industrie, Papierindustrie) bzw. neu geschaffen (z.B. Baugewerbe).
Auch die Mindestlohntarifverträge nach dem Arbeitnehmer-Entsendegesetz im Baugewerbe, im Dachdeckerhandwerk und im Elektrohandwerk vergrößern die Spanne
zwischen niedrigen und hohen Löhnen. Zusätzliche Differenzierungsmöglichkeiten
ergeben sich
– durch die Tarifverträge zur Beschäftigungssicherung, nach denen das Arbeitsentgelt
entsprechend der Arbeitszeitverkürzung abgesenkt werden kann,
– durch Härteklauseln, die ebenfalls zu einem geringeren Entgelt führen können,
– durch Mittelstandsklauseln vor allem im ostdeutschen Handel, nach denen die Tarifentgelte in Kleinbetrieben um meist bis zu 8% unter denen in größeren Betrieben
liegen,
– durch Einstiegstarife für Langzeitarbeitslose und Berufsanfänger,
– durch die Entgeltkorridore in der westdeutschen Chemieindustrie und im ostdeutschen Baugewerbe, die mit Zustimmung der Tarifvertragsparteien, u.a. aus Gründen der Wettbewerbsfähigkeit, um bis zu 10% niedrigere Entgelte zulassen....
Nach den meisten Tarifverträgen ist auch die Beschäftigung neu eingestellter Arbeitnehmer zu geringeren Kosten möglich als die Beschäftigung von Arbeitnehmern
mit längerer Betriebszugehörigkeit:
– Alle Vergütungstarifverträge enthalten mehrere, nach der Tätigkeit des Arbeitnehmers unterschiedlich dotierte Lohn- und Gehaltsgruppen. Hier ist bei Beginn des
Arbeitsverhältnisses zunächst die Einstufung in eine niedrigere Gruppe als bei den
bereits länger beschäftigten Arbeitnehmern denkbar.
– Vergütungsgruppen sind häufig nach Beschäftigungsjahren und/oder Lebensalter
gestaffelt.
– Nach manchen Tarifverträgen sind Einarbeitungsabschläge in den ersten Monaten
der Betriebszugehörigkeit vorgesehen.
– Nach manchen Tarifverträgen sind Leistungszulagen vorgesehen, die neu eingestellten Arbeitnehmern noch nicht in der gleichen Höhe zustehen, wie länger beschäftigten Arbeitnehmern.
– Für neu eingestellte Arbeitnehmer sind verschiedene Zusatzleistungen (zusätzliches
Urlaubsgeld, Jahressonderzahlung, vermögenswirksame Leistung) noch nicht oder
nicht in der vollen Höhe vorgesehen wie für länger tätige Arbeitnehmer.
Schließlich besteht auch bei den tatsächlich vereinbarten Effektivverdiensten die
Möglichkeit, Differenzierungen vorzunehmen oder z.B. – bei entsprechender Gestaltung des Arbeitsvertrages – Tariferhöhungen mit übertariflichen Entgeltbestandteilen
zu verrechnen."[104]

---

[104] BMA, Tarifvertragliche Arbeitsbedingungen im Jahre 1997 (Januar 1998), S. 22–
24 = RdA 1998, S. 173, 176.

55 **b) Manteltarifverträge.** In Manteltarifverträgen (Rahmentarifverträgen) werden alle Arbeitsbedingungen, die nicht die Höhe der Vergütung betreffen, aufgenommen. Beispiele: Einstellung und Kündigung, Arbeitszeit, Mehrarbeit, Zuschläge, Urlaub, Entgeltfortzahlung im Krankheitsfall, Lohn-, Gehalts- und Entgeltgruppendefinitionen, Akkordbedingungen, Zusatzleistungen. Je nach Tarifbereich unterschiedlich werden über einzelne dieser arbeitsrechtlichen Regelungsgegenstände gesonderte Tarifverträge mit „Mantelbestimmungen" abgeschlossen, z. B. über Beschäftigungssicherung, Vorruhestand, Zusatzleistungen, Arbeitszeit, Urlaub, Rationalisierungsschutz, Kündigungsschutz und Verdienstsicherung, zusätzliche Altersversorgung, Lohn-, Gehalts- und Entgeltgruppen, Schlichtung von Tarifstreitigkeiten.[105]

56 Der wichtigste Inhalt von Manteltarifverträgen betrifft die Regelung der **Arbeitszeit.** Der Bericht des Bundesministeriums für Arbeit und Sozialordnung stellt dazu für 1997 fest:

„Regelungen über die Arbeitszeit gehören traditionell neben dem Lohn und dem Urlaub zu den wesentlichsten Bestandteilen der Tarifverträge. Während das Arbeitszeitgesetz die Dauer der täglichen Arbeitszeit aus Gesundheitsgründen festlegt, regeln die Tarifverträge die Dauer der Wochenarbeitszeit (in der Landwirtschaft die Jahresarbeitszeit, im Hotel- und Gaststättengewerbe die Monatsarbeitszeit) und ermöglichen und erweitern die Ausnutzung des durch das Arbeitszeitgesetz gesteckten Rahmens...."

„Nahezu alle tarifvertraglichen Regelungen über die Arbeitszeit sehen heute Flexibilisierungsmöglichkeiten vor. Regelfall ist die ungleichmäßige Verteilung der Arbeitszeit auf die Tage, Wochen oder Jahreszeiten. Der Ausgleichszeitraum, innerhalb dessen die durchschnittliche Arbeitszeit erreicht sein muß, beträgt inzwischen fast überall zwölf Monate. Damit ist die Vereinbarung einer Jahresarbeitszeit durch die Betriebspartner möglich. Einzelne Tarifverträge sehen sogar noch wesentlich längere Ausgleichszeiträume vor. So ist z. B. in der chemischen Industrie bei projektbezogenen Tätigkeiten eine Arbeitszeitverteilung bis 36 Monaten zulässig. In der Metallindustrie Baden-Württemberg kann der Ausgleichszeitraum in begründeten Einzelfällen mit Zustimmung der Tarifvertragsparteien auf bis zu 24 und in Ausnahmefällen auf bis zu 27 Monate ausgedehnt werden. Einige Tarifverträge sehen bei Anwendung der flexiblen Arbeitszeit neuerdings die Führung von Arbeitszeitkonten vor, mit denen die Arbeitszeit der Arbeitnehmer überwacht werden kann. Solche Regelungen lassen großzügige Spielräume für die Über- bzw. Unterschreiten der Regelarbeitszeit zu, z. B. ein Plus von bis zu 130 und ein Minus von bis zu 70 Stunden im nordrheinwestfälischen Metallbauerhandwerk mit einem Ausgleichszeitraum von bis zu 18 Monaten.

Über die Anwendung der tariflichen Arbeitszeitregelungen sind betriebliche Vereinbarungen zu treffen. Dazu gehören. u. a.:
– Beginn und Ende der täglichen Arbeitszeit,
– Leistung von Überstunden über die Regelarbeitszeit hinaus,
– Einführung von Schichtarbeit,
– Einbeziehung des Samstags in die Regelarbeitszeit mit Zustimmung der Betriebsparteien (sofern nicht die Regelarbeitszeit durch Tarifvertrag ohnehin auch am Samstag geleistet werden kann, wie z. B. im Dienstleistungssektor).
Verschiedene Tarifverträge sehen auch längere oder kürzere Regelarbeitszeiten für bestimmte Arbeitnehmergruppen vor, z. B.
– längere Arbeitszeiten bei Arbeitsbereitschaft für Wächter, Pförtner, Heizer, Fahrer bzw.
– kürzere Arbeitszeiten für Schichtarbeitnehmer oder ältere Arbeitnehmer.
Weitergehende Flexibilisierungsmöglichkeiten mit Regelungskompetenz für die Betriebspartner gibt es nach mehreren Tarifverträgen in verschiedenen Formen, z. B.

---

[105] BMA, Tarifvertragliche Arbeitsbedingungen im Jahre 1996 (Februar 1997), S. 6.

- in der Metallindustrie, wo je nach Tarifgebiet mit 13% bzw. 18% der Arbeitnehmer anstelle der Regelarbeitszeit von 35 Stunden auf Dauer eine 40-Stunden-Woche vereinbart werden kann,
- in der chemischen Industrie, wo der Tarifvertrag es den Betriebspartnern überläßt, die Regelarbeitszeit von 37,5 Stunden innerhalb eines Arbeitszeitkorridors zwischen 35 und 40 Stunden auf Dauer anders festzulegen, ohne daß die Regelarbeitszeit im Durchschnitt erreicht werden muß,
- im Baugewerbe, wo die Einrichtung von Arbeitszeitkonten vor allem zur Abdeckung witterungsbedingter Arbeitsausfälle vorgesehen ist,
- in der Textil- und Bekleidungsindustrie, wo im Rahmen einer Jahresarbeitszeitregelung die Arbeitszeit um 6,75% – das sind 130 Stunden – verlängert oder verkürzt werden kann, wenn dies zur Sicherung der Beschäftigung erforderlich ist,
- in Bereichen der Nahrungsmittelindustrie, wo die Möglichkeit besteht, eine früher geltende Arbeitszeit beizubehalten und den Effekt einer vereinbarten Arbeitszeitverkürzung durch Freischichten zu erreichen,
- durch die Tarifverträge zur Beschäftigungssicherung, die Arbeitszeitverkürzungen auf bis zu 30 Stunden und teilweise noch darunter (Volkswagen AG: 28,8 Stunden) bei entsprechender Entgeltminderung zulassen."[106]

3. Ein- und mehrgliedrige Tarifverträge

Treten auf der einen oder anderen Seite des Tarifvertrages mehrere Tarifvertragsparteien auf, so spricht man von einem mehrgliedrigen Tarifvertrag. Ebenso, wenn eine Spitzenorganisation mehrere Mitgliedsverbände vertritt. Derartige Tarifverträge waren in der Weimarer Zeit verbreitet, als die Arbeitnehmer in Berufsverbänden und nicht in Industrieverbänden organisiert waren.[107] Auch heute sind mehrgliedrige Tarifverträge geläufig;[108] Prototyp ist der BAT (Arbeitgeberseite: BRD und Tarifgemeinschaft deutscher Länder und Vereinigung kommunaler Arbeitgeberverbände; Arbeitnehmerseite: ÖTV und DAG). Zur Behandlung mehrgliedriger Tarifverträge, insbes. zu den Voraussetzungen und den Folgen einer Kündigung[109] vgl. unten Rnr. 176ff.

4. Ursprungs- und Anschlußtarifverträge

Anschlußtarifverträge (Paralleltarifverträge, Anerkennungstarifverträge) sind solche, die dem Verfahren nach eigene, dem Inhalt nach übernommene Regelungen darstellen; den Gegensatz dazu bilden (originäre) Ursprungstarifverträge. Bei den Anschlußtarifverträgen kann man unterscheiden danach, ob an der Übernahme eine Tarifvertragspartei beteiligt ist, die den übernommenen Tarifvertrag mit abgeschlossen hat, oder ob es sich um einen Übernahmetarifvertrag im engeren Sinn handelt, der zwischen neuen Tarifvertragsparteien mit bekanntem Inhalt zustande kommt. Beide Varianten sind zuläs-

---

[106] BMA, Tarifvertragliche Arbeitsbedingungen im Jahre 1997 (Januar 1998), S. 30 und 33–35 = RdA 1998, S. 173, 178ff.
[107] Vgl. *Heinrich Ehrmann*, Der mehrgliedrige Tarifvertrag, 1932; *Edith Indig*, Der mehrgliedrige Tarifvertrag, 1932; *R. Meves*, NZfA 1930, Spalte 215; *Hans Georg Ritter*, Der mehrgliedrige Tarifvertrag, 1932.
[108] Vgl. BAG 10. 11. 1993 AP Nr. 43 zu § 1 TVG Tarifverträge: Einzelhandel; *Gamillscheg*, Kollektives Arbeitsrecht I, § 12 8c, S. 503; MünchArbR/*Löwisch*, § 249 Nr. 4ff.
[109] BAG 28. 9. 1977 AP Nr. 1 zu § 9 TVG 1969 *(Wiedemann/Moll)*; *Oetker*, RdA 1995, S. 82, 100.

sig und verbreitet. Die Tarifvertragsparteien können ihr Regelungsgut an einem Gesetz oder an einer anderen tarifvertraglichen Regelung orientieren. In der Rechtsprechung gelten Anschlußtarifverträge gelegentlich als Indiz für die vom Bundesarbeitsgericht geforderte Mächtigkeit und Durchsetzungsfähigkeit einer Gewerkschaft;[110] vgl. auch dazu unten Rnr. 181.

5. Stufentarifverträge

59 Die Wirkungen eines Tarifvertrages können in zeitlichen Abständen, also gestuft auftreten.[111] Von einer solchen zeitlichen Streckung ist insbes. bei der Anpassung von Löhnen und Arbeitszeiten in den neuen Bundesländern Gebrauch gemacht worden.

C. Einzugsbereich des Tarifvertragsrechts

I. Räumlicher Geltungsbereich

Schrifttum: *Herbert Buchner,* Abschied von der Einwirkungspflicht der Tarifvertragsparteien, Betrieb 1992, S. 572–583; *Michael Bachner/Helga Nielebock,* Ausgewählte Aspekte des Gesetzes über Europäische Betriebsräte, AuR 1997, S. 129–137; *Jürgen Basedow,* Billigflaggen, Zweitregister und Tarifautonomie in der Deutschen Schiffahrtspolitik, Berichte der Deutschen Gesellschaft für Völkerrecht (BerDGesVR) 31, 1990, S. 75–119; *Detlef Beisiegel/Wolfgang Moosbacher/Eddi Lepante,* Vergleich des deutschen Arbeitnehmerentsendegesetzes mit seinem französischen Pendant, JZ 1995, S. 668–671; *Rolf Birk,* Auf dem Weg zu einem einheitlichen europäischen kleinen Arbeitskollisionsrecht, NJW 1978, S. 1825–1831; *ders.,* Das Arbeitskollisionsrecht der Bundesrepublik Deutschland, RdA 1984, S. 129–139; *ders.,* Die Bedeutung der Parteiautonomie im internationalen Arbeitsrecht, RdA 1989, S. 201–206; *ders.,* Internationales Tarifvertragsrecht. Eine kollisionsrechtliche Skizze, in: Festschrift für Günther Beitzke (1979), S. 831–872; *Wolfgang Däubler,* Das neue Internationale Arbeitsrecht, RIW 1987, S. 249–256; *ders.,* Das zweite Schiffsregister. Völkerrechtliche und verfassungsrechtliche Probleme der deutschen „Billig-Flagge", 1988; *ders.,* Wahl des anwendbaren Arbeitsrechts durch Tarifvertrag? NZA 1990, S. 673–675; *ders.,* Der Richtlinienvorschlag zur Entsendung von Arbeitnehmern. Ein Mittel zur Abwehr von sozialem Dumping? EuZW 1993, S. 370–374; *ders.,* Möglichkeiten und Grenzen europäischer Tarifverträge, in: Heinemann (Hrsg.), Das kollektive Arbeitsrecht in der Europäischen Gemeinschaft, 1991, S. 16–36; *ders.,* Ein Antidumping-Gesetz für die Bauwirtschaft, Betrieb 1995, S. 726–731; *Olaf Deinert,* Arbeitnehmer-Entsendung im Rahmen der Erbringung von Dienstleistungen innerhalb der Europäischen Union, RdA 1996, S. 339–352; *Ulrich Drobnig,* Die Beachtung von ausländischen Eingriffsgesetzen – eine Interessenanalyse, in: Festschrift für Karl H. Neumeyer (1986), S. 159–179; *Carsten Thomas Ebenroth/Rafael Fischer/Christoph Sorek,* Das Kollisionsrecht der Fracht-, Passage- und Arbeitsverträge im internationalen Seehandelsrecht, ZVglRWiss 88, 1989, S. 124–148; *Johann Eekhoff,* Entsendegesetz – Eine Aushöhlung der Wirtschaftsordnung, in: Zeitschrift für Wirtschaftspolitik, 1996, S. 17–29; *Martin Franzen,* Gleicher Lohn für gleiche Arbeit am gleichen Ort? DZWiR 1996, S. 89–101; *Gerd Engels/Christoph Müller,* Regierungsentwurf eines Gesetzes über europäische Betriebsräte, Betrieb 1996, S. 981–988; *Klaus Friedrich,* Probleme der Tarifverträge mit Auslandsberührungen, RdA 1980, S. 109–116; *Franz Gamillscheg,* Ein Gesetz über das internationale Arbeitsrecht, ZfA 1983, S. 307–373; *Lüder Gerken/Manfred Löwisch/Volker Rieble,* Der Entwurf eines Arbeitnehmer-Entsendegesetzes in ökonomischer und

---

[110] BAG 10. 9. 1985 AP Nr. 34 zu § 2 TVG.
[111] *Gamillscheg,* Kollektives Arbeitsrecht I, § 12 8b, S. 503; *Hanau/Kania,* Betrieb 1995, S. 1229.

rechtlicher Sicht, BB 1995, S. 2370–2375; *Mario Giuliano/Paul Lagarde,* Bericht über das Übereinkommen über das auf vertragliche Schuldverhältnisse anzuwendende Recht, BT-Drucks. 10/503, S. 33–79 = ABl. EG 1980 Nr. 282; *William B. Gould,* A Primer on American Labor Law, 3rd ed. Massachusetts 1993; *Peter Hanau,* Lohnunterbietung („Sozialdumping") durch Europarecht, in: Festschrift für Ulrich Everling (1995), S. 415–431; *ders.,* Das Arbeitnehmerentsendegesetz, NJW 1996, S. 1369–1373; *ders.,* Der Vorschlag für eine Richtlinie des Rates der Europäischen Gemeinschaft über die Entsendung von Arbeitnehmern im Rahmen der Erbringung von Dienstleistungen aus deutscher Sicht, in: Blanpain/Weiss (Hrsg.), The Changing Face of Labour Law in Industrial Relations, Liber Amicorum for Clyde W. Summers, 1993, S. 194–215; *Christoph E. Hauschka/Martin Henssler,* Ein „Billigarbeitsrecht" für die deutsche Seeschiffahrt? NZA 1988, S. 597–601; *Frank Sven Heilmann,* Das Arbeitsvertragsstatut, Konstanz 1991; *Curt Wolfgang Hergenröder,* Internationales Tarifvertragsrecht, AR-Blattei, Tarifvertrag XV, 1550.15; *Manfred Hickl,* Arbeitsverhältnisse mit Auslandsberührungen, NZA 1987, Beilage 1, S. 10–18; *ders.,* Auswirkungen und Probleme des Entsendegesetzes, NZA 1997, S. 513–518; *Abbo Junker,* Internationales Arbeitsrecht im Konzern, Tübingen 1992; *ders.,* Zwingendes ausländisches Recht und deutscher Tarifvertrag, IPrax 1994, S. 21–27; *Bruno Köbele/Jan Cremers* (Hrsg.), Europäische Union: Arbeitnehmerentsendung im Baugewerbe, Bonn 1994; *Wolfgang Koberski/Karl-Heinz Sahl/Dieter Hold,* Arbeitnehmer-Entsendegesetz, Kommentar, München 1997; *Folkmar Koenigs,* Rechtsfragen des Arbeitnehmer-Entsendegesetzes und der EG-Entsenderichtlinie, Betrieb 1997, S. 225–231; *Gabriel Krieger,* Das französische Tarifvertragsrecht, Heidelberg 1991; *Gabriel Krieger/Julia Wichmann,* Das Arbeitnehmer-Entsendegesetz – Doch ein Verstoß gegen Europäisches Recht? NZA 1996, S. 505–512; *Rolf Lohmann,* Grenzüberschreitende Firmentarifverträge. Zur Rolle von Tarifverträgen im EG-Binnenmarkt, Baden-Baden 1993; *Egon Lorenz,* Die Rechtswahlfreiheit im kleinen internationalen Schuldvertragsrecht, RIW 1987, S. 569–584; *Frank Lorenz* (Hrsg.), AEntG – Gesetzestexte und Materialien, Baden-Baden 1996; *Manfred Löwisch,* Der Entwurf einer Entsenderichtlinie der EU in rechtlicher Sicht, in: Festschrift für Albrecht Zeuner (1994), S. 91–99; *Peter Mankowski,* Ausländische Scheinselbständige und Internationales Privatrecht, BB 1997, S. 465–472; *Theo Mayer-Maly,* Gemeinsamkeiten und Unterschiede zwischen dem deutschen und dem österreichischen Arbeitsrecht, BB 1988, S. 1677–1679; *Hartmut Oetker,* Europäischer Betriebsrat und Pressefreiheit, Betrieb, Beilage 10/1996, S. 1–16; *Christoph Reithmann/Dieter Martiny,* Internationales Vertragsrecht, 5. Aufl. Köln 1996, Rnr. 1386 ff.; *Hans-Jürgen Rösner,* Global Competition – Konsequenzen für die Tarifpolitik? in: Wirtschaftsdienst 1995, S. 475–483; *Bert Rürup/Werner Sesselmeier,* Gesamtwirtschaftliche Kostennutzenüberlegungen zu neuen Beschäftigungsformen: Werkarbeitnehmer und EU-Selbständige in der Bauwirtschaft, in: E. Katzenbach/B. Molitor/O. Meyer (Hrsg.), Hamburger Jahrbuch für Wirtschafts- und Gesellschaftspolitik, 1995, S. 89–102; *Karl-Heinz Sahl/Brigitte Stang,* Das Arbeitnehmer-Entsendegesetz und die europäische Entsenderichtlinie, AiB 1996, S. 652–661; *Folke Schmidt/Allen Neal,* Collective Agreements and Collective Bargaining, Int.Encycl.Comp.L., Vol. XV (1984), Ch. 12; *Mathias Abraham Schubert,* Internationale Verträge und Eingriffsrecht – ein Beitrag zur Methode des Wirtschaftskollisionsrechts, RIW 1987, S. 729–746; *Martin Selmayr,* Die gemeinschaftsrechtliche Entsendungsfreiheit und das deutsche Entsendegesetz, ZfA 1996, S. 615–658; *Spiros Simitis,* Internationales Arbeitsrecht. Standort und Perspektiven, in: Festschrift für Gerhard Kegel (1977), S. 153–186; *Hans Jürgen Sonnenberger,* Internationales Privatrecht/Intenationales öffentliches Recht, in: Festschrift für Kurt Rebmann (1989), S. 819–839; *Brigitte Steck,* Geplante Entsende-Richtlinie nach Maastricht ohne Rechtsgrundlage?, EuZW 1994, S. 140–142; *Klaus-Peter Stiller,* Europäische Tarifverträge als Instrumente der sozialen Integration der Gemeinschaft, ZIAS 1991, S. 194–222; *Stefan Walz,* Multinationale Unternehmen und internationaler Tarifvertrag. Eine arbeitskollisionsrechtliche Untersuchung, Baden-Baden 1981; *Gerhard Webers,* Das Arbeitnehmer-Entsendegesetz, Betrieb 1996, S. 574–577; *Norbert Wimmer,* Die Gestaltung internationaler Arbeitsverhältnisse durch kollektive Normenverträge, Baden-Baden 1992; *Otfried Wlotzke,* EG-Binnenmarkt und Arbeitsrechtsordnung – eine Orientierung, NZA 1990, S. 417–423.

1. Allgemeines

60 **a) Rechtsgrundlagen.** Das Gesetz enthält keine Regelung der Frage, ob und unter welchen Voraussetzungen ein Tarifvertrag bei Sachverhalten mit Auslandsberührung anwendbar ist. Nach zutreffender Ansicht finden die Art. 27 ff. EGBGB auf Tarifverträge keine Anwendung.[112] Es handelt sich insbes. bei Art. 30 EGBGB um eine Sonderregel im Interesse des schwächeren Vertragspartners, die offensichtlich nicht für Kollektivvereinbarungen gedacht ist. Eine gesetzliche Teilregelung findet sich in § 21 Abs. 4 Satz 2 des Gesetzes zur Einführung eines zusätzlichen Registers für Seeschiffe unter der Bundesflagge im internationalen Verkehr (FlRG)[113]:

„Arbeitsverhältnisse von Besatzungsmitgliedern eines im internationalen Seeschiffahrtsregister eingetragenen Kauffahrteischiffes, die im Inland keinen Wohnsitz oder ständigen Aufenthalt haben, unterliegen bei der Anwendung des Artikels 30 des Einführungsgesetzes zum Bürgerlichen Gesetzbuche vorbehaltlich der Rechtsvorschriften der Europäischen Gemeinschaft nicht schon auf Grund der Tatsache, daß das Schiff die Bundesflagge führt, dem deutschen Recht. Werden für die in Satz 1 genannten Arbeitsverhältnisse von ausländischen Gewerkschaften Tarifverträge abgeschlossen, so haben diese nur dann die im Tarifvertragsgesetz genannten Wirkungen, wenn für sie die Anwendung des im Geltungsbereich des Grundgesetzes geltenden Tarifrechts sowie die Zuständigkeit der deutschen Gerichte vereinbart worden ist. *Nach Inkrafttreten dieses Absatzes abgeschlossene Tarifverträge beziehen sich auf die in Satz 1 genannten Arbeitsverhältnisse im Zweifel nur, wenn sie dies ausdrücklich vorsehen.*[114] Die Vorschriften des deutschen Sozialversicherungsrechts bleiben unberührt."

61 Wie weit die Vorschrift im Hinblick auf ihren Ausnahmecharakter verallgemeinerungsfähig ist, bleibt noch zu klären. Sie will in Satz 1 die automatische Geltung deutscher (Lohn-)Tarifverträge für ausländische Arbeitnehmer beseitigen, deren Wirkungen also auf die Arbeitsverhältnisse deutscher Seeleute beschränken. Nach Satz 2 sollen deutsche Tarifverträge nur dann gelten, wenn der Tarifvertrag ausdrücklich dem deutschen Tarifvertragsrecht unterstellt und die Zuständigkeit der deutschen Gerichte vereinbart worden ist. In diesem Zusammenhang wird festgestellt, daß ausländische Sozialpartner sich am Abschluß eines inländischen Tarifvertrages mit Festlegung des Arbeitsvertragsstatuts beteiligen können. Dem Gesetz läßt sich entnehmen, daß für den besonderen Fall der Schiffahrt der persönliche Geltungsbereich auf deutsche Arbeitnehmer beschränkt werden kann, daß Tarifverträge aber mit ausländischen Gewerkschaften abgeschlossen werden können und daß ihre Wirkungen sich dann auch auf Verträge mit ausländischem Arbeitsvertragsstatut beziehen können. Eine generelle Aussage zur Wirkung von Tarifverträgen für ausländische Arbeitnehmer und für das Tarifvertragsstatut allgemein wird man daraus nicht entnehmen dürfen.

---

[112] Vgl. *Birk,* RdA 1989, S. 201, 206; *Ebenroth/Fischer/Sorek,* ZVglRWiss 1989, S. 124, 145; *Gamillscheg,* ZfA 1983, S. 307, 365; *Hauschka/Henssler,* NZA 1988, S. 597, 600; *Hergenröder,* AR-Blattei, Tarifvertrag XV, Rnr. 27; *Junker,* Internationales Arbeitsrecht im Konzern, 1992, S. 417.

[113] BGBl. I S. 550 vom 23. 3. 1989; vgl. dazu *Däubler,* Das zweite Schiffsregister, 1988, S. 7; *ders.,* Der Kampf um einen weltweiten Tarifvertrag, 1997, S. 11 ff.; *Kempen/Zachert,* § 4 TVG, Rnr. 63; *Hauschka/Henssler,* NZA 1988, S. 597; *Hergenröder,* AR-Blattei, Tarifvertrag XV, Rnr. 120 ff.

[114] Satz 3 ist durch das Urteil BVerfGE 90, S. 26 für verfassungswidrig und nichtig erklärt worden. Im übrigen wurde die Verfassungskonformität der Regelung bestätigt.

b) Territorialitätsgrundsatz. Das Gesetz räumt den Tarifvertragspartei- 62
en Rechtsetzungsbefugnisse für das gesamte Gebiet der Bundesrepublik
Deutschland ein. Innerhalb dieses maximalen Geltungsbereichs können die
Tarifvertragsparteien einen engeren Geltungsbereich wählen. Das ist die Regel: die meisten Verbandstarifverträge werden für ein Bundesland oder für
kleinere regionale Einheiten (z. B. Regierungsbezirke oder zusammenhängende Wirtschaftsräume) geschaffen. Da sich die tarifvertragliche mit der
staatlichen Rechtsetzungsbefugnis deckt, kann ein Tarifvertrag seinen räumlichen Geltungsbereich nicht ohne weiteres auf das Ausland erstrecken; nur
wenn zusätzlich andere objektive Anknüpfungspunkte wie Staatsangehörigkeit des Unternehmens mit Auslandssitz oder Tätigkeit des inländischen Arbeitnehmers im Ausland oder umgekehrt erfüllt sind, wenn es sich also um
grenzüberschreitende Sachverhalte handelt, können diese durch den deutschen
Tarifvertrag geregelt werden.[115] Das ergibt sich für das deutsche Tarifvertragsrecht zwingend aus der Legitimation der Tarifvertragsparteien zur
Rechtsetzung.[116] So lange es keine europäische oder internationalrechtliche
Rechtsgrundlage gibt, fehlt den Sozialpartnern die Normsetzungsbefugnis für
ausschließlich ausländische Sachverhalte.

2. Geltung deutscher Tarifverträge

Unter deutschen Tarifverträgen werden hier Kollektivvereinbarungen 63
zwischen deutschen Tarifvertragsparteien verstanden, die nach dem Willen
der Vertragsschließenden dem deutschen Recht unterstehen sollen. Kollisionsrechtliche Fragen des Tarifvertragsrechtes stellen sich hier nicht. Zu entscheiden ist aber, wie ein solcher Tarifvertrag Arbeitsverhältnisse mit Auslandsbezug behandeln kann. Sie tauchen auf, wenn die Tätigkeit eines ausländischen Arbeitnehmers im Inland (a) oder diejenige eines inländischen
Arbeitnehmers im Ausland (b) vom Tarifvertrag erfaßt werden soll.

a) Inlandstätigkeit: die Tätigkeit eines in- oder ausländischen Arbeit- 64
nehmers wird überwiegend im Inland, also im Geltungsbereich der deutschen Rechtsordnung, erbracht. Wenn das betroffene Arbeitsverhältnis dem
deutschen Recht unterliegt, beansprucht der Tarifvertrag ohne weiteres Geltung für sämtliche Arbeitsverhältnisse seines räumlichen, fachlichen
und persönlichen Geltungsbereichs. Auf die Staatsangehörigkeit des Arbeitnehmers kommt es dabei nicht an. Jede Unterscheidung nach Inländern,
EG-Angehörigen[117] oder Drittstaatlern ist mit dem Gleichheitssatz unvereinbar.

aa) Ausländisches Unternehmen/deutscher Arbeitsvertrag. Zahlrei- 65
che ausländische Unternehmen, insbes. des Dienstleistungsgewerbes, unterhalten im Inland Zweigstellen oder Filialen. Wenn zwischen diesen – nach ausländischem Recht zu beurteilenden, weil unselbständigen – Niederlassungen

---

[115] Ebenso *Löwisch*/Rieble, Grundl., Rnr. 64.
[116] In anderen Rechtskreisen, die die Wirkung der Tarifverträge mit Stellvertretung
oder Vertragsübernahme erklären, scheidet das Territorialitätsprinzip aus; vgl. *Folke
Schmidt/Alan C. Neal,* Collective Agreements and Collective Bargaining, in: Int.
Encycl.Comp.L., Vol. XV (1984), Ch. 12 No. 92, 115, 161, 196, 238.
[117] Vgl. Art. 7 Abs. 4 VO Nr. 1612/68/EWG v. 15. 10. 1968, ABl. EG L 257 S. 1.

und ihren in- oder ausländischen Arbeitnehmern deutsche Arbeitsverträge abgeschlossen werden, so unterliegen diese – Tarifgebundenheit von Arbeitgeber und Arbeitnehmer vorausgesetzt – ohne weiteres einem deutschen Vebandstarifvertrag. Die Ausländereigenschaft der Parteien des Individualarbeitsvertrages steht dem nicht entgegen. Dasselbe gilt für einen Firmentarifvertrag, den die deutsche „Direktion" eines ausländischen Unternehmens[118] mit einer deutschen Gewerkschaft abgeschlossen hat, weil die Niederlassung – insoweit verselbständigt – einen inländischen Tarifvertrag eingeht, also wie ein deutscher Arbeitgeber auftritt. Kollisionsrechtliche Fragen sind damit nicht verbunden; das Arbeitsstatut umfaßt in beiden Fällen auch die Geltung der jeweils einschlägigen Tarifverträge. Wenn der Tarifvertrag allerdings unmittelbar mit dem ausländischen Unternehmen zustande kommt[119], ist zu entscheiden, ob dieses nach deutschem Recht tariffähig ist; vgl. dazu unten Rnr. 73.

66 **bb) Deutsches Unternehmen/ausländischer Arbeitsvertrag.** Auch die – nach deutschem Recht zu beurteilenden – Tochtergesellschaften ausländischer Unternehmen schließen mit ihren Arbeitnehmern häufig Arbeitsverträge nach Heimatrecht ab, weil dieses dem Unternehmen und, wenn die Arbeitnehmer ebenfalls aus dem Herkunftsland des Unternehmens stammen (sog. Ortskräfte), auch den Arbeitnehmern vertraut ist.[120] Dann ist zu entscheiden, ob die Anwendbarkeit deutscher Tarifverträge daran scheitert, daß Tarifstatut und Arbeitsvertragsstatut nicht übereinstimmen, selbst wenn die übrigen Voraussetzungen der Tarifgeltung (Tarifzuständigkeit der Sozialpartner und Tarifgebundenheit der Arbeitsvertragspartner) erfüllt sind.[121]

67 Art. 30 EGBGB entscheidet diese Frage nicht, enthält aber eine Teillösung des Problems. Über Art. 30 Abs. 1 EGBGB werden die „zwingenden Bestimmungen" des nach Art. 30 Abs. 2 EGBGB mangels einer Rechtswahl anzuwendenden Rechts gegenüber dem gewählten Arbeitsstatut durchgesetzt. Dazu können auch die Normen eines Tarifvertrages zählen.[122] Es muß sich aber um nicht parteidispositive Arbeitnehmerschutzbestimmungen im engeren Sinne (Kündigungsschutz, Mutterschutz, Arbeitssicherheit) han-

---

[118] Vgl. die Gehaltstarifverträge ausländischer Luftfahrtgesellschaften bei *Junker*, Internationales Arbeitsrecht im Konzern, 1992, S. 412.
[119] Vgl. BAG 9. 11. 1977 AP Nr. 13 IPR Arbeitsrecht *(Beitzke):* Radio Free Europe.
[120] Vgl. BAG 9. 11. 1977 AP Nr. 13 IPR Arbeitsrecht *(Beitzke):* Radio Free Europe.
[121] So: BAG 4. 5. 1977 AP Nr. 30 zu § 1 TVG Tarifverträge: Bau *(Lorenz);* ebenso *Friedrich*, RdA 1980, S. 109, 115; *Junker*, Internationales Arbeitsrecht im Konzern, 1992, S. 431; *Löwisch*/Rieble, Grundl., Rnr. 67, 72; a. A. der wohl überwiegende Teil des Schrifttums: *Basedow*, BerDGesVR 31, 1990, S. 75, 97 f.; *Birk*, in: Festschrift für Günther Beitzke (1979), S. 832, 860; *Däubler*, Tarifvertragsrecht, Rnr. 1662 ff.; *Hauschka*/Henssler, NZA 1988, S. 597, 599; Kempen/*Zachert*, § 4 TVG, Rnr. 63; *Heilmann*, Das Arbeitsvertragsstatut, 1991, S. 95; *Hergenröder*, AR-Blattei 1550.15, Rnr. 67; *Hickl*, NZA 1987, Beil. 1, S. 10; wohl auch MünchKomm/*Martiny*, Art. 30 EGBGB, Rnr. 84a; vgl. auch *Wimmer*, Die Gestaltung internationaler Arbeitsverhältnisse, 1992, S. 199 ff.
[122] So ausdrücklich *Giuliano/Lagarde* in ihrem Bericht zu der Art. 30 EGBGB zugrundeliegenden Bestimmung des Art. 6 Abs. 1 EuSchVÜ, BT-Drucks. 10/503, S. 57 und die Begründung des Regierungsentwurfs zu Art. 30 EGBGB, BT-Drucks. 10/504, S. 81.

deln;¹²³ ein erheblicher Teil tarifvertraglicher Reglungen kann nicht auf dem Weg über Art. 30 Abs. 1 EGBGB in das ausländische Arbeitsvertragsstatut eingebracht werden, insbesondere nicht der Kerngehalt des Tarifvertrages, die Bestimmungen zu Arbeitsentgelt und Arbeitszeit. Die Vorschrift schränkt die Möglichkeit eines *Rechtswahlmißbrauchs* ein; sie verfolgt nicht den Zweck, Tarifverträgen umfassende Geltung für wirksam einem ausländischen Recht unterstellte Arbeitsverhältnisse zu verschaffen. Die Anwendung des Art. 30 Abs. 1 EGBGB setzt zudem voraus, daß gewähltes und objektiv bestimmtes Arbeitsvertragsstatut auseinanderfallen. Für inländische Arbeitnehmer ist dies zwar ganz regelmäßig der Fall; ausländische Ortskräfte werden hingegen auch nach den Anknüpfungsregeln des Art. 30 Abs. 2 EGBGB häufig dem Arbeitsrecht ihres Heimatlandes unterstehen.¹²⁴ Sachlich gehört Art. 30 Abs. 1 EGBGB dem Kollisionsrecht der Schuldverträge an; eine allgemeine Aussage zu der tarifrechtlichen Frage nach den Einwirkungsmöglichkeiten eines deutschen Tarifvertrages auf ausländischem Recht unterstehende Arbeitsverhältnisse trifft die Vorschrift nicht.

Auch über Art. 34 EGBGB kann der Tarifvertrag nur ausnahmsweise und dann nur partiell gegen das ausländische Vertragsrecht durchgesetzt werden. Art. 34 EGBGB stellt klar, daß die Wahl des Vertragsrechts nicht die Anwendung der international zwingenden Vorschriften des deutschen Rechts, der sog. *lois d'application immédiate*, ausschalten kann. Anknüpfungstechnisch wechselt Art. 34 EGBGB im Vergleich zu Art. 30 EGBGB die Perspektive. Während Art. 30 EGBGB das anzuwendende Recht von dem zu regelnden *Gegenstand* her bestimmt, ist im Rahmen des Art. 34 EGBGB die anzuwendende *Norm* auf ihren zwingenden Charakter hin zu untersuchen.¹²⁵ Allgemein akzeptierte Kriterien hierzu sind noch nicht gefunden;¹²⁶ verbreitet wird nach dem Zweck der jeweiligen Regelung zwischen individualschützenden und ordnungsrelevanten Vorschriften, also solchen, die in erster Linie staats-, wirtschafts- oder sozialpolitische Interessen verfolgen, unterschieden.¹²⁷ Hierauf aufbauend nimmt eine im Vordringen befindliche Auffassung an, den Normen eines für allgemeinverbindlich erklärten Tarifvertrages komme Eingriffsqualität zu.¹²⁸ Dies vermag nur eingeschränkt zu überzeugen, wie ein Vergleich mit der für staatlich gesetzte Normen bestehenden Ausgangslage zeigt. Es besteht Einigkeit, daß nicht jede zwingend ausgestaltete Norm des staatlichen Rechts zugleich Eingriffsnorm im Sinne des

---

¹²³ *Wimmer,* Die Gestaltung internationaler Arbeitsverhältnisse, 1992, S. 171 f.; weitergehend *Hanau,* in: Festschrift für Ulrich Everling (1995), S. 415, 426; *Gamillscheg,* ZfA 1983, S. 307, 336.
¹²⁴ MünchArbR/*Birk,* § 19, Rnr. 76 f.
¹²⁵ *Junker,* Internationales Arbeitsrecht im Konzern, 1992, S. 288; allgemein zum Verhältnis Art. 30/34 EGBGB: MünchArbR/*Birk,* § 19, Rnr. 83 ff.
¹²⁶ Vgl. BAG 24. 8. 1989 AP Nr. 30 IPR Arbeitsrecht *(Junker)*; BAG 3. 5. 1995 AP Nr. 32 IPR Arbeitsrecht; MünchKomm/*Martiny,* Art. 34 EGBGB, Rnr. 11–14 m. w. N.
¹²⁷ *Drobnig,* in: Festschrift für Karl H. Neumeyer (1986), S. 159, 167; *Sonnenberger,* in: Festschrift für Kurt Rebmann (1989), S. 819, 833; vgl. auch *Mankowski,* RabelsZ 53 (1989), S. 487, 512 und *Schubert,* RIW 1987, S. 729, 731 j.m.w.N.
¹²⁸ *Hanau,* in: Festschrift für Ulrich Everling (1995), S. 415, 427 f.; *Däubler,* Tarifvertragsrecht, Rnr. 1698 f.; i. Erg. auch *Wimmer,* Die Gestaltung internationaler Arbeitsverhältnisse, 1992, S. 208 f.

Art. 34 EGBGB ist.[129] Nach zutreffender Auffassung ist auch die Verfolgung eines ordnungsrelevanten Zwecks lediglich notwendige, nicht aber hinreichende Bedingung für die Annahme, es handle sich um ein Eingriffsgesetz.[130] Selbst wenn man insoweit der weitergehenden Auffassung folgt, kann für die dann entscheidende Bestimmung der Zweckausrichtung des Tarifvertrages aus seiner Allgemeinverbindlicherklärung allein nichts hergeleitet werden. Die Allgemeinverbindlicherklärung bewirkt über die Ausweitung des Kreises der Tarifgebundenen zunächst nur eine Annäherung des Tarifvertrages an ein staatliches Gesetz und kann jenem folglich keine stärkere Geltungskraft verleihen als diesem. Andererseits ist dem Gesetz nicht zu entnehmen, daß nur originär staatliches Recht Eingriffsnormen enthalten könnte. Der Staat kann daher einzelne Normen eines Tarifvertrages durch Allgemeinverbindlicherklärung in den Rang von Eingriffsgesetzen erheben; er muß seinem Willen hierzu dann aber Ausdruck verleihen.[131]

69 Eine umfassende Regelung der mit einem inländischen Arbeitgeber geschlossenen und im Inland vollzogenen, aber ausländischem Recht unterstellten Arbeitsverhältnisse durch deutsche Tarifverträge ist nur möglich, wenn nicht das Vertragsstatut über die Anwendbarkeit des Tarifvertrages entscheidet, sondern der Tarifvertrag unabhängig vom gewählten oder objektiv angeknüpften Recht Geltung beanspruchen kann, indem er die Inlandstätigkeit und den inländischen Arbeitgeber für ausreichend erklärt. Das Bundesarbeitsgericht hat dies verneint und die Anwendung eines allgemeinverbindlichen Sozialkassentarifvertrages auf ein nach ausländischem Recht geschlossenes Arbeitsverhältnis abgelehnt;[132] eine starke Ansicht im Schrifttum entscheidet anders.[133] Hier wird an der Auffassung der Rechtsprechung festgehalten. Wenn sich die Normen des einfachen, nicht für allgemeinverbindlich erklärten Tarifvertrages gegen das fremde Vertragsstatut durchsetzen würden, wären sie durchweg das, was staatliche Gesetze nur ausnahmsweise sind: zwingende Schutz- bzw. Eingriffsnormen im Sinne der Art. 30, Abs. 1, 34 EGBGB.[134] Daß die Parteien des Arbeitsvertrages damit den Tarifvertrag

---

[129] *Däubler*, RIW 1987, S. 249, 255; *Gamillscheg*, ZfA 1983, S. 307, 345; *Junker*, Iprax 1989, S. 69, 78; *E. Lorenz*, RIW 1987, S. 569, 578 f.

[130] BAG 24. 8. 1989 AP Nr. 30 zu IPR Arbeitsrecht *(Junker)*; BAG 3. 5. 1995, NZA 1995, S. 1191; *Junker*, Internationales Arbeitsrecht im Konzern, 1992, S. 290.

[131] Vgl. auch *Junker*, Internationales Arbeitsrecht im Konzern, 1992, S. 432, 443; *Heilmann*, Das Arbeitsvertragsstatut, 1991, S. 136 ff.

[132] BAG 4. 5. 1977 AP Nr. 30 zu § 1 TVG Tarifverträge: Bau *(Lorenz)*; BAG 10. 9. 1985 AP Nr. 3 zu § 117 BetrVG 1972 *(Beitzke)*: LTU ist hingegen nicht einschlägig. Die Entscheidung betrifft einen Tarifvertrag über betriebsverfassungsrechtliche Fragen gem. § 117 BetrVG. Die Betriebsverfassung beansprucht stets betriebsweite Geltung, unabhängig vom Arbeitsvertragsrecht der einzelnen Betriebsangehörigen.

[133] Vgl. *Basedow*, BerDGesVR 31, 1990, S. 75, 97 f.; *Birk*, in: Festschrift für Günther Beitzke (1979), S. 832, 860; *Däubler*, Tarifvertragsrecht, Rnr. 1662 ff.; *Hauschka/Henssler*, NZA 1988, S. 597, 599; *Kempen/Zachert*, § 4 TVG, Rnr. 63; *Heilmann*, Das Arbeitsvertragsstatut, 1991, S. 95; *Hergenröder*, AR-Blattei 1550.15, Rnr. 67; *Hickl*, NZA 1987, Beil. 1, S. 10; wohl auch MünchKomm/*Martiny*, Art. 30 EGBGB, Rnr. 84 a; *Wimmer*, Die Gestaltung internationaler Arbeitsverhältnisse, 1992, S. 199 ff. nimmt an, die Koalitionen hätten die Rechtsmacht, in ihren Tarifverträgen Eingriffsnormen zu setzen; abw. *Friedrich*, RdA 1980, S. 109, 115; *Junker*, Internationales Arbeitsrecht im Konzern, 1992, S. 430 ff.; *Löwisch*/Rieble, Grundl., Rnr. 67, 72.

[134] Ebenso *Junker*, Internationales Arbeitsrecht im Konzern, 1992, S. 431.

„abwählen" können, wirft kein durchgreifendes Bedenken auf. Der Gesetzgeber hat diese Möglichkeit gesehen, sich aber in Art. 30 Abs. 1 EGBGB zugunsten der Rechtswahlfreiheit und nur für die Durchsetzung eines Mindeststandards entschieden.

Aus der Grundsatzentscheidung des Gesetzgebers zugunsten der Rechtswahlfreiheit der Arbeitsvertragsparteien folgt zugleich, daß die Koalitionen ihren Tarifverträgen jedenfalls nicht allgemein die Wirkung von Eingriffsgesetzen verleihen können.[135] Gegenüber dem staatlichen Gesetzgeber ist die Freiheit der Arbeitsvertragsparteien, das anzuwendende Recht zu bestimmen, durch die Artt. 30, 34 EGBGB in weitem Umfang garantiert; den Tarifvertragspartnern kommt insoweit keine Sonderrolle zu.

Das einem fremden Recht unterstellte Arbeitsverhältnis ist damit der Regelung durch deutsche Tarifverträge nicht gänzlich entzogen. Die Begründung für die Einflußnahme von deutschen Tarifvertragsnormen auf ausländische Arbeitsverhältnisse kann an die Rechtswahlfreiheit der Tarifgebundenen anknüpfen. Ebenso wie es den Arbeitsvertragsparteien freisteht, die Artt. 27, 30 EGBGB in Anspruch zu nehmen, können sie auf einzelne ihrer Wirkungen verzichten und den Rechtsnormen des Tarifvertrages den Vorrang einräumen. Regelmäßig wird man einen solchen Verzicht im Verbandsbeitritt sehen können: die Arbeitsvertragsparteien führen die Tarifgebundenheit herbei, weil sie die Geltung des Tarifvertrages wollen. Etwas anderes kann gelten, wenn der Arbeitgeber nur ausnahmsweise Arbeitsverträge nach ausländischem Recht eingeht und ihr Abschluß im Zeitpunkt des Verbandsbeitritts nicht vorhersehbar war.

cc) Ausländisches Unternehmen/ausländischer Arbeitsvertrag. Der Geltungsbereich des deutschen Tarifvertrages wird nochmals erweitert, wenn man für seine Einflußnahme auch auf die Voraussetzung eines inländischen Arbeitgebers verzichtet und allein die *Tätigkeit im Inland* für die Geltung der Tarifnormen genügen läßt. Damit ist die sog. *Entsendeproblematik* angesprochen. Die Dienstleistungsfreiheit aus Art. 59 EG-Vertrag ermöglicht es EU-ausländischen Arbeitgebern, ihre Arbeitskräfte nach Deutschland zu entsenden, um hier Dienstleistungen zu heimischen Preisbedingungen, insb. Heimatlöhnen zu erbringen. Betroffen ist vor allem die Bauindustrie, die bei der Auftragsvergabe durch ausländische, z.B. portugiesische und britische Unternehmen im Preis unterboten wird. Zu den niedrigeren ausländischen Löhnen tritt regelmäßig die Sozialversicherungsfreiheit der entsandten Arbeitnehmer in Deutschland als Kostenvorteil hinzu. Nur wenn die Arbeitnehmer eigens zum Zwecke der Entsendung angeworben wurden (projektbezogene Anwerbung), unterwirft sie Art. 14 Nr. 1 lit. a der VO 1408/71 (EWG)[136] dem System der sozialen Sicherheit am Beschäftigungsort. Stehen die Arbeitnehmer im Ausland in einem dauerhaften Beschäftigungsverhältnis zu ihrem Arbeitgeber, bleiben sie gem. Art. 13 Abs. 2 lit. a der VO dort sozialversi-

---

[135] So aber *Wimmer*, Die Gestaltung internationaler Arbeitsverhältnisse, 1992, S. 198 ff.
[136] Verordnung über die Anwendung der Systeme der sozialen Sicherheit auf Arbeitnehmer und Selbständige sowie deren Familienangehörige, die innerhalb der Gemeinschaft zu- und abwandern, v. 14. 6. 1971, ABl. EG Nr. L 149/2, zuletzt geändert durch VO (EWG) 1945/93 v. 30. 6. 1993, ABl. EG Nr. L 181/1.

chert.¹³⁷ Mit der grenzüberschreitenden Erbringung von Dienstleistungen gedanklich verwoben sind Fragen der Scheinselbständigkeit ausländischer „Einmann-Unternehmen"¹³⁸ und der grenzüberschreitenden Arbeitnehmerüberlassung.¹³⁹ Sie betreffen keine spezifisch tarifrechtlichen Probleme und sollen deshalb hier ausgeklammert bleiben.

73 Das allgemeine Kollisionsrecht eröffnet keine Möglichkeit, deutsche Tarifarbeitsbedingungen auf die entsandten Arbeitnehmer zu erstrecken. Das Bundesarbeitsgericht hat in der Sozialkassenentscheidung aus dem Jahre 1977¹⁴⁰ die Anwendung eines deutschen allgemeinverbindlichen Sozialkassentarifvertrages auf ein Arbeitsverhältnis abgelehnt, das zwar zeitweilig in Berlin vollzogen, aber in Jugoslawien nach jugoslawischem Recht begründet worden war, weil die Allgemeinverbindlicherklärung den ausländischen Arbeitgeber nicht erreichen könne. Daran ist auch unter der Geltung des Art. 34 EGBGB festzuhalten.¹⁴¹ Art. 34 EGBGB hilft nur, das fremde Vertragsstatut zu überwinden. Die Anwendung des Tarifvertrages setzt zusätzlich voraus, daß die materiellen Voraussetzungen der Tarifgeltung erfüllt sind: der ausländische Arbeitgeber muß tarifgebunden sein. Die Aufwertung einer Norm zum Eingriffsgesetz befreit nicht von ihren Tatbestandsvoraussetzungen. Die Tarifgebundenheit des ausländischen Arbeitgebers kann aber über Art. 34 EGBGB nicht hergestellt werden, weil die Allgemeinverbindlicherklärung in ihrer Wirkung territorial auf das Gebiet der Bundesrepublik begrenzt ist.¹⁴²

74 Es bedurfte daher des **Arbeitnehmer-Entsendegesetzes** (AEntG)¹⁴³, um den Schritt zur vertrags- und arbeitgeberunabhängigen Tarifgeltung zu vollziehen. Das Gesetz dehnt in § 1 Abs. 1 für den Bereich des Baugewerbes i. S. d. Baubetriebe-VO und in § 1 Abs. 1 und Abs. 2 eingeschränkt auch für die Seeschiffahrtsassistenz den Anwendungsbereich allgemeinverbindlicher Tarifvertragsnormen über Mindestentgelte und Erholungsurlaub auf die Arbeitsverhältnisse entsandter Arbeitnehmer aus. Rechtstechnisch wird dies dadurch erreicht, daß das Gesetz die Normen des Tarifvertrages in den Rang von Eingriffsgesetzen i. S. d. Art. 34 EGBGB erhebt.¹⁴⁴ (Hierin zeigt sich im übrigen erneut, daß eine rein privatrechtliche Deutung des Tarifvertrages seiner Bedeutung für die Arbeits- und Wirtschaftsbedingungen und

---

¹³⁷ Ein Überblick über die Höhe der Sozialversicherungsbeiträge in den Mitgliedstaaten der EU findet sich bei *Ritmeijer,* in: Köbele/Crämers (Hrsg.), Europäische Union: Arbeitnehmerentsendung im Baugewerbe, 1994, S. 97.
¹³⁸ Dazu *Däubler,* Betrieb 1995, S. 726, 728 f.; *Mankowski,* BB 1997, S. 465 ff.
¹³⁹ Vgl. hierzu *Junker,* Internationales Arbeitsrecht im Konzern, 1992, S. 223 ff.
¹⁴⁰ BAG 4. 5. 1977 AP Nr. 30 zu § 1 TVG Tarifverträge: Bau *(E. Lorenz)* = SAE 1977, S. 302 *(Beitzke);* vgl. dazu *Junker,* Internationales Arbeitsrecht im Konzern, 1992, S. 413; *Löwisch*/Rieble, Grundl., Rnr. 67.
¹⁴¹ A.A. *Hanau,* in: Festschrift für Ulrich Everling (1995), S. 415, 427 f.; *Wimmer,* Die Gestaltung internationaler Arbeitsverhältnisse, 1992, S. 171 ff.
¹⁴² Zutreffend *Gamillscheg,* Rec. des Cours 181 (1983 – III), S. 289, 334.
¹⁴³ Gesetz über zwingende Arbeitsbedingungen bei grenzüberschreitenden Dienstleistungen v. 29. 2. 1996, BGBl. I, S. 227; abgedruckt bei *Lorenz* (Hrsg.), AEntG – Gesetzestexte und Materialien, 1996; zur Entstehungsgeschichte vgl. *Koberski/Sahl/Hold,* Arbeitnehmerentsendegesetz, 1997, S. 5 ff.; vgl. auch *Selmayr,* ZfA 1996, S. 615; *Webers,* Betrieb 1996, S. 574.
¹⁴⁴ Vgl. die Begründung zum RegE, BT-Drucks. 13/2414, S. 8.

der Rolle der Koalitionen im Staatswesen nicht gerecht wird: solange die zuständigen Tarifvertragsparteien für ihren Industriezweig Mindestarbeitsbedingungen nicht für erforderlich halten, nimmt der Gesetzgeber seine Regelungszuständigkeit zurück. Auch die Bestimmung der Höhe der Arbeitsbedingungen überläßt das Entsendegesetz der Einschätzung der Tarifvertragsparteien. Der Gesetzgeber beschränkt sich darauf, der Regelung der Sozialpartner zur Durchsetzung zu verhelfen. Dieser Aufgabenverteilung muß kein Modellcharakter beigemessen werden, sie verdeutlicht aber anschaulich, daß die Regelung der Arbeits- und Wirtschaftsbedingungen durch die Sozialpartner mehr ist als eine auf die kollektive Ebene angehobene Ausübung von Privatautonomie). Anspruchsgegner des entsandten Arbeitnehmers ist aufgrund der Regelungstechnik des Entsendegesetzes der ausländische Arbeitgeber. Der Gerichtsstand für entsprechende Klagen ergibt sich aus dem europäischen Gerichtsstands- und Vollstreckungsübereinkommen (EuGVÜ) und ist regelmäßig im Ausland am Sitz des entsendenden Arbeitgebers begründet. Ob die Durchsetzung der Ansprüche daneben auch vor den deutschen Gerichten verfolgt werden kann, ist nicht zweifelsfrei.[145] Das AEntG trifft dazu keine Aussage, weil es die Durchsetzung der Mindeststandardtarifverträge über Anmeldepflichten (§ 3) und empfindliche Bußgeldandrohungen für die Nichtbeachtung seiner Regelungen (§ 5) zu erreichen versucht. Die Überwachung der Durchführung des AEntG ist den Hauptzollämtern zugewiesen. Gemäß § 7 ist das Gesetz zunächst auf dreieinhalb Jahre bis zum 1. 9. 1999 befristet. Der Gesetzgeber verfolgt mit der Regelung mehrere Ziele: die Stärkung der Wettbewerbsfähigkeit der deutschen Bauwirtschaft, den Abbau der Arbeitslosigkeit in der Bauwirtschaft und den Schutz der Tarifautonomie.[146]

Gegen das Arbeitnehmerentsendegesetz ist vorgebracht worden, es bewirke eine unzulässige Beschränkung der Freizügigkeit der ausländischen Arbeitnehmer aus Art. 48 EG-Vertrag [Art. 39 EGV n. F.] und der Dienstleistungsfreiheit der entsendenden Arbeitgeber aus Artt. 59, 60 EG-Vertrag [Artt. 49, 50 EGV n. F.].[147] Von volkswirtschaftlicher Seite wurde geltend gemacht, die Regelung sei ungeeignet, die angestrebten Ziele zu verwirklichen.[148] Mit der Verabschiedung der europäischen **Entsenderichtlinie**[149] am 24. 9. 1996 ist der Streit obsolet geworden. Die Richtlinie verpflichtet in Art. 3 die Migliedstaaten der Europäischen Union zum Erlaß von Entsendegesetzen für den gesamten Dienstleistungssektor. Hält man die Entsenderich-

75

---

[145] Eingehend *Franzen*, DZWiR 1996, S. 89; *Hanau*, NJW 1996, S. 1371.
[146] Vgl. die Begründung des Regierungsentwurfs, BR-Drucks. 523/95, S. 6 f.
[147] *Koenigs*, Betrieb 1995, S. 1710 ff.; *Gerken/Löwisch/Rieble*, BB 1995, S. 2370 ff.; ähnlich *Junker/Wichmann*, NZA 1996, S. 505 ff.; a. A. *Däubler*, Betrieb 1995, S. 726 ff.; *Hanau*, NJW 1996, S. 1369 ff.; *Deinert*, RdA 1996, S. 339, 349 f.
[148] *Eekhoff*, Zeitschrift für Wirtschaftspolitik 1996, S. 17; *Rösner*, Wirtschaftsdienst 1995, S. 475; *Rürup/Sesselmeier*, in: Katzenbach/Molitor/Mayer, Jahrbuch für Wirtschafts- und Gesellschaftspolitik 1995, S. 89; Sachverständigenrat, Jahresgutachten 1994/95, S. 230.
[149] Richtlinie 96/71/EG v. 16. 12. 1996, ABl. EG 1997 L 18 S. 1; zur Entstehungsgeschichte vgl. *Hanau* in: Blanpain/Weiss, The Changing Face of Labour Law and Industrial Relations, 1993, S. 194 ff.; *Löwisch*, in: Festschrift für Albrecht Zeuner (1994), S. 91 ff.

linie für rechtmäßig[150], können aus der europarechtlichen Gewährleistung der Freizügigkeit und der Dienstleistungsfreiheit keine Bedenken mehr gegen die Verabschiedung nationaler Entsenderegelungen erhoben werden.[151] Die innerstaatliche Umsetzung muß aber im übrigen rechtskonform sein; insb. hat sie die Gleichbehandlung der ausländischen Arbeitgeber mit ihren inländischen Wettbewerbern zu beachten.[152] Das AEntG tut dem Genüge, indem es verlangt, daß die Mindestarbeitsbedingungen in einem erstens allgemeinverbindlichen Tarifvertrag, der zweitens eine Arbeitsortregel enthält, geordnet sind; § 1 Abs. 1 AEntG. Das Erfordernis der Allgemeinverbindlichkeit stellt sicher, daß auch nicht tarifgebundene deutsche Unternehmen ihren Arbeitnehmern die Mindestarbeitsbedingungen gewähren müssen; die Arbeitsortregel bewirkt, daß der Tarifvertrag unabhängig davon zur Anwendung kommt, ob das deutsche Unternehmen in den räumlichen Geltungsbereich des Tarifvertrages fällt. Im Ergebnis wird dadurch erreicht, daß allen an einem bestimmten Ort gemeinsam tätigen Arbeitnehmern unabhängig von ihrer Nationalität und vom Recht ihres Arbeitsvertrages dieselben Mindestarbeitsbedingungen zu gewähren sind. Die Regelungstechnik, die die Entsenderichtlinie für die Durchsetzung der Mindestarbeitsbedingungen vorsieht, entspricht weitgehend der, die der nationale Gesetzgeber im AEntG bereits vorweggenommen hat. Die Anforderungen der Richtlinie gehen allerdings insoweit über den gegenwärtigen innerstaatlichen Rechtszustand hinaus, als in Art. 6 verlangt wird, daß den entsandten Arbeitnehmern der Rechtsweg zu den Gerichten des Arbeitsortes eröffnet wird; die Möglichkeit, daneben die Gerichtsbarkeit am Heimatort anzurufen, soll davon unberührt bleiben.

76 **b) Auslandstätigkeit:** Die Tätigkeit eines in- oder ausländischen Arbeitnehmers wird überwiegend im Ausland, also außerhalb des Geltungsbereichs der deutschen Rechtsordnung, erbracht. Deutsche Tarifverträge, die eine vorübergehende oder dauernde Tätigkeit im Ausland erfassen wollen, sind in Rechtsprechung und Rechtslehre mehrfach behandelt worden. Bekannt geworden sind vor allem Tarifverträge zur Regelung der Arbeitsbedingungen der bei den Zweigstellen oder Filialen des *Goethe-Instituts* ständig im Ausland beschäftigten, also nicht nur entsandten Angestellten.[153] Auch hier sind mehrere Fallgestaltungen zu unterscheiden:

77 **aa) Deutsches Unternehmen/deutscher Arbeitsvertrag.** Daß Tarifverträge dem Inland unterliegende Arbeitsverhältnisse auch dann erfassen können, wenn die Arbeitsleistung zeitweise (Montagearbeit) oder dauernd (Auslandskorrespondent) im Ausland erbracht wird, ist seit langem anerkannt und heute unstreitig.[154] Die Regelung kann im Wege der „Ausstrahlung"

---

[150] Dazu kritisch: *Koenigs,* Betrieb 1997, S. 225, 227; *Steck,* EuZW 1994, S. 140 ff.
[151] Abw., im Ergebnis aber wie hier, *Koenigs,* Betrieb 1997, S. 225, 227 ff.; *Hickl,* NZA 1997, S. 513, 515; vgl. auch *Sahl/Stang,* AiB 1996, S. 652 ff.
[152] Dazu *Junker/Wichmann,* NZA 1996, S. 505.
[153] Vgl. BAG 9. 7. 1980 AP Nr. 7 zu § 1 TVG Form *(Wiedemann)* = AR-Blattei, Tarifvertrag V C Entscheidung 1 *(Birk/Brühler);* BAG 11. 9. 1991 AP Nr. 29 zu IPR Arbeitsrecht *(Dütz/Rotter; Arnold)* = AR-Blattei 340 Nr. 14 *(Hergenröder).*
[154] RAGE 3 (1929), S. 224, 227: Ausstrahlung von Chemietarifverträgen auf die Schweiz; RAGE 11 (1932), S. 100, 103 f.: Sonderlohnabkommen für in der Schweiz Beschäftigte der Deutschen Reichsbahngesellschaft; BAG 9. 7. 1980 AP Nr. 7 zu § 1

oder der ausdrücklichen Erstreckung des Tarifvertrages auf Auslandssachverhalte erfolgen; in beiden Fällen handelt es sich nicht um eine kollisionsrechtliche Regelung[155]. Den Tarifvertragsparteien ist es deshalb ohne weiteres möglich, dem deutschen Recht unterstehende Arbeitsverhältnisse unabhängig vom Leistungsort im In- oder Ausland auszugestalten; Tarifvertrags- und Arbeitsvertragsstatut decken sich. Es muß dafür nur ein wirksamer Arbeitsvertrag abgeschlossen sowie die Tarifzuständigkeit und Tarifbindung im übrigen erfüllt sein. Von der – vermuteten – Erfassung der Auslandstätigkeit inländischer Arbeitnehmer wird man allerdings eine Ausnahme machen, wenn die einschlägigen Tarifvertragsnormen keine Schutz-, sondern Ordnungsfunktionen erfüllen sollen (Abschlußnormen, betriebliche oder betriebsverfassungsrechtliche Normen); sie finden auf Auslandssachverhalte nur Anwendung, wenn dies dem Willen der Sozialpartner eindeutig entspricht.[156]

Die Rechtsetzungsbefugnis der Tarifvertragsparteien unterliegt freilich denselben *völkerrechtlichen Grenzen* wie diejenige des deutschen Gesetzgebers. Sie haben beide die zwingenden Regeln und den *ordre public* des jeweiligen Ortsrechtes zu berücksichtigen.[157] Das deutsche Recht enthält entsprechende Vorbehalte zugunsten der eigenen Kardinalregeln in den Art. 6 und 34 EGBGB; das verpflichtet zu entsprechender Rücksichtnahme auf ausländische Grundwertungen. Deutsches Gesetzes- oder Tarifvertragsrecht kann insoweit also vom Recht des Aufenthaltsstaates verdrängt werden.

bb) Deutsches Unternehmen/ausländischer Arbeitsvertrag. Ob ein Tarifvertrag seinen Geltungsbereich auf im Ausland vollzogene Arbeitsverhältnisse erstrecken kann, ist zweifelhaft, wenn die Arbeitsverhältnisse ausländischem Recht unterliegen. Die Rechtsprechung hat die unmittelbare Wirkung deutscher Tarifverträge bisher verneint[158]; die Meinung im

---

TVG Form *(Wiedemann)* = AR-Blattei, Tarifvertrag V C Entsch. 1 *(Birk/Brühler)*: Goethe-Institut; BAG 21. 10. 1980 AP Nr. 17 zu IPR Arbeitsrecht *(Beitzke)*: Sportförderung in Kolumbien; BAG 12. 12. 1990 AP Nr. 2 zu § 4 TVG Arbeitszeit: MTV Gesellschaft für technische Zusammenarbeit (Riad); BAG 11. 9. 1991 AP Nr. 29 zu IPR Arbeitsrecht *(Dütz/Rotter; Arnold)* = AR-Blattei 340 Nr. 14 *(Hergenröder)*: Tochterunternehmen des Goethe-Instituts in Mexiko; *Birk*, NJW 1978, S. 1825, 1831; *Däubler*, Tarifvertragsrecht, Rnr. 1658; *Friedrich*, RdA 1980, S. 109, 112; *Gamillscheg*, Internationales Arbeitsrecht, S. 361; *Kempen/Zachert*, § 4 TVG, Rnr. 60; *Hergenröder*, AR-Blattei, Tarifvertrag XV, Rnr. 89.
[155] Nicht zutreffend deshalb BAG 11. 9. 1991 AP Nr. 29 zu IPR Arbeitsrecht *(Dütz/Rotter; Arnold)*: Bestimmung des „Rechtsstatuts" durch die Tarifvertragsparteien; BAG 10. 11. 1993 AP Nr. 169 zu § 1 TVG Tarifverträge: Bau (Lohn wie im Tätigkeitsgebiet der alten Bundesländer).
[156] Vgl. in diesem Zusammenhang BAG 10. 9. 1985 AP Nr. 3 zu § 117 BetrVG 1972 *(Beitzke)*: LTU.
[157] Vgl. RAGE 11, S. 100, 104; BAG 11. 9. 1991 AP Nr. 29 zu IPR Arbeitsrecht *(Dütz/Rotter; Arnold)*; ebenso *Gamillscheg*, ZfA 1983, S. 307, 348; *Hergenröder*, AR-Blattei, Tarifvertrag XV, Rnr. 94; *Löwisch*/Rieble, Grundl., Rnr. 67; abw. *Birk*, in: Festschrift für Günther Beitzke (1979), S. 831, 858; *Friedrich*, RdA 1980, S. 109, 113; Kempen/*Zachert*, § 4 TVG, Rnr. 64.
[158] LAG Rheinland-Pfalz, IPrax Rechtspr. 1981, Nr. 44, S. 94: Amerikanische Beschäftigte des ZDF in Washington.

Schrifttum ist geteilt.[159] Die Frage kann nicht anders beurteilt werden als die Einwirkung deutscher Tarifverträge auf ein im Inland vollzogenes Arbeitsverhältnis, das ausländischem Recht unterliegt.[160] Entscheidend ist damit, ob die Arbeitsvertragsparteien die Geltung des Tarifvertrages für das Arbeitsverhältnis *beabsichtigen*. Ausnahmsweise kann ein deutscher Tarifvertrag unabhängig vom Recht des Arbeitsvertrages und ohne Rücksicht auf den Parteiwillen auf die Auslandstätigkeit anzuwenden sein, nämlich dann, wenn er die Betriebsverfassung ausführt, z. B. nach § 117 Abs. 2 BetrVG.[161] Dies ist eine Folge des Eingriffscharakters des staatlichen Rahmenrechts.[162] Da die Betriebsverfassung betriebseinheitliche Geltung beansprucht, nimmt der sie ausführende Tarifvertrag an ihrer international zwingenden Wirkung teil. Die Durchsetzungskraft des Betriebsverfassungsrechts wird freilich ihrerseits durch den Territorialitätsgrundsatz räumlich begrenzt. Voraussetzung für die Gestaltung der Auslandstätigkeit in betrieblicher und betriebsverfassungsrechtlicher Hinsicht ist daher, daß sich der geregelte Sachverhalt als der Ordnungssphäre eines im Inland gelegenen Betriebes zugehörig darstellt („Betriebsausstrahlung").[163]

80 **cc) Ausländisches Unternehmen/ausländischer Arbeitsvertrag.** Die Geltung deutscher Tarifverträge für deutsche oder ausländische Arbeitnehmer, die von einem ausländischen Arbeitgeber mit einem ausländischen Arbeitsvertrag beschäftigt werden, scheitert am Territorialitätsprinzip. Allerdings hielt das Bundesarbeitsgericht die deutsche Muttergesellschaft (Goethe-Institut) einer vollständig abhängigen mexikanischen Tochtergesellschaft für verpflichtet, auf letztere dahin einzuwirken, den (Firmen)Tarifvertrag gegenüber ihren Beschäftigten durchzuführen.[164] Ob eine solche Einwirkungspflicht im Konzern besteht, ist hier nicht zu entscheiden; vgl. dazu unten Rnr. 95. Eine *unmittelbare* Wirkung des Tarifvertrages auf selbständige ausländische juristische Personen kommt jedenfalls nicht in Betracht.

3. Geltung ausländischer Tarifverträge

81 Dem geltenden Recht lassen sich keine Einwände gegen eine **Einstrahlung** ausländischer Tarifverträge in das Inland entnehmen.[165] Ebenso wie

---

[159] Die Zulässigkeit wird bejaht von *Hergenröder*, AR-Blattei, Tarifvertrag XV, Rnr. 86; *Zachert*, AuR 1992, S. 127, 128; verneint von *Junker*, Internationales Arbeitsrecht im Konzern, 1992, S. 445.
[160] Vgl. oben Rnr. 65.
[161] BAG 10. 9. 1985 AP Nr. 3 zu § 117 BetrVG 1972 *(Beitzke)*: LTU; *Junker*, Internationales Arbeitsrecht im Konzern, 1992, S. 443.
[162] Vgl. dazu BAG 9. 11. 1977 AP Nr. 13 IPR Arbeitsrecht *(Beitzke)*: Radio Free Europe; BAG 25. 4. 1978 AP Nr. 16 IPR Arbeitsrecht *(Simitis)*; BAG 21. 10. 1980 AP Nr. 17 IPR Arbeitsrecht *(Beitzke)*; BAG 30. 4. 1987 AP Nr. 15 zu § 12 SchwbG *(Gamillscheg)*.
[163] Ausführlich *Wimmer*, Die Gestaltung internationaler Arbeitsverhältnisse, 1992, S. 96 ff.
[164] BAG 11. 9. 1991 AP Nr. 29 zu IPR Arbeitsrecht *(Dütz/Rotter; Arnold)* = AR-Blattei 340 Nr. 14 *(Hergenröder)* = AuR 1992, S. 125 *(Zachert)*.
[165] *Birk*, in: Festschrift für Günther Beitzke (1979), S. 831, 864; *Däubler*, Tarifvertragsrecht, Rnr. 1695; *Gamillscheg*, Internationales Arbeitsrecht, S. 362; *Löwisch/Rieble*, Grundl., Rnr. 71; *Walz*, Multinationale Unternehmen und internationaler Tarifver-

deutsche Tarifpartner Normen für im Ausland zu erfüllende Arbeitsverhältnisse setzen können, können die Parteien eines ausländischen Tarifvertrages daher beanspruchen, Regelungen über Inlandsarbeit zu treffen. Eine – freilich weit hinausgeschobene – Grenze besteht lediglich hinsichtlich der möglichen Tarifinhalte; sie müssen einer Überprüfung nach Art. 6 EGBGB standhalten. Hieran dürfte beispielsweise die Anerkennung von *closed shop* Klauseln scheitern; wie Differenzierungsklauseln zu beurteilen sind, ist nicht sicher.[166]

Voraussetzungen und Wirkungen des ausländischen Tarifvertrages richten sich auch im Inland nach dem für ihn einschlägigen ausländischen Recht, dem Tarifvertragsstatut.[167] Es ist deshalb möglich, daß das Tarifwerk die betroffenen Arbeitsverhältnisse – wie beispielsweise nach amerikanischem Recht[168] – nur mit schuldrechtlicher Wirkung erfaßt. Andererseits können auch nicht oder anders organisierte Arbeitnehmer mit normativer Wirkung in den Tarifvertrag einbezogen sein, z.B. nach französischem Recht.[169] Nach welchen Regeln Konkurrenzen zwischen in- und ausländischen Tarifverträgen aufzulösen sind, ist bislang nur wenig diskutiert worden.[170]

4. Tarifvertragliches Kollisionsrecht

Im Rahmen des Kollisionsrechts ist zu entscheiden, ob die Tarifvertragsparteien das Arbeitsvertragsstatut selbst, und dann möglicherweise abweichend von Art. 30 EGBGB bestimmen können. Es ist außerdem zu fragen, ob sie ihr eigenes Tarifvertragsstatut ändern können, ob ihnen also insoweit eine eigene Rechtswahl zusteht, die Kollektivvereinbarung ganz oder teilweise der von ihnen gewünschten Rechtsordnung zu unterstellen.

a) Mit dem **Arbeitsvertragsstatut** entscheidet sich die Geltung der das Arbeitsverhältnis bestimmenden Rechtsordnung und damit regelmäßig auch des dafür einschlägigen Tarifvertrages; vgl. oben Rnr. 65. Es liegt nahe, daß die Tarifvertragsparteien mit einer kollisionsrechtlichen Norm ihrerseits auf diese Anknüpfung Einfluß nehmen möchten, also die Rechtswahl kollektivvertraglich festlegen. Sachverhalte, die dafür Anknüpfungspunkte bieten, sind etwa ausländische Staatsangehörige, die bei einer in- oder ausländischen Firma in Deutschland arbeiten (Personal ausländischer Fluggesellschaften) oder deutsche oder ausländische Staatsangehörige, die von einem deutschen Arbeitgeber (auch) im Ausland beschäftigt werden (Besatzungsmitglieder einer Fähre zwischen Deutschland und Dänemark[171]). Ob und – wenn ja – wie deutsche Tarifvertragsparteien die Rechtswahl des Arbeitsvertragsstatuts beeinflußen und die deutsche Arbeitsrechtsordnung berufen können, ist bisher

---

trag, 1981, S. 152; *Wimmer,* Die Gestaltung internationaler Arbeitsverhältnisse, 1992, S. 39.

[166] Vgl. in diesem Zusammenhang *Däubler,* Tarifvertragsrecht, Rnr. 1701.
[167] Dazu ausführlich sogleich Rnr. 86 ff.
[168] Dazu *Gould,* A Primer on American Labor Law, 3rd ed. 1993, S. 103 ff.
[169] Vgl. *Krieger,* Das französische Tarifvertragsrecht, 1991, S. 163 f. m.w.N.
[170] Vgl. dazu *Wimmer,* Die Gestaltung internationaler Arbeitsverhältnisse, 1992, S. 62, 204 ff.
[171] Vgl. Tarifvertrag zwischen der TT-Line GmbH & Co., Hamburg, und der ÖTV vom 21. 10. 1989, abgedruckt in NZA 1990, S. 680; und dazu *Däubler,* NZA 1990, S. 673, 675; *Junker,* Internationales Arbeitsrecht im Konzern, 1992, S. 437.

nicht geklärt.[172] Die Zulässigkeit einer **kollektivvertraglich erzwungenen Rechtswahl** kann sich jedenfalls nicht auf die §§ 27–30 EGBGB stützen, da keine Eigen-, sondern eine Fremdbestimmung der Rechtswahl vorliegt. Ob man aus § 21 Abs. 4 Satz 2 FlRG eine Legitimation der tarifvertraglichen Rechtsetzungsbefugnis hinsichtlich des Arbeitsvertragsstatuts ausländischer Arbeitnehmer ableiten und diese Vorschrift verallgemeinern kann, ist nicht zweifelsfrei, wird allerdings überwiegend bejaht.[173] Unabhängig hiervon wird man die kollisionsrechtliche Tarifmacht anerkennen können, wenn ihre Ausübung zum Schutz des Arbeitnehmers vor einer unvorteilhaften Wahl des Arbeitsvertragsstatut notwendig ist. Das ist z.B. bei der Tätigkeit deutscher Arbeitnehmer bei ausländischen Arbeitgebern im Inland zu bejahen (Personal ausländischer Fluggesellschaften oder Schiffe). Allerdings können die Tarifvertragsparteien mit ihren Inhaltsnormen eine bereits berufene ausländische Rechtsordnung nicht verdrängen, weil sie auf die Geltung des fremden Rechts logisch keinen Einfluß haben. Sie können aber durch Abschlußnormen vorschreiben, daß bestimmte Arbeitsverträge ausschließlich nach deutschem Recht abzuschließen und bei einem Verstoß gegen dieses Gebot wieder aufzulösen sind.[174] Ob dem einzelnen Arbeitnehmer dann wiederum im Hinblick auf § 4 Abs. 3 die Möglichkeit offensteht, eine ihm persönlich günstiger erscheinende ausländische Rechtsordnung zu wählen, richtet sich nach der Geltung des Günstigkeitsprinzips gegenüber Abschlußgeboten und Abschlußverboten; vgl. dazu unten Rnr. 508.

85   Voraussetzung einer kollektivvertraglichen Rechtswahl ist mithin die sachliche Anknüpfung des Arbeitsverhältnisses entweder an den inländischen Ort der Arbeitsleistung oder die Staatsangehörigkeit des Arbeitnehmers. Es gibt keine ubiquitäre Rechtsetzungsbefugnis der deutschen Tarifvertragsparteien. Rechtsfolge ist dann die Geltung des deutschen Arbeitsrechts im allgemeinen und der Tarifvertragsnormen im besonderen – vorausgesetzt, daß deren Tatbestandserfordernisse im übrigen erfüllt sind.

86   b) Das **Tarifvertragsstatut** bezeichnet die Rechtsordnung, die über Voraussetzungen und Wirkungen des Tarifvertrages befindet. Schwierigkeiten bereitet seine Bestimmung nur bei Sachverhalten mit Auslandberührung. Tarifverträge zwischen deutschen Vertragspartnern, die ausschließlich die Regelung von Inlandsarbeit zum Gegenstand haben, unterliegen ohne weiteres dem Tarifvertragsgesetz.

87   aa) **Objektive Anknüpfung.** Das Gesetz enthält keine Vorgaben für die kollisionsrechtliche Beurteilung von Tarifverträgen. Die Art. 27 ff. EGBGB regeln nur die Behandlung von Schuldverträgen; zum Problem der kollektiven Normenverträge hat sich der Gesetzgeber einer Stellungnahme enthalten.[175] Den allgemeinen Grundsätzen des IPR folgend, bestimmt sich das an-

---

[172] Vgl. MünchArbR/*Birk*, § 20, Rnr. 13; *Däubler*, Tarifvertragsrecht, Rnr. 1648; *Junker*, Internationales Arbeitsrecht im Konzern, 1992, S. 437; Kempen/*Zachert*, § 4 TVG, Rnr. 60; *Löwisch*/Rieble, Grundl., Rnr. 67 f.
[173] Vgl. *Basedow*, BerDGesVR 31, 1990, S. 75, 97; *Hauschka*/*Henssler*, NZA 1988, S. 597, 599; *Hergenröder*, AR-Blattei, Tarifvertrag XV, Rnr. 67.
[174] Ebenso *Junker*, Internationales Arbeitsrecht im Konzern, 1992, S. 437.
[175] Reithmann/*Martiny*, Internationales Vertragsrecht, 5. Aufl. 1996, Rnr. 1392.

zuwendende Recht deshalb nach dem Schwerpunkt des Tarifvertrages.[176] Uneinigkeit besteht insoweit nur darüber, nach welchen Kriterien dieser Schwerpunkt zu ermitteln ist. Während die vorherrschende Ansicht auf den Schwerpunkt der Tarifnorm Anwendung, also darauf abstellt, in welchem Staat die überwiegende Zahl der erfaßten Arbeitsverhältnisse zu erfüllen ist[177], ist nach einer anderen Auffassung – dogmatisch überzeugender – der Tarifvertrag selbst zu betrachten.[178] Entscheidend ist danach nicht das tatsächliche Moment der Tarifanwendung, sondern die Vereinbarung der Tarifpartner über den räumlichen Geltungsbereich. Ergänzend sind die Nationalität der Tarifvertragsparteien, die Vertragssprache und der Inhalt der getroffenen Regelungen heranzuziehen. Im Ergebnis werden die beiden Ansichten freilich selten voneinander abweichen. Als Faustregel wird man festlegen dürfen, daß bei Übereinstimmung der Nationalität der Tarifpartner oder bei Übereinstimmung der Nationalität einer Vertragspartei mit dem Schwerpunkt des räumlichen Geltungsbereichs das anzuwendende Recht feststeht. Ein Tarifvertrag, den eine deutsche Gewerkschaft mit einem deutschen Arbeitgeber für die dauerhaft ins Ausland entsandten Arbeitnehmer des Unternehmens schließt, folgt deshalb den Regeln des deutschen Tarifrechts. Entsprechend ist zu entscheiden, wenn zwischen einem ausländischen Arbeitgeber und einer deutschen Gewerkschaft ein Tarifvertrag für die in Deutschland beschäftigten Ortskräfte des Unternehmens zustandekommt.

Die **Reichweite** des Tarifvertragsstatuts umfaßt auch die Tariffähigkeit als Vorbedingung des Vertragsschlusses.[179] Eine nach deutschem Recht – etwa mangels Gegnerfreiheit – nicht tariffähige ausländische Gewerkschaft kann keinen Tarifvertrag nach deutschem Recht eingehen.[180] Die Öffnung des Tarifvertrages für solche Konkurrenz würde eine inhaltliche Modifizierung des Art. 9 Abs. 3 GG bedeuten und kann deshalb nur durch den Gesetzgeber erfolgen.[181] **88**

bb) Subjektive Anknüpfung. Ob die Tarifvertragsparteien das auf den Tarifvertrag anzuwendende Recht wählen können, wird nicht einheitlich beurteilt.[182] § 21 Abs. 4 Satz 2 FlRG setzt eine solche Wahlmöglichkeit zwar **89**

---

[176] Allg. M., vgl. Kempen/*Zachert*, § 4 TVG, Rnr. 58, 60 m.w.N.
[177] *Birk*, in: Festschrift für Günther Beitzke (1979), S, 853 ff.; *Däubler*, Tarifvertragsrecht, Rnr. 1708; *Hauschka/Henssler*, NZA 1988, S. 597, 600; Kempen/*Zachert*, § 4 TVG, Rnr. 58.
[178] *Basedow*, BerDGesVR 31 (1990), S. 93, 95; *Wimmer*, Die Gestaltung internationaler Arbeitsverhältnisse, 1992, S. 53.
[179] MünchArbR/*Birk*, § 20, Rnr. 10; a.A. *Gamillscheg*, Internationales Arbeitsrecht, S. 106 f.; wohl auch *Junker*, Internationales Arbeitsrecht im Konzern, 1992, S. 428.
[180] Vgl. auch für Österreich und die dort auf Arbeitgeberseite tätigen Kammern nach §§ 4, 6 ArbVerfG, bei denen es sich um staatliche Zwangsverbände handelt, *Mayer-Maly*, BB 1988, S. 1677, 1678.
[181] Eine solche Öffnung war vorgesehen, im Entwurf zum FlRG, BT-Drucks. 11/2161, S. 3, wonach es für die Tariffähigkeit einer ausländischen Gewerkschaft ausreichen sollte, daß sie nach den ILO-Standards gebildet worden ist.
[182] Befürwortend *Däubler*, Tarifvertragsrecht, Rnr. 1705; *Friedrich*, RdA 1980, S. 109, 112; *Hergenröder*, AR-Blattei, Tarifvertrag XV, Rnr. 42; *Junker*, Internationales Arbeitsrecht im Konzern, 1992, S. 418 ff.; *Soergel/v. Hoffmann*, Art. 30 EGBGB, Rnr. 13; ablehnend MünchArbR/*Birk*, § 20, Rnr. 9; *Löwisch*/Rieble, Grundl., Rnr. 64; Palandt/*Heldrich*, Art. 30 EGBGB, Rnr. 3: Rechtswahl nur für den schuldrechtlichen

voraus. Es läßt sich jedoch nicht sicher ermitteln, ob die Vorschrift nach dem Willen des Gesetzgebers Bestätigung einer allgemeinen Regel oder Ausnahme vom Grundsatz der Unzulässigkeit einer Wahl des Tarifvertragsstatuts sein soll.

90 Gegen die Anerkennung einer Rechtswahlmöglichkeit spricht, daß der Hauptzweck der Einräumung kollisionsrechtlicher Parteiautonomie, nämlich auf kollisionsrechtlichem Wege eine inhaltliche Gestaltung der Vertragsbeziehungen zu ermöglichen[183], für die Tarifvertragsparteien nicht einschlägig ist: materielle Privatautonomie ist ihnen nur im Rahmen des TVG verliehen.[184] Das geltende Tarifrecht ist zudem Ausfluß tragender Vorstellungen über Staat, Gesellschaft und Verbände; schon deshalb läßt es sich nicht beliebig austauschen.[185] Allerdings sind keine durchgreifenden Bedenken gegen eine klarstellende Bestimmung des Tarifvertragsstatuts durch den Tarifvertragspartner ersichtlich. Wenn es möglich ist, Tarifverträge mit Vertragspartnern anderer Nationalität und für räumliche Geltungsbereiche außerhalb des Bundesgebietes zu schließen, ist es nur sinnvoll, die Entscheidung über das anzuwendende Recht in Zweifelsfällen den Vertragsparteien zu überlassen.[186]

5. Internationale Tarifverträge

91 **a) Begriff.** Unter internationalen Tarifverträgen versteht man Kollektivvereinbarungen, an deren Abschluß Sozialpartner aus verschiedenen Staaten beteiligt sind.[187] Ihre Verbreitung ist bisher spärlich; inhaltlich beschränken sie sich auf Rahmen- und Mitbestimmungsrichtlinien in transnationalen Unternehmensgruppen.[188]

92 **b) Konzerntarifverträge.** In der rechtswissenschaftlichen Literatur sind internationale Tarifverträge vor allem als Mittel zur Vereinheitlichung der Arbeitsbedingungen in multinational tätigen Konzernunternehmen diskutiert worden.[189] Verschiedene Gestaltungsformen sind denkbar:

Teil des Tarifvertrages; *Wimmer*, Die Gestaltung internationaler Arbeitsverhältnisse, 1992, S. 54 ff.
[183] Vgl. Soergel/*v. Hoffmann*, Art. 27 EGBGB, Rnr. 5.
[184] *Wimmer*, Die Gestaltung internationaler Arbeitsverhältnisse, 1992, S. 57.
[185] MünchArbR/*Birk*, § 20, Rnr. 9.
[186] Zur Klarstellungsfunktion von Rechtswahlmöglichkeiten allgemein vgl. Reithmann/*Martiny*, Internationales Vertragsrecht, 5. Aufl. 1996, Rnr. 46; weitergehend *Wimmer*, Die Gestaltung internationaler Arbeitsverhältnisse, 1992, S. 58 f., der eine Rechtswahl schon dann zulassen will, wenn irgendein Auslandsbezug vorliegt.
[187] *Walz*, Multinationale Unternehmen und internationaler Tarifvertrag, 1981, S. 98.
[188] Vgl. *Birk*, in: Festschrift für Günther Beitzke (1979), S. 831, 840; *Hergenröder*, AR-Blattei, Tarifvertrag XV, Rnr. 101 ff.; *Junker*, Internationales Arbeitsrecht im Konzern, 1992, S. 447; *Treu*, in: Liber amicorum Lord Wedderburn (1996), S. 169, 176, mit weiteren Nachweisen; mit der Einführung der europäischen Betriebsräte ist dieses Tätigkeitsfeld weitgehend in die Unternehmen verlagert worden, vgl. dazu *Bachner/Mielenbock*, AuR 1997, S. 129; *Engels/Müller*, Betrieb 1996, S. 981; *Oetker*, Betrieb Beil. 10/96, S. 2.
[189] Vgl. *Birk*, in Festschrift für Günther Beitzke (1979), S. 831, 840; *Junker*, Internationales Arbeitsrecht im Konzern, 1992, S. 447, *Lohmann*, Grenzüberschreitende Firmentarifverträge, 1993, S. 30.

aa) Paralleltarifverträge: Eine Konzernobergesellschaft schließt zugleich 93
im Namen der betroffenen Tochtergesellschaften mit mehreren nationalen
Gewerkschaften gleichlautende Tarifverträge ab.[190] Dabei steht jedem nationalen Unternehmen die zuständige nationale Gewerkschaft gegenüber. Ein
einheitlicher Konzern(haus)tarifvertrag, der *ex lege* für und gegen alle Kon-
zerngesellschaften gelten würde, läßt sich schon für verschiedene deutsche
Tochtergesellschaften, erst recht für abhängige ausländische Unternehmen
nicht bewerkstelligen.[191] Der Konzerntarifvertrag würde einmal die Existenz
eigener Konzernorgane, zum anderen die gesetzliche Abgrenzung des Kon-
solidierungskreises erfordern. Vertretungs- und Weisungsrecht der Konzernobergesellschaft richten sich mithin ebenso nach nationalem Recht wie der
Tarifvertragsabschluß und seine Wirkungen. Die tatsächlich herbeigeführte
Vereinheitlichung von parallel in Kraft gesetzten Tarifverträgen hängt davon
ab, ob und in welchem Umfang zukünftige Änderungen oder Kündigungen
aufeinander abgestimmt sind. Die Vereinheitlichung hängt außerdem davon
ab, in welchem Umfang das zwingende nationale Recht ihr Grenzen setzt.
Auch transnationale Tarifverträge können deshalb zum Beispiel in Deutschland nur für organisierte Arbeitnehmer und nur in den Grenzen der deutschen Tarifautonomie Wirkungen entfalten; sie können einen günstigeren
deutschen Firmentarifvertrag nicht verdrängen.[192]

bb) Konzerntarifvertrag kraft Rechtswahl. Die Einheitlichkeit der Ta- 94
rifgeltung soll hier dadurch hergestellt werden, daß die einzelstaatlichen
Gewerkschaften entweder mit der Muttergesellschaft oder mit den nationalen Tochtergesellschaften gleichlautende Tarifverträge abschließen, die im
Wege der Rechtswahl einem einheitlichen Recht unterstellt werden. Die
grundsätzlichen Bedenken gegen eine freie Wahl des Tarifstatuts sind bereits
oben im Zusammenhang vorgebracht worden; vgl. dazu oben Rnr. 90. Die
Koordinierung paralleler Tarifverträge durch Rechtswahl stößt zudem auf
die Schwierigkeit, daß die übrigen betroffenen Rechtsordnungen die Bildung ausländischer „Exklaven" im nationalen Arbeitsrecht akzeptieren müssen.

cc) Konzern-Einwirkungspflicht. Da eine mittelbare oder unmittel- 95
bare Geltung deutscher Tarifverträge für ausländische Unternehmen, wenn
diese nicht tarifgebunden sind, ausscheidet, hat das Bundesarbeitsgericht
die Geltung eines deutschen Tarifvertrages für die mexikanische Tochtergesellschaft des Goethe-Instituts mit einer „Einwirkungspflicht" der Muttergesellschaft begründet.[193] Diese tarifvertragliche Einwirkungs- hat mit der
üblichen tarifvertraglichen Durchführungspflicht nichts gemein; diese regelt
die verbandsrechtliche Einwirkung auf die Mitglieder, jene soll eine
gesellschaftsrechtliche Einwirkung auf abhängige Gesellschaften begrün-

---

[190] Vgl. zu derart freiwillig zustandegekommenen transnationalen Tarifvereinbarungen *Däubler*, in: Heinemann, Das kollektive Arbeitsrecht in der Europäischen Gemeinschaft, 1991, S. 19; *Stiller*, ZIAS 1991, S. 194, 210; *Wlotzke*, NZA 1990, S. 417, 421.
[191] Vgl. dazu im einzelnen § 2 Rnr. 105 ff.
[192] Ebenso Cass. soc. v. 20. 3. 1980, D. 1980, 526 *(Langlois)* = Droit social 1980,
339 *(Savatier)*.
[193] BAG 11. 9. 1991 AP Nr. 29 zu IPR Arbeitsrecht *(Dütz/Rotter; Arnold)* = AR-
Blattei 340 Nr. 14 *(Hergenröder)*: Goethe-Institut II.

den.[194] Ob eine solche Weisungspflicht in einem Tarifvertrag begründet werden kann, ist keine Frage des Geltungsbereichs des Tarifvertrages, sondern der schuldrechtlichen Verpflichtungen der Tarifvertragsparteien.

6. Europäische Tarifverträge

Schrifttum: *Kurt Biedenkopf,* Die zukünftige Entwicklung des Tarifvertragsrechts in der Europäischen Gemeinschaft, in: Mayer-Maly, Kollektivverträge in Europa, München/Salzburg 1972; *Benedikt Bödding,* Die europarechtlichen Instrumentarien der Sozialpartner, Baden-Baden 1996; *Herbert Buchner,* Die sozialpolitische Entwicklung der Euröpäischen Gemeinschaft im Spannungsfeld von hoheitlicher Regelung und tarifautonomer Gestaltung, RdA 1993, S. 193–203; *Martin Coen,* Die Europäische Dimension der Tarifautonomie nach Maastricht, in: Coen/Hölscheidt/Pieper (Hrsg.), Festschrift für Albert Bleckmann (1993), S. 1–12; *Wolfgang Däubler,* Möglichkeiten und Grenzen europäischer Tarifverträge, in: Heinemann (Hrsg.), Das kollektive Arbeitsrecht in der Europäischen Gemeinschaft, 1991, S. 16–36; *ders.,* Europäische Tarifverträge nach Maastricht, EuZW 1992, S. 329–336; *Gerard Dehove,* Recht und Praxis der Tarifverträge in den sechs Ländern der EWG, Reihe Sozialpolitik Nr. 6, 1963; *Jean-Pierre Dubois,* Multinationale Unternehmen und die Möglichkeiten des Abschlusses internationaler Tarifverträge, AuR 1975, S. 129–142 und 172–175; *Ernst-Gerhard Erdmann,* Europäische Tarifverträge? Sozialer Fortschritt 1963, S. 217–220; *ders.,* Arbeitsrechtliche Aspekte im internationalen Unternehmensverbund, in: Recht und Steuer der internationalen Unternehmensverbindungen (Hrsg. Marcus Lutter), 1972, S. 176–190; *Wolfgang Gitter/Meinhard Heinze,* Das Tarifrecht der S.E., in: Marcus Lutter (Hrsg.), Die Europäische Aktiengesellschaft, 1976, S. 427–438; *Gabriel Guéry,* European collective bargaining and the Maastricht Treaty, Int. Lab. Rev. 131, 1992, S. 581–599; *Hanns Hampe,* Die Harmonisierung der Vorschriften über die Soziale Sicherheit aufgrund der europäischen Verträge, Sozialer Fortschritt 1963, S. 122–124; *Christoph E. Hauschka,* Arbeitsrechtliche Rahmenbedingungen des EG-Binnenmarktes 1992, RIW 1990, S. 81–91; *Wilhelm Herschel,* Grenzüberschreitende Tarifverträge, BB 1962, S. 1255–1258; *Ernst Heynig,* Europäische Tarifverträge? AWD des BB 1968, S. 212–216; *Lothar Hummel,* Tarifvertragsrecht in den Staaten der Europäischen Union, AuA 1994, S. 36–38; *Horst Konzen,* Der europäische Einfluß auf das deutsche Arbeitsrecht nach dem Vertrag über die europäische Union, EuZW 1995, S. 39–50; *Friedrich-Karl Läge,* Europäische Tarifverträge, AWD des BB 1965, S. 145–149; *Rolf Lohmann,* Grenzüberschreitende Firmentarifverträge. Zur Rolle von Tarifverträgen im EG-Binnenmarkt, Baden-Baden 1993; *Gérard Lyon-Caen,* Négociation et convention collective au niveau européen, Revue trimestrielle de droit européen 1973, S. 582–629; *Götz Sadtler,* Europäische Tarifverträge, NJW 1969, S. 962–965; *Franz-Jürgen Säcker,* Arbeits- und Sozialrecht im multinationalen Unternehmensverbindung, in: Lutter (Hrsg.), Recht und Steuer der internationalen Unternehmensverbindungen, 1972, S. 191–205; *Gerhard Schnorr,* Möglichkeiten der Tarifverträge auf europäischer Ebene. Bericht an die EWG-Kommission, 1961 – V/2128/61 –; *ders.,* Rechtsfragen europäischer Tarifverträge, Sozialer Fortschritt 1963, S. 155–162; *ders.,* Die Tarifgeltung als Problem der europäischen Integration, in: Festschrift für H. C. Nipperdey (1965), Bd. II, S. 897–914; *ders.,* Der europäische Tarifvertrag, Bericht an die Kommission, 1969 – V/76, 20/66; *ders.,* Arbeits- und sozialrechtliche Probleme des Gemeinsamen Marktes der Europäischen Gemeinschaften; DRdA 1979, S. 57–62; *Silvana Sciarra,* Collective Agreements in the Hierarchy of European Community Sources, in: European Community Labour Law: Principles and Perspectives, Liber Amicorum Lord Wedderburn of Charlton (1996), S. 189–212; *Spiros Simitis,* Europäisierung oder Renationalisierung des Arbeitsrechts? in: Festschrift für Otto Rudolf Kissel (1994), S. 1097–1120; *Friedhelm Steinberg,* Der Europäische Tarifvertrag, RdA 1971, S. 18–25; *Klaus Peter Stiller,* Europäische Tarifverträge als Instrumente der sozialen Integration der Gemeinschaft, ZIAS 1991, S. 194–222; *Bernhard Tacke,* Tarifvertragsfreiheit und supranationale Tarifverträge, Sozialer Fortschritt 1963, S. 102–106; *Tiziano Treu,* Eu-

---

[194] Vgl. dazu *Buchner,* Betrieb 1992, S. 572, 573.

ropean Collective Bargaining Levels and the Competences of the Social Partners, in: European Community Labour Law: Principles and Perspectives, Liber Amicorum Lord Wedderburn of Charlton (1996), S. 169–187; *Sebastian Graf v. Wallwitz*, Tarifverträge und die Wettbewerbsordnung des EG-Vertrages, Frankfurt am Main 1997; *Rolf Wank*, Arbeitsrecht nach Maastricht, RdA 1995, S. 10–26; *Manfred Weiss*, Die Bedeutung von Maastricht für die EG-Sozialpolitik, in: Festschrift für Albert Gnade (1992), S. 583–596; *ders.*, Der soziale Dialog als Katalysator koordinierter Tarifpolitik in der EG, in: Festschrift für Otto Rudolf Kissel (1994), S. 1253–1268; *Norbert Wimmer*, Die Gestaltung internationaler Arbeitsverhältnisse durch kollektive Normenverträge, Baden-Baden 1992; *Alfred Wisskirchen*, Der Soziale Dialog in der Europäischen Gemeinschaft, in: Festschrift zum 100-jährigen Bestehen des Deutschen Arbeitsgerichtsverbandes (1994), S. 653–677; *Norbert Wimmer*, Die Gestaltung internationaler Arbeitsverhältnisse durch kollektive Normenverträge, Baden-Baden 1992; *Otfried Wlotzke*, EG-Binnenmarkt und Arbeitsrechtsordnung. Eine Orientierung, NZA 1990, S. 417–423; *Hans-Henning Zabel*, Europäische Tarifverträge und gemeinsamer Markt, Sozialer Fortschritt 1958, S. 268–271.

a) Rechtsgrundlagen für ein europäisches Tarifvertragsrecht oder für europäische Tarifabkommen stammen aus verschiedenen Entwicklungsschichten der EU; sie sind deshalb nicht aufeinander abgestimmt.

aa) Tarifvertrag der S.E. Die Kommission der Europäischen Gemeinschaften hat dem Ministerrat in den Siebziger Jahren den Entwurf einer Verordnung über eine Europäische Aktiengesellschaft (S.E.)[195] vorgelegt, der seinerzeit besondere Bestimmungen zur Tariffähigkeit der S.E. enthielt:

Art. 146 (in der Fassung vom 24. Juni 1970): Die Arbeitsbedingungen der Arbeitnehmer der S.E. können durch Tarifvertrag zwischen der S.E. und den in ihren Betriebsstätten vertretenen Gewerkschaften geregelt werden.

Art. 147: 1. Die durch Tarifvertrag geregelten Arbeitsbedingungen gelten unmittelbar und zwingend für alle Arbeitnehmer der S.E., die Mitglied einer am Tarifvertrag beteiligten Gewerkschaft sind.
2. Im Anstellungsvertrag zwischen der S.E. und Arbeitnehmern, für die der Tarifvertrag nicht nach Absatz 1 unmittelbar gilt, kann vorgesehen werden, daß die tarifvertraglichen Arbeitsbedingungen auf das Anstellungsverhältnis unmittelbar Anwendung finden sollen.
Begründung zu Art. 146: Die Vorschrift begründet eine besondere Tariffähigkeit der S.E. Die S.E. ist damit nicht ausschließlich auf die nationalen Tarifvertragssysteme angewiesen, deren Regelungen nur für die Betriebsstätten, die in demselben Mitgliedstaat gelegen sind, gelten. Durch den Abschluß europäischer Tarifverträge können unerwünschte Unterschiede in den Arbeitsbedingungen innerhalb des einheitlichen Unternehmens vermieden werden. Die Tarifverträge können mit den Gewerkschaften abgeschlossen werden, die in den Betriebsstätten der S.E. vertreten sind. Wann diese Voraussetzung vorliegt, bestimmt sich nach dem Recht der Mitgliedstaaten (vgl. Art. 116 Abs. 2).
Begründung zu Art. 147: Absatz 1 schreibt vor, daß die im Tarifvertrag vereinbarten Arbeitsbedingungen die Arbeitsverhältnisse aller organisierten Arbeitnehmer unmittelbar regeln, so daß es einer besonderen vertraglichen Vereinbarung über die Wirksamkeit der tarifvertraglichen Normen für den Einzelvertrag nicht bedarf.
Für diejenigen Arbeitnehmer, die nicht Mitglied einer in der S.E. vertretenen Gewerkschaft sind, können die tarifvertraglichen Vereinbarungen nach Absatz 2 durch Einzelvertrag für anwendbar erklärt werden. Zweck der Vorschrift ist, die Zulässigkeit der einzelvertraglichen Ausdehnung des Geltungsbereichs der Tarifnormen ausdrücklich festzustellen.

---

[195] ABl. EG Nr. C 124 vom 10. 10. 1970, S. 1.

§ 1 98, 99   Inhalt und Form des Tarifvertrages

> **Art. 146** (in der Fassung vom 30. April 1975): 1. (unverändert)
> 2. Die in einem oder mehreren Betrieben der S. E. geltenden günstigeren Bedingungen bleiben unberührt.
>
> **Art. 147:** (unverändert)
> *Begründung zu Art. 146:* Art. 146 über die besondere Tariffähigkeit der S. E. ist auf Wunsch des Europäischen Parlaments um eine Vorschrift erweitert worden, die den Vorrang günstiger Bedingungen in den einzelnen Betrieben der S. E. sicherstellt. Für die Arbeitnehmer soll stets die jeweils günstigere Regelung der Arbeitsbedingungen Anwendung finden.
> *Begründung zu Art. 147:* Der Europäische Gewerkschaftsbund hat sich dagegen ausgesprochen, daß in einem Europäischen Tarifvertrag vereinbarte Arbeitsbedingungen nach Absatz 2 durch den Einstellungsvertrag auf die nicht gewerkschaftlich organisierten Arbeitnehmer erstreckt werden können. Es scheint jedoch nicht möglich, für die beschränkten Zwecke des Statuts für Europäische Aktiengesellschaften in dieser Weise in die Vertragsfreiheit einzugreifen und eine Erstreckung zu verbieten. Eine allgemeine Verbindlichkeit der vereinbarten Arbeitsbedingungen kann aus dieser auf den jeweiligen Anstellungsvertrag abstellenden Regelung nicht hergeleitet werden.

98 Diese Vorschläge werden jedenfalls zur Zeit nicht weiter verfolgt.[196] In dem geänderten Vorschlag für eine VO über das Statut der S. E. vom 25. August 1989[197] sind Vorschriften zur Stellung der Arbeitnehmer ausgeklammert worden. Sie finden sich jetzt im Vorschlag einer Richtlinie zur Ergänzung des S. E.-Statuts hinsichtlich der Stellung der Arbeitnehmer.[198] Dort gibt es in Art. 6 als dritte Variante der Mitbestimmungsmodelle eine – ersichtlich nicht als Tarifvertrag gedachte – Vereinbarung zwischen den Leitungs- oder Verwaltungsorganen der Gründungsgesellschaften und den Arbeitnehmern dieser Gesellschaften, in der die Beteiligung der Arbeitnehmer an den Organen der Gesellschaft festgelegt werden kann. Außerdem enthält Art. 11 eine Restbestimmung für Tarifverträge:

> **Art. 11:** Die Beteiligung der Arbeitnehmer am Kapital oder an den Ergebnissen der S. E. wird im Wege eines Tarifvertrags geregelt, der zwischen dem Leitungs- oder Verwaltungsorgan der Gründungsgesellschaften oder der gegründeten S. E. und den Arbeitnehmern oder ihren Vertretern, die zu Verhandlungen in diesen Gesellschaften ermächtigt sind, ausgehandelt und geschlossen wird.

99   **bb) Rechtsgrundlagen** im primären **EG-Recht.** Der mit der Einheitlichen Europäischen Akte von 1986[199] neu eingefügte Art. 118b EWGV [Art. 139 EGV n. F.] bildet die Grundlage zur Entwicklung europaweiter Tarifverträge:

> **Art. 118 b:** Die Kommission bemüht sich darum, den Dialog zwischen den Sozialpartnern auf europäischer Ebene zu entwickeln, der, wenn diese es für wünschenswert halten, zu vertraglichen Beziehungen führen kann.

---

[196] Zu ihrem Inhalt vgl. *Gitter/Heinze,* Das Tarifrecht der S. E., in: Lutter (Hrsg.), Die Europäische Aktiengesellschaft, 1976, S. 427 ff.
[197] ABl. EG Nr. C 263 vom 16. 10. 1989, S. 41 = KOM (89) 268 endg. = BR-Drucks. 488/89 (dazu *Jürgens,* Betrieb 1990, S. 1145).
[198] ABl. EG Nr. C 263 vom 16. 10. 1989, S. 69 = KOM (89) 268 endg. = BR-Drucks. 488/89; letzte Fassungen des Kommissionsvorschlages ABl. EG Nr. C 138 vom 29. 5. 1991, S. 8 = KOM (91) 174 endg. und vom 7. 4. 1998, RdA 1998, S. 239 ff.
[199] Einheitliche Europäische Akte (EEA) vom 28. 2. 1986, ABl. EG Nr. L 169 vom 29. 6. 1987, S. 1 = BGBl. 1986 II, S. 1102.

Die Vorschrift wird durch die Nummern 11 und 12 der Gemeinschafts- **100**
charta der Sozialen Grundrechte der Arbeitnehmer vom 9. Dezember
1989[200] ergänzt:

Koalitionsfreiheit und Tarifverhandlungen
11. Die Arbeitgeber und Arbeitnehmer in der Europäischen Gemeinschaft haben das Recht, sich zur Bildung beruflicher oder gewerkschaftlicher Vereinigungen ihrer Wahl frei zusammenzuschließen, um ihre wirtschaftlichen und sozialen Interessen zu vertreten. Jedem Arbeitgeber und jedem Arbeitnehmer steht es frei, diesen Organisationen beizutreten oder nicht, ohne daß ihm daraus ein persönlicher oder beruflicher Nachteil erwachsen darf.
12. Die Arbeitgeber und Arbeitgebervereinigungen einerseits und die Arbeitnehmervereinigungen andererseits haben das Recht, unter den Bedingungen der einzelstaatlichen Rechtsvorschriften und Gepflogenheiten Tarifverträge auszuhandeln und zu schließen. Der auszubauende europaweite Dialog zwischen den Sozialpartnern kann, falls sie dies als wünschenswert ansehen, zu Vertragsverhältnissen namentlich auf branchenübergreifender und sektorieller Ebene führen.

Die Förderung des Dialogs zwischen den Sozialpartnern wird schließlich **101**
durch das sog. Abkommen über die Sozialpolitik[201] unterstrichen:

Art. 3: (1) Die Kommission hat die Aufgabe, die Anhörung der Sozialpartner auf Gemeinschaftsebene zu fördern, und erläßt alle zweckdienlichen Maßnahmen, um den Dialog zwischen den Sozialpartnern zu erleichtern, wobei sie für Ausgewogenheit bei der Unterstützung der Parteien sorgt. . . .

Art. 4: (1) Der Dialog zwischen den Sozialpartnern auf Gemeinschaftsebene kann, falls sie es wünschen, zur Herstellung vertraglicher Beziehungen, einschließlich des Abschlusses von Vereinbarungen, führen.
(2) Die Durchführung der auf Gemeinschaftsebene geschlossenen Vereinbarung erfolgt entweder nach den jeweiligen Verfahren und Gepflogenheiten des Sozialpartners und der Mitgliedstaaten oder – in den durch den Art. 2 erfaßten Bereichen – auf gemeinsamen Antrag der Unterzeichnerparteien durch einen Beschluß des Rates auf Vorschlag der Kommission. Sofern nicht die betreffende Vereinbarung eine oder mehrere Bestimmungen betreffend einen der in Artikel 2 Absatz 3 genannten Bereiche enthält und somit ein einstimmiger Beschluß erforderlich ist, beschließt der Rat mit qualifizierter Mehrheit.
Erklärung zu Artikel 4 Absatz 2: Die elf Hohen Vertragsparteien erklären, daß die erste der Durchführungsvorschriften zu den Vereinbarungen zwischen den Sozialpartnern auf Gemeinschaftsebene nach Artikel 4 Absatz 2 die Erarbeitung des Inhalts dieser Vereinbarungen durch Tarifverhandlungen gemäß den Regeln eines jeden Mitgliedstaats betrifft und daß diese Vorschrift mithin weder eine Verpflichtung der Mitgliedstaaten, diese Vereinbarungen unmittelbar anzuwenden oder diesbezügliche Umsetzungsregeln zu erarbeiten, noch eine Verpflichtung beinhaltet, zur Erleichterung ihrer Anwendung die geltenden innerstaatlichen Vorschriften zu ändern.

b) Ermächtigungen für die EG. Zur Auslegung der in ihrem Rechts- **102**
charakter nicht einheitlichen Vorschriften hat sich bisher noch keine allgemeine Ansicht durchgesetzt. Mehrere Einzelfragen sind zu unterscheiden:

aa) Rechtsvereinheitlichung. Aus den genannten Rechtsquellen folgt **103**
eindeutig, daß sie keine Zuständigkeit der EG zur Vereinheitlichung oder

---

[200] KOM (89) 248 endg. = EG-Kommission (Hrsg.), Die Gemeinschaftscharta der sozialen Grundrechte der Arbeitnehmer, in: Stichwort Europa, Nr. 6, 1990.
[201] Abkommen zwischen den Mitgliedstaaten der Europäischen Gemeinschaft mit Ausnahme des Vereinigten Königreichs Großbritannien und Nordirland über die Sozialpolitik vom 12. Februar 1992, BGBl. 1992 II, S. 1314; in Zukunft Artt. 136 ff. EGV n. F.

auch nur Harmonisierung der Tarifvertragsrechte der Mitgliedstaaten enthalten können oder wollen. Art. 118 b EGV und Art. 4 Abkommen über die Sozialpolitik gingen von grenzüberschreitenden Sachverhalten aus und behandelten allenfalls europäisches Tarifvertragsrecht. Eine Zuständigkeit zur Vereinheitlichung des nationalen Tarifvertragsrechtes könnte sich also heute nur aus den allgemeinen Vorschriften der Art. 137–139 oder 308 EGV n. F. herleiten lassen.[202] Auch diese Vorschriften müssen jedoch mit dem die Zuständigkeit für das Koalitions- und das Arbeitskampfrecht – und damit wohl auch für das gesamte Tarifvertragsrecht – ausdrücklich verneinenden Art. 137 Abs. 6 EGV n. F. abgestimmt werden. Die Generalklausel des Art. 308 EGV n. F. tritt gegenüber der später ausdrücklich vorgenommenen Einschränkung der Zuständigkeit der EG zurück.

104 bb) Europäisches Tarifvertragsrecht. Der EG-Vertrag enthält sich nicht nur einer Grundlage zur Harmonisierung des nationalen Rechts von Koalitionen und Kollektivvereinbarungen, er sieht auch von einer Ermächtigung zum Erlaß eines eigenständigen europäischen Tarifvertragsrechtes ab.[203] Ob man Art. 4 Abs. 2 des Sozial-Abkommens [Art. 139 EGV n. F.] eine Ermächtigung zur Schaffung supranationalen Tarifvertragsrechtes entnehmen kann, ist noch nicht geklärt. Art. 4 Abs. 1 des Sozial-Abkommens [Art. 139 EGV n. F.] bejaht zwar eindeutig die Möglichkeit supranationaler Kollektivvereinbarungen selbst;[204] vgl. dazu sogleich Rnr. 106. Ob sich eine „Vereinbarung" nach Art. 4 des Sozial-Abkommens [Art. 139 EGV n. F.] – deren Inhalt weiterreichen kann, als der eines europäischen Tarifvertrages – auch auf Gegenstände des Koalitions- oder Tarifvertragsrechtes erstrecken kann, ist zweifelhaft; die für den Fremdvollzug notwendige Zuständigkeit der Kommission wird mit dem Verweis auf die Angstklausel des Art. 2 Abs. 6 Sozial-Abkommens [Art. 137 EGV n. F.] gerade ausgeschlossen. Dieser Vorbehalt kann auch durch einen gemeinsamen Antrag der Sozialpartner nicht überwunden werden. Gerade für die zentralen Sachbereiche des Tarifvertragsrechts wie Arbeitsentgelt, Koalitions- und Arbeitskampfrecht können sich die Sozialpartner der Gemeinschaftsorgane nicht bedienen. Die zweite Schiene der Rechtsdurchsetzung, nämlich die Durchführungszuständigkeit nach den Regeln des jeweiligen Mitgliedstaates, kommt für ein europäisches Koalitions- und Tarifvertragsrecht der Sache nach nicht in Betracht.

Unberührt bleibt die Befugnis der Kommission, Verfahrensvorschriften zur Entwicklung und Durchführung des sozialen Dialogs nach Art. 3 des Sozial-Abkommens [Art. 138 EGV n. F.] zu erlassen.[205] Daneben könnte die

---

[202] Vgl. dazu allg. MünchArbR/*Birk*, § 18, Rnr. 28 ff.
[203] H. M.; *Buchner*, RdA 1993, S. 193, 200; *Däubler*, EuZW 1992, S. 329, 331; *Hergenröder*, AR-Blattei, Tarifvertrag XV, Rnr. 23; *Junker*, Internationales Arbeitsrecht im Konzern, 1992, S. 450; *Kempen/Zachert*, § 4 TVG, Rnr. 83 f.; *Wank*, RdA 1995, S. 10, 18 ff.; *Wimmer*, Die Gestaltung internationaler Arbeitsverhältnisse, 1992, S. 88; *Wlotzke*, NZA 1990, S. 417, 421; abw. Grabitz/Langenfeld/Jansen, Art. 118 b EWG-Vertrag, Rnr. 2; *Hauschka*, RIW 1990, S. 81, 89; *Schnorr*, RdA 1981, S. 347.
[204] *Sciarra*, in: Liber Amicorum Lord Wedderburn (1996), S. 189, 199; *Treu*, in: Liber Amicorum Lord Wedderburn (1996), S. 169, 173.
[205] *Pipkorn*, in: Groeben/Thiesing/Ehlermann, Kommentar zum EWG-Vertrag, 4. Aufl. 1991, Art. 118 b EWGV, Rnr. 19.; umfassend zum sozialen Dialog: *Bödding*, Die europarechtlichen Instrumentarien der Sozialpartner, 1996.

Zuständigkeit zum Erlaß eines europäischen Tarifvertragsrechtes oder eines europäischen Tarifvertragsstatuts zur Zeit nur aus Art. 235 EGV [Art. 308 EGV n. F.] abgeleitet werden, wenn man der EG allgemein eine Zuständigkeit zur Vereinheitlichung der Sozialpolitik oder wenigstens zur Angleichung des kollektiven Arbeitsrechts entnehmen könnte. Das ist, wie dargelegt, seit der Konkretisierung im Sozial-Abkommen aber nicht mehr möglich; vgl. Rnr. 103.

c) **Ermächtigungen** für die **Sozialpartner.** Art. 4 Abs. 1 des Abkommens über die Sozialpolitik begründet die Zuständigkeit der Sozialpartner auf Gemeinschaftsebene zum Abschluß von „Vereinbarungen". Nach der Protokollerklärung handelt es sich um „Vereinbarungen durch Tarifverhandlungen"; es sollen damit den Sozialpartnern also autonome Regelungsbefugnisse eingeräumt werden, die von den Beschränkungen des Art. 2 Abs. 6 ausgenommen sind.[206] Der verschiedentlich erhobene Einwand, es fehle an organisatorischen Vorschriften für Voraussetzungen und Durchführung eines europäischen Tarifvertrages, könnte nur dazu führen, daß eine vorhandene Rechtsetzungsbefugnis zur Zeit noch nicht ausgeübt werden kann. Das Europäische Parlament hat jedoch in der Zwischenzeit Voraussetzungen für die Qualifizierung als Sozialpartner aufgestellt. Um im Rahmen des Art. 3 des Abkommens über die Sozialpolitik angehört zu werden, müssen die beteiligten Verbände folgende Bedingungen erfüllen[207]:

– Sie müssen auf europäischer Ebene organisiert sein,
– sie müssen sich aus Organisationen zusammensetzen, die in dem jeweiligen Mitgliedstaat als Sozialpartner anerkannt sind, oder nach den Gepflogenheiten der jeweiligen Mitgliedstaaten in Konsultationen einbezogen werden,
– sie sollen nach Möglichkeit in den meisten Mitgliedstaaten vertreten sein,
– sie müssen sich aus Arbgeb. oder ArbNorganisationen zusammensetzen,
– ihre Mitgliedsverbände müssen das Recht haben, sich direkt oder über ihre Mitglieder an den Tarifverhandlungen auf ihrer jeweiligen Ebene zu beteiligen,
– sie müssen über ein Mandat ihrer Mitglieder zu deren Vertretung im Rahmen des gemeinschaftlichen sozialen Dialogs verfügen und ihre Repräsentativität nachweisen.
Diese Organisationen können dem privaten oder öffentlichen Sektor angehören und können sich auf die spezifischen Probleme der ArbN und Arbgeb. in Klein- und Mittelbetrieben oder Branchen spezialisiert haben.

Damit sind die organisatorischen Hindernisse für das Zustandekommen von Vereinbarungen der Sozialpartner jedenfalls teilweise aus dem Weg geräumt. Sobald entsprechende Voraussetzungen der Tariffähigkeit anerkannt werden, können auch Vereinbarungen der Sozialpartner abgeschlossen werden.

---

[206] Zur Entstehungsgeschichte vgl. *Coen,* in: Festschrift für Albert Bleckmann (1993), S. 1, 5, 6: Schaffung tarifvertraglicher Beziehungen auf europäischer Ebene; abw. *Bödding,* Die europarechtlichen Instrumentarien der Sozialpartner, 1996, S. 70 ff.; allgemein zum Abkommen über die Sozialpolitik *Bödding,* Die europarechtlichen Instrumentarien der Sozialpartner, 1996, S. 28 und passim; *Buchner,* RdA 1993, S. 193; *Däubler,* EuZW 1992, S. 329; *Kempen/Zachert,* § 4 TVG, Rnr. 84; *Weiss,* in: Festschrift für Gnade (1992), S. 583; *ders.,* in: Festschrift für Kissel (1994), S. 1253; *Wimmer,* Die Gestaltung internationaler Arbeitsverhältnisse, 1992, S. 94.

[207] Entschließung des Europäischen Parlaments v. 7. 6. 1994 zur Anwendung des Protokolls über die Sozialpolitik, BT-Drucksache 12/7796, S. 3; z. T. abw. *Bödding,* Die europarechtlichen Instrumentarien der Sozialpartner, 1996, S. 83 ff.

106 Zur **Durchführung** von auf Gemeinschaftsebene geschlossenen Vereinbarungen stellt Art. 4 Abs. 2 des Sozial-Abkommens [Art. 139 EGV n. F.] zwei Verfahren zur Verfügung, entweder (1) nach den jeweiligen Verfahren und Gepflogenheiten der Sozialpartner und der Mitgliedsstaaten oder (2) auf gemeinsamen Antrag der Unterzeichnungsparteien durch einen Beschluß des Rates auf Vorschlag der Kommission.

– Nach der *ersten* Alternative wirkt die gemäß Art. 4 Abs. 1 Sozial-Abkommen geschlossene schuldrechtliche Vereinbarung zwischen den Sozialpartnern auf Gemeinschaftsebene nicht unmittelbar, etwa wie eine Verordnung nach Art. 189 Abs. 2 EGV [Art. 249 Abs. 2 EGV n. F.], als allgemein geltendes Recht; die Wirkung *extra partes* richtet sich vielmehr nach dem Recht der jeweiligen Mitgliedstaaten. Die europäischen Sozialpartner sind also darauf angewiesen, daß ihre Vorgabe von den nationalen Tarifvertragsparteien oder den Mitgliedstaaten durchgeführt wird.[208] Für das nationale Recht der Mitgliedstaaten bedeutet dies praktisch, daß die zuständigen Tarifvertragsparteien den Inhalt der europäischen Vereinbarung in einem deutschen „Ausführungstarifvertrag" wiederholen und soweit notwendig zur Durchführung ergänzen. Die Verpflichtungen der Tarifvertragsparteien und die normativen Wirkungen orientieren sich ausschließlich am nationalen Recht, dessen sich Art. 4 Abs. 2 des Sozial-Abkommens ausdrücklich bedient. An die auf gemeinschaftlicher Ebene geschlossene Vereinbarung sind nur die an deren Abschluß beteiligten europäischen Sozialpartner gebunden; eine rechtliche Bindung der Sozialpartner auf mitgliedstaatlicher Ebene oder gar der Mitgliedstaaten besteht nicht.[209] Den auf Gemeinschaftsebene auftretenden Sozialpartnern fehlt – jedenfalls zur Zeit – das Mandat, um die mitgliedstaatlichen Sozialpartner zur Umsetzung der geschlossenen Vereinbarungen zu verpflichten.[210] Daß die Mitgliedstaaten keine Pflicht zur Umsetzung der Vereinbarung mit normativer Wirkung trifft,[211] ergibt sich bereits aus der Erklärung zu Art. 4 Abs. 2 1. Alt. Sozial-Abkommen, die zwar an sich nicht rechtlich verbindlich ist, aber als Auslegungsmittel mit empfehlendem Charakter herangezogen werden kann.[212] Vereinbarungen, die nach Art. 4 Abs. 2 1. Alt. Sozial-Abkommen durchgeführt werden, dienen daher lediglich der Koordinierung der Tarifvertragsabschlüsse in den Mitgliedstatten; ihnen kommt der Charakter als *gentlemenagreement* zu.[213] Zwar ist der EuGH gemäß Art. 177 EGV [Art. 234 EGV n. F.] auch für die Auslegung unverbindlicher auf gemeinschaftsrechtlicher Grundlage

---

[208] Vgl. *Bödding,* Die europarechtlichen Instrumentarien der Sozialpartner, 1996, S. 99 ff.
[209] *Konzen,* EuZW 1995, S. 39, 43, 47; *Weiss,* in: Festschrift für Kissel (1994), S. 1253, 1264; *ders.,* in: Festschrift für Gnade (1992), S. 583, 595.
[210] Vgl. ausführlich *Buchner,* RdA 1993, S. 193, 200 f.; *Däubler,* EuZW 1992, S. 329, 334; *Konzen,* EuZW 1995, S. 39, 47; *Langenfeld,* in: Grabitz/Hilf, Kommentar zur Europäischen Union, 10. Ergänzungslieferung, 1996, Art. 4 Nach Art. 122 EGV, Rnr. 2; *Weiss,* in: Festschrift für Kissel (1994), S. 1253, 1257.
[211] Vgl. *Buchner,* RdA 1993, S. 193, 201.
[212] Vgl. *Wank,* RdA 1995, S. 10, 20.
[213] *Sciarra,* in: Liber Amicorum Lord Wedderburn (1996), S. 189, 201; *Weiss,* in: Festschrift für Gnade (1992), S. 583, 593.

ergangener Rechtsakte zuständig,²¹⁴ wenn man die schuldrechtliche Vereinbarung der Sozialpartner auf Gemeinschaftsebene als zulässigen Auslegungsgegenstand anerkennen will (zweifelhaft).²¹⁵ Die Auslegung kann die Mitgliedstaaten und mitgliedstaatlichen Sozialpartner aber nicht stärker binden als der Auslegungsgegenstand selbst. Mit diesem Verfahren könnte die einheitliche Geltung der Vereinbarung in den Mitgliedstaaten somit nicht sichergestellt, möglicherweise aber gefördert werden.

– In der *zweiten* Alternative wird die Vereinbarung, soweit sie nach Art. 2 Abs. 6 des Sozial-Abkommens [Art. 137 EGV n. F.] überhaupt zulässig ist, durch einen Beschluß des Rates auf Vorschlag der Kommission durchgeführt. Unklar ist die Rechtsnatur eines solchen „Beschlusses". Die Auslegung wird dadurch erschwert, daß in den verschiedenen authentischen Sprachfassungen (vgl. Art. 248 EGV; [Art. 314 EGV n. F.]) ihrem Gehalt nach unterschiedliche Ausdrücke verwendet werden. In der englischen, französischen, italienischen, spanischen und portugiesischen Fassung wird derselbe Begriff wie „Entscheidung" im Sinne des Art. 189 Abs. 4 EGV [Art. 249 Abs. 4 EGV n. F.] benutzt, während im dänischen, deutschen und niederländischen Text der Bergiff des „Beschlusses" zu finden ist.²¹⁶ Eine Parallelinterpretation zur Allgemeinverbindlicherklärung nach § 5 des Gesetzes scheidet aus.²¹⁷ Eine Allgemeinverbindlicherklärung setzt einen wirksamen Tarifvertrag voraus, der in seinem Anwendungsbereich erweitert wird, während der Ratsbeschluß den „tarifvertragsähnlichen Charakter" der Vereinbarung erst begründen soll.²¹⁸ Im übrigen werden in der Literatur unterschiedliche Auslegungen vertreten. Einige Autoren sind der Ansicht, daß der „Beschluß" ein einer Entscheidung im Sinne des Art. 189 Abs. 4 EGV sehr „ähnlicher" Rechtsakt sei, fähig unmittelbare Geltung für die Normadressaten (Mitgliedstaaten und die in den Mitgliedstaaten Betroffenen) zu erlangen.²¹⁹ Andere wollen die Wahl der konkreten Form des Beschlusses, ob Verordnung, Richtlinie, Entscheidung oder „unbenannter" Beschluß, dem Rat überlassen und diesem dadurch größere Flexibilität einräumen.²²⁰ Einer letzten

---

²¹⁴ EuGH 15. 6.1976, Slg. 1976, S. 983, 993: Frescassetti; EuGH 13. 12. 1989, Slg. 1989, S. 4407, 4419: Grimaldi; EuGH 21. 1. 1993, Slg. 1993 I, S. 363, 388: Deutsche Shell.
²¹⁵ Ablehnend: *Sciarra*, in: Liber Amicorum Lord Wedderburn (1996), S. 189, 201.
²¹⁶ Vgl. *Däubler*, EuZW 1992, S. 329, 334 Fn. 57; *Kempen/Zachert*, § 4 TVG, Rnr. 86.
²¹⁷ So aber: *Dötsch*, AuA 1998, S. 262. *Langenfeld*, in: Grabitz/Hilf, Kommentar zur Europäischen Union, 10. Ergänzungslieferung, 1996, Art. 4 Nach Art. 122 EGV, Rnr. 6; *Wimmer*, Die Gestaltung internationaler Arbeitsverhältnisse durch kollektive Normenverträge, 1992, S. 95.
²¹⁸ *Kempen/Zachert*, § 4 TVG, Rnr. 84.
²¹⁹ *Heinze*, ZfA 1992, S. 331, 338; *ders.*, in: Festschrift für Kissel (1994), S. 363, 382; *Schulz*, Sozialer Fortschritt 1992, S. 79, 82.
²²⁰ *Blainpain/Engels*, European Labour Law, 1997, S. 119; *Bödding*, Die europarechtlichen Instrumentarien der Sozialpartner, 1996, S. 122f.; *Däubler*, EuZW 1992, S. 329, 334; *Konzen*, EuZW 1995, S. 39, 48; *Langenfeld*, in: Grabitz/Hilf, Kommentar zur Europäischen Union, 10. Ergänzungslieferung, 1996, Art. 4 Nach Art. 122 EGV, Rnr. 7.

Auffassung zufolge muß der Beschluß nach Systematik, Sinn und Zweck des Art. 4 Abs. 2 des Sozial-Abkommens Richtliniencharakter haben.[221]

107 *Stellungnahme:* Eine Auslegung muß die sich aus den unterschiedlichen Interpretationsmöglichkeiten ergebenden Konsequenzen bedenken. Nur wenn der „Beschluß" zur unmittelbaren Anwendbarkeit der „Vereinbarung" in den Mitgliedstaaten führt (Verordnung, Entscheidung), kann diese normative Wirkungen entfalten. Lediglich in diesem Fall weist die Vereinbarung der Sozialpartner auf Gemeinschaftsebene in Verbindung mit dem Beschluß überhaupt „tarifvertragsähnliche" Züge auf. In Ermangelung eines europäischen Tarifvertragsrechtes (vgl. oben Rnr. 104), würde die Vereinbarung aber wie ein Fremdkörper im nationalen Recht wirken. Konflikte mit den mitgliedstaatlichen Rechtsordnungen wären vorprogrammiert, da in den Mitgliedstaaten das kollektive Arbeitsrecht unterschiedlich ausgestaltet ist.[222] Demgegenüber ermöglicht eine „Beschlußfassung in Richtlinienform" eine sachgerechte Integration in die nationalen Rechtsordnungen. Ob zu einem späteren Zeitpunkt das Gemeinschaftsrecht so weit fortgeschritten ist, daß auch andere Handlungsformen in Betracht kommen, muß hier dahinstehen. Damit fehlen den europäischen Verbänden zur Zeit zwar die rechtlichen Voraussetzungen zum Abschluß europäischer Tarifverträge.[223] Den „übernommenen" Vereinbarungen wird aber zumindest insoweit normative Wirkung zukommen, als eine Umsetzung mittels Richtlinie auch Auswirkungen auf die Bürger der Mitgliedstaaten hat.[224] Davon zu trennen ist die Frage, ob der Vereinbarung der „tarifvertragsähnliche" Charakter bereits deshalb abzusprechen ist, weil sie jedenfalls einer Umsetzung durch den gemeinschaftlichen und/oder nationalen Gesetzgeber bedarf und daher nicht mehr als autonom gesetztes Recht betrachtet werden kann.[225] Die einheitliche Geltung des europäischen Rechts wird gemäß Art. 177 EGV durch den EuGH gesichert. Die bisherige Praxis der Gemeinschaft bestätigt soweit ersichtlich eine solche Auslegung des Art. 4 Abs. 2 2. Alt. des Sozial-Abkommens. Der Rat hat am 3. 6. 1996 eine Richtlinie zu der von UNICE (Union des Conféderations de l'Industrie et des Employeurs d'Europe; Europäische Vereinigung der Industrie- und Arbeitgeberverbände), CEEP (Centre Européen de l'Entreprise Public; Europäischer Zentralverband der öffentlichen Wirtschaft) und EGB (Europäischer Gewerkschaftsbund) beschlossenen Rahmenvereinbarung über Elternurlaub er-

---

[221] *Blank,* in: Festschrift für Gnade (1992), S. 649, 654; *Buchner,* RdA 1993, S. 193, 201; *Kempen,* Kritische Vierteljahresschrift 1994, S. 13, 48 f.; *Krimphove,* Europäisches Arbeitsrecht,1997, S. 267; *Wank,* RdA 1995, S. 10, 20; *Wißmann,* RdA 1999, Heft 1.
[222] Aufzählungen der rechtlichen und faktischen Schwierigkeiten bei der Schaffung europäischer Tarifverträge bei *Hartlange-Laufenberg,* RIW 1992, S. 873, 877; *Weiss,* in: Festschrift für Kissel (1994), S. 1253, 1254 ff.
[223] *Blank,* in: Festschrift für Gnade (1992), S. 649, 655; *Däubler,* EuZW 1992, S. 329; *Kempen/Zachert,* § 4 TVG, Rnr. 84; *Langenfeld,* in: Grabitz/Hilf, Kommentar zur Europäischen Union, 10. Ergänzungslieferung, 1996, Art. 4 Nach Art. 122 EGV, Rnr. 2; *Wank,* RdA 1995, S. 10, 20; *Wisskirchen,* in: Festschrift zum 100jährigen Bestehen des Deutschen Arbeitsgerichtsverbandes (1994), S. 653, 675; *Wlotzke,* NZA 1990, 417, 421; a.A.: *Heinze,* in: Festschrift für Kissel (1994), S. 363, 381.
[224] *Wank,* RdA 1995, S. 10, 20.
[225] Vgl. Kempen/Zachert, § 4 TVG, Rnr. 84.

lassen.[226] Am 6. 6. 1997 haben UNICE, CEEP und EGB eine Rahmenvereinbarung über Teilzeit geschlossen und der Kommission gemäß Art. 4 Abs. 2 des Sozial-Abkommens einen Antrag auf Durchführung der Vereinbarung durch Beschluß des Rates übermittelt. Diesen hat die Kommission aufgegriffen und in einer Richtlinie[227] für verbindlich erklärt. Die Betriebsräterichtlinie kann nicht als Beleg herangezogen werden, da hier nicht das Verfahren des Art. 4 Abs. 2 des Sozial-Abkommens angewendet wurde[228]; das gleiche gilt für die Richtlinie über die Beweislast bei Diskriminierungen aufgrund des Geschlechts.[229]

II. Persönlicher Geltungsbereich

Schrifttum: *Bernard Bischoff/Ulrich Hammer,* Grundfragen des kirchlichen Arbeitsrechts, AuR 1995, S. 161–168; *Wolfgang Däubler,* Der Streik im öffentlichen Dienst, Tübingen 1970; *Peter Hanau,* Die Bedeutung des Art. VIII 2. BesVNG für Tarifverträge zur Regelung der Arbeitsverhältnisse von Dienstordnungs-Angestellten der Sozialversicherungsträger, Rechtsgutachten, 1978; *Wolf Klimpe-Auerbach,* Die Grundordnung des kirchlichen Dienstes im Rahmen kirchlicher Arbeitsverhältnisse, AuR 1995, S. 170–177; *Peter Lerche,* Verbeamtung als Verfassungsauftrag, 1973; *Johannes Pieck,* Das Rechtsverhältnis der dienstordnungsmäßigen Krankenkassenangestellten, RdA 1966, S. 307–312; *Harro Plander,* Die Zulässigkeit beamtenrechtlicher Vereinbarungen als Verfassungsproblem, Personalrat 1992, S. 81–89; *ders.,* Die beamtenrechtliche Vereinbarungsautonomie. Die Reform der beamtenrechtlichen Beteiligung als Verfassungsproblem, Baden-Baden 1991; *Reinhard Richardi,* Arbeitsrecht in der Kirche, 2. Aufl. München 1992; *ders.,* Der Dritte Weg der Kirchen im kollektiven Arbeitsrecht, ZTR 1994, S. 99 -103; *W. Weber,* Die Rechtsstellung der Dienstordnungsangestellten der Sozialversicherungsträger, ZBR 1955, S. 129–134.

Von den Tarifvertragsparteien können nur *private Arbeitsverhältnisse* zwischen Arbeitgeber und Arbeitnehmer geregelt werden. Öffentlichrechtlich geordnete Dienstverhältnisse oder Rechtsverhältnisse zwischen anderen Personen, z.B. zwischen mehreren Arbeitgebern oder mehreren Arbeitnehmern, unterliegen nicht ihrer Zuständigkeit.

1. Beamte und Dienstordnungs-Angestellte

a) Beamte. Das öffentlich-rechtliche Dienstverhältnis zwischen dem Staat und dem Beamten stellt nach ganz überwiegender Ansicht kein Arbeitsverhältnis im Sinne des § 1 Abs. 1 des Gesetzes dar; Tarifverträge können dafür nicht abgeschlossen werden.[230] Forderungen *de lege ferenda,* das Besoldungs-

---

[226] Richtlinie 96/34/EG des Rates vom 3. 6. 1996, ABL. EG Nr. L 145/4.
[227] Richtlinie 97/81/EG vom 15. 12. 1997; ABl. EG Nr. L 14/9; *Dötsch,* AuA 1998, S. 262.
[228] Richtlinie 94/45/EG des Rates vom 22. 9. 1994, Abl. EG Nr. L 254/64; vgl. auch *Wimmer,* DB 1994, S. 2134, 2135.
[229] Richtlinie 97/80/EG des Rates vom 15. 12. 1997, Abl. EG Nr. L 14/6.
[230] BAG 19. 6. 1974 AP Nr. 3 zu § 3 BAT *(H. Weber):* Keine Rechtsetzungsbefugnis für schulische Gewaltverhältnisse; ebenso Hueck/*Nipperdey,* Arbeitsrecht II 1, § 15 II 1, S. 244; *Löwisch*/Rieble, § 1 TVG, Rnr. 28; abw. *Däubler,* Tarifvertragsrecht, Rnr. 325, 497; *Plander,* PersR 1992, S. 81.

recht der Beamten tarifvertraglichen Abreden zu öffnen[231], haben sich bisher nicht durchgesetzt.

110 **b) Dienstordnungs-Angestellte** sind Angestellte, deren Arbeitsverhältnis unmittelbar durch eine öffentlich-rechtliche Dienstordnung gestaltet wird. Die Befugnis dazu ist den Sozialversicherungsträgern in den §§ 33f, 29 Abs. 3, 4 SGB IV, §§ 351–358 und 690–701 RVO eingeräumt. Bis 1938 besaßen die Träger der Sozialversicherung keine Dienstherrenfähigkeit, waren deshalb auch nicht berechtigt, Beamtenstellen einzurichten und Beamte zu beschäftigen. Ihre Bediensteten, die gemäß ihrer Verantwortung und gemäß der Art ihrer Tätigkeit bei einer Körperschaft des öffentlichen Rechts mit Dienstherreneigenschaft zu Beamten ernannt worden wären, erhielten daher den Sonderstatus von Dienstordnungs-Angestellten, für den eine Annäherung an das Beamtenverhältnis charakteristisch ist.[232] Seitdem sind die Dienstordnungs-Angestellten zwar privatrechtliche Arbeitnehmer, ihre Rechte und Pflichten sind aber denjenigen von Beamten weitgehend angeglichen. Die Bedeutung der Dienstordnungen ist rückläufig.

111 aa) Die **Dienstordnung** ist **Satzung**. Sie wird von einer Körperschaft des öffentlichen Rechts im eigenen Namen aufgrund der gesetzlichen Ermächtigung erlassen; vgl. die §§ 33f, 29 Abs. 3, 4 SGB IV, §§ 351–358 und 690–701 RVO. Es handelt sich um autonomes Satzungsrecht, mit dem die öffentliche Körperschaft ihre eigenen Angelegenheiten regeln kann.[233] Die Autonomie der Sozialversicherungsträger ist allerdings dadurch eingeschränkt, daß gewisse Verfahrensregeln für das Zustandekommen der Dienstordnungen zwingend vorgeschrieben sind und daß die einzelne Dienstordnung überdies zu ihrer Wirksamkeit der Genehmigung der in den Bundesländern dafür bestimmten Aufsichtsbehörde bedarf.

112 bb) Dienstordnungs-Angestellte sind **Arbeitnehmer**.[234] Die gegenteilige Ansicht dahingehend, es handele sich um beamtenähnliche öffentlichrechtliche Rechtsverhältnisse[235] wurde von der Rechtsprechung nicht übernommen; sie wird im Schrifttum heute auch nicht mehr vertreten. Für die Dienstordnungs-Angestellten können deshalb Tarifverträge abgeschlossen werden; als Arbeitnehmer gehören sie zum Geltungsbereich des Gesetzes.[236]

---

[231] Vgl. dafür *Thieme*, Gutachten zum 48. DJT 1970, Bd. I, S. D 43; *Schäfer*, Referat zum 48. DJT 1970, Bd. II, S. O 18; dagegen *Quaritsch*, Referat zum 48. DJT 1970, Bd. II, S. O 46, 47.
[232] Vgl. *Lerche*, Verbeamtung als Verfassungsauftrag, 1973, S. 9, 10.
[233] BAG 11. 11. 1971 AP Nr. 31 *(Siebeck)*, BAG 8. 1. 1976 AP Nr. 45 *(Salzhuber)*, BAG 25. 4. 1979 AP Nr. 49 *(Reichel/Stuzky)* und BAG 5. 3. 1980 AP Nr. 50 *(Stuzky)* zu § 611 BGB DO-Angestellte.
[234] Allg. Ansicht; vgl. RGZ 114, S. 22, 24; 117, S. 415, 417; RAG, ARS 5, S. 421, 424; 15, S. 282; sowie die ständige Rechtsprechung des Bundesarbeitsgerichts; BAG 16. 5. 1955 AP Nr. 1, 25. 4. 1979 AP Nr. 49 *(Reichel/Stuzky)*, 25. 5. 1982 AP Nr. 53 *(Stuzky)*, 25. 6. 1987 AP Nr. 64 *(Kaiser)* und 28. 1. 1988 AP Nr. 67 zu § 611 BGB DO-Angestellte; *Brackmann*, Handbuch der Sozialversicherung I 1, S. 166; *Säcker/Oetker*, ZfA 1987, S. 95, 96 mit weiteren Nachweisen.
[235] So *Pieck*, RdA 1966, S. 307, 311; *Weber*, ZBR 1955, S. 129.
[236] BAG 25. 4. 1979 AP Nr. 49 *(Reichel/Stuzky)*; BAG 26. 9. 1984 AP Nr. 59 *(Stuzky)* zu § 611 BGB DO-Angestellte; *Däubler*, Tarifvertragsrecht, Rnr. 396; *Kempen/Zachert*, Grundl., Rnr. 288; *Säcker*, AR-Blattei, Tarifvertrag I C VII 1.

cc) **Verhältnis** zwischen Tarifvertrag und Dienstordnung. Nach herrschender Meinung gehen die Dienstordnungen der Sozialversicherungsträger, soweit sie auf das jeweilige Beamtenrecht verweisen, einschlägigen Tarifverträgen als abschließend zwingende staatliche Regelung vor.[237] Dafür gibt es im wesentlichen zwei Begründungen. Nach den §§ 357 Abs. 3, 701 Abs. 2 RVO regeln Dienstordnungen das Beschäftigungsverhältnis abschließend und zwingend. Dienstordnungswidrige Bestimmungen im Individualarbeitsvertrag sind nichtig; das Günstigkeitsprinzip wird damit ausgeschlossen. Mit der im Gesetz zum Ausdruck gekommenen Absicht, Dienstordnungs-Angestellten einen beamtenähnlichen Status zu verleihen, dafür aber die Arbeitsbedingungen abschließend zu regeln, ist eine konkurrierende Geltung von Tarifverträgen nicht vereinbar, was von der im Schrifttum abweichenden Meinung vernachlässigt wird. Außerdem unterliegt die Aufstellung der Dienstordnung der haushaltsrechtlichen Genehmigung. Diese Staatsaufsicht würde ihren Sinn verlieren, wenn eine tarifliche Regelung Vorrang hätte, denn die Dienstordnung könnte dann durch einen von der Aufsichtsbehörde nicht kontrollierten Kollektivvertrag geändert werden. 113

Diese Rechtsauffassung verstößt auch nicht gegen Art. 9 Abs. 3 GG.[238] Wenn es mit der Verfassung vereinbar ist, Beamte aus dem Geltungsbereich des Gesetzes auszunehmen, weil ihre Arbeitsbedingungen gemäß Art. 33 Abs. 5 GG abschließend hoheitlich geregelt werden, muß dies auch für Dienstordnungs-Angestellte jedenfalls insoweit gelten, als sie durch Bezugnahme dem Beamtenrecht unterworfen werden. Dadurch wird die Tarifautonomie der Gewerkschaften nicht „erdrosselt".[239] Das Interesse der Allgemeinheit an der Vereinheitlichung des öffentlichen Dienstes und an einer sparsamen Haushaltsführung läßt es gerechtfertigt erscheinen, für Beamte und ihnen gleichgestellte Arbeitnehmer eine allseitig zwingende Regelung der Arbeitsbedingungen anzuordnen. 114

2. Kirchliche Beamte und Angestellte

a) **Privatrechtliche Arbeitsverhältnisse.** Wenn das Gesetz überhaupt Anwendung finden soll, müssen Kirchen und Religionsgemeinschaften oder die ihnen zugeordneten selbständigen oder unselbständigen Einrichtungen auf privatrechtlicher Grundlage Arbeitnehmer beschäftigen. 115

aa) **Öffentlich-rechtliche Gestaltung.** Durch Verleihung der Eigenschaft als öffentlich-rechtliche Körperschaft in Art. 137 Abs. 5 WRV in Verbindung mit Art. 140 GG sind die Kirchen berechtigt, den kirchlichen Dienst 116

---

[237] So die ständige höchstrichterliche Rechtsprechung; vgl. RGZ 114, S. 22, 24; 117, S. 415, 418; BAG 24. 2. 1960 AP Nr. 11 *(Neumann-Duesberg)*; BAG 25. 4. 1979 AP Nr. 49 *(Stuzky)*; BAG 26. 9. 1984 AP Nr. 59 *(Stuzky)* zu § 611 BGB DO-Angestellte; BAG 26. 9. 1984 AP Nr. 21 zu § 1 TVG *(Brackmann)*; Brackmann, Handbuch der Sozialversicherung I 1, S. 166k; Löwisch/Rieble, § 1 TVG, Rnr. 145; *Neumann*, Sozialgerichtsbarkeit 1958, S. 148, 151; kritisch *Däubler*, Tarifvertragsrecht, Rnr. 396; *Kempen/Zachert*, Grundl., Rnr. 288; *Hanau*, Rechtsgutachten 1978, S. 43 ff.; *Säcker*, Betrieb 1971, S. 1476.
[238] BAG 26. 9. 1984 AP Nr. 59 zu § 611 BGB DO-Angestellte *(Stuzky)*; soweit ersichtlich ist eine Verfassungsbeschwerde dagegen nicht eingelegt worden.
[239] Vgl. dazu oben Einl. Rnr. 121.

nach öffentlich-rechtlichen Grundsätzen zu ordnen. Sie besitzen eine verfassungsrechtlich gewährleistete Autonomie zur eigenständigen Regelung der Dienstverhältnisse ihrer geistlichen und sonstigen Amtsträger durch Kirchengesetze.[240] Soweit die Rechtsverhältnisse öffentlich-rechtlich geordnet sind, scheiden das private Arbeitsrecht und damit auch das Tarifvertragsrecht aus.

117 **bb) Privatrechtliche Gestaltung.** Das Dienstverhältnis der kirchlichen Arbeitnehmer kann auch privatrechtlich gestaltet sein. Dabei ist zwischen vertraglichen und mitgliedschaftlichen Rechtsverhältnissen zu unterscheiden. Das (weltliche) Arbeitsrecht und damit auch das Recht der Kollektivvereinbarungen gilt nicht für Personen, deren Rechtsstellung korporativen Charakter trägt (Ordensangehörige). Selbst für die eigentlichen Arbeitnehmer wurde früher versucht, Ausnahmetatbestände zu schaffen: teils wurde sachlich eine Unterscheidung dahingehend vorgeschlagen, daß „für alle geltende Gesetze" nur die zwingenden staatlichen Arbeitsschutz- und Sozialgesetze seien, womit das kollektive Arbeitsrecht von vornherein ausgeklammert war[241]; teils wurde *personell* eine Differenzierung danach vorgenommen, ob das Motiv der Tätigkeit Erwerbsabsicht ist oder nicht; wo wirtschaftlich keine Verwertung der Arbeitskraft angestrebt wird, fehle die Arbeitnehmereigenschaft und greife deshalb das Arbeitsrecht insgesamt nicht ein.[242] Derartige Ausgrenzungen sind nicht berechtigt. Wer unter Leitung und nach Weisung einer anderen Person Arbeit leistet, also in wirtschaftlicher Abhängigkeit tätig wird, dem muß der Schutz der Arbeitsrechtsordnung grundsätzlich zur Seite stehen. Das arbeitsrechtliche Schutzprinzip gilt auch für Personen, die mit ihrer Arbeitsleistung gleichzeitig wissenschaftliche, karitative, religiöse oder sonstige ideelle Zwecke verfolgen.

118 **b) Staatskirchenrechtliche Grundlage.** Kirchen und andere Religionsgemeinschaften sowie die ihnen zugeordneten Einrichtungen nehmen in der Arbeitsrechtsordnung eine Sonderstellung ein.[243] Sie beruht auf Art. 140 GG, der seinerseits Art. 137 Abs. 3 WRV zum Bestandteil des GG erklärt.

Art. 137 Abs. 3 WRV: „Jede Religionsgesellschaft ordnet und verwaltet ihre Angelegenheiten selbständig innerhalb der Schranken des für alle geltenden Gesetzes. Sie verleiht ihre Ämter ohne Mitwirkung des Staates oder der bürgerlichen Gemeinde".

119 Grundlage und Inhalt der Kirchenautonomie waren Gegenstand mehrerer Leitentscheidungen des Bundesverfassungsgerichts.[244] Wichtig ist in unserem Zusammenhang vor allem die Feststellung des Bundesverfassungsgerichts,

---

[240] Vgl. dazu BAG 21. 10. 1970 AP Nr. 1 zu § 611 BGB Kirchendienst *(Granzow)*; BVerwG 15. 12. 1967, NJW 1968, S. 1345, 1347.

[241] So *Kalisch,* ZevKR 2, 1952/53, S. 24, 30; *R. Th. Scheffer,* Kommentar zu den Arbeitsvertragsrichtlinien des Diakonischen Werkes der Evangelischen Kirche in Deutschland; *Obermayer,* ZevKR 18, 1973, S. 247, 255; kritisch dazu *Richardi,* ZevKR 19, 1974, S. 275, 279 ff.

[242] So BVerwG 29. 4. 1966 AP Nr. 1 zu § 3 PersVG Baden-Württemberg; LAG Hamm 9. 9. 1971 AP Nr. 3 zu § 611 BGB Ordensangehörige *(Mayer-Maly);* abw. *v. Maydell,* AuR 1967, S. 202, 205; *Mayer-Maly;* Erwerbsabsicht und Arbeitnehmerbegriff, 1965; *Richardi,* ZevKR 19, 1974, S. 275, 292.

[243] Vgl. grundlegend *Richardi,* Arbeitsrecht in der Kirche, 2. Aufl. 1992, S. 12 ff.

[244] Vgl. BVerfGE 21. 9. 1976 E 42, S. 312 = AP Nr. 5 zu Art. 140 GG (Bremer Mandatsprozeß); BVerfGE 11. 10. 1977 E 46, S. 73 ff. = AP Nr. 1 zu Art. 140 GG; BVerfGE 4. 6. 1985 E 70, S. 138 = AP Nr. 24 zu Art. 140 GG.

daß die Kirchen sich wie jedermann der Privatautonomie zur Begründung von Arbeitsverhältnissen bedienen könnten, daß die Einbeziehung in das staatliche Arbeitsrecht aber die verfassungsrechtlich geschützte Eigenart des kirchlichen Dienstes, „das spezifisch Kirchliche", nicht in Frage stellen könne; die Verfassungsgarantie des Selbstbestimmungsrechts bleibe für die Gestaltung des Arbeitsverhältnisses wesentlich.[245] Wörtlich führte das Bundesverfassungsgericht aus:

> Die im Selbstbestimmungsrecht der Kirchen enthaltene Ordnungsbefugnis gilt nicht nur für die kirchliche Ämterorganisation des kirchlichen Dienstes. „Ordnen" und „Verwalten" im Sinne des Art. 137 Abs. 3 Satz 1 WRV meint das Recht der Kirchen, alle eigenen Angelegenheiten gem. den spezifischen kirchlichen Ordnungsgesichtspunkten, d.h. auf der Grundlage des kirchlichen Selbstverständnisses, rechtlich gestalten zu können. Darunter fällt auch die rechtliche Vorsorge für die Wahrnehmung kirchlicher Dienste durch den Abschluß entsprechender Arbeitsverträge (BVerfGE 70, S. 138, 165).

120 Kraft ihrer Autonomie machen die Kirchen und Religionsgemeinschaften das Recht geltend, den kirchlichen Dienst insgesamt selbständig ordnen zu können. Alle in der Kirche tätigen Personen werden als Mitwirkende bei der Erfüllung des kirchlichen Auftrags in die dabei entstehende „Dienstgemeinschaft" eingegliedert und damit den für sie geltenden Ordnungsgrundsätzen unterworfen. Die rechtliche Ausgestaltung dieser Dienste wird also als „eigene Angelegenheit" im Sinne des Art. 137 Abs. 3 WRV betrachtet, auch wenn es sich um schlichte Arbeitsverträge nach den §§ 611 ff. BGB handelt.

121 Man könnte erwägen, ob das Tarifvertragsgesetz nicht deshalb verfassungswidrig ist, weil ihm ein gesetzlicher **Vorbehalt** fehlt, wie er in § 118 Abs. 2 BetrVG und in § 1 Abs. 4 MitBestG vorgesehen ist. Gesetze, die den Kern der Glaubensfreiheit nach Art. 4 Abs. 1 GG einschränken, können verfassungswidrig sein. Die Einschränkung kann auch darin liegen, daß in die Organisation der Kirchen oder Religionsgemeinschaften ein Interessengegensatz hineingetragen wird, der sich mit ihrer Glaubenslehre nicht vereinbaren läßt. Da das Gesetz jedoch nur die *Möglichkeit* vorsieht, Tarifverträge abzuschließen, und die Kirchen und Religionsgemeinschaften nicht gezwungen werden können, eine ihnen wesensfremde Ideologie des Interessengegensatzes zu übernehmen, ist das Gesetz auch ohne Ausnahmeklausel nicht verfassungswidrig.

122 **c) Kircheneigene Ordnungen.** Auf der Grundlage des geltenden Rechts können Kirchen und Religionsgemeinschaften entweder (1) als Gesetzgeber in eigener Sache alle arbeitsrechtlichen Angelegenheiten selbst regeln und den Abschluß von Kollektivvereinbarungen ablehnen oder (2) ihre arbeitsrechtlichen Angelegenheiten wie andere Arbeitgeber im Rahmen und mit den Mitteln des staatlichen Arbeitsrechts gestalten oder (3) ein eigenständiges kirchliches Arbeits- und Beteiligungsmodell unter Berücksichtigung des staatlichen Arbeits- und Sozialrechts entwickeln (sog. Dritter Weg).

123 **aa)** Der Abschluß von kirchlichen **Tarifverträgen** mit Gewerkschaften ist ein Ausnahmefall geblieben. Lediglich die Nordelbische Evangelisch-

---

[245] BVerfGE 70, S. 138, 164; sowie dazu *Bischoff/Hammer*, AuR 1995, S. 161, 164; *Richardi*, ZTR 1994, S. 99, 100.

Lutherische Kirche und die Evangelische Kirche in Berlin-Brandenburg haben sich für den „Zweiten Weg" entschlossen und gingen Tarifverträge mit der DAG, der ÖTV oder mit Mitarbeitervereinigungen ein[246]; früher hat auch die Evang.-Luth. Landeskirche Schleswig-Holstein Tarifverträge abgeschlossen. In den geltenden Vereinbarungen finden sich allerdings wesentliche Abweichungen von den Grundlagen des staatlichen Tarifvertragsrechtes.[247] Es wird nämlich sichergestellt, daß der Koalitionspluralismus nicht zu unterschiedlichen Tarifvertragsabschlüssen führt; außerdem wird der kirchliche Arbeitgeber verpflichtet, nach einer Allgemeinverbindlicherklärung durch die Kirchenleitung die mit dem Verband der kirchlichen Anstellungsträger geschlossenen Tarifverträge allen Arbeitsverhältnissen zugrunde zu legen, womit das Günstigkeitsprinzip ausgeschaltet werden soll.

124 bb) Die überwiegende Zahl der Landeskirchen und die Katholische Kirche haben sich für ein **kircheneigenes Regelungsverfahren** entschieden. Danach erfolgt die Festlegung der Arbeitsbedingungen in den evangelischen Kirchen auf der Grundlage der Arbeitsrechtsregelungsgesetze der einzelnen Evangelischen Landeskirchen[248], in der Katholischen Kirche auf der Grundlage der Grundordnung des kirchlichen Dienstes im Rahmen kirchlicher Arbeitsverhältnisse[249], die ihrerseits auf die Rahmenordnung einer Mitarbeitervertretungsordnung verweist. Die 1993 neu gefaßten Artikel zur Koalitionsfreiheit und zum Ausschluß des staatlichen Tarifvertragsrechts lauten:

Art. 6 Koalitionsfreiheit

(1) Die Mitarbeiterinnen und Mitarbeiter des kirchlichen Dienstes können sich in Ausübung ihrer Koalitionsfreiheit als kirchliche Arbeitnehmer zur Beeinflussung der Gestaltung ihrer Arbeits- und Wirtschaftsbedingungen in Vereinigungen (Koalitionen) zusammenschließen, diesen beitreten und sich in ihnen betätigen. Die Mitarbeiterinnen und Mitarbeiter sind berechtigt, innerhalb ihrer Einrichtung für den Beitritt zu diesen Koalitionen zu werben, über deren Aufgaben und Tätigkeit zu informieren sowie Koalitionsmitglieder zu betreuen. Die Koalitionsfreiheit entbindet sie aber nicht von der Pflicht, ihre Arbeit als Beitrag zum Auftrag der Kirche zu leisten.

(2) Wegen der Zielsetzung des kirchlichen Dienstes muß eine Vereinigung dessen Eigenart und die sich daraus für die Mitarbeiterinnen und Mitarbeiter ergebenden Loyalitätsobliegenheiten anerkennen. Vereinigungen, die diesen Anforderungen gerecht werden, können die ihnen angehörenden Mitarbeiterinnen und Mitarbeiter bei der zulässigen Koalitionsbetätigung in der Einrichtung unterstützen. Dabei haben sie und die ihnen angehörenden Mitarbeiterinnen und Mitarbeiter darauf zu achten, daß die Arbeit einer kirchlichen Einrichtung unter einem geistig-religiösen Auftrag steht. Sie müssen das verfassungsmäßige Selbstbestimmungsrecht der Kirche zur Gestaltung der sozialen Ordnung ihres Dienstes respektieren.

Art. 7 Beteiligung der Mitarbeiterinnen und Mitarbeiter an der Gestaltung ihrer Arbeitsbedingungen.

---

[246] ABl. EKD 1979, S. 482 und 1980, S. 14, S. 89 und 104.
[247] Vgl. *Richardi*, Arbeitsrecht in der Kirche, 2. Aufl. 1992, S. 160 ff.
[248] Arbeitsrechtsregelungsgesetz der Evangelischen Kirche in Deutschland v. 10. 11. 1980, ABl. EKD 1988, S. 366.
[249] Grundordnung des kirchlichen Dienstes im Rahmen kirchlicher Arbeitsverhältnisse vom 22. 9. 1993, Nr. 51 der Reihe „Die deutschen Bischöfe" (Hrsg. Sekretariat der Deutschen Bischofskonferenz, Bonn) = NJW 1994, S. 1394; vgl. dazu *Dütz*, NJW 1994, S. 1369; *Klimpe-Auerbach*, AuR 1995, S. 170; *Richardi*, NZA 1994, S. 19.

1. Abschnitt. Begriff, Rechtsnatur, Einzugsbereich   125–129   § 1

(1) Das Verhandlungsgleichgewicht ihrer abhängig beschäftigten Mitarbeiterinnen und Mitarbeiter bei Abschluß und Gestaltung der Arbeitsverträge sichert die katholische Kirche durch das ihr verfassungsmäßig gewährleistete Recht, ein eigenes Arbeitsrechts-Regelungsverfahren zu schaffen. Rechtsnormen für den Inhalt der Arbeitsverhältnisse kommen zustande durch Beschlüsse von Kommissionen, die mit Vertretern der Dienstgeber und Vertretern der Mitarbeiter paritätisch besetzt sind. Die Beschlüsse dieser Kommissionen bedürfen der bischöflichen Inkraftsetzung für das jeweilige Bistum. Das Nähere, insbesondere die jeweiligen Zuständigkeiten, regeln die KODA-Ordnungen. Die Kommissionen sind an diese Grundordnung gebunden.

(2) Wegen der Einheit des kirchlichen Dienstes und der Dienstgemeinschaft als Strukturprinzip des kirchlichen Arbeitsrechts schließen kirchliche Dienstgeber keine Tarifverträge mit Gewerkschaften ab. Streik und Aussperrung scheiden ebenfalls aus.

Die kollektiven Arbeitsrechtsregelungssysteme unterscheiden sich im einzelnen. In der Katholischen Kirche werden die Mitarbeitervertreter in den arbeitsrechtlichen Kommissionen (KODA) demokratisch unmittelbar von den Mitarbeitern gewählt; in der evangelischen Kirche sind die Gewerkschaften der kirchlichen Mitarbeiter an der Besetzung der Mitarbeitervertretungen beteiligt. Wie bei der unternehmerischen Mitbestimmung finden sich dabei auch Mischsysteme.[250] Im Fall der Nichteinigung wird ein Schlichtungs- oder Vermittlungsverfahren eingeleitet. Die Letztentscheidung liegt in den evangelischen Kirchen bei der Synode oder einer Schlichtungskommission, in der Katholischen Kirche beim Bischof. **125**

Inhaltlich werden weitgehend die Tarifverträge des öffentlichen Dienstes, die zwischen den öffentlichen Arbeitgebern und der ÖTV zustande kommen, auch für die Bediensteten der Kirchen übernommen. Die modernen Gesetze haben sich darauf eingestellt und gestatten es den Kirchen und den öffentlich-rechtlichen Religionsgesellschaften, bei tarifdispositivem Gesetzesrecht in ihren Regelungen für ihre Arbeitnehmer im gleichen Umfang abzuweichen, wie es durch Tarifvertrag von der Gesetzesregelung geschehen kann; vgl. die sog. Kirchenklausel in § 7 Abs. 4 ArbZG, § 6 Abs. 3 BeschFG, § 21 a Abs. 3 JArbSchG. Über seinen Wortlaut hinaus erfaßt dieses Privileg jeweils auch die unselbständigen Einrichtungen der Kirchen im karitativ-diakonischen Bereich.[251] **126**

d) Folgerungen. Die rechtliche Qualifizierung von Mitarbeitervertretungen und deren Regelungen im kirchlichen Bereich ist nicht unbestritten. **127**

aa) Mitarbeitervereinigungen von Personen, die im kirchlichen Dienst stehen, aber kein geistliches Amt wahrnehmen, genießen den Grundrechtsschutz nach Art. 9 Abs. 3 GG.[252] Der Verfassungsschutz hängt nicht davon ab, daß die Mitarbeitervereinigung Tarifverträge abschließen und Arbeitskämpfe durchführen will.[253] **128**

bb) Mitarbeiterregelungen. Nach ständiger Rechtsprechung des Bundesarbeitsgerichts stellen die kollektiven Regelungen der Kirchen keine Tarifverträge dar und können auch nicht als ihnen gleichgestellt behandelt wer- **129**

---

[250] Vgl. dazu im einzelnen *Richardi,* Arbeitsrecht in der Kirche, 2. Aufl. 1992, S. 165 ff.
[251] BAG 6. 12. 1990 AP Nr. 12 zu § 2 BeschFG 1985.
[252] *Richardi,* Arbeitsrecht in der Kirche, 2. Aufl. 1992, S. 109.
[253] Vgl. zum Verzicht auf Arbeitskampfmaßnahmen BVerfGE 18, S. 18, 27: Bund katholischer Hausgehilfinnen.

den.²⁵⁴ Da es sich nur um allgemeine Arbeitsvertragsbedingungen handele, die kraft einzelvertraglicher Vereinbarungen für die kirchlichen Arbeitsverhältnisse gelten, seien sie auch den dafür einschlägigen Rechtsgrundsätzen zu unterwerfen. Diese Auffassung ist in der Rechtslehre auf Kritik gestoßen.²⁵⁵ Der Kritik ist zuzugeben, daß die Einstufung der kirchlichen Regelungen als einheitliche Arbeitsbedingungen dem Selbstverständnis der Regelungsgeber nicht entsprechen wird. Trotzdem ist der ständigen Rechtsprechung zu folgen, da sich die Kirchenautonomie nicht auch darauf erstrecken kann, wie die staatliche Rechtsordnung die kirchlichen Arbeitsregelungen qualifiziert.

3. Arbeitnehmer bei Tendenzunternehmen

130 a) **Allgemeines.** Die Grenzen der Tarifautonomie für Tendenzunternehmen sind bisher weniger untersucht worden. Tendenzunternehmen sind solche, die unmittelbar und überwiegend (1) politischen, koalitionspolitischen, konfessionellen, karitativen, erzieherischen, wissenschaftlichen oder künstlerischen Bestimmungen oder (2) Zwecken der Berichterstattung oder Meinungsäußerung dienen, auf die Art. 5 Abs. 1 Satz 2 GG Anwendung findet; vgl. § 118 Abs. 1 BetrVG 1972, § 1 MitbestG 1976.²⁵⁶ Das Tendenzunternehmen muß einer geistig-ideellen Zielrichtung dienen, es kann trotzdem gleichzeitig als erwerbswirtschaftliches Unternehmen geführt werden.²⁵⁷ Da die Sonderstellung der Tendenzunternehmen in § 118 BetrVG eine Konkretisierung des Grundrechtsschutzes darstellt, wird man den Gedanken des § 118 BetrVG auch auf das Tarifvertragsrecht ausdehnen können; die Tarifvertragsparteien sind ebenso wie der Gesetzgeber an die Grundrechte gebunden.²⁵⁸ Die Grenzen der Tarifautonomie sind anläßlich einzelner Tarifverträ-

---

²⁵⁴ BAG 4. 2. 1976 AP Nr. 40 zu § 242 BGB Gleichbehandlung *(Schwerdtner)*: Beschlüsse der Ständigen arbeitsrechtlichen Kommission der Caritas – vertragliche Einheitsregelung; BAG 24. 9. 1980 AP Nr. 9 zu § 72a ArbGG 1979 Grundsatz *(Grunsky)*: Richtlinien für Arbeitsverträge in den Einrichtungen des Deutschen Caritasverbandes – kein Tarifvertrag i. S. v. § 72a Abs. 1 Nr. 2 ArbGG 1979; BAG 28. 10. 1987 AP Nr. 1 zu § 7 AVR Caritasverband *(Mayer-Maly)*: Richtlinien für Arbeitsverträge in den Einrichtungen des Deutschen Caritasverbandes – keine tarifvertragliche Formvorschrift; BAG 18. 5. 1982 AP Nr. 22 zu § 72a ArbGG 1979 Grundsatz: Kirchliche Arbeitsvertragsordnung – keine Tarifangelegenheit; BAG 7. 9. 1988 AP Nr. 36 zu § 72a ArbGG 1979 Grundsatz: Kirchliche Vergütungsregelungen – keine Tarifverträge; BAG 5. 1. 1989 AP Nr. 37 zu § 72a ArbGG Grundsatz: BAT in kirchlicher Fassung – kein Tarifvertrag; BAG 6. 12. 1990 AP Nr. 12 zu § 2 BeschFG 1985: Arbeitsvertragsrichtlinien des Deutschen Caritasverbandes – keine abweichende Regelung nach § 6 Abs. 3 BeschFG 1985 = SAE 1991, S. 367 *(Meisel)*; BAG 5. 8. 1992 AP Nr. 4 zu §§ 22, 23 BAT Zuwendungs-TV: Anwendung des BAT durch Bistums-Ordnung; BAG 6. 11. 1996 AP Nr. 17 zu §§ 22, 23 BAT Zuwendungs-TV: keine Anwendung des BAT durch ev. BAT-KF (kirchliche Fassung); letzterer kein Tarifvertrag im Sinn des Gesetzes.
²⁵⁵ Vgl. *Mayer-Maly,* Anm. zu BAG 28. 10. 1987 AP Nr. 1 zu § 7 AVR Caritasverband; *Richardi,* Arbeitsrecht in der Kirche, 2. Aufl. 1992, S. 579 ff.
²⁵⁶ Vgl. dazu auch den früheren § 81 BetrVG 1952, der für die unternehmerische Mitbestimmung Bedeutung behält.
²⁵⁷ Vgl. *Richardi,* § 118 BetrVG, Rnr. 24; *Fitting/Kaiser/Heither/Engels,* 18. Aufl. 1996, § 118 BetrVG, Rnr. 13.
²⁵⁸ Vgl. dazu oben Einl. Rnr. 198 ff.

ge oder geplanter Tarifverträge für Presseunternehmen geprüft worden; die Meinungen zur Zulässigkeit derartiger Tarifverträge sind geteilt.[259]

b) Regelung des Arbeitsverhältnisses. Grundsätzlich erfassen die Tarifvertragsnormen auch Arbeitnehmer, die im Sinne des § 118 BetrVG als „Tendenzträger" gelten, soweit nämlich die tarifvertragliche Regelung weder unmittelbar noch mittelbar auf die Tendenzverwirklichung Einfluß nimmt. 131

aa) Tarifnormen sollen die Interessen der Arbeitnehmer wahrnehmen, also auch die **berufsspezifischen Schutzinteressen** von Arbeitnehmern, die mit ihrer Arbeitsleistung gleichzeitig eine Tätigkeit erbringen, die eigenen beruflichen Anforderungen und Regeln unterliegt (Ärzte, Rechtsanwälte, Künstler, Journalisten usw.). Die besonderen Interessen dieser Personen werden vom allgemeinen Arbeitsrecht nur begrenzt berücksichtigt; Aufgabe der Tarifvertragsparteien ist es, bei der Regelung der Arbeits- und Wirtschaftsbedingungen auch beruflichen und berufsständischen Sonderinteressen Rechnung zu tragen. Anknüpfungspunkt ist, was in diesem Zusammenhang gelegentlich verkannt wird, nicht die *branchen-*, sondern die *berufsspezifische Tätigkeit*. 132

bb) Durch den Tarifvertrag kann das **Weisungsrecht** des Arbeitgebers eingeschränkt werden.[260] Der Tarifvertrag kann z.B. den allgemein im Presserecht anerkannten Satz wiederholen, daß niemand veranlaßt werden darf, in Veröffentlichungen eine Meinung zu äußern, die seiner Überzeugung widerspricht (sog. *innere Pressefreiheit*).[261] Wie bei allen Arbeitsverhältnissen können die Tarifvertragsparteien den Kündigungs- und Rationalisierungsschutz verstärken; es kann vorgesehen werden, daß der Arbeitnehmer bei unüberbrückbaren Meinungsverschiedenheiten oder bei einer Änderung der Tendenz des Unternehmens gegen eine Abfindungssumme sofort ausscheiden darf. Dabei ist allerdings zu beachten, daß sich eine Verstärkung des Kündigungsschutzes nicht auf tendenzbezogene Versetzungs- oder Kündigungsmaßnahmen beziehen darf, sonst wäre die Durchführung des politischen, koalitionspolitischen, wissenschaftlichen, künstlerischen oder sonst ideellen Unternehmenszieles nicht mehr gewährleistet. 133

cc) Die Regelung der **Ausbildungsordnung von Redaktionsvolontären** in einem Tarifvertrag ist grundsätzlich zulässig.[262] Sie ist mit der staatlichen Rechtsetzungsbefugnis in Art. 74 Nr. 12 GG vereinbar, solange der Gesetzgeber seinerseits im Berufsbildungsrecht keine zwingenden Vorgaben 134

---

[259] Vgl. *Däubler*, Tarifvertragsrecht, Rnr. 482 ff.; *Dütz*, AfP 1989, S. 605 ff.; GK-BetrVG/*Fabricius*, § 118, Rnr. 664 ff.; *Hanau*, Tarifvertragliche Ausbildungsordnung für Redaktionsvolontäre an Tageszeitungen, Rechtsgutachten 1989; *Löwisch*/Rieble, § 1 TVG, Rnr. 199; *Mayer-Maly*, Die Reichweite der Tarifmacht bei der Schaffung einer Journalistenausbildung, Rechtsgutachten, o.J.; *Weiss/Weyand*, BB 1990, S. 2109–2118.

[260] Allg. Ansicht, vgl. *Mayer-Maly*, BB 1973, S. 761, 766; *Rüthers*, Tarifmacht und Mitbestimmung in der Presse, 1975, S. 36; *H. Weber*, NJW 1973, S. 1953, 1957; *Schwerdtner*, JR 1972, S. 357, 360.

[261] Vgl. § 13 Abs. 3 des Entwurfs eines PRRG (RdA 1974, S. 304).

[262] Ebenso *Däubler*, Tarifvertragsrecht, Rnr. 488; *Löwisch*/Rieble, § 1 TVG, Rnr. 199; *Weiss/Weyand*, BB 1990, S. 2109, 2114.

aufstellt; sie verstößt auch nicht gegen Art. 5 Abs. 3 GG, soweit im Konfliktsfall die Pressefreiheit und die daraus folgenden Rechte des Arbeitgebers nicht mehr als unbedingt notwendig eingeschränkt werden. Für eine Vergütungsordnung ist der Verstoß gegen die Pressefreiheit im Zweifel zu verneinen, bei der Einflußnahme auf die Ausbildungsziele umgekehrt im Zweifel zu bejahen; die Regelungen des Ausbildungsverfahrens im übrigen können nur im Einzelfall beurteilt werden.

135 c) Regelung der **Unternehmensverfassung.** Die Tarifautonomie erstreckt sich nicht auf die Struktur der Unternehmensträgergesellschaft, auf die sachlichen und formalen Unternehmensziele, auf die Wahl der Geschäftsleitung und die Organisation des Unternehmens.[263] Das gilt auch für Tendenzunternehmen. Der Tarifvertrag kann deshalb einem Redaktionsausschuß eines Verlags oder eines Zeitungsunternehmens keine Mitbestimmungsrechte bei der Festlegung der Tendenz, bei der Mittelvergabe, der Unternehmsorganisation oder der Besetzung des Postens des Chefredakteurs (Geschäftsführers) oder des verantwortlichen Ausbildungsredakteurs einräumen.[264] Der Gesichtspunkt des freiwilligen Verzichts auf Mitbestimmungsrechte kann bei allen Fragen der Unternehmensverfassung nicht eingreifen, da diejenigen Unternehmensorgane (Vorstand, Geschäftsführung), die für den Abschluß von Firmentarifverträgen und für den Beitritt zu einer Arbeitgebervereinigung zuständig sind, keine Kompetenz zur Festlegung der Unternehmensziele und der Gesellschaftsstruktur besitzen.

136 d) Regelung der **Betriebsverfassung.** § 3 Abs. 1 BetrVG eröffnet den Tarifvertragsparteien nur geringe Möglichkeiten, von der im Gesetz vorgegebenen Organisation der Betriebsverfassung abzuweichen. Er erlaubt in Nr. 1 die Einführung *zusätzlicher* betriebsverfassungsrechtlicher Vertretungen der Arbeitnehmer bestimmter Beschäftigungsarten oder Arbeitsbereiche, wenn dies nach den Verhältnissen der vom Tarifvertrag erfaßten Betriebe der zweckmäßigeren Gestaltung der Zusammenarbeit des Betriebsrats mit den Arbeitnehmern dient, und nach Nr. 2 die Errichtung einer *anderen* Vertretung der Arbeitnehmer für Betriebe, in denen wegen ihrer Eigenart der Errichtung von Betriebsräten besondere Schwierigkeiten entgegenstehen. Daraus folgt, daß den Tarifvertragsparteien im Geltungsbereich des BetrVG keine Ermächtigung verliehen ist, allgemein für bestimmte Arbeitnehmergruppen Repräsentations- und Mitbestimmungsorgane zu schaffen. § 3 Abs. 1 BetrVG verhindert dies jedenfalls insoweit, als nicht die persönlichen oder sachlichen Bereichsausnahmen des § 5 Abs. 3 oder des § 118 BetrVG eingreifen. Es ist deshalb nicht zulässig, durch Tarifvertrag Sondervertretungen für Ärzte, Chemiker, Ingenieure oder andere Berufsgruppen in den allgemeinen Wirtschaftsunternehmen zu schaffen. Die Organisation der Betriebsverfassung wird insoweit vom BetrVG zwingend und abschließend geregelt; das Gesetz ist, soweit nicht ausdrücklich etwas

---

[263] Vgl. dazu oben Einl. Rnr. 454 ff.
[264] Ebenso *Hanau,* BB 1973, S. 901, 908; *Mallmann,* Referat zum 49. DJT 1972, Bd. II 2, S. N 24; *Rüthers,* Tarifmacht und Mitbestimmung in der Presse, 1975, S. 33 ff.; abw. *Schwerdtner,* BB 1971, S. 833, 839; unklar *Kübler,* Gutachten zum 49. DJT 1972, Bd. I, S. D 79, 80.

anderes gesagt wird, nicht dispositives Recht. Dies entspricht allgemeiner Ansicht.

Streitig ist, ob durch Tarifvertrag die Mitbestimmungs- und Mitwir- 137 kungsrechte des Betriebsrats und die Rechte des Wirtschaftsausschusses auch auf den Bereich ausgedehnt werden können, den das Gesetz in den §§ 5 Abs. 3, 118 BetrVG von seiner Geltung ausnimmt, ob also insbes. die Mitbestimmung des Betriebsrats in Tendenzunternehmen auf das allgemeine Niveau „angehoben" werden kann.[265] Die **Bereichsausnahme** des § 118 BetrVG kann vom Tarifvertrag nicht beseitigt werden. Unabhängig davon, wie man im übrigen die Möglichkeiten einer erweiterten Mitbestimmung des Betriebsrats durch Tarifvertrag beurteilt[266], zeigen die vom BetrVG gezogenen Grenzen, daß der Betriebsrat für tendenzbezogene Maßnahmen ebensowenig ein geeignetes Vertretungsorgan darstellt wie für die Angelegenheiten der leitenden Angestellten. Der Betriebsrat ist zur Wahrnehmung der Interessen *aller* Arbeitnehmer und nach § 75 BetrVG zur Neutralität verpflichtet. Diejenigen Arbeitnehmer, die Tendenzträger sind, haben ein vom Gesetz anerkanntes und vom Tarifvertrag nicht zu beseitigendes Interesse daran, daß ihre Sonderbelange angemessen berücksichtigt werden.

e) Redaktionsstatute. Von der Erweiterung der gesetzlichen Rechte des 138 Betriebsrats und des Wirtschaftsausschusses streng zu trennen ist die tarifvertragliche Einrichtung von Sonderorganen in den Bereichen, die das BetrVG nicht erfaßt. Überwiegend wird angenommen, der Tarifautonomie stehe hier keine Kompetenz offen, weil die betriebsverfassungsrechtliche Organisation zwingend und abschließend geregelt sei, den Tarifvertragsparteien für ein „aliud" zum Betriebsverfassungsrecht jedoch die Regelungsbefugnis fehle.[267] *Rüthers* ist einzuräumen, daß die Tarifvertragsparteien keine Befugnisse haben, Aufgaben und Organisation der Presse im demokratischen Staat zu regeln. Das Presserecht und damit auch die im Interesse optimaler Kommunikationsstruktur notwendige oder erwünschte publizistische Mitbestimmung ist nicht Bestandteil der „Arbeits- und Wirtschaftsbedingungen" im Sinne des Art. 9 Abs. 3 GG.[268] Wohl aber zählt eine die berufsspezifischen Besonderheiten berücksichtigende Betriebsorganisation zum Aufgabengebiet der Tarifvertragsparteien, und unter diesem Blickwinkel auch eine kollektive Interessenwahrnehmung von Seiten der Redakteure bei personellen oder betrieblichen Entscheidungen. Das Gesetz gewährt den Tarifvertragsparteien

---

[265] Dies wird von *Löwisch*/Rieble, § 1 TVG, Rnr. 175; *Mayer-Maly*, BB 1973, S. 761, 767; *Rüthers*, Tarifmacht und Mitbestimmung in der Presse, 1975, S. 40, verneint; dagegen von *Däubler*, Tarifvertragsrecht, Nr. 487; GK-BetrVG/*Fabricius*, § 118, Rnr. 667; *Hanau*, BB 1973, S. 901, 908; *Neumann-Duesberg*, BB 1970, S. 1052, 1054; *Schwerdtner*, BB 1971, S. 833, 837; ders., JR 1972, S. 360 bejaht.

[266] Vgl. dazu unten Rnr. 598 ff.

[267] So insbes. *Rüthers*, Tarifmacht und Mitbestimmung in der Presse, 1975, S. 24 ff. und passim; ebenso *Richardi*, § 118 BetrVG, Rnr. 229; *Mayer-Maly*, Betrieb 1971, S. 338; ders., BB 1973, S. 761, 767; abw. *Neumann-Duesberg*, BB 1970, S. 1054; *Schwerdtner*, BB 1971, S. 837.

[268] Ebenso *Hanau*, Pressefreiheit und paritätische Mitbestimmung, 1975, S. 88; abw. *Ihlefeld*, AfP 1973, S. 516, 517 (der als Rechtsgrundlage für eine nicht-arbeitsrechtliche Regelungsbefugnis der Tarifvertragsparteien den Grundsatz der sozialen Autonomie, das Subsidiaritätsprinzip und den Grundsatz der „Sachnähe" angibt).

keine betriebsverfassungs*gesetzliche*, sondern in § 1 Abs. 1 und 4 Abs. 1 eine betriebsverfassungs*rechtliche* Zuständigkeit. Diese Zuständigkeit besteht unabhängig davon, ob für eine gesetzliche Regelung der redaktionellen Mitbestimmung der Bundes- oder die Landesgesetzgeber zuständig sind. Die Frage lautet also dahin, ob die vom Gesetz eingeführte Zuständigkeit vom BetrVG aufgehoben oder eingeschränkt worden ist. Das ist zwar allgemein, wie § 3 Abs. 1 BetrVG zeigt, geschehen, nicht jedoch im Bereich des § 118 BetrVG. Hier hat das BetrVG umgekehrt einen *Freiraum* gelassen, innerhalb dessen die Tarifvertragsparteien ihre eigene betriebsverfassungsrechtliche Zuständigkeit ausüben dürfen. Daß auf schuldrechtlicher Grundlage Vertretungsorgane sowohl (früher) für leitende Angestellte[269] wie (heute) für Redakteure eingerichtet werden können, ist, soweit ersichtlich, unbestritten.[270] Das zeigt, daß es sich dabei nicht um eine presserechtliche, sondern jedenfalls auch um eine betriebsorganisatorische Maßnahme handelt.

139 Durch Tarifvertrag können Redaktionsräten oder Redaktionsausschüssen keine Aufgaben übertragen werden, die dem *Betriebsrat* im Rahmen des § 118 BetrVG verbleiben. Das Betriebsverfassungsrecht verbietet es, Konkurrenzorgane des Betriebsrats einzurichten. Zulässig ist es, dem Redaktionsorgan Auskunfts-, Anhörungs- und Beratungsrechte bei der publizistischen Ausgestaltung des Produkts und bei der Einstellung, Versetzung und Kündigung von Mitarbeitern einzuräumen; es können ihm außerdem die Rechte des im Tendenzunternehmen nicht eingerichteten Wirtschaftsausschusses verliehen werden. Inhaltlich ergibt sich eine Schranke der Tarifregelung weiter aus Art. 5 Abs 1 GG.[271] Der Arbeitgeber kann zwar auf seinen Grundrechtsschutz *ad hoc* verzichten; er kann sich aber nicht im voraus durch den Abschluß eines Kollektivvertrages oder durch Beitritt zu einem Arbeitgeberverband verpflichten, Grundrechte nicht geltend zu machen.[272] Ein volles *Mitbestimmungsrecht* derart, daß der Unternehmer sachliche oder personelle Entscheidungen nicht mehr ohne Zustimmung des Redaktionsausschusses durchführen kann, erscheint mit Art. 5 Abs. 1 GG *nicht vereinbar*.

III. Zeitlicher Geltungsbereich

1. Zuständigkeit

140 Die Tarifvertragsparteien können wie andere Vertragspartner die Laufzeit des Tarifvertrages festsetzen und vereinbaren, daß der Vertrag auf bestimmte oder auf unbestimmte Zeit abgeschlossen wird. Im zweiten Fall können ordentliche und außerordentliche Kündigungsregeln verabredet werden; fehlen sie, so greifen hilfsweise die gesetzlich vorgesehenen oder allgemein für Dauerverträge geltenden Kündigungsmöglichkeiten ein; vgl. dazu unten

---

[269] Vgl. BAG 19. 2. 1975 AP Nr. 10 zu § 5 BetrVG 1972 *(Richardi)*.
[270] Vgl. *Däubler,* Tarifvertragsrecht, Nr. 489; *Mayer-Maly,* BB 1973, S. 761, 766.
[271] Vgl. dazu *Dittrich,* Pressekonzentration und Grundgesetz, 1971, S. 127 ff.; *J. H. Kaiser,* Presseplanung, 1972, S. 31 ff.; *Lerche,* Verfassungsrechtliche Aspekte der „inneren" Pressefreiheit, 1974, insbes. S. 57 ff; *Werner Weber,* Innere Pressefreiheit als Verfassungsproblem, 1973.
[272] Anderer Ansicht *Hanau,* BB 1973, S. 901, 908.

Rnr. 235 f. Das betrifft aber nur die Sicht der *Vertragsparteien*, nicht diejenige der *Normsetzer*. In dieser Eigenschaft legen die Sozialpartner den zeitlichen Geltungsbereich der von ihnen in Kraft gesetzten Normen fest, üben also eine gemeinsame Dispositionsbefugnis aus. Die Zuständigkeit der Tarifvertragsparteien dazu ist in Rechtsprechung und Rechtslehre – meist als selbstverständlich – allseitig anerkannt.[273] Zur Begründung kann auf die in Art. 9 Abs. 3 GG eingeräumte Normsetzungsbefugnis verwiesen werden: so wie der staatliche Gesetzgeber die zeitliche Geltung der von ihm gesetzten Normen in den Grenzen der Verfassung bestimmt[274], so können auch die Tarifvertragsparteien den Zeitpunkt des Inkrafttretens und der Beendigung ihres Regelungswerkes bestimmen.

2. Rückwirkung

Die Tarifvertragsnormen als Rechtsnormen unterliegen den rechtsstaatlichen Grenzen einer Rückwirkung. Dazu gehört, daß ihr personeller, sachlicher und betrieblicher Geltungsbereich im Hinblick auf die notwendige Rechtsklarheit und Rechtssicherheit nicht mit Rückwirkung geändert werden kann. Deklaratorische Feststellungen der Tarifvertragsparteien fallen nicht unter das Rückwirkungsverbot.[275] Für Inhaltsnormen hat die Rechtsprechung den Schutz des Besitzstandes der Arbeitnehmer in den letzten Jahren geringfügig zurückgenommen: **141**

a) Entwicklung. Die Zuständigkeit für den zeitlichen Geltungsbereichs beinhaltet wie beim staatlichen Gesetzgeber[276] auch diejenige, in engen Grenzen Änderungen bereits bestehender Tarifnormen rückwirkend herbeizuführen. Das war allerdings lange bestritten. **142**

In der Rechtsprechung des Reichsarbeitsgerichts wurde die Möglichkeit einer rückwirkenden Tariflohnsenkung anerkannt, jedenfalls soweit es sich um gewöhnliche Lohnansprüche und verhältnismäßig kurze Rückwirkungszeiträume handelte.[277] Das Bundesarbeitsgericht vertrat demgegenüber von seinen ersten Entscheidungen an die Auffassung, eine neue tarifvertragliche Ordnung verdränge zwar in ihrem Geltungsbereich die bisherige Regelung, auch wenn sie für die Arbeitnehmer ungünstigere Bestimmungen enthalte; jedoch könnten bereits fest erworbene Rechtspositionen (Unkündbarkeit) oder andere wohlerworbene Rechte (Umschulungsanspruch, Ausgleichszulage) grundsätzlich nicht mehr beeinträchtigt werden. Eine Ausnahme käme in Betracht, wenn ein dringendes Bedürfnis nach einer generellen Neuregelung **143**

---

[273] BAG 23. 11. 1994 AP Nr. 12 zu § 1 TVG Rückwirkung *(Wiedemann)*; Däubler, Tarifvertragsrecht, Rnr. 279; Hueck/*Nipperdey*, Arbeitsrecht II 1, § 22 I 3, S. 461; Löwisch/*Rieble*, § 4 TVG, Rnr. 39; *Nikisch*, Arbeitsrecht II, § 78 VI 1, S. 377; *Schaub*, Arbeitsrechts-Handbuch, § 199 III 2, S. 1497; *Wiedemann*, RdA 1959, S. 454.
[274] BVerfGE 42, S. 262, 282; 45, S. 297, 326; *Maurer*, in: Bonner Kommentar, Art. 82 GG, Rnr. 118.
[275] BAG 23. 10. 1996 AP Nr. 1 zu § 3 BAT-O = ZTR 1997, S. 121, 123.
[276] BVerfGE 8, S. 274, 304; 13, S. 261, 270; 19, S. 187, 195; *Stern*, Staatsrecht I, § 20 IV 4 g, S. 831.
[277] RAGE 14, S. 389; 14, S. 398.

bestehe.[278] Die Rechtsprechung entsprach verbreiteter Rechtslehre, die allerdings unterschiedliche Begründungen nannte. Teilweise wurde die Auffassung vertreten, daß die Tarifvertragsparteien überhaupt nicht befugt seien, rückwirkend Änderungen eines bestehenden Tarifvertrages vorzunehmen; die rückwirkende Vereinbarung eines Tarifvertrages könne sich deshalb nur auf einen bisher tariflosen Zustand beziehen.[279] Die Anhänger der Lehre der aus Tarifnormen entstandenen und in die Individualsphäre des Arbeitnehmers übergegangenen Ansprüche sprachen sich zwar für die Zulässigkeit einer rückwirkenden Inkraftsetzung von Tarifverträgen aus, betrachteten aber bereits entstandene Ansprüche als „kollektivfrei".[280] Der Tarifvertrag könne zwar ein bestehendes Arbeitsvertragsverhältnis inhaltlich gestalten, aber keine rechtsgeschäftlichen Verfügungen über Ansprüche vornehmen, die aus dem Arbeitsvertrag entstanden seien.

144 Das Bundesarbeitsgericht hat seine Rechtsprechung im Urteil vom 23. 11. 1994[281] geändert. Die Entscheidung stellt fest, ein Tarifvertrag könne rückwirkend in eine Regelung des vorangegangenen Tarifvertrages eingreifen; auch entstandene und fällig gewordene tarifliche Ansprüche würden insoweit keinen Eigentumsschutz nach Art. 14 GG genießen. Grenze der Rückwirkung sei der *Vertrauensschutz*. Zur Begründung führt das Bundesarbeitsgericht aus, kollektivvertragliche Regelungen würden die Schwäche der Abänderbarkeit durch eine gleichrangige Norm in sich tragen. Die besondere Legitimation zu rückwirkenden Eingriffen wird doppelt abgeleitet: einmal aus der Unterwerfung der tarifgebundenen Personen durch ihre Mitgliedschaft; zum anderen aus der Befugnis der Sozialpartner zur normativen Ordnung von Individualvertragsverhältnissen. Aus der ersten Ableitung werden für die Kollektivvertragsparteien nur „faktische Grenzen" gewonnen: da die Tarifunterworfenen auf die Willensbildung der Koalitionen einwirken könnten, würden diese einen rückwirkenden Eingriff in entstandene Ansprüche nur bei sachlicher Berechtigung und mit maßvollem Inhalt vornehmen. Rechtliche Grenzen der Normsetzungsbefugnis werden anschließend aus der zweiten Begründung, nämlich aus dem Charakter der Rechtsetzungsbefugnis entnommen. Die anschließende Rechtsprechung bestätigt zwar mehrfach die Grundsatzentscheidung[282], konnte aber die Zulässigkeit der Rückwirkung entweder offenlassen[283] oder – in Fällen einer unechten Rückwirkung – unbedenklich bejahen, wie z.B. bei Änderung der Eingruppierung oder des

---

[278] Vgl. BAG 16. 2. 1962 AP Nr. 11 zu § 4 TVG Günstigkeitsprinzip; 14. 6. 1962 AP Nr. 4 zu § 1 TVG Rückwirkung *(A. Hueck)*; 28. 9. 1983 AP Nr. 9 zu § 1 TVG Rückwirkung *(Herschel)* = AR-Blattei, Tarifvertrag VI, Rechtswirkungen Nr. 25 *(Buchner)*; BAG 21. 3. 1990 (nicht veröffentlicht).
[279] Richardi, Kollektivgewalt, § 30 II 3 c, S. 433; *Stahlhacke*, RdA 1959, S. 266, 269; Vorauflage, § 4, Rnr. 139.
[280] *Herschel*, Tariffähigkeit und Tarifmacht, 1932, S. 46; *Siebert*, in: Festschrift für H. C. Nipperdey (1955), S. 119, 133; kritisch *Wiedemann*, RdA 1959, S. 454, 457.
[281] BAG 23. 11. 1994 AP Nr. 12 zu § 1 TVG Rückwirkung *(Wiedemann und Buchner)*; zur Rückwirkung einer Allgemeinverbindlicherklärung vgl. BAG 25. 9. 1996 AP Nr. 30 zu § 5 TVG *(Louven)*; zur Rückwirkung von Betriebsvereinbarungen BAG 19. 9. 1995 AP Nr. 61 zu § 77 BetrVG 1972.
[282] BAG 15. 11. 1995 AP Nr. 20 zu § 1 TVG Tarifverträge: Lufthansa *(Hromadka)*; BAG 13. 12. 1995 AP Nr. 1 zu § 31 MantelG DDR *(Schlachter)*.
[283] BAG 13. 12. 1995 AP Nr. 15 zu § 1 TVG Rückwirkung.

Bewährungsaufstiegs zu einem Zeitpunkt, in dem notwendige Voraussetzungen dafür noch nicht erfüllt waren.[284]

b) Bedeutung und **Arten.** Eine Rückwirkung von Rechtsnormen ist 145 strenggenommen nicht möglich. Man will damit zum Ausdruck bringen, daß Sachverhalte und Rechtsbeziehungen, die in der Vergangenheit liegen, oder zurückliegende Tatbestände, die noch in die Gegenwart hineinreichen, einer rechtlichen *Neubewertung* unterworfen werden.[285] Tarifverträge, die einzelne Bestimmungen, namentlich Lohn- und Gehaltserhöhungen, rückwirkend in Kraft setzen, sind an der Tagesordnung. Man unterscheidet im Staatsrecht zwei Arten der Rückwirkung:

– Bei der *echten Rückwirkung* (Rückwirkung von Rechtsfolgen) erfolgt ein ändernder Eingriff in abgeschlossene Tatbestände. Diese echte Rückwirkung gilt grundsätzlich als unzulässig. Ausnahmen sind möglich, wenn der Betroffene mit der Neuregelung rechnen mußte, wenn das geltende Recht unklar oder unwirksam war oder wenn durch die Rückwirkung kein nennenswerter Schaden verursacht wird oder schließlich zwingende Gründe des Gemeinwohls überwiegen.[286]

– Bei *unechter Rückwirkung* (tatbestandliche Rückanknüpfung) wirkt eine Norm auf in der Vergangenheit begonnene, aber noch nicht beendete Vorgänge ein. Sie gilt nicht von vornherein als unzulässig. Über die Zulässigkeit entscheidet vielmehr eine Abwägung zwischen höherrangigen (allgemeinen) Kollektivinteressen und dem Vertrauen des einzelnen auf den Fortbestand der gegebenen Rechtslage.[287]

Ob in abgewickelte Tatbestände *eingegriffen* oder auf noch nicht abgeschlossene Sachverhalte für die Zukunft lediglich *eingewirkt* wird, läßt sich nur im Einzelfall feststellen. Die Abgrenzungskriterien sind mithin von vornherein stark rechtsfolgenorientiert. In beiden Varianten hängt die Zulässigkeit von den Kriterien der Rechtssicherheit und des Vertrauensschutzes ab. Der Unterschied ist graduell: man kann sich stärker auf erworbene Rechte als auf die Kontinuität der Rechtsordnung verlassen.[288]

c) Die Grenzen der Rückwirkung von Tarifvertragsnormen ergeben sich 146 aus tatsächlichen und rechtlichen Umständen.

aa) Eine Rückwirkung ist zunächst **tatsächlich ausgeschlossen,** wenn Sach- oder Dienstleistungen, Verhaltensweisen oder Maßnahmen für die Vergangenheit angeordnet werden sollen; derartige (Primär)pflichten lassen

---

[284] BAG 14. 6. 1995 AP Nr. 13 zu § 1 TVG Rückwirkung; BAG 10. 7. 1996, ZTR 1997, S. 32, 33.
[285] Allg. Ansicht; vgl. *Louven*, Problematik und Grenzen rückwirkender Rechtsprechung des BAG, 1996, S. 5; *Maurer*, in: Isensee/Kirchhof, HdbStR III (1988), § 60, Rnr. 11; *Neuner*, ZfA 1998, S. 83, 91.
[286] Zum Begriff vgl. BVerfGE 57, S. 361, 391; 68, S. 287, 306; 72, S. 175, 196; 72, S. 200, 242; 89, S. 48, 66; zu den Rechtsfolgen vgl. BVerfGE 13, S. 261, 272; 30, S. 367, 389; 37, S. 363, 397 f.; 45, S. 142, 173 f.; 72, S. 200, 257 ff.; 88, S. 384, 404.
[287] Vgl. zu Begriffl. und Rechtsfolgen BVerfGE 24, S. 220, 230 f.; 51, S. 356, 362; 57, S. 361, 391; 63, S. 312, 329 f.; 64, S. 87, 104; 67, S. 1, 14 ff.; 68, S. 287, 306; 69, S. 272, 309 f.; 72, S. 141, 154; 72, S. 175, 196; 72, S. 200, 242 ff.; 76, S. 256, 356; 79, S. 29, 45 f.; 89, S. 48, 66.
[288] Vgl. *Leisner*, in: Festschrift für Friedrich Berber (1973), S. 273, 280.

sich nicht mehr nachholen. Das gilt für alle nicht-geldwerten Leistungen des Arbeitgebers (Schutzeinrichtungen) oder des Arbeitnehmers (Wettbewerbsverbot), darüber hinaus grundsätzlich allgemein für Abschlußverbote, Betriebsnormen, betriebsverfassungsrechtliche Vorschriften sowie Normen zu Gemeinsamen Einrichtungen.[289] Werden dahingehende Bestimmungen ausnahmsweise von einer allgemeinen Rückwirkungsklausel umfaßt, so sind sie dahin auszulegen, daß die entsprechenden Pflichten sofort nachzuholen sind und überdies – soweit ausdrücklich vorgesehen – (Sekundär)pflichten, also Sanktionen, Platz greifen. Diese dürfen keinen Strafcharakter haben, sondern, wie z.B. eine Wiedereinstellung, nur der nachträglichen Anpassung dienen.

bb) Eine Rückwirkung darf nicht gegen den angemessenen **Vertrauensschutz** der betroffenen Arbeitgeber und Arbeitnehmer verstoßen. Angesichts des vom Gesetz angeordneten Rechtsnormcharakters des Tarifvertrages sind die Schranken für eine Rückwirkung die gleichen wie die für den staatlichen Gesetzgeber.[290] Das bedeutet im einzelnen:

– *Entgeltansprüche* des Arbeitnehmers. Früher wurde dem Arbeitnehmer ein fast absoluter Vertrauensschutz in fällig gewordene Ansprüche auf geldwerte Leistungen (Vergütung, Sondervergütung, Urlaub, Arbeitsbefreiung) gewährt. Die Rechtsprechung hat dies zutreffend eingegrenzt, wenn der Arbeitnehmer aktuell auf den Fortbestand der Rechtslage nicht vertrauen durfte. Das eröffnet den Tarifvertragsparteien die Möglichkeit, ein sich anbahnendes Vertrauen für die Zukunft zu zerstören, also z.B. im nächsten Tarifvertrag bevorstehende Änderungen noch während der Laufzeit des alten Tarifvertrages bekanntzumachen. Auf diese Weise wird der Rechtsschein einer Bestandskraft aufgehoben. Das setzt allerdings voraus, daß konkrete Hinweise auf den Umfang der gefährdeten Ansprüche gegeben werden; dazu genügt nicht, daß sämtliche Zahlungen regelmäßig „unter Vorbehalt" gestellt werden.

– *Erfüllte Entgelt- oder Urlaubsansprüche*. Nicht entschieden ist bisher, ob und unter welchen Voraussetzungen bereits abgewickelte geldwerte Leistungen durch eine rückwirkende tarifvertragliche Regelung in Frage gestellt werden können. Für die Rückwirkung spricht, daß sich auf diesem Weg eine willkürliche Benachteiligung von Arbeitgebern, die ihre Leistung schon erbracht haben, und von Arbeitnehmern, die ihren Vergütungsanspruch nicht durchsetzen konnten, im Verhältnis zu den anderen Arbeitgebern und Arbeitnehmern verhindern läßt.[291] Dagegen spricht, daß sowohl der Vertrauensschutz wie der Sozialschutz mit *Vertragserfüllung* steigen und Ausgaben für Lebensunterhalt oder Urlaub später nur begrenzt eingespart werden können. Hier gilt es im Einzelfall abzuwägen.

– *Betriebsübergang*. Die Rückwirkung eines Tarifvertrages kann Arbeitsverhältnisse nicht mehr erfassen, die nach einem Betriebsübergang lediglich gem. § 613a Abs. 1 Satz 2 BGB tarifunterworfen sind. Dem Arbeit-

---

[289] Allg. Ansicht; *Buchner*, Anm. zu BAG AP Nr. 12 zu § 1 TVG Rückwirkung; *Däubler*, Tarifvertragsrecht, Rnr. 288; *Kempen/Zachert*, § 4 TVG, Rnr. 36; *Neuner*, ZfA 1998, S. 83, 93; *Nikisch*, Arbeitsrecht II, § 78 VI 2, S. 379; *Richardi*, Kollektivgewalt, S. 431.
[290] H.M.; MünchArbR/*Löwisch*, § 252, Rnr. 74; abw. *Neuner*, ZfA 1998, S. 83, 95.
[291] Treffend *Richardi*, Kollektivgewalt, § 30 III 3, S. 441.

nehmer werden die im Zeitpunkt des Betriebsübergangs bestehenden tariflichen Rechte erhalten, indem sie auf der arbeitsvertraglichen Ebene fortgelten.[292]
– *Anwartschaften.* Weniger besprochen sind bisher diejenigen Fälle, in denen mit Rückwirkung Anwartschaften oder Erwartungen des Arbeitnehmers eingeschränkt werden sollen. Man wird hier danach unterscheiden, ob eine nachträgliche Erfüllung der Leistungen unmöglich ist (echte Rückwirkung) oder ob nur die begründete Hoffnung auf eine Vergünstigung von zusätzlichen Voraussetzungen abhängig gemacht wird. Hat ein Arbeitnehmer bereits aufgrund des Tarifvertrages eine unkündbare Stellung erlangt, so kann dies nachträglich nicht dadurch in Frage gestellt werden, daß die Unkündbarkeit rückwirkend eine zwanzigjährige (statt bisher zehnjährige) Betriebszugehörigkeit verlangt; im Zweifel ist die Rückwirkung solchenfalls rechtswidrig.[293] Anders liegt es, wenn eine noch nicht erfolgte Beförderung in Zukunft von (zusätzlichen) Qualifikationen abhängig gemacht wird.[294] Der betroffene Arbeitnehmer kann sich dann enttäuscht, aber nicht getäuscht fühlen.

d) Die Rückwirkung setzt **Tarifgebundenheit** beim Abschluß des Tarifvertrages voraus.[295] Ist der Arbeitnehmer vor Inkrafttreten des rückwirkenden (Änderungs)Tarifvertrages aus der Gewerkschaft ausgetreten, so geht er der bereits während seiner Mitgliedschaft entstandenen Ansprüche nicht verlustig, weil er von dem neuen Tarifvertrag und deshalb von der Änderung der Rechtslage nicht mehr erfaßt wird. Etwas anderes gilt, wenn der Einzelarbeitsvertrag eine Bezugnahmeklausel auf den jeweils geltenden Tarifvertrag enthält.

147

2. Abschnitt. Der Abschluß des Tarifvertrages

Übersicht

	Rnr.
A. Die Parteien des Tarifvertrages	148–181
I. Vertragsparteien	149–175
1. Verbandstarifverträge	149–160
a) Inhalt	149–151
b) Wirkungen	152–156
c) Abschluß des Tarifvertrages	157–160
2. Firmentarifverträge	161–168
a) Schutz des Firmentarifvertrages	163–165
b) Tariffähigkeit verbandsangehöriger Arbeitgeber	166
c) Keine Tariffähigkeit des Konzerns	167, 168
3. Tarifverträge von Spitzenorganisationen	169–175
a) Tarifverträge im eigenen Namen	170

---

[292] BAG 13. 11. 1985 AP Nr. 46 *(Scholz)* und BAG 1. 4. 1987 AP Nr. 64 zu § 613a BGB; BAG 13. 9. 1994 AP Nr. 11 zu § 1 TVG Rückwirkung.
[293] BAG 16. 2. 1962 AP Nr. 11 zu § 4 TVG Günstigkeitsprinzip.
[294] Vgl. BAG 15. 11. 1995 AP Nr. 20 zu § 1 TVG Tarifverträge: Lufthansa *(Hromadka):* Präzisierung der Ausnahmetatbestände der Unkündbarkeits-Regelung.
[295] BAG 13. 12. 1995 AP Nr. 15 zu § 1 TVG Rückwirkung.

§ 1   Inhalt und Form des Tarifvertrages

	Rnr.
b) Tarifverträge im Namen angeschlossener Verbände	171
c) Verhältnis unterschiedlicher Tarifverträge	172–175
aa) Tarifverträge nach § 2 Abs. 3	173, 174
bb) Tarifverträge nach § 2 Abs. 2	175
II. Mehrere Tarifvertragsparteien auf einer Seite	176–181
1. Der mehrgliedrige Tarifvertrag	176–180
a) Begriff und Bedeutung	176
b) Einheitliches Tarifwerk	177–180
aa) Auslegung	178
bb) Einheitstarifvertrag	179
cc) Einheitliches Rechtsgeschäft	180
2. Der Anschlußtarifvertrag	181
B. Abschluß- und Gestaltungsfreiheit	182–226
I. Der Verhandlungsanspruch	182–189
1. Gebot der Verhandlungsbereitschaft	182, 183
2. Begründung des Verhandlungsanspruchs	184–187
3. Inhalt des Verhandlungsanspruchs	188, 189
II. Normsetzung durch Vertrag	190–226
1. Doppelcharakter	190
2. Tarifvertrag als Gesetz	191–207
a) Reichweite des Gesetzgebungsauftrags	192
b) Verfassungsrechtliche Anforderungen	193, 194
c) Verweisung	195–201
aa) Bezugnahme auf andere Regelungen	196, 197
bb) Blankettverweisung	198–201
d) Delegation	202–207
aa) Arten	203
bb) Voraussetzungen	204–207
3. Tarifvertrag als Vertrag	208–226
a) Vertragsgesetzgebung	208, 209
b) Allgemeines Vertragsrecht	210
c) Tarifvertragliche Bestimmungsklauseln	211–215
aa) Rechtscharakter	212
bb) Zulässigkeit	213, 214
cc) Wirkung	215
d) Richtigkeitsgewähr	216–226
aa) Richtigkeitsgewähr beim Individualvertrag	221–224
bb) Richtigkeitsgewähr beim Kollektivvertrag	225, 226
C. Form und Bekanntgabe des Tarifvertrages	227–242
I. Form des Tarifvertrages	227–241
1. Schriftform nach § 1 Abs. 2	227–239
a) Entwicklung	227
b) Zweck der Schriftform	228
c) Inhalt	229, 230
d) Umfang	231–238
aa) Schuldrechtliche Abreden	232
bb) Protokollnotizen	233
cc) Änderungen	234
dd) Aufhebung und Kündigung	235, 236
ee) Bezugnahme und Verweisung	237
ff) Vorvertrag	238
e) Rechtsfolgen	239
2. Zustandekommen durch Schiedsspruch	240, 241
II. Bekanntgabe des Tarifvertrages	242
D. Mängel des Tarifvertrages	243–246
I. Willensmängel beim Abschluß des Tarifvertrages	243

2. Abschnitt. Der Abschluß des Tarifvertrages § 1

Rnr.
II. Nichtige und teilnichtige Tarifverträge 244–246
  1. Nichtigkeit 244, 245
  2. Teilnichtigkeit 246
E. Beendigung des Tarifvertrages 247

Schrifttum: *Markus Arnold,* Die tarifrechtliche Dauerrechtsbeziehung, Heidelberg 1996; *Thomas Baumann,* Die Delegation tariflicher Rechtsetzungsbefugnisse, Berlin 1992; *ders.,* Anforderungen an den Tarifvertrag als Gesetz, RdA 1987, S. 270–276; *Peter Bengelsdorf,* Tarifliche Arbeitszeitbestimmungen und Günstigkeitsprinzip, ZfA 1990, S. 563–606; *Rolf Birk,* Tarifrechtlicher Vorvertrag und arbeitsrechtlicher Boykott im Ausland, AuR 1977, S. 235–240; *Wolfgang Blomeyer,* Besitzstandswahrung durch Tarifmacht, ZfA 1980, S. 1–76; *Wilfried Braun,* Verbandstarifliche Normen in Firmentarifverträgen und Betriebsvereinbarungen. Ein Beitrag zur Rechtstechnik von Verweisungsklauseln, BB 1986, S. 1428–1435; *Hans Brox,* Die Anfechtung von Dauerrechtsverhältnissen, BB 1964, S. 523–528; *Wolfgang Däubler,* Der Arbeitsvertrag – Ein Mittel zur Verlängerung der Wochenarbeitszeit?, Betrieb 1989, S. 2534–2538; *Rolf Dietz,* Tarifrechtliche Fragen aus Anlaß des Beitritts eines Arbeitgebers zu einem Arbeitgeberverband, in: Festschrift für H. C. Nipperdey (1965), Bd. II, S. 141–157; *Walter Eberle,* Die Beteiligung Dritter am Zustandekommen von Tarifverträgen, Diss. Köln 1966; *Heinrich Ehrmann,* Der mehrgliedrige Tarifvertrag, Mannheim 1932; *Erich Frey,* Die Folgen der Teilnichtigkeit im Arbeitsrecht, AuR 1957, S. 161–169; *ders.,* Tarifvertragliche Verweisung auf andere künftige Tarifverträge, AuR 1958, S. 306–307; *Hans Galperin,* Teilnichtigkeit und Nichtigkeit des Tarifvertrages, BetrVerf. 1955, Nr. 5, S. 3–9; *Ralf Gaumann/Marcus Schafft,* Tarifvertragliche Öffnungsklauseln - Ein sinnvolles Flexibilisierungsinstrument, NZA 1998, S. 176-187; *Wolfgang Gitter/Dietmar Boerner,* Altersgrenzen in Tarifverträgen, RdA 1990, S. 129–138; *Karl Gröbing,* Zur Rechtswirksamkeit von Verweisungsklauseln in Tarifverträgen, AuR 1982, S. 116–119; *Rolf Gross,* Verweisungen in Tarifverträgen, BlStSozArbR 1965, S. 287–288; *Jobst Gumpert,* Bezugnahme auf Tarifverträge in Arbeitsverträgen und Tarifverträgen, BB 1961, S. 1276–1278; *Wilhelm Herschel,* Die Auslegung der Tarifvertragsnormen, in: Festschrift für Erich Molitor (1962), S. 161–202; *ders.,* Verweisungen in Tarifverträgen und Betriebsvereinbarungen, BB 1963, S. 1220–1223; *ders.,* Teilnichtigkeit kollektiver Regelungen, BB 1965, S. 791–792; *Stefan Hertwig,* Die Verweisung eines Gesetzes auf einen Tarifvertrag und die Folgen für das Verständnis der Tarifautonomie. Zugleich eine Besprechung von BVerfGE 64, S. 208 vom 14. 6. 1983, RdA 1985, S. 282–288; *Axel Hoß,* Die Zustimmungsersetzung im Rahmen des Tarifvertrags zur Beschäftigungssicherung, Betrieb 1995, S. 526–527; *Ralf Hottgenroth,* Die Verhandlungspflicht der Tarifvertragsparteien, Baden-Baden 1990; *Gerrick v. Hoyningen-Huene/Ulrich Meier-Krenz,* Flexibilisierung des Arbeitsrechts durch Verlagerung tariflicher Regelungskompetenzen auf den Betrieb, ZfA 1988, S. 293–318; *Wolfgang Hromadka,* Privat- versus Tarifautonomie – Ein Beitrag zur Arbeitszeitdiskussion, Betrieb 1992, S. 1042–1047; *Hans Iffland,* Verweisungen in Tarifverträgen und Betriebsvereinbarungen, Betrieb 1964, S. 1737–1741; *Edith Indig,* Der mehrgliedrige Tarifvertrag, Berlin 1932; *Dieter Kirchner,* Vereinbarte Schlichtung und vereinbarte Schiedsgerichtsbarkeit, RdA 1966, S. 1–14; *Michael Kittner,* Öffnung des Flächentarifvertrages, in: Festschrift für Günter Schaub (1998), S. 389–420; *Marion Künster,* Die culpa in contrahendo in vortariflichen Rechtsbeziehungen, Aachen 1994; *René Alexander Lohs,* Anpassungsklauseln in Tarifverträgen, Frankfurt am Main 1996; *Karl-Georg Loritz,* Rechtsprobleme der tariftraglichen Regelung des „freien Wochenendes", ZfA 1990, S. 133–201; *Kurt Günter Mangen,* Form des Tarifvertrages gemäß § 1 Abs. 2 Tarifvertragsgesetz, RdA 1982, S. 229–237; *Theo Mayer-Maly,* Der Verhandlungsanspruch tariffähiger Verbände, RdA 1966, S. 201–207; *D. Maywald,* Rechtsstreitigkeiten zwischen Tarifvertragsparteien über die Gültigkeit oder die Auslegung von Tarifnormen, Diss. Hamburg 1965, *Cord Meier,* Chancen und Grenzen der Anpassung von Tarifverträgen, RdA 1988, S. 142. *Peter Meyer,* Blankettverweisungen in Kollektivverträgen, Diss. Köln 1970; *Norbert Moritz,* Verweisungen im Gesetz auf Tarifverträge, Diss. Köln 1995; *Hans Carl Nipperdey/Franz Jürgen Säcker,* AR-Blattei, Tarifvertrag II Abschluß, Zustandekommen des Tarifvertrages (1970); *Angelika Oppermann,* Die Kontrolle von Tarifvertragsregelungen in ihrer Anwendung auf den Einzelfall, Baden-Baden 1997; *Hans-Martin Pawlowski*, Rechtsgeschäftliche Folgen nichtiger Willenserklärungen, Göttingen 1966; *Joachim Plüm*, Die tarifliche Erweiterung von Leistungsbestimmungsrechten des Arbeitgebers, Betrieb 1992, S. 735–739; *Olaf Radke*, Rechtsbeziehungen zwischen einer Tarifvertragspartei und den Mitgliedern der gegnerischen Tarifvertragspartei, AuR 1956, S. 273–278; *ders.*, Nochmals: Rechtsbeziehungen zwischen einer Tarifvertragspartei und den Mitgliedern der gegnerischen Tarifvertragspartei, AuR 1957, S. 257–263; *Thilo Ramm*, Die Parteien des Tarifvertrages. Kritik und Neubegründung der Lehre vom Tarifvertrag, Stuttgart 1961; *Hans Reichel*, Koalitionsrecht, Tarifvertragsrecht und Kontrahierungszwang, AuR 1960, S. 266–267; *Werner Reiß*, Die juristische Bedeutung der Stärke von Koalitionen nach dem Tarifvertragsgesetz, Diss. Köln 1968; *Reinhard Richardi*, Arbeitszeitverlängerung nach der Tarifvertragsregelung in der Metallindustrie, Betrieb 1990, S. 1613–1618; *Wilhelm Rick*, Macht die Bezugnahme in einem Tarifvertrag auf einen anderen Tarifvertrag den anderen Tarifvertrag zum Bestandteil des ursprünglichen Tarifvertrages?, Betrieb 1957, S. 45–46; *Volker Rieble*, Arbeitsmarkt und Wettbewerb, 1996, S. 481; *ders.*, Beschäftigungspolitik durch Tarifvertrag, ZTR 1993, S. 54–61; *Hans Georg Ritter*, Der mehrgliedrige Tarifvertrag, Diss. Jena 1932; *Georg Roeber*, Zur Frage der Schriftform bei Vereinbarungen mit Filmschaffenden, Film und Recht 1961, Nr. 9, S. 8–13; *Bernd Rüthers*, Zur Kampfparität im Arbeitskampfrecht, JurA 1970, S. 85–111; *ders.*, Tarifautonomie und Schlichtungszwang, in: Gedächtnisschrift für Rolf Dietz (1973), S. 299–321; *Franz Jürgen Säcker/Hartmut Oetker*, Alleinentscheidungsbefugnisse des Arbeitgebers in mitbestimmungspflichtigen Angelegenheiten aufgrund kollektivrechtlicher Dauerregelungen, RdA 1992, S. 16–28; *Harald Schliemann*, Tarifdispositiver Arbeitszeitschutz. Zur Abänderbarkeit staatlicher Arbeitszeitnormen durch Tarifverträge, Betriebsvereinbarungen, Dienstvereinbarungen und kirchliche Arbeitsrechtsregelungen, in: Festschrift für Günter Schaub (1998), S. 675–697; *Wilfried Schlüter*, in: Festschrift für Walter Stree und Johannes Wessels (1993), S. 1061–1084; *Hans Schneider*, Autonome Satzung und Rechtsverordnung. Unterschiede und Übergänge, in: Festschrift für Philipp Möhring (1965), S. 521–542; *Roland Schwarze*, Der Betriebsrat im Dienst der Tarifvertragsparteien, Berlin 1991; *Dieter Schweer*, Rechtsbeziehungen zwischen einer Tarifvertragspartei und den Mitgliedern der gegnerischen Tarifvertragspartei, AuR 1957, S. 109–111; *Hugo Seiter*, Dauerrechtsbeziehungen zwischen Tarifvertragsparteien?, ZfA 1989, S. 283–306; *ders.*, Der Verhandlungsanspruch der Tarifvertragsparteien in: FS zum 125jährigen Bestehen der Juristischen Gesellschaft Berlin (1984), S. 729–751; *Eugen Stahlhacke*, Bezugnahme auf Tarifverträge in Betriebsvereinbarungen, Betrieb 1960, S. 579–582; *Hans Valerius*, Die Parteien des Tarifvertrages, Diss. Köln 1968; *Wolf-Dietrich Walker*, Möglichkeiten und Grenzen einer flexibleren Gestaltung von Arbeitsbedingungen. Das Spannungsverhältnis zwischen Tarifautonomie und Betriebsautonomie, ZfA 1996, S. 353–381; *Raimund Waltermann*, Beschäftigungspolitik durch Tarifvertrag?, NZA 1991, S. 754–760; *Willy Wendel*, Die rechtliche Bedeutung von Anmerkungen und Protokollnotizen in Tarifverträgen, BetrR 1957, S. 208–211; *Herbert Wiedemann/Gregor Thüsing*, Die Tariffähigkeit von Spitzenorganisationen und Verhandlungsanspruch der Tarifvertragsparteien, RdA 1995, S. 280–287; *Manfred Wolf*, Tarifautonomie, Kampfparität und gerechte Tarifgestaltung, ZfA 1971, S. 151–179; *Wolfgang Zöllner*, Zur Publikation von Tarifvertrag und Betriebsvereinbarung, DVBl. 1958, S. 124–127; *ders.*, Das Wesen der Tarifnormen, RdA 1964, S. 443–450; *ders.*, Die Rechtsnatur der Tarifnormen nach deutschem Recht, Wien 1966; *ders.*, Die Zulässigkeit einzelvertraglicher Verlängerung der tariflichen Wochenarbeitszeit, Betrieb 1989, S. 2121–2126.

A. Die Parteien des Tarifvertrages

148 Wer Partei eines Tarifvertrages sein kann, sagt das Gesetz erst in § 2. Die ursprünglich an die Spitze gestellte Bestimmung zur Tariffähigkeit wurde im Laufe der Gesetzgebungsarbeit zugunsten der Beschreibung des Inhalts des Tarifvertrages zurückgestellt.

I. Vertragsparteien

1. Verbandstarifverträge

a) Inhalt. Soweit der Tarifvertrag von einem Berufsverband abgeschlossen 149
wird, ist dieser selbst Vertragspartei; seine einzelnen Mitglieder sind es nicht.
Diese auf den ersten Blick selbstverständliche Aussage der Verbandstheorie
entspricht heute allgemeiner Ansicht.[1]

Der Streit um die Verbandstheorie hat nur historische Bedeutung.[2] Wenn 150
vor dem Inkrafttreten der Tarifverordnung von 1918 die Ansicht vertreten
wurde, daß die Verbände den Tarifvertrag in Vertretung ihrer Mitglieder
(Vertretungstheorie) oder doch gleichzeitig in deren Namen abschließen
(Kombinationstheorie), so geschah das nur, um dem Tarifvertrag auch ohne
gesetzliche Regelung unmittelbare Wirkung auf die Einzelarbeitsverträge der
organisierten Arbeitgeber und Arbeitnehmer zu verschaffen. Diese Theorien
wurden alsbald aufgegeben, nachdem den Tarifnormen durch Gesetz unmittelbare Geltung für die Arbeitsverträge der organisierten Mitglieder beigelegt worden war.

Die Rechte und Pflichten aus dem Tarifvertrag treffen daher, soweit sie 151
keine normative Wirkung entfalten, zunächst nur die Vertragsparteien selbst,
nicht ihre Mitglieder; infolgedessen kann der gegnerische Verband die einzelnen Mitglieder nicht auf Erfüllung des Tarifvertrages in Anspruch nehmen. Ob das Vermögen der Koalition als juristische Person oder als Gesamthand organisiert ist, spielt dabei keine Rolle. Träger der tariflichen Rechte
und Pflichten ist in jedem Fall der Berufsverband als solcher.

b) Wirkungen. Eine Auswirkung der tarifvertraglich begründeten Rechte 152
und Pflichten auf die Mitglieder der Koalitionen und auf außenstehende
Dritte kommt auch im Rahmen der Verbandstheorie in Betracht. Nicht
hierher gehört der Ausnahmefall, daß ein oder mehrere Arbeitgeber einen
Verband bevollmächtigen, für sie Firmentarifverträge abzuschließen.[3]

Jede Tarifvertragspartei übernimmt die Verpflichtung, den Tarifvertrag 153
zu **erfüllen.** Damit ist gleichzeitig die Pflicht übernommen, im Rahmen
der satzungsmäßigen Möglichkeiten auf die Mitglieder dahingehend einzuwirken, daß diese den Tarifvertrag ebenfalls einhalten und nicht gegen
die Friedenspflicht verstoßen.[4] Dabei handelt es sich für die Tarifvertrags-

---

[1] BAG 16. 2. 1962 AP Nr. 12 zu § 3 TVG Verbandszugehörigkeit *(Nikisch);* BAG 27. 11. 1963 AP Nr. 2, BAG 24. 1. 1970 AP Nr. 6 *(Richardi)* und BAG 14. 11. 1973 AP Nr. 17 *(Wiedemann)* zu § 1 TVG Tarifverträge: Bau; Hueck/*Nipperdey,* Arbeitsrecht II 1, § 21 I 1, S. 448; *Löwisch*/Rieble, § 1 TVG, Rnr. 339; *Nikisch,* Arbeitsrecht II, § 72 I 2, S. 277; *Zöllner,* Rechtsnatur der Tarifnormen, 1966, S. 9.
[2] Zur Vertretungskonstruktion vgl. *Radke,* AuR 1956, S. 273; *ders.,* AuR 1957, S. 257; *Ramm,* Die Parteien des Tarifvertrages, 1961, sowie die Stellungnahme dazu in der Vorauflage, § 1, Rnr. 67.
[3] Vgl. BAG 14. 11. 1973 AP Nr. 17 zu § 1 TVG *(Zöllner).*
[4] Vgl. *Rüthers,* in: Brox/Rüthers, Arbeitskampfrecht, Rnr. 221; *Heckelmann,* Betrieb 1970, S. 158; Hueck/*Nipperdey,* Arbeitsrecht II 1, § 21 I 2, S. 450; noch weitergehend für eine Einwirkungspflicht der Gewerkschaft auf nicht organisierte Arbeitnehmer *Neumann-Duesberg,* BB 1964, S. 51, 52 ff.

parteien um eine Hauptverpflichtung, die selbständig eingeklagt werden kann; außerdem sind Klagen auf Feststellung, Unterlassung und ggf. Schadenersatz zulässig. Die Mitglieder des Berufsverbandes übernehmen ihrerseits die jeder Mitgliedschaft eigentümliche Pflicht, alles zu unterlassen, was die satzungsgemäße Zielverfolgung verhindert. Zu diesen satzungsgemäßen Aufgaben gehört im Rahmen der sozialen Selbstverwaltung vor allem der Abschluß und die Durchführung von Tarifverträgen. Ist zur Durchführung der vom Verband eingegangenen Pflichten ein Handeln oder Unterlassen der Mitglieder erforderlich, so kann der Verband die Unterstützung seiner Mitglieder mit satzungsgemäßen Mitteln (insbes. Verbandsstrafen) erzwingen; vgl. dazu ausführlich unten Rnr. 716 ff.

154 Da die Berufsverbände Tarifverträge im eigenen Namen abschließen, können über die unmittelbar geltenden Tarifnormen hinaus keine *Pflichten* für die Verbandsmitglieder durch den Tarifvertrag begründet werden; Verträge zu Lasten Dritter sind unzulässig.[5] Dagegen kann der Tarifvertrag gemäß § 328 BGB **Rechte zugunsten Dritter**, und zwar zugunsten der Verbandsmitglieder sowie für außenstehende Dritte begründen.[6] Begünstigende Bestimmungen im Tarifvertrag (z. B. *Tarifaußenseiterklauseln*) können allerdings unmittelbar nur die Parteien des Tarifvertrages verpflichten. Der einzelne Arbeitgeber oder Arbeitnehmer kann lediglich über seine Mitgliedspflichten im Berufsverband zu einem der schuldrechtlichen Absprache entsprechenden Tun oder Unterlassen veranlaßt werden. Zur Frage, in welchem *sachlichen* Umfang der Tarifvertrag schuldrechtliche Abreden enthalten darf, vgl. unten Rnr. 657 ff.

155 Die jedem Tarifvertrag innewohnende **Friedenspflicht** wirkt sich zwingend zugunsten der einzelnen Verbandsmitglieder aus. Der Tarifvertrag ist insofern ein typischer *Vertrag mit Schutzwirkung zugunsten Dritter*. Die Einbeziehung der Verbandsmitglieder ist durch den Zweck des Vertrages und wegen der erkennbaren Auswirkung der vertragsmäßigen Leistung auf Dritte nach Treu und Glauben geboten.[7] Kraft der Schutzwirkung des Tarifvertrages kann der einzelne Arbeitgeber Schadenersatz verlangen, wenn die Gewerkschaft während der Laufzeit des Tarifvertrages über die tariflich geregelten Gegenstände einen Arbeitskampf führt oder einen etwaigen nichtorganisierten Arbeitskampf (sog. wilden Streik) unterstützt; vgl. unten Rnr. 667 ff. Eine einseitige Bevorzugung der Arbeitgeber und damit eine Verletzung der Parität ist darin nicht zu sehen, da die Einrichtung einer – sachlich und zeitlich begrenzten – Friedenszone im Allgemeininteresse an der Existenz und Wirtschaftlichkeit der Unternehmen liegt.

---

[5] Abw. früher *Bettermann*, JZ 1951, S. 325.
[6] So BAG GS 29. 11. 1967 AP Nr. 13 zu Art. 9 GG; *Gamillscheg*, BB 1967, S. 45, 49 ff.; *Hanau*, JuS 1969, S. 213, 218 ff.; *Nipperdey/Säcker*, AR-Blattei, Tarifvertrag II B Zustandekommen des Tarifvertrages, unter I 2; *Schnorr*, JR 1966, S. 327, 332; *Richardi*, Kollektivgewalt, S. 201; *Zöllner*, Tarifvertragliche Differenzierungsklauseln, 1967, S. 40; gegen die Zulässigkeit von Vertragsbestimmungen zugunsten von Außenseitern zu Unrecht Hueck/*Nipperdey*, Arbeitsrecht II 1, § 38 B II, S. 702 ff.; *Mayer-Maly*, BB 1966, S. 1067, 1069.
[7] Vgl. *Larenz*, Schuldrecht, Allg. Teil, 11. Aufl. 1976, § 17 II, S. 185 f., 14. Aufl. 1987, S. 22 ff.

Auch der *einzelne Arbeitgeber* darf, wenn er organisiert ist, keine Aussperrung betr. tariflich geregelter Gegenstände durchführen. Das kann man entweder damit begründen, daß in der Beitrittserklärung zu einem Berufsverband auch ein Vertrag zugunsten der organisierten Arbeitnehmer liegt, sich an die tarifliche Friedenspflicht zu halten, oder damit, daß der Grundsatz der Kampfparität dem Arbeitgeber eine Aussperrung verbietet, solange die Gegenseite, nämlich die Gewerkschaften und ihre Mitglieder, hinsichtlich der gleichen Sachfragen keinen Arbeitskampf führen dürfen. Im Herrschaftsbereich der tariflichen Friedenspflicht ist folglich im Ergebnis jeder Arbeitskampf rechtswidrig. 156

c) Abschluß des Tarifvertrages. Beim Verbandstarifvertrag muß der Vertragsschluß durch das allgemein zur Vertretung befugte Organ, nämlich den Vorstand (§ 26 BGB) oder durch besondere in der Satzung bestimmte Vertreter (§ 30 BGB) oder durch wirksam bestellte Bevollmächtigte (§ 164 BGB) erfolgen. Mehrere Unternehmen können sich nach den allgemeinen Regeln der Stellvertretung durch ein drittes Unternehmen vertreten lassen.[8] Das gilt für den rechtsfähigen wie für den nicht rechtsfähigen Verein. Fehlt den handelnden Personen die erforderliche Vertretungsmacht, so kommt kein gültiger Tarifvertrag zustande. Haben mehrere Personen Gesamtvertretungsmacht, so müssen sie alle unterzeichnen oder einem von ihnen Untervollmacht erteilen. 157

Die **Vertretungsbefugnis** kann nach nahezu einhelliger Ansicht inhaltlich beschränkt sein.[9] Man wird aber näher differenzieren müssen. 158

aa) Zunächst muß jede Einschränkung der Vertretungsmacht aus der Satzung hervorgehen, wenn sie Dritten entgegengehalten werden soll. Die Satzung kann außerdem die Vertretungsmacht nur in der Art einschränken, daß dort *abschließend* der Umfang angegeben wird, in dem die Organe für die Tarifvertragspartei tätig werden dürfen. Ist die Tariffähigkeit des Berufsverbandes z.B. auf den Abschluß zugunsten und zu Lasten bestimmter Mitglieder beschränkt, so kann sich der Vorstand darüber nicht hinwegsetzen; ein Tarifvertrag wird auch bei Gutgläubigkeit des Vertragspartners nicht wirksam. Interne verbandsrechtliche Beschränkungen (wie die Zustimmungspflicht der Mitgliederversammlung oder eines Beirats) können indes bei der Vertretungsmacht ebensowenig berücksichtigt werden wie bei der Feststellung der Tariffähigkeit. Die andere Tarifvertragspartei und die tarifunterworfenen Personen können zwar den Inhalt der Satzung feststellen; sie müßten sich jedoch bei innerorganisatorischen Voraussetzungen einer Tarifvertragspartei auf deren Angaben verlassen. Die Vertreter der Tarifvertragspartei könnten – durchaus gutgläubig – eine unrichtige Auskunft hinsichtlich der Wirksamkeit verbandsinterner Vorgänge geben (der Zustimmungsbeschluß 159

---

[8] BAG 10. 11. 1993 AP Nr. 43 zu § 1 TVG Tarifverträge: Einzelhandel (Vertretung durch die Gesellschaft zur Privatisierung des Handels mbH).
[9] Vgl. Hueck/*Nipperdey*, Arbeitsrecht II 1, § 6 III 3, S. 107; abw. *Böttcher*, RdA 1959, S. 353; *ders.*, Gestaltungsrecht und Unterwerfung, 1964, S. 23, Anm. 28, der bei allen tariffähigen Verbänden eine nach außen nicht beschränkbare, weil gesetzlich verliehene Vertretungsmacht des Vorstandes annimmt. Gegen eine Beschränkung der Vertretungsmacht für den Sonderfall des Abschlusses des Tarifvertrages durch einen Bundesinnungsverband BAG 11. 6. 1975 AP Nr. 29 zu § 2 TVG (*Wiedemann*).

der Mitgliederversammlung ist aus zunächst unerkannt gebliebenen Gründen unwirksam). Die tarifvertragliche Gesetzgebung mit ihrer umfassenden Innen- und Außenwirkung kann von solchen Unsicherheiten nicht abhängen.

Über den Abschluß des Tarifvertrages durch Unterverbände vgl. unten § 2 Rnr. 199 ff., durch Spitzenorganisationen vgl. § 2 Rnr. 335 ff.

160   bb) Wird der Tarifvertrag durch einen Vertreter abgeschlossen, so bedarf die Vollmacht *keiner Schriftform;* vgl. § 167 Abs. 2 BGB. Sie kann deshalb auch stillschweigend erteilt werden. Der Bevollmächtigte kann auch lediglich mit seinem Namen unterzeichnen; dann muß aber die Vertragspartei aus der den Tarifvertrag enthaltenden Urkunde ersichtlich sein, da der ganze Vertrag und somit auch die Angabe der Vertragsparteien der Schriftform bedarf.[10] Es genügt auch, daß der Bevollmächtigte mit dem Namen des Vertretenen, also des Verbandes, zeichnet. Fehlt die Vollmacht oder wurde sie überschritten, so kann der Vertrag nachträglich, auch formlos, genehmigt werden. Ist ein Tarifvertrag von einem Vertreter im Namen der vertretenen Tarifvertragspartei abgeschlossen und verfährt die Tarifvertragspartei jahrzehntelang entsprechend dem Tarifvertrag, so ist zumindest eine Genehmigung des Vertragsabschlusses durch die Tarifvertragspartei anzunehmen.[11]

2. Firmentarifverträge

161   Jeder einzelne Arbeitgeber ist nach der zwingenden Bestimmung in § 2 Abs. 1 des Gesetzes tariffähig. In Deutschland war die Tariffähigkeit des Einzelarbeitgebers nach § 1 TarifVO schon in der Weimarer Zeit anerkannt.[12] Die Tarifverträge, bei denen der einzelne Arbeitgeber als Rechtsträger Vertragspartei ist, werden Firmentarifverträge (oder auch Unternehmens-, Werks- oder Haustarifverträge) genannt. Ihr **Bedeutung** wächst. Sie machen etwa ein Drittel der im Tarifregister des Bundesministeriums für Arbeit und Sozialordnung eingetragenen gültigen Tarifverträge aus. Mit der Bedeutung wächst auch das dem Firmentarifvertrag gewidmete Schrifttum.[13]

Einige ausländische Rechtsordnungen beschränken die Tariffähigkeit. So sind z.B. in Österreich nur der Österreichische Rundfunk (ORF) gemäß § 1 Abs. 4 ORFG, die juristischen Personen des öffentlichen Rechts gemäß § 7 ArbVerfG und bestimmte Vereine nach § 4 Abs. 3 ArbVerfG als Einzelarbeitgeber tariffähig. Dabei ist allerdings zu bedenken, daß gemäß § 4 Abs. 1 ArbVerfG die Arbeitskammern tariffähig sind und praktisch die Mehrzahl der Tarifverträge abschließen. Da die Mitgliedschaft in diesen Kammern für den Arbeitgeber obligatorisch ist, unterfällt er in aller Regel auch dann einem Tarifvertrag, wenn er nicht Mitglied eines Arbeitgeberverbandes ist.

162   Die **Abgrenzung** zu Betriebsvereinbarungen richtet sich nach den Vertragsparteien, nicht nach der Bezeichnung (z. B. als „Interessenausgleich" oder

---

[10] Vgl. RAG, ARS 13, S. 229, 231.
[11] So BAG 14. 2. 1957 AP Nr. 1 zu § 32 AOG Weitergeltung von TO als TV *(Tophoven)*.
[12] Vgl. *Kasekel/Dersch,* Arbeitsrecht, 4. Aufl. 1932, S. 50 f.
[13] Schrifttum zum Firmentarifvertrag: *Löwisch/Rieble,* in: Festschrift für Günter Schaub (1998), S. 457; *Matthes,* in: Festschrift für Günter Schaub (1998), S. 477; *Rieble,* in: Festschrift für Eugen Stahlhacke (1995), S. 459; *Wieland,* Recht der Firmentarifverträge, Köln 1988 (mit Erfahrungsbericht S. 205 ff.).

„Sozialplan"[14]). Beteiligen sich ausnahmsweise sowohl die Gewerkschaft wie der (Gesamt)Betriebsrat, so entscheidet der Wille der Kollektivvertragsparteien. Der typische Inhalt der Vereinbarung kann als Auslegungshinweis dienen.

a) Schutz des Firmentarifvertrages durch Art. 9 Abs. 3 GG. Die Rechtslehre geht überwiegend davon aus, daß die Tariffähigkeit des einzelnen Arbeitgebers durch Art. 9 Abs. 3 GG zwingend veranlaßt sei.[15] Dies wird vor allem damit begründet, daß der einzelne Arbeitgeber sonst außerhalb des Verbandes von jedem Arbeitskampf und jedem Tarifvertrag verschont wäre. Von einer Mindermeinung wird demgegenüber die Ansicht vertreten, der „kleine Arbeitgeber" sei wegen fehlender Parität zur Gewerkschaftsseite nicht tariffähig; § 2 müsse einschränkend ausgelegt werden.[16] Dementsprechend verlange auch die Tariffähigkeit einer Arbeitgeberkoalition, daß diese hinreichend sozialmächtig sei.[17]

Hier ist abzuwägen. Der Gesetzgeber hat einen weiten Spielraum bei der Ausgestaltung des Tarifvertragsrechts und kann bei der Gewichtung der verschiedenen Interessen von Arbeitgeber- und Arbeitnehmerseite durchaus zu dem Ergebnis kommen, daß jeder Arbeitgeber unabhängig von der Größe des Unternehmens und von seiner finanziellen Durchsetzungskraft die Fähigkeit zum Abschluß von Tarifverträgen erhalten soll. Daß dies durch § 2 erreicht werden sollte, legt eine historisch orientierte Auslegung des Wortlautes nahe. Eine teleologische Reduktion ist nicht zwingend, da die jahrzehntelange Tarifpraxis gezeigt hat, daß die Gefahr der Übervorteilung des Einzelarbeitgebers bei Tarifvertragsabschlüssen nur begrenzt besteht. Auch der kleine Arbeitgeber ist folglich nach geltendem Recht tariffähig; vgl. dazu unten § 2 Rnrn. 95 ff.

Eine andere Frage ist, ob der Gesetzgeber die Rechtslage ändern könnte. Auch hier ist auf den Spielraum des Bundestages bei der Ausgestaltung des Tarifvertragsrechtes hinzuweisen. Das Bundesverfassungsgericht[18] wertet die Tariffähigkeit des Einzelarbeitgebers als eine Möglichkeit zur Förderung der Koalitionsfreiheit der Arbeitnehmerkoalitionen, die es erleichtern soll, Tarifvertragspartner zu finden und Tarifverträge abzuschließen. Danach gewährleistet die Verfassung die Tariffähigkeit des einzelnen Arbeitgebers nicht seiner selbst, sondern der Gewerkschaft wegen – als notwendiger Reflex der Tätigkeit des sozialen Gegenspielers. Würde der Gesetzgeber sich also entscheiden, dem einzelnen Arbeitgeber die Möglichkeit zum Abschluß eines Tarifvertrages zu versagen, so würde er nicht ein Recht des Arbeitgebers insgesamt aufheben, sondern lediglich ein der Gegenseite zustehendes Recht modifizieren. Dennoch wäre eine solche Gesetzesänderung wohl verfassungswidrig: schon die historische Entwicklung zeigt, daß die Tariffähigkeit

---

[14] BAG 16. 5. 1995 AP Nr. 15 zu § 4 TVG Ordnungsprinzip.
[15] Vgl. MünchArbR/*Löwisch,* § 239, Rnr. 75; *Meik,* Der Kernbereich der Tarifautonomie, 1987, S. 155 ff.; *Rieble,* in: Festschrift für Eugen Stahlhacke (1995), S. 459, 475.
[16] *Hergenröder,* Anm. zu BAG 20. 11. 1990 EzA § 2 TVG Nr. 20; *Müller,* RdA 1990, S. 321, 322; *Lieb,* in: Festschrift für Otto Rudolf Kissel (1994), S. 638; Staudinger/*Richardi,* vor § 611 BGB, Rnr. 885.
[17] Abw. BAG 20. 11. 1990 AP Nr. 40 zu § 2 TVG = SAE 1991, S. 314 ff. *(Rieble).*
[18] BVerfG v. 19. 10. 1966 BVerfGE 20, 312, 318.

des Einzelarbeitgebers stets eine Selbstverständlichkeit des deutschen Tarifvertragsrechts darstellte.[19] Kollektive Regelungen der Arbeitsbedingungen zwischen einzelnen Arbeitgebern und Gewerkschaften existierten schon lange vor dem Zusammenschluß zu Arbeitgeberverbänden. Außerdem will es nicht einleuchten, daß ein nicht tariffähiger Einzelarbeitgeber sich dauerhaft einem Tarifvertrag und damit auch einem Streik entziehen könnte: der Arbeitskampf wäre unzulässig, da der Einzelarbeitgeber das Streikziel nicht erfüllen könnte; der Arbeitskampf zur Erzwingung des Verbandsbeitritts verstieße außerdem gegen Art. 9 Abs. 3 Satz 3 GG. Schließlich würde ein Arbeitskampf gegenüber dem Arbeitgeberverband erheblich an Bedeutung verlieren: arbeitnehmerfreundliche Tarifverträge würden durch verstärkte Verbandsaustritte beantwortet und damit eine dauerhafte Beschränkung des Wirkungskreises der Gewerkschaften nach sich ziehen. Die Interessen der bei diesen Unternehmen beschäftigten Arbeitnehmer könnten von der Gewerkschaft nicht mehr wahrgenommen werden.

166 **b) Tariffähigkeit verbandsangehöriger Arbeitgeber.** Umstritten ist die Frage, inwieweit Arbeitgeber, die Mitglieder eines Arbeitgeberverbands sind, zum Abschluß von Einzeltarifverträgen durch einen Arbeitskampf gezwungen werden können.[20] Zweifellos verliert der Arbeitgeber mit seinem Verbandsbeitritt nicht seine Tariffähigkeit.[21] Diese allg. Ansicht stützt sich auf die Entstehungsgeschichte und den insoweit nicht differenzierenden Wortlaut des § 2. Dem verbandsangehörigen Arbeitgeber kann freilich der Abschluß eigener Tarifverträge von der Verbandssatzung untersagt werden. Solche Verbote wirken jedoch lediglich innerverbandlich und haben keine Außenwirkung. Die Grenzen ihrer Zulässigkeit sind zweifelhaft; vgl. dazu unten § 2 Rnr. 128. Fraglich kann nur sein, inwieweit ein verbandsangehöriger Arbeitgeber zum Abschluß eines Tarifvertrags durch einen Streik gezwungen werden kann[22]; hierzu vgl. § 2 Rnr. 130 ff.

167 **c) Keine Tariffähigkeit des Konzerns.** Auch eine Konzernobergesellschaft ist nur dann und nur insoweit tariffähig, als sie Arbeitgeber ist; ein Tarifvertrag bindet deshalb nur sie und erfaßt nur die bei ihr beschäftigten Arbeitnehmer, nicht aber die Arbeitnehmer ihrer abhängigen Unternehmen. Dies ist heute fast allgemeine Meinung[23], und Versuche, die in Anlehnung an die konzernrechtliche Durchgriffshaftung so etwas wie einen „tarifver-

---

[19] Vgl. bereits die TVO v. 23. 12. 1918; dazu *A. Hueck,* Tarifrecht, S. 29; für das Kaiserreich vgl. RGZ 54, S. 255.
[20] Dagegen u. a. *Lieb,* Arbeitsrecht, S. 133 ff.; *ders.,* in: Festschrift für Otto Rudolf Kissel (1994), S. 653; *v. Hoyningen-Huene,* ZfA 1980, S. 453, 469 f.; *Rüthers,* in: Brox/Rüthers, Arbeitskampfrecht, Rnr. 137; dafür u. a. BAG 4. 5. 1955 AP Nr. 2 zu Art. 9 GG Arbeitskampf; LAG Düsseldorf 31. 7. 1985 DB 1986, S. 807; *Söllner,* Arbeitsrecht, S. 131.
[21] Vgl. schon Hueck/*Nipperdey,* Arbeitsrecht II 1, § 20 II 2, S. 424; *Nikisch,* Arbeitsrecht II, § 70 II 3, S. 241; *Rüthers,* in: Brox/Rüthers, Arbeitskampfrecht, Rnr. 137; *Söllner,* Arbeitsrecht, S. 131.
[22] Vgl. *Beuthien,* BB 1975, S. 477; *Buchner,* Betrieb 1970, S. 2025; *Hanau-Wackerbarth,* in: Lutter, Holding-Handbuch, 3. Aufl. 1998, Rnr. G 137; *v. Hoyningen-Huene,* ZfA 1980, S. 453.
[23] Vgl. umfassend *Martens,* RdA 1970, S. 173, 175; Hueck/*Nipperdey,* Arbeitsrecht II 1, § 20 II 1; *Windbichler,* Arbeitsrecht im Konzern, 1989, S. 461 ff.; Zöllner/*Loritz,* Arbeitsrecht, § 34 II, S. 383.

traglichen Durchgriff" von der Obergesellschaft auf den Gesamtkonzern forderten[24], haben sich zu Recht nicht durchsetzen können. Schon im Hinblick auf die Verschiedenartigkeit der rechtlichen und tatsächlichen Ausgestaltung der Konzernstrukturen ist nicht einzusehen, warum allein der Tatbestand des Unternehmensverbundes einen Durchgriff im Tarifrecht rechtfertigen soll.[25] Daran ändert auch ein Hinweis auf das Betriebsverfassungsrecht und die von einigen anerkannte Möglichkeit, Konzernbetriebsvereinbarungen abzuschließen, nichts.[26] Daß die Regelungsbefugnisse des Betriebsrats und der Tarifvertragsparteien durchaus differieren können, ergibt sich schon aus der unterschiedlichen Zielrichtung des Tarifvertragsgesetzes und des Betriebsverfassungsgesetzes: ersteres regelt die Förderung und Regelung der Arbeits- und Wirtschaftsbedingungen durch kollektive Vereinbarungen der Koalitionen, letzteres die Beteiligungen der Arbeitnehmer an der Entscheidungsfindung über die Arbeitsbedingungen in ihrem eigenen Betrieb, Unternehmen oder Konzern. Genauso wie für letzteres keine „Verbandsbetriebsvereinbarung" erforderlich ist, bedarf es für ersteres nicht zwingend des Konzerntarifvertrages. Im übrigen kann auf die Legitimation der betriebsverfassungsrechtlichen Vertretungsorgane durch alle Beschäftigten verwiesen werden, die den Tarifvertragsparteien fehlt. Sofern § 55 Abs. 4 BetrVG vorsieht, daß die Mitgliederzahl der Vertreter im Konzernbetriebsrat abweichend vom Gesetz „durch Tarifvertrag" geregelt werden können, kann dies ebenfalls nicht als gesetzliche Wertung für die Anerkennung des Konzerntarifvertrags ausgelegt werden.[27] Denn eine solche Regelung kann durch Tarifvertrag mit der Obergesellschaft erreicht werden.[28] Zwar kann damit nicht eine normative, sondern nur eine schuldrechtliche Einbeziehung der Untergesellschaften sichergestellt werden; dies ist jedoch ausreichend, da die normative Wirkung von Betriebs- und Betriebsverfassungsnormen sich ohnehin in der einseitigen Verpflichtung des tarifgebundenen Arbeitgebers erschöpft. Anders als Inhaltsnormen wirkt der Inhalt eines solchen Kollektivvertrages nicht innerhalb des Einzelarbeitsverhältnisses in dem Sinne, daß jedes Belegschaftsmitglied einen Erfüllungsanspruch erhält.[29] Ob aber mittelbar oder unmittelbar eine schuldrechtliche Verpflichtung der konzernangehörigen Unternehmens begründet wird, ist unerheblich.

Eine Sonderbestimmung enthält jetzt § 14 Abs. 1 Bundesanstalt Post Gesetz (BAPostG). Dort wird im Zuge der zweiten Postreform der neugegründeten Bundesanstalt für Post und Telekommunikation die Zuständigkeit verliehen, für die in Aktiengesellschaften umgewandelten Teilsondervermögen Deutsche Bundespost, Deutsche Telekom und Deutsche Postbank Mantelta-

168

---

[24] So *Däubler*, Das Grundrecht auf Mitbestimmung, 1973, S. 444; *ders.*, ZIAS 1995, S. 525 ff.; *Friedrich*, RdA 1980, S. 109, 115.
[25] Vgl. *Windbichler*, Arbeitsrecht im Konzern, 1989, S. 462; *Wiedemann*, RdA 1968, S. 420, 421.
[26] So *Däubler*, ZIAS 1995, S. 525, 529 im Verweis u. a. auf *Fitting/Kaiser/Heither/Engels*, 18. Aufl. 1996, § 58 BetrVG, Rnr. 18.
[27] Anderer Ansicht *Däubler*, ZIAS 1995, S. 529, 530.
[28] Vgl. *Richardi*, § 55 BetrVG, Rnr. 19; *Fitting/Kaiser/Heither/Engels*, 18. Aufl. 1996, § 55 BetrVG, Rnr. 24; *Glaubitz*, in: Hess/Schlochauer/Glaubitz, § 55 BetrVG, Rnr. 7; a. A. GK-BetrVG/*Kreutz*, § 55, Rnr. 24 f.
[29] Vgl. Vorauflage, § 1 Rnr. 246.

rifverträge abzuschließen zu den in einem Anhang näher definierten Sachbereichen. Dies dürfte eine Tariffähigkeit sein, die der Konzerntariffähigkeit in Ansätzen vergleichbar ist. Hinzuweisen ist jedoch auf grundlegende Unterschiede zur Konzerntariffähigkeit[30]: zum einen behält die Bundesanstalt für Post und Telekommunikation gemäß § 3 Abs. 1 BAPostG vorerst zwar sämtliche Aktien der drei Unternehmen; ihr Recht zum Abschluß von Tarifverträgen soll nach der Systematik des Gesetzes jedoch nicht dadurch berührt werden, daß die abhängigen Aktiengesellschaften privatisiert werden; eine Abhängigkeit oder wirtschaftliche Verflochtenheit zwischen der Bundesanstalt und den Aktiengesellschaften ist also nicht erforderlich. Ein weiterer entscheidender Unterschied besteht darin, daß die durch die Bundesanstalt gemäß § 14 Abs. 1 BAPostG abgeschlossenen Tarifverträge nicht notwendig einheitlich für alle drei Aktiengesellschaften gelten. Die am Gesetzgebungsverfahren Beteiligten mögen davon ausgegangen sein, daß die Manteltarifverträge einheitlich für alle drei Unternehmen gelten sollten, eine notwendig einheitliche Geltung wurde im Gesetz jedoch nicht normiert.[31]

3. Tarifverträge von Spitzenorganisationen

169 Nicht nur Gewerkschaften und Arbeitgeberverbände, sondern auch ihre Zusammenschlüsse in Spitzenorganisationen können nach deutschem Recht Tarifverträge abschließen.[32] Rechtsgrundlage dafür bietet § 2 Abs. 2 und 3. Für den Abschluß von Tarifverträgen durch Spitzenorganisationen von Arbeitgeber- oder Arbeitnehmervereinigungen sieht das Gesetz zwei Möglichkeiten vor: zum einen können sie gemäß § 2 Abs. 3 im eigenen Namen Tarifverträge abschließen, zum anderen gemäß § 2 Abs. 2 kraft Bevollmächtigung durch die ihnen angeschlossenen Verbände.

170 **a) Tarifverträge im eigenen Namen.** Gemäß § 2 Abs. 3 können Spitzenorganisationen selbst Parteien eines Tarifvertrages sein, wenn der Abschluß von Tarifverträgen zu ihren satzungsmäßigen Aufgaben gehört. Wie sich diese Tariffähigkeit im einzelnen gestaltet, ist weitgehend ungeklärt; Rechtsprechung und Schrifttum äußern sich eher spärlich. Kontrovers diskutiert wird allerdings die Frage, ob die Tariffähigkeit nach § 2 Abs. 3 zu verneinen ist, wenn die Spitzenorganisation über Mitgliederverbände verfügt, die selbst nicht tariffähig sind; dazu vgl. § 2 Rnr. 335 f.

171 **b) Tarifverträge im Namen angeschlossener Verbände.** Gemäß § 2 Abs. 2 können Spitzenorganisationen im Namen der ihnen angeschlossenen Verbände Tarifverträge abschließen, wenn sie eine entsprechende Vollmacht

---

[30] Vgl. zu diesen Unterschieden auch *Rieble,* in: Festschrift für Eugen Stahlhacke (1995), S. 459, 467.
[31] § 14 Abs. 1 BAPostG: „Die Aufgabe, für die Aktiengesellschaften Manteltarifverträge abzuschließen, obliegt der Bundesanstalt. Die Manteltarifverträge, die im Einvernehmen mit den Aktiengesellschaften abgeschlossen werden, regeln allein die allgemein, in der Anlage zu dieser Vorschrift aufgeführten Bestimmungen im Rahmen von Arbeitsverhältnissen in den Aktiengesellschaften. Arbeitgeber im Sinne der Arbeitsgesetze und des Tarifrechts sind die Aktiengesellschaften."
[32] Vgl. zum französischen Recht und der dortigen Tarifvertragsabschlußkompetenz von Spitzenorganisationen *Krieger,* Das französische Tarifvertragsrecht, 1991, S. 134.

haben. Von dieser Möglichkeit ist bislang kaum Gebrauch gemacht worden. So verfügt weder der DGB noch die BDA über eine entsprechende Vollmacht seitens ihrer Mitgliederverbände. Die Vereinigung der kommunalen Arbeitgeberverbände ist zwar eine Spitzenorganisation, die Tarifverträge abschließt. Diese erfolgen aber – soweit bekannt – ausschließlich im eigenen Namen und in Ausnutzung der eigenen Tariffähigkeit nach § 2 Abs. 3, nicht in Vollmacht der ihnen angeschlossenen Verbände. Ob sich diese zurückhaltende Ausübung der Tarifkompetenz durch die Spitzenorganisationen im Zuge der europäischen Entwicklung ändern wird und sie unter Ausnutzung der Möglichkeiten des § 2 Abs. 3 in größerem Umfang Tarifverträge abschließen werden, bleibt abzuwarten.[33]

c) Das **Verhältnis** der durch die **Spitzenorganisation** nach § 2 Abs. 2 oder 3 und der durch den **Mitgliederverband** abgeschlossenen Tarifverträge läßt sich wie folgt bestimmen:

aa) Tarifverträge nach § 2 **Abs. 3** TVG. Schließt eine Spitzenorganisation im eigenen Namen einen „Spitzentarifvertrag" ab, ist sie allein Partei der Kollektivvereinbarung und kann diese ändern, aufheben oder kündigen.[34] Strittig ist, ob durch den Abschluß eines Tarifvertrages unter Beteiligung der Spitzenorganisation den angeschlossenen Verbänden der Abschluß eigener Tarifverträge zu der dort geregelten Materie verwehrt wird. Das Bundesarbeitsgericht hat dies in einer älteren Entscheidung verneint und das Verhältnis der durch die Spitzenorganisation und durch die Einzelgewerkschaft abgeschlossenen Tarifverträge nach Grundsätzen der Tarifkonkurrenz gelöst.[35] Ihm ist die wohl herrschende Ansicht im Schrifttum gefolgt.[36] Dies würde in der Regel dazu führen, daß der Tarifvertrag der Einzelgewerkschaft aufgrund größerer Sachnähe Geltung beanspruchen könnte und den Tarifvertrag der Spitzenorganisation verdrängen würde. Dieser Auffassung ist jedoch zu widersprechen. Die Rechtsetzungsbefugnis des einzelnen Verbandes ist insoweit verbraucht, als die Spitzenorganisation eine tarifliche Regelung mitbeschließt und letztere eine weitere Konkretisierung oder Ergänzung der Regelung durch Tarifverträge der Mitgliederverbände nicht ausdrücklich zuläßt. Daß dies der Konzeption des Gesetzgebers entspricht, läßt sich nicht nur mit einem Gegenschluß zu den Regelungen der Handwerksordnung begründen[37], es folgt auch aus § 2 Abs. 4 des Gesetzes. Denn wenn die Friedenspflicht auch die Mitgliederverbände trifft, können sie zur Durchsetzung von den Tarifvertrag der Spitzenorganisation abändernden Tarifforderungen nicht zum Arbeitskampf aufrufen. Nach der Konzeption des deutschen Tarifvertragssystems sind Tarifverträge ohne die Möglichkeit eines Arbeitskampfes ausgeschlossen; nur die Möglichkeit eines Arbeitskampfes bietet die hinreichende Gewähr dafür, daß die Tarifverträge einen inhaltlich adäquaten

---

[33] Vgl. für die Gewerkschaftsseite *Däubler*, Tarifvertragsrecht, Rnr. 59.
[34] Vgl. bereits BAG 22. 2. 1957 BAGE 3, S. 358, 365 = AP Nr. 2 zu § 2 TVG *(Tophoven).*
[35] Vgl. BAG 22. 2. 1957 BAGE 3, S. 358, 365 = AP Nr. 2 zu § 2 TVG *(Tophoven).*
[36] Vgl. *Däubler*, Tarifvertragsrecht, Rnr. 57; *Kempen/*Zachert, § 2 TVG, Rnr. 59, 93; *Löwisch/*Rieble, § 2 TVG, Rnr. 76; Reichel/*Koberski/*Ansey, § 2 TVG, Rnr. 139.
[37] Vgl. dazu Vorauflage, § 2, Rnr. 211.

Interessenausgleich zwischen Arbeitgeber- und Arbeitnehmerseite darstellen.[38] Die Voraussetzungen für diese Richtigkeitsgewähr wären hier nicht gegeben.

174 Davon zu unterscheiden ist die Frage, ob ein Tarifvertrag eines Mitgliederverbandes der Spitzenorganisation die Möglichkeit nimmt, Tarifverträge auch mit Wirkung für den Mitgliederverband im eigenen Namen zur gleichen Materie zu schließen. Hier ist die Rechtsetzungsmacht der Koalition nicht verbraucht, ein Verweis auf die Regelungen der Handwerksordnung oder § 2 Abs. 4 ginge fehl. Das dann auftretende Konkurrenzverhältnis zwischen dem Tarifvertrag des Mitgliederverbandes und demjenigen der Spitzenorganisation ist vielmehr nach den Regeln der Tarifkonkurrenz zu lösen. Der Tarifvertrag des Mitgliederverbandes wird in der Regel als der speziellere vorgehen; vgl. § 4 Rnr. 289.

175 **bb) Tarifverträge nach § 2 Abs. 2 TVG.** Schließt eine Spitzenorganisation in Vertretung und namens eines Mitgliederverbandes einen Tarifvertrag ab, so ist der vertretene Mitgliederverband Tarifvertragspartei. Er ist berechtigt zur Aufhebung, Änderung oder Kündigung. Abändernde Tarifverträge durch die Spitzenorganisation nach § 2 Abs. 2 sind aus den gleichen auf § 2 Abs. 4 beruhenden Erwägungen ausgeschlossen wie sie oben für den Fall des Tarifvertragsschlusses nach § 2 Abs. 3 dargestellt wurden. Inwieweit die Spitzenorganisation in Ausübung ihrer Vollmacht nach § 2 Abs. 2 durch den Mitgliederverband abgeschlossene Tarifverträge wieder abändern kann, hängt vom Umfang der Vollmacht und von den jeweils abzuändernden Tarifverträgen ab.

II. Mehrere Tarifvertragsparteien auf einer Seite

1. Der mehrgliedrige Tarifvertrag

176 **a) Begriff** und **Bedeutung.** Bei einem mehrgliedrigen Tarifvertrag sind auf der einen und/oder auf der anderen Parteiseite mehrere Verbände, mehrere einzelne Arbeitgeber oder neben einem Arbeitgeberverband auch einzelne Arbeitgeber am Tarifabschluß beteiligt. Derartige Tarifverträge waren früher geläufig, als die Arbeitgeber in Berufsverbänden (im engeren Sinn) und nicht in Industrieverbänden organisiert waren.[39] Auch heute kommen mehrgliedrige Tarifverträge vor, bei denen auf Arbeitnehmerseite mehrere Gewerkschaften oder auf Arbeitgeberseite mehrere Arbeitgeberverbände beteiligt sind. Ein Beispiel dafür bildet der Bundes-Angestelltentarifvertrag (BAT), der zwischen der Bundesrepublik Deutschland, der Tarifgemeinschaft deutscher Länder und der Vereinigung der kommunalen Arbeitgeberverbände einerseits und der Gewerkschaft Öffentliche Dienste, Transport und Verkehr und der Deutschen Angestelltengewerkschaft andererseits verhandelt wird. Auch kommt es vor, daß mehrere räumlich jeweils allein zuständige

---

[38] Vgl. die ständige Rechtsprechung des Bundesarbeitsgerichts: BAG 21. 4. 1971 AP Nr. 43, Bl. 7, und BAG 12. 9. 1984 AP Nr. 81 *(Herschel)*, Bl. 4 zu Art. 9 GG Arbeitskampf; BAG 25. 3. 1991 AP Nr. 64 zu Art. 9 GG, Bl. 4; LS 1, 2; vgl. auch BVerfG 26. 6. 1991 AP Nr. 117 zu Art. 9 GG Arbeitskampf (Aussperrungsurteil).
[39] Vgl. dazu *Ehrmann,* Der mehrgliedrige Tarifvertrag, 1932; *Indig,* Der mehrgliedrige Tarifvertrag, 1932; *Ritter,* Der mehrgliedrige Tarifvertrag, 1933; *Meves,* NZfA 1930, Spalte 215.

Arbeitgeberverbände eines Industriezweigs zusammen Tarifverträge abschließen, so z. B. die Schlichtungs- und Schiedsvereinbarung für die Metallindustrie vom 1. Januar 1980. An der **Zulässigkeit** mehrgliedriger Tarifverträge wird nicht gezweifelt; § 2 Abs. 1 des Gesetzes schränkt die Anzahl der beteiligen Arbeitgeber(verbände) nicht ein.[40]

b) Selbständige Tarifverträge oder **einheitliches Tarifwerk?** Es ist eine Frage der Auslegung, ob wirklich ein mehrgliedriger Tarifvertrag entsteht, der nur äußerlich in einer Urkunde zusammengefaßt ist, sich jedoch aus mehreren rechtlich selbständigen, inhaltsgleichen Tarifverträgen zusammensetzt, oder ob ein einheitliches Tarifwerk, also ein Tarifvertrag mit mehreren Parteien vorliegt.

aa) Die Auslegung des Tarifvertrages kann ergeben, daß es sich um *mehrere* rechtlich *selbständige* Tarifverträge handelt. Diese können dann in einer weiteren Entwicklung verschiedene Wege gehen. Die beteiligten Tarifvertragsparteien werden selbständig berechtigt und verpflichtet und bleiben deshalb in der Lage, unabhängig voneinander den Tarifvertrag zu ändern und zu kündigen. Keine Partei übernimmt Erfüllungspflichten für die anderen Parteien der gleichen Seite. Es entsteht keine Gesamtschuld und deshalb bei Tarifbruch auch keine Haftung für andere Vertragsbeteiligte.[41] In einem Prozeß um die Gültigkeit oder die Auslegung einer Tarifnorm sind die mehreren auf derselben Parteiseite stehenden Verbände einfache, nicht notwendige Streitgenossen nach § 62 ZPO. Die Wirkung von Urteilen über die Auslegung einer Tarifnorm erstreckt sich dementsprechend nur auf die Mitglieder der am Prozeß beteiligten Verbände.[42] Die Allgemeinverbindlicherklärung kann von jedem beteiligten Verband beantragt werden. Dann müssen allerdings die Voraussetzungen des § 5 Abs. 1 Nr. 1 hinsichtlich des Organisationsgrades für den Antragsteller erfüllt sein. Es wird dann nicht das in einer Urkunde zusammengefaßte Tarifwerk, sondern nur ein einzelner Tarifvertrag für allgemeinverbindlich erklärt. Wird der Antrag jedoch von allen anderen tarifvertragsbeteiligten Parteien einer Seite, also von allen Gewerkschaften oder von allen Arbeitgebern bzw. Arbeitgeberverbänden beantragt, so genügt es, wenn die Gesamtheit der tarifgebundenen Arbeitgeber nicht weniger als 50% der unter den Geltungsbereich des mehrgliedrigen Tarifvertrages fallenden Arbeitnehmer beschäftigt. Die Entscheidung des Bundesarbeitsgerichts AP Nr. 13 zu § 91 AZPO = SAE 1968, S. 56 *(Lieb)* trifft daher im Ergebnis das Richtige.

bb) Die beteiligten Tarifvertragsparteien können jedoch über die Gemeinsamkeit ihrer Regelungsabsicht und des Regelungsinhalts hinausgehen und im Einverständnis mit der Gegenpartei einen *Einheitstarifvertrag* vereinbaren.[43] Die Tarifvertragsparteien einer Seite werden dann gemeinsam be-

---

[40] BAG 10. 11. 1993 AP Nr. 43 zu § 1 TVG Tarifverträge: Einzelhandel.
[41] So bereits RAG, ARS 8, S. 101, 105; 12, S. 542, 547; 14, S. 428 ff.; 15, S. 442; Hueck/*Nipperdey,* Arbeitsrecht II 1, § 21 II 1, S. 451; *Nikisch,* Arbeitsrecht II, § 72 II 2, S. 279.
[42] Vgl. bereits RAG, ARS 14, S. 428, 430 ff.
[43] Allg. Ansicht; BAG 10. 11. 1993 AP Nr. 43 zu § 1 TVG Tarifverträge: Einzelhandel; *Däubler,* Tarifvertragsrecht, Rnr. 107; *Löwisch*/Rieble, § 1 TVG, Rnr. 341; *Windbichler,* Arbeitsrecht im Konzern, 1989, S. 470.

rechtigt und verpflichtet; sie können ihre Rechte gegenüber der Gegenpartei nur gemeinsam ausüben (Änderung des Tarifvertrages, Kündigung des Tarifvertrages) und die Allgemeinverbindlichkeit nur gemeinsam beantragen. Rechtlich bilden sie als Verhandlungs- und Vertragsgemeinschaft notwendig eine BGB-Gesellschaft.[44] Dies muß nicht notwendig für die Tarifvertragsparteien eines mehrgliedrigen Tarifvertrages gelten, da dort ein mit gemeinsamen Mitteln zu erreichender einheitlicher Zweck nicht zwingend vorliegt. Aufgrund der Selbständigkeit der einzelnen Tarifverträge ist bei der Frage eines wichtigen Grundes im Rahmen einer außerordentlichen Kündigung auf die Unzumutbarkeit für jeden einzelnen Tarifvertragspartner abzustellen. Der Tarifbruch eines Tarifvertragspartners kann aber der Gegenseite auch ein Kündigungsrecht gegenüber den anderen vertragstreuen Tarifvertragspartnern erwachsen lassen, wenn Zweck des gemeinsamen Abschlusses des Tarifvertrages die Schaffung einer einheitlichen Regelung der Arbeitsbedingungen für einen Berufszweig war. Durch das Festhalten am Tarifvertrag mit den tariftreuen Partnern könnte dies nicht mehr erreicht werden, das Festhalten am Vertrag ist also unzumutbar geworden.[45] In einem Prozeß um die Gültigkeit oder Auslegung eines solchen Einheitstarifvertrages (§ 2 Abs. 1 Nr. 1, § 101 Abs. 1 ArbGG) sind die Verbände notwendige Streitgenossen (§ 61 ZPO), weil sonst die Wirkung des § 9 nicht erreicht werden kann. Derartige Einheitstarife finden sich namentlich als gemeinschaftliche Firmentarifverträge (Ziegelindustrie, Glasindustrie).

180   cc) In welchem Umfang ein einheitliches Rechtsgeschäft vorliegen soll, bestimmen die Parteien. Sie haben es also in der Hand, einen mehrgliedrigen Tarifvertrag oder einen Einheitstarifvertrag abzuschließen. Sie können aber auch vereinbaren, daß lediglich einzelne Rechte vergemeinschaftet werden. Wie weit die Vergemeinschaftung einzelner Rechte geht oder ein Einheitstarifvertrag beabsichtigt ist, ist eine Frage der Auslegung. Ein Kriterium für das Vorliegen eines Einheitstarifvertrages kann die ausdrücklich nur gemeinschaftliche Wahrnehmbarkeit sämtlicher wichtiger Tarifvertragsrechte wie Kündigung oder Änderung und eine ausdrücklich vereinbarte gemeinsame Haftung für die schuldrechtlichen Pflichten sein. In diesen Fällen kann vermutet werden, daß auch die übrigen Rechte nur allen beteiligten Tarifvertragsparteien auf einer Seite gemeinsam zustehen sollen. Davon zu unterscheiden ist die Frage, inwieweit sich die Tarifvertragsparteien einer Seite *untereinander* verpflichtet haben, bestimmte tarifvertragliche Rechte nur gemeinsam auszuüben. Solche bloß schuldrechtlichen Vereinbarungen wirken nur *inter partes* und haben grundsätzlich keine Außenwirkung gegenüber dem Tarifvertragspartner auf der anderen Seite. Diese interne Verpflichtung zum gemeinschaftlichen Handeln kann weiterreichen als die Verpflichtung aus dem Tarifvertrag, denn im Zweifel wird man annehmen können, daß mangels abweichender Vereinbarung eine Tarifvertragspartei sich nicht gegenüber der anderen Seite in ihren Rechten an den Entschluß der anderen Tarifvertrags-

---

[44] Vgl. auch *Löwisch*/*Rieble*, § 1 TVG, Rnr. 344.
[45] Vgl. auch Hueck/*Nipperdey*, Arbeitsrecht II 1, § 21 II 2, S. 452 mit Nachweisen aus der Weimarer Zeit.

parteien binden und damit ihre gesetzlich eingeräumte Entscheidungsbefugnis einschränken will.[46]

2. Der Anschlußtarifvertrag

Ein mehrgliedriger Tarifvertrag entsteht auch dann, wenn der Tarifvertrag zunächst auf jeder Seite von einer Partei abgeschlossen wird, sich später aber eine weitere tariffähige Partei auf Arbeitnehmer- oder Arbeitgeberseite anschließt. Ein Einverständnis sämtlicher bisheriger Tarifvertragsbeteiligter ist nicht erforderlich.[47] Ebensowenig wie sich etwa eine Arbeitnehmerkoalition dagegen wehren kann, daß der Inhalt ihrer Tarifverträge individualvertraglich übernommen wird, kann sie sich dagegen wehren, daß die Gegenseite mit einer anderen Gewerkschaft einen inhaltlich gleichlautenden Tarifvertrag abschließt. Einen Schutz gegen einen „Gemeingebrauch am Tarifvertrag" gibt es nicht.[48] Anders ist dies lediglich, wenn kein mehrgliedriger Tarifvertrag, sondern durch den Anschluß einer weiteren Tarifvertragspartei ein Einheitstarifvertrag gewollt ist. Aufgrund der notwendigen Vergemeinschaftung der tarifvertraglichen Rechte ist dort eine Zustimmung sämtlicher Tarifvertragsparteien erforderlich.

B. Abschluß- und Gestaltungsfreiheit

I. Der Verhandlungsanspruch

1. Das Gebot der Verhandlungsbereitschaft

Unstreitig kann ein Verhandlungsanspruch zwischen potentiellen Tarifpartnern schuldrechtlich vereinbart werden.[49] Ob und unter welchen Voraussetzungen ein solcher Verhandlungsanspruch aber bereits auf gesetzlicher Grundlage besteht und wie sich dieser inhaltlich gestaltet, ist umstritten. Das Bundesarbeitsgericht hat bisher in allen einschlägigen Entscheidungen eine Verhandlungspflicht des Arbeitgeberverbandes zu Tarifvertragsverhandlungen *abgelehnt*[50]. Zu beachten ist aber, daß das Bundesarbeitsgericht in einer Entscheidung vom 30. 1. 1995 annahm, es sei „Aufgabe der Arbeitskampfparteien, sich um eine Regelung des Notdienstes zu bemühen" und „Vereinbarungen über die Errichtung und den Umfang von Notdienstarbeiten (seien)

---

[46] Vgl. auch BAG 28. 9. 1977 AP Nr. 1 zu § 9 TVG 1969 *(Wiedemann)*; BAG 8. 9. 1976 AP Nr. 5 zu § 1 TVG Form *(Wiedemann)*; Löwisch/Rieble, § 1 TVG, Rnr. 342.
[47] Abw. *Löwisch*/Rieble, § 1 TVG, Rnr. 341; Vorauflage, § 1 Rnr. 79.
[48] Vgl. auch BAG 11. 11. 1968 AP Nr. 14 zu Art. 9 GG *(Rüthers)*.
[49] Vgl. z. B. § 20 Nr. 2 des Manteltarifvertrages für die Holzindustrie und Kunststoffverarbeitung in Baden-Württemberg vom 30. 1. 1989; sowie Tarifvereinbarungen in den neuen Bundesländern, bei unvorhergesehenen Entwicklungen der Wirtschaftslage auf Verlangen der anderen Seite schon vor Ablauf des Tarifvertrags Verhandlungen aufzunehmen (Revisionsklausel).
[50] Erstmals BAG 2. 8. 1963 AP Nr. 5 zu Art. 9 GG *(Mayer-Maly)*; bestätigt durch BAG 14. 7. 1981 AP Nr. 1 *(Wiedemann)* und BAG 19. 6. 1984 AP Nr. 3 *(Wiedemann)* zu § 1 TVG Verhandlungspflicht; BAG 14. 2. 1989 AP Nr. 52 zu Art. 9 GG.

vorrangig von den Arbeitskampfparteien anzustreben".⁵¹ Diese Pflicht zum Hinwirken auf Notdienstvereinbarungen beinhaltet notwendig die Pflicht zum diesbezüglichen Verhandeln. Es bleibt abzuwarten, ob darin der erste Schritt zu einem Wandel der Rechtsprechung zu sehen ist und zukünftig nicht nur eine Verhandlungspflicht bejaht wird, die durch die Vereinbarung von Notdienstarbeiten die Intensität eines Arbeitskampfes abmildert, sondern auch eine solche im Hinblick auf den Inhalt von Tarifverträgen, die den Ausbruch von Arbeitskämpfen zu begrenzen hilft. Ein weiterer Schritt in Richtung Anerkennung eines umfassenden Verhandlungsanspruchs liegt in der Entscheidung des Bundesarbeitsgerichts vom 18. 12. 1996.⁵² Darin wurde eine Verhandlungspflicht zumindest vor Ausspruch der außerordentlichen Kündigung eines Firmentarifvertrages bejaht. Diese Pflicht zum Verhandeln eines Änderungstarifvertrages leitet der Senat aus dem *ultima ratio* Grundsatz ab.

183 Die zurückhaltende Rechtsprechung ist von Anfang auf Widerspruch in der Rechtswissenschaft gestoßen. Dort wird grundsätzlich oder zumindest für bestimmte Ausnahmefälle das Bestehen eines Verhandlungsanspruchs bejaht.⁵³ In der Tat ist ein Verhandlungsanspruch der Tarifvertragsparteien bereits aufgrund gesetzlicher Grundlage zu bejahen.

2. Begründung des Verhandlungsanspruchs

184 Eine mögliche Grundlage für die allgemeine Verhandlungspflicht bietet die *Koalitionsbetätigungsgarantie*. Art. 9 Abs. 3 GG gewährleistet allgemein anerkannt den Schutz der für eine wirksame Verfolgung des Koalitionszwecks erforderlichen Mittel. Dazu gehört der Abschluß und als dessen Voraussetzung auch die Verhandlung über Tarifverträge. Zwar können solche Verhandlungen durch Arbeitskampfmaßnahmen oder deren Androhung erzwungen werden (eine wirksame Koalitionszweckverfolgung ist auf diese Weise also möglich). Trotzdem kann die Garantie einer wirksamen Koalitionszweckverfolgung auch die Einräumung eines Verhandlungsanspruchs beinhalten, da Art. 9 Abs. 3 GG tarifautonomes Handeln nicht funktionsfrei gewährleistet. Das Zwillingsgrundrecht⁵⁴ zur Ordnung des Arbeits- und Wirtschaftslebens ist den sozialen Gegenspielern als soziale Aufgabe übertra-

---

[51] BAG 31. 1. 1995 EzA Art. 9 GG Arbeitskampf Nr. 119 *(Thüsing)*.
[52] AP Nr. 1 zu § 1 TVG Kündigung *(Löwisch)*; bestätigt durch BAG 18. 6. 1997 AP Nr. 2 zu § 1 TVG Kündigung; BAG 8. 10. 1997 AP Nr. 29 zu § 4 TVG Nachwirkung.
[53] Umfassend *Hottgenroth*, Die Verhandlungspflicht der Tarifvertragsparteien, 1990, S. 17 ff.; *Marion Künster*, Die culpa in contrahendo in vortariflichen Rechtsbeziehungen, 1994; vgl. im übrigen *Gamillscheg*, Kollektives Arbeitsrecht I, § 7 I 4, S. 276; *Hueck/Nipperdey*, Arbeitsrecht II 1, § 20 III 3, S. 443; § 9 II, S. 138; § 9 V, S. 147; § 20 VI 3, S. 443; *Löwisch*, ZfA 1971, S. 319, 339; *Mayer-Maly*, RdA 1966, S. 201, 205 f.; *Seiter*, in: Festschrift zum 125jährigen Bestehen der Juristischen Gesellschaft Berlin (1984), S. 729; *ders.*, ZfA 1989, S. 283, 289; *Zöllner/Loritz*, Arbeitsrecht, § 33 III 4, S. 371 f.; zurückhaltend *Däubler*, Tarifvertragsrecht, Rnrn. 108, 1215; MünchArbR/*Löwisch*, § 239, Rnr. 91; *Stein*, Tarifvertragsrecht, Rnr. 72 (beschränkt auf ein Recht der kleinen Arbeitnehmerkoalition, an den Verhandlungen sozial mächtiger Gewerkschaften mit der Gegenseite teilzunehmen).
[54] Vgl. dazu *Wiedemann*, in: Festschrift für Eugen Stahlhacke (1995), S. 675, 679.

gen, deren Bewältigung nicht ihrer Willkür überlassen werden kann. Die Einräumung dieses Rechts umfaßt nach seinem Zweck auch die *Pflicht*, im Hinblick auf eine sinnvolle Regelung des Arbeitslebens *zusammenzuwirken*.[55] Dem entspricht die auch durch die Rechtsprechung des Bundesarbeitsgerichts anerkannte Ordnungsfunktion der Tarifverträge.[56] Eine Verhandlungspflicht kann weiter aus dem *ultimaratio*-Prinzip hergeleitet werden. Dieses Prinzip hat seine Grundlage im Schutz Dritter und der Allgemeinheit vor leichtfertigen oder übereilten Arbeitskämpfen und ihren negativen Folgen. Wenn der Große Senat des Bundesarbeitsgerichts zutreffend feststellt, daß ein Arbeitskampf erst nach Ausschöpfung aller Verhandlungsmöglichkeiten zulässig ist, so ist das Bestehen von Verhandlungsmöglichkeiten aus der Sicht Dritter und der Allgemeinheit objektiv zu bestimmen. Wo solche Verhandlungsmöglichkeiten bestehen, muß auch eine Verhandlungspflicht bejaht werden können.[57]

Von den Argumentationsansätzen des Schrifttums, die keine generelle Pflicht zur Aufnahme von Tarifverhandlungen begründen, sondern sie an bestimmte Voraussetzungen knüpfen, sind vor allem zwei Aspekte hervorzuheben: zum einen wird, hergeleitet aus der *Koalitionsbestandsgarantie* des Art. 9 Abs. 3 GG, eine Verhandlungspflicht immer dann angenommen, wenn die Verweigerung von Tarifverhandlungen die andere Koalition in ihrem Bestand gefährden würde[58]; zum anderen wird angenommen, aus dem mehrmaligen Abschluß von Tarifverträgen in der Vergangenheit erwachse ein *Dauerschuldverhältnis*, aus dem sich dem Grundsatz von Treu und Glauben entsprechend die Pflicht der beteiligten Koalitionen ergäbe, Vertragsverhandlungen für künftige Tarifverträge nicht ohne sachlichen Grund zu verweigern.[59]

Neben den bisher vorgebrachten Argumenten sprechen dafür auch der Sinn und Zweck des den Koalitionen durch Art. 9 Abs. 3 GG gewährleisteten Rechts, Arbeits- und Wirtschaftsbedingungen zu wahren und zu fördern: Tariffähig ist nur, wer tarifwillig ist.[60] Ein Verband, der Tarifverträge abschließen will und bei Erfüllung weiterer Voraussetzungen deshalb tariffähig

---

[55] Insgesamt fallen die einzelnen Herleitungen aus der Betätigungsgarantie des Art. 9 Abs. 3 GG recht unterschiedlich aus; vgl. *Hottgenroth*, Die Verhandlungspflicht der Tarifvertragsparteien, 1990, S. 88 ff.; *Hueck/Nipperdey*, Arbeitsrecht II 1, § 9 V 1, S. 147; Vorauflage § 1, Rnr. 80.
[56] Vgl. *Mayer-Maly*, RdA 1966, S. 201, 205.
[57] Übereinstimmend in der Berufung auf das *ultimaratio*-Prinzip, doch auch hier unterschiedlich in den einzelnen Funktionen der Herleitung: *Hueck/Nipperdey*, Arbeitsrecht II 1, § 20 VI 3, S. 443; *Löwisch*, ZfA 1971, S. 319, 339; *Seiter*, in: Festschrift zum 125jährigen Bestehen der Juristischen Gesellschaft Berlin (1984), S. 729, 742 f.; *Zöllner/Loritz*, Arbeitsrecht, § 33 III 4, S. 372.
[58] Vgl. *Hottgenroth*, Die Verhandlungspflicht der Tarifvertragsparteien, 1990, S. 36 f.
[59] Vgl. dazu ausführlich *Arnold*, Die tarifrechtliche Dauerrechtsbeziehung, 1996; erstmals einen Anspruch auf Tarifvertragsverhandlungen aus einem Dauerschuldverhältnis herleitend: *Mayer-Maly*, Anm. zu AP Nr. 5 zu Art. 9 GG, Bl. 5 V; vgl. auch *Hottgenroth*, Die Verhandlungspflicht der Tarifvertragsparteien, 1990, S. 169 ff. *Seiter*, ZfA 1989, S. 283, 289; *Zöllner/Loritz*, Arbeitsrecht, § 33 III 4, S. 372.
[60] Vgl. dazu ausführlich *Arnold*, Die tarifrechtliche Dauerrechtsbeziehung, 1996; sowie *Hottgenroth*, Die Verhandlungspflicht der Tarifvertragsparteien, 1990, S. 169 ff.; *Mayer-Maly*, Anm. zu AP Nr. 5 zu Art. 9 GG, Bl. 5 V; *Seiter*, ZfA 1989, S. 283, 289; *Zöllner/Loritz*, Arbeitsrecht, § 34 I 2 b, S. 381.

ist, muß gemäß dem Zweck seines Zusammenschlusses dann auch bereit sein, Tarifverträge zu verhandeln und abzuschließen, soweit dies zur Wahrung und Förderung der Arbeits- und Wirtschaftsbedingungen seiner Mitglieder dienlich ist. Er würde sich sonst in Widerspruch zum Zweck des Zusammenschlusses setzen. Sein Wille, Tarifverträge abzuschließen, muß also zumindest die Absicht umfassen, grundsätzlich mit jedem potentiellen Verhandlungspartner zu verhandeln. Hält er dessen Forderungen für überzogen oder nicht angemessen, mag er die Verhandlungen dann abbrechen und einem Arbeitskampf freien Lauf lassen. Vorher bereits Verhandlungen zu verweigern, ist Ausdruck einer partiellen Tarifunwilligkeit, die die Rechtsordnung nicht akzeptieren kann. Sie würde zur Diskriminierung eines potentiellen Tarifpartners führen und wäre direkt gegen dessen Koalitionsfreiheit gerichtet. Ein solches Verweigern ohne sachlichen Grund wäre daher auch als bloßes Unterlassen eine rechtswidrige Maßnahme im Sinn des Art. 9 Abs. 3 Satz 2 GG. Auch bloß „formales Verhandeln" stellt einen Vorteil dar, den es sich lohnt einzuklagen, da sich Tarifpartner in der Praxis nicht zusammensetzen werden, ohne daß es zu einem Meinungsaustausch kommt, der jedenfalls potentiell die Grundlage eines Kollektivvertrages abgeben könnte. Nur dies wird schließlich der sozialen *Verantwortung* der Koalitionen gerecht, wie sie das Bundesarbeitsgericht zu Recht annimmt.[61] Sie gebietet, Arbeitskämpfe soweit möglich zu vermeiden. Die Rechtsprechung ist also so auszugestalten, daß Streik und Aussperrung nur das letzte Mittel sein dürfen.[62] Kann die Klage auf Verhandlungen den Arbeitskampf zumindest in den Fällen ersetzen, in denen die ausgeschlossene Koalition die gerichtliche Geltendmachung für zweckdienlich hält, ist dies im Interesse der Allgemeinheit zu begrüßen.

187 Ergänzend sei darauf hingewiesen, daß ein Verhandlungsanspruch in zahlreichen ausländischen Rechtsordnungen anerkannt ist:

So existieren detaillierte Regelungen über die Verhandlungspflicht in Frankreich, Code du Travail, Art. L. 132–27–29 (vgl. dazu *Krieger,* Das französische Tarifvertragsrecht, S. 138 ff.) und in Spanien Art. 89 Estatuto De Los Trabajadores. Eine Verhandlungspflicht gibt es auch in den USA, Schweden, Luxemburg und Portugal; vgl. *Birk,* Die Tarifautonomie in rechtsvergleichender Sicht, RdA 1995, S. 71 ff.

Das Schweizer Bundesgericht ging in einer fast 40jährigen Rechtsprechung davon aus, daß ein Verhandlungsanspruch der Koalitionen nicht existiere; vgl. BGE 74 II (1948), S. 158, 161. Die Schweizer Rechtslage ist der deutschen insoweit vergleichbar, als auch dort die Koalitions- und Vereinigungsfreiheit garantiert wird und eine ausdrückliche gesetzliche Grundlage für den Verhandlungsanspruch fehlt.[63]

Das Schweizer Bundesgericht begründete seine Auffassung, ebenso wie das Bundesarbeitsgericht in seiner Entscheidung vom 2. 8. 1963, damit, daß die Annahme eines Verhandlungsanspruchs im Widerspruch zur Vertragsfreiheit der Gegenseite stünde. Daß dies nicht zutrifft und ein Verhandlungsanspruch anzuerkennen ist, entschied das

---

[61] Vgl. BAG 14. 7. 1981 AP Nr. 1 zu § 1 TVG Verhandlungspflicht *(Wiedemann);* siehe auch *Scholz,* in: Maunz/Dürig, Art. 9 GG, Rnr. 274.
[62] Vgl. Katechismus der katholischen Kirche, Abschnitt 2435: „Streik ist sittlich berechtigt, wenn er ein *unvermeidliches,* ja notwendiges Mittel zu einem angemessenen Nutzen darstellt".
[63] Vgl. zur Koalitionsfreiheit in der Schweiz *Murant,* La liberté syndicale des salariés en Suisse, S. 825 f., in: Max-Planck-Institut für ausländisches öffentliches Recht und Völkerrecht (Hrsg.), Die Koalitionsfreiheit des Arbeitnehmers – Rechtsvergleichung und Völkerrecht, 1980, S. 817 ff.

Schweizer Bundesgericht am 2. 1. 1987 und gab damit seine bisherige Rechtsprechung auf; vgl. BGE 113 II (1987), S. 37, 45. Zwar hätten die Koalitionen wie jeder Vertragspartner das Recht, mit dem einen Vertragsgegner zu verhandeln und mit einem anderen nicht. Dieses Recht könne jedoch nicht unabhängig von dem Zweck gesehen werden, zu dem es den Koalitionen verliehen wird: Schutz der wirtschaftlich Schwächeren mittels einheitlich ausgehandelter Tarifverträge, Lösung und Vermeidung sozialer Konflikte zwischen Arbeitgeber- und Arbeitnehmerseite und Gestaltung der Arbeitsbedingungen durch handhabbare Normen (S. 37, 44). Nur innerhalb *dieses Zwecks* können sich die Koalitionen auf die ihnen eingeräumte Vertragsfreiheit berufen. Ihm widerspricht es, einzelne Gewerkschaften, obwohl sie ausreichend repräsentiert sind, von Tarifverhandlungen ohne sachlichen Grund auszuschließen und damit zu boykottieren; dies könne von der Vertragsfreiheit nicht mehr gedeckt sein; denn diese legitimiere nicht dazu, Rechte anderer Personen oder Vereinigungen zu verletzen.

3. Inhalt des Verhandlungsanspruchs

Die Herleitung des Verhandlungsanspruchs aus Art. 9 Abs. 3 GG bzw. Art. 3 GG bestimmt gleichzeitig seinen Inhalt. Es handelt sich um einen Anspruch auf *gleichberechtigte*, eigenständige Verhandlungen. Der Anspruch ist nach § 888 Abs. 1 ZPO vollstreckbar. Im Fall der Verweigerung von Tarifverhandlungen trotz anstehender Tarifrunde kann der einstweilige Rechtsschutz in Anspruch genommen und eine einstweilige Verfügung gemäß den §§ 935, 938 ZPO erwirkt werden.

Bei der gerichtlichen Geltendmachung des Anspruchs ist zu beachten, daß der Antrag so hinreichend präzise formuliert ist, daß er einen vollstreckungsfähigen Inhalt hat. Die Gegenseite muß genau wissen, welches Verhalten von ihr gefordert wird. Dieses Erfordernis eines hinreichend bestimmten Antrages hat das Bundesarbeitsgericht etwa auch in bezug auf die Geltendmachung des Unterlassungsanspruchs aus § 23 Abs. 3 BetrVG zu Recht betont;[64] auch hinsichtlich des allgemeinen betriebsverfassungsrechtlichen Unterlassungsanspruchs des Betriebsrats wird dieses Erfordernis in Zukunft wohl noch öfters relevant werden.[65] Es muß daher im Antrag das geschuldete Verhalten genau bezeichnet werden; eine bloße Klage auf „Aufnahme von Tarifverhandlungen" dürfte wohl nicht genügen. Zwar ist der innere Wille zur Verhandlung nicht erzwingbar, konkretisierbar wäre der Klageantrag aber anhand der äußeren Umstände gewöhnlicher Tarifverhandlungen: Es kann auf Benennung einer Verhandlungskommission und an Festsetzung eines Verhandlungstermins und -orts, gegebenenfalls auf Darlegung des Arbeitgeberstandpunkts durch die Verhandlungskommission und deren Kenntnisnahme des Gewerkschaftsstandpunkts geklagt werden. Maßgeblich wäre das jeweils Branchenübliche, also die Verhandlungspraxis der Vorjahre, auch wenn die klagende Koalition darin nicht einbezogen war. In welchem Umfang die Verhandlungen einklagbar sind, also zu wievielen Verhandlungssitzungen etwa ein Arbeitgeberverband durch Klage verpflichtet werden kann, erscheint weniger einfach zu beantworten. Sicherlich ist es zumindest eine Verhandlungssitzung, die gefordert werden kann. Wenn Teile des Schrift-

---

[64] Vgl. BAG 23. 4. 1991 AP Nr. 7 zu § 98 BetrVG 72, Bl. 3 R ff.
[65] Vgl. BAG 3. 5. 1994 AP Nr. 23 zu § 23 BetrVG 1972 *(Richardi);* kritisch dazu *Dobberahn,* NJW 1995, S. 1333; *Richardi,* NZA 1995, S. 8.

tums⁶⁶ die Erklärung eines Scheiterns der Tarifverhandlungen frühestens nach zwei Verhandlungsrunden für möglich halten – eine zum Darlegen des eigenen, eine zu deren Erörterung – erscheint es sinnvoll, soweit auch einen klagbaren Verhandlungsanspruch zu bejahen.

II. Normsetzung durch Vertrag

1. Doppelcharakter

190   *Herschel* hat den Doppelcharakter des deutschen Tarifvertrages auf die Formel gebracht, er sei in seinem Körper ein Vertrag, in seiner Seele ein Gesetz.[67] Diese Beobachtung hat viel Beifall gefunden; der Doppelcharakter von Kollektivvereinbarungen wird nur dort in Frage gestellt, wo einseitig entweder Normsetzung oder Vertragsschluß hervorgehoben werden.[68] Die Eigenschaft als Vertrag wie diejenige als Normsetzung folgen in der Tat verbindlich aus § 1 Abs. 1 des Gesetzes. Die Gegenüberstellung macht aber das Problem erst bewußt, das in den Fragen zusammengefaßt werden kann, welche Voraussetzungen und Rechtsfolgen sich nun im einzelnen aus dem Normcharakter ergeben, welche aus der Vertragsnatur abzuleiten sind und welche schließlich bei einer Divergenz beider Sachbereiche eingreifen. Man kann den Widerspruch zwar mit dem Hinweis auf Art. 1134 Code Civil abmildern, wonach gesetzmäßig zustande gekommene Verträge für diejenigen, die sie geschlossen haben, wie Gesetze gelten.[69] Es bleibt aber auch dann der unübersehbare Unterschied, daß Normen in einem Über- und Unterordnungsverhältnis für einen unbestimmten Personenkreis entworfen werden und deshalb (rechtsstaatliche) Erfordernisse erfüllen müssen, die man an privatrechtliche Verträge nicht stellen kann. Für den Verbandstarifvertrag als Normquelle paßt das Bild des Dreiecksverhältnisses mit den Tarifvertragsparteien als Spitze und es gilt deshalb das Prinzip der Verteilungsgerechtigkeit[70], insb. das Gleichheitsgebot des Art. 3 GG; vgl. dazu oben Rnr. 213 ff. Auf der anderen Seite wird das Tarifvertragsrecht von Regeln gesteuert, die dem staatlichen Gesetz schon deshalb fremd sind, weil dieses durch Abstimmung der gewählten Vertreter und nicht durch Vertragsschluß von Mitgliedsverbänden zustandekommt. Es gibt keine Berufshaftung der Abgeordneten für legislatives Unrecht, wohl aber eine verbandsrechtliche Verantwortung der Koalitionen gegenüber ihren Mitgliedern.[71] Das Problem läßt sich nur begrenzt mit der Faustregel lösen, daß das Vertragsrecht das *Verfah-*

---

[66] Vgl. *Hanau,* Aktuelle Probleme des Arbeitskampfrechts, 1988, S. 12; *ders.,* EWiR, Art. 9 GG, 1/89, S. 51, 52; *ders.,* DB 1982, S. 377, 379; eine Verhandlungsrunde bejahend, wenn die Forderungen bereits vorher aufgestellt wurden, *Konzen,* SAE 1977, S. 235, 237; MünchArbR/*Otto,* § 279, Rnr. 21; *Seiter,* in: 25 Jahre BAG (1979), S. 583, 596.
[67] *Herschel,* Kollektives Arbeitsrecht, 4. Aufl. 1930, S. 104 .
[68] Vgl. *Rieble,* Arbeitsmarkt und Wettbewerb, 1996, Rnr. 1194 ff.
[69] Frankreich Code civil Art. 1134 Abs. 1.
[70] Vgl. dazu *Claus-Wilhelm Canaris,* Die Bedeutung der justitia distributiva im deutschen Vertragsrecht, 1997, S. 10.
[71] Zu einseitig aus der Sicht des Gesetzescharakters deshalb BAG 20. 8. 1986 AP Nr. 6 zu § 1 TVG Tarifverträge: Seniorität *(v. Hoyningen-Huene).*

ren der Kollektivvereinbarung, die Gesetzgebungslehre dagegen die unmittelbaren und zwingenden *Wirkungen* steuert.[72] Damit werden zwar zutreffend die jeweiligen Schwerpunkte ins Bewußtsein gerufen, die Überschneidungen beim Inhalt des Tarifvertrages aber nicht ausgeräumt. Ersichtlich muß der Doppelcharakter bei der Anwendung und Auslegung des Tarifvertrages sowie immer dann berücksichtigt werden, wenn die unterschiedliche Qualifikation abweichende Rechtsfolgen auf den Plan ruft. Ein anschauliches Beispiel notwendiger Abstimmung[73] bieten Rechtsprechung und Rechtslehre zur Delegation, die nach staatsrechtlichen Gesichtspunkten kontrolliert wird, und zu den Bestimmungsklauseln, die der privatrechtlichen Vertragsfreiheit im Rahmen der §§ 315, 317 BGB überlassen bleiben. Der Unterschied zeigt sich bei den Rechtsfolgen, wenn bei einer Delegation an die Betriebsparteien eine Entscheidung durch die Einigungsstelle herbeigeführt werden kann, bei einer Bestimmungsklausel zugunsten des Arbeitgebers dagegen der einzelne Arbeitnehmer auf die gerichtliche Geltendmachung seines Anspruchs angewiesen ist.[74]

2. Tarifvertrag als Gesetz

Die staatliche Normsetzung ist an höherrangiges Recht der Verfassung, der Europäischen Union und völkerrechtliche Grundsätze gebunden.[75] Nach ständiger Rechtsprechung des Bundesverfassungsgerichts muß dem Gesetzgeber zwar ein weiter Raum der Gestaltungsfreiheit bleiben; ein Gericht kann nicht nachprüfen, ob die Lösung des Gesetzgebers die zweckmäßigste, vernünftigste oder gerechteste ist. Die Gestaltungsfreiheit des staatlichen Gesetzgebers findet jedoch an den Grundrechten sowie an grundlegenden Wertprinzipien der Verfassung, insb. am Demokratie-, Rechtsstaats- und Sozialstaatsprinzip des Art. 20 GG ihre Grenze.

a) Reichweite des Gesetzgebungsauftrags. In dem Umfang, in dem die Normsetzung durch Tarifvertrag als vom Staat anerkannte Gesetzgebung angesehen und „der Tarifvertrag als Gesetz" betrachtet wird[76], gilt es, die Voraussetzungen und Vorbedingungen verfassungsmäßiger und korrekter Gesetzgebung auch für den Kollektivvertrag zu beachten. § 305 BGB scheidet als Grundlage tarifvertraglicher Normsetzung aus. Eine wirksame Normsetzung verlangt, daß sich die normsetzende Gewalt an die verfassungsmäßig zugewiesene Kompetenz hält. Die Gesetzgebungsgewalt der Sozialpartner ergibt sich aus Art. 9 Abs. 3 GG. Tarifvertragliche Normen sind daher nur insoweit zulässig, wie sie der Wahrung und Förderung von Arbeits- und Wirtschaftsbedingungen dienen; vgl. dazu oben Einl. Rnr. 95 ff. Ebenso wie das Bundesverfassungsgericht in ständiger Rechtsprechung die Einhaltung staatlicher Gesetzgebungskompetenzen prüft, haben die Arbeitsgerichte zu

---

[72] Vgl. *Despax*, Négociations, conventions et accords collectifs, 2. Aufl. 1989, S. 80.
[73] Treffend *Stein*, Tarifvertragsrecht, Rnr. 430.
[74] Vgl. dazu BAG 22. 12. 1981 AP Nr. 7 zu § 87 BetrVG 1972 Lohngestaltung (*Heckelmann*); BAG 9. 5. 1995 AP Nr. 2 zu § 76 BetrVG 1972 Einigungsstelle.
[75] Vgl. statt aller *Hesse*, Grundzüge des Verfassungsrechts, 17. Aufl. 1990, S. 78; *Dürig*, in: Maunz/*Dürig*, Art. 20 GG, VI, Rnr. 1 ff., 3, 20, 21.
[76] *Baumann*, RdA 1987, S. 270.

beachten, ob eine tarifvertragliche Regelung der Gestaltung der Arbeits- und Wirtschaftsbedingungen dient. Darin liegt keine Inhalts-, sondern eine *Rechtskontrolle,* ob sich nämlich die Sozialpartner im Rahmen ihres Gesetzgebungsauftrages gehalten haben. Die Vertragsabschlußkompetenz ist ihnen nicht wie den individuellen Vertragsparteien nur zur Selbstbestimmung, sondern auch im öffentlichen Interesse erteilt.[77]

193 **b) Verfassungsrechtliche Anforderungen.** Die Bindung der Tarifvertragsparteien an die Grundrechte und an grundlegende verfassungsrechtliche Rechtsprinzipien ist bereits oben in der Einleitung zu Rnr. 198 ff. besprochen worden. Darauf wird hier Bezug genommen.

194 Das Bundesverfassungsgericht hat in mehreren Entscheidungen aus dem *Rechtsstaatsgebot* des Art. 20 Abs. 1 GG Maßstäbe abgeleitet, an denen die Verwendung von unbestimmten Rechtsbegriffen durch den staatlichen Gesetzgeber zu messen ist.[78] Eine staatliche Norm muß, um Gültigkeit zu entfalten, einen hinreichenden Grad an Bestimmtheit aufweisen; der durch die Norm Betroffene soll sich Klarheit über die gesetzliche Regelung und damit über die rechtliche Lage verschaffen können.[79] Auch die tarifvertraglichen Normen sind Bestandteil der staatlichen Rechtsordnung. Da beim Tarifvertrag das Bedürfnis nach Berechenbarkeit grundsätzlich dasselbe wie beim staatlichen Gesetz ist, sind Tarifverträge an denselben Grundsätzen zu messen.[80] Dies entspricht der Auffassung des Bundesarbeitsgerichts, das davon ausgeht, daß das Gebot der Normklarheit und Justitiabilität auch bei tarifvertraglichen Bestimmungen beachtet werden muß und die Tarifverträge den hierzu entwickelten Grundsätzen des Bundesverfassungsgerichts entsprechen müssen.[81] Da die Tarifvertragsparteien zur eigenen Regelung der Arbeits- und Wirtschaftsbedingungen berufen sind, müssen die von ihnen verwandten Begriffe so hinreichend bestimmt sein, daß noch von einer eigenen Regelung gesprochen werden kann; eine faktische Delegation auf den tarifvertragsauslegenden Richter ist unzulässig, die Schließung unbewußter Regelungslücken durch die Gerichte nicht unbedenklich[82]; vgl. bereits oben Einl. Rnr. 341.

195 **c) Verweisung** oder Bezugnahme bedeutet Übernahme einer von einem anderen Normgeber für andere Normadressaten erlassenen Regelung durch die Tarifvertragsparteien; sie läßt die bestehende Zuständigkeitsordnung unberührt.[83] Sie kann *konstitutiv* gedacht sein, so daß sie an allen Rechtswirkungen des übernehmenden Tarifvertrages teilnehmen soll; davon ist im Zweifel auszugehen. Die in Bezug genommene Regelung richtet sich also in

---

[77] Vgl. BVerfGE 18, S. 18, 26.
[78] Vgl. BVerfGE 8, S. 274, 325 ff.; 9, S. 137, 147 ff.; 24, S. 119, 152; 49, S. 168, 181 ff.; 56, S. 1, 12 ff.
[79] Vgl. *Dürig,* in: Maunz/Dürig, Art. 20 GG, VII, Rnr. 63; *Stern,* Staatsrecht I, § 20 IV 4 f β, S. 829 m. w. N.
[80] Vgl. *Baumann,* RdA 1987, S. 270, 274; *Gamillscheg,* Kollektives Arbeitsrecht I, § 15 XI 1, S. 642; *Löwisch*/Rieble, § 1 TVG, Rnr. 203.
[81] Vgl. BAG 29. 1. 1986 AP Nr. 115 zu §§ 22, 23 BAT 1975 *(Brox).*
[82] Vgl. BAG 10. 10. 1984 AP Nr. 95 zu §§ 22, 23 BAT 1975; zurückhaltend auch *Löwisch*/Rieble, § 1 TVG, Rnr. 650.
[83] Vgl. *Karpen,* Die Verweisung als Mittel der Gesetzgebungstechnik, 1970, S. 106, 109.

personeller und betrieblicher Hinsicht nach dem tariflichen Geltungsbereich und endet – mit Nachwirkung – mit dem Ende des Tarifvertrages und im Zweifel nicht mit dem Ende der übernommenen Regelung (vgl. aber BAG 18. 6. 1997, ZTR 1998, S. 26). Die Bezugnahme kann aber auch bloßen Hinweis- und Informationscharakter tragen, also *deklaratorisch* wirken; vgl. dazu Einl. Rnr. 384 ff. und unten § 3 Rnr. 206.

aa) Bezugnahme auf andere Regelungen. Unbestritten dürfen Tarifvertragsparteien auf die Regelungen in Gesetzen, Verordnungen und anderen Tarifverträgen *statisch* Bezug nehmen und deren Inhalt ganz oder teilweise wiederholen oder darauf verweisen (tarifvertragliche Gleichstellungsabrede), soweit es sich bei der übernommenen oder in Bezug genommenen Regelung um einen für den normativen Teil eines Tarifvertrages zulässigen Inhalt handelt. Viel zitierte Beispiele bilden die Verweisungen in Tarifverträgen des Öffentlichen Dienstes auf das Beamtenrecht und auf Verwaltungsanordnungen oder Erlasse.[84] **196**

Verweisung auf das Beamtenrecht: vgl. § 14 BAT: Haftungsregelung; BAG 28. 9. 1977 AP Nr. 1 zu § 9 TVG 1969 *(Wiedemann/Moll)*: Kinderzuschlag; BAG 9. 6. 1982 AP Nr. 1 zu § 1 TVG Durchführungspflicht *(Grunsky);* BAG 7. 9. 1982 AP Nr. 7 und 16. 1. 1985 AP Nr. 9 zu § 44 BAT: Umzugskosten; BAG 14. 8. 1986 AP Nr. 1 zu § 13 TV Ang Bundespost und BAG 28. 7. 1988 AP Nr. 1 zu § 5 TV Arb Bundespost: Arbeitszeitrechtliche Bestimmungen; BAG 20. 10. 1993 AP Nr. 10 zu § 1 TVG Tarifverträge: Bundesbahn; BAG 20. 4. 1994 AP Nr. 1 und 28. 9. 1994 AP Nr. 2 zu § 11 BAT-O: Besoldung, Eingruppierung.
Verweisung auf Verwaltungsanordnungen und Erlasse: vgl. BAG 9. 6. 1982 AP Nr. 1 zu § 1 TVG Durchführungspflicht *(Grunsky)* und BAG 28. 7. 1988 AP Nr. 1 zu § 5 TV Arb Bundespost: Arbeitszeit; BAG 15. 11. 1985 AP Nr. 14 zu § 17 BAT: Mehrarbeitsvergütung; BAG 24. 9. 1986 AP Nr. 50 zu § 1 FeiertagslohnzahlungsG: Begriff der Auslösung richtet sich nach Lohnsteuerrichtlinien.
Verweisung auf andere Tarifverträge: vgl. BAG 8. 10. 1959 AP Nr. 14 zu § 56 BetrVG 1952 *(A. Hueck)*: Rosenmontag; BAG 9. 7. 1980 AP Nr. 7 zu § 1 TVG Form *(Wiedemann)*: Eingruppierung; BAG 30. 1. 1985 AP Nr. 2 zu § 35 BAT: Zeitzuschläge; BAG 13. 8. 1986 AP Nr. 1 zu § 2 MTV Ang DFVLR *(Wiedemann)*: Eingruppierung; BAG 11. 9. 1991 AP Nr. 145 zu § 1 TVG Tarifverträge: Bau: Aufwendungsersatz; BAG 15. 9. 1992 AP Nr. 39 zu § 1 BetrAVG Zusatzversorgungskassen; BAG 10. 11. 1993 AP Nr. 169 zu § 1 TVG Tarifverträge: Bau: Lohn wie im Tätigkeitsgebiet der alten Bundesländer; BAG 20. 4. 1994 AP Nr. 9 zu § 1 TVG Tarifverträge: DDR *(Zachert)*: Abfindungsanspruch; BAG 8. 3. 1995 AP Nr. 5 zu § 1 TVG Verweisungstarifvertrag: Schichtzulage.
Verweisung auf das Betriebsverfassungsgesetz hinsichtlich des vom Geltungsbereich des Tarifvertrages ausgenommenen Personenkreises: vgl. BAG 10. 4. 1991 AP Nr. 141 zu § 1 TVG Tarifverträge: Bau.

Art. 3 Abs. 1 GG verlangt dabei von denselben Tarifvertragsparteien, daß **197** nicht nur die von der Verweisung betroffenen Arbeitsverhältnisse in sich korrekt geordnet werden müssen, sondern auch die Verweisung selbst sachlich gerechtfertigt ist. Außerdem muß eine Bezugnahme das Erfordernis der Schriftform nach § 1 Abs. 2 beachten; vgl. dazu Rnr. 237.

---

[84] Vgl. *Gamillscheg*, Kollektives Arbeitsrecht I, § 15 IV 1, S. 570; *Kempen/Zachert*, § 1 TVG, Rnr. 376; *Löwisch/Rieble*, § 1 TVG, Rnr. 129; *Neumann*, RdA 1994, S. 370, 373; vgl. für Österreich OGH, DRdA 1990, S. 214.

Zum umgekehrten Fall der Verweisung einer *gesetzlichen* Regelung auf einen Tarifvertrag hat das Bundesverfassungsgericht[85] festgestellt, daß dies nicht in der Weise geschehen dürfe, daß der Bürger schrankenlos der normsetzenden Gewalt der Tarifvertragsparteien unterworfen wird, die ihm gegenüber weder staatlich demokratisch noch mitgliedschaftlich legitimiert ist; der Inhalt der tariflichen Regelung muß vielmehr im wesentlichen im voraus feststehen. Erst dann kann von einem zulässigen Verzicht des Gesetzgebers auf seine Rechtsetzungsbefugnis gesprochen werden. In diesem Fall genügt die verweisende Norm auch den Anforderungen, die sich aus Art. 2 Abs. 1 GG in Verbindung mit dem Rechtsstaats- und dem Demokratieprinzip ergeben.

198 bb) **Blankettverweisung.** Umstritten ist die Zulässigkeit der Blankettverweisung (*dynamische Bezugnahme*). Sie wird teilweise als unzulässige Delegation der Normsetzungsbefugnis der Tarifvertragsparteien angesehen.[86] Das Bundesarbeitsgericht hält nach anfänglichem Zögern nun eine dynamische Verweisung innerhalb gewisser Grenzen für zulässig.[87] Danach sei erforderlich, daß Zweifel über Art und Ausmaß der in Bezug genommenen Vorschriften ausgeschlossen sind und die Tarifvertragsnormen für den Bereich sachgerecht sind, für den sie abgeschlossen werden, so daß eine dynamische Verweisung nur dann erlaubt sei, wenn entweder die Tarifverträge von denselben Tarifvertragsparteien abgeschlossen wurden oder vom betrieblichen, fachlichen und persönlichen Geltungsbereich her ein „enger Zusammenhang" zwischen den Tarifvertragsparteien bestehe.[88] Soweit im Schrifttum die dynamische Bezugnahme als zulässig erachtet wird, wird dort die Einschränkung gemacht, daß ganz unerwartete, den Verhältnissen des verweisenden Tarifvertrags nicht entsprechende Änderungen, nicht berücksichtigt werden sollen; die Verweisung decke lediglich eine im bisherigen Rahmen bleibende tarifliche Regelung.[89] Letzteres entspricht auch der neueren Rechtsprechung des Bundesarbeitsgerichts.[90] Teilweise wird darüberhinausgehend verlangt, daß der persönliche Geltungsbereich des Tarifvertrages, auf den verwiesen wird, nicht kleiner sein dürfe als der des verweisenden Tarifvertrages, da nur in diesem Fall die in Bezug genommenen Regelungen allgemein genug seien, um als Modell für einen sachgerechten Interessenausgleich auch im verweisenden Tarifvertrag dienen zu können.[91]

---

[85] BVerfGE 78, S. 32, 36 unter Bezugnahme auf BVerfGE 64, S. 208, 214; vgl. dazu *Moritz*, Verweisung im Gesetz auf Tarifverträge, Diss. Köln 1995.
[86] So BAG 27. 7. 1956 AP Nr. 3 zu § 4 TVG Geltungsbereich; BAG 16. 2. 1962 AP Nr. 12 zu § 3 TVG Verbandszugehörigkeit *(Nikisch)*; BAG 30. 5. 1958 AP Nr. 8 zu § 9 TVG *(Tophoven)*; *Gumpert*, BB 1961, S. 1276; *Hueck/Nipperdey*, Arbeitsrecht II 1, § 21 III 1 c, S. 454; *Kempen*, Die Verweisung als Mittel der Gesetzgebungstechnik, 1970, S. 117; *Mayer-Maly*, in: Festschrift für Ernst Wolf (1985), S. 473.
[87] Vgl. BAG 9. 7. 1980 AP Nr. 7 *(Wiedemann)* und BAG 10. 11. 1982 AP Nr. 8 *(Mangen)* zu § 1 TVG Form; vorher bereits BAG 19. 4. 1972 AP Nr. 1 zu § 1 TVG Tarifverträge: Bundesbahn *(Crisolli)* und BAG 4. 11. 1963 AP Nr. 4 zu § 3 TOA Bundespost *(Wiesemeyer)* betr. Verweisung im Tarifvertrag auf die für Beamte jeweils geltenden Tätigkeitsverzeichnisse; BAG 18. 6. 1997 EzA § 1 TVG Nr. 3 Fristlose Kündigung *(Hamacher)*: Globalverweisung in AnerkennungsTV.
[88] BAG 9. 7. 1980 AP Nr. 7 zu § 1 TVG Form *(Wiedemann)*; BAG 10. 11. 1982 AP Nr. 8 zu § 1 TVG Form *(Mangen)*.
[89] Vgl. *Herschel*, BB 1963, S. 1220, 1223; *Wiedemann*, Anm. zu BAG 9. 7. 1980 AP Nr. 7 zu § 1 TVG Form, Bl. 9; siehe auch *Däubler*, Tarifvertragsrecht, Rnr. 124.
[90] Vgl. BAG 10. 11. 1982 AP Nr. 8 zu § 1 TVG Form *(Mangen)*.
[91] *Löwisch*/Rieble, § 1 TVG, Rnr. 131.

In Österreich wird die Zulässigkeit einer dynamischen Verweisung durch Tarifverträge auf staatliche Gesetze, die für den personellen Geltungsbereich des Kollektivvertrages keine Geltung haben würden, teilweise mit der Begründung abgelehnt, daß der Gesetzgeber in diesem Fall ohne seinen Willen in Zukunft auch für den vom Kollektivvertrag erfaßten Personenkreis regelnd tätig werden würde; dies müsse unzulässig sein.[92]

Stellungnahme: Im Ergebnis ist der neueren Rechtsprechung des Bundesarbeitsgerichts zuzustimmen. Die dort entwickelten Kriterien gelten sowohl für die tarifvertragliche Verweisung auf Tarifverträge als auch für die Verweisung auf staatliche Gesetze. **199**

— Bei der Bezugnahme der Tarifvertragsparteien auf einen von *ihnen selbst* abgeschlossenen Tarifvertrag stellt sich auch im Fall der dynamischen Verweisung das Problem der Delegation nicht, weil in diesem Fall keine Regelungsmacht auf Dritte übertragen wird. Die Verweisung auf einen von anderen Sozialpartnern geschlossenen Tarifvertrag oder auf Rechtsnormen staatlicher Quellen ist allerdings nicht unbedenklich. Die Tarifvertragsparteien begeben sich zwar mit einer solchen Verweisung nicht ihrer eigenen Rechtsetzungsbefugnis, denn sie können die Verweisungsbestimmung jederzeit aufheben: die maßgebliche Norm ist die Verweisungsnorm, nicht diejenige, auf die verwiesen wird. Der Sache nach liegt aber in der Verweisung eine verdeckte Kompetenzübertragung.[93] Hier kann an die Rechtsprechung des Bundesverfassungsgerichts bezüglich der Verweisungen des Bundesgesetzgebers auf landesgesetzliche Regelungen angeknüpft werden. Dort ist ausgeführt, daß der Gesetzgeber grundsätzlich befugt ist, im Wege einer Verweisung auch auf fremdes, nicht von ihm formuliertes und in Kraft gesetztes Recht eines anderen Kompetenzbereiches Bezug zu nehmen.[94] Verweist allerdings der Bundesgesetzgeber auf Landesrecht, kann es unter bundesstaatlichen, rechtsstaatlichen und demokratischen Gesichtspunkten geboten sein, diese Bezugnahme nur als statische Verweisung zu verstehen.[95] Dementsprechend ist auch eine *tarifvertragliche* Bezugnahme auf einen anderen Tarifvertrag oder ein staatliches Gesetz in aller Regel als statische Verweisung auszulegen.[96] Daneben ist bei der Auslegung, ob eine statische oder eine dynamische Verweisung vorliegt, die Üblichkeit, die Interessenlage, die Praktikabilität und die Sachgerechtigkeit des Ergebnisses zu bedenken. Soweit aber die Auslegung nur zu einer dynamischen Verweisung führen kann, hat das Bundesverfassungsgericht offen gelassen, ob eine bundesgesetzliche Bezugnahme auf eine landesgesetzliche Regelung rechtsstaatlichen Bedenken Stand hält.[97] Das Schrifttum zu dieser Frage ist uneinheitlich;[98] zum Teil wird angenommen, daß eine derartige Verweisung an dieselben Voraussetzungen **200**

---

[92] Floretta/*Strasser*, Arbeitsrecht II, 3. Aufl. 1990, S. 152; *Strasser,* in: Festschrift für Hans Floretta (1983), S. 624 ff., 632.
[93] *Wiedemann,* Anm. zu BAG 9. 7. 1980 AP Nr. 7 zu § 1 TVG Form, Bl. 9.
[94] BVerfGE 47, S. 285 Leitsatz.
[95] BVerfGE 47, S. 285, 311.
[96] Vgl. für den Fall des Verweises auf statisches Gesetz ebenso *Däubler,* Tarifvertragsrecht, Rnr. 386; BAG, DB 1981, S. 1884.
[97] Vgl. BVerfGE 47, S. 285, 311.
[98] Vgl. *Hill,* NJW 1982, S. 2104 ff.; *Gamber,* VBlBW 1983, S. 197 ff.; *Sachs,* NJW 1981, S. 1651; *Scholz,* in: Festschrift für Gerhard Müller (1981), S. 508, 528; vgl. grundlegend auch *Ossenbühl,* DVBl. 1967, S. 401 ff.

wie die Rechtsetzung selbst zu binden ist.[99] Hier kann aber auf die Entscheidung des Bundesverfassungsgerichts vom 25. 2. 1988 verwiesen werden[100], in der das Gericht es für zulässig erklärt, daß ein Gesetz auf eine tarifvertragliche Norm dynamisch verweist, wenn der zukünftige Inhalt der tariflichen Regelung im wesentlichen feststeht. Für eine Verweisung von Tarifvertrag auf Tarifvertrag können keine engeren Grenzen gelten. Daher ist festzustellen, daß grundsätzlich eine Verweisung eines Tarifvertrages auf einen anderen Tarifvertrag zulässig ist, wenn sie aufgrund der *Sachnähe* des bezugnehmenden und des in Bezug genommenen tariflichen Regelungswerkes sinnvoll erscheint, gleichzeitig aber unvorhersehbare Änderungen des in Bezug genommenen Regelungswerkes unberücksichtigt bleiben. Ob eine solche hinreichende Sachnähe zwischen Bezug nehmendem und in Bezug genommenem Tarifvertrag gegeben ist, ist von dem erkennenden Gericht unter Würdigung des gesamten Regelungswerkes zu bestimmen. Hierbei ist jedoch ein großzügiger Maßstab anzulegen; entscheidend ist die thematische Nähe des Tarifvertrages. Eine rigidere Beurteilung der Sachnähe liefe auf eine verdeckte und, weil am falschen Kriterium ausgerichtete, auch verfehlte Inhaltskontrolle hinaus. Die Gerichte dürfen also nicht im einzelnen der Frage nachgehen, ob der in Bezug genommene Tarifvertrag eine sachgerechte Regelung für den Bezug nehmenden Tarifvertrag enthält. Die Kontrolle muß sich deshalb darauf beschränken, ob die tarifvertraglichen „Spielregeln" eingehalten werden, ob also nach der Struktur des Regelungsverfahrens eine *eigene* Ausübung der Autonomie vorliegt. In der Praxis ist die Verweisung oft schon deshalb unbedenklich, weil die jeweiligen Änderungen im Verweisungsobjekt nicht schwerwiegend sind. Warum als zusätzliches Erfordernis der größere Geltungsbereich des verweisenden Tarifvertrages gegenüber demjenigen des in bezug genommenen Tarifvertrages eingeführt werden soll, ist nicht recht einleuchtend.

201 – Hinsichtlich des Verweises auf *staatliche Gesetze* gelten die Ausführungen entsprechend. Insbesondere ist nicht ersichtlich, warum der Gesetzgeber es nicht als zulässig werten sollte, daß seine Regelungen durch Tarifvertragsparteien auch auf andere Bereiche erstreckt werden, sofern diese in einem sachlichen Zusammenhang stehen. Vielmehr ist eher davon auszugehen, daß auch nach dem Willen des Gesetzgebers die Geltung der durch den Tarifvertrag übertragenen Normen in sachähnlichen Bereichen sinnvoll ist. Dann muß es aber zulässig sein, daß die Tarifvertragsparteien diese Regelung durch Tarifvertrag übernehmen; zu Recht hat die gegenteilige österreichische Ansicht in Deutschland bislang keine Befürworter gefunden.

202 **d) Delegation** bedeutet Ermächtigung anderer Personen zur eigenen Rechtsetzung, und zwar entweder gleichstehend oder untergeordnet mit der Rechtsetzung des Delegatars. Von der statischen oder dynamischen Verweisung unterscheidet sich die Ermächtigung dadurch, daß die Verweisung auf eine Regelung Bezug nimmt, die von einem anderen Normgeber für andere Normadressaten erlassen wurde, während der Ermächtigungsadressat gerade

---

[99] Vgl. *Stern,* Staatsrecht I, § 20 IV 4 c, S. 824 m. w. N.
[100] BVerfGE 78, S. 32, 36.

für die delegierende Tarifvertragspartei tätig werden soll („Indienstnahme"). Anders als die Verweisung beinhaltet die Delegation Ab- und Zuschiebung einer Zuständigkeit.[101]

aa) Arten. Bei einer *gleichstehenden* oder vertretenden Rechtsetzung schaffen die ermächtigten Personen (z. B. die Betriebspartner) Tarifvertragsnormen, bei einer untergeordneten Rechtsetzung dagegen entsteht Recht auf der Stufe der Delegationsadressaten (z. B. Betriebsvereinbarungen). Eine gleichstehende Rechtsetzung kommt wie im Staatsrecht auch im Tarifvertragsrecht grundsätzlich nicht in Betracht.[102] Eine *nachgeordnete* Ermächtigung gibt dem Adressaten die Möglichkeit, auf seiner Regelungsebene – also der Betriebspartner oder des Arbeitgebers – die vom Tarifvertrag bewußt offengelassene Aufgabe wahrzunehmen. In welchem Umfang und für welchen Zeitraum dies geschehen soll, bestimmen die delegierenden Tarifvertragsparteien; sie brauchen die Arbeitsbedingungen nicht selbst abschließend und in allen Einzelheiten festzulegen.[103] Von einer Delegation kann man nur sprechen, wenn eine eigenständige *Regelung* vorzunehmen ist, also eine Blankettnorm vorliegt, nicht dagegen, wenn anderen Personen die *Anwendung* des Tarifvertrages oder sein *Vollzug* überlassen ist (General- oder Bestimmungsklauseln)[104], denn dadurch entsteht keine niederrangige Regelung, sondern die Tarifvertragsnorm wird lediglich ausgeführt. 203

bb) Voraussetzungen und Umfang einer zulässigen Delegation zur Ersatz- oder Ergänzungsregelung sind noch nicht angemessen geklärt. Die Rechtsprechung hat sie teilweise – nicht bedenkenfrei – als Bestimmungsklauseln nach den §§ 315, 317 BGB gedeutet. Dem ist nicht zu folgen, weil eine Ermächtigung zur Eigenregelung anderes und mehr beinhaltet, als die Leistungsbestimmung im Einzelfall: der Delegatar setzt eigene *Regelungen,* der Bestimmungsberechtigte vollzieht Tarifvertragsnormen; vgl. dazu unten Rnr. 211 ff. Das Schrifttum hat die Aufmerksamkeit bisher besonders auf den sog. Leber-Kompromiß und die dazu ergangene Entscheidung des Bundesarbeitsgerichts vom 18. 8. 1987 gelenkt, obwohl dort eine Delegation abgelehnt wurde.[105] Jüngere Stellungnahmen greifen das Problem zutreffend im Zusammenhang mit tarifvertraglichen Öffnungsklauseln auf.[106] 204

---

[101] Vgl. *Karpen,* Die Verweisung als Mittel der Gesetzgebungstechnik, 1970, S. 106, 108.

[102] Vgl. BAG 18. 8. 1987 AP Nr. 23 zu § 77 BetrVG 1972 *(v. Hoyningen-Huene); Badura,* Staatsrecht, 2. Aufl. 1996, F Rnr. 16; *Baumann,* Die Delegation tariflicher Rechtsetzungsbefugnisse, 1992, S. 45 f.; *v. Hoyningen-Huene/Meier-Krenz,* ZfA 1988, S. 293, 299; *Oppermann,* Die Kontrolle von Tarifvertragsregelungen in ihrer Anwendung im Einzelfall, 1997, S. 133.
Keine Ausnahme bildet BAG 24. 2. 1988 AP Nr. 2 zu § 1 Tarifverträge: Schuhindustrie (Annahme eines Schlichtungsspruches durch die Tarifvertragsparteien).

[103] BAG 9. 5. 1995 AP Nr. 2 zu § 76 BetrVG 1972 Einigungsstelle.

[104] Teilweise abw. Art. 145, 3. Spiegelstrich EGV; vgl. *Groeben/Thiesing/Ehlermann,* Kommentar zum EWG-Vertrag, 4. Aufl. 1991, Art. 145, Rnr. 18.

[105] BAG 18. 8. 1987 AP Nr. 23 zu § 77 BetrVG 1972 *(v. Hoyningen-Huene)* = SAE 1988, S. 97 *(Löwisch/Rieble); Baumann,* Die Delegation tariflicher Rechtsetzungsbefugnisse, 1992; *Däubler,* Tarifvertragsrecht, Rnr. 186a; *v. Hoyningen-Huene/Meier-Krenz,* ZfA 1988, S. 293; *Kempen/Zachert,* § 1 TVG, Rnr. 324; *Schwarze,* Der Betriebsrat im Dienst der Tarifvertragsparteien, 1991; *Walker,* ZfA 1996, S. 353.

[106] Vgl. *Gaumann/Schafft,* NZA 1998, S. 176, 178; *Kittner,* in: Festschrift für Günter

205 – Aus dem Wesen der Delegation folgen **formale** und **inhaltliche Anforderungen**. Die Delegationsklausel bedarf nach § 4 Abs. 3 („durch den Tarifvertrag") der Form des § 1 Abs. 2 des Gesetzes; die Ermächtigung kann also nicht ad hoc mündlich verabredet werden. Enthält der Tarifvertrag aber schon eine Ermächtigung, z. B. in Form einer Öffnungsklausel zugunsten der Betriebsparteien, so gilt das gesetzliche Schriftformerfordernis nicht abermals für eine den Tarifvertragsparteien vorbehaltene Zustimmung oder für einen tariflichen Schlichtungsspruch. Insoweit genügt in Anlehnung an § 4 Abs. 4 Satz 1 die „Billigung" der Tarifvertragsparteien oder ihrer Repräsentanten. Der Tarifvertrag, der anderen Personen oder Institutionen eine Ausnahme- oder Rahmenregelung erlaubt, muß außerdem angeben, von wem und in welchem Umfang die Abweichung oder Vervollständigung vorgenommen werden soll.[107] Fehlt schon die Vollzugsadresse, entfaltet die Delegation keine Wirksamkeit. Außerdem muß das Regelungsprogramm erkennbar sein; es bedarf ausreichender inhaltlicher Vorgaben. Bei Optionen („Menüangebote") oder Rahmenbestimmungen („Korridorlösungen") braucht der Tarifvertrag selbst keine Mindest- oder Ersatzregelung vorzusehen, teilweise wird dies sachlich gar nicht möglich sein. Die Sozialpartner können im Rahmen des Art. 9 Abs. 3 GG entscheiden, wieweit ihre eigene Normsetzung reichen soll.[108] Allerdings sollte eine Delegation für den Fall, daß sich Betriebsparteien nicht einigen können, ein verbindliches Schieds- oder Einigungsstellenverfahren vorsehen.

– Ob es über die genannten rechtsstaatlichen Mindesterfordernisse hinaus zusätzlich Einschränkungen der Delegationsbefugnis der Tarifvertragsparteien gibt, die aus ihrem **Normsetzungsauftrag** folgen, ist noch nicht geklärt. Sicher können die Sozialpartner keine Ermächtigung (z. B. an den Arbeitgeber oder an Dritte) aussprechen, wenn der Gesetzgeber gerade sie mit einer Sonderaufgabe betraut hat, wie dies regelmäßig beim tarifdispositiven Gesetzesrecht der Fall ist.[109] Hier muß der Tarifvertrag *selbst* die abweichende Regelung enthalten, soweit nicht das Gesetz eine Weitergabe an die Betriebsparteien gestattet. Eine darüber hinausgehende Delegation würde den Geltungsanspruch des staatlichen Gesetzes, der eben nur durch eine tarifvertragliche Regelung ersetzt werden soll, aufhe-

---

Schaub (1998), S. 389, 400 ff.; *Meyer*, RdA 1998, S. 142; *Schliemann*, in: Festschrift für Günter Schaub (1998), S. 675, 693; *Wendeling-Schröder*, NZA 1998, S. 624, 626 ff.; *Zachert*, RdA 1996, S. 140, 145 ff.

[107] Allg. Ansicht; vgl. BAG 28. 11. 1984 AP Nr. 1 und 2 zu § 4 TVG Bestimmungsrecht *(Wiedemann)*; BAG 15. 1. 1987 AP Nr. 21 zu § 75 BPersVG; BAG 9. 5. 1995 AP Nr. 2 zu § 76 BetrVG 1972 Einigungsstelle; *Baumann*, Die Delegation tariflicher Rechtsetzungsbefugnisse, 1992, S. 56; *v. Hoyningen-Huene/Meier-Krenz*, ZfA 1988, S. 293, 300; *Kittner*, in: Festschrift für Günter Schaub (1998), S. 389, 401; *Zachert*, RdA 1996, S. 140, 143.

[108] Ebenso, wenn auch ohne nähere Problematisierung BAG 9. 5. 1995 AP Nr. 2 zu § 76 BetrVG 1972 Einigungsstelle; abw. *Kittner*, in: Festschrift für Günter Schaub (1998), S. 389, 407: Vorbehalt eigenständiger Vollziehbarkeit; *Schwarze*, Der Betriebsrat im Dienst der Traifvertragsparteien, 1991, S. 307: Differenzierung nur im Interesse der Arbeitnehmer.

[109] Ebenso *Schliemann*, in: Festschrift für Günter Schaub (1998), S. 675, 686; *Zmarzlik/Anzinger*, § 7 ArbZG, Rnr. 11.

ben.[110] Von diesem Sonderfall abgesehen liegen die allgemeinen Schranken der Delegationsbefugnis noch im Dunkeln. Selbstverständlich können die Tarifvertragsparteien ihre Normsetzungsbefugnis nicht *generell* an andere Institutionen oder Personen abgeben. Insoweit gelten vielmehr die von Art. 80 Abs. 1 GG genannten Voraussetzungen von „Inhalt, Zweck und Ausmaß" der Ermächtigung entsprechend[111], selbst wenn dies für Satzungsermächtigungen an Selbstverwaltungskörperschaften nach fast einhelliger Auffassung nicht gilt.[112] Ob man darüber hinaus – in Anlehnung an die für die unverzichtbare Zuständigkeit des staatlichen Gesetzgebers entwickelte Wesentlichkeitstheorie[113] – verlangen kann, daß auch die Sozialpartner tarifvertragliche Kernbereiche (wie Haupt- und Nebenvergütungen und Arbeitszeit) selbst regeln, ist bisher kaum diskutiert[114] und im Ergebnis abzulehnen. Eine Beschränkung der Delegationsbefugnis würde eine *Regelungsverpflichtung* der Sozialpartner voraussetzen, die der Betätigungsfreiheit des Art. 9 Abs. 3 GG zuwiderliefe und zumindest eine Verhandlungspflicht der Kollektivvertragsparteien voraussetzte. Erwägenswert ist allenfalls, die von der Rechtsprechung ausgearbeitete Voraussetzung für dynamische Verweisungen, wonach für die Bezugnahme ein sachlicher Anhalt gegeben sein muß, auch hier heranzuziehen; vgl. dazu oben Rnr. 198.

– Schließlich können sich Einschränkungen der Delegation aus der **Stellung des Delegatars,** also der Betriebsparteien ergeben. § 4 Abs. 3 des Gesetzes enthält dafür keine Vorgaben. Unter mehreren betriebsverfassungsrechtlichen Gesichtspunkten ist indes zweifelhaft, wieweit die Tarifvertragsparteien den Betriebspartnern Ergänzungen oder Abänderungen gestatten dürfen: (1) § 77 Abs. 3 BetrVG beschränkt die Öffnung nicht, wie es der Wortlaut nahelegt, auf Ergänzungen, sondern erlaubt nach allg. Ansicht auch Abweichungen und Durchbrechungen.[115] (2) Die Delegation muß „ausdrücklich" erfolgen, was in diesem Zusammenhang *unzweideutig* bedeutet; eine konkludente Ermächtigung reicht nicht aus.[116] (3) Fraglich und zu verneinen ist, ob die Delegation auch durch Rege-

---

[110] Treffend in anderem Zusammenhang BAG 25. 1. 1989 AP Nr. 2 zu § 2 BeschFG 1985 *(Berger-Delhey).*
[111] Ebenso *Baumann,* Die Delegation tariflicher Rechtsetzungsbefugnisse, 1992, S. 54ff.; *v. Hoyningen-Huene/Meier-Krenz,* ZfA 1988, S. 293, 300; *Wiedemann,* in: Beuthien (Hrsg.), Arbeitnehmer oder Arbeitsteilhaber, 1987, S. 155; *Zachert,* RdA 1996, S. 140, 145.
[112] *Degenhart,* Staatsrecht I, 13. Aufl. 1997, Rnr. 255; *Maurer,* Allgemeines Verwaltungsrecht, 11. Aufl. 1997, § 4, Rnr. 16; *Wolff/Bachof/Stober,* Verwaltungsrecht I, 10. Aufl. 1994, § 25, Rnr. 49.
[113] Vgl. BVerfGE 34, S. 165, 192f.; 40, S. 237, 248ff.; 41, S. 251, 260; 45, S. 400, 417f.; 47, S. 46, 79; 48, S. 210, 221; 49, S. 89, 126f.; 57, S. 295, 321; 58, S. 257, 268f.; 61, S. 260, 275; 77, S. 170, 230f.
[114] Andeutungen in BVerfGE 94, S. 268, 283 („... in jeder Richtung ...").
[115] Vgl. BAG 12. 8. 1982 AP Nr. 5 zu § 77 BetrVG 1972; BAG 28. 2. 1984 AP Nr. 4 zu § 87 BetrVG 1972 Tarifvorrang; statt aller *Lieb,* NZA 1994, S. 289, 290; *Richardi,* § 77 BetrVG, Rnr. 284; *Walker,* ZfA 1996, S. 353, 360; *Waltermann,* RdA 1996, S. 129, 135; abw. *Zachert,* RdA 1996, S. 140, 145.
[116] Allg. Ansicht; BAG 18. 8. 1987 AP Nr. 23 zu § 77 BetrVG 1972; *Hess/Schlochauer/Glaubitz,* § 77 BetrVG, Rnr. 163; *Lieb,* NZA 1994, S. 289, 290.

lungsabreden wahrgenommen werden kann. § 77 Abs. 3 BetrVG verlangt eine eigenständige *Normsetzung* durch die Betriebspartner; eine interne schuldrechtliche Abrede genügt nicht. (4) Bedenklich ist und bleibt, ob die Tarifvertragsparteien den Inhalt ihres durch Betriebsvereinbarung ergänzten oder abgeänderten Tarifvertrages, soweit es sich nicht um Betriebsnormen nach § 3 Abs. 2 handelt, auf die nicht organisierten Arbeitnehmer erstrecken können. Das ist tarifvertrags- und betriebsverfassungsrechtlich bedenklich, insb. wenn es sich um die Vergütungshöhe oder die Wochenarbeitszeit handelt, also um Gegenstände außerhalb der zwingenden Mitbestimmung des Betriebsrates. Zunächst ist dies eine Frage der Auslegung des Tarifvertrages: das gesetzliche Mitbestimmungsrecht des Betriebsrats wird nicht erweitert, wenn der Tarifvertrag hinsichtlich der Lohn- und Gehaltshöhe einen konkreten *Rahmen,* etwa in Form eines Mindest- und eines Höchstsatzes selbst festlegt.[117] Gehen die Tarifvertragsparteien aber darüber hinaus und gewähren dem Betriebsrat die Mitbestimmung bei Fragen der Vergütungshöhe oder Arbeitszeitdauer für die gesamte Belegschaft oder bestimmte Arbeitnehmergruppen, so bedarf dies sachlich wie persönlich einer Ermächtigungsgrundlage. Das Bundesarbeitsgericht hat ein solches Vorgehen legitimiert und den Tarifvertragsparteien neben der inhaltlichen eine betriebsverfassungsrechtliche Ermächtigung an die Seite gestellt;[118] vgl. dazu auch unten Rnr. 325. Die dafür gegebene Begründung ist in mehrfacher Hinsicht unbefriedigend – hat allerdings im Ergebnis das Tor für Öffnungsklauseln zu den Betriebsparteien weit aufgemacht. Die Bedenken stammen daher, daß die Betriebsparteien und die Einigungsstelle keine Zuständigkeit für Kernbereiche der Tarifautonomie und für deren Ausdehnung auf nicht organisierte Belegschaftsmitglieder aufweisen können. Der Senat versucht den Mangel der Betriebsratszuständigkeit mit einem Hinweis auf § 88 BetrVG, den Mangel der Zuständigkeit der Einigungsstelle durch die Interpretation der Öffnungsklausel als (zugleich) betriebsverfassungsrechtliche Norm zu entkräften. Für die mangelnde Zuständigkeit gegenüber den nicht organisierten Arbeitnehmern fehlt eine Begründung. Im Ergebnis können die Tarifvertragsparteien nach der höchstrichterlichen Rechtsprechung gleichzeitig sich selbst eine *personelle* und den Betriebspartnern eine *sachliche* Allzuständigkeit verleihen, für die die Gesetze wenig Anhalt bieten.[119] Es wird damit vor allem nicht nur praktisch sondern auch rechtlich die Unterscheidung zwischen organisierter und nicht organisierter Arbeitnehmerschaft eingeebnet, indem die Tarifvertragsparteien die Betriebsverfassung instrumentalisieren. Eine allerdings begrenzte Ermächtigungsgrundlage läßt sich aus § 7 Abs. 3 ArbZG oder aus gleichlautenden gesetzlichen Vorschriften des tarifdispositiven

---

[117] BAG 22. 12. 1981 AP Nr. 7 zu § 87 BetrVG 1972 Lohngestaltung *(Heckelmann);* weitergehend BAG 10. 2. 1988 AP Nr. 53 zu § 99 BetrVG 1972 *(Lund)* = SAE 1991, S. 352 *(Buchner).*
[118] Vgl. BAG 18. 8. 1987 AP Nr. 23 zu § 77 BetrVG 1972 *(v. Hoyningen-Huene)* = SAE 1988, S. 97 *(Löwisch/Rieble).*
[119] Kritisch *v. Hoyningen-Huene/Meier-Krenz,* ZfA 1988, S. 293, 303, 316; *Löwisch,* Anm. SAE 1988, S. 97, 103; *Richardi,* NZA 1984, S. 387, 388; *Schüren,* RdA 1988, S. 138, 143; *Walker,* ZfA 1996, S. 353, 365.

Gesetzesrechts wie § 4 Abs. 4 EFZG entnehmen, wonach einschlägige Tarifvertragsregelungen von einem nicht tarifgebundenen Arbeitgeber durch Betriebsvereinbarung übernommen werden können.[120] Das kann nur bedeuten, daß (erst recht) die Tarifbindung des Arbeitgebers genügt, um eine für organisierte und nicht organisierte Arbeitnehmer unterschiedslos geltende Betriebsvereinbarung einzugehen. Darüber hinaus kann man daran denken, allgemein eine entsprechende Ermächtigung der Tarifvertragsparteien auf § 77 Abs. 3 Satz 2 BetrVG zu stützen, der den Tarifvertrag ergänzende oder abweichende Betriebsvereinbarungen zuläßt und ebenso – bewußt oder unbewußt – von der unterschiedslosen Geltung für die Belegschaft ausgeht.

Wird bei der zulässigen Delegation zwischen den Betriebspartnern kein Einvernehmen erzielt, so kann, wenn der Tarifvertrag nichts Abweichendes bestimmt, die Einigungsstelle nach § 76 BetrVG angerufen werden und verbindlich entscheiden. In Betrieben, in denen kein Betriebsrat gebildet ist, kann die tarifvertragliche Regelung zunächst nicht durchgeführt werden. Eine Umdeutung in ein einseitiges Bestimmungsrecht des Arbeitgebers nach Maßgabe des § 315 BGB scheidet regelmäßig aus[121], weil die Mitwirkung der Arbeitnehmer(vertretung) im Zweifel unabdingbar beabsichtigt ist. Denkbar ist dagegen, die Durchführung einer einseitigen Regelung des Arbeitgebers mit basisdemokratischer Zustimmung der Arbeitnehmermehrheit an § 1 Abs. 4 Satz 2 KSchG anzulehnen.

3. Tarifvertrag als Vertrag

a) Vertragsgesetzgebung. Tarifverträge sind auf die Erzeugung objektiven Rechts gerichtet. Es sind also Verträge, die nicht nur Rechte und Pflichten für die Vertragspartner begründen, sondern für eine nach abstrakten Kriterien zu bemessende unbestimmte Zahl normunterworfener Dritter. Diese Form der *Normensetzung durch Vertrag* findet sich nicht nur im Arbeitsrecht bei Tarifvertrag und Betriebsvereinbarung, sondern auch im öffentlichen Recht und bezüglich staatlicher Rechtsetzung. Im Öffentlichen Recht und in der Rechtsquellenlehre insgesamt werden solche normsetzenden Verträge als *Vereinbarungen* bezeichnet, im Gegensatz zum öffentlichen Vertrag des § 54 Satz 1 BVwVfG, der keine Rechtsnormen erzeugt, sondern durch den „ein Rechtsverhältnis ... begründet, geändert oder aufgehoben" wird. Ihren historischen Ursprung verdankt die Lehre von der rechtsetzenden Vereinbarung *Karl Binding*, der bei seinem Versuch, die zum Entstehen des Norddeutschen Bundes führenden Vorgänge rechtlich einzuordnen, nicht nur völkerrechtliche Verträge, sondern auch Verträge zwischen verschiedenen innerstaatlichen Hoheitsträgern als mögliche Quelle objektiver Rechtssätze bewertete.[122] Der Gedanke wurde in der weiteren Diskussion auf

---

[120] Ebenso im Ergebnis *Schliemann*, in: Festschrift für Günter Schaub (1998), S. 675, 689; *Zmarzlik/Anzinger*, § 7 ArbZG, Rnr. 9, 10.
[121] Abw. BAG 9. 5. 1995 AP Nr. 2 zu § 76 BetrVG 1972 Einigungsstelle.
[122] *Binding*, Festgabe der Leipziger Juristenfakultät für Windscheid (1898), S. 1 ff.; vgl. auch *Sachs*, VerwArch. 74 (1983), S. 25 ff.

andere Rechtsgebiete übertragen.¹²³ Dies war auch der Boden, auf dem die Tarifordnung 1919 den Vereinbarungen der Koalitionen Normenwirkung zuerkennen konnte. Allerdings blieb die Anerkennung des Tarifvertrages als Rechtsquelle weiter umstritten; zur Rechtfertigung wurde jedoch ausdrücklich auf die allgemeine öffentlich-rechtliche Lehre von der „Vereinbarung" zurückgegriffen.¹²⁴

209 Bestimmte *inhaltliche Anforderungen* für die vertraglich zustandegekommenen Normen wurden und werden daraus nicht gezogen. Für die normsetzenden Vereinbarungen im Verwaltungsrecht ist umstritten, wo diese Form der Rechtsetzung unter der Geltung des Grundgesetzes noch Berechtigung hat;¹²⁵ dies hat nichts mit der inhaltlichen Ausgestaltung der Normen zu tun und ist für das Tarifvertragsrecht durch § 1 des Gesetzes vorgegeben. Die Schlußfolgerungen, die in der Weimarer Zeit aus der Besonderheit der Tarifvertragsnormen gezogen wurden, beruhen weniger auf dem Umstand des vertraglichen Zustandekommens, als vielmehr auf ihrem nicht-staatlichen Ursprung: hier gilt nicht die vom Staat für sein Recht vorausgesetzte, weil allgemein zugängliche Kenntnis. Wer sich auf einen Tarifvertrag beruft, muß ihn dem Gericht zur Kenntnis bringen.¹²⁶ Ebenso wurde die Schlußfolgerung gezogen, daß Tarifbestimmungen anders als staatliche Normen wegen ihres nur partiellen Geltungsbereichs nicht der Revision unterliegen sollten, auch wenn sie in den Gebieten verschiedener Oberlandesgerichte angewandt wurden.¹²⁷ Davon ist die heute allgemeine Meinung im Hinblick auf den einschränkungslosen Wortlaut des § 73 ArbGG, § 549 ZPO zu Recht abgewichen.¹²⁸

210 **b) Allgemeines Vertragsrecht.** Anders als die mit dem Normencharakter verbundenen Anforderungen und Rechtsfolgen sind die mit dem Vertragscharakter gekoppelten Voraussetzungen und Rechtsfolgen beim Tarifvertrag nur eingeschränkt anwendbar, weil dieser durch jenen verdrängt wird, die Vertragsregeln deshalb im wesentlichen nur den Verfahrensablauf und die Willensübereinstimmung steuern.¹²⁹ Die Ausnahmen beginnen mit der besonderen Tariffähigkeit nach § 2 des Gesetzes, die die allgemeine Rechtsfähigkeit ersetzt; vgl. dazu unten § 2 Rnr. 11f. Weiter scheiden die

---

¹²³ Vgl. *Anschütz,* VerwArch 6 (1898), S. 593, 596; *H. F. Schmidt,* AöR Bd. 32 (1914), S. 439ff.; weitere Nachweise bei *Sachs,* VerwArch. 74 (1983), S. 25, 26.
¹²⁴ Vgl. insb. *Nipperdey,* Beiträge zum Tarifrecht, 1924, S. 140, Fußnote 86 mit umfassenden Nachweisen: "Der TV fällt in der Tat unter den Vereinbarungsbegriff"; *Molitor,* Arbeitsrecht, 1923, S. 321f., 334ff.; ausdrücklich *Simson,* Die Rechtsnatur des Tarifvertrages, S. 15, 25, in: Kaskel, Hauptfragen des Tarifrechts, 1927.
¹²⁵ Vgl. *Sachs,* VerwArch. 74 (1983), S. 25ff.
¹²⁶ Vgl. *Molitor,* Arbeitsrecht, 1923, S. 321, 343.
¹²⁷ *Molitor,* Arbeitsrecht, 1923, S. 321, 346 (der sich dabei auf RGZ 48, S. 412ff. stützen konnte, wonach auch die Hausgesetze der Familien des Hohen Adels nicht revisibel waren).
¹²⁸ Vgl. BAG 30. 9. 1971 AP Nr. 121 zu § 1 TVG Auslegung *(Richardi);* Germelmann/*Matthes*/Prütting, § 73 ArbGG, Rnr. 11; Baumbach/Lauterbach/*Albers*/Hartmann, 55. Aufl. 1997, § 549 ZPO, Rnr. 14.
¹²⁹ Vgl. zu den Besonderheiten von Kollektivvereinbarungen im US-amerikanischen Recht *Cox,* The Legal Nature of Collective Bargaining Agreements, 57 Mich. L. Rev. 1 -36 (1958); *Summers,* Collective Agreements and the Law of Contracts, 78 Yale L. J. 525, 528ff. (1969).

2. Abschnitt. Der Abschluß des Tarifvertrages

Vorschriften über Willensmängel und Anfechtung der §§ 116, 119, 123 BGB[130], des Dissenses der §§ 154, 155 BGB[131], der Teilnichtigkeit nach § 139 BGB[132] und der Leistungsstörungen nach den §§ 275 ff. BGB regelmäßig aus. Was die Rechtsfolgen anlangt, wird der Tarifvertrag hinsichtlich der Schriftform und hinsichtlich des Gesetzesverstoßes in den §§ 126, 134 BGB nicht wie ein Vertrag, sondern wie ein Gesetz behandelt. Die Vorschriften über den Vertragsschluß nach den §§ 145 ff. BGB können für den Tarifvertrag herangezogen werden, spielen aber angesichts eines Vertragsschlusses, der regelmäßig unter Anwesenden vollzogen wird, keine erhebliche Rolle. Die Auslegung des Tarifvertrages folgt nicht den Regeln der §§ 133, 157 BGB für Verträge, sondern auch den Grundsätzen zur Auslegung eines Gesetzes. Unter Berufung auf den Normencharakter des Tarifvertrages hat das Bundesarbeitsgericht gelegentlich sogar die Geltung des § 242 BGB im Tarifvertragsrecht abgelehnt.[133]

c) Tarifvertragliche Bestimmungsklauseln gewähren einen Beurteilungs- oder Ermessensspielraum beim *Vollzug* des Tarifvertrages. Sie können das Direktionsrecht des Arbeitgebers (= die nach Art, Umfang, Zeit und Ort geschuldete Arbeitsleistung zu bestimmen) umschreiben, aber auch Leistungen des Arbeitgebers (Entgelt, Sondervergütungen) betreffen. Ihr Adressat können sein: der einzelne Arbeitgeber oder Arbeitnehmer, die Arbeitsvertragsparteien, die Betriebspartner oder Dritte. Die Ergänzung oder Änderung der beiderseitigen Vertragspflichten durch Bestimmung unterscheidet sich von der Vertragsdurchführung bei unbestimmten Rechtsbegriffen oder Generalklauseln zwar im Ansatz, im Ergebnis jedoch nur graduell.[134] Von einer Delegation unterscheidet sich die Bestimmungsklausel dadurch, daß der Tarifvertrag mit der Bestimmung im Einzelfall umgesetzt wird, also zwischen den Tarifvertrag und seine Anwendung keine Ergänzungs- oder Ersatzregelung, also keine neue Rechtsquelle, eingeschoben wird. Wie weit in den Fällen, in denen der Betriebsrat mitwirkt, eine Ergänzung des Tarifvertrages oder lediglich seine Aus- und Durchführung beabsichtigt ist, muß die Auslegung des Tarifvertrages ergeben. Die Rechtsprechung zu Bestimmungsklauseln ist reichhaltig:

Bestimmung durch den *Arbeitgeber:* RAG, ARS 40, S. 195, 200: Überstundenvergütung; RAG, ARS 41, S. 21: Trennungsgeld; BAG 15. 12. 1961 AP Nr. 2 zu § 56

---

[130] Offengelassen in BAG 19. 10. 1976 AP Nr. 6 zu § 1 TVG Form *(Wiedemann); Gamillscheg,* Kollektives Arbeitsrecht I, § 13 I 1 b, S. 512; abw. *Löwisch*/Rieble, § 1 TVG, Rnr. 355: Anfechtung ohne Rückwirkung.
[131] BAG 9. 3. 1983 AP Nr. 128 zu § 1 TVG Auslegung; BAG 30. 5. 1984 AP Nr. 3 zu § 9 TVG 1969 *(Wiedemann);* BAG 24. 2. 1988 AP Nr. 2 zu § 1 TVG Tarifverträge: Schuhindustrie; *Gamillscheg,* Kollektives Arbeitsrecht I, § 13 I 1 b, S. 513; *Löwisch*/Rieble, § 1 TVG, Rnr. 354.
[132] BAG 26. 6. 1985 AP Nr. 1 zu § 1 TVG Teilnichtigkeit; BAG 26. 2. 1986 AP Nr. 12 zu § 4 TVG Ordnungsprinzip; BAG 7. 3. 1995 AP Nr. 26 zu § 1 BetrAVG Gleichbehandlung *(Bauschke); Gamillscheg,* Kollektives Arbeitsrecht I, § 13 I 1 b, S. 513; *Löwisch*/Rieble, § 1 TVG, Rnr. 251; abw. hinsichtlich des schuldrechtlichen Teils des Tarifvertrags *Herschel,* BB 1965, S. 791, 792.
[133] BAG 6. 2. 1985 AP Nr. 1 zu § 1 TVG Tarifverträge: Süßwarenindustrie *(v. Stebut/Brackmann).*
[134] Vgl. etwa BAG 8. 3. 1983 AP Nr. 14 zu § 87 BetrVG 1972 Lohngestaltung *(Weiss);* BAG 12. 1. 1989 AP Nr. 14 zu § 50 BAT *(Berger-Delhey).*

BetrVG 1952 Arbeitszeit *(Küchenhoff)*: einseitige Verkürzung der Arbeitszeit; BAG 23. 5. 1973 AP Nr. 1 zu § 39 TV Ang. Bundespost *(Distel)*: Beihilfegewährung an Angestellte; BAG 28. 9. 1977 AP Nr. 4 zu § 1 TVG Tarifverträge: Rundfunk: Kinderzuschlag; BAG 25. 1. 1978 AP Nr. 10 zu § 611 BGB Croupier *(Wiedemann)*: Mindestvergütung; BAG 12. 8. 1981 AP Nr. 3 zu § 1 TVG Tarifverträge: Bundesbahn: Leistungszulage; BAG 28. 11. 1984 AP Nr. 1 und 2 zu § 4 TVG Bestimmungsrecht *(Wiedemann)*: Arbeitszeitverkürzung; BAG 20. 12. 1984 AP Nr. 9 zu § 620 BGB Bedingung *(Belling)*: Verlängerung der Lebensarbeitszeit; BAG 26. 11. 1986 AP Nr. 15 zu § 1 TVG Tarifverträge Rundfunk: Vergütungsbestandteile; BAG 15. 1. 1987 AP Nr. 21 zu § 75 BPersVG: Essensgeldzuschuß; BAG 12. 1. 1989 AP Nr. 14 zu § 50 BAT: Sonderurlaub; BAG 12. 12. 1990 AP Nr. 2 zu § 4 TVG Arbeitszeit: Auslandstätigkeit; BAG 26. 5. 1994 AP Nr. 5 zu § 27 BAT: Gleichbehandlungsverstoß.

Bestimmung durch den *Arbeitnehmer* (insb. Wahlrechte): BAG 7. 11. 1990 AP Nr. 26 zu § 1 TVG Tarifverträge Druckindustrie: angemessenes Gehalt über einer bestimmten Vergütungsgruppe; BAG 25. 9. 1990 AP Nr. 8 zu § 9 TVG: Altersversorgung.

Bestimmung durch die *Arbeitsvertragsparteien*: BAG 28. 4. 1988 AP Nr. 25 zu § 622 BGB: Verlängerung der Probezeit; BAG 24. 3. 1993 AP Nr. 5 zu § 1 TVG Tarifverträge Süßwarenindustrie: Vergütung von Mehrarbeit; BAG 21. 7. 1993 AP Nr. 9 zu § 1 TVG Tarifverträge Versicherungsgewerbe: Fahrtkosten; BAG 22.6.1993 AP Nr. 22 zu § 23 BetrVG 1972: Freie Tage.

Bestimmung durch die *Betriebspartner*: BAG 12. 10. 1955 AP Nr. 1 zu § 56 BetrVG 1952 *(Küchenhoff)*; BAG 24. 9. 1959 AP Nr. 11 zu § 611 BGB Akkordlohn *(Nikisch)*: Minderleistungsfähigkeits-Klausel; BAG 22. 12. 1981 AP Nr. 7 zu § 87 BetrVG 1972 Lohngestaltung *(Heckelmann)*: Erschwerniszulagen; BAG 6. 2. 1985 AP Nr. 16 zu § 4 TVG Übertariflicher Lohn und Tariflohnerhöhung *(Kreitner)*: Verdienstsicherung.

Bestimmung durch eine *Kommission*: BAG 6. 2. 1980 AP Nr. 1 zu § 4 TVG Regelungsausschuß *(Willemsen)*: Arbeitsplatzbewertung; BAG 22. 1. 1997 AP Nr. 146 zu § 1 TVG Tarifverträge: Metallindustrie.

Abgelehnt wurde der Charakter als Bestimmungsklausel in BAG 22. 5. 1985 AP Nr. 7 zu § 1 TVG Tarifverträge: Bundesbahn *(Weiss/Weyand)*; BAG 18. 8. 1987 AP Nr. 23 zu § 77 BetrVG 1972 *(v. Hoyningen/Huene)*; BAG 24. 11. 1987 AP Nr. 6 und BAG 14. 2. 1989 AP Nr. 8 zu § 87 BetrVG 1972 Akkord.

212 **aa) Rechtscharakter** und Abgrenzung sind noch wenig geklärt.[135] Die Rechtsprechung stützt sich traditionell auf die §§ 315, 317 BGB, obwohl diese Vorschriften nach Voraussetzungen wie Rechtsfolgen nur begrenzt passen. Tatbestandlich können sie unmittelbar nur für Firmentarifverträge gelten; bei Verbandstarifverträgen werden sie stillschweigend auf die Ebene des Einzelarbeitsverhältnisses projeziert. In beiden Fällen weicht der Tarifvertrag aber von den in den §§ 315, 317 BGB vorgesehenen Rechtsfolgen der billigen Ermessensentscheidung beträchtlich ab: der Bestimmungsadressat ist bei der Ausführung an die Voraussetzungen und das System des Tarifvertrages gebunden, der den Umfang des Bestimmungs- insb. des Direktionsrechts selbst festlegt.[136] Die §§ 315 Abs. 1 und 317 Abs. 1 BGB, wonach der Bestimmungsträger nach billigem Ermessen zu entscheiden hat, gelten also nur subsidiär, wenn die Tarifvertragsparteien den Rahmen nicht selbst vorgeben.[137]

---

[135] Vgl. *Baumann*, Die Delegation tariflicher Rechtsetzungsbefugnisse, 1992, S. 87; *Gamillscheg*, Kollektives Arbeitsrecht I, § 15 IV 2, S. 574 ff.; *Plüm*, Betrieb 1992, S. 735; *Stein*, Tarifvertragsrecht, Nr. 429.

[136] BAG 3. 5. 1978 AP Nr. 6 zu § 1 TVG Tarifverträge: Rundfunk *(Zängl)*; BAG 12. 1. 1989 AP Nr. 14 zu § 50 BAT *(Berger-Delhey)*; BAG 12. 12. 1990 AP Nr. 2 zu § 4 TVG Arbeitszeit.

[137] Vgl. BAG 12. 1. 1989 AP Nr. 14 zu § 50 BAT *(Berger-Delhey)*.

Dazu sind sie sogar verpflichtet, wenn von der Änderung, Ergänzung oder Aufhebung wesentliche Bestandteile des Einzelarbeitsvertrages betroffen sind; vgl. dazu unten Rnr. 447, 450. Entsprechend richtet sich die gerichtliche (Ausübungs)Kontrolle danach, ob die tarifvertraglichen Voraussetzungen eingehalten und anschließend der verbleibende Entscheidungsspielraum angemessen ausgefüllt wurde.[138] Der Tarifvertrag kann die Folgen einer nicht oder verzögert oder fehlerhaft vorgenommenen Bestimmung selbst vorschreiben.

bb) Für die **Zulässigkeit** von Bestimmungsklauseln gibt es bisher wenige Vorgaben. Sicher muß eine Bestimmungsklausel *formal* nach Adressat und tatbestandlichen Voraussetzungen hinreichend konkretisiert sein, sonst läßt sich der Tarifvertrag nicht *aus- oder durchführen*, sondern bedarf der ergänzenden Delegation.[139] Ebenso wie die Ermächtigung kann auch die Bestimmungsklausel nicht von zwingendem Gesetzesrecht befreien, auch nicht von tarifdispositivem Gesetzesrecht, das die Abweichung ausschließlich den Tarifvertragsparteien vorbehält.[140] Bestimmungsklauseln der Tarifvertragsparteien wurden von der Rechtsprechung in mehreren Leitentscheidungen zugunsten des zwingenden Gesetzesrechts, insb. der §§ 1 und 2 KSchG zurückgedrängt.[141] Diesen Respekt schulden die Tarifvertragsparteien allen staatlichen Schutzgesetzen, wie z. B. dem MuSchG oder dem SchwbG, deren Anwendungsbereich nicht ausdrücklich tarifdispositiv ausgestaltet ist; vgl. dazu oben Einl. Rnr. 359 ff., 375 f. Ein Rückgriff auf die Grundrechtsbindung wird selten notwendig sein.[142]

Eine wesentliche Schranke errichtet für Bestimmungsklauseln zusätzlich § 87 BetrVG: der Tarifvertrag kann die Vervollständigung seiner Regelung nicht einseitig dem Arbeitgeber zuweisen, wenn und soweit damit das zwingende gesetzliche Mitbestimmungsrecht des Betriebsrats aufgehoben wird. Der Tarifvertrag darf also nicht einen sozusagen prae-betriebsverfassungsrechtlichen Status des einseitigen Direktionsrechts des Arbeitgebers wiederherstellen. Nach anfänglichem Schwanken[143] beschränkt die ständige Rechtsprechung insofern die Tarifmacht. Diese kann die Mitbestimmung des Betriebsrats nur soweit zurückdrängen, wie sie sie *inhaltlich* ersetzt, sie aber nicht ersatzlos streichen.[144] § 87 BetrVG dient nicht dem Schutz der Tarif-

---

[138] Vgl. *Gamillscheg,* Kollektives Arbeitsrecht I, § 15 IV 2, S. 576; Kempen/*Zachert,* § 1 TVG, Rnr. 324; *Löwisch*/Rieble, § 1 TVG, Rnr. 590.
[139] BAG 3. 5. 1978 AP Nr. 6 zu § 1 TVG Tarifverträge: Rundfunk *(Zängl);* BAG 28. 11. 1984 AP Nr. 1 und 2 zu § 4 TVG Bestimmungsrecht *(Wiedemann):* Arbeitszeitverkürzung; BAG 15. 1. 1987 AP Nr. 21 zu § 75 BPersVG; BAG 9. 5. 1995 AP Nr. 2 zu § 76 BetrVG 1972 Einigungsstelle.
[140] Ebenso Löwisch/*Rieble,* § 1 TVG, Rnr. 591.
[141] Vgl. BAG 22. 5. 1985 AP Nr. 7 zu § 1 TVG Tarifverträge: Bundesbahn *(Weiss/Weyand);* BAG 27. 1. 1994 AP Nr. 1 zu § 15 BAT-O; BAG 18. 10. 1994 AP Nr. 11 zu § 615 BGB Kurzarbeit.
[142] Weitergehend *Plüm,* Betrieb 1992, S. 735, 738.
[143] Vgl. BAG 31. 1. 1984 AP Nr. 3 zu § 87 BetrVG 1972 Tarifvorrang *(Wiedemann).*
[144] BAG 17. 12. 1985 AP Nr. 5 *(Kraft),* BAG 18. 4. 1989 AP Nr. 18 *(Rieble)* und BAG 4. 7. 1989 AP Nr. 20 *(Dütz/Rotter)* zu § 87 BetrVG 1972 Tarifvorrang; BAG 9. 3. 1993 AP Nr. 1 zu § 1 AZO Kr; BAG 21. 9. 1993 AP Nr. 62 zu § 87 BetrVG 1972 Arbeitszeit; BAG 23. 7. 1996 AP Nr. 68 zu § 87 BetrVG 1972 Arbeitszeit; kritisch dazu Löwisch/*Rieble,* § 1 TVG, Rnr. 593; *Säcker/Oetker,* RdA 1992, S. 16, 19.

autonomie, sondern dem Schutz des einzelnen Arbeitnehmers gegenüber dem Bestimmungsrecht des Arbeitgebers. Die Tarifvertragsparteien können ein Bestimmungsrecht des Arbeitgebers deshalb auch nicht in dem Umfang einführen, in dem die Betriebsparteien in einer Betriebsvereinbarung auf die konkrete Mitwirkung des Betriebsrats verzichten, weil auch darin eine Beschränkung der gesetzlichen Mitwirkungsrechte und ein Vorgriff auf die Entscheidungsfreiheit der Betriebspartner liegt;[145] vgl. zum Direktionsrecht auch unten Rnr. 449.

215 cc) **Wirkung.** Mit der Ausführung der Bestimmung wird der Tarifvertrag vollzogen – auch im Nachwirkungszeitraum. Gilt der Tarifvertrag nur durch Bezugnahme, bleibt es bei der arbeitsvertraglichen Bestimmung; ihre Ausübung und damit ihre gerichtliche Überprüfung folgen indes den kollektivvertraglichen Vorgaben.

216 d) **Richtigkeitsgewähr.** Eine der wichtigsten Folgerungen aus dem Vertragscharakter der Tarifnormen ist die These von ihrer Richtigkeitsgewähr. Nach einer in Rechtsprechung und Rechtslehre verbreiteten Ansicht soll im Tarifvertragsrecht ebenso wie im gegenseitigen Schuldvertrag das *Gleich- oder Gegengewichtsprinzip* gelten, so daß der Kräfteausgleich zwischen den Vertragsparteien eine Richtigkeitsgewähr verbürgt.

BAG 31. 3. 1966 AP Nr. 54 *(Biedenkopf)* und BAG 23. 2. 1967 AP Nr. 57 *(A. Hueck)*; BAG 16. 11. 1967 AP Nr. 63 *(Gamillscheg)* und BAG 4. 9. 1985 AP Nr. 123 *(Mangen)* zu § 611 BGB Gratifikation; BAG 3. 10. 1969 AP Nr. 12 zu § 15 AZO *(Söllner)*; BAG 4. 12. 1969 AP Nr. 32 *(Richardi)* und BAG 30. 9. 1971 AP Nr. 36 *(Palenberg)* zu § 620 BGB Befristeter Arbeitsvertrag; BAG 30. 1. 1970 AP Nr. 142 *(Richardi)* und BAG 1. 6. 1970 AP Nr. 143 *(Sieg)* zu § 242 BGB Ruhegehalt; BAG 10. 6. 1980 AP Nr. 64 zu Art. 9 GG Arbeitskampf *(Mayer-Maly)* = EzA Art. 9 GG Arbeitskampf Nr. 37 *(Rüthers)*; BAG 10. 3. 1982 AP Nr. 47 zu § 242 BGB Gleichbehandlung *(Wiedemann)*; BAG 20. 12. 1984 AP Nr. 9 zu § 620 BGB Bedingung *(Belling)*; BAG 6. 2. 1985 AP Nr. 1 zu § 1 TVG Tarifverträge: Süßwarenindustrie *(v. Stebut; Brackmann)*; BAG 6. 9. 1990 AP Nr. 1 zu § 2 BAT SR 21 (dem KSchG gleichwertiger Schutz durch den Tarifvertrag); BAG 10. 3. 1994 AP Nr. 117 zu § 1 TVG Tarifverträge: Metallindustrie; BAG 6. 9. 1995 AP Nr. 22 zu § 611 BGB Ausbildungsbeihilfe *(v. Hoyningen-Huene)*; zurückhaltend BAG 16. 9. 1993 AP Nr. 42 zu § 622 BGB *(Jansen)*.
Bötticher, Waffengleichheit und Gleichbehandlung der Arbeitnehmer im kollektiven Arbeitsrecht, 1956, S. 7; *Canaris*, Die Bedeutung der justitia distributiva im deutschen Vertragsrecht, 1997, S. 48 ff.; *Fastrich*, Richterliche Inhaltskontrolle im Privatrecht, 1992, S. 51 ff.; *Gamillscheg*, Kollektives Arbeitsrecht I, § 7 II 1 a, S. 284 ff.; *Säcker*, Gruppenautonomie, S. 205; *Schmidt-Rimpler*, AcP 147 (1941), S. 130, 153 ff.; *ders.*, in: Festschrift für H. C. Nipperdey (1955), S. 1, 5 ff.; *ders.*, in: Festschrift für Ludwig Raiser (1974), S. 3 ff.; *Stein*, Tarifvertragsrecht, Rnr. 387; *M. Wolf*, Rechtsgeschäftliche Entscheidungsfreiheit und vertraglicher Interessenausgleich, 1970, S. 31 ff. m. w. N.

217 In der Rechtsprechung legen alle diejenigen Urteile des Bundesarbeitsgerichts ein Paritätsmodell zugrunde, die eine Inhaltskontrolle von Tarifverträgen unter Berufung auf das Kräftegleichgewicht zwischen den Tarifvertragsparteien ablehnen. Das Gleichgewichtsprinzip wird außerdem im Arbeitskampfrecht in Form der Kampfparität vom Bundesverfassungsgericht[146] und

---

[145] Abw. *Rieble*, Anm. zu BAG 18. 4. 1989 AP Nr. 18 zu § 87 BetrVG Tarifvorrang.
[146] Vgl. BVerfGE 84, S. 212, 229: Aussperrung; BVerfGE 88, S. 103, 107: Beamteneinsatz.

vom Bundesarbeitsgericht[147] als geltendes Strukturprinzip des kollektiven Arbeitsrechts angesprochen. Das Bundesverfassungsgericht umschreibt dies in seinem Aussperrungsurteil BVerfGE 84, S. 212, 229 wie folgt:

„Verfassungsrechtlich nicht zu beanstanden ist die grundlegende Auffassung des Bundesarbeitsgerichts, daß Arbeitskampfmaßnahmen der Herstellung eines Verhandlungsgleichgewichts bei Tarifauseinandersetzungen (Verhandlungsparität) dienten und an diesem Zweck zu messen seien. . . ...Tarifautonomie ist darauf angelegt, die strukturelle Unterlegenheit der einzelnen Arbeitnehmer beim Abschluß von Arbeitsverträgen durch kollektives Handeln auszugleichen und damit ein annähernd gleichgewichtiges Aushandeln der Löhne und Arbeitsbedingungen zu ermöglichen."

Eine ausführliche Begründung gibt der Große Senat des Bundesarbeitsgerichts in BAG AP Nr. 43 zu Art. 9 GG Arbeitskampf:

218

„Denn andernfalls wäre nicht gewährleistet, daß es im Rahmen der Tarifautonomie durch Verhandlungen und notfalls durch Ausübung von Druck und Gegendruck zum Abschluß von Tarifverträgen und damit zu einer kollektiven Regelung von Arbeitsbedingungen kommt. . . ...Vorbehaltlich des konkreten, insbesondere auch der wechselnden wirtschaftlichen Situation, die vorgegeben ist, muß im Prinzip sichergestellt sein, daß nicht eine Tarifvertragspartei der andern von vornherein ihren Willen aufzwingen kann, sondern daß möglichst gleiche Verhandlungschancen bestehen. Auf andere Weise kann die Tarifautonomie unter Ausschluß der staatlichen Zwangsschlichtung nicht funktionieren."

Schließlich wirkt sich das Bild prozeduraler Gerechtigkeit in der Rechtsprechung zu den Anforderungen an die Tariffähigkeit eines Berufsverbandes (Grundsatz der Gegnerunabhängigkeit) sowie im Erfordernis der sozialen Mächtigkeit einer Gewerkschaft aus.[148]

219

Auch im Schrifttum wird dem Tarifvertrag weitgehend eine inhaltliche Richtigkeitsgewähr zuerkannt.[149] Der Tarifvertrag biete wenigstens eine *Richtigkeitschance*, weil und wenn für beide Vertragsparteien gleichwertige Verhandlungsbedingungen bestehen und ein ordnungsgemäßes Verhandlungsverfahren durchgeführt wurde. Dabei wird überwiegend nur eine abstrakte Gleichgewichtslage im Sinn gleichgewichtiger Verhandlungschancen verlangt. In den Stellungnahmen dazu ist noch nicht geklärt, welches Marktmodell auf das Tarifvertragsrecht übertragen werden kann, welche sachlichen Voraussetzungen an eine Gleichgewichtslage gestellt werden

220

---

[147] Vgl. BAG 27. 9. 1957 AP Nr. 6, BAG 19. 10. 1960 AP Nr. 11 *(A. Hueck)*, BAG 25. 1. 1963 AP Nr. 24, BAG 15. 6. 1964 AP Nr. 35 *(Mayer-Maly)* und BAG 21. 4. 1971 AP Nr. 43 zu Art. 9 GG Arbeitskampf.

[148] Vgl. BAG 9. 7. 1968 AP Nr. 25 zu § 2 TVG *(Mayer-Maly)*; vgl. auch § 2 Rnr. 235 ff., 306 ff.

[149] Vgl. *Gamillscheg*, Kollektives Arbeitsrecht I, § 7 II 1 a, S. 284 ff.; Hueck/*Nipperdey*, Arbeitsrecht II 2, § 47 V 2, S. 928 (zur Kampfparität); *Lerche*, Verfassungsrechtliche Zentralfragen des Arbeitskampfes, 1968, S. 70 (zur Kampfparität); *Löwisch*, RdA 1969, S. 129, 131; *Säcker*, RdA 1969, S. 291, 294; *Säcker/Oetker*, Tarifautonomie, S. 229, 238; *Scheuner*, RdA 1971, S. 327, 332; *Singer*, ZfA 1995, S. 611, 613 ff.; *Zöllner/Seiter*, Paritätische Mitbestimmung und Artikel 9 Abs. 3 Grundgesetz, 1970, S. 53, 54.
Zurückhaltend *Isensee* in: Isensee/Kirchhof, HdbStR III (1988), § 57 Nr. 87; *Kempen/Zachert*, Grundl., Rnr. 88; *Schüren*, RdA 1988, S. 138, 146; *Steindorff*, RdA 1965, S. 263, 258; ablehnend *Oppermann*, Die Kontrolle von Tarifvertragsregelungen in ihrer Anwendung auf den Einzelfall, 1997, S. 39 ff.; *Reuter*, RdA 1994, S. 152 ff.; *Reuß*, AuR 1972, S. 193, 204; *Söllner*, Betrieb 1969, S. 838, 839.

müssen und ob es sich bei dem Prinzip kollektiver Gegenmacht um ein Rechtsprinzip mit ableitbaren Folgen handelt.

221 aa) Richtigkeitsgewähr beim **Individualvertrag**. Im in- und ausländischen Vertragsrecht wird die Bedeutung einer Ungleichgewichtslage zwischen den Parteien (*inequality of bargaining power*) für die rechtliche Beurteilung des Vertrages seit langem erörtert, ohne daß sich bisher eine einheitliche Meinung abzeichnet.[150] Die Schwierigkeiten beginnen mit der Frage, ob eine Gleichgewichtslage *ex post* meßbar sein kann; sie setzen sich mit der Überlegung fort, daß das Selbstbestimmungsrecht der Vertragspartner notwendig auch das Recht zur Selbstschädigung beinhalte[151] und sie verweisen darauf, daß auch ausgewogene Verhandlungspositionen kein angemessenes Ergebnis garantieren, die Inhaltskontrolle mithin noch andere Aufgreifkriterien benötigt. Eine allgemeine Stellungnahme ist hier nicht möglich. Die dogmatische Bedeutung des Paritätsprinzips läßt sich aber bei einzelnen Sachfragen des Vertragsrechts schon jetzt konkretisieren:

222 – *Wirksamkeitsvoraussetzung*: In der Jurisprudenz wird zwar die Ansicht vertreten – und sie läßt sich historisch belegen[152], daß inhaltliche Fairness der Vertragsverhandlungen und Vertragsbedingungen Voraussetzung für eine wirksame Vertragsbindung sei.[153] Das entspricht aber nicht der herrschenden Vertragsdoktrin in Deutschland: Mängel im Verhandlungsgleichgewicht verhindern allein, also ohne Hinzutreten zusätzlicher Merkmale, die Wirksamkeit des Vertragsschlusses nicht. Es müssen mithin noch andere sachliche Voraussetzungen, wie die Übervorteilung in § 138 Abs. 2 BGB, erfüllt werden. Selbst in Fällen, in denen die Selbstbestimmung einer Partei fragwürdig ist (vgl. §§ 119, 123 BGB) oder in denen eine Partei einer geschützten Bevölkerungsgruppe angehört (Verbraucherschutzrecht), bedarf es zusätzlicher Anfechtungs- oder Widerrufserklärungen, um dem Vertrag seine Wirksamkeit zu entziehen.

223 – *Inhaltskontrolle*: Das mangelnde Kräftegleichgewicht zwischen den Vertragspartnern kann als Aufgreifkriterium für eine gerichtliche Inhaltskontrolle dienen. In der Bürgschafts-Entscheidung des Bundesverfassungsgerichts wird dies als *strukturelle Unterlegenheit* charakterisiert, die zusammen mit einer weiteren Tatbestandsvoraussetzung, nämlich der *ungewöhnlich starken Belastung* eines Vertragspartners, zur Kontrollpflicht der Zivilgerichte führen soll.[154] Interpretation und Auswirkungen dieser Entscheidung sind höchst bestritten.[155] Ob und welche Auswirkungen eine ge-

---

[150] Vgl. zur Vertragsgerechtigkeit die Übersicht von v. *Mehren,* Int.Encycl. Comp.L., Vol. VII (1982), Ch. 1 No. 72 ff.; sowie die Zusammenstellung von *S. Wheeler and J. Shaw,* Contract Law, 1994, S. 453 ff.

[151] Vgl. *Enderlein,* Rechtspaternalismus und Vertragsrecht, 1996.

[152] *Gordley,* The Philosophical Origins of Modern Contract Doctrine, 1991, S. 94 ff.

[153] Bemerkenswert *Unidroit,* An International Restatement of Contract Law, 1994, Art. 3.10 (grobes Mißverhältnis); *Gordley,* 69 Cal.L.Rev. 1587 (1981); *Atiyah* 35 U. Tor.L. Y. 1; *Meincke,* Hat das Wohnraummietrecht eine Zukunft? 1996, S. 12, 13.

[154] Vgl. BVerfGE 81, S. 242, 255: Handelsvertreter; BVerfGE 84, S. 212, 229; BVerfGE 89, S. 214, 233: Bürgschaft.

[155] Stellungnahmen dazu u.a. von *Dieterich,* RdA 1995, S. 129; *Fastrich,* RdA 1997, S. 65; *Löwe,* ZIP 1993, S. 1759; *Preis/Rolfs,* Betrieb 1994, S. 261; *Rittner,* NJW

störte Vertragsparität oder Ungleichgewichtslage zwischen den Vertragspartnern auf die Inhaltskontrolle haben soll, und welche Tiefe der Inhaltskontrolle damit verbunden sein muß[156], ist bis heute nicht geklärt. Das Bundesverfassungsgericht hat Rechtsfolgen jedenfalls nicht *allein* an die mangelnde Parität, sondern an das Zusammenspiel von Unterlegenheit und unbilligem Vertragsinhalt geknüpft.

– *Aufhebungs- und Anpassungsgrund*: Im Gegensatz zur bestrittenen Beurteilung im Zeitpunkt des Vertragsschlusses können Störungen des Äquivalenzverhältnisses während der Abwicklung des Vertrages im Rahmen der Lehre vom Wegfall der Geschäftsgrundlage oder der Kündigung aus wichtigem Grund unbestritten zur *Vertragskorrektur* herangezogen werden. Die Vertragsaufhebung oder Vertragsanpassung findet hilfsweise im Rahmen einer Zumutbarkeitskontrolle nach § 242 BGB bei unvorhersehbaren Entwicklungen statt. Hier kommt eine gewisse Dialektik der Privatautonomie zum Ausdruck, wonach die Vertragsfreiheit nicht nur die Freiheit zum, sondern auch die Freiheit vom Vertrag gewährleistet.

bb) Richtigkeitsgewähr beim **Kollektivvertrag.** Der Zusammenhang zwischen Vertragsschluß und (korrektem) Vertragsinhalt ist für Kollektivverträge noch schwieriger zu beurteilen als bei Individualverträgen. Sicher ist es historisch wie funktionell Absicht der Rechtsordnung, durch den Konsens auf kollektiver Ebene einen angemessenen Ausgleich zwischen Arbeitgeber- und Arbeitnehmerinteressen herbeizuführen, der sich auf der Individualebene des Einzelvertrages gemeinhin nicht erreichen läßt. Auf dieser Erfahrung beruht die Gewerkschaftsbewegung und das Tarifvertragswesen im In- und Ausland. Es gibt auch keinen Anhaltspunkt dafür, daß das Schutzbedürfnis des individuellen Arbeitnehmers heute allgemein weggefallen ist. Dem System des Tarifvertragsrechtes liegt mit anderen Worten der Gedanke einer *staatsunabhängigen Selbstbestimmung* zugrunde, die durch ein Übereinkommen zwischen den jeweiligen Kollektivparteien zum bestmöglichen Interessenausgleich führen soll. Daraus läßt sich aber nur begrenzt der Schluß ziehen, Tarifverhandlungen würden im Ergebnis stets die angemessene Arbeits- und Vertragsordnung finden. Dagegen sprechen folgende Erwägungen:[157] (1) Tarifverträge, insb. Verbandstarifverträge bündeln eine große Zahl sehr unterschiedlich gelagerter Vertragsverhältnisse mit unterschiedlichen Vergütungs- und Nebenleistungsbedingungen. Durch den Vertragsschluß kann weder garantiert werden, daß sämtliche Bestandteile ein und desselben Vertrages, und noch weniger, daß die Verträge der betroffenen Arbeitgeber und Arbeitnehmer insgesamt in einem angemessenen Verhältnis zueinander stehen. Es ist vielmehr ein vielfach beklagter Tatbestand, daß die Interessen einzelner

---

1994, S. 3330; *Schimanski*, WM 1995, S. 461; *Wiedemann*, JZ 1994, S. 411; *Zöllner*, AcP 196 (1996), S. 1; *ders.*, Die Privatrechtsgesellschaft im Gesetzes- und Richterstaat, 1996.
[156] Vgl. dazu *Fastrich*, RdA 1997, S. 65; *Wiedemann*, WM 1990, Beilage Nr. 8, S. 1, 16.
[157] Zurückhaltend *Gamillscheg*, Kollektives Arbeitsrecht I, § 7 II 1 a, S. 285; *Schüren*, AuR 1988, S. 245, 246; *Singer*, ZfA 1995, S. 611, 627; ablehnend *Reuter*, RdA 1994, S. 152, 155; *ders.*, ZfA 1995, S. 1, 5; vgl. zur Tariflohntheorie bereits oben Einl. Rnr. 40ff.

Gruppen, wie etwa der Teilzeit- oder Kurzzeitbeschäftigten, oder diejenigen einer bestimmten Untergruppe der Branche keine ausreichende Berücksichtigung finden können. Das Minderheitenproblem im Tarifvertragsrecht ist noch wenig ausgeleuchtet.[158] (2) Dazu kommt, daß Tarifverhandlungen ein multifaktorelles Geschehen darstellen, bei denen unterschiedliche Absichten, Motive und Ziele einfließen. Das gilt auch für die zentralen Verhandlungsgegenstände, nämlich Arbeitsentgelt und Arbeitszeit. Gerade die Vergütungshöhe wird durch eine Vielzahl von Faktoren beinflußt: neben ökonomischen Überlegungen wie Produktivitätsentwicklung, Preisniveauveränderung, Knappheitsverhältnisse am Arbeitsmarkt und Wettbewerbssituation am Gütermarkt sind auch machtpolitische Größen für das Verhandlungsergebnis ausschlaggebend. Bei Verbandstarifverträgen können kräftige Verbandsinteressen mitschwingen, die mit den Mitgliederinteressen nicht in jedem Punkt deckungsgleich zu sein brauchen.

Für das Kerngebiet der Vergütungsregelungen mangelt es schon an verbindlichen Maßstäben. Als Orientierungsgröße wurde zwar die produktivitätsorientierte Lohnpolitik entwickelt, die sowohl negative Beschäftigungswirkungen, als auch einen lohnbedingten Anstieg des Preisniveaus verhindert. Im einfachsten Fall kann die Nominallohnhöhe mit der Arbeitsproduktivität wachsen, ohne daß es zu Einbrüchen bei der Beschäftigung oder negativen Wirkungen auf die Preisniveaustabilität kommt, da die Lohnstückkosten konstant bleiben. Erweiterungen dieses Ansatzes, wie die kostenniveau-neutrale Lohnpolitik[159], berücksichtigen die Wirkungen, die von Veränderungen der Personalnebenkosten, der Kapitalkosten, der *terms of trade* sowie der unvermeidlichen Preissteigerung ausgehen. Darüber hinaus hebt neuere Literatur hervor, daß die Beschäftigungslage Berücksichtigung finden muß. In Relation zur Arbeitslosenhöhe sollten die Lohnsteigerungen hinter der Produktivitätsentwicklung zurückbleiben. *Eekhoff* (Beschäftigung und soziale Sicherheit, 1996, S. 18 ff.) schlägt beispielsweise vor, daß für jeweils zwei Punkte Arbeitslosigkeit die Lohnsteigerung um einen halben Prozentpunkt hinter der Produktivitätsentwicklung zurückbleiben soll. Zusätzlich wird eine regional-, eine branchen- und qualifikationsspezifisch differenzierte Betrachtung eingeführt, um unterschiedlichen Produktivitätsentwicklungen Rechnung zu tragen.

(3) Eine Hauptschwäche der kollektiven Rechtsetzung beruht schließlich darauf, daß von ihren Folgen auch Dritte betroffen sind, deren Interessen weder beim Verfahren noch bei der Durchführung wahrgenommen werden. Gesamtwirtschaftliche Interessen finden bei Tarifvertragsverhandlungen nur selektiv Berücksichtigung, weil dies zu einer Verschlechterung der Position der Mitglieder in der gesamtwirtschaftlichen Lohnpyramide führen kann. Im Fall einer kleinen Gewerkschaft hat die von ihr durchgeführte Lohnzurückhaltung nur geringe positive Einflüsse auf gesamtwirtschaftliche Größen wie Preisniveaustabilität und Beschäftigung; dagegen sind die Nachteile, die mit einer zurückhaltenden Lohnpolitik einhergehen, unschwer als Verlust in der Verteilungsposition festzustellen. Selbst bei großen Gewerkschaften besteht jeweils der Anreiz, höhere Löhne als üblich durchzusetzen, weil damit die Verteilungsposition der eigenen Mitglieder verbessert wird. In allen Fällen ist

---

[158] Vgl. *Oppermann,* Die Kontrolle von Tarifvertragsregelungen in ihrer Anwendung auf den Einzelfall, 1997, S. 25; *Reuter,* ZfA 1978, S. 1, 22; *Schüren,* AuR, S. 245, 246; *Singer,* ZfA 1995, S. 611, 627.
[159] Vgl. dazu Jahresgutachten des Sachverständigenrates 1964/65, Nr. 48; Jahresgutachten 1970/71, S. 21; Jahresgutachten 1980/81, Nr. 145.

die Rücksichtnahme auf gesamtwirtschaftliche Belange im kollektiven Verhandlungsprozeß nicht gesichert.

Insgesamt wird man die Richtigkeitschancen von Tarifverträgen schon deshalb nur schwer einschätzen können, weil die schiere Variationsbreite der Kollektivnormen eine Beurteilung erschwert. Die mit der Richtigkeitsthese verbundenen Rechtsfolgen (Einhaltung der Grenzen der Tarifautonomie[160]) sollten außerdem nicht überschätzt werden. Eine gerichtliche *Rechtskontrolle* findet unumstritten statt, so daß die Gerichte verpflichtet sind, Tarifverträge darauf zu überprüfen, ob sie gegen die Verfassung, zwingendes Gesetzesrecht, gute Sitten oder tragende Grundsätze des Arbeitsrechts verstoßen.[161] Da zur Rechtskontrolle auch die Einhaltung der verschiedenen Gleichheitsgebote der Verfassung, des EG-Vertrages und der staatlichen Gesetze gehört, findet insofern bereits eine Inhaltskontrolle statt, ob insb. die in den Tarifnormen vorgenommenen Gruppenbildungen und Gruppenabgrenzungen sachlich angemessen sind. Manche der früher unter Berufung auf die materielle Richtigkeitsgewähr tariflicher Regelungen vorgenommenen „Freistellungen" des Tarifvertrages würden heute anders zu entscheiden sein, weil sie bereits von der Gleichheitskontrolle erfaßt werden. Insofern werden an den Arbeitsnormenvertrag andere und strengere Anforderungen gestellt als an einen Einzelarbeitsvertrag. Dasselbe würde verstärkt gelten, wenn man sich dazu entschließt, Tarifverträge im Rahmen der Rechtskontrolle auch auf ihre Gemeinwohlverträglichkeit zu überprüfen; vgl. dazu oben Einl. Rnr. 345 ff. Insoweit ist der Vertragsmechanismus überfordert, weil er Drittinteressen in seine Angemessenheitsprüfung nicht aufnimmt. Für die materielle Vertragsgerechtigkeit sorgen schließlich prozedurale Vorkehrungen als typischer Bestandteil des Vertragsrechts[162]: die Verhandlungssituation wird durch Anforderungen an die Tariffähigkeit und durch Voraussetzungen des Arbeitskampfrechts nach Möglichkeit so gestaltet, daß ein, wenn auch instabiles Gleichgewicht zwischen den Tarifvertragsparteien herrscht. Dieser Gesichtspunkt könnte in Rechtsprechung und Rechtslehre noch stärker ausgearbeitet werden. Das wäre etwa in der Richtung denkbar, daß bei einem Firmentarifvertrag die Asymmetrie des Informationsstandes zur Unwirksamkeit einzelner Klauseln oder jedenfalls zu ihrem späteren Wegfall führt. Wie durchweg im Vertragsrecht bedarf die prozedurale Gerechtigkeit schließlich ergänzender Sachkriterien, die vom Bundesarbeitsgericht verschiedentlich anerkannt, aber noch nicht durchgesetzt worden sind. Die in der Rechtsprechung häufig verwandte Formel besagt, ein Gericht könne einer Tarifnorm die Wirksamkeit versagen, wenn sie zu einer *grundlegenden Schlechterstellung von Arbeitnehmern im Vergleich zu sach-*

---

[160] Vgl. zuletzt BAG 5. 12. 1990 AP Nr. 153 zu §§ 22, 23 BAT 1975; BAG 23. 10. 1996 AP Nr. 38 zu § 23a BAT.
[161] Vgl. BAG 14. 12. 1982 AP Nr. 1 zu § 1 BetrAVG Besitzstand *(Wiedemann/Mangen)*; BAG 28. 11. 1984 AP Nr. 2 zu § 4 TVG Bestimmungsrecht *(Wiedemann)*; BAG 10. 10. 1989 AP Nr. 3 zu § 1 TVG Vorruhestand *(Wiedemann/Arnold)*; BAG 16. 5. 1995 AP Nr. 15 zu § 4 TVG Ordnungsprinzip; BAG 5. 12. 1995 AP Nr. 20 zu § 1 BetrAVG Ablösung.
[162] Vgl. dazu zuletzt *Canaris*, Die Bedeutung der justitia distributiva im deutschen Vertragsrecht, 1997, S. 48 ff.

lich vertretbaren Lösungen führt.¹⁶³ Die Möglichkeit einer solchen (begrenzten) Inhaltskontrolle wird heute durch § 1 Abs. 4 Satz 1 KSchG anerkannt, wonach die Bewertung in tarifvertraglichen Auswahlrichtlinien nur auf grobe Fehlerhaftigkeit überprüft werden kann. Die gerichtliche Kontrolle eines den Vertragsparteien überlassenen Beurteilungsspielraums erscheint dem Gesetzgeber also mit der Tarifautonomie vereinbar zu sein.¹⁶⁴ Einer allgemeinen Überprüfung der Tarifverträge auf Angemessenheit oder Zweckmäßigkeit soll damit nicht das Wort geredet werden; eine Tarifzensur wird durch Art. 9 Abs. 3 GG ausgeschlossen.

C. Form und Bekanntgabe des Tarifvertrages

I. Form des Tarifvertrages

1. Schriftform nach § 1 Abs. 2

227 **a) Entwicklung.** Unter der Geltung der TarifVO wurde zunächst angenommen, daß ein mündlich abgeschlossener Tarifvertrag gültig sei, allerdings nicht die normativen Wirkungen habe, die § 1 TarifVO schriftlichen Tarifverträgen beilege.¹⁶⁵ Man sprach von einem *unechten* bzw. *nicht gesetzmäßigen* Tarifvertrag. Das Reichsarbeitsgericht ist dieser Ansicht nicht gefolgt.¹⁶⁶ Sie kommt nach dem heutigen Gesetz, das in § 1 Abs. 2 ausdrücklich die Schriftform anordnet und damit unzweifelhaft eine konstitutive Formvorschrift aufstellt, nicht mehr in Betracht. Die Schriftform ist die gesetzlich vorgeschriebene Form des Tarifvertrages, deren Nichteinhaltung zur Nichtigkeit des abgeschlossenen Vertrages führt.¹⁶⁷ Dies entspricht auch der allgemeinen Ansicht bezüglich des Schriftformerfordernisses gemäß § 77 Abs. 2 Satz 1 BetrVG bei Betriebsvereinbarungen.¹⁶⁸ Auch im internationalen Vergleich ist dies nichts Ungewöhnliches: für österreichische Kollektivverträge sieht § 2 Abs. 1 ArbVerfG die Schriftform vor und gemäß L.132–2 CT müssen französische Tarifverträge schriftlich abgeschlossen werden, um wirksam zu sein.

---

¹⁶³ Vgl. etwa BAG 3. 10. 1969 AP Nr. 12 zu § 15 AZO *(Söllner)*; BAG 10. 3. 1982 AP Nr. 47 zu § 242 BGB Gleichbehandlung *(Wiedemann)*; BAG 4. 9. 1985 AP Nr. 123 zu § 611 BGB Gratifikation *(Mangen)*; BAG 6. 9. 1995 AP Nr. 22 zu § 611 BGB Ausbildungsbeihilfe *(v. Hoyningen-Huene)*: alles nur obiter dicta.
¹⁶⁴ Ansätze dazu in BAG 26. 5. 1993 AP Nr. 3 zu § 23 AGB-Gesetz; BAG 16. 5. 1995 AP Nr. 15 zu § 4 TVG Ordnungsprinzip; *Gamillscheg,* Kollektives Arbeitsrecht I, § 16 III 1, S. 697: Anwandlungen einer Kontrolle.
¹⁶⁵ Vgl. A. *Hueck,* Tarifvertragsrecht, S. 14; *Oertmann,* Arbeitsvertragsrecht, S. 72; *Simson,* NZfA 1925, S. 636.
¹⁶⁶ RAG, ARS 6, S. 134, 137; 8, S. 120, 122; 14, S. 478, 479; Hueck/*Nipperdey,* Arbeitsrecht II, 3.–5. Aufl. 1932, § 15 III 1 e, S. 188.
¹⁶⁷ Allg. Ansicht; BAG 13. 6. 1958 AP Nr. 2 zu § 4 TVG Effektivklausel *(Tophoven)*; BAG 14. 2. 1957 AP Nr. 1 zu § 32 AOG Weitergeltung von Tarifverträgen als Tarifordnung *(Tophoven)*; abw. *Nipperdey/Säcker,* AR-Blattei, Tarifvertrag II Abschluß, unter II 2, die formlose Tarifabsprachen in Anlehnung an die formlosen und nicht normativen Betriebsregelungsabreden für zulässig halten.
¹⁶⁸ Vgl. dazu *Fitting/Kaiser/Heither/Engels,* 18. Aufl. 1996, § 77 BetrVG, Rnr. 11.

b) Zweck der Schriftform. Mit einer Formvorschrift kann der Gesetz- 228
geber verschiedene Zwecke verfolgen. Beim Tarifvertrag dient die Schriftform allein dem Interesse der Parteien, der Normadressaten sowie Dritter an der Klarstellung und Feststellbarkeit seines Inhalts (*Klarstellungsfunktion*).[169] Da eine Pflicht zur Veröffentlichung oder anderweitigen Bekanntgabe nicht besteht, übernimmt die Schriftform die Aufgabe, Streitigkeiten über die Abfassung und die inhaltliche Bestimmung möglichst vermeiden zu helfen. Dieser legislatorische Zweck bestimmt die Auslegung des Gesetzes. Im Gegensatz zur Ansicht des Reichsarbeitsgerichts[170] hat die Schriftform beim Tarifvertrag nicht den Zweck, die Vertragsparteien vor *Übereilung* zu bewahren. Sie übernimmt auch nicht die Aufgabe, die Parteien in bestimmtem Umfang zur Konkretisierung ihres Normzwecks zu zwingen (*Bestimmtheitsfunktion*).

c) Inhalt. Die Schriftform richtet sich grundsätzlich nach § 126 BGB und 229
damit auch nach den in Rechtsprechung und Literatur entwickelten Konkretisierungen dieser Norm. Erforderlich ist also, daß die Vertragsurkunde von den Tarifvertragsparteien oder ihren Vertretern eigenhändig unterzeichnet wird. Es genügt aber auch, daß mehrere gleichlautende Urkunden aufgenommen werden und jede Partei die für die andere Partei bestimmte Urkunde unterschreibt. Brief- oder Telegrammwechsel sowie Telefax genügen nicht.[171] Hinsichtlich der Sprache stellt das Gesetz keine besonderen Anforderungen; ein ganz oder teilweise fremdsprachlich abgefaßter Vertrag ist gültig. Auch der nachträgliche Beitritt einer weiteren Partei zum Einheitstarifvertrag bedarf der Form. Es genügt deshalb nicht, daß der Beitretende mündlich oder schriftlich seinen „Beitritt" erklärt; es muß ein schriftlicher Vertrag zwischen ihm und den bisherigen Parteien geschlossen werden, in dem sich diese mit dem Beitritt einverstanden erklären.[172]

Die Rechtsprechung zur gesetzlichen Schriftform bei Individualverträgen 230
kann jedoch nicht schematisch auf Kollektivvereinbarungen übertragen werden.[173] Dies gilt insbesondere für die Einschränkung des Schriftformerfordernisses durch die Grundsätze von Treu und Glauben. So nimmt der Bundesgerichtshof in ständiger Rechsprechung an, daß das Rechtsgebot von Treu und Glauben im Einzelfall gegenüber der Berufung auf den Formmangel durchgreift, wenn die vertragliche Vereinbarung zu „schlechthin untragbaren Ergebnissen" für eine Vertragspartei führe.[174] Gegenüber der Formvorschrift

---

[169] BAG 19. 10. 1976 AP Nr. 6 *(Wiedemann)*, BAG 9. 7. 1980 AP Nr. 7 *(Wiedemann)* und BAG 10. 11. 1982 AP Nr. 8 *(Mangen)* zu § 1 TVG Form; *Baumann*, RdA 1987, S. 270, 271; *Däubler*, Tarifvertragsrecht, Rnr. 111; *Löwisch/Rieble*, § 1 TVG, Rnr. 374; für das französische Schriftformerfordernis vgl. *Lyon-Caen/Pélissier*, Droit du Travail, 14 ed. 1988, Abschn. 839.

[170] RAG, ARS 17, S. 237; in diese Richtung auch *Schaub*, Arbeitsrechts- Handbuch, § 199 II 3.

[171] *Däubler*, Tarifvertragsrecht, Rnr. 112; Hueck/*Nipperdey*, Arbeitsrecht II 1, § 21 III 1 a, S. 453. BGHZ 121, S. 224, 229 betrifft die Voraussetzungen des § 766 BGB.

[172] *Nikisch*, Arbeitsrecht II, § 72 III 1, S. 282.

[173] Vgl. ebenso zur Betriebsvereinbarung *Fitting/Kaiser/Heither/Engels*, 18. Aufl. 1996, § 77 BetrVG, Rnr. 11.

[174] Vgl. BGHZ 12, S. 286, 304; BGH NJW 1975, S. 43; BGHZ 92, S. 164; vgl. auch MünchKomm/*Förschler*, § 125 BGB, Rnr. 49 ff.

des § 1 Abs. 2 ist der Einwand der Arglist oder des Verstoßes gegen Treu und Glauben jedoch ausgeschlossen.[175] Dies rechtfertigt sich aus dem unterschiedlichen Zweck der bürgerlich-rechtlichen Formvorschriften, auf die sich die Rechtsprechung des BGH bezieht, und § 1 Abs. 2: Formvorschriften, die im öffentlichen Interesse erlassen werden, dürfen nicht unter Berufung auf § 242 BGB ausgehöhlt werden. Dem Interesse der Öffentlichkeit an Rechtssicherheit und Klarheit muß Rechnung getragen werden. Davon zu unterscheiden ist der Fall, daß eine rechtswirksam zustande gekommene tarifliche Norm ihrerseits einen Formzwang vorsieht, wie etwa § 4 BAT; ihr kann im Einzelfall der Einwand der Arglist entgegengehalten werden.[176] Ebenfalls nicht modifikationslos übertragbar ist die für das bürgerliche Recht geltende Auffassung, § 126 BGB erfordere die Zusammenfassung eines Vertrages zu einer einheitlichen Urkunde. Danach ist erforderlich, daß die Verbindung der einzelnen Blätter einer Urkunde erkennbar endgültig und dauerhaft gewollt sein muß, und die hergestellte Verbindung nur durch teilweise Substanzzerstörung oder mit Gewaltanwendung wieder aufgehoben werden kann.[177] Die bloße Bezugnahme auf andere ergänzende Schriftstücke genüge der Wahrnehmung der gesetzlichen Schriftform nicht.[178] Dies kann für § 1 Abs. 2 nicht gelten. Schon eine am Historischen orientierte Betrachtungsweise gibt eine andere Auslegung vor; eine Bezugnahme auf bloß benannte, aber nicht angefügte Tarifverträge oder andere Regelungswerke wurde schon in der Weimarer Zeit als ausreichend erachtet.[179] Erforderlich ist nur, daß die in Bezug genommenen Schriftstücke, wie Tarifverträge oder Gesetze, im einzelnen ausreichend gekennzeichnet werden.[180] Eine Aufnahme der in Bezug genommenen Regelungen im Anhang des Tarifvertrages ist empfehlenswert.

231   d) **Umfang.** Die Formvorschrift gilt für *alle* tarifvertraglichen Vereinbarungen, nicht etwa nur für die Tarifvertragsnormen. Sie gilt auch für das Einverständnis der Tarifvertragsparteien mit Abweichungen nach § 4 Abs. 3 (insbes. Öffnungsklauseln).

232   aa) Auch **schuldrechtliche Abreden** unterliegen nach allg. Ansicht der Formvorschrift des Gesetzes. Das ist für Schlichtungsabkommen und für die daraus folgende Friedenspflicht unabdingbar.[181] Fraglich kann nur sein, wieweit § 1 Abs. 2 auch für Abreden gilt, die nur aus Anlaß oder bei Gelegenheit des Tarifabschlusses zustandekommen (Regelungen der Geschäftsordnung; Vergleich über zwischen den Tarifvertragsparteien bestehende

---

[175] Vgl. BAG 21. 3. 1973 AP Nr. 12 zu § 4 TVG Geltungsbereich *(Kraft)* = SAE 1975, S. 118 *(Konzen);* Hueck/Nipperdey, Arbeitsrecht II 1, § 21 III 1 f, S. 456.
[176] Vgl. BAG 6. 9. 1972 AP Nr. 2 zu § 4 BAT m.w.N.
[177] Vgl. BGHZ 40, S. 255, 263; BGH LM, § 566 Nr. 6; kritisch *Häsemeyer,* JuS 1980, S. 1, 4.
[178] BGHZ 40, S. 255, 262; BGHZ 42, S. 333, 338 mit Einschränkungen.
[179] Vgl. Hueck/Nipperdey, Arbeitsrecht II, 3.–5. Aufl. 1932, § 15 III 1 a, S. 186; RAG, ARS 4, S. 188; für Schiedssprüche RAG, ARS 7, S. 114, 7, S. 246; schon damals entgegen der anders lautenden Auffassung des RAG bei bürgerlich-rechtlichen Verträgen: RGZ 105, S. 292; RGZ 107, S. 194.
[180] Vgl. BAG 30. 5. 1958 AP Nr. 8 zu § 9 TVG *(Tophoven).*
[181] *Löwisch*/Rieble, § 1 TVG, Rnr. 375.

Streitigkeiten). Hier entscheidet, was die Parteien selbst als Bestandteil des Tarifvertrages aufgefaßt wissen wollen. Alle Fragen, die die Parteien im Zusammenhang mit dem Tarifvertrag regeln wollen und als Vertragsbestandteil betrachten, bedürfen der Schriftform. Führt die subjektive Auslegung nicht zum Ziel, so käme eine enge Auslegung des Gesetzes in Betracht: formbedürftig wären danach nur Abreden mit Außenwirkung. Eine solche Auslegung ist jedoch mit dem Gebot der Rechtssicherheit und Rechtsklarheit im Tarifvertragsrecht nicht vereinbar. Alles, was in sachlichem Zusammenhang mit dem Tarifvertrag verabredet wird, also auch Vereinbarungen zur technischen und rechtlichen Abwicklung, die die Tarifvertragsparteien als solche vereinbaren, sind formbedürftig. Die tarifunterworfenen Personen haben ein Recht, auch Inhalt und Umfang verpflichtender Innenabreden feststellen zu können. „Tarifvertrag" im Sinne des § 1 Absatz 2 ist folglich weit auszulegen.[182]

bb) Protokollnotizen sind im Zweifel Bestandteil des Tarifvertrages und tragen Tarifcharakter;[183] sie bedürfen deshalb der Schriftform.[184] Das gilt auch, wenn sie ausnahmsweise in einem selbständigen Schriftstück niedergelegt sind. Wieweit das Formerfordernis auch für Ergebnisprotokolle, Niederschriftserklärungen und andere gemeinsame Erklärungen der Sozialpartner gilt[185], hängt vom Willen der Tarifvertragsparteien ab, ob sie nämlich Bestandteil des Tarifvertrages werden sollen. Bei Rundschreiben und Richtlinien einer Tarifvertragspartei ist dies, auch wenn ihr Inhalt mit der anderen Tarifvertragspartei abgestimmt wurde, zu verneinen.[186] Alle gemeinsamen Erklärungen der Tarifvertragsparteien können zur Auslegung des Tarifvertrages herangezogen werden.[187]

cc) Alle Änderungen des Tarifvertrages sind formbedürftig. Dazu gehören die Verlängerung eines abgelaufenen Tarifvertrages, die nachträgliche Beschränkung des Geltungsbereichs[188], die Tarifvertragsübernahme oder der Anschlußtarifvertrag. Der Tarifvertrag braucht bei dieser Gelegenheit aber nicht vollständig wiederholt zu werden. Keiner Form bedarf die bloße Rücknahme der Kündigung vor Ablauf der Kündigungsfrist im Einverständnis mit dem Gegner oder die automatische Verlängerung des Tarifvertrages, der nicht termingemäß gekündigt wurde (Vertrag mit vereinbarter Mindest-

---

[182] Im Ergebnis ebenso BAG 3. 10. 1958 AP Nr. 2 zu § 1 TVG Friedenspflicht; *Mangen*, RdA 1982, S. 229, 231.
[183] BAG 26. 1. 1983 AP Nr. 20 zu § 1 TVG *(Wiedemann)*; BAG 16. 9. 1987 AP Nr. 15 zu § 4 TVG Effektivklausel *(Brox/Franz Müller)*; BAG 24. 11. 1993 AP Nr. 2 zu § 1 TVG Tarifverträge: Bergbau.
[184] BAG 16. 9. 1987 AP Nr. 15 zu § 4 TVG Effektivklausel *(Brox/Franz Müller)*.
[185] Vgl. zu Ergebnisniederschriften BAG 27. 8. 1986 AP Nr. 28 zu § 7 BUrlG Abgeltung; BAG 3. 12. 1986 AP Nr. 6 zu § 51 TVAL II; BAG 11. 11. 1987 DB 1988, S. 915, 916; *Däubler*, Tarifvertragsrecht, Rnr. 114.
[186] BAG 23. 10. 1996 AP Nr. 1 zu § 3 BAT-O = ZTR 1997, S. 121, 122: gemeinsame Feststellung des Geltungsbeginns; *Däubler*, Tarifvertragsrecht, Rnr. 114; *Gamillscheg*, Kollektives Arbeitsrecht I, § 13 I 3 b, S. 515; Kempen/*Zachert*, § 1 TVG, Rnr. 370, 371.
[187] BAG 27. 8. 1986 AP Nr. 28 zu § 7 BUrlG Abgeltung; abw. LAG Düsseldorf 16. 9. 1993 LAGE § 4 BUrlG Übertragung Nr. 5.
[188] BAG 21. 3. 1973 AP Nr. 12 zu § 4 TVG Geltungsbereich *(Kraft)* = SAE 1975, S. 118 *(Konzen)*.

dauer). Keiner Form bedarf weiter die Billigung eines Vergleichs nach § 4 Abs. 4 Satz 1.

235   **dd) Aufhebung** und **Kündigung.** Ob der Aufhebungsvertrag schriftlich abgefaßt werden muß, ist bestritten. Es wird dies von der Rechtsprechung[189] verneint, von der Rechtslehre[190] überwiegend bejaht, weil der Aufhebungsvertrag als *actus contrarius* die Normgeltung beendet. Allerdings spricht für die Rechtsprechung, daß das Schriftformerfordernis des § 1 Abs. 2 TVG keine Publizitätsfunktion hat, sondern nur eine Klarstellungsfunktion. Der *Inhalt* eines Tarifvertrages soll jederzeit von den Tarifvertragsparteien und den Normunterworfenen festgestellt werden können. Auch kann der *actus contrarius*-Gedanke allein nicht das Schriftformerfordernis eines Aufhebungsvertrages begründen, denn einen allgemeinen Grundsatz, daß Aufhebungsverträge den Formvorschriften für das Zustandekommen des aufgehobenen Vertrages unterliegen, gibt es nicht. Für die Aufhebung von Tarifvertragsparteien kann dies jedoch nicht ohne weiteres gelten, da die Tarifvertragsparteien bei dieser Gelegenheit darüber entscheiden, ob die Tarifvertragsnormen nach § 4 Abs. 5 nachwirken sollen oder ob die Normwirkung – weil es sich zum Beispiel um bestrittene oder unpraktikable Regelungen handelt – insgesamt sofort beendet werden soll. Das spricht dafür, jedenfalls für die Aufhebung von Tarifvertrags*normen* die Einhaltung der Schriftform zu verlangen. In dieselbe Richtung weist die Gleichstellung von Abschluß, Änderung und Aufhebung von Tarifverträgen und von Allgemeinverbindlicherklärungen in den § 5 Abs. 7 und § 6 des Gesetzes.

236   Dagegen gilt das Schriftformgebot nicht, und zwar auch nicht analog, für die Berufung auf den Wegfall der Geschäftsgrundlage oder einseitige Gestaltungserklärungen einer Tarifvertragspartei, wie Anfechtung und Kündigung.[191] Auch die Bevollmächtigung einer Spitzenorganisation nach § 1 Abs. 2 oder anderer Vertreter bedarf entsprechend § 167 Abs. 2 BGB nicht der Schriftform.

237   **ee) Bezugnahme** und **Verweisung.** Das Schriftformerfordernis ist einzuhalten und es ist ihm genügt, wenn der Tarifvertrag auf andere – tarifvertragliche oder gesetzliche – Regelungen Bezug nimmt und für die beteiligten Vertragsparteien wie die betroffenen Normadressaten über den Vertragsinhalt kein Zweifel auftauchen kann.[192] Das gilt gleichermaßen für statische wie für

---

[189] BAG 8. 9. 1976 AP Nr. 5 zu § 1 TVG Form *(Wiedemann)*; Vorauflage, § 1 TVG, Rnr. 101.
[190] *Gamillscheg,* Kollektives Arbeitsrecht I, § 13 II 1 a, S. 516; *Kempen*/Zachert, § 4 TVG, Rnr. 53; *Löwisch*/Rieble, § 1 TVG, Rnr. 378; *Mangen,* RdA 1982, S. 229, 234 ff. (nur für die Aufhebung von Tarifvertragsnormen).
[191] Ebenso BAG 26. 9. 1984 AP Nr. 21 zu § 1 TVG *(Brackmann); Gamillscheg,* Kollektives Arbeitsrecht I, § 13 II 1 a, S. 516; *Kempen*/Zachert, § 4 TVG, Rnr. 52; *Mangen,* RdA 1982, S. 229, 235; *Oetker,* RdA 1995, S. 82, 99; abw. *Löwisch*/Rieble, § 1 TVG, Rnr. 379.
[192] H. M.; BAG 8. 10. 1959 AP Nr. 14 zu § 56 BetrVG 1952; BAG 27. 3. 1963 AP Nr. 9 zu § 59 BetrVG 1952 *(Neumann-Duesberg);* BAG 16. 2. 1962 AP Nr. 12 zu § 3 TVG Verbandszugehörigkeit (Nikisch); BAG 9. 7. 1980 AP Nr. 7 zu § 1 TVG Form *(Wiedemann); Baumann,* RdA 1987, S. 270, 271; *Mangen,* RdA 1982, S. 229, 236; abw. *Buchner,* AR-Blattei, Tarifvertrag V Inhalt C Verweisung im Tarifvertrag; *Nipperdey/Säcker,* AR-Blattei, Tarifvertrag II Abschluß, III c.

dynamische Verweisungen; letztere wäre sonst durch die Formvorschrift praktisch unmöglich gemacht. Die Verweisung auf einen anderen Tarifvertrag kann sich ausnahmsweise auch konkludent aus der ganzen Anlage eines Tarifvertrages ergeben, so zum Beispiel das Lohnrahmenschema des Lohntarifvertrages aus dem zugehörigen Manteltarifvertrag.[193] Die Frage, in welchem Umfang die Tarifvertragsparteien die Ausfüllung des Tarifwerks anderen Personen überlassen dürfen, hat nichts mit dem Formerfordernis zu tun. Dem Bestimmtheitserfordernis der Schriftform ist jeweils genügt, wenn sich zweifellos und objektiv feststellen läßt, auf welche Regelung verwiesen sein soll. Zur materiell-rechtlichen Problematik, wieweit Verweisungen in einem Tarifvertrag zulässig sind, vgl. oben Rnr. 195 ff.

ff) Ein **Vorvertrag,** durch den sich die Tarifvertragsparteien zum Abschluß eines Tarifvertrages verpflichten, ist formlos gültig.[194] Anderes kann auch nicht mit dem Hinweis darauf begründet werden, ein Vorvertrag zum Abschluß eines Tarifvertrages sei selber bereits ein schuldrechtlicher Tarifvertrag, da jede auch bloß schuldrechtliche Abrede zwischen zwei tariffähigen Verbänden als Tarifvertrag zu werten sei.[195] Dies widerspricht dem Willen der Beteiligten, die diesen Vertrag gerade nicht bereits als Tarifvertrag verstanden wissen wollen. Daß es schuldrechtliche Vereinbarungen zwischen den Sozialpartnern gibt, die keine Tarifverträge darstellen, zeigen die Sozialpartnervereinbarungen, wie sie insb. in der chemischen Industrie bekannt sind.[196] Auch sind die schuldrechtlichen Verpflichtungen, die in Tarifverträgen begründet werden, regelmäßig dadurch gekennzeichnet, daß sie längerfristige Dauerverbindlichkeiten begründen; der Abschluß eines Tarifvertrages als Pflicht aus dem Vorvertrag erschöpft sich aber in einer punktuellen, auf den Einzelfall gerichteten Verpflichtung. Unter Umständen kann ein formnichtiger Tarifvertrag nach § 140 BGB in einen mündlichen Vorvertrag zum Abschluß eines Tarifvertrages umgedeutet werden. Wie für alle Vorverträge gilt auch für den tariflichen Vorvertrag das Bestimmtheitserfordernis. Einzelne Arbeitgeber und Arbeitnehmer können aus dem (Verbands)Vorvertrag keine tarifvertraglichen Ansprüche ableiten, auch nicht unter dem Gesichtspunkt eines Vertrags zugunsten Dritter.[197] Streitigkeiten aus einem tariflichen Vorvertrag sollen nach der Rechtsprechung des Bundesarbeitsgerichts nicht unter § 72 a Abs. 1 Nr. 1 ArbGG fallen.[198]

e) Rechtsfolgen. Ein Tarifvertrag, der die Formvorschrift nicht beachtet, ist unwirksam; § 125 Satz 1 BGB. Das gilt gleichermaßen für die Tarif-

---

[193] *Dietz,* in: Festschrift für H. C. Nipperdey (1965), Bd. II, S. 141, 155.
[194] BAG 19. 10. 1976 AP Nr. 6 zu § 1 TVG Form *(Wiedemann);* BAG 26. 1. 1983 AP Nr. 20 zu § 1 TVG *(Wiedemann);* Gamillscheg, Kollektives Arbeitsrecht I, § 13 I 3 c, S. 515; Kempen/*Zachert,* § 1 TVG, Rnr. 373; abw. *Löwisch/*Rieble, § 1 TVG, Rnr. 375; *Mangen,* RdA 1982, S. 229, 233.
[195] So im wesentlichen die Argumentation von *Mangen,* RdA 1982, S. 229, 232 ff.
[196] Vgl. *Molitor,* in: Festschrift für Eugen Stahlhacke (1995), S. 379 ff.; sowie oben Rnr. 18 ff.
[197] BAG 26. 1. 1983 AP Nr. 20 zu § 1 TVG *(Wiedemann):* im Zweifel kein Vertrag zugunsten Dritter.
[198] BAG 25. 8. 1982 AP Nr. 23 zu § 72a ArbGG 1979 Grundsatz = SAE 1983, S. 101 *(Streckel); Birk,* AuR 1977, S. 235, 237; *Gamillscheg,* Kollektives Arbeitsrecht I, § 13 I 3 c, S. 515; *Mangen,* RdA 1982, S. 229, 233.

normen wie für schuldrechtliche Vereinbarungen, für mündliche Änderungen oder Verlängerungsabsprachen.[199] Auch eine ständige tarifliche Übung oder tarifliche Praxis vermag den Mangel der Schriftform nicht zu *heilen*.[200] Eine nachträgliche tarifliche Übung kann nur als Indiz für den Willen der Parteien bei Vertragsabschluß von Bedeutung sein. Ist nur ein Teil des Tarifvertrages nichtig, so wird davon die Wirksamkeit der übrigen Vereinbarungen nicht beeinträchtigt, solange sie eine in sich durchführbare Regelung darstellen. Zur Frage, wie weit Leistungen zurückgefordert oder wenigstens für die Zukunft eingestellt werden können, die auf der Grundlage erbracht wurden, es handle sich um einen wirksamen Tarifvertrag, vgl. unten Rnr. 245.

2. Zustandekommen durch Schiedsspruch

240   Ausnahmsweise kann ein Tarifvertrag statt durch Vertragsabschluß durch Schiedsspruch im Schlichtungsverfahren zustande kommen. Wie Art. X KRG Nr. 35 ausdrücklich bestimmt, hat ein die Parteien bindender Schiedsspruch die Wirkung eines Tarifvertrages.[201] § 2 Abs. 1 Nr. 10 NachweisG hat an der Rechtslage nichts geändert. Allerdings haben Schiedssprüche im allgemeinen nur bindende Kraft, wenn beide Parteien die Annahme erklären. Ihre Wirkung beruht dann ebenfalls auf dem übereinstimmenden Willen beider Parteien, aber dieser kommt nicht in der Form des Vertragsschlusses zum Ausdruck. Der Schiedsspruch als solcher ist schriftlich niederzulegen; vgl. Art. IX Abs. 5 KRG Nr. 35. Der Schiedsspruch bindet die beteiligten Parteien gemäß Art. X Abs. 3 KRG Nr. 35, wenn sie vor Fällen des Schiedsspruchs seine Annahme vereinbart haben.

241   Das Landesgesetz über das Schlichtungswesen bei Arbeitsstreitigkeiten für Baden (SchlO) vom 19. 10. 1949 (GVBl. 1950, S. 60; in der Fassung des Änderungsgesetzes vom 29. 8. 1951, GVBl. S. 135) sieht in § 18 Abs. 1 die Möglichkeit einer Verbindlicherklärung von Schiedssprüchen des Landesschlichtungsausschusses vor, wenn das öffentliche Interesse es erfordert. Die Vorschrift hat keine praktische Bedeutung erlangt; ihre Verfassungsmäßigkeit ist im Hinblick auf die Garantie der Tarifautonomie in Art. 9 Abs. 3 GG zweifelhaft.[202] Eine ähnliche Bestimmung enthielt früher das Schlichtungsgesetz von Rheinland-Pfalz vom 30. 3. 1949 (GVBl. 1949, Nr. 18, S. 98). Die einschlägigen Vorschriften wurden mit dem Änderungsgesetz vom 18. 12. 1967 (GVBl. S. 320) aufgehoben. Im Saarland sah das Gesetz Nr. 189 über Tarifverträge und Schlichtungswesen vom 22. Juni 1950 (Amtsblatt S. 597) im Teil II ein Zwangsschlichtungsverfahren zur Beilegung von Gesamtstreitigkeiten und Einstufungsstreitigkeiten vor. Dieses Gesetz ist mit Verkündung des Gesetzes Nr. 561 „Tarifvertragsgesetz" vom 22. Dezember 1956 (Amtsblatt S. 1708) außer Kraft getreten.

---

[199] Hueck/*Nipperdey,* Arbeitsrecht II 1, § 21 III 1, S. 454; *Löwisch*/Rieble, § 1 TVG, Rnr. 380; *Nikisch*, Arbeitsrecht II, § 72 III 4, S. 284.
[200] BAG 26. 11. 1964 AP Nr. 1 zu § 1 TVG Tarifliche Übung *(Nikisch);* BAG 31. 1. 1969 AP Nr. 26 zu § 1 FeiertagslohnzahlungsG *(Canaris).*
[201] Vgl. *Löwisch/Rumler,* Schlichtungs- und Arbeitskampfrecht, 1997, 170.11, Rnr. 3.
[202] Vgl. dazu *Rüthers,* in: Gedächtnisschrift für Rolf Dietz (1973), S. 299, 312.

II. Bekanntgabe des Tarifvertrages

Eigenartigerweise verlangen die Gesetze für die Wirksamkeit von Kollektivvereinbarungen keine förmliche Veröffentlichung; anders in Österreich und in Frankreich, wo gem. § 14 Abs. 3 ArbVerfG bzw. L. 132–10 CT eine Kundmachung des Kollektivvertragsabschlusses erforderlich ist. Gemäß § 8 ist der Arbeitgeber verpflichtet, die für seinen Betrieb geltenden Tarifverträge an geeigneter Stelle im Betrieb auszulegen; vgl. dazu unten zu § 8 Rnr. 3 ff. In ähnlicher Weise ist der Arbeitgeber gemäß § 77 Abs. 2 Satz 2 BetrVG 1972 verpflichtet, Betriebsvereinbarungen an geeigneter Stelle im Betrieb auszulegen. In beiden Fällen hat die Bekanntmachung keine rechtserzeugende, sondern nur eine deklaratorische Wirkung; die Bestimmungen werden allgemein als öffentlich-rechtliche *Ordnungsvorschriften* aufgefaßt, die die Wirksamkeit des Tarifvertrages nicht berühren.[203] Eine Publikation des Tarifvertrages ist auch in den Fällen seiner Wirkung für nicht organisierte Arbeitnehmer gemäß den § 3 Abs. 2 und 3 und § 5 des Gesetzes keine Wirksamkeitsvoraussetzung.[204]

D. Mängel des Tarifvertrages

I. Willensmängel beim Abschluß des Tarifvertrages

Die für Rechtsgeschäfte geltenden Vorschriften der §§ 104 ff. BGB gelten für Tarifverträge nur eingeschränkt, die Regeln der §§ 116–124, 142–144 BGB über Willensmängel und ihre Anfechtung regelmäßig nicht. Das ist für § 142 BGB, also für die *Folgen* einer Anfechtung, allgemein anerkannt, weil Erklärungen an die Öffentlichkeit für die Vergangenheit nicht zurückgenommen und fehlerhafte Dauerschuldverhältnisse – von Ausnahmefällen abgesehen – nur für die Zukunft aufgelöst werden können. Bei einer für Dritte verbindlichen Normsetzung kommt eine rückwirkende Beseitigung bereits durchgeführter Tarifverträge nicht in Frage.[205] Darüber hinaus sind aber auch die §§ 116 ff. BGB für Tarifverträge nicht anwendbar. Beide Tarifvertragsparteien sind im Interesse der betroffenen Arbeitgeber und Arbeitnehmer der Allgemeinheit verpflichtet, die Verhandlungen mit Sorgfalt durchzuführen. Da den eigentlich betroffenen Personen kein Ersatzanspruch nach § 122 BGB zusteht, kann deshalb eine Tarifvertragspartei, die sich schuldhaft über ihre Erklärungen oder über die Motive ihrer Erklärung geirrt hat, kein Recht zustehen, den Tarifvertrag für die Zukunft, also durch eine außeror-

---

[203] BAG 16. 5. 1995 AP Nr. 15 zu § 4 TVG Ordnungsprinzip; vgl. dazu *Hans Schneider*, in: Festschrift für Philipp Möhring (1965), S. 525, Anm. 10; *Zöllner*, DVBl. 1958, S. 124; *ders.*, Betrieb 1967, S. 334, 339.

[204] BAG 6. 7. 1972 AP Nr. 1 zu § 8 TVG 1969 *(Herschel)*; abw. *Zöllner*, DVBl. 1958, S. 124, 126.

[205] Ebenso für Betriebsvereinbarungen BAG 15. 12. 1961 AP Nr. 1 zu § 615 BGB Kurzarbeit *(Neumann-Duesberg)*; Hueck/Nipperdey, Arbeitsrecht II 1, § 18 V 1, S. 353; *Nikisch*, Arbeitsrecht II, § 76 I 5, S. 353.

dentliche Kündigung, zu beenden. Die Drohung mit einem Arbeitskampf kann nicht zur nachträglichen Anfechtung des Tarifvertrages berechtigen. Beiderseitiger Irrtum der Tarifvertragsparteien, Dissens, Wegfall der Geschäftsgrundlage oder völlige Veränderung der wirtschaftlichen Verhältnisse können zu einer vorzeitigen Beendigung des Tarifvertrages führen. Im Interesse der Rechtssicherheit entfällt der Tarifvertrag aber nicht automatisch, er muß vielmehr gekündigt werden.[206] Dabei ist zu beachten, daß eine nach der Lehre vom Wegfall der Geschäftsgrundlage erforderliche Vertragsanpassung durch das Gericht mit der Tarifautonomie nicht vereinbar wäre. Für (einzelne) Tarifvertragsnormen kann dagegen der Grundsatz der allgemeinen Gesetzeslehre herangezogen werden: „cessante ratione legis cessat lex ipsa", dessen Geltungsbereich allerdings noch zu klären ist.[207]

II. Nichtige und teilnichtige Tarifverträge

1. Nichtigkeit

244 Der Tarifvertrag als Ganzes kann wegen Verstoßes gegen eine übergeordnete Rechtsnorm, wegen mangelnder Tariffähigkeit oder fehlender Tarifzuständigkeit, schließlich wegen Nichteinhaltung der Form des § 1 Abs. 2 nichtig sein. Die Nichtigkeit kann in einem Feststellungsverfahren nach § 2 Abs. 1 Nr. 1 ArbGG oder *incidenter* festgestellt werden.

245 Zur Frage, wieweit Leistungen **zurückgefordert** oder wenigstens für die Zukunft eingestellt werden können, die auf der irrtümlichen Grundlage eines unwirksamen Tarifvertrages erbracht wurden, vgl. BAG 7. 8. 1967 AP Nr. 121 zu § 242 BGB Ruhegehalt (*Wiedemann*); BAG 30. 9. 1968 AP Nr. 1 zu § 9 TV Arb Bundespost (*Wiedemann*); BAG 31. 1. 1969 AP Nr. 26 zu § 1 Feiertagslohnzahlungsg (*Canaris*); BAG 25. 8. 1992 AP Nr. 16 zu § 2 VRG; *Söllner*, AR-Blattei, Ungerechtfertigte Bereicherung I, unter B I 2; sowie ausführlich *Hahn*, Die fehlerhafte Normenanwendung im Arbeitsverhältnis; zur Problematik der Rückforderung und Einstellung irrtümlicher Arbeitgeberleistungen, Schriften zum Sozial- und Arbeitsrecht, Bd. 26, Berlin 1976.

2. Teilnichtigkeit

246 Sind *einzelne Bestimmungen* des Tarifvertrages nichtig, so gelten die gleichen Regeln wie bei Nichtigkeit einzelner gesetzlicher Vorschriften. Danach sind zusammenhängende Tarifbestimmungen nur dann insgesamt unwirksam, wenn der gültige Teil der Tarifnorm(en) keine eigene rechtliche und wirtschaftliche Bedeutung hat oder die Gesamtregelung ihren Sinn verlieren würde, wenn sich ein Teil als nichtig erweist. Ebensowenig wie die Rechtsgeschäftslehre des bürgerlichen Rechts im allgemeinen paßt hier § 139

---

[206] Ebenso *Däubler*, Tarifvertragsrecht, Rnr. 1444; Hueck/*Nipperdey*, Arbeitsrecht II 1, § 22 B I 5, S. 471; *Kempen*/*Zachert*, § 4 TVG, Rnr. 49; *Löwisch*/Rieble, § 1 TVG, Rnr. 365; *Oetker*, RdA 1995, S. 82, 88; abw. *Gamillscheg*, Kollektives Arbeitsrecht I, § 17 IV 2 e, S. 774; *Otto*, in: Festschrift für Kissel (1994), S. 787, 796.

[207] Vgl. dazu BAG 2. 3. 1983 AP Nr. 6 zu § 64 ArbGG 1979; *Canaris*, Die Feststellung von Lücken im Gesetz, 2. Aufl. 1983, S. 189; *Oetker*, RdA 1995, S. 82, 89.

BGB.[208] Der hypothetische Wille der Tarifvertragsparteien ist im Hinblick auf den Rechtsnormcharakter nur dann gegeben, wenn sie keine selbständige Bedeutung haben können oder wenn sie Teile einer Gesamtregelung darstellen, die ihren Sinn und ihre Rechtfertigung verlieren würde, nähme man einen ihrer Bestandteile heraus.[209]

E. Beendigung des Tarifvertrages

Die mit der Beendigung des Tarifvertrages zusammenhängenden Rechtsfragen werden als Bestandteil des zeitlichen Geltungsbereichs unten im Rahmen des § 4 Rnr. 228 ff. dargestellt.

3. Abschnitt. Die Tarifvertragsnormen

Übersicht

	Rnr.
A. Allgemeines	248–313
I. Arten der Tarifvertragsnormen	248–284
1. Einteilung nach dem Inhalt	249–255
a) Generelle und Individualnormen	249
b) Gebots- und Verbotsnormen	250
c) Positive und negative Inhaltsnormen	251–253
d) Begünstigende und belastende Tarifvertragsnormen	254
e) Nicht erstreikbare Tarifvertragsnormen	255
2. Einteilung nach der Vollständigkeit	256–266
a) Verweisungsklauseln	257
b) Öffnungsklausel	258–264
aa) Abgrenzung	259–261
bb) Bedeutung	262–263
cc) Zulässigkeit	264
c) Bestimmungsklauseln	265
d) Zulassungsnormen	266
3. Einteilung nach dem Geltungsbereich	267–269
a) Personeller Geltungsbereich	267, 268
b) Betrieblicher Geltungsbereich	269
4. Einteilung nach der Wirkung	270–275
a) Zwingende Tarifvertragsnormen	271
b) Dispositive Tarifvertragsnormen	272, 273
c) Nachwirkende Tarifvertragsnormen	274
d) Auswirkungen in anderen Gesetzen	275
5. Tarifvertragsnormen mit Doppelcharakter	276–284
a) Zulässigkeit	276–283
b) Auslegung und Umdeutung	284

---

[208] Ebenso *Löwisch*/Rieble, § 1 TVG, Rnr. 251; *Stein,* Tarifvertragsrecht, Rnr. 393; abw. früher *Herschel,* BB 1965, S. 791, 792.
[209] Vgl. allgemein BVerfGE 8, S. 274, 301; 17, S. 148, 152; für das Arbeitsrecht BAG 18. 8. 1971 AP Nr. 8 zu § 4 TVG Effektivklausel *(Wiedemann):* inhaltliche Unwirksamkeit; BAG 21. 8. 1984 AP Nr. 13 zu § 42 SchwbG: zeitweilige Unwirksamkeit; BAG 26. 6. 1985 AP Nr. 1 TVG Teilnichtigkeit: personelle Unwirksamkeit; BAG 26. 2. 1986 AP Nr. 12 zu § 4 TVG Ordnungsprinzip: inhaltliche Unwirksamkeit.

§ 1 Inhalt und Form des Tarifvertrages

	Rnr.
II. Gegenstand der Tarifvertragsnormen	285–313
1. Arbeitsverhältnisse	285–300
a) Normalarbeitsverhältnisse	285–295
aa) Arbeitnehmer	286–290
bb) Arbeitgeber	291
cc) Vertragsverhältnis	292–295
b) Atypische Arbeitsverhältnisse	296–300
aa) Teilzeitbeschäftigte	297
bb) Befristete Arbeitsverhältnisse	298
cc) Leiharbeitnehmer	299
dd) Staatlich geförderte Arbeitsverhältnisse	300
2. Ausbildungsverhältnisse	301–305
a) Auszubildende	302
b) Praktikanten und Volontäre	303–305
3. Nachvertragliche Rechtsverhältnisse	306–309
a) Zulässigkeit	306, 307
b) Üblichkeit	308
c) Umfang	309
4. Eingliederungsverhältnisse	310
5. Arbeitnehmerähnliche Personen	311, 312
6. Andere Anknüpfungspunkte	313
B. Inhaltsnormen	314–478
I. Pflichten der Arbeitsvertragsparteien	316–456
1. Arbeitszeit	319–355
a) Wochenarbeitszeit	320–324
b) Dauer	325–327
c) Höchstarbeitszeit	328–335
aa) Zuständigkeit	329–332
bb) Grenzen	333–335
d) Lebensarbeitszeit	336–340
aa) Altersgrenzenregelungen	336
bb) Vorruhestand und Altersteilzeit	337–340
e) Teilzeitarbeit	341–346
aa) Entwicklung und Inhalte	341, 342
bb) Teilzeitquote	343
cc) Abweichungen vom BeschFG	344–346
f) Einzelfragen der Arbeitszeit	347–355
aa) Lage der Arbeitszeit	347–351
bb) Mehrarbeit	352
cc) Kurzarbeit	353, 354
dd) Arbeitszeitflexibilisierung	355
2. Arbeitsentgelt	356–411
a) Entgeltsystem	356–358
aa) Inhalt	357
bb) Bedeutung	358
b) Arbeitsbewertung	359, 360
c) Einzelfragen des Entgelts	361–379
d) Sonderformen des Entgelts	380–388
e) Sondervergütungen	389–410
aa) Begriff	389
bb) Teilanspruch	390
cc) Kürzung	391–399
dd) Rückzahlung	400–404
ee) Weitere Einzelfälle	405–410
f) Aufwendungsersatz	411
3. Vermögensbildung und Vermögensbeteiligung	412–427
a) Förderung der Vermögensbildung	414–423
aa) Begriff	414

3. Abschnitt. Die Tarifvertragsnormen

Rnr.

```
        bb) Entwicklung...................................................  415
        cc) Bedeutung.....................................................  416
        dd) Tarifvertragliche Gestaltung............................  417–420
        ee) Allgemeinverbindlicherklärung........................  421
        ff) Bezugnahme..................................................  422
        gg) Besonderheiten..............................................  423
    b) Vermögensbeteiligung..........................................  424–427
        aa) Gewinnbeteiligung........................................  425
        bb) Vermögensbeteiligung..................................  426
        cc) Tarifverträge zur Beteiligung.........................  427
 4. Entgeltfortzahlung bei Arbeitsverhinderung..............  428–444
    a) Allgemeines.......................................................  428
    b) Betriebsrisiko....................................................  429, 430
    c) Krankheit..........................................................  431, 432
    d) Urlaub..............................................................  433–444
        aa) Gesetzlicher Mindesturlaub............................  436–441
        bb) Tarifvertraglicher Zusatzurlaub.....................  442
        cc) Bildungsurlaub..............................................  443, 444
 5. Rechte und Pflichten des Arbeitgebers....................  445–453
    a) Direktionsrecht..................................................  446–450
    b) Arbeitsschutz....................................................  451
    c) Menschengerechte Arbeitsgestaltung.................  452
    d) Beschäftigung....................................................  453
 6. Pflichten des Arbeitnehmers....................................  454–456
    a) Sorgfaltspflicht..................................................  455
    b) Loyalitätspflicht................................................  456
 II. Rahmenvorschriften.................................................  457–478
  1. Formvorschriften..................................................  458–461
    a) Bedeutung.........................................................  458
    b) Auslegung.........................................................  459
    c) Nebenabreden....................................................  460
    d) Nachweispflicht.................................................  461
  2. Vorschriften zur Geltendmachung.........................  462, 463
  3. Auslegungsregeln..................................................  464
  4. Prozessuale Vorschriften......................................  465–474
    a) Zulässigkeit......................................................  465
    b) § 48 Abs. 2 ArbGG............................................  466, 467
    c) § 101 Abs. 2 ArbGG..........................................  468–470
    d) Güte- und Schiedsgutachtenklausel....................  471–474
  5. Rahmenregelungen i. e. S......................................  475–478
    a) Begriff...............................................................  475
    b) Zulässigkeit......................................................  476
    c) Friedenspflicht..................................................  477
    d) Einzelfälle.........................................................  478
C. Abschluß- und Beendigungsnormen..........................  479–554
 I. Abschlußnormen......................................................  479–510
  1. Abschlußgebote....................................................  480–501
    a) Begriff und Abgrenzung....................................  480, 481
    b) Bedeutung.........................................................  482–484
    c) Zulässigkeit......................................................  485–489
        aa) Bestimmtheitsgebot......................................  486, 487
        bb) Gleichheitsgebot...........................................  488, 489
    d) Inhalt................................................................  490
    e) Annex: Arbeitskampffolgen..............................  491–501
        aa) Wiedereinstellung.........................................  492, 493
        bb) Maßregelungsverbot.....................................  494–498
        cc) Risikoverteilung...........................................  499, 500
        dd) Gleichstellungspflicht...................................  501
```

§ 1 Inhalt und Form des Tarifvertrages

Rnr.
- 2. Abschlußverbote ... 502–510
  - a) Begriff ... 502
  - b) Bedeutung ... 503
  - c) Abgrenzung ... 504–506
  - d) Zulässigkeit ... 507
  - e) Rechtsfolgen ... 508–510
- II. Beendigungsnormen ... 511–554
  - 1. Zeitarbeitsverträge ... 511–516
    - a) Sachlicher Grund ... 512, 513
    - b) Gesetzliche Sonderregeln ... 514, 515
    - c) Tarifbindung ... 516
  - 2. Altersgrenzen ... 517–532
    - a) Entwicklung der Rechtsprechung ... 518–520
    - b) § 41 Abs. 4 Satz 3 SGB VI n. F. ... 521–524
      - aa) Entstehungsgeschichte ... 521
      - bb) Bedeutung der Neufassung ... 522–524
    - c) Erfordernis des sachlichen Grundes ... 525
    - d) Prüfungsmaßstab des Art. 12 Abs. 1 GG ... 526–531
      - aa) Eingriff in die Berufsfreiheit ... 527, 528
      - bb) Rechtmäßigkeit des Eingriffs ... 529–531
    - e) Günstigkeit einzelvertraglicher Abreden ... 532
  - 3. Berufs- oder Erwerbsunfähigkeit ... 533
  - 4. Kündigung ... 534–554
    - a) Ordentliche Kündigung ... 535–539 a
      - aa) Sozialauswahl ... 536
      - bb) Unkündbarkeitsklausel ... 537–539
      - cc) Kündigungsschutzfreier Bereich ... 539 a
    - b) Kündigung aus wichtigem Grund ... 540
    - c) Verfahrensregeln ... 541–554
      - aa) Form ... 542
      - bb) Fristen ... 543–551
      - cc) Mitbestimmung ... 552–554
- D. Normen zu betrieblichen und betriebsverfassungsrechtlichen Fragen ... 555–608
  - I. Betriebliche Normen ... 555–586
    - 1. Entwicklung ... 555–563
    - 2. Verfassungsmäßigkeit ... 564
    - 3. Inhalt ... 565–583
      - a) Begriffskern ... 566–571
      - b) Fallgruppen ... 572–583
        - aa) Schutz- und Ordnungsregelungen ... 573–578
        - bb) Ausgleichs- und Verteilungsregelungen ... 579–583
    - 4. Rechtswirkungen ... 584–586
      - a) Einseitige Verpflichtung ... 585
      - b) Sinn des § 3 Abs. 2 des Gesetzes ... 586
  - II. Betriebsverfassungsrechtliche Normen ... 587–608
    - 1. Bedeutung und Streitstand ... 587–592
    - 2. Regelungsbereich ... 593–608
      - a) Unternehmensverfassung ... 593–595
      - b) Organisation der Betriebsverfassung ... 596, 597
      - c) Betriebliche Mitbestimmung ... 598–604
        - aa) Soziale Angelegenheiten ... 599–601
        - bb) Personelle Angelegenheiten ... 602
        - cc) Wirtschaftliche Angelegenheiten ... 603, 604
      - d) Mitbestimmung am Arbeitsplatz ... 605
      - e) Sonstige Regelungen ... 606
      - f) Sprecherausschüsse für leitende Angestellte ... 607, 608

3. Abschnitt. Die Tarifvertragsnormen § 1

Rnr.

E. Normen für Gemeinsame Einrichtungen	609–656
I. Begriff und Bedeutung	609–623
1. Begriff	610–617
a) Gemeinsame Einrichtung	610–616
aa) Einrichtung	611
bb) Gemeinsamkeit	612
cc) Zweckbindung	613
dd) Außenwirkung	614
ee) Keine Voraussetzungen	615, 616
b) Normen für Gemeinsame Einrichtungen	617
2. Aufgabe und Bedeutung der Gemeinsamen Einrichtungen	618–623
a) Aufgabe	618, 619
b) Bedeutung	620, 621
c) Gewerkschaftszugehörigkeit	622
d) Ausland	623
II. Zweck und Organisation Gemeinsamer Einrichtungen	624–636
1. Zweck und Zweckverwirklichung	624–628
a) Notwendigkeit der Zweckfestsetzung	624–626
b) Tarifliche Regelungsmacht	627, 628
2. Die Organisation der Gemeinsamen Einrichtung	629–636
a) Rechtsform	629, 630
b) Ungeeignete Organisationsformen	631
c) Bestehende Körperschaften	632
d) Genehmigung und Aufsicht	633
e) Tarifvertrag und Satzung	634
f) Bindung anderer Personen	635
g) Organisationsstruktur	636
III. Gründung und Beendigung	637–642
1. Gründung der Gemeinsamen Einrichtung	637, 638
2. Beendigung der Gemeinsamen Einrichtung	639–642
a) Auflösungsgründe	639
b) Auflösungsfolgen	640
c) Nachwirkung des Tarifvertrages	641, 642
IV. Rechtsbeziehungen zu einzelnen Arbeitgebern und Arbeitnehmern	643–649
1. Tarifgebundenheit des Arbeitgebers und des Arbeitnehmers	643–646
2. Inhalt der Rechtsbeziehungen	647–649
a) Mittelverwendung	647
b) Finanzierung	648
c) Verhältnis zum Einzelarbeitsverhältnis	649
V. Allgemeinverbindlicherklärung	650–654
1. Grundsätzliche Möglichkeit	650–652
2. Voraussetzungen	653
3. Mehrgliedriger Tarifvertrag	654
VI. Prozessuale Fragen	655, 656

Schrifttum: *Klaus Adomeit*, Vermögensbildungsgesetz und Koalitionsfreiheit (Tarifvertrag), RdA 1964, S. 309–314; *ders.*, Die Außenseiterklausel des 2. Vermögensbildungsgesetzes, Betrieb 1965, S. 1593–1595; *Reiner Ascheid*, Beschäftigungsförderung durch Einbeziehung kollektivvertraglicher Regelungen in das Kündigungsschutzgesetz, RdA 1997, S. 333–343; *Herbert Bachmann*, Vermögensstreuung durch Tarifvertrag, RdA 1957, S. 451–457; *Peter Bader*, Neuregelungen im Bereich des Kündigungsschutzgesetzes durch das arbeitsrechtliche Beschäftigungsförderungsgesetz, NZA 1996, S. 1125–1134; *Ulrich Baeck/Martin Diller*, Altersgrenzen – Und sie gelten doch, NZA 1995, S. 360–362; *Wolfram Ballschmiede*, Das Rauchverbot im Betrieb, AuR

1957, S. 248–249; *Ulrich Battis/Hans-Dieter Schlenga,* Die Erweiterung beamtenrechtlicher Beteiligungsmöglichkeiten, ZTR 1995, S. 195–204; *Thomas Baumann,* Die Delegation tariflicher Rechtsetzungsbefugnisse, Berlin 1992; *Peter Bengelsdorf,* Tarifliche Arbeitszeitbestimmungen und Günstigkeitsprinzip, ZFA 1990, S. 563–605; *Peter Berg/Ulrike Wendeling-Schröder/Henner Wolter,* Die Zulässigkeit tarifvertraglicher Besetzungsregeln, RdA 1980, S. 299–313; *Volker Beuthien,* Erweiterte wirtschaftliche Mitbestimmung durch Tarifvertrag?, Jura 1970, S. 130–147; *Kurt H. Biedenkopf,* Das Zweite Vermögensbildungsgesetz, RdA 1965, S. 241–253; *ders.,* Die Betriebsrisikolehre als Beispiel richterlicher Rechtsfortbildung, Karlsruhe 1970; *Rolf Birk,* in: Festschrift für Günther Beitzke (1979), S. 831–872; *Fritz Bisani,* Personalwesen und Personalführung, Der State of the Art der betrieblichen Personalarbeit, 4. Aufl., Wiesbaden 1995, S. 432; *Walter Bitter/Heinrich Kiel,* 40 Jahre Rechtsprechung des Bundesarbeitsgerichts zur Sozialwidrigkeit von Kündigungen, RdA 1994, S. 333–358; *Wolfgang Blomeyer,* Besitzstandswahrung durch Tarifvertrag, ZfA 1980, S. 1–76; *Winfried Böcken,* Das SGB VI ÄndG und die Wirksamkeit von „alten" Altersgrenzenvereinbarungen, NZA 1995, S. 145–149; *Fritz Böhle/Burkhart Lutz,* Rationalisierungsschutzabkommen, Kommission für wirtschaftlichen und sozialen Wandel, Göttingen 1974; *Dietmar Boerner,* Altersgrenzen für die Beendigung von Arbeitsverhältnissen in Tarifverträgen und Betriebsvereinbarungen, Pfaffenweiler 1992; *ders.,* Der neue (alte) § 41 Abs. 4 Satz 3 SGB VI, ZfA 1995, S. 537–579; *Eduard Bötticher,* Die gemeinsamen Einrichtungen der Tarifvertragsparteien, Heidelberg 1966; *ders.,* Die Ausübung der Tarifmacht durch negative Inhaltsnormen, RdA 1968, S. 418–420; *Hans Bohn,* Tarifliche Regelung der Akkordsätze, Betrieb 1950, S. 119; *ders.,* Die Akkorde innerhalb des Arbeitsvertrages, RdA 1952, S. 16–18; *Rainer Bram/Werner Rühl,* Praktische Probleme des Wiedereinstellungsanspruchs nach wirksamer Kündigung, NZA 1990, S. 753–758; *Herbert Buchner,* Tarifvertragsgesetz und Koalitionsfreiheit, Diss. München 1964; *ders.,* Der Umfang tariflicher Abschlußnormen, insbes. ihre Abgrenzung zu den Normen über betriebliche Fragen, RdA 1966, S. 208–210; *ders.,* Tarifliche Arbeitszeitbestimmungen und Günstigkeitsprinzip, Betrieb 1990, S. 1715–1723; *ders.,* Die Umsetzung der Tarifverträge im Betrieb, RdA 1990, S. 1–18; *ders.,* Wirkliche und vermeintliche Gefährdungen der Tarifautonomie, in: Festschrift für Otto Rudolf Kissel (1994), S. 97–118; *Rudolf Buschmann/Jürgen Ulber,* Flexibilisierung: Arbeitszeit, Köln 1989; *Lothar Clasen,* Zum tariflichen Urlaubsrecht und zu den Regelungen über die kurzzeitige Freistellung von der Arbeit in Tarifverträgen, RdA 1974, S. 27–28; *Klaus Coppée,* Verbot von Nebenbeschäftigungen und Ausschluß der Arbeitgeberhaftung für Unfallrisiken aus einer Nebenbeschäftigung, BB 1961, S. 1132–1134; *Johannes Dälken,* Möglichkeiten eines tarifvertraglichen Bestands- und Inhaltsschutzes für Arbeitsverhältnisse gegen Rationalisierungsmaßnahmen, Diss. Münster 1986; *Wolfgang Däubler,* Der Arbeitsvertrag – ein Mittel zur Verlängerung der Wochenarbeitszeit?, Betrieb 1989, S. 2534–2538; *ders.,* Tarifvertragsrecht, 3. Aufl., Baden-Baden 1993; *Klaus Deeken,* Individualnormen im Tarifvertrag?, Betrieb 1967, S. 464–469; *Rolf Dietz,* Tarifliche Gestaltung der Mitbestimmungsrechts, Betrieb 1952, S. 969–972; *ders.,* Verhältnis von Tarifvertrag und Betriebsvereinbarung nach § 56 BetrVG, BB 1954, S. 349–351; *ders.,* Das Monopol der Sozialpartner und die Betriebsvereinbarung, RdA 1955, S. 241–244; *ders.,* Das wirtschaftliche Mitbestimmungsrecht, Schriftenreihe der Juristischen Studiengesellschaft Karlsruhe (1958); *Martin Diller,* Das neue Altersteilzeitgesetz, NZA 1996, S. 847–853; *Peter Dobberahn,* Das neue Arbeitszeitgesetz in der Praxis, 2. Aufl., München 1996; *Wilhelm Dütz,* Vertragliche Spruchstellen für Arbeitsrechtsstreitigkeiten, in: Festschrift für Gerhard Müller (1981), S. 129–147; *Christian Ehrich,* Die Neuregelung des § 41 Abs. 4 Satz 3 SGB VI – nun doch wieder mit 65 Jahren in Rente?, BB 1994, S. 1633–1635; *Helmut Endemann,* Rechtsfragen um die Wiedereinstellungsklausel nach Beendigung eines Streiks, AuR 1955, S. 10–15; *Fritz Fabricius,* Regelung betriebsverfassungsrechtlicher Fragen durch Tarifvertrag, ZgStW (1955), Bd. 111, S. 354–372; *Friedhelm Farthmann,* Die Mitbestimmung des Betriebsrats bei der Ermittlung der Vorgabezeiten, BB 1963, S. 779–787; *ders.,* Erweiterung der Mitbestimmung des Betriebsrats durch Tarifvertrag, in: Das Mitbestimmungsrecht 1965, Heft 2, S. 27; *ders.,* Die Mitbestimmung des Betriebsrats bei der Regelung der Arbeitszeit, RdA 1974, S. 65–72; *Lorenz Fastrich,* Vom Menschenbild des Arbeitsrechts, in: Festschrift für Otto Rudolf Kissel (1994), S. 193–212; *Erich Fechner,* Die tarifliche Regelung der Abführung von Gewerkschaftsbeiträgen durch den Arbeitgeber,

3. Abschnitt. Die Tarifvertragsnormen   § 1

Rechtsgutachten, Tübingen 1964; *ders.*, Rechtsgutachten zur Problematik der gemeinsamen tariflichen Einrichtungen nach § 4 Abs. 2 TVG, Tübingen 1965; *Klaus Feistel*, Die Zulässigkeit der Normierung von Beweislastregeln in Tarifverträgen. Ein Beitrag zur Lehre von den Grenzen der Tarifautonomie, Diss. Köln 1969; *Herbert Fenn/Klaus Bepler*, Die Problematik der Anwesenheitsprämie – Abschied oder tarifvertragliche Renaissance?, RdA 1973, S. 218–234; *Christian Fieberg*, Unwirksamkeit einer tariflichen „Altersgrenze 65", ZTR 1993, S. 140–142; *Gustav Figge*, Tariflich zugesicherte Urlaubsvergütungen und Versicherungspflicht von Angestellten, BB 1965, S. 205–206; *Erwin Folger*, Vergleich typischer Normen in Tarifverträgen, AuR 1956, S. 81–84; *Ernst Forsthoff*, Der Entwurf eines Zweiten Vermögensbildungsgesetzes, BB 1965, S. 381–392; *Erich Frey*, Die Minderleistungsklausel in Tarifverträgen, Quelle 1952, S. 182–184; *ders.*, Die Rechtsnatur tarifvertraglicher Lehrlingsskalen. Zugleich ein Beitrag zur Tarifvertragssystematik, RdA 1970, S. 182–186; *Hans Galperin*, Kann die Struktur der Beteiligungsrechte im BetrVG durch Tarifvertrag geändert werden?, Betrieb 1966, S. 620–625; *Franz Gamillscheg*, Die rechtlichen Möglichkeiten und Grenzen gewerkschaftlicher Anerkennungsforderungen (Vortrag), (1965); *ders.*, Die Differenzierung nach der Gewerkschaftszugehörigkeit, Berlin 1966; *Geerling*, Tarifliche Regelung der Betriebsverfassung im Baugewerbe, RdA 1953, S. 220–221; *Wolfgang Gitter/Dietmar Boerner*, Altersgrenzen in Tarifverträgen, RdA 1990, S. 129–138; *Werner Glaubitz*, Tarifvertraglich vereinbarte vermögenswirksame Leistungen in Betrieben tarifgebundener Arbeitgeber, Betrieb 1975, S. 1845–1846; *Rolf Groß*, Verweisungen in Tarifverträgen, BlStSozArbR 1965, S. 287–288; *Jobst Gumpert*, Bezugnahme auf Tarifverträge in Arbeitsverträgen und Tarifverträgen, BB 1961, S. 1276–1278; *ders.*, Kündigung und Mitbestimmung, BB 1972, S. 47–52; *Hans Güntner*, Neues Tarifvertragsrecht, RdA 1974, S. 153–160; *Günter Halbach*, Tarifverträge zur Vermögensbildung und Lohnverwendungsabreden, BB 1965, S. 87–90; *Peter Hanau*, Allgemeine Grundsätze der betrieblichen Mitbestimmung, RdA 1973, S. 281–294; *ders.*, Zwangspensionierung des Arbeitnehmers mit 65?, RdA 1976, S. 24–31; *ders.*, Arbeitsrechtliche Probleme der Vermögensbeteiligung der Arbeitnehmer, in: Gert Laßmann/Eberhard Schwark, Beteiligung der Arbeitnehmer am Produktivvermögen, ZGR Sonderheft 5, 1985, S. 111–127; *ders.*, Die Deregulierung von Tarifverträgen durch Betriebsvereinbarungen als Problem der Koalitionsfreiheit, RdA 1993, S. 1–11; *Peter Hanau/Thomas Kania*, Stufentarifverträge, Betrieb 1995, S. 1229–1234; *Kurt Hauger*, Vermögenswirksame Leistungen durch Arbeitgeber an tarifgebundene bzw. nicht tarifgebundene Arbeitnehmer, Betrieb 1972, S. 1134–1135; *ders.*, Vermögenswirksame Leistungen durch Arbeitgeber an tarifgebundene bzw. nichttarifgebundene Arbeitnehmer – eine Stellungnahme zu Fragen aus der Praxis –, Betrieb 1973, S. 101–103; *Meinhard Heinze*, Tarifautonomie und sogenanntes Günstigkeitsprinzip, NZA 1991, S. 329–336; *ders.*, Kollektive Arbeitsbedingungen im Spannungsfeld zwischen Tarif- und Betriebsautonomie, NZA 1995, S. 5–8; *ders.*, Gibt es eine Alternative zur Tarifautonomie?, Betrieb 1996, S. 729–735; *Martin Henssler*, Was ist von der Altersgrenze geblieben?, Betrieb 1993, S. 1669–1675; *ders.*, Flexibilisierung der Arbeitsmarktordnung, ZfA 1994, S. 487–515; *Wilhelm Herschel*, Fragen des Tarifrechts, BABl. 1950, S. 377–380; *ders.*, Der nachwirkende Tarifvertrag, insbesondere seine Änderung, ZfA 1976, S. 89–106; *ders.*, Zur Entstehung des Tarifvertragsgesetzes, ZfA 1973, S. 183–200; *ders.*, Beweislastregelung in Tarifverträgen und Betriebsvereinbarungen, Betrieb 1966, S. 227–229; *ders.*, Die Zulassungsnormen des Tarifvertrages, RdA 1969, S. 211–215; *ders.*, Die Vermögensbildung in Arbeitnehmerhand nach Tarifvertrag und Betriebsvereinbarung, in: Das Arbeitsrecht der Gegenwart, Bd. 8 (1970/71), S. 23–42; *ders.*, Zur Absicherung gewerkschaftlicher Vertrauensleute durch Firmentarifvertrag, AuR 1977, S. 137–143; *ders.*, Anmerkung zu BAG vom 31. 1. 1979, AuR 1979, S. 223–224; *Harald Hess*, Maßregelungsklauseln in Tarifverträgen, Betrieb 1976, S. 2469–2474; *Fritz H. Hörnig*, Rechtliche Bedeutung tarifvertraglicher Arbeitszeitbestimmung, BlStSozArbR 1956, S. 10–11; *Axel Hoß*, Die Zustimmungsersetzung im Rahmen des Tarifvertrags zur Beschäftigungssicherung, Betrieb 1995, S. 526–527; *Gerrick v. Hoyningen-Huene/Ulrich Meier-Krenz*, Flexibilisierung des Arbeitsrechts durch Verlagerung tariflicher Regelungskompetenzen auf den Betrieb, ZfA 1988, S. 293–318; *Wolfgang Hromadka*, Privat- versus Tarifautonomie. Ein Beitrag zur Arbeitszeitdiskussion, Betrieb 1992, S. 1042–1047; *Elmar Hucko*, Vermögensbildungsgesetz und die Friedenspflicht aus laufenden Tarifverträgen, Betrieb 1965, S. 183; *Al-*

§ 1 Inhalt und Form des Tarifvertrages

fred Hueck, Die Zulässigkeit der Bühnenschiedsgerichtsbarkeit in Einzelstreitigkeiten, RdA 1962, S. 132–137; *Volker Jahnke,* Tarifautonomie und Mitbestimmung, München 1984; *Detlev Joost,* Tarifrechtliche Grenzen der Verkürzung der Wochenarbeitszeit. Das Günstigkeitsprinzip als Schranke der Kollektivmacht, ZfA 1984, S. 173–194; *Abbo Junker,* Der Flächentarifvertag im Spannungsverhältnis von Tarifautonomie und betrieblicher Regelung, ZfA 1996, S. 383–417; *Sudabeh Kamanabrou,* Die Auslegung tarifvertraglicher Entgeltfortzahlungsklauseln, RdA 1997, S. 22–34; *Thomas Kania,* Nichtarbeitsrechtliche Beziehungen zwischen Arbeitgeber und Arbeitnehmer, Frankfurt am Main 1989; *Thomas Kania/Michael Kramer,* Unkündbarkeitsvereinbarungen in Arbeitsverträgen, Betriebsvereinbarungen und Tarifverträgen, RdA 1995, S. 287–298; *Hermann Kauffmann,* Notstandsarbeiten und Tarifvertrag, DBetrV 1955 Nr. 9, S. 10–15; *Dieter Kirchner,* Vereinbarte Schlichtung und vereinbarte Schiedsgerichtsbarkeit – Abgrenzungsprobleme, RdA 1966, S. 1–14; *Peter Knevels,* Ist die tarifliche „Öffnungsklausel" zulässig, ArbGeb 1961, S. 278–280; *ders.,* Verbot einer Nebentätigkeit und Ansprüche auf Gehalt oder Krankengeldzuschuß bei Unfall, Betrieb 1961, S. 168–169; *Gerhard Königbauer,* Freiwillige Schlichtung und tarifliche Schiedsgerichtsbarkeit. Eine rechtstatsächliche Untersuchung, Stuttgart 1971; *Wolfram Konertz,* Tarifrechtliche Regelungsmöglichkeiten der Rationalisierung, Frankfurt am Main 1983; *Horst Konzen,* Die Tarifautonomie zwischen Akzeptanz und Kritik, NZA 1995, S. 913–920; *Wolfhard Kohte,* Beschäftigungssicherung durch befristete Übernahme von Auszubildenden. Bedeutung und Struktur tariflicher Weiterbeschäftigung, NZA 1997, S. 457–465; *Stefan Krauss,* Günstigkeitsprinzip und Autonomiebestreben, Bayreuth 1995; *Otto Kunze,* Tarifvertragliche Abschlußverbote, BB 1953, S. 58–59; *ders.,* Das Verhältnis des dispositiven Gesetzesrechts zum Tarifvertrag, in: Das Arbeitsrecht der Gegenwart, Bd. 1 (1964), S. 119–143; *ders.,* Begrenzte Effektivklauseln als Arbeitsbedingungen, AuR 1969, S. 225–234; *Karl A. Langer,* Anspruch auf Wiedereinstellung?, NZA 1991, Beilage 3, S. 23–29; *Gerd Lauschke,* Betriebsnahe Tarifpolitik und Koalitionsschutz, AuR 1965, S. 102–110; *Helga Laux,* Altersgrenzen im Arbeitsrecht, NZA 1991, S. 967–972; *G. Leber/R. Blumensaat/C. Geerling,* Urlaub, Lohnausgleich und Zusatzversorgung im Baugewerbe, Bergisch Gladbach 1961; *Wolfgang Leinemann,* Wirkungen von Tarifverträgen und Betriebsvereinbarungen auf das Arbeitsverhältnis, Betrieb 1990, S. 732–738; *Manfred Lieb,* Begriff, Geltungsweise und Außenseiterproblematik der Solidarnormen, RdA 1967, S. 441–448; *Karl Linnenkohl/Hans-Jürgen Rauschenberg/Dirk Reh,* Abschied vom ,Leber-Kompromiß' durch das Günstigkeitsprinzip, BB 1990, S. 628–631; *Martin Lorenz,* Das arbeitsrechtliche Beschäftigungsförderungsgesetz, Betrieb 1996, S. 1973–1978; *Manfred Löwisch,* Möglichkeiten und Grenzen der Betriebsvereinbarung, AuR 1978, S. 97–108; *ders.,* Zur Zulässigkeit freiwilliger Samstagsarbeit nach dem Günstigkeitsprinzip, Betrieb 1989, S. 1185–1188; *ders.,* Die Freiheit zu arbeiten – nach dem Günstigkeitsprinzip, BB 1991, S. 59–63; *ders.,* Schutz der Selbstbestimmung durch Fremdbestimmung. Zur verfassungsrechtlichen Ambivalenz des Arbeitnehmerschutzes, ZfA 1996, S. 293–318; *ders.,* Neuabgrenzung von Tarifvertragssystem und Betriebsverfassung, JZ 1996, S. 812–821; *ders.,* Tariföffnung bei Unternehmens- und Arbeitsplatzgefährdung, NJW 1997, S. 905–911; *Friedrich Lohmann,* Tarifliche Kündigungsfrist bei Arbeitern, BB 1969, S. 1270–1271; *Karl-Georg Loritz,* Der Verzicht auf Schadenersatzansprüche in tarifvertraglichen Maßregelungsklauseln, ZfA 1982, S. 77–112; *ders.,* Betriebliche Arbeitnehmerbeteiligungen in Tarifverträgen und Betriebsvereinbarungen, Betrieb 1985, S. 531–539; *ders.,* Tarifautonomie und Gestaltungsfreiheit des Arbeitgebers. Dargestellt anhand der gewerkschaftlichen Forderungen nach tarifvertraglicher Regelung der Bemessungsvorgaben bei der Deutschen Bundespost, Berlin 1990; *ders.,* Die Beteiligung der Nichtselbständigen am Produktivvermögen, Göttingen 1992; *Bernd Malzanini,* Altersgrenzen und § 41 Abs. 4 Satz 3 SGB VI. Erster Überblick über die Rechtsprechung, ZTR 1993, S. 368–370; *Georg Marsilius,* Schiedsgerichtsvertrag oder Schiedsgutachtervertrag?, BB 1959, S. 1015–1016; *Ph. Marzen,* Abschlußnormen in Betriebsvereinbarungen, RdA 1966, S. 296–301; *Maurer,* Betriebsunfall und Wegeunfall in Tarifverträgen, RdA 1955, S. 101–102; *Kurt Maurer,* Fragen des Vorrangs tariflicher Kündigungsbestimmungen, AuR 1971, S. 78–79; *Theo Mayer-Maly,* Gemeinsame Einrichtungen im Spannungsfeld von Tarifmacht und Organisationspolitik, BB 1965, S. 829–834; *Hans Mayr,* Humanisierung der Arbeit durch Tarifpolitik, in: Heinz Oskar Vetter, Humanisierung der Arbeit als gesellschaftspolitische und gewerkschaftliche Aufgabe, Frankfurt am

Main/Köln 1974; *Heinz Günther Mierwald*, Untertarifliche Entlohnung bei Minderleistung, Diss. Würzburg 1938; *Erich Molitor*, Höchstbegrenzung von Tarifnormen, BB 1957, S. 85–88; *Wilhelm Moll*, Altersgrenzen in Kollektivverträgen, Betrieb 1992, S. 475–478; *Norbert Moritz*, Verweisung im Gesetz auf Tarifverträge, Diss. Köln 1995; *Gerhard Müller*, Arbeitsrechtliche Probleme im Zusammenhang mit dem Gesetz zur Förderung der Vermögensbildung der Arbeitnehmer, Betrieb 1961, S. 225–226; *Dirk Neumann*, Arbeitszeit und Flexibilisierung, NZA 1990, S. 961–966; *Horst Neumann-Duesberg*, Qualitative und quantitative Tätigkeitsmerkmale der Vergütungsgruppe 5b BAT, AuR 1964, S. 193–199; *Arthur Nikisch*, Über die Zulässigkeit einer Einschränkung oder Erweiterung der Mitbestimmung des Betriebsrats in betrieblichen Angelegenheiten, RdA 1964, S. 305–309; *Werner Oehmann*, Tarifvertrag und Betriebsvereinbarung, RdA 1950, S. 457–460; *Angelika Oppermann*, Die Kontrolle von Tarifvertragsregelungen in ihrer Anwendung auf den Einzelfall, Baden-Baden 1997; *Thomas Pfeiffer*, Einladung zum Abfindungspoker, Flexibilisierung der Lebensarbeitszeit oder Rettung der Rentenkasse?, ZIP 1994, S. 264–274; *Klaus Pohlschröder*, Vermögensbildung durch Tarifvertrag und Gesetz. Die rechtliche Problematik des Investivlohns, Berlin 1966; *Ulrich Preis*, Neuer Wein in alten Schläuchen – Zur Neuauflage der Altersgrenzendebatte, in: Festschrift für Eugen Stahlhacke (1995), S. 417–441; *Ulrich Preis/Michael Kramer*, Das neue Kündigungsfristengesetz, Betrieb 1993, S. 2125–2131; *Friedbert Prill*, Tarifliche Verteilung der Arbeitszeit gem. § 7 AZO, Betrieb 1964, S. 1775–1776; *Hans-Jürgen Rauschenberg*, Flexibilisierung und Neugestaltung der Arbeitszeit. Der arbeitsrechtliche Entscheidungsrahmen, Baden-Baden 1993; *Hans Reichel*, Abschlußverbote, insbesondere die Begrenzung der Lehrlingszahlen in den Betrieben, Betrieb 1955, S. 121–122; *Dieter Reuter*, Zulässigkeit und Grenzen tarifvertraglicher Besetzungsregelungen, ZfA 1978, S. 1–44; *ders.*, Die Grenzen des Streikrechts, ZfA 1990, S. 535–561; *ders.*, Das Verhältnis von Individualautonomie, Betriebsautonomie und Tarifautonomie, RdA 1991, S. 193–204; *ders.*, Möglichkeiten und Grenzen einer Auflockerung des Tarifkartells, ZfA 1995, S. 1–83; *Hans-Dietrich Rewolle*, Die Nebentätigkeit der Angestellten und Arbeiter im öffentlichen Dienst. Zugleich ein Beitrag über die Zulässigkeit von Verboten in Kollektivvereinbarungen, RiA 1959, S. 290–294; *Reinhard Richardi*, Die Erweiterung der Mitbestimmung des Betriebsrats durch Tarifvertrag, NZA 1988, S. 673–677; *ders.*, Arbeitszeitverlängerung nach der Tarifvertragsregelung in der Metallindustrie, Betrieb 1990, S. 1613–1618; *ders.*, Kollektivvertragliche Arbeitszeitregelung, ZfA 1990, S. 211–243; *ders.*, Arbeitszeitflexibilisierung – kollektive Arbeitszeitregelung und individuelle Arbeitszeitsouveränität, in: Festschrift für Franz Merz (1992), S. 480–496; *ders.*, Empfiehlt es sich, die Regelungsbefugnisse der Tarifparteien im Verhältnis zu den Betriebsparteien neu zu ordnen? Gutachten B zum 61. DJT, Karlsruhe 1996; *Wilhelm Rick*, Macht die Bezugnahme in einem Tarifvertrag auf einen anderen Tarifvertrag den anderen Tarifvertrag zum Bestandteil des ursprünglichen Tarifvertrags?, Betrieb 1957, S. 45–46; *Volker Rieble*, Die tarifliche Schlichtungsssstelle nach § 76 Abs. 8 BetrVG, RdA 1993; S. 141–153; *ders.*, Arbeitsmarkt und Wettbewerb, Freiburg 1996; *Gerhard Roeder*, Die Beteiligung von Arbeitnehmern am Unternehmen, NZA 1987, S. 799–805; *Franz Jürgen Säcker*, Gruppenautonomie und Übermachtkontrolle im Arbeitsrecht, Berlin 1972; *Säcker/Hartmut Oetker*, Tarifliche Kurzarbeits-Ankündigungsfristen im Gefüge des Individualarbeitsrechts und des kollektiven Arbeitsrechts, ZfA 1991, 131–186; *dies.*, Grundlagen und Grenzen der Tarifautonomie, erläutert anhand aktueller tarifpolitischer Fragen, München 1992; *dies.*, Alleinentscheidungsbefugnisse des Arbeitgebers in mitbestimmungspflichtigen Angelegenheiten aufgrund kollektivrechtlicher Dauerregelungen, RdA 1992, S. 16–28; *Günter Schaub*, Aktuelle Fragen zum Kündigungsschutzrecht unter besonderer Berücksichtigung der betriebsbedingten Kündigung, RdA 1981, S. 371–376; *ders.*, Die betriebsbedingte Kündigung in der Rechtsprechung des Bundesarbeitsgerichts, NZA 1987, S. 217–223; *Günther Schelp*, Gemeinsame Einrichtungen der Tarifvertragsparteien, in: Festschrift für H.C. Nipperdey (1957), Bd. II, S. 579–607; *ders.*, Das Zweite Vermögensbildungsgesetz, ArbuSozPol. 1964, S. 393–395; *Sabine van Scherpenberg*, Kollektive Bestimmung der Arbeitsbedingungen in Deutschland und England, Baden-Baden 1995; *Ulrich Scheuner*, Die Förderung der Vermögensbildung der Arbeitnehmer und das Verfassungsrecht, BABl. 1965, S. 666–686; *Horst Schieckel/Gerhard Brandmüller*, Vermögensbildungsgesetz, 4. Aufl. 1985; *Rudolf Schimana*, Tarifmacht und Fürsorgepflicht, Diss. Köln 1965; *Peter Schlaffke*, Regelungen zur Weiterbildung im Tarifvertrag. Eine Untersuchung von Sozialpartner-Vereinbarungen und ihrer Bedeutung unter Berücksichtigung gesetzlicher Vorgaben, Diss. Köln 1996; *Wilfried Schlüter/Detlev Belling*, Die Zulässigkeit von Altersgrenzen im Arbeitsverhältnis, NZA 1988, S. 297–304; *Wilfried Schlüter*, Die Grenzen der Tarifmacht bei der Regelung der Wochenarbeitszeit, in: Festschrift für Walter Stree und Johannes Wessels (1993), S. 1061–1084; *K. Schmedt auf der Günne*, Die Tarifschiedsgerichtsbarkeit für Einzelstreitigkeiten. Verfassungsrechtliche Zulässigkeit und Grenzen, Diss. Münster 1969; *Hans Schmidt*, Lehrlingsvergütung und Tarifvertrag im Handwerk, BB 1958, S. 989–990; *Otto Schmidt*, Die „abstrakte" Tarifnorm, RdA 1960, S. 288–291; *Klaus Schmierl*, Umbrüche in der Lohn- und Tarifpolitik. Neue Entgeltsysteme bei arbeitskraftzentrierter Rationalisierung in der Metallindustrie, Frankfurt am Main 1995; *Gerhard Schnorr*, Inhalt und Grenzen der Tarifautonomie, JR 1966, S. 327–334; *Rupert Scholz*, Tarifautonomie, Arbeitskampf und privatwirtschaftlicher Wettbewerb, in: Festschrift für Fritz Rittner (1991), S. 629–650; *Dieter Schoner*, Die tariflichen Abschlußnormen, Diss. Köln 1968; *ders.*, Die tariflichen Abschlußverbote, Betrieb 1968, S. 483–488 und 529–532; *Georg Schröder*, Arbeitszeitverlängerung durch Tarifvertrag, BB 1960, S. 53–56; *Peter Schüren*, Tarifgeltung für Außenseiter? – „No Taxation without Representation!", RdA 1988, S. 138–149; *ders.*, Abrufarbeit mit variabler Arbeitszeit oder: Was steht eigentlich in § 4 I BeschFG?, NZA 1996, S. 1306–1307; *Brent Schwab*, Arbeit im Leistungslohn, Wiesbaden 1988; *Roland Schwarze*, Der Betriebsrat im Dienst der Tarifvertragsparteien, Berlin 1991; *ders.*, Die Bedeutung des Nachweisgesetzes für fehlerhafte tarifliche Eingruppierungen, RdA 1997, S. 343–351; *Ulrike Schweibert*, Die Verkürzung der Wochenarbeitszeit durch Tarifvertrag, Baden-Baden 1994; *Peter Schwerdtner*, Die außerordentliche arbeitgeberseitige Kündigung bei ordentlich unkündbaren Arbeitnehmern, in: Festschrift für Otto Rudolf Kissel (1994), S. 1077–1095; *Hans-Peter Seitel*, Öffnungsklauseln in Tarifverträgen. Eine ökonomische Analyse für Löhne und Arbeitszeiten, Berlin 1995; *Wolfgang Siebert*, Tarifliche Arbeitszeitregelungen gem. § 7 AZO, BB 1954, S. 323; *Spiros Simitis/Manfred Weiss*, Zur Mitbestimmung des Betriebsrats bei Kurzarbeit, Betrieb 1973, S. 1240–1252; *H. Sommer*, Verweisung im Tarifvertrag, AR-Blattei, Tarifvertrag V C (1965); *Dominique Soulas de Russel/Nikolaus Notter*, Einrichtung einer tarifvertraglichen Zusatzversorgung für Arbeitslose in Frankreich, RIW/AWD des BB 1975, S. 88–89; *Eugen Stahlhacke*, Tarifliche Zuschläge für Sonntags-, Feiertags- und Nachtarbeit, Betrieb 1967, S. 1983–1988; *ders.*, Die Begrenzung von Arbeitsverhältnissen durch Festlegung einer Altersgrenze, Betrieb 1989, S. 2329–2333; *Stahlhacke/Ulrich Preis*, Kündigung und Kündigungsschutz im Arbeitsverhältnis, 6. Aufl., München 1995; *Ernst Stark*, Verfassungsfragen der Arbeitsplatzsicherung durch Tarifvertrag, München 1989; *Dietrich von Stebut*, Die Zulässigkeit der Einführung von Kurzarbeit, RdA 1974, S. 332–346; *Jürgen von Stein*, Wiedereinstellungsanspruch des Arbeitnehmers bei Fehlprognose des Arbeitgebers?, RdA 1991, S. 85–94; *Reimar Steinke*, Die Technik der Gestaltung von Tarifnormen, Betrieb 1970, S. 977–980; *Meinhardt Stindt*, Ziele, Anreize und Chancen des neuen Altersteilzeitgesetzes, Betrieb 1996, S. 2281–2287; *Bernd Stommel*, Günstigkeitsprinzip und Höchstbegrenzungen im Tarifrecht, Diss. Köln 1966; *Werner Stückrath*, Tarifvertragliche Verlängerung der Arbeitszeit über 10 Stunden täglich hinaus, BB 1963, S. 354–355; *Hugo Thielmann*, Die Ordnungsvorstellung der sozialen Marktwirtschaft und die Frage der Erweiterung des Aufgabenkreises der Betriebsvertretungen durch Tarifvertrag und Betriebsvereinbarung, Köln 1966; *Gregor Thüsing*, Anwendungsbereich und Regelungsgehalt des Maßregelungsverbots gemäß § 612a BGB, NZA 1994, S. 728–732; *ders.*, Die Grenzen der Sperrwirkung des § 77 Abs. 3 BetrVG – Ein Überblick über die aktuelle Diskussion, ZTR 1996, 146–150; *ders.*, Der Außenseiter im Arbeitskampf, Berlin 1996; *Rolf Thüsing*, 5. Vermögensbildungsgesetz, München 1992; *Ernst Tophoven*, Die tarifliche Mehrarbeit und ihre privatrechtliche Bedeutung, Diss. Köln 1929; *Max Vollkommer*, Vorprozessuale Gerichtsstandsvereinbarungen im Verfahren vor den Arbeitsgerichten, RdA 1974, S. 206–215; *Thomas Wagenitz*, Die personellen Grenzen der Tarifmacht, Diss. Berlin 1972; *Wolf-Dietrich Walker*, Möglichkeiten und Grenzen einer flexibleren Gestaltung von Arbeitsbedingungen, ZfA 1996, S. 353–381; *ders.*, Der rechtliche Rahmen für tarifpolitische Reformen, ZTR 1997, S. 193–203; *Raimund Waltermann*, Berufsfreiheit im Alter, Berlin 1989; *ders.*, Beschäftigungspolitik durch Tarifvertrag, NZA 1991, S. 754–760; *ders.*, Altersgrenzen in Kollektivverträgen, RdA 1993, S. 209–218; *ders.*, Wieder Altersgrenze 65, NZA 1994, S. 822–830; *ders.*, Rechtsetzung durch Betriebsvereinbarung zwischen Privatautonomie und Tarifautonomie, Tübingen 1996; *Rolf Wank*, Die neuen Kündigungsfristen für Arbeitnehmer (§ 622 BGB), NZA 1993, S. 961 – 966; *ders.*, Empfiehlt es sich, die Regelungsbefugnisse der Tarifparteien im Verhältnis zu den Betriebsparteien neu zu ordnen? NJW 1996, S. 2273–2282; *Werner Weber*, Unzulässige Einschränkungen der Tariffreiheit, BB 1964, S. 764–767; *Peter Wedde*, Telearbeit, 2. Aufl., Köln 1994; *ders.*, Besteht aufgrund der MTV der Metall-, Elektro- und Stahlindustrie trotz der gesetzlichen Neuregelung (§ 4 Abs. 1 EFZG n. F.) weiterhin ein Anspruch auf 100%ige Fortzahlung des Entgelts im Krankheitsfall?, AuR 1996, S. 421–429; *Manfred Weiss/Joachim Weyand*, Die tarifvertragliche Regelung der Ausbildung der Redaktionsvolontäre an Tageszeitungen, BB 1990, S. 2109–2118; *Rainer Wend*, Die Zulässigkeit tarifvertraglicher Arbeitsplatzbesetzungsregelungen. Am Beispiel neuerer Tarifvereinbarungen in der Druckindustrie, Bielefeld 1984; *Bernhard Weller*, Betriebliche und tarifvertragliche Regelungen, die sich auf die soziale Auswahl nach § 1 Abs. 3 KSchG auswirken, RdA 1986, S. 222–231; *Ulrike Wendeling-Schröder*, Zur Rechtsstellung tarifvertraglich „unkündbarer" Arbeitnehmer in Großforschungseinrichtungen, in: Festschrift für Karl Kehrmann (1997), S. 321–334; *Klaus Wichmann*, Rechtsprobleme des Zweiten Vermögensbildungsgesetzes (Vermögensbildung durch Tarifvertrag), Diss. Köln 1970; *Herbert Wiedemann*, Die deutschen Gewerkschaften – Mitgliederverband oder Berufsorgan?, RdA 1969, S. 321–336; *ders.*, Zur Typologie zulässiger Zeitarbeitsverträge, in: Festschrift für Heinrich Lange (1970), S. 395–411; *ders.*, Unternehmensautonomie und Tarifvertrag, in: Festschrift für Stefan Riesenfeld (1983), S. 301–327 = RdA 1986, S. 231–241; *Joachim Wittholz*, Lehrlingsvergütung und Tarifvertrag im Handwerk, BB 1958, S. 706–707; *Bodo Wolter*, Die Bestimmung des Gerichtsstandes durch Tarifvertrag, Diss. Köln 1972; *Michael Worzalla*, Auswirkungen des Kündigungsfristengesetzes auf Regelungen in Tarif- und Einzelarbeitsverträgen, NZA 1994, S. 145–151; *Ulrich Zachert*, Die Sicherung und Gestaltung des Normalarbeitsverhältnisses durch Tarifvertrag. Rechtsgutachten für die Hans-Böckler-Stiftung, Baden-Baden 1989; *ders.*, Aufhebung der Tarifautonomie durch „freiwillige" Regelungen" im Arbeitsvertrag?, Betrieb 1990, S. 986–989; *ders.* (Hrsg.), Die Wirkung des Tarifvertrages in der Krise. Ein Vergleich des Verhältnisses von autonomem Tarifrecht mit staatlichem Recht und anderen arbeitsrechtlichen Schutzebenen in verschiedenen europäischen Ländern, Baden-Baden 1991; *ders.*, Das System der Kollektivverhandlungen darf nicht zerbrochen werden, AuR 1993, S. 65–68; *Johannes Zmarzlik*, Dauer der Arbeitszeit bei Nachwirkung von Tarifverträgen, AuR 1962, S. 148–152; *Wolfgang Zöllner*, Tarifmacht und Außenseiter, RdA 1962, S. 453–459; *ders.*, Das Wesen der Tarifautonomie, RdA 1964, S. 443–450; *ders.*, Tarifvertragliche Differenzierungsklauseln, Düsseldorf 1967; *ders.*, Maßregelungsverbote und sonstige tarifliche Nebenfolgenklauseln nach Arbeitskämpfen, Köln 1977; *ders.*, Auswahlrichtlinien für Personalmaßnahmen, in: Feschrift für Gerhard Müller (1981), S. 665–688; *ders.*, Flexibilisierung des Arbeitsrechts, ZfA 1988, S. 265–291; *ders.*, Die Zulässigkeit einzelvertraglicher Verlängerung der tariflichen Wochenarbeitszeit, Betrieb 1989, S. 2121–2126; *Fritz Zunft*, Wiedereinstellungsklausel, Diss. Berlin 1930.

A. Allgemeines

I. Arten der Tarifvertragsnormen

Das Gesetz zählt die verschiedenen Arten der Tarifvertragsnormen, „die den Inhalt, den Abschluß und die Beendigung von Arbeitsverhältnissen sowie betriebliche und betriebsverfassungsrechtliche Fragen ordnen können", zwar auf, sagt aber nicht, ob diese Aufzählung abschließend gedacht ist; außerdem bleibt offen, ob und wie sich die einzelnen Tarifvertragsnormen in ihrer Wirkung unterscheiden. § 4 Abs. 1 Satz 2 des Gesetzes weist auf die „entsprechende Wirkung" der Normen zu betrieblichen und betriebsverfassungsrechtlichen Fragen hin, ohne diese Sonderstellung zu erläutern. In § 4 Abs. 2 wird dann eine weitere Kategorie von Tarifvertragsnormen, nämlich solche für Gemeinsame Einrichtungen eingeführt und ihre Wirkung auf die Satzung dieser Einrichtung und das Verhältnis der Einrichtung zu den tarifgebundenen Arbeitgebern und Arbeitnehmern erweitert. Daraus kann man schließen, daß Voraussetzungen und Wirkungen in § 1 Abs. 1 nicht vollständig erfaßt sind. Überwiegend wird die Aufzählung insgesamt aber für abschließend gehalten.[1] Daß Rahmenvorschriften oder Hilfsregelungen (betr. Geltungsbereich und Geltungsdauer, Bestimmungs-, Delegations- oder Öffnungsklauseln, Schlichtungsverfahren und prozessuale Vorschriften) Gegenstand von Tarifvertragsnormen sein können, wird trotzdem nicht in Frage gestellt. Der scheinbare Widerspruch läßt sich auflösen. Man kann der herrschenden Meinung im Ansatz darin folgen, daß die Tarifvertragsparteien nur das Instrumentarium verwenden können, das ihnen vom Gesetzgeber in den §§ 1, 3 und 4 zur Verfügung gestellt wird, ein Rückgriff unmittelbar auf Art. 9 Abs. 3 GG mithin ausgeschlossen ist. Das sollte aber nicht bedeuten, daß die bisherige Rechtsentwicklung und etwa notwendige Rechtsfortbildungen im Rahmen des Tarifvertragsgesetzes unzulässig sind; sie müssen freilich mit System und Dogmatik des Gesetzes abgestimmt sein.[2]

1. Einteilung nach dem Inhalt

249 a) Generelle und Individualnormen. Der Tarifvertrag enthält in der Regel Bestimmungen, die abstrakt-generellen Charakter tragen. Das schließt aber die Zulässigkeit von Regelungen für konkret-bestimmte Einzelfälle nicht aus.[3] Die abweichende Ansicht, wonach kollektivvertragliche Einzelbestimmungen verboten sein sollen, ist insb. von *Hilger* plastisch begründet worden. Typischer Satz des Einzelvertragsrechts sei: „Du erhältst diesen Lohn, weil wir das so vereinbart haben", typischer Satz des Kollektivrechts: „Wer diese Arbeit ausführt, erhält jenen Lohn." Die Forderung, die kollektivvertragliche Regelung müsse vom Gegenstand her gruppenbezogen sein, kann mit der allgemeinen Normsetzungsbefugnis und mit der besonderen tarifvertraglichen Kollektivmacht begründet werden. Auch im Staatsrecht ist die Zulässigkeit des Einzelfallgesetzes nicht unumstritten. Sie wird aber überwiegend bejaht, wenn der Gesetzeswortlaut allgemein formuliert ist.[4] Art. 19 Abs. 1 GG enthält nur ein Verbot grundrechtseinschränkender Einzelfallgesetze. Das gilt auch für Tarifvertragsnormen. Im übrigen sind indivi-

---

[1] *Löwisch*/Rieble, § 1 TVG, Rnr. 23; *Reuter*, ZfA 1990, S. 535, 548; *Rieble*, RdA 1993, S. 141, 145; *Säcker/Oetker,* Tarifautonomie, S. 102 ff.
[2] Ebenso BAG 3. 4. 1990 AP Nr. 56 zu Art. 9 GG; *Gamillscheg,* Kollektives Arbeitsrecht I, § 15 I 1 b, S. 539; *Weyand,* AuR 1991, S. 65.
[3] Ebenso *Däubler,* Tarifvertragsrecht, Rnr. 171; *Gamillscheg,* Kollektives Arbeitsrecht I, § 15 I 1 d, S. 543; *Hueck/Nipperdey,* Arbeitsrecht II, § 15 II 4, S. 251; *Löwisch/Rieble,* § 4 TVG, Rnr. 3; *Nikisch,* Arbeitsrecht II, § 73 II 5, S. 291; *Richardi,* Kollektivgewalt, S. 339 ff.; *Scholz,* Koalitionsfreiheit als Verfassungsproblem, 1971, S. 126; abw. *Jacobi,* Grundlehren des Arbeitsrechts, 1927, S. 184; *Hilger,* Referat zum 43. DJT 1960, Bd. II, S. F 5, 14, 16; *E. R. Huber,* Wirtschaftsverwaltungsrecht, Bd. II, 2. Aufl. 1953/54, S. 423; *Säcker,* Gruppenautonomie, S. 269 ff.; *Schnorr,* JR 1966, S. 327, 333.
[4] Vgl. BVerfGE 25, S. 371 (lex Rheinstahl); BVerfGE 36, S. 383, 400; *Maunz,* in: Maunz/Dürig, Art. 20 GG, Rnr. 46 ff.; *Stern,* Staatsrecht I, § 20 IV 4, S. 827 f.

duelle Regelungen in Tarifverträgen zulässig und notwendig (z. B. zur Satzung einer Gemeinsamen Einrichtung). Die für das Tarifvertragsrecht abweichenden Ansichten berufen sich teilweise auf die Aufgabe der Tarifverträge, einen kollektiv regelbaren Gegenstand zu verabreden,[5] oder einen allgemeinen Mindeststandard zu sichern.[6] Diese Begründungen vermögen nicht zu überzeugen. Die Behauptung, die Koalitionen seien nur zur Regelung der allgemeinen Arbeitsbedingungen berufen, ist eine *petitio principii*. Kollektivvertragliche Maßnahmen sind hinsichtlich der Einstellung, Versetzung, Höhergruppierung oder Entlassung durchaus individualbezogen und trotzdem einer tarifvertraglichen Regelung (z. B. bei Wiedereinstellungsklauseln) zugänglich. Schafft der Tarifvertrag eine Gemeinsame Einrichtung, so betreffen die unmittelbar die Gemeinsame Einrichtung und ihre Satzung regelnden Normen begriffsnotwendig einen Einzelfall; gegen derartige Normen können nunmehr abermals keine Bedenken erhoben werden; vgl. § 4 Abs. 2. Es kommt hinzu, daß für die tarifliche Regelung von Einzelfällen in einem Firmentarifvertrag ein Bedürfnis bestehen kann. Soweit den tarifunterworfenen Personen ein geschützter Individualbereich zusteht, kann und muß dieser nach dem Inhalt, nicht nach der Art der Tarifvertragsnormen bestimmt werden. Die Schranken der Tarifmacht betreffen individual- wie gruppenbezogene Bestimmungen gleichmäßig.

b) Gebots- und Verbotsnormen. Der Tarifvertrag kann mit normativer Wirkung den Inhalt des Arbeitsverhältnisses gestalten und damit ungünstigere Regelungen niederen Ranges ganz oder auf Zeit verdrängen oder unvollständige Vereinbarungen ergänzen; dann handelt es sich um Gebotsnormen. Er kann aber auch den Abschluß von Arbeitsverträgen ganz oder mit einem bestimmten Inhalt (z. B. mit einem Konkurrenzverbot) verbieten. Dann liegen Verbotsnormen in Form des Abschluß- oder Beschäftigungsverbots (negative Inhaltsnorm) vor. Sie wollen eine mit der Tarifvertragsnorm konkurrierende Abrede der Betiebsvereinbarungs- oder Einzelarbeitsvertragsparteien gänzlich ausschließen. Der Ge- oder Verbotscharakter kann sich bei sämtlichen Tarifvertragsnormen, auch bei solchen zu betrieblichen oder betriebsverfassungsrechtlichen Fragen auswirken (z. B. Ausschluß von Betriebsvereinbarungen zur Erweiterung der Mitbestimmung).

c) Positive und **negative** Inhaltsnormen. Als negative Inhaltsnormen kann man Regelungen bezeichnen, die den Parteien des Arbeitsverhältnisses gewisse Abreden untersagen wollen.[7] Bestimmte Klauseln sollen nicht Vertragsinhalt werden können. Typische Beispiele dafür bilden tarifvertragliche Verbote der Einführung von Akkordarbeit oder von Wettbewerbsverboten.[8] Der Sinn solcher Normen liegt in der *ersatzlosen* Vernichtung entgegenstehender Vertragsklauseln. Ihre besondere Wirkung besteht darin, daß das

---

[5] So namentlich *Hilger,* Referat zum 43. DJT 1960, Bd. II, S. F 5, 16; kritisch dazu *Richardi,* Kollektivgewalt, S. 341.
[6] So *Säcker,* Gruppenautonomie, S. 269.
[7] Vgl. dazu grundlegend *Bötticher,* RdA 1968, S. 418–420 m. w. N; sowie *Joost,* ZfA 1984, S. 173, 189; *Säcker/Oetker,* Tarifautonomie, S. 123.
[8] BAG 7. 12. 1956 AP Nr. 1 zu § 817 BGB; LAG Düsseldorf/Köln 17. 5. 1966 AP Nr. 1 zu § 4 TVG Abschlußverbot.

Günstigkeitsprinzip nach § 4 Abs. 3 für sie nicht Platz greifen soll.[9] Vergleichbar der Wirkung der §§ 134, 138 BGB soll dem einzelnen Arbeitnehmer keine Einschätzungsalternative zur Verfügung stehen.[10]

252 Negative Inhaltsnormen sind von Abschlußverboten abzugrenzen. Das Abschlußverbot richtet sich nur an den Arbeitgeber und will die Einstellung, Versetzung oder Vertragsverlängerung als solche verhindern. Die negative Inhaltsnorm beabsichtigt dagegen in erster Linie den Schutz des einzelnen Arbeitnehmers (Beschäftigungsverbot); beide können auch dem Drittschutz dienen (z.B. durch Beschränkung des Arbeitseinsatzes in Heilberufen oder im Verkehrsgewerbe).

253 Einwände gegen die Existenz und Wirkung von negativen Inhaltsnormen überzeugen nicht.[11] Wenn der Unterschied zwischen negativen und positiven Inhaltsnormen geleugnet wird, weil sich jede positive in eine negative Inhaltsnorm umdeuten lasse, so trifft dies wegen der unterschiedlichen Wirkung nicht zu; die Abgrenzung hängt vom gesetzgeberischen Willen der Tarifvertragsparteien ab. Wenn behauptet wird, negative Inhaltsnormen lägen nicht im Bereich der Tarifmacht, so trifft dies, wie der Vergleich mit den Abschlußverboten zeigt, ebenfalls nicht zu. Wenn die Tarifvertragsparteien die Einstellung gänzlich unterbinden können, können sie auch partielle Beschäftigungsverbote aufstellen. Wenn schließlich behauptet wird, das Günstigkeitsprinzip gelte auch für negative Inhaltsnormen – womit sie weitgehend gegenstandslos würden – so vermag auch dies nicht zu überzeugen. Soweit die Verbotsnorm den Belangen des Unternehmens oder der Belegschaft oder außenstehender Dritter dient, soll und muß der Günstigkeitsvergleich gerade unterbleiben, andernfalls der Normzweck nicht zu erreichen ist. Auch der Schutz des betroffenen Arbeitnehmers kann durch eine negative Inhaltsnorm *verstärkt* werden, weil dann entgegenstehende Klauseln *per se* nichtig sind und der Arbeitnehmer sich im Streitfall nicht auf den Günstigkeitsvergleich berufen muß.

254 **d) Begünstigende und belastende Tarifvertragsnormen.** Tarifverträge enthalten für den einzelnen Arbeitnehmer berechtigende und verpflichtende, also begünstigende und belastende Regelungen; das ist mit dem Charakter der Ausgestaltung eines gegenseitigen Vertrages vorgegeben. Es gibt keinen Rechtssatz, wonach Tarifnormen unwirksam sind, weil sie sich in einer Belastung erschöpfen, also nicht durch anderweitige Vergünstigungen kompensiert werden.[12] Unbedenklich kann der Tarifvertrag deshalb auch im Personen- oder Zeitvergleich „verbösernde" Regeln enthalten. Das ist z.B. der Fall, wenn ein jüngerer Tarifvertrag ungünstigere Vorschriften bietet als sein Vorgänger.

---

[9] Ebenso *Gamillscheg*, Kollektives Arbeitsrecht I, § 18 V 4 b, S. 846; *Wlotzke*, Günstigkeitsprinzip, S. 26 ff.; abw. Löwisch/*Rieble*, § 4 TVG, Rnr. 172, 173.
[10] Zum Unterschied gegenüber einer Nicht-Regelung vgl. BAG 23. 6. 1993 AP Nr. 17 zu § 611 BGB Musiker: Wagner-Tube; *Gamillscheg*, Kollektives Arbeitsrecht I, § 15 I 1 f, S. 544; Löwisch/*Rieble*, § 4 TVG, Rnr. 5; *Nikisch*, Arbeitsrecht II, § 73 II 4, S. 291.
[11] *Joost*, ZfA 1984, S. 173, 188–190.
[12] Ebenso *Gamillscheg*, Kollektives Arbeitsrecht I, § 15 I 1 g, S. 545; abw. früher BAG 14. 6. 1962 AP Nr. 4 zu § 1 TVG Rückwirkung (*A. Hueck*); Hueck/*Nipperdey*, Arbeitsrecht II 1, § 19 G II 2, S. 407; *Kempen*/Zachert, Grundl., Rnr. 92.

e) Nicht erstreikbare Tarifvertragsnormen. Ob es tarifvertragliche 255 Absprachen gibt, die der Arbeitgeber(verband) nur freiwillig, aber nicht unter dem Druck eines Arbeitskampfes eingehen kann, dazu ist das letzte Wort noch nicht gesprochen.[13] Die früher wohl überwiegende Ansicht ging von der Deckungsgleichheit von (wirksam) zu vereinbarenden Tarifverträgen und Gegenständen eines Arbeitskampfes aus; die Arbeitskampffreiheit erstreckte sich also bis an die Grenzen der Tarifmacht. Das kann dazu führen, daß sinnvolle, aber nur freiwillig eingegangene Vereinbarungen zwischen den Tarifvertragsparteien (z. B. zur Arbeitsplatzerhaltung oder zur Vermögensbildung) nicht als Tarifverträge qualifiziert werden können oder womöglich für unwirksam erklärt werden. Deshalb läßt sich diese Ansicht nur als *Grundsatz* anerkennen. Sie gilt für die traditionellen Schutzgegenstände der Inhalts- und Beendigungsnormen und in diesem Zusammenhang auch für firmenbezogene Regelungen sowie Tarifvertragsklauseln, die tarifdispositives Gesetzesrecht abändern. Wieweit Abschlußnormen und Normen zu betrieblichen und betriebsverfassungsrechtlichen Fragen sowie für Gemeinsame Einrichtungen durch Arbeitskampf erzwungen werden können, muß dagegen je nach dem Regelungsgegenstand eigens beurteilt werden. Das gilt erst recht für schuldrechtliche Vertragsabreden zwischen den Sozialpartnern oder für einseitige Verpflichtungen des Arbeitgebers, selbst wenn sie als unechte Bestandteile in den Kollektivvertrag aufgenommen sind. Für freiwillig eingegangene Tarifverträge sollte die Nachwirkung gem. § 4 Abs. 5 des Gesetzes von den Parteien eingeschränkt oder ausgeschlossen werden, um auch insoweit druckfreie Verhandlungen zu ermöglichen;[14] eine dahingehende Abrede ist unstreitig zulässig.[15]

2. Einteilung nach der Vollständigkeit

Tarifverträge können Regel- und Ausnahmefälle selbst in die Hand nehmen 256 und zum Beispiel für Kleinbetriebe oder bisher arbeitslose Arbeitnehmer besondere Vergütungssätze vorsehen. Der Tarifvertrag kann aber auch absichtlich unvollständig gestaltet und die Vervollständigung dann von einer anderen Rechtsquelle übernommen (Verweisung) oder einem anderen Rechtsträger überlassen werden. Das kann in Form der Delegation oder der Einzelbestimmung geschehen.

a) Verweisungsklauseln übernehmen eine von einem anderen Normgeber 257 für andere Normadressaten erlassene Regelung als eigene (konstitutive) oder fremde (deklaratorische) Rechtsquelle; vgl. dazu oben Rnr. 195 ff. Die Verweisung kann konstitutiv gedacht sein, so daß sie an allen Rechtswirkungen des übernehmenden Tarifvertrages teilnehmen soll; sie kann aber auch

---

[13] Gegen Differenzierung zwischen erkämpfbaren und nicht erkämpfbaren Regelungen: *Adomeit*, RdA 1964, S. 309, 314; *Bötticher*, Gemeinsame Einrichtungen, S. 123; *Gamillscheg*, BB 1967, S. 45, 51; Hueck/*Nipperdey*, Arbeitsrecht II 2, § 49 II 3, S. 1010, Anm. 35 b; *Zöllner*, Tarifvertragliche Differenzierungsklauseln, 1967, S. 46.
[14] Vgl. den Beschäftigungssicherungsvertrag zwischen Gesamtmetall und IG-Metall, NZA 1994, S. 355, 356, II 5.2.
[15] Vgl. BAG 3. 9. 1986 AP Nr. 12 *(Lund)* und BAG 16. 8. 1990 AP Nr. 19 zu § 4 TVG Nachwirkung = EzA § 4 TVG Nachwirkung Nr. 9 *(Steinmeyer); Gamillscheg*, Kollektives Arbeitsrecht I, § 18 VII 3, S. 876; Kempen/Zachert, § 4 TVG, Rnr. 308; Löwisch/*Rieble*, § 4 TVG, Rnr. 247.

bloßen Hinweis- und Informationscharakter tragen. Verweisen die Tarifvertragsparteien auf dispositives Gesetzesrecht oder vereinbaren sie lediglich, daß die gesetzliche Regelung unberührt bleiben soll, so liegt eine deklaratorische oder *neutrale Regel* vor, den dispositiven Normen des Gesetzes wird keine Unabdingbarkeit verliehen. Wenn die Tarifvertragsparteien dispositives Gesetzesrecht als Tarifvertragsnorm integrieren, bezweckt dies im Zweifel, daß sie die gesetzliche Regelung nicht nur festschreiben, sondern in Zukunft der Änderung durch den Einzelarbeitsvertrag zu Ungunsten der Arbeitnehmer entziehen wollen. Die Frage ist im Zusammenhang mit der Entgeltfortzahlung im Krankheitsfall ausführlich diskutiert worden; vgl. dazu Einl. Rnr. 348 f. Die Verweisung kann sich auf Teile der in Bezug genommenen Gesetzes- oder Tarifvertragsnorm beschränken.[16]

258 **b) Öffnungsklauseln.** In dem Begriff der Öffnungsklausel werden recht unterschiedliche Tarifvereinbarungen zusammengefaßt; vielfach wird damit jede Tarifnorm bezeichnet, die eine Dezentralisierung, Differenzierung oder Absenkung von Tarifnormen durch die Tarifvertragsparteien oder durch Betriebspartner, Arbeitgeber oder Dritte zuläßt.[17] Unterschiedslos rechnet man dazu alles, was Ausnahme (Kleinbetriebsklausel), Anpassung allein durch die Tarifvertragsparteien (Not- und Härtefall), Öffnung für die Betriebspartner (Delegation) oder Durchführung durch den Arbeitgeber (Bestimmungsklauseln) beinhaltet. Eine solche Begriffsbildung ist möglich, aber nicht empfehlenswert, weil sie unterschiedliche Voraussetzungen und Rechtsfolgen zu vermischen droht. Auf der anderen Seite besteht kein Anlaß, den Begriff der Öffnungsklauseln zu verengen auf tarifvertragliche Bestimmungen, die die Regelungssperre der §§ 77 Abs. 3 und 87 Abs. 1 BetrVG aufheben.[18] Das Gesetz selbst gestattet die „Öffnung" in § 4 Abs. 3 unabhängig von der genannten Zielbestimmung.

259 **aa) Abgrenzung.** Mit „Öffnungsklausel" (im engeren Sinn) wird hier nur eine Tarifbestimmung bezeichnet, die nach § 4 Abs. 3 des Gesetzes anderen Personen oder Organen eine vom Tarifvertrag abweichende oder ihn ergänzende Regelung „gestattet". Nicht hierher gehören deshalb Verweisungen auf andere Rechtsquellen (auch Tarifverträge) oder Klauseln zur Bereinigung von Normkonkurrenzen (z. B. zu Firmentarifverträgen). Nicht hierher gehören weiter Einschränkungen des eigenen Geltungsbereichs durch vollzugsfertige Ausnahmebestimmungen in persönlicher, fachlicher oder zeitlicher Hinsicht. Die Zurücknahme des Geltungsanspruchs beinhaltet keine Delegation. Keine Öffnungsklauseln stellen deshalb dar:
– *Einstiegstarife,* also Bestimmungen, die für neu eingestellte Arbeitnehmer oder Langzeitarbeitslose geringere Vergütungen vorsehen als dies ihrer Qualifikation entspricht.

---

[16] BAG 10. 11. 1993 AP Nr. 169 zu § 1 TVG Tarifverträge: Bau (Lohn wie im Tätigkeitsgebiet der alten Bundesländer).
[17] Vgl. BMA, Tarifvertragliche Arbeitsbedingungen im Jahre 1997 (Januar 1998), S. 35 ff.; *Bispinck,* Tarifpolitik WSI 1997 Heft Nr. 32 (Oktober 1997).
[18] So BAG 18. 8. 1987 AP Nr. 23 zu § 77 BetrVG 1972; *Zachert,* RdA 1996, S. 140, 143; Vorauflage, § 1 Rnr. 123.

– *Kleinbetriebsklauseln,* also Bestimmungen, die für Betriebe mit kleiner Beschäftigtenzahl (bis etwa 50 Arbeitnehmer) generell oder bei wirtschaftlichen Schwierigkeiten von vornherein geringere Tarifentgelte oder abgesenkte Sondervergütungen vorsehen; vgl. dazu unten § 4 Rnr. 20, sowie
– *Revisionsklauseln,* also Vereinbarungen, die nach Zeitablauf oder im Hinblick auf veränderte wirtschaftliche Grundlagen einen Anspruch auf Neuverhandlungen begründen; vgl. dazu unten § 4 Rnr. 19 f., 55.[19] Ein Recht zur außerordentlichen Kündigung ist damit nicht ausgeschlossen.[20] Zerschlagen sich die Neuverhandlungen, so bleibt mangels eines zusätzlich vereinbarten Schlichtungsverfahrens der alte Tarifvertrag in Kraft.

Nicht unzweifelhaft ist die Zuordnung, wenn der Tarifvertrag den Betriebsparteien oder dem Arbeitgeber **Wahlrechte** (Optionen) einräumt, wonach zwischen ausformulierten Regelungs-„Paketen" gewählt werden kann.[21] Da in diesen und vergleichbaren Situationen – mit oder ohne Zustimmung der Tarifvertragsparteien – eine zusätzliche Entscheidung von anderen Personen oder Organen getroffen werden soll, wird man insoweit von Öffnungsklauseln im Sinn des § 4 Abs. 3 erste Alternative sprechen können. Dasselbe gilt, wenn der Tarifvertrag nur eine **Rahmenregelung** (Arbeitszeitspannen, Entgeltkorridore) anbietet, innerhalb derer dann im einzelnen Unternehmen nähere Regelungen zu treffen sind.

Gesetzliche Öffnungsklauseln sind im Tarifvertrags- und Betriebsverfassungsrecht bisher nicht vorgesehen. Eine generelle Öffnungsklausel zugunsten von Betriebsvereinbarungen derart, daß Tarifverträge ohne nähere Voraussetzungen betriebsvereinbarungs-dispositiv angelegt sind, wäre mit Art. 9 Abs. 3 GG schwerlich vereinbar, weil die Geltung des Tarifvertrags jeweils von der Zustimmung der Betriebsparteien abhängen würde;[22] vgl. oben Einl. Rnr. 84. Ob spezielle Tariföffnungsklauseln vom Gesetzgeber für bestimmte Unternehmen (z. B. in wirtschaftlicher Notlage),[23] für bestimmte Sachbereiche (z. B. für Arbeitszeitregelungen) oder für günstigere Betriebsvereinbarungen[24] vorgesehen werden können, ist noch nicht geklärt.

bb) Die **Bedeutung** von Öffnungsklauseln, mit denen die Tarifvertragsparteien einen Teil ihrer Regelungsbefugnis abgeben, ist im letzten Jahrzehnt sprunghaft gewachsen. In das allgemeine Bewußtsein trat die Möglichkeit, im Verbandstarifvertrag Abweichungen oder Ergänzungen zu gestatten, mit

---

[19] Vgl. dazu *Lohs,* Anpassungsklauseln in Tarifverträgen, 1996, S. 92 ff.; allgemein *Nelle,* Neuverhandlungspflichten, 1993.
[20] Vgl. *Buchner,* NZA 1993, S. 289, 298; weitergehend *Unterhinninghofen,* AuR 1993, S. 101, 103; *Zachert,* NZA 1993, S. 289, 301.
[21] Anschaulich dazu *Gaumann/Schafft,* NZA 1998, S. 176, 185; *Kittner,* in: Festschrift für Günter Schaub (1998), S. 389, 410 ff.; *Walker,* ZfA 1996, S. 353, 363.
[22] H. M.; vgl. *Hanau,* RdA 1993, S. 1; *Heinze,* NZA 1995, S. 5, 7; *Henssler,* ZfA 1994, S. 487, 511; *Junker,* ZfA 1996, S. 383, 394; *Konzen,* NZA 1995, S. 913, 919; *Walker,* ZfA 1996, S. 353, 369; *Wank,* NJW 1996, S. 2273, 2280; *Zöllner,* ZfA 1988, S. 265, 275.
[23] Vgl. dazu die Beschlüsse des 61. DJT 1996, Bd. II/1, S. K 69 = RdA 1996, S. 378; *Löwisch,* JZ 1996, S. 812, 818; *Walker,* ZTR 1997, S. 193, 200 ff.
[24] Dieser Auffassung bereits de lege lata *Ehmann/Schmidt,* NZA 1995, S. 193, 198 ff.; ähnlich *G. Müller,* AuR 1992, S. 257, 261; a. A. zu Recht die h. M. GK-BetrVG/*Kreutz,* § 77, Rnr. 109; *Hess,* in: Hess/Schlochauer/Glaubitz, § 77 BetrVG, Rnr. 159; *Thüsing,* ZTR 1996, S. 146, 148 f.

dem sog. Leber-Kompromiß, der in der Metallindustrie eine Flexibilisierung der Arbeitszeit durch Betriebsvereinbarungen einführte.[25] Seit Beginn der neunziger Jahre erlauben die Verbandstarifverträge in geringerem oder größerem Umfang Anpassungen und Ergänzungen, wobei sich die Öffnung auch und gerade auf die Kerngebiete der Tarifautonomie, nämlich Arbeitszeit und Arbeitsentgelt bezieht.[26] Öffnungsklauseln haben dabei erst in den neuen, später auch in den alten Bundesländern große Verbreitung gefunden; im Schrifttum fanden namentlich die Tarifverträge in der chemischen Industrie und in der Bekleidungsindustrie große Aufmerksamkeit.[27]

263 **Anlässe** für die Öffnungsklauseln sind unterschiedlicher Natur: zum einen die dringende Notwendigkeit *unternehmensnaher* Arbeitsbedingungen, also einer Flexibilisierung nach Branche, Größe und Ertragskraft des einzelnen Unternehmens; zum anderen die Notwendigkeit der *zeitnahen* Regelung, also einer schnellen und sachlich begrenzten Anpassung an die wirtschaftliche Entwicklung. Der erste Gesichtspunkt spricht für eine Dezentralisierung der Verbandstarifverträge, der zweite für größere Geschmeidigkeit der Arbeitsbedingungen unter veränderten Umständen. *Adressaten* sind in der Regel die Betriebsparteien, denen ergänzende oder abweichende Betriebsvereinbarungen nach § 77 Abs. 3 BetrVG 1972 anvertraut werden. Die Tarifvertragsparteien können dabei die Änderung von ihrer Zustimmung oder wenigstens ihrer Anhörung abhängen lassen, können die Adressaten aber auch zu einer eigenständigen Regelung ermächtigen. Ob die tarifvertragliche Öffnungsklausel eine „Gegenleistung" des Arbeitgebers, z.B. in Gestalt von Beschäftigungssicherung, Kapazitätsgarantie oder Neueinstellungen vorsieht, dafür gibt es bisher keine Erfahrungswerte. Öffnungsklauseln können sich nicht nur unmittelbar auf die Tarifvertragsnormen, sondern auch auf die schuldrechtlichen Beziehungen zwischen den Sozialpartnern beziehen. In diesem Fall können sich die Tarifvertragsparteien (teilweise) von der Friedenspflicht entbinden derart, daß – trotz bestehender Verbandstarifverträge – mit gebundenen Arbeitgebern zusätzlich Firmentarifverträge oder firmenbezogene Verbandstarifverträge abgeschlossen und möglicherweise zu diesem Zweck erstreikt werden können.

264 cc) Die **Zulässigkeit** von Öffnungsklauseln richtet sich nach den Voraussetzungen einer Delegation der Normsetzungsbefugnisse; vgl. dazu ausführlich oben Rnr. 204 ff. Keine Voraussetzung der Öffnungsklausel stellt es dar, daß die Tarifvertragsnorm auch ohne Zusatzvereinbarung auf niedriger Ebene aus sich heraus vollziehbar bleibt;[28] es genügt, wenn ein zur Konfliktlösung geeignetes Verfahren vorgesehen ist (tarifliche Schlichtungs- oder be-

---

[25] Vgl. dazu die Leitentscheidung BAG 18. 8. 1987 AP Nr. 23 zu § 77 BetrVG 1972 *(v. Hoyningen-Huene)* sowie die Zusammenstellung des Schrifttums bei *Schwarze,* Der Betriebsrat im Dienst der Tarifvertragsparteien, 1991, S. 43 ff.
[26] Vgl. BMA, Tarifvertragliche Arbeitsbedingungen im Jahre 1997 (Januar 1998), S. 30 ff.; *Bispinck,* Tarifpolitik WSI Heft Nr. 32 (Oktober 1997); *Kittner,* in: Festschrift für Günter Schaub (1998), S. 389, 390 ff.
[27] Vgl. Textil-Bekleidungs-Bündnis für Beschäftigung und Ausbildung vom 18. 3. 1996 Nr. 2; Chemie-Bundesentgelttarifvertrag vom 1. 1. 1998, §§ 10, 11, RdA 1997, S. 242.
[28] Abw. *Kittner,* in: Festschrift für Günter Schaub (1998), S. 389, 407.

trieбliche Einigungsstelle). Eine privat- oder öffentlich-rechtliche Ermächtigung kann der Ergänzung oder dem Vollzug so gut dienen wie der Anpassung. Wie jede Delegation muß die Öffnungsklausel freilich rechtsstaatlichen Anforderungen genügen, also ausreichend bestimmt und vollziehbar sein. In welchem Umfang die Tarifvertragsparteien ihre Befugnisse weitergeben, steht grundsätzlich im Rahmen des Art. 9 Abs. 3 GG in ihrem Ermessen; vgl. dazu näher oben Rnr. 205.

c) **Bestimmungsklauseln** überlassen den Vollzug und die Ausführung der Tarifvertragsnorm *im Einzelfall* einem Dritten. Das können entweder die Vertragspartner – allein oder zusammen – oder die Betriebspartner oder eine von den Tarifvertragsparteien oder den Betriebspartnern zusammengesetzte Kommission sein. Solche Bestimmungsklauseln, die den Tarifvertrag möglicherweise erst durchführbar machen, sind seit langem bekannt und in der Rechtsprechung und Rechtslehre anerkannt; vgl. dazu ausführlich oben Rnr. 211 ff.

d) Als **Zulassungsnormen** wurden früher *Gesetzesvorschriften* charakterisiert, die zwingendes Arbeitsschutz- insb. Arbeitszeitrecht enthielten, den Tarifvertragsparteien aber in bestimmtem Umfang ein Abweichen auch zu Ungunsten der Arbeitnehmer gestatteten. In diesen Fällen, die die Vorrangstellung der Tarifvertragsparteien für eine sachgerechte Lösung betonen, wird heute von tarifdispositivem Gesetzesrecht gesprochen; vgl. dazu unten Rnr. 559. In anderem Zusammenhang sprach und spricht man von tarifvertraglichen Zulassungsnormen, die den Betriebspartnern eine abweichende Regelung gestatten; es handelt sich hier also um Tariföffnungsklauseln. Der Begriff der Zulassungsnormen ist deshalb heute besser zu begrenzen auf diejenigen Gesetzesvorschriften, die den Tarifvertragsparteien ein Abweichen in Fällen gestatten, die einer individualvertraglichen Regelung nicht zugänglich sind, wie dies vielfach im Betriebsverfassungsrecht zutrifft. Anders heute noch die herrschende Meinung in Österreich, die als Zulassungsnorm die auf gesetzlicher Ermächtigung beruhende Bestimmung des Kollektivvertrages bezeichnet, die eine Materie abweichend vom Gesetz regelt.[29]

3. Einteilung nach dem Geltungsbereich

a) **Personeller Geltungsbereich.** Tarifvertragsnormen gelten nach § 3 Abs. 1 des Gesetzes grundsätzlich nur für die Vertragsparteien selbst und für die bei ihnen organisierten Arbeitnehmer und Arbeitgeber. Davon macht § 3 Abs. 2 eine Ausnahme und erstreckt die Bindung an Rechtsnormen über betriebliche und betriebsverfassungsrechtliche Fragen auf „alle Betriebe, deren Arbeitgeber tarifgebunden ist". § 4 Abs. 2 geht darüber abermals hinaus und läßt Regelungen zu, die auch unmittelbar und zwingend für die Satzung der Gemeinsamen Einrichtung und ihr Verhältnis zu den tarifgebundenen Arbeitgebern und Arbeitnehmern gelten. Man sieht also, daß das Gesetz sowohl den Betrieb insgesamt als auch die von den Tarifvertragsparteien geschaffenen Institutionen als tarifvertraglichen Regelungsbereich betrachtet.

Umgekehrt steht es der Wirksamkeit von Tarifvertragsnormen selbstverständlich nicht entgegen, daß sie ihre Wirkung einseitig auf Ge- oder Ver-

---

[29] Floretta/*Strasser*, Arbeitsrecht II, 3. Aufl. 1990, S. 138.

bote gegenüber dem Arbeitgeber beschränken, wie das für Abschlußverbote typisch und für Normen zu betrieblichen und betriebsverfassungsrechtlichen Fragen nicht ungewöhnlich ist. Rechtsnormen brauchen als Verhaltensanforderungen nicht notwendig ein Vertragsverhältnis zu gestalten; sie können dem betroffenen Personenkreis auch einseitig ein bestimmtes Tun oder Unterlassen gebieten – und Abschlußnormen würden sonst weitgehend überhaupt nicht zu verwirklichen sein, wenn sie das Eingehen bestimmter Arbeitsverträge oder Verträge mit bestimmtem Inhalt untersagen.

269 **b) Betrieblicher Geltungsbereich** (Kleinbetriebsklauseln, Härtefallklauseln). Unter verschiedenen Namen sind erst in den neuen, später auch in den alten Bundesländern Tarifverträge abgeschlossen worden, die ihren Geltungsbereich entweder von vornherein (Kleinbetrieb) oder beim Eintritt bestimmter Voraussetzungen (Notfall) mit oder ohne Zustimmung der Tarifvertragsparteien einschränken. Diese *Anpassungsklauseln* stellen, soweit sie wie üblich auch abweichende Betriebsvereinbarungen zulassen, Öffnungsklauseln dar, die die Tarifsperre nach § 77 Abs. 3 BetrVG aufheben und die Betriebspartner zum Abschluß ergänzender oder abweichender Betriebsvereinbarungen ermächtigen.

4. Einteilung nach der Wirkung

270 Wie beim staatlichen Recht muß man auch bei den Tarifvertragsnormen danach unterscheiden, ob es sich handelt um:
– zweiseitig zwingende Normen, die ein Abweichen durch Betriebsvereinbarung oder Einzelarbeitsvertrag in keiner Richtung zulassen;
– einseitig zwingende Normen, die ein Abweichen durch Betriebsvereinbarung oder Individualarbeitsvertrag zugunsten des Arbeitnehmers zulassen;
– allseitig dispositive Tarifvertragsnormen, die Regelungsvorschläge und Auslegungshilfen anbieten.

271 a) Die **zwingende Wirkung** der Tarifvertragsnormen wird in § 4 Abs. 1 angeordnet. Sein Absatz 3 macht aber deutlich, daß es sich dabei regelmäßig nur um eine *einseitig zwingende Wirkung* handeln soll: abweichende Abmachungen sind zulässig, wenn sie eine Änderung der Regelungen zugunsten des Arbeitnehmers enthalten. Das gilt ohne weiteres für Abschlußgebote, Inhalts- und Beendigungsnormen, in denen die Arbeitsbedingungen für das Einzelarbeitsverhältnis nur als Mindestbedingungen festgesetzt werden. Der Gesetzgeber hat insoweit dem Selbstbestimmungs- und dem Günstigkeitsprinzip gleichzeitig Rechnung getragen. Diese Regelung gilt indes nicht für Abschlußverbote und Betriebsnormen und für Regelungen der Betriebsverfassung und der Gemeinsamen Einrichtungen, die *allseitig zwingend* den Betriebs- oder Vertragsparteien keinen Gestaltungsspielraum lassen wollen. Die Tarifvertragsparteien sollen mit Abschlußverboten, insb. Einstellungsverboten, eine zwingende Barriere für einzelvertragliche Abreden,[30] mit

---

[30] Ebenso BAG 7. 12. 1956 AP Nr. 1 zu § 817 BGB; Kempen/*Zachert*, § 4 TVG, Rnr. 166; Löwisch/*Rieble*, § 4 TVG, Rnr. 174; *Wlotzke*, Günstigkeitsprinzip, S. 26 ff.; für bloße Schutznormen abweichend *Gamillscheg*, Kollektives Arbeitsrecht I, § 15 V 3d, S. 586.

Betriebsnormen eine einheitliche Ausgestaltung der Arbeitsorganisation[31] und mit Gemeinsamen Einrichtungen ein effektives Umlageverfahren[32] einführen können. Alle diese Zwecke ließen sich ggf. nicht verwirklichen, wenn generell in jedem Einzelarbeitsvertrag später etwas anderes vorgesehen werden kann. Damit steht es nicht im Widerspruch, wenn die Kollektivvertragsparteien durch eine Öffnungsklausel abweichende Regelungen auf Betriebs- oder Vertragsebene zulassen. Im Nachwirkungszeitraum entfällt mit der zwingenden auch die allseitig zwingende Wirkung. § 28 Abs. 2 Satz 2 SprAuG, wonach von den Richtlinien abweichende Regelungen zugunsten leitender Angestellter zulässig bleiben, hat das Tarifvertragsrecht nicht abgeändert, weil es in § 28 Abs. 1 SprAuG Richtlinien zu betrieblichen oder betriebsverfassungsrechtlichen Fragen oder zur Einführung von Gemeinsamen Einrichtungen nicht vorsieht.

b) Dispositive Tarifvertragsnormen. aa) Vereinbart dispositive Tarifvertragsnormen. Daß die Tarifpartner den Parteien des Arbeitsvertrages von ihren Rechtsnormen abweichende Abmachungen gestatten können, ist unbestritten und angesichts der Regelungen in § 4 Abs. 1 und Abs. 3 des Gesetzes unbestreitbar. Ob eine Ergänzung durch Individualabrede zulässig sein soll, ergibt die Auslegung des Tarifvertrages. Ein wörtlicher Hinweis auf die Zulässigkeit abweichender Absprachen ist nicht notwendig.[33] Aus dem Wortlaut („soll") oder aus dem System muß sich aber ein greifbarer Anhalt ergeben.

bb) Erzwungen dispositive Tarifvertragsnormen. Daß die Tarifvertragsnormen ihre zwingende Wirkung verlieren und dann nur noch dispositiv weiterwirken können, die Parteien des Einzelarbeitsverhältnisses also gemeinsam davon abweichen dürfen, wird erst neuerdings, insbesondere im Zuge der Flexibilisierung des Arbeitsrechts erörtert. Die Begrenzung der Tarifmacht auf dispositive Rechtsnormen in Art Allgemeiner Arbeitsbedingungen wird teilweise darauf gestützt, daß grundrechtswidrige Tarifbedingungen wenigstens als dispositive Normen weitergelten sollen,[34] teils darauf, daß den Tarifvertragsparteien für Tarifnormen ohne Schutzzweck die Tarifmacht fehle.[35] Beiden Vorschlägen ist nicht zu folgen. Wenn Tarifvertragsnormen verfassungswidrig sind, insbesondere in die Berufsfreiheit nach Art. 12 GG eingreifen, können sie auch als dispositives Recht keinen Bestand haben. Da Tarifvertragsnormen grundsätzlich unmittelbar und zwingend gelten, würde die vom Grundrecht geschützte Vertragspartei bereits durch den Rechtsschein einer zwingenden Regelung unzumutbar beeinträchtigt werden. Die Rechtsetzungsbefugnis der Tarifvertragsparteien ist

---

[31] Ebenso *Däubler*, Tarifvertragsrecht, Rnr. 191; Kempen/*Zachert*, § 4 TVG, Rnr. 167; *Linnenkohl/Rauschenberg/Reh*, BB 1990, S. 628, 630; abw. Löwisch/*Rieble*, § 4 TVG, Rnr. 176 ff.

[32] Ebenso BAG 5. 12. 1958 AP Nr. 1 zu § 4 TVG Ausgleichskasse *(Tophoven)*; *Däubler*, Tarifvertragsrecht, Rnr. 192; Kempen/*Zachert*, § 4 TVG, Rnr. 168; *Zöllner*, Gutachten zum 48. DJT 1970, S. G 102 ff.; abw. Löwisch/*Rieble*, § 4 TVG, Rnr. 183 ff.

[33] Abw. früher BAG 17. 12. 1959 AP Nr. 80 zu § 1 TVG Auslegung (*A. Hueck*).

[34] *Schlüter*, in: Festschrift für Walter Stree und Johannes Wessels (1993), S. 1061, 1084.

[35] *Löwisch*, ZfA 1996, S. 293, 300, 313; *Rieble*, Arbeitsmarkt und Wettbewerb, 1996, S. 477, 481 und passim.

außerdem nicht nur durch Schutz-, sondern auch durch Ordnungsaufgaben legitimiert; vgl. dazu oben Einl. Rnr. 13 ff. Eine Abgrenzung zwischen zwingenden und dispositiven Tarifvertragsnormen nach dem Regelungszweck würde überdies bei den einzelnen Tarifbestimmungen zu erheblichen Auslegungsschwierigkeiten führen. Mit der Rechtssicherheit wäre es nicht verträglich, den Charakter als zwingendes oder dispositives Recht im Zeitablauf von der ökonomischen Situation des Unternehmens, einzelner Betriebe oder einzelner Arbeitsplätze abhängen zu lassen. Nach einer gelungenen Sanierung müßten die entsprechenden Normen folgerichtig wieder zu zwingender Wirkung erstarken. Mit der Umwandlung in dispositives Recht würde außerdem die Durchsetzungs- und Friedenspflicht des Tarifvertrages erlöschen; das setzt mindestens eine dahingehende Gestaltungserklärung einer Tarifvertragspartei oder des dazu ermächtigten Arbeitgebers voraus.

274 c) **Nachwirkende** Tarifvertragsnormen sollen nach § 4 Abs. 5 nur noch als dispositive Residualnormen gelten. Ob die Tarifvertragsparteien von sich aus eine solche Nachwirkung vereinbaren können, ist bestritten. Das Bundesarbeitsgericht lehnt die Möglichkeit ab, lediglich im Sinne des § 4 Abs. 5 nachwirkende Tarifvertragsnormen zu schaffen.[36] Das ist nach der hier zugrunde gelegten Auffassung vom Wesen der Nachwirkung kein Problem der Nachwirkung im Sinne des § 4 Abs. 5, sondern der Friedenspflicht; vgl. dazu unten Rnr. 680.

275 d) Auswirkungen in **anderen Gesetzen**. Der unterschiedliche Inhalt oder Rechtscharakter von Tarifvertragsnormen kann sich auch in anderen Gesetzen auswirken. So können z.B. nur Inhaltsnormen beim Betriebsübergang nach § 613 Abs. 1 Satz 2 BGB Inhalt des Arbeitsverhältnisses zwischen dem neuen Inhaber und dem Arbeitnehmer werden.[37] In ähnlicher Weise beschränkt sich das Zustimmungsverweigerungsrecht des Betriebsrats nach § 99 BetrVG bei der Einstellung oder Versetzung von Arbeitnehmern auf Abschlußgebote und Abschlußverbote in Tarifverträgen, nicht auf die inhaltliche Gestaltung des Einzelarbeitsvertrages im übrigen.[38]

5. Tarifvertragsnormen mit Doppelcharakter

276 a) **Zulässigkeit.** Tarifvertragsnormen können nach dem Gesetz den Inhalt, den Abschluß und die Beendigung von Arbeitsverhältnissen sowie betriebliche und betriebsverfassungsrechtliche Fragen ordnen. Das bedeutet nicht, daß jede Tarifvertragsnorm ausschließlich zu einer Kategorie, nämlich zu den Inhalts-, Abschluß-, Betriebs- oder betriebsverfassungsrechtlichen

---

[36] BAG 14. 2. 1973 AP Nr. 6 und BAG 29. 1. 1975 AP Nr. 8 zu § 4 TVG Nachwirkung *(Wiedemann)*; ebenso Löwisch/*Rieble*, § 4 TVG, Rnr. 249 (Scheinproblem, weil neuer Tarifvertrag lediglich dispositiv ausgestaltet werden kann); kritisch *Gamillscheg*, Kollektives Arbeitsrecht I, § 18 VII 5, S. 879; *Herschel*, ZfA 1976, S. 89, 102; *Kempen*/Zachert, § 4 TVG, Rnr. 298.
[37] MünchKomm/*Schaub*, § 613a BGB, Rnr. 111; *Wank*, NZA 1987, S. 505, 506; abw. *Däubler*, Tarifvertragsrecht, Rnr. 1537 ff.
[38] Vgl. BAG 28. 6. 1994 AP Nr. 4 zu § 99 BetrVG 1972 Einstellung.

Normen zählen könnte. Die Regelung kann vielmehr gleichzeitig den Abschluß wie den Inhalt von Arbeitsverhältnissen oder andere der genannten Bereiche betreffen.[39] Das ist theoretisch denkbar, rechtlich zulässig und praktisch von zunehmender Bedeutung, wenn Inhaltsnormen gleichzeitig betriebliche oder betriebsverfassungsrechtliche Fragen ordnen, weil sie dann für die gesamte Belegschaft des Unternehmens gelten, dessen Arbeitgeber tarifgebunden ist. Wichtige Beispiele sind:

- *Arbeitszeitregeln*: Die Tarifverträge zur Einführung flexibler Arbeitszeiten in der Metallindustrie im Jahr 1984 wurden vom Bundesarbeitsgericht als Verbindung inhaltlicher Regelungsermächtigung mit betriebsverfassungsrechtlicher Zuständigkeitsbegründung gedeutet.[40] Den Doppelcharakter kann man anerkennen, womit nichts über die Zulässigkeit der Indienstnahme der Betriebsverfassung durch die Tarifvertragsparteien gesagt ist; vgl. dazu oben Rnr. 206. Der Doppelcharakter hat sich auch in der abgeschwächten Form erhalten, in der den Betriebspartnern in späteren Tarifverträgen der Metallindustrie erlaubt wird, für ein bestimmtes Belegschaftskontingent die individuelle durchschnittliche Arbeitszeit bis auf 40 Wochenstunden zu erhöhen.
- *Abschluß- und Beschäftigungsverbote*: Soweit durch ein Verbot die Einstellung bestimmter Arbeitnehmer oder Arbeitnehmergruppen verhindert oder nur unter bestimmten Bedingungen erlaubt werden soll, liegt ein tarifvertragliches Abschlußverbot bzw. eine negative Inhaltsnorm vor.[41] Soll damit gleichzeitig die Betriebsorganisation gestaltet werden (z. B. Beschäftigungsverbot an Silvester), so kommt zusätzlich eine Qualifizierung als Betriebsnorm in Betracht.
- *Besetzungsregeln* ordnen an, welche Arbeitsplätze mit welchen Arbeitnehmern – neu oder weiter – besetzt werden müssen (qualitative Besetzungsregeln) oder wie die Belegschaftsstruktur gestaltet sein soll (quantitative Besetzungsregeln). Hauptbeispiele waren früher Meistervorbehalt und Lehrlingsskala,[42] ist heute der Tarifvertrag über rechnergesteuerte Textsysteme in der Druckindustrie.[43] Dabei handelt es sich um Abschlußgebote und, weil auch die gegenwärtige Belegschaft erfaßt werden soll, gleichzeitig um Betriebsnormen.[44] Auch hier kommt in Ausnahmefällen zusätzlich die Qualifizierung als Inhaltsnorm in Betracht, was vor allem für Rationalisierungsschutzverträge Bedeutung gewinnt.[45]
- *Kurzarbeitsklauseln* in Verbandstarifverträgen legen die tatbestandlichen Voraussetzungen und das bei der Einführung von Kurzarbeit zu beachtende Verfahren (insb. Einhaltung einer Ankündigungsfrist) fest. Sie besitzen

---

[39] Allg. Ansicht; vgl. BAG 21. 1. 1987 AP Nr. 47 zu Art. 9 GG *(Scholz); A. Hueck*, Tarifvertragsrecht, S. 14.
[40] BAG 18. 8. 1987 AP Nr. 23 zu § 77 BetrVG 1972 *(v. Hoyningen-Huene).*
[41] Vgl. Hueck/*Nipperdey*, Arbeitsrecht II 1, § 15 II 5, S. 259; Löwisch/*Rieble*, § 1 TVG, Rnr. 517.
[42] Vgl. LAG Düsseldorf 19. 9. 1960 AP Nr. 1 zu § 4 TVG Lehrlingsskala *(Zöllner)*; *Herschel*, ZfA 1973, S. 183, 187; Hueck/*Nipperdey*, Arbeitsrecht II 1, § 15 II 5, S. 290.
[43] Vgl. dazu i. E. unten § 1 Rnr. 576 ff.
[44] BAG 21. 1. 1987 AP Nr. 47 zu Art. 9 GG *(Scholz); Däubler*, Tarifvertragsrecht, Rnr. 865; *Gamillscheg*, Kollektives Arbeitsrecht I, § 7 III 5 d, S. 348 und § 15 V 3 f, S. 587.
[45] Abw. Löwisch/*Rieble*, § 1 TVG, Rnr. 518.

stets den Charakter von Inhaltsnormen, ob zusätzlich auch den von Betriebsnormen, ist sehr bestritten;[46] vgl. dazu unten Rnr. 582.

281 – *Ordnungsvorschriften*: Arbeits- und Dienstvorschriften bilden die wichtigste Gruppe der betrieblichen Normen. Dazu gehören alle Vorschriften, die die Ordnung des Betriebes und das Verhalten der Arbeitnehmer im Betrieb betreffen, wie es § 87 Abs. 1 Nr. 1 BetrVG 1972 ausdrückt. Sie können dergestalt vereinbart werden, daß ihnen neben ihrem Charakter als Betriebsnorm auch als Inhaltsnorm normative Bedeutung zukommt. Die Notwendigkeit einer gleichmäßigen Regelung für alle Arbeitnehmer schließt das Interesse des einzelnen und die Möglichkeit, ihm einen entsprechenden Anspruch zu gewähren, nicht aus – mag auch die Durchsetzung des Anspruch gleichzeitig den übrigen Arbeitnehmern zugute kommen.[47]

282 – *Rechtswahlklauseln* können den Arbeitgeber verpflichten, Arbeitsverhältnisse einer bestimmten – nationalen oder ausländischen – Rechtsordnung zu unterwerfen (Arbeitsvertragsstatut). Wenn diese Vereinbarung normativen Charakter haben soll, ist sie als Abschlußnorm und ggf. als Betriebsnorm zu qualifizieren.[48]

283 – *Vergütungsordnungen* enthalten in erster Linie Inhaltsnormen (Eingruppierungssystem für Löhne und Ruhegehälter, Beiträge zur Vermögensbildung). Da sie regelmäßig ein – meist wissenschaftlich ausgearbeitetes – System beinhalten, legen sie das *soziale Gefüge* innerhalb des Unternehmens fest. Wie weit sie deshalb auch als Betriebsnormen anzusprechen sind, ist ungesichert; vgl. dazu unten Rnr. 570.

284 **b) Auslegung.** Die Charakterisierung als Doppelnorm dient nicht nur der wissenschaftlichen Systembildung, sondern führt zu Folgeproblemen. Abschlußverbote und Betriebsnormen zeitigen eine von den Inhalts- und Beendigungsvorschriften abweichende Rechtswirkung: Abschlußverbote können sich einseitig an den Arbeitgeber wenden, Betriebsnormen erstrecken sich auf nicht und anders organisierte Arbeitnehmer; für beide Normgruppen gilt das Günstigkeitsprinzip nicht.[49] Soweit eine Inhaltsnorm vorliegt, kann der betreffende Arbeitnehmer auf Erfüllung klagen; es steht ihm außerdem ein Recht zur Leistungsverweigerung zu, ohne daß er seinen Entgeltanspruch einbüßt. Das wirft einmal die Frage auf, ob die Tarifvertragsnormen Doppelcharakter tragen, und zum andern, welche Rechtsfolgen sich dann anschließen sollen. Was in beiderlei Hinsicht im einzelnen Fall gilt, hängt vom Willen der Tarifvertragsparteien und vom Inhalt der Tarifbestimmungen ab, ist also eine Frage der Auslegung der jeweiligen Kollektivvereinbarung. Freilich ist dabei nicht zu übersehen, daß die Tarifmacht der Beteiligten auf diesem Weg erweitert eingesetzt werden kann, weil das Einfügen zusätzlicher

---

[46] Vgl. BAG 25. 11. 1981 AP Nr. 3 zu § 9 TVAL II *(Beitzke)*; *Farthmann*, RdA 1974, S. 65, 70; *Rauschenberg*, Flexibilisierung und Neugestaltung der Arbeitszeit, 1993, S. 88; *Säcker/Oetker*, ZfA 1991, S. 131, 141 ff.; *Simitis/Weiss*, Betrieb 1973, S. 1240, 1249; *v. Stebut*, RdA 1974, S. 332, 335; *Zöllner/Loritz*, Arbeitsrecht, § 36 V 4 b, S. 406 f.

[47] Einschränkend früher *Nikisch*, Arbeitsrecht II, § 73 II 5, S. 300; Stellungnahme dazu in der Vorauflage, § 1, Rnr. 117.

[48] Ebenso *Birk*, in: Festschrift für Günther Beitzke (1979), S. 849; *Däubler*, Tarifvertragsrecht, Rnr. 1653, 1654; vgl. dazu auch oben Rnr. 89 f.

[49] Teilweise abw. *Löwisch/Rieble*, § 4 TVG, Rnr. 177.

Normelemente zusätzliche Rechtsfolgen beinhaltet. Diese Maßnahme ist indes vom historischen Gesetzgeber gewollt und deshalb nicht als solche unzulässig. Im Einzelfall ist jedoch zu prüfen, ob die Grenzen der Tarifmacht nicht in persönlicher oder sachlicher Hinsicht (z. B. bei betrieblichen Höchstarbeitsbedingungen) überschritten werden. Die Frage kann nicht allgemein mit der Qualifizierung von Tarifvertragsnormen, sondern nur im Einzelfall nach ihrem Inhalt beurteilt werden.

II. Gegenstand der Tarifvertragsnormen

1. Arbeitsverhältnisse

a) Normalarbeitsverhältnisse. § 1 Abs. 1 TarifVO nannte als Gegenstand der Tarifnormen „Bedingungen für den Abschluß von Arbeitsverträgen". Das Gesetz spricht im Anschluß an das AOG von der Regelung des Inhalts, des Abschlusses und der Beendigung von Arbeitsverhältnissen. Das ist richtiger, da es sich nicht nur um die Begründung der Rechtsbeziehungen zwischen Arbeitgeber und Arbeitnehmer, sondern in erster Linie um deren inhaltliche Ausgestaltung handelt.

aa) Arbeitnehmer. Die herkömmliche Definition des Begriffes des Arbeitnehmers wurde in Anlehnung an § 84 Abs. 1 Satz 2 HGB entwickelt. Danach ist selbständig und deshalb nicht Arbeitnehmer, wer im wesentlichen frei seine Tätigkeit gestalten und seine Arbeitszeit bestimmen kann. Verallgemeinert bedeutet dies, daß ein Arbeitnehmer hinsichtlich Zeit, Dauer und Ort der Ausführung der versprochenen Dienste einem *umfassenden Weisungsrecht* des Arbeitgebers unterliegt.[50] Diese Abgrenzung hat zwar in Einzelfällen, z. B. bei Rundfunk- oder Fernsehmitarbeitern, bei organschaftlichen Geschäftsführern und bei Lehrkräften immer wieder Abgrenzungsschwierigkeiten bereitet, hat sich aber im Kern bewährt. Die Begriffsbestimmung ist allerdings sehr formal. Sie macht auch nicht andeutungsweise deutlich, worin die Besonderheit der Arbeitnehmerstellung liegt und wodurch die arbeitsrechtlichen Normen ihre Rechtfertigung erfahren. Deshalb wurde eine moderne Begriffsbestimmung des Arbeitnehmers dahin entwickelt, daß sein Status im wesentlichen auf dem Verzicht auf eigene unternehmerische Tätigkeit und damit verbundene wirtschaftliche Dispositionsmöglichkeiten beruht, die Erwerbsmöglichkeiten mithin nicht durch eine Vielzahl von Verträgen auf den Güter- oder Dienstleistungsmärkten, sondern *gebündelt* durch einen Vertrag, nämlich den Arbeitsvertrag erzielt werden.[51] Für die Prüfung

---

[50] BAG 13. 1. 1983 AP Nr. 42 zu § 611 BGB Abhängigkeit *(Herschel)*; BAG 13. 11. 1991 AP Nr. 60 zu § 611 BGB Abhängigkeit; BAG 24. 6. 1992 AP Nr. 61 zu § 611 BGB Abhängigkeit; BAG 26. 7. 1995 AP Nr. 79 zu § 611 BGB Abhängigkeit.
[51] Vgl. *Wiedemann*, Arbeitsverhältnis, S. 15, 88; grundlegend *Wank*, Arbeitnehmer und Selbständige, 1988, S. 45 ff.; *ders.*, Betrieb 1992, S. 90; LAG Köln 30. 6. 1995 AP Nr. 80 zu § 611 BGB Abhängigkeit = LAGE Nr. 29 zu § 611 Arbeitnehmerbegriff *(Brehm/Thüsing)*; kritisch *Griebeling*, RdA 1998, S. 208, 213; *Hromadka*, Betrieb 1998, S. 195 m. w. Nachw.
Vgl. zu ähnlichen Abgrenzungen im englischen Recht *Selwyn*, Law of Employment, 8. Aufl. 1993, Nr. 2.29 ff.

der Frage, ob ein Arbeitsverhältnis vorliegt, wird dann darauf abgestellt, ob die Tätigkeit in eigener Person, ohne Mitarbeiter, im wesentlichen ohne eigenes Kapital und eigene Organisation nur für *einen* Auftraggeber, nämlich den Arbeitgeber, erbracht wird. Der Vorschlag für ein Arbeitsvertragsgesetz verbindet beide Elemente in § 1 Abs. 3: „Arbeitnehmer ist, wer seine Arbeit im Rahmen einer fremdbestimmten Organisation nach Weisungen oder vertraglichen Vorgaben verrichtet. Personen, die frei gewählt unternehmerisch tätig werden, sind keine Arbeitnehmer."[52]

287 Im Hinblick auf den Schutz- und Ordnungsauftrag gilt für das Tarifvertragsrecht der allgemeine Arbeitnehmerbegriff. Die Tarifvertragsparteien können den persönlichen Geltungsbereich ihres Tarifvertrages einschränken, sie können aber ihre Tarifmacht, von § 12a des Gesetzes abgesehen, nicht auf Personen ausdehnen, die dem Arbeitnehmerbegriff nicht unterfallen. Die Tarifvertragsparteien können deshalb auch nicht darüber entscheiden, wie der Arbeitnehmerbegriff abzugrenzen ist und ob ein Arbeitsverhältnis vorliegt.[53] Arbeitsverhältnisse, die geregelt werden können, bestehen danach mit Arbeitern, Angestellten und leitenden Angestellten sowie mit Personen, die zu ihrer Berufsausbildung beschäftigt werden. Ein Arbeitsverhältnis wird nicht dadurch ausgeschlossen, daß die Beschäftigung nicht in erster Linie dem Erwerb dient, oder dadurch, daß der Arbeitgeber mit dem Arbeitnehmer verwandt, verheiratet oder verschwägert ist. Es liegt im pflichtgemäßen Ermessen der Tarifvertragsparteien, den persönlichen Geltungsbereich des jeweiligen Tarifvertrages abzugrenzen.[54] Die Voraussetzungen, an die der Tarifvertrag Rechtsfolgen knüpft, brauchen nicht notwendig alle bereits während der Laufzeit des Arbeitsverhältnisses erfüllt zu werden. Im Zweifel will der Tarifvertrag nicht, daß die Beendigung des Arbeitsverhältnisses schon deshalb zum Verlust tarifvertraglicher Rechte führt, weil der formelle Nachweis einzelner Ansprüche noch nicht erbracht ist.

288 Mit **Familienangehörigen** können Arbeitsverhältnisse wie mit Dritten zustandekommen. Sie unterliegen, soweit die Voraussetzungen im übrigen gegeben sind, den für sie geltenden Tarifverträgen.

289 Arbeitsverhältnisse im Sinne des Gesetzes bestehen auch mit Arbeitern und Angestellten des **Öffentlichen Dienstes**; vgl. dazu oben Rnr. 109 ff. Der Rechtsetzungsbefugnis der Tarifvertragsparteien nicht zugänglich sind öffentlich-rechtliche Gewaltverhältnisse, insb. nicht das öffentlich-rechtliche Beamtenverhältnis.[55] Eine tarifvertragliche Regelung ist deshalb für den schulischen Bereich unter Einschluß der Fachhochschulen und der wissenschaftlichen Hochschulen bezüglich der Schüler und Studenten nicht möglich.[56]

290 **Nicht** als **Arbeitnehmer** gelten Personen, die auf der Grundlage eines gesellschafts- oder familienrechtlichen Verhältnisses – ohne zusätzlichen besonderen Arbeitsvertrag – Dienste leisten, sowie Organe der Kapitalgesellschaften und Genossenschaften. Kein Arbeitsverhältnis entsteht beim Ab-

---

[52] ArbVGE, BR-Drucks. 293/95, S. 15.
[53] BAG 15. 3. 1978 AP Nr. 26 zu § 611 BGB Abhängigkeit.
[54] BAG 10. 4. 1991 AP Nr. 141 zu § 1 TVG Tarifverträge: Bau.
[55] *Battis/Schlenga*, ZTR 1995, S. 195 ff.
[56] BAG 19. 6. 1974 AP Nr. 3 zu § 3 BAT *(Hansjörg Weber)*.

schluß eines Werkvertrages oder eines selbständigen Dienstvertrages mit Personen, die sich als selbständige Unternehmer zu einer Tätigkeit verpflichten.[57]

bb) Arbeitgeber ist der Rechtsträger, der das Arbeitsverhältnis abschließt, also eine natürliche Person, eine Gesamthandsgesellschaft oder eine juristische Person. In der Personengesellschaft, insb. der Personenhandelsgesellschaft ist Arbeitgeber die (teil)rechtsfähige Gesamthandsgesellschaft; die einzelnen Personengesellschafter sind nicht Arbeitgeber, auch dann nicht, wenn sie gleichzeitig Geschäftsführer sind.[58] Das gilt erst recht für die Anteilseigner in der GmbH, AG oder Genossenschaft. 291

cc) Vertragsverhältnis. Das Arbeitsverhältnis muß zwischen Arbeitgeber und Arbeitnehmer bestehen. In Randfragen können hier Zweifel auftauchen: 292

Rechtsbeziehungen zwischen mehreren Arbeitgebern als solchen oder zwischen mehreren Arbeitnehmern sind nicht Gegenstand tarifvertraglicher Regelung. Allerdings können durch Gemeinsame Einrichtungen die Arbeitgeber des tarifschließenden Arbeigeberverbandes und bei Allgemeinverbindlicherklärung alle Arbeitgeber des betrieblichen Geltungsbereichs zu vergemeinschafteten Leistungen an die Einrichtung verpflichtet werden. Dasselbe gilt nach § 9 Abs. 1 ATZG 1996 für „Ausgleichskassen zwischen den Arbeitgebern". Alle solchen Rechtsverhältnisse laufen aber sternförmig bei der durch Tarifvertrag geschaffenen Gemeinsamen Einrichtung zusammen, ohne daß unmittelbare Rechte und Pflichten zwischen den beitragenden Unternehmen hergestellt werden. Ebenso kann der Tarifvertrag nicht unmittelbare Rechtsverhältnisse zwischen den Arbeitnehmern begründen oder ausgestalten, sondern nur sternförmig das Rechtsverhältnis mit dem jeweiligen Arbeitgeber regeln. In beiden Fällen gibt es freilich Reflexwirkungen auf die parallel geschalteten Rechtsbeziehungen. 293

Nebenabreden zwischen Arbeitgeber und Arbeitnehmer zählen nur dann zum Arbeitsverhältnis im Sinne des Gesetzes, wenn das jeweilige Rechtsverhältnis (Kauf, Miete, Darlehen) mit dem Arbeitsverhältnis „steht und fällt", wenn es also überhaupt oder in dieser Form sonst nicht zustande gekommen wäre.[59] Zu den in einem Tarifvertrag regelbaren Sachbereichen gehört auch die Vermögens- oder Ertragsbeteiligung der Arbeitnehmer.[60] Allerdings erstreckt sich die Tarifmacht nur auf das „ob" der Mitarbeiterbeteiligung, nicht dagegen auf den Inhalt einer gesellschaftsrechtlichen Beteiligung (als Aktionär, GmbH-Gesellschafter oder stiller Gesellschafter), weil dafür die ganz oder teilweise zwingend ausgestalteten Mitgliedsverhältnisse maßgebend sind. 294

---

[57] BAG 28. 11. 1990 AP Nr. 137 zu § 1 TVG Tarifverträge: Bau *(Kraft)*; BAG 10. 4. 1991 AP Nr. 54 zu § 611 BGB Abhängigkeit.
[58] Abw. BAG 6. 7. 1989 AP Nr. 4 zu § 705 BGB *(K. Schmidt)*; Löwisch/Rieble, § 1 TVG, Rnr. 30.
[59] Vgl. für Anspruch auf Rückzahlung eines Gehaltsvorschusses BAG 18. 6. 1980 AP Nr. 68 zu § 4 TVG Ausschlußfristen; für Ansprüche aus Miet- oder Kaufverträgen BAG 20. 1. 1982 AP Nr. 72 zu § 4 TVG Ausschlußfristen.
[60] Ebenso *Kania*, Nichtarbeitsrechtliche Beziehungen zwischen Arbeitgeber und Arbeitnehmer, 1989, S. 123; *Löwisch*/Rieble, § 1 TVG, Rnr. 37; abw. *Loritz*, Betrieb 1985, S. 531, 534.

295 Tarifverträge können auch **fehlerhafte Arbeitsverhältnisse** regeln, werden diese aber üblicherweise nicht gesondert ansprechen. Davon ist die Frage zu unterscheiden, wieweit fehlerhafte, aber wirksame Arbeitsverhältnisse dem jeweiligen Tarifvertrag unterliegen. Der Fehler kann sich dabei auf das gesamte Arbeitsverhältnis erstrecken (Mangel der Form, Fehlen der Zustimmung des Betriebs- oder Personalrats, Verstoß gegen ein gesetzliches oder tarifvertragliches Einstellungsverbot); er kann aber auch nur einen Teil des Arbeitsverhältnisses erfassen (verbotene Mehr-, Nacht- oder Sonntagsarbeit, unwirksame Versetzung, unwirksame Höher- oder Herabgruppierung mangels Zustimmung des Betriebs- oder Personalrats). In allen Fällen genügt es für die Anwendung der Tarifvertragsnormen, wenn die Parteien einen zwar fehlerhaften aber wirksamen Vertrag eingegangen sind; dazu bedarf es nicht eines Rückgriffs auf § 612 BGB.[61] Dagegen wird der wegen Gesetzes- oder Sittenverstoß nichtige Arbeitsvertrag vom einschlägigen Tarifvertrag nicht erfaßt.

296 **b) Atypische Arbeitsverhältnisse** unterliegen ohne weiteres der Regelung durch Tarifverträge. Wie bei anderen Arbeitsverträgen sind zwingende gesetzliche Schutzbestimmungen auch von den Tarifvertragsparteien zu beachten.

297 **aa) Teilzeitbeschäftigte.** Die Rechtsetzungsbefugnis der Tarifvertragsparteien erstreckt sich auch auf Arbeitnehmer, die nur teilzeitbeschäftigt sind. Ein Tarifvertrag gilt im Zweifel auch für Teilzeitarbeitnehmer, soweit die Tarifvertragsnormen nicht ausdrücklich oder der Sache nach Vollbeschäftigung voraussetzen.[62] Inhaltlich dürfen teilzeitbeschäftigte Arbeitnehmer gegenüber Vollzeitbeschäftigten nicht ohne sachlichen Grund benachteiligt werden; vgl. § 2 Abs. 1 BeschFG.[63] Dieses von der Verfassung gewährleistete Gleichbehandlungsgebot wird vom Vorbehalt des Tarifvertrages in § 6 Abs. 1 BeschFG nicht erfaßt.[64]

298 **bb) Befristete Arbeitsverhältnisse** sind der Tarifautonomie ohne weiteres zugänglich. Sie sind vor allem in der Rundfunk-, Fernseh- und Filmbranche zur Gestaltung der Arbeitsverhältnisse auf Produktionsdauer verbreitet.

299 **cc) Leiharbeitnehmer.** Der Vertrag mit einem Arbeitnehmerüberlassungsunternehmen (Verleiherbetrieb) ist ein Arbeitsverhältnis im Sinne des Gesetzes. Tarifvertraglicher Gestaltung unterliegt grundsätzlich nur der Leiharbeitsvertrag zwischen Verleiherbetrieb und Leiharbeitnehmer, nicht das Rechtsverhältnis zwischen Entleiherbetrieb und Arbeitnehmer. Kommt ausnahmsweise nach der Fiktion der §§ 10 Abs. 1, 13 AÜG ein Arbeitsverhältnis zwischen dem Leiharbeitnehmer und dem Entleiherbetrieb zustande, kann auch dieses einer tarifvertraglichen Regelung unterliegen.[65] Dagegen ist

---

[61] Abw. BAG 14. 6. 1972 AP Nr. 54 zu §§ 22, 23 BAT (*Wiedemann*).
[62] BAG 18. 12. 1963 AP Nr. 1 zu § 1 TVG Tarifverträge: Lederindustrie; BAG 12. 11. 1969 AP Nr. 1 zu § 1 TVG Teilzeitbeschäftigung (*Gitter*).
[63] Vgl. § 4 Abs. 1, ArbVGE BR-Drucks. 293/95, S. 16.
[64] BAG 29. 8. 1989 AP Nr. 6 zu § 2 BeschFG 1985 (*Schüren/Kirsten*).
[65] Ebenso *Becker*, § 11 AÜG, Rnr. 38; *Löwisch*/Rieble, § 1 TVG, Rnr. 32.

das Rechtsverhältnis zwischen Verleiher- und Entleiherunternehmen auch nach § 1 Abs. 1, 3 AÜG tarifvertraglich nicht regelbar.[66]

dd) Staatlich geförderte Arbeitsverhältnisse. Mit Personen, die nach §§ 260 ff. SGB III im Rahmen einer Arbeitsbeschaffungsmaßnahme (ABM) von einem Arbeitgeber als Träger der Maßnahme beschäftigt werden, kommt ein privatrechtlicher Arbeitsvertrag zustande; vgl. §§ 260 ff. SGB III[67]. Dagegen entsteht mit dem Förderbescheid für die ABM zwischen dem Träger der Maßnahme und der Bundesanstalt für Arbeit ein sozialrechtliches Leistungsverhältnis. Das Arbeitsrechtsverhältnis kann durch Tarifvertrag ausgestaltet werden; der BAT nimmt in § 3 d Angestellte, die Arbeiten nach den §§ 260 ff. SGB III oder nach den §§ 19, 20 BSHG verrichten, allerdings von seinem persönlichen Geltungsbereich ausdrücklich aus. In der Praxis kommen derartige Arbeitsverhältnisse in der Regel als Zeitarbeitsverträge zustande.

2. Ausbildungsverhältnisse

Berufsausbildungs- und ähnliche Rechtsverhältnisse werden heute allgemein als besondere Arbeitsverhältnisse eingestuft, die inhaltlich durch den Ausbildungszweck geprägt sind. Sie unterliegen voll der tarifvertraglichen Regelungsbefugnis.

a) Auszubildende (früher: Lehrlinge und Anlernlinge). Berufsausbildungsverhältnisse mit Auszubildenden im Sinne der §§ 2, 3 BBiG sind Arbeitsverhältnisse im Sinne des Gesetzes. Das ergibt sich eindeutig aus den §§ 3 Abs. 2, 19 BBiG. Die Qualifizierung als Arbeitsverhältnis wurde in der Rechtsprechung zunächst offengelassen, später aber vorausgesetzt und zuletzt ausdrücklich bejaht.[68] Der Tarifvertrag ist an die zwingenden Mindestbedingungen des Berufsbildungsrechts gebunden; vgl. § 18 BBiG. Die Normen eines Tarifvertrages gelten für tarifgebundene Auszubildende, soweit diese nicht ausdrücklich oder der Sache nach von der gesamten Regelung oder von einzelnen Bestimmungen ausgeschlossen sind. In der Praxis finden sich häufig Sondertarifverträge für Auszubildende oder Sonderbestimmungen in einem Anhang zum Tarifvertrag;[69] dort werden unter anderem eigene Ausbildungsvergütungen, gestaffelt nach Ausbildungsjahren und berechnet nach Prozentsätzen des monatlichen Bruttolohnes eines Facharbeiters vorgesehen.

b) Praktikanten und Volontäre. § 19 BBiG erweitert den Anwendungsbereich des Berufsausbildungsrechts auf andere Vertragsverhältnisse: es soll auch für Personen gelten, die eingestellt werden, um berufliche Kennt-

---

[66] *Löwisch*/Rieble, § 1 TVG, Rnr. 35.
[67] BAG 26. 4. 1995 AP Nr. 4 zu § 91 AFG = NZA 1996, S. 87, 88.
[68] Vgl. BAG 22. 6. 1972 AP Nr. 1, BAG 25. 7. 1973 AP Nr. 2 *(Söllner)*, BAG 16. 12. 1976 AP Nr. 3 *(Schwerdtner)*, BAG 14. 11. 1984 AP Nr. 9 *(Natzel)* und BAG 7. 3. 1990 AP Nr. 28: Ausbildungsvergütungs-TV (Schriftleitung) zu § 611 BGB Ausbildungsverhältnis; BAG 19. 6. 1974 AP Nr. 3 zu § 3 BAT *(Hansjörg Weber)*; BAG 20. 1. 1977 AP Nr. 1 *(Wiedemann)* und BAG 30. 4. 1987 AP Nr. 2 zu § 1 TVG Ausbildungsverhältnis: TV-Beratungsanwärter.
 Zur Ausnahme im Betriebsverfassungsrecht vgl. BAG 26. 1. 1994 AP Nr. 54 zu § 5 BetrVG 1972.
[69] Vgl. Bundesministerium für Arbeit und Sozialordnung, Tarifvertragliche Regelungen in ausgewählten Wirtschaftszweigen, März 1996.

nisse, Fertigkeiten oder Erfahrungen in begrenztem Umfang zu erwerben, ohne daß es sich um eine vollständige Berufsausbildung handelt.

304 Dazu gehören Praktikanten, also Personen, die zur Ergänzung ihrer beruflichen Ausbildung eine Zeitlang in einem Betrieb praktisch arbeiten müssen. Derartige Praxiserfahrung wird vor allem in den medizinischen Hilfsberufen gefordert.[70] Diese Ausbildungsverhältnisse werden Arbeitsverhältnissen gleichgestellt und unterliegen deshalb auch der tarifvertraglichen Normsetzung. Das gilt allerdings nicht, wenn Praktika innerhalb und als Bestandteil eines Studiums absolviert werden oder die Ausbildung auf öffentlich-rechtlicher Grundlage durchgeführt wird (Schüler, Studenten, Referendare).[71]

305 Gleichfalls als Vertragsverhältnis im Sinne des § 19 BBiG ist das Volontärverhältnis anzusehen.[72] Nach § 82a HGB sind Volontäre Personen, die, ohne als Lehrlinge angenommen zu sein, zum Zwecke ihrer Ausbildung unentgeltlich mit kaufmännischen Diensten beschäftigt werden. Im Unterschied zum Lehrling wird der Volontär nicht wie im eigentlichen Berufsausbildungsverhältnis zur vollständigen Fachausbildung in einem anerkannten Ausbildungsberuf tätig. Ob das Merkmal der Unentgeltlichkeit in § 82a HGB durch eine Vergütungspflicht in § 19 BBiG ersetzt werden konnte, ist im Hinblick auf Art. 12 Abs. 1 GG verfassungsrechtlich bedenklich, da dies verhindern würde, daß ein „echtes" Volontärverhältnis begründet wird, bei dem der Volontär ausschließlich an einer ihm sonst nicht gewährten Ausbildung interessiert ist. In jedem Fall ist das Volontärverhältnis einer tarifvertraglichen Regelung grundsätzlich zugänglich.[73] In welchem Umfang die tarifvertragliche Regelung andere Grundrechte, insbesondere die Pressefreiheit nach Art. 5 Abs. 1 Satz 2 GG berücksichtigen muß, ist hier nicht zu entscheiden; vgl. dazu oben Einl. Rnr. 283.

3. Nachvertragliche Rechtsverhältnisse

306 **a) Zulässigkeit.** Während das Gesetz in § 1 Abs. 1 mit den Abschlußnormen eine Zuständigkeit der Tarifvertragsparteien für das Gründungsstadium des Arbeitsverhältnisses, also für Vertragsverhandlungen *(culpa in contrahendo)* ausdrücklich vorsieht, fehlt sowohl im Tarifvertrags- wie im Betriebsverfassungsrecht eine entsprechende Zuständigkeitsbegründung für das Abwicklungsstadium und das Ruhestandsverhältnis. Eine solche Zuständigkeit ergibt sich auch nicht aus § 3 Abs. 3, da in dieser Vorschrift nur die Bindung an einen bestehenden Tarifvertrag zeitlich ausgedehnt, aber gerade nicht die Unterwerfung an neu abgeschlossene oder die Rechtslage verändernde Kollektivverträge angeordnet wird. Für das Betriebsverfassungsrecht versagt die Rechtsprechung den Betriebspartnern zutreffend die Normsetzungsbefugnis, weil aus dem Arbeitsverhältnis ausgeschiedenen Personen, insb. Ruheständlern, die das Wahlrecht begründende Betriebszugehörigkeit

---

[70] Vgl. MünchArbR/*Natzel*, § 172, Rnr. 3 ff.
[71] BAG 19. 6. 1974 AP Nr. 3 zu § 3 BAT *(Hansjörg Weber)*.
[72] MünchArbR/*Natzel*, § 171, Rnr. 353.
[73] Vgl. zum Tarifvertrag für Redaktionsvolontäre an Tageszeitungen *Weiss/ Weyand*, BB 1990, S. 2109 (mit Hinweis auf weitere nicht veröffentlichte Gutachten).

fehlt.[74] Das trifft für die Tarifvertragsnormen nicht zu. Trotzdem war und ist die Regelungsbefugnis der Tarifvertragsparteien für aus dem Arbeitsverhältnis ausgeschiedene Personen bestritten. Sie wurde früher überwiegend abgelehnt,[75] wird aber im modernen Schrifttum zunehmend anerkannt.[76] Eine höchstrichterliche Entscheidung fehlt.[77] Lediglich die Regelungsbefugnis der Tarifvertragsparteien für Vorruhestandsverhältnisse wird von der ständigen Rechtsprechung anerkannt, weil der Gesetzgeber das Vorruhestandsverhältnis als Arbeitsverhältnis betrachte;[78] vgl. § 2 Abs. 1 Nr. 1 VRG, § 3 Abs. 1 Nr. 1 ATZG.

Zweifel an der Rechtsetzungsbefugnis der Tarifvertragsparteien für Abwicklungs- und Ruhestandsverhältnisse sind in sachlicher und in persönlicher Hinsicht auszuräumen. Die *sachlichen* Bedenken wiegen nicht schwer. Zur Ausgestaltung des Arbeitsverhältnisses gehören alle Phasen seiner Entwicklung oder Abwicklung, also das Gründungs-, Ausführungs- und Liquidationsstadium gleichermaßen. Das Ruhestandsverhältnis ist zwar inhaltlich in mehrfacher Hinsicht eigenständigen Regelungen unterworfen. Das schließt jedoch nicht aus, daß es ein zu den Arbeits- und Wirtschaftsbedingungen zählendes Rechtsverhältnis darstellt. Zweifel könnten nur in *persönlicher* Hinsicht auftauchen, weil und wenn der Arbeitnehmer aus dem Arbeitsleben und aus dem Berufsverband ausgeschieden ist. Die Kollektivmacht der Sozialpartner kann dabei nicht von einem Änderungsvorbehalt in bisherigen Regelungen abhängen,[79] da sich eine nicht vorhandene Regelungsbefugnis nicht durch entsprechende Vorbehaltsklauseln begründen läßt. Wer kein Recht zur Normgestaltung besitzt, kann es sich durch Eingriffsvorbehalte nicht selbst verschaffen. *Biedenkopf*[80] befürwortet die Regelungsmacht gegenüber aus dem Berufsverband ausgeschiedenen Arbeitnehmern unter der Bedingung, daß die fehlende Legitimation – im Sinn einer Einwirkungsmöglichkeit auf die Willensbildung der Koalition – durch eine gerichtliche Nachprüfung einschließlich der Ermessensentscheidung der Tarifvertragspartei ersetzt wird. Auch das ist keine tragfähige Begründung, da mangelnde Zuständigkeit nicht durch eine, auch weitreichende, richterliche

---

[74] BAG 16. 3. 1956 AP Nr. 1 zu § 57 BetrVG; BAG 17. 1. 1980 AP Nr. 185 zu § 242 BGB Ruhegehalt.
[75] Verneint von RAG, ARS 11, S. 35 betr. Ansprüche der Berginvaliden auf Deputatkohle, Ruhegehalt, Werkswohnung und Krankenfürsorge; *Nikisch*, Arbeitsrecht II, § 73 II 6 a, S. 293; *Richardi*, Kollektivgewalt, S. 439, 443.
[76] Bejaht von *Biedenkopf*, Tarifautonomie, S. 234; *Däubler*, Tarifvertragsrecht, Rnr. 326; *Hueck/Nipperdey*, Arbeitsrecht II 1, § 15 II 6 g, S. 274 betr. Wiedereinstellungsklausel nach Arbeitskämpfen; *Löwisch*/Rieble, § 1 TVG, Rnr. 58; *Reichel/Koberski/Ansey*, § 1 TVG, Rnr. 333; ebenso für Richtlinien des Sprecherausschusses *Löwisch*, § 28 SprAuG, Rnr. 15.
[77] Ausdrücklich offengelassen in BAG 10. 10. 1989 AP Nr. 3 zu § 1 TVG Vorruhestand *(Wiedemann/Arnold)*.
[78] Vgl. zu den Vorruhestandstarifverträgen für das Baugewerbe AP Nr. 2–10 und 13, 15–20 und 22 zu § 1 TVG Vorruhestand; für die Chemieindustrie BAG 21. 1. 1987 AP Nr. 46 zu Art. 9 GG *(Scholz)*; für die Textilindustrie BAG 21. 1. 1987 AP Nr. 47 zu Art. 9 GG *(Scholz)*.
[79] Abw. *Biedenkopf*, Tarifautonomie, S. 233; *Hueck/Nipperdey*, Arbeitsrecht II 1, § 19 G II 1, S. 406; *Säcker*, Gruppenautonomie, S. 363.
[80] Tarifautonomie, S. 234; zu Betriebsvereinbarungen vgl. *Waltermann*, NZA 1998, 505.

Ermessenskontrolle ersetzt werden kann. Die Rechtsentwicklung kann sich auf den *sachlichen Zusammenhang* der Regelung des Abwicklungs- und Ruhestandsverhältnisses mit dem vorangehenden Arbeitsverhältnis stützen. Daß der Arbeitnehmer dem Betrieb oder dem Berufsverband nicht mehr angehört, steht der Zuständigkeit der Tarifvertragsparteien nicht entgegen, wenn die Normbindung im Zeitpunkt des Arbeitsverhältnisses bestand und dessen Nachwirkungen von der kollektiven Vereinbarung erfaßt werden sollen. Die abweichende Ansicht führte im Tarifvertragsrecht zu dem wenig einleuchtenden Ergebnis, daß es in der Hand des Arbeitnehmers liegt, wieweit er seine Rechtsansprüche durch Austritt aus der Gewerkschaft unentziehbar gestalten kann. Die Entscheidung darüber steht ihm nicht zu, soweit es sich um lediglich kollektivvertraglich begründete Rechte und Pflichten handelt.

308 **b) Üblichkeit.** Tarifverträge zur Altersversorgung sind bisher namentlich im Öffentlichen Dienst (Zusatzversorgungstarifverträge des Bundes und der Länder, der Gemeindeverbände und Gemeinden) verbreitet, in der Privatwirtschaft dagegen nur vereinzelt für bestimmte Branchen (Zusatzversorgungskasse im Dachdeckerhandwerk) oder für Unternehmensgruppen und Großunternehmen zustande gekommen. Tarifliche Wettbewerbsverbote gelten für ausgeschiedene Arbeitnehmer der chemischen Industrie.

309 **c) Umfang.** Mit der Zuständigkeit der Tarifvertragsparteien ist noch nicht darüber entschieden, in welchem Umfang begründete Anwartschaften oder fällige Ansprüche nachträglich geändert und verschlechtert werden dürfen; dies ist eine Frage des Umfangs der kollektiven Regelungsmacht. Grundsätzlich können die Tarifvertragsparteien einen von ihnen selbst früher vereinbarten Tarifvertrag abändern, einschränken oder aufheben (Ablösungsprinzip). Sie dürfen dabei aber nicht gegen das Grundgesetz, gegen zwingendes Gesetzesrecht, gegen die guten Sitten oder gegen tragende Grundsätze des Arbeitsrechts verstoßen. Für Ruhestandsverhältnisse ist das aus Art. 20 Abs. 3 GG abgeleitete rechtsstaatliche Rückwirkungsverbot zu beachten; vgl. dazu oben Einl. Rnr. 341. In unentziehbare Besitzstände und Rechtspositionen darf nicht eingegriffen werden;[81] solche sog. „wohlerworbene Rechte" können weder durch Wegfall der Tarifvertragsgeltung noch durch einen ablösenden Tarifvertrag ausgeschlossen werden.[82] Dies ergibt sich schon aus dem vom Bundesarbeitsgericht aufgestellten Grundsatz, daß die Ablösung der bisher bestehenden kollektiven Ordnung durch eine andere die Arbeitnehmer nicht unbillig belasten darf.[83] Insoweit gelten die Regeln über die echte bzw. unechte Rückwirkung von Normen, die jedenfalls einen Eingriff in bereits erworbene Rechtspositionen ausschließen. In ein Recht, das ein Arbeitnehmer nach Ablauf eines bestimmten Stichtages erworben hat, kann eine tarifvertragliche Regelung folglich nur vor diesem Zeitpunkt eingreifen, solange also nur die bloße Aussicht auf Erlangung des Rechtes besteht.[84] Im

---

[81] Grundlegend BAG 10. 10. 1989 AP Nr. 3 zu § 1 TVG Vorruhestand *(Wiedemann/Arnold).*
[82] MünchArbR/*Löwisch*, § 260, Rnr. 50; ebenda § 267, Rnr. 1.
[83] BAG 20. 3. 1981, Betrieb 1981, S. 2178, 2179; BAG 8. 12. 1981 AP Nr. 1 zu § 1 BetrAVG Ablösung *(Herschel)* = Betrieb 1982, S. 46, 47.
[84] *Löwisch*/Rieble, § 1 TVG, Rnr. 204, 208.

übrigen setzt das Vertrauen auf den Fortbestand der Rechtslage der Rückwirkung von Tarifverträgen für Ruhestandsverhältnisse Grenzen.

4. Eingliederungsverhältnisse

Das Arbeitsförderungs-Reformgesetz vom 1. 4. 1997 (BGBl. 1997, S. 594) hat in den §§ 54a – c AFG als Instrument der Arbeitsförderung den Eingliederungsvertrag eingeführt. Sie werden als §§ 229–234 im SGB III fortgeführt. Obwohl der Eingliederungsvertrag kein Arbeitsverhältnis begründet, wird er doch vielfach den Vorschriften und Grundsätzen des Arbeitsrechts unterstellt, vgl. § 54a Abs. 4 AFG. Das gilt auch für das Tarifvertragsrecht.[85] Wie weit auf arbeitslose Eingegliederte die allgemeinen Tarifbestimmungen des Betriebes angewendet werden sollen, muß die Auslegung des jeweiligen Tarifvertrages ergeben, solange keine Sonderverträge abgeschlossen sind.

5. Arbeitnehmerähnliche Personen

Arbeitnehmerähnliche Personen üben ihre Tätigkeit nicht nach Weisung und unter der Leitung des Arbeitgebers aus: sie sind aber wirtschaftlich von einem anderen Unternehmen abhängig und befinden sich deshab teilweise in besonders schutzwürdiger Lage. Ihre Rechtsverhältnisse sind durch § 12a des Gesetzes einer tarifvertraglichen Regelung zugänglich gemacht; vgl. dazu unten § 12a.

Für Heimarbeiter, Hausgewerbetreibende und ihnen gleichgestellte Personen gilt § 17 Abs. 1 HAG, wonach schriftliche Vereinbarungen zwischen Gewerkschaften und Auftraggebern oder deren Vereinigungen über Inhalt, Abschluß oder Beendigungen von Vertragsverhältnissen der in Heimarbeit Beschäftigten oder Gleichgestellten mit ihren Auftraggebern als Tarifverträge gelten.[86] In BAG 15. 11. 1963 AP Nr. 14 zu § 2 TVG wird die Tariffähigkeit eines Verbandes (Verband Bergischer Hausband-Wirker) anerkannt, obwohl zu seinen Mitgliedern Personen gehören, die nach den Bestimmungen des HAG Hausgewerbetreibende oder Heimarbeiter sind. In der Praxis besteht eine Reihe von Tarifverträgen, die nebeneinander die Arbeitsverhältnisse echter Arbeitnehmer und die Vertragsverhältnisse der in Heimarbeit Beschäftigten einschließlich der Hausgewerbetreibenden gegenüber ihren Auftraggebern regeln.[87] Der Inhalt dieser Vereinbarungen, die nach § 17 HAG als Tarifverträge gelten, ist gegenüber dem Gesetz auf Inhalts-, Abschluß- oder Beendigungsnormen beschränkt.

6. Andere Anknüpfungspunkte

Daß der Tarifvertrag nicht nur die Regelung von Arbeitsverhältnissen zum Inhalt haben kann, beweisen die nach § 4 Abs. 2 zulässigen Normen über Gemeinsame Einrichtungen. Hier werden die Rechtsbeziehungen der Gemeinsamen Einrichtung selbst wie auch die Rechtsbeziehungen zwischen

---

[85] *Hanau*, Betrieb 1997, S. 1278, 1280.
[86] Zur Verfassungsmäßigkeit vgl. BVerfGE 34, S. 307, 315.
[87] Vgl. dazu *Wedde*, Telearbeit, 2. Aufl. 1994, S. 206.; *Zachert*, Sicherung und Gestaltung des Normalarbeitsverhältnisses, 1989, S. 129 ff.

ihr und den Arbeitgebern (Finanzierungs- oder Beitragsverhältnis) sowie die Rechtsbeziehungen zu den Arbeitnehmern (Leistungs- oder Nutzungsverhältnis) durch die sie regelnden Tarifnormen erst geschaffen.

B. Inhaltsnormen

314 Die Inhaltsnormen bilden auch heute noch den wichtigsten Teil der Tarifvertragsnormen. Es gehören hierher alle Bestimmungen, die nach dem Willen der Tarifvertragsparteien den Inhalt von Arbeitsverhältnissen im Sinne des Arbeitsrechts regeln. Die Abgrenzung der Inhaltsnormen hatte unter der Herrschaft der TarifVO größere Bedeutung, weil diese Tarifregelungen lediglich für den Inhalt von Arbeitsverhältnissen zuließ.[88] Unter der Geltung des AOG hatte die überwiegende Lehre den Bereich des normativen Teils bereits weiter aufgefaßt, insbesondere auch Abschlußnormen dazu gerechnet.[89] Das Gesetz hat letzteres übernommen, ist aber noch darüber hinausgegangen, indem es auch die normative Regelung betrieblicher und betriebsverfassungsrechtlicher Fragen zuläßt. Damit ist die Möglichkeit eröffnet worden, spezielle „Arbeitsgesetzbücher" für eine Industriebranche oder für ein Unternehmen zu schaffen und diese Möglichkeit wurde in den großen Tarifwerken des Öffentlichen Dienstes, der Metall- und chemischen Industrie sowie in anderen Branchen auch ausgenutzt. Dabei bleibt der Unterschied zum staatlichen Gesetz freilich unübersehbar, da dieses andere Aufgaben mit anderen Mitteln erfüllen muß.

315 Inhaltsnormen müssen den Inhalt der geregelten Arbeitsverhältnisse betreffen. Das bedeutet nicht, daß es sich ausschließlich um Bestimmungen handeln muß, die auch durch einen Individualvertrag vereinbart werden könnten. Eine solche, teilweise geforderte *Deckungsgleichheit* der Regelungsbefugnis der Tarifvertragsparteien einerseits und der Arbeitsvertragsparteien andererseits ist schon deshalb ausgeschlossen, weil die Regelung der Tarifvertragsparteien, selbst wenn sie den gleichen Sachgegenstand betrifft, *wesensverschieden* ist.[90] Jede Tarifvertragsnorm, die nicht nur einen Einzelfall betrifft, bündelt die Elemente der Arbeitstätigkeit der Arbeitnehmer und der einzelnen Arbeitsentgelte zusammen und setzt sie zueinander ins Verhältnis. Das bedeutet, daß nicht nur betriebliche und betriebsverfassungsrechtliche Normen, sondern auch Inhalts- und Abschlußnormen notwendig eine *Kollektivierung* der Einzelleistungen und anschließend eine *Verteilung* auf die individuellen Arbeitsverhältnisse erfordern. Der Tarifvertrag schafft eine kollektive Ordnung; deshalb unterliegt er den Anforderungen des Gleichheitsgebotes und anderen rechtsstaatlichen Erfordernissen. Deshalb kann die Struktur- und Ordnungsaufgabe der Sozialpartner nicht hinweggedacht werden, ohne daß man die Tarifautonomie in Frage stellt. Das gilt für Firmen- wie für Verbandstarifverträge gleichermaßen.

---

[88] Vgl. *A. Hueck,* Tarifvertragsrecht, S. 36 ff., 41 f.
[89] Hueck/Nipperdey/*Dietz,* 4. Aufl. 1943, § 32 AOG, Rnr. 95.
[90] Vgl. *Wiedemann,* RdA 1997, S. 297, 298 ff.

I. Pflichten der Arbeitsvertragsparteien

Durch Inhaltsnormen können materielle und formelle Arbeitsbedingungen geregelt werden. Materielle Arbeitsbedingungen gewähren dem Arbeitnehmer Geld oder geldwerte Gegenleistungen; mit formellen Arbeitsbedingungen bezeichnet man die Gesamtheit aller nicht geldwerten, also kostenneutralen Leistungen sowie der Bedingungen, unter denen der Arbeitnehmer seine Tätigkeit vollzieht.[91] Für das Tarifvertragsrecht ist die Unterscheidung zwischen materiellen und formellen Arbeitsbedingungen ohne Aussagekraft, für das Betriebsverfassungsrecht weitgehend überholt. 316

Für den *Aufbau* der Tarifverträge gibt es keine verbindlichen Regeln. Tarifverträge, die mehrere Sachbereiche umfassen, werden häufig in folgender Anordnung aufgebaut: Abgrenzung des räumlichen, persönlichen und fachlichen Geltungsbereichs – Arbeitszeitregelung (regelmäßige Arbeitszeit, Mehrarbeit, Nachtarbeit, Sonn- und Feiertagsarbeit, Bereitschaft, Pausen, Erholungszeiten, Kurzarbeit) – Gehalts- und Lohnregelungen – Sondervergütungen (insb. 13. Monatsgehalt, Weihnachtsgratifikation) – Freistellung von der Arbeit, Arbeitsversäumnis und Arbeitsausfall – Urlaub – Kündigung – Rationalisierungsschutz – Geltendmachung von Ansprüchen und Ausschlußfristen – Behandlung von Auslegungsstreitigkeiten – Inkrafttreten und Laufdauer. 317

Der Tarifvertrag kann sich auf die Regelung eines Sachbereichs *beschränken*; vgl. dazu oben Rnr. 31. Neben Manteltarifverträgen finden sich deshalb zum Beispiel Vergütungstarifverträge, Urlaubsvereinbarungen, Arbeitszeitvereinbarungen, Ortsklassenabkommen, Vereinbarungen von Arbeitsbedingungen für Auszubildende, Rationalisierungsabkommen, Tarifverträge über Gemeinsame Einrichtungen, Tarifverträge über vermögenswirksame Leistungen, Tarifverträge betreffs Schutz älterer Arbeitnehmer, Tarifverträge betreffs Kontoführungsgebühren, Tarifverträge betreffs gewerkschaftliche Vertrauensleute, Tarifverträge zu Ruhestandsverhältnissen, Schlichtungs- und Schiedsvereinbarungen usw. 318

1. Arbeitszeit

Arbeitszeitnormen gehören neben Lohn- und Gehaltsbestimmungen zum tarifvertraglichen Urgestein. Sie haben für lange Zeit wenig Rechtsprobleme aufgeworfen; das hat sich in den letzten Jahren grundlegend geändert.[92] Bei der Behandlung der vielgestaltigen Arbeitszeitnormen sind jeweils bestimmte Grundfragen auseinanderzuhalten: zum *ersten* die Berechtigung der Tarifvertragsparteien, unabdingbare Normen hinsichtlich der Arbeitszeit überhaupt aufzustellen (vgl. dazu oben Einl. Rnr. 320 ff.); zum *zweiten* die Qualifikation dieser Normen als Inhalts-, Abschluß- und/oder Betriebsnormen (vgl. dazu 319

---

[91] Zu abweichenden Formulierungen vgl. *Dieterich*, Die betrieblichen Normen, 1964, S. 49; *Nikisch*, Arbeitsrecht II, § 73 IV 2, S. 302.
[92] Vgl. nur *Gamillscheg*, Kollektives Arbeitsrecht I, § 15 V 2, S. 578 ff.; *Rauschenberg*, Flexibilisierung und Neugestaltung der Arbeitszeit. Der arbeitsrechtliche Entscheidungsrahmen, 1992; *Schweibert*, Die Verkürzung der Wochenarbeitszeit durch Tarifvertrag, 1994; *Stein*, Tarifvertragsrecht, Rnr. 433 ff.;

unten Rnr. 582) und zum *dritten* die Grenzen der Tarifmacht, die ihr durch das Verfassungsrecht oder sachimmanente Schranken gesetzt sind (vgl. dazu oben Einl. Rnr. 321 ff.).

320 a) **Wochenarbeitszeit.** Tarifvertragliche Bestimmungen zur wöchentlichen Arbeitszeit können einen unterschiedlichen Inhalt haben, je nachdem welche Ziele die Tarifvertragsparteien damit erreichen wollen:

321 — *Bemessungsgrundlage*: Die Arbeitszeitvorschriften sollen lediglich eine bestimmte Entgeltform nach sich ziehen, also Grundvergütung für Normalarbeitszeit und Mehrvergütung für Überstunden oder Mehrarbeit[93] — theoretisch auch Mindervergütung für Teilzeitarbeit, was in der Regel an § 2 BeschFG scheitert. Ein arbeitszeitrechtlicher Inhalt fehlt insoweit; die Arbeitszeitbestimmung ergänzt lediglich die Anknüpfung des Entgelts an die Arbeitsqualität.

322 — *Regelarbeitszeit*: Die Tarifvertragsparteien legen die regelmäßige wöchentliche Arbeitszeit als zwingende Rahmenvereinbarung mit *Richtsätzen* fest, erlauben aber — meist unter Einschaltung des Betriebsrats — die (vorübergehende) Einführung von Mehrarbeit oder von Kurzarbeit, und sie lassen außerdem abweichende Individualabreden zu, soweit sie dem Günstigkeitsprinzip nach § 4 Abs. 3 entsprechen.[94] Ausdrücklich oder konkludent bleibt auch Teilzeitarbeit möglich.

323 — *Mindest- oder Höchstarbeitszeit*: Der Tarifvertrag kann jedoch darüber hinausgehen und gleichzeitig den Umfang der Arbeits- und Beschäftigungsmöglichkeit entweder (selten) als Mindest- oder üblich als Höchstarbeitszeit formulieren. Bei Festlegung einer *Mindestarbeitszeit* entsteht ein tarifvertraglich unabdingbarer Anspruch des Arbeitnehmers, während der vorgegebenen Zeit beschäftigt und dafür vergütet zu werden.[95] Bei Festlegung einer Höchstarbeitszeit enthält der Tarifvertrag ein *Mehrarbeitsverbot*: er verbindet die (tägliche oder wöchentliche) Höchstarbeitszeit mit einem Verbot jeglicher Mehrarbeit durch negative Inhaltsnorm oder Abschlußverbot. Insoweit soll das Günstigkeitsprinzip ausgeschlossen sein. Das kann im eigenen Interesse des Arbeitnehmers (Gesundheitsschutz) wie dritter Personen (Bevölkerungsschutz, Verbraucherschutz) liegen oder dem Ziel der Beschäftigungspolitik dienen. Die Möglichkeit solcher Tarifvertragsnormen sagt selbstverständlich noch nichts über ihre *Zulässigkeit* aus, die im Hinblick auf die Einschränkung der Berufsausübung des Arbeitnehmers und des Arbeitgebers nach Art. 12 GG überprüfungsbedürftig ist; vgl. dazu oben Einl. Rnr. 321 f.

324 Welche Varianten der Arbeitszeitvorschriften beabsichtigt sind, muß die Auslegung des Tarifvertrags nach Wortlaut, System und Zielrichtung ergeben. Der Umstand, daß das Tarifwerk Mehrarbeit oder Mehrarbeitsvergütung vorsieht, spricht allein noch nicht gegen die Absicht der Tarifvertragsparteien, darüber hinausgehende Mehrarbeit zu verhindern.[96] Eine Aus-

---

[93] Vgl. *Glaubitz,* in: Hess/Schlochauer/Glaubitz, § 87 BetrVG, Rnr. 144.
[94] Vgl. BAG 13. 1. 1987 AP Nr. 22 zu § 87 BetrVG 1972 Arbeitszeit; BAG 27. 6. 1989 AP Nr. 113 zu Art. 9 GG Arbeitskampf *(Wiedemann/Wonneberger).*
[95] BAG 28. 6. 1972 AP Nr. 1 zu § 15 MTB II *(Fettback).*
[96] Ebenso *Buchner,* Betrieb 1990, S. 1715, 1717; abw. *Leinemann,* Betrieb 1990, S. 732, 734.

3. Abschnitt. Die Tarifvertragsnormen 325 § 1

legungsregel, wonach Höchstarbeitszeitbestimmungen dahin zu verstehen sind, daß sie das Volumen der vom einzelnen Arbeitnehmer und von den Arbeitnehmern insgesamt zur Verfügung gestellten Arbeitsleistung abschließend begrenzen, wird man nicht aufstellen können.

b) Dauer. Die Dauer der wöchentlichen Arbeitszeit wurde im Laufe der 325 letzten Jahre, wenn auch branchenverschieden, kontinuierlich verkürzt. Einen Einschnitt brachten die Tarifverträge zur Arbeitszeitverkürzung in der Metallindustrie im Jahre 1984 (sog. Leber-Kompromiß). Sie legten die Arbeitszeit des einzelnen Arbeitnehmers nicht selbst abschließend fest, sondern sahen lediglich vor, daß die durchschnittliche betriebliche Wochenarbeitszeit 38,5 Stunden zu betragen habe, und daß die individuelle Arbeitszeit zwischen 37 und 40 Stunden festzusetzen sei. Die damit mögliche Bandbreite und die Anpassung an betriebliche Bedürfnisse sollte mittels Betriebsvereinbarung erfolgen. Wenn sich Arbeitgeber und Betriebsrat auf eine derartige Vereinbarung nicht einigten, sollte der Spruch einer tariflichen Schlichtungsstelle oder der betrieblichen Einigungsstelle die Betriebsvereinbarung ersetzen. Die Regelung stieß von Anfang an auf rechtliche Bedenken,[97] die von der Leitentscheidung des Bundesarbeitsgerichts allerdings nicht geteilt wurden.[98] Die Entscheidung des 1. Senats beruht im wesentlichen auf der Aussage, daß ein Tarifvertrag ergänzende Betriebsvereinbarungen zur Arbeitszeit vorsehen kann und daß eine derartige Regelung durch die tarifliche Schlichtungsstelle erzwungen werden kann. Der Arbeitszeittarifvertrag beseitige zunächst die Sperrwirkung des § 77 Abs. 3 Satz 1 BetrVG; der Geltungsbereich des Tarifvertrags werde mit dieser Öffnung für ergänzende Betriebsvereinbarungen zulässig erweitert. Da das Betriebsverfassungsrecht aber keine zwingende Mitbestimmung des Betriebsrats hinsichtlich der *Dauer* der wöchentlichen Arbeitszeit vorsehe, werde die zwingende Wirkung und damit hilfsweise der Spruch einer Einigungsstelle oder einer tariflichen Schlichtungsstelle durch die gleichzeitig enthaltene betriebsverfassungsrechtliche Gestaltung im Sinne von § 1 Abs. 1 des Gesetzes durchgesetzt. Es ist verständlich, daß der Senat die notwendige Flexibilisierung der Arbeitszeit nicht durch rechtliche Hindernisse versperren wollte; es ist ihm aber nicht gelungen, die rechtlichen Bedenken gegen eine solche Regelung voll auszuräumen.[99] Der Senat betont überzeugend den Doppelcharakter der tarifvertraglichen Regelung: es wird einmal die Sperrwirkung des § 77 Abs. 3 BetrVG aufgehoben und es werden damit gleichzeitig die Betriebspartner zu einer zwar nicht ergänzenden, aber konkretisierenden Regelung durch Betriebsvereinbarung ermächtigt;[100] es wird zum anderen eine zwingende Mitbestimmung des Betriebsrats mit Wirkung auch gegenüber den nicht organi-

---

[97] Vgl. die Nachweise bei *Baumann*, Die Delegation tariflicher Rechtsetzungsbefugnisse, 1992, S. 15.
[98] BAG 18. 8. 1987 AP Nr. 23 zu § 77 BetrVG 1972 *(v. Hoyningen-Huene)*; bestätigt in BAG 2. 12. 1987 AP Nr. 53 und 54 zu § 1 FeiertagslohnzahlungsG und BAG 7. 7. 1988 AP Nr. 22 und 23 zu § 11 BUrlG.
[99] Kritisch auch *v. Hoyningen-Huene/Meier-Krenz*, ZfA 1988, S. 293, 303, 316; *Löwisch*, Anm. SAE 1988, S. 97, 103 f.; *Richardi*, NZA 1988, S. 673; *Schüren*, RdA 1988, S. 138.
[100] Vgl. dazu *Baumann*, Die Delegation tariflicher Rechtsetzungsbefugnisse, 1992, S. 56 ff.

sierten Arbeitnehmern neu begründet. Und es wird schließlich für den Konfliktsfall eine Zuständigkeit der Einigungsstelle anerkannt. Die Bedenken richten sich nicht gegen diese Einzelakte, sondern gegen ihre Verknüpfung mit der Folge einer „Zwangsmitgliedschaft" der nicht oder anders organisierten Arbeitnehmer. In der Sache dehnen nämlich die Tarifvertragsparteien ihre Inhaltsnormen auf diesem Weg zwingend auf sämtliche Mitglieder der Belegschaft aus, weil sie – bewußt – über das Arbeitsvolumen des *Unternehmens insgesamt* verfügen. Diese Ermächtigung ist im Gesetz nicht angelegt; es wird damit nicht nur praktisch, sondern auch rechtlich die Unterscheidung zwischen organisierter und nicht organisierter Arbeitnehmerschaft eingeebnet, indem die Tarifvertragsparteien die Betriebsverfassung instrumentalisieren; vgl. dazu oben Rnr. 206.

326 Anschließende Tarifwerke der Metallindustrie haben dann auch das Leber-Modell nicht mehr fortgesetzt. In den Tarifabschlüssen 1990 wurde die für das Arbeitsverhältnis maßgebliche Höchstarbeitszeit wieder in die Tarifverträge selbst aufgenommen; für einzelne Arbeitnehmer, deren Kontingent vom Tarifvertrag allerdings beschränkt wird, kann die Arbeitszeit freiwillig auf bis zu 40 Stunden wöchentlich verlängert werden.[101] Soweit eine Arbeitszeitverlängerung durch die im Tarifvertrag vorgesehene Quote versperrt ist, erstreckt sich die Begrenzung der tarifvertraglichen Rechtsetzungsbefugnis abermals auch auf die nicht organisierten Arbeitnehmer, erschöpft sich also nicht darin, dem Arbeitgeber eine (betriebsverfassungsrechtliche) Mitteilungspflicht gegenüber dem Betriebsrat aufzuerlegen.

327 Spätere Tarifwerke in der Metallindustrie[102] gestatten eine Absenkung der regelmäßigen wöchentlichen Arbeitszeit auf eine Dauer von unter 36 bis 30 Stunden einheitlich für alle Beschäftigten des Betriebs oder für Teile des Betriebs. Die Festlegung soll jeweils durch freiwillige Betriebsvereinbarung erfolgen; die Zustimmung des Betriebsrats kann mithin nicht durch einen Spruch der Einigungsstelle ersetzt werden.

328 **c) Höchstarbeitszeit.** Im Zusammenhang mit den verschiedenen Anpassungsmodellen hat eine breite Diskussion darüber eingesetzt, ob und wie weit die Tarifvertragsparteien berechtigt sind, neben Regel- auch Höchstarbeitszeiten einzuführen.[103] Vielfach wird dies im jüngeren Schrifttum verneint.[104] Der 61. Deutsche Juristentag hat einen entsprechenden Beschluß gefaßt, wonach die Rechtsprechung anerkennen sollte, daß es allein Sache

---

[101] Vgl. dazu *Däubler*, Tarifvertragsrecht, Rnr. 707 ff.; *Neumann*, NZA 1990, S. 961, 963; *Richardi*, Betrieb 1990, S. 1613; ders., in: Festschrift für Franz Merz (1992), S. 479, 488 ff.
[102] Vgl. NZA 1994, S. 111 (Volkswagen AG) und 1994, S. 355 (VerbandsTV).
[103] Vgl. dazu grundlegend *Hromadka*, Betrieb 1992, S. 1042; *Richardi*, ZfA 1990, S. 211; *Schlüter*, in: Festschrift für Walter Stree und Johannes Wessels (1993), S. 1061.
[104] Vgl. *Adomeit*, Regelung von Arbeitsbedingungen und ökonomische Notwendigkeiten, 1996, S. 45 f.; *Boemke*, NZA 1993, S. 532, 536; *Buchner*, in: Festschrift für Otto Rudolf Kissel (1994), S. 97, 111 f.; ders., RdA 1990, S. 1, 8; *Fastrich*, in: Festschrift für Otto Rudolf Kissel (1994), S. 193, 208; *Glaubitz*, in: Hess/Schlochauer/Glaubitz, § 87 BetrVG, Rnr. 145 f.; *Heinze*, NZA 1991, S. 329, 335; ders., Betrieb 1996, S. 729, 733; *Hromadka*, Betrieb 1992, S. 1042, 1045 f.; *Schlüter*, in: Festschrift für Walter Stree und Johannes Wessels (1993), S. 1061, 1083 f.

der Arbeitsvertragsparteien ist, den zeitlichen Umfang der Arbeits- und Beschäftigungspflicht (gemeint ist wohl: ihre Höchstgrenze) festzulegen.[105] Eine grundsätzliche Stellungnahme des Bundesarbeitsgerichts steht noch aus. Im Schrifttum wird die Zulässigkeit tarifvertraglicher Höchstarbeitszeiten mit verschiedenen Erwägungen angegriffen:

aa) **Zuständigkeit.** Vielfach wird bezweifelt, ob die Festlegung absoluter Höchstarbeitszeitgrenzen zur Zuständigkeit der Tarifvertragsparteien gehört, also zur Tarifmacht zählt – jedenfalls soweit es sich nicht um den erforderlichen Gesundheitsschutz handelt. Daß Höchstarbeitszeiten im Interesse des Arbeitnehmerschutzes vom Tarifvertrag vorgesehen werden können (Gesundheits-, Strahlen- oder Übermüdungsschutz; Jugendschutz), und daß insoweit der Günstigkeitsvergleich zurückgedrängt wird, ist nicht bestritten und kann nicht bestritten werden. Dann darf man aber nicht vernachlässigen,[106] daß derselbe Gesichtspunkt auch für den Schutz dritter Personen, also anderer Belegschaftsangehöriger, Produkterwerber oder Verkehrsteilnehmer sowie anderer von der Arbeitsleistung betroffener Personen in diesem Zusammenhang gelten kann. Zur Begründung der Unwirksamkeit darüber hinausgehender Regeln wird darauf verwiesen, daß den Tarifvertragsparteien kein *beschäftigungspolitisches* Mandat zustehe,[107] daß der Tarifvertrag keine Höchstarbeitsbedingungen einführen könne,[108] daß die Erweiterung des Arbeitsvertrages stets den Arbeitsvertragsparteien vorbehalten sei,[109] oder daß – dem nahe verwandt – die Selbstbestimmung des einzelnen Arbeitnehmers Vorrang haben müsse.[110] Diese generellen Bedenken gegen eine Zuständigkeit der Tarifvertragsparteien zur Arbeitszeitfestsetzung vermögen nicht zu überzeugen.

Für die Zuständigkeit der Tarifvertragsparteien zur Arbeitszeitgestaltung als Bestandteil der Arbeits- und Wirtschaftsbedingungen sprechen *historische* und *systematische* Gründe. Höchstarbeitsbedingungen dienten früher überwiegend dem Gesundheitsschutz der Arbeitnehmer, darüber hinaus aber seit jeher der Koalitionsstrategie und heute vordringlich beschäftigungspolitischen Zielen. Das erklärt sich daraus, daß die Arbeitszeit neben dem Entgelt zu den grundlegenden Verhandlungsgegenständen zählt, deretwegen das Tarifvertragswesen eingeführt wurde: neben der Preis- ist die Mengenbestimmung Verhandlungsparameter der Gewerkschaften. In ähnlicher Weise können Überstundenzuschläge als Mittel zur Eingrenzung der Mehrarbeit und

---

[105] Vgl. Sitzungsberichte des 61. DJT 1996, Abt. Arbeitsrecht, Bd. II 1, S. K 71.
[106] Abw. *Buchner,* Betrieb 1990, S. 1715, 1719: Arbeitszeitbeschränkungen verfassungswidrig, soweit nicht zum Schutz der Arbeitnehmer erforderlich.
[107] Vgl. *Bengelsdorf,* ZfA 1990, S. 563, 570f.; *Zöllner,* Betrieb 1989, S. 2121, 2122; kritisch dazu *Däubler,* Betrieb 1989, S. 2534, 2535; *Schlüter,* in: Festschrift für Walter Stree und Johannes Wessels (1993), S. 1061, 1067; *Waltermann,* NZA 1991, S. 754, 756 ff.
[108] Vgl. *Glaubitz,* in: Hess/Schlochauer/Glaubitz, § 87 BetrVG, Rnr. 145 f.; *Hromadka,* Betrieb 1992, S. 1042, 1044 ff.; kritisch dazu *Däubler,* Tarifvertragsrecht, Rnr. 218; *Gamillscheg,* Kollektives Arbeitsrecht I, § 18 V 3 a, S. 844.
[109] Vgl. *Richardi,* ZfA 1990, S. 211, 232f.; *ders.,* Betrieb 1990, S. 1613, 1616; *ders.,* in: Festschrift für Franz Merz (1992), S. 481, 495; kritisch dazu *Löwisch,* BB 1991, S. 59, 60.
[110] Vgl. *Heinze,* NZA 1991, S. 329, 335; *ders.,* Betrieb 1996, S. 729, 733; kritisch dazu *Gamillscheg,* Kollektives Arbeitsrecht I, § 18 V 4 c, S. 848f.; *Reuter,* ZfA 1995, S. 1, 53; *Zachert,* AuR 1993, S. 65, 67.

damit zur Verknappung der nachgefragten Arbeitstätigkeit eingesetzt werden. Auch im Ausland zählt die Verknappung des kumulativen Arbeitsvolumens zu den anerkannten Strategien der Berufsverbände.[111] Verhandlung und Regelung der kumulativen Normal- und Höchstarbeitszeit der organisierten Belegschaft, deren Summe nur gegen Entgelt erhöht oder bei Lohnausgleich gemindert werden darf, gehören mithin zu den grundrechtlich verbürgten Arbeits- und Wirtschaftsbedingungen. Dasselbe folgt unter systematischen Gesichtspunkten aus der Behandlung der Arbeitszeit im Betriebsverfassungsrecht. Es ist kein Zufall, daß die grundlegenden Fragen der Tarifpolitik, nämlich Lohn- und Arbeitszeit, im Katalog des § 87 Abs. 1 BetrVG 1972 ausgespart sind. Vergütungshöhe und Höchstarbeitszeit sollen eben den Sozialpartnern vorbehalten bleiben. In dieselbe Richtung deutet es, daß den Tarifvertragsparteien gerade in den neu gefaßten §§ 7 und 12 ArbZG herausragende Befugnisse bei den Abweichungen vom Gesetz eingeräumt wurden, und zwar vor den staatlichen Genehmigungsbehörden und vor dem Verordnungsgeber. Der Gesetzgeber geht mithin davon aus, daß die Tarifvertragsparteien am besten in der Lage sind, die Arbeitszeit den Bedürfnissen der Betriebe und Verwaltungen anzupassen; das wird in der amtlichen Begründung des neuen Arbeitszeitgesetzes ausdrücklich betont.[112]

331 Die Zuständigkeit der Tarifvertragsparteien wird weiter mit der Begründung in Frage gestellt, daß die Tarifmacht und das Günstigkeitsprinzip nur Platz greifen, wenn das Leistungs-/Gegenleistungsverhältnis betroffen ist, nicht dagegen für *zusätzliche* Vertragsabreden oder Vertragserweiterungen; insoweit verbleibe dem Arbeitnehmer ein vom Tarifvertrag unabhängiges Wahlrecht, das *per se* die jeweils bessere Alternative darstelle.[113] Das wäre diskutabel, wenn man in zusätzlichen Vertragsabreden betr. Mehrarbeit, Überstunden, Verlängerung der Lebensarbeitszeit usw. jeweils einen neuen Teil-Vertragsabschluß sehen könnte, der auf einer von Kollektivvereinbarungen nicht erfaßbaren Abschlußfreiheit des Arbeitnehmers beruht. Nur: diese Sicht entspricht weder dem Kollektiv- noch dem Arbeitsvertragsrecht. Kollektivvereinbarungen regeln nicht nur den jeweiligen Arbeitsvertrag, sondern das *Arbeitsverhältnis* insgesamt und dazu gehören auch Vertragsänderungen und Vertragsergänzungen.

332 In abgeschwächter Form wird die Zuständigkeit mit der Begründung verneint, das Gesetz selbst lege in § 4 Abs. 3 den Zuständigkeitsbereich der Koalitionen auf *Mindestarbeitsbedingungen* fest, um welche es sich bei tariflichen Wochenarbeitszeiten nur solange handele, wie sie dem Arbeitnehmerschutz dienen. Sobald die Tarifvertragsparteien jedoch aus arbeitsmarkt- oder koalitionspolitischen Gründen die Grenze ihrer primären Rechtfertigung überschritten, würden die tariflichen Regelungen zu Höchstarbeitszeiten, die stets

---

[111] Vgl. U.S. NLRA sec. 8 (d): „...with respect to wages, hours and other terms and conditions of employment".
[112] BT-Drucks. 12/5888, S. 20, 26; zur ablehnenden Haltung des Bundesrates, der vorgeschlagen hatte, Art. 7 ArbZG ersatzlos zu streichen, vgl. BT-Drucks. 12/5888, S. 41 und 52.
[113] So *Richardi*, Betrieb 1990, S. 1613, 1615f.; *ders.*, ZfA 1990, S. 211, 232f.; *ders.*, in: Festschrift für Franz Merz (1992), S. 481, 490ff; *ders.*, Gutachten zum 61. DJT 1996, S. B 93; kritisch dazu *Löwisch*, BB 1991, S. 59, 60.

individualvertragsoffen seien.[114] Auch dem vermag ich nicht zuzustimmen. Die Verallgemeinerung des Günstigkeitsprinzips zu einem generellen Wahlrecht unter Berufung auf Art. 2 GG vernachlässigt, daß Tarifverträge den Spielraum der Privatautonomie auch sonst einschränken können und die Mitglieder der Koalition ihren Verband durch den Beitritt mit der Ausgestaltung des Arbeitsverhältnisses beauftragt haben.[115] Der Tarifvertrag kann deshalb in negativen Inhaltsnormen, Abschlußverboten oder Betriebsnormen durchweg Verhaltenspflichten festlegen, die einem Günstigkeitsvergleich und damit dem Individualvorrang *ex lege* entzogen sein sollen.

bb) Grenzen. Zählt die Festsetzung von Höchstarbeitszeiten deshalb grundsätzlich zu den Arbeits- und Wirtschaftsbedingungen des Art. 9 Abs. 3 GG, so ist damit noch nicht entschieden, ob der einzelne Tarifvertrag nicht unverhältnismäßig in die Berufausübung des Arbeitnehmers nach Art. 12 GG oder in sein durch das Günstigkeitsprinzip garantiertes Recht auf Besserstellung eingreift. Auch in dieser Hinsicht hat sich noch keine herrschende Meinung gebildet.

Was eine Einschränkung der Tarifmacht durch § 4 Abs. 3 des Gesetzes anlangt, wird bereits die Geltung des Günstigkeitsprinzips für Arbeitszeitregelungen angezweifelt.[116] Es handele sich um formelle Arbeitsbedingungen, die nicht in einem kompensatorischen, sondern in einem synallagmatischen Verhältnis zueinander stehen; insoweit fehle es für einen Günstigkeitsvergleich an einem geeigneten Beurteilungsmaßstab. *De lege ferenda* wird deshalb vorgeschlagen, dem Arbeitnehmer die Abwahl des Günstigkeitsprinzips verbunden mit dem Recht zu verleihen, binnen angemessener Frist – etwa von sechs Monaten – jederzeit wieder zur zwingenden Kollektivregelung zurückkehren zu können.[117] Eine solche Regelung würde dem § 3 Abs. 2 MuSchG entsprechen und dem Arbeitnehmer eine Änderungskündigung ersparen. Ob der Schutz des Arbeitnehmers auf diese Weise ausreichend wahrgenommen, insbesondere seine Entscheidungsfreiheit tatsächlich garantiert, auf der anderen Seite das Interesse des Arbeitgebers an einer dauerhaften Personalpolitik erfüllt wird, muß hier offenbleiben. Im geltenden Recht besteht kein Anlaß, sich vom Günstigkeitsprinzip in diesem Zusammenhang zu verabschieden.[118] Der Günstigkeitsvergleich führt lediglich zu einem anderen (umgekehrten) Ergebnis. Freilich war im Zeitpunkt des Erlasses des

---

[114] *Heinze,* NZA 1991, S. 329, 335; *ders.* Betrieb 1996, S. 729, 733.
[115] Ebenso *Zachert,* Betrieb 1990, S. 986, 987.
[116] *Glaubitz,* in: Hess/Schlochauer/Glaubitz, § 87 BetrVG, Rnr. 148; *Hromadka,* Betrieb 1992, S. 1042, 1046; *Schlüter,* in: Festschrift für Walter Stree und Johannes Wessels (1993), S. 1061, 1078 ff.
[117] *Buchner,* RdA 1990, S. 1, 16; *Löwisch,* Betrieb 1989, S. 1185, 1187; *ders.,* BB 1991, S. 59, 62.
[118] Für Anwendung des Günstigkeitsprinzips auf Arbeitszeitbestimmungen: BAG GS 7. 11. 1989 AP Nr. 46 zu § 77 BetrVG 1972 = EzA § 77 BetrVG Nr. 34 *(Otto)* = SAE 1990, S. 1715 *(Buchner):* zur Begrenzung der Lebensarbeitszeit durch Betriebsvereinbarung; *Bengelsdorf,* ZfA 1990, S. 563, 594 ff.; *Reuter,* RdA 1991, S. 193, 202; *Krauss,* Günstigkeitsprinzip und Autonomiebestreben, 1995, S. 105 ff.; *Leinemann,* Betrieb 1990, S. 732, 733; *Zöllner,* Betrieb 1989, S. 2125, 2126.
Dagegen: *Däubler,* Tarifvertragsrecht, Rnr. 218; *Heinze,* NZA 1991, S. 329, 335; *Hromadka,* Betrieb 1992, S. 1042, 1046; *Zachert,* Betrieb 1990, S. 986, 989.

Gesetzes und für viele Jahrzehnte danach die kürzere Arbeitszeit „günstiger". Das schließt aber nicht aus, eine individuell verlängerte Arbeitszeit heute anders zu würdigen und dabei – wie bei der Lage der Arbeitszeit – individuelle Umstände in der Person des Arbeitnehmers zu berücksichtigen, die eine *Mehrarbeit* bei objektiver Betrachtung rechtfertigen. Das kann selbst dann zutreffen, wenn für tarifvertraglich vorgesehene Mehrarbeit eine erhöhte Vergütung zu zahlen ist, der Einzelarbeitsvertrag jedoch eine geringere Entlohnung, nämlich das Regelgehalt, einführt.[119] Die Vorteilhaftigkeit einer übertariflichen Arbeitszeit kann freilich nicht allein damit gerechtfertigt werden, daß dem Arbeitnehmer ein Wahlrecht auf Vereinbarung von Mehrarbeit zusteht; es müssen *sachliche* Voraussetzungen für das Abweichen vom Tarifvertrag nachgewiesen werden. § 4 Abs. 3 des Gesetzes und § 4 Abs. 1 müssen dahin abgestimmt werden, daß eine bloße Option – unabhängig von Motiv und Ergebnis – die zwingende Wirkung der Tarifvertragsnormen nicht aus den Angeln heben kann.

335 Die Anwendung des Günstigkeitsvergleichs kann zu einer einzelvertraglichen Abweichung, nicht aber, was heute wichtiger ist, zur inhaltlichen *Kontrolle* des Tarifvertrages führen. Liegen die Voraussetzungen des § 4 Abs. 3 nicht vor, oder haben die Tarifvertragsparteien die Mehrarbeit nicht nur abschließend, sondern – als negative Inhaltsnorm oder als partielles Abschlußverbot – unter beschäftigungspolitischen Aspekten ausschließlich verabredet, so muß eine Kontrolle anhand des Art. 12 GG möglich sein, ob dadurch die *Leistungsfreiheit* des Arbeitnehmers und beim Verbandstarifvertrag die *Berufsfreiheit* des Arbeitgebers nicht unverhältnismäßig eingeschränkt wird. Nicht alle Höchstarbeitszeitvereinbarungen sind freilich samt und sonders verfassungswidrig.[120] Im Licht der Tarifautonomie kann Art. 12 GG nicht jede Einschränkung der Berufsausübung verhindern oder – was dem fast gleichkommt – sie nur zugunsten anderer Grundrechte oder Verfassungsgüter gestatten; vgl. dazu oben Einl. Rnr. 321f. Die Tarifvertragsparteien, aber auch die Betriebspartner im Rahmen des § 87 BetrVG sind vielmehr befugt, die allgemeinen Arbeitsbedingungen zum Schutz der einzelnen Arbeitnehmer und zur Ordnung des Arbeitslebens zwingend auszugestalten, wodurch stets die Privatautonomie eingeschränkt wird. Die Kontrolle anhand der Verfassung unterscheidet sich von der Anwendung des Günstigkeitsprinzips darin, daß hier nicht nur Individualinteressen, sondern auch Belange der Koalition (Solidarität[121]) und Gesamtinteressen (Schutz der Bevölkerung bei Versorgungsunternehmen, Krankenanstalten und Verkehrsgewerbe) im Rahmen des Verhältnismäßigkeitsprinzips eingebracht und ausgewertet werden können. In diesem Rahmen lassen sich dann auch berechtigte Interessen der einzelnen Arbeitnehmer berücksichtigen: es darf kein Zwang zur Teilzeitbeschäftigung ausgeübt werden, es darf keine Wesensänderung des Berufsbil-

---

[119] Vgl. zur Berechnung des Entgelts für übertarifliche Arbeitszeit *Buchner,* Betrieb 1990, S. 1715, 1721, 1722; *Däubler,* Betrieb 1989, S. 2534, 2538; *Zachert,* Betrieb 1990, S. 986, 989.
[120] So aber *Bengelsdorf,* ZfA 1990, S. 563, 571 ff.; *Glaubitz,* in: Hess/Schlochauer/Glaubitz, § 87 BetrVG, Rnr. 146 f.; *Heinze,* NZA 1991, S. 329, 335.
[121] Vgl. *Gamillscheg,* Kollektives Arbeitsrecht I, § 18 V 4 c, S. 849.

des herbeigeführt werden, Zweitverträge dürfen nicht generell ausgeschlossen werden usw.

d) Lebensarbeitszeit. aa) Tarifvertragliche **Altersgrenzenregelungen.** Zu den Arbeitszeitregelungen im weiteren Sinne sind auch solche Tarifvertragsnormen zu zählen, die bestimmte Altersgrenzen festlegen. Im Gegensatz zu den mit dem 65. Lebensjahr endenden Beamtenverhältnissen bestehen Arbeitsverhältnisse in Ermangelung gesetzlicher Altersgrenzen grundsätzlich auf Lebenszeit. Ist eine entsprechende kollektiv- oder einzelvertragliche Regelung nicht vorhanden, so rechtfertigen die Vollendung des 65. Lebensjahres oder der Anspruch auf eine Altersrente (vgl. § 41 Abs. 4 Satz 1 SGB VI) nicht etwa *per se* die Kündigung des Arbeitnehmers. In zahlreichen Tarifverträgen finden sich jedoch Regelungen derart, daß das Arbeitsverhältnis mit dem Erreichen einer bestimmten Altersgrenze, meist mit der Vollendung des 65. Lebensjahres, automatisch enden soll.[122] Solche tarifvertraglichen Altersgrenzenregelungen sind neben den Beurteilungsmaßstäben des einfachen Gesetzesrechts (§ 41 Abs. 4 Satz 3 SGB VI) sowie des Günstigkeitsprinzips nach § 4 Abs. 3 des Gesetzes insbesondere an der verfassungsrechtlichen Berufsfreiheit der älteren Arbeitnehmer zu messen; siehe dazu ausführlich unten bei den Beendigungsnormen Rnr. 517 ff.

bb) Vorruhestand und Altersteilzeit. Das Gesetz zur Förderung von Vorruhestandsleistungen (VRG) vom 13. 4. 1984 wollte aus arbeitsmarktpolitischen Gründen Anreize für eine vorzeitige Pensionierung von Arbeitnehmern schaffen. Das VRG ist 1988 durch das Gesetz zur Förderung eines gleitenden Übergangs älterer Arbeitnehmer in den Ruhestand (Altersteilzeitgesetz) abgelöst worden. In einer Reihe von Branchen sind spezielle Vorruhestandstarifverträge abgeschlossen worden, die die Voraussetzungen des Abschlusses von Vorruhestandsvereinbarungen sowie die Höhe des Vorruhestandsgeldes regelten. Teils haben die Tarifverträge Quotierungen festgelegt, wonach Vorruhestandsvereinbarungen mit den Arbeitnehmern nur bis zu einer bestimmten Grenze von beispielsweise 5% der Gesamtbelegschaft abgeschlossen werden dürfen. Sie dienen dem Schutz des Arbeitgebers vor finanzieller Überforderung. Solche Tarifvertragsklauseln sind derart auszulegen, daß die nicht tarifgebundenen Arbeitnehmer bei der Ausfüllung der Quote gleichberechtigt berücksichtigt werden müssen, da das Gesetz allen älteren Arbeitnehmern unabhängig von ihrer Koalitionszugehörigkeit die Chance einräumt, im Falle der vorzeitigen Pensionierung bzw. nun im Falle der Reduzierung ihrer Arbeitsleistung durch Zuschüsse der Bundesanstalt für Arbeit finanziell unterstützt zu werden. Eine Verpflichtung des Arbeitgebers zur vorrangigen Berücksichtigung der organisierten Mitarbeiter würde gegen die negative Koalitionsfreiheit der nicht- oder anders organisierten Arbeitnehmer verstoßen.[123]

Mit dem neuen Altersteilzeitgesetz vom 23. Juli 1996 soll älteren Arbeitnehmern ein gleitender Übergang vom Erwerbsleben in die Altersrente ermöglicht werden. Unter bestimmten Voraussetzungen wird die Teilzeitarbeit

---

[122] Vgl. *Gitter/Boerner,* RdA 1990, S. 129.
[123] Vgl. BAG 21. 1. 1987 AP Nr. 46 und 47 zu Art. 9 GG *(Scholz)*; Löwisch/Rieble, § 1 TVG, Rnr. 448; a. A. Kempen/Zachert, § 1 TVG, Rnr. 173.

älterer Arbeitnehmer, die ihre Arbeitszeit von der Vollendung des 55. Lebensjahres an vermindern möchten, durch Leistungen der BfA gefördert. Der Arbeitgeber muß zunächst aufgrund eines Tarifvertrages, einer Betriebsvereinbarung oder einer Vereinbarung mit dem Arbeitnehmer das Arbeitsentgelt für die Altersteilzeit um mindestens 20% dieses Teilzeitarbeitsentgelts, jedoch auf mindestens 70% des um die gesetzlichen Abzüge verminderten Vollzeitarbeitsentgelts aufstocken und für den Arbeitnehmer Beiträge zur gesetzlichen Rentenversicherung auf der Basis von 90% des früheren Vollzeitentgelts entrichten. Wie schon beim alten Altersteilzeitgesetz 1988 werden diese Arbeitgeberleistungen steuer- und sozialversicherungsfrei gestellt. Die Förderung durch Geldleistungen der BfA in Form einer Rückerstattung der 20% Aufstockungsleistung und der 40% Rentenversicherungsbeiträge findet dann bei auf Dauer nachgewiesener Neueinstellung eines beim Arbeitsamt arbeitslos gemeldeten Arbeitnehmers oder eines Ausgebildeten statt.

339 Durch das Gesetz zur Absicherung flexibler Arbeitszeitregelungen vom 6. April 1998 (BGBl. I S. 688) ist das AltersteilzeitG geändert worden. Die Änderung ist rückwirkend zum 1. 1. 1998 in Kraft getreten ist.[124] Nach wie vor regelt das ATZG unmittelbar nur die Unterstützung des Arbeitgebers durch die Bundesanstalt für Arbeit, nicht die kollektiv- oder individualrechtliche Grundlage der Altersteilzeit. Das Gesetz nimmt aber mittelbar erheblichen Einfluß auf die kollektiv- oder individualrechtliche Gestaltung. Bis zur Neuregelung konnte ein Verteilzeitraum durch Betriebsvereinbarung oder Einzelvertrag nicht über ein Jahr hinausgehen; ein längerer Verteilzeitraum war nur durch Tarifvertrag und dann nur bis zu fünf Jahren möglich. All dies wurde mit der Neuregelung in mehrfacher Hinsicht gelockert. Auch ohne Existenz eines Tarifvertrages werden jetzt Betriebs- und Individualvereinbarungen zur Verteilung der Altersteilzeit bis zu drei Jahren zugelassen. Außerdem wurde der den Tarifvertragsparteien zustehende Verteilzeitraum von fünf auf zehn Jahre verlängert; vgl. § 2 Abs. 2 und 3 ATZG. Allerdings bleibt auch dann die Höchstförderungsdauer durch die Bundesanstalt für Arbeit auf fünf Jahre beschränkt. Schließlich kann im Geltungsbereich eines Tarifvertrages dessen Regelung im Betrieb eines *nicht tarifgebundenen Arbeitgebers* durch Betriebsvereinbarung oder Individualabrede übernommen werden. Diese mittelbare Erweiterung eines geltenden Tarifvertrages wird auch auf dessen Öffnungsklauseln zugunsten der Betriebspartner nicht tarifgebundener Arbeitgeber erstreckt; vgl. § 2 Abs. 2 Satz 3 ATZG. Grenzen für die flexible Verteilung der Arbeitszeit sieht das Gesetz leider nicht vor, so daß in der Praxis Verblockungsmodelle vorherrschen, die den Zweck des Gesetzes (langsame Ausgliederung älterer und langsame Eingliederung jüngerer Arbeitnehmer) nicht ausschöpfen.

340 Bemerkenswert ist an der Regelung, daß der Gesetzgeber in § 2 Abs. 2 Satz 3 ATZG die Ordnungsaufgabe der Tarifvertragsparteien bestätigt, indem er tarifvertragliche Öffnungsklauseln im Geltungsbereich eines Tarifvertrages

---

[124] Vgl. dazu *Diller,* NZA 1998, S, 792, 795; *Kerschbaumer/Tiefenbacher,* AuR 1998, S. 58; *Cord Meyer;* AuA 1998, S. 324; *Stindt,* Betrieb 1996, S. 2281, 2282; *Wonneberger,* Betrieb 1998, S. 982, 985; sowie den Altersteilzeit-Tarifvertrag zwischen der IG-Metall und VW, AuR 1997, S. 359.

3. Abschnitt. Die Tarifvertragsnormen 341 § 1

als auch für nicht tarifgebundene Unternehmen geltendes Recht ausgestaltet. Dabei lehnt er sich an die entsprechenden modernen Regelungen zum tarifdispositiven Recht an; vgl. § 622 Abs. 3 BGB, § 7 Abs. 2 und 3 ArbZG. In allen genannten Fällen wird für die tarifvertragliche Regelung samt Öffnungsklausel eine Art vorweggenommener Allgemeinverbindlicherklärung herbeigeführt. Das Altersteilzeitrecht geht allerdings über die Beispiele des tarifdispositiven Rechts hinaus, weil es eine tarifvertragliche Gestaltung ohne gesetzliche Mindestbedingungen erlaubt. Die einschlägigen Tarifvertragsnormen brauchen dazu nicht den Charakter von betrieblichen oder betriebsverfassungsrechtlichen Normen zu tragen.[125] Überdies ist beachtenswert, daß in § 2 Abs. 2 Satz 4 ATZG der Tarifvorbehalt des § 77 Abs. 3 BetrVG trotz mehrfach geäußerter Reformvorschläge wiederholt wird.

In der Praxis sind Tarifverträge über Altersteilzeit in der Zwischenzeit in vielen Tarifbereichen verbreitet.[126] Bekannt geworden sind vor allem die Tarifverträge der Chemischen Industrie und des Öffentlichen Dienstes. Bei den in der Metallindustrie im Jahre 1997 zunächst in Nordwürttemberg-Nordbaden abgeschlossen und später in zahlreiche Metallbezirke wie z.B. Nordrhein-Westfalen, Bayern, Hessen und Rheinland-Pfalz übertragenen tarifvertraglichen Regelungen zur Altersteilzeit ist die dort vorgesehene umfassende tarifvertragliche Öffnung für betriebliche Regelungen besonders augenfällig; die Betriebe können die tarifvertraglichen Eckbedingungen für Altersteilzeitmodelle auf der Basis freiwilliger Betriebsvereinbarungen umsetzen. Ein Rechtsanspruch auf Altersteilzeit wird nur in einzelnen Tarifbereichen gewährt.

e) Teilzeitarbeit. aa) Entwicklung und Inhalte tariflicher Regelungen 341 für Teilzeitbeschäftigte. Tarifverträge können Teilzeitarbeitsverhältnisse wie jedes andere Arbeitsverhältnis normieren. In jüngerer Zeit zeigen sich verstärkt tarifvertragliche Ansätze, die schärfer ins Blickfeld gerückten arbeitsrechtlichen und sozialpolitischen Probleme der Teilzeitarbeit in speziellen Vereinbarungen zu regeln. So gibt es neben zahlreichen (Mantel-) Tarifverträgen mit umfassendem persönlichen Geltungsbereich, die insbesondere vorsehen, daß Teilzeitarbeitnehmern einzelne tarifvertragliche Leistungen in voller Höhe bzw. anteilig nach Maßgabe des tatsächlichen Umfangs ihrer Beschäftigung zustehen, inzwischen auch einige spezielle Tarifverträge nur für Teilzeitbeschäftigte.[127] In diesen finden sich häufig tariflich festgelegte Mindeststundenzahlen mit unterschiedlichem Verbindlichkeitsgrad, durch die der Abschluß von Teilzeitarbeitsverträgen in der Weise beschränkt wird, daß eine bestimmte Stundenzahl pro Monat oder pro Woche nicht unterschritten werden darf. Dem liegt der Gedanke zugrunde, die Entstehung von ungeschützten Arbeitsverhältnissen ohne Sozial- und Arbeitslosenversicherung zu verhindern.[128] So bestimmte zum Beispiel der Teilzeit-Tarifvertrag zwischen VW und der IG-Metall mit Wirkung vom 1.1.1988, daß die in Teilzeit-

---

[125] Vgl. dazu *Schliemann*, in: Festschrift für *Günter Schaub* (998), S. 657, 689 ff.
[126] Vgl. *Bispinick*, WSI Tarifpolitik, Tarifliche Altersteilzeit, Nov. 1998.
[127] In Auszügen abgedruckt bei *Zachert*, Sicherung und Gestaltung des Normalarbeitsverhältnisses, 1989, S. 87, 90 f.
[128] Siehe bei *Däubler*, Tarifvertragsrecht, Rnr. 1009; *Löwisch/Rieble*, § 1 TVG, Rnr. 629.

verträgen vereinbarte Arbeitszeit im Durchschnitt eines Monats mindestens zwanzig Wochenstunden betragen muß. Nach dem Teilzeit-Tarifvertrag für die chemische Industrie vom 13. 4. 1987 betrug die Arbeitszeit der Teilzeitbeschäftigten nicht weniger als vier Stunden pro Tag, wobei für geringfügig Beschäftigte sowie aufgrund ausdrücklicher Vereinbarung jedoch Abweichendes festgelegt werden kann. Der Teilzeit-Tarifvertrag im rheinisch-westfälischen Steinkohlenbergbau vom 3. 8. 1987 schließlich sah als tarifliche Mindeststundenzahl die Hälfte der tarifvertraglichen Arbeitszeit Vollzeitbeschäftigter vor.

342   Weitere typische Regelungsgegenstände der speziellen Teilzeit-Tarifverträge sind Informationspflichten des Arbeitgebers gegenüber dem Personenkreis der geringfügig Beschäftigten bezüglich möglicher sozialversicherungsrechtlicher Folgen; Schriftformerfordernisse für den Arbeitsvertrag und insbesondere die Festlegung der wöchentlichen Arbeitszeit; Unterrichtungspflichten des Arbeitgebers über freie Arbeitsplätze, die dazu beitragen sollen, den arbeitnehmerseitig gewünschten Übergang von Teilzeit- zu Vollzeitarbeit und umgekehrt zu verwirklichen sowie konkrete tarifliche Ansprüche auf Wechsel in Teilzeit für den Fall der Kindererziehung; verfahrensmäßige Sicherungen durch Hinweis auf die und Verstärkung der Mitbestimmungsrechte des Betriebsrats und Teilzeit-Sonderregelungen für Berufsanfänger für den Fall mangelnder Verfügbarkeit ausreichender Vollzeitarbeitsplätze.[129]

343   bb) **Teilzeitquote.** Als Möglichkeit einer tarifvertraglichen Beschränkung der Teilzeitarbeit kommt neben der in den Teilzeit-Tarifverträgen zu findenden Mindeststundenzahl auch die Festlegung einer Teilzeitquote in Betracht, wonach nur ein bestimmter Prozentsatz der Arbeitsplätze laut Tarifvertrag mit Teilzeitbeschäftigten besetzt werden darf. Die Zulässigkeit einer solchen Quotierung wird nicht einheitlich beurteilt. Sie wird teilweise für unproblematisch erachtet,[130] anderweit wegen Fehlens des beschäftigungspolitischen Mandats generell verneint,[131] oder jedenfalls dem Verbot der mittelbaren Frauendiskriminierung unterworfen;[132] vgl. zu den Abschlußverboten und Besetzungsregeln unten Rnr. 502ff., 576ff.

344   cc) Tarifliche **Abweichungen vom BeschFG.** In dem BeschFG 1985 hat die Teilzeitarbeit eine eingehende Regelung erfahren. Gemäß § 6 BeschFG sind die Vorschriften der §§ 3 bis 5 BeschFG tarifdispositiv ausgestaltet, also durch Tarifvertrag sowohl zugunsten also auch zu Ungunsten der Arbeitnehmer abänderbar; zu dem in § 2 BeschFG statuierten, nicht tarifdispositiven *Gleichbehandlungsgebot* von Voll- und Teilzeitarbeitnehmern siehe oben Einl. Rnr. 234, 244 ff.

345   – **Abweichungen zugunsten der Arbeitnehmer.** Im Zusammenhang mit tarifvertraglichen Abweichungen vom BeschFG zugunsten der Arbeitnehmer stellen sich keine rechtlichen Probleme. So ist es beispielsweise

---

[129] Siehe zum Inhalt: *Zachert,* Sicherung und Gestaltung des Normalarbeitsverhältnisses, 1989, S. 90 f.
[130] *Zachert,* Sicherung und Gestaltung des Normalarbeitsverhältnisses, 1989, S. 31.
[131] *Löwisch/Rieble,* § 1 TVG, Rnr. 630.
[132] *Däubler,* Tarifvertragsrecht, Rnr. 1008.

möglich, nur Teilzeitarbeitsverhältnisse mit festen Arbeitszeiten zuzulassen oder die Arbeit auf Abruf für unzulässig zu erklären.[133]

– **Abweichungen zu Ungunsten der Arbeitnehmer.** Zwar sind aufgrund des dispositiven Charakters unstreitig auch tarifvertragliche Verschlechterungen des vom Gesetz vorgesehenen Schutzes möglich, doch werfen diese Probleme auf. So erklärte der 6. Senat des Bundesarbeitsgerichts eine Tarifvertragsklausel für zulässig, wonach die Dauer der Arbeitszeit variabel sein soll und sich zwischen null und vierzig Stunden bewegen darf;[134] insbesondere sei die zu Ungunsten der Arbeitnehmer von § 4 Abs. 1 2. Hs. BeschFG abweichende Tarifvertragsnorm, wonach sich die Arbeitszeit teilzeitbeschäftigter Arbeitnehmer nach dem Arbeitsanfall richtet, ohne zugleich eine bestimmte Dauer der Arbeitszeit festzulegen, nicht wegen Verstoßes gegen zwingende Vorschriften des Kündigungsschutzrechtes unwirksam. § 6 BeschFG ersetze den durch das Kündigungsrecht gewährleisteten Schutz des Arbeitnehmers gegen die Änderung von Arbeitsbedingungen durch die autonomen Regelungen der sachkundigen Tarifvertragsparteien. Die ganz überwiegende Ansicht im Schrifttum hält hingegen solche Flexibilisierungstarifverträge wegen Umgehung der Grundsätze des Kündigungsschutzes (§ 2 KSchG) für rechtswidrig.[135] § 6 BeschFG sei seinem Wortlaut wie seiner Entstehungsgeschichte nach ausschließlich auf die §§ 3 bis 5 BeschFG bezogen, nicht aber auf sonstige zwingende Rechtsnormen wie § 2 KSchG. Die gerichtliche Kontrolle der Änderungskündigung dürfe somit nicht dadurch ausgehöhlt werden, daß dem Arbeitgeber durch Tarifvertrag entsprechend weitreichende Gestaltungsbefugnisse eingeräumt werden.[136] Zutreffend wird in der Literatur ein so weitgehendes Leistungsbestimmungsrecht des Arbeitgebers abgelehnt. Lediglich die §§ 3 bis 5 BeschFG sind nach § 6 Abs. 1 BeschFG tarifdispositiv. Die Gestaltungsmöglichkeiten der Tarifvertragsparteien finden ihre Grenze in dem zwingenden Kündigungsschutzrecht. In einer jüngeren Entscheidung erklärt der erste Senat des Bundesarbeitsgerichts eine Ausschaltung zwingender Kündigungsschutzvorschriften durch eine dem Arbeitgeber tarifvertraglich eingeräumte einschränkungs- und voraussetzungslose Ermächtigung zur Einführung von Kurzarbeit für unzulässig und betont zu Recht die verfassungsrechtliche Gewährleistung eines gesetzlichen Mindeststandards des Kündigungsschutzes.[137] Art. 12 Abs. 1 GG verleihe zwar keine Bestandsgarantie für den einmal gewählten Arbeitsplatz, dem Staat obliege hier aber eine aus Art. 12 Abs. 1 GG folgende Schutzpflicht, die der Gesetzgeber mit den geltenden Kündigungsschutzvorschriften erfüllt habe. Der in § 6 BeschFG vorgesehene Tarifvorrang kann

---

[133] Siehe auch *Däubler*, Tarifvertragsrecht, Rnr. 1021.
[134] BAG 12. 3. 1992 AP Nr. 1 zu § 4 BeschFG 1985 *(Mosler)*.
[135] *Däubler*, Tarifvertragsrecht, Rnr. 1022; *Kempen/Zachert*, § 1 TVG, Rnr. 198; Löwisch/*Rieble*, § 1 TVG, Rnr. 631; *Schüren*, Betrieb 1992, S. 1786, 1787; *ders.*, NZA 1996, S. 1306; abw. *Mosler*, Anm. zu BAG AP Nr. 1 zu § 4 BeschFG 1985.
[136] *Däubler*, Tarifvertragsrecht, Rnr. 1022; *Schüren*, Betrieb 1992, S. 1786, 1787; *ders.*, NZA 1996, S. 1306 mit Hinweis auf die vor dem BeschFG 1985 ergangene Entscheidung BAG 12. 12. 1984 AP Nr. 6 zu § 2 KSchG 1969.
[137] BAG 18. 10. 1994 AP Nr. 11 zu § 615 BGB Kurzarbeit.

daher nicht so ausgelegt werden, daß auch der grundrechtlich gewährleistete Bestandsschutz durch kündigungs- und kündigungsschutzrechtliche Vorschriften zur Disposition der Tarifvertragsparteien gestellt wird.

347 **f) Einzelfragen der Arbeitszeit. aa)** Die **Lage** der Arbeitszeit gehört zur Domäne der Betriebspartner; vgl. § 87 Abs. 1 Nr. 2 BetrVG. Sie gehört jedoch auch zu den von den Tarifvertragsparteien zu regelnden „Arbeits- und Wirtschaftsbedingungen" nach Art. 9 Abs. 3 GG.

348 So kann die *Schichtarbeit* in den vom Arbeitszeitrecht zwingend vorgegebenen Grenzen tarifvertraglich geregelt und ausgestaltet werden, vgl. §§ 6 Abs. 5, 7 ArbZG. Für den Begriff der Schichtarbeit ist nach Ansicht des Bundesarbeitsgerichts wesentlich, daß eine bestimmte Arbeitsaufgabe über einen erheblichen, längeren Zeitraum als die wirkliche Arbeitszeit eines Arbeitnehmers hinaus anfällt und daher von mehreren Arbeitnehmern oder Arbeitnehmergruppen in einer geregelten zeitlichen Reihenfolge, teilweise auch außerhalb der allgemein üblichen Arbeitszeit, erbracht wird. Bei der Schichtarbeit arbeiten danach nicht sämtliche Beschäftigte eines Betriebes zu gleicher Zeit, sondern ein Teil arbeitet, während der andere Teil arbeitsfreie Zeit hat. Die verschiedenen Beschäftigungsgruppen lösen sich regelmäßig nach einem feststehenden und überschaubaren Plan ab. Dieses betriebsorientierte weite Verständnis der Schichtarbeit verlangt nicht die Identität des jeweils abgelösten Arbeitsplatzes, sondern nur die Erfüllung einer übereinstimmenden Arbeitsaufgabe von untereinander austauschbaren Arbeitnehmern.[138] Da weder der Begriff „Schicht" noch der Begriff „Schichtarbeit" gesetzlich festgelegt sind, können die Tarifvertragsparteien den Begriff der „Schichtarbeit" jedoch selbst abweichend definieren.[139] Ob und in welcher Höhe eine Schichtzulage zu zahlen ist, hängt von der Formulierung der Tarifnorm ab und ist insoweit nach allgemeinen Auslegungskriterien zu bestimmen.[140]

349 Als *Nachtschicht* ist nach der Rechtsprechung des Bundesarbeitsgerichts eine Schicht anzusehen, die zu einem wesentlichen Teil während der Nachtzeit geleistet wird.[141] Sowohl die Definition der Nachtschicht als auch – in gewissem Umfang, vgl. § 7 Abs. 1 Nr. 5 ArbZG – die zugrundeliegende und in § 2 Abs. 3 ArbZG festgelegte Begriffsbestimmung der Nachtzeit sind tarifdispositiv. Da die Tarifvertragsparteien den Beginn der Nachtzeit gem. § 7 Abs. 1 Nr. 5 ArbZG frühestens auf 22.00 Uhr vorverlegen können, haben tarifvertragliche Regelungen, wonach die Nachtzeit schon ab 20.00 Uhr beginnt, lediglich vergütungsrechtliche Folgen betreffend der Ansprüche auf Nachtzuschläge, jedoch keine Auswirkung für die arbeitszeitrechtlichen Schutzbestimmungen.[142] Einen Mindestschutz von Nachtarbeitnehmern sieht

---

[138] BAG 4. 2. 1988 AP Nr. 17 zu § 1 TVG Tarifverträge: Rundfunk; BAG 20. 6. 1990 AP Nr. 6 zu § 1 TVG Tarifverträge: Großhandel; BAG 18. 7. 1990 AP Nr. 1 zu § 14 TVB II, Berlin; BAG 14. 12. 1993 AP Nr. 3 zu § 33a BAT.
[139] BAG 18. 7. 1990 AP Nr. 1 zu § 14 TVB II Berlin; BAG 14. 12. 1993 AP Nr. 3 zu § 33a BAT.
[140] BAG 10. 10. 1954 AP Nr. 12 zu § 1 TVG Auslegung; BAG 13. 10. 1993 AP Nr. 2 zu § 33a BAT; BAG 14. 12. 1993 AP Nr. 3 zu § 33a BAT.
[141] BAG 8. 6. 1988 AP Nr. 20 zu § 1 TVG Tarifverträge: Einzelhandel; BAG 7. 9. 1994 AP Nr. 5 zu § 33a BAT.
[142] *Dobberahn*, Das neue Arbeitszeitgesetz in der Praxis, 2. Aufl. 1996, Rnr. 74.

die auf den Vorgaben des Bundesverfassungsgerichts[143] beruhende Regelung des § 6 ArbZG vor, an die auch die Tarifvertragsparteien gebunden sind. Darüber hinaus bieten sich den Tarifvertragsparteien verschiedene Möglichkeiten, die mit der Nachtarbeit verbundenen Nachteile abzumildern, wie z.B. die Einräumung bezahlter zusätzlicher Pausen oder von Zusatzurlaub.

Zur *Lage* der Arbeitszeit gehört weiter die Frage ihrer Verteilung auf die einzelnen Wochentage. Zweifelsfrei möglich ist die tarifvertragliche Festlegung der Arbeitszeit auf den Rahmen von Montag bis Freitag. Von Interesse ist daher insb. die tarifvertragliche Regelbarkeit der Wochenendarbeit, vor allem der Sonn- und Feiertagsarbeit. Gem. § 9 Abs. 1 ArbZG ist die Beschäftigung von Arbeitnehmern an Sonn- und Feiertagen grundsätzlich verboten. § 10 ArbZG enthält einen Ausnahmekatalog, der neben weiteren Branchen z.B. Not- und Rettungsdienste, Krankenhäuser, Polizei, Gaststätten, Erholungs- und Vergnügungseinrichtungen sowie Rundfunk und Presse von dem Verbot des § 9 ArbZG ausnimmt. Im Anschluß daran regelt § 11 ArbZG den Ausgleich für Sonn- und Feiertagsbeschäftigung sowie eine Mindestanzahl beschäftigungsfreier Sonntage. Mit der ausnahmsweisen Zulässigkeit der Beschäftigung an Sonn- und Feiertagen ist noch nicht darüber entschieden, ob der einzelne Arbeitnehmer verpflichtet ist, seine Arbeitskraft zur Verfügung zu stellen. Mangels gesetzlicher Bestimmungen ist die Regelung im Arbeitsvertrag bzw. die tarifvertragliche Ausgestaltung maßgeblich.[144] Eine Einschränkung erlaubter Sonntagsarbeit durch die Tarifvertragsparteien ist ohne weiteres möglich.[145] Gem. § 12 ArbZG sind aber auch tarifvertragliche Abweichungen von den in § 11 ArbZG vorgesehenen Ausgleichsregelungen sowie – in Grenzen – die Verringerung der in § 11 ArbZG genannten Anzahl der jährlichen arbeitsfreien Sonntage möglich. Jedoch ist weder der in § 9 ArbZG verankerte Grundsatz der Sonn- und Feiertagsruhe tarifdispositiv ausgestaltet, noch sind die Tarifvertragsparteien berechtigt, den Rahmen erlaubter Sonn- und Feiertagsarbeit nach § 10 ArbZG zu erweitern.

Die Tarifvertragsparteien müssen berücksichtigen, daß sie mit der Lage der Arbeitszeit – bewußt oder unbewußt – auch die *Betriebsmittelnutzung* durch den Unternehmensträger beeinflussen.[146] Das Bundesarbeitsgericht hat diesen Gesichtspunkt in seinen Stellungnahmen zur Betriebs-[147] und Tarifautonomie[148] nicht ausreichend gewürdigt. Die Betriebsnutzungszeiten, zu denen beim Einzelhandel vor allem die Ladenöffnungszeiten gehören, zählen gleichmäßig zu den unternehmens-organisatorischen Entscheidungen, die dem Arbeitgeber als Unternehmensträger zustehen, wie zu den „Arbeits- und Wirtschaftsbedingungen", da sie Rahmendaten für den Umfang der täg-

---

[143] Siehe zu diesen Vorgaben: BVerfGE 85, S. 191, 201.
[144] Vgl. *Dobberahn,* Das neue Arbeitszeitgesetz in der Praxis, 2. Aufl. 1996, Rnr. 114.
[145] *Däubler,* Tarifvertragsrecht, Rnr. 747; *Kempen/Zachert,* § 1 TVG, Rnr. 151.
[146] Vgl. grundlegend *Säcker/Oetker,* Tarifautonomie, S. 83 ff.
[147] BAG 31. 8. 1982 AP Nr. 8 zu § 87 BetrVG 1972 Arbeitszeit; kritisch dazu *Scholz,* NJW 1986, S. 1587.
[148] BAG 27. 6. 1989 AP Nr. 113 zu Art. 9 GG Arbeitskampf *(Wiedemann/Wonneberger),* kritisch dazu *Scholz,* in: Festschrift für Fritz Rittner (1991), S. 629, 649; BAG 7. 11. 1995 AP Nr. 1 zu § 3 TVG Betriebsnormen *(H. Hanau).*

lichen Arbeitszeit enthalten.[149] Die Festlegung der Dauer der Arbeitszeit begrenzt gleichermaßen das zur Verfügung gestellte Gesamtarbeitsvolumen wie die Mittelnutzungskapazität. Also ist ein Ausgleich im Lichte der Berufsausübung beider Vertragsparteien im Rahmen des Art. 12 GG notwendig. Es bedarf, wenn Geeignetheit und Erforderlichkeit der von Gewerkschaftsseite angestrebten Arbeitszeitverteilung zu bejahen sind, einer Gewichtung der widerstreitenden Interessen: auf der einen Seite steht die an der Rentabilität orientierte Unternehmensentscheidung möglichst günstiger Ausnutzung der Maschinen- oder sonstigen Betriebsmittelkapazität, auf der anderen Seite das soziale Interesse des einzelnen Arbeitnehmers an einer möglichst günstig zugeschnittenen Arbeitszeit. Arbeitszeitverteilende Tarifverträge müssen sich deshalb eine Überprüfung darauf gefallen lassen, ob sie den wirtschaftlichen Notwendigkeiten des Arbeitgebers/Unternehmensträgers ausreichend Rechnung tragen. Dabei hat der einen Firmentarifvertrag abschließende Arbeitgeber offensichtlich einen größeren Beurteilungsspielraum als der mehrere Branchensektoren umfassende Arbeitgeberverband.

352 bb) Mehrarbeit. Während es sich bei Überstunden um einen Oberbegriff für die Arbeitszeit handelt, die über die nach dem Tarifvertrag oder dem Einzelarbeitsvertrag zu leistende Arbeitszeit hinausgeht, wurde unter Mehrarbeit vor Inkrafttreten des Arbeitszeitgesetzes jede die *gesetzlich* vorgeschriebene Höchstarbeitszeit überschreitende und nach § 15 Abs. 1 AZO zuschlagspflichtige Arbeitszeit verstanden.[150] Diese Differenzierung wurde zumindest in Rechtsprechung und Schrifttum vorgenommen, während die Tarifvertragsparteien die Unterscheidung häufig ignorierten und den Ausdruck „Mehrarbeit" auch dann verwendeten, wenn rechtlich Überstunden gemeint waren. Das am 1. 7. 1994 in Kraft getretene Arbeitszeitgesetz sieht den Begriff „Mehrarbeit" nicht vor, so daß es – im Gegensatz zu § 15 Abs. 1 AZO – keine Legaldefinition mehr gibt. Daher ist es nun alleinige Aufgabe der Tarif- und Arbeitsvertragsparteien, zu bestimmen, ab welcher Stundenzahl die vom Arbeitnehmer geleisteten Überstunden als zuschlagspflichtige Mehrarbeit zu bewerten sind.[151] Tarifvertragliche Regelungen betreffen weiterhin die Voraussetzungen (betriebliche Erfordernisse), den quantitativen Rahmen (Höchstgrenzen), das Verfahren (Vorankündigung) sowie die Rechtsfolgen (Zuschläge oder Freizeitausgleich). Werden, wie dies etwa die Hälfte der Tarifverträge vorsieht, dringende betriebliche Erfordernisse verlangt, oder wird, wie im Manteltarifvertrag Metall NRW, nur „notwendige Mehrarbeit" zugelassen, so genügt nicht jedes Interesse des Arbeitgebers und nicht jedes betriebliche Bedürfnis, sondern es dürfen nur solche Mehrarbeitsstunden durchgeführt werden, ohne die ein bestimmter Zweck oder ein be-

---

[149] *Säcker/Oetker,* Tarifautonomie, S. 86; *Wiedemann,* in: Festschrift für Stefan Riesenfeld (1983), S. 301.
[150] BAG 15. 9. 1971 AP Nr. 15 zu § 611 BGB Bergbau *(Meisel);* BAG 31. 5. 1972 AP Nr. 16 zu § 611 BGB Bergbau; *Däubler,* Tarifvertragsrecht, Rnr. 688; Beibehaltung der Differenzierung auch unter der Geltung des neuen ArbZG: *Fitting/Kaiser/Heither/Engels,* 18. Aufl. 1996, § 87 BetrVG, Rnr. 114; *Kempen/*Zachert, § 1 TVG, Rnr. 154.
[151] Vgl. BAG 25. 7. 1996 AP Nr. 6 zu § 35 BAT; *Linnenkohl,* § 1 ArbZG, Rnr. 41 und § 3, Rnr. 30.

stimmtes betriebliches Ziel nicht erreicht werden kann.[152] Der Tarifvertrag kann die Anordnung der Mehrarbeit von der Zustimmung des Arbeitnehmers abhängig machen. Er kann Zuschlag oder Freizeitausgleich (§ 17 BAT) jeweils als Regel vorsehen oder dem Arbeitnehmer die Wahl darüber einräumen. Eine Tarifvertragsnorm, die die Abgeltung der Mehrarbeitsstunden durch Freizeit bei mehr als sechzehn Mehrarbeitsstunden im Monat vorsieht (so z. B. § 4 MTV Metall NRW) und den Anspruch auf Freizeitausgleich nicht ausdrücklich auf die für die über die sechzehn Mehrarbeitsstunden hinausgehende Mehrarbeit beschränkt,[153] ist so auszu-legen, daß der Arbeitnehmer bei mehr als 16 Mehrarbeitsstunden die Freistellung für sämtliche Mehrarbeitsstunden verlangen kann und nicht erst für die Mehrarbeit ab der siebzehnten Mehrarbeitsstunde.[154] Wird der Freizeitausgleich tarifvertraglich vorgeschrieben, so soll damit eine Über-stundenabgeltung verhindert werden. Trotzdem bleibt dem Arbeitnehmer das Wahlrecht zwischen einer Mehrarbeit mit erhöhter Vergütung und dem tarifvertraglichen Zeitausgleich, da jedenfalls die Wahl darüber eine für ihn günstigere Alternative nach § 4 Abs. 3 des Gesetzes darstellt.[155] Für das Verbot von Überstundenvergütungen stellt sich die Frage nach einem Eingriff in die Berufsausübung des Arbeitnehmers nach Art. 12 GG daher nicht. Da das ArbZG im Gegensatz zu § 15 Abs. 2 AZO keinen Mehrarbeitszuschlag mehr festlegt, ist ein solcher tarifvertraglich zu bestimmen, wobei meist eine Vergütung von zusätzlich 25% für Mehrarbeitsstunden vorgesehen wird.

cc) Kurzarbeit. Als Kurzarbeit wird die vorübergehende Herabsetzung der betriebsüblichen Arbeitszeit verstanden; unerheblich ist hierbei, ob einzelne Stunden ausfallen, die Arbeit an einzelnen Wochentagen oder sogar über ganze Wochen hinweg ruht.[156] Der Arbeitgeber kann Kurzarbeit mit entsprechender Lohnminderung nicht einseitig einführen.[157] *De lege ferenda* kann der Arbeitgeber Kurzarbeit anordnen, wenn die Voraussetzungen für die Gewährung von Kurzarbeitergeld erfüllt sind; vgl. § 38 Abs. 2 ArbVGE. Nach geltendem Recht bedarf er dafür indes einer vertraglichen Grundlage, die vielfach in Tarifvertragsnormen anzutreffen ist. Mit der Ermächtigung des Arbeitgebers zur Einführung von Kurzarbeit müssen die Tarifvertragsparteien allerdings auch die *allgemeinen Voraussetzungen* festlegen, unter denen Kurzarbeit eingeführt werden darf. Eine Tarifnorm, die dem Arbeitgeber ohne jede Vorgabe oder Einschränkung die Suspendierung des Arbeitsverhältnisses überläßt, ist wegen objektiver Umgehung des zwingenden Kündigungsschutzrechts unwirksam;[158] vgl. dazu auch oben Einl.

---

[152] BAG 24. 3. 1992 = BB 1992, S. 2074.
[153] Zu letzterer enger Formulierung: BAG 17. 1. 1995 AP Nr. 15 zu § 611 BGB Mehrarbeitsvergütung.
[154] BAG 24. 1. 1990 AP Nr. 90 zu § 1 TVG Tarifverträge: Metallindustrie.
[155] Abw. früher BAG 7. 12. 1965 AP Nr. 1 zu § 817 BGB für tariflich verbotene Abgeltung des Urlaubsanspruchs.
[156] *Däubler*, Tarifvertragsrecht, Rnr. 710; *Fitting/Kaiser/Heither/Engels*, 18. Aufl. 1996, § 87 BetrVG, Rnr. 121; *Kempen/Zachert*, § 1 TVG, Rnr. 157.
[157] BAG 12. 10. 1994 AP Nr. 66 zu § 87 BetrVG Arbeitszeit.
[158] BAG 18. 10. 1994 AP Nr. 11 zu § 615 BGB Kurzarbeit; BAG 27. 1. 1994 AP Nr. 1 zu § 15 BAT-O.

Rnr. 373. Häufig sehen Tarifverträge die Einhaltung einer bestimmten Ankündigungsfrist,[159] die Aufstockung des Kurzarbeitsgeldes[160] oder den Ausschluß betriebsbedingter Kündigungen während der Kurzarbeit vor. Da die Tarifvertragsparteien schon aus praktischen Gründen regelmäßig nur die allgemeine Zulässigkeit, jedoch nicht die Einzelheiten der konkreten Anordnung von Kurzarbeit regeln, bleibt das Mitbestimmungsrecht des Betriebsrats nach § 87 Abs. 1 Nr. 3 BetrVG insoweit unberührt.[161] Wird mit der Tarifvertragsbestimmung nur die Möglichkeit der Kurzarbeit eröffnet, muß die Festsetzung im Einzelfall ebenso wie die Festsetzung von Beginn und Ende der Arbeitszeit und auch die Einführung der Art der Kurzarbeit, nämlich die Verkürzung der täglichen Arbeitszeit oder der Wegfall der Arbeit an einzelnen Tagen, unter Einhaltung des Mitbestimmungsrechts festgelegt werden.[162] Die tarifvertraglichen Vorgaben sind hierbei von den Betriebspartnern zu berücksichtigen. So ist eine Betriebsvereinbarung, die eine tarifvertraglich festgelegte Ansagefrist mißachtet, insoweit unwirksam.[163]

354 Zur Bezahlung von Krankheits- und Feiertagen bei Arbeitszeitverkürzung durch Freischichten hat die Rechtsprechung entschieden, letztere seien pauschaliert nach der Betriebsnutzungszeit und nicht auf der Basis der individuellen wöchentlichen Arbeitszeit zu berechnen.[164]

355 **dd) Arbeitszeitflexibilisierung.** Neuere Tarifverträge eröffnen teils sehr weitreichende Möglichkeiten einer Flexibilisierung der Arbeitszeit. In dem Manteltarifvertrag der chemischen Industrie wurde beispielsweise ein „Arbeitszeitkorridor" von 35 bis 40 Stunden vereinbart. Die Abweichung von der Durchschnittsarbeitszeit (37,5 Wochenstunden) muß in diesem Fall nicht ausgeglichen werden; sie ist jedoch bei einzelnen Arbeitnehmergruppen von der Zustimmung des Betriebsrates bzw. bei größeren Betriebsteilen oder ganzen Betrieben von der Zustimmung der Tarifvertragsparteien abhängig (§§ 2, 3 MTV Chemie v. 10. 1. 1994). Die Metalltarifverträge seit 1994 sehen immerhin eine erhebliche Verlängerung des Ausgleichszeitraums, in dem die durchschnittliche wöchentliche Arbeitszeit wieder erreicht werden muß, von 6 auf 12 Monate vor. Eine neue Form der Arbeitszeitgestaltung findet sich in dem Manteltarifvertrag der Süßwarenindustrie vom 30. 6. 1994.[165] Dieser sieht lediglich eine durchschnittliche tarifliche Wochenarbeitszeit von 38 Stunden vor, während die regelmäßige wöchentliche betriebliche Arbeitszeit von den Betriebsparteien festgelegt wird und bis zu 45 Stunden (ohne Mehrarbeitszuschläge) betragen kann. Desweiteren ist kein fester Ausgleichszeitraum vorgesehen. Alle Arbeitnehmer erhalten ein sog. Arbeitszeitkonto, auf dem Arbeitsstunden von über 7,6 Stunden täglich als

---

[159] Vgl. BAG 12. 10. 1994 AP Nr. 63 zu § 87 BetrVG Arbeitszeit; dazu ausführlich: *Säcker/Oetker*, ZfA 1991, S. 131 ff.
[160] BAG 21. 4. 1993 AP Nr. 108 zu § 1 TVG Tarifverträge: Metallindustrie.
[161] BAG 25. 11. 1981 AP Nr. 3 zu § 9 TVAL II *(Beitzke)*; *Buschmann/Ulber*, Flexibilisierung, 1989, S. 218; *Däubler*, Tarifvertragsrecht, Rnr. 714; *Fitting/Kaiser/Heither/Engels*, 18. Aufl. 1996, § 87 BetrVG, Rnr. 125; GK-BetrVG/*Wiese*, § 87, Rnr. 328; *Kempen/Zachert*, § 1 TVG, Rnr. 160.
[162] BAG 25. 11. 1981 AP Nr. 3 zu § 9 TVAL II *(Beitzke)*.
[163] BAG 12. 10. 1994 AP Nr. 66 zu § 87 BetrVG Arbeitszeit.
[164] BAG AP Nr. 52–54 zu § 1 Feiertagslohnzahlungsg *(Wank)*.
[165] Abgedruckt in: NZA 1994, S. 1071.

Guthaben und solche, die unter 7,6 Stunden täglich liegen, als Belastung verbucht werden. Zur gleichmäßigen verläßlichen Verteilung von Arbeit und Gehalt im Verlauf eines Berufslebens wird die Einrichtung von **Arbeitszeitkonten** zukünftig eine zentrale Rolle spielen. Sogenannte Flexibilisierungs- bzw. Kurzzeitkonten erfassen die durch eine flexible Anpassung der Arbeitszeit an die betriebliche Auftragslage entstehenden Zeitdifferenzen zur individuellen oder tarifvertraglichen durchschnittlichen Regelarbeitszeit; sie sind innerhalb eines vorgegebenen Verteilzeitraumes (in der Regel zwölf Monate) auszugleichen. Dieses Arbeitszeitkontenmodell wird auch als „Jahresarbeitszeitkontenmodell" bezeichnet. So können die Tarifvertragsparteien vereinbaren, daß der Arbeitgeber in Zeiten von Mehrarbeit keine zusätzliche Vergütung zahlt, sondern die geleistete Mehrarbeit auf einem Jahresarbeitszeitkonto erfaßt wird, um in Zeiten geringerer Beschäftigung dem Arbeitnehmer seine Bezüge fortzuzahlen und ihn im Umfang der Mehrarbeit freizustellen. Möglich ist hingegen auch die Einrichtung von Langzeit- bzw. Lebensarbeitszeitkonten. Sie dienen dem Ansparen umfangreicher Zeitvolumen und sind zumeist mit der Option zum vorzeitigen Ausscheiden (vorgezogener Ruhestand/Altersteilzeit) verbunden.

2. Arbeitsentgelt

a) Entgeltsystem. Lohnhöhe und Entgeltsystem sind Hauptinhalt des klassischen Tarifvertrages. Das Bundesministerium für Arbeit und Sozialordnung veröffentlicht jährlich eine Übersicht über die tarifvertraglichen Arbeitsbedingungen des Vorjahres. Außerdem werden Ergebnisse wichtiger Tarifabschlüsse, Übersichten über tarifvertragliche Arbeitsbedingungen und ein Verzeichnis der für allgemeinverbindlich erklärten Tarifverträge veröffentlicht.[166]

aa) Inhalt. Die allgemeinen Regeln über Löhne und Gehälter finden sich in der Regel im *Manteltarifvertrag*, in dem die Arbeiter- und Angestelltentätigkeiten in einzelne Lohn- und Gehaltsgruppen aufgeteilt werden.[167] Die eigentlichen Gehalts- und Lohnbestimmungen werden meist in einem den Manteltarifvertrag ergänzenden und mit ihm eine sachliche Einheit bildenden *Lohntarifvertrag* vereinbart. Sondertarifverträge bestehen vielfach für Ausbildungsvergütungen, vermögenswirksame Leistungen und Altersversorgung in Gemeinsamen Einrichtungen. Von den 45 148 am Jahresende 1996 insgesamt gültigen Tarifverträgen waren 6335 Vergütungstarifverträge.[168] Der Tarifvertrag kann alle Arten von Arbeitsentgelt regeln, insb. den Zeitlohn und die verschiedenen Arten des leistungsbezogenen Arbeitsentgelts (Akkord, Prämie, Provision, Tantieme), sowie die Sondervergütungen (Gratifikationen) und den Aufwendungsersatz. Ausführlich geregelt werden auch die verschiedenen Zuschläge zum Arbeitsentgelt (z.B. für Mehr- und Überar-

---

[166] Bundesministerium für Arbeit und Sozialordnung III a 1–31205 (Bezug: Postfach 140280 in 53107 Bonn).
[167] Vgl. etwa MünchArbR/*Kreßel*, § 64, Rnr. 60 ff.
[168] Zur Struktur der Tarifverdienste im einzelnen vgl. *Bispinck*, Tarifpolitik WSI, Juni 1998, S. 3 ff. (zu Vergütungsgruppen, Spannweite der Vergütung, Differenzierungsmerkmale u. a.).

beit, Nachtarbeit, Wechselschichtarbeit, Erschwerniszulagen, Kinderzuschläge usw.). Lohn- und Gehaltserhöhungen können zeitlich gestuft vorgenommen werden (Stufenregelungen).[169] Zulässig ist auch, daß die Tarifvertragsparteien in Lohntarifverträgen lediglich Bandbreiten vorgeben (Korridorlösungen) und die endgültige Lohnhöhe dann auf Betriebsebene innerhalb des vorgegebenen Rahmens festgesetzt wird. Gleiches gilt für sog. Options- oder Menulösungen.[170]

358   bb) Bedeutung. Eine der Hauptaufgaben des Firmen- wie des Verbandstarifvertrages besteht darin, eine dem Produktionswert, der Beschäftigungsleistung und der Person der Arbeitnehmer gerecht werdende *Lohn- und Gehaltsstruktur* festzulegen. Der Tarifvertrag übernimmt damit die Aufgabe einer sozial ausgerichteten Verteilungspolitik, die vom Individualarbeitsvertrag seiner Natur nach nicht erbracht werden kann, denn er legt die für Löhne und Gehälter und andere vermögenswerte Leistungen bestimmte Gesamtsumme und ihre Verteilung unter den begünstigten Arbeitnehmern auf Zeit verbindlich fest. Auch und gerade die klassischen Inhaltsnormen zur Vergütung tragen deshalb nicht nur dem Schutzbedürfnis des einzelnen Arbeitnehmers und der Ordnung des Betriebes, sondern der allgemeinen Lohngerechtigkeit Rechnung.[171] Dabei haben *Vergütungsvolumen* und *Vergütungsstruktur* nicht nur für die organisierten, sondern auch für die nicht organisierten Arbeitnehmer der Unternehmens grundlegende Bedeutung. Für die organisierten Arbeitnehmer bestimmt der Tarifvertrag den Mindestsockel der Entgelt- und Sozialleistungen, die durch zusätzliche Leistungen nur verbessert werden können. Praktisch gilt aber die gleiche Rechtslage für die nicht organisierten Arbeitnehmer, wenn sie durch Bezugnahmeklauseln im Einzelarbeitsvertrag den Gewerkschaftsmitgliedern gleichgestellt werden, was auch heute noch verbreiteter Betriebspraxis, z.B. im Öffentlichen Dienst, in der Chemie- oder Metallbranche, entspricht.[172] Und selbst wenn dies nicht geschieht, zeitigt der Tarifvertrag für *alle* Arbeitnehmer unmittelbare Wirkung. Denn dadurch, daß die Lohnkosten für die tarifgebundenen Beschäftigten festgelegt sind, wird gleichzeitig erheblicher Einfluß auf die Kostensituation des Unternehmens insgesamt ausgeübt. Die vom Tarifvertrag vorgegebene Belastung schränkt seinen Spielraum für weitere Vergünstigungen gegenüber allen Arbeitnehmern, für zusätzliche Beschäftigung und für die übrige Unternehmenspolitik ein. Hervorzuheben ist schließlich die Bedeutung der tarifvertraglichen Bedingungen als *Referenzgröße*. Der Tarifvertrag bietet für die Branche und darüber hinaus das Raster und die Orientierungsgröße für Entgelt, Sondervergütungen und Sozialleistungen.[173] Dies wiederum hat erhebliche Auswirkungen auf den gesamten Arbeitsmarkt; so ist zu verweisen auf die zu erwartenden Wirkungen für die Produktivität im Unternehmen, die

---

[169] Vgl. zu Stufentarifverträgen *Hanau/Kania,* Betrieb 1995, S. 1229.
[170] Vgl. dazu Monopolkommission, 10. Hauptgutachten 1992/93, Kapitel VII, Rnr. 944.
[171] Vgl. zur selben Aufgabe in der Betriebsverfassung BAG 22. 1. 1980 AP Nr. 3 zu § 87 BetrVG 1972 Lohngestaltung.
[172] Vgl. den Bericht der OECD, Jobs Study, Part II, The Adjustment Potential of the Labour Market, 1994, S. 10; vgl. dazu oben Rnr. 30.
[173] Vgl. *Gamillscheg,* Kollektives Arbeitsrecht I, § 12 7 a, S. 496.

Motivation der Arbeitnehmer bei einer gespaltenen Lohnstruktur und die Auswirkungen der Entgelthöhe auf die wirtschaftliche Lage zwischen den einzelnen Branchen.[174]

b) Arbeitsbewertung. Die Lohn- und Gehaltsstruktur vorzunehmen, 359 also die Einzelleistungen zu bewerten und ihr Verhältnis zueinander zu bestimmen, steht im Ermessen der Sozialpartner. Sie sind dabei an keine gesetzlichen Vorgaben gebunden, müssen aber den Gleichheitssatz des Art. 3 GG und des Art. 119 EGV sowie die rechtsstaatlichen Gebote des Bestandsschutzes und der Verhältnismäßigkeit beachten. Im Rahmen der Gleichheitsgebote ändern sich die Eingruppierungskriterien mit den Produktionsbedingungen und dem Arbeitnehmerbewußtsein.[175] Dabei wird zunehmend die Anknüpfung an Ausbildung und Qualifikation des Arbeitnehmers durch sachliche Erfordernisse des jeweiligen Arbeitsplatzes (Anforderungsbezug) ergänzt. Die Eingruppierung wird dadurch nach oben und unten durchlässig, was dem Leistungsprinzip der Vergütung entspricht.

In der Praxis sind **Arbeitsbewertungsverfahren** ausgearbeitet worden, 360 die für zeit- oder leistungsabhängige Entgeltsysteme herangezogen werden.[176] Beim zeitabhängigen Entgelt richtet sich die Vergütung nach der Zeiteinheit, in der ein Arbeitnehmer seine Arbeitsleistung erbracht hat. Das leistungsabhängige Entgelt knüpft nicht an den Zeitaufwand, sondern an die konkret erbrachte Arbeitsleistung an, meist unter Vorgabe eines Mindestentgelts. Dabei wird zwischen arbeitsabhängigen (Akkord) oder erfolgsabhängigen (Provision, Prämie) Entgeltsystemen unterschieden. Die zeitabhängige Bezahlung berücksichtigt den individuellen Leistungsgrad des einzelnen Arbeitnehmers nicht; bei der leistungsabhängigen Entlohnung wird die individuelle Arbeitseffektivität dagegen – jedenfalls teilweise – zugrunde gelegt. Aus rechtlicher Sicht ist hervorzuheben, daß die Arbeitsbewertungsverfahren lediglich *zwei* Lohndifferenzierungskriterien näher bestimmen können, nämlich die Anforderungen des Arbeitsplatzes und die Leistungen der Arbeitnehmer. Die übrigen im Rahmen des Gleichheitssatzes zur Verfügung stehenden Lohnbildungsfaktoren werden davon nicht betroffen.[177] Innerhalb der Arbeitsbewertungsverfahren wird zwischen summarischen und analytischen Verfahren unterschieden. Summarische Bewertungsmerkmale (insb. Vorbildung, Berufserfahrung und Schwere der Arbeit) bestimmen Anforderungen an die Person des Arbeitnehmers und an die zu verrichtende Tätigkeit nach der allgemeinen Lebenserfahrung. Ihr Vorteil liegt in der einfachen Handhabung; die einzelnen Vergütungsgruppen können mit geringem Aufwand beschrieben werden. Die analytische Arbeitsbewertung, die ausschließlich auf die am Arbeitsplatz bestehenden Anforderungen, insb. Können, Belastung, Verantwortung und Umgebungseinflüsse, abstellt, ermöglicht hin-

---

[174] Vgl. *Thiele,* Gespaltener Arbeitsmarkt und Beschäftigung, 1997.
[175] *Lang/Unterhinninghofen,* Tarifreform 2000 – IG-Metall-Vorschläge für die Industriearbeit der Zukunft, RdA 1992, S. 179–185.
[176] Vgl. dazu *D. Alewell,* Lohngerechtigkeit und Lohndifferenzierung, WiSU 1993, S. 591–598; *W. Oechsler,* Personal und Arbeit, 5. Aufl. 1994, S. 311; *K. Olfert/ P. Steinbuch,* Personalwirtschaft, 6. Aufl. 1995, S. 270ff. alle m.w.N.
[177] Vgl. dazu oben Einl. Rnr. 257ff.

gegen genauere Ergebnisse, wird jedoch in der Praxis wegen des damit verbundenen Aufwands nur selten angewandt. Die individuellen Fähigkeiten und das Leistungsverhalten des Arbeitnehmers können bei diesen Anforderungskriterien grundsätzlich nicht berücksichtigt werden. Der Hauptkritikpunkt daran lautet, daß der Arbeitgeber es bei Anwendung der analytischen Arbeitsbewertung weitgehend in der Hand hat, durch Veränderung der Arbeitsplätze zugleich die Anforderungen so zu gestalten, daß Herabgruppierungen möglich werden.[178]

361 **c) Einzelfragen des Entgelts.** An der Zuständigkeit der Tarifvertragsparteien, in Inhaltsnormen Grund- und Einzelfragen der Vergütung der Arbeitnehmer zu regeln, besteht kein Zweifel. Häufig werden dafür in der Praxis eigene Lohn- oder Gehaltstarifverträge abgeschlossen, und zwar sowohl Rahmen- wie Einzelvereinbarungen, letztere in der Regel mit bestimmter Laufzeit. Von einzelnen Auslegungsproblemen abgesehen sind in der Rechtsprechung folgende Sachfragen behandelt worden:

362 – **Abgeltungs- und Lohnabtretungsverbot.** Tarifvertragliche Lohnabtretungsverbote sind wirksam (BAG 20. 12. 1957 AP Nr. 1, 5. 9. 1960 AP Nr. 4 und 2. 6. 1966 AP Nr. 8 zu § 399 BGB). Es handelt sich hierbei nicht um grundsätzlich unzulässige Lohnverwendungsklauseln (vgl. dazu oben Einl. Rnr. 468 f.); Abtretungsverbote bestimmen vielmehr in ähnlicher Weise wie Vereinbarungen über die Fälligkeit des Lohnanspruchs oder Ausschlußfristen den Inhalt des Lohnanspruchs. Das tarifvertragliche Lohnabtretungsverbot bewirkt keine absolute Unpfändbarkeit der Lohnansprüche nach § 851 Abs. 1 ZPO; es ist als Fall der §§ 399 BGB und 851 Abs. 2 ZPO anzusehen mit der Folge, daß gegen die Lohnansprüche im Rahmen der Pfändungsschutzbestimmungen aufgerechnet werden kann. Von der grundsätzlichen Unzulässigkeit von Lohnverwendungsabreden gem. § 117 Abs. 2 GewO gibt es auch gesetzlich anerkannte Ausnahmen, so die Abführung von Beiträgen an eine Gemeinsame Einrichtung: durch Tarifvertrag kann bestimmt werden, daß ein neu zu gewährender Lohnzuschlag von dem Arbeitgeber an eine durch die Tarifvertragsparteien gebildete Lohnausgleichskasse abgeführt wird; BAG 5. 12. 1958 AP Nr. 1 zu § 4 TVG Ausgleichskasse *(Tophoven)*. Umstritten ist, ob es auch der Regelungsmacht der Tarifvertragsparteien offensteht, die Abführung von Gewerkschaftsbeiträgen durch den Arbeitgeber zu regeln. Während hierin teilweise eine unzulässige Lohnverwendungsklausel gesehen wird (vgl. *Löwisch*/Rieble, § 1 TVG, Rnr. 55, 553), sehen andere keinen Hinderungsgrund, diesen Fall der gesetzlich geregelten Ausnahme in § 117 Abs. 2 GewO zu unterstellen (vgl. *Däubler,* Tarifvertragsrecht, Rnr. 428); vgl. dazu im übrigen Einleitung Rnr. 452, 468.

Ein Tarifvertrag kann einen Anspruch auf ein **Deputat** begründen (z. B. Lieferung von Hausbrand). Ebenso kann ein Anspruch auf Barabgeltung von Deputaten (Naturalleistungen) geregelt werden (BAG 22. 8. 1979 AP Nr. 3 und 7. 12. 1983 AP Nr. 7 zu § 611 BGB Deputat). Das sog. Truckverbot des § 115 GewO, wonach die Gewerbetreibenden verpflichtet sind, die Löhne ihrer Arbeitnehmer in Deutscher Mark zu berechnen und bar auszuzahlen und sie den Arbeitnehmern

---

[178] Vgl. dazu Kempen/*Zachert,* § 1 TVG, Rnr. 95.

keine Waren kreditieren dürfen, hindert gewerbliche Arbeitgeber und Arbeitnehmer nicht daran, die Vergütung ganz oder zum Teil in Sachleistungen festzulegen. § 115 Abs. 1 GewO verbietet nur die Abgeltung vereinbarten Geldlohns durch Waren; zur Verfassungsmäßigkeit des § 115 Abs. 1 GewO vgl. BVerfG 24. 2. 1992 AP Nr. 5 zu § 115 GewO. Durch Tarifvertrag kann auch die Überlassung eines Dienstwagens an bestimmte Gruppen von Arbeitnehmern geregelt werden. Gestattet der Tarifvertrag auch die Nutzung des Dienstwagens für private Zwecke, so handelt es sich um eine Form der Naturalvergütung. Zur Möglichkeit, den Tronc (Spielbank) zur Zahlung der Beiträge zur Berufsgenossenschaft zu verwenden vgl. BAG 1. 3. 1989 AP Nr. 14 zu § 611 BGB Croupier.

– **Abrechnung.** Tarifverträge können vorsehen, daß der Arbeitgeber nach 363 Abschluß des Lohnabrechnungszeitraums eine schriftliche Abrechnung über das Arbeitsentgelt (mit Angaben über den Abrechnungszeitraum und die Zusammensetzung des Arbeitsentgelts hinsichtlich Lohn, vermögenswirksamer Leistungen, Zulagen, Abzügen und Abschlagszahlungen) zu erteilen hat; BAG 7. 11. 1968 AP Nr. 38 und 18. 1. 1969 AP Nr. 41 zu § 4 TVG Ausschlußfristen. Muß der Schuldner dem Gläubiger eine Abrechnung erteilen, damit dieser seinen Anspruch geltend machen kann, beginnt die Ausschlußfrist für den Anspruch erst mit Rechnungslegung; BAG 6. 11. 1985 AP Nr. 93 zu § 4 TVG Ausschlußfristen. Ein Arbeitgeber darf sich nach Treu und Glauben nicht auf eine Verkürzung oder Versäumung einer tarifvertraglichen Ausschlußfrist berufen, solange er schuldhaft eine Abrechnung verzögert, ohne die der Arbeitnehmer seine Ansprüche nicht erkennen und erheben kann; BAG 27. 11. 1984 AP Nr. 89 und 6. 11. 1985 AP Nr. 93 zu § 4 TVG Ausschlußfristen.
– **Abzüge.** Zur Lohnkürzung wegen Schlechtleistung vgl. BAG 17. 7. 1970 364 AP Nr. 3 zu § 11 MuSchG 1968 *(Fenn)*.
– **Abschlag und Vorschuß.** Zur Abgrenzung zwischen Gehaltsvorschüssen 365 und Darlehen vgl. LAG Düsseldorf 14. 7. 1955 AP Nr. 1 zu § 614 BGB Gehaltsvorschuß *(Larenz)*. Wenn in einem Tarifvertrag bestimmt ist, daß bestimmte Bezüge „bis auf weiteres vorschußweise" gezahlt werden, so bedeutet das, daß der Arbeitgeber zwar verpflichtet ist, diese Bezüge zu bezahlen, daß er sie aber nur als Vorschuß zu gewähren braucht. Eine solche Tarifvertragsklausel hat nicht zur Folge, daß aufgrund des Tarifvertrages geleistete Zahlungen ohne weiteres als Vorschuß zu beurteilen wären, also auch dann, wenn der Arbeitgeber bei der Auszahlung keine Erklärung in dieser Richtung abgegeben hat; BAG 11. 7. 1961 AP Nr. 2 zu § 614 BGB Gehaltsvorschuß. Zum Rückzahlungsverlangen des Arbeitgebers vgl. BAG 28. 6. 1965 AP Nr. 3 zu § 614 BGB Gehaltsvorschuß.
– **Art und Ort der Lohnzahlung.** Fragen der bargeldlosen Lohnzahlung 366 können tarifvertraglich geregelt werden. Dies gilt auch für die Pflicht des Arbeitgebers, Kontoführungsgebühren des Arbeitnehmers zu erstatten; BAG 12. 9. 1984 AP Nr. 135 zu § 1 TVG Auslegung *(Pleyer)* = EzA § 1 TVG Auslegung Nr. 14 *(Belling)*. Tarifvertraglich kann bestimmt werden, daß der Arbeitgeber, statt das Arbeitsentgelt bar auszuzahlen, die Überweisung auf ein Konto des Arbeitnehmers bis zu einem bestimmten Zeitpunkt vorzunehmen und der Arbeitnehmer seinerseits ein Konto, auf das die Überweisung durchgeführt werden kann, bei einem Kreditinstitut seiner Wahl einzurichten hat; BAG 15. 12. 1976 AP Nr. 1 zu § 1 TVG Ar-

beitsentgelt *(Wiedemann)*; BAG 31. 7. 1984 AP Nr. 1 zu § 26a BMT-G II; BAG 5. 3. 1991 AP Nr. 11 zu § 87 BetrVG Auszahlung. Das Mitbestimmungsrecht des Betriebsrats nach § 87 Abs. 1 Nr. 4 BetrVG beschränkt sich dann auf diejenigen Bereiche, die der Tarifvertrag offengelassen hat; BAG 5. 3. 1991 AP Nr. 11 zu § 87 BetrVG Auszahlung. Eine tarifvertragliche Regelung über die Einführung der bargeldlosen Lohnzahlung ist nicht allein deswegen für eine ergänzende Regelung durch die Betriebspartner offen, weil sie die Gebührenlast nicht besonders regelt. Auch ohne eine solche besondere Regel entfaltet sie eine Sperre für das sonst gegebene Mitbestimmungsrecht des Betriebsrats hinsichtlich der Frage, wer die durch die bargeldlose Lohnzahlung anfallenden Kontoführungsgebühren zahlen soll; BAG 31. 8. 1982 AP Nr. 2 zu § 87 BetrVG Auszahlung; BAG 4. 8. 1981 AP Nr. 1 zu § 87 BetrVG Tarifvorrang. Ohne besonderen Rechtsgrund ist der Arbeitgeber nicht verpflichtet, die bei dem Arbeitnehmer infolge der bargeldlosen Lohnzahlung anfallenden Kosten zu übernehmen; BAG 15. 12. 1976 AP Nr. 1 zu § 1 TVG Arbeitsentgelt *(Wiedemann)*; BVerwG 12. 12. 1979 AP Nr. 88 zu § 611 BGB Fürsorgepflicht; BAG 31. 8. 1982 AP Nr. 2 zu § 87 BetrVG 1972 Auszahlung; BAG 12. 9. 1984 AP Nr. 135 zu § 1 TVG Auslegung *(Pleyer)*; BAG 31. 7. 1984 AP Nr. 1 zu § 26a BMT-G II. Je nach dem Inhalt der tarifvertraglichen Regelung kann sich die entsprechende Erstattungspflicht des Arbeitgebers auf vom Arbeitnehmer zu zahlende Kontoführungsgrundgebühren und, soweit diese die bargeldlose Lohnzahlung betreffen, auch auf Buchungs- und Kontoauszugsgebühren erstrecken; BAG 12. 9. 1984 AP Nr. 135 zu § 1 TVG Auslegung *(Pleyer)*. Ist tarifvertraglich die bargeldlose Lohnzahlung vorgeschrieben und wird von dem Kreditinstitut nachträglich eine Kontoführungsgebühr eingeführt, muß mangels besonderer anderweiter Vereinbarung diese Gebühr vom Arbeitnehmer getragen werden; BAG 15. 12. 1976 AP Nr. 1 zu § 1 TVG Arbeitsentgelt *(Wiedemann)* und 31. 7. 1984 AP Nr. 1 zu § 26a BMT-G II.

367 – **Eingruppierung.** Tarifverträge legen in der Regel bestimmte Vergütungsgruppen fest, indem sie bestimmte Anforderungen an die Person und an die auszuübende Tätigkeit aufstellen.[179] Es werden zunächst abstrakte allgemeine Tätigkeitsmerkmale aufgeführt, sodann diese Oberbegriffe durch Tätigkeitsbeispiele ergänzt und erläutert (zur Verwendung unbestimmter Rechtsbegriffe und deren Konkretisierung vgl. BAG 26. 2. 1986 AP Nr. 43 zu § 1 TVG Tarifverträge: Metallindustrie). Führen Tarifvertragsparteien im Anschluß an allgemeine Tätigkeitsmerkmale *Beispielstätigkeiten* an, die sie mit „zum Beispiel" einleiten, sind die allgemeinen Merkmale nach dem Willen der Tarifvertragsparteien stets dann erfüllt, wenn der Arbeitnehmer eine Beispielstätigkeit ausübt. Ist dies nicht der Fall, kann die Erfüllung der allgemeinen Tätigkeitsmerkmale eine höhere Eingruppierung rechtfertigen; BAG 8. 2. 1984 AP Nr. 3 zu § 1 TVG Ta-

---

[179] Vgl. zu den Elementen und dem Prozeß der Arbeitsbewertungsmethoden *Bisani*, Personalwesen und Personalführung, 1995, S. 432 ff.; *Gerum*, Wist 1985, S. 493 ff.; *Oechsler*, Personal und Arbeit, 5. Aufl. 1994, S. 299 ff.; *Schanz*, Personalwirtschaftslehre, 1993, S. 470 ff.

3. Abschnitt. Die Tarifvertragsnormen **367** § 1

rifverträge: Einzelhandel; BAG 8. 2. 1984 AP Nr. 134 zu § 1 TVG Auslegung; BAG 14. 5. 1986 AP Nr. 119 zu §§ 22, 23 BAT; BAG 12. 3. 1986 AP Nr. 7, 21. 10. 1987 AP Nr. 19 und 28. 9. 1988 AP Nr. 22 zu § 1 TVG Tarifverträge: Druckindustrie; BAG 21. 7. 1993 AP Nr. 10 zu § 1 TVG Tarifverträge: Luftfahrt. Daraus folgt der allgemeine Grundsatz: wenn die Tätigkeit eines Arbeitnehmers in einem tarifvertraglichen Beispielskatalog ausdrücklich und singulär erwähnt ist, brauchen die allgemeinen tarifvertraglichen Tätigkeitsmerkmale nicht mehr überprüft zu werden, sondern gelten nach dem Tarifvertrag als erfüllt; BAG 18. 1. 1984 AP Nr. 60 zu § 1 TVG Tarifverträge: Bau; BAG 8. 2. 1984 AP Nr. 3 zu § 1 TVG Tarifverträge: Einzelhandel; BAG 20. 8. 1986 AP Nr. 47 zu § 1 TVG Tarifverträge: Metallindustrie; BAG 20. 6. 1984 AP Nr. 2 und 25. 9. 1991 AP Nr. 7 zu § 1 TVG Tarifverträge: Großhandel. Die Tarifvertragsparteien bringen mit der Bezeichnung einer Tätigkeit in dem Beispielskatalog zum Ausdruck, daß der diese Tätigkeit ausübende Arbeitnehmer die Erfordernisse der betroffenen Vergütungsgruppe erfüllt; BAG 18. 2. 1987 AP Nr. 13 zu § 1 TVG Tarifverträge: Druckindustrie; BAG 15. 6. 1994 AP Nr. 9 zu §§ 22, 23 BAT Krankenkassen = EzA § 4 TVG Eingruppierung *(Böttcher)*. Enthält ein Tätigkeitsbeispiel unbestimmte Rechtsbegriffe, die nicht aus sich heraus ausgelegt werden können, ist auf die abstrakten Tätigkeitsmerkmale zurückzugreifen; dasselbe gilt, wenn eine Tätigkeit in den Richtbeispielen nicht erfaßt wird oder nur ein Ausschnitt der überwiegend ausgeübten Tätigkeit erfaßt wird; BAG 21. 10. 1987 AP Nr. 19 und 20. 9. 1995 AP Nr. 32 zu § 1 TVG Tarifverträge: Druckindustrie; BAG 25. 9. 1991 AP Nr. 7 zu § 1 TVG Tarifverträge: Großhandel. Bei sog. *Mischtätigkeiten* ist auf die überwiegend auszuübende Tätigkeit abzustellen; BAG 14. 2. 1984 AP Nr. 2 zu § 1 TVG Tarifverträge: Druckindustrie; BAG 25. 9. 1991 AP Nr. 7 zu § 1 TVG Tarifverträge: Großhandel. Dies ist die Tätigkeit, die mehr als die Hälfte der Gesamtarbeitszeit in Anspruch nimmt; BAG 7. 11. 1990 AP Nr. 29, 29. 7. 1992 AP Nr. 32 und 4. 8. 1993 AP Nr. 38 zu § 1 TVG Tarifverträge: Einzelhandel; BAG 25. 9. 1991 AP Nr. 7 zu § 1 TVG Tarifverträge: Großhandel; BAG 11. 3. 1995 AP Nr. 193 und 22. 3. 1995 AP Nr. 195 zu §§ 22, 23 BAT 1975; BAG 10. 5. 1995 AP Nr. 2 zu § 1 TVG Tarifverträge: Medizinischer Dienst *(Goldstein)*.

Zu häufig verwandten Eingruppierungskriterien und deren Auslegung vgl. BAG 27. 4. 1988 AP Nr. 63 zu § 1 TVG Tarifverträge: Metallindustrie *(v. Hoyningen-Huene/Pfarr)*; BAG 29. 7. 1992 AP Nr. 32 zu § 1 TVG Tarifverträge: Einzelhandel („körperlich schwere Arbeit"); BAG 6. 6. 1984 AP Nr. 90 und 20. 3. 1991 AP Nr. 156 zu §§ 22 und 23 BAT; BAG 26. 2. 1986 AP Nr. 43 zu § 1 TVG Tarifverträge: Metallindustrie; BAG 13. 11. 1991 AP Nr. 3 zu § 1 TVG Tarifverträge: Brauereien; BAG 1. 3. 1995 AP Nr. 2 zu § 1 TVG Tarifverträge: Arbeiterwohlfahrt; BAG 25. 10. 1995 AP Nr. 21 zu §§ 22, 23 BAT Sozialarbeiter („schwierige Arbeiten"); BAG 28. 2. 1979 AP Nr. 9 zu § 1 TVG Tarifverträge: Rundfunk; BAG 24. 4. 1985 AP Nr. 4 zu § 1 TVG Tarifverträge: Großhandel; BAG 26. 2. 1986 AP Nr. 43 zu § 1 TVG Tarifverträge: Metallindustrie; BAG 2. 3. 1988 AP Nr. 9 zu § 1 TVG Tarifverträge: Banken; BAG 11. 3. 1995 AP Nr. 193 zu §§ 22, 23 BAT 1975 („völlige Selbständigkeit"); BAG 17. 12. 1980 AP Nr. 38 und 11. 11. 1987 AP Nr. 140 zu §§ 22 und 23 BAT; BAG 25. 2. 1987 AP Nr. 16 zu § 1 TVG Tarifverträge: Einzelhandel; BAG 7. 11. 1990 AP Nr. 26 zu § 1 TVG

Tarifverträge: Druckindustrie; BAG 12. 2. 1992 AP Nr. 161 zu §§ 22 und 23 BAT 1975 („ständig eine bestimmte Anzahl Beschäftigter unterstellt"); BAG 19. 7. 1961 AP Nr. 109 zu § 1 TVG Auslegung *(Neumann-Duesberg)*; BAG 10. 11. 1982 AP Nr. 69 zu §§ 22 und 23 BAT 1975; BAG 8. 2. 1984 AP Nr. 3 zu § 1 TVG Tarifverträge: Einzelhandel; BAG 10. 12. 1986 AP Nr. 11 zu § 1 TVG Tarifverträge: Druckindustrie (Formalqualifikation). Es gilt der allgemeine Grundsatz, daß die Tarifvertragsparteien in Gesetzen auftauchende Begriffe im Sinne des Gesetzes oder branchenspezifische Begriffe im Sinne der Verkehrsanschauung der Branche verwenden; BAG 9. 10. 1963 AP Nr. 1 zu § 1 TVG Tarifverträge: BAVAV; BAG 7. 12. 1983 AP Nr. 82 zu §§ 22 und 23 BAT; BAG 8. 2. 1984 AP Nr. 3 zu § 1 TVG Tarifverträge: Einzelhandel; BAG 8. 2. 1984 AP Nr. 134 zu § 1 TVG Auslegung; BAG 12. 3. 1986 AP Nr. 7 zu § 1 TVG Tarifverträge: Druckindustrie; BAG 25. 2. 1987 AP Nr. 16 zu § 1 TVG Tarifverträge: Einzelhandel; BAG 2. 3. 1988 AP Nr. 9 zu § 1 TVG Tarifverträge: Banken.

368 Tarifvertragliche Qualifizierungsmerkmale liegen dann vor, wenn Arbeitsvorgänge, die den im jeweiligen Tätigkeitsmerkmal geforderten Anteil an der Gesamtarbeitszeit ausmachen, überhaupt in rechtserheblichem Ausmaß die Anforderungen dieser Qualifizierungsmerkmale erfüllen. Es ist nicht erforderlich, daß darüber hinaus auch innerhalb jedes Arbeitsvorgangs das Qualifizierungsmerkmal diesen Anteil an der Gesamtarbeitszeit erreicht; BAG 20. 10. 1993 AP Nr. 172 zu §§ 22, 23 BAT 1975. Auch können sich tarifvertragliche Qualifizierungsmerkmale nicht nur aus der Betrachtung einzelner Vorgänge, sondern auch aus der Summierung sämtlicher Einzelvorgänge ergeben; BAG 12. 12. 1990 AP Nr. 154 zu §§ 22, 23 BAT 1975.

369 Die Eingruppierung erfordert keine *rechtsgeschäftliche Eingruppierungserklärung* des Arbeitgebers, sondern folgt automatisch aus der überwiegend ausgeübten Tätigkeit, sog. **Tarifautomatik;** BAG 23. 9. 1954 AP Nr. 1 zu § 3 TOA; BAG 5. 3. 1969 AP Nr. 5 zu § 23a BAT *(Spiertz).* Die Eingruppierung durch den Arbeitgeber hat damit in der Regel nur deklaratorischen Charakter; BAG 23. 4. 1980 AP Nr. 2 zu § 1 TVG Tarifverträge: Brauereien; BAG 28. 10. 1981 AP Nr. 54 zu § 22 und 23 BAT *(Zängl);* BAG 29. 4. 1987 AP Nr. 17 zu § 1 TVG Tarifverträge: Druckindustrie; BAG 20. 2. 1991 AP Nr. 157 und BAG 1. 3. 1995 AP Nr. 191 zu §§ 22, 23 BAT 1975. Ändert sich die Tätigkeit des Arbeitnehmers oder die Vergütungsgruppe, so erfolgt automatisch die *Umgruppierung;* BAG 18. 6. 1991 AP Nr. 105 zu §§ 99 BetrVG 1972; war die bisherige Eingruppierung zu hoch, erfolgt eine *Rückgruppierung;* BAG 28. 5. 1997, ZTR 1997, S. 457. Im Öffentlichen Dienst steht die vertragliche Vereinbarung einer bestimmten tarifvertraglichen Vergütungsgruppe im Arbeitsvertrag einer anderweitigen Eingruppierung nicht entgegen. Ist der Tarifvertrag kraft Tarifbindung oder durch einzelvertragliche Inbezugnahme auf den Arbeitsvertrag anwendbar, muß davon ausgegangen werden, daß die Vergütung nach der zutreffenden tarifvertraglichen Vergütungsgruppe erfolgen soll. Die Aufnahme in den Arbeitsvertrag bedeutet nur, daß die Vertragsparteien festgelegt haben, welche Vergütungsgruppe sie einmal als zutreffend angesehen haben; BAG 12. 12. 1990 AP Nr. 1 zu § 12 AVR Diakonisches Werk; BAG 25. 10. 1995 AP Nr. 21 zu §§ 22, 23 BAT Sozialarbeiter. Sieht ein Tarifvertrag vor, daß der Arbeitnehmer Anspruch auf Entgelt nach der Entgeltgruppe hat, die mit ihm im Arbeitsvertrag vereinbart ist, bedeutet dies nicht, daß es einer schriftlich niedergelegten Eingruppierungsvereinbarung bedarf, damit tarifvertragliche

Lohnansprüche geltend gemacht werden können. Durch eine derartige Regelung wird die Tarifautomatik nicht aufgehoben; BAG 10. 11. 1993 AP Nr. 4 zu § 1 TVG Tarifverträge: Land- und Forstwirtschaft.

Der Arbeitnehmer kann seine richtige Eingruppierung neben der Leistungsklage auch im Wege der **Feststellungsklage** durchsetzen, die nach der inzwischen ständigen Rechtsprechung des Bundesarbeitsgerichts auch im Bereich der Privatwirtschaft zulässig ist; BAG 20. 6. 1984 AP Nr. 2 zu § 1 TVG Tarifverträge: Einzelhandel; BAG 30. 11. 1994 AP Nr. 27 und 20. 9. 1995 AP Nr. 32 zu § 1 TVG Tarifverträge: Druckindustrie. Die Zulässigkeit von Eingruppierungsfeststellungsklagen im Öffentlichen Dienst hat ihren festen Platz in der Rechtsprechung des Bundesarbeitsgerichts; BAG 19. 3. 1986 AP Nr. 114 und 25. 10. 1995 AP Nr. 208 zu §§ 22, 23, BAT 1975; BAG 10. 5. 1995 AP Nr. 2 zu § 1 TVG Tarifverträge: Medizinischer Dienst *(Goldstein)*. 370

Zur Auseinandersetzung um die richtige Eingruppierung kommt es üblicherweise in den folgenden Fällen: der Arbeitnehmer ist *niedriger* eingruppiert, als es der von ihm ausgeübten Tätigkeit entspricht. Nach der Rechtsprechung bemißt sich der Vergütungsanspruch tarifgebundener Arbeitnehmer in diesem Fall nach der hypothetisch korrekten Eingruppierung; BAG 14. 1. 1959 AP Nr. 47 zu § 3 TOA *(Neumann-Duesberg)*; BAG 23. 4. 1980 AP Nr. 2 zu § 1 TVG Tarifverträge: Brauereien; BAG 28. 10. 1981 AP Nr. 54 zu §§ 22, 23 BAT *(Zängl)*; BAG 18. 6. 1991 AP Nr. 105 zu § 99 BetrVG 1972. Ist der Arbeitnehmer *höher* eingruppiert, als es der von ihm ausgeübten Tätigkeit entspricht, so ist der Arbeitgeber an diese Eingruppierung gebunden und auf eine ggf. mögliche Änderungskündigung angewiesen; BAG 19. 10. 1961 AP Nr. 13 zu § 1 KSchG Betriebsbedingte Kündigung; BAG 15. 3. 1991 AP Nr. 28 zu § 2 KSchG 1969.[180] Ob im Bereich des Öffentlichen Dienstes eine Ausnahme vom Erfordernis der Änderungskündigung zu machen ist, weil eine Vermutung dahingehend besteht, daß der öffentliche Arbeitgeber nur die tarifvertraglich korrekte Vergütung zahlen will, wird – auch in der Rechtsprechung des Bundesarbeitsgerichts – unterschiedlich beurteilt. Zum Teil hält man eine einseitige sog. „korrigierende Rückgruppierung" durch den Arbeitgeber für möglich.[181] Diese Auffassung stützt sich darauf, daß dem Hinweis auf die Eingruppierung im Arbeitsvertrag lediglich deklaratorische Bedeutung zukommt; vgl. oben Rnr. 369. Ein eigenständiger arbeitsvertraglicher Vergütungsanspruch könne daraus nicht hergeleitet werden, so daß nach dem Prinzip der Tarifautomatik diejenige Vergütung zu gewähren ist, die dem Arbeitnehmer tarifvertraglich zusteht. Einer Änderungskündigung bedürfe es deshalb nicht. Die Vertreter der gegenteiligen Auffassung gehen von der Prämisse aus, daß auch deklaratorische Regelungen in eimem Arbeitsvertrag grundsätzlich rechtsverbindlich 371

---

[180] Zu möglichen Rechtsdurchsetzungsproblemen im Zusammenhang mit Eingruppierungsfehlern vgl. Kempen/Zachert, § 1 TVG, Rnr. 94; *Schwarze*, RdA 1997, S. 343, 344f.
[181] BAG 21. 4. 1982 AP Nr. 5 zu § 1 TVG Tarifverträge: Bundesbahn; BAG 30. 5. 1990 AP Nr. 31 zu § 75 BPersVG; LAG Sachsen-Anhalt 19. 7. 1996, ZTR 1996, S. 559; *Maurer*, NZA 1993, S. 721; *Schaub*, Arbeitsrechts-Handbuch, § 67 II 1 c und § 186 III 4 d.

sind und nicht durch einseitige Erklärung geändert werden können.[182] Die ausdrückliche Aufnahme der Vergütungsgruppe in einen Arbeitsvertrag demonstriere zumindest eine Willenseinigung der Vertragsparteien, die – jedenfalls zugunsten des Arbeitnehmers – Verbindlichkeitscharakter trage und von der sich der Arbeitgeber nicht einseitig lossagen könne; vgl. LAG Köln 17. 3. 1995, ZTR 1995, S. 420. Hiernach besteht für den Arbeitgeber nur die Möglichkeit, mittels einer Änderungskündigung oder eines Änderungsvertrages zur korrekten Eingruppierung zurückzukehren.[183]

372 Im Hinblick auf die Möglichkeit einer **Änderungskündigung** stellt sich die Frage, ob der Eingruppierungsfehler (insb. die fehlerhafte höhere Eingruppierung) die Kündigung rechtfertigt, grundsätzlich also ein dringendes betriebliches Interesse des Arbeitgebers an der Rückkehr zur korrekten Vergütungsgruppe anzuerkennen ist, oder ob die im Rahmen der nach § 1 Abs. 2 KSchG erforderlichen Interessenabwägung zu berücksichtigenden Belange des Arbeitnehmers überwiegen. Gegenüber einer Irrtumskorrektur für die Vergangenheit und damit verbundenen Rückforderungen zuviel gezahlten Entgelts ist der Arbeitnehmer durch § 818 Abs. 3 BGB hinreichend geschützt. Bezüglich der Berichtigung für die Zukunft kommt der Gesichtspunkt des Vertrauensschutzes ins Spiel. Schützenswert könnte die Erwartung des Arbeitnehmers sein, die vom Arbeitgeber vorgenommene Eingruppierung sei korrekt und bleibe auch zukünftig bestehen. In jüngster Zeit finden sich Überlegungen, ob das Nachweisgesetz (NachwG) vom 20. 7. 1995 eine besondere Verantwortlichkeit des Arbeitgebers geschaffen hat, die ein schützenswertes Vertrauen des Arbeitnehmers begründen kann.[184] Das NachwG erlegt dem Arbeitgeber Informationspflichten bezüglich wichtiger Arbeitsbedingungen auf. Damit könnte ihm auch das Risiko eines Irrtums über die Tarifanwendung zugewiesen sein. Nach dem Zweck des Gesetzes, sowohl für die Arbeitgeber als auch für die Arbeitnehmer mehr Rechtssicherheit durch bessere Kenntnis ihrer Rechte und Pflichten zu schaffen, darf der Arbeitnehmer auf Informationen, die der Arbeitgeber in Erfüllung seiner Pflichten nach dem NachwG erteilt, vertrauen.[185] Die Folgen einer unrichtigen Information regelt das NachwG nicht, schließt aber auch die Geltung der allgemeinen Regeln nicht aus; vgl. *Preis*, NZA 1997, S. 10, 11. In Anlehnung an die Grundsätze der „Erwirkung" gem. § 242 BGB ergibt sich demnach ein Anspruch des Arbeitnehmers auf Beibehaltung der fehlerhaften Eingruppierung, der im Rahmen der Interessenabwägung des § 1 Abs. 2

---

[182] BAG 22. 3. 1978 AP Nr. 100 zu §§ 22, 23 BAT (*Zängl*); BAG 28. 11. 1990, ZTR 1991, S. 159, 161; LAG Köln 17. 3. 1995, ZTR 1995, S. 420; *Gewehr*, ZTR 1997, S. 211; Kempen/*Zachert*, § 1 TVG, Rnr. 84.

[183] Vgl. zur Bedeutung des NachwG und der Nachweis-Richtlinie in diesem Zusammenhang *Gewehr*, ZTR 1997, S. 211, 212; siehe auch sogleich Rnr. 372.

[184] Vgl. *Schwarze*, RdA 1997, S. 343, 348 ff.; Vorlagebeschluß des LAG Hamm v. 9. 7. 1996, NZA 1997, S. 30; *Knetsch*, Anm. zu LAG Hamm 9. 7. 1996 LAGE § 2 NachwG Nr. 3.

[185] Vgl. BT-Drucks. 13/668, S. 10 und die Präambel der dem NachwG zugrundeliegenden Richtlinie 91/533/EWG (Nachweis-Richtlinie), wonach die Arbeitnehmer besser vor etwaiger Unkenntnis ihrer Rechte geschützt werden sollen und der Arbeitsmarkt transparenter gestaltet werden soll (ABlEG Nr. L 288 v. 18. 10. 1991, S. 32).

KSchG zu berücksichtigen wäre. Dies wird neben der unrichtigen Information eine langjährige Bezahlung nach Maßgabe dieser Eingruppierung voraussetzen, auf die sich der Arbeitnehmer „eingerichtet hat"; vgl. *Schwarze*, RdA 1997, S. 343, 350. Diskutiert wird in diesem Zusammenhang, ob sich die Informationsverantwortlichkeit des Arbeitgebers hinsichtlich der Angabe der Vergütungsgruppe aus § 2 Abs. 1 Nr. 5 NachwG, wonach eine Bezeichnung oder allgemeine Beschreibung der vom Arbeitnehmer zu leistenden Tätigkeit erforderlich ist (so LAG Hamm 9. 7. 1996, NZA 1997, S. 30 und *Preis*, NZA 1997, S. 10, 14 f.), oder aus § 2 Abs. 1 Nr. 6 NachwG, wonach der vom Arbeitgeber zu erteilende Nachweis Informationen über die Zusammensetzung und Höhe des Arbeitsentgelts enthalten muß (so *Schwarze*, RdA 1997, S. 343, 348 f.), ergibt.[186]

Der **Betriebsrat** ist auch dann gem. § 99 Abs. 1 BetrVG an der Eingruppierungsentscheidung zu beteiligen, wenn der Arbeitgeber den eingestellten oder versetzten Arbeitnehmer aufgrund einer die Qualifikationsmerkmale der obersten Vergütungsgruppe übersteigenden Tätigkeit übertariflich entlohnen will. Der mitbestimmungspflichtige Eingruppierungsvorgang i. S. d. § 99 Abs. 1 BetrVG ist die Prüfung der maßgebenden Gehaltsgruppe ohne Rücksicht auf das Prüfungsergebnis; vgl. BAG 31. 10. 1995 AP Nr. 5 zu § 99 BetrVG 1972 Eingruppierung = EzA § 99 BetrVG 1972 Nr. 131 *(Berger-Delhey)*. Die Entscheidung über die Gewährung einer Zulage ist als Ein- oder Umgruppierung nach § 99 BetrVG nur dann mitbestimmungspflichtig, wenn die Zulage eine Zwischenstufe zwischen Vergütungsgruppen darstellt. Das ist nicht der Fall, wenn die Zulage nur in „angemessener Höhe" für eine unspezifische Kombination von Tätigkeiten geschuldet wird, deren Wertigkeit in beliebiger Weise die Merkmale einer tariflichen Vergütungsgruppe übersteigt; vgl. BAG 2. 4. 1996 AP Nr. 7 zu § 99 BetrVG Eingruppierung. Vgl. zu Fragen der Eingruppierung auch § 4 Rnr. 182 ff.

– **Fälligkeit.** In Tarifverträgen kann festgelegt werden, wann Vergütungsansprüche fällig werden. Der Zeitpunkt der Fälligkeit ist in erster Linie für Ausschlußfristen von Bedeutung, da die Frist, sofern der Tarifvertrag nichts Abweichendes bestimmt, mit der Fälligkeit des Anspruchs zu laufen beginnt; BAG 7. 11. 1968 AP Nr. 38, 26. 5. 1981 AP Nr. 71 und 16. 5. 1984 AP Nr. 85 zu § 4 TVG Ausschlußfristen.

– **Nettolohn.** Durch Tarifverträge können wirksam Nettolöhne vereinbart werden; BAG 3. 4. 1974 AP Nr. 2 zu § 1 TVG Tarifverträge: Metallindustrie *(Blomeyer)*; BAG 10. 11. 1982 AP Nr. 44 zu § 1 TVG Tarifverträge: Bau; BFH 28. 2. 1992 AP Nr. 5 zu § 611 BGB Nettolohn. Zur Nettolohnabrede im Arbeitsvertrag vgl. LAG Düsseldorf 7. 2. 1990, Betrieb 1990, S. 844. Eine solche Vereinbarung muß aber den Willen des Arbeitgebers, die Steuerschuld zu übernehmen, klar erkennen lassen; BAG 24. 10. 1958 AP Nr. 7, 19. 12. 1963 AP Nr. 15 und 18. 1. 1974 AP Nr. 19 zu § 670 BGB; BAG 17. 4. 1985 AP Nr. 1 zu § 1 TVG Tarifver-

---

[186] Vgl. zu den Beweiswirkungen des Nachweises nach dem NachwG LAG Hamm 9. 7. 1996, NZA 1997, S. 30 und *Preis*, NZA 1997, S. 10, 14. Nach EuGH 4. 12. 1997, Betrieb 1997, S. 2617, bezweckt Art. 2 Abs. 2 der Richtlinie 91/533/EWG keine Umkehr der Beweislast zugunsten des Arbeitnehmers.

träge: Chemie. Nicht ausreichend ist insoweit die Formulierung, eine Auslösung werde steuerfrei gezahlt; BAG 18. 1. 1974 AP Nr. 19 zu § 670 BGB.

376 – **Rückforderung von Entgelt** (= Lohnüberzahlungen). Bestimmt ein Tarifvertrag, daß zuviel gezahlte Lohnbeträge zu erstatten sind, so besteht eine Pflicht zur Rückzahlung; BAG 29. 3. 1956 AP Nr. 1 zu § 611 BGB Lohnrückzahlung *(Larenz)*; BAG 18. 9. 1986 AP Nr. 5 zu § 611 BGB Lohnrückzahlung; BAG 28. 2. 1979 AP Nr. 6 zu § 70 BAT *(Clemens).* Ein Arbeitnehmer, der gegen den Anspruch des Arbeitgebers auf Rückzahlung zuviel gezahlter Arbeitsvergütung (§ 812 Abs. 1 BGB) den Wegfall der Bereicherung geltend macht (§ 818 Abs. 3 BGB), hat darzulegen und gegebenenfalls zu beweisen, daß er nicht mehr bereichert ist; BAG 10. 1. 1995 AP Nr. 13 zu § 812 BGB. Die Rückzahlung zuviel gezahlten Entgelts kann tarifvertraglich auch in der Weise geregelt werden, daß das gesetzliche Bereicherungsrecht verdrängt wird; BAG 25. 8. 1992 AP Nr. 16 zu § 2 VRG und BAG 25. 2. 1993 AP Nr. 10 zu § 37 BAT. So können Tarifverträge vorsehen, daß Lohnüberzahlungen auch dann zurückzugewähren sind, wenn der Arbeitnehmer sich ohne diese Bestimmung auf den Wegfall der Bereicherung gem. § 818 Abs. 3 BGB berufen könnte; BAG 8. 2. 1964 AP Nr. 2 zu § 611 BGB Lohnrückzahlung.

377 – **Verdienstsicherung durch Indexklauseln.** Als Mittel zur Sicherung der Tarifvertragslöhne gegen die Geldentwertung werden in anderen europäischen Ländern vielfach sog. Indexklauseln vereinbart, durch die eine automatische Anpassung an die Preisentwicklung erreicht werden soll. Allerdings wurde die automatische Lohnanpassung *(scala mobile)* in Italien inzwischen abgeschafft; vgl. hierzu Kempen/*Zachert*, § 1 TVG, Rnr. 55. In der Bundesrepublik werden solche Klauseln überwiegend abgelehnt. Umstritten ist, ob Indexklauseln nach § 3 Satz 2 WährG der Zustimmung der Bundesbank bedürfen oder genehmigungsfrei wirksam sind; vgl. dazu oben Einl. Rnr. 379f. Daraus resultiert die Befürchtung insb. der Gewerkschaften, die Bundesbank könne einen zu großen Einfluß auf die Tarifvertragspolitik gewinnen und damit der Handlungsspielraum der Gewerkschaften unzumutbar beschränkt werden. Die Vereinbarung sog. Indexkündigungsklauseln begegnet nicht derartigen grundsätzlichen Bedenken. Inhalt solcher Klauseln ist, durch die Gewährung ausdrücklicher Kündigungsmöglichkeiten bei Eintritt einer vorher festgelegten Preisentwicklung eine vorzeitige Beendigung des Tarifvertrages herbeizuführen. Der Lohntarifvertrag ist kündbar mit dem Ziel, über eine Anpassung des Lohns zu verhandeln. Hiergegen werden keine rechtlichen Einwände erhoben, da es den Tarifvertragsparteien auch sonst freisteht, ein Kündigungsrecht zu vereinbaren; vgl. *Däubler,* Tarifvertragsrecht, Rnr. 1443ff.; *Löwisch*/Rieble, § 1 TVG, Rnr. 363. Durch die Vereinbarung von Indexkündigungsklauseln geben die Gewerkschaften Gestaltungsfreiheit nicht aus der Hand, so daß die Gefahr einer Aushöhlung der Tarifautonomie nicht besteht; vgl. *Zachert,* Tarifvertrag, S. 194. Zur geringen Bedeutung solcher Klauseln in der Bundesrepublik und zur Problematik der möglichen Einengung der Friedenspflicht vgl. *Zachert,* Tarifvertrag, S. 190ff.

Vgl. zu anderen Formen der *Verdienstsicherung,* insb. zur Auslegung tarifvertraglicher Verdienstsicherungsmaßnahmen für ältere Arbeitnehmer BAG 30. 11. 1983 AP Nr. 20, 10. 10. 1984 AP Nr. 26 und 15. 5. 1991 AP Nr. 97 zu § 1 TVG Tarifverträge: Metallindustrie; BAG 16. 5. 1995 AP Nr. 8 zu § 4 TVG Verdienstsicherung; BAG 5. 9. 1995 AP Nr. 18 zu § 1 TVG Tarifverträge: Textilindustrie; BAG 15. 10. 1997 – 3 AZR 443/96; BAG 11. 11. 1997 – 3 AZR 675/96. Zu einer Lohnsicherungsklausel im Öffentlichen Dienst vgl. BAG 21. 9. 1995 AP Nr. 5 zu § 28 BMT-G II.

– **Zuschläge.** In der Regel werden die Zuschläge in Prozenten des Lohnes oder Gehaltes ausgedrückt, Ob sich die tarifvertraglichen Zuschläge nach dem effektiven Verdienst des Arbeitnehmers oder nach dem tarifvertraglichen Mindestverdienst berechnen, ist Frage der Auslegung des Tarifvertrages. Die Rechtsprechung neigt dazu, die zusätzlichen Leistungen anhand des Effektivverdienstes zu bemessen; unabhängig davon, ob es sich um tarifliche, übertarifliche oder außertarifliche Leistungen handelt; BAG 15. 9. 1971 AP Nr. 15 *(Meisel),* 31. 5. 1972 AP Nr. 16 zu § 611 BGB Bergbau; BAG 24. 11. 1971 AP Nr. 3 zu § 1 TVG Tarifverträge: Versicherungsgewerbe. Ob eine Zulage neben dem Tarifgehalt zu zahlen ist, richtet sich in erster Linie nach der getroffenen Vereinbarung. Stellen sich Grundgehalt und Zulage gleichsam als Rechnungsposten einer einheitlichen Vergütung dar, so ist für die Beantwortung der Frage, ob der Arbeitnehmer tarifgerecht entlohnt wird, das vereinbarte Gesamtentgelt mit der tariflichen Vergütung zu vergleichen. Handelt es sich dagegen nach dem Willen der Parteien des Arbeitsvertrages bei der über- oder außertariflichen Zulage um einen selbständigen, gesondert neben der Grundvergütung stehenden Lohnbestandteil, so ist für die Feststellung, ob die vereinbarte Vergütung tarifgerecht ist, allein die vereinbarte Grundvergütung mit der tariflichen Grundvergütung zu vergleichen, über- und außertarifliche Zulagen bleiben außer Betracht; BAG 10. 12. 1965 AP Nr. 1 zu § 4 TVG Tariflohn und Leistungsprämie *(Gaul).*

Tarifverträge regeln vor allem die Gewährung von Zuschlägen für *Nacht-, Sonn- und Feiertagsarbeit;* BAG 7. 7. 1954 AP Nr. 1 und 11. 5. 1957 AP Nr. 4 zu § 611 BGB Lohnzuschläge; BAG 15. 11. 1957 AP Nr. 1 zu § 8 TVG *(Tophoven),* 8. 6. 1988 AP Nr. 20 zu § 1 TVG Tarifverträge: Einzelhandel (Nachtarbeit); BAG 22. 9. 1981 AP Nr. 1 und 18. 3. 1986 AP Nr. 3 zu § 35 BAT; BAG 9. 10. 1991 AP Nr. 17 zu § 15 BAT; BAG 11. 11. 1992 AP Nr. 1 zu § 1 TVG Tarifverträge: Steine-Erden; BAG 11. 11. 1992 AP Nr. 2 zu § 1 TVG Tarifverträge: Milch-Käseindustrie; BAG 22. 8. 1995 AP Nr. 4 zu § 1 TVG Tarifverträge: DRK; BAG 25. 6. 1998 – 6 AZR 664/96 – (Sonn- und Feiertagsarbeit). Zu Erschwerniszulagen vgl. BAG 27. 3. 1957 AP Nr. 3 zu § 1 TVG Auslegung; BAG 23. 11. 1983 AP Nr. 56 zu § 1 TVG Tarifverträge: Bau; BAG 11. 4. 1979 AP Nr. 7 und 14. 3. 1984 AP Nr. 23 zu § 1 TVG Tarifverträge: Metallindustrie; BAG 7. 12. 1994 AP Nr. 5 zu § 1 TVG Tarifverträge: Musiker; BAG 18. 10. 1995 AP Nr. 58 zu § 1 TVG Tarifverträge: Einzelhandel (Zulage für „zusätzliche Aufgaben"); BAG 12. 8. 1981 AP Nr. 3 zu § 1 TVG Tarifverträge: Bundesbahn (Leistungszulage).

Tarifverträge sehen vielfach die Gewährung von *Kinderzuschlägen* vor; BAG 24. 2. 1960 AP Nr. 1 zu § 12 ATO *(G. Hueck);* BAG 20. 7. 1960 AP Nr. 7 zu § 4 TVG; BAG 24. 11. 1971 AP Nr. 5 zu § 1 TVG Tarifverträge: Versicherungsgewerbe; BAG 28. 9. 1977 AP Nr. 4 zu § 1 TVG Tarifverträge: Rundfunk. Der Tarifvertrag kann die Höhe des Kinderzuschlags der Bestimmung durch den Arbeitgeber überlassen. Dann unterliegt die jeweilige Festsetzung des Kinderzuschlags der gerichtlichen Billigkeitsprüfung nach § 315 Abs. 3 BGB; BAG 28. 9. 1977 AP Nr. 4 zu § 1 TVG Tarifverträge: Rundfunk. Die Mutter eines nicht-ehelichen Kindes hat ebenso Anspruch auf Kinderzuschlag wie die Mutter eines ehelichen Kindes; BAG 21. 11. 1958 AP Nr. 35 zu Art. 3 GG. Eine Kinderzuschlagsregelung verstößt gegen Art. 3 Abs. 1 GG, wenn zwischen Müttern ehelicher Kinder und Müttern nicht-ehelicher Kinder in der Weise differenziert wird, daß die Mütter ehelicher Kinder die Kinderzulage bereits für das erste Kind erhalten, die Mütter nicht-ehelicher Kinder aber nur „nach Maßgabe des Kindergeldgesetzes"; BAG 25. 1. 1963 AP Nr. 77 zu Art. 3 GG *(Mayer-Maly)*. Eine im Hinblick auf Art. 3 Abs. 1 und Art. 6 Abs. 5 GG unzulässige Differenzierung zwischen ehelichen und nicht-ehelichen Vätern enthält BAG 24. 2. 1960 AP Nr. 1 zu § 12 ATO *(G. Hueck)*, wonach der Arbeitnehmer, dessen nicht-eheliche Vaterschaft erst nach Beendigung des Arbeitsverhältnisses festgestellt worden ist und der erst dann für die zurückliegende Zeit Unterhaltsrente zahlt, keinen Anspruch auf Kinderzuschlag gegenüber seinem früheren Arbeitgeber hat. Hinsichtlich Kinderzuschlägen für Enkel eines Beamten vgl. BAG 27. 3. 1962 AP Nr. 1 zu § 18 BBesG; BVerwG 18. 7. 1967 AP Nr. 2 zu § 18 BBesG; BAG 21. 8. 1967 AP Nr. 3 zu § 18 BBesG.

d) Sonderformen des Entgelts

380 — **Akkord.** Die sog. Akkordvergütung ist eine Form des Leistungslohnes (im Gegensatz zum Zeitlohn), also eine von der Arbeitsmenge abhängige Vergütung. Den Tarifvertragsparteien stehen verschiedene Möglichkeiten zur Ausgestaltung der Akkordvergütung zur Verfügung. Zunächst lassen sich ausgehend von den Bezugsgrößen zur Bemessung der Arbeitsmenge mehrere Formen der Akkordvergütung unterscheiden: *Stückakkord, Gewichtsakkord, Flächenakkord, Maßakkord, Pauschalakkord*.[187]

381 Weiterhin können die Akkorde nach der Form der Errechnung der Vergütung, also nach der Entgeltbezugsgröße differenziert werden: Beim *Geldakkord*, der historisch gesehen älteren Form der Akkordvergütung, wird einer bestimmten Leistungseinheit unmittelbar ein fester Geldbetrag gegenübergestellt; es werden zur Berechnung der Akkordvergütung Leistungsmenge und Geldfaktor miteinander multipliziert. Beim *Zeitakkord* wird dagegen für eine bestimmte Arbeitsleistung eine festgelegte Zeit vorgegeben (deshalb auch Vorgabezeit genannt), die Arbeitsmenge mit der Vorgabezeit multipliziert und anschließend mit einem Geldfaktor (ein sechzigstel des Akkordrichtsatzes) multipliziert. Die vorgegebene Zeit wird dem Arbeitnehmer auch dann vergütet, wenn er für diesen Zeitraum vorgesehene Arbeitsleistung in kürzerer oder längerer Zeit erbringt. Zeit- und Geldakkord unterscheiden sich nur in der Art der Berechnung, das Ergebnis ist grundsätzlich gleich, da auch bei der Festlegung des Geldakkords regelmäßig überlegt wird, wieviel Zeit der Arbeitnehmer grundsätzlich benötigt, wobei allerdings die Vorgabezeit nur geschätzt wird.[188]

382 Weitere Erscheinungsformen der Akkordvergütung sind der Einzel- und der Gruppenakkord. Beim Einzelakkord wird der Akkordlohn für jeden einzelnen Arbeitnehmer nach seinem Leistungsergebnis bemessen; beim *Gruppenakkord* wird die Entlohnung nach dem Leistungsergebnis einer Arbeitsgruppe berechnet und auf die einzelnen Arbeitnehmer verteilt.[189]

383 Insbesondere beim Akkordlohn im Zeitakkord stellt sich das Problem der Ermittlung der Vorgabezeit. Lohnrahmentarifverträge legen häufig bei der Regelung des Leistungslohnes das diesbezügliche Verfahren fest. Die Vorgabezeit kann nach verschiedenen Methoden festgesetzt werden: zum einen kann die Akkordvorgabe zwischen Arbeitnehmer und Arbeitgeber bzw. durch die Betriebs- oder die Tarifvertragsparteien vertraglich vereinbart werden (*ausgehandelter Akkord*), beim *Faust- oder Meisterakkord* wird die Akkordvorgabe durch den Arbeitgeber

---

[187] Vgl. hierzu *Schaub*, Arbeitsrechts-Handbuch, § 62 II; MünchArbR/*Kreßel*, § 65, Rnr. 3 f.

[188] Vgl. *Hueck*/Nipperdey, Arbeitsrecht I, § 43 I, S. 316.

[189] Zu den verschiedenen Gestaltungsmöglichkeiten der Akkordvergütung vgl. BAG 24. 7. 1958 AP Nr. 4 *(Gaul)*, 26. 4. 1961 AP Nr. 14 und 28. 6. 1961 AP Nr. 15 *(Gaul)* zu § 611 BGB Akkordlohn.

auf der Grundlage von mit dem Arbeitnehmer vertraglich vereinbarter Richtgrößen oder Berechnungsmethoden festgelegt, beim *Schätzakkord* wird die Zeitvorgabe aufgrund von Erfahrungssätzen geschätzt, nicht jedoch rechnerisch genau ermittelt. In der Praxis häufig – da sehr genau – ist der sog. *arbeitswissenschaftliche Akkord*, bei dem die arbeitsnotwendige Zeit methodisch nach abstrakten Bewertungsmaßstäben ermittelt wird.[190] Hinsichtlich des arbeitswissenschaftlichen Akkords können vier Systeme unterschieden werden. Hervorzuheben ist in diesem Zusammenhang die *Vorgabezeitermittlung nach REFA* (früher: „Reichsausschuß für Arbeitszeitermittlung"; heute: Verband für Arbeitsstudien – REFA e.V.). Nach diesem System wird die sog. *Normalleistung* ermittelt, an der sodann die individuelle Arbeitsleistung jedes einzelnen Arbeitnehmers gemessen wird. Normalleistung ist hiernach diejenige Leistung, die ein voll oder ausreichend geeigneter und geübter Arbeitnehmer auf Dauer und im Mittel der täglichen Schichtzeit ohne Gesundheitsschädigung erbringen kann, wenn er die in der Vorgabezeit berücksichtigten Zeiten für persönliche Bedürfnisse und Erholung einhält.[191] Einen weiteren Ansatz zur Festsetzung der Vorgabezeit liefert das *Bedaux-System*, bei dem die Normalleistung durch eine Punktewertung festgelegt wird. Beim *Methods-Time-Measurement-Verfahren* (MTM) wird der Arbeitsablauf in die einzelnen Elementarbewegungen zerlegt und dann jeder dieser Bewegungen ein vorbestimmter Normalzeitwert zugeordnet, der in einer MTM-Normal-Zeit-Werttabelle enthalten ist. Die sog. *Work-Faktor-Berechnung* geht in ähnlicher Weise wie das MTM-Verfahren vor.[192]

Wesentlich für die Errechnung der Akkordvergütung ist der Geldfaktor. Er errechnet sich aus dem für den Akkordlöhner vorgesehenen Stundenlohn (Akkordrichtsatz) dividiert durch 60. Die meisten Tarifverträge legen einen Akkordrichtsatz oder Akkordausgangslohn fest. Der Akkordrichtsatz ist in der Regel der Tarifstundenlohn für die entsprechende Tätigkeit im Zeitlohn, der um einen Akkordzuschlag (ca. 10–25%) angehoben wird. Es finden sich jedoch auch Tarifverträge, die bei Akkord- und Zeitlohn denselben tariflichen Grundlohn vorsehen.[193] In neuerer Zeit wird die lohnpolitische Rechtfertigung der Anhebung des tariflichen Grundlohns um einen Akkordzuschlag in Zweifel gezogen.[194] Die tarifvertragliche Festlegung des Akkordrichtsatzes führt dazu, daß jede Tariferhöhung sich auch der Akkordrichtsatz und damit die Akkordvergütung insgesamt verändern. Der Akkordrichtsatz stellt den Mindestlohn dar, den ein Akkordarbeiter erhält; BAG 20. 11. 1988 AP Nr. 10 zu § 1 TVG Tarifverträge: Textilindustrie. Der Verdienst, den ein Akkordarbeiter entsprechend seiner besonderen individuellen Leistungsfähigkeit über den Akkordrichtsatz hinaus erzielt, ist kein übertariflicher, sondern ein tariflicher Lohn; BAG 24. 7. 1958 AP Nr. 6 und 28. 6. 1961 AP Nr. 15 *(Gaul)* zu § 611 BGB Akkordlohn. Dieser leistungsbedingte Überverdienst darf auch bei einer tariflichen Lohnerhöhung nicht angerechnet werden; BAG 24. 7. 1958 AP Nr. 7 zu § 611 BGB Akkordlohn *(Gaul)*.

Bei der Regelung der Akkordvergütung im Betrieb kommen Mitbestimmungsrechte sowohl gem. § 87 Abs. 1 Nr. 10 als auch gem. Nr. 11 BetrVG 1972 in Betracht. Die Entscheidung, ob und welches Akkordsystem eingeführt werden soll, ist nach § 87 Abs. 1 Nr. 10 BetrVG 1972 mitbestimmungspflichtig. Das Mitbestimmungsrecht des Betriebsrats nach § 87 Abs. 1 Nr. 11 BetrVG 1972 betrifft die nähere Ausgestaltung der Akkordvergütung, der Mitbestimmung unterliegen hiernach die Vorgabezeiten und der Geldfaktor, d.h. die Lohnhöhe für die Bezugs- und Ausgangsleistung; vgl. BAG 16. 12. 1986 AP Nr. 8 zu § 87 BetrVG 1972 Prämie *(Linnenkohl/Rauschenberg/Schütz)* und BAG 24. 2. 1987 AP Nr. 21 zu § 77 BetrVG 1972 *(Richardi)*.

---

[190] Vgl. *Schaub*, Arbeitsrechts-Handbuch, § 64 IV 5.
[191] Vgl. *Schwab*, Arbeit im Leistungslohn, 1988, S. 27.
[192] Vgl. zu Einzelheiten der drei letztgenannten Methoden *Schaub*, Arbeitsrechts-Handbuch, § 64 IV 7, 8; MünchArbR/*Kreßel*, § 65, Rnr. 30 ff.
[193] Vgl. *Kempen/Zachert*, § 1 TVG, Rnr. 13; *Zöllner/Loritz*, Arbeitsrecht, § 15 V 3 b), S. 193.
[194] Vgl. hierzu *Schaub*, Arbeitsrechts-Handbuch, § 64 V 3.

386 Jede einigermaßen vollständige Regelung der Akkordentlohnung durch die Tarifvertragsparteien schließt allerdings das Mitbestimmungsrecht des Betriebsrats nach § 87 BetrVG 1972 aus; BAG 6. 7. 1962 AP Nr. 7 zu § 37 BetrVG 1952 *(Küchenhoff)*.[195]

387 – Die **Provision** gehört im Rahmen der Leistungsvergütung zu den erfolgsbezogenen Entgelten. Ist in einem Tarifvertrag vorgesehen, daß das Monatsgehalt einem bestimmten Betrag (hier: dem Tarifgehalt) entsprechen muß, so ist es ausreichend, wenn sich das Fixum aus einem Grundgehalt und einer Garantieprovision zusammensetzt; BAG 29. 10. 1986 AP Nr. 14 zu § 1 TVG Tarifverträge: Einzelhandel. Gegen eine tarifvertragliche Regelung, derzufolge Mehrarbeit durch die an einen Verkaufsfahrer gezahlte Provision mit abgegolten wird, wenn die Provision ihrer Höhe nach mindestens der ansonsten gezahlten tariflichen Mehrarbeitsvergütung entspricht, bestehen keine allgemeinen rechtlichen Bedenken; BAG 26. 8. 1987 AP Nr. 1 zu § 1 TVG Tarifverträge: Brotindustrie.

388 – **Mindesteinkommen.** Im Tarifvertrag kann den Arbeitnehmern, die nach Akkord oder auf Provisionsgrundlage entlohnt werden, ein Mindesteinkommen garantiert werden. Neben dem Akkordrichtsatz normieren zahlreiche Tarifverträge für Akkordarbeiter eine Mindestlohngarantie. Diese soll verhindern, daß die Vergütung eines Akkordarbeiters bei Zurückbleiben der Leistung gegenüber der Normalleistung unter die garantierte Summe absinkt; BAG 24. 7. 1958 AP Nr. 4 und 5 *(Gaul)* und 2. 10. 1973 AP Nr. 23 zu § 611 BGB Akkordlohn; BAG 20. 1. 1988 AP Nr. 10 und 5. 9. 1995 AP Nr. 18 zu § 1 TVG Tarifverträge: Textilindustrie; BAG 21. 9. 1995 AP Nr. 5 zu § 28 BMT-G II.

389 e) **Sondervergütungen. aa) Begriff.** Sondervergütungen sind Leistungen, die der Arbeitgeber zusätzlich zum laufenden Entgelt erbringt und die nicht in jedem Abrechnungszeitraum fällig werden; vgl. § 50 Abs. 1 ArbVGE. Dabei wird unterschieden zwischen Sonderzuwendungen, durch die allein in der Vergangenheit liegende Leistungen abgegolten werden sollen (z. B. 13. Monatsgehalt) und Gratifikationen, die der Arbeitgeber aus bestimmten Anlässen (z. B. Jubiläum) neben der Arbeitsvergütung gewährt. Bei ersteren handelt es sich um einen Teil der im Austauschverhältnis zur Arbeitsleistung stehenden Vergütung; man spricht deshalb von „arbeitsleistungsbezogenen" Sonderzahlungen; BAG 5. 8. 1992 AP Nr. 143 = EzA § 611 BGB Gratifikation, Prämie Nr. 90 *(Henssler)*, 16. 3. 1994 AP Nr. 162 *(Herrmann)*, 19. 4. 1995 AP Nr. 173 *(Schmitt)* zu § 611 BGB Gratifikation. Gratifikationen sind Anerkennung für geleistete Dienste und Anreiz für weitere Dienstleistung; vgl. nur BAG 19. 6. 1954 AP Nr. 1 *(A. Hueck)*, 18. 1. 1978 AP Nr. 92 und 93, 8. 11. 1978 AP Nr. 100, 29. 8. 1979 AP Nr. 102 und 104 *(Herschel)* zu § 611 BGB Gratifikation. Sie können einen Mischcharakter haben, also sowohl Entlohnung für im Bezugszeitraum geleistete Arbeit als auch Belohnung für erwiesene Betriebstreue sein; BAG 24. 10. 1990 AP Nr. 2 zu § 1 TVG Tarifverträge: Glasindustrie *(Berger-Delhey)* und BAG 16. 3. 1994 AP Nr. 162 zu § 611 BGB Gratifikation

---

[195] Zu einzelnen tarifvertraglichen Regelungen über Akkordarbeit vgl. den Überblick bei MünchArbR/*Kreßel*, § 65, Rnr. 67 ff.

(Herrmann). Die meisten Tarifverträge sehen Regelungen über die Gewährung von Sonderzuwendungen vor. Die zu diesem Sachbereich vorhandene umfangreiche Rechtsprechung bezieht sich in erster Linie auf Gratifikationen. Tarifverträge können die Gewährung von Sonderzuwendungen von der Erfüllung von Wartezeiten abhängig machen; BAG 8. 12. 1993 AP Nr. 40 zu § 1 TVG Tarifverträge: Einzelhandel. In Tarifverträgen kann die Anrechnung freiwillig gezahlter Gratifikationen vorgesehen werden; BAG 14. 5. 1975 AP Nr. 85 und 18. 3. 1981 AP Nr. 107 *(Picker)* zu § 611 BGB Gratifikation.

bb) Teilanspruch. Nennt die Zusage einer „Jahresleistung" keine weiteren Voraussetzungen des Anspruchs, ist im Zweifel davon auszugehen, daß lediglich eine zusätzliche Vergütung für die geleistete Arbeit innerhalb des Bezugszeitraums bezweckt wird. Scheidet in derartigen Fällen ein Arbeitnehmer vor dem Ende des Bezugszeitraums aus, so behält er einen Anspruch auf denjenigen Teil der vollen Jahresleistung, der dem Verhältnis der tatsächlichen Arbeitsleistung zur Gesamtdauer des Bezugszeitraumes entspricht (Zwölftelung); BAG 8. 11. 1978 AP Nr. 100 zu § 611 BGB Gratifikation *(Herschel).*

cc) Kürzung von Sondervergütungen. Das Bundesarbeitsgericht hat seine Rechtsprechung, wonach die Gewährung von Sonderzahlungen, die zumindest auch im Bezugszeitraum geleistete Arbeit vergüten sollen, eine nicht unerhebliche Arbeitsleistung in dem fraglichen Zeitraum voraussetze (BAG 18. 1. 1978 AP Nr. 92 und 93 und 7. 9. 1989 AP Nr. 129 zu § 611 BGB Gratifikation), inzwischen eindeutig aufgegeben. Eine tarifvertragliche Regelung über die Gewährung einer jährlichen Sonderzahlung, deren Zweck es (auch) ist, im Bezugszeitraum für den Betrieb geleistete Arbeit zusätzlich zu vergüten, kann im einzelnen bestimmen, welche Zeiten ohne tatsächliche Arbeitsleistung sich anspruchsmindernd oder anspruchsausschließend auf die Sonderzahlung auswirken sollen. Über diese Bestimmungen hinaus kann einer solchen Regelung nicht der Rechtsatz entnommen werden, daß Voraussetzung für den Anspruch auf die tarifvertragliche Sonderzahlung auf jeden Fall eine nicht ganz unerhebliche tatsächliche Arbeitsleistung ist; BAG 5. 8. 1992 AP Nr. 143 zu § 611 BGB Gratifikation = EzA § 611 BGB Gratifikation, Prämie Nr. 90 *(Hensler);* bestätigt durch BAG 24. 3. 1993 AP Nr. 152 = EzA § 611 BGB Gratifikation, Prämie Nr. 102 *(Gaul);* 8. 12. 1993 AP Nr. 159 = EzA § 611 BGB Gratifikation, Prämie Nr. 108 *(Gaul)* und 16. 3. 1994 AP Nr. 162 *(Herrmann)* zu § 611 BGB Gratifikation; BAG 10. 5. 1995 AP Nr. 174 zu § 611 BGB Gratifikation. Das Erfordernis einer tatsächlichen Arbeitsleistung muß im Tarifvertrag ausdrücklich geregelt sein; BAG 5. 8. 1992 AP Nr. 143 zu § 611 BGB Gratifikation = EzA § 611 BGB Gratifikation, Prämie Nr. 90 *(Henssler);* BAG 16. 3. 1994 AP Nr. 162 zu § 611 BGB Gratifikation *(Herrmann);* BAG 24. 10. 1990 AP Nr. 5 zu § 15 BErzGG *(Berger-Delhey).* Ist in einem Tarifvertrag der Ausschluß bzw. die anteilige Kürzung von Sondervergütungen für Zeiten des gesetzlichen oder vereinbarungsgemäßen Ruhens des Arbeitsverhältnisses normiert worden, so kann allein aus einer lang andauernden Arbeitsunfähigkeit oder dem Bezug einer Erwerbsunfähigkeitsrente nicht auf das Ruhen des Arbeitsverhältnisses geschlossen werden; BAG 9. 8. 1995 AP Nr. 181 zu § 611 BGB Gratifikation; BAG 22. 2. 1995 AP Nr. 123 und 11. 10. 1995 AP Nr. 133 zu § 1 TVG Tarifverträge: Metallindustrie. Sofern der Tarifvertrag keine Regelung für die Zeiten enthält, in denen das Arbeitsverhältnis ruht, kann eine am Maß der jährlichen Arbeitsleistung orientierte Kürzung der Sonderzahlung (hier: Weihnachtsgeld) nicht mit einem allgemeinen Rechtsprinzip begründet werden; BAG 24. 10. 1990 AP Nr. 2 zu § 1 TVG Tarifverträge: Glasindustrie *(Berger-Delhey)*. Trifft ein Tarifvertrag über eine solche Jahressonderzahlung überhaupt keine Regelung für die Fälle einer fehlenden tatsächlichen Arbeitsleistung im Bezugszeitraum, so kann in der Regel nicht auf den Willen der Tarifvertragsparteien geschlossen werden, nur für den Fall einer fehlenden tatsächlichen Arbeitsleistung im gesamten Bezugszeitraum den Anspruch auf die Sonderzahlung auszuschließen und eine ausdrückliche Regelung dieses Inhalts lediglich im Hinblick auf die Rechtsprechung des Bundesarbeitsgerichts zu unterlassen; BAG 8. 12. 1993 AP Nr. 159 zu § 611 BGB Gratifikation = EzA § 611 BGB Gratifikation, Prämie Nr. 108 *(Gaul)*. Der Zweck einer betrieblichen oder tarifvertraglichen Sonderzahlung, wie er sich allein aus deren Voraussetzungen, Ausschluß- und Kürzungstatbeständen ergibt, kann zwar bei der Auslegung der konkreten Regelung zu berücksichtigen sein, nicht aber weitere Ausschluß- oder Kürzungstatbestände begründen; BAG 24. 3. 1993 AP Nr. 152 zu § 611 BGB Gratifikation = EzA § 611 BGB Gratifikation, Prämie Nr. 102 *(Gaul)*.

392 – Anspruchsausschluß oder -kürzung wegen Zeiten des **Erziehungsurlaubs.** Ein tarifvertraglicher Anspruch auf eine Jahressonderzuwendung wird durch Erziehungsurlaub im Bezugszeitraum nicht gemindert, wenn der Tarifvertrag zum Erziehungsurlaub keine derartige Regelung enthält; BAG 24. 10. 1990 AP Nr. 5 zu § 15 BErzGG *(Berger-Delhey)*. Eine tarifvertraglich vorgesehene Minderung der Jahressonderzuwendung bei Grundwehr- und Ersatzdienst, unbezahltem Urlaub sowie bei Teilzeitbeschäftigung ist mit dem Erziehungsurlaub nicht gleichzusetzen; BAG 23. 8. 1990 AP Nr. 1 zu § 1 TVG Tarifverträge: Keramikindustrie; BAG 24. 10. 1990 AP Nr. 5 zu § 15 BErzGG *(Berger-Delhey)*. Bestimmt ein Tarifvertrag, daß eine tarifliche Jahressonderzahlung für Zeiten gekürzt werden kann, in denen das Arbeitsverhältnis „kraft Gesetzes" ruht, so kann die Jahressonderzahlung auch für die Zeit gekürzt werden, in der die Arbeitnehmerin oder der Arbeitnehmer sich im Erziehungsurlaub befindet; BAG 10. 2. 1993 AP Nr. 7 zu § 15 BErzGG *(Sowka)* = EzA § 15 BErzGG Nr. 4 *(Winterfeld);* bestätigt durch BAG 24. 11. 1993 AP Nr. 158 und 24. 5. 1995 AP Nr. 175 zu § 611 BGB Gratifikation. Hiermit wurde die frühere Rechtsprechung aufgegeben, wonach im Falle des Erziehungsurlaubs das Arbeitsverhältnis der Arbeitsvertragsparteien nicht kraft Gesetzes, sondern infolge einer einseitigen Erklärung des berechtigten Arbeitnehmers ruht; BAG 10. 5. 1989 AP Nr. 2 und 7. 12. 1989 AP Nr. 3 *(Sowka)* zu § 15 BErzGG. Eine tarifvertragliche Regelung, wonach Zeiten des Erziehungsurlaubs den Anspruch auf eine tarifvertragliche Sonderzahlung mindern, verstößt nicht gegen höherrangiges Recht, insb. nicht gegen Art. 3 GG und Art. 119 EGV; BAG 24. 11. 1993 AP Nr. 158 und 28. 9. 1994 AP Nr. 165 zu § 611 BGB Gratifikation.

3. Abschnitt. Die Tarifvertragsnormen 393–395 § 1

- Anspruchsausschluß oder -kürzung bei Fehlzeiten aufgrund der **Mutter-** 393
  schutzfristen. Lange Zeit war es ständige Rechtsprechung des Bundesarbeitsgerichts, daß sich die Zeit der Mutterschutzfrist nicht lohnmindernd auswirken darf. Danach durfte eine jährlich zu zahlende Jahressonderleistung wegen Fehlzeiten, die durch die Mutterschutzfristen der §§ 3, 6 MuSchG entstehen, weder gekürzt noch ausgeschlossen werden; BAG 13. 10. 1982 AP Nr. 114 zu § 611 BGB Gratifikation *(Herschel)* = EzA § 611 BGB Gratifikation, Prämie Nr. 72 *(Fenn);* BAG 8. 10. 1986 AP Nr. 7 zu § 8a MuSchG 1968; BAG 12. 5. 1993 AP Nr. 156 zu § 611 BGB Gratifikation *(Hanau/Gaul)* = EzA § 611 BGB Gratifikation, Prämie Nr. 104 *(Grau).* So stellte das BAG noch im Jahre 1993 fest, daß Fehlzeiten aufgrund der Mutterschutzfristen der §§ 3, 6 MuSchG für die Zahlung einer tariflichen Jahresleistungsprämie einer tatsächlichen Arbeitsleistung gleichzusetzen sind; BAG 12. 5. 1993 AP Nr. 156 zu § 611 BGB Gratifikation *(Hanau/Gaul)* = EzA § 611 BGB Gratifikation, Prämie Nr. 104 *(Grau).* Diese Rechtsprechung wurde mittlerweile in BAG 12. 7. 1995 AP Nr. 182 zu § 611 BGB Gratifikation ausdrücklich aufgegeben: macht eine tarifvertragliche Regelung den Anspruch auf eine Jahressonderzahlung davon abhängig, daß der Arbeitnehmer im Bezugszeitraum mindestens 21 Tage tatsächlich gearbeitet hat, so gilt die Zeit der Beschäftigungsverbote während der Mutterschutzfristen nicht als Zeit einer tatsächlichen Arbeitsleistung. Begründet wird die Abweichung von der bisherigen Rechtsprechung mit dem Hinweis auf den vom Bundesarbeitsgericht aufgestellten Rechtsatz, daß die Tarifvertragsparteien bestimmen können, wieweit sich Zeiten ohne tatsächliche Arbeitsleistung anspruchsmindernd oder anspruchsausschließend auf Sonderzahlungen auswirken sollen; BAG 5. 8. 1992 AP Nr. 143 und 16. 3. 1994 AP Nr. 162 *(Herrmann)* zu § 611 BGB Gratifikation. Dies gilt auch für Fehlzeiten, für die der Arbeitnehmer einen gesetzlichen Anspruch auf Fortzahlung des Arbeitsentgelts hat; vgl. BAG 26. 10. 1994 AP Nr. 18 zu § 611 BGB Anwesenheitsprämie *(Thüsing)* = EzA § 611 BGB Anwesenheitsprämie Nr. 10 *(Gaul).* Auch Zeiten ohne tatsächliche Arbeitsleistung, für die ein gesetzlicher Anspruch auf Fortzahlung des Arbeitsentgeltes besteht, können sich deshalb anspruchsmindernd oder anspruchsausschließend auf eine freiwillige Sonderzahlung auswirken, wenn dies *eindeutig* gewollt ist.
- Anspruchausschluß oder -kürzung wegen krankheitsbedingter **Fehlzeiten.** 394
  Langandauernde krankheitsbedingte Arbeitsunfähigkeit führt, ohne Anhaltspunkte für eine entsprechende Vereinbarung der Parteien, nicht zum Ruhen des Arbeitsverhältnisses; BAG 7. 9. 1989 AP Nr. 129 zu § 611 BGB Gratifikation; BAG 23. 8. 1990 AP Nr. 93 und 11. 10. 1995 AP Nr. 133 zu § 1 TVG Tarifverträge: Metallindustrie und BAG 10. 1. 1991 AP Nr. 3 zu § 1 TVG Tarifverträge: Betonsteingewerbe.

Ist ein Arbeitnehmer während des ganzen Bezugszeitraums einer Sonderzuwendung 395
arbeitsunfähig krank, so kann die tarifvertragliche Regelung im einzelnen bestimmen, ob der Arbeitnehmer Anspruch auf eine Gratifikation hat. Ist der Gratifikationsanspruch nicht ausgeschlossen, entsteht er in voller Höhe; BAG 5. 8. 1992 AP Nr. 143 = EzA § 611 BGB Gratifikation, Prämie Nr. 90 *(Henssler);* BAG 17. 12. 1992 AP Nr. 148 und 24. 3. 1993 AP Nr. 152 = EzA § 611 BGB Gratifikation, Prämie Nr. 102 *(Gaul);* BAG 16. 3. 1994 AP Nr. 162 *(Herrmann)* und 28. 9. 1994

AP Nr. 165 zu § 611 BGB Gratifikation; BAG 11.10 1995 AP Nr. 133 zu § 1 TVG Tarifverträge: Metallindustrie. Dagegen entsteht kein Anspruch auf die Gratifikation, wenn diese aus dem Durchschnittsverdienst mehrerer Monate berechnet werden soll, in denen der Arbeitnehmer keinen Verdienst erzielt hat; BAG 5. 8. 1992 AP Nr. 144 und 24. 3. 1993 AP Nr. 155 zu § 611 BGB Gratifikation. Diskutiert wird dieser Problemkreis unter dem Stichwort der **Anwesenheitsprämie**. Von einer solchen kann man auch dann sprechen, wenn z. B. Weihnachtsgratifikationen fehlzeitenabhängig berechnet werden. Für den Fall der Krankheit bestehen Bedenken gegen eine Kürzungsmöglichkeit wegen des Anspruchs auf Entgeltfortzahlung. Zunächst hat das Bundesarbeitsgericht nur für krankheitsbedingte Fehlzeiten, für die der Arbeitnehmer keinen Lohn oder kein Gehalt beanspruchen konnte, weil der Sechs-Wochen-Zeitraum überschritten war, ausgesprochen, daß diese bei der Bemessung einer jährlichen Sonderzahlung anspruchsmindernd berücksichtigt werden dürfen; BAG 23. 5. 1984 AP Nr. 14 zu § 611 BGB Anwesenheitsprämie *(Meisel)*. Allerdings hat das Bundesarbeitsgericht inzwischen eine vertragliche Vereinbarung – und damit auch eine Betriebsvereinbarung oder eine tarifvertragliche Regelung (vgl. hierzu BAG 13. 10. 1982 AP Nr. 114 zu § 611 BGB Gratifikation Anm. *Herschel* = EzA § 611 BGB Gratifikation, Prämie Nr. 72, Anm. *Fenn)* – als rechtswirksam anerkannt, wonach krankheitsbedingte Fehlzeiten mit einem Anspruch auf Lohnfortzahlung zur Kürzung einer freiwilligen Sonderzahlung führen können; BAG 15. 2. 1990 AP Nr. 15 *(Mayer-Maly)* und 26. 10. 1994 AP Nr. 18 zu § 611 BGB Anwesenheitsprämie *(Thüsing)* = EzA § 611 BGB Anwesenheitsprämie Nr. 10 *(Gaul)*.

396 Inzwischen hat der Gesetzgeber diese Rechtsprechung des Bundesarbeitsgerichts durch den durch das arbeitsrechtliche Beschäftigungsförderungsgesetz geänderten § 4b EFZG auf eine rechtliche Grundlage gestellt. Nach § 4b ist eine Vereinbarung über die Kürzung von Leistungen, die der Arbeitgeber zusätzlich zum laufenden Arbeitsentgelt erbringt (Sondervergütungen), auch für Zeiten der Arbeitsunfähigkeit infolge Krankheit zulässig. Die Kürzungsmöglichkeit ist allerdings insoweit eingeschränkt, als die Sondervergütung für jeden krankheitsbedingten Fehltag nur um höchstens ein viertel des Arbeitsentgelts gekürzt werden darf, das im Jahresdurchschnitt auf einen Arbeitstag entfällt; zur Verfassungsmäßigkeit oder Vorschrift vgl. oben Einl. Rnr. 272.

397 – Anspruchsausschluß oder -kürzung für Zeiten des **Arbeitskampfes.** Macht eine tarifvertragliche Regelung den Anspruch auf eine Jahressonderzahlung allein vom rechtlichen Bestand des Arbeitsverhältnisses abhängig, dann ist diese Sonderzahlung auch für Zeiten zu gewähren, in denen das Arbeitsverhältnis wegen eines Arbeitskampfes geruht hat; BAG 20. 12. 1995 AP Nr. 190 zu § 611 BGB Gratifikation = AP Nr. 141 zu Art. 9 GG Arbeitskampf.

398 – Anspruchsausschluß oder -kürzung für Zeiten der **Kurzarbeit.** Zur Kürzung und zum Ausschluß eines tarifvertraglichen Anspruchs auf eine Sonderzuwendung für Zeiten der Kurzarbeit vgl. BAG 9. 10. 1979 AP Nr. 105 *(Herschel)*, 19. 4. 1995 AP Nr. 170 und 10. 5. 1995 AP Nr. 171 *(Herschel)* zu § 611 BGB Gratifikation.

399 – Anspruchsausschluß oder -kürzung bei Ableistung des **Grundwehrdienstes.** Eine tarifvertragliche Regelung, wonach die Ableistung des Grundwehrdienstes zur Kürzung von Gratifikationen führt, ist rechtlich zulässig; BAG 13. 5. 1970 AP Nr. 2 zu § 6 ArbPlSchG *(Boldt)*.

400 **dd) Rückzahlung.** Rückzahlungsklauseln verpflichten den Arbeitnehmer, Ausbildungsbeihilfen, Sonderzahlungen oder ähnliches zurückzuzahlen,

wenn das Arbeitsverhältnis vor Ablauf bestimmter Fristen beendet wird oder andere sachliche Voraussetzungen wegfallen.
- **Rückzahlungsklauseln bei Gratifikationen.** Das Richterrecht für **401** Rückzahlungsklauseln bei Gratifikationen ist vom Bundesarbeitsgericht selbst für tarifdispositiv erklärt worden; vgl. dazu allgemein oben Einl. Rnr. 332 ff., 420 f. Das BAG hat für tarifvertraglich vereinbarte Rückzahlungsvorbehalte eine weitergehende Bindung zugelassen als bei einzelvertraglich vereinbarten: wenn eine Gratifikationszahlung auf einem Tarifvertrag beruht, so sind die vom erkennenden Senat für eine freiwillige, auf einer einzelvertraglichen Vereinbarung beruhenden Gratifikations-Rückzahlungsklausel aufgestellten Grundsätze nicht ohne weiteres maßgeblich; BAG 31. 3. 1966 AP Nr. 54 zu § 611 BGB Gratifikation *(Biedenkopf),* bestätigt durch BAG 23. 2. 1967 AP Nr. 57 *(A. Hueck)* und 16. 11. 1967 AP Nr. 63 *(Gamillscheg)* zu § 611 BGB Gratifikation. Begründet wurde dieser weitergehende Gestaltungsspielraum der Tarifvertragsparteien mit der ihnen gem. Art. 9 Abs. 3 GG durch die Verfassung gewährten Autonomie und der ihnen zukommenden Ordnungsfunktion. Da die Tarifvertragspartner Träger der Tarifautonomie sind, sei es notwendig, ihnen weitergehende Befugnisse einzuräumen als den Partnern des Einzelarbeitsvertrages, um einen Eingriff in die Tarifautonomie zu vermeiden. Zudem bestehe bei einer tarifvertraglichen Regelung nicht das besondere Schutzbedürfnis des einzelnen Arbeitnehmers wie bei einzelvertraglicher Regelung; es sei vielmehr davon auszugehen, daß die Tarifpartner einen sachgemäßen Gebrauch von dem ihnen eingeräumten Beurteilungsspielraum machen. Eine Korrektur oder Lückenausfüllung durch die Gerichte sei nur dann erforderlich, wenn ein Tarifvertrag die Grenzen der Tarifautonomie überschreitet, indem er entweder gegen Grundrechte, insb. Art. 12 GG, oder gegen ein gesetzliches Gebot verstößt; BAG 27. 10. 1978 AP Nr. 98 zu § 611 BGB Gratifikation. Aus der Bindung der Tarifvertragsparteien an das Gesetzesrecht, insb. an Art. 12 GG und § 134 BGB, folgt, daß auch die Tarifvertragsparteien den Arbeitnehmer in seiner freien Wahl des Arbeitsplatzes nicht in unverhältnismäßiger Weise einschränken, ihn also nicht unverhältnismäßig lange an den Arbeitgeber binden dürfen. Nach Ansicht des Bundesarbeitsgerichts kann aber einer entsprechenden tarifvertraglichen Regelung erst dann die Anerkennung versagt werden, wenn sie zu einer grundlegenden Schlechterstellung von Arbeitnehmern im Vergleich zu einer sachlich vertretbaren Lösung führt. In die Betrachtung seien allerdings wegen der generellen Tarifwirkung, die zahlreiche Arbeitsverhältnisse erfaßt, alle von der tarifvertraglichen Regelung betroffenen Arbeitnehmer einzubeziehen. Die Beurteilung kann also nicht auf den Einzelfall bezogen werden; BAG 4. 9. 1985 AP Nr. 123 zu § 611 BGB Gratifikation *(Mangen).* Eine weitere Begründung für den großen Gestaltungsspielraum der Tarifvertragsparteien liegt darin, daß es sich bei der Rückzahlung von Gratifikationen um einen Teilbereich der Lohnregelungsbefugnis und damit um einen typischen Regelungsbereich der Tarifvertragsparteien handelt; BAG 4. 9. 1985 AP Nr. 123 zu § 611 BGB Gratifikation *(Mangen).* Eine weitergehende Bindung als bei einzelvertraglichen Rückzahlungsklauseln wird auch dann zugelassen, wenn der

§ 1   402, 403

Tarifvertrag auf das Arbeitsverhältnis nur kraft Bezugnahme anzuwenden ist; BAG 31. 3. 1966 AP Nr. 54 *(Biedenkopf)* und 23. 2. 1967 AP Nr. 57 *(A. Hueck)* zu § 611 BGB Gratifikation. Diese Rechtsprechung ist mit dem heutigen Verständnis des Art. 12 GG schwer zu vereinbaren; zur Kritik daran vgl. deshalb oben Einl. Rnr. 334.

402   Klauseln in einem Tarifvertrag, die den Anspruch auf eine Sonderzuwendung von dem Bestehen eines *ungekündigten Arbeitsverhältnisses* an einem bestimmten Stichtag innerhalb des Bezugsjahres abhängig machen, gelten auch für den Fall einer betriebsbedingten Kündigung; BAG 4. 9. 1985 AP Nr. 123 zu § 611 BGB Gratifikation *(Mangen)*, unter Aufgabe der früheren Rechtsprechung in BAG 27. 10. 1978 AP Nr. 98 zu § 611 BGB Gratifikation *(Herschel)*. Die Rechtsprechung beruft sich auch hier auf die gegenüber den Arbeitsvertragsparteien weitergehende Gestaltungsfreiheit der Tarifvertragsparteien; kritisch dazu Einl. Rnr. 334. Setzt ein Tarifvertrag für den Anspruch auf eine Jahressonderzahlung ein ungekündigtes Arbeitsverhältnis am Auszahlungstag voraus, so entfällt der Anspruch grundsätzlich nur dann, wenn die ausgesprochene Kündigung (unmittelbar) zur Beendigung des Arbeitsverhältnisses führt; BAG 7. 12. 1989 AP Nr. 14 zu § 1 TVG Tarifverträge: Textilindustrie. Macht eine tarifvertragliche Regelung den Anspruch auf eine Jahressonderzahlung davon abhängig, daß das Arbeitsverhältnis an einem Stichtag ungekündigt ist, dann steht weder ein vor dem Stichtag abgeschlossener Aufhebungsvertrag noch eine Befristung des Arbeitsverhältnisses einer Kündigung des Arbeitsverhältnisses gleich; BAG 7. 10. 1992 AP Nr. 146 und 14. 12. 1993 AP Nr. 160 zu § 611 BGB Gratifikation. Arbeitnehmer, die mit einem befristeten Arbeitsvertrag beschäftigt sind, der vor dem für die Jahressonderzahlung maßgebenden Stichtag endet, haben auch dann keinen Anspruch auf eine anteilige Jahressonderzahlung, wenn eine solche für Arbeitnehmer, die aufgrund einer betriebsbedingten Kündigung vor dem Stichtag ausscheiden, vorgesehen ist; BAG 6. 10. 1993 AP Nr. 157 zu § 611 BGB Gratifikation.

403 – **Rückzahlungsklauseln bei Ausbildungskosten.** Tarifverträge können die Rückzahlung von Ausbildungskosten vorsehen, vgl. nur BAG 30. 4. 1987 AP Nr. 2 zu § 1 TVG Ausbildungsverhältnis. Auch hinsichtlich der Vereinbarung von Rückzahlungsklauseln bei Ausbildungskosten räumt die Rechtsprechung den Tarifvertragsparteien einen größeren Spielraum als bei einzelvertraglichen Vereinbarungen ein. So sind Arbeitnehmer zur Rückzahlung der (anteiligen) Fortbildungskosten aufgrund tarifvertraglicher Rückzahlungsklauseln selbst dann verpflichtet, wenn die vom Arbeitgeber finanzierten Bildungsmaßnahmen nicht zu einer höheren Vergütung führen; BAG 6. 9. 1995 AP Nr. 22 zu § 611 BGB Ausbildungsbeihilfe *(v. Hoyningen-Huene)*. Die Tarifverträge sind allein daraufhin zu untersuchen, ob sie gegen die Verfassung, anderes höherrangiges zwingendes Recht oder gegen die guten Sitten verstoßen; vgl. die Rechtsprechung zu den Rückzahlungsklauseln bei Gratifikationen. Zwingendes – auch die Tarifvertragsparteien bindendes – Recht sind nur die aus Art. 12 Abs. 1 GG abgeleiteten allgemeinen Rechtsgrundsätze, nicht aber die zur Zulässigkeit einzelvertraglicher Rückzahlungsklauseln aufgestellten richterrechtlichen Regeln. Diese sind vielmehr tarifdispositiv; die Tarifvertragsparteien können davon abweichen; BAG 6. 9. 1995 AP Nr. 22 zu § 611 BGB Ausbildungsbeihilfe *(v. Hoyningen-Huene)*. Unzulässig sind nach Art. 12 Abs. 1 GG solche Regeln im Tarifvertrag, die das berufliche Fortkommen des Arbeitnehmers unzumutbar erschweren. Die für die Kontrolle von einzelvertraglich vereinbarten Rückzahlungsklauseln entscheidenden Kri-

terien der Ausbildungsdauer und -kosten, Bindungsdauer und Ausbildungsvorteil für den Arbeitnehmer sind bei der Frage der Verhältnismäßigkeit im Rahmen der Prüfung des Art. 12 Abs. 1 GG zu berücksichtigen; vgl. zu den genannten Kriterien u. a. BAG 11. 4. 1984 AP Nr. 8, 23. 4. 1986 AP Nr. 10 *(Pleyer),* 16. 3. 1994 AP Nr. 18 *(Wiedemann)* und 6. 9. 1995 AP Nr. 23 *(v. Hoyningen-Huene)* zu § 611 BGB Ausbildungsbeihilfe; BGH 5. 6. 1984 AP Nr. 11 zu § 611 BGB Ausbildungsbeihilfe.

In Abweichung von der bisherigen ständigen Rechtsprechung des Bundesarbeitsgerichts, die die richterrechtlichen Regeln bezüglich Rückzahlungsklauseln für tarifdispositiv erklärt, sieht § 53 ArbVGE *de lege ferenda* zwingende Mindestbeträge für Einzelarbeitsvertrag wie Tarifvertrag gleichermaßen vor. Außerdem wird der zulässige Bindungszeitraum auf regelmäßig sechs Monate beschränkt. 404

ee) Weitere Einzelfälle:

– **Abfindungen.** Tarifverträge sehen gelegentlich für den Fall der Beendigung des Arbeitsverhältnisses Abfindungsregelungen vor. Solche Regelungen finden sich vor allem in sog. Rationalisierungsschutzabkommen. Nach dem Abkommen zum Schutz der Arbeitnehmer (Arbeiter und Angestellte) vor Folgen der Rationalisierung vom 27. 5. 1968 im Land NRW erlangten Arbeitnehmer einen Anspruch auf Abfindung, wenn sie nach Vollendung eines bestimmten Lebensalters und einer bestimmten Betriebszugehörigkeit aus Rationalisierungsgründen aus dem Betrieb ausscheiden müssen; BAG 27. 11. 1991 AP Nr. 103 zu § 1 TVG Tarifverträge: Metallindustrie. Macht eine tarifvertragliche Regelung einen Abfindungsanspruch davon abhängig, daß das Arbeitsverhältnis durch eine Arbeitgeberkündigung aus bestimmten Gründen beendet wird, so entsteht für einen aus diesen Gründen gekündigten Arbeitnehmer kein Abfindungsanspruch, wenn er vor Ablauf der Kündigungsfrist stirbt; BAG 22. 5. 1996 AP Nr. 13 zu § 4 TVG Rationalisierungsschutz. Der Abfindungsanspruch, der einem Arbeiter nach Beendigung des Arbeitsverhältnisses nach dem TV Personalabbau (im Bereich des Bundesministers für Verteidigung) zusteht, ist nach dem zuletzt bezogenen Monatstabellenlohn zu berechnen (§ 8 Abs. 1 Satz 3 TV Personalabbau). Dies gilt auch, wenn für den Arbeiter nach § 3 Kraftfahrer TV ein Pauschallohn festgesetzt war; BAG 30. 5. 1996 AP Nr. 12 zu § 4 TVG Rationalisierungsschutz. Der Anspruch des Arbeitnehmers auf Zahlung einer Abfindung bei Sitzverlegung setzt voraus, daß das Arbeitsverhältnis durch Kündigung des Arbeitgebers beendet worden ist; BAG 12. 11. 1965 AP Nr. 1 zu § 1 TVG Tarifverträge: Versicherungsgewerbe. Ob eine Abfindung auch dann zu zahlen ist, wenn der Arbeitnehmer langfristig krank war, richtet sich nach dem Zweck der tarifvertraglichen Regelung; BAG 8. 3. 1978 AP Nr. 95 zu § 611 BGB Gratifikation *(Grasmann).* Durch Auslegung des Einzelvertrages und des Tarifvertrages ist zu ermitteln, ob eine individualvertraglich vereinbarte Abfindung auf eine tarifvertragliche Abfindung angerechnet werden kann; BAG 27. 4. 1995 AP Nr. 22 zu § 1 TVG Tarifverträge: DDR. Schließt ein Tarifvertrag Abfindungen für den Verlust des Arbeitsplatzes aus, wenn der von einer betriebsbedingten Kündigung betroffene Arbeitnehmer einen *anderen Arbeitsplatz* „zu vergleichbaren Gesamtbedingungen" gefunden 405 hat, verlieren anderweit befristet beschäftigte Arbeitnehmer ihren Anspruch auf Abfindung nicht. Zu den vergleichbaren Gesamtbedingungen gehören also auch die rechtlichen Rahmenbedingungen (hier: befristete oder unbefristete Beschäftigung); BAG 17. 1. 1995 AP Nr. 5 zu § 4 TVG Rationalisierungsschutz. Dies ist allerdings nur bei entsprechender Vereinbarung der Fall. Es gibt kein allgemeines Prinzip, daß die neuen Arbeitsbedingungen mit denen des alten Arbeitsverhältnisses vergleichbar sein müssen; BAG 26. 10. 1995 AP Nr. 9 zu § 4 TVG Rationalisierungsschutz. Stellt eine Ausschlußregelung lediglich auf die Existenz eines neuen Arbeitsverhältnisses ab, entfällt der Abfindungsanspruch auch dann, wenn es mit den Arbeitsbedingungen des vorherigen nicht vergleichbar ist, aber bei einem in den Ausschlußgründen des Tarifvertrages benannten Arbeitgeber abgeschlossen wird. Es kommt insbesondere nicht darauf an, daß der Besitzstand gewahrt ist; BAG 26. 10. 1995 AP Nr. 9 zu § 4 TVG Rationalisierungsschutz. Soweit sich ein Anspruch auf Abfindung nach der tarifvertraglichen Regelung dann verringert, wenn der Arbeitnehmer nach Beendigung seines Arbeitsverhältnisses in ein neues Arbeitsverhältnis bei einem Arbeitgeber des öffentlichen Dienstes eintritt, findet diese Regelung auch dann Anwendung, wenn ein befristetes Arbeitsverhältnis im Rahmen einer Arbeitsbeschaffungsmaßnahme mit einem Arbeitgeber des öffentlichen Dienstes begründet wird; BAG 17. 4. 1997 AP Nr. 2 zu § 1 TVG Tarifverträge: Waldarbeiter. Die Tarifvertragsparteien hatten in den den beiden letztgenannten Entscheidungen zugrundeliegenden Fällen im Gegensatz zu der vorgenannten Entscheidung hinsichtlich der Qualität des neuen Arbeitsverhältnisses gerade keine Differenzierung vorgenommen. Ein befristeter Arbeitsvertrag, der vor Beendigung eines wegen mangelnden Bedarfs gekündigten Arbeitsverhältnisses geschlossen wird, ist jedenfalls dann nicht als ein den Abfindungsanspruch nach § 2 Abs. 1 Satz 2 TV soziale Absicherung begründender Auflösungsvertrag anzusehen, wenn die im unmittelbaren Anschluß an die ursprüngliche Beschäftigung auszuübende Tätigkeit einen anderen Inhalt hat; BAG 30. 1. 1997 AP Nr. 16 zu § 4 TVG Rationalisierungsschutz. Sieht ein Tarifvertrag vor, daß der Arbeitnehmer eine Abfindung erhält, wenn sein Arbeitsverhältnis aus Gründen der Rationalisierung beendet wird und eine Umschulung nicht möglich ist oder vom Arbeitnehmer abgelehnt wird, so entfällt der Anspruch nicht für solche Arbeitnehmer, die ohne Inanspruchnahme einer Umschulung in ein anderes Arbeitsverhältnis gewechselt sind; BAG 31. 5. 1994 AP Nr. 10 zu § 1 TVG Tarifverträge: Banken. Zum Wegfall der tariflichen Abfindung bei Ablehnung eines zumutbaren Arbeitsplatzes vgl. BAG 18. 4. 1996 AP Nr. 14 und BAG 30. 1. 1997 AP Nr. 18 zu § 4 TVG Rationalisierungsschutz. Zur Anrechnung von Arbeitslosengeld auf eine nach einer tarifvertraglichen Bestimmung zu zahlende Abfindung vgl. BAG 20. 2. 1997 AP Nr. 2 zu § 7 TV RatAng. Zum Bestehen eines tarifvertraglichen Abfindungsanspruchs bei Übergang des Arbeitsverhältnisses auf den Betriebserwerber gem. § 613a BGB vgl. BAG 19. 11. 1996 AP Nr. 153 zu § 613a BGB.

406 – **Bedienungsgeld.** Aus § 7 Nr. 4 Abs. 2 des Tarifvertrages für das Gaststätten- und Hotelgewerbe der Freien und Hansestadt Hamburg vom 9. 4.

1963 kann nicht entnommen werden, daß dem Prozentempfänger auch ein Bedienungsaufschlag, den der Arbeitgeber über die im Abs. 1 der genannten Tarifvorschrift bestimmten Mindestsätze hinaus erhebt, als Tarifanspruch zusteht; BAG 22. 6. 1966 AP Nr. 5 zu § 611 BGB Kellner *(G. Hueck)*. Mangels näherer Vereinbarung kommt es auf die Verkehrssitte bei der Beantwortung der Frage an, ob zum „Umsatz", von dem das Bedienungsgeld zu berechnen ist, auch die Mehrwertsteuer gehört; BAG 7. 10. 1971 AP Nr. 6 zu § 611 BGB Kellner *(Blotekamp)*.

– **Einmalige Zuwendungen.** Einmalige Zuwendungen in Tarifverträgen können den Charakter des Entgelts oder der Sondervergütung tragen; BAG 20. 9. 1972 AP Nr. 76 zu § 611 BGB Gratifikation *(Blomeyer)*; BAG 3. 4. 1974 AP Nr. 2 zu § 1 TVG Tarifverträge: Metallindustrie *(Blomeyer)*. Eine einmalige Arbeitgeberzuwendung mit Gratifikationscharakter liegt nur dann vor, wenn sie als solche ausdrücklich bezeichnet wird oder wenn sie sich kraft der ihr beigelegten Bestimmung als solche erweist; BAG 3. 4. 1974 AP Nr. 2 zu § 1 TVG Tarifverträge: Metallindustrie *(Blomeyer)*. 407

– **Jubiläumsgratifikation.** Bestimmt ein Tarifvertrag ohne nähere Regelung, daß Arbeitsjubilare als Anerkennung für langjährige Mitarbeit am Jubiläumstag Zuwendungen in Höhe von einem oder mehreren Monatsgehältern bzw. Monatslöhnen erhalten, so ist im Zweifel anzunehmen, daß für den Begriff des Monatsgehalts bzw. Monatslohnes das Arbeitsentgelt maßgeblich ist, das zur Zeit des Jubiläums in der für das Arbeitsverhältnis geltenden Normalarbeitszeit erzielt worden ist; BAG 25. 11. 1965 AP Nr. 53 zu § 611 BGB Gratifikation *(G. Hueck)*. Zur Honorierung von Zeiten der Zugehörigkeit des Arbeitnehmers zu früheren volkseigenen Betrieben durch eine Jubiläumszuwendung für langjährige Unternehmenszugehörigkeit vgl. BAG 10. 7. 1996 AP Nr. 194 zu § 611 BGB Gratifikation. 408

– **Urlaubs- und Weihnachtsgeld.** Vielfach ist in Tarifverträgen die Gewährung eines Urlaubs- oder Weihnachtsgeldes geregelt. Unter Urlaubsgeld ist die zusätzliche, über das Urlaubsentgelt hinaus gezahlte Vergütung zu verstehen; BAG 15. 3. 1973 AP Nr. 78 zu § 611 BGB Gratifikation *(Reuter)*; BAG 23. 7. 1976 AP Nr. 1 zu § 11 BUrlG Urlaubsgeld. Ob ein Urlaubsentgelt oder ein Urlaubsgeld im Sinne einer Gratifikation gewollt ist, muß durch Auslegung der Vereinbarung ermittelt werden; BAG 15. 3. 1973 AP Nr. 78 zu § 611 BGB Gratifikation *(Reuter)*. Gibt ein Tarifvertrag einen Anspruch auf ein tarifvertragliches Urlaubsgeld und bestimmt er zugleich, daß darauf Urlaubsgelder angerechnet werden, soweit sie bisher betrieblich gezahlt werden, so erfaßt diese Anrechnungsvorschrift nur solche betrieblichen Leistungen, die mit dem Zweck des zusätzlichen ganz oder wenigstens annähernd übereinstimmen; BAG 12. 2. 1975 AP Nr. 12 zu § 4 TVG. Gewährt ein Tarifvertrag den Arbeitnehmern für jeden tarifvertraglichen Urlaubstag zum Urlaubsentgelt ein zusätzliches Urlaubsgeld, so haben solche Arbeitnehmer, die aufgrund einzelvertraglicher Vereinbarung regelmäßig verkürzt arbeiten, mangels anderweitiger tarifvertraglicher Regelung nur Anspruch auf ein im Verhältnis ihrer Arbeitszeit zur tarifvertraglichen Arbeitszeit gemindertes Urlaubsgeld; BAG 23. 7. 1976 AP Nr. 1 zu § 11 BUrlG Urlaubsgeld. Ungezählte Entscheidungen finden sich zum Bereich des Weihnachtsgeldes bzw. der Weihnachtsgratifikation, 409 insb. zu Fragen der Zulässigkeit von Rückzahlungsklauseln; vgl. nur BAG 29. 6. 1954 AP Nr. 1 *(A. Hueck)*, 10. 5. 1962 AP Nr. 22 *(Nikisch)*, 26. 2. 1964 AP Nr. 31, 15. 3. 1973 AP Nr. 78 *(Reuter)*, 27. 10. 1978 AP Nr. 99 *(Herschel)*, 9. 6. 1993 AP Nr. 150 und 30. 3. 1994 AP Nr. 161 *(Herrmann)* zu § 611 BGB Gratifikation; BAG 24. 10. 1990 AP Nr. 2 zu § 1 TVG Tarifverträge: Glasindustrie *(Berger-Delhey)*.

410 – **Rückgewährverpflichtung** von zu Unrecht empfangenen Leistungen. Ist die Rückgewährverpflichtung des Vorruheständlers von zu Unrecht empfangenen Vorruhestandsleistungen im Tarifvertrag abschließend geregelt, so ist ein Rückgriff auf gesetzliches Bereicherungsrecht daneben nicht möglich; auf den Verbrauch des Vorruhestandsgelds kommt es nicht an.[196]

411 **f) Aufwendungsersatz** (Reise-, Fahrt- und Umzugskosten). Durch Tarifvertrag kann ein Arbeitgeber verpflichtet werden, dem Arbeitnehmer die durch seine Arbeitsleistung oder durch Weisungen des Arbeitgebers entstehenden Aufwendungen zu ersetzen. Ist eine tarifvertragliche Regelung erschöpfend, kommt ein weitergehender Anspruch aus § 670 BGB nicht in Betracht; BAG 4. 12. 1974 AP Nr. 20 zu § 1 TVG Tarifverträge: Bau. Anspruch auf Reisekostenerstattung nach § 20 des Manteltarifvertrages für das private Versicherungsgewerbe (MTV) besteht nur für Geschäftsfahrten, nicht dagegen für Fahrten zwischen der Wohnung des Arbeitnehmers und seiner Arbeitsstätte. Befindet sich die regelmäßige Arbeitsstätte des Arbeitnehmers in seiner Wohnung, so fallen unter § 20 MTV auch Fahrten von der Wohnung zur Geschäftsstelle des Unternehmens; BAG 21. 7. 1993 AP Nr. 9 zu § 1 TVG Tarifverträge: Versicherungsgewerbe. Ist einem Arbeitnehmer tarifvertraglich für tatsächlich durchgeführte Wochenendheimfahrten „– gleichgültig wie er den Weg zurücklegt –" ein Anspruch auf Zahlung des Preises für die Eisenbahnfahrt 2. Klasse eingeräumt, so ist hierunter der volle Fahrpreis 2. Klasse ohne Berücksichtigung von Vergünstigungen und Sondertarifen zu verstehen. Auch auf die mit der Benutzung einer Bahncard verbundenen Vergünstigungen kommt es nicht an; BAG 7. 2. 1995 AP Nr. 190 zu § 1 TVG Tarifverträge: Bau. Zur *Umzugskostenerstattung* im Öffentlichen Dienst vgl. BAG AP Nr. 1ff. zu § 44 BAT. Zu den Rückzahlungsklauseln hinsichtlich vom Arbeitgeber erstatteter Umzugskosten vgl. BAG 24. 2. 1975 AP Nr. 50 zu Art. 12 GG; BAG 21. 3. 1973 AP Nr. 4 zu § 44 BAT. Zur *Wegezeitvergütung* im Baugewerbe vgl. BAG 14. 11. 1973 AP Nr. 16 *(Wiedemann)* und 28. 4. 1982 AP Nr. 39 *(Ottow)* zu § 1 TVG Tarifverträge: Bau; BAG 15. 3. 1989 AP Nr. 9 zu § 611 BGB Wegezeit. Zur sog. Fernauslösung für Montagearbeiter vgl. BAG 18. 9. 1991 AP Nr. 82 zu § 37 BetrVG 1972 und BAG 13. 12. 1994 AP Nr. 27 zu § 1 TVG Auslösung; BAG 25. 9. 1991 AP Nr. 146 und BAG 29. 7. 1992 AP Nr. 155 zu § 1 TVG Tarifverträge: Bau. Möglich und rechtlich wirksam ist auch die tarifvertragliche Vereinbarung einer *pauschalierten* Aufwandsentschädigung; BAG 18. 9. 1991 AP Nr. 82 zu § 37 BetrVG 1972; BAG 21. 7. 1993 AP Nr. 9 zu § 1 TVG Tarifverträge: Versicherungsgewerbe. Vgl. desweiteren BAG 10. 11. 1982 AP Nr. 44 und BAG 2. 10. 1990 AP Nr. 136 zu § 1 TVG Tarifverträge: Bau (Verpflegungszuschuß).

---

[196] BAG 25. 8. 1992 AP Nr. 16 zu § 2 VRG.

3. Vermögensbildung und Vermögensbeteiligung

Die Förderung der Eigentumsbildung breiter Schichten der Bevölkerung bildete in den Gründerjahren der Bundesrepublik einen der Schwerpunkte der politischen Diskussion. Die verschiedensten politischen Richtungen befürworteten eine aktive Vermögensbildungspolitik: sozialistischem und sozialdemokratischem Gedankengut entsprach es, durch Vermögensbildung eine Verringerung der wirtschaftlichen Macht des Großkapitals zu erreichen; ein anderer damals sehr wichtiger Ansatz enstammte der christlichen Sozialethik und stellte auf die „gerechte" Verteilung des Vermögens, insb. des Produktionsvermögens ab. Generell ging es um die Bildung von Eigentum für alle Bevölkerungsgruppen, um die im Entstehen begriffene Wirtschafts- und Rechtsordnung zu festigen. In der weiteren Entwicklung hat die Vermögensbildung aber von den gesellschaftspolitischen Kräften wenig aktive Unterstützung erfahren. Ausnahmen bilden hier nur die beiden großen christlichen Kirchen. Es war und ist eine der zentralen Anliegen evangelischer Sozialethik und katholischer Sozialehre, eine Beteiligung der Arbeitnehmer am Produktionsvermögen zu erreichen.[197] Die Beteiligung von Arbeitnehmern am Produktivkapital ihres Unternehmens wurde im strengen Sinn erstmals in Quadragesimo anno (1931) aufgegriffen, wo Pius XI das Lohn-Arbeitsverhältnis durch eine „gewisse Annäherung...an ein Gesellschaftsverhältnis" verbessern wollte; dadurch sollten Arbeiter und Angestellte „zu Mitbesitz oder Mitverwaltung oder zu irgendeiner Art Gewinnbeteiligung" gelangen.[198] Weil die Anregungen der Kirchen aber politisch kaum unterstützt wurden, hat die Vermögensbildung bisher den Charakter einer bloßen Anmerkung zur geltenden Arbeits- und Sozialordnung nicht überschreiten können.

Zur Förderung einer gestreuten Vermögensbildung stehen zur Zeit im Arbeitsleben zwei Alternativen zur Verfügung: die zur *eigenen* Vermögensbildung *zweckgebundene* Vergütung, die vom Staat im VermBG unterstützt wird, und die Vergütung zur *Mitarbeiterbeteiligung* am Unternehmen des Arbeitgebers, die vom Staat steuerlich in § 19a EStG begünstigt wird. Beide Instrumente zur Förderung der „Eigenkapitalbildung" der privaten Haushalte schließen sich gegenseitig freilich nicht aus. Größere wirtschaftliche Bedeutung hat aber bislang nur die erste Form der Förderung der Vermögensbildung durch Sondervergütung erlangt, während die Kapitalbeteiligung der Arbeitnehmer am eigenen Unternehmen – von sozialpolitisch vorbildlich tätigen Aktiengesellschaften abgesehen – wenig verbreitet ist.[199]

---

[197] Vgl. zuletzt: Für eine Zukunft in Solidarität und Gerechtigkeit, Wort des Rates der Evangelischen Kirche Deutschland und der Deutschen Bischofskonferenz zur wirtschaftlichen und sozialen Lage in Deutschland, 1996, Nr. 186; Kirchenamt der Evangelischen Kirche in Deutschland und Sekretariat der Deutschen Bischofskonferenz, Beteiligung am Produktiveigentum, Beiträge zur Vermögensbildung in Arbeitnehmerhand, 1993; vgl. auch Bund katholischer Unternehmer, Beteiligung der Bürger am Produktivvermögen – verpflichtendes Ziel der katholischen Soziallehre, 1996.

[198] Quadragesimo anno Abschn. 65; siehe auch Laborem exercens (1981), wo auf die zahlreichen Anregungen verwiesen wird, die „das Miteigentum an den Produktionsmitteln, die Mitbestimmung, die Gewinnbeteiligung, die Arbeitnehmeraktien und ähnliches" betreffen (Laborem exercens, Abschn. 14).

[199] Vgl. dazu zuletzt Bundesministerium für Arbeit und Sozialordnung, Praktisch erprobte betriebliche Vereinbarungen zur Kapitalbeteiligung der Arbeitnehmer. Mögli-

414 **a) Förderung der Vermögensbildung. aa) Begriff.** Vermögenswirksame Leistungen im Sinne des fünften Vermögensbildungsgesetzes können in Arbeitsverträgen, in Betriebsvereinbarungen oder in Tarifverträgen vereinbart werden, vgl. § 10 des 5. VermBG. Der Arbeitgeber ist verpflichtet, Teile des Arbeitsentgeltes in den in § 2 des 5. VermBG enumerativ aufgezählten Formen für den Arbeitnehmer oder einen von ihm bestimmten nahen Angehörigen (§ 3 Abs. 1 des 5. VermBG) anzulegen. Auf dieser Grundlage fördert der Staat diese vermögensbildenden Anlagen mit einer zusätzlichen Prämie. Die einzelnen Anlageformen des § 2 des 5. VermBG umfassen sowohl Beiträge zu Sparverträgen als auch zu Beteiligungs- und Beteiligungskaufverträgen, die eine Beteiligung der Arbeitnehmer am Beschäftigungsunternehmen ermöglichen.

415 **bb) Entwicklung.** Die Entwicklung des ersten, zweiten und dritten Vermögensbildungsgesetzes ist in der Vorauflage, § 1 TVG, Rnr. 182, zusammengefaßt. Das vierte Vermögensbildungsgesetz vom 6. 2. 1984 (BGBl. I S. 201) erhöhte den Plafond geförderter vermögenswirksamer Leistungen bei einer Anlage in bestimmten, stark erweiterten Vermögensbeteiligungsformen von 624 DM auf 936 DM, während es für die Geldvermögensbildung (Konten-, Versicherungs- und Bausparen) bei dem bisherigen Höchstbetrag verblieb. Zusätzlich wurde die Steuerbefreiung nach § 19a EStG bis zu 300 DM je Arbeitnehmer und Kalenderjahr eingeführt. Das fünfte Vermögensbildungsgesetz vom 19. 2. 1987 (BGBl. I S. 630) wurde in der Folge mehrfach, insb. bei den begünstigten Anlageformen und bei der Arbeitnehmer-Sparzulage geändert. Es gilt heute in der durch das Dritte VermögensbeteiligungsG erweiterten Fassung vom 7. 9. 1998 (BGBl I S. 2647). Insgesamt sollen durch die Reform die Beteiligungen der Arbeitnehmer am Produktivvermögen verstärkt werden. Das Ziel soll durch Anheben der für die Sparzulage maßgeblichen Einkommensgrenzen, weiter durch Anheben der Arbeitnehmer-Sparzulage für Beteiligungen von 10% auf 20% und schließlich durch Erweiterung des Katalogs der geförderten Anlageformen, um neue Formen der Produktivkapitalbeteiligung (gemischte Wertpapier- und Grundstücks-Sondervermögen sowie Investmentfondsanteil-Sondervermögen) erreicht werden. Den Tarifvertragsparteien wird in § 12 Satz 2 die zusätzliche Möglichkeit eingeräumt, Leistungen durch die Arbeitnehmer künftig *förderunschädlich* auf das Bausparen und auf den Beteiligungserwerb zu begrenzen und damit Lebensversicherungen und Kontensparen auszuschließen. Innerhalb dieser Anlagearten bleibt die Wahlfreiheit des Arbeitnehmers freilich bezüglich Anlageart und Anlageinstitut bestehen.[200]

416 **cc) Bedeutung.** Den entscheidenden Durchbruch bei der Inanspruchnahme des Vermögensbildungsgesetzes brachte die im 2. VermBG eingeführte Möglichkeit der *tarifvertraglichen* Vereinbarung vermögenswirksamer Leistungen: von 1964 auf 1965 stieg die Zahl derjenigen Arbeitnehmer, die die Leistungen des VermBG in Anspruch nahmen, von 380 000 Arbeitneh-

---

che Modelle einer künftigen Mitarbeiterbeteiligung aufgrund tarifvertraglicher Rahmenregelungen, Forschungsbericht 1997.
[200] Vgl. Reg. Begründung BT-Drucks. 13/10012, S. 5.

mer auf 2,2 Millionen.[201] Zahlreiche Tarifverträge sehen heute vermögenswirksame Leistungen nach dem VermBG vor.[202] Große Bedeutung für die Realisierung der Ziele, zu der die Vermögensbildungsgesetze geschaffen wurden, haben die Normierungen jedoch nicht erlangt. Ein Grund mag dafür sein, daß bereits 1970 bzw. 1974 mit der Einführung einer Einkommengrenze in das Vermögensbildungsgesetz, in das Sparprämiengesetz und in das Wohnungsbauprämiengesetz ein Abbau der staatlichen Sparförderung einsetzte. Zwar wurde der Begünstigungsrahmen im folgenden 4. VermBG auf 936 DM pro Monat angehoben, bereits 1975 aber wurde die Sparprämie von 20% auf 14% reduziert und die Wohnungsbauprämie von 23% auf 18%. Durch das 2. Haushaltsstrukturgesetz vom 22. 12. 1981 (BGBl. I, S. 1523) senkte sich die Arbeitnehmersparzulage von einheitlich 30% bzw. 40% ab 3 Kindern auf 23% bzw. 16%. Ein weiterer Grund für die geringe Bedeutung der Vermögensbildung nach dem VermBG mag auch darin liegen, daß die Gewerkschaften und Arbeitgeberverbände die Vermögensbildung als einen wichtigen Punkt tarifvertraglicher Förderung der Arbeits- und Wirtschaftsbedingungen nicht angenommen haben. Zwar gab es auch in der Vergangenheit umfassende Forderungskataloge zur Vermögensbildung seitens des DGB.[203] In der Tarifpraxis zeigte sich aber, daß die Gewerkschaften vor allem in der Zahlung einer Jahressonderleistung, die *nicht* nach dem VermBG gefördert wird, den Arbeitnehmern größere Geldbeträge außerhalb der laufenden Gehaltszahlungen zukommen lassen wollten, um auf diesem Weg die Vermögensbildung zu verstärken. Hier liegt denn auch das Hauptgewicht tarifvertraglicher Verhandlungen.

dd) Tarifvertragliche Gestaltung. Für die Tarifvertragsparteien enthält **417** § 10 des 5. VermBG eine Konkretisierung des Art. 9 Abs. 3 GG: vermögenswirksame Leistungen können auch in Tarifverträgen vereinbart werden. Allerdings müssen die Tarifvertragsparteien anders als die Arbeitsvertragsparteien dabei **§ 10 Abs. 2 des 5. VermBG** beachten, wonach vermögenswirksame Leistungen nur dann nach den Vorschriften des Gesetzes gefördert werden, wenn die Tarifverträge die Möglichkeit *ausschließen*, daß anstelle einer vermögenswirksamen Leistung eine andere Leistung, insb. eine Barleistung erbracht wird.[204] Weder dem Arbeitgeber noch dem Arbeitnehmer darf mithin im Tarifvertrag ein Wahlrecht zwischen Investivlohn und Barlohn eingeräumt sein. Eine Umgehung des gesetzlichen Verbotes ist jedoch nicht darin zu sehen, daß der Arbeitnehmer das Sparguthaben vorzeitig auflösen kann und über das aus der vermögenswirksamen Leistung des Arbeitgebers, den Sparprämien und Sparzulagen sowie den Zinsen entstandene Vermögen verfügt.[205] Das Gesetz beinhaltet nur mittelbar eine Beschränkung

---

[201] Vgl. R. *Thüsing*, Kommentar zum 5. VermBG, 1992, Einführung Rnr. 42 mit tabellarischer Darstellung der Entwicklung.
[202] Vgl. Aufstellung bei R. *Thüsing/Holzheimer*, § 10 des 5. VermBG, hinter Rnr. 117; *Brandmüller*, § 10 des 5. VermBG, S. B 4.
[203] Vgl. die Beschlüsse des DGB vom April 1973, dargestellt bei R. *Thüsing*, Kommentar zum 5. VermBG, 1992, Einführung Rnr. 34.
[204] BAG 30. 4. 1975 AP Nr. 1 zu § 1 TVG Tarifverträge: Vermögenswirksame Leistungen.
[205] BAG 23. 7. 1976 AP Nr. 1 zu § 12 des 3. VermBG *(Schwedes)*.

der Tarifautonomie, da ein abweichender Kollektivvertrag wirksam ist und nur die vermögenswirksamen Leistungen dann von der Förderung des Vermögensbildungsgesetzes ausgenommen werden. Die Anlage von Teilen der Arbeitsvergütung verstößt nicht gegen die tarifliche Unabdingbarkeit, obwohl sie eine Lohnverwendungsabrede enthält; vgl. dazu oben Einl. Rnr. 468.

418 Für die Tarifvertragsparteien besteht eine weitere Besonderheit in dem neu eingefügten **§ 12 Satz 2 des 5. VermBG**. Nach § 12 Satz 1 des Gesetzes werden vermögenswirksame Leistungen nur dann gefördert, wenn der Arbeitnehmer die Art der vermögenswirksamen Anlage und das Unternehmen oder Institut, bei dem sie erfolgen soll, *frei wählen* kann. Diese Wahlfreiheit darf nach der Einfügung des neuen Satz 2 durch Tarifvertrag eingeschränkt werden. Eine staatliche Förderung gibt es auch dann, wenn die Tarifvertragsparteien die Verwendung vermögenswirksamer Leistungen auf Beteiligungen und auf das Bausparen konzentrieren. Innerhalb dieser Anlagearten muß freilich die Wahlfreiheit des Arbeitnehmers bestehen bleiben. Der Gesetzgeber hat die Gelegenheit benutzt, um in diesem Zusammenhang andere Zweifelsfragen hinsichtlich der Tarifautonomie in einer Protokollerklärung des Vermittlungsausschusses zu klären. In seiner Sitzung vom 24. 6. 1998 (BT-Drucks. 13/11201 Anlage 2) stellt der Vermittlungsausschuß fest:

> Nach dem eindeutigen Wortlaut des Fünften Vermögensbildungsgesetzes gilt § 2 Abs. 1 Nr. 1 Buchstabe a für Aktien von Unternehmensbeteiligungsgesellschaften unabhängig davon, wer die Beteiligungsgesellschaft gegründet hat. Aus demselben Grund gilt § 2 Abs. 1 Nr. 1 Buchstabe c des Fünften Vermögensbildungsgesetzes für Anteilscheine unabhängig davon, wer die ausgebende Gesellschaft gegründet hat.
> Damit gelten beide Vorschriften auch für Aktien und Anteilscheine, wenn die Unternehmensbeteiligungsgesellschaft oder die ausgebende Gesellschaft im Sinne des § 2 Abs. 1 Nr. 1 Buchstabe c von einer gemeinsamen Einrichtung der Tarifvertragsparteien im Sinne des § 4 Abs. 2 des Tarifvertragsgesetzes gegründet worden ist.

Auf eine ursprünglich ebenfalls beabsichtigte Klarstellung, daß Gemeinsame Einrichtungen nach § 4 Abs. 2 des Gesetzes *selbst* Kapitalsammelstellen bilden können, wurde verzichtet. Die Tarifvertragsparteien könnten deshalb vorerst eine obligatorische Anlage vermögenswirksamer Leistungen in Tariffonds nicht vorschreiben.

419 Für die vom Vermögensbildungsrecht geförderten (Entgelt)Leistungen des Arbeitgebers gelten auch im übrigen Besonderheiten. Das Bundesarbeitsgericht betont in einer Leitentscheidung vom 30. 4. 1975,[206] wenn dieses Entgelt nicht voraussetzungslos und ohne Einschränkung gezahlt werden soll, müsse dies im Tarifvertrag deutlich zum Ausdruck gebracht werden. Ein Arbeitnehmer, der einen Sparvertrag über vermögenswirksame Leistungen vorzeitig prämien- und sparzulagenschädlich auflöst, brauche deshalb die vom Arbeitgeber erhaltenen Sparleistungen nur zurückzuzahlen, wenn der Tarifvertrag die Rückzahlung für diesen Fall vorsieht. Zum Schutz der vermögensbildenden Leistungen enthält § 10 Abs. 3 des 5. VermBG das Verbot der Vereinbarung einer Leistung an Erfüllungs Statt; es wird in § 10 Abs. 4 des 5. VermBG auf die nicht tarifgebundenen Arbeitnehmer erstreckt, die tarifvertragliche vermögenswirksame Leistungen erhalten sollen. Aufrechnungen gegen vermögenswirksame Leistungen sind entsprechend unzulässig.[207]

---

[206] BAG 30. 4. 1975 AP Nr. 1 zu § 1 TVG Tarifverträge: Vermögenswirksame Leistungen.
[207] ArbG Berlin 7. 3. 1972 AP Nr. 27 zu § 364 BGB; *Thüsing/Holzheimer*, § 10 des 5. VermBG, Rnr. 85.

Ob vermögenswirksame Leistungen im Fall von Kurzarbeit oder bei berechtigten Fehlzeiten weiterzuzahlen sind, entscheidet die Auslegung des Tarifvertrages im Einzelfall.[208]
Gemäß § 10 Abs. 5 des 5. VermBG kann der Arbeitgeber auf tarifvertraglich vereinbarte vermögenswirksame Leistungen die betrieblichen Sozialleistungen anrechnen, die den Arbeitnehmern im Kalenderjahr bisher schon als vermögenswirksame Leistung erbracht worden sind. Die Rechtsprechung hat bisher noch nicht entschieden, ob es sich dabei um zwingendes Gesetzesrecht handelt, oder die Tarifvertragsparteien davon abweichen können. Früher wurde argumentiert, die Vorschrift diene der Erleichterung des Abschlusses vermögenswirksamer Verträge, so daß es möglich sein muß, daß die Tarifvertragspartner auf sie verzichten und im Rahmen ihrer tarifvertraglichen Kompetenz eine Anrechnung gewährter betrieblicher Sozialleistung als vermögenswirksame Leistung ausschließen.[209] Mit der Entscheidung des Bundesarbeitsgerichts zur Unzulässigkeit von tarifvertraglichen Effektivklauseln[210] dürfte jedoch feststehen, daß die Tarifvertragsparteien keine Zuständigkeit für tarifvertragliche Vermögensbildungs-Effektivklauseln besitzen.[211]

Vereinbaren die Tarifvertragsparteien keine zusätzlichen vermögenswirksamen Leistungen, oder schöpfen sie den Rahmen der 936 DM nicht aus, so kann der Arbeitnehmer auch für einen entsprechenden Teil des ihm tariflich gewährten Arbeitsentgeltes die vermögenswirksame Anlage vom Arbeitgeber fordern.

ee) Allgemeinverbindlicherklärung. Ein Tarifvertrag, der vermögenswirksame Leistungen vorsieht, kann nach § 5 des Gesetzes für allgemeinverbindlich erklärt werden.[212] Dasselbe gilt, wenn durch einen Tarifvertrag bestimmt wird, daß ein neu zu gewährender Lohnzuschlag von den Arbeitgebern an eine durch die Tarifvertragsparteien gebildete Lohnausgleichskasse abgeführt wird, und daß diese Lohnausgleichskasse das alleinige unmittelbare Forderungsrecht hinsichtlich des Lohnzuschlags hat, sofern die Außenseiter dadurch nicht zu Mitgliedern der Lohnausgleichskasse werden und auch nicht mit Mitgliederpflichten belastet werden sowie schließlich der Grundsatz der gleichmäßigen Behandlung von organisierten und nicht organisierten Arbeitnehmern gewahrt ist.[213]

ff) Bezugnahme. Der Arbeitgeber kann den Tarifvertrag für vermögenswirksame Leistungen im Wege der Bezugnahme in die Arbeitsverträge der nicht oder anders organisierten Arbeitnehmer übernehmen.[214] Allerdings gilt für diesen Arbeitsvertrag dann § 10 Abs. 3 des 5. VermBG entsprechend, wenn der Arbeitgeber versucht, dem Arbeitnehmer statt der dem tarifgebundenen Arbeitnehmer gezahlten vermögenswirksamen Leistungen eine andere, insb. eine Barleistung anzudienen; vgl. § 10 Abs. 4 des 5. VermBG.

---

[208] Vgl. BAG 9. 11. 1977 AP Nr. 1 zu § 1 TVG Tarifverträge: Textilindustrie; *Schaub*, Arbeitsrechts-Handbuch, § 13 VI 2, S. 706.
[209] So u. a. *Däubler*, Tarifvertragsrecht, Rnr. 663; *Schelp*, Betrieb 1965, S. 1094, 1103.
[210] BAG 13. 6. 1958 AP Nr. 2 zu § 4 TVG Effektivklauseln; vgl. auch BAG 16. 9. 1987 AP Nr. 15 zu § 4 TVG Effektivklauseln; zu den zulässigen und davon zu unterscheidenden Besitzstandsklauseln vgl. BAG 5. 9. 1985 AP Nr. 1 zu § 4 TVG Besitzstand *(Wiedemann)*.
[211] Wie hier auch R. *Thüsing/Holzheimer*, § 10 des 5. VermBG, Rnr. 95.
[212] Abw. früher *Biedenkopf*, RdA 1964, S. 251; *Forsthoff*, BB 1965, S. 381, 386.
[213] BAG 5. 12. 1958 AP Nr. 1 zu § 4 TVG Ausgleichskasse *(Tophoven)*.
[214] Vgl. zur früheren Rechtslage Vorauflage, § 1, Rnr. 187 ff.

423 gg) **Besonderheiten** der Vermögensbeteiligung von Arbeitnehmern i.e.S. Obwohl in der tatsächlichen Entwicklung der Vermögensbildung sich die staatlichen Leistungen vorwiegend als Sparsubventionierung darstellen, sah schon das 1. VermBG nicht nur die Anlagemöglichkeit für vermögenswirksame Leistungen als Aufwendungen nach dem Sparprämiengesetz vor, sondern auch die Anlagemöglichkeit für Aufwendungen zum Erwerb von Belegschaftsaktien im Rahmen des steuerlichen KapErhG. Von Anfang an zielte die Vermögensbildung also nicht nur auf eine Geldvermögensbildung, sondern auch auf eine Vermögensbeteiligung als Beteiligung am Produktivvermögen vorzugsweise des eigenen arbeitgeberischen Unternehmens. Die Bedeutung des zuletzt genannten Gesetzgebungszwecks zeigt sich auch daran, daß der Sparvertrag gem. § 4 des 5. VermBG nur mit 16% Arbeitnehmersparzulage begünstigt wird, Sparverträge über Wertpapiere oder andere Vermögensbeteiligungen nach § 5 des 5. VermBG, Wertpapierkaufverträge nach § 6 des 5. VermBG oder Beteiligungsverträge nach § 7 des 5. VermBG bzw. Beteiligungskaufverträge nach § 8 des 5. VermBG aber mit 23% bezuschusst werden.

424 b) **Vermögensbeteiligung.** Die Beteiligung der Arbeitnehmer am „eigenen" Unternehmen begegnet in zwei Spielarten, nämlich als Beteiligung am *Gewinn* des Unternehmens, also Abhängigkeit (eines Teils) der Vergütung von der Ertragslage (sog. Investivlohn), oder weiterreichend als Beteiligung am *Eigenkapital* (Aktien, GmbH-Anteil) oder *Fremdkapital* (Darlehen, stille Gesellschaft) des Unternehmens.[215] Die genannten Formen der Vermögensbeteiligung der Arbeitnehmer dienen neben der eigentlichen Vermögensstreuung der Verbesserung der Zusammenarbeit im Unternehmen und der Förderung der Motivation der Mitarbeiter.[216] Diese Vermögensbeteiligung im engeren Sinn stößt bei den Tarifvertragsparteien auf andere Grenzen als bei den Betriebs- oder Vertragsparteien, da die zwangsweise Übertragung von Unternehmensanteilen eine unzulässige Enteignung darstellen, die zwangsweise Aufnahme von Mitgesellschaftern überdies gegen die negative Vereinigungsfreiheit verstoßen kann.[217] Verbandstarife zur Mitarbeiterbeteiligung sind daher, soweit ersichtlich, bislang nicht zustandege-

---

[215] Vgl. Arbeitskreis GmbH-Reform, Bd. 2, 1972, Arbeitnehmerbeteiligung an einer GmbH, S. 73 ff.; *Guski/Schneider* (Hrsg.), Mitarbeiter – Beteiligung, Handbuch für die Praxis, 1993; *Hanau,* in: Laßmann/Schwark (Hrsg.), Beteiligung der Arbeitnehmer am Produktivvermögen, 1985, S. 111, 120 ff.; *Klötzl/Schneider,* Mitarbeiter am Erfolg beteiligen, 1990, S. 39 ff.; *Loritz,* Die Beteiligung der Nichtselbständigen am Produktivvermögen, 1991, insb. S. 4 ff.; *ders.,* RdA 1998, S. 257; *Röder,* NZA 1987, S. 799 ff.; *Scharis,* Lohnform und Arbeitslosigkeit, 1996, S. 15 ff.; *Schneider/Zander,* Erfolgs- und Kapitalbeteiligung, 4. Aufl. 1993, S. 73 ff.
[216] Vgl. den Vorschlag für eine Empfehlung des Rates der EG zur Förderung der Beteiligung der Arbeitnehmer an den Gewinn- und Betriebsergebnissen v. 16. 7. 1991 (91/C 245/16) KOM(91) 259 endg. (RdA 1992, S. 41), der ausdrücklich mit der Steigerung der Motivation der Mitarbeiter und der Produktivität der Arbeitnehmer und der Wettbewerbsfähigkeit der Unternehmen eine solche Vermögensbildungspolitik fordert.
[217] Vgl. dazu *Däubler,* Tarifvertragsrecht, Rnr. 667; *Löwisch/Rieble,* § 1 TVG, Rnr. 644; *Schaub,* Arbeitsrechts-Handbuch, § 83 VIII 3 b), S. 709.

kommen, wohl aber Betriebsvereinbarungen, freiwillige Gesamtzusagen und einzelvertragliche Regelungen.[218]

aa) Gewinnbeteiligung von Arbeitnehmern gibt es in den meisten Industrieländern. Die OECD ermittelte in einer Studie im Jahre 1995, daß in den meisten Ländern 5% oder mehr der Beschäftigten eine gewinnabhängige Entlohnung erhalten.[219] Dies gilt neben Deutschland auch für Finnland, Frankreich, Großbritannien, Italien, Japan, Kanada, Niederlande, Mexiko und die U.S.A. Genaue Zahlen für die einzelnen Länder fehlen bisher, weil die Datengewinnung durch die vielen unterschiedlichen Beteiligungsmodelle erschwert wird. Einen Überblick darüber, mit welchen Maßnahmen die Mitgliedstaaten der Europäischen Union die Gewinn- und Betriebsergebnisbeteiligung der Arbeitnehmer nach Verabschiedung der Empfehlung des Rates vom 27. 7. 1992 (92/443/EWG) gefördert haben, gibt der PEPPER[220] Report II 1996.[221] In Deutschland sind danach tarifvertraglich keine gewinnabhängigen Lohnkomponenten vereinbart worden, so daß sie freiwillige übertarifliche Zusatzleistungen der einzelnen Unternehmen darstellen. In verschiedenen „Bündnissen für Arbeit" ist allerdings jetzt als Ausgleich für tarifvertragliche Anpassungsklauseln eine Empfehlung der Sozialpartner an die Arbeitgeber enthalten, daß sie, soweit ihre wirtschaftliche Situation dies erlaubt, die Beschäftigten am Unternehmenserfolg beteiligen.[222] Die auf Unternehmensebene praktizierten Beteiligungsmodelle sind deshalb ebenso unterschiedlich wie die sie durchführenden Unternehmen; sie differieren nach Bezugsbasis, Bezugszeitpunkt, Verteilungsmodus und Auszahlungsmodus. Die Schätzungen für Deutschland ergeben, daß etwa 6% der Arbeitnehmer eine bar ausgezahlte Gewinnbeteiligung erhalten und weitere 4% in Verbindung mit einer Kapitalbeteiligung am Gewinn des Unternehmens beteiligt sind.[223] Systematisch angewandt werden Gewinnbeteiligungen bei 2000 bis 3000 Unternehmen; zusätzlich beteiligen etwa 200 Unternehmen ihre Mitarbeiter nur unregelmäßig am Gewinn. Das gewinnabhängige Einkommen entspricht zwischen 6% bis 8% des Gesamteinkommens der beteiligten Arbeitnehmer.[224]

In Frankreich und Mexiko erfolgen Gewinnbeteiligungen aufgrund von gesetzlichen Vorschriften. In *Frankreich* sind seit 1967 Unternehmen mit mehr als 100 Beschäftigten zur Gewinnbeteiligung verpflichtet. Seit 1990 wurde die Schwelle auf 50 Arbeitnehmer abgesenkt. Die Gewinnbeteiligung macht jedoch nur etwa 4% der Gesamtentlohnung der gewinnbeteiligten Unternehmen aus.[225] In *Mexiko* sind mit Aus-

---

[218] Vgl. BMA, Praktisch erprobte betriebliche Vereinbarungen zur Kapitalbeteiligung der Arbeitnehmer (vgl. oben Fn. 199), S. 11 ff.
[219] Vgl. OECD Employment Outlook 1995, S. 139 ff.
[220] PEPPER = Promotion of Employees' Participation in Profits and Enterprise Results.
[221] Bericht der Kommission der EG (PEPPER II), Die Förderung der Gewinn- und Betriebsergebnisbeteiligung (einschl. Kapitalbeteiligung) der Arbeitnehmer in den Mitgliedstaaten vom 8. 1. 1997, KOM(96) 697 endg.
[222] Vgl. z.B. § 11 des Chemie-Bundesentgelttarifvertrages v. 3. 6. 1997, RdA 1997, S. 242, 243.
[223] Vgl. OECD Employment Outlook 1995, S. 143.
[224] Vgl. *Hart/Hübner*, Kyklos 1991, S. 222; *Uvalic*, PEPPER Report I 1990, S. 60 (veröffentlicht als Beiheft 3/91 zu „Soziales Europa").
[225] Vgl. *Uvalic*, PEPPER Report I 1990, S. 70.

nahme weniger Branchen alle Unternehmen von einer bestimmten Größe an verpflichtet, 10% ihres Gewinns an die Belegschaft abzuführen.[226]

426 **bb) Vermögensbeteiligungen** der Arbeitnehmer werden in unterschiedlicher Form praktiziert. In Deutschland gab es 1993 etwa 2000 Beteiligungsunternehmen, an denen 1,5 Millionen Arbeitnehmer beteiligt waren. Die Entwicklung weist seit Ende der achtziger Jahre einen steigenden Trend auf, zu dem auch die Wiedervereinigung beigetragen hat, denn in den neuen Bundesländern besteht ein hoher Antrieb zur Mitarbeiterkapitalbeteiligung.[227] Die Mitarbeiter sind mit jährlich rd. 15 Milliarden DM am Eigen- und Fremdkapital der Unternehmen beteiligt. In den letzten Jahren hat die Bedeutung der Eigenkapital- zu Lasten der Fremdkapitalbeteiligung zugenommen. Die am meisten verbreiteten Beteiligungsformen sind stille Gesellschaften und Mitarbeiterdarlehen, die zusammen etwas mehr als die Hälfte darstellen, gefolgt von Aktien mit 22%.[228] Unternehmen mit Kapitalbeteiligungen der Arbeitnehmer sind häufig mittelständische Unternehmen und in fast allen Branchen anzutreffen. Kapitalbeteiligungen werden im Unterschied zu Gewinnbeteiligungen steuerlich begünstigt[229]; vgl. § 19a EstG. Auch in anderen europäischen Ländern – vor allem in Frankreich[230] und Großbritannien – werden Kapitalbeteiligungen von Arbeitnehmern steuerlich begünstigt. Nur in diesen europäischen Ländern sind Kapitalbeteiligungen von Arbeitnehmern mit oder ohne Gewinnbeteiligung von größerer Bedeutung. Bisher ist es in keinem Land gelungen, *überbetriebliche* Kapitalbeteiligungen einzusetzen. Ein längerer Versuch ist nur in Schweden unternommen worden. Von 1984 bis 1991 gab es Arbeitnehmerfonds und die Unternehmen waren verpflichtet, 20% des bereinigten Unternehmensgewinns dort einzuzahlen. Alle Versuche seit Anfang der siebziger Jahre, überbetriebliche gewinnabhängige Kapitalbeteiligungen in Deutschland einzuführen, sind bisher gescheitert.[231]

427 **cc) Tarifverträge** zur **Beteiligung** von Arbeitnehmern am Gewinn oder am Vermögen des Unternehmens des Arbeitgebers sind bisher, soweit ersichtlich, nicht zustandegekommen.[232] Das ist auch nicht verwunderlich. Die Faustregel, wonach die Aufbringung der Mittel für die Vermögensbeteiligung durch den Arbeitgeber zum Arbeitsrecht, die Vermögensanlage durch den Arbeitnehmer dagegen zum allgemeinen Schuld- oder Gesellschaftsrecht gehört,[233] bedarf für die Mitarbeiterbeteiligung deutlich der Anpassung. Ein

---

[226] Vgl. OECD Employment Outlook 1995, S. 147.
[227] Vgl. *Schneider/Zander*, Erfolgs- und Kapitalbeteiligung, 4. Aufl. 1993, S. 24ff.; vgl. zu Fällen des *management-buy-out* Handelsblatt Nr. 142 v. 28. 7. 1997, S. 6.
[228] Vgl. *Schneider/Zander*, Erfolgs- und Kapitalbeteiligung, 4. Aufl. 1993, S. 27.
[229] Vgl. *Uvalic*, PEPPER Report I 1990, S. 54f.
[230] Vgl. zur Beteiligung der Arbeitnehmer *Gaudy*, Rév. soc. 1996, S. 471.
[231] Vgl. *Scharis*, Lohnform und Arbeitslosigkeit 1996, S. 178f.; *Uvalic*, PEPPER Report I 1990, S. 49f.
[232] Vgl. BMA, Praktisch erprobte betriebliche Vereinbarungen zur Kapitalbeteiligung der Arbeitnehmer (vgl. oben Fn. 199), S. 11ff.; Betriebliche Vermögensbeteiligung, Dokumentation der Fachtagung der BDA, 1988.
[233] Vgl. *Buschmann*, Vermögensbildung durch Kollektivvereinbarungen, 1983, S. 67ff.; *Fohrmann*, Der Arbeitnehmer als Gesellschafter, 1982, S. 134ff.; *Hanau*, in: Laßmann/Schwark, Beteiligung der Arbeitnehmer am Produktivvermögen, 1985, S. 110, 115.

Kollektivvertrag hat zur Bedingung, daß die unternehmens- und gesellschaftsrechtlichen Voraussetzungen erfüllt sind, durch die die geschäftsführenden Organe berechtigt werden, über eine Gewinn- oder Vermögensbeteiligung wirksam zu verfügen. Die Ausgestaltung des Eigenkapitals gehört durchweg zur vorrangigen Zuständigkeit der Gesellschafter- oder Hauptversammlung; die Gewinnbeteiligung durch stille Gesellschaft[234] oder Darlehen und die Gewinnabführung bedürfen je nach Gesellschaftsform und Vertragsgestaltung der Zustimmung der Gesellschafter- oder Hauptversammlung; vgl. nur § 292 Abs. 1 Nr. 2 AktG. Ein Kollektivvertrag muß sich deshalb an der vorgesehenen Art und an dem zur Verfügung gestellten Umfang der Beteiligung orientieren; er kann selbst nur festlegen, welche Arbeitnehmer, unter Umständen mit eigenen Beiträgen, in das Programm aufgenommen werden sollen (Verteilungsaufgabe). Da die Mitarbeiterbeteiligung von den genannten unternehmens- und gesellschaftsrechtlichen Voraussetzungen abhängt, kann sie nach allg. Ansicht nur freiwillig zustandekommen, nicht aber durch einen Arbeitskampf erzwungen werden. Was die Verwendung der Mittel anlangt, steht den Tarifvertragsparteien offen, die Dauer der Beteiligung zu beeinflussen, insbesondere ihre Laufzeit mit der Innehabung des Arbeitsplatzes zu koppeln. Die nähere Ausgestaltung erfolgt ggf. in den Einzelverträgen.

4. Entgeltfortzahlung bei Arbeitsverhinderung

a) Allgemeines. Der Arbeitgeber ist nicht nur verpflichtet, die Arbeitsleistung zeitanteilig zu vergüten, sondern dem Arbeitnehmer darüber hinaus auch einen Teil der Daseinsvorsorge abzunehmen; dazu gehört, daß die Lohn- und Gehaltszahlungspflicht unter bestimmten Umständen aufrechterhalten bleibt, auch wenn die Arbeitspflicht ruht. Die dahingehenden gesetzlichen oder kollektivvertraglichen Entgeltfortzahlungspflichten, die dem Arbeitnehmer einen Teil seiner Lebensrisiken abnehmen, zählen zum *Arbeitnehmerschutzprinzip;* vgl. dazu Einl. Rnr. 360. Der Arbeitsvertrag verliert dadurch nicht seinen Charakter als Austauschvertrag: auch die Leistungen des Arbeitgebers, denen keine zeitbestimmte Arbeitsleistung gegenübersteht, sind Leistungen im Gegenseitigkeitsverhältnis. Der den Arbeitnehmern gewährte Schutz ist Äquivalent für die Verfügbarkeit der Arbeitskraft.[235] Die Tarifvertragsparteien können die arbeitsrechtlichen Schutzpflichten im einzelnen ausgestalten und zugunsten der Arbeitnehmer über den gesetzlich gewährten Schutz hinaus verbessern, in den Fällen des tarifdispositiven Rechts auch verschlechtern.

b) Betriebsrisiko. Nach der *bürgerlich-rechtlichen* Betriebsrisikolehre trägt der Arbeitgeber in seiner Eigenschaft als Unternehmer, der für die Leitung der Betriebe verantwortlich ist, das allgemeine Wirtschafts- und Betriebsrisiko, die ihm angebotene Arbeitsleistung nicht verwerten zu können – und zwar unabhängig davon, ob die Vertragsdurchführung des leistungswilligen Arbeitnehmers an betriebstechnischen Schwierigkeiten oder anderen Grün-

---

[234] Vgl. zum Entwurf einer Arbeitnehmergesellschaft Arbeitskreis GmbH-Reform, Bd. 2, 1972, S. 73 ff.
[235] *Wiedemann,* Arbeitsverhältnis, S. 15, 16; kritisch dazu zuletzt *Wiese,* ZfA 1996, S. 439, 452 m. w. N.

den scheitert, und weiter unabhängig davon, ob diese Störung vorübergehender oder dauernder Natur ist. Das entspricht heute gesicherter Rechtsansicht, nur die Begründungen schwanken.[236] Die Grundsätze zur Verteilung des Betriebs- und Wirtschaftsrisikos enthalten kein zwingendes Recht.[237] Im Tarifvertrag können deshalb Bestimmungen zu einer abweichenden Risikoverteilung getroffen werden.[238] Die Grundsätze zur Betriebsrisikolehre kommen allerdings dann nicht zur Anwendung, wenn die Unmöglichkeit der Beschäftigung auf das Verhalten der Arbeitnehmer zurückzuführen ist oder das die Betriebsstörung herbeiführende Ereignis das Unternehmen wirtschaftlich so schwer trifft, daß bei Zahlung der vollen Löhne die Existenz des Betriebes gefährdet wäre.[239]

430 Davon zu unterscheiden ist das *arbeitskampfrechtliche* Risiko, also die Arbeitsunterbrechungen in Betrieben oder Unternehmen, die nicht unmittelbar am Arbeitskampf beteiligt sind. Die Verteilung dieses Vergütungsrisikos durch einen Tarifvertrag ist zulässig, bisher aber soweit ersichtlich nicht in Angriff genommen worden.

431 **c) Krankheit.** Mit dem EntgeltfortzahlungsG vom 26. 4. 1994 (BGBl. I S. 1014) wurde die Entgeltfortzahlung an Feiertagen und im Krankheitsfall in einem einheitlichen Gesetz zusammengefaßt und mit dem arbeitsrechtlichen Beschäftigungsförderungsgesetz vom 25. 9. 1996 (BGBl. I, S. 1476) erstmals reformiert. Für die Höhe des fortzuzahlenden Arbeitsentgelts enthält das Gesetz in § 4 Abs. 4 ausdrücklich den Vorbehalt einer zugunsten oder zuungunsten abweichenden tarifvertraglichen Regel. Die Tarifvertragsparteien können damit sowohl die Berechnungsmethode wie die Berechnungsgrundlagen anderweit vereinbaren. Sie können deshalb anstelle des Entgeltausfalls das Referenzprinzip einführen, wonach das Arbeitsentgelt maßgeblich sein soll, das in einem bestimmten Zeitraum vor dem Eintritt der Arbeitsunfähigkeit verdient wurde.[240] Bei den Berechnungsgrundlagen kann der Tarifvertrag die der Berechnung zugrunde zu legende Zusammensetzung des fortzuzahlenden Arbeitsentgelts abweichend vom Gesetz festlegen, also z.B. die Berücksichtigung von Überstunden versagen oder einzelne Bestandteile des Entgelts, wie die Anwesenheitsprämie, von der Berechnung ausnehmen. Die von unter der Geltung des § 2 Abs. 3 Satz 1 LFZG abweichende Rechtsprechung, wonach die Tarifvertragsparteien nur hinsichtlich der Berechnungsmethode, nicht aber bezüglich der Bemessungsgrundlage vom Gesetz abweichen konnten, wurde vom Gesetzgeber mit der Formulierung des § 4 Abs. 4 Satz 1 EFZG bewußt aufgehoben.[241] Nicht zuungunsten der betroffenen Ar-

---

[236] Vgl. dazu statt aller MünchArbR/*Boewer*, § 77, Rnr. 10 ff.
[237] Offengelassen in BAG 23. 6. 1994 AP Nr. 56 zu § 615 BGB.
[238] Vgl. BAG 6. 11. 1968 AP Nr. 16 *(A. Hueck)* und BAG 9. 3. 1983 AP Nr. 31 zu § 615 BGB Betriebsrisiko.
[239] BAG 30. 5. 1963 AP Nr. 15 *(Nikisch)* und BAG 9. 3. 1983 AP Nr. 31 zu § 615 BGB Betriebsrisiko.
[240] So schon die Rechtsprechung zu § 2 LFZG: BAG 21. 9. 1971 AP Nr. 2 zu § 2 LFZG *(Thiele/Weschenfelder)*; BAG 6. 10. 1976 AP Nr. 6 zu § 2 LFZG *(Brecht)*; BAG 15. 2. 1989 AP Nr. 16 und 8. 3. 1989 AP Nr. 17 zu § 2 LFZG.
[241] BT-Drucks. 12/5798, S. 26; *Diller*, NJW 1994, S. 1690, 1691; *Jochem Schmitt*, 3. Aufl. 1997, § 4 EFZG, Rnr. 155.

beitnehmer können geändert werden die Dauer des Entgeltfortzahlungszeitraums, die Regelungen über die Behandlung von Mehrfacherkrankungen und die Gleichstellung von Sterilisationen und Schwangerschaftsabbrüchen mit Erkrankungen; vgl. § 3 EFZG. Dasselbe gilt für den übrigen Inhalt des Gesetzes in den §§ 7–9 EFZG.

Mit dem arbeitsrechtlichen BeschäftigungsförderungsG vom 13. 9. 1996 wurde § 4 Abs. 1 EFZG dahin abgeändert, daß die Höhe der Entgeltfortzahlung im Krankheitsfall nur noch 80% des dem Arbeitnehmer bei der für ihn maßgebenden regelmäßigen Arbeitszeit zustehenden Arbeitsentgelts beträgt. Bei ergebnisabhängigen Vergütungen ist der erzielbare Durchschnittsverdienst der Berechnung zugrundezulegen. Die Neuregelung ändert bewußt nichts an der Tarifdispositivität des Gesetzes; sie läßt bereits bestehende abweichende tarifvertragliche Regelungen unberührt. Ob es sich bei solchen überkommenen tarifvertraglichen Regelungen um eine eigenständige, also *konstitutive* Regelung der Entgeltfortzahlung handeln soll, oder ob auf das Gesetz nur *deklaratorisch* Bezug genommen wird, der Tarifvertrag sich also mit der Änderung des gesetzlichen Vorbilds ebenfalls ändert, ist eine Frage der Auslegung des Tarifvertrages; vgl. dazu Einl. Rnr. 385 f.[242]

d) Urlaub. In den Manteltarifverträgen der meisten Wirtschaftszweige findet sich eine eigenständige Regelung des Erholungsurlaubs, mit der die Urlaubsbedingungen gegenüber dem BUrlG regelmäßig verbessert werden. Für viele moderne Tarifverträge haben die früher für die Bemessung der Urlaubsdauer maßgebenden Kriterien Lebensalter und Betriebszugehörigkeit keine Bedeutung mehr; Tarifverträge für rund 55% der Arbeitnehmer sehen eine *einheitliche Urlaubsdauer* vor; diese beträgt durchweg 30 Arbeitstage. Die übrigen Tarifverträge enthalten Regelungen, wonach der Grundurlaub, den jeder erwachsene Arbeitnehmer mindestens erhält, in einer oder mehreren Stufen zum Endurlaub steigt. Die Dauer des *Grundurlaubs* betrug 1996 im Westen wie im Vorjahr durchschnittlich 28,3 und im Osten 27,4 Arbeitstage. Die Dauer des *Endurlaubs* betrug 1996 im Westen wie im Vorjahr durchschnittlich 30,1 und im Osten 29,9 Arbeitstage. Sowohl in den alten als auch in den neuen Bundesländern können Arbeitnehmer über die normale Urlaubsdauer hinaus Zusatzurlaub bis zu drei Tagen erhalten, wenn sie ständig oder überwiegend schwere oder gesundheitsgefährdende Arbeiten zu verrichten haben (z. B. im Bergbau unter Tage oder im Öffentlichen Dienst bei Schichtarbeit). Arbeitnehmer, die aus betrieblichen Gründen oder auf Veranlassung des Arbeitgebers den Urlaub im Winterhalbjahr nehmen müssen, erhalten nach Tarifverträgen für rund 10% der tariflich erfaßten Arbeitnehmer einen Zusatzurlaub von meist einem Tag je Urlaubswoche.[243]

Der Gesetzgeber räumt in § 13 Abs. 1 Satz 1 BUrlG den Tarifvertragsparteien die Befugnis ein, von den Vorschriften des Gesetzes abzuweichen (*tarifvertragliches Vorrangprinzip*). Mit Ausnahme der §§ 1, 2 und 3 Abs. 1 BUrlG handelt es sich mithin um tarifdispositives Recht. Der Wille zur Abweichung vom BUrlG muß allerdings im Tarifvertrag deutlich zum Ausdruck kom-

---

[242] Vgl. dazu *Kamanabrou*, RdA 1997, S. 22, 23; *Wedde*, AuR 1996, S. 421, 426 ff.
[243] Die genannten Daten stammen aus dem Bericht des BMA, Tarifvertragliche Arbeitsbedingungen im Jahre 1996 (Februar 1997), S. 38, 39.

men.[244] Günstigere Bestimmungen dürfen durchweg, ungünstigere nur unter dem genannten Vorbehalt der §§ 1 bis 3 BUrlG verabredet werden. Dieser Schutz besteht auch gegenüber mittelbaren Verschlechterungen, die dann vorliegen, wenn Tarifverträge zu Ungunsten der Arbeitnehmer von den an sich abdingbaren §§ 4 ff. BUrlG abweichen und dadurch mittelbar in Ansprüche aus §§ 1 bis 3 BUrlG eingegriffen wird.[245]

435 Im Geltungsbereich des Tarifvertrages können die vom Gesetz abweichenden Bestimmungen auch zwischen nicht tarifgebundenen Arbeitgebern und Arbeitnehmern durch Bezugnahmeerklärung vereinbart werden, § 13 Abs. 1 Satz 2 BUrlG. Der Arbeitsvertrag muß dann aber die gesamte tarifvertragliche Regelung hinsichtlich des Urlaubs übernehmen, da sonst die ausgewogene Gesamtregelung des BUrlG zerstört würde.[246] Die Gesetzessystematik macht es notwendig, zwischen dem tariffesten Urlaubssockel des Gesetzes und einem diesen Mindesturlaub übersteigenden Tarifurlaub zu unterscheiden.

436 aa) Im Bereich des **gesetzlichen Mindesturlaubs** – nach § 3 Abs. 1 BUrlG nunmehr 24 Tage- können die Tarifvertragsparteien beliebig günstigere Regelungen vorsehen.[247] Dagegen sind ungünstigere Regelungen im Tarifvertrag, die entweder mittelbar oder unmittelbar in die Ansprüche der Arbeitnehmer aus den §§ 1 bis 3 BUrlG eingreifen, unzulässig. Deshalb kann durch eine tarifvertragliche Regelung der gesetzliche Urlaubsanspruch eines Arbeitnehmers, der aus einem Arbeitsverhältnis ausscheidet, nicht ausgeschlossen werden, weil dieser Anspruch unabdingbar ist.[248] Dies gilt auch für den Urlaubsabgeltungsanspruch (§ 7 Abs. 4 BUrlG). Dieser entsteht, ohne daß es dafür weiterer Handlungen des Arbeitgebers oder des Arbeitnehmers bedarf, mit der Beendigung des Arbeitsverhältnisses, wenn bis dahin der Urlaubsanspruch nicht oder noch nicht voll erfüllt ist. Es handelt sich nicht um einen Abfindungsanspruch, sondern um ein *Surrogat* für den während des Arbeitsverhältnisses nicht erfüllten Urlaubsanspruch. Als solches ist er hinsichtlich seiner Tarifbeständigkeit an die gleichen Voraussetzungen gebunden wie der Urlaubsanspruch selbst.[249] Tarifvertragliche Abweichungen von § 7 Abs. 4 BUrlG zum Nachteil des Arbeitnehmers sind nicht möglich. Zwar ist die Vorschrift in § 13 Abs. 1 BUrlG nicht genannt, als *Surrogat* des Urlaubsanspruchs ist der Urlaubsabgeltungsanspruch aber ebenfalls unabding-

---

[244] BAG 9. 7. 1964 AP Nr. 1 und 2 *(Nikisch)*, 10. 8. 1967 AP Nr. 9 *(Herbst)* und 17. 9. 1970 AP Nr. 11 *(Thiele)* zu § 13 BUrlG; BAG 21. 4. 1966 AP Nr. 3 zu § 7 BUrlG; *Däubler,* Tarifvertragsrecht, Rnr. 763; *Leinemann/Linck,* § 13 BUrlG, Rnr. 1.
[245] BAG 10. 2. 1966 AP Nr. 1 *(Witting)* und 18. 6. 1980 AP Nr. 6 und 10. 2. 1987 AP Nr. 12 zu § 13 BUrlG Unabdingbarkeit.
[246] Allg. Ansicht; Dersch/*Neumann,* 8. Aufl. 1997, § 13 BUrlG, Rnr. 23; *Leinemann/Linck,* § 13 BUrlG, Rnr. 1; GK-BUrlG/*Berscheid,* § 13, Rnr. 29; *Däubler,* Tarifvertragsrecht, Rnr. 762.
[247] Vgl. etwa BAG 26. 5. 1992 AP Nr. 58 zu § 7 BUrlG Abgeltung.
[248] BAG 18. 6. 1980 AP Nr. 6 und 10. 2. 1987 AP Nr. 12 zu § 13 BUrlG Unabdingbarkeit.
[249] BAG 30. 1. 1977 AP Nr. 4 und 18. 6. 1980 AP Nr. 6 zu § 13 BUrlG Unabdingbarkeit; BAG 20. 4. 1989 AP Nr. 48, 31. 5. 1990 AP Nr. 54, 26. 5. 1992 AP Nr. 58, 19. 1. 1993 AP Nr. 63 *(Weber)* und 3. 5. 1994 AP Nr. 64 zu § 7 BUrlG Abgeltung.

bar.²⁵⁰ Eine tarifvertragliche Regelung, wonach Abgeltungsansprüche nur entstehen, wenn der Urlaub vor Beendigung des Arbeitsverhältnisses aus betrieblichen Gründen nicht gewährt werden konnte, ist unwirksam, soweit der Urlaubsabgeltungsanspruch dadurch im Umfang des gesetzlichen Urlaubs gemindert wird.²⁵¹ Der Urlaubsabgeltungsanspruch setzt voraus, daß der Urlaubsanspruch noch erfüllt werden könnte, wenn das Arbeitsverhältnis weiter bestünde. Dies ist zu verneinen, wenn ein Arbeitnehmer fortdauernd bis zum Ende des Urlaubsjahres und des Übertragungszeitraumes arbeitsunfähig krank ist.²⁵² Abweichend hiervon können die Tarifvertragsparteien nach § 13 Abs. 1 BUrlG eine günstigere Regelung treffen, mit der dem arbeitsunfähigen Arbeitnehmer bei Beendigung des Arbeitsverhältnisses unabhängig vom Vorliegen der Arbeitsfähigkeit, also ohne Rücksicht auf die Erfüllbarkeit, ein Anspruch auf Urlaubsabgeltung eingeräumt wird.²⁵³ Ohne eindeutige tarifvertragliche Regelung kann allerdings nicht davon ausgegangen werden, daß nach dem Willen der Tarifvertragsparteien die Urlaubsabgeltung unabhängig von der Arbeitsfähigkeit nach Beendigung des Arbeitsverhältnisses gewährt werden soll.²⁵⁴ Grundsätzlich sind Tarifvertragsregelungen unzulässig, die in anderen Fällen als denen der Beendigung des Arbeitsverhältnisses eine Abgeltung des Urlaubs einführen, da ein „Abkaufen" des Urlaubs mittelbar gegen den unabdingbaren Anspruch des Arbeitnehmers auf Gewährung eines jährlichen Urlaubs als Freizeit verstößt.²⁵⁵ Da Abweichungen zugunsten der Arbeitnehmer stets zulässig sind, können die Tarifvertragsparteien Regelungen vorsehen, wonach Urlaubsansprüche, die wegen Krankheit im Urlaubsjahr und im Übertragungszeitraum nicht verwirklicht werden konnten, auch während des bestehenden Arbeitsverhältnisses abzugelten sind.²⁵⁶ In diesem Fall soll es sich nicht um ein „Abkaufen" des Urlaubs, sondern um eine nach dem BUrlG nicht vorgesehene zusätzliche Leistung des Arbeitgebers als Ersatz für einen Urlaubsanspruch, der bereits wegen Zeitablaufs erloschen wäre, handeln.²⁵⁷

Der Tarifvertrag darf den Urlaubsanspruch nicht an die Erbringung von Arbeitsleistungen knüpfen und ihn nicht wegen Krankheit kürzen.²⁵⁸ Der Ur-

---

²⁵⁰ BAG 18. 6. 1980 AP Nr. 6 und 10. 2. 1987 AP Nr. 12 zu § 13 BUrlG Unabdingbarkeit; *Schütz*/Hauck, Gesetzliches und tarifliches Urlaubsrecht, 1996, Rnr. 662.
²⁵¹ BAG 10. 2. 1987 AP Nr. 12 zu § 13 BUrlG Unabdingbarkeit.
²⁵² BAG 17. 3. 1985 AP Nr. 21 *(Birk)*, 7. 12. 1993 AP Nr. 63, 3. 5. 1994 AP Nr. 64, 9. 8. 1994 AP Nr. 65 und 5. 12. 1995 AP Nr. 70 zu § 7 BUrlG Abgeltung; BAG 8. 2. 1994 AP Nr. 17 zu § 47 BAT.
²⁵³ BAG 8. 3. 1984 AP Nr. 16, 18. 7. 1989 AP Nr. 49, 26. 5. 1992 AP Nr. 58 und 3. 5. 1994 AP Nr. 64 zu § 7 BUrlG Abgeltung.
²⁵⁴ BAG 9. 8. 1994 AP Nr. 65 zu § 7 BUrlG Abgeltung; abw. früher BAG 22. 6. 1989 AP Nr. 50 zu § 7 BUrlG Abgeltung.
²⁵⁵ BAG 3. 2. 1971 AP Nr. 9 zu § 7 BUrlG Abgeltung *(Thiele)*; GK-BUrlG/*Berscheid*, § 13, Rnr. 81.
²⁵⁶ BAG 13. 11. 1986 AP Nr. 28 zu § 13 BUrlG; BAG 22. 10. 1987 AP Nr. 39 und 20. 4. 1989 AP Nr. 47 zu § 7 BUrlG Abgeltung.
²⁵⁷ BAG 22. 10. 1987 AP Nr. 39 und 20. 4. 1989 AP Nr. 47 zu § 7 BUrlG Abgeltung; GK-BUrlG/*Berscheid*, § 13, Rnr. 81; *Schütz*/Hauck, Gesetzliches und tarifliches Urlaubsrecht, 1996, Rnr. 548.
²⁵⁸ BAG 17. 9. 1970 AP Nr. 11 und 8. 3. 1984 AP Nr. 15 zu § 13 BUrlG; BAG 28. 2. 1984 AP Nr. 43 zu § 1 FeiertagslohnzahlungsG; abw. früher BAG 25. 2. 1965 AP Nr. 5 zu § 13 BUrlG.

laubsanspruch besteht nach der ständigen Rechtsprechung des Bundesarbeitsgerichts auch dann, wenn das ganze Kalenderjahr nicht gearbeitet wurde.[259]

438 Tariffest ist schließlich das Prinzip der *Entgeltfortzahlung* während des Urlaubs; es kann nur die Berechnungsweise des § 11 BUrlG (Referenzprinzip) durch eine andere (z.B. Lohnausfallprinzip) ersetzt werden.[260] Stellt eine tarifvertragliche Regelung im Rahmen des Lohnausfallprinzips darauf ab, ob der Beschäftigte Mehrarbeit geleistet hätte, verstößt dies nicht gegen den zwingenden Grundsatz des bezahlten Urlaubs nach § 1 BUrlG (früher: Lebensstandardprinzip).[261] Zulässig ist es auch, wenn ein Tarifvertrag im Berechnungszeitraum anfallende Überstunden nur berücksichtigt, wenn sie regelmäßig anfallen.[262] Werden einem Arbeitnehmer neben der Vergütung Zeitzuschläge für Nachtarbeit gezahlt, müssen sie in das Urlaubsentgelt, das für den gesetzlichen Urlaub zu zahlen ist, eingerechnet werden.[263]

439 Durch Tarifvertrag kann von den Grundsätzen der *Übertragung* des Urlaubs (§ 7 Abs. 3 BUrlG) sowohl zugunsten als auch zuungunsten der Arbeitnehmer abgewichen werden, da hiervon der Urlaubsanspruch im Urlaubsjahr selbst nicht berührt wird.[264] Demgemäß kann einerseits die Urlaubsübertragung über § 7 Abs. 3 BUrlG hinaus durch Tarifvertrag gestattet werden.[265] Das gilt insb. auch für den Fall, daß der Urlaub wegen krankheitsbedingter Arbeitsunfähigkeit nicht vor Ablauf der Fristen des § 7 Abs. 3 BUrlG genommen werden kann.[266] Zur Möglichkeit einer mehrfachen Urlaubsübertragung vgl. BAG 20. 8. 1996 AP Nr. 144 zu § 1 TVG Tarifverträge: Metallindustrie. Andererseits kann durch Tarifvertrag die Urlaubsübertragung im Vergleich zu § 7 Abs. 3 BUrlG auch beschränkt werden. So ist es den Tarifvertragsparteien nicht verwehrt, zeitliche Grenzen für die Verwirklichung des übergegangenen Urlaubs zu setzen. Dies gilt auch für den Fall, daß lang andauernde Arbeitsunfähigkeit des Arbeitnehmers die zeitgerechte Durchführung des Urlaubs verhindert.[267]

440 Die Tarifvertragsparteien können auch *Verfallklauseln* mit Ausschlußfristen für die Geltendmachung des Urlaubsanspruchs vereinbaren.[268] Tarifvertragliche Regeln können die Fälligkeit oder das Entstehen von Teilurlaubsansprü-

---

[259] BAG 28. 1. 1982 AP Nr. 11 zu § 13 BUrlG Rechtsmißbrauch; BAG 25. 8. 1987 AP Nr. 37 und 22. 10. 1987 AP Nr. 39 zu § 7 BUrlG Abgeltung.
[260] BAG 19. 9. 1985 AP Nr. 21 zu § 13 BUrlG; BAG 12. 1. 1989 AP Nr. 13 zu § 47 BAT.
[261] BAG 19. 9. 1985 AP Nr. 21 zu § 13 BUrlG; BAG 12. 1. 1989 AP Nr. 13 zu § 47 BAT; Dersch/Neumann, 8. Aufl. 1997, § 11 BUrlG, Rnr. 47 und 83.
[262] BAG 23. 6. 1992 AP Nr. 33 zu § 11 BUrlG.
[263] BAG 12. 1. 1989 AP Nr. 13 zu § 47 BAT; abw. früher BAG 8. 10. 1981 AP Nr. 3 zu § 47 BAT *(Boldt)*.
[264] Dersch/Neumann, 8. Aufl. 1997, § 7 BUrlG, Rnr. 97; GK-BUrlG/Berscheid, § 13, Rnr. 75.
[265] BAG 7. 11. 1985 AP Nr. 8 zu § 7 BUrlG Übertragung; Dersch/Neumann, 8. Aufl. 1997, § 7 BUrlG, Rnr. 97; GK-BUrlG/Bachmann, § 7, Rnr. 133.
[266] BAG 21. 7. 1973 AP Nr. 3 *(Thiele)* und 7. 11. 1985 AP Nr. 8 zu § 7 BUrlG Übertragung.
[267] BAG 21. 7. 1973 AP Nr. 3 zu § 7 BUrlG Übertragung *(Thiele)*.
[268] BAG 26. 5. 1983 AP Nr. 12 *(Trieschmann)* und 1. 12. 1983 AP Nr. 15 zu § 7 BUrlG Abgeltung.

chen hinausschieben[269] oder die Geltendmachung von Teilurlaubsansprüchen an eine tarifvertragliche Ausschlußklausel binden.[270]

Zur Feststellung, ob ein Tarifvertrag gegenüber dem BUrlG günstiger oder ungünstiger ist, ist ein *Günstigkeitsvergleich* bezogen auf die einzelnen Vorschriften des BUrlG vorzunehmen. Nach allg. Ansicht scheidet ein Gesamtgruppenvergleich zwischen der gesetzlichen und der tarifvertraglichen Regelung aus.[271] Hergeleitet wird der Ausschluß eines Gruppenvergleichs unmittelbar aus der Regelung des § 13 Abs. 1 Satz 3 BUrlG. Es heiße hierin ausdrücklich, daß „von den Bestimmungen des Gesetzes" nicht abgewichen werden dürfe. Dies sei sinngemäß dahin zu ergänzen, daß von den *jeweiligen* Vorschriften eine Abweichung unzulässig ist.[272] Diese Auslegung ergebe sich zwar nicht unbedingt aus dem Wortlaut der Vorschrift, wohl aber aus der Entstehungsgeschichte des Gesetzes.[273] Für die Unabdingbarkeit gegenüber Tarifverträgen soll sich das zusätzlich daraus ergeben, daß die unabänderlichen Vorschriften in § 13 Abs. 1 Satz 1 BUrlG ausdrücklich nebeneinander aufgeführt sind. Bei Durchführung eines Gruppenvergleichs könnten diese unabdingbaren Bedingungen dadurch unterschritten werden, daß auf anderen Gebieten Verbesserungen gewährt würden, so z. B. wenn eine Wartezeit entfällt, dafür aber der Mindesturlaub unterschritten wird. Das solle aber gerade durch § 13 Abs. 1 Satz 1 BUrlG ausgeschlossen werden.[274] Dieses Argument vermag nicht zu überzeugen, da eine Unterschreitung des Mindeststandards der §§ 1, 2 und 3 Abs. 1 BUrlG durch die Tarifvertragsparteien schon durch § 13 Abs. 1 Satz 1 BUrlG ausgeschlossen ist. Aus den zuvor genannten Gründen ist jedoch mit der allgemeinen Meinung die Durchführung eines Gesamtgruppenvergleichs zwischen der tarifvertraglichen Regelung und dem Bundesurlaubsgesetz abzulehnen. Im Wege eines Einzelvergleichs sind vielmehr die jeweilige Bestimmung im Gesetz und im Tarifvertrag einander gegenüberzustellen. Maßgeblicher Zeitpunkt ist der Beginn des Urlaubsjahres.[275]

bb) Der in § 13 Abs. 1 S. 1 BUrlG vorgesehene Schutz gegen tarifvertragliche Verschlechterungen gilt nur für den gesetzlichen Urlaubsanspruch. Ein **tarifvertraglicher Zusatzurlaub** kann von den Sozialpartnern frei ausgestaltet werden.[276] So können die Tarifvertragsparteien für den mit Beendigung des Arbeitsverhältnisses an die Stelle des Urlaubsanspruchs tretenden

---

[269] BAG 15. 12. 1983 AP Nr. 14 und 25. 10. 1984 AP Nr. 17 zu § 13 BUrlG.
[270] BAG 3. 12. 1970 AP Nr. 9 zu § 5 BUrlG *(Thiele)*.
[271] BAG 10. 2. 1966 AP Nr. 1 *(Witting)* und 21. 3. 1985 AP Nr. 11 zu § 13 BUrlG Unabdingbarkeit; Dersch/Neumann, 8. Aufl. 1997, § 13 BUrlG, Rnr. 15; *Leinemann/Linck*, § 13 BUrlG, Rnr. 10 u. 49 f.; GK-BUrlG/*Hauck*, § 13, Rnr. 54; *Schütz*/Hauck, Gesetzliches und tarifliches Urlaubsrecht, 1996, Rnr. 909.
[272] Dersch/Neumann, 8. Aufl. 1997, § 13 BUrlG, Rnr. 15; *Leinemann/Linck*, § 13 BUrlG, Rnr. 49.
[273] GK-BUrlG/*Berscheid*, § 13, Rnr. 37; *Leinemann/Linck*, § 13 BUrlG, Rnr. 50; vgl. im übrigen zur Entstehungsgeschichte des BUrlG *Boldt*, RdA 1962, S. 129.
[274] Dersch/Neumann, 8. Aufl. 1997, § 13 BUrlG, Rnr. 15.
[275] BAG 25. 11. 1958 AP Nr. 1 *(Dersch)* und 20. 7. 1961 AP Nr. 3 *(G. Hueck)* zu § 10 UrlG Hamburg; *Leinemann/Linck*, § 13 Rnr. 47.
[276] BAG 8. 3. 1984 AP Nr. 15 zu § 13 BUrlG; BAG 10. 2. 1987 AP Nr. 12 zu § 13 BUrlG Unabdingbarkeit; BAG 22. 10. 1991 AP Nr. 6 zu § 3 BUrlG; *Leinemann/Linck*, § 13 BUrlG, Rnr. 8; Löwisch/*Rieble*, § 1 TVG, Rnr. 639.

Abgeltungsanspruch Ausschlußfristen jedenfalls im Umfang des tariflichen Urlaubsanspruchs vereinbaren.[277]

443 **cc) Bildungsurlaub.** Durch die Gewährung von Bildungsurlaub soll Arbeitnehmern die Teilnahme an Veranstaltungen sowohl der politischen Bildung als auch der beruflichen Weiterbildung ermöglicht werden.[278] Die Bundesrepublik Deutschland hat zwar das IAO (Internationale Arbeitsorganisation) – Übereinkommen Nr. 140 vom 24. 6. 1974 über den bezahlten Bildungsurlaub am 7. 9. 1976 ratifiziert (BGBl. II S. 1526), der Bundesgesetzgeber hat aber von seiner konkurrierenden Gesetzgebungskompetenz im Bereich der Arbeitnehmerweiterbildung bislang keinen Gebrauch gemacht.[279] Die beteiligten Ausschüsse des Bundestages, die Bundesregierung und der Bundesrat vertraten anläßlich der Ratifizierung übereinstimmend den Standpunkt, daß einem bundeseinheitlichen Gesetz flexiblere und praxisgerechtere Lösungen auf Länderebene oder im Rahmen von Tarifverträgen vorzuziehen seien.[280] In mittlerweile 10 Bundesländern existieren Bildungsurlaubsgesetze, die auch tarifvertragliche Verbesserungen zulassen. In zwei weiteren Bundesländern (Bayern und Baden-Württemberg) liegen entsprechende Gesetzesentwürfe vor.[281] Die Tarifvertragsparteien haben teilweise von ihrer Regelungsbefugnis Gebrauch gemacht, für eine Erweiterung der Ansprüche gegenüber den Landesgesetzen besteht allerdings kein Anlaß, soweit schon die bestehenden Rechte nicht ausgeschöpft werden.[282]

444 Alle Bildungsurlaubsgesetze der Länder regeln das Verhältnis des gesetzlichen Anspruchs auf Weiterbildungsurlaub zu solchen Ansprüchen auf Freistellung zur Teilnahme an Bildungsveranstaltungen, die auf sonstigen Rechtsvorschriften, tarifvertraglichen Regelungen, betrieblichen Vereinbarungen oder Einzelverträgen beruhen.[283] In den § 5 Abs. 1 des Bremischen BildUG vom 18. 12. 1974 (GBl. S. 348; zuletzt geändert durch Gesetz vom 21. 5. 1985, GBl. S. 97), § 5 Abs. 1 des Hamburgischen BildUG vom 21. 1. 1974 (GVBl. S. 6; geändert durch Gesetz vom 16. 4. 1991, GVBl. S. 261), § 2 Abs. 2 des Hessischen BildUG vom 16. 10. 1984 (GVBl. S. 261), § 4 des AWbG Nordrhein-Westfalen vom 6. 11. 1984 (GVBl. S. 678) und § 10 Abs. 1 des BFQG Schleswig-Holstein vom 7. 6. 1990 (GVBl. Schl. H. S. 364; zuletzt geändert durch Gesetz vom 30. 11. 1994, GVBl. S. 527) ist übereinstimmend vorgesehen, daß tarifvertragliche Vereinbarungen, die einen Anspruch auf Freistellung zur Teilnahme an Bildungsveranstaltungen begründen, auf den gesetzlichen Freistellungsanspruch nur dann angerechnet werden können, wenn sie dem Arbeitnehmer uneingeschränkt die Errei-

---

[277] BAG 25. 8. 1992 AP Nr. 60 zu § 7 BUrlG Abgeltung.
[278] Ausführlich dazu *Peter Schlaffke*, Regelungen zur Weiterbildung im Tarifvertrag. Eine Untersuchung von Sozialpartner-Vereinbarungen und ihrer Bedeutung unter Berücksichtigung gesetzlicher Vorgaben, Diss. Köln 1996.
[279] Vgl. zur diesbezüglichen Gesetzgebungskompetenz des Bundes BVerfG 15. 12. 1987 E 77, 308 = AP Nr. 62 zu Art. 12 GG.
[280] Vgl. dazu BT-Drucks. 7/5355, 10/6085 S. 17; MünchArbR/*Boewer*, § 91, Rnr. 1.
[281] Vgl. *Leinemann/Linck*, § 15 BUrlG, Rnr. 22.
[282] Vgl. *Däubler*, Tarifvertragsrecht, Rnr. 845.
[283] Vgl. zu den Bestimmungen der einzelnen Landesgesetze die Übersicht bei *Neumann*, Urlaubsrecht, S. 111 ff.

chung der in dem jeweiligen Bildungsurlaubsgesetz niedergelegten Ziele ermöglichen und wenn in den betreffenden Vereinbarungen oder Verträgen die Anrechenbarkeit ausdrücklich vorgesehen ist.[284] Bei den genannten Gesetzesbestimmungen handelt es sich um *teildispositive* Normen, die den Tarifvertragsparteien ein Abweichen in Einzelheiten gestatten, wenn das Erreichen des legislatorischen Ziels vom Kollektivvertrag im Kern gewährleistet wird. Ausschließlich auf die Erreichung der im Gesetz festgelegten Ziele stellt § 4 Abs. 2 des rheinland-pfälzischen BFG vom 30. 3. 1993 (GVBl. Rheinland-Pfalz S. 157) ab. Nach § 24 Abs. 2 S. 1 des saarländischen SWBG vom 17. 1. 1990 (ABl. Saar S. 234 in der Bekanntmachung der Neufassung vom 15. 9. 1994, ABl. Saar S. 1359) erfolgt eine Anrechnung anderweitiger Ansprüche auf den gesetzlichen Freistellungsanspruch, soweit dem Arbeitnehmer ein Anspruch auf Entgeltfortzahlung zusteht. § 6 des Berliner BildUG vom 24. 10. 1990 (GVBl. Berlin S. 2209) und § 19 des brandenburgischen BildUG vom 15. 12. 1993 (GVBl. S. 498) sehen eine Anrechnung dann vor, wenn die anderweitigen Bildungsveranstaltungen uneingeschränkt die Erreichung der gesetzlich festgelegten Ziele ermöglichen und ein Anspruch auf Fortzahlung des Arbeitsentgelts besteht. § 6 Abs. 1 des niedersächsischen BildUG in der Fassung vom 25. Januar 1991 (GVBl. S. 29) läßt andere Ansprüche unberührt und schließt ihre Anrechnung auf den gesetzlichen Anspruch aus. Den Tarifvertragsparteien steht es frei, die Anrechnung des gesetzlichen auf den im Tarifvertrag eingeführten Bildungsurlaub[285] vorzusehen.

5. Rechte und Pflichten des Arbeitgebers

Der Arbeitgeber ist verpflichtet, die Interessen des Vertragspartners im Arbeitsverhältnis angemessen zu berücksichtigen. Das wurde früher mit der Fürsorgepflicht, später mit dem arbeitsrechtlichen Schutzprinzip, wird heute mit der Pflicht zu gegenseitiger Rücksichtnahme begründet; vgl. § 3 ArbVGE. Dabei ist vor allem zu bedenken, daß der Arbeitnehmer eine persönliche Leistung erbringt und daß das Arbeitsverhältnis in der Regel seine Existenzgrundlage bildet.[286] Die Rücksichtspflicht ist heute Bestandteil jedes gegenseitigen Vertrages;[287] sie wächst mit der Zeitdauer des Vertragsverhältnisses. Im Arbeitsverhältnis ist sie intensiver ausgestaltet als in Umsatzgeschäften oder anderen Dauerschuldverhältnissen. Aufzuzählen sind hier die Pflicht des Arbeitgebers, für den Gesundheits- und Vermögensschutz des Arbeitnehmers zu sorgen, insb. Lohnsteuer- und Sozialversicherungsbeiträge

---

[284] Zur Verfassungsmäßigkeit des HessBUG und des AWbG NW vgl. BVerfGE 77, S. 308, 333; BVerfGE 85, S. 226, 236.
[285] Vgl. *Schlaffke,* Regelungen zur Weiterbildung im Tarifvertrag. Eine Untersuchung von Sozialpartner-Vereinbarungen und ihrer Bedeutung unter Berücksichtigung gesetzlicher Vorgaben, Diss. Köln 1996, S. 46 ff.
[286] Vgl. BVerfGE 77, S. 308, 334: Arbeitnehmerweiterbildung.
[287] Vgl. Unidroit, International Institute for the Unification of Private Law, Principles of International Commercial Contracts, 1994, Art. 1.7; *Lando Beale,* Principles of European Contract Law, Part 1 (1965), Art. 1.106: „In exercising his rights and performing his duties each party must act in accordance with good faith and fair dealing", Art. 1.107: „Each party owes to the other a duty to co-operate in order to give full effect to the contract."

abzuführen, den Arbeitnehmer in seinen Arbeitsplatz einzuweisen, ihn über die Arbeitsbedingungen und über Sozialeinrichtungen sowie über Veränderungen des Arbeitsplatzes zu unterrichten; vgl. § 618 BGB, §§ 77, 78 ArbVGE. Der Arbeitgeber hat alles zu unterlassen, was der Person des Arbeitnehmers und seinem Fortkommen im Berufs- und Arbeitsleben schaden könnte; er ist zur korrekten Führung der Personalakte und zur Gewährung von Einsicht verpflichtet; vgl. § 13 BAT; § 83 Abs. 2 BetrVG. Alle diese Sachfragen können von einem Tarifvertrag aufgegriffen und näher geregelt werden.

446 a) **Direktionsrecht.** Die Tarifvertragsparteien können Konkretisierungen der Pflichten aus dem Arbeitsvertrag vornehmen, z.B. Inhalt und Umfang des Direktionsrechts des Arbeitgebers näher bestimmen.[288] Allerdings haben sie bei der Ausgestaltung des Direktionsrechts gewisse Grenzen zu beachten. Diskutiert werden diese Schranken der Tarifmacht oft unter dem Stichwort der „tarifvertraglichen Erweiterung des arbeitsvertraglichen Direktionsrechts".[289] Dabei ist aber der Begriff der „Erweiterung" insofern irreführend, als das Direktionsrecht über keinen z.B. gesetzlich umschriebenen (Mindest-)Inhalt verfügt, sein Umfang sich vielmehr aus Tarifvertrag, Betriebsvereinbarung oder Einzelarbeitsvertrag ergibt; vgl. dazu Einl. Rnr. 374. Man sollte daher besser den neutralen Begriff der „Ausgestaltung" verwenden.

447 Zunächst setzen zwingende Gesetzesbestimmungen der Tarifmacht im Hinblick auf die Ausgestaltung des Direktionsrechts Grenzen. So dürfen die Tarifvertragsparteien nicht *zwingende kündigungsrechtliche Bestimmungen* zugunsten des Arbeitgebers aufheben, da das KSchG nicht tarifdispositiv ist. Die Ausgestaltung des Direktionsrechts darf daher nicht zu einer Umgehung des durch § 2 KSchG gewährten Bestandsschutzes des Arbeitsverhältnisses führen; vgl. dazu Einl. Rnr. 374. Im Hinblick auf einzelvertragliche Vereinbarungen nimmt das Bundesarbeitsgericht in ständiger Rechtsprechung eine Umgehung des zwingenden Kündigungsschutzes dann an, wenn wesentliche Elemente des Arbeitsvertrages einer einseitigen Änderungsbefugnis unterliegen, durch die das Gleichgewicht zwischen Leistung und Gegenleistung grundlegend gestört wird, mithin ein Eingriff in den kündigungsschutzrechtlich geschützten Kernbereich des Arbeitsverhältnisses vorliegt.[290] Zwar sei den Tarifvertragsparteien im Hinblick auf die Ausgestaltung des Direktionsrechts des Arbeitgebers ein größerer Gestaltungsfreiraum zuzubilligen, als den Parteien des Arbeitsvertrages, doch könne auch ein Tarifvertrag zwingende Kündigungsschutzvorschriften nicht ganz ausschalten.[291] Diese Grenze überschreite eine tarifvertragliche Regelung, die dem Arbeitgeber ohne jede Vorgabe und Einschränkung die Suspendierung des Arbeitsverhältnisses

---

[288] Zum Verhältnis von Direktionsrecht und Änderungskündigung vgl. BAG 15. 11. 1995 AP Nr. 20 zu § 1 TVG Tarifverträge: Lufthansa *(Hromadka).*
[289] Vgl. nur *Däubler,* Tarifvertragsrecht, Rnr. 879; Kempen/*Zachert,* § 1 TVG, Rnr. 317.
[290] BAG 7. 10. 1982 AP Nr. 5 zu § 620 BGB Teilkündigung *(Wolf);* BAG 12. 12. 1984 AP Nr. 6 und BAG 21. 4. 1993 AP Nr. 34 zu § 2 KSchG 1969; BAG 15. 11. 1995 AP Nr. 20 zu § 1 TVG Tarifverträge: Lufthansa *(Hromadka);* vgl. zu Widerrufs- und Anpassungsklauseln in Einzelarbeitsverträgen zuletzt BAG 28. 5. 1997 AP Nr. 36 zu § 611 BGB Arzt-Krankenhaus-Vertrag *(Popp).*
[291] BAG 18. 10. 1994 AP Nr. 11 zu § 615 BGB Kurzarbeit; MünchArbR/*Hanau,* § 60, Rnr. 105.

überläßt. Dies könne nicht mehr als eine zulässige Konkretisierung der den Kündigungsschutzbestimmungen zugrundeliegenden Wertung angesehen werden. Diese Begrenzung ist zudem verfassungsrechtlich geboten. Art. 12 Abs. 1 Satz 1 GG gewährleistet die freie Wahl des Arbeitsplatzes und dieser Schutz erstreckt sich nicht nur auf die Entscheidung für eine konkrete Beschäftigung, sondern auch auf den Willen, diese beizubehalten oder aufzugeben. Hieraus ergibt sich eine dem Staat obliegende Schutzpflicht, die er durch die Schaffung der geltenden Kündigungsschutzvorschriften erfüllt hat. Ein gesetzlicher Mindeststandard des Kündigungsschutzes ist danach grundrechtlich gewährleistet – deshalb nicht tarifdispositiv.[292]

In seiner Entscheidung vom 18. 10. 1994[293] hat das Bundesarbeitsgericht eine Tarifvertragsnorm, wonach der Arbeitgeber einseitig Kurzarbeit einführen kann, deshalb für unwirksam erklärt, weil die Vorschrift keinerlei Begrenzung hinsichtlich des Anlasses für die Einführung von Kurzarbeit, hinsichtlich eventueller Ankündigungsfristen, ihrer Dauer und ihres Umfangs enthielt. Unter diesem Gesichtspunkt sind frühere Entscheidungen, in denen es das Bundesarbeitsgericht für zulässig erklärte, daß der Arbeitgeber ohne Ausspruch einer Änderungskündigung aufgrund eines Tarifvertrages Versetzungen auf einen niedriger entlohnten Arbeitsplatz vornimmt[294] oder einseitig Kurzarbeit einführt,[295] heute bedenklich. In den seinerzeit entschiedenen Fällen war allerdings die Ausübung des Bestimmungsrechts des Arbeitgebers an konkrete tarifvertragliche Erfordernisse gebunden; dem Arbeitgeber war kein beliebiger Spielraum eröffnet. Wenn eine Tarifnorm dagegen so weit gefaßt ist, daß dem Arbeitgeber gleichsam ein freies Ermessen eingeräumt wird, das mit den zwingenden Kündigungsschutzbestimmungen nicht vereinbar ist, führt dies zur Unwirksamkeit der Tarifnorm.[296]

Eine weitere wesentliche Schranke für die Regelungsbefugnis der Tarifvertragsparteien errichtet § 87 Abs. 1 BetrVG. Der Tarifvertrag kann dem Arbeitgeber danach kein einseitiges Bestimmungsrecht zuweisen, wenn dadurch das *zwingende gesetzliche Mitbestimmungsrecht* des Betriebsrats ersatzlos aufgehoben wird. Maßgebend ist, ob eine tarifvertragliche Regelung die Sperrwirkung des § 87 Abs. 1 Eingangssatz BetrVG auslöst. Die Antwort orientiert sich am Schutzzweck des Gesetzes: es sollen die gleichberechtigte Teilhabe der Arbeitnehmer an den Entscheidungen in sozialen Fragen sichergestellt und die individualrechtlichen Gestaltungsmöglichkeiten des Arbeitgebers zurückgedrängt werden.[297] In seiner älteren Rechtsprechung ließ das Bundesarbeitsgericht noch dahingestellt, ob Mitbestimmungsrechte des Betriebsrats durch tarifvertraglich eingeräumte einseitige Gestaltungsbefugnisse des Arbeitgebers ersetzt werden können.[298] In der insoweit grundlegen-

---

[292] Ausführlich dazu BAG 18. 10. 1994 AP Nr. 11 zu § 615 BGB Kurzarbeit.
[293] AP Nr. 11 zu § 615 BGB Kurzarbeit.
[294] BAG 16. 10. 1965 AP Nr. 20 zu § 611 BGB Direktionsrecht *(A. Hueck)*; BAG 22. 5. 1985 AP Nr. 7 zu § 1 TVG Tarifverträge: Bundesbahn *(Weiss/Weyand)*.
[295] BAG 15. 12. 1961 AP Nr. 2 zu § 56 BetrVG 1952 Arbeitszeit *(Küchenhoff)*.
[296] BAG 27. 1. 1994 AP Nr. 1 zu § 15 BAT-O; BAG 18. 10. 1994 AP Nr. 11 zu § 615 BGB Kurzarbeit.
[297] Vgl. nur BAG 18. 4. 1989 AP Nr. 18 zu § 87 BetrVG 1972 Tarifvorrang *(Rieble)* = EzA § 87 BetrVG 1972 Nr. 13 *(Wiese)*; GK-BetrVG/*Wiese*, § 87, Rnr. 51.
[298] BAG 5. 3. 1974 AP Nr. 1 zu § 87 BetrVG Kurzarbeit *(Wiese)*.

den Entscheidung vom 18. 4. 1989[299] hat es dann festgestellt, daß eine Tarifvertragsnorm das Mitbestimmungsrecht nach § 87 Abs. 1 Eingangssatz BetrVG nur dann ausschließt, wenn sie die mitbestimmungspflichtige Angelegenheit selbst *abschließend* und *zwingend* regelt und damit das einseitige Bestimmungsrecht des Arbeitgebers beseitigt. Keine Tarifnorm im Sinne von § 87 Abs. 1 Eingangssatz BetrVG stelle eine Vorschrift dar, die das einseitige Bestimmungsrecht des Arbeitgebers wiederherstellt. Demnach können die Tarifvertragsparteien die Mitbestimmung des Betriebsrats nur soweit zurückdrängen, wie sie sie in einer dem Schutzzweck des sonst gegebenen Mitbestimmungsrechts genügenden Weise inhaltlich *ersetzen*.[300] Die Kritik[301] an dieser Rechtsprechung wendet vor allem ein, daß damit den Tarifvertragsparteien ein geringerer Regelungsspielraum zur Verfügung gestellt werde als den Betriebsparteien, denn diese könnten zweifellos eine mitbestimmungspflichtige Angelegenheit dem Arbeitgeber zur alleinigen Entscheidung – ganz oder teilweise – überlassen.[302] Dem Normzwecke des § 87 BetrVG trage eine tarifvertragliche Regelung zumindest dann ausreichend Rechnung, wenn der Tarifvertrag diejenigen Schranken beachtet, die auch für die Betriebsparteien gelten, wenn sie dem Arbeitgeber in mitbestimmungspflichtigen Angelegenheiten Alleinentscheidungsbefugnisse einräumen. Der Vergleich zwischen Tarif- und Betriebsregelungsbefugnis hinkt. Die Betriebsparteien verfügen über eine *eigene* Zuständigkeit, wenn sie dem Arbeitgeber mehr als nur die Ausführungs- und Vollzugsbefugnis übertragen; die Tarifvertragsparteien dagegen würden eine zwingende *fremde* Zuständigkeit des Betriebsrats nach § 87 BetrVG beschneiden, was ihnen nach begründeter Ansicht der Rechtsprechung nicht zusteht. Sieht man den Normzweck des § 87 BetrVG in der Verhinderung einseitiger Arbeitgeberspielräume, so ist es folgerichtig, den Tarifvertragsparteien gegenüber dem zwingenden Betriebsverfassungsrecht auch dann keine Ausnahme zu gestatten, wenn dafür sachlich vernünftige Gründe vorgetragen werden könnten.[303]

450 Im Rahmen der tarifvertraglichen Ausgestaltung des Direktionsrechts des Arbeitgebers stellt sich weiter die Frage der Anwendbarkeit der §§ 315 Abs. 1 und 317 Abs. 1 BGB. Hierzu hat das Bundesarbeitsgericht festgestellt, daß die Ausübung des Weisungsrechts durch den Arbeitgeber nur dann einer Billigkeitskontrolle zu unterziehen ist, wenn der Tarifvertrag selbst nach Wortlaut, Gesamtzusammenhang und Sinn keine engere Grenze vorsieht, er

---

[299] BAG 18. 4. 1989 AP Nr. 18 zu § 87 BetrVG 1972 Tarifvorrang *(Rieble)* = SAE 1990, S. 21 *(Hromadka)*.
[300] BAG 17. 12. 1985 AP Nr. 5 *(Kraft)*, 18. 4. 1989 AP Nr. 18 *(Rieble)* und 4. 7. 1989 AP Nr. 20 *(Dütz/Rotter)* zu § 87 BetrVG 1972 Tarifvorrang; vgl. auch oben § 1 Rnr. 214; kritisch dazu Löwisch/*Rieble*, § 1 TVG, Rnr. 593; *Säcker/Oetker*, RdA 1992, S. 16, 19.
[301] Vgl. Galperin/*Löwisch*, § 87 BetrVG, Rnr. 52; *Lieb*, Arbeitsrecht, Rnr. 780, S. 250 (Tarifzensur); MünchArbR/*Löwisch*, § 252, Rnr. 98; *Rieble*, Anm. zu BAG 18. 4. 1989 AP Nr. 18 zu § 87 BetrVG 1972 Tarifvorrang; *Säcker/Oetker*, RdA 1992, S. 16, 20 ff.
[302] BAG 28. 10. 1986 AP Nr. 20 zu § 87 BetrVG 1972 Arbeitszeit *(Rath-Glawatz)*.
[303] So aber *Löwisch*, AuR 1978, S. 97, 105.
Zur *Ergänzung* tarifvertraglicher Regelungen durch das zwingende Mitbestimmungsrecht des Betriebsrats vgl. BAG 31. 8. 1982 AP Nr. 2 zu § 87 BetrVG 1972 Auszahlung: Kontoführungskosten bei bargeldloser Lohnzahlung.

also nicht selbst ausreichend konkretisierte Vorgaben nach Art, Umfang und Ausmaß der Ermächtigung enthält. [304] Zu einer solchen inhaltlich konkret gefaßten Regelung sind die Tarifvertragsparteien nach dem oben Gesagten aber gerade gehalten, wenn sie nicht die Unzulässigkeit der jeweiligen Tarifnorm riskieren wollen, so daß eine Billigkeitskontrolle nach §§ 315, 317 BGB regelmäßig nicht in Betracht kommen wird.

b) Arbeitsschutz. Der durch Gesetz oder aufgrund eines Gesetzes durch behördliche Anordnung geschaffene Arbeitsschutz kann vom Tarifvertrag erweitert und konkretisiert werden. Die denkbaren Einzelregelungen, die in Inhaltsnormen oder in betrieblichen Normen enthalten sein können, lassen sich nicht aufzählen. Es gehören dazu insbesondere der Unfall- und Krankheitsschutz, sowie der Persönlichkeitsschutz des Arbeitnehmers, der in § 81 ArbVGE hinsichtlich des Rechts auf informationelle Selbstbestimmung ausführlich geregelt werden soll. Viele Tarifverträge enthalten Bestimmungen zum Arbeitsschutz, Vorschriften für Arbeits-, Wasch-, Eß- oder Wohnräume sowie Regelungen zur Arbeits-, Berufs-, Dienst- oder Schutzkleidung; vgl. § 65 ff. BAT. Hierher zählt auch die Fürsorge für eingebrachtes Eigentum des Arbeitnehmers, insb. Kleidung, Fahrräder, Kraftwagen.

c) Menschengerechte Arbeitsgestaltung. Da dem Arbeitgeber die unternehmerische Leitung obliegt, übernimmt er als Bestandteil der Personenfürsorge auch die Pflicht zu menschengerechter Arbeitsgestaltung; vgl. dazu § 80 Abs. 1 Nr. 1 BetrVG sowie die Verordnung über Arbeitsstätten vom 20. 3. 1975 (BGBl. I, S. 729). Der Arbeitgeber ist verpflichtet, Arbeitsablauf und Arbeitsumgebung an dem Grundwert der Menschenwürde des Art. 1 GG auszurichten. Die durch die Tätigkeit entstehenden physischen und psychischen Belastungen müssen erträglich und zumutbar bleiben. Hierher zählen eine angemessene Regelung der Erholungszeiten, der persönlichen Zeiten, der Dauer und des Inhalts der Arbeitstakte, der Ausformung der Gruppenarbeit sowie allgemein die Gestaltung von Arbeitsplatz und Arbeitsablauf.

Ein maßgebender Tarifvertrag mit einschlägigen Vorschriften war der Lohnrahmentarifvertrag II für die gewerblichen Arbeitnehmer in der Metallindustrie von Nord-Württemberg/Nord-Baden vom 20. 10. 1973, RdA 1974, S. 177. Die Tarifvertragsparteien haben sich hier insbesondere auf eine menschengerechte Gestaltung der Fließband- und Akkordarbeit durch Erholungs- und Bedürfniszeiten eingestellt. Der Tarifvertrag enthält Öffnungsklauseln für abweichende Vereinbarungen mit dem Betriebsrat. 1978 wurden die wesentlichen Bestimmungen dieses Tarifvertrages im Bereich der Schmuck-, Uhren- und Edelmetallindustrie übernommen. Einzelne Regelungen wie die Dauer der Arbeitstakte sowie von Erholzeiten (6 Minuten pro Stunde) und persönlichen Bedürfniszeiten (3 Minuten pro Stunde) für Leistungslöhner wurden dann auch in den Tarifvertrag zwischen VW und der IG-Metall vom 1. 2. 1980 übertragen. Die Forderung, die Regelungen über Erhol- und persönliche Bedürfniszeiten auf alle Arbeitnehmer in der Metallindustrie einschließlich der im Zeitlohn bezahlten und der Angestellten auszudehnen, konnte nur in dem zwischen der IG-Metall und der Baumaschinenfirma Vögele in Mannheim abgeschlossenen Firmentarifvertrag vom 1. 1. 1983 verwirklicht werden.

---

[304] BAG 28. 11. 1984 AP Nr. 2 zu § 4 TVG Bestimmungsrecht *(Wiedemann)*; BAG 22. 5. 1985 AP Nr. 7 zu § 1 TVG Tarifverträge: Bundesbahn *(Weiss/Weyand)*; BAG 12. 1. 1989 AP Nr. 14 zu § 50 BAT *(Berger-Delhey)*; Oppermann, Die Kontrolle von Tarifvertragsregelungen in ihrer Anwendung auf den Einzelfall, 1997, S. 149.

In jüngerer Zeit gewinnen tarifvertragliche Vorschriften für den Bereich der Bildschirmarbeitsplätze zunehmend an Bedeutung. So finden sich z. B. tarifvertragliche Regelungen, die die Einrichtung von Mischarbeitsplätzen vorsehen, bei denen sich Bildschirm- und andere Arbeit abwechseln, und die bezahlte Erholungspausen von 10 Minuten pro Stunde und regelmäßige augenärztliche Untersuchungen vorschreiben.[305]

453 **d) Beschäftigung.** Der Tarifvertrag kann Inhalt und Umfang der bestehenden Beschäftigungspflicht näher regeln. In den Manteltarifverträgen finden sich fast durchweg Bestimmungen über Auswärtsbeschäftigung, über vorübergehende Beschäftigung mit anderen Arbeiten (vorübergehende Versetzung), über vorübergehende Freistellung von der Arbeit usw.[306] Nach heute allg. Ansicht ist der Arbeitgeber nicht nur berechtigt, sondern auch *verpflichtet*, den Arbeitnehmer entsprechend den vertraglichen Vereinbarungen zu beschäftigen, sofern nicht dringende betriebliche oder vorrangig in der Person oder in dem Verhalten des Arbeitnehmers liegende Gründe entgegenstehen; vgl. § 30 ArbVGE. Dabei handelt es sich um einen zwingenden Rechtssatz, der auch von den Tarifvertragsparteien nur zugunsten der Arbeitnehmer abgeändert werden kann.

6. Pflichten des Arbeitnehmers

454 Auch der Arbeitnehmer ist verpflichtet, die Interessen des Vertragspartners im Arbeitsverhältnis angemessen zu berücksichtigen. Die Pflicht zu gegenseitiger Rücksichtnahme wird von § 3 ArbVGE unterschiedslos bestätigt, in § 85 ArbVGE aber zusätzlich dahin konkretisiert, daß der Arbeitnehmer im Rahmen des Arbeitsverhältnisses mit den anderen Arbeitnehmern zusammenarbeiten und auf sie Rücksicht nehmen muß. Der Struktur des Arbeitsverhältnisses entsprechend lassen sich die beiden Hauptrichtungen der Rücksichtspflicht in Sorgfaltspflichten bei der Durchführung der Arbeitsleistung sowie in Loyalitätspflichten gegenüber dem Arbeitgeber und den anderen Mitarbeitern gliedern.

455 **a) Sorgfaltspflicht.** Für die Sorgfaltspflicht des Arbeitnehmers gilt der allgemeine Maßstab des § 276 BGB, wonach der Arbeitgeber eine dem Vertragscharakter und der Verkehrsüblichkeit entsprechende Sorgfalt erwarten darf. Die §§ 99 ff. ArbVGE enthalten Sonderregeln lediglich für die *Rechtsfolgen* einer Vertragsverletzung, nicht dagegen für eigenständige arbeitsrechtliche Maßstäbe. Die Haftungsfolgen sind zur Zeit vom Beschluß des Großen Senats des Bundesarbeitsgerichts vom 27. 9. 1994 AP Nr. 103 zu § 611 BGB Haftung des Arbeitnehmers *(Schlachter)* vorgegeben. Sie sollen in § 99 ArbVGE endgültig festgelegt werden. Solange und soweit dies nicht geschieht, kann der Tarifvertrag die Haftung des Arbeitnehmers nach Voraussetzungen und Rechtsfolgen selbst gestalten. Das gilt auch für etwaige Vertragstrafen.

---

[305] So z. B. der Tarifvertrag über die Arbeitsbedingungen von Arbeitnehmern des Landes Hessen auf Arbeitsplätzen mit Geräten der Informationstechnik, abgedruckt in RdA 1988, S. 233.
[306] Vgl. etwa BAG 13. 11. 1974 AP Nr. 4 zu § 1 TVG Tarifverträge: Metallindustrie.

b) Loyalitätspflicht. Der Arbeitnehmer ist dem Arbeitgeber zu loyaler 456 Rücksichtnahme auf die Interessen des Unternehmens verpflichtet; dies wurde früher als „Treuepflicht" bezeichnet. Die allgemeine Pflicht zur loyalen Mitarbeit umfaßt auch die Rücksichtnahme auf die Interessen anderer Arbeitnehmer. Außerdem zählen hierher die vielfältigen Nebenpflichten des Arbeitnehmers, z. B. zur Wahrung von Geschäftsgeheimnissen, Anzeige von Gefahren oder Störungen aller Art sowie Unterlassen der Annahme von Vorteilen (Schmiergeldern).

II. Rahmenvorschriften

Bereits in der Weimarer Zeit zählte das Reichsarbeitsgericht zu den „Bedingungen für den Abschluß von Arbeitsverträgen" im Sinne des § 1 Tarif-VO auch Regeln, die *Grundlagen* schaffen, von denen aus der Inhalt der Arbeitsverhältnisse ganz oder in seinen Elementen bestimmt werden kann.[307] Der Tarifvertrag kann das gesamte Rechtsverhältnis zwischen Arbeitgeber und Arbeitnehmer im Rahmen der Tarifautonomie gestalten, also auch Form-, Verfahrens- und andere Rahmenvorschriften enthalten. Das tarifvertragliche Arbeitsgesetz kann deshalb viele, dem Einzelarbeitsvertrag nicht zugängliche Regelungen aufnehmen, die den Arbeitnehmer nur in seiner Stellung in der Reihe der übrigen Arbeitnehmer erfassen oder Vorbedingungen für die Wirksamkeit privatrechtlicher Willenserklärungen einführen oder die vorhandenen Erklärungen der Parteien, soweit notwendig, ergänzen sowie schließlich Vorschriften enthalten, die die Durchführung – auch gesetzlicher oder individualvertraglicher – Ansprüche im Rahmen des Arbeitsverhältnisses betreffen. 457

1. Formvorschriften

a) Bedeutung. Formvorschriften, also Bestimmungen, die für Abschluß, 458 Änderung oder Beendigung (Kündigung, Aufhebungsvertrag) von Arbeitsverträgen oder für einzelne, besonders wichtige oder besonders gefährliche Bedingungen (Wettbewerbsverbot, Befristung) oder für Gestaltungserklärungen (Abmahnung, Versetzung, Kündigung, Nichtverlängerungs-Mitteilung bei befristeten Arbeitsverhältnissen, insb. im Bühnenrecht), die Schriftform oder eine sonstige Form anordnen, können verschiedene Bedeutung haben. Von *konstitutiver* Bedeutung spricht man, wenn bei Nichtbeachtung der Form der Arbeitsvertrag oder die einzelne Vertragsbedingung nach § 125 BGB nichtig ist.[308] Formlose Abreden zwischen den Arbeitsvertragsparteien, die ein tarifvertragliches Formgebot mißachten, verletzen ein gesetzliches (§ 126 BGB) und nicht etwa nur ein gewillkürtes (§ 127 BGB) Schrift-formerfordernis; dieses kann deshalb von den Parteien des Individualvertrages auch nicht aufgehoben werden.[309] Werden konstitutive Formvorschriften, die den gesam-

---

[307] RAG, ARS 5, S. 453, 459; 7, S. 516, 522 und 524; 9, S. 473; 13, S. 66; *Jacobi*, Grundlehren des Arbeitsrechts, 1927, S. 187.
[308] BAG 15. 11. 1957 AP Nr. 2 zu § 125 BGB.
[309] BAG 15. 11. 1957 AP Nr. 2 zu § 125 BGB; BAG 12. 10. 1967 AP Nr. 1 zu § 611 BGB Artisten; BAG 6. 9. 1972 AP Nr. 2 zu § 4 BAT; *Löwisch/Rieble*, § 1 TVG, Rnr. 543.

ten Arbeitsvertrag betreffen, nicht eingehalten, so ent-steht ein fehlerhaftes Arbeitsverhältnis. Von *deklaratorischer* Bedeutung der Schriftform spricht man, wenn der Arbeitsvertrag oder einzelne Willenserklärungen auch ohne Beachtung des Tarifvertrages wirksam vorgenommen werden können. Die Formvorschrift verpflichtet die Parteien des Individualvertrages lediglich, zu Beweiszwecken eine schriftliche Ausfertigung herzustellen. Alle tarifvertraglichen Formvorschriften sind Abschluß- und zugleich Inhaltsnormen, da sie den Partnern des Arbeitsvertrages einen Anspruch auf schriftliche Festlegung des Vertrages oder der einzelnen Willenserklärung einräumen.

459 **b) Auslegung.** Ob die Tarifbestimmung *konstitutiv* oder *deklaratorisch* gedacht ist, muß durch Auslegung ermittelt werden. Dabei kommt es wesentlich auf den Zweck der Formvorschrift an.[310] Im Zweifel dient eine globale, sich auf den ganzen Vertrag erstreckende Formvorschrift lediglich der Beweissicherung, ist also nur deklaratorisch. Dann ist der formlose Abschluß des Arbeitsvertrages wirksam.[311] Das Gegenteil gilt, wenn die Formvorschrift sich auf einzelne gefährliche Arbeitsbedingungen oder auf die Ausübung von Gestaltungsrechten, insb. auf die Kündigung des Arbeitsverhältnisses beschränkt (Warnfunktion).

460 **c) Nebenabreden.** Vielfach wird in Tarifverträgen vorgesehen, daß Nebenabreden nur wirksam sind, wenn sie schriftlich vereinbart werden; vgl. § 40 Abs. 2 BAT. Nebenabreden sind Vereinbarungen, die nicht unmittelbar die gegenseitigen Hauptrechte und Hauptpflichten aus dem Arbeitsvertrag betreffen. Das Schriftformerfordernis ist insoweit konstitutiv aufgefaßt, um die Einheitlichkeit der Arbeitsbedingungen zu sichern.[312] Nebenabreden, die die Schriftform nicht einhalten, sind dann nichtig.

461 **d) Nachweispflicht.** Nach dem Gesetz über den Nachweis der für ein Arbeitsverhältnis geltenden wesentlichen Bedingungen vom 20. 7. 1995 (BGBl. I, S. 946) ist der Arbeitgeber verpflichtet, binnen eines Monats nach dem vereinbarten Beginn des Arbeitsverhältnisses die wesentlichen Vertragsbedingungen schriftlich niederzulegen und diese dem Arbeitnehmer unterzeichnet auszuhändigen.[313] Nach § 5 kann von den Vorschriften dieses Gesetzes nicht zu Ungunsten des Arbeitnehmers abgewichen werden. Das gilt auch für die Tarifvertragsparteien; es handelt sich mithin nicht um tarifdispositives Recht. Das Nachweisgesetz beinhaltet keine zwingende Formvorschrift. Der Arbeitnehmer erhält lediglich einen Anspruch auf Erfüllung der gesetzlichen Pflicht des Arbeitgebers sowie bei Nichterfüllung einen Anspruch auf Schadenersatz wegen positiver Vertragsverletzung; vgl. dazu oben Rnr. 372.

2. Vorschriften zur Geltendmachung

462 In Tarifbestimmungen wird oft die Fälligkeit und regelmäßig die Verfallbarkeit von Ansprüchen, und zwar nicht nur von tarifvertraglichen, son-

---

[310] BAG 7. 7. 1955 AP Nr. 1 zu § 32 AOG Tarifordnung.
[311] BAG 24. 6. 1981 AP Nr. 2 zu § 4 TVG Formvorschriften *(Stumpf)*.
[312] BAG 9. 12. 1981 AP Nr. 8 zu § 4 BAT *(Brox)*.
[313] Vgl. dazu *Birk,* NZA 1996, S. 281, 288; *Wank,* RdA 1996, S. 21, 24.

dern auch von *gesetzlich* oder *einzelvertraglich* begründeten Ansprüchen aus dem Arbeitsverhältnis festgelegt;[314] vgl. zu den Verfall- und Ausschlußklauseln im einzelnen ausführlich unten zu § 4 Rnr. 712 ff. Ähnliche, das gesamte Arbeitsverhältnis umfassende Vorschriften finden sich hinsichtlich Art, Ort und Zeit der Lohnzahlung. Auch diese Rahmenbestimmungen beziehen sich im Zweifel nicht nur auf den Tariflohn.

Der Tarifvertrag kann außerdem die Aufrechnung, Abtretung und Verpfändung von Entgeltansprüchen, soweit sie gesetzlich überhaupt zulässig sind, ausschließen; vgl. § 399 BGB.[315] Für die Zulässigkeit spricht, daß die Abtretbarkeit oder Nicht-Abtretbarkeit ähnlich wie die Fälligkeit von vornherein zum *Inhalt* des Entgeltanspruchs gehört, daß ferner der Ausschluß der Abtretbarkeit – anders als eine Bestimmung über die Verwendung des ausgezahlten Lohnes – eine unmittelbar aus dem Arbeitsverhältnis entspringende Beziehung zwischen Arbeitnehmer und Arbeitgeber betrifft und daß schließlich arbeitsrechtliche Interessen beider Seiten berührt werden, da sie als Lohnsicherungsmaßnahme dem Schutz des Arbeitnehmers dienen und außerdem das Lohnbüro des Unternehmens entlasten.

3. Auslegungsregeln

Ebenso wie das Gesetz kann auch der Tarifvertrag Auslegungsregeln für den Einzelarbeitsvertrag bereitstellen, nicht dagegen für Betriebsvereinbarungen. Die Frage hat bisher nur im Rahmen der Effektivklauseln Bedeutung erlangt.[316]

4. Prozessuale Vorschriften

a) Zulässigkeit. Die Parteien eines Einzelarbeitsvertrages können in dem von den Prozeßordnungen erlaubten Umfang Vereinbarungen über ihr Prozeßrechtsverhältnis treffen, insb. Gerichtsstandsvereinbarungen, Rechtsmittelverzichte oder Prozeßvergleiche eingehen. Dieses Prozeßrechtsverhältnis ist grundsätzlich nicht Gegenstand von Tarifvertragsnormen, da das Gesetz nur materiellrechtliche Bestandteile des Arbeitsverhältnisses erfaßt. Das ergibt sich zwar nicht aus dem Wesen der Tarifautonomie, wohl aber im Umkehrschluß aus § 48 Abs. 2 ArbGG: im geltenden Recht haben die Tarifvertragsparteien keine Rechtsetzungsbefugnis für Verfahrensrecht.[317] Das gilt naturgemäß erst recht für Fragen, für die es schon individualvertraglich keinen Verhandlungsspielraum gibt, also z. B. für die Zuständigkeit der Zivilgerichte,[318] für notwendige Streitgenossenschaft oder für Form- und Fristbestimmungen der Verfahrensordnungen.[319]

---

[314] Vgl. BAG 12. 10. 1967 AP Nr. 1 zu § 611 BGB Artisten: Solotänzerin.
[315] BAG 20. 12. 1957 AP Nr. 1 *(A. Hueck)*, 5. 9. 1960 AP Nr. 4 *(Larenz)* und 2. 6. 1966 AP Nr. 8 *(Baumgärtel)* zu § 399 BGB; ebenso *Löwisch*/Rieble, § 1 TVG, Rnr. 51, 55; kritisch *Waltermann*, Rechtsetzung durch Betriebsvereinbarung, S. 171 ff.
[316] BAG 18. 8. 1971 AP Nr. 8 zu § 4 TVG Effektivklauseln *(Wiedemann)*.
[317] BAG 18. 5. 1983 AP Nr. 51 zu § 1 TVG Tarifverträge: Bau *(Leipold)*.
[318] BAG 24. 1. 1990 AP Nr. 16 zu § 2 ArbGG 1979: Werkmietwohnungen.
[319] BAG 18. 12. 1984 AP Nr. 88 zu § 4 TVG Ausschlußfristen *(Zeuner)*.

466 b) **§ 48 Abs. 2 ArbGG** enthält eine Ausnahme für *Gerichtsstandsvereinbarungen*. Der Gesetzgeber hat in § 48 Abs. 2 ArbGG tarifdispositives Recht geschaffen und den Tarifvertragsparteien eine kollektive Prorogationsmöglichkeit eingeräumt, um eine Konzentration von Rechtsstreiten in Bereichen zu ermöglichen, in denen die Tarifvertragsparteien dies für angemessen halten.[320] Die Tarifvertragsparteien können danach die – ausschließliche oder zusätzliche – Zuständigkeit eines an sich örtlich unzuständigen Arbeitsgerichts begründen.[321] Die Ausnahmevorschrift hat vor allem in § 48 Abs. 2 Satz 1 Nr. 2 ArbGG für Streitigkeiten aus dem Rechtsverhältnis mit einer Gemeinsamen Einrichtung Bedeutung gewonnen. Der Tarifvertrag über das Sozialkassenverfahren im Baugewerbe hat auf dieser Grundlage einen ausschließlichen örtlichen Gerichtsstand in Wiesbaden herbeigeführt.

467 § 48 Abs. 2 ArbGG erstreckt die kollektive Zuständigkeitsvereinbarung auf den Geltungsbereich des Tarifvertrages nach § 3 Abs. 2 und § 5 des Gesetzes. Darüber hinaus kann die Prorogationsabrede auch Bedeutung gewinnen, wenn der *gesamte* Tarifvertrag von Arbeitgebern und Arbeitnehmern durch eine Bezugnahmeklausel übernommen wird. § 48 Abs. 2 Satz 2 ArbGG entbindet insoweit von der Voraussetzung der Tarifgebundenheit. Umgekehrt ist es möglich, daß die Parteien des Individualvertrages gerade die Gerichtsstandsregelung in ihrer Bezugnahmevereinbarung ausschließen.[322]

468 c) **§ 101 Abs. 2 ArbGG** enthält eine weitere Ausnahme für *Einzelschiedsklauseln*: Tarifverträge, deren persönlicher Geltungsbereich überwiegend Bühnenkünstler, Filmschaffende, Artisten oder Kapitäne und Besatzungsmitglieder im Sinne der §§ 2 und 3 des SeemannsG umfaßt, können die ausschließliche Entscheidung durch ein Schiedsgericht vorsehen. Auf dieser Grundlage haben vor allem die Bühnenschiedsgerichtsbarkeit (2 Instanzen: Bezirksschiedsgerichte in Berlin, Frankfurt, Hamburg und Köln; Bühnenoberschiedsgericht in Frankfurt) sowie die Schiedsgerichtsbarkeit in der deutschen Hochseefischerei (Schiedsgericht angegliedert an das Seeamt in Bremerhaven) in der Praxis erhebliche Bedeutung erlangt. Derartige Einzelschiedsklauseln für Rechtsstreitigkeiten aus einem *Arbeitsverhältnis* sind von Rechtsstreitigkeiten zwischen den Tarifvertragsparteien selbst nach § 101 Abs. 1 ArbGG zu unterscheiden; vgl. zu diesen Gesamtschiedsklauseln unten Rnr. 732 ff. Die Probleme sind jeweils unterschiedlich gelagert: bei (unzulässigen) Einzelschiedsklauseln kann die Abgrenzung zu (zulässigen) materiellrechtlichen Bestimmungsklauseln Schwierigkeiten bereiten, bei den Gesamtschiedsklauseln die Abgrenzung zu Schlichtungsklauseln.

469 Bei den nach § 101 Abs. 2 ArbGG zulässigen Schiedsverträgen muß es sich um bürgerliche Streitigkeiten „aus einem Arbeitsverhältnis" handeln. Fraglich ist dabei die Zuständigkeit des Schiedsgerichts bei Streitigkeiten aus Verhandlungen über die Eingehung von Arbeitsverhältnissen sowie aus unerlaubter Handlung oder im Zusammenhang mit Arbeitnehmererfindungen. Einschlägige Urteile sind nicht ergangen oder jedenfalls nicht veröffentlicht

---

[320] Vgl. *Vollkommer*, RdA 1974, S. 206, 214.
[321] *Germelmann*/Matthes/Prütting, § 48 ArbGG, Rnr. 100.
[322] *Germelmann*/Matthes/Prütting, § 48 ArbGG, Rnr. 106; *Grunsky*, § 48 ArbGG, Rnr. 17.

worden. Bei praktischen Zweifelsfragen sind in erster Linie die Bestimmungen der jeweiligen Schiedsvereinbarung selbst maßgebend. Davon abgesehen spricht für eine Behandlung solcher Angelegenheiten allein durch die staatlichen Arbeitsgerichte die gebotene enge Auslegung des § 101 Abs. 2 ArbGG, der Schiedsgerichte im übrigen ablehnt. Im Einzelfall kann freilich für zusammenhängende Sachfragen eine einheitliche Gerichtsbarkeit anzunehmen sein (Annexkompetenz).

Die Vereinbarung hinsichtlich des Schiedsgerichts kann für Mitglieder der genannten Berufsgruppen auch auf Parteien erstreckt werden, deren Verhältnisse „sich aus anderen Gründen nach dem Tarifvertrag regeln", wenn die Parteien dies ausdrücklich und schriftlich vereinbaren; § 101 Abs. 2 Satz 3 ArbGG. Das bedeutet, daß die Tarifbindung durch eine *Bezugnahmevereinbarung* ersetzt werden kann, wobei der Wortlaut des Gesetzes offenläßt, ob sich die Bezugnahme lediglich auf einen isolierten Tarifvertrag über die Schiedsgerichtsbarkeit – dann unter Einschluß der Schiedsgerichtsordnung[323] – erstrecken muß, oder ob das Arbeitsverhältnis auch im übrigen dem einschlägigen (materiellrechtlichen) Tarifvertrag unterworfen werden muß.

d) Güte- und Schiedsgutachtenklausel. Von der Einzelschiedsklausel zu unterscheiden sind die früher in § 101 ArbGG 1926 geregelte Güteklausel und die in § 106 ArbGG 1926 enthaltene Schiedsgutachtenklausel. Die Güteklausel besagt, daß dem arbeitsgerichtlichen Verfahren ein *Vorverfahren* vor einer außergerichtlichen Gütestelle voranzugehen hat. Demgegenüber legt eine Schiedsgutachtenklausel fest, daß bestimmte *Tatfragen*, die für einen Rechtsstreit erheblich sind, durch ein Schiedsgutachten – auch für das Arbeitsgericht – verbindlich entschieden werden. Früher wurden insb. Unstimmigkeiten bei der Eingruppierung von Arbeitnehmern in eine bestimmte Tarifgruppe auf diesem Weg beigelegt.[324] Das ArbGG 1953 hat weder das außergerichtliche Güteverfahren noch das Schiedsgutachtenverfahren aus dem ArbGG 1926 übernommen. Daher ist hier manches streitig.

aa) Die tarifvertragliche Einrichtung eines **Güteverfahrens** ist nach allg. Ansicht durch die §§ 4, 101 ArbGG 1953 nicht ausgeschlossen oder verboten worden.[325] Solange das tarifvertragliche Vorverfahren nicht abgeschlossen ist, ist ein arbeitsgerichtliches Verfahren zwar zulässig, aber der geltend gemachte Anspruch – wie bei einem *pactum de non petendo* - noch nicht begründet. Tarifvertragliche Ausschlußfristen sind durch die Anrufung der Gütestelle gewahrt oder zumindest gehemmt; das gilt aber nicht für gesetzliche Ausschlußfristen wie § 4 KSchG. Ein Vergleichsvorschlag der Gütestelle, der von den Arbeitsvertragsparteien angenommen wird, gilt als von den Tarifvertragsparteien im Sinne des § 4 Abs. 4 Satz 1 im voraus gebilligt.[326]

---

[323] BAG 3. 9. 1986 AP Nr. 12 zu § 4 TVG Nachwirkung *(Lund).*
[324] Vgl. Hueck/*Nipperdey,* Arbeitsrecht II 1, § 15 II 9, S. 285; *Nikisch,* Arbeitsrecht II, § 74 V 3, S. 323.
[325] *Dütz,* in: Festschrift für Gerhard Müller (1981), S. 129, 144; *Germelmann/* Matthes/Prütting, § 4 ArbGG, Rnr. 7; Löwisch/*Rieble,* § 1 TVG, Rnr. 619; abw. Vorauflage, § 1 Rnr. 313.
[326] Ebenso Löwisch/*Rieble,* § 1 TVG, Rnr. 620.

473 bb) **Schiedsgutachterklauseln** schließen das Verfahren vor staatlichen Gerichten nicht aus, treffen aber, soweit die Parteien dies vereinbaren, für die Gerichtsbarkeit *verbindliche Vorentscheidungen* durch Auslegung von Verträgen, Feststellung von Tatsachen usw. Die arbeitsgerichtliche Rechtsprechung hat Schiedsgutachterabreden gelegentlich für zulässig erachtet[327] oder ihre Unzulässigkeit jedenfalls offengelassen.[328] Die überwiegende Rechtslehre versagt ihnen die Anerkennung, weil die den Arbeitsgerichten vorbehaltene Streitentscheidung sowohl die Tatsachenfeststellung wie die Normauslegung und Normanwendung umfaßt: eine tarifvertragliche Schiedsgutachtenklausel darf als zwingend gedachter Beweis- oder Beweismittelvertrag die gesetzlichen Verfahrensvorschriften der §§ 286, 287 ZPO, § 46 Abs. 2 ArbGG weder unmittelbar noch mittelbar ausschließen.[329] Die Unzulässigkeit ergibt sich vor allem aus der Entstehungsgeschichte des ArbGG 1953, das die arbeitsrechtlichen Streitigkeiten bewußt der staatlichen Gerichtsbarkeit vorbehalten wollte. Für den früher wichtigsten Anwendungsfall der Schiedsgutachtenklausel, nämlich die Eingruppierung des Arbeitnehmers, hat sich die Frage erledigt. Die Eingruppierung bedeutet nach heute allg. Ansicht Anwendung der Tarifvertragsnormen und damit Rechtsanwendung. Sie gehört nicht zur Zuständigkeit eines Schiedsgutachters, sondern allenfalls zur Tätigkeit eines Schiedsgerichts. Insoweit gilt § 101 Abs. 2 ArbGG. Rechtsprechung und Rechtslehre weichen dem unzulässigen Schiedsgutachter teilweise dadurch aus, daß sie dessen Spruch materiellrechtlich als Leistungsbestimmung nach § 317 BGB deuten.[330] Eine solche Umdeutung wird meist daran scheitern, daß der Dritte nach § 317 BGB nur eine tatsächliche Feststellung, nicht aber eine Inhaltsbestimmung des Vertrages treffen soll. Außerdem darf mit einer materiellrechtlichen Erklärung das Entscheidungsmonopol der staatlichen Gerichtsbarkeit nicht umgangen werden.

474 Nicht entschieden ist bisher, ob der Spruch einer *tariflichen* Schiedsstelle zur Auslegung eines Tarifvertrages nicht nur für die Tarif- und die Arbeitsvertragsparteien, sondern auch für das staatliche Arbeitsgericht verbindlich ist. Das ist, solange die Tarifvertragsparteien die Entscheidung der Schiedsstelle nicht in einer Ergänzung des Tarifvertrages übernehmen, zu verneinen. Der Spruch der Schiedsstelle ist zwar für das Arbeitsgericht ein Auslegungs- und Beweismittel, weil im Schiedsverfahren die Absichten und Meinungen der Tarifvertragsparteien zur Sprache gekommen sind, aber aus den dargelegten Gründen keine verbindliche Beweisregel. Die §§ 4, 101 ff. ArbGG gelten für schuldrechtliche Abreden zwischen den Tarifvertragsparteien ebenso wie für ihre Normsetzung.

---

[327] BAG 16. 10. 1957 AP Nr. 27 zu § 3 TOA *(Neumann-Duesberg)*.
[328] BAG 31. 1. 1979 AP Nr. 2 zu § 1 TVG Tarifverträge: Bundesbahn.
[329] Ebenso *Dütz*, in: Festschrift für Gerhard Müller (1981), S. 129, 142; *Germelmann*/Matthes/Prütting, § 4 ArbGG, Rnr. 6; *Grunsky*, § 4 ArbGG, Rnr. 4; *Schreiber*, ZfA 1983, S. 31, 43.
[330] So BAG 31. 1. 1979 AP Nr. 2 zu § 1 TVG Tarifverträge Bundesbahn: Feststellung der Dienstfähigkeit durch Bahnarzt; Löwisch/Rieble, § 1 TVG, Rnr. 623; kritisch dazu *Herschel*, AuR 1979, S. 223.

5. Rahmenregelungen i. e. S.

a) Begriff. Der wirtschaftliche und politische Druck auf die Sozialpartner hat in den letzten Jahren dazu geführt, daß sie in ihren Tarifverträgen auch Rahmenregelungen im engeren Sinn anbieten, also Vorschriften, die durch Firmentarifvertrag, Betriebsvereinbarung oder Einzelabsprache ergänzt werden müssen. Rahmenregelung bedeutet in diesem Zusammenhang nicht Rechtsetzung für formelle Fragen des Einzelarbeitsverhältnisses, sondern Rahmenregelung des Tarifvertrages selbst, was nicht mit Mindestbedingungen gleichzusetzen ist. Arbeitgeberverbände und Gewerkschaften sehen in der Vereinbarung von Öffnungs- und Differenzierungsklauseln einen Weg zur Weiterentwicklung der Verbandstarifverträge – und der Gesetzgeber unterstützt diese Entwicklung; vgl. § 2 Abs. 2 Satz 1 Nr. 1 ATZG. 475

b) Die **Zulässigkeit** von Rahmenregelungen beruht darauf, daß die Tarifvertragsparteien nach Art. 9 Abs. 3 GG selbst entscheiden können, wie weit sie ihre Rechtsetzung ausdehnen oder die Betriebspartner oder Arbeitsvertragsparteien zu Ergänzungen und Abweichungen ermächtigen; vgl. dazu oben Rnr. 202 ff. Aus der Ordnungsaufgabe des Tarifvertrages folgt nicht, daß die Sozialpartner verpflichtet wären, eine bestimmte Regelungsdichte zu gewährleisten.[331] Die Durchführung wird dann von Unternehmen zu Unternehmen und von Arbeitsgruppe zu Arbeitsgruppe unterschiedlich ausfallen; darin liegt ihr Sinn. Die Anpassung an die Besonderheiten vor Ort verstößt deshalb als solche auch nicht gegen den Gleichheitssatz.. 476

c) Die **Friedenspflicht** erstreckt sich so weit, wie die Rahmenregelungen reichen. Soll der tarifvertragliche Rahmen durch einen speziellen Ergänzungstarifvertrag – sei es als firmenbezogener Verbandstarifvertrag durch die Sozialpartner selbst, sei es als Firmentarifvertrag zwischen dem Arbeitgeber und einer Gewerkschaft – konkretisiert werden, so sind Arbeitskämpfe insoweit *unzulässig*[332], da die Regelung der Tarifvertragsparteien gerade darin besteht, einen Spielraum zur Verfügung zu stellen und eine Einigung über das Belassen der Ausfüllungsmöglichkeit und -bedürftigkeit erzielt wurde; vgl. zur Erstreikbarkeit von Firmentarifverträgen im übrigen oben Rnr. 166 und § 2 129 ff. Soll die Rahmenregelung auf der Ebene der Betriebspartner ausgestaltet werden, gilt § 74 Abs. 2 BetrVG. 477

d) Einzelfälle. In den klassischen Tarifbereichen sind tarifvertragliche Rahmenvorschriften heute zur Bestimmung und Verteilung der Arbeitszeit weit verbreitet.[333] Im Entgeltbereich sind sie vor allem bei Einmalzahlungen (Urlaubs- und Weihnachtsgeld) und in den Randbezirken zur Vermögensbildung und Altersversorgung anzutreffen.[334] Vgl. zu Arbeitszeitkonten oben Rnr. 355, zu Lohnkorridoren oben Rnr. 357. 478

---

[331] Ebenso *Wendeling/Schröder*, NZA 1998, S. 624, 627; abw. *Gaul*, ZTR 1991, S. 443.
[332] Ebenso *Löwisch/Rieble*, § 4 TVG, Rnr. 154; abw. *Wendeling/Schröder*, NZA 1998, S. 624, 629.
[333] Vgl. *Bispinck*, Zeitkonten in Tarifverträgen, WSI-Mitteilungen zur Tarifpolitik, Juli 1998.
[334] Vgl. *Bispinck*, WSI-Mitteilungen 1998, S. 421, 427; *Höfer/Karin Meier*, BB 1998, S. 1894.

C. Abschluß- und Beendigungsnormen

I. Abschlußnormen

479 Abschlußnormen sind Regeln, die das Zustandekommen neuer, die Wiederaufnahme alter oder die Fortsetzung unterbrochener Arbeitsverhältnisse regeln. Die TarifVO 1918 beschränkte den Geltungsbereich von Tarifverträgen dagegen noch auf den *Inhalt* von Arbeitsverträgen. § 1 Satz 1 TarifVO lautete:

„Sind die Bedingungen für den Abschluß von Arbeitsverträgen zwischen Vereinigungen von Arbeitnehmern und einzelnen Arbeitgebern oder Vereinigungen von Arbeitgebern durch schriftlichen Vertrag geregelt (Tarifvertrag), so sind Arbeitsverträge zwischen den beteiligten Personen insoweit unwirksam, als sie von der tariflichen Regelung abweichen."

Abschlußnormen wurden danach nicht zum normativen Teil des Tarifvertrages gerechnet, es konnten vielmehr nur schuldrechtliche Verpflichtungen begründet werden.[335] Soweit ein Arbeitgeber nicht Partei war, kamen lediglich Pflichten der Verbände in Frage, auf ihre Mitglieder im Sinn der Beachtung der Normen bei Abschluß von Arbeitsverträgen hinzuwirken.[336] Dagegen wurde den Abschlußnormen überwiegend bereits unter der Herrschaft des AOG normative Wirkung zugebilligt; dem folgt das Gesetz. Wenn es in § 1 Abs. 1 neben den Inhaltsnormen ausdrücklich Rechtsnormen aufzählt, die „den Abschluß und die Beendigung von Arbeitsverhältnissen sowie betriebliche und betriebsverfassungsrechtliche Fragen ordnen", so hat dies im Zweifel nicht nur beschreibende Bedeutung, sondern soll die Zulässigkeit solcher Regelungen trotz ihres unterschiedlichen Rechtscharakters betonen. Die verschiedene *Wirkungsweise* wird für Betriebsnormen in § 3 Abs. 2 und für Normen zu Gemeinsamen Einrichtungen in § 4 Abs. 2 des Gesetzes näher ausgeführt, für Abschlußnormen fehlt ein entsprechender Hinweis; die unterschiedliche Wirkung der Abschlußnormen folgt aber zwangsläufig aus ihrer Zweckrichtung. Abschlußnormen können zwar wie Inhaltsnormen an ein (früher) bestehendes Rechtsverhältnis anknüpfen; sie können aber wie Betriebsnormen auch unabhängig vom Individualarbeitsverhältnis *einseitig* Verpflichtungen des Arbeitgebers begründen.[337] Für *Abschlußverbote*, die nicht nur partiell einzelne Gegenstände des Arbeitsverhältnisses gestalten, sondern für bestimmte Personengruppen oder Rechtsverhältnisse einen Vertragsschluß insgesamt unterbinden wollen, folgt die einseitige Verpflichtung des Arbeitgebers – ohne korrespondierenden Vertragspartner – aus der Natur der Sache. Abschlußgebote wirken wie gesetzliche Vorschriften, die einen gesetzlichen Kontrahierungszwang begründen; an der Möglichkeit ihrer normativen Wirkung ist deshalb nicht zu zweifeln.

---

[335] Vgl. *Jacobi*, Grundlehren des Arbeitsrechts, 1927, S. 184; *Molitor*, 1930, § 1 TVVO, Rnr. 1.
[336] Vgl. Hueck/*Nipperdey*, Arbeitsrecht II 1, § 15 II 6, S. 274, Anm. 114.
[337] Ebenso *Däubler*, Tarifvertragsrecht, Rnr. 872; abw. *Löwisch*/Rieble, § 1 TVG, Rnr. 71; *Säcker*/Oetker, Tarifautonomie, S. 111.

1. Abschlußgebote

a) Begriff und **Abgrenzung.** Das Gebot zur Neu- oder Wiedereinstellung begründet eine tarifvertragliche Pflicht des Arbeitgebers, unter den vom Tarifvertrag genannten Bedingungen einen Arbeitsvertrag fortzusetzen, wiederaufleben zu lassen oder neu zu begründen. Der *Arbeitnehmer* soll und kann dadurch nicht verpflichtet werden, einen Arbeitsvertrag abzuschließen und seine Arbeitskraft zur Verfügung zu stellen. Das Gebot berechtigt den Arbeitnehmer also nur, verpflichtet ihn jedoch nicht (*einseitiger Kontrahierungszwang*). Dabei braucht sich das Abschlußgebot aber nicht auf die Ausgestaltung eines schon bestehenden Vorvertrages oder auf die Fortführung eines vorhergehenden Arbeits- oder Ausbildungsverhältnisses zu beschränken. Der Tarifvertrag kann den Arbeitgeber auch verpflichten, mit einzelnen Arbeitnehmern aus einem bestimmten Personenkreis, z.B. von Arbeitslosen, Auszubildenden, Schwerbehinderten usw., Arbeitsverträge einzugehen, womit im Zweifel auch die Belegschaftsstruktur beeinflußt werden soll (Quotenregelung). Liegt das Einstellungsgebot vordringlich im Interesse der Belegschaft oder einzelner bereits beschäftigter Arbeitnehmer („zur Bedienung der Krane, zur Instandhaltung und zur Aufräumung sind genügend Hilfskräfte einzustellen"), so kann darin eine betriebliche Norm und gegebenenfalls auch eine Inhaltsnorm vorliegen.[338]

Wollen sich die Tarifvertragsparteien dagegen nur über eine gemeinsame *Arbeitsmarktpolitik* in einem bestimmten Teil der Branche oder für einen regionalen Bezirk verständigen, so kann darin eine schuldrechtliche Abrede zwischen den Kollektivvertragsparteien oder sogar nur eine Empfehlung liegen. Die Abgrenzung zwischen rechtsverbindlicher Absprache und bloßer Empfehlung wird u. a. danach zu treffen sein, ob es sich um die Vergabe vorhandener oder um die Schaffung neuer Arbeitsplätze handelt; zur zuletzt genannten Alternative wird sich die Arbeitgeberseite im Zweifel nicht verpflichten wollen. Für einzelne Arbeitnehmer entstehen in diesem Zusammenhang grundsätzlich keine Rechte.

b) Die **Bedeutung** tarifvertraglicher Einstellungsgebote zeigte sich vor allem bei *Wiedereinstellungsklauseln* nach betriebsbedingter Kündigung oder anderweitiger Unterbrechung des Arbeitsverhältnisses, z.B. nach einem Arbeitskampf oder nach einem Erziehungsurlaub.[339] Eine Wiedereinstellungspflicht[340] nach betriebsbedingter Kündigung stellt sich als schwächere Form des Ruhens des Arbeitsverhältnisses dar und ersetzt das U.S.-amerikanische Rechtsinstitut des *lay off*.

Eine eigenständige Bedeutung haben *Neueinstellungsgebote*, die den Arbeitgeber zur Schaffung bestimmter Arbeits- oder Ausbildungsplätze verpflichten oder die Besetzung von Arbeitsplätzen für bestimmte Arbeitnehmergruppen reservieren. Dahingehende Abschlußgebote bezwecken nicht den Schutz

---

[338] Vgl. *Sinzheimer,* Der korporative Arbeitsnormenvertrag I, 1907, S. 50.
[339] Vgl. Beispiele bei *Däubler,* Tarifvertragsrecht, Rnr. 868; Kempen/*Zachert,* § 1 TVG, Rnr. 29; Löwisch/*Rieble,* § 1 TVG, Rnr. 666 ff.; *Wank,* Anm. zu BAG 15. 3. 1984 AP Nr. 2 zu § 1 KSchG 1969 Soziale Auswahl.
[340] Vgl. allgemein zur Wiedereinstellungspflicht *Bram/Rühl,* NZA 1990, S. 753; *v. Stein,* RdA 1991, S. 85; *Langer,* NZA 1991, Beilage 3, S. 23.

einzelner Arbeitnehmer, sondern entweder nur die Gestaltung der Belegschaftsstruktur (Besetzungsregeln) oder auch eine Einflußnahme auf den Arbeitsmarkt (Quotenregelungen). In beiden Varianten knüpfen sie nicht an die Ausgestaltung eines Arbeitsverhältnisses an, sondern verfolgen unmittelbar arbeitsmarkt- oder beschäftigungspolitische Ziele. Das Hauptgewicht der Diskussion liegt gegenwärtig auf Quotenregelungen, die entweder EU-Ausländern einen beschränkten oder Arbeitslosen und Frauen einen bevorzugten Zugang zu Arbeitsplätzen bei Einstellung oder Versetzung verschaffen wollen.

484 Eigenständige Bedeutung haben schließlich *Übernahmekauseln*, die den Arbeitgeber verpflichten, Auszubildende nach bestandener Abschlußprüfung in ein Vollzeitarbeitsverhältnis zu übernehmen. Teils wird damit nur eine zeitlich befristete Überbrückungshilfe angeboten, teils die Vermittlung in ein Dauerarbeitsverhältnis bezweckt.[341] Übernahmeklauseln beschränken sich aber nicht auf Auszubildende; sie können auch zugunsten befristet beschäftigter Arbeitnehmer bei der Besetzung von Dauerarbeitsplätzen vorgesehen sein.

485 c) **Zulässigkeit.** Die grundsätzliche Zulässigkeit tarifvertraglicher Einstellungsgebote folgt aus der aufgezeigten Gesetzgebungsgeschichte.[342] Trotzdem wird die Rechtmäßigkeit unter verschiedenen Gesichtspunkten in Zweifel gezogen: Durch Tarifvertrag dürfe keine tarifliche *Dienstverpflichtung* eingeführt werden[343] und es sei daher unzulässig, in einem Tarifvertrag einen Arbeitnehmer zum Vertragsschluß mit einem Arbeitgeber zu verpflichten, mit dem er bisher in keinerlei Beziehung gestanden hat. Das ist sicher zutreffend; eine Zwangsverpflichtung würde nicht nur gegen das Günstigkeitsprinzip nach § 4 Abs. 3 verstoßen, sondern außerdem mit dem Grundrecht der freien Arbeitsplatzwahl nach Art. 12 GG unvereinbar sein. Der Einwand geht aber ins Leere, wenn das Einstellungsgebot dem begünstigten Arbeitnehmer lediglich einen Anspruch gewährt, aber keine Verpflichtung auferlegt.[344] Der weitere Einwand,[345] im Tarifvertrag könne nur geregelt werden, was sonst im Arbeitsvertrag steht, zu einem *Kontrahierungszwang* hätte der Gesetzgeber die Tarifvertragsparteien ausdrücklich ermächtigen müssen, ist erst recht unbegründet. Die Eigenart des Tarifvertrages besteht gerade darin, (auch) die Einbettung des Individualarbeitsverhältnisses in den Betrieb, in das Unternehmen und allgemein in den Arbeitsmarkt regeln zu können. *Alle* Tarifvertragsnormen können den Spielraum des schuldrechtlichen Einzelvertrages überschreiten, nicht nur die Abschluß- und Beendigungsnormen. Nicht zu folgen ist deshalb auch dem Einwand, Ab-

---

[341] Vgl. BAG 14. 5. 1997 AP Nr. 2 und BAG 12. 11. 1997 AP Nr. 3 zu § 611 BGB Übernahme ins Arbeitsverhältnis; BAG 14. 10. 1997 AP Nr. 154 und 155 zu § 1 TVG Tarifverträge: Metallindustrie; *Gamillscheg*, Kollektives Arbeitsrecht I, § 15 V 3 c, S. 585; *Hoß*, Betrieb 1995, S. 526; *Kohte*, NZA 1997, S. 457, 458; *Meine*, AuR 1998, S. 356, 358.
[342] Vgl. BAG 22. 2. 1961 AP Nr. 106 zu § 1 TVG Auslegung *(G. Hueck)*; BAG 18. 3. 1997 AP Nr. 1 und 14. 5. 1997 AP Nr. 2 zu § 611 BGB Übernahme ins Arbeitsverhältnis; *Däubler*, Tarifvertragsrecht, Rnr. 871.
[343] Hueck/Nipperdey, Arbeitsrecht II 1, § 15 III 3, S. 290.
[344] Vgl. dazu die Neufassung des § 5 BBiG; *Rolfs*, NZA 1996, S. 1134, 1136.
[345] *Löwisch*/Rieble, § 1 TVG, Rnr. 71; vgl. dazu *Wiedemann*, RdA 1997, S. 297, 298.

schlußnormen, die nicht dem Schutz bestimmter Arbeitnehmer dienen sollen, sondern die Besetzung des Arbeitsplatzes steuern wollten, seien unzulässig.³⁴⁶

aa) Bestimmtheitsgebot. Soll die Abschlußnorm einen *Anspruch* auf Abschluß eines Arbeitsvertrages begründen, so muß der begünstigte Personenkreis bestimmt oder bestimmbar sein.³⁴⁷ Das Bestimmtheitserfordernis folgt nicht ohne weiteres aus der Natur eines Kontrahierungszwanges, sondern aus der historisch begründeten Vorstellung des Gesetzgebers, tarifvertragliche Abschlußnormen sollten aktuelle oder potentielle Arbeitsverhältnisse regeln.³⁴⁸ Mit einem tarifvertraglichen Einstellungsgebot kann kein „Recht auf Arbeit" zugunsten eines unübersehbar großen Personenkreises begründet werden, ebensowenig wie durch eine dahingehende Verfassungsnorm. Der Bestimmbarkeit ist Genüge getan, wenn einzelne Arbeitnehmer schon bisher – wenn auch in anderer Stellung, z.B. als Auszubildende – beschäftigt wurden und dem Arbeitgeber eine Auswahl obliegt. Der Normcharakter eines Abschlußgebots setzt nicht unbedingt voraus, daß allen begünstigten Personen ein Anspruch auf Abschluß eines Arbeitsvertrages eingeräumt wird; er verlangt aber, daß der begünstigte Personenkreis im Wege der Auslegung konkretisiert werden kann.

Verpflichtet der Tarifvertrag den Arbeitgeber lediglich zu einer bestimmten *Arbeitsplatz- oder Belegschaftsstruktur* (qualitative oder quantitative Besetzungsregeln) oder zu einer bestimmten Arbeitsmarktpolitik (Arbeitslosen-, Jugendlichen- oder Frauenquote), so kann für die begünstigten Personen mangels Bestimmbarkeit kein tarifvertraglicher Anspruch begründet werden; es entsteht wie bei entsprechenden Verfassungsnormen lediglich ein Rechtsreflex. Das Abschlußgebot ist aber deshalb nicht unzulässig.

bb) Gleichheitsgebot. Das tarifvertragliche Abschlußgebot darf weiter nicht gegen den Gleichheitssatz des Art. 3 GG verstoßen, insb. die in Art. 3 Abs. 3 GG genannten Personengruppen nicht diskriminieren. Insoweit gelten die allgemeinen Ausführungen zur Bindung der Tarifautonomie an Gleichheitsgebote der Verfassung und des EGV; vgl. dazu oben Einl. Rnr. 214ff. Tarifvertragliche Abschlußgebote führen aber zu einer besonderen Gleichbehandlungsproblematik, wenn sie in Form von Quotenregelungen eine „Gleichstellung" oder von Besetzungsregeln eine offene Bevorzugung bestimmter Personengruppen beabsichtigen und damit die übrigen Arbeitsplatzbewerber mit gleicher Eignung und Qualifikation bewußt zurücksetzen. Diese sog. umgekehrte Diskriminierung (*adverse discrimination*) ist vom Europäischen Gerichtshof in der Kalanke-Entscheidung³⁴⁹ als mit Art. 2 der Gleichbehandlungsrichtlinie 76/207/EWG unvereinbar erklärt worden, und das Bundesarbeitsgericht hat sich dem in seiner Folgeentscheidung³⁵⁰ an-

---

³⁴⁶ *Säcker/Oetker,* Tarifautonomie, S. 116ff.
³⁴⁷ Allg. Ansicht; vgl. Kempen/Zachert, § 1 TVG, Rnr. 29; *Säcker/Oetker,* Tarifautonomie, S. 109; *Söllner,* Beschäftigungs- und Wiederbesetzungsgarantien in Tarifverträgen und Betriebsvereinbarungen, S. 12 (unveröffentlichtes Gutachten).
³⁴⁸ Vgl. *Säcker/Oetker,* Tarifautonomie, S. 110.
³⁴⁹ EuGH 17. 10. 1995, Slg. 1995 I, S. 3051 = EuZW 1995, S. 762 *(Loritz);* vgl. dazu B. Schmidt, NJW 1996, S. 1724.
³⁵⁰ BAG 5. 3. 1996 AP Nr. 226 zu Art. 3 GG.

geschlossen. Demgegenüber beurteilte der EuGH[351] in seiner Marschall-Entscheidung eine Quotenregelung mit Härteklausel als rechtmäßig.[352]

489 Bei der Durchführung des Abschlußgebotes müssen organisierte und nicht organisierte Arbeitnehmer gleichbehandelt werden.[353] Wenn der Tarifvertrag dem Arbeitgeber ein Auswahlermessen einräumt, brauchen sich die Tarifvertragspartner und später der einzelne Arbeitnehmer allerdings nicht an die Grundsätze des Kündigungsschutzrechtes zu halten.[354] Es liegt vielmehr im Ermessen der Kollektivvertragsparteien, ob und in welchem Umfang sie dem einzelnen Arbeitgeber bei der Neueinstellung ein Auswahlermessen zugestehen. Regelt der Tarifvertrag die Auswahl nicht, wird sie aber wegen der beschränkt zur Verfügung stehenden Arbeitsplätze notwendig, entscheidet der Arbeitgeber nach billigem Ermessen; vgl. § 315 BGB.

490 **d) Inhalt.** Das Abschlußgebot kann die tatbestandlichen Voraussetzungen für die Neubegründung oder Weiterführung eines Arbeitsverhältnisses abschließend festlegen; es kann die nähere Bestimmung aber auch den Betriebspartnern oder dem einzelnen Arbeitgeber überlassen. Wenn ein bereits bestehendes Rechtsverhältnis mit dem Abschlußgebot nur verlängert oder umgewandelt werden soll, kann der Tarifvertrag – vorbehaltlich der Zustimmung des Begünstigten – auch eine automatische Fortsetzung vorsehen oder bei Weiterbeschäftigung vermuten; vgl. § 17 BBiG. In allen übrigen Fällen bedarf der Neuabschluß entsprechender Willenserklärungen.[355] Ob ein Wiedereinstellungsgebot eine nahtlose Fortsetzung des früheren Arbeitsverhältnisses bezweckt oder lediglich die Wiederaufnahme des Arbeitsverhältnisses, wenn auch unter veränderten Bedingungen, muß sich aus dem jeweiligen Tarifvertrag im Wege der Auslegung ergeben.

491 **e) Annex: Arbeitskampffolgen.** Nach einem Arbeitskampf werden regelmäßig Vereinbarungen zwischen den Tarifvertragspartnern abgeschlossen, mit denen die Folgen des Arbeitskampfes für die Beteiligten bewältigt werden sollen. Historisches Vorbild sind Wiedereinstellungs- und Weiterbeschäftigungsklauseln, beides typische Beispiele für tarifvertragliche Abschlußgebote. Da Arbeitskämpfe die Arbeitsverhältnisse heute regelmäßig nur suspendieren, spielen Benachteiligungs- und Maßregelungsverbote eine größere Rolle; dabei handelt es sich um Inhaltsnormen. Wegen des sachlichen Zusammenhanges sollen sie hier mitbehandelt werden.

492 **aa) Wiedereinstellung.** Die Bedeutung der Wiedereinstellungsklauseln ist zurückgegangen, nachdem das Grundsatzurteil des Großen Senats vom 28. 1. 1955 (AP Nr. 1 zu Art. 9 GG Arbeitskampf) dem Streik lediglich suspendierende und die Leitentscheidung vom 24. 4. 1971 (AP Nr. 43 zu Art. 9 GG Arbeitskampf) auch der Aussperrung im allgemeinen nur

---

[351] EuGH 11. 11. 1997, Slg. 1997 I, S. 6340.
[352] Vgl. zu den Entscheidungen des EuGH oben Einleitung, Rnr. 237 ff.
[353] Ebenso Löwisch/*Rieble,* § 1 TVG, Rnr. 669.
[354] So für einen individualvertraglichen Wiedereinstellungsanspruch BAG 15. 3. 1984 AP Nr. 2 zu § 1 KSchG 1969 Soziale Auswahl *(Wank).*
[355] Vgl. BAG 14. 5. 1997 AP Nr. 2 zu § 611 BGB Übernahme ins Arbeitsverhältnis; *Löwisch*/Rieble, § 1 TVG, Rnr. 69; *Bauer/Diller,* NZA 1994, S. 353, 355; *Kohte,* NZA 1997, S. 457, 460.

suspendierende Wirkung beilegten. Sind die Arbeitsverhältnisse durch Streik oder Aussperrung nicht aufgelöst, sondern lediglich suspendiert worden, so kann die Wiedereinstellungsklausel nicht die Bedeutung haben, daß der einzelne Arbeitnehmer einen Anspruch gegen seinen früheren Arbeitgeber auf Wiedereinstellung erlangt, da das Rechtsverhältnis während des Arbeitskampfes bestehen bleibt. Aber selbst in den wenigen Fällen, in denen eine Beendigung des Arbeitsverhältnisses gestattet ist (bei länger dauernden, besonders harten rechtmäßigen Arbeitskämpfen und bei einem rechtswidrigen Streik), müssen die Arbeitnehmer ohne Rücksicht auf tarifvertragliche Abreden wiedereingestellt werden, soweit die Arbeitsplätze noch vorhanden sind und die Arbeitnehmer sich keine Verfehlungen zu Schulden kommen ließen. Die Bedeutung von Wiedereinstellungsklauseln verlagert sich daher auf Benachteiligungs- und Maßregelungsverbote sowie auf Abreden, die die Verteilung nachträglich eintretender Folgen eines Arbeitskampfes regeln.

Die in einem Tarifvertrag vereinbarte Wiedereinstellungsklausel begründet einen Anspruch des Arbeitnehmers auf Weiterbeschäftigung zu den früheren Arbeitsbedingungen in Fällen, in denen das Arbeitsverhältnis ausnahmsweise aus Anlaß des Arbeitskampfes durch lösende Aussperrung oder durch fristgemäße Individualkündigung einer Arbeitsvertragspartei und Ablauf der Kündigungsfrist oder durch fristlose Kündigung aus wichtigem Grund beendet wurde. Die Wiedereinstellungsklausel ist eine typische Abschlußnorm, da sie die Arbeitgeber zur Begründung eines Rechtsverhältnisses verpflichtet; die Arbeitnehmer werden dagegen nicht verpflichtet, die Arbeitsverhältnisse zu erneuern und die Arbeit wiederaufzunehmen.

bb) Das **Maßregelungsverbot** („Benachteiligungen streikender Arbeitnehmer dürfen nicht stattfinden" oder „Jede Maßregelung von Beschäftigten aus Anlaß oder im Zusammenhang mit der Tarifbewegung unterbleibt oder wird rückgängig gemacht, falls sie erfolgt ist") soll einer offen oder verdeckt vorgenommenen „Bestrafung" von am Arbeitskampf beteiligten Arbeitnehmern entgegentreten. Es soll – auch für die Zukunft – jede unterschiedliche Behandlung der Arbeitnehmer unterbleiben, die auf die Teilnahme am Arbeitskampf abstellt, sofern diese Unterscheidung nicht schon durch die Rechtsordnung selbst vorgegeben ist. Meist wird dieses Maßregelungsverbot durch ein eigenes **Benachteiligungsverbot** ergänzt, wonach das Arbeitsverhältnis der an den Arbeitskampfmaßnahmen beteiligten Arbeitnehmer als nicht unterbrochen gilt und auch in dieser Richtung eine Schlechterstellung der beteiligten Arbeitnehmer unterbleiben soll. Das Maßregelungsverbot legt den Schwerpunkt auf die Gleichbehandlung unter den Personen, das Benachteiligungsverbot auf die Gleichbehandlung in der Zeit.

Das *Maßregelungsverbot* verbietet dem Arbeitgeber – im Zweifel mit dem gleichen zeitlichen und persönlichen Geltungsbereich wie eine Wiedereinstellungsklausel –, einzelne Arbeitnehmer wegen ihrer Beteiligung am Streik zu kündigen oder sie in anderer Weise zu benachteiligen (Vorenthaltung freiwilliger Sozialleistungen, Festsetzung des Urlaubs usw.). Die Scheidung der Belegschaft in streikende und nicht streikende Arbeitnehmer soll nicht über das Ende des Arbeitskampfes hinaus andauern.[356] Keine Benachteiligung liegt vor, wenn der am Streik beteiligte Arbeitnehmer für die Zeit, in der die Arbeit niedergelegt war, keinen Lohn erhält, denn es ist nicht zu beanstanden, daß Arbeitnehmer, die während des Arbeitskampfes nicht gearbeitet haben, anders behandelt werden als Arbeitnehmer, die gearbeitet haben. Deshalb ist ein Maßregelungsverbot in der Regel auch nicht dahin auszulegen, daß den nicht arbeitenden Arbeitnehmern das Arbeitsentgelt ganz oder teilweise nachzuzahlen ist.[357] Es verstößt deshalb auch nicht gegen den Gleichheitssatz, wenn das Maßregelungsverbot die Nachzahlung von – während des Arbeitskampfes fällig gewordenen – Weihnachtsgratifikationen nicht vorsieht, selbst wenn diese Weihnachtsgratifikation an die am Stichtag tatsächlich arbeitenden Belegschaftsmitglieder ausgezahlt wurde.[358] Ebenso stellt es weder einen Verstoß gegen ein tarifvertragliches Maßregelungsverbot[359] noch gegen § 612a BGB[360] dar, wenn die Streikteilnahme zum Verlust einer Anwesenheitsprämie führt, die nur für Monate gezahlt werden soll, in denen keinerlei Arbeitsunfähigkeits- und unbezahlte Ausfallzeiten des Arbeitnehmers zu verzeichnen sind.

Das *Benachteiligungsverbot* hat den Inhalt, die Arbeitsverhältnisse als durch den Arbeitskampf nicht unterbrochen oder in anderer Weise verändert zu behandeln (Kampfzeitanrechnungsklauseln). Das Arbeitsverhältnis soll den bisherigen Inhalt behalten. Das Benachteiligungsverbot stellt keine Abschluß- oder Beendigungsnorm, sondern eine Inhaltsnorm mit der Wirkung dar, daß alle Rechtspositionen, für die die Betriebszugehörigkeit oder die Dauer des Arbeitsverhältnisses von Bedeutung ist (Anwartschaften, Kündigungsfristen, Wartezeiten), erhalten bleiben.

495 Maßregelungs- und Benachteiligungsverbot gelten zugunsten sämtlicher Arbeitnehmer, die sich an dem Arbeitskampf beteiligt haben, ohne sich eine rechtswidrige Handlung zuschulden kommen zu lassen.[361] Die Beteiligung an der Streikleitung und das Streikpostenstehen schaden nicht. Wer Streiküberschreitungen durch unerlaubte Kampfmittel, insb. unerlaubte Handlungen beging, ist vom Geltungsbereich des Maßregelungs- und Benachteiligungsverbots ausgeschlossen, soweit nichts anderes vereinbart wird („Schadensersatzansprüche aus Anlaß oder im Zusammenhang mit der Tarifbewegung entfallen" oder „Schadensersatzansprüche aus Anlaß der Teilnahme am Arbeitskampf entfallen"). Die Tarifvertragsparteien können sich verpflichten, aus Anlaß des Arbeitskampfes selbst keine Rechtsstreitigkeiten zu führen.[362]

---

[356] BAG 13. 7. 1993 AP Nr. 127 zu Art. 9 GG Arbeitskampf *(v. Hoyningen-Huene)*; BAG 17. 6. 1997 AP Nr. 150 zu Art. 9 GG Arbeitskampf = EzA Art. 9 GG Arbeitskampf Nr. 128 *(A. Nicolai)*.
[357] BAG 17. 6. 1997 AP Nr. 150 zu Art. 9 GG Arbeitskampf = EzA Art. 9 GG Arbeitskampf Nr. 128 *(A. Nicolai)*; abw. Löwisch/Rieble, § 1 TVG, Rnr. 609.
[358] BAG 27. 6. 1958 AP Nr. 7 zu § 611 BGB Gratifikation *(A. Hueck)*.
[359] BAG 15. 5. 1964 AP Nr. 35 zu § 611 BGB Gratifikation *(Mayer-Maly)*.
[360] BAG 31. 10. 1995 AP Nr. 140 zu Art. 9 GG Arbeitskampf.
[361] BAG 29. 3. 1957 AP Nr. 5 zu Art. 9 GG Arbeitskampf *(Schnorr v. Carolsfeld)*; *Däubler*, Tarifvertragsrecht, Rnr. 875; *Thüsing*, Der Außenseiter im Arbeitskampf, 1996, S. 104.
[362] Friedensabkommen der Druckindustrie vom 20. 3. 1978; vgl. BAG 10. 6. 1980 AP Nr. 64 zu Art. 9 GG Arbeitskampf; vgl. weitere Klauseln bei *Loritz*, ZfA 1982, S. 77, 80.

In einem Benachteiligungs- und Maßregelungsverbot kann außerdem auf Sanktionen (Kündigung, Schadenersatz, Strafantrag) für – im Zusammenhang mit rechtmäßigen oder rechtswidrigen Arbeitskämpfen begangene – Vertragsverstöße und Delikte verzichtet werden. Dies ist aber nicht zu vermuten, sondern bedarf einer ausdrücklichen Bestimmung im Tarifvertrag. Man wird die Legitimation der Verbandstarif-Parteien, Schadenersatzansprüche oder Strafantragstellung des einzelnen Arbeitgebers auszuschließen, nicht generell in Frage stellen können,[363] weil es sich dabei auch um eine Ausgestaltung des Arbeitsverhältnisses und außerdem um eine friedensstiftende Regelung der Arbeitskampffolgen handelt. Allerdings gibt es für einen solchen Schadenersatzverzicht Grenzen. Einmal muß der Tarifvertrag die allgemeinen Grenzen der Rückwirkung beachten; vgl. dazu oben Rnr. 141 ff. Außerdem können damit Ansprüche wegen sittenwidriger Schädigung des Arbeitgebers, seines Unternehmens und der anderen Mitarbeiter nicht aufgehoben werden. Schließlich können solche Verzichtsklau-seln nicht ihrerseits Gegenstand eines Arbeitskampfes sein; ein Streik zur Erzwingung von Abreden, deren Umfang und Reichweite für den Sozialpartner noch nicht ersichtlich ist, muß als unzulässige Druckausübung gewertet werden.

Tarifvertragliche Maßregelungs- und Benachteiligungsverbote sind Inhaltsnormen und können daher gegenüber nicht organisierten Arbeitnehmern nur mit schuldrechtlicher Wirkung vereinbart werden.[364] Soweit die Gewerkschaften die nicht Organisierten zur Streikteilnahme aufgefordert haben und diese dem Streikaufruf gefolgt sind, sind sie verpflichtet, eine schuldrechtliche Tarifaußenseiterklausel und eine Erstreckung der Maßregelungs- und Benachteiligungsverbote auf die nicht organisierten Arbeitnehmer durchzusetzen.[365]

Umstritten ist allerdings der Einfluß von Maßregelungsverboten auf aus Anlaß der Streikteilnahme gezahlte Sondervergütungen (**Streikbruchprämie**). Die ganz h. M. und die st. Rechtsprechung des Bundesarbeitsgerichts gehen davon aus, daß die Zahlung einer Prämie an diejenigen Arbeitnehmer, die sich nicht an einem Streik beteiligt haben, eine unzulässige Maßregelung der streikenden Arbeitnehmer darstellt, zumindest wenn die Prämie nach dem Arbeitskampf zugesagt und gezahlt wurde und die Begünstigten durch die Streikarbeit nicht Belastungen ausgesetzt waren, die erheblich über das normale Maß der mit jeder Streikarbeit verbundenen Erschwerung hinausgehen.[366] Unklar ist demgegenüber, wieweit ein tarifvertragliches Maßrege-

---

[363] Abw. *Hess*, Betrieb 1976, S. 2469, 2472; *Loritz*, ZfA 1982, S. 77, 95 ff.; *Zöllner*, Maßregelungsverbote, 1977, S. 38; begrenzt auch *Konzen*, ZfA 1980, S. 77, 117.
[364] BAG (GS) 29. 11. 1967 AP Nr. 13 zu Art. 9 GG = SAE 1969, S. 246 *(Wiedemann)*; abw. Löwisch/*Rieble*, § 1 TVG, Rnr. 603: Betriebsnormen.
[365] Ebenso *Biedenkopf*, Die Betriebsrisikolehre als Beispiel richtiger Rechtsfortbildung, 1970, S. 21; *Säcker*, Gruppenautonomie, S. 333; *Thüsing*, Der Außenseiter im Arbeitskampf, 1996, S. 102 ff.; *Wiedemann*, RdA 1969, S. 321, 333.
[366] Vgl. BAG 4. 8. 1987 AP Nr. 88 zu Art. 9 GG Arbeitskampf = EzA Art. 9 GG Arbeitskampf Nr. 70 *(Belling)* = SAE 1989, S. 20 *(Konzen)* = AR-Blattei, Arbeitskampf II, Streik Entsch. 29 *(Löwisch/Rumler)*; BAG 13. 7. 1993 AP Nr. 127 zu Art. 9 GG Arbeitskampf *(v. Hoyningen-Huene)* = EzA Art. 9 GG Arbeitskampf Nr. 112 *(Hergenröder);* vgl. auch *Belling*, NZA 1990, S. 214; *v. Hoyningen-Huene*, Betrieb 1989, S. 1466.

lungsverbot Sonderzuwendungen einzig an Streikende verbietet, die vor oder während des Streiks gerade zur Beeinflussung des Streikverhaltens der Arbeitnehmer versprochen oder gezahlt werden. Teilweise wird davon ausgegangen, daß in der Zahlung einer solchen Prämie ein zulässiges Arbeitskampfmittel zu sehen sei, so daß insoweit keine Maßregelung angenommen werden könne.[367] Soweit Streikbruchprämien mit § 612a BGB vereinbar seien – also entweder während des Arbeitskampfes als Kampfmittel eingesetzt werden oder nachträglich eine besondere Belastung der Streikarbeit abgelten sollen – dürfe der Tarifvertrag diese Begünstigung nicht auf die Streikenden ausdehnen, denn er würde den Streikteilnehmern auf diesem Weg Prämien oder Erschwerniszulagen verschaffen, von denen die Tarifvertragsparteien weder den Grund noch die Höhe kennen. Dies sei wie bei den Effektivklauseln als ein Verstoß gegen Art. 3 GG und das Gebot der Tarifverantwortung zu werten.[368] Das Bundesarbeitsgericht hat demgegenüber auch eine solche Prämie als einen Verstoß gegen ein tarifvertragliches Maßregelungsverbot gewertet.[369]

498 Der Rechtsprechung des Bundesarbeitsgerichts ist nur eingeschränkt zu folgen. Die Reichweite eines tarifvertraglichen Maßregelungsverbots bestimmt sich durch dessen Auslegung. Daß nun die Tarifvertragsparteien nur eine Regelung vereinbaren wollten, die sich bereits aus § 612a BGB ergibt, wird man im Regelfall nicht annehmen können, denn eine solche Vereinbarung wäre überflüssig. Aus der Tatsache also, daß solche Prämien nicht gegen § 612a BGB verstoßen,[370] weil sie durch arbeitskampfrechtliche Erwägungen gerechtfertigt sind, darf nicht geschlossen werden, auch ein tarifvertragliches Maßregelungsverbot wolle diese Ungleichbehandlung nicht erfassen. Der über § 612a BGB hinausgehende Sinn einer solchen Vereinbarung braucht jedoch nicht nur darin zu liegen, gerade diejenigen Differenzierungen rückgängig zu machen, deren Grund einzig in einer vorangehenden Streikteilnahme liegt. Ein eigenständiger Regelungsgehalt eines tarifvertraglich vereinbarten Maßregelungsverbots verbleibt auch bei der Annahme, dieses wolle weitergehend als § 612a BGB eine nicht durch arbeitskampfrechtliche Erwägungen gerechtfertigte Differenzierung vor oder während der Streikteilnahme rückgängig machen; erfolgt eine Vereinbarung vor der Rechtsausübung, kann sie keine Maßregelung im Sinne des § 612a BGB sein.[371] Ein weitergehender Regelungsgehalt, wie ihn das Bundesarbeitsgericht annimmt, wird einem tariflichen Maßregelungsverbot daher nur dann zu entnehmen sein, wenn es insoweit eindeutig und unmißverständlich ist. Liegt eine solche unmißverständliche Vereinbarung vor, kann darin allerdings auch kein Verstoß gegen Art. 3 GG gesehen werden, weil anders als bei den Effektivklauseln hier tarifvertraglich nicht eine bestimmte „übertarifliche" Entlohnung festgelegt werden soll, sondern vielmehr der

---

[367] Vgl. insb. *Belling,* Anm. zu EzA Art. 9 GG Arbeitskampf Nr. 70; *Belling/v. Steinau-Steinrück,* Betrieb 1993, S. 534 ff.; *v. Hoyningen-Huene,* Betrieb 1989, S. 1466; *Konzen,* SAE 1989, S. 20.
[368] Vgl. Löwisch/*Rieble,* § 1 TVG, Rnr. 609.
[369] BAG 13. 7. 1993 AP Nr. 127 zu Art. 9 GG Arbeitskampf *(v. Hoyningen-Huene).*
[370] Vgl. *Thüsing,* NZA 1994, S. 728, 732.
[371] Vgl. ausführlich *Thüsing,* NZA 1994, S. 728; Palandt/*Putzo,* § 612a BGB, Rnr. 1.

einzelne Arbeitgeber im Rahmen des allgemeinen Gleichbehandlungsgrundsatzes verpflichtet wird, sich auf einen möglichen Rechtfertigungsgrund der Prämiendifferenzierung (Streikteilnahme) nicht zu berufen.

cc) Risikoverteilung. Streng zu unterscheiden von der Wiedereinstellungsklausel und dem Maßregelungsverbot sind tarifvertragliche Bestimmungen, die die wirtschaftlichen Auswirkungen des Arbeitskampfes regeln (Risikoverteilungsklauseln). Nach Abschluß eines Arbeitskampfes kann als Folge der Arbeitsniederlegung die sofortige Wiederbeschäftigung oder die endgültige Weiterbeschäftigung der Arbeitnehmer unmöglich sein (Wiederanlaufen der Produktion, Auftragsmangel). Ohne eine entsprechende Tarifvertragsbestimmung tragen die Arbeitnehmer dieses Arbeitskampfrisiko, denn es wird sogar am Arbeitskampf nicht beteiligten Arbeitnehmern in Drittbetrieben auferlegt. Die Verteilung der wirtschaftlichen Folgen eines Arbeitskampfes kann für die Nichtannahme der Dienste in Drittbetrieben *während* des Arbeitskampfes kaum anders ausfallen als in den unmittelbar betroffenen Betrieben *nach* dem Arbeitskampf. Das Arbeitskampfrisiko tragen sämtliche Arbeitnehmer, auch diejenigen, denen gegenüber lediglich eine suspendierende Aussperrung möglich ist, und sie tragen es unabhängig von der Rechtmäßigkeit des Arbeitskampfes sowie unabhängig davon, ob ausnahmsweise eine lösende Aussperrung erklärt wurde. Der Tarifvertrag kann eine davon abweichende Risikoverteilung in bestimmtem Umfang anordnen. Er kann bestimmen, daß Arbeits- und Lohnzahlungspflicht *sofort* wiederaufzunehmen sind, womit das Risiko technischer Anlaufschwierigkeiten dem Arbeitgeber auferlegt wird. Eine dahingehende Regelung der wirtschaftlichen Folgen des Arbeitskampfes ist in einer andere Ziele verfolgenden Wiedereinstellungsklausel oder Maßregelungsbestimmung nicht enthalten. Um die Arbeitnehmer nicht vor individuellen, sondern vor den generellen technischen oder wirtschaftlichen Folgen des Arbeitskampfes zu schützen, bedarf es deshalb einschlägiger Tarifbestimmungen. Die Festlegung des Reaktivierungszeitpunkts der Arbeitsverhältnisse steht den Tarifvertragsparteien in den allgemeinen Grenzen der Tarifautonomie frei. Dagegen ist es nicht möglich, eine unbegrenzte Verpflichtung zur Weiterbeschäftigung der Arbeitnehmer ohne Rücksicht auf Änderungen in der Wirtschaftslage zu begründen. Das Recht auf ordentliche oder außerordentliche Kündigung nach einem Arbeitskampf ist nicht tarifdispositiv ausgestaltet.

Die Verteilung der Folgewirkungen eines Arbeitskampfes ist demnach entweder logische Konsequenz des Arbeitskampfes oder Inhalt tarifvertraglicher Absprachen. Sie steht jedoch weder im freien[372] noch im billigen[373] unternehmerischen Ermessen des Arbeitgebers. Dem Arbeitgeber kann kein von den technischen und wirtschaftlichen Notwendigkeiten unabhängiger Entscheidungsspielraum zugebilligt werden, innerhalb dessen er entsprechend der Art und Härte des Arbeitskampfes über den Zeitpunkt der Weiterbeschäftigung oder die Wiedereinstellung überhaupt befindet.

dd) Gleichstellungspflicht. Unstreitig können die Tarifvertragsparteien Vereinbarungen treffen, in denen der Arbeitgeber verpflichtet wird, auch

---

[372] So BAG GS 28. 1. 1955 AP Nr. 1 zu Art. 9 GG Arbeitskampf.
[373] So BAG GS 21. 4. 1971 AP Nr. 43 zu Art. 9 GG Arbeitskampf.

seine nicht organisierten Arbeitnehmer zu tariflichen Bedingungen zu beschäftigen, vgl. § 3 Rnr. 280 ff. m. w. N.[374] Ungeklärt ist, inwieweit auch eine Verpflichtung der Tarifvertragsparteien besteht, solche gleichstellenden Tarifaußenseiterklauseln zu vereinbaren. Es erscheint als eine nur unvollkommene Berücksichtigung des Arbeitskampfeinsatzes der nicht organisierten Belegschaft, wenn diese lediglich von den negativen Folgen des Arbeitskampfes durch Wiedereinstellungsklausel und Maßregelungsverbot befreit werden soll, jedoch nicht an den Vorteilen des Tarifvertrags partizipieren soll, zu dessen Durchsetzung sie beigetragen haben. Es liegt nahe, die Arbeitskampfgemeinschaft auch als Tarifgemeinschaft aufzufassen, auch aus dem Gedanken heraus, daß die Gleichbehandlung von organisierten wie nicht organisierten Arbeitnehmern als ein Ausdruck sozialer Gerechtigkeit gewertet werden kann.[375] Daher wird man zumindest eine Pflicht zur Vereinbarung von gleichstellenden Tarifaußenseiterklauseln bezüglich solcher nicht organisierter Arbeitnehmer annehmen müssen, die durch Streikbeteiligung oder Aussperrungsbetroffenheit in den Arbeitskampf eingebunden waren.

2. Abschlußverbote

502 a) Begriff. Abschlußverbote im strengen Sinn verbieten den Abschluß eines Arbeitsvertrages schlechthin, nicht nur die Beschäftigung mit bestimmten Tätigkeiten oder unter bestimmten Arbeitsbedingungen (= *Beschäftigungsverbote*). Sie können wie Abschlußgebote entweder dem Selbst- und Individualschutz einzelner Arbeitnehmer (Jugendliche, schwangere Frauen, gesundheitsbeeinträchtigte Arbeitnehmer) oder dem kollektiven Interesse der Belegschaft oder dem Schutz dritter Personen (keine Einstellung nicht ausreichend qualifizierter Arbeitnehmer) oder schließlich arbeitsmarkt- und sozialpolitischen Zwecken (Mindest- oder Höchstquote bestimmter Arbeitnehmergruppen) dienen. Abschlußverbote können die Einstellung oder Versetzung als solche untersagen; sie können sich aber auch darauf beschränken, eine Weiterbeschäftigung nach Zeitablauf zu verhindern. Mehrfachzielsetzung ist möglich.

503 b) Bedeutung. In Rechtsprechung und Rechtslehre stehen die tarifvertraglichen Abschlußverbote bisher im Schatten; eine wissenschaftliche Aufarbeitung steht noch aus. Früher wurden in diesem Zusammenhang die sog. „Lehrlingsskalen" erörtert, die die Einstellung von Auszubildenden auf eine bestimmte Zahl oder einen bestimmten Prozentsatz der Belegschaft beschränkten. Sie bezweckten in erster Linie, daß das Ausbildungsziel nicht durch eine im Verhältnis zur Belegschaft zu große Anzahl von Auszubildenden gefährdet wird; sie waren daher in erster Linie für den Individualschutz gedacht.[376] Durch § 22 Abs. 1 Nr. 2 BBiG haben sie ihre Bedeutung verloren, da bereits das Gesetz verlangt, daß Auszubildende nur eingestellt werden, wenn die Zahl der Auszubildenden in einem angemessenen Verhältnis zur Zahl der Ausbildungsplätze oder zur Zahl der beschäftigten Fachkräfte

---

[374] Zu der Rechtsprechung des Reichsarbeitsgerichts vgl. Nachweise bei BAG GS 29. 11. 1967 AP Nr. 13 zu Art. 9 GG.
[375] Vgl. BAG 29. 11. 1967 AP Nr. 13 zu Art. 9 GG.
[376] Vgl. LAG Düsseldorf 19. 9. 1960 AP Nr. 1 zu § 4 TVG Lehrlingsskalen *(Zöllner)*.

steht. In der jüngeren Rechtsprechung begegnet nur eine einschlägige Entscheidung, in der ein Tarifvertrag die Beschäftigung von Arbeitnehmern mit einer Arbeitszeit von weniger als 20 Stunden in der Woche ganz untersagte.[377] Ungesichert ist die Beurteilung tarifvertraglicher *Befristungsregeln*, die Zeitarbeitsverträge nur bei Vorliegen sachlicher Gründe gestatten. Sie werden in der Rechtsprechung kontrovers,[378] im Schrifttum überwiegend als Beendigungsnormen gedeutet.[379] Eine Auseinandersetzung mit tarifvertraglichen Quotenregelungen steht noch aus.

c) Die **Abgrenzung** der Abschlußverbote zu anderen Regelungsarten ist 504 nicht immer einfach. Sie ist notwendig, weil die Rechtsfolgen variieren.

– *Abgrenzung zu Inhalts- und Beendigungsnormen:* 505
Tarifvertragsnormen, die einen bestimmten Inhalt des Individualarbeitsverhältnisses positiv oder negativ vorschreiben, sind zunächst Inhaltsnormen; solche, die eine Beendigung des Arbeitsverhältnisses (z. B. mit Erreichen der Altersgrenze) vorsehen, sind Beendigungsnormen. Wollen die Tarifvertragsparteien darüber hinaus Arbeitsverträge mit bestimmten Personen oder mit bestimmtem Inhalt gänzlich untersagen oder die Belegschaftsstruktur strikt festlegen (Stamm- und Randbelegschaft, Ausgewogenheit der Berufsgruppen), so handelt es sich um Abschlußverbote.[380] Es findet dann mithin keine Inhalts-, sondern bereits eine *Abschlußkontrolle* statt. Der Unterschied zwischen Abschlußverboten einerseits und Inhalts- und Beendigungsnormen andererseits kommt zum Tragen, wenn ein Arbeitnehmer erst während der Laufzeit des Tarifvertrages in die Gewerkschaft eintritt und damit tarifgebunden wird. Das Abschlußverbot bleibt, wenn es nicht ausnahmsweise mit Rückwirkung in Kraft treten soll,[381] für bereits bestehende Arbeitsverträge ohne Bedeutung, die Inhalts- oder Beendigungsnorm dagegen findet *ex nunc* Anwendung. Spricht man z. B. Befristungsregelungen als Abschlußverbote an, so wirken sie sich auf später eingegangene Arbeitsverträge nicht aus; als Inhalts- und Beendigungsnorm erfassen sie dagegen die laufenden Arbeitsbedingungen. Ungesichert ist in diesem Zusammenhang die Beurteilung tarifvertraglicher Befristungsregeln, die Zeitarbeitsverträge nur bei Vorliegen sachlicher Gründe gestatten. Sie werden in der Rechtsprechung kontrovers,[382] im Schriftum über-

---

[377] BAG 28. 1. 1992 AP Nr. 95 zu § 99 BetrVG 1972.
[378] Der Charakter als Abschlußnorm wird im Zweifel *bejaht* von BAG 27. 4. 1988 AP Nr. 4 *(Gamillscheg)* und BAG 14. 2. 1990 AP Nr. 12 *(Wiedemann)* zu § 1 BeschFG 1985 (7. Senat); *verneint* von BAG 28. 6. 1994 AP Nr. 4 zu 99 BetrVG 1972 Einstellung (1. Senat).
[379] Vgl. Gamillscheg, Kollektives Arbeitsrecht I, § 15 V 3 e, S. 587; *Löwisch/*Rieble, § 1 TVG, Rnr. 67; *Stein*, Tarifvertragsrecht, Rnr. 165; abw. Kempen/Zachert, § 1 TVG, Rnr. 31.
[380] Vgl. dazu BAG 28. 6. 1994 AP Nr. 4 zu § 99 BetrVG 1972 Einstellung; *Kohte*, BB 1986, S. 397, 406; *Plander*, RdA 1985, S. 223, 228; *Wenning/Morgenthaler*, BB 1989, S. 1050, 1052.
[381] Zu den Bedenken BAG 27. 4. 1988 AP Nr. 4 zu § 1 BeschFG 1985 *(Gamillscheg)*.
[382] Der Charakter als Abschlußnorm wird im Zweifel *bejaht* von BAG 27. 4. 1988 AP Nr. 4 *(Gamillscheg)* und BAG 14. 2. 1990 AP Nr. 12 *(Wiedemann)* zu § 1 BeschFG 1985 (7. Senat); *verneint* von BAG 28. 6. 1994 AP Nr. 4 und BAG 9. 7. 1996 AP Nr. 9 zu § 99 BetrVG 1972 Einstellung (1. Senat); BAG 17. 6. 1997 AP Nr. 2 zu § 3 TVG Betriebsnormen *(Wiedemann)* (1. Senat).

wiegend als Beendigungsnormen gedeutet. Folgt man dem, so kommt eine Abschlußkontrolle und damit auch ein Widerspruchsrecht des Betriebsrats nicht in Betracht. Der Unterschied wird schließlich augenfällig, wenn Tarifvertragsnormen, wie bei der Nachwirkung oder beim Betriebsübergang nach § 613a BGB vom Einzelarbeitsvertrag übernommen werden sollen, was bei Inhalts- und Beendigungsnormen möglich, bei Abschlußnormen ihrer Natur nach dagegen nicht möglich ist.[383]

506 – *Abgrenzung zu Betriebsnormen:*
Eine Abgrenzung wird weiter notwendig, wenn der Tarifvertrag bestimmte Beschäftigungszeiten vorschreibt. Das kann als striktes Abschlußverbot betr. Höchstarbeitszeit gedacht sein; es kann aber auch als Betriebsnorm der Verteilung von Zusatzverdienstchancen dienen.[384] Der Unterschied wirkt sich im Rahmen des § 99 BetrVG aus, weil nur ein tarifvertragliches Abschlußverbot das Widerspruchsrecht des Betriebsrats gegen entgegenstehende Einstellungen begründet, nicht aber eine Betriebsnorm.

507 d) Die **Zulässigkeit** von tarifvertraglichen Abschlußverboten ist in Rechtsprechung und Rechtslehre anerkannt.[385] Wie alle Tarifvertragsnormen unterliegen die Abschlußverbote den Anforderungen der Gleichheitsgebote des Art. 3 GG. Abschlußverbote des Inhalts, daß nur organisierte Arbeitnehmer (sog. allg. Organisations- oder Absperrklauseln) oder nur solche eingestellt werden dürfen, die in den tarifschließenden Verbänden organisiert sind (sog. beschränkte Organisationsklausel), verstoßen nach allgemeiner Auffassung gegen die negative Koalitionsfreiheit und sind deshalb nichtig.[386]

508 e) **Rechtsfolgen.** Bei Verstoß gegen ein Abschlußverbot ist der Arbeitsvertrag nichtig, es sei denn, die Tarifvertragsparteien sehen eine von § 134 BGB abweichende Sanktion vor, z.B. die Pflicht zur Versetzung innerhalb des Betriebes oder des Unternehmens. Fraglich ist, ob diese Rechtsfolge durch das Institut des fehlerhaften Arbeitsverhältnisses abgemildert und durch das Günstigkeitsgebot nach § 4 Abs. 3 praktisch unterlaufen werden kann. Das erstere ist zu bejahen, die zweite Frage dagegen zu verneinen. Wird die Arbeitstätigkeit entgegen dem Abschlußverbot tatsächlich erbracht, so kann und muß der Arbeitsvertrag, auch und gerade wenn er im Interesse des betroffenen Arbeitnehmers liegt, nur für die Zukunft aufgehoben werden. Das Günstigkeitsprinzip – überhaupt einen Arbeitsplatz zu erhalten oder ein fehlerhaftes Arbeitsverhältnis fortsetzen zu können – greift gegenüber dem den Schutz des Arbeitnehmers (Gesundheitsschaden, Überforderung) dienenden Normzweck nicht durch. Das gilt erst recht, wenn das Abschlußverbot dem Schutz anderer Personen innerhalb oder au-

---

[383] *Gamillscheg,* Kollektives Arbeitsrecht I, § 17 V 4b, S. 780; *Hanau/Vossen,* in: Festschrift für Marie Luise Hilger und Hermann Stumpf (1983), S. 271, 290; abw. *Däubler,* Tarifvertragsrecht, Rnr. 1538.
[384] So BAG 17. 6. 1997 AP Nr. 2 zu § 3 TVG Betriebsnormen *(Wiedemann).*
[385] Grundlegend BAG 28. 1. 1992 AP Nr. 95 zu § 99 BetrVG 1972; BAG 28. 6. 1994 AP Nr. 4 zu § 99 BetrVG 1972 Einstellung; *Däubler,* Tarifvertragsrecht, Rnr. 863 ff.; *Gamillscheg,* Kollektives Arbeitsrecht I, § 15 V 3 d, S. 586; Kempen/*Zachert,* § 1 TVG, Rnr. 30; *Stein,* Tarifvertragsrecht, Rnr. 407.
[386] Vgl. *Däubler,* Tarifvertragsrecht, Rnr. 1210, 1211; *Löwisch/*Rieble, § 1 TVG, Rnr. 159.

ßerhalb des Betriebes gilt oder wenn damit die Personalstruktur im Unternehmen festgelegt werden soll. Das kann auch für Nebentätigkeitsverbote gelten.[387]

Abschlußverbote beziehen sich im Zweifel nicht auf bereits *bestehende* Verträge;[388] die Nichtigkeitsfolge soll vielmehr nur eintreten, wenn die Parteien des Einzelarbeitsvertrages gegen ein bereits bestehendes tarifvertragliches Verbot verstoßen. Soll sich die Verbotsnorm ausnahmsweise auch auf bereits abgeschlossene Verträge erstrecken, so ist sie dahin auszulegen, daß ein Recht und eine Verpflichtung der Arbeitsvertragsparteien zur Lösung des Einzelarbeitsvertrages begründet wird.[389]

Muß eine Einstellung nach dem Zweck der Tarifvertragsnorm ganz unterbleiben, so hat der Betriebsrat ein Zustimmungsverweigerungsrecht nach § 99 BetrVG.[390] Das gilt im Zweifel nicht, wenn der Tarifvertrag für die Befristung neu abgeschlossener Arbeitsverhältnisse einen sachlichen Grund erfordert, denn dann kommt ein dagegen verstoßendes Arbeitsverhältnis unbefristet zustande (negative Inhaltsnorm).[391]

II. Beendigungsnormen

1. Zeitarbeitsverträge

Befristete Arbeitsverträge sind nach § 620 BGB zulässig. Damit der zwingende gesetzliche Kündigungsschutz nicht ausgehöhlt werden kann, verlangt die Rechtsprechung seit der Entscheidung des Großen Senats des Bundesarbeitsgerichts vom 12. Oktober 1960[392] gewohnheitsrechtlich, daß die Befristung entweder im Interesse des Arbeitnehmers liegt oder durch einen sachlichen Grund gerechtfertigt werden kann.[393] In einer langen Kette höchstrichterlicher Entscheidungen sind dabei einzelne Sachgründe der Befristung ausgearbeitet worden.[394] Später hat der Gesetzgeber befristete Arbeitsverhältnisse im Interesse der Beschäftigungspolitik (§ 1 BeschFG, § 21 BErzGG) oder Wissenschaftsfreiheit (§ 57a Satz 2 HRG) auch unabhängig vom Nachweis eines sachlichen Grundes generell zugelassen. Damit sind zwei tarifvertragliche Fragen aufgeworfen:

a) Tarifvertragliche Regelung des **sachlichen Grundes**. Nach anfänglichem Schwanken hat die Rechtsprechung anerkannt, daß Tarifverträge den sachlichen Grund für Zeitverträge nicht nur aufzählen und konkretisieren,[395]

---

[387] Ebenso *Löwisch*/Rieble, § 1 TVG, Rnr. 65.
[388] BAG 27. 4. 1988 AP Nr. 4 zu § 1 BeschFG 1985 *(Gamillscheg)*.
[389] LAG Düsseldorf/Köln 17. 5. 1966, BB 1966, S. 1063.
[390] BAG 28. 1. 1992 AP Nr. 95 zu § 99 BetrVG 1972.
[391] BAG 20. 6. 1978 AP Nr. 8 zu § 99 BetrVG 1972; BAG 28. 6. 1994 AP Nr. 4 zu § 99 BetrVG 1972 Einstellung.
[392] BAG AP Nr. 16 zu § 620 BGB Befristeter Arbeitsvertrag.
[393] Vgl. *Wiedemann*, in: Festschrift für Heinrich Lange (1970), S. 395, 397 ff.
[394] Vgl. jetzt die Zusammenstellung der Zulässigkeitsgründe in § 26 des ArbVGE BR-Drucks. 293/95, S. 23.
[395] BAG 30. 9. 1971 AP Nr. 36 zu § 620 BGB befristeter Arbeitsvertrag *(Palenberg)*: Normalvertrag Chor.

vielmehr die von der Rechtsprechung anerkannten Sachgründe auch abschließend benennen oder einschränken können.[396] Wenn die Tarifvertragsparteien eine abschließende Regelung der Zulässigkeit von befristeten Arbeitsverträgen erreichen wollen, also Zeitverträge auf bestimmte Befristungsgründe beschränken wollen, so muß der abschließende Charakter der Befristungsgründe im Tarifvertrag deutlich zum Ausdruck gebracht werden.[397] Soweit Tarifverträge den sachlichen Grund für die Befristung von Arbeitsverträgen konkretisieren, kommt eine gerichtliche Nachprüfung, ob und wieweit dies dem arbeitsrechtlichen Schutzprinzip oder der höchstrichterlichen Rechtsprechung gerecht wird, grundsätzlich nicht mehr in Betracht.[398]

513   Eine *Erweiterung* der Befristungsmöglichkeiten durch Tarifvertrag kommt nicht in Betracht, da das KSchG nicht tarifdispositiv ausgestaltet ist.[399]

514   **b) Gesetzliche Sonderregeln.** Nach § 1 Abs. 1 BeschFG ist die Befristung eines Arbeitsvertrages ohne Nachweis eines sachlichen Grundes bis zur Dauer von zwei Jahren zulässig. Nach der Reform von 1996 kann ein befristeter Vertrag innerhalb dieser Gesamtdauer dreimal verlängert und es kann eine Probezeit vorgeschaltet werden. Die Befristung hängt nicht mehr davon ab, daß der Arbeitnehmer neu eingestellt wird oder nur vorübergehend weiterbeschäftigt werden kann. Unbeschränkt sind künftig befristete Arbeitsverhältnisse nach § 1 Abs. 2 BeschFG mit Arbeitnehmern zulässig, die bei Vertragsbeginn das 60. Lebensjahr vollendet haben. Die einschlägigen Regeln können durch Tarifvertrag zugunsten der Arbeitnehmer wieder eingeschränkt werden.[400] Das Gesetz enthält insoweit tarifdispositive Regeln.

515   Dagegen sind die Sonderregeln für befristete Arbeitsverträge mit wissenschaftlichem Personal an Hochschulen und Forschungseinrichtungen (§ 57a ff. HRG) als *zweiseitig zwingendes Recht* ausgestaltet, so daß davon auch im Tarifvertrag nicht abgewichen werden kann. Darin liegt zwar ein Eingriff in die Tarifautonomie nach Art. 9 Abs. 3 GG, dieser Eingriff ist aber durch grundrechtlich geschützte Belange der Wissenschaftsfreiheit gerechtfertigt. Das Bundesverfassungsgericht hat der Wissenschaftsfreiheit zutreffend vor allem deshalb den Vorrang eingeräumt, weil ihr Schutz erfordert, daß die Förderstellen für den wissenschaftlichen Nachwuchs nicht durch Dauerverträge blockiert werden und Forschungsmittel projektbezogen, also zeitlich begrenzt, eingesetzt werden können.

516   **c) Tarifbindung.** Tarifvertragliche Befristungsregelungen weisen die Eigenart auf, daß sie zwar an den Abschluß des Arbeitsverhältnisses anknüpfen,

---

[396] Vgl. Protokollnotiz Nr. 1 zu Nr. 1 SR 2y BAT und dazu BAG 25. 11. 1992 AP Nr. 150 zu § 620 BGB befristeter Arbeitsvertrag und BAG 31. 8. 1994 AP Nr. 163 zu § 620 BGB befristeter Arbeitsvertrag: stärkerer Bestandsschutz durch § 5 BAT.
[397] BAG 21. 10. 1954 AP Nr. 1 zu § 620 BGB Befristeter Arbeitsvertrag *(A. Hueck)*; BAG 7. 8. 1980 AP Nr. 15 zu § 620 BGB Probearbeitsverhältnis *(Kraft)*; BAG 12. 12. 1985 AP Nr. 96 zu § 620 BGB Befristeter Arbeitsvertrag: Überbrückungsvertrag.
[398] BAG 30. 9. 1971 AP Nr. 36 zu § 620 BGB Befristeter Arbeitsvertrag *(Palenberg)*, mit Hinweis auf frühere Urteile.
[399] Ebenso *Däubler*, Tarifvertragsrecht, Rnr. 970.
[400] Allg. Ansicht; *Däubler*, Tarifvertragsrecht, Rnr. 966; *Schaub*, Arbeitsrechts-Handbuch, § 39 III 6, S. 251.

die Beendigung des Arbeitsverhältnisses dabei aber sogleich mit einbeziehen. Es stellt sich daher die Frage, welche Auswirkungen der Beitritt eines befristet Beschäftigten in die tarifschließende Gewerkschaft während der Dauer des Arbeitsverhältnisses hat. Die Einordnung der Befristungsklausel als Abschlußverbot oder aber als Beendigungsnorm gewinnt hier besondere Bedeutung; vgl. dazu bereits oben § 1 Rnr. 503 ff. Deutet man die Regelung als Abschlußnorm, wie dies der 7. Senat des Bundesarbeitsgerichts mit der Protokollnotiz Nr. 1 zu Nr. 1 SR 2y BAT getan hat,[401] so kann die tarifvertragliche Befristungsbeschränkung nur dann unmittelbare und zwingende Wirkung entfalten, wenn bereits zum Zeitpunkt des Abschlusses des Arbeitsvertrages beiderseitige Tarifgebundenheit vorliegt. Auch wenn die Tarifvertragsparteien ausnahmsweise Abweichendes beabsichtigen sollten, bestehen gegen eine rückwirkende Anwendung einer tariflichen Abschlußnorm Bedenken im Hinblick auf das Gebot der Rechtssicherheit und Rechtsklarheit.[402] Regelmäßig werden die Tarifvertragsparteien jedoch nur einen bestimmten Vertragsinhalt, die Beendigung durch Zeitablauf, unterbinden und nicht verhindern wollen, daß der Arbeitnehmer überhaupt eingestellt und in den Betrieb aufgenommen wird, da die Norm ihren Schutzzweck bereits mit Wegfall der unsachgemäßen Befristungsabrede erreicht.[403] Ordnet man die Befristungsklausel demnach zutreffend im Zweifel als *Beendigungsnorm* ein, so kann die Tarifvertragsregelung das Einzelarbeitsverhältnis mit sofortiger Wirkung korrigieren, wenn der Verbandsbeitritt nach Arbeitsaufnahme erfolgt. Verlangt die tarifvertragliche Norm das Vorliegen eines sachlichen Grundes für die Befristung, so wird die entgegenstehende Abrede im Individualvertrag unwirksam und der Arbeitsvertrag gilt im Falle des Fehlens des Sachgrundes als unbefristet zustandegekommen, wenn der Arbeitnehmer bis zum Zeitpunkt des Auslaufens des Arbeitsverhältnisses Mitglied der vertragsschließenden Gewerkschaft wird.[404] Tarifvertragliche Befristungsklauseln, die für das Ende eines befristeten Arbeitsverhältnisses Umstände, die nach Abschluß der Befristungsvereinbarung eintreten, in dem Sinne für maßgeblich erklären, daß die Befristung mit Eintritt des bestimmten Ereignisses (z. B. Eintritt einer Schwangerschaft nach Abschluß des Arbeitsvertrages) ihre Wirksamkeit verlieren soll, entfalten ihre Wirkung, wenn zum Zeitpunkt der tarifvertraglich als relevant erachteten Umstände beiderseitige Tarifbindung vorliegt.[405]

2. Altersgrenzen

In Kollektivverträgen finden sich häufig Regelungen, die die automatische Beendigung des Arbeitsverhältnisses bei Erreichen einer bestimmten Altersgrenze, meist der Vollendung des 65. Lebensjahres, vorsehen. Die Frage, ob

---

[401] BAG 27. 4. 1988 AP Nr. 4 zu § 1 BeschFG 1985 *(Gamillscheg)*; vgl. auch BAG 14. 2. 1990 AP Nr. 12 zu § 1 BeschFG 1985 *(Wiedemann)*.
[402] Vgl. BAG 27. 4. 1988 AP Nr. 4 zu § 1 BeschFG 1985 *(Gamillscheg)*; abw. *Däubler*, Tarifvertragsrecht, Rnr. 983; Kempen/Zachert, § 1 TVG, Rnr. 31.
[403] So auch BAG 28. 6. 1994 AP Nr. 4 zu § 99 BetrVG 1972 Einstellung (1. Senat); *Gamillscheg*, Kollektives Arbeitsrecht I, § 15 V 3 e, S. 587; *Stein*, Tarifvertragsrecht, Rnr. 165.
[404] So auch BAG 28. 6. 1994 AP Nr. 4 zu § 99 BetrVG 1972 Einstellung (1. Senat).
[405] Vgl. BAG 14. 2. 1990 AP Nr. 12 zu § 1 BeschFG 1985 *(Wiedemann)*.

solche tarifvertraglichen Altersgrenzen als auflösende Bedingungen[406] oder als Befristungen[407] zu qualifizieren sind, bedarf keiner Klärung, da die Rechtmäßigkeitsanforderungen in beiden Fällen übereinstimmen.

518 **a) Entwicklung der Rechtsprechung.** Die Rechtsprechung des Bundesarbeitsgerichts bezüglich Altersgrenzen weist Wandlungen und Kehrtwenden auf.

519 aa) Die frühere Rechtslage: Über einen langen Zeitraum wurden Vereinbarungen über die automatische Beendigung des Arbeitsverhältnisses bei Erreichen einer bestimmten Altersgrenze im Arbeitsvertrag oder in einer kollektivvertraglichen Regelung von der Rechtsprechung des Bundesarbeitsgerichts in weitem Umfang für zulässig erachtet.[408] Altersgrenzen in Tarifverträgen wurden seit der Entscheidung des Großen Senats des BAG vom 20. 10. 1960[409] von der Rechtsprechung anhand der dort für befristete Arbeitsverhältnisse entwickelten Kriterien überprüft. Danach hielt das Bundesarbeitsgericht derartige Altersgrenzenregelungen in ständiger Rechtsprechung für zulässig, sofern ein verständiger, sachlich gerechtfertigter Grund vorhanden ist. Als sachliche Gründe für die Rechtfertigung tarifvertraglicher Altersgrenzen hat das Bundesarbeitsgericht verschiedenste Umstände anerkannt. Der zweite Senat des BAG hielt im Jahre 1977 eine generelle Altersbefristung von 65 Jahren für eher fürsorglich, als etwa in einem Kündigungsschutzprozeß nachzuweisen, daß ein Arbeitnehmer aus altersbedingten Gründen nicht mehr in der Lage sei, seinen Vertragspflichten nachzukommen.[410] Als Sachgrund für eine an das 65. Lebensjahr anknüpfende Altersbeschränkung wurden vom ersten Senat des Bundesarbeitsgerichts ein Jahr später das Bestehen einer ausreichenden betrieblichen Altersversorgung sowie die Vorteile der Altersgrenze für den Altersaufbau der Belegschaft und die Personal- und Nachwuchsplanung akzeptiert.[411] Im Jahre 1984 ließ der zweite Senat die Möglichkeit, das Arbeitsverhältnis zweimal um zwei Jahre zu verlängern, als sachlichen Grund für eine Altersgrenze von 55 Jahren für das Bordpersonal eines Verkehrsluftfahrtunternehmens genügen, wobei das Bundesarbeitsgericht eine starre Altersgrenze von 55 Jahren hingegen als unvertretbar bezeichnete, da es an jedem Anhaltspunkt fehle, daß das Bordpersonal ab diesem Zeitpunkt den physischen und psychischen Anforderungen des Flugbetriebes nicht mehr gewachsen ist.[412] Zum tragenden Sachgrund einer Altersgrenze von 60 Jahren für das Cockpitpersonal eines

---

[406] So BAG 20. 12. 1984 AP Nr. 9 zu § 620 BGB Bedingung *(Belling)*; BAG 1. 12. 1993 AP Nr. 3 zu § 41 SGB VI *(Linnenkohl/Rauschenberg)*; *Henssler*, Betrieb 1993, S. 1669, 1670.

[407] So *Hromadka*, NJW 1994, S. 911, 912; offengelassen von BAG GS 7. 11. 1989 AP Nr. 46 zu § 77 BetrVG 1972.

[408] BAG 21. 4. 1977 AP Nr. 1 zu § 60 BAT *(Spiertz)*; BAG 20. 12. 1984 AP Nr. 9 zu § 620 BGB Bedingung *(Belling)*; BAG 6. 3. 1986 AP Nr. 1 zu § 620 BGB Altersgrenze; BAG 20. 11. 1987 AP Nr. 2 zu § 620 BGB Altersgrenze *(Joost)*; BAG GS 7. 11. 1989 AP Nr. 46 zu § 77 BetrVG 1972.

[409] BAG GS 12. 10. 1960 AP Nr. 16 zu § 620 BGB Befristeter Arbeitsvertrag.

[410] BAG 21. 4. 1977 AP Nr. 1 zu § 60 BAT *(Spiertz)*.

[411] BAG 18. 7. 1978 AP Nr. 9 zu § 99 BetrVG 1972 *(Kraft)*; siehe neuerdings auch wieder: BAG 11. 6. 1997 AP Nr. 7 zu § 41 SGB VI.

[412] BAG 20. 12. 1984 AP Nr. 9 zu § 620 BGB Bedingung *(Belling)*.

Flugunternehmens wurde schließlich vom siebten Senat des Bundesarbeitsgerichts im Jahre 1992 das Interesse an der Sicherheit des Luftverkehrs erhoben.[413]

bb) Die Entscheidungen des Bundesarbeitsgerichts vom 20.10. und 1.12. 1993: Bis zur Verabschiedung des Rentenreformgesetzes 1992 mußten also grundsätzlich alle Arbeitnehmer, für die einzel- oder kollektivvertragliche Altersgrenzen galten, damit rechnen, längstens bis zur Vollendung des 65. Lebensjahres weiterarbeiten zu können. Erst durch das Gesetz wurde die Gültigkeit von kollektivvertraglichen Altersgrenzen, die auf die Vollendung des 65. Lebensjahres abstellten, in Frage gestellt. Mit Wirkung vom 1.1. 1992 wurden durch § 41 Abs. 4 Satz 3 SGB VI a.F. auf das Rentenalter abstellende Altersgrenzenvereinbarungen verboten, soweit sie nicht 3 Jahre vor der Altersgrenze bestätigt wurden. Umstritten war insbesondere, ob die Bestimmung lediglich für einzelvertragliche Altersgrenzen Geltung beanspruchte oder ob auch in Tarifverträgen und Betriebsvereinbarungen enthaltene Altersbeschränkungen als Vereinbarungen im Sinne der Norm anzusehen waren. Das Bundesarbeitsgericht entschied die Streitfrage mit Urteil vom 20.10.1993:[414] kollektivvertragliche Altersgrenzenregelungen waren nach Ansicht des siebten Senats durch § 41 Abs. 4 Satz 3 SGB VI a.F ausgeschlossen, soweit sie zur automatischen Beendigung des Arbeitsverhältnisses führten und auf den Zeitpunkt des Entstehens sozialversicherungsrechtlicher Ansprüche auf Altersruhegeld abstellten. Zweck der Vorschrift sei es, das Zahlenverhältnis von Beitragszahlern und Rentnern durch Flexibilisierung und Verlängerung der Lebensarbeitszeit zu verbessern. Im Schrifttum stieß die vom Bundesarbeitsgericht in dem Urteil vom 20.10 1993 vorgenommene Auslegung überwiegend auf Kritik. Insbesondere unter Berufung auf die – auch vom Bundesarbeitsgericht angestellten – rechtslogischen und rechtssystematischen Überlegungen wurde eine Einbeziehung von tarifvertraglichen Altersgrenzenregelungen in den Anwendungsbereich von § 41 Abs. 4 Satz 3 SGB VI a. F. abgelehnt.[415]

b) § 41 Abs. 4 Satz 3 SGB VI n.F. aa) Entstehungsgeschichte. Den Sinn der Regelung des § 41 Abs. 4 Satz 3 SGB VI a.F., die Lebensarbeitszeit im Interesse der Rentenkasse zu verlängern, konnte die neue Altersgrenzenrechtsprechung nicht fördern. Vielmehr ergab sich für die Arbeitnehmer die Möglichkeit, nach Vollendung des 65. Lebensjahres Arbeitseinkommen und Altersrente zu kumulieren, da die Hinzuverdienstgrenzen des § 34 Abs. 2, Abs. 3 SBG VI über das 65. Lebensjahr hinaus nicht gelten. Ferner stand die mit § 41 Abs. 4 Satz 3 SGB VI a.F. angestrebte Flexibilisierung im Sinne einer Verlängerung der Lebensarbeitszeit mit der gegenwärtigen Arbeitsmarktsituation nicht in Einklang. Schließlich war mit dieser Rechtsprechung im gesamten Bereich der öffentlichen Verwaltung und in einem großen Teil der

---

[413] BAG 12. 2. 1992 AP Nr. 5 zu § 620 BGB Altersgrenze.
[414] BAG 20. 10. 1993 AP Nr. 3 zu § 41 SGB VI *(Linnenkohl/Rauschenberg)*; bestätigt in BAG 1. 12. 1993 AP Nr. 4 zu § 41 SGB VI *(Steinmeyer);* dagegen nun BAG 14. 10. 1997 AP Nr. 10 zu § 41 SGB VI.
[415] *Boerner,* ZfA 1995, S. 537, 541 f.; *Däubler,* Tarifvertragsrecht, Rnr. 784; *Moll,* Betrieb 1992, S. 475, 477; *Waltermann,* NZA 1994, S. 822, 826; a. A. *Löwisch*/Rieble, § 1 TVG, Rnr. 784.

Privatwirtschaft, wo jeweils in Tarifverträgen generelle Altersgrenzen vereinbart waren, eine wesentliche Grundlage für die Personal- und Nachwuchsplanung entfallen. Die kurz nach der im Oktober 1993 ergangenen Entscheidung des Bundesarbeitsgerichts einsetzende politische Diskussion mündete im Juni 1994 in eine Gesetzesinitiative ein. Schon wenige Monate, nachdem das Bundesarbeitsgericht entschieden hatte, daß eine generelle tarifvertragliche Altersgrenze von 65 Jahren gegen § 41 Abs. 4 Satz 3 SGB VI in seiner früheren Fassung verstoße, ist die Vorschrift dann mit Wirkung vom 1. 8. 1994 geändert worden. Die Rechtslage entspricht im wesentlichen derjenigen vor Inkrafttreten des RentenreformG (RRG) 1992. Nach der am 1. 8. 1994 in Kraft getretenen Neufassung des § 41 Abs. 4 Satz 3 SGB VI gilt eine Vereinbarung, die die Beendigung des Arbeitsverhältnisses eines Arbeitnehmers zu einem Zeitpunkt vorsieht, in dem der Arbeitnehmer vor Vollendung des 65. Lebensjahres eine Rente wegen Alters beantragen kann, dem Arbeitnehmer gegenüber auf die Vollendung des 65. Lebensjahres abgeschlossen; es sei denn, daß die Vereinbarung innerhalb der letzten drei Jahre vor diesem Zeitpunkt abgeschlossen oder vom Arbeitnehmer bestätigt worden ist. Der Gesetzesentwurf wurde vor allem damit begründet, daß die vom Bundesarbeitsgericht vorgenommene Auslegung des § 41 Abs. 4 Satz 3 SGB VI a. F. zu personal-, sozial- und arbeitsmarktpolitisch untragbaren Ergebnissen führe.[416] Mit der Novellierung des SGB VI wollte der Gesetzgeber im Interesse einer Öffnung des Arbeitsmarktes für jüngere Arbeitnehmer unterbinden, daß Beschäftigte in höherem Alter neben dem Arbeitsentgelt die volle Altersrente beziehen. Ferner war es Anliegen des Gesetzgebers, die betriebliche Personalplanung zu erleichtern und ein Nachrücken jüngerer Beschäftigter auf die frei werdenden Arbeitsplätze der ausscheidenden Arbeitnehmer zu ermöglichen.[417]

522   bb) **Bedeutung der Neufassung** für tarifvertragliche Altersgrenzen. Wie schon im Hinblick auf die Vorgängerregelung stellt sich auch bezüglich § 41 Abs. 4 Satz 3 SGB VI n. F. die Frage, ob die Neuregelung tarifvertragliche Altersgrenzen überhaupt erfaßt. Einer Anwendung von § 41 Abs. 4 Satz 3 SGB VI n. F. auf Altersgrenzen in Tarifverträgen stehen dieselben Bedenken entgegen, die bereits zu § 41 Abs. 4 Satz 3 SGB VI in der Fassung des RRG 1992 vorgebracht worden sind.[418] Ziel der Neuregelung ist, daß das Arbeitsverhältnis bei Erreichen der Altersgrenze von 65 Jahren grundsätzlich enden kann, sofern eine entsprechende tarifvertragliche Regelung besteht oder eine sonstige Vereinbarung getroffen ist.[419] Für die Verwirklichung dieser Regelungsabsicht ist es aber ohne Bedeutung, ob sich der Anwendungsbereich des § 41 Abs. 4 Satz 3 SGB VI n. F. auf tarifvertragliche Altersgrenzen erstreckt oder nicht. Erfaßt die Neuregelung auch tarifvertragliche Altersbeschränkungen, so enden die ihnen unterliegenden Arbeitsverhältnisse spätestens zu dem Zeitpunkt, in dem der Arbeitnehmer das 65. Lebensjahr vollendet. Erstreckt sich der Anwendungsbereich des § 41 Abs. 4 Satz 3 SGB VI n. F. hingegen

---

[416] Vgl. BT-Drucks. 12/8145, S. 6.
[417] Vgl. BT-Drucks. 12/8040, S. 1, 4f.
[418] Vgl. *Boerner*, ZfA 1995, S. 537, 546; *Waltermann*, NZA 1994, S. 822, 827.
[419] Vgl. BT-Drucks. 12/8145, S. 6.

nicht auf in Tarifverträgen vorgesehene Altersbefristungen, so steht die Bestimmung der Beendigung des Arbeitsverhältnisses zu dem von den Tarifvertragspartnern festgelegten Zeitpunkt ohnehin nicht entgegen. Da die Gesetzesnorm in ihrer neuen Fassung die Wirksamkeit von Altersgrenzen *unberührt* läßt, ist der Regelungsgegenstand der Altersgrenzenfestsetzung – entsprechend dem vorrangigen Regelungsziel – für auf das 65. Lebensjahr abstellende Altersgrenzen in Tarifverträgen jedenfalls wieder offen.

Flankiert wurde die Neufassung des § 41 Abs. 4 Satz 3 SGB VI durch die Übergangsregelung des Art. 2 SGB VI ÄndG. Nach dieser Bestimmung endete ein Arbeitsverhältnis, das wegen der von der Rechtsprechung vorgenommenen Auslegung des § 41 Abs. 4 Satz 3 SGB VI a. F. über das 65. Lebensjahr hinaus fortgesetzt worden ist, am 30. 11. 1994, also 4 Monate nach Inkrafttreten der Neufassung des § 41 Abs. 4 Satz 3 SGB VI, sofern die Arbeitsvertragsparteien nicht etwas anderes vereinbart hatten. Nach Auffassung des Bundesverfassungsgerichts greift die aus arbeitsmarktpolitischen Gründen geschaffene Übergangsregelung damit unmittelbar in die durch Art. 12 Abs. 1 GG geschützte Berufsfreiheit der betroffenen Arbeitnehmer ein und stößt auf erhebliche verfassungsrechtliche Bedenken.[420] Aus diesem Grund hat das Bundesverfassungsgericht am 8. 11. 1994 im Wege der einstweiligen Anordnung gem. § 32 BVerfGG die Anwendung des Art. 2 SGB VI ÄndG bis zum Ablauf des 31. 3. 1995 ausgesetzt. **523**

Es stellt sich schließlich die Frage, ob vor dem Zeitpunkt des Inkrafttretens des SGB VI ÄndG abgeschlossene, zwischenzeitlich aber aufgrund der Rechtsprechung des Bundesarbeitsgerichts für unwirksam erklärte tarifvertragliche Altersgrenzen durch die Neufassung des § 41 Abs. 4 Satz 3 SGB VI ohne weiteres wieder aufgelebt sind. Teils wird der Standpunkt vertreten, eine nichtige Regelung könne nach allgemeinen Rechtsgrundsätzen nicht wieder Wirksamkeit erlangen, wenn das zur Nichtigkeit führende gesetzliche Verbot nachträglich aufgehoben werde, so daß das Inkrafttreten der Neufassung des § 41 Abs. 4 Satz 3 SGB VI nicht von selbst wieder zur Wirksamkeit der alten tarifvertraglichen Altersgrenzen führe[421]. Anderweit wird – unter Berufung auf den ständigen Wechsel der gesetzgeberischen Intentionen zwischen Förderung und Erschweren des vorzeitigen Ruhestands – angenommen, der Gesetzgeber habe § 41 Abs. 4 Satz 3 SGB VI a. F. entgegenstehende tarifvertragliche Regelungen nicht endgültig außer Kraft setzen wollen.[422] Das Bundesarbeitsgericht vertritt in einer neuen Entscheidung diesen zweiten Standpunkt und führt zur Begründung ferner den Textzusammenhang und die Gesetzessystematik an.[423] Letzterer Auffassung ist der Vorzug zu geben. § 134 BGB ordnet die Nichtigkeit nur „im Zweifel" an, d. h. wenn sich aus dem Gesetz nicht ein anderes ergibt. Es ist daher nach Sinn und Zweck der jeweiligen Norm zu entscheiden, ob eine ursprünglich wirksame tarifvertragliche Regelung, die aufgrund einer nachträglichen Einschränkung der Tarifmacht unwirksam geworden ist, bei Wegfall dieser Einschränkung wieder **524**

---

[420] BVerfGE 91, S. 252, 258.
[421] So *Boecken*, NZA 1995, S. 145, 147.
[422] So *Baeck/Diller*, NZA 1995, S. 360, 361; *Bauer*, Anm. zu BVerfG 14. 3. 1995, BB 1995, S. 1296, 1297; Kempen/Zachert, § 1 TVG, Rnr. 176.
[423] BAG 11. 6. 1997 AP Nr. 7 zu § 41 SGB VI.

auflebt. Dies entspricht auch dem Vorgehen des BGH, der die wieder aufgelebte Wirksamkeit einer zwischenzeitlich verbotenen Vertragsregelung nach der Aufhebung des Verbotes dann bejaht, wenn das Ziel des Verbotsgesetzes auch durch ein nur zeitweises Außerkraftsetzen der Vertragsbestimmung erreicht werden konnte und aus diesem Grunde nach Sinn und Zweck des *Verbotsgesetzes* eine endgültige Unwirksamkeit der Vertragsregelung nicht gefordert war.[424] Der Gesetzgeber verfolgte mit der Regelung des § 41 Abs. 4 Satz 3 SGB VI a. F. allein fiskalische Zwecke. Es ist daher nicht anzunehmen, daß entgegenstehende tarifvertragliche Regelungen zwingend endgültig außer Kraft gesetzt werden sollten. Vielmehr liegt es nahe, daß ein Wiederaufleben von Alt-Altersgrenzen nach dem Erkennen der Verfehlung des mit der Regelung angestrebten Ziels (Entlastung der Rentenkassen) gerade dem mit der Neufassung verfolgten gesetzgeberischen Anliegen entgegenkommt. Angesichts der Gesetzesänderung sind demnach die alten tarifvertraglichen Altersgrenzenregelungen wie etwa § 60 Abs. 1 BAT *eo ipso* wieder wirksam geworden. Dem entspricht es auch, daß die in Art. 2 SGB VI ÄndG vorgesehene Übergangsregelung nach Auffassung des Gesetzgebers verhindern sollte, daß die Arbeitsverträge der betroffenen Arbeitnehmer sofort mit dem Inkrafttreten der Neuregelung endeten.[425] Dieses Ziel der Vermeidung unbilliger Härten ist nur sinnvoll, wenn in den Arbeitsverhältnissen, in denen der Arbeitnehmer nach dem 1. August 1994 das 65. Lebensjahr vollendet, die vor Inkrafttreten des SGB VI ÄndG vereinbarten Altersgrenzenregelungen ohne Neuvornahme gelten.[426]

525   c) **Erfordernis des sachlichen Grundes.** Zweifelhaft ist, ob Tarifvertragsnormen, die Altersgrenzen vorsehen, am Prüfungsmaßstab des richterrechtlichen Sachgrunderfordernisses zu messen sind. Im Jahre 1966 hat das Bundesarbeitsgericht im Hinblick auf Rückzahlungsvereinbarungen für Gratifikationszahlungen die Rechtsfigur des tarifdispositiven Richterrechts entwickelt[427]; vgl. dazu ausführlich oben Einl. Rnr. 409 ff. Der weitergehende Spielraum der Tarifvertragsparteien wurde insbesondere mit der durch Art. 9 Abs. 3 GG gewährleisteten Tarifautonomie und der besonderen Befähigung der Tarifvertragsparteien, eine sachgerechte rechtliche Ordnung zu schaffen, begründet. Der Gedanke der Tarifdispositivität des Richterrechts wurde in weiteren Urteilen fortgeführt und vertieft.[428] Später gewann er auch Bedeutung für tarifvertragliche Befristungen von Arbeitsverhältnissen.[429] Die Rechtslehre räumt tarifvertraglichen Regelungen ebenfalls überwiegend den Vorrang vor dem Richterrecht ein,[430] wobei als Argument häufig das Zurückstehen der gegenüber Art. 9 Abs. 3 Satz 1 GG schwächeren Legitimati-

---

[424] BGHZ 45, S. 322, 327.
[425] BT-Drucks. 12/8040, S. 5.
[426] BAG 11. 6. 1997 AP Nr. 7 zu § 41 SGB VI.
[427] BAG 31. 3. 1966 AP Nr. 54 zu § 611 BGB Gratifikation *(Biedenkopf)*.
[428] BAG 23. 2. 1967 AP Nr. 57 zu § 611 BGB Gratifikation *(A. Hueck)*; BAG 16. 11. 1967 AP Nr. 63 zu § 611 BGB Gratifikation *(Gamillscheg)*.
[429] BAG 4. 12. 1969 AP Nr. 32 zu § 620 BGB Befristeter Arbeitsvertrag *(Richardi)*; BAG 30. 9. 1971 AP Nr. 36 zu § 620 BGB Befristeter Arbeitsvertrag *(Palenberg)*.
[430] *Boerner*, ZfA 1995, S. 537, 553; *Gitter/Boerner*, RdA 1990, S. 129, 132; *Kempen/Zachert*, Grundl., Rnr. 237; *Löwisch/Rieble*, § 1 TVG, Rnr. 440; a. A. *Lieb*, RdA 1972, S. 129, 142.

onsgrundlage des Art. 20 Abs. 3 GG für das Richterrecht angeführt wird.[431] Aus der Tarifdispositivität des vom Bundesarbeitsgericht entwickelten Sachgrunderfordernisses für befristete Arbeitsverträge darf jedoch nicht gefolgert werden, daß Tarifverträge beliebig Altersgrenzen festsetzen dürften. Die Befristungsrechtsprechung besitzt einen tariffesten Kern, der dann tangiert ist, wenn ein Tarifvertrag gegen gesetzliche Verbote oder gegen Grundrechte verstößt.[432]

d) Prüfungsmaßstab des Art. 12 Abs. 1 GG. Mit der durch den Gesetzgeber herbeigeführten Beilegung des Streits um die Vereinbarkeit tarifvertraglicher Altersgrenzen mit einfachem Recht ist die Diskussion um die verfassungsrechtliche Wirksamkeit von Altersgrenzen bei weitem nicht ausgestanden. Weiterhin offen ist die Frage, inwieweit der Prüfungsmaßstab des Art. 12 Abs. 1 GG an tarifvertragliche Altersgrenzenregelungen anzulegen ist.

aa) Eingriff in die Berufsfreiheit. Vom Bundesverfassungsgericht[433] und der ganz überwiegenden Rechtslehre[434] werden tarifvertragliche Altersgrenzen seit jeher am Grundrecht der Berufsfreiheit, Art. 12 Abs. 1 GG, gemessen. Auch der Gesetzgeber geht davon aus, daß tarifvertragliche Altersgrenzen, die auf das 65. Lebensjahr oder den Bezug des vollen Altersruhegeldes abstellen, nur im Rahmen der den Tarifvertragsparteien verfassungsmäßig eingeräumten Regelungsmacht zulässig sind.[435] In der Altersgrenzenrechtsprechung des Bundesarbeitsgerichts gewinnt das Grundrecht des Art. 12 Abs. 1 GG hingegen erst in jüngerer Zeit zunehmend an Bedeutung. Nach früherer Ansicht des zweiten Senats des Bundesarbeitsgerichts stellte das *Sachgrunderfordernis* eine ausreichende Regelungsschranke für tarifvertragliche und betriebliche Altersgrenzen dar. In der Entscheidung des siebten Senats im Jahre 1992 hat das Bundesarbeitsgericht dagegen schon ausdrücklich offengelassen, ob tarifvertragliche Altersgrenzen lediglich auf sachlichen Gründen beruhen müssen, oder ob die in der Rechtslehre vorherrschende Ansicht zutrifft, daß diese Altersbeschränkungen denselben strengen verfassungsrechtlichen Anforderungen genügen müssen wie gesetzlich festgesetzte Altersbeschränkungen.[436] In den Altersgrenzenurteilen vom 20.10. und 1. 12. 1993 hat der siebte Senat dann schließlich an die Wertentscheidung des Art. 12 Abs. 1 GG angeknüpft.[437] Die Altersgrenzenentscheidung des Bundesarbeitsgerichts vom 11. 6. 1997 erklärt nun wieder das Vorliegen eines sachlichen Grundes für eine ausreichende Rechtfertigung der Altersgrenze. Gleichzeitig wird jedoch der angemessene Ausgleich der

---

[431] *Boerner*, ZfA 1995, S. 537, 553; *Gitter/Boerner*, RdA 1990, S. 129, 132; *Kempen/Zachert*, Grundl., Rnr. 237.
[432] Vgl. BAG 4. 12. 1969 AP Nr. 32 zu § 620 BGB Befristeter Arbeitsvertrag *(Richardi)*; BAG 30. 9. 1971 AP Nr. 36 zu § 620 BGB Befristeter Arbeitsvertrag *(Palenberg)*.
[433] BVerfGE 64, S. 72, 82 ff.; BVerfG, NJW 1993, S. 1575.
[434] *Boecken*, Gutachten 62. DJT (1998), S. B 32 ff. *Boerner*, ZfA 1995, S. 537, 554; *Däubler*, Tarifvertragsrecht, Rnr. 787 ff.; *Ehrich*, BB 1994, S. 1633, 1635; *Henssler*, Betrieb 1993, S. 1669, 1673; *Waltermann*, NZA 1994, S. 822, 826.
[435] Vgl. BT-Drucks. 12/8040, S. 4.
[436] BAG 12. 2. 1992 AP Nr. 5 zu § 620 BGB Altersgrenze.
[437] BAG 20. 10. 1993 AP Nr. 3 zu § 41 SGB VI *(Linnenkohl/Rauschenberg)*; BAG 1. 12. 1993 AP Nr. 4 zu § 41 SGB VI *(Steinmeyer)*.

Grundrechtspositionen der Arbeitsvertragsparteien und eine im Rahmen der Befristungskontrolle vorzunehmende Abwägung der wechselseitigen Bedürfnisse verlangt,[438] so daß die Entscheidung der bisherigen Tendenz nur auf den ersten Anschein entgegenläuft. Die beiden letzten Entscheidungen vom 25. 2. und 11. 3. 1998[439] versuchen die Sachgrundlegitimation in die Grundrechtskontrolle einzuschmelzen: Der Sachgrund soll eine unangemessene Beeinträchtigung des nach Art. 12 Abs. 1 GG geschützter Bestandsinteresses auszuschließen.

528 Art. 12 Abs. 1 GG schützt den Arbeitnehmer in seinem Entschluß, eine konkrete berufliche Tätigkeit nicht nur zu ergreifen, sondern auch beizubehalten oder aufzugeben.[440] Da der Verlust des Arbeitsplatzes für einen Arbeitnehmer fortgeschrittenen Alters regelmäßig das Ende seiner Berufstätigkeit bedeuten wird, weisen tarifvertragliche Altersgrenzen faktisch dieselbe Eingriffsqualität auf wie gesetzlich festgelegte Altersbegrenzungen. Tarifvertragliche Altersgrenzen, die die automatische Beendigung des Arbeitsverhältnisses mit Erreichen eines bestimmten Lebensalters vorsehen, greifen daher auf der Stufe der subjektiven Zulassungsvoraussetzungen in die Berufswahlfreiheit des Arbeitnehmers ein.[441]

529 **bb) Rechtmäßigkeit des Eingriffs.** Kernfrage der Grundrechtsbindung der Tarifvertragsparteien ist, welche Rechtsgüter oder Rechtsziele sie – unter Beachtung des Übermaßverbotes – zu einer Einschränkung der Grundrechte des Arbeitgebers oder des Arbeitnehmers berechtigen. Dabei entspricht es herrschender Rechtsprechung und Rechtslehre,[442] daß die Tarifvertragsparteien jedenfalls zum Schutz „absoluter Gemeinwohlbelange", hier: aus berufsspezifischen Gründen, in die Berufswahl oder Berufsausübung eingreifen und dafür auch generelle Altersgrenzen festsetzen dürfen.[443] Zu den überragend wichtigen Gemeinschaftsgütern, die einen Eingriff in den grundrechtlich geschützten Bereich rechtfertigen könnten, zählen insb. der Schutz von Leben und Gesundheit der Arbeitnehmer oder Dritter. Tarifvertragliche Altersgrenzen dürfen demnach das Ziel verfolgen, den Arbeitnehmer vor Überforderung zu schützen, vor allem aber auch Gefahren vorzubeugen, die anderen durch die Tätigkeit möglicherweise leistungsgeminderter Arbeitnehmer drohen können.[444] Die Tarifvertragsparteien können indes darüber

---

[438] BAG 11. 6. 1997 AP Nr. 7 zu § 41 SGB VI.
[439] BAG NZA 1998, S. 716.
[440] Vgl. BVerfGE 84, S. 133.
[441] Vgl. *Boerner*, Altersgrenzen für die Beendigung von Arbeitsverhältnissen in Tarifverträgen und Betriebsvereinbarungen, 1992, S. 100ff.; *ders.*, ZfA 1995, S. 537, 554ff.; *Däubler*, Tarifvertragsrecht, Rnr. 787; *Gitter/Boerner*, RdA 1990, S. 129, 133; *Laux*, NZA 1991, S. 967, 971; *Pfeiffer*, ZIP 1994, S. 264, 267; *Schlüter/Belling*, NZA 1988, S. 297, 302; *Stahlhacke*, Betrieb 1989, S. 2329, 2333.
[442] BAG 12. 2. 1992 AP Nr. 5 zu § 620 BGB Altersgrenzen: Cockpitbesatzung; *Boerner*, ZfA 1995, S. 537, 557; *Henssler*, Betrieb 1993, S. 1669, 1673; *Pfeiffer*, ZIP 1994, S. 264, 270; *Steinmeyer*, RdA 1992, S. 6, 11; *Waltermann*, RdA 1993, S. 209, 217.
[443] Vgl. im Gegensatz dazu die Rechtslage in Frankreich, wo Art. L 122–14–12 II C. T. tarifvertragliche Vereinbarungen über die Beendigung des Arbeitsverhältnisses bei Erreichen einer Altersgrenze oder Eintritt der Rentenberechtigung untersagen; siehe *Despax*, Nr. 57 bis Rép. Conventions Collectives I Nr. 244.
[444] *Gamillscheg*, Kollektives Arbeitsrecht I, § 16 I 3 b, S. 679; *Gitter/Boerner*, RdA 1990, S. 129, 134f.; *Laux*, NZA 1991, S. 967, 969f.; *Schlüter/Belling*, NZA 1988,

hinaus auch andere gemeingesellschaftliche oder individualistische Belange verfolgen. Diese Interessen können und brauchen deshalb nicht in den Rang eines absoluten Gemeinschaftsgutes befördert zu werden; die Befugnis zur Interessenwahrnehmung ergibt sich aus dem Regelungsauftrag des Art. 9 Abs. 3 GG.[445] Es ist den Tarifvertragsparteien im Bereich ihrer Tarifautonomie nicht verwehrt, eigene wirtschafts-, sozial- und gesellschaftspolitische Vorstellungen zum Maßstab ihrer Regelung zu machen, solange sie dabei höherrangiges Recht nicht verletzen.[446] Die tarifvertraglichen Altersgrenzen können daher auch durch beschäftigungspolitische Ziele motiviert sein.[447] Ferner können die Tarifvertragsparteien Regelungen treffen, die der Schaffung von Aufstiegschancen für Nachwuchskräfte dienen sollen.[448] Auch gegen das Ziel, einen ausgewogenen Altersaufbau der Unternehmen zu sichern, bestehen für sich genommen keine Bedenken.[449] Gleiches gilt schließlich für die Absicht der Ermöglichung einer überschaubaren, längerfristigen Personalplanung.[450]

Bedenken begegnet es hingegen, eine Altersgrenzenregelung lediglich mit dem Vorhandensein einer betrieblichen Altersversorgung begründen zu wollen. Da Art. 12 Abs. 1 GG die Berufsfreiheit auch unter dem Aspekt der *Persönlichkeitsentfaltung* und der *Selbstverwirklichung* schützt,[451] ist die materielle Absicherung als tragende Säule der Altersgrenze untauglich.[452] Der starke personale Bezug des Grundrechts aus Art. 12 GG, aus dem beispielsweise auch der allgemeine Weiterbeschäftigungsanspruch des Arbeitnehmers von der Rechtsprechung entwickelt wurde, verbietet eine Reduzierung des

---

S. 297, 302 ff.; *Stahlhacke*, Betrieb 1989, S. 2329, 2333; *Waltermann*, Berufsfreiheit im Alter, 1989, S. 109, 126; vgl. auch die staatlich festgesetzten Altersgrenzen in: BVerfGE 1, S. 264, 274: Bezirksschornsteinfegermeister, 70 Jahre; BVerfGE 9, S. 338, 344: Hebammen, 70 Jahre; BVerfGE 64, S. 72, 83: Prüfingenieure, 70 Jahre; BVerfG, NJW 1993, S. 1575: Notare, 70 Jahre; offengelassen für Notare 60 Jahre BVerfGE 80, S. 257, 266.

[445] Ebenso *Pfeiffer*, ZIP 1994, S. 264, 270; *Waltermann*, Berufsfreiheit im Alter, 1989, S. 107 ff.; abw. *Boerner*, ZfA 1995, S. 537, 557; *Scholz*, in Maunz/Dürig, Art. 12 GG, Rnr. 319, 337.

[446] Ebenso *Waltermann*, RdA 1993, S. 209, 217; a. A. *Gitter/Boerner*, RdA 1990, S. 129, 134 f.

[447] *Waltermann*, Berufsfreiheit im Alter, 1989, S. 110; ders., RdA 1993, S. 209, 217; a. A. *Boecken*, Gutachten 62. DJT 1998, S. B 36; *Boerner*, Altersgrenzen für die Beendigung von Arbeitsverhältnissen in Tarifverträgen und Betriebsvereinbarungen, 1992, S. 112; *Gitter/Boerner*, RdA 1990, S. 129, 134; *Schlüter/Belling*, NZA 1988, S. 297, 303.

[448] *Waltermann*, Berufsfreiheit im Alter, 1989, S. 109; ders., RdA 1993, S. 209, 217.

[449] *Gamillscheg*, Kollektives Arbeitsrecht I, § 16 I 3 b, S. 679; *Preis*, in: Festschrift für Eugen Stahlhacke (1995), S. 417, 425 f.; *Waltermann*, RdA 1993, S. 209, 217; abw. *Boerner*, Altersgrenzen für die Beendigung von Arbeitsverhältnissen in Tarifverträgen und Betriebsvereinbarungen, 1992, S. 110.

[450] *Laux*, NZA 1991, S. 967, 969; *Preis*, in: Festschrift für Eugen Stahlhacke (1995), S. 417, 425 f.; *Waltermann*, Berufsfreiheit im Alter, 1989, S. 126; abw. *Boecken*, Gutachten 62. DJT, 1998, S. B 36; *Boerner*, Altersgrenzen für die Beendigung von Arbeitsverhältnissen in Tarifverträgen und Betriebsvereinbarungen, 1992, S. 110.

[451] Vgl. BVerfGE 7, S. 377, 397 ff.

[452] *Gitter/Boerner*, RdA 1990, S. 129, 132 ff.; *Laux*, NZA 1991, S. 967, 970; *Schlüter/Belling*, NZA 1988, S. 297, 300 ff.; *Waltermann*, RdA 1993, S. 209, 217; ders., NZA 1994, S. 822, 824; a. A. BAG 18. 7. 1978 AP Nr. 9 zu § 99 BetrVG 1972 *(Kraft)*; *Hanau*, RdA 1976, S. 24, 31; *Vollstädt*, Die Beendigung von Arbeitsverhältnissen durch Vereinbarung einer Altersgrenze, S. 339.

Schutzinteresses auf die finanzielle Komponente. Das Bestehen einer Altersversorgung kann jedoch im Rahmen der Verhältnismäßigkeitsprüfung Berücksichtigung finden, denn die Abmilderung der mit der Zwangspensionierung verbundenen wirtschaftlichen Nachteile kann durchaus geeignet sein, die Abwägung der verschiedenen Interessen zu beeinflussen. Auch das Ziel, den Arbeitnehmer mit der tarifvertraglichen Altersgrenze vor unschönen und peinlichen Kündigungsschutzprozessen zu bewahren, in denen seine Leistungsfähigkeit überprüft, unter Umständen durch ärztliche Gutachten nachgewiesen werden müßte, ist ein zweifelhaftes Anliegen. Die Fürsorge wird hier zur unnötigen Bevormundung. Die Beurteilung dessen, was peinlich und inhuman ist, sollte man dem Arbeitnehmer selbst überlassen.[453]

531 Die Berücksichtigung der zuvor für zulässig erachteten sozial-, tarif- oder unternehmenspolitischen Ziele sagt freilich noch nichts über ihren Stellenwert bei der im Rahmen des Art. 12 Abs. 1 GG notwendigen Interessen- und Güterabwägung aus. Die verfolgten zulässigen Zwecke stehen der Berufsfreiheit der tarifgebundenen älteren Arbeitnehmer gegenüber und es bedarf ihrer *verhältnismäßigen* Zuordnung. Die Bekämpfung der Arbeitslosigkeit jüngerer Arbeitsuchender ist – insb. aufgrund der sich aus dem Sozialstaatsprinzip der Art. 20 Abs. 1 und Art. 28 Abs. 1 Satz 1 GG ergebenden Pflicht des Staates zu einer aktiven Vollbeschäftigungspolitik – als wichtige Gemeinschaftsaufgabe zu betrachten. Doch muß sich das arbeitsmarktpolitische Anliegen – abgesehen von seiner Eignung – gegen den Eingriff in die Berufsfreiheit abwägen lassen, den die Zwangspensionierung bedeutet. Eine lediglich aus Gründen der Arbeitsmarktpolitik ohne jeden Bezug zu den Anforderungen des jeweiligen Berufs festgesetzte tarifvertragliche Regelung, die das gänzliche Ausscheiden aus dem Erwerbsleben vorsieht, um dadurch die Situation der Arbeitsuchenden und des Nachwuchses zu verbessern, scheint schwer zu rechtfertigen, denn eine Art „Rotationsprinzip" als allgemeines Prinzip zur Verteilung von Arbeitsplätzen ist mit Art. 12 Abs. 1 GG nicht vereinbar.[454] Soweit es um das Arbeitgeberinteresse an einer überschaubaren Personal- und Nachwuchsplanung sowie einer geordneten Altersstruktur geht, ist eine tarifvertragliche Altersgrenze nur zu rechtfertigen, wenn die spezielle berufliche Tätigkeit eine langfristige Personalplanung des Arbeitgebers nachweislich erfordert bzw. wenn eine konkrete untragbare Überalterung der Betriebe droht.[455] Durch die Sicherung des Leistungsstandes und der Leistungsfähigkeit der Arbeitnehmer motivierte Altersgrenzen werden je nach den Anforderungen des Arbeitsplatzes und den zu erwartenden Verschleiß- oder Alterungserscheinungen des Arbeitnehmers unterschiedlich zu beurteilen sein. In der Regel wird es ausreichen, wenn die Tarifvertragsparteien von berufsspezifischen Erfahrungswerten ausgehen und diese pauschal zugrundelegen, denn die Allgemeinheit des Tarifvertrags macht ein gewisses Maß an Typisierung unumgänglich. Dem einzelnen Arbeitnehmer ist jedoch

---

[453] *Laux*, NZA 1991, S. 967, 969; a. A. BAG 21. 4. 1977 AP Nr. 1 zu § 60 BAT (*Spiertz*).
[454] Ebenso *Pfeiffer*, ZIP 1994, S. 264, 271; *Waltermann*, Berufsfreiheit im Alter, 1989, S. 142.
[455] *Laux*, NZA 1991, S. 967, 971; *Pfeiffer*, ZIP 1994, S. 264, 271; *Waltermann*, Berufsfreiheit im Alter, 1989, S. 139.

eine Weiterbeschäftigung bei Leistungsnachweis zu ermöglichen, sofern die Sicherheit Dritter hinreichend gewährleistet werden kann.[456] Ferner müssen Regelungen der Berufsausübung, wie beispielsweise eine Verkürzung der Dauer der Arbeitszeit oder eine Beschränkung auf weniger anspruchsvolle Tätigkeiten der generellen Altersgrenze vorgezogen werden, wenn sich der Arbeitnehmer- und Drittschutz durch sie ebenso verwirklichen läßt.

e) Günstigkeit einzelvertraglicher Abreden. Ist dem Arbeitnehmer individualvertraglich das Recht eingeräumt, erst zu einem späteren Zeitpunkt aus dem Arbeitsverhältnis auszuscheiden, so verdrängt diese Vereinbarung aufgrund des Günstigkeitsprinzips die tarifvertragliche Altersgrenze.[457] Der Große Senat des Bundesarbeitsgerichts hat im Jahre 1989 ausdrücklich anerkannt, daß es für den Arbeitnehmer günstiger ist, wenn er entscheiden kann, ob er entweder durch Kündigung zum üblichen Rentenalter ausscheiden oder aber die einzelvertraglich vereinbarte Zeit voll ausschöpfen möchte.[458] Auch das Bundesverfassungsgericht vertritt in der am 8. 11. 1994 ergangenen Entscheidung zur vorläufigen Aussetzung des Art. 2 SGB VI ÄndG diese Ansicht.[459] Die Begründung des Bundesarbeitsgerichts ist allerdings bedenklich. Es führt aus, die Möglichkeit, über das Ende seines Arbeitsverhältnisses und im Fall der Einführung einer Altersgrenze praktisch über das Ende des Berufslebens entscheiden zu können, sei bereits ein rechtlicher Vorteil. Die Wahlmöglichkeit als solche stellt aber keine zur Abweichung nach § 4 Abs. 3 des Gesetzes berechtigende Vergünstigung dar: Dem Arbeitnehmer muß nicht nur eine *andere*, sondern eine *bessere* Rechtsstellung eingeräumt werden, andernfalls die zwingende Wirkung der Tarifvertragsnormen beliebig eingeschränkt oder aufgehoben werden könnte. Das Günstigkeitsprinzip verbürgt nicht die Wahlfreiheit als solche. Im Ergebnis trifft der Beschluß des Großen Senats trotzdem das Richtige. Für den einzelnen Arbeitnehmer stellt es einen sachlichen Vorteil dar, das Ende seines Arbeits- oder Berufslebens selbst bestimmen zu können und nicht mit Erreichen der Altersgrenze zwangspensioniert zu werden. Die Gefahr, daß sich der Arbeitnehmer – wie bei der tarifvertraglichen Wochen- oder Jahreshöchstarbeitszeit – aus sachfremden Gründen mit der individualrechtlichen Abrede einverstanden erklärt, kann sich bei der Lebensarbeitszeit nicht verwirklichen, da er stets die Möglichkeit behält, das Arbeitsverhältnis zu kündigen, ohne mit seinem Ausscheiden aus dem Arbeitsverhältnis negative Konsequenzen seitens des Arbeitgebers befürchten zu müssen, die seine Entscheidungsfreiheit trüben könnten.

3. Berufs- oder Erwerbsunfähigkeit

Der Eintritt der Berufs- oder Erwerbsunfähigkeit des Arbeitnehmers führt grundsätzlich nicht zur Beendigung des Arbeitsverhältnisses. Tarifvertrags-

---

[456] Ebenso *Pfeiffer*, ZIP 1994, S. 264, 270f.
[457] Vgl. *Däubler*, Tarifvertragsrecht, Rnr. 781; *Gitter/Boerner*, RdA 1990, S. 129, 131 ff.; *Hanau*/Adomeit, Arbeitsrecht, S. 241; Löwisch/*Rieble*, § 1 TVG, Rnr. 445.
[458] BAG GS 7. 11. 1989 AP Nr. 46 zu § 77 BetrVG 1972 = EzA § 77 BetrVG 1972 Nr. 34 *(Otto).*
[459] BVerfGE 91, S. 252, 259.

normen können jedoch eine solche Regelung vorsehen und das Arbeitsverhältnis unter die auflösende Bedingung der Erwerbsunfähigkeit oder der Unmöglichkeit der Arbeitsleistung stellen.[460] Derartige Regelungen finden sich zum Beispiel im Manteltarifvertrag für das Bordpersonal des Flugdienstes der Lufthansa für den Fall der Fluguntauglichkeit.[461] Die Beendigung des Arbeitsverhältnisses kommt nach der Rechtsprechung des Bundesarbeitsgerichts aber erst dann in Betracht, wenn es an zumutbaren Beschäftigungsmöglichkeiten auf einem freien Arbeitsplatz fehlt.[462] Ferner gelten Tarifvertragsklauseln über die Auflösung des Arbeitsverhältnisses bei Eintritt der Berufs- oder Erwerbsunfähigkeit dann nicht, wenn die Erwerbsunfähigkeitsrente nur auf Zeit bewilligt wird.[463]

4. Kündigung

534 Tarifvertragliche Bestimmungen, die die Kündigung des Arbeitgebers sachlich und formell näher ausgestalten, finden sich in vielen (Mantel)Tarifverträgen. An ihrer Zulässigkeit als Beendigungsnormen besteht grundsätzlich kein Zweifel, soweit sie die ordentliche Kündigung betreffen. Dagegen liegen Einschränkungen der Kündigung aus wichtigem Grund außerhalb der Regelungsbefugnis der Tarifvertragsparteien, da der Grundsatz, daß Dauerschuldverhältnisse aus wichtigem Grund gekündigt werden können, zu den zwingenden Rechtsprinzipien des Privatrechts zählt.

535 **a) Ordentliche Kündigung.** Tarifvertragliche Bestimmungen, die die ordentliche Kündigung einschränken, sind wie jede Rechtsetzung an das Gleichheitsgebot und an den rechtsstaatlichen Vertrauensgrundsatz gebunden.[464] Soll zwischen einzelnen Arbeitnehmern oder Arbeitnehmergruppen unterschieden werden, so sind die Diskriminierungsverbote in Art. 3 Abs. 3 und in Art. 9 Abs. 3 Satz 2 GG zu beachten. Außerdem darf der Tarifvertrag den vom KSchG gewährten Mindestschutz der Arbeitnehmer nicht berühren, da das Gesetz keine Öffnungsklausel enthält und nicht tarifdispositiv angelegt ist. Eine Tarifvertragsbestimmung wäre deshalb nichtig, wenn sie die Anforderungen an die Sozialwidrigkeit abmilderte oder den Kündigungsschutz erst nach einjähriger Wartezeit eingreifen ließe.[465] Dagegen kann das Recht des Arbeitgebers zur ordentlichen Kündigung durch Kollektivvereinbarung eingeschränkt oder – z.B. für Arbeitnehmer mit Erreichen einer bestimmten Altersgrenze oder Dauer der Betriebszugehörigkeit – ganz ausge-

---

[460] Siehe BAG 13. 6. 1985 AP Nr. 19 zu § 611 Beschäftigungspflicht *(Belling)*; BAG 24. 6. 1987 AP Nr. 5 zu § 59 BAT; BAG 14. 5. 1987 AP Nr. 12 zu § 1 TVG Tarifverträge: Lufthansa *(Conze)*.
[461] Siehe BAG 14. 5. 1987 AP Nr. 12 zu § 1 TVG Tarifverträge: Lufthansa *(Conze)*; BAG 11. 10. 1995 AP Nr. 20 zu § 620 BGB Bedingung *(Winkler von Mohrenfels)*.
[462] BAG 28. 6. 1995 AP Nr. 6 zu § 59 BAT; BAG 11. 10. 1995 AP Nr. 20 zu § 620 BGB Bedingung *(Winkler von Mohrenfels)*.
[463] Vgl. BAG 13. 6. 1985 AP Nr. 19 zu § 611 BGB Beschäftigungspflicht *(Belling)*.
[464] Vgl. zur verbotenen Rückwirkung von Rechtsprechungsänderungen im Kündigungsrecht BAG 29. 3. 1984 AP Nr. 31 zu § 102 BetrVG 1972 *(v. Hoyningen-Huene)*; BAG 27. 9. 1984 AP Nr. 8 zu § 2 KSchG 1969 *(v. Hoyningen-Huene)*.
[465] Ebenso Löwisch/*Rieble*, § 1 TVG, Rnr. 570.

schlossen werden.[466] Gegen eine Ausdehnung des gesetzlichen Kündigungsschutzes bestehen keine Bedenken, so daß auch einzelne Sachverhalte als Kündigungsgründe für eine ordentliche Kündigung ausgeschlossen werden können.[467]

aa) Sozialauswahl. Das KSchG ist nicht tarifdispositiv ausgestaltet und die Grundwertungen des § 1 Abs. 3 KSchG, nämlich die Berücksichtigung von Lebensalter, Dauer der Betriebszugehörigkeit und Unterhaltspflichten, sind auch den Kollektivvertragsparteien vorgegeben. Die ständige Rechtsprechung hat dies für Auswahlrichtlinien nach § 95 BetrVG bestätigt,[468] und sie galt zweifellos auch für die Tarifvertragsparteien.[469] In § 1 Abs. 4 Satz 1 KSchG 1997 findet sich jetzt eine neue gesetzliche Grundlage dafür. Kollektivvereinbarungen können danach festlegen, wie die sozialen Gesichtspunkte nach § 1 Abs. 3 Satz 1 KSchG im Verhältnis zueinander zu bewerten sind; eine solche Bewertung kann vom Gericht nur noch auf grobe Fehlerhaftigkeit überprüft werden.[470] Auch nach seiner Änderung enthält das Kündigungsschutzgesetz zwingendes Gesetzesrecht. Die Tarifvertragsparteien können also am personellen Auswahlrahmen nichts ändern, und sie müssen die vom Gesetz genannten Grunddaten: Dauer der Betriebszugehörigkeit, Lebensalter, Unterhaltsverpflichtungen des Arbeitnehmers angemessen berücksichtigen. Bei einem Verstoß dagegen ist die tarifvertragliche Richtlinie gesetzwidrig und damit unwirksam; die Beschränkung der richterlichen Überprüfung auf „grobe Fehlerhaftigkeit" kann sich nur auf eine Inhalts-, nicht eine Rechtskontrolle beziehen.[471] Soweit den Tarifvertragsparteien freilich ein Ermessensspielraum hinsichtlich der Bewertung der Sozialdaten zur Verfügung gestellt wird, begründet das Gesetz eine Inhaltskontrolle aller Kollektivvereinbarungen, allerdings beschränkt auf Fälle der groben Fehlerhaftigkeit, also der Ermessensüberschreitung oder ihres Nichtgebrauchs.[472]

bb) Unkündbarkeitsklausel. Tarifverträge sehen breitflächig den Ausschluß der Kündigung mit Erreichen einer bestimmten Altersgrenze und nach einer bestimmten Dauer der Betriebszugehörigkeit vor;[473] das bekannteste Beispiel bildet § 53 Abs. 3 BAT, der nach einer Beschäftigungszeit von 15 Jahren die Kündigung von Angestellten, die das 40. Lebensjahr vollendet haben, ausschließt. Die tarifvertragliche Einräumung einer Dauer- oder Le-

---

[466] BAG 19. 1. 1973 AP Nr. 5 zu § 626 BGB Ausschlußfrist *(Hölters)*.
[467] Ebenso *Däubler*, Tarifvertragsrecht, Rnr. 949; *Säcker/Oetker*, Tarifautonomie, S. 186; zurückhaltend *Reuter*, ZfA 1978, S. 34.
[468] BAG 11. 3. 1976 AP Nr. 1 zu § 95 BetrVG 1972 *(G. Hueck)*; BAG 18. 1. 1990 AP Nr. 19 zu § 1 KSchG 1969 Soziale Auswahl.
[469] *Obiter dictum* in BAG 8. 8. 1985 AP Nr. 10 zu § 1 KSchG 1969 Soziale Auswahl; *Löwisch/Rieble*, § 1 TVG, Rnr. 89, 582; *Weller*, RdA 1986, S. 222, 229.
[470] Vgl. zur alten und neuen Rechtslage *Ascheid*, RdA 1997, S. 333, 339 ff.
[471] Ebenso *Ascheid*, RdA 1997, S. 333, 341 f.; abw. *Lorenz*, Betrieb 1996, S. 1973, 1974.
[472] Zurückhaltend *Ascheid*, RdA 1997, S. 333, 347; *Bader*, NZA 1996, S. 1125, 1131.
[473] Vgl. *Kania/Kramer*, RdA 1995, S. 287, 288; *Schwerdtner*, in: Festschrift für Rudolf Kissel (1994), S. 1077; *Weller*, RdA 1986, S. 222, 229; *Wendeling-Schröder*, in: Festschrift für Karl Kehrmann (1997), S. 321. Siehe dazu weiter die Tarifauswertung des Bundesministers für Arbeit und Sozialordnung v. 31. 12. 1990, abgedruckt bei: *Halbach/Paland/Schwedes/Wlotzke*, Übersicht über das Recht der Arbeit, Nr. 2/478.

bensstellung kann freilich nur die ordentliche, nicht die außerordentliche Kündigung einschränken oder beseitigen, da das zwingende Recht der Kündigung aus wichtigem Grund bei allen Dauerschuldverhältnissen insoweit vorgeht.

538 – Eine Verstärkung des Kündigungsschutzes durch den Tarifvertrag und damit der Ausschluß der ordentlichen Kündigung ist zweifellos zulässig, bestritten aber die *Auswirkung* einer solchen Vorschrift auf die Kündigungsmöglichkeit gegenüber Kollegen des geschützten Arbeitnehmers im Rahmen der **Sozialauswahl** nach § 1 Abs. 3 KSchG. Greift der kollektivvertragliche Sonderschutz ein, so wird der „Auswahlpool" kleiner, die Chancen der übrigen Arbeitnehmer auf Beibehaltung ihres Arbeitsplatzes vermindern sich. Die Frage ist im Schrifttum heftig umstritten, sowohl für arbeitsvertragliche wie für tarifvertragliche Regelungen. Es werden mehrere Lösungsmöglichkeiten angeboten: (1) die unkündbaren Arbeitnehmer werden in die Sozialauswahl einbezogen; würde die Kündigung dann Arbeitnehmer mit Sonderschutz treffen, so muß die Kündigung unterbleiben; (2) die unkündbaren Arbeitnehmer werden in die Sozialauswahl einbezogen; betrifft die Kündigung einen Arbeitnehmer mit Sonderschutz, so entfaltet der Tarifvertrag entweder überhaupt keine Wirkung[474] oder der Sonderschutz kann jedenfalls eine außerordentliche Kündigung nicht verhindern;[475] (3) die durch die Unkündbarkeitsklausel begünstigten Arbeitnehmer bleiben bei der Sozialauswahl unberücksichtigt.[476] Im Urteil des Bundesarbeitsgerichts vom 8. 8. 1985[477] wird die Frage nicht behandelt. Dort war nur zu entscheiden, ob tarifvertragliche Unkündbarkeitsklauseln zugleich Richtlinien über die personelle Auswahl bei betriebsbedingten Kündigungen nach Maßgabe des § 95 BetrVG enthalten, welches das Bundesarbeitsgericht verneint bzw. von einer ausdrücklichen Klarstellung im Tarifvertrag abhängig macht. Die beiden zuletzt genannten Lösungsvorschläge lassen sich gleichmäßig vertreten. Man kann sich für eine Kündigungsmöglichkeit „aus minder wichtigem Grund" (besser: eine Möglichkeit zur außerordentlichen Kündigung; vgl. dazu sogleich Rnr. 539) einsetzen, die tarifvertraglichen Unkündbarkeitsregeln aber auch beim Wort nehmen. Bei einzelvertraglichen Kündigungsbeschränkungen wäre zu bedenken, daß sie zwar keinen Vertrag zu Lasten, wohl aber einen Vertrag mit Lastwirkung für Dritte beinhalten, also keineswegs generell unbedenklich sind.[478] Für Tarifvertragspar-

---

[474] So für Tarifklauseln *Gamillscheg*, Kollektives Arbeitsrecht I, § 16 II 2 b, S. 690; *Löwisch*, § 1 KSchG, Rnr. 323; *Löwisch/Rieble*, § 1 TVG, Rnr. 565; *Löwisch*, Betrieb 1998, S. 877, 881.
[475] So Hueck/*v. Hoyningen-Huene*, § 1 KSchG, Rnr. 458; *Säcker/Oetker*, Tarifautonomie, S. 187, 188.
[476] So *Ascheid*, RdA 1997, S. 333, 335; *Bitter/Kiel*, RdA 1994, S. 33, 354; KR/*Etzel*, § 1 KSchG, Rnr. 574 a; *Herschel*, AuR 1977, S. 137, 143; Stahlhacke/*Preis*, Kündigung und Kündigungsschutz im Arbeitsverhältnis, 6. Aufl. 1995, Rnr. 662; *Weller*, RdA 1986, S. 222, 230; *Wendeling-Schröder*, in: Festschrift für Karl Kehrmann (1997), S. 321, 324; *Zöllner*, in: Festschrift für Gerhard Müller (1981), S. 665, 684.
[477] BAG 8. 8. 1985 AP Nr. 10 zu § 1 KSchG 1969 Soziale Auswahl.
[478] Vgl. *Habersack*, Vertragsfreiheit und Drittinteressen, 1992, S. 57ff.; abw. *Kania/Kramer*, RdA 1995, S. 287, 288; KR/*Becker*, § 1 KSchG, Rnr. 349; *Schaub*, RdA

teien wie für den staatlichen Gesetzgeber (vgl. § 15 BetrVG, § 2 ArbPlSchG) greift dieser Gesichtspunkt nicht ein. Unter Beachtung des Gleichheitssatzes ist jeder Normgeber berechtigt, Vergünstigungen und Belastungen innerhalb der Arbeitnehmerschaft zu verteilen.[479] Die Auslegung des KSchG ist insoweit noch offen. Daß die Herausnahme der tarifvertraglich geschützten Arbeitnehmer aus der Sozialauswahl von vornherein dem Sinn des § 1 Abs. 3 KSchG widerspricht, ist nicht zutreffend; das KSchG geht von einem vorgegebenen Arbeitnehmerreservoir aus, das es von sich aus nicht korrigiert. Während kollektivrechtliche Auswahlrichtlinien unmittelbar das Verhältnis der Arbeitnehmer untereinander betreffen und folglich von den Grundstrukturen der Sozialauswahl nicht abweichen dürfen, wirken sich tarifvertragliche Kündigungsbeschränkungen lediglich reflexartig dadurch auf die soziale Auswahl aus, daß anhand einer Vorentscheidung der für die Sozialauswahl relevante Personenkreis verringert wird.[480] Um den Konflikt zu entschärfen, wird man einen Tarifvertrag im Zweifel dahin auslegen, daß die Unkündbarkeitsregel die Einbeziehung des Arbeitnehmers in eine Sozialauswahl nicht ausschließen soll, der Arbeitnehmer also vor einer aus diesem Anlaß ausgesprochenen außerordentlichen Kündigung nicht geschützt wird.[481]

– Keine geringeren Schwierigkeiten bereitet die Auswirkung der Unkündbarkeitsklausel auf Zulässigkeit und Umfang der **Kündigung aus wichtigem Grund**. Für Arbeitsverhältnisse, deren ordentliche Kündigung ausgeschlossen ist, deren Fortsetzung aber infolge veränderter Umstände wegen Wegfalls der Geschäftsgrundlage nicht tragbar erscheint, schuf man zunächst eine Kündigung aus „minder wichtigem Grund", die sich teilweise an Voraussetzungen der ordentlichen Kündigung anlehnte. Das Bundesarbeitsgericht gab diese Ansicht bereits 1985 auf und entschied, daß eine Betriebsstillegung geeignet sei, eine außerordentliche Kündigung auszusprechen, bei der die gesetzliche oder tarifvertragliche Kündigungsfrist für ordentliche Kündigungen einzuhalten sei.[482] In seiner jüngsten Entscheidung erweitert das BAG diesen Ansatz zu einer Gesamtlösung.[483] Der kündigungsrechtliche Senat betont, Art. 12 Abs. 1 GG garantiere dem Arbeitgeber die Möglichkeit, sein Unternehmen aufzugeben und genauso das Recht, darüber zu entscheiden, welche Größenordnung sein Unternehmen haben soll. Aus diesem Grund seien Beendigungsmöglichkeiten,

---

1981, S. 371, 375; Stahlhacke/*Preis,* Kündigung und Kündigungsschutz im Arbeitsverhältnis, 6. Aufl. 1995, Rnr. 622.
[479] Abw. *Gamillscheg,* Kollektives Arbeitsrecht I, § 16 II 2b, S. 690.
[480] Ebenso *Wendeling-Schröder,* in: Festschrift für Karl Kehrmann (1997), S. 321, 323 f.
[481] In der gleichen Richtung *Kempen/Zachert,* Grundl., Rnr. 213.
[482] BAG 28. 3. 1985 AP Nr. 86 zu § 626 BGB *(Herschel)* = EzA § 626 n. F. Nr. 96 *(Buchner);* vgl. dazu schon früher BAG 8. 10. 1957 AP Nr. 16 zu § 626 BGB; BAG 4. 6. 1964 AP Nr. 3 zu § 133b GewO *(A. Hueck);* später BAG 29. 8. 1991 AP Nr. 58 zu § 102 BetrVG 1972; BAG 22. 7. 1992 EzA § 626 BGB n. F. Nr. 141.
[483] BAG 5. 2. 1998, Betrieb 1998, S. 1035 = EWiR § 626 BGB 2/98, S. 537 *(Wiedemann)* = SAE 1998, S. 214 *(Schleusener);* vorbereitet von *Bröhl,* in: Festschrift für Günter Schaub (1998), S. 55, 65 ff.; begleitet von *Löwisch,* Betrieb 1998, S. 877, 880.

die der Anpassung des Arbeitnehmerbestandes an die Entwicklung des Unternehmens dienen, unverzichtbar. Für diese außerordentliche Kündigung seien aber einerseits die formellen Voraussetzungen der ordentlichen Kündigung einzuhalten (Kündigungsfrist, Beteiligungsrechte des Betriebs- oder Personalrats), andererseits die Voraussetzung des § 626 Abs. 2 BGB entbehrlich. Im Ergebnis gibt es damit zwei verschiedene Spielarten der irregulären Vertragsbeendigung: die Kündigung wegen Zerstörung des *Vertrauensverhältnisses* – das ist die Kündigung aus wichtigem Grund (Entlassung), und: die Kündigung wegen Zerstörung des *Äquivalenzverhältnisses* – das ist die **außerordentliche Kündigung,** die nicht auf minder wichtigen, sondern auf anders gelagerten wichtigen Gründen beruht. Die Kündigung nach § 626 BGB orientiert sich am sofort notwendigen Abbruch des Vertragsverhältnisses, die außerordentliche Kündigung beruht auf der eingetretenen Undurchführbarkeit des Leistungsaustauschs. Der Unterschied in den Grundlagen der Vertragsbeendigung rechtfertigt auch die Unterschiede im Verfahren betr. Kündigungsfrist, Sozialauswahl und Geltendmachung.

539 a cc) Die Erstreckung des Kündigungsschutzes auf den **kündigungsschutzfreien Bereich** im Tarifvertrag ist bestritten.[484] In Frage kommt einmal eine tarifvertragliche Ausdehnung der gesetzlichen Regeln auch auf Kleinbetriebe mit weniger als 10 Arbeitnehmern sowie weiter eine Erstreckung des Kündigungsschutzes auf die Wartezeit gem. § 1 Abs. 1 KSchG. Da die staatlichen Arbeitsschutzgesetze im Zweifel nur einen Mindest- nicht aber einen Höchstschutz für die Arbeitnehmer einführen wollen, gehört die Verbesserung des Arbeitsplatzschutzes in der Wartezeit und in Kleinbetrieben zu den durch Art. 9 Abs. 3 GG gedeckten Aufgaben der Tarifvertragsparteien. In ihrer Hand muß es liegen, ein ausgewogenes Verhältnis zwischen der Unternehmerfreiheit und dem Schutz des einzelnen Arbeitnehmers herzustellen; vgl. zur Richtigkeitsgewähr des Tarifvertrages ausführlich oben § 1 Rnr. 225 f.

540 b) **Kündigung aus wichtigem Grund.** Ein tarifvertraglicher Ausschluß des fristlosen Kündigungsrechtes des Arbeitgebers oder des Arbeitnehmers ist unwirksam;[485] die §§ 54, 55 BAT können nur die nach § 626 BGB geltende Rechtslage übernehmen.[486] Das Recht zur Kündigung eines Dauerschuldverhältnisses aus wichtigem Grund gehört zu den zwingenden Grundprinzipien des Privatrechts.[487] Die Tarifvertragsparteien können den wichtigen Grund durch Leitlinien oder Beispielfälle konkretisieren, das Maß des Zu-

---

[484] Vgl. BAG 13. 6. 1996 AP Nr. 21 zu § 1 TVG Tarifverträge: Lufthansa; *Löwisch,* Betrieb 1998, S. 877, 881; *Preis,* NZA 1997, S. 1256, 1259.
[485] Allg. Ansicht; BAG 6. 11. 1956 AP Nr. 14 zu § 626 BGB *(Bötticher);* BAG 11. 7. 1958 AP Nr. 27 zu § 626 BGB *(Pohle/Hueck);* BAG 18. 12. 1961 AP Nr. 1 zu § 626 BGB Kündigungserschwerung *(Nikisch);* BAG 19. 1. 1973 AP Nr. 5 zu § 626 BGB Ausschlußfrist *(Hölters);* Löwisch/ *Rieble,* § 1 TVG, Rnr. 561; *Säcker/Oetker,* Tarifautonomie, S. 183; zurückhaltend *Gamillscheg,* AuR 1981, S. 105, 108.
[486] BAG 20. 4. 1977 AP Nr. 1 zu § 54 BAT *(Zängl);* BAG 17. 5. 1984 AP Nr. 3 zu § 55 BAT *(Scheuring);* BAG 31. 1. 1996 AP Nr. 13 zu § 626 BGB Druckkündigung.
[487] Vgl. *Oetker,* Das Dauerschuldverhältnis und seine Beendigung, 1994, S. 265; Staudinger/ *Preis,* § 626 BGB, Rnr. 38.

mutbaren in § 626 BGB darf dadurch aber nicht überschritten werden (keine *Kündigungserschwerung*)[488], auf der anderen Seite nicht jeder beliebige Grund zum wichtigen Grund erklärt werden (keine *Kündigungserleichterung*)[489]. Unzulässig ist deshalb eine Vereinbarung, daß nur bestimmte Gründe eine außerordentliche Kündigung rechtfertigen sollen, oder eine Klausel, wonach neben die gesetzlich vorgesehene fristlose Kündigung aus wichtigem Grund eine außergewöhnliche befristete Kündigung treten soll.[490] Das schließt nicht aus, daß die Tarifvertragsparteien Leitlinien oder Maßstäbe aufstellen, die für die Gerichtsbarkeit allerdings nicht verbindlich sind.

c) Verfahrensregeln. Besondere Bedeutung kommt auch solchen tarifvertraglichen Bestimmungen über die Beendigung des Arbeitsverhältnisses zu, die die Form und das Verfahren der Kündigung ausgestalten oder Regelungen über die Kündigungsfristen enthalten.

aa) Form. Eine bestimmte Form ist für die Kündigung gesetzlich nicht vorgeschrieben, so daß sie grundsätzlich auch mündlich wirksam erklärt werden kann. In Tarifverträgen können jedoch besondere Formvorschriften für Kündigungen festgelegt werden.[491] So ist z.B. bei Massenkündigungen die Vereinbarung einer Kündigung durch Aushang, bei Einzelkündigungen die Festsetzung der Schriftform möglich. Die Kündigung muß dann schriftlich und vom Kündigenden eigenhändig unterschrieben oder mittels notariell beglaubigten Handzeichens unterzeichnet sein (§ 126 Abs. 1 BGB). Regelmäßig handelt es sich bei diesen Schriftformklauseln um solche konstitutiven Charakters.[492] Auch auf die Angabe der Kündigungsgründe kann das Schriftformerfordernis erstreckt werden. Wird die tarifvertraglich vorgeschriebene Form nicht eingehalten, so ist die Kündigung nach § 125 Satz 1 BGB nichtig.[493]

bb) Fristen. Seit dem 15. 10. 1993 gelten für Arbeiter und Angestellte in § 622 BGB geregelte einheitliche Kündigungsfristen. Nachdem das Bundesverfassungsgericht mit Beschluß vom 30. 5. 1990 entschieden hatte, daß Kündigungsfristen für Arbeiter in § 622 Abs. 2 BGB a. F. mit dem allgemeinen Gleichheitssatz des Art. 3 Abs. 1 GG unvereinbar sind und den Gesetzgeber mit der Neuregelung beauftragte, enthält der neue § 622 BGB nun in Abs. 1 die für Arbeiter und Angestellte einheitliche Grundkündigungsfrist von 4 Wo-

---

[488] Ebenso BAG 8. 8. 1963 AP Nr. 2 zu § 626 BGB Kündigungserschwerung *(Bötticher)*; keine Erschwerung durch Einzelarbeitsvertrag; MünchKomm/*Schwerdtner*, § 626 BGB, Rnr. 54; *Säcker/Oetker*, Tarifautonomie, S. 183; Staudinger/*Preis*, § 626 BGB, Rnr. 41; abw. *Däubler*, Tarifautonomie, Rnr. 951 f.; *Gamillscheg*, Kollektives Arbeitsrecht I, § 18 V 1 a, S. 836; *Wendeling-Schröder*, in: Festschrift für Karl Kehrmann (1997), S. 321, 328; zweifelhaft BAG 9. 9. 1992 AP Nr. 3 zu § 626 BGB Krankheit.

[489] Ebenso BAG 17. 4. 1956 AP Nr. 8 zu § 626 BGB *(A. Hueck)*; BAG 19. 12. 1974 AP Nr. 3 zu § 620 BGB Bedingung *(G. Hueck)*; Erweiterung durch Einzelarbeitsvertrag.

[490] BAG 19. 1. 1973 AP Nr. 5 zu § 626 BGB Ausschlußfrist *(Hölters)*.

[491] Löwisch/*Rieble*, § 1 TVG, Rnr. 581; MünchArbR/*Berkowsky*, § 129, Rnr. 11.

[492] *Däubler*, Tarifvertragsrecht, Rnr. 935; *Schaub*, Arbeitsrechts-Handbuch, § 123 IV 2, S. 1085.

[493] BAG 9. 2. 1972 AP Nr. 1 zu § 4 BAT; BAG 6. 9. 1972 AP Nr. 2 zu § 4 BAT; *Däubler*, Tarifvertragsrecht, Rnr. 935; MünchArbR/*Berkowsky*, § 129, Rnr. 11; *Schaub*, Arbeitsrechts-Handbuch, § 123 IV 2, S. 1085.

chen. Der Gesetzgeber hält mit der Neuregelung an der Tarifdispositivität der Kündigungsfristen fest. § 622 Abs. 4 Satz 1 BGB gestaltet alle Kündigungsfristen (Grundkündigungsfrist, verlängerte Kündigungsfrist, Kündigungsfrist während der Probezeit) tarifdispositiv, um den Tarifvertragsparteien die Berücksichtigung der Besonderheiten einzelner Wirtschaftsbereiche oder Beschäftigungsgruppen und somit sachnahe Regelungen zu ermöglichen.[494]

544 (1) Tarifverträge können ohne weiteres die Fristen für die ordentliche Kündigung **verlängern.** Dies gilt sowohl für die arbeitgeberseitige Kündigung wie auch für die vom Arbeitnehmer ausgehende Kündigung.[495] Nach § 622 Abs. 6 BGB darf aber für die Kündigung des Arbeitsverhältnisses durch den Arbeitnehmer keine längere Frist vereinbart werden als für die Kündigung durch den Arbeitgeber. Im Gegensatz zur alten Fassung ist dieses Verbot nicht mehr auf einzelvertragliche Abreden beschränkt, sondern untersagt ein Abweichen nun auch den Tarifvertragsparteien.

545 Mit umfaßt von der in § 622 Abs. 4 Satz 1 BGB vorgesehenen Tarifdispositivität sind neben den Kündigungsfristen und Kündigungsterminen nach der Begründung des Gesetzesentwurfs auch die Voraussetzungen, unter denen der Anspruch auf verlängerte Kündigungsfristen entsteht (Dauer der Betriebszugehörigkeit, Berechnung der Betriebszugehörigkeit ab einem bestimmten Alter).[496] Damit sind die vom Bundesarbeitsgericht[497] im Jahre 1991 geäußerten Zweifel an der Zulässigkeit der Veränderung der Voraussetzungen verlängerter Kündigungsfristen nun beseitigt.

546 Gemäß § 622 Abs. 4 Satz 1 BGB n. F. können durch Tarifvertrag für die ordentliche Kündigung auch **kürzere** als die gesetzlich vorgesehenen Fristen vereinbart werden. Zulässig ist sogar ein Kündigungsfristausschluß, also eine sofortige ordentliche Kündigung.[498] In diesem Fall muß jedoch aus der tarifvertraglichen Regelung eindeutig hervorgehen, daß es sich trotz der Entfristung um eine ordentliche Kündigung handelt, bei der dann weiterhin die Grundsätze der Sozialauswahl zu beachten sind.[499]

547 Gegenüber dem alten Recht unverändert geblieben ist § 622 Abs. 4 Satz 2 BGB, der die einzelvertragliche *Bezugnahme* auf tarifvertragliche Fristenregelungen zuläßt, sofern das Arbeitsverhältnis im Geltungsbereich des Tarifvertrages besteht. Die Bezugnahme kann sich sowohl auf den ganzen Tarifvertrag als auch lediglich auf die gesamten Kündigungsfristvorschriften erstrecken; jedoch nicht nur auf einzelne, ausgewählte Teile dieser Regelung.[500]

---

[494] BT-Drucks. 12/4902, S. 7, 9.
[495] *Däubler,* Tarifvertragsrecht, Rnr. 938.
[496] BT-Drucks. 12/4302, S. 9; *Adomeit/Thau,* NJW 1990, S. 11, 14; *Preis/Kramer,* Betrieb 1993, S. 2125, 2128; Stahlhacke/*Preis,* Kündigung und Kündigungsschutz im Arbeitsverhältnis, 6. Aufl. 1995, Rnr. 378; *Wank,* NZA 1993, S. 961; *Worzalla,* NZA 1994, S. 145.
[497] BAG 29. 8. 1991 AP Nr. 32 zu § 622 BGB.
[498] BAG 2. 8. 1978 AP Nr. 1 zu § 55 MTL II *(Göller)*; BAG 4. 6. 1987 AP Nr. 16 zu § 1 KSchG 1969 Soziale Auswahl; Löwisch/*Rieble,* § 1 TVG, Rnr. 573; Stahlhacke/*Preis,* Kündigung und Kündigungsschutz im Arbeitsverhältnis, 6. Aufl. 1995, Rnr. 379.
[499] BAG 4. 6. 1987 AP Nr. 16 zu § 1 KSchG 1969 Soziale Auswahl.
[500] So auch Stahlhacke/*Preis,* Kündigung und Kündigungsschutz im Arbeitsverhältnis, 6. Aufl. 1995, Rnr. 384; *Wank,* NZA 1993, S. 961, 965.

(2) Fraglich ist, ob auch nach der Einführung der einheitlichen gesetzli- 548
chen Kündigungsfristen für Arbeiter und Angestellte eine **tarifvertragliche
Differenzierung** noch gerechtfertigt sein kann. Durch das Kündigungsfristengesetz bleiben abweichende eigenständige tarifvertragliche Regelungen unberührt. Um die Wirksamkeit bestehender tarifvertraglicher Kündigungsfristen und die Auswirkungen des Inkrafttretens des Kündigungsfristengesetzes zu klären, ist zunächst festzustellen, ob die jeweilige Tarifvertragsregelung konstitutiven oder deklaratorischen Charakter hat. Maßgeblich für diese Entscheidung ist der Wille der Tarifvertragsparteien, wie er in den tarifvertraglichen Normen erkennbar seinen Niederschlag gefunden hat.[501] Konstitutive tarifvertragliche Vorschriften, die bei der Regelung der Kündigungsfristen eine Differenzierung zwischen Arbeitern und Angestellten vorsehen, sind nach Auffassung des Bundesarbeitsgerichts unter bestimmten Voraussetzungen weiterhin zulässig. Es sei jeweils im Einzelfall zu prüfen, ob die selbständige Kündigungsregelung mit dem Gleichheitssatz des Art. 3 Abs. 1 GG, an den die Tarifvertragspartner uneingeschränkt gebunden sind, vereinbar ist und ein sachlicher Grund für die Differenzierung besteht.[502] An sachlichen Gründen für eine unterschiedliche Regelung fehlt es, wenn eine schlechtere Rechtsstellung der Arbeiter im Hinblick auf ihre Kündigungsfristen nur auf einer pauschalen Differenzierung zwischen den Gruppen der Angestellten und der Arbeiter beruht.[503] Sachlich gerechtfertigt sind hingegen hinreichend gruppenspezifisch ausgestaltete unterschiedliche Regelungen, die z. B. entweder nur eine verhältnismäßig kleine Gruppe nicht intensiv benachteiligen oder funktions-, branchen- oder betriebsspezifischen Interessen im Geltungsbereich eines Tarifvertrages mit Hilfe verkürzter Kündigungsfristen für Arbeiter entsprechen.[504] Letzteres ist nach der Rechtsprechung des Bundesarbeitsgerichts z. B. dann anzunehmen, wenn Arbeiter „überwiegend" in der Produktion beschäftigt werden.[505] Für die vorwiegende Beschäftigung von Arbeitern im Produktionssektor hat das Bundesarbeitsgericht einen Arbeiteranteil von 75% genügen lassen. Der Senat hat jedoch darauf hingewiesen, ein Bedürfnis nach erhöhter personalwirtschaftlicher Flexibilität als Sachgrund für die Ungleichbehandlung von Arbeitern und Angestellten hinsichtlich der Grundkündigungsfristen bestehe nicht schon generell wegen des größeren Umfangs des Einsatzes von Arbeitern in der Produktion ohne Rücksicht auf die Verhältnisse in der jeweiligen Branche.[506] Im Gartenbau soll die Witterungsabhängigkeit der Tätigkeit sehr kurze Kündigungsfristen speziell bei Arbeitern rechtfertigen.[507] Aus ähnlichem Grunde hat das Bundesarbeitsge-

---

[501] BAG 5. 10. 1995 AP Nr. 48 zu § 622 BGB; BAG 14. 2. 1996 AP Nr. 50 zu § 622 BGB.
[502] BAG 23. 1. 1992 AP Nr. 36, BAG 2. 4. 1992 AP Nr. 38, BAG 4. 3. 1993 AP Nr. 40 *(Hergenröder)* und BAG 10. 3. 1994 AP Nr. 44 zu § 622 BGB = SAE 1996, S. 104 *(Buchner)*; BAG 11. 8. 1994 AP Nr. 31 zu § 1 KSchG 1969 Krankheit.
[503] BAG 2. 4. 1992 AP Nr. 38 zu § 622 BGB; Löwisch/*Rieble*, § 1 TVG, Rnr. 562.
[504] BAG 2. 4. 1992 AP Nr. 38 zu § 622 BGB; Stahlhacke/*Preis*, Kündigung und Kündigungsschutz im Arbeitsverhältnis, 6. Aufl. 1995, Rnr. 387; *Worzalla*, NZA 1994, S. 145, 148.
[505] BAG 2. 4. 1992 AP Nr. 38 zu § 622 BGB.
[506] BAG 4. 3. 1993 AP Nr. 40 zu § 622 BGB *(Hergenröder)*.
[507] BAG 23. 1. 1992 AP Nr. 35 zu § 622 BGB.

richt die kürzeren Kündigungsfristen für Arbeiter im Baugewerbe unbeanstandet gelassen. Die Produktion im Bausektor sei nicht nur auftrags-, sondern auch witterungsabhängig. Auch die für Arbeiter kürzeren Fristen in der Textilindustrie hat das Bundesarbeitsgericht durch mode- und produktbedingte Auftragsschwankungen als gerechtfertigt angesehen.[508] Im Hinblick auf allgemeine Flexibilitätserfordernisse im produktiven Bereich aufgrund produkt- und branchenspezifischer Schwankungen wurden schließlich die kürzeren Fristen für Arbeiter der chemischen Industrie[509] und der Metallindustrie[510] gebilligt. Zwar gilt das Flexibilitätsargument nur für betriebsbedingte Kündigungen, doch kann es von den Tarifvertragsparteien im Hinblick auf ein Bedürfnis nach flexibler Personalwirtschaft wegen des Anteils der betriebsbedingten Kündigungen besonders hoch veranschlagt oder jedenfalls für so ausschlaggebend angesehen werden, daß sie eine einheitliche Regelung für sachgemäß erachten. Den Tarifvertragspartnern ist insoweit im Rahmen der ihnen gewährten Tarifautonomie (Art. 9 Abs. 3 GG) eine sachverständige Beurteilungskompetenz eingeräumt.[511] Allerdings betont das Bundesarbeitsgericht, daß alle Differenzierungsgründe bei *längerer Betriebszugehörigkeit* erheblich an Gewicht verlieren, da die im gleichen Maße erbrachte Betriebstreue der Arbeiter zu berücksichtigen ist. Wenn das Bedürfnis nach flexibler Personalplanung im produktiven Bereich eine kürzere tarifvertragliche Grundkündigungsfrist für überwiegend in der Produktion tätige Arbeiter im Vergleich zu der für Angestellte günstigeren Regelung rechtfertige, so gelte dies nicht ohne weiteres auch für die verlängerten Kündigungsfristen des Tarifvertrages.[512] Die Linie des Bundesarbeitsgerichts findet im Schrifttum Zustimmung.[513]

549 Das Bundesarbeitsgericht erweist sich gegenüber den Tarifvertragsparteien als recht tolerant.[514] Fraglich ist aber, ob das Gericht diese großzügige Rechtsprechung für nach Inkrafttreten des neuen Kündigungsfristengesetzes, welches Arbeiter und Angestellte ausdrücklich gleichstellt, abgeschlossene Tarifvertragsregelungen beibehält. Der Senat hat insoweit ausdrücklich offengelassen, ob für Tarifvertragsklauseln, die nach dem 15. 10. 1993 anfallen, andere Maßstäbe gelten.[515] In solchen nach Inkrafttreten des § 622 BGB n. F. abgeschlossenen Tarifvertragsregelungen ist einer nach Arbeitern und Angestellten geordneten Differenzierung künftig die Anerkennung zu versagen, denn eine sachlich zu rechtfertigende unterschiedliche Behandlung könnte

---

[508] BAG 23. 1. 1992 AP Nr. 36 zu § 622 BGB.
[509] BAG 4. 3. 1993 AP Nr. 40 zu § 622 BGB *(Hergenröder)*.
[510] BAG 10. 3. 1994 AP Nr. 44 zu § 622 BGB.
[511] BAG 23. 1. 1992 AP Nr. 36 zu § 622 BGB; BAG 4. 3. 1993 AP Nr. 40 zu § 622 BGB *(Hergenröder)*.
[512] BAG 2. 4. 1992 AP Nr. 38 zu § 622 BGB; BAG 11. 8. 1994 AP Nr. 31 zu § 1 KSchG 1969 Krankheit.
[513] *Jansen,* Anm. zu BAG 16. 9. 1993 AP Nr. 42 zu § 622 BGB; *Wank,* NZA 1993, S. 961, 966; *Worzalla,* NZA 1994, S. 145, 146; abw. Staudinger/*Preis,* § 622 BGB, Rnr. 82.
[514] So auch *Däubler,* Tarifvertragsrecht, Rnr. 943; *Preis/Kramer,* DB 1993, S. 2125, 2129; Stahlhacke/*Preis,* Kündigung und Kündigungsschutz im Arbeitsverhältnis, 6. Aufl. 1995, Rnr. 392; gegenteiliger Auffassung: *Buchner,* SAE 1996, S. 109, 114.
[515] BAG 10. 3. 1994 AP Nr. 117 zu § 1 TVG Tarifverträge: Metallindustrie.

durchaus z. B. zwischen den Arbeitnehmern im Produktionsbereich und solchen im administrativen Sektor stattfinden und damit Flexibilitätserfordernissen genügen, ohne den Anknüpfungspunkt der Statusgruppen der Arbeiter und Angestellten noch aufgreifen zu müssen.

Wenn die Tarifvertragspartner bei einer Kündigungsfristenregelung in 550 nicht verfassungskonformer Weise von der in § 622 Abs. 4 Satz 1 BGB enthaltenen Tariföffnungsklausel Gebrauch gemacht haben, ist die dadurch entstandene Lücke durch Anwendung der tarifdispositiven Gesetzesnorm zu schließen, d. h. es gelten die gesetzlichen Kündigungsfristen.[516]

(3) Mangels Tarifdispositivität des § 622 BGB kann die 2-Wochen-Frist 551 des § 626 Abs. 2 BGB für die **außerordentliche Kündigung** durch Tarifvertrag nicht verlängert werden; der Arbeitnehmer darf also keiner größeren als der durch die gesetzliche Erklärungsfrist entstehenden Unsicherheit ausgesetzt werden.[517] Desweiteren können die Tarifvertragsparteien auch dem Arbeitgeber das Recht zur Kündigung aus wichtigem Grund nach § 626 BGB nicht durch eine Verkürzung der 2-Wochen-Frist oder die Einführung einer Kündigungsfrist beschränken, da es sich insoweit um einen elementaren Bestandteil der Arbeitsvertragsfreiheit des Arbeitgebers zum Schutz der Person vor unzumutbaren Belastungen und undurchführbar gewordenen Rechtsbeziehungen handelt.[518]

cc) Mitbestimmung. Nach § 102 Abs. 1 Satz 3 BetrVG ist eine ohne 552 Anhörung des Betriebsrats ausgesprochene Kündigung unwirksam. Arbeitgeber und Betriebsrat können gemäß § 102 Abs. 6 BetrVG in einer Betriebsvereinbarung festlegen, daß Kündigungen der Zustimmung des Betriebsrats bedürfen. Die gesetzliche Ermächtigung zum Abschluß einer Betriebsvereinbarung betrifft sowohl die ordentliche wie die außerordentliche Kündigung. Bezüglich der Auswirkungen der Bestimmung des § 102 Abs. 6 BetrVG auf die Befugnisse der Tarifvertragsparteien zur Erweiterung der Mitwirkungsrechte des Betriebsrats ist zwischen ordentlicher und außerordentlicher Kündigung zu unterscheiden.

Da das Recht zur ordentlichen Kündigung durch Parteivereinbarung ein- 553 geschränkt und ausgeschlossen werden kann, bestehen keine Bedenken, daß ein Tarifvertrag das Mitwirkungsrecht des Betriebsrats bei der ordentlichen Kündigung erweitert und die Kündigung entsprechend § 102 Abs. 6 BetrVG an die Zustimmung des Betriebsrats bindet.[519] Eine solche Tarifvertragsnorm

---

[516] BAG 10. 3. 1994 AP Nr. 44 zu § 622 BGB; BAG 11. 8. 1994 AP Nr. 31 zu § 1 KSchG 1969 Krankheit; Stahlhacke/*Preis*, Kündigung und Kündigungsschutz im Arbeitsverhältnis, 6. Aufl. 1995, Rnr. 396.
[517] BAG 19. 1. 1973 AP Nr. 5 zu § 626 BGB Ausschlußfrist (*Hölters*); Däubler, Tarifvertragsrecht, Rnr. 933; Löwisch/*Rieble*, § 1 TVG, Rnr. 570.
[518] BAG 12. 4. 1978 AP Nr. 13 zu § 626 BGB Ausschlußfrist (*Hölters*); BAG 4. 6. 1987 AP Nr. 16 zu § 1 KSchG 1969 Soziale Auswahl; Löwisch/*Rieble*, § 1 TVG, Rnr. 561.
[519] BAG 12. 3. 1987 AP Nr. 47 zu § 102 BetrVG 1972; BAG 10. 2. 1988 AP Nr. 53 zu § 99 BetrVG 1972 (*Lund*); Däubler/*Kittner*/Klebe, 5. Aufl. 1996, § 102 BetrVG, Rnr. 315; Fitting/*Kaiser*/Heither/Engels, 18. Aufl. 1996, § 102 BetrVG, Rnr. 75; KR/*Etzel*, § 102 BetrVG, Rnr. 244; Löwisch/*Rieble*, § 1 TVG, Rnr. 583; a. A.: GK-BetrVG/*Kraft*, § 102, Rnr. 150; *Schlochauer,* in: Hess/Schlochauer/Glaubitz, § 102 BetrVG, Rnr. 198.

berührt zwar die Unternehmensautonomie; da jedoch bei fehlender Einigung die paritätisch besetzte Einigungsstelle nach § 76 Abs. 5 Satz 3 BetrVG für einen gerechten Ausgleich zwischen den unternehmerischen Interessen des Arbeitgebers und den sozialen Belangen der Arbeitnehmer zu sorgen hat und dem Arbeitgeber gegen ermessensfehlerhafte Entscheidungen nach § 76 Abs. 5 Satz 4 BetrVG der Rechtsweg vor den Arbeitsgerichten offen steht, wird das Grundrecht des Arbeitgebers aus Art. 12 Abs. 1 GG nach Ansicht des Bundesarbeitsgerichts nicht verletzt.[520]

554 Das Recht zur außerordentlichen Kündigung nach § 626 BGB kann der Tarifvertrag hingegen nicht einschränken. Eine solche Beschränkung läge in der Bindung der außerordentlichen Kündigung an die Zustimmung des Betriebsrats.[521] Das Kündigungsrecht aus wichtigem Grund ist ein fundamentales Recht des Arbeitgebers und zählt, wie ausgeführt, zu den zwingenden Grundprinzipien des Privatrechts, so daß der Arbeitgeber nicht gezwungen werden kann, mit für ihn unzumutbaren Arbeitnehmern weiter zusammenzuarbeiten. Ob 102 Abs. 6 BetrVG das das gesamte Privatrecht durchziehende Prinzip des Kündigungsrechts aus wichtigem Grund einschränken kann, ist zweifelhaft.[522] Die Frage kann hier offenbleiben.

D. Normen zu betrieblichen und betriebsverfassungsrechtlichen Fragen

I. Betriebliche Normen

Schrifttum: *Volker Beuthien,* Unternehmerische Mitbestimmung kraft Tarif- oder Betriebsautonomie, ZfA 1983, S. 141–169; *Hans-Theo Brecht,* Tarifliche und betriebliche Regelungen zum Schutz der Arbeitnehmer bei Rationalisierung, Automation und Stillegung, BABl. 1968, S. 210–213; *Herbert Buchner,* Die Umsetzung der Tarifverträge im Betrieb. Bewältigtes und Unbewältigtes aus dem Spannungsverhältnis tariflicher und betrieblicher Regelungsbefugnis, RdA 1990, S. 1–18; *Thomas Dieterich,* Die betrieblichen Normen nach dem TVG vom 9. 4. 1949, Heidelberg 1964; *Öner Eyrenzi,* Die Solidarnormen im deutschen und schweizerischen kollektiven Arbeitsrecht, Diss. Freiburg 1975; *Franz Gamillscheg,* Tarifverträge über die Organisation der Betriebsverfassung, in: Festschrift für Karl Molitor (1988), S. 133–157; *Hans Hanau,* Zur Verfassungsmäßigkeit von tariflichen Betriebsnormen am Beispiel der qualitativen Besetzungsregeln, RdA 1996, S. 158–181; *Alfred Hueck,* Normen des Tarifvertrages über betriebliche und betriebsverfassungsrechtliche Fragen, BB 1949, S. 530–532; *Helmar Ingelfinger,* Arbeitsplatzgestaltung durch Betriebsnormen, Berlin 1996; *Volker Jahnke,* Tarifautonomie und Mitbestimmung, München 1984; *Alfons Kraft,* Probleme im Spannungsfeld zwischen Betriebsverfassungsrecht und Koalitionsfreiheit, ZfA 1973, S. 243–262; *Theo Mayer-Maly,* Grundsätzliches und Aktuelles zum Tendenzbetrieb, BB 1973, S. 761–769; *Axel Aino Schleusener,* Der Begriff der betrieblichen Norm im Lichte der negativen Koalitionsfreiheit (Art. 9 Abs. 3 GG) und des Demokratieprinzips (Art. 20 GG), ZTR 1998, S. 100–109; *Christoph Schmidt-Eriksen,* Tarifvertragliche Betriebsnormen. Zum Konflikt individueller und kollektiver Gestaltung des Arbeitsverhältnisses und zur Reichweite tariflicher Gestaltungsmacht gegenüber dem

---

[520] BAG 10. 2. 1988 AP Nr. 53 zu § 99 BetrVG 1972 *(Lund).*
[521] A. A.: KR/*Etzel,* § 102 BetrVG, Rnr. 244; Löwisch/*Rieble,* § 1 TVG, Rnr. 584.
[522] Vgl. *Erdmann/Jürging/Kammann,* 1972, § 102 BetrVG, Rnr. 69; *Gumpert,* BB 1972, S. 47, 48.

Arbeitgeber, Baden-Baden 1992; *Heinz-Jochen Schulz,* Umfang und Wirkung tariflicher Betriebsnormen, Diss. München 1965; *Roland Schwarze,* Der Betriebsrat im Dienste der Tarifvertragsparteien, Berlin 1993; *Peter Schwerdtner,* Das Rechtsverhältnis zwischen Verleger und Redakteur. Innere Pressefreiheit und Arbeitsrecht, BB 1971, S. 833–840; *Joachim Weyand,* Die tarifvertragliche Mitbestimmung unternehmerischer Personal- und Sachentscheidungen. Eine Studie über die Zulässigkeit und die Möglichkeit der Mitbestimmung durch Tarifvertrag unter besonderer Berücksichtigung ihrer historischen Entwicklung, Baden-Baden 1989; *ders.,* Die tarifvertragliche Mitbestimmung im Bereich der Arbeitsorganisation, AuR 1991, S. 65–76;

1. Entwicklung

a) Die sog. betrieblichen Normen wurden bereits von *Hugo Sinzheimer* ausgearbeitet.[523] Er löste den Inhalt des Arbeitsverhältnisses in Individual- und Solidarbeziehungen auf. Unter den gemeinschaftlichen Beziehungen verstand er nicht gemeinsame generelle Arbeitsbedingungen, die nur die „Summierung von inhaltlich gleichen Einzelbeziehungen" darstellten, wie gleicher Lohn und gleiche Arbeitszeit oder „Gemeinschaftsleistungen, die sich stets in Einzelbeziehungen auflösen", wie beim Gruppenakkord die Verteilung der Akkordsumme, sondern er meinte Beziehungen, die ausschließlich kollektiv wirken und deshalb auch nur kollektiv konsumiert werden können (Nutzung der Betriebsräume, Kantinen, Baderäume, Gebrauch von Arbeitsmitteln und weitere Verwendung der Arbeitsgegenstände, Zusammensetzung und Gliederung der Belegschaft). Nach Ansicht von *Sinzheimer* konnte eine Einzelabrede zwischen Arbeiter und Arbeitgeber solche Solidarverhältnisse kaum schaffen, weil die Machtposition des einzelnen Arbeitnehmers zu schwach ist, um auch gemeinschaftliche Arbeitsinteressen zur vertraglichen Regelung zu bringen. Er sah es deshalb als eine wesentliche Aufgabe des Tarifvertrages an, auch diese gemeinschaftlichen Interessen der Arbeiter eines Betriebes oder einer Betriebsabteilung wahrzunehmen und durch Solidarnormen das Recht des Arbeitgebers zur Alleinbestimmung zu beschränken. Seiner Ansicht nach erzeugten die Solidarnormen lediglich einen Solidaranspruch im Sinne des § 432 BGB. Diese Lehre von der kollektiven Verpflichtung des Arbeitgebers, die dem Arbeitnehmer nur als Glied der Belegschaft zugute kommen kann, setzte sich zunächst allgemein durch.

b) Bei der Vorbereitung des Gesetzes stand die Erweiterung des normativen Teils des Tarifvertrages gegenüber der TarifVO 1918 im Vordergrund. Auf den Vorschlag von *Nipperdey*[524] geht es zurück, daß nicht nur die Abschluß- und Beendigungsnormen, sondern auch solche zu betrieblichen und betriebsverfassungsrechtlichen Fragen im Gesetz neu aufgenommen werden sollten. Sämtliche **Entwürfe** des Gesetzes sahen dementsprechend eine Erweiterung auf betriebliche und betriebsverfassungsrechtliche Fragen vor, die offensichtlich von allen an der Gesetzgebung beteiligten Kräften unterstützt wurde. Eine Begründung dazu wurde im Referentenentwurf (Lemgoer Entwurf) zu § 3 Abs. 1 dahin gegeben:

„(2) Was die normativen Bestimmungen anlangt, so sieht der Entwurf eine wesentliche Erweiterung in mehreren Punkten vor. Zunächst bezieht er in die Zuständigkeit

---

[523] *Hugo Sinzheimer,* Der korporative Arbeitsnormenvertrag I, 1907, S. 2 ff.
[524] *Nipperdey,* BB 1948, S. 157, 160.

der Tarifnormen auch den Abschluß und die Beendigung von Arbeitsverhältnissen ein. Das entspricht einem praktischen Bedürfnis. Insbesondere wird so die bisher schmerzlich vermißte Möglichkeit eröffnet, bei Beendigung von Arbeitskämpfen Maßregelungsverbote zu erlassen, die das einzelne Arbeitsverhältnis unmittelbar zwingend erfassen. Außerdem macht der Entwurf der tariflichen Regelung Fragen zugänglich, deren Bedeutung über das einzelne Arbeitsverhältnis hinausreicht und deren tarifvertragliche Normierung daher bislang mindestens zweifelhaft war."

557 *Herschel*[525] begründete die Erweiterung der tarifvertraglichen Normsetzungsbefugnis etwas ausführlicher im Hinblick auf betriebliche und betriebsverfassungsrechtliche Fragen:

„Nachdem in § 1 Abs. 1 TVG der Kreis des möglichen Inhalts der Tarifvertragsnormen eine Ausdehnung über das Konventionelle hinaus erfahren hatte, konnte das Gesetz nicht bei einer einheitlichen Wirkung der Tarifbindung stehen bleiben. Es mußte also nach den einzelnen Inhaltsgruppen der Tarifvertragsnormen differenziert werden, und zwar hauptsächlich aus der Erkenntnis heraus, daß betriebliche und betriebsverfassungsrechtliche Fragen regelmäßig nur einheitlich für alle betroffenen Arbeitnehmer und daher nur ohne Berücksichtigung der Organisationszugehörigkeit der Arbeitnehmer geregelt werden können. Daran waren die Arbeitgeber aus Gründen, die auf der Hand liegen, interessiert. Nicht weniger zeigten die Gewerkschaften daran ein Interesse. Denn sie hätten ja anderenfalls in die mißliche Lage kommen können, daß Unorganisierte z. B. der betrieblichen Disziplin u. U. weniger unterworfen gewesen oder sonst weniger belastet worden wären als Organisierte. Eine solche Schlechterstellung der Gewerkschaftsangehörigen sollte also vermieden werden. So wurde die in § 3 Abs. 2 TVG getroffene Regelung vom gemeinsamen, im Ergebnis übereinstimmenden Willen der damaligen Sozialpartner getragen."

558 Insgesamt ist die Entstehungsgeschichte des Gesetzes für das Verständnis der Betriebsnormen nur sehr begrenzt aufschlußreich.[526] Eindeutig ergibt sich daraus nur, daß man die Sinzheimerschen Solidarnormen sachlich übernehmen und durch den Begriff der „betrieblichen Normen" ersetzen wollte.

559 c) *Arthur Nikisch*[527] wies kurz nach dem Inkrafttreten des Gesetzes darauf hin, daß zu den betrieblichen Normen im Sinne des Gesetzes nicht nur die *Solidarnormen* gehören sollten, sondern auch andere Bestimmungen, die sich mit der Ordnung des Betriebes befassen, also *Ordnungsnormen*, wie z.B. Dienstvorschriften, die üblicherweise den Gegenstand der Arbeitsordnung bilden, und *Zulassungsnormen*, die die Abweichung von einer öffentlich-rechtlichen Arbeitnehmerschutzbestimmung gestatten. Nach Auffassung von *Nikisch* bildete die Zulassungsnorm nur einen Unterfall der Ordnungsnormen. Die herrschende Meinung folgte dieser Erweiterung von *Nikisch* hinsichtlich der Zulassungsnormen vorbehaltslos, hinsichtlich der Ordnungsnormen mit gewissen Einschränkungen.[528] Es bildete sich auch eine einheitliche Terminologie zu dieser Gruppenbildung. Unter *Solidarnormen* wurden solche verstanden, die allen Arbeitnehmern zugute kommen sollen (Beispiele: Baubuden, Sicherheitsvorkehrungen), aber auch organisatorische Regelungen, wie die Zusammensetzung der Belegschaft oder die Verteilung der Arbeit.

---

[525] *Herschel*, ZfA 1973, S. 183, 191.
[526] Vgl. die sorgfältige Nachzeichnung bei *Schmidt-Eriksen*, Tarifvertragliche Betriebsnormen, 1992, S. 23 ff.
[527] *Nikisch*, BB 1950, S. 538, 539; ders., Arbeitsrecht II, § 73 IV 2, S. 301; vgl. schon vorher *A. Hueck*, BB 1949, S. 530, 532.
[528] Vgl. dazu *Schmidt-Eriksen*, Tarifvertragliche Betriebsnormen, 1992, S. 77 ff.

Allerdings ist die Wortwahl nicht besonders geglückt, weil eine Solidargemeinschaft eigentlich den Ausgleich von Vor- und Nachteilen unter den Beteiligten bezweckt, was hier keineswegs immer zutrifft. Auch die wiederholte Behauptung, dem Wesen der Sache gemäß könne dem einzelnen Arbeitnehmer bei Solidarnormen kein Anspruch zustehen, überzeugt nicht ohne weiteres; Sozialeinrichtungen sind im Zweifel anspruchsbewehrt. Die Besonderheit der *Ordnungsnormen* soll darin bestehen, daß sie die Ordnung des Betriebes und das Verhalten der Arbeitnehmer im Betrieb erfassen (Beispiele: Überwachungsmaßnahmen, Betriebsbußen).[529] Insofern wurde frühzeitig die Ankoppelung der Ordnungsnormen an § 56 Abs. 1 BetrVG 1952 und entsprechend heute an § 87 Abs. 1 BetrVG 1972 gesucht, wobei die Abstimmung freilich bestritten blieb. Als *Zulassungsnormen* schließlich wurden Regelungen bezeichnet, mit denen Tarifverträge eine ihnen vom Gesetz gewährte Öffnungsklausel ausnutzen. Die Rechtsfigur ist heute vom sog. tarifdispositiven Gesetzesrecht abgelöst; vgl. dazu oben Einl. Rnr. 387 ff. Die Einbeziehung dieser Tarifvertragsnormen ist von vornherein fragwürdig, weil das Gesetz, wenn es ein Abweichen zu Lasten der Arbeitnehmer im Tarifvertrag vorsieht, regelmäßig für die nicht oder anders organisierten Arbeitnehmer eine eigene Bezugnahmeklausel erlaubt, eine einheitliche Geltung im Betrieb also gerade nicht voraussetzt; vgl. nur § 7 Abs. 3 Satz 1 ArbZG.

d) Die weitere Entwicklung hat trotz herausragender höchstrichterlicher Urteile und wissenschaftlicher Beiträge[530] zu keiner Klärung der tatbestandlichen Voraussetzungen geführt – ein im Hinblick auf den unterschiedlichen personellen Geltungsbereich unbefriedigender Zustand. Einigkeit bestand lange Zeit darüber, daß das Gesetz hinsichtlich der Betriebsnormen und der betriebsverfassungsrechtlichen Normen eng auszulegen sei. Das läßt sich nach der jüngsten Rechtsprechung des Bundesarbeitsgerichts auch nicht mehr feststellen.

e) In der *Rechtsprechung* wurden als Betriebsnormen eingeordnet: Lehrlingsskalen,[531] qualitative Besetzungsregelungen,[532] Zeitzuschläge innerhalb eines Personalbemessungssystems[533] und Geschäftsstellenschließung.[534] Dagegen wurde der Charakter als Betriebsnorm verneint für Quotierungsklauseln im Vorruhestands- oder Altersteilzeitrecht[535] oder für tarifvertragliche Befri-

---

[529] Hueck/*Nipperdey*, Arbeitsrecht II 1, § 15 IV 3, S. 292, 293.
[530] Vgl. nur *Dieterich*, Die betrieblichen Normen, 1964; *H. Hanau*, RdA 1996, S. 158; *Säcker/Oetker*, Tarifautonomie, S. 135 ff.; *Schmidt-Eriksen*, Tarifvertragliche Betriebsnormen, 1992.
[531] LAG Düsseldorf AP Nr. 1 zu § 4 TVG Lehrlingsskalen *(Zöllner)*; ebenso *Zöllner*, RdA 1962, S. 453, 454.
[532] BAG 26. 4. 1990 AP Nr. 57 zu Art. 9 GG = SAE 1991, S. 245 *(Loritz)*; ebenso *Löwisch/Rieble*, § 1 TVG, Rnr. 518; *Säcker/Oetker*, Tarifautonomie, S. 142.
[533] BAG 3. 4. 1990 AP Nr. 56 zu Art. 9 GG.
[534] BAG 7. 11. 1995 AP Nr. 1 zu § 3 TVG Betriebsnormen *(H. Hanau)* = Betrieb 1996, S. 2634, 2635: Silvesterschließung; kritisch dazu *H. Hanau*, RdA 1996, S. 158, 171; *Reuter*, DZWiR 1995, S. 353, 356.
[535] BAG 21. 1. 1987 AP Nr. 46 und 47 zu Art. 9 GG *(Scholz)*; abw. *Löwisch/Rieble*, § 1 TVG, Rnr. 91.

stungsregeln.[536] Dabei ist in der Rechtsprechung des Bundesarbeitsgerichts die Hinwendung zu einer formalen Betrachtungsweise und dabei wiederum die Orientierung an der Rechtsfolge (= Geltung für alle Arbeitnehmer) unverkennbar. Diese Auffassung wird vom Bundesarbeitsgericht in der Entscheidung vom 27. 4. 1988[537] dahin zusammengefaßt:

„Als Rechtsnormen über betriebliche Fragen können nur solche Tarifvorschriften angesehen werden, die in der sozialen Wirklichkeit aus tatsächlichen oder rechtlichen Gründen nur einheitlich gelten können (BAG, Urteil v. 21. 1. 1987–4 AZR 547/86 – AP Nr. 47 zu Art. 9 GG; Vorauflage, § 3 Rnr. 69).... Tarifliche Regelungen über die Zusammensetzung der Belegschaft können zwar auch betriebliche Normen im Sinne des § 3 Abs. 2 TVG darstellen. Dies gilt aber nur, soweit sie nach ihrem Regelungsgehalt einheitlich für alle Arbeitnehmer oder bestimmte Arbeitnehmergruppen gelten sollen, z. B. wenn es um die fachliche Anforderung an bestimmte Arbeitnehmergruppen oder um das zahlenmäßige Verhältnis bestimmter Arbeitnehmergruppen zur Gesamtzahl der Mitarbeiter des Betriebs geht".

In der Entscheidung vom 26. 4. 1990[538] wird dies bekräftigt:

„Immer dann, wenn eine Regelung nicht Inhalt eines Individualarbeitsvertrages sein kann, handelt es sich um Betriebsnormen und nicht um Inhalts- oder Abschlußnormen.... Es muß für die Annahme von Betriebsnormen ausreichen, wenn eine individualvertragliche Regelung wegen evident sachlogischer Unzweckmäßigkeit ausscheidet (Säcker/Oetker, Tarifautonomie, S. 180)."

562 Damit wird die Zuständigkeit zum Erlaß von Betriebsnormen nicht sachlich-gegenständlich auf der Tatbestandsseite versucht, sondern von der aus tatsächlichen oder rechtlichen Gründen einheitlichen Rechtsfolge reflektiert. In anderen, zeitnahen Urteilen des Bundesarbeitsgerichts wird demgegenüber allerdings an einer sachlichen Anknüpfung festgehalten:

„Nach § 1 TVG kann der TV auch Normen über betriebliche Fragen enthalten. Anknüpfungspunkt der betrieblichen Normen ist die Organisation des Unternehmens, also die Realisierung der betrieblichen Planung (Vorauflage, § 1, Rnr. 243). Regelungsgegenstand der betriebsorganisatorischen Normen ist daher die Organisationsgewalt des Arbeitgebers. Der TV hat die Aufgabe, die unternehmerische Gestaltungsfreiheit im Interesse der Arbeitnehmer einzuschränken oder zu kanalisieren."[539]

Die jüngsten Urteile des Bundesarbeitsgerichs betonen dieses weite Verständnis der Betriebsnormen.[540]

563 Im Schrifttum werden darüber hinaus sehr unterschiedliche Beispiele genannt: Arbeitszeitregelungen (Herabsetzung der wöchentlichen Arbeitszeit, Kurzarbeit, Schichtarbeit)[541], Lage der Arbeitszeit und Betriebsferien, Besetzungsregelungen (Rationalisierungsschutz)[542], Überwachungssysteme (Tor-

---

[536] BAG 27. 4. 1988 AP Nr. 4 zu § 1 BeschFG 1985 *(Gamillscheg)*; BAG 14. 2. 1990 AP Nr. 12 zu § 1 BeschFG 1985 *(Wiedemann)*; ebenso Kempen/Zachert, § 1 TVG, Rnr. 36; abw. *Löwisch*/Rieble, § 1 TVG, Rnr. 91.
[537] BAG 27. 4. 1988 AP Nr. 4 zu § 1 BeschFG 1985 *(Gamillscheg)*.
[538] BAG 26. 4. 1990 AP Nr. 57 zu Art. 9 GG = SAE 1991, S. 236 *(Loritz)*; weitergeführt in BAG 7. 11. 1995 AP Nr. 1 zu § 3 TVG Betriebsnormen *(H. Hanau)*.
[539] BAG 3. 4. 1990 AP Nr. 56 zur Art. 9 GG = EZA Art. 9 GG Nr. 49 *(Reuter)*.
[540] Vgl. BAG 7. 11. 1995 AP Nr. 1 zu § 3 TVG Betriebsnormen *(H. Hanau)*; BAG 17. 6. 1997 AP Nr. 2 zu § 3 TVG Betriebsnormen *(Wiedemann)*.
[541] Vgl. *Löwisch*, Betrieb 1984, S. 2457.
[542] Vgl. u. a. *Konertz*, Tarifrechtliche Regelungsmöglichkeiten der Rationalisierung, S. 153; Reuter, ZfA 1978, S. 1, 4; *Säcker/Oetker*, Tarifautonomie, S. 123 ff.; Schmidt-

kontrolle, elektron. Durchleuchtung), Arbeitsplatzgestaltungen (Bildschirmarbeitsplätze, Gruppenarbeit)[543], Arbeitsschutzvorschriften sowie weitergehend alle Regelungen über die Arbeitsgeschwindigkeit.[544]

2. Verfassungsmäßigkeit

Bedenken gegen die Verfassungsmäßigkeit des § 3 Abs. 2 des Gesetzes **564** und gegen die auf seiner Grundlage erlassenen Betriebsnormen werden sowohl auf Art. 9 Abs. 3 GG[545] wie auf Art. 12 Abs. 1 GG[546] gestützt. Art. 9 Abs. 3 GG soll verletzt sein, weil die negative Koalitionsfreiheit verlange, daß nicht organisierte Arbeitnehmer von den Wirkungen eines Tarifvertrages nicht „betroffen" werden; Art. 12 Abs. 1 GG soll verletzt sein, weil der Gesetzgeber die einzelnen Regelungsgegenstände im wesentlichen selbst vorgeben müsse, wenn die Regelung im übrigen weder demokratisch noch privatautonom legitimiert sei. Das Bundesarbeitsgericht hat diese Bedenken in seiner Entscheidung vom 7. 11. 1995[547] nicht geteilt. Durch Betriebsnormen, so führt es aus, werde die Freiheit der nicht organisierten Arbeitnehmer, sich keiner Gewerkschaft anzuschließen, allenfalls unwesentlich berührt. Bei Berufsausübungsregelungen belasse Art. 12 GG dem Normgeber einen weiten Gestaltungsspielraum; den zur Verbesserung der Arbeitsbedingungen notwendigen Regelungsbedarf hätten die Tarifvertragsparteien in eigener Verantwortung abzuschätzen. Dem Bundesarbeitsgericht ist hier zu folgen. Die Verfassungsmäßigkeit des § 3 Abs. 2 des Gesetzes entspricht der herrschenden Meinung;[548] vgl. dazu unten § 3 Rnr. 133 ff.

3. Inhalt

Es ist eigentümlich, wie sich eine Sachfrage, die auf den ersten Blick einleuchtend zu beschreiben und zu begreifen ist, anhaltend einer allgemeinen Meinungsbildung zu entziehen vermag. Das hängt damit zusammen, daß nicht durchweg zwischen dem Charakter und der Zulässigkeit von betrieblichen Normen eindeutig unterschieden wird. Wie bei Inhalts- oder Abschlußnormen ist die Frage der verfassungs- oder einfachgesetzlichen Zulässigkeit von Betriebsnormen mit ihrer Einstufung nicht (vor)entschieden. Eine weitere Schwierigkeit entsteht durch die scheinbare Verwandtschaft der Rechtsfolgen mit dem Gleichheitsgebot, eine dritte durch die dogmatisch nicht geklärten betrieblichen Rechtsverhältnisse und ihre Beeinflussung durch den Tarifvertrag. **565**

Eriksen, Tarifvertragliche Betriebsnormen, 1992, S. 239 ff.; *Wend*, Zulässigkeit tarifvertraglicher Arbeitsplatzbesetzungsregelungen, 1984, S. 7.
[543] Vgl. IG-Metall, Tarifreform 2000, S. 45; *Däubler*, Tarifvertragsrecht, Rnr. 805; *Ingelfinger*, Arbeitsplatzgestaltung durch Betriebsnormen, 1996, S. 25 ff.
[544] *Däubler*, Tarifvertragsrecht, Rnr. 805.
[545] Vgl. *Biedenkopf*, Tarifautonomie, S. 307 ff.; *Buchner*, Tarifvertragsgesetz und Koalitionsfreiheit, 1964; *Lieb*, RdA 1967, S. 441, 442 f.; *Richardi*, Kollektivgewalt, S. 229 ff.; *Zöllner*, RdA 1962, S. 453; *ders.*, RdA 1964, S. 443; kritisch dazu zuletzt *Schleusener*, ZTR 1998, S. 100, 103 ff.
[546] Vgl. *H. Hanau*, RdA 1996, S. 158, 167 ff.
[547] BAG 7. 11. 1995 AP Nr. 1 zu § 3 TVG Betriebsnormen *(H. Hanau).*
[548] Vgl. statt aller *Löwisch*/Rieble, § 1 TVG, Rnr. 81.

566 **a) Begriffskern.** Die Suche nach dem Inhalt der Betriebsnormen wird in doppelter Weise durchgeführt, einmal durch Rückkoppelung an den erweiterten Geltungsbereich (aa), zum anderen durch Rückgriff auf die Betriebsgestaltung oder Betriebssorganisation, wobei wieder zwischen formalen (bb) und inhaltlichen (cc) Anknüpfungen zu unterscheiden sein wird.

567 **aa)** Die Ableitung aus der sachlich oder rechtlich notwendigen **Gleichbehandlung** von organisierten und nicht organisierten Arbeitnehmern überzeugt nicht. Es ist zwar methodisch zulässig und – wie hier – oft unvermeidlich, *auch* die vom Gesetz vorgesehenen Rechtsfolgen zur Auslegung von Tatbestandsmerkmalen heranzuziehen. Aber die Rechtsfolge, also die Gleichbehandlung von organisierten und nicht oder anders organisierten Arbeitnehmern, kann nicht das *einzige* Tatbestandsmerkmal abgeben. Selbst wenn § 3 Abs. 2 des Gesetzes nur das allgemeine Differenzierungsverbot des Art. 3 Abs. 1 GG konkretisieren wollte, müßte er sinnvollerweise einen sachlichen Anknüpfungspunkt benennen, unter welchen Umständen oder aus welchen Gründen die Tarifvertragsnormen für alle Arbeitnehmer gleichmäßig gelten sollen. Zu dem methodischen kommt ein sachlicher Einwand. Aus der Entwicklungsgeschichte ergibt sich, daß sich der Gesetzgeber nicht eine gleichmäßige oder allumfassende Regelungsnotwendigkeit, sondern eine *einheitliche* Regelung vorgestellt hat. Maßgebend ist also nicht, daß Betriebsnormen für den ganzen Betrieb oder das ganze Unternehmen gelten, und ebensowenig, daß sie für alle Arbeitnehmer den *gleichen* Inhalt aufweisen. Eine einheitliche Regelung verlangt vielmehr, daß die Gesamtheit einer kleineren oder größeren Gruppe und ihre innere Struktur oder äußere Ordnung berücksichtigt wird. Als Folge davon soll der personelle Geltungsbereich erweitert werden. Der Rückschluß von der Rechtsfolge auf den Tatbestand ist deshalb nicht nur methodisch, sondern auch sachlich nicht angemessen. Die mangelnde Eignung des Gleichheitssatzes zeigt sich schließlich vor allem in den durchaus kontrovers gezogenen Folgerungen. Während die einen behaupten, die Arbeitnehmer begünstigende Sozialeinrichtungen müßten nach Art. 3 Abs. 1 GG sämtlichen Arbeitnehmern zur Verfügung gestellt werden,[549] behaupten die anderen gerade umgekehrt, die die Arbeitnehmer belastenden Ordnungsvorschriften dürften selbstverständlich nicht nur Gewerkschaftsmitglieder disziplinieren.[550] Damit wird die Diskussion auf eine allgemeine Gleichbehandlungspflicht von organisierten und nicht organisierten Arbeitnehmern verlagert, ohne daß dafür im Gesetz greifbare Sachkriterien genannt werden.

568 **bb)** *Formal* wird wiederholt vorgeschlagen, (nur) Regelungen als Betriebsnormen zu qualifizieren, die nicht in den Individualarbeitsvertrag aufgenommen werden können.[551] Das ist zu eng. Viele Betriebsnormen, wie solche zu Sozialeinrichtungen oder zur Betriebsordnung, können auch Inhalt

---

[549] Vgl. *Lieb,* RdA 1967, S. 441, 446.
[550] Vgl. *Gamillscheg,* Anm. zu BAG 27. 4. 1988 AP Nr. 4 zu § 1 BeschFG 1985 unter Berufung auf *Herschel,* ZfA 1973, S. 183, 191.
[551] BAG 3. 4. 1990 AP Nr. 56 zu Art. 9 GG; BAG 7. 11. 1995 AP Nr. 1 zu § 3 TVG Betriebsnormen (*H. Hanau*); *Dieterich,* Die betrieblichen Normen, 1964, S. 34; *Säcker/Oetker,* Tarifautonomie, S. 140.

eines Einzelarbeitsvertrages oder jedenfalls arbeitsvertraglicher Formularverträge sein, die aufeinander abgestimmt sind. Für Arbeitszeitvorschriften liegt dies auf der Hand („An Silvester ruht die Arbeit"). Der Gesetzgeber wollte den Tarifvertragsparteien indes gerade ein Instrument in die Hand geben, mit dem sie die Vereinheitlichung der Arbeitsorganisation mit normativer Wirkung, ggf. unter Einschluß der leitenden Angestellten, erreichen können, um von den Zufälligkeiten einer einzelvertraglichen Regelung oder einer schuldrechtlichen Abrede unabhängig zu sein.[552] Diese gesetzliche Absicht wurde im Betriebsverfassungsrecht mit dem Tarifvorrang im Rahmen der Mitbestimmung in sozialen Angelegenheiten nach § 87 BetrVG 1972 bestätigt und bekräftigt. Nur beschränkt geeignet, weil eher zu weit, ist ein Rückgriff auf die Betriebs- oder Unternehmensgestaltungsbefugnis des Arbeitgebers.[553] Seine Unternehmensführung, also die Befugnis, Personen und Sachen im Unternehmen zu einem Gesamtsystem mit einheitlicher Zielrichtung zu koordinieren, umfaßt mehr, als tarifvertragliche Normen regeln können („Der Betrieb wird geschlossen"); die Unternehmensorganisation liegt zu einem guten Teil außerhalb der Arbeits- und Wirtschaftsbedingungen des Art. 9 Abs. 3 GG. Ungeeignet, weil vom Gesetz offenbar nicht gestützt, wäre es weiter, die Qualifikation den Tarifvertragsparteien selbst zu überlassen, also zu fragen, ob sie eine einheitliche Regelung für die ganze Belegschaft herbeiführen *wollten*.[554] Normart und erst recht Geltungsbereich stellt das Gesetz nicht in das Ermessen der Tarifvertragsparteien; insoweit enthält es vielmehr allseitig zwingendes Recht. Was schließlich den Rückgriff auf die Gestaltung eines „betrieblichen Rechtsverhältnisses" anlangt,[555] muß man fragen, ob es ein von den einzelnen Arbeitsverhältnissen unabhängiges betriebliches Rechtsverhältnis überhaupt gibt, da die Belegschaft oder eine Gruppe davon nicht selbständiger Rechtsträger ist, Rechtsverhältnisse aber nur zwischen Rechtssubjekten bestehen können. Dazu kommt, daß ein solches betriebliches Rechtsverhältnis mit beliebigem Inhalt ausgefüllt werden könnte.

cc) Die Zuständigkeit für Betriebsnormen ist aus der *notwendig sachlichen Einheitlichkeit* der Regelung herzuleiten: sie beruht auf der arbeitsteiligen Organisation.[556] Danach behandeln Betriebsnormen Sachfragen, bei denen der kollektive Regelungsgehalt, der Verbundcharakter, dominiert, weil
— entweder die Regelung nach ihrer Zwecksetzung den Unterschied zwischen organisierten und nicht organisierten Arbeitnehmern nicht berücksichtigen kann,

---

[552] Ebenso BAG 26. 4. 1990 AP Nr. 57 zu Art. 9 GG; BAG 7. 11. 1995 AP Nr. 1 zu § 3 TVG Betriebsnormen *(H. Hanau)*; abw., aber nicht überzeugend *Reuter*, DZWiR 1995, S. 353, 356.
[553] BAG 3. 4. 1990 AP Nr. 56 zu Art. 9 GG: Personalbemessungssystem; *Dieterich*, Die betrieblichen Normen, 1964, S. 38; Vorauflage, § 1 Rnr. 243 ff.
[554] Bedenklich weit BAG 18. 8. 1987 AP Nr. 23 zu § 77 BetrVG 1972 *(v. Hoyningen-Huene)*; *Däubler*, Tarifvertragsrecht, Rnr. 803: Auslegungsproblem; *Ingelfinger*, Arbeitsplatzgestaltung durch Betriebsnormen, 1996, S. 44.
[555] Vgl. *A. Hueck*, BB 1949, S. 354, 355 und 530, 531; *Richardi*, Gutachten zum 61. DJT 1996, S. B 67 ff.
[556] Ebenso im Ansatz *H. Hanau*, RdA 1996, S. 158, 169 ff.; *Säcker/Oetker*, Tarifautonomie, S. 141 ff.

– oder die Regelung nach ihrem Inhalt einen Interessenausgleich zwischen den betroffenen Arbeitnehmern, wiederum ohne Rücksicht auf ihren Organisationsgrad, herbeiführen will.

570 Den Prototyp der ersten Gruppe bilden automatische Überwachungs- oder Schutzsysteme, die nicht zwischen organisierten und nicht organisierten Arbeitnehmern zu unterscheiden vermögen. Prototyp der zweiten Gruppe sind Schicht-, Urlaubs- und Gruppenarbeitspläne oder Auswahlrichtlinien, bei denen Vergünstigungen und Belastungen zwischen allen Arbeitnehmern angemessen ausgeglichen werden müssen. Bei der ersten Gruppe wird nicht vernachlässigt, daß unabhängig von der Einstufung Betriebsnormen zusätzlich darauf zu überprüfen sind, ob sie die Gestaltungsbefugnis der Tarifvertragsparteien überschreiten. Bei der zweiten Gruppe wird nicht übersehen, daß sich auch andere Tarifvertragsnormen, insb. Inhaltsnormen zur Vergütung und zur Arbeitszeit, auf die Stellung der übrigen Arbeitnehmer und auf die Belegschaftsstruktur insgesamt auswirken können, weil Kostenbelastung und Arbeitsverteilung auf sachliche Grenzen stoßen. Die Rücksichtnahme auf die übrigen Mitarbeiter und den Betrieb insgesamt bildet dort aber nicht den beherrschenden Gesichtspunkt. Bei den Betriebsnormen setzt eine angemessene Regelung dagegen von vornherein voraus, daß ihr Inhalt aus technischen, sachlichen oder persönlichen Gründen eine Abstimmung aller betroffenen Einzelarbeitsverhältnisse notwendig macht. Betriebliche Normen erfüllen danach Gestaltungs- oder Ausgleichsfunktionen, die sich eben nicht als gebündelte Privatautonomie darstellen läßt. Die betrieblichen und betriebsverfassungsrechtlichen Normen des Tarifvertrages tragen vielmehr der Einbettung des Einzelarbeitsverhältnisses in eine Betriebsgemeinschaft und damit dem dem Arbeitsvertrag eigentümlichen Kollektivcharakter Rechnung.

571 Ob man zusätzlich Regelungen, in denen aus *rechtlichen* Gründen, also im Hinblick auf Art. 3 Abs. 1 GG eine Differenzierung zwischen organisierten und nicht organisierten Arbeitnehmern verboten ist, als Betriebsnormen ansprechen will, ist jedenfalls ohne praktische Bedeutung. Die Vergünstigung oder Belastung der Arbeitnehmer folgt hier durch Inhaltsnormen, die für eine Teilgruppe der Belegschaft wirksam begründet werden können, und deren Erstreckung bereits das Gleichheitsgebot erzwingt. Insoweit hat § 3 Abs. 2 des Gesetzes nur noch deklaratorische Bedeutung; vgl. dazu oben Einl. Rnr. 250 ff. Verfehlt wäre jedenfalls der umgekehrte Schluß, daß alle Tarifvertragsnormen, die im Hinblick auf Art. 3 GG für organisierte und nicht organisierte Arbeitnehmer gleichmäßig gelten, auch Betriebsnormen darstellen. Maßregelungsverbote z.B., die sich auch auf Arbeitnehmer erstrecken müssen, die nicht organisiert sind, sich aber am Arbeitskampf beteiligt haben, sind keineswegs betriebliche Normen.

572 **b) Fallgruppen.** Die sachlich-gegenständliche Abgrenzung richtet sich nach den von den betrieblichen Normen zu erfüllenden Aufgaben, nämlich die Organisationsgewalt des Arbeitgebers gegenüber der Gesamtheit der Mitarbeiter, also der Belegschaft insgesamt, auszugestalten. Diese Aufgabe stellt sich für zwei unterschiedliche Sachbereiche: für die Ordnung des Arbeitsablaufs, soweit sie einheitlich verfaßt sein muß,[557] und für die Verteilung von Vergünstigungen und Belastungen, wenn sie kollektiv geregelt werden soll. Für beide Funktionen steht die *Einheitlichkeit* der Regelung an der Spitze der Betrachtung und die Gleichbehandlung ist nur Rechtsfolge.

aa) Schutz- und Ordnungsregelungen

— **Arbeitsschutzregeln.** Vorschriften, die der Gesundheit und dem Schutz der Arbeitnehmer vor Gefahren, Belästigungen und Störungen dienen, sind betriebliche Regelungen. Sie verlieren diesen Charakter auch nicht, wenn sie, wie z.B. ein Rauchverbot, gleichzeitig der Sicherheit des Betriebes dienen. 573

— **Arbeitsplatzgestaltung.** Als Betriebsnormen kommen weiter Regelungen in Betracht, die den Arbeitsablauf, den Arbeitsumfang und die Arbeitsintensität betreffen. Im Schrifttum werden dazu Vorschriften genannt, die das Arbeitstempo (Fließband), die Arbeitsintensität (physische und psychische Belastung) oder den Arbeitsumfang (Verhältnis von Lehrer- zu Schülerzahl, Pflegepersonen zu Patienten) bestimmen. Das Bundesarbeitsgericht hat sich dem für Zeitzuschläge im Personalbemessungssystem der Bundespost angeschlossen.[558] Die Tarifvertragsparteien seien also ermächtigt, die Arbeitsverdichtung für die einzelnen Arbeitnehmer zu drosseln und festzulegen, welche Arbeitsmenge einem Arbeitnehmer bei durchschnittlicher Leistung zuzumuten ist. Es liegt auf der Hand, daß den beiden Tarifvertragsparteien damit weitgehend auch betriebs- und unternehmensorganisatorische Befugnisse eingeräumt werden; in welchem Umfang dies zulässig sein soll, ist nicht Frage des Charakters, sondern der Zulässigkeit von Inhalts- oder Betriebsnormen; vgl. dazu oben Einl. Rnr. 456ff. 574

— **Arbeitsplatzsicherung.** Als Betriebsnormen kommen weiter Regelungen in Betracht, wonach Arbeitsverhältnisse während eines bestimmten Zeitraums betriebsbedingt nicht gekündigt, oder, wenn sie aufgelöst worden sind, neu besetzt werden sollen.[559] Ziel einer solchen Regelung ist der Arbeitsplatzschutz der gegenwärtigen Belegschaft gegenüber Rationalisierungsplänen, bei Wiederbesetzungsgarantien darüber hinaus die Aufrechterhaltung des gegenwärtigen Beschäftigungsniveaus.[560] 575

— **Qualitative Besetzungsregeln** stellen an die Besetzung eines Arbeitsplatzes bestimmte fachliche oder persönliche Erfordernisse des Arbeitnehmers. Fachliche Voraussetzungen können an Berufsqualifikation (Ausbildungsdauer, Prüfungen) oder Berufserfahrung, persönliche Voraussetzungen an Mindestalter oder Gesundheitszustand anknüpfen. Dahingehende Tarifvertragsnormen legen das *Beschäftigungsniveau* fest – und zwar entweder nur im Interesse der bereits beschäftigten Arbeitnehmer, also durch Kündigungsbeschränkungen (wie beim Rationalisierungsschutz), oder im Interesse der Belegschaft und des Betriebes insgesamt auch für die Zukunft. In 576

---

[557] Vgl. BAG 17. 6. 1997 AP Nr. 2 zu § 3 TVG Betriebsnormen *(Wiedemann)*: Fragen, die unmittelbar die Organisation und Gestaltung des Betriebes betreffen.
[558] BAG 3. 4. 1990 AP Nr. 56 zu Art. 9 GG; vgl. dazu *Loritz*, Tarifautonomie und Gestaltungsfreiheit des Arbeitgebers, 1990.
[559] Vgl. den Tarifvertrag bei VW, Betrieb 1994, S. 42.
[560] Vgl. dazu *W. Blomeyer*, ZfA 1980, S. 1, 4; Kempen/*Zachert*, § 1 TVG, Rnr. 243.

der zweiten Alternative schreibt der Tarifvertrag wie eine Betriebsvereinbarung nach § 95 BetrVG abstrakt fachliche und persönliche Voraussetzungen für die Einstellung, Versetzung und Umgruppierung oder Kündigung vor, verleiht diesen Voraussetzungen aber im Gegensatz zur Auswahlrichtlinie zwingenden Charakter. Qualitative Besetzungsregeln gelten in beiden Modalitäten als Betriebsnormen.[561]

577 Begrifflich unterscheiden sich qualitative Besetzungsregeln von Eingruppierungsvorschriften dadurch, daß sie objektiv Anforderungen des Arbeitsplatzes vorgeben, während die Eingruppierung subjektive Anforderungen an den Arbeitnehmer stellt. In der Praxis gehen beide Arten der Tarifvertragsnormen ineinander über; sie können sich auch teilweise decken.

578 – **Befristungsregelungen** stellen keine Betriebsnormen dar, denn sie dienen dem Schutz der betroffenen Arbeitnehmer; im Zweifel wollen sie nicht die Zusammensetzung der Belegschaft steuern.[562]

bb) Ausgleichs- und Verteilungsregelungen

579 – **Arbeitsplatzverteilung** (Quantitative Besetzungsregeln). Quantitative Besetzungsregeln stellen bestimmte Anforderungen an die Verteilung der Arbeitsplätze nach Qualifikation, Berufs- oder anderer Gruppenzugehörigkeit (Quoten für Arbeitslose, Ausländer, Auszubildende, Jugendliche, Frauen) oder nach dem Charakter des Arbeitsvertrages (Leih- oder Zeitarbeitnehmer). Sie zielen in der Regel auf die zukünftige Belegschaftsstruktur ab, deren Gliederung im gesamten Unternehmen oder in einzelnen Abteilungen tarifvertraglich vorgeschrieben wird. Das kann durch Mindest- oder Höchstgrenzen geschehen. Die Besetzungsregeln können dem Schutz der gegenwärtig Beschäftigten (Besitzstandswahrung), aber auch dem Drittinteresse (Cockpitbesetzung) oder arbeitsmarktpolitischen Zielen dienen. Ihr Charakter als Betriebsnorm entspricht allg. Ansicht.[563] Einwendungen gegen die Qualifizierung aller Besetzungsregelungen als Betriebsnormen und damit gegen ihre Erstreckung auf nicht organisierte Arbeitnehmer wären nicht stichhaltig. Die Besetzungsregel ist Prototyp der betrieblichen Norm, die im Individualvertrag nicht aufgenommen werden kann, weil sie ausschließlich die abstrakten Anforderungen gegenüber und das Verhältnis zwischen Einzelarbeitsverhältnissen regelt.

580 – **Auswahlrichtlinien.** Tarifvertragliche Auswahlrichtlinien können nach § 1 Abs. 4 Satz 1 KSchG 1997 festlegen, wie die sozialen Gesichtspunkte nach § 1 Abs. 3 Satz 1 KSchG im Verhältnis zueinander zu bewerten sind. Der Kreis der von der Sozialauswahl betroffenen Personen ist vom Gesetz

---

[561] BAG 26. 4. 1990 AP Nr. 57 zu Art. 9 GG; Löwisch/*Rieble*, § 1 TVG, Rnr. 518; *Berg/Wendeling-Schröder/Wolter*, RdA 1980, S. 299, 307; *Reuter*, ZfA 1978, S. 1, 25; *Säcker/Oetker*, Tarifautonomie, S. 150; *Schmidt-Eriksen*, Tarifvertragliche Betriebsnormen, 1992, S. 239; *Zöllner*, RdA 1962, S. 453, 454.
[562] BAG 27. 4. 1988 AP Nr. 4 *(Gamillscheg)* und BAG 14. 2. 1990 AP Nr. 12 *(Wiedemann)* zu § 1 BeschFG 1985; BAG 28. 6. 1994 AP Nr. 4 zu § 99 BetrVG 1972 Einstellung; abw. *Kohte*, BB 1986, S. 397, 406; *Wenning-Morgenthaler*, BB 1989, S. 1050, 1053.
[563] BAG 13. 9. 1983 AP Nr. 1 zu § 1 TVG Tarifverträge: Druckindustrie *(Reuter)*; *Berg/Wendeling-Schröder/Wolter*, RdA 1980, S. 299, 307; *Säcker/Oetker*, Tarifautonomie, S. 150; *Schmidt-Eriksen*, Tarifvertragliche Betriebsnormen, 1992, S. 240.

vorgezeichnet: die Sozialauswahl hat sich auf alle vergleichbaren Arbeitnehmer des Betriebs zu erstrecken. Auswahlrichtlinien sind deshalb als Betriebsnormen zu qualifizieren.[564] Der – vom Organisationsstand unabhängige – personelle Rahmen ist vom Gesetzgeber vorgezeichnet. Die Tarifvertragsparteien können ihn nur durch sachliche Wertungen näher ausgestalten.

– **Arbeitszeitverteilungen.** Arbeitszeitregelungen sind zu vielgestaltig, um eine einheitliche Qualifikation zu erlauben. In erster Linie handelt es sich um Inhaltsnormen. Eine Betriebsnorm kann vorliegen, wenn die einheitliche Behandlung einer Arbeitnehmergruppe oder der gesamten Belegschaft vom Arbeitsablauf gefordert wird und eine abweichende Organisation undurchführbar wäre,[565] oder wenn die Tarifvertragsparteien mit der einschlägigen Tarifbestimmung eine Verteilung von Vor- und Nachteilen in einer Arbeitnehmergruppe oder in der Belegschaft herbeiführen wollen. Danach richtet sich die Einordnung in Zweifelsfällen. Enthält z.B. ein Firmentarifvertrag detaillierte Vorschriften zur Arbeitszeit (Abgrenzung, Schichtarbeit, Verteilung auf Wochentage), so wird dies im Zweifel als Betriebsnorm gedacht sein. Dasselbe gilt unter dem Gesichtspunkt der Verteilungsgerechtigkeit für die Ermächtigung zur Einführung von Mehr- oder Kurzarbeit.[566] **581**

Entsprechendes wird man annehmen, wenn in Tarifverträgen zur Altersteilzeit oder zur Verlängerung der tariflichen wöchentlichen Arbeitszeit Quotierungsklauseln eingeführt werden.[567] Rechtliche Bedenken gegen die Einordnung als Betriebsnorm lassen sich mit einem Hinweis auf § 87 Abs. 1 BetrVG ausräumen. Wenn § 87 Abs. 1 Nr. 2 und 3 BetrVG ein zwingendes Mitbestimmungsrecht des Betriebsrats vorsehen, dieses aber mit dem Einleitungssatz dem Tarifvorbehalt unterwerfen, so geht der Gesetzgeber offenkundig davon aus, daß die Tarifvertragsparteien in dem aufgezählten Fragenbereich über eine Normsetzungskompetenz verfügen, also Betriebsnormen verabreden können.[568] Die höchstrichterliche Rechtsprechung hat diese Schlußfolgerung allerdings bisher nur vereinzelt gezogen.[569] **582**

– **Vergütungsverteilung.** Die Lohn- und Gehaltszahlungen werden von den deutschen Tarifverträgen nicht als verteilungsbedürftiges Gesamtvolumen aufgefaßt, wohl aber die Sondervergütungen, insb. Sozialeinrichtungen, die der gesamten Belegschaft zugute kommen sollen. Ihre Be- **583**

---

[564] Ebenso *Ascheid*, RdA 1997, S. 333, 340; *Löwisch/Rieble*, § 1 TVG, Rnr. 582; *Schaub*, NZA 1987, S. 217, 223; *Weller*, RdA 1986, S. 222, 229.
[565] Vgl. BAG 28. 7. 1988 AP Nr. 1 zu § 5 TV Arb Bundespost; BAG 7. 11. 1995 AP Nr. 1 zu § 3 TVG Betriebsnormen *(H. Hanau)*.
[566] Den Betriebsnormencharakter von Kurzarbeitsklauseln bejahen: *Farthmann*, RdA 1974, S. 65, 70; *Gamillscheg*, Kollektives Arbeitsrecht I, § 15 VI 3, S. 594; *Säcker/Oetker*, ZfA 1991, S. 129, 141 ff.; *Simitis/Weiss*, Betrieb 1973, S. 1240, 1249; verneinen: *Reuter*, SAE 1987, S. 37, 40; *v. Stebut*, RdA 1974, S. 332, 335; *Zöllner/Loritz*, Arbeitsrecht, § 36 V 4 b, S. 406.
[567] Vgl. BAG 17. 6. 1997 AP Nr. 2 zu § 3 TVG Betriebsnormen *(Wiedemann)*; abw. früher BAG 21. 1. 1987 AP Nr. 46 und 47 zu Art. 9 GG *(Scholz)*.
[568] Vgl. *Hueck/Nipperdey*, Arbeitsrecht II 1, § 15 IV, S. 292, Anm. 152; *Jahnke*, Tarifautonomie und Mitbestimmung, 1984, S. 153; *Säcker/Oetker*, Tarifautonomie, S. 147; zurückhaltend *Löwisch/Rieble*, § 1 TVG, Rnr. 94.
[569] BAG 10. 6. 1986 AP Nr. 18 zu § 87 BetrVG 1972 Arbeitszeit.

handlung als Betriebsnormen ist seit Anerkennung der sog. Solidarnormen nicht zweifelhaft. Ebenso eindeutig ist insoweit die Bindung an das Gleichheitsgebot, weil Soziallohn und Zusatzleistungen (wie Anspruch auf Kantinenessen oder Benutzung der Waschräume) nicht auf organisierte Arbeitnehmer beschränkt werden können.[570]

4. Rechtswirkungen

584 Das Gesetz enthält zwei Hinweise auf die mit betrieblichen Normen verbundenen Rechtsfolgen. Nach § 3 Abs. 2 gelten die Rechtsnormen des Tarifvertrages über betriebliche und betriebsverfassungsrechtliche Fragen „für alle Betriebe", deren Arbeitgeber tarifgebunden ist; Tarifgebundenheit einzelner Arbeitnehmer wird offensichtlich nicht vorausgesetzt.[571] Nach § 4 Abs. 1 Satz 2 gilt die normative Wirkung „entsprechend" für Rechtsnormen über betriebliche und betriebsverfassungsrechtliche Fragen. Die Vorschriften werden nicht einheitlich gedeutet.

585 **a) Einseitige Verpflichtung** des tarifgebundenen Arbeitgebers. Am einfachsten wäre es, anzunehmen, daß die betrieblichen Normen in ihrer Wirkung den Inhaltsnormen gleichstehen.[572] Diese Auffassung verträgt sich aber nicht ohne weiteres mit dem Gesetzeswortlaut, da dann keine „entsprechende" Geltung angeordnet sein müßte. Vor allem steht ihr entgegen, daß es Betriebsnormen geben kann, die nicht Inhalt des Einzelarbeitsverhältnisses werden können (z.B. Regelungen zur Personalstruktur des Unternehmens, zur Arbeitsplatzbewertung oder zur Errichtung von Sozialeinrichtungen). Insofern gelten dieselben Gesichtspunkte wie für Abschlußverbote. Auf der anderen Seite sollen die betrieblichen Normen zwingend und unmittelbar wirken, also die Tarifvertragsparteien nicht nur schuldrechtlich verpflichten. Da weder die Belegschaft noch der Betriebsrat als Normadressaten in Frage kommen,[573] bleibt nur die einseitige Verpflichtung jedes tarifgebundenen Arbeitgebers übrig; die Einhaltung dieser tarifvertraglichen Verpflichtungen können die Gewerkschaft und der Betriebsrat nach § 80 Abs. 1 Nr. 1 BetrVG 1972 verlangen. Ist die betriebliche Norm allerdings gleichzeitig Inhaltsnorm, weil sie den Schutz der betroffenen Arbeitnehmer garantieren oder ihnen sogar einen Leistungsanspruch einräumen will, so können organisierte wie nicht organisierte Arbeitnehmer Erfüllung verlangen und bei Nichterfüllung ihre Arbeitsleistung zurückhalten.

586 **b)** Der Sinn des § 3 Abs. 2 des Gesetzes besteht darin, die geschilderte Wirkung der betrieblichen Normen auf die nicht oder anders organisierten Arbeitnehmer auszudehnen. Den Betriebsnormen kommt kraft Gesetzes eine Art Allgemeinverbindlichkeit zu.[574] Soweit die betrieblichen Normen ledig-

---

[570] Ebenso *Däubler*, Tarifvertragsrecht, Rnr. 805; *Lieb*, Arbeitsrecht, Rnr. 537; *ders.*, RdA 1967, S. 441, 446; abw. *Löwisch*/*Rieble*, § 1 TVG, Rnr. 83.
[571] H.M.; abw. *Löwisch*/*Rieble*, § 3 TVG, Rnr. 60.
[572] So *Lieb*, RdA 1967, S. 441, 445; *Nikisch*, Arbeitsrecht II, § 73 IV 1, S. 301; *Wlotzke*, Günstigkeitsprinzip, S. 30.
[573] Abw. *Dieterich*, Die betrieblichen Normen, 1964, S. 56 ff.; *Löwisch*/*Rieble*, § 4 TVG, Rnr. 14.
[574] *E. R. Huber*, Wirtschaftsverwaltungsrecht, Bd. II, 2. Aufl. 1953/54, S. 437.

lich den Arbeitgeber einseitig verpflichten und die Arbeitnehmer nur begünstigen, bestehen gegen die vom Gesetz angeordnete Wirkung der Allgemeinverbindlichkeit keine Bedenken. Darin kann sich aber die Wirkung der betrieblichen Normen nicht erschöpfen, sonst wäre § 3 Abs. 2 überflüssig.[575] Nach Wortlaut und systematischer Stellung will die Gesetzesvorschrift eine einheitliche Wirkung der betrieblichen und betriebsverfassungsrechtlichen Normen für sämtliche Arbeitnehmer eines Betriebes herbeiführen. Das kann nur bedeuten, daß die betrieblichen Normen in ihrem ganzen Umfang, also auch insoweit, als sie gleichzeitig Inhalts- oder Abschlußnormen darstellen, für nicht und anders organisierte Arbeitnehmer gelten.

II. Betriebsverfassungsrechtliche Normen

Schrifttum: *Volker Beuthien*, Erweiterte wirtschaftliche Mitbestimmung durch Tarifvertrag, JurA 1970, S. 130–147; *ders.*, Unternehmerische Mitbestimmung kraft Tarif- oder Betriebsautonomie? – Teil I –, ZfA 1983, S. 141–168; *ders.*, Mitbestimmung unternehmerischer Sachentscheidungen kraft Tarif- oder Betriebsautonomie? – Teil II –, ZfA 1984, S. 1–30; *Rolf Dietz*, Tarifliche Gestaltung des Mitbestimmungsrechts, Betrieb 1952, S. 969–972; *Jan Christoph Dörnwächter*, Tendenzschutz im Tarifrecht, 1998; *Fritz Fabricius*, Die Regelung betriebsverfassungsrechtlicher Fragen durch Tarifvertrag, ZgS Bd. 111 (1955), S. 354–372; *ders.*, Arbeitsverhältnis, Tarifautonomie, Betriebsverfassung und Mitbestimmung im Spannungsfeld von Recht und Politik, in: Festschrift für Erich Fechner (1973), S. 171–206; *Peter Feichtinger*, Die betriebsverfassungsrechtliche Regelungsbefugnis der Tarifvertragsparteien, Diss. Mainz 1975; *Franz Gamillscheg*, Tarifverträge über die Organisation der Betriebsverfassung, in: Festschrift für Karl Molitor (1988), S. 133–157; *Erwin Hauschildt*, Die Gestaltung der Betriebsverfassung durch Tarifvertrag, Diss. Kiel 1952; *Friedrich Heither*, Tarifvertragliche Gestaltung der Betriebsverfassung, in: Festschrift für Günter Schaub (1998), S. 295–310; *Detlef Hensche*, Erweiterung der Mitbestimmung durch privatautonome Regelung, insbesondere in Unternehmen der öffentlichen Hand, AuR 1971, S. 33–45; *Ludger Hermeler*, Die Erweiterung der personellen Mitwirkungs- und Mitbestimmungsrechte des Betriebsrates durch Tarifvertrag, Diss. Münster 1993; *Gerrick v. Hoyningen-Huene/Ulrich Meier-Krenz*, Flexibilisierung des Arbeitsrechts durch Verlagerung tariflicher Regelungskompetenzen auf den Betrieb – Bestimmungsklausel, Öffnungsklausel und Erweiterung von Mitbestimmungsrechten –, ZfA 1988, S. 293–318; *Alfred Hueck*, Normen des Tarifvertrages über betriebliche und betriebsverfassungsrechtliche Fragen, BB 1949, S. 530–532; *ders.*, Erweiterung des Mitbestimmungsrechts durch Tarifvertrag, BB 1952, S. 925–928; *Volker Jahnke*, Tarifautonomie und Mitbestimmung, 1984; *Otto Ernst Kempen*, Die Organisation der Betriebsverfassung durch Tarifvertrag (insbesondere nach § 3 BetrVG) in: Festschrift für Günter Schaub (1998), S. 357–371; *Franz-Michael Koch*, Die Erweiterung der Mitbestimmungsrechte des Betriebsrates durch Tarifvertrag, Diss. FU Berlin 1992; *Alfons Kraft*, Probleme im Spannungsfeld zwischen Betriebsverfassung und Koalitionsfreiheit, ZfA 1973, S. 243–262; *Ulrich Meier-Krenz*, Die Erweiterung von Beteiligungsrechten des Betriebsrats durch Tarifvertrag, 1988; *ders.*, Die Erweiterung von Mitbestimmungsrechten des Betriebsrates durch Tarifvertrag, Betrieb 1988, S. 2149–2153; *Burkhard Reiss*, Tarifautonomie im Spannungsfeld zwischen Betriebsvereinbarung und Tarifautonomie am Beispiel der Tarifverträge der Metallindustrie 1984, Diss. Münster 1992; *Michael Ritter*, Vom Betriebsverfassungsgesetz 1972 abweichende Regelungen durch Tarifvertrag und Betriebsvereinbarung, Diss. Heidelberg 1974; *Winfried Schuschke*, Erweiterung der Mitwirkung des Betriebsrates bei Kündigungen durch Tarifvertrag oder Betriebsvereinbarung, Diss. Köln 1966; *Roland Schwarze*, Der Betriebsrat im Dienst der Tarifvertragsparteien, 1991; *Klaus Dieter Schwendy*, Abänderbarkeit betriebsverfassungs-

---

[575] Abw. *Richardi*, Kollektivgewalt, S. 236; *Zöllner*, RdA 1962, S. 453, 459.

rechtlicher Rechtssätze durch Tarifvertrag und Betriebsvereinbarung, 1968; *Wolfgang Siebert*, Erweiterung des Mitbestimmungsrechts des Betriebsrates durch Betriebsvereinbarung oder Tarifvertrag, BB 1958, S. 421–424; *Michael Sophos*, Möglichkeiten der Erweiterung der Mitbestimmungsrechte des Betriebsrates durch Tarifvertrag, Diss. München 1977; *Andreas Michael Spilger*, Tarifvertragliches Betriebsverfassungsrecht, 1988; *Wolfram Thiel*, Erweiterung der Beteiligungsrechte von Betriebsrat und Wirtschaftsausschuß durch Tarifvertrag, Diss. Münster 1966; *Hugo Thielmann*, Die Ordnungsvorstellung der sozialen Marktwirtschaft und die Frage der Erweiterung des Aufgabenkreises der Betriebsvertretung durch Tarifvertrag, Diss. Köln 1966; *Hermann Ulrich Tödtmann*, Die Zulässigkeit tarifvertraglicher Mitbestimmungsregelungen für Bühnenkünstler, Diss. Köln 1995; *W. Vollbrecht*, Tarifvertragliches Mitbestimmungsrecht, NZfA 1925, Sp. 211–220; *Ulrike Wendeling-Schröder*, Divisionalisierung, Mitbestimmung und Tarifvertrag, 1984; *Joachim Weyand*, Die tarifvertragliche Mitbestimmung unternehmerischer Personal- und Sachentscheidungen, 1989; *Jörg Wiegand*, Die Gestaltung des Mitbestimmungsrechts nach § 56 BetrVG durch Tarifvertrag und Betriebsvereinbarung, Diss. München 1964; *Christine Windbichler*, Arbeitsrecht im Konzern, 1989.

1. Bedeutung und Streitstand

587 Unter Betriebsverfassung versteht man die Gesamtheit der Regeln über die Rechtsstellung der Arbeitnehmer im Betrieb einschließlich ihrer Organe, ihrer Rechte und Pflichten und ihrer Stellung zum Arbeitgeber.[576]

588 Vorschriften zur Betriebsverfassung konnten auch unter der Geltung der **Tarifvertrags-Verordnung** vereinbart werden, besaßen aber nur schuldrechtliche Wirkung.[577] Das Tarifvertragsgesetz ordnet demgegenüber auch für betriebsverfassungsrechtliche Bestimmungen eine normative Wirkung an. Tarifverträge, die ausschließlich oder überwiegend betriebsverfassungsrechtliche Fragen regeln, sind in der Praxis, wenn auch nur in begrenzter Zahl, abgeschlossen worden. Regelungen, die für die Betriebsverfassung, insbesondere die Zugehörigkeit zur Belegschaft Bedeutung gewinnen können, finden sich demgegenüber in vielen Tarifverträgen.[578] Sie haben insbesondere seit Mitte der 80er Jahre zunehmend an Bedeutung gewonnen, da die Tarifvertragsparteien seitdem insbesondere in Arbeitszeitfragen verstärkt dazu übergegangen sind, die Ebene der tarifvertraglichen Normsetzung mit der Regelungsautonomie der Betriebspartner zu verknüpfen. Bevorzugte Gestaltungsform sind dabei in Verbandstarifverträgen enthaltene Rahmenregelungen, die erst aufgrund konkretisierender und ergänzender Regelungen der Betriebspartner vollziehbar sind. Den Einstieg in derartige Tarifklauseln bewirkte der sog. Leber-Rüthers-Kompromiß im Jahre 1984 anläßlich des Einstiegs in die 35-Stunden-Woche.[579]

589 Der Umfang der betriebsverfassungsrechtlichen Regelungsbefugnis der Tarifvertragsparteien war schon während der Entstehung des Betriebsrätegesetzes umstritten[580] und blieb auch während der Geltung des Betriebsverfas-

---

[576] Statt aller Hueck/*Nipperdey*, Arbeitsrecht II/1, § 15 V, S. 293; in diesem Sinne auch BAG 23. 2. 1988 AP Nr. 17 zu § 1 BetrAVG Zusatzversorgungskassen.
[577] Siehe *Flatow*, NZfA 1924, Sp. 385, 404; Hueck/*Nipperdey*, Arbeitsrecht II, 3./5. Aufl., § 13 IV 1, S. 147; *Vollbrecht*, NZfA 1925, Sp. 211 ff.
[578] Siehe *Spilger*, Tarifvertragliches Betriebsverfassungsrecht, 1988, S. 82 ff., 116 ff.
[579] Siehe BAG 18. 8. 1987 AP Nr. 23 zu § 77 BetrVG 1972 (v. Hoyningen-Huene) = SAE 1988, S. 97 *(Löwisch/Rieble)*.
[580] Ausführlich *Säcker/Oetker*, Tarifautonomie, S. 200 ff.

sungsgesetzes 1952 Gegenstand ausführlicher Diskussionen.[581] Diejenigen Stimmen, die dem Betriebsverfassungsgesetz bereits damals die Wirkung einer hinsichtlich aller Fragen abschließenden Regelung beimaßen,[582] konnten sich indes nicht durchsetzen. Im Hinblick auf die schon damals im Vordergrund stehende Problematik, ob die Beteiligungsrechte des Betriebsrates durch tarifvertragliche Bestimmungen erweitert werden können, befürwortete insbesondere die höchstrichterliche Rechtsprechung die Zulässigkeit derartiger Regelungen.[583]

Der Argumentationshaushalt ist durch die Entstehungsgeschichte des Betriebsverfassungsgesetzes 1972 insofern erweitert worden, als der Entwurf des Bundesministers für Arbeit und Sozialordnung in § 3 Abs. 1 lit. c vorsah, daß durch Tarifvertrag die Erweiterung der Aufgaben und Befugnisse der Vertretungen der Arbeitnehmer in Angelegenheiten bestimmt werden kann, die den Inhalt, den Abschluß oder die Beendigung von Arbeitsverhältnissen betreffen.[584] Aus dem Umstand, daß das Betriebsverfassungsgesetz 1972 keine entsprechende Bestimmung enthält,[585] wird im Schrifttum vereinzelt geschlossen, daß ein Abweichen von den Vorschriften des Gesetzes im Interesse einer einheitlichen Ausgestaltung des Betriebsverfassungsrechtes nur in dem engen Rahmen zulässig sein soll, den das Gesetz für eine derartige Regelungskompetenz der Tarifvertragsparteien ausdrücklich festlegt.[586] 590

Dieser Auffassung steht nicht nur die historische Entwicklung entgegen,[587] sondern auch der Umstand, daß das Betriebsverfassungsgesetz keine den §§ 3, 97 BPersVG entsprechende Bestimmung enthält, die Abweichungen durch Tarifvertrag für unzulässig erklärt.[588] Da die in § 1 Abs. 1 enthaltene Regelung, daß durch Tarifvertrag betriebsverfassungsrechtliche Normen geschaffen werden können, weder durch das Betriebsverfassungsgesetz 1952 591

---

[581] Hueck/Nipperdey, Arbeitsrecht II 1, § 15 V, S. 293 ff.; Richardi, Kollektivgewalt, S. 244 ff.; Ritzer, Die Erweiterung der Zuständigkeiten des Betriebsrates nach dem BetrVG durch Betriebsvereinbarung, Diss. Erlangen-Nürnberg 1971, S. 26 ff.; Säcker/Oetker, Tarifautonomie, S. 199 f., 204 f.; Schwendy, Abänderbarkeit betriebsverfassungsrechtlicher Rechtssätze durch Tarifvertrag und Betriebsvereinbarung, 1969; zur Entstehungsgeschichte des BetrVG 1952: Arnold, Die Entstehungsgeschichte des Betriebsverfassungsgesetzes 1952, Diss. Freiburg 1979, S. 133 ff.
[582] So vor allem Siebert, BB 1958, S. 421; sowie Galperin, Betrieb 1966, S. 620, 622 f.
[583] BAG 8. 10. 1959 AP Nr. 14 zu § 56 BetrVG (A. Hueck) = SAE 1961, S. 140 (Wiedemann); BAG 24. 9. 1959 AP Nr. 11 zu § 611 BGB Akkordlohn (Nikisch) = SAE 1960, S. 53 (Eichler).
[584] Siehe RdA 1970, S. 357 ff.
[585] Die Streichung wurde in den Beratungen der Regierungskoalition vereinbart, vgl. RdA 1970, S. 370; zum Stellenwert dieses Vorganges für die hiesige Problematik R. H. Weber, Die vertrauensvolle Zusammenarbeit zwischen Arbeitgeber und Betriebsrat gemäß § 2 Abs. 1 BetrVG, 1986, S. 132 f.
[586] So v. Hoyningen-Huene, Anm. zu BAG AP Nr. 23 zu § 77 BetrVG 1972; sowie Buchner, SAE 1991, S. 356, 360; GK/Kraft, vor § 92 BetrVG, Rnr. 22 f., 26; Richardi, ZfA 1990, S. 211, 226 f.; Zöllner/Loritz, Arbeitsrecht, § 35 III, S. 389 f.
[587] Hierzu Säcker/Oetker, Tarifautonomie, S. 199 ff.
[588] Zu ihr und der Vereinbarkeit mit Art. 9 Abs. 3 GG insbesondere BAG 15. 7. 1986 AP Nr. 1 zu Art. 3 LPVG Bayern; a. A. Däubler, AuR 1973, S. 233, 234 f.; ders., Tarifvertragsrecht, Rnr. 1093; Kempen/Zachert, § 1 TVG, Rnr. 300.

noch durch das Betriebsverfassungsgesetz 1972 aufgehoben wurde, ist die grundsätzliche betriebsverfassungsrechtliche Regelungsbefugnis der Tarifvertragsparteien auch nach Erlaß des Betriebsverfassungsgesetzes 1972 erhalten geblieben.[589] Dieser Rechtszustand könnte vom Gesetzgeber – wie das Personalvertretungsrecht zeigt – modifiziert werden, ohne daß hierdurch ein grundsätzlicher Widerspruch zu Art. 9 Abs. 3 Satz 1 GG eintritt.[590] Selbst wenn auch die Koalitionsbetätigung in der Betriebsverfassung verfassungsrechtlich geschützt ist, besagt dies noch nicht, daß den Koalitionen zwingend die Befugnis zustehen muß, den vom Gesetzgeber geschaffenen Ordnungsrahmen zu modifizieren.[591]

592 Eine allgemeine Entscheidung, in welchem Umfang das Betriebsverfassungsgesetz 1972 die Betriebsverfassung endgültig und abschließend regelt und welche Angelegenheiten durch Tarifvertrag abweichend ausgestaltet werden können, ist – von den Sondernormen der §§ 3, 38 Abs. 1 Satz 3, 47 Abs. 4, 55 Abs. 4, 72 Abs. 4, 76 Abs. 8, 86 BetrVG abgesehen – nicht möglich. Vielmehr ist eine Unterscheidung nach Sachbereichen notwendig.

2. Regelungsbereich

593 **a) Unternehmensverfassung.** Nach nahezu einhelliger Auffassung kann der Tarifvertrag die Unternehmensverfassung, soweit sie vom Aktiengesetz sowie den einzelnen Gesetzen zur Unternehmensmitbestimmung ausgestaltet ist, nicht abändern.[592] Die Unternehmensordnung regelt bisher nur die Einbeziehung von Arbeitnehmervertretern in die Organe der Kapitalgesellschaften. Diese Unternehmensverfassung ist nicht wie die Betriebsverfassung als partnerschaftliches Organisationsmodell zur friedlichen Konfliktschlichtung aufgebaut, sondern auf Integration aller am Unternehmen beteiligten Kräfte im selben Beschlußorgan angelegt. Diese in das geltende Gesellschaftsrecht eingebettete Unternehmensordnung gilt auch für die Tarifvertragsparteien zwingend. Ein Tarifvertrag kann folglich die Zusammensetzung des Aufsichtsrats nicht abweichend vom Gesetz festlegen; er kann keine Verpflichtung des Unternehmens begründen, in den Vorstand oder die Geschäftsführung einen Arbeitsdirektor i.S. von § 13 MontanMitbestG aufzunehmen, wenn dieses nicht den Bestimmungen des Montan-Mitbestim-

---

[589] Mit dieser Argumentation auch BAG 18. 8. 1987 AP Nr. 23 zu § 77 BetrVG 1972 (v. Hoyningen-Huene) = SAE 1988, S. 97 (Löwisch/Rieble); ebenso Gamillscheg, Kollektives Arbeitsrecht I, § 15 VII 1, S. 595; Säcker/Oetker, Tarifautonomie, S. 129 mit zahlreichen Nachweisen; sowie bereits Hueck/Nipperdey, Arbeitsrecht II 1, § 15 V, S. 294; hiergegen GK/Kraft, vor § 92 BetrVG, Rnr. 19.
[590] Ebenso BAG 15. 7. 1986 AP Nr. 1 zu Art. 3 LPVG Bayern.
[591] Gegenteiliger Ansicht aber Däubler, Tarifvertragsrecht, Rnr. 1032.
[592] Ebenso Beuthien, ZfA 1983, S. 141, 143 f.; Däubler, Das Grundrecht auf Mitbestimmung, 3. Aufl. 1975, S. 329; Hensche, AuR 1971, S. 33, 38; Konzen, Die AG 1983, S. 289, 295 f.; G. Müller, Die Tarifautonomie in der Bundesrepublik Deutschland, 1990, S. 133; Säcker/Oetker, Tarifautonomie, S. 133 ff.; Schwarze, Der Betriebsrat im Dienste der Tarifvertragsparteien, 1993, S. 52; Windbichler, Arbeitsrecht im Konzern, 1988, S. 549 f., m. w. N.; zurückhaltender Jahnke, Mitbestimmung und Tarifautonomie, 1984, S. 87 f., dessen Hinweis auf § 70 BRG jedoch nicht zu überzeugen vermag; a. A. Kempen/Zachert, § 1 TVG, Rnr. 304.

mungsgesetzes unterliegt.[593] Derartige Regelungen laufen nicht nur den zwingenden gesellschaftsrechtlichen Vorgaben zuwider, sie befinden sich zudem nicht mehr in Übereinstimmung mit den in § 1 Abs. 1 aufgeführten Regelungsmaterien, die durch normativ wirkende Tarifbestimmungen ausgestaltet werden können.[594] Das Gesetz beschränkt die normative Regelungsbefugnis auf die Betriebsverfassung und schließt damit per argumentum e contrario eine normative Strukturierung der Unternehmensverfassung aus.[595]

Als Ersatzform für den allgemein für unzulässig gehaltenen Tarifvertrag dienen „unbenannte", auf die Privatautonomie gestützte Verträge, die die Zusammensetzung von Unternehmensorganen zum Gegenstand haben. Die Zulässigkeit und Wirkung derartiger „unternehmensverfassungsrechtlicher Mitbestimmungsverträge" ist hier nicht darzustellen.[596] Im Unterschied zu Tarifverträgen sind sie ungeachtet ihrer Zulässigkeit ohnehin mit dem Makel behaftet, daß ihre kampfweise Durchsetzung nach dem vorherrschenden arbeitskampfrechtlichen Verständnis, das den Arbeitskampf funktional mit dem Abschluß von Tarifverträgen verknüpft, nicht möglich ist.[597]

Nicht ausgeschlossen ist, daß der Tarifvertrag Vorschriften zur Zusammensetzung der Organe (selbständiger) Sozialeinrichtungen vorschreibt (Beteiligung eines Betriebsratsmitglieds im Vorstand der betrieblichen Alterskasse). Dadurch wird weder die Zusammensetzung des unternehmerischen Leitungsorgans geändert noch ein Einfluß der Arbeitnehmer auf die wirtschaftlichen Angelegenheiten der Betriebsführung begründet. Diese Zulässigkeit einer derartigen Regelung ergibt sich unmittelbar aus § 87 BetrVG, da die Schaffung des Tarifvorranges die Möglichkeit einer tarifvertraglichen Strukturierung einschließt.

b) Organisation der Betriebsverfassung. Es können – in Übereinstimmung mit der einhelligen Ansicht in Literatur und Rechtsprechung – keine Tarifnormen erlassen werden, die die gesetzlich festgelegte Organisation der Betriebsverfassung und die für sie geltenden demokratischen Regeln abändern, sofern nicht das Betriebsverfassungsgesetz selbst seine Modifikation durch Tarifvertrag vorsieht.[598] Dazu zählen die gesetzlichen Begriffsbestimmungen des Betriebes,[599] der Arbeitnehmer und der leitenden Angestell-

---

[593] Ebenso *Däubler*, Tarifvertragsrecht, Rnr. 1099.
[594] *Däubler*, Tarifvertragsrecht, Rnr. 1097; *Säcker/Oetker*, Tarifautonomie, S. 134; a. A. Kempen/*Zachert*, § 1 TVG, Rnr. 303.
[595] Das konzediert auch *Däubler*, Das Grundrecht auf Mitbestimmung, 3. Aufl. 1975, S. 329, der jedoch obligatorische Tarifbestimmungen für möglich hält; so hilfsweise auch Kempen/*Zachert*, § 1 TVG, Rnr. 305.
[596] Siehe zum Meinungsstand einerseits befürwortend *Fabricius*, in: Festschrift für Marie Luise Hilger/Hermann Stumpf (1983), S. 155 ff.; andererseits (ablehnend) *Hommelhoff*, ZHR Bd. 148 (1984), S. 122 ff.
[597] Ebenso *Däubler*, Tarifvertragsrecht, Rnr. 1103.
[598] So z.B. auch *Däubler*, Tarifvertragsrecht, Rnr. 1034; *v. Hoyningen-Huene/Meier-Krenz*, ZfA 1988, S. 293, 307; *Kempen*, in: Festschrift für Günter Schaub (1998), S. 357, 359 ff.; Kempen/*Zachert*, § 1 TVG, Rnr. 274. Zur Möglichkeit, in Kleinstbetrieben per Tarifvertrag betriebliche Interessenvertretungen zu schaffen, jüngst *Heither*, in: Festschrift für Günter Schaub (1998), S. 295, 307 ff.
[599] A. A. Kempen/*Zachert*, § 1 TVG, Rnr. 299.

ten,⁶⁰⁰ die Organisation der Belegschaft, Wahl, Zusammensetzung und Amtszeit des Betriebsrats und anderer betriebsverfassungsrechtlicher Organe sowie die Kompetenzabgrenzung zwischen diesen,⁶⁰¹ soweit nicht in den §§ 3, 38, 47, 55, 72, 117 BetrVG Ausnahmen vorgesehen sind.⁶⁰² Der Tarifvertrag kann den Betriebsrat weder ganz noch teilweise von den mit seinem Amt und der Amtsführung verbundenen Pflichten entbinden; soweit er zusätzliche (Mitbestimmungs-) Rechte einführt, begründet er damit allerdings zugleich eine entsprechende Verantwortung. Die Willensbildung im Betriebsrat ist nicht Gegenstand der Tarifautonomie. Der Erlaß einer Geschäftsordnung, die Bildung von Ausschüssen usw. zählen zum Selbstbestimmungsrecht jedes betriebsverfassungsrechtlichen Organs. Unzulässig wäre eine Tarifnorm, die den Betriebsrat verpflichtet, aus bestimmtem Anlaß einen Sachverständigen anzuhören.

597 Der Regelungsbefugnis der Tarifvertragsparteien stehen ferner die für die Betriebsorgane geltenden grundsätzlichen Verhaltensvorschriften nicht offen. Dazu zählen vor allem der Grundsatz der vertrauensvollen Zusammenarbeit nach § 2 Abs. 1, das Verbot von Arbeitskämpfen und einer parteipolitischen Tätigkeit nach § 74 Abs. 2, das Gleichbehandlungsgebot nach § 75 Abs. 1 und die Geheimhaltungspflicht nach § 79 BetrVG.⁶⁰³ Der Tarifvertrag kann zwar bestimmen, daß an die Stelle der betrieblichen Einigungsstelle eine tarifliche Schlichtungsstelle tritt (§ 76 Abs. 8 BetrVG).⁶⁰⁴ Dadurch können aber Zuständigkeit und Verfahren nicht vom Gesetz abweichend ausgestaltet werden.

598 **c) Betriebliche Mitbestimmung.** Die gesetzlichen Vorschriften über das Mitbestimmungsrecht der betriebsverfassungsrechtlichen Organe stellen nach einhelliger Ansicht Mindestbestimmungen dar. Eine Beschränkung durch Tarifvertrag ist – jedenfalls abgesehen von den Besonderheiten der §§ 77 Abs. 3, 87 Abs. 1 BetrVG – nicht möglich.⁶⁰⁵ Streitig ist ausschließlich, ob die Beteiligung des Betriebsrates in sozialen, personellen und wirtschaftlichen Angelegenheiten erweitert und verstärkt werden kann. Dies kann entweder dadurch geschehen, daß schwächer ausgeprägte Beteiligungsrechte (Anhörungs-, Unterrichtungs- und Beratungsrechte) zu (paritätischen) Mitbestimmungsrechten aufgewertet werden, oder aber zusätzliche Sachverhalte in die jeweiligen Katalogtatbestände (z.B. § 87 Abs. 1, 99 Abs. 2, 106 Abs. 3, 111 Satz 2 BetrVG) aufgenommen werden.

599 **aa) Soziale Angelegenheiten.** In sozialen Angelegenheiten kann der Tarifvertrag auf der Grundlage des Einleitungssatzes des § 87 BetrVG die

---

⁶⁰⁰ Ebenso *Gamillscheg*, Kollektives Arbeitsrecht I, § 15 VII 5 a, S. 607.
⁶⁰¹ *Gamillscheg*, Kollektives Arbeitsrecht I, § 15 VII 5 a, S. 608.
⁶⁰² Zur Reichweite der Ausnahmetatbestände siehe im einzelnen ausführlich die Kommentare zum Betriebsverfassungsgesetz zu den jeweiligen Vorschriften.
⁶⁰³ Wie hier auch *Gamillscheg*, Kollektives Arbeitsrecht I, § 15 VII 5 a, S. 607.
⁶⁰⁴ Zu dieser *Rieble*, RdA 1993, S. 140 ff.
⁶⁰⁵ Stellvertretend für die allgemeine Ansicht *Däubler*, Tarifvertragsrecht, Rnr. 1050; *Gamillscheg*, Kollektives Arbeitsrecht I, § 15 VII 2, S. 596 f.; *Kempen/Zachert*, § 1 TVG, Rnr. 274; *Löwisch/Rieble*, § 1 TVG, Rnr. 101; *Nikisch*, Arbeitsrecht III, § 111 V 1, S. 351; *Schaub*, Arbeitsrechts-Handbuch, § 200 I 1 c, S. 1672; GK/*Wiese*, Einleitung BetrVG, Rnr. 72; *Zöllner/Loritz*, Arbeitsrecht, § 35 III, S. 390.

Kompetenz des Betriebsrates faktisch dadurch einschränken, daß er selbst eine umfassende sachliche und damit abschließende Regelung einführt. Damit ist noch keine Aussage darüber getroffen, ob die Tarifvertragsparteien nicht einen Kernbereich betriebsverfassungsrechtlicher Zuständigkeit nach dem Subsidiaritätsprinzip unberührt lassen müssen. Das ist im Hinblick auf die Sachnähe der Parteien der Betriebsvereinbarung, auf die zwingend vorgesehene Schlichtungsmöglichkeit und das Bedürfnis nach betriebseinheitlicher Regelung zu bejahen. Der Betriebsrat darf deshalb in sozialen Angelegenheiten nicht funktionslos gestellt werden.

Bestritten ist, ob der Tarifvertrag den Bereich der sozialen Angelegenheiten, für die ein erzwingbares Mitbestimmungsrecht des Betriebsrates und damit eine Zuständigkeit der Einigungsstelle bestehen soll, über den Katalog des § 87 Abs. 1 BetrVG hinaus erweitern kann. Sowohl die höchstrichterliche Rechtsprechung als auch die überwiegenden Stellungnahmen im Schrifttum bejahen dies.[606]

Für die Möglichkeit, das zwingende Mitbestimmungsrecht des Betriebsrates in sozialen Angelegenheiten in thematischer Hinsicht (z.B. Dauer der Arbeitszeit)[607] begrenzt zu erweitern, spricht, daß es sich um den Kernbereich der betrieblichen Mitbestimmung handelt und daß die Tarifvertragsparteien veränderten Umständen schneller gerecht werden können als ein gesetzgeberisches Verfahren. Die Tarifvertragsparteien müssen allerdings die im System des Betriebsverfassungsrechts liegenden Inhaltsschranken beachten: Da das Betriebsverfassungsgesetz scharf zwischen den einzelnen Sachbereichen der Mitbestimmung unterscheidet, kann die Erweiterung oder Verstärkung trotz aller begrifflichen Unschärfen nur Angelegenheiten betreffen, die nach herkömmlichem Verständnis und im Hinblick auf den Katalog des § 87 Abs. 1 BetrVG den „sozialen Angelegenheiten" zugeordnet werden können.[608] Als solche kommen nur betriebs-, nicht aber unternehmensbezogene Arbeitsbedingungen in Betracht und sie dürfen keinem anderen vom Betriebsverfassungsgesetz erfaßten Sachgebiet unterfallen.[609] Inhaltlich muß der Tarifvertrag außerdem die unternehmerische Entscheidungsprärogative beachten.[610] Das Mitbestimmungsrecht des Betriebsrates

---

[606] So BAG 18. 8. 1987 AP Nr. 23 zu § 77 BetrVG 1972 *(v. Hoyningen-Huene)* = SAE 1988, S. 97 *(Löwisch/Rieble)*; BAG 10. 2. 1988 AP Nr. 53 zu § 99 BetrVG 1972 *(Lund)* = SAE 1991, S. 352 *(Buchner)*; *Beuthien*, ZfA 1986, S. 131, 139; *Biedenkopf*, Tarifautonomie, S. 295 f.; *Däubler*, Das Grundrecht auf Mitbestimmung, 3. Aufl. 1975, S. 367 ff.; *Hanau*, RdA 1973, S. 281, 293; *Löwisch*, AuR 1978, S. 97, 98; *Meier-Krenz*, Die Erweiterung von Beteiligungsrechten des Betriebsrats durch Tarifvertrag, 1988, S. 139 ff.; GK/*Wiese*, § 87 BetrVG, Rnr. 11, m.w.N.; a.A. jedoch *Buchner*, RdA 1990, S. 1, 5 ff.; *Kraft*, ZfA 1973, S. 243, 251; *Nikisch*, Arbeitsrecht III, § 111 IV, S. 351 ff.; *Reuter*, in: Festschrift für Günter Schaub (1998), S. 605, 618 f.; *Richardi*, Kollektivgewalt, S. 251 ff., 256 f.; *Zöllner/Loritz*, Arbeitsrecht, § 35 III, S. 389 f.
[607] Siehe BAG 18. 8. 1987 AP Nr. 23 zu § 77 BetrVG 1972 *(v. Hoyningen-Huene)* = SAE 1988, S. 97 *(Löwisch/Rieble)*.
[608] Ebenso GK/*Wiese*, § 87 BetrVG, Rnr. 13.
[609] Zur im Einzelfall schwierigen Abgrenzung zwischen „sozialen" und „personellen" Angelegenheiten siehe z.B. *Säcker*, ZfA 1972 Sonderheft, S. 41, 46 Fußn. 18.
[610] So auch *Däubler*, Das Grundrecht auf Mitbestimmung, 3. Aufl. 1975, S. 295; GK/*Wiese*, § 87 BetrVG, Rnr. 13; im Ergebnis ebenso *Beuthien*, ZfA 1983, S. 141, 143 f.

bezieht sich in erster Linie auf arbeits- und betriebsorganisatorische Folgewirkungen, nicht auf die unternehmenspolitischen Entscheidungen selbst. In dem genannten systematischen und teleologischen Rahmen des Betriebsverfassungsgesetzes ist eine Erweiterung oder Intensivierung der Mitwirkungsrechte des Betriebsrates durch Tarifvertrag möglich und zulässig.

602 **bb) Personelle Angelegenheiten.** In personellen Angelegenheiten kommt eine Erweiterung der Mitwirkungsrechte des Betriebsrats bei den allgemeinen personellen Angelegenheiten nach den §§ 92 ff. BetrVG, bei der Berufsbildung nach den §§ 96 ff. BetrVG, bei personellen Einzelmaßnahmen nach § 99 BetrVG[611] sowie bei der ordentlichen und mit Einschränkung auch bei der außerordentlichen Kündigung in Betracht. Aus § 102 Abs. 6 BetrVG ergibt sich, daß eine kollektivvertragliche Erweiterung der Mitwirkungsrechte des Betriebsrates zulässig ist.[612] Wenn dies für eine Betriebsvereinbarung zulässig sein soll, muß es auch für Tarifverträge gelten[613] und wenn die Erweiterung für die Kündigung zulässig ist, kann sie bei der Einstellung, Versetzung, Ein- oder Umgruppierung nicht systemwidrig sein. Allerdings ist das Betriebsverfassungsgesetz bezüglich dieser Regelungsmaterien nicht vollständig tarifdispositiv. Ein Tarifvertrag muß sich an dem abgestuften System der Mitwirkungsrechte und an dem Sachcharakter der Ablehnungsrechte nach den §§ 99 Abs. 2, 102 Abs. 3 BetrVG orientieren.[614] Die Zulässigkeit einer tarifvertraglichen Erweiterung muß daher in jedem Einzelfall überprüft werden.

603 **cc) Wirtschaftliche Angelegenheiten.** In wirtschaftlichen Angelegenheiten kommt eine tarifvertragliche Erweiterung der Mitbestimmungsrechte des Betriebsrates nicht in Betracht, weil sich die wirtschaftliche Mitbestimmung oder Mitwirkung notwendig im Entscheidungsrahmen des Unternehmens auswirkt. Dies läßt sich bereits aus dem im Wege der Auslegung zu ermittelnden Anwendungsbereich der „betriebsverfassungsrechtlichen Normen" ableiten. Die durch § 1 Abs. 1 gezogene inhaltliche Grenze für die Vereinbarung betriebsverfassungsrechtlicher Normen wird überschritten, wenn die Konsultationsrechte des Betriebsrates nach den §§ 106 ff. BetrVG tarifvertraglich erweitert und zu paritätischen Mitbestimmungstatbeständen aufgewertet werden. Die in diesen Beteiligungstatbeständen aufgeführten unternehmerischen Entscheidungen beziehen sich auf den Unternehmensträger und nicht auf den Entscheidungsträger des Betriebes.[615] Der Betriebsrat würde anderenfalls per Tarifvertrag systemwidrig zum Unternehmensorgan gekoren. Zu derartigen Systemverschiebungen über

---

[611] Ebenso BAG 10. 2. 1988 AP Nr. 53 zu § 99 BetrVG 1972 *(Lund)* = SAE 1991, S. 352 *(Buchner).*
[612] Siehe näher GK/*Kraft,* § 102 BetrVG, Rnr. 187 ff.
[613] So auch BAG 10. 2. 1988 AP Nr. 53 zu § 99 BetrVG 1972 *(Lund)* = SAE 1991, S. 352 *(Buchner); Gamillscheg,* Kollektives Arbeitsrecht I, § 15 VII 6 d, S. 615 f. mit w. Nachw. in Fußn. 482; gegen diese Argumentation aber GK/*Kraft,* vor § 92 BetrVG, Rnr. 22.
[614] Weitergehend *Gamillscheg,* Kollektives Arbeitsrecht I, § 15 VII 6 d, S. 616.
[615] Siehe *Beuthien,* ZfA 1983, S. 141, 144.

den Tarifvertragstypus der „betriebsverfassungsrechtlichen Normen" sind die Tarifvertragsparteien nicht berechtigt.[616]

Soll die Beteiligung des Betriebsrates bei wirtschaftlichen Angelegenheiten hingegen auf zusätzliche, gesetzlich bislang nicht erfaßte Sachverhalte ausgedehnt werden, beabsichtigen die Tarifvertragsparteien also eine quantitative Erweiterung der Beteiligungsrechte des Betriebsrates in wirtschaftlichen Angelegenheiten, so führen die vorstehenden Erwägungen zu einem differenzierten Resultat. Wird für eine zusätzliche Materie ein mit den §§ 106 ff. BetrVG vergleichbares Konsultationsrecht tarifvertraglich verankert, so steht § 1 Abs. 1 einer derartigen Erweiterung der Beteiligungsrechte des Betriebsrates nicht entgegen. Insofern ist argumentativ auf den ancillarischen Charakter der Beteiligungsrechte in wirtschaftlichen Angelegenheiten für die Mitbestimmung in personellen und sozialen Angelegenheiten hinzuweisen. Diese Argumentation greift jedoch nicht ein, wenn für eine den wirtschaftlichen Angelegenheiten zuzurechnende zusätzliche Materie ein Mitbestimmungsrecht im engeren Sinne tarifvertraglich begründet werden soll. Nunmehr gelten die selben Erwägungen, die bereits bei einer tarifvertraglichen qualitativen Erweiterung der Beteiligungsrechte des Betriebsrates in wirtschaftlichen Angelegenheiten zur Unvereinbarkeit nach § 1 Abs. 1 und dem Normentypus der „betriebsverfassungsrechtlichen Fragen" führen. 604

d) Mitbestimmung am Arbeitsplatz. Gemäß § 86 BetrVG können durch Tarifvertrag oder Betriebsvereinbarung die Einzelheiten des Beschwerdeverfahrens geregelt werden. Eine entsprechende Bestimmung für die Mitwirkungsrechte des Arbeitnehmers nach den §§ 81 ff. BetrVG fehlt; eine Analogie erscheint angebracht. Der Tarifvertrag kann also vorsehen, daß das Anhörungs- und Vorschlagsrecht des Arbeitnehmers oder die Einsicht in die Personalakte in einem bestimmten Verfahren durchgeführt werden. An diesem Verfahren kann ein Betriebsratsmitglied zwingend beteiligt werden. 605

e) Sonstige Regelungen. Nach Einführung von § 3 Abs. 1 Nr. 1 BetrVG ist es nicht mehr möglich, daß der Tarifvertrag zusätzliche Mitwirkungsorgane (Sprecher der Arbeitsgruppe oder der Betriebsabteilung) ohne Zustimmung der Obersten Arbeitsbehörde des Landes bzw. ohne Zustimmung des Bundesministers für Arbeit und Sozialordnung einführt.[617] Zweifelhaft ist die Ausschaltung des Tendenzschutzes durch Tarifvertrag. Das Bundesarbeitsgericht sieht die Bestimmung in § 118 Abs. 1 BetrVG als tarifdispositiv an.[618] Im Hinblick auf den zumeist anzutreffenden Grundrechtsbe- 606

---

[616] Wie hier die h. M., vgl. *Beuthien*, ZfA 1986, S. 131, 141 ff.; *Richardi*, § 111 BetrVG, Rnr. 13 f.; *Galperin/Löwisch*, 6. Aufl. 1982, Vor §§ 106 ff. BetrVG, Rnr. 7 ff.; für eine weitergehende Regelungsbefugnis indes *Fitting/Kaiser/Heither/Engels*, § 1 BetrVG, Rnr. 226; *Gamillscheg*, Kollektives Arbeitsrecht I, § 15 VIII 6 e, S. 616 f.; *Kempen/Zachert*, § 1 TVG, Rnr. 293.

[617] Näher zur Reichweite von § 3 BetrVG *Gamillscheg*, Kollektives Arbeitsrecht I, § 15 VII 4, S. 599 ff.; *ders.*, in: Festschrift für Karl Molitor (1988), S. 133 ff.; *Heither*, in: Festschrift für Günter Schaub (1998), S. 295, 300 f.; *Kempen/Zachert*, § 1 TVG, Rnr. 275 ff., die allerdings für eine extensive Auslegung der Vorschrift plädieren.

[618] BAG 31. 1. 1995 AP Nr. 56 zu § 118 BetrVG 1972 = EzA § 99 BetrVG 1972 Nr. 126 *(Dütz/Dörnwächter)*; ebenso im Schrifttum GK/*Fabricius*, § 118 BetrVG, Rnr.

zug⁶¹⁹ ist das jedoch bedenklich⁶²⁰ und allenfalls für Firmentarifverträge zu erwägen.⁶²¹

607 f) Sprecherausschüsse für leitende Angestellte. Die vor Inkrafttreten des Sprecherausschußgesetzes geführte Diskussion zur Zulässigkeit tarifvertraglicher Regelungen zur Errichtung von Sprecherausschüssen für leitende Angestellte⁶²² ist durch das Inkrafttreten des Sprecherausschußgesetzes obsolet geworden.⁶²³ Die Voraussetzungen für die Errichtung von Sprecherausschüssen sind nunmehr abschließend gesetzlich geregelt. Aus diesem Grunde tritt die Frage nach der Zulässigkeit einer Erweiterung der Beteiligungsrechte des Sprecherausschusses in den Vordergrund.

608 Die Befugnis zur tarifvertraglichen Erweiterung der Beteiligungsrechte des Sprecherausschusses kann nicht bereits im Hinblick auf § 1 Abs. 1 verneint werden. Aufgrund der Einbettung des Sprecherausschußgesetzes in das materielle Betriebsverfassungsrecht bildet die Beschränkung der tarifvertraglichen Regelungsbefugnis auf „betriebsverfassungsrechtliche" Normen kein grundsätzliches Hindernis. Allerdings gilt das nur für solche Regelungen, die Entscheidungen auf der betrieblichen Ebene betreffen. Das Sprecherausschußgesetz kann des weiteren nicht per se als zweiseitig zwingendes Gesetzesrecht charakterisiert werden. Eine derartige Annahme ist – abgesehen von den Öffnungsklauseln in den §§ 16 Abs. 2 Satz 3, 21 Abs. 2 Satz 2 SprAuG – nur für die organisatorischen Vorschriften gerechtfertigt.⁶²⁴ Die Beteiligungsrechte des Sprecherausschusses sind hingegen grundsätzlich dem Arbeitnehmerschutzrecht zuzuordnen, so daß für den zweiseitig zwingenden Charakter des Gesetzes positive Ansatzpunkte vorliegen müssen. Da es hieran fehlt, können die Beteiligungsrechte – sofern sie sich auf soziale Angelegenheiten und personelle Maßnahmen beziehen – per Tarifvertrag über den gesetzlichen Standard hinaus erweitert werden.⁶²⁵

---

667 f.; *Schwerdtner*, BB 1971, S. 833, 837; *Tödtmann*, Die Zulässigkeit tarifvertraglicher Mitbestimmungsregelungen für Bühnenkünstler, Diss. Köln 1995, S. 84 ff.
⁶¹⁹ Statt aller *Mayer-Maly*, BB 1973, S. 761, 765.
⁶²⁰ Siehe die Bedenken bei *Säcker/Oetker*, Tarifautonomie, S. 23 Fußn. 30 a. E.; *Schaub*, Arbeitsrechts-Handbuch, § 200 I 1 c, S. 1672; die Tarifdispositivität wird auch verneint von *Mayer-Maly*, BB 1973, S. 761, 767; sowie ausführlich nunmehr *Dörrwächter*, Tendenzschutz im Tarifrecht, 1998, S. 219 ff.
⁶²¹ So *Hanau*, BB 1973, S. 901, 908; wohl auch *Gamillscheg*, Kollektives Arbeitsrecht I, § 15 VII 6 f, S. 617, da eine Zustimmung des Arbeitgebers für erforderlich gehalten wird; weitergehend BAG 31. 1. 1995 AP Nr. 56 zu § 118 BetrVG 1972 = EzA § 99 BetrVG 1972 Nr. 126 *(Dütz/Dörrwächter)*, das über einen Verbandstarifvertrag zu entscheiden hatte, in der Begründung allerdings ausschließlich auf den einzelnen Arbeitgeber abstellt.
⁶²² Hierzu die Vorauflage bei § 1, Rnr. 259.
⁶²³ Wohl auch *Däubler*, Tarifvertragsrecht, Rnr. 1089.
⁶²⁴ Ebenso *Wlotzke*, NZA 1989, S. 709, 710.
⁶²⁵ So auch *Däubler*, Tarifvertragsrecht, Rnr. 1089; a. A. MünchArbR/*Joost*, § 314, Rnr. 45; *Löwisch*, SprAuG, 2. Aufl. 1994, Vorbemerkung, Rnr. 2.

E. Normen für Gemeinsame Einrichtungen

Schrifttum: *Eduard Bötticher*, Die gemeinsamen Einrichtungen der Tarifvertragsparteien, 1966; *Heinz Dieter Degen*, Die Allgemeinverbindlichkeitserklärung von Tarifverträgen, die gemeinsame Einrichtungen der Tarifvertragsparteien betreffen, Diss. Köln 1966; *Friedhelm Farthmann/Detlef Hensche*, Die gemeinsamen Einrichtungen der Tarifvertragsparteien – aus Sicht der Arbeitnehmerseite, ArbRGeg. Bd. 9 (1971), S. 95–102; *Erich Fechner*, Rechtsgutachten zur Problematik der gemeinsamen tariflichen Einrichtungen nach § 4 Abs. 2 TVG (insbesondere bei Vermögensansammlungen und Sozialkassen), der Tarifausschlußklausel und der tariflichen Friedenspflicht, 1965; *Peter Hanau*, Gemeinsame Einrichtungen von Tarifvertragsparteien als Instrument der Verbandspolitik, RdA 1970, S. 161–168; *Friedrich Hauck*, Die Sozialkassentarifverträge des Baugewerbes in der aktuellen Rechtsprechung des Bundesarbeitsgerichts, in: Festschrift für Günter Schaub (1998), S. 263–274; *Hermann Henrich*, Das Verhältnis von tarif- und gesellschaftsrechtlicher Struktur der gemeinsamen Einrichtungen der Tarifvertragsparteien – am Beispiel der Zusatzversorgungskasse des Baugewerbes VVaG, Diss. Frankfurt/Main 1968; *Wilhelm Herschel*, Empfiehlt es sich, das Recht der gemeinsamen Einrichtungen der Tarifvertragsparteien (§ 4 Abs. 2 TVG) näher gesetzlich zu regeln, ggf. wie?, JZ 1970, S. 461–464; *Wolf-Ekkehard Hesse*, Tariffonds in der Tarif- und Vermögenspolitik, Betrieb 1986, S. 1210–1213; *Wolfgang Hill*, Die Bedeutung der normativen Wirkung der Regelung von gemeinsamen Einrichtungen der Tarifvertragsparteien, Diss. Köln 1970; *Wolfgang Hromadka*, Gemeinsame Einrichtung der Tarifvertragsparteien, NJW 1970, S. 1441–1447; *Hans-Joachim Kettner*, Die gemeinsamen Einrichtungen der Tarifvertragsparteien – aus der Sicht der Arbeitgeberseite, ArbRGeg. Bd. 9 (1971), S. 85–93; *Otto Rudolf Kissel*, Die Zusatzversorgungskasse des Baugewerbes im Gesamtgefüge der Tarifautonomie, ZfA 1985, S. 39–52; *H.-J. Kuhnle*, Gemeinsame Einrichtungen der Tarifvertragsparteien als soziale Wirklichkeit und tarifrechtliches Problem. Zugleich ein Beitrag zur Frage des sachlichen und persönlichen Umfangs der Tarifmacht, Diss. Tübingen 1968; *Manfred Lieb*, Begriff, Geltungsweise und Außenseiterproblematik der Solidarnormen, RdA 1967, S. 441–448; *Gerd Lütgen*, Die Rechtsprobleme der gemeinsamen Einrichtungen der Tarifvertragsparteien, Diss. Köln 1967; *Theo Mayer-Maly*, Gemeinsame Einrichtungen im Spannungsfeld von Tarifmacht und Organisationspolitik, BB 1965, S. 829–834; *Hansjörg Otto/Roland Schwarze*, Tarifnormen über Gemeinsame Einrichtungen und deren Allgemeinverbindlicherklärung, ZfA 1995, S. 639–698; *Walter Rätz*, Zuschußkassen im Tarifvertrag, Diss. Greifswald 1933; *Günther Schelp*, Gemeinsame Einrichtungen der Tarifvertragsparteien, in: Festschrift für H.C. Nipperdey Bd. II (1965), S. 579–607; *Herbert Wiedemann*, Rationalisierungsschutz, Tarifmacht und gemeinsame Einrichtung, RdA 1968, S. 420–424; *Karl Gustav Wollenweber*, Die rechtliche Natur der Zuschußkasse der Tarifvertragsgemeinschaft deutscher Apotheker und zweckverwandter Einrichtungen, Diss. Freiburg 1930; *Walter Zeiss*, Die gemeinsamen Einrichtungen der Tarifvertragsparteien in Praxis und Rechtsprechung, JR 1970, S. 201–204; *Wolfgang Zöllner*, Die Wirkung der Normen über gemeinsame Einrichtungen der Tarifvertragsparteien, RdA 1967, S. 361–370; ders., Der Begriff der gemeinsamen Einrichtungen der Tarifvertragsparteien, BB 1968, S. 597–601; ders., Empfiehlt es sich, das Recht der gemeinsamen Einrichtungen der Tarifvertragsparteien (§ 4 Abs. 2 TVG) gesetzlich näher zu regeln?, Gutachten für den 48. DJT, 1970.

I. Begriff und Bedeutung

Die Normen für Gemeinsame Einrichtungen sind ebenso wie diejenigen zum Geltungsbereich und zur Geltungsdauer von Tarifverträgen in § 1 Abs. 1 nicht genannt. Ursache hierfür war die Auffassung während der Gesetzgebungsarbeiten, es handle sich bei den Normen für Gemeinsame Einrichtungen lediglich um besondere Rechtswirkungen, nicht dagegen um einen eigenen Regelungsgegenstand.[626] Deshalb werden die Gemeinsamen Einrichtungen nur in § 4 Abs. 2 erwähnt. Die Ansicht der Gesetzesverfasser ist jedoch nicht zutreffend: Normen für Gemeinsame Einrichtungen stellen einen von den übrigen in § 1 Abs. 1 genannten Rechtsmaterien getrennten Sachbereich dar.[627]

1. Begriff

610 **a) Gemeinsame Einrichtung.** Gemeinsame Einrichtungen sind von den Tarifvertragsparteien geschaffene und von ihnen abhängige Organisationen, deren Zweck und Organisationsstruktur durch Tarifvertrag festgelegt wird;[628] zwischen der Gemeinsamen Einrichtung und dem einzelnen Arbeitgeber und Arbeitnehmer entstehen unmittelbar tarifliche Rechtsverhältnisse.[629]

611 **aa) Einrichtung.** Wie die in § 4 Abs. 2 exemplarisch genannten Beispiele (Lohnausgleichskassen, Urlaubsmarkenregelung) zeigen, muß eine eigene Organisation, in der Regel mit einem eigenen (Sonder) Vermögen,[630] gebildet werden.[631] Schlichtungs- und Verfahrensregelungen sowie gemeinsame Veranstaltungen (Tagungen, Fortbildungskurse) genügen hierfür nicht.[632] Dies schließt allerdings nicht aus, ein gemäß § 101 Abs. 2 ArbGG errichtetes Schiedsgericht als Gemeinsame Einrichtung zu qualifizieren.[633] Entsprechendes gilt für eine tarifliche Schlichtungsstelle nach § 76 Abs. 8 BetrVG.[634]

612 **bb) Gemeinsamkeit.** Die Gemeinsame Einrichtung muß von den Tarifvertragsparteien abhängig sein, da sie nur dann eine solche der Tarifvertragsparteien ist. Eine Trägerschaft der Tarifvertragsparteien ist nur zu bejahen, wenn sie ohne Rücksicht auf die Rechtsform stets die Möglichkeit haben, der Gemeinsamen Einrichtung bindende Weisungen zu ertei-

---

[626] *Herschel*, ZfA 1973, S. 183, 188; ebenso jüngst *Otto/Schwarze*, ZfA 1995, S. 639, 652 f.

[627] Ebenso *Däubler*, Tarifvertragsrecht, Rnr. 1152; Staudinger/*Richardi*, 12. Aufl. 1989, Vorbem. zu §§ 611 ff. BGB, Rnr. 991; der Sache nach auch *Gamillscheg*, Kollektives Arbeitsrecht I, § 15 IX 1, S. 618.

[628] Ebenso BAG 25. 1. 1989 AP Nr. 5 zu § 1 GesamthafenbetriebsG *(Zeuner)*; Staudinger/*Richardi*, 12. Aufl. 1989, Vorbem. zu §§ 611 ff. BGB, Rnr. 989; *Stein*, Tarifvertragsrecht, Rnr. 573; aufgegriffen von BVerfGE 55, S. 7, 9.

[629] BAG 14. 12. 1977 AP Nr. 1 zu § 4 TVG Gemeinsame Einrichtungen *(Wiedemann/Moll)*; *Däubler*, Tarifvertragsrecht, Rnr. 1152; *Gamillscheg*, Kollektives Arbeitsrecht I, § 15 IX 4a, S. 621 f.; ebenso BVerfGE 55, S. 7, 9.

[630] Zwingend ist das Erfordernis eines eigenen Vermögens indes nicht; so treffend *Gamillscheg*, Kollektives Arbeitsrecht I, § 15 IX 3, S. 621.

[631] *Däubler*, Tarifvertragsrecht, Rnr. 1132; weitergehend wohl Löwisch/*Rieble*, § 4 TVG, Rnr. 100.

[632] Ebenso *Däubler*, Tarifvertragsrecht, Rnr. 1132; a. A. für Fortbildungsveranstaltungen *Nikisch*, Arbeitsrecht II, § 73 VI, S. 306 Fußn. 100.

[633] So auch ohne Begründung BAG 3. 9. 1986 AP Nr. 12 zu § 4 TVG Nachwirkung *(Lund)*; ebenso *Bötticher*, Die Gemeinsamen Einrichtungen der Tarifvertragsparteien, 1966, S. 10 f.; *Germelmann/Matthes/Prütting*, § 101 ArbGG, Rnr. 25; Löwisch/*Rieble*, § 4 TVG, Rnr. 90.

[634] *Rieble*, RdA 1993, S. 140, 147.

len.⁶³⁵ Die Weisungsgebundenheit ist unverzichtbar.⁶³⁶ Die Tarifvertragsparteien können auf ihr Aufsichts- und Weisungsrecht auch nachträglich weder verzichten noch ihr Mitbestimmungsrecht auf die Gegenseite übertragen. Die alleinige Beteiligung von betrieblichen Arbeitnehmervertretern, die aufgrund des Betriebsverfassungsgesetzes in den Organen vertreten sind, genügt deshalb nicht; sie ersetzen insbesondere nicht den hinreichenden Einfluß der Gewerkschaft, der erforderlich ist, damit die Anforderungen an eine Gemeinsame Einrichtung im Sinne des Tarifrechts erfüllt sind.⁶³⁷ Dagegen ist keine paritätische Organisation,⁶³⁸ keine paritätische Verwaltung⁶³⁹ und keine paritätische Besetzung der Organe⁶⁴⁰ erforderlich. Es genügt, daß den Tarifvertragsparteien die Möglichkeit der Aufsicht und Kontrolle verbleibt.⁶⁴¹ Unter dieser Voraussetzung ist es unschädlich, wenn die Verwaltung der Einrichtung von einer der Tarifvertragsparteien allein durchgeführt wird.

cc) **Zweckbindung.** Der Tarifvertrag hat die Zweckrichtung und die Organisationsstruktur der Gemeinsamen Einrichtung festzulegen.⁶⁴² Dieser Zweck kann von der Satzung oder dem Statut der Gemeinsamen Einrichtung nicht geändert werden. Das zur Zweckerreichung der Gemeinsamen Einrichtung zugeführte Beitragsaufkommen ist ein gebundenes Sondervermögen, das nur tarifgemäß verwendet werden darf.

dd) **Außenwirkung.** Durch Tarifvertrag müssen zwischen der Gemeinsamen Einrichtung und den einzelnen Arbeitgebern und/oder Arbeitnehmern unmittelbare tarifliche Rechtsverhältnisse entstehen.⁶⁴³ Die Gewährung bloßer Ausgleichsansprüche, die Einführung von Umlageverfahren sowie die Schaffung tariflicher Einzel- oder Gesamtschiedsklauseln bilden keine Ge-

---

[635] Ebenso *Däubler*, Tarifvertragsrecht, Rnr. 1134; *Gamillscheg*, Kollektives Arbeitsrecht I, § 15 IX 3, S. 620.
[636] So auch *Ballerstedt*, Referat zum 48. DJT, 1970, Q 13; im Ergebnis auch *Farthmann/Hensche*, ArbRGeg. Bd. 9 (1971), S. 95, 99; *Zöllner*, Gutachten zum 48. DJT, 1970, G 37; ebenso BAG 25. 1. 1989 AP Nr. 5 zu § 1 GesamthafenbetriebsG *(Zeuner)*, wonach eine paritätische Aufsicht und Kontrolle bestehen muß.
[637] Siehe BAG 28. 4. 1981 AP Nr. 3 zu § 4 TVG Gemeinsame Einrichtungen (Mitglieder des Hauptpersonalrates).
[638] Hierfür *Kettner*, ArbRGeg. Bd. 9 (1971), S. 85, 90; *Mayer-Maly*, BB 1965, S. 829, 831; hiergegen aber wohl auch BAG 25. 1. 1989 AP Nr. 5 zu § 1 GesamthafenbetriebsG *(Zeuner)*, da die Organe hiernach nicht nur aus Vertretern der Tarifpartner bestehen müssen.
[639] So aber *Bötticher*, Die Gemeinsamen Einrichtungen der Tarifvertragsparteien, 1966, S. 130; *Gamillscheg*, Differenzierung nach der Gewerkschaftszugehörigkeit, 1966, S. 103; *Säcker*, BB 1966, S. 1031; hiergegen mit Recht *Däubler*, Tarifvertragsrecht, Rnr. 1134; *Gamillscheg*, Kollektives Arbeitsrecht I, § 15 IX 3, S. 620; *Kempen/Zachert*, § 4 TVG, Rnr. 153; *Löwisch/Rieble*, § 4 TVG, Rnr. 106; *Stein*, Tarifvertragsrecht, Rnr. 575.
[640] So *Hueck/Nipperdey*, Arbeitsrecht II 1, § 15 VI, S. 299; *Löwisch/Rieble*, § 4 TVG, Rnr. 105; ablehnend *Däubler*, Tarifvertragsrecht, Rnr. 1135; *Kempen/Zachert*, § 4 TVG, Rnr. 153.
[641] BAG 25. 1. 1989 AP Nr. 5 zu § 1 GesamthafenbetriebsG *(Zeuner)*.
[642] Ebenso BAG 25. 1. 1989 AP Nr. 5 zu § 1 GesamthafenbetriebsG *(Zeuner)*; *Däubler*, Tarifvertragsrecht, Rnr. 1136; *Gamillscheg*, Kollektives Arbeitsrecht I, § 15 IX 2, S. 619.
[643] Ebenso *Zöllner*, Gutachten zum 48. DJT, 1970, G 27 ff.

meinsamen Einrichtungen nach § 4 Abs. 2, soweit keine eigene Organisation geschaffen wurde.

615 **ee) Keine Voraussetzungen.** Keine Voraussetzung der Gemeinsamen Einrichtung ist die Gründung oder Umwandlung einer juristischen Person.[644] Die Tarifvertragsparteien sind vielmehr frei in der Wahl der ihnen von der Rechtsordnung zur Verfügung gestellten Organisationsformen. Die Gemeinsame Einrichtung muß keinen überbetrieblichen Charakter tragen;[645] sie kann deshalb sowohl in einem Verbands- als auch in einem Firmentarifvertrag vereinbart werden.[646] Überbetriebliche Einrichtungen entsprechen zwar dem tradierten und vom Gesetzgeber vorgefundenen Erscheinungsbild, es lassen sich dem Gesetzestext aber keine hinreichenden Anhaltspunkte dafür entnehmen, daß die Tarifvertragsparteien hierauf beschränkt werden sollten.

616 Zweifelhaft ist die Rechtslage hinsichtlich solcher „Einrichtungen", in denen nicht nur die Tarifvertragsparteien Mitglieder sind. Für die „Gemeinsamkeit" der Einrichtung genügt es, daß die Tarifvertragsparteien den beherrschenden Einfluß auf die Einrichtung behalten.[647] Die hiergegen angeführten Bedenken im Hinblick auf die Unterwerfung Dritter unter die Tarifmacht[648] lassen sich dadurch ausräumen, daß sich die Dritten mit ihrem Beitritt zu der „Einrichtung" der Normsetzungsmacht der Tarifvertragsparteien bezüglich der „Einrichtung" unterwerfen. Unter dieser Voraussetzung ist die Ausdehnung der Normwirkung auf Dritte privatautonom legitimiert und keine andere Situation gegeben als bei arbeitsvertraglichen Bezugnahmeklauseln.

617 **b) Normen für Gemeinsame Einrichtungen.** Die Normen hinsichtlich der Gemeinsamen Einrichtungen unterscheiden sich von den in § 1 Abs. 1 aufgezählten Tarifvertragsnormen grundlegend, sie stellen deshalb keine Inhaltsnormen dar.[649] Der wesentliche Unterschied besteht darin, daß die übrigen Tarifvertragsnormen bestehende Arbeitsverhältnisse oder betriebliche Rechtsverhältnisse ausgestalten, während die Normen über Gemeinsame Einrichtungen neue Rechtsbeziehungen schaffen. Sie mediatisieren die Beiträge des Arbeitgebers und die Leistungen gegenüber den Arbeitnehmern und überführen sie in die eigenständige und verantwortliche Regelung der Tarifvertragsparteien.[650] Das hat zur Folge, daß sich die Tarifvertragsparteien Vermögensinstitutionen schaffen können, deren Aufkom-

---

[644] Löwisch/Rieble, § 4 TVG, Rnr. 100; abweichend Ballerstedt, Referat zum 48. DJT, 1970, Q 19.
[645] Dazu Bötticher, Die Gemeinsamen Einrichtungen der Tarifvertragsparteien, 1966, S. 82; Däubler, Tarifvertragsrecht, Rnr. 1137; Hueck/Nipperdey, Arbeitsrecht II 1, § 15 VI, S. 299; Kempen/Zachert, § 4 TVG, Rnr. 152; Löwisch/Rieble, § 4 TVG, Rnr. 96; Zöllner, BB 1968, S. 597, 600.
[646] Kempen/Zachert, § 4 TVG, Rnr. 152; Löwisch/Rieble, § 4 TVG, Rnr. 96.
[647] So auch Kempen/Zachert, § 4 TVG, Rnr. 151.
[648] Löwisch/Rieble, § 4 TVG, Rnr. 102.
[649] Ebenso BAG 2. 3. 1965 AP Nr. 12 zu § 5 TVG (A. Hueck); BAG 14. 11. 1973 AP Nr. 16 zu § 1 TVG Tarifverträge: Bau (Wiedemann); Bötticher, Die Gemeinsamen Einrichtungen der Tarifvertragsparteien, 1966, S. 29; Kempen/Zachert, § 4 TVG, Rnr. 138; Staudinger/Richardi, 12. Aufl. 1989, Vorbem. zu §§ 611 ff. BGB, Rnr. 993; Zöllner, Gutachten zum 48. DJT, 1970, G 64 ff.; abweichend Ballerstedt, Referat zum 48. DJT, 1970, Q 15; Schelp, in: Festschrift für H. C. Nipperdey Bd. II (1965), S. 579, 591, 597.
[650] Ebenso Kempen/Zachert, § 4 TVG, Rnr. 138.

men von den Arbeitgebern getragen wird und deren Leistungen aus der Sicht der Arbeitnehmer arbeitgeberunabhängig sind. In der Rechtsform der Gemeinsamen Einrichtungen übernehmen die Tarifvertragsparteien in der Sache selbst Rechte und Pflichten gegenüber dem einzelnen Arbeitnehmer und Arbeitgeber, so daß die hierauf gerichteten Tarifnormen einen selbständigen Regelungskomplex bilden.[651] Wegen dieser weittragenden Wirkungen sind die Normen hinsichtlich der Gemeinsamen Einrichtungen mit den übrigen Tarifvertragsnormen nur begrenzt vergleichbar. Nicht ausgeschlossen sind Normen. die sich dem Kanon der in § 1 Abs. 1 genannten Tarifnormen zuordnen lassen und damit Doppelcharakter besitzen (z. B. Gemeinsame Einrichtung, die die betriebliche Ordnung betrifft).[652]

2. Aufgabe und Bedeutung der Gemeinsamen Einrichtungen

a) **Aufgabe.** Aufgabe der Gemeinsamen Einrichtung ist es nicht, nur ein Finanzierungsinstitut zwischen Arbeitgeber und Arbeitnehmer einzuschalten (in Art einer Clearingstelle).[653] Diese Sicht verfehlt die Aufgabe überbetrieblicher Einrichtungen der Sozialpartner im Ansatzpunkt. Es geht nicht um die Ausbuchung des Arbeitsverhältnisses, so daß die Leistungsströme alle auch als innerhalb des Vertragsverhältnisses laufend vorgestellt werden können. Die Gemeinsame Einrichtung will vielmehr umgekehrt die Leistungen aus dem Synallagma mit seinen sachlichen und persönlichen Voraussetzungen lösen.[654] Die frühere Auffassung, die die Zahlungen des Arbeitgebers als in ihrer Leistungsrichtung geänderte Lohnzahlungen auffaßte, ist heute überwunden. Aufgabe der Gemeinsamen Einrichtung ist es, dem Arbeitnehmer Ansprüche zu verschaffen, die er von dem jeweiligen Arbeitgeber aus organisatorischen, psychologischen oder finanziellen Gründen nicht erhalten könnte.[655]

Anlaß für die Schaffung Gemeinsamer Einrichtungen war außerdem die Struktur einzelner Branchen, insbesondere des Baugewerbes, in denen der Arbeitnehmer infolge Mobilität die Anspruchsvoraussetzungen einzelner Leistungen bei einem einzigen Arbeitgeber häufig nicht erfüllen konnte.[656] Zur Anspruchsbegründung genügt deshalb die Berufs- und Gewerbezugehörigkeit anstelle der Betriebszugehörigkeit.

---

[651] Treffend Staudinger/*Richardi*, 12. Aufl. 1989, Vorbem. zu §§ 611 BGB, Rnr. 992.

[652] Ebenso *Däubler*, Tarifvertragsrecht, Rnr. 1152; *Farthmann/Hensche*, ArbRGeg. Bd. 9 (1971), S. 95, 98 (Betriebliche Ausbildungswerkstatt, werksärztlicher Dienst); *Löwisch/Rieble*, § 4 TVG, Rnr. 88 (überbetriebliche Einrichtungen zur Kinderbetreuung).

[653] So aber *Ballerstedt*, Referat zum 48. DJT, 1970, Q 11 ff.; hiergegen auch *Kempen/Zachert*, § 4 TVG, Rnr. 140.

[654] Zustimmend *Däubler*, Tarifvertragsrecht, Rnr. 1126; *Gamillscheg*, Kollektives Arbeitsrecht I, § 15 IX 2, S. 620.

[655] *Bötticher*, Die Gemeinsamen Einrichtungen der Tarifvertragsparteien, 1966, S. 10 ff.; *Gamillscheg*, Kollektives Arbeitsrecht I, § 15 IX 1, S. 619; *Kempen/Zachert*, § 4 TVG, Rnr. 140; *Lieb*, Arbeitsrecht, § 6 III, S. 170; *Wiedemann*, RdA 1968, S. 420, 422; *Zöllner*, Gutachten zum 48. DJT, 1970, G 22.

[656] *Däubler*, Tarifvertragsrecht, Rnr. 1126; *Koberski/Clasen/Menzel*, § 4 TVG, Rnr. 82; *Lieb*, Arbeitsrecht, § 6 III, S. 170.

620 b) Bedeutung. Große praktische Bedeutung haben die von *Georg Leber* geschaffenen Gemeinsamen Einrichtungen des Baugewerbes erlangt: die Urlaubskasse, die Lohnausgleichskasse und die Zusatzversorgungskasse.[657] Daneben gibt es Gemeinsame Einrichtungen im Dachdecker-, Steinmetz- und Steinbildhauerhandwerk, im Bergbau, für land- und forstwirtschaftliche Arbeitnehmer, in der Miederindustrie, bei Presse und Theater sowie im öffentlichen Dienst. Allerdings stehen die Versorgungsanstalt Deutscher Bühnen und die Versorgungsanstalt des Bundes und der Länder als öffentlich-rechtliche Körperschaften außerhalb der Sphäre der Gemeinsamen Einrichtungen i. S. des Tarifvertragsgesetzes.

621 Die Tarifvertragsparteien sind inhaltlich nicht auf den übernommenen Tarifinhalt[658] beschränkt; sie können sich auch neuen Herausforderungen stellen und auf sie durch die Errichtung Gemeinsamer Einrichtungen reagieren.[659] Das Recht der Gemeinsamen Einrichtungen soll nach dem Willen des Gesetzgebers, der keine ausgebaute Regelung geschaffen hat, ersichtlich der Gestaltungsfreiheit der Tarifpartner, dem Einfallsreichtum der Planer, der wirtschaftlichen und steuerlichen Ökonomie und den immer wieder auftauchenden modernen Ordnungs- und Regelungsbedürfnissen des Arbeitslebens Raum geben.[660] Dementsprechend bieten sich Gemeinsame Einrichtungen auch als ein Instrument zur Lösung beschäftigungspolitischer Probleme (z.B. Beschäftigungsgesellschaften) an.[661] Diesen Zweck verfolgt im Kern auch der Gesamthafenbetrieb, der eine ausgeglichene Beschäftigung der Hafenarbeiter sicherstellen soll. Er besitzt nach allgemein anerkannter Auffassung die Rechtsnatur einer Gemeinsamen Einrichtung.[662] Darüber hinaus kommen Gemeinsame Einrichtungen für den Ausbau der Vermögensbildung in Arbeitnehmerhand,[663] der Berufsbildung,[664] den gleitenden Übergang in die

---

[657] Zu ihnen z.B. *Blumensaat/Geerling/Leber*, Urlaub, Lohnausgleich und Zusatzversorgung im Baugewerbe, 1961; *Gamillscheg*, Kollektives Arbeitsrecht I, § 15 IX 6, S. 623 f.; *Hauck*, in: Festschrift für Günter Schaub (1998), S. 263 ff.; *Kissel*, ZfA 1985, S. 39 ff.; *Koch*, Die Zusatzversorgungskasse des Baugewerbes, 1994; *Köbele/Sahl*, Die Zukunft der Sozialkassensysteme der Bauwirtschaft im Europäischen Binnenmarkt, 1993; *Sperner/Brocksiepe/Egger/Henrich/Unkelbach*, Die Sozialkassen der Bauwirtschaft, 1979.
[658] Zu diesem auch *Otto/Schwarze*, ZfA 1995, S. 639, 654 ff.
[659] Treffend *Otto/Schwarze*, ZfA 1995, S. 639, 656 f.; zustimmend *Däubler*, Tarifvertragsrecht, Rnr. 1143 ff.; *Kempen/Zachert*, § 4 TVG, Rnr. 139; *Stein*, Tarifvertragsrecht, Rnr. 574; sowie bereits BAG (GS) 29. 11. 1967 AP Nr. 13 zu Art. 9 GG = SAE 1969, S. 246 *(Wiedemann)*.
[660] BAG 21. 2. 1967 AP Nr. 12 zu Art. 9 GG.
[661] *Däubler*, Tarifvertragsrecht, Rnr. 1130; *Kaiser*, NZA 1992, S. 193, 194; *Kempen/Zachert*, § 4 TVG, Rnr. 143; *Löwisch/Rieble*, § 4 TVG, Rnr. 85 und 93 f.
[662] BAG 25. 1. 1989 AP Nr. 5 zu § 1 GesamthafenbetriebsG *(Zeuner)*; *Bötticher*, Die Gemeinsamen Einrichtungen der Tarifvertragsparteien, 1966, S. 13 ff., 23 ff.; *Gamillscheg*, Kollektives Arbeitsrecht I, § 15 IX, S. 619; *Löwisch/Rieble*, § 4 TVG, Rnr. 87.
[663] Hierzu *Däubler*, Tarifvertragsrecht, Rnr. 1149; *Hesse*, Betrieb 1986, S. 1210 ff.; *Kempen/Zachert*, § 4 TVG, Rnr. 144; sowie bereits *Zöllner*, Gutachten zum 48. DJT, 1970, G 13; ablehnend jedoch *Bötticher*, Die Gemeinsamen Einrichtungen der Tarifvertragsparteien, 1966, S. 147 ff.; zurückhaltend auch *Wiedemann*, in: Beuthien (Hrsg.), Arbeitnehmer oder Arbeitsteilhaber?, 1987, S. 151, 153 f.
[664] *Däubler*, Tarifvertragsrecht, Rnr. 1147; *Herschel*, JZ 1970, S. 461, 462; *Löwisch/Rieble*, § 4 TVG, Rnr. 85; *Oetker*, Die Mitbestimmung der Betriebs- und Per-

Altersrente (siehe auch § 9 Abs. 2 ATG)[665] und zum Ausgleich rationalisierungsbedingter Entlassungen in Betracht. Gelegentlich werden auch Forschungsinstitute (zur Unfallverhütung, Arbeitsphysiologie, zur Frühinvalidität), Datenverarbeitungszentren, Institute zur Marktforschung und ähnliche Einrichtungen genannt.[666] Ihre Qualifizierung als Gemeinsame Einrichtung i. S. des Gesetzes ist zweifelhaft, da den einzelnen Arbeitnehmern keine Ansprüche gegenüber derartigen Einrichtungen erwachsen können.

c) **Gewerkschaftszugehörigkeit.** Anlaß zu Rechtsstreitigkeiten hat der Geltungsbereich der für allgemeinverbindlich erklärten Tarifverträge für das Baugewerbe gegeben. Zweifelhaft war, ob in einem Tarifvertrag, der die Leistungen der Gemeinsamen Einrichtungen regelt, die Gewerkschaftszugehörigkeit leistungssteigernd eingesetzt werden kann.[667] Die Frage hat sich dadurch erledigt, daß der Tarifvertrag bei seiner Neufassung von der Gewerkschaftszugehörigkeit als Anspruchsvoraussetzung absah und zur Gewerbezugehörigkeit überging. Die meisten anderen im Schrifttum und auf dem 48. Deutschen Juristentag diskutierten Probleme sind bisher nicht im Wege des Rechtsstreits entschieden worden.

d) **Ausland.** Im Ausland sind Gemeinsame Einrichtungen der Tarifvertragsparteien wenig bekannt. In Luxemburg enthält ein Tarifvertrag Vereinbarungen über die Einrichtung einer Solidaritätskasse, die eine finanzielle Beihilfe bei Tod eines Arbeitnehmers leistet. In Österreich hebt § 2 Abs. 2 Nr. 6 ArbVG die Gemeinsamen Einrichtungen zwar als zulässigen Regelungsgegenstand des Kollektivvertrages hervor, ihre Verbreitung ist jedoch gering.[668] Gemeinsame Einrichtungen kennt auch das kollektive Arbeitsrecht der Schweiz.[669]

II. Zweck und Organisation Gemeinsamer Einrichtungen

1. Zweck und Zweckverwirklichung

a) **Notwendigkeit der Zweckfestsetzung.** Der Tarifvertrag muß den Zweck der Gemeinsamen Einrichtung und das Verfahren, mit dem dieser Zweck erreicht werden soll, ausreichend selbst bestimmen. Das gilt vor allem für Beiträge und Leistungen an die Gemeinsame Einrichtung, sie bedürfen einer Festlegung in dem Tarifvertrag.[670] Darüber hinaus muß sich aus dem Tarifvertrag ergeben, zu welchen Zwecken die Mittel des Sondervermögens verwandt werden dürfen. Nur die nähere Durchführung kann den Organen

---

sonalräte bei der Durchführung von Berufsbildungsmaßnahmen, 1986, S. 231 ff.; *Schelp*, in: Festschrift für H. C. Nipperdey Bd. II (1965), S. 579, 594; *Zöllner*, Gutachten zum 48. DJT, 1970, G 13.

[665] Zu den Vorruhestandstarifverträgen siehe insbesondere *Henrich*, ArbR.Geg. Bd. 24 (1986), S. 19, 33 ff.; *v. Hoyningen-Huene*, BB 1986, S. 1909 ff.; *Schlachter*, BB 1987, S. 758 ff.; *Wiedemann*, RdA 1987, S. 262 ff.

[666] Siehe *Otto/Schwarze*, ZfA 1995, S. 639 ff.

[667] Dazu *Hanau*, RdA 1970, S. 161, 164.

[668] Zum österreichischen Recht *Martinek*, in: Festschrift für Rudolf Strasser (1983), S. 425 ff.

[669] Siehe Hueck/*Nipperdey*, Arbeitsrecht II 1, § 15 VI, S. 299 Fußn. 164 a.

[670] BAG 25. 1. 1989 AP Nr. 5 zu 1 GesamthafenbetriebsG *(Zeuner)*; *Gamillscheg*, Kollektives Arbeitsrecht I, § 15 IX 2, S. 619; Löwisch/*Rieble*, § 4 TVG, Rnr. 109 f.; *Stein*, Tarifvertragsrecht, Rnr. 577.

der Gemeinsamen Einrichtung überlassen bleiben. Eine weitergehende Delegation ist unwirksam.

625 Ungeklärt ist in diesem Zusammenhang, was mit Überschüssen (Gewinne, Zinsen) der Gemeinsamen Einrichtung geschehen soll.[671] Sicher muß die Gemeinsame Einrichtung Überschüsse nicht nach § 812 BGB zurückerstatten, da die Beiträge nicht rechtsgrundlos geleistet wurden. Wenn der Tarifvertrag über die Verwendung der Mittel keine Aussagen trifft, kommt eine Zweckänderung durch die Organe der Gemeinsamen Einrichtung oder durch Beschlüsse der Tarifvertragsparteien, die selbst keinen entsprechenden Tarifvertrag darstellen, nicht in Betracht. Das gilt vor allem, wenn der Tarifvertrag hinsichtlich der Gemeinsamen Einrichtungen für allgemeinverbindlich erklärt worden ist. Ein derartiger Tarifvertrag kann durch einen nicht für allgemeinverbindlich erklärten Tarifvertrag abgeändert oder ergänzt werden.[672]

626 Zulässig ist es, wenn der Tarifvertrag die Zuständigkeit der Organe der Gemeinsamen Einrichtung zur Erhöhung und/oder Ergänzung der Beiträge und der Kassenleistungen begründet, wenn diese Veränderungen zur Zweckerreichung notwendig werden.[673] Blankoermächtigungen sind nicht möglich.

627 **b) Tarifliche Regelungsmacht.** Die Gemeinsame Einrichtung kann nur einen Zweck verfolgen, der in den Rahmen der Tarifmacht fällt.[674] Eine Gewerkschaftsbeihilfe durch Gemeinsame Einrichtungen ist mit der Tarifautonomie nicht vereinbar.[675] Zweifelhaft ist allerdings die exakte Grenze für die Tarifmacht hinsichtlich Gemeinsamer Einrichtungen. Fest steht insoweit lediglich, daß der durch Art. 9 Abs. 3 Satz 1 GG („Arbeits- und Wirtschaftsbedingungen") gezogene Rahmen nicht überschritten werden darf.[676] Hieraus folgt indes noch nicht, daß dieser von den Tarifvertragsparteien stets ausgeschöpft werden darf,[677] was insbesondere dann bedeutsam ist, wenn die Betätigung der Gemeinsamen Einrichtung unternehmerische Angelegenheiten zum Gegenstand hat. Dem Tarifvertragsgesetz läßt sich zwar keine thematische Beschränkung auf die in § 1 Abs. 1 genannten Regelungsmaterien entnehmen, es widerspricht aber der vom Gesetzgeber zugedachten Aufgabe der Gemeinsamen Einrichtungen, wenn diese in Anspruch genommen werden, um eine normativ nicht regelbare Materie via Gemeinsamer Einrichtung zu strukturieren.

---

[671] Dazu *Hanau,* RdA 1970, S. 161, 165 ff. sowie die Diskussion auf dem 48. DJT, 1970, Q 66, 79, 94.
[672] Ebenso *Bötticher,* Die Gemeinsamen Einrichtungen der Tarifvertragsparteien, 1966, S. 61; *Hanau,* RdA 1970, S. 161, 167.
[673] *Löwisch/Rieble,* § 4 TVG, Rnr. 109.
[674] Für die allg. Ansicht siehe *Bötticher,* Die Gemeinsamen Einrichtungen der Tarifvertragsparteien, 1966, S. 147; *Gamillscheg,* Differenzierung nach der Gewerkschaftszugehörigkeit, 1966, S. 101; *Kempen/Zachert,* § 4 TVG, Rnr. 140; *Löwisch/Rieble,* § 4 TVG, Rnr. 97; *Schelp,* in: Festschrift für H. C. Nipperdey Bd. II (1965), S. 579, 589; *Zöllner,* BB 1968, S. 597, 599; ebenso BVerfGE 55, S. 7, 9.
[675] So BAG (GS) 29. 11. 1967 AP Nr. 13 zu Art. 9 GG = SAE 1969, S. 246 *(Wiedemann).*
[676] Statt aller *Kempen/Zachert,* § 4 TVG, Rnr. 140.
[677] In diesem Sinne *Gamillscheg,* Kollektives Arbeitsrecht I, § 15 IX 2, S. 619.

Andere Voraussetzungen für die Errichtung einer Gemeinsamen Einrichtung bestehen nicht. Insbesondere ist es nicht notwendig, daß die von der Gemeinsamen Einrichtung angestrebten Ziele auf andere Weise nicht erreicht werden können, für ihre Einführung also besondere spezifische Gründe vorliegen.[678] Das Gesetz stellt eine derartige Wirksamkeitsvoraussetzung nicht auf, überläßt es vielmehr dem Ermessen der Tarifvertragsparteien, ob sie eine Regelung in den bestehenden Arbeitsverhältnissen oder unabhängig vom Einzelarbeitsverhältnis für zweckmäßig halten. Eine Aushöhlung des Arbeitsverhältnisses durch Schaffung einer größeren Zahl von Sozialeinrichtungen ist nicht zu befürchten. Der Zweck der Gemeinsamen Einrichtung mag zwar im „Wohl der Arbeitnehmer" gesehen werden,[679] das ist aber nicht als Wirksamkeitsvoraussetzung gedacht. Die Gemeinsame Einrichtung kann wie jeder Tarifvertrag Schutz-, Ordnungs- und Verteilungsfunktionen erfüllen.

2. Die Organisation der Gemeinsamen Einrichtung

a) Rechtsform. Bei der Wahl der Rechtsform sind die Tarifvertragsparteien frei. Im Gegensatz zu Zweck und Gegenstand der Gemeinsamen Einrichtung muß der Tarifvertrag die Rechtsformen allerdings nicht festlegen. Die Aufnahme einer entsprechenden Regelung ist jedoch möglich und bindet die Tarifvertragsparteien. Fehlt eine tarifvertragliche Festlegung, kann die Rechtsform später ohne Neufassung des Tarifvertrages geändert werden.[680]

Der Wortlaut des § 4 Abs. 2, wonach die tarifvertraglichen Regelungen auch unmittelbar und zwingend für die Satzung der Gemeinsamen Einrichtung gelten, kann nicht dahin ausgelegt werden, daß die Tarifvertragsparteien das Organisationsrecht der Gemeinsamen Einrichtung selbständig und unabhängig vom übrigen Zivilrecht ausgestalten können. Das Gesetz verleiht den Tarifvertragsparteien keine eigene Organisationsgewalt. Sie unterliegen deshalb den zivil- und gesellschaftsrechtlichen Rahmenbedingungen.[681] Insbesondere sind sie an die durch die Rechtsordnung zur Verfügung gestellten Organisationsformen gebunden.[682]

b) Ungeeignete Organisationsformen. Ungeeignete Organisationsformen für die Gemeinsame Einrichtung sind die Personenhandelsgesellschaften (OHG, KG), da sie zwingend einen erwerbswirtschaftlichen Zweck

---

[678] So aber *Kettner*, ArbRGeg. Bd. 9 (1971), S. 85, 91; *Hromadka*, NJW 1970, S. 1441, 1444; *Zöllner*, Gutachten zum 48. DJT, 1970, G 41; kritisch zum Subsidiaritätserfordernis *Farthmann/Hensche*, ArbRGeg. Bd. 9 (1971), S. 95, 101; ablehnend auch *Däubler*, Tarifvertragsrecht, Rnr. 1145; *Gamillscheg*, Kollektives Arbeitsrecht I, § 15 IX 2, S. 619.
[679] So *Nikisch*, Arbeitsrecht II, § 80 IV 1, S. 408; ähnlich Hueck/*Nipperdey*, Arbeitsrecht II 1, § 15 VI, S. 299: Fürsorge für die Arbeitnehmer.
[680] Ebenso *Kempen*/Zachert, § 4 TVG, Rnr. 147.
[681] *Däubler*, Tarifvertragsrecht, Rnr. 1138; *Dörner*, HzA, Gruppe 18/1, Rnr. 289; *Gamillscheg*, Kollektives Arbeitsrecht I, § 15 IX 3, S. 621; Löwisch/*Rieble*, § 4 TVG, Rnr. 115; teilweise abweichend *Kempen*/Zachert, § 4 TVG, Rnr. 148 f.
[682] A. A. *Kempen*/Zachert, § 4 TVG, Rnr. 148, sofern diese für Gemeinsame Einrichtungen ungeeignet sein sollten.

verfolgen müssen,[683] die Genossenschaft, weil ihr Zweck auf Förderung des Erwerbs oder der Wirtschaft ihrer Mitglieder gerichtet sein muß, und die Aktiengesellschaft, weil die ausführenden Organe (der Vorstand) nicht weisungsgebunden sein können.[684] Geeignet sind die BGB-Gesellschaft, die GmbH und der Versicherungsverein auf Gegenseitigkeit sowie der Verein nach § 21 BGB[685] oder nach § 22 BGB.[686]

632 c) **Bestehende Körperschaften.** Als Gemeinsame Einrichtung kann auch eine bereits bestehende Körperschaft oder Stiftung des privaten Rechts oder eine bestehende Anstalt, Körperschaft oder Stiftung des öffentlichen Rechts benutzt werden.[687] Die Satzung der öffentlich-rechtlichen juristischen Person und der Tarifvertrag müssen aufeinander abgestimmt sein.

633 d) **Genehmigung und Aufsicht.** Genehmigungserfordernisse und Aufsichtsbefugnisse sind nach den allgemeinen zivil- und öffentlich-rechtlichen Bestimmungen einzuhalten.[688]

634 e) **Tarifvertrag und Satzung.** Soweit der Tarifvertrag die Organisation der Gemeinsamen Einrichtung vorschreibt (z. B. die Rechtsform des Versicherungsvereins auf Gegenseitigkeit oder der GmbH), sind die Tarifvertragsparteien daran gebunden.[689] Weicht die Satzung vom Tarifvertrag ab, so tritt jedoch keine zwingende und verdrängende Wirkung des Tarifvertrages nach § 4 Abs. 1 ein, sobald die Gemeinsame Einrichtung im Rechtsverkehr aufgetreten ist. Die Tarifvertragsparteien sind lediglich schuldrechtlich verpflichtet, einen dem Tarifvertrag entsprechenden Zustand herbeizuführen.[690]

635 f) **Bindung anderer Personen.** Natürliche oder juristische Personen, die mit den Tarifvertragsparteien oder ihren Beauftragten zusammen eine Gemeinsame Einrichtung gründen oder umwandeln, sind, soweit nicht tarifgebunden oder eine privatautonome Unterwerfung vorliegt, nicht verpflichtet, den Tarifvertrag auszuführen oder seine Bestimmungen zu befolgen. Sollen bereits bestehende Einrichtungen als Gemeinsame Einrichtungen benutzt werden, so bedarf es der Zustimmung des dafür zuständigen Organs, im

---

[683] Kritisch aber *Däubler,* Tarifvertragsrecht, Rnr. 1139; *Gamillscheg,* Kollektives Arbeitsrecht I, § 15 IX 3, S. 621; wie hier jedoch Hueck/*Nipperdey,* Arbeitsrecht II 1, § 15 VI, S. 300.

[684] Abweichend hinsichtlich der Aktiengesellschaft *Zöllner,* BB 1968, S. 597, 598.

[685] Dafür *Bötticher,* Die Gemeinsamen Einrichtungen der Tarifvertragsparteien, 1966, S. 158.

[686] Dafür *Schelp,* in: Festschrift für H. C. Nipperdey Bd. II (1965), S. 579, 594.

[687] BAG 28. 4. 1981 AP Nr. 3 zu § 4 TVG Gemeinsame Einrichtungen; *Däubler,* Tarifvertragsrecht, Rnr. 1133; Hueck/*Nipperdey,* Arbeitsrecht II 1, § 15 VI, S. 299.

[688] Ebenso *Kempen*/*Zachert,* § 4 TVG, Rnr. 149; siehe für Stiftungen § 80 BGB, für wirtschaftliche Vereine § 22 BGB, für Versicherungsvereine auf Gegenseitigkeit die §§ 5, 13, 15 VAG; zur öffentlich-rechtlichen Fach- und Rechtsaufsicht BAG 28. 4. 1981 AP Nr. 3 zu § 4 TVG Gemeinsame Einrichtungen.

[689] Ebenso *Bötticher,* Die Gemeinsamen Einrichtungen der Tarifvertragsparteien, 1966, S. 28; *Kempen*/*Zachert,* § 4 TVG, Rnr. 150; abweichend *Zöllner,* Gutachten zum 48. DJT, 1970, G 50.

[690] Ebenso *Däubler,* Tarifvertragsrecht, Rnr. 1141; *Gamillscheg,* Kollektives Arbeitsrecht I, § 15 IX 3, S. 621; *Kempen*/*Zachert,* § 4 TVG, Rnr. 150; Staudinger/*Richardi,* 12. Aufl. 1989, Vorbem. zu §§ 611 ff. BGB, Rnr. 992; *Zöllner,* Gutachten zum 48. DJT, 1970, G 54; sowie unten § 3, Rnr. 115 ff.

Verbandsrecht also wegen der notwendigen Zweckänderung der Zustimmung sämtlicher Mitglieder,[691] im öffentlichen Recht der fach- und rechtsaufsichtlichen Genehmigung.

g) Organisationsstruktur. Die Organisationsstruktur der Gemeinsamen Einrichtung muß rechtsstaatliche Grundsätze beachten. Die Tarifvertragsparteien sind auch insoweit an die Grundrechte und die dort niedergelegte Wertordnung gebunden.

III. Gründung und Beendigung

1. Gründung der Gemeinsamen Einrichtung

Die Gemeinsame Einrichtung kann im Tarifvertrag oder auf der Basis des Tarifvertrages gegründet werden. Soweit für die gemeinsame Organisation keine weiteren konstitutiven Voraussetzungen neben der Schriftform erfüllt sein müssen, sondern die gegenseitige Verpflichtung der Tarifvertragsparteien ausreicht, kann eine Gemeinsame Einrichtung unmittelbar durch Tarifvertrag gegründet werden.[692] Das kommt namentlich für die nicht rechtsfähigen Verbände des BGB (nicht rechtsfähiger Verein, bürgerlich-rechtliche Gesellschaft) in Betracht. Die Gründung im Tarifvertrag hat die arbeitsgerichtliche Zuständigkeit für Streitigkeiten aus dem Tarifvertrag zur Folge.[693]

Die **Schriftform** des Tarifvertrages (§ 1 Abs. 2) ersetzt andere Gründungserfordernisse (notarielle Beurkundung, Eintragung im Handelsregister, aufsichtsrechtliche Genehmigung) nicht.[694] Sieht der Tarifvertrag die Gründung oder Übernahme einer Gemeinsamen Einrichtung vor, für die zusätzliche Voraussetzungen zu erfüllen sind, so enthält der Tarifvertrag lediglich die schuldrechtliche Verpflichtung der sozialen Gegenspieler, an der Gründung oder Übernahme mitzuwirken (Vorgesellschaft).[695] Für Streitigkeiten zwischen den Tarifvertragsparteien selbst im Zusammenhang mit der Gemeinsamen Einrichtung ist trotzdem nach § 2 Abs. 1 Nr. 1 ArbGG der Rechtsweg zu den Arbeitsgerichten eröffnet.[696] Das gilt nicht nur für Streitigkeiten über den Inhalt der die Gemeinsamen Einrichtungen betreffenden Normen des Tarifvertrages, sondern auch für Streitigkeiten über die Gründungsverpflichtungen und Gründungsmängel.

---

[691] Zustimmend *Däubler*, Tarifvertragsrecht, Rnr. 1133; *Kempen*/*Zachert*, § 4 TVG, Rnr. 151.

[692] So auch *Däubler*, Tarifvertragsrecht, Rnr. 1142; *Kempen*/*Zachert*, § 4 TVG, Rnr. 147; a.A. *Lieb*, Arbeitsrecht, § 6 III, S. 171; *Löwisch*/*Rieble*, § 4 TVG, Rnr. 118, die eine unmittelbare Errichtung durch Tarifvertrag uneingeschränkt ausschließen.

[693] Ebenso *Bötticher*, Die Gemeinsamen Einrichtungen der Tarifvertragsparteien, 1966, S. 44; *Zöllner*, Gutachten zum 48. DJT, 1970, G 45.

[694] *Staudinger*/*Richardi*, 12. Aufl. 1989, Vorbem. zu §§ 611 ff. BGB, Rnr. 992.

[695] *Kempen*/*Zachert*, § 4 TVG, Rnr. 147; *Lieb*, Arbeitsrecht, § 6 III, S. 171; *Löwisch*/*Rieble*, § 4 TVG, Rnr. 119.

[696] Abweichend *Bötticher*, Die Gemeinsamen Einrichtungen der Tarifvertragsparteien, 1966, S. 32; *Zöllner*, Gutachten zum 48. DJT, 1970, G 45.

2. Beendigung der Gemeinsamen Einrichtung

639 **a) Auflösungsgründe.** Zwischen der Auflösung der Gemeinsamen Einrichtung im Tarifvertrag und aufgrund des Tarifvertrages ist zu trennen. Eine Auflösung durch den Tarifvertrag selbst kommt nur in Frage, wenn für die Gemeinsame Einrichtung ein eigenes Rechtsstatut geschaffen wurde. In allen übrigen Fällen muß die Gemeinsame Einrichtung eigens aufgelöst werden.[697] Die Tarifvertragsparteien können sich im Tarifvertrag verpflichten, die Auflösung und Liquidation der Gemeinsamen Einrichtung zu betreiben. In der Satzung der Gemeinsamen Einrichtung kann vorgesehen werden, daß die Gemeinsame Einrichtung beim Eintritt bestimmter Voraussetzungen (Auslaufen oder Kündigung des Tarifvertrages; Nicht-Abschluß eines neuen Tarifvertrages nach Ablauf einer bestimmten Frist) automatisch aufgelöst wird.

640 **b) Auflösungsfolgen.** Die Auflösung der Gemeinsamen Einrichtung hat eine doppelte Folge: Die Außenbeziehungen der Gemeinsamen Einrichtung zu den einzelnen Arbeitgebern und Arbeitnehmern werden beendet und die Organisation der Gemeinsamen Einrichtung und ihr Vermögen werden liquidiert. Die zur Beendigung führende Liquidation findet nach den allgemeinen Regeln statt, soweit der Gesellschaftsvertrag oder die Satzung nichts abweichendes vorschreiben. Im Rahmen der Liquidation sind die noch ausstehenden Beitragsforderungen einzutreiben und bereits entstandene Ansprüche der Nutzungsberechtigten zu begleichen.[698] Etwaige Überschüsse in der Liquidation sind nicht nach den allgemeinen Regeln des Verbandsrechts an die Mitglieder auszuschütten. Sie sind vielmehr, wenn der Tarifvertrag nicht etwas anderes bestimmt, dem ursprünglichen Zweck der Gemeinsamen Einrichtung entsprechend zu verteilen.[699]

641 **c) Nachwirkung des Tarifvertrages.** Die Möglichkeit der Nachwirkung der Normen eines Tarifvertrages für Gemeinsame Einrichtungen nach § 4 Abs. 5 ist umstritten, wird aber von der überwiegenden Ansicht bejaht.[700] Solange die Gemeinsame Einrichtung besteht, behält der Tarifvertrag seine Geltung. Daß es sich im Nachwirkungszeitraum lediglich um dispositive Normen handelt, bleibt für die Normen über Gemeinsame Einrichtungen ohne Bedeutung, da einzelvertragliche Abreden weder das Leistungs- noch das Nutzungsverhältnis mit der Gemeinsamen Einrichtung abändern können. Der Arbeitgeber kann deshalb seine Beitragspflicht weder durch Kündigung

---

[697] Wie hier *Däubler*, Tarifvertragsrecht, Rnr. 1160.

[698] Zur Behandlung von Versorgungsansprüchen siehe *Henrich*, Das Verhältnis von tarif- und gesellschaftsrechtlicher Struktur der Gemeinsamen Einrichtung der Tarifvertragsparteien, Diss. Frankfurt/Main 1968, S. 67; *Zöllner*, Gutachten zum 48. DJT, 1970, G 63, 82.

[699] Zustimmend *Däubler*, Tarifvertragsrecht, Rnr. 1160.

[700] So *Bötticher*, Die Gemeinsamen Einrichtungen der Tarifvertragsparteien, 1966, S. 67; *Däubler*, Tarifvertragsrecht, Rnr. 1159; *Gamillscheg*, Kollektives Arbeitsrecht I, § 18 VII 2a, S. 875; *A. Hueck*, BB 1949, S. 354; *Lund*, Anm. zu BAG AP Nr. 12 zu § 4 TVG Nachwirkung; *Maus*, § 4 TVG, Rdnr. 100; *Nikisch*, Arbeitsrecht II, § 80 IV, S. 409; *Stein*, Tarifvertragsrecht, Rnr. 134; im Grundsatz auch *Kempen/Zachert*, § 4 TVG, Rnr. 155; a.A. *Hueck/Nipperdey/Stahlhacke*, 4. Aufl. 1964, § 4 TVG, Rdnr. 78; *Zöllner*, Gutachten zum 48. DJT, 1970, G 81 ff.; offengelassen von BAG 3. 9. 1986 AP Nr. 12 zu § 4 TVG Nachwirkung *(Lund)*.

noch durch Vereinbarung mit der Gemeinsamen Einrichtung beenden. Erst recht kommt eine Kündigung des Nutzungsverhältnisses gegenüber dem einzelnen Arbeitnehmer nicht in Betracht. Da der Tarifvertrag hinsichtlich seiner Außenwirkungen unverändert weiter gilt, solange die Tarifvertragsparteien die Gemeinsame Einrichtung nicht auflösen, erstreckt er sich auch auf Arbeitgeber und Arbeitnehmer, die die Voraussetzungen erst im Nachwirkungszeitraum erfüllen. Dagegen beendet die Kündigung des Tarifvertrages wie üblich die Friedenspflicht zwischen den Kollektivvertragsparteien. Die Normen über Gemeinsame Einrichtungen können Gegenstand neuer Tarifverhandlungen und eines Arbeitskampfes werden.

Die Tarifpartner können die Gemeinsame Einrichtung durch einen neuen Tarifabschluß auflösen. Diese Auflösung kann sich bereits aus dem vorangehenden Tarifvertrag ergeben (Ablauf einer bestimmten Frist, innerhalb derer kein neuer Tarifvertrag zustande kommt). Ist das nicht der Fall, liegt es im Interesse der Rechtssicherheit, wenn die Auflösung der Gemeinsamen Einrichtung eigens beschlossen wird.

IV. Rechtsbeziehungen zu einzelnen Arbeitgebern und Arbeitnehmern

1. Tarifgebundenheit des Arbeitgebers und des Arbeitnehmers

Die Frage, ob die Beitragspflichten und Leistungsansprüche gegenüber der Gemeinsamen Einrichtung beiderseitige Tarifgebundenheit des Arbeitgebers und des Arbeitsnehmers voraussetzen, ist bisher höchstrichterlich nicht entschieden. Die überwiegende Ansicht fordert eine beiderseitige Tarifgebundenheit.[701] Die Praxis spricht sich dafür aus, die Tarifgebundenheit im Arbeitsverhältnis nicht heranzuziehen.[702]

Die Normen für Gemeinsame Einrichtungen regeln nicht das einzelne Arbeitsverhältnis, sondern das tariflich geschaffene Rechtsverhältnis zwischen der Gemeinsamen Einrichtung und dem Arbeitgeber einerseits und dem Arbeitnehmer andererseits. Sofern der einzelne Arbeitgeber verpflichtet werden soll, muß er gemäß § 3 Abs. 1 tarifgebunden sein,[703] er ist es gegebenenfalls über die Konkurseröffnung hinaus.[704] Die Vorschrift des § 3 Abs. 3 findet auf

---

[701] So *Ballerstedt*, Referat zum 48. DJT, 1970, Q 16; *Bötticher*, Die Gemeinsamen Einrichtungen der Tarifvertragsparteien, 1966, S. 61 ff.; *Koberski/Clasen/Menzel*, § 4 TVG, Rnr. 84; *Lieb*, Arbeitsrecht, § 6 III, S. 171; Staudinger/*Richardi*, 12. Aufl. 1989, Vorbem. zu §§ 611 ff. BGB, Rnr. 994 ff.; *Schelp*, in: Festschrift für H. C. Nipperdey Bd. II (1965), S. 579, 600; *Zöllner*, Gutachten zum 48. DJT, 1970, G 72 ff.; für eine einseitige Tarifgebundenheit hingegen *Däubler*, Tarifvertragsrecht, Rnr. 1153; *Farthmann/Hensche*, ArbRGeg. Bd. 9 (1971), S. 95, 99, 100; *Gamillscheg*, Differenzierung nach der Gewerkschaftszugehörigkeit, 1966, S. 105; *Gitter*, AuR 1968, S. 145; *Kempen*/Zachert, § 4 TVG, Rnr. 157; *Stein*, Tarifvertragsrecht, Rnr. 577 f.; *Wiedemann*, RdA 1968, S. 420, 423; sowie unten § 3, Rnr. 122 ff.

[702] Siehe *Henrich*, Diskussion auf dem 48. DJT, 1970, Q 81.

[703] Statt aller *Däubler*, Tarifvertragsrecht, Rnr. 1153; *Kempen*/Zachert, § 4 TVG, Rnr. 157.

[704] BAG 28. 1. 1987 AP Nr. 14 zu § 4 TVG Geltungsbereich *(Zilius)*.

Tarifverträge über Gemeinsame Einrichtungen keine Anwendung.[705] Das gilt insbesondere, wenn der Betrieb aus dem fachlichen Geltungsbereich des Tarifvertrages herausfällt; in diesem Fall scheidet auch eine Nachwirkung gemäß § 4 Abs. 5 aus.[706]

645 Dagegen kann der Tarifvertrag auf die beiderseitige Tarifgebundenheit von Arbeitgeber und Arbeitnehmer verzichten.[707] Der Arbeitgeber kann mit Recht verlangen, daß die Gemeinsame Einrichtung auch zugunsten des nicht organisierten Teils seiner Belegschaft errichtet wird. Wenn die Gemeinsame Einrichtung Leistungen erbringt, die der einzelne Betrieb nicht oder nicht in dieser Form erbringen kann (z. B. Versorgungsleistungen), muß die Möglichkeit bestehen, diese Leistungen auch den nicht organisierten Belegschaftsangehörigen zukommen zu lassen. Die rechtliche Beschränkung auf die organisierten Arbeitnehmer stellt eine unzulässige Differenzierung dar.[708] Für die Arbeitgeber kann es unzumutbar sein, Beiträge zu einer geschlossenen Veranstaltung zugunsten der organisierten Arbeitnehmer zu erbringen, ohne durch erhöhte Beitragsleistungen eine Erweiterung auf ihre gesamte Belegschaft herbeiführen zu können.

646 Der zweite Gesichtspunkt, der gegen eine Beschränkung auf beiderseits tarifgebundene Personen spricht, stammt aus dem berechtigten Verlangen der Gewerkschaften, alle Mitglieder, also auch die organisierten Arbeitnehmer, die bei nicht organisierten Arbeitgebern beschäftigt sind, in den Genuß der gleichen Leistungen kommen zu lassen. Daß die Gemeinsame Einrichtung ihrem Sinn nach auch auf die Einbeziehung der organisierten Arbeitnehmerschaft angelegt ist, zeigt sich schon daran, daß es bei der Bemessung der Leistungen der Gemeinsamen Einrichtungen (zulässigerweise) nicht darauf ankommt, ob der Arbeitnehmer während der Dauer von Vordienstzeiten ständig oder auch nur überwiegend bei organisierten Arbeitgebern tätig war. Dann kann es darauf, ob der Arbeitnehmer bei Fälligkeit der Leistung zufällig bei einem organisierten Arbeitgeber tätig ist, nicht zwingend ankommen. Der Tarifvertrag kann an das Einzelarbeitsverhältnis anknüpfen (z. B. die Urlaubskasse oder Lohnausgleichskasse des Baugewerbes); er darf aber von der Tarifgebundenheit des Arbeitnehmers und von der Unterwerfung des Arbeitsverhältnisses unter den Tarifvertrag absehen. Hiergegen kann nicht eingewendet werden, daß es für die tarifgebundenen Arbeitgeber unzumutbar sei, die Finanzierungslast auch für solche Arbeitnehmer zu übernehmen, die bei einem nicht organisierten Arbeitgeber beschäftigt sind. Da-

---

[705] BAG 5. 10. 1993 AP Nr. 42 zu § 1 BetrAVG Zusatzversorgungskassen *(Wiedemann/Müller)*; a. A. *Kempen*/Zachert, § 4 TVG, Rnr. 156, für den Fall der Verschmelzung und Aufrechterhaltung der wirtschaftlichen Identität der verschmolzenen Rechtsträger.

[706] BAG 5. 10. 1993 AP Nr. 42 zu § 1 BetrAVG Zusatzversorgungskassen *(Wiedemann/Müller)*; BAG 14. 6. 1994 AP Nr. 2 zu § 3 TVG Verbandsaustritt = SAE 1995, S. 75 *(Rieble)*; BAG 25. 10. 1994 AP Nr. 22 zu § 1 TVG Vorruhestand.

[707] Weitergehend diejenigen Autoren, die stets und unabhängig von dem Tarifinhalt die einseitige Tarifbindung des Arbeitgebers ausreichen lassen wollen. So *Kempen/Zachert*, § 4 TVG, Rnr. 157; im Grundsatz auch *Bötticher,* Die Gemeinsamen Einrichtungen der Tarifvertragsparteien, 1966, S. 79; ablehnend mit Recht BAG (GS) 29. 11. 1967 AP Nr. 13 zu Art. 9 GG = SAE 1969, S. 246 *(Wiedemann).*

[708] A. A. zu Unrecht LAG Hamm, LAGE § 4 TVG Nr. 4.

Tarifverträge über Gemeinsame Einrichtungen keine Anwendung.[705] Das gilt insbesondere, wenn der Betrieb aus dem fachlichen Geltungsbereich des Tarifvertrages herausfällt; in diesem Fall scheidet auch eine Nachwirkung gemäß § 4 Abs. 5 aus.[706]

645 Dagegen kann der Tarifvertrag auf die beiderseitige Tarifgebundenheit von Arbeitgeber und Arbeitnehmer verzichten.[707] Der Arbeitgeber kann mit Recht verlangen, daß die Gemeinsame Einrichtung auch zugunsten des nicht organisierten Teils seiner Belegschaft errichtet wird. Wenn die Gemeinsame Einrichtung Leistungen erbringt, die der einzelne Betrieb nicht oder nicht in dieser Form erbringen kann (z. B. Versorgungsleistungen), muß die Möglichkeit bestehen, diese Leistungen auch den nicht organisierten Belegschaftsangehörigen zukommen zu lassen. Die rechtliche Beschränkung auf die organisierten Arbeitnehmer stellt eine unzulässige Differenzierung dar.[708] Für die Arbeitgeber kann es unzumutbar sein, Beiträge zu einer geschlossenen Veranstaltung zugunsten der organisierten Arbeitnehmer zu erbringen, ohne durch erhöhte Beitragsleistungen eine Erweiterung auf ihre gesamte Belegschaft herbeiführen zu können.

646 Der zweite Gesichtspunkt, der gegen eine Beschränkung auf beiderseits tarifgebundene Personen spricht, stammt aus dem berechtigten Verlangen der Gewerkschaften, alle Mitglieder, also auch die organisierten Arbeitnehmer, die bei nicht organisierten Arbeitgebern beschäftigt sind, in den Genuß der gleichen Leistungen kommen zu lassen. Daß die Gemeinsame Einrichtung ihrem Sinn nach auch auf die Einbeziehung der organisierten Arbeitnehmerschaft angelegt ist, zeigt sich schon daran, daß es bei der Bemessung der Leistungen der Gemeinsamen Einrichtungen (zulässigerweise) nicht darauf ankommt, ob der Arbeitnehmer während der Dauer von Vordienstzeiten ständig oder auch nur überwiegend bei organisierten Arbeitgebern tätig war. Dann kann es darauf, ob der Arbeitnehmer bei Fälligkeit der Leistung zufällig bei einem organisierten Arbeitgeber tätig ist, nicht zwingend ankommen. Der Tarifvertrag kann an das Einzelarbeitsverhältnis anknüpfen (z. B. die Urlaubskasse oder Lohnausgleichskasse des Baugewerbes); er darf aber von der Tarifgebundenheit des Arbeitnehmers und von der Unterwerfung des Arbeitsverhältnisses unter den Tarifvertrag absehen. Hiergegen kann nicht eingewendet werden, daß es für die tarifgebundenen Arbeitgeber unzumutbar sei, die Finanzierungslast auch für solche Arbeitnehmer zu übernehmen, die bei einem nicht organisierten Arbeitgeber beschäftigt sind. Da-

---

[705] BAG 5. 10. 1993 AP Nr. 42 zu § 1 BetrAVG Zusatzversorgungskassen *(Wiedemann/Müller)*; a.A. *Kempen*/Zachert, § 4 TVG, Rnr. 156, für den Fall der Verschmelzung und Aufrechterhaltung der wirtschaftlichen Identität der verschmolzenen Rechtsträger.

[706] BAG 5. 10. 1993 AP Nr. 42 zu § 1 BetrAVG Zusatzversorgungskassen *(Wiedemann/Müller)*; BAG 14. 6. 1994 AP Nr. 2 zu § 3 TVG Verbandsaustritt = SAE 1995, S. 75 *(Rieble)*; BAG 25. 10. 1994 AP Nr. 22 zu § 1 TVG Vorruhestand.

[707] Weitergehend diejenigen Autoren, die stets und unabhängig von dem Tarifinhalt die einseitige Tarifbindung des Arbeitgebers ausreichen lassen wollen. So *Kempen*/Zachert, § 4 TVG, Rnr. 157; im Grundsatz auch *Bötticher*, Die Gemeinsamen Einrichtungen der Tarifvertragsparteien, 1966, S. 79; ablehnend mit Recht BAG (GS) 29. 11. 1967 AP Nr. 13 zu Art. 9 GG = SAE 1969, S. 246 *(Wiedemann)*.

[708] A. A. zu Unrecht LAG Hamm, LAGE § 4 TVG Nr. 4.

bei wird übersehen, daß es dem jeweiligen Arbeitgeberverband freisteht, den Tarifvertrag hinsichtlich der Gemeinsamen Einrichtungen unter der Bedingung abzuschließen, daß die Allgemeinverbindlicherklärung von den Tarifvertragsparteien mit Erfolg beantragt wird. Selbst wenn wegen der besonderen Struktur der Branche eine Belastung lediglich der tarifgebundenen Arbeitgeber ausscheidet, bleibt den Arbeitgebern ein ausreichender Verhandlungsspielraum, so daß das verfassungsrechtliche Paritätsgebot nicht verletzt ist.

2. Inhalt der Rechtsbeziehungen

a) Mittelverwendung. Die Regelung des Beitragsaufkommens durch die Arbeitgeber und der Mittelverwendung zugunsten der Arbeitnehmer muß in einem Tarifvertrag in den Grundzügen enthalten sein.[709] Hierzu können auch solche Bestimmungen gehören, die das für die Gemeinsame Einrichtung unerläßliche Beitragsaufkommen sichern und erhalten.[710] Die nähere Konkretisierung und die Anpassung an veränderte Umstände kann den Mitgliedern oder Organen der Gemeinsamen Einrichtung überlassen bleiben.[711] Dies gilt unbedenklich, wenn die Verwaltung der Gemeinsamen Einrichtung paritätisch von den Tarifvertragsparteien durchgeführt wird.

b) Finanzierung. Zwischen der Finanzierungs- und der Leistungsseite besteht kein notwendiger rechtlicher Zusammenhang. Grund, Inhalt und Höhe der Beitragsforderungen stehen in keiner Beziehung dazu, wie die einzelnen konkreten Arbeitsverhältnisse inhaltlich geordnet sind.[712] Als Berechnungsschlüssel der Beiträge können deshalb die Bilanzsumme, die Lohnsumme,[713] der Umsatz oder die Zahl der Beschäftigten dienen.[714]

c) Verhältnis zum Einzelarbeitsverhältnis. Der Tarifvertrag begründet durch seine Normen eigenständige tarifliche Schuldverhältnisse.[715] Regelmäßig kann weder ihre Erfüllung mit Rücksicht auf Vorgänge im Einzelarbeitsverhältnis noch die Erfüllung des Einzelarbeitsverhältnisses mit Blick auf die Beziehungen zur Gemeinsamen Einrichtung durch ein Zurückbehaltungs-

---

[709] Ebenso *Stein*, Tarifvertragsrecht, Rnr. 577.
[710] BAG 14. 12. 1977 AP Nr. 1 zu § 4 TVG Gemeinsame Einrichtungen *(Wiedemann/Moll)*, für Zweckbindungsklauseln. Der in dem vorstehenden Urteil getroffenen Aussage, daß sie ein Recht auf abgeschaffte Befriedigung (§ 48 KO) begründen, ist der 8. Senat in dem Urteil vom 11. 1. 1990 (AP Nr. 11 zu § 4 TVG Gemeinsame Einrichtungen) mit Recht entgegengetreten.
[711] So auch BAG 25. 1. 1989 AP Nr. 5 zu § 1 GesamthafenbetriebsG *(Zeuner)*; *Däubler*, Tarifvertragsrecht, Rnr. 1136, 1156; *Gamillscheg*, Kollektives Arbeitsrecht I, § 15 IX 3, S. 620; *Löwisch/Rieble*, § 4 TVG, Rnr. 109; *Stein*, Tarifvertragsrecht, Rnr. 577.
[712] So BAG 5. 7. 1967 AP Nr. 5 zu § 61 KO *(Weber)*.
[713] Exemplarisch BAG 20. 10. 1982 AP Nr. 45 zu § 1 TVG Tarifverträge: Bau; kritisch *Löwisch/Rieble*, § 4 TVG, Rnr. 110.
[714] Abweichend *Zöllner*, Gutachten zum 48. DJT, 1970, G 68, der eine Orientierung an der Höhe der Lohnsumme für bedenklich hält, weil das Finanzierungsgefüge durch eine Allgemeinverbindlichkeitserklärung erheblich gestört, wenn nicht gefährdet werde. Es ist indes nicht Aufgabe des Tarifvertragsrechts, sondern der aufsichtsbehördlichen Verfügungen, für ein geeignetes Rechensystem zu sorgen.
[715] BAG 14. 12. 1977 AP Nr. 1 zu § 4 TVG Gemeinsame Einrichtungen *(Wiedemann/Moll)*; *Däubler*, Tarifvertragsrecht, Rnr. 1152; *Gamillscheg*, Kollektives Arbeitsrecht I, § 15 IX 4 a, S. 621 f.; ebenso BVerfGE 55, S. 7, 9.

recht gehemmt werden.[716] Die für das Einzelarbeitsverhältnis geltenden gesetzlichen Verjährungsvorschriften (§ 196 Abs. 1 Nr. 8 und 9 BGB) sowie die tariflichen Verfallklauseln sind auf Ansprüche und Verpflichtungen der Gemeinsamen Einrichtung nicht anwendbar.[717] Für Beitragsverpflichtungen gegenüber einer Gemeinsamen Einrichtung verbleibt es bei der vierjährigen Verjährungsfrist des § 197 BGB.[718] Die Beitragsforderungen der Gemeinsamen Einrichtungen genießen nicht das Vorrecht des § 61 Abs. 1 Nr. 1 KO, weil es sich nicht um Lohnforderungen handelt.[719]

V. Allgemeinverbindlicherklärung

650 **1. Grundsätzliche Möglichkeit.** Tarifvertragliche Regeln, die Rechte und Pflichten der einzelnen Arbeitgeber und Arbeitnehmer gegenüber der von den Tarifvertragsparteien geschaffenen Gemeinsamen Einrichtungen begründen, können nach § 5 Abs. 4 für allgemeinverbindlich erklärt werden, da sich die Allgemeinverbindlicherklärung auf sämtliche Rechtsnormen des Tarifvertrages, nicht etwa nur auf die in § 1 Abs. 1 genannten Vorschriften bezieht.[720] Die Gemeinsamen Einrichtungen sind, wie insbesondere *Böttticher* herausgearbeitet hat, auf Allgemeinverbindlicherklärung angelegt; sie drängen geradezu auf Einbeziehung des gesamten Berufsstandes.[721] Je nach dem Organisationsgrad ist die Allgemeinverbindlicherklärung Grundlage der Gemeinsamen Einrichtung, wenn nur mit Hilfe der Nichtorganisierten ausreichende Mittel zusammengebracht werden können.

651 **Verfassungsrechtliche Bedenken** bestehen nicht, da die Nichtorganisierten durch die Heranziehung zu Mitgliedsbeiträgen nicht stärker belastet werden als bei der Allgemeinverbindlicherklärung von Inhaltsnormen, die ihnen eine Leistungspflicht auferlegen.[722] Art. 9 Abs. 3 GG wäre nur verletzt,

---

[716] Ebenso *Zöllner*, RdA 1967, S. 361, 362; *ders.*, Gutachten zum 48. DJT, 1970, G 65.
[717] BAG 20. 10. 1982 AP Nr. 45 zu § 1 TVG Tarifverträge: Bau; a. A. für Vorruhestandsleistungen BAG 14. 6. 1994 AP Nr. 15 zu § 196 BGB.
[718] BAG 20. 10. 1982 AP Nr. 45 zu § 1 TVG Tarifverträge: Bau; *Däubler*, Tarifvertragsrecht, Rnr. 1158.
[719] BAG 5. 7. 1967 AP Nr. 5 zu § 61 KO (*Weber*); *Däubler*, Tarifvertragsrecht, Rnr. 1158.
[720] Heute nahezu allg. Ansicht siehe BAG 5. 12. 1958 AP Nr. 1 zu § 4 TVG Ausgleichskasse (*Tophoven*); BAG 3. 2. 1965 AP Nr. 2 zu § 4 TVG Ausgleichskasse (*A. Hueck*); BAG 3. 2. 1965 AP Nr. 12 zu § 5 TVG (*A. Hueck*); BAG 14. 11. 1973 AP Nr. 16 zu § 1 TVG Tarifverträge: Bau (*Wiedemann*); BAG 10. 10. 1973 AP Nr. 13 zu § 5 TVG (*Wiedemann*); BAG 11. 6. 1975 AP Nr. 29 zu § 2 TVG (*Wiedemann*); *Bötticher*, Die Gemeinsamen Einrichtungen der Tarifvertragsparteien, 1966, S. 70 ff.; *Däubler*, Tarifvertragsrecht, Rnr. 1154; *Hanau*, RdA 1970, S. 161, 165; *Hueck/Nipperdey*, Arbeitsrecht II 1, § 34, S. 671; *Kempen/Zachert*, § 5 TVG, Rnr. 36 ff.; *Stein*, Tarifvertragsrecht, Rnr. 200; *Zöllner*, Gutachten zum 48. DJT, 1970, G 90 ff.; a. A. (ohne Begründung) aber nunmehr *Zöllner/Loritz*, Arbeitsrecht, § 35 IV, S. 390.
[721] *Bötticher*, Die Gemeinsamen Einrichtungen der Tarifvertragsparteien, 1966, S. 67; ebenso BVerfGE 55, S. 7, 23; *Gamillscheg*, Kollektives Arbeitsrecht I, § 15 IX 2, S. 620; Staudinger/*Richardi*, 12. Aufl. 1989, Vorbem. zu §§ 611 ff. BGB, Rnr. 996.
[722] Ebenso BVerfGE 55, S. 7, 21 ff.; bestätigt durch BVerfG (Kammerentscheidung) 8. 1. 1987 AP Nr. 8 zu § 4 TVG Gemeinsame Einrichtungen; BVerfG (Kammerentscheidung) 10. 9. 1991 AP Nr. 27 zu § 5 TVG; sowie BAG 22. 9. 1993 AP Nr. 2 zu § 1 TVG Tarifverträge: Gerüstbau.

wenn die nicht organisierten Arbeitnehmer oder Arbeitgeber durch die Allgemeinverbindlicherklärung Mitglieder der Gemeinsamen Einrichtungen würden. Eine Zwangsmitgliedschaft darf durch Tarifvertrag nicht begründet werden.[723] Tatsächlich werden nur die Berufsverbände selbst Mitglieder der Gemeinsamen Einrichtungen. Bei den „Beiträgen" handelt es sich nur um Zahlungen, die der Aufbringung von Mitteln für tarifliche Leistungen dienen, die aber zu keinem Zusammenschluß in einem Verband führen.

Ein Tarifvertrag über Gemeinsame Einrichtungen darf nicht für allgemeinverbindlich erklärt werden, wenn in ihm die organisierten Arbeitnehmer anders behandelt werden als die nicht organisierten, unabhängig davon, ob solche Tarifverträge im übrigen auf Bedenken stoßen. Sonderbeihilfen, die mit Rücksicht auf die Dauer der Gewerkschaftszugehörigkeit gezahlt werden sollen, können daher nicht für allgemeinverbindlich erklärt werden.

2. Voraussetzungen. Die Allgemeinverbindlicherklärung stellt keine höheren Anforderungen an die Zweckbindung des Sondervermögens und die Konkretisierung der Beitrags- und Leistungsbemessung als das Tarifvertragsrecht im übrigen. Die gemeinsame Kontrolle durch die Tarifvertragsparteien reicht auch im Hinblick auf die Nichtorganisierten aus. Bei der Ermessensausübung darf nicht nach der Verbandszugehörigkeit differenziert werden. Zulässig ist es, den Tarifvertrag so zu gestalten, daß bestimmte Regelungen im Hinblick auf das Gleichgewicht zwischen der Beitrags- und Leistungsseite erst mit Allgemeinverbindlicherklärung Geltung erlangen sollen (Stufenregelung).[724]

3. Mehrgliedriger Tarifvertrag. Bei einem mehrgliedrigen Tarifvertrag, der häufig zur Errichtung einer Gemeinsamen Einrichtung führt, liegen die Voraussetzungen für die Allgemeinverbindlicherklärung schon dann vor, wenn die aus den Einzelverträgen tarifgebundenen Arbeitgeber zusammengenommen nicht weniger als 50% der unter den Geltungsbereich des Tarifvertrages fallenden Arbeitnehmer beschäftigen. Diese erweiternde Auslegung entspricht dem Sinn und Zweck der Allgemeinverbindlicherklärung.[725]

VI. Prozessuale Fragen

Der Rechtsweg zu den Gerichten für Arbeitssachen ist eröffnet für Rechte und Pflichten, die aus tarifvertraglichen Bestimmungen folgen, die das Verhältnis von Gemeinsamen Einrichtungen der Tarifvertragsparteien zu den tarifgebundenen Arbeitgebern normativ regeln.[726] Der Terminus der „Gemeinsamen Einrichtung" wird in § 2 Abs. 1 Nr. 4 lit. b ArbGG aufgegriffen,

---

[723] BAG 5. 12. 1958 AP Nr. 1 zu § 4 TVG Ausgleichskasse *(Tophoven)*; BAG 3. 2. 1965 AP Nr. 12 zu § 5 TVG *(A. Hueck)*; BAG 5. 10. 1993 AP Nr. 42 zu § 1 BetrAVG Zusatzversorgungskassen *(Wiedemann/Müller)*.
[724] Siehe *Bötticher,* Die Gemeinsamen Einrichtungen der Tarifvertragsparteien, 1966, S. 68; *Zöllner,* Gutachten zum 48. DJT, 1970, G 95.
[725] Siehe dazu ausführlich *Lieb,* SAE 1968, S. 56, 59; zustimmend *Zöllner,* Gutachten zum 48. DJT, 1970, G 92.
[726] BAG 3. 2. 1965 AP Nr. 12 zu § 5 TVG *(A. Hueck)*; BAG 10. 10. 1973 AP Nr. 13 zu § 5 TVG *(Wiedemann)*; BAG 19. 3. 1975 AP Nr. 14 zu § 5 TVG *(Wiedemann)*; BAG 5. 7. 1967 AP Nr. 5 zu § 61 KO *(Weber)*.

besitzt aber denselben Bedeutungsgehalt wie in § 4 Abs. 2.[727] Die Eröffnung des Rechtsweges zu den Arbeitsgerichten setzt nicht voraus, daß die Gemeinsame Einrichtung privatrechtlich verfaßt ist, da das Gesetz dieses (einschränkende) Merkmal nur für die „Sozialeinrichtungen" aufgenommen hat.[728] Für Klagen einer Gemeinsamen Einrichtung von Tarifvertragsparteien auf Zahlung von Beiträgen gegen den Konkursverwalter über das Vermögen eines tarifgebundenen Arbeitgebers ist deshalb der Rechtsweg zu den Arbeitsgerichten eröffnet.[729] Das gilt auch, wenn statt einer Handelsgesellschaft die persönlich haftenden Gesellschafter in Anspruch genommen werden.[730]

656 Die Beitragsforderungen der Gemeinsamen Einrichtung genießen nicht das Vorrecht des § 61 Abs. 1 Nr. 1 KO, weil es sich nicht um Lohnforderungen handelt.[731]

4. Abschnitt. Rechte und Pflichten der Tarifvertragsparteien

Übersicht

	Rnr.
A. Parteien und Arten der tarifvertraglichen Pflichten	658–663
I. Die Parteien der tarifvertraglichen Pflichten	658–662
1. Eigene Verpflichtungen der Tarifvertragspartner	658
2. Rechte und Pflichten Dritter	659–663
a) Rechte organisierter Mitglieder	660, 661
b) Rechte nicht organisierter Arbeitsvertragspartner	662
II. Arten der tarifvertraglichen Pflichten	663–663b
1. Arten der Erfüllungspflichten	663
2. Notwendige Folgepflichten	663a
3. Annexregelungen	663b
B. Notwendige tarifvertragliche Folgepflichten	664–730
I. Friedenspflicht	664–704
1. Begriff, Geltungsgrund und Inhalt	664–670
a) Begriff	664
b) Geltungsgrund	665, 666
c) Inhalt	667–670
aa) Arbeitskämpfe unterlassen	668
bb) Vertragstreues Verhalten	669
cc) Ersatzmaßnahmen	670
2. Der Umfang der gesetzlichen Friedenspflicht	671–698
a) Personell: Vertragspflicht	671–673
b) Zeitlich: Arbeitskampf	674–680
aa) Urabstimmung	675, 676
bb) Warnstreik	677

---

[727] BAG 28. 4. 1981 AP Nr. 3 zu § 4 TVG Gemeinsame Einrichtungen; BAG 25. 1. 1989 AP Nr. 5 zu § 1 GesamthafenbetriebsG (Zeuner).
[728] BAG 28. 4. 1981 AP Nr. 3 zu § 4 TVG Gemeinsame Einrichtungen.
[729] BAG 5. 7. 1967 AP Nr. 5 zu § 61 KO (Weber).
[730] BAG 14. 11. 1979 AP Nr. 2 zu § 4 TVG Gemeinsame Einrichtungen (Grunsky) = SAE 1980, S. 211 (Wittmann).
[731] So BAG 5. 7. 1967 AP Nr. 5 zu § 61 KO (Weber) für die Beitragsforderungen der Zusatzversorgungskasse des Baugewerbes; für die allg. Ansicht vgl. auch Henrich, Verhältnis von tarif- und gesellschaftsrechtlicher Struktur der Gemeinsamen Einrichtungen, Diss. Frankfurt/Main 1968, S. 66; Wiedemann, RdA 1968, S. 420, 422; zurückhaltend Zöllner, Gutachten zum 48. DJT, 1970, G 65.

4. Abschnitt. Rechte u. Pflichten der Tarifvertragsparteien § 1

Rnr.
cc) Keine Vorverlagerung 678
dd) Keine Nachwirkung 679, 680
c) Gegenständlich: relative Friedenspflicht 681–684
 aa) Auslegung 682
 bb) Einschränkung 683, 684
d) Erweiterungen 685
e) Einzelfragen 686–698
3. Der Umfang der verabredeten Friedenspflicht 699–703
 a) Sachlich: absolute Friedenspflicht 699–702
 b) Zeitlich: Schlichtungsvereinbarungen 703
4. Durchsetzung der Friedenspflicht 704
II. Durchführungspflicht 705–730
1. Begriff und Bedeutung 705–707
 a) Begriff 705
 b) Schwerpunkte 706, 707
2. Geltungsgrund 708–710
 a) Vertragspflicht 708
 b) Erweiterung oder Einschränkung 709, 710
3. Inhalt 711–718
 a) Umfang 713, 714
 b) Grenzen 715
 c) Einwirkungspflicht 716, 717
 d) Konzernweisung 718
4. Durchsetzung der Tarifvertragsnormen 719–730
 a) Verband vs. Verband 720–724
  aa) Feststellungsklage 721
  bb) Erfüllungsklage 722–724
 b) Mitglied vs. gegnerischer Verband 725
 c) Verband vs. gegnerisches Mitglied 726–728
 d) Beschlußverfahren 729, 730
C. Andere tarifvertragliche Absprachen 731–762
I. Annexregelungen zur tariflichen Normsetzung 731–752
 1. Vereinbarungen zur Konfliktlösung 731–744
  a) Schiedsverfahren 732–736
   aa) Inhalt 733
   bb) Bedeutung 734
   cc) Wirkungen 735, 736
  b) Schlichtungsverfahren 737–740
   a) Arten 738
   bb) Sondertarifverträge 739
   cc) Abgrenzungen 740
  c) Arbeitskampfregeln 741, 742
  d) § 76 Abs. 8 BetrVG 743
  e) Andere Verfahrenspflichten 744
 2. Normergänzende oder -ersetzende Absprachen 745–752
  a) Inhalt 745
  b) Zulässigkeit 746–748
  c) Einzelfragen 749–752
   aa) Einrichtungen 749, 750
   bb) Erstreckung auf Außenseiter 751
   cc) Sekuritätspolitische Klauseln 752
II. Andere schuldrechtliche Abreden 753
III. Ansprüche auf Schadenersatz 754–762
 1. Voraussetzungen des Ersatzanspruchs 756–759
  a) Kausalzusammenhang 756, 757
  b) Verschuldensmaßstab 758, 759
 2. Inhalt des Ersatzanspruchs 760–762
  a) Umfang 760, 761
  b) Haftungsobjekt 762

Wiedemann

§ 1 Inhalt und Form des Tarifvertrages

Schrifttum: *Hans Georg Anthes*, Die Rechtsnatur der tariflichen Friedenspflicht, NZfA 1930, S. 529–544; *ders.*, Inhalt und Umfang der tariflichen Friedenspflicht, NZfA 1931, S. 81–98; *Markus Arnold*, Die tarifrechtliche Dauerrechtsbeziehung. Eine Schnittstelle zwischen Schuldrecht und kollektivem Arbeitsrecht, Heidelberg 1996; *G. Boehmer*, Zwangstarif und Wiedereinstellungsklausel, NZfA 1929 S. 525–536; *Harald Bräutigam*, Rechte und Pflichten der Verbandsmitglieder aus dem Tarifvertrage, Berlin 1929; *Karl Bringmann*, Friedenspflicht und Tarifbruch, Berlin 1929; *Herbert Buchner*, Tarifliche Arbeitszeitbestimmungen und Günstigkeitsprinzip, Betrieb 1990, S. 1715–1723; *ders.*, Abschied von der Einwirkungspflicht der Tarifparteien, Betrieb 1992, S. 572–583; *Erich Bührig*, Anmerkung zu BAG, Urteil v. 8. 2. 1957, Verletzung der tariflichen Friedenspflicht, AuR 1957, S. 379–380; *Gustav-Adolf Bulla*, Der Begriff der „Kampfmaßnahme" im Arbeitskampfrecht, Betrieb 1959, S. 542–547, 571–574; *ders.*, Sympathiemaßnahmen im Arbeitskampf, in: Festschrift für Erich Molitor (1962), S. 293–306; *Lukas Burckhardt*, Das Friedensabkommen der Schweizer Metallindustrie um fünf Jahre verlängert, SozFort. 1954, S. 182–183; *U. Clausen*, Der schuldrechtliche Teil des Tarifvertrags, Diss. Regensburg 1971; *Michael Coester*, Zur schuldrechtlichen Vereinbarungsbefugnis der Tarifvertragsparteien, Betrieb 1972, S. 239–240; *Rolf Dietz*, Streik zur Durchsetzung von arbeitsvertraglichen Ansprüchen, in: Festschrift für Wilhelm Herschel (1955), S. 47–54; *ders.*, Friedenspflicht und Arbeitskampfrecht, JZ 1959, S. 425–431; *ders.*, Koalitionsfreiheit und Arbeitskampfrecht. Rechtsgutachten zur Verfassungsbeschwerde gegen das Urteil des BAG v. 31.10.58 über die Pflicht zur Erstattung des durch den Metallarbeiterstreik in Schleswig-Holstein 1956/57 entstandenen Schadens, Bergisch-Gladbach 1960; *ders.*, Die Schlichtungsvereinbarung Metall vom 14. 6. 1955 und das Grundgesetz, RdA 1961, S. 387–393; *ders.*, Verbot der Verabredung übertariflicher Arbeitsbedingungen durch Beschluß eines Arbeitgeberverbandes, Betrieb 1965, S. 591–598; *Manfred Dill*, Probleme der Friedenspflicht, Diss. Köln 1962; *Bernd Feudner*, Die Durchsetzung von Tarifverträgen, Betrieb 1991, S. 1118–1120; *Erich Frey*, Zum Problem der Friedensvorstellungen als Elemente des Arbeitsrechts, Betrieb 1970, S. 1926–1932; *Franz Gamillscheg*, Die Durchsetzung tariflicher Ansprüche, in: Festschrift für Wolfram Henckel (1995), S. 215–233; *ders.*, Durchsetzungsschwächen des Tarifvertrages, AuR 1996, S. 354–359; *Dieter Gaul*, Tarifliche Friedenspflicht und Firmentarifvertrag, RdA 1966, S. 172–179; *Emil Gift*, Probleme der Friedenspflicht, Betrieb 1959, S. 651–655; *Fritz Grubert*, Haftung aus Tarifbruch, in: Kaskel (Hrsg.), Hauptfragen des Tarifrechts, Berlin 1927, S. 136–145; *Wolfgang Grunsky*, Antragsbefugnis der Gewerkschaft zur Feststellung der Tarifvertragswidrigkeit einer Betriebsvereinbarung, Betrieb 1990, S. 526–533; *Günther*, Die Entscheidung des Großen Senats vom 28. 1. 1955 und die tarifliche Friedenspflicht, Diss. Münster 1958; *Dieter Heckelmannn*, Die Grenzen gewerkschaftlicher Einwirkungspflicht bei wilden Streiks, Betrieb 1970, S. 158–160; *Franz-Joseph Herrmann*, Tarifbruch, in: Kaskel (Hrsg.), Hauptfragen des Tarifrechts, Berlin 1927, S. 129–136; *Wilhelm Herschel*, Arbeitskampf und Friedenspflicht, Duisburg 1928; *ders.*, Der nachwirkende Tarifvertrag, insbesondere seine Änderung, ZfA 1976, S. 89–106; *Philipp Hessel*, Zwei Grundsatzfragen aus dem Tarif- und Arbeitskampfrecht, BB 1955, S. 1028–1030; *ders.*, Nochmals: Arbeitskampfbegriff und Friedenspflicht, BB 1959, S. 1310–1312; *ders.*, Zum Urteil des BAG im Schleswig-Holsteinischen Metallarbeiterstreik, BB 1959, S. 416–418; *Wolfgang Hölters*, Harmonie normativer und schuldrechtlicher Abreden in Tarifverträgen, Berlin 1973; *Heinrich Hoeniger*, Das Urteil des Reichsarbeitsgerichts im Ruhreisenkonflikt, JW 1929, S. 1273–1276; *ders.*, Der nicht realisierte Zwangstarif, NZfA 1929, S. 271–282, 339–344; *ders.*, Zur Frage des Realisierungszwanges beim für verbindlich erklärten Schiedsspruch, NZfA 1929, S. 345–350; *ders.*, Zur Rechtslage beim nicht realisierten Zwangstarif, NZfA 1929, S. 535–550; *Elmar Hucko*, Vermögensbildungsgesetz und Friedenspflicht aus laufenden Tarifverträgen, Betrieb 1965, S. 183; *Jaerisch*, Zur tarifvertraglichen Friedenspflicht, ArbuSozPol 1957, S. 300; *Helmut Karth*, Die Durchführungspflicht im Tarifvertrag, Berlin 1932; *Walter Kaskel*, Zur Lehre vom Tarifbruch, NZfA 1922, S. 397–418; *Franz Kasper*, Durchbrechung des prozessualen Erkenntnisverfahrens bei der sog. Einwirkungsklage der Tarifvertragsparteien?, Betrieb 1993, S. 682–687; *ders.*, Zur Lehre vom Tarifbruch, Sonderdruck aus der Neuen Zeitschrift für Arbeitsrecht, Mannheim-Berlin-Leipzig 1923; *Ernst Krotoschin*, Die tarifvertragliche Durchführungspflicht, Borna-Leipzig 1929; *Fritz Lieber*, Die Friedenspflicht im Tarifvertrag, Diss. Halle 1931;

Ernst Lindemann, Die Friedenspflicht im Tarifvertrag, Diss. Köln 1931; *Manfred Löwisch,* Rechtswidrigkeit und Rechtfertigung von Forderungsverletzungen, AcP 165 (1965), S. 421–452; *ders.,* Reichweite und Durchsetzung der tariflichen Friedenspflicht am Beispiel der Metalltarifrunde 1987, NZA 1988, Beilage 2, S. 3–9; *Erich Molitor,* Zur allgemeinen tariflichen Friedenspflicht, AuR 1959, S. 339–340; *Gerhard Müller,* Probleme der Friedenspflicht, Betrieb 1959, S. 515–519; *ders.,* Streikrecht und Kampfmaßnahmen, Arbeitskammer 1959, S. 330–336; *Arthur Nikisch,* Friedenspflicht, Durchführungspflicht und Realisierungspflicht, Weimar 1932; *ders.,* Aussperrung und Wiedereinstellung, RdA 1956, S. 325–327; *Hans Carl Nipperdey,* Zur Frage des nichtrealisierten Zwangstarifs, NZfA 1929, S. 747–752; *ders.,* Zur Abgrenzung der tariflichen Friedenspflicht, in: Festschrift für Hans Schmitz (1967), Bd. I, S. 275–283; *Olaf Radke,* Rechtsbeziehungen zwischen einer Tarifvertragspartei und den Mitgliedern der gegnerischen Tarifvertragspartei, AuR 1956, S. 273–278; *ders.,* Nochmals: Rechtsbeziehungen zwischen einer Tarifvertragspartei und den Mitgliedern der gegnerischen Tarifvertragspartei, AuR 1957, S. 257–263; *Thilo Ramm,* Die Freiheit der Willensbildung, Stuttgart 1960; *ders.,* Der Begriff Arbeitskampf, AcP 160 (1961), S. 336–365; *ders.,* Kampfmaßnahme und Friedenspflicht im deutschen Recht, Stuttgart 1962; *Marcel Reding,* Über Arbeitskampf und Arbeitsfrieden, Köln/Graz/Wien 1961; *Wilhelm Reuß,* Friedenspflicht und Arbeitskampfmaßnahmen, AuR 1960, S. 289–293; *ders.,* Einige Gedanken zur Beschränkung der Arbeitskampffreiheit, in: Recht im Wandel, Festschrift für Carl Heymanns Verlag (1966), S. 253–269; *Willi Richter,* Zur Frage der vereinbarten Schlichtung, AuR 1954, S. 281–282; *Helmut Ridder,* Zur verfassungsrechtlichen Stellung der Gewerkschaften im Sozialstaat nach dem Grundgesetz für die Bundesrepublik Deutschland, Arbeits- und sozialrechtliche Studien, Heft 2, Stuttgart 1960; *Volker Rieble,* Die tarifliche Schlichtungsstelle nach § 76 Abs. 8 BetrVG, RdA 1993, S. 140–152; *Karl Riesenhuber,* Tarifbindung und Ausgliederung von Unternehmensteilen, BB 1993, S. 1001–1007; *Theodor Rohlfing,* Die Koalitionszwangmittel, in: Kaskel (Hrsg.), Koalitionen und Koalitionskampfmittel, Berlin 1925, S. 92–96; *Carl Schäffer,* Probleme der Schlichtung, ArbuSozR 1954, S. 265–266; *Günther Schelp,* Wird das tarifliche Schlichtungswesen stärker aktiviert?, BABl. 1954, S. 683–685; *Irmgard Scherer,* Die Durchführungspflicht im Tarifvertrag, Köln 1929; *Hermann Schlösser,* Friedenspflicht im ausländischen Tarifrecht, Diss. Köln 1933; *Gerhard Schnorr,* Die Freiheit der Willensbildung, AuR 1961, S. 310–311; *Dieter Schweer,* Rechtsbeziehungen zwischen einer Tarifvertragspartei und den Mitgliedern der gegnerischen Tarifvertragspartei, AuR 1957, S. 109–111; *Roland Schwarze,* Der Betriebsrat im Dienst der Tarifvertragsparteien, Berlin 1991; *ders.,* Die Einwirkungsklage als Mittel zur Beseitigung tarifwidriger Betriebsvereinbarungen?, ZTR 1993, S. 229–234; *Friedrich Sitzler,* Übertarifliche Löhne und Friedenspflicht, in: Festschrift für Erich Molitor (1962), S. 283–291; *Eugen Stahlhacke,* Aktuelle Probleme tariflicher Friedenspflicht in: Festschrift für Karl Molitor (1988), S. 351–363; *Rudolf Strasser,* Die Rechtsgrundlage der tariflichen Friedenspflicht, RdA 1965, S. 401–405; *Karl Thieme,* Die Durchführungspflicht im Recht des Tarifvertrages, Marburg 1928; *Theodor Tomandl,* Streik und Aussperrung als Mittel des Arbeitskampfes, Wien/New York 1965; *Hans Valerius,* Die Parteien des Tarifvertrages, Diss. Köln 1968; *Bernhard Volmer,* Die Bedeutung der Vertragstreue, RdA 1961, S. 465–466; *Wolf-Dieterich Walker,* Der tarifvertragliche Einwirkungsanspruch, in: FS Schaub (1998), S. 743; *Jochen Wallisch,* Die tarifvertraglichen Einwirkungspflichten, 1998; *Günther Wieland,* Die neue Schlichtungs- und Schiedsvereinbarung der Metallindustrie, RdA 1964, S. 241–246; *Günther Wiese,* Zum Urteil des BAG im Schleswig-Holsteinischen Metallarbeiterstreik, Betrieb 1959, S. 736–737.

Der Tarifvertrag kann, wie das Gesetz ausdrücklich sagt, auch Rechte und Pflichten der Tarifvertragsparteien im übrigen regeln. Man pflegt diese Rechte und Pflichten vielfach als „schuldrechtlichen Teil" des Tarifvertrages zu kennzeichnen und diesen Teil in die Gruppe sonstiger schuldrechtlicher Verträge einzuordnen.[1] Besser würde man von normativen und schuldrecht-

---

[1] Vgl. Hueck/*Nipperdey,* Arbeitsrecht II 1, § 16 I 1, S. 302 ff.; *Gamillscheg,* Kollektives Arbeitsrecht I, § 15 I 1 a, S. 538; *Löwisch*/Rieble, § 1 TVG, Rnr. 258 ff.

lichen Bestandteilen sprechen. Einmal enthalten die meisten Tarifverträge keinen schuldrechtlichen Abschnitt, der sich von den Regelungen im übrigen abhebt; trotzdem sind die zwingenden Folgepflichten der Tarifvertragsparteien, insbes. die Friedens- und die Durchführungspflicht Bestandteil jedes Tarifvertrages. Würde man den Tarifvertrag überhaupt gegenständlich aufteilen, so würden diese Pflichten als Folgeleistung der Normsetzung eher zum normativen Teil gehören, denn sie obliegen den Sozialpartnern auch dann, wenn der Tarifvertrag lediglich Rechtsnormen aufzählt. Zum anderen kann ein und dieselbe Tarifklausel (z. B. eine Wiedereinstellungsklausel) sowohl normative Wirkung (gegenüber den organisierten Arbeitnehmern) wie schuldrechtliche Wirkung (gegenüber den nicht organisierten Arbeitnehmern) entfalten. Auch wenn eine derartige Tarifklausel verschiedene Wirkungen zeitigt, muß sie doch einheitliche Voraussetzungen erfüllen und einheitlich ausgelegt werden. Eine systematisch sinnvolle Unterscheidung muß sich vielmehr entweder am *Regelungsgegenstand*, also den in Art. 9 Abs. 3 GG genannten Arbeits- und Wirtschaftsbedingungen mit ihren Annexregelungen einerseits und sonstigen Absprachen andererseits orientieren oder nach der *Wirkungsweise* zwischen der Norm- oder Außenwirkung nach § 4 Abs. 1 und der lediglich schuldrechtlichen Binnenwirkung zwischen den Vertragsparteien differenzieren.

A. Parteien und Arten der tarifvertraglichen Pflichten

I. Die Parteien der tarifvertraglichen Pflichten

1. Eigene Verpflichtungen der Tarifvertragspartner

658 Schuldner tarifvertraglicher Pflichten sind stets und allein die Tarifvertragsparteien, also beim Firmentarifvertrag der Arbeitgeber und die Gewerkschaft, beim Verbandstarifvertrag die Verbände, nicht die einzelnen Mitglieder, wenn die Verbände den Tarifvertrag im eigenen Namen abschließen. Sind mehrere Tarifvertragsparteien auf einer Seite beteiligt (mehrgliedriger Tarifvertrag), so besteht im Zweifel keine Gesamtschuld, vielmehr werden die einzelnen Beteiligten selbständig verpflichtet. Eine Tarifvertragsverletzung einer Partei wirkt deshalb nur gegen diese und macht im Fall des Verschuldens nur sie haftpflichtig. Eine andere Frage ist, ob die Vertragsverletzung eines Beteiligten für den Gegner einen wichtigen Grund zur Kündigung des ganzen Vertrages abgibt; vgl. zum mehrgliedrigen Tarifvertrag oben Rnr. 176 ff. Gläubiger aus dem Tarifvertrag ist in erster Linie die gegenüberstehende Tarifvertragspartei; beim mehrgliedrigen Tarifvertrag ist im Zweifel jeder einzelne aus dem Tarifvertrag selbständig berechtigt.

2. Rechte und Pflichten Dritter

659 Nach allgemeinem Vertragsrecht können Pflichten Dritter, am Vertrag nicht beteiligter Personen nicht begründet werden; ein Vertrag zu Lasten Dritter ist ihnen gegenüber unwirksam. Die Organe rechtsfähiger oder nicht rechtsfähiger Verbände verpflichten nur den Verband als solchen, nicht die

Mitglieder. Die Beurteilung von „Verträgen mit Lastwirkungen für Dritte" ist ungesichert. Man bezeichnet damit Verträge (z. B. Verfügungen, Kartelle oder Umwandlungen), die *tatsächlich* zu einer Beschränkung der Vertragsfreiheit Dritter führen, weil deren Abschlußfreiheit behindert oder durchkreuzt wird.[2] Allgemein sind derartige Verträge mit Außenwirkung wohl wertneutral. Die Frage ist im Zusammenhang mit der Tarifausschlußklausel jedoch unterschiedlich beurteilt worden. Teilweise wurde in der Tarifausschlußklausel, die den Arbeitgeber schuldrechtlich verpflichtet, mit den nichtorganisierten Arbeitnehmern bestimmte Verträge nicht abzuschließen, ein verfassungswidriger Eingriff in die Vertragsfreiheit des Außenseiters gesehen.[3]

a) Rechte organisierter Mitglieder. Da schuldrechtliche Verträge *zugunsten Dritter* abgeschlossen werden können, vermögen auch die Tarifvertragsparteien Rechte für ihre Mitglieder zu begründen. Wieweit der Tarifvertrag ein Vertrag zugunsten der einzelnen Mitglieder ist, hängt vom Parteiwillen ab; fehlt eine besondere Bestimmung, so ist die Entscheidung nach § 328 Abs. 2 BGB aus dem Zweck des Tarifvertrages zu entnehmen.

Die jedem Tarifvertrag innewohnende *Friedenspflicht* wirkt sich stets zugunsten der einzelnen Verbandsmitglieder aus.[4] Der Tarifvertrag ist insofern seiner Aufgabe nach ein Vertrag mit Schutzwirkung zugunsten Dritter: die Einbeziehung der Verbandsmitglieder ist durch den Zweck des Vertrages und im Hinblick auf die erkennbaren Auswirkungen der vertragsmäßigen Leistung auf Dritte nach Treu und Glauben geboten. Die einzelnen Arbeitnehmer und Arbeitgeber haben ein eigenes selbständiges Interesse an der Unterlassung von Kampfmaßnahmen und deshalb, wenn ihnen ein Schaden entstanden ist, einen Schadenersatzanspruch. Ein Anspruch des Verbandes allein genügt nicht, weil dem Verband als solchem kein Schaden zu entstehen braucht; vgl. dazu unten Rnr. 754 ff. Dagegen bestehen bezüglich der *Durchführungspflicht* im allgemeinen keine besonderen Rechte der Verbandsmitglieder. Sie können nicht fordern, daß die Gegenpartei dafür sorgt, daß keine Arbeitsverträge tarifwidrig geschlossen werden, denn dabei handelt es sich nicht um ein individuelles Interesse, sondern um ein Kollektivinteresse.[5]

b) Rechte nicht organisierter Arbeitsvertragspartner. Der Tarifvertrag kann auch Rechte für nicht organisierte Arbeitgeber oder Arbeitnehmer begründen. Das war früher überwiegende Ansicht,[6] wurde aber in der Diskussion zur Zulässigkeit von Differenzierungsklauseln mit dem (angeblichen) Grundsatz des Tarifvertragsrechts in Frage gestellt, auch der obligatorische Teil des Tarifvertrages sei an die Grenzen der Tarifmacht der Tarifvertragsparteien gebunden; es müsse daher schuldrechtlicher Regelung verschlossen

---

[2] Vgl. dazu *Habersack*, Vertragsfreiheit und Drittinteressen, 1992; *Martens*, AcP 177 (1977), S. 113–188.
[3] Vgl. die Darstellung in der Vorauflage, § 1 Rnr. 316.
[4] Allg. Ansicht; BAG 31. 10. 1958 AP Nr. 2 und BAG 14. 11. 1958 Nr. 4 zu § 1 TVG Friedenspflicht.
[5] Abw. für einen Sonderfall der Durchführungspflicht RAG, ARS 5, S. 224, 231 *(Nipperdey)*.
[6] Vgl. *A. Hueck*, Tarifvertragsrecht, S. 147, 165; Hueck/*Nipperdey*, Arbeitsrecht II, 6. Aufl. 1957, § 38 B II 2 d, S. 513.

bleiben, was mangels Tarifgebundenheit normativer Regelung nicht zugänglich sei.[7] Diese Behauptung konnte sich nicht durchsetzen. Sie wurde namentlich vom Großen Senat des BAG 29. 11. 1967 AP Nr. 13 zu Art. 9 GG abgelehnt. Konstruktive Bedenken gegen einen Vertrag zugunsten Dritter können im Tarifvertragsrecht nicht vorgebracht werden. Soweit die Gewerkschaften *alle* Arbeitnehmer repräsentieren dürfen (vgl. dazu Einl. Rnr. 349), liegt eine Absprache zugunsten nicht organisierter Arbeitnehmer nicht außerhalb ihrer Vertragskompetenz. Schuldrechtliche Wiedereinstellungsklauseln und Maßregelungsverbote zugunsten der nicht organisierten Arbeitnehmer nach beendetem Streik entsprechen gesicherter Tradition; die Tarifvertragsparteien können zu derartigen Absprachen sogar verpflichtet sein; vgl. dazu oben Rnr. 501.

Unbedenklich zulässig sind *Außenseiterklauseln,* in denen eine tarifvertragliche Verpflichtung begründet wird, auch nicht organisierte Arbeitnehmer nur zu Tarifbedingungen zu beschäftigen. Im einzelnen muß festgestellt werden, ob damit den nicht organisierten Arbeitnehmern ein Recht eingeräumt werden soll oder ob nur eine Benachteiligung der tarifgebundenen Arbeitnehmer verhütet und deshalb den Außenseitern keine Vergünstigung geboten wird. Im Zweifel ist anzunehmen, daß die tarifvertragliche Verpflichtung auch den nicht organisierten Arbeitnehmern zugute kommen soll. Der Arbeitgeberverband hat dann für die Durchführung dieser Bestimmung Sorge zu tragen. Die überwiegende Ansicht lehnt es heute ab, eine solche Verpflichtung auch ohne besondere Vereinbarung aus dem Zweck des Tarifvertrages herzuleiten.[8]

II. Arten der tarifvertraglichen Pflichten

1. Arten der Erfüllungspflichten

Im Schuldrecht wird allgemein zwischen eigenen Erfüllungspflichten, Einwirkungspflichten auf andere Personen und Garantiepflichten unterschieden. Diese Unterscheidung läßt sich auch auf tarifvertragliche Pflichten übertragen. *Eigenverpflichtungen* liegen vor, wenn ein einzelner Arbeitgeber verpflichtet ist oder wenn die Pflicht zwar einen Verband trifft, dieser sie aber unabhängig von seinen Mitgliedern erfüllen soll (z.B. Pflicht zur Bestellung eines Schiedsrichters). *Einwirkungspflichten* liegen vor, wenn das Ziel der Verpflichtung ein bestimmtes Verhalten der Mitglieder ist und deshalb dem Verband die Aufgabe zufällt, auf seine Mitglieder im Sinn der Herbeiführung dieses Verhaltens einzuwirken. Das gilt namentlich für die Friedenspflicht, soweit es sich darum handelt, daß die Verbandsmitglieder nicht aussperren oder streiken, desgleichen für die Pflicht, sich für die Durchführung und Einhaltung der Tarifnormen durch die Mitglieder einzusetzen. In einem solchen Fall verpflichtet sich der Verband, alle ihm zur Verfügung stehenden Mittel anzuwenden, um ein entsprechendes Verhalten anderer

---

[7] So Hueck/*Nipperdey,* Arbeitsrecht II 1, § 10 III 3, S. 168, Anm. 34, § 16 III 2, S. 330; *Mayer-Maly,* BB 1965, S. 829, 833; ders., BB 1966, S. 1067, 1069; *Säcker,* BB 1966, S. 1031.
[8] So früher *A. Hueck,* Tarifvertragsrecht, S. 147, 168; *Sinzheimer,* Ein Arbeitstarifgesetz, 1916, S. 101; *Potthoff,* ArbR 1923, Sp. 193, 198 sowie oben Einl. Rnr. 251 ff.

Personen herbeizuführen. Grundsätzlich ist der Verband für den Erfolg der Einwirkung nicht verantwortlich. Anders nur dann, wenn er sich verpflichtet, für ein tarifentsprechendes Verhalten seiner Mitglieder unbedingt einzustehen (*Garantiepflicht*). Eine so weitgehende Pflicht ist nicht zu vermuten, sondern kann nur aufgrund Vereinbarung oder Übung angenommen werden. Es besteht also keine Haftung des Verbandes für das Verhalten seiner Mitglieder, sobald die Einwirkungspflicht ordnungsgemäß erfüllt ist. Die Unfähigkeit des Verbandes, einen Verstoß gegen die geltende tarifliche Ordnung zu verhüten, kann ggf. für den Gegner einen Grund zur außerordentlichen Kündigung des Tarifvertrages bilden.

2. Notwendige Folgepflichten

Nach deutscher Tradition folgen aus Sinn und Zweck des Tarifvertrages 663a zwei Rechtspflichten: die *Durchführungspflicht* und die (relative) *Friedenspflicht*. Beide Pflichten brauchen nicht eigens vereinbart zu werden. Die Erfüllungspflicht ist als Folge eines Vertragsschlusses im In- und Ausland allgemein anerkannt, im französischen Code du Travail Art. L. 135-3 ausdrücklich festgelegt: „Les organisations de salariés et les organisations ou groupements d'employeurs, ou les employeurs pris individuellement, liés par une convention ou un accord collectif de travail, sont tenus de ne rien faire qui soit de nature à en compromettre l'exécution loyale. Ils ne sont garants de cette exécution que dans la mesure déterminée par la convention ou l'accord." Dagegen ist die Notwendigkeit einer Friedenspflicht im ausländischen Recht teilweise, im deutschen Recht vereinzelt bestritten worden.[9]

3. Annexregelungen

Die Tarifvertragsparteien können im Bereich der Arbeits- und Wirt- 663b schaftsbedingungen, also im Rahmen der ihnen verfassungsrechtlich zugestandenen Selbstverwaltung, schuldrechtliche Abreden treffen. Der Anlaß kann dreifacher Art sein: die Tarifvertragsparteien können den jeweiligen Fragenbereich tatsächlich normativ nicht regeln, (Vereinbarungen zum Arbeitskampfverfahren), die Tarifvertragsparteien können ihn rechtlich normativ nicht festlegen (Außenseiterbestimmungen) oder sie *wollen* ihn normativ nicht regeln. Soweit die schuldrechtlichen Abreden die Regelung der Arbeits- und Wirtschaftsbedingungen betreffen, sind sie dem in Art. 9 Abs. 3 GG niedergelegten Handlungssystem zuzuordnen und erfahren ihren Umfang und ihre Begrenzung aus dieser Grundgesetznorm, nicht aus der allgemeinen Vertragsfreiheit des Art. 2 Abs. 1 GG. Das Auffanggrundrecht des Art. 2 GG gilt nach der Rechtsprechung des Bundesverfassungsgerichts nur, wenn die Handlungsfreiheit nicht als Annex einem Sachkomplex zuzurechnen ist, der in einer speziellen Grundgesetznorm behandelt wird. Regelungen, die als Tarifbestimmungen nicht vereinbart werden dürfen, können auch nicht als schuldrechtliche Absprachen aufgenommen werden, wenn der Gesetzgeber das Ergebnis als *solches* mißbilligt. Eine solche Mißbilligung

---

[9] Vgl. *Däubler*, Tarifvertragsrecht, Rnr. 510ff.; *Gamillscheg*, Kollektives Arbeitsrecht I, § 22 II, S. 1074ff.

kommt aber nicht generell aus der zwangsläufigen Beschränkung der normativen Wirkung auf organisierte Arbeitnehmer und Arbeitgeber zum Ausdruck, sondern muß von Fall zu Fall aus der Verbotsnorm der Verfassung, des Gesetzes oder des Richterrechts hergeleitet werden.[10] Ein allgemeiner Harmoniesatz von Tarifnormen und Tarifabsprachen gilt ebensowenig wie ein entsprechender Gleichklang dinglicher und schuldrechtlicher Vereinbarungen; vgl. § 137 Satz 2 BGB.

B. Notwendige tarifvertragliche Folgepflichten

I. Friedenspflicht

1. Begriff, Geltungsgrund und Inhalt

664 **a) Begriff.** Unter Friedenspflicht versteht man die Hauptpflicht der Tarifvertragsparteien, während der Laufzeit eines Tarifvertrages hinsichtlich der tarifvertraglich geregelten Sachfragen keinen Arbeitskampf (Streik, Aussperrung oder Boykott) anzudrohen oder durchzuführen. Der Entwurf eines Gesetzes zur Regelung kollektiver Arbeitskonflikte formuliert in § 3: „(1) Während des Laufs eines Tarifvertrags sind Kampfmaßnahmen mit dem Ziel einer Änderung der Neuregelung der tariflich geregelten Gegenstände unzulässig. (2) Die Tarifparteien können die gesetzliche Friedenspflicht durch Vereinbarung erweitern".[11]

665 **b) Geltungsgrund.** Die Friedenspflicht ist notwendiger Bestandteil jedes Tarifvertrages: nach allgemeiner deutscher Rechtsauffassung enthält der Tarifvertrag wesensgemäß und *ex lege* eine Friedensordnung. Sie bedarf keiner besonderen Vereinbarung, daher auch nicht der Schriftform des § 1 Abs. 2 des Gesetzes. Die Funktion der Kollektivvereinbarung als Friedensvertrag oder jedenfalls als zeitlich begrenzter Waffenstillstand entspricht seit dem Ende des vorigen Jahrhunderts verbreiteter Ansicht.[12] Der Arbeitgeber soll durch den Tarifvertrag gesicherte Daten für weitere unternehmerische Entscheidungen, der Arbeitnehmer gesicherte Arbeitsbedingungen erhalten. Es würde dem Sinn des Vertragsschlusses widersprechen, wenn eine Partei, nachdem sie den Arbeitsbedingungen zugestimmt hat, mit Mitteln des Arbeitskampfes eine Abänderung eben dieser Arbeitsbedingungen erreichen möchte. Dementsprechend war bereits zur Weimarer Zeit die Existenz einer beiderseitigen Friedenspflicht auch ohne besondere Vereinbarung allgemein anerkannt. Das Bundesarbeitsgericht und die herrschende Rechtslehre haben diese Rechtsansicht nach Inkrafttreten des Gesetzes weitergeführt.[13] Dabei

---

[10] Vgl. *Zöllner*, Tarifvertragliche Differenzierungsklauseln, S. 41.
[11] Vgl. *Birk/Konzen/Löwisch/Raiser/Seiter*, Gesetz zur Regelung kollektiver Arbeitskonflikte, 1988, S. 37.
[12] Vgl. *Schmidt/Neal*, Int. Encycl. Comp. L., Vol. XV (1984), Ch. 12 No. 17 ff.
[13] BAG AP Nr. 1–4 zu § 1 TVG Friedenspflicht; BAG 14. 2. 1973 AP Nr. 6 zu § 4 TVG Nachwirkung *(Wiedemann)*; *Hueck/Nipperdey*, Arbeitsrecht II 1, § 16 II 1, S. 310; *Löwisch*/Rieble, § 1 TVG, Rnr. 271, 280; kritisch *Däubler*, Tarifvertragsrecht, Rnr. 516 ff.

wird nicht übersehen, daß das ausländische Arbeitsrecht die Geltung einer Friedenspflicht teilweise abweichend beurteilt.[14] Die Friedenspflicht ist in der Tat keine naturrechtlich vorgegebene Rechtsfolge von Kollektivvereinbarungen.

Weniger geklärt ist, in welchem Umfang die Tarifvertragsparteien selbst auf Inhalt und Umfang der Friedenspflicht Einfluß nehmen können. Sie können sicher die Friedenspflicht zu einer „absoluten" Friedenspflicht erweitern; vgl. dazu unten Rnr. 699. Sie können auf der anderen Seite die Friedenspflicht nicht ausschließen und nur in engem Umfang beschränken.[15] **666**

c) **Inhalt.** Die Pflicht zur Vertragstreue hat einen doppelten Inhalt: sie verbietet den Tarifvertragsparteien selbst, einen tarifwidrigen Arbeitskampf zu veranstalten (*Unterlassungspflicht*), und sie gebietet den an einem Tarifvertrag beteiligten Berufsverbänden, mit allen ihnen zu Gebote stehenden Mitteln auf ihre Mitglieder einzuwirken, um sie von der Eröffnung oder Weiterführung eines Arbeitskampfes abzuhalten (*Handlungspflicht*). **667**

aa) Jede Tarifvertragspartei trifft die vertragliche Pflicht, **Arbeitskämpfe** zu **unterlassen**; sie verbietet auch die Anstiftung oder Anreizung ihrer Mitglieder zum Arbeitskampf sowie jede Unterstützung oder Förderung eines von den Mitgliedern beschlossenen oder gewollten Arbeitskampfes.[16] Dazu gehört auch, daß die Gewerkschaften ihren Mitgliedern, soweit die Friedenspflicht reicht, nicht zu einem wilden Streik raten dürfen. Die Tarifvertragsparteien dürfen wilde Streiks oder Aussperrungen nicht unterstützen (etwa durch Auszahlung von Streikgeldern oder Gemaßregeltenunterstützung).[17] Vertragsbruch ist jede Auszahlung von Streikunterstützungen, auch wenn ein Verband satzungsgemäß zu ihrer Zahlung verpflichtet ist.[18] Anders liegt es, wenn die betreffenden Arbeitnehmer endgültig aus dem Arbeitsverhältnis ausscheiden und eine Wiedereinstellung wegen Rationalisierung oder Neubesetzung des Arbeitsplatzes nicht in Frage kommt, da dann die Zahlung der Unterstützung keine Förderung eines tarifwidrigen Verhaltens mehr darstellt.[19] **668**

bb) Die Friedenspflicht verlangt positiv ein **vertragstreues Verhalten** der Tarifvertragsparteien. In diesem Sinn forderte bereits RGZ 111, S. 105, **669**

---

[14] Vgl. *Aubert*, L'obligation de paix du travail, 1981; *Gamillscheg*, Kollektives Arbeitsrecht I, § 22 II 1 c, S. 1075; *Krieger*, Das französische Tarifvertragsrecht, 1991, S. 172: nicht geklärte Frage des französischen Arbeitsrechts; *Schmidt/Neal*, Int. Encycl. Comp. L., Vol. XV (1984), Ch. 12 No. 22.
[15] Ebenso BAG 21. 12. 1982 AP Nr. 76 zu Art. 9 GG Arbeitskampf; Hueck/Nipperdey, Arbeitsrecht II 1, § 16 II 1, S. 309; *Löwisch*/Rieble, § 1 TVG, Rnr. 280; *Nikisch*, Arbeitsrecht II, § 75 I 1, S. 325; abw. *Buchner*, Betrieb 1970, S. 2074; *Däubler*, Tarifvertragsrecht, Rnr. 527 ff.; *Strasser*, RdA 1965, S. 401, 405.
[16] BAG 8. 2. 1957 AP Nr. 1 zu § 1 TVG Friedenspflicht *(Tophoven)*; BAG 21. 12. 1982 AP Nr. 76 zu Art. 9 GG Arbeitskampf: politische Streiks und Sympathiestreiks verstoßen nicht gegen die relative tarifliche Friedenspflicht; BAG 12. 9. 1984 AP Nr. 81 zu Art. 9 GG Arbeitskampf *(Herschel)*: Zulässigkeit von Warnstreiks von Ablauf der gesetzlichen und vertraglich verlängerten Friedenspflicht; *Löwisch*, NZA 1988, Beilage Nr. 2, S. 4.
[17] BAG 20. 12. 1963 AP Nr. 33 zu Art. 9 GG Arbeitskampf *(Mayer-Maly)*.
[18] Vgl. dazu früher RGZ 73, S. 92, 103; RAG, ARS 10, S. 252, 265.
[19] RAG, ARS 10, S. 252, 265 *(Nipperdey)*; *Anthes*, NZfA 1931, Sp. 84.

daß es als im Sinn und Zweck der Friedensklausel liegend erachtet werden kann, daß die Tarifvertragsparteien sich vor Ausbruch eines Arbeitskampfes miteinander in Verbindung setzen und sich bei Anwendung der zu seiner Vermeidung zweckdienlichen Mittel gegenseitig unterstützen. Wird ein Arbeitgeber von einem wilden Streik betroffen, so muß er die Gewerkschaft hiervon in Kenntnis setzen, damit sie ihrer Einwirkungspflicht nachkommen kann. Darüber hinaus hat jeder Berufsverband als Tarifvertragspartei die Pflicht, mit den ihr zu Gebote stehenden Mitteln auf ihre Mitglieder einzuwirken, um sie von der Eröffnung oder Weiterführung eines Arbeitskampfes abzuhalten (*Einwirkungspflicht*). Grundlage für vereinsrechtliche Sanktionen der Berufsverbände gegenüber ihren Mitgliedern ist die mit dem Abschluß von Tarifverträgen zugleich entstehende Mitgliedspflicht, die Durchführung des Tarifvertrages nicht zu stören.[20] Dagegen obliegt dem Verband keine *Garantiepflicht* für das Verhalten seiner Mitglieder: hat er mit allen Mitteln die Einwirkungspflicht zu erfüllen gesucht, dabei aber keinen Erfolg gehabt, so hat er seine Pflicht erfüllt und wird nicht schadenersatzpflichtig. Erst recht besteht kraft der tarifvertraglichen Friedenspflicht keine Einwirkungspflicht der Berufsverbände auf nicht oder anders organisierte Arbeitgeber oder Arbeitnehmer.[21]

670 **cc) Ersatzmaßnahmen.** Neben den eigentlichen Arbeitskämpfen verbietet die Friedenspflicht auch Maßnahmen, die einen *Substitutionseffekt* haben. Dazu gehört bei einem Firmentarifvertrag das mit einer Kündigungsdrohung verbundene Angebot des Arbeitgebers an die Arbeitnehmer, die Arbeitsverhältnisse zu tarifwidrigen Bedingungen fortzusetzen.[22] Ebenso verletzt die Einleitung oder Durchführung von gleichzeitigen und gleichartigen Änderungskündigungen (Massenänderungskündigungen) die Friedenspflicht, wenn sich die Änderungskündigung auch auf im Tarifvertrag geregelte Sachbereiche bezieht.[23] Ob die organisierte Massenänderungskündigung im übrigen als Arbeitskampf zu betrachten ist, muß hier offen bleiben.[24]

2. Der Umfang der gesetzlichen Friedenspflicht

671 **a) Personell: Vertragspflicht. aa) Vertragsparteien.** Die Friedenspflicht trifft wie alle tarifvertraglichen Pflichten nur die Vertragsparteien selbst, beim Firmentarifvertrag also auf Arbeitgeberseite das einzelne Unternehmen, beim Verbandstarifvertrag den Arbeitgeberverband, auf Arbeitnehmerseite stets die Gewerkschaft. Die Geltendmachung der eigentlichen Erfüllungspflichten behalten sich die Tarifvertragsparteien im Zweifel selbst

---

[20] BAG 17. 12. 1958 AP Nr. 3 zu § 1 TVG Friedenspflicht; LAG Hamburg 24. 3. 1987, NZA 1988, Beilage 2, S. 27; *Gamillscheg*, Kollektives Arbeitsrecht I, § 22 II 3 b, S. 1081; *Heckelmann*, Betrieb 1970, S. 158; Hueck/*Nipperdey*, Arbeitsrecht II 1, § 23 C I, S. 497; *Löwisch/Hartje*, RdA 1970, S. 321, 329; *Löwisch*/Rieble, § 1 TVG, Rnr. 271; abw. wohl *Buchner*, Betrieb 1992, S. 572 ff.
[21] Abw. früher *Neumann-Duesberg*, BB 1954, S. 51, 52.
[22] Vgl. bereits RAG, ARS 11, S. 391, 396 *(Nipperdey)*.
[23] BAG 28. 4. 1966 AP Nr. 37 zu Art. 9 GG Arbeitskampf *(Mayer-Maly)*.
[24] Vgl. dazu ausführlich *Seiter*, Streikrecht und Aussperrungsrecht, 1975, S. 387 ff. sowie *Däubler*, Arbeitskampfrecht, 2. Aufl. 1987, Rnr. 1359; *Lieb*, Arbeitsrecht, Rnr. 705; Zöllner/*Loritz*, Arbeitsrecht, § 39 IV 3, S. 444.

vor.²⁵ Die einzelnen Mitglieder der tarifvertragschließenden Berufsverbände werden nicht verpflichtet.²⁶ Berechtigt können aus dem Tarifvertrag allerdings auch Dritte werden, namentlich Verbandsmitglieder.

bb) Wiewelt auch Orts- und Bezirksverbände der am Tarifvertragsschluß beteiligten Koalition selbst berechtigt und verpflichtet werden, hängt davon ab, ob der Zentralverband zugleich im Namen der Unterorganisation abschließt. Dies kann nur im Einzelfall entschieden werden.²⁷ In jedem Fall sind sie Erfüllungsgehilfen hinsichtlich der aus dem Tarifvertrag folgenden Pflichten nach § 278 BGB. **672**

cc) Die Friedenspflicht schließt nicht aus, daß eine andere am Vertragsschluß nicht beteiligte und deshalb nicht gebundene Gewerkschaft vom Arbeitgeberverband oder von einem einzelnen Arbeitgeber den Abschluß eines Tarifvertrages verlangt; ein zu diesem Zweck geführter Arbeitskampf ist rechtmäßig.²⁸ Vgl. zum Arbeitskampf gegen einen organisierten Arbeitgeber aber unten Rnr. 692. **673**

b) Zeitlich: Arbeitskampf. Die Friedenspflicht verbietet den Tarifvertragsparteien, tarifwidrige Arbeitskämpfe zu veranstalten. Welche Kampfmaßnahmen verboten sind, ist seit jeher bestritten; die Schwerpunkte der Diskussion haben sich allerdings geändert. Die Rechtsprechung des Reichsarbeitsgerichts betraf im wesentlichen Fälle von Arbeitseinstellungen, ohne daß eine Antwort auf die Frage zu geben war, ob auch bereits dann eine Kampfmaßnahme vorliegen kann, wenn der Kampf als solcher, also die Arbeitseinstellung oder die Verweigerung der Annahme der Arbeitsleistung, noch nicht begonnen hatte.²⁹ Das Schrifttum der Weimarer Zeit schenkte der Frage wenig Beachtung.³⁰ In den fünfziger Jahren führte die Abgrenzung zwischen der schon erlaubten Urabstimmung und den noch verbotenen Kampfmaßnahmen zu einer tiefgreifenden Auseinandersetzung zwischen den Sozialpartnern. Später bereitete die Grenzziehung zwischen den seinerzeit privilegierten Warnstreiks und dem eigentlichen Erzwingungsstreik Schwierigkeiten, wobei das Bundesarbeitsgericht, soweit ersichtlich, jedoch nur über Sachverhalte zu entscheiden hatte, in denen die Friedenspflicht schon abgelaufen war.³¹ **674**

aa) Urabstimmung. Die Bestimmung der Begriffe „Arbeitskampf" und „Kampfmaßnahme" ist nach dem Urteil des Bundesarbeitsgerichts vom 31. 10. 1958³² im schleswig-holsteinischen Metallarbeiterstreik anhaltend diskutiert worden. Die vor allem auf die Auslegung des Schlichtungsabkommens vom **675**

---

²⁵ *Gamillscheg*, Kollektives Arbeitsrecht I, § 22 II 3, S. 1080; Hueck/*Nipperdey*, Arbeitsrecht II 1, § 38 B II 2, S. 705.
²⁶ Abw. nur *Ramm*, Die Parteien des Tarifvertrages, 1961, S. 69 ff.; *Radke*, AuR 1956, S. 273, und AuR 1957, S. 257.
²⁷ BAG 31. 10. 1958 AP Nr. 2 und 14. 11. 1958 AP Nr. 4 zu § 1 TVG Friedenspflicht.
²⁸ Vgl. dazu BAG 4. 5. 1955 AP Nr. 2 zu Art. 9 GG Arbeitskampf = AuR 1955, S. 315 *(Mendigo)*.
²⁹ Vgl. dazu *Ramm*, Kampfmaßnahme und Friedenspflicht, 1962, S. 10 ff.
³⁰ Vgl. die Zusammenstellung in der Vorauflage, § 1, Rnr. 331.
³¹ Vgl. dazu *Löwisch*, NZA 1988, Beilage Nr. 2, S. 3, 4 und *Blank*, a. a. O., S. 9, 11.
³² BAG 31. 10. 1958 AP Nr. 2 zu § 1 TVG Friedenspflicht.

14. 6. 1955 (RdA 1955, S. 302) gestützte Entscheidung ist rechtskräftig geblieben, da die von der IG-Metall gegen sie gerichtete Verfassungsbeschwerde zurückgenommen wurde (RdA 1964, S. 219). Das Bundesarbeitsgericht hat – jedenfalls im Hinblick auf die Friedenspflicht – als Kampfmaßnahme alle Maßnahmen angesehen, die den Verhandlungspartner bewußt und gewollt unter den unmittelbaren Druck eingeleiteter Arbeitskämpfe setzen und damit seine Entscheidung beeinträchtigen sollen. Das gelte auch für die eingeleiteten, die jederzeit mögliche unmittelbare Auslösung des Arbeitskampfes sich zum Ziel setzenden Maßnahmen. Darunter falle vornehmlich der verlautbarte oder jedenfalls der Kampfpartei als verlautbart zuzurechnende Beschluß über die Streikurabstimmung, mit dem den Mitgliedern empfohlen werde, durch eine Urabstimmung sich für den Streik zu entschließen. Kampfmaßnahme soll danach jede Maßnahme sein, die den Gegner zum Nachgeben, zur Erfüllung der gestellten Forderung veranlassen soll, aufgrund einer unmittelbaren gewollten *Drucksituation,* die für den Gegner eben durch jene Maßnahme entsteht. Daraus folge, daß eine graduale Skala von Kampfmaßnahmen vorliegt, die vom Arbeitskampf, also Streik und Aussperrung, bis zu den sonstigen Kampfmaßnahmen reicht, dagegen sog. unfreundliche Akte ausschließt. Zum Schrifttum nach dem Urteil des Bundesarbeitsgerichts vgl. die Zusammenstellung in der Vorauflage, § 1, Rnr. 332.

676 Das Urteil des Bundesarbeitsgerichts konnte sich auf die Auslegung des seinerzeit geltenden Schlichtungsabkommens in der Metallindustrie stützen. Die Tarifvertragsparteien können in einem Schlichtungsabkommen die Friedenspflicht derart erweitern, daß sie auch die *Vorbereitung* von Arbeitskämpfen umfaßt. Soweit die Friedenspflicht tarifvertraglich nicht erweitert wird, sind Vorbereitungshandlungen *nicht* tarifwidrig.[33] Gegen eine Verallgemeinerung der Entscheidung des Bundesarbeitsgerichts lassen sich zwei Bedenken vortragen. Die Druckausübung gehört in einem bilateralen Monopol stets zur Verhandlungsstrategie. Soweit eine Vertragspartei nicht selbst darauf verzichtet hat, muß es ihr unbenommen bleiben, die ihr geeignet erscheinenden psychologischen Druckmittel einzusetzen. Dazu kommt: nach den Arbeitskampfregeln soll ein Streik nur als *ultima ratio* durchgeführt werden; wenn die Gewerkschaft jedoch während der Laufzeit des Tarifvertrages keine Willensbildung in ihrer eigenen Organisation betreiben dürfte, verlangte die Kampfparität, daß sie einen überraschenden Streik nach Auslaufen des Tarifvertrages ohne vorherige Urabstimmung ausrufen kann. Die Schwierigkeit der Grenzziehung zwischen Vorbereitungshandlungen und Kampfmaßnahmen rechtfertigt die höchstrichterliche Rechtsprechung allein nicht.

677 **bb) Warnstreik.** In den achtziger Jahren ist das Pendel in der anderen Richtung ausgeschlagen. Die für eine atypische Situation ergangene erste Warnstreikentscheidung vom 17. 12. 1976[34] mündete in eine Rechtsprechung, wonach kurze und zeitlich befristete verhandlungsbegleitende Warn-

---

[33] Ebenso *Söllner,* Arbeitsrecht, § 12 II 3b, S. 90; differenzierend *Rüthers,* in: Brox/Rüthers, Arbeitskampfrecht, S. 146, Rnr. 237.
[34] BAG 17. 12. 1976 AP Nr. 51 zu Art. 9 GG Arbeitskampf *(Rüthers).*

streiks unter erleichterten Bedingungen zulässig sein sollten.³⁵ Mit der 3. und
4. Warnstreikentscheidung wurde der Warnstreik dem normalen Erzwingungsstreik hinsichtlich des *ultima ratio*-Prinzips und erst recht hinsichtlich der Einhaltung tarifvertraglicher Friedenspflichten wieder gleichgestellt.³⁶ Ungesichert ist nur, von welchem Zeitpunkt an Warnstreiks zulässig sein sollen; maßgebend wird hier die Erklärung des Scheiterns der Tarifverhandlungen durch eine der Tarifvertragsparteien sein.³⁷

cc) Keine **Vorverlagerung.** Die Friedenspflicht beinhaltet, daß während **678** der Geltung des Tarifvertrages auch Arbeitskampfmaßnahmen verboten sind, mit denen der Inhalt für die Zeit *nach seinem Ablauf* geändert oder verbessert werden soll.³⁸ Andernfalls würde die Friedenspflicht während der Laufzeit des Tarifvertrages ständig gefährdet werden können. Diese Rechtsauffassung liegt auch dem § 3 Abs. 1 des Entwurfs eines Arbeitskampfgesetzes zugrunde; vgl. oben Rnr. 664.

dd) Keine **Nachwirkung.** Mit der zwingenden Wirkung des Tarifver- **679** trages endet auch seine Wirkung als Stillhalteabkommen. Im Nachwirkungsstadium des § 4 Abs. 5 besteht keine Friedenspflicht mehr; das gilt auch, wenn die Nachwirkung erst während des Arbeitskampfes einsetzt, der dann rechtmäßig fortgesetzt werden kann. Aus einem zwischen den Tarifvertragsparteien (allgemein) bestehenden Dauerrechtsverhältnis folgt keine Verlängerung der Friedenspflicht, denn diese Rechtsbeziehung wird auch während eines Arbeitskampfes nicht gänzlich aufgehoben.³⁹ Eine Verlängerung oder Erweiterung der Friedenspflicht abzulehnen, bedeutet nicht, das Bestehen einer Dauerrechtsbeziehung zwischen den Tarifvertragsparteien zu leugnen; vgl. dazu oben Rnr. 185. Aus diesem Rechtsverhältnis kann sich auch eine Unterlassungspflicht (anderweit) rechtswidriger Arbeitskämpfe ergeben.

Bestritten ist, ob im *Nachwirkungszustand* des § 4 Abs. 5 ein neuer Tarif- **680** vertrag lediglich als „nachwirkender Tarifvertrag", also ohne Friedenspflicht vereinbart werden kann. Dazu mag bei großen Tarifwerken – wie dem von 1969 bis 1974 nur nachwirkend geltenden BAT – ein Bedürfnis bestehen, um die tarifvertragliche Ordnung zu ergänzen oder den veränderten Umständen anzupassen. In der Rechtsprechung wird der Abschluß eines ledig-

---

³⁵ Vgl. BAG 12. 9. 1984 AP Nr. 81 zu Art. 9 GG Arbeitskampf *(Herschel)*; BAG 21. 6. 1988 AP Nr. 108 zu Art. 9 GG Arbeitskampf *(Mayer-Maly/Kirchner)*: Neue Beweglichkeit.
³⁶ Vgl. BAG 29. 1. 1985 AP Nr. 83 zu Art. 9 GG Arbeitskampf; BAG 21. 6. 1988 AP Nr. 108 zu Art. 9 GG Arbeitskampf *(Mayer-Maly; Kirchner; Steinkühler/Zwickel)* = EzA Art. 9 GG Arbeitskampf Nr. 75 *(Konzen)*.
³⁷ Vgl. dazu ausführlich *Peters,* Das Scheitern der Tarifverhandlungen als Rechtmäßigkeitsvoraussetzung für Arbeitskampfmaßnahmen, 1997, S. 82 ff.
³⁸ Ebenso *Anthes,* NZfA 1931, Sp. 90; *Nikisch,* Arbeitsrecht II, § 75 II 3 a, S. 331; *Löwisch*/Rieble, § 1 TVG, Rnr. 273.
³⁹ BAG 26. 10. 1971 AP Nr. 44 *(Rüthers)*; BAG 21. 12. 1982 AP Nr. 76; 12. 9. 1984 AP Nr. 81 *(Herschel)*; 29. 1. 1985 AP Nr. 83 zu Art. 9 GG Arbeitskampf; *Arnold,* Die tarifrechtliche Dauerrechtsbeziehung, 1996, S. 140; *Gamillscheg,* Kollektives Arbeitsrecht I, § 22 II 4 b, S. 1082; *Löwisch*/Rieble, § 1 TVG, Rnr. 263; *Peters,* Das Scheitern der Tarifverhandlungen als Rechtmäßigkeitsvoraussetzung für Arbeitskampfmaßnahmen, 1997, S. 146; weitergehend *Lieb,* NZA 1985, S. 265, 266; *Seiter,* ZfA 1989, S. 283, 298; *Zöllner/Loritz,* Arbeitsrecht, S. 420 f.

lich nachwirkenden (Teil)Tarifvertrages ausgeschlossen.[40] Im Schrifttum wird mit Recht eine abweichende Ansicht vertreten.[41] Der Tarifvertrag ändert im Nachwirkungszeitraum weder seinen Rechtscharakter noch seine Gültigkeit; er verliert seine Stärke als zwingendes Recht und entbindet die Tarifvertragsparteien von der Friedenspflicht. Wie jedes dispositive Recht enthält der lediglich nachwirkende Tarifvertrag einen *Regelungsvorschlag* für die betroffenen Arbeitgeber und Arbeitnehmer, ist aber für keine Seite bindend. Da der Tarifvertrag unbestritten (auch) betriebsvereinbarungs- oder individualvertragsdispositive Regeln enthalten kann, bestehen jedenfalls gegen die Änderung und damit auch gegen die Erstreikbarkeit eines neuen Tarifvertrages gegenüber dem nur noch nachwirkend gültigen Tarifvertrag keine Bedenken.

681 **c) Gegenständlich: relative Friedenspflicht.** Das mit dem Tarifvertrag verbundene Kampfverbot bezieht sich nur auf die im Kollektivvertrag tatsächlich **geregelten Gegenstände.** Man unterscheidet zwischen absoluter und relativer Friedenspflicht: die absolute Friedenspflicht verbietet jeden Arbeitskampf schlechthin, die relative Friedenspflicht verbietet nur Kampfmittel, die sich gegen den Bestand des Tarifvertrages oder einzelne seiner Bestimmungen richten, also seine Beseitigung, Abänderung oder Ersetzung anstreben. Mangels besonderer Vereinbarungen ist die gesetzliche Friedenspflicht nur eine relative; nur die „tariflich geregelte Materie" soll während der Laufzeit des Tarifvertrages kollektiven Auseinandersetzungen entzogen sein.[42] Der gegenständlich beschränkte Umfang der gesetzlichen Friedenspflicht war bereits zur Weimarer Zeit anerkannt und entspricht heute allg. Ansicht.[43] Die Abgrenzung im einzelnen kann Schwierigkeiten bereiten.

682 **aa) Auslegung.** Der Umfang der gesetzlichen Friedenspflicht wird je nach Standort unterschiedlich abgegrenzt. Eine sehr weit gespannte Auffassung erstreckt die Friedenspflicht, wenn kein eindeutiger Kampfvorbehalt besteht, auch auf die tariflich nicht geregelten Teile des arbeitsrechtlichen „Gesamtkomplexes".[44] Eine enge Auffassung stellt demgegenüber auf den Willen der vertragsschließenden Parteien unter Berücksichtigung der jeweiligen Interessenlage ab.[45] Die zuerst genannte Ansicht zielt darauf ab, eine erweiterte oder absolute Friedenspflicht einzuführen; das mag wünschenswert sein, entspricht aber nicht dem geltenden Recht. Die zuletzt genannte Auf-

---

[40] BAG 14. 2. 1973 AP Nr. 6 und 29. 1. 1975 AP Nr. 8 zu § 4 TVG Nachwirkung *(Wiedemann);* Löwisch/*Rieble,* § 4 TVG, Rnr. 249.
[41] *Buchner,* AR-Blattei, Tarifvertrag IV, Entsch. 12; *Däubler,* Tarifvertragsrecht, Rnr. 1466; *Gamillscheg,* Kollektives Arbeitsrecht I, § 18 VII 5, S. 879; *Herschel,* ZfA 1976, S. 89, 102; *Lieb,* Arbeitsrecht, Rnr. 504; *Schlüter,* ZfA 1975, S. 437, 442.
[42] BAG 21. 12. 1982 AP Nr. 76 zu Art. 9 GG Arbeitskampf; BAG 27. 6. 1989 AP Nr. 113 zu Art. 9 GG Arbeitskampf *(Wiedemann/Wonneberger).*
[43] Vgl. *Gamillscheg,* Kollektives Arbeitsrecht I, § 22 II 2 a, S. 1078; Hueck/*Nipperdey,* Arbeitsrecht II 1, § 16 III 2, S. 313; *Löwisch/Rieble,* § 1 TVG, Rnr. 272; *Nikisch,* Arbeitsrecht II, § 75 II 3, S. 330; Zöllner/*Loritz,* Arbeitsrecht, § 35 V 1 b), S. 391; *Söllner,* Arbeitsrecht, § 12 II 3 a), S. 89.
[44] G. *Müller,* Betrieb 1959, S. 515; weitergehend *Gift,* Betrieb 1959, S. 651.
[45] LAG Hamburg, NZA 1988, Beilage 2, S. 27; LAG Schleswig-Holstein, NZA 1988, Beilage 2, S. 32; *Buchner,* Betrieb 1970, S. 2074, 2080; *Däubler,* Tarifvertragsrecht, Rnr. 533, 534; Kempen/*Zachert,* § 1 TVG, Rnr. 342.

fassung möchte die gesetzliche durch eine *vertragliche* Friedenspflicht ersetzen. Wenn man dem folgt, ist es in der Tat konsequent, auf die – ausdrückliche oder stillschweigende – Selbstbindung der Parteien zurückzugreifen. Der wohl herrschenden Auffassung in Rechtsprechung und Rechtslehre entspricht dies nicht.[46] Nicht die (gesetzliche) Friedenspflicht ist durch Auslegung zu ermitteln, sondern deren Umfang richtet sich nach dem – notfalls durch Auslegung zu ermittelnden – *Regelungsbereich* des Tarifvertrages. Absicht und Wille der Tarifvertragsparteien ist mithin nicht für den Umfang der Friedenspflicht, sondern für den Umfang des abschließend geregelten Sachbereichs des Tarifvertrages zu ermitteln. Die Tarifvertragsparteien können den „befriedeten Bereich" damit weiter oder enger ziehen, ebenso wie sie das gesamte Tarifwerk in einzelne Tarifverträge aufspalten können.[47] Schweigt der Tarifvertrag, so ist der Umfang des *sachlichen inneren Zusammenhangs* nach den im Arbeits- und Sozialleben üblichen Anschauungen abzugrenzen, die sich im Laufe der Zeit ändern können. Sicher genügt es nicht zur Begründung der Friedenspflicht, daß eine Forderung im Laufe der Tarifvertragsverhandlungen erhoben und diskutiert, aber beim Vertragsschluß nicht durchgesetzt werden konnte; die Parteien denken nicht in „negativen Abreden". Handelt es sich um ihrer Art nach neuartige Forderungen (vermögenswirksame Leistungen, Arbeitsplatzsicherung), so waren sie zwar Gegenstand der Tarifverhandlungen, im Zweifel aber nicht Gegenstand des Tarifvertrages. Liegt dagegen eine sachumfassende (wenn auch lückenhafte) Regelung einer Sachmaterie vor, so verbieten sich Kampfmaßnahmen zur Erzwingung von Zusatzleistungen oder Ergänzungen. Im Schrifttum häufig genannte Beispielsfälle sind: der Tarifvertrag führt mehrere Fälle auf, in denen auch ohne Arbeit Lohn zu zahlen ist; darin kann der Ausschluß zur Erweiterung auf andere Fälle liegen. Der Tarifvertrag setzt den Urlaub für alle Arbeitnehmer gleichmäßig fest; dann kann für ältere Arbeitnehmer kein Zusatzurlaub erkämpft werden. Der Tarifvertrag enthält einen Lohngruppenkatalog, der während der Laufzeit des Lohntarifvertrages im Zweifel nicht verbessert werden kann. Wieweit zwischen Mantel-, Lohn- und anderen Spezialtarifverträgen ein Sachzusammenhang hergestellt werden sollte, ist ebenfalls im Wege der Auslegung zu ermitteln; zu Rahmenregelungen vgl. oben Rnr. 477.

bb) Einschränkungen. Eine vertragliche Einschränkung der gesetzlichen Friedenspflicht ist weder in personeller noch in sachlicher oder zeitlicher Hinsicht anzuerkennen.[48] Sie scheitert am Charakter des Tarifvertrages als Vereinbarung, wonach die niedergelegten Vorschriften zwischen den Tarif-

---

[46] Vgl. BAG 14. 11. 1958 AP Nr. 4 zu § 1 TVG Friedenspflicht; *Rüthers,* in: Brox/Rüthers, Arbeitskampfrecht, S. 140, Rnr. 223; Hueck/*Nipperdey,* Arbeitsrecht II 1, § 16 II, S. 313 ff.; *Löwisch*/Rieble, § 1 TVG, Rnr. 274; *Söllner,* Arbeitsrecht, § 12 II 3, S. 89.
[47] *Gamillscheg,* Kollektives Arbeitsrecht I, § 22 II 2, S. 1078; *Stahlhacke,* in: Festschrift für Karl Molitor (1988), S. 351, 356.
[48] H.M.; BAG 21. 12. 1982 AP Nr. 76 zu Art. 9 GG Arbeitskampf; *Gamillscheg,* Kollektives Arbeitsrecht I, § 22 II 2, S. 1077; Hueck/*Nipperdey,* Arbeitsrecht II 1, § 16 II 1a, S. 309; *Löwisch*/Rieble, § 1 TVG, Rnr. 280; *Stahlhacke,* in: Festschrift für Karl Molitor (1988), S. 351, 353; abw. *Däubler,* Tarifvertragsrecht, Rnr. 535; Kempen/Zachert, § 1 TVG, Rnr. 347.

vertragspartnern und für ihre Mitglieder verbindlich sein sollen; dann kann ihre Geltung nicht gleichzeitig aufgehoben werden. Die Parteien können allerdings mittelbar darauf Einfluß nehmen, indem sie die Auslegung steuern, z. B. in Protokollnotizen klarstellen, wie weit der Geltungsbereich des Tarifvertrages reichen oder welcher Zusammenhang zwischen verschiedenen Tarifverträgen bestehen soll. Nichts einzuwenden ist gegen Klauseln, wonach der Tarifvertrag ganz oder teilweise beim Eintritt bestimmter Bedingungen (z. B. Überschreiten der Gewinn- oder Verlustmarge) außer Kraft treten soll.

684 Äußerst bestritten ist in diesem Zusammenhang die Wirksamkeit von Vorbehalts- oder Öffnungsklauseln, in denen einzelne Verbandsmitglieder von der Friedenspflicht ausgenommen werden sollen.[49] Das würde bedeuten, daß die Gewerkschaft für einzelne Arbeitgeber oder Arbeitgebergruppen zusätzlich einen Tarifvertrag fordern und erstreiken kann (sog. betriebsnahe Tarifpolitik). Gewiß ist es möglich, den persönlichen Geltungsbereich eines Tarifvertrages im Rahmen der Tarifautonomie festzulegen und deshalb einen neuen Tarifvertrag enger zu fassen als seinen Vorgänger. Zulässig ist es weiter, einzelne Arbeitgeber ohne Tarifbindung in einen Berufsverband aufzunehmen; vgl. dazu unten § 2 Rnr. 64 f. und § 3 Rnr. 102. Dagegen kann ein einzelner Arbeitgeber oder eine Arbeitgebergruppe nicht von der Friedenspflicht eines Tarifvertrages „freigestellt" werden, der im übrigen für sie zwingend gelten soll – es sei denn, der Betroffene hat diesem Vorbehalt eindeutig und *ad hoc* zugestimmt. Ohne diese Voraussetzung ist der Arbeitgeberverband nicht ermächtigt, einzelne Mitglieder ihres Vertragsschutzes zu berauben; dem Vertragspartner ist die fehlende Legitimation bekannt. Die gerichtliche Überprüfung bezieht sich hier nicht auf den Inhalt des Tarifvertrages, sondern auf den Umfang der mit der Mitgliedschaft begründeten Verpflichtungsermächtigung. Mit der Frage der Zulässigkeit firmenbezogener Verbandstarifverträge und mit der weiteren Frage der Zulässigkeit freier Bestimmung des betrieblichen Geltungsbereichs eines Verbandstarifvertrages hat die Unzulässigkeit der hier behandelten Öffnungsklauseln nichts zu tun, weil in diesen Fällen nur die *Gesamtheit* des Tarifvertrages eingeschränkt wird. In Ausnahmefällen kann die Friedenspflicht dadurch beschränkt sein, daß der einzelne Arbeitgeber – trotz bestehender Verbandsmitgliedschaft und trotz Existenz eines Verbandstarifvertrages – über längere Zeit hin selbst Firmentarifverträge abgeschlossen hat.[50] Dann kann im Abschluß solcher Firmentarifverträge ein Verzicht auf die Wirkungen des Verbandstarifvertrages zugunsten Dritter nach § 333 BGB liegen oder die Berufung auf die Friedenspflicht sich als *venire contra factum proprium* darstellen. Umgekehrt entfaltet die Friedenspflicht ihre Wirkung auch für bisher nicht organisierte

---

[49] Die Zulässigkeit wird bejaht von *Däubler*, Tarifvertragsrecht, Rnr. 608; *Gamillscheg*, Kollektives Arbeitsrecht I, § 22 II 2 d, S. 1077; *v. Hoyningen-Huene*, ZfA 1980, S. 463; Kempen/Zachert, § 4 TVG, Rnr. 232.
Die Zulässigkeit wird verneint von *Buchner*, Betrieb 1970, S. 2074, 2082; Hueck/Nipperdey, Arbeitsrecht II 1, § 20 II 1, S. 424; *Mayer-Maly*, Betrieb 1965, S. 32, 33.
[50] Vgl. LAG Köln, NZA 1997, S. 327, 329: Bund-Verlag (mit zu weit reichender Begründung) und dazu *Thüsing*, NZA 1997, S. 294.

Arbeitgeber mit ihrem Beitritt zum Berufsverband (sog. Flucht in den Arbeitgeberverband).[51]

d) Erweiterungen. Die Tarifvertragsparteien können die (gesetzliche) Friedenspflicht erweitern und auch Sachverhalte mit einbeziehen, die zwar Gegenstand der Verhandlungen waren, aber nicht oder nur teilweise Inhalt des Tarifvertrages wurden. Eine ausdrückliche Festlegung empfiehlt sich vor allem im zuletzt genannten Fall, weil damit Auslegungsstreitigkeiten vorgebeugt werden kann. Dasselbe gilt für tarifvertragliche Bestimmungen, die lediglich deklaratorischen Charakter tragen, insbes. also für Hinweise auf oder Informationen über gesetzliche Regelungen. Deklaratorische Bestimmungen des Tarifvertrages ziehen als solche keine Friedenspflicht nach sich.[52] Das steht einer Vereinbarung zur Erweiterung der Friedenspflicht freilich nicht entgegen; diese kann sich auch mittelbar aus dem Gesamtzusammenhang ergeben.

e) Einzelfragen. Ob eine Maßnahme im Einzelfall gegen die Friedenspflicht verstößt, ergibt sich aus einem Vergleich der tarifvertraglichen Regelung und des Kampfziels. Verletzt ein Arbeitskampf die Friedenspflicht, so ist er insgesamt rechtswidrig, auch wenn gleichzeitig – und das ist die Regel – kampfweise andere Forderungen geltend gemacht werden, die mit der Friedenspflicht nicht in Konflikt geraten können.[53]

aa) Eine Verletzung der Friedenspflicht ist zu **bejahen**:
– wenn der Arbeitskampf zur Verbesserung der tariflichen Leistungen in einem Tarifvertrag, in einem Einzelarbeitsvertrag oder durch betriebliche Arbeitsbedingungen geführt wird;[54] eine Erhöhung des Entgelts darf auch nicht mittelbar – mit anderer Nomenklatur (als Teuerungszulage, Weihnachtsgeld oder Urlaubsgeld) – angestrebt werden[55] Das gilt gleichermaßen für einen von der Gewerkschaft organisierten wie für einen wilden Streik, weil der Einsatz von Kampfmitteln zur Erzwingung übertariflicher Leistungen der durch den Tarifvertrag begründeten Friedensordnung widerspricht;
– wenn der Arbeitskampf eine Sachfrage betrifft, die bisher in zwei Tarifverträgen mit unterschiedlicher Laufzeit geregelt war, die aber wirtschaftlich eine Einheit bilden (so lag es bei den Forderungen nach Arbeitszeitverkürzung mit Lohnausgleich im Jahre 1988).[56] Der rechtliche Zusammenhang der Tarifverträge zum Entgelt und zur Arbeitszeit wird nicht

---

[51] H.M.; *Buchner*, Betrieb 1970, S. 2075; *v. Hoyningen-Huene*, ZfA 1980, S. 453, 469; *Lieb*, NZA 1994, S. 337, 342.
[52] Abw. *Rieble*, RdA 1997, S. 134, 141; ArbG Düsseldorf 20. 3. 1997 (nicht veröffentlicht).
[53] BAG 17. 12. 1958 AP Nr. 3 zu § 1 TVG Friedenspflicht.
[54] BAG 8. 2. 1957 AP Nr. 1 zu § 1 TVG Friedenspflicht *(Tophoven)*; BAG 4. 5. 1955 AP Nr. 2 zu Art. 9 GG Arbeitskampf.
[55] Ebenso *Gamillscheg*, Kollektives Arbeitsrecht § 22 II 2b, S. 1079; Hueck/*Nipperdey*, Arbeitsrecht II 1, § 16 II 2b, S. 315; abw. *Stahlhacke*, in: Festschrift für Karl Molitor (1988), S. 351, 356; *Löwisch*/Rieble, § 1 TVG, Rnr. 429;
[56] *Löwisch*, NZA 1988, Beilage 2, S. 1, 6 mit Hinweis auf die unterschiedlichen Urteile der Instanzgerichte; abw. *Blank*, NZA 1988, Beilage 2, S. 9, 12; *Gamillscheg*, Kollektives Arbeitsrecht I, § 22 II 2 b, S. 1079; Kempen/*Zachert*, § 1 TVG, Rnr. 345; *Stahlhacke*, in: Festschrift für Karl Molitor (1988), S. 351, 360.

individualvertraglich durch das Leistungs-Gegenleistungs-Verhältnis hergestellt, sondern dadurch, daß das Unternehmen bei gleichbleibendem Arbeitsanfall und fühlbarer Arbeitszeitverkürzung zwingend die Lohnsumme (durch Überstundenzuschläge oder Neueinstellungen) erhöhen muß, was von der Gewerkschaft beabsichtigt ist. Maßgebend für die Friedenspflicht ist mithin die Laufzeit des zuletzt auslaufenden Tarifvertrages;

689 – wenn ein Arbeitskampf gegen ein „Tarifwerk als Ganzes" verstößt. Das kann zutreffen, wenn Mantel-, Lohn- und Urlaubstarifverträge verschiedene Mindestlaufzeiten haben und die Änderung des Manteltarifvertrages (z. B. hinsichtlich der Eingruppierungen) sich finanziell zu Lasten der Arbeitgeberseite auswirkt.[57] Wieweit die Spezialtarifverträge dahin auszulegen sind, daß auch eine mittelbare finanzielle Mehrbelastung der Arbeitgeberseite durch Änderung des Manteltarifvertrages ausgeschlossen sein soll, ist eine Frage der Auslegung des Tarifwerkes;

690 – wenn mit einem Arbeitskampf die Durchführung des Tarifvertrages verhindert werden soll;[58]

691 – wenn der Arbeitskampf dazu dient, eine bestimmte *Auslegung* des Tarifvertrages durchzusetzen. Der Rechtsstreit geht dem Regelungsstreit vor. Dabei kommt es nicht darauf an, ob die den Arbeitskampf beginnende Tarifvertragspartei den Tarifvertrag objektiv richtig oder unrichtig auslegt.[59] Keine Verletzung der Friedenspflicht liegt demgegenüber vor, wenn die Arbeitnehmer kollektiv von Zurückbehaltungsrechten Gebrauch machen;

692 – wenn ein organisierter Arbeitgeber während der Laufzeit eines für ihn einschlägigen Verbandstarifvertrages zum Abschluß eines inhaltlich gleichen oder inhaltlich darüber hinaus reichenden Firmentarifvertrages gezwungen werden soll.

bb) Eine Verletzung der Friedenspflicht ist zu **verneinen**:

693 – wenn der Arbeitskampf einen Tarifvertrag anstrebt, der das Ende der Arbeitszeit auf eine bestimmte Tageszeit (Ladenschlußzeit) festlegt, obwohl im Manteltarifvertrag Anfang und Ende der Arbeitszeit durch Verweis auf das Mitbestimmungsrecht des Betriebsrats nach § 87 Abs. 1 Nr. 2 BetrVG aufgenommen wurde. Das Bundesarbeitsgericht sah darin eine „Nichtregelung", die keine entsprechende Friedenspflicht begründet;[60]

694 – wenn der Arbeitskampf im „tariffreien Raum" geführt wird, d. h., wenn Ziele verfolgt werden, deren tarifliche Regelung nicht in Frage kommt oder die zeitlich (z. B. im Nachwirkungsstadium) oder gegenständlich tarifvertraglich nicht geregelt sind. Die Geltung eines Lohntarifvertrages verhindert deshalb nicht ohne weiteres eine neue Eingruppierungsordnung oder die Forderung nach Verkürzung der Arbeitszeit ohne Lohnaus-

---

[57] Vgl. dazu BAG 14. 11. 1958 AP Nr. 4 zu § 1 TVG Friedenspflicht.
[58] Vgl. *Nikisch*, Arbeitsrecht II, § 75 II 3, S. 332.
[59] Abw. Hueck/*Nipperdey*, Arbeitsrecht II 1, § 16 II 2, S. 314, 322; *Mayer-Maly,* in: Festschrift für Eduard Bötticher (1969), S. 243.
[60] BAG 27. 6. 1989 AP Nr. 113 zu Art. 9 GG Arbeitskampf *(Wiedemann/Wonneberger); Gamillscheg,* Kollektives Arbeitsrecht I, § 22 II 2 b, S. 1080 mit Hinweis auf die Rechtsprechung der Instanzgerichte; Kempen/*Zachert*, § 1 TVG, Rnr. 345; abw. *Stahlhacke,* in: Festschrift für Karl Molitor (1988), S. 351, 358.

gleich.⁶¹ Bei einer Auseinandersetzung im tariffreien Raum liegt eine Verletzung der Friedenspflicht auf keiner Seite vor;

– wenn es sich um einen *Abwehrkampf* handelt, also um einen Arbeitskampf, der keine Tarifänderung zum Ziel hat, sondern nur einen Angriff der anderen Seite abwehren will. Das gilt sowohl für den organisierten Arbeitskampf wie für den wilden Streik. Der gegenüberstehende Berufsverband kann den Arbeitskampf mit Streik oder Aussperrung beantworten, ohne die Friedenspflicht zu verletzen;⁶² 695

– wenn ein an einen Firmentarifvertrag gebundener Arbeitgeber seinen Betrieb oder Betriebsteile stillegt und es deshalb zu (Massen)Kündigungen kommt, oder wenn der Tarifvertrag durch Rationalisierungsmaßnahmen gegenstandslos wird; 696

– wenn der Arbeitskampf sich gegen den Abbau übertariflicher Zulagen richtet;⁶³ ein solcher Streik ist indes rechtswidrig, weil damit keine tarifpolitischen Ziele verfolgt werden; 697

– für Demonstrations- und Sympathiearbeitskämpfe, die von Arbeitnehmern außerhalb des Geltungsbereichs des Tarifvertrages durchgeführt werden;⁶⁴ sie können aus anderen Gründen gegen die Rechtsordnung verstoßen. 698

3. Der Umfang der verabredeten Friedenspflicht

a) Sachlich: absolute Friedenspflicht. Die Friedenspflicht kann durch besondere Vereinbarung zwischen den Tarifvertragsparteien erweitert werden. Es kann eine absolute Friedenspflicht vorgesehen sein derart, daß während der Laufzeit des Tarifvertrages alle Arbeitskämpfe unterbleiben müssen. Besonders weit geht in dieser Hinsicht der Tarifvertrag in der Schweizer Maschinen-, Metall- und Uhrenindustrie (**Schweizer Friedensabkommen**), der erstmals am 19. Juli 1937 geschlossen wurde. Damals unterzeichneten vier Gewerkschaften und der Arbeitgeberverband der Schweizer Maschinenindustrie (ASM) eine Vereinbarung mit lediglich neun Artikeln, welche die Arbeitgeber- und Arbeitnehmerbeziehungen in der Schweizerischen Maschinen- und Metallindustrie auf eine neue Grundlage stellten. In den zwölf, meistens auf fünf Jahre angelegten Erneuerungen zwischen 1939 und 1993 fanden viele Bestimmungen über die Arbeitsbedingungen Einzug in die Vereinbarung, die zum klassischen Bestand eines Tarifvertrages gehören (z.B. zu Arbeitszeit, Ferien, Feiertagen, Lohnersatzleistungen, Jahresend- und Kinderzulagen usw.). In der Zwischenzeit liegt ein stattliches Vertragswerk zwischen dem ASM und drei Gewerkschaften sowie drei Angestelltenverbänden vor, das insgesamt als Manteltarifvertrag 85 Artikel umfaßt; 36 Artikel betreffen die Zusammenarbeit der Verbände und 49 Artikel direkt 699

---

⁶¹ Ebenso *Gamillscheg*, Kollektives Arbeitsrecht I, § 22 II 2 b, S. 1079; Kempen/Zachert, § 1 TVG, Rnr. 345; abw. *Löwisch*, NZA 1988, Beilage 2, S. 5; *Stahlhacke*, in: Festschrift für Karl Molitor (1988), S. 351, 360.

⁶² Allg. Ansicht: RGZ 111, S. 105, 109; RAG, ARS 2, S. 194, 200; 11, S. 391, 396 *(Nipperdey)*.

⁶³ *Hensche*, RdA 1971, S. 18; Kempen/Zachert, § 1 TVG, Rnr. 344.

⁶⁴ Einschränkend BAG 5. 3. 1985 AP Nr. 85 zu Art. 9 GG Arbeitskampf = EzA Art. 9 GG Arbeitskampf Nr. 57 *(Weiss)*; BAG 12. 1. 1988 AP Nr. 90 zu Art. 9 GG Arbeitskampf.

die Verhältnisse in den Unternehmen. In der Vereinbarungserneuerung 1993 wurde eine zusätzliche Flexibilität in den Gesamtarbeitsvertrag aufgenommen, die den Firmen erlaubt, zur Überwindung wirtschaftlicher Schwierigkeiten und zur Verbesserung der Chancen, Arbeitsplätze zu erhalten, gesamthaft oder in Teilbereichen ausnahmsweise und befristet von arbeitsvertraglichen Bestimmungen der Vereinbarung (über Arbeitszeit und Jahresendzulage) abzuweichen; vgl. Art. 83; dies allerdings nur, wenn sich Geschäftsleitung und Arbeitnehmervertretung über die Dauer, das Ausmaß und die Modalitäten der Abweichung von den Vereinbarungsbestimmungen einigen. Die Bedeutung des Friedensabkommens[65] liegt in der Begründung der Sozialpartnerschaft, die beide Vertragspartner verpflichtet, nach dem Grundsatz von Treu und Glauben zusammenzuarbeiten.[66]

700 Das Friedensabkommen, obwohl ursprünglich kein Tarifvertrag, sondern eine Übereinkunft über Konfliktlösungsstrategien, hat in der Zwischenzeit stark auf andere Wirtschaftszweige ausgestrahlt, so daß heute 44% aller Arbeitnehmer einer absoluten Friedenspflicht unterliegen. Diese ist im Schweizerischen OR Art. 357a Abs. 2 in der Zwischenzeit ausdrücklich verankert.

701 Das Friedensabkommen regelt keine Tariflöhne; allgemeine Lohnänderungen werden zwischen der Betriebskommission und der Geschäftsleitung ausgehandelt. Folgende Bestimmungen sind grundlegend:

„Art. 1 Geltungsbereich
1 Die Vereinbarung gilt für alle Arbeitnehmer, die von den Mitgliedfirmen des ASM in der Schweiz beschäftigt werden.
2 Wie weit sie auf höhere Angestellte anwendbar ist, wird in den Firmen geregelt.
3 (Teilzeitbeschäftigte)
4 (Heimarbeitnehmer)
5 (Lehrlinge)

Art. 2 Arbeitsfriede und Konfliktbeilegung
1 Die Vertragsparteien anerkennen die Bedeutung des Arbeitsfriedens und verpflichten sich, diesen unbeschränkt zu wahren und zu seiner Einhaltung auf ihre Mitglieder einzuwirken. Infolgedessen sind jegliche Kampfmaßnahmen ausgeschlossen, und zwar auch in Fragen, die durch die Vereinbarung nicht geregelt werden.
2 Der absolute Arbeitsfriede gilt auch als Verpflichtung der einzelnen Arbeitnehmer und Arbeitgeber.
3 Meinungsverschiedenheiten und Konflikte sind nach den Bestimmungen dieser Vereinbarung beizulegen.

Art. 3 Koalitionsfreiheit
Die beidseitige Koalitionsfreiheit wird gewährleistet.

Art. 4 Solidaritätsbeiträge
1 Die der Vereinbarung unterstellten Arbeitnehmer, die keinem Arbeitnehmerverband angehören, leisten einen Solidaritätsbeitrag.
2 Der Solidaritätsbeitrag beträgt einheitlich Fr. 5.- im Monat bzw. Fr. 60.- im Jahr und wird monatlich vom Lohn abgezogen.

---

[65] Vgl. dazu *Löwisch*, BB 1988, S. 1333; *Senne*, ZTR 1997, S. 110.
[66] Vgl. *Hans Schmid*, Die heutige Bedeutung des Friedensabkommens, Forschungsinstitut für Arbeit und Arbeitsrecht an der Hochschule St. Gallen, 1987, mit weiteren Nachweisen.

3 Aus administrativen Gründen wird auch bei den Mitgliedern der Arbeitnehmer-Vertragsparteien ein Lohnabzug in Höhe des Solidaritätsbeitrages vorgenommen. 4 Die Vertragsparteien führen einen Fonds zur Verwaltung der Solidaritätsbeiträge. Die administrative Durchführung wird durch eine besondere Abmachung zwischen den Vertragsparteien geregelt."

Eine beschränkte Erweiterung kann auch in der Weise erfolgen, daß sich die Tarifvertragsparteien über die Zusammengehörigkeit mehrerer zwischen ihnen abgeschlossener Tarifverträge verständigen und damit ein arbeitskampfresistentes Netzwerk herstellen.

b) Zeitlich: Schlichtungsvereinbarungen. Die Friedenspflicht endet grundsätzlich mit dem Auslaufen der zwingenden Wirkung des Tarifvertrages. Durch entsprechende Bestimmungen im Tarifvertrag oder durch einen eigenen Schlichtungsvertrag kann die Friedenspflicht über diesen Zeitpunkt hinaus verlängert werden,[67] etwa derart, daß Arbeitskämpfe erst nach Durchführung eines vorgezeichneten Schlichtungsverfahrens zulässig sein sollen,[68] oder durch Bezeichnung von Sachbereichen, für die sie länger gelten soll.[69]

4. Durchsetzung der Friedenspflicht

Zur klageweisen Durchsetzung der sich aus der Friedenspflicht ergebenden Ansprüche gegen die Gewerkschaft ist der tarifschließende Arbeitgeberverband sowie – zusätzlich und unabhängig davon – jedes Mitgliedsunternehmen des Arbeitgeberverbandes befugt.[70] Die Klage kann auf Unterlassung von Arbeitskämpfen und auf Schadenersatz gerichtet sein. Zuständig ist nach § 17 ZPO das Arbeitsgericht, an dem die tarifschließende Gewerkschaft ihren Sitz hat. Daneben kann eine Klage nach § 29 Abs. 1 ZPO am Erfüllungsort der Friedenspflicht, also am Sitz des angegriffenen Unternehmens, erhoben werden.[71]

II. Durchführungspflicht

1. Begriff und Bedeutung

a) Begriff. Die Tarifvertragsparteien verpflichten sich mit dem Abschluß des Vertrages, die daraus folgenden Rechte und Pflichten korrekt wahrzu-

---

[67] Vgl. § 3 Abs. 1 der Schlichtungs- und Schiedsvereinbarung für die Metallindustrie vom 1. 1. 1980, abgedruckt in RdA 1980, S. 165, 166: vier Wochen nach Ablauf eines Tarifvertrages; vgl. dazu *Peters,* Das Scheitern der Tarifverhandlungen als Rechtmäßigkeitsvoraussetzung für Arbeitskampfmaßnahmen, 1997, S. 166 m. w. N.
[68] Vgl. nur § 8 Abs. 1 der Schlichtungsordnung für die chemische Industrie vom 28. 10. 1981, abgedruckt in RdA 1982, S. 119, 120; so auch noch § 7 der Schlichtungs- und Schiedsvereinbarung für die Metallindustrie vom 1. 10. 1973, abgedruckt in RdA 1973, S. 387 ff; vgl. *Kirchner,* RdA 1980, S. 129, 131 f; *Löwisch/Rumler,* Schlichtungs- und Arbeitskampfrecht, 1997, 170.11 Rnr. 1 ff.; *Söllner,* ZfA 1982, S. 1.
[69] *Gamillscheg,* Kollektives Arbeitsrecht I, § 22 II 2 d, S. 1077.
[70] Ebenso *Löwisch,* NZA 1988, Beilage 2, S. 1, 7.
[71] Ebenso BAG 23. 3. 1960 AP Nr. 5 zu § 1 TVG Friedenspflicht; *Löwisch,* NZA 1988, Beilage 2, S. 1, 7; abw. *Gamillscheg,* Kollektives Arbeitsrecht I, § 22 II 5 c, S. 1085.

nehmen. Darin enthalten ist die allgemeine, mit jedem Vertrag verbundene *Erfüllungspflicht*, alles zu tun, was im Vertrag versprochen wurde, und alles zu unterlassen, was seinem Zweck widerspricht (Durchführungspflicht).[72] Die Besonderheit der Erfüllungspflicht beim Verbandstarifvertrag besteht darin, daß Arbeitgeberverband und Gewerkschaft sich verpflichten, ihre Mitglieder dazu anzuhalten, die tarifvertragliche Ordnung durchzuführen (Einwirkungspflicht).

706 b) Die **Schwerpunkte** der tarifvertraglichen Durchführungspflicht haben sich im Laufe der Zeit verlagert. In der Frühzeit des Tarifvertragsrechtes war die Durchführungspflicht das einzige Mittel, um auf dem Rechtsweg eine tarifliche Gestaltung der Arbeitsverhältnisse zu erreichen. Das änderte sich, als die TarifVO 1918 die Unabdingbarkeit der Tarifnormen festsetzte. Die Tarifnormen waren dann ohne weiteres für die Arbeitsverhältnisse maßgebend, ohne daß es einer besonderen Mitwirkung der Berufsverbände bedurfte. Die Durchführungspflicht behielt trotzdem in mehrfacher Richtung Bedeutung. *Erstens* galt sie für die Tarifbestimmungen, die nicht Inhaltsnormen waren (z.B. Abschlußnormen). Für sie blieb es vorläufig dabei, daß rechtlich nur eine Verpflichtung der Tarifvertragsparteien zur Einwirkung auf ihre Mitglieder, nicht aber eine unmittelbare Bindung der Mitglieder begründet werden konnte. Man rechnete deshalb diese Bestimmungen nicht zu dem sog. normativen Teil, den man auf die unmittelbar wirkenden Inhaltsnormen beschränkte, sondern reihte sie in den sog. schuldrechtlichen Teil ein und sprach von einer Tariferfüllungspflicht. *Zweitens* entfaltete die Durchführungspflicht ihre Bedeutung als Pflicht der Tarifvertragsparteien, für die tarifgemäße Erfüllung der Arbeitsverträge im Einzelfall zu sorgen. *Drittens* hielt eine seinerzeit verbreitete Ansicht die tarifgebundenen Arbeitgeber für verpflichtet, auch die Arbeitsverträge mit den nicht organisierten Arbeitnehmern, denen gegenüber die Unabdingbarkeit versagte, tarifgemäß zu gestalten.[73] Auch diese Verpflichtung konnte nur im Wege der Erfüllungspflicht durchgesetzt werden. Die praktische Bedeutung der tariflichen Erfüllungspflichten wurde in der Weimarer Zeit dadurch erhöht, daß Tarifverträge durch die Verbindlicherklärung eines Schiedsspruchs auch gegen den Willen der Tarifparteien zustandekommen konnten und die Betroffenen deshalb weniger bereit waren, sich dem fremden Diktat zu beugen. Außerdem verleitete die Situation auf dem Arbeitsmarkt zu untertariflichen Leistungen.

707 Heute entfalten auch Abschlußnormen und betriebliche und betriebsverfassungsrechtliche Normen unmittelbare Wirkung für die einzelnen Arbeitsverhältnisse oder jedenfalls für den Arbeitgeber, ohne daß es einer Mitwirkung der Tarifvertragsparteien bedarf. Auch diese Normen können daher jetzt im Wege des Anspruchs oder des Leistungsverweigerungsrechtes von den einzelnen Arbeitnehmern geltend gemacht werden. Die Bedeutung der Durchführungspflicht ist trotzdem nicht gemindert. Im Zuge wirtschaftlicher Schwierigkeiten und drohender Arbeitsplatzverluste haben tarifgebundene Unternehmen in den letzten Jahren nicht selten versucht, die Einhaltung der

---

[72] BAG 29. 4. 1992 AP Nr. 3 zu § 1 TVG Durchführungspflicht.
[73] *A. Hueck,* Tarifvertragsrecht, S. 147 ff., 168; *Potthoff,* ArbR 1923, Sp. 193, 198; *Sinzheimer,* Ein Arbeitstarifgesetz, 1916, S. 101.

Tarifverträge nicht nur (tatsächlich) auf der Ebene des Einzelarbeitsvertrages, sondern auch (rechtlich) durch abweichende Betriebsvereinbarungen oder Regelungsabreden in Frage zu stellen. Das führte gelegentlich zu betrieblichen Lohnordnungen, die eine vorhandene tarifvertragliche Lohnordnung ersetzen sollten.[74] Diese Entwicklung wurde durch die Einführung von Tarifverträgen begünstigt, die den Betriebsparteien einen *Regelungsrahmen* zur Verfügung stellen, also Ausführung und Umsetzung des Tarifvertrages durch Betriebsvereinbarungen gerade beabsichtigen.[75] Schließlich zielte die von ökonomischer Seite getragene Reformdebatte darauf ab, die Einhaltung der tarifvertraglichen Ordnung unter noch ungeklärten Tatbestandsvoraussetzungen im Einzelfall aufzuheben; vgl. dazu oben Einl. Rnr. 84ff. Die einschlägigen Verfahren, mit denen die Gewerkschaft für die Aufrechterhaltung der tarifvertraglichen Ordnung kämpft, sind heute überwiegend durch betriebliche Verstöße gegen den einschlägigen Tarifvertrag veranlaßt. Da andere Rechtsbehelfe hierfür nur begrenzt zur Verfügung stehen, behält die tarifvertragliche Durchsetzung auch gegenwärtig ihre Bedeutung.

2. Geltungsgrund

a) Vertragspflicht. Die Durchführungspflicht folgt als Erfüllungspflicht **708** aus dem Vertragsschluß;[76] sie erhält ihre inhaltliche Ausgestaltung durch die Besonderheit des Tarifverfahrens und, soweit vorhanden, durch die tarifvertragliche Dauerrechtsbeziehung zwischen den Parteien.[77] Einer besonderen Vereinbarung dazu, daß der abgeschlossene Tarifvertrag auch eingehalten und durchgeführt werden soll, bedarf es nicht; eine Bekräftigung im Vertrag schadet nicht.[78] Ein Rückgriff auf den den Tarifvertragsparteien in Art. 9 Abs. 3 GG erteilten Ordnungsauftrag ist möglich,[79] aber nicht notwendig. Die Ableitung der Durchführungspflicht als Maßnahme staatsersetzender Ordnungstätigkeit führte jedenfalls bisher zu keinen vom schuldrechtlichen Vertrag abweichenden Erfüllungsansprüchen Dritter oder Erfüllungspflichten gegenüber Dritten.

b) Erweiterung oder **Einschränkung.** Die Tarifvertragsparteien können **709** ihre Pflicht zu eigenem Verhalten und zur Einwirkung auf ihre Mitglieder konkretisieren und um bestimmte Einzelmaßnahmen erweitern.[80] Hierher zählen z.B. Berichts- und Informationspflichten gegenüber den Mitgliedern,

---

[74] Vgl. ArbG Marburg, 7. 8. 1996, NZA 1996, S. 1331: Viessmann-Werke GmbH & Co.; und dazu *Buchner*, NZA 1996, S. 1304.
[75] Vgl. *Schwarze*, ZTR 1993, S. 229; sowie oben Rnr. 475ff.
[76] BAG 29. 4. 1992 AP Nr. 3 zu § 1 TVG Durchführungspflicht: Konkretisierung des allg. Prinzips „pacta sunt servanda".
[77] BAG 11. 9. 1991 AP Nr. 29 Internationales Privatrecht Arbeitsrecht *(Dütz/ Rotter; Arnold)* = SAE 1993, S. 181 *(Otto)*: Goethe-Institut; *Arnold*, Die tarifrechtliche Dauerrechtsbeziehung, 1996, S. 158.
[78] BAG 9. 6. 1982 AP Nr. 1 zu § 1 TVG Durchführungspflicht *(Grunsky)*; *Gamillscheg*, Kollektives Arbeitsrecht I, § 15 X 2, S. 628.
[79] RAG 19. 9. 1928, ARS 4, S. 53, 57; BAG 9. 6. 1982 AP Nr. 1 zu § 1 TVG Durchführungspflicht *(Grunsky)*.
[80] Ebenso *Däubler*, Tarifvertragsrecht, Rnr. 547; Kempen/Zachert, § 1 TVG, Rnr. 355; *Rieble*, Anm. zu BAG 29. 4. 1992 EzA § 1 TVG Durchführungspflicht Nr. 2; *Wallisch*, Die tarifvertraglichen Einwirkungspflichten, 1998, S. 78ff.

aber auch die Pflicht, bestimmte verbandspolitische Interessen bei der Durchführung des Tarifvertrages nicht zu verfolgen. Die Tarifvertragsparteien können außerdem Sanktionen vorsehen – bis hin zu einer verschuldensunabhängigen Einstandspflicht (Gewährleistung). Dagegen ist es nicht möglich, dem Tarifvertrag einen Einfluß auf die Satzungshoheit des Berufsverbandes einzuräumen, z. B. die Pflicht zur Satzungsänderung oder Mittel zur Satzungsdurchführung zu begründen; dem steht der zwingende Grundsatz der *Verbandssouveränität* entgegen.[81]

710 Wenig behandelt ist die Frage, ob die Durchführungspflicht abgeschwächt oder ausgeschlossen werden kann.[82] Sicher kann sie jedenfalls im Kern wie bei jedem Vertrag nicht ganz abbedungen werden, sonst geht der Vertragscharakter verloren. Die Möglichkeit zur Einschränkung der Durchführungs-, insbes. der Einwirkungspflicht hängt dagegen von ihrer rechtsdogmatischen Herleitung ab. Bindungsumfang und Verletzungsfolgen können die Parteien eines schuldrechtlichen Vertrages bis zur Grenze der §§ 138, 242, 276 Abs. 2 BGB grundsätzlich selbst bestimmen. Die Erfüllung einer ihnen durch Art. 9 Abs. 3 GG übertragenen Ordnungsaufgabe kann dagegen rechtsgeschäftlich nur soweit beschränkt werden, wie dies der verfassungsrechtliche Auftrag zuläßt. Eine Abschwächung der Einwirkungspflicht wäre damit kaum vereinbar.

3. Inhalt

711 Herkömmlich unterscheidet man bei der Durchführungspflicht zwischen der eigenen Tariferfüllungspflicht der vertragschließenden Partei und der *verbandsspezifischen* Einwirkungspflicht, auch die Mitglieder zur Tariferfüllung an- und vom Tarifbruch abzuhalten. Die Berufsverbände dürfen ihre Mitglieder deshalb nicht auffordern, untertarifliche Vergütungen zu zahlen, die Gewährung tarifvertraglicher Zulagen oder Zuschläge zu verweigern, den tariflich vorgesehenen Urlaub zu kürzen, die tarifliche Arbeitszeit zu überschreiten usw. Die Arbeitgeber müssen sich aller Maßnahmen enthalten, die die Gewerkschaft „schwächen" würden.[83] Die Gewerkschaft verletzt ihrerseits die Durchführungspflicht, wenn sie den Tarifvertrag mit Hilfe der Betriebsräte zu unterlaufen versucht. Ein Verstoß gegen die Erfüllungspflicht kann auch darin liegen, daß eine Tarifvertragspartei die Geltung des Tarifvertrages grundlos bestreitet, ihn unzutreffend auslegt oder den Mitgliedern empfiehlt, ihn auszuhöhlen.[84]

712 Erfüllungs- und Friedenspflicht sind insofern miteinander verwandt, als sie beide die Geltung der im Tarifvertrag festgesetzten Normen und damit den eigentlichen Zweck des Tarifvertrages schützen sollen. Die Friedenspflicht verbietet Arbeitskämpfe, die tarifvertragliche Erfüllungspflicht sonstige Maß-

---

[81] Vgl. dazu MünchKomm/*Reuter*, § 33 BGB, Rnr. 7 ff.; *Wiedemann*, in: Festschrift für Wolfgang Schilling (1973), S. 105, 111.
[82] Vgl. *Gamillscheg*, in: Festschrift für Wolfram Henckel (1995), S. 215, 219; *Löwisch*/Rieble, § 1 TVG, Rnr. 259 und 289.
[83] BAG 11. 9. 1991 AP Nr. 29 Internationales Privatrecht Arbeitsrecht *(Dütz/Rotter; Arnold)* = SAE 1993, S. 181 *(Otto)*: Goethe-Institut.
[84] Vgl. allg. zur Vertragserfüllungspflicht Soergel/*Wiedemann*, vor § 275 BGB, Rnr. 373 ff.

nahmen, die der Vertragsordnung zuwiderlaufen, also gegen andere schuldrechtliche Verpflichtungen der Parteien verstoßen. Dagegen wäre es nicht richtig, den Unterschied darin zu erblicken, daß sich das durch die Friedenspflicht verbotene Verhalten gegen den Bestand des Tarifvertrages richte, bei der Durchführungspflicht dagegen ein Verhalten in Frage stehe, das lediglich gegen einzelne Bestimmungen des Tarifvertrages gerichtet sei.[85] Denn auch ein durch die Friedenspflicht verbotener Arbeitskampf kann sich lediglich gegen einzelne Bestimmungen des Tarifvertrages richten. In der Praxis können beide Pflichten ineinander übergehen.

a) Umfang. Eine Erfüllungspflicht besteht nur soweit, wie der Geltungsbereich des Tarifvertrages reicht und sie wird nur bei Störungen der kollektiven Ordnung als solcher, nicht bei Verletzung des Einzelarbeitsvertrages und seiner tariflich gesicherten Ansprüche auf den Plan gerufen.

Wie bei der Friedenspflicht ist fraglich, ob die Tarifvertragsparteien eine Erfüllungspflicht hinsichtlich solcher Klauseln trifft, die mit lediglich deklaratorischer Wirkung bestehendes Gesetzes- oder Verordnungsrecht wiederholen oder darauf Bezug nehmen. Die Einbeziehung ist im Zweifel zu bejahen. Wenn die Tarifvertragsparteien sich nicht auf einen bloßen Hinweis beschränken, wollen sie den Normunterworfenen auch den Schutz ihrer eigenen Rechtsverwirklichung zusichern.[86]

b) Grenzen. Aus dem Tarifvertrag folgt selbstverständlich keine Pflicht der Tarifvertragsparteien, für die Erfüllung der arbeitsvertraglichen Pflichten auch insoweit zu sorgen, als diese nicht auf Tarifvertrag, sondern auf Gesetz oder Bezugnahmevereinbarungen beruhen. Ist in einem Tarifvertrag die Frage der Arbeitszeit nicht geregelt, so stellt die Aufforderung der Gewerkschaft an ihre Mitglieder, Überstunden zu verweigern, auch soweit gesetzlich oder vertraglich eine Verpflichtung zur Überarbeit besteht, keinen Tarifbruch dar. Auf der anderen Seite wird die tatsächliche und rechtliche Geltung des Tarifvertrages nicht nur berührt, wenn seine Anwendung oder Wirksamkeit schlicht bestritten werden, sondern auch, wenn die Tarifnormen in einem Betrieb im wesentlichen nicht verwirklicht oder so häufig oder unter solchen Umständen verletzt werden, daß nicht nur der Einzelarbeitsvertrag, sondern die tarifvertragliche Ordnung als solche betroffen erscheint.[87] Voraussetzung für die Aktualisierung der Durchführungspflicht ist mithin, daß die tarifvertragliche Ordnung *als solche* gestört wird, der Tarifvertrag also auf individualvertraglicher Ebene gezielt und mehrfach oder auf betrieblicher Ebene allgemein nicht angewandt wird. Es muß, wie man sagt, ein *kollektiver Störungstatbestand* vorliegen.[88] Das schließt freilich nicht aus, daß die Durchführungspflicht ausnahmsweise auch bei einzelnen Verstößen einzelner Verbandsmitglieder betroffen sein kann. Die Häufung von Verletzungen ist allerdings das

---

[85] So früher *Molitor*, 1930, Anh. 1 zu § 1 TVVO, Rnr. 4.
[86] Ebenso *Gamillscheg*, in: Festschrift für Wolfram Henckel (1995), S. 215, 218; *Rieble*, RdA 1997, S. 134, 138 ff.; vgl oben Einleitung, Rnr. 384 ff.
[87] Allg. Ansicht; *Hueck/Nipperdey*, Arbeitsrecht II 1, § 16 III 3, S. 334 Anm. 86; *Kempen/Zachert*, § 1 TVG, Rnr. 356.
[88] H.M. seit RAG, ARS 4, S. 53, 56; 5, S. 281, 284; 7, S. 221, 225; 12, S. 163 *(Nipperdey); Buchner*, Betrieb 1992, S. 572, 580; *Gamillscheg*, in: Festschrift für Wolfram Henckel (1995), S. 215, 221; abw. *Kempen/Zachert*, § 1 TVG, Rnr. 356.

beste Indiz für das Vorhandensein einer tarifwidrigen Einstellung. Die vom Reichsarbeitsgericht früher entschiedenen Fälle stimmten alle darin überein, daß die tariflichen Arbeitsbedingungen von Arbeitgeber- oder Arbeitnehmerseite *kollektiv* nicht erfüllt wurden. Wann nur der Einzelarbeitsvertrag, und wann bereits der Tarifvertrag verletzt ist, läßt sich nur im Einzelfall entscheiden.

716 c) Die **Einwirkungspflicht** der Berufsverbände auf ihre Mitglieder wirft inhaltliche Sonderfragen auf. Wie bei anderen schuldrechtlichen Verträgen, in denen sich ein Verein zu einem Tun, Dulden oder Unterlassen verpflichtet, haftet auch die Tarifvertragspartei als Verband für ihren eigenen Zurechnungskreis nach den §§ 31, 278 BGB. Die Mitglieder des Verbandes sind aber weder Organe noch Erfüllungsgehilfen. Insoweit schuldet der Verein nur *Einwirkung* auf die Mitglieder durch seine Organe.[89] Diese Einwirkung ist mit Hilfe der in der Satzung oder Geschäftsordnung vorgesehenen Disziplinarmaßnahmen (Vereinsstrafe) zu erfüllen; der Verein kann sich nicht mit mündlichen Ermahnungen oder „symbolischen Handlungen" seiner Vertragspflichten entledigen.[90] Allerdings ist in diesem Zusammenhang der Grundsatz der Vereinsautonomie zu beachten. Er verhindert aber nicht den Einsatz vorhandener Zwangsmittel, sondern verbietet lediglich, daß ein außenstehender Vertragspartner auf die Ausgestaltung der Satzung, also auf die Existenz verbandsinterner Zwangsmittel, Einfluß nehmen kann (Grundsatz der Verbandssouveränität).[91] Wird die Einwirkung der Verbandsorgane auf die Mitglieder schuldhaft verzögert oder unmöglich, so haftet der Verband auf Schadensersatz wegen Nichterfüllung.

717 Die Einwirkungspflicht des Verbandes auf seine Mitglieder unterliegt den Grundsätzen von Treu und Glauben nach § 242 BGB. Daraus ergibt sich aber nicht (wie *Buchner,* DB 1992, S. 572, 578 ff. annimt), daß sie unzumutbar wird, wenn Zweifel an der Auslegung des Tarifvertrages auftauchen, vgl. dazu unten Rnr. 723.

718 d) **Konzernweisung.** Von der Einwirkungspflicht auf eigene *Mitglieder* des Berufsverbandes scharf zu unterscheiden ist die Einwirkungspflicht eines Unternehmens – aus Firmen- oder Verbandstarifvertrag – auf abhängige oder ausgegliederte *Tochtergesellschaften*. Eine solche „Einwirkungspflicht" setzt zunächst ein entsprechendes Weisungsrecht des Gesellschafters voraus; sie ist außerdem nicht automatisch, sondern nur kraft besonderer Vereinbarung Inhalt des Tarifvertrages. Das Bundesarbeitsgericht hat eine dahingehende Weisungspflicht in der bekannten Entscheidung „Goethe-Institut München" in einem atypischen Sachverhalt bejaht, ohne auf die Wesensverschiedenheit zwischen der Verbandspflicht gegenüber dem Mitglied (Einwirkungspflicht) und der Mitgliedspflicht gegenüber der Gesellschaft (Weisungspflicht) näher einzugehen.[92] Die Ausführungen des Bundesarbeitsgerichts zur Haftung des

---

[89] Vgl. zur Einwirkungspflicht des Vermieters auf andere Mieter bei Störung des vertragsmäßigen Gebrauchs Palandt/*Putzo,* Einf. vor § 535 BGB, Rnr. 63.
[90] Abw. *Kasper,* Betrieb 1993, S. 682, 685.
[91] H. M.; vgl. *Karsten Schmidt,* Gesellschaftsrecht, 3. Aufl. 1997, § 5 I 3 b, S. 89; GroßK/*Wiedemann,* § 179 AktG, Rnr. 155.
[92] BAG 11. 9. 1991 AP Nr. 29 Internationales Privatrecht Arbeitsrecht *(Dütz/ Rotter; Arnold)* = SAE 1993, S. 181 *(Otto)*: Goethe-Institut; vgl. dazu *Kasper,* Betrieb 1993, S. 682; *Riesenhuber,* BB 1993, S. 1001.

Goethe-Instituts für seine Filiale in Mexiko mögen unter den gegebenen Umständen das Richtige getroffen haben, wenn und weil eine mißbräuchliche Rechtgestaltung vorlag; sie sind aber nicht verallgemeinerungsfähig.[93] Wenn nichts anderes vereinbart ist, ergibt sich für ein tarifgebundenes Unternehmen aus dem Tarifvertrag keine Verpflichtung, gegenwärtige oder zukünftige abhängige Gesellschaften, die ihrerseits nicht tarifgebunden sind, zur Durchführung des Tarifvertrages des herrschenden Unternehmens zu veranlassen. Das würde die Umwandlung von Unternehmen, insbes. die Ausgliederung, die häufig gerade den Zweck verfolgt, die Geltung eines Branchentarifvertrages durch einen sachnäheren anderen Tarifvertrag zu ersetzen, von vornherein unmöglich machen. Das herrschende Unternehmen ist nur kraft eindeutiger Vertragsgestaltung verpflichtet, den Vertragserfolg auch bei abhängigen Gesellschaften durch entsprechende Weisungen herbeizuführen (umgekehrter Durchgriff).[94]

4. Durchsetzung der Tarifvertragsnormen

Das Gesetz überläßt die Durchsetzung der Tarifvertragsnormen den Begünstigten, also den anspruchsberechtigten Arbeitnehmern und Arbeitgebern, die Durchsetzung der Vertragspflichten den Tarifvertragsparteien selbst. Anders als in ausländischen Rechtsordnungen[95] sieht es keine Verbandsklage derart vor, daß die Gewerkschaften aus eigenem oder abgeleitetem Recht für ihre Mitglieder unmittelbar gegenüber dem verbandsgebundenen Arbeitgeber die kollektive Ordnung durchsetzen können. Ob hier eine Rechtsschutzlücke vorliegt, und wie diese ggf. unter Rückgriff auf Art. 9 Abs. 3 GG zu schließen ist, ist bestritten.[96] Das Kapitel möglicher Überkreuzklagen von Mitgliedern gegenüber gegnerischen Verbänden ist noch nicht geschrieben.

Beim *Firmentarifvertrag* ist es dagegen möglich, wie bei jedem Vertrag zugunsten Dritter, dem Versprechensempfänger, also den Gewerkschaften, einen eigenen Anspruch auf Leisutng an den Dritten, also zugunsten des einzelnen Arbeitnehmers, zuzusprechen; vgl. § 335 BGB.

a) **Verband** vs. **Verband.** Die Klage eines Verbandes gegen den Vertragspartner ist das geeignete Instrument, Störungen zu begegnen, die vom gegnerischen Verband oder einem seiner Mitglieder verursacht sind.

aa) **Feststellungsklage.** Jede Tarifvertragspartei kann gemäß § 2 Abs. 1 Nr. 1 ArbGG auf Feststellung des Bestehens oder Nichtbestehens eines Tarifvertrages und auf Feststellung des Inhalts der Tarifnormen klagen. Das gilt auch dann, wenn sie den Tarifvertrag gekündigt hat.[97] Eine solche Feststel-

---

[93] Ebenso *A. Junker*, Internationales Arbeitsrecht im Konzern, 1992, S. 459; *Löwisch/Rieble*, § 2 TVG, Rnr. 59; *Riesenhuber*, BB 1993, S. 1001, 1004.
[94] Vgl. *E. Rehbinder*, Konzernaußenrecht und allgemeines Privatrecht, 1969, S. 161, 210 ff.; *Wallisch*, Die tarifvertraglichen Einwirkungspflichten, 1998, S. 89; *Wiedemann*, WM 1975, Beilage 4, S. 17; *Windbichler*, Arbeitsrecht im Konzern, 1989, S. 444.
[95] Vgl. *Gamillscheg*, in: Festschrift für Wolfram Henckel (1995), S. 215; *ders.*, AuR 1996, S. 354.
[96] Vgl. Referate und Diskussion auf dem 61. DJT 1996, Bd. II 1 (1996), S. K 7–69; Bd. II 2 (1996), S. K 78–195; *Gamillscheg*, Kollektives Arbeitsrecht I, § 15 X 2g, S. 632 ff.; *Hanau*, RdA 1998, S. 65, 71.
[97] BAG 23. 3. 1957 AP Nr. 18 zu Art. 3 GG.

lungsklage kann weiter hinsichtlich des Inhalts und der Auslegung einzelner Tarifnormen erhoben werden.[98] Da eine Leistungsklage nur für Verpflichtungen zwischen den Tarifvertragsparteien in Betracht kommt, ist die Feststellungsklage von besonderer Bedeutung für die Tarifvertragsnormen; ihre Zulässigkeit wurde bereits vom Reichsarbeitsgericht in ständiger Rechtsprechung anerkannt. Mit Rücksicht auf die tarifvertragliche Erfüllungspflicht haben die Tarifvertragsparteien stets ein rechtliches Interesse an alsbaldiger Feststellung des Bestehens und des Inhalts der Tarifnormen, da davon der Inhalt der tarifvertraglichen Pflichten abhängt. Das zwischen den Tarifvertragsparteien in einem solchen Prozeß ergehende Urteil wirkt auch für und gegen die tarifgebundenen Personen; das ist in § 9 besonders ausgesprochen; vgl. dazu unten § 9 Rnr. 34–39.

722   bb) **Erfüllungsklage.** Beide Tarifvertragsparteien können Vertragserfüllung und deshalb beim Verbandstarifvertrag auch Einwirken auf die Mitglieder zur Vertragserfüllung fordern. Die Rechtsprechung hielt allerdings früher eine Leistungsklage gegen den gegnerischen Verband auf Einwirkung gegenüber seinen Mitgliedern mangels eines Anspruchs auf *bestimmte* verbandsrechtliche Maßnahmen für unzulässig; mit welchen Mitteln die Einwirkung erfolge, sei allein Sache des Arbeitgeberverbandes oder der Gewerkschaft.[99] Davon ist der für das Tarifvertragsrecht zuständige 4. Senat des Bundesarbeitsgerichts später abgewichen. Er hat in einem gegen eine tarifwidrige Betriebsvereinbarung gerichteten Verfahren die Leistungsklage auch dann für zulässig erklärt, wenn kein bestimmtes Einwirkungsmittel benannt wird; es bleibe dann dem Schuldner überlassen, wie er dem Leistungsurteil im einzelnen nachkomme.[100] Der Klageantrag einer Leistungsklage braucht danach kein bestimmtes Einwirkungsmittel zu bezeichnen, kann und muß die Mittelauswahl und ihre Durchführung zunächst dem schuldnerischen Verband überlassen. Verweigert oder verzögert dieser jedoch die Durchführung bestimmter Ausführungshandlungen, so kann die Mittelauswahl nach § 315 BGB in das Ermessen des Gerichts gestellt werden.[101] Das Verfahren des § 9 des Gesetzes hat keinen Vorrang vor der unmittelbaren Feststellungs- oder Leistungsklage gegenüber der anderen Vertragspartei.

723   Bei dieser Gelegenheit hat das Bundesarbeitsgericht die Einwirkungspflicht aber materiell-rechtlich in nicht zu billigender Weise *eingeschränkt*. Es betont zwar die jedem privatrechtlichen Vertrag immanente Erfüllungspflicht, alles zu tun, um den vereinbarten Leistungserfolg vorzubereiten, herbeizuführen und zu sichern, und alles zu unterlassen, was den vereinbarten Erfolg beeinträchtigen oder gefährden könnte. Seiner Ansicht nach gehört zur Einwirkungspflicht deshalb auch, auf die Mitglieder dahin einzuwirken, tarifwidrige

---

[98] BAG 15. 11. 1957 AP Nr. 1 zu § 8 TVG *(Tophoven)*.
[99] BAG 9. 6. 1982 AP Nr. 1 zu § 1 TVG Durchführungspflicht *(Grunsky)*; BAG 3. 2. 1988 AP Nr. 20 zu § 1 TVG Tarifverträge: Druckindustrie.
[100] BAG 29. 4. 1992 AP Nr. 3 zu § 1 TVG Durchführungspflicht = EzA § 1 TVG Durchführungspflicht Nr. 2 *(Rieble)* = SAE 1992, S. 151 *(Oetker)* = BB 1992, S. 492 *(Reske/Berger-Delhey)*; zustimmend *Walker*, in: Festschrift G. Schaub (1998), S. 743, 755.
[101] *Grunsky*, Anm. zu BAG 9. 6. 1982 AP Nr. 1 zu § 1 TVG Durchführungspflicht; *Riesenhuber*, BB 1993, S. 1001, 1005.

Maßnahmen, seien sie einseitig oder vereinbart, zu unterlassen. Eine solche Einwirkungspflicht könne aber nur dann bejaht werden „wenn die Auslegung des Tarifvertrages zwingend geboten sei, das heißt eindeutig ergibt, daß die Regelung nicht dem Tarifvertrag entspricht ... oder wenn die Tarifvertragspartei selbst von der Tarifwidrigkeit der Regelung ausgeht". Ein Einschreiten sei ihr nur dann zuzumuten, wenn für sie eindeutig erkennbar sei, daß das Verhalten des Verbandsmitglieds dem Tarifvertrag nicht entspreche. Diese Auffassung geht von nicht zutreffenden Prämissen des Vertrags- wie des Verbandsrechtes aus.[102] Es steht zwar jedem Vertragspartner frei, den Vertragsinhalt in seinem Interesse auszulegen; das Risiko einer – bewußt oder unbewußt – unrichtigen Auslegung trägt er aber selbst. Ein unverschuldeter Rechtsirrtum bewahrt ihn allenfalls vor Schadenersatzansprüchen. Ein vertraglicher Erfüllungsanspruch und damit auch eine entsprechende Durchführungspflicht des Vertrages entsteht nicht erst mit rechtskräftigem Urteil im Auslegungsstreit oder bei eigenem widersprüchlichen Verhalten des Vertragspartners. Auch verbandsrechtlich kann von Unzumutbarkeit nicht gesprochen werden, weil der Verband grundsätzlich die Mittel selbst bestimmen kann, mit denen er auf seine Mitglieder einwirken will und die Bestimmung nur hilfsweise in analoger Anwendung des § 315 Abs. 3 BGB durch Urteil getroffen wird, wenn er die Anwendung von Zwangsmitteln verzögert oder verweigert.[103]

Im Gefolge der Inanspruchnahme durch den Vertragspartner ist der Arbeitgeberverband oder die Gewerkschaft verpflichtet, von einem Mitglied tariftreues Verhalten einzufordern, widrigenfalls Verbandsstrafen (Ermahnung, Buße, nicht: Ausschluß) anzuordnen und notfalls auf tariftreues Verhalten zu klagen.

b) Mitglied vs. **gegnerischer Verband.** Wie die Friedenspflicht kann auch die Durchführungspflicht im Wege des Vertrags zugunsten Dritter nach § 328 BGB den einzelnen Mitgliedern des Berufsverbandes zugute kommen. Deshalb kann der einzelne Arbeitgeber von der Gewerkschaft und der einzelne Arbeitnehmer vom Arbeitgeberverband Unterlassen vertragswidrigen und illoyalen Verhaltens beanspruchen und einklagen.

c) Verband vs. **gegnerisches Mitglied.** Einer Stellung der Koalitionen als Berufsorgane würde es entsprechen, wenn sie die Möglichkeit hätten, aus eigener Initiative und im eigenen Namen eine *Tariferfüllungsklage* zu erheben. Der französische Code du Travail Art. L n° 135–4 und 135–5 sowie Art. L 411–11 sieht derartige Klagen vor. Danach hat ein Verband das Recht, Gegenstände vor allen Gerichten anhängig zu machen, die die kollektiven Interessen der Arbeitnehmer unmittelbar oder auch nur mittelbar verletzen. Kollektiv ist das Interesse, wenn eine größere Zahl von Arbeitnehmern, nicht nur Mitglieder der klagenden Gewerkschaft, betroffen ist; sind nur we-

---

[102] Kritisch *Däubler*, Tarifvertragsrecht, Rnr. 547; Kempen/*Zachert*, § 1 TVG, Rnr. 355; *Rieble*, Anm. zu BAG 29. 4. 1992 EzA § 1 TVG Durchführungspflicht Nr. 2; *Schwarze*, ZTR 1993, S. 229, 232; *Wallisch*, Die tarifvertraglichen Einwirkungspflichten, 1998, S. 110 ff.
[103] Vgl. *Gamillscheg*, in: Festschrift für Wolfram Henckel (1995), S. 215, 230; A. *Hueck*, Tarifvertragsrecht, S. 179, Anm. 5.

nige oder ein einziger Arbeitnehmer betroffen, so kann auch dies genügen, wenn die Handlungsweise des Arbeitgebers andere abzuschrecken geeignet ist. Das Klagerecht wird außerdem in Form der *action individuelle excercée syndicalement* erweitert: hier kann die Gewerkschaft tarifvertragliche Ansprüche auch einzelner Mitglieder geltend machen, in Schadenersatzstreitigkeiten Schmerzensgeld einklagen und sich in Strafverfahren einschalten, muß hierfür aber die Zustimmung des Arbeitnehmers einholen, der dem Verfahren jederzeit beitreten und es beenden kann.[104]

727 Im deutschen Tarifvertragsrecht wird den Gewerkschaften ein unmittelbarer Tariferfüllungsanspruch und eine entsprechende Klage gegen den einzelnen Arbeitgeber und umgekehrt eine solche des Arbeitgeberverbandes gegen den einzelnen Arbeitnehmer verwehrt. Die h. M. stützt dies auf das Verbot des Vertrags zu Lasten Dritter: Ansprüche des Berufsverbandes gegen das Mitglied der anderen Seite können im Tarifvertrag nicht begründet werden.[105] Eine Mindermeinung im Schrifttum möchte die kollektive Klagemöglichkeit wenigstens im Wege der Rechtsfortbildung eingeführt sehen.[106] Sie beruft sich vor allem darauf, daß sich der einzelne Arbeitnehmer u. U. scheut, tarifvertragliche Rechte einzuklagen, er in manchen Situationen daran jedenfalls praktisch gehindert wird (z. B. durch vom Tarifvertrag unzulässig abweichende Betriebsvereinbarungen).

728 Grundsätzlich ist eine solche Rechtsfortbildung zu befürworten. Dafür ist eine Analogie zu den §§ 25 HAG, §§ 13, 14 MindArbBedG allerdings nicht möglich, da es sich dort ersichtlich um Ausnahmeregelungen zugunsten einer Prozeßstandschaft von Bundesländern handelt.[107] Auch eine Analogie zu den § 13 Abs. 2 AGBG, § 13 Abs. 2 UWG oder ein Rückgriff auf Art. 9 Abs. 3, 19 Abs. 4 GG ist nicht notwendig. Anders als in den genannten Fällen besteht zwischen dem klageberechtigten Verband und dem tarifwidrig handelnden Unternehmen bereits ein Rechtsverhältnis, nämlich die aus dem Tarifvertrag abgeleitete Friedenspflicht der Gewerkschaft gegenüber dem einzelnen Arbeitgeber. Daran kann man für eine Feststellungsklage, aber auch für eine Unterlassungsklage anknüpfen: wenn der einzelne Arbeitgeber der eigentliche Destinatär einer tarifvertraglichen Hauptpflicht ist – weil er auf dieser Grundlage auf Zeit Planungssicherheit erhält, ist es nur recht und billig, ihn auch unmittelbar gegenüber der Gewerkschaft zu verpflichten, diese Grundlage nicht mutwillig in Frage zu stellen. Für die Feststellungs-

---

[104] Vgl. dazu ausführlich *Gamillscheg*, in: Festschrift für Wolfram Henckel (1995), S. 215, 224; *ders.*, AuR 1996, S. 354, 356; *Krieger*, Das französische Tarifvertragsrecht, 1991, S. 191 ff.
[105] Allg. Ansicht; BAG 8. 11. 1957 AP Nr. 7 und 8. 2. 1963 AP Nr. 42 zu § 256 ZPO; BAG 23. 2. 1988 AP Nr. 9 zu § 81 ArbGG 1979; BAG 17. 10. 1989 AP Nr. 39 zu § 76 BetrVG 1972 *(Gaul)*; BAG 20. 8. 1991 AP Nr. 2 zu § 77 BetrVG 1972 Tarifvorbehalt: kein Anspruch der Gewerkschaft auf Nicht-Anwendung einer gegen zwingende tarifliche Vorgaben verstoßenden Betriebsvereinbarung; *Löwisch/Rieble*, § 4 TVG, Rnr 73; *Oetker*, SAE 1992, S. 158, 162; *Hueck/Nipperdey*, Arbeitsrecht II 1, § 19 II 5 f, S. 387.
[106] Vgl. *Däubler*, Tarifvertragsrecht, Rnr. 1386; *Gamillscheg*, Kollektives Arbeitsrecht I, § 15 X 2 d, S. 632 ff.; *Hanau*, RdA 1998, S. 65, 71: Klagerecht bei groben Verstößen; *Kaspar*, AuR 1989, S. 221; *Kempen/Zachert*, § 4 TVG, Rnr. 102.
[107] Ebenso BAG 20. 8. 1991 AP Nr. 2 zu § 77 BetrVG 1972 Tarifvorbehalt.

wie für die Unterlassungsklage wird man allerdings ein Rechtsschutzbedürfnis verneinen können, wenn ein einzelner Arbeitnehmer seine Ansprüche ohne weiteres selbst – mit oder ohne Hilfe der Gewerkschaft – verwirklichen kann. Das ist rechtlich bei Abschluß- oder Beschäftigungsverboten und bei Normen zu betrieblichen und betriebsverfassungsrechtlichen Fragen meist nicht möglich. Dem stehen Fälle der praktischen Unmöglichkeit gleich, wenn der Tarifvertrag z.B. durch eine tarifwidrige Betriebsvereinbarung oder Regelungsabrede „ersetzt" ist.

d) Beschlußverfahren. Die Rechtsprechung des Bundesarbeitsgerichts gestattete es früher den Gewerkschaften, im Beschlußverfahren nach § 81 ArbGG die (mögliche) Unwirksamkeit einer Betriebsvereinbarung feststellen zu lassen.[108] Diese Rechtsprechung wurde später aufgegeben und der Gewerkschaft die Antragsbefugnis für ein Verfahren auf Feststellung der Unwirksamkeit von Betriebsvereinbarungen versagt; das Interesse der Verbände an einem bestimmten Verständnis des Tarifvertrages könne betriebsverfassungsrechtlich eine unmittelbare Betroffenheit nicht begründen.[109] Die Rechtsprechung änderte sich abermals, als die Gewerkschaft ihre Antragsbefugnis im Beschlußverfahren auf § 23 Abs. 3 BetrVG zu stützen versuchte. Insoweit billigte das Bundesarbeitsgericht den Gewerkschaften eine Antragsbefugnis für den Fall zu, daß der Verstoß einer Betriebsvereinbarung gegen § 77 Abs. 3 BetrVG gerügt werde, weil darin auch ein Verstoß gegen die betriebsverfassungsrechtliche Ordnung liege.[110] Dagegen wurde ein gewerkschaftliches Überprüfungsrecht bei etwaigen Verstößen gegen § 87 Abs. 1 BetrVG 1972 abgelehnt, wenn die Betriebsvereinbarung nicht gegen den Tarifvorrang, sondern gegen den Inhalt der tarifvertraglichen Rahmenregelung oder seiner Regelungsvorgaben verstößt. In seiner grundlegenden Entscheidung vom 20. 8. 1991 überprüft der Senat zusätzlich die Antragsbefugnis auf der Grundlage einer Verletzung der Tarifautonomie nach Art. 9 Abs. 3 GG. Er bestätigt dort die allg. Ansicht, daß einzelvertragliche Abreden, die gegen zwingendes Tarifrecht verstoßen, der Gewerkschaft keinen Anspruch gegen den tarifgebundenen Arbeitgeber auf Beachtung des Tarifvertrages zugunsten ihrer Mitglieder geben und erstreckt diese Aussage auf betriebliche Regelungen durch Betriebsvereinbarungen. Auch diesen Schutz geltend zu machen, überlasse § 4 des Gesetzes dem durch die tarifvertragliche Regelung begünstigten Arbeitnehmer.

Die Begründung ist, soweit sie reicht, stichhaltig. Wichtige Fälle der Verletzung des Tarifvertrages werden davon aber nicht erfaßt, und zwar zum ei-

---

[108] BAG 16. 9. 1960 AP Nr. 1 zu § 2 ArbGG 1953 Betriebsvereinbarung *(Auffarth)*; BAG 1. 2. 1963 AP Nr. 8 zu § 59 BetrVG; BAG 21. 2. 1967 AP Nr. 25 und 26 zu § 59 BetrVG *(G. Hueck)*.
[109] BAG 30. 10. 1986 AP Nr. 6 zu § 47 BetrVG 1972 *(Dütz)*; BAG 18. 8. 1987 AP Nr. 6 und BAG 23. 2. 1988 AP Nr. 9 zu § 81 ArbGG 1979; Germelmann/Matthes/Prütting, § 81 ArbGG, Rnr. 68; kritisch *Grunsky*, Betrieb 1990, S. 526; *Otto*, RdA 1989, S. 247, 250; *Schwarze*, Der Betriebsrat im Dienst der Tarifvertragsparteien, 1991, S. 237.
[110] BAG 20. 8. 1991 AP Nr. 2 zu § 77 BetrVG 1972 Tarifvorbehalt = SAE 1992, S. 151 *(Oetker)* = EzA § 77 BetrVG 1972 Nr. 41 *(Berger-Delhey)*.

nen Abschluß- und Beendigungsnormen sowie Normen zu betrieblichen und betriebsverfassungsrechtlichen Fragen, die keine Individualansprüche begründen, sowie Betriebsvereinbarungen, die im Widerspruch zum Tarifvorrang der §§ 77 Abs. 3, 87 Abs. 1 BetrVG 1972 stehen. Insofern muß den Gewerkschaften, wenn schon kein Klagerecht, wenigstens ein aus Art. 9 Abs. 3 GG hergeleitetes Antragsrecht im Beschlußverfahren eingeräumt werden. Offenkundig kann diese Kontrollmaßnahme von § 23 Abs. 3 BetrVG 1972 nicht erfaßt werden, da dessen Aufgabe auf Durchsetzung der betriebsverfassungsrechtlichen Ordnung lautet.[111]

C. Andere tarifvertragliche Absprachen

731 Bei den freiwillig eingegangenen Verpflichtungen der Tarifvertragsparteien kann man unterscheiden, ob es sich um Abreden handelt, die kraft Sachzusammenhanges mit der tarifvertraglichen Normsetzung in die Annexzuständigkeit der Tarifvertragsparteien fallen, damit also zur Zuständigkeit nach Art. 9 Abs. 3 GG zählen, und solchen Vereinbarungen, die wie andere schuldrechtliche Verträge im Rahmen der allgemeinen Vertragsfreiheit des Art. 2 Abs. 1 GG zustandekommen.

I. Annexregelungen zur tariflichen Normsetzung

1. Vereinbarungen zur Konfliktlösung

732 **a) Schiedsverfahren.** Die Tarifvertragsparteien können für etwaige Streitigkeiten über Auslegung und Durchführung eines zustandegekommenen Tarifvertrages ein Schiedsverfahren und Schiedsgericht verabreden. Dieses *Gesamtschiedsverfahren* ist von dem für die Parteien des Einzelarbeitsverhältnisses vorgesehenen Einzelschiedsverfahren scharf zu unterscheiden; vgl. dazu oben Rnr. 471 ff. Gesamtschiedsklauseln regeln Streitigkeiten zwischen den Tarifvertragsparteien selbst, Einzelschiedsklauseln dagegen solche zwischen den Arbeitsvertragspartnern.[112]

733 **aa) Inhalt.** Nach § 101 Abs. 1 ArbGG können die Tarifvertragsparteien für Streitigkeiten aus einem Tarifvertrag oder für einen Streit über das Bestehen oder Nichtbestehen eines Tarifvertrages ein Schiedsgerichtsverfahren vereinbaren. Durch eine derartige Gesamtschiedsklausel kann der Rechtsstreit dem Arbeitsgericht entzogen und einer „Schiedsstelle" oder einem „Schiedsamt" oder einem anders bezeichneten Schiedsgericht übertragen werden. Es muß sich dabei um Rechtsstreitigkeiten zwischen den Tarifvertragsparteien selbst handeln. Der Charakter solcher Vereinbarungen war früher streitig; teilweise rechnete man sie zum obligatorischen Teil des Tarifvertrages,[113] andere sahen darin eine Gemeinsame Einrichtung im Sinne des

---

[111] Vgl. GK-BetrVG/*Wiese/Oetker*, § 23, Rnr. 122; *Oetker*, SAE 1992, S. 158, 161.
[112] Vgl. *Dütz*, RdA 1978, S. 281.
[113] Hueck/*Nipperdey*, Arbeitsrecht II 1, § 16 III 1, S. 327; *Löwisch*/Rieble, § 1 TVG, Rnr. 290; *Nikisch*, Arbeitsrecht II, § 74 V 2, S. 322.

§ 4 Abs. 2.[114] Indessen braucht sich beides gegenseitig nicht auszuschließen. Die Verpflichtung zur Bildung und Anrufung einer Schiedsstelle hat zwar schuldrechtlichen Charakter. Werden darüber hinaus Regeln über das Verfahren und Vorschriften über die persönliche und sachliche Organisation derartiger Schiedsgerichte aufgestellt und findet sich eine Einrichtung des Schiedsgerichts auf Zeit (z.B. ständige Geschäftsstellen), so erfüllen diese tarifvertraglichen Regelungen auch die Voraussetzungen nach § 4 Abs. 2 des Gesetzes. In der Regel werden Schiedsgerichte von den Tarifvertragsparteien nur für Einzelfälle gebildet.

bb) Die Bedeutung von Gesamtschiedsklauseln ist nicht groß.[115] Die Bedeutung von Schiedsgerichten wurde auch dadurch vermindert, daß die Rechtswirkung für tarifgebundene Arbeitgeber und Arbeitnehmer seit der Neufassung des § 9 des Gesetzes bestritten und höchstrichterlich noch nicht geklärt ist.

cc) Wirkungen. § 108 Abs. 4 ArbGG legt dem Schiedsspruch „unter den Parteien dieselben Wirkungen" zu wie einem rechtskräftigen Urteil des Arbeitsgerichts. Dabei ist bestritten, ob der Schiedsspruch auch die Wirkungen einer Verbandsklage nach § 9 des Gesetzes haben kann, also in Rechtsstreitigkeiten zwischen tarifgebundenen Parteien sowie zwischen diesen und Dritten für die Gerichte und Schiedsgerichte bindend ist. Im prozessualen Schrifttum wird die Rechtskrafterstreckung bejaht,[116] im tarifvertragsrechtlichen dagegen überwiegend abgelehnt.[117] Die prozessuale Auffassung ist vorzugswürdig, um eine einheitliche Anwendung und Geltung des Tarifvertrages herbeizuführen. Auf diesem Weg wird das Recht von Arbeitgeber und Arbeitnehmer, vor dem Arbeitsgericht eine Einzelstreitigkeit auszutragen, freilich eingeschränkt: liegt ein gültiger Schiedsspruch zwischen den Tarifvertragsparteien vor, ist das Arbeitsgericht, wenn Arbeitgeber und Arbeitnehmer tarifgebunden sind, an diesen Schiedsspruch gebunden. Einen solchen Schiedsspruch können die Tarifvertragsparteien unverzüglich herbeiführen, wenn für sie offenbar wird, daß zwischen Arbeitgebern und Arbeitnehmern Streit über Ansprüche aus dem Tarifvertrag besteht. Die Bindung gemäß § 9 tritt nicht ein, wenn es sich um nicht oder anders organisierte Arbeitnehmer und Arbeitgeber handelt, die dem Tarifvertrag nur kraft Allgemeinverbindlicherklärung unterworfen wären. Haben die Parteien des Einzelarbeitsvertrages indes eine allgemeine Bezugnahme auf den jeweils geltenden Tarifvertrag vereinbart, so kann sich die Rechtskrafterstreckung des § 9 auch aus der Bezugnahmevereinbarung zwischen Arbeitgeber und nicht oder anders organisierten Arbeitnehmern ergeben.

Eine *Aufhebung* des Schiedsspruchs und damit eine richterliche Kontrolle ist an die Voraussetzungen einer Aufhebungsklage nach § 110 ArbGG gebunden. Im Rahmen des § 110 Abs. 1 Nr. 2 ArbGG ist streitig, ob das Ar-

---

[114] *Bötticher,* Gemeinsame Einrichtungen, 1966, S. 10, 11; *Schelp,* BABl. 1964, S. 781, 783.
[115] Vgl. *Königbauer,* Freiwillige Schlichtung und tarifliche Schiedsgerichtsbarkeit, 1971.
[116] BAG 20. 5. 1960 AP Nr. 8 zu § 101 ArbGG *(Jauernig); Germelmann*/Matthes/Prütting, § 108 ArbGG, Rnr. 31; *Grunsky,* § 108 ArbGG, Rnr. 9; *Schreiber,* ZfA 1983, S. 31, 46.
[117] *Löwisch*/*Rieble,* § 9 TVG, Rnr. 35; *Kempen*/*Zachert,* § 9 TVG, Rnr. 4.

beitsgericht bei einer Klage auf Aufhebung eines Schiedsspruchs, der einen Tarifvertrag auslegt, an die Auslegung einer Tarifvertragsnorm durch das Schiedsgericht gebunden ist. Im Hinblick auf die allgemein sehr eingeschränkte Zulässigkeit der Schiedsgerichtsbarkeit im ArbGG ist sein § 110 Abs. 1 Nr. 2 eng auszulegen: auch Vorschriften des normativen Teils des Tarifvertrages sind Rechtsnormen im Sinn dieser Bestimmung.[118] Bei dieser Auslegung wird ein Schiedsgerichtsverfahren zwischen den Tarifvertragsparteien – ebenso wie das zwischen Arbeitgeber und Arbeitnehmer in den Fällen des § 101 Abs. 2 ArbGG – zu einem bloßen Vorverfahren vor dem Arbeitsgerichtsverfahren abgewandelt.

737   **b) Schlichtungsverfahren.** Zur Konfliktlösung können die Parteien im Tarifvertrag ein Schlichtungsverfahren vorsehen. Dies kann sich auf die Beteiligung der Sozialpartner selbst beschränken und bei Wegfall der Geschäftsgrundlage oder anderweitigen Anlässen die Aufnahme von Gesprächen vorschreiben.[119] Der damit begründete *Verhandlungsanspruch* kann auch und gerade während des Laufs der Friedens- und Durchführungspflicht des Tarifvertrages geltend gemacht werden. Das Schlichtungsverfahren kann darüber hinaus formalisiert werden und einer besonderen – dann meist unter Beteiligung Dritter gebildeten – Schlichtungs- oder Einigungsstelle überwiesen sein.

738   **aa) Arten.** Man unterscheidet zwischen freiwilligen und verbindlichen Schlichtungsverfahren. Letzteres kann automatisch nach Erklären des Scheiterns der Tarifverhandlungen beginnen oder eine eigene Pflicht zur Anrufung der Schlichtungsstelle begründen. Was die Wirkung eines Schlichtungsspruchs anlangt, können die Tarifvertragsparteien im voraus festlegen, daß der Spruch für sie bindend sein soll. In der Regel ist eine zusätzliche *Annahme* des Spruches durch die Tarifvertragsparteien erforderlich, um einen Tarifvertrag zustande zu bringen. Entsprechend ist der Schlichtungsvereinbarung zu entnehmen, ob der Schlichtungsspruch nach dem Mehrheits- oder dem Einstimmigkeitsprinzip gefällt werden soll. Regelmäßig korrespondiert das Mehrheitsprinzip mit dem nicht-verbindlichen Spruch und das Einstimmigkeitsprinzip mit dem verbindlichen Spruch.

739   **bb) Sondertarifverträge.** Schlichtungsklauseln können schuldrechtliche Verpflichtungen darstellen oder Normen über gemeinsame Einrichtungen beinhalten. Ein *ad hoc* gebildeter Schlichtungsausschuß ist nicht als gemeinsame Einrichtung anzusprechen. Schlichtungsvereinbarungen können als Teil eines Tarifvertrages oder als selbständiger Tarifvertrag getroffen werden. Ganz überwiegend wählen die Tarifvertragsparteien die Form von Sonderabkommen, die dann für mehrere Tarifverträge gelten. So erklärt sich die verhältnismäßig niedrige Zahl von Schlichtungsordnungen. Vorbild und Grundlage der meisten Schlichtungsordnungen ist die Musterschlichtungs-

---

[118] BAG 12. 5. 1982 AP Nr. 20 zu § 611 BGB: Bühnenengagementsvertrag *(Schimana; Fessmann)*; BAG 31. 10. 1963 AP Nr. 11 zu § 101 ArbGG 1953 *(Schwab; Kauffmann); Germelmann*/Matthes/Prütting, § 110 ArbGG, Rnr. 11; *Herschel,* in: Festschrift für Erich Molitor (1962), S. 161, 197; *Wlotzke*, RdA 1960, S. 211, 212.
[119] BAG 14. 2. 1989 AP Nr. 52 zu Art. 9 GG: unter bestimmten Voraussetzungen Pflicht zur Überprüfung und ggf. Änderung der getroffenen Regelungen.

vereinbarung zwischen dem DGB und der Bundesvereinigung der Deutschen Arbeitgeberverbände vom 7. 9. 1954; vgl. dazu Vorauﬂ. Anhang Nr. 28.

cc) Abgrenzungen. Die Schlichtungsklausel ist einmal abzugrenzen von der Schiedsklausel, zum anderen von einer Klausel des Inhalts, daß eine bestimmte Stelle – mehrdeutig ebenfalls als „Schiedsgericht" oder „Schlichtungsamt" bezeichnet – Vorschläge zur Ergänzung oder Konkretisierung des Tarifvertrages unterbreiten oder solche Ergänzungen oder Konkretisierungen (oft nach Scheitern freier Verhandlungen der Tarifvertragsparteien zum Abschluß einer ergänzenden tarifvertraglichen Regelung) auf deren Antrag selbst vornehmen soll. Solche generellen Delegations- oder Bestimmungsklauseln haben ebenso wie Schlichtungsklauseln *Regelungen* zum Gegenstand. Sie unterscheiden sich darin, daß die Schlichtung Hilfeleistung zum Abschluß und zur Änderung oder Erneuerung von Tarifverträgen gewährt, um Arbeitskämpfe zu vermeiden, während die Bestimmungs- oder Delegationsklausel Regelungen im Rahmen schon bestehender Tarifverträge ermöglichen soll. Demgegenüber haben Gesamtschiedsklauseln die Abwicklung von *Rechtsstreitigkeiten* zum Gegenstand.[120] Die Unterscheidung ist im Hinblick auf die §§ 101ff. ArbGG notwendig, da diese Vorschriften offensichtlich nur für Schiedsgerichtsverfahren und nicht für Schlichtungsverfahren gelten.

c) Arbeitskampfregeln. Der Große Senat des Bundesarbeitsgerichts machte im Beschluß vom 21. 4. 1971[121] die Tarifvertragsparteien dafür verantwortlich, ein Schlichtungsverfahren zu vereinbaren: „wenn und solange derartige Regelungen und Vereinbarungen nicht bestehen, ist nach dem Grundsatz der Verhältnismäßigkeit zu prüfen, ob ein Arbeitskampf nach Anlaß, Beginn, Art der Durchführung und weiterer Entwicklung rechtlich zulässig ist". Damit wollte es das Bundesarbeitsgericht zum Recht und zur Pflicht der Tarifvertragsparteien machen, ein geeignetes Schlichtungsverfahren zu vereinbaren. Die Verpflichtung zur Aufstellung und Einhaltung tarifvertraglicher Schlichtungsvereinbarungen war als zwingendes gesetzesvertretendes Richterrecht gedacht. Der Beschluß des Großen Senats ging über die schon bislang anerkannte Voraussetzung für die Rechtmäßigkeit eines Arbeitskampfes, nämlich den Schlichtungsversuch, insoweit hinaus, als den Tarifvertragsparteien die Pflicht auferlegt wurde, *im voraus* ein geordnetes Verfahren bereitzustellen. Arbeitskämpfe sollten erst nach Ausschöpfung der Verhandlungsmöglichkeiten und nach Durchführung eines Schlichtungsverfahrens erlaubt sein, so daß es Anrufungsfreiheit, selbst wenn sie vereinbart wurde, nicht mehr gegeben hätte. Diese Ansicht konnte sich in der Folge aber nicht durchsetzen, zumal das Bundesarbeitsgericht in der späteren Rechtsprechung davon ausging, daß das *ultima ratio*-Prinzip nicht in jedem Fall Verhandlungen zwischen den Tarifvertragsparteien voraussetze, bevor Arbeitskampfmaßnahmen ergriffen werden.[122]

---

[120] Vgl. dazu *Kirchner*, RdA 1966, S. 1, 5; *Königbauer*, Freiwillige Schlichtung und tarifliche Schiedsgerichtsbarkeit, 1971, S. 169ff.
[121] BAG 21. 4. 1971 AP Nr. 43 zu Art. 9 GG Arbeitskampf.
[122] Vgl. BAG 21. 6. 1988 AP Nr. 108 zu Art. 9 GG Arbeitskampf *(Mayer-Maly; Kirchner; Steinkühler/Zwickel)* = EzA Art. 9 GG Arbeitskampf Nr. 75 *(Konzen);* BAG 14. 2. 1989 AP Nr. 52 zu Art. 9 GG.

742 Den Tarifvertragsparteien steht es frei, im Tarifvertrag oder in eigenen Sonderabkommen Zulässigkeitsregeln und Rechtsfolgeregeln für Arbeitskämpfe zu vereinbaren.[123] Was die Voraussetzungen und Durchführung anlangt, so können hier u. a. auch Bestimmungen über Erhaltungsmaßnahmen für bestreikte Betriebe, Kampfverbote für lebensnotwendige Versorgungsbetriebe, bestimmte Kampfformen und Kampfziele, Streikposten und Schadensbegrenzungsmaßnahmen enthalten sein. Hinsichtlich der Regelungen zu den Arbeitskampffolgen vgl. oben Rnr. 491 ff.

743 d) Nach § 76 Abs. 8 BetrVG kann in Tarifverträgen bestimmt werden, daß die betriebsverfassungsrechtliche Einigungsstelle durch eine *tarifvertragliche Schlichtungsstelle* ersetzt wird. Für die Geltung einer derartigen Tarifvertragsnorm genügt nach § 3 Abs. 2 die Tarifbindung des Arbeitgebers. Zuständigkeit und Verfahren können vom Tarifvertrag aber nicht (mehr) abweichend vom Betriebsverfassungsrecht geregelt werden. Die tarifvertragliche Schlichtungsstelle nimmt die Stellung eines Organs der Betriebsverfassung wahr.[124] Der Ersatz der Einigungsstelle durch eine tarifliche Schlichtungsstelle muß im Tarifvertrag eindeutig vorgesehen sein.[125] Wird die Schlichtungsstelle nicht rechtzeitig errichtet oder schließt sie ihr Verfahren nicht ab, so können die Betriebspartner nach § 102 Abs. 2 Nr. 2 und 3 ArbGG eine Frist setzen, nach deren Ablauf die Zuständigkeit an die Einigungsstelle zurückfällt. Der Spruch der Schlichtungsstelle unterliegt derselben gerichtlichen Kontrolle wie ein Spruch der Einigungsstelle.[126]

744 e) Die Parteien können auch **andere Verfahrenspflichten** im Zusammenhang mit der tariflichen Normsetzung übernehmen; z. B. die Verpflichtung einen Antrag auf Allgemeinverbindlicherklärung zu stellen oder bei einem derartigen Antrag mitzuwirken. Eine gegenseitige Verpflichtung der Tarifvertragsparteien, eine Allgemeinverbindlicherklärung nicht zu beantragen, hat Wirkung nur im Innenverhältnis zwischen den Parteien selbst; das Antragsrecht als solches ist unverzichtbar.

2. Normergänzende oder -ersetzende Absprachen

745 a) **Inhalt.** Die Tarifvertragsparteien können hinsichtlich der Arbeits- und Wirtschaftsbedingungen im Sinn des Art. 9 Abs. 3 GG, also im Rahmen ihrer Tarifautonomie, Vereinbarungen eingehen, mit denen sie das zwischen ihnen bestehende Vertragsverhältnis organisieren (z.B. Informations- und Beratungspflichten begründen) oder Sachfragen ihrer Normsetzungsbefugnisse festlegen. Das können Fragen der gemeinsamen Sozial- und Tarifpolitik ebenso sein wie Abreden zur Auslegung und Handhabung staatlicher Gesetze wie eigener Tarifvertragsnormen. Solche Absprachen können den Charakter von Absichtserklärungen oder Empfehlungen haben (*soft law*), sie können – mit oder ohne Sanktionen – darüber hinaus volle Vertragsbindung entfalten. Die Tarifvertragsparteien können sich verpflichten, auf ihre Mitglieder dahin

---

[123] *Konzen*, ZfA 1980, S. 77–120.
[124] *Rieble*, RdA 1993, S. 140, 144.
[125] BAG 9. 5. 1995 AP Nr. 2 zu § 76 BetrVG 1972 Einigungsstelle.
[126] BAG 22. 10. 1981 AP Nr. 10 zu § 76 BetrVG 1972 (*Hilger*).

einzuwirken, daß diese tarifvertragliche Absprachen ebenso wie eigentliche Tarifnormen durchführen. Praktisch handelt es sich dabei in der Regel um Verpflichtungen der Arbeitgeber oder des Arbeitgeberverbandes, die in anderer Weise nicht begründet werden können oder sollen.

b) Zulässigkeit. Die Grenzen solcher normergänzenden und normersetzenden Absprachen sind noch ungesichert. Früher wurde ein allgemeines Harmoniepostulat aufgestellt, wonach schuldrechtlich nicht vereinbart werden dürfe, was normativ nicht bestimmt werden könne.[127] Diese Ansicht konnte sich nicht durchsetzen.[128] Das Kongruenzgebot normativer und schuldrechtlicher Abreden läßt sich nicht begründen. Allein aus der Tatsache, daß normativ eine Regelung nicht getroffen werden *kann*, folgt nicht, daß sie nicht Gegenstand einer schuldrechtlichen Absprache sein darf. Soweit eine normative Bestimmung nicht getroffen werden *darf*, muß man prüfen, ob die ratio des Verbots im Einzelfall auch für tarifvertragliche Absprachen gilt.[129]

Daraus folgt, daß die Tarifvertragsparteien bei normergänzenden oder -ersetzenden Abreden an die Vorgaben der Verfassung und des staatlichen Gesetzes und an allgemeine Grundsätze des Arbeitsrechts ebenso gebunden sein können wie bei ihrer eigenen Normsetzung.[130] Zu den vorrangigen Gesetzen zählt das TVG selbst sowie die Arbeitsschutz- und die Arbeitsorganisationsgesetze. Eine schuldrechtlich begründete Einwirkung auf die Unternehmensverfassung oder die Unternehmenspolitik liegt bereits außerhalb der Arbeits- und Wirtschaftsbedingungen nach Art. 9 Abs. 3 GG und kann deshalb nicht wirksam begründet werden.[131]

Normersetzende schuldrechtliche Absprachen scheiden aus, wo das Gesetz das Vorhandensein tarifvertraglicher Normen voraussetzt, also z.B. beim tarifdispositiven Gesetzesrecht oder bei der Allgemeinverbindlicherklärung.

c) Einzelfragen. aa) Einrichtungen der Tarifvertragsparteien. Der Tarifvertrag kann Bestimmungen über die Schaffung und Unterhaltung unselbständiger – gemeinsamer oder einseitiger – Einrichtungen enthalten. Für solche nicht selbständigen Veranstaltungen und Einrichtungen kommen normative Bestimmungen nicht in Betracht. Tarifvertragliche Absprachen sind trotzdem unbestritten zulässig. Zu solchen Einrichtungen gehören die mannigfachen Tarifkommissionen, die für verschiedene Aufgaben gebildet werden können (Eingruppierungskommissionen, Kontrollkommissionen, Schiedsgerichte, Schiedsstellen, Schlichtungsstellen und Informations- oder

---

[127] So Hueck/*Nipperdey*, Arbeitsrecht II 1, § 10 III 3, S. 168, Anm. 34, § 16 III 2, S. 330, § 17 III, S. 337, S. 402, S. 508; *Mayer-Maly*, BB 1966, S. 1067, 1069; *Säcker*, BB 1966, S. 1031; *ders.*, RdA 1969, S. 291, 294.
[128] Kritisch dazu BAG GS 29. 11. 1967 AP Nr. 13 zu Art. 9 GG; *Gamillscheg*, Die Differenzierung nach der Gewerkschaftszugehörigkeit, 1966, S. 95; *Hanau*, JuS 1969, S. 213, 218; *Hölters*, Harmonie normativer und schuldrechtlicher Abreden in Tarifverträgen, 1973; *Weller*, AuR 1970, S. 161, 164; *Wiedemann*, RdA 1969, S. 321, 334; *Zöllner*, Tarifvertragliche Differenzierungsklauseln, 1967, S. 40 ff.; *ders.*, BB 1968, S. 597, 601.
[129] So zutreffend *Zöllner*, Tarifvertragliche Differenzierungklauseln, 1967, S. 41.
[130] Abw. teilweise *Löwisch*/Rieble, § 1 TVG, Rnr. 301.
[131] Abw. *Däubler*, Tarifvertragsrecht, Rnr. 175; Kempen/*Zachert*, § 1 TVG, Rnr. 363.

Beratungsräte.[132] Dabei ist es in diesem Zusammenhang gleichgültig, ob die Schiedsgerichte für Gesamtstreitigkeiten zwischen den Tarifvertragsparteien oder für Einzelstreitigkeiten zuständig sein sollen. Wesentlich ist nur, daß die Parteien sich zu ihrer Errichtung, zur Kostentragung, und soweit nötig, zur dauernden Mitwirkung verpflichten.

750 Selbst wenn eine selbständige Gemeinsame Einrichtung nach § 4 Abs. 2 geschaffen werden soll, geschieht dies in der Regel nicht unmittelbar durch den Tarifvertrag; der Organisationsakt ist von der bloßen tarifvertraglichen Verpflichtung zur Gründung zu unterscheiden. Im Tarifvertrag wird in der Regel zunächst nur die Verpflichtung zur Gründung einer Gemeinsamen Einrichtung übernommen und die Gründung erfolgt erst später durch besondere Vereinbarung.[133]

751 **bb) Erstreckung** auf **Außenseiter.** Die Tarifvertragsparteien können sich schuldrechtlich verpflichten, alle oder bestimmte Regelungen des normativen Teils auf nicht oder anders organisierte Arbeitnehmer zu erstrecken und dies durch geeignete Maßnahmen sicherstellen. Soweit es sich dabei für die nicht oder anders organisierten Arbeitnehmer lediglich um Vergünstigungen handelt (insbes. Lohn oder Gehalt, Sondervergütungen, Lohnersatzleistungen, Sozialeinrichtungen) sind solche Abreden unbedenklich zulässig. Sie gehören zum Bereich der Arbeits- und Wirtschaftsbedingungen und können, wenn dies beabsichtigt ist, als Vertrag zugunsten Dritter unmittelbar Ansprüche der Außenseiter begründen.[134] Bedenklich ist es, wenn schuldrechtliche Absprachen die Wirkung (auch) belastender Tarifvertragsnormen auf nicht oder anders organisierte Arbeitnehmer erstrecken wollen. Dies ist nur insoweit möglich, wie Betriebsnormen nach § 3 Abs. 2 des Gesetzes erlassen werden könnten; an die hier aufgezeigte Grenze ist jegliche tarifvertragliche Absprache gebunden.

752 **cc) Sekuritätspolitische Klauseln.** Differenzierungsklauseln, Tarifausschlußklauseln und verwandte Tarifabsprachen, die eine Bevorzugung der Gewerkschaftsmitglieder sicherstellen sollen, können weder mit normativer Wirkung noch als schuldrechtliche Absprachen Wirksamkeit erlangen.[135]

II. Andere schuldrechtliche Abreden

753 Die Tarifvertragsparteien können im Rahmen der allgemeinen Handlungsfreiheit des Art. 2 GG Verträge mit beliebigem Inhalt abschließen, soweit sie damit nicht an die Grenzen ihrer eben beschriebenen Zuständigkeit gelangen. In Betracht kommen Vereinbarungen zur Kostentragung, Bestimmungen über die bei Verletzung des Tarifvertrages eintretenden Rechtsfol-

---

[132] Vgl. zu solchen Sozialpartnervereinbarungen in der chemischen Industrie *Däubler*, Tarifvertragsrecht, Rnr. 1630; *Eich*, NZA 1995, S. 149; Kempen/*Zachert*, § 1 TVG, Rnr. 366; *Löwisch*/Rieble, § 1 TVG, Rnr. 300.
[133] Vgl. *Bötticher*, Gemeinsame Einrichtungen, 1966, S. 27.
[134] Vgl. zu einer tarifvertraglichen oder betriebsvereinbarungsrechtlichen Gleichbehandlungspflicht BAG 31. 1. 1979 AP Nr. 8 zu § 112 BetrVG 1972; *Zachert*, AuR 1995, S. 1, 9.
[135] Vgl. BAG GS 29. 11. 1967 AP Nr. 13 zu Art. 9 GG, sowie die Schrifttumsangaben in der Vorauflage, § 1, Rnr. 376.

gen, wie Vertragsstrafen oder Schadenersatz, sowie sonstige schuldrechtliche Abreden. Zu anderweitigen Vereinbarungen zwischen den Sozialpartnern vgl. oben Rnr. 18 ff.

III. Ansprüche auf Schadenersatz

Ein Anspruch auf Schadenersatz beruht auf schuldhafter Tarifvertragsverletzung. Diese verpflichtet wie jede andere schuldhafte Vertragsverletzung gewohnheitsrechtlich zum Ersatz des dem Vertragsgegner entstandenen Schadens. Die Bestimmungen der §§ 325, 326 BGB, die besondere Ausprägungen des genannten Grundsatzes enthalten und früher auch auf den Tarifvertrag angewandt wurden,[136] passen weder in ihren Voraussetzungen noch in ihren Folgen. An die Stelle des *ex tunc* wirkenden Rücktritts tritt beim Tarifvertrag die nur für die Zukunft wirkende außerordentliche Kündigung.[137] Ein Schadensersatzanspruch wegen Nichterfüllung in dem Sinn, daß an die Stelle der Erfüllung des ganzen Vertrages ein einseitiger Ersatzanspruch tritt, ist ebenfalls nicht zulässig, weil eine Beseitigung der Tarifwirkungen für die Vergangenheit nicht in Frage kommt. Wie im übrigen Vertragsrecht bedeutet die Verletzung des Tarifvertrages als solche noch keine unerlaubte Handlung, es sei denn, daß die besonderen Voraussetzungen des Deliktsrechts erfüllt sind.

Bei schuldhafter Vertragsverletzung können auch die Mitglieder des gegnerischen Verbandes Ersatz des ihnen entstandenen Schadens verlangen, da (und soweit) der Tarifvertrag einen Vertrag mit Schutzwirkungen zugunsten Dritter enthält; vgl. dazu oben Rnr. 660 ff. Es steht ihnen also ein selbständiger klagbarer Anspruch zu.[138] Deshalb kann der ausgesperrte Arbeitnehmer Ersatz des Lohnausfalls, der bestreikte Arbeitgeber Ersatz des durch den Streik verursachten Gewinnausfalls von dem gegnerischen Verband fordern, wenn dieser die tarifvertragliche Friedenspflicht schuldhaft verletzte. Dagegen besteht kein Bedürfnis, der Tarifvertragspartei selbst einen Anspruch auf Ersatz des Drittinteresses (Schadensliquidation im Drittinteresse) einzuräumen. Der Grundgedanke dieses Rechtsinstituts geht dahin, daß der Schädiger aus der Schadensverlagerung keinen Vorteil ziehen soll und daß deshalb beim Auseinanderfallen von Gläubigerstellung und geschütztem Interesse der sonst nicht realisierbare Schaden vom Gläubiger im Interesse des Geschädigten verfolgt werden darf. Da die Mitglieder des Berufsverbandes ihren Schaden selbst aus Vertragsverletzung geltend machen können, kann ihn die Tarifvertragspartei ohne entsprechende Abtretungsvereinbarung nicht liquidieren.[139]

1. Voraussetzungen des Ersatzanspruchs

a) Kausalzusammenhang. Zu ersetzen ist nur der Schaden, den die Tarifvertragspartei selbst verursacht hat, der Verband haftet deshalb nicht, wenn

---

[136] Vgl. *Kaskel,* Zur Lehre vom Tarifbruch, 1922, S. 44.
[137] Vgl. BAG 14. 11. 1958 AP Nr. 4 zu § 1 TVG Friedenspflicht.
[138] BAG 8. 2. 1957 AP Nr. 1 *(Tophoven)* und BAG 31. 10. 1958 AP Nr. 2 zu § 1 TVG Friedenspflicht.
[139] BAG 8. 11. 1957 AP Nr. 7 zu § 256 ZPO *(Tophoven);* abw. Hueck/Nipperdey, Arbeitsrecht II 1, § 40 III 3, S. 720.

er seine Einwirkungspflicht in vollem Umfang erfüllt hat und es trotzdem zu einem tarifwidrigen Verhalten der Mitglieder, etwa zu einem wilden Arbeitskampf kommt. Hat der Verband zwar die an sich geschuldete Einwirkung unterlassen, macht er aber geltend, daß der Kampf auch bei Erfüllung seiner Einwirkungspflicht entstanden sei, daß er also nicht zu verhindern gewesen wäre, so muß das Gericht nach freier Überzeugung entscheiden, ob eine adäquate Verursachung vorliegt.[140]

757 Sehr bestritten ist, wie weit die auf Schadenersatz in Anspruch genommene Tarifvertragspartei sich auf **rechtmäßiges Alternativverhalten** berufen, also im Fall eines unter Verstoß gegen die tarifliche Friedenspflicht begonnenen Arbeitskampfes zum Zwecke der Schadensminderung einwenden kann, sie hätte den Arbeitskampf nach Ablauf der Friedenspflicht oder ohne sachlichen Verstoß gegen die (begrenzte) Friedenspflicht mit gleichem Ergebnis durchführen können. Die Rolle des hypothetischen Alternativverhaltens wird in der Rechtsprechung verschieden beurteilt. Das Reichsgericht hat den Einwand des Schädigers, der Schaden wäre ganz oder teilweise auch entstanden, wenn er sich rechtmäßig verhalten hätte, nicht zugelassen;[141] der Oberste Gerichtshof für die britische Zone entschied erstmals umgekehrt;[142] die Rechtsprechung des Bundesgerichtshofs geht in die gleiche Richtung.[143] Das Bundesarbeitsgericht hat die Berufung auf rechtmäßiges Alternativverhalten im schleswig-holsteinischen Metallarbeiter-Urteil abgelehnt.[144] Der Gerichtshof lehnt die Berücksichtigung rechtmäßigen Alternativverhaltens vor allem im Interesse der *Präventionswirkung* ab: die verfrühte Einleitung eines Arbeitskampfes soll unter allen Umständen verhindert werden. Dogmatisch begründet das Bundesarbeitsgericht die Entscheidung damit, daß die tarifvertragliche Friedenspflicht sinn- und zwecklos würde, wenn der Verletzer des Vertrages sich damit rechtfertigen könne, er hätte die vorgeworfene Handlung später rechtmäßig vornehmen dürfen. Kritisch wendet *Hanau*[145] dagegen ein, der Ausgleich eines Schadens, der auch bei pflichtmäßigem Verhalten eingetreten wäre, könne aus einer Pflichtverletzung nicht abgeleitet werden. Der Verhütungszweck des Schadensrechtes werde ausreichend dadurch sichergestellt, daß der Schädiger beweisen müsse, der geltend gemachte Schaden sei aufgrund hypothetischer Kausalverläufe auch bei pflichtmäßigem Verhalten eingetreten. Die verfrühte Einleitung eines Arbeitskampfes bleibe auch dann eine riskante Angelegenheit, weil in der Regel bei Streikbeginn nicht abzuschätzen sei, wie das Gericht später die Aussichten einer Verständigung in letzter Minute beurteilen werde. Überzeugend formuliert *Hanau* die Problemstellung dahin, ob die Präventivfunktion des Schadenersatzes darauf abziele, Schäden zu verhüten, oder ob das Schadensrecht einen generellen Zwang zur Befolgung von Verhaltenspflichten ausüben soll. Die besondere Schutzwürdigkeit und Schutzbe-

---

[140] BAG 8. 2. 1957 AP Nr. 1 zu § 1 TVG Friedenspflicht *(Tophoven)*.
[141] RGZ 102, S. 391; 163, S. 138.
[142] OGHZ 1, S. 308.
[143] Vgl. BGHZ 20, S. 275.
[144] BAG 31. 10. 1958 AP Nr. 2 zu § 1 TVG Friedenspflicht (Stellungnahmen dazu in der Voraufl., § 1 TVG, Rnr. 383).
[145] *Hanau*, Die Kausalität der Pflichtwidrigkeit, 1971, S. 56, 112, 114.

dürftigkeit der tarifvertraglichen Friedenspflicht verlangt, daß sie strikt eingehalten wird. Im Hinblick darauf erscheint es nicht unangemessen, dem tarifbrüchigen Vertragspartner mit dem Bundesarbeitsgericht den Gesamtschaden zu überbürden, der sich im Gefolge eines Tarifbruchs einstellt. Die Verletzung des Tarifvertrages ist mit der Verletzung anderer Vertragspflichten nicht ohne weiteres zu vergleichen. Die subjektiven Vermögensrechte werden zusätzlich durch Strafnormen geschützt, so daß bei ihnen eine Erweiterung der Funktionen des Schadenersatzrechts nicht notwendig ist.

b) Der Verschuldensmaßstab ist der allgemeine nach § 276 BGB. Ein Verschulden liegt nicht vor, wenn eine Partei in entschuldbarem Irrtum ihre Handlungsweise für berechtigt gehalten hat. An die Entschuldbarkeit eines Rechtsirrtums stellt die Rechtsprechung strenge Anforderungen.[146] Muß der Handelnde mit der Möglichkeit rechnen, daß die höchste Instanz seine Ansicht für unrichtig erklärt, so handelt er im allgemeinen auf eigenes Risiko.[147] Für jede Vertragsverletzung gilt § 282 BGB; die betreffende Tarifvertragspartei muß also beweisen, daß sie kein Verschulden trifft. 758

Jede Tarifvertragspartei haftet für Handlungen ihrer **Organe** nach § 31 BGB. Diese Vorschrift gilt gewohnheitsrechtlich auch für die körperschaftlich organisierten nicht rechtsfähigen Vereine. Ob das betreffende Organ im Innenverhältnis pflichtgemäß handelt, ist gleichgültig. Zahlt der Vorstand an tarifwidrig handelnde Mitglieder Unterstützungen aus, so macht sich der Verband haftpflichtig, unabhängig davon, ob der Vorstand nach der Satzung zu solchen Zahlungen verpflichtet war, ob er damit einem Generalversammlungsbeschluß Folge leistet oder ob er aus eigenem Entschluß im Widerspruch zu einem entgegengesetzten Beschluß der Mitgliederversammlung handelt. Die gleiche Haftung besteht nach § 278 BGB, wenn nicht ein Organ, sondern ein Angestellter des Verbandes oder eine Unterorganisation in Ausführung der ihnen obliegenden Verrichtungen eine Tarifvertragspflicht verletzen. Dagegen besteht keine Haftung für Mitglieder, die ihrerseits – ohne Funktionen für den Verband zu erfüllen – tarifwidrig handeln, sofern nicht etwa der Verband seine Einwirkungspflicht verletzt. Dasselbe gilt für Handlungen von Angestellten, die nicht im inneren Zusammenhang mit den ihnen übertragenen Aufgaben stehen (ein Angestellter, der nur mit Kassengeschäften zu tun hat, veranlaßt z. B. Verbandsmitglieder zum Streik). 759

2. Inhalt des Ersatzanspruches

a) Umfang. Schadenersatz bedeutet in erster Linie Naturalrestitution; vgl. § 249 BGB. Die berechtigte Partei kann also Herstellung des Zustandes verlangen, der ohne die Vertragsverletzung bestehen würde (Zurückziehung des Streikbefehls, Wiedereinstellung entlassener Arbeitnehmer, Beseitigung tarifwidriger Arbeitsverträge usw.). Soweit dem Verband selbst diese Maßnahmen nicht möglich sind, muß er entsprechend auf seine Mitglieder einwirken. Im übrigen ist Vermögensschaden in Geld auszugleichen. Dazu gehören 760

---

[146] BAG 8. 2. 1957 AP Nr. 1 *(Tophoven)* und BAG 31. 10. 1958 AP Nr. 2 zu § 1 TVG Friedenspflicht; BAG 20. 12. 1963 AP Nr. 32 und 33 zu Art. 9 GG Arbeitskampf *(Mayer-Maly)*.
[147] BAG 26. 10. 1971 AP Nr. 44 zu Art. 9 Arbeitskampf *(Richardi)*.

auch die Unterstützungen, die der klagende Verband im Abwehrkampf an seine eigenen Mitglieder gezahlt hat, unabhängig davon, ob ein Rechtsanspruch der Mitglieder auf diese Unterstützungen bestand.[148] Zu ersetzen ist auch der Schaden, den eine Tarifvertragspartei oder ihre Mitglieder dadurch erleiden, daß sie durch schuldhaftes Verhalten der anderen Partei zur vorzeitigen Kündigung des Tarifvertrages veranlaßt wurden. Wird der Arbeitskampf teils mit erlaubter, teils mit tarifwidriger Zielsetzung durchgeführt, so ist er insgesamt vertragswidrig, und es sind alle dadurch entstehenden Schäden auszugleichen.[149]

761 Die Höhe des zu ersetzenden Schadens kann gemindert werden, wenn bei der Entstehung des Schadens ein Verschulden des Geschädigten mitgewirkt hat.[150] Die Parteien können die Vertragserfüllung durch Vertragsstrafen sichern. Sie können eine Vertragsstrafe an die Stelle der Schadenersatzpflicht setzen. Das ist zweckmäßig, um den schwierigen Beweis für die Höhe des entstandenen Schadens überflüssig zu machen. Haften mehrere für den Schaden, so haften sie als Gesamtschuldner.

762 **b) Haftungsobjekt.** Beim rechtsfähigen Berufsverband haftet dem Gläubiger nur das Sondervermögen des Vereins, nicht das Vermögen der Mitglieder. Eine Satzungsbestimmung, die den Mitgliedern aus Anlaß eines Tarifbruchs eine Nachschußpflicht auferlegt, hat nur interne Bedeutung. Ist der Berufsverband nicht rechtsfähig, so haften zwar theoretisch die einzelnen Mitglieder, ihre Haftung ist jedoch gewohnheitsrechtlich auf ihren Anteil am Vereinsvermögen und ihre noch nicht eingezahlten Beiträge beschränkt, so daß sich insoweit praktisch die gleiche Rechtslage wie beim rechtsfähigen Verein ergibt. Dem Zugriff der Gläubiger ist lediglich das Sondervermögen ausgesetzt.

5. Abschnitt. Auslegung von Tarifverträgen

Übersicht

	Rnr.
A. Gesetzes- oder Vertragsauslegung	763–766
B. Allgemeine Auslegungsgrundsätze	767–810
I. Besonderheiten des Tarifvertrages	767–777
1. Elemente der Vertragsauslegung und der Gesetzesauslegung	767
2. Schuldrechtlicher und normativer Teil des Tarifvertrages	768
3. Rechtsprechung	769–772
4. Literatur	773, 774
5. Stellungnahme	775
II. Auslegungsziel	778–780
1. Bedeutung der Entstehungsgeschichte	778, 779
2. Im Zweifel für die Arbeitnehmerseite?	780

---

[148] RGZ 73, S. 106; RAG, ARS 11, S. 397.
[149] BAG 4. 5. 1955 AP Nr. 2 zu Art. 9 GG Arbeitskampf; *Hanau*, Die Kausalität der Pflichtwidrigkeit, 1971, S. 53.
[150] BAG 20. 12. 1963 AP Nr. 32 und 33 zu Art. 9 GG Arbeitskampf *(Mayer-Maly)*.

5. Abschnitt. Auslegung von Tarifverträgen § 1

Rnr.

  III. Auslegungsmittel.. 781–810
    1. Wortlaut... 782–797
      a) Fachsprache und Umgangssprache 782–786
      b) Falsa demonstratio 787
      c) Weite und enge Auslegung............................... 788–791
      d) Konstitutive und deklaratorische Tarifbestimmungen.. 792–795
      e) Bestimmtheitserfordernis 796
      f) Wortlautgrenze 797
    2. Systematik.. 798–802
      a) Allgemeines... 798
      b) Äußere Systematik... 799
      c) Innere Systematik.. 800–802
    3. Entstehungsgeschichte 803–808
      a) Vorgeschichte... 804
      b) Entstehungsgeschichte i. e. S.............................. 805, 806
      c) Entwicklungsgeschichte..................................... 807, 808
    4. Sinn und Zweck.. 809
    5. Gesamtabwägung.. 810
C. Inhaltskontrolle von Tarifverträgen................................... 811
D. Fortbildung von Tarifverträgen... 812–817
  I. Grundsätze... 812–814
  II. Lückenfeststellung.. 815, 816
    1. Allgemeines... 815
    2. Besonderheiten bei Sonderzuwendungen............ 816
  III. Lückenschließung.. 817
E. Besondere Auslegungsprobleme... 818–825
  I. Wegfall der Geschäftsgrundlage....................................... 819–821
  II. Verweisungen... 822
  III. Verstoß gegen den Gleichheitssatz................................ 883, 824
  IV. Rückwirkung.. 825
F. Prozeßrechtliche Fragen... 826–833
  I. Tatsacheninstanz 826
  II. Revisionsinstanz... 827, 828
  III. Feststellungsklage.. 829–833
    1. Auslegung einer Tarifnorm.................................... 829
    2. Beschränkte Feststellungsklage 830, 831
    3. Laufende Tarifverhandlungen............................... 832
    4. Arbeitskämpfe... 833

Schrifttum: *Wolfgang Achilles,* Der tatsächliche Parteiwille bei der Auslegung von Tarifverträgen, Diss. Köln (1967); *Antonios Ananiadis,* Die Auslegung von Tarifverträgen. Ein Beitrag zur Auslegungstypologie zwischen Vertrag und Gesetz, Berlin 1974; *Detlev W. Belling/Christian Hartmann,* Die Unzumutbarkeit als Begrenzung der Bindung an den Tarifvertrag, ZfA 1997, S. 87–144; *Ulrich Brötzmann,* Probleme bei der Auslegung von Tarifvertragsnormen, Frankfurt a. M. usw. 1990; *Herbert Buchner,* Auslegung des Tarifvertrages, AR-Blattei (D) Tarifvertrag IX Auslegung; *Franz Bydlinski,* Juristische Methodenlehre und Rechtsbegriff, 2. Aufl., Wien, New York 1991; *Wilhelm Dütz,* Subjektive Umstände bei der Auslegung kollektivvertraglicher Normen, in: Festschrift für Karl Molitor, München 1988, S. 63–79; *Karl Engisch,* Einführung in das juristische Denken, 9. Aufl., Stuttgart usw. 1997; *Philipp Heck,* Gesetzesauslegung und Interessenjurisprudenz, AcP 112 (1914), S. 1–318; *Wilhelm Herschel,* Die Auslegung der Tarifvertragsnormen, in: Festschrift für Erich Molitor (1962), S. 161–202; *ders.,* Eigenart und Auslegung der Tarifverträge, AuR 1976, S. 6; *Sudabeh Kamanabrou,* Die Auslegung und Fortbildung des normativen Teils von Tarifverträgen, Berlin 1997; *Kurt Kuchinke,* Grenzen der Nachprüfbarkeit tatrichterlicher Würdigungen und Feststellungen in der Revisionsinstanz, Bielefeld 1963; *Wolfhard Kohte,* Teleologische Tarifvertragsauslegung und Transformationsrecht, AuR 1996, S. 124–127; *Friedrich Kuderna,* Die Auslegung kollektivrechtlicher Normen und

Dienstordnungen sowie deren Ermittlung im Prozeß, (österreichisches) DRdA 1975, S. 163–177; *Karl Larenz/Claus-Wilhelm Canaris,* Methodenlehre der Rechtswissenschaft, 3. Aufl., Berlin usw. 1995; *Norbert Liedmeier,* Die Auslegung und Fortbildung arbeitsrechtlicher Kollektivverträge, Berlin 1991; *Alexander Lüderitz,* Auslegung von Rechtsgeschäften, Karlsruhe 1966; *Otto Kunze,* Das Verhältnis des dispositiven Gesetzesrechts zum Tarifvertrag, in: Das Arbeitsrecht der Gegenwart, Bd. 1 (1963), S. 119–143; *Theo Mayer-Maly,* Ergänzende Tarifvertragsauslegung und Tarifautonomie, RdA 1988, S. 136–137; *D. Maywald,* Rechtsstreitigkeiten zwischen Tarifvertragsparteien über die Gültigkeit oder die Auslegung von Tarifnormen, Diss. Hamburg (1965); *Gerhard Müller,* Die Auslegung des normativen Teiles eines Tarifvertrags nach der Rechtsprechung des Bundesarbeitsgerichts, Betrieb 1960, S. 119–122, und S. 148–150; *ders.,* Die bargeldlose Lohnzahlung an Arbeiter und die Tarifklauseln „Lohnzahlung direkt oder in Lohntüten" sowie „Lohnzahlung während der Arbeitszeit", Betrieb 1961, S. 33–36; *Dirk Neumann,* Zur Auslegung von Tarifverträgen, AuR 1985, S. 320–323; *Heinz Palm,* Die Ermittlung der normativen Bestimmungen eines Tarifvertrages im Arbeitsgerichtsprozeß, RdA 1963, S. 449–452; *A. Palme,* Auslegung einer tariflichen Norm, BlStSozArbR 1957, S. 219–220; *ders.,* Zur Auslegung von Tarifverträgen, BlStSozArbR 1961, S. 11–14; *Günter Schaub,* Auslegung und Regelungsmacht von Tarifverträgen, NZA 1994, S. 597–602; *Wilhelm-Josef Schumacher,* Der unbestimmte Rechtsbegriff im Tarifrecht, Betrieb 1960, S. 1008–1009; *Josef Siegers,* Die Auslegung tarifvertraglicher Normen, Betrieb 1967, S. 1630–1637; *Reimar Steinke,* Die Technik der Gestaltung von Tarifnormen, Betrieb 1970, S. 977–980; *Hermann Stumpf,* Zur Revisibilität der Auslegung von privaten Willenserklärungen, in: Festschrift für Nipperdey, Bd. I, 1965, S. 957–973; *Heinz Waechter,* Zur Auslegung von Tarifverträgen, BlStSozArbR 1953, S. 332–333; *ders.,* Die Auslegung von Tarifverträgen, BlStSozArbR 1962, S. 327–330; *Rolf Wank,* Richterliche Rechtsfortbildung und Verfassungsrecht, ZGR 1988, S. 314–380; *ders.,* Die Auslegung von Gesetzen, 1997; *ders.,* Die Auslegung von Tarifverträgen, RdA 1998, S. 71–90; *Ulrich Zachert,* Auslegung und Überprüfung von Tarifverträgen durch die Arbeitsgerichte, in: Festschrift zum 100jährigen Bestehen des Deutschen Arbeitsgerichtsverbandes, Neuwied usw. (1994), S. 573; *Wolfgang Zöllner,* Das Wesen der Tarifnormen, RdA 1964, S. 443–450.

A. Gesetzes- oder Vertragsauslegung

763 Welche Grundsätze für die Auslegung von Tarifverträgen gelten, ist streitig. Da es sich um Verträge handelt, liegt eine Auslegung entsprechend den Grundsätzen der Vertragsauslegung nahe. Da Tarifverträge gem. § 4 Abs. 1 normative Wirkung haben, scheint eine Auslegung wie bei Gesetzen angebracht.

764 Dementsprechend werden zur Auslegung von Tarifverträgen heute **drei Meinungen** vertreten. Nach der einen Ansicht sind Tarifverträge wie Gesetze auszulegen.[1] Nach einer anderen Auffassung sind Tarifverträge wie Verträge auszulegen.[2] Schließlich wird vertreten, daß bei der Auslegung von Tarifverträgen beide Arten von Auslegung ineinander greifen.[3] Im praktischen Ergebnis geht es darum, inwieweit bei der Auslegung der Wille der Tarifvertragsparteien zu erforschen und zu berücksichtigen ist. Der Meinungsstreit wird üblicherweise so dargestellt, daß es bei der Vertragsausle-

---

[1] *Herschel,* in: Festschrift für Erich Molitor (1962), S. 161, 180; *Hueck/Nipperdey,* Arbeitsrecht II 1, § 18 V 3, S. 356; *Nikisch,* Arbeitsrecht II, § 69 III 1, S. 219.

[2] *Däubler,* Tarifvertragsrecht, Rnr. 134 ff.; *Kempen/Zachert,* TVG, Grundlagen, Rnr. 308 f., 236; *Zöllner,* RdA 1964, S. 443.

[3] *Löwisch/Rieble,* § 1 TVG, Rnr. 381, 384; *Stein,* Tarifvertragsrecht, Rnr. 84 ff.; vgl. auch schon die Voraufl., § 1 Rnr. 391 ff.

gung um eine subjektive Auslegung gehe (bei der der Wille der Vertragsparteien zu berücksichtigen sei) im Gegensatz zu einer objektiven, die vom Willen der Tarifvertragsparteien losgelöst sei.

Dem Meinungsstreit liegen einige angreifbare **Prämissen** zugrunde. So scheint es danach, als ob für die Vertragsauslegung und für die Gesetzesauslegung jeweils ganz unterschiedliche Auslegungsgrundsätze gälten. In Wahrheit sind die gleichen vier *Kriterien* der Auslegung (Wortlaut, Systematik, Entstehungsgeschichte und Sinn und Zweck) sowohl für die Auslegung von Gesetzen als auch für die Auslegung von Verträgen heranzuziehen.[4] Unterschiede kann es daher eher beim *Auslegungsziel* geben. Hier ist aber die Gegenüberstellung von subjektiver Auslegung bei Verträgen und objektiver Auslegung bei Gesetzen insofern nicht korrekt, als auch bei Gesetzen eine subjektive Auslegung möglich ist. Entscheidend gegen die übliche Abgrenzung spricht, daß danach allgemein auf die Vertragsauslegung bezug genommen wird, obwohl innerhalb der Vertragsauslegung zwischen Austauschverträgen und Normenverträgen unterschieden werden muß.[5] Charakteristisch für *Normenverträge* ist der Unterschied zwischen Entstehungsweise und Wirkungsweise. Sie entstehen als Verträge und wirken wie Gesetze.[6] Zu den Normenverträgen gehören Gesellschaftsverträge und Satzungen,[7] Tarifverträge und Betriebsvereinbarungen.[8] Wegen der normativen Wirkung sind auf Normenverträge eher die Grundsätze der Gesetzesauslegung anwendbar. Wegen ihrer vertraglichen Entstehungsweise kann aber auch (eingeschränkt) auf die Entstehungsgeschichte zurückgegriffen werden; insoweit ergeben sich Parallelen zur Theorie der subjektiven Auslegung von Gesetzen.

Außer für die Auslegung spielt der Meinungsstreit auch für die Lückenschließung eine Rolle. Insoweit spricht man bei Verträgen von ergänzender Vertragsauslegung und bei Gesetzen von (richterlicher) Rechtsfortbildung. Bei Tarifverträgen ist die Terminologie uneinheitlich. Auch Autoren, die die Grundsätze der Gesetzesauslegung zugrundelegen wollen, sprechen von „ergänzender Vertragsauslegung". Im folgenden wird der Terminus **„Fortbildung"** verwandt. Damit soll keine Präjudizierung für die Theorie der Vertragsauslegung oder die der Gesetzesauslegung verbunden sein. Die ergänzende Vertragsauslegung[9] kann legitimerweise dazu verwandt werden, das

---

[4] *Wank*, RdA 1998, S. 71, 76; s. auch den Vergleich zwischen Vertragsauslegung und Gesetzesauslegung bei *Medicus*, Allgemeiner Teil des BGB, 7. Aufl. 1997, Rnr. 307 ff.

[5] Zum Normenvertrag s. bereits *A. Hueck*, Normenverträge, IheringsJ Bd. 73, S. 33; zutr. für Tarifverträge Hueck/*Nipperdey*, Arbeitsrecht II 1, § 18 II 2, S. 345.

[6] S. zur ähnlichen Problematik betr. EG-Recht *K. Ipsen*, Soziale Dienstleistungen und EG-Recht, 1997, S. 16 f.

[7] Zu deren Auslegung s. *K. Schmidt*, Gesellschaftsrecht, 3. Aufl. 1997, § 5 I 4, S. 93 ff. (entscheidend, ob „Satzungsregelung im materiellen Sinne"); *Wiedemann*, Gesellschaftsrecht I, 1980, § 3 II 2, S. 165 ff. (objektive Auslegung in bezug auf den Adressatenkreis); aus der Rechtsprechung s. zuletzt BGH 2. 6. 1997 Betrieb 1997, S. 1763; OLG Hamburg 24. 11. 1995, NJW-RR 1996, S. 1436.

[8] Zur Auslegung von Betriebsvereinbarungen s. *Liedmeier*, Auslegung, S. 144 ff. m.w.N.

[9] Zu ihr *Mayer-Maly*, MünchKomm, Bd. 2, 3. Aufl. 1993, § 157 BGB, Rnr. 24 ff.; *Roth* in Staudinger, 13. Bearb. 1996, § 157 BGB, Rnr. 11 ff.; *Wolf* in Soergel, 12. Aufl. 1987, § 157 BGB, Rnr. 103 ff.

von den Parteien im Vertrag Angelegte weiterzudenken im Hinblick auf ungeregelte Fallgestaltungen. Vielfach wird die ergänzende Vertragsauslegung aber auch als Mittel der Inhaltskontrolle verwandt oder dazu, um das Vertragsgleichgewicht zugunsten einer Seite zu verschieben.[10] Zur richterlichen Rechtsfortbildung hat sich inzwischen die Erkenntnis durchgesetzt, daß sowohl hermeneutische Gesichtspunkte (Vorliegen einer Lücke) als auch verfassungsrechtliche Gesichtspunkte (Gewaltenteilungsprinzip, Rechtsstaatsprinzip und Demokratieprinzip)[11] zu berücksichtigen sind. Übertragen auf die Fortbildung von Tarifverträgen stellt sich die Frage, inwieweit die Gerichte eine Lücke im Tarifvertrag schließen dürfen und inwieweit sie den Tarifvertragsparteien diese Aufgabe überlassen müssen. Insofern werfen ergänzende Vertragsauslegung und richterliche Rechtsfortbildung teilweise ähnliche Probleme auf.

B. Allgemeine Auslegungsgrundsätze

I. Besonderheiten des Tarifvertrages

1. Elemente der Vertragsauslegung und der Gesetzesauslegung

767 Beim Tarifvertrag als einem Normenvertrag unterscheiden sich Entstehungsweise und Wirkungsweise:[12] Seiner Entstehung nach ist der Tarifvertrag ein Vertrag zwischen einem Arbeitgeberverband (oder einem einzelnen Arbeitgeber, § 3 Abs. 1 TVG) und einer Gewerkschaft. Seiner Wirkung nach steht er dem Gesetz gleich; er gilt für die Tarifgebundenen unmittelbar und zwingend, § 4 Abs. 1 Satz 1 TVG. Bei der Auslegung müssen beide Elemente berücksichtigt werden; der Wille der Tarifvertragsparteien ebenso wie die Interessen der Normunterworfenen.

2. Schuldrechtlicher und normativer Teil des Tarifvertrages

768 Die Doppelnatur des Tarifvertrages kommt auch darin zum Ausdruck, daß für den schuldrechtlichen Teil und für den normativen Teil des Tarifvertrages unterschiedliche Auslegungsgrundsätze gelten. Der *schuldrechtliche Teil* betrifft nur die vertragschließenden Parteien. Nur ihre Interessen sind bei der Auslegung zu berücksichtigen, nicht auch die von Normunterworfenen. Deshalb kann bei der Auslegung des schuldrechtlichen Teils auch, wie bei der Vertragsauslegung im allgemeinen, auf den Willen der Parteien zurückgegriffen werden. Gegenüber dieser h.M.[13] werden vereinzelt Bedenken geltend gemacht.[14] Da Friedenspflicht und Durchführungspflicht Dritte be-

---

[10] Kritisch *Medicus*, Allgemeiner Teil des BGB, 7. Aufl. 1997, Rnr. 334.
[11] *Wank*, ZGR 1988, S. 314, 320 ff. m. w. N.
[12] *Adomeit*, RdA 1967, S. 268; *Buchner*, AR-Blattei D Tarifvertrag IX, unter A II 1 d; *Löwisch*/*Rieble*, § 1 TVG, Rnr. 381.
[13] *Däubler*, Tarifvertragsrecht, Rnr. 157; *Kempen*/*Zachert*, TVG, Grundlagen, Rnr. 305; *Löwisch*/*Rieble*, § 1 TVG, Rnr. 430.
[14] *Gröbing*, ZTR 1987, S. 236, 237 f.; *Liedmeier*, Auslegung, S. 141 f. (betr. Friedenspflicht); s. jedoch auch *Stein*, Tarifvertragsrecht, Rnr. 79.

träfen, müßten auch insoweit die Grundsätze der Gesetzesauslegung gelten. – Dem kann jedoch nicht gefolgt werden, da eine unmittelbare Wirkung nach § 4 Abs. 1 TVG insoweit gerade nicht eintritt.

3. Rechtsprechung

Ursprünglich war das RAG von der Vertragsauslegung ausgegangen.[15] Das Bundesarbeitsgericht ging dann zur Theorie der Gesetzesauslegung über.[16] Dabei nahm es auf drei der herkömmlichen Auslegungskriterien zur Gesetzesauslegung bezug, stellte aber eine ganz bestimmte Rangordnung auf.[17] Die teleologische Auslegung wurde dabei nicht erwähnt. Während nach der Entscheidung von 1966 noch Wortlaut, Gesamtzusammenhang, Tarifgeschichte und Tarifübung, Entstehungsgeschichte und Anschauung der Berufskreise maßgeblich sein sollten, hat sich das **Bundesarbeitsgericht** in einer zentralen Entscheidung aus dem Jahre 1984[18] vor allem auf den Wortlaut und den Tarifzusammenhang gestützt und im übrigen seitdem von einer festen Reihenfolge und Rangfolge bei den anderen Kriterien abgesehen.

Das Bundesarbeitsgericht verwendet heute folgende **Standardformulierung:** „Die Auslegung des normativen Teils eines Tarifvertrages folgt den für die Auslegung von Gesetzen geltenden Regeln. Auszugehen ist vom Tarifwortlaut. Zu erforschen ist der maßgebliche Sinn der Erklärung, ohne am Buchstaben zu haften (§ 133 BGB). Der wirkliche Wille der Tarifvertragsparteien ist über den reinen Wortlaut hinaus mit zu berücksichtigen, soweit er in der tariflichen Norm seinen Niederschlag gefunden hat ... Abzustellen ist ferner auf den tariflichen Gesamtzusammenhang, weil dieser Anhaltspunkte für den wirklichen Willen der Tarifvertragsparteien liefern und nur so der Sinn und Zweck der Tarifnorm zutreffend ermittelt werden kann. Läßt diese zweifelsfreie Auslegungsergebnisse nicht zu, dann können die Gerichte für Arbeitssachen ohne Bindung an eine Reihenfolge weitere Kriterien wie die Entstehungsgeschichte des jeweiligen Tarifvertrages, gegebenenfalls auch eine praktische Tarifübung ergänzend heranziehen. Auch die Praktikabilität denkbarer Auslegungsergebnisse gilt es zu berücksichtigen; im Zweifel gebührt derjenigen Tarifauslegung der Vorrang, die zu einer vernünftigen, sachgerechten, zweckorientierten und praktisch brauchbaren Regelung führt."[19]

Das Bundesarbeitsgericht folgt einem zwischen objektiver und subjektiver Theorie vermittelnden Ansatz in Form der **Andeutungstheorie.** Einerseits soll der Wille der Tarifvertragsparteien maßgeblich sein, andererseits könne er aber nur berücksichtigt werden, wenn er sich in Wortlaut und Systematik niedergeschlagen habe.[20]

---

[15] RAGE 2, S. 235, 239.
[16] Beginnend mit BAG 2. 6. 1961 AP Nr. 68 zu Art. 3 GG *(Hueck)*; seitdem st. Rspr.
[17] BAG 26. 4. 1966 AP Nr. 117 zu § 1 TVG Auslegung.
[18] BAG 12. 9. 1984 AP Nr. 135 zu § 1 TVG Auslegung.
[19] BAG 25. 10. 1995 AP Nr. 57 zu § 1 TVG Tarifverträge: Einzelhandel.
[20] BAG 13. 6. 1985 AP Nr. 19 zu § 611 BGB Bühnenengagementsvertrag; 17. 9. 1957 AP Nr. 4 zu § 1 TVG Auslegung *(Neumann-Duesberg)*; 2. 6. 1961 AP Nr. 68 zu Art. 3 GG *(Hueck)*; 15. 9. 1971 AP Nr. 15 und 31. 5. 1972 AP Nr. 16 zu § 611 BGB Bergbau; 19. 2. 1965 AP Nr. 4 zu § 8 TVG; 13. 6. 1957 AP Nr. 6 zu § 4 TVG Geltungsbereich; 20. 8. 1996 AP Nr. 144 zu § 1 TVG Tarifverträge: Metallindustrie.

772 Eine Auslegung nach den Grundsätzen der Vertragsauslegung lehnt das Bundesarbeitsgericht ab. Nach dem rechtsstaatlichen Grundsatz der Rechtssicherheit und der Rechtsklarheit sei es erforderlich, daß die Tarifunterworfenen den Inhalt der Tarifbestimmungen erkennen könnten.[21]

4. Literatur

773 Die Vertreter der *Theorie der Gesetzesauslegung* (s. o. Rnr. 764) argumentieren, angesichts der normativen Wirkung der Tarifverträge müsse den Interessen der Normunterworfenen der Vorrang gegenüber dem Willen der Tarifvertragsparteien zukommen.

774 Die Vertreter der Theorie der *Vertragsauslegung* halten entgegen, daß die Gegenmeinung die Interpretationsmacht den Gerichten übertrage; das stehe im Gegensatz zur Tarifautonomie.[22] Die Argumentation mit dem „Altern von Gesetzen" passe auf kurzlebige Tarifverträge nicht.[23] Bei Tarifverträgen sei der Wille der Normsetzer leichter feststellbar als bei Gesetzen.[24] Auch gelange ein vom Text des Tarifvertrages abweichender Wille den Verbandsmitgliedern zur Kenntnis.[25]

5. Stellungnahme

775 Der von den Vertretern der Theorie der Vertragsauslegung geäußerten Kritik an der h. M. ist zuzustimmen. Zu dem gleichen Ergebnis gelangt man, wenn man bei der Gesetzesauslegung nicht der objektiven, sondern der (geltungszeitlich-)subjektiven Theorie folgt. Bei jeder juristischen Interpretation, ob von Austauschverträgen, von Normenverträgen oder von Gesetzen, ist die **Entstehungsgeschichte nach Möglichkeit zu erforschen**. Inwieweit Erkenntnisse aus der Entstehungsgeschichte und damit der Wille der Texturheber zu berücksichtigen sind, hängt von den Interessen der Regelungsadressaten ab. Sind nur die Vertragsschließenden betroffen, wie beim Austauschvertrag, kann auf deren Willen unbeschränkt zurückgegriffen werden. Sind Dritte Normadressaten, wie bei Normenverträgen und bei Gesetzen, können deren Interessen dazu führen, daß der Rückgriff auf den Willen der Texturheber nur eingeschränkt möglich ist.

776 Zum einen besteht ein Problem beim **Zugang auf die Materialien**. Bei Gesetzen ist ein Zugang in weitem Umfang möglich.[26] Es reicht aus, daß die

---

[21] BAG 12. 9. 1984 AP Nr. 135 zu § 1 TVG Auslegung.
[22] *Däubler*, Tarifvertragsrecht, Rnr. 137; *Dütz*, in: Festschrift für Molitor (1988), S. 63, 74; *Kempen/Zachert*, TVG, Grundlagen, Rnr. 309; *Liedmeier*, Auslegung, S. 69 ff.; *Löwisch/Rieble*, § 1 TVG, Rnr. 383; *G. Müller*, Betrieb 1960, S. 119, 120; *Zachert*, in: Festschrift Arbeitsgerichtsverband (1994), S. 573, 580; s. auch *Kamanabrou*, RdA 1997, S. 22, 24.
[23] *Däubler*, Tarifvertragsrecht, Rnr. 136; *Kempen/Zachert*, TVG, Grundlagen, Rnr. 309; *Zachert*, in: Festschrift Arbeitsgerichtsverband (1994), S. 573, 581 f.
[24] *Buchner*, Anm. SAE 1987, S. 45; *Däubler*, Tarifvertragsrecht, Rnr. 136, 138; *Dütz*, in: Festschrift für Molitor (1988), S. 61, 72; *Kempen/Zachert*, TVG, Grundlagen, Rnr. 308 f.; *Zöllner*, RdA 1964, S. 443, 449.
[25] *Zöllner*, RdA 1964, S. 443, 449.
[26] *Hirte*, Der Zugang zu Rechtsquellen und Literatur, 1991, S. 1 ff.; *Larenz/Canaris*, Methodenlehre der Rechtswissenschaft, 3. Aufl. 1995, Kap. 4, 2 c, S. 149 ff.

Materialien jedenfalls für Juristen zugänglich sind, auch wenn der Bürger als Laie keine Zugangsmöglichkeit hat. Dagegen werden die Materialien zur Entstehungsgeschichte von Tarifverträgen nicht veröffentlicht. Der Interpret ist daher darauf angewiesen, den Willen der Tarifvertragsparteien auf andere Weise festzustellen.

Läßt sich der Wille der Texturheber feststellen, stellt sich die Frage, ob der Interpret an diesen Willen gebunden ist. Das wird für die Gesetzesauslegung von der ganz h. M. verneint (sog. objektive Theorie),[27] dagegen von den Vertretern der sog. subjektiven Theorie[28] bejaht. Unabhängig von der Entscheidung im Hinblick auf die Auslegung von Gesetzen ist jedenfalls bei der Auslegung von Tarifverträgen aus den oben genannten Gründen der subjektiven Theorie insoweit zu folgen, als der erkennbare Wille der Tarifvertragsparteien für die Auslegung verbindlich ist.

II. Auslegungsziel

1. Bedeutung der Entstehungsgeschichte

Bei der Frage nach dem Auslegungsziel geht es um den Streit, der bei der Gesetzesauslegung die subjektive und die objektive Theorie betrifft; also die Frage, inwieweit der Wille der Normurheber bei der Auslegung zu berücksichtigen ist.

Auch das Bundesarbeitsgericht und ein Teil derjenigen Autoren, die auf die Auslegung von Tarifverträgen die Grundsätze der Gesetzesauslegung anwenden, greifen auf den Willen der Tarifvertragsparteien zurück („Andeutungstheorie").[29] Ein Unterschied zu der hier vertretenen Ansicht ergibt sich nur insofern, als nach der Andeutungstheorie der Wille der Tarifvertragsparteien seinen Niederschlag im Text (oder in der Systematik) des Tarifvertrages gefunden haben muß, während es nach der hier vertretenen Ansicht auf diese Einschränkung nicht ankommt. Da aber auch nach hier vertretener Ansicht außer dem Zeugenbeweis nur allgemein zugängliche Erkenntnismittel zur Entstehungsgeschichte berücksichtigt werden können, ist der Unterschied zwischen den beiden Ansichten im Hinblick auf Tarifverträge in der Praxis gering.

---

[27] S. dazu *Bydlinski*, Methodenlehre, S. 434 ff.; *Engisch*, Einführung, S. 112 ff.; *Larenz/Canaris*, Methodenlehre, Kap. 4, 1 b, S. 137 ff.
[28] S. *Engisch*, Einführung, S. 114 ff.; *Wank*, Grenzen richterlicher Rechtsfortbildung, 1978, S. 59 ff.
[29] BAG 27. 3. 1957 AP Nr. 3, 26. 4. 1966 Nr. 117, 4. 11. 1970 Nr. 119, 30. 9. 1971 Nr. 121 und 12. 9. 1984 Nr. 135 zu § 1 TVG Auslegung; 14. 5. 1987 AP Nr. 46 zu § 611 BGB Ärzte, Gehaltsansprüche; 25. 11. 1987 AP Nr. 18 zu § 1 TVG Auslösung; 24. 2. 1988 AP Nr. 2 zu § 1 TVG Tarifverträge: Schuhindustrie; 24. 11. 1988 AP Nr. 127 zu § 611 BGB Gratifikation; ebenso *Hueck/Nipperdey*, Arbeitsrecht II 1, § 18 V 3a, S. 356, 358; *Löwisch/Rieble*, § 1 TVG, Rnr. 381, *G. Müller*, Betrieb 1960, S. 119.

2. Im Zweifel für die Arbeitnehmerseite?

780 Der Ansicht, in Zweifelsfällen sei die Auslegung zu wählen, die für die Arbeitnehmerseite günstiger ist,[30] kann nicht zugestimmt werden.[31] Unser Tarifvertragssystem beruht auf dem Gedanken, daß Tarifverträge von gleich starken Parteien geschlossen werden. Nur so ist der Gedanke der vermuteten Richtigkeitsgewähr[32] verständlich, der es dem Staat erlaubt, Rechtssetzungsmacht auf die Tarifvertragsparteien zu delegieren. Auch hat das Bundesarbeitsgericht seine zugunsten der Arbeitnehmerseite ausgefallenen Entscheidungen nie auf den genannten Grundsatz gestützt, sondern auf andere Auslegungskriterien.[33] Aus ähnlichen Gründen kann auch der Rechtsgedanke des § 5 AGBG auf Tarifverträge nicht angewandt werden.[34]

III. Auslegungsmittel

781 An Auslegungskriterien ist sowohl bei der Vertragsauslegung als auch bei der Gesetzesauslegung ein anerkannter Kanon von vier Kriterien zu berücksichtigen, so daß der Meinungsstreit zwischen Vertragsauslegung und Gesetzesauslegung insoweit dahinstehen kann. Unterschiede können sich allerdings bei der Anwendung der einzelnen Kriterien ergeben.

1. Wortlaut

782 **a) Fachsprache und Umgangssprache.** Ebenso wie bei Gesetzen wird auch bei Tarifverträgen verbreitet von der umgangssprachlichen Bedeutung eines Ausdrucks im Text ausgegangen. Das widerspricht der allgemein anerkannten Auslegungsregel, daß eine **spezielle Bedeutung** eine allgemeine verdrängt. Es gilt daher folgende Prüfungsreihenfolge:[35]
- spezielle Bedeutung in diesem Tarifvertrag
- spezielle Bedeutung in ähnlichen Tarifverträgen
- spezielle Bedeutung in juristischen Texten
- allgemeine umgangssprachliche Bedeutung.

---

[30] *Däubler*, Tarifvertragsrecht, Rnr. 151; *Kempen/Zachert*, TVG, Grundlagen, Rnr. 330; *Wiedemann*, Anm. zu BAG 14. 11. 1973 AP Nr. 16 und 14. 11. 1973 Nr. 17 zu § 1 TVG Tarifverträge: Bau; *Zachert*, in: Festschrift Arbeitsgerichtsverband (1994), S. 573, 585; so auch die Vorauflage, § 1, Rnr. 410.
[31] Krit. auch BAG 31. 3. 1966 AP Nr. 54 zu § 611 BGB Gratifikation; LAG Hamm LAGE § 1 TVG Auslegung Nr. 5; *Buchner*, AR-Blattei D Tarifvertrag IX unter B VI 2; *Herschel*, AuR 1976, S. 1, 4; *Hueck/Nipperdey*, Arbeitsrecht II 1, § 18 V 3 d, S. 360; *Lieb*, RdA 1992, S. 129, 133 f.; *Löwisch/Rieble*, § 1 TVG, Rnr. 403; *Rieble*, RdA 1997, S. 134, 138, *Schaub*, NZA 1994, S. 597, 599; *Zöllner/Loritz*, Arbeitsrecht, § 33 V 3 e, S. 339; im konkreten Fall ablehnend BAG 16. 4. 1997 AP Nr. 16 zu § 1 BetrAVG Hinterbliebenenversorgung.
[32] BAG 24. 4. 1985 AP Nr. 4 zu § 3 BAT; 21. 3. 1991 AP Nr. 29 zu § 622 BGB = NZA 1991, S. 797; BAG 23. 1. 1992 AP Nr. 35 zu § 622 BGB = NZA 1992, S. 742; *Enderlein*, RdA 1995, S. 264 ff.; *Singer*, ZfA 1995, S. 611 ff.; *Zachert*, in: Festschrift Arbeitsgerichtsverband (1994), S. 573, 585.
[33] *Brötzmann*, Probleme bei der Auslegung, S. 93 ff.
[34] *Herschel*, in: Festschrift für Molitor (1962), S. 161, 189; *Preis*, in: Festschrift für Schaub (1998), S. 571, 588 f.
[35] Vgl. auch in einem ähnlichen Zusammenhang *Wank*, RdA 1985, S. 1, 7.

5. Abschnitt. Auslegung von Tarifverträgen 783–786 § 1

aa) Ebenso wie der Gesetzgeber können die Tarifvertragsparteien eine 783 **Legaldefinition** aufstellen.[36] Ein Klammerzusatz kann aber auch einen bloßen Hinweis auf die bestehende Gesetzeslage bedeuten.[37] Wenn *bei Abschluß* des Tarifvertrages eine (gemeinsame) Protokollnotiz verfaßt wird, so kann diese entweder Teil des Tarifvertrages[38] oder ein bloßer Interpretationshinweis sein.[39] Eine „gemeinsame Erklärung" bei Abschluß des Tarifvertrages bedeutet eine authentische Interpretation.[40]

Eine gemeinsame Erklärung der Tarifvertragsparteien einige Zeit *nach Ab-* 784 *schluß* des Tarifvertrages kann klarstellende Bedeutung haben und eine nachträgliche Legaldefinition bedeuten oder aber – bei Abweichung vom vorhandenen Inhalt des Tarifvertrages – einen Änderungstarifvertrag, der alle Anforderungen an einen Tarifvertrag erfüllen muß.[41]

bb) Läßt sich keine spezielle Bedeutung des Ausdrucks für diesen Tarif- 785 vertrag feststellen, so muß der Interpret auf die **fachsprachliche Bedeutung,** sei es in anderen Tarifverträgen,[42] sei es in vergleichbaren Gesetzen,[43] sei es auf die allgemeine fachsprachliche juristische Bedeutung,[44] zurückgreifen.

cc) Erst in einem letzten Schritt[45] kann die Bedeutung eines Ausdrucks in 786 der **Umgangssprache** eine Rolle spielen, wobei das Bundesarbeitsgericht sich häufig auf Wörterbücher beruft.[46] Dabei kann leicht übersehen werden, daß auch in diesem Fall in den Text hineingelesen werden muß: „im Sinne

---

[36] BAG 28. 4. 1982 AP Nr. 39 zu § 1 TVG Tarifverträge: Bau; 9. 3. 1983 AP Nr. 128 und 8. 2. 1984 Nr. 134 zu § 1 TVG Auslegung; 25. 8. 1982 AP Nr. 9 zu § 1 TVG Auslösung; 19. 8. 1987 AP Nr. 3 zu § 1 TVG Tarifverträge: Fernverkehr; *Däubler,* Tarifvertragsrecht, Rnr. 140; *Hueck/Nipperdey,* Arbeitsrecht II 1, § 18 V 31, S. 361; *Kempen/Zachert,* TVG, Grundlagen, Rnr. 312; *Löwisch/*Rieble, § 1 TVG, Rnr. 392.
[37] BAG 10. 5. 1994 AP Nr. 3 zu § 1 TVG Tarifverträge: Verkehrsgewerbe; s. zu einem Klammerzusatz auch BAG 19. 11. 1996, NZA 1997, S. 892.
[38] S. BAG 7. 2. 1996 AP Nr. 23 zu § 611 BGB Kirchendienst; 20. 4. 1994 AP Nr. 11 zu § 22, 23 BAT Zulagen; 5. 9. 1995 AP Nr. 11 zu § 1 TVG Tarifverträge: Papierindustrie.
[39] *Däubler,* Tarifvertragsrecht, Rnr. 113; *Herschel,* in: Festschrift für Molitor (1962), S. 161, 186. Zu einer Protokollnotiz als Vorvertrag LAG Thüringen 24. 10. 1994, BB 1995, S. 1085 *(Horndasch).*
[40] *Däubler,* Tarifvertragsrecht, Rnr. 104; *Kempen/Zachert,* TVG, Grundlagen, Rnr. 316; s. zu „Durchführungsbestimmungen" *Koberski/Clasen/Menzel,* § 1 TVG, Rnr. 34.
[41] BAG 13. 7. 1994 AP Nr. 14 zu § 3 TVG Verbandszugehörigkeit.
[42] *Schaub,* NZA 1994, S. 597, 599.
[43] BAG 25. 4. 1979 AP Nr. 49 *(Reichel/Stuzky)* und 12. 8. 1981 AP Nr. 51 zu § 611 BGB Dienstordnungs-Angestellte; 28. 1. 1977 AP Nr. 1 zu § 1 TVG Tarifverträge: Ziegelindustrie; 5. 2. 1971 AP Nr. 120 zu § 1 TVG Auslegung; 13. 5. 1981 AP Nr. 1 zu § 1 TVG Tarifverträge: Presse.
[44] *Buchner,* AR-Blattei D Tarifvertrag IX unter B III; *Däubler,* Tarifvertragsrecht, Rnr. 139, *Kempen/Zachert,* TVG, Grundlagen, Rnr. 311; *Löwisch/*Rieble, § 1 TVG, Rnr. 390; *Schaub,* NZA 1994, S. 597, 598; krit. *Herschel,* in: Festschrift für Molitor (1962), S. 161, 183 f.
[45] Anders *Däubler,* Tarifvertragsrecht, Rnr. 139; *Kempen/Zachert,* TVG, Grundlagen, Rnr. 311.
[46] Z.B. BAG 5. 3. 1974 AP Nr. 1 zu § 5 BetrVG 1972; 20. 4. 1994 AP Nr. 9 zu § 1 TVG Tarifverträge: DDR *(Zachert);* 8. 2. 1995 AP Nr. 192 zu § 22, 23 BAT 1975; 11. 6. 1997 AP Nr. 1 zu § 291 BGB.

dieses Gesetzes". Hinweise auf die „Verkehrsanschauung" sind hier, wie meist auch sonst, vielfach nur ein juristischer Kunstgriff.[47]

787 **b) Falsa demonstratio.** Wenn man, wie die allgemeine Ansicht, dem Vorstehenden folgt, dann wird der Streit um die falsa demonstratio unverständlich. Fallen Wille und Erklärung der Tarifvertragsparteien auseinander und ist der übereinstimmende Wille der Tarifvertragsparteien bekannt, dann meinen die Vertreter der Theorie der Vertragsauslegung, daß nach den Grundsätzen der Vertragsauslegung das übereinstimmend Gemeinte gelte,[48] während die Theorie der Gesetzesauslegung meint, den Willen der Tarifvertragsparteien unbeachtet lassen können. Wenn aber der Wille der Tarifvertragsparteien bekannt ist (daran wird es vielfach fehlen) und die von den Tarifvertragsparteien gemeinte Bedeutung allen anderen Bedeutungen vorgehen soll, dann muß das auch dann gelten, wenn man der Theorie der Gesetzesauslegung folgt.[49] – Das Problem bei Berücksichtigung des Willens der Tarifvertragsparteien liegt weniger in der dogmatischen Begründung als im praktischen Bereich. Bisher lassen sich Anhaltspunkte für den Willen der Tarifvertragsparteien außerhalb des Tarifvertrages nur vereinzelt aus gemeinsamen Erklärungen oder Protokollnotizen entnehmen. Die Protokollnotizen sind häufig Bestandteil des Tarifvertrages und sind dann ohnehin bei der Auslegung zu berücksichtigen. Materialien entsprechend denen bei der Entstehungsgeschichte eines Gesetzes gibt es bei Tarifverträgen nicht. Aus diesen tatsächlichen Gründen muß daher in der Regel eine objektive Auslegung stattfinden. Jedenfalls wird die Bedeutung der falsa demonstratio als Prüfstein für die beiden konkurrierenden Theorien maßlos überschätzt.

788 **c) Weite und enge Auslegung.** Allgemeine Regeln dafür, wann eine Vorschrift weit und wann sie eng auszulegen ist,[50] lassen sich kaum geben. Meist verbirgt sich hinter einer engen Auslegung eine besondere Wertung.

789 Im Hinblick auf Bestimmungen in Tarifverträgen wird teilweise gesagt, **Ausnahmebestimmungen** seien eng auszulegen.[51] Dieser Satz ist bereits für die Gesetzesauslegung unzutreffend[52] und ist es auch für die Auslegung von Tarifverträgen. Vielmehr muß differenziert werden. Die Tarifvertragsparteien haben ein Regel-Ausnahme-Verhältnis vor Augen. Dieses Verhältnis darf nicht verschoben werden, aus der Ausnahme darf keine Regel wer-

---

[47] S. BAG 27. 4. 1988 AP Nr. 63 zu § 1 TVG Tarifverträge: Metallindustrie *(von Hoyningen-Huene)*.
[48] *Däubler*, Tarifvertragsrecht, Rnr. 138; *Kempen/Zachert*, TVG, Grundlagen, Rnr. 309.
[49] Ebenso – außer den Genannten – *Ananiadis*, Die Auslegung von Tarifverträgen, S. 44f.; *A. Hueck*, Anm. zu BAG 2. 6. 1961 AP Nr. 68 zu Art. 3 GG; *Zöllner*, RdA 1964, S. 443, 449. A. A. BAG 2. 6. 1961 AP Nr. 68 zu Art. 3 GG; *Hueck/Nipperdey*, Arbeitsrecht II, § 18 V 3j, S. 361; *Löwisch*/Rieble, § 1 TVG, Rnr. 381; *Nikisch*, Arbeitsrecht II, § 69 III 1, S. 220 Fn. 58.
[50] Zum Verständnis dieser Unterscheidung s. *Engisch*, Einführung, S. 127ff.; *Wank*, Die Auslegung von Gesetzen, 1997, S. 52f.
[51] BAG 13. 1. 1981 AP Nr. 2 zu § 46 BPersVG; 24. 11. 1988 AP Nr. 127 zu § 611 BGB Gratifikation; 25. 10. 1995 AP Nr. 57 zu § 1 TVG Tarifverträge: Einzelhandel.
[52] *Larenz/Canaris*, Methodenlehre, Kap. 4, 4a, S. 175f.

den. Dagegen ist es zulässig, der einen, genannten Ausnahme eine ähnliche im Wege der Analogie an die Seite zu stellen.

Daß es bei der engen Auslegung um Wertungen geht, wird deutlich, wenn gesagt wird, **Ausschlußklauseln** seien eng auszulegen;[53] dahinter steht der Gedanke des Arbeitnehmerschutzes. 790

Eine enge Auslegung legt das Bundesarbeitsgericht auch bei **Sonderzuwendungen** zugrunde (s. dazu auch Rnr. 816).[54] So bestimmte z.B. ein Tarifvertrag, daß eine tarifliche Jahressonderzahlung für Zeiten gekürzt werden könne, in denen das Arbeitsverhältnis „kraft Gesetzes ruht". Weil der Erziehungsurlaub sowohl auf dem Gesetz als auch auf einem Antrag des Arbeitnehmers beruht, hatte das Bundesarbeitsgericht früher ein Ruhen „kraft Gesetzes" verneint.[55] Von dieser allzu engen Anbindung an den Wortlaut ist das Bundesarbeitsgericht allerdings inzwischen auch bei Sonderzuwendungen mit Recht wieder abgerückt.[56] 791

d) Konstitutive und deklaratorische Tarifbestimmungen. Wenn Tarifbestimmungen auf eine entsprechende Regelung im Gesetz bezug nehmen, kann das zwei unterschiedliche Bedeutungen haben, eine konstitutive oder eine deklaratorische. Soll nur darauf hingewiesen werden, wie die gesetzliche Regelung lautet, ist die Tarifbestimmung deklaratorisch. Wird der Gesetzestext nur anders formuliert, aber inhaltlich wiederholt, bejaht das Bundesarbeitsgericht eine deklaratorische Fassung.[57] Wird dagegen die gesetzliche Regelung im Tarifvertrag wiederholt, aber mit Abweichungen, die einen eigenen Regelungswillen erkennen lassen, so ergibt sich die gesamte Regelung dieses Bereichs (auch soweit sie mit dem Gesetz übereinstimmt) allein aus dem Tarifvertrag; die Regelung ist konstitutiv. 792

In der Praxis überwiegen die Fälle, in denen der tariflichen Regelung nicht klar zu entnehmen ist, ob sie in einem konstitutiven oder in einem deklaratorischen Sinne zu verstehen ist. Die Frage ist soweit möglich im Wege der Auslegung zu klären.[58] Bleiben Zweifel, so greift eine **Vermutungsregel** ein. Deren Inhalt ist streitig. Das Bundesarbeitsgericht[59] und der eine Teil der Literatur nehmen in diesem Falle an, daß die Tarifvertragsparteien nur informationshalber auf das Gesetz verweisen wollten (deklaratorische Klausel).[60] Der andere Teil der Literatur meint demgegenüber, die Tatsache, 793

---

[53] BAG 19. 11. 1968 AP Nr. 39 und 4. 9. 191 AP Nr. 113 zu 4 TVG Ausschlußfristen; 7. 2. 1995 AP Nr. 54 zu § 1 TVG Tarifverträge: Einzelhandel.
[54] BAG 6. 10. 1993 AP Nr. 157 zu § 611 BGB Gratifikation = SAE 1994, S. 339 *(Krause);* 16. 3. 1994 AP Nr. 162 zu § 611 BGB Gratifikation *(Herrmann).*
[55] BAG 10. 5. 1989 AP Nr. 2 und 7. 12. 1989 Nr. 3 zu § 15 BErzGG.
[56] S. BAG 10. 2. 1993 AP Nr. 7 zu § 15 BErzGG = BB 1993, S. 1083.
[57] BAG 5. 10. 1995 AP Nr. 48 zu § 622 BGB.
[58] BAG 27. 8. 1982 AP Nr. 133 zu § 1 TVG Auslegung; 28. 1. 1988 AP Nr. 24, 4. 3. 1993 Nr. 40 und 5. 10. 1995 Nr. 48 zu § 622 BGB.
[59] BAG 5. 10. 1995 AP Nr. 48 zu § 622 BGB; 27. 8. 1982 AP Nr. 133 zu § 1 TVG Auslegung; 16. 9. 1993 AP Nr. 42 zu § 622 BGB; 10. 5. 1994 AP Nr. 3 zu § 1 TVG Tarifverträge: Verkehrsgewerbe.
[60] *Hergenröder,* Anm. zu BAG 4. 3. 1993 AP Nr. 40 zu § 622 BGB; *Hromadka,* BB 1993, S. 2373, 2375; *Jansen,* Anm. zu BAG 16. 9. 1993 AP Nr. 42 zu § 622 BGB; *Kamanabrou,* RdA 1997, S. 22, 28 f.; *Kramer,* ZIP 1994, S. 929, 930 f.; *Marschollek,* Betrieb 1991, S. 1069, 1071; *Meyer,* Betrieb 1991, S. 1881; *Preis,* Betrieb 1993, S. 2125, 2131 (betr. § 622 BGB).

daß ein Text – auch wenn das Gesetz nur abgeschrieben werde – in den Tarifvertrag aufgenomen sei, belege den eigenständigen Regelungswillen der Tarifvertragsparteien (konstitutive Klausel).[61] Insbesondere würden dispositive gesetzliche Vorschriften zwingend gemacht.[62] Die Entscheidung kann jedenfalls nicht davon abhängen, ob das konkrete Ergebnis für die Arbeitnehmer günstiger ist.[63] Auch kann nicht – je nach Ergebnis für die Arbeitnehmer – zwischen statischer und dynamischer Verweisung unterschieden werden.[64] – Das Bundesarbeitsgericht hat trotz der Kritik an seiner Ansicht festgehalten; die Tarifvertragsparteien müßten seit 1988 seine Rechtsprechung kennen.[65]

794 Der Meinungsstreit wurde vor allem im Hinblick auf die Gesetzesänderungen in § 622 BGB im Jahre 1993 sowie im Hinblick auf die Änderung des Entgeltfortzahlungsrechts im Jahre 1996 akut.[66] In der gesetzlichen Neufassung des **§ 622 BGB** wurden Arbeiter gegenüber der früheren Regelung im Lohnfortzahlungsgesetz besser gestellt, indem sie die gleichen Kündigungsfristen erhielten wie Angestellte. Soweit Regelungen in Tarifverträgen über Kündigungsfristen deklaratorisch zu verstehen waren, galt die entsprechende gesetzliche Besserstellung auch für tarifunterworfene Arbeiter.[67] War die tarifliche Regelung dagegen konstitutiv und enthielt sie eine Benachteiligung der Arbeiter gegenüber den Angestellten, so blieb es dabei auch nach der Gesetzesänderung; allerdings nur, wenn die Unterscheidung im Tarifvertrag vor Art. 3 Abs. 1 GG Bestand hatte.[68]

795 Durch die Neuregelung des Entgeltfortzahlungsrechts in **§ 4 Abs. 1 EFZG** wurde die Höhe des fortzuzahlenden Entgelts von 100% auf 80% gesenkt. Auch hierzu ist streitig, ob bei Tarifverträgen, die sich nicht eindeutig als konstitutiv oder deklaratorisch einordnen lassen,[69] eine Vermutung für einen konstitutiven[70] oder für einen deklaratorischen[71] Charakter der Regelung spricht.

---

[61] *Bengelsdorf,* NZA 1991, S. 121, 196 f.; *ders.,* Anm. zu BAG 5. 10. 1995 AP Nr. 48 zu § 622 BGB; *Creutzfeld,* AuA 1995, S. 87 ff.; *Kunze,* ArbGgw 1 (1963), S. 119, 127; *Löwisch*/Rieble, § 1 TVG, Rnr. 419; *Preis,* in: Festschrift für Schaub (1998), S. 571, 592; *Rieble,* RdA 1997, S. 134, 138 ff.; *Wedde,* AuR 1996, S. 421, 423 f.; *Wiedemann,* Anm. zu BAG 27. 8. 1982 AP Nr. 133 zu § 1 TVG Auslegung; ebenso Vorraufl. § 1 Rnr. 115.

[62] *Rieble,* RdA 1997, S. 134, 139.

[63] BAG 29. 1. 1997 AP Nr. 22 zu § 1 TVG Tarifverträge: Textilindustrie; a. A. *Heinze,* NZA 1996, S. 785, 788; *Wedde,* AuR 1996, S. 421; 425; dagegen *Buchner,* NZA 1996, S. 1174, 1184.

[64] S. aber *Zachert,* Betrieb 1996, S. 2078, 2079.

[65] BAG 5. 10. 1995 AP Nr. 48 zu § 622 BGB; 14. 2. 1996 AP Nr. 21 zu § 1 TVG Tarifverträge: Textilindustrie.

[66] Zu früheren Beispielen *Rieble,* RdA 1997, S. 134, 136.

[67] BAG 5. 10. 1995 = NZA 1996, S. 325; 14. 2. 1996 AP Nr. 50 zu § 622 BGB.

[68] BAG 4. 3. 1993 AP Nr. 40 zu § 622 BGB; *Jansen,* Anm. zu BAG 16. 9. 1993 AP Nr. 42 zu § 622 BGB.

[69] S. die Beispiele aus der Metallindustrie in AuR 1996, S. 434 ff.; ferner die Klauseln bei *Kamanabrou,* RdA 1997, S. 22, 28.

[70] *Rieble,* RdA 1997, S. 134, 138 ff.; *Wedde,* AuR 1996, S. 421 ff.

[71] ArbG Essen 12. 3. 1997 – 5 Ca 4284/95 –; ArbG Düsseldorf 20. 3. 1997 – 2 Ca 8213/96 –; ArbG Fulda 14. 5. 1997 – 1 Ca 3/97 –; *Kamanabrou,* RdA 1997, S. 22, 27.

e) Bestimmtheitserfordernis. Wenn vertragliche Regelungen sehr unbestimmt sind, versuchen die Gerichte dennoch, ihnen einen Sinn zu entnehmen. Wendet man auf Tarifverträge die Grundsätze der Gesetzesauslegung an, so müssen Tarifverträge dem Bestimmtheitserfordernis entsprechen.[72] Ist das nicht der Fall, so ist eine entsprechende Bestimmung unwirksam.[73] Gerade Eingruppierungsbestimmungen sind häufig kaum justitiabel. Das Bundesarbeitsgericht versucht meist dennoch, ihnen einen Sinn zu entnehmen.[74]

f) Wortlautgrenze. Bei der Vertragsauslegung entspricht es allgemeiner Ansicht, daß die Grenzen der Auslegung nicht durch den Wortlaut des Vertrages, sondern durch den Willen der Parteien bestimmt werden. Bei der Gesetzesauslegung soll es nach h. M. anders sein. Einerseits ist nach h. M. die maßgebliche Wortbedeutung, wie oben gezeigt, die juristisch-fachsprachliche. Als Grenze der Auslegung soll dagegen eine ganz andere Wortbedeutung gelten, nämlich die mögliche Wortbedeutung in der Umgangssprache.[75] Das ist in sich widersprüchlich.[76] Auch der juristische Laie weiß, daß Ausdrücke in Gesetzestexten und in Tarifverträgen eine fachsprachliche Bedeutung haben. Diese ist sowohl für die Auslegung als auch für die Grenze zwischen Auslegung und Fortbildung maßgeblich. Im übrigen erkennt das Bundesarbeitsgericht richtig, daß diese Theorie unzutreffend ist, und setzt sich deshalb im konkreten Fall mit Hilfe des Zwecks des Tarifvertrages über den Wortlaut hinweg; und zwar selbst in einem Fall, in dem der Wortlaut eine Zeitangabe enthielt.[77]

2. Systematik

a) Allgemeines. Das Bundesarbeitsgericht spricht vom „tariflichen Gesamtzusammenhang" oder „Tarifzusammenhang" und meint damit die systematische Auslegung.[78] Unzutreffend ist die Ansicht, auf andere Auslegungskriterien sei nur einzugehen, wenn der Wortlaut nicht eindeutig ist.[79]

---

[72] Dazu allgemein *R. Müller,* Der Grundsatz der Normenklarheit im Arbeitsrecht, 1993.
[73] LAG Köln 3. 4. 1996 – 7 Sa 1271/95 – betr. „Leiter einer besonders herausgehobenen Abteilung".
[74] BAG 28. 11. 1984 AP Nr. 2 zu § 4 TVG Bestimmungsrecht.
[75] S. für alle *Larenz/Canaris,* Methodenlehre, Kap. 4, 2 a, S. 143.
[76] *Wank,* Die juristische Begriffsbildung, 1985, S. 24 ff.; *ders.,* ZGR 1988, S. 314, 317; s. ferner *Depenheuer,* Der Wortlaut als Grenze, 1988.
[77] S. z. B. BAG 4. 8. 1987 AP Nr. 89 zu Art. 9 GG Arbeitskampf *(Rüthers/Henssler).*
[78] BAG 12. 9. 1984 AP Nr. 135 zu § 1 TVG Auslegung; BAG 12. 10. 1994 AP Nr. 66 zu § 87 BetrVG 1972 Arbeitszeit; BAG 9. 5. 1995 AP Nr. 2 zu § 76 BetrVG 1972 Einigungsstelle.
[79] BAG 31. 5. 1972 AP Nr. 16 zu § 611 BGB Bergbau; 26. 4. 1966 AP Nr. 117 zu § 1 TVG Auslegung; s. auch BAG 28. 2. 1990 AP Nr. 8 zu § 1 KSchG 1969 Wartezeit; *Buchner,* AR-Blattei D Tarifvertrag IX unter B IV; ferner BAG 28. 2. 1990 AP Nr. 8 zu § 1 KSchG 1969 Wartezeit = EzA § 1 KSchG Nr. 47; *Kempen/Zachert,* TVG, Grundlagen, Rnr. 328; *Liedmeier,* Auslegung, S. 98 f., 100 f.; *Nikisch,* Arbeitsrecht II, § 69 III 2, S. 222; *Schaub,* NZA 1994, S. 597, 599; dagegen zutr. *Herschel,* in: Festschrift für Molitor (1962), S. 161, 166 f.

Ob der Wortlaut eindeutig ist, kann erst die gesamte Auslegung nach **Prüfung aller vier Auslegungskriterien** ergeben.[80]

799　**b) Äußere Systematik.** Erkenntnisse lassen sich zunächst aus der äußeren Systematik, z.B. aus der Überschrift zu einer Tarifnorm, gewinnen,[81] aus ihrer Untergliederung in den einzelnen Absätzen sowie aus ihrer Stellung im gesamten Tarifvertrag.[82] Auch kann der zu interpretierende Tarifvertrag mit entsprechenden Regelungen in anderen Tarifverträgen zwischen denselben Tarifvertragsparteien verglichen werden,[83] ebenso wie mit schuldrechtlichen Bestimmungen desselben Tarifvertrags.[84] Ein systematischer Zusammenhang kann sich auch in der Weise ergeben, daß den einzelnen Merkmalen eines Tarifvertrages jeweils ergänzende oder klarstellende Bestimmungen in den Protokollnotizen zugeordnet werden.[85] Der systematische Zusammenhang kann auch einen scheinbar eindeutigen Wortlaut korrigieren.[86]

800　**c) Innere Systematik.** Zur inneren Systematik gehört die Auslegung der einzelnen Tarifvertragsnormen unter dem Gedanken der Einheit der Rechtsordnung. Das Auslegungsergebnis muß mit den Wertungen anderer Normen übereinstimmen.

801　Für *Gesetze* ist insoweit das Prinzip der *rangkonformen Auslegung* anerkannt:[87] Unterrangiges Recht ist jeweils gemäß den Wertungen von Normen der nächsthöheren Rangstufe auszulegen. Entsprechend gibt es die gemeinschaftskonforme Auslegung von deutschen Gesetzen, die verfassungskonforme Auslegung von deutschen Gesetzen und die gesetzeskonforme Auslegung von Rechtsverordnungen.

802　Ein entsprechender Auslegungsgrundsatz gilt aber auch für *Verträge*. Deshalb kann dahinstehen, ob für Tarifverträge die Grundsätze der Gesetzesauslegung oder die der Vertragsauslegung gelten; Tarifverträge sind rangkon-

---

[80] *Engisch*, Einführung, S. 92 Fn. 31; *MünchKomm-Mayer-Maly*, § 133 BGB, Rnr. 42; für Tarifverträge *Gröbing*, ZTR 1987, S. 236, 238; *Kamanabrou*, RdA 1997, S. 22, 24f.; *Preis*, in: Festschrift für Schaub (1998), S. 571, 579f.
[81] BAG 16. 5. 1995 AP Nr. 8 zu § 4 TVG Verdienstsicherung; BAG 16. 4. 1997 AP Nr. 16 zu § 1 BetrAVG Hinterbliebenenversorgung; *Löwisch*/Rieble, § 1 TVG, Rnr. 393.
[82] BAG 28. 2. 1990 AP Nr. 8 zu § 1 KSchG 1969 Wartezeit; BAG 17. 4. 1996 AP Nr. 18 zu §§ 22, 23 BAT Zulagen; *G. Müller*, Betrieb 1960, S. 119.
[83] BAG 21. 11. 1991 AP Nr. 2 zu § 34 BAT; BAG 23. 2. 1995 AP Nr. 38 zu § 15 BAT; *Achilles*, Parteiwille, S. 115; *Ananiadis*, Auslegung, S. 64; *Däubler*, Tarifvertragsrecht, Rnr. 141; *Herschel*, in: Festschrift für Molitor (1962), S. 161, 188; *Hueck/Nipperdey*, Arbeitsrecht II, § 18 V 3b, S. 359; *Liedmeier*, Auslegung, S. 102f.; *Löwisch*/Rieble, § 1 TVG, Rnr. 397f.; *Schaub*, NZA 1994, S. 597, 599.
[84] *Achilles*, Parteiwille, S. 54f.; *Herschel*, in: Festschrift für Molitor (1962), S. 161, 182; *Hueck/Nipperdey*, Arbeitsrecht II, § 18 V 3f., S. 360; *Liedmeier*, Auslegung, S. 100; *Löwisch*/Rieble, § 1 TVG, Rnr. 396.
[85] BAG 5. 9. 1995 AP Nr. 11 zu § 1 TVG Tarifverträge: Papierindustrie.
[86] BAG 31. 10. 1990 AP Nr. 11 zu § 1 TVG Tarifverträge: Presse; 16. 1. 1991 AP Nr. 95 zu § 1 Tarifverträge: Metallindustrie = Betrieb 1991, S. 2192; *Däubler*, Tarifvertragsrecht, Rnr. 142; *Schaub*, NZA 1994, S. 597, 599.
[87] *Wank*, Die Auslegung von Gesetzen, 1997, S. 65ff.; *Löwisch*/Rieble, § 1 TVG, Rnr. 411: „rechtskonforme Interpretation".

form auszulegen.[88] Dementsprechend gibt es eine gemeinschaftskonforme Auslegung,[89] eine verfassungskonforme[90] und (bei zwingenden Gesetzen) eine gesetzeskonforme Auslegung[91] von Tarifverträgen.

3. Entstehungsgeschichte

Seit seiner grundlegenden Entscheidung im Jahre 1984 meint das Bundesarbeitsgericht, wenn eine eindeutige Tarifauslegung nach Tarifwortlaut und tariflichem Gesamtzusammenhang möglich sei, komme es auf die Tarifgeschichte nicht an.[92] Das ist jedoch ebenso abzulehnen wie der Topos vom eindeutigen Wortlaut. Eine methodisch fundierte Aussage ist erst nach einer Abwägung aller vier Auslegungskriterien möglich. Der Interpret eines Tarifvertrages sollte sich also stets bemühen, Erkenntnisse zur Entstehungsgeschichte zu gewinnen.[93] Insofern ist es gleichgültig, ob man der Theorie der Vertragsauslegung oder der der Gesetzesauslegung folgt.

a) Vorgeschichte. Im einzelnen ist zwischen drei Phasen zu unterscheiden. Zur Vorgeschichte des Tarifvertrags gehören z. B. Vorläufertarifverträge[94] ebenso wie zeitgeschichtliche Umstände beim Abschluß des Tarifvertrages.[95] Auch die bisherige Praxis bei der Anwendung einer Tarifbestimmung kann für die Auslegung herangezogen werden (vorvertragliche tarifliche Übung).[96]

---

[88] BAG 21. 7. 1993 AP Nr. 144 zu § 1 TVG Auslegung; 25. 6. 1985 AP Nr. 48 zu § 1 TVG FeiertagslohnzahlungsG; *Däubler*, Tarifvertragsrecht, Rnr. 150, 163 ff.; *Liedmeier*, Auslegung, S. 103 f.; *Löwisch*/Rieble, § 1 TVG, Rnr. 405.
[89] *Löwisch*/Rieble, § 1 TVG, Rnr. 414.
[90] BAG 21. 1. 1987 AP Nr. 46 und 21. 1. 1987 Nr. 47 zu Art. 9 GG; 16. 2. 1978 AP Nr. 178 zu § 242 BGB Ruhegehalt; 21. 1. 1987 AP Nr. 46 und 21. 1. 1987 Nr. 47 zu Art. 9 GG; *Dütz*, in: Festschrift für Molitor (1988), S. 63, 73 f.; Kempen/Zachert, TVG, Grundlagen, Rnr. 301, 325; *Löwisch*/Rieble, § 1 TVG, Rnr. 411.
[91] *Däubler*, Tarifvertragsrecht, Rnr. 150; *Löwisch*/Rieble, § 1 TVG, Rnr. 416; *Schaub*, NZA 1994, S. 597, 600.
[92] BAG 12. 9. 1984 AP Nr. 135 zu § 1 TVG Auslegung; ferner 21. 7. 1993 AP Nr. 144 zu § 1 TVG Auslegung; 23. 9. 1992 AP Nr. 8 zu § 1 TVG Tarifverträge: Großhandel; 23. 10. 1985 AP Nr. 33 zu § 1 TVG Tarifverträge: Metallindustrie; vgl. auch Kempen/Zachert, TVG, Grundlagen, Rnr. 324; *Neumann*, AuR 1985, S. 320, 325; *Nikisch*, Arbeitsrecht II, § 69 III, S. 222.
[93] BAG 26. 4. 1966 AP Nr. 117 zu § 1 TVG Auslegung; *Ananiadis*, Auslegung, S. 68 ff.; *Däubler*, Tarifvertragsrecht, Rnr. 145, 148; *Löwisch*/Rieble, § 1 TVG, Rnr. 405; *Nikisch*, Arbeitsrecht II, § 69 III 3, S. 222.
[94] BAG 29. 11. 1973 AP Nr. 8 zu § 3 BUrlG Rechtsmißbrauch; 12. 9. 1984 AP Nr. 135 zu § 1 TVG Auslegung; 26. 4. 1966 AP Nr. 117 zu § 1 TVG Auslegung.
[95] BAG 11. 7. 1957 AP Nr. 4 zu § 611 BGB Lohnzuschläge *(Denecke)* und 26. 4. 1966 AP Nr. 117 zu § 1 TVG Auslegung; 16. 4. 1980 AP Nr. 9 zu § 4 TVG Effektivklauseln; 25. 8. 1982 AP Nr. 55 zu § 616 BGB; 16. 10. 1985 AP Nr. 108 zu §§ 22, 23 BAT 1975; 25. 4. 1995 AP Nr. 5 zu § 1 TVG Tarifverträge: Land- und Forstwirtschaft; zust. *Däubler*, Tarifvertragsrecht, Rnr. 146, Kempen/Zachert, ZVG, Grundlagen, Rnr. 318; s. auch *Kohte*, AuR 1996, S. 124, 125. Zur Tarifgeschichte betr. § 4 EFZG s. *Boerner*, ZTR 1996, S. 435, 438; *Buchner*, NZA 1996, S. 1177, 1179; *Wedde*, AuR 1996, S. 421, 425.
[96] BAG 17. 5. 1962 AP Nr. 26 zu § 1 ArbKrankhG; 26. 11. 1964 AP Nr. 1 zu § 1 TVG Tarifliche Übung; *Buchner*, AR-Blattei Tarifvertrag IX unter B IV 2b; *Herschel*, AuR 1976, S. 4 f.; *ders.*, in: Festschrift für Molitor (1962), S. 161, 168; Kempen/Zachert, TVG, Grundlagen, Rnr. 320; *Löwisch*/Rieble, § 1 TVG, Rnr. 407.

805 **b) Entstehungsgeschichte i. e. S.** Das Zustandekommen des konkreten Tarifvertrages ist Gegenstand der Entstehungsgeschichte i. e. S. In Anwendung des § 293 ZPO hat das Bundesarbeitsgericht früher auch Zeugen vernommen und schriftliche Auskünfte der Tarifvertragsparteien eingeholt.[97] Es ist später wieder davon abgerückt, weil die Auskünfte der Tarifvertragsparteien regelmäßig nicht übereinstimmen.[98] Eine Pflicht zur Einholung von Auskünften besteht nach Ansicht des BAG nicht.[99] Das ist jedoch dann nicht richtig, wenn es um übereinstimmende Vorstellungen der Tarifvertragsparteien geht.

806 Das Kriterium Entstehungsgeschichte müßte eigentlich der Prüfstein für subjektive oder objektive Theorie sein. Tatsächlich bewirkt der Unterschied deshalb wenig, weil erstens die Tarifvertragsmaterialien nicht zur Verfügung stehen[100] und zweitens die Parteien meist unterschiedliche Auskünfte geben.

807 **c) Entwicklungsgeschichte.** Die Entwicklungsgeschichte in Form der nachvertraglichen tariflichen Übung gibt nur ein Indiz dafür, wie die Parteien den Tarifvertrag wohl ursprünglich verstanden haben.[101] Erst bei der Anwendung der Erkenntnisse aus der Entstehungsgeschichte wird der Unterschied zwischen der Theorie der Vertragsauslegung und der der Gesetzesauslegung, zwischen subjektiver Theorie der Gesetzesauslegung und objektiver Theorie der Gesetzesauslegung, bedeutsam. Nach Ansicht der Vertreter der Theorie der Vertragsauslegung und derjenigen der subjektiven Gesetzesauslegung ist der Interpret, wie auch hier vertreten, an den erkennbaren Willen des Normurhebers gebunden, nach Ansicht der Vertreter der objektiven Gesetzesauslegung dagegen nicht.

808 Da das Bundesarbeitsgericht der Andeutungstheorie folgt und den Willen der Tarifvertragsparteien jedenfalls dann berücksichtigt, wenn er im Text oder im tariflichen Gesamtzusammenhang seinen Ausdruck gefunden hat (s. o. Rnr. 771), besteht kein großer Unterschied zur subjektiven Theorie. Da, wie ausgeführt, Materialien zur Entstehungsgeschichte kaum zugänglich sind und Zeugenvernehmungen meist erfolglos sind, wird der Meinungsunterschied nur dann praktisch, wenn auf andere Weise der Wille der Tarifvertragsparteien klar erkennbar ist (z. B. Vorgängertarifverträge, tarifliche Praxis).[102] Dann würde es gegen die Tarifautonomie verstoßen, wenn der Interpret allein unter Berufung auf einen abweichenden Wortlaut zu einem anderen Auslegungsergebnis käme.

---

[97] BAG 24. 1. 1990 AP Nr. 90 zu § 1 TVG Tarifverträge: Metallindustrie.
[98] S. den Fall BAG 18. 10. 1995 AP Nr. 58 zu § 1 TVG Tarifverträge: Einzelhandel.
[99] BAG 23. 2. 1994 AP Nr. 2 zu § 1 TVG Tarifverträge: Kirchen = Betrieb 1994, S. 2402.
[100] S. auch *Stein*, Tarifvertragsrecht, Rnr. 87.
[101] BAG 31. 1. 1969 AP Nr. 26 zu § 1 Feiertagslohnzahlungsgesetz *(Canaris)*; 2. 12. 1959 AP Nr. 2 zu § 2 TOA; 5. 5. 1976 AP Nr. 88 zu § 611 BGB Gratifikation; 24. 2. 1988 AP Nr. 2 zu § 1 TVG Tarifverträge: Dachdecker; *Ananiadis*, Auslegung, S. 67; *Buchner*, AR-Blattei D Tarifvertrag IX unter B IV 2b cc; *Herschel* in: Festschrift für Molitor (1962), S. 161, 187; *ders.*, AuR 1966, S. 1, 5; Kempen/Zachert, TVG, Grundlagen, Rnr. 320; *Löwisch/Rieble*, § 1 TVG, Rnr. 408; *Nikisch*, Arbeitsrecht II, § 69 III 3, S. 222; allg. *Flume*, Allgemeiner Teil des Bürgerlichen Rechts II, 1992, § 16, 1, 3a, S. 300, 310; *Wank*, Rechtstheorie 1982, S. 465, 492.
[102] BAG 26. 5. 1992 AP Nr. 58 zu § 7 BUrlG Abgeltung.

4. Sinn und Zweck

Wie bei der Gesetzesauslegung und bei der Vertragsauslegung, muß zunächst der *konkrete Regelungszweck*[103] festgestellt werden. Daneben können und müssen, wie bei der Gesetzesauslegung, auch *allgemeine Normzwecke* berücksichtigt werden, wie Rechtssicherheit und Praktikabilität.[104] Das BAG spricht davon, daß die Tarifvertragsparteien eine vernünftige, gerechte, zweckorientierte und praktische handhabbare Regelung treffen wollten.[105] Während diese Aspekte für den Austauschvertrag keine Rolle spielen, sind sie für Normenverträge wegen ihrer Drittwirkung ebenso beachtlich wie bei Gesetzen.[106]

5. Gesamtabwägung

Für Tarifverträge ist, wie für Gesetze,[107] umstritten, in welchem Rangverhältnis die vier Auslegungskriterien zueinander stehen.[108] Auch für Tarifverträge sollte der Zweck der Regelung den Ausschlag geben.

C. Inhaltskontrolle von Tarifverträgen

Tarifverträge sind, wie zur systematischen Auslegung dargelegt, an Gemeinschaftsrecht, Verfassungsrecht[109] und zwingende einfache Gesetze gebunden. Darüber hinaus unterliegen Tarifverträge nach Ansicht der Rechtsprechung und der h. M. einer Inhaltskontrolle (keiner Billigkeitskontrolle, wie Betriebsvereinbarungen).[110] Diese hat aber nicht dieselbe Intensität wie bei Einzelarbeitsverträgen. Da Tarifverträge von gleichstarken Parteien ausgehandelt werden, besteht eine Richtigkeitsvermutung;[111] vgl. dazu ausführlich oben Rnr. 780.

---

[103] S. zur Gesetzesauslegung *Wank*, Die juristische Begriffsbildung, 1985, S. 92 ff.; zu Tarifverträgen BAG 25. 10. 1995 AP Nr. 57 zu § 1 TVG Tarifverträge: Einzelhandel; 16. 11. 1995 AP Nr. 49 zu § 611 BGB Bühnenengagementsvertrag; *Löwisch/Rieble*, § 1 TVG, Rnr. 400.

[104] S. zur Gesetzesauslegung *Deckert*, Folgenorientierung in der Rechtsanwendung, 1995; *Wank*, Die juristische Begriffsbildung, 1985, S. 95 ff.; zu Tarifverträgen BAG 14. 5. 1987 AP Nr. 12 zu § 1 TVG Tarifverträge: Lufthansa *(Conze)*; BAG 14. 12. 1971 AP Nr. 99 zu §§ 22, 23 BAT; 20. 4. 1983 AP Nr. 2 zu § 32 TV AL II.

[105] BAG 20. 10. 1982 AP Nr. 45 zu § 1 TVG Tarifverträge.

[106] BAG 9. 3. 1983 AP Nr. 128 zu § 1 TVG Auslegung; 20. 10. 1982 AP Nr. 45 zu § 1 TVG Tarifverträge: Bau; *Herschel*, in: Festschrift für Molitor (1962), S. 161, 193; *Kempen/Zachert*, TVG, Grundlagen, Rnr. 331 ff.; *Löwisch/Rieble*, § 1 TVG, Rnr. 402; *Nikisch*, Arbeitsrecht II, § 69 III, S. 221; *Schaub*, NZA 1994, S. 597, 600; zu stark auf den Einzelfall bezogen *Zachert*, in: Festschrift Arbeitsgerichtsverband (1994), S. 586.

[107] S. für alle *Larenz/Canaris*, Methodenlehre, Kap. 4, 2 f, S. 163 ff.

[108] Betr. Tarifverträge *Kempen/Zachert*, TVG, Grundlagen, Rnr. 314, 324.

[109] S. *Schwarze*, ZTR 1996, S. 1 ff.; *Singer*, ZfA 1995, S. 611 ff.; *Anton Wiedemann*, Die Bindung der Tarifnormen an die Grundrechte, insbesondere an Art. 12 GG, 1994.

[110] *Däubler*, Tarifvertragsrecht, Rnr. 382; *Löwisch/Rieble*, § 1 TVG, Rnr. 151; *Singer*, ZfA 1995, S. 611, 613; *Stein*, Tarifvertragsrecht, Rnr. 387.

[111] S. z. B. BAG 6. 9. 1995 AP Nr. 22 zu § 611 BGB Ausbildungsbeihilfe *(von Hoyningen-Huene)*.

D. Fortbildung von Tarifverträgen

I. Grundsätze

812 Wenn auch Einigkeit darüber besteht, daß es jenseits der (normalen) Auslegung einen weiteren, dem Interpreten zugänglichen Bereich gibt, so ist doch unklar, wo die Grenze verläuft. Die Unterscheidung ist sowohl für das Vertragsrecht („normale" Auslegung/ergänzende Vertragsauslegung[112]) als auch für das Gesetzesrecht (**Auslegung/Rechtsfortbildung**) deshalb wichtig, weil für die Fortbildung jeweils höhere Anforderungen gelten. In dem einen Fall bewegt sich der Interpret in einem vorgegebenen Rahmen, im anderen Fall bringt er eigene Wertungen mit ein. Die Trennlinie soll sich – jedenfalls bei Gesetzen – aus dem Wortlaut ergeben; eine Regel, die von der ganz h.M. ebenso oft aufgestellt wie im Einzelfall übertreten wird.[113] Entscheidend ist vielmehr der Sinn der Regelung (Gesetzessinntheorie).

813 Auch an dieser Stelle müßte sich eigentlich auswirken, ob man der Theorie der Vertragsauslegung oder der Theorie der Gesetzesauslegung folgt; im einen Fall wäre eine „ergänzende Vertragsauslegung" des Tarifvertrages vorzunehmen, im anderen Fall eine richterliche Rechtsfortbildung. Da Tarifverträge aber Normenverträge sind, können wegen der Auswirkung auf Dritte die Regeln der ergänzenden Vertragsauslegung nicht unbesehen übernommen werden und wegen des Verhältnisses Gerichte/Tarifvertragsparteien (im Gegensatz zum Verhältnis Rechtsprechung/Gesetzgebung beim Gesetz) nicht die der Gesetzesauslegung. Es empfiehlt sich, insoweit von „Fortbildung" zu sprechen.[114]

814 Das Bundesarbeitsgericht erkennt die Möglichkeit zur Fortbildung von Tarifverträgen grundsätzlich an. In der Literatur finden sich vereinzelt starke Befürworter;[115] es überwiegt die Zurückhaltung.[116]

II. Lückenfeststellung

1. Allgemeines

815 Gleichgültig, ob man von einer Vertragsauslegung oder von einer Gesetzesauslegung ausgeht, setzt die Fortbildung voraus, daß eine Lücke im Tarifvertrag festgestellt wird. Hierbei kann man zwischen anfänglichen und

---

[112] Zur ergänzenden Vertragsauslegung bei einem Arbeitsvertrag s. BAG 20. 8. 1996 AP Nr. 9 zu § 87 HGB.
[113] S. zur Kritik *Wank*, ZGR 1988, S. 314, 317.
[114] BAG 13. 6. 1973 AP Nr. 123 zu § 1 TVG Auslegung; *Buchner*, AR-Blattei D Tarifvertrag IX unter C; *Krause*, Anm. zu BAG 14. 12. 1993 SAE 1994, S. 344, 346 (= AP Nr. 160 zu § 611 BGB Gratifikation); *Liedmeier*, Auslegung, S. 111 ff., 121 ff., 160 f.; *Schaub*, NZA 1994, S. 597, 601.
[115] S. insbes. *Mayer-Maly*, RdA 1988, S. 136 f.
[116] S. u. a. *Herschel*, in: Festschrift für Molitor (1962), S. 161, 192; Kempen/*Zachert*, TVG, Grundlagen, Rnr. 331 ff.

nachträglichen Lücken unterscheiden.¹¹⁷ Haben die Tarifvertragsparteien eine *bewußte Lücke* gelassen,¹¹⁸ so ist es nicht Aufgabe der Arbeitsgerichte, diese Lücke zu schließen.¹¹⁹ Das kommt vielmehr nur bei einer *unbewußten Lücke* in Betracht. Wegen des Kompromißcharakters des Tarifvertrages ist es in erster Linie Sache der Tarifvertragsparteien selbst, die Lücke beim nächsten Tarifabschluß zu schließen. Die Gerichte können nicht eine schlechte Verhandlungsführung dadurch prämieren, daß sie dem nachlässigen Verhandlungsteilnehmer Vertragshilfe leisten. Eine Fortbildung kommt nur in Betracht, wenn das im Tarifvertrag Angelegte konkretisiert oder weitergedacht wird und das Ergebnis dem Willen beider Parteien entspricht.¹²⁰

2. Besonderheiten bei Sonderzuwendungen

Tarifvertragliche Regelungen über Sonderzuwendungen sind im Hinblick auf Anspruchsvoraussetzungen oder Kürzungs- und Ruhenstatbestände gesetzestechnisch nicht immer eindeutig gefaßt. Insbesondere, wenn zwar bestimmte Fallgestaltungen angeführt werden, andere aber nicht, stellt sich vielfach die Frage, ob für die nicht geregelten Fälle eine Analogie oder ein Umkehrschluß möglich ist. In der Vergangenheit hat das Bundesarbeitsgericht dann vielfach eine Fortbildung vorgenommen. Der nunmehr zuständige 10. Senat verfolgt demgegenüber eine rigorose erzieherische Strategie. Er lehnt es ab, Überlegungen nachzuholen, die die Tarifvertragsparteien versäumt haben und orientiert sich deshalb weitestgehend am Wortlaut der Regelung,¹²¹ soweit es sich nicht um „arbeitsleistungsbezogene Sonderzulagen" handelt.¹²²

816

---

[117] Zu Gesetzen s. *Larenz/Canaris,* Methodenlehre, Kap. 5, 2a, S. 198 ff.; zum Tarifvertrag s. *Liedmeier,* Auslegung, S. 114.
[118] Beispiele: Die Herausnahme der Lehrer aus der Vergütungsordnung des BAT; s. *Marzona,* Vergütungsrechtliche Einordnungsprobleme der an öffentlichen Schulen des Landes Nordrhein-Westfalen beschäftigten Lehrkräfte im Angestelltenverhältnis, Diss. Bochum 1996, S. 26 ff.; BAG 26. 5. 1993 AP Nr. 29 zu § 1 TVG Tarifverträge: Druckindustrie.
[119] BAG 23. 9. 1981 AP Nr. 19 zu § 611 BGB Lehrer, Dozenten; 24. 2. 1988 AP Nr. 2 zu § 1 TVG Tarifverträge: Schuhindustrie; *Däubler,* Tarifvertragsrecht, Rnr. 152; *Dütz,* in: Festschrift für Molitor (1962), S. 63, 75; *Hueck/Nipperdey,* Arbeitsrecht II, § 18 V 3 p, S. 363; *Liedmeier,* Auslegung, S. 112 f.; *Löwisch*/Rieble, § 1 TVG, Rnr. 425; *Nikisch,* Arbeitsrecht II, § 69 III 1, 4, S. 220, 223; *Schaub,* NZA 1994, S. 597, 601; *Stein,* Tarifvertragsrecht, Rnr. 90; a.A. *Mayer-Maly,* RdA 1988, S. 136 f.
[120] Vgl. BAG 22. 7. 1959 AP Nr. 68 und 13. 6. 1973 Nr. 123 zu § 1 TVG Auslegung; 23. 9. 1981 AP Nr. 19 zu § 611 BGB Lehrer, Dozenten; 24. 5. 1978 AP Nr. 6 zu § 1 TVG Tarifverträge: Metallindustrie; 27. 5. 1992 AP Nr. 1 zu § 8 JugArbSchutzG; *Herschel,* in: Festschrift für Molitor (1962), S. 132; *Löwisch*/Rieble, § 1 TVG, Rnr. 426; *G. Müller,* Betrieb 1960, S. 148; *Nikisch,* Arbeitsrecht II, § 69 III 4, S. 220, 223; *Schaub,* NZA 1994, S. 597, 601; *Zachert,* in: Festschrift Arbeitsgerichtsverband (1994), S. 573, 591.
[121] S. zur Rechtsprechung des BAG zu Kürzungstatbeständen BAG 16. 3. 1994 AP Nr. 162 zu § 611 BGB Gratifikationen *(Herrmann);* 19. 4. 1995 AP Nr. 173 zu § 611 BGB Gratifikationen *(J. Schmitt);* ferner *Schwarz,* NZA 1996, S. 571.
[122] BAG 16. 3. 1994 AP Nr. 162 zu § 611 BGB Gratifikation; 19. 4. 1995 AP Nr. 173 zu § 611 BGB Gratifikation.

III. Lückenschließung

817 Hat sich nach diesen Grundsätzen ergeben, daß eine Lücke vorliegt, so folgt daraus nicht auch schon zwingend, daß die Gerichte berechtigt sind, die Lücke zu schließen. Insbesondere wenn mehrere Möglichkeiten für eine Regelung in Betracht kommen, muß die Wahl den Tarifvertragsparteien überlassen bleiben.[123] Als Mittel der Lückenschließung kommen, wie bei Gesetzen, Analogie,[124] Umkehrschluß[125] und teleologische Reduktion[126] in Betracht.

E. Besondere Auslegungsprobleme

818 Bei einer Reihe besonderer Auslegungsfragen wird deutlich, daß auf Tarifverträge als Normenverträge die Regeln für Austauschverträge nicht passen und daß auf die Grundsätze der Gesetzesauslegung bezug genommen werden muß.

I. Wegfall der Geschäftsgrundlage

819 Bei Verträgen ist zwar die Rechtsfigur des Wegfalls der Geschäftsgrundlage anerkannt.[127] Bei Gesetzen entspricht dem die – kaum je herangezogene – Regel „cessante ratione legis cessat lex ipsa".[128] In aller Regel nehmen die Gerichte in diesen Fällen eine Rechtsfortbildung vor. Von daher fragt es sich, ob diese Rechtsfigur auf den Tarifvertrag als Normenvertrag überhaupt paßt.[129] Hinzu kommt die Problematik einer Abgrenzung zur Kündigung.

820 Insoweit könnte man vielleicht unterscheiden zwischen der wirtschaftlichen Notlage und Änderungen in rechtlicher Hinsicht. Beruft sich der Arbeitgeberverband auf eine *wirtschaftliche Notlage* bei seinen Mitgliedern, so kommt nur eine außerordentliche Änderungskündigung in Betracht (der ein Verhandlungsanspruch vorangeht) und keine Berufung auf den Wegfall der Geschäftsgrundlage.[130]

---

[123] BAG 10. 12. 1986 AP Nr. 1 zu § 42 MTB II = NZA 1987, S. 823; LAG Thüringen 24. 10. 1994 BB 1995, 1085 *(Horndasch); Zachert,* in: Festschrift Arbeitsgerichtsverband (1994), S. 573, 594.
[124] *Liedmeier,* Auslegung, S. 111 ff.
[125] *Zachert,* in: Festschrift Arbeitsgerichtsverband (1994), S. 573, 590, Fn. 115.
[126] BAG 9. 10. 1956 AP Nr. 2 zu § 1 TVG Auslegung *(Tophoven);* 12. 11. 1964 AP Nr. 4 zu § 34 SchwbeschG 1961 *(Schnorr von Carolsfeld);* 12. 10. 1955 AP Nr. 3 zu § 96 ArbGG 1953; BAG GS 16. 3. 1962 AP Nr. 19 zu § 1 HausarbeitstagsG NRW; 1. 12. 1967 AP Nr. 25 und 31. 1. 1969 Nr. 26 *(Canaris)* zu § 1 FeiertagslohnzahlungsG; Hueck/*Nipperdey,* Arbeitsrecht II 1, § 18 V 3 p, S. 364.
[127] Staudinger/*Roth,* § 157 BGB, Rnr. 9.
[128] *Larenz/Canaris,* Methodenlehre, Kap. 4, 3 b, S. 171.
[129] Hierzu *Belling/Hartmann,* ZfA 1997, S. 87, 106 ff.; *Däubler,* ZTR 1996, S. 241 ff.
[130] BAG 10. 12. 1996 AP Nr. 1 zu § 1 TVG Kündigung *(Löwisch); Wank,* in: Festschrift für Schaub (1998), S. 761, 781 ff., 788 ff. m. w. N.; s. auch die Kommentierung zu § 4.

5. Abschnitt. Auslegung von Tarifverträgen   821–825   § 1

Aber auch bei Veränderungen in *rechtlicher Hinsicht* sollte – entgegen verbreiteter Ansicht – die außerordentliche Kündigung an die Stelle des Wegfalls der Geschäftsgrundlage treten. Das betrifft Fälle von Gesetzesänderungen, von Rechtsprechungsänderungen oder wegen Änderung der Rechtstatsachen.   821

II. Verweisungen

Verweist ein Tarifvertrag[131] im Wege einer statischen Verweisung auf einen bestimmten anderen Tarifvertrag, so bestehen dagegen keine Bedenken.[132] Dagegen sind dynamische Verweisungen auf einen jeweils geltenden anderen Tarifvertrag nur aus sachlichem Grund zulässig. Ein solcher Grund liegt insbes. vor, wenn auch der andere Tarifvertrag zwischen denselben Parteien geschlossen wurde oder wenn zwischen beiden Tarifverträgen ein enger Sachzusammenhang besteht.[133]   822

III. Verstoß gegen den Gleichheitssatz

Bei Verstößen gegen den Gleichheitssatz ergeben sich Probleme beim Tatbestand und bei den Rechtsfolgen.[134] In manchen Fällen kann der Verstoß im Wege der **systematischen Auslegung** geheilt werden (rangkonforme Auslegung als Inhaltsbestimmung). Ist eine Heilung durch Auslegung nicht möglich, führt die rangkonforme Auslegung als Inhaltskontrolle zur Nichtigkeit der Tarifnorm.   823

Im Falle der Nichtigkeit besteht, wenn es um Leistungen an Arbeitnehmer geht, vielfach die Vorstellung, als **Rechtsfolge** komme nur die Gewährung der Leistung auch an die bisher Benachteiligten in Betracht. Dabei wird die relationale Struktur des Gleichheitssatzes verkannt. Verboten ist nur die Ungleichbehandlung ohne sachlichen Grund. Sie kann ebensogut dadurch beseitigt werden, daß die bisherige ungerechtfertigte Privilegierung beseitigt wird wie dadurch, daß die bisher Benachteiligten die gleiche Leistung erhalten.   824

IV. Rückwirkung

Früher wurde teilweise die Ansicht vertreten, die Tarifvertragsparteien dürften keine rückwirkende Änderung eines bestehenden Tarifvertrages vornehmen.[135] Teilweise wurde die Meinung vertreten, ein rückwirkender Tarifvertrag könne nur Ansprüche aus einem nachwirkenden Tarifvertrag   825

---

[131] Zu einer arbeitsvertraglichen Verweisung s. BAG 3. 9. 1996 AP Nr. 5 zu § 1 TVG Bezugnahme auf Tarifvertrag.
[132] BAG 9. 7. 1980 AP Nr. 7 zu § 1 TVG Form; *Däubler*, Tarifvertragsrecht, Rnr. 120; Kempen/*Zachert*, § 3 TVG, Rnr. 76.
[133] BAG 9. 7. 1980 AP Nr. 7 und 10. 11. 1982 Nr. 8 zu § 1 TVG Form.
[134] Wegen der Einzelheiten s. o. Einl. Rnr. 261 ff.
[135] *Richardi*, Kollektivgewalt, S. 433; *Stahlhacke*, RdA 1959, S. 266, 269.

ändern.¹³⁶ Schließlich galt die Auffassung, daß bereits entstandene tarifvertraglich begründete Lohnansprüche wegen eines Übertritts in die Privatsphäre des Arbeitnehmers nicht angetastet werden dürften.¹³⁷ – Das Bundesarbeitsgericht hat diese Einschränkungen – mit Recht – aufgegeben.¹³⁸ Grenzen der Rückwirkung bestehen allerdings in demselben Umfang wie bei einer rückwirkenden Gesetzgebung.¹³⁹ Die Tarifvertragsparteien können nicht durch rückwirkende Rechtsnormen ihre Regelungsbefugnis auf nicht tarifgebundene Arbeitgeber ausdehnen.¹⁴⁰

F. Prozeßrechtliche Fragen

I. Tatsacheninstanz

826 Der Tarifvertrag als das von den Tarifvertragsparteien kraft staatlicher Ermächtigung gesetzte autonome Recht ist im Prozeß vom Gericht entsprechend den Grundsätzen des § 293 ZPO zu behandeln. Das bedeutet: Der Richter hat zwar in einem Rechtsstreit aus einem Arbeitsverhältnis nicht von Amts wegen zu prüfen, ob das Arbeitsverhältnis von tariflichen Normen beherrscht wird; jedoch hat er den Inhalt eines Tarifvertrages nach § 293 ZPO zu ermitteln, wenn der Tatsachenvortrag der Parteien Anhaltspunkte dafür enthält, daß Tarifnormen für die Entscheidung von Bedeutung sein könnten.¹⁴¹ Zur Ermittlung der Normen des Tarifvertrages hat das Bundesarbeitsgericht, wenn es noch zusätzlicher tatsächlicher Ermittlungen bedurfte, wiederholt der Tatsacheninstanz Ermittlungen aufgegeben.¹⁴² Das soeben Ausgeführte gilt auch für die Allgemeinverbindlichkeit eines Tarifvertrages. Das Gericht kann also den Nachweis der Allgemeinverbindlicherklärung nicht der Partei eines Rechtsstreits übertragen oder überlassen, sondern es hat die notwendigen Ermittlungen von Amts wegen zu führen.¹⁴³

---

¹³⁶ *Nikisch*, Arbeitsrecht II, § 73 II 6, S. 294.
¹³⁷ *Herschel*, Tariffähigkeit und Tarifmacht, 1932, S. 46, 49; *Siebert*, in: Festschrift für Nipperdey (1955), S. 119, 133.
¹³⁸ BAG 23. 11. 1994 AP Nr. 12 zu § 1 TVG Rückwirkung *(Wiedemann);* BAG 15. 11. 1995 NZA 1996, S. 603.
¹³⁹ Zum Ganzen ausführlich *Louven*, Problematik und Grenzen rückwirkender Rechtsprechung des Bundesarbeitsgerichts, 1996, sowie die Kommentierung zu § 4 TVG.
¹⁴⁰ BAG 13. 9. 1994 AP Nr. 11 zu § 1 TVG Rückwirkung.
¹⁴¹ BAG 29. 3. 1957 AP Nr. 4 zu § 4 TVG Tarifkonkurrenz; 9. 8. 1995 AP Nr. 8 zu § 293 ZPO; *Germelmann/Matthes/Prütting*, § 73 ArbGG, Rnr. 11; *Grunsky*, § 73 ArbGG, Rnr. 9; *Hueck/Nipperdey*, Arbeitsrecht II 1, § 18 V 3m, S. 361; a. A. *Palm*, RdA 1963, der eine Fürsorgepflicht (§ 139 ZPO) annimmt.
¹⁴² Vgl. BAG 21. 3. 1958 AP Nr. 1 zu § 614 BGB *(Tophoven);* 29. 3. 1957 AP Nr. 4 zu § 4 TVG Tarifkonkurrenz *(Gumpert);* vgl. allgemein *Dölle*, in: Festschrift für Nikisch (1958), S. 185, 188 ff.
¹⁴³ Ebenso *Däubler*, Tarifvertragsrecht, Rnr. 165; *Herschel*, in: Festschrift für Molitor (1962), S. 161, 194.

II. Revisionsinstanz

In der Revisionsinstanz kann das Revisionsgericht die Auslegung der Tarifvertragsbestimmungen voll[144] überprüfen, § 73 Abs. 1 ArbGG.[145] Das gleiche gilt für die Frage, ob überhaupt ein Tarifvertrag vorliegt.[146] Ob sich der örtliche Geltungsbereich innerhalb des Bezirks eines Landesarbeitsgerichts hält, ist dabei ohne Bedeutung, denn Rechtsnormen i. S. des § 73 Abs. 1 ArbGG sind sowohl die normativen Bestimmungen eines Tarifvertrages wie auch alle anderen Sachregelungen auf dem Gebiet der Arbeits- und Wirtschaftsbedingungen. Nehmen die Parteien eines Einzelarbeitsvertrags auf den Tarifvertrag in der Weise bezug, daß er für sie gelten soll, wie er für die Tarifgebundenen ausgelegt wird, so ist – obwohl die Tarifnormen hier nicht mit normativer Kraft gelten – die Auslegung ebenfalls vom Revisionsgericht in vollem Umfang nachprüfbar.[147] Etwas anderes gilt, wenn es sich nicht um die Auslegung der Tarifvertragsbestimmungen, sondern um die Auslegung der *Bezugnahmevereinbarung* handelt. 827

Das Revisionsgericht ist nach § 591 Abs. 2 ZPO nur an tatsächliche Feststellungen des Landesarbeitsgerichts, nicht aber an Feststellungen gebunden, die der Ermittlung der rechtlichen Bedeutung einer Tarifnorm dienen. Das Revisionsgericht hat daher von Amts wegen in den Grenzen des § 293 ZPO alles festzustellen, was zur Ermittlung von Inhalt und Tragweite der Tarifbestimmungen von Bedeutung ist. 828

III. Feststellungsklage

1. Auslegung einer Tarifnorm

Auslegungsfragen werden in der Regel streitig, wenn eine tarifgebundene Partei aus einem Arbeitsverhältnis auf Erfüllung tarifvertraglicher Verpflichtungen klagt. Möglich ist aber auch, daß die Tarifvertragsparteien unmittelbar über die Auslegung des Tarifvertrages streiten.[148] Streiten Arbeitgeber und Betriebsrat über die Auslegung einer Vorschrift des Tarifvertrages, so kann dafür das Beschlußverfahren nicht durchgeführt werden.[149] Hier gilt § 9 des Gesetzes (vgl. dazu unten die Ausführungen zu § 9). 829

2. Beschränkte Feststellungsklage

Auch ein einzelnes Anspruchselement kann zum Gegenstand einer Feststellungsklage gemacht werden, wenn durch die erbetene Entscheidung über 830

---

[144] Zur beschränkten Überprüfbarkeit bei nicht typischen Verträgen BAG 18. 4. 1996 AP Nr. 12 zu § 19 BAT-O.
[145] BAG 10. 10. 1957 AP Nr. 12, 10. 9. 1962 Nr. 115 und 30. 9. 1971 Nr. 121 zu § 1 TVG Auslegung; 15. 3. 1965 AP Nr. 1 zu § 31 BAT *(Crisolli)*; BAG 29. 11. 1984 AP Nr. 22 zu § 7 BUrlG Abgeltung; 28. 2. 1990 AP Nr. 8 zu § 1 KSchG Wartezeit; 13. 10. 1993 AP Nr. 8 zu §§ 22, 23 BAT Zulagen; 13. 6. 1996 AP Nr. 21 zu § 1 TVG Tarifverträge: Lufthansa.
[146] BAG 18. 11. 1965 AP Nr. 17 zu § 1 TVG *(Zöllner)*.
[147] BAG 12. 8. 1959 AP Nr. 1 zu § 305 BGB *(Tophoven)*.
[148] S. z. B. BAG 17. 6. 1997 AP Nr. 51 zu § 72a ArbGG 1979 Grundsatz.
[149] BAG 24. 2. 1987 AP Nr. 28 zu § 80 BetrVG 1972.

die Teilfrage der Rechtsstreit im Ganzen bereinigt werden kann.[150] Dies ergibt sich aus Gründen der Prozeßökonomie. So kann zum Inhalt der Feststellung etwa die Berechnung der ruhegeldfähigen Dienstzeit[151] oder die anteilige Anrechnung einer Rente auf das tarifliche Ruhegeld[152] erhoben werden. Könnte in beiden Fällen der Ruhegeldanspruch nur im Ganzen Gegenstand der Feststellungsklage sein, so wäre die Rechtskraft des Feststellungsurteils immer dann in Frage gestellt, wenn eine Anpassung an die Lohn- und Geldwertentwicklung vorgenommen wird.

831 Den oben angeführten Entscheidungen des Dritten Senats des Bundesarbeitsgerichts steht die Auffassung des Vierten Senats nicht entgegen, denn in den von diesem zu entscheidenden Fällen fehlte das Feststellungsinteresse für den „Elementenstreit" aus anderen Gründen.[153]

3. Laufende Tarifverhandlungen

832 Während laufender Tarifverhandlungen prüfen die Arbeitsgerichte mit Recht nicht, ob eine Forderung mit dem geltenden Recht in Einklang steht.[154]

4. Arbeitskämpfe

833 Arbeitskämpfe, die darauf beruhen, daß die Tarifvertragsparteien eine Bestimmung des Tarifvertrages unterschiedlich auslegen, sind rechtswidrig.[155] Zur Klärung von Rechtsfragen gilt kein Faustrecht, sondern sind die Gerichte anzurufen. Insoweit besteht eine Friedenspflicht.[156] Sie gilt auch, wenn der Tarifvertrag bewußt auf eine eigene Regelung verzichtet.[157]

§ 2 Tarifvertragsparteien

(1) **Tarifvertragsparteien sind Gewerkschaften, einzelne Arbeitgeber sowie Vereinigungen von Arbeitgebern.**

(2) **Zusammenschlüsse von Gewerkschaften und von Vereinigungen von Arbeitgebern (Spitzenorganisationen) können im Namen der ihnen angeschlossenen Verbände Tarifverträge abschließen, wenn sie eine entsprechende Vollmacht haben.**

---

[150] BAG 18. 11. 1968 AP Nr. 134 zu § 242 BGB Ruhegehalt *(Sieg)* und 1. 6. 1970 Nr. 143 zu § 242 BGB Ruhegehalt *(Sieg)* = SAE 1972, S. 83 *(Seiter)*; vgl. auch BAG 10. 12. 1980 AP Nr. 15 zu Art. 33 Abs. 2 GG; zust. *Buchner*, AR-Blattei D Tarifvertrag IX Auslegung, unter D I; Kempen/Zachert, TVG, Grundlagen, Rnr. 343.
[151] BAG 8. 2. 1969 AP Nr. 136 zu § 242 BGB Ruhegehalt.
[152] BAG 30. 1. 1970 AP Nr. 142 zu § 242 BGB Ruhegehalt *(Sieg)*.
[153] Vgl. BAG 12. 2. 1969 AP Nr. 4 *(Crisolli)* und 5. 3. 1969 Nr. 5 *(Spiertz)* zu § 23 a BAT.
[154] BAG 20. 5. 1960 AP Nr. 8 zu § 101 ArbGG.
[155] S. zu § 4 Abs. 1 EFZG *Rieble*, RdA 1997, S. 134, 135.
[156] BAG 7. 6. 1988 AP Nr. 106 zu Art. 9 GG Arbeitskampf = EzA Art. 9 GG Arbeitskampf Nr. 80 *(Wank)*.
[157] *Kramer*, ZIP 1994, S. 929, 932; *Rieble*, RdA 1997, S. 134, 141; a.A. *Buchner*, NZA 1996, S. 1177, 1182; *Preis*, in: Festschrift für Schaub (1998), S. 571, 575.

(3) **Spitzenorganisationen** können selbst Parteien eines Tarifvertrages sein, wenn der Abschluß von Tarifverträgen zu ihren satzungsgemäßen Aufgaben gehört.

(4) In den Fällen der Absätze 2 und 3 haften sowohl die Spitzenorganisationen wie die ihnen angeschlossenen Verbände für die Erfüllung der gegenseitigen Verpflichtungen der Tarifvertragsparteien.

Gesamtübersicht zu § 2

	Rnr.
Regelungsinhalt und Entstehungsgeschichte	1–7
1. Abschnitt. Tariffähigkeit und Tarifzuständigkeit	
A. Die Tariffähigkeit	8–42
B. Die Tarifzuständigkeit	43–80
C. Tariffähigkeit und -zuständigkeit außerhalb des materiellen Tarifrechts	81–93
2. Abschnitt. Die Tariffähigkeit des einzelnen Arbeitgebers	
A. Allgemeines	94–120
B. Firmentarifverträge und firmenbezogene Verbandstarifverträge	121–153
3. Abschnitt. Die tariffähigen Berufsverbände	
A. Allgemeines	154–170
B. Anforderungen an die Organisation der Berufsverbände	170–285
C. Anforderungen an Zielsetzung und Mittel	286–331
4. Abschnitt. Die tariffähigen Spitzenorganisationen	
A. Allgemeines	331–333
B. Der Abschluß eigener Tarifverträge	334–334
C. Der Abschluß von Tarifverträgen für angeschlossene Verbände	345–349
D. Die Haftung der Spitzenorganisationen nach § 2 Abs. 4	350–354

Schrifttum: Siehe neben den Gesamtdarstellungen des Tarifvertragsrechts (Einleitung vor § 1) die Einzelnachweise zum Beginn der jeweiligen Abschnitte. Das ältere Schrifttum (vor 1933) ist zusammengestellt bei *Hueck/Nipperdey*, Arbeitsrecht II 1, § 20 Fn. 1, S. 418.

Regelungsinhalt und Entstehungsgeschichte

Das Recht zum Abschluß von Tarifverträgen räumt das Tarifvertragsgesetz 1 nur den in § 2 aufgeführten Personen und Vereinigungen ein. Nur sie können Kollektivverträge abschließen, die die im Tarifvertragsgesetz normierten Rechtswirkungen besitzen.[1] Wollen die in § 2 genannten Personen bzw. Vereinigungen über die Arbeits- und Wirtschaftsbedingungen Vereinbarungen treffen, die nicht den in § 1 Abs. 1 genannten Akttypen entsprechen, so müssen sie sich hierfür auf die allgemeine Vertragsfreiheit stützen, damit zugleich aber auch die allgemeinen Voraussetzungen für den Abschluß privatrechtlicher Verträge erfüllen. Dies gilt entsprechend für Personen und Vereinigungen, die nicht in § 2 Abs. 1 aufgeführt sind. Wollen sie Vereinbarungen zur Regelung der Arbeits- und Wirtschaftsbedingungen abschließen, so steht ihnen hierfür der privatrechtliche Vertrag als Handlungsinstru-

---

[1] *Maus*, § 2 TVG, Rnr. 4.

mentarium zur Verfügung, der seine Rechtswirkungen jedoch ausschließlich zwischen den Vertragsparteien entfaltet.²

2   Das Tarifvertragsgesetz verzichtet darauf, den in der Tarifrechtsdogmatik anerkannten **Begriff der Tariffähigkeit** in den Gesetzestext aufzunehmen. Damit unterscheidet es sich nicht nur von den in der Weimarer Zeit vorgelegten Reformentwürfen,³ sondern auch von § 1 Abs. 1 des *Lemgoer Entwurfs* (oben Geschichte, Rnr. 22) sowie den gewerkschaftlichen Vorschlägen (oben Geschichte, Rnr. 28–33), die insoweit ebenfalls in den von der SPD-Fraktion im Wirtschaftsrat vorgelegten Initiativantrag Eingang gefunden hatten (oben Geschichte, Rnr. 37). Die Gesetz gewordene Fassung beruht vor allem auf dem von der Hauptverwaltung für Arbeit eingebrachten Referentenentwurf (oben Geschichte, Rnr. 38), der sich – ebenso wie bereits § 1 des *Stuttgarter Entwurfs* (oben Geschichte, Rnr. 27) – auf die in § 2 Abs. 1 enthaltene Aufzählung der Tarifvertragsparteien beschränkte. Als Motiv für diese regelungstechnische Konzeption wurde von *Herschel* die Lesbarkeit des Textes sowie seine größere Verständlichkeit für den Laien angeführt.⁴

3   Während die Regelung in § 2 Abs. 1 inhaltlich weitgehend unumstritten war und an die bewährte Tarifrechtsdogmatik der Weimarer Zeit anknüpfte, beschritt der Gesetzgeber mit den Regelungen zu den **Spitzenorganisationen** tarifrechtliches Neuland, da auch die tarifrechtlichen Reformdiskussionen der Weimarer Zeit ihnen keine vertiefte Aufmerksamkeit schenkten.⁵

4   Eine Beteiligung der Spitzenorganisationen am Abschluß von Tarifverträgen sieht die gesetzliche Regelung in zweierlei Weise vor: erstens als Vertreter im Namen der angeschlossenen Verbände (§ 2 Abs. 2) und zweitens kraft eigenen Rechts (§ 2 Abs. 3). Während die Beteiligung der Spitzenorganisationen am Tarifvertragsabschluß als Vertreter der angeschlossenen Verbände im Gesetzgebungsverfahren unumstritten war, stieß die Aufnahme einer eigenen Tariffähigkeit für die Spitzenorganisationen auf den Widerstand der Gewerkschaften – sie lehnten eine § 2 Abs. 3 entsprechende Bestimmung vor allem wegen eines fehlenden praktischen Bedürfnisses ab.⁶ Ebenso verzichtete auch der von der SPD-Fraktion in die Beratungen des Wirtschaftsrates eingebrachte Initiativantrag (oben Geschichte, Rnr. 37) auf eine eigene Tariffähigkeit für die Spitzenorganisationen. Dies gilt gleichermaßen für das kurz vor Inkrafttreten des Tarifvertragsgesetzes in Rheinland-Pfalz (französische Zone) verabschiedete Landesgesetz über den Tarifvertrag,⁷ das in § 2 Abs. 2 Satz 1 noch darauf verzichtete, den Spitzenorganisationen eine eigene Tariffähigkeit zu verleihen; es beschränkte diese auf den Abschluß von Tarifverträgen als Vertreter für die angeschlossenen Verbände. In den Beratungen des Wirtschaftsrates zum Tarifvertragsgesetz setzte sich jedoch die Hauptver-

---

² *Maus*, § 2 TVG, Rnr. 4.
³ § 4 des Entwurfs des Arbeitsrechtsausschusses; § 3 des Entwurfs von *Nipperdey*; § 5 des Referentenentwurfs des Reichsarbeitsministeriums (oben Geschichte, Rnr. 14).
⁴ *Herschel*, ZfA 1973, S. 183, 189.
⁵ Siehe als Ausnahme jedoch § 9 des im Reichsarbeitsministerium erarbeiteten Entwurfs (oben Geschichte, Rnr. 14), der eine Sonderregelung für „zusammengesetzte Vereinigungen" enthielt.
⁶ Ausführlich die Begründung des vom Gewerkschaftsrat der Vereinigten Zonen verabschiedeten Entwurfs, oben Geschichte, Rnr. 33; sowie unten Rnr. 330.
⁷ GVBl. Rheinland-Pfalz 1949, S. 82 ff.

waltung für Arbeit durch und griff damit nicht nur die Vorschläge des Lemgoer und des Stuttgarter Entwurfs auf, sondern verallgemeinerte auch eine Regelung, die bereits in Bayern aufgrund der Verordnung der Militärregierung vom 22. Mai 1946 (oben Geschichte, Rnr. 19) galt. Hiernach konnten Tarifverträge nicht nur von Gewerkschaften, sondern auch von „Verbänden der Gewerkschaften" abgeschlossen werden.[8] Motiv für die Anerkennung einer eigenen Tariffähigkeit der Spitzenorganisationen waren nach *Herschel* jedoch nicht die Interessen der Gewerkschaften, sondern vor allem die Bedürfnisse des Handwerks, da auch die Verbände von Innungen als tariffähig anerkannt werden sollten.[9]

Kontroverse Diskussionen lösten die Konkretisierungen der Tariffähigkeit aus, die dem **Staatsvertrag** über die „Schaffung einer Währungs-, Wirtschafts- und Sozialunion" vom 18. Mai 1990[10] entnommen werden können. Nach dem 2. Leitsatz der im Gemeinsamen Protokoll zusammengefaßten **Generellen Leitsätze zur Sozialunion** müssen tariffähige Gewerkschaften und Arbeitgeberverbände frei gebildet, gegnerfrei, auf überbetrieblicher Grundlage organisiert und unabhängig sein sowie das geltende Tarifrecht für sich als verbindlich anerkennen; ferner müssen sie in der Lage sein, durch Ausüben von Druck auf den Tarifpartner zu einem Tarifabschluß zu kommen. Mit geringen Modifikationen wurde diese Konkretisierung in Art. 4 Abs. 2 des von der ehem. DDR verabschiedeten Verfassungsgrundsätzegesetzes[11] übernommen und damit verbindlich das gleichfalls in der ehem. DDR in Kraft getretene Tarifvertragsgesetz (hierzu unten § 13, Rnr. 25 f.) sowie zugleich die Regelung in § 2 Abs. 1 TVG (DDR) ergänzt.[12]

Zweifelhaft ist, ob die Konkretisierungen des 1. Staatsvertrages zur Tariffähigkeit für die **gesamtdeutsche Rechtslage** verbindliche Wirkungen entfalten. Am weitesten gehen *Gitter* und *Schrader*, die im Anschluß an *Kissel* auch für das geltende Tarifrecht der Bundesrepublik Deutschland die These vertreten, daß es sich bei dem obigen Leitsatz des 1. Staatsvertrages um eine verbindliche gesetzliche Auslegungsregel handelt, die § 2 Abs. 1 ergänzt.[13] Genau entgegengesetzt fielen die Stellungnahmen von *Löwisch* und *Rieble* aus. Es handele sich bei dem Leitsatz um unverbindliche Rechtsauffassungen der Vertragsparteien, die zudem mit dem Beitritt der DDR gegenstandslos und dementsprechend für den Inhalt von § 2 Abs. 1 und seine interpretative Konkretisierung bedeutungslos geworden seien.[14]

---

[8] Ebenso § 1 des Vorentwurfs des Länderrates (oben Geschichte, Rnr. 26).
[9] *Herschel*, ArbBlBritZ 1949, S. 22, 23; *ders.*, ZfA 1973, S. 183, 189.
[10] BGBl. II S. 537 ff.
[11] GBl. DDR 1990 I Nr. 33 S. 299 ff.
[12] Zur verbindlichen Wirkung des 2. Leitsatzes für § 2 Abs. 1 TVG (DDR) *Oetker*, in: Festschrift für Eugen Stahlhacke (1995), S. 363, 376 ff.
[13] *Gitter*, in: Festschrift für Otto Rudolf Kissel (1994), S. 265, 270; *Schrader*, „Durchsetzungsfähigkeit" als Kriterium für Arbeitgeber im Tarifvertragsrecht, 1993, S. 138; sowie *Kissel*, NZA 1990, S. 545, 549 f.; schwächer *G. Müller*, Betrieb 1992, S. 269, 273 Fn. 43: „zu beachtende Interpretationshilfe"; ähnlich auch *Richardi*, Betrieb 1990, S. 1613, 1615.
[14] *Rieble*, SAE 1991, S. 316, 317; *Löwisch/Rieble*, § 2 TVG, Rnr. 2; ebenso *Kempen/Zachert*, Grundlagen, Rnr. 48, § 2 TVG, Rnr. 55, 88; *Zachert*, in: Festschrift für Karl Kehrmann (1997), S. 335, 337 f.

7 Den von *Löwisch* und *Rieble* geäußerten Einwänden ist darin zuzustimmen, daß der tarifrechtliche Leitsatz die Voraussetzungen für tariffähige Gewerkschaften und Arbeitgeberverbände im Rahmen von § 2 Abs. 1 nicht verbindlich festschreibt. Er zielte auf die Vorbereitung der Rechtseinheit in der ehem. DDR ab und wäre selbst bei der (unterstellten) Annahme einer vorübergehenden (verbindlichen) Ausstrahlung auf das bundesdeutsche Tarifrecht mit der Herstellung der Einheit Deutschlands gemäß Art. 40 Abs. 1 EVertr. gegenstandslos geworden.[15] Dies darf jedoch nicht darüber hinwegtäuschen, daß er eine von den parlamentarischen Gesetzgebungsorganen der Bundesrepublik Deutschland getragene Willensbekundung verkörpert, die für § 2 Abs. 1 den Charakter einer nachträglichen Erläuterung besitzt. Insoweit ist er bei der Auslegung von § 2 Abs. 1 zu berücksichtigen, besitzt aber vom Standpunkt einer objektiven Auslegungstheorie für die Interpretation der Norm kein stärkeres Gewicht als entsprechende Stellungnahmen der gesetzgebenden Körperschaften bei der Entstehung eines Gesetzes.[16]

1. Abschnitt. Tariffähigkeit und Tarifzuständigkeit

Übersicht

	Rnr.
A. Die Tariffähigkeit	8–42
I. Begriff und Festlegung	8–23
1. Begriff der Tariffähigkeit	8–17
a) Arbeitsrechtliche Regelungsbefugnis	8, 9
b) Verhältnis zur allgemeinen Rechts- und Geschäftsfähigkeit	10–14
aa) Rechtsfähigkeit	11, 12
bb) Geschäftsfähigkeit	13, 14
c) Fehlen der Tariffähigkeit	15–17
2. Festlegung der Tariffähigkeit	18–23
a) Tariffähigkeit der Verbände	18–20
aa) Unteilbarkeit der Tariffähigkeit	19
bb) Tarifgemeinschaft als Unterorganisation	20
b) Tariffähigkeit des einzelnen Arbeitgebers	21
c) Gewollte Tarifunfähigkeit	22, 23
II. Koalitionsfreiheit und Tariffähigkeit	24–30
1. Nichttariffähige Koalitionen	24–26
2. Tariffähige Nicht-Koalitionen	27–29
3. Die Verfassungsmäßigkeit des § 2 Abs. 1	30
III. Der Verlust der Tariffähigkeit	31–42
1. Allgemeines	31, 32
2. Auflösung eines Berufsverbandes	33–39
a) Herrschende Meinung	33, 34
b) Kritik und Gegenposition	35–37
c) Beendigung der Tarifverträge	38, 39
3. Verlust der Tariffähigkeit bei Berufsverbänden aus anderen Gründen	40
4. Verlust der Tariffähigkeit des einzelnen Arbeitgebers	41
5. Wegfall einer Tarifvertragspartei und Kündigung	42

---

[15] Näher *Oetker*, in: Festschrift für Eugen Stahlhacke (1995), S. 363, 384 ff., 387 ff.
[16] *Oetker*, in: Festschrift für Eugen Stahlhacke (1995), S. 363, 389 f., 392 f.

1. Abschnitt. Tariffähigkeit und Tarifzuständigkeit § 2

Rnr.
- **B. Die Tarifzuständigkeit** 43–78
  - I. Allgemeines 43–46
    1. Tarifzuständigkeit als Wirksamkeitsvoraussetzung 43,44
    2. Fehlen und Wegfall der Tarifzuständigkeit 45,46
  - II. Begriff und Abgrenzung 47–52
    1. Begriff der Tarifzuständigkeit 47–50
    2. Abgrenzung von der Tariffähigkeit 51, 52
  - III. Festlegung der Tarifzuständigkeit 53–71
    1. Verbandstarifvertrag und Firmentarifvertrag 53–57
       a) Tarifzuständigkeit der Berufsverbände (Verbandstarifvertrag) 53–55
       b) Tarifzuständigkeit für das einzelne Unternehmen (Firmentarifvertrag) 56
    2. Rechts- oder Regelungsfrage 58, 59
    3. Grenzen der Satzungsautonomie 60–70
       a) Allgemeines 60–61
       b) Räumlich beschränkte Tarifzuständigkeit 62
       c) Personell beschränkte Tarifzuständigkeit 63–65
       d) Sachlich beschränkte Tarifzuständigkeit 66
       e) Beschränkung auf bestimmte Vertragspartner 67
       f) Kompetenzkonflikt 68–70
    4. Inhalt und Auslegung der Satzungen 71–73
       a) Inhalt 71, 72
       b) Auslegung 73
  - IV. Tarifzuständigkeit und Strukturänderungen der Unternehmen 74–80
    1. Allgemeines 74
    2. Firmentarifvertrag 75, 76
    3. Verbandstarifvertrag 77
    4. Beginn und Ende der Tarifzuständigkeit für das Unternehmen 78–80
       a) Beginn der Tarifzuständigkeit 78
       b) Verlust der Tarifzuständigkeit beim Firmentarifvertrag 79
       c) Verlust der Tarifzuständigkeit beim Verbandstarifvertrag 80
- **C. Tariffähigkeit und -zuständigkeit außerhalb des materiellen Tarifrechts** 81–93
  - I. Schlichtungsrecht 81
  - II. Arbeitskampfrecht 82–86
  - III. Arbeitsgerichtsverfahren 87–92
    1. Rechtsweg zu den Arbeitsgerichten 87
    2. Feststellung der Tariffähigkeit und Tarifzuständigkeit .. 88–90
    3. Antragsberechtigung nach § 97 ArbGG 91, 92
  - IV. Andere Rechtsgebiete 93

Schrifttum: Allgemein zur Tariffähigkeit: *Eduard Bötticher*, Zum Begriff des Arbeitskampfes, RdA 1955, S. 81–82; *Herbert Buchner*, Die tarifrechtliche Situation bei Verbandaustritt und bei Auflösung eines Arbeitgeberverbandes, RdA 1997, S. 259–267; *Erich Bührig*, Probleme des Koalitions- und Arbeitskampfrechts, WWI-Mitt. 1954, S. 187–196; *ders.*, Zum Begriff der Tariffähigkeit und der Gewerkschaften, BetrR 1956, S. 284; *E. Cornelssen*, Von der Tariffähigkeit, BArbBl. 1951, S. 609–610, und 1952, S. 327–331; *Wolfgang Däubler*, Der Streik im öffentlichen Dienst, 1970; *Rolf Dietz*, Keine Beschränkung der Tariffähigkeit auf Fachverbände, Betrieb 1951, S. 325–327; *ders.*, Befugnis der Handwerkskammern zur Regelung der Erziehungsbeihilfe, 1962; *Klaus Dutti*, Tarifgebundenheit bei Verbandswechsel, BB 1968, S. 1335–1338; *Herbert Fenn*, Zivilprozessualer Rechtsschutz unter rivalisierenden Gewerkschaften, JuS 1965, S. 175–183; *Erich Frey*, Das Schicksal des Tarifvertrages und seiner

§ 2

Auswirkungen bei Wegfall einer Tarifvertragspartei, RdA 1965, S. 363–367; *Jobst Gumpert*, Das Verfahren der Feststellung der Tariffähigkeit, BB 1954, S. 808–809; *Wilhelm Herschel*, Tariffähigkeit und Tarifmacht, 1932; *ders.*, Tariffähigkeit und Grundgesetz, AuR 1955, S. 29–31; *Philipp Hessel*, Die Tariffähigkeit, BB 1950, S. 621–623; *Dieter Krischker*, Tarifverbandsauflösung und Tarifvertrag, Diss. Köln 1969; *Otto Kunze*, Änderungen auf Arbeitgeberseite von Kollektivvereinbarungen, RdA 1976, S. 31–35; *Wolfgang Lobscheid*, Der Wegfall einer Tarifpartei. Gläubigerinteresse und Vertretbarkeit des Unvermögens im Tarifvertrag, AuR 1972, S. 289–308; *Manfred Löwisch*, Die Voraussetzungen der Tariffähigkeit, ZfA 1970, S. 295–318; *ders.*, Gewollte Tarifunfähigkeit im modernen Kollektivarbeitsrecht, ZfA 1974, S. 29–46; *Kurt Markert*, Tarifvereinbarungen und Antitrustrecht, WuW 1965, S. 922–928; *Klaus-Peter Martens*, Tarifvertragliche Konzernregelungen, RdA 1970, S. 173–182; *Fritz Nicklisch*, Die Koppelung von Wirtschaftsverbänden und Arbeitgeberverbänden, 1972; *Günter Nies*, Der Eintritt und das Ausscheiden der Mitglieder von Tarifverbänden und ihre tarifrechtliche Wirkung, Diss. Köln 1968; *Hans Carl Nipperdey/Franz Jürgen Säcker*, Die Tariffähigkeit und die Tarifzuständigkeit, AR-Blattei, Tarifvertrag II A, 1970; *Adnan Özfirat*, Die Folgen von Untergang und Tariffähigkeitsverlust einer Tarifpartei, Diss. Tübingen 1978; *Thilo Ramm*, Koalitionsbegriff und Tariffähigkeit (BVerfGE 18, S. 18), JuS 1966, S. 223–230; *Hans Reichel*, Fragen der Tariffähigkeit in der neueren Rechtsprechung, RdA 1960, S. 81–89; *ders.*, Die Tariffähigkeit in der neuesten Rechtsprechung, RdA 1963, S. 300–307; *ders.*, Fragen der Tariffähigkeit in der neueren (bzw. neuesten) Rechtsprechung, RdA 1965, S. 9–15; *ders.*, Rechtsfragen zur Tariffähigkeit, RdA 1972, S. 143–152; *Wilhelm Reuß*, Koalitionseigenschaft und Tariffähigkeit. Zu einigen kontroversen Grundfragen, in: Festgabe für Otto Kunze (1969), S. 269–289; *Barbara Sbresny-Uebach*, Die Tariffähigkeit und die Tarifzuständigkeit, AR-Blattei, Tarifvertrag II A, 1987; *Günther Schelp*, Parteifähigkeit der Verbände im arbeitsgerichtlichen Urteilsverfahren (§ 10 ArbGG), AuR 1954, S. 70–75; *Ottheinz Scheuring*, Tariffähigkeit und Tarifpartnerschaft, PersVertr. 1964, S. 221–225; *Gunter Schlickum*, Die Tariffähigkeit der Arbeitnehmerorganisation in der Weimarer Republik, Diss. Frankfurt/Main 1978; *Sebastian Sparitus*, Die Selbstverwaltung in der Sozialversicherung und die Tariffähigkeit der Gewerkschaften, AuR 1962, S. 172–175; *Heinrich Stoll*, Die Auflösung des nichtrechtsfähigen Vereins und seine Tariffähigkeit – Tragweite des Tarifrechts –, AcP Bd. 133 (1931), S. 78–91; *Wilhelm Westecker*, Die Rechtsnatur von Tariffähigkeit und Tarifgebundenheit. Öffentlich-rechtliche Befugnis und Gebundenheit oder privatrechtliche Gestaltungsmacht und Unterwerfung?, Diss. Würzburg 1966; *Herbert Wiedemann*, Tariffähigkeit und Unabhängigkeit, RdA 1976, S. 77.

Speziell zur Tarifzuständigkeit: *Nicolai Besgen*, Mitgliedschaft im Arbeitgeberverband ohne Tarifbindung, 1998; *Michael Blank*, Die Tarifzuständigkeit der DGB-Gewerkschaften, 1996; *Herbert Buchner*, Mitgliedschaft in Arbeitgeberverbänden ohne Tarifbindung, NZA 1994, S. 2–12; *ders.*, Tarifzuständigkeit bei Abschluß von Verbands- und Firmentarifverträgen, ZfA 1995, S. 95–121; *ders.*, Verbandsmitgliedschaft ohne Tarifgebundenheit, NZA 1995, S. 761–769; *Wolfgang Däubler*, Tarifausstieg – Erscheinungsformen und Rechtsfolgen, NZA 1996, S. 225–233; *Johannes Delheid*, Tarifzuständigkeit. Zugleich ein Beitrag zu den Problemen einer betriebsnahen Tarifpolitik, Diss. Köln 1973; *Rolf Dietz*, Selbständigkeit des Betriebsteils und des Nebenbetriebes – betriebsverfassungsrechtlich und tarifrechtlich, in: Festschrift für Arthur Nikisch (1958), S. 23–47; *Jürgen Dräger*, Tariffragen bei Änderung des Unternehmensgegenstandes durch Beschränkung auf bisherige Nebenbetriebe, BB 1970, S. 1141–1142; *Klaus Dutti*, Die Überschneidung der Tarifzuständigkeiten bei Industriegewerkschaften, Betrieb 1969, S. 218–221; *Rüdiger v. Eisenhart Rothe*, Probleme der Tarifzuständigkeit. Zugleich ein Beitrag zur Auslegung der Satzungen des Deutschen Gewerkschaftsbundes und der in ihm zusammengeschlossenen Industriegewerkschaften, Diss. Frankfurt/Main 1969; *Werner Glaubitz*, Zur Frage der Tariffähigkeit des Arbeitgeberverbandes mit tarifgebundenen und nicht tarifgebundenen Mitgliedern, in: Festschrift für Dieter Stege (1997), S. 39–48; *Meinhard Heinze*, Tarifzuständigkeit von Gewerkschaften und Arbeitgebern/Arbeitgeberverbänden, DB 1997, S. 2122–2126; *Gerhard Hillebrand*, Das Merkmal „Tarifzuständigkeit" als Wirksamkeitsvoraussetzung eines Tarifvertrages, 1997; *Alfons Kraft*, Abschied von der „Tarifzuständigkeit" als Wirksamkeitsvoraussetzung eines Tarifvertrages, in: Festschrift für Schnorr v. Carolsfeld (1972),

S. 255–272; *Stephan Kutscher,* Die Tarifzuständigkeit, 1993; *Harald Link,* Die Tarifzuständigkeit, Diss. Köln 1965; *ders.,* Grundfragen der Tarifzuständigkeit, AuR 1966, S. 38–44; *Markus H. Ostrop,* Mitgliedschaft ohne Tarifbindung, 1997; *Sven-Joachim Otto,* Die rechtliche Zulässigkeit einer tarifbindungsfreien Mitgliedschaft in Arbeitgeberverbänden, NZA 1996, S. 624–631; *Dieter Reuter,* Die Mitgliedschaft ohne Tarifbindung (OT-Mitgliedschaft) im Arbeitgeberverband, RdA 1996, S. 201–209; *Johannes Röckl,* Zulässigkeit einer Mitgliedschaft in Arbeitgeberverbänden ohne Tarifbindung?, Betrieb 1993, S. 2382–2385; *Ursula Schlochauer,* OT-Mitgliedschaft in tariffähigen Arbeitgeberverbänden, in: Festschrift für Günter Schaub (1998), S. 699–714; *Gregor Thüsing,* Die Mitgliedschaft ohne Tarifbindung in Arbeitgeberverbänden, ZTR 1996, S. 481–485; *Albert Ueberall,* Das Problem der Tariflegitimation (Tarifzuständigkeit), Diss. Köln 1932; *Gerd J. van Venrooy,* Auf der Suche nach der Tarifzuständigkeit, ZfA 1983, S. 49–82; *Herbert Wiedemann,* Zur Tarifzuständigkeit, RdA 1975, S. 78–84.

A. Die Tariffähigkeit

I. Begriff und Festlegung

1. Begriff der Tariffähigkeit

a) Arbeitsrechtliche Regelungsbefugnis. § 2 des Gesetzes handelt von den Parteien des Tarifvertrages und damit von der Tariffähigkeit, ohne den Begriff zu gebrauchen; andere Gesetze benutzen ihn zwar, definieren ihn aber ebenfalls nicht.[17] Auch eine detaillierte gesetzliche Konkretisierung der Anforderungen an die Tariffähigkeit von Verbänden, wie sie noch die in der Weimarer Zeit vorgelegten Novellierungsvorschläge vorsahen,[18] fehlt. Der 2. Leitsatz der Generellen Leitsätze des 1. Staatsvertrages kann ebenfalls nicht für eine verbindliche Konkretisierung der Tariffähigkeit herangezogen werden (siehe oben Rnr. 5–7).

Die Tariffähigkeit verleiht das Recht, Partei eines Tarifvertrages zu sein. Sie verleiht also die Befugnis, Rechtsnormen und andere das Arbeits- und Wirtschaftsleben gestaltende Sachregeln im Wege der Vereinbarung mit dem sozialen Gegenspieler zu schaffen.[19] Dementsprechend definierte das Bundesverfassungsgericht in dem Beschluß vom 19. Oktober 1966: „Die Tariffähigkeit bedeutet die Fähigkeit, durch Vereinbarung mit dem sozialen Gegenspieler u.a. die Arbeitsbedingungen des Einzelarbeitsvertrages mit der Wirkung zu regeln, daß sie für die tarifgebundenen Personen unmittelbar und unabdingbar wie Rechtsnormen gelten".[20] In diesem Sinne umschrieb auch die Legaldefinition in § 5 Abs. 1 des im Reichsarbeitsministerium im Mai 1931 erarbeiteten Referentenentwurfs[21] die Tariffähigkeit als die Befähigung zum Abschluß von Tarifverträgen. Restriktiver im Ansatz hingegen

---

[17] Siehe die §§ 2 Abs. 1 Nr. 2, 2a Abs. 1 Nr. 4, 97 ArbGG; 74 Abs. 2 Satz 1 BetrVG; 66 Abs. 2 Satz 3 BPersVG.
[18] § 4 des vom Arbeitsrechtsausschuß vorgelegten Entwurfs; § 3 des Entwurfes von Nipperdey; § 5 des Referentenentwurfs des Reichsarbeitsministeriums (oben Geschichte, Rnr. 14).
[19] In diesem Sinne auch *Bruhn,* Tariffähigkeit von Gewerkschaften und Autonomie, 1993, S. 155.
[20] BVerfGE 20, S. 312, 313 = AP Nr. 24 zu § 2 TVG.
[21] Siehe oben Geschichte, Rnr. 14.

äußern sich vor allem *Richardi*[22] und *Zöllner/Loritz*[23], die nur auf die Befugnis zur Rechtssetzung abstellen, dabei aber vernachlässigen, daß das Tarifwerk insgesamt, also auch die schuldrechtlichen Abreden und nicht nur die Tarifnormen, Arbeits- und Wirtschaftsbedingungen regeln können.

10 **b) Verhältnis zur allgemeinen Rechts- und Geschäftsfähigkeit.** Kontrovers wird die dogmatische Einordnung der Tariffähigkeit in die Kategorien der allgemeinen Rechtsfähigkeit sowie der (zivilrechtlichen) Geschäftsfähigkeit diskutiert.

11 **aa) Rechtsfähigkeit.** Bezüglich der allgemeinen Rechtsfähigkeit besteht lediglich im Ausgangspunkt Einvernehmen darüber, daß die Tariffähigkeit als eine von der Verfassung anerkannte und von Gesetz und Richterspruch näher ausgestaltete **Regelungsbefugnis mit Außenwirkung** mit der allgemeinen Rechtsfähigkeit nicht zu vergleichen ist.[24] Unabhängig davon, ob man von einem formalen Personenbegriff[25] oder von einem an die Personenhaftigkeit anknüpfenden materialen Personenbegriff[26] und entsprechend verschieden verstandener Rechtsfähigkeit ausgeht, bedarf die tarifvertragliche Regelungsbefugnis, soweit sie die Arbeits- und Wirtschaftsordnung gestaltet und nicht nur das gemeinsame Verfahren der Tarifpartner vor und nach dem Vertragsschluß betrifft, einer von der allgemeinen Privatautonomie streng zu trennenden Legitimation.

12 Trotz der Einsicht in die Diskrepanzen zwischen allgemeiner Rechtsfähigkeit und Tariffähigkeit fehlt es in der Tarifrechtsdogmatik nicht an Versuchen, die Tariffähigkeit im Sinne einer Teilrechtsfähigkeit[27] oder (Sonder-)Rechtsfähigkeit auf dem Gebiet des Tarifrechts[28] als ein der allgemeinen Rechtsfähigkeit angenähertes Institut einzuordnen. Angesichts der strukturellen Unterschiede zur allgemeinen Rechtsfähigkeit sind die Bestrebungen zur Konstruktion einer partikularen Rechtsfähigkeit nicht überzeugend. Sie gehen über das Anliegen hinaus, das mit der Figur der Tariffähigkeit verfolgt wird. Im Kern läßt sich dieses auf zwei Aspekte konzentrieren. Erstens soll durch die Tariffähigkeit der Kreis von Personen bzw. Vereinigungen festgelegt werden, die zum Abschluß von Tarifverträgen berechtigt sind (Ordnungsfunktion). Neben dieser ordnungspolitischen Intention besteht zwei-

---

[22] Kollektivgewalt, S. 127, 129; *Staudinger/Richardi,* 12. Aufl. 1989, Vorbem. zu §§ 611 ff. BGB, Rnr. 927.
[23] *Zöllner/Loritz,* Arbeitsrecht, § 34 vor I, S. 379.
[24] So trotz aller Unterschiede in den dogmatischen Ansätzen *Hueck/Nipperdey,* Arbeitsrecht II 1, § 20 I 2, S. 422; *Nikisch,* Arbeitsrecht II, § 70 I 1, S. 236; *Richardi,* Kollektivgewalt, S. 129, 130; *Söllner,* Arbeitsrecht, § 16 I 1, S. 130; *Zöllner/Loritz,* Arbeitsrecht, § 34 vor I, S. 379.
[25] *Enneccerus/Nipperdey,* Allgemeiner Teil des Bürgerlichen Rechts Bd. I, 15. Aufl. 1959, § 83 I, S. 477.
[26] *Larenz,* Allgemeiner Teil des deutschen Bürgerlichen Rechts, 7. Aufl. 1989, § 5 I, S. 88 ff.; *Wiedemann,* WM 1974, Sonderbeilage 4, S. 7, 12 ff.
[27] Hierfür *Kaskel/Dersch,* Arbeitsrecht, 5. Aufl. 1957, § 13 I, S. 50; *Maus,* § 2 TVG, Rnr. 13.
[28] So *Hueck/Nipperdey,* Arbeitsrecht II 1, § 20 I 2 mit Fn. 4, S. 421 f.; *Maus,* § 2 TVG, Rnr. 1, 10 ff.; ähnlich *Gamillscheg,* Kollektives Arbeitsrecht I, § 14 I 1, S. 522; *Zöllner/Loritz,* Arbeitsrecht, § 34 vor I, S. 379; gegen eine Verknüpfung der Tariffähigkeit mit einer Sonder- oder Teilrechtsfähigkeit ausführlich *Herschel,* Tariffähigkeit und Tarifmacht, 1932, S. 8 ff.; sowie *Nipperdey/Säcker,* AR-Blattei, Tarifvertrag II A, 1970, I 1 a.

tens seit jeher das Problem, daß die Gewerkschaften traditionell nicht als rechtfähige Vereine organisiert sind und deshalb keine Rechtsfähigkeit besitzen. Um die hieraus resultierenden Rechtsfragen für das Zustandekommen von Tarifverträgen konstruktiv bewältigen zu können, war es erforderlich, den Gewerkschaften das Recht zum Abschluß von Tarifverträgen kraft Gesetzes unabhängig davon zu gewähren, ob sie nach Maßgabe des privaten Verbandsrechts die Rechtsnatur einer juristischen Person besitzen (Rechtsfähigkeitsersatz).[29] Jeder dogmatische Erklärungsversuch, der über diese begrenzte Funktion der Tariffähigkeit hinausgeht, überschreitet ihren realen Sinngehalt und verdient keine Anerkennung. Dies schließt es aber nicht aus, für die Beantwortung sachverwandter Fragen zur Tariffähigkeit die allgemeinen Grundsätze zur Rechtsfähigkeit heranzuziehen.

bb) Geschäftsfähigkeit. Die Bestrebungen im tarifrechtlichen Schrifttum, die Tariffähigkeit in die Dogmatik der Geschäftsfähigkeit zu integrieren,[30] können ebenfalls nicht überzeugen. Zu keiner Zeit war es die Aufgabe der Tariffähigkeit, diejenigen Sachprobleme einer Lösung zuzuführen, die mit Hilfe einer Einschränkung der Geschäftsfähigkeit bewältigt werden. Es versteht sich vor dem Hintergrund des dogmatischen Anliegens von selbst, daß auch der geschäftsunfähige Arbeitgeber tariffähig ist.[31] Hierdurch wird aber nur festgelegt, daß der geschäftsunfähige Arbeitgeber ebenso Partei eines Tarifvertrages sein kann, wie er im allgemeinen Privatrecht die Stellung als Vertragspartner einnehmen kann. Ein ganz anderes Sachproblem wirft demgegenüber die Frage auf, ob der geschäftsunfähige Arbeitgeber in eigener Person den Tarifvertrag rechtswirksam abschließen kann. Diese wird nicht durch die Figur der Tariffähigkeit beantwortet, sondern unterliegt ausschließlich den bürgerlich-rechtlichen Maximen der Geschäftsfähigkeit. Hieraus folgt, daß Firmentarifverträge mit einem geschäftsunfähigen oder beschränkt geschäftsfähigen Arbeitgeber durch den gesetzlichen Vertreter abgeschlossen werden müssen, ohne daß er selbst zur Partei des Tarifvertrages wird.

Nach den genannten Gesichtspunkten ist auch die Frage zu beantworten, ob **Personengesellschaften**, wie z.B. BGB-Gesellschaften (Arbeitsgemeinschaften), offene Handelsgesellschaften oder Kommanditgesellschaften (einfache KG oder GmbH & Co. KG) Firmentarifverträge abschließen können. Sie richtet sich ausschließlich danach, ob die jeweiligen Personengesellschaften in der Lage sind, Partei eines Arbeitsvertrages zu sein. Sofern dies zu be-

---

[29] Zur parallel gelagerten Problematik für die Parteifähigkeit BVerfGE 17, S. 319, 329 = AP Nr. 1 zu Art. 81 PersVG Bayern; BGHZ 42, S. 210, 215 ff. = AP Nr. 6 zu § 54 BGB; BGHZ 50, S. 325, 327 ff. = AP Nr. 1 zu § 50 ZPO; dazu auch *Kübler*, Rechtsfähigkeit und Verbandsverfassung, 1971, der zu Unrecht davon ausgeht, daß für die Gewerkschaften das System der freien Körperschaftsbildung gelte; vgl. dazu unten Rnr. 156 ff.
[30] So *Herschel*, Tariffähigkeit und Tarifmacht, 1932, S. 16; *Dersch*, BArbBl. 1950, S. 377, 378; *ders.*, RdA 1959, S. 361, 365; ähnlich *Ramm*, Die Parteien des Tarifvertrages, 1961, S. 70: „kollektivrechtliche Geschäftsfähigkeit"; gegen die Parallele zur Geschäftsfähigkeit vor allem *Richardi*, Kollektivgewalt, S. 129 f.; *Nipperdey/Säcker*, AR-Blattei, Tarifvertrag II A, 1970, I 1 a.
[31] Ebenso *Nikisch*, Arbeitsrecht II, § 70 II 1, S. 240; *Nipperdey/Säcker*, AR-Blattei, Tarifvertrag II A, 1970, I 1 a.

jahen ist, besitzen auch Personengesellschaften die Tariffähigkeit.[32] Eine ganz andere, den Vorschriften des Gesellschaftsrechts unterliegende Frage ist es, welche Personen für die Personengesellschaft den Tarifvertrag mit Wirkung für und gegen diese abschließen können.

15 c) **Fehlen der Tariffähigkeit.** Die Tariffähigkeit ist aufgrund ihres Zwecks unstreitig bei Abschluß des Tarifvertrages Voraussetzung für seine **Rechtswirksamkeit**.[33] Ihr Fehlen kann nicht geheilt werden,[34] da der anderenfalls anzuerkennende Zustand einer schwebenden Unwirksamkeit mit der für die Außenwirkung des Tarifvertrages unerläßlichen Rechtssicherheit nicht vereinbar ist. Der gute Glaube an die Tariffähigkeit wird nicht geschützt.[35] Fehlt die Tariffähigkeit, so erlangt der trotzdem abgeschlossene Tarifvertrag nicht die gewollten Rechtswirkungen.[36] Es gilt also für den Tarifvertrag das gleiche wie für andere fehlerhafte Rechtsnormen.[37] Zum Verlust der Tariffähigkeit siehe unten Rnr. 31–42.

16 Die Tariffähigkeit muß auch beim Beitritt zu einem Tarifvertrag oder beim Abschluß eines **Anschlußtarifvertrages** vorliegen.[38] Dieser besteht in der Regel nur aus der Vereinbarung, daß ein als Anlage beigefügter, zwischen anderen Tarifvertragsparteien abgeschlossener Tarifvertrag Bestandteil des Anschlußtarifvertrages wird.[39]

17 Bei **mehrgliedrigen Tarifverträgen**[40] ist zu differenzieren: Wird der Tarifvertrag auf einer Seite von mehreren Verbänden abgeschlossen, so strahlt die fehlende Tariffähigkeit eines der beteiligten Verbände nur dann auf die Rechtswirksamkeit des Tarifvertrages aus, wenn seine Auslegung ergibt, daß die Beteiligten einen Einheitstarifvertrag abschließen wollten. Anders ist die Rechtslage, wenn aus einer Auslegung folgt, daß trotz der Zusammenfassung in einer Urkunde mehrere rechtlich selbständige Tarifverträge vorliegen.[41] In dieser Konstellation ist die Rechtswirksamkeit der Tarifverträge getrennt zu beurteilen, die fehlende Tariffähigkeit eines Verbandes strahlt nicht auf die anderen Tarifverträge aus.

---

[32] Zum Vorstehenden siehe auch unten Rnr. 98.
[33] Für die allg. Ansicht statt aller *Däubler*, Tarifvertragsrecht, Rnr. 47; *Gamillscheg*, Kollektives Arbeitsrecht I, § 14 I 4, S. 526; *Koberski/Clasen/Menzel*, § 2 TVG, Rnr. 12; *Löwisch/Rieble*, § 2 TVG, Rnr. 103; *Nipperdey/Säcker*, AR-Blattei, Tarifvertrag II A, 1970, I 1 b; *Sbresny-Uebach*, AR-Blattei, Tarifvertrag II A, 1987, I 1 b.
[34] Treffend *Löwisch/Rieble*, § 2 TVG, Rnr. 104.
[35] Ebenso *Gamillscheg*, Kollektives Arbeitsrecht I, § 14 I 4, S. 526.
[36] Zur Problematik einer Umdeutung siehe *Maus*, § 2 TVG, Rnr. 9; sowie *Gamillscheg*, Kollektives Arbeitsrecht I, § 14 I 4, S. 526.
[37] Zur Frage, wie die Leistungen zu beurteilen sind, die auf der Grundlage eines fehlerhaften Tarifvertrages erbracht wurden oben § 1, Rnr. 245.
[38] *Hueck/Nipperdey*, Arbeitsrecht II 1, § 20 I 1 S. 421 Fn. 3; *Nikisch*, Arbeitsrecht II, § 70 I 1, S. 236.
[39] Im übrigen zum Anschlußtarifvertrag oben § 1, Rnr. 58.
[40] Näher zu diesen oben § 1, Rnr. 57.
[41] Weitergehend *Maus*, § 2 TVG, Rnr. 5, der generell die Unwirksamkeit des Tarifvertrages annimmt.

2. Festlegung der Tariffähigkeit

a) Tariffähigkeit der Verbände. Die Tariffähigkeit der **Berufsvereinigungen** ergibt sich aus ihrer Satzung (sog. Tarifwilligkeit).[42] Nur aufgrund der Satzung können Außenstehende eine Entscheidung darüber treffen, ob ein Berufsverband Tarifverträge abschließen will. Die Tarifwilligkeit ist bei Verbänden eine notwendige Voraussetzung für die Tariffähigkeit, da diese nur zu dem Zweck verliehen wird, Tarifverträge abzuschließen (näher unten Rnr. 291 ff.).

aa) Unteilbarkeit der Tariffähigkeit. Die Tariffähigkeit ist unteilbar. Die Satzung eines Berufsverbandes kann deshalb nur zwischen voller Tariffähigkeit oder einem Verzicht auf Tarifabschlüsse wählen. Die Tariffähigkeit kann nicht auf einzelne Gegenstände beschränkt werden.[43] Entsprechendes gilt auch in personeller Hinsicht, da die Tariffähigkeit nur für den Verband in seiner Gesamtheit begründet wird. Die Einführung einer **Mitgliedschaft ohne Tarifbindung** ist verbandsrechtlich zwar möglich (siehe nachfolgend Rnr. 20, 64 f. sowie unten § 3, Rnr. 102), jedoch wird hierdurch nicht die Tariffähigkeit des Gesamtverbandes in Frage gestellt.[44] Deshalb ist eine auf einzelne tarifwillige Mitglieder beschränkte „Teiltariffähigkeit" nicht anzuerkennen.[45]

bb) Tarifgemeinschaft als Unterorganisation. Es ist jedoch möglich, daß die Tariffähigkeit auf die **Unterorganisation** eines Verbandes (**Tarifgemeinschaft**) beschränkt wird. Dann ist nur diese – tarifrechtlich selbständige – Unterorganisation tariffähig, und nur die darin zusammengeschlossenen Mitglieder sind tarifgebunden.[46] Damit ist indessen noch keine Entscheidung über die organisatorischen und rechtlichen Voraussetzungen getroffen, die eine Tarifgemeinschaft erfüllen muß, um sie als „Gewerkschaft" oder „Vereinigung" im Sinne des Tarifrechts anzuerkennen. Die Bildung einer Tarifgemeinschaft kommt unter anderem bei Arbeitgeberverbänden in Betracht, wenn sie eine **Mitgliedschaft ohne Tarifbindung** einführen wollen.[47] Bei dieser Konzeption, gegen deren Rechtmäßigkeit keine grundsätzlichen Bedenken bestehen,[48] bilden einzelne Mitglieder der Vereinigung eine Tarif-

---

[42] Statt aller Staudinger/*Richardi*, 12. Aufl. 1989, Vorbem. zu §§ 611 ff. BGB, Rnr. 930.
[43] Ebenso *Däubler*, Tarifvertragsrecht, Rnr. 94; *Gamillscheg*, Kollektives Arbeitsrecht I, § 14 I 6 c, S. 529; *Löwisch*, ZfA 1974, S. 29, 34 ff.; *Kempen*/*Zachert*, § 2 TVG, Rnr. 120; krit. aber ohne Begründung *Zöllner*/*Loritz*, Arbeitsrecht, § 34 I 2 b, S. 381; zur Tarifzuständigkeit unten Rnr. 66.
[44] *Otto*, in: Liber discipulorum – Dankschrift für Günther Wiese (1996), S. 118, 128; ders., NZA 1996, S. 624, 627; *Reuter*, RdA 1996, S. 201, 203.
[45] *Buchner*, NZA 1994, S. 2, 4, der jedoch nicht näher begründete Vorbehalte anmeldet; ohne Vorbehalte *A. Junker*, SAE 1997, S. 172, 175; a. A. *Ostrop*, Mitgliedschaft ohne Tarifbindung, 1997, S. 128.
[46] *Buchner*, NZA 1994, S. 2, 7 f.; *Röckl*, Betrieb 1993, S. 2382 ff.; sowie unten Rnr. 199 ff.; zur Problematik der Tarifzuständigkeit unten Rnr. 64 f.
[47] Siehe *Besgen*, Mitgliedschaft im Arbeitgeberverband ohne Tarifbindung, 1998, S. 69 ff.; *Ostrop*, Mitgliedschaft ohne Tarifbindung, 1997, S. 42 ff., 69 ff.; *Wieland*, Recht der Firmentarifverträge, 1998, S. 108 ff.
[48] Ebenso z. B. *Kempen*/*Zachert*, § 2 TVG, Rnr. 90; *Zöllner*/*Loritz*, Arbeitsrecht, § 34 I 2 b, S. 381.

gemeinschaft, die in ihrer tarifpolitischen Willensbildung jedoch eigenständig sein muß.[49] Da die Arbeitgebervereinigung in diesem Fall selbst nicht tariffähig ist,[50] beschränkt sich die nach § 3 Abs. 1 eintretende Tarifgebundenheit auf die in der Tarifgemeinschaft zusammengeschlossenen Mitglieder der Arbeitgebervereinigung. Die nicht der Tarifgemeinschaft angehörenden Mitglieder behalten bei diesem Modell ihre Tariffähigkeit als „Arbeitgeber" und können deshalb insbesondere einem Streik auf Abschluß eines Firmentarifvertrages (ggf. als Anerkennungstarifvertrag) ausgesetzt sein.[51] Dieser Umstand rechtfertigt es jedoch nicht, daß die nicht der Tarifgemeinschaft angehörenden Mitglieder uneingeschränkt zu Leistungen für einen „Streikfond" verpflichtet sind. Hiergegen hat *Reuter* gewichtige verbandsrechtliche Bedenken angemeldet.[52]

21 b) **Tariffähigkeit des einzelnen Arbeitgebers.** Der einzelne Arbeitgeber ist gemäß § 2 Abs. 1 stets tariffähig (näher hierzu unten Rnr. 95 ff.). Dies folgt aus dem Zweck, der mit der Begründung der Tariffähigkeit verbunden ist. Hierdurch soll sichergestellt werden, daß die Gewerkschaft einen potentiellen Partner findet, um einen Tarifvertrag abzuschließen (siehe auch unten Rnr. 94 f.). Mit diesem Zweck steht es im Widerspruch, wenn für die Tariffähigkeit des Arbeitgebers eine eigenständige Tarifwilligkeit verlangt würde.[53] Der Verzicht auf die Tarifwilligkeit als Voraussetzung für die Tariffähigkeit impliziert jedoch nicht, daß der Arbeitgeber zum Abschluß eines Tarifvertrages verpflichtet ist. Durch seine Weigerung zum Abschluß von Tarifverträgen wird seine Tariffähigkeit nicht berührt. Aus dem Zweck, der mit der Anerkennung der Tariffähigkeit für den einzelnen Arbeitgeber verfolgt wird, folgt auch, daß er weder auf seine Tariffähigkeit verzichten noch diese einschränken kann (näher unten Rnr. 111).

22 c) **Gewollte Tarifunfähigkeit.** In der Weimarer Zeit war **bestritten**, ob sich eine Berufsvereinigung die Gestaltung der Arbeitsbedingungen zum Ziel setzen, gleichzeitig aber die Tariffähigkeit ausschließen kann.[54] Das damals geltende gesetzliche Schlichtungsrecht verpflichtete tariffähige Vereinigungen durch einen Einlassungszwang zu Schlichtungsverfahren und sah einen Zwangsausgleich durch Verbindlicherklärung des Schiedsspruchs vor, so daß auch gegen den Willen der Parteien Tarifverträge begründet werden konnten.[55] Die überwiegende Ansicht sprach sich deshalb seinerzeit dafür aus, daß

---

[49] So mit Recht *Otto,* NZA 1996, S. 624, 625.
[50] Zu den Anforderungen, damit die Arbeitgebervereinigung bei der Bildung einer Tarifgemeinschaft ihre Tariffähigkeit verliert *Buchner,* NZA 1994, S. 2, 10; zu restriktiv *Däubler,* NZA 1996, S. 225, 232; *Kempen/Zachert,* § 2 TVG, Rnr. 79. Die Koalitionseigenschaft i. S. von Art. 9 Abs. 3 Satz 1 GG geht nach hiesiger Ansicht (unten Rnr. 297) hierdurch nicht verloren; a. A. *Schaub,* Arbeitsrechts-Handbuch, § 199 I 3 c, S. 1664.
[51] *Buchner,* NZA 1994, S. 2, 11; *Ostrop,* Mitgliedschaft ohne Tarifbindung, 1997, S. 84 f.
[52] *Reuter,* RdA 1996, S. 201, 206 f.; anders jedoch *Buchner,* NZA 1995, S. 761, 766 f.
[53] Ablehnend auch *Gamillscheg,* Kollektives Arbeitsrecht I, § 14 I 2 b, S. 524.
[54] Dazu *Jacobi,* Grundlehren des Arbeitsrechts, 1927, S. 169, 170; *Nikisch,* Arbeitsrecht II, § 70 III 2, S. 245.
[55] Art. I §§ 3, 5, 6 SchlichtungsVO vom 30. 10. 1923; sowie oben Geschichte, Rnr. 8.

eine Arbeitgeber- oder Arbeitnehmerkoalition *per se* tariffähig sein müsse. Diese Ansicht war damals zutreffend, wenn die Ausgestaltung der Satzung dazu dienen sollte, das gesetzliche Schlichtungsrecht zu umgehen.[56]

Nach allgemeiner Auffassung steht den Berufsverbänden heute frei, ob sie die Tariffähigkeit in der Satzung vorsehen wollen oder nicht.[57] Eine erzwungene Tariffähigkeit würde gegen die (positive) individuelle und kollektive Koalitionsfreiheit nach Art. 9 Abs. 3 GG verstoßen,[58] denn es steht den Mitgliedern frei, zu welchem Zwecke sie sich zusammenschließen wollen und wie sich der gemeinsame Verband betätigen soll. Eine Vereinigung von Arbeitgebern oder Arbeitnehmern kann sich deshalb auch auf **Beratung oder Unterstützung** beschränken, ohne hierdurch die Tariffähigkeit zu erlangen. Dies gilt entsprechend, wenn eine Vereinigung ihre Tariffähigkeit verlieren will (z.B. zwecks Bildung einer verselbständigten Tarifgemeinschaft, siehe Rnr. 20). Die Beibehaltung von (Rechts-) Beratungs- und Unterstützungsaufgaben für die nicht der Tarifgemeinschaft angehörenden Verbandsmitglieder steht, da sie die Tariffähigkeit nicht begründen, dem Verlust der Tariffähigkeit nicht entgegen.[59] Hiervon zu trennen ist die Frage, ob mit dem Verlust der Tariffähigkeit zugleich die Eigenschaft als Koalition im Sinne von Art. 9 Abs. 3 Satz 1 GG entfällt. Dies ist nach der hier vertretenen Ansicht nicht der Fall.[60]

23

II. Koalitionsfreiheit und Tariffähigkeit

1. Nichttariffähige Koalitionen

Es ist bestritten, ob jede Koalition, also jeder Berufsverband von Arbeitnehmern oder Arbeitgebern, der die Ziele des Art. 9 Abs. 3 GG verfolgt, *per se* tariffähig ist. Die herrschende Meinung verneint dies und unterscheidet zwischen den *verfassungsmäßig geschützten* Berufsverbänden (Koalitionen im weiteren Sinn) und den *tariffähigen* Berufsverbänden (Koalitionen im engeren Sinn).[61] Innerhalb der gegenteiligen Ansicht werden zwei abweichende Posi-

24

---

[56] Näher zur damaligen Diskussion statt aller RAG ARS 9, S. 478, 481; RAG ARS 12, S. 133, 135; sowie *Nikisch*, Arbeitsrecht II, § 70 III 2, S. 246; *Ostrop*, Mitgliedschaft ohne Tarifbindung, 1997, S. 8 ff.
[57] *Gamillscheg*, Kollektives Arbeitsrecht I, § 14 I 6 a, S. 527; *Hueck/Nipperdey*, Arbeitsrecht II 1, § 20 III A 10, S. 434; *Löwisch*, ZfA 1974, S. 29, 33; *Maus*, § 2 TVG, Rnr. 41; *Otto*, in: Liber Discipulorum – Dankschrift für Günther Wiese (1996), S. 118, 120 ff.; *Richardi*, Kollektivgewalt, S. 156; Staudinger/*Richardi*, 12. Aufl. 1989, Vorbem. zu §§ 611 ff. BGB, Rnr. 932; *Schaub*, Arbeitsrechts-Handbuch, § 199 I 3 b, S. 1664.
[58] So bereits *A. Hueck*, NZfA 1926, Sp. 641, 651 f.
[59] Ebenso *Buchner*, NZA 1994, S. 2, 10; *Otto*, NZA 1996, S. 624, 626; a.A. *Däubler*, ZTR 1994, S. 448, 454; *ders.*, NZA 1996, S. 225, 232; *Kempen*/Zachert, § 2 TVG, Rnr. 79.
[60] Ebenso *Besgen*, Mitgliedschaft im Arbeitgeberverband ohne Tarifbindung, 1998, S. 30 ff.; *Buchner*, NZA 1994, S. 2, 10; a. A. *Schaub*, Arbeitsrechts-Handbuch, § 199 I 3 c, S. 1664.
[61] Für die st. Rspr. BAG 9. 7. 1968 AP Nr. 25 zu § 2 TVG *(Mayer-Maly)* = SAE 1969, S. 137 *(Zöllner)*; BAG 15. 3. 1977 AP Nr. 24 zu Art. 9 GG *(Wiedemann)* = EzA § 2 TVG Nr. 12 *(Dütz)* = SAE 1978, S. 37 *(Kraft)*; BAG 14. 3. 1978 AP Nr. 30 zu § 2 TVG *(Wiedemann)*; BAG 10. 9. 1985 AP Nr. 34 zu § 2 TVG = SAE 1986, S. 229

tionen formuliert. Während vor allem *Nipperdey* die Tariffähigkeit zum immanenten Bestandteil des verfassungsrechtlichen Koalitionsbegriffs erhebt,[62] lehnt z. B. *Zöllner* die hiermit verbundene Einschränkung der Koalitionsfreiheit ab.[63] Nach vorherrschender, namentlich vom Bundesverfassungsgericht geteilter Ansicht kann der Gesetzgeber die Teilnahme am Tarifvertragssystem im Interesse eines geordneten Arbeits- und Wirtschaftslebens von weiteren, in Art. 9 Abs. 3 GG nicht enthaltenen, Merkmalen abhängig machen.[64] Die Verfassung enthält einen offenen Koalitionsbegriff,[65] der in gewissem Umfang auf die jeweilige Problemstellung hin vom Gesetzgeber oder vom Richter als Ersatzgesetzgeber auszufüllen ist.[66]

25 Der **Normzweck** des Art. 9 Abs. 3 GG und derjenige des § 2 TVG sind grundverschieden. Die Verfassung gewährleistet dem einzelnen Bürger die Freiheit, eine Koalition zu bilden, ihr beizutreten oder fernzubleiben. Neben diesem Freiheitsrecht steht die Institutsgarantie, die den Berufsverbänden die Gewähr leistet, daß sie die Aufgaben der sozialen Selbstverwaltung durch spezifisch koalitionsgemäße Betätigung wahrnehmen dürfen. Demgegenüber besitzt der von Schrifttum und Rechtsprechung auf der Grundlage des § 2 ausgearbeitete Katalog der Voraussetzungen der Tariffähigkeit den Sinn einer Legalitätskontrolle: es sollen Vorbedingungen und Spielregeln für die Beteiligung an der sozialen Selbstverwaltung abgesteckt werden. Es spricht daher wenig dafür, die Voraussetzungen für beide Normen anzugleichen.[67] Dadurch wird entweder der Koalitionsbegriff der Verfassung ungebührlich verengt und vorübergehenden oder neuen Koalitionen sowie tarifunfähigen oder tarifunwilligen Verbänden die Verfassungsgarantie entzogen; oder man muß bei der Legalitätskontrolle auf sachlich unter Umständen notwendige Einschränkungen verzichten. Die Verteidiger der Einheitstheorie wollen verhindern, daß der Gesetzgeber und die Gerichte als Ersatzgesetzgeber zu

---

(Brox); BAG 25. 11. 1986 AP Nr. 36 zu § 2 TVG = EzA § 2 TVG Nr. 17 *(Schulin);* ebenso im Schrifttum *Dietz,* in: Bettermann/Nipperdey/Scheuner, Die Grundrechte Bd. III 1, 1958, S. 417, 426; *Dütz,* AuR 1976, S. 65, 67; *Gamillscheg,* Kollektives Arbeitsrecht I, § 14 I 2 a, S. 522; *Herschel,* JuS 1978, S. 524, 525; *Kempen/Zachert,* § 2 TVG, Rnr. 4; *Lerche,* Verfassungsrechtliche Zentralfragen des Arbeitskampfes, 1968, S. 39 ff.; *v. Münch,* Bonner Kommentar (Zweitbearbeitung), Art. 9 GG, Rnr. 31; *Nikisch,* Arbeitsrecht II, § 60 III 3, S. 61, § 70 I 2, S. 237 f.; *Reuß,* RdA 1964, S. 362, 363; *ders.,* in: Festgabe für Otto Kunze (1969), S. 269, 278; *Rüthers,* Betrieb 1970, S. 2120, 2122; *Söllner,* AuR 1976, S. 321, 322; anderer Ansicht, wenn auch mit divergierenden Begründungsansätzen Hueck/*Nipperdey,* Arbeitsrecht II 1, § 20 I 3, S. 422; *Mayer-Maly,* Anm. zu BAG AP Nr. 25 zu § 2 TVG; *Schnorr,* RdA 1955, S. 3, 8; *Weitnauer,* Betrieb 1970, S. 1639, 1640; *Zöllner,* AöR Bd. 98, 1973, S. 71, 91; *Zöllner/Loritz,* Arbeitsrecht, § 34 I 2 a, S. 380.

[62] Hueck/*Nipperdey,* Arbeitsrecht II 1, § 6 III 3, S. 105 ff.; § 20 I 3, S. 422; ebenso *Nipperdey/Säcker,* AR-Blattei, Berufsverbände I, 1979, E I; *Schaub,* Arbeitsrechts-Handbuch, § 187 IV 3, S. 1587.

[63] *Zöllner/Loritz,* Arbeitsrecht, § 34 I 2 a, S. 380.

[64] So die st. Rspr. seit BVerfGE 4, S. 96, 107 ff. = AP Nr. 1 zu Art. 9 GG; sowie BVerfGE 58, S. 233, 248 f. = AP Nr. 31 zu § 2 TVG.

[65] Dazu *Scholz,* Koalitionsfreiheit als Verfassungsproblem, 1971, S. 36; *Carlo Schmid,* Soziale Autonomie und Staat, 1951, S. 34.

[66] BVerfGE 58, S. 233, 248 ff. = AP Nr. 31 zu § 2 TVG.

[67] So im Ausgangspunkt auch die Position von *Zöllner/Loritz,* Arbeitsrecht, § 34 I 2 a, S. 380, die jedoch die zur Konkretisierung der Tariffähigkeit entwickelten Kriterien zum Teil für unvereinbar mit Art. 9 Abs. 3 Satz 1 GG erklären.

den bereits bekannten Voraussetzungen der Tariffähigkeit weitere Merkmale hinzufügen. Sie stehen damit aber im Widerspruch zur ständigen Rechtsprechung des Bundesverfassungsgerichts, das dem einfachen Gesetzgeber einen Spielraum zur sachgerechten Ausgestaltung der Tarifautonomie zubilligt.[68] Außerdem übersieht diese Lehre, daß sie die Entfaltung der Freiheit eher beschränkt als fördert, denn sie muß im Rahmen des Art. 9 Abs. 3 GG mehr Terrain einbüßen, als sie im Tarifvertragsrecht gewinnt. Die Verdrängung des am Tarifabschluß oder am Arbeitskampf nicht interessierten oder des sich erst neu bildenden Berufsverbandes aus dem Schutz des Grundgesetzes ist mit verfassungstreuer Auslegung nicht vereinbar.

Das Grundrecht der Koalitionsfreiheit verbietet dem einfachen Gesetzgeber jedoch, die Tariffähigkeit von Umständen abhängig zu machen, die nicht von der Sache selbst, also von der im allgemeinen Interesse liegenden Aufgabe der Ordnung des Arbeitslebens gefordert sind.[69] Darin liegt mehr als ein Willkürverbot gegenüber dem Gesetzgeber. Die zusätzlich vom Gesetzgeber oder vom Richter als Ersatzgesetzgeber eingeführten Voraussetzungen der Tariffähigkeit müssen sachlich veranlaßt sein und dürfen darüber hinaus die Bildung und Betätigung einer Koalition nicht unverhältnismäßig einschränken, da dies zur Aushöhlung der durch Art. 9 Abs. 3 GG gesicherten freien Koalitionsbildung und -betätigung führen würde.[70] 26

2. Tariffähige Nicht-Koalitionen

Strittig war früher, ob der Gesetzgeber anderen Organisationen oder Zusammenschlüssen neben den in § 2 genannten Berufsverbänden die Tariffähigkeit verleihen kann. Die Frage ist vor allem für Innungen und Innungsverbände und für den Bundesinnungsverband wichtig (§ 54 Abs. 3 Nr. 1, 82 Nr. 3, 85 Abs. 2 i.V. mit § 82 Nr. 3 HandwO). Sie wird vom Bundesverfassungsgericht[71] und vom Bundesarbeitsgericht[72] in ständiger Rechtsprechung bejaht.[73] 27

Der Rechtsprechung ist zu folgen. Die Verfassung verbietet dem Gesetzgeber nicht, die Tariffähigkeit auch solchen Personenverbänden oder Einrichtungen zu verleihen, die keine Koalitionen im Sinne des Art. 9 Abs. 3 GG darstellen. Das ist in § 2 Abs. 1 für den einzelnen Arbeitgeber und außerhalb des Tarifvertragsgesetzes für Innungen und Innungsverbände[74] ge- 28

---

[68] BVerfGE 18, S. 18, 27 = AP Nr. 15 zu § 2 TVG = SAE 1964, S. 137 *(Nikisch)*; BVerfGE 20, S. 312, 317 = AP Nr. 24 zu § 2 TVG; BVerfGE 58, S. 233, 248 = AP Nr. 31 zu § 2 TVG.
[69] BVerfGE 4, S. 96, 107 = AP Nr. 1 zu Art. 9 GG; BVerfGE 18, S. 18, 27 = AP Nr. 15 zu § 2 TVG = SAE 1964, S. 137 *(Nikisch)*; BVerfGE 50, S. 290, 369 = AP Nr. 1 zu § 1 MitbestG *(Wiedemann)*; *Gamillscheg*, Koalitionsfreiheit und Soziale Selbstverwaltung, 1969, S. 41.
[70] BVerfGE 58, S. 233, 249 = AP Nr. 31 zu § 2 TVG.
[71] BVerfGE 20, S. 312 ff. = AP Nr. 24 zu § 2 TVG.
[72] So zuletzt BAG 11. 6. 1975 AP Nr. 29 zu § 2 TVG *(Wiedemann)*, m.w.N.
[73] Anderer Ansicht namentlich *Reuß*, AuR 1963, S. 1, 5; *ders.*, in: Festgabe für Otto Kunze (1969), S. 269, 288; differenzierend *Kempen/Zachert*, § 2 TVG, Rnr. 64, die lediglich auf Arbeitgeberseite die Verleihung an Nicht-Koalitionen für zulässig halten; zu den Innungen und Innungsverbänden außerdem unten Rnr. 225.
[74] § 54 Abs. 1 Nr. 3, §§ 82 Nr. 3 und 85 HandwO.

schehen. Die Tariffähigkeit könnte neben diesen Arbeitgeberverbänden auch anderen Arbeitnehmerzusammenschlüssen, etwa *freiwillig* gebildeten Arbeiterkammern, eingeräumt werden.[75]

29 Allerdings darf der Gesetzgeber durch die Zuerkennung der Tariffähigkeit an Nicht-Koalitionen die verfassungsmäßige Koalitionsfreiheit nicht dadurch aushöhlen, daß er die eigenen Koalitionsaufgaben einer größeren Zahl andersartiger Organisationen zuweist und damit den Koalitionen ihren Einflußbereich nimmt.[76] Soweit funktionsfähige Berufsverbände vorhanden sind, wird in der Regel kein sachliches Bedürfnis für die gesetzliche Verleihung der Tariffähigkeit an andere Organisationen bestehen. Außerdem kann der Staat mit Hilfe der Allgemeinverbindlicherklärung vorhandene Tarifverträge in ihrem personellen Geltungsbereich erweitern oder von dem Gesetz über die Festsetzung von Mindestarbeitsbedingungen vom 11. Januar 1952[77] Gebrauch machen.

3. Die Verfassungsmäßigkeit des § 2 Abs. 1

30 Vereinzelt wurde die Verfassungsmäßigkeit des § 2 Abs. 1 bezweifelt, weil er die Fähigkeit zum Abschluß von Tarifverträgen den Gewerkschaften vorbehält, anderen durch Art. 9 Abs. 3 GG geschützten Gruppen, insbesondere betriebsgebundenen Werksvereinen, die Tariffähigkeit jedoch versagt.[78] Diese Meinung konnte sich nicht durchsetzen.

III. Der Verlust der Tariffähigkeit

1. Allgemeines

31 Der Verlust der Tariffähigkeit kann aus unterschiedlichen Gründen eintreten. Der praktisch bedeutsamste Fall ist der Untergang einer Tarifvertragspartei, wobei in Rechtsprechung und Schrifttum vor allem die Auflösung eines Berufsverbandes behandelt wird.[79] Denkbar ist aber auch, daß ein Verband die Tariffähigkeit aus anderen Gründen verliert, wenn er z. B. aufgrund nach Abschluß des Tarifvertrages eingetretener Umstände nicht mehr die Voraussetzungen erfüllt, die an eine tariffähige Gewerkschaft oder Vereinigung von Arbeitgebern zu stellen sind. Praktisch relevant wird dies vor allem bei einer Arbeitgebervereinigung, die zur Ermöglichung einer Mitgliedschaft ohne Tarifbindung die tarifpolitischen Aufgaben und Funktionen zukünftig durch eine Tarifgemeinschaft als Unterverband erfüllen will (oben Rnr. 20). In Betracht kommt der Untergang einer Tarifvertragspartei zudem beim einzelnen Arbeitgeber, sei es durch den Tod bei natürlichen Personen, sei es durch Liquidation bei juristischen Personen oder aber mit Verlust der Eigenschaft als Arbeitgeber.

---

[75] Zu den Arbeitnehmerkammern vgl. insbesondere BVerfGE 38, S. 281, 302 ff. = AP Nr. 23 zu Art. 9 GG *(Kittner)*; *Hans F. Zacher*, Arbeitskammern im demokratischen und sozialen Rechtsstaat, 1971; sowie unten Rnr. 232 ff.
[76] BVerfGE 20, S. 312, 320 = AP Nr. 24 zu § 2 TVG.
[77] BGBl I S. 17.
[78] So *E. R. Huber*, Wirtschaftsverwaltungsrecht II, 2. Aufl. 1954, § 94 IV 1, S. 445.
[79] Exemplarisch BAG 25. 9. 1990 AP Nr. 8 zu § 9 TVG 1969.

Die Rechtsfolgen des Verlustes der Tariffähigkeit für zuvor abgeschlos- 32
sene Tarifverträge entziehen sich einer schematischen und einheitlichen
Beurteilung. Es ist vielmehr eine Differenzierung zwischen den Gründen, die
zum Verlust der Tariffähigkeit führen, den Rechtswirkungen des Tarifvertrages sowie den Tarifvertragsparteien (Verbands- oder Firmentarifvertrag)
erforderlich. Dabei muß sich die Problemlösung an Antworten orientieren,
die die Rechtsordnung für vergleichbare Fallgestaltungen bereit hält, in denen die Rechtsfähigkeit oder die Fähigkeit zur Rechtssetzung endet. Es fehlen trotz der dogmatischen Unterschiede zwischen der allgemeinen Rechtsfähigkeit und der Tariffähigkeit (vgl. oben Rnr. 10 ff.) hinreichende
Sachgründe, warum der Verlust der Rechtsfähigkeit den Bestand zuvor abgeschlossener Verträge grundsätzlich nicht berührt, für den Verlust der Tariffähigkeit hingegen andere Regeln gelten sollen. Entsprechendes gilt auch
für den Untergang von Rechtssubjekten. Ihr Untergang bewirkt – wie die
Coburg-Entscheidung des Bundesverfassungsgerichts belegt[80] – nicht ipso
iure den Untergang der durch sie begründeten Rechtsakte. Wenn ein Staatsvertrag trotz des Untergang einer der Vertragsparteien fortbesteht, so ist es
wenig plausibel, warum für Tarifverträge andere Rechtsgrundsätze gelten
sollen.

2. Auflösung eines Berufsverbandes

a) Herrschende Meinung. Die Auflösung des Berufsverbandes führt 33
nach der ständigen höchstrichterlichen Rechtsprechung und einer verbreiteten Ansicht im Schrifttum ipso iure zur Beendigung des Tarifvertrages.[81]
Dies soll unabhängig davon gelten, ob der Berufsverband einen Firmen- oder
Verbandstarifvertrag abgeschlossen hat. Uneinheitlich werden nach dieser
Auffassung zwei zentrale Folgeprobleme gelöst. Erstens ist nicht abschließend
geklärt, ob die Beendigung des Tarifvertrages sofort oder nach Ablauf einer
ggf. für die ordentliche Kündigung vorgesehenen Frist eintritt.[82] Zweitens ist
umstritten, ob die Normen des Tarifvertrages im Anschluß an den Verlust

---

[80] BVerfGE 22, S. 221, 231.
[81] So RAG ARS 8, S. 128, 138 *(Nipperdey)*; RAG ARS 14, S. 475, 476 *(Nipperdey)*; RAG ARS 14, S. 595, 597 ff. *(H. Stoll)*; BAG 11. 11. 1970 AP Nr. 28 zu § 2 TVG *(Wiedemann)* = SAE 1972, S. 107 *(Blomeyer)* (für den obligatorischen Teil); BAG 15. 10. 1986 AP Nr. 4 zu § 3 TVG *(Wiedemann)* = SAE 1987, S. 201 *(v. Stebut)* (für den normativen Teil); BAG, DB 1997, S. 2229; ebenso im Schrifttum *A. Hueck*, Recht des Tarifvertrages, 1920, S. 79; *Jacobi*, Grundlehren des Arbeitsrechts, 1927, S. 218; *Koberski/Clasen/Menzel*, § 2 TVG, Rnr. 100; *Löwisch/Rieble*, § 2 TVG, Rnr. 105 ff.; *Nikisch*, Arbeitsrecht II, § 76 II 3, S. 355; *Richardi*, Kollektivgewalt, S. 219; *Wagenitz*, Die personellen Grenzen der Tarifmacht, 1972, S. 90 f.; einen normativen Teil wollen aufrechterhalten: *Frey*, RdA 1965, S. 363, 365 ff.; *Kempen/Zachert*, § 2 TVG, Rnr. 105; *Krischker*, Tarifverbandsauflösung und Tarifvertrag, Diss. Köln 1969, S. 65 ff. Ausführlich und kritisch zu den Entscheidungen des Bundesarbeitsgerichts *Blomeyer*, SAE 1972, S. 109; *Buchner*, Anm. zu BAG AR-Blattei, Tarifver-
trag III, Entsch. 4; *ders.*, RdA 1997, S. 259, 261 ff.; *Lobscheid*, AuR 1972, S. 289, 303 ff.; *Säcker*, Anm. zu BAG AR-Blattei, Tarifvertrag II, Entsch. 8; *v. Stebut*, SAE 1987, 203 ff.
[82] Ausdrücklich offengelassen von BAG 15. 10. 1986 AP Nr. 4 zu § 3 TVG *(Wiedemann)* = SAE 1987, S. 201 *(v. Stebut)*; für eine sofortige Beendigung z. B. RAG ARS 14, S. 475, 476 *(Nipperdey)*.

der Tariffähigkeit nach § 4 Abs. 5 nachwirken[83] oder aber diese ihre Rechtswirkungen für das Arbeitsverhältnis gänzlich verlieren.[84]

34 Die für eine ipso iure eintretende Beendigung des Tarifvertrages plädierende überwiegende Ansicht verweist zur Begründung darauf, daß die §§ 49 Abs. 2 und 730 Abs. 2 BGB ausschließlich der vermögensrechtlichen Abwicklung dienten, die Liquidation deshalb nicht auf die Aus- und Durchführung eines Tarifvertrages erstreckt werden könnte.[85] Der vom Verein oder der Gesellschaft verfolgte Zweck sei nicht Gegenstand der Liquidation, die Liquidatoren könnten deshalb nur vermögensmäßige Verpflichtungen erfüllen; die Richtigkeit dieser Auffassung werde durch die §§ 46, 47 BGB unterstützt.

35 b) **Kritik und Gegenposition.** Der Argumentation und dem **Ergebnis** der vorherrschenden Ansicht ist nicht zu folgen. Die Auflösung des Berufsverbandes führt nicht ipso iure zur Beendigung der von diesem begründeten Rechtsbeziehungen und damit auch der abgeschlossenen Tarifverträge und zwar unabhängig davon, ob es sich um Verbands- oder Firmentarifverträge handelt.[86] Bereits die Ausgangsüberlegung, daß der Liquidationszweck eines Verbandes sich in der Verteilung des Verbandsvermögens erschöpfe,[87] trifft nicht das Richtige.[88] Die Liquidation umfaßt die Abwicklung *sämtlicher* Verpflichtungen, die eine Körperschaft oder eine Gesellschaft zu erfüllen hat, vermögensrechtliche ebenso wie nichtvermögensrechtliche. Eine abweichende Ansicht wird von Rechtsprechung und Schrifttum, soweit ersichtlich, im Verbandsrecht nicht vertreten. Die Veränderung des Verbandszwecks mit dem Eintritt in das Liquidationsstadium beschränkt nicht seine rechtliche Fähigkeit, neue Verpflichtungen einzugehen, alte zu erfüllen und auf die Mitglieder einzuwirken, die laufenden Verträge vereinbarungsgemäß durchzuführen.

36 Gegen die herrschende Ansicht spricht ferner der Zweck des Tarifvertrages. Ihm kommt wie jeder (Teil-) Rechtsordnung eine Rechtssicherungs- und Ordnungsfunktion zu (siehe oben Einleitung Rnr. 13 ff.). Wenn die

---

[83] Hierfür BAG 15. 10. 1986 AP Nr. 4 zu § 3 TVG *(Wiedemann)* = SAE 1987, S. 201 *(v. Stebut)*; BAG, DB 1997, S. 2229; *Koberski/Clasen/Menzel*, § 2 TVG, Rnr. 100; *Richardi*, Kollektivgewalt, S. 220; ablehnend *Buchner*, RdA 1997, S. 259, 265 f.
[84] So Löwisch/*Rieble*, § 2 TVG, Rnr. 107.
[85] Ausführlich vor allem RAG ARS 8, S. 128, 138 f. *(Nipperdey)*; RAG ARS 14, S. 595, 597 ff. *(H. Stoll)*; sowie BAG 11. 11. 1970 AP Nr. 28 zu § 2 TVG *(Wiedemann)* = SAE 1972, S. 107 *(Blomeyer)*; *Koberski/Clasen/Menzel*, § 2 TVG, Rnr. 100 a; *Nikisch*, Arbeitsrecht II, § 76 II 3, S. 355; *Richardi*, Kollektivgewalt, S. 220; *Wagenitz*, Die personellen Grenzen der Tarifmacht, 1972, S. 91 Fn. 136.
[86] Ebenso im Ergebnis trotz unterschiedlicher Begründungen *Buchner*, RdA 1997, S. 259, 263 f.; *Däubler*, Tarifvertragsrecht, Rnr. 60; *Hueck/Nipperdey*, Arbeitsrecht II 1, § 22 B II, S. 474 f.; *Kaskel/Dersch*, Arbeitsrecht, S. 101; *Kempen*/Zachert, § 2 TVG, Rnr. 105; *Özfirat*, Die Folgen von Untergang und Tariffähigkeitsverlust einer Tarifpartei, Diss. Tübingen 1978, S. 87 ff.; *Säcker*, Anm. zu BAG AR-Blattei, Tarifvertrag II, Entsch. 8; *H. Stoll*, AcP Bd. 133 (1931), S. 78 ff.; *ders.*, JW 1930, S. 3500; wohl auch MünchKomm/*Reuter*, 3. Aufl. 1993, § 49 BGB, Rnr. 8.
[87] RAG ARS 14, S. 595, 599 *(H. Stoll)*; BAG 11. 11. 1970 AP Nr. 28 zu § 2 TVG *(Wiedemann)* = SAE 1972, S. 107 *(Blomeyer)*.
[88] Siehe bereits Hueck/*Nipperdey*, Arbeitsrecht II 1, § 22 B II 1 b, S. 474 Fn. 59; sowie *Säcker*, Anm. zu BAG AR-Blattei, Tarifvertrag II, Entsch. 8.

Tarifvertragsparteien von der ihnen eingeräumten Regelungsmacht Gebrauch machen, so müssen sie die in Anspruch genommene Hoheitsgewalt auch ausüben. Hieraus folgt zwar nicht, daß eine Verbandsauflösung während der Laufzeit des Tarifvertrages verboten wäre, wohl aber, daß die Liquidation die Erfüllung bereits übernommener tarifvertraglicher Pflichten mitumfaßt. Eines Rückgriffs auf § 3 Abs. 3[89] bedarf es deshalb nicht; für eine entsprechende Anwendung dieser Norm fehlen die methodischen Voraussetzungen.[90] Dies schließt allerdings nicht die Feststellung aus, daß nur die Annahme einer Weitergeltung der zuvor abgeschlossenen Tarifverträge den in § 3 Abs. 3 zum Ausdruck gelangten Wertungen des Tarifvertragsgesetzes entspricht. Da das Gesetz verhindern will, daß sich die Mitglieder eines Berufsverbandes den Wirkungen des Tarifvertrages durch Austritt aus dem Verband und den von diesem (mit)erzeugten Regeln entziehen (siehe unten § 3, Rnr. 46), will es erst recht verhindern, daß die Beständigkeit der geltenden tariflichen Ordnung durch einen Auflösungsbeschluß der Berufsverbandsmitglieder in Frage gestellt werden kann.[91]

Obwohl der Firmen- oder Verbandstarifvertrag in seinem normativen und seinem schuldrechtlichen Teil trotz des Übergangs des Verbandes in das Liquidationsstadium unverändert fortgilt und der Verband – in Anlehnung an den in § 49 Abs. 2 BGB zum Ausdruck gelangten Rechtsgedanken – unverändert tariffähig ist, erzwingt die infolge der Auflösung eintretende Veränderung des Verbandszwecks eine inhaltliche Modifizierung der Tariffähigkeit. Sie besteht nur für den Zweck der Liquidation, so daß für eine zeitlich darüber hinausreichende Tariffähigkeit die Grundlage entfällt. Während des Liquidationsstadiums können deshalb grundsätzlich keine neuen Tarifverträge abgeschlossen werden, deren Dauer das Liquidationsstadium überschreitet; hierfür fehlt der Tarifvertragspartei in Liquidation die Tariffähigkeit. Eine Ausnahme gilt nur für den Abschluß solcher Tarifverträge, die die Beendigung der vor Eintritt in das Liquidationsstadium abgeschlossenen Tarifverträge strukturieren.

c) Beendigung der Tarifverträge. Der Eintritt in das Liquidationsstadium zwingt den aufgelösten Berufsverband dazu, die Beendigung der zuvor abgeschlossenen Tarifverträge herbeizuführen. Im Einzelfall ist es denkbar, in der Verbandsauflösung gleichzeitig die außerordentliche Kündigung des Tarifvertrages oder die ordentliche Kündigung zum nächstmöglichen Termin zu sehen.[92] Dies setzt voraus, daß die Verbandsauflösung dem Vertragspartner mitgeteilt wurde. Ob der Auflösungsbeschluß eine außerordentliche Kündigung rechtfertigt, läßt sich nicht allgemein feststellen, sondern hängt von den Umständen des Einzelfalles, insbesondere den rechtlichen

---

[89] Hierfür *Däubler*, Tarifvertragsrecht, Rnr. 60; *Kempen/Zachert*, § 2 TVG, Rnr. 105.
[90] BAG 15. 10. 1986 AP Nr. 4 zu § 3 TVG *(Wiedemann)* = SAE 1987, S. 201 *(v. Stebut)*; Löwisch/*Rieble*, § 2 TVG, Rnr. 106; *Richardi*, Kollektivgewalt, S. 219; näher hierzu unten § 3, Rnr. 52.
[91] So treffend schon *Säcker*, Anm. zu BAG AR-Blattei, Tarifvertrag II, Entsch. 8.
[92] Treffend BAG 15. 10. 1986 AP Nr. 4 zu § 3 TVG *(Wiedemann)* = SAE 1987, S. 201 *(v. Stebut)*; sowie bereits *Säcker*, Anm. zu BAG AR-Blattei, Tarifvertrag II, Entsch. 8.

Rahmenbedingungen für eine ordentliche Kündigung (z. B. Kündigungsfrist) ab.[93]

39 Nach Ausspruch der Kündigung wirken die Normen des Tarifvertrages nach § 4 Abs. 5 nach. Insofern gelten keine anderen Grundsätze als bei der Kündigung des Tarifvertrages und unverändertem Fortbestand der Tarifvertragsparteien. Eine andere Frage ist, ob die Nachwirkung in dieser Konstellation zeitlich unbegrenzt anzuerkennen ist. Der Wegfall einer Tarifvertragspartei könnte eine zeitliche Schranke rechtfertigen, er steht der Anerkennung einer Nachwirkung jedoch nicht grundsätzlich entgegen.

3. Verlust der Tariffähigkeit bei Berufsverbänden aus anderen Gründen

40 Verliert der Berufsverband aus anderen Gründen seine Tariffähigkeit, ohne daß dies auf seiner Auflösung beruht, so wird hierdurch die rechtliche Existenz des rechtswirksam begründeten Tarifvertrages nicht berührt.[94] Der anderen Tarifvertragspartei steht jedoch ein Recht zur außerordentlichen Kündigung zu (unten Rnr. 42).

4. Verlust der Tariffähigkeit des einzelnen Arbeitgebers

41 Beim Tod des Arbeitgebers wird ein von ihm abgeschlossener Tarifvertrag von dem oder den Erben fortgeführt, wenn er oder sie den Betrieb übernehmen.[95] Mit dem Regelungscharakter des Tarifvertrages wäre es nicht vereinbar, den Tarifvertrag unter der auflösenden Bedingung der Unternehmensleitung durch den bisherigen Arbeitgeber abzuschließen.[96] Die Auflösung des Betriebes und die hiermit verbundene Beendigung aller Arbeitsverhältnisse führt zwar zum Verlust der Arbeitgebereigenschaft und damit auch der Tariffähigkeit, nicht jedoch zur ipso iure eintretenden Beendigung des Tarifvertrages. Vielmehr ist auch in dieser Konstellation eine Kündigung erforderlich, damit sich der (bisherige) Arbeitgeber von den Bindungen des rechtswirksam begründeten Tarifvertrages befreien kann. Zu den Auswirkungen einer Rechtsnachfolge und eines Betriebsübergangs auf die Tarifgebundenheit siehe unten § 3, Rnr 146 ff.

5. Wegfall einer Tarifvertragspartei und Kündigung

42 In Ausnahmefällen kann der Tarifvertrag mit dem Wegfall einer Tarifvertragspartei gegenstandslos werden. Das ist etwa bei einem Firmentarifvertrag möglich im Fall der Universalsukzession durch einen nicht-tariffähigen Rechtsträger oder bei einer Betriebsstillegung unter gleichzeitiger Auflösung sämtlicher Arbeitsverhältnisse. Bei der Auflösung einer Tarifvertragspartei oder bei der Änderung des Vereinszwecks dahin, daß dieser in Zukunft den

---

[93] Generell ablehnend *Däubler*, Tarifvertragsrecht, Rnr. 61; *Kempen*/Zachert, § 2 TVG, Rnr. 107.
[94] Ebenso *Koberski/Clasen/Menzel,* § 2 TVG, Rnr. 100a.
[95] Ebenso *Koberski/Clasen/Menzel,* § 2 TVG, Rnr. 101.
[96] Näher unten § 4, Rnr. 18.

Abschluß von Tarifverträgen nicht mehr umfaßt, kann die gegnerische Tarifvertragspartei den Vertrag aus wichtigem Grund kündigen.[97]

B. Die Tarifzuständigkeit

I. Allgemeines

1. Tarifzuständigkeit als Wirksamkeitsvoraussetzung

Während der Geltung der Tarifvertrags-Verordnung wurde die Tarifzuständigkeit als Voraussetzung für den Abschluß gültiger Tarifverträge von der Rechtsprechung des Reichsarbeitsgerichts und einem großen Teil der Lehre abgelehnt, weil das Gesetz die Arbeitgeber- und Arbeitnehmervereinigungen ohne einen einschränkenden Zusatz als Tarifvertragsparteien bezeichnete.[98] Dementsprechend konnten Koalitionen den Geltungsbereich ihrer Tarifverträge auch über den satzungsmäßigen Organisationskreis hinaus ausdehnen. Das führte zu Konkurrenzstreitigkeiten. In den dreißiger Jahren mußten viele Tarifordnungen durch Sondertarifordnungen ergänzt werden, weil sich eine umfassende Regelung für spezielle Fälle als undurchführbar oder nicht ausreichend erwies. Heute ist die Tarifzuständigkeit als Voraussetzung der Wirksamkeit eines Tarifvertrages nahezu allgemein anerkannt.[99]

43

---

[97] Ebenso Hueck/*Nipperdey*, Arbeitsrecht II 1, § 22 B I 5, S. 472, 475; *Löwisch*, ZfA 1974, S. 29, 41; a.A. *Kempen*/Zachert, § 2 TVG, Rnr. 107.
[98] RAG ARS 5, S. 393, 398; RAG ARS 9, S. 272, 274; RAG ARS 10, S. 242, 246; RAG ARS 13, S. 190; abweichend bereits damals *Sinzheimer*, Grundzüge des Arbeitsrechts, 2. Aufl. 1927, S. 255.
[99] BAG 19. 12. 1958 AP Nr. 3 zu § 2 TVG *(Tophoven)*; BAG 27. 11. 1964 AP Nr. 1 zu § 2 TVG Tarifzuständigkeit *(Dapprich)* = SAE 1965, S. 201 *(Isele)*; BAG 27. 7. 1956 AP Nr. 3 zu § 4 TVG Geltungsbereich = SAE 1956, S. 222 *(Sabin)*; *Delheid*, Tarifzuständigkeit, Diss. Frankfurt/Main 1969; *Dörner*, HzA, Gruppe 18/1, Rnr. 160; *Gumpert*, BB 1959, S. 488, 489; *Hromadka/Maschmann/Wallner*, Der Tarifwechsel, 1996, Rnr. 33 f.; Hueck/*Nipperdey*, Arbeitsrecht II 1, § 20 VIII 2, S. 445; *Kempen*/Zachert, § 2 TVG, Rnr. 110; *Konzen*, ZfA 1975, S. 401, 413 ff.; *Kutscher*, Die Tarifzuständigkeit, 1993, S. 12 ff.; *Link*, Das Wesen der Tarifzuständigkeit, Diss. Köln 1965, S. 28 ff.; *ders.*, AuR 1966, S. 38, 40; Löwisch/*Rieble*, § 2 TVG, Rnr. 88; *Maus*, § 2 TVG, Rnr. 36; *Nipperdey/Säcker*, AR-Blattei, Tarifvertrag II A, 1970, II 1; *Richardi*, Kollektivgewalt, S. 158; *Sbresny-Uebach*, AR-Blattei, Tarifvertrag II A, 1987, II 1; Staudinger/*Richardi*, 12. Aufl. 1989, Vorbem. zu §§ 611 ff. BGB, Rnr. 934; *Söllner*, Arbeitsrecht, § 16 I 2, S. 133; *Wiedemann*, in: Festschrift für Hans-Joachim Fleck (1988), S. 447, 456 f.; nicht eindeutig *Nikisch*, Arbeitsrecht II, der einerseits (S. 239, 240) Tarifverträge insoweit für unwirksam erklärt, als sie den räumlichen und sachlichen Tätigkeitsbereich der Tarifparteien überschreiten, andererseits (S. 370) eine allumfassende und von der Satzung unabhängige Zuständigkeit annehmen will; beschränkend auf Fälle einer offensichtlichen Unzuständigkeit *Blank*, Die Tarifzuständigkeit der DGB-Gewerkschaften, 1996, S. 90 ff.; gegen die Anerkennung als Wirksamkeitsvoraussetzung allerdings *Kraft*, in: Festschrift für Ludwig Schnorr von Carolsfeld (1972), S. 255, 260 ff. (vgl. dazu *Wiedemann*, RdA 1975, S. 78, 80); *Däubler*, Tarifvertragsrecht, Rnr. 89 ff.; *Hillebrand*, Das Merkmal „Tarifzuständigkeit als Wirksamkeitsvoraussetzung eines Tarifvertrages, 1997, S. 4 ff.; kritisch auch *Gamillscheg*, Kollektives Arbeitsrecht I, § 14 II 3 b, S. 536 f.; sowie für das Schweizer Recht *Rentsch*, Über den Geltungsbereich des Gesamtarbeitsvertrages, 1974, S. 48.

44 Die Novellierung des Arbeitsgerichtsgesetzes im Jahre 1979 und die hierdurch sanktionierte Ausdehnung des arbeitsgerichtlichen Beschlußverfahrens auf die „Tarifzuständigkeit einer Vereinigung" (§ 2a Abs. 1 Nr. 4 ArbGG)[100] entzog erstens der Auffassung, die das Erfordernis der Tarifzuständigkeit bereits im Ansatz oder zumindest als Wirksamkeitsvoraussetzung ablehnt,[101] die normative Grundlage.[102] Aus der Gesetzessystematik folgt nicht nur die Eigenständigkeit der Tarifzuständigkeit neben der Tariffähigkeit, sondern auch die Gleichrangigkeit beider Elemente. Zweitens ist die in § 97 Abs. 3 ArbGG angeordnete entsprechende Anwendung von § 63 ArbGG nur vor dem Hintergrund verständlich, daß die rechtskräftige Entscheidung über die Tarifzuständigkeit in gleicher Weise wie eine rechtskräftige Entscheidung über die Tariffähigkeit die Interessen der tarifgebundenen Arbeitsvertragsparteien berührt. Dies ist nur der Fall, wenn die fehlende Tarifzuständigkeit – ebenso wie die Tariffähigkeit – unmittelbare Auswirkungen auf die Rechtsverbindlichkeit des Tarifvertrages besitzt.

2. Fehlen und Wegfall der Tarifzuständigkeit

45 Die Tarifzuständigkeit muß – ebenso wie die Tariffähigkeit – bei Abschluß des Tarifvertrages vorliegen, anderenfalls ist der Tarifvertrag wegen des Fehlens einer Wirksamkeitsvoraussetzung rechtsunwirksam. Die ursprünglich fehlende Tarifzuständigkeit kann weder für die Vergangenheit noch für die Zukunft dadurch geheilt werden, daß der Verband seine Zuständigkeit qua Satzungsänderung erweitert.[103] Erforderlich ist ein Neuabschluß des Tarifvertrages.

46 Entfällt die Tarifzuständigkeit z.B. aufgrund einer Satzungsänderung nach Abschluß des Tarifvertrages, so wird der Tarifvertrag nach einer im Schrifttum teilweise geäußerten Auffassung unwirksam[104] und entfaltet auch keine Nachwirkung im Sinne von § 4 Abs. 5.[105] Diesbezüglich sind jedoch zwei unterschiedliche Konstellationen zu unterscheiden. Ist der Geltungsbereich des Tarifvertrages weiter als die Aufgabe der Tarifzuständigkeit (z.B. die Zuständigkeit für Nebenbetriebe wird aufgegeben), so bleibt der Wegfall der Tarifzuständigkeit für die Wirksamkeit des weiter reichenden Tarifvertrages

---

[100] Siehe unten Rnr. 88 ff.
[101] So *Däubler*, Tarifvertragsrecht, Rnr. 89; ähnlich *Kraft*, in: Festschrift für Ludwig Schnorr von Carolsfeld (1972), S. 255, 260 ff., der in der Tarifzuständigkeit lediglich eine statutarische Beschränkung der Vertretungsmacht des Vorstandes erblickt; ähnlich im Ansatz *Hillebrand*, Das Merkmal „Tarifzuständigkeit" als Wirksamkeitsvoraussetzung eines Tarifvertrages, 1997, S. 63 ff.; gänzlich gegen die Anerkennung der Tarifzuständigkeit *van Venrooy*, ZfA 1983, S. 49 ff.
[102] Treffend Löwisch/*Rieble*, § 2 TVG, Rnr. 89; *Söllner*, Arbeitsrecht, § 16 I 2, S. 133; Zöllner/*Loritz*, Arbeitsrecht, § 34 VI, S. 385; in dieser Richtung auch *Gamillscheg*, Kollektives Arbeitsrecht I, § 14 II 1, S. 530; anders aber *Däubler*, Tarifvertragsrecht, Rnr. 89; *Kutscher*, Die Tarifzuständigkeit, 1993, S. 4 f.; *van Venrooy*, ZfA 1983, S. 49, 71 f.
[103] BAG 24. 7. 1990 AP Nr. 7 zu § 2 TVG Tarifzuständigkeit.
[104] *Dörner*, HzA, Gruppe 18/1, Rnr. 162; Löwisch/*Rieble*, § 2 TVG, Rnr. 105; für einen Fortbestand bei einer nachträglichen Beschränkung jedoch Koberski/Clasen/ Menzel, § 2 TVG, Rnr. 100a.
[105] *Dörner*, HzA, Gruppe 18/1, Rnr. 162; Löwisch/*Rieble*, § 2 TVG, Rnr. 107.

ohne Auswirkungen.[106] Eine andere Bewertung kann allenfalls in Betracht kommen, wenn der Wegfall der Tarifzuständigkeit deckungsgleich mit dem Geltungsbereich eines Tarifvertrages ist, die Tarifzuständigkeit also für den gesamten Geltungsbereich des Tarifvertrages entfällt. Aber auch in diesem Fall führt die Satzungsänderung des Berufsverbandes nicht ipso iure zur Beendigung des Tarifvertrages, vielmehr bedarf es stets einer Kündigung.

II. Begriff und Abgrenzung

1. Begriff der Tarifzuständigkeit

Die Tarifzuständigkeit legt den *Geschäftsbereich* fest, innerhalb dessen eine tariffähige Partei Tarifverträge abschließen kann.[107] Sie beantwortet die Frage nach dem *maximalen tariflichen Geltungsbereich* in räumlicher, betrieblich-branchenmäßiger, beruflich-fachlicher und persönlicher Hinsicht.[108] Der maximale persönliche Geltungsbereich und damit auch die äußerste Grenze der Tarifzuständigkeit in subjektiver Hinsicht werden vom Gesetz selbst in § 3 Abs. 1 und 2 abgesteckt. Für Personen, die insbesondere wegen fehlender Mitgliedschaft nicht tarifgebunden sein können, fehlt daher ebenfalls die Tarifzuständigkeit. Die Tarifzuständigkeit verhält sich zum Geltungsbereich eines bestimmten Tarifvertrages wie die Zuständigkeit einer staatli-chen Behörde zum Geltungsradius ihrer Rechtsakte. Der statutarisch fixierte Wille zur sachlich, fachlich oder räumlich beschränkten Inanspruchnahme der Tariffähigkeit führt deshalb zu einer Begrenzung des tarifrechtlichen Könnens.

Nicht widerspruchsfrei ist deshalb der Einwand von *Kraft*[109], der einerseits der Deutung der Tarifzuständigkeit als einer begrenzten Rechtsmacht nach Art der *ultra-vires*-Lehre des anglo-amerikanischen Rechtskreises durch andere Autoren widerspricht, selbst aber die Einschränkung in der Satzung der Koalitionen in persönlicher, sachlicher oder räumlicher Hinsicht als Beschneidung der Vertretungsmacht der Verbandsorgane ansieht.[110] Der wesentliche Kern der *ultra-vires*-Lehre besteht jedoch in der Begrenzung der Betätigungsmöglichkeit auf den Verbandszweck im Interesse der Erhaltung des Gesellschaftsvermögens. Allerdings ist die Tarifzuständigkeit im Ergebnis nicht mit der *ultra-vires*-Lehre zu vergleichen,[111] da die Tarifzuständigkeit nicht Kompetenzstreitigkeiten im hierarchischen Aufbau der Berufsverbände regeln, sondern Zuständigkeitsfragen zwischen mehreren ranggleichen Be-

---

[106] So auch *Koberski/Clasen/Menzel*, § 2 TVG, Rnr. 100 a.
[107] BAG 24. 7. 1990 AP Nr. 7 zu § 2 TVG Tarifzuständigkeit; BAG 12. 12. 1995 AP Nr. 8 zu § 2 TVG Tarifzuständigkeit; BAG 25. 9. 1996 AP Nr. 10 zu § 2 TVG Tarifzuständigkeit; BAG 12. 11. 1996 AP Nr. 11 zu § 2 TVG Tarifzuständigkeit; Hueck/*Nipperdey*, Arbeitsrecht II 1, § 20 VIII vor 1, S. 445.
[108] *Gamillscheg*, Kollektives Arbeitsrecht I, § 14 II 1, S. 530; Staudinger/*Richardi*, 12. Aufl. 1989, Vorbem. zu §§ 611 ff. BGB, Rnr. 933.
[109] In: Festschrift für Ludwig Schnorr v. Carolsfeld (1972), S. 255; zustimmend *Hess*, ZfA 1976, S. 45, 49; im Ansatz auch *Hillebrand*, Das Merkmal „Tarifzuständigkeit" als Wirksamkeitsvoraussetzung eines Tarifvertrages, 1997, S. 63 ff., 77 ff.
[110] Hierzu auch *Hess*, ZfA 1976, S. 45, 49; *Kempen/Zachert*, § 2 TVG, Rnr. 110; *Konzen*, ZfA 1975, S. 401, 416.
[111] So aber Hueck/*Nipperdey*, Arbeitsrecht II 1, § 20 VIII 4, S. 447.

rufsverbänden beantworten will.¹¹² Überzeugend ist es, wenn *Bötticher*¹¹³ daraus schließt, daß die Vertretungsmacht des für den Tarifabschluß zuständigen Verbandsorgans von der Satzung nicht über die Tarifzuständigkeit hinaus eingeschränkt werden kann (näher dazu oben § 1, Rnr. 157 ff.).

49 Wie jede Zuständigkeitsordnung hat auch die Tarifzuständigkeit eine mehrfache **Aufgabe**. Sie will eine sachnahe Regelung ermöglichen und Abgrenzungsschwierigkeiten oder Kompetenzstreitigkeiten zwischen gleichrangigen Organisationen vermeiden helfen. Eine Allzuständigkeit jedes Berufsverbandes würde dem Erfordernis sachnaher Tarifregelungen widersprechen und zu unerwünschten Tarifkonkurrenzen führen. Abwehransprüche konkurrierender Organisationen sind hiermit jedoch nicht verbunden.¹¹⁴ Die Tarifzuständigkeit dient außerdem dem Ziel der Tarifeinheit, also der einheitlichen Geltung eines Tarifvertrages für das ganze Unternehmen.¹¹⁵ Da die Zuständigkeiten autonom festgelegt werden, sind Tarifkonkurrenzen und Tarifpluralitäten zwar auch heute nicht ausgeschlossen, weil voneinander unabhängige Gewerkschaften, die keiner gemeinsamen Spitzenorganisation angehören, gleichzeitig zuständig sein können und ihre Rechtssetzungsgewalt ausüben dürfen. Die Fälle der Tarifkonkurrenz sind indes im Laufe der Zeit zurückgegangen. Soweit die Gewerkschaften im Deutschen Gewerkschaftsbund zusammengeschlossen sind und keine Zuständigkeitsüberschneidungen auftreten, wird das Ziel der einheitlichen tarifvertraglichen Gestaltung der Unternehmungen weitgehend erreicht.¹¹⁶

50 Dem Vertragscharakter entsprechend müssen die Tarifzuständigkeiten der *beiden* Vertragsparteien miteinander *korrespondieren*, sonst ist der Tarifvertrag nicht rechtswirksam.¹¹⁷ Die Zuständigkeiten der beiden Vertragspartner brauchen sich jedoch nicht in ihrem ganzen Umfang zu decken; dies wird sogar regelmäßig nicht der Fall sein.¹¹⁸ Es genügt, wenn die in Anspruch genommenen Zuständigkeitsbereiche der Berufsverbände für den konkreten Tarifvertrag zueinander „passen". Fehlt die Kongruenz der Tarifzuständigkeiten, so ist der Tarifvertrag fehlerhaft und kann jederzeit für die Zukunft aufgehoben werden. Eine Nichtigkeit des Verbands- oder Firmentarifvertrags ist abzulehnen, sobald der Tarifvertrag in Kraft gesetzt wurde. Die Geltungsvoraussetzung ist von Amts wegen zu prüfen.¹¹⁹

---

¹¹² Ebenso Löwisch/*Rieble*, § 2 TVG, Rnr. 89; im Ergebnis auch *Blank,* Die Tarifzuständigkeit der DGB-Gewerkschaften, 1996, S. 41 f.; *Hillebrand,* Das Merkmal „Tarifzuständigkeit" als Wirksamkeitsvoraussetzung eines Tarifvertrages, 1997, S. 22 ff.; *Kempen*/Zachert, § 2 TVG, Rnr. 110; *Reuter,* RdA 1996, S. 201, 203.
¹¹³ RdA 1959, S. 353; *ders.,* Gestaltungsrecht und Unterwerfung im Privatrecht, 1964, S. 23 Anm. 28.
¹¹⁴ Treffend *Rieble*, Arbeitsmarkt und Wettbewerb, 1996, S. 541.
¹¹⁵ Kritisch zum Vorstehenden *Blank,* Die Tarifzuständigkeit der DGB-Gewerkschaften, 1996, S. 71 ff.; *Kempen*/Zachert, § 2 TVG, Rnr. 110.
¹¹⁶ Zum Kompetenzkonflikt zwischen DGB-Gewerkschaften näher unten Rnr. 68 ff.
¹¹⁷ BAG 19. 12. 1958 AP Nr. 3 zu § 2 TVG *(Tophoven); Buchner,* ZfA 1995, S. 95, 105 f.; *Koberski*/*Clasen*/*Menzel,* § 2 TVG, Rnr. 88; Löwisch/*Rieble,* § 2 TVG, Rnr. 88; Staudinger/*Richardi,* 12. Aufl. 1989, Vorbem. zu §§ 611 ff. BGB, Rnr. 933; *Wiedemann,* RdA 1975, S. 78, 79.
¹¹⁸ BAG 26. 5. 1965 AP Nr. 2 zu § 1 TVG Tarifverträge: Graphisches Gewerbe *(Götz Hueck).*
¹¹⁹ Ebenso LAG Frankfurt, AuR 1970, S. 156.

2. Abgrenzung von der Tariffähigkeit

Die eigenständige Bedeutung der Tarifzuständigkeit zeigt sich bei der Abgrenzung zur Tariffähigkeit. *Richardi*[120] wendet demgegenüber ein, daß es zu nichts führe, beide Voraussetzungen getrennt zu prüfen und die Tarifzuständigkeit neben der Tariffähigkeit als eigenständiges Wirksamkeitserfordernis anzusehen, wenn für beide Tatbestandsmerkmale der gleiche Maßstab gelte. Er meint, daß dies zutreffe; da die Tarifzuständigkeit eine Beschränkung der tarifvertraglichen Regelungsgewalt darstelle, für die ebenfalls die Satzung maßgebend sei, müsse man die Tarifzuständigkeit dogmatisch als Teil der Tariffähigkeit ansehen.[121]

Diesem Einwand ist nicht zu folgen.[122] Ob ein Berufsverband Tarifverträge abschließen will oder nicht, ob er also tarifwillig ist, ergibt sich aus der Satzung; ihr Inhalt steht im freien Ermessen der Mitglieder. Es entspricht der individuellen und kollektiven Koalitionsfreiheit des Art. 9 Abs. 3 GG, daß die Berufsvereinigung ihr Programm selbständig aufstellt und ändert. Darin liegt auch keine unbillige Behinderung des sozialen Gegenspielers, denn die Gewerkschaften können sich stets an den tariffähigen einzelnen Arbeitgeber mit der Forderung wenden, einen Firmentarifvertrag abzuschließen. Es gibt keinen gesetzlichen Typenzwang für die Berufsverbände. Dagegen steht die Abgrenzung der Tarifzuständigkeit eines tariffähigen und -willigen Berufsverbandes nicht mehr im freien Ermessen der Mitglieder. Wer die Tarifhoheit in Anspruch nimmt, ist konsequent den Gesetzmäßigkeiten einer rechtsetzenden Tätigkeit unterworfen. Den maximalen persönlichen Geltungsbereich gibt das Gesetz zwingend in § 3 vor. Insoweit kann man nur fragen, ob die Tarifzuständigkeit weiter eingegrenzt werden kann, so daß einzelne Personen oder Personengruppen nicht betroffen werden. Das ist grundsätzlich möglich, darf aber nicht willkürlich geschehen. Eine noch stärkere Einschränkung erfährt die Gestaltungsfreiheit der Berufsverbände im Hinblick auf die sachlichen Grenzen der Tarifzuständigkeit: der tarifwillige Berufsverband muß sich die Regelung der „Arbeits- und Wirtschaftsbedingungen" im Sinne des Art. 9 Abs. 3 GG zum Ziel setzen (näher unten Rnr. 286 ff.). Die Zuständigkeitsbestimmung unterliegt nach alledem anderen gesetzlichen und tarifrechtlichen Anforderungen als die Tariffähigkeit und ist deshalb als selbständige Wirksamkeitsvoraussetzung von dieser zu trennen und gesondert zu würdigen. Die hier befürwortete dogmatische Trennung zwischen Tariffähigkeit und Tarifzuständigkeit wird von den §§ 2a Abs. 1 Nr. 4, 97 ArbGG bestätigt. Die gesonderte Nennung der Tarif-

---

[120] Anm. zu BAG AP Nr. 2 und 3 zu § 2 TVG Tarifzuständigkeit.
[121] Staudinger/*Richardi*, 12. Aufl. 1989, Vorbem. zu §§ 611 ff. BGB, Rnr. 934 ff.; ähnlich bereits *Maus*, § 2 TVG, Rnr. 40: „immanente Bestimmung der Tariffähigkeit".
[122] Wie hier im Sinne einer eigenständigen Wirksamkeitsvoraussetzung *Hueck/Nipperdey*, Arbeitsrecht II 1, § 20 VIII 2, S. 445 f.; *Kempen/Zachert*, § 2 TVG, Rnr. 110 f.; *Kutscher*, Die Tarifzuständigkeit, 1993, S. 99 ff.; *Nikisch*, Arbeitsrecht II, § 70 I 4, S. 239 f.; *Nipperdey/Säcker*, AR-Blattei, Tarifvertrag II A, 1970, II 1; *Sbresny-Uebach*, AR-Blattei, Tarifvertrag II A, 1987, II 1; *Söllner*, Arbeitsrecht, § 16 I 2, S. 132; *Zöllner/Loritz*, Arbeitsrecht, § 34 VI, S. 385; offengelassen von BAG 27. 11. 1964 AP Nr. 1 zu § 2 TVG Tarifzuständigkeit *(Dapprich)* = SAE 1965, S. 201 *(Isele)*.

zuständigkeit als Gegenstand des Beschlußverfahrens ergibt nur dann einen Sinn, wenn sie nicht bereits Voraussetzung für die Tariffähigkeit ist (siehe oben Rnr. 44).

III. Festlegung der Tarifzuständigkeit

1. Verbandstarifvertrag und Firmentarifvertrag

53 **a) Tarifzuständigkeit der Berufsverbände (Verbandstarifvertrag).** Bei der Festlegung der Tarifzuständigkeit ist zwischen Verbands- und Firmentarifverträgen zu trennen. Die Tarifzuständigkeit der Berufsvereinigungen richtet sich nach dem in der jeweiligen Satzung festgelegten Organisationsbereich.[123] Das Erfordernis einer statutarischen Fixierung der Tarifzuständigkeit führt dazu, daß ein Tätigwerden außerhalb des durch die Satzung fixierten Aufgabenbereichs (z. B. durch Abschluß von Tarifverträgen) nicht zu einer Erweiterung der Tarifzuständigkeit führt.[124] Da kein Koalitionstypenzwang besteht, obliegt die Ausgestaltung dem einzelnen Berufsverband.[125]

54 Der von *Meissinger*[126] unternommene Versuch, den Entscheidungsspielraum der Koalitionen auf das Industrieverbandsprinzip einzuschränken, hat sich nicht durchsetzen können und ist heute überholt. Es besitzt nicht die Qualität eines verbindlichen Rechtssatzes.[127] Die Berufsvereinigungen können sich nach dem sog. **Industrieverbandsprinzip** („Mitglieder ... können die in den Wirtschaftszweigen der Metallindustrie Beschäftigten werden.") oder nach dem sog. **Berufsprinzip** (Angestellte; leitende Angestellte, Ärzte, Ingenieure) organisieren. Eine Koalition kann ihre Zuständigkeit auf einen Teilbereich eines Wirtschaftssektors begrenzen (Beispiel: Wirtschaftsverband Graphisches Gewerbe), umgekehrt auch eine mehrfache Zuständigkeit be-

---

[123] BAG 17. 2. 1970 AP Nr. 3 zu § 2 TVG Tarifzuständigkeit *(Richardi)* = SAE 1971, S. 185 *(Kraft)*; BAG 12. 12. 1995 AP Nr. 8 zu § 2 TVG Tarifzuständigkeit; BAG 25. 9. 1996 AP Nr. 10 zu § 2 TVG Tarifzuständigkeit; BAG 12. 11. 1996 AP Nr. 11 zu § 2 TVG Tarifzuständigkeit; *Buchner*, ZfA 1995, S. 95, 99 ff.; *Däubler*, Tarifvertragsrecht, Rnr. 87; *Gamillscheg*, Kollektives Arbeitsrecht I, § 14 II 2a, S. 531; *Koberski/Clasen/Menzel*, § 2 TVG, Rnr. 86; siehe auch exemplarisch die bei *Blank*, Die Tarifzuständigkeit der DGB-Gewerkschaften, 1996, S. 163 ff., abgedruckten Auszüge aus den Satzungen der DGB-Einzelgewerkschaften.
[124] BAG 24. 7. 1990 AP Nr. 7 zu § 2 TVG Tarifzuständigkeit; ebenso *Dörner*, HzA, Gruppe 18/1, Rnr. 160.
[125] Heute allg. Ansicht, zuletzt BAG 19. 11. 1985 AP Nr. 4 zu § 2 TVG Tarifzuständigkeit *(Reuter)* = SAE 1987, S. 1 *(Martens)*; BAG 22. 11. 1988 AP Nr. 5 zu § 2 TVG Tarifzuständigkeit = SAE 1991, S. 319 *(Weyand)*; BAG 24. 7. 1990 AP Nr. 7 zu § 2 TVG Tarifzuständigkeit; BAG 25. 9. 1996 AP Nr. 10 zu § 2 TVG Tarifzuständigkeit; BAG 12. 11. 1996 AP Nr. 11 zu § 2 TVG Tarifzuständigkeit; *Kempen*/Zachert, § 2 TVG, Rnr. 113.
[126] Betrieb 1950, S. 303, 313 und S. 513, 523; *ders.*, RdA 1951, S. 46, 49; ebenso LAG München, AP 1950, Nr. 1 *(Dietz)*, AP 1953, Nr. 150 *(Schnorr)* und 272 (Leitsatz).
[127] Mit Nachdruck auch BAG 19. 11. 1985 AP Nr. 4 zu § 2 TVG Tarifzuständigkeit *(Reuter)* = SAE 1987, S. 1 *(Martens)*; sowie im Schrifttum z. B. *Gamillscheg*, Kollektives Arbeitsrecht I, § 14 II 2b, S. 532; *Hess*, ZfA 1976, S. 45, 73 f.; *Kempen*/Zachert, § 2 TVG, Rnr. 56, 110; abweichend jedoch *Gaul*, ZTR 1991, S. 443 ff.

anspruchen (Beispiel: Gewerkschaft Öffentliche Dienste, Transport und Verkehr). Sind die Tarifvertragsparteien nach Wirtschaftssektoren gegliedert, dann ist **im Zweifel** das **Unternehmen** mit allen (brancheneigenen und branchenfremden) Betriebsabteilungen, Betriebsstätten und Nebenbetrieben erfaßt.[128] Entscheidend ist jedoch stets die konkrete Ausgestaltung, die die Tarifzuständigkeit in der Satzung erfahren hat. Auch bei einer Gliederung nach Wirtschaftssektoren steht es den Berufsverbänden aufgrund ihrer Satzungsautonomie frei, für die Tarifzuständigkeit nicht auf das Unternehmen abzustellen, sondern nach dem **Betrieb** zu definieren.[129] Nach dem Selbstverständnis der meisten im DGB zusammengeschlossenen Gewerkschaften gilt die Tarifzuständigkeit ohne weiteres für branchenfremde Betriebsabteilungen, Hilfs- und Nebenbetriebe.[130] Der innere Grund für den Aufbau der Gewerkschaften nach dem Industrieverbandsprinzip und damit für den Abschluß von Tarifverträgen nach Wirtschaftssektoren liegt darin, daß die Lohnkosten einheitlich am Produktionsergebnis oder am Produktionszweig orientiert werden müssen; dabei ist der Beitrag der Facharbeiter einerseits und der übrigen Arbeitnehmergruppen andererseits zum Endprodukt von geringerer Bedeutung.

Das Gesagte enthält nur eine Auslegungsregel, denn die Satzung der Berufsverbände kann branchenfremde **Nebenbetriebe** von der Tarifzuständigkeit ausnehmen[131] oder anordnen, daß für die Bestimmung des Wirtschaftszweigs die einzelnen **Betriebsstätten** maßgebend sein sollen.[132] Dagegen kann bei einer Organisation nach Wirtschaftsbranchen der *tatsächliche* Organisationsstand keine Rolle spielen,[133] wenn Arbeitgeber und Arbeitnehmer sich kongruent gegenüberstehenden (wenn auch unzuständigen) Verbänden angehören. Denn die Gewerkschaft will ausweislich ihrer Satzung gerade nicht die Facharbeiter betreuen, sondern die Arbeitnehmer eines bestimmten Wirtschaftszweiges. Die Existenz einiger nicht zutreffend organisierter Mitglieder begründet keine Tarifzuständigkeit, wenn man nicht den mit der Tarifzuständigkeit erstrebten Ordnungszweck in Frage stellen und zum Prinzip einer latenten Allzuständigkeit jedes Berufsverbandes zurückkehren will. Die hier abgelehnte Ansicht würde außerdem zumindest in Zweifelsfällen den Versuch nahelegen, durch Beitritt zu einer günstiger erscheinenden Gewerkschaft die Tarifzuständigkeit herbeizuführen.

b) Tarifzuständigkeit für das einzelne Unternehmen (Firmentarifvertrag). Beim Firmentarifvertrag richtet sich die Tarifzuständigkeit der Gewerkschaft im Bereich des Industrieverbandsprinzips vorbehaltlich einer anderen Satzungsbestimmung nach dem (überwiegenden) **Unternehmens-**

---

[128] *Delheid*, Tarifzuständigkeit, Diss. Köln 1973, S. 44; siehe auch *v. Hoyningen-Huene*, NZA 1996, S. 617 ff.
[129] Siehe exemplarisch BAG 25. 9. 1996 AP Nr. 10 zu § 2 TVG Tarifzuständigkeit.
[130] So § 3 der Satzung der IG Metall; § 4 der Satzung der Gewerkschaft HBV; anders jedoch § 1 der Satzung der Gewerkschaft Textil-Bekleidung.
[131] So § 1 der Satzung der Gewerkschaft Textil-Bekleidung.
[132] *Dietz*, in: Festschrift für Arthur Nikisch (1958), S. 23, 41; sowie BAG 25. 9. 1996 AP Nr. 10 zu § 2 TVG Tarifzuständigkeit.
[133] Abweichend *Dutti*, Betrieb 1969, S. 218, 220.

gegenstand des Arbeitgebers.[134] Mithin ist diejenige Gewerkschaft zuständig, die in der Branche tätig ist, der das Unternehmen nach seinem Gesamtgepräge angehört.[135] Das gleiche Kriterium hat sich als Auslegungsgrundsatz bei der Bestimmung des branchenmäßig-betrieblichen Geltungsbereichs bewährt, ist dort anerkannt und kann mit Erfolg auch für die Frage der Tarifzuständigkeit herangezogen werden. Maßgebend ist demnach der Gegenstand des *Unternehmens*, nicht derjenige einzelner Betriebe, Betriebsabteilungen oder Nebenbetriebe. Bei Mischbetrieben entscheidet das Merkmal, das dem Unternehmen sein Gepräge verleiht. Indizien bilden vorrangig der arbeitstechnische Zweck und die Zahl der einschlägig beschäftigten Facharbeiter sowie in zweiter Linie der maßgebliche Anteil am Umsatz und Gewinn sowie bei den Kapitalgesellschaften der im Statut genannte Unternehmensgegenstand.[136] Die Mitgliedschaft des Arbeitgebers in einem nicht zuständigen Arbeitgeberverband oder der Belegschaft in einer unzuständigen Gewerkschaft bleibt beim Firmentarifvertrag ohne tarifrechtliche Folgen, da hiervon die Tarifzuständigkeit zum Abschluß des Firmentarifvertrages nicht berührt wird.[137]

57 Die Grundsätze in Rnr. 56 gelten nur, wenn sich die Tarifzuständigkeit entsprechend der obigen Auslegungsregel (Rnr. 54) nach dem **Unternehmen** richtet. Weicht die Satzung einer Gewerkschaft hiervon ab (siehe Rnr. 54f.) und knüpft für die Tarifzuständigkeit an den **Betrieb** an, dann muß sich der erstrebte Firmentarifvertrag nicht auf das gesamte Unternehmen erstrecken; er kann sich – entsprechend der Tarifzuständigkeit – auch auf einen einzelnen Betrieb (Werk) des Unternehmens beschränken.[138] Zu Überschneidungen kann es kommen, wenn eine Gewerkschaft ihre Tarifzuständigkeit unternehmensbezogen, die andere hingegen betriebsbezogen festlegt.[139] Sofern an diesem Zuständigkeitskonflikt Einzelgewerkschaften des DGB beteiligt sind, müssen sie das in § 16 der Satzung des DGB vorgesehene Schiedsverfahren durchführen (näher hierzu unten Rnr. 66 ff.). Unterlassen sie dies, so gilt grundsätzlich das Prioritätsprinzip.[140]

---

[134] Ebenso BAG 22. 11. 1988 AP Nr. 5 zu § 2 TVG Tarifzuständigkeit = SAE 1991, S. 319 *(Weyand); Gamillscheg*, Kollektives Arbeitsrecht I, § 14 II 2 d, S. 534; *Koberski/Clasen/Menzel*, § 2 TVG, Rnr. 89; *Löwisch/Rieble*, § 2 TVG, Rnr. 101; ausführlich *Buchner*, ZfA 1995, S. 95, 114, 117 f.; a. A. *Kempen*/Zachert, § 2 TVG, Rnr. 67, die für eine „gesetzliche Regelanknüpfung an die Tätigkeit des betroffenen Betriebes" plädieren.
[135] BAG 27. 11. 1964 AP Nr. 1 zu § 2 TVG Tarifzuständigkeit *(Dapprich)* = SAE 1965, S. 201 *(Isele)*.
[136] BAG 22. 11. 1988 AP Nr. 5 zu § 2 TVG Tarifzuständigkeit = SAE 1991, S. 319 *(Weyand)*.
[137] BAG 24. 7. 1990 AP Nr. 7 zu § 2 TVG Tarifzuständigkeit.
[138] So auch BAG 25. 9. 1996 AP Nr. 10 zu § 2 TVG Tarifzuständigkeit; bestätigt in BAG 12. 11. 1996 AP zu Nr. 11 zu § 2 TVG Tarifzuständigkeit; anders jedoch *Buchner*, ZfA 1995, S. 95, 106 ff., 115 ff.; *Heinze*, Betrieb 1997, S. 2122 ff.
[139] Exemplarisch der Sachverhalt in BAG 25. 9. 1996 AP Nr. 10 zu § 2 TVG Tarifzuständigkeit.
[140] Ausführlich hierzu BAG 12. 11. 1996 AP Nr. 11 zu § 2 TVG Tarifzuständigkeit.

2. Rechts- oder Regelungsfrage

Jede Tarifvertragspartei ist berechtigt, ihre Zuständigkeit zu beschränken. **58**
Sie ist dazu allerdings nicht verpflichtet. Aus der Satzung muß sich lediglich
mit hinreichender Deutlichkeit ergeben, welchen Organisationsbereich die
Koalition in Anspruch nehmen will. Soweit die Tarifzuständigkeit sich nicht
an objektiven Merkmalen orientiert, liegt die Kompetenz-Kompetenz bei
den Berufsverbänden selbst, denn neben der Bestandsgarantie enthält Art. 9
Abs. 3 Satz 1 GG nach allgemeiner Ansicht eine Betätigungsgarantie der
Berufsorgane im Innen- und Außenverhältnis. Diese umfaßt auch das Recht
auf zweckmäßige Ausgestaltung der eigenen Satzung und das Recht auf unbeeinflußte
innere Willensbildung.

Ein Arbeitskampf mit dem Ziel, den gegnerischen Verband dazu zu **59**
veranlassen, seine räumliche, branchenmäßig-betriebliche oder persönliche
Zuständigkeit zu erweitern, zu verengen oder sonst zu ändern, ist rechtswidrig;[141]
ebenso ein Streik, mit dem ein Arbeitgeber gezwungen werden
soll, seinen Arbeitgeberverband zu wechseln. Herrscht Streit darüber, wie ein
Unternehmen tarifrechtlich einzuordnen ist, so ist dies kein Regelungs-,
sondern ein Rechtsstreit, der im Beschlußverfahren nach § 2a Abs. 1 Nr. 4
i. V. m. § 97 ArbGG (näher hierzu unten Rnr. 88 ff.) entschieden werden
kann.[142]

3. Grenzen der Satzungsautonomie

a) Allgemeines. Der Berufsverband kann sich eine mehrere Branchen **60**
umfassende Zuständigkeit zulegen oder seine Zuständigkeit auf einen Teilbereich
eines Wirtschaftssektors begrenzen. Er muß den Organisationsbereich
nur hinreichend deutlich bestimmen.[143] Dieser kann nicht vom Geltungsbereich
später abgeschlossener Tarifverträge, vom tatsächlichen Auftreten
des Berufsverbandes oder vom jeweiligen Mitgliederbestand abhängen,
da damit eine im voraus nicht bestimmbare Zuständigkeit in Anspruch genommen
wird. Durch Aufnahme von Gastmitgliedern ändert sich der branchenmäßige
oder fachliche Organisationsbereich nicht.

Bei der Festlegung seines Geschäftsbereichs und damit der Tarifzuständig- **61**
keit muß der Berufsverband jedoch die damit gleichzeitig in Anspruch genommene
Rechtssetzungskompetenz berücksichtigen. Wenn die Tarifzuständigkeit
auch der Selbstbestimmung durch die Koalition überlassen ist, so
muß doch das Ergebnis der übernommenen Aufgabe entsprechen. Die Berufsvereinigung
kann deshalb ihre Zuständigkeit nicht unter Hinweis auf die
verfassungsmäßig gewährleistete Koalitionsfreiheit willkürlich oder funktionswidrig
abgrenzen, denn die Koalitionsfreiheit ist in Art. 9 Abs. 3 GG
nicht um ihrer selbst willen, sondern funktionsgebunden verliehen worden.

---

[141] Ebenso *Heinze*, Betrieb 1997, S. 2122, 2126; Löwisch/*Rieble*, § 2 TVG,
Rnr. 94; *Martens*, SAE 1987, S. 7, 9 f.; anderer Ansicht *Kempen*/Zachert, § 2 TVG,
Rnr. 121 ff.; *Kutscher*, Die Tarifzuständigkeit, 1993, S. 116 f., die zur Klärung der Tarifzuständigkeit
auch das Instrument des Arbeitskampfes zulassen.
[142] Zustimmend *Gamillscheg*, Kollektives Arbeitsrecht I, § 14 II 4, S. 538.
[143] Zur Gestaltungsfreiheit der Berufsverbände vor allem BAG 19. 11. 1985 AP
Nr. 4 zu § 2 TVG Tarifzuständigkeit *(Reuter)* = SAE 1987, S. 1 *(Martens)*.

Die Satzungsautonomie erfährt durch den Verfassungsauftrag gleichzeitig ihre sachliche Grenze.[144]

62 **b) Räumlich beschränkte Tarifzuständigkeit.** In räumlicher Hinsicht steht den Berufsverbänden ein großer Freiheitsspielraum offen. Die regionale Einteilung der Tarifbezirke und die Verleihung der Tariffähigkeit an Unterorganisationen richtet sich nach der Tradition und den Bedürfnissen der Praxis. Die räumliche Tarifzuständigkeit kann auch auf Betriebsstätten, Dienststellen oder Zweigbetriebe im Ausland erstreckt werden.[145] Fraglich und bislang nicht entschieden ist, ob Regionalverbände auf ihre Tarifzuständigkeit zugunsten des Gesamtverbandes auf Bundes- oder Landesebene verzichten können. Die Frage ist zu verneinen, denn der Verzicht auf die Tarifzuständigkeit kommt einem Verzicht auf die Tariffähigkeit gleich.[146] Wenn ein Regionalverband seine Tariffähigkeit verlieren und in eine übergreifende Organisation eingegliedert werden soll, ist dies möglich; nur muß der Verlust der Tariffähigkeit dann offengelegt werden. Der einzelne Arbeitgeber, dem das Gesetz in § 2 Abs. 1 die Tariffähigkeit verleiht, kann darauf nicht verzichten (siehe oben Rnr. 21).

63 **c) Personell beschränkte Tarifzuständigkeit.** Hinsichtlich des personellen Umfangs der Tarifzuständigkeit ist der Handlungsspielraum der Berufsverbände stärker eingeengt.[147] Die Satzung darf sich die Zuständigkeit nur für wirklich vorhandene Mitglieder zulegen.[148] Soweit eine Berufsgruppe oder ein Industriezweig mit keinem Mitglied in dem Industrieverband ernsthaft vertreten wird, darf die Satzung eine Zuständigkeit auch nicht usurpieren.

64 Dagegen bestehen keine Bedenken, die Tarifzuständigkeit auf eine bestimmte Gruppe der Angehörigen des Berufsverbandes zu beschränken, wenn diese ausreichend in der Satzung beschrieben wird. Sie bildet dann als **Tarifgemeinschaft** eine tariflich selbständige Unterorganisation; diese Unterorgansiation und nur sie ist tariffähig.[149] Dieser Weg bietet sich insbesondere an, wenn eine Arbeitgebervereinigung eine **Mitgliedschaft ohne Tarifbindung** einführen will. In diesem Fall kann innerhalb des Verbandes eine eigenständige Tarifgemeinschaft gebildet werden, der nur diejenigen Mitglieder angehören, die tarifgebunden sein wollen (näher oben Rnr. 20).

---

[144] BVerfGE 4, S. 96, 107 („die sich aus diesem Ordnungszweck ergebenden Grenzen der Tariffähigkeit (müssen) auch im Rahmen der Koalitionsfreiheit wirksam werden") = AP Nr. 1 zu Art. 9 GG; BVerfGE 18, S. 18, 26 = AP Nr. 15 zu § 2 TVG; *Löwisch*, ZfA 1974, S. 29, 35; abweichend *Richardi*, Kollektivgewalt, S. 158; Staudinger/*Richardi*, 12. Aufl. 1989, Vorbem. zu §§ 611ff. BGB, Rnr. 936; wohl auch *Hess*, ZfA 1976, S. 45, 52; *Zöllner*, Rechtsnatur der Tarifnormen, 1966, S. 32 Fn. 93; kritisch auch *Gamillscheg*, Kollektives Arbeitsrecht I, § 14 II 2a, S. 531.
[145] § 2 Nr. 2 der Satzung der ÖTV.
[146] Ebenso *Löwisch*, ZfA 1974, S. 29, 30 ff.
[147] Generelle Bedenken bei *Däubler*, NZA 1996, S. 225, 231; hiergegen mit Recht *Otto*, NZA 1996, S. 624, 629; *Thüsing*, ZTR 1996, S. 481, 483.
[148] *Löwisch*, ZfA 1975, S. 29, 38; *Wiedemann*, RdA 1975, S. 78, 82; ähnlich *Maus*, § 2 TVG, Rnr. 39; abweichend wohl BAG 19. 12. 1958 AP Nr. 3 zu § 2 TVG (*Tophoven*); ablehnend Staudinger/*Richardi*, 12. Aufl. 1989, Vorbem. zu §§ 611 ff. BGB, Rnr. 936.
[149] Abweichend insofern *Löwisch*, ZfA 1974, S. 29, 38.

1. Abschnitt. Tariffähigkeit und Tarifzuständigkeit 65, 66 § 2

Die Einführung einer **Mitgliedschaft ohne Tarifbindung**, die auf die 65
Bildung einer Tarifgemeinschaft verzichtet, wird rechtlich kontrovers diskutiert. Verbandsrechtlich bestehen gegen eine derart abgestufte Mitgliedschaft grundsätzlich keine Bedenken.[150] Ebenso liegen keine hinreichenden Anhaltspunkte dafür vor, daß durch die Ermöglichung einer Mitgliedschaft ohne Tarifbindung die Verhandlungsparität beeinträchtigt wird.[151] Die tarifrechtlichen Ansätze zur Rechtfertigung einer abgestuften Mitgliedschaft[152] sind unterschiedlich. Neben den Versuchen, § 3 Abs. 1 einschränkend zu interpretieren (hierzu unten § 3, Rnr. 102), wird überwiegend auf die Tarifzuständigkeit zurückgegriffen. Die Versuche, eine Mitgliedschaft ohne Tarifbindung als satzungsmäßige Ausformung der **Tarifzuständigkeit** rechtlich zu erfassen,[153] sind zwar nicht per se zu verwerfen, sie stehen aber vor der Schwierigkeit, daß die Tarifzuständigkeit des Verbandes aus der Satzung zu entnehmen sein muß. Ebenso wie räumliche Beschränkungen müssen auch personelle Beschränkungen der Tarifzuständigkeit durch abstrakt-generelle Kriterien beschrieben werden, so daß ggf. aufgrund einer Auslegung der Satzung feststeht, für welchen Personenkreis der Verband tarifzuständig ist.[154] Angesichts des Umstandes, daß sich der Weg über die Tarifzuständigkeit ohnehin dem Einwand ausgesetzt sieht, hierdurch werde gegen § 3 Abs. 1 verstoßen,[155] ist es dogmatisch überzeugender, die Zulässigkeit einer Mitgliedschaft ohne Tarifbindung ausschließlich anhand von § 3 Abs. 1 zu überprüfen (siehe unten § 3, Rnr. 102). Richtig ist jedoch, daß sich die Tarifzuständigkeit einer Arbeitgebervereinigung stets nur auf diejenigen Personen erstreckt, die als Mitglieder i. S. von § 3 Abs. 1 tarifgebunden sein können.

d) Sachlich beschränkte Tarifzuständigkeit. Der tarifwillige Berufs- 66
verband muß sich die Regelung der „Arbeits- und Wirtschaftsbedingungen" im Sinne des Art. 9 Abs. 3 GG zum Ziel setzen. Einzelne Regelungsbereiche (z. B. vermögenswirksame Leistungen), die nach allgemeiner Ansicht zum Gegenstand der Tarifautonomie zählen, dürfen also nicht von der Tarifzuständigkeit ausgenommen werden, da sonst unter dem Vorwand der Unzuständigkeit nicht erwünschte Regelungsgegenstände aus den Tarifverhandlungen und einem etwaigen Arbeitskampf „ausgeklammert" werden könnten.

---

[150] So auch *Buchner*, NZA 1995, S. 761, 765 ff.; *Däubler*, NZA 1996, S. 225, 230; *Otto*, NZA 1996, S. 624, 629 f.; *Thüsing*, ZTR 1996, S. 482, 484; sowie ausführlich *A. Junker*, SAE 1997, S. 172, 175 ff.; *Reuter*, RdA 1996, S. 201, 205 ff.
[151] Wie hier *Buchner*, NZA 1995, S. 761, 768 f.; *A. Junker*, SAE 1997, S. 172, 179 f.; *Otto*, NZA 1996, S. 624, 628; *Reuter*, RdA 1996, S. 201, 205; *Thüsing*, ZTR 1996, S. 482, 484; a. A. jedoch *Däubler*, NZA 1996, S. 225, 231; *Schaub*, BB 1994, S. 2005, 2007.
[152] Zu den in der Praxis anzutreffenden Konstruktionen *Ostrop*, Mitgliedschaft ohne Tarifbindung, 1997, S. 103 ff.
[153] So LAG Rheinland-Pfalz, NZA 1995, S. 800, 802 f.; *Besgen*, Mitgliedschaft im Arbeitgeberverband ohne Tarifbindung, 1998, S. 84 f.; *Buchner*, NZA 1994, S. 2, 5 f.; *Otto*, NZA 1996, S. 624, 629; *Schlochauer*, in: Festschrift für Günter Schaub (1998), S. 699, 704 ff.; *Thüsing*, ZTR 1996, S. 481, 483; *Wieland*, Recht der Firmentarifverträge, 1998, S. 121 ff.; in dieser Richtung auch *Wiedemann/Thüsing*, RdA 1995, S. 280, 282.
[154] Bedenken auch bei *Däubler*, NZA 1996, S. 225, 231; hiergegen aber *Besgen*, Mitgliedschaft im Arbeitgeberverband ohne Tarifbindung, 1998, S. 92 f.
[155] *Däubler*, NZA 1996, S. 225, 231; *Kempen*/Zachert, § 3 TVG, Rnr. 90.

Eine Teil-Tarifzuständigkeit ist sozialpolitisch nicht erwünscht und wird überwiegend für unzulässig gehalten.[156] In der sachlichen Beschränkung der Tarifzuständigkeit liegt ein verbotenes, weil widersprüchliches Verhalten des Berufsverbandes, der nicht auf der einen Seite seine Tarifwilligkeit, auf der anderen Seite aber nur eine beschränkte sachliche Zuständigkeit festlegen darf.

67 **e) Beschränkung auf bestimmte Vertragspartner.** Ein Berufsverband darf in seiner Satzung die eigene Tarifzuständigkeit nicht auf bestimmte gegnerische Vertragspartner beschränken[157] oder die Verhandlung und den Vertragsabschluß mit gegnerischen Berufsverbänden ausschließen, die ihrerseits tariffähig und tarifzuständig sind. Darauf abzielende Satzungsbestimmungen oder Verbandsbeschlüsse sind rechtswidrig, weil sie die positive Koalitionsfreiheit des sozialen Gegenspielers einschränken. Jeder tariffähige und tarifzuständige Berufsverband hat einen Anspruch auf faire Tarifvertragsverhandlungen (siehe oben § 1, Rnr. 182 ff.), jedoch nicht auf Abschluß eines Tarifvertrages.

68 **f) Kompetenzkonflikt.** Eine im Grundsatz zulässige Selbstbeschränkung liegt vor, wenn die im Deutschen Gewerkschaftsbund zusammengeschlossenen Gewerkschaften sich verpflichten, ihre Satzungen derart auszugestalten, daß Kompetenzüberschneidungen vermieden werden. Die Satzung des Deutschen Gewerkschaftsbundes enthält in § 15 Abs. 2 die Bestimmung, daß die in den Satzungen der Gewerkschaften angegebenen Organisationsbereiche und Organisationsbezeichnungen nur in Übereinstimmung mit den betroffenen Gewerkschaften und nach Zustimmung des DGB-Bundesausschusses geändert werden können. Im Streitfall besteht gemäß § 16 der Satzung die **Möglichkeit eines Schiedsverfahrens**.[158] Ähnlich enthält die Satzung des Christlichen Gewerkschaftsbundes Deutschland in § 14 eine Beschränkung der Satzungsfreiheit ihrer Mitglieder.[159]

69 Problematisch bleibt die **verbandsrechtliche Zulässigkeit** eines derartigen Schiedsverfahrens und aus tarifrechtlicher Sicht, ob durch einen entsprechenden Schiedsspruch auch **für Dritte verbindlich** die Tarifzuständigkeit der Einzelgewerkschaft festgelegt werden kann. Die höchstrichterliche Rechtsprechung neigte hierbei anfänglich zu einer großzügigen Bejahung einer verbindlichen Wirkung des Schiedsspruches. Er sollte die Kraft besitzen, die Satzungen der Einzelgewerkschaften mit statutarischer Wirkung zu ergänzen oder zu berichtigen.[160] Die neuere Rechtsprechung betont indes

---

[156] *Däubler*, Tarifvertragsrecht, Rnr. 94; *Gamillscheg*, Kollektives Arbeitsrecht I, § 14 I 6 b, S. 529, § 14 II 2 a, S. 531; Hueck/*Nipperdey*, Arbeitsrecht II 1, § 6 III 3, S. 107; *Kempen*/Zachert, § 2 TVG, Rnr. 17, 120; *Löwisch*, ZfA 1974, S. 29, 34; abweichend *Bruhn*, Tariffähigkeit von Gewerkschaften und Autonomie, 1993, S. 164; *Nipperdey*/Säcker, AR-Blattei, Berufsverbände I, 1979, C III 1; *Otto*, NZA 1996, S. 624, 629; *Richardi*, Kollektivgewalt, S. 158.
[157] *Löwisch*/Rieble, § 2 TVG, Rnr. 91; a. A. *Gamillscheg*, Kollektives Arbeitsrecht I, § 14 II 2 a, S. 531.
[158] Siehe §§ 15, 16 der Satzung des DGB vom 1. 7. 1971; vgl. Anhang Nr. 14; näher hierzu *Blank*, Die Tarifzuständigkeit der DGB-Gewerkschaften, 1996, S. 113 ff.
[159] Dazu BAG 27. 11. 1964 AP Nr. 1 zu § 2 TVG Tarifzuständigkeit *(Dapprich)* = SAE 1965, S. 201 *(Isele)*.
[160] BAG 17. 2. 1970 AP Nr. 3 zu § 2 TVG Tarifzuständigkeit *(Richardi)* = SAE 1971, S. 185 *(Kraft)*.

– anscheinend einschränkend –, daß für die Tarifzuständigkeit nur die Satzung der Einzelgewerkschaft maßgeblich sei.¹⁶¹ Des weiteren hebt das Bundesarbeitsgericht zur Abgrenzung mit Recht hervor, daß Erklärungen der beteiligten Einzelgewerkschaften wegen der fehlenden satzungsrechtlichen Grundlage keine verbindlichen Wirkungen gegenüber Dritten besitzen und damit für die Tarifzuständigkeit bedeutungslos sind.¹⁶²

Aus den allgemeinen Grundsätzen des Verbandsrechts folgt, daß die Satzungsgewalt nicht auf außerhalb des Verbandes stehende Personen übertragen werden darf.¹⁶³ Auch die Mitgliedschaft im Dachverband beseitigt nicht die alleinige Zuständigkeit des obersten Organs der jeweiligen Mitgliedsverbände („Gewerkschaftstage"). Da ohne Beteiligung des obersten Verbandsorgans keine rechtswirksame Satzungsänderung möglich ist, kann der Spruch eines Schiedsgerichts die Verbandssatzung nicht ergänzen oder berichtigen, da hiermit eine Satzungsänderung verbunden ist.¹⁶⁴ Indem aber die Satzungen der Einzelgewerkschaften die Satzung des DGB und damit auch die koordinierende Tätigkeit des DGB zur Abgrenzung der Organisationsbereiche anerkennen, haben sie zugleich die Streitentscheidung im Rahmen eines Schiedsverfahrens für sich als verbindlich anerkannt.¹⁶⁵ Damit entfaltet der nach § 16 der DGB-Satzung in Streitigkeiten über die Tarifzuständigkeiten ergehende Spruch indirekt auch für Dritte Verbindlichkeit. Die Satzung entscheidet für Dritte verbindlich über die Tarifzuständigkeit der Einzelgewerkschaften; vermittelt über die Satzungen der Einzelgewerkschaften sind damit auch die Schiedssprüche im Rahmen eines Schiedsverfahrens für Dritte verbindlich, solange sie sich noch in den Grenzen des Wortlauts der jeweiligen Satzungsbestimmungen bewegen, die die Zuständigkeit der Einzelgewerkschaften festlegen.¹⁶⁶ In dieser Konstellation besitzt der Schiedsspruch lediglich satzungserläuternden, nicht aber satzungsändernden oder satzungsergänzenden Charakter.

4. Inhalt und Auslegung der Satzungen

a) Inhalt. Die Koalitionen wählen als Anknüpfungskriterien entweder den *Wirtschaftssektor* oder das *Berufsprinzip*. Einige Gewerkschaftssatzungen kombinieren beides.¹⁶⁷ Die Praxis der Tarifabschlüsse wird von der Eintei-

---

¹⁶¹ So BAG 19. 11. 1985 AP Nr. 4 zu § 2 TVG Tarifzuständigkeit *(Reuter)* = SAE 1987, S. 1 *(Martens)*; ebenso BAG 25. 9. 1996 AP Nr. 10 zu § 2 TVG Tarifzuständigkeit.
¹⁶² BAG 22. 11. 1988 AP Nr. 5 zu § 2 TVG Tarifzuständigkei = SAE 1991, S. 319 *(Weyand)*.
¹⁶³ Siehe statt aller *Wiedemann*, in: Festschrift für Wolfgang Schilling (1973), S. 105, 111 ff.
¹⁶⁴ Ebenso Löwisch/*Rieble*, § 2 TVG, Rnr. 98.
¹⁶⁵ Siehe BAG 12. 11. 1996 AP Nr. 11 zu § 2 TVG Tarifzuständigkeit. Dies wird von Löwisch/*Rieble*, § 2 TVG, Rnr. 99, der § 16 der DGB-Satzung als nichtig ansieht, nicht ausreichend gewürdigt; zur Drittwirkung siehe auch *Blank*, Die Tarifzuständigkeit der DGB-Gewerkschaften, 1996, S. 136 ff.
¹⁶⁶ So zuletzt auch BAG 25. 9. 1996 AP Nr. 10 zu § 2 TVG Tarifzuständigkeit; zustimmend *Gamillscheg*, Kollektives Arbeitsrecht I, § 14 II 2 b, S. 533.
¹⁶⁷ Z. B. § 4 der Satzung der Gewerkschaft HBV, die neben den Wirtschaftssektoren (Handel, Banken, Versicherungen und sonstige private Dienstleistungsbereiche)

lung in Wirtschaftszweige beherrscht. Auch die nach dem Berufsprinzip organisierten Vereinigungen, wie die Deutsche Angestellten-Gewerkschaft, schließen Tarifverträge für die Mitglieder in der jeweiligen Branche ab. Die Ausrichtung des Organisationsbereiches, der Tarifzuständigkeit und des Mitgliederbestandes auf Unternehmen eines bestimmten Wirtschaftssektors verbietet es, die organisatorische Zusammensetzung der Belegschaft im einzelnen Betrieb zu berücksichtigen. Das bringt gewisse Schwierigkeiten für Arbeitnehmer mit sich, die ihren Arbeitsplatz häufig wechseln. Die Gewerkschaften versuchen dem durch Erleichterungen beim Übertritt von einer Gewerkschaft in eine andere Gewerkschaft zu begegnen.[168]

72 Die Satzung bestimmt auch die *räumliche Zuständigkeit*. Dem räumlichen Organisationsbereich der *Arbeitgeberverbände* können Arbeitgeber angehören, die in diesem Gebiet lediglich einen Betrieb oder eine Betriebsstätte, nicht dagegen das übrige Unternehmen unterhalten. Entscheidend für den Organisationsbereich der *Gewerkschaften* ist im Zweifel der Erfüllungsort der Arbeitsleistung, also die Betriebsstätte des Arbeitgebers.[169] Dem Sitz der Betriebsstätte werden allerdings nicht nur die Arbeitsverhältnisse zugeordnet, die eine Tätigkeit in oder in unmittelbarer Nähe der Betriebsstätte beinhalten, sondern auch solche, bei denen die Arbeitsleistung vorübergehend oder ausschließlich an Orten außerhalb des Betriebes und außerhalb des Organisationsgebietes der Koalition geleistet wird.[170]

73 **b) Auslegung.** Um den Zuständigkeitsbereich eines Berufsverbandes feststellen zu können, bedarf die Satzung der Auslegung. Es ist zu berücksichtigen, was sich aus Wortlaut, Sinn und Zweck, Entstehungsgeschichte sowie Gesamtzusammenhang der Satzung ergibt.[171] Auch die tatsächliche Handhabung und die Anschauungen der beteiligten Berufskreise verdienen Beachtung. Es gibt aber keine Zuständigkeit kraft Rechtsscheins, da sich der soziale Gegenspieler jederzeit über die Satzung und ihre Auslegung informieren kann und diese kennt. Die Tarifzuständigkeit ändert sich deshalb nicht, wenn der Berufsvereinigung einige Mitglieder satzungswidrig angehören. Wie erwähnt, entscheidet bei den nach dem Industrieverbandsprinzip organisierten Koalitionen die Zugehörigkeit der betroffenen Unternehmen zum Wirtschaftssektor. Die Zuständigkeit erstreckt sich stets auch auf im Wirtschaftszweig mit „branchenfremden" Tätigkeiten beschäftigten Arbeitnehmer, in der Regel auch auf selbständige Betriebsabteilungen und Nebenbetriebe. Dagegen erfassen die Satzungen der nach dem Industrieverbandsprinzip organisierten Koalitionen nicht brancheneigene Abteilungen oder Nebenbetriebe in branchenfremden Unternehmen. Würde die Satzung eines

---

auch „PropagandistInnen, freie MitarbeiterInnen, FranchisenehmerInnen, § 84 HGB-HandelsvertreterInnen und sonstige Personen, die in einem arbeitnehmerähnlichen Arbeitsverhältnis stehen" nennt.
[168] § 7 der Satzung der Gewerkschaft HBV; § 6 der Satzung der IG Metall; § 6 der Satzung der Gewerkschaft Textil-Bekleidung.
[169] Ebenso *Nikisch,* Arbeitsrecht II, § 78 II 1, S. 363; abweichend früher LAG Düsseldorf, BB 1955, S. 606 *(Gumpert),* das eine allgemeine deutsche Tarifzuständigkeit einer Münchener Arbeitgebervereinigung unterstellt.
[170] Dazu unten zum Geltungsbereich § 4, Rnr. 124ff.
[171] Exemplarisch die Auflistung für die Tarifverträge des Baugewerbes bei *Koberski/Clasen/Menzel,* § 2 TVG, Rnr. 89a.

Berufsverbandes eine derartige Zuständigkeit vorsehen, so wäre dies wegen der möglichen Tarifkonkurrenzen unerwünscht, jedoch wirksam.

IV. Tarifzuständigkeit und Strukturänderungen der Unternehmen

1. Allgemeines

Die höchstrichterliche Rechtsprechung beantwortet bisher nicht die Frage, welche tarifrechtlichen Folgen eintreten, wenn ein Unternehmen sein Produktionsziel ändert (z. B. seine Produktion einstellt und nur noch Handel betreibt) oder wenn es zwar seinen Betriebsgegenstand beibehält, aber infolge Verschmelzung zur unselbständigen Betriebsstätte eines einer anderen Branche angehörenden Unternehmens wird.[172] Auch der umgekehrte Fall ist denkbar, daß ein bislang als Nebenbetrieb geführtes Werk (z. B. ein Kraftwerk) tarifliche Selbständigkeit gewinnt, weil die Hauptproduktion aufgegeben oder die Hauptbetriebsstätte verpachtet wird. In dem zuerst genannten Fall scheidet das Unternehmen in der Regel aus dem Geltungsbereich des bisher einschlägigen Tarifvertrages aus. Ändert sich jedoch nur die Branchenzugehörigkeit, nicht aber der Unternehmensgegenstand, so kann die Tarifzuständigkeit in Frage gestellt sein. 74

2. Firmentarifvertrag

Fällt ein Unternehmen infolge der Änderung des Unternehmensgegenstandes in den Organisationsbereich einer anderen Gewerkschaft, so ändert sich damit zwangsläufig die Tarifzuständigkeit für das Unternehmen. Ob die Arbeitnehmer einzeln oder überwiegend in der bisher zuständigen Gewerkschaft organisiert sind, kann bei der Tarifzuständigkeit für die Zukunft nicht berücksichtigt werden. Dieser Umstand wirkt sich lediglich bei der Nachwirkung des alten Tarifvertrages nach § 4 Abs. 5 aus. Würde die bisher zuständige Gewerkschaft den Abschluß eines Firmentarifvertrages verlangen, so würde sie sich mit ihrem eigenen Organisationsprinzip in Widerspruch setzen, wenn dieses sich nach dem Wirtschaftszweig richtet. Ausgeschlossen ist es, das Unternehmen derart aufzuspalten, daß die bisher zuständige Gewerkschaft für die etwa vorhandenen Reste der Produktion und die jetzt tatsächlich zuständige Gewerkschaft für die übrigen Betriebsabteilungen zuständig sind, wenn eine derartige Aufteilung dem von den Gewerkschaften gewählten Industrieverbandsprinzip ebenfalls zuwiderläuft. 75

Eine *Absprache* zwischen dem Unternehmen und der bisher zuständigen Gewerkschaft dahingehend, daß diese auch in Zukunft zuständiger Tarifvertragspartner bleiben soll, ist nicht möglich. Sie würde die zumindest latente Allzuständigkeit der Berufsverbände und weiter voraussetzen, daß die Tarifzuständigkeit zum Gegenstand tarifvertraglicher Verhandlungen und Abreden und damit notwendig auch von Arbeitskämpfen gemacht werden kann. Die Tarifzuständigkeit liegt jedoch ausschließlich im Selbstbestim- 76

---

[172] LAG Hamm, AuR 1968, S. 382; *Dräger,* BB 1970, S. 1141, 1142; *Dutti,* BB 1968, S. 1335.

mungsrecht jeder Berufsvereinigung, deren Mitgliederversammlung den Geschäftsbereich beschließen und bei geänderten Verhältnissen entsprechend abändern kann (siehe auch oben Rnr. 58). Das liegt im Interesse der Rechtsklarheit und der Übersichtlichkeit der Sozialordnung und verletzt deshalb nicht die individuelle Koalitionsfreiheit nach Art. 9 Abs. 3 GG. Niemand hat ein Recht auf bestimmte Organisationsbereiche oder auf die tarifliche Allzuständigkeit der Berufsverbände. Der einzelne Arbeitnehmer oder Arbeitgeber kann, wenn er dies für wünschenswert hält, gleichzeitig mehreren Koalitionen angehören, von dem einen Berufsverband zu einem anderen überwechseln oder zusammen mit anderen Berufskollegen eine neue Koalition bilden.

3. Verbandstarifvertrag

77 Für Verbandstarifverträge gilt grundsätzlich das gleiche. Der zuständige Arbeitgeberverband kann seine Satzung ändern, um ein Großunternehmen nicht zu verlieren. Er kann weiter erwägen, firmenbezogene Verbandstarifverträge abzuschließen: Seine eigene Tarifzuständigkeit bleibt also erhalten. Das genügt indes für den Abschluß von Tarifverträgen nicht, wenn die Zuständigkeit der gegnerischen Gewerkschaft ebenfalls gewechselt hat. Auch der zuständig gebliebene Arbeitgeberverband kann mit einer unzuständigen Gewerkschaft keine Prorogationsabrede eingehen.

4. Beginn und Ende der Tarifzuständigkeit für das Unternehmen

78 **a) Beginn der Tarifzuständigkeit.** Ein Berufsverband wird tarifzuständig, wenn ein Arbeitgeber oder ein Arbeitnehmer die satzungsgemäßen Voraussetzungen erfüllt und der Koalition beitritt. Mitgliedschaft allein genügt mithin nicht, um die Tarifwirkungen nach § 4 Abs. 1 herbeizuführen. Der nichtorganisierte Arbeitgeber oder Arbeitnehmer kann jederzeit dem zuständigen Verband beitreten und damit die entsprechenden Tarifwirkungen begründen (näher § 3, Rnr. 29 ff.).

79 **b) Verlust der Tarifzuständigkeit beim Firmentarifvertrag.** Bei einem Firmentarifvertrag kann sich die Zuständigkeit der Gewerkschaft ändern, wenn infolge einer Produktionsumstellung oder -verlagerung der Hauptzweck des Unternehmens ein anderer wird und die Tarifzuständigkeit nach der Satzung unternehmensbezogen definiert ist. Allerdings tritt dadurch der Firmentarifvertrag nicht automatisch außer Kraft. Die Änderung des Schwerpunktes kann nur zur Folge haben, daß der Tarifvertrag aus wichtigem Grund gekündigt wird, weil die bisherige Regelung sachlich undurchführbar wurde oder nicht mehr angemessen ist.[173] Bis zur Anwendung eines neuen Tarifvertrages bleibt es bei einer Nachwirkung des bisherigen Tarifvertrages.

80 **c) Verlust der Tarifzuständigkeit beim Verbandstarifvertrag.** Bei einem Verbandstarifvertrag wirkt der Tarifvertrag nach § 4 Abs. 5 weiter,

---

[173] Anderer Ansicht *Kempen*/Zachert, § 2 TVG, Rnr. 134 f., die die Möglichkeit einer außerordentlichen Kündigung verneinen; für eine ipso iure eintretende Unwirksamkeit aber *Löwisch*, Anm. zu BAG AP Nr. 1 zu § 1 TVG Kündigung; Löwisch/Rieble, § 2 TVG, Rnr. 106.

wenn ein Unternehmen infolge Strukturveränderungen aus der Tarifzuständigkeit ausschert.[174] Ob der Arbeitgeber dem bisher für ihn zuständigen Arbeitgeberverband auch in Zukunft angehört oder nicht, spielt keine Rolle. Dagegen kommt eine Weitergeltung nach § 3 Abs. 3 nicht in Betracht.[175] Die Vorschrift ersetzt lediglich die fehlende Verbandsmitgliedschaft, alle übrigen Voraussetzungen für die Tarifwirkung müssen jedoch vorhanden sein, insbesondere die Tarifzuständigkeit der vertragschließenden Verbände.[176] Sie will verhindern, daß die Tarifgebundenheit manipuliert wird. Die Tarifzuständigkeit hängt jedoch nicht vom freien Entschluß des Arbeitgebers, sondern von objektiven Voraussetzungen ab. Die Gefahr, daß sich ein Arbeitgeber auf diesem Weg einem für ihn lästigen Tarifvertrag entzieht, besteht nicht. Eine andere Auslegung des Gesetzes würde zu dem widerspruchsvollen Ergebnis führen, daß derjenige Arbeitgeber, der aus seinem Verband ausscheidet, an den Tarifvertrag stärker gebunden ist, als derjenige, der ihm weiter angehört: solange er der Koalition zugehört, entfällt die Tarifwirkung, wenn sich herausstellt, daß keine kongruente Tarifzuständigkeit der beiden vertragschließenden Berufsverbände mehr besteht. Dann muß das gleiche erst recht gelten, wenn der Arbeitgeber in Erkenntnis der fehlenden Tarifzuständigkeit aus seinem Arbeitgeberverband ausscheidet. Wie weit die einzelnen Arbeitnehmer aufgrund betrieblicher Übung oder allgemeiner Arbeitsbedingungen einen Anspruch auf Fortsetzung der bisherigen tarifrechtlichen Ordnung haben, kann nur im Einzelfall entschieden werden.[177]

C. Tariffähigkeit und Tarifzuständigkeit außerhalb des materiellen Tarifrechts

I. Schlichtungsrecht

Da nach dem Schlichtungsrecht die alleinige Aufgabe der Schlichtungsbehörde die Hilfeleistung zum Abschluß von Tarifverträgen ist, deckt sich die Schlichtungsfähigkeit mit der Tariffähigkeit. Ein Schlichtungsverfahren kann

---

[174] Ebenso die h.L. vgl. *Däubler*, Tarifvertragsrecht, Rnr. 1470; *Hromadka/Maschmann/Wallner*, Der Tarifwechsel, Rnr. 258 ff.; *Hueck/Nipperdey*, Arbeitsrecht II 1, § 27 IV 3, S. 539 f.; *Kania*, Betrieb 1995, S. 625, 630; *Kempen/Zachert*, § 3 TVG, Rnr. 26; *Konzen*, ZfA 1975, S. 401, 412 f.; *Zöllner/Loritz*, Arbeitsrecht, § 36 VI 1, S. 409; ablehnend jedoch *Löwisch/Rieble*, § 4 TVG, Rnr. 240; sowie die Rspr. des BAG, siehe BAG 26. 9. 1979 AP Nr. 17 zu § 613 a BGB *(Willemsen)* = EzA § 3 TVG Nr. 2 *(Gaul)* = SAE 1980, S. 63 *(Konzen)*; BAG, NZA 1998, S. 484, 487; offengelassen jedoch von BAG 14. 6. 1994 AP Nr. 2 zu § 3 TVG Verbandsaustritt = SAE 1995, S. 75 *(Rieble)*, da die Regelungen über Gemeinsame Einrichtungen (mit Recht) aus dem Anwendungsbereich von § 4 Abs. 5 ausgeklammert wurden.
[175] Hierfür aber *Däubler*, Tarifvertragsrecht, Rnr. 93 b; wie hier BAG 14. 6. 1994 AP Nr. 2 zu § 3 TVG Verbandsaustritt = SAE 1995, S. 75 *(Rieble)*; BAG, NZA 1998, S. 484, 486; *Hromadka/Maschmann/Wallner*, Der Tarifwechsel, 1996, Rnr. 233; *Konzen*, ZfA 1975, S. 401, 412 f.
[176] Das übersieht *Dutti*, BB 1968, S. 1335, 1337.
[177] Zurückhaltend LAG Hamm, AuR 1968, S. 382, das auf die sonst entstehenden Schwierigkeiten bei einer Allgemeinverbindlicherklärung des für das Unternehmen in Zukunft einschlägigen Tarifvertrages hinweist.

nicht stattfinden, sofern auch nur eine Partei nicht tariffähig oder nicht tarifzuständig ist.[178] Der Schlichtungsspruch wäre mangels Zuständigkeit der Schlichtungsbehörden unwirksam.

II. Arbeitskampfrecht

82   Nach überwiegender Ansicht können nur tariffähige Personen oder Verbände einen rechtmäßigen Arbeitskampf erklären und durchführen. Der Grundsatz wird allerdings in mehrfacher Hinsicht durchbrochen. Die Rechtmäßigkeit des nicht von den Gewerkschaften organisierten sog. wilden Streiks ist sehr bestritten[179]. An einem gewerkschaftlich organisierten Streik dürfen sich außerdem unbestritten auch die nichtorganisierten Arbeitnehmer beteiligen.[180] Bei der Aussperrung bilden nicht die Gewerkschaften, sondern die organisierte und nichtorganisierte Belegschaft den Arbeitskampfgegner, obwohl die Arbeitnehmerschaft als solche nicht tariffähig ist.

83   Grundsätzlich setzt die Rechtmäßigkeit eines Arbeitskampfes außerdem voraus, daß die beiden sozialen Gegenspieler für einen späteren Tarifabschluß zuständig sind. Der Arbeitskampf von oder gegenüber einem nicht zuständigen Berufsverband ist in der Regel rechtswidrig.[181]

84   Keine Ausnahme von diesem Grundsatz bilden Fälle, in denen ein Mitglied des kämpfenden Verbandes dort unrichtig organisiert ist, denn es kommt nur darauf an, ob die den Arbeitskampf durchführende Koalition als solche die Voraussetzungen der Arbeitskampffähigkeit und Arbeitskampfzuständigkeit erfüllt. Die Rechtmäßigkeit des Arbeitskampfes wird auch dadurch nicht in Frage gestellt, daß zusätzlich ein anderer Berufsverband zuständig ist.[182] Die Zuständigkeiten der beiden Arbeitskampfgegner brauchen nicht den gleichen Umfang erreichen; sie müssen sich nur hinsichtlich des Kampfgebietes und des Streikgegenstandes decken.

85   Rechtswidrig ist ein Arbeitskampf zum Abschluß eines Firmentarifvertrages, der von einer nicht tarifzuständigen Gewerkschaft gegenüber einem Unternehmen geführt wird. Selbst wenn es nachgibt, wäre das betroffene

---

[178] *Maus*, § 2 TVG, Rnr. 7; *Sbresny-Uebach*, AR-Blattei, Tarifvertrag II A, 1987, I 1.
[179] Die Rechtswidrigkeit bejaht insbesondere BAG 20. 12. 1963 AP Nr. 32 zu Art. 9 GG Arbeitskampf *(Mayer-Maly)* = SAE 1964, S. 228 *(Zeuner)*; BAG 14. 2. 1978 AP Nr. 58 zu Art. 9 GG Arbeitskampf *(Konzen)* = EzA Art. 9 GG Arbeitskampf Nr. 22 *(Herschel)* = SAE 1980, S. 139 *(Seiter)*; BAG 7. 6. 1988 AP Nr. 106 zu Art. 9 GG Arbeitskampf = EzA Art. 9 GG Arbeitskampf Nr. 80 *(Wank)*; sowie Brox/Rüthers, Arbeitskampfrecht, 2. Aufl. 1982, S. 72, Rnr. 132; *Zöllner/Loritz*, Arbeitsrecht, § 40 VI 1, S. 459; verneint dagegen von *Däubler*, ZfA 1973, S. 201, 219; *Ramm*, AuR 1971, S. 97 ff.; differenzierend *Kittner*, BB 1974, S. 1488 ff.; *Löwisch/Hartje*, RdA 1970, S. 321, 325; *Rüthers*, Betrieb 1970, S. 2120, 2127; *Seiter*, Streikrecht und Aussperrungsrecht, 1975, S. 257 ff.
[180] Dazu stellvertretend zuletzt BAG 22. 3. 1994 AP Nr. 130 zu Art. 9 GG Arbeitskampf *(Oetker)* = EzA Art. 9 GG Arbeitskampf Nr. 115 *(Fischer/Rüthers)* = SAE 1995, S. 254 *(Lieb)*, m.w.N.
[181] So BAG 17. 2. 1970 AP Nr. 3 zu § 2 TVG Tarifzuständigkeit *(Richardi)* = SAE 1971, S. 185 *(Kraft)*; Brox/Rüthers, Arbeitskampfrecht, 2. Aufl. 1982, S. 74, Rnr. 135; *Buchner*, ZfA 1995, S. 95, 106; Koberski/Clasen/Menzel, § 2 TVG, Rnr. 93; *Kutscher*, Die Tarifzuständigkeit, 1993, S. 118 ff.; zurückhaltend *Konzen*, ZfA 1972, S. 131, 133.
[182] Abweichend *Dutti*, Betrieb 1969, S. 218.

Unternehmen nicht in der Lage, eine geeignete kollektive Ordnung einzuführen. Zweifelhaft ist die Zulässigkeit eines Arbeitskampfes, wenn ein Verbandstarifvertrag abgeschlossen werden soll, die Organisationsbereiche der beteiligten Berufsvereinigungen sich jedoch in keinem Punkt – auch nicht teilweise – decken. Rechtmäßig ist indes ein Arbeitskampf dann, wenn dem gegnerischen Verband auch Mitglieder angehören, für die der umkämpfte Tarifvertrag nicht gelten soll oder nicht gelten kann. Dabei handelt es sich beim Streik wie bei der Aussperrung um einen Sympathiearbeitskampf zur Verfolgung eigener Interessen. Die Interesseneinheit wird durch die Zugehörigkeit zur gleichen Berufsvereinigung begründet.

Ein Arbeitgeber, der einer für sein Unternehmen nicht tarifzuständigen 86 Arbeitgebervereinigung beitritt, darf nicht durch Streik gezwungen werden, diese Koalition zu verlassen. Sie ist für ihn tarifrechtlich ohne Bedeutung. Die Frage, ob ein Arbeitgeber richtig organisiert ist und ob deshalb für ihn die tarifliche Friedenspflicht gilt oder nicht, ist eine Rechtsfrage, die anhand der Satzung der Berufsvereinigung beantwortet werden kann. Diese Rechtsfrage läßt sich in einem Verfahren nach den §§ 2a Abs. 1 Nr. 4, 97 ArbGG klären.

III. Arbeitsgerichtsverfahren

1. Rechtsweg zu den Arbeitsgerichten

Eine bedenkliche Folgerung hat der Bundesgerichtshof aus dem Begriff 87 der tariffähigen Vereinigung für die Abgrenzung zwischen dem arbeitsgerichtlichen Rechtsweg und dem Rechtsweg zu den ordentlichen Gerichten im Rahmen des § 2 Abs. 1 Nr. 2 ArbGG gezogen.[183] Er nimmt an, daß wenigstens eine Tarifpartei gerade in ihrer Eigenschaft als potentielle Tarifvertragspartei aktiv am Kampf beteiligt oder passiv vom Kampf betroffen sein müsse und daß dies nicht der Fall sei, wenn die Verwirklichung einer Forderung durch einen sog. politischen Streik gegenüber dem Gesetzgeber erstrebt werde.[184]

2. Feststellung der Tariffähigkeit und Tarifzuständigkeit

Da das ArbGG 1926 hierzu keine Vorschriften enthielt, war früher streitig, 88 ob die Feststellung der Tariffähigkeit Gegenstand einer Feststellungsklage nach § 256 ZPO sein konnte. Das Reichsarbeitsgericht wies Feststellungsklagen zwischen Tarifvertragsparteien oder zwischen diesen und Dritten immer dann ab, wenn zwischen den Prozeßparteien kein Tarifvertrag oder kein sich aus einem Tarifvertrag ergebendes Rechtsverhältnis bestand, sondern nur allgemein die Feststellung der Tariffähigkeit begehrt wurde; es verneinte das rechtliche Interesse.[185]

---

[183] BGHZ 14, S. 347, 353 = AP Nr. 2 zu § 2 ArbGG 1953 (Urteil zum sog. Zeitungsstreik).
[184] Dazu *Bötticher*, RdA 1955, S. 81, 82.
[185] RAG ARS 5, S. 393, 397, 398; RAG ARS 5, S. 398, 401 *(Gerstel)*; RAG ARS 5, S. 403, 405 *(Gerstel)*.

89 Nach § 2a Abs. 1 Nr. 4 ArbGG in Verbindung mit § 97 ArbGG kann jetzt die **Tariffähigkeit** in dem Beschlußverfahren festgestellt werden. Soweit die Entscheidung in einem Rechtsstreit, der einen anderen Gegenstand betrifft, davon abhängt, ob eine Vereinigung tariffähig ist, muß jedes Gericht, und zwar auch das Arbeitsgericht, nach § 97 Abs. 5 ArbGG von Amts wegen den Rechtsstreit aussetzen, bis eine Klärung im Beschlußverfahren herbeigeführt ist. Dies gilt auch dann, wenn ein Beschlußverfahren nach § 97 Abs. 1 ArbGG noch nicht anhängig ist; ggf. ist dies von den Parteien (Beteiligten) des ausgesetzten Verfahrens einzuleiten.[186] Es muß Veranlassung bestehen, an der Tariffähigkeit eines Verbandes zu zweifeln.[187] Diese Grundsätze gelten auch, wenn in einem Beschlußverfahren, das über die Frage der Tariffähigkeit einer Spitzenorganisation geführt wird, die Tariffähigkeit eines zur Spitzenorganisation gehörenden Mitgliedsverbandes streitig wird.[188]

90 Das Arbeitsgerichtsgesetz schwieg zunächst zur prozessualen Behandlung der **Tarifzuständigkeit**. Nach der ständigen Rechtsprechung des Bundesarbeitsgerichts konnte jedoch ebenfalls in einem Verfahren nach § 97 ArbGG über die Frage entschieden werden, ob eine Vereinigung der Arbeitgeber oder Arbeitnehmer für einen bestimmten Bereich tarifzuständig ist.[189] Im Hinblick auf die Verwandtschaft von Tariffähigkeit und Tarifzuständigkeit und die Identität der Rechtsfolgen war dieser Rechtsprechung zuzustimmen;[190] mit der Novellierung des Arbeitsgerichtsgesetzes im Jahre 1979 wurde sie in das Gesetz übernommen. Ebenso gilt die früher nur für die Tariffähigkeit vorgesehene Sondervorschrift zur Übersendung der Beschlüsse nach den §§ 97 Abs. 3, 63 ArbGG nunmehr auch für die Streitigkeiten zur Tarifzuständigkeit.

3. Antragsberechtigung nach § 97 ArbGG

91 Antragsberechtigt für das Beschlußverfahren ist nach § 97 Abs. 1 ArbGG jede räumlich und sachlich zuständige Vereinigung von Arbeitnehmern oder von Arbeitgebern sowie die oberste Arbeitsbehörde des Bundes oder die oberste Arbeitsbehörde eines Landes, auf deren Gebiet sich die Tätigkeit der Vereinigung erstreckt. Derjenige Verband, dessen Tariffähigkeit bzw. Tarifzuständigkeit bestritten wird, ist stets antragsberechtigt; ebenso derjenige Verband, der die Tariffähigkeit oder Tarifzuständigkeit eines konkurrierenden Berufsverbandes feststellen lassen möchte.[191] Eine Popularklage ist unzu-

---

[186] So zuletzt BAG 25. 9. 1996 AP Nr. 4 zu § 97 ArbGG 1979 *(Oetker)*; BAG 23. 10. 1996 AP Nr. 15 zu § 3 TVG Verbandszugehörigkeit.
[187] BAG 25. 9. 1996 AP Nr. 4 zu § 97 ArbGG 1979 *(Oetker)*, m. w. N.
[188] BAG 2. 11. 1960 AP Nr. 1 zu § 97 ArbGG 1953 *(Bötticher)* = SAE 1961, S. 80 *(Trieschmann)*.
[189] BAG 27. 11. 1964 AP Nr. 1 zu § 2 TVG Tarifzuständigkeit *(Dapprich)* = SAE 1965, S. 201 *(Isele)*; BAG 17. 2. 1970 AP Nr. 3 zu § 2 TVG Tarifzuständigkeit *(Richardi)* = SAE 1971, S. 185 *(Kraft)*.
[190] Ebenso *Auffarth/Schönherr*, § 97 ArbGG, Rnr. 5; *Konzen*, ZfA 1972, S. 131, 135.
[191] BAG 19. 1. 1962 AP Nr. 13 zu § 2 TVG *(Neumann-Duesberg)* = SAE 1962, S. 57 *(Nikisch)*; BAG 10. 9. 1985 AP Nr. 34 zu § 2 TVG = SAE 1986, S. 229 *(Brox)*; BAG 25. 9. 1996 AP Nr. 10 zu § 2 TVG Tarifzuständigkeit; *Germelmann/Matthes/Prütting*, ArbGG, § 97 ArbGG, Rnr. 15.

lässig. Es ist stets erforderlich, daß die Vereinigung geltend machen kann, durch die erbetene Entscheidung in ihrer rechtlichen Stellung betroffen zu sein.[192]

Spätestens mit der Erweiterung des Verfahrens nach § 97 ArbGG auf die Feststellung der Tarifzuständigkeit wurde die Frage der Antragsberechtigung des einzelnen Arbeitgebers aktuell. Das Bundesarbeitsgericht bejaht die Antragsberechtigung, um im Beschlußverfahren feststellen zu lassen, ob eine Gewerkschaft, die sich berühmt, tariflicher Gegenspieler des Arbeitgebers zu sein, wirklich tarifzuständig ist.[193] Der einzelne Arbeitgeber soll jedoch ein derartiges Verfahren nicht mit dem Ziele durchführen können, daß die Tarifzuständigkeit einer Gewerkschaft in deren Verhältnis zu dem Arbeitgeberverband, dem der Arbeitgeber als Mitglied angehört, geklärt wird.

IV. Andere Rechtsgebiete

Die Frage, wie weit im übrigen Recht, insbesondere im Betriebsverfassungsrecht[194] (unten Rnr. 167) und im Arbeitsgerichtsgesetz[195] (unten Rnr. 163 ff.), die Tariffähigkeit und Tarifzuständigkeit eine Voraussetzung dafür bilden, als Gewerkschaft oder Arbeitgebervereinigung anerkannt zu werden, kann nur nach Wortlaut und Sinn der jeweiligen Rechtsnorm festgestellt werden. Die Rechte der Koalitionen sind abgestuft: alle Verbände zur Wahrung und Förderung der Arbeits- und Wirtschaftsbedingungen stehen unter dem Schutzschild des Art. 9 Abs. 3 GG; nur die tariffähigen Gewerkschaften und Arbeitgebervereinigungen sind arbeitskampffähig, weil der Arbeitskampf der Vorbereitung des Tarifvertrages dient. Welche Berufsverbände die Rechtsordnung im übrigen als Standesvertretung anerkennt und mit Sekundärrechten betraut, hängt von der Zielsetzung der jeweiligen Regelung ab. Auch für den Gewerkschaftsbegriff gilt wie für jeden Rechtsbegriff, daß er teleologisch zu interpretieren ist und seine exakte inhaltliche Konturierung immer erst durch das jeweilige Normengefüge erhält, in das er vom Gesetzgeber hineingestellt wurde. Dies schließt es methodisch zwar nicht aus, für den in anderen Gesetzen verwendeten Gewerkschaftsbegriff, insbesondere bei entsprechenden Bekundungen in den Gesetzesmaterialien, auch dort die Tariffähigkeit zum Tatbestandselement des Gewerkschaftsbegriffes zu erheben. Eine unreflek-

---

[192] BAG 25. 11. 1986 AP Nr. 36 zu § 2 TVG = EzA § 2 TVG Nr. 17 (*Schulin*).

[193] BAG 17. 2. 1970 AP Nr. 2 zu § 2 TVG Tarifzuständigkeit (*Richardi*) = SAE 1971, S. 185 (*Kraft*); BAG 25. 9. 1996–1 ABR 4/96; ebenso Germelmann/*Matthes*/*Prütting*, § 97 ArbGG, Rnr. 19; *Kempen*/Zachert, § 2 TVG, Rnr. 139.

[194] Dazu BAG 23. 4. 1971 AP Nr. 2 zu § 97 ArbGG 1953 = SAE 1972, S. 229 (*Löwisch*/*Friedrich*); BAG 15. 3. 1977 AP Nr. 24 zu Art. 9 GG (*Wiedemann*) = EzA § 2 TVG Nr. 12 (*Dütz*) = SAE 1978, S. 37 (*Kraft*).

[195] Zu § 11 ArbGG BAG 23. 4. 1971 AP Nr. 2 zu § 97 ArbGG 1953 = SAE 1972, S. 229 (*Löwisch*/*Friedrich*); BAG 15. 3. 1977 AP Nr. 24 zu Art. 9 GG (*Wiedemann*) = EzA § 2 TVG Nr. 12 (*Dütz*) = SAE 1978, S. 37 (*Kraft*); BAG 20. 2. 1986 AP Nr. 8 zu § 11 ArbGG 1979 Prozeßvertreter = SAE 1987, S. 107 (*Buchner*); 16. 11. 1989 AP Nr. 11 zu § 11 ArbGG 1979 Prozeßvertreter = EzA § 11 ArbGG 1979 Nr. 6 (*Brehm*) = SAE 1992, S. 83 (*Venema*); LAG Hamm, NZA 1998, S. 502, 503; sowie zuletzt *Besgen*, Mitgliedschaft im Arbeitgeberverband ohne Tarifbindung, 1998, S. 64 ff.; Germelmann/*Matthes*/*Prütting*, § 11 ArbGG, Rnr. 57 ff.; *Wank*/*Ramrath*, NZA 1993, S. 345 ff.

tierte Übernahme des für § 2 Abs. 1 anerkannten Gewerkschaftsbegriffes im Sinne des Dogmas eines „einheitlichen Gewerkschaftsbegriffes" ist methodisch jedoch nicht haltbar und resultiert aus einem sich dem Telos der jeweiligen Norm verschließenden Begriffsdenken, das in der Methodenlehre seit langem überwunden ist.[196]

2. Abschnitt. Die Tariffähigkeit des einzelnen Arbeitgebers

Übersicht

	Rnr.
A. Allgemeines	94–120
I. Die Tariffähigkeit des Arbeitgebers	94–116
1. Entstehungsgeschichte und Normzweck	94, 95
2. Der tariffähige Arbeitgeber	96–110
a) Arbeitgeberbegriff	96–97
b) Personengesellschaften	98
c) Öffentliche Körperschaften	99, 100
d) Tendenzunternehmen	101
e) Kleinarbeitgeber	102–104
f) Tariffähigkeit verbundener Unternehmen (Konzern)	105–110
2. Zwingend verliehene Rechtsfähigkeit	111–116
a) Grundsatz	111
b) Verbandszugehörigkeit und Tariffähigkeit	112, 113
c) Verbandsdisziplin und Tariffähigkeit	114–116
II. Tariffähigkeit und Mitbestimmung	117–120
1. Fragestellung	117
2. Einzelfragen	118–120
a) Unternehmensmitbestimmung	118, 119
b) Öffentliche Verwaltung	120
B. Firmentarifverträge und firmenbezogene Verbandstarifverträge	121–153
I. Allgemeines	121–123
II. Firmentarifverträge	124–139
1. Firmentarifverträge für nichtorganisierte Arbeitgeber	124–127
a) Allgemeines	124
b) Abschluß	125
c) Inhalt	126
d) Beendigung	127
2. Firmentarifverträge organisierter Arbeitgeber	128–139
a) Mitgliedschaftliche Bindung und Tariffähigkeit	128
b) Erzwingbarkeit eines Firmentarifvertrages	129–139
aa) Vereinbarkeit mit Art. 9 Abs. 3 GG	130–133
bb) Einschränkung durch die Friedenspflicht des Tarifvertrages	134–139

---

[196] Kritisch gegenüber der These vom „einheitlichen Gewerkschaftsbegriff" z.B. *Buchner*, in: Festschrift 25 Jahre Bundesarbeitsgericht (1979), S. 55, 62f.; *Dütz*, Betrieb 1996, S. 2385, 2390; *Gamillscheg*, in: Festschrift für Wilhelm Herschel (1982), S. 99, 114f.; ders., Kollektives Arbeitsrecht I, § 9 IV 3 e, S. 435f.; *Konzen*, SAE 1984, S. 136, 137f.; *Reuter*, JuS 1977, S. 483; *Rieble*, Arbeitsmarkt und Wettbewerb, 1996, S. 561 f.; *Seiter*, AöR Bd. 109 (1984), S. 88, 109f.; *Wank/Ramrath*, NZA 1993, S. 345, 349f.; *Wiedemann*, Anm. zu BAG AP Nr. 24 zu Art. 9 GG.

2. Abschnitt. Die Tariffähigkeit des einzelnen Arbeitgebers § 2

Rnr.
III. Firmenbezogene Verbandstarifverträge.................... 140–153
  1. Erscheinungsformen und Ordnungsaufgabe der Tarifverträge.................... 140, 141
  2. Rechtliche Schranken für Begrenzungen des Geltungsbereichs.................... 142–150
    a) Zulässigkeit firmenbezogener Verbandstarifverträge.................... 142
    b) Der Gleichheitssatz als Schranke.................... 43
    c) Der verbandsrechtliche Gleichbehandlungsgrundsatz als Schranke.................... 144
    d) Stellungnahme.................... 145–148
    e) Differenzierungsmöglichkeiten.................... 149, 150
  3. Beschränkung der Friedenspflicht.................... 151–153
    a) Unternehmensbezogene Einschränkung.................... 151, 152
    b) Gegenstandsbezogene Einschränkung.................... 153

Schrifttum: *Kurt H. Biedenkopf,* Auswirkungen der Unternehmensverfassung auf die Grenzen der Tarifautonomie, in: Festschrift für Heinrich Kronstein (1967), S. 79–105; *Volker Beuthien,* Unternehmensbezogene Tarifverträge und paritätische Mitbestimmung im Unternehmen, BB 1975, S. 477–484; *Gerhard Boldt,* Zur Zulässigkeit von Firmentarifverträgen mit verbandsangehörigen Unternehmen, RdA 1971, S. 257–268; *Herbert Buchner,* Möglichkeit und Grenzen betriebsnaher Tarifpolitik, Betrieb 1970, S. 2025–2033 und S. 2074–2080; *Wolfgang Däubler,* Tarifvertragsrecht und Konzern, ZIAS 1995, S. 525–531; *Hans Deckers,* Betrieblicher oder überbetrieblicher Tarifvertrag, 1960; *ders.,* Firmentarif oder Bezirkstarif, ArbuSozPol. 1961, S. 77–79; *Klaus Deeken,* Betriebsnahe Tarifpolitik durch Zusatztarifverträge für einzelne Firmen?, Diss. Köln 1965; *ders.,* Individualnormen im Tarifvertrag?, Betrieb 1967, S. 464–469; *Rolf Dietz,* Tarifrechtliche Fragen aus Anlaß des Beitritts eines Arbeitgebers zu einem Arbeitgeberverband, in: Festschrift für Hans Carl Nipperdey Bd. II (1965), S. 141–157; *Dieter Gaul,* Tarifliche Friedenspflicht und Firmentarifvertrag, RdA 1966, S. 172–179; *Jobst Gumpert,* Rechtsfragen des Firmentarifvertrages, BB 1958, S. 1316–1319; *Peter Hanau,* Was bedeutet paritätische Mitbestimmung für das kollektive Arbeitsrecht?, BB 1969, S. 760–764; *ders.,* Lohnpolitik ohne Verbände, ArbGeb. 1970, S. 404–407; *Detlef Hensche,* Zur Zulässigkeit von Firmentarifverträgen mit verbandsangehörigen Unternehmen, RdA 1971, S. 9–17; *Harald Hess,* Zulässigkeit, Inhalt und Erstreikbarkeit betriebsnaher Tarifverträge, 1973; *ders.,* Die Zulässigkeit betriebsnaher Tarifverträge, Betrieb 1975, S. 548–551; *ders.,* Rechtsfragen zum „betriebsnahen Tarifvertrag" unter Berücksichtigung von Tarifpluralitäten, ZfA 1976, S. 45–78; *Gerrik von Hoyningen-Huene,* Die Rolle der Verbände bei Firmenarbeitskämpfen, ZfA 1980, S. 453–470; *Horst Konzen,* Arbeitnehmerschutz im Konzern, RdA 1984, S. 65–88; *Ulrich Krichel,* Ist der Firmentarifvertrag mit einem verbandsangehörigen Arbeitgeber erstreikbar?, NZA 1986, S. 731–736; *Thomas Kunze,* Vereinbarkeit von Mitbestimmung und Tarifautonomie, BB 1971, S. 356–358; *Gerd Lauschke,* Betriebsnahe Tarifpolitik und Koalitionsschutz, AuR 1965, S. 102–110; *Manfred Löwisch,* Mitbestimmung und Arbeitsverhältnis, in: Mitbestimmung – Ordnungselement oder politischer Kompromiß, 1971, S. 131–157; *Manfred Löwisch/Volker Rieble,* Tarifvertragsrechtliche und arbeitskampfrechtliche Fragen des Übergangs vom Haustarif zum Verbandstarif, in: Festschrift für Günter Schaub (1998), S. 457–476; *Klaus-Peter Martens,* Tarifvertragliche Konzernregelungen, RdA 1970, S. 173–182; *Hans-Christoph Matthes,* Der Arbeitgeber als Tarifvertragspartei, in: Festschrift für Günter Schaub (1998), S. 477–485; *Theo Mayer-Maly,* Zur Problematik tarifnaher Tarifpolitik, Betrieb 1965, S. 32–33; *Gerhard Müller,* Zur Tariffähigkeit der unter das Mitbestimmungsgesetz Bergbau und Eisen fallenden Unternehmen, 1953; *ders.,* Tarifvertrag und Mitbestimmung. Zum Verhältnis beider Ordnungsprinzipien zueinander, 1953; *Michael Muth,* Die Tariffähigkeit der Parteien des Tarifvertrages der Europäischen Aktiengesellschaft (S. E.), Diss. Gießen, 1978; *Ottmar Netz,* Die Tarifverträge für die Arbeitnehmer der Deutsche Bahn AG, ZTR 1994, S. 189–195; *Hans Carl Nipperdey,* Das Erfordernis der Gegnerfreiheit bei Koalitionen, namentlich im öffentlichen Dienst, in: Festschrift für

Philipp Möhring (1965), S. 87–113; *Olaf Radke,* Tarifbindung und Geltungsbereich des Tarifvertrages, BB 1964, S. 1490–1493; *ders.,* Was ist betriebsnahe Tarifpolitik?, Betrieb 1965, S. 1176–1181; *ders.,* Das Koalitionsrecht als Ausdruck der Freiheit, in: Festschrift für Otto Brenner (1967), S. 113–151; *Thilo Ramm,* Der Koalitionsbegriff, RdA 1968, S. 412–417; *Hans Rebhahn,* Betrieblicher und überbetrieblicher Tarifvertrag, AuR 1963, S. 7–15; *Reinhard Richardi,* Der Firmentarifvertrag und Besonderheiten des firmenbezogenen Verbandstarifvertrags, AR-Blattei, Tarifvertrag XIII Firmentarifvertrag, 1973; *ders.,* Rechtsprobleme einer betriebsnahen Tarifpolitik, JurA 1971, S. 141–176; *Volker Rieble,* Zur neuen Manteltariffähigkeit der Post-Bundesanstalt für die Post-Aktiengesellschaften, in: Festschrift für Eugen Stahlhacke (1995), S. 459–478 = ZTR 1995, S. 490–500; *Falk Roscher,* Paritätische Mitbestimmung, Gegnerunabhängigkeit und Art. 9 Abs. 3 GG, RdA 1972, S. 279–282; *Bernd Rüthers,* Zur Kampfparität im Arbeitskampfrecht, JurA 1970, S. 85–111; *ders.,* Rechtsprobleme des „tarifbezogenen" wilden Streiks, Betrieb 1970, S. 2120–2129; *ders.,* Rechtsprobleme des betriebsbezogenen wilden Streiks, JZ 1970, S. 625–632; *Axel Aino Schleusener,* Rechtmäßigkeit kampfweiser Durchsetzung von Firmentarifverträgen gegenüber verbandsangehörigen Arbeitgebern, NZA 1998, S. 239–244; *Gerhard Schnorr,* Der Koalitionsbegriff in der Montanindustrie, RdA 1954, S. 166–170; *Gunther Schwerdtfeger,* Unternehmerische Mitbestimmung der Arbeitnehmer und Grundgesetz, 1972; *Friedrich Sitzler,* Übertarifliche Löhne und Friedenspflicht, in: Festschrift für Erich Molitor (1962), S. 283–291; *Gregor Thüsing,* Die Erstreikbarkeit von Firmentarifverträgen verbandsangehöriger Arbeitgeber, NZA 1997, S. 294–296; *Stefan Walz,* Multinationale Unternehmen und internationaler Tarifvertrag, 1981, S. 35–41; *Helmut Weiss,* Koalitionsfreiheit und betriebsnahe Tarifverträge, o.J. (1973); *Peter Wieland,* Recht der Firmentarifverträge, 1998; *Christine Windbichler,* Arbeitsrecht im Konzern, 1989, S. 460–494; *Ulrich Zachert,* Firmentarifvertrag und Arbeitskampfrecht gegenüber dem Verbandsaußenseiter, in: Festschrift für Karl Kehrmann (1997), S. 335–346; *Albrecht Zeuner,* Gedanken zum Verhältnis von Richterrecht und Betätigungsfreiheit der Beteiligten, in: Festschrift 25 Jahre Bundesarbeitsgericht (1979), S. 727–744; *Wolfgang Zöllner/Hugo Seiter,* Paritätische Mitbestimmung und Art. 9 Abs. 3 Grundgesetz, 1970 (= ZfA 1970, S. 97–158).

A. Allgemeines

I. Die Tariffähigkeit des Arbeitgebers

1. Entstehungsgeschichte und Normzweck

94 Nach dem Gesetz ist jeder Arbeitgeber tariffähig ohne Rücksicht darauf, ob er in einem Berufsverband organisiert ist oder nicht. Die Tariffähigkeit des einzelnen Arbeitgebers war bereits in der Weimarer Zeit anerkannt.[1] Alle bekannt gewordenen Gesetzesentwürfe zum Tarifvertragsgesetz sahen die Tariffähigkeit des einzelnen Arbeitgebers vor;[2] die Dokumentation bei *Richardi*[3] ist insofern nicht zutreffend. Allerdings wurde während der Beratung des Gesetzes erwogen, die Tariffähigkeit auch auf Arbeitgeberseite ausschließlich den Berufsverbänden vorzubehalten.[4] Ein Vermittlungsvorschlag sah vor, daß die Tariffähigkeit der einzelnen Arbeitgeber einem Kon-

---

[1] *A. Hueck,* Tarifrecht, 1920, S. 29.
[2] Ebenso auf Art. 29 Abs. 2 der Verfassung des Landes Hessen.
[3] JurA 1971, S. 141, 154.
[4] Durchgesetzt hatte sich die Beschränkung der Tariffähigkeit auf Verbände damals nur in Rheinland-Pfalz; siehe § 2 Abs. 1 des Landesgesetzes über den Tarifvertrag vom 24. 2. 1949 (GVBl. S. 82 ff.); hierzu *Fechner,* RdA 1950, S. 129 sowie auch heute noch Art. 54 Abs. 1 Satz 2 der Verfassung von Rheinland-Pfalz.

zessionssystem unterliegen sollte.⁵ Beide Vorschläge konnten sich nicht durchsetzen. Der damalige Direktor der Verwaltung für Arbeit in der Bizone (*Storch*) stellte einigen Abgeordneten des Wirtschaftsrats in Aussicht, nach Inkrafttreten des Gesetzes durch eine amtliche Verlautbarung klarstellen zu lassen, „daß bei § 2 Abs. 1 nur an diejenigen Arbeitgeber gedacht sei, die aus irgendwelchen Gründen von einem Arbeitgeberverband nicht erfaßt würden" (näher oben Geschichte, Rnr. 39). Diese Verlautbarung ist erfolgt.⁶ Darin wird ausgeführt, daß die Tariffähigkeit des einzelnen Arbeitgebers anerkannt wurde, weil es Arbeitgeber gibt, für die aus irgendwelchen anerkennenswerten Gründen der Beitritt zu einem Arbeitgeberverband nicht in Betracht kommt.

Unter der Geltung des Art. 9 Abs. 3 GG entspricht die Tariffähigkeit jedes Arbeitgebers dem System freiwillig gebildeter Berufsverbände und der Achtung vor der negativen Koalitionsfreiheit.⁷ Die Begründung der Tariffähigkeit für den einzelnen Arbeitgeber dient der effektiven Verwirklichung der Tarifautonomie, da hierdurch der Abschluß von Tarifverträgen auch für die Konstellation ermöglicht wird, daß ein Arbeitgeber keinem Arbeitgeberverband angehört.⁸ Die Tariffähigkeit des einzelnen Arbeitgebers dient deshalb vornehmlich dem Schutz der tariffähigen Arbeitnehmerkoalitionen (Gewerkschaften),⁹ indirekt aber auch der negativen Koalitionsfreiheit des einzelnen Arbeitgebers, der aus dem Verband austreten kann, ohne zugleich auf die mit der Tarifautonomie verbundenen Vorteile verzichten zu müssen.¹⁰

2. Der tariffähige Arbeitgeber

a) **Arbeitgeberbegriff.** Die Auslegung des Arbeitgeberbegriffs richtet sich auch im Lichte des Normzwecks von § 2 Abs. 1 TVG¹¹ grundsätzlich nach dem **allgemeinen arbeitsrechtlichen Arbeitgeberbegriff.**¹² Arbeitgeber im Sinne von § 2 Abs. 1 ist danach jeder, der einen anderen aufgrund

---

⁵ Dazu *Herschel,* ZfA 1973, S. 183, 190.
⁶ Siehe die entsprechende Passage in dem Beitrag von *Herschel,* ArbBlBritZ 1949, S. 22, 23. Die von *Storch* selbst verfaßte Darstellung zum Inkrafttreten des Gesetzes (BB 1949, S. 233 f.) enthält keine Aussagen zu der Problematik.
⁷ Vgl. *Richardi,* JurA 1971, S. 141, 154; näher zur Verfassungskonformität *Valerius,* Die Parteien des Tarifvertrages, Diss. Köln 1968, S. 61 ff., 69 ff.
⁸ BVerfGE 20, S. 321, 318 = AP Nr. 24 zu § 2 TVG; BVerfGE 58, S. 233, 256 = AP Nr. 31 zu § 2 TVG; BAG 20. 11. 1990 AP Nr. 40 zu § 2 TVG = EzA § 2 TVG Nr. 20 *(Hergenröder)* = SAE 1991, S. 314 *(Rieble); Gamillscheg,* Kollektives Arbeitsrecht I, § 14 I 2 b, S. 524; *Kempen/Zachert,* § 2 TVG, Rnr. 66; *Löwisch/Rieble,* Grundl., Rnr. 33; *Zeuner,* in: Festschrift 25 Jahre Bundesarbeitsgericht (1979), S. 727, 731; *Zöllner/Loritz,* Arbeitsrecht, § 34 II, S. 382; siehe auch *Meik,* Der Kernbereich der Tarifautonomie, 1987, S. 155 f., der die Anerkennung der Tariffähigkeit des einzelnen Arbeitgebers für verfassungsrechtlich geboten hält; *Rieble,* in: Festschrift für Eugen Stahlhacke (1995), S. 459, 475; in dieser Richtung wohl auch BAG 20. 11. 1990 AP Nr. 40 zu § 2 TVG = EzA § 2 TVG Nr. 20 *(Hergenröder)* = SAE 1991, S. 314 *(Rieble).* Deshalb ist Art. 54 Abs. 1 Satz 2 der Verfassung von Rheinland-Pfalz in diesem Punkt vereinbar mit Art. 9 Abs. 3 Satz 1 GG.
⁹ BVerfGE 20, S. 312, 318 = AP Nr. 24 zu § 2 TVG
¹⁰ Ebenso *Richardi,* JurA 1971, S. 141, 154 f.; Staudinger/*Richardi,* 12. Aufl. 1989, Vorbem. zu §§ 611 ff. BGB, Rnr. 938.
¹¹ Treffend hervorgehoben von *Hergenröder,* Anm. zu BAG EzA § 2 TVG Nr. 20.
¹² Ebenso BAG 2. 12. 1992 AP Nr. 14 zu § 3 TVG; *Gamillscheg,* Kollektives Arbeitsrecht I, § 17 I 2 b, S. 523; *Hergenröder,* Anm. zu BAG EzA § 2 TVG Nr. 20.

eines abhängigen Arbeitsverhältnisses beschäftigt. Für ein hiervon abweichendes Begriffsverständnis fehlen ausreichende Anhaltspunkte. Die Verzahnung des arbeitsvertragsrechtlichen Arbeitgeberbegriffs mit der Tariffähigkeit entspricht positiv der Funktion der Tarifautonomie, in Reaktion auf die gestörte Vertragsparität die Herbeiführung angemessener Arbeitsbedingungen zu gewährleisten. Arbeitgeber im Sinne von § 2 Abs. 1 und damit potentielle Partei eines Firmentarifvertrages kann somit jeder sein, der auch Partei eines Arbeitsvertrages sein kann. In den Fällen einer gespaltenen Arbeitgeberstellung ist ausschließlich der Vertragspartner tariffähig. Eine Sondersituation besteht beim Gesamthafenbetrieb, dem im Hinblick auf die fehlende Gegnerfreiheit die Tariffähigkeit abgesprochen wird.[13]

97 Aufgrund der Anknüpfung an den schuldrechtlichen Arbeitgeberbegriff besitzt jede natürliche oder juristische Person virtuell die Tariffähigkeit. Tariffähigkeit besitzen auch solche juristische Personen, deren Mitgliedschaftsrechte sich ausschließlich oder mehrheitlich im Besitz der bei ihr tätigen Arbeitnehmer befinden, sofern die Arbeitsleistung nicht auf gesellschaftsrechtlicher Basis, sondern aufgrund eines separat abgeschlossenen Arbeitsvertrages geschuldet wird.[14] Ob der Arbeitgeber ein Gewerbe im Sinne der §§ 1 ff. HGB betreibt, ist für die Tariffähigkeit bedeutungslos. Tariffähigkeit besitzen deshalb auch die Angehörigen freier Berufe (Ärzte, Rechtsanwälte, Steuerberater etc.).[15]

98 **b) Personengesellschaften.** Ob Personengesellschaften (BGB-Gesellschaft, OHG, KG, Partnerschaft und EWIV) tariffähig sind, hängt von der gesellschaftsrechtlichen Vorfrage nach der rechtsdogmatischen Einordnung der Gesamthand ab.[16] Wer entsprechend der traditionellen Auffassung dem Gesamthandsprinzip lediglich die Bedeutung beimißt, ein Sondervermögen zu bilden, der muß die Tariffähigkeit von Personengesellschaften ablehnen. Arbeitgeber und damit tariffähig können bei diesem Verständnis nur alle Gesellschafter in ihrer gesamthänderischen Verbundenheit sein.[17] Vom Standpunkt der modernen Lehre („Theorie der kollektiven Einheit") ist die Gesamthand hingegen rechtsfähig und kann selbst Träger von Rechten und Pflichten sein. In der Konsequenz dieses Ansatzes liegt es, die Personengesellschaft selbst als tariffähig anzusehen. Bei der OHG und der KG bleibt unabhängig von der dogmatischen Kontroverse um die Gesamthand zu beachten, daß diese nach den §§ 124, 161 Abs. 2 HGB den juristischen Personen angenähert sind. Da sie unter ihrer Firma Verbindlichkeiten eingehen und damit Arbeitsverträge abschließen können, gilt für den Abschluß von Tarifverträgen nichts anderes; es fehlt eine tragfähige dogmatische Grundlage, um ihnen die Tariffähigkeit abzusprechen.

---

[13] So *Maus*, § 2 TVG, Rnr. 56.
[14] Ebenso *Kempen/Zachert*, § 2 TVG, Rnr. 73; *Löwisch/Rieble*, § 2 TVG, Rnr. 53; ablehnend jedoch *Däubler*, Tarifvertragsrecht, Rnr. 67; *Kraft/Konzen*, Die Arbeiterselbstverwaltung im Spannungsfeld von Gesellschafts- und Arbeitsrecht, 1978, S. 61 f.
[15] Für Rechtsanwälte siehe bereits RAG ARS 12, S. 553, 555.
[16] Hierzu z.B. *K. Schmidt*, Gesellschaftsrecht, 3. Aufl. 1997, § 8 III, S. 203 ff.; *Wiedemann*, Gesellschaftsrecht I, 1980, § 5 I, S. 242 ff., jeweils m.w.N.
[17] So *Löwisch/Rieble*, § 2 TVG, Rnr. 57; ebenso bereits *Nikisch*, Arbeitsrecht II, § 70 II 1, S. 240.

c) Öffentliche Körperschaften. Auch öffentliche Körperschaften, Anstalten und Stiftungen sind tariffähige Arbeitgeber, soweit sie Arbeitnehmer beschäftigen, also die Bundesrepublik Deutschland, die Länder, Gemeinden sowie Körperschaften, Stiftungen und Anstalten des öffentlichen Rechts.[18] Da die Tariffähigkeit im Außenverhältnis nicht von organisatorischen Voraussetzungen abhängig ist, kommt auch ein „nicht rechtsfähiges Sondervermögen" (z.B. das frühere Bundeseisenbahnvermögen) als Partei eines Tarifvertrages in Betracht. So konnte z.B. das Bundeseisenbahnvermögen unter seinem Namen handeln (§ 4 Abs. 1 BENeuglG) und auch Tarifverträge abschließen (§ 7 Abs. 3 Satz 1 BENeuglG).[19] Wenn § 7 Abs. 3 Satz 2 BENeuglG die Genehmigung mehrerer Bundesministerien für gewisse Tarifverträge des Bundeseisenbahnvermögens vorsah, so wurde dadurch die Tariffähigkeit des nicht rechtsfähigen Sondervermögens des Bundes nicht eingeschränkt.[20] Für die privatisierten Postunternehmen (Deutsche Post AG, Deutsche Postbank AG, Deutsche Telekom AG) wird die Tariffähigkeit eigens in § 23 Postpersonalrechtsgesetz (PostPersRG) festgehalten,[21] wegen ihrer Rechtsnatur als juristische Person und der hieraus folgenden Arbeitgebereigenschaft besitzt die Regelung jedoch lediglich deklaratorischen Charakter. 99

Für die Arbeitnehmer bei den **Stationierungsstreitkräften** obliegt es der Bundesrepublik Deutschland, Tarifverträge abzuschließen, obwohl der Bund bzw. Berlin nicht selber Arbeitgeber sind. Die Tariffähigkeit beruht auf Art. 56 Abs. 5 lit. a des Zusatzabkommens vom 3. August 1959[22]. Dieses Zusatzabkommen ist an die Stelle des früheren Art. 44 Abs. 5 des Truppenvertrages getreten. Ein Tarifvertrag erfaßt nur die bei der Gewerkschaft organisierten Arbeitnehmer.[23] Die Stationierungsstreitkräfte verlangen aber, daß jeder Arbeitnehmer die Anwendung des Tarifvertrages in seiner jeweils geltenden Fassung auf das Arbeitsverhältnis anerkennt.[24] Eine im Ansatz vergleichbare Regelung sieht § 23 Abs. 2 PostPersRG in Verbindung mit § 14 BAPostG vor, der der **Bundesanstalt für Post- und Telekommunikation** das Recht zubilligt, für die Postunternehmen auf bestimmte Sachgebiete beschränkte Manteltarifverträge abzuschließen.[25] 100

---

[18] BAG 25. 4. 1979 AP Nr. 49 zu § 611 BGB Dienstordnungs-Angestellte *(Reichel, Stuzky);* BAG 2. 12. 1992 AP Nr. 14 zu § 3 TVG. Zur tarifrechtlichen Zuordnung einzelner Körperschaften zum Bund siehe Löwisch/Rieble, § 2 TVG, Rnr. 56.

[19] Hierzu noch *Netz,* ZTR 1994, S. 189 ff.

[20] Wie hier *Koberski/Clasen/Menzel,* § 2 TVG, Rnr. 120; abweichend *Nikisch,* Arbeitsrecht II, § 70 II 2, S. 241 Anm. 30, der die Genehmigung als Wirksamkeitserfordernis ansieht.

[21] Zuvor zunächst § 26 PostVerwG und später § 53 PostVerfG.

[22] BGBl. 1961 II S. 1218 – geändert durch das Änderungsgesetz vom 22. 3. 1973, BGBl. II S. 1183, 1218; vgl. *Beitzke,* RdA 1973, S. 156 – zu dem Abkommen zwischen den Parteien des Nordatlantikvertrages über die Rechtsstellung ihrer Truppen vom 19. 6. 1951; BGBl. 1951 II S. 1190.

[23] BAG 27. 11. 1958 AP Nr. 26 zu Art. 44 Truppenvertrag.

[24] Vgl. zur Rechtslage der bei den Stationierungsstreitkräften beschäftigten deutschen Arbeitnehmer ausführlich *Beitzke,* AR-Blattei, Stationierungsstreitkräfte I, 1975, B V.

[25] Hierzu *Rieble,* in: Festschrift für Eugen Stahlhacke (1995), S. 459 ff.

101 **d) Tendenzunternehmen.** Das Tarifvertragsgesetz kennt keinen Tendenzschutz.[26] Der einzelne Arbeitgeber ist deshalb unabhängig von dem Zweck, den er mit der Beschäftigung von Arbeitnehmern verfolgt, tariffähig. Auch Beschäftigungsgesellschaften sind tariffähig.[27] **Kirchen** besitzen in Gestalt ihrer rechtlich selbständigen Gliederungen (Diözesen, Landeskirchen) als Körperschaften des öffentlichen Rechts ebenfalls die Tariffähigkeit,[28] ohne daß hierdurch ihre Freiheit eingeschränkt ist, für sich selbst den Tarifvertrag als geeignetes Instrument zu Regelung der Arbeitsbedingungen auszuschließen (sog. Dritter Weg).[29] Zweifelhaft ist, ob eine **Gewerkschaft** als Arbeitgeber der bei ihr beschäftigten Arbeitnehmer tariffähig sein kann. Wegen der Doppelstellung als Gewerkschaft und Arbeitgeber wird dies verbreitet abgelehnt;[30] im Hinblick auf den Rechtsgedanken des § 181 BGB ist dem zuzustimmen. Die Arbeitsbedingungen werden statt dessen durch Allgemeine Arbeitsbedingungen geregelt, die in gewerkschaftlichen Gremien beschlossen werden.[31] Die Gesellschafterstellung einer Gewerkschaft oder einer gewerkschaftlichen Beteiligungsgesellschaft berührt nicht die Tariffähigkeit einer juristischen Person.[32]

102 **e) Kleinarbeitgeber.** Die Tariffähigkeit steht dem einzelnen Arbeitgeber unabhängig von der Anzahl der bei ihm beschäftigten Arbeitnehmer zu.[33] Erforderlich aber auch ausreichend ist die Eigenschaft als Arbeitgeber, die bereits dann vorliegt, wenn eine natürliche oder juristische Person wenigstens einen Arbeitsvertrag begründet hat.[34] Eine arbeitnehmerlose Holding-Gesellschaft kann deshalb nicht Partei eines Tarifvertrages sein; die im Recht der Unternehmensmitbestimmung vorgesehenen Zurechnungsnormen (§ 77a BetrVG 1952, § 5 MitbestG) besitzen für das Tarifrecht keine Bedeutung, begründen somit nicht die Arbeitgebereigenschaft im Sinne von § 2 Abs. 1. Problematisch ist die Tariffähigkeit, wenn eine natürliche oder juristische Person vorübergehend keinen Arbeitnehmer beschäftigt.[35]

103 Zu mißverständlichen Deutungen gab der Beschluß des Großen Senats des Bundesarbeitsgerichts vom *21. April 1971* Anlaß. Hierin ließ das Gericht

---

[26] *Koberski/Clasen/Menzel,* § 2 TVG, Rnr. 115.
[27] LAG Brandenburg, NZA 1995, S. 905; *Däubler,* Tarifvertragsrecht, Rnr. 1821; *Löwisch/Rieble,* § 2 TVG, Rnr. 55.
[28] *Koberski/Clasen/Menzel,* § 2 TVG, Rnr. 115; sowie näher *Richardi,* Arbeitsrecht in der Kirche, 2. Aufl. 1992, § 12 III a, S. 157, 159 ff., sog. „Zweiter Weg".
[29] Näher hierzu *Richardi,* Arbeitsrecht in der Kirche, 2. Aufl. 1992, § 13, S. 165 ff.; *ders.,* ZTR 1994, S. 99 ff.; sowie *Klaus Briza,* „Tarifvertrag" und „Dritter Weg", Diss. Regensburg 1987; *Pahlke,* NJW 1986, S. 350 ff.; *Anton Rauscher,* Die Eigenart des kirchlichen Dienstes, 1983; *Thüsing,* RdA 1997, S. 163 ff.
[30] BAG 28. 4. 1992 AP Nr. 11 zu § 50 BetrVG 1972 = SAE 1993, S. 155 *(Sowka);* ausführlich *Dörnwächter,* Tendenzschutz im Tarifrecht, 1998, S. 180 ff. Davon zu unterscheiden ist der Fall, daß die Arbeitnehmer der Gewerkschaften eine eigene Gewerkschaft bilden; näher BAG 17. 2. 1998 - 1 AZR 364/97; a. A. *Plander,* Gewerkschaftsbeschäftigte – Arbeitnehmer mit kollektivrechtlichem Sonderstatus?, 1995.
[31] Z. B. § 44 Nr. 3 der Satzung der Gewerkschaft HBV.
[32] *Däubler,* Tarifvertragsrecht, Rnr. 68; *Kempen/Zachert,* § 2 TVG, Rnr. 72.
[33] *Gamillscheg,* Kollektives Arbeitsrecht I, § 14 I 2b, S. 524; *Kempen/Zachert,* § 2 TVG, Rnr. 66; *Löwisch/Rieble,* § 2 TVG, Rnr. 52; *Maus,* § 2 TVG, Rnr. 53; *Nikisch,* Arbeitsrecht II, § 70 II 1, S. 240.
[34] *Hueck/Nipperdey,* Arbeitsrecht II 1, § 20 II 1, S. 424.
[35] Bejahend auch in dieser Konstellation *Maus,* § 2 TVG, Rnr. 53.

es offen, „ob die gesetzliche Regelung des § 2 Abs. 1 TVG in jedem denkbaren Fall anwendbar ist, insbes. bei den ‚kleinen' Arbeitgebern, die nicht in der Lage sind, einen wirkungsvollen Druck oder Gegendruck auszuüben"[36]. Wie sich aus dem Zusammenhang ergibt, bezweifelte der Große Senat des Bundesarbeitsgerichts jedoch nicht die Tariffähigkeit, sondern die Arbeitskampffähigkeit der „kleinen" Arbeitgeber; denn er stellte im unmittelbaren Anschluß daran fest, daß die Arbeitskampffähigkeit bei großen einzelnen Arbeitgebern (z. B. Verwaltungen des Bundes, große Unternehmen) überhaupt nicht zu bezweifeln sei. Der Hinweis kann deshalb nur so verstanden werden, daß kleine Firmen möglicherweise nicht durch einen Streik zum Abschluß eines Firmentarifvertrags gezwungen werden können.[37]

Das Plädoyer zugunsten einer Durchsetzungsfähigkeit als Voraussetzung für die Tariffähigkeit des einzelnen Arbeitgebers, das insbesondere *Gerhard Müller* mit Nachdruck vortrug,[38] verdient – unabhängig von den Aussagen des Großen Senats des Bundesarbeitsgerichts – keine Anerkennung.[39] Weder für eine teleologische Reduktion des Arbeitgeberbegriffs noch für seine verfassungskonforme restriktive Auslegung sind die methodischen Voraussetzungen erfüllt. Sie widerspricht dem Zweck, der mit der Anerkennung der Tariffähigkeit für den einzelnen Arbeitgeber verfolgt wird. Wenn sichergestellt werden soll, daß den Gewerkschaften auf jeden Fall ein Verhandlungspartner zur Verfügung steht, dann würde dieses Ziel nicht mehr verwirklicht, wenn dem „ohnmächtigen" Arbeitgeber die Tariffähigkeit abgesprochen wird. Auch aus höherrangigen verfassungsrechtlichen Gründen (Art. 9 Abs. 3 Satz 1 GG) läßt sich dies nicht ableiten, da die fehlende Fähigkeit des „ohnmächtigen" Arbeitgebers zum Gegendruck und die hiermit verbundene Gefahr einer Kampfimparität allenfalls – wie dies auch die Arbeitskampfrisikolehre[40] versucht – zu Korrekturen im Arbeitskampfrecht zwingen kann.[41] Es ist darüber hinaus auch nicht als ein Verstoß gegen Art. 3 Abs. 1 GG zu

---

[36] BAG (GS) 21. 4. 1971 AP Nr. 43 zu Art. 9 GG Arbeitskampf = SAE 1972, S. 1 *(Richardi)*.
[37] Ebenso *Richardi,* AR-Blattei, Tarifvertrag XIII, 1973, B I 2; Staudinger/*Richardi,* 12. Aufl. 1989, Vorbem. zu §§ 611 ff. BGB, Rnr. 938.
[38] *G. Müller,* Die Tarifautonomie in der Bundesrepublik Deutschland, 1990, S. 262 ff.
[39] Ablehnend auch BAG 20. 11. 1990 AP Nr. 40 zu § 2 TVG = EzA § 2 TVG Nr. 20 *(Hergenröder)* = SAE 1991, S. 314 *(Rieble); Däubler,* Tarifvertragsrecht, Rnr. 63; *Gamillscheg,* Kollektives Arbeitsrecht I, § 14 I 2 b, S. 524; *Gitter,* in: Festschrift für Otto Rudolf Kissel (1994), S. 265, 276 ff.; *Kempen/*Zachert, § 2 TVG, Rnr. 69; Löwisch/*Rieble,* § 2 TVG, Rnr. 52; *Matthes,* in: Festschrift für Günter Schaub (1998), S. 477, 478; *Schaub,* Arbeitsrechts-Handbuch, § 199 I 2 a, S. 1663; *Schrader,* „Durchsetzungsfähigkeit" als Kriterium für Arbeitgeber im Tarifvertragsrecht, 1993, S. 144 ff.; *Stein,* Tarifvertragsrecht, Rnr. 55; *Wieland,* Das Recht der Firmentarifverträge, 1998, S. 59 ff.; *Zachert,* in: Festschrift für Karl Kehrmann (1997), S. 335, 337 f.; *Zeuner,* in: Festschrift 25 Jahre Bundesarbeitsgericht (1979), S. 727, 731; im Grundsatz auch *v. Hoyningen-Huene,* ZfA 1980, S. 453, 459.
[40] BAG 22. 12. 1980 AP Nr. 70 zu Art. 9 GG Arbeitskampf *(Richardi)* = EzA § 615 BGB Betriebsrisiko *(Dütz, Ehmann/Schnauder)* = SAE 1981, S. 197 *(Konzen),* 1982, S. 361 *(Däubler).*
[41] So bereits *Zöllner,* SAE 1969, S. 140 f.; zustimmend *Hergenröder,* Anm. zu BAG EzA § 2 TVG Nr. 20; a. A. *v. Hoyningen-Huene,* ZfA 1980, S. 453, 459; *Zachert,* in: Festschrift für Karl Kehrmann (1997), S. 335, 340.

bewerten, wenn bei den Gewerkschaften die Tariffähigkeit an das Vorliegen einer Durchsetzungsfähigkeit gebunden wird, beim einzelnen Arbeitgeber hierauf aber verzichtet wird.[42]

105 **f) Tariffähigkeit verbundener Unternehmen (Konzern).** Bislang nicht abschließend geklärt sind die tarifrechtlichen Fragen, die die Unternehmensgruppe aufwirft. Unstreitig ist lediglich, daß der Konzern als Gesamtheit der unter einheitlicher Leitung zusammengefaßten rechtlich selbständigen Unternehmen[43] nicht tariffähig ist.[44] Der Konzern ist eine wirtschaftliche, aber keine rechtliche Einheit. Da er selbst weder Rechte noch Pflichten besitzt, kann er folglich auch nicht Partner eines Tarifvertrages sein. Abzulehnen ist auch der Versuch, den Konzern als eine „Vereinigung von Arbeitgebern" zu qualifizieren,[45] da der Konzern nicht die für eine tariffähige Vereinigung erforderliche Organisationsstruktur besitzt.[46]

106 Die dogmatische Begründung einer konzerndimensionalen Tarifmacht kann deshalb nur bei der Konzernobergesellschaft ansetzen, indem der Versuch unternommen wird, sie als zweiten Arbeitgeber zu qualifizieren, der zu den rechtlich selbständigen Unternehmen hinzutritt.[47] Dieser Ansatz vermag nicht zu überzeugen, da der Tarifvertrag grundsätzlich auf die Ausgestaltung der arbeitsvertraglichen Beziehungen ausgerichtet ist und diese lediglich zu den beherrschten Unternehmen bestehen. Der Tarifvertrag kann derartige Rechtsverhältnisse nicht begründen, sondern setzt vielmehr ihr Bestehen insbesondere bei Inhaltsnormen voraus.[48] Für einen mit der Konzernobergesellschaft abgeschlossenen Tarifvertrag, der seine Rechtswirkungen generell auch auf die bei den abhängigen Konzernunternehmen beschäftigten tarifgebundenen Arbeitnehmer erstreckt, fehlt eine tragfähige dogmatische Grundlage.[49] Dies gilt auch für Versuche, bei einer „konzernspezifischen Risikolage" eine Erweiterung der Tarifmacht zu begründen[50] oder die Tarifmacht durch einen Vergleich mit anderen gesetzlichen Regelungen zu erweitern.[51] Vielmehr bietet das geltende Tarifrecht ausreichende Instru-

---

[42] BVerfGE 58, 233, 256 = AP Nr. 31 zu § 2 TVG.
[43] Zum Konzerntatbestand siehe die §§ 15 ff. AktG.
[44] RAG ARS 8, S. 244, 249; *Däubler,* Das Grundrecht auf Mitbestimmung, 3. Aufl. 1975, S. 443 f.; *ders.,* Tarifvertragsrecht, Rnr. 79; *Gamillscheg,* Kollektives Arbeitsrecht I, § 14 I 2 e, S. 525; *Kempen/Zachert,* § 2 TVG, Rnr. 74; *Hueck/Nipperdey,* Arbeitsrecht II 1, § 20 II 1, S. 424; *Konzen,* RdA 1984, S. 66, 78; *Löwisch/Rieble,* § 2 TVG, Rnr. 58; *Martens,* RdA 1970, S. 173, 175; *Nikisch,* Arbeitsrecht II, § 70 II 1, S. 240; *Sbresny-Uebach,* AR-Blattei, Tarifvertrag II A, 1987, I 2 c; *Wiedemann,* RdA 1968, S. 420, 421; *Windbichler,* Arbeitsrecht im Konzern, 1989, S. 461 f.
[45] In dieser Richtung *Kempen/Zachert,* § 2 TVG, Rnr. 74; sowie *Stein,* Tarifvertragsrecht, Rnr. 55.
[46] *Windbichler,* Arbeitsrecht im Konzern, 1989, S. 462 f.
[47] Hierfür *Däubler,* Das Grundrecht auf Mitbestimmung, 3. Aufl. 1975, S. 444 f.; *ders.,* Tarifvertragsrecht, Rnr. 79; *Walz,* Multinationale Unternehmen und internationaler Tarifvertrag, 1981, S. 39 f.
[48] Ebenso *Windbichler,* Arbeitsrecht im Konzern, 1989, S. 464.
[49] *Windbichler,* Arbeitsrecht im Konzern, 1989, S. 463 ff.
[50] Hierfür *Martens,* RdA 1970, S. 173, 179; *Konzen,* RdA 1984, S. 66, 78 f.
[51] *Däubler,* ZIAS 1995, S. 525, 528 ff.; zustimmend *Kempen/Zachert,* § 2 TVG, Rnr. 74; sowie zuvor *Walz,* Multinationale Unternehmen und internationaler Tarifvertrag, 1981, S. 39 f.

mentarien, um konzerndimensionale Problemlagen tarifvertraglich systemgerecht aufzulösen.

Im Hinblick auf die Konzernobergesellschaft gilt dies zunächst für die **107** Sonderkonstellation, daß die bei den abhängigen Unternehmen tätigen Arbeitnehmer arbeitsvertraglich der Konzernobergesellschaft zugeordnet sind. In dieser Konstellation, in der die Konzernobergesellschaft die Rolle einer Personalführungsgesellschaft übernimmt, ist sie Arbeitgeber und damit tariffähig; ihre Tarifmacht erstreckt sich auf alle im Konzern beschäftigten Arbeitnehmer.[52] In den übrigen Sachverhalten kommt der Abschluß eines mehrgliedrigen Tarifvertrages in Betracht, um eine konzerneinheitliche tarifvertragliche Regelung innerhalb der Konzernunternehmen zu realisieren.[53] An seinem Abschluß können sich entweder alle Konzernunternehmen beteiligen, oder aber die Konzernobergesellschaft kann aufgrund privatrechtlicher Vollmacht die Tarifführerschaft übernehmen und die Tarifverträge in Vertretung der abhängigen Unternehmen abschließen.

Problematisch ist allerdings, ob die Konzernobergesellschaft tarifvertraglich **108** zur Einwirkung auf die abhängigen Unternehmen verpflichtet ist oder verpflichtet werden kann. Mit den in § 1 Abs. 1 normierten tarifvertraglichen Regelungstypen kann dieses Regelungsanliegen nicht erfaßt werden, da eine derartige tarifvertragliche Einwirkungs- bzw. Durchführungspflicht nur die Parteien eines Tarifvertrages trifft. Bei einer „Tarifführerschaft" wird die Konzernobergesellschaft nicht als Partei des Tarifvertrages tätig, sondern sie schließt diesen lediglich im Namen der abhängigen Unternehmen ab. Dies schließt es nicht aus, daß sich die Konzernobergesellschaft gegenüber der Gewerkschaft außerhalb der tarifvertraglichen Akttypen schuldvertraglich verpflichtet, ihren beherrschenden Einfluß zur Realisierung konzerneinheitlicher Arbeitsbedingungen einzusetzen. In diesem Rahmen ist auch die Übernahme zusätzlicher Verpflichtungen möglich, die die Verpflichtungen der abhängigen Gesellschaften verstärken (Garantiehaftung, Schuldbeitritt, Schuldübernahme).

Das Instrument des Schuldvertrages zwischen Gewerkschaft und Kon- **109** zernobergesellschaft verbleibt auch dann als allein rechtlich zulässiges Instrumentarium, wenn bei der Konzernobergesellschaft keine Arbeitnehmer beschäftigt sind. Weder die Errichtung einer gemeinsamen Einrichtung noch die Begründung von Ansprüchen zugunsten Dritter können mit dem Instrument des Tarifvertrages realisiert werden. Der arbeitnehmerlosen Konzernobergesellschaft fehlt hierfür die Arbeitgebereigenschaft, um tariffähig und damit Partei eines Tarifvertrages zu sein. Ein anderes Resultat kommt erst dann in Betracht, wenn die Konzernobergesellschaft selbst Arbeitnehmer beschäftigt. In diesem Fall ist sie selbst Arbeitgeber und als solche tariffähig.

Nach Maßgabe der vorstehenden Überlegungen ist auch die Frage zu be- **110** antworten, ob die **Treuhandanstalt** tariffähig war. Bezüglich ihrer eigenen

---

[52] So auch *Kempen*/Zachert, § 2 TVG, Rnr. 74.
[53] *Gamillscheg*, Kollektives Arbeitsrecht I, § 14 I 2e, S. 525; Löwisch/*Rieble*, § 2 TVG, Rnr. 59; *Schaub*, Arbeitsrechts-Handbuch, § 199 I 2a, S. 1663; *Wieland*, Recht der Firmentarifverträge, 1998, S. 56 f.; *Windbichler*, Arbeitsrecht im Konzern, 1989, S. 470 ff.; *Zöllner/Loritz*, Arbeitsrecht, § 34 II, S. 383.

Arbeitnehmer war dies zu bejahen. Bezüglich der von der Treuhandanstalt verwalteten Unternehmen fehlte ihr jedoch die Tarifmacht. Deshalb besaßen insbesondere die Rahmenvereinbarungen zwischen der Treuhandanstalt und den Gewerkschaften zu den Sozialplanvolumina aus den Jahren 1991/1992 nicht die Rechtsqualität eines Tarifvertrages.[54] Eine in Anlehnung an die erst später verabschiedete Regelung in § 14 BAPostG vorgenommene Verleihung der Tariffähigkeit wäre rechtstechnisch zwar möglich gewesen, war aber nicht erfolgt. Konstruktiv verbleibt deshalb bezüglich der mit der Treuhandanstalt abgeschlossenen Richtlinien und Vereinbarungen lediglich die Einordnung als schuldrechtlicher Vertrag, wodurch allerdings noch nicht die weitaus schwierigere Frage beantwortet ist, welche Ansprüche aus den Vereinbarungen abgeleitet werden können.[55]

2. Zwingend verliehene Tariffähigkeit

111 **a) Grundsatz.** Inhalt und Umfang der Tariffähigkeit des einzelnen Arbeitgebers sind gesetzlich zwingend festgelegt. Sie können nicht Gegenstand tarifvertraglicher, verbandsrechtlicher und schuldrechtlicher Abreden sein. Obwohl in einem System freier Berufsverbände die Tariffähigkeit des einzelnen Arbeitgebers anerkannt werden muß, folgt seine Tariffähigkeit nicht bereits unmittelbar aus der Verfassung, sondern sie bedarf ebenso wie bei den Koalitionen und den Spitzenorganisationen einer Verleihung durch das Gesetz.[56] Selbst wenn sich das legislative Ermessen aus verfassungsrechtlichen Gründen auf Null reduziert, bedarf es für die Befugnis zur Normsetzung einer ausdrücklichen gesetzlichen Ermächtigung.

112 **b) Verbandszugehörigkeit und Tariffähigkeit.** Der Arbeitgeber verliert mit dem Beitritt zu einem Arbeitgeberverband nicht seine Tariffähigkeit.[57] Erwägenswert ist allenfalls *de lege ferenda*, ob der einzelne Arbeitgeber durch seinen Beitritt zum Berufsverband einen Kompetenzverlust erleidet oder wenigstens bei entsprechender Satzungsbestimmung eine Sperrwirkung eintreten kann. Die Tariffähigkeit des in einem Berufsverband organisierten

---

[54] Ebenso *Koberski/Clasen/Menzel*, § 2 TVG, Rnr. 3 a; *Robben-Vahrenhold*, Die Haftung der Treuhandanstalt für Sozialplanansprüche der Arbeitnehmer, 1995, S. 32 f., 34; *Schaub*, NZA 1993, S. 673, 674, 675; *Steffan*, Arbeitsrecht und Unternehmenssanierung in den neuen Bundesländern, 1995, S. 236 f., 241.
[55] Hierzu *Schaub*, NZA 1993, S. 673 ff.
[56] So auch *Nipperdey/Säcker*, AR-Blattei, Tarifvertrag II A, 1970, I 2 c.
[57] BAG 25. 9. 1996 AP Nr. 10 zu § 2 TVG Tarifzuständigkeit; *Brox/Rüthers*, Arbeitskampfrecht, 2. Aufl. 1982, Rnr. 137; *Buchner*, Betrieb 1970, S. 2025, 2029; *Däubler*, Tarifvertragsrecht, Rnr. 64; *Gamillscheg*, Kollektives Arbeitsrecht, § 14 I 2 b, S. 524; *Gaul*, RdA 1966, S. 172, 175; *Gumpert*, BB 1958, S. 1315, 1317; *Hess*, ZfA 1976, S. 45, 54; *Hueck/Nipperdey*, Arbeitsrecht II 1, § 20 II 2, S. 424; *Kempen/Zachert*, § 2 TVG, Rnr. 70; *Nikisch*, Arbeitsrecht II, § 70 II 3, S. 241; *Richardi*, JurA 1971, S. 141, 155 f.; *ders.*, AR-Blattei, Tarifvertrag XIII, 1973, B I 3; *Schaub*, Arbeitsrechts-Handbuch, § 199 I 2 b, S. 1663; Staudinger/*Richardi*, 12. Aufl. 1989, Vorbem. zu §§ 611 ff. BGB, Rnr. 939; *Sbresny-Uebach*, AR-Blattei, Tarifvertrag II A, 1987, I 2 c; *Schrader*, „Durchsetzungsfähigkeit" als Kriterium für Arbeitgeber im Tarifvertragsrecht, 1993, S. 215 ff.; *Söllner*, Arbeitsrecht, § 16 I 1 b, S. 131; *Zöllner/Loritz*, Arbeitsrecht, § 34 II, S. 383; für einen Verlust der Tariffähigkeit jedoch jüngst *Matthes*, in: Festschrift für Günter Schaub (1998), S. 477, 481 ff.

Arbeitgebers ist entbehrlich. Der klare Gesetzeswortlaut gibt jedoch für eine differenzierende Auslegung keine Stütze.

Tritt ein Arbeitgeber während der Laufzeit des eigenen Firmentarifvertrages einer Arbeitgebervereinigung bei, so endet der Firmentarifvertrag nicht, sondern geht einem etwa bestehenden Verbandstarif nach den Prinzipien der Tarifkonkurrenz aufgrund seiner Spezialität vor (siehe unten § 4, Rnr. 289 ff.).[58] Beim Fehlen eines Firmentarifs greift die Wirkung des Verbandstarifvertrages in vollem Umfang sofort ein. Dem Arbeitgeber ist die „Flucht in die Friedenspflicht des Verbandstarifvertrages" erlaubt, auch während eines Arbeitskampfes.[59] 113

c) **Verbandsdisziplin und Tariffähigkeit.** Selbst wenn ein Arbeitgeberverband durch Satzung oder Verbandsbeschluß seinen Mitgliedern den Abschluß von eigenen Werks- oder Firmentarifverträgen untersagt, ändert dies an der Tariffähigkeit des Arbeitgebers nichts; es besteht lediglich intern eine Verbandspflicht gegenüber der Koalition, Tarifvertragsverhandlungen und Abschlüsse von Tarifverträgen zu unterlassen; ein trotzdem eingegangener Firmentarifvertrag ist wirksam.[60] 114

Sehr bestritten ist, in welchem Umfang *verbandsrechtlich* den Mitgliedern einer Arbeitgebervereinigung durch Satzung oder Verbandsbeschluß der Abschluß von Firmentarifverträgen untersagt werden darf. *Hensche*[61] hält Satzungsbestimmungen und Verbandsbeschlüsse, die den Abschluß von Firmentarifverträgen untersagen, generell für nichtig. *Nipperdey/Säcker*[62] wollen ein Verbot von Firmentarifverträgen nur soweit zulassen, als Fragen in einem Verbandstarif geregelt sind; ein generelles Verbot des Abschlusses von Firmentarifverträgen sei unzulässig. 115

Nach überwiegender Ansicht sind *verbandsrechtliche* Beschränkungen des Abschlusses von Firmentarifverträgen intern grundsätzlich unbeschränkt zulässig.[63] Dieser Ansicht ist zu folgen. Das in der Satzung oder in einem 116

---

[58] Siehe *Hess,* ZfA 1976, S. 45, 57; *v. Hoyningen-Huene,* ZfA 1980, S. 453, 463; *Richardi,* AR-Blattei, Tarifvertrag XIII, 1973, C II; *Söllner,* Arbeitsrecht, § 16 I 1 b, S. 131.

[59] Ebenso *Dietz,* in: Festschrift für Hans Carl Nipperdey, Bd. II (1965), S. 141; abweichend *Hoffmann,* AuR 1964, S. 169, 170; *Radke,* BB 1964, S. 1490, 1492, die nicht zutreffend davon ausgehen, der Geltungsbereich des Tarifvertrages sei dahin abgegrenzt, daß nur die zur Zeit des Vertragsabschlusses vorhandenen Mitglieder erfaßt werden sollten; vgl. dazu unten Rnr. 150 sowie § 3, Rnr. 34.

[60] *Beuthien,* BB 1975, S. 477, 480; *Brox/Rüthers,* Arbeitskampfrecht, 2. Aufl. 1982, Rnr. 137; *Buchner,* Betrieb 1970, S. 2074, 2075; *Hess,* Betrieb 1975, S. 548, 549; *ders.,* ZfA 1976, S. 45, 54; *v. Hoyningen-Huene,* ZfA 1980, S. 453, 462 f.; *Hueck/Nipperdey,* Arbeitsrecht II 1, § 20 II 2, S. 425; *Richardi,* JurA 1971, S. 141, 150; *ders.,* AR-Blattei, Tarifvertrag XIII, 1973, C I; *Schaub,* Arbeitsrechts-Handbuch, § 199 I 2a, S. 1663; *Weiss,* Koalitionsfreiheit und betriebsnahe Tarifverträge, 1973, S. 39; *Söllner,* Arbeitsrecht, § 16 I 1 b, S. 131; *Zöllner/Loritz,* Arbeitsrecht, § 34 II, S. 383; abweichend *Boldt,* RdA 1971, S. 257, 268.

[61] RdA 1971, S. 9, 17.

[62] AR-Blattei, Tarifvertrag II A, 1970, I 2 c.

[63] So *Buchner,* Betrieb 1970, S. 2025, 2029; *v. Hoyningen-Huene,* ZfA 1980, S. 453, 463; *Hueck/Nipperdey,* Arbeitsrecht II 1, § 20 II 2, S. 425; *Matthes,* in: Festschrift für Günter Schaub (1998), S. 477, 479; *Nikisch,* Arbeitsrecht II, § 70 II 3, S. 242; *Richardi,* JurA 1971, S. 141, 150; *ders.,* AR-Blattei, Tarifvertrag XIII, 1973, C I; *Wieland,* Das Recht der Firmentarifverträge, 1998, S. 69.

Beschluß enthaltene **Verbot, Firmentarifverträge einzugehen**, kann beschränkt sein auf Firmentarifverträge, die eine unerwünschte Tarifkonkurrenz mit dem vorhandenen oder in Aussicht genommenen Verbandstarif herbeiführen. Das Verbot kann jedoch auch generell abgefaßt sein und jeden Firmentarifvertrag untersagen, um die Solidarität der Arbeitgeber in ihrem Verband zu unterstützen. Gegen ein begrenztes oder generelles Verbot ist auch dann nichts einzuwenden, wenn es durch angemessene Verbandsstrafen (Geldbuße, Verbandsausschluß) bewährt ist. Jeder Verband hat ein berechtigtes Interesse daran, daß die ordnungsgemäß beschlossene Satzung eingehalten und rechtmäßige Beschlüsse durchgeführt werden. Der Beitritt zu einem Personenverband bringt stets einen gewissen „Souveränitätsverlust" mit sich; dafür räumen sich die Mitglieder Rechte ein, die die Beschränkung der Autonomie durch Erweiterung des Aktionskreises ausgleichen.[64] Der einzelne Arbeitgeber behält das Recht, aus dem Verband auszutreten, um seine sozialpolitische und wirtschaftliche Entscheidungsfreiheit zurückzugewinnen. Solange er freiwillig seine Interessenwahrnehmung besser durch den Verband gefördert glaubt, ist diese Entscheidung durch Art. 9 Abs. 3 GG geschützt. Ein Eingriff in die Betätigungsfreiheit der Gewerkschaften liegt nicht vor, solange der Arbeitgeberverband bereit ist, grundsätzlich Tarifverträge einzugehen. Der Ansicht von *Nipperdey/Säcker*[65], der legislative Zweck der Anerkennung der Tariffähigkeit des *einzelnen* Arbeitgebers, nämlich den Abschluß von Tarifverträgen zu *begünstigen*, würde vereitelt, steht die Entstehungsgeschichte des Gesetzes entgegen. Würde ein Arbeitgeberverband allerdings den Abschluß von Tarifverträgen aus seinem Aufgabenkreis ausschließen und gleichzeitig den Mitgliedern den Abschluß von Tarifverträgen untersagen, so wäre ein derartiges Verbot als dem Sinn der Arbeitsrechtsordnung zuwiderlaufend unwirksam;[66] denn dadurch würde nicht nur die Entschließungsfreiheit der eigenen Mitglieder, sondern auch die spezifisch koalitionsmäßige Betätigung der Gewerkschaften gegenüber jedem einzelnen Arbeitgeber stark behindert.

II. Tariffähigkeit und Mitbestimmung

1. Fragestellung

117   Eine paritätische oder quasiparitätische Mitbestimmung der Arbeitnehmer in den Aufsichts- und Vertretungsorganen von Unternehmen oder öffentlich-rechtlichen Körperschaften oder Anstalten kann die Tariffähigkeit in Frage stellen, wenn diese ihrerseits voraussetzt, daß zwei voneinander unabhängige Willensbildungseinheiten in einem kontradiktorischen Verfahren zum Tarifabschluß gelangen (Grundsatz der *Gegnerunabhängigkeit*).[67] Die Ta-

---

[64] Näher *Wiedemann*, Die Übertragung und Vererbung von Mitgliedschaftsrechten bei Handelsgesellschaften, 1965, S. 29.
[65] AR-Blattei Tarifvertrag II A, 1970, I 2 c.
[66] So auch *v. Hoyningen-Huene*, ZfA 1980, S. 453, 463; *Hueck/Nipperdey,* Arbeitsrecht II 1, § 20 II 2, S. 425; weitergehend *Nikisch*, Arbeitsrecht II, § 70 II 3, S. 242, der auch in diesem Fall das verbandsrechtliche Verbot für rechtswirksam erachtet.
[67] Dazu ausführlich unten Rnr. 235.

riffähigkeit kann in doppelter Hinsicht in Zweifel gezogen werden. Wenn ein Gewerkschaftsmitglied in das Aufsichts- oder Vertretungsorgan des Arbeitgebers gewählt wird, kann man fragen, ob seine Mitgliedschaft den Grundsatz der Gegnerunabhängigkeit verletzt und darunter die Koalitionsqualität und Tariffähigkeit der *Gewerkschaft* leidet. Das ist in der Regel zu verneinen, denn das Gewerkschaftsmitglied kann und will infolge seiner Organbefugnisse keine Arbeitgeberpolitik in seiner Gewerkschaft betreiben.[68] Wichtiger ist die umgekehrte Frage, ob durch die Entsendung von Gewerkschaftsmitgliedern in die Organe eines Unternehmens oder einer öffentlich-rechtlichen Körperschaft oder Anstalt die Tariffähigkeit des *Arbeitgebers* aufgehoben wird und dies unabhängig davon, ob der Entsandte Gewerkschaftsmitglied bleibt, wenn nur tatsächlich der Gewerkschaft dadurch eine Einflußmöglichkeit auf die unternehmerische Tarifpolitik eröffnet wird.[69]

2. Einzelfragen

a) **Unternehmensmitbestimmung.** Da eine paritätische Mitbestimmung bisher nur in der Montanindustrie durch das MontanMitbestimmungsgesetz[70] und das MitbestErgG[71] sowie in einigen öffentlich-rechtlichen Körperschaften, Anstalten und Verwaltungseinheiten eingeführt wurde, ist die Tariffähigkeit des einzelnen *privatrechtlichen* Arbeitgebers unbestritten.

Nach Einführung der paritätischen Mitbestimmung in der Montanindustrie durch das MitbestG und das MitbestErgG wurde vorübergehend die Tariffähigkeit der einzelnen mitbestimmten Unternehmen in Frage gestellt, weil nur ein gegnerunabgängiges Unternehmen als Tarifvertragspartei auftreten kann. Die nahezu einhellige Ansicht im Schrifttum entschied sich dafür, daß weder die qualifizierte Montanmitbestimmung noch die Mitbestimmung nach dem 76er-Gesetz an der Tariffähigkeit der einzelnen Unternehmen etwas ändert.[72] Die gegenteilige Ansicht wurde von *Zöllner/ Seiter* formuliert. Danach verliert ein Arbeitgeber seine Tariffähigkeit und kann keine Firmentarifverträge mehr abschließen, wenn die Unternehmens-

---

[68] Ebenso im Ergebnis *Nipperdey*, in: Festschrift für Philipp Möhring (1965), S. 87, 99 ff.; nicht eindeutig *Dietz*, in: Bettermann/Nipperdey/Scheuner, Die Grundrechte Bd. III 1, 1958, S. 417, 431 und 432.
[69] Überzeugend zu dieser Fragestellung *Zöllner/Seiter,* Paritätische Mitbestimmung und Artikel 9 Abs. 3 Grundgesetz, 1970, S. 37.
[70] BGBl. 1951 I S. 347.
[71] BGBl. 1956 I S. 707.
[72] So *Däubler*, Tarifvertragsrecht, Rnr. 65; *Dietz*, in: Bettermann/Nipperdey/ Scheuner, Die Grundrechte Bd. III 1, 1958, S. 417, 431; *Gamillscheg*, Koalitionsfreiheit und soziale Selbstverwaltung, 1968, S. 34; *Hanau*, BB 1969, S. 760, 761; *Hueck/Nipperdey*, Arbeitsrecht II 1, § 6 II 2, S. 97; *Löwisch*, ZfA 1970, S. 295, 309; *Gerhard Müller*, Zur Tariffähigkeit der unter das Mitbestimmungsgesetz Bergbau und Eisen fallenden Unternehmen, 1953, S. 5 ff.; *ders.*, Tarifvertrag und Mitbestimmung. Zum Verhältnis beider Ordnungsprinzipien zueinander, 1953, S. 15; *Nipperdey*, in: Festschrift für Philipp Möhring (1965), S. 87, 100; *Roscher*, RdA 1972, S. 279, 281; *Schnorr*, RdA 1954, S. 166, 168 ff.; *Scholz*, Paritätische Mitbestimmung und Grundgesetz, 1974, S. 106; *Schwerdtfeger*, Unternehmerische Mitbestimmung der Arbeitnehmer und Grundgesetz, 1972, S. 251; abweichend mit ausführlicher Begründung *Zöllner/ Seiter*, Paritätische Mitbestimmung und Artikel 9 Grundgesetz, 1970, S. 37 und passim.

leitung bei funktionaler Betrachtung „nachgiebiger" geworden ist als ohne die Mitbestimmung und deshalb generell die Konfrontation scheut und überhöhte Lohnforderungen akzeptiert.[73] Der herrschenden Meinung ist zu folgen (näher unten Rnr. 257 ff.).

120 **b) Öffentliche Verwaltung.** Gewerkschaftsmitglieder gehören den Aufsichts- oder Verwaltungsorganen der öffentlich-rechtlichen Träger der sozialen Selbstverwaltung an (siehe oben Einleitung, Rnr. 128). Dies gilt insbesondere für die Bundesanstalt für Arbeit und für die Träger der Sozialversicherung (Krankenkassen, Landesversicherungsanstalten, Bundesversicherungsanstalt für Angestellte, Knappschaften, Ersatzkassen, Berufsgenossenschaften usw.). Die Wirksamkeit der von diesen öffentlich-rechtlichen Körperschaften, Anstalten oder selbständigen Verwaltungseinheiten eingegangenen Tarifverträge ist bisher nicht angezweifelt worden.[74]

B. Firmentarifverträge und firmenbezogene Verbandstarifverträge

I. Allgemeines

121 Den Tarifvertrag, bei dem auf Arbeitgeberseite lediglich ein einzelner Arbeitgeber (ein Unternehmen) steht, bezeichnet man als Firmentarif oder Werks-, Betriebs-, Unternehmenstarif. Davon zu unterscheiden ist ein Verbandstarifvertrag, dessen Geltungsbereich auf eine oder mehrere einzelne Firmen (Unternehmen) beschränkt wird. Ein solcher Verbandstarifvertrag kann lediglich von dem vertragschließenden Arbeitgeberverband geschlossen und gekündigt werden, nicht aber von den oder dem betroffenen Unternehmen. Ob ein Tarifvertrag, den ein Arbeitgeberverband „für einen Betrieb" abschließt, als Verbandstarifvertrag oder als vom Arbeitgeberverband in Vertretung der Firma geschlossener Firmentarifvertrag anzusehen ist, muß im Wege der Auslegung der Erklärungen und anhand der tatsächlichen Umstände ermittelt werden.[75]

122 Im Gegensatz zu Nordamerika und Japan, die überwiegend Firmentarifverträge kennen,[76] bildet in Europa und Australien der für größere räumliche Einheiten geltende Verbandstarifvertrag die Regel (siehe auch die Übersicht oben Einleitung, nach Rnr. 34).[77] Das hat überwiegend historische Gründe.

---

[73] *Zöllner/Seiter,* Paritätische Mitbestimmung und Artikel 9 Grundgesetz, 1970, S. 38, 41.
[74] Ausführlich zur früheren Rechtslage bei Bundespost und Bundesbahn *Nipperdey,* in: Festschrift für Philipp Möhring (1965), S. 87, 100 ff.
[75] RAG ARS 11, S. 391, 394 *(Nipperdey).*
[76] Zum US-amerikanischen Recht *Rothschild/Merrifield/Craver,* Collective Bargaining and Labor Arbitration, 3. Aufl. 1988; für das japanische Recht z. B. *Muranaka,* in: Tomandl (Hrsg.), Arbeitsrecht und Arbeitsbeziehungen in Japan, 1991, S. 105 f.
[77] Für Europa siehe den Überblick bei *Kronke,* Regulierungen auf dem Arbeitsmarkt, 1990, S. 305 ff.; *Burgess,* WSI-Mitt. 1997, S. 112, 114; für das französische Tarifrecht *Krieger,* Das französische Tarifvertragsrecht, 1991, S. 119 ff.; für England *v. Scherpenberg,* Kollektive Bestimmung der Arbeitsbedingungen in Deutschland und England, 1995, S. 25 ff.; zum australischen Recht *Creighton/Ford/Mitchell,* Labour Law, 1983, S. 509 ff.

In den Vereinigten Staaten und Kanada war der Wettbewerbsgedanke bereits frühzeitig so stark, daß Unternehmensverbände nicht toleriert wurden. In Europa betrachteten die Arbeitgeber die Vereinheitlichung der Lohn- und Arbeitsbedingungen als erwünschten Nebeneffekt der unvermeidlich gewordenen Tarifverträge, da diese hierdurch – zumindest lange Zeit – ihren Einfluß auf den Wettbewerb zwischen den tarifgebundenen Arbeitgebern (Unternehmen) verloren.[78] Die Gewerkschaften sehen in der Möglichkeit, auf Branchenebene zu verhandeln und Tarifverträge abzuschließen, eine Bestätigung ihrer Stellung als Berufsorgane. Außerdem tritt die Bedeutung der Gewerkschaft beim Abschluß von Bundes- und Landestarifverträgen stärker ins allgemeine Bewußtsein.

Trotzdem verstärkte sich in den letzten Jahrzehnten zunehmend der Ruf nach einer „betriebsnahen Tarifpolitik". Ausgangspunkt war anfänglich die ökonomische Sondersituation der Hochkonjunktur Anfang der 70er Jahre.[79] Die Gewerkschaften wollten damit tarifpolitische und organisationspolitische Ziele erreichen: Regionaltarifverträge sichern im Lohn- und Gehaltsbereich lediglich Mindestverdienste. Durch Zusatztarifverträge oder Sondertarifverträge für einzelne Großunternehmen sollte der besonderen wirtschaftlichen Leistungskraft und Arbeitsproduktivität Rechnung getragen werden. Damit sollten einerseits die bislang durch betriebliche Arbeitsbedingungen (Allgemeine Arbeitsbedingungen, Betriebsvereinbarungen) geregelten Zusatzleistungen tarifvertraglich abgesichert, andererseits die Stellung der Gewerkschaften in den Unternehmen selbst verstärkt werden.[80] Seit Mitte der 80er Jahren erfährt die Diskussion eine Umkehrung. Unter dem Vorzeichen veränderter ökonomischer Rahmendaten und Wettbewerbsverhältnisse[81] sind es vor allem Arbeitgeberverbände und ökonomische Sachverständige, die eine Auflockerung starrer Verbandstarifverträge zugunsten flexibler Gestaltungsformen auf betrieblicher Ebene fordern.[82]

II. Firmentarifverträge

1. Firmentarifverträge für nichtorganisierte Arbeitgeber

a) Allgemeines. Die Zahl der Firmentarifverträge ist von Wirtschaftszweig zu Wirtschaftszweig verschieden. Verbreitet sind Firmentarifverträge namentlich im Bergbau, in der Mineralölverarbeitung, Energiewirtschaft und im Sektor der Nahrungs- und Genußmittel. In einigen Branchen, z.B. in der Glasindustrie, bestehen seit längerer Zeit „maßgeschneiderte" Tarifverträge, die entweder für einzelne Unternehmen oder für Konzerne oder kleine

---

[78] Zur Wettbewerbsneutralität siehe bereits *Lotmar,* Der Arbeitsvertrag Bd. I, 1902, S. 775.
[79] Siehe *Buchner,* Betrieb 1970, S. 2025, 2026; *Richardi,* JurA 1971, S. 141, 147; *Weiss,* Koalitionsfreiheit und betriebsnahe Tarifverträge, 1973, S. 30 ff.; *Wieland,* Recht der Firmentarifverträge, 1998, S. 7 ff.
[80] Stellvertretend *Richardi,* AR-Blattei, Tarifvertrag XIII, 1973, A II.
[81] Siehe z.B. *Buchner,* Betrieb 1996, Beil. Nr. 12, S. 4 f.
[82] Siehe z.B. die Forderung des Sachverständigenrates in seinem Jahresgutachten 1988/89, Arbeitsplätze im Wettbewerb, 1989, S. 173 (Rnr. 345 ff.); zusammenfassend im Überblick *Wieland,* Recht der Firmentarifverträge, 1998, S. 15 ff. m. w. N.

Wirtschaftssparten (z. B. Behälterglas, Mundblashütten) die Arbeitsbedingungen betriebs- und sachnah regeln. Nach dem Tarifbericht des Bundesministeriums für Arbeit und Sozialordnung waren Ende des Jahres 1996 von den rund 45 000 im Tarifregister eingetragenen Tarifverträgen rund 4700 Firmentarifverträge.[83]

125 **b) Abschluß.** Firmentarifverträge können jederzeit zwischen selbständigen Unternehmen einerseits und Gewerkschaften andererseits abgeschlossen werden. Voraussetzung ist allein, daß der Verhandlungspartner der Gewerkschaft die Arbeitgebereigenschaft im Sinne von § 2 Abs. 1 besitzt. Ob auf Seiten der Gewerkschaft die Bezirksleitung oder die Ortsverwaltung der zuständigen Gewerkschaft zum Abschluß eines Firmentarifvertrages berechtigt ist, richtet sich nach dem inneren Organisationsrecht des Berufsverbandes. Mit dem Betriebsrat, der Belegschaft oder einem sog. Werkverein kann ein Firmentarifvertrag nicht abgeschlossen werden. Firmentarifverträge, die zwischen Arbeitgeber, Gewerkschaft und (Gesamt-)Betriebsrat abgeschlossen werden, treten in der Praxis zwar auf, sind aber im geltenden kollektiven Arbeitsrecht nicht vorgesehen. Die Mitunterzeichnung eines Firmentarifvertrages durch den (Gesamt-)Betriebsrat steht jedoch der Rechtswirksamkeit des Firmentarifvertrages nicht entgegen.

126 **c) Inhalt.** Ein Firmentarifvertrag unterscheidet sich in seinem rechtlich möglichen Inhalt und in seinen Rechtswirkungen grundsätzlich nicht von einem Verbandstarifvertrag. Die Friedens- und Durchführungspflichten treffen unmittelbar den vertragschließenden Arbeitgeber. In der Praxis beschränken sich die Firmentarifverträge aber auf einzelne Sachbereiche und bilden regelmäßig kein „tarifvertragliches Arbeitsgesetzbuch". Möglich ist auch der Abschluß eines Firmentarifvertrages, der auf den Inhalt eines Verbandstarifvertrages verweist. In diesem Fall werden die Pflichten aus dem Firmentarifvertrag nicht durch den Ablauf des Verbandstarifvertrages berührt. Solange der Firmentarifvertrag nicht beendet ist, herrscht zwischen den Vertragsparteien selbst dann die Friedenspflicht, wenn diese für die Parteien des Verbandstarifvertrages endete. Auch wenn der Verbandstarifvertrag nur kraft Nachwirkung die Arbeitsverhältnisse gestaltet, gelten seine Regelungen im Geltungsbereich des Firmentarifvertrags unmittelbar und zwingend.

127 **d) Beendigung.** Der Firmentarifvertrag endet nicht dadurch, daß der Arbeitgeber einem Arbeitgeberverband beitritt (siehe oben Rnr. 112 f.). Beim Tod des Arbeitgebers gehen die Rechte und Pflichten aus dem Tarifvertrag auf seine Erben über (unten § 3, Rnr. 152).[84] Die Auflösung einer Personen- oder Kapitalgesellschaft oder einer anderen das Unternehmen betreibenden juristischen Person ändert an der Weitergeltung des Tarifvertrages nichts;[85] zur Liquidation gehört auch die Beendigung der durch Tarifvertrag begründeten Rechtsbeziehungen mittels einer Kündigung. Bei der Veräußerung des Unternehmens oder eines Betriebes ist zwischen einer Anteilsveräußerung (share-deal) und der rechtsgeschäftlichen Übertragung einzelner Unterneh-

---

[83] So *Lorenz/Clasen*, BArbBl. 1997, Heft 4, S. 5; näher *Wieland*, Recht der Firmentarifverträge, 1998, S. 205 ff.
[84] *Koberski/Clasen/Menzel*, § 2 TVG, Rnr. 101.
[85] Abweichend *Richardi*, AR-Blattei, Tarifvertrag XIII, 1973, G.

menstelle (asset-deal) zu unterscheiden. Ein share-deal läßt die Parteien des Tarifvertrages auf Arbeitgeberseite unverändert und damit auch den Bestand des Tarifvertrages unberührt. Beim asset-deal kommt ein Fortbestand des Tarifvertrages nur in Betracht, wenn das gesamte Unternehmen im Wege der Singularsukzession übertragen wird. Beschränkt sich die Übertragung auf einzelne Unternehmensteile, so berührt dies zwar nicht den Bestand des Tarifvertrages, wohl aber seine Geltung für die übertragenen (ausgegliederten) Unternehmensteile, da diese nicht mehr von dem personellen und sachlichen Geltungsbereich des auf das Unternehmen beschränkten Firmentarifvertrages erfaßt werden. In dieser Konstellation greift bezüglich der zuvor tarifgebundenen Arbeitnehmer die in § 613a Abs. 1 Satz 2 BGB angeordnete Transformation der tariflichen Normen in den Individualarbeitsvertrag ein (näher hierzu unten § 3, Rnr. 157f.).

2. Firmentarifverträge organisierter Arbeitgeber

a) Mitgliedschaftliche Bindung und Tariffähigkeit. Der Beitritt eines 128 Arbeitgebers zu einem Arbeitgeberverband führt zu keinem Verlust der Tariffähigkeit.[86] Das geltende Gesetz verleiht in § 2 Abs. 1 die Tariffähigkeit unabhängig von der Zugehörigkeit zu einer Arbeitgebervereinigung. Die aus der Entstehungsgeschichte abzuleitende Vorstellung, die Tariffähigkeit solle nur an nicht verbandsangehörige Arbeitgeber verliehen werden (oben Rnr. 94), hat im Gesetz keinen Niederschlag gefunden. Der Arbeitgeber kann deshalb trotz Verbandszugehörigkeit und trotz eines für ihn gültigen Verbandstarifvertrages einen konkurrierenden oder ergänzenden Firmentarifvertrag abschließen. Je nach dem Inhalt der Satzung oder der vorangegangenen Verbandsbeschlüsse verstößt der Arbeitgeber damit allerdings gegen seine Mitgliedspflichten in der Arbeitgebervereinigung; er setzt sich unter Umständen Verbandsstrafen aus (oben Rnr. 116). Die Wirksamkeit des neu eingegangenen Firmentarifvertrages wird davon nicht betroffen. Auch ein verbandswidriger Tarifvertrag ist nach allg. Ansicht gültig (oben Rnr. 114); das wird in dem Urteil des Bundesarbeitsgerichts vom 4. Mai 1955[87] vorausgesetzt. Bestritten ist, ob der organisierte Arbeitgeber durch einen Arbeitskampf gezwungen werden kann, *anstelle* eines Verbandstarifvertrages oder *zusätzlich* einen Firmentarifvertrag abzuschließen.

b) Erzwingbarkeit eines Firmentarifvertrages. Die Erzwingbarkeit 129 von Firmentarifverträgen wirft auf unterschiedlichen Ebenen rechtliche Zweifelsfragen auf. In erster Linie ist klärungsbedürftig, ob der auf Abschluß eines Firmentarifvertrages gerichtete Streik gegen einen verbandsangehörigen Arbeitgeber mit Art. 9 Abs. 3 GG vereinbar ist (unten Rnr. 130ff.).[88] In

---

[86] Allg. Ansicht; siehe oben Rnr. 112, m.w.N.; anders früher *Nipperdey*, Beiträge zum Tarifrecht, 1924, S. 86, mit der Begründung, daß der Arbeitgeber generell das Recht habe, unter Berufung auf eine Satzungsklausel, die ihm den Abschluß von Firmentarifen verbietet, den Eintritt in Tarifverhandlungen zu verweigern, da ihm weder zuzumuten sei, durch Abschluß eines Tarifvertrages gegen die Satzung zu verstoßen und sich einem Ausschlußverfahren auszusetzen noch von ihm ein Verbandsaustritt gefordert werden könne.
[87] BAG 4. 5. 1955 AP Nr. 2 zu Art. 9 GG Arbeitskampf = SAE 1956, S. 12 *(Dietz).*
[88] Zu weiteren Erwägungen *Thüsing,* NZA 1997, S. 294f.

zweiter Linie bleibt zu überlegen, ob ein derartiger Arbeitskampf im Einklang mit den Friedenspflichten von Verbandstarifverträgen steht (unten Rnr. 134ff.).

130 **aa) Vereinbarkeit mit Art. 9 Abs. 3 GG.** Nach verbreiteter Ansicht verstößt es gegen das Grundrecht der Koalitionsfreiheit des Art. 9 Abs. 3 Satz 1 GG, wenn ein organisierter Arbeitgeber dazu gezwungen werden soll, einen Tarifvertrag allein mit der oder den zuständigen Gewerkschaften abzuschließen.[89]

131 Die *individuelle Koalitionsfreiheit* des einzelnen Arbeitgebers wird verletzt, wenn die Gewerkschaft versucht, einen einzelnen Arbeitgeber zum Austritt aus der Arbeitgebervereinigung zu veranlassen. Art. 9 Abs. 3 GG erfüllt für ihn gegenüber den Gewerkschaften die gleiche Schutzfunktion wie diese für den Arbeitnehmer gegenüber dem Unternehmen.[90] Zwischen einzelnen Unternehmen und einer Gewerkschaft kann ein ähnliches Machtungleichgewicht bestehen wie zwischen dem einzelnen Arbeitnehmer und dem Arbeitgeber. Ein Streik, der darauf abzielt, ein Unternehmen zum Austritt aus dem Arbeitgeberverband zu bewegen oder vom Eintritt abzuhalten oder zu einem bestimmten Verhalten innerhalb des Berufsverbandes zu veranlassen, verletzt deshalb die individuelle Koalitionsfreiheit.[91] Der Streik zur Durchsetzung eines Firmentarifvertrages bezweckt in der Regel jedoch nicht, die Koalitionsmitgliedschaft zu entwerten; er zielt vielmehr darauf ab, den Arbeitnehmern möglichst günstige Arbeitsbedingungen zu sichern. Auch die durch den Abschluß des Firmentarifvertrages eventuell ausgelösten verbandsrechtlichen Sanktionen führen nicht dazu, das vorrangige Ziel einer Verbesserung der Arbeitsbedingungen in dem Unternehmen zu überlagern. Deshalb verstößt die Erzwingung eines Firmentarifvertrages regelmäßig nicht gegen die individuelle Koalitionsfreiheit des einzelnen Arbeitgebers.[92]

132 Darüber hinaus wird von *Boldt*,[93] *Buchner*,[94] *Krichel*[95] und *Helmut Weiss*[96] die Ansicht vertreten, Art. 9 Abs. 3 GG schütze auch das Recht, an der Tarifgemeinschaft der Arbeitgeberkoalition teilzuhaben und (ausschließlich)

---

[89] So *Boldt*, RdA 1971, S. 257, 258ff.; *Brox/Rüthers*, Arbeitskampfrecht, 2. Aufl. 1982, Rnr. 137; *Buchner*, Betrieb 1970, S. 2074, 2076; *Hanau/Adomeit*, Arbeitsrecht, C III 5c, S. 87; *Hess*, Zulässigkeit, Inhalt und Erstreikbarkeit betriebsnaher Tarifverträge, Diss. Mainz 1973, S. 53ff.; *ders.*, ZfA 1976, S. 45, 63ff.; *Krichel*, NZA 1986, S. 731, 732f.; *Schleusener*, NZA 1998, S. 239, 241f.; *Weiss*, Koalitionsfreiheit und betriebsnahe Tarifverträge, 1973, S. 68ff.; zurückhaltend *Nikisch*, Arbeitsrecht II, § 70 II 3, S. 241.
[90] Siehe BVerfGE 4, S. 96, 101, 106 = AP Nr. 1 zu Art. 9 GG; BVerfGE 18, S. 19, 25 = AP Nr. 15 zu § 2 TVG; *Säcker*, Grundprobleme der kollektiven Koalitionsfreiheit, 1969, S. 29ff. mit weiteren Nachweisen; abweichend *Hensche*, RdA 1971, S. 9, 13; *Lauschke*, AuR 1965, S. 102, 107; *Ramm*, Die Parteien des Tarifvertrages, 1961, S. 69ff.; *ders.*, RdA 1968, S. 412, 417 und passim.
[91] *Schaub*, Arbeitsrechts-Handbuch, § 199 I 2a, S. 1663.
[92] Ebenso *Däubler*, Das Grundrecht auf Mitbestimmung, 3. Aufl. 1975, S. 434ff.; *Hensche*, RdA 1971, S. 9, 10; *v. Hoyningen-Huene*, ZfA 1980, S. 453, 457f.; *Lauschke*, AuR 1965, S. 102, 107; *Richardi*, JurA 1971, S. 141, 150; *Söllner*, Arbeitsrecht, § 16 I 1 b, S. 131.
[93] RdA 1971, S. 257, 261.
[94] Betrieb 1970, S. 2074, 2077.
[95] NZA 1986, S. 731, 733.
[96] Koalitionsfreiheit und betriebsnahe Tarifverträge, 1973, S. 73.

einer *kollektiv* gestalteten Ordnung unterworfen zu werden. Im Schrifttum ist dieser Einwand überwiegend auf Ablehnung gestoßen.[97] Ihm kann man allerdings nicht entgegenhalten,[98] die von § 2 Abs. 1 eröffnete Tariffähigkeit könne durch die verfassungsrechtliche Gewährleistung der individuellen Koalitionsfreiheit nicht ausgeschlossen werden. Denn die Auslegung der Verfassung kann nicht anhand einer unterverfassungsrechtlichen Vorschrift erfolgen. Wohl aber ist dem entgegenzuhalten, daß auch der einzelne Arbeitnehmer allein durch seine Zugehörigkeit zu einer Gewerkschaft bei Verhandlungen mit dem Arbeitgeber nicht geschützt wird. Solange und soweit keine tarifliche Ordnung besteht, vermag die Koalitionsfreiheit deshalb auch den Arbeitgeber nicht vor Konflikten mit dem sozialen Gegenspieler abzuschirmen. Der Schutzbereich der Koalitionsfreiheit reicht nur soweit wie der durch den Tarifvertrag garantierte soziale Friedensbereich. Die „Flucht in den Arbeitgeberverband" kann dem Arbeitgeber keine weiterreichenden Vorteile gewähren als der Beitritt des Arbeitnehmers zur Gewerkschaft.

Ein Arbeitskampf ist rechtswidrig und verstößt gegen die *kollektive Koalitionsfreiheit*, wenn er bezweckt, die gegnerische Koalition durch Massenaustritte oder durch den Verlust ihrer tragenden Mitglieder auszuhöhlen oder zu schwächen.[99] Die spezifisch koalitionsmäßige Betätigung des Arbeitgeberverbandes, nämlich Verbandstarifverträge abzuschließen, wird durch den Abschluß einzelner Firmentarifverträge indes regelmäßig nicht in Frage gestellt. Gelegentlich werden während der Dauer regionaler Arbeitskämpfe von einzelnen Unternehmen Firmentarifverträge abgeschlossen, ohne daß dadurch der Bestand oder der Aktionsradius des zuständigen Arbeitgeberverbandes beeinträchtigt würde.[100] Die hier vertretene Auffassung nötigt allerdings dazu, auf die Umstände des Einzelfalles einzugehen, um festzustellen, ob die kollektive Koalitionsfreiheit verletzt wurde. Derartige Grenzziehungen lassen sich jedoch bei der Verfassungsanwendung auch sonst nicht vermeiden.[101] Die Zielrichtung des Arbeitskampfes reicht für einen Verstoß gegen Art. 9 Abs. 3 Satz 1 GG aus. Ein darüber hinausgehendes qualitatives Element, daß der Verband seinen koalitionsgemäßen Aufgaben nicht mehr nachkommen kann,[102] ist nicht erforderlich. Es steht im Widerspruch zu Art. 9 Abs. 3 Satz 2 GG, der koalitionsbeeinträchtigende Abreden und Maßnahmen unabhängig von ihrer Intensität für die Koalitionsfreiheit für nichtig erklärt.

---

[97] Ablehnend z.B. *Hensche,* RdA 1971, S. 9, 14f.; *Hess,* Betrieb 1975, S. 548, 549f.; *ders.,* ZfA 1976, S. 45, 63; *v. Hoyningen-Huene,* ZfA 1980, S. 453, 465; *Richardi,* JurA 1971, S. 141, 149ff.
[98] So *Richardi,* JurA 1971, S. 141, 157.
[99] Ebenso *Boldt,* RdA 1971, S. 257, 262; *Buchner,* Betrieb 1970, S. 2974, 2078; *Richardi,* JurA 1971, S. 141, 159f.; weitergehend Brox/Rüthers, Arbeitskampfrecht, 2. Aufl. 1982, Rnr. 137; *Hess,* Zulässigkeit, Inhalt und Erstreikbarkeit betriebsnaher Tarifverträge, 1973, S. 53ff.; *ders.,* ZfA 1976, S. 45, 68ff., die unabhängig von der Zielsetzung generell einen Verstoß gegen die kollektive Koalitionsfreiheit annimmt.
[100] Zur Möglichkeit eines Verbandsausschlusses wegen des Ausscherens aus der Verbandssolidarität siehe unten Rnr. 194.
[101] Siehe BVerfGE 20, S. 312, 320 = AP Nr. 24 zu § 2 TVG; kritisch dazu *Nicklisch,* Koppelung von Wirschaftsverbänden und Arbeitgeberverbänden, 1972, S. 57ff.
[102] So aber *Hensche,* RdA 1971, S. 9, 11ff.; *v. Hoyningen-Huene,* ZfA 1980, S. 453, 464.

134 bb) Einschränkung durch die Friedenspflicht des Tarifvertrages.
Der organisierte Arbeitgeber darf während der Laufzeit eines für ihn geltenden Verbandstarifvertrages nicht zu Verhandlungen und zum Abschluß eines inhaltlich konkurrierenden oder darüber hinausgehenden Firmentarifvertrages von derjenigen Gewerkschaft gezwungen werden, die den Verbandstarifvertrag abgeschlossen hat. Ein dazu geführter Arbeitskampf ist rechtswidrig.

135 Unbestritten ist ein Arbeitskampf verboten, soweit damit Ziele erreicht werden sollen, die zum Regelungsbereich des Verbandstarifvertrages gehören und deshalb unter die relative Friedenspflicht der Tarifvertragsparteien fallen (dazu oben § 1, Rnr. 664ff.). Die Friedenspflicht bindet die tarifschließende Gewerkschaft nicht nur gegenüber dem tarifschließenden Arbeitgeberverband, sondern begünstigt auch die Verbandsmitglieder (oben § 1, Rnr. 671). Die Friedenspflicht des Verbandstarifvertrages hat jedoch eine darüber hinausgehende Schutzwirkung zugunsten der einzelnen Unternehmen: sie verbietet nicht nur Arbeitskämpfe über die im Tarifvertrag behandelten Gegenstände, sondern auch Arbeitskämpfe zum Abschluß von *Firmen*tarifverträgen, mit denen übertarifliche Leistungen gefordert werden sollen.[103] Der einzelne Arbeitgeber soll sich darauf verlassen können, daß die wirtschaftlichen Daten während der Laufzeit des Vertrages *einheitlich* bestehen und abgeändert werden. Für die Gewerkschaft ergibt sich die Verpflichtung, keine Firmentarifverträge zu fordern, aus der Konsequenz ihres eigenen Verbandstarifabschlusses. Grundsätzlich gibt ihr das Gesetz in § 2 Abs. 1 eine Wahlmöglichkeit zwischen Verbandstarifverträgen und Firmentarifverträgen. Wählt sie einen Firmentarifvertrag, so wird dieser nach den Grundsätzen der Tarifkonkurrenz von einem später nachfolgenden Verbandstarifvertrag nicht verdrängt (siehe unten § 4, Rnr. 290). Wählt sie indessen einen Verbandstarifvertrag, so muß sie während der Laufzeit dieses Vertrages auf ersetzende oder ergänzende Firmentarifverträge verzichten, denn dann ist das Vertrauen der einzelnen organisierten Unternehmen, ausschließlich mit den gegebenen verbandstariflichen Daten rechnen zu müssen, schutzwürdiger.[104] Der Verbandstarifvertrag hat mithin in *persönlicher* Hinsicht eine *absolute Friedensfunktion*.

136 Ein Verstoß gegen die *relative Friedenspflicht* liegt nicht nur vor, wenn der auf Abschluß eines Firmentarifvertrages gerichtete Arbeitskampf gegen einen bereits verbandstariflich gebundenen Arbeitgeber geführt wird. Von den

---

[103] Ebenso für übertarifliche Arbeitsbedingungen BAG 8. 2. 1957 AP Nr. 1 zu § 1 TVG Friedenspflicht *(Tophoven)* = SAE 1957, S. 167 *(Nikisch)*; so auch für die nahezu allg. Ansicht im Schrifttum *Beuthien*, BB 1975, S. 477; *Boldt*, RdA 1971, S. 257, 266; *Buchner*, Betrieb 1970, S. 2074, 2076; *Hess*, Betrieb 1975, S. 548, 550; *ders.*, ZfA 1976, S. 45, 61f.; *v. Hoyningen-Huene*, ZfA 1980, S. 453, 466f.; *Löwisch/Rieble*, in: Festschrift für Günter Schaub (1998), S. 457, 470f.; *Richardi*, JurA 1971, S. 141, 152; a. A. *Kempen/Zachert*, § 2 TVG, Rnr. 101, die die Friedenspflicht aus dem Willen der Tarifvertragsparteien ableiten und bezüglich einer Verbesserung der im Verbandstarifvertrag festgelegten Arbeitsbedingungen den Willen der Gewerkschaften verneinen, günstigere Firmentarifverträge auszuschließen.
[104] Zur Sondersituation, daß trotz Verbandsmitgliedschaft über einen langen Zeitraum wiederholt Firmentarifverträge abgeschlossen wurden LAG Köln, AuR 1996, S. 410f.; *Schleusener*, NZA 1998, S. 239, 240; *Thüsing*, NZA 1997, S. 327, 328f.

Schutzwirkungen des Verbandstarifvertrages und der immanenten Friedenspflicht partizipiert auch derjenige Arbeitgeber, der erst während eines bereits begonnenen Arbeitskampfes um den Abschluß eines Firmentarifvertrages dem Verband beitritt (Flucht in den Arbeitgeberverband).[105]

Die Anknüpfung an die verbandstarifliche Friedenspflicht führt bezüglich der Erstreikbarkeit von Firmentarifverträgen indes auch zu einer *sachlichen Beschränkung.* Ebenso wie die Friedenspflicht regelmäßig ein sachlich auf die tarifvertraglich strukturierten Regelungsgegenstände relativiertes Arbeitskampfverbot etabliert, reicht das Arbeitskampfverbot bezüglich ergänzender Tarifverträge für die verbandstariflich gebundene Gewerkschaft nicht hierüber hinaus. Regelungsgegenstände, die keine verbandstarifvertragliche Ausgestaltung erfahren haben, können deshalb in einem Firmentarifvertrag nicht nur geregelt werden; ein derartiger Firmentarifvertrag kann ohne Verstoß gegen die Friedenspflicht auch von der Gewerkschaft erzwungen werden,[106] die den Verbandstarifvertrag abgeschlossen hat. Dies gilt entsprechend, wenn der Verbandstarifvertrag für den Abschluß ergänzender Firmentarifverträge eine Öffnungsklausel enthält.[107]

Ein Verstoß gegen die Friedenspflicht des Verbandstarifvertrages kommt zudem nur in Betracht, wenn die den Firmentarifvertrag erstrebende Gewerkschaft an den Verbandstarifvertrag gebunden ist. Dies kann sowohl durch die Mitunterzeichnung des Tarifvertrages als auch durch Abschluß eines Anschlußtarifvertrages geschehen. Umgekehrt scheidet ein Verstoß gegen die verbandstarifliche Friedenspflicht aus, wenn der Firmentarifvertrag von einer nicht an den Verbandstarifvertrag gebundenen Gewerkschaft erzwungen wird.[108] Die Geltung eines von der IG-Metall oder der Gewerkschaft HBV abgeschlossenen Verbandstarifvertrages schützt den verbandsangehörigen Arbeitgeber nicht davor, daß eine *andere* Gewerkschaft (z.B. DAG) von ihm den Abschluß eines Firmentarifvertrages verlangt, sie kann ihn unter Beachtung der aus Art. 9 Abs. 3 Satz 1 GG folgenden Grenzen auch mittels eines Arbeitskampfes erzwingen.

Ob die Forderung der Gewerkschaft Erfolg hat oder nicht, hängt vom Maß der Solidarität zwischen den Arbeitgebern ab; diese bestimmt sich nach der Struktur der betroffenen Branche, insbesondere danach, ob die anderen Unternehmen damit rechnen müssen, die gleichen Forderungen mit zeitlicher Verzögerung erfüllen zu müssen. Die Situation ist insofern einem Schwerpunktstreik vergleichbar, der ebenfalls einen bestimmten Arbeitgeber isolieren will. Deshalb kann der Streik zur Durchsetzung eines Firmentarif-

---

[105] ArbG Köln, Betrieb 1964, S. 1029; ebenso im Schrifttum *Boldt*, RdA 1971, S. 257, 266; *Buchner*, Betrieb 1970, S. 2074, 2075f.; *Dietz*, in: Festschrift für Hans Carl Nipperdey Bd. II (1965), S. 141ff.; v. *Hoyningen-Huene*, ZfA 1980, S. 453, 469f.; *Konzen*, ZfA 1975, S. 401, 424ff.; abweichend *Hoffmann*, AuR 1964, S. 169, 170f.; *Radke*, BB 1964, S. 1490, 1492f.
[106] Abweichend v. *Hoyningen-Huene*, ZfA 1980, S. 453, 467f., der nur bei völlig neuartigen Fragen einen Arbeitskampf zulassen will; wie hier im Hinblick auf die Friedenspflicht LAG Köln, AuR 1996, S. 410, 411; *Hess*, ZfA 1976, S. 45, 62.
[107] *Kempen*/Zachert, § 2 TVG, Rnr. 101.
[108] *Hess*, ZfA 1976, S. 45, 71; v. *Hoyningen-Huene*, ZfA 1980, S. 453, 466; *Wieland*, Recht der Firmentarifverträge, 1998, S. 139.

vertrages ebenso wie ein Schwerpunktstreik von der Koalition der Arbeitgeber mit einer Abwehraussperrung beantwortet werden.[109]

II. Firmenbezogene Verbandstarifverträge

1. Erscheinungsformen und Ordnungsaufgabe der Tarifverträge

140 Während sich der Firmentarifvertrag dadurch auszeichnet, daß er zwischen der Gewerkschaft und dem einzelnen tariffähigen Arbeitgeber im Sinne von § 2 Abs. 1 abgeschlossen wird, stehen sich beim firmenbezogenen Verbandstarifvertrag beide Berufsverbände gegenüber, schränken aber den personellen Geltungsbereich des Verbandstarifvertrages ein. Den engsten Geltungsbereich weist dabei ein firmenbezogener Verbandstarifvertrag auf; er beschränkt sich auf die Geltung in einem Betrieb oder Unternehmen. Denkbar sind firmenbezogene Verbandstarifverträge aber auch für mehrere, ggf. verbundene Unternehmen. Eine regelungstechnische Besonderheit stellen schließlich solche Verbandstarifverträge dar, die zwar alle verbandsangehörigen Arbeitgeber erfassen, für einzelne Arbeitgeber indessen Sonderregelungen aufstellen oder diese durch Ausschlußklauseln, Öffnungsklauseln bzw. Vorbehaltsklauseln von der Friedenspflicht ausnehmen, so daß mit ihnen ein separater und ggf. erstreikbarer Firmentarifvertrag abgeschlossen werden kann.

141 Obwohl nicht zu verkennen ist, daß Verbandstarifverträge, die ihren Geltungsbereich auf einen oder einzelne tarifgebundene Arbeitgeber beschränken oder sie von dem Geltungsbereich des Verbandstarifvertrages ausklammern, aufgrund des eingeschränkten Geltungsbereichs nur eine begrenzte Ordnungsfunktion erfüllen, sind sie ein sachgerechtes tarifpolitisches Instrument zur Gestaltung der Arbeitsbedingungen innerhalb der jeweiligen Tarifzuständigkeit der Verbände. Es wird insbesondere von denjenigen Autoren als Gestaltungsalternative herangezogen, die den Abschluß von Firmentarifverträgen mit verbandsangehörigen Arbeitgebern mit rechtlichen Fesseln versehen.[110] Gerade weil es die Aufgabe der Koalitionen ist, sich bei der Strukturierung der Arbeitsbedingungen auf allgemeine Mindestarbeitsbedingungen zu beschränken, können diese ihre Aufgabe bei einer ökonomisch heterogenen Zusammensetzung des Arbeitgeberverbandes nur erfüllen, wenn sie für einzelne verbandsangehörige Arbeitgeber besondere tarifliche Arbeitsbedingungen vereinbaren. Das bietet sich nicht nur für die zunächst diskutierte Konstellation an, die stärkere Leistungsfähigkeit einzelner Unternehmen mit dem Instrument des Tarifvertrages zu erfassen. Dies gilt vielmehr auch für die umgekehrte Ausgangslage. Firmenbezogene Verbandstarifverträge erweisen sich auch als ein sachadäquates Instrument, um auf Verbandsebene den ökonomischen Besonderheiten einzelner Arbeitgeber mit unterdurchschnittlicher Leistungsfähigkeit Rechnung zu tragen.[111] Die Öffnungsklauseln

---

[109] *Beuthien*, BB 1975, S. 477, 479; *Hensche*, RdA 1971, S. 9, 13; *v. Hoyningen-Huene*, ZfA 1980, S. 453, 461f.; *Richardi*, JurA 1971, S. 141, 160f.; *Seiter*, Streikrecht und Aussperrungsrecht, 1975, S. 335f.; *Weiss*, Koalitionsfreiheit und betriebsnahe Tarifverträge, 1973, S. 88f.
[110] So z. B. *Hess*, ZfA 1976, S. 45, 66.
[111] Treffend *Söllner*, Arbeitsrecht, § 16 I 1 b, S. 132.

in den Tarifverträgen für die ostdeutsche Metallindustrie[112] liefern hierfür ein anschauliches Beispiel.

2. Rechtliche Schranken für Begrenzungen des Geltungsbereichs

a) Zulässigkeit firmenbezogener Verbandstarifverträge. Es entspricht einhelliger Ansicht, daß firmenbezogene Verbandstarifverträge nicht per se unzulässig sind. Gegen ihre Zulässigkeit melden *Zöllner/Loritz* allerdings grundsätzliche Bedenken an. In der Regel fehle dem Arbeitgeberverband hierfür die Legitimation. Der Abschluß eines Tarifvertrages, der nur für ein Unternehmen gilt, bedürfe stets der Zustimmung dieses Unternehmens.[113] Richtig hieran ist, daß dem Arbeitgeberverband der Abschluß eines Tarifvertrages für ein Unternehmen verbandsrechtlich untersagt sein kann. Es sprechen auch gewichtige Gründe dafür, daß ein firmenbezogener Verbandstarifvertrag nicht gegen den Willen des verbandsangehörigen Arbeitgebers abgeschlossen werden darf. Im Hinblick auf die tarifrechtliche Zulässigkeit firmenbezogener Verbandstarifverträge bleibt indes zu beachten, daß die Überzeugungskraft dieses Einwandes von der grundsätzlichen Frage abhängt, ob die verbandsrechtlichen Innenschranken zugleich die Qualität tarifrechtlicher Außenschranken erfüllen.

b) Der Gleichheitssatz als Schranke. Einvernehmen besteht hinsichtlich des Ausgangspunktes: die Tarifvertragsparteien sind bei der Bestimmung des personellen Geltungsbereiches eines Verbandstarifvertrages an die durch Art. 3 Abs. 1 GG aufgestellten Schranken gebunden (ausführlich oben Einleitung, Rnr. 216f. sowie unten § 4, Rnr. 225). Hierbei ist allerdings zu beachten, daß sich der verfassungsrechtliche Prüfungsmaßstab nicht mehr auf eine bloße Willkürkontrolle beschränkt.[114] Nach der sog. neuen Formel des Bundesverfassungsgerichts liegt ein Verstoß gegen den verfassungsrechtlichen Gleichheitssatz bereits vor, wenn eine Gruppe im Vergleich zu anderen Normadressaten anders behandelt wird, obgleich zwischen beiden Gruppen keine Unterschiede von solcher Art und solchem Gewicht bestehen, daß sie die ungleiche Behandlung rechtfertigen könnten.[115] Zweifelhaft ist indes, ob die hieraus folgenden Bindungen für die Tarifvertragsparteien mit denen des Gesetzgebers identisch sind. Nach der Ansicht von *Lauschke*[116], *Nipperdey/Säcker*[117], *Radke*[118] und *Söllner*[119] wird die Gestaltungsfreiheit der Tarifvertragsparteien durch den Gleichheitssatz nicht stärker als das gesetzgeberische Ermessen des staatlichen Gesetzgebers eingeschränkt. Danach wäre es möglich, Unternehmen mit besonders günstiger Ertragslage tarifvertraglich zu größeren

---

[112] Siehe RdA 1993, S. 298; sowie hierzu *Thau*, AuA 1993, S. 235 ff. sowie allg. oben § 1, Rnr. 258 ff.
[113] *Zöllner/Loritz*, Arbeitsrecht, § 34 II, S. 383.
[114] Treffend BAG 16. 9. 1993 AP Nr. 42 zu § 622 BGB *(Jansen)*.
[115] So seit BVerfGE 55, S. 72, 88; sowie später z. B. BVerfGE 62, S. 256, 274 = AP Nr. 16 zu § 622 BGB = EzA Art. 3 GG Nr. 13 *(Mayer-Maly)*.
[116] AuR 1965, S. 102, 108.
[117] AR-Blattei, Tarifvertrag II A, 1970, I 2 c.
[118] Betrieb 1965, S. 1176, 1180.
[119] Arbeitsrecht, § 16 I 1 b, S. 132.

Verbesserungen der Arbeitsbedingungen zu verpflichten als die Masse der tarifbetroffenen Unternehmen.

144 c) Der verbandsrechtliche Gleichbehandlungsgrundsatz als Schranke. Demgegenüber plädiert eine andere Auffassung mit unterschiedlichen Begründungen dafür, den firmenbezogenen Verbandstarifvertrag zusätzlich auf den Prüfstand des verbandsrechtlichen Gleichbehandlungsgrundsatzes zu stellen. Ihm wird bei diesem Ansatz nicht nur die Kraft beigemessen, das rechtliche Dürfen der Verbandsorgane im Innenverhältnis zu beschränken, sondern zusätzlich wird er als Grenze für das nach außen wirksame Handeln des Verbandes und damit für die Tariffähigkeit herangezogen. So hält *Richardi*[120] die verbandsrechtliche Pflicht zur Gleichbehandlung für eine unmittelbare Schranke der Tarifmacht, so daß es vom inneren Vereinsrecht abhängt, ob und in welchem Umfang ein organisierter Arbeitgeber einer tariflichen Regelung unterworfen werden kann. Das wird von *Götz Hueck*[121] mit dem zutreffenden Hinweis abgelehnt, die Koalition sei nur im Innenverhältnis gegenüber ihren Mitgliedern an den Gleichbehandlungsgrundsatz gebunden.[122] Allerdings sei eine den Gleichbehandlungsgrundsatz mißachtende Regelung von vornherein undurchführbar und deshalb in entsprechender Anwendung des in § 306 BGB enthaltenen Rechtsgrundsatzes zwischen den Tarifvertragsparteien nichtig. *Beuthien*[123] schließt sich dem im Hinblick auf die Rechtsfolge nicht an; seiner Ansicht nach würde die Beachtung des Gleichbehandlungsgrundsatzes im Außenverhältnis zu einer gewollten Tarifunfähigkeit führen. *Buchner*[124] unterscheidet: werde die Tarifmacht privatrechtlich begründet, so müsse für die Feststellung der Grenzen der Tarifmacht auf den Inhalt der Unterwerfungserklärung zurückgegriffen werden. Von der herrschenden Delegationstheorie aus seien die Tarifvertragsparteien allerdings nur an Art. 3 Abs. 1 GG gebunden. Die Gewerkschaft dürfe aber auch dann in Verfolgung ihrer eigenen Interessen nicht den gegnerischen Arbeitgeberverband unter Streikdrohung an der Erfüllung seiner Verbandspflichten hindern. Die Tarifvertragsparteien könnten folglich unter Verletzung des verbandsrechtlichen Gleichbehandlungsgrundsatzes Tarifverträge vereinbaren, aber nicht erkämpfen.

145 d) Stellungnahme. Aus dem Normencharakter des Tarifvertrages folgt, daß bei allen Lösungen die Auswirkungen auf die Rechtssicherheit überdacht sein müssen. Dem trägt nur die Ansicht Rechnung, die eine Bindung der Tarifvertragsparteien an interne Verbandspflichten ablehnt. Wären die für den Tarifvertragsabschluß zuständigen Organe der Gewerkschaften und Arbeitgeberverbände durch das interne Verbandsrecht beschränkt, so müßten sie nicht nur den Gleichbehandlungsgrundsatz, sondern auch andere Individual- oder Sonderrechte ihrer Mitglieder berücksichtigen. Auf die Einhaltung des Gleichbehandlungsgrundsatzes kann ohnehin verzichtet werden,[125]

---

[120] JurA 1971, S. 141, 168 ff.
[121] Grundsatz der gleichmäßigen Behandlung, 1958, S. 105, 133.
[122] Ebenso *Beuthien*, BB 1975, S. 477, 482.
[123] BB 1975, S. 477, 481.
[124] Betrieb 1970, S. 2025, 2032.
[125] Vgl. BAG 9. 11. 1956 AP Nr. 1 zu § 3 TVG Verbandszugehörigkeit *(Tophoven)*.

wo die Einschränkung des Tarifgebietes auf dem Wunsch der einzigen dort ansässigen Firma beruhte. Die Wirksamkeit eines den Gleichbehandlungsgrundsatz verletzenden Tarifvertrages würde folglich von der *Zustimmung* der betroffenen Unternehmen abhängen. Das alles ist mit der Rechtssicherheit nicht vereinbar. Die Wirksamkeit des Tarifvertrages kann nicht von Zustimmungserklärungen einzelner Arbeitgeber oder Arbeitnehmer abhängen.

Durch den Rückgriff auf Art. 3 Abs. 1 GG als Schranke für die Vereinbarung firmenbezogener Verbandstarifverträge tritt indes ein Widerspruch zu der Rechtsprechung des *4. Senats* des *Bundesarbeitsgerichts* auf, der noch in dem Urteil vom *24. April 1985* die These aufstellte, daß die Tarifparteien in freier Selbstbestimmung darüber entscheiden, ob und für welche Berufsgruppen sie tarifliche Regelungen treffen wollen.[126] Dies kann jedoch schon deshalb nicht überzeugen, weil es im Hinblick auf den Wertungsgehalt des Gleichheitssatzes keinen Unterschied bedeutet, ob eine bestimmte Gruppe von Arbeitnehmern aus dem Geltungsbereich eines Tarifvertrages herausgenommen oder aber der Ausschluß unmittelbar oder mittelbar in der leistungsgewährenden Tarifnorm selbst angeordnet wird.[127] Wenn jedoch die Tarifpartner bei der Bestimmung der personellen Reichweite eines Tarifvertrages im Hinblick auf den Arbeitnehmerkreis den Bindungen durch Art. 3 Abs. 1 GG unterliegen, dann gelten für die umgekehrte Konstellation, in der der Geltungsbereich des Tarifvertrages für die verbandsangehörigen Arbeitgeber beschränkt wird, keine anderen Grundsätze.

Zweifelhaft bleibt bei diesem Ansatz lediglich, ob den Tarifvertragsparteien der gleiche Ausgestaltungsspielraum zusteht wie dem Gesetzgeber. Insoweit steht aufgrund der höchstrichterlichen Rechtsprechung zur Vereinbarkeit von tariflichen Kündigungsfristen mit Art. 3 Abs. 1 GG fest, daß den Tarifvertragsparteien aus Art. 9 Abs. 3 GG keine weitergehenden Befugnisse zur Ungleichbehandlung zustehen, als sie dem Gesetzgeber in den durch Art. 3 Abs. 1 GG gezogenen Schranken eröffnet sind.[128] Ob die Tarifpartner bei ihrer Rechtssetzung hingegen engeren Schranken unterliegen, ist keine Frage der Kontrolldichte, sondern der Reichweite der zur Rechtfertigung der Ungleichbehandlung herangezogenen Sachgründe. Insoweit steckt Art. 9 Abs. 3 Satz 1 GG den äußersten Rahmen ab. Innerhalb der hierdurch vermittelten Grenzen können die Tarifpartner Differenzierungen vornehmen, wenn die durch Art. 9 Abs. 3 Satz 1 GG vorgeprägten Sachgründe Art und Umfang der Ungleichbehandlung rechtfertigen (näher zum Vorstehenden oben Einleitung, Rnr. 213 ff.).

Entgegen der Ansicht von *Beuthien*[129] tritt durch einen Verstoß gegen den allgemeinen Gleichheitssatz des Art. 3 Abs. 1 GG oder gegen das verbands-

---

[126] BAG 24. 4. 1985 AP Nr. 4 zu § 3 BAT *(Bauschke, Wiedemann/Lembke)*.
[127] Treffend *Wiedemann/Lembke*, Anm. zu BAG AP Nr. 4 zu § 3 BAT; sowie im Ansatz auch BAG 29. 8. 1989 AP Nr. 6 zu § 2 BeschFG 1985 *(Schüren/Kirsten)* = EzA § 2 BeschFG 1985 Nr. 3 *(Kraft)*.
[128] So z. B. BAG 23. 1. 1992 AP Nr. 35 zu § 622 BGB; BAG 16. 9. 1993 AP Nr. 42 zu § 622 BGB *(Jansen)*; sowie allg. BAG 17. 10. 1995 AP Nr. 132 zu § 242 BGB Gleichbehandlung *(Wiedemann)*; sowie ausführlich *Hartmann*, Gleichbehandlung und Tarifautonomie, 1994, S. 51 ff.; *Schlachter*, in: Festschrift für Günter Schaub (1998), S. 651 ff.; *Wiedemann/Peters*, RdA 1997, S. 100 ff., jeweils m. w. N.
[129] BB 1975, S. 477, 481 ff.

rechtliche Gleichbehandlungsgebot weder eine teilweise Tarifunfähigkeit noch eine teilweise Tarifunzuständigkeit ein. Die Schranken tariflicher Rechtssetzungsmacht ändern an der von den Tarifvertragsparteien selbst gewählten Tariffähigkeit und Tarifzuständigkeit nichts. Da die Tarifvertragsparteien den Geltungsbereich des Tarifvertrags nicht ohne begründeten Anlaß festlegen dürfen, entfällt auch die von *Buchner*[130] empfohlene Unterscheidung zwischen freiwilligen und erkämpften Tarifverträgen.

149 **e) Differenzierungsmöglichkeiten.** Ein Verstoß gegen den Gleichheitssatz liegt nicht vor, wenn besondere regionale, kostenmäßige, strukturelle oder sonstige **sachliche Unterschiede** in den betroffenen Unternehmen eine Besser- oder Schlechterstellung rechtfertigen; auch eine Differenzierung nach der wirtschaftlichen Leistungsfähigkeit der einzelnen Unternehmen ist erlaubt.[131] Entsprechende Differenzierungen nach der Leistungsfähigkeit sind auf Arbeitnehmerseite ungeachtet der zu beobachtenden Nivellierungstendenzen allgemein üblich.[132] Es ist kein Grund ersichtlich, warum die Leistungsfähigkeit nur auf Arbeitnehmerseite berücksichtigt und differenziert gewichtet werden darf. Durch Abschluß eines firmenbezogenen Tarifvertrages können auch die Arbeitsbedingungen in verbundenen Unternehmen vereinheitlicht werden;[133] allerdings setzt dies voraus, daß die Tarifzuständigkeit bezüglich aller Konzernunternehmen besteht.

150 Dagegen kann der betriebliche Geltungsbereich nicht dahin abgegrenzt werden, daß allgemein nur die zur Zeit des Vertragsabschlusses vorhandenen Mitglieder erfaßt werden sollen und **künftige Mitglieder** ausgespart werden. Jedem Arbeitgeber und jedem Arbeitnehmer steht ein Aufnahmeanspruch gegenüber der für ihn zuständigen Koalition zu (siehe unten Rnr. 183 ff.). Dieser Aufnahmeanspruch wäre entwertet, wenn das neu aufgenommene Mitglied lediglich infolge seines späteren Eintritts vom Geltungsbereich des Tarifvertrages oder auch nur von der Wirkung der Friedenspflicht automatisch ausgenommen wäre. Der Berufsverband ist verpflichtet, denjenigen Arbeitgebern oder Arbeitnehmern Koalitionsschutz zu gewähren, deren Interessenwahrnehmung er sich in der Satzung zum Ziel setzt.[134]

3. Beschränkung der Friedenspflicht

151 **a) Unternehmensbezogene Einschränkung.** Eine Beschränkung der Friedenspflicht derart, daß der Tarifvertrag zwar für alle Arbeitgeber zwingend gelten solle, einige Unternehmen oder einige Sachbereiche jedoch von der Friedenspflicht ausgenommen werden sollen (Ausschlußklausel, Öffnungsklausel, Vorbehaltsklausel), ist bedenklich.[135] Die Beantwortung der

---

[130] Betrieb 1970, S. 2025, 2032.
[131] Abweichend *Buchner,* Betrieb 1970, S. 2025, 2031; *Richardi,* JurA 1971, S. 141, 171; zutreffend *Söllner,* Arbeitsrecht, § 16 I 1 b, S. 132.
[132] Siehe hierzu z.B. *Wiedemann,* in: Festschrift 25 Jahre Bundesarbeitsgericht (1979), S. 635, 636 ff., 641 ff.
[133] *Däubler,* ZIAS 1995, S. 525, 527.
[134] Ebenso *Dietz,* in: Festschrift für Hans Carl Nipperdey Bd. II (1965), S. 141, 151; *Richardi,* Kollektivgewalt, S. 352; abweichend *Buchner,* Betrieb 1970, S. 2074, 2075.
[135] Für die Unwirksamkeit einer unternehmensbezogenen Einschränkung der Friedenspflicht *Hueck/Nipperdey,* Arbeitsrecht II 1, § 16 II 1, S. 309 mit Fn. 14; *Mayer-*

hierdurch aufgeworfenen Rechtsfrage hängt untrennbar mit der dogmatisch bislang erst ansatzweise aufgehellten Dispositivität der Friedenspflicht zusammen.

Leitet man die Friedenspflicht nicht in den Denkkategorien des Vertragsrechts als ancillarische Nebenpflicht aus dem Tarifvertrag ab, sondern sieht sie zumindest in der Gestalt der relativen Friedenspflicht als einen zwingenden, aus der Funktion des Tarifvertrages folgenden ungeschriebenen Rechtssatz des Tarifrechts an (siehe oben § 1, Rnr. 665), dann scheidet eine vertragliche Eingrenzung der Friedenspflicht aus (näher oben § 1, Rnr. 666 m.w.N.). Bei dieser dogmatischen Ableitung der relativen Friedenspflicht sind jedwede Klauseln in einem Verbandstarifvertrag, die die relative Friedenspflicht für einzelne Unternehmen aufheben, unwirksam. Selbst bei dem gegenteiligen Ansatz, der von der Dispositivität der tariflichen Friedenspflicht ausgeht, können Öffnungsklauseln nur in den durch Art. 3 Abs. 1 GG gezogenen Grenzen rechtswirksam sein. Insoweit ist zu beachten, daß die Herausnahme einzelner Unternehmen aus der relativen Friedenspflicht ausschließlich dazu dient, die Erkämpfbarkeit eines Firmentarifvertrages zu gewährleisten. Sachliche Gründe, die eine derartige Ungleichbehandlung im Lichte der Anforderungen durch Art. 3 Abs. 1 GG rechtfertigen könnten, sind – anders als für den Abschluß firmenbezogener Verbandstarifverträge – nicht erkennbar.

b) Gegenstandsbezogene Einschränkung. Eine andere rechtliche Würdigung ist für gegenstandsbezogene Einschränkungen der relativen Friedenspflicht geboten. Die Relativität der Friedenspflicht führt dazu, daß diese in akzessorischer Abhängigkeit zu den im Tarifvertrag geregelten Materien existiert und auch nur insoweit ihre Schutzwirkungen für die tarifgebundenen Arbeitgeber entfaltet (siehe oben § 1, Rnr. 664 ff.; insbes. 681 ff.). Über eine partielle Nichtregelung können die Tarifvertragsparteien daher die gegenstandsbezogene Reichweite der relativen Friedenspflicht steuern. Wenn den Tarifvertragsparteien bereits insoweit eine Dispositionsbefugnis über die relative Friedenspflicht zusteht, dann bedeutet es wertungsmäßig keinen Unterschied, wenn sie die relative Friedenspflicht gegenstandsbezogen einschränken. Der Tarifvertrag regelt in dieser Konstellation lediglich einen „Sockel", der jedoch nach dem Willen der Tarifvertragsparteien nicht als eine abschließende Regelung zu beurteilen ist, sondern bewußt Freiraum für ergänzende Tarifverträge beläßt. Die Beschränkung auf eine derartige Sockel- oder Rahmenregelung ist wertungsmäßig vergleichbar mit einer bewußten Nichtregelung, so daß die Friedensfunktion des Tarifvertrages nicht stärker beeinträchtigt wird als bei einem Verzicht auf die Regelung der betreffenden Materie.

Maly, Betrieb 1965, S. 32, 33; *Richardi*, JurA 1971, S. 141, 164; *Schöllkopf*, Tarifvertragliche Friedenspflicht, Diss. Regensburg 1984, S. 54 ff.; *Sitzler*, in: Festschrift für Erich Molitor (1962), S. 283, 289; anderer Ansicht *Buchner*, Betrieb 1970, S. 2025 und 2074 (aber Bedenken wegen Verletzung der verbandsrechtlichen Gleichbehandlungs- und Schutzpflicht); *Lauschke*, AuR 1965, S. 102, 107; *Radke*, Betrieb 1965, S. 1176, 1180 (jedoch keine kampfweise Durchsetzung bei Vorhandensein einer Öffnungsklausel für Zusatztarifverträge); *Rüthers*, Betrieb 1970, S. 2120, 2124 (Rahmen für mögliche Zusatztarifverträge in Anlehnung an Art. 80 Abs. 1 GG festzulegen).

3. Abschnitt. Die tariffähigen Berufsverbände

Übersicht

Rnr.

A. Allgemeines 154–170
  1. Terminologische Hinweise 154, 155
  2. Die Bedeutung von Normativvoraussetzungen und ihre methodische Ableitung 156–161
  3. Das Verhältnis zu anderen Bestimmungen 162–168
    a) Art. 9 Abs. 3 GG 162
    b) §§ 10, 11 ArbGG 163–166
    c) Betriebsverfassungsgesetz 167
    d) Andere Rechtsnormen 168
  4. Der Gründungsverband 169
  5. Einheitlichkeit der Normativvoraussetzungen ... 170

B. Anforderungen an die Organisation der Berufsverbände 171–285
  I. Privatrechtliche Vereinigung 171–214
    1. Vereinigungsbegriff 171–174
    2. Organisation der Vereinigung 175–198
      a) Mitgliedschaft 175–178
      b) Organisationsstruktur 179–181
      c) Personale Autonomie der Berufsverbände .. 182
        aa) Aufnahmeanspruch 182–187
        bb) Ausschluß aus der Vereinigung 188–194
      d) Vermögensorganisation 195, 196
      e) Gründungsverband 197
      f) Privatrechtlicher Verband 198
    3. Unterorganisationen 199–204
      a) Tatsächliches 199, 200
      b) Tariffähigkeit 201, 202
      c) Tarifzuständigkeit 203
      d) Parteifähigkeit 204
    4. Sonderverbände 205–211
      a) Vereinigungen leitender Angestellter 206–209
      b) Vereinigung arbeitnehmerähnlicher Personen ... 210
      c) Vereinigungen freier Berufe 211
    5. Zusammenschlüsse für den Einzelfall 212–214
      a) Grundrechtsschutz 212
      b) Tariffähigkeit 213
      c) Gründungsverbände 214
  II. Freiwillige Vereinigung 215–234
    1. Berufsverbände 216–223
      a) Begründung 216, 217
      b) Freiwilligkeit des Ein- und Austritts 218, 219
      c) Verbindung von Arbeitgeber- und Wirtschaftsvereinigung ... 220–223
        aa) Streitstand 221
        bb) Tarifrechtliche Einwände 222
        cc) Verfassungsrechtliche Einwände 223
    2. Andere Organisationen 224–234
      a) Tariffähigkeit von Nicht-Berufsverbänden .. 224
      b) Innungen und Innungsverbände 225–229
      c) Handwerkskammern und Kreishandwerkerschaften ... 230
      d) Lotsenbrüderschaften und Bundeslotsenkammern ... 231
      e) Arbeiterkammern 232–234

3. Abschnitt. Die tariffähigen Berufsverbände　　　　　　　　　　§ 2

Rnr.
III. Unabhängige Vereinigung 235–268
   1. Das Erfordernis der Gegnerunabhängigkeit 235–242
      a) Entwicklung.. 235–237
      b) Aufgabe des Unabhängigkeitsprinzips 238–240
      c) Abgrenzung... 241, 242
   2. Personelle Gegnerunabhängigkeit 243–249
      a) Allgemeines 243–246
      b) Arbeitnehmerverbände 247–249
      c) Arbeitgeberverbände 250
   3. Finanzielle und organisatorische Gegnerunabhängigkeit 251–256
      a) Finanzielle Unabhängigkeit................................ 251, 252
      b) Organisatorische Unabhängigkeit........................ 253
      c) Kooperative Zusammenarbeit 254, 255
      d) Einzelfälle.. 256
   4. Gegnerunabhängigkeit und Mitbestimmung 257–264
      a) Entwicklung der Diskussion 257–259
      b) Stellungnahme... 260–262
      c) Die Entscheidung des Bundesverfassungsgerichts.. 263, 264
   5. Staatliche, parteipolitische und kirchliche Unabhängigkeit 265–267
      a) Staatliche Unabhängigkeit 265
      b) Parteipolitische und kirchliche Unabhängigkeit ... 266, 267
   6. Rechtsfolgen 268–270
IV. Demokratische Organisation 271–274
V. Überbetriebliche Organisation 275–279
   1. Entwicklung und Stand der Diskussion 275–277
   2. Stellungnahme.. 278, 279
VI. Andere Organisationserfordernisse... 280–285
   1. Zugehörigkeit zu Spitzenorganisationen.................. 281
   2. Das Industrieverbandsprinzip 282–285
      a) Begriff.. 282
      b) Typenzwang.. 283, 284
   3. Gemischtgewerbliche Verbände.. 285

C. **Anforderungen an Zielsetzung und Mittel**................. 286–330
   I. Vereinigung zur Wahrung und Förderung der Arbeits- und Wirtschaftsbedingungen 286–290
      1. Arbeits- und sozialpolitische Zielsetzung................. 286–289
      2. Zusätzliche andere Zielsetzung... 290
   II. Tarifwilligkeit.. 291–300
      1. Diskussionsstand 301
      2. Die Tarifwilligkeit im Tarifvertragsrecht 302–307
         a) Satzungsmäßige Verlautbarung 292–295
         b) Umfang der Tarifwilligkeit 296, 297
      3. Die Tarifwilligkeit in anderen Rechtsgebieten 298–300
         a) Verfassungsrecht.. 298
         b) Arbeitskampfrecht 299
         c) Schlichtungsrecht 300
   III. Arbeitskampfbereitschaft 301–305
      1. Diskussionsstand 301, 302
      2. Die Arbeitskampfbereitschaft im Tarifrecht............... 303, 304
      3. Die Arbeitskampfbereitschaft im Arbeitskampfrecht . 305
   IV. Druckausübungsfähigkeit (Mächtigkeit)........................ 306–325
      1. Diskussionsstand 306–316
         a) Allgemeines 306–309
         b) Präzisierung für Gewerkschaften durch das Bundesarbeitsgericht 310–314
         c) Druckausübungsfähigkeit auf Arbeitgeberseite 315, 316

§ 2 Tarifvertragsparteien

Rnr.
2. Die Bedeutung der Druckausübungsfähigkeit im Tarifvertragsrecht 317–325
3. Die Druckausübungsfähigkeit im übrigen Arbeitsrecht 326
V. Anerkennung der geltenden Rechtsordnung 327–331

Schrifttum: *Martin G. Ammermüller,* Verbände im Rechtsetzungsverfahren, 1971; *Heinz Bauernfeind,* Die Mitgliedschaft in Koalitionen, 1957; *Volker Beuthien,* Die richterliche Kontrolle von Vereinsstrafen und Vertragsstrafen, BB 1968, Beilage 12, S. 1–12; *ders.,* Erweiterte wirtschaftliche Mitbestimmung durch Tarifvertrag?, JurA 1970, S. 130–147; *Paul Blumberg,* Industrial Democracy. The Sociology of Participation, London 1971; *Walter Bogs,* Autonomie und verbandliche Selbstverwaltung im modernen Arbeits- und Sozialrecht, RdA 1956, S. 1–9; *Hans Bohn,* Der Zwang zur Aufnahme von Mitgliedern in Wirtschafts- und Berufsvereinigungen nach § 27 GWB, BB 1964, S. 788–791; *L. Brand,* Gehört Arbeitskampfbereitschaft zum Begriff der Gewerkschaft, RiA 1962, S. 85–86; *Braun/Lutz/Pirker/Risse,* Zwischen Stillstand und Bewegung. Eine kritische Untersuchung über die Gewerkschaften in der modernen Industriegesellschaft, 1965; *Ulrich Brisch,* Die Rechtsstellung der Deutschen Gewerkschaften, 1951; *Hans Brox/Bernd Rüthers,* Arbeitskampfrecht, 2. Aufl. 1982; *Claus-Jürgen Bruhn,* Tariffähigkeit von Gewerkschaften und Autonomie, 1993; *Herbert Buchner,* Die Rechtsprechung des Bundesarbeitsgerichts zum Gewerkschaftsbegriff, in: Festschrift 25 Jahre Bundesarbeitsgericht (1979), S. 55–70; *Rolf Dietz,* Tarifrechtliche Fragen aus Anlaß des Beitritts eines Arbeitgebers zu einem Arbeitgeberverband, in: Festschrift für Hans Carl Nipperdey Bd. II (1965), S. 141–157; *ders.,* Grundfragen des Streikrechts, JuS 1968, S. 1–10; *Rolf Dietz/Hans Carl Nipperdey,* Gegnerfreiheit bei Einziehung von Gewerkschaftsbeiträgen durch den Arbeitgeber (Rechtsgutachten), 1963; *Günter Drewes,* Die Gewerkschaften in der Verwaltungsordnung, 1958; *Wilhelm Dütz,* Soziale Mächtigkeit als Voraussetzung eines einheitlichen Koalitionsbegriffs?, AuR 1976, S. 65–82; *ders.,* Zur Entwicklung des Gewerkschaftsbegriffs, Betrieb 1996, S. 2385–2390; *Helmut Duvernell* (Hrsg.), Koalitionsfreiheit und Tarifautonomie als Probleme der modernen Demokratie, 1968; *Rudolf Echterhölter,* Verfassungsrecht und kollektives Arbeitsrecht, BB 1969, S. 237–243; *Martin Eitel,* Die Ungleichbehandlung der repräsentativen und nicht repräsentativen Gewerkschaften durch den Staat, 1991; *Hans-Ulrich Evers,* Verbände-Verwaltung-Verfassung, Der Staat Bd. 3 (1964), S. 41–60; *Friedhelm Farthmann,* Rechtsprobleme zur Einziehung des Gewerkschaftsbeitrages durch den Arbeitgeber, AuR 1963, S. 353–360; *Erich Fechner,* Die tarifliche Regelung der Abführung von Gewerkschaftsbeiträgen durch den Arbeitgeber, 1964; *Herbert Fenn,* Zivilprozessualer Rechtsschutz unter rivalisierenden Gewerkschaften. BGHZ 42, S. 210, JuS 1965, S. 175–183; *Werner Flume,* Die Vereinsstrafe, in: Festschrift für Eduard Bötticher (1969), S. 101–141; *Horst Föhr,* Willensbildung in den Gewerkschaften und Grundgesetz, 1974; *ders.,* Zur betrieblichen und überbetrieblichen Organisierung von leitenden Angestellten, BB 1975, S. 140–143; *ders.,* Anforderungen des Grundgesetzes an den Aufbau von Verbänden, NJW 1975, S. 617–621; *Christa Förster,* Die Innungen und Innungsverbände des Handwerks sind tariffähige Arbeitgeberverbände, GewArch. 1963, S. 153–156; *Robert Franke,* Kritische Bemerkungen zur Fassung des fachlichen Geltungsbereichs in dem Bauarbeitertarif, RdA 1966, S. 366–373; *Erich Frey,* Gleichheitsfragen im Tarifvertragsrecht, Betrieb 1971, S. 2407–2412; *Dieter Fuchs,* Zur verfassungsrechtlichen Problematik des § 27 GWB, WuW 1965, S. 733–741; *ders.,* Satzungsautonomie und Aufnahmezwang nach dem GWB, NJW 1965, S. 1509–1514; *Hans Galperin,* Die Stellung der Gewerkschaften im Staatsgefüge, 1970; *ders.,* Die Stellung der Gewerkschaften im Staatsgefüge, Betrieb 1970, S. 346–352; *ders.,* Die Stellung der leitenden Angestellten in der Rechtsordnung, RdA 1977, S. 288–294; *Franz Gamillscheg,* Koalitionsfreiheit und soziale Selbstverwaltung, 1968; *ders.,* Sozialpolitische Bedeutung und Repräsentativität der Gewerkschaft im deutschen und ausländischen Recht, in: Festschrift für Wilhelm Herschel (1982), S. 99–115; *Hans Gerber,* Gutachten über die Frage der gewollten Tarifunfähigkeit von Arbeitgeberorganisationen, 1926; *Michael Gerhardt,* Das Koalitionsgesetz, 1977; *Karl-Heinz Gießen,* Die Gewerkschaften im Prozeß der Volks- und Staatswillensbildung, 1976; *Wolfgang Gitter,* Durchsetzungsfähigkeit als Kriterium der Tariffähigkeit für einzelne

3. Abschnitt. Die tariffähigen Berufsverbände   § 2

Arbeitgeber und Arbeitgeberverbände, in: Festschrift für Otto Rudolf Kissel (1994), S. 265–279; *Karl Gröbling,* Die Stellung der Gewerkschaften in der Rechtsordnung in der Bundesrepublik Deutschland. Eine Untersuchung unter Berücksichtigung der Fragen, ob die Gewerkschaften, soweit sie in der Rechtsform von nichtrechtsfähigen Vereinen im Sinne des BGB organisiert sind, die Rechtsfähigkeit besitzen, bzw. ob sie bei den ordentlichen Gerichten aktiv parteifähig sind, 1969; *Manfred Hättich,* Die Neutralität der Gewerkschaften, 1961; *Christian Hagemeier,* Überlegungen zur Tariffähigkeit von Vereinigungen von Führungskräften, Betrieb 1984, S. 718–722; *ders.,* Das BAG zur Tariffähigkeit von Arbeitnehmervereinigungen, AuR 1988, S. 193–198; *Andreas Hamann,* Gewerkschaften und Sozialstaatsprinzip, 1959; *Peter Hanau,* Was bedeutet paritätische Mitbestimmung für das kollektive Arbeitsrecht?, BB 1969, S. 760–764; *ders.,* Arbeitsrechtliche Probleme der paritätischen Mitbestimmung, BB 1969, S. 1497–1501; *ders.,* Lohnpolitik ohne Verbände, ArbGeb. 1970, S. 404–407; *Wolfgang Hemmen,* Durchsetzungsfähigkeit als Kriterium für den Gewerkschaftsbegriff im Tarifvertragsrecht, 1988; *Hans Henrici,* Aufnahmepflicht für Koalitionen, Diss. Köln 1970; *B. Hense,* Tariffähigkeit und Streikbereitschaft, Diss. Münster 1970; *Wilhelm Herschel,* Verpflichtungsermächtigung und Tarifvertragsrechte, JZ 1952, S. 26; *ders.,* Tariffähigkeit und Unabhängigkeit, JZ 1965, S. 81–86; *ders.,* Leistungsfähigkeit – eine Voraussetzung arbeitsrechtlicher Koalitionen, AuR 1976, S. 225–242; *ders.,* Der Typus der arbeitsrechtlichen Koalition, JuS 1978, S. 524–527; *ders.,* Zur Präzisierung des Koalitionsbegriffs, AuR 1978, S. 321–323; *Johannes Herzig,* Die Stellung der deutschen Arbeiter-Gewerkschaften zum Problem der Wirtschaftsdemokratie, 1933; *Roman Herzog,* Das Verbandswesen im modernen Staat, Gesellschaft und Politik Bd. I (1965), Heft 3, S. 4–22; *Philipp Hessel,* Berufsverbandsrecht, AR-Blattei, Berufsverbandsrecht I, 1966; *Kurt Hirche,* Die Wirtschaftsunternehmen der Gewerkschaften, 1966; *ders.,* Die Finanzen der Gewerkschaften, 1972; *Joachim Hirsch,* Die öffentlichen Funktionen der Gewerkschaften, 1966; *Adalbert-Christian Hoffknecht,* Die leitenden Angestellten im Koalitions- und Arbeitskampfrecht, 1975; *Diether Hoffmann,* Der Beitritt minderjähriger Arbeitnehmer zu einer Gewerkschaft, BB 1965, S. 126–128; *Reinhard Hoffmann,* Tarifwirkung für später eingetretene Verbandsmitglieder?, AuR 1964, S. 169–178; *Karl A. Hofstetter,* Tariffähigkeit und Tarifzuständigkeit von Arbeitnehmerorganisationen, Bern 1986; *Alfred Hueck,* Die Tariffähigkeit des Deutschen Bühnenvereins, RdA 1956, S. 45–51; *Joseph H. Kaiser,* Die Repräsentation organisierter Interessen, 1956; *Hermann Kandeler,* Die Stellung der Berufsverbände im öffentlichen Recht, 1927; *Joachim Kettner,* Das Bundesverfassungsgericht zur Arbeitskampfbereitschaft der Koalitionen, ArbGeb. 1964, S. 256–258; *A. Knopp,* Tarifautonomie und Selbstverwaltung, Betrieb 1964, S. 1025–1029; *Oskar Kreppner,* Tariffähigkeit der Innungen verfassungswidrig?, BB 1966, S. 864–866; *Dieter Krischker,* Tarifverbandsauflösung und Tarifvertrag, Diss. Köln 1969; *Friedrich Kübler,* Rechtsfähigkeit und Verbandsverfassung, 1971; *Günther Küchenhoff,* Verbandsautonomie, Grundrechte und Staatsgewalt, AuR 1963, S. 321–334; *Wolfdieter Küttner,* Aufnahmezwang für Gewerkschaften, NJW 1980, S. 968–972; *Rainer Kunadt,* Die Rechtsform der gewerkschaftlichen Unterorganisationen und ihre Rechtsstellung im Tarifvertragsrecht, Diss. Mainz 1974; *Otto Kunze,* Streikbereitschaft als Voraussetzung der Tariffähigkeit, BB 1964, S. 1311–1316; *Thomas Kunze,* Vereinbarkeit von Mitbestimmung und Tarifautonomie, BB 1971, S. 356–358; *Gerhard Leibholz,* Staat und Verbände, RdA 1966, S. 281–289; *ders.,* Staat und Verbände, VVDStRL Bd. 24 (1966), S. 5–33; *Peter Lerche,* Verfassungsrechtliche Zentralfragen des Arbeitskampfes, 1968; *S.M. Lipset/M. A. Trow/J. S. Coleman,* Union Democracy, New York 1968; *Manfred Löwisch,* Probleme der Zulässigkeit von Sympathiestreik und Sympathieaussperrung, RdA 1962, S. 314–317; *ders.,* Die Voraussetzungen der Tariffähigkeit, ZfA 1970, S. 295–318; *ders.,* Gewollte Tarifunfähigkeit im modernen Kollektivarbeitsrecht, ZfA 1974, S. 29–46; *ders.,* Der Einfluß der Gewerkschaften auf Wirtschaft, Gesellschaft und Staat, RdA 1975, S. 53–58; *Roland Manz,* Arbeitsrechtliche Besonderheiten im Baugewerbe, RdA 1967, S. 125–132; *Peter Marchal,* Gewerkschaften im Zielkonflikt. Gesellschaftsbild und Selbstverständnis, 1972; *Klaus Mattheier,* Die Gelben. Nationale Arbeiter zwischen Wirtschaftsfrieden und Streik. Geschichte und Gesellschaft, 1973; *Evelies Mayer,* Theorien zum Funktionswandel der Gewerkschaften, 1973; *Theo Mayer-Maly,* Grundsatzfragen zum Berufsverbandsrecht, Betrieb 1966, S. 821–824; *ders.,* Druck und Recht im Arbeitsrecht, RdA 1979, S. 356–358; *Hermann Meissinger,* Gewerkschaftsmonopol in der Sozialen

§ 2 Tarifvertragsparteien

Selbstverwaltung?, Betrieb 1951, S. 445–447; *ders.*, Soziale Selbstverwaltung, Betrieb 1951, S. 230–232; *ders.*, Tarifhoheit in der Sozialen Selbstverwaltung, RdA 1951, S. 46–49; *ders.*, Betriebseinheit und Tarifeinheit, Betrieb 1952, S. 101–102; *ders.*, Das Fachprinzip in der Sozialen Selbstverwaltung, AuR 1953, S. 97–100; *ders.*, Koalitionsrecht. Ein Mittel zum Zweck der Sozialen Selbstverwaltung, AuR 1954, S. 65–70; *ders.*, Rechtsfragen zu einem neuen christlichen Gewerkschaftsbund, BB 1956, S. 177–179; *Hermann Meissinger/Gerhard Müller*, Probleme des Koalitionsrechts, 1953; *Ulrich Meyer-Cording*, Die Vereinsstrafe, 1957; *Erich Molitor*, Rechtsgutachten zur Frage der Tariffähigkeit des Deutschen Musikerverbandes 1958; *Franz Müller*, Der Gewerkschaftsbegriff im Betriebsverfassungsgesetz, 1988; *Gerhard Müller*, Tarifvertrag und Mitbestimmung. Zum Verhältnis beider Ordnungsprinzipien zueinander, 1953; *ders.*, Die Freiheit von parteipolitischen und kirchlichen Bindungen als eine Voraussetzung für die Tariffähigkeit einer Koalition, in: Festschrift für Hans Carl Nipperdey, Bd. II (1965), S. 435–451; *ders.*, Die Koalitionen in der Rechtsordnung der Bundesrepublik Deutschland. Gedanken zu einem Kernbereich des kollektiven Arbeitsrechts, Juristen-Jahrbuch Bd. 10 (1969/70), S. 125–156; *ders.*, Die rechtliche, die rechtspolitische und die gesellschaftspolitische Problematik des Arbeitnehmerkammerwesens, Betrieb 1980, S. 91–98; *ders.*, Tarifautonomie und gesetzliche Regelung des Arbeitskampfrechts, Betrieb 1992, S. 269–274; *Frank Müller-Thoma*, Der halbstaatliche Verein, 1974; *Frieder Naschold*, Organisation und Demokratie. Untersuchung zum Demokratisierungspotential in komplexen Organisationen, 1971; *Horst Neumann-Duesberg*, Rechtsgutachten zur Frage der Tariffähigkeit des Deutschen Musikerverbandes, 1958; *Fritz Nicklisch*, Gesetzgebung und Verwaltung durch Verbände?, ZRP 1968, S. 36–38; *ders.*, Die Koppelung von Wirtschaftsverbänden und Arbeitgeberverbänden. Kartellrechtliche, arbeitsrechtliche und verfassungsrechtliche Aspekte, 1972; *H. U. Niedenhoff*, Die Wirtschaftsmacht der Gewerkschaften, 1972; *Hans Carl Nipperdey*, Das Erfordernis der Gegnerfreiheit bei Koalitionen, namentlich im öffentlichen Dienst, in: Festschrift für Philipp Möhring (1965), S. 87–113; *Hans Carl Nipperdey/Franz Jürgen Säcker*, Geschichtliche Entwicklung, Begriff und Rechtsstellung der Berufsverbände, AR-Blattei, Berufsverbände I, 1979; *Hartmut Oetker*, Die Beendigung der Mitgliedschaft in Arbeitgeberverbänden als tarifrechtliche Vorfrage, ZfA 1998, S. 41–82; *Fritz Ossenbühl*, Der öffentliche Status der Gewerkschaften, NJW 1965, S. 1561–1564; *Richard Osswald*, Prozeßvertretung durch Angestellte gemischtgewerblicher Arbeitgeberverbände, Arb-Geb. 1955, S. 329–332; *Sven-Joachim Otto*, Die rechtliche Zulässigkeit einer tarifbindungsfreien Mitgliedschaft in Arbeitgeberverbänden, in: Liber Discipulorum – Dankschrift für Professor Dr. Günther Wiese (1996), S. 118–140 = NZA 1996, S. 624–631; *Klaus Popp*, Öffentliche Aufgaben der Gewerkschaften und innerverbandliche Willensbildung, 1975; *ders.*, Der Ausschluß von Gewerkschaftsmitgliedern nach Betriebsratswahlen, ZfA 1977, S. 401–440; *ders.*, Die ausgeschlossenen Gewerkschaftsmitglieder, JuS 1980, S. 798–804; *Olaf Radke*, Das Koalitionsrecht als Ausdruck der Freiheit. Eine Untersuchung anhand von drei Entscheidungen des Bundesverfassungsgerichts zur Tariffähigkeit einer Koalition, in: Festschrift für Otto Brenner (1967), S. 113–151; *Thilo Ramm*, Koalitionsbegriff und Tariffähigkeit, JuS 1966, S. 223–230; *ders.*, Der Koalitionsbegriff, RdA 1968, S. 412–417; *Manfred Rehbinder*, Müssen Gewerkschaften überbetrieblich organisiert sein?, DVBl. 1982, S. 135–140; *Hans Reichel*, Die Bedeutung der Entscheidung des Bundesverfassungsgerichts über die Tariffähigkeit der Innungen, Betrieb 1967, S. 426–428; *Werner Reiß*, Die juristische Bedeutung der Stärke von Koalitionen nach dem Tarifvertragsgesetz, Diss. Köln 1968; *Wilhelm Reuß*, Die Stellung der Koalitionen in der geltenden Rechtsordnung, ArbRGeg. Bd. 1 (1963), S. 144–163; *ders.*, Die Tariffähigkeit der Handwerksorganisationen, AuR 1963, S. 1–7; *ders.*, Arbeitskampfbereitschaft als Voraussetzung der Tarifhoheit, RdA 1964, S. 362–368; *ders.*, Zur Frage der Tariffähigkeit von Innungen und Innungsverbänden, AuR 1967, S. 1–6; *ders.*, Koalitionseigenschaft und Tariffähigkeit. Zu einigen kontroversen Grundfragen, in: Festgabe für Otto Kunze (1969), S. 269–289; *ders.*, Die Bedeutung der „Mächtigkeit" von Verbänden im kollektiven Arbeitsrecht, RdA 1972, S. 4–8; *Reinhard Richardi*, Koalitionsgewalt und individuelle Koalitionsfreiheit, AöR Bd. 93 (1968), S. 243–269; *ders.*, Grundprobleme der kollektiven Koalitionsfreiheit, ZfA 1970, S. 85–96; *ders.*, Betriebsratsamt und Gewerkschaft, RdA 1972, S. 8–16; *ders.*, Gegnerunabhängigkeit, Verhandlungsgleichgewicht und Verhandlungsfreiheit als Funktionsvoraussetzungen des Tarifvertragssystems im öffentlichen Dienst, Betrieb

3. Abschnitt. Die tariffähigen Berufsverbände § 2

1985, S. 1021–1026; *Helmut Ridder*, Zur verfassungsrechtlichen Stellung der Gewerkschaften im Sozialstaat nach dem Grundgesetz für die Bundesrepublik Deutschland, 1960; *Helmut Rittstieg*, Verbände und repräsentative Demokratie, JZ 1968, S. 411–414; *Falk Roscher*, Paritätische Mitbestimmung, Gegnerunabhängigkeit und Art. 9 Absatz 3 Grundgesetz, RdA 1972, S. 279–282; *Wolfgang Sachse*, Das Aufnahme- und Verbleiberecht in den Gewerkschaften, AuR 1985, S. 267–276; *ders.*, Das Aufnahme- und Verbleiberecht in den Gewerkschaften der Bundesrepublik – unter besonderer Berücksichtigung der Unvereinbarkeitsbeschlüsse des Deutschen Gewerkschaftsbundes, 1985; *Franz Jürgen Säcker*, Grundprobleme der kollektiven Koalitionsfreiheit, 1969; *ders.*, Tarifvertrag und Dienstordnung der Angestellten der Sozialversicherungsträger, Betrieb 1971, S. 1476–1477; *ders.*, Die Institutions- und Betätigungsgarantie der Koalitionen im Rahmen der Grundrechtsordnung, ArbRGeg. Bd. 12 (1975), S. 17–67; *ders.*, Tarifhoheit, Koalitionsfreiheit und Verbände, in: Biedenkopf/Voss (Hrsg.), Staatsführung, Verbandsmacht und innere Souveränität, 1977, S. 93; *Franz Jürgen Säcker/Friedbert Rancke*, Verbandsgewalt, Vereinsautonomie und richterliche Inhaltskontrolle, AuR 1981, S. 1–15; *Franz Jürgen Säcker/Hartmut Oetker*, Probleme der Repräsentation von Großvereinen, 1986; *Gerhard Scheffler*, Zum öffentlichen Status der Gewerkschaften, NJW 1965, S. 849–852; *Hartmut Schellhoss*, Apathie und Legitimität. Das Problem der neuen Gewerkschaft, 1967; *Ulrich Scheuner*, Der Inhalt der Koalitionsfreiheit, in: Weber/Scheuner/Dietz, Koalitionsfreiheit, 1961, S. 29–91; *ders.*, Die Rolle der Sozialpartner in Staat und Gesellschaft, 1973; *Gunter Schlickum*, Die Tariffähigkeit der Arbeitnehmerorganisationen in der Weimarer Republik, Diss. Frankfurt/Main 1978; *Peter Schlosser*, Vereins- und Verbandsgerichtsbarkeit, 1972; *Dorothee Schmiegel*, Die Inhaltskontrolle von Koalitionssatzungen, 1995; *Gerhard Schnorr*, Der Begriff der Gewerkschaft, RdA 1953, S. 377–379; *ders.*, Der Koalitionsbegriff in der Montanindustrie, RdA 1954, S. 166–170; *ders.*, Die Tarifgeltung als Problem der europäischen Integration, in: Festschrift für Hans Carl Nipperdey Bd. II (1965), S. 897–914; *Norbert Schoch*, Vereinbarkeit einer tarifvertraglichen Bestimmung mit dem Kartellgesetz, BB 1965, S. 477–478; *W. Schön*, Arbeitskampfbereitschaft als Voraussetzung der Tariffähigkeit, Diss. Würzburg 1967; *W. Schöttler*, Rechtsfragen zum Problem der sog. Beamtengewerkschaften, RiA 1962, S. 247–248; *Rupert Scholz*, Koalitionsfreiheit als Verfassungsproblem, 1971; *Peter Schrader*, „Durchsetzungsfähigkeit" als Kriterium für Arbeitgeber im Tarifvertragsrecht, 1993; *D. Schröder*, Tarifbindung und Koalitionsfreiheit, Diss. Göttingen 1968; *Peter Schüren*, Die Legitimation tariflicher Normsetzung, 1990; *K. H. Sohn*, Berufsverband und Industriegewerkschaft, 1964; *Alfred Söllner*, Mächtigkeit und Leistungsfähigkeit als typologische Merkmale der arbeitsrechtlichen Gewerkschaften, AuR 1976, S. 321–325; *Eugen Stahlhacke*, Die Ausschließung von Mitgliedern aus Berufsverbänden, RdA 1953, S. 306–309; *ders.*, Sozialpolitische Bedeutung als Voraussetzung der Tariffähigkeit, Betrieb 1964, S. 697–698; *Alexander von Stechow*, Die Frage des Rechts auf Aufnahme in Koalitionen, Diss. Köln 1970; *Rainer Stelling*, Das Erfordernis der Überbetrieblichkeit – ein Anachronismus des modernen Gewerkschaftsbegriffs, NZA 1998, S. 920–925; *Heinrich Meinhardt Stindt*, Verfassungsgebot und Wirklichkeit demokratischer Organisation der Gewerkschaften, dargestellt am Beispiel der Deutschen Postgewerkschaft, 1976; *F. Stingswanger*, Tariffähigkeit und Arbeitskampfbereitschaft, Diss. Köln 1966; *Gunther Teubner*, Ziele und Methoden der verbandsrechtlichen Reformdiskussion, ZGR 1975, S. 459–476; *Wolfgang Thalmann*, Der politisch motivierte Ausschluß aus Gewerkschaften, Diss. Freiburg 1974; *Willi Thiele*, Politische Betätigung der Gewerkschaften, BB 1973, S. 1–4; *Abdurrahman Ülger*, Das Recht des einzelnen Arbeitnehmers auf die Gewerkschaftszugehörigkeit, Diss. Frankfurt/Main 1978; *Mark van de Vall*, Die Gewerkschaften im Wohlfahrtsstaat, 1966; *A. Villinger*, Aufbau und Verfassung der Gewerkschaften. Eine Untersuchung der gewerkschaftlichen Strukturentwicklung und der innerverbandlichen Demokratie am Beispiel der britischen und amerikanischen Gewerkschaften, Diss. Zürich 1966; *Dagobert Völpel*, Rechtlicher Einfluß von Wirtschaftsgruppen auf die Staatsgestaltung, 1972; *Martin Vorderwülbecke*, Rechtsform der Gewerkschaften und Kontrollbefugnisse des Gewerkschaftsmitgliedes, 1988; *Burkhard Wahl*, Die Relativität des Gewerkschaftsbegriffs, 1980; *Wolf-Dietrich Walloth*, Das Koalitionsrecht im Lichte der Rechtsprechung des Bundesarbeitsgerichts, ArbRGeg. Bd. 11 (1973), S. 73–86; *Rolf Wank/Ulrich Ramrath*, Prozeßvertretung durch Vertreter von Koalitionen nach § 11 ArbGG, NZA 1993, S. 345–351; *Werner Weber*, Die Kammern der Heilberufe und das Grundgesetz, DÖV 1952, S. 705–710; *ders.*, Die Sozialpartner in der Verfassungsordnung, 1961; *ders.*, Koalitionsfreiheit und Tarifautonomie als Verfassungsproblem, 1965; *ders.*, Der nicht staatsunmittelbare öffentliche Organisationsbereich, Juristen-Jahrbuch Bd. 8 (1968/69), S. 137–163; *Karl Welzel,* Koalitionsfreiheit und Tariffähigkeit, BArbBl. 1955, S. 216–219; *Wilhelm Wertenbruch,* Die rechtliche Einordnung wirtschaftlicher Verbände in den Staat, in: Gedächtnisschrift für Hans Peters (1967), S. 614–641; *Herbert Wiedemann,* Richterliche Kontrolle privater Vereinsmacht, JZ 1968, S. 219–221; *ders.*, Die deutschen Gewerkschaften – Mitgliederverband oder Berufsorgan?, RdA 1969, S. 321–336; *ders.*, Tariffähigkeit und Unabhängigkeit, RdA 1976, S. 72–77; *Klaus Wiedemann,* Streik und Streikdrohung, 1971; *Gerhard W. Wittkämper,* Grundgesetz und Interessenverbände, 1963; *Manfred Wolf,* Tarifautonomie, Kampfparität und gerechte Tarifgestaltung, ZfA 1971, S. 151–179; *Hans F. Zacher,* Arbeitskammern im demokratischen und sozialen Rechtsstaat. Ein Rechtsgutachten zur verfassungsrechtlichen Zulässigkeit der Errichtung von Arbeitskammern in Bayern, 1971; *ders.*, Zur Vereinbarkeit der Errichtung von Arbeitskammern mit den Grundrechten des Grundgesetzes, RdA 1971, S. 193–200; *ders.*, Aktuelle Probleme der Repräsentationsstruktur der Gesellschaft in der Bundesrepublik Deutschland, in: Festschrift für Friedrich Berber (1973), S. 549–573; *Ulrich Zachert,* Rechtsfragen bei der Durchsetzung der Tarifzuständigkeit, AuR 1982, S. 181–185; *ders.*, Verfassungsrechtlicher Schutz für „Gelbe" Gewerkschaften?, AuR 1986, S. 321–325; *Albrecht Zeuner,* Gedanken zum Verhältnis von Richterrecht und Betätigungsfreiheit der Beteiligten, in: Festschrift 25 Jahre Bundesarbeitsgericht (1979), S. 727–744; *Wolfgang Zöllner,* Die Einwirkung der erweiterten Mitbestimmung auf das Arbeitsrecht, RdA 1969, S. 65–72; *ders.*, Die Zukunft der Arbeitsordnung, Betrieb 1969, S. 40–45; *ders.*, Arbeitsrecht und Politik, Betrieb 1970, S. 54–62; *Wolfgang Zöllner/Hugo Seiter,* Paritätische Mitbestimmung und Art. 9 Abs. 3 Grundgesetz, 1970.

A. Allgemeines

1. Terminologische Hinweise

154 Das Gesetz verleiht die Tariffähigkeit den Gewerkschaften, einzelnen Arbeitgebern sowie Vereinigungen von Arbeitgebern. Demgegenüber sprach § 1 TVVO nicht von Gewerkschaften, sondern von „Vereinigungen von Arbeitnehmern". Der Wechsel im Sprachgebrauch wurde vorgenommen, um den Text für den Laien verständlicher zu machen.[1] Eine sachliche Änderung war hiermit nicht beabsichtigt. Tariffähig können auch heute alle Vereinigungen von Arbeitnehmern sein, die die im folgenden aufgezählten Voraussetzungen der Tariffähigkeit erfüllen, auch wenn sie sich selbst nicht als „Gewerkschaft" bezeichnen.

155 Die Vereinigungen von Arbeitnehmern und Arbeitgebern werden zusammen meist als *Koalitionen, Berufsverbände* oder *Berufsorgane* gekennzeichnet; die Summe der für sie geltenden Rechtsregeln wird Koalitionsrecht oder Berufsverbandsrecht genannt.[2] Dabei überwiegt im verfassungsrechtlichen Zusammenhang des Art. 9 Abs. 3 GG die Bezeichnung „Koalition", im Tarifvertragsrecht das Wort „Berufsverband".[3] Der deutsche Ausdruck soll im

---

[1] *Herschel,* ZfA 1973, S. 183, 189; ähnlich auch die Begründung zu § 1 des Lemgoer Entwurfs (oben Geschichte, Rnr. 23).
[2] So z. B. *Hanau/Adomeit,* Arbeitsrecht, C I 1, S. 57; *Hueck/Nipperdey,* Arbeitsrecht II 1, § 5, S. 61; *Kaskel/Dersch,* Arbeitsrecht, § 50, S. 276; *Söllner,* Arbeitsrecht, § 9 I, S. 53; *Wiedemann,* RdA 1969, S. 321.
[3] Eine sprachliche Gleichsetzung mit den Koalitionen bezeichnet *Rehbinder,* DVBl. 1982, S. 135, 138, mit Recht als irreführend.

Tarifvertragsrecht beibehalten werden, obwohl er nicht ganz eindeutig ist. Berufsverbände im *engeren* Sinn sind Gewerkschaften, die Mitglieder mit gleicher Berufsausbildung und/oder gleicher Berufstätigkeit aufnehmen. Berufsverbände im *weiteren* Sinn sind alle Arbeitnehmervereinigungen, auch solche, die sich nach dem Industrieverbandsprinzip zusammensetzen (dazu unten Rnr. 283 f.). Von den Wirtschafts- und Berufsvereinigungen des Wettbewerbsrechts[4] unterscheiden sich die Arbeitnehmer- und Arbeitgebervereinigungen in ihrer Zweckrichtung.

2. Die Bedeutung von Normativvoraussetzungen und ihre methodische Ableitung

Das Tarifvertragsgesetz sagt nicht, wer als Gewerkschaft oder Vereinigung **156** von Arbeitgebern nach § 2 Abs. 1 anzuerkennen ist. Damit unterscheidet es sich grundlegend von den während der Weimarer Zeit vorgelegten Entwürfen, die z.T. sehr detailliert die an tariffähige Arbeitnehmer- und Arbeitgebervereinigungen zu stellenden Voraussetzungen festlegten.[5] Ein Koalitions- oder Berufsverbandsgesetz, auf das zur Konkretisierung zurückgegriffen werden könnte, fehlt.[6] Eine Definition der tariffähigen Berufsverbände ist zwar in dem Gemeinsamen Protokoll über die Leitsätze zum 1. Staatsvertrag[7] enthalten (2. Leitsatz der Generellen Leitsätze zur Sozialunion: Tariffähige Gewerkschaften und Arbeitgeberverbände müssen frei gebildet, gegnerfrei, auf überbetrieblicher Grundlage organisiert und unabhängig sein sowie das geltende Tarifrecht als für sich verbindlich anerkennen; ferner müssen sie in der Lage sein, durch Ausüben von Druck auf den Tarifpartner zu einem Tarifabschluß zu kommen), sie besitzt für die Auslegung von § 2 Abs. 1 jedoch keine verbindliche Wirkung,[8] sondern kann das Auslegungsresultat lediglich im Zusammenwirken mit anderen Auslegungskriterien beeinflußen (näher oben Rnr. 5–7).

Aus der fehlenden gesetzlichen Konkretisierung folgt jedoch nicht, daß die **157** Voraussetzungen der Anerkennung als Berufsverband der Gestaltungsfreiheit der Mitglieder (Privat- oder Satzungsautonomie) anheim gestellt sind mit der Folge, daß jeder Zusammenschluß von natürlichen und/oder juristischen Personen den Anspruch erheben kann, die im Tarifvertragsgesetz und in anderen Rechtsnormen den Berufsverbänden eingeräumten Rechte in Anspruch zu nehmen. Wenn auch ein Registrierungssystem fehlt, stehen doch Ziele und Organisationen nicht zur freien Disposition der Berufsverbände.[9] Die Voraussetzungen sind vielmehr mit Hilfe der tradierten Auslegungskri-

---

[4] Siehe etwa § 27 GWB.
[5] Siehe § 4 des Entwurfs des Arbeitsrechtsausschusses, § 3 des Entwurfs von *Nipperdey*, § 5 des Entwurfs des Reichsarbeitsministeriums (oben Geschichte, Rnr. 14).
[6] Der FDP-Entwurf eines Verbandsgesetzes vom 19.12.1976 (RdA 1977, S. 235 ff.) konnte sich nicht durchsetzen; näher hierzu *Gerhardt*, Das Koalitionsgesetz, 1977.
[7] BGBl. 1990 II S. 537 ff.
[8] Hierfür aber *Gitter*, in: Festschrift für Otto Rudolf Kissel (1994), S. 265, 270; *Schrader*, „Durchsetzungsfähigkeit" als Kriterium für Arbeitgeber im Tarifrecht, 1993, S. 138.
[9] Unrichtig deshalb *Kübler*, Rechtsfähigkeit und Verbandsverfassung, 1971, S. 21.

terien[10] aus den jeweiligen Rechtsnormen abzuleiten, die an das Vorliegen eines Berufsverbandes (Gewerkschaft oder Vereinigung von Arbeitgebern) bestimmte Rechtsfolgen knüpfen.[11]

158 Rechtsprechung und Schrifttum haben in Erfüllung dieser Aufgabe ein System von Normativbedingungen entwickelt, die erfüllt sein müssen, damit eine Vereinigung der Arbeitnehmer oder der Arbeitgeber als tariffähiger Berufsverband anerkannt wird. Abgesehen von dem Fehlen einer Registrierung läßt sich die Anerkennung als Berufsverband mit derjenigen als juristische Person vergleichen; auch für das selbständige Sondervermögen werden im Interesse der Betroffenen und der am Geschäftsverkehr teilnehmenden Personen zwingende Mindestbedingungen für die Erlangung der Rechtsfähigkeit aufgestellt.[12]

159 Die von Rechtsprechung und Schrifttum entwickelten Normativvoraussetzungen für tariffähige Vereinigungen knüpfen hinsichtlich des Verbandszieles an Art. 9 Abs. 3 GG an: es muß sich um eine Vereinigung von Arbeitnehmern oder Arbeitgebern zur Wahrung und Förderung ihrer Arbeits- und Wirtschaftsbedingungen handeln. Im übrigen werden die Lebensbedingungen der Berufsverbände aus ihren Aufgaben abgeleitet, die sie in der Rechts- und Wirtschaftsordnung erfüllen sollen.[13]

160 Die Voraussetzungen der Tariffähigkeit sind von der Verfassung nicht abschließend festgelegt. Art. 9 Abs. 3 GG verwendet lediglich die unscharfe Formulierung „Vereinigung" und setzt damit den Koalitionsbegriff voraus; aus verfassungsrechtlicher Sicht ist dem Norminterpreten ein offener Koalitionsbegriff vorgegeben.[14] Dem Gesetzgeber ist es deshalb auch für das Tarifrecht überlassen, „sie im einzelnen zu normieren und der jeweiligen gesellschaftlichen Wirklichkeit so anzupassen, daß die Koalitionen ihre Aufgabe erfüllen können"[15]. Solange der Gesetzgeber sich dieser Aufgabe entzieht und auf unbestimmte Rechtsbegriffe (Gewerkschaften, Vereinigungen) beschränkt, fällt diese Aufgabe Rechtsprechung und Wissenschaft zu, die dabei aber keinen freien rechtsschöpfenden Gestaltungsspielraum besitzen, sondern sich auf eine Auslegung der unbestimmten Rechtsbegriffe des Tarifvertragsgesetzes beschränken müssen, ihrerseits jedoch – insoweit nicht anders als der Gesetzgeber – den Gewerkschafts- bzw. Vereinigungsbegriff im Lichte von Art. 9 Abs. 3 Satz 1 GG zu interpretieren haben.[16]

---

[10] Abweichend im methodischen Ansatz diejenigen Autoren, die für den Gewerkschaftsbegriff auf die Lehre vom Typus zurückgreifen; so z.B. *Herschel*, AuR 1976, S. 225, 233 f.; *Söllner*, AuR 1976, S. 321, 323.
[11] Abweichend im methodischen Ansatz *Herschel*, AuR 1976, S. 225, 230, „richterliche Rechtsfortbildung".
[12] *Wiedemann*, WM 1975, Sonderbeilage 4, S. 7, 12 ff.
[13] Zur systematischen Gliederung der Voraussetzungen der Tariffähigkeit *Löwisch*, ZfA 1970, S. 295 ff.; ihm folgend *Lieb*, Arbeitsrecht, § 6 V, S. 173 f.; ebenso *Nipperdey/Säcker*, AR-Blattei, Berufsverbände I, 1979, C, wonach strukturale, funktionale und modale Merkmale zu unterscheiden sind.
[14] *Scholz*, Koalitionsfreiheit als Verfassungsproblem, 1971, S. 50.
[15] BVerfGE 20, S. 312, 318 = AP Nr. 24 zu § 2 TVG; BVerfGE 58, 233, 248 = AP Nr. 31 zu § 2 TVG.
[16] BVerfGE 58, S. 233, 248 = AP Nr. 31 zu § 2 TVG; sowie oben Rnr. 24 ff.

Die für die Berufsverbände in das Tarifvertragsgesetz inkorporierten Begriffe „Gewerkschaften" und „Vereinigung von Arbeitgebern" sind deshalb mit Hilfe des Wortsinns, der Gesetzessystematik und vor allem des Normzwecks zu konkretisieren. Bereits die amtliche Überschrift von § 2 („Tarifvertragsparteien") legt fest, daß die Norm den Berufsverbänden die Fähigkeit verleiht, durch den Abschluß von Tarifverträgen die in § 1 Abs. 1 genannten Angelegenheiten zu ordnen. Dementsprechend muß sich der Berufsverbandsbegriff an dieser Aufgabe ausrichten und gewährleisten, daß die von den Berufsverbänden abgeschlossenen Vereinbarungen die Aufgabe erfüllen, die ihnen von der Gesamtrechtsordnung zugedacht werden. In diesem Kontext gewinnt vor allem Art. 9 Abs. 3 Satz 1 GG prägende Bedeutung, der auch die Tarifautonomie in seinen Schutzbereich aufnimmt. Hieraus erschließt sich zugleich die Funktion der Tarifverträge. Sie sollen in einem Bereich, in dem der Staat seine Regelungszuständigkeit weit zurückgenommen hat, insbesondere die Lohn- und Arbeitsbedingungen regeln. Tarifverträge besitzen deshalb aufgrund der dem staatlichen Gesetzgeber durch Art. 12 Abs. 1 GG auferlegten Schutzpflicht die Aufgabe, einen sachgerechten Ausgleich der Interessen zu gewährleisten. Dementsprechend müssen Tarifverträge so beschaffen sein, daß sie den Grundrechtsschutz sichern können. Hierzu ist ein Tarifvertrag nur in der Lage, wenn er von Parteien abgeschlossen wurde, die ihrerseits die Gewähr dafür bieten, daß sich die individualvertragliche Fremdbestimmung nicht auf der kollektivvertraglichen Ebene fortsetzt.

3. Das Verhältnis zu anderen Bestimmungen

a) Art. 9 Abs. 3 GG. Die in § 2 Abs. 1 für die Berufsverbände normierten Begriffe sind aufgrund ihrer unterschiedlichen Aufgabe nicht mit dem in Art. 9 Abs. 3 Satz 1 GG verwandten Begriff der Vereinigung (Koalition) identisch.[17] Während Art. 9 Abs. 3 Satz 1 GG die Funktion besitzt, den personalen Zusammenschluß zu schützen, der auf die Wahrung und Förderung der Arbeits- und Wirtschaftsbedingungen gerichtet ist, legt der Berufsverbandsbegriff die Voraussetzungen für diesen fest, unter denen ihm die Rechtsmacht zum Abschluß von Tarifverträgen zustehen soll. Zwar umfaßt Art. 9 Abs. 3 Satz 1 GG auch den Schutz der koalitionsspezifischen Betätigung, jedoch ist der Abschluß von Tarifverträgen nicht vorbehaltlos in den Schutzbereich einbezogen. Vielmehr gestattet Art. 9 Abs. 3 Satz 1 GG die Aufstellung zusätzlicher Voraussetzungen, damit die Tarifverträge ihre Funktion erfüllen können. Deshalb ist es aus verfassungsrechtlichen Gründen nicht zu beanstanden, wenn der Kreis der tariffähigen Berufsverbände enger gezogen wird als der verfassungsrechtliche Koalitionsbegriff (näher oben Rnr. 24 ff.). Hierbei gilt es jedoch stets zu beachten, daß die Voraussetzungen für tariffähige Berufsverbände nicht so formuliert werden, daß sie zur Aushöhlung der durch Art. 9 Abs. 3 Satz 1 GG gesicherten freien Koalitionsbildung und -betätigung führen.[18]

---

[17] Anders im Ansatz aber *Nipperdey/Säcker*, AR-Blattei, Berufsverbände I, 1979, E I, wonach jede Koalition im Sinne von Art. 9 Abs. 3 GG „geborener Träger der Tariffähigkeit" sein soll.
[18] BVerfGE 58, S. 233, 249 = AP Nr. 31 zu § 2 TVG.

163 b) §§ 10, 11 ArbGG. Das in § 2 Abs. 1 enthaltene Begriffspaar „Gewerkschaften und Vereinigungen von Arbeitgebern" kehrt wortgleich in den §§ 10, 11 ArbGG wieder und regelt dort die Parteifähigkeit (§ 10) und die Zulässigkeit der Prozeßvertretung (§ 11 Abs. 1 Satz 2 ArbGG) für das arbeitsgerichtliche Verfahren.

164 Bezüglich des in den §§ 10, 11 Abs. 1 Satz 2 ArbGG enthaltenen Gewerkschaftsbegriffs entspricht es der ständigen höchstrichterlichen Rechtsprechung, daß dieser in der arbeitsrechtlichen Gesetzgebung ein einheitlicher ist und dementsprechend nur solche Arbeitnehmervereinigungen als Gewerkschaften i. S. der §§ 10, 11 Abs. 1 Satz 2 ArbGG zu qualifizieren sind, die tariffähig sind.[19] In der Literatur hat diese Rechtsprechung Zustimmung,[20] aber auch Ablehnung[21] erfahren.

165 Das Dogma der Einheitlichkeit des Gewerkschaftsbegriffs ist methodisch im Ansatz fragwürdig,[22] da die mit der Parteifähigkeit und der Prozeßvertretung verbundenen Gesetzeszwecke andere sind als diejenigen, die zur Konkretisierung des Gewerkschaftsbegriffs in § 2 Abs. 1 heranzuziehen sind. Zwischen der Fähigkeit zum Abschluß von Tarifverträgen und der durch die §§ 10, 11 Abs. 1 Satz 2 ArbGG eingeräumten Rechtsmacht besteht kein zwingender sachlicher Zusammenhang.[23] Die für die Tariffähigkeit geforderte Autorität gegenüber dem sozialen Gegenspieler (hierzu unten Rnr. 306 ff.) ist für das arbeitsgerichtliche Verfahren ohne jegliche Bedeutung. Der Rückgriff auf den tarifrechtlichen Gewerkschaftsbegriff ist für das arbeitsgerichtliche Verfahrensrecht methodisch deshalb nur gestattet, wenn aus dem Regelungszusammenhang des Arbeitsgerichtsgesetzes erkennbar wird, daß das Gesetz an diesen anknüpft. Gegen eine Verzahnung mit der Tariffähigkeit spricht vor allem die Regelung in § 11 Abs. 1 Satz 2 und § 11 Abs. 2 Satz 2 ArbGG für „Zusammenschlüsse solcher Verbände", die anerkanntermaßen sowohl Gewerkschaften als auch Vereinigungen von Arbeitgeberverbänden umfassen.[24] Für diese ist kennzeichnend, daß sie – wie § 2 Abs. 2 zeigt – nicht selbst tariffähig sein müssen, es reicht vielmehr aus, daß die Prozeßvertretung zu ihren alleinigen satzungsmäßigen Aufgaben ge-

---

[19] So vor allem BAG 23. 4. 1971 AP Nr. 2 zu § 97 ArbGG 1953 = SAE 1972, S. 229 *(Löwisch/Friedrich)*; BAG 15. 3. 1977 AP Nr. 24 zu Art. 9 GG *(Wiedemann)* = EzA § 2 TVG Nr. 12 *(Dütz)* = SAE 1978, S. 37 *(Kraft)*; sowie BAG 20. 2. 1986 AP Nr. 8 zu § 11 ArbGG 1979 Prozeßvertreter = SAE 1987, S. 107 *(Buchner)*; BAG 16. 11. 1989 AP Nr. 11 zu § 11 ArbGG 1979 Prozeßvertreter = EzA § 11 ArbGG 1979 Nr. 6 *(Brehm)* = SAE 1992, S. 83 *(Venema)*.

[20] So *Germelmann/Matthes/*Prütting, § 10 ArbGG, Rnr. 9, § 11 ArbGG, Rnr. 59 f.; *Grunsky*, § 10 ArbGG, Rnr. 9; nur im Ergebnis *Gamillscheg*, in: Festschrift für Wilhelm Herschel (1982), S. 99, 115.

[21] *Besgen*, Mitgliedschaft im Arbeitgeberverband ohne Tarifbindung, 1998, S. 64 ff.; *Buchner*, in: Festschrift 25 Jahre Bundesarbeitsgericht (1979), S. 55, 62 f., 68 f.; *Grunsky*, JZ 1977, S. 473 f.; *Jülicher*, ZfA 1980, S. 121, 128; *Konzen*, ZfA 1978, S. 451, 456 f.; *Rieble*, Arbeitsmarkt und Wettbewerb, 1996, S. 567 f.; *Seiter*, AöR Bd. 109 (1984), S. 88, 110; *Wank/Ramrath*, NZA 1993, S. 345 ff.

[22] Zustimmung aber z. B. *Herschel*, JuS 1978, S. 524; *Kempen/*Zachert, § 2 TVG, Rnr. 57; *Söllner*, AuR 1976, S. 321.

[23] Treffend *Buchner*, in: Festschrift 25 Jahre Bundesarbeitsgericht (1979), S. 55, 62.

[24] Statt aller *Germelmann/Matthes/*Prütting, § 10 ArbGG, Rnr. 13, § 11 ArbGG, Rnr. 74.

hört.²⁵ Es ist teleologisch ungereimt, wenn für die Gewerkschaften und Vereinigungen von Arbeitgebern die Tariffähigkeit verlangt, bei den Spitzenorganisationen hierauf jedoch verzichtet wird. Dementsprechend zog der 8. Senat des Bundesarbeitsgerichtes in dem Urteil vom 16. November 1989 hieraus zu Recht die Konsequenz und sah die Vertreter einer Vereinigung von Arbeitgebern unabhängig davon als postulationsfähig an, ob die Vereinigung für ihre Mitglieder Tarifverträge abschließen darf.²⁶ Für Vereinigungen von Arbeitnehmern (Gewerkschaften) können keine anderen Grundsätze gelten.²⁷

Bezüglich der „Vereinigungen von Arbeitgebern" wird im Schrifttum **166** ebenso wie für die Gewerkschaften die Tariffähigkeit verlangt.²⁸ Das Bundesarbeitsgericht hat diese Voraussetzung indes im Hinblick auf die Rechtslage für Spitzenorganisationen verworfen.²⁹

c) Betriebsverfassungsgesetz. Das Dogma eines einheitlichen Berufs- **167** verbandsbegriffs beherrscht auch die Diskussion im Betriebsverfassungsrecht. Dort greift das Gesetz insbesondere in § 2 Abs. 3 BetrVG ebenfalls die Formulierung „Gewerkschaften" und „Vereinigungen von Arbeitgebern" auf. Auch insoweit wird für einen einheitlichen Gewerkschaftsbegriff plädiert.³⁰ Das gilt entsprechend für den Begriff der Arbeitgebervereinigung.³¹ Die bereits zur Interpretation der §§ 10, 11 Abs. 1 Satz 2 ArbGG angemeldeten methodischen Vorbehalte (oben Rnr. 165) besitzen für das Betriebsverfassungsgesetz in gleicher Weise Gültigkeit.³² Die Brüchigkeit der h. M. zeigt sich vor allem nach der Privatisierung von Post und Bahn, da nunmehr auch reinen Beamtenverbänden die Gewerkschaftseigenschaft zugesprochen werden muß.³³

d) Andere Rechtsnormen. Welche Voraussetzungen an einen Berufs- **168** verband im allgemeinen und eine Gewerkschaft im besonderen im Rahmen anderer Rechtsnormen zu stellen sind, läßt sich nicht generell beantworten. Der Begriff braucht selbstverständlich nicht überall gleich gebraucht zu werden.³⁴ Jede Rechtsnorm ist aus sich selbst heraus und im Systemzusammen-

---

²⁵ BAG 16. 11. 1989 AP Nr. 11 zu § 11 ArbGG 1979 Prozeßvertreter = EzA § 11 ArbGG 1979 Nr. 6 *(Brehm)* = SAE 1992, S. 83 *(Venema)*; *Germelmann/Matthes/Prütting*, § 10 ArbGG, Rnr. 13, § 11 ArbGG, Rnr. 74.
²⁶ BAG 16. 11. 1989 AP Nr. 11 zu § 11 ArbGG 1979 Prozeßvertreter = EzA § 11 ArbGG 1979 Nr. 6 *(Brehm)* = SAE 1992, S. 83 *(Venema)*.
²⁷ Treffend *Rieble*, Arbeitsmarkt und Wettbewerb, 1996, S. 568.
²⁸ *Germelmann/Matthes/*Prütting, ArbGG, § 10 ArbGG, Rnr. 12; *Grunsky*, § 10 ArbGG, Rnr. 17; *Kempen/Zachert*, § 2 TVG, Rnr. 80.
²⁹ BAG 16. 11. 1989 AP Nr. 11 zu § 11 ArbGG 1979 Prozeßvertreter = EzA § 11 ArbGG 1979 Nr. 6 *(Brehm)* = SAE 1992, S. 83 *(Venema)*.
³⁰ BAG 23. 4. 1971 AP Nr. 2 zu § 97 ArbGG 1953 = SAE 1972, S. 229 *(Löwisch/Friedrich)*; ebenso im Schrifttum *Berg*, DKK, 6. Aufl. 1998, § 2 BetrVG, Rnr. 10; *Richardi*, § 2 BetrVG, Rnr. 38 ff.; *Fitting/Kaiser/Heither/Engels*, § 2 BetrVG, Rnr. 16; *GK/Kraft*, § 2 BetrVG, Rnr. 34; offengelassen von BVerfGE 58, S. 233, 252 = AP Nr. 31 zu § 2 TVG.
³¹ So ausdrücklich *Fitting/Kaiser/Heither/Engels*, § 2 BetrVG, Rnr. 24; GK/*Kraft*, § 2 BetrVG, Rnr. 34.
³² Kritisch auch *Gamillscheg*, in: Festschrift für Wilhelm Herschel (1982), S. 99, 115; *Franz Müller*, Der Gewerkschaftsbegriff im Betriebsverfassungsgesetz, 1988, S. 156 ff.
³³ So *Fitting/Kaiser/Heither/Engels*, BetrVG, § 2 BetrVG, Rnr. 17; *Kraft*, in: Festschrift für Günther Wiese (1998), S. 219, 232 ff.
³⁴ Treffend *Gamillscheg*, Kollektives Arbeitsrecht I, § 9 IV 3 e, S. 435 f.

4. Der Gründungsverband

169 Die Koalitionsgründung steht unter dem Schutz des Art. 9 Abs. 3 GG, so daß Gründungsgewerkschaft und Arbeitgeber-Gründungsverband bereits tariffähig sind. Der Verband muß allerdings die einzelnen Voraussetzungen der Tariffähigkeit ernstlich anstreben; er muß mithin auf eine freiheitliche, dauernde und offene Organisation angelegt sein, und die Verwirklichung dieser Ziele darf nicht unwahrscheinlich bleiben. Diese Auffassung trägt dem Schutzzweck des Art. 9 Abs. 3 GG Rechnung, der bereits die Verwirklichung von Chancen, nicht nur die Sicherung erworbener Einflußsphären schützt. Die Zielsetzung des Gründungsverbandes muß sich mit derjenigen des späteren Berufsverbandes decken. Verbandsstärke und sozialpolitische Einflußmöglichkeiten spielen dagegen im Gründungsstadium noch keine Rolle.

5. Einheitlichkeit der Normativvoraussetzungen

170 Das von Rechtsprechung und Lehre entwickelte System normativer Voraussetzungen für die Tariffähigkeit wurde vornehmlich anhand der an tariffähige Gewerkschaften zu stellenden Anforderungen entwickelt. Arbeitgebervereinigungen werden in diesem Kontext zumeist unreflektiert miterwähnt, ohne die Parallelität der Normativvoraussetzungen näher zu begründen. Gleichwohl ist diesem Ansatz beizupflichten.[37] Ob Verbände in der Lage sind, ihre Aufgaben im Rahmen einer funktionierenden Tarifautonomie zu erfüllen, beurteilt sich grundsätzlich nach denselben Voraussetzungen. Methodisch ist der Rückschluß von der Tariffähigkeit des einzelnen Arbeitgebers auf die Tariffähigkeit der „Vereinigung von Arbeitgebern"[38] nicht überzeugend.[39] Er entbehrt schon deshalb jeglicher Grundlage, weil der Gesetzgeber auf unterschiedliche Sachprobleme reagiert. Während mit der Anerkennung der Tariffähigkeit für den einzelnen Arbeitgeber den Gewerkschaften auch für den Fall ein Verhandlungspartner zur Verfügung gestellt werden sollte, daß ein einzelner Arbeitgeber sich nicht mit anderen zu einer „Vereinigung" zusammenschließen will (siehe oben Rnr. 94), steht bezüglich der Tariffähigkeit der „Vereinigung" das für Gewerkschaften gleichermaßen klärungsbedürftige Sachproblem im Vordergrund, unter welchen Voraussetzungen dem „Zusammenschluß" die Tariffähigkeit zuzubilligen ist.

---

[35] Zur Benutzung des Gewerkschaftsbegriffs im Beamtenrecht BayVerfGH AP Nr. 1 zu Art. 35 Bayer. Verfassung.
[36] BAG 10. 9. 1985 AP Nr. 34 zu § 2 TVG = SAE 1986, S. 229 *(Brox)*.
[37] Hiergegen jedoch vor allem *Kempen/Zachert*, § 2 TVG, Rnr. 9, 65.
[38] So aber *Bruhn*, Tariffähigkeit von Gewerkschaften und Autonomie, 1993, S. 153; *Kempen/Zachert*, § 2 TVG, Rnr. 9.
[39] Ablehnend auch *Lieb*, Arbeitsrecht, § 6 V, S. 174.

B. Anforderungen an die Organisation der Berufsverbände

I. Privatrechtliche Vereinigung

1. Vereinigungsbegriff

§ 2 Abs. 1 greift für den tariffähigen Zusammenschluß von Arbeitgebern ausdrücklich auf den Vereinigungsbegriff zurück. Für Gewerkschaften gelten in der Sache keine Abweichungen; auch bei ihnen muß es sich um Vereinigungen handeln. Der Wechsel in der Terminologie (§ 2 Abs. 1: Gewerkschaft; § 1 Abs. 1 TVVO: Vereinigung) beruhte nicht auf der Absicht, hierdurch eine sachliche Änderung herbeizuführen (oben Rnr. 154). Beide Berufsverbände, also sowohl Gewerkschaften als auch Arbeitgeberverbände, müssen deshalb als eine Vereinigung zu qualifizieren sein. 171

Der Vereinigungsbegriff erfährt durch das Tarifvertragsgesetz kaum eine Konkretisierung, er läßt sich in einem ersten Schritt durch einen Rückgriff auf Art. 9 Abs. 3 GG präzisieren. Dort wird der Begriff der Vereinigung zwar ebenfalls nicht definiert, jedoch ergibt sich aus der Systematik der Grundrechtsnorm, daß die „Vereinigung" in Art. 9 GG als Oberbegriff für „Vereine und Gesellschaften" zu verstehen ist. Es fehlen hinreichende Sachgründe, den Vereinigungsbegriff in Art. 9 Abs. 3 GG anders als in Art. 9 Abs. 2 GG zu bestimmen, der seinen Anwendungsbereich gemeinsam auf „Vereine und Gesellschaften" erstreckt.[40] 172

Aufgrund des systematischen Zusammenhanges der Koalitionsfreiheit mit der allgemeinen Vereinigungsfreiheit steht zunächst fest, daß nur *privatrechtliche* Vereinigungen tariffähig sind.[41] Nur diese sind in den Schutzbereich von Art. 9 Abs. 1 GG und damit auch in den von Art. 9 Abs. 3 GG einbezogen.[42] Dies gilt sowohl für Gewerkschaften als auch für Vereinigungen von Arbeitgebern.[43] Die Rechtsfähigkeit ist jedoch nicht erforderlich (siehe oben Rnr. 12). Darüber hinaus setzt der in Art. 9 Abs. 3 GG enthaltene und auch für § 2 Abs. 1 maßgebliche Vereinigungsbegriff voraus, daß die Vereinigung über eine Organisation verfügt, die zur Willensbildung in der Lage ist.[44] Nur dann kann die „Vereinigung" ihre durch Art. 9 Abs. 3 GG überantwortete Aufgabe erfüllen, die Arbeits- und Wirtschaftsbedingungen zu wahren und zu fördern. 173

Methodisch fragwürdig ist der teilweise formulierte Ansatz, den Vereinigungsbegriff in Art. 9 GG durch einen Rückgriff auf die Legaldefinition in § 2 Abs. 1 VereinsG zu konkretisieren.[45] Sie vermag lediglich im Wege der systematischen Auslegung eine Hilfestellung bei der Präzisierung von § 2 Abs. 1 liefern, da sich aus § 16 VereinsG zumindest die Wertung entnehmen läßt, daß Arbeitnehmer- und Arbeitgebervereinigungen die Voraussetzungen 174

---

[40] Wie hier auch *Otto*, in: Liber Discipulorum – Dankschrift für Günther Wiese (1996), S. 118, 126.
[41] Für die allg. Ansicht *Lieb*, Arbeitsrecht, § 6 V, S. 173; *Nipperdey/Säcker*, AR-Blattei, Berufsverbände I, 1979, C I 1 a; *Zöllner/Loritz*, Arbeitsrecht, § 8 III 3, S. 113.
[42] BVerfGE 10, S. 89, 102; BVerfGE 38, S. 281, 297.
[43] Anderer Ansicht für Arbeitgebervereinigungen BAG 2. 12. 1992 AP Nr. 14 zu § 3 TVG.
[44] *Löwisch/Rieble*, § 2 TVG, Rnr. 6.
[45] So *Löwisch/Rieble*, § 2 TVG, Rnr. 4.

des einfachgesetzlichen Vereinsbegriffs erfüllen müssen. Da § 2 Abs. 1 im Lichte der koalitionsverfassungsrechtlichen Freiheitsverbürgung zu interpretieren ist, ist ein extensives Verständnis des Vereinigungsbegriffs nicht zwingend ausgeschlossen.

2. Organisation der Vereinigung

175 **a) Mitgliedschaft.** Mitglieder einer tariffähigen Vereinigung müssen Personen sein, die entweder Arbeitnehmer (Gewerkschaft) oder Arbeitgeber (Vereinigung von Arbeitgebern) sein können. Hiervon gehen die §§ 3 Abs. 1, 4 Abs. 1 aus, da nur die Parteien des Arbeitsvertrages tarifgebunden sein können und dies ihrerseits die Mitgliedschaft in einer Tarifvertragspartei voraussetzt. Eine tariffähige Gewerkschaft kann deshalb nur eine Vereinigung sein, der Arbeitnehmer angehören. Wegen der Verpflichtung zur persönlichen Dienstleistung können dies nur natürliche Personen sein. Mitglieder tariffähiger Vereinigungen von Arbeitgebern können demgegenüber sowohl natürliche und juristische Personen als auch Personenvereinigungen sein, da sie gleichermaßen die Vertragsstellung eines Arbeitgebers einnehmen können.[46]

176 Die Tariffähigkeit einer Vereinigung geht nicht dadurch verloren, daß ihr auch noch andere Mitglieder angehören, die weder Arbeitgeber noch Arbeitnehmer sind. Durch ihre Mitgliedschaft wird eine Vereinigung nicht außerstande gesetzt, die Arbeitsbedingungen der angeschlossenen Mitglieder auszuhandeln, die Parteien eines Arbeitsvertrages sind. Dies gilt entsprechend, wenn der Vereinigung eine andere Vereinigung angehört, die weder Arbeitgeber noch Arbeitnehmer ist. Eine Vereinigung kann aufgrund der Mitgliedschaft einer Vereinigung deshalb sowohl nach § 2 Abs. 1 tariffähig sein als auch diese Rechtsmacht durch die Eigenschaft als Spitzenorganisation erlangen. Die Qualifikation als tariffähige Gewerkschaft für die Arbeitnehmer, die unmittelbar Mitglieder sind, wird dadurch nicht ausgeschlossen.

177 Eine **Mindestzahl** an Mitgliedern ist grundsätzlich nicht erforderlich.[47] Hiervon zu trennen ist die Frage, ob nur solche Vereinigungen tariffähig sind, die ein Mindestmaß an sozialpolitischem Einfluß besitzen und welche Bedeutung die Mitgliederzahl für diese Problematik hat (hierzu unten Rnr. 308 ff.).

178 Die Tariffähigkeit einer Gewerkschaft (Arbeitnehmervereinigung) wird nicht dadurch in Frage gestellt, daß ihr Mitglieder angehören, die ihren Beruf zur Zeit oder überhaupt nicht mehr ausüben.[48] *Arbeitnehmerähnliche Personen* (wie Heimarbeiter oder Hausgewerbetreibende) konnten schon vor der Schaffung von § 12a Mitglied einer Gewerkschaft sein, ohne daß diese dadurch ihre Tariffähigkeit verlor.[49] Durch § 12a wird diese Rechtsansicht bestätigt.[50] Andere Personengruppen wie *Beamte* oder *leitende Angestellte* der von

---

[46] *Zöllner/Loritz,* Arbeitsrecht, § 8 III 2, S. 112.
[47] BAG 15. 3. 1977 AP Nr. 24 zu Art. 9 GG *(Wiedemann)* = EzA § 2 TVG Nr. 12 (Dütz) = SAE 1978, S. 37 *(Kraft); Maus,* § 2 TVG, Rnr. 61; *Gerhard Müller,* Juristen-Jahrbuch Bd. 10 (1969/70), S. 125, 150; *Stahlhacke,* Betrieb 1964, S. 697.
[48] Ebenso *Koberski/Clasen/Menzel,* § 2 TVG, Rnr. 22; *v. Münch,* Bonner Kommentar (Zweitbearbeitung), Art. 9 GG, Rnr. 125; *Reichel,* RdA 1963, S. 300, 301.
[49] Siehe § 17 HAG, sowie BAG 15. 11. 1963 AP Nr. 14 zu § 2 TVG = SAE 1964, S. 193 *(Mayer-Maly); Reichel,* RdA 1963, S. 300, 301.
[50] *Kempen/*Zachert, § 2 TVG, Rnr. 13; *Koberski/Clasen/Menzel,* § 2 TVG, Rnr. 22.

3. Abschnitt. Die tariffähigen Berufsverbände 179, 180 § 2

der Gewerkschaft vertretenen Wirtschaftsbranche können, wenn die Satzung dies gestattet, aufgenommen werden, solange das Prinzip der Unabhängigkeit des Berufsverbandes (dazu unten Rnr. 235 ff.) dadurch nicht gefährdet wird.[51] Davon ist die Frage abzugrenzen, ob die Vereinigungen, die ausschließlich oder überwiegend Beamte oder leitende Angestellte aufnehmen wollen, ihrerseits tariffähig sind (hierzu unten Rnr. 247, 249).

b) Organisationsstruktur. Die einhellige Ansicht verlangt für die Tariffähigkeit einer Vereinigung, daß sie eine körperschaftliche Struktur besitzt.[52] Hierfür ist zwingend erforderlich, daß der Zusammenschluß vom Wechsel der ihn tragenden Personen unabhängig ist.[53] Um die Funktionsfähigkeit der Tarifautonomie zu gewährleisten, muß die Vereinigung ferner auf Dauer angelegt sein (zur ad-hoc-Koalition unten Rnr. 210 f.).[54] Durch Tarifverträge sollen die Arbeits- und Wirtschaftsbedingungen geregelt werden, was denknotwendig ein zeitliches Element enthält. Soll der Tarifvertrag seine Funktion erfüllen, so muß es möglich sein, daß sich Außenseiter jederzeit einer der Tarifvertragsparteien anschließen können, um hierdurch den Rechtswirkungen des Tarifvertrages zu unterliegen. Diese Voraussetzung kann eine Tarifvertragspartei nur erfüllen, wenn ihre Organisation unabhängig von dem aktuellen Mitgliederbestand ausgestaltet ist.

Die vorstehenden Voraussetzungen gelten uneingeschränkt für die Arbeitnehmervereinigung. Zweifelhaft ist die Rechtslage jedoch für die **Vereinigung von Arbeitgebern**. Die Abrede mehrerer Arbeitgeber, gemeinsam mit der für sie zuständigen Gewerkschaft die Arbeitsbedingungen auszuhandeln, muß nicht stets dazu führen, daß mehrere rechtlich selbständige Firmentarifverträge existieren. Denkbar ist vielmehr auch, der Abrede die Kraft zuzubilligen, bereits eine tariffähige Vereinigung (Tarifgemeinschaft) zu konstituieren, obwohl es sich aufgrund der Abwesenheit einer körperschaftlichen Organisation bei ihr um eine BGB-Gesellschaft handelt. Gleichwohl lehnt es die ganz überwiegende Ansicht ab, eine BGB-Gesellschaft als „Vereinigung von Arbeitgebern" anzuerkennen.[55] Die Stabilität der Organisation sowie die Mechanismen zur Bildung eines Gesamtwillens liegen zwar auch bei ihr vor, sie erfüllt aber die Funktionsvoraussetzungen für die Tarifautonomie nur bei einer atypischen Ausgestaltung, die stets die Aufnahme neuer Gesellschafter gestattet. Sofern indes zur Begründung einer körperschaftlichen Verfassung auf den in § 3 Abs. 1 enthaltenen Terminus „Mitglied"

---

[51] Allg. Ansicht, siehe zuletzt *Wiedemann/Thüsing*, RdA 1996, S. 280, 282.
[52] So z.B. *Hanau/Adomeit*, Arbeitsrecht, C I 2 b, S. 58; Hueck/*Nipperdey*, Arbeitsrecht II 1, § 6 I 2, S. 83 ff.; Löwisch/*Rieble*, § 2 TVG, Rnr. 31; *Maus*, § 2 TVG, Rnr. 61; *Nipperdey/Säcker*, AR-Blattei, Berufsverbände I, 1979, C I 1 a; *Zöllner/Loritz*, Arbeitsrecht, § 8 III 2, S. 112.
[53] *Koberski/Clasen/Menzel*, § 2 TVG, Rnr. 43; *Nipperdey/Säcker*, AR-Blattei, Berufsverbände I, 1979, C I 1 a; *Zöllner/Loritz*, Arbeitsrecht, § 8 III 2, S. 112.
[54] Dies entspricht der nahezu einhelligen Ansicht; siehe z.B. *Hanau/Adomeit*, Arbeitsrecht, C I 2 b, S. 58; *Koberski/Clasen/Menzel*, § 2 TVG, Rnr. 43; *Nipperdey/Säcker*, AR-Blattei, Berufsverbände I, 1979, C I 1 a; *Zöllner/Loritz*, Arbeitsrecht, § 8 III 2, S. 112.
[55] So für den Koalitionsbegriff Hueck/*Nipperdey*, Arbeitsrecht II 1, § 6 I 2 b, S. 86; *Nikisch*, Arbeitsrecht II, § 57 II 3, S. 7; *Nipperdey/Säcker*, AR-Blattei, Berufsverbände I, 1979, C I 1 a; kritisch *Bruhn*, Tariffähigkeit von Gewerkschaften und Autonomie, 1993, S. 167; a.A. *Gamillscheg*, Kollektives Arbeitsrecht I, § 9 II 4 a, S. 397.

verwiesen wird,[56] ist entgegenzuhalten, daß diese Sichtweise mit der vorherrschenden gesellschaftsrechtlichen Doktrin nicht im Einklang steht, die stets die Mitgliedschaft als die Gesamtheit der Rechte und Pflichten der Gesellschaft versteht und zwar unabhängig davon, ob es sich um Personengesellschaften oder Vereine handelt.[57]

181 Treten mehrere Arbeitgeber auf einer Seite eines Tarifvertrages auf, ohne die Voraussetzungen des Vereinigungsbegriffs zu erfüllen, so können sie zwar eine „Verhandlungsgemeinschaft" bilden, tarifrechtlich besitzt diese jedoch keine Tariffähigkeit; bei ihrem Abschluß handelt es sich vielmehr um einen mehrgliedrigen Tarifvertrag. Prominentes Beispiel hierfür ist der Bundesangestelltentarifvertrag, der auf Seiten der öffentlichen Arbeitgeber von der Bundesrepublik Deutschland, der Tarifgemeinschaft der Länder und der Vereinigung der Kommunalen Arbeitgeberverbände abgeschlossen wird. Obwohl sich diese zu einer „Verhandlungsgemeinschaft" zusammengeschlossen haben, ist sie keine „Vereinigung von Arbeitgebern" im Sinne von § 2 Abs. 1.

182 **c) Personale Autonomie der Berufsverbände.** Nach dem privaten Vereinsrecht entscheiden die nach der Satzung zuständigen Organe nach freiem Ermessen über die Aufnahme neuer Mitglieder. Dies gilt entsprechend für den Ausschluß aus dem Verein, sofern hierfür eine ausreichende Satzungsgrundlage existiert. Die Voraussetzungen, unter denen ein Mitglied aus dem Verband ausgeschlossen werden darf, werden grundsätzlich vom Verband in Ausübung seiner Satzungsautonomie selbst festgelegt. Für tariffähige Vereinigungen gilt dies nur eingeschränkt. Sowohl die Aufnahme neuer Mitglieder als auch der Ausschluß von Mitgliedern unterliegt wegen der besonderen Bedeutung der Mitgliedschaft in einer tariffähigen Vereinigung – unabhängig davon, ob es sich um eine Gewerkschaft oder um eine Vereinigung von Arbeitgebern handelt – besonderen rechtlichen Schranken.

183 **aa) Aufnahmeanspruch.** Nach den Bestimmungen der Gewerkschaftssatzungen ist die Aufnahme neuer Mitglieder in das Ermessen der zuständigen Verwaltungseinrichtungen gestellt.[58] Für die nach § 2 Abs. 1 tariffähigen Vereinigungen entspricht diese Satzungspraxis nicht dem geltenden Gesetzesrecht. Vielmehr hat sich heute weitgehend die Ansicht durchgesetzt, daß die Aufnahme neuer Mitglieder durch tariffähige Vereinigungen nur unter engen Voraussetzungen abgelehnt werden darf.

184 Für Gewerkschaften und Vereinigungen von Arbeitgebern gelten insoweit keine anderen Grundsätze als sie auch im übrigen Verbandsrecht anerkannt sind.[59] Die vom Bundesgerichtshof in dem Urteil vom *2. Dezember 1974*

---

[56] So *Otto*, in: Liber discipulorum – Dankschrift für Günther Wiese (1996), S. 118, 126 f.
[57] Siehe statt aller *Kraft/Kreutz*, Gesellschaftsrecht, 10. Aufl. 1997, C II 1 vor a, S. 96; *Wiedemann*, Gesellschaftsrecht Bd. I, 1980, § 2 I 1 b bb, S. 95 f.
[58] So z. B. § 3 Nr. 5 der Satzung der IG-Metall.
[59] Die Bestrebungen, den Aufnahmeanspruch auf Art. 9 Abs. 3 GG zu stützen (so z. B. *Föhr*, Willensbildung in den Gewerkschaften und Grundgesetz, 1974, S. 162 ff.; *Popp*, Öffentliche Aufgaben der Gewerkschaften und innerverbandliche Willensbildung, 1975, S. 121; *Sachse*, AuR 1985, S. 267, 270 ff., m. w. N.), legitimieren keine abweichenden Ergebnisse, verdecken jedoch den Sinnzusammenhang mit dem allgemeinen Verbandsrecht.

entwickelte Schranke, „daß die Ablehnung der Aufnahme nicht zu einer – im Verhältnis zu bereits aufgenommenen Mitgliedern – sachlich nicht gerechtfertigten ungleichen Behandlung und unbilligen Benachteiligung eines die Aufnahme beantragenden Bewerbers führen darf",[60] gilt nicht nur für Monopolverbände,[61] sondern ganz allgemein, „wenn der Verein oder Verband im wirtschaftlichen oder sozialen Bereich eine überragende Machtstellung inne hat und ein wesentliches oder grundlegendes Interesse am Erwerb der Mitgliedschaft besteht".[62]

Für die tariffähigen Vereinigungen (Gewerkschaften und Arbeitgebervereinigungen) gilt das stets.[63] Sie besitzen in der gesamten Arbeitsrechtsordnung einen überragenden Einfluß, der auch außerhalb des Tarifrechts anerkannt wird. Dies betrifft angesichts des Dogmas eines einheitlichen Gewerkschaftsbegriffs (oben Rnr. 164f., 167) vor allem die Einbeziehung der tariffähigen Vereinigungen in das arbeitsgerichtliche Verfahren und in die Betriebsverfassung. Auch ein grundlegendes Interesse am Erwerb der Mitgliedschaft in einer tariffähigen Vereinigung kann nicht verneint werden. Nur durch die Mitgliedschaft in einer Gewerkschaft i.S. von § 2 Abs. 1 erhält ein Arbeitnehmer einen unabdingbaren Anspruch auf die tariflichen Arbeitsbedingungen (§§ 3 Abs. 1, 4 Abs. 1) sowie eine finanzielle Unterstützung im Falle eines von der Gewerkschaft geführten Streiks. Für tariffähige Vereinigungen von Arbeitgebern gilt dies gleichermaßen.[64] Nur durch den Beitritt zu einer Arbeitgebervereinigung können Arbeitgeber den Schutz der Friedenspflicht eines Verbandstarifvertrages erlangen.

Trotz ihrer „überragenden Machtstellung" kann eine tariffähige Vereinigung die Aufnahme eines Bewerbers ablehnen. Hierfür ist aber erforderlich, daß sich die Vereinigung auf eine sachliche Rechtfertigung für die Ablehnung stützen kann.[65] Bei der Prüfung, ob diese Voraussetzung erfüllt ist, steht der Vereinigung ein gerichtlich nur begrenzt überprüfbarer Beurteilungsspielraum zu, da das Gericht seine eigene Überzeugung nicht an die Stelle der von der Vereinigung getroffenen Wertung setzen darf. Die gerichtliche Kontrolle der ablehnenden Entscheidung beschränkt sich auf eine Nachprüfung des unterbreiteten Sachverhalts und ob die hierauf gestützten Ablehnungsgründe unbillig sind.[66] Die Ablehnung eines Bewerbers ist stets dann sachlich gerechtfertigt, wenn sie auf einen Sachverhalt gestützt wird, aufgrund dessen die Vereinigung nach ihrer insoweit rechtmäßigen Satzung zur Beendigung der Mitgliedschaft durch einen Verbandsausschluß berechtigt gewesen wäre.[67]

---

[60] BGHZ 63, S. 283, 285.
[61] Für diese BGHZ 63, S. 283, 284f.
[62] BGHZ 93, S. 151, 152.
[63] Kritisch *Reuter*, JZ 1985, S. 536f.; *Säcker/Rancke*, AuR 1981, S. 1, 12.
[64] Zutreffend *Löwisch/Rieble*, § 3 TVG, Rnr. 29; ebenso *Gamillscheg*, Kollektives Arbeitsrecht I, § 10, 2b, S. 447f.
[65] BGHZ 63, S. 283, 285; BGHZ 93, S. 151, 154; näher hierzu im einzelnen *Schmiegel*, Die Inhaltskontrolle von Koalitionssatzungen, 1995, S. 52ff.
[66] BGHZ 93, S. 151, 158.
[67] BGHZ 93, S. 151, 155; zustimmend insoweit auch *Reuter*, JZ 1985, S. 536, 537; ebenso *Gamillscheg*, Kollektives Arbeitsrecht I, § 10, 2a, S. 447; *Schmiegel*, Die Inhaltskontrolle von Koalitionssatzungen, 1995, S. 172.

187 Ein Widerspruch zu den Wertungen der Koalitionsfreiheit ist mit dieser Restriktion der personellen Autonomie der Berufsverbände nicht verbunden, da die Berufsverbände das Recht zur Definition derjenigen Tatbestände behalten, bei deren Vorliegen sie einen Vorrang der Kollektivinteressen gegenüber den Individualinteressen für gegeben erachten. Insofern gelten für die Dogmatik der Koalitionsfreiheit keine anderen Grundsätze als für das Grundrecht der Vereinigungsfreiheit. Problematisch ist deshalb ausschließlich die Reichweite der Autonomie und die Justitiabilität der von den Berufsverbänden getroffenen Entscheidung, unter welchen Voraussetzungen das Verhalten eines Bewerbers vor seinem Beitritt mit den Zielen des Berufsverbandes unvereinbar ist. Im Hinblick auf das Recht des Berufsverbandes, über seine personelle Zusammensetzung selbst zu entscheiden, ist dem Berufsverband eine Einschätzungsprärogative zuzubilligen, durch die insbesondere dem spezifischen Umstand Rechnung getragen wird, daß es sich bei den Berufsverbänden um Vereinigungen handelt, die ggf. auf die kampfweise Durchsetzung ihrer Ziele ausgerichtet und deshalb im besonderen Maße auf eine sich im Konfliktfall bewährende Homogenität der Mitglieder angewiesen sind. Mit den Wertungen der kollektiven Koalitionsfreiheit wäre es deshalb unvereinbar, wenn – von den Fällen einer Mißbrauchsprüfung abgesehen – im Wege einer gerichtsförmigen Kontrolle nicht der Verband, sondern der Richter festlegen würde, unter welchen Voraussetzungen das Verhalten eines Bewerbers mit den legitimen Loyalitätsanforderungen des Berufsverbandes unvereinbar ist.

188 **bb) Ausschluß aus der Vereinigung.** Die Ausschließung von Mitgliedern aus tariffähigen Vereinigungen unterliegt nicht nur der Überprüfung, ob diese gesetzeswidrig, grob unbillig oder willkürlich ist. Bei Verbänden, die einer Aufnahmepflicht unterliegen, also insbesondere auch bei tariffähigen Vereinigungen, ist ein Ausschluß nur gerechtfertigt, wenn er eine Grundlage in der Satzung besitzt, in einem ordnungsgemäßen Verfahren zustande gekommen ist und durch sachliche Gründe gerechtfertigt ist.[68]

189 Angesichts der neueren Rechtsprechung des Bundesgerichtshofes sind die tariffähigen Vereinigungen nicht frei in der satzungsförmigen Ausgestaltung der Ausschlußtatbestände. Die ggf. inzident zu überprüfende Satzung muß hiernach nicht nur im Einklang mit höherrangigem zwingenden Gesetzesrecht stehen, sondern vielmehr unterliegen die Satzungen bei Verbänden mit einer überragenden Machtstellung im wirtschaftlichen und sozialen Bereich einer zusätzlichen Inhaltskontrolle im Hinblick auf ihre Billigkeit (Treu und Glauben).[69] Dies gilt auch für die statutarisch fixierten Tatbestände, die die zuständigen Vereinsorgane zum Ausschluß eines Mitgliedes aus der Vereinigung berechtigen. Selbst wenn dies nicht ausdrücklich in der Satzung verankert ist, ist hierdurch auch die Ausübung des Ermessens gebunden. Eine Satzungsbestimmung, die den Ausschluß aus der Vereinigung bei einer Mit-

---

[68] BGHZ 102, S. 265, 277; BGH, NJW 1991, S. 485; BGH, NJW 1994, S. 43; BGH, NJW 1997, S. 3368, 3370; siehe auch *Schmiegel*, Die Inhaltskontrolle von Koalitionssatzungen, 1995, S. 173 ff.; anderer Ansicht jedoch *Säcker/Rancke*, AuR 1981, S. 1, 11 ff.

[69] BGHZ 105, S. 306, 318 f.; sowie jüngst *Schmiegel*, Die Inhaltskontrolle von Koalitionssatzungen, 1995, S. 3 ff., 28 ff.

gliedschaft in einer mit den rechtmäßigen Zielen der Vereinigung unvereinbaren Gruppierung, insbesondere in einer politischen Partei, vorsieht, ist bei diesen Maßstäben ebensowenig zu beanstanden[70] wie der Ausschluß aufgrund eines schweren Verstoßes gegen die Satzungsbestimmungen der Vereinigung.

Die Voraussetzungen an eine Treu und Glauben entsprechende Ausschlußklausel sind stets erfüllt, wenn sich die Satzung auf solche Tatbestände beschränkt, in denen der Ausschluß durch sachliche Gründe gerechtfertigt ist. Da die Entscheidung über die Aufnahme in die tariffähige Vereinigung nicht dem freien Ermessen unterliegt, können für die gerichtliche Kontrolle des Ausschlusses aus der Vereinigung keine geringeren Maßstäbe gelten.[71] Im Hinblick auf die Feststellung des beurteilten Sachverhalts und seine Subsumtion unter die herangezogene Satzungsbestimmung besteht zumindest im Hinblick auf die Subsumtion ein Beurteilungsspielraum, der aufgrund der Verbandsautonomie grundsätzlich nur in engen Grenzen gerichtlich nachprüfbar ist.[72] Die Tatsachenermittlung kann indessen uneingeschränkt gerichtlich kontrolliert werden.[73] Dies rechtfertigt es jedoch nicht, neue Tatsachen, die während eines vereinsinternen Ausschlußverfahrens nicht berücksichtigt wurden, im Rahmen eines gerichtlichen Verfahrens nachzuschieben.[74]

190

Ebenso wie bei Beschränkungen der Aufnahmefreiheit ist allerdings auch bezüglich der statutarischen Festlegung der Ausschlußtatbestände den Berufsverbänden eine *Einschätzungs- und Bewertungsprärogative* zuzubilligen. Die Festlegung, welche Verhaltensweisen den Vorwurf eines illoyalen, die innerverbandlichen Solidaritäts- und Rücksichtnahmepflichten mißachtenden Verhaltens[75] rechtfertigen, können vom Berufsverband autonom festgelegt werden, da nur mit dieser Einschränkung den Vorgaben der kollektiven Koalitionsfreiheit ausreichend Rechnung getragen wird. Das Selbstbestimmungsrecht der Koalitionen über das Verfahren ihrer Willensbildung und die Führung ihrer Geschäfte[76] umschließt auch das Recht, die äußeren Rahmenbedingungen für den innerverbandlichen Diskussionsprozeß festzulegen. Damit ist zugleich das Recht verbunden, die Loyalitätsanforderungen an die Mitglieder zu definieren.

191

Die höchstrichterliche Rechtsprechung hat Ausschlüsse aus tariffähigen Vereinigungen bislang nur im Hinblick auf den **Ausschluß aus Gewerkschaften** überprüft. Dabei billigt der Bundesgerichtshof den Gewerkschaften das Recht zu, ihre innere Ordnung gegen Mitglieder zu verteidigen, die sich im Widerspruch zu den verbandsrechtlichen Loyalitäts- und Förderpflichten betätigen. Neben der Schwächung der innerverbandlichen Loyalitäts- und Solidaritätspflichten durch Streikbrechertätigkeit[77] und der Mitgliedschaft in einer politischen Partei, deren Programmatik nach den Bekundungen der

192

---

[70] BGH, NJW 1991, S. 485.
[71] BGHZ 102, S. 265, 276 f.; BGH, NJW 1997, S. 3368, 3370.
[72] BGHZ 87, S. 337, 345.
[73] BGHZ 87, S. 337, 344; BGH, NJW 1997, 3368, 3370.
[74] BGHZ 102, S. 265, 273.
[75] Zu den verbandsbezogenen Verhaltenspflichten *Dütz*, in: Festschrift für Marie Luise Hilger und Hermann Stumpf (1983), S. 99 ff.; sowie allg. *Lutter*, AcP Bd. 180 (1980), S. 84 ff.
[76] BVerfGE 50, S. 290, 373 f.; BVerfGE 92, S. 365, 403.
[77] Hierzu BGH, NJW 1978, S. 990, 991.

Gewerkschaft ihren Zielen zuwiderläuft, würdigte die höchstrichterliche Rechtsprechung vor allem die Mitgliedschaft in einer mit den Zielen der Gewerkschaft unvereinbaren Gruppierung[78] sowie den Ausschluß wegen der Kandidatur bei Betriebsratswahlen auf einer in Konkurrenz zu dem gewerkschaftlichen Wahlvorschlag tretenden Liste.[79] Wegen des in § 20 Abs. 2 BetrVG gegenüber jedermann aufgestellten Wahlschutzes billigt der Bundesgerichtshof in ständiger Rechtsprechung Gewerkschaftsmitgliedern das Recht zu, auf Listen zu kandidieren, die in Konkurrenz zu einem von der Gewerkschaft getragenen Wahlvorschlag antreten, ohne daß dieses Verhalten für sich allein bereits die Gewerkschaft zum Ausschluß dieses Mitgliedes berechtigt. Das Recht zur Kandidatur schließe auch das Recht ein, im Kampf um Wählerstimmen Kritik an der Betriebsratsarbeit der eigenen Gewerkschaft zu üben.[80] Die Grenze sieht der Bundesgerichtshof erst bei einem gewerkschaftsschädlichen Verhalten als überschritten an, durch das die Gewerkschaft allgemein oder die eigene Gewerkschaft und ihre satzungsmäßigen Zielsetzungen in einer ihr die Solidarität aufkündigenden, mit der Mitgliedschaft schlechterdings nicht mehr zu vereinbarenden Weise bekämpft wird.[81]

193 Bezüglich der Teilnahme an Betriebsratswahlen auf Wahlvorschlägen, die zu dem Gewerkschaftsvorschlag in Konkurrenz treten, ist die Rechtsprechung des Bundesgerichtshofes auf erheblichen Widerspruch in der literarischen Diskussion gestoßen.[82] Insoweit gilt es allerdings stets zu beachten, daß die Entscheidung maßgeblich von der konkreten Formulierung der Satzungsbestimmung abhängt, auf die der Ausschluß eines Mitgliedes gestützt wird. Im Kern geht es jedoch um die Reichweite des betriebsverfassungsrechtlichen Wahlschutzes (§ 20 Abs. 2 BetrVG). Dieser wird von der Rechtsprechung des Bundesgerichtshofes zu weit interpretiert, da er das Interesse an einem innerverbandlichen loyalen Verhalten auf Seiten der Berufsverbände nicht ausreichend berücksichtigt.

194 Für **Ausschlüsse aus Arbeitgebervereinigungen** liegen bislang keine höchstrichterlichen Entscheidungen vor. In Betracht kommen insoweit ebenfalls vor allem Verstöße gegen die innerverbandlichen Loyalitäts- und Solidaritätspflichten. Denkbar sind dabei satzungswidrig abgeschlossene Firmentarifverträge oder der Abschluß eines Firmentarifvertrages während der laufenden Verhandlungen um den Abschluß eines Verbandstarifvertrages. In dem letztgenannten Fall verstößt das Mitglied der Arbeitgebervereinigung in vergleichbar schwerwiegender Weise gegen die verbandsrechtlichen Loyalitätspflichten wie das Mitglied einer Gewerkschaft, das durch die Übernahme

---

[78] BGH, NJW 1991, S. 485; BGH, NJW 1994, 43 ff.
[79] Zuletzt BGHZ 102, S. 265, 277; sowie zuvor BGHZ 45, S. 234 ff.; BGHZ 71, S. 126 ff.; BGHZ 87, S. 337 ff.
[80] BGHZ 102, S. 265, 277.
[81] BGHZ 102, S. 265, 278; im Grundsatz zustimmend *Reuter*, ZGR 1980, S. 101, 127 f.; *ders.*, JZ 1985, S. 536, 537; für ein weiterreichendes Ausschlußrecht jedoch *Gamillscheg*, Kollektives Arbeitsrecht I, § 10, 2 d, S. 450; *Popp*, JuS 1980, S. 789 ff.; *Sachse*, AuR 1985, S. 267, 275 ff.; *Säcker/Rancke*, AuR 1981, S. 1, 7 ff.; *Zöllner*, Zur Frage des Gewerkschaftsausschlusses wegen gewerkschaftsschädigender Kandidatur bei Betriebsratswahlen, 1983; GK/Kreutz, § 20 BetrVG, Rnr. 35 ff.
[82] Ablehnend vor allem *Herschel*, AuR 1978, S. 319, 320; *Säcker/Rancke*, AuR 1981, S. 1, 9 ff.

von Streikbrechertätigkeit[83] die Einheitlichkeit und Geschlossenheit des kampfführenden Verbandes beeinträchtigt.

d) Vermögensorganisation. Das Tarifvertragsrecht stellt keine besonderen Anforderungen an die Vermögensorganisation des Berufsverbandes, insbesondere ist keine Rechtsfähigkeit erforderlich.[84] Die Gewerkschaften sind traditionell nicht-rechtsfähige Vereine, die Arbeitgeberverbände überwiegend eingetragene Vereine, deren Vermögen der juristischen Person zusteht.

Entgegen § 54 BGB gelten jedenfalls für die Organisation der Gewerkschaft die §§ 25 ff. BGB entsprechend. Sie genießt Namensschutz nach § 12 BGB. Für das Vermögensrecht haben die Gewerkschaften teils in Sondergesetzen,[85] teils im Wege der anerkannten Rechtsfortbildung[86] zumindest Teilrechtsfähigkeit erworben; sie sind heute in jedem Verfahren aktiv und passiv parteifähig und können im Grundbuch eingetragen werden.[87] Die Gewerkschaften haften für ihre Organe nach § 31 BGB.[88] Ihre Mitglieder haften für die Verbandsschulden lediglich mit dem eingebrachten Vereinsvermögen und mit noch nicht geleisteten Beiträgen. Das in verschiedenen früheren Entwürfen zu einem Gesetz über die Rechtsfähigkeit der Berufsvereine zum Ausdruck kommende Streben der Koalitionen nach einer privilegierten, vor allem von den strengen Haftungsvorschriften befreiten Rechtsfähigkeit war bisher ohne Erfolg.[89]

e) Gründungsverband. Von den hier beschriebenen Voraussetzungen abgesehen werden an die Gründung einer Gewerkschaft oder einer Arbeitgebervereinigung keine zusätzlichen Anforderungen gestellt. Es bedarf weder einer Registrierung noch einer Konzession nach § 22 BGB noch eines konstituierenden Hoheitsaktes (wie für öffentlich-rechtliche Verbände).[90]

f) Privatrechtlicher Verband. Tariffähig sind nach § 2 Abs. 1 nur solche Gewerkschaften und Arbeitgebervereinigungen, die privatrechtlich verfaßt sind. Das entspricht nicht nur der historischen Entwicklung, sondern folgt auch aus der verfassungsrechtlichen Garantie der Koalitionsfreiheit, die sich lediglich auf privatrechtliche Vereinigungen erstreckt (siehe oben Rnr. 173). Das schließt nicht aus, daß neben den privatrechtlichen Berufsverbänden auch öffentlich-rechtlichen Körperschaften die Tariffähigkeit verliehen werden kann (oben Rnr. 27 ff.) wenn der Abschluß von Tarifverträ-

---

[83] Siehe BGH, NJW 1978, S. 990, 991.
[84] Ebenso *Schaub*, Arbeitsrechts-Handbuch, § 199 I 1, S. 1663.
[85] Siehe §§ 10, 11 ArbGG für die aktive Parteifähigkeit vor den Arbeitsgerichten.
[86] BGHZ 42, S. 210, 215 = AP Nr. 6 zu § 54 BGB; BGHZ 50, S. 325, 327 = AP Nr. 1 zu § 50 ZPO; kritisch dazu *Kübler*, Rechtsfähigkeit und Verbandsverfassung, 1971.
[87] Zur Grundbuchfähigkeit der Vorgesellschaft BGHZ 45, S. 338, 348; *Wiedemann*, JurA 1970, S. 439, 462.
[88] BAG 8. 11. 1988 AP Nr. 111 zu Art. 9 GG *Arbeitskampf* (v. *Bar*) = EzA Art. 9 GG Arbeitskampf Nr. 91 (*Konzen*) = SAE 1989, S. 316 (*Mayer-Maly*); Hanau/Adomeit, Arbeitsrecht, C I 2 b, S. 58; sowie allg. zur Anwendung von § 31 BGB beim nichtrechtsfähigen Verein MünchKomm/*Reuter*, 3. Aufl. 1993, § 31 BGB, Rnr. 8.
[89] Dazu Hueck/*Nipperdey*, Arbeitsrecht II 1, § 6 I 2, S. 86.
[90] *Nipperdey/Säcker*, AR-Blattei, Berufsverbände I, 1970, C II b; *Werner Weber*, Juristen-Jahrbuch, Bd. 8 (1967/68), S. 137; siehe auch oben Rnr. 169; zum Erfordernis der sozialen Mächtigkeit unten Rnr. 307 ff.

gen kraft Gesetzes zu ihrem Aufgabenbereich gehört.[91] In diesem Fall beruht die Tariffähigkeit jedoch auf der jeweiligen spezialgesetzlichen Grundlage und nicht auf der allgemeinen Regelung in § 2 Abs. 1.[92]

3. Unterorganisation

199 **a) Tatsächliches.** Die Gewerkschaften sind in Orts-, Bezirks- und Bundesverbände eingeteilt,[93] wobei dem Ortsverband teilweise eine Betriebs- oder Amtsgruppe vorgegliedert oder zwischen Bezirks- und Bundesverband noch ein Landesbezirksverband[94] zwischengeschaltet ist. Möglich ist die Bildung einer eigenständigen Unterorganisation auch bei Arbeitgebervereinigungen (näher oben Rnr. 20).

200 Die Entscheidungen über den Abschluß und die Kündigung von Tarifverträgen trifft in fast allen Gewerkschaften für den überbezirklichen Bereich der Hauptvorstand und für den bezirklichen der Bezirksvorstand oder Bezirksleiter. Die Tarifkommissionen haben nur beratende und unterstützende Funktion.[95] Die überwiegende Zahl der Tarifverträge wird von den Bezirksleitungen der Gewerkschaften abgeschlossen, die Ortsverwaltungen werden nur ausnahmsweise (für örtliche Tarifverträge oder Firmentarifverträge) tätig.

201 **b) Tariffähigkeit.** Auch Unterverbände, also Ortsgruppen, Bezirke und Kreisverwaltungen, können tariffähig sein, wenn sie eine *selbständige Vereinigung* darstellen, also selbst entscheidungs- und vermögensfähig sind und die Aufgaben einer Koalition für ihre Mitglieder in eigener Verantwortung wahrnehmen und nicht lediglich als Verwaltungsstelle des Gesamt- oder Bezirksverbandes Teilfunktionen eines Berufsverbandes (z.B. Beratung oder Überwachung der tariflichen Lohnbedingungen[96]) ausüben.[97] Voraussetzung für die Selbständigkeit ist nach überwiegender Meinung ein *eigenes Vermögen* der Organisation.[98] Der Bundesgerichtshof[99] entschied die Frage nicht, hob aber mit Recht hervor, daß es nicht darauf ankommt, ob der Etat des Landes- oder Bezirksverbandes vom Hauptverband aufgestellt wird, wenn das

---

[91] Zur Tariffähigkeit der öffentlich-rechtlichen Innungen und der privatrechtlichen Innungsverbände durch die HandwO unten Rnr. 132 ff.
[92] Dies wird von BAG 2. 12. 1992 AP Nr. 14 zu § 3 TVG nicht scharf genug getrennt.
[93] So z.B. die IG-Metall.
[94] So bei der Gewerkschaft Handel, Banken und Versicherungen.
[95] Dazu *Föhr*, Willensbildung in den Gewerkschaften und Grundgesetz, 1974, S. 63 ff.; *Kunadt*, Die Rechtsform der gewerkschaftlichen Unterorganisationen und ihre Rechtsstellung im Tarifvertragsrecht, Diss. Mainz 1974.
[96] Siehe BAG 18. 11. 1965 AP Nr. 17 zu § 1 TVG *(Zöllner)* = SAE 1966, S. 193 *(Brox)*; BAG 22. 2. 1957 AP Nr. 2 zu § 2 TVG *(Tophoven)* = SAE 1957, S. 119 *(Sabin)*; ebenso BAG 22. 12. 1960 AP Nr. 25 zu § 11 ArbGG 1953 *(Nikisch)*: Ortsverein der IG Druck und Papier; BAG 26. 2. 1964 AP Nr. 5 zu § 36 ZPO *(Pohle)*: Bezirksleitungen der IG Metall; *Grunsky*, § 10 ArbGG, Rnr. 15.
[97] Ähnlich *Gamillscheg*, Kollektives Arbeitsrecht I, § 17 I 2 a, S. 523.
[98] So BAG 22. 12. 1960 AP Nr. 25 zu § 11 ArbGG 1953 *(Nikisch)*; LAG Hannover, SAE 1951, Nr. 13 *(Sabin)*; *Hueck/Nipperdey*, Arbeitsrecht II 1, § 20 A III 2, S. 428; *Maus*, § 2 TVG, Rnr. 62; *Nikisch*, Arbeitsrecht II, § 17 III 5, S. 250; anderer Ansicht *Schelp*, AuR 1954, S. 70, 72.
[99] AP 1952, S. 121.

zugeteilte Vermögen dem Bezirk gehört und dessen Vorstand darüber verfügen kann.¹⁰⁰

Unschädlich ist es, wenn die Unterorganisation gleichzeitig unselbständige 202 Verwaltungsstelle (Geschäftsstelle) des Hauptverbandes ist, also eine Doppelstellung innehat; ebenso ist es unschädlich, wenn sie keine eigens formulierte Satzung besitzt, vielmehr auf der Satzung des Hauptverbandes beruht oder die Satzung einer Mustersatzung entspricht oder die Organisation von der Zentrale festgelegt wird. Unschädlich ist auch, daß der Erwerb der Mitgliedschaft der Unterorganisation keiner besonderen Beitrittserklärung bedarf, vielmehr durch (freiwillige) Zugehörigkeit zum Hauptverband und Ansässigkeit im Bezirk oder im Bereich der Ortsverwaltung bedingt ist.

c) Tarifzuständigkeit. Ob *intern* der Abschluß von Tarifverträgen zum 203 Aufgabenkreis der Unterverbände gehört, hängt von der Satzung und ihrer Auslegung ab. Hat sich der Hauptverband in der Satzung das ausschließliche Recht zum Tarifabschluß vorbehalten, so wird die Tariffähigkeit der Unterorganisation im Zweifel zu verneinen sein.¹⁰¹ In jedem Fall ist zu prüfen, ob ein Unterverband im eigenen Namen oder im Namen des Hauptverbandes abschließt. Unselbständige, nicht tariffähige Verwaltungsstellen werden im allgemeinen als Vertreter des Zentralverbandes tätig.¹⁰²

d) Parteifähigkeit. Fehlt es an der Tariffähigkeit, so fehlt auch die aktive 204 Parteifähigkeit.¹⁰³

4. Sonderverbände

Wenn die übrigen Voraussetzungen gegeben sind, erkennt das Gesetz 205 auch Spezialverbände als tariffähige Arbeitnehmer- oder Arbeitgebervereinigungen an. Dies gilt insbesondere für Vereinigungen leitender Angestellter, arbeitnehmerähnlicher Personen sowie Angehöriger freier Berufe.

a) Vereinigungen leitender Angestellter. Die leitenden Angestellten 206 haben sich erstmals am 18. Dezember 1918 in der „Vereinigung der leitenden Angestellten in Handel und Industrie" (Vela) organisiert.¹⁰⁴ In den folgenden Jahren wurde eine Reihe anderer Berufsverbände für leitende Angestellte gegründet.¹⁰⁵ Sie sind heute in einem Spitzenverband, der Union der leitenden Angestellten (ULA), zusammengefaßt.¹⁰⁶ Bereits am 27. April 1920 wurde der erste Tarifvertrag zwischen dem Arbeitgeberverband der chemischen Industrie einerseits und der Vela sowie dem Bund angestellter Chemiker und Ingenieure andererseits abgeschlossen.¹⁰⁷

---

[100] Siehe dazu auch OLG Celle, BB 1951, S. 363; LAG Heidelberg, BB 1950, S. 648; ArbG Göttingen, AP 1951, Nr. 174.
[101] Siehe ArbG Göttingen, RdA 1951, S. 199; LAG Heidelberg, BB 1950, S. 648, 649 (betr. Ortsverwaltung).
[102] RAG ARS 12, S. 553, 557.
[103] OLG Hamm, BB 1970, S. 1395.
[104] Näher *Hromadka*, Das Recht der leitenden Angestellten, 1979, S. 114 ff.
[105] *Hromadka*, Das Recht der leitenden Angestellten, 1979, S. 114 ff., 194 f.
[106] Näher *Hromadka*, Das Recht der leitenden Angestellten, 1979, S. 195 ff.; *Rolf Müller*, Die Verbände der leitenden Angestellten in der Bundesrepublik Deutschland, Diss. Köln 1966, S. 9 ff.
[107] Dazu *Hoffknecht*, Die leitenden Angestellten im Koalitions- und Arbeitskampfrecht, 1975, S. 14 ff.

207 Die Vereinigungen der leitenden Angestellten sind Koalitionen im Sinne des Art. 9 Abs. 3 GG.[108] Auch denjenigen leitenden Angestellten, die Arbeitgeberfunktionen wahrnehmen, steht das Grundrecht zu, sich zur Sicherung und Verbesserung ihrer *eigenen* Arbeits- und Wirtschaftsbedingungen zusammenzuschließen.

208 Die Vereinigungen der leitenden Angestellten sind bei Tarifwilligkeit tariffähige Gewerkschaften im Sinn des § 2 Abs. 1.[109] Soweit es sich um ihre *eigenen* Arbeitsverhältnisse handelt, stehen die leitenden Angestellten ebenso in einer Konfliktsituation gegenüber dem Unternehmen wie alle anderen Arbeitnehmer.[110] An der Tariffähigkeit ihrer Berufsverbände ist daher nicht zu zweifeln.

209 Der Berufsverband muß nach seiner Satzung den Abschluß von Tarifverträgen anstreben (dazu unten Rnr. 291 ff.). Nur einige Verbände der leitenden Angestellten lassen die Bereitschaft zum Abschluß von Tarifverträgen erkennen (so der Verband angestellter Akademiker und leitender Angestellter der chemischen Industrie e. V. [VAA]; der Verband der Führungskräfte der Eisen- und Stahlerzeugung und -verarbeitung [VFE], früher: Verband Oberer Angetellter der Eisen- und Stahlindustrie [VOE][111]; der Bund der Ingenieure in Anwendungs- und Verfahrenstechnik der deutschen Farbenfabriken [BICB]).[112]

210 **b) Vereinigungen arbeitnehmerähnlicher Personen.** Vereinigungen arbeitnehmerähnlicher Personen nach § 12a oder von Heimarbeitern und ihnen gleichgestellten Personen sind, wenn sie die Voraussetzungen im übrigen erfüllen, tariffähig.[113]

211 **c) Vereinigungen freier Berufe.** Tariffähig sind auch die Vereinigungen von Arbeitgebern, die *nicht* Kaufleute im Sinne der §§ 1 ff. HGB oder

---

[108] Ebenso *Galperin,* RdA 1977, S. 288, 289; *Herschel,* JuS 1978, S. 524, 526; *Martens,* Das Arbeitsrecht der leitenden Angestellten, 1982, S. 391, m. w. N.

[109] Ebenso BAG 15. 3. 1977 AP Nr. 24 zu Art. 9 GG *(Wiedemann)* = EzA § 2 TVG Nr. 12 *(Dütz)* = SAE 1978, S. 37 *(Kraft);* BAG 16. 11. 1982 AP Nr. 32 zu § 2 TVG *(Rüthers, Roth)* = SAE 1984, S. 133 *(Konzen); Galperin,* RdA 1977, S. 288–289; *Hoffknecht,* Die leitenden Angestellten im Koalitions- und Arbeitskampfrecht, 1975, S. 54 ff.; *Martens,* Das Arbeitsrecht der leitenden Angestellten, 1982, S. 405 ff.; *Säcker,* BB 1972, S. 1197, 1199; anderer Ansicht *Boldt,* Bergfreiheit 1961, S. 259, 268; *Föhr,* BB 1975, S. 140, 143; *Hagemeier,* Betrieb 1984, S. 718, 721 (jeweils unter Hinweis auf die mangelnde Gegnerreinheit und Unabhängigkeit); *Kempen/Zachert,* § 2 TVG, Rnr. 13; *Gerhard Müller,* Bergfreiheit 1969, S. 133, 146 (unter Hinweis auf die Nähe der leitenden Angestellten zur Unternehmensspitze und die dadurch hervorgerufene Aufhebung des Gegenspielverhältnisses); zurückhaltender *ders.,* in: Festschrift für André Brun (1974), S. 381 ff.

[110] BAG 19. 2. 1975 AP Nr. 10 zu § 5 BetrVG 1972 *(Richardi);* BAG 15. 3. 1977 AP Nr. 24 zu Art. 9 GG *(Wiedemann)* = EzA § 2 TVG Nr. 12 *(Dütz)* = SAE 1978, S. 37 *(Kraft).*

[111] Zu diesem BAG 15. 3. 1977 AP Nr. 24 zu Art. 9 GG *(Wiedemann)* = EzA § 2 TVG Nr. 12 *(Dütz)* = SAE 1978, S. 37 *(Kraft);* BAG 16. 11. 1982 AP Nr. 32 zu § 2 TVG *(Rüthers, Roth)* = SAE 1984, S. 133 *(Konzen);* kritisch *Hagemeier,* Betrieb 1984, S. 718, 720 f.

[112] *Martens,* Das Arbeitsrecht der leitenden Angestellten, 1982, S. 498 f.; *Hromadka,* Das Recht der leitenden Angestellten, 1979, S. 304 f.; zum früheren Recht RGZ 107, S. 144, 147 (zur Tariffähigkeit eines Anwaltsvereins).

[113] Ebenso *Gamillscheg,* Kollektives Arbeitsrecht I, § 14 I 2d, S. 525; *Stein,* Tarifvertragsrecht, Rnr. 36.

Gewerbetreibende im Sinne der §§ 1 GewO, 1 GewStG sind (z.B. die Vereinigung freischaffender Architekten Deutschlands). Die Tariffähigkeit setzt lediglich den Zusammenschluß von Arbeitgebern voraus, das heißt von Personen, denen gegenüber sich ein Arbeitnehmer verpflichtet, unter ihrer Leitung und nach ihrer Weisung zu arbeiten, und die sich ihrerseits dafür verpflichten, das vereinbarte Arbeitsentgelt zu entrichten.

5. Zusammenschlüsse für den Einzelfall

a) Grundrechtsschutz. In den Grundrechtsschutz werden *ad-hoc*-Vereinigungen, die sich aus einmaligem Anlaß, z.B. zur Durchführung eines wilden Streiks, bilden, von der herrschenden Meinung nicht einbezogen.[114]

b) Tariffähigkeit. Selbst wenn man spontanen Zusammenschlüssen Grundrechtsschutz gewährt – weil Art. 9 Abs. 3 GG lediglich bewußte und zielkonforme Solidarität voraussetzt[115] –, besitzen derartige Verbindungen keine Tariffähigkeit.[116] Die hiermit verbundene Monopolisierung der Tariffähigkeit ist im allgemeinen Interesse notwendig, weil nur von Dauerorganisationen zu erwarten ist, daß sie die ökonomischen Folgen bei der tarifvertraglichen Gestaltung der Arbeitsbedingungen ausreichend berücksichtigen. Sie ist außerdem im Interesse des Tarifvertragsgegners angebracht, der sich nicht auf Verhandlungen mit und Abschlüsse durch Vereinigungen einlassen muß, die ihm und seinen Mitgliedern keine Erfüllungsgewähr bieten. Auf die Haftung der Einzelpersonen eines Verbandes kann die Rechtsordnung erst verzichten, wenn eine gewisse Organisation und ein Sondervermögen geschaffen sind. Solange beides fehlt, können die Beteiligten nicht dafür einstehen, daß die von ihnen beabsichtigte tarifvertragliche Teilrechtsordnung auch verwirklicht wird. Ein *ad-hoc*-Zusammenschluß ist daher nicht tariffähig.

c) Gründungsverbände. Streng zu unterscheiden ist zwischen einem vorübergehenden Zusammenschluß und solchen Verbänden, die zwar aus gegebenem Anlaß entstehen, jedoch auf Dauer angelegt sind. Letztere sind als Gründungsverbände tariffähig, erstere nicht.

---

[114] So ArbG Berlin, Betrieb 1974, S. 2358 (das aber ein kollektives Zurückbehaltungsrecht anerkennt); *Gamillscheg*, Kollektives Arbeitsrecht I, § 9 II 3a, S. 396; *Hanau/Adomeit*, Arbeitsrecht, C I 2b, S. 58; *Hueck/Nipperdey*, Arbeitsrecht II 1, § 6 I 1, S. 82; *Maus*, § 2 TVG, Rnr. 64; *Gerhard Müller*, Juristen-Jahrbuch Bd. 10 (1969/70), S. 125, 128; *Nikisch*, Arbeitsrecht II, § 57 II 3, S. 7; *Seiter*, Streikrecht und Aussperrungsrecht, 1975, S. 76ff.; *Zöllner/Loritz*, Arbeitsrecht, § 8 III 2, S. 112; anderer Ansicht *Bruhn*, Tariffähigkeit von Gewerkschaften und Autonomie, 1993, S. 166ff.; *Dietz*, in: Bettermann/Nipperdey/Scheuner, Die Grundrechte III 1, 1958, S. 418, 427; *Kempen/Zachert*, § 2 TVG, Rnr. 30; *Löwisch/Rieble*, § 2 TVG, Rnr. 5; *Ramm*, AuR 1964, S. 353, 360ff.; *ders.*, RdA 1968, S. 412, 416; *Reuß*, in: Festgabe für Otto Kunze (1969), S. 269, 270, 277; *Richardi*, Kollektivgewalt, S. 72.

[115] Gegen die Einbeziehung des ad-hoc-Zusammenschlusses in die Koalitionsfreiheit aber z.B. *Nipperdey/Säcker*, AR-Blattei, Berufsverbände I, 1979, C I 1a, m.w.N.

[116] Für die allg. Ansicht *Däubler*, Tarifvertragsrecht, Rnr. 48; *Dörner*, HzA, Gruppe 18/1, Rnr. 159; *Gamillscheg*, Kollektives Arbeitsrecht I, § 17 I 2a, S. 522; *Kempen/Zachert*, § 2 TVG, Rnr. 30; *Koberski/Clasen/Menzel*, § 2 TVG, Rnr. 43; *Lieb*, Arbeitsrecht, § 6 V, S. 160; *Löwisch*, ZfA 1970, S. 295, 311; *Löwisch/Rieble*, § 2 TVG, Rnr. 30; *Reuß*, in: Festgabe für Otto Kunze (1969), S. 269, 270, 277; *Stein*, Tarifvertragsrecht, Rnr. 35; *Zöllner*, Betrieb 1970, S. 54, 59.

II. Freiwillige Vereinigung

215 Das Erfordernis der Freiwilligkeit der Berufsverbände ist, soweit es sich um privatrechtliche Vereinigungen handelt, heute allgemein anerkannt.[117] Der in dem 1. Staatsvertrag enthaltene Generelle Leitsatz zur Sozialunion (oben Rnr. 156) liefert hierfür eine Bestätigung. In den Satzungen einiger Berufsverbände wird die Freiwilligkeit der Mitgliedschaft ausdrücklich betont.[118]

1. Berufsverbände

216 a) *Begründung.* Das Erfordernis der Freiwilligkeit der Berufsvereinigungen wird überwiegend *entwicklungsgeschichtlich* begründet. Die Koalitionen sind auf dem Boden der sozialen Selbsthilfe gewachsen. Der Staat hat sie nicht ins Leben gerufen, sie vielmehr zunächst bekämpft und erst später zugelassen und ihre Existenz garantiert; Zwangsverbände sind deshalb keine Koalitionen.[119] Ausschließlich dieses Verständnis wird ausreichend dem Vereinigungsbegriff in Art. 9 Abs. 3 GG gerecht. Nur der freiwillige Zusammenschluß ist als Ausübung der positiven individuellen Koalitionsfreiheit zu werten und in den Schutz der Grundrechtsnorm einbezogen.[120]

217 Teilweise wird die Freiwilligkeit aus dem *Legitimationsinteresse* der Tarifgebundenen abgeleitet: da die Tarifbindung zu einer Beschränkung der Vertragsfreiheit führt, ist dem Interesse der Tarifgebundenen, dem Tarifvertrag nur aufgrund einer von ihnen erteilten Ermächtigung unterworfen zu sein, durch das Erfordernis freier Verbandsbildung Rechnung zu tragen.[121] Die Legitimation zur tariflichen Normsetzung folgt allerdings in erster Linie aus Art. 9 Abs. 3 GG und aus dem Tarifvertragsgesetz (dazu oben § 1, Rnr. 190 ff., 192). Der Beitritt zu einem Berufsverband wird überbewertet, wenn man darin eine Unterwerfungserklärung unter alle zukünftigen Tarif-

---

[117] BVerfGE 4, S. 96, 106 = AP Nr. 1 zu Art. 9 GG; BVerfGE 18, S. 18, 28 = AP Nr. 15 zu § 2 TVG; BVerfGE 20, S. 312, 320 = AP Nr. 24 zu § 2 TVG; BVerfGE 58, S. 233, 235 = AP Nr. 31 zu § 2 TVG; BAG 10. 9. 1985 AP Nr. 34 zu § 2 TVG = SAE 1986, S. 229 *(Brox)*; BAG 25. 11. 1986 AP Nr. 36 zu § 2 TVG = EzA § 2 TVG Nr. 17 *(Schulin)*; BAG 16. 1. 1990 AP Nr. 39 zu § 2 TVG = SAE 1991, S. 97 *(Mayer-Maly)*; *Bruhn,* Tariffähigkeit von Gewerkschaften und Autonomie, 1993, S. 165 f.; *Däubler,* Tarifvertragsrecht, Rnr. 48; *Dörner,* HzA, Gruppe 18/1, Rnr. 159; *Gamillscheg,* Koalitionsfreiheit und soziale Selbstverwaltung, 1968, S. 35; *Hanau/ Adomeit,* Arbeitsrecht, C I 2 b, S. 58; *Hanau,* JuS 1969, S. 213, 216; *Hueck/Nipperdey,* Arbeitsrecht II 1, § 6 II 2, S. 88; *Kempen/Zachert,* § 2 TVG, Rnr. 18; *Koberski/ Clasen/Menzel,* § 2 TVG, Rnr. 20; *Lieb,* Arbeitsrecht, § 6 V, S. 173; *Löwisch,* ZfA 1970, S. 295, 304; *Löwisch/Rieble,* § 2 TVG, Rnr. 7; *Nikisch,* Arbeitsrecht II, § 57 II 2, S. 6; *Nicklisch,* Koppelung von Wirtschaftsverbänden und Arbeitgeberverbänden, 1972, S. 27; *Nipperdey/Säcker,* AR-Blattei, Berufsverbände I, 1979, C I 1 b; *Reichel,* RdA 1972, S. 143, 147; *Reuß,* in: Festgabe für Otto Kunze (1969), S. 269, 272; *Richardi,* Kollektivgewalt, S. 76; *Söllner,* Arbeitsrecht, § 9 I 3, S. 60 f.; *Zöllner/Loritz,* Arbeitsrecht, § 8 III 4, S. 113.

[118] So z. B. § 3 Nr. 3 der Satzung der IG-Metall.

[119] Siehe statt aller *Hueck/Nipperdey,* Arbeitsrecht II 1, § 6 I 2, S. 88.

[120] Ebenso für Art. 9 Abs. 1 GG z. B. BVerfGE 50, S. 290, 354.

[121] *Löwisch,* ZfA 1970, S. 295, 304; sowie zuvor *Maus,* § 2 TVG, Rnr. 64.

verträge sieht.[122] Der freiwillige Zusammenschluß als Voraussetzung der Tariffähigkeit einer Berufsvereinigung behält jedoch auch bei Anerkennung der staatlich delegierten Rechtssetzungsmacht seine eigenständige Bedeutung. Die Freiwilligkeit dient der Kontrolle der inneren Organisation und der Aufgabenerfüllung des Verbandes. Die Koalitionen unterliegen keiner staatlichen Rechts- oder Fachaufsicht. Da sie den Verbandszweck und die zu seiner Erfüllung geeignet erscheinenden Mittel selbst bestimmen können, bildet das Votum der Berufsangehörigen über Eintritt und Verbleib in der Berufsvereinigung ein wirkungsvolles Regulativ korrekter Verbandsführung.

b) Freiwilligkeit des Ein- und Austritts. Freiwilligkeit bedeutet, daß 218 der Gründungsvorgang einer Berufsvereinigung nicht erzwungen wird und Personen, die die satzungsmäßigen Voraussetzungen erfüllen, jederzeit der Eintritt sowie allen Mitgliedern ein Ausscheiden möglich ist. Die Mitgliedschaft muß nicht nur formalrechtlich freiwillig sein; es darf auch kein wirtschaftlicher Druck derart ausgeübt werden, daß ein rechtswidriger Zwang zum Beitritt oder Verbleib in dem Berufsverband besteht.[123] Ein Zwang zum Beitritt (z. B. durch außerhalb der Vereinssphäre liegende Vergünstigungen) oder zum Verbleib (z. B. durch Vereinsstrafen) darf deshalb nicht ausgeübt werden. Die Freiwilligkeit wird nicht dadurch beseitigt, daß ein Verband als besonders „attraktiv" gilt und dadurch vorübergehend oder auf Zeit eine Monopolstellung erlangt. Die alleinige Tatsache, daß die Nichtzugehörigkeit zur Berufsvereinigung zu wirtschaftlichen Nachteilen führt, kann einen Aufnahmezwang nach § 27 GWB oder nach allgemeinen verbandsrechtlichen Grundsätzen, nicht jedoch den Verlust der Freiwilligkeit der Mitgliedschaft begründen.[124]

Von der Freiwilligkeitsvoraussetzung zu unterscheiden ist die Frage, ob 219 **öffentlich-rechtliche Körperschaften** mit Zwangsmitgliedern (wie die Berufsgenossenschaften, Krankenkassen usw.) für ihre Arbeitnehmer Firmentarifverträge abschließen können. Die Frage ist zu bejahen. Die allgemeinen Anstellungsbedingungen der Deutschen Gewerkschaften für ihre eigenen Arbeitnehmer[125] sind allerdings lediglich interne Richtlinien, die den Arbeitsverträgen zugrunde gelegt werden, jedoch keine Tarifverträge (siehe auch oben § 1, Rnr. 23).[126]

c) Verbindung von Arbeitgeber- und Wirtschaftsvereinigung. Ein- 220 zelne Arbeitgebervereinigungen nehmen gleichzeitig satzungsgemäß wirtschaftspolitische Aufgaben wahr. Die Berufsvereinigung vertritt dann die Interessen ihrer Mitglieder in wirtschaftlichen, sozialpolitischen und fach-

---

[122] Zu einseitig deshalb BAG 16. 2. 1962 AP Nr. 12 zu § 3 TVG Verbandszugehörigkeit *(Nikisch)*.
[123] *Nicklisch*, Koppelung von Wirtschaftsverbänden und Arbeitgeberverbänden, 1972, S. 28; *Reuß*, in: Festgabe für Otto Kunze (1969), S. 269, 273.
[124] Anderer Ansicht *Nicklisch*, Koppelung von Wirtschaftsverbänden und Arbeitgeberverbänden, 1972, S. 31.
[125] Siehe z. B. § 44 Nr. 3 der Satzung der Gewerkschaft Handel, Banken und Versicherungen.
[126] Vgl. BAG 25. 4. 1959 AP Nr. 15 zu § 242 BGB Gleichbehandlung *(G. Hueck)*; BAG 25. 6. 1964 AP Nr. 1 zu § 611 BGB Gewerkschaftsangestellte *(A. Hueck)*.

technischen Angelegenheiten. Neben derartigen Einheitsverbänden gibt es auch Absprachen zwischen getrennt organisierten Wirtschafts- und Arbeitgeberverbänden mit dem Inhalt, daß die Mitgliedschaft nur gleichzeitig in beiden Verbänden erworben und verloren werden kann (Junktim-Klausel). Gegen diese Verknüpfung von Arbeitgeber- und Wirtschaftsvereinigungen werden unterschiedliche rechtliche Bedenken angemeldet.

221 **aa) Streitstand.** In einer eingehenden Untersuchung spricht *Nicklisch*[127] diesen Verbänden die Tariffähigkeit ab, wenn die Nicht-Mitgliedschaft – in Anlehnung an § 27 GWB – für einen Arbeitgeber zu einer unbilligen Benachteiligung im Wettbewerb führen würde. Einem Verband mit monopolartiger Stellung fehle die Freiwilligkeit des Zusammenschlusses. Die Koppelung von Wirtschaftsverband und Arbeitgebervereinigung führe sowohl in den Fällen des Einheitsverbandes als auch in denen der Junktimklausel zur Tarifunfähigkeit. Die Koppelung verstoße außerdem gegen die positive und negative Koalitionsfreiheit gemäß Art. 9 Abs. 3 GG, da für die erlaubte Zielsetzung sachfremde, nämlich koalitionsfremde Mittel eingesetzt würden. *Nicklisch* verweist in diesem Zusammenhang auf die Parallelsituation bei der Differenzierungsklausel[128]. Ein derartiger Vergleich übersieht jedoch, daß bei den Differenzierungsklauseln der heteronom gelenkte Tarifvertrag, bei der Ausgestaltung der Berufsvereinigungen jedoch die autonom bestimmte Satzung als Druckmittel für die nichtorganisierten Berufsgenossen dienen soll.

222 **bb) Tarifrechtliche Einwände.** Bedenken gegen die Freiwilligkeit und damit gegen die Tariffähigkeit eines Verbandes können entstehen, wenn mit der sozialpolitischen Aufgabe sachfremde Ziele gekoppelt werden (z.B. die Zugehörigkeit zu einer politischen Partei). Im übrigen gehört es zur nach Art. 9 Abs. 1 und 3 GG geschützten freien Verbandsbildung, daß die Mitglieder ihre Satzung und damit auch den Zweck der Vereinigung selbst bestimmen.[129] Wenn sie eine *umfassende* Interessenwahrnehmung zur Förderung der Schlagkraft ihrer Organisation für wünschenswert halten und deshalb gemäß § 33 Abs. 1 Satz 2 BGB die Satzung ändern, bestehen dagegen tarifvertragsrechtlich schon deshalb keine Bedenken, weil die Gewerkschaften ihre Mitglieder traditionell in wirtschaftlicher, sozialer, kultureller und fachlicher Hinsicht betreuen.[130] Zum Begriff des tariffähigen Berufsverbandes gehört nicht, daß sich die Koalition *nur* den Abschluß von Tarifverträgen und andere arbeits- und sozialpolitische Aufgaben vornimmt (siehe unten Rnr. 290). Es besteht kein verbandsrechtlicher Typenzwang.

223 **cc) Verfassungsrechtliche Einwände.** Die Koppelung von Arbeits- und Wirtschaftsverbänden verstößt nicht gegen die positive oder negative Koalitionsfreiheit. Die Verfassung verbürgt in Art. 9 Abs. 3 GG, daß jedermann eine Konkurrenzvereinigung gründen kann und daß niemand zum Beitritt zu einer Berufsvereinigung gezwungen wird. Sie gewährt indes

---

[127] Die Koppelung von Wirtschaftsverbänden und Arbeitgeberverbänden, 1972.
[128] *Nicklisch*, Die Kopplung von Wirtschaftsverbänden und Arbeitgeberverbänden, 1972, S. 46.
[129] Ebenso *Koberski/Clasen/Menzel*, § 2 TVG, Rnr. 54.
[130] Exemplarisch § 2 Abs. 1 der Satzung der IG-Metall.

kein Recht auf Existenz mehrerer Koalitionen[131] und kein Recht auf eine bestimmte fachliche Gliederung der berufsständischen und wirtschaftlichen Interessenvertretungen. Es wäre Aufgabe des einfachen Gesetzgebers, in einem Koalitionsgesetz einer zu starken Konzentration der Berufsverbände entgegenzuwirken. Die „Sogwirkung", die durch die Koppelung von Arbeitgebervereinigung und Wirtschaftsverband möglicherweise eintreten kann, stellt keinen verfassungswidrigen Druck gegenüber den nichtorganisierten Arbeitgebern dar. Das Bundesverfassungsgericht bestätigte dies ausdrücklich für die Koppelung der Zugehörigkeit zu einem tariffähigen Verband mit einer öffentlich-rechtlichen Berufsorganisation in der Innungsentscheidung.[132] Es betonte, daß die Mitglieder der Innung, die den Abschluß eines Tarifvertrages durch die Innung nicht für wünschenswert erachten, die Möglichkeit behalten, einen eigenständigen Arbeitgeberverband zu bilden oder sich einem bestehenden anzuschließen, um dadurch die tarifpolitische Betätigung der Innung auszuhöhlen. Daß auf den einzelnen Handwerker ein gewisser Druck ausgeübt werde, dürfe „nicht überbewertet werden"[133]. Die Reaktion der Rechtsordnung auf die Sogwirkung einflußreicher Verbände lautet nicht: Beschränkung ihrer Satzungsautonomie, sondern Aufnahmezwang und verstärkte Inhaltskontrolle ihrer Beschlüsse und Maßnahmen.

2. Andere Organisationen

a) Tariffähigkeit von Nicht-Berufsverbänden. Der Gesetzgeber kann privatrechtlichen oder öffentlich-rechtlichen Verbänden, die keine Berufsverbände darstellen, die Tariffähigkeit verleihen. Welche Anforderungen er an diese Institutionen stellt, steht ihm im Rahmen der Verfassung offen.[134] Aus Art. 9 Abs. 3 GG ergibt sich jedoch eine doppelte Schranke für die Rechtsverleihung: die Tariffähigkeit der Koalitionen darf nicht dadurch ausgehöhlt werden, daß der Gesetzgeber die ihnen von der Verfassung zugesprochenen Aufgaben andersartigen Zusammenschlüssen zuweist (Schutz der kollektiven Koalitionsfreiheit); außerdem dürfen die tarifbeliehenen Verbände nicht derartige Vorteile gewähren, durch die die individuelle negative Koalitionsfreiheit beeinträchtigt wird.[135]

b) Innungen und Innungsverbände. Die Tariffähigkeit der Zwangsinnungen des Handwerks war in der Zeit der Weimarer Republik lebhaft umstritten. Die Tariffähigkeit wurde von der Rechtsprechung anerkannt.[136] Das Reichsgericht begründete in seinem Urteil vom 23. März 1926 die Tariffähigkeit damit, daß der Zwang, den die Zwangsinnung ausüben durfte, sich nicht auf den sozialpolitischen Bereich beziehe, daher könne die Zwangsin-

---

[131] *Konzen,* RdA 1978, S. 146, 153 f.; *ders.,* SAE 1984, S. 136, 137; *Richardi,* Kollektivgewalt, S. 73; *Säcker,* Grundprobleme der kollektiven Koalitionsfreiheit, 1969, S. 68 f.; *Söllner,* AuR 1976, S. 321, 324.
[132] BVerfGE 20, S. 312 ff. = AP Nr. 24 zu § 2 TVG; sowie unten Rnr. 225 ff.
[133] BVerfGE 20, S. 312, 322.
[134] Ebenso *Dietz,* in: Bettermann/Nipperdey/Scheuner, Die Grundrechte III 1, 1958, S. 418, 439.
[135] BVerfGE 20, S. 312, 318, 322 = AP Nr. 24 zu § 2 TVG; sowie oben Rnr. 27 ff.
[136] RGZ 113, S. 169, 174; RAG ARS 10, S. 427, 429; 13, S. 338, 344 *(Nipperdey);* vom Schrifttum teilweise abgelehnt, siehe z. B. Hueck/*Nipperdey,* Arbeitsrecht II, 3./5. Aufl., § 14, S. 161, Anm. 15.

226 nung nicht gegen ein Mitglied vorgehen, das sich einem anderen, frei gebildeten Arbeitgeberverband anschließe.[137]

226 Heute sind Innungen und Innungsverbände *freiwillige* Zusammenschlüsse. Die Mitgliedschaft der Handwerker in den Innungen wie auch die Bildung der Innungen selbst ist nicht zwingend vorgeschrieben.[138] Die Landes- und Bundesinnungsverbände sind juristische Personen des Privatrechts;[139] der Beitritt der Innungen zum Landesverband und der Landesverbände ihrerseits zum Bundesverband ist freiwillig.

227 In § 54 Abs. 3 Nr. 1 HandwO und in den §§ 82 Nr. 3, 85 Abs. 2 HandwO wird jeweils ausdrücklich bestimmt, daß der Abschluß von Tarifverträgen zum Aufgabenkreis der Innungen und Innungsverbände gehört. Die Tariffähigkeit der Innungen ergibt sich also nicht aus Art. 9 Abs. 3 GG und nicht aus § 2 des Tarifvertragsgesetzes, sondern unmittelbar aus § 54 Abs. 3 Nr. 1 HandwO. Die Vorschriften der Handwerksordnung ersetzen allerdings nur die besondere Zielsetzung des Berufsverbandes, *nicht* die übrigen Voraussetzungen der Tariffähigkeit (Unabhängigkeit, Tarifwilligkeit).[140] Die Aufgaben einer Innung sind weitergehend als diejenigen eines Arbeitgeberverbandes, da sie eine allgemeine Berufsorganisation für den einzelnen Handwerker darstellt.

228 Die *Verfassungsmäßigkeit* der Verleihung der Tariffähigkeit an Innungen und Innungsverbände ist in dem Beschluß des Bundesverfassungsgerichtes vom 19. Oktober 1966[141] verbindlich festgestellt worden. Das Bundesverfassungsgericht begründet die Tariffähigkeit damit, daß der Gesetzgeber nicht darauf beschränkt sei, die Tariffähigkeit nur echten arbeitsrechtlichen Vereinigungen zuzuerkennen, und daß die Verleihung der Tariffähigkeit an die Innungen nicht gegen die individuelle und kollektive Koalitionsfreiheit verstoße. In dem zugrunde liegenden arbeitsgerichtlichen Verfahren[142] ging es allerdings nicht um die Gültigkeit eines Tarifvertrages, sondern darum, ob ein Angestellter einer Handwerksinnung als Prozeßvertreter gemäß § 11 Abs. 2 ArbGG wirksam Rechtsmittel im arbeitsgerichtlichen Verfahren einlegen konnte. Die Tariffähigkeit der Innungen und Innungsverbände wird auch in der übrigen Rechtsprechung anerkannt.[143] Die namentlich von *Reuß*[144] vertretene Gegenmeinung konnte sich nicht durchsetzen. Innungen und Innungsverbände sind berechtigt, Streikfonds zu bilden.[145]

---

[137] RGZ 113, S. 169, 170f.
[138] §§ 52 Abs. 1, 58 Abs. 1 HandwO.
[139] §§ 79, 85 Abs. 2 HandwO.
[140] Zu den Sonderproblemen bei den Innungsverbänden siehe unten Rnr. 338.
[141] BVerfGE 20, S. 312ff. = AP Nr. 24 zu § 2 TVG.
[142] Siehe den Vorlagebeschluß des LAG Frankfurt/Main, Betrieb 1965, S. 1781.
[143] Vgl. BGH 22. 6. 1956 AP Nr. 6 zu § 616 BGB *(Götz Hueck)*; BAG 22. 2. 1957 AP Nr. 2 zu § 2 TVG *(Tophoven)* = SAE 1957, S. 119 *(Sabin)*; BAG 19. 12. 1958 AP Nr. 3 zu § 2 TVG *(Tophoven)*; BAG 11. 6. 1975 AP Nr. 29 zu § 2 TVG *(Wiedemann)*; BGH AP Nr. 38 zu Art. 9 GG Arbeitskampf. Dem hat sich das übrige Schrifttum angeschlossen; siehe Hueck/*Nipperdey*, Arbeitsrecht II 1, § 20 III A 5, S. 341; *Nikisch*, Arbeitsrecht II, § 70 III 4, S. 248; *Salzwedel*, VVDStRL Bd. 22 (1965), S. 206, 235; *Scholz*, Koalitionsfreiheit als Verfassungsproblem, 1971, S. 252, 256.
[144] DVBl. 1953, S. 686; ders., AuR 1964, S. 1, 5; ders., in: Festgabe für Otto Kunze (1969), S. 269, 288.
[145] BGH AP Nr. 38 zu Art. 9 GG Arbeitskampf.

229 Unschädlich ist, daß bei den Innungen nach § 68 Abs. 1 HandwO *Gesellenausschüsse* errichtet werden. Erstens werden die Mitglieder der Gesellenausschüsse nicht Innungsmitglieder. Zweitens ist der Gesellenausschuß nicht beteiligt bei Angelegenheiten, die Gegenstand eines abgeschlossenen oder abzuschließenden Tarifvertrages sind.[146] Die Gesellenausschüsse als solche sind nicht tariffähig.

230 **c) Handwerkskammern und Kreishandwerkerschaften.** Handwerkskammern und Kreishandwerkerschaften sind keine tariffähigen Vereinigungen. Die Kreishandwerkerschaften sind zwar ebenfalls Zusammenschlüsse von Innungen, aber nicht auf fachlicher, sondern auf regionaler Grundlage. Die Mitgliedschaft ist Pflicht, jede Innung gehört ihr kraft Gesetzes an.[147] Der Abschluß von Tarifverträgen gehört nicht zu den Aufgaben der Kreishandwerkerschaften, so daß sich die Frage, ob sie als Zwangsverbände[148] überhaupt tarifbeliehen werden könnten, nicht stellt. Das Bundesarbeitsgericht lehnt die Tariffähigkeit der Kreishandwerkerschaften mit dem Hinweis auf die mangelnde Freiwilligkeit des Zusammenschlusses ab.[149]

231 **d) Lotsenbrüderschaften und Bundeslotsenkammer.** Die Bundeslotsenkammer ist gemäß § 41 des Gesetzes über das Seelotsenwesen vom 13. 10. 1954[150] eine Körperschaft des öffentlichen Rechts, die die Lotsenbrüderschaften als selbständige Körperschaften des öffentlichen Rechts kraft Gesetzes zusammenfaßt. § 42 dieses Gesetzes gibt keinen Anhaltspunkt dafür, daß zu den Aufgaben der Bundeslotsenkammer der Abschluß von Tarifverträgen gehören soll. Das LAG Schleswig-Holstein[151] läßt die Tariffähigkeit der Bundeslotsenkammer dahingestellt.[152]

232 **e) Arbeiterkammern.** Zur Zeit gibt es nur in zwei Bundesländern Arbeiterkammern, nämlich in Bremen und im Saarland.[153] In den jeweils hierzu erlassenen Gesetzen wird den Arbeitskammern oder Arbeiterkammern aber keine Tariffähigkeit verliehen. Arbeitnehmerkammern bestehen auch in Österreich und in Luxemburg. Aufgrund der dort sowie in Bremen und im Saarland gemachten Erfahrungen hat der Gedanke, solche Kammern zu errichten, auch in anderen Ländern der Bundesrepublik in Kreisen der Sozialpolitiker Anhänger gewonnen. Im Jahre 1972 hat sich eine „Bundesarbeitsgemeinschaft für Arbeitskammern e.V. (BAAK)" gebildet. Zu gesetzlichen Maßnahmen ist es jedoch nirgends gekommen.[154]

---

[146] § 68 Abs. 5 HandwO.
[147] §§ 86 ff. HandwO.
[148] §§ 86, 90 Abs. 2 HandwO.
[149] BAG 10. 12. 1960 AP Nr. 12 zu § 11 ArbGG 1953 *(Auffarth)*; BAG 27. 1. 1961 AP Nr. 26 zu § 11 ArbGG 1953 *(Auffarth)*; ebenso *Gamillscheg,* Kollektives Arbeitsrecht I, § 14 I 2 f, S. 526; *Koberski/Clasen/Menzel,* § 2 TVG, Anm. XIII 1.
[150] BGBl. II S. 1035.
[151] AP Nr. 27 zu § 2 TVG.
[152] Ablehnend wohl *Kempen*/Zachert, § 2 TVG, Rnr. 98.
[153] Gesetz über die Arbeitnehmerkammern im Lande Bremen vom 3. 7. 1956 (BremGBl. S. 79, in der Fassung vom 8. 9. 1970, BremGBl. S. 93); Gesetz Nr. 846 über die Arbeitskammern des Saarlandes vom 5. 7. 1967 (SaarlABl. S. 635, geändert durch Gesetz vom 11. 4. 1970, SaarlABl. S. 267).
[154] Siehe näher *J. Peters,* Arbeitnehmerkammern in der Bundesrepublik Deutschland?, 1973; *Zacher,* RdA 1971, S. 193 ff.; *ders.,* Arbeitskammern im demokratischen

233 Das Bundesverfassungsgericht sieht die bestehenden Arbeiterkammern in Bremen und im Saarland als mit Art. 9 Abs. 1 und Abs. 3 GG vereinbar an.[155] Da es sich bei den Arbeiterkammern um vom Staat eingerichtete Organe handele, die die wirtschaftliche, soziale und kulturelle Lage der sozialen Gruppe der in abhängiger Arbeit Tätigen von einem neutralen Standpunkt aus unterstützen sollen, und da ihnen sowohl die Tariffähigkeit wie die Postulationsfähigkeit im arbeits- und sozialgerichtlichen Prozeß fehle, bestehe keine Konkurrenz im eigentlichen Betätigungsfeld der Gewerkschaften. Der Ausschließlichkeitsanspruch der Koalitionen lasse sich nicht auf die allgemeine Vertretung der Arbeitnehmerinteressen gegenüber dem Staat und der Öffentlichkeit übertragen.

234 Der Entscheidung ist zuzustimmen. Mit dem Grundsatz der sozialen Selbstverwaltung und der Subsidiarität staatlichen Handelns wäre es sogar vereinbar, Arbeiterkammern zu errichten und ihnen Tariffähigkeit hinsichtlich solcher Berufsgruppen zu verleihen, deren Interessen von den Koalitionen aus regionalen oder strukturellen Gründen nicht ausreichend vertreten werden können (z.B. Arbeitnehmer bei Kleinstbetrieben, Teilzeitbeschäftigte, freie Mitarbeiter usw.).[156] Eine Zuständigkeit des Landesgesetzgebers könnte trotz des Gesetzes über die Festsetzung von Mindestarbeitsbedingungen vom 11. 1. 1952[157] bejaht werden, wenn der Inhalt von Tarifverträgen auf Mindestbedingungen beschränkt wäre.

III. Unabhängige Vereinigung

1. Das Erfordernis der Gegnerunabhängigkeit

235 a) *Entwicklung.* Das Erfordernis der Gegnerunabhängigkeit wird heute im Grundsatz einhellig anerkannt.[158] Bereits *Sinzheimer*[159] verlangte, daß die

---

und sozialen Rechtsstaat. Ein Rechtsgutachten zur verfassungsrechtlichen Zulässigkeit der Errichtung von Arbeitskammern in Bayern, 1971; kritisch dazu *Lindner*, AuR 1975, S. 48, 49.
[155] BVerfGE 38, S. 281, 303ff. = AP Nr. 23 zu Art. 9 GG *(Kittner);* ebenso *G. Müller*, Betrieb 1980, S. 91, 97.
[156] Generell ablehnend jedoch *Kempen/Zachert*, § 2 TVG, Rnr. 64; im Grundsatz auch *G. Müller*, Betrieb 1980, S. 91, 95f.; siehe ferner oben Rnr. 28f.
[157] BGBl. I, S. 17.
[158] So BVerfGE 4, S. 96, 106 = AP Nr. 1 zu Art. 9 GG; BVerfGE 18, S. 18, 28 = AP Nr. 15 zu § 2 TVG; BVerfGE 50, S. 290, 373ff. = AP Nr. 1 zu § 1 MitbestG *(Wiedemann);* BVerfGE 58, S. 233, 235 = AP Nr. 31 zu § 2 TVG; BAG 19. 1. 1962 AP Nr. 13 zu § 2 TVG *(Neumann-Duesberg)* = SAE 1962, S. 57 *(Nikisch);* BAG 15. 11. 1963 AP Nr. 14 zu § 2 TVG = SAE 1964, S. 193 *(Mayer-Maly);* BAG 10. 9. 1985 AP Nr. 34 zu § 2 TVG = SAE 1986, S. 229 *(Brox);* BAG 16. 1. 1990 AP Nr. 39 zu § 2 TVG = SAE 1991, S. 97 *(Mayer-Maly);* LAG Düsseldorf, AuR 1975, S. 219; früher bereits RAG ARS 5, S. 543, 547 *(Nipperdey);* RAG ARS 9, S. 487, 490 *(Nipperdey).* Ebenso im Schrifttum *Däubler*, Tarifvertragsrecht, Rnr. 48; *Dietz*, in: Bettermann/Nipperdey/Scheuner, Die Grundrechte Bd. III 1, 1958, S. 418, 428; *Dörner*, HzA, Gruppe 18/1, Rnr. 162; *Gamillscheg*, Koalitionsfreiheit und soziale Selbstverwaltung, 1968, S. 32; *Hanau/Adomeit*, Arbeitsrecht, C I 2, S. 59f.; *Herschel*, AuR 1976, S. 225, 234f.; *E. R. Huber*, Wirtschaftsverwaltungsrecht Bd. II, 2. Aufl. 1954, § 92 I 1, S. 368; *Hueck/Nipperdey*, Arbeitsrecht II 1, § 6 II 1, S. 90; *Kempen/Zachert*, § 2 TVG, Rnr. 42; *Koberski/Clasen/Menzel*, § 2 TVG, Rnr. 45; *Löwisch*, ZfA 1970,

sog. Harmonieverbände, in denen sich Arbeitgeber und Arbeitnehmer in einer Organisation zusammenfinden, als Tarifvertragsorganisationen ausscheiden, weil ihnen die für den Abschluß eines Tarifvertrags notwendige Parteistellung fehle und sie deswegen die Interessen der Arbeitnehmer nicht rein und unabhängig zum Ausdruck bringen könnten. Der Entwurf eines Arbeitstarifgesetzes[160] verlangte in § 4, daß Vereinigungen von Arbeitnehmern keine Arbeitgeber als Mitglieder aufnehmen und die Interessen ihrer Mitglieder selbständig und unabhängig wahrnehmen. In der Begründung wird ausgeführt,[161] Tarifverträge seien nur dann wirkliche Tarifverträge, wenn auf beiden Seiten in freier Weise die Interessen der Tarifgruppe zur Geltung kommen könnten. „Damit ein Tarifvertrag eine wirkliche Einigung sei, nicht nur eine mehr oder weniger gelinde Unterwerfung, wenn auch in den äußeren Formen eines 'Vertrages', muß wie auf Arbeitgeberseite so auch auf Arbeitnehmerseite die materielle Möglichkeit bestehen, Bedingungen der Arbeitgeberseite nicht nur abzulehnen, sondern ihnen auch Widerstand zu leisten und eigene Bedingungen zu setzen."

Dabei wurde das Erfordernis der Gegnerunabhängigkeit von vornherein für beide Seiten gleichmäßig, also für die Gewerkschaften und die Arbeitgeberverbände, aufgestellt – zunächst sehr formalistisch,[162] später großzügig und entsprechend der heute allgemeinen Auffassung dahingehend, daß die Verbände nicht unter den Einfluß des Gegenspielers geraten dürfen. In einem Urteil vom *1. Oktober 1923*[163] entschied bereits das *Reichsgericht* darüber, ob ein *Anwaltsverein* tariffähig bleibt, wenn er auch angestellte Anwälte als Mitglieder aufnimmt. Die Tariffähigkeit wurde bejaht, obwohl einzelne Mitglieder Angestellte eines anderen Anwalts oder eines Unternehmens waren, da der Anwaltsverein Tarifverträge lediglich mit Gewerkschaften für Büropersonal abschließen wollte, dem Verband mithin keine Arbeitnehmer gerade des Berufskreises der Gegenseite des Tarifvertrages angehörten. In ähnlicher Weise stellte das *Reichsarbeitsgericht* fest, daß die Tariffähigkeit nicht beeinträchtigt wird, wenn einzelne aus dem Angestelltenverhältnis ausscheidende und zum Arbeitgeber gewordene Mitglieder einem Arbeitnehmerverband als außerordentliche Mitglieder ohne aktives und passives Wahlrecht angehören.[164]

S. 295, 308 ff.; Löwisch/Rieble, § 2 TVG, Rnr. 8; Maus, § 2 TVG, Rnr. 66; Gerhard Müller, Juristen-Jahrbuch Bd. 10 (1969/70), S. 125, 150; ders., Bergfreiheit 1969, S. 133; v. Münch, Bonner Kommentar (Zweitbearbeitung), Art. 9 GG, Rnr. 125; Nikisch, Arbeitsrecht II, § 70 III 5, S. 251; Nipperdey, in: Festschrift für Philipp Möhring (1965), S. 87; Nipperdey/Säcker, AR-Blattei, Berufsverbände I, 1979, C I 2a; Reichel, RdA 1963, S. 300, 301; Reuß, ArbRGeg. Bd. 1 (1964), S. 144, 147; Richardi, Betrieb 1985, S. 1021, 1022; Schnorr, RdA 1953, S. 377; ders., RdA 1954, S. 166; Söllner, Arbeitsrecht, § 9 I 1, S. 60 f.; Wiedemann, RdA 1976, S. 72 ff.; Zöllner/Loritz, Arbeitsrecht, § 8 III 5, S. 113; Zöllner/Seiter, Paritätische Mitbestimmung und Art. 9 Abs. 3 GG, 1970, S. 25 ff; ablehnend lediglich Bruhn, Tariffähigkeit von Gewerkschaften und Autonomie, 1993, S. 170 ff.
[159] Ein Arbeitstarifgesetz, 1916, S. 58.
[160] RABl. 1921, S. 491.
[161] RABl. 1921, S. 497.
[162] Dazu ausführlich Jacobi, Grundlehren des Arbeitsrechts, 1927, § 11 II 4, S. 161, Anm. 21 und 22.
[163] RGZ 107, S. 144, 146 sowie später RGZ 119, S. 13, 14.
[164] RAG ARS 5, S. 543, 547 *(Nipperdey)*.

237 Nach dem zweiten Weltkrieg war die Frage der Gegnerunabhängigkeit für die Tariffähigkeit nur selten entscheidungserheblich. Die Hinweise auf das Erfordernis der Gegnerunabhängigkeit in den Urteilen des Bundesverfassungsgerichts und des Bundesarbeitsgerichts[165] wurden zunächst nicht näher begründet. Erst die Mitbestimmungsdiskussion führte zu einer Vertiefung der Diskussion über Inhalt und Reichweite des Unabhängigkeitsprinzips.[166] Der in den 1. Staatsvertrag aufgenommene Generelle Leitsatz zur Sozialunion, der die Gegnerfreiheit und Unabhängigkeit zur Voraussetzung für tariffähige Gewerkschaften und Arbeitgeberverbände erhebt (oben Rnr. 156), bestätigte an herausgehobener Stelle die im Grundsatz nahezu einhellige Ansicht.

238 **b) Aufgabe des Unabhängigkeitsprinzips.** Über **Sinn** und **Inhalt** des Unabhängigkeitsprinzips wurde erst in letzter Zeit Klarheit gewonnen. Früher wurde teilweise angenommen, es handele sich darum, die Arbeitnehmerkoalitionen vor Aushöhlung oder Unterwanderung zu schützen. Die Gegnerunabhängigkeit wurde, wie auch andere Voraussetzungen der Tariffähigkeit, als aus der historischen Situation bedingt aufgefaßt.[167] *Herschel*[168] wies auf die Notwendigkeit der funktionsfähigen Arbeitsverfassung hin.

239 Mit voller Klarheit arbeiteten *Zöllner/Seiter*[169] heraus, daß es sich um ein Prinzip handelt, das aus dem Wesen des *Vertragsmechanismus* heraus zu verstehen und zu begründen sei: ein echter Vertrag setze ein kontradiktorisches Verfahren voraus, also zwei verschiedene Interessenträger; die sich im Wege des gegenseitigen Nachgebens auf einen Ausgleich einigen.[170] In-sich-Geschäfte oder Verträge mit abhängigen Personen sind nur der Form, nicht der Funktion nach Verträge. Sie erfüllen deshalb nicht die Ordnungsaufgabe, die der Vertrag bei Gleichgewicht der Vertragspartner im Interesse der Beteiligten und der Allgemeinheit erfüllen kann und deretwegen die Vertragsordnung vom Recht anerkannt wird.

240 *Zöllner/Seiter* überdehnten das Prinzip jedoch insofern, als sie den Grundsatz der Gegenspielerschaft zum Prinzip der *sozialen* Gegenspielerschaft und damit zur Garantie des Sozialkampfes zwischen Arbeit und Kapital erweiterten – was die nicht überzeugende Folge haben soll, daß gerade Art. 9 Abs. 3 GG nicht nur die Koalitionsfreiheit, also die Möglichkeit kollektiver Gegenmachtbildung, sondern gleichzeitig eine bestimmte Qualität der Ver-

---

[165] Siehe die Nachweise oben in Fn. 158.
[166] Siehe hierzu vor allem BVerfGE 50, S. 290, 373 ff. = AP Nr. 1 zu § 1 MitbestG *(Wiedemann)*; Hanau, BB 1969, S. 760, 763; *Nipperdey*, in: Festschrift für Philipp Möhring (1965), S. 87, 98 ff.; *Pernthaler*, Qualifizierte Mitbestimmung und Verfassungsrecht, 1972, S. 179 ff.; *Raisch*, Mitbestimmung und Koalitionsfreiheit, 1975, S. 96 ff.; *Schnorr*, RdA 1954, S. 166, 167 ff.; *Scholz*, Koalitionsfreiheit als Verfassungsproblem, 1971, S. 47 ff.; *ders.*, Paritätische Mitbestimmung und Grundgesetz, 1974, S. 103 ff.; *Zöllner*, RdA 1969, S. 65, 70; *Zöllner/Seiter*, Paritätische Mitbestimmung und Art. 9 Abs. 3 Grundgesetz, 1970, S. 25 ff.; sowie unten Rnr. 257 ff.
[167] Siehe z.B. *A. Hueck*, RdA 1956, S. 45, 46.
[168] JZ 1965, S. 81, 82.
[169] Paritätische Mitbestimmung und Art. 9 Abs. 3 Grundgesetz, 1970, S. 34 ff.
[170] Ebenso *Koberski/Clasen/Menzel*, § 2 TVG, Rnr. 47; *Richardi*, Betrieb 1985, S. 1021, 1022; *Wiedemann*, RdA 1976, S. 72, 73; ablehnend *Kempen/Zachert*, § 2 TVG, Rnr. 83.

tragspartner garantiert.[171] Das folgt jedenfalls nicht aus dem Sinn der Tarifautonomie als Vertragsordnung. Ein Vertragssystem verlangt lediglich, daß ein Interessenausgleich möglich und notwendig ist. Es versagt, wenn auf beiden Seiten die gleichen Personen tätig werden oder wenn eine Vertragspartei von der anderen abhängt. Auch solche Verträge sind nach allgemeinem Recht zwar nicht generell unwirksam, sie bedürfen aber im Interesse der wirklich betroffenen Personen deren Zustimmung oder mangels Richtigkeitsgewähr einer gerichtlichen Kontrolle. Im Arbeitsleben ist ein Interessenausgleich möglich und notwendig, wenn auf Arbeitgeberseite das Unternehmensinteresse und auf der anderen Seite das Arbeitnehmerinteresse vertreten werden; der Gegensatz reicht aus, einen Vertragsschluß zu rechtfertigen, denn der Anteil der Belegschaft am Unternehmensertrag muß in jedem Fall ausgehandelt werden.[172] Das nach Art. 9 Abs. 3 GG garantierte Verfahren ist überdies nicht Selbstzweck. Die gegenteilige Auffassung könnte dazu führen, auch eine breitflächige betriebliche und überbetriebliche Vermögensbildung in Arbeitnehmerhand als verfassungswidrig zu bezeichnen, weil auch dadurch das reine Konfrontationsmodell abgeschwächt wird und die Arbeitnehmer auf beiden Vertragsseiten beteiligt werden.

c) Abgrenzung. Ob eine Gewerkschaft, eine Vereinigung von Arbeitgebern oder ein Arbeitgeber unabhängig und damit tariffähig ist, kann nicht formalistisch (etwa nach dem Kriterium absoluter Gegnerreinheit oder Gegnerfreiheit) festgestellt werden; maßgebend sind vielmehr *die besonderen Umstände* bei jedem Berufsverband.[173] Dabei sind Mitgliederzahl, Einzugsbereich, Zusammensetzung, Organisation und finanzielle Ausstattung zu berücksichtigen. Die Wirksamkeit des Tarifvertrages muß freilich von objektiv nachprüfbaren Voraussetzungen abhängen. Deshalb kann nicht auf die Willensrichtung einzelner Mitglieder abgestellt werden.[174] Die Tariffähigkeit kann auch nicht davon abhängen, ob ein Arbeitgeberverband oder ein einzelner Arbeitgeber den Arbeitnehmerforderungen gegenüber „nachgiebiger" ist als andere Tarifvertragsparteien.[175]

Die Gegnerunabhängigkeit verlangt, daß die Tarifvertragsparteien weder durch personelle Verflechtung noch durch Mittelzuwendung oder auf organisatorischem Weg von ihrem tariflichen Gegenspieler beeinflußt werden können. Abhängigkeit liegt vor, wenn potentiell auf den gegnerischen Verband oder Arbeitgeber Einfluß genommen werden kann; es muß sich nicht um einen beherrschenden Einfluß (etwa im Sinne des § 17 AktG) han-

---

[171] Ebenso *Thomas Raiser,* Grundgesetz und paritätische Mitbestimmung, 1975, S. 99, der die Koalitionsfreiheit als Fortsetzung der Eigentumsgarantie des Art. 14 GG versteht.
[172] Ebenso *Hanau,* BB 1969, S. 760, 763; zur Formulierung des Unternehmensinteresses vgl. *Thomas Raiser,* in: Festschrift für Reimer Schmidt (1976), S. 101, 113; zur Bindung aller Unternehmensorgane an das Unternehmensziel *Wiedemann,* ZGR 1975, S. 395 ff.
[173] So bereits die Rechtsprechung des Reichsarbeitsgerichts RAG ARS 4, S. 294; 5, S. 543; 9, S. 487.
[174] Abweichend insofern *Nipperdey,* in: Festschrift für Philipp Möhring (1965), S. 87, 91.
[175] Dazu *Zöllner/Seiter,* Paritätische Mitbestimmung und Art. 9 Abs. 3 Grundgesetz, 1970, S. 36, 41; früher bereits RAG ARS 9, S. 487, 489 *(Nipperdey).*

deln.[176] Erst recht ist nicht erforderlich, daß der Berufsverband tatsächlich seine Souveränität ganz oder teilweise eingebüßt hat. Das Erfordernis der Gegnerunabhängigkeit ist andererseits nicht verletzt, wenn aus wirtschaftlichen oder sozialpolitischen Gründen vorübergehend oder dauernd eine *Gleichgewichtslage* zwischen den Tarifvertragsparteien nicht besteht; eine solche situationsbedingte Abhängigkeit wird bei der Tariffähigkeit nicht berücksichtigt.[177] Die Gegnerunabhängikeit setzt schließlich nicht voraus, daß der Berufsverband nach Gesichtspunkten der *Homogenität* zusammengesetzt ist.[178] Ein einheitlich zusammengesetzter Berufsverband mag schlagkräftiger und entscheidungsfreudiger sein als eine Organisation, die Arbeiter, Angestellte und leitende Angestellte zusammen vertreten will. Im Hinblick auf die Verbandsautonomie kann den Berufsvereinigungen jedoch nicht vorgeschrieben werden, welche Arbeitnehmer sie aufnehmen sollen und welche nicht.[179]

2. Personelle Gegnerunabhängigkeit

243 **a) Allgemeines.** Das Prinzip der personellen Gegnerunabhängigkeit ist voll erfüllt, wenn ein Berufsverband gegnerrein oder gegnerfrei ist, d. h. wenn ihm keine Mitglieder angehören, die gleichzeitig bei dem tariflichen Gegenspieler organisiert sind oder den Arbeitgeber repräsentieren. In der Tat verstehen manche das Prinzip der Gegnerunabhängigkeit in dieser Form und erklären die Zugehörigkeit auch nur einzelner Arbeitgeber in einer Gewerkschaft und umgekehrt einzelner Arbeitnehmer in einem Arbeitgeberverband als mit der Tariffähigkeit nicht vereinbar.[180] Auch der im 1. Staatsvertrag enthaltene Generelle Leitsatz zur Sozialunion (oben Rnr. 156) stellt im Lichte dieser Tradition noch auf die „Gegnerfreiheit" ab.

244 Die heute überwiegende Ansicht verzichtet mit Recht auf die Gegnerreinheit.[181] Das Erfordernis absoluter Gegnerfreiheit hat wie jede formale Abgrenzung günstige Auswirkungen für die Rechtssicherheit, weil zunächst keine Abgrenzungsschwierigkeiten entstehen; es wird jedoch sachlich von der Idee der Gegnerunabhängigkeit nicht getragen. Die Mitgliedschaft von Personen, die vorübergehend oder endgültig einen fremden Status besitzen, stellt die Unabhängigkeit von Großverbänden oder Massenorganisationen nicht in Frage. Die Anhänger der Gegnerfreiheit müssen außerdem klar-

---

[176] Ebenso *Zöllner/Seiter*, Paritätische Mitbestimmung und Art. 9 Abs. 3 Grundgesetz, 1970, S. 35.
[177] Abweichend *Manfred Wolf*, ZfA 1971, S. 151, 160.
[178] Ebenso *Bruhn*, Tariffähigkeit von Gewerkschaften und Autonomie, 1993, S. 172; abweichend wohl LAG Düsseldorf, AuR 1975, S. 219 (L).
[179] *Zeuner*, in: Festschrift 25 Jahre Bundesarbeitsgericht (1979), S. 727, 734 f.
[180] So statt aller *Maus*, § 2 TVG, Rnr. 66; *Gerhard Müller*, in: Festschrift für André Brun (1974), S. 381, 393; *Söllner*, Arbeitsrecht, § 9 I 1, S. 54; eingeschränkt *Hoffknecht*, Die leitenden Angestellten im Koalitions- und Arbeitskampfrecht, 1975, S. 32 ff. (eine Ausnahme soll gelten, wenn der mangelnde Einfluß offenkundig ist).
[181] *Herschel*, Tariffähigkeit und Tarifmacht, 1932, S. 32; *Kempen*/Zachert, § 2 TVG, Rnr. 44; *Nipperdey*, in: Festschrift für Philipp Möhring (1965), S. 87, 89 ff.; *Nipperdey/Säcker*, AR-Blattei, Berufsverbände I, 1979, C I 2; *Stein*, Tarifvertragsrecht, Rnr. 38; *Zöllner/Seiter*, Paritätische Mitbestimmung und Art. 9 Abs. 3 Grundgesetz, 1970, S. 27 ff.; ebenso für das frühere Recht bereits *Jacobi*, Grundlehren des Arbeitsrechts, 1927, § 11 II 4, S. 161.

stellen, wer als „Gegner" anzusehen ist. Das bereitet deshalb Schwierigkeiten, weil beim Verbandstarifvertrag als Gegner nicht tarifliche Gegenspieler in Betracht kommen, sondern die Personen, die die Willensbildung in den Unternehmen und in den Gewerkschaften beeinflussen. Die Abgrenzung der für die Tariffähigkeit schädlichen Gegner ist bis heute nicht gelungen.[182]

Unschädlich ist der vorübergehende Verlust der Arbeitnehmer- oder Arbeitgebereigenschaft bei einzelnen Mitgliedern infolge Beschäftigungsmangels. Eine Vereinigung hört nicht dadurch auf, tariffähiger Arbeitgeberverband zu sein, daß einzelne Mitglieder vorübergehend oder dauernd keine Arbeitnehmer beschäftigen; entscheidend ist, daß die Mitglieder in der Regel Arbeitsverhältnisse begründen wollen und tatsächlich eingehen.[183] Das gleiche gilt für Gewerkschaften, in denen Personen die Mitgliedschaft behalten, die selbständig geworden sind.[184] Unschädlich für die Tariffähigkeit ist es weiter, wenn dem Verband Mitglieder angehören, die eine „gegnerische Rolle" in einem Wirtschafts- oder Berufssektor spielen, für den der Berufsverband nicht tarifzuständig ist. Der Koalitionscharakter wird ebenfalls nicht dadurch berührt, daß ein leitender Angestellter eine Haushaltshilfe beschäftigt[185] oder das Mitglied einer Arbeitgebervereinigung der Textilindustrie gleichzeitig Angestellter einer Lebensmittel-Einkaufsgesellschaft ist.[186] Unschädlich ist schließlich die rechtliche oder wirtschaftliche Abhängigkeit eines Arbeitgebers von einem anderen Unternehmen. Dadurch wird die Arbeitgebereigenschaft nicht berührt.[187]

Eine strikte *Inkompatibilität* ist allerdings für diejenigen Personen zu fordern, die die jeweiligen Tarifvertragsparteien repräsentieren, also für die Mitglieder der Tarifkommission und ihre engsten Mitarbeiter, sowie beim Firmentarifvertrag für die zuständigen Geschäftsführer und leitenden Angestellten.[188] Insoweit gilt der formale Ordnungsgesichtspunkt des § 181 BGB: die eigentlichen Vertragsunterhändler dürfen dem gegnerischen Verband oder der Gegenseite nicht angehören, auch nicht als Gastmitglieder mit ruhenden Mitgliedsrechten. Der Gedanke der sozialen Selbstverwaltung und die Glaubwürdigkeit des Tarifvertragswesens müßten Schaden leiden, wenn die verantwortlichen Verhandlungspartner eine Doppelrolle spielen.

b) Arbeitnehmerverbände. Eine Gewerkschaft verliert ihre Tariffähigkeit nicht durch Aufnahme von leitenden Angestellten oder Beamten, selbst

---

[182] Siehe *Hoffknecht*, Die leitenden Angestellten im Koalitions- und Arbeitskampfrecht, 1975, S. 34 ff.; *Isele*, JuS 1964, S. 41, 43; *Nipperdey*, in: Festschrift für Philipp Möhring (1965), S. 87, 94 (eng: Arbeitgeber nur Mitglieder der gesetzlichen Vertretungsorgane).
[183] Ebenso *Maus*, § 2 TVG, Rnr. 71.
[184] BAG 14. 3. 1978 AP Nr. 30 zu § 2 TVG *(Wiedemann)*; *Koberski/Clasen/Menzel*, § 2 TVG, Rnr. 45; *Maus*, § 2 TVG, Rnr. 66.
[185] *Koberski/Clasen/Menzel*, § 2 TVG, Rnr. 45.
[186] *Maus*, § 2 TVG, Rnr. 71.
[187] So für den Betrieb eines Lohngewerbetreibenden mit eigenen Arbeitnehmern BAG 2. 10. 1974 AP Nr. 13 zu § 4 TVG Geltungsbereich *(Wiedemann)*.
[188] In diesem Sinne auch *Kempen*/Zachert, § 2 TVG, Rnr. 44; *Löwisch/Rieble*, § 2 TVG, Rnr. 8; *Zöllner/Loritz*, Arbeitsrecht, § 8 III 5, S. 113.

wenn diese Arbeitgeberfunktionen wahrnehmen.[189] Zwar sind die Beamten im Sinn der beamten- und arbeitsrechtlichen Gesetzgebung keine Arbeitnehmer; für sie werden keine Tarifverträge abgeschlossen (siehe oben § 1, Rnr. 289). Jedoch sind Beamte und leitende Angestellte mit den übrigen Arbeitnehmern durch das soziologische Merkmal der abhängigen Arbeit verbunden; sie stören die Homogenität des Berufsverbandes nicht.[190]

248 *Dietz*[191] vertrat in diesem Zusammenhang die Ansicht, der Arbeitsdirektor in der Montanindustrie beeinträchtige zwar nicht die Gegnerunabhängigkeit des Arbeitgeberverbandes, wohl aber diejenige der Gewerkschaft, wenn er nach seiner Ernennung Gewerkschaftsmitglied bleibe. Diese Ansicht konnte sich nicht durchsetzen.[192] Die umgekehrte Schlußfolgerung wäre eher diskussionswürdig. Der von den Arbeitnehmern bestimmte Arbeitsdirektor wird in seiner Gewerkschaft keine Arbeitgeberpolitik, möglicherweise aber im Unternehmen oder im Arbeitgeberverband eine arbeitnehmergünstige Sozialpolitik betreiben.[193]

249 Bestritten ist die Tariffähigkeit der Verbände oberer oder **leitender Angestellter**.[194] Der ablehnenden Auffassung ist nicht zu folgen.[195] Auch leitende Angestellte können Berufsverbände gründen, da sie, wie sich aus der Formulierung des § 5 Abs. 3 BetrVG ergibt, Arbeitnehmer sind. Ein Verband, der sich ausschließlich aus leitenden Angestellten zusammensetzt, kann deren Interessen gegenüber dem Unternehmen wahrnehmen und ist deshalb, wenn die übrigen Voraussetzungen vorliegen, tariffähig (siehe auch oben Rnr. 206 ff.). Die Frage ist grundsätzlich nicht anders zu entscheiden, wenn sich ein Verband aus leitenden, außertariflichen und anderen Angestellten zusammensetzt, wenn der überwiegende Teil der leitenden Angestellten keine Arbeitgeberfunktionen wahrnimmt. Die Uneinheitlichkeit des Mitgliederkreises schadet nicht. Ausnahmsweise kann indes die Gegnerunabhängig-

---

[189] Ebenso *Nipperdey*, in: Festschrift für Philipp Möhring (1965), S. 87, 111; einschränkend *Hoffknecht*, Die leitenden Angestellten im Koalitions- und Arbeitskampfrecht, 1975, S. 33 ff.
[190] Ebenso *Nipperdey/Säcker*, AR-Blattei, Berufsverbände I, 1979, C I 2 a.
[191] In: Bettermann/Nipperdey/Scheuner, Die Grundrechte III 1, 1958, S. 418, 431.
[192] So z.B. allg. für Vorstandsmitglieder einer Aktiengesellschaft BAG 15. 3. 1977 AP Nr. 24 zu Art. 9 GG *(Wiedemann)* = EzA § 2 TVG Nr. 12 *(Dütz)* = SAE 1978, S. 37 *(Kraft)*; BAG 16. 11. 1982 AP Nr. 32 zu § 2 TVG *(Rüthers, Roth)* = SAE 1984, S. 133 *(Konzen)*.
[193] Dazu *Zöllner/Seiter*, Paritätische Mitbestimmung und Art. 9 Abs. 3 Grundgesetz, 1970, S. 37.
[194] Sie wird abgelehnt vom LAG Düsseldorf, AuR 1975, S. 219 (L); *Boldt*, Bergfreiheit 1961, S. 259, 268; *Föhr*, BB 1975, S. 140, 143; *Hagemeier*, Betrieb 1984, 718, 721; *Kempen/Zachert*, § 2 TVG, Rnr. 13; mit Einschränkungen auch von *Gerhard Müller*, Bergfreiheit 1969, S. 133, 146 (Tariffähigkeit ist zu bejahen, wenn die Zahl der leitenden Angestellten groß ist).
[195] Wie hier BAG 15. 3. 1977 AP Nr. 24 zu Art. 9 GG *(Wiedemann)* = EzA § 2 TVG Nr. 12 *(Dütz)* = SAE 1978, S. 37 *(Kraft)*; BAG 16. 11. 1982 AP Nr. 32 zu § 2 TVG *(Rüthers, Roth)* = SAE 1984, S. 133 *(Konzen)*; *Gamillscheg*, Kollektives Arbeitsrecht I, § 9 III 1 b, S. 418; *Hoffknecht*, Die leitenden Angestellten im Koalitions- und Arbeitskampfrecht, 1975, S. 65 ff.; *Koberski/Clasen/Menzel*, § 2 TVG, Rnr. 46; *Löwisch/Rieble*, § 2 TVG, Rnr. 12; *Nikisch*, Arbeitsrecht II, § 57 II 4, S. 8; *Säcker*, BB 1972, S. 1197, 1201; *Zeuner*, in: Festschrift 25 Jahre Bundesarbeitsgericht (1979), S. 727, 734 f.; wohl auch *Rüthers*, BB 1972, S. 1105.

keit verletzt sein, wenn der Verband insgesamt so klein und die Branche derart konzentriert ist, daß die arbeitgeberähnlichen leitenden Angestellten (genauer: Personen, die Arbeitgeberaufgaben wie Einstellung, Versetzung, Beförderung, Entlassung, Vertragsverhandlungen, Verhängung von Betriebsbußen usw. gegenüber den übrigen Mitgliedern wahrnehmen) Einfluß auf die Verbandspolitik nehmen.[196] Eine Interessenverfälschung droht, wenn sich die übrigen Angestellten von ihren vorgesetzten Berufskollegen abhängig fühlen müssen.

c) **Arbeitgeberverbände.** Die Gegnerunabhängigkeit der Arbeitgeberverbände wurde außerhalb der Mitbestimmungsdiskussion (hierzu unten Rnr. 257 ff.) nur selten untersucht. Zweifelhaft war vorübergehend die Tariffähigkeit des Deutschen Bühnenverbandes, weil er auch Intendanten zu seinen Mitgliedern zählt. Nach allgemeiner Ansicht büßt er jedoch seinen tarifrechtlichen Status dadurch nicht ein, weil die Intendanten keinen nennenswerten Einfluß besitzen und der Deutsche Bühnenverein für sie keine Tarifverträge abschließen will.[197] 250

3. Finanzielle und organisatorische Gegnerunabhängigkeit

a) **Finanzielle Unabhängigkeit.** Der tariffähige Berufsverband darf *finanziell* nicht vom tariflichen Gegenspieler abhängen, da sonst die eigenen Interessen nicht mehr mit dem notwendigen Nachdruck verfolgt werden können und der Tarifvertrag keinen Interessenausgleich herbeiführt.[198] Die finanzielle Gegnerunabhängigkeit verbietet die Zuwendung von Geld, die Überlassung von Personal und die Bereitstellung von Sachmitteln. Abhängigkeit liegt sicher vor, wenn der Berufsverband „ausgehalten" wird. Aber das ist nur ein Extremfall. Auch finanzielle Zuwendungen, die notfalls durch Beitragserhöhungen ausgeglichen werden könnten, stellen die Tariffähigkeit in Frage, wenn sie der Gegenpartei tatsächlich Einflußmöglichkeiten eröffnen.[199] Das wird bei einem etablierten und mitgliedsstarken Verband weniger anzunehmen sein als bei einer Neugründung ohne gesicherte finanzielle Grundlage. 251

Verneint wurde bislang eine derartige Einflußnahme wegen der an die Gewerkschaft abzuführenden Honorare von Einigungsstellenbeisitzern,[200] die Kostenerstattung für den Besuch gewerkschaftlicher Schulungsveranstaltungen[201] bzw. den Bezug gewerkschaftlicher Zeitschriften[202] sowie die bezahlte Freistellung von gewerkschaftlichen Vertrauensleuten.[203] Ob im Einzelfall auch bei finanzieller Unabhängigkeit die Finanzkraft des Berufsverbandes aus- 252

---

[196] *Hagemeier,* Betrieb 1984, S. 718, 721; *Kempen*/Zachert, § 2 TVG, Rnr. 15; Koberski/Clasen/Menzel, § 2 TVG, Rnr. 46; Löwisch/*Rieble,* § 2 TVG, Rnr. 12.
[197] Näher *A. Hueck,* RdA 1956, S. 45, 47.
[198] RAG ARS 5, S. 217, 218 *(Nipperdey);* LAG Frankfurt AP Nr. 26 zu § 2 TVG (dazu: *Indra,* FuR 1968, S. 294); LAG Hannover, BB 1956, S. 464; Löwisch/Rieble, § 2 TVG, Rnr. 8; *Nipperdey/Säcker,* AR-Blattei, Berufsverbände I, 1979, C I 2 a; *Schelp,* AuR 1954, S. 70, 73; Zöllner/*Loritz,* Arbeitsrecht, § 8 III 5, S. 113.
[199] So auch Kempen/Zachert, § 2 TVG, Rnr. 44.
[200] BAG 14. 12. 1988 AP Nr. 30 zu § 76 BetrVG 1972.
[201] BVerfG 14. 2. 1978 AP Nr. 13 zu § 40 BetrVG 1972.
[202] BAG 21. 4. 1983 AP Nr. 20 zu § 40 BetrVG 1972 *(Naendrup)* = EzA § 40 BetrVG 1972 Nr. 53 *(Kreutz)* = SAE 1984, S. 261 *(Schwerdtner).*
[203] BVerfG AuR 1978, 381.

reicht, um einen Arbeitskampf erfolgreich durchzustehen, ist in jedem Wirtschaftskampf eine offene Frage, die erst durch diesen Kampf selbst entschieden wird; davon kann die Beurteilung der Tariffähigkeit nicht abhängen.[204]

253 **b) Organisatorische Unabhängigkeit.** Der tariffähige Berufsverband darf *organisatorisch* nicht vom tariflichen Gegenspieler abhängen.[205] Die organisatorische Unabhängigkeit verbietet, daß außenstehenden Dritten Leitungsbefugnisse oder Stimm- und Beratungsrechte mit innergesellschaftlicher Wirkung eingeräumt werden. Das ist keine Besonderheit des Koalitionsrechts, sondern folgt bereits aus dem allgemein im Verbandsrecht geltenden Grundsatz der Verbandssouveränität, der die Autonomie von Vereinen und Gesellschaften sicherstellen will.[206] Bei der Gründung eines Arbeitnehmerverbandes dürfen deshalb nur zukünftige Mitglieder beteiligt sein; und diese müssen die Satzung selbständig aufstellen; eine Anregung durch den Arbeitgeber schadet nicht. Das Reichsarbeitsgericht verlangte darüber hinaus die volle, auch „innere Selbständigkeit und Unabhängigkeit" von der Gegenseite.[207] Die innere Einstellung des Berufsverbandes entzieht sich jedoch einer rechtlichen Kontrolle.[208]

254 **c) Kooperative Zusammenarbeit.** Finanzielle und organisatorische Unabhängigkeit fordern nicht, daß die Koalitionen jede kooperative Zusammenarbeit (z. B. auch innerhalb Gemeinsamer Einrichtungen)[209] meiden. Die zahlreichen Gesetzesbestimmungen, die eine Besetzung staatlicher oder halbstaatlicher Stellen mit Vertretern der sozialen Gegenspieler vorsehen, beweisen, daß die Rechtsordnung eine sachliche Zusammenarbeit nicht nur duldet, sondern auch erwartet. Die Unabhängigkeit des Berufsverbandes ist deshalb nicht ohne weiteres verletzt, wenn eine Tarifvertragspartei der anderen eine organisatorische Unterstützung zuteil werden läßt. In dieser Konstellation muß vielmehr anhand der Umstände des Einzelfalles überprüft werden, ob damit ein Gegnereinfluß und eine Schwächung der Interessenwahrnehmung verbunden ist.

255 Die Frage wurde insbesondere im Zusammenhang mit der tarifvertraglich vorgesehenen *Abführung gewerkschaftlicher Mitgliedsbeiträge* durch den Arbeitgeber erörtert. Durch die tarifvertraglich vorgesehenen Einzugsverfahren wird die Entscheidungsfreiheit der Gewerkschaften nicht beeinträchtigt.[210] Souve-

---

[204] RAG ARS 5, S. 217, 219 *(Nipperdey)*; siehe auch BAG v. 16. 11. 1982 AP Nr. 32 zu § 2 TVG *(Rüthers, Roth)* = SAE 1984, S. 133 *(Konzen)*.
[205] RAG ARS 4, S. 294, 299; RAG ARS 9, S. 487; LAG Düsseldorf AP Nr. 2 zu Art. 9 GG; *Löwisch/Rieble*, § 2 TVG, Rnr. 8; *Maus*, § 2 TVG, Rnr. 72.
[206] Dazu *Wiedemann*, in: Festschrift für Wolfgang Schilling (1973), S. 105, 111 ff.
[207] RAG ARS 4, S. 239, 243 *(Gerstel)*; RAG ARS 5, S. 217, 218 *(Nipperdey)*; RAG ARS 9, S. 487, 490 *(Nipperdey)*.
[208] Zur Bedeutung der Einstellung im Recht siehe im übrigen *Wiedemann*, Das Arbeitsverhältnis als Austausch- und Gemeinschaftsverhältnis, 1966, S. 29 ff.
[209] Für diese *Bötticher*, Die gemeinsamen Einrichtungen der Tarifvertragsparteien, 1966, S. 143 ff.
[210] Ebenso *Biedenkopf*, Grenzen der Tarifautonomie, 1964, S. 264; *Diekhoff*, BB 1964, S. 927, 928; *Farthmann*, AuR 1963, S. 253, 259; *Fechner*, Die tarifliche Regelung der Abführung von Gewerkschaftsbeiträgen, 1964; *Gamillscheg*, Koalitionsfreiheit und soziale Selbstverwaltung, 1968, S. 35; *ders.*, Kollektives Arbeitsrecht I, § 9 III 1 d, S. 422 ff.; *Herschel*, JZ 1965, S. 81, 82 ff.; *Kempen/Zachert*, § 2 TVG, Rnr. 44; *Küchenhoff*, AuR 1963, S. 321, 327; *Löwisch/Rieble*, § 2 TVG, Rnr. 11; *Nipperdey/*

räne Verbände können schuldrechtliche Verträge eingehen, ohne ihre Autonomie zu verlieren; die Unabhängigkeit zeigt sich darin, daß die Zusammenarbeit jederzeit gekündigt oder eingeschränkt werden kann. Wie alle sekuritätspolitischen Abreden kann allerdings die Beitragsaufbringung im Wege des Lohnabzugs zu einer Änderung des zwischen den Tarifvertragsparteien bestehenden *Kräfteverhältnisses* führen (dazu oben Einleitung, Rnr. 452). Zwischen der erforderlichen Gegnerunabhängigkeit und dem erwünschten Kräftegleichgewicht der Tarifvertragsparteien ist gedanklich jedoch zu trennen.

d) Einzelfälle. Die Berliner Kommission für Ansprüche aus Vermögenswerten laut Kontrollratsdirektive Nr. 50 hat dem „Deutschen Handlungsgehilfen Verband, Gewerkschaft der Kaufmannsgehilfen, Sitz Hamburg, e. V." die Eigenschaft als Gewerkschaft abgesprochen; sie hat nicht ihn, sondern die DAG als Nachfolgeorganisation des früheren „Deutschnationalen Handlungsgehilfen-Verbandes" anerkannt.[211]

4. Gegnerunabhängigkeit und Mitbestimmung

a) Entwicklung der Diskussion. Durch das MontanMitbestG (BGBl. 1951 I S. 347) und das MitbestErgG (BGBl. 1956 I S. 707) wurde in der Montanindustrie eine qualifizierte Mitbestimmung eingeführt. Das Schrifttum erklärte zunächst übereinstimmend diese paritätische Mitbestimmung der Montanindustrie für mit der Tarifautonomie vereinbar. Das wurde entweder damit begründet, daß die Mitbestimmung Vorrang habe und den sozialen Konflikt anderweitig ausräumen wolle,[212] oder damit, daß zwischen Mitbestimmung und Gegnerunabhängigkeit kein Widerspruch bestehe, weil die Mitglieder des Aufsichtsrats und des Vorstandes unverändert dazu verpflichtet sind, vorrangig das von Gesetz und Satzung festgelegte Unternehmensziel zu verfolgen.[213]

Zu den Auswirkungen der paritätischen Mitbestimmung auf das Tarifvertragswesen stellte der Bericht der Sachverständigenkommission (sog. Bieden-

---

Säcker, AR-Blattei, Berufsverbände I, 1979, C I 2 a; *Reuß,* ArbRGeg. Bd. 1 (1964), S. 144, 148; anderer Ansicht jedoch namentlich *Dietz/Nipperdey,* Die Frage der tariflichen Regelung der Einziehung von Gewerkschaftsbeiträgen durch die Betriebe, 1963; einschränkend Hueck/*Nipperdey,* Arbeitsrecht II 1, § 6 II, S. 96 (Unwirksamkeit einer derartigen Tarifabrede).

[211] RdA 1953, S. 396; LAG München, AP 1953, Nr. 150 *(Schnorr); Gaugler,* MuA 1954, S. 19. Zur Koalitionseigenschaft der Christlichen Gewerkschaftsbewegung Deutschlands (CGD): LAG Düsseldorf AP Nr. 2 zu Art. 9 GG (Zuschüsse von Seiten des eigenen Dachverbandes beeinträchtigen die Tariffähigkeit nicht); zur Koalitionseigenschaft des Marburger Bundes: BAG 21. 11. 1975 AP Nr. 6 zu § 118 BetrVG 1972 *(G. Küchenhoff, Richardi);* zur Tariffähigkeit der Vereinigung der Rundfunk-, Film- und Fernsehschaffenden: LAG Frankfurt AP Nr. 26 zu § 2 TVG (dazu *Indra,* FuR 1968, S. 241); LAG Hannover, BB 1956, S. 464; *Schelp,* AuR 1954, S. 70, 73.

[212] Siehe *Gamillscheg,* Koalitionsfreiheit und soziale Selbstverwaltung, 1968, S. 34; *Nipperdey,* in: Festschrift für Philipp Möhring (1965), S. 87, 99 ff.; *Nikisch,* Arbeitsrecht II, § 70 III 5, S. 253; *Schnorr,* RdA 1954, S. 166, 168 ff.

[213] *Dietz,* in: Bettermann/Nipperdey/Scheuner, Die Grundrechte Bd. III 1, 1958, S. 418, 431; Hueck/*Nipperdey,* Arbeitsrecht II 1, § 6 II 2, S. 97; *Löwisch,* ZfA 1970, S. 295, 309; *Gerhard Müller,* RdA 1954, S. 166; *Nipperdey/Säcker,* AR-Blattei, Berufsverbände I, 1979, C I 2; *Scholz,* Paritätische Mitbestimmung und Grundgesetz, 1974, S. 106 („materiale Unabhängigkeit nicht bedroht"); *Schnorr,* RdA 1954, S. 166 ff.

kopf-Kommission) in Auswertung der bisherigen Erfahrungen bei der Mitbestimmung[214] fest:

„Zur Rolle der Arbeitsdirektoren bei Tarifverhandlungen haben die Anhörungen der Kommission im Montan-Bereich kein einheitliches Bild ergeben. Während im Kohlebergbau die Beteiligung der Arbeitsdirektoren an Tarifverhandlungen vermieden wurde, weil die Unternehmen nicht durch die Arbeitsdirektoren in den Tarifverbänden vertreten waren, waren die Arbeitsdirektoren aus dem Bereich der Stahlindustrie neben Technikern und Kaufleuten gleichberechtigt in den Tarifkommissionen der Unternehmensverbände tätig. Nach der übereinstimmenden Aussage aller Befragten hat die Mitwirkung der Arbeitsdirektoren in den Tarifverhandlungen nicht zu einer Verschlechterung der tarifpolitischen Position der betroffenen Unternehmen geführt. Von den Gewerkschaften ist die den Arbeitsdirektoren durch ihre Mitgliedschaft in der Tarifkommission zugewiesene Rolle als Vertreter der Unternehmen vielmehr voll anerkannt worden.

Der Kommission sind in den Anhörungen auch keine Fälle bekanntgeworden, in denen die Gewerkschaft versucht hätte, mit dem Ziel einer Verbesserung ihrer tarifpolitischen Situation auf die Arbeitsdirektoren einzuwirken....

Nach den Anhörungen der Kommission läßt sich somit allgemein feststellen, daß ein wesentlicher Zusammenhang zwischen der Mitbestimmung der Arbeitnehmer im Unternehmen und der Tarifpolitik weder im Montanbereich noch im Anwendungsbereich des Betriebsverfassungsgesetzes besteht."

259 Erst die Untersuchung von *Zöllner/Seiter*[215] stellte die Tariffähigkeit der Arbeitgeberverbände und der einzelnen Unternehmen bei paritätischer Mitbestimmung in Frage und führte, wenn nicht zu einem Umschwung, so doch zu einer erheblichen Erschütterung der bis dahin herrschenden Meinung.[216] Die weitere Diskussion wurde zunächst abstrakt zur paritätischen Mitbestimmung geführt. Dabei sahen *E. R. Huber*[217] und *Pernthaler*[218] die paritätische Mitbestimmung als mit der Unabhängigkeit der Arbeitgeberkoalition und weiter mit Art. 9 Abs. 3 GG unvereinbar an; dagegen bejahte *Schwerdtfeger* die Verfassungsmäßigkeit.[219] Mit Veröffentlichung des Entwurfs eines Mitbestimmungsgesetzes vom 29. 2. 1974[220] konzentrierte sich die Debatte auf die Verfassungsmäßigkeit dieses Entwurfs. Sie wurde überwiegend angezweifelt.[221] Der Gesetzesentwurf vom 22. 2. 1974 wurde aufgrund der

---

[214] BT-Drucks. VI/334, unter Teil III, B II Nr. 52.
[215] Paritätische Mitbestimmung und Artikel 9 Abs. 3 Grundgesetz, 1970; vorbereitet von *Biedenkopf*, in: Festschrift für Heinrich Kronstein (1967), S. 87ff., und *Zöllner*, RdA 1969, S. 70ff.
[216] Kritisch zu dieser Meinungsänderung *Raisch*, Mitbestimmung und Koalitionsfreiheit, 1975, S. 36ff.
[217] Grundgesetz und wirtschaftliche Mitbestimmung, 1970, S. 74ff.
[218] Qualifizierte Mitbestimmung und Verfassungsrecht, 1972, S. 183ff.
[219] Unternehmerische Mitbestimmung der Arbeitnehmer und Grundgesetz, 1972, S. 124, 215ff.
[220] BR-Drucks. 200/74.
[221] Dazu Stenographisches Protokoll Nr. 62 des Ausschusses für Arbeit und Sozialordnung des Deutschen Bundestages über die öffentliche Informationssitzung am 19. 12. 1974 (BT, 7. Wahlperiode, Protokoll Nr. 62); sowie *Buchner*, Betrieb 1975, S. 33; *Kindermann*, Betrieb 1974, S. 1159; *Mertens*, RdA 1975, S. 89; *G. Müller*, Betrieb 1975, S. 205, 253; *H. P. Müller*, Betrieb 1974, S. 2449; *Th. Raiser*, Grundgesetz und paritätische Mitbestimmung, 1975; *Rasch*, BB 1974, S. 532; *Rittner*, JZ 1975, S. 457; *Scholz*, Paritätische Mitbestimmung und Grundgesetz, 1974; ferner die Übersicht von *Grasmann*, Betrieb 1975, Beilage Nr. 21. Die Verfassungsmäßigkeit im Hinblick auf Art. 9 Abs. 3 GG wurde bejaht von *Raisch*, Mitbestimmung und Koalitionsfreiheit, 1975,

geltend gemachten verfassungsrechtlichen und ordnungspolitischen Einwände abgewandelt in ein System der „erweiterten" Mitbestimmung, bei der den Anteilseignern durch das doppelte Stimmrecht des Aufsichtsratsvorsitzenden nach § 29 Abs. 2 MitbestG ein gewisses Übergewicht im Interesse der Funktionsfähigkeit des Unternehmens gesichert wird.[222]

b) Stellungnahme. Ob die Mitbestimmungsgesetze der **Montanindustrie** das Tarifvertragsrecht für einen bestimmten Wirtschaftssektor ändern wollten, ist nachträglich schwer festzustellen. Sieht man das Tarifvertragswesen in Form der sozialen Gegenspielerschaft als durch Art. 9 Abs. 3 GG verfassungsrechtlich garantiert an, so wäre eine Einschränkung oder Beseitigung des Unabhängigkeitsprinzips nicht möglich gewesen. Wenn man dies verneint, könnten die späteren Mitbestimmungsgesetze theoretisch als *leges speciales* dem tarifvertraglichen Prinzip der Unabhängigkeit vorgehen. Für einen solchen Vorrang sprechen die besonderen Umstände in der Montanindustrie im Zeitpunkt der Einführung der paritätischen Mitbestimmung, insbesondere das Fehlen von Unternehmensgesellschaftern. Dagegen spricht, daß der Mechanismus und die Organisationsstruktur des Tarifrechts seit langem bekannt waren.[223] Hätte man den Unabhängigkeitsgrundsatz einschränken wollen, so wäre dies vermutlich während der Gesetzgebungsarbeiten zum Ausdruck gekommen.

Die Entscheidung kann offenbleiben, weil auch im Rahmen der qualifizierten Mitbestimmung der Montanindustrie ein kontradiktorisches Verfahren durchgeführt werden muß. Dafür genügt es, wenn auf der Seite des Unternehmens oder des Arbeitgeberverbandes typischerweise *andere* Ziele und Interessen verfolgt werden als von den Gewerkschaften. Gemäß § 4 Abs. 3 MontanMitbestG haben die Aufsichtsratsmitglieder alle die gleichen Rechte und Pflichten und sind an Aufträge und Weisungen nicht gebunden. Das gleiche gilt für den Arbeitsdirektor. Es handelt sich also bei der Montanmitbestimmung nicht um eine *autonome* Mitbestimmung, deren Organe ihrer Zielorientierung unabhängig von der Gesellschaftssatzung vornehmen dürfen, sondern um eine *integrierte* Mitbestimmung, die an die Zielvorgaben und Leitmaximen der Anlagegesellschafter gebunden ist.[224]

Das *Mitbestimmungsgesetz vom 4. 5. 1976*[225] wollte den verfassungsrechtlichen und ordnungspolitischen Bedenken Rechnung tragen, die gegen frühere Entwürfe erhoben worden sind. Seine Verfassungsmäßigkeit wurde im Hinblick auf Art. 9 Abs. 3 GG zwar teilweise bezweifelt;[226] überwiegend

---

S. 36 ff.; *Richardi*, ArbRGeg. Bd. 13 (1976), S. 19, 28 ff.; *Säcker*, DRdA 1973, S. 89, 93 ff.; *ders.*, in: ArbRGeg. Bd. 12 (1975), S. 17, 58 ff.; *Wiedemann*, RdA 1976, S. 72, 73.

[222] Zur Weiterführung der Diskussion *E. Stein*, Qualifizierte Mitbestimmung unter dem Grundgesetz, 1976; *Badura/Rittner/Rüthers*, Mitbestimmungsgesetz 1976 und Grundgesetz, 1977, S. 181 ff.; *Kübler/Schmidt/Simitis*, Mitbestimmung als gesetzgebungspolitische Aufgabe, 1978, S. 230 ff.

[223] Siehe den Entwurf eines Arbeitstarifgesetzes von 1921 (Reichsarbeitsblatt 1921, S. 491).

[224] Dazu *Wiedemann*, ZGR 1975, S. 385, 431 ff.

[225] BGBl. I S. 1153.

[226] So vor allem *Badura/Rittner/Rüthers*, Mitbestimmungsgesetz 1976 und Grundgesetz, 1977, S. 153 ff., 240 ff.; zur Unabhängigkeit des Arbeitgeberverbandes insbes. S. 164 f., 165 ff.

hielt man den Einwänden aber entgegen, daß die einzelnen Unternehmen und die Arbeitgeberverbände unabhängige Verhandlungsparteien bleiben, da das gesetzliche Vertretungsorgan einschließlich des Arbeitsdirektors nach § 33 MitbestG mit der Mehrheit der Kapitaleignerseite nach § 31 Abs. 4 MitbestG bestellt werden kann.[227] Darüber hinaus gelten die Ausführungen zur Montanmitbestimmung für die durch das Mitbestimmungsgesetz 1976 etablierte Mitbestimmung entsprechend.

263 c) Die Entscheidung des Bundesverfassungsgerichts. Einen vorläufigen Abschluß der Diskussion bewirkte das Mitbestimmungsurteil des Bundesverfassungsgerichts vom 1. März 1979.[228] Hierin hob das Gericht die Notwendigkeit der Gegnerunabhängigkeit nochmals hervor und fügte dieses Element in allgemeine Grundsätze der Vereinigungsfreiheit ein. Sie schütze auch die Selbstbestimmung der Koalitionen über ihre eigene Organisation und das Verfahren ihrer Willensbildung; eine Fremdbestimmung durch die Gegenseite könne hierzu in Konflikt geraten.[229] Eine verfassungsrechtlich zu beanstandende Einschränkung der Gegnerunabhängigkeit der Koalitionen der Arbeitgeber durch die Unternehmensmitbestimmung nach dem Mitbestimmungsgesetz 1976 verneinte das Gericht. Neben der Bindung der Angehörigen der Vertretungsorgane an das Unternehmensinteresse[230] verwies das Bundesverfassungsgericht auf die geringe Wahrscheinlichkeit, daß Personen zu Mitgliedern der leitenden Organe bestellt werden, die der Arbeitnehmer- oder der Gewerkschaftsseite zuzurechnen sind.[231] Deshalb bleibe der Einfluß der Arbeitnehmer auf die Arbeitgeberkoalition hinter dem unterparitätischen Einfluß der Arbeitnehmer in den Unternehmen zurück und schwäche sich zusätzlich auf der nächsten verbandsrechtlichen Stufe, den Verbänden von Arbeitgebervereinigungen, ab.[232] Ein hiernach noch verbleibender Einfluß stelle die Gegnerunabhängigkeit der Arbeitgeberkoalition nicht prinzipiell in Frage und sei deshalb mit Art. 9 Abs. 3 GG vereinbar.[233]

264 Die koalitionsfreiheitsrechtlichen Ausführungen des Bundesverfassungsgerichts blieben zwar nicht ohne kritische Stellungnahmen, im Kern fand aber die Linie des Gerichts allgemeine Billigung. Neben dem im Mitbestimmungsgesetz selbst angelegten leichten Übergewicht der Anteilseignerseite ist es vor allem eine gegebenenfalls verfassungsrechtlich gebotene Aufgabe des einfachen Gesetzesrechts, durch institutionelle Vorkehrungen sicherzustellen, daß die institutionelle Unabhängigkeit und Freiheit der tarifpolitischen Willensbildung im Arbeitgeberverband gewahrt bleibt.[234] Insbesondere ein Aus-

---

[227] Zu den sich aus einem verstärkten Arbeitnehmereinfluß auf die Bestellung des Arbeitsdirektors ergebenden Folgen *Hoffmann*, BB 1977, S. 17; *Zöllner*, Betrieb 1976, S. 1766, 1770.
[228] BVerfGE 50, S. 290 ff. = AP Nr. 1 zu § 1 MitbestG *(Wiedemann)*.
[229] BVerfGE 50, S. 290, 373 f.
[230] Siehe BVerfGE 50, S. 290, 374.
[231] BVerfGE 50, S. 290, 375.
[232] BVerfGE 50, S. 290, 375.
[233] BVerfGE 50, S. 290, 376; kritisch *Seiter*, in: Festschrift für Gerhard Müller (1981), S. 589, 596 ff.; *ders.*, AöR Bd. 109 (1984), S. 88, 115 ff.
[234] Siehe *Hanau*, ZGR 1979, S. 524, 534 ff.; *Richardi*, AöR Bd. 104 (1979), S. 546, 572 ff.; *Säcker*, RdA 1979, S. 380, 383; *Seiter*, in: Festschrift für Gerhard Müller (1981), S. 589, 603.

schluß von Abstimmung und Beratung bei tarifpolitischen Angelegenheiten kann in diesem Zusammenhang als ein taugliches Instrument betrachtet werden, um ein dem Prinzip der Gegnerunabhängigkeit des Arbeitgeberverbandes ausreichendes Sicherungsinstrumentarium zu installieren.

5. Staatliche, parteipolitische und kirchliche Unabhängigkeit

a) Staatliche Unabhängigkeit. Nach allgemeiner Meinung muß der tariffähige Berufsverband unabhängig vom Staat sein.[235] Dies folgt neben der Schutzrichtung der Vereinigungsfreiheit aus der Funktion der Tarifautonomie. Sollen die Tarifvertragsparteien im Interesse größerer Sachnähe den von der staatlichen Rechtssetzung frei gelassenen Raum normativ ausgestalten, so können sie dies nur eigenverantwortlich und sachgerecht erfüllen, wenn sie staatlich unabhängig sind.

b) Parteipolitische und kirchliche Unabhängigkeit. Die im Schrifttum überwiegende Auffassung verlangt, wenn auch mit verschiedenen Einschränkungen, parteipolitische und kirchliche Unabhängigkeit der Berufsverbände.[236]

Unstreitig kann ein Berufsverband von sich aus die gleichen gesellschaftlichen Ziele verfolgen wie eine politische Partei oder seinem Programm eine kirchliche Weltanschauung zugrunde legen *(Richtungsgewerkschaft).*[237] Die Koalitionen sind keine „Geschäftsführer-Verbände" und es besteht für sie kein Neutralitätsgebot.[238] Die Tariffähigkeit kann jedoch verlorengehen, wenn sich die Zielsetzung des Verbandes infolge seiner Abhängigkeit ändert und nicht mehr der durch Art. 9 Abs. 3 GG vorgegebenen Ausrichtung auf die Arbeits- und Wirtschaftsbedingungen entspricht. Ein tariffähiger Berufsverband muß sich die Wahrnehmung und Förderung der Arbeits- und Wirt-

---

[235] *Däubler,* Tarifvertragsrecht, Rnr. 48; *Gamillscheg,* Koalitionsfreiheit und soziale Selbstverwaltung, 1968, S. 37; *E. R. Huber,* Wirtschaftsverwaltungsrecht II, 2. Aufl. 1954, S. 369; Hueck/*Nipperdey,* Arbeitsrecht II 1, § 6 II 4, S. 98; *Kempen*/Zachert, § 2 TVG, Rnr. 50; *Lieb,* Arbeitsrecht, § 6 V, S. 173; Löwisch/*Rieble,* § 2 TVG, Rnr. 15 ff.; *Nikisch,* Arbeitsrecht II, § 57 II 5, S. 9; *Zöllner/Loritz,* Arbeitsrecht, § 8 III 6, S. 113; a. A. *Bruhn,* Tariffähigkeit von Gewerkschaften und Autonomie, 1993, S. 174 ff.

[236] Hueck/*Nipperdey,* Arbeitsrecht II 1, § 6 II 3, S. 97; *Kempen*/Zachert, § 2 TVG, Rnr. 50; *Koberski/Clasen/Menzel,* § 2 TVG, Rnr. 52; Löwisch/*Rieble,* § 2 TVG, Rnr. 18; *Gerhard Müller,* in: Festschrift für Hans Carl Nipperdey Bd. II (1965), S. 435, 440 ff.; *Nipperdey/Säcker,* AR-Blattei, Berufsverbände I, 1979, C 1 2 b; *Söllner,* Arbeitsrecht, § 9 I 4, S. 61; *Zöllner/Loritz,* Arbeitsrecht, § 8 III 6, S. 113; zurückhaltend *Lieb,* Arbeitsrecht, § 6 V, S. 173; *Nikisch,* Arbeitsrecht II, § 70 III 6 a, S. 254; *Schelp,* AuR 1954, S. 74; *Schnorr,* RdA 1961, S. 182, 185; ablehnend *Bruhn,* Tariffähigkeit von Gewerkschaften und Autonomie, 1993, S. 174 ff.; *Dietz,* in: Bettermann/Nipperdey/Scheuner, Die Grundrechte III 1, 1958, S. 418, 434 f.; *Richardi,* § 2 BetrVG, Rnr. 48; *Herschel,* BArbBl. 1950, S. 377, 378; *Maus,* § 2 TVG, Rnr. 74; *Reuß,* ArbRGeg. Bd. 1 (1964), S. 147, 148. Zum Koalitionsbegriff im Rahmen des Art. 9 Abs. 3 GG siehe *v. Münch,* Bonner Kommentar (Zweitbearbeitung), Art. 9 GG, Rnr. 132, der parteipolitische oder konfessionelle Neutralität selbst nicht voraussetzt.

[237] LAG Düsseldorf AP Nr. 2 zu Art. 9 GG; *Koberski/Clasen/Menzel,* § 2 TVG, Rnr. 52; Löwisch/*Rieble,* § 2 TVG, Rnr. 18; *Nipperdey/Säcker,* AR-Blattei, Berufsverbände I, 1979, C 1 2 b; *Söllner,* Arbeitsrecht, § 9 I 4, S. 61.

[238] Ebenso *Dörner,* HzA, Gruppe 18/1, Rnr. 163; *Kempen*/Zachert, § 2 TVG, Rnr. 50; Löwisch/*Rieble,* § 2 TVG, Rnr. 18; *Nipperdey/Säcker,* AR-Blattei, Berufsverbände I, 1979, C I 2 b.

schaftsbedingungen seiner Mitglieder zur Richtschnur nehmen und diese Zielsetzung auch tatsächlich verfolgen.[239] Die Unabhängigkeit gegenüber politischen, kirchlichen oder sonstigen gesellschaftlichen Kräften ist enger zu formulieren als die Gegnerunabhängigkeit: es schadet nur ein beherrschender Einfluß, wie er z. B. bei den Arbeitnehmer-Arbeitsgemeinschaften der politischen Parteien (CDU: CDA; SPD: AfA) zu bejahen ist. Dagegen sind personelle Verflechtungen oder gelegentliche finanzielle Unterstützungen für die Tariffähigkeit unschädlich.

6. Rechtsfolgen

268 Nach allgemeiner Ansicht soll ein Verstoß gegen das Unabhängigkeitsprinzip zum Verlust der Tariffähigkeit führen. Wenn die Unabhängigkeit nur geschmälert oder bedroht ist, soll dies umgekehrt ohne Rechtsfolgen bleiben. Dies ist ein unbefriedigender Rechtszustand, weil die Sanktion der Tarifunfähigkeit sehr weitreichend ist und außerdem nicht abgestuft werden kann, es sei denn, man führt eine sachlich oder anderweitig beschränkte Tariffähigkeit ein. Rechtsprechung und Wissenschaft werden sich kaum bereitfinden, einem etablierten Berufsverband die tarifvertragliche Rechtsfähigkeit abzusprechen – mit der überdies schwer erträglichen Folge, daß die bisher abgeschlossenen Vereinbarungen zu „fehlerhaften" Tarifverträgen werden, die vielleicht nur nach § 4 Abs. 5 nachwirken.

269 *Nipperdey*[240] hat diese mißliche Rechtslage erkannt und deshalb (im Rahmen der bestrittenen Einziehung der Gewerkschaftsbeiträge durch den Arbeitgeber; hierzu oben Rnr. 255) den Vorschlag unterbreitet, nur die einschlägige Tarifvertragsklausel für nichtig zu erklären. Dieser Vorschlag eignet sich indes nicht zur Verallgemeinerung. Bei anderen Verstößen gegen die richtige Organisation oder Zielsetzung der Berufsverbände ist eine Beschränkung der Nichtigkeit auf einzelne Tarifvertragsbestimmungen nicht möglich, da sie alle gleichmäßig auf der regelwidrigen Organisation des Berufsverbandes beruhen können. Die Abhängigkeit etwa von einer politischen Partei oder einer kirchlichen Organisation kann sich auf den ganzen Tarifinhalt auswirken. Es kommt hinzu, daß die genaue Erfassung der Tatbestandsvoraussetzungen der Tariffähigkeit und ihre Anpassung an möglicherweise geänderte Umstände bei der gegenwärtigen Rechtslage erschwert werden, weil eine gerichtliche Kontrolle nur begrenzt stattfindet.

270 Das Tarifvertragsrecht bedarf bezüglich dieser Problematik der *Rechtsfortbildung*. Es muß die Möglichkeit eröffnet werden, die Einhaltung der Normativbedingungen zu kontrollieren, ohne die Tariffähigkeit insgesamt in Frage zu stellen. Dabei wird man dem Gedanken an eine staatliche Aufsichtsbehörde kaum nähertreten, weil dies dem System der sozialen Selbstverwaltung widerspricht. Die Einhaltung der Normativbedingungen eines tariffähigen Berufsverbandes sollte auch in Zukunft auf Privatinitiative hin und durch unabhängige Gerichte überwacht werden. Dazu bietet sich eine Feststellungsklage des tarifzuständigen sozialen Gegenspielers an. Soweit kein

---

[239] Siehe bereits RAG ARS 9, S. 478, 481 ff. (zur Tariffähigkeit der der Freien Arbeiter-Union Deutschland angehörenden Arbeitnehmerverbände).
[240] In: Hueck/*Nipperdey*, Arbeitsrecht II 1, § 6 II 2, S. 96.

3. Abschnitt. Die tariffähigen Berufsverbände §2

schwerwiegender Verstoß gegen die Normativbedingungen der Tariffähigkeit vorliegt, darf ein solches Prüfungsverfahren nicht sofort mit der Entscheidung über die Tariffähigkeit der Vereinigung gemäß § 2a Abs. 1 Nr. 4 ArbGG enden. Fehlt es an Voraussetzungen, die für den ordnungsgemäßen Ablauf der sozialen Selbstverwaltung keine grundsätzliche Bedeutung haben, so ist lediglich festzustellen, daß dem Berufsverband kein Anspruch auf Tarifverhandlungen mehr zusteht. Handelt es sich um schwerwiegendere Mängel, so verliert der Berufsverband die Arbeitskampffähigkeit. Nur wenn zwingende Voraussetzungen fehlen, ist es schließlich angebracht, die Tariffähigkeit einzuschränken oder schlechthin abzusprechen.

IV. Demokratische Organisation

Nach überwiegender Ansicht im Schrifttum müssen die innere Ordnung des Verbandes[241] und seine Willensbildung demokratischen Grundsätzen entsprechen.[242] Vom Bundesverfassungsgericht wird die demokratische Organisation nicht als Voraussetzung der Tariffähigkeit einer Koalition genannt;[243] vom Bundesarbeitsgericht wird sie gelegentlich als gegeben unterstellt.[244] Die im 1. Staatsvertrag in den Generellen Leitsätzen zur Sozialunion genannten Voraussetzungen für tariffähige Gewerkschaften und Arbeitgeberverbände (oben Rnr. 156) führen das Erfordernis einer demokratischen Binnenorganisation ebenfalls nicht auf. Die Notwendigkeit einer demokratischen

---

[241] Zu der tatsächlichen Organisation der Gewerkschaften *Hanau/Stindt*, Der Staat Bd. 10 (1971), S. 539 ff.; *E. Schmidt*, Ordnungsfaktor oder Gegenmacht. Die politische Rolle der Gewerkschaften, 1971; *Schüren*, Die Legitimation der tariflichen Normsetzung, 1990, S. 160 ff.; *Stindt*, Verfassungsgebot und Wirklichkeit demokratischer Organisation der Gewerkschaften, 1976, S. 38 ff.

[242] So *Biedenkopf*, Grenzen der Tarifautonomie, 1964, S. 47 ff.; *Däubler*, Tarifvertragsrecht, Rnr. 48; *Föhr*, Willensbildung in den Gewerkschaften und Grundgesetz, 1974, S. 153 ff.; *ders.*, NJW 1975, S. 617, 618 ff.; *Hanau/Adomeit*, Arbeitsrecht, C I 2, S. 60; *Hueck/Nipperdey*, Arbeitsrecht II 1, § 6 II 6, S. 101; *Lieb*, Arbeitsrecht, § 6 V, S. 173; *Löwisch/Rieble*, § 2 TVG, Rnr. 19; *Martens*, Öffentlich als Rechtsbegriff, 1969, S. 167 ff.; *Mayer-Maly*, RdA 1965, S. 430; *Müller*, AuR 1972, S. 1, 4 (betr. Arbeitskampffähigkeit); *v. Münch*, Bonner Kommentar (Zweitbearbeitung), Art. 9 GG, Rnr. 149; *Nipperdey/Säcker*, AR-Blattei, Berufsverbände I, 1979, C I 3; *Popp*, Öffentliche Aufgaben der Gewerkschaften und innerverbandliche Willensbildung, 1975, S. 57 ff.; *Ramm*, Die Freiheit der Willensbildung, 1960, S. 117 ff.; *Ridder*, Zur verfassungsrechtlichen Stellung der Gewerkschaften im Sozialstaat, 1960, S. 20 ff.; *Säcker*, in: Biedenkopf/Voss, Staatsführung, Verbandsmacht und innere Souveränität, 1977, S. 93 ff.; *Scheuner*, Der Inhalt der Koalitionsfreiheit, 1961, S. 66 ff.; *Stindt*, Verfassungsgebot und Wirklichkeit demokratischer Organisation der Gewerkschaften, dargestellt am Beispiel der Deutschen Postgewerkschaft, 1976, S. 207 ff.; *Wengler*, Die Kampfmaßnahme im Arbeitsrecht, 1960, S. 48; *Zöllner/Loritz*, Arbeitsrecht, § 8 III 8, S. 114; zurückhaltend *Külp*, Lohnbildung im Wechselspiel zwischen politischen und wirtschaftlichen Kräften, 1965, S. 43; *Teubner*, ZGR 1975, S. 459, 462 ff.; ablehnend *Bruhn*, Tariffähigkeit von Gewerkschaften und Autonomie, 1993, S. 168 ff.; *Gitter*, JZ 1965, S. 197, 198; *Scholz*, Koalitionsfreiheit als Verfassungsproblem, 1971 S. 176.

[243] Siehe z. B. BVerfGE 4, S. 96, 108 = AP Nr. 1 zu Art. 9 GG; BVerfGE 58, S. 233, 235 = AP Nr. 31 zu § 2 TVG.

[244] BAG 31. 10. 1958 AP Nr. 2 zu § 1 TVG Friedenspflicht = SAE 1959, S. 41 *(Molitor)*; sowie aus neuerer Zeit BAG 25. 11. 1986 AP Nr. 36 zu § 2 TVG = EzA § 2 TVG Nr. 17 *(Schulin)*.

Organisation wird mit dem Öffentlichkeitsstatus oder der Normsetzungsbefugnis der Berufsverbände, weiter mit dem Sozialstaatsprinzip oder damit begründet, daß dem Mißbrauch sozialer Macht entgegengewirkt werden müsse.[245]

272 Welche verfassungsrechtlichen Anforderungen an die Organisation der Tarifvertragsparteien gestellt werden müssen, solange ein Koalitionsgesetz fehlt, ist bisher nicht geklärt.[246] Ein Teil der mit dem Demokratieerfordernis genannten Anforderungen[247] folgt bereits aus der Voraussetzung, daß die Berufsverbände freiwillig gebildete Körperschaften sind: so das Mehrheitsprinzip, das Recht jedes Mitglieds auf Mitwirkung bei der Meinungs- und Willensbildung,[248] das Recht jedes Mitglieds auf Gleichbehandlung, das Recht, aus dem Verband auszutreten, sowie gewisse interne Publizitätspflichten der Verbandsorgane. Für andere Erfordernisse – wie: zwingender Zuständigkeitskatalog der Mitgliederversammlung, Notwendigkeit der Urabstimmung vor Arbeitskämpfen, Stimmengleichheit aller Mitglieder,[249] repräsentative Zusammensetzung von Ausschüssen und Kommissionen, Inkompatibilität von Organposten und Mandatsträgern, externe Verbandspublizität[250] – gibt es bisher keine einheitliche Rechtsüberzeugung. Die Anforderungen des Parteiengesetzes können angesichts der Unterschiede in der Aufgabenstellung und in der Zusammensetzung des Mitgliederkreises nicht übernommen werden.[251]

273 Eine Präzisierung hat die Diskussion jedoch für die Voraussetzungen erfahren, unter denen eine **Delegiertenversammlung** – wie sie insbesondere für Gewerkschaften charakteristisch ist – die Mitgliederversammlung ersetzen kann. Ungeachtet koalitionsverfassungsrechtlicher und tarifrechtlicher Erwägungen sind der Verbandsautonomie diesbezüglich Schranken gezogen, die sicherstellen, daß die mit der Einziehung verbandsrechtlicher Zwischenstufen verbundene Mediatisierung der Mitglieder nicht zu ihrer Entrechtung führt. Deshalb müssen die wesentlichen Bedingungen für die Ersetzung der Mitgliederversammlung durch eine Delegiertenversammlung (Amtsdauer, Delegiertenquote) in der Satzung geregelt werden,[252] so daß die Repräsentativität der Delegiertenversammlung gewährleistet ist. Aus diesem Grunde muß den

---

[245] Näher zu den einzelnen Ansätzen die Übersicht bei *Schüren*, Die Legitimation tariflicher Normsetzung, 1990, S. 230 ff.
[246] Ebenso *Hanau/Stindt*, Der Staat Bd. 10 (1971), S. 539, 552, die auf das Spannungsverhältnis zwischen demokratischer Mitgliederbeteiligung und wirksamer Aufgabenbewältigung hinweisen.
[247] Siehe z. B. *Gamillscheg*, Kollektives Arbeitsrecht I, § 9 II 5 a, S. 401 f.
[248] Näher hierzu *Schmiegel*, Die Inhaltskontrolle von Koalitionssatzungen, 1995, S. 160 ff.; *Vorderwülbecke*, Rechtsform der Gewerkschaften und Kontrollbefugnisse des Gewerkschaftsmitgliedes, 1988.
[249] Dazu *Löwisch*, ZfA 1970, S. 295, 306. Problematisch ist dies bei Arbeitgebervereinigungen, siehe *Kempen/Zachert*, § 2 TVG, Rnr. 89; *Löwisch/Rieble*, § 2 TVG, Rnr. 22; anders aber *Gamillscheg*, Kollektives Arbeitsrecht I, § 9 II 5 a, S. 402; *Stein*, Tarifvertragsrecht, Rnr. 59.
[250] Dazu *Martens*, Öffentlich als Rechtsbegriff, 1969, S. 167, Anm. 528.
[251] Ebenso *Säcker/Rancke*, AuR 1981, S. 1, 10; *Scholz*, Koalitionsfreiheit als Verfassungsproblem, 1971, S. 175; für eine Anknüpfung an § 2 Abs. 1 PartG indes *Söllner*, AuR 1976, S. 321, 323 f.
[252] OLG Frankfurt, ZIP 1985, S. 213 ff.; *Reuter*, ZHR Bd. 148 (1984), S. 523 ff.; MünchKomm/*Reuter*, § 32 BGB, Rnr. 4 ff.; *Säcker/Oetker*, Probleme der Repräsentation von Großvereinen, 1986, S. 16 ff.

„gekorenen" Delegierten stets die satzungsändernde Mehrheit gegenüber „geborenen" Delegierten zustehen.[253] Zu erwägen ist auch eine Inkompatibilität von Delegiertenamt und hauptberuflicher Funktionärstätigkeit.[254] Rechtlich zweifelhaft ist indessen die Rechtsfolge für die Tariffähigkeit, **274** wenn eine Berufsvereinigung die Anforderungen an eine demokratische Binnenorganisation ganz oder teilweise nicht erfüllt. Fest steht lediglich, daß die verbandsrechtlichen Regularien einer Inhaltskontrolle unterliegen, die unter Umständen zu dem Ergebnis führt, daß eine Satzungsbestimmung unwirksam ist.[255] Auf die Tariffähigkeit oder die Koalitionseigenschaft im Sinne von Art. 9 Abs. 3 Satz 1 GG strahlen einzelne aufgrund der Satzung bestehende Defizite an einer demokratischen Binnenorganisation hingegen grundsätzlich nicht aus.[256] Eine derart weitreichende Rechtsfolge ist durch den Zweck der Tariffähigkeit nicht geboten, da die Normativvoraussetzungen für tariffähige Berufsvereinigungen lediglich die Funktionsfähigkeit einer freiheitlich strukturierten Tarifautonomie gewährleisten sollen. Die Unwirksamkeit einzelner Satzungsbestimmungen gestattet diese Bewertung noch nicht. Erst wenn die Organisation hinsichtlich ihrer Struktur insgesamt demokratischen Grundsätzen widerspricht, ist es gerechtfertigt, ihr das Privileg der Tariffähigkeit zu entziehen.

V. Überbetriebliche Organisation

1. Entwicklung und Stand der Diskussion

Nach überwiegender Auffassung muß der tariffähige Berufsverband auf **275** überbetrieblicher Grundlage organisiert sein.[257] Auch der in dem 1. Staats-

---

[253] OLG Frankfurt, ZIP 1995, S. 213, 219; *Säcker/Oetker*, Probleme der Repräsentation von Großvereinen, 1986, S. 28 f.
[254] *Schüren*, Die Legitimation der tariflichen Normsetzung, 1990, S. 267 f.
[255] Zur Sonderproblematik der auf fehlerhafter Satzungsgrundlage durchgeführten Delegiertenwahl und den Konsequenzen für die von der Delegiertenversammlung gefaßten Beschlüsse siehe *Säcker/Oetker*, Probleme der Repräsentation von Großvereinen, 1986, S. 38 ff.
[256] Siehe auch *Löwisch/Rieble*, § 2 TVG, Rnr. 49.
[257] So *Richardi*, § 2 BetrVG, Rnr. 45; *Gamillscheg*, Koalitionsfreiheit und soziale Selbstverwaltung, 1968, S. 35; *Hanau/Adomeit*, Arbeitsrecht, C I 2, S. 60; *Hueck/Nipperdey*, Arbeitsrecht II 1, § 6 II 5, S. 98; *Koberski/Clasen/Menzel*, § 2 TVG, Rnr. 44; *Maus*, § 2 TVG, Rnr. 75; *Nikisch*, Arbeitsrecht II, § 57 II 6, S. 11; *Rehbinder*, DVBl. 1982, S. 135, 139; *Sbresny-Uebach*, AR-Blattei, Tarifvertrag II A, 1987, I 2 a aa; *Sinzheimer*, Grundzüge des Arbeitsrechts, 2. Aufl. 1927, S. 70; *Söllner*, Arbeitsrecht, § 9 I 1, S. 54; *Zöllner/Loritz*, Arbeitsrecht, § 8 III 7, S. 113 f.; im Grundsatz auch *Kempen/Zachert*, § 2 TVG, Rnr. 45; obiter dicta in BVerfGE 4, S. 96, 107 = AP Nr. 1 zu Art. 9 GG; BVerfGE 18, S. 18, 28 = AP Nr. 15 zu § 2 TVG; BVerfGE 50, S. 290, 368 = AP Nr. 1 zu § 1 MitbestG *(Wiedemann)*; BVerfGE 58, S. 233, 235 = AP Nr. 15 zu § 2 TVG; BAG 15. 11. 1963 AP Nr. 14 zu § 2 TVG = SAE 1964, S. 193 *(Mayer-Maly)*; BAG 15. 3. 1977 AP Nr. 24 zu Art. 9 GG *(Wiedemann)* = EzA § 2 TVG Nr. 12 *(Dütz)* = SAE 1978, S. 37 *(Kraft)*; BAG 25. 11. 1986 AP Nr. 36 zu § 2 TVG = EzA § 2 TVG Nr. 17 *(Schulin)*; BAG 16. 1. 1990 AP Nr. 39 zu § 2 TVG = SAE 1991, S. 97 *(Mayer-Maly)*; LAG Stuttgart, BB 1950, S. 871; abweichend *Bruhn*, Tariffähigkeit von Gewerkschaften und Autonomie, 1993, S. 177 ff.; *E.R. Huber*, Wirtschaftsverwaltungsrecht II, 2. Aufl. 1954, S. 370; *v. Münch*, Bonner Kommentar

vertrag enthaltene Generelle Leitsatz zur Sozialunion (oben Rnr. 156), der die Voraussetzungen für tariffähige Berufsvereinigungen festlegt, verlangt in Übereinstimmung hiermit eine überbetriebliche Organisation.

276 In der Weimarer Zeit wurde für die Tariffähigkeit eines Berufsverbandes indes keine überbetriebliche Organisation verlangt.[258] Das Reichsarbeitsgericht stellte in ständiger Rechtsprechung darauf ab, ob nach den Umständen des Einzelfalles die Gefahr bestand, daß die Haltung der Vereinigung durch Rücksichtnahme auf die Arbeitsverhältnisse ihrer Mitglieder beeinflußt werde, mit anderen Worten, ob die Gegnerunabhängigkeit gesichert war.[259] Im übrigen waren Werkvereine als Koalitionen im arbeitsrechtlichen Sinn anerkannt. Zur Begründung wurde darauf hingewiesen, daß die Tariffähigkeit von Werkvereinen zumindest dann nicht zu bezweifeln sei, wenn die Belegschaft eines Großbetriebes, der einen besonderen Wirtschaftszweig darstellt, sich zu einer tariffähigen Arbeitnehmervereinigung zusammenschließen will.

277 Für den Meinungsumschwung, der nach dem Zweiten Weltkrieg eintrat, fehlt eine überzeugende Begründung. Die Gefahr, daß durch die Anerkennung von Werksvereinen nicht- oder minderleistungsfähige Tarifvertragsparteien entstehen, wurde auch früher erkannt, und es wurde im einzelnen Fall deshalb sorgfältig geprüft, ob der Werkverein wirklich unabhängig und ungebunden war und gegenüber dem Arbeitgeber so selbständig dastand, daß er die Interessen seiner Mitglieder bei Tarifverhandlungen wirksam vertreten konnte. Auch der Versuch von *Rehbinder*, das Erfordernis der Überbetrieblichkeit aus einer verfassungsrechtlich in Art. 9 Abs. 3 GG verankerten Anerkennung der sozialen Selbstverwaltung abzuleiten,[260] kann nicht überzeugen. Selbst wenn seine These für den verfassungsrechtlichen Koalitionsbegriff Anerkennung verdient, ist seine hieraus gezogene Schlußfolgerung, daß der dazugehörige Gewerkschaftsbegriff wegen der Ordnungsfunktion der Partner sozialer Selbstverwaltung ein einheitlicher sein muß,[261] nicht überzeugend. Es muß der Ordnungsaufgabe der sozialen Selbstverwaltung nicht widersprechen, auch solchen Vereinigungen die Tariffähigkeit zu verleihen, die keine Koalitionen im Sinne von Art. 9 Abs. 3 GG sind (siehe oben Rnr. 27 ff.).

(Zweitbearbeitung), Art. 9 GG, Rnr. 129; *Nipperdey/Säcker*, AR-Blattei, Berufsverbände I, 1979, C I 2; *Säcker*, Grundprobleme der kollektiven Koalitionsfreiheit, 1969, S. 62; *Stelling*, NZA 1998, S. 920, 921 ff.; *Stein*, Tarifvertragsrecht, Rnr. 37; *Wiedemann*, RdA 1969, S. 321, 325, Anm. 37; vermittelnd *Löwisch*, ZfA 1970, S. 295, 314; *Löwisch/Rieble*, § 2 TVG, Rnr. 40, die lediglich verlangen, daß die tariffähige Koalition überbetrieblich angelegt wird, also für Arbeitnehmer aus verschiedenen Betrieben offenzuhalten ist; ohne die vorgenannte Einschränkung *Rieble*, Arbeitsmarkt und Wettbewerb, 1996, S. 565.

[258] Fehlerhaft in der Würdigung BVerfGE 4, S. 96, 106 f. = AP Nr. 1 zu Art. 9 GG; treffend die Kritik daher von *Rehbinder*, DVBl. 1982, S. 135, 136; *Stelling*, NZA 1998, S. 920, 922.

[259] Siehe RAG ARS 4, S. 239, 242 *(Gerstel)*; RAG ARS 5, S. 217, 218 *(Nipperdey)*; RAG ARS 10, S. 223; RAG ARS 10, S. 363, 368; LAG Darmstadt ARS 12, S. 17, 20 *(Nipperdey)*; sowie *Nipperdey*, Beiträge zum Tarifrecht, 1924, S. 120; anderer Ansicht jedoch *Herschel*, Tariffähigkeit und Tarifmacht, 1932, S. 38; *Sitzler*, NZfA 1930, Sp. 77, 80, 84.

[260] *Rehbinder*, DVBl. 1982, S. 135, 139 f.

[261] *Rehbinder*, DVBl. 1982, S. 135, 140.

2. Stellungnahme

Für das Erfordernis der Überbetrieblichkeit läßt sich kein zwingender Grund aus dem Tarifvertragsrecht herleiten; es handelt sich um kein Merkmal, auf dem das Tarifvertragsverfahren funktionell aufbaut.[262] Der Hinweis auf die Beeinflußbarkeit einer betrieblichen Gewerkschaft (Werkverein) überzeugt nicht, weil die Tariffähigkeit stets Gegnerunabhängigkeit voraussetzt. Ähnlich steht es mit dem Argument, ein Werkverein sei nicht in der Lage, Lohn- und Tarifpolitik unter Beachtung größerer wirtschaftlicher Zusammenhänge zu betreiben,[263] denn die vom Gesetz vorgesehene Tariffähigkeit des einzelnen Arbeitgebers beweist, daß er diesem Gesichtspunkt keine entscheidende Bedeutung beimißt.[264]

278

Das Erfordernis der Überbetrieblichkeit läßt sich nur historisch und aus dem Zusammenhang mit dem Betriebsverfassungsrecht begründen. Das Gesetz spricht von Gewerkschaften. Darunter versteht man in Deutschland seit 1945 Zusammenschlüsse auf beruflich-fachlicher oder auf der Ebene des Industrieverbandes. Die betrieblichen Werkvereine und Werkgemeinschaften verstanden sich früher in ausgesprochenem Gegensatz zu den Gewerkschaften. Wenn das Gesetz von den ersten Entwürfen an den Gewerkschaftsbegriff zunächst in § 1 der Entwürfe und später in § 2 des Gesetzeswortlauts aufnahm, so ist kein Zweifel angebracht, daß damit im Gegensatz zur Rechtsprechung des Reichsarbeitsgerichts die Werkvereine nicht als tariffähige Gewerkschaften anerkannt werden sollten. Die später erlassenen Betriebsverfassungsgesetze unterstützen die historische Auslegung, denn sie unterscheiden zwischen der Betriebsverfassung und der betrieblichen Organisation einerseits sowie der Tarifverfassung und den Berufsorganisationen andererseits. Die Gewerkschaften sind im Betriebsverfassungsgesetz nicht als Organe *betrieblicher* Rechtssetzungsbefugnisse angesprochen.[265] Diese Überlegungen sind jedoch nicht geeignet, die Überbetrieblichkeit zu einer unerläßlichen Voraussetzung für eine funktionsfähige Tarifautonomie zu erheben. Nur dann wäre es gerechtfertigt, Werksvereinen generell die Rechtsqualität einer tariffähigen Berufsvereinigung abzusprechen.

279

VI. Andere Organisationserfordernisse

Weitere Voraussetzungen als die vorstehend genannten sind an die Tariffähigkeit hinsichtlich der Organisation der Verbände nicht zu stellen.

280

---

[262] Ebenso Löwisch/*Rieble*, § 2 TVG, Rnr. 39; *Rieble*, Arbeitsmarkt und Wettbewerb, 1996, S. 565.
[263] So *Zöllner/Loritz*, Arbeitsrecht, § 8 III 7, S. 114.
[264] Zu der – hiervon zu trennenden – Frage, ob das Erfordernis der Überbetrieblichkeit für den *allgemeinen* Koalitionsbegriff im Sinne des Art. 9 Abs. 3 GG mit der Verfassung zu vereinbaren ist, siehe *Nipperdey/Säcker*, AR-Blattei, Berufsverbände I, 1979, C I 2.
[265] In diesem Sinne auch *Zöllner/Loritz*, Arbeitsrecht, § 8 III 7, S. 114.

§ 2 281–284 Tarifvertragsparteien

1. Zugehörigkeit zu Spitzenorganisationen

281 Für die Tariffähigkeit ist es ohne Bedeutung, ob ein Berufsverband einer Spitzenorganisation angehört und die von ihr aufgestellten Richtlinien anerkennt. Es ist weiter ohne Bedeutung, ob der Berufsverband einer Organisation angehört, die mit entsprechenden Organisationen anderer Länder international verbündet ist. Tariffähig ist eine Vereinigung unter den sonstigen Voraussetzungen auch dann, wenn sie neben der tariflichen Regelung der Arbeits- und Wirtschaftsbedingungen auch andere, zum Beispiel wirtschaftspolitische Zwecke verfolgt (siehe oben Rnr. 220).

2. Das Industrieverbandsprinzip

282 **a) Begriff.** Mit dem Industrieverbandsprinzip (im Gegensatz zum Berufsverbandsprinzip) wird eine bestimmte Strukturform der Koalitionen – meist der Gewerkschaften gekennzeichnet. Industrieverbände sind Gewerkschaften oder andere Koalitionen, die alle Arbeitnehmer eines bestimmten Wirtschaftssektors aufnehmen; Berufsverbände (im engeren Sinn) setzen sich dagegen aus Mitgliedern zusammen, die die gleiche Tätigkeit ausüben und/ oder dieselbe Ausbildung besitzen. Auch diese reinen Berufsverbände sind in der Regel gezwungen, ihren persönlichen Organisationsbereich auf ungelernte und angelernte Arbeitnehmer, die mit der entsprechenden Berufsgruppe zusammenarbeiten, auszudehnen, um ihrer Organisation Einfluß zu verschaffen.

283 **b) Typenzwang.** Im geltenden Recht besteht kein Koalitionstypenzwang; die Organisationsstruktur zu bestimmen gehört zur Satzungsautonomie der jeweiligen Gewerkschaft oder des Arbeitgeberverbandes.[266] Der von *Meissinger*[267] unternommene Versuch, den Gestaltungsspielraum der Koalitionen auf das Industrieverbandsprinzip einzuschränken, hat sich nicht durchsetzen können und ist heute überholt. Es besitzt insbesondere nicht die Qualität eines verbindlichen Rechtssatzes.[268]

284 Die Errichtung der Industriegewerkschaften und der übrigen Gewerkschaften in der Bundesrepublik erfolgte nicht nach theoretischen Grundsätzen, sondern anhand der tatsächlichen Verhältnisse der ersten Nachkriegsjahre.[269] Anhand der ökonomischen Fakten wäre eine Einteilung möglich: *erstens* nach der Art der zu verarbeitenden Rohstoffe, *zweitens* nach der Art des Verarbeitungsprozesses und *drittens* nach der Art der Fertigprodukte.[270] Die Wirklichkeit der deutschen Industrieverbände entspricht dieser Einteilung jedoch nur begrenzt. Teilweise erstrecken sie ihre Zuständigkeit auf

---

[266] Heute allg. Ansicht; siehe BAG 17. 2. 1970 AP Nr. 3 zu § 2 TVG Tarifzuständigkeit *(Richardi)* = SAE 1971, S. 185 *(Kraft)*.
[267] Betrieb 1950, S. 303, 313 und 513; *ders.*, RdA 1951, S. 46, 48, und dem LAG München, AP 1950, Nr. 1 *(Dietz)* und AP 1953, Nr. 150 *(Schnorr)* und 272 (Leitsatz).
[268] So mit Nachdruck auch BAG 19. 11. 1985 AP Nr. 4 zu § 2 TVG Tarifzuständigkeit *(Reuter)* = SAE 1987, S. 1 *(Martens)*; ebenso im Schrifttum z. B. *Hess*, ZfA 1976, S. 45, 73 f.; *Kempen/Zachert*, § 2 TVG, Rnr. 56.
[269] *Sohn*, Berufsverband und Industriegewerkschaft, 1964, S. 107.
[270] *A. Villiger*, Aufbau und Verfassung der Gewerkschaften, Diss. Zürich 1966, S. 54.

mehrere Wirtschaftssektoren, teilweise grenzen sie sich gleichzeitig nach branchenmäßigen und fachberuflichen Merkmalen ab.

3. Gemischtgewerbliche Verbände

Die Arbeitgeberverbände sind überwiegend als Industrieverbände oder Fachverbände organisiert und in Zentralverbänden zusammengeschlossen. Es gibt jedoch auch gemischtgewerbliche Verbände, die in einem *räumlich* abgegrenzten Bezirk alle Arbeitgeber zusammenfassen. Die geeignete Organisation zu wählen, steht den Arbeitgebern frei.

C. Anforderungen an Zielsetzung und Mittel

I. Vereinigung zur Wahrung und Förderung der Arbeits- und Wirtschaftsbedingungen

1. Arbeits- und sozialpolitische Zielsetzung

Tariffähigkeit können nur Berufsverbände besitzen, die nach dem Inhalt ihrer Satzung das Ziel verfolgen, die Arbeits- und Wirtschaftsbedingungen[271] ihrer Mitglieder zu wahren und zu fördern.[272] § 2 spricht zwar unmittelbar von Gewerkschaften und Arbeitgeberverbänden. Bei historischer Auslegung decken sich aber in diesem Punkt die Voraussetzungen einer Koalition nach Art. 9 Abs. 3 GG und eines tariffähigen Berufsverbandes nach § 2. Die engere Formulierung in dem früheren § 152 GewO (siehe oben Geschichte, Rnr. 1), der von „Lohn- und Arbeitsbedingungen" sprach, ist überholt.[273]

Der Berufsverband muß die Arbeits- und Wirtschaftsbedingungen seiner Mitglieder wahren und fördern wollen. Beide Ziele müssen *kumulativ* verfolgt werden; es genügt nicht, wenn nur die Arbeits- oder nur die Wirtschaftsbedingungen verbessert werden sollen. Erwerbswirtschaftliche Vereinigungen, wie Genossenschaften, Unternehmenszusammenschlüsse, Kartelle usw., sind deshalb keine tariffähigen Berufsverbände.[274] Die Unternehmen

---

[271] Zum Inhalt dieses Begriffspaars ausführlich *Säcker/Oetker*, Tarifautonomie, S. 48 ff.; sowie oben Einleitung, Rnr. 95 ff.

[272] So die allgemeine Ansicht BVerfGE 18, S. 18, 28 = AP Nr. 15 zu § 2 TVG; *Bruhn*, Tariffähigkeit von Gewerkschaften und Autonomie, 1993, S. 164; *Hanau/Adomeit*, Arbeitsrecht, C I 2c, S. 58; *Hueck/Nipperdey*, Arbeitsrecht II, § 6 III 1, S. 102; *Kempen/Zachert*, § 2 TVG, Rnr. 13; *Nikisch*, Arbeitsrecht II, § 70 III 2, S. 244 und S. 249; *Huber*, Wirtschaftsverwaltungsrecht II, 2. Aufl. 1954, S. 370, 383; *Krüger*, in: Verhandlungen des 46. DJT Bd. I, 1966, S. 21 ff., 39 ff.; *Misera*, Tarifmacht und Individualbereich, 1969, S. 9 ff., 24 ff.; *v. Münch*, Bonner Kommentar (Zweitbearbeitung), Art. 9 GG, Rnr. 123; *Nipperdey/Säcker*, AR-Blattei, Berufsverbände I, 1979, C II; *Söllner*, Arbeitsrecht, § 9 I 2, S. 54; *Werner Weber*, DÖV 1952, S. 705, 709; *Zöllner/Loritz*, Arbeitsrecht, § 8 III 1, S. 111 f.

[273] So auch die nahezu einhellige Ansicht, siehe *Säcker/Oetker*, Tarifautonomie, S. 50 mit weiteren Nachweisen in Fn. 79, S. 59 f.

[274] Heute einhellige Ansicht, siehe *Kempen/Zachert*, § 2 TVG, Rnr. 16; *Nipperdey/Säcker*, AR-Blattei, Berufsverbände I, 1979, C II; *Zöllner/Loritz*, Arbeitsrecht, § 8 III 1, S. 112; a. A. noch *Dürig*, NJW 1955, S. 729; sowie zu Art. 159 WRV *Richter*, VerwArch. Bd. 32 (1927), S. 1, 12 f.

haben sich zur Wahrung ihrer Interessen in verschiedenen Vereinigungen zusammengefunden, namentlich in Wirtschaftsverbänden, deren Spitzenorganisationen der Bundesverband der Deutschen Industrie (BDI) darstellt. Solange ein Wirtschaftsverband nicht die Interessen der Mitglieder als Arbeitgeber wahrnehmen will, handelt es sich nicht um einen tariffähigen Berufsverband.[275] Nicht ausgeschlossen ist es dagegen, daß ein Verband sowohl die unternehmerischen wie die Arbeitgeberinteressen seiner Mitglieder wahrnimmt.[276] Die deutsche Kohlenbergbauleitung war keine Vereinigung von Arbeitgebern.[277] Ebensowenig genügt eine bloße Verfolgung der Arbeitsbedingungen, wenn man diesen Begriff eng auffaßt als Gesamtheit der unmittelbar das Arbeitsverhältnis gestaltenden Bedingungen.[278] Der Berufsverband muß sich für den gesamten Bereich der zulässigen Tarifgegenstände offenhalten, sonst entzieht er sich durch eine enge Festlegung seines Verbandszieles – und damit gleichzeitig der Tarifzuständigkeit – dem Verhandlungsanspruch des Sozialpartners (zu diesem oben § 1, Rnr. 182 ff.). Zur Wahrung der Arbeits- und Wirtschaftsbedingungen gehören vor allem Rechtsschutz und Rechtshilfe, zur Förderung der Abschluß von Kollektivvereinbarungen und die Vertretung in der sozialen Selbstverwaltung[279] sowie im öffentlichen Leben.[280]

288 *Nicht tariffähig* sind die öffentlich-rechtlichen Standesvertretungen der verschiedenen Berufe, namentlich die Landwirtschaftskammern, Handwerkskammern, Industrie- und Handelskammern sowie die Bremer Arbeitnehmerkammer und die Saarländische Arbeitskammer. Das gleiche gilt für Standesvertretungen selbständiger Berufe wie Anwalts- und Ärztekammern. Auch Vereinigungen von Kriegs- und Zivilbeschädigten sind nicht tariffähig, da sie nicht Arbeitnehmer als solche vereinigen.[281] Das gleiche gilt für den Bund versorgungsberechtigter ehemaliger Wehrmachtsangehöriger.[282] Kartelle sind keine tariffähigen Verbände.[283]

289 Die **Belegschaft** eines Betriebes als solche oder die Betriebsvertretung bilden keinen tariffähigen Berufsverband. Der Belegschaft ist die Tariffähigkeit gesetzlich versagt.[284] Der Betriebsrat ist das Organ der Belegschaft. Er ist als solcher nicht Mitglied einer Gewerkschaft. Er kann aber im arbeitsge-

---

[275] Ebenso *Koberski/Clasen/Menzel*, § 2 TVG, Rnr. 54.
[276] Siehe den Zusammenschluß der Landesvereinigung der Niedersächsischen Arbeitgeberverbände und der Landesvertretung Niedersachsen des BDI zur Landesvereinigung der Niedersächsischen Arbeitgeber- und Wirtschaftsverbände; dazu ausführlich oben Rnr. 220 ff.
[277] Näher *Boldt*, RdA 1950, S. 44.
[278] Anders im Ansatz aber *Zöllner/Loritz*, Arbeitsrecht, § 8 III 1, S. 112, die den verfassungsrechtlichen Schutz der Koalition auf Arbeitsbedingungen beschränken.
[279] Hierzu *Däubler/Hege*, Koalitionsfreiheit, 1976, Rnr. 253 ff.; *Gamillscheg*, Die Grundrechte im Arbeitsrecht, 1989, S. 101; *Säcker*, Grundprobleme der kollektiven Koalitionsfreiheit, 1969, S. 54; *Söllner*, ArbRGeg. Bd. 16 (1979), S. 19, 27.
[280] Näher hierzu *Drewes*, Die Gewerkschaften in der Verwaltungsordnung, 1958.
[281] LAG München, BB 1949, S. 488; LAG Hannover, BB 1951, S. 615 (Leitsätze).
[282] Dazu LAG Kiel, AP 1952, Nr. 55 *(Zigan)*.
[283] Zur Frage ihrer Koalitionseigenschaft nach Art. 9 Abs. 3 GG *Markert*, WuW 1965, S. 922; *Nipperdey/Säcker*, AR-Blattei, Berufsverbände I, 1979, C II; *Schoch*, BB 1965, S. 477, 478; a. A. noch *Dürig*, NJW 1955, S. 729.
[284] §§ 2, 77 Abs. 3, 87 Abs. 1 BetrVG.

richtlichen Verfahren durch einen Gewerkschaftsvertreter vertreten werden, wenn nur ein Mitglied des Betriebsrats der Gewerkschaft angehört.[285]

2. Zusätzliche andere Zielsetzungen

Das arbeits- und sozialpolitische Anliegen muß nicht das einzige Ziel sein, das der Berufsverband erfüllen will. Die Tariffähigkeit geht nicht verloren, wenn die Vereinigung auch andere Interessen ihrer Mitglieder vertritt, solange dieses zusätzliche Engagement dem Koalitionszweck nicht widerspricht oder die Koalition zur Förderung der Berufsinteressen untauglich macht.[286] Die Wahrung und Förderung der Arbeits- und Wirtschaftsbedingungen muß ernsthaft verfolgt werden (siehe oben Rnr. 287). Vereinigungen, die nicht die Wahrung und Förderung der Arbeits- und Wirtschaftsbedingungen ihrer Mitglieder verfolgen, sind keine Gewerkschaften oder Arbeitgeberverbände. Trotzdem kann ihnen der Gesetzgeber Tariffähigkeit verleihen (siehe oben Rnr. 225 ff.).

II. Tarifwilligkeit

1. Diskussionsstand

Nach überwiegender Ansicht setzt die Tariffähigkeit voraus, daß der Abschluß von Tarifverträgen zu den satzungsgemäßen Aufgaben des Berufsverbandes gehört.[287] Der Streit um die Tarifwilligkeit der Berufsverbände ist nur historisch verständlich. In der Zeit der Weimarer Republik versuchten einige Arbeitgeberverbände, sich jedem Einlassungszwang vor den staatlichen Schlichtungsbehörden und jedem verbindlichen Schiedsspruch zu entziehen, indem sie in der Satzung bestimmten, daß der Abschluß von Tarifverträgen

---

[285] BAG 3. 12. 1954 AP Nr. 7 zu § 11 ArbGG 1953 *(Dietz);* LAG Freiburg AP Nr. 3 zu § 37 BetrVG 1952; LAG Frankfurt, SAE 1954, Nr. 70 *(Osswald); Germelmann*/Matthes/Prütting, § 11 ArbGG, Rnr. 94 f.; *Hauck,* 1996, § 11 ArbGG, Rnr. 19; *Ascheid,* Urteils- und Beschlußverfahren im Arbeitsrecht, 1995, Rnr. 1720; abweichend *Grunsky,* § 11 ArbGG, Rnr. 15; GK-ArbGG/*Bader,* § 11 ArbGG, Rnr. 10.
[286] Weitergehend *Zöllner/Loritz,* Arbeitsrecht, § 8 III 1, S. 112, die verlangen, daß die Förderung der Arbeitsbedingungen alleiniger Hauptzweck sein muß; hiergegen *Nipperdey/Säcker,* AR-Blattei, Berufsverbände I, 1979, C III 1.
[287] So für die ständige Rechtsprechung BAG 22. 12. 1960 AP Nr. 25 zu § 11 ArbGG 1953 *(Nikisch);* BAG 16. 11. 1982 AP Nr. 32 zu § 2 TVG *(Rüthers, Roth)* = SAE 1984, S. 133 *(Konzen);* BAG 10. 9. 1985 AP Nr. 34 zu § 2 TVG = SAE 1986, S. 229 *(Brox);* BAG 10. 11. 1993 AP Nr. 13 zu § 3 TVG Verbandszugehörigkeit; sowie im Schrifttum *A. Hueck,* NZfA 1926, Sp. 649, 651; Hueck/*Nipperdey,* Arbeitsrecht II 1, § 6 III 3, S. 105; *Kempen*/Zachert, § 2 TVG, Rnr. 17; *Koberski*/Clasen/ Menzel, § 2 TVG, Rnr. 53; *Löwisch,* ZfA 1974, S. 29, 32 ff.; Löwisch/*Rieble,* § 2 TVG, Rnr. 32; *Mayer-Maly,* RdA 1966, S. 201, 205; *Nipperdey/Säcker,* AR-Blattei, Berufsverbände I, 1979, C III 1; *Reichel,* RdA 1963, S. 300, 303; *ders.,* RdA 1972, S. 143, 147; *Richardi,* Kollektivgewalt, S. 153 ff.; *Sbresny-Uebach,* AR-Blattei, Tarifvertrag II A, 1987, I 2 a aa; *Schnorr,* RdA 1955, S. 38; *Zöllner/Loritz,* Arbeitsrecht, § 34 I 2 b, S. 381; beschränkt auf die mit Tariffähigkeit beliehenen Innungen und Innungsverbände auch BAG 11. 6. 1975 AP Nr. 29 zu § 2 TVG *(Wiedemann);* anderer Ansicht *Nikisch,* Arbeitsrecht II, § 70 III 2, S. 244, der zwischen Gewerkschaften und Arbeitgeberverbänden unterscheidet und den Willen zur tariflichen Rechtsgestaltung nur von den Gewerkschaften fordert; *E. R. Huber,* Wirtschaftsverwaltungsrecht Bd. II, 2. Aufl. 1954, S. 446; *Kaskel/Dersch,* Arbeitsrecht, S. 51; *Stein,* Tarifvertragsrecht, Rnr. 42.

nicht zu ihren Verbandsaufgaben gehöre. Diese gewollte Tarifunfähigkeit wurde von der Rechtsprechung nicht anerkannt.[288] Mit welcher Begründung man früher dieser Gesetzesumgehung am besten entgegentreten konnte, kann heute offenbleiben.

2. Die Tarifwilligkeit im Tarifvertragsrecht

292 **a) Satzungsmäßige Verlautbarung.** Voraussetzung der Tariffähigkeit nach § 2 ist es, daß die Satzung des Berufsverbandes den Abschluß von Tarifverträgen vorsieht.[289] Diese Auffassung wird durch § 2 Abs. 3 bestätigt,[290] der bestimmt, daß Spitzenorganisationen nur tariffähig sind, wenn der Abschluß von Tarifverträgen zu ihren satzungsgemäßen Aufgaben gehört.

293 Die Notwendigkeit einer satzungsmäßigen Grundlage der Tarifbereitschaft folgt zwingend aus dem allgemeinen Körperschaftsrecht und aus koalitionsrechtlichen Überlegungen. In einer Personenvereinigung dürfen neue Pflichten für die Mitglieder nur eingeführt werden, wenn sie nach Art und Umfang satzungsmäßig im voraus bestimmt sind. Ein satzungswidrig abgeschlossener Tarifvertrag könnte nur mit Genehmigung sämtlicher Mitglieder Wirksamkeit erlangen. Eine satzungsändernde Mehrheit würde nicht genügen.[291] Angesichts der Bedeutung eines Tarifvertrages kann die Mehrheit der Verbandsmitglieder nicht durch Genehmigung die restlichen Mitglieder mitverpflichten.

294 Der Abschluß von Tarifverträgen muß in der Satzung als der Grundordnung der Berufsvereinigung vorgesehen sein. Allerdings muß dies nicht ausdrücklich geschehen; es genügt, wenn sich die Tarifwilligkeit im Wege der Auslegung feststellen läßt.[292] Bestehen allerdings wegen der Rechtsform des Verbandes Formerfordernisse für die Satzung, so muß die Tarifbereitschaft diesen Voraussetzungen genügen.[293]

295 Die Tarifwilligkeit muß *ernsthaft gewollt* sein. Ergibt zwar die Satzung, daß die Vereinigung Tarifverträge abschließen will, betätigt sich der Verband aber nur politisch und soll durch die Satzung dieser politische Charakter verdeckt werden, so hat die Satzungsbestimmung keine Bedeutung, und der Verband ist nicht tariffähig.[294] Die Tariffähigkeit geht nicht dadurch verloren,

---

[288] RAG ARS 9, S. 478, 481; RAG ARS 12, S. 133, 135, sowie zum Streitstand ausführlich *Nikisch,* Arbeitsrecht II, § 70 III 2, S. 246; sowie oben Rnr. 22 f.
[289] Ablehnend jedoch *Bruhn,* Tariffähigkeit von Gewerkschaften und Autonomie, 1993, S. 155 ff., 183 ff.; *Kempen/Zachert,* § 2 TVG, Rnr. 17.
[290] So auch *Gamillscheg,* Kollektives Arbeitsrecht I, § 14 I 6 a, S. 527.
[291] Dazu die §§ 180 Abs. 2 AktG, 53 Abs. 3 GmbHG.
[292] Zutreffend *Nipperdey/Säcker,* AR-Blattei, Berufsverbände I, 1979, C III 1.
[293] Siehe aus der Rechtsprechung RGZ 107, S. 144; RGZ 119, S. 13 (Anwaltverein); RGZ 111, S. 304 (Hausbesitzerverein); RGZ 115, S. 177 (Schuhfabrikantenverein); RGZ 117, S. 415 (Krankenkassenverband); RGZ 118, S. 196 (Gaue); RGZ 114, S. 193 (Ortsgruppen); RG, NZfA 1927, Sp. 706 (Hausbesitzerverein); RG, NZfA 1926, S. 703 (örtliche Geschäftsstellen); LAG Stuttgart, RdA 1953, S. 360 (Organisation früherer Angestellter der Spruchkammern); BAG 6. 7. 1956 AP Nr. 11 zu § 11 ArbGG *(Bühring)* = SAE 1956, S. 204 *(Sabin)*; BAG 22. 12. 1960 AP Nr. 25 zu § 11 ArbGG *(Nikisch)* (Beamtenschutzbund).
[294] *Koberski/Clasen/Menzel,* § 2 TVG, Rnr. 53; sowie bereits RAG ARS 4, S. 231, 235; RAG ARS 9, S. 478, 483 ff. *(Nipperdey)*; RAG ARS 12, S. 133, 138.

daß der Verband über einen längeren Zeitraum hinweg tatsächlich keinen Tarifvertrag abschließt.²⁹⁵ Der Abschluß von Tarifverträgen muß nicht der *Hauptzweck* der Berufsvereinigungen zu sein (siehe auch oben Rnr. 290).²⁹⁶

b) Umfang der Tarifwilligkeit. Der Umfang der *Tariffähigkeit* kann von der Satzung nicht eingeschränkt werden. Es gibt keine Teil-Tariffähigkeit.²⁹⁷ Der körperschaftsrechtliche Grundsatz der freien Satzungsautonomie wird vom Koalitionsrecht überlagert, das im Interesse der mit der Normsetzung verbundenen Ordnung und im Interesse des sozialen Gegenspielers eine generelle Tariffähigkeit erfordert (siehe auch oben Rnr. 19). Der Umfang der *Tarifzuständigkeit* kann von der Satzung eingeschränkt werden (näher oben Rnr. 43 ff.). Allerdings darf die Tarifzuständigkeit sachlich nicht derart eingegrenzt werden, daß einzelne Gegenstände (z. B. die Vermögensbildung) von vornherein durch entsprechende Satzungsgestaltung aus dem Regelungs- und damit aus dem Verhandlungs- und Kampfbereich ausgeklammert werden.²⁹⁸ Beim sachlichen Umfang der Tarifzuständigkeit ist allerdings nicht nur das Interesse des sozialen Gegenspielers zu berücksichtigen, dessen Verhandlungsanspruch nicht beschnitten werden darf, sondern auch das Interesse des einzelnen Mitglieds daran, daß ihm ein individuell bestimmter Aufgabenbereich vorbehalten bleibt. Eine Einschränkung der Tarifzuständigkeit in der Satzung des Berufsverbandes ist deshalb insoweit zulässig, als generelle Regelungen wegen der Besonderheiten der Person oder der betroffenen Unternehmen unzumutbar sind. In der personellen Zusammensetzung und hinsichtlich des räumlichen Einzugsbereiches hat der Verband einen weiteren Gestaltungsspielraum.

3. Die Tarifwilligkeit in anderen Rechtsgebieten

a) Verfassungsrecht. Gewollte Tarifunfähigkeit beseitigt den Grundrechtsschutz nach Art. 9 Abs. 3 GG nicht. Die Verfassung garantiert die Vereinigungsfreiheit für alle Berufsverbände, die der Wahrnehmung von Arbeitgeber- oder Arbeitnehmerinteressen dienen.²⁹⁹

b) Arbeitskampfrecht. Verbände, die keine Tarifverträge abschließen wollen, können keinen rechtmäßigen Arbeitskampf führen. Nach der Recht-

---

²⁹⁵ BAG 22. 12. 1960 AP Nr. 25 zu § 11 ArbGG 1953 *(Nikisch); Koberski/Clasen/ Menzel,* § 2 TVG, Rnr. 53.
²⁹⁶ Zu eng BVerwG AP Nr. 1 zu § 2 PersVG; kritisch dazu *Reichel,* RdA 1963, S. 300, 303.
²⁹⁷ Ebenso *Löwisch,* ZfA 1974, S. 29, 34; *Löwisch/Rieble,* § 2 TVG, Rnr. 33; *Hueck/Nipperdey,* Arbeitsrecht II 1, § 6 III 3, S. 107; abweichend *Richardi,* Kollektivgewalt, S. 158; kritisch auch *Zöllner/Loritz,* Arbeitsrecht, § 34 I 2 b, S. 381.
²⁹⁸ Hierfür aber *Nipperdey/Säcker,* AR-Blattei, Berufsverbände I, 1979, C III 1.
²⁹⁹ Ebenso BayVerfGHE 8, S. 15 = AP Nr. 1 zu Art. 35 Bayer. Verfass. *(Schnorr); Dietz,* in: Bettermann/Nipperdey/Scheuner, Die Grundrechte III/1, 1958, S. 418, 443; *Löwisch,* ZfA 1974, S. 29, 33; *v. Münch,* Bonner Kommentar (Zweitbearbeitung), Art. 9 GG, Rnr. 130; *Reuß,* ArbRGeg. Bd. 1 (1963), S. 144, 151; *Zöllner/Loritz,* Arbeitsrecht, § 34 I 4, S. 382; abweichend *Hueck/Nipperdey,* Arbeitsrecht II 1, § 6 III 3, S. 105 ff., der aber die Voraussetzung der Tarifwilligkeit bei den Beamtenverbänden selbst fallen läßt, S. 108; ebenso *Gamillscheg,* Kollektives Arbeitsrecht I, § 14 I 6 a, S. 528; *Schaub,* Arbeitsrechts-Handbuch, § 187 IV 3, S. 1587; sowie oben Rnr. 25.

sprechung des Bundesarbeitsgerichts können rechtmäßige Arbeitskämpfe nur von einer tariffähigen Partei um ein tariflich regelbares Ziel geführt werden (siehe oben Rnr. 82 ff.).

300 c) **Schlichtungsrecht.** Das geltende Recht kennt eine Zwangsschlichtung nur in Baden (dazu oben Einleitung, Rnr. 737 ff.). Eine Vereinigung, die im übrigen die typischen Aufgaben eines Berufsverbandes wahrnehmen will, kann im Schlichtungsrecht auch gegen ihren Willen als tariffähig behandelt werden, wenn der Ausschluß der Tarifwilligkeit dazu dient, sich einem Schlichtungsverfahren zu entziehen.[300]

III. Arbeitskampfbereitschaft

1. Diskussionsstand

301 Das Erfordernis abstrakter Arbeitskampfbereitschaft gehört zu den umstrittenen Voraussetzungen der Tariffähigkeit. Es wurde zunächst vor allem vom Bundesarbeitsgericht gefordert,[301] wird jedoch seit der Entscheidung des Bundesverfassungsgerichts vom 6. Mai 1964 als Voraussetzung für die Tariffähigkeit ganz überwiegend verworfen.[302]

302 Unbestritten setzt der Gewerkschaftsbegriff jedenfalls dann keine Arbeitskampfbereitschaft voraus, wenn das Fehlen der Kampfbereitschaft nicht auf dem Willensentschluß des Verbandes, sondern auf gesetzlicher Vorschrift oder auf dem Wesen des betreffenden Berufes beruht.[303] In der Weimarer Zeit war die Tariffähigkeit wirtschaftsfriedlicher Verbände von Rechtsprechung und Schrifttum anerkannt.[304] Nach dem Wegfall einer allgemeinen staatlichen Zwangsschlichtung können aus der damaligen Rechtslage aber keine Schlüsse mehr für das geltende Recht gezogen werden.[305]

2. Die Arbeitskampfbereitschaft im Tarifrecht

303 Das Arbeitskampfrecht ist ein *unverzichtbares* Recht jedes Berufsverbandes. Es wird nicht dadurch beeinträchtigt, daß die Satzung einer Koalition keine Arbeitskampfbereitschaft vorsieht oder sie ausdrücklich negiert. Mit derar-

---

[300] Zur Frage der gewollten Tarifunfähigkeit oben Rnr. 22 f.
[301] So z.B. BAG 19. 1. 1962 AP Nr. 13 zu § 2 TVG *(Neumann-Duesberg)* = SAE 1962, S. 57 *(Nikisch).*
[302] BVerfGE 18, S. 18, 26 = AP Nr. 15 zu § 2 TVG; sowie im Anschluß z.B. BAG 15. 3. 1977 AP Nr. 24 zu Art. 9 GG *(Wiedemann)* = EzA § 2 TVG Nr. 12 *(Dütz)* = SAE 1978, S. 37 *(Kraft)*; BAG 15. 3. 1978 AP Nr. 30 zu § 2 TVG *(Wiedemann)*; ebenso im Schrifttum z.B. *Gamillscheg,* Kollektives Arbeitsrecht I, § 9 IV 2, S. 427; *Söllner,* Arbeitsrecht I, § 9 I 2, S. 60; *Zeuner,* in: Festschrift 25 Jahre Bundesarbeitsgericht (1979), S. 727, 733 f.; anders aber noch *Kempen/Zachert,* § 2 TVG, Rnr. 33 ff.; *Nipperdey/Säcker,* AR-Blattei, Berufsverbände I, 1979, C III 2; *Stein,* Tarifvertragsrecht, Rnr. 48.
[303] BAG 19. 1. 1962 AP Nr. 13 zu § 2 TVG *(Neumann-Duesberg)* = SAE 1962, S. 57 *(Nikisch)*; für den Marburger Bund als Verband abhängiger Ärzte BAG 21. 11. 1975 AP Nr. 6 zu § 118 BetrVG 1972 *(G. Küchenhoff, Richardi)*; für den besonderen Fall der Vereinigung der Rundfunk-, Film- und Fernsehschaffenden: LAG Frankfurt AP Nr. 26 zu § 2 TVG.
[304] Dazu die Angaben bei *Nikisch,* Arbeitsrecht II, § 57 II 8, S. 12.
[305] Anderer Ansicht insoweit BVerfGE 18, S. 18, 29 = AP Nr. 15 zu § 2 TVG.

tigen Satzungsbestimmungen kann sich die Koalition nicht ihres Streikrechts begeben; sie führt nur eine verbandsinterne Schranke ein: ein Arbeitskampf setzt eine vorherige Satzungsänderung voraus, in der Regel also einen Beschluß mit qualifizierter Mehrheit.

Die Ansicht, die eine *ständige Arbeitskampfbereitschaft* fordert, ist abzulehnen.[306] Für das Erfordernis der Arbeitskampfbereitschaft sprechen weder die geschichtliche Entwicklung noch das Selbstverständnis aller Berufsverbände. Ebensowenig steht die Bereitschaft zum Arbeitskampf in einem sachlich unlösbaren Zusammenhang mit der Tarifwilligkeit.[307] Das Hauptargument der hier abgelehnten Ansicht geht dahin, die Tarifautonomie könne ihre Aufgaben nicht sinnvoll erfüllen, wenn einerseits das Bekenntnis zum Arbeitskampf fehle, andererseits aber staatliche Hilfe in Form von Zwangsschlichtung versagt werde. Es gebe dann keine auf Gleichgewichtsbasis ausgehandelten Löhne, und der wirtschaftlich Stärkere würde die Arbeitsbedingungen diktieren.[308] Demgegenüber weist das Bundesverfassungsgericht[309] zutreffend darauf hin, es lasse sich nicht sagen, daß die Tarifverträge kampfunwilliger Koalitionen ihre Aufgabe typischerweise weniger vollkommen erfüllten als die von kampfbereiten Organisationen, also letztlich unter beiderseitigem Druck abgeschlossenen Verträge. Es ist eine bislang nicht bewiesene Prämisse, daß der wirtschaftsfriedliche Berufsverband rechtstatsächlich keine Gewähr für die Durchsetzung seiner Ziele in den Händen hat. Jede Zeit hat ihre eigenen Waffen und jede Koalition ihre eigene Taktik. Als *ultima ratio* kann stets eine Satzungsänderung durchgeführt werden, da für das Körperschaftsrecht der Grundsatz der Abänderbarkeit der Satzung gilt und der tarifliche Gegenspieler eine Satzungsänderung nicht verhindern kann. Im übrigen können andere Koalitionsmittel (Verhandlungen, Beeinflussung der öffentlichen Meinung, Lobbyismus) den Arbeitskampf ersetzen. Die Entscheidung der „sozialen Kriegsdienstverweigerer" ist im Tarifvertragsrecht zu respektieren.

3. Die Arbeitskampfbereitschaft im Arbeitskampfrecht

Wird satzungswidrig ein Arbeitskampf erklärt und durchgeführt, so ist dieser Arbeitskampf im Verhältnis zu Dritten, insbesondere zum Arbeitgeber, nicht rechtswidrig.[310] Ob die Maßnahme intern, also auf Verbandsebene, rechtmäßig eingeleitet oder durchgeführt wurde und ob in der Tatsache, daß die Mitglieder dem Arbeitskampfaufruf der Organe Folge leisten, eine Statutenänderung liegt, bestimmt sich nach dem Verbandsrecht. Lediglich bei einem verbandswidrigen Verhalten, das gleichzeitig eine Pflicht gegenüber dem Kampfgegner verletzt (z.B. Friedenspflicht), kommt eine Ausstrahlung auf die Rechtmäßigkeit des Arbeitskampfes in Betracht.[311]

---

[306] Ebenso *Gamillscheg*, Kollektives Arbeitsrecht I, § 9 IV 2, S. 427 f.; *Zeuner*, in: Festschrift 25 Jahre Bundesarbeitsgericht (1979), S. 727, 733 f.
[307] So aber *Nipperdey/Säcker*, AR-Blattei, Berufsverbände I, 1979, C III 2.
[308] So *Reuß*, in: Festgabe für Otto Kunze (1969), S. 269, 281.
[309] BVerfGE 18, S. 18, 32 = AP Nr. 15 zu § 2 TVG.
[310] Statt aller *Schlüter*, in: Brox/Rüthers, Arbeitskampfrecht, 2. Aufl. 1982, Rnr. 485 ff.
[311] Treffend *Schlüter*, in: Brox/Rüthers, Arbeitskampfrecht, 2. Aufl. 1982, Rnr. 485.

IV. Druckausübungsfähigkeit (Mächtigkeit)

1. Diskussionsstand

306 **a) Allgemeines.** Das Bundesarbeitsgericht verlangt für die Tariffähigkeit einer **Gewerkschaft** vor allem in seiner älteren Rechtsprechung, daß diese entweder durch die Zahl ihrer Mitglieder oder kraft ihrer Stellung im Arbeitsleben sozialpolitisches Gewicht besitzt; tariffähig sollen nur Vereinigungen von Arbeitnehmern sein, die die tarifrechtlichen Aufgaben einer Koalition sinnvoll, d. h. durch einen sich im Rahmen der Rechtsordnung haltenden wirkungsvollen Druck und Gegendruck erfüllen können.[312] In der Literatur hat das Postulat einer sozialen Mächtigkeit im Sinne einer Druckausübungsfähigkeit als Voraussetzung für die Tariffähigkeit eines Berufsverbandes teils Zustimmung,[313] überwiegend aber Ablehnung erfahren.[314]

307 Das Bundesverfassungsgericht[315] bemerkt im Zusammenhang mit § 3 TVG, die Verwirklichung der von der Verfassung intendierten Ordnung der Arbeits- und Wirtschaftsbedingungen durch autonome Rechtsnormen der Koalitionen setze voraus, daß die Koalitionen eine ausreichende Zahl von Arbeitnehmern und Arbeitgebern werben können. In der Entscheidung des Bundesarbeitsgerichtes vom 23. April 1971 wird die Rechtsprechung bestätigt und erweitert. Eine Arbeitnehmervereinigung, die nicht in der Lage sei, einen Konflikt mit der Gegenseite überhaupt aufnehmen zu können, sei keine Gewerkschaft, sei also weder tariffähig noch arbeitskampffähig noch in einem Beschlußverfahren über betriebsverfassungsrechtliche Fragen beteiligungsfähig.[316]

---

[312] So BAG 9. 7. 1968 AP Nr. 25 zu § 2 TVG *(Mayer-Maly)* = SAE 1969, S. 137 *(Zöllner).*

[313] So LAG Berlin, AuR 1997, S. 38 f.; ArbG Berlin, AuR 1996, S. 242, 243; *Dütz,* AuR 1976, S. 65, 78 ff.; *ders.,* Betrieb 1996, S. 2385, 2385; *Herschel,* AuR 1976, S. 225; *Kempen/Zachert,* § 2 TVG, Rnr. 19 ff.; *Löwisch,* ZfA 1970, S. 295, 301; Löwisch/*Rieble,* § 2 TVG, Rnr. 26; *Rieble,* Arbeitsmarkt und Wettbewerb, 1996, S. 564 f.; *Söllner,* Arbeitsrecht, § 16 I 1 a, S. 130; früher schon LAG München, AP 1953, Nr. 272 (Leitsatz); *Kaskel/Dersch,* Arbeitsrecht, § 13 I 2, S. 25; mit Einschränkungen zustimmend *Reuß,* RdA 1972, S. 4, 6 ff.

[314] Siehe ArbG Stuttgart, AuR 1972, S. 344 (Leitsatz); *Buchner,* in: Festschrift 25 Jahre Bundesarbeitsgericht (1979), S. 55, 64 ff.; *Gamillscheg,* in: Festschrift für Wilhelm Herschel (1982), S. 99, 102, 115; *ders.,* Kollektives Arbeitsrecht I, § 9 IV 3 d, S. 433 ff.; *Hemmen,* Durchsetzungsfähigkeit als Kriterium für den Gewerkschaftsbegriff im Tarifvertragsrecht, 1988; *Mayer-Maly,* Anm. zu BAG 9. 7. 1968 AP Nr. 25 zu § 2 TVG; *ders.,* RdA 1979, S. 356, 358; *Reichel,* RdA 1972, S. 143, 148; *Reiß,* Die juristische Bedeutung der Stärke von Koalitionen nach dem Tarifvertragsgesetz, Diss. Köln 1968; *Stahlhacke,* Betrieb 1964, S. 697; *Manfred Wolf,* ZfA 1971, S. 151, 175; *Zeuner,* in: Festschrift 25 Jahre Bundesarbeitsgericht (1979), S. 727, 728 ff.; *Zöllner/Loritz,* Arbeitsrecht, § 34 I 2 a, S. 380; nicht eindeutig *Nipperdey/Säcker,* AR-Blattei, Berufsverbände I, 1979, C 1 1 („erforderliche Durchschlagskraft") und Tarifvertrag II A, unter I 2 a; kritisch auch *Hanau/Adomeit,* Arbeitsrecht, C I 2, S. 59; *Wahl,* Die Relativität des Gewerkschaftsbegriffs, 1980.

[315] BVerfGE 28, S. 295, 305 = AP Nr. 16 zu Art. 9 GG.

[316] BAG 23. 4. 1971 AP Nr. 2 zu § 97 ArbGG 1953 = SAE 1972, S. 229 *(Löwisch/Friedrich);* ablehnend *Brecht,* 1972, § 2 BetrVG, Rnr. 18; *Richardi,* § 2 BetrVG, Rnr. 55 f.; *Löwisch/Friedrich,* SAE 1972, S. 231; *Reichel,* RdA 1972, S. 143, 149; *Reuß,* RdA 1972, S. 4, 7.

Eine Bestätigung erfuhr diese Judikatur des Bundesarbeitsgerichts hinsichtlich der grundsätzlichen Forderung nach einer Durchsetzungsfähigkeit durch den Staatsvertrag zur Schaffung einer Währungs-, Wirtschafts- und Sozialunion vom 18. Mai 1990.[317] Art. 17 des Staatsvertrages legte für die Tarifautonomie fest, daß sie in der DDR entsprechend dem Recht der Bundesrepublik gilt und maß dem Gemeinsamen Protokoll über die Leitsätze die Kraft bei, Konkretisierungen festzulegen. Der 2. Leitsatz der Generellen Leitsätze zur Sozialunion (oben Rnr. 154) stellte in diesem Zusammenhang für tariffähige Gewerkschaften und Arbeitgeberverbände die Forderung auf, daß sie in der Lage sein müssen, durch Ausüben von Druck auf den Tarifpartner zu einem Tarifabschluß zu kommen. Eine auch heute noch für das Recht der Bundesrepublik Deutschland verbindliche Wirkung besitzen die Leitsätze im Gemeinsamen Protokoll indes nicht; allenfalls im Rahmen der Auslegung können sie als einer von mehreren Gesichtspunkten zu berücksichtigen sein (näher oben Rnr. 5 ff.). 308

Im Sinne der Rechtsprechung des Bundesarbeitsgerichts ordnet auch § 4 Abs. 2 Nr. 3 österr. ArbVG an,[318] daß nur den Berufsvereinigungen der Dienstgeber und der Dienstnehmer der Zugang zur Kollektivvertragsfähigkeit eröffnet ist, „die vermöge der Zahl der Mitglieder und des Umfanges der Tätigkeit eine maßgebende wirtschaftliche Bedeutung haben"; die Tätigkeit der Kollektivvertragspartner wird in Österreich vornehmlich nicht als Akt der Interessenwahrung, sondern als volkswirtschaftliches Ordnungsmittel verstanden; das Kollektivvertragsrecht ist deshalb in verschiedenen Richtungen in einer mit dem deutschen Recht nicht vergleichbaren Weise ausgestaltet.[319] 309

b) Präzisierungen für Gewerkschaften durch das Bundesarbeitsgericht. Das Erfordernis einer Druckausübungsfähigkeit wurde seitdem in mehreren Entscheidungen des Bundesarbeitsgerichts[320] präzisiert und vom Bundesverfassungsgericht bestätigt.[321] Ob eine Arbeitnehmervereinigung die hiernach erforderliche Durchsetzungskraft besitzt, beurteilt sich nicht nach der Selbsteinschätzung des Verbandes, sondern ausschließlich nach objektiven Merkmalen, wobei stets eine auf den Einzelfall abstellende Gesamtschau erforderlich ist.[322] Während die höchstrichterliche Rechtsprechung hierfür anfänglich vor allem die Zahl der Mitglieder und ihre Stellung in den Betrie- 310

---

[317] BGBl. II S. 537.
[318] Zu anderen Rechtsordnungen *Gamillscheg*, in: Festschrift für Wilhelm Herschel (1982), S. 99, 102 ff.
[319] *Mayer-Maly*, Österreichisches Arbeitsrecht, 1970, § 14 V, S. 188; ebenso *Herschel*, AuR 1976, S. 225, 227.
[320] BAG 9. 7. 1968 AP Nr. 25 zu § 2 TVG *(Mayer-Maly)* = SAE 1969, S. 137 *(Zöllner)*; BAG 23. 4. 1971 AP Nr. 2 zu § 97 ArbGG = SAE 1972, S. 229 *(Löwisch/Friedrich)*; BAG 15. 3. 1977 AP Nr. 24 zu Art. 9 GG *(Wiedemann)* = EzA § 2 TVG Nr. 12 *(Dütz)* = SAE 1978, S. 37 *(Kraft)*; BAG 14. 3. 1978 AP Nr. 30 zu § 2 TVG *(Wiedemann)*; BAG 16. 11. 1982 AP Nr. 32 zu § 2 TVG *(Rüthers/Roth)* = SAE 1984, S. 133 *(Konzen)*; BAG 10. 9. 1985 AP Nr. 34 zu § 2 TVG = SAE 1986, S. 229 *(Brox)*; BAG 25. 11. 1986 AP Nr. 36 zu § 2 TVG = EzA § 2 TVG Nr. 17 *(Schulin)*; BAG 16. 1. 1990 AP Nr. 39 zu § 2 TVG = SAE 1991, S. 97 *(Mayer-Maly)*.
[321] BVerfGE 58, S. 233, 248 ff. = AP Nr. 31 zu § 2 TVG.
[322] BAG 14. 3. 1978 AP Nr. 30 zu § 2 TVG *(Wiedemann)*; siehe auch die Zusammenstellung bei *Gamillscheg*, Kollektives Arbeitsrecht I, § 9 IV 3 c, S. 431 ff.

ben („Schlüsselstellung") sowie den organisatorischen Aufbau heranzog,[323] überwiegen in der neueren Rechtsprechung Entscheidungen, die vor allem den Abschluß von Tarifverträgen in den Vordergrund für die Ermittlung der Druckausübungsfähigkeit rücken.[324]

311 Das Bundesarbeitsgericht läßt es seit der Entscheidung vom 25. November 1986 ausreichen, daß die Vereinigung aktiv in den Prozeß der tariflichen Regelung eingegriffen hat, wobei schon ernsthafte Verhandlungen über den Abschluß von Tarifverträgen ausreichen sollen. Dies zeige, daß der soziale Gegenspieler die Vereinigung ernst nehme.[325]

312 Besondere Probleme bereitet in diesem Zusammenhang die Bewertung von Anschlußtarifverträgen. Nach anfänglichem Schwanken[326] stellt das Bundesarbeitsgericht seit dem Beschluß vom 25. November 1986 darauf ab, daß diese sich nicht als Diktat der Arbeitgeberseite darstellen dürfen.[327] Hierfür verbietet sich jedoch eine schematische Beurteilung, sondern es ist eine Gesamtschau vorzunehmen, bei der darauf abzustellen ist, ob die Arbeitnehmervereinigung über die Tarifverhandlungen unterrichtet war, eigene Vorstellungen zum Inhalt des Tarifvertrages entwickelte und diese in die Verhandlungen einbringen konnte und schließlich auch auf den Zweck, den die Arbeitgeberseite mit dem Abschluß des Anschlußtarifvertrages verfolgte.[328]

313 Der Abschluß von Tarifverträgen bzw. die Prognose, daß die Aufnahme von Verhandlungen ernsthaft zu erwarten ist, besitzt für die Tariffähigkeit einer Arbeitnehmervereinigung lediglich das Gewicht eines Indizes. Ebenso schließt weder der generelle Verzicht auf Arbeitskampfmittel die Tariffähigkeit aus, noch wird dies durch den Umstand ausgelöst, daß eine Arbeitnehmervereinigung auf die Einleitung von Arbeitskampfmaßnahmen verzichtet, solange die Gewerkschaftseigenschaft umstritten ist.[329] Bereits die Organisationsstärke kann ausreichen, um die Tariffähigkeit zu begründen. Die Mitgliederzahlen liefern hierfür indes keinen zwingenden und allein entscheidenden Anhaltspunkt. Ein hoher Organisationsgrad sowie die Tätigkeit der Mitglieder in Schlüsselstellungen können eine geringe Mitgliederzahl kompensieren,[330] während umgekehrt selbst eine höhere Mitgliederzahl aufgrund der

---

[323] So vor allem noch BAG 15. 3. 1977 AP Nr. 24 zu Art. 9 GG *(Wiedemann)* = EzA § 2 TVG Nr. 12 *(Dütz)* = SAE 1978, S. 37 *(Kraft)*.

[324] Hiergegen jedoch *Hagemeier*, AuR 1988, S. 193, 196.

[325] So vor allem BAG 25. 11. 1986 AP Nr. 36 zu § 2 TVG = EzA § 2 TVG Nr. 17 *(Schulin)*; strenger noch BAG 14. 3. 1978 AP Nr. 30 zu § 2 TVG *(Wiedemann)*, wo ein Nachweis verlangt wird; aufgegeben jedoch in BAG 16. 11. 1982 AP Nr. 32 zu § 2 TVG *(Rüthers/Roth)* = SAE 1984, S. 133 *(Konzen)*.

[326] Siehe einerseits BAG 14. 3. 1978 AP Nr. 30 zu § 2 TVG *(Wiedemann)*; andererseits BAG 10. 9. 1985 AP Nr. 34 zu § 2 TVG = SAE 1986, S. 229 *(Brox)*.

[327] BAG 25. 11. 1986 AP Nr. 36 zu § 2 TVG = EzA § 2 TVG Nr. 17 *(Schulin)*.

[328] BAG 25. 11. 1986 AP Nr. 36 zu § 2 TVG = EzA § 2 TVG Nr. 17 *(Schulin)*; generell für eine Gleichsetzung mit Gefälligkeitstarifverträgen *Hagemeier*, AuR 1988, S. 193, 195; in diesem Sinne zuvor auch *Herschel*, AuR 1976, S. 225, 239; *Söllner*, AuR 1976, S. 321, 325.

[329] BAG 16. 11. 1982 AP Nr. 32 zu § 2 TVG *(Rüthers/Roth)* = SAE 1984, S. 133 *(Konzen)*.

[330] BAG 15. 3. 1977 AP Nr. 24 zu Art. 9 GG *(Wiedemann)* = EzA § 2 TVG Nr. 12 *(Dütz)* = SAE 1978, S. 37 *(Kraft)*; BAG 16. 11. 1982 AP Nr. 32 zu § 2 TVG *(Rüthers/Roth)* = SAE 1984, S. 133 *(Konzen)*.

Vielzahl der erfaßten Berufe zur Verneinung der Tariffähigkeit führen kann.[331] Schließlich ist auch die organisatorische Ausstattung in die Gesamtschau einzubeziehen.[332] Sie muß so beschaffen sein, daß die Verhandlungen aufgrund eigener Beobachtungen und Prognosen zur konjunkturellen Entwicklung realistisch vorbereitet werden und die Durchführung des Tarifvertrages gesichert ist.[333] Selbst 19 hauptamtliche Kräfte werden bei einer weit gestreuten Zuständigkeit als nicht ausreichend angesehen.[334]

Höchstrichterlich nicht abschließend geklärt ist allerdings der für die Druckausübungsfähigkeit heranzuziehende **räumliche Maßstab**. Einer abstrakten Betrachtungsweise, die die Gewerkschaftseigenschaft nur insgesamt bejaht oder verneint, stellt *Dütz* die Forderung nach einer konkreten, tarifvertragsrelevanten Verbandsmächtigkeit gegenüber.[335] Die letztgenannte Ansicht kann dazu führen, daß je nach dem räumlichen Geltungsbereich des erstrebten Tarifvertrages die Gewerkschaftseigenschaft und damit zugleich die Tariffähigkeit eines Verbandes einmal bejaht und ein anderes Mal verneint wird. Unabhängig von der grundsätzlichen Berechtigung, den Gewerkschaftsbegriff mit dem Erfordernis der Druckausübungsfähigkeit anzureichern (nachfolgend Rnr. 317 ff.), kann dieser Schritt zu einer „relativen Tariffähigkeit" nicht überzeugen. Ihm steht nicht nur die Rechtssicherheit, sondern auch der Umstand entgegen, daß wegen der Tariffähigkeit des einzelnen Arbeitgebers für die Arbeitgebervereinigung keine vergleichbare Relativierung der Tariffähigkeit anzuerkennen ist.[336]

c) Druckausübungsfähigkeit auf Arbeitgeberseite. Die Notwendigkeit eines sozialpolitischen Gewichts als Voraussetzung für tariffähige Vereinigungen wurde bislang vor allem für Gewerkschaften entwickelt. Bezüglich der Vereinigung von Arbeitgebern sind die Äußerungen eher selten, oftmals jedoch von einem Symmetriegedanken beherrscht. Repräsentativ ist hierfür die Aussage des Bundesverfassungsgerichts in der Entscheidung vom 26. Mai 1970, in der eine „ausreichende Zahl" auch für den Zusammenschluß von Arbeitgebern verlangt wird.[337] Im tarifrechtlichen Schrifttum finden sich ebenfalls für das Erfordernis der Durchsetzungsfähigkeit einer Arbeitgebervereinigung Befürworter.[338] Andererseits wenden sich *Reuß, Stahlhacke* und *Zöllner*

---

[331] BAG 14. 3. 1978 AP Nr. 30 zu § 2 TVG *(Wiedemann).*
[332] BAG 15. 3. 1977 AP Nr. 24 zu Art. 9 GG *(Wiedemann)* = EzA § 2 TVG Nr. 12 *(Dütz)* = SAE 1978, S. 37 *(Kraft)*; BAG 14. 3. 1978 AP Nr. 30 zu § 2 TVG *(Wiedemann)*; BAG 16. 1. 1990 AP Nr. 39 zu § 2 TVG = SAE 1991, S. 97 *(Mayer-Maly).*
[333] BAG 14. 3. 1978 AP Nr. 30 zu § 2 TVG *(Wiedemann)*; BAG 25. 11. 1986 AP Nr. 36 zu § 2 TVG = EzA § 2 TVG Nr. 17 *(Schulin).*
[334] BAG 16. 1. 1990 AP Nr. 39 zu § 2 TVG = SAE 1991, S. 97 *(Mayer-Maly).* Siehe auch ArbG Berlin, AuR 1996, S. 242 f.: Keine Tariffähigkeit bei bundesweit 535 Mitgliedern, wenn mehrere 100 000 Arbeitnehmer in der Berufsgruppe (Kraftfahrer) existieren; bestätigt durch LAG Berlin, AuR 1997, S. 38 f.
[335] *Dütz,* Betrieb 1996, S. 2385, 2388 f.; in diesem Sinne bereits LAG Frankfurt, Betrieb 1960, S. 702; offengelassen von BAG 25. 9. 1996 AP Nr. 4 zu § 97 ArbGG 1979 *(Oetker)* von dem Abschluß eines Firmentarifvertrages.
[336] Ablehnend auch *Benecke,* SAE 1998, 60, 65 f.; *Stahlhacke,* Betrieb 1964, S. 697 f.
[337] BVerfGE 28, S. 295, 305 = AP Nr. 16 zu Art. 9 GG.
[338] So z.B. *Kempen/Zachert,* § 2 TVG, Rnr. 75; *Löwisch/Rieble,* § 2 TVG, Rnr. 41 ff.; *G. Müller,* Betrieb 1992, S. 269, 271 ff.; *Staudinger/Richardi,* 12. Aufl. 1989, Vorbem. zu §§ 611 ff. BGB, Rnr. 885.

in scharfer Form gegen eine derartige Symmetrie, die als „unverständlich"[339] oder „völlig abwegig"[340] stigmatisiert wird. Ausdrücklich gegenteiliger Ansicht ist *Seiter*.[341] Die bereits angeführte Stellungnahme in dem Staatsvertrag über die Schaffung einer Währungs-, Wirtschafts- und Sozialunion (oben Rnr. 312) wird ebenfalls dahingehend verstanden, daß sich das Erfordernis der Druckausübungsfähigkeit gleichermaßen auf Gewerkschaften und Arbeitgebervereinigungen bezieht.[342]

316 Das Bundesarbeitsgericht schloß sich in seinem Urteil vom 20. November 1990[343] dieser Position nicht an. Da das Erfordernis der Durchsetzungsfähigkeit für die Tariffähigkeit des einzelnen Arbeitgebers nicht erforderlich sei, könne dies auch keine Geltung für eine Vereinigung von Arbeitgebern beanspruchen.[344] Diese Argumentation besitzt zwar den Charme formaler Logik, kann jedoch schon deshalb nicht überzeugen, weil mit ihr auch sämtliche anderen normativen Anforderungen für tariffähige Vereinigungen von Arbeitgebern negiert werden könnten[345] und sie den entstehungsgeschichtlichen Sinn nicht ausreichend würdigt, der dazu führte, daß auch dem einzelnen Arbeitgeber die Tariffähigkeit verliehen wurde (näher oben Rnr. 94).

2. Die Bedeutung der Druckausübungsfähigkeit im Tarifvertragsrecht

317 Der rechtliche Haupteinwand von Teilen des Schrifttums gegen das von der Rechtsprechung des Bundesarbeitsgerichts für die Tariffähigkeit verlangte und durch das Bundesverfassungsgericht verfassungsrechtlich akzeptierte Erfordernis der Druckausübungsfähigkeit stützt sich auf Art. 9 Abs. 3 Satz 1 GG. Entgegen der vom Bundesverfassungsgericht getroffenen Würdigung verletze das Erfordernis der Druckausübungsfähigkeit die positive Koalitionsfreiheit, da es kleineren und neugegründeten Gewerkschaften unverhältnismäßig erschwere, überhaupt Mitglieder zu gewinnen und zu hal-

---

[339] So *Zöllner*, SAE 1969, S. 140, 141; *Stahlhacke*, ArbRGeg. Bd. 11 (1974), S. 21, 32 Fn. 61; ablehnend auch *Otto*, NZA 1996, S. 624, 625; *Seiter*, AöR Bd. 109 (1984), S. 88, 111; *Söllner*, Arbeitsrecht, § 16 I 1a, S. 131; *Stein*, Tarifvertragsrecht, Rnr. 58; *Zeuner*, in: Festschrift 25 Jahre Bundesarbeitsgericht (1979), S. 727, 731f.
[340] *Reuß*, RdA 1972, S. 4ff.
[341] *Seiter*, Arbeitskampfparität und Übermaßverbot, 1979, S. 86.
[342] Mit dieser Bewertung auch *Dörner*, HzA, Gruppe 18/1, Rnr. 166; *Gitter*, in: Festschrift für Otto Rudolf Kissel (1994), S. 265, 269; *Hanau*, EWiR § 2 TVG 1/91; *Oetker*, in: Festschrift für Eugen Stahlhacke (1995), S. 363, 369; *Preis*, ZfA 1992, S. 61, 133; *Rieble*, SAE 1991, S. 316, 317; *Schrader*, „Durchsetzungsfähigkeit" als Kriterium für Arbeitgeber im Tarifvertragsrecht, 1993, S. 137.
[343] BAG 20. 11. 1990 AP Nr. 40 zu § 2 TVG = EzA § 2 TVG Nr. 20 *(Hergenröder)* = SAE 1991, S. 314 *(Rieble)*.
[344] Ebenso im neueren Schrifttum *Däubler*, Tarifvertragsrecht, Rnr. 69; *Kempen/Zachert*, § 2 TVG, Rnr. 88; sowie zuvor *Zeuner*, in: Festschrift 25 Jahre Bundesarbeitsgericht (1979), S. 727, 731; a.A. *Gitter*, in: Festschrift für Otto Rudolf Kissel (1994), S. 265ff.; *Schrader*, „Durchsetzungsfähigkeit" als Kriterium für Arbeitgeber im Tarifvertragsrecht, 1993, S. 136ff., 243ff.
[345] Mit dieser Konsequenz aber *Bruhn*, Tariffähigkeit von Gewerkschaften und Autonomie, 1993, S. 153; zu diesem Argument auch oben Rnr. 168; ablehnend auch *Lieb*, Arbeitsrecht, § 6 V, S. 174.

ten.³⁴⁶ Zudem fehle es an einer Wertungskonsistenz zu der Entscheidung des Gesetzgebers, die Tariffähigkeit auch dem einzelnen Arbeitgeber zu verleihen, und der Rechtsprechung des Bundesarbeitsgerichts,³⁴⁷ die aus dem letztgenannten Gesichtspunkt heraus für die „Vereinigung von Arbeitgebern" auf das Erfordernis einer Druckausübungsfähigkeit als Voraussetzung für die Tariffähigkeit verzichtet.³⁴⁸

Die Bereitschaft von Teilen des Schrifttums zum Verzicht auf das Erfordernis einer Druckausübungsfähigkeit ist nur scheinbar mit der Konsequenz verbunden, daß hierdurch die Chance zur Führung von Tarifverhandlungen reduziert und die Gewerkschaft von dem sozialen Gegenspieler nicht ernst genommen wird. Gerade diejenigen Autoren, die die Druckausübungsfähigkeit als entbehrlich für die Tariffähigkeit ansehen, kompensieren das unter Umständen eintretende Defizit für die Realisierung von Tarifverhandlungen durch die Begründung eines an den sozialen Gegenspieler adressierten Verhandlungsanspruchs.³⁴⁹ Umgekehrt findet die einen Verhandlungsanspruch ablehnende Rechtsprechung des Bundesarbeitsgerichts³⁵⁰ ihre Legitimation gerade darin, daß das Instrument eines Verhandlungsanspruches wegen der für die Tariffähigkeit vorausgesetzten Druckausübungsfähigkeit verzichtbar ist, um den sozialen Gegenspieler an den Verhandlungstisch zu zwingen. 318

Die Druckausübungsfähigkeit des Berufsverbandes als Voraussetzung der Tariffähigkeit und als weitere Voraussetzung sekundärer Koalitionsrechte in der Rechtsprechung des Bundesarbeitsgerichts ist ein Rudiment des vom Bundesarbeitsgericht³⁵¹ aufgestellten, dann aber von Bundesverfassungsgericht³⁵² verworfenen Erfordernisses der Arbeitskampfbereitschaft.³⁵³ Die zur Begründung für das Erfordernis der Druckausübungsfähigkeit herangezogenen Gerechtigkeits- und Ordnungsvorstellungen überzeugen nicht.³⁵⁴ 319

Der Machteinfluß als Voraussetzung der Tariffähigkeit dient nach Ansicht des Bundesarbeitsgerichts dazu, eine **Gleichgewichtslage** der sozialen Gegenspieler herzustellen.³⁵⁵ Die gemeinsame Regelung soll nicht dem Diktat 320

---

³⁴⁶ So z.B. *Gamillscheg*, in: Festschrift für Wilhelm Herschel (1982), S. 99, 102; *ders.*, Kollektives Arbeitsrecht I, § 9 IV 3 d, S. 433; *Zöllner/Loritz*, Arbeitsrecht, § 34 I 2 a, S. 380.
³⁴⁷ BAG 20. 11. 1990 AP Nr. 40 zu § 2 TVG = EzA § 2 TVG Nr. 20 *(Hergenröder)* = SAE 1991, S. 314 *(Rieble)*.
³⁴⁸ So in der Argumentation *Zeuner*, in: Festschrift 25 Jahre Bundesarbeitsgericht (1979), S. 727, 731 f.; *Zöllner/Loritz*, Arbeitsrecht, § 34 I 2 a, S. 380.
³⁴⁹ So *Zöllner/Loritz*, Arbeitsrecht, § 33 III 4, S. 371 f.
³⁵⁰ Aus neuerer Zeit BAG 14. 7. 1981 AP Nr. 1 zu § 1 TVG Verhandlungspflicht *(Wiedemann)* = EzA Art. 9 GG Nr. 33 *(Konzen)* = SAE 1984, S. 98 *(Seiter)*; BAG 14. 2. 1989 AP Nr. 52 zu Art. 9 GG = SAE 1990, S. 13 *(Hanau)*.
³⁵¹ BAG 19. 1. 1962 AP Nr. 13 zu § 2 TVG *(Neumann-Duesberg)* = SAE 1962, S. 57 *(Nikisch)*; BAG 9. 7. 1968 AP Nr. 25 zu § 2 TVG *(Mayer-Maly)* = SAE 1969, S. 137 *(Zöllner)*.
³⁵² BVerfGE 18, S. 18 ff. = AP Nr. 15 zu § 2 TVG.
³⁵³ Siehe die Vorläufer in der Rechtsprechung der Instanzgerichten bei *Dütz*, AuR 1976, S. 65, 72.
³⁵⁴ Siehe auch die zusammenfassende Kritik bei *Gamillscheg*, Kollektives Arbeitsrecht I, § 9 IV 3 d, S. 433 ff.
³⁵⁵ Ebenso im Schrifttum z.B. *Hagemeier*, AuR 1988, S. 193, 196 f.; *Herschel*, AuR 1978, S. 321, 323.

einer Seite entspringen (Gegengewichtsprinzip); nur Druck und Gegendruck könnten einen gerechten Ausgleich verbürgen.[356] Dagegen läßt sich auf folgende Gesichtspunkte hinweisen:

321 *Erstens* läßt das Bundesarbeitsgericht offen, welche Anforderungen an eine Gleichgewichtslage zu stellen sind. Auf eine bestimmte Mitgliederzahl, ausreichende Vermögensmittel oder die Fähigkeit, einen konkreten Streik im gegebenen Fall erfolgreich durchführen zu können, soll es nach der Rechtsprechung nicht ankommen. Wann ausreichende Druckmittel gegeben sind, um einen Konflikt mit der Gegenseite aufnehmen zu können, ist indes einer rechtlichen Bewertung nicht zugänglich.[357] Die mangelnde Gleichgewichtigkeit der Vertragsparteien läßt sich auch im allgemeinen bürgerlichen Recht nur anhand des Ergebnisses, also am Vertragsinhalt beurteilen. Subjektive Gesichtspunkte (wie Unerfahrenheit oder Notlage) scheiden für die Beurteilung von Tarifverträgen aus.

322 *Zweitens* wäre bei konsequenter Durchführung des Prinzips der Waffengleichheit zu prüfen, wie weit einzelne Arbeitgeber entgegen § 2 Abs. 1 die Tariffähigkeit und die Arbeitskampffähigkeit verlieren, sobald ihnen eine übermächtige Gewerkschaft gegenübertritt.[358] Tarifvertragsverhandlungen und Arbeitskämpfe könnten nur zwischen Partnern der gleichen „Gewichtsklasse" ausgetragen werden. Will man dieser Konsequenz ausweichen und das Erfordernis der Mächtigkeit nur für die Gewerkschaften anerkennen,[359] so verstößt dies gegen den Gleichheitssatz und gegen den Sinn des Prinzips der Gleichgewichtslage.[360]

323 *Drittens* steht das Erfordernis der Druckausübung in einem gewissen Gegensatz zur Koalitionsgarantie des Art. 9 Abs. 3 GG,[361] wonach zumindest der Gründungsverband diese Voraussetzungen nicht erfüllen muß (oben Rnr. 169, 197). Entzieht man dem Berufsverband – nach Ablauf eines schwer abgrenzbaren Gründungsstadiums – die Tariffähigkeit, so bedeutet dies einen Eingriff in die Verbandsautonomie, die den Mitgliedern die Entscheidung überläßt, ob sie den gemeinsam angestrebten Zweck auch in Zukunft verfolgen wollen. Nicht zu verkennen ist allerdings, daß der auf Art. 9 Abs. 3 Satz 1 GG gestützte Einwand aufgrund der reduzierten Anforderungen, die das Bundesarbeitsgericht in seiner neueren Rechtsprechung an die Druckausübungsfähigkeit von Gewerkschaften stellt (oben Rnr. 308 ff.), erheblich an Gewicht eingebüßt hat.

---

[356] BAG 15. 3. 1977 AP Nr. 24 zu Art. 9 GG *(Wiedemann)* = EzA § 2 TVG Nr. 12 *(Dütz)* = SAE 1978, S. 37 *(Kraft)*.
[357] Ebenso *M. Wolf*, ZfA 1971, S. 151, 175; sowie *Zeuner*, in: Festschrift 25 Jahre Bundesarbeitsgericht (1979), S. 727, 729.
[358] Treffend zum Wertungswiderspruch mit der Entscheidung des Gesetzes für die Tariffähigkeit des einzelnen Arbeitgebers *Zeuner*, in: Festschrift 25 Jahre Bundesarbeitsgericht (1979), S. 727, 740 ff.; *Zöllner/Loritz*, Arbeitsrecht, § 34 I 2 a, S. 380.
[359] So *Reuß*, RdA 1972, S. 4, 7; *Stahlhacke*, ArbRGeg. Bd. 11 (1974), S. 21, 32 Fn. 61; *Zöllner*, SAE 1969, S. 140, 141.
[360] Ebenso zugunsten einer Symmetrie *Seiter*, Arbeitskampfparität und Übermaßverbot, 1979, S. 86; wohl auch *Dütz*, AuR 1976, S. 65 ff.
[361] Einen Verstoß gegen Art. 9 Abs. 3 GG nehmen an: *Mayer-Maly*, RdA 1979, S. 356, 358; *Zöllner/Loritz*, Arbeitsrecht, § 34 I 2 a, S. 380; gegenteiliger Ansicht aber *Dütz*, Betrieb 1996, S. 2385, 2385; *Koberski/Clasen/Menzel*, § 2 TVG, Rnr. 65.

Viertens kann und muß das Ziel, nur eine gerechte tarifliche Ordnung anzuerkennen, durch eine erweiterte Inhaltskontrolle der Tarifvereinbarungen verwirklicht werden, nicht durch Versuche, einen sozialen Mechanismus einzurichten. Der Verlust der Geschäftsfähigkeit bei mangelnder Waffengleichheit wird ebenso wie der Verlust der Tariffähigkeit im Schrifttum überwiegend abgelehnt.[362] Man kann kein künstliches Machtgleichgewicht schaffen, sondern lediglich nachträglich einzelnen Vereinbarungen – wegen des fehlenden Machtgleichgewichts – die Wirksamkeit absprechen. Alles andere ist mit der für die tarifliche Ordnung wegen ihres Rechtssatzcharakters unabdingbaren Rechtssicherheit nicht vereinbar.

Das Bundesarbeitsgericht folgert die Notwendigkeit des sozialpolitischen Gewichts außerdem aus den Entscheidungen des Bundesverfassungsgerichtes vom 18. November 1954[363] und vom 6. Mai 1964[364], wonach nur Koalitionen, die die Aufgabe einer **sinnvollen Ordnung** des Arbeitslebens angemessen erfüllen, der Tariffähigkeit würdig seien. Eine breitflächige Ordnung ist in der Tat mit mehreren kleinen, untereinander konkurrierenden Gewerkschaften schwerer herzustellen. Der Arbeitgeber oder die Arbeitgebervereinigung werden außerdem gezwungen, Tarifverhandlungen mit Kleingewerkschaften aufzunehmen. Gänzlich unbedeutende Gruppen bieten schließlich wenig Gewähr für die Durchführung der von ihnen mitgeschaffenen Ordnung. Auf der anderen Seite ist jedoch jeder Arbeitgeber tariffähig, so daß Firmentarifverträge in beliebigem Umfang abgeschlossen werden können. Auch etablierte Gewerkschaften sind teilweise nicht in der Lage, ohne Unterstützung der nichtorganisierten Arbeitnehmer ihre Forderungen in einem Arbeitskampf durchzusetzen. Die soziale Mächtigkeit ist mithin kein konstituierendes Element der tariflichen Ordnung. Es steht jedem Arbeitgeber und jeder Arbeitgebervereinigung frei, ob sie sich auf eine Kollektivvereinbarung mit einer Zwerggemeinschaft einlassen. Solange kein Druck auf sie ausgeübt werden kann, können sie ihre Interessen verfolgen. Auf die Zuverlässigkeit als Vertragspartner stellt der Gedanke der sozialen Mächtigkeit nicht ab.

3. Die Verbandsstärke im übrigen Arbeitsrecht

Mit der hier befürworteten Ansicht ist nicht gesagt, daß einer Kleingewerkschaft mit der Tariffähigkeit gleichzeitig alle (Sekundär-)Rechte automatisch zufallen, die an den Status eines Berufsorgans anknüpfen; z.B. Rechte in der Arbeits- und Sozialgerichtsbarkeit, in der sozialen Selbstverwaltung oder in öffentlich-rechtlichen Körperschaften und Anstalten. Bereits § 12 des Tarifvertragsgesetzes unterscheidet zwischen Gewerkschaften und Arbeitgebervereinigungen, die im Arbeitsleben des Bundesgebietes wesentliche Bedeutung haben, und anderen Berufsverbänden. Im französischen Recht ist die Unterscheidung zwischen repräsentativen Gewerkschaften und Kleingewerkschaften grundlegend.[365] Die Rechtsordnung kann bei der Ver-

---

[362] Siehe *Fikentscher*, in: Festschrift für Wolfgang Hefermehl (1973), S. 41, 50ff.
[363] BVerfGE 4, S. 96, 107 = AP Nr. 1 zu Art. 9 GG.
[364] BVerfGE 18, S. 18, 28 = AP Nr. 15 zu § 2 TVG.
[365] Dazu *Engels*, Die Entwicklung des französischen Rechts der Koalitionen, 1972, S. 216ff.; *Gamillscheg*, in: Festschrift für Wilhelm Herschel (1982), S. 99, 109ff.; sowie zuletzt *Krieger*, Das französische Tarifvertragsrecht, 1991, S. 43ff.; 61ff., 134ff.

leihung anderer Rechte neben der Tarif- und Arbeitskampffähigkeit zwischen Gewerkschaften unterscheiden, die nur eine unbedeutende Gruppe von Arbeitnehmern vertreten, und solchen, die die Aufgaben eines Berufsorgans wahrnehmen können. Die Sekundärrechte knüpfen dagegen an den Status einer weite Teile der Arbeitnehmerschaft repräsentierenden Gewerkschaft an. Die Anforderungen im einzelnen sind hier nicht zu prüfen. Der Gewerkschaftsbegriff im Betriebsverfassungsrecht und im Tarifvertragsrecht ist nach der vorherrschenden Ansicht der gleiche (näher oben Rnr. 167).

V. Anerkennung der geltenden Rechtsordnung

327 Zur unabdingbaren Voraussetzung für die Funktionsfähigkeit der Tarifautonomie und zu ihrer Ausgestaltung durch Tarifverträge gehört es nach verbreiteter Ansicht, daß die Berufsverbände zumindest in Teilbereichen die geltende Rechtsordnung als für sich verbindlich anerkennen. Nur dann sei es gerechtfertigt, ihnen die Fähigkeit zum Abschluß von normativ wirkenden Tarifverträgen zuzubilligen. Hinsichtlich des inhaltlichen Ausmaßes der von den Berufsverbänden zu fordernden Anerkennung der geltenden Rechtsordnung verlangt das Bundesverfassungsgericht in ständiger Rechtsprechung, daß sich diese auf das geltende Tarifrecht erstreckt.[366] Dieser Forderung schließen sich das Bundesarbeitsgericht[367] sowie die vorherrschende Ansicht im Schrifttum[368] an, und auch der Staatsvertrag zur Schaffung einer Währungs-, Wirtschafts- und Sozialunion verlangt in seinem Leitsatz zur Sozialunion (oben Rnr. 156) für tariffähige Gewerkschaften und Arbeitgeberverbände, daß sie „das geltende Tarifrecht als für sich verbindlich anerkennen".[369] Dies wird zusätzlich im Schrifttum für das Schlichtungsrecht[370] und das Arbeitskampfrecht[371] gefordert, teilweise wird das Erfordernis sogar auf die geltende Rechts- und Wirtschaftsordnung[372] und die verfassungsmäßige Ordnung[373] ausgedehnt.

---

[366] BVerfGE 18, S. 18, 28 = AP Nr. 15 zu § 2 TVG; BVerfGE 50, S. 290, 368 = AP Nr. 1 zu § 1 MitbestG *(Wiedemann)*; BVerfGE 58, S. 233, 247 = AP Nr. 31 zu § 2 TVG.

[367] BAG 15. 11. 1963 AP Nr. 14 zu § 2 TVG = SAE 1964, S. 193 *(Mayer-Maly)*; BAG 14. 3. 1978 AP Nr. 30 zu § 2 TVG *(Wiedemann)*; BAG 21. 11. 1975 AP Nr. 16 zu § 118 BetrVG 1972 *(Küchenhoff, Richardi)*; BAG 10. 9. 1985 AP Nr. 34 zu § 2 TVG = SAE 1986, S. 229 *(Brox)*; BAG 25. 11. 1986 AP Nr. 36 zu § 2 TVG = EzA § 2 TVG Nr. 17 *(Schulin)*; BAG 16. 1. 1990 AP Nr. 39 zu § 2 TVG = SAE 1991, S. 97 *(Mayer-Maly)*.

[368] Hueck/Nipperdey, Arbeitsrecht II 1, § 6 III 1 e, S. 105; *Koberski/Clasen/Menzel*, § 2 TVG, Rnr. 70; *Löwisch*, ZfA 1970, S. 295, 310 ff.; *Löwisch/Rieble*, § 2 TVG, Rnr. 36; *Nikisch*, Arbeitsrecht II, § 57 II 9, S. 14; *Sbresny-Uebach*, AR-Blattei, Tarifvertrag II A, 1987, I 2 a aa; ablehnend jedoch *Bruhn*, Tariffähigkeit von Gewerkschaften und Autonomie, 1993, S. 181 ff.; *Hagemeier*, AuR 1988, S. 193, 196; *Kempen/Zachert*, § 2 TVG, Rnr. 52 ff.

[369] Zur Bedeutung des 1. Staatsvertrages für die Auslegung des Tarifvertragsgesetzes oben Rnr. 5 ff.

[370] So Hueck/Nipperdey, Arbeitsrecht II 1, § 6 III 1 e, S. 105; *Koberski/Clasen/Menzel*, § 2 TVG, Rnr. 70; *Löwisch/Rieble*, § 2 TVG, Rnr. 36.

[371] *Löwisch/Rieble*, § 2 TVG, Rnr. 36; ebenso Art. 4 Abs. 2 des Verfassungsgrundsätzegesetzes der ehemaligen DDR vom 17. Juni 1990, GBl. DDR I S. 299 ff.

[372] So Hueck/Nipperdey, Arbeitsrecht II 1, § 6 III 1 e, S. 105.

[373] So *Koberski/Clasen/Menzel*, § 2 TVG, Rnr. 70.

Zur Begründung wird vor allem darauf abgestellt, daß nur so eine Gewähr 328
für die Vertragstreue bestehe.[374] Zudem könne sich an dem aus Tarifvertrag,
Schlichtung und Arbeitskampf gebildeten Konfliktlösungssystem nur beteiligen, wer dessen Spielregeln anerkenne.[375] Dieser Ansatz greift jedoch zu
kurz. Auch für die Geschäftsfähigkeit verlangt niemand, daß die Akteure des
Rechtsgeschäftsverkehrs das normative Ordnungsgefüge des Vertragsrechts
als für sich verbindlich ansehen.[376] Die Verknüpfung der Tariffähigkeit mit
der Forderung, die geltende Rechtsordnung insgesamt oder in Teilbereichen
als verbindlich anzuerkennen, kann deshalb im Wege der Gesetzesauslegung
nur aus den für eine funktionsfähige Tarifautonomie unerläßlichen rechtlichen Rahmenbedingungen abgeleitet werden.

Da die Tarifautonomie den Sozialpartnern einen Freiraum zur Gestaltung 329
der Arbeits- und Wirtschaftsbedingungen überantwortet und zugleich die
getroffenen Vereinbarungen mit normativer Kraft ausstattet, ist die hierdurch
geschaffene Ordnung nur dann funktionsfähig, wenn sichergestellt ist, daß
sich die Akteure der Tarifautonomie ihrerseits in den Grenzen der verfassungsmäßigen Ordnung bewegen. Aus der Rechtssetzungsbefugnis, die
durch das Tarifvertragsgesetz verliehen wird, folgt zugleich, daß das die
Rechtssetzungsmacht begründende Ordnungssystem gleichfalls anerkannt
werden muß. Insofern ist die Forderung nach einer Anerkennung des geltenden Tarif-, Schlichtungs- und Arbeitskampfrechts der notwendige Ausgleich für die fehlende staatliche Kontrolle bei der Zulassung zur Rechtssetzung.

Das Erfordernis einer Anerkennung der Verfassungsordnung und des Ta- 330
rifrechts einschließlich des Schlichtungs- und Arbeitskampfrechts zwingt die
Berufsverbände lediglich dazu, die hieraus resultierenden Rechtsfolgen als für
sich verbindlich anzuerkennen. Das Streben nach einer Veränderung der
normativen Rahmenbedingungen durch den Gesetzgeber steht der Tariffähigkeit der Berufsverbände nicht entgegen und stellt sie nicht in Frage. Erst
wenn ein Berufsverband zu erkennen gibt, daß er die Verfassungs- und Tarifrechtsordnung insgesamt für sich als nicht verbindlich ansieht, ist es gerechtfertigt, ihm die Tariffähigkeit abzusprechen, da deren Funktionsfähigkeit nur dann gewährleistet ist, wenn die beteiligten Akteure die vom
Gesetzgeber bzw. vom Richter als Ersatzgesetzgeber geschaffenen Rahmenbedingungen als für sich verbindliches Ordnungssystem anerkennen.

Einzelne Verstöße durch die Satzung oder einzelne Beschlüsse, die im 331
Widerspruch zu der Verfassung oder dem Tarifrecht stehen, führen deshalb
nicht dazu, daß der Berufsverband die Tariffähigkeit verliert.[377] Deshalb ist
einem Arbeitgeberverband ebensowenig die Tariffähigkeit abzusprechen,
wenn er tarifrechtswidrig Höchstnormenbeschlüsse[378] verabschiedet oder in

---

[374] Hueck/*Nipperdey*, Arbeitsrecht II 1, § 6 III 1 e, S. 105.
[375] Löwisch/*Rieble*, § 2 TVG, Rnr. 36.
[376] Treffend deshalb der bereits von *Herschel*, BArbBl. 1950, S. 377, 378 geäußerte
Einwand; übernommen von *Däubler*, AuR 1977, S. 286, 287.
[377] Ähnlich *Löwisch/Rieble*, § 2 TVG, Rnr. 48, die einen planmäßigen Verstoß gegen das Tarif-, Schlichtungs- und Arbeitskampfrecht verlangen; ablehnend jedoch
Gamillscheg, Kollektives Arbeitsrecht I, § 14 I 3, S. 526.
[378] Zu ihnen zuletzt *Säcker/Oetker*, ZfA 1996, S. 85 ff.; sowie unten § 4, Rnr. 398 ff.

die Satzung aufnimmt,[379] wie einer Gewerkschaft, die sich für ein mit Art. 9 Abs. 3 GG unvereinbares gesetzliches Aussperrungsverbot einsetzt oder im Einzelfall einen rechtswidrigen Arbeitskampf führt.[380]

4. Abschnitt. Die tariffähigen Spitzenorganisationen

Übersicht

	Rnr.
A. Allgemeines	332–333
B. Der Abschluß eigener Tarifverträge	333–345
1. Voraussetzungen	334–340
a) Organisation	334–336
b) Satzung	337–340
2. Rechtsfolgen	341–344
C. Der Abschluß von Tarifverträgen für angeschlossene Verbände	345–348
1. Voraussetzungen	345–347
2. Rechtsfolgen	348
D. Die Haftung der Spitzenorganisationen nach § 2 Abs. 4	349–353
1. Allgemeines	349–350
2. Vertragsschluß im eigenen Namen	351
3. Vertragsschluß im fremden Namen	352, 353

Schrifttum: *Herbert Wiedemann/Gregor Thüsing*, Die Tariffähigkeit von Spitzenorganisationen und der Verhandlungsanspruch der Tarifvertragsparteien, RdA 1995, S. 280–287.

A. Allgemeines

332 Nach dem Tarifvertragsrecht der Weimarer Republik waren die Spitzenorganisationen nicht tariffähig, da in ihnen Arbeitnehmer oder Arbeitgeber nicht unmittelbar Mitglieder waren.[1] § 2 Abs. 3 erkennt auf der Grundlage des Lemgoer Entwurfs[2] (§ 1 Abs. 2: „Spitzenverbände sind nur tariffähig, wenn der Abschluß von Tarifverträgen zu ihren satzungsgemäßen Aufgaben gehört") nunmehr die eigene Tariffähigkeit der Spitzenorganisationen an. Die Frage war im Verlauf der Gesetzesberatungen umstritten. Die Gewerkschaften waren der Auffassung, daß kein hinreichendes praktisches Bedürfnis für diese Neuerung besteht. Man wies namentlich darauf hin, daß die Spitzenorganisationen weniger Einfluß auf die einzelnen Arbeitnehmer und Arbeitgeber haben als die Verbände selbst, denen die Arbeitgeber und Arbeitnehmer unmittelbar als Mitglieder angehören. Es wurde außerdem vorgebracht, daß sie weniger Vermögen zu besitzen pflegen als die ihnen angeschlossenen Verbände. Schließlich wurde zu bedenken gegeben, wieweit

---

[379] Hierfür aber *Küchenhoff*, AuR 1963, S. 321, 323.
[380] BAG 16. 11. 1982 AP Nr. 32 zu § 2 TVG (*Rüthers/Roth*) = SAE 1984, S. 113 (*Konzen*).
[1] Siehe RAG, ARS 9, 303, 304; rechtlich zulässig war jedoch der Abschluß von Tarifverträgen aufgrund einer Vollmacht der angeschlossenen Verbände, vgl. RAG, ARS 9, 303, 304f.; RAG, ARS 12, S. 3ff.; RAG, ARS 12, S. 326, 327f.
[2] Siehe oben Geschichte, Rnr. 21 f.

4. Abschnitt. Die tariffähigen Spitzenorganisationen 333, 334 § 2

eine Einwirkungspflicht nicht nur auf die angeschlossenen Vereinigungen, sondern auch auf die einzelnen Arbeitgeber und Arbeitnehmer vorzusehen sei.[3] Trotzdem hat sich der entgegengesetzte Standpunkt durchgesetzt.[4]

Unmittelbar nach Inkrafttreten des Tarifvertragsgesetzes hatte man zunächst angenommen, daß der in § 2 Abs. 2 enthaltene Begriff der Spitzenorganisationen auch für die damaligen §§ 5 und 10 (heute: §§ 5 und 11) maßgebend sei.[5] Die Begriffsbestimmung in § 2 Abs. 2 umfaßt aber nicht die Deutsche Angestelltengewerkschaft (DAG), die keinen Zusammenschluß von einzelnen Gewerkschaften, sondern eine Vereinigung von Arbeitnehmern nach ihrer sozialen Stellung darstellt. Das spielt für ihre Tariffähigkeit allerdings keine Rolle; sie ist nach § 2 Abs. 1 ohnehin gegeben. Aber ihre Beteiligung im Rahmen der §§ 5 und 10 war erwünscht. Deshalb wurde durch das Gesetz zur Änderung des Tarifvertragsgesetzes vom 11. 1. 1952 ein neuer § 10a (heute: § 12) eingefügt, in dem der Begriff der Spitzenorganisationen für die übrigen Vorschriften des Gesetzes abweichend von § 2 Abs. 2 definiert wurde und solche Verbände gleichgestellt wurden, die für die Vertretung der Arbeitnehmer- oder Arbeitgeberinteressen im Arbeitsleben der Bundesrepublik wesentliche Bedeutung haben (näher unten § 12, Rnr. 1f. sowie oben Geschichte, Rnr. 59). Die letztere Einschränkung ist auch in die Definition der Spitzenorganisationen aufgenommen worden. Dadurch wird der Kreis der zur Mitwirkung im Rahmen des Gesetzes berufenen Organisationen außerordentlich eng gezogen. § 2 Abs. 2 wird durch die Änderung nicht berührt. Er ist nach wie vor allein maßgebend für die Frage, welche Spitzenorganisationen tariffähig sind.[6]

333

Der Begriff der Spitzenorganisationen wird unter anderem auch im Gesetz über die Mitbestimmung der Arbeitnehmer in den Aufsichtsräten und Vorständen der Unternehmen des Bergbaus und der Eisen und Stahl erzeugenden Industrie[7] verwandt. Streitig ist, wie der Begriff dort auszulegen ist. Das Montan-MitbestG enthält keine Anhaltspunkte dafür, daß der Begriff dort anders zu fassen ist als in § 2 Abs. 2 des Tarifvertragsgesetzes.[8] Dies gilt entsprechend für § 98 Abs. 2 Nr. 7 AktG. Dagegen kann § 12 des Tarifvertragsgesetzes im Mitbestimmungsrecht nicht entsprechend angewandt werden, weil diese Vorschrift sich nur auf die Mitwirkung bei staatlichen Hoheitsrechten bezieht (näher unten § 12, Rnr. 4). Das allgemeine Mitbestimmungsgesetz vom 4. Mai 1976[9] räumt den Spitzenorganisationen keine Sonderrechte ein.

334

---

[3] Siehe die Begründung des vom Gewerkschaftsrat der Vereinigten Zonen verabschiedeten Entwurfs, oben Geschichte, Rnr. 30.
[4] Siehe oben Rnr. 4 sowie *Herschel*, ArbBlBritZ 1949, S. 22, 23; *ders.*, ZfA 1973, S. 183, 189.
[5] Siehe z. B. *Hueck/Nipperdey*, 2. Aufl. 1951, § 5 TVG, Rnr. 11, § 10 TVG, Rnr. 1.
[6] *Hueck/Nipperdey*, Arbeitsrecht II 1, § 20 IV 1, S. 438, Fn. 64; *Kempen/Zachert*, § 3 TVG, Rnr. 62; *Maus*, § 2 TVG, Rnr. 81; *Zöllner/Loritz* Arbeitsrecht, § 34 III, S. 383; sowie unten § 12 TVG, Rnr. 3, m.w.N.
[7] §§ 4 Abs. 2 lit. a, 6 Abs. 1 bis 3 Montan-MitbestG.
[8] Ebenso *Boldt*, § 4 (Montan) MitbestG, Anm. 5a; *Fitting*, AR-Blattei, Mitbestimmung der Arbeitnehmer III B 1; *Hueck/Nipperdey*, Arbeitsrecht II 1, § 20 IV 1, S. 438, Fn. 65; abweichend *Kötter*, § 6 (Montan) MitbestG, Anm. 8.
[9] BGBl. I S. 1153.

B. Der Abschluß eigener Tarifverträge

1. Voraussetzungen

335 **a) Organisation.** Spitzenorganisationen sind nach der Legaldefinition in § 2 Abs. 2 Zusammenschlüsse von Gewerkschaften und von Vereinigungen von Arbeitgebern auf fachlicher oder gemischt-gewerblicher Grundlage und auf Bezirks-, Landes- oder Bundesebene. Ihre Tariffähigkeit setzt nach der Rechtsprechung des Bundesarbeitsgerichts voraus, daß ausnahmslos *alle* Mitgliedsverbände ebenfalls tariffähig sind.[10] Aus dem Wortlaut des Gesetzes ergibt sich diese Einschränkung nicht. Die Gesetzessystematik spricht indes für das Verständnis des Bundesarbeitsgerichts.[11] Eine Spitzenorganisation kann sich ausweislich der Legaldefinition nur aus den in § 2 Abs. 2 genannten Verbänden zusammensetzen. Dementsprechend müssen die in der Spitzenorganisation zusammengeschlossenen Gewerkschaften bzw. Vereinigungen von Arbeitgebern ihrerseits tariffähig sein. Erfüllen sie diese Voraussetzung, so steht damit zugleich die Tariffähigkeit der Spitzenorganisation fest.[12]

336 Fehlt umgekehrt bei einzelnen Mitgliedern die Tariffähigkeit, so handelt es sich nicht um eine Spitzenorganisation im Sinne von § 2 Abs. 2;[13] sie besitzt keine eigene Tariffähigkeit, allenfalls als Stellvertreter kann sie – ihre Rechtsfähigkeit unterstellt – in dieser Konstellation Tarifverträge für die angeschlossenen Verbände abschließen. Dem steht allerdings entgegen, daß die Tariffähigkeit der Berufsverbände nicht dadurch beeinträchtigt wird, daß einzelne ihrer Mitglieder nicht die Arbeitgeber- bzw. Arbeitnehmereigenschaft besitzen können (oben Rnr. 245). Überträgt man die hierin enthaltene Wertung auf die hiesige Problematik, so ist es konsequent, wenn die fehlende Tariffähigkeit einzelner Mitglieder der Spitzenorganisation ebenfalls nicht die Tariffähigkeit der Spitzenorganisation beseitigt.

337 § 2 Abs. 2 und 3 kann auf Zusammenschlüsse von Spitzenorganisationen zu einer obersten Spitzenorganisation entsprechend angewandt werden.[14] Hierher gehören die Bundesinnungsverbände; sie sind nach § 85 HandwO in Verbindung mit § 82 Nr. 3 HandwO tariffähig. Durch den Zusammenschluß von Spitzenorganisationen wird die Tariffähigkeit der beteiligten Spitzenorganisationen ebenso wie die Mitgliedschaft des einzelnen Arbeitgebers

---

[10] Vgl. BAG 2. 11. 1960 AP Nr. 1 zu § 97 ArbGG 1953 *(Bötticher);* kritisch dazu *Reichel,* RdA 1963, S. 300, 305.
[11] Ebenso im Ergebnis Hueck/*Nipperdey,* Arbeitsrecht II 1, § 20 IV 1 a. E., S. 438 f.; *Kempen*/Zachert, § 2 TVG, Rnr. 60; *Nipperdey/Säcker,* AR-Blattei, Tarifvertrag II A, 1970, I 2 b aa; *Sbresny-Uebach,* AR-Blattei, Tarifvertrag II A, 1987, I 2 b; wohl auch *Däubler,* Tarifvertragsrecht, Rnr. 55; ablehnend *Wiedemann/Thüsing,* RdA 1995, S. 280, 281 f.; differenzierend Löwisch/*Rieble,* § 2 TVG, Rnr. 75.
[12] Ebenso Löwisch/*Rieble,* § 2 TVG, Rnr. 75; *Wiedemann/Thüsing,* RdA 1995, S. 280, 282.
[13] Anderer Ansicht in dieser Konstellation Löwisch/*Rieble,* § 2 TVG, Rnr. 75; *Wiedemann/Thüsing,* RdA 1995, S. 280, 282.
[14] *Herschel,* ArbBlBritZ 1949, S. 22, 23; ebenso Hueck/*Nipperdey,* Arbeitsrecht II/1, § 20 IV 1, S. 437; *Maus,* § 2 TVG, Rnr. 80; *Nipperdey/Säcker,* AR-Blattei, Tarifvertrag II A, 1970 I 2 b aa; *Sbresny-Uebach,* AR-Blattei, Tarifvertrag II A, 1987, I 2 b.

b) Satzung. Voraussetzung der Tariffähigkeit der Spitzenorganisation ist 338 weiter, daß der Abschluß von Tarifverträgen satzungsmäßig zu ihren Aufgaben gehört. Die Spitzenorganisationen der Gewerkschaften oder Arbeitgeberverbände sind nicht automatisch tariffähig, sondern ihre Mitglieder können frei über die Tariffähigkeit des Spitzenverbandes entscheiden.

Zweifelhaft ist, ob es für die Bejahung einer eigenen Tariffähigkeit der 339 Spitzenorganisation einer *ausdrücklichen* Satzungsbestimmung bedarf.[15] Aus Gründen der Rechtssicherheit ist eine eindeutige Regelung zwar wünschenswert, aus Rechtsgründen reicht es für die Erlangung der eigenen Tariffähigkeit jedoch, wenn der Satzung mit Hilfe der allgemein anerkannten Auslegungsmaximen[16] entnommen werden kann, daß die Spitzenorganisation berechtigt ist, Tarifverträge im eigenen Namen mit Wirkung für die angeschlossenen Verbände abzuschließen.[17]

Eine Sonderproblematik betrifft die Innungsverbände, da die maßgeblichen Vorschriften der Handwerksordnung eine mit § 2 Abs. 2 vergleichbare statutarische Ermächtigung für die Innungsverbände nicht verlangen. Im Interesse der Rechtssicherheit ist eine Heranziehung des in § 2 Abs. 2 zum Ausdruck gelangten Rechtsgedankens vorzuziehen und eine eigene Tariffähigkeit in Ergänzung des Normativsystems der Handwerksordnung für die Innungsverbände nur bei einer entsprechenden Regelung in der Satzung anzuerkennen.[18] Für die Erlangung der Tarifzuständigkeit sind sie ohnehin gezwungen, ihren tarifrechtlichen Geschäftsbereich statutarisch festzulegen. 340

Nicht zu folgen ist der Auffassung von *Nipperdey-Säcker*,[19] wonach das von 341 § 2 Abs. 2 aufgestellt Erfordernis einer satzungsmäßigen Festlegung der Tarifbereitschaft lediglich ein Formerfordernis darstellt, um die von Verfassungs wegen bereits bestehende Tarifbereitschaft nach außen zu verlautbaren. Der Gesetzgeber wollte nicht nur eine Deklarationspflicht einführen, sondern sah die Festlegung in der Satzung als sachliche Voraussetzung der Tariffähigkeit an, nämlich als Ermächtigung der Mitgliederverbände gegenüber der Spitzenorganisation.[20] In der Satzung der Mitgliederverbände muß diese Ermächtigung jedoch nicht enthalten sein.[21]

2. Rechtsfolgen

Hat eine Spitzenorganisation einen Tarifvertrag im *eigenen* Namen abgeschlossen, so ist sie allein über den Tarifvertrag „verfügungsberechtigt"; nur 342

---

[15] Hierfür *Nikisch*, Arbeitsrecht II, § 70 IV 2, S. 257; *Nipperdey/Säcker*, AR-Blattei, Tarifvertrag II A, 1970, I 2 b aa.
[16] Hierzu BGHZ 47, S. 172, 179 f.; *Säcker/Oetker*, Probleme der Repräsentation von Großvereinen, 1986, S. 38 ff.; *Wiedemann*, DNotZ 1977, Sonderheft, S. 99 ff.
[17] So auch Hueck/*Nipperdey*, Arbeitsrecht II § 20 IV 1, S. 438.
[18] Ebenso Hueck/*Nipperdey*, Arbeitsrecht II 1, § 20 IV 1, S. 438 f.; sowie BAG 11. 6. 1975 AP Nr. 29 zu § 2 TVG *(Wiedemann)*; *Säcker/Streckel*, Anm. zu BAG, AR-Blattei, Tarifvertrag II, Entsch. 9.
[19] AR-Blattei, Tarifvertrag II A, 1970, I 2 b.
[20] Ebenso BAG 11. 6. 1975 AP Nr. 29 zu § 2 TVG *(Wiedemann)* betr. Bundesinnungsverband.
[21] *A. A. Rieble*, Arbeitsmarkt und Wettbewerb, 1996, S. 555.

sie kann ihn aufheben, ändern und kündigen.[22] Für ein nach außen rechtswirksames Handeln ist sie nicht auf die Zustimmung der angeschlossenen oder der an den Tarifvertrag gebundenen Mitgliedsverbände angewiesen. Etwaige statutarische Fesseln beschränken lediglich das rechtliche Dürfen, nicht aber das rechtliche Können.

343 Für einen wirksamen Tarifvertrag ist nicht erforderlich, daß der Vertragspartner einer Spitzenorganisation ebenfalls eine Spitzenorganisation ist.[23] Auch ist es nicht notwendig, daß die Spitzenorganisation den Tarifvertrag für den Bereich sämtlicher ihr angeschlossener Gewerkschaften oder Arbeitgebervereinigungen abschließt.[24] Das ist im Zweifel allerdings anzunehmen, wenn keine Anhaltspunkte für eine Beschränkung auf den Bereich einzelner Verbände bestehen.[25] Die Spitzenorganisation kann den Geltungsbereich des Tarifvertrages jedoch auf einen bestimmten Industriezweig beschränken. Allerdings ist in solchen Fällen besonders sorgfältig zu prüfen, ob die Spitzenorganisation dabei nicht als Bevollmächtigter der genannten Gewerkschaften oder Arbeitgeberverbände auftritt (Stellvertretung nach § 2 Abs. 2) oder im eigenen Namen, aber für den Bereich der genannten Verbände auftritt. Die Rechtsfolgen hinsichtlich der Parteistellung im Tarifvertrag sind, wie sich aus einem Vergleich von § 2 Abs. 3 und § 2 Abs. 2 ergibt, verschieden.

344 Fraglich ist, welche Wirkung die Verleihung der Tariffähigkeit an und der Abschluß eigener Tarifverträge durch die Spitzenorganisation für die einzelnen angeschlossenen Verbände hat. Nach Ansicht des Bundesarbeitsgerichts nehmen die Tariffähigkeit der Spitzenorganisationen und der Abschluß von Tarifverträgen durch die Spitzenorganisationen den tariffähigen Unterorganisationen nicht die Tariffähigkeit und stehen dem Abschluß regionaler Tarifverträge nicht entgegen.[26] Das Urteil hätte sich allerdings mit einem Hinweis auf die Handwerksordnung begnügen können: während § 54 Abs. 3 Nr. 1 HandwO die Tarifzuständigkeit der Handwerksinnung verneint, soweit und solange solche Verträge durch den Innungsverband für den Bereich der Handwerksinnung abgeschlossen werden, fehlt in § 82 Nr. 3 HandwO eine entsprechende Einschränkung der Zuständigkeit des Landesinnungsverbandes zugunsten des Bundesinnungsverbandes. Für die übrigen Berufsverbände fehlt eine entsprechende Gesetzesnorm.

345 Generell ist richtig, daß die Tariffähigkeit und Tarifzuständigkeit der in einer Spitzenorganisation zusammengefaßten Berufsverbände nicht durch

---

[22] BAG 22. 2. 1957 AP Nr. 2 zu § 2 TVG (*Tophoven*) = SAE 1957, S. 119 (*Sabin*); Hueck/*Nipperdey*, Arbeitsrecht II 1, § 20 IV 2, S. 439; *Maus*, § 2 TVG, Rnr. 83; *Nikisch*, Arbeitsrecht II, § 70 IV 2, S. 257; *Nipperdey/Säcker*, AR-Blattei, Tarifvertrag II A, 1970, I 2 b; *Schaub*, Arbeitsrechts-Handbuch, § 199 I 5 a, S. 1665; *Wiedemann/Thüsing*, RdA 1995, S. 280, 284.

[23] *Maus*, § 2 TVG, Rnr. 83.

[24] Hueck/*Nipperdey*, Arbeitsrecht II 1, § 20 IV 2, S. 439; *Nikisch*, Arbeitsrecht II, § 70 IV 2, S. 257; *Nipperdey/Säcker*, AR-Blattei, Tarifvertrag II A, 1970, I 2 b bb; *Shresny-Uebach*, AR-Blattei, Tarifvertrag II a, 1987, I 2 b.

[25] Dazu LAG Hamm, BB 1950, S. 649; Hueck/*Nipperdey*, Arbeitsrecht II 1, § 20 IV 2, S. 439.

[26] Ebenso BAG 22. 2. 1957 AP Nr. 2 zu § 2 TVG (*Tophoven*) = SAE 1957, S. 119 (*Sabin*); *Däubler*, Tarifvertragsrecht, Rnr. 57; *Kempen*/Zachert, § 2 TVG, Rnr. 59; *Koberski/Clasen/Menzel*, § 2 TVG, Rnr. 139; *Löwisch/Rieble*, § 2 TVG, Rnr. 76; *Rieble*, Arbeitsmarkt und Wettbewerb, 1996, S. 555.

ihren Zusammenschluß verlorengeht, und zwar selbst dann nicht, wenn die Spitzenorganisation kraft Satzung eigene Tarifverträge abschließen kann. Fraglich kann nur sein, ob die Rechtssetzungsbefugnis der einzelnen Koalitionen insoweit verbraucht ist, als die Spitzenorganisation eine tarifliche Regelung mitbeschließt. Diese Frage ist richtiger Ansicht nach zu bejahen,[27] so daß eine Tarifkonkurrenz nicht auftreten kann.[28] Verstöße gegen die innere Verbandsdisziplin spielen für die Tariffähigkeit und Tarifzuständigkeit keine Rolle. Streng davon zu unterscheiden ist die Frage, inwieweit Unterorganisationen innerhalb eines Berufsverbandes Tarifverträge abschließen können, wenn die Verbandsspitze an einem Tarifvertrag mitgewirkt hat.

C. Der Abschluß von Tarifverträgen für angeschlossene Verbände

1. Voraussetzungen

§ 2 Abs. 2 legt fest, daß Spitzenorganisationen im Namen, das heißt in Vertretung der ihnen angeschlossenen Verbände Tarifverträge abschließen können, wenn sie eine entsprechende *Vollmacht* und im Innenverhältnis einen entsprechenden Auftrag haben. Die Vorschrift ist notwendig, wenn der als Bevollmächtigter auftretende Spitzenverband nicht rechtsfähig ist, ansonsten wäre die Befugnis zum Abschluß von Tarifverträgen bereits aufgrund der allgemeinen zivilrechtlichen Vorschriften zu bejahen.[29] Würde § 2 Abs. 2 fehlen, so könnten nur rechtsfähige Personen – dem allgemeinen Recht entsprechend – Vollmachtsträger werden, soweit man nicht von einer im Wege der Rechtsfortbildung in der Zwischenzeit anerkannten Rechtsfähigkeit aller Berufsverbände ausgeht.

§ 2 Abs. 2 ermöglicht für einzelne Spitzenorganisationen den Abschluß von Tarifverträgen, beschränkt aber nicht die allgemeinen zivilrechtlichen Möglichkeiten zur Einschaltung von Stellvertretern für den Abschluß von Tarifverträgen. Mit dem Abschluß von Tarifverträgen kann deshalb auch jede andere nicht tariffähige Person bzw. Organisation betraut werden, sofern diese zumindest beschränkt geschäftsfähig ist.[30] Dies gilt insbesondere auch für solche Verbandszusammenschlüsse, die wegen der fehlenden Tariffähig-

---

[27] Ebenso *Wiedemann/Thüsing*, RdA 1995, S. 280, 284.
[28] So aber BAG 22. 2. 1957 AP Nr. 2 zu § 2 TVG *(Tophoven)* = SAE 1957, S. 119 *(Sabin)*; *Däubler*, Tarifvertragsrecht, Rnr. 57 a. E.; *Kempen/Zachert*, § 2 TVG, Rnr. 59; *Schaub*, Arbeitsrechts-Handbuch, § 199 I 5b, S. 1665; wohl auch *Löwisch/Rieble*, § 2 TVG, Rnr. 76; *Rieble*, Arbeitsmarkt und Wettbewerb, 1996, S. 555, die für einen generellen Vorrang des vom Mitgliedsverband abgeschlossenen Tarifvertrages plädieren.
[29] BAG 11. 6. 1975 AP Nr. 29 zu § 2 TVG *(Wiedemann)*; BAG, NZA 1997, S. 1064, 1066; *Hueck/Nipperdey*, Arbeitsrecht II 1, § 20 IV 3, S. 439; *Löwisch/Rieble*, § 2 TVG, Rnr. 72; *Nikisch*, Arbeitsrecht II, § 70 IV 1, S. 257; *Zöllner/Loritz*, Arbeitsrecht, § 33 III 6, S. 372 f.; sowie zur Rechtslage unter der Tarifvertrags-Verordnung RAG, ARS 9, S. 303, 304 f.; RAG, ARS 12, S. 3 ff.; RAG, ARS 12, S. 326, 328.
[30] Ebenso BAG 11. 6. 1975 AP Nr. 29 zu § 2 TVG *(Wiedemann)*; *Wiedemann/Thüsing*, RdA 1995, S. 280, 282; sowie allg. zuletzt BAG 24. 11. 1993 AP Nr. 39 zu § 1 TVG Tarifverträge: Einzelhandel.

keit einzelner Mitglieder nicht die Rechtsqualität einer Spitzenorganisation im Sinne von § 2 Abs. 2 besitzen.

348 Die Bevollmächtigung kann *ausdrücklich*[31] oder *stillschweigend*[32] erfolgen. Sie bedarf keiner Form.[33] Normalerweise werden in diesen Fällen die Namen der von der Spitzenorgansation vertretenen Verbände im Tarifvertrag aufgeführt; eine derartige Praxis ist zu empfehlen, selbst wenn keine rechtliche Notwendigkeit dafür besteht.[34] Es genügt, wenn die Spitzenorganisation mit ihrem Namen unterzeichnet und sich zweifelsfrei aus dem Inhalt der Urkunde oder den sonstigen Umständen (vgl. § 164 Abs. 2 BGB) ergibt, daß sie als Vertreter im Sinne des § 2 Abs. 2 handelt.[35] Es sind keine Anhaltspunkte erkennbar, warum im Rahmen von § 2 Abs. 2 strengere Anforderungen als im allgemeinen Zivilrecht an die Offenkundigkeit der Vertretung gestellt werden sollen. Genügt ausnahmsweise der Name der Spitzenorganisation allein, so sind im Falle der Bevollmächtigung im Zweifel alle angeschlossenen Verbände gemeint.[36] Die Spitzenorganisation kann gleichzeitig einen Tarifvertrag für sich selbst und für alle oder einen Teil der angeschlossenen Verbände abschließen.

349 *Fehlt* eine Vollmacht, so gelten die Grundsätze der Anscheins- und Duldungsvollmacht sowie die §§ 177 ff. BGB.[37] Der Tarifvertrag kann bei fehlender Vollmacht somit aufgrund einer Genehmigung der vertretenen Verbände ex tunc wirksam werden.[38]

2. Rechtsfolgen

350 Hat die Spitzenorganisation den Tarifvertrag gemäß § 2 Abs. 2 in Vertretung eines angeschlossenen Verbandes vereinbart, so treten die Rechtswirkungen entsprechend den Vorschriften der §§ 164 ff. BGB zugunsten und zu Lasten des Vertretenen ein. Ob die Spitzenorganisation auch zur Änderung und zur Kündigung des Tarifvertrages bevollmächtigt sein soll oder ob diese Rechte ausschließlich dem betroffenen Verband zustehen, ergibt sich aus dem Umfang der Vollmacht. Die Vertragspflichten, insbesondere die Durchführungs- und Friedenspflicht, treffen die vertretenen Verbände. Nach § 2 Abs. 4 haftet allerdings *auch* die Spitzenorganisation, die den Tarifvertrag als Bevollmächtigter abgeschlossen hat.

---

[31] Exemplarisch *Wiedemann/Thüsing*, RdA 1995, S. 280, 282f.
[32] Für eine stillschweigende Vollmacht exemplarisch bereits RAG ARS 9, S. 303, 305.
[33] Siehe § 167 Abs. 2 BGB; ebenso BAG, NZA 1997, S. 1064, 1066; *Hueck/Nipperdey*, Arbeitsrecht II 1, § 20 IV 3, S. 439; *Nikisch*, Arbeitsrecht II, § 70 IV 1, S. 257; a. A. *Rieble*, Arbeitsmarkt und Wettbewerb, 1996, S. 555, der eine Grundlage in der Satzung des „delegierenden" Verbandes verlangt.
[34] Hierfür aber *Herschel*, ArbBlBritZ 1949, S. 22, 23; wie hier *Maus*, § 2 TVG, Rnr. 86; *Nipperdey/Säcker*, AR-Blattei, Tarifvertrag II A, 1970, I 2 b cc.
[35] RAG ARS 9, S. 303, 305; *Maus*, § 2 TVG, Rnr. 84; *Nikisch*, Arbeitsrecht II, § 70 IV 1, S. 257; restriktiver *Hueck/Nipperdey*, Arbeitsrecht II 1, § 20 IV 3, S. 440.
[36] Vgl. BAG 31. 10. 1958 AP Nr. 2 zu § 1 TVG Friedenspflicht = SAE 1959, S. 41 (*Molitor*).
[37] LAG Düsseldorf, AP 1950, Nr. 191, 193 (*Tophoven*); *Hueck/Nipperdey*, Arbeitsrecht II 1, § 20 IV 3, S. 440; *Maus*, § 2 TVG, Rnr. 84; *Nikisch*, Arbeitsrecht II, § 70 IV 1, S. 257.
[38] *Hueck/Nipperdey*, Arbeitsrecht II 1, § 20 IV 3, S. 440; *Maus*, § 2 TVG, Rnr. 84; *Nikisch*, Arbeitsrecht II, § 70 IV 1, S. 257.

D. Die Haftung der Spitzenorganisationen nach § 2 Abs. 4

1. Allgemeines

§ 2 Abs. 4 enthält eine Bestimmung für die Erfüllung der Verpflichtungen der Tarifvertragsparteien in den bisher behandelten Fällen.[39] Als Zweck der dort angeordneten Mithaftung wird von *Herschel* die Abwehr des Mißbrauchs durch vorgeschobene nicht leistungsfähige Tarifkontrahenten angeführt.[40] Darüberhinaus läßt sich die Mithaftung im Fall der Stellvertretung (§ 2 Abs. 2) auf das durch die Spitzenorganisation in Anspruch genommene Vertrauen sowie im Fall des Abschlusses im eigenen Namen (§ 2 Abs. 3) auf die Unpraktikabilität gestufter Einwirkungspflichten stützen.[41]

351

Die Mitgliedsverbände und die Spitzenorganisationen haften als Gesamtschuldner.[42] Die Haftung beschränkt sich auf die „Erfüllung der gegenseitigen Verpflichtungen". Nur soweit eine tarifvertraglich festgelegte Pflicht des Mitgliedsverbandes oder der Spitzenorganisation besteht, kommt eine Haftung in Betracht. Damit beschränkt sich die Erfüllungshaftung auf die Durchführungs- und die Friedenspflicht.[43] Eine Haftung für die in dem Tarifvertrag enthaltenen Rechtsnormen begründet § 2 Abs. 4 nicht, da ihre Einhaltung keine „Verpflichtung der Tarifvertragspartei" ist.

352

2. Vertragsschluß im eigenen Namen

Hat die Spitzenorganisation den Tarifvertrag im eigenen Namen geschlossen, so haftet die Spitzenorganisation nach den allgemeinen Regeln als Tarifvertragspartei. Es haften aber nach der Vorschrift des § 2 Abs. 4 gesamtschuldnerisch auch die angeschlossenen Verbände. Es handelt sich hier um einen gesetzlich normierten Fall der *Durchgriffshaftung* auf die Mitglieder eines rechtsfähigen oder nicht rechtsfähigen Verbandes für dessen Verbindlichkeiten, die durch den von der Spitzenorganisation abgeschlossenen Tarifvertrag begründet wurden. Allerdings erstreckt sich die Haftung der Mitgliedsverbände nur auf die schuldrechtlichen Verpflichtungen, die die Spitzenorganisation durch den Tarifvertrag begründet hat. Die Mitgliedsverbände sind deshalb an die Friedenspflicht und die Durchführungspflicht ebenso gebunden, wie die Spitzenorganisation.

353

3. Vertragsschluß im fremden Namen

Hat die Spitzenorganisation den Tarifvertrag im Namen, also in Vertretung der ihr angeschlossenen Verbände abgeschlossen, so haften die vertretenen angeschlossenen Verbände, denn sie sind selbst die Tarifparteien (§ 164

354

---

[39] Ebenso auch § 2 Abs. 2 Satz 2 des kurz vor dem Tarifvertragsgesetz verabschiedeten rheinland-pfälzischen Landesgesetzes über den Tarifvertrag vom 24. 2. 1949, GVBl. Rheinland-Pfalz 1949, S. 82; hierzu *Fechner,* RdA 1950, S. 129.

[40] *Herschel,* ArbBlBritZ 1949, S. 22, 23.

[41] So *Wiedemann/Thüsing,* RdA 1995, S. 280, 282f.

[42] *Herschel,* ArbBlBritZ 1949, S. 22, 23; *Hueck/Nipperdey,* Arbeitsrecht II 1, § 20 IV 4 c, S. 441; *Sbresny-Uebach,* AR-Blattei, Tarifvertrag II A, 1987, I 2 b.

[43] *Koberski/Clasen/Menzel,* § 2 TVG, Rnr. 141.

Abs. 1 BGB). Nach der Vorschrift des § 2 Abs. 4 haftet aber zusätzlich auch die Spitzenorganisation, die den Tarifvertrag als Bevollmächtigte abgeschlossen hat. Die Haftung beschränkt sich auf die beiderseitigen Verpflichtungen der Tarifvertragsparteien, so daß eine Haftung nur für die Erfüllung des schuldrechtlichen Teils des Tarifvertrages besteht.[44] Die Spitzenorganisation ist deshalb ebenso wie die Mitgliedsverbände an die Friedenspflicht gebunden bzw. unterliegt ebenso der Pflicht, die Tarifbestimmungen durchzuführen.[45]

355 Die Vorschrift des § 2 Abs. 4 bedarf in diesem Zusammenhang der *Restriktion*. Der Gewerkschaftsratsentwurf (oben Geschichte, Rnr. 29) hatte in § 1 Abs. 2 für den Fall des Abschlusses des Tarifvertrages durch einen bevollmächtigten Spitzenverband die Haftung dieses Spitzenverbandes vorgeschlagen. Es wäre in der Tat untragbar, den Spitzenverband in dieser Konstellation von den Tariferfüllungspflichten (Friedenspflicht, Durchführungspflicht) freizustellen. Aber es sollen nur die Verbände haften, in deren Namen der Spitzenverband gehandelt hat und der Spitzenverband selbst. Der Lemgoer Entwurf (oben Geschichte, Rnr. 21), der von der eigenen Tariffähigkeit der Spitzenorganisationen ausging, wollte in § 3 Abs. 2 neben dem Spitzenverband die vom Tarifvertrag betroffenen angeschlossenen Mitgliedsverbände haften lassen. Aus diesen beiden vernünftigen Regeln ist in der jetzigen Zusammenfassung des § 2 Abs. 4 des Gesetzes eine bedenkliche Vorschrift geworden. In den Fällen der Absätze 2 und 3 haften nach dem Wortlaut des Gesetzes sowohl die Spitzenorganisationen wie *alle* angeschlossenen Verbände für die Erfüllung der gegenseitigen Verpflichtungen der Tarifvertragsparteien. Die Bestimmung geht zu weit und ist in dieser Form innerlich nicht gerechtfertigt. § 2 Abs. 4 ist nur sinnvoll, wenn die Spitzenorganisation im Namen sämtlicher ihr angeschlossenen Verbände oder im eigenen Namen für alle betroffenen Mitgliedsverbände, das heißt, für ihren Gesamtbereich abschließt. Wenn ein Spitzenverband jedoch nur für einen Teil seiner Mitgliedsverbände tätig wird, beschränkt sich die Haftung auf die von der Regelung betroffenen Verbände.[46]

§ 3 Tarifgebundenheit

(1) **Tarifgebunden sind die Mitglieder der Tarifvertragsparteien und der Arbeitgeber, der selbst Partei des Tarifvertrages ist.**

(2) **Rechtsnormen des Tarifvertrages über betriebliche und betriebsverfassungsrechtliche Fragen gelten für alle Betriebe, deren Arbeitgeber tarifgebunden ist.**

(3) **Die Tarifgebundenheit bleibt bestehen, bis der Tarifvertrag endet.**

---

[44] Ebenso Löwisch/*Rieble*, § 2 TVG, Rnr. 78.
[45] Löwisch/*Rieble*, § 2 TVG, Rnr. 79
[46] Ebenso Hueck/*Nipperdey*, Arbeitsrecht II 1, § 20 IV 4, S. 441; *Maus*, § 2 TVG, Rnr. 87; *Nikisch*, Arbeitsrecht II, § 70 IV 3, S. 258; *Nipperdey/Säcker*, AR-Blattei, Tarifvertrag II A, 1970, I 2 b; *Sbresny-Uebach*, AR-Blattei, Tarifvertrag II A, 1987 I 2 b; *Schaub*, Arbeitsrechts-Handbuch, § 199 I 5 b, S. 1665. Vgl. die Auslegung einer besonderen Satzungsklausel in BAG 11. 6. 1975 AP Nr. 29 zu § 2 TVG (*Wiedemann*).

Einleitung 1 § 3

Gesamtübersicht zu § 3

	Rnr.
Einleitung	1–5
1. Abschnitt. Die Tarifgebundenheit	
A. Der Begriff der Tarifgebundenheit	6–17
B. Der Umfang der Tarifgebundenheit	18–27
2. Abschnitt. Beginn und Ende der Tarifgebundenheit	
A. Der Beginn der Tarifgebundenheit	28–40
B. Die Beendigung der Tarifgebundenheit	41–82
3. Abschnitt. Die (unmittelbar) tarifunterworfenen Personen	
A. Der Arbeitgeber als Tarifvertragspartei	83
B. Die Mitglieder der Tarifvertragsparteien	84–111
C. Mitglieder der Spitzenorganisationen angehörenden Verbände	112, 113
D. Gemeinsame Einrichtungen der Tarifvertragsparteien	114–126
E. Die alleinige Tarifgebundenheit des Arbeitgebers	127–144
F. Tarifgebundenheit durch Allgemeinverbindlicherklärung	145
G. Tarifgebundenheit des Rechtsnachfolgers und Betriebsübergang	146–203
4. Abschnitt. Die (mittelbar) tarifbetroffenen Personen	
A. Bezugnahme auf Tarifvertrag im Einzelarbeitsvertrag	204–288
B. Bezugnahme durch betriebliche Einheitsregelung	265–275
C. Bezugnahme und Betriebsübergang	276–279
D. Andere Rechtsgrundlagen	280–288

Schrifttum: Siehe neben den Gesamtdarstellungen des Tarifrechts die Einzelnachweise zum Beginn der jeweiligen Abschnitte. Das Schrifttum vor 1933 ist zusammengestellt bei *Hueck/Nipperdey*, Arbeitsrecht II, 3./5. Aufl., § 17, S. 210 ff.

Einleitung

1. Entstehungsgeschichte

Im Unterschied zu § 3 benutzte die Tarifvertrags-Verordnung von 1918 den Begriff der „Tarifbeteiligung".[1] Im Schrifttum und in der Rechtsprechung wurden damals die Ausdrücke „Tarifangehörigkeit" und „Tarifunterworfenheit" synonym verwendet. Auch § 4 Abs. 1 des Lemgoer Entwurfes[2] sprach noch von „tarifunterworfenen Arbeitsverhältnissen". Erst in der Begründung zum Entwurf eines Tarifvertragsgesetzes des Gewerkschaftsrats der Vereinten Zonen (oben Geschichte, Rnr. 29) vom April 1948 wurde die Auffassung der Gewerkschaft deutlich, besser von Tarifgebundenheit als von Tarifunterworfenheit zu sprechen. Der im Juni 1948 seitens der Arbeitsgemeinschaft der Arbeitgeber in der britischen Zone vorgelegte Entwurf schloß sich in § 4 Abs. 1 dieser Formulierung an (oben Geschichte, Rnr. 24).

1

---

[1] So § 1 Abs. 1 und 2 TVVO; oben Geschichte, Rnr. 8.
[2] Siehe oben Geschichte, Rnr. 22; ebenso § 3 Abs. 2 des Stuttgarter Entwurfs (oben Geschichte, Rnr. 27).

2 Die Regelungen in § 3 Abs. 1 und Abs. 3 waren inhaltlich in allen Entwürfen zum Tarifvertragsgesetz enthalten.[3] Anders stellt sich die Entwicklung der Bestimmung des Abs. 2 dar, die der Lemgoer Entwurf nicht vorsah. Insoweit findet sich erstmals im Entwurf des Arbeitsrechtsausschusses des Länderrats vom Juli 1948 (StE) in § 3 Abs. 5 folgende Regelung: „Betriebsverfassungen unterliegen den Tarifnormen, wenn der Arbeitgeber tarifunterworfen ist. Abs. 2 und 4 gelten entsprechend für das Verhältnis zwischen Tarifvertrag und Betriebsverfassung". Dazu bemerkte die Begründung des vom Gewerkschaftsrat aufgestellten Entwurfs:

„Nach Ansicht der Gewerkschaften bedarf es einer Bestimmung über die Wirkung der Tarifnormen auf Betriebsvereinbarungen, wie sie § 4 III LE, § 3 V StE vorsehen, nicht. Es bestehen hier auch sachliche Bedenken insbesondere gegen § 3 V StE. Die Gewerkschaften haben kein Interesse, ohne weiteres eine tariflich festgelegte Betriebsverfassung für Unorganisierte gelten zu lassen. In geeigneten Fällen hilft hier die Allgemeinverbindlichkeitserklärung. Es ist auch nicht einzusehen, warum nur auf die Tarifgebundenheit des Arbeitgebers abgestellt wird. Es könnte z.B. sein, daß der Arbeitgeber nicht tarifgebunden ist, wohl aber eine große Anzahl Arbeitnehmer des Betriebes tarifgebunden sind. Außerdem dürfte § 3 V StE dem Artikel X Abs. 3 des Kontrollratsgesetzes Nr. 35 (Schlichtungsgesetz) widersprechen. Daß der Tarifvertrag der Betriebsvereinbarung vorgeht, ergibt sich im übrigen schon aus richtiger Auslegung des Betriebsrätegesetzes."

Trotz des gewerkschaftlichen Widerspruchs wurde in der Sitzung des Ausschusses für Arbeit am 13. 10. 1948 in Frankfurt auf Vorschlag von *Herschel* folgender Zusatz in den Entwurf aufgenommen:

„Tarifnormen über betriebliche und betriebsverfassungsrechtliche Fragen gelten für alle Betriebe, deren Arbeitgeber tarifgebunden ist."[4]

Herschel begründete diese Regelung später wie folgt: „Nachdem in § 1 Abs. 1 TVG der Kreis des möglichen Inhalts der Tarifvertragsnormen eine Ausdehnung über das Konventionelle hinaus erfahren hatte, konnte das Gesetz nicht bei einer einheitlichen Wirkung der Tarifbindung stehenbleiben. Es mußte also nach den einzelnen Inhaltsgruppen der Tarifvertragsnormen differenziert werden, und zwar hauptsächlich aus der Erkenntnis heraus, daß betriebliche und betriebsverfassungsrechtliche Fragen regelmäßig nur einheitlich für alle betroffenen Arbeitnehmer und daher nur ohne Berücksichtigung der Organisationszugehörigkeit der Arbeitnehmer geregelt werden können."[5]

2. Ausländische Rechtsordnungen

3 Mit der in § 3 normierten Konzeption, für die Bindung an die tarifvertraglich gesetzten Rechtsnormen grundsätzlich die *beiderseitige* Mitgliedschaft in den Tarifvertragsparteien zu verlangen, hat das deutsche Tarifvertragsrecht

---

[3] Speziell zu § 3 Abs. 3 siehe auch unten Rnr. 45.
[4] Siehe Geschichte, Rnr. 39; übernommen als § 3 Abs. 2 des von der Redaktionskommission vorgelegten Entwurfs, oben Geschichte, Rnr. 40.
[5] *Herschel*, ZfA 1973, S. 183, 191; vgl. außerdem die Darstellung bei *Dieterich*, Betriebliche Normen, 1964, S. 28 ff.

einen Ansatz gewählt, der zwar in dem schweizerischen Tarifrecht (Art. 357 Abs. 1 OR)[6] ein Vorbild findet, der bislang aber nur vereinzelt in anderen Tarifrechtsordnungen aufgegriffen wurde. Eine exakte Übernahme ist allerdings in den jungen arbeitsrechtlichen Kodifikationen in Kroatien,[7] Portugal[8] und Südafrika[9] sowie schon früher in Schweden[10] anzutreffen. Im Ergebnis existiert darüber hinaus in Italien eine mit dem deutschen Tarifrecht vergleichbare Rechtslage. Sie ist aber nicht das Ergebnis einer konzeptionellen Entscheidung des Gesetzgebers, sondern beruht auf richterrechtlicher Lückenschließung, die wegen fehlender gesetzlicher Regelungen die normative Wirkung des Tarifvertrages mit den beiderseits bestehenden mitgliedschaftlichen Bindungen verknüpfen muß.[11]

Eine wesentlich größere Verbreitung hat in Europa eine Konzeption gefunden, die die einseitige Mitgliedschaft auf Arbeitgeberseite ausreichen läßt und damit die normative Wirkung des Tarifvertrages auf alle vom Geltungsbereich des Tarifvertrages erfaßten Arbeitnehmer unabhängig von ihrer Organisationszugehörigkeit erstreckt. Dieser konzeptionelle Ansatz beherrscht – ungeachtet kleinerer Unterschiede im Detail – die Tarifrechtsordnungen in folgenden Staaten: Belgien,[12] Dänemark,[13] Frankreich,[14] Luxemburg,[15] Niederlande,[16] Österreich,[17] Polen,[18] Rußland,[19] Spanien,[20] Slowakei und Tschechien[21].

Ein anderes Modell hat sich in denjenigen Arbeitsrechtsordnungen herausgebildet, die eine tarifvertragliche Strukturierung der Arbeitsbedingungen vor allem durch Firmentarifverträge kennen. In ihrem Mittelpunkt steht die „bargaining unit" und die Geltung des Tarifvertrages für alle der „Verhandlungseinheit" zuzurechnenden Arbeitsverhältnisse, wenn für den Tarifvertrag ein Mindestmaß an Repräsentativität innerhalb des Unternehmens sichergestellt ist. Das Leitmodell für diese Konzeption bildet das Ta-

---

[6] *Heither,* Das kollektive Arbeitsrecht der Schweiz, 1964, S. 103.
[7] Art. 189 Arbeitsgesetz.
[8] Art. 8 Decreto-Lei Nr. 519-C/79; hierzu *Pinto,* ZIAS 1989, S. 1, 33.
[9] Art. 23 Labour Relation Act Nr. 66/1995; siehe *Lunk,* NZA 1996, S. 1311, 1312.
[10] § 46 Abs. 1 MitbestG.
[11] *Gamillscheg,* Kollektives Arbeitsrecht I, § 17 I 2 a, S. 716 f.; *Kronke,* Regulierungen auf dem Arbeitsmarkt, 1990, S. 317 f.; siehe auch *Schröder,* Tarifbindung und Koalitionsfreiheit, Diss. Göttingen 1968, S. 118 ff.
[12] *Kronke,* Regulierungen auf dem Arbeitsmarkt, 1990, S. 308; *Verly,* in: Bispinck/Lecher (Hrsg.), Tarifpolitik und Tarifsysteme in Europa, 1993, S. 21, 32.
[13] *Kronke,* Regulierungen auf dem Arbeitsmarkt, 1990, S. 311; *Meinertz,* in: Bispinck/Lecher (Hrsg.), Tarifpolitik und Tarifsysteme in Europa, 1993, S. 80, 92.
[14] Art. L 135–2 Code du travail; hierzu *Krieger,* Das französische Tarifrecht, 1991, S. 163 f.
[15] *Schintgen,* in: Bispinck/Lecher (Hrsg.), Tarifpolitik und Tarifsysteme in Europa, 1993, S. 233, 250.
[16] *Kronke,* Regulierungen auf dem Arbeitsmarkt, 1990, S. 326.
[17] § 12 ArbVG.
[18] Art. 239 Arbeitsgesetzbuch; siehe *Szurgacz,* ZIAS 1995, S. 183, 195.
[19] Art. 22 Abs. 3 KollV.
[20] Art. 82 Abs. 3 Arbeitnehmerstatut; siehe *Zachert,* ZIAS 1992, S. 1, 16.
[21] § 5 Abs. 2 des für beide Staaten gemeinsam geltenden Gesetzes über Tarifverhandlungen; hierzu *Hromadka/Jung-Vonnahme,* RdA 1992, S. 194.

rifrecht der USA,[22] das hinsichtlich seiner Grundstruktur in Australien,[23] Kanada,[24] Japan[25] und auf den Philippinen[26] übernommen wurde.

1. Abschnitt. Die Tarifgebundenheit

Übersicht

	Rnr.
A. Der Begriff der Tarifgebundenheit	6–17
I. Tarifgebundenheit der Normadressaten	6–9
II. Tarifgebundenheit und Mitgliedschaft	10–13
III. Tarifgebundenheit beim Firmentarifvertrag	14–16
IV. Tarifgebundenheit der Gemeinsamen Einrichtung	17
B. Der Umfang der Tarifgebundenheit	18–27
I. Gesetzliche Festlegung	18–23
1. Grundsatz	18, 19
2. Keine Tarifdispositivität	20–22
3. Satzungsautonomie	23
II. Begrenzung auf Verbandsmitglieder	24–27

Schrifttum: *Theo Mayer-Maly,* Die Kollektivvertragsangehörigkeit, DRdA 1953, S. 19–24; *Hans Carl Nipperdey/Franz Jürgen Säcker,* Die Tarifgebundenheit, AR-Blattei, Tarifvertrag III, 1972; *Wilfried Schlüter,* Tarifmacht gegenüber Außenseitern, in: Festschrift für Rudolf Lukes (1989), S. 559–573; *Thomas Wagenitz,* Die personellen Grenzen der Tarifmacht, 1972; *Herbert Wiedemann,* Die deutschen Gewerkschaften – Mitgliederverband oder Berufsorgan?, RdA 1969, S. 321–336; *Wolfgang Zöllner,* Tarifmacht und Außenseiter, RdA 1962, S. 453–459; *ders.,* Das Wesen der Tarifnormen, RdA 1964, S. 443–450.

A. Der Begriff der Tarifgebundenheit

I. Tarifgebundenheit der Normadressaten

6 § 3 legt den Umfang der Tarifgebundenheit fest, erwähnt allerdings nicht die Gemeinsamen Einrichtungen; deshalb ist für sie in § 4 Abs. 2 eine eigenständige Regelung getroffen worden. Die Bestimmung sagt nur mittelbar etwas über den Begriffsinhalt aus. Die Bedeutung variiert je nachdem, wer mit der Tarifgebundenheit angesprochen werden soll.

7 Hinsichtlich der Normadressaten bestimmt die Tarifgebundenheit den Personenkreis, für den die Tarifvertragsparteien mit gesetzesgleicher Wir-

---

[22] Unverändert grundlegend *Biedenkopf,* Unternehmer und Gewerkschaften im Recht der Vereinigten Staaten von Amerika, 1961, S. 124 ff.

[23] *Creighton/Ford/Mitchell,* Labour Law, 1983, S. 318 f.; *Mayer,* in: Festschrift für Albert Gnade (1992), S. 809, 820.

[24] *Mayer,* ZIAS 1990, S. 328, 333.

[25] *Nishimura,* in: Tomandl (Hrsg.), Arbeitsrecht und Arbeitsbeziehungen in Japan, 1991, S. 117, 121.

[26] *Geffken,* ZIAS 1996, S. 296, 302; *ders.,* RIW 1997, S. 115, 117; *Schregle,* DRdA 1991, S. 168, 171, 175.

kung Regelungen treffen können.²⁷ Die Tarifgebundenheit ist also eine subjektive Voraussetzung für die Wirkung eines Tarifvertrages. Sie beschränkt die Regelungskompetenz der Tarifvertragsparteien auf einen bestimmten Personenkreis, der in § 3 umschrieben wird. Dieser Personenkreis kann allerdings durch Allgemeinverbindlicherklärung des Tarifvertrages (§ 5) erweitert werden.

Tarifgebundenheit und **persönlicher Geltungsbereich** eines bestimmten Tarifvertrages sind präzise zu unterscheiden. Die Tarifgebundenheit bezeichnet den Personenkreis, der von einem Tarifvertrag äußerstenfalls betroffen werden kann, der persönliche Geltungsbereich hingegen die tatsächlich von einem bestimmten Tarifvertrag erfaßten Rechtsverhältnisse.²⁸ Es ist rechtlich unbedenklich und üblich, daß die Tarifvertragsparteien die Direktwirkung einzelner Teile oder auch des ganzen Tarifvertrages auf bestimmte Arbeitnehmergruppen beschränken (siehe oben § 1, Rnr. 216 f. sowie unten § 4, Rnr. 218 ff.). 8

Dagegen ist der Umfang der Tarifgebundenheit **abschließend und zwingend**²⁹ gesetzlich geregelt und steht weder durch Satzung noch durch Tarifvertrag zur Disposition der Tarifvertragsparteien. Die Regelung in § 3 Abs. 1 bringt nicht nur zum Ausdruck, daß allein die Mitglieder der Tarifvertragsparteien tarifgebunden sein sollen, sondern legt zudem fest, daß die Tarifgebundenheit bei Erfüllung der mitgliedschaftlichen Voraussetzungen stets zu bejahen ist. Weitere Bedingungen für die Tarifgebundenheit können deshalb insbesondere nicht in den Satzungen der Tarifvertragsparteien festgelegt werden. Hiergegen spricht sowohl der Wortlaut von § 3 Abs. 1 als auch der Zweck der Vorschrift, da sie festlegen soll, wer äußerstenfalls von den Normen eines Tarifvertrages erfaßt wird. Umgekehrt kann per Satzungsbestimmung der Automatismus von Mitgliedschaft und Tarifgebundenheit nicht aufgelöst werden. Eine **Mitgliedschaft ohne Tarifbindung** ist mit der zwingenden Wirkung von § 3 Abs. 1 nur vereinbar, wenn die entsprechenden Satzungsbestimmungen, die diese Art der Mitgliedschaft eröffnen, die Mitgliedschaft so ausgestalten, daß die entsprechenden Personen keine „Mitglieder" im Sinne von § 3 Abs. 1 sind (näher unten Rnr. 102). Wollen die Tarifvertragsparteien den Geltungsbereich des Tarifvertrages in personeller Hinsicht stärker eingrenzen bzw. die Tarifbindung für einzelne Mitglieder ausschließen, dann müssen sie ansonsten den persönlichen Geltungsbereich der Tarifverträge abweichend von § 3 Abs. 1 festlegen. Möglich ist auch, daß eine Tarifvertragspartei ihre Tarifzuständigkeit entsprechend einengt (siehe oben § 2, Rnr. 65). 9

---

²⁷ Staudinger/*Richardi*, 12. Aufl. 1989, Vorbem. zu §§ 611 ff. BGB, Rnr. 942.
²⁸ Siehe *Gamillscheg*, Kollektives Arbeitsrecht I, § 17 I 1 a, S. 711; *Kaskel/Dersch*, Arbeitsrecht, § 14 II 1, S. 61 f.; *Koberski/Clasen/Menzel*, § 3 TVG, Rnr. 12; *Maus*, § 3 TVG, Rnr. 6; *Nikisch*, Arbeitsrecht II, § 71 I 3, S. 263; *Schaub*, Arbeitsrechts-Handbuch, § 206 I 1, S. 1722; Staudinger/*Richardi*, 12. Aufl. 1989, Vorbem. zu §§ 611 ff. BGB, Rnr. 942.
²⁹ Ebenso zugunsten eines zwingenden Charakters der Vorschrift Hueck/*Nipperdey*, Arbeitsrecht II 1, § 23 B VIII, S. 495; *Kempen*/Zachert, § 3 TVG, Rnr. 6; *Maus*, § 3 TVG, Rnr. 16.

II. Tarifgebundenheit und Mitgliedschaft

10   Die Mitglieder der den Tarifvertrag abschließenden Vereinigungen können die zuständigen Verbandsorgane ausnahmsweise bevollmächtigen, zusätzlich neben dem Verband alle Mitglieder zur **Erfüllung des Tarifvertrages** zu verpflichten, und zwar entweder in der Form einer Mitgliedspflicht, also intern gegenüber dem Verband, oder als unmittelbare Außenverpflichtung gegenüber der anderen Tarifvertragspartei. *Nipperdey*[30] stellt im Anschluß an *Sinzheimer*[31] fest, daß die Verpflichtung der Mitglieder in ihrer Gesamtheit nur denkbar und sinnvoll sei, wenn sich das einzelne Mitglied gegenüber der Gesamtheit gegenüber verpflichte. Die im Tarifvertrag übernommene Pflicht der Tarifpartei, Frieden zu halten, den Tarifvertrag durchzuführen und die besonderen tariflich vorgesehenen Mitgliederpflichten durchzusetzen, erfordere eine entsprechende körperschaftliche Verpflichtung der Mitglieder; daher begründeten alle Pflichten der Tarifparteien im obligatorischen Teil, die nur unter Mitwirkung der Mitglieder (Handlungen oder Unterlassungen) erfüllt werden können, zugleich eine körperschaftliche Mitgliederpflicht.[32]

11   Dem ist in dieser Allgemeinheit nicht zu folgen, da sich ein Verband auch dann sinnvoll verpflichten kann, wenn die Mitglieder keine entsprechende interne Einstandspflicht trifft. Allerdings besteht für die Mitglieder der den Tarifvertrag abschließenden Verbände eine **interne Loyalitätspflicht**, sich mit der Tätigkeit ihres Verbandes nicht in Widerspruch zu setzen und darüber hinaus positiv dazu beizutragen, daß der Verband seinen Verpflichtungen nachkommt.[33] Diese Verpflichtung folgt aus dem Charakter der Mitgliedschaft. Im übrigen entscheidet über die konkrete Ausformung der Förderpflichten die Satzung[34] oder ein besonderer Beschluß der Mitgliederversammlung. Soweit sich im Wege der Auslegung der Satzung keine Verpflichtung der Mitglieder ergibt, ist eine Ermächtigung zur Begründung körperschaftlicher Mitgliedspflichten nur in dem durch die Satzung vorgesehenen Rahmen möglich.

12   Die auf die Erfüllung des Tarifvertrages bezogenen körperschaftlichen **Mitgliedspflichten beginnen** mit dem Abschluß des Tarifvertrages, für später eintretende Mitglieder mit dem Erwerb der Mitgliedschaft. Sie gelten nicht für die nichtorganisierten Arbeitnehmer oder Arbeitgeber, die durch

---

[30] Hueck/*Nipperdey*, Arbeitsrecht II 1, § 23 C I, S. 497f.; ebenso *Nipperdey/Säcker*, AR-Blattei, Tarifvertrag III, 1972, C.
[31] Arbeitstarifgesetz, 1916, S. 140ff.; *ders.*, Grundzüge des Arbeitsrechts, 2. Aufl. 1927, S. 268.
[32] So auch *Kaskel/Dersch*, Arbeitsrecht, § 14 II 1, S. 62.
[33] Siehe allg. BGHZ 54, S. 222, 224; *Dütz*, in: Festschrift für Wilhelm Herschel (1982), S. 55, 62f.; *Lutter*, AcP Bd. 180 (1980), S. 84, 108ff.; MünchKomm/*Reuter*, 3. Aufl. 1993, § 38 BGB, Rnr. 25; *Säcker/Oetker*, AöR Bd. 112 (1987), S. 345, 357f., 364f.; *Wiedemann*, Gesellschaftsrecht I, 1980, § 8 II 3, S. 431ff.; *Zöllner*, Die Schranken mitgliedschaftlicher Stimmrechtsmacht bei den privatrechtlichen Personenverbänden, 1963, § 30, S. 335ff.
[34] Speziell zur hiesigen Problematik *Schmiegel*, Die Inhaltskontrolle von Koalitionssatzungen, 1995, S. 104.

§ 3 Abs. 2 oder durch Allgemeinverbindlicherklärung dem Tarifvertrag unterworfen werden, da diese Personen in keiner körperschaftlichen Rechtsbeziehung zur Tarifvertragspartei stehen.[35] Deshalb trifft den Verband in bezug auf sie auch keine Einwirkungsverpflichtung gegenüber der anderen Tarifvertragspartei.[36]

Für mitgliedschaftliche Verpflichtungen gilt § 3 Abs. 3 nicht.[37] Mit **Beendigung der Mitgliedschaft** enden – abgesehen von nur in engen Grenzen anzuerkennenden nachwirkenden Pflichten – ebenfalls die verbandsrechtlichen Förderpflichten; § 3 Abs. 2 fingiert lediglich die Tarifgebundenheit, nicht aber die Mitgliedschaft in der Tarifvertragspartei. Einmal begründete Mitgliedspflichten erlöschen jedoch nicht automatisch mit dem Austritt aus dem Verband, wenn sie während der Mitgliedschaft fällig geworden sind.[38]

III. Tarifgebundenheit beim Firmentarifvertrag

Eine etwas abweichende Bedeutung hat die Tarifgebundenheit für den Arbeitgeber, der einen Firmentarifvertrag abschließt: er ist Tarifvertragspartei und Partei der einzelnen Rechtsbeziehungen, insbesondere der Arbeitsverträge. Eine Tarifgebundenheit im Sinne von Normunterworfenheit kommt für ihn nur als Folgewirkung in Betracht; er unterliegt der Regelung **kraft Selbstbindung** und nicht kraft Fremdbestimmung. Die Qualität der Rechtswirkung des Tarifvertrages nach § 4 ändert sich dadurch allerdings nicht. Die – historisch aus § 1 Abs. 2 TVVO zu erklärende – Aufzählung des einzelnen Arbeitgebers in § 3 Abs. 1 wird durch § 4 vervollständigt: die besonderen Wirkungen eines Tarifvertrages sollen auch für den Firmentarifvertrag gelten. Der Charakter der Fremdbestimmung tritt erst hervor, wenn ein Unternehmensnachfolger, der das Unternehmen weiterführt und deshalb an den Firmentarif gebunden ist (näher unten Rnr. 152 ff.) den Tarifvertrag erfüllen muß.

Wortlaut und Sinn von § 3 Abs. 1 decken auch die seltenen Fälle ab, in denen auf Arbeitgeberseite **mehrere Arbeitgeber** für ihre Betriebe mit einer Gewerkschaft einen Tarifvertrag abschließen (mehrgliedriger Firmentarifvertrag)[39] oder ein Arbeitgeber einem Verbandstarif als selbständige Vertragspartei von Anfang an oder später beitritt (sog. Anerkennungstarifvertrag). Das ist nur in der Form des schriftlichen Tarifabschlusses mit der Gewerkschaft möglich, wobei bei späterem Beitritt mit der Gewerkschaft und der Arbeitgebervereinigung zu vereinbaren ist, daß der hinzugetretene Arbeitgeber auf der Arbeitgeberseite gleichfalls Tarifpartei sein soll. Arbeitnehmer können niemals Partei eines Tarifvertrages sein.

Art. 56 Abs. 8 des Zusatzabkommens zum **NATO-Truppenstatut** erweitert § 2 dahingehend, daß die Bundesrepublik Deutschland für die bei

---

[35] Hueck/*Nipperdey*, Arbeitsrecht II 1, § 23 C II, S. 498.
[36] Hueck/*Nipperdey*, Arbeitsrecht II 1, § 23 C IV, S. 498.
[37] Hueck/*Nipperdey*, Arbeitsrecht II 1, § 23 C IV, S. 498; sowie unten Rnr. 61.
[38] Nicht zutreffend insoweit Hueck/*Nipperdey*, Arbeitsrecht II 1, § 23 C IV, S. 498.
[39] Siehe BAG 24. 11. 1993 AP Nr. 39 zu § 1 TVG Tarifverträge: Einzelhandel; BAG 10. 11. 1993 AP Nr. 43 zu § 1 TVG Tarifverträge: Einzelhandel.

den Streitkräften beschäftigten Arbeitnehmer die Tariffähigkeit und die Tarifzuständigkeit erhielt, obwohl sie nicht deren Arbeitgeber ist (siehe auch oben § 2, Rnr. 100). Das Bundesarbeitsgericht hat darüber hinaus auf den hiernach abgeschlossenen Tarifvertrag alle Vorschriften des deutschen Tarifvertragsrechts angewandt, namentlich die Regelung für die Tarifgebundenheit in § 3.[40]

IV. Tarifgebundenheit der Gemeinsamen Einrichtung

17 Einen abermals abweichenden Inhalt weist die Tarifgebundenheit der Gemeinsamen Einrichtung auf, die in § 4 Abs. 2 erwähnt wird. Sie tritt ohne Legitimation durch Mitgliedschaft oder Vertragsbeteiligung ein und wirkt außerdem nur mittelbar für die Gemeinsame Einrichtung (dazu oben § 1, Rnr. 634). Dazu kommt, daß die Tarifvertragsparteien bei Gemeinsamen Einrichtungen nicht nur ein Gestaltungsrecht besitzen, sie trifft vielmehr auch die Pflicht zu einer bestimmten Regelung im Tarifvertrag (dazu unten Rnr. 119 ff.).

B. Der Umfang der Tarifgebundenheit

I. Gesetzliche Festlegung

1. Grundsatz

18 Im Gegensatz zur Tarifzuständigkeit (hierzu oben § 2, Rnr. 43 ff.) ist die Tarifgebundenheit ähnlich wie die Tariffähigkeit vom Gesetzgeber **abschließend geregelt** worden. Die Tarifgebundenheit ist eine notwendige und zwingende Rechtsfolge der Mitgliedschaft in der Tarifvertragspartei, sofern die Mitgliedschaft einen dem Zweck des § 3 Abs. 1 entsprechenden Einfluß auf die tarifpolitische Willensbildung des Verbandes vermittelt (zur Problematik der „OT-Mitgliedschaft" unten Rnr. 102).

19 **Rechtsnachfolger** von tarifgebundenen Personen, die nicht gleichzeitig Mitglied in der entsprechenden Tarifvertragspartei sind oder werden, können im Tarifvertrag nicht für tarifgebunden erklärt werden.[41] Das ist neben dem Erbfall insbesondere dann bedeutsam, wenn es infolge einer Verschmelzung oder einer Aufspaltung zum Untergang des Rechtsträgers kommt (§§ 20 Abs. 1 Nr. 2, 131 Abs. 1 Nr. 2 UmwG) oder Teile eines Unternehmens im Wege der Spaltung aufgrund einer partiellen Universalsukzession (§ 131 Abs. 1 Nr. 1 UmwG) auf einen anderen Rechtsträger übergehen. Geht ein Unternehmen auf einen nicht oder anders organisierten Rechtsnachfolger über, so endet die Tarifgebundenheit des bisherigen Mitglieds, ohne daß die Tarifgebundenheit des Erwerbers eintritt, solange dieser nicht Mitglied der

---

[40] BAG 20. 12. 1957 AP Nr. 11 zu Art. 44 Truppenvertrag *(Beitzke);* BAG 27. 11. 1958 AP Nr. 26 zu Art. 44 Truppenvertrag.
[41] *Nipperdey/Säcker,* AR-Blattei, Tarifvertrag III, 1972, G.

Arbeitgebervereinigung wird.[42] Nicht die Betriebsinhaberschaft, sondern die Verbandszugehörigkeit ist beim Verbandstarifvertrag entscheidend.[43] Anders ist die Rechtslage bei einer formwechselnden Umwandlung, da sie die rechtliche Identität des Rechtsträgers nicht berührt (siehe unten, Rnr. 147). Zur Frage, ob die Rechtsnormen des Tarifvertrages entsprechend § 4 Abs. 5 nachwirken, wenn der Erwerber nicht seinerseits tarifgebunden ist, siehe unten Rnr. 156 ff.

2. Keine Tarifdispositivität

§ 3 TVG enthält **kein tarifdispositives** Recht.[44] Die Tarifvertragsparteien können die **Tarifgebundenheit** nicht durch Tarifvertrag auf nicht oder anders organisierte Arbeitnehmer **ausdehnen**.[45] Die Befugnis zum Erlaß von Normen mit unabdingbarer, d. h. gesetzesgleicher Wirkung bedarf rechtsstaatlicher Ermächtigung und kann von den Empfängern der Delegation nicht erweitert werden. Nicht oder anders organisierte Arbeitnehmer können dem Tarifvertrag deshalb mit normativer Wirkung nur aufgrund einer entsprechenden gesetzlichen Regelung unterstellt werden.[46] Eine dahingehende Bestimmung ist, soweit sie nicht von § 3 Abs. 2 erfaßt wird, in eine schuldrechtliche Abrede umzudeuten, die zumindest dann Rechtswirksamkeit besitzt, wenn sie Ansprüche zugunsten der Arbeitnehmer (Außenseiter) begründet.[47]

Aus der fehlenden Tarifdispositivität von § 3 folgt, daß die Tarifvertragsparteien **Beginn** und **Beendigung** der Tarifgebundenheit weder vorverlegen noch hinausschieben können.[48] Zur **Rückwirkung** eines Tarifvertrages unten Rnr. 36 ff.

Da der **Kreis der tarifgebundenen Personen** vom Gesetz bestimmt wird, können die Tarifvertragsparteien die Tarifgebundenheit nicht mittels Tarifvertrag **einschränken**.[49] Die Tarifvertragsparteien können aber den be-

---

[42] Siehe BAG 10. 11. 1993 AP Nr. 13 zu § 3 TVG Verbandszugehörigkeit; Hueck/ *Nipperdey*, Arbeitsrecht II 1, § 23 B VIII 1 b, S. 495; näher hierzu unten Rnr. 164 ff., 174.
[43] RAG ARS 9, S. 458, 461; Hueck/*Nipperdey*, Arbeitsrecht II 1, § 23 B VIII 1 b, S. 495; *Nipperdey/Säcker*, AR-Blattei, Tarifvertrag III, 1972, G.
[44] Ebenso Hueck/*Nipperdey*, Arbeitsrecht II 1, § 23 B VIII 1, S. 495; *Kempen/ Zachert*, § 3 TVG, Rnr. 6; *Maus*, § 3 TVG, Rnr. 16.
[45] Für die allgemeine Ansicht *Däubler*, Tarifvertragsrecht, Rnr. 291; *Dörner*, HzA, Gruppe 18/1, Rnr. 182; *Gamillscheg*, Kollektives Arbeitsrecht I, § 17 I 3, S. 721; Hueck/*Nipperdey*, Arbeitsrecht II 1, § 23 B VIII 1 a, S. 495; *Kaskel/Dersch*, Arbeitsrecht, § 14 II 1, S. 62; *Kempen/Zachert*, § 3 TVG, Rnr. 5; *Maus*, § 3 TVG, Rnr. 11; *Nikisch*, Arbeitsrecht II, § 71 I 3, S. 262; *Nipperdey/Säcker*, AR-Blattei, Tarifvertrag III, 1972, A, G; Staudinger/*Richardi*, 12. Aufl. 1989, Vorbem. zu §§ 611 ff. BGB, Rnr. 942.
[46] Siehe BAG (GS) 29. 11. 1967 AP Nr. 13 zu Art. 9 GG = SAE 1969, S. 246 (*Wiedemann*).
[47] BAG (GS) 29. 11. 1967 AP Nr. 13 zu Art. 9 GG = SAE 1969, S. 246 (*Wiedemann*); sowie oben Einleitung, Rnr. 249 ff., § 1, Rnr. 662, 663.
[48] BAG 20. 12. 1988 AP Nr. 9 zu § 87 BetrVG 1972 Auszahlung; Hueck/ *Nipperdey*, Arbeitsrecht II 1, § 23 B VIII 1 c und d, S. 496; *Koberski/Clasen/Menzel*, § 3 TVG, Rnr. 11 a.
[49] Hueck/*Nipperdey*, Arbeitsrecht II 1, § 23 B VIII 2, S. 496; *Maus*, § 3 TVG, Rnr. 16; *Nipperdey/Säcker*, AR-Blattei, Tarifvertrag III, 1972, G; Staudinger/*Richardi*, 12. Aufl. 1989, Vorbem. zu §§ 611 ff. BGB, Rnr. 942.

trieblichen, fachlichen oder persönlichen Geltungsbereich eines bestimmten Tarifvertrages begrenzen und damit praktisch die Tarifwirkung für bestimmte Arbeitsverhältnisse ausschalten (siehe unten § 4, Rnr. 93 ff.). Hierdurch können auch die Rechtswirkungen des Tarifvertrages auf bestimmte Arbeitgeber beschränkt werden. Das hat mit der – im übrigen bestehenbleibenden – Tarifgebundenheit nichts zu tun.[50] Die Unterscheidung zwischen potentieller und aktueller Tarifgebundenheit[51] ist eher verwirrend als hilfreich.[52] Die Tarifgebundenheit sagt stets nur darüber etwas aus, ob ein Arbeitgeber oder Arbeitnehmer der Regelungshoheit einer Tarifvertragspartei untersteht, sie legt jedoch (noch) nicht fest, ob ein bestimmter Tarifvertrag für ihn gilt.

3. Satzungsautonomie

23 Die abschließende und zwingende gesetzliche Festlegung der Tarifgebundenheit strahlt gleichfalls auf die **Satzungsautonomie der Verbände** aus. Ob die Mitglieder einer Tarifvertragspartei tarifgebunden sind, beurteilt sich allein und ausschließlich nach § 3 Abs. 1. Per Satzung können deshalb keine zusätzlichen Voraussetzungen für die Tarifgebundenheit festgelegt werden. Ebenso kann es eine **Mitgliedschaft ohne Tarifbindung** angesichts der in § 3 Abs. 1 getroffenen Regelung ohne besondere Ausgestaltung der innerverbandlichen Rechtsstellung nicht geben. Eine Satzungsbestimmung, die eine derartige Mitgliedschaft vorsieht, steht nur dann im Einklang mit § 3 Abs. 1, wenn die verbandsrechtliche Struktur so beschaffen ist, daß die betreffenden Verbandsmitglieder nicht als Mitglieder im Sinne von § 3 Abs. 1 zu bewerten sind (näher unten Rnr. 102).

II. Begrenzung auf Verbandsmitglieder

24 Die Beschränkung der Tarifgebundenheit auf die Mitglieder der vertragschließenden Parteien ist für das deutsche Recht charakteristisch.[53] Der Gesetzgeber glaubte, eine Bindung an die Tarifnormen grundsätzlich nur mit der Zugehörigkeit der Arbeitnehmer und Arbeitgeber zu den Verbänden, denen sie freiwillig beigetreten sind und die mit dem Abschluß des Tarifvertrages die Interessen ihrer Mitglieder wahrnehmen sollen, rechtfertigen zu können.[54] Hierfür mag der in der Weimarer Zeit vorherrschende Pluralismus verschiedener Richtungsgewerkschaften ursächlich gewesen sein, da der Staat durch das mitgliedschaftliche Modell die Neutralität gegenüber den verschiedenen Gewerkschaften wahrt.[55] Diese **personelle Begrenzung**

---

[50] Treffend *Maus*, § 3 TVG, Rnr. 18; *Nipperdey/Säcker*, AR-Blattei, Tarifvertrag III, 1972, A.
[51] So *Nikisch*, Arbeitsrecht II, § 71 IV 1, S. 269; zustimmend Staudinger/*Richardi*, 12. Aufl. 1989, Vorbem. zu §§ 611 ff. BGB, Rnr. 946.
[52] Kritisch auch *Gamillscheg*, Kollektives Arbeitsrecht I, § 17 I 1 b, S. 712.
[53] Zu anderen Tarifrechtsordnungen siehe oben Rnr. 3 ff.
[54] Siehe BVerfGE 44, S. 322, 348 = AP Nr. 15 zu § 5 TVG; Löwisch/*Rieble*, § 3 TVG, Rnr. 1; *Nikisch*, Arbeitsrecht II, § 71 I 2, S. 261; *Zöllner/Loritz*, Arbeitsrecht, § 37 I 1, S. 411; ähnlich *Bötticher*, Gestaltungsrecht und Unterwerfung, 1964, S. 22.
[55] Siehe *Gamillscheg*, Kollektives Arbeitsrecht I, § 17 I 2 a, S. 715.

1. Abschnitt. Die Tarifgebundenheit   25 § 3

der **Tarifmacht** ist zwar in Deutschland historisch gewachsen,[56] ob die Beschränkung der Tarifwirkung auf die Verbandsmitglieder aber sachlich angebracht oder rechtsstaatlich notwendig ist, ist zweifelhaft und keineswegs in allen ausländischen Rechtsordnungen anzutreffen (siehe oben Rnr. 4). Insbesondere der Blick auf diejenigen Rechtsordnungen, die sowohl die negative Koalitionsfreiheit als Grundrecht anerkennen als auch eine dem Demokratieprinzip gehorchende Staatsverfassung aufweisen, gleichwohl aber die Tarifgebundenheit des Arbeitgebers für die Tarifwirkungen ausreichen lassen, läßt die Vehemenz, mit der die deutsche Konzeption im Schrifttum als verfassungsrechtlich zwingend vorgegeben verteidigt wird, als fragwürdig erscheinen. Ungeachtet dieses Vorbehalts bedarf es, sofern der Tarifvertrag seine Normwirkung auch für diejenigen Arbeitnehmer entfalten soll, die keine Mitglieder der den Tarifvertrag abschließenden Gewerkschaft sind, jedoch stets einer *gesetzlichen* Geltungserstreckung,[57] da die Tarifgebundenheit nicht zur Disposition des Tarifvertragsparteien steht. Sie ist ihrerseits jedoch nicht in das Ermessen des Gesetzgebers gestellt,[58] sondern muß sich innerhalb des durch die grundgesetzliche Ordnung gesetzten Koordinatensystems bewegen.

Ob der Gesetzgeber entsprechend dem Regelungsvorbild in § 3 Abs. 2 die **25** normative Wirkung generell, also ebenfalls für Abschluß-, Inhalts- und Beendigungsnormen bereits eingreifen lassen könnte, wenn der Arbeitgeber tarifgebunden ist,[59] setzt zunächst Klarheit über die Reichweite der **negativen Koalitionsfreiheit** voraus. Wird sie – was an sich nahe liegt – nicht nur auf den im Widerspruch zu Art. 9 Abs. 3 GG stehenden Zwang zum Beitritt zu einer Koalition beschränkt, sondern mit einer verbreiteten Ansicht im Schrifttum zusätzlich als Schutzschild vor tariflicher Normsetzung verstanden,[60] so bedarf es für die Erstreckung der Tarifwirkungen auf tarifliche Außenseiter einer besonderen Legitimation. Sie kann vor allem in der kollektiven Koalitionsfreiheit (Art. 9 Abs. 3 Satz 1 GG) gesehen werden. Selbst wenn die Aufgaben der Koalitionen restriktiv verstanden und auf die Wahrnehmung von Mitgliederinteressen begrenzt werden,[61] ist die Erstreckung

---

[56] So BVerfGE 44, S. 322, 347 f. = AP Nr. 15 zu § 5 TVG.
[57] BVerfGE 64, S. 208, 215 = AP Nr. 21 zu § 9 BergmannVersorgScheinG NRW.
[58] So aber *Gamillscheg*, Kollektives Arbeitsrecht I, § 17 I 1 c, S. 712; *ders.*, Die Grundrechte im Arbeitsrecht, 1989, S. 89.
[59] Ablehnend *Kempen/Zachert*, § 3 TVG, Rnr. 2; zu entsprechenden ausländischen Tarifrechtsordnungen oben Rnr. 4.
[60] So z.B. *Schlüter*, in: Festschrift für Rudolf Lukes (1989), S. 559, 561 f., 567 ff.; *Wagenitz*, Die personellen Grenzen der Tarifmacht, 1972, S. 44 f.; *Zöllner*, Die Rechtsnatur der Tarifnormen nach deutschem Recht, 1966, S. 22 f.; sowie jüngst *Ingelfinger*, Arbeitsplatzgestaltung durch Betriebsnormen, 1996, S. 169 ff.; *Schleusener*, Die Zulässigkeit qualitativer Besetzungsregelungen in Tarifverträgen, 1997, S. 74. Anders wohl das Bundesverfassungsgericht, das in dem Urteil vom 14. Juni 1983 betonte: „Allein dadurch, daß jemand den Vereinbarungen fremder Tarifvertragsparteien unterworfen ist, ist ein solcher spezifisch koalitionsrechtlicher Aspekt nicht betroffen"; siehe BVerfGE 64, S. 208, 213; ablehnend auch *Säcker*, Grundprobleme der kollektiven Koalitionsfreiheit, 1969, S. 36 f.
[61] So *Biedenkopf*, Tarifautonomie, S. 318 ff.; *Kraft*, ZfA 1973, S. 243, 248 f.; *Püttner*, BB 1987, S. 1122, 1125; *Reuter*, DZWir. 1995, S. 353, 360; *Richardi*, Kollektivgewalt, S. 246; *ders.*, DB 1990, S. 1613, 1617.

der Normwirkung auf Außenseiter zumindest dann verfassungsrechtlich nicht zu beanstanden, wenn sie für eine sinnvolle Ordnung der Arbeits- und Wirtschaftsbedingungen der Koalitionsmitglieder notwendig und verhältnismäßig ist.[62] Dies ist hauptsächlich für die verfassungsrechtliche Beurteilung von § 3 Abs. 2 von zentraler Bedeutung, da durch die Normen über betriebliche und betriebsverfassungsrechtliche Fragen gerade solche Sachverhalte tarifvertraglich geregelt werden sollen, bei denen eine differenzierte Behandlung von organisierten und unorganisierten Arbeitnehmern praktisch nicht möglich ist.[63]

26 Neben der durch die negative Koalitionsfreiheit gezogenen Schranke steht eine generelle Erstreckung der Normsetzungsmacht auf Außenseiter im Konflikt zu dem **Demokratieprinzip**.[64] Aus ihm leitet das Bundesverfassungsgericht ab, „daß der Staat seine Normsetzungsmacht nicht in beliebigem Umfang außerstaatlichen Stellen überlassen und den Bürger nicht schrankenlos der normsetzenden Gewalt autonomer Gremien ausliefern darf, die ihm gegenüber nicht demokratisch bzw. mitgliedschaftlich legitimiert sind".[65] Das Demokratieprinzip verbietet die Ausdehnung der Tarifgebundenheit auf Außenseiter aber nicht generell, sondern verlangt – wie das Bundesverfassungsgericht ausdrücklich hervorhebt – hierfür eine „zusätzliche Rechtfertigung".[66] Insoweit legitimiert Art. 9 Abs. 3 Satz 1 GG auch eine Einschränkung des Demokratieprinzips, wenn die Erstreckung der Normsetzungsmacht auf Außenseiter zur Herbeiführung einer sinnvollen Ordnung des Arbeitslebens[67] für die Koalitionsmitglieder notwendig und verhältnismäßig ist. Daher lassen sich aus dem Demokratieprinzip keine weitergehenden Schranken für eine Erstreckung der Normwirkung auf Außenseiter ableiten, als sie dem Gesetzgeber durch die negative Koalitionsfreiheit gezogen sind.

27 Die **Rechtswirklichkeit** hat die durch § 3 Abs. 1 gezogenen personellen Schranken der Tarifmacht überrollt: der Tarifvertrag ist auf Geltung für alle Arbeitnehmer angelegt.[68] Der Gesetzgeber hat das im Ansatz in § 3 Abs. 2 berücksichtigt und die Rechtswirkungen des Tarifvertrages dahingehend erweitert, daß Rechtsnormen des Tarifvertrages über betriebliche und betriebsverfassungsrechtliche Fragen für alle Betriebe gelten, deren Arbeitgeber tarifgebunden sind. Derartige Rechtsnormen gestalten auch die Arbeitsverhältnisse der in diesen Betrieben beschäftigten Arbeitnehmer, die der ver-

---

[62] Näher *Säcker/Oetker*, Tarifautonomie, S. 67 ff.; sowie *Scholz*, in: Festschrift für Gerhard Müller (1981), S. 509, 534 f.
[63] Siehe oben Rnr. 2 und *Hueck/Nipperdey*, Arbeitsrecht II 1, § 23 B II, S. 483 Anm. 20 a; sowie unten Rnr. 142.
[64] So mit Nachdruck zuletzt *Reuter*, DZWir. 1995, S. 353, 357.
[65] BVerfGE 44, S. 322, 348, unter Bezugnahme auf den Facharzt-Beschluß in BVerfGE 33, S. 125, 158; siehe auch *Nipperdey/Säcker*, AR-Blattei, Tarifvertrag III, 1972, A; *Zöllner/Loritz*, Arbeitsrecht, § 37 I 1, S. 411; wiederholt in BVerfGE 64, S. 203, 214 (hierzu kritisch *Herschel*, ZfA 1985, S. 21 ff.).
[66] BVerfGE 44, S. 322, 348 = AP Nr. 15 zu § 5 TVG; zutreffend hervorgehoben von *Schleusener*, Die Zulässigkeit qualitativer Besetzungsregelungen in Tarifverträgen, 1997, S. 87.
[67] BVerfGE 20, S. 312, 317 = AP Nr. 24 zu § 2 TVG.
[68] *Söllner*, Arbeitsrecht, § 16 IV 1, S. 141; treffend *Hanau/Adomeit*, Arbeitsrecht, C II 1, S. 65: „Leitfunktion"; ähnlich *G. Müller*, RdA 1990, S. 321, 222; siehe auch *Gamillscheg*, in: Festschrift für Karl Kehrmann (1997), S. 247, 247 f.

tragsschließenden Gewerkschaft nicht angehören.[69] Darüber hinaus können Tarifverträge unter den Voraussetzungen von § 5 für allgemeinverbindlich erklärt werden; sie erfassen dann in ihrem Geltungsbereich gleichfalls die bisher nicht tarifgebundenen Arbeitgeber und Arbeitnehmer. Weit darüber hinausgehend entspricht es der arbeitsvertraglichen Praxis – im öffentlichen Dienst sogar ausnahmslos –, daß die von den zuständigen Tarifvertragsparteien vereinbarten Tarifverträge als Mindestbedingungen für alle nichtorganisierten Arbeitnehmer kraft einer in den Arbeitsvertrag aufgenommenen Bezugnahmeklausel gelten (hierzu unten Rnr. 204 ff.). Die Rechtslage hat sich außerdem durch die im tarifdispositiven Gesetzesrecht geschaffene Bezugnahmemöglichkeit der nichtorganisierten Arbeitnehmer auf einschlägige Tarifverträge, die auch zum Nachteil der Arbeitnehmer vom Gesetz abweichen dürfen, geändert (unten Rnr. 249 ff.).

2. Abschnitt. Beginn und Ende der Tarifgebundenheit

Übersicht

	Rnr.
A. Der Beginn der Tarifgebundenheit	28–40
I. Bestehende Verbandsmitgliedschaft	28
II. Beginn bei späterem Verbandsbeitritt	29–35
1. Keine Rückwirkung	29–32
2. Kenntnisunabhängige Tarifbindung	33, 34
3. Keine Dispositivität	35
III. Beginn bei Rückwirkung des Tarifvertrages	36–40
B. Die Beendigung der Tarifgebundenheit	41–82
I. Verknüpfung mit der Mitgliedschaft	41–44
II. Verlängerung der Tarifgebundenheit nach § 3 Abs. 3	45–82
1. Allgemeines	45–47
a) Entstehungsgeschichte	45
b) Normzweck	46
c) Verfassungsmäßigkeit	47
2. Voraussetzungen	48–56
a) Beendigung der Mitgliedschaft	48–50
b) Übrige Voraussetzungen der Tarifwirkungen	51–53
c) Auflösung und Fusion der Tarifvertragspartei	54, 55
d) Unternehmensumstrukturierung	56
3. Rechtsfolgen	57–61
a) Personelle Reichweite	57
b) Tarifnormen	58
c) Schuldrechtlicher Teil	59
d) Stufentarifverträge	60
e) Verbandsrechtliche Bindungen	61
4. Beendigung der verlängerten Tarifgebundenheit	62–78
a) Relativität der Beendigung	62
b) Beendigung durch Zeitablauf und Kündigung	63–69
aa) Verlängerung befristeter Tarifverträge	64, 65
bb) Unbefristete Tarifverträge	66
cc) Zeitpunkt der Beendigung	67
dd) Maximale Bindungsdauer	68, 69

---

[69] Siehe BAG (GS) 29. 11. 1967 AP Nr. 13 zu Art. 9 GG = SAE 1969, S. 246 (*Wiedemann*).

	Rnr.
c) Nachträgliche Änderungen	70–77
aa) Nicht zur Beendigung führende Sachverhalte	71–74
bb) Zur Beendigung führende Sachverhalte	75–77
d) Nachwirkung	78
5. Tarifkonkurrenz bei Verbandswechsel oder nachfolgendem Firmentarifvertrag	79–82
a) Verbandswechsel	80, 81
b) Firmentarifvertrag	82

Schrifttum: *Jobst-Hubertus Bauer,* Flucht aus Tarifverträgen: Königs- oder Irrweg?, in: Festschrift für Günter Schaub (1998), S. 19–46; *Jobst-Hubertus Bauer/Martin Diller,* Flucht aus Tarifverträgen, Betrieb 1993, S. 1085–1090; *Volker Beuthien/Frank Meik,* Wenn Tariftreue unzumutbar wird, Betrieb 1993, S. 1518–1520; *Karl Jürgen Bieback,* Tarifrechtliche Probleme des Verbandswechsels von Arbeitgebern, Betrieb 1989, S. 477–482; *Herbert Buchner,* Tarifvertragsgesetz und Koalitionsfreiheit. Zur verfassungsrechtlichen Problematik der §§ 3 Abs. 2, 3 Abs. 3, 5 und 9 Abs. 1 TVG, Diss. München 1964; *ders.,* Die tarifrechtliche Situation bei Verbandsaustritt und bei Auflösung eines Arbeitgeberverbandes, RdA 1997, S. 259–267; *Gustav Adolf Bulla,* Tarifgebundenheit bei Verbandsaustritt, Betrieb 1951, S. 818–819; *Wolfgang Däubler,* Tarifflucht – eine aussichtsreiche Strategie zur Reduzierung von Lohnkosten?, ZTR 1994, S. 448–455; *ders.,* Tarifausstieg – Erscheinungsformen und Rechtsfolgen, NZA 1996, S. 225–233; *Frank Dahlbender,* Der Austritt des Arbeitgebers aus seinem Verband zwecks Loslösung von Tarifverträgen, Diss. Bonn 1995; *Rolf Dietz,* Tarifrechtliche Fragen aus Anlaß des Eintritts eines Arbeitgebers in einen Arbeitgeberverband, in: Festschrift für H. C. Nipperdey Bd. II (1965), S. 141–157; *Klaus Dutti,* Tarifgebundenheit bei Verbandswechsel, BB 1968, S. 1335–1338; *Otto Frey,* Der aus dem Tarif „flüchtende" Unternehmer, Quelle 1950, S. 295–296; *Holger M. Frieges,* Wegfall der Tarifbindung und einzelvertragliche Inbezugnahme von Tarifverträgen, Betrieb 1996, S. 1281–1283; *Thomas Gerhards,* Tarifgebundenheit beim Verbandswechsel des Arbeitgebers, BB 1995, S. 1290–1292; *ders.,* Nachwirkung des Tarifvertrags bei Verbandsaustritt und Verbandswechsel des Arbeitgebers, BB 1997, S. 362–364; *Peter Hanau/Thomas Kania,* Gestaltung einer Gewerkschaftsfusion, AuR 1994, S. 205–214; *dies.,* Stufentarifverträge, Betrieb 1995, S. 1229–1234; *Reinhard Hoffmann,* Tarifwirkung für später eingetretene Verbandsmitglieder, AuR 1964, S. 169–174; *Axel Hoß/Brigitta Liebscher,* Der Austritt aus dem Arbeitgeberverband – Eine Chance für die Betriebspartner?, Betrieb 1995, S. 2525–2530; *Wolfgang Hromadka/Frank Maschmann/Franz Wallner,* Der Tarifwechsel – Tarifvertrag und Arbeitsvertrag bei Änderung von Verbandsmitgliedschaft, Betriebszweck und Betriebsinhaber, 1996; *Alfred Hueck,* Der Geltungsbereich des Tarifvertrages, BB 1949, S. 354–356; *Otto Ernst Kempen,* Überraschungen bei der Bildung gesamtdeutscher Gewerkschaften, AuR 1990, S. 372–375; *Peter Knevels,* Der Beginn der tariflichen Friedenspflicht beim Eintritt eines Betriebes in den Arbeitgeberverband, Betrieb 1964, S. 1663–1665; *Horst Konzen,* Tarifbindung, Friedenspflicht und Kampfparität beim Verbandswechsel des Arbeitgebers, ZfA 1975, S. 401–436; *Stefan Krauss,* Die neue Freiheit ohne Verbandstarif?, Betrieb 1995, S. 1562–1565; *Manfred Lieb,* Mehr Flexibilität im Tarifvertragsrecht? „Moderne" Tendenzen auf dem Prüfstand, NZA 1994, S. 289–294, 337–342; *Manfred Löwisch,* Gewollte Tarifunfähigkeit im modernen Kollektivarbeitsrecht, ZfA 1974, S. 29–46; *Gerhard Müller,* Der Geltungsbereich des tariflichen Nachwirkungsgrundsatzes, Betrieb 1959, S. 84–85; *Horst Neumann-Duesberg,* Kollektivvertrag und Individualrecht, JZ 1960, S. 525–529; *Günther Nies,* Der Eintritt und das Ausscheiden der Mitglieder von Tarifverbänden und ihre tarifrechtliche Wirkung, Diss. Köln 1968; *Olaf Radke,* Tarifbindung und Geltungsbereich des Tarifvertrages, BB 1964, S. 1490–1493; *Dieter Reuter,* Die Fusion von Gewerkschaften, DZWir. 1993, S. 404–411; *Hans-Dietrich Rewolle,* Die Tarifgebundenheit der Vertragsparteien, Betrieb 1950, S. 11; *Volker Rieble,* Die Bildung gesamtdeutscher Gewerkschaften, AuR 1990, S. 365–372; *Johannes Röckl,* Auswirkungen einer Arbeitgeberverbandsfusion auf laufende Tarifverträge, BB 1993, S. 1653–1657; *Burkhard Schaffeld,* Tarifliche Auswirkungen im Fall des Austritts aus dem Verband und der Verbandsauflösung am Beispiel der Zeitungsbranche, AfP 1996,

S. 249–255; *Günter Schaub*, Aktuelle Streitfragen zur Kostensenkung bei der Arbeitsvergütung, BB 1994, S. 2005–2011; *ders.*, Tarifflucht im Spiegel der BAG-Rechtsprechung, AuA 1998, S. 44–47; *Martin Schwab*, Mindestarbeitsbedingungen nach Verbandsaustritt des Arbeitgebers, BB 1994, S. 781–785; *Werner Stückrath*, Rückwirkung von Tarifverträgen, RdA 1963, S. 87–88; *Wolfgang Trittin*, Tarifflucht durch Unternehmensteilung, AiB 1994, S. 12–13; *Ulrich Zachert*, Firmentarifvertrag und Arbeitskampfrecht gegenüber dem Verbandsaußenseiter, in: Festschrift für Karl Kehrmann (1997), S. 335–346.

A. Der Beginn der Tarifgebundenheit

I. Bestehende Verbandsmitgliedschaft

Die Tarifgebundenheit der Arbeitnehmer und Arbeitgeber, die den Tarifvertragsparteien bereits angehören, beginnt mit dem Abschluß des Tarifvertrages oder mit seinem Wirksamkeitsbeginn, wenn er vor (Rückwirkung) oder nach dem Abschluß des Tarifvertrages liegt.[1] Ab diesem Zeitpunkt unterliegen bestehende und zukünftige Rechtsverhältnisse, insbesondere die Arbeitsverträge der Tarifgebundenen, den Normen des Tarifvertrages.

II. Beginn bei späterem Verbandsbeitritt

1. Keine Rückwirkung

Arbeitnehmer und Arbeitgeber, die nach Inkrafttreten des Tarifvertrages Mitglieder der vertragsschließenden Vereinigungen werden, unterliegen mit dem Erwerb der Mitgliedschaft den Normen des Tarifvertrages.[2] Das gilt auch, wenn die Normen eines Tarifvertrages kraft Nachwirkung anzuwenden sind.[3] Allerdings entfaltet der Verbandseintritt **keine Rückwirkung**.[4] War der Lebenssachverhalt bereits vor dem Verbandseintritt abgeschlossen, so führt der spätere Verbandseintritt nicht dazu, daß der Lebenssachverhalt im Nachhinein nach den tarifvertraglichen Regelungen zu beurteilen ist.

---

[1] *Gamillscheg*, Kollektives Arbeitsrecht I, § 17 I 4a, S. 721; *Hueck/Nipperdey*, Arbeitsrecht II 1, § 23 B VII 1, S. 494; *Maus*, § 3 TVG, Rnr. 20; *Nipperdey/Säcker*, AR-Blattei, Tarifvertrag III, D II 1.
[2] Für die allg. Ansicht *Gamillscheg*, Kollektives Arbeitsrecht I, § 17 I 4a, S. 722; *Hanau/Adomeit*, Arbeitsrecht, C II 2e, S. 67; *Hueck/Nipperdey*, Arbeitsrecht II 1, § 23 B VI 2, S. 494; *Kempen/Zachert*, § 3 TVG, Rnr. 6; *Löwisch/Rieble*, § 3 TVG, Rnr. 54; *Maus*, § 3 TVG, Rnr. 21; *Nikisch*, Arbeitsrecht II, § 71 II 1, S. 264, 265; *Nipperdey/Säcker*, AR-Blattei, Tarifvertrag III, 1972, E; *Stein*, Tarifvertragsrecht, Rnr. 164; *Zöllner/Loritz*, Arbeitsrecht, § 37 I 1, S. 411.
[3] *Gamillscheg*, Kollektives Arbeitsrecht I, § 17 I 4a, S. 722.
[4] BAG 26. 9. 1990 AP Nr. 109 zu § 4 TVG Ausschlußfristen; sowie bereits BAG 27. 11. 1958 AP Nr. 69 zu § 1 TVG Auslegung *(Tophoven)* = SAE 1959, S. 141 *(Molitor)*; treffend auch *Hueck/Nipperdey*, Arbeitsrecht II 1, § 23 B V 2, S. 487; *Zöllner/Loritz*, Arbeitsrecht, § 37 I 1, S. 411.

30 Dies trifft insbesondere für tarifliche **Abschlußnormen** zu,[5] sie entfalten keine Rechtswirkungen für den vor Verbandsbeitritt liegenden Begründungstatbestand des Arbeitsverhältnisses. Insofern gelangen keine anderen Grundsätze zur Anwendung als sie auch im intertemporalen Kollisionsrecht für Arbeitsverhältnisse anerkannt sind und exemplarisch in Art. 232 § 5 EGBGB ihren Niederschlag gefunden haben.[6] Ebenso wie dem Gesetzgeber steht den Tarifvertragsparteien jedoch die Befugnis zu, die von ihnen erzeugten Normen mit Rückwirkung zu versehen (näher oben § 1, Rnr. 140ff.). Das kann entweder ausdrücklich geschehen oder der Norm im Wege der Auslegung zu entnehmen sein. Deshalb ist auch bei Abschlußnormen an sich eine Anwendung auf vor der Tarifgebundenheit begründete Arbeitsverhältnisse zu erwägen, wenn dies die Auslegung der jeweiligen Tarifnormen ergibt. Hierdurch kann die fehlende Verbandsmitgliedschaft allerdings nicht ersetzt werden, da sie – anders als für den Gesetzgeber – die Normsetzungsmacht der Tarifvertragsparteien personell begrenzt.[7] Denkbar ist allenfalls ein Rückgriff auf das Institut des Vertrages zugunsten Dritter (siehe unten Rnr. 38).

31 Gleiches gilt für **Beendigungsnormen**. Sie sind auf Kündigungen nicht anwendbar, wenn der Arbeitnehmer nach Zugang der Kündigungserklärung, aber vor Beendigung des Arbeitsverhältnisses den Verbandsbeitritt erklärt.[8]

32 Vereinbart ein neu eintretendes Mitglied mit seinem Verband, der Beitritt solle (z.B. im Hinblick auf Wartezeiten für die Inanspruchnahme von Leistungen des Verbandes) Rückwirkung haben, so entfaltet die Absprache nur interne verbandsrechtliche Wirkungen. Eine nachträgliche Unterstellung unter die Geltung eines Tarifvertrages kann damit nicht erreicht werden.[9]

2. Kenntnisunabhängige Tarifbindung

33 Auf eine **Benachrichtigung** oder sonst erlangte **Kenntnis** der anderen Partei des Arbeitsverhältnisses kommt es für den Beginn der Tarifgebundenheit nicht an.[10] Bereits laufende Arbeitsverhältnisse werden **automatisch** vom Tarifvertrag gestaltet. Dies entspricht der normativen, d.h. gesetzesgleichen Wirkung von Tarifnormen. Auch die Geltung von Gesetzen hängt nicht davon ab, ob die Normadressaten von ihnen positive Kenntnis haben; die Möglichkeit der Kenntnisnahme genügt (siehe auch unten § 6, Rnr. 5).

---

[5] So BAG 27. 4. 1988 AP Nr. 4 zu § 1 BeschFG 1985 *(Gamillscheg)*; a. A. *Däubler*, Tarifvertragsrecht, Rnr. 294; *Kempen/Zachert*, § 3 TVG, Rnr. 6; *Stein*, Tarifvertragsrecht, Rnr. 165.
[6] Siehe zu Art. 232 § 5 EGBGB MünchKomm/*Oetker*, 3. Aufl., Art. 232 § 5 EGBGB Rnr. 17 ff.
[7] A. A. *Gamillscheg*, Kollektives Arbeitsrecht I, § 17 I 4a, S. 722.
[8] A. A. *Kempen/Zachert*, § 3 TVG, Rnr. 6.
[9] Für die allg. Ansicht *Däubler*, Tarifvertragsrecht, Rnr. 293; *Dörner*, HzA, Gruppe 18/1, Rnr. 187; *Gamillscheg*, Kollektives Arbeitsrecht I, § 17 I 4a, S. 722; *Koberski/Clasen/Menzel*, § 3 TVG, Rnr. 63; *Maus*, § 3 TVG, Rnr. 21; *Nikisch*, Arbeitsrecht II, § 71 II 1, S. 264; *Nipperdey/Säcker*, AR-Blattei, Tarifvertrag III, 1972, G; *Schaub*, Arbeitsrechts-Handbuch, § 206 II 2, S. 1723; *Stein*, Tarifvertragsrecht, Rnr. 164.
[10] *Gamillscheg*, Kollektives Arbeitsrecht I, § 17 I 2a, S. 722; *Hueck/Nipperdey*, Arbeitsrecht II 1, § 23 B VI 3, S. 494; *Koberski/Clasen/Menzel*, § 3 TVG, Rnr. 6; *Nipperdey/Säcker*, AR-Blattei, Tarifvertrag III, 1972, E 2; siehe auch BAG 6. 7. 1972 AP Nr. 1 zu § 8 TVG 1969.

2. Abschnitt. Beginn und Ende der Tarifgebundenheit 34–36 § 3

Wenn der Arbeitnehmer insbesondere bei der Begründung des Arbeitsverhältnisses seinen Beitritt zur Gewerkschaft verschweigt, später aber tarifliche Rechte geltend macht, scheidet eine Verwirkung wegen § 4 Abs. 4 Satz 2 aus.[11] Zur Arglisteinrede unten § 4, Rnr. 703 ff.

Tritt ein Arbeitgeber **während der Laufzeit** eines Tarifvertrages dem 34 zuständigen Arbeitgeberverband bei, so beginnt infolge der Tarifgebundenheit ein bestehender Tarifvertrag die Arbeits- und Betriebsverhältnisse zu gestalten, wenn das Unternehmen zum räumlichen und betrieblichen Geltungsbereich des betreffenden Tarifvertrages gehört. Die Ansicht von *Hoffmann*, der Geltungsbereich des einschlägigen Tarifvertrages erstrecke sich nur auf die im Abschlußzeitpunkt vorhandenen Verbandsmitglieder und im übrigen nur im Rahmen der „üblichen Fluktuation" auf neu eintretende Mitglieder,[12] vermag nicht zu überzeugen.[13]

3. Keine Dispositivität

Die Tarifgebundenheit ist **privatautonomer** oder **tariflicher** Gestaltung 35 nicht zugänglich (siehe oben Rnr. 19). Der Geltungsbereich des einzelnen Tarifvertrages kann zwar von den Parteien nach sachlichen Gesichtspunkten eingegrenzt werden; er erstreckt sich aber stets auf die jeweiligen Mitglieder der Tarifvertragsparteien (oben Rnr. 23).

III. Beginn bei Rückwirkung des Tarifvertrages

Fraglich ist, inwieweit ein früheres Mitglied von einem **nach seinem** 36 **Ausscheiden** aus der Tarifvertragspartei abgeschlossenen Tarifvertrag betroffen wird, wenn diesem **Rückwirkung** für einen Zeitraum beigelegt wird, in dem die Mitgliedschaft noch bestand.[14] Ein bereits aus dem Berufsverband ausgeschiedenes Mitglied unterliegt nicht mehr der Regelungsgewalt der Tarifvertragsparteien, so daß die nach dem Beitritt abgeschlossene Tarifnorm für dieses keine Rechtswirkungen mehr entfalten kann. Das gilt sowohl für rechtswirksam entstandene Ansprüche des Arbeitneh-

---

[11] *Nikisch*, Arbeitsrecht II, § 71 IV 2, S. 270.
[12] So *Hoffmann*, AuR 1964, S. 169, 170; ebenso *Radke*, BB 1964, S. 1490, 1492.
[13] Wie hier *Dietz*, in: Festschrift für H. C. Nipperdey Bd. II (1965), S. 141, 144 ff.; Hueck/*Nipperdey*, Arbeitsrecht II 1, § 23 B VI 2, S. 494 Anm. 53 a; *Knevels*, Betrieb 1964, S. 1663 ff.; *Konzen*, ZfA 1975, S. 401, 424; *Nipperdey/Säcker*, AR-Blattei, Tarifvertrag III, 1972, E; Staudinger/*Richardi*, 12. Aufl. 1989, Vorbem. zu §§ 611 ff. BGB, Rnr. 946.
[14] Ablehnend BAG 20. 6. 1958 AP Nr. 2 zu § 1 TVG Rückwirkung *(Tophoven)* = SAE 1959, S. 4 *(Pischgode)*; BAG 30. 4. 1969 AP Nr. 6 zu § 1 TVG Rückwirkung *(Schnorr)* = SAE 1970, S. 138 *(Tomandl)*; BAG 13. 9. 1994 AP Nr. 11 zu § 1 TVG Rückwirkung; BAG 13. 12. 1995 AP Nr. 15 zu § 1 TVG Rückwirkung; *Biedenkopf*, Tarifautonomie, S. 231; *A. Hueck*, BB 1949, S. 354, 355; Hueck/*Nipperdey*, Arbeitsrecht II 1, § 23 B VIII 1 c, S. 496 Anm. 60; *Kempen/Zachert* 3 TVG, Rnr. 7; *Nikisch*, Arbeitsrecht II, § 71 I 2, S. 265; weitergehend *Bulla*, Betrieb 1951, S. 818, 819; *Däubler*, Tarifvertragsrecht, Rnr. 283; *Neumann-Duesberg*, JZ 1960, S. 525, 527 f.; *Stückrath*, RdA 1963, S. 87, 88; im Grundsatz auch Löwisch/*Rieble*, § 3 TVG, Rnr. 56 f., die allein auf die Mitgliedschaft im Zeitpunkt des Inkrafttretens abstellen.

mers, wenn der Arbeitnehmer vor Abschluß des rückwirkenden Tarifvertrages aus dem Verband ausgetreten ist,[15] als auch für diejenige Konstellation, daß rückwirkend Ansprüche zugunsten des Arbeitnehmers begründet werden, der Arbeitgeber bei Abschluß des rückwirkenden Tarifvertrages (z. B. bei einem Betriebsübergang) aber nicht tarifgebunden ist.[16] In beiden Konstellationen fehlen die tarifrechtlichen Voraussetzungen, damit der rückwirkende Tarifvertrag seine normative Kraft für das konkrete, vormals tarifgebundene Arbeitsverhältnis entfalten kann.

37   Ob bei Abschluß des rückwirkenden Tarifvertrages noch Tarifgebundenheit bestand, beurteilt sich ausschließlich nach dem **Binnenrecht des Verbandes**. Sofern nicht die Voraussetzungen eines außerordentlichen Kündigungsrechts erfüllt sind,[17] endet die Tarifgebundenheit bei Ausspruch einer ordentlichen Kündigung nicht bereits mit Zugang der Kündigungserklärung, sondern erst mit Ablauf der nach dem Verbandsrecht vorgesehenen Kündigungsfrist (näher unten Rnr. 42). Wurde der rückwirkende Tarifvertrag nach Zugang der Kündigungserklärung, aber vor Ablauf der Kündigungsfrist abgeschlossen, so können seine Rechtsnormen nach Maßgabe der allgemeinen Schranken[18] Rückwirkung entfalten.

38   Tritt das Mitglied während des Rückwirkungszeitraumes des Tarifvertrages der Tarifvertragspartei bei und gehört es ihm auch noch bei Abschluß des Tarifvertrages an, so können, selbst wenn die Voraussetzungen im übrigen vorliegen, Rechte und Pflichten **für die Zeit vor dem Beitritt** mangels Tarifunterworfenheit grundsätzlich nicht nachträglich begründet werden.[19]

39   **Endet die Mitgliedschaft** des Arbeitnehmers vor Inkrafttreten des rückwirkenden Tarifvertrages, so kommt eine Rückwirkung nur in Betracht, wenn die Rechtsnormen des Tarifvertrages das Arbeitsverhältnis unabhängig von der Tarifgebundenheit des Arbeitnehmers gestalten, also im Fall des § 3 Abs. 2 oder bei einem für allgemeinverbindlich erklärten Tarifvertrag. In den übrigen Fällen kann die Rückwirkung nur zu beachten sein, wenn der Arbeitsvertrag des ausgeschiedenen Mitgliedes eine Bezugnahme auf den Tarifvertrag enthält. Der rückwirkende Tarifvertrag entfaltet für das Arbeitsverhältnis in einer solchen Konstellation allerdings keine normative Wirkung (näher unten Rnr. 226).

40   Soweit es sich um eine nachträgliche Verbesserung handelt, kann sie den ausgeschiedenen Mitgliedern jedoch im Wege des **Vertrags zugunsten Dritter** zugute kommen.[20] Es ist regelmäßig davon auszugehen, daß dies bei rückwirkenden Lohnerhöhungen dem Willen der Tarifvertragsparteien ent-

---

[15] BAG 13. 12. 1995 AP Nr. 15 zu § 1 TVG Rückwirkung.
[16] BAG 13. 9. 1994 AP Nr. 11 zu § 1 TVG Rückwirkung.
[17] Hierzu LAG Düsseldorf, LAGE § 3 TVG Nr. 4.
[18] Siehe BAG 23. 11. 1994 AP Nr. 12 zu § 4 TVG Rückwirkung *(Wiedemann)*; sowie oben § 1, Rnr. 140 ff.
[19] *Däubler*, Tarifvertragsrecht, Rnr. 295; *Kempen*/*Zachert*, § 3 TVG, Rnr. 7; *Löwisch*/*Rieble*, § 3 TVG, Rnr. 58; *Stein*, Tarifvertragsrecht, Rnr. 166; siehe aber oben Rnr. 38.
[20] Hierfür auch *Kempen*/*Zachert*, § 3 TVG, Rnr. 7; zugunsten eines tarifvertraglichen Anspruches jedoch z. B. *Däubler*, Tarifvertragsrecht, Rnr. 283; *Neumann-Duesberg*, JZ 1960, S. 525, 527 f.; im Ansatz auch *Löwisch*/*Rieble*, § 3 TVG, Rnr. 57, wenn die Mitgliedschaft zumindest im Zeitpunkt des Inkrafttretens des rückwirkenden Tarifvertrages besteht.

spricht. Ein ausgeschiedener Arbeitnehmer kann mithin eine entsprechende Nachzahlung im Zweifel auch dann verlangen, wenn er gleichzeitig aus seiner Berufsorganisation ausgetreten ist.[21] Ob das Arbeitsverhältnis während des Rückwirkungszeitraumes beendet oder erst begründet wurde, bleibt ohne Bedeutung. Dieser konstruktive Ansatz kommt allerdings nur in Betracht, wenn der Arbeitgeber unverändert tarifgebunden und lediglich der Arbeitnehmer vor Abschluß des rückwirkenden Tarifvertrages aus dem Verband ausgeschieden ist.

B. Die Beendigung der Tarifgebundenheit

I. Verknüpfung mit der Mitgliedschaft

Die Tarifgebundenheit ist im Grundsatz untrennbar mit der Mitgliedschaft 41 bzw. der Eigenschaft als Tarifvertragspartei verknüpft. Sie endet daher vorbehaltlich der Sonderregelung in § 3 Abs. 3 stets mit **Beendigung der Mitgliedschaft** in der Tarifvertragspartei. Die Tarifgebundenheit beurteilt sich hinsichtlich ihrer Beendigung ebenfalls **ausschließlich verbandsrechtlich**. Eine auf die Arbeitgeberseite beschränkte arbeitsplatzbezogene Betrachtungsweise[22] findet im geltenden Gesetzesrecht keine Stütze und widerspricht der mitgliedschaftlichen Konzeption des deutschen Tarifrechts.[23]

Deshalb endet die Tarifgebundenheit der Mitglieder im Sinne einer Re- 42 gelungsunterworfenheit vorbehaltlich einer abweichenden Satzungsbestimmung[24] mit dem **Tod** des Mitglieds,[25] mit der **Beendigung** einer Gesellschaft[26] oder Körperschaft und – vorbehaltlich der Fortgeltung des Tarifvertrages nach § 3 Abs. 3 – mit dem **Ausscheiden des Mitglieds** aus der Tarifvertragspartei. Bei einer **ordentlichen Kündigung** tritt das Ende der Tarifgebundenheit erst mit Ablauf der für sie verbandsrechtlich statuierten Kündigungsfrist ein.[27] Zu einer **sofortigen Beendigung** der mitgliedschaftlich vermittelten Tarifgebundenheit kann es nur im Falle einer außerordentlichen Kündigung[28] oder – sofern die Verbandssatzung dem nicht entgegensteht[29] – einer einvernehmlichen und sofort wirksam werdenden Beendigung der Mitgliedschaft kommen. Auch in dieser Konstellation wird

---

[21] Siehe auch BAG 4. 2. 1976 AP Nr. 40 zu § 242 BGB Gleichbehandlung (*Schwerdtner*).
[22] Hierfür *Kempen*/Zachert, § 3 TVG, Rnr. 24.
[23] Wie hier *Nikisch*, Arbeitsrecht II, § 71 II 3, S. 265.
[24] Siehe § 38 Satz 1 i. V. mit § 40 BGB.
[25] Hueck/*Nipperdey*, Arbeitsrecht II 1, § 23 B VII 2, S. 494; *Maus*, § 3 TVG, Rnr. 22; a. A. für die Arbeitgeberseite *Kempen*/Zachert, § 3 TVG, Rnr. 24.
[26] Z. B. durch Verschmelzung oder Aufspaltung; siehe die §§ 20 Abs. 1 Nr. 2, 131 Abs. 1 Nr. 2 UmwG.
[27] LAG Düsseldorf, LAGE § 3 TVG Nr. 4.
[28] Hierzu LAG Düsseldorf, LAGE § 3 TVG Nr. 4.
[29] Siehe ArbG Freiburg, BetrR 1997, S. 10 f., das eine Vereinbarung über die Beendigung nicht für möglich erachtet, wenn die Satzung die Beendigung der Mitgliedschaft durch Kündigung vorsieht; in diesem Sinne auch ArbG Leipzig, AiB 1996, S. 685, 686; zur Gesamtproblematik *Oetker*, ZfA 1998, S. 41 ff.

die Tarifgebundenheit aber durch § 3 Abs. 3 aufrechterhalten. Ein mit Rückwirkung vereinbarter Austritt ist tarifrechtlich bedeutungslos.[30]

43 Da es sich um persönliche Voraussetzungen der Regelungsunterworfenheit handelt, kann die Tarifgebundenheit auf den **Rechtsnachfolger** nicht übergehen. Dementsprechend setzt sich die Tarifgebundenheit einer juristischen Person in einem Arbeitgeberverband grundsätzlich nicht bei deren Rechtsnachfolgerin fort.[31] Für den Rechtsnachfolger müssen vielmehr die Voraussetzungen in seiner Person aufgrund Beitritts zum Verband oder bei einer entsprechenden Satzungsbestimmung infolge Übergangs der Mitgliedschaft[32] selbständig zutreffen.[33]

44 Dagegen wird die **Tarifgebundenheit nicht berührt** von der Beendigung des Arbeitsverhältnisses, der Insolvenz des Arbeitgebers,[34] der Veräußerung des Unternehmens,[35] der Abspaltung oder der Ausgliederung (§ 123 Abs. 2 und 3 UmwG) einzelner Unternehmensteile, der Aufnahme in einen Unternehmensverbund und ähnlichen Maßnahmen, die die Person oder Existenz des Tarifgebundenen nicht berühren. Allerdings kann ein Firmentarifvertrag mit dem Eintritt der genannten Umstände möglicherweise gekündigt werden (siehe unten § 4, Rnr. 50 ff.).

II. Verlängerung der Tarifgebundenheit nach § 3 Abs. 3

1. Allgemeines

45 **a) Entstehungsgeschichte der Vorschrift.** Die Tarifgebundenheit endet streng genommen durch Austritt oder Ausschluß aus der Tarifvertragspartei. Das Gesetz ordnet jedoch in § 3 Abs. 3 zwingend die Weitergeltung des laufenden Tarifvertrages an. Eine ähnliche Vorschrift enthielt bereits § 1 Abs. 2 TVVO, der aber durch Aufkündigung und anschließenden Neuabschluß des Arbeitsverhältnisses umgangen werden konnte.[36] Das heutige Gesetz verdankt seine Entstehung der Lückenhaftigkeit des früheren Tarif-

---

[30] BAG 9. 11. 1956 AP Nr. 1 zu § 3 TVG Verbandszugehörigkeit *(Tophoven)*; Hueck/Nipperdey, Arbeitsrecht II 1, § 23 B V 2, S. 488; *Koberski/Clasen/Menzel*, § 3 TVG, Rnr. 63; *Nikisch*, Arbeitsrecht II, § 71 II 1, S. 264 f.; *Nipperdey/Säcker*, AR-Blattei, Tarifvertrag III, 1972, D II 2.

[31] BAG 10. 11. 1993 AP Nr. 13 zu § 3 TVG Verbandszugehörigkeit; BAG 13. 7. 1994 AP Nr. 14 zu § 3 TVG Verbandszugehörigkeit *(Müller/Peters)*; *B. Gaul*, NZA 1995, S. 717, 719; *Kempen*/Zachert, § 3 TVG, Rnr. 11.

[32] Siehe § 38 Satz 1 i. V. mit § 40 BGB.

[33] Hueck/Nipperdey, Arbeitsrecht II 1, § 23 B VII 2, S. 494; *Kempen*/Zachert, § 3 TVG, Rnr. 11; *Maus*, § 3 TVG, Rnr. 22; *Nikisch*, Arbeitsrecht II, § 71 II 3, S. 265; sowie näher unten Rnr. 163 ff., 174.

[34] BAG 28. 1. 1987 AP Nr. 14 zu § 4 TVG Geltungsbereich; ebenso *Däubler*, Tarifvertragsrecht, Rnr. 1524; *Gamillscheg*, Kollektives Arbeitsrecht I, § 17 VI 1, S. 787; Hueck/Nipperdey, Arbeitsrecht II 1, § 23 B VII 3, S. 495.

[35] Anderer Ansicht Hueck/Nipperdey, Arbeitsrecht II 1, § 23 B VII 2, S. 494; *Maus*, § 3 TVG, Rnr. 22; *Nikisch*, Arbeitsrecht II, § 71 II 5, S. 265; vgl. dazu ausführlich unten Rnr. 178.

[36] Siehe *A. Hueck*, Das Recht des Tarifvertrages, 1920, S. 102; *Molitor*, NZfA 1930, Sp. 110; *Sinzheimer*, Ein Arbeitstarifgesetz, 1916, S. 91; sowie die §§ 11 und 13 des Entwurfes eines Arbeitstarifgesetzes.

vertragsrechts: „Insbesondere war es als Maßnahme zum Bestandsschutz der Arbeitgeberverbände gedacht, die – nicht zuletzt aufgrund älterer Erfahrungen – mit der Möglichkeit rechnen mußten, daß Mitglieder, denen ein bestimmter Tarifvertrag lästig war, austreten, um sich dessen Wirkung zu entziehen. Deshalb wurde die Möglichkeit des Ausweichens verbaut, indem das Ende der Tarifgebundenheit ausschließlich mit dem Ende des Tarifvertrages synchronisiert und alle Manipulationen ausgeschlossen wurden".[37] Hinzu kamen schlechte Erfahrungen, die die Gewerkschaften mit aus ihrem Arbeitgeberverband austretenden Arbeitgebern gemacht hatten. Dabei hat der Gesetzgeber bewußt das Ende des Tarifvertrages als Grenze für die fingierte Tarifgebundenheit herangezogen, wie vor allem die rechtspolitische Diskussion zu Beginn der 30er Jahre verdeutlicht. Nach § 13 Abs. 2 des im Reichsarbeitsministerium im Mai 1931 ausgearbeiteten Entwurfs für ein Tarifvertragsgesetz (oben Geschichte, Rnr. 14) sollte die Tarifangehörigkeit zwar auch beim Ausscheiden aus der am Tarifvertrag beteiligten Vereinigung fortbestehen, sie war aber begrenzt auf den Zeitpunkt, zu dem die Kündigung des Tarifvertrages bei ihrem Ausscheiden frühestens zulässig war. Das in § 3 Abs. 3 aufgenommene Ende für die Tarifgebundenheit ist deshalb als eine bewußte Abkehr von den damaligen Regelungsvorstellungen zu bewerten.

b) Normzweck. Zweck der Vorschrift ist es, dem Mißbrauch der privatrechtlichen Gestaltungsfreiheit zu begegnen. Die zwingende Wirkung eines Tarifvertrages soll nicht durch einseitige Maßnahmen des Arbeitgebers oder des Arbeitnehmers beendet werden können.[38] Im Interesse der Rechtssicherheit unterscheidet das Gesetz nicht, aus welchen Gründen, von welcher Seite oder zu welchem Zeitpunkt[39] die Tarifgebundenheit beendet wird. Ihre Verlängerung tritt daher auch dann ein, wenn das Ausscheiden aus der Tarifvertragspartei unfreiwillig durch **Ausschluß** erfolgt.[40] In personeller Hinsicht lassen sich § 3 Abs. 3 keine Einschränkungen entnehmen; die Verlängerung der Tarifgebundenheit wird für **Arbeitgeber und Arbeitnehmer** gleichermaßen angeordnet, sie tritt also auch für den Arbeitnehmer ein, wenn er aus der tarifschließenden Gewerkschaft austritt oder ausgeschlossen wird.[41] Der Schutz der Verbandskontinuität, der die

---

[37] So *Herschel*, ZfA 1973, S. 183, 192.
[38] Für die allg. Ansicht BAG 4. 8. 1993 AP Nr. 15 zu § 3 TVG = SAE 1994, 157 (*Rieble*); *Däubler*, Tarifvertragsrecht, Rnr. 1508; *ders.*, ZTR 1994, S. 448, 449; *Gamillscheg*, Kollektives Arbeitsrecht I, § 17 I 5 a, S. 724; *Kempen/Zachert*, § 3 TVG, Rnr. 22; *Koberski/Clasen/Menzel*, § 3 TVG, Rnr. 72; *Lieb*, NZA 1994, S. 337, 337; *Löwisch/Rieble*, § 3 TVG, Rnr. 74 f.; *Stein*, Tarifvertragsrecht, Rnr. 169; *Zöllner/Loritz*, Arbeitsrecht, § 37 I 4, S. 412.
[39] Für eine teleologische Reduktion der Norm plädiert *Adomeit*, Regelung von Arbeitsbedingungen und ökonomische Notwendigkeiten, 1996, S. 54 f., wenn der Austritt kurz nach Abschluß eines Tarifvertrages erklärt wird.
[40] BAG 6. 10. 1994 AP Nr. 2 zu § 1 BAT-O; *Dörner*, HzA, Gruppe 18/1, Rnr. 191; *Gamillscheg*, Kollektives Arbeitsrecht I, § 17 I 5 a, S. 725; *Kania*, Betrieb 1995, S. 625, 629 f.; *Koberski/Clasen/Menzel*, § 3 TVG, Rnr. 72; *Löwisch/Rieble*, § 3 TVG, Rnr. 78; *Nipperdey/Säcker*, AR-Blattei, Tarifvertrag III, 1973, D III 1.
[41] Ebenso *Däubler*, Tarifvertragsrecht, Rnr. 299; *Gamillscheg*, Kollektives Arbeitsrecht I, § 17 I 5 e, S. 729; *Hanau/Kania*, Betrieb 1995, S. 1229, 1231; *Löwisch/Rieble*, § 3 TVG, Rnr. 75.

Schaffung der Norm zumindest auch beeinflußte,[42] ist eine Nebenwirkung, aber heute kein Zweck der Gesetzesbestimmung mehr.[43] Weiter ist es nicht Aufgabe von § 3 Abs. 3, die bei einer **Rechtsnachfolge** auftretenden Rechtsprobleme (mit) zu regeln.[44] Eine Ausdehnung der Vorschrift auf Rechtsnachfolger würde gegen Art. 9 Abs. 3 GG (negative Koalitionsfreiheit) verstoßen.[45]

47 c) **Verfassungsmäßigkeit.** Bedenken gegen die Verfassungsmäßigkeit der Bestimmung[46] konnten sich nicht durchsetzen. Die durch § 3 Abs. 3 TVG aufrechterhaltene Tarifbindung berührt zwar die negative Koalitionsfreiheit, weil sie mit der Aufrechterhaltung der Tarifgebundenheit indirekt die Freiheit der Entscheidung über den Verbandsaustritt (bewußt) beeinträchtigt. Hierdurch wird aber nicht unverhältnismäßig in den Schutzbereich des Grundrechts eingegriffen,[47] da die Vorschrift für eine funktionsfähige Tarifautonomie notwendig ist.[48] Ihre in neuerer Zeit vereinzelt erwogene Abschaffung stieß deshalb mit Recht einhellig auf Ablehnung.[49]

2. Voraussetzungen

48 a) **Beendigung der Mitgliedschaft.** Tatbestandlich setzt die in § 3 Abs. 3 angeordnete Verlängerung der Tarifgebundenheit voraus, daß diese bei alleiniger Anwendung von § 3 Abs. 1 und 2 an sich entfallen würde. Da § 3 Abs. 1 die Tarifgebundenheit mit der Mitgliedschaft in der Tarifvertragspartei verknüpft, steht bereits aufgrund des systematischen Aufbaus der Norm fest, daß § 3 Abs. 3 ausschließlich die Konstellation erfaßt, in der die Geltung

---

[42] Siehe *Herschel*, ZfA 1973, S. 183, 192.
[43] Ebenso *Konzen*, ZfA 1975, S. 401, 411; *Löwisch/Rieble*, § 3 TVG, Rnr. 77; anders wohl *Schaub*, Arbeitsrechts-Handbuch, § 206 II 3a, S. 1724: Schutzvorschrift für Arbeitgeber- und Arbeitnehmerverbände; ähnlich *Gamillscheg*, Kollektives Arbeitsrecht I, § 17 I 5a, S. 724.
[44] BAG 4. 12. 1974 AP Nr. 2 zu § 3 TVG *(Wiedemann)* = SAE 1976, S. 81 (mit abweichender Ansicht von *Martens*).
[45] BAG 26. 9. 1979 AP Nr. 17 zu § 613a BGB; BAG 2. 12. 1992 AP Nr. 14 zu § 3 TVG; BAG 5. 10. 1993 AP Nr. 42 zu § 1 BetrAVG Zusatzversorgungskassen *(Wiedemann)*.
[46] Zu ihnen vor allem *Dietz*, RdA 1957, S. 178, 179; *ders.*, Freiheit und Bindung im kollektiven Arbeitsrecht, 1957, S. 19, 24 ff.; sowie *Biedenkopf*, Tarifautonomie, S. 99 f., Fußn. 147; *Reuter*, RdA 1996, S. 201, 208.
[47] Für die Verfassungskonformität auch BAG 4. 8. 1993 AP Nr. 15 zu § 3 TVG = SAE 1994, S. 157 *(Rieble); Adomeit*, Rechtsquellenfragen im Arbeitsrecht, 1969, S. 158; *Buchner*, Tarifvertragsgesetz und Koalitionsfreiheit, Diss. München 1964, S. 85 ff.; *ders.*, RdA 1997, 259, 260; *Gamillscheg*, Kollektives Arbeitsrecht I, § 17 I 5a, S. 725; *Kempen/Zachert*, § 3 TVG, Rnr. 23; *Nipperdey/Säcker*, AR-Blattei, Tarifvertrag III, 1972, D II 1; *Richardi*, Kollektivgewalt, S. 218 ff.; *Schaub*, BB 1994, S. 2005, 2006; *ders.*, Arbeitsrechts-Handbuch, § 206 II 3a, S. 1724; *Scholz*, Koalitionsfreiheit als Verfassungsproblem, 1971, S. 270; *ders.*, in: Festschrift für Gerhard Müller (1981), S. 509, 534; im Grundsatz auch *Dahlbender*, Der Austritt des Arbeitgebers aus seinem Verband zwecks Loslösung von Tarifverträgen, Diss. Bonn 1995, S. 9 ff., 34 ff.
[48] So auch *Lieb*, NZA 1994, S. 337, 337: „unentbehrlich"; ähnlich *Buchner*, RdA 1997, 259, 260; *Walker*, ZfA 1996, S. 353, 379; kritisch insoweit *Reuter*, RdA 1996, S. 201, 208 Fußn. 79.
[49] Siehe z. B. *Henssler*, ZfA 1994, S. 487, 508; *A. Junker*, ZfA 1996, S. 383, 400; *Konzen*, NZA 1995, S. 913, 920; *Rieble*, Arbeitsmarkt und Wettbewerb, 1996, S. 371; *Walker*, ZfA 1996, S. 353, 379.

des Tarifvertrages für das Arbeitsverhältnis nur deshalb zu verneinen ist, weil eine oder beide Arbeitsvertragsparteien nicht mehr mit der Tarifvertragspartei mitgliedschaftlich verbunden sind, es zuvor aber waren. Die Norm ist deshalb nach dem auch durch die Entstehungsgeschichte vermittelten Normzweck **keine allgemeine Auffangregelung**, die eine generelle Übergangsvorschrift schafft, wenn die Arbeitsverhältnisse aus anderen Gründen nicht mehr den Bestimmungen des bislang maßgeblichen Tarifvertrages unterliegt.

Darüber hinaus erhält § 3 Abs. 3 die Tarifgebundenheit nur aufrecht, **49** wenn diejenige Person, für die die Tarifgebundenheit fingiert wird, mit derjenigen identisch ist, die zuvor Mitglied der Tarifvertragspartei war. Die Vorschrift soll die Tarifgebundenheit konservieren, nicht aber erst begründen. Tarifgebundenheit setzt nach § 3 Abs. 1 die Mitgliedschaft in der Tarifvertragspartei voraus, so daß sich auch das „Bestehenbleiben" der Tarifgebundenheit nur auf das frühere Mitglied beziehen kann; es ist also **Personenidentität** erforderlich. Schon aus diesem Grunde findet § 3 Abs. 3 keine Anwendung, wenn die Mitgliedschaft in der Tarifvertragspartei aufgrund eines **Untergangs des Rechtsträgers** endet. Das ist insbesondere beim Tod der Arbeitsvertragspartei oder einer Verschmelzung bzw. Aufspaltung (§§ 20 Abs. 1 Nr. 2, 131 Abs. 1 Nr. 2 UmwG)[50] der Fall, trifft aber gleichfalls zu, wenn das Unternehmen kraft Gesetzes im Wege der Gesamtrechtsnachfolge auf einen anderen Rechtsträger übergeht.[51]

Die Weitergeltung des Tarifvertrages setzt nicht voraus, daß die tarifge- **50** bundenen Parteien bereits im **Zeitpunkt des Abschlusses** des fortgeltenden Tarifvertrages an ihn tarifrechtlich gebunden waren.[52] Es kommt nur darauf an, daß der Tarifvertrag bei Beendigung der Tarifgebundenheit für sie gilt. Die Weitergeltung bezieht sich auf alle **Arbeitsverhältnisse**, selbst wenn sie erst während der Weitergeltung **neu begründet** werden, sofern (auch) der andere Vertragsteil tarifgebunden ist oder durch Verbandsbeitritt die Tarifgebundenheit erlangt.[53] Anderenfalls könnte die Weitergeltung des Tarifvertrages durch abweichende Vereinbarungen umgangen werden. Im Rahmen von § 3 Abs. 2 spielt die Tarifgebundenheit des Arbeitnehmers keine Rolle.

b) Übrige Voraussetzungen der Tarifwirkungen. Die Weitergeltung **51** des Tarifvertrages tritt nur ein, wenn die übrigen Voraussetzungen der Tarifwirkung vorliegen.[54] Insbesondere muß die Tarifzuständigkeit und der

---

[50] Siehe BAG 4. 12. 1974 AP Nr. 2 zu § 3 TVG *(Wiedemann)* = SAE 1976, S. 81 *(Martens)*; BAG 5. 10. 1993 AP Nr. 42 zu § 1 BetrAVG Zusatzversorgungskassen *(Wiedemann/Müller)*; ebenso *B. Gaul*, NZA 1995, S. 717, 719; für eine analoge Anwendung aber *Birk*, AuR 1975, S. 312, 315 f.
[51] Siehe z.B. BAG 10. 11. 1993 AP Nr. 13 zu § 3 TVG Verbandszugehörigkeit; BAG 13. 7. 1994 AP Nr. 14 zu § 3 TVG Verbandszugehörigkeit *(Müller/Peters)*.
[52] *Kempen/Zachert*, § 3 TVG, Rnr. 25; *Löwisch/Rieble*, § 3 TVG, Rnr. 78.
[53] BAG 4. 8. 1993 AP Nr. 15 zu § 3 TVG = SAE 1994, S. 157 *(Rieble)*; *Dörner*, HzA, Gruppe 18/1, Rnr. 192; *Hoß/Liebscher*, Betrieb 1995, S. 2525, 2525; *Hueck/Nipperdey*, Arbeitsrecht II 1, § 23 B IV 3 b, S. 490; *Kempen/Zachert*, § 3 TVG, Rnr. 25; *Löwisch/Rieble*, § 3 TVG, Rnr. 78; *Nipperdey/Säcker*, AR-Blattei, Tarifvertrag III, 1972, D III 1; *Stein*, Tarifvertragsrecht, Rnr. 170.
[54] *Gamillscheg*, Kollektives Arbeitsrecht I, § 17 I 5 a, S. 724.

Geltungsbereich des Tarifvertrages unverändert bleiben.[55] Das Gesetz fingiert nur die fehlende Verbandsmitgliedschaft auf Zeit und stellt damit eine atypische Tarifgebundenheit her.[56] Insbesondere aus der Entstehungsgeschichte der Norm folgt, daß sie keine Auffangregelung für alle Fallgestaltungen schafft, in denen die Tarifgebundenheit an sich enden würde. Sie erfaßt nur die Fälle des Austritts, des Ausschlusses[57] oder einer einvernehmlichen Beendigung der Mitgliedschaft. Keine Anwendung findet sie hingegen, wenn die Mitgliedschaft aus anderen Gründen endet. § 3 Abs. 3 greift weder beim Tod[58] noch bei der Anfechtung der Mitgliedschaft[59] ein. Für die Arbeitgeberseite kann auf das mitgliedschaftlich vermittelte Fundament der Tarifgebundenheit ebenfalls nicht verzichtet werden; eine arbeitsplatzbezogene Auslegung der Vorschrift und der Rückgriff auf die „reale Betriebsgemeinschaft"[60] findet im Gesetz keine Stütze.

52 Ändert ein Unternehmen seine **Verbandszugehörigkeit**, so geht dem häufig eine **Änderung** des Hauptgeschäftszwecks und damit unter Umständen ein Verlust der **Tarifzuständigkeit** und des Betroffenseins vom tariflichen Geltungsbereich voraus. In einem solchen Falle greift § 3 Abs. 3 nicht ein,[61] da sonst für den Arbeitgeber, der aus seinem Verband austritt, aufgrund der Vorschrift eine stärkere Bindung an den Tarifvertrag als bei Andauern der Mitgliedschaft bestünde: während der Verbandszugehörigkeit entfällt die Tarifwirkung, wenn sich herausstellt, daß keine kongruente Tarifzuständigkeit der beiden vertragschließenden Verbände besteht oder wenn das Unternehmen vom Geltungsbereich des Tarifvertrages nicht mehr erfaßt wird.[62] Zu der Frage, ob die einschlägigen Tarifverträge gemäß § 4 Abs. 5 nachwirken, siehe oben § 2, Rnr. 79 f.

---

[55] Ebenso zur Tarifzuständigkeit BAG 26. 9. 1979 AP Nr. 17 zu § 613 a BGB *(Willemsen)* = EzA § 3 TVG Nr. 2 *(Gaul)* = SAE 1980, S. 63 *(Konzen)*; BAG 14. 6. 1994 AP Nr. 2 zu § 3 TVG Verbandsaustritt = SAE 1995, S. 75 *(Rieble)*; Hess. LAG, Betrieb 1997, 1723 (LS); *Bieback*, Betrieb 1989, S. 477, 478; *Kempen/Zachert*, § 3 TVG, Rnr. 26; *Konzen*, ZfA 1975, S. 401, 413 ff.; *Wiedemann*, RdA 1975, S. 78, 89; abweichend *Dutti*, BB 1968, S. 1335, 1337. Zum Geltungsbereich BAG 14. 6. 1994 AP Nr. 2 zu § 3 TVG Verbandsaustritt = SAE 1995, S. 75 *(Rieble)*; BAG, NZA 1998, S. 484, 486; *Dräger*, BB 1970, S. 1141, 1142; *Hueck/Nipperdey*, Arbeitsrecht II 1, § 27 IV 3, S. 539; *Kempen/Zachert*, § 3 TVG, Rnr. 26; *Konzen*, ZfA 1975, S. 401, 412; *Schaub*, Arbeitsrechts-Handbuch, § 206 II 3 b, S. 1724; abweichend LAG Bayern, ABlBayArbMin. 1958, Nr. 8, C 37.

[56] So im Anschluß auch BAG 4. 8. 1993 AP Nr. 15 zu § 3 TVG = SAE 1994, S. 157 *(Rieble)*; *Gamillscheg*, Kollektives Arbeitsrecht I, § 17 I 5 a, S. 724.

[57] BAG 6. 10. 1994 AP Nr. 2 zu § 1 BAT-O; *Kania*, Betrieb 1995, S. 625, 629 f.; *Koberski/Clasen/Menzel*, § 3 TVG, Rnr. 72; *Löwisch/Rieble*, § 3 TVG, Rnr. 79; *Nipperdey/Säcker*, AR-Blattei, Tarifvertrag III, 1972, D III 1.

[58] *Löwisch/Rieble*, § 3 TVG, Rnr. 80; a. A. *Gamillscheg*, Kollektives Arbeitsrecht I, § 17 I 4 b, S. 724.

[59] *Gamillscheg*, Kollektives Arbeitsrecht I, § 17 I 1 d, S. 713; *Löwisch/Rieble*, § 3 TVG, Rnr. 23 f., 80.

[60] So *Kempen/Zachert*, § 3 TVG, Rnr. 24.

[61] Zustimmend BAG, NZA 1998, S. 484, 486; *Gamillscheg*, Kollektives Arbeitsrecht I, § 17 I 2 b, S. 723; *Hromadka/Maschmann/Wallner*, Der Tarifwechsel, 1996, Rnr. 234.

[62] Für eine analoge Anwendung des § 3 Abs. 3 in dieser Konstellation jedoch *Däubler*, Tarifvertragsrecht, Rnr. 93 b; hiergegen mit Recht *Hromadka/Maschmann/Wallner*, Der Tarifwechsel, 1996, Rnr. 233; sowie oben § 2, Rnr. 78.

§ 3 Abs. 3 regelt nicht den Fall, in dem die Tarifvertragspartei während 53 der Laufzeit von Tarifverträgen ihre **Satzung ändert**.[63] Die Tarifvertragsparteien sind an ihre selbst geschlossenen Tarifverträge gebunden und können sich der Friedens- und Durchführungspflicht weder durch Änderung der Satzung noch durch Auflösung des Verbandes entziehen (dazu oben § 2, Rnr. 33 ff.).

c) Auflösung und Fusion der Tarifvertragspartei. Vom Austritt einzelner Mitglieder ist die **Auflösung des Verbandes** zu unterscheiden. Das Bundesarbeitsgericht lehnte es ab, die Auflösung des Verbandes dem individuellen Austritt gleichzustellen und verwarf sowohl eine unmittelbare als auch eine entsprechende Anwendung von § 3 Abs. 3.[64] Das tarifrechtliche Schrifttum ist indes mehrheitlich gegenteiliger Auffassung und befürwortet zumindest als Alternative zur fortbestehenden Tarifbindung des Liquidationsverbandes eine entsprechende Anwendung der Vorschrift.[65] Die Entstehungsgeschichte der Vorschrift legt zwar ein auf den individuellen Austritt bzw. Ausschluß beschränktes Verständnis nahe; es wird aber durch den Normzweck überlagert. Da § 3 Abs. 3 ein Entziehen von der Tarifgebundenheit verhindern soll, bedeutet es wertungsmäßig an sich keinen Unterschied, ob der Austritt aus dem Verband durch individuelle Erklärungen oder kollektiv durch Auflösung des Verbandes vollzogen wird. Wenn in dieser Konstellation § 3 Abs. 3 nicht angewendet wird, dann könnte die Norm durch die Verbandsmehrheit bereits dadurch unterlaufen werden, daß sie nicht individuell den Austritt erklärt, sondern die Auflösung des Verbandes beschließt. Nach dem hiesigen Ansatz fehlt indes die für einen Analogieschluß notwendige Regelungslücke, da die Verbandsauflösung nicht ipso iure zur Auflösung der Rechtsverhältnisse und damit auch nicht zu einer Beendigung des Tarifvertrages führt (siehe oben § 2, Rnr. 35 ff.).

Die hier befürwortete Auffassung besitzt auch bei einer **Fusion von** 55 **Arbeitgeberverbänden oder Gewerkschaften** Bedeutung. Ungeachtet der jeweiligen vereinsrechtlichen Unterschiede führt die Fusion zu einem neuen Verband oder die Aufnahme in einen bestehenden Verband grundsätzlich dazu, daß der bisherige Verband untergeht. Deshalb sind die entsprechenden Verbandsbeschlüsse mit einer Verbandsauflösung vergleichbar, so daß die Mitglieder des untergegangenen Verbandes tarifgebunden bleiben.[66] Für die sehr viel weitergehende Anerkennung einer „tarifrecht-

---

[63] BAG 26. 9. 1979 AP Nr. 17 zu § 613a BGB *(Willemsen)* = EzA § 3 TVG Nr. 2 *(Gaul)* = SAE 1980, S. 63 *(Konzen)*; Gamillscheg, Kollektives Arbeitsrecht I, § 17 VI 6, S. 790; Kempen/Zachert, § 3 TVG, Rnr. 26; a. A. Däubler, Tarifvertragsrecht, Rnr. 1522; Konzen, ZfA 1975, S. 401, 417; Kraft, in: Festschrift für Schnorr v. Carolsfeld (1972), S. 255, 267.
[64] BAG 15. 10. 1986 AP Nr. 4 zu § 3 TVG *(Wiedemann)* = SAE 1987, S. 201 *(v. Stebut)*; ebenso Gamillscheg, Kollektives Arbeitsrecht I, § 17 V 4, S. 789.
[65] So Buchner, RdA 1997, 259, 264 f.; Däubler, Tarifvertragsrecht, Rnr. 1521; ders., NZA 1996, S. 225, 233; Kempen, AuR 1990, S. 372, 374; Kempen/Zachert, § 3 TVG, Rnr. 39; Nipperdey/Säcker, AR-Blattei, Tarifvertrag III, 1972, D III 1; Ramm, Die Parteien des Tarifvertrages, 1961, S. 61, 66; Wiedemann, Anm. zu BAG AP Nr. 4 zu § 3 TVG.
[66] Ablehnend Rieble, AuR 1990, S. 365, 368. Zu den tarifrechtlichen Folgen der Verbandsauflösung für die Tarifverträge siehe oben § 2, Rnr. 33 ff.

lichen Gesamtrechtsnachfolge"[67] fehlen hinreichende Anknüpfungspunkte im geltenden Recht.[68] Die vorstehenden Grundsätze gelten uneingeschränkt für **nicht rechtsfähige Vereinigungen**, also vor allem für Gewerkschaften. Nur bei einer Verschmelzung **eingetragener Vereine**, in der Praxis also bei einer Fusion von Arbeitgeberverbänden (vgl. §§ 99 ff. UmwG)[69] kommt eine Gesamtrechtsnachfolge im Hinblick auf die Verbandsmitgliedschaft in Betracht, so daß sich die Mitgliedschaft im übertragenden Verein im übernehmenden Verein fortsetzt.[70] Allerdings setzt dies voraus, daß eine entsprechende Satzungsbestimmung[71] den Übergang der Mitgliedschaft ermöglicht.

56 **d) Unternehmensumstrukturierungen.** Kein Anwendungsfall des § 3 Abs. 3 ist die **Verschmelzung juristischer Personen**[72] oder der Wegfall der normativen Wirkung des Tarifvertrages infolge eines **Betriebsübergangs**, wenn der Erwerber nicht im Hinblick auf den bislang geltenden Tarifvertrag tarifgebunden ist (näher unten Rnr. 182 ff.). Aufgrund der Sonderregelung in § 613 a Abs. 1 Satz 2 bis 4 BGB fehlen für den Fall eines Betriebsüberganges die methodischen Voraussetzungen für eine lückenschließende Rechtsfortbildung, die in dieser Konstellation § 3 Abs. 3 entsprechend zur Anwendung gelangen läßt.[73]

3. Rechtsfolgen

57 **a) Personelle Reichweite.** Die gesetzlich angeordnete Weitergeltung des Tarifvertrages gilt **für Arbeitgeber und für Arbeitnehmer** gleichermaßen. Die Vorschrift wurde zwar ursprünglich geschaffen, um die Austrittsfreiheit des Arbeitgebers zu beschränken, ihr Normzweck greift aber auch ein, wenn sich der Arbeitnehmer der Bindung an den Tarifvertrag durch Verbandsaustritt zu entziehen sucht.[74]

58 **b) Tarifnormen.** Der Tarifvertrag ist aufgrund der fortbestehenden Tarifgebundenheit in vollem Umfang anzuwenden. Der Bezug von § 3 Abs. 3

---

[67] So *Kempen*, AuR 1990, S. 372, 374.
[68] Ebenfalls ablehnend *Hanau/Kania*, AuR 1994, S. 205, 208; *Reuter*, DZWir. 1993, S. 404, 408; *Rieble*, AuR 1990, S. 365, 367.
[69] Zugunsten einer entsprechenden Anwendung für nicht rechtsfähige Koalitionen *Rieble*, AuR 1990, S. 365, 369 ff.; *ders.*, Arbeitsmarkt und Wettbewerb, 1996, S. 557 ff.; hiergegen jedoch *Hanau/Kania*, AuR 1994, 205 ff.; *Oetker*, NJW 1991, S. 385, 390; *Reuter*, DZWir. 1993, S. 404 ff.; MünchKomm/*Reuter*, 3. Aufl. 1993, § 41 BGB, Rnr. 7 ff.
[70] Ebenso *Kempen/Zachert*, § 3 TVG, Rnr. 41.
[71] Siehe § 38 Satz 1 i. V. mit § 40 BGB.
[72] BAG 4. 12. 1974 AP Nr. 2 zu § 3 TVG (*Wiedemann*) = SAE 1976, S. 81 (*Martens*); BAG 5. 10. 1993 AP Nr. 42 zu § 1 BetrAVG Zusatzversorgungskassen (*Wiedemann/Müller*); *B. Gaul*, NZA 1995, S. 717, 719; *Löwisch/Rieble*, § 3 TVG, Rnr. 80; *Wiedemann/Müller*, Anm. zu BAG AP Nr. 42 zu § 1 BetrAVG Zusatzversorgungskassen; näher unten Rnr. 166.
[73] Ebenso *Kania*, Betrieb 1995, S. 625, 630; *Löwisch/Rieble*, § 3 TVG, Rnr. 81; *Zöllner/Loritz*, Arbeitsrecht, § 37 I 4, S. 413; i. E. auch *Kempen*, BB 1991, S. 2006, 2008; sowie unten Rnr. 186 m. w. N.
[74] Treffend *Däubler*, Tarifvertragsrecht, Rnr. 299; *Gamillscheg*, Kollektives Arbeitsrecht I, § 17 I 5 e, S. 529; *Hanau/Kania*, Betrieb 1995, S. 1229, 1231; *Löwisch/Rieble*, § 3 TVG, Rnr. 75.

auf Abs. 1 der Vorschrift hat zur Folge, daß die Fiktion der Tarifgebundenheit vor allem hinsichtlich solcher Bestimmungen ihre Rechtswirkungen entfaltet, an die die Mitglieder der Tarifvertragsparteien während ihrer Mitgliedschaft gebunden sind. Deshalb erstreckt sich die Wirkung von § 3 Abs. 3 jedenfalls auf den normativen Teil des Tarifvertrages.[75] Da § 3 Abs. 3 die Tarifgebundenheit für die Zeit nach dem Austritt fingiert, besitzen die Tarifnormen in diesem Zeitraum dieselbe Bindungswirkung wie vor dem Austritt; sie wirken gemäß § 4 Abs. 1 unmittelbar und zwingend für die beiderseits Tarifgebundenen.[76]

c) Schuldrechtlicher Teil. Für den schuldrechtlichen Teil des Tarifvertrages ist die fingierte Tarifgebundenheit grundsätzlich bedeutungslos, da er häufig nur Rechte und Pflichten der vertragschließenden Parteien regelt. Etwas anderes gilt jedoch, wenn die Bestimmungen im schuldrechtlichen Teil des Tarifvertrages **Rechte für die begünstigten Verbandsmitglieder** begründen sollen.[77] Auch die drittschützenden Vorschriften des schuldrechtlichen Teils des Tarifvertrages werden in die Tarifgebundenheit, die sich auf den gesamten Tarifvertrag erstreckt, einbezogen. Aus diesem Grund gilt die **tarifliche Friedenspflicht** ebenfalls für das ausgeschiedene Mitglied, soweit es hierdurch begünstigt wird.[78] Ein Arbeitskampf zur Erzwingung eines neuen Tarifvertrages während der Fortdauer der Tarifgebundenheit und damit der Fortgeltung des Tarifvertrages ist deshalb rechtswidrig.[79] Das ist insbesondere dann bedeutsam, wenn von dem ausgeschiedenen (Arbeitgeber-)Verbandsmitglied der Abschluß eines Firmentarifvertrages erzwungen werden soll. Eine personelle Begrenzung der Friedenspflicht auf die Verbandsangehörigen[80] widerspricht dem Sinnzusammenhang von Friedenspflicht und Bindung an die tarifvertraglich festgelegten Arbeitsbedingungen.

d) Stufentarifverträge. Besondere Probleme bereitet die fingierte Tarifgebundenheit bei Stufentarifverträgen, die sich stets durch eine vergleichsweise lange Laufzeit auszeichnen. Für den Anwendungsbereich von § 3

---

[75] Hierauf beschränkend *Bieback*, Betrieb 1989, S. 477, 481; *Däubler*, Tarifvertragsrecht, Rnr. 304; *Zachert*, in: Festschrift für Karl Kehrmann (1997), S. 335, 341.

[76] Siehe aber de lege ferenda *Beuthien/Meik*, Betrieb 1993, S. 1518 ff., die in Angleichung an § 4 Abs. 5 dafür plädieren, die zwingende Wirkung entfallen zu lassen; zustimmend *Adomeit*, Regelung von Arbeitsbedingungen und ökonomische Notwendigkeiten, 1996, S. 56, 70; *Reuter*, in: Festschrift für Günter Schaub (1998), S. 605, 621 f.

[77] Ähnlich *Gamillscheg*, Kollektives Arbeitsrecht I, § 17 I 5 f, S. 729.

[78] Ebenso im Ergebnis *Bauer*, in: Festschrift für Günter Schaub (1998), S. 19, 22 f.; *Bauer/Diller*, Betrieb 1993, S. 1085, 1085 f.; *Gamillscheg*, Kollektives Arbeitsrecht I, § 17 I 5 f, S. 729; *Hromadka/Maschmann/Wallner*, Der Tarifwechsel, 1996, Rnr. 242; *Matthes*, in: Festschrift für Günter Schaub (1998), S. 477, 478; *Nipperdey/Säcker*, AR-Blattei, Tarifvertrag III, 1972, E; *Reuter*, RdA 1996, S. 201, 208; a. A. LAG Rheinland-Pfalz, NZA-RR 1998, 131 f.; *Bieback*, Betrieb 1989, S. 477, 481; *Däubler*, Tarifvertragsrecht, Rnr. 304, 1509; *ders.*, ZTR 1994, S. 448, 452; *Zachert*, in: Festschrift für Karl Kehrmann (1997), S. 335, 341.

[79] So auch BAG 4. 5. 1955 AP Nr. 2 zu Art. 9 GG Arbeitskampf = SAE 1956, S. 12 *(Dietz)*; *Hromadka/Maschmann/Wallner*, Der Tarifwechsel, 1996, Rnr. 242; *Hueck/Nipperdey*, Arbeitsrecht II 2, § 49 B II 3, S. 1011 Anm. 37; *Konzen*, ZfA 1975, S. 401, 418; a. A. wohl *Däubler*, Tarifvertragsrecht, Rnr. 304.

[80] Hierfür vor allem *Bieback*, Betrieb 1989, S. 477, 481; *Däubler*, Tarifvertragsrecht, Rnr. 304; *Zachert*, in: Festschrift für Karl Kehrmann (1997), S. 335, 341 f.

Abs. 3 ist zwischen den unterschiedlichen Ausgestaltungen eines Stufentarifvertrages zu unterscheiden.[81] Wurden die jeweiligen Stufen in dem Tarifvertrag bereits abschließend geregelt, so daß es keiner weiteren (vollziehenden) Tarifverträge mehr bedarf, so unterliegt der gesamte Tarifvertrag selbst hinsichtlich seiner erst nach dem Austritt eintretenden Stufen dem Anwendungsbereich von § 3 Abs. 3. Das Verbandsmitglied kann sich der Automatik der Stufen bei einer solchen Ausgestaltung des Stufentarifvertrages nicht durch einen Verbandsaustritt entziehen.[82] Anders liegt der Fall, wenn für die Umsetzung des Stufentarifvertrages weitere (ausführende) Tarifverträge abgeschlossen werden müssen. In dieser Konstellation beschränkt sich die Tarifgebundenheit auf diejenigen Ausführungstarifverträge, die zur Zeit des Verbandsaustritts bereits vorlagen.[83] Zweifelhaft ist das allenfalls, wenn im schuldrechtlichen Teil des Tarifvertrages der Inhalt des späteren Stufentarifvertrages schon verbindlich festgelegt ist. Da hierdurch nur die Tarifvertragsparteien gebunden sind, werden die früheren Verbandsmitglieder von den nach ihrem Ausscheiden abgeschlossenen Tarifverträge nicht berührt.[84]

61 **e) Verbandsrechtliche Bindungen.** Die Anknüpfung an die Tarifgebundenheit bewirkt lediglich die Aufrechterhaltung der tarifrechtlichen Bindungen. Die verbandsrechtlichen Bindungen bleiben hiervon unbeeinflußt und werden durch § 3 Abs. 3 nicht verlängert. Anderenfalls hätte § 3 Abs. 3 nicht die Tarifgebundenheit, sondern die Mitgliedschaft in der Tarifvertragspartei aufrechterhalten müssen, was jedoch mit der Vereinigungsfreiheit (Art. 9 Abs. 1 GG) und der Koalitionsfreiheit (Art. 9 Abs. 3 GG) unvereinbar gewesen wäre. Die mitgliedschaftlichen Förder- und Loyalitätspflichten reichen – mit Ausnahme der nur in engen Grenzen anzuerkennenden nachwirkenden Loyalitätspflichten – nicht über das Ende der Mitgliedschaft hinaus (siehe auch oben Rnr. 13).

4. Beendigung der fingierten Tarifgebundenheit

62 **a) Relativität der Beendigung.** Das Gesetz dehnt die Tarifgebundenheit und damit die Weitergeltung des Tarifvertrages bis zum **Ende des Tarifvertrages** aus. Erstens steht damit fest, daß das ausgeschiedene Mitglied nicht an die nach Beendigung seiner Mitgliedschaft abgeschlossenen Tarifverträge gebunden ist.[85] Zweitens zwingt der Wortlaut des § 3 Abs. 3 zu einer isolierten Betrachtung des jeweiligen Tarifvertrages, an den das Mitglied im Zeitpunkt der Beendigung der Verbandsmitgliedschaft gebunden war. Das ist insbesondere dann von Bedeutung, wenn das ausgeschiedene Mitglied an **mehrere Tarifverträge** gebunden war, wie dies bereits aufgrund der regelungstechnischen Trennung von Manteltarifvertrag und Entgelttarifvertrag häufig der Fall ist. Da § 3 Abs. 3 auf den Singular abstellt, tritt

---

[81] Ohne Differenzierungen für eine Bindung des ausgeschiedenen Mitgliedes *Gamillscheg*, Kollektives Arbeitsrecht I, § 17 I 5 d, S. 728.
[82] Wie hier *Däubler*, NZA 1996, S. 225, 227; *Hanau/Kania*, Betrieb 1995, S. 1229, 1231 f.; *Lieb*, NZA 1994, S. 337, 337 f.; *Schwab*, BB 1994, S. 781, 782.
[83] Ebenso *Hanau/Kania*, Betrieb 1995, S. 1229, 1233.
[84] A. A. jedoch *Hanau/Kania*, Betrieb 1995, S. 1229, 1231.
[85] *Gamillscheg*, Kollektives Arbeitsrecht I, § 17 I 5b, S. 726; *Löwisch/Rieble*, § 3 TVG, Rnr. 86; zu Änderungstarifverträgen siehe unten Rnr. 70 ff.

die Beendigung der Tarifgebundenheit nicht zwingend einheitlich für alle im Zeitpunkt des Ausscheidens anwendbaren Tarifverträge ein, sondern kann z. B. für den Entgelttarifvertrag aufgrund seiner kürzeren Laufzeit zu bejahen, für den Manteltarifvertrag hingegen zu verneinen sein.[86] Ein anderes Ergebnis kommt nur in Betracht, wenn die Tarifverträge trotz ihrer formalen Selbständigkeit in einem untrennbaren Sachzusammenhang zueinander stehen.[87]

b) Beendigung durch Zeitablauf und Kündigung. Die Tarifgebundenheit endet stets, wenn eine Beendigung des Tarifvertrages vorliegt.[88] Unproblematisch ist die rechtliche Behandlung eines **auf bestimmte Zeit** abgeschlossenen Tarifvertrages, der ersatzlos mit Erreichen seines Endtermins abläuft. Mit diesem Zeitpunkt endet auch die Tarifgebundenheit.[89]

aa) Verlängerung befristeter Tarifverträge. Einer Beendigung des Tarifvertrages i. S. von § 3 Abs. 3 steht es nicht entgegen, wenn der befristete Tarifvertrag nach dem Austritt von den Tarifvertragsparteien über sein zunächst vorgesehenes Ende hinaus verlängert wird. In einem derartigen Fall handelt es sich wertungsmäßig um einen Neuabschluß, der nach dem Zweck von § 3 Abs. 3 nicht von der fingierten Tarifgebundenheit erfaßt ist.[90] Die Vorschrift soll lediglich verhindern, daß sich die Mitglieder der Tarifvertragsparteien durch Austritt aus dem Verband von den Wirkungen eines Tarifvertrages befreien können. Von Rechtssetzungsakten der Tarifvertragsparteien, die zeitlich nach dem Ausscheiden aus dem Verband liegen, soll das ausgeschiedene Mitglied hingegen nicht mehr betroffen werden.

Von der Verlängerung eines befristeten Tarifvertrages, der auf einer konstitutiven Willensschließung der Tarifvertragsparteien beruht, ist die **automatische Verlängerung** zu unterscheiden, die stets dann eintritt, wenn der Tarifvertrag nicht vor seinem Ablauf und einer ggf. zu beachtenden Kündigungsfrist gekündigt wird. In dieser Konstellation tritt die Verlängerung des Tarifvertrages bereits aufgrund des Regelungsgefüges („Normprogrammes") ein, den der Tarifvertrag bereits vor dem Verbandsaustritt besaß. Das Unterlassen der Kündigung ist keine Rechtssetzung. Die ausgeschiedenen Verbandsmitglieder bleiben daher an den Tarifvertrag gebunden, bis die Ausübung des Kündigungsrechts die Verlängerungsautomatik außer Kraft setzt.[91]

---

[86] Ebenso *Bieback*, Betrieb 1989, S. 477, 481; *Däubler*, ZTR 1994, S. 448, 450; *Stein*, Tarifvertragsrecht, Rnr. 169. Für einen Gleichlauf jedoch de lege ferenda der Vorschlag der Monopolkommission in ihrem 10. Hauptgutachten, vgl. BT-Drucks. 12/8323, S. 379.
[87] Ebenso *Gamillscheg*, Kollektives Arbeitsrecht I, § 17 I 5 d, S. 728.
[88] Zu den Beendigungstatbeständen siehe unten § 4, Rnr. 10 ff.
[89] *Gamillscheg*, Kollektives Arbeitsrecht I, § 17 I 5 d, S. 727; *Koberski/Clasen/Menzel*, § 3 TVG, Rnr. 72; *Maus*, § 3 TVG, Rnr. 51; *Rewolle*, Betrieb 1950, S. 11.
[90] Für die allg. Ansicht *A. Hueck*, BB 1949, S. 354, 356; *Hueck/Nipperdey*, Arbeitsrecht II 1, § 23 B V 3 c, S. 491; *Kempen/Zachert*, § 3 TVG, Rnr. 31; *Maus*, § 3 TVG, Rnr. 51; *Nikisch*, Arbeitsrecht II, § 71 IV 3 b, S. 272; *Nipperdey/Säcker*, AR-Blattei, Tarifvertrag III, 1972, D III 2; *Rewolle*, Betrieb 1950, S. 11; *Schnorr v. Carolsfeld*, Arbeitsrecht, § 2 B V 2 b, S. 68.
[91] Ebenso *A. Hueck*, BB 1949, S. 354, 356; *Hueck/Nipperdey*, Arbeitsrecht II 1, § 23 V 3 c, S. 491 Anm. 47; *Kaskel/Dersch*, Arbeitsrecht, § 14 II 3 c, S. 63; *Kempen/Zachert*, § 3 TVG, Rnr. 31; *Koberski/Clasen/Menzel*, § 3 TVG, Rnr. 72; *Maus*, § 3 TVG, Rnr. 53; *Nikisch*, Arbeitsrecht II, § 71 IV 3 b, S. 272; *Nipperdey/Säcker*, AR-

66 bb) Unbefristete Tarifverträge. Bei **unbefristeten Tarifverträgen** tritt eine Beendigung der Tarifgebundenheit erst ein, wenn der Tarifvertrag durch Kündigung[92] oder Aufhebung endet. Da das Gesetz auf das Ende des Tarifvertrages abstellt, kommt es nicht auf den Zeitpunkt an, zu dem der Tarifvertrag nach dem Ausscheiden aus dem Verband frühestens enden könnte. Das Ende der Tarifgebundenheit tritt deshalb bei unbefristeten Tarifverträgen **nicht mit dem** nach Beendigung der Mitgliedschaft **nächstmöglichen Kündigungszeitpunkt** ein.[93] Dieser Gesichtspunkt ist zwar im Nachhaftungsrecht (Erbenhaftung, früher bei der Haftung ausgeschiedener Personengesellschafter) für Verbindlichkeiten aus Dauerschuldverhältnissen bekannt und dient einer Haftungsbegrenzung.[94] Er läßt sich wegen der völlig unterschiedlichen Wertungsgrundlagen aber nicht für eine Begrenzung der fingierten Tarifgebundenheit heranziehen, da er dem Zweck der Vorschrift zuwiderläuft. Sie ist gerade geschaffen worden, um die Tarifgebundenheit bis zum Ende des Tarifvertrages aufrechtzuerhalten. Aus Sicht der Koalitionsfreiheit tritt hierdurch grundsätzlich keine unverhältnismäßige Bindung ein. Für die Verhinderung einer mit Art. 9 Abs. 3 Satz 1 GG unvereinbaren „Ewigkeitsbindung" ist der Rückgriff auf den nächstmöglichen Kündigungszeitpunkt ungeeignet, da er bereits zu einem sehr viel früheren Zeitpunkt zum Ende der fingierten Tarifgebundenheit führen könnte. Die in § 3 Abs. 3 enthaltene Formulierung ist darüber hinaus vor dem Hintergrund der rechtspolitischen Diskussionen in der Weimarer Zeit zu sehen. § 13 Abs. 2 des Referentenentwurfs des Reicharbeitsministeriums vom Mai 1931 stellte für das Ende der fingierten Tarifgebundenheit ausdrücklich auf den frühesten Kündigungstermin nach dem Ausscheiden ab.[95] Diese Regelung griff der Gesetzgeber jedoch nicht auf, sondern entschied sich bewußt für das Ende des Tarifvertrages als zeitliche Grenze.

67 cc) Zeitpunkt der Beendigung. Die **Tarifgebundenheit endet** bei befristeten Tarifverträgen mit Eintritt des Endtermins; bei unbefristeten Tarifverträgen mit Ablauf der Kündigungsfrist, sofern eine solche einzuhalten ist.[96] Der Zeitpunkt des Ausspruchs oder des Zugangs der Kündigungserklärung ist in der letztgenannten Konstellation für das Ende der Tarifgebundenheit bedeutungslos. Da die Kündigung als einseitig empfangsbedürftige Wil-

---

Blattei, Tarifvertrag III, 1972, D III 2 a; *Rewolle,* Betrieb 1950, S. 11; a. A. der Sache nach Löwisch/*Rieble,* § 3 TVG, Rnr. 74.
[92] Eine Teilkündigung soll für die Beendigung der Tarifbindung nicht ausreichen; so *Dörner,* HzA, Gruppe 18/1, Rnr. 193.
[93] So auch *Däubler,* ZTR 1994, S. 448, 449f.; *ders.,* NZA 1996, S. 225, 226; Hanau/Kania, Betrieb 1995, S. 1229, 1232; Hoß/Liebscher, Betrieb 1995, S. 2525, 2525f.; Kempen/Zachert, § 3 TVG, Rnr. 31; *Nikisch,* Arbeitsrecht II, § 71 IV 3 b, S. 272; *Stein,* Tarifvertragsrecht, Rnr. 173; a. A. jedoch *Bauer,* in: Festschrift für Günter Schaub (1998), S. 19, 24; Bauer/Diller, Betrieb 1993, S. 1085, 1086; *Dahlbender,* Der Austritt des Arbeitgebers aus seinem Verband zwecks Loslösung von Tarifverträgen, Diss. Bonn 1995, S. 35, 58ff.; *Frieges,* Betrieb 1996, S. 1281, 1281; *Hanau,* RdA 1998, S. 65, 69; *Lieb,* NZA 1994, S. 337, 337; Löwisch/*Rieble,* § 3 TVG, Rnr. 74; *Schwab,* BB 1994, S. 781, 781; *Walker,* ZfA 1996, S. 353, 380f.
[94] Näher *Oetker,* Das Dauerschuldverhältnis und seine Beendigung, 1994, S. 641 ff.
[95] Siehe oben Geschichte, Rnr. 14.
[96] *Gamillscheg,* Kollektives Arbeitsrecht I, § 17 I 5 d, S. 727; *Rewolle,* DB 1950, S. 11.

lenserklärung ihre Rechtswirkungen mit dem Zugang entfaltet, kann sie ab diesem Zeitpunkt weder widerrufen noch zurückgenommen werden. Eine derartige Erklärung ist, wenn die andere Partei ihr Einverständnis bekundet, als Erneuerung des Tarifvertrages auszulegen, die jedoch die Beendigung des gekündigten Tarifvertrages unberührt läßt.[97] Die Tarifgebundenheit endet dann mit Ablauf der ursprünglichen Kündigungsfrist.[98] Ein Widerruf der Kündigungserklärung ist nur bis zu ihrem Zugang rechtswirksam möglich (§ 130 Abs. 1 Satz 2 BGB); in diesem Fall endet der Tarifvertrag nicht, so daß auch die Tarifgebundenheit aufrechterhalten bleibt.[99]

dd) Maximale Bindungsdauer. Im Hinblick auf die negative Koalitionsfreiheit der ausgeschiedenen Verbandsmitglieder liegen mehrere Ansätze vor, um die Bindungsdauer zu begrenzen. Nach der Ansicht von *Biedenkopf*,[100] der sich hierfür auf das amerikanische Recht beruft, kann ein unbefristeter Tarifvertrag den ausgeschiedenen Arbeitnehmer nur für die Dauer von zwei Jahren nach dem Abschluß des Tarifvertrages binden. Nach diesem Zeitpunkt sei er für den ausgeschiedenen Arbeitnehmer wie ein beendeter Tarifvertrag i. S. von § 4 Abs. 5 zu behandeln. Die Weitergeltung richte sich nach der arbeitsrechtlichen „Legislaturperiode", die er anhand der damals geltenden Wahlperiode des Betriebsrates auf zwei Jahre bemißt. Für eine derart willkürliche Beendigung der Weitergeltung des Tarifvertrages fehlt im deutschen Recht de lege lata indes jeder Anhaltspunkt.[101]

De lege ferenda ist eine Zeitschranke für die fingierte Tarifgebundenheit jedoch zu erwägen, sie erweist sich insbesondere für Tarifverträge mit langen Laufzeiten als sinnvoll und notwendig.[102] Dementsprechend hat auch die Monopolkommission (§ 24b GWB) in ihrem 10. Hauptgutachten 1992/1993 eine Schranke für die durch § 3 Abs. 3 bewirkte Bindung an den Tarifvertrag gefordert, als Grenze allerdings keinen Zeitraum vorgeschlagen, sondern dafür plädiert, daß mit Ablauf des Lohn- und Gehaltstarifvertrages jede sonstige tarifvertragliche Bindung enden soll.[103] **De lege lata** bietet das Sonderkündigungsrecht in § 624 BGB[104] nur einen vagen Anhaltspunkt, da die Vorschrift einen Zweck besitzt, der auf die hiesige Problematik nur schwer übertragbar ist. Näher liegt die Heranziehung der **Zwei-Jahres-Grenze** in § 39 Abs. 2 BGB, die eine Antwort auf die von der Rechtsordnung noch akzeptierten Perpetuierungsinteressen von Vereinen gibt. Wenn sie im Hin-

---

[97] A. A. *Däubler*, Tarifvertragsrecht, Rnr. 300.
[98] *Maus*, § 3 TVG, Rnr. 52; *Nikisch*, Arbeitsrecht II, § 71 IV 3b, S. 272 Anm. 40; a. A. *Kempen*/Zachert, § 3 TVG, Rnr. 31.
[99] Zutreffend *Kempen*/Zachert, § 3 TVG, Rnr. 31.
[100] Grenzen der Tarifautonomie, 1964, S. 232.
[101] Treffend *Richardi*, Kollektivgewalt, S. 223 f.; ebenfalls ablehnend *Nipperdey*/Säcker, AR-Blattei, Tarifvertrag III, 1972, D III 2a.
[102] Ebenso de lege ferenda *Nipperdey*/Säcker, AR-Blattei, Tarifvertrag III, 1972, D III 2a; siehe auch *Konzen*, NZA 1995, S. 913, 920, der eine zeitliche Begrenzung auf höchstens ein Jahr vorschlägt.
[103] BT-Drucks. 12/8323, S. 379 unter Nr. 947.
[104] Hierfür *Däubler*, NZA 1996, S. 225, 227; *Hanau*/Kania, Betrieb 1995, S. 1229, 1230; sowie *Löwisch*/Rieble, § 1 TVG, Rnr. 128, der den Rückgriff auf § 624 BGB jedoch auf die Dauer von Tarifverträgen bezieht und den Tarifvertragsparteien ein Sonderkündigungsrecht einräumt.

blick auf die negative Koalitionsfreiheit seitens der Rechtsprechung schon auf sechs Monate verkürzt wurde,[105] so zeigt dies, daß zumindest die Bindung an die vom Verband erzeugten Normen die Zwei-Jahres-Grenze nicht überschreiten darf.

70 **c) Nachträgliche Änderungen.** Da § 3 Abs. 3 verhindern soll, daß sich die Verbandsmitglieder durch Austritt aus dem Verband der Tarifgebundenheit entziehen (siehe oben Rnr. 46) bewirkt die Norm lediglich eine Bindung an den Tarifvertrag in seiner zur Zeit des Austritts geltenden Fassung. Nach Austritt vereinbarte Änderungen und Ergänzungen des Tarifvertrages entfalten für die früheren Mitglieder keine Rechtswirkungen. Die früher vereinzelt vertretene gegenteilige Auffassung, die die Tarifgebundenheit auch auf spätere Änderungen des Tarifvertrages erstreckt,[106] ist zwar noch mit dem Wortlaut der Vorschrift vereinbar, da der Tarifvertrag bei formaler Betrachtung nicht endet, sie widerspricht aber dem Normzweck, weil die ausgeschiedenen Verbandsmitglieder ohne mitgliedschaftliche Legitimation der Normsetzungsmacht der Tarifvertragsparteien unterworfen würden. Sie wurde später von *Nipperdey* selbst aufgegeben[107] und findet heute keine Anhänger mehr.[108]

71 **aa) Nicht zur Beendigung führende Sachverhalte.** Keine Bindungswirkung entfalten nach dem Austritt vereinbarte Tarifbestimmungen, die im Hinblick auf den zur Zeit des Austritts geltenden Tarifvertrag lediglich als **authentische Interpretation** oder **Klarstellung** bereits bestehender Tarifbestimmungen zu bewerten sind. Da es sich bei ihnen um „echte" Tarifbestimmungen handelt,[109] sind die ausgeschiedenen Mitglieder an sie ebensowenig wie an nach Austritt vereinbarte **Protokollnotizen** gebunden.[110] Eine andere Frage ist es, ob derartige, nach dem Austritt vereinbarte tarifliche Regelungen dazu führen, daß der bei Austritt bestehende Tarifvertrag i. S. von § 3 Abs. 3 endet. Dies lehnt die allgemeine Ansicht mit Recht ab, weil die vorgenannten Tarifbestimmungen zum Ausdruck bringen, daß der Tarifvertrag in seiner bisherigen Fassung unverändert bleiben soll.[111]

72 Schwierigkeiten bereitet die Frage, ob **spätere Änderungen** des Tarifvertrages dazu führen, daß im Rahmen von § 3 Abs. 3 eine **Beendigung des Tarifvertrages** vorliegt. Der Wortlaut der Vorschrift spricht gegen eine generelle Gleichstellung der Änderung mit einer Beendigung. Allerdings

---

[105] Siehe BGH 4. 7. 1977 AP Nr. 25 zu Art. 9 GG *(Grunsky)*; BGH, NJW 1981, S. 340, 341.
[106] So noch Hueck/*Nipperdey*, Arbeitsrecht II, 6. Aufl. 1957, § 23 B V 3 c, S. 345 f.
[107] Hueck/*Nipperdey*, Arbeitsrecht II 1, § 23 B V 3 c, S. 492.
[108] Ablehnend die einhellige Ansicht, siehe z.B. *Kempen*/Zachert, § 3 TVG, Rnr. 32; *Schaub*, Arbeitsrechts-Handbuch, § 206 II 3 c, S. 1724; *Schnorr v. Carolsfeld*, Arbeitsrecht, § 2 B V 2 b, S. 68.
[109] So treffend bereits *Herschel*, BB 1952, S. 258.
[110] *Kempen*/Zachert, § 3 TVG, Rnr. 32; a.A. Hueck/*Nipperdey*, Arbeitsrecht II 1, § 23 B V 3 c, S. 491 Anm. 48; *Nikisch*, Arbeitsrecht II, § 71 IV 3 c, S. 273.
[111] *Däubler*, Tarifvertragsrecht, Rnr. 300; *Gamillscheg*, Kollektives Arbeitsrecht I, § 17 I 5 d, S. 728; *Hoß*/Liebscher, Betrieb 1995, S. 2525, 2526; *Kempen*/Zachert, § 3 TVG, Rnr. 32; *Nipperdey*/Säcker, AR-Blattei, Tarifvertrag III, 1972, D III 2 b; *Stein*, Tarifvertragsrecht, Rnr. 174; sowie diejenigen Autoren, die sogar eine fortbestehende Tarifgebundenheit bezüglich dieser Bestimmungen bejahen.

dürfen spätere Änderungen im tarifvertraglichen Regelungsgefüge nicht unberücksichtigt bleiben: wenn der bei Beendigung der Mitgliedschaft geltende Tarifvertrag durch spätere Änderungen nicht enden würde, so müßte sich die Tarifgebundenheit auf die zur Zeit des Austritts geltende Fassung des Tarifvertrages beschränken.[112] Dieses Resultat wird im Schrifttum zumindest dann verbreitet befürwortet, wenn die Änderung Sachverhalte regelt, die der Tarifvertrag in seiner bisherigen Fassung nicht strukturierte und die ihn damit ergänzen.[113] Werden hingegen Vorschriften des bisherigen Tarifvertrages geändert, so wird im neueren Schrifttum eine teilweise Beendigung des Tarifvertrages erwogen, die sich auf die geänderten Vorschriften beschränkt und unter dem Vorbehalt steht, daß die unveränderten Bestimmungen einen sinnvollen Inhalt ergeben.[114] Überwiegend wird bezüglich derartiger Änderungen indes die gegenteilige Auffassung befürwortet, die ein Ende der Tarifgebundenheit hinsichtlich des gesamten Tarifvertrages bejaht.[115]

Für die Lösung der vorstehend skizzierten Problematik ist zunächst festzuhalten, daß die Beendigung des Tarifvertrages und damit das Ende der Tarifgebundenheit für das ausgeschiedene Verbandsmitglied dann nicht in Frage steht, wenn der „Änderungstarifvertrag" zu einem Zeitpunkt abgeschlossen wird, zu dem der bei Austritt geltende Tarifvertrag infolge Zeitablaufs oder Kündigung bereits sein Ende gefunden hatte. In dieser Konstellation liegt selbst dann ein Neuabschluß des gesamten Tarifvertrages vor, wenn der abgelaufene Tarifvertrag als Grundlage gewählt wird, lediglich einzelne seiner Vorschriften modifiziert oder ergänzt werden und ein rückwirkendes Inkrafttreten angeordnet wird. Die Rückwirkung beseitigt nicht die zuvor eingetretene Beendigung des Tarifvertrages und das Ende der fingierten Tarifgebundenheit.

Die im Schrifttum kontrovers diskutierte Frage, wann die Änderung eines Tarifvertrages als Beendigung i. S. von § 3 Abs. 3 zu bewerten ist, stellt sich nur, wenn der Änderungstarifvertrag noch **während der Laufzeit** eines ungekündigten Tarifvertrages abgeschlossen wird. Praktisch relevant ist das vor allem bei unbefristeten Tarifverträgen. In diesen Fällen liegt in der Praxis jedoch regelmäßig eine **Kündigung des Tarifvertrages** vor, die zumeist schon deshalb ausgesprochen wird, um nach Ablauf der Kündigungsfrist den Abschluß des Änderungstarifvertrages notfalls mittels eines Arbeitskampfes

---

[112] So wohl *Nipperdey/Säcker*, AR-Blattei, Tarifvertrag III, 1972, D III 2 b.
[113] So *Däubler*, Tarifvertragsrecht, Rnr. 300; *Gamillscheg*, Kollektives Arbeitsrecht I, § 17 I 5 d, S. 728; *A. Hueck*, BB 1949, S. 354, 356; *Hoß/Liebscher*, Betrieb 1995, S. 2525, 2526; *Maus*, § 3 TVG, Rnr. 56; *Nikisch*, Arbeitsrecht II, § 71 IV 3 c, S. 273; a. A. *Hueck/Nipperdey*, Arbeitsrecht II 1, § 23 B V 3 c, S. 492 Anm. 50.
[114] Hierfür *Däubler*, Tarifvertragsrecht, Rnr. 300; *ders.*, NZA 1996, S. 225, 227; *Gamillscheg*, Kollektives Arbeitsrecht I, § 17 I 5 d, S. 728; *Kempen/Zachert*, § 3 TVG, Rnr. 32; *Löwisch/Rieble*, § 3 TVG, Rnr. 86; *Schaub*, BB 1994, S. 2005, 2006; *Schwab*, BB 1994, S. 781, 781.
[115] So vor allem *Bauer*, in: Festschrift für Günter Schaub (1998), S. 19, 24; *Hanau/Kania*, Betrieb 1995, S. 1229, 1232; *Hoß/Liebscher*, Betrieb 1995, S. 2525, 2526; *Hromadka/Maschmann/Wallner*, Der Tarifwechsel, 1996 Rnr. 241; *Nikisch*, Arbeitsrecht II, § 71 IV 3 c, S. 273 f.; *Schnorr v. Carolsfeld*, Arbeitsrecht, § 2 B V 2 b, S. 68; *Stein*, Tarifvertragsrecht, Rnr. 174; im Grundsatz auch *A. Hueck*, BB 1949, S. 354, 356, sofern nicht eine unerhebliche Änderung vorliegt.

erzwingen zu können. In einer solchen Konstellation endet der Tarifvertrag und damit die Tarifgebundenheit des ausgeschiedenen Verbandsmitgliedes stets mit Ablauf der Kündigungsfrist, sofern eine solche vereinbart wurde. Das gilt selbst dann, wenn der Änderungstarifvertrag zwar nach dem Verbandsaustritt, aber vor Ablauf der Kündigungsfrist des gekündigten Tarifvertrages abgeschlossen wird.

75 **bb) Zur Beendigung führende Sachverhalte.** Liegt hingegen **keine Kündigung** des Tarifvertrages vor, dann ist seine Beendigung im Sinne von § 3 Abs. 3 nur zu erwägen, wenn die Tarifvertragsparteien durch Abschluß des neuen Tarifvertrages **in das Regelungsgefüge** des bei Beendigung der Mitgliedschaft geltenden Tarifvertrages **eingegriffen** haben. Der Zweck von § 3 Abs. 3 erzwingt in dieser Situation ein Ende der Tarifgebundenheit, da die Vorschrift lediglich verhindern soll, daß sich die Verbandsmitglieder durch den Austritt von ihrer Tarifgebundenheit und damit von den Rechtswirkungen des aktuellen Tarifvertrages entledigen können. In dem Augenblick, wo die Tarifvertragsparteien in das Regelungsgefüge des Tarifvertrages eingreifen, erneuern sie zugleich ihren Willen, daß der Tarifvertrag in seinen hiervon nicht berührten Teilen unverändert bleiben soll; dies ist einem Neuabschluß gleichzustellen.

76 Deshalb liegt ein Ende des Tarifvertrages i. S. von § 3 Abs. 3 stets dann vor, wenn die Tarifvertragsparteien die Regelungen in dem bisherigen Tarifvertrag **inhaltlich verändern**, wobei es belanglos ist, ob es sich um eine erhebliche oder unerhebliche Änderung des Tarifvertrages handelt.[116] Eine fortbestehende Tarifgebundenheit hinsichtlich der unverändert gebliebenen Tarifbestimmungen kommt nicht in Betracht.[117] Gegen eine derartige Aufspaltung des Tarifvertrages ist seine konzeptionelle Geschlossenheit anzuführen. Indem die Tarifvertragsparteien einzelne Tarifbestimmungen unverändert lassen, erneuern sie zugleich ihren Willen, daß es sich bei der gesamten tarifvertraglichen Regelung um einen angemessenen Ausgleich der Interessen handelt, so daß das Herauslösen einzelner Bestimmungen diesen Ausgleich zerstört. Auch die Rechtssicherheit spricht gegen eine isolierte Bindung an einzelne Tarifbestimmungen.[118] Die hierfür bestehenden Gefahren werden vor allem dann deutlich, wenn nicht der vom Gesetzgeber in den Mittelpunkt gerückte Normalfall eines Verbandsaustritts des Arbeitgebers, sondern der gleichfalls von § 3 Abs. 3 erfaßte Fall eines Verbandsaustritts des Arbeitnehmers betrachtet wird. In einer solchen Situation würde der Tarifvertrag in dem Betrieb in unterschiedlichen Fassungen unmittelbar und zwingend wirken, je nach dem, wann einzelne Arbeitnehmer aus dem Verband ausge-

---

[116] So mit Recht Hueck/*Nipperdey*, Arbeitsrecht II 1, § 23 B V 3 c, S. 492 Anm. 50; wohl auch *Maus*, § 3 TVG, Rnr. 55; a. A. *Bieback*, Betrieb 1989, S. 477, 479; *Gerhards*, BB 1995, S. 1290, 1292; *Rewolle*, Betrieb 1950, S. 11; im Ansatz auch A. *Hueck*, BB 1949, S. 354, 356.
[117] Ebenso Hueck/*Nipperdey*, Arbeitsrecht II 1, § 23 B V 3 c, S. 492 Anm. 50; sowie die Nachweise oben in Fn. 115.
[118] Dies heben im Ansatz BAG 18. 3. 1992 AP Nr. 13 zu § 3 TVG *(Löwisch/Rieble)* = EzA § 4 TVG Nachwirkung Nr. 14 *(Oetker)* = SAE 1993, S. 132 *(Krebs)*; *Hanau/Kania*, Betrieb 1995, S. 1229, 1232, mit Recht hervor; ablehnend jedoch *Däubler*, ZTR 1994, S. 448, 450; *Schwab*, BB 1994, S. 781, 781 f.

treten sind. Insbesondere Tarifverträge mit häufigen Änderungen (z.B. Bundesangestelltentarifvertrag) liefern für die hieraus für die Rechtssicherheit resultierenden Gefahren ein anschauliches Beispiel.

Schwierigkeiten bereitet die Fallgestaltung, in der die Tarifvertragsparteien 77 durch den nach Beendigung der Mitgliedschaft abgeschlossenen Tarifvertrag nicht einzelne Tarifbestimmungen verändern, sondern den Tarifvertrag um **neue Regelungen** ergänzen, die Sachverhalte strukturieren, die von dem Tarifvertrag bislang nicht erfaßt wurden. Die besseren Gründe sprechen dafür, den Eingriff in das tarifliche Regelungsgefüge einer Beendigung des Tarifvertrages i.S. von § 3 Abs. 3 gleichzustellen. Durch ihn haben die Tarifvertragsparteien deutlich zum Ausdruck gebracht, daß der gesamte Tarifvertrag mit Inkrafttreten des ergänzenden Tarifvertrages in einer geänderten Fassung gelten soll. Wenn sie hiervon abweichen wollen, so müssen sie einen selbständigen Tarifvertrag abschließen, der den bei Beendigung der Mitgliedschaft geltenden Tarifvertrag unberührt läßt.

d) Nachwirkung. Wenn der Tarifvertrag im Sinne von § 3 Abs. 3 endet, 78 schließt sich nach vorherrschender Ansicht die Nachwirkung nach § 4 Abs. 5 an.[119] Sie gilt aufgrund einer entsprechenden Anwendung der letztgenannten Vorschriften auch für denjenigen, dessen Bindung an den Tarifvertrag durch § 3 Abs. 3 aufrechterhalten wurde. Diese Ansicht entspricht der gefestigten höchstrichterlichen Rechtsprechung[120] und der überwiegenden Auffassung im Schrifttum.[121] Die teilweise geäußerte gegenteilige Ansicht bewertet § 3 Abs. 3 indes als eine abschließende Sonderregelung, so daß für eine lückenschließende Rechtsfortbildung die methodische Grundlage fehlt. Das Ende des Tarifvertrages markiere im Fall des Verbandsaustritts den äußersten Zeitpunkt, bis zu dem der Tarifvertrag in der Lage sei, das Arbeitsverhältnis normativ zu gestalten.[122] Dieser Rechtsansicht schloß sich gleichfalls die Monopolkommission in ihrem 10. Hauptgutachten an und empfahl eine Klar-

---

[119] Dazu auch unten zu § 4, Rnr. 338f.
[120] So BAG 14. 2. 1991 AP Nr. 10 zu § 3 TVG; BAG 18. 3. 1992 AP Nr. 13 zu § 3 TVG *(Löwisch/Rieble)* = EzA § 4 TVG Nachwirkung Nr. 14 *(Oetker)* = SAE 1993, S. 132 *(Krebs)*; BAG 2. 12. 1992 AP Nr. 14 zu § 3 TVG; BAG 5. 10. 1993 AP Nr. 42 zu § 1 BetrAVG Zusatzversorgungskasse *(Wiedemann/Müller)*; BAG 13. 7. 1994 AP Nr. 14 zu § 3 TVG Verbandszugehörigkeit *(Müller/Peters)*; BAG 13. 12. 1995 AP Nr. 3 zu § 3 TVG Verbandsaustritt *(Rieble)*.
[121] So z.B. *Bieback*, Betrieb 1989, S. 477, 478; *Däubler*, ZTR 1994, S. 448, 451; *ders.*, Tarifvertragsrecht, Rnr. 301; *ders.*, NZA 1996, S. 225, 227f.; *Dahlbender*, Der Austritt des Arbeitgebers aus seinem Verband zwecks Loslösung von Tarifverträgen, Diss. Bonn 1995, S. 63ff.; *Dörner*, HzA, Gruppe 18/1, Rnr. 194; *Frölich*, NZA 1993, S. 1105, 1106; *Gerhards*, BB 1997, S. 362, 362f.; *Hanau*, RdA 1998, S. 65, 69; *Henssler*, ZfA 1994, S. 487, 507; *Hromadka/Maschmann/Wallner*, Der Tarifwechsel, 1996, Rnr. 254; *Kempen*/Zachert, § 3 TVG, Rnr. 34; *Krauss*, Betrieb 1995, S. 1562, 1565; *Krebs*, SAE 1993, S. 133, 138; *Lieb*, NZA 1994, S. 337, 338f.; *Reuter*, RdA 1996, S. 201, 208; *Schaub*, BB 1994, S. 2005, 2006; *ders.*, Arbeitsrechts-Handbuch, § 206 II 3d, S. 1725; sowie nunmehr auch i.E. *Rieble*, Anm. zu BAG AP Nr. 3 zu § 3 TVG Verbandsaustritt.
[122] So *Buchner*, RdA 1997, S. 259, 260f.; *Hoß/Liebscher*, Betrieb 1995, S. 2525, 2527; *Löwisch*, Anm. zu BAG, AR-Blattei ES 1550.3, Entsch. Nr. 10; *Löwisch/Rieble*, Anm. zu BAG AP Nr. 13 zu § 3 TVG; *dies.*, § 4 TVG, Rnr. 242; *Oetker*, Anm. zu BAG EzA § 4 TVG Nachwirkung Nr. 14 und 15; *Schwab*, BB 1994, S. 781, 782.

stellung durch den Gesetzgeber, daß § 4 Abs. 5 nach einem vollzogenen Verbandsaustritt keine Anwendung findet.[123]

5. Tarifkonkurrenz bei Verbandswechsel oder nachfolgendem Firmentarifvertrag

79 Insbesondere bei einem Verbandswechsel des Arbeitgebers kann es zu einer Tarifkonkurrenz kommen, wenn der Arbeitgeber seine Koalition verläßt und einem neuen Berufsverband beitritt, dessen Tarifverträge an sich nach § 3 Abs. 1 ihre Geltung entfalten würden. Eine vergleichbare Konkurrenzlage kann durch den Abschluß eines Firmentarifvertrages nach dem Verbandsaustritt entstehen.[124] Auch in diesem Fall würde der Arbeitgeber einerseits nach § 3 Abs. 3 an den bisherigen Verbandstarifvertrag und andererseits als Tarifvertragspartei nach § 3 Abs. 1 an den neu abgeschlossenen Tarifvertrag gebunden sein.

80 **a) Verbandswechsel.** Im Fall eines Verbandswechsels geht die Tarifbindung nach § 3 Abs. 3 vor, und zwar unabhängig davon, ob der neue Tarifvertrag für die Arbeitnehmer günstiger ist oder nicht.[125] Das gebietet der Normzweck von § 3 Abs. 3. Anderenfalls wäre es dem Arbeitgeber möglich, sich seiner Bindung an den Tarifvertrag durch einen Verbandswechsel zu entledigen. Gerade dies will § 3 Abs. 3 verhindern.[126] Der Arbeitgeber kann sich von der Bindung an einen ihm lästig gewordenen Tarifvertrag deshalb auch nicht durch „Flucht" in eine für ihn günstigere tarifvertragliche Ordnung befreien. Zudem findet ein Günstigkeitsvergleich[127] zwischen mehreren ranggleichen Ordnungen nicht statt.[128] Er wäre ohnehin kaum durchzuführen, weil insbesondere bei Betriebsnormen die Stellung der gesamten Belegschaft und nicht wie bei § 4 Abs. 3 die Auswirkung auf ein einzelnes Arbeitsverhältnis in die Bewertung einbezogen werden müßte. Der Günstigkeitsvergleich wählt schließlich den falschen Anknüpfungspunkt, weil § 3 Abs. 3 sowohl für den Arbeitgeber wie für den Arbeitnehmer gilt: der Günstigkeitsvergleich versagt, wenn z.B. ein Arbeitnehmer die Gewerkschaft wechselt und der dann eingreifende Tarifvertrag für den Arbeitgeber günstiger ist.

81 Das Bundesarbeitsgericht und eine verbreitete Strömung im Schrifttum lehnen einen Vorrang des wegen § 3 Abs. 3 unverändert wirkenden Tarif-

---

[123] Siehe BT-Drucks. 12/8323, S. 380.
[124] Zu der arbeitskampfrechtlichen Problematik siehe oben Rnr. 59.
[125] Im Grundansatz ebenso *Bieback*, Betrieb 1989, S. 477, 480 ff.; *Kempen/Zachert*, § 3 TVG, Rnr. 36; *B. Müller*, NZA 1989, S. 449, 452; *Stein*, Tarifvertragsrecht, Rnr. 171; anderer Ansicht *Gamillscheg*, Kollektives Arbeitsrecht I, § 17 I 2b, S. 723, § 17 I 5c, S. 726 f.; *Konzen*, ZfA 1975, S. 401, 429; *Lieb*, Arbeitsrecht, § 6 II 3b, S. 166; *Löwisch/Rieble*, § 4 TVG, Rnr. 301; widersprüchlich *Däubler*, Tarifvertragsrecht, Rnr. 305 (einerseits), Rnr. 1517 f. (andererseits).
[126] Treffend herausgearbeitet von *Konzen*, ZfA 1975, S. 401, 428 f., der jedoch den Schutzzweck von § 3 Abs. 3 dadurch reduziert, daß der Verbandswechsler durch diese Vorschrift nicht vor den Konsequenzen der neuen Mitgliedschaft geschützt werden soll.
[127] Hierfür *Konzen*, ZfA 1975, S. 401, 429.
[128] Ablehnend auch *Gamillscheg*, Kollektives Arbeitsrecht I, § 17 I 5c, S. 727; *Kempen/Zachert*, § 3 TVG, Rnr. 36.

vertrages ab und wenden die Grundsätze zur Auflösung einer Tarifkonkurrenz an.[129] Hierdurch wird die in § 3 Abs. 3 angeordnete Rechtsfolge jedoch insbesondere dann unterlaufen, wenn der Arbeitgeber aus dem Verband austritt, um durch Beitritt zu einem anderen Verband in den Genuß eines für ihn günstigeren Verbandstarifvertrages zu gelangen. Infolge eines Verbandswechsels kann es bei dem hier befürworteten Lösungsweg erst mit dem Ende des Tarifvertrages im Sinne von § 3 Abs. 3 zur Tarifpluralität, also zur Geltung mehrerer Tarifverträge in einem Unternehmen kommen.[130]

b) Firmentarifvertrag. Für die durch Abschluß eines Firmentarifvertrages ausgelöste Tarifkonkurrenz greift der hier befürwortete Vorrang des früheren Tarifvertrages indes nicht ein.[131] Anderenfalls würde die Tariffähigkeit des einzelnen Arbeitgebers nach seinem Verbandsaustritt stärker eingeschränkt als während der Verbandsangehörigkeit. Da zumindest aus tarifrechtlicher Sicht keine Bedenken dagegen bestehen, daß sich der Arbeitgeber während der Mitgliedschaft von den Bindungen an einen Verbandstarifvertrag durch Abschluß eines für ihn günstigeren Firmentarifvertrages befreit, würde § 3 Abs. 3 eine vom Normzweck nicht legitimierte überschießende Wirkung entfalten, wenn der tarifrechtliche Gestaltungsspielraum nach dem Austritt stärker eingeschränkt würde als während der Mitgliedschaft. Insoweit bedarf der hier befürwortete Vorrang des wegen § 3 Abs. 3 fortgeltenden Tarifvertrages eine durch den Normzweck gebotene Einschränkung. Die Konkurrenz zwischen den Tarifverträgen ist nach den allgemeinen Grundsätzen aufzulösen (näher unten § 4, Rnr. 290).

82

3. Abschnitt. Die (unmittelbar) tarifunterworfenen Personen

Übersicht

	Rnr.
A. Der Arbeitgeber als Tarifvertragspartei	83
B. Die Mitglieder der Tarifvertragsparteien	84–111
I. Maßgebende Merkmale	84–95
1. Allgemeines	84–86
2. Tarifunterworfenheit des Arbeitgebers	87
3. Juristische Person	88–89
4. Personenhandelsgesellschaften	90
5. Arbeitgeber-Verbund (Arbeitsgemeinschaft)	91–92
6. Arbeitnehmer-Verbund (Gruppenarbeitsverhältnis)	93–95
II. Maßgebender Zeitpunkt bei späterem Eintritt	96–99
III. Sonderformen der Mitgliedschaften	100–103
1. Allgemeines	100

---

[129] BAG 26. 10. 1983 AP Nr. 3 zu § 3 TVG = SAE 1984, S. 339 *(Schreiber)*; *Gamillscheg*, Kollektives Arbeitsrecht I, § 17 I 5 c, S. 727; *B. Gaul*, NZA 1998, S. 9, 12; *Reuter*, RdA 1996, S. 201, 208; *Schaub*, Arbeitsrechts-Handbuch, § 206 II 3 e, S. 1725; siehe aber auch *Löwisch/Rieble*, § 4 TVG, Rnr. 301: genereller Vorrang des mitgliedschaftlich legitimierten Tarifvertrages; so im Ergebnis auch *Henssler*, in: Festschrift für Günter Schaub (1998), S. 311, 325; *Lieb*, Arbeitsrecht, § 6 II 3 b, S. 166.
[130] Ebenso *Konzen*, ZfA 1975, S. 401, 431; abweichend *Dutti*, BB 1968, S. 1336, 1338; allgemein zur Tarifpluralität unten § 4, Rnr. 273 ff.
[131] Ebenso im Ergebnis *Gamillscheg*, Kollektives Arbeitsrecht I, § 17 I 5 d, S. 729; *Kempen/Zachert*, § 3 TVG, Rnr. 35; *Säcker/Oetker*, ZfA 1993, S. 1, 19.

§ 3   Tarifgebundenheit

                                                                   Rnr.
     2. Gastmitgliedschaften 101
     3. Mitgliedschaft ohne Tarifbindung 102
     4. Mitgliedschaft kraft Rechtsscheins 103
  IV. Maßgebender Zeitpunkt bei Austritt und Ausschluß ... 104–111
     1. Zeitpunkt 104
     2. Austrittserklärung 105
     3. Ausschluß 106–108
     4. Gerichtliche Entscheidung über Mitgliedschaft 109–111
C. **Mitglieder der Spitzenorganisationen angehörenden Verbände** 112, 113
D. **Gemeinsame Einrichtungen der Tarifvertragsparteien** 114–126
   I. Tarifgebundenheit der Gemeinsamen Einrichtung selbst 114–121
     1. Tarifnorm und Satzung 115–118
     2. Tarifvertragliche Regelungsdichte 119–121
  II. Tarifgebundenheit der Arbeitgeber und Arbeitnehmer. 122–126
E. **Die alleinige Tarifgebundenheit des Arbeitgebers** 127–144
   I. Bedeutung von § 3 Abs. 2 127–132
     1. Dogmatische Einordnung 128
     2. Praktische Bedeutung 129
     3. Geltungsvoraussetzung 130
     4. Gemeinsamer Betrieb 131
     5. Norminhalt 132
  II. Verfassungsmäßigkeit von § 3 Abs. 2 133–140
     1. Stellungnahmen im Schrifttum 133, 134
     2. Bundesarbeitsgericht 135, 136
     3. Bundesverfassungsgericht 137
     4. Stellungnahme 138–140
  III. Der persönliche und sachliche Regelungsumfang 141–144
     1. Grundsatz 141
     2. Grenzen 142–144
F. **Tarifgebundenheit durch Allgemeinverbindlicherklärung** 145
G. **Tarifgebundenheit des Rechtsnachfolgers und Betriebsübergang** 146–203
   I. Tatbestände einer Rechtsnachfolge 146–150
  II. Tarifrechtliche Rechtsfolgen 151–181
     1. Firmentarifvertrag 152–160
        a) Gesamtrechtsnachfolge 153–154
        b) Spaltung 154–156
        c) Einzelrechtsnachfolge 157–158
        d) Stellenwert von § 613a BGB 159–160
     2. Verbandstarifvertrag 161–179
        a) Gesamtrechtsnachfolge 162–173
           aa) Mitgliedschaftliche Bindung des Rechtsnachfolgers 163, 164
           bb) Tarifrechtliche Rechtsfolgen bei fehlender Mitgliedschaft des Rechtsnachfolgers 165–167
           cc) Zur Heranziehung von § 613a BGB 168–173
        b) Spaltung 174–177
        c) Einzelrechtsnachfolge 178–179
     3. Keine Fiktion der Tarifgebundenheit 180
     4. Tarifkonkurrenz 181
  III. Transformation der Tarifnormen in den Arbeitsvertrag 182–203
     1. Allgemeines 182–186
        a) Rechtsdogmatische Struktur 183

	Rnr.
b) Auffangcharakter von § 613a BGB	184
c) Erfaßte Arbeitsverhältnisse	185
d) Bedeutung des § 613a BGB für die Rechtsfortbildung	186
2. Rechtsgeschäftlicher Übergang	187–189
3. Gegenstand der Transformation	190–195
a) Erfaßte Tarifverträge	190
b) Kein Eintritt in die Parteistellung	191
c) Tarifgebundenheit als Voraussetzung der Transformation	192
d) Erfaßte Tarifbestimmungen	193, 194
e) Spätere Änderung der Tarifbestimmung	195
4. Ausschluß der Transformation und Ablösung durch Kollektivverträge	196–200
a) Allgemeines	196
b) Art des ablösenden Kollektivvertrages	197
c) Zeitpunkt des Inkrafttretens der ablösenden Norm	198
d) Tarifgebundenheit	199
e) Inhalt der Tarifnorm	200
5. Rechtswirkungen transformierter Tarifnormen und Inhaltsschutz	201–203

Schrifttum: *Klaus Adomeit,* Die Außenseiterklausel des Zweiten Vermögensbildungsgesetzes, Betrieb 1965, S. 1593–1595; *Bertermann,* Der Lohnanspruch des in einer anderen Gewerkschaft organisierten Arbeitnehmers, BlStSozArbR 1952, S. 92–93; *Nicolai Besgen,* Mitgliedschaft im Arbeitgeberverband ohne Tarifbindung, 1998; *Karl August Bettermann,* Die Allgemeinverbindlicherklärung eines Tarifvertrags, RdA 1959, S. 245–256; *Kurt H. Biedenkopf,* Grenzen der Tarifautonomie, 1964; *Arwed Blomeyer,* Rechtskrafterstreckung infolge zivilrechtlicher Anhängigkeit, ZZP Bd. 75 (1962), S. 1–27; *Eduard Bötticher,* Die gemeinsamen Einrichtungen der Tarifvertragsparteien, 1966; *Hans Brox,* Die subjektiven Grenzen der Rechtskraft und das Tarifvertragsrecht, JuS 1961, S. 252–256; *Herbert Buchner,* Tarifvertragsgesetz und Koalitionsfreiheit. Zur verfassungsrechtlichen Problematik der §§ 3 Abs. 2, 3 Abs. 3, 5 und 9 Abs. 1 TVG, Diss. München 1964; *ders.,* Der Umfang tariflicher Abschlußnormen, insbesondere ihre Abgrenzung zu den Normen über betriebliche Fragen, RdA 1966, S. 208–210; *ders.,* Mitgliedschaft in Arbeitgeberverbänden ohne Tarifbindung, NZA 1994, S. 2–12; *ders.,* Verbandsmitgliedschaft ohne Tarifgebundenheit, NZA 1995, S. 761–769; *Thomas Dieterich,* Die betrieblichen Normen nach dem TVG v. 9. 4. 1949, 1964; *Rolf Dietz,* Tarifrechtliche Fragen aus Anlaß des Eintritts eines Arbeitgebers in einen Arbeitgeberverband, in: Festschrift für H. C. Nipperdey Bd. II (1965), S. 141–157; *Franz Gamillscheg,* Die Differenzierung nach der Gewerkschaftszugehörigkeit, 1966; *ders.,* Tarifvertrag zu Lasten der Gewerkschaft?, in: Festschrift für Karl Kehrmann (1997), S. 247–262; *Walther Habscheid,* Das BAG und die Lehre von der materiellen Rechtskraft, in: Festschrift für H. C. Nipperdey Bd. I (1965), S. 895–908; *Hans Hanau,* Zur Verfassungsmäßigkeit von tarifvertraglichen Betriebsnormen am Beispiel der qualitativen Besetzungsklauseln, RdA 1996, S. 158–181; *Peter Hanau,* Gemeinsame Einrichtungen von Tarifvertragsparteien als Instrument der Verbandspolitik, RdA 1970, S. 161–168; *Wolfgang Hill,* Die Bedeutung der normativen Wirkung der Regelung von gemeinsamen Einrichtungen der Tarifvertragsparteien, Diss. München 1970; *Helmar Ingelfinger,* Arbeitsplatzgestaltung und Betriebsnormen, 1996; *Manfred Lieb,* Begriff, Geltungsweise und Außenseiterproblematik der Solidarnormen, RdA 1967, S. 441–448; *Klaus-Peter Martens,* Tarifvertragliche Konzernregelungen, RdA 1970, S. 173–182; *Gerhard Müller,* Der Geltungsbereich des tariflichen Nachwirkungsgrundsatzes, Betrieb 1959, S. 84–85; *Hans Carl Nipperdey/Franz Jürgen Säcker,* Die Tarifgebundenheit, AR-Blattei, Tarifvertrag III, 1972; *Hartmut Oetker,* Die Beendigung der Mitgliedschaft in Arbeitgeberverbänden als tarifrechtliche Vorfrage, ZfA 1998, S. 41–82; *Sven-Joachim Otto,* Die rechtliche Zulässigkeit einer tarifbindungsfreien Mitgliedschaft in Arbeitgeberverbänden, in: Dankschrift für Professor Dr. Günther

Wiese, 1996, S. 118–140 = NZA 1996, S. 624–631; *Markus H. Ostrop*, Mitgliedschaft ohne Tarifbindung, 1997; *Dieter Reuter*, Möglichkeiten und Grenzen der tarifvertraglichen Gestaltung durch Betriebsnormen – Beispiel Arbeitszeit, DZWir. 1995, S. 353–361; *ders.*, Die Mitgliedschaft ohne Tarifbindung (OT-Mitgliedschaft) im Arbeitgeberverband, RdA 1996, S. 201–209; *Günther Schelp*, Gemeinsame Einrichtung der Tarifvertragsparteien, in: Festschrift für H. C. Nipperdey Bd. II (1965), S. 579–607; *Axel Aino Schleusener*, Die Zulässigkeit qualitativer Besetzungsregelungen in Tarifverträgen, 1997; *ders.*, Der Begriff der betrieblichen Norm im Lichte der negativen Koalitionsfreiheit (Art. 9 Abs. 3 GG) und des Demokratieprinzips (Art. 20 GG), ZTR 1998, S. 100–109; *Ursula Schlochauer*, OT-Mitgliedschaft in tariffähigen Arbeitgeberverbänden, in: Festschrift für Günter Schaub (1998), S. 699–714; *Christoph Schmidt-Eriksen*, Tarifvertragliche Betriebsnormen, 1992; *Hans Schneider*, Autonome Satzung und Rechtsverordnung, in: Festschrift für Philipp Möhring (1965), S. 521–542; *Rupert Scholz*, Rechtsfragen zur Verweisung zwischen Gesetz und Tarifvertrag, in: Festschrift für Gerhard Müller, 1981, S. 509–536; *Detlef Schröder*, Tarifbindung und Koalitionsfreiheit, Diss. Göttingen 1968; *Karl Heinz Schwab*, Rechtskrafterstreckung auf Dritte und Drittwirkung der Rechtskraft, ZZP Bd. 77 (1964), S. 124–160; *Gregor Thüsing*, Die Mitgliedschaft ohne Tarifbindung in Arbeitgeberverbänden, ZTR 1996, S. 481–485; *Herbert Wiedemann*, Rationalisierungsschutz, Tarifmacht und Gemeinsame Einrichtungen, RdA 1968, S. 421–424; *Wolfgang Zöllner*, Tarifmacht und Außenseiter, RdA 1962, S. 453–459; *ders.*, Das Wesen der Tarifnormen, RdA 1964, S. 443–450; *ders.*, Die Wirkung der Normen über gemeinsame Einrichtungen der Tarifvertragsparteien, RdA 1967, S. 361–370.

A. Der Arbeitgeber als Tarifvertragspartei

83 Derjenige Arbeitgeber, der einen Firmentarif (Betriebstarif) abschließt, ist Partei des Tarifvertrages und Partei der einzelnen Arbeitsverhältnisse; er nimmt eine Doppelstellung ein.

B. Die Mitglieder der Tarifvertragsparteien

I. Maßgebende Merkmale

1. Allgemeines

84 Ausschlaggebend für die Tarifgebundenheit der Verbandsangehörigen ist die Verbandsmitgliedschaft, die nach dem internen Verbandsrechts zu ermitteln ist.[1] Die Fragen der Gültigkeit des Beitritts oder Austritts, des Beginns und des Endes der Mitgliedschaft sowie des Ausschlusses aus dem Verband richten sich nach dem inneren Verbandsrecht.

85 Liegt die Tarifgebundenheit aufgrund der Mitgliedschaft objektiv vor, so ist gleichgültig, ob die Mitglieder dem Tarifabschluß zustimmen oder widersprechen[2] und ob sie oder der Vertragspartner den Tarifvertrag ken-

---

[1] Vgl. BAG 14. 10. 1960 AP Nr. 10 zu Art. 9 GG Arbeitskampf *(Gift, Wieczorek)* = SAE 1961, S. 130 *(Herschel)*; ArbG *Rheine*, BB 1966, S. 1393, 1394; Dörner, HzA, Gruppe 18/1, Rnr. 179; Hueck/*Nipperdey*, Arbeitsrecht II 1, § 23 B V 2, S. 487; *Nipperdey/Säcker*, AR-Blattei, Tarifvertrag III, D II 1; *Schaub*, Arbeitsrechts-Handbuch, § 206 II 2, S. 1723.
[2] Ebenso *Maus*, § 3 TVG, Rnr. 38.

nen oder nicht (siehe auch oben Rnr. 33). Gleichgültig ist, ob sich die Arbeitsvertragsparteien ihre Organisationszugehörigkeit gegenseitig mitteilen.[3] Eine Anfechtung des Einzelarbeitsvertrages nach den §§ 119, 123 BGB oder eine Kündigung des Arbeitsverhältnisses unter Berufung auf die irrtümliche Annahme vorhandener oder fehlender Koalitionsmitgliedschaft scheidet wegen Art. 9 Abs. 3 Satz 2 GG aus.[4] Davon zu unterscheiden ist die Frage, ob der Arbeitnehmer, der auf Befragen seine Organisationszugehörigkeit verneint, durch die unrichtige Angabe als solche einen Beweis dafür liefert, daß er für den vorgesehenen Arbeitsplatz nicht geeignet ist. Die Frage nach der Organisationszugehörigkeit ist zumindest dann zulässig, wenn sie nach der Einstellung erfolgt.[5] Der bei einem tarifgebundenen Arbeitgeber beschäftigte Arbeitnehmer hat einen Anspruch auf den Tariflohn, selbst wenn er seinem Arbeitgeber den Verbandsbeitritt nicht mitteilt und sich auch nach dem Verbandsbeitritt mit einem untertariflichen Lohn zufriedengibt.[6] Zur Frage, ob der Arbeitgeber einer Klage auf Nachzahlung des Tariflohnes den Einwand der Arglist entgegensetzen kann, siehe unten § 4, Rnr. 706 f.

Der gute Glaube des Arbeitnehmers oder Arbeitgebers an die Tarifgebundenheit des Vertragspartners wird nur für die Vergangenheit geschützt. Der Rechtsschein muß zurechenbar veranlaßt worden sein. Für die Zukunft kann sich jede Vertragspartei auf die wahre Rechtslage berufen, es sei denn, daß ein Verschulden bei Vertragsschluß vorliegt, die nachträgliche Berufung auf die nicht vorhandene Tarifbindung treuwidrig ist, dem Vertragspartner unzumutbaren Schaden zufügt oder der Arbeitsvertrag unter Bezugnahme auf den Tarifvertrag abgeschlossen wurde.

2. Tarifgebundenheit des Arbeitgebers

Tarifgebunden ist der Arbeitgeber, das heißt das Unternehmen, nicht der Betrieb oder der Konzern.[7] Folglich endet die unabdingbare Wirkung eines Tarifvertrages für das Arbeitsverhältnis, wenn ein organisierter Arbeitgeber einen Betrieb oder einen Betriebsteil an einen nichtorganisierten Arbeitgeber veräußert (siehe oben Rnr. 43; zum Betriebsübergang unten Rnr. 182 ff.). Die unabdingbare Wirkung des Tarifvertrages endet dagegen nicht, wenn der Betrieb einer Kapitalgesellschaft aufgrund der in den §§ 291, 292 AktG genannten Unternehmensverträge (insbesondere Betriebspacht- oder Betriebsüberlassungsvertrag) von einem anderen Unternehmen geführt wird.

---

[3] *Schaub*, Arbeitsrechts-Handbuch, § 206 II 2, S. 1723.
[4] Ebenso ArbG Hamburg, BB 1967, S. 1169 (weil sich der Arbeitgeber über die Organisationszugehörigkeit keine Gedanken machte); *Gamillscheg*, Kollektives Arbeitsrecht I, § 17 I 2 a, S. 722; *Nikisch*, Arbeitsrecht II, § 71 II 5, S. 266; *Schaub*, Arbeitsrechts-Handbuch, § 206 II 2, S. 1723; abweichend *Maus*, § 3 TVG, Rnr. 45.
[5] Staudinger/*Richardi*, 12. Aufl. 1989, § 611 BGB, Rnr. 97.
[6] Ebenso *Schaub*, Arbeitsrechts-Handbuch, § 206 II 2, S. 1723.
[7] Zu tarifvertraglichen Konzernregelungen vgl. *Martens*, RdA 1970, S. 173 ff.; sowie oben § 2, Rnr. 105 ff.

3. Juristische Person

88 Ist eine juristische Person Arbeitgeber, so muß diese als solche Mitglied der Tarifvertragspartei sein.[8] Das gilt insbesondere für die Aktiengesellschaft, die Gesellschaft mit beschränkter Haftung, die eingetragene Genossenschaft, den Versicherungsverein auf Gegenseitigkeit, den wirtschaftlichen Verein und das Stiftungsunternehmen.

89 Eine der Tarifvertragspartei mitgliedschaftlich nicht verbundene Kapitalgesellschaft wird nicht dadurch tarifgebunden, daß ihre Konzern-Obergesellschaft oder ihr Ein-Mann-Gesellschafter tarifgebunden ist.[9] Die Tarifgebundenheit eines herrschenden Unternehmens oder eines privaten Ein-Mann-Gesellschafters kann der abhängigen juristischen Person nicht zugerechnet werden, weil sich die Tarifzuständigkeit nach dem Unternehmensgegenstand richtet, die abhängige juristische Person also unter Umständen einem Arbeitgeberverband zugerechnet werden müßte, dem die herrschende Gesellschaft selbst nicht angehört. Die abhängige Gesellschaft stets und unabhängig vom Unternehmensgegenstand dem Organisationsbereich des herrschenden Unternehmens zuzurechnen, ist nicht sachgerecht. Eine Mißachtung der juristischen Selbständigkeit der abhängigen Rechtsperson ist nur bei einem rechtlichen Gestaltungsmißbrauch denkbar.[10]

4. Personenhandelsgesellschaften

90 Bei der Personenhandelsgesellschaft (OHG, KG, GmbH & Co.) kommt es für die Tarifgebundenheit auf die Mitgliedschaft der Gesellschaft als solcher an.[11] Die Mitgliedschaft der Gesamthänder ist nicht notwendig, kann andererseits die Mitgliedschaft der Gesellschaft, das heißt der Gesellschafter in ihrer gesamthänderischen Verbundenheit, nicht ersetzen.[12] Sind allerdings alle Gesellschafter oder in einer Kommanditgesellschaft alle persönlich haftenden Gesellschafter Mitglied, so kann sich im Wege der Auslegung ergeben,[13] daß damit (auch) eine Mitgliedschaft der Handelsgesellschaft begründet werden soll. Hierfür spricht namentlich der Umstand, daß die Beiträge im Außen-

---

[8] *Dörner*, HzA, Gruppe 18/1, Rnr. 180; *Gamillscheg*, Kollektives Arbeitsrecht I, § 17 I 1 d, S. 712; Hueck/*Nipperdey*, Arbeitsrecht II 1, § 23 B V 2, S. 488; *Kempen*/Zachert, § 3 TVG, Rnr. 9; *Nikisch*, Arbeitsrecht II, § 71 II 3, S. 265.
[9] BAG 11. 9. 1991 AP Nr. 29 zu Intern. Privatrecht, Arbeitsrecht *(Dütz/Rotter, Arnold)* = SAE 1993, S. 181 *(Otto)*; *Däubler*, Tarifvertragsrecht, Rnr. 297; *Gamillscheg*, Kollektives Arbeitsrecht I, § 17 I 1 d, S. 713; Hueck/*Nipperdey*, Arbeitsrecht II 1, § 23 B V 1 a, S. 486; *Kempen*/Zachert, § 3 TVG, Rnr. 9; *Stein*, Tarifvertragsrecht, Rnr. 155; anderer Ansicht für die Ein-Mann-Gesellschaft *Nikisch*, Arbeitsrecht II, § 71 II 3, S. 265 Anm. 21.
[10] Siehe *Wiedemann*, WM 1975, Sonderbeilage Nr. 4, S. 17 ff.
[11] BAG 4. 5. 1994 AP Nr. 1 zu § 1 TVG Tarifverträge: Elektrohandwerk; BAG NZA 1998, S. 484, 485; *Dörner*, HzA, Gruppe 18/1, Rnr. 180; *Kempen*/Zachert, § 3 TVG, Rnr. 9.
[12] Ebenso Löwisch/*Rieble*, § 3 TVG, Rnr. 16; a. A. wohl Hueck/*Nipperdey*, Arbeitsrecht II 1, § 23 B V 2, S. 488.
[13] Weitergehend Hueck/*Nipperdey*, Arbeitsrecht II 1, § 23 B V 2, S. 488, der in dieser Konstellation regelmäßig eine Verbandsmitgliedschaft der Gesellschaft bejaht; generell befürworten dies *Däubler*, Tarifvertragsrecht, Rnr. 297; *Schaub*, Arbeitsrechts-Handbuch, § 206 II 2, S. 1723.

verhältnis von der Gesellschaft entrichtet werden.[14] Ein vergleichbares Indiz liegt vor, wenn der persönlich haftende Gesellschafter außerhalb der Gesellschaft keine eigene unternehmerische Betätigung entfaltet.[15] Wenig ergiebig ist das Auftreten des persönlich haftenden Gesellschafters als Repräsentant der Gesellschaft.[16] Die vorstehenden Grundsätze gelten insbesondere für die Kommanditgesellschaft, wenn zwar nicht sie selbst, wohl aber der einzige persönlich haftende Gesellschafter (Komplementär) Mitglied der Tarifvertragspartei ist, ungeachtet des Umstandes, ob es sich hierbei um eine natürliche Person[17] oder um eine juristische Person[18] handelt. Nicht abschließend geklärt ist die Rechtslage, wenn nur einer von mehreren Gesellschaftern oder ein Teil der persönlich haftenden Gesellschafter Mitglied der Tarifvertragspartei ist. Eine Mitgliedschaft der Personengesellschaft könnte in dieser Konstellation nur bejaht werden, wenn die Personengesellschaft konkludent (z. B. durch Zahlung der Beiträge) zu erkennen gegeben hat, daß sie die aus der Mitgliedschaft einzelner Gesellschafter folgenden Pflichten tragen will.

5. Arbeitgeber-Verbund (Arbeitsgemeinschaft)

Für die insbesondere in der Bauwirtschaft häufig anzutreffenden Arbeitsgemeinschaften ist zu unterscheiden. Die Arbeitsgemeinschaft als solche, die in der Regel eine BGB-Gesellschaft und deshalb als solche tariffähig ist (siehe oben § 2, Rnr. 98), kann durch Beitritt zu einem Arbeitgeberverband oder durch Abschluß eines Firmentarifs tarifgebunden werden.[19] Dann kommt es auf die Tarifgebundenheit der einzelnen Mitglieder und auf deren Branchenzugehörigkeit nicht mehr an. Die von der Arbeitsgemeinschaft angestellten Arbeitnehmer müssen nach dem Tarifvertrag vergütet werden.

Ist die Arbeitsgemeinschaft als solche dagegen nicht tarifgebunden und sind ihre einzelnen Mitglieder teils organisiert, teils nicht organisiert, teils verschieden organisiert, so unterliegen die Arbeitsverhältnisse, die zwischen der Arbeitsgemeinschaft und ihren eigenen Arbeitnehmern bestehen, nicht dem Tarifvertrag.[20] Etwas anderes gilt selbstverständlich für die (fremden) Arbeitnehmer der Mitglieder der Arbeitsgemeinschaft, die an die Arbeitsgemeinschaft abgeordnet oder entliehen sind. Sind alle Mitglieder der Arbeitsgemeinschaft beim gleichen Arbeitgeberverband organisiert, so kann sich daraus ergeben, daß sie auch in ihrer gesamthänderischen Verbundenheit tarifgebunden sein wollen (siehe oben Rnr. 90).

---

[14] So BAG 22. 2. 1957 AP Nr. 2 zu § 2 TVG (Tophoven); BAG 4. 5. 1994 AP Nr. 1 zu § 1 TVG Tarifverträge: Elektrohandwerk; zustimmend Kempen/Zachert, § 3 TVG, Rnr. 9.
[15] Löwisch/Rieble, § 3 TVG, Rnr. 16.
[16] Hierauf abstellend BAG 22. 2. 1957 AP Nr. 2 zu § 2 TVG (Tophoven); Nikisch, Arbeitsrecht II, § 71 II 3, S. 265.
[17] So im Fall BAG 22. 2. 1957 AP Nr. 2 zu § 2 TVG (Tophoven).
[18] So im Fall BAG 4. 5. 1994 AP Nr. 1 zu § 1 TVG Tarifverträge: Elektrohandwerk.
[19] Löwisch/Rieble, § 3 TVG, Rnr. 16; Schaub, Arbeitsrechts-Handbuch, § 206 II 2, S. 1723.
[20] Ebenso LAG Hannover, BB 1961, S. 788 (Leitsatz); Schaub, Arbeitsrechts-Handbuch, § 206 II 2, S. 1723.

6. Arbeitnehmer-Verbund (Gruppenarbeitsverhältnis)

93 Bei Gruppenarbeitsverhältnissen ist ebenso wie beim Arbeitgeber-Verbund zu unterscheiden: Ermöglicht die Gewerkschaftssatzung die Mitgliedschaft einer Gruppe (Eigengruppe) und ist die Gruppe als solche Mitglied, so wird dadurch die Tarifgebundenheit aller Arbeitnehmer herbeigeführt. Soweit die Mitglieder der Gruppe Arbeitnehmer werden, gelten für sie die Bedingungen des jeweiligen Tarifvertrages.

94 Das gleiche gilt, wenn nicht die Gruppe als solche, wohl aber alle einzelnen Arbeitnehmer einer Betriebsgruppe (Akkordkolonne) oder Eigengruppe (Musikkapelle, Schauspielertruppe) organisiert sind. Im Zweifel hat jeder Arbeitnehmer einen selbständigen tarifvertraglichen Vergütungsanspruch. Ist ein Gesamtentgelt vereinbart, muß es mindestens ein Vielfaches des Tariflohnes betragen. Die interne Verteilung der Vergütung steht den Gruppenmitgliedern frei; der Arbeitgeber darf auf den internen Ausgleich keinen Einfluß nehmen. Sind nur einzelne Arbeitnehmer der Gruppe tarifgebunden, so muß das Gesamtentgelt in der Weise vereinbart werden, daß der Tariflohn für die organisierten und das Entgelt für die nichtorganisierten Gruppenmitglieder getrennt gezahlt wird. Nicht zutreffend ist die Ansicht des LAG Düsseldorf,[21] wonach die tarifgebundenen Mitglieder ihren Tariflohn aus dem Gesamtentgelt verlangen dürfen. Die Tarifbindung setzt sich nicht gegenüber der Betriebs- oder Eigengruppe durch, sondern gegenüber dem Arbeitgeber. Wäre es anders, so könnte ein Arbeitnehmer, der als einziger der Gruppe nicht organisiert ist, theoretisch leer ausgehen, weil das Gesamtentgelt von den Tariflöhnen aufgezehrt wird.

95 Der Tarifvertrag kann von sich aus keine Betriebs- oder Eigengruppen bilden, sondern nur bestimmen, daß ein derartiger Arbeitnehmerverbund, wenn er vorhanden und tarifgebunden ist, Rechtsansprüche erhält.

II. Maßgebender Zeitpunkt bei späterem Eintritt

96 Der Zeitpunkt des Beginns der Tarifgebundenheit kann weder durch die Satzung des Verbandes noch durch Einzelabreden zwischen dem Verband und dem neu eintretenden Mitglied auf einen Zeitpunkt vor dem tatsächlichen Beitritt verlegt werden.[22] Das Verbot der Rückwirkung der Tarifbindung resultiert aus dem notwendigen Schutz der anderen Vertragspartei, die sich darauf verlassen darf, daß das Arbeitsverhältnis, soweit es durchgeführt ist, nachträglich nicht mehr verändert wird.[23] Eine verbandsinterne Regelung des Beginns der Mitgliedschaft, die vom Zeitpunkt des tatsächlichen Beitritts abweicht, also ein rückwirkender Beitritt, bleibt möglich (oben Rnr. 32).[24] Mitgliedschaft und Tarifbindung sind also für die Vergangenheit nicht not-

---

[21] BB 1960, S. 484; ebenso MünchArbR/*Marschall*, § 164, Rnr. 13.
[22] Ebenso Löwisch/*Rieble*, § 3 TVG, Rnr. 25; *Nipperdey/Säcker*, AR-Blattei, Tarifvertrag III, 1972, D II 2; *Schaub*, Arbeitsrechts-Handbuch, § 206 II 2, S. 1723; siehe auch oben Rnr. 21.
[23] So auch, aber mit anderer Begründung Hueck/*Nipperdey*, Arbeitsrecht II 1, § 23 V 2, S. 487; siehe auch oben Rnr. 29 ff.
[24] Ebenso *Maus*, § 3 TVG, Rnr. 43.

wendig gekoppelt, wohl aber für die Zukunft. Es ist ausgeschlossen, daß die Parteien den Zeitpunkt des Beginns der Tarifgebundenheit später festlegen als den Beitritt zur Tarifvertragspartei.

Etwas anderes gilt auch dann nicht, wenn ein Arbeitnehmer aus einer anderen Gewerkschaft übertritt. Die Zeit der Zugehörigkeit zu einer anderen Organisation kann ihm zwar innerverbandsrechtlich, aber nicht tarifrechtlich angerechnet werden. Wechselt ein gewerkschaftlich organisierter Arbeitnehmer den Wirtschaftszweig, dann ist er in seinem neuen Arbeitsbereich nicht tarifgebunden, wenn der hierfür maßgebende Tarifvertrag von einer anderen Industriegewerkschaft abgeschlossen und nicht für allgemeinverbindlich erklärt ist. Das hat Bedeutung für alle diejenigen Arbeitnehmer, die ihren Beruf in Industriebetrieben anderer Fachrichtungen ausüben (z. B. Kraftfahrer, Betriebsmaurer, Betriebsschlosser, Elektriker). Abgesehen von § 3 Abs. 2 läßt sich in derartigen Fällen eine Tarifgebundenheit ohne Zugehörigkeit zur zuständigen Tarifvertragspartei nicht begründen.[25]

Der Eintritt des Arbeitnehmers oder Arbeitgebers in die Koalition zu einer Zeit, in der ein Tarifvertrag nach § 4 Abs. 5 nachwirkt, führt zur Geltung der nachwirkenden Tarifnorm für das Arbeitsverhältnis, denn der Tarifvertrag ändert im Nachwirkungszeitraum nicht seine Gültigkeit, sondern nur die Qualität seiner Bindung (näher unten § 4, Rnr. 330 ff.).[26] Eine Nachwirkung tritt ebenfalls ein, wenn zwar das Arbeitsverhältnis erst nach Ablauf des Tarifvertrages begründet wird, die Arbeitsvertragsparteien jedoch während der Laufzeit bereits tarifunterworfen waren.[27]

Der Beitritt eines Arbeitnehmers zur zuständigen Koalition im Stadium der Weitergeltung des Tarifvertrages nach § 3 Abs. 3 für den Arbeitgeber führt zur Tarifwirkung, bis der Tarifvertrag endet (oben Rnr. 50).

III. Sonderformen der Mitgliedschaften

1. Allgemeines

Das Gesetz verknüpft die Tarifgebundenheit mit der „Mitgliedschaft" in der Tarifvertragspartei. Hierunter ist grundsätzlich die Mitgliedschaft im vereinsrechtlichen Sinne zu verstehen (oben Rnr. 84). Dies schließt es angesichts des Gebots eines teleologischen Begriffsverständnisses nicht aus, daß der Normzweck von § 3 Abs. 1 im sog. Begriffshof zu Korrekturen zwingt. Wenn das Gesetz die Tarifgebundenheit mit der Mitgliedschaft verknüpft, dann liegt dem die Vorstellung zugrunde, daß die Bindung an den Tarifvertrag deshalb gerechtfertigt ist, weil die Verbandsorgane den Willen der Mitglieder „repräsentieren" und deshalb das Handeln der Verbandsorgane in Gestalt der abgeschlossenen Tarifverträge den Mitgliedern der Tarifvertrags-

---

[25] Vgl. dazu LAG Hamm, AP 1952, Nr. 123 *(Tophoven)*; *Bertermann*, BlStSozArbR 1952, S. 92.
[26] Ebenso *Gamillscheg*, Kollektives Arbeitsrecht I, § 17 I 2a, S. 722.
[27] Abweichend BAG 6. 6. 1958 AP Nr. 1 zu § 4 TVG Nachwirkung *(Tophoven)*; BAG 13. 6. 1958 AP Nr. 2 zu § 4 TVG Effektivklausel *(Tophoven)*; BAG 19. 11. 1962 AP Nr. 11 zu § 5 TVG *(Nikisch)*; *Dietz*, in: Festschrift für H.C. Nipperdey Bd. II (1965), S. 141 ff.; *Hoffmann*, AuR 1964, S. 169, 174; *G. Müller*, Betrieb 1959, S. 84.

partei zugerechnet werden kann. Von einer Mitgliedschaft im Sinne von § 3 Abs. 1 kann darum nur gesprochen werden, wenn verbandsrechtlich gewährleistet ist, daß die Mitglieder der Tarifvertragspartei die tarifrechtlich relevanten Handlungen des Verbandes beeinflussen können.

2. Gastmitgliedschaften

101 Wenn Mitgliedern der Tarifvertragspartei die mit der Mitgliedschaft verbundenen wesentlichen Mitgliedschaftsrechte (Stimmrecht in der Mitgliederversammlung, aktives und passives Wahlrecht zu den Vereinsorganen) nicht zustehen, wie das typischerweise bei sog. Gastmitgliedern der Fall ist, dann tritt trotz der formalen Verbandsmitgliedschaft die Tarifgebundenheit nicht ein.[28] In diesem Fall fehlt die für die Tarifgebundenheit unerläßliche Möglichkeit des Mitgliedes, das tarifvertragsrelevante Handeln der Organe zu beeinflussen.

3. Mitgliedschaft ohne Tarifbindung

102 Eine Mitgliedschaft ohne Tarifbindung kann auf verschiedenen Wegen verbandsrechtlich realisiert werden. Neben der bereits an anderer Stelle erörterten Möglichkeit, die Mitglieder mit gewollter Tarifbindung innerhalb des Verbandes zu einer Tarifgemeinschaft zusammenzufassen (siehe oben § 2, Rnr. 20) oder die Tarifzuständigkeit des Verbandes entsprechend auszugestalten (oben § 2, Rnr. 64), kann eine Mitgliedschaft ohne Tarifbindung auch dergestalt herbeigeführt werden, daß die Mitglieder zwischen einer Mitgliedschaft mit Tarifbindung und einer solchen ohne Tarifbindung (sog. OT-Mitgliedschaft) frei wählen können. Teile des Schrifttums sehen hierin einen Verstoß gegen § 3 Abs. 1 und stützen sich hierfür auf die These, daß Vollmitglieder stets von § 3 Abs. 1 erfaßt werden und eine zusätzliche Unterwerfung unter die tarifliche Normsetzungsbefugnis nicht erforderlich sei.[29] Dieser Einwand gegen eine Mitgliedschaft ohne Tarifbindung vermag nicht zu überzeugen (zu weiteren Aspekten oben § 2, Rnr. 20, 64f.), wenn die von § 3 Abs. 1 vorausgesetzten Möglichkeiten einer verbandsrechtlichen Einflußnahme auf die tarifpolitische Willensbildung nicht ausreichen. Gegen den Zweck von § 3 Abs. 1 würde es nur verstoßen, wenn den Mitgliedern ohne Tarifbindung verbandsrechtlich eine uneingeschränkte Teilnahme an der innerverbandlichen Tarifpolitik eröffnet ist. Anders ist hingegen zu entscheiden, wenn die Mitglieder ohne Tarifbindung die tarifpolitische Willensbildung nicht beeinflussen können. In einer solchen Konstellation fehlt der verbandsrechtliche Legitimationszusammenhang, um die in § 3 Abs. 1 normierte Rechtsfolge, die Bindung an die Tarifverträge, eintreten zu lassen. Bei dieser Form einer Mitgliedschaft ohne Tarifbindung handelt es sich unter dieser Voraussetzung nicht um eine Mitgliedschaft im Sinne von § 3 Abs. 1.[30]

---

[28] So auch BAG 16. 2. 1962 AP Nr. 12 zu § 3 TVG Verbandszugehörigkeit *(Nikisch)*; Löwisch/*Rieble*, § 3 TVG, Rnr. 17.
[29] So *Däubler*, NZA 1996, S. 225, 230 f.; *ders.*, ZTR 1994, S. 448, 453.
[30] Ebenfalls einen Verstoß gegen § 3 Abs. 1 unter der hier genannten Voraussetzung verneinend *Otto*, NZA 1996, S. 625, 628.

4. Mitgliedschaft kraft Rechtsschein?

Kraft zurechenbar gesetzten **Rechtsscheins** (Beitragszahlung an Innung, Prozeßvertretung durch Innung, Anwendung der tariflichen Bestimmungen) muß sich ein Arbeitgeber ausnahmsweise wie ein Mitglied einer Tarifvertragspartei behandeln lassen, ohne hierdurch allerdings den Status der Mitgliedschaft zu erwerben.[31] Ihm ist es nach § 242 BGB verwehrt, sich auf seine fehlende Mitgliedschaft zu berufen. **103**

V. Maßgebender Zeitpunkt bei Austritt und Ausschluß

1. Zeitpunkt

Für den Austritt oder den Ausschluß aus dem Verband und damit mittelbar für die Beendigung der Tarifgebundenheit gilt das interne Verbandsrecht. Es kommt auf den Zeitpunkt des Wirksamwerdens von Austritt und Ausschluß, nicht auf die das Austritts- oder Ausschlußverfahren einleitenden Willenserklärungen an. Tritt die Wirkung eines vor Abschluß des Tarifvertrages erklärten Ausscheidens erst nach dem Tarifabschluß ein, so besteht die Tarifgebundenheit gleichwohl.[32] Tritt dagegen die Wirkung des Ausscheidens vor Abschluß eines Tarifvertrages ein, der sich seinerseits Rückwirkung zulegt, so fehlt die Tarifgebundenheit (oben Rnr. 36). Ein Ausscheiden aus dem Verband mit Rückwirkung führt wegen § 3 Abs. 3 keine Änderungen der Tarifgebundenheit herbei.[33] **104**

2. Austrittserklärung

Die Austrittserklärung ist eine einseitige und empfangsbedürftige Willenserklärung. Sie kann auch unter einer Bedingung abgegeben werden, wenn dadurch für den Erklärungsempfänger kein Zustand der Ungewißheit entsteht.[34] **105**

3. Ausschluß

Nach der früheren Rechtsprechung wurde der Ausschluß aus einem rechtsfähigen oder nicht rechtsfähigen Verein von den Gerichten nur in engem **106**

---

[31] Siehe BAG 2. 12. 1992 AP Nr. 14 zu § 3 TVG; Hess. LAG, ZTR 1998, S. 218 (Leitsatz); ArbG Rheine, PrAR, § 3 TVG, Nr. 82 (Leitsatz); ebenso *Gamillscheg*, Kollektives Arbeitsrecht I, § 17 I 1 d, S. 713; in der Sache auch *Löwisch/Rieble*, § 3 TVG, Rnr. 19.
[32] Ebenso Hueck/*Nipperdey*, Arbeitsrecht II 1, § 23 B V 3, S. 491 Anm. 45; *Maus*, § 3 TVG, Rnr. 36.
[33] BAG 9. 11. 1956 AP Nr. 1 zu § 3 TVG Verbandszugehörigkeit *(Tophoven)*; Hueck/*Nipperdey*, Arbeitsrecht II 1, § 23 B V 2, S. 488; *Koberski/Clasen/Menzel*, § 3 TVG, Rnr. 63; *Nikisch*, Arbeitsrecht II, § 71 II 1, S. 264f.; *Nipperdey/Säcker*, AR-Blattei, Tarifvertrag III, 1972, D II 2.
[34] Zu eng BAG 9. 11. 1956 AP Nr. 1 zu § 3 TVG Verbandszugehörigkeit *(Tophoven)*. Zur Frage des Austritts eines Arbeitgebers aus dem Verband durch Vereinbarung zwischen Vorstand und Mitglied vgl. LAG Hamm, AP 1953, Nr. 117 *(A. Hueck)*; ArbG Freiburg, BetrR 1997, S. 10f.; zu einem sofortigen Austrittsrecht siehe ArbG Leipzig, AiB 1996, S. 685, 686; zum Gesamtkomplex *Oetker*, ZfA 1998, S. 41 ff.

Umfang nachgeprüft, nämlich ob er gesetzwidrig, sittenwidrig oder offenbar unbillig war oder den Tatbestand des § 826 BGB erfüllte.[35] Der Bundesgerichtshof stützte die Beschränkung des richterlichen Nachprüfungsrechtes auf eine angebliche Unterwerfung des Mitglieds unter die Vereinsgewalt. Derartige Unterwerfungserklärungen sind schon deshalb fiktiv, weil sich niemand der Vereinsgewalt für den Fall unterwirft, daß er die ihm vorgeworfene Handlung überhaupt nicht begangen hat oder ein Recht dazu besitzt.

107 Besteht wie bei allen Berufsverbänden ein Aufnahmezwang in den Verein (dazu oben § 2, Rnr. 82ff.), so kann sich der Verein nicht auf ein freies, an keine Gründe gebundenes Ausschließungsrecht berufen.[36] Ein Ausschluß aus der Koalition kommt nur in Betracht, wenn ein wichtiger Grund dafür vorliegt; die Frage, ob diese Voraussetzung gegeben ist, kann jederzeit – auch inzidenter – von den ordentlichen oder den Arbeitsgerichten nachgeprüft werden. Sind in der Satzung des rechtsfähigen oder nichtrechtsfähigen Vereins Ausschließungsgründe benannt, so ist im Zweifel anzunehmen, daß die Aufzählung abschließend ist. Das Mitglied kann dann nicht aus einem anderen Grund ausgeschlossen werden, da es den Verbänden freisteht, die Ausschließungstatbestände endgültig zu regeln.

108 Der genannten Position hat sich im Grundsatz die neuere höchstrichterliche Rechtsprechung angeschlossen. Der Ausschluß aus Verbänden, die einer Aufnahmepflicht unterliegen, ist hiernach nur gerechtfertigt, wenn er eine Grundlage in der Satzung besitzt, in einem ordnungsgemäßen Verfahren zustande gekommen und durch sachliche Gründe gerechtfertigt ist (näher oben § 2, Rnr. 186ff.).[37]

4. Gerichtliche Entscheidung über Mitgliedschaft

109 Ist das Ende der Verbandsmitgliedschaft nach Tarifabschluß rechtskräftig festgestellt worden, so entfaltet das Urteil im Verhältnis zur anderen Tarifpartei und deren Mitgliedern keine Rechtskraftwirkung. Der Arbeitgeber kann in Fällen, in denen der Tariflohn verlangt oder nach einem Streik die Wiedereinstellung begehrt wird, dem Arbeitnehmer nicht sein rechtskräftig festgestelltes Ausscheiden aus dem Arbeitgeberverband und damit seine mangelnde Tarifgebundenheit entgegenhalten. Das Arbeitsgericht kann vielmehr im Folgeprozeß die Tarifgebundenheit inzidenter prüfen und ist an ein rechtskräftiges Urteil im Vorprozeß nicht gebunden.[38]

---

[35] Siehe BGHZ 13, S. 5; 21, S. 370; 28, S. 131; 29, S. 352; 36, S. 105; 45, S. 314; 47, S. 172 und 381; BGH LM Nr. 3/4 zu § 39 BGB. Vgl. allgemein zur Kontrolle von Vereinsstrafen die grundlegenden Monographien von *Meyer-Cording*, Die Vereinsstrafe, 1957; *Peter Schlosser*, Vereins- und Verbandsgerichtsbarkeit, 1972; sowie *Beuthien*, BB 1968, Beil. 12; *Flume*, in: Festschrift für Eduard Bötticher (1969), S. 101; *Wiedemann*, JZ 1968, S. 219.
[36] Siehe Enneccerus/*Nipperdey*, Allgemeiner Teil des Bürgerlichen Rechts Bd. I, 15. Aufl. 1959, § 112 VI 2.
[37] BGHZ 102, S. 265, 277; BGH, NJW 1991, S. 495; BGH, NJW 1994, S. 43; weitergehend jedoch *Säcker/Rancke*, AuR 1981, S. 1, 11ff.
[38] So auch *Blomeyer*, ZZP Bd. 75 (1962), S. 27; *Bötticher*, JZ 1961, S. 387, 388; *Brox*, JuS 1961, S. 252, 254; *Gamillscheg*, Kollektives Arbeitsrecht I, § 17 I 2a, S. 713; *Habscheid*, in: Festschrift für H. C. Nipperdey Bd. I (1965), S. 895, 904.

Wegen der fehlenden Identität der Prozeßparteien entfaltet das Urteil des **110** Vorprozesses **keine präjudizielle Wirkung**. Das Bundesarbeitsgericht stützt sich für seine gegenteilige Ansicht auf eine Analogie zu § 8 (heute § 9) TVG.[39] Seiner Ansicht nach müssen Dritte die Rechtskraft nur im Fall der beiderseitigen Urteilserschleichung nicht gegen sich gelten lassen. Dabei übersieht das Bundesarbeitsgericht, daß ein Urteil nach § 9 in einem Vorprozeß zwischen den Tarifvertragsparteien ergeht, also ein Interessengegensatz vorliegt, der sich im Folgeprozeß wiederholt. Stehen sich dagegen im Vorprozeß der Berufsverband und sein (ausgeschiedenes) Mitglied gegenüber, so gibt es keine Partei, die die Interessen des sozialen Gegenspielers vertritt.[40] Zudem könnten die Parteien des Vorprozesses durch ein Anerkenntnis-, Verzichts- oder Versäumnisurteil über die Frage der Tarifgebundenheit verfügen.[41] Wenn man dem Bundesarbeitsgericht folgt, sind die §§ 80 ff. ArbGG analog anzuwenden.

Das gleiche gilt, wenn das Ende der Verbandsmitgliedschaft vor Abschluß **111** des Tarifvertrages rechtskräftig festgestellt wird. Auch dann wirkt das Urteil nicht für und gegen die andere Tarifvertragspartei.[42] Da es sich um kein Gestaltungs-, sondern um ein Feststellungsurteil handelt, kommt eine Rechtskrafterstreckung auf Dritte nicht in Betracht. Der Austritt aus dem Verband muß von der Gegenseite nicht anerkannt werden. Deshalb hat das LAG Hamm[43] einem nicht satzungsgemäß erfolgten Austritt selbst bei Einverständnis des Verbandsvorsitzenden die Wirkung versagt, weil nur die Mitgliederversammlung die Befugnis gehabt habe, von der Satzung zu dispensieren.[44]

C. Mitglieder der Spitzenorganisationen angehörenden Verbände

Tarifgebunden sind die Mitglieder der Verbände, die Spitzenorganisa- **112** tionen angehören, wenn die Spitzenorganisationen einen Tarifvertrag im eigenen Namen abgeschlossen haben. Wird der Tarifvertrag auf Arbeitgeber- oder Arbeitnehmerseite nach § 2 Abs. 3 von einer Spitzenorganisation abgeschlossen, so sind die Mitglieder der Gewerkschaften und/oder der Arbeitgebervereinigungen tarifgebunden, deren Spitzenverband (Spitzenverbände) den Tarifvertrag nach der vorgenannten Bestimmung abgeschlossen hat (haben).[45] Daß eine derartige indirekte Mitgliedschaft bei den Spitzenorga-

---

[39] BAG 14. 10. 1960 AP Nr. 10 zu Art. 9 GG Arbeitskampf *(Gift, Wiczorek)* = JZ 1961, S. 386 *(Bötticher)* = SAE 1961, S. 134 *(Herschel)*; Hueck/*Nipperdey*, Arbeitsrecht II 1, § 23 B V 2, S. 488; *Koberski/Clasen/Menzel*, § 3 TVG, Rnr. 62; *Nipperdey/ Säcker*, AR-Blattei, Tarifvertrag III, 1972, D II 2.
[40] *Habscheid*, in: Festschrift für H. C. Nipperdey Bd. I (1965), S. 895, 906.
[41] *Bötticher*, JZ 1961, S. 386, 389.
[42] Anderer Ansicht *Blomeyer*, ZZP Bd. 75 (1962), S. 27; *Bötticher*, JZ 1961, S. 388, unter Berufung auf eine angebliche „Tatbestandswirkung" des Urteils.
[43] AP 1953, Nr. 11 *(A. Hueck)*.
[44] Ebenso ArbG Freiburg, BetrR 1997, S. 10 f.; kritisch hierzu *Oetker*, ZfA 1998, S. 41, 51 ff.
[45] Ebenso *Gamillscheg*, Kollektives Arbeitsrecht I, § 17 I 2a, S. 713; Hueck/ *Nipperdey*, Arbeitsrecht II 1, § 23 B V 4, S. 492; *Kaskel/Dersch*, Arbeitsrecht, § 14 II 3 e, S. 63; *Kempen/Zachert*, § 3 TVG, Rnr. 10; *Löwisch/Rieble*, § 3 TVG, Rnr. 53; *Maus*,

nisationen zur Tarifgebundenheit führt, ist zwar in § 3 nicht ausdrücklich ausgesprochen; denn Mitglieder der Tarifvertragsparteien sind im Fall des § 2 Abs. 3 die angeschlossenen Gewerkschaften und Arbeitgebervereinigungen, nicht aber die einzelnen Arbeitnehmer und Arbeitgeber. Jedoch sollte für diese Konstellation eine Tarifgebundenheit der einzelnen Arbeitnehmer und Arbeitgeber geschaffen werden. Im übrigen ist für die Tarifgebundenheit der einzelnen Arbeitgeber und Arbeitnehmer zu beachten, ob die Spitzenorganisation den Tarifvertrag im eigenen Namen allgemein, das heißt für alle angeschlossenen Verbände, oder nur für bestimmte Gewerkschaften oder Arbeitgebervereinigungen abgeschlossen hat (näher oben § 2, Rnr. 333ff.).

113   Für die Tarifgebundenheit aus indirekter Mitgliedschaft sind die oben unter Rnr. 45ff. dargelegten Grundsätze anwendbar. Sowohl der Austritt eines Arbeitgebers oder Arbeitnehmers aus seinem Verband als auch der Austritt seines Verbandes aus der Spitzenorganisation, die den Tarifvertrag abgeschlossen hat, beendet die Tarifgebundenheit nicht, solange der Tarifvertrag läuft.

D. Gemeinsame Einrichtungen der Tarifvertragsparteien

I. Tarifgebundenheit der Gemeinsamen Einrichtung selbst

114   § 3 enthält keine Aussagen über die Tarifgebundenheit der Gemeinsamen Einrichtung; jedoch bestimmt § 4 Abs. 2, daß die Tarifnormen unmittelbar und zwingend für die Satzung der Gemeinsamen Einrichtungen gelten.

1. Tarifnorm und Satzung

115   Die übliche Bedeutung der Tarifgebundenheit würde zu dem Ergebnis führen, daß die Tarifvertragsparteien die Satzung und sämtliche Rechtsverhältnisse der Gemeinsamen Einrichtung zu anderen Personen unmittelbar und zwingend regeln können. Gegen eine solche uneingeschränkte Reichweite der normativen Bestimmungen des Tarifvertrages[46] bestehen jedoch Bedenken, sobald die Gemeinsame Einrichtung in Form einer Kapitalgesellschaft, eines Versicherungsvereins auf Gegenseitigkeit oder sonst einer selbständigen Körperschaft oder Anstalt mit Sondervermögen betrieben werden soll. Für die Gründung und den Betrieb derartiger Sondervermögen sieht das Zivil- und Handelsrecht zwingende Sondernormen vor, namentlich Gläubigerschutzbestimmungen und Publizitätserfordernisse, die vom Tarifvertrags-

---

§ 3 TVG, Rnr. 39; *Nikisch*, Arbeitsrecht II, § 71 II 5, S. 266; *Nipperdey/Säcker*, AR-Blattei, Tarifvertrag III, 1972, D IV; *Schaub*, Arbeitsrechts-Handbuch, § 206 II 4, S. 1726; *Stein*, Tarifvertragsrecht, Rnr. 156; *Zöllner/Loritz*, Arbeitsrecht, § 37 I 3, S. 412.

[46] Zu pauschal daher *Nikisch*, Arbeitsrecht II, § 71 III 3, S. 267, der eine generelle Geltung für die Satzung annimmt; ebenso *Kaskel/Dersch*, Arbeitsrecht, § 14 II 3 f, S. 63.

gesetz nicht verdrängt werden sollen.⁴⁷ Die Tarifunterworfenheit der Gemeinsamen Einrichtung kann deshalb nicht in dem umfassenden Sinn hergestellt werden, wie dies für Arbeitsverhältnisse zutrifft.

Allerdings läßt sich in zwei Punkten eine unmittelbare und zwingende **116** Wirkung des Tarifvertrages entsprechend dem Gesetzeswortlaut aufrechterhalten. Die Tarifvertragsparteien können und müssen den **Zweck der Gemeinsamen Einrichtung** im Tarifvertrag bindend festlegen.⁴⁸ Ein Verband oder eine Anstalt, muß den Zweck in der Satzung wiederholen, um als die vom Tarifvertrag geschaffene Einrichtung bewertet werden zu können. Außerdem kann die Gemeinsame Einrichtung aufgrund der für sie konstitutiven Vorgaben in dem Tarifvertrag ihren Zweck nicht abändern, namentlich nicht erweitern oder verkürzen, wenn nicht gleichzeitig der Tarifvertrag geändert wird. Damit weicht das Tarifvertragsrecht vom allgemeinen Verbandsrecht ab, das der Mitgliederversammlung ein unentziehbares Recht auf Abänderbarkeit der gesamten Satzung zusichert. Der Grundsatz der Autonomie jedes Verbandes muß im Interesse der Beherrschung der Gemeinsamen Einrichtung durch die Tarifvertragsparteien insoweit zurückstehen.⁴⁹

Unmittelbar werden außerdem vom Tarifvertrag die Fragen des **Beitrags- 117 aufkommens** und der **Mittelverwendung** geregelt, also die „materiellen" Existenzbedingungen der Gemeinsamen Einrichtung. Beschreibt die Satzung der Gemeinsamen Einrichtung den Verteilungsschlüssel anders als der Tarifvertrag, so tritt die tarifliche Regelung unmittelbar an die Stelle der unwirksamen Satzungsbestimmung.⁵⁰ Die notwendige Flexibilität können die Tarifvertragsparteien jedoch dadurch herstellen, daß sie in dem Tarifvertrag ein Leistungsbestimmungsrecht zugunsten der Satzungsorgane der Gemeinsamen Einrichtung vorsehen.⁵¹

In allen **übrigen Fragen**, insbesondere hinsichtlich der Organisation der **118** Gemeinsamen Einrichtung, gibt es **keinen automatischen Gleichklang** zwischen Tarifvertrag und Satzung. Die Tarifvertragsparteien sind lediglich schuldrechtlich verpflichtet, dazu beizutragen, daß die Inhaltsgleichheit zwischen Tarifvertrag und Satzung eingehalten wird.⁵² Das ändert aber nichts daran, daß Satzungsbestimmungen unwirksam sind, wenn sie den tarifvertraglichen Vorgaben zuwiderlaufen, die den Ausgestaltungsspielraum der Satzungsorgane begrenzen.⁵³ Die Normen des Tarifvertrages sind jedoch nicht

---

⁴⁷ Dazu im einzelnen *Zöllner*, Gutachten zum 48. DJT, 1970, S. 49 ff.; ebenso *Kempen/Zachert*, § 4 TVG, Rnr. 149; *Löwisch/Rieble*, § 4 TVG, Rnr. 115; *Nipperdey/Säcker*, AR-Blattei, Tarifvertrag III, 1972, D V.
⁴⁸ Ebenso BAG 25. 1. 1989 AP Nr. 5 zu § 1 GesamthafenbetriebsG *(Zeuner)*; *Däubler*, Tarifvertragsrecht, Rnr. 1136; siehe auch BAG 14. 12. 1977 AP Nr. 1 zu § 4 TVG Gemeinsame Einrichtungen *(Wiedemann/Moll)*.
⁴⁹ Anderer Ansicht *Zöllner*, a. a. O.
⁵⁰ Ebenso wohl *Ballerstedt*, Referat zum 48. DJT, 1970, S. Q 32.
⁵¹ BAG 25. 1. 1989 AP Nr. 5 zu § 1 GesamthafenbetriebsG *(Zeuner)*; *Däubler*, Tarifvertragsrecht, Rnr. 1136; *Löwisch/Rieble*, § 4 TVG, Rnr. 109.
⁵² Ebenso *Däubler*, Tarifvertragsrecht, Rnr. 1143; *Kempen/Zachert*, § 4 TVG, Rnr. 150; so im Grundsatz auch *Zöllner/Loritz*, Arbeitsrecht, § 36 II 5, S. 398, allerdings unter Verzicht auf die hier befürworteten Ausnahmen.
⁵³ So auch *Däubler*, Tarifvertragsrecht, Rnr. 1141; sowie bereits *Schelp*, in: Festschrift für H. C. Nipperdey Bd. II (1965), S. 579, 599 f.; unklar *Kempen/Zachert*, § 4

in der Lage, eine unmittelbare Wirkung zu entfalten;[54] es bedarf stets eines entsprechenden Umsetzungsaktes durch die Satzungsorgane.[55]

2. Tarifvertragliche Regelungsdichte

119 Eine Besonderheit der Tarifgebundenheit der Gemeinsamen Einrichtung liegt in der Fragestellung, inwieweit die Tarifvertragsparteien die Rechtsverhältnisse der Gemeinsamen Einrichtung wenigstens rahmenartig regeln müssen oder ob sie der Gemeinsamen Einrichtung im voraus ausdrücklich durch entsprechende Ermächtigung oder stillschweigend durch Nichtregelung freie Hand lassen dürfen. Die Frage ist vor allem für die Rechtsform der Gemeinsamen Einrichtung, die Art und Weise der Geldanlage und die Verwendung von Überschüssen von Bedeutung.

120 Sie ist zugunsten der zweiten Alternative zu bejahen. Eine **Ermächtigung der Organe** der Gemeinsamen Einrichtung ist nicht nur im engen Rahmen des Art. 80 GG zulässig.[56] Noch weitergehend will *Ballerstedt*[57] die Tarifgebundenheit dahin verstehen, daß die Tarifvertragsparteien für die Gemeinsame Einrichtung eine Rechtsform und eine satzungsmäßige Gestaltung wählen müssen, die sicherstellt, daß die Einrichtung ihrem gemeinsamen Willen unterworfen ist und vollkommen von ihnen abhängig wird, also kein Eigenleben entfalten kann. Bei zwingender Vorgabe der Zweckrichtung der Gemeinsamen Einrichtung bestehen indes keine durchgreifenden Bedenken dagegen, daß die Parteien des Tarifvertrages den Organen der Gemeinsamen Einrichtung Durchführung und Organisation im einzelnen zur Ausgestaltung überantworten. Manche Probleme lassen sich nicht voraussehen, andere im voraus nicht lösen, so daß eine eigenständige Zweckverwirklichung innerhalb der gegebenen Leitlinien sinnvoll und notwendig ist.

121 Dementsprechend können die Tarifvertragsparteien grundsätzlich die nähere Ausgestaltung der Gemeinsamen Einrichtung selbst überlassen. Hierin liegt grundsätzlich keine Delegation,[58] sondern die Tarifvertragsparteien verzichten auf die Ausübung einer ihnen eröffneten Regelungsmacht. Deshalb ist für eine Bindung an rechtsstaatliche Grundsätze[59] kein Raum. Sehen die Tarifvertragsparteien in ihrem Regelungswerk jedoch ausdrücklich eine Leistungsbestimmung durch Dritte vor, so unterliegt diese den Bindungen der §§ 315 ff. BGB. Dem Ausgestaltungsspielraum der Gemeinsamen Einrich-

---

TVG, Rnr. 150, wonach die tarifwidrigen Satzungsbestimmungen ohne rechtlich verpflichtende Wirkung weitergelten sollen.
[54] Hierfür bei Hueck/*Nipperdey*, Arbeitsrecht II 1, § 27 IX, S. 552, Fußn. 57 a; sowie im Anschluß *Hill*, Die Bedeutung der normativen Wirkung der Regelung von gemeinsamen Einrichtungen der Tarifvertragsparteien, Diss. München 1970, S. 39.
[55] Wie hier auch *Zöllner*, RdA 1967, S. 361, 363.
[56] So aber im Hinblick auf die Allgemeinverbindlicherklärung *Hanau*, RdA 1970, S. 161, 166.
[57] Referat zum 48. DJT, 1970, S. Q 13.
[58] So aber *Däubler*, Tarifvertragsrecht, Rnr. 1136; mißverständlich BAG 25. 1. 1989 AP Nr. 5 zu § 1 GesamthafenbetriebsG (*Zeuner*), da dort von einer Übertragung der Regelungsbefugnis gesprochen wird.
[59] Hierfür aber *Däubler*, Tarifvertragsrecht, Rnr. 1136.

II. Tarifgebundenheit der Arbeitgeber und Arbeitnehmer

Sehr bestritten ist, ob beide, die beitragspflichtigen Arbeitgeber und die Destinatäre der Gemeinsamen Einrichtung, tarifunterworfen sein müssen oder ob eine einseitige Tarifgebundenheit genügt, also nur das jeweilige Rechtsverhältnis zwischen dem berechtigten Arbeitnehmer oder dem verpflichteten Arbeitgeber zur Gemeinsamen Einrichtung tarifunterworfen sein muß.[61] Beiderseitige Tarifgebundenheit wird gefordert u. a. von *Ballerstedt*.[62] Das Bundesarbeitsgericht bejahte das Erfordernis beiderseitiger Tarifgebundenheit für die Beitragsseite[63] und den Leistungsanspruch.[64] Nach einem Vorschlag von *Lieb*[65] sollen Normen über Gemeinsame Einrichtungen zu ihrer Wirksamkeit die Allgemeinverbindlicherklärung voraussetzen. Das ist als rechtspolitischer Vorschlag diskussionswürdig, de lege lata jedoch nicht aus dem Gesetz abzuleiten.

Sieht man die Normen über die Gemeinsamen Einrichtungen als **Inhaltsnormen** an, so ist es folgerichtig, **doppelte Tarifgebundenheit** zu verlangen.[66] Erfolgt die Finanzierung der Gemeinsamen Einrichtung durch Lohnabzug bei der Belegschaft oder gewährt der Arbeitgeber selbst die entsprechenden Leistungen und erhält er sie von der Gemeinsamen Einrichtung lediglich erstattet, so ist eine beiderseitige Tarifgebundenheit gewollt und notwendig. Es kann kein Zweifel bestehen, daß die Tarifvertragsparteien die beiderseitige Tarifgebundenheit zur Grundlage der Rechtsbeziehungen der Gemeinsamen Einrichtung machen können (siehe oben § 1, Rnr. 643 ff.). Abgesehen von dem Fall einer konkretisierten Inhaltsnorm ist aber auch denkbar, daß die Gemeinsame Einrichtung zur Umsetzung einer Betriebsnorm geschaffen wird. In dieser Konstellation genügt die Tarifgebundenheit des Arbeitgebers.[67]

---

[60] BAG 25. 1. 1989 AP Nr. 5 zu § 1 GesamthafenbetriebsG *(Zeuner)*; Däubler, Tarifvertragsrecht, Rnr. 1136.
[61] Für einseitige Tarifbindung *Däubler*, Tarifvertragsrecht, Rnr. 1153; *Gamillscheg*, Differenzierung nach der Gewerkschaftszugehörigkeit, 1966, S. 106; *Henrich*, Verhandlungen des 48. DJT, 1970, S. Q 80 ff.; *Kempen*/*Zachert*, § 4 TVG, Rnr. 157; *Wiedemann*, RdA 1968, S. 420, 422.
[62] Referat zum 48. DJT, 1970, S. Q 16; ebenso *Bötticher*, Die gemeinsamen Einrichtungen der Tarifvertragsparteien, 1966, S. 61 ff.; *Hanau*, RdA 1970, S. 161, 163; *A. Hueck*, BB 1949, S. 354, 356; Hueck/*Nipperdey*, Arbeitsrecht II 1, § 23 B V 6, S. 493; *Lieb*, Arbeitsrecht § 6 III, S. 158; *Nikisch*, Arbeitsrecht II, § 80 IV 1, S. 408; *Nipperdey*/*Säcker*, AR-Blattei, Tarifvertrag III, 1972, D V; *Zöllner*, RdA 1967, S. 361, 365; *ders.*, Gutachten zum 48 DJT, 1970, S. G 72 ff.; *Zöllner*/*Loritz*, Arbeitsrecht, § 36 II 5, S. 398.
[63] BAG 5. 12. 1958 AP Nr. 1 zu § 4 TVG Ausgleichskasse *(Tophoven)* = SAE 1959, S. 200 *(Pischgode)*.
[64] BAG 5. 10. 1993 AP Nr. 42 zu § 1 BetrAVG Zusatzversorgungskassen *(Wiedemann/Müller)*.
[65] Verhandlungen des 48. DJT, 1970, S. Q 43.
[66] So noch *Ballerstedt*, Referat zum 48. DJT, 1970, S. Q 11 ff.
[67] Ebenso Löwisch/*Rieble*, § 3 TVG, Rnr. 70; im Anschluß an *Bötticher*, Die gemeinsamen Einrichtungen der Tarifvertragsparteien, 1966, S. 79 ff.

124 Die Tarifpartner können jedoch von der Tarifgebundenheit des Arbeitgebers absehen, um den organisierten Arbeitnehmern die Vorteile der Gemeinsamen Einrichtung allgemein zugute kommen zu lassen, unabhängig davon, ob sie im Zeitpunkt des Fälligwerdens der Leistung – zufällig – bei einem organisierten Arbeitgeber beschäftigt sind oder nicht.[68] Die Möglichkeit zu einer solchen Gestaltung des Tarifvertrages muß den Tarifvertragsparteien schon aus praktischen Gründen offenstehen, denn der begünstigte Arbeitnehmer wird teilweise nicht wissen, teilweise nicht nachweisen können, ob frühere Arbeitgeber in der Zeit seiner Tätigkeit in ihrem Unternehmen organisiert waren oder nicht. Die Einbeziehung aller „Dienstzeiten" als Anspruchsgrundlage unabhängig von dem Organisationsgrad des Arbeitgebers ist außerdem systemgerecht, weil Vordienstzeiten bei nichtorganisierten Arbeitnehmern unbestritten angerechnet werden.[69]

125 Gegen den vorstehenden Ansatz hat allerdings *Zöllner* eindringlich den notwendigen Arbeitgeberschutz angeführt: es könne den organisierten Arbeitgebern nicht zugemutet werden, die Finanzierungslast auch für solche Arbeitnehmer zu übernehmen, die bei nichtorganisierten Konkurrenten beschäftigt sind.[70] Indes ist es Sache der Arbeitgeber und ihres Berufsverbandes, den Umfang der mit dem Tarifvertrag übernommenen Lasten abzuschätzen und abzugrenzen. Soweit ein überwältigender Prozentsatz der Arbeitnehmerschaft bei organisierten Arbeitgebern beschäftigt wird, können es sich die Arbeitgeber zumuten, auf beiderseitige Tarifgebundenheit zu verzichten. Dies betrifft vor allem Berufszweige, die einer starken Fluktuation der Arbeitskräfte unterliegen. Es kommt hinzu, daß die Gemeinsame Einrichtung ihre eigentliche Aufgabe, den Arbeitnehmer möglichst umfassend vor den Folgen eines Arbeitsplatzwechsels zu schützen, nur erfüllen kann, wenn die jeweilige Tarifgebundenheit im Rechtsverhältnis zur Gemeinsamen Einrichtung genügt.[71]

126 Die Tarifvertragsparteien können vereinbaren, daß die Gemeinsame Einrichtung erst nach der **Allgemeinverbindlicherklärung** des Tarifvertrages eingerichtet und durchgeführt werden soll. Ein derart bedingter Tarifvertrag, der beide Parteien zur Antragstellung nach § 5 verpflichtet, ist zulässig.[72] Mangels gesetzlicher Einschränkung der Tarifautonomie ist aber nicht davon auszugehen, daß ein eine Gemeinsame Einrichtung vorsehender Tarifvertrag nur mit derart beschränktem Inhalt wirksam abgeschlossen werden kann.

---

[68] Ebenso *Däubler*, Tarifvertragsrecht, Rnr. 1153; *Kempen*/Zachert, § 4 TVG, Rnr. 157; *Stein*, Tarifvertragsrecht, Rnr. 577.
[69] Siehe *Zöllner*, Gutachten zum 48. DJT, 1970, S. G 74, Anm. 204; *Lieb*, Verhandlungen des 48. DJT, 1970, S. Q 42; ebenso *Hill*, Die Bedeutung der normativen Wirkung der Regelung von gemeinsamen Einrichtungen der Tarifvertragsparteien, Diss. München 1970, S. 23.
[70] *Zöllner*, Gutachten zum 48. DJT, 1970, S. G 72ff.
[71] Anders in dieser Konstellation Löwisch/*Rieble*, § 3 TVG, Rnr. 69, die stets eine Allgemeinverbindlichkeit des Tarifvertrages verlangen.
[72] Zur Möglichkeit einer Allgemeinverbindlicherklärung siehe BVerfGE 55, S. 7ff.; BVerfG 8. 1. 1987 AP Nr. 8 zu § 4 TVG Gemeinsame Einrichtungen; sowie unten § 5, Rnr. 148ff.

E. Die alleinige Tarifgebundenheit des Arbeitgebers

I. Bedeutung von § 3 Abs. 2

Eine Ausnahme von dem Grundsatz, daß die Rechtsnormen des Tarifvertrags nur zwischen beiderseits Tarifgebundenen Anwendung finden, ordnet § 3 Abs. 2 an. Er bestimmt, daß die Rechtsnormen des Tarifvertrags über betriebliche und betriebsverfassungsrechtliche Fragen für alle Betriebe – genauer: für das ganze Unternehmen – gelten, deren Arbeitgeber tarifgebunden ist,[73] also ohne Rücksicht auf die Tarifgebundenheit (Nicht- oder Andersorganisierung) der Arbeitnehmer.

1. Dogmatische Einordnung

Die dogmatische Einordnung der Vorschrift ist umstritten. Nach einer verbreiteten Ansicht ordnet § 3 Abs. 2 eine Erweiterung der Tarifgebundenheit i. S. einer Allgemeinverbindlichkeit für den Betrieb an.[74] Treffend wird hierdurch die Rechtswirkung der Normen über betriebliche und betriebsverfassungsrechtliche Fragen beschrieben; sie gelten im Betrieb unabhängig von der Organisationszugehörigkeit der Arbeitnehmer und erfassen auch diejenigen Arbeitnehmer, die entweder keiner oder einer anderen als der tarifschließenden Gewerkschaft angehören. Gegen die Deutung einer erweiterten Tarifgebundenheit spricht jedoch, daß § 3 Abs. 2 sie anders als § 5 Abs. 4 nicht anordnet. Dies wird bestätigt durch die systematische Stellung von Abs. 2 innerhalb von § 3. Der Wortlaut dehnt nicht die Tarifgebundenheit auf tarifliche Außenseiter aus, sondern erklärt, daß die Tarifgebundenheit des Arbeitgebers für die Geltung im Betrieb ausreicht. Deshalb sprechen gewichtige Gründe für diejenige Ansicht, die die Tarifgebundenheit der Arbeitnehmer im Anwendungsbereich von § 3 Abs. 2 für unmaßgeblich hält und allein auf die Tarifgebundenheit des Arbeitgebers abstellt.[75] Deshalb hat *Nipperdey* zu Recht hervorgehoben, daß § 3 Abs. 2 an sich systematisch verfehlt ist.[76] Bei unbefangener Betrachtung betrifft die Vorschrift allein die personellen Voraussetzungen für die Geltung der aufgeführten Tarifnormen im Betrieb, so daß im Hinblick auf die Arbeitnehmer, insbesondere diejenigen, die nicht der tarifschließenden Gewerkschaft angehören, lediglich eine indirekte, durch ihre Betriebszugehörigkeit vermittelte Tarifgebundenheit vorliegt.[77]

---

[73] Ebenso *Kempen*/*Zachert*, § 3 TVG, Rnr. 12.
[74] So *E. R. Huber*, Wirtschaftsverwaltungsrecht Bd. II, 2. Aufl. 1954, S. 437; *Kempen*/*Zachert*, § 3 TVG, Rnr. 12; *Nikisch*, Arbeitsrecht II, § 73 IV 1, S. 300; *Nipperdey*/*Säcker*, AR-Blattei, Tarifvertrag III, 1972, D VI; *H. Schneider*, in: Festschrift für Phillip Möhring (1965), S. 521, 535; so auch noch *Säcker*/*Oetker*, Tarifautonomie, S. 135.
[75] Hierfür vor allem *Dieterich*, Die betrieblichen Normen, 1964, S. 86.
[76] *Hueck*/*Nipperdey*, Arbeitsrecht II 1, § 23 B II, S. 482; zustimmend *Dieterich*, Die betrieblichen Normen, 1964, S. 86.
[77] So bereits *Maus*, § 3 TVG, Rnr. 47.

2. Praktische Bedeutung

129 Die praktische Bedeutung der betriebsverfassungsrechtlichen Normsetzungsbefugnis war lange Zeit gering. Im Zuge der Bestrebungen, die Beteiligungsrechte des Betriebsrates zu erweitern bzw. abstrakt-generelle Rahmenregelungen im Tarifvertrag durch die Abreden auf betrieblicher Ebene zu konkretisieren, hat ihre Verbreitung jedoch zugenommen (siehe oben § 1, Rnr. 588). Anders verlief die Entwicklung für betriebliche Normen. In vielen Tarifverträgen gibt es seit langem Normen, die Vorschriften über Betriebsmittel,[78] über die Zusammensetzung des Mitarbeiterkreises[79] oder hinsichtlich der Beschäftigungspflicht bezüglich bestimmter Berufsgruppen[80] enthalten. Tarifliche Regelungen der eigentlichen Betriebsordnung[81] sind demgegenüber seltener anzutreffen und praktisch nur bei Firmentarifverträgen vorstellbar. Überschneidungen von Tarifverträgen mit Betriebsvereinbarungen sind in der Rechtsprechung vor allem im Rahmen von Akkordfragen, der Einführung von Kurzarbeit und der Arbeitszeit innerhalb eines tarifvertraglich festgelegten Korridors bekannt geworden.[82]

3. Geltungsvoraussetzung

130 Für die Geltung der Rechtsnormen über betriebliche und betriebsverfassungsrechtliche Fragen im Betrieb wird vereinzelt gefordert, daß zusätzlich auf Arbeitnehmerseite wenigstens ein Arbeitnehmer Mitglied der tarifschließenden Gewerkschaft sein muß.[83] Das Bundesarbeitsgericht hat zu dieser Problematik bislang nicht vertieft Stellung genommen, wohl aber in mehreren Entscheidungen – den Gesetzeswortlaut wiederholend – beiläufig festgestellt, daß die Tarifbindung des Arbeitgebers genügt.[84] Das entspricht auch der überwiegenden Auffassung im Schrifttum;[85] ausdrücklich ablehnend ha-

---

[78] Für Baubuden vgl. § 12 Abs. 4 des Bundesrahmentarifvertrags für das Baugewerbe vom 31. März 1965 in der Fassung vom 20. März 1970.
[79] Für Lehrlingsskalen LAG Düsseldorf AP Nr. 1 zu § 4 TVG Lehrlingsskalen *(Zöllner)*.
[80] Dazu namentlich die Spartenanhänge des Manteltarifvertrags für das Graphische Gewerbe; hierzu BAG 26. 4. 1990 AP Nr. 57 zu Art. 9 GG = EzA § 4 TVG Druckindustrie Nr. 20 *(Kittner)* = SAE 1991, S. 236 *(Loritz)*; BAG 22. 1. 1991 AP Nr. 67 zu Art. 12 GG.
[81] Siehe den Katalog in § 87 Abs. 1 BetrVG 1972.
[82] Siehe BAG 6. 7. 1962 AP Nr. 7 zu § 37 BetrVG *(Küchenhoff)* = SAE 1963, S. 25 *(Knevels)*; BAG 13. 11. 1964 AP Nr. 25 zu § 56 BetrVG *(Neumann-Duesberg)*; BAG 23. 3. 1962 AP Nr. 1 zu § 56 BetrVG Akkord *(Küchenhoff)*; BAG 15. 5. 1964 AP Nr. 5 zu § 56 BetrVG Akkord *(Dietz)*; BAG 4. 3. 1986 AP Nr. 3 zu § 87 BetrVG 1972 Kurzarbeit *(Wiese)* = SAE 1987, S. 34 *(Reuter)*; BAG 18. 8. 1987 AP Nr. 23 zu § 77 BetrVG 1972 *(v. Hoyningen-Huene)* = SAE 1988, S. 97 *(Löwisch/ Rieble)*.
[83] So Löwisch/*Rieble*, § 3 TVG, Rnr. 60 ff.
[84] So BAG 5. 9. 1990 AP Nr. 19 zu § 4 TVG Tarifkonkurrenz; BAG 20. 3. 1991 AP Nr. 20 zu § 4 TVG Tarifkonkurrenz *(Hanau/Kania)* = EzA § 4 TVG Tarifkonkurrenz Nr. 7 *(Vogg)* = SAE 1993, S. 74 *(Salje)*.
[85] Siehe *Däubler*, Tarifvertragsrecht, Rnr. 803; *Dieterich*, Die betrieblichen Normen, 1964, S. 86; *Kaskel/Dersch*, Arbeitsrecht, § 14 II 2 b, S. 62; *Schaub*, Arbeitsrechts-Handbuch, § 202 V 1, S. 1683.

ben sich insbesondere *Gamillscheg* und *Kempen/Zachert* geäußert.[86] Der herrschenden Ansicht ist zuzustimmen. Das Gesetz stellt ausdrücklich auf die Tarifgebundenheit des Arbeitgebers ab und bringt damit hinreichend deutlich zum Ausdruck, daß die Tarifgebundenheit der Arbeitnehmer für die Anwendung des Tarifvertrages im Betrieb unerheblich sein soll. Angesichts des Regelungsinhalts der Normen über betriebliche und betriebsverfassungsrechtliche Fragen ist dies sinnvoll und notwendig, da hierdurch gerade solche Materien geregelt werden können, die sich typischerweise einer individualarbeitsvertraglichen Gestaltung entziehen.[87]

4. Gemeinsamer Betrieb

Die Vorschrift geht davon aus, daß Arbeitgeber und Betriebsinhaber identisch sind, was beim gemeinsamen Betrieb nicht zutrifft. Für die Geltung der Betriebsnormen im gemeinsamen Betrieb genügt es deshalb nicht, wenn lediglich ein Arbeitgeber tariflich gebunden ist; hierfür ist vielmehr erforderlich, daß alle Arbeitgeber Mitglieder des tarifschließenden Arbeitgeberverbandes sind.[88]

5. Norminhalt

Die Geltung der Rechtsnormen über betriebliche und betriebsverfassungsrechtliche Fragen wird unabhängig davon angeordnet, ob sie die Rechtsstellung der Arbeitnehmer verbessern oder verschlechtern. Für die Tarifgebundenheit des Arbeitgebers spielt diese Frage keine Rolle.

II. Verfassungsmäßigkeit von § 3 Abs. 2

1. Stellungnahmen im Schrifttum

Die Verfassungsmäßigkeit von § 3 Abs. 2 ist seit jeher Gegenstand heftiger Kontroversen im Schrifttum. Dabei wurde in der Vergangenheit das Hauptaugenmerk vor allem auf die Unterwerfung der tariflichen Außenseiter unter die in § 3 Abs. 2 genannten Normen gelegt und ihre Vereinbarkeit mit der negativen Koalitionsfreiheit problematisiert. Die Verfassungswidrigkeit von § 3 Abs. 2 wurde dabei indes nur vereinzelt postuliert.[89] Die überwiegende Ansicht im Schrifttum bejaht wegen des tatbestandlichen Erfordernisses einer notwendigerweise, d. h. durch den Regelungsinhalt erzwungenen einheitlichen Geltung im Betrieb die Vereinbarkeit mit der negativen Koalitionsfreiheit.[90]

---

[86] *Gamillscheg,* Kollektives Arbeitsrecht I, § 17 I 2 d, S. 717 f.; *Kempen/*Zachert, § 3 TVG, Rnr. 18; ebenso *Dörner,* HzA, Gruppe 18/1, Rnr. 188; *Koberski/Clasen/Menzel,* § 3 TVG, Rnr. 68; *Stein,* Tarifvertragsrecht, Rnr. 161.
[87] Siehe oben Rnr. 2; sowie BAG 26. 4. 1990 AP Nr. 57 zu Art. 9 GG.
[88] Ebenso *Löwisch/Rieble,* § 3 TVG, Rnr. 65; *Schaub,* Arbeitsrechts-Handbuch, § 202 V 3, S. 1684; a. A. *Gamillscheg,* Kollektives Arbeitsrecht I, § 17 I 2 d, S. 717.
[89] So aber *Buchner,* Tarifvertragsgesetz und Koalitionsfreiheit, Diss. München 1964, S. 67 ff.
[90] So *Adomeit,* Rechtsquellenfragen im Arbeitsrecht, 1969, S. 157; *Biedenkopf,* Grenzen der Tarifautonomie, 1964, S. 310; *Dörner,* HzA, Gruppe 18/1, Rnr. 189; *Gamill-*

134 Eine Zwischenstellung nehmen diejenigen Autoren ein, die zwar verfassungsrechtliche Bedenken anmelden, diesen aber mit unterschiedlichen Ausprägungen bei der Normanwendung Rechnung tragen wollen. Hierbei sind vor allem zwei Ansätze zu verzeichnen. Den Weg einer tatbestandlichen Reduktion schlagen im Anschluß an *Zöllner*,[91] *Lieb, Loritz, Richardi* und neuerdings auch *Reuter* ein. Bei strenger Anlehnung an das geschriebene Tarifrecht der Weimarer Zeit, nach dem betriebliche und betriebsverfassungsrechtliche Fragen zumeist nur im schuldrechtlichen Teil des Tarifvertrages als Vertrag zugunsten Dritter geregelt werden konnten,[92] sehen *Lieb, Loritz, Richardi* und *Zöllner* die Harmonie mit der negativen Koalitionsfreiheit nur dann als gegeben an, wenn durch Betriebsnormen keine belastenden Regelungen für die tariflichen Außenseiter getroffen werden. Das sei nur bei den sog. Solidarnormen der Fall; im übrigen dürften belastende Regelungen für tarifliche Außenseiter, insbesondere im Bereich der sog. Ordnungsnormen, nicht geschaffen werden.[93] Ebenfalls zu einer tatbestandlichen Reduktion gelangt *Reuter*, der sich hierfür jedoch nicht auf die negative Koalitionsfreiheit, sondern auf das Erfordernis einer demokratischen Legitimation stützt, weshalb der Kreis der rechtlich zulässigen Betriebsnormen auf die Sachbereiche der gesetzlichen Zulassungsnormen beschränkt bleiben müsse.[94] Trotz entsprechender verfassungsrechtlicher Bedenken beschreitet *Biedenkopf* einen anderen Weg. Er lehnt eine tatbestandliche Reduktion ab und fordert statt dessen eine verdichtete Rechtskontrolle.[95] Im Kern hatte sich dieser Forderung ursprünglich auch *Reuter* angeschlossen.[96]

2. Bundesarbeitsgericht

135 Das Bundesarbeitsgericht nahm zu der verfassungsrechtlichen Bewertung von § 3 Abs. 2 lange Zeit keine Stellung,[97] lehnte jedoch die von *Bötti-*

---

scheg, Kollektives Arbeitsrecht I, § 17 I 2 d, S. 719; *ders.*, Die Differenzierung nach der Gewerkschaftszugehörigkeit, 1966, S. 97; *ders.*, in: Festschrift für Karl Kehrmann (1997), S. 247, 248 ff.; *H. Hanau*, RdA 1996, S. 158, 165 ff.; *Hanau/Adomeit*, Arbeitsrecht, C II 2, S. 59; *E. R. Huber*, Wirtschaftsverwaltungsrecht Bd. II, 2. Aufl. 1954, S. 437; *Hueck/Nipperdey*, Arbeitsrecht II 1, § 23 II, S. 483, Anm. 20a; *Kempen/Zachert*, § 3 TVG, Rnr. 17 ff.; *Peters/Ossenbühl*, Die Übertragung von öffentlich-rechtlichen Befugnissen auf die Sozialpartner, 1967, S. 118; *Reuß*, Betrieb 1964, S. 1410, 1412; *Säcker*, Gruppenautonomie und Übermachtkontrolle im Arbeitsrecht, 1972, S. 331, Anm. 268; *H. Schneider*, in: Festschrift für Philipp Möhring (1965), S. 521, 533, 535; *Söllner*, Arbeitsrecht, § 16 IV 1, S. 125; *Stein*, Tarifvertragsrecht, Rnr. 162; *Wiedemann*, RdA 1969, S. 321, 323.
[91] RdA 1962, S. 453 ff.
[92] Näher z. B. aus damaliger Sicht Hueck/*Nipperdey*, Arbeitsrecht II, 3./5. Aufl., § 10 III 2 e, S. 123; sowie der knappe Problemaufriß bei *Richardi*, Kollektivgewalt, S. 228 f.
[93] Siehe *Lieb*, RdA 1967, S. 441 ff.; *ders.*, Arbeitsrecht, § 6 II 2 a, S. 154 f.; *Loritz*, Tarifautonomie und Gestaltungsfreiheit des Arbeitgebers, 1990, S. 41 ff., 55 ff.; *Richardi*, Kollektivgewalt, S. 229 ff., insbesondere S. 236 f.; *Zöllner/Loritz*, Arbeitsrecht, § 36 II 3, S. 397.
[94] *Reuter*, DZWir. 1995, S. 353, 359 f; *ders.*, in: Festschrift für Günter Schaub (1998), S. 605, 616 f.
[95] *Biedenkopf*, Grenzen der Tarifautonomie, S. 310 ff.
[96] *Reuter*, ZfA 1978, S. 1, 31 ff., aufgegeben in: DZWir. 1995, S. 353, 359.
[97] BAG (GS) 29. 11. 1967 AP Nr. 13 zu Art. 9 GG = SAE 1969, S. 246 *(Wiedemann)*.

cher[98] vorgeschlagene entsprechende Anwendung von § 3 Abs. 2 auf betriebs- und unternehmensbezogene Gemeinsame Einrichtungen ab. Dem Gesetzgeber sei sicher die Erfahrungstatsache bekannt gewesen, daß in Großbetrieben betriebs- und unternehmensbezogene Gemeinsame Einrichtungen viel eher und wirkungsvoller und mit größerer sozialpolitischer Bedeutung durchgesetzt werden können als in Kleinbetrieben; wenn er trotzdem davon abgesehen habe, für betriebs- und unternehmensbezogene Gemeinsame Einrichtungen die Anwendung des § 3 Abs. 2 vorzusehen, so lasse sich daraus nur der Schluß ziehen, daß er die normative Erfassung der Außenseiter nicht wollte.

Die Verfassungskonformität bejahte der Erste Senat des Bundesarbeitsgerichts ausdrücklich in dem Beschluß vom 26. April 1990, plädierte aber zugleich für eine restriktive Auslegung des sachlich-gegenständlichen Umfangs der Betriebsnormen.[99] Unter Heranziehung der von *Säcker/Oetker* herausgearbeiteten tatbestandlichen Voraussetzung, daß eine individualvertragliche Regelung wegen evident sachlogischer Unzweckmäßigkeit ausscheidet, verneinte das Gericht einen Verstoß gegen die negative Koalitionsfreiheit.[100] Zwar gab der argumentative Rückgriff des Senats auf die Kernbereichslehre[101] Anlaß für kritische Anmerkungen,[102] hierbei wird allerdings übersehen, daß die negative Koalitionsfreiheit ebenso wie die positive Koalitionsfreiheit als schrankenloses Grundrecht formuliert ist, so daß die allgemeinen Grundrechtslehren zur Regelungsbefugnis des Gesetzgebers im Bereich schrankenloser Grundrechte gleichfalls für die negative Koalitionsfreiheit gelten. Ebenso wie der Gesetzgeber die positive Koalitionsfreiheit in den Grenzen des Verhältnismäßigkeitsgrundsatzes im Hinblick auf Grundrechte Dritter oder andere mit Verfassungsrang ausgestattete Rechte einschränken kann,[103] ist ihm dies auch für die negative Koalitionsfreiheit gestattet. Insoweit ist deshalb ausschließlich die Frage zu beantworten, ob eine derartige Rechtfertigung für die in § 3 Abs. 2 angeordnete Ausdehnung der Normwirkung auf tarifliche Außenseiter vorliegt, die den genannten Anforderungen genügt.

3. Bundesverfassungsgericht

Das Bundesverfassungsgericht hat sich zur Verfassungsmäßigkeit von § 3 Abs. 3 bisher nicht geäußert. Wenn das Gericht jedoch die Heimarbeitsausschüsse als gleichsam „unorganisierte Tarifparteien" für befugt ansieht, Ent-

---

[98] Die gemeinsamen Einrichtungen der Tarifvertragsparteien, 1966, S. 79 ff.
[99] BAG 26. 4. 1990 AP Nr. 57 zu Art. 9 GG.
[100] BAG 26. 4. 1990 AP Nr. 57 zu Art. 9 GG; sowie *Säcker/Oetker*, Tarifautonomie, S. 141 ff.; im Ergebnis auch BAG 17. 6. 1997 AP Nr. 2 zu § 3 TVG, Betriebsnormen *(Wiedemann)*: „Verfassungsrechtliche Bedenken sind insoweit nicht ersichtlich".
[101] So schon BAG 21. 1. 1987 AP Nr. 46 zu Art. 9 GG *(Scholz)*.
[102] Siehe vor allem *Lieb*, Arbeitsrecht, § 6 II 2b, S. 157; *Loritz*, SAE 1991, S. 245, 250; *Reuter*, DZWir. 1995, S. 353, 355 f.; *ders.*, JuS 1991, S. 164, 164; ebenso *H. Hanau*, RdA 1996, S. 158, 179; *Ingelfinger*, Arbeitsplatzgestaltung durch Betriebsnormen, 1996, S. 171 ff; ausdrücklich zustimmend jedoch *Schleusener*, Die Zulässigkeit qualitativer Besetzungsregelungen in Tarifverträgen, 1997, S. 79.
[103] BVerfGE 94, S. 268, 284.

gelte und sonstige Vertragsbedingungen mit normativer Wirkung für nichtorganisierte Heimarbeiter und Hausgewerbebetreibende festzusetzen, so läßt dies jedenfalls den Schluß zu, daß aus verfassungsrechtlicher Sicht kein zwingender Zusammenhang zwischen Verbandsmitgliedschaft und Normunterworfenheit besteht.[104] Später hat das Gericht den Ausschließlichkeitsanspruch der Koalitionen nur sachlich, aber nicht personell eingegrenzt.[105] Die Rechtsprechung des Bundesverfassungsgerichts beschränkt den sachlichen **Schutzbereich der negativen Koalitionsfreiheit** zudem auf die Freiheit des Einzelnen, sich einer anderen oder keiner Koalition anzuschließen. Insoweit hob das Bundesverfassungsgericht ausdrücklich hervor, daß diese Freiheit nicht generell dadurch verletzt werde, daß für das Arbeitsverhältnis Inhaltsregelungen gelten, die fremde Verbände ausgehandelt haben.[106] Die Freiheit, sich einer anderen als der vertragschließenden oder keiner Koalition anzuschließen, wird durch sie nicht beeinträchtigt.[107] Selbst wenn sich durch die Erstreckung der Tarifnormen auf tarifliche Außenseiter ein gewisser Druck ergebe, Mitglied einer Koalition zu werden, so sei er nicht so erheblich, daß hierdurch die negative Koalitionsfreiheit verletzt werde.[108] In dem Beschluß vom 14. Juni 1983 hat das Bundesverfassungsgericht die Grundsätze nochmals bestätigt und per argumentum a majore ad minus festgehalten, daß die Bindung eines Außenseiters an ein einzelnes tarifvertragliches Element noch weniger als ein unzulässiger Druck in Richtung auf einen Koalitionsbeitritt qualifiziert werden könne.[109]

4. Stellungnahme

138 Der herrschenden Meinung ist zuzustimmen. Die Außenwirkung des Tarifvertrages ist jedenfalls dann verfassungsrechtlich unbedenklich, wenn sie geeignet und erforderlich ist, eine sinnvolle Ordnung der Arbeits- und Wirtschaftsbedingungen herzustellen. Insoweit müssen tarifliche Außenseiter eine Beeinträchtigung ihrer negativen Koalitionsfreiheit hinnehmen. Sowohl Betriebsnormen als auch betriebsverfassungsrechtliche Normen sind aufgrund der durch sie geregelten Lebenssachverhalte zwingend auf eine einheitliche, d.h. nicht nach der Mitgliedschaft auf Arbeitnehmerseite differenzierende Geltung im Betrieb angelegt.[110] Selbst wenn entsprechend einer teilweise vertretenen Ansicht der Schutzbereich der negativen Koalitionsfreiheit extensiv im Sinne einer Freiheit vor tariflicher Normsetzung verstanden wird (siehe oben Rnr. 25), ist die Einbeziehung der Außenseiter in die Normwirkungen gerechtfertigt. Dabei geht es nicht um eine Ausdehnung der Normsetzungsbefugnis, sondern um eine sachgerechte Ausübung der Normsetzungsmacht für die Koalitionsmitglieder, die auf Regelungen für betriebliche

---

[104] Siehe BVerfGE 34, S. 317 ff.
[105] BVerfGE 38, S. 281, 305, 306.
[106] BVerfGE 44, S. 322, 352.
[107] BVerfGE 44, S. 322, 352.
[108] BVerfGE 55, S. 7, 22.
[109] BVerfGE 64, S. 208, 213 f.; hierzu auch *Schmidt-Eriksen*, Tarifvertragliche Betriebsnormen, 1992, S. 185 ff.
[110] Ebenso *Kempen/Zachert*, § 3 TVG, Rnr. 12; in dieser Richtung auch *Schmidt-Eriksen*, Tarifvertragliche Betriebsnormen, 1992, S. 196 f., der auf „nicht-differenzierungsfähige Arbeitsbedingungen" abstellt.

und betriebsverfassungsrechtliche Fragen angewiesen sind.[111] Wer den Tarifvertragsparteien die Befugnis zur Normsetzung in diesen Angelegenheiten abspricht, negiert letztlich die Einbeziehung der Regelungen über betriebliche und betriebsverfassungsrechtliche Fragen in den Kanon zulässiger Tarifnormen und verkürzt contra legem die Normsetzungsbefugnis auf Abschluß-, Inhalts- und Beendigungsnormen.

Biedenkopf[112] und im Anschluß daran *Hueck/Nipperdey*[113] leiten die Tarifautonomie des § 3 Abs. 2 aus einer besonderen betriebsverfassungsrechtlichen Zuständigkeit ab: Die Bindung der Außenseiter bestehe kraft Betriebszugehörigkeit. Solidarnormen und Regeln über die Ordnung im Betrieb seien formelle Arbeitsbedingungen, die zwar den einzelnen Arbeitnehmer belasten können (z. B. Torkontrolle), die aber notwendig seien, weil die Arbeitnehmer in den Betrieb eingegliedert sind und als Glied des Betriebes den einheitlichen Betriebserfordernissen Rechnung tragen müssen. Die Erfassung von Außenseitern sei nur im betriebsverfassungsrechtlichen, nicht aber auch im tariflichen Bereich möglich. Eine derartige Deutung der Rechtsstellung der Gewerkschaften im Rahmen des § 3 Abs. 2 als eine Art „Industriebetriebsrat" mit entsprechender Legitimation für alle Belegschaften wäre weiterführend, wenn sich daraus unmittelbar etwas für den Umfang der Rechtsetzungsgewalt ergeben würde. Das ist aber nicht der Fall.[114] Die zwingenden Mitbestimmungsbefugnisse des Betriebsrats nach § 87 BetrVG und die Möglichkeiten einer freiwilligen Betriebsvereinbarung nach § 88 BetrVG gehen zudem über den Rahmen von § 3 Abs. 2 hinaus. Im übrigen beruht die betriebsverfassungsrechtliche Legitimation nur auf einfachem Gesetzesrecht. Es ist stets der Gesetzgeber, der die Legitimation des Berufsorgans für den ganzen Berufsstand oder des Betriebsorgans für die gesamte Belegschaft begründet.

Einen ähnlichen Begründungsansatz verfolgt *Löwisch*. Er sieht die Ausdehnung des Tarifsystems auf den Betrieb als Ausgleich für die mit der Betriebsverfassung etablierte Konkurrenz an.[115] Insoweit besitzen jedoch die vorstehend formulierten Bedenken in gleicher Weise Gültigkeit.

III. Der persönliche und sachliche Regelungsumfang

1. Grundsatz

Die betrieblichen und betriebsverfassungsrechtlichen Normen des Tarifvertrages erfassen das ganze Unternehmen, wenn der Arbeitgeber tarifgebun-

---

[111] So auch *Gamillscheg*, Kollektives Arbeitsrecht I, § 17 I 2 d, S. 720; *Scholz*, in: Festschrift für Gerhard Müller (1981), S. 509, 535; ähnlich *Ingelfinger*, Arbeitsplatzgestaltung durch Betriebsnormen, 1996, S. 191, der auf die Schutzfunktion der Tarifautonomie zurückgreift.
[112] Grenzen der Tarifautonomie, S. 310.
[113] Arbeitsrecht II 1, § 23 B II, S. 482; ebenso *Nipperdey/Säcker*, AR-Blattei, Tarifvertrag III, 1972, D VI.
[114] Ablehnend gegenüber dem Ansatz von Biedenkopf auch *Gamillscheg*, Kollektives Arbeitsrecht I, § 17 I 2 d, S. 718.
[115] MünchArbR/*Löwisch*, § 238, Rnr. 42; ähnlich *Kempen*/Zachert, § 3 TVG, Rnr. 18; hiergegen *Reuter*, DZWir. 1995, S. 353, 356.

den ist. Betroffen sind deshalb alle Arbeitnehmer ohne Rücksicht auf ihre Gewerkschaftszugehörigkeit und unabhängig davon, ob sie nach § 5 Abs. 3 und 4 BetrVG als leitende Angestellte nicht dem Geltungsbereich des Betriebsverfassungsrechtes unterfallen. Auch Arbeitnehmer, die einer anderen Gewerkschaft angehören als derjenigen, die den die Außenwirkung herbeiführenden Tarifvertrag abgeschlossen hat, sind nach § 3 Abs. 2 tarifgebunden, wenn in einem anderen Tarifvertrag keine einschlägigen Normen enthalten sind, die nach den Grundsätzen der Tarifkonkurrenz vorgehen.[116] Die Belegschaft eines Nebenbetriebes oder einer selbständigen Betriebsabteilung wird ebenfalls betroffen, wenn der Tarifvertrag dort im übrigen gilt.

2. Grenzen

142 Die Regelungsbefugnis der Tarifparteien gegenüber Außenseitern ist sachlich begrenzt. Dabei ist die Eingrenzung von zwei Seiten her vorzunehmen (siehe auch oben § 1, Rnr. 566ff.): Erstens knüpft das Gesetz schon begrifflich an den arbeitsrechtlichen Betriebsbegriff an. Nicht die unternehmerischen Angelegenheiten können durch Betriebsnormen geregelt werden, sondern nur solche Fragen, die die Arbeitsorganisation betreffen.[117] Eine zweite Einschränkung erfährt der Anwendungsbereich der Betriebsnormen durch das von der höchstrichterlichen Rechtsprechung in den Vordergrund gerückte Erfordernis einer aus tatsächlichen oder rechtlichen Gründen einheitlichen Geltung.[118] Aus tatsächlichen Gründen ist eine einheitliche Geltung im Betrieb stets dann erforderlich, wenn eine individualvertragliche Regelung evident unzweckmäßig ist.[119]

143 Im einzelnen können in einem Tarifvertrag namentlich betriebliche Normen hinsichtlich der Betriebsmittel vereinbart werden (Schutz- und Sicherheitsvorkehrungen; Wohlfahrtseinrichtungen). Sie sind schon deshalb unbedenklich, weil diese Vorschriften sich zunächst nur zugunsten der Arbeitnehmerschaft auswirken und höchstens sekundär, z.B. bei der Verletzung betrieblicher Ordnungsvorschriften, Pflichten entstehen lassen. Fragen hinsichtlich der Zusammensetzung des Mitarbeiterkreises und hinsichtlich der Voraussetzungen, die ein Arbeitnehmer für einen bestimmten Arbeitsplatz erfüllen soll, müssen ebenfalls betriebseinheitlich gelten.[120] Würde ein Einstellungsverbot, das eine bestimmte prozentuale Zusammensetzung der Belegschaft vorschreibt, nicht für den ganzen Betrieb gelten, so wäre es unmöglich, betriebliche Fragen dieser Art auch nur zugunsten der Gewerkschaftsmitglieder tariflich zu regeln; denn die Belegschaft insgesamt kann im Verhältnis zu den nichtorganisierten Arbeitnehmern nicht anders zusammengesetzt werden als im Verhältnis zu den organisierten. Das Einstellungsverbot

---

[116] Zur Problematik einer Tarifeinheit im Betrieb siehe unten § 4 Rnr. 273 ff.
[117] Näher *Säcker/Oetker*, Tarifautonomie, S. 139 ff.
[118] Für eine Verzicht auf dieses Erfordernis *Gamillscheg*, Kollektives Arbeitsrecht I, § 17 I 2d, S. 721.
[119] Siehe *Säcker/Oetker*, Tarifautonomie, S. 141 ff.; übernommen von BAG 20. 4. 1990 AP Nr. 57 zu Art. 9 GG.
[120] BAG 26. 4. 1990 AP Nr. 57 zu Art. 9 GG = SAE 1991, S. 236 (*Loritz*); BAG 22. 1. 1991 AP Nr. 67 zu Art. 12 GG; *Dieterich*, Die betrieblichen Normen, S. 42, 70; *Reuter*, ZfA 1978, S. 1, 4 f.; *Säcker/Oetker*, Tarifautonomie, S. 150.

richtet sich deshalb gegen entgegenstehende Vertragsabreden mit Tarifgebundenen ebenso wie mit Außenseitern.[121] Zurückhaltung ist bei Fragen der betrieblichen Ordnung geboten, weil sie den Außenseiter erheblich belasten können. Auf der anderen Seite ist zu bedenken, daß der nichtorganisierte Arbeitnehmer im Interesse der Generalisierung in Randbereichen des Arbeitsverhältnisses gewisse Beschränkungen hinnehmen muß. Eine tarifliche Ordnung kann deshalb vorsehen: Bedienungs- und Verhaltensanordnungen (Rauchverbot, Singverbot); Kontrollmaßnahmen (Torkontrolle, Stechuhren); Benutzungsordnung der Betriebsmittel zu privaten Zwecken (Telefon); Ordnungsstrafen (Geldbußen, Betriebsbußen); Einführung oder Verbot der gleitenden Arbeitszeit; Einführung von Schichtarbeit (nicht jedoch die Festlegung der einzelnen Schichten, weil dafür die betrieblichen Partner zuständig sind).[122] Dagegen darf der Tarifvertrag kein Verbot von Nebenbeschäftigungen durch Betriebsnormen vorsehen, ganz unabhängig davon, wie weit ein derartiges Verbot mit Art. 12 GG vereinbar ist (hierzu oben Einleitung, Rnr. 335f.). Die letztgenannte Regelung kann nicht dem Bereich der arbeitstechnischen Organisation zugeordnet werden. Im übrigen verhindert die Bindung der Tarifnormen an die Grundrechtsordnung, daß Betriebsnormen unverhältnismäßig in die Grundrechte der Arbeitnehmer eingreifen, gleichgültig, ob sie der tarifschließenden Gewerkschaft angehören oder nicht.

F. Tarifgebundenheit durch Allgemeinverbindlicherklärung

Tarifgebunden sind darüber hinaus diejenigen Arbeitgeber und Arbeitnehmer, die durch Allgemeinverbindlicherklärung dem Tarifvertrag unterworfen werden. Diese Tarifgebundenheit ordnet nicht § 3, sondern § 5 Abs. 4 an. Aus dem Wortlaut von § 5 Abs. 4 ergibt sich aber, daß mit der Allgemeinverbindlicherklärung die in den Geltungsbereich des Tarifvertrags fallenden Arbeitgeber und Arbeitnehmer nunmehr tarifgebunden sind. Bei einem Firmentarifvertrag, der für allgemeinverbindlich erklärt wird, gilt der Tarifvertrag fortan ohne Rücksicht auf die Gewerkschaftszugehörigkeit für sämtliche Arbeitnehmer des vertragschließenden Unternehmens.

G. Tarifgebundenheit des Rechtsnachfolgers und Betriebsübergang

Schrifttum: *Michael Bachner,* Individualarbeits- und kollektivrechtliche Auswirkungen des neuen Umwandlungsgesetzes, NJW 1995, S. 2881–2887; *Wolfgang Balze/ Wolfgang Rebel/Peter Schuck,* Outsourcing und Arbeitsrecht, 1997; *Rolf Birk,* Tarifrechtliche Folgen von Strukturveränderungen im Unternehmens- und Betriebsbereich, AuR 1975, S. 312–318; *Winfried Boecken,* Unternehmensumwandlungen und Arbeitsrecht, 1996; *Wolfgang Däubler,* Das Arbeitsrecht im neuen Umwandlungsgesetz, RdA 1995, S. 136–147; *Björn Gaul,* Das Schicksal von Tarifverträgen und Betriebs-

---

[121] Nicht widerspruchsfrei *Buchner,* RdA 1966, S. 208, 209.
[122] Kritisch zur Tarifmacht gegenüber nichtorganisierten Arbeitnehmern insofern *Lieb,* RdA 1967, S. 441, 447.

vereinbarungen bei der Umwandlung von Unternehmen, NZA 1995, S. 717–725; *Dieter Gaul,* Die kollektivrechtlichen Auswirkungen eines rechtsgeschäftlich begründeten Betriebsüberganges, ZTR 1989, S. 432–442; *Heinrich Gussen/Andreas Dauck,* Die Weitergeltung von Betriebsvereinbarungen und Tarifverträgen bei Betriebsübergang und Umwandlung, 2. Aufl. 1997; *Peter Hanau,* Arbeitsrecht und Mitbestimmung in Umwandlung und Fusion, ZGR 1990, S. 548–559; *ders.,* Wie geht es weiter mit § 613 a BGB?, ArbRGeg. Bd. 34 (1987), S. 21–34; *Peter Hanau/Reinhard Vossen,* Die Auswirkungen des Betriebsinhaberwechsels auf Betriebsvereinbarungen und Tarifverträge, in: Festschrift für Marie Luise Hilger/Hermann Stumpf, 1983, S. 271–297; *Meinhard Heinze,* Arbeitsrechtliche Fragen bei der Übertragung und Umwandlung von Unternehmen, ZfA 1997, S. 1–20; *ders.,* Ausgewählte Rechtsfragen zu § 613 a BGB, in: Festschrift für Günter Schaub (1998), S. 275–294; *Martin Henssler,* Aufspaltung, Ausgliederung und Fremdvergabe, NZA 1994, S. 294–305; *ders.,* Unternehmensumstrukturierung und Tarifrecht, in: Festschrift für Günter Schaub (1998), S. 311–336; *Wolfgang Hromadka,* Tarifvertrag und Arbeitsvertrag bei der Ausgründung von Betriebsteilen, Betrieb 1996, S. 1872–1879; *Wolfgang Hromadka/Frank Maschmann/Franz Wallner,* Der Tarifwechsel – Tarifvertrag und Arbeitsvertrag bei Änderung von Verbandsmitgliedschaft, Betriebszweck und Betriebsinhaber, 1996; *Eberhard Jung,* Die Weitergeltung kollektivvertraglicher Regelungen (Tarifverträge, Betriebsvereinbarungen) bei einem Betriebsinhaberwechsel, RdA 1981, S. 360–364; *Wulf Kamlah,* Bestandsschutz und Ablösung von Kollektivverträgen bei Betriebsübergang, Diss. Bonn 1996; *Thomas Kania,* Tarifeinheit bei Betriebsübergang, Betrieb 1994, S. 529–534; *ders.,* Tarifbindung bei Ausgliederung und Aufspaltung eines Betriebs, Betrieb 1995, S. 625–631; *Otto Ernst Kempen,* Betriebsübergang und Tarifvertrag, BB 1991, S. 2006–2011; *Otto Kunze,* Änderungen auf der Arbeitgeberseite von Kollektivvereinbarungen, RdA 1976, S. 31–35; *Anja Mengel,* Umwandlungen im Arbeitsrecht, 1997; *Ludwig Mösenfechtel/Gabriele Schmitz,* Zur Nachfolge des Erwerbers in die Tarifgebundenheit des Veräußerers bei Betriebsveräußerung, RdA 1976, S. 108–110; *Wilhelm Moll,* Die Rechtsstellung des Arbeitnehmers nach einem Betriebsübergang, NJW 1993, S. 2016–2023; *ders.,* Kollektivvertragliche Arbeitsbedingungen nach einem Betriebsübergang, RdA 1996, S. 275–286; *Dirk Neumann,* Kollektivvereinbarungen bei Unternehmenskonzentration, Betrieb 1960, S. 60–61; *Thomas Quander,* Betriebsinhaberwechsel und Gesamtrechtsnachfolge, 1990; *Gerhard Röder,* Die Fortgeltung von Kollektivnormen bei Betriebsübergang gem. § 613 a BGB i. d. F. vom 13. 8. 1980, Betrieb 1980, S. 1980–1983; *Günter Schaub,* Aktuelle Streitfragen zur Kostensenkung bei der Arbeitsvergütung, BB 1994, S. 2005–2011; *ders.,* Tarifverträge und Betriebsvereinbarungen beim Betriebsübergang und Umwandlung von Unternehmen, in: Festschrift für Günter Wiese (1998), S. 535–545; *Bernd Schiefer,* kollektivrechtliche Probleme des Betriebsübergangs, Fachanwalt Arbeitsrecht (FA) 1998, S. 270–274; *Hugo Seiter,* Tarifverträge und Betriebsvereinbarungen beim Betriebsinhaberwechsel, Betrieb 1980, S. 877–883; *ders.,* Betriebsinhaberwechsel, 1980; *ders.,* Wechsel des Betriebsinhabers und Arbeitsverhältnis, AR-Blattei, Betriebsinhaberwechsel I, 1983; *Manfred Stuber,* Die Auswirkungen gesellschaftsrechtlicher Gesamtrechtsnachfolgen auf die bestehenden Arbeitsverträge und Kollektivverträge, Diss. FU Berlin 1994; *Rolf Wank,* Die Geltung von Kollektivvereinbarungen nach einem Betriebsübergang, NZA 1987, S. 505–510; *Herbert Wiedemann,* Arbeitsrechtliche Probleme der Betriebsausgliederung, in: Festschrift für Hans-Joachim Fleck (1988), S. 447–463; *Wolfgang Zöllner,* Veränderung und Angleichung tarifvertraglich geregelter Arbeitsbedingungen nach Betriebsübergang, Betrieb 1995, S. 1401–1408.

I. Tatbestände einer Rechtsnachfolge

146 Vielschichtige tarifrechtliche Fragen löst der Eintritt einer Rechtsnachfolge aus. Ihre Beantwortung erweist sich vor allem deshalb als kompliziert, weil die Rechtsnachfolge auf unterschiedlichen Ursachen beruhen und in vielgestaltigen Erscheinungsformen auftreten kann; differenzierende Problemlösungen sind daher zwingend vorgegeben. Sie werden zusätzlich dadurch

erschwert, daß bei Firmen- und Verbandstarifverträgen jeweils anders strukturierte Fragen zu beantworten sind.

Im Hinblick auf die möglichen Tatbestände einer Rechtsnachfolge ist **147** zwischen einer **Gesamtrechtsnachfolge** und einer **Einzelrechtsnachfolge** zu unterscheiden. Während bei einer Gesamtrechtsnachfolge das gesamte Vermögen eines Rechtssubjekts auf ein anderes übergeht, beschränkt sich der Rechtsübergang bei der Einzelrechtsnachfolge auf einzelne Vermögensgegenstände. Eine Zwischenstellung nimmt die **partielle Universalsukzession** ein. Sie zeichnet sich dadurch aus, daß Teile des Vermögens als Gesamtheit auf einen Rechtsnachfolger übergehen. Keine Rechtsnachfolge liegt bei einer **formwechselnden Umwandlung** vor; bei ihr bleibt der Rechtsträger identisch, lediglich sein „Rechtskleid" ändert sich. Tarifrechtliche Probleme sind hiermit nicht verbunden, die Tarifgebundenheit des Rechtsträgers wird durch den Formwechsel nicht berührt.[123] Die Identität des Rechtsträgers sichert tarifrechtliche Kontinuität.[124] Dies gilt auch, wenn eine Kapitalgesellschaft die Rechtsform einer Personengesellschaft erlangt (§§ 228 ff. UmwG).

Eine **Gesamtrechtsnachfolge** tritt beim **Tod des Arbeitgebers** ein, **148** wenn sein Vermögen im Wege der **Universalsukzession** (§ 1922 BGB) auf einen oder mehrere Erben übergeht. Ist der Arbeitgeber eine juristische Person, so tritt eine Gesamtrechtsnachfolge bei einer **Verschmelzung** im Wege der Aufnahme oder im Wege der Neugründung (§ 2 UmwG) ein. In einem solchen Fall erlischt jeweils der übertragende Rechtsträger (§ 20 Abs. 1 Nr. 2 Satz 1 UmwG) und das Vermögen geht auf den übernehmenden Rechtsträger im Wege einer Universalsukzession über (§ 20 Abs. 1 Nr. 1 UmwG). Eine Gesamtrechtsnachfolge kann ferner vorliegen, wenn sie in einem Gesetz ausdrücklich festgelegt oder aufgrund gesetzlicher Ermächtigung durch einen Hoheitsakt (Verwaltungsakt) angeordnet wird. Während der erstgenannte Fall insbesondere bei der gesetzlich näher ausgeformten Umstrukturierung öffentlich-rechtlicher Körperschaften (z.B. Sparkassen[125]) eintreten kann, gehört eine durch Hoheitsakt angeordnete Gesamtrechtsnachfolge zu den Ausnahmeerscheinungen.

Bei der **Spaltung** eines Rechtsträgers beschränkt sich die Rechtsnachfolge **149** auf eine **partielle Universalsukzession**. Unabhängig von den unterschiedlichen Ausgestaltungen gehen hierbei Teile des Vermögens als Gesamtheit auf einen anderen, den übernehmenden Rechtsträger über (§ 131 Abs. 1 Nr. 1 UmwG). Während die **Aufspaltung** zum Erlöschen des übertragenden Rechtsträgers führt (§ 131 Abs. 1 Nr. 2 UmwG), wird dieser durch die **Abspaltung** und die **Ausgliederung** in seiner Existenz als Rechtssubjekt nicht berührt.

Im Unterschied zu den vorstehenden Tatbeständen, die sich dadurch aus- **150** zeichnen, daß das Vermögen insgesamt oder Teile hiervon als Gesamtheit auf einen Rechtsnachfolger übergehen, kann die Übertragung von Betrieben

---

[123] Treffend *Däubler*, Tarifvertragsrecht, Rnr. 1576; *Henssler*, in: Festschrift für Günter Schaub (1998), S. 311, 314 f.; *Joost*, ZIP 1995, S. 976, 980; *Säcker/Oetker*, ZfA 1993, S. 1, 19 f.; *Schaub*, ZTR 1997, S. 245, 246.
[124] *Heinze*, ZfA 1997, S. 1, 3.
[125] Siehe z.B. § 30 Abs. 5 Sparkassengesetz für das Land Schleswig-Holstein (GVOBl. Schl.-H. 1986, S. 45).

oder Betriebsteilen auch im Wege der **Einzelrechtsnachfolge** stattfinden. Ebenso wie bei der Abspaltung und der Ausgliederung wird die Existenz des übertragenden Rechtssubjekts durch die Übertragung des Betriebs bzw. Betriebsteiles nicht berührt.

II. Tarifrechtliche Rechtsfolgen

151 Bezüglich der tarifrechtlichen Rechtsfolgen der soeben skizzierten Tatbestände einer Rechtsnachfolge ist zu unterscheiden, ob sich die Tarifgebundenheit vor Eintritt der Rechtsnachfolge auf einen Firmentarifvertrag oder einen Verbandstarifvertrag bezog.

1. Firmentarifvertrag

152 Hinsichtlich der tarifrechtlichen Auswirkungen ist zwischen den unterschiedlichen Formen einer Rechtsnachfolge zu unterscheiden.

153 **a) Gesamtrechtsnachfolge.** Für die Bindung an einen Firmentarifvertrag, der mit dem Rechtsträger des Unternehmens bzw. des Betriebes abgeschlossen wurde, gelten beim Eintritt einer **Gesamtrechtsnachfolge** die allgemeinen Vorschriften. Sowohl im Fall einer **erbrechtlichen Rechtsnachfolge** (§ 1922 BGB) als auch im Fall einer **Verschmelzung** (§ 20 Abs. 1 Nr. 1 UmwG) geht das gesamte Vermögen auf den Erben bzw. die Erbengemeinschaft oder den übernehmenden Rechtsträger über. Hierzu gehören insbesondere alle vertraglichen Verpflichtungen, so daß die Bindung an den Firmentarifvertrag mit dem Tod einer natürlichen Person oder dem Erlöschen des übertragenden Rechtsträgers endet und fortan statt dessen der Rechtsnachfolger an die Rechte und Pflichten des Firmentarifvertrages als (neue) Tarifvertragspartei gemäß § 3 Abs. 1 gebunden ist.[126] Die dargestellten Grundsätze sind in gleicher Weise anzuwenden, wenn die Gesamtrechtsnachfolge auf einem **Gesetz** oder **Hoheitsakt** beruht.

154 Soweit vereinzelt für die **Verschmelzung im Wege der Aufnahme** (§ 2 Nr. 1 UmwG) eine Tarifgebundenheit des übernehmenden Rechtsträgers abgelehnt wird,[127] überzeugt dies nicht, da die Problematik eines Übergangs der Rechtsstellung als Partei des Firmentarifvertrages sachwidrig mit dem Geltungsbereich des Firmentarifvertrages nach Eintritt der Rechtsnach-

---

[126] So allg. *Birk*, AuR 1975, S. 312, 315; *Däubler*, Tarifvertragsrecht, Rnr. 1571; Erman/*Hanau*, 9. Aufl. 1993, § 613a BGB, Rnr. 103; *Hromadka/Maschmann/Wallner*, Der Tarifwechsel, Rnr. 237; Lutter/*Joost*, 1996, § 324 UmwG, Rnr. 18; *Säcker/Oetker*, ZfA 1993, S. 1, 20; im Grundsatz auch *Hanau/Vossen*, in: Festschrift für Marie Luise Hilger/Hermann Stumpf (1983), S. 271, 297; ebenso für die Verschmelzung BAG 24. 6. 1998 – 4 AZR 208/97; *Bachner*, NJW 1995, S. 2881, 2882; *Boecken*, Unternehmensumwandlungen und Arbeitsrecht, 1996, Rnr. 205; *Kunze*, RdA 1976, S. 31, 33; *Mengel*, Umwandlungen im Arbeitsrecht, 1997, S. 182f.; sowie bereits *Neumann*, DB 1960, S. 60.

[127] So *B. Gaul*, NZA 1995, S. 717, 722; *Hanau*, ZGR 1990, S. 548, 554f.; *Hanau/Vossen*, in: Festschrift für Marie Luise Hilger/Hermann Stumpf (1983), S. 271, 297.

folge verknüpft wird.¹²⁸ Bereits aus einer Auslegung des Firmentarifvertrages folgt, daß sich seine Geltung auf die zuvor beim übertragenden Unternehmen beschäftigten Arbeitnehmer beschränkt und sich sein Geltungsbereich nicht auf die Arbeitnehmer des übernehmenden Rechtsträgers ausdehnt.¹²⁹ Eines Rückgriffs auf die Grundsätze der Tarifkonkurrenz¹³⁰ bedarf es deshalb nicht.

b) Spaltung. Schwierigkeiten bereitet die Rechtsnachfolge hinsichtlich eines Firmentarifvertrages bei der **Spaltung** eines Rechtsträgers. Fest steht lediglich, daß die **Tarifgebundenheit des übertragenden Rechtsträgers** bei einer **Aufspaltung** endet, da die Spaltung in diesem Fall zum Erlöschen des Rechtsträgers führt. Das gilt indes nicht bei einer **Abspaltung** oder **Ausgliederung**, da der übertragende Rechtsträger durch diesen Vorgang nicht in seiner Existenz berührt wird. Die fortbestehende Tarifgebundenheit des übertragenden Rechtsträgers ist allenfalls in der Sonderkonstellation in Frage gestellt, daß er nach der Spaltung keine Arbeitnehmer mehr beschäftigt (z.B. Holdinggesellschaft). Hierdurch tritt ein **Verlust der Tariffähigkeit** ein (siehe oben § 2, Rnr. 41), so daß zugleich die Voraussetzungen für eine fortbestehende Tarifgebundenheit entfallen. Die Tarifgebundenheit des übertragenden Rechtsträgers soll darüber hinaus enden, wenn die Parteistellung bezüglich des Firmentarifvertrages im Rahmen des Spaltungs- und Übernahmevertrages einem übernehmenden Rechtsträger zugeordnet wird.¹³¹ Bleibt die Parteistellung des übertragenden Rechtsträgers hinsichtlich des Firmentarifvertrages durch die Abspaltung oder die Ausgliederung unverändert, so kommt im Hinblick auf die veränderten Umstände ein Recht zur außerordentlichen Kündigung in Betracht.

Problematisch ist im Fall der Spaltung die Bindung des **übernehmenden Rechtsträgers** an einen Firmentarifvertrag. Zwar ließe sich hierfür anführen, daß die übernehmenden Rechtsträger eine partielle Gesamtrechtsnachfolge antreten, andererseits verliert der Tarifvertrag hierdurch seinen Charakter als Firmentarifvertrag, da er fortan mehrere Unternehmen tarifrechtlich binden würde.¹³² Es entstünde infolge der Spaltung ein mehrgliedriger Firmentarifvertrag. Das ist nur dann möglich, wenn ein übernehmender Rechtsträger aufgrund einer Zuordnung im Rahmen des Spaltungs- und

---

¹²⁸ Nicht hinreichend bedacht von *Hanau/Vossen*, in: Festschrift für Marie Luise Hilger/Hermann Stumpf (1983), S. 271, 297.
¹²⁹ Wie hier auch *Boecken*, Unternehmensumwandlungen und Arbeitsrecht, 1996, Rnr. 205; *Däubler*, Tarifvertragsrecht, Rnr. 1573f.; *ders.*, RdA 1995, S. 136, 140; *Kunze*, RdA 1976, S. 31, 33; *Lutter/Joost*, 1996, § 324 UmwG, Rnr. 19; *Mengel*, Umwandlungen im Arbeitsrecht, 1997, S. 175, 183f.; *Stuber*, Die Auswirkungen gesellschaftsrechtlicher Gesamtrechtsnachfolgen auf die bestehenden Arbeitsverträge und Kollektivvereinbarungen, Diss. FU Berlin 1994, S. 129f.; sowie bereits *Neumann*, Betrieb 1960, S. 60.
¹³⁰ Hierfür *Schaub*, ZTR 1997, S. 245, 246, 247.
¹³¹ So *Boecken*, Unternehmensumwandlungen und Arbeitsrecht, 1996, Rnr. 206.
¹³² Hierfür *Däubler*, RdA 1995, S. 136, 142; *B. Gaul*, NZA 1995, S. 717, 723; *Mengel*, Umwandlungen im Arbeitsrecht, 1997, S. 185 mit Fn. 790; a.A. *Boecken*, Unternehmensumwandlungen und Arbeitsrecht, 1996, Rnr. 207; *Stuber*, Die Auswirkungen gesellschaftsrechtlicher Gesamtrechtsnachfolgen auf die bestehenden Arbeitsverträge und Kollektivvereinbarungen, Diss. FU Berlin 1994, S. 140f.

Übernahmevertrages die Parteistellung bezüglich des Firmentarifvertrages erlangt.¹³³ Ein rechtlicher Zwang, daß der Firmentarifvertrag stets einem Rechtsträger zugeordnet werden muß, ist allerdings nicht anzuerkennen. Soweit in diesem Zusammenhang vorgeschlagen wird, daß die Tarifgebundenheit bei den übernehmenden Rechtsträgern, die nicht Partei des Firmentarifvertrages werden, zumindest aufgrund einer entsprechenden Anwendung von § 3 Abs. 3 fingiert werden soll,¹³⁴ spricht hiergegen bereits, daß die Vorschrift nur auf die mitgliedschaftlich vermittelte Tarifgebundenheit zugeschnitten ist und deshalb keine Anwendung findet, wenn die Bindung an einen Firmentarifvertrag endet.¹³⁵

157 c) **Einzelrechtsnachfolge.** Die bei der Spaltung für den übernehmenden Rechtsträger eintretenden tarifrechtlichen Folgen sind vergleichbar mit den Rechtsfolgen beim Übergang des Betriebes oder Betriebsteiles im Wege der **Einzelrechtsnachfolge.** Eine tarifrechtliche Bindung des Erwerbers kommt bezüglich eines Firmentarifvertrages nur dann in Betracht, wenn der Firmentarifvertrag ausschließlich für den übertragenden Betrieb abgeschlossen wurde.¹³⁶ In allen anderen Fällen wird der Erwerber eines Betriebes oder Betriebsteiles indes nicht Partei des Tarifvertrages, so daß der bisherige Inhaber des Betriebes bzw. Betriebsteiles tarifgebunden bleibt. Das gilt selbst dann, wenn die organisatorische Einheit des Betriebes erhalten bleibt, der Arbeitgeber als Tarifvertragspartei jedoch Inhaber mehrerer Betriebe ist.¹³⁷

158 Da die rechtsgeschäftliche Übertragung eines Betriebes oder eines Betriebsteiles nicht zu einer Rechtsnachfolge führt, geht die Parteistellung hinsichtlich eines **Firmentarifvertrages** nicht ipso iure auf den Erwerber über. Eine tarifrechtliche Fortgeltung des Firmentarifvertrages kommt nur in Betracht, wenn der Erwerber mit der Gewerkschaft sowie dem Veräußerer eine **Vereinbarung** abschließt, durch die der Firmentarifvertrag von dem Erwerber fortgeführt wird (Vertragsübernahme).¹³⁸ Dies setzt allerdings voraus, daß die Gewerkschaft auch für den Erwerber des Betriebes bzw. Betriebsteiles tarifzuständig ist. Fehlt eine derartige dreiseitige Vereinbarung kommt eine tarifliche Fortgeltung des bisherigen Firmentarifvertrages – entgegen den vor

---

¹³³ So auch *Boecken*, Unternehmensumwandlungen und Arbeitsrecht, 1996, Rnr. 206, 208.
¹³⁴ So *Boecken*, Unternehmensumwandlungen und Arbeitsrecht, 1996, Rnr. 208; *Däubler*, RdA 1995, S. 136, 142 mit Fußn. 88.
¹³⁵ Ebenfalls ablehnend *Kania*, Betrieb 1995, S. 625, 629 f.
¹³⁶ Hierfür, aber ohne die hiesige Differenzierung *Däubler*, Tarifvertragsrecht, Rnr. 1534; *Gamillscheg*, Kollektives Arbeitsrecht I, § 17 V 3, S. 779; *Jung*, RdA 1981, S. 360, 363; *Kempen*, BB 1991, S. 2006, 2008; einen gesonderten rechtsgeschäftlichen Übertragungsakt verlangen hingegen *Hanau/Vossen*, in: Festschrift für Marie Luise Hilger/Hermann Stumpf (1983), S. 271, 296; *Wank*, NZA 1987, S. 505, 507.
¹³⁷ Ebenso *Gussen/Dauck*, Die Weitergeltung von Betriebsvereinbarungen und Tarifverträgen bei Betriebsübergang und Umwandlung, 2. Aufl. 1997, S. 134 ff.; *Hanau/Vossen*, in: Festschrift für Marie Luise Hilger/Hermann Stumpf (1983), S. 271, 296 f.; *Wank*, NZA 1987, S. 505, 507; a.A. jedoch *Däubler*, Tarifvertragsrecht, Rnr. 1534; *Jung*, RdA 1981, S. 360, 362; *Kempen*, BB 1991, S. 2006, 2008.
¹³⁸ Ebenso *Ascheid*, RGRK, 12. Aufl. 1992, § 613a BGB, Rnr. 185; *Erman/Hanau*, 9. Aufl. 1993, § 613a BGB, Rnr. 79; *Kania*, Betrieb 1994, S. 529, 534; *Soergel/Raab*, 12. Aufl. 1997, § 613a BGB, Rnr. 106; *MünchArbR/Wank*, § 120, Rnr. 172; *Wieland*, Recht der Firmentarifverträge, 1998, S. 181 f.

3. Abschnitt. Die (unmittelbar) tarifunterworfenen Personen **159 § 3**

der Einfügung von § 613a Abs. 1 Satz 2–4 BGB verbreitet befürworteten Ansätzen[139] – nicht in Betracht.[140] Eine unmittelbare oder entsprechende Anwendung von § 3 Abs. 3[141] ist in einer solchen Konstellation ebenso ausgeschlossen wie eine Analogie zu § 4 Abs. 5, da aufgrund der speziellen Regelung in § 613a Abs. 1 Satz 2–4 BGB eine planwidrige Unvollständigkeit des Gesetzes fehlt.[142] Möglich ist jedoch stets, daß der Erwerber einen gleichlautenden Firmentarifvertrag mit der für ihn zuständigen Gewerkschaft neu abschließt.[143]

d) Stellenwert von § 613a BGB. Soweit nach den vorstehenden Resultaten eine tarifrechtliche Bindung des Rechtsnachfolgers oder Betriebserwerbers zu bejahen ist, steht § 613a Abs. 1 Satz 2–4 BGB dem nicht entgegen.[144] Die dort angeordnete Transformation der tarifvertraglichen Normen in den Individualarbeitsvertrag tritt nach dem Zweck der Vorschrift nur ein, wenn anderenfalls die normative Wirkung des Tarifvertrages für das Einzelarbeitsverhältnis endet.[145] Da dies nach den vorstehenden Erwägungen nicht der Fall ist, scheidet insoweit die Anwendung von § 613a Abs. 1 Satz 2–4 BGB aus. Gegen die Deutung von § 613a BGB als einer die Bindung an einen Firmentarifvertrag verdrängende Spezialregelung spricht zudem, daß die in § 613a Abs. 1 Satz 2–4 BGB angeordnete Rechtsfolge hinter den aus dem Tarifrecht folgenden Bindungen für den Rechtsnachfolger bzw. den Betriebserwerber zurückbleibt. So erfaßt die Transformation der Tarifnormen in den Individualarbeitsvertrag z. B. nicht die Bindungen an den schuldrechtlichen Teil des Tarifvertrages (siehe unten Rnr. 193). Schon deshalb wäre es verfehlt, wenn § 613a BGB einer fortbestehenden Bindung an einen Firmentarifvertrag entgegenstünde. Der Schutzzweck der dortigen

159

---

[139] Siehe insoweit die Vorauflage bei § 3, Rnr. 73; sowie *Birk*, AuR 1975, S. 312, 316; *Seiter*, Betrieb 1980, S. 877, 879, m. w. N. Zum Ansatz einer unmittelbaren oder entsprechenden Anwendung von § 613a Abs. 1 BGB a. F. siehe statt aller *Borngräber*, Arbeitsverhältnis bei Betriebsübergang, 1977, S. 100 f.; *Mösenfechtel/Schmitz*, RdA 1976, S. 108 ff.; *Posth*, Arbeitsrechtliche Probleme beim Betriebsinhaberwechsel (§ 613a BGB), 1978, S. 239 ff., jeweils m. w. N.

[140] Treffend *Kania*, Betrieb 1994, S. 529, 533 f.; sowie *Gussen/Dauck*, Die Weitergeltung von Betriebsvereinbarungen und Tarifverträgen bei Betriebsübergang und Umwandlung, 2. Aufl. 1997, S. 132 ff.; Hanau/Vossen, in: Festschrift für Marie Luise Hilger/Hermann Stumpf (1983), S. 271, 296; *Seiter*, AR-Blattei, Betriebsinhaberwechsel I, 1983, B VIII 4 d; *Soergel/Raab*, 12. Aufl. 1997, § 613a BGB, Rnr. 106; hierfür aber noch *Moll*, NJW 1993, S. 2016, 2020; *ders.*, RdA 1996, S. 275, 275; sowie *Wiedemann*, in: Festschrift für Hans-Joachim Fleck (1988), S. 447, 453, über eine analoge Anwendung von § 613a Abs. 1 Satz 1 BGB.

[141] Hierfür *Kempen/Zachert*, § 3 TVG, Rnr. 57.

[142] Ebenso *Hanau/Vossen*, in: Festschrift für Marie Luise Hilger/Hermann Stumpf (1983), S. 271, 296; *Hromadka/Maschmann/Wallner*, Der Tarifwechsel, 1996, Rnr. 263; *Wiedemann*, in: Festschrift für Hans-Joachim Fleck (1988), S. 447, 453.

[143] *Erman/Hanau*, 9. Aufl. 1993, § 613a BGB, Rnr. 79.

[144] Ebenso BAG 5. 2. 1991 AP Nr. 89 zu § 613a BGB; *Boecken*, Unternehmensumwandlungen und Arbeitsrecht, 1996, Rnr. 204; *Jung*, RdA 1981, S. 360, 362; *Pfeiffer*, KR, 4. Aufl. 1996, § 613a BGB, Rnr. 90; *Soergel/Raab*, 12. Aufl. 1997, § 613a BGB, Rnr. 105; *Wollschläger/Pollert*, ZfA 1996, S. 547, 575.

[145] Zur Funktion als individualrechtlicher Auffangtatbestand BAG 5. 2. 1991 AP Nr. 89 zu § 613a BGB; *Däubler*, RdA 1995, S. 136, 139 f.; *Mengel*, Umwandlungen im Arbeitsrecht, 1997, S. 171; *Soergel/Raab*, 12. Aufl. 1997, § 613a BGB, Rnr. 105; sowie unten Rnr. 184.

Regelungen über Kollektivverträge würde hierdurch auf den Kopf gestellt,[146] da entgegen den Intentionen des Gesetzgebers die Rechtsstellung der Arbeitnehmer verschlechtert würde. Die Einfügung der Sätze 2–4 in § 613a Abs. 1 BGB im Jahre 1980 sollte kollektivvertragliche Defizite abmildern und nicht die nach dem allgemeinen Tarifrecht bestehende Tarifgebundenheit beseitigen. Bis zur Änderung von § 613a BGB im Jahre 1980 war jedoch im Ergebnis weitgehend unstreitig, daß bei einer Gesamtrechtsnachfolge die Tarifgebundenheit bezüglich eines Firmentarifvertrages in der Person des Rechtsnachfolgers fortbesteht,[147] so daß es widersinnig wäre, wenn § 613a Abs. 1 Satz 2–4 BGB die tarifrechtlich vermittelte Bindung an einen Firmentarifvertrag ablösen würde.

160 Auch aus § 324 UmwG läßt sich nicht ableiten, daß sich das Schicksal von Tarifverträgen bei den vom Umwandlungsgesetz erfaßten Sachverhalten ausschließlich nach § 613a BGB richtet. Ungeachtet der durch den äußerst unklaren Wortlaut in § 324 UmwG ausgelösten Interpretationsprobleme reicht eine verdrängende Wirkung von § 324 UmwG niemals weiter als die dort in Bezug benommene Regelung in § 613a BGB.[148]

2. Verbandstarifvertrag.

161 Die für den Firmentarifvertrag geltenden Rechtsfolgen lassen sich für die Bindungen an einen Verbandstarifvertrag im Falle einer Rechtsnachfolge nicht übertragen, da die Tarifgebundenheit in dieser Konstellation nicht aus der Eigenschaft als Tarifvertragspartei folgt, sondern über die Mitgliedschaft in der Tarifvertragspartei vermittelt wird. Der Einfluß einer Einzel- oder Gesamtrechtsnachfolge auf die Tarifgebundenheit beurteilt sich deshalb in einem ersten Schritt ausschließlich nach Maßgabe des Verbandsrechts. Nur solange und soweit die Verbandsmitgliedschaft auf den Rechtsnachfolger übergeht, kommt seine Tarifgebundenheit bezüglich des zuvor für das Arbeitsverhältnis geltenden Verbandstarifvertrages in Betracht.

162 **a) Gesamtrechtsnachfolge.** Der Erbfall und die Verschmelzung eines Rechtsträgers als Hauptanwendungsbeispiele für eine Gesamtrechtsnachfolge führen verbandsrechtlich wegen § 38 Satz 1 BGB dazu, daß die Mitgliedschaft in der Tarifvertragspartei durch den Tod bzw. mit dem Erlöschen des **übertragenden Rechtsträgers** endet und damit zugleich die Tarifgebundenheit entfällt.[149] Ob der **Rechtsnachfolger** im Hinblick auf den zuvor für das Arbeitsverhältnis geltenden Verbandstarifvertrag tarifgebunden ist, beurteilt sich nach Maßgabe des Verbandsrechts.

163 **aa) Mitgliedschaftliche Bindung des Rechtsnachfolgers.** Unproblematisch ist zunächst der Fall, daß der **Rechtsnachfolger ebenfalls mitgliedschaftlich** mit der Tarifvertragspartei verbunden ist, die den bislang geltenden Verbandstarifvertrag abgeschlossen hat. Sofern die allgemeinen

---

[146] Treffend *Däubler*, Tarifvertragsrecht, Rnr. 1531; *ders.*, RdA 1995, S. 136, 139f.
[147] Siehe die Vorauflage bei § 3, Rnr. 73.
[148] Ebenso mit Recht *Däubler*, RdA 1995, S. 136, 140; *Kempen*/Zachert, § 3 TVG, Rnr. 49.
[149] Abweichend die vereinzelt gebliebene Ansicht von *Sernetz*, Die Rechtsnachfolge in die Verbandsmitgliedschaft, 1973, S. 204; hiergegen u.a. *Birk*, AuR 1975, S. 312, 314.

Voraussetzungen für die Anwendung des Verbandstarifvertrages, insbesondere die Tarifzuständigkeit der tarifschließenden Gewerkschaft unverändert erfüllt sind, bleibt der bislang für das Arbeitsverhältnis geltende Verbandstarifvertrag anzuwenden.

Da § 38 Satz 1 BGB nach § 40 BGB dispositives Recht enthält, kann die **164** Satzung festlegen, daß die **Mitgliedschaft** auf einen Rechtsnachfolger **übergehen kann**.[150] Ist das im Wege der Auslegung aus der Satzung abzuleiten, so sind damit zumindest die verbandsrechtlichen Voraussetzungen für die Bindung des Rechtsnachfolgers an den zuvor für das Arbeitsverhältnis geltenden Verbandstarifvertrag erfüllt.[151] Allerdings kann auch in dieser Konstellation die Anwendung des Verbandstarifvertrages zu verneinen sein, wenn der Rechtsnachfolger nicht von seinem **fachlichen Geltungsbereich** erfaßt wird oder die **Tarifzuständigkeit** für den Rechtsnachfolger fehlt. Eine solche Situation liegt insbesondere vor, wenn der Rechtsnachfolger bereits ein Unternehmen betreibt, für das aufgrund des Unternehmensgegenstandes eine andere Tarifvertragspartei tarifzuständig ist und hinzukommende Betriebsstätten keine Änderung im Hinblick auf die bisherige Tarifzuständigkeit bewirken. Vor allem bei einer Verschmelzung zur Aufnahme kann die Geltung des bisherigen Verbandstarifvertrages für das vom übernehmenden Rechtsträger fortgeführte Arbeitsverhältnis zu verneinen sein, wenn der vertragschließende Verband für dieses Unternehmen nicht tarifzuständig ist und auch die Rechtsnachfolge hinsichtlich des übertragenen Betriebes keine andere Beurteilung rechtfertigt.

bb) Tarifrechtliche Rechtsfolgen bei fehlender Mitgliedschaft des **165** **Rechtsnachfolgers.** Fehlt eine die Rechtsnachfolge in die Mitgliedschaft ermöglichende Satzungsbestimmung und ist der Rechtsnachfolger nicht mit der Tarifvertragspartei aufgrund einer von ihm selbst begründeten Verbandsmitgliedschaft an den bislang geltenden Verbandstarifvertrag gebunden, so scheidet ein Übergang der Mitgliedschaft auf den Rechtsnachfolger wegen der höchstpersönlichen Natur der Mitgliedschaft und der Regelung in § 38 Satz 1 BGB aus.[152] Eine tarifrechtliche Fortgeltung der Bestimmungen des Verbandstarifvertrages für die auf den Rechtsnachfolger übergegangenen Arbeitsverhältnisse kommt dann nur noch in Betracht, wenn der Verbandstarifvertrag für allgemeinverbindlich erklärt wurde.[153]

---

[150] Die Einzelheiten sind umstritten. Die Positionen reichen von der Zulässigkeit eines automatischen Übergangs (so Soergel/*Hadding*, 12. Aufl. 1987, § 38 BGB, Rnr. 32) über die Beschränkung auf ein Eintrittsrecht des Rechtsnachfolgers (so BGH, WM 1980, S. 1286; Erman/*H. P. Westermann*, 9. Aufl. 1993, § 38 BGB, Rnr. 2) bis zur Ablehnung auch der letztgenannten Möglichkeit (so MünchKomm/*Reuter*, 3. Aufl. 1993, § 38 BGB, Rnr. 38).
[151] Ebenso *Kunze*, RdA 1976, S. 31, 33.
[152] Ebenso BAG 4. 12. 1974 AP Nr. 2 zu § 3 TVG *(Wiedemann)* = SAE 1976, S. 81 *(Martens)*; BAG 13. 7. 1994 AP Nr. 14 zu § 3 TVG Verbandszugehörigkeit *(Müller/ Peters)*; *Boecken*, Unternehmensumwandlungen und Arbeitsrecht, 1996, Rnr. 184; *Däubler*, Tarifvertragsrecht, Rnr. 1577; *ders.*, RdA 1995, S. 136, 140; *B. Gaul*, NZA 1995, S. 717, 719; *Hanau*, ZGR 1990, S. 548, 553; Lutter/*Joost*, 1996, § 324 UmwG, Rnr. 17; *Schaub*, BB 1995, S. 2003, 2006.
[153] So mit Recht Lutter/*Joost*, 1996, § 324 UmwG, Rnr. 17; *Mengel*, Umwandlungen im Arbeitsrecht, 1997, S. 177.

166 Sofern im Fall einer Gesamtrechtsnachfolge eine mitgliedschaftlich vermittelte Tarifgebundenheit des Rechtsnachfolgers zu verneinen ist, wird in der Literatur teilweise eine unmittelbare oder analoge **Anwendung von § 3 Abs. 3** vorgeschlagen.[154] Dieser Ansatz hat sich jedoch mit Recht nicht durchgesetzt, da § 3 Abs. 3 voraussetzt, daß die kraft Mitgliedschaft tarifgebundene Person mit der nach § 3 Abs. 1 tarifgebundenen Person identisch ist (siehe oben Rnr. 49). Außerdem wäre die Bindung des Rechtsnachfolgers an den Verbandstarifvertrag mit der negativen Koalitionsfreiheit nicht vereinbar.[155] Die Regelung in § 3 Abs. 3 würde darüber hinaus systemwidrig zu einer Vorschrift uminterpretiert, die die Tarifgebundenheit nicht lediglich für das zuvor tarifgebundene Verbandsmitglied aufrechterhält, sondern für eine mitgliedschaftlich nicht gebundene Person neu begründet.[156]

167 Die Schließung der mit diesem Verständnis verbundenen tarifrechtlichen Lücke bereitet indes Kopfzerbrechen und hat zu vielfältigen unterschiedlichen Konzeptionen geführt. Unstreitig ist lediglich, daß § 4 Abs. 5 nicht unmittelbar anzuwenden ist. Die insbesondere vor der Schaffung von § 613a Abs. 1 Satz 2–4 BGB vorherrschende Ansicht, die mit beachtlichen Gründen für eine analoge Anwendung von § 4 Abs. 5 plädierte,[157] sieht sich seitdem mit der Frage konfrontiert, ob § 613a Abs. 1 Satz 2–4 den Sachverhalt nunmehr abschließend erfaßt, wobei die Problemlösung zusätzlich dadurch verkompliziert wird, daß über die tatbestandliche Reichweite der letztgenannten Vorschrift kein Einvernehmen herrscht.

168 **cc) Zur Heranziehung von § 613a BGB.** Am weitesten gehen diejenigen Autoren, die zumindest für die Verschmelzung eine **unmittelbare Anwendung von § 613a BGB** bejahen. Sie verneinen für den Anwendungsbereich von § 613a BGB methodisch folgerichtig das Vorliegen einer Regelungslücke und damit die Voraussetzungen einer entsprechenden Anwendung von § 4 Abs. 5.[158] Allerdings löst dieser Ansatz die Problematik nur

---

[154] Hierfür bereits *Neumann*, Betrieb 1960, S. 60; sowie *Birk*, AuR 1975, S. 312, 314, 315; *ders.*, ZGR 1984, S. 23, 35; im neueren Schrifttum *Kempen/Zachert*, § 3 TVG, Rnr. 50; *Quander*, Betriebsinhaberwechsel bei Gesamtrechtsnachfolge, 1990, S. 249 ff.
[155] Wie hier i. E. BAG 4. 12. 1974 AP Nr. 2 zu § 3 TVG *(Wiedemann)* = SAE 1976, S. 81 *(Martens)*; BAG 5. 10. 1993 AP Nr. 42 zu § 1 BetrAVG Zusatzversorgungskassen *(Wiedemann/Müller)*; ebenso für die Verschmelzung *Kempen/Zachert*, § 3 TVG, Rnr. 50; *Wiedemann*, Anm. zu BAG AP Nr. 2 zu § 3 TVG; *Wiedemann/Müller*, Anm. zu BAG AP Nr. 42 zu § 1 BetrAVG Zusatzversorgungskassen; sowie allg. *Gamillscheg*, Kollektives Arbeitsrecht I, § 17 I 5a, S. 725; *Gussen/Dauck*, Die Weitergeltung von Betriebsvereinbarungen und Tarifverträgen bei Betriebsübergang und Umwandlung, 2. Aufl. 1997, S. 239 f.; *Henssler*, in: Festschrift für Günter Schaub (1998), S. 311, 315; *Hromadka/Maschmann/Wallner*, Der Tarifwechsel, 1996, Rnr. 236; *Lutter/Joost*, 1996, § 324 UmwG, Rnr. 17; *Mosenfechtel/Schmitz*, RdA 1976, S. 108, 110; *Säcker/Oetker*, ZfA 1993, S. 1, 20; *Schaub*, ZTR 1997, S. 245, 246; *Stuber*, Die Auswirkungen gesellschaftsrechtlicher Gesamtrechtsnachfolgen auf die bestehenden Arbeitsverträge und Kollektivvereinbarungen, Diss. FU Berlin 1994, S. 114 ff.
[156] Treffend bereits *Wiedemann*, Anm. zu BAG AP Nr. 2 zu § 3 TVG.
[157] So insbesondere *Wiedemann*, Anm. zu BAG AP Nr. 2 zu § 3 TVG; offengelassen von BAG 4. 12. 1974 AP Nr. 2 zu § 3 TVG.
[158] So *Boecken*, Unternehmensumwandlungen und Arbeitsrecht, 1996, Rnr. 186; *Hanau*, in: Festschrift für Dieter Gaul (1992), S. 287, 302 f.; *Henssler*, in: Festschrift für Günter Schaub (1998), S. 311, 316, 317; *Löwisch/Rieble*, § 3 TVG, Rnr. 82; *Mengel*,

hinsichtlich derjenigen Tarifnormen, die durch § 613a Abs. 1 Satz 2 BGB in das Individualarbeitsverhältnis transformiert werden. Hinsichtlich der übrigen Normen (Abschlußnormen, betriebliche und betriebsverfassungsrechtliche Normen) verbleibt unverändert nur die Möglichkeit einer Lückenschließung durch eine entsprechende Anwendung von § 4 Abs. 5. Zu einer vergleichbar differenzierenden Lösung gelangt die im Schrifttum im Vordringen befindliche Ansicht, die für eine **entsprechende Anwendung** von § 613a Abs. 1 BGB zumindest im Hinblick auf die Sätze 2–4 der Vorschrift plädiert.[159] Die Haltung des Bundesarbeitsgerichts zu dieser Konzeption ist unklar. Während der 3. Senat eine entsprechende Anwendung von § 613a Abs. 1 Satz 2–4 BGB für alle Tatbestände einer Gesamtrechtsnachfolge befürwortet,[160] hob der 4. Senat in dem Urteil vom 13. 7. 1994 den Ausnahmecharakter von § 613a BGB hervor und leitete hieraus ab, daß § 613a BGB nicht analogiefähig ist.[161] Bei einem solchen Verständnis kann die Lücke nur im Wege einer entsprechenden Anwendung von § 4 Abs. 5 geschlossen werden.[162]

Die Diskussion leidet darunter, daß sie sich zumeist zu pauschal und unnötig auf eine analoge Anwendung der gesamten Regelung in § 613a BGB in den Fällen einer Gesamtrechtsnachfolge konzentriert. Für eine analoge Anwendung von § 613a Abs. 1 Satz 1 BGB besteht hinsichtlich des Eintritts des Rechtsnachfolgers in das Arbeitsverhältnis weder ein Bedürfnis noch eine rechtliche Notwendigkeit.[163] Die einschlägigen Vorschriften zur Gesamtrechtsnachfolge reichen aus, um dem Regelungsanliegen von § 613a Abs. 1 Satz 1 BGB auch im Hinblick auf die Vorgaben der EG-Richtlinie 77/187/EWG Rechnung zu tragen. Anders ist dies bezüglich der kollektivvertraglichen Komponente, da die Gesamtrechtsnachfolge nicht den kollektivrechtli-

---

Umwandlungen im Arbeitsrecht, 1997, S. 178f.; *Schaub,* in: Festschrift für Otfried Wlotzke (1996), S. 103, 107; *K. Schmidt,* AcP Bd. 189 (1989), S. 495, 515 ff.; ebenso für die Verschmelzung *Kempen/Zachert,* § 3 TVG, Rnr. 50; hiergegen jedoch mit Recht *Wiedemann/Müller,* Anm. zu BAG AP Nr. 42 zu § 1 BetrAVG Zusatzversorgungskassen. Widersprüchlich *Hromadka/Maschmann/Wallner,* Der Tarifwechsel, 1996, Rnr. 262, die für die partielle Gesamtrechtsnachfolge (Spaltung) § 613a Abs. 1 Satz 2–4 BGB unmittelbar anwenden wollen, für die Gesamtrechtsnachfolge jedoch generell auf § 4 Abs. 5 verweisen. Für die Erbfolge ist dies konsequent, nicht aber für die Verschmelzung.
[159] Hierfür *Berscheid,* in: Festschrift für Eugen Stahlhacke (1995), S. 15, 40; *Hanau,* ZGR 1990, S. 548, 554; *Hanau/Vossen,* in: Festschrift für Marie Luise Hilger/Hermann Stumpf (1983), S. 271, 289; *Kempen,* BB 1991, S. 2006, 2011; *Stein,* Tarifvertragsrecht, Rnr. 196; *Willemsen,* RdA 1993, S. 133, 138; im Grundsatz auch *Stuber,* Die Auswirkungen gesellschaftsrechtlicher Gesamtrechtsnachfolgen auf die bestehenden Arbeitsverträge und Kollektivverträge, Diss. FU Berlin 1994, S. 118 ff.
[160] So BAG 5. 10. 1993 AP Nr. 42 zu § 1 BetrAVG Zusatzversorgungskassen *(Wiedemann/Müller).*
[161] BAG 13. 7. 1994 AP Nr. 14 zu § 3 TVG Verbandszugehörigkeit *(Müller/Peters);* ebenso früher BAG 6. 9. 1978 AP Nr. 13 zu § 613a BGB; ebenso *Bauer/Lingemann,* NZA 1994, S. 1057, 1062.
[162] So in der Konsequenz auch BAG 13. 7. 1994 AP Nr. 14 zu § 3 TVG Verbandszugehörigkeit *(Müller/Peters);* ablehnend jedoch *Stuber,* Die Auswirkungen gesellschaftsrechtlicher Gesamtrechtsnachfolgen auf die bestehenden Arbeitsverträge und Kollektivvereinbarungen, Diss. FU Berlin 1994, S. 117f.
[163] Ebenso mit Recht *Bachner,* NJW 1995, S. 2881, 2882; *Berscheid,* in: Festschrift für Eugen Stahlhacke (1995), S. 15, 35.

chen status quo aufrechterhält. Zumindest für die Fälle einer Verschmelzung und einer Spaltung von Aktiengesellschaften tritt eine Diskrepanz zu den europarechtlichen Anforderungen hinzu, weil die analoge Anwendung von § 4 Abs. 5 aufgrund der Dispositivität der nachwirkenden Tarifnormen nicht den Vorgaben in Art. 3 Abs. 2 der EG-Richtlinie 77/187/EWG genügt.[164] Wenig Überzeugungskraft besitzen allerdings die Versuche, für die umwandlungsrechtlichen Vorgänge unter Rückgriff auf § 324 UmwG eine analoge Anwendung von § 613a Abs. 1 Satz 2–4 BGB zu begründen.[165] Ungeachtet der mit § 324 UmwG verbundenen Interpretationsprobleme[166] bietet dieser Ansatz allenfalls eine partielle Problemlösung, da hiervon alle Fälle einer Gesamtrechtsnachfolge außerhalb des Umwandlungsgesetzes nicht erfaßt werden.

171 Im Vordergrund steht vielmehr die Frage nach der sachlichen Rechtfertigung einer unterschiedlichen Behandlung, die im Fall einer Gesamtrechtsnachfolge bei einer entsprechenden Anwendung von § 4 Abs. 5 und der Regelung in § 613a Abs. 1 Satz 2–4 BGB eintritt. Beide Normen weichen nicht nur in konstruktiver Hinsicht voneinander ab, sondern zeichnen sich durch ein unterschiedliches Schutzniveau aus. Aus Sicht des von der Gesamtrechtsnachfolge betroffenen Arbeitnehmers mag es gleichgültig sein, ob die bislang für das Arbeitsverhältnis maßgebenden Tarifbestimmungen unverändert normativ auf das Arbeitsverhältnis einwirken oder integraler Bestandteil desselben werden. Der entscheidende Unterschied liegt in dem durch § 613a Abs. 1 Satz 2 BGB geschaffenen Schutz vor einer einseitigen Abänderung der Arbeitsbedingungen in dem ersten Jahr nach dem Übergang des Betriebes bzw. Betriebsteils. Insoweit ist kein sachlicher Grund erkennbar, der eine Differenzierung zwischen dem rechtsgeschäftlichen Betriebsübergang und einer Gesamtrechtsnachfolge rechtfertigt.[167] Deshalb sprechen im Hinblick auf Art. 3 Abs. 1 GG die besseren Gründe dafür, die Regelungen in § 613a Abs. 1 Satz 2–4 BGB im Hinblick auf Tarifnormen analog anzuwenden, wenn das Arbeitsverhältnis im Wege der Gesamtrechtsnachfolge auf einen Rechtsnachfolger übergeht.[168] Im Hinblick auf Art. 3 Abs. 1 GG ist es dabei unerheblich, ob die Gesamtrechtsnachfolge auf einem Rechtsgeschäft beruht, kraft Gesetzes eintritt[169] oder durch einen Hoheitsakt angeordnet wird. Hin-

---

[164] So zutreffend auch *Däubler*, Tarifvertragsrecht, Rnr. 1477b; *Debong*, Die EG-Richtlinie über die Wahrung der Arbeitnehmeransprüche beim Betriebsübergang, 1988, S. 48; *Wiedemann/Müller*, Anm. zu BAG AP Nr. 42 zu § 1 BetrAVG Zusatzversorgungskassen.
[165] So z.B. *Heinze*, ZfA 1997, S. 1, 14f.; *Hromadka/Maschmann/Wallner*, Der Tarifwechsel, 1996, Rnr. 335; *Kreßel*, BB 1995, S. 925, 928; *Lieb*, Arbeitsrecht, § 3 III 3d, S. 95; *Lutter/Joost*, 1996, § 324 UmwG, Rnr. 20.
[166] Siehe z.B. *Gussen/Dauck*, Die Weitergeltung von Betriebsvereinbarungen und Tarifverträgen bei Betriebsübergang und Umwandlung, 2. Aufl. 1997, S. 201 ff.; *Kempen/Zachert*, § 3 TVG, Rnr. 49; *Mengel*, Umwandlungen im Arbeitsrecht, 1997, S. 80 f.
[167] Ebenso mit Recht *Heinze*, ZfA 1997, S. 1, 15.
[168] Ebenso BAG (3. Senat) 5. 10. 1993 AP Nr. 42 zu § 1 BetrAVG Zusatzversorgungskassen *(Wiedemann/Müller)*; *Erman/Hanau*, § 613a BGB, Rnr. 102; *Wiedemann/Müller*, Anm. zu BAG AP Nr. 42 zu § 1 BetrAVG Zusatzversorgungskassen; sowie die Nachweise oben in Fußnote 159.
[169] Gegen eine analoge Anwendung von § 613a BGB in diesen Fällen noch BAG 6. 9. 1978 AP Nr. 13 zu § 613a BGB; für eine generelle Anwendung aber *Mengel*, Umwandlungen im Arbeitsrecht, 1997, S. 99 f.

sichtlich derjenigen Tarifnormen, die von der Transformationsnorm in § 613a Abs. 1 Satz 2 BGB nicht erfaßt werden (siehe unten Rnr. 194) verbleibt es bei einem Rückgriff auf § 4 Abs. 5, der im Fall einer Gesamtrechtsnachfolge analog anzuwenden ist.[170] Insoweit greifen die vorstehenden Überlegungen zu Art. 3 Abs. 1 GG nicht durch.

Die Vereinbarkeit dieser gespaltenen Lösung mit den europarechtlichen **172** Vorgaben durch die EG-Richtlinie 77/187/EWG, die das Schrifttum teilweise verneint,[171] ist nur vordergründig untrennbar mit dem Inhalt verbunden, der dem Terminus der „Arbeitsbedingungen" in Art. 3 Abs. 2 der EG-Richtlinie 77/187/EWG beigelegt wird.[172] Selbst bei einem engen Verständnis[173] bleibt zu beachten, daß die nachwirkenden Tarifnormen für den Arbeitgeber bis zu ihrer Ersetzung durch eine abweichende Abmachung verbindlich sind. Für die von § 613a Abs. 1 Satz 2 BGB nicht erfaßten Tarifnormen ist der Arbeitgeber nach ganz vorherrschendem Verständnis jedoch stets auf eine kollektive Regelung angewiesen, so daß insoweit der Inhaltsschutz durch Art. 3 Abs. 2 der EG-Richtlinie 77/187/EWG nicht beeinträchtigt wird.

Die hier befürwortete Analogie zu § 613a Abs. 1 Satz 2 BGB führt im **173** Unterschied zu einer entsprechenden Anwendung von § 4 Abs. 5 dazu, daß die in den Arbeitsvertrag transformierten Tarifbestimmungen für die Dauer von einem Jahr vor einer für den Arbeitnehmer nachteiligen Änderung geschützt sind.[174] Einen vergleichbaren Schutz vermag allenfalls der konstruktive Weg über § 3 Abs. 3 bewirken. Er ist jedoch ungeachtet seiner fehlenden methodischen Überzeugungskraft (siehe oben Rnr. 166) mit der für den Arbeitnehmer nachteiligen Konsequenz verbunden, daß der Schutz durch die Tarifbestimmungen vor Ablauf eines Jahres enden kann[175] und zudem die tarifliche Friedenspflicht während der Zeit der fingierten Tarifbindung fortbesteht (oben Rnr. 59).

b) Spaltung. Bei einer Spaltung ist hinsichtlich der Tarifgebundenheit **174** des **übertragenden Rechtsträgers** zwischen der Aufspaltung und der Abspaltung bzw. Ausgliederung zu unterscheiden. Da bei der **Aufspaltung** der übertragende Rechtsträger erlischt, endet für ihn die Mitgliedschaft in der Tarifvertragspartei und damit auch die Tarifgebundenheit. Anders ist die Rechtslage bei der **Abspaltung** und der **Ausgliederung**, da sie die Existenz des übertragenden Rechtsträgers nicht berühren, so daß die verbandsrechtlichen und tarifrechtlichen Voraussetzungen für eine unveränderte Bindung an den Verbandstarifvertrag bestehen bleiben. Eine Ausnahme kommt nur in drei Konstellationen in Betracht: Erstens wird die Mitgliedschaft aufgrund der verbandsrechtlichen Rahmenbedingungen auf einen der übernehmen-

---

[170] So auch bereits *Röder*, Betrieb 1980, S. 1980, 1981.
[171] Kritisch ebenfalls *Seiter*, Betrieb 1980, S. 877, 881.
[172] Für ein extensives Verständnis *v. Alvensleben*, Die Rechte der Arbeitnehmer bei Betriebsübergang im Europäischen Gemeinschaftsrecht, 1992, S. 242 ff., m. w. N.
[173] So *Hanau/Vossen*, in: Festschrift für Marie Luise Hilger/Hermann Stumpf (1983), S. 271, 290 f.
[174] Treffend hervorgehoben von *Seiter*, Betrieb 1980, S. 877, 880.
[175] Nicht zutreffend deshalb *Binkert*, JZ 1979, S. 747, 751, der bei einer Anwendung von § 3 Abs. 3 einen umfassenderen Schutz annimmt.

den Rechtsträger übertragen. Zweitens beschäftigt der übertragende Rechtsträger nach der Spaltung keine Arbeitnehmer mehr und drittens ist denkbar, daß die Tarifzuständigkeit bezüglich des übertragenden Rechtsträgers entfällt. Während in der letztgenannten Fallgestaltung die zuvor geltenden Tarifnormen analog § 4 Abs. 5 nachwirken (oben § 2, Rnr. 79 f.), kommt bei der Übertragung der Mitgliedschaft auf einen übernehmenden Rechtsträger eine analoge Anwendung von § 3 Abs. 3 in Betracht. Die Beendigung der Mitgliedschaft bezüglich des übertragenden Rechtsträgers ist nicht anders zu bewerten als die einseitige Beendigung der Verbandsmitgliedschaft.

175 Hinsichtlich des **übernehmenden Rechtsträgers** ist die Bindung an den zuvor für das Arbeitsverhältnis geltenden Verbandstarifvertrag – nicht anders als bei der Verschmelzung (oben Rnr. 163 ff.) und unabhängig von der Art der Spaltung – zunächst von den verbandsrechtlichen Voraussetzungen abhängig. Sofern die Satzung keine Abweichung von § 38 Satz 1 BGB festlegt, geht die Mitgliedschaft in der Tarifvertragspartei nicht auf den übernehmenden Rechtsträger über, so daß der übernehmende Rechtsträger grundsätzlich nicht an den bislang für das Arbeitsverhältnis geltenden Verbandstarifvertrag gebunden ist. Eine Bestätigung hierfür enthält § 324 UmwG, dessen Schaffung sich wegen dieses Verständnisses als notwendig erwies.

176 Eine Ausnahme gilt nur dann, wenn der übernehmende Rechtsträger seinerseits ohnehin die tarifrechtlichen Voraussetzungen für eine Bindung an den Verbandstarifvertrag erfüllt. Sofern bezüglich des übernehmenden Rechtsträgers die verbandsrechtlichen Voraussetzungen für eine Rechtsnachfolge vorliegen, erfordert eine Rechtsnachfolge in die Mitgliedschaft allerdings die Aufnahme in den Spaltungs- und Übernahmevertrag. Dabei ist jedoch zu beachten, daß die Mitgliedschaft nicht aufteilbar ist, so daß selbst beim Vorliegen der verbandsrechtlichen Voraussetzungen und der Aufnahme in den Spaltungs- und Übernahmevertrag wegen § 132 UmwG lediglich die Zuordnung zu einem einzigen übernehmenden Rechtsträger möglich ist. Eine Vervielfältigung der Verbandsmitgliedschaft auf mehrere übernehmende Rechtsträger kommt bereits wegen der damit verbundenen Vermehrung des Stimmrechts nicht in Betracht.[176]

177 Fehlt die Tarifgebundenheit des übernehmenden Rechtsträger an den vor der Spaltung für das Arbeitsverhältnis geltenden Verbandstarifvertrag, dann ist im Hinblick auf die tarifrechtlichen Rechtsfolgen derselbe Lösungsweg vorzuziehen wie bei der Gesamtrechtsnachfolge. Bezüglich des übernehmenden Rechtsträgers scheidet eine Fiktion der Tarifgebundenheit durch eine unmittelbare oder analoge Anwendung von § 3 Abs. 3 aus.[177] Vielmehr werden die Tarifnormen aufgrund einer entsprechenden Anwendung von § 613 a Abs. 1 Satz 2 BGB integraler Bestandteil des Individualarbeitsvertrages. Soweit dies an dem Inhalt der Tarifnorm scheitert, wirkt sie analog § 4 Abs. 5 nach.

178 **c) Einzelrechtsnachfolge.** Beruht der Übergang des Betriebs bzw. des Betriebsteiles auf einer Einzelrechtsnachfolge, so bewirkt § 613 a Abs. 1

---

[176] Lutter/*Teichmann*, 1996, § 132 UmwG, Rnr. 28.
[177] A. A. *Kempen*/Zachert, § 3 TVG, Rnr. 50.

Satz 1 BGB, daß der Erwerber in die Arbeitsverhältnisse eintritt. Da die Betriebsveräußerung die Mitgliedschaft in der Tarifvertragspartei nicht berührt, bleibt die Tarifgebundenheit des **Veräußerers** bestehen.[178] Sie endet erst, wenn er seinerseits die Mitgliedschaft in der Tarifvertragspartei beendet.

Der **Erwerber** des Betriebs bzw. Betriebsteiles tritt nicht in die zur Tarifvertragspartei bestehende Mitgliedschaft ein, so daß der für das Arbeitsverhältnis bislang maßgebende **Verbandstarifvertrag** infolge der fehlenden Tarifgebundenheit des Erwerbers grundsätzlich keine normative Wirkung mehr für das Arbeitsverhältnis entfaltet; die Tarifnormen werden gemäß § 613a Abs. 1 Satz 2 BGB integraler Bestandteil des Individualarbeitsvertrages. Eine Ausnahme gilt nur dann, wenn der Erwerber derselben Tarifvertragspartei angehört und das Arbeitsverhältnis auch nach dem Betriebsübergang von dem fachlichen Geltungsbereich des Verbandstarifvertrages erfaßt wird.[179]

3. Keine Fiktion der Tarifgebundenheit

Die fehlende Tarifgebundenheit des Rechtsnachfolgers bzw. Betriebserwerbers hat zu der Überlegung geführt, in diesem Sachverhalt § 3 Abs. 3 zumindest analog anzuwenden.[180] Die Ansicht hat sich jedoch mit Recht nicht durchgesetzt,[181] da die in § 3 Abs. 3 angeordnete Fiktion voraussetzt, daß die Partei des Arbeitsverhältnisses zuvor tarifgebunden war. Hieran fehlt es allerdings in den Fällen einer Gesamt- oder Einzelrechtsnachfolge, wenn der Rechtsnachfolger zuvor nicht mitgliedschaftlich mit der Tarifvertragspartei verbunden war. Gegen eine entsprechende Anwendung der Vorschrift spricht zudem die spezialgesetzliche Regelung in § 613a BGB.

4. Tarifkonkurrenz

Die Rechtsnachfolge bzw. der Betriebsübergang kann dazu führen, daß eine Tarifkonkurrenz eintritt, die insbesondere bei der Verschmelzung im Wege der Aufnahme (§ 2 Nr. 1 UmwG) und der Spaltung zur Aufnahme denkbar ist. Sofern bei dem übernehmenden Rechtsträger eine mitgliedschaftliche Bindung an den bisherigen Verbandstarifvertrag zu bejahen ist, gelangen die allgemeinen Regeln zur Auflösung von Tarifkonkurrenzen zur Anwendung (hierzu unten § 4, Rnr. 265 ff.). In den übrigen Fallgestaltungen greifen die zu § 613a Abs. 1 Satz 3 BGB und § 4 Abs. 5 anerkannten Grundsätze ein.

---

[178] A. A. Hueck/*Nipperdey*, Arbeitsrecht II 1, § 23 B VII 2, S. 294; *Maus*, § 3 TVG, Rnr. 22; *Nikisch*, Arbeitsrecht II, § 71 II 3, S. 265.
[179] BAG 26. 9. 1979 AP Nr. 17 zu § 613a BGB *(Willemsen)* = EzA § 3 TVG Nr. 2 *(Gaul)* = SAE 1980, S. 63 *(Konzen)*; *Ascheid*, RGRK, 12. Aufl. 1992, § 613a BGB, Rnr. 184; *Däubler*, Tarifvertragsrecht, Rnr. 1533; *Gamillscheg*, Kollektives Arbeitsrecht I, § 17 V 4a, S. 779; Soergel/*Raab*, 12. Aufl. 1997, § 613a BGB, Rnr. 106.
[180] So bereits *Neumann*, Betrieb 1960, S. 60; sowie später *Birk*, AuR 1975, S. 312, 314, 315, 316; *ders.*, ZGR 1984, S. 23, 34; *Martens*, SAE 1976, S. 83 ff.
[181] Ablehnend z.B. BAG 26. 9. 1979 AP Nr. 17 zu § 613a BGB *(Willemsen)* = EzA § 3 TVG Nr. 2 *(Gaul)* = SAE 1980, S. 63 *(Konzen)*.

III. Transformation der Tarifnormen in den Arbeitsvertrag

1. Allgemeines

182 Geht der Betrieb bzw. Betriebsteil im Wege der (ggf. partiellen) Gesamt- oder Einzelrechtsnachfolge über und ist der Rechtsnachfolger bzw. Erwerber im Anschluß nicht tarifrechtlich an den für das Arbeitsverhältnis zuvor geltenden Firmen- oder Verbandstarifvertrag gebunden, so entfaltet dieser seine Wirkungen für das Arbeitsverhältnis fortan nur nach Maßgabe der Vorschrift in § 613 a Abs. 1 Satz 2–4 BGB.

183 **a) Rechtsdogmatische Struktur.** Rechtsdogmatisch hat sich der Gesetzgeber bewußt gegen eine kollektivrechtliche, an § 3 Abs. 3 angelehnte Lösung und statt dessen für eine aus der Tarifrechtsdogmatik der Weimarer Zeit bekannte **individualrechtliche Konzeption** entschieden. Durch § 613 a Abs. 1 Satz 2 BGB werden die bislang normativ wirkenden Tarifbestimmungen in den Individualarbeitsvertrag transformiert, so daß sie das Arbeitsverhältnis nunmehr als **schuldvertragliche** Regelungen bestimmen.[182] Im Interesse einer stringenten dogmatischen Konstruktion hat *Zöllner* allerdings jüngst für eine Abkehr von dem tradierten Verständnis plädiert und eine „quasi-normative" Weitergeltung der Tarifnormen vorgeschlagen.[183] Dem Gesetz liegt ein derartiges Verständnis – wie sowohl der Wortlaut als auch die Entstehungsgeschichte zeigen – nicht zugrunde.[184]

184 **b) Auffangcharakter von § 613 a BGB.** Bereits aus der Entstehungsgeschichte der Vorschrift folgt, daß sie lediglich eine **Auffangregelung** für diejenigen Sachverhalte schafft, in denen Tarifnormen infolge des Betriebsüberganges ihre normative Wirkung für die ihnen zuvor unterworfenen Arbeitsverhältnisse verlieren; sie soll den Wegfall der Bindung an den Tarifvertrag kompensieren.[185] Deshalb greift § 613 a Abs. 1 Satz 2–4 BGB stets dann nicht ein, wenn die für das Arbeitsverhältnis vor dem Betriebsübergang geltenden Tarifnormen nach Maßgabe des Tarifrechts nach dem Betriebsübergang unverändert ihre unmittelbare und zwingende Wirkung entfalten.[186]

---

[182] Für die nahezu allg. Ansicht siehe statt aller BAG 13. 11. 1985 AP Nr. 46 zu § 613a BGB *(Scholz)* = SAE 1986, S. 208 *(v. Stebut)*; BAG 1. 4. 1987 AP Nr. 64 zu § 613a BGB = SAE 1987, S. 301 *(Oetker)*; BAG 20. 4. 1994 AP Nr. 108 zu § 613 a BGB = SAE 1995, S. 200 *(Nicolai)*; *Ascheid*, RGRK, 12. Aufl. 1992, § 613a BGB, Rnr. 181; Erman/Hanau, 9. Aufl. 1993, § 613 a BGB, Rnr. 78; *Gamillscheg*, Kollektives Arbeitsrecht, § 17 V 4b, S. 780; *Kempen*, BB 1991, S. 2006, 2009; *Kempen/Zachert*, § 3 TVG, Rnr. 55; *Lieb*, Arbeitsrecht, § 3 III 4a, S. 97; *Lutter/Joost*, 1996, § 324 UmwG, Rnr. 20; *Moll*, NJW 1993, S. 2016, 2020; *Seiter*, DB 1980, S. 877, 877f.; *ders.*, AR-Blattei, Betriebsinhaberwechsel I, 1983, B VIII 3a; *Soergel/Raab*, 12. Aufl. 1997, § 613 a BGB, Rnr. 104; *Staudinger/Richardi*, 12. Aufl. 1989, § 613 a BGB, Rnr. 164.

[183] *Zöllner*, Betrieb 1995, S. 1401, 1402 f; ebenso *Heinze*, in: Festschrift für Günter Schaub (1998), S. 275, 278 ff.

[184] Ablehnend auch *Moll*, RdA 1996, S. 275, 276 f.

[185] *Ascheid*, RGRK, 12. Aufl. 1992, § 613a BGB, Rnr. 182; *Lutter/Joost*, 1996, § 324 UmwG, Rnr. 16; *Soergel/Raab*, 12. Aufl. 1997, § 613 a BGB, Rnr. 105; MünchArbR/*Wank*, § 120, Rnr. 168.

[186] Für die allg. Ansicht *Hromadka/Maschmann/Wallner*, Der Tarifwechsel, 1996, Rnr. 337; *Kania*, Betrieb 1994, S. 529, 529; *Mengel*, Umwandlungen im Arbeitsrecht,

c) **Erfaßte Arbeitsverhältnisse.** Da § 613a Abs. 1 Satz 2–4 BGB den **185** kollektivvertraglichen status quo für die im Zeitpunkt des Betriebsübergangs beschäftigten Arbeitnehmer aufrechterhalten will, erfaßt die Vorschrift nur die zu diesem Zeitpunkt bereits **bestehenden Arbeitsverhältnisse.** Für die durch den Erwerber begründeten neuen Arbeitsverhältnisse besitzt § 613a Abs. 1 Satz 2–4 BGB keine Bedeutung.[187]

d) **Bedeutung des § 613a BGB für die Rechtsfortbildung.** Die Son- **186** derregelung in § 613a Abs. 1 Satz 2–4 BGB hat einer Rechtsfortbildung weitgehend die methodischen Grundlagen entzogen. Sie steht zumindest im Anwendungsbereich dieser Vorschrift einer entsprechenden Anwendung von § 4 Abs. 5 entgegen.[188] Für die Versuche, vor Inkrafttreten von § 613a Abs. 1 Satz 2–4 BGB im Jahre 1980, bei einem Betriebsübergang im Wege der Rechtsfortbildung die bei Anwendung des Tarifrechts verbleibenden Lücken zu schließen,[189] entfiel mit der Gesetzesänderung die methodische Grundlage. Zwar ist im Hinblick auf eine tarifrechtliche Bindung § 613a Abs. 1 Satz 2–4 BGB keine abschließende Regelung,[190] durch die Schaffung der Normen fehlt aber die für rechtsfortbildende Ansätze unerläßliche Voraussetzung einer planwidrigen Unvollständigkeit des geltenden Gesetzesrechts.[191] Nur außerhalb des Anwendungsbereichs von § 613a BGB kommt noch ein Rückgriff auf die bisherigen Überlegungen, insbesondere eine entsprechende Anwendung von § 4 Abs. 5 in Betracht.[192] Zu denken ist dabei insbesondere an Fälle, in denen der Betriebsübergang kraft Gesetzes eintritt oder aber eine Transformation in den Arbeitsvertrag bei einzelnen Tarifnormen aufgrund ihres Regelungsgegenstandes ausscheidet.[193]

1997, S. 171; *Seiter*, AR-Blattei, Betriebsinhaberwechsel I, 1983, B VIII 4a; Soergel/ *Raab*, 12. Aufl. 1997, § 613a BGB, Rnr. 105; *Wank*, NZA 1987, S. 505, 506; *Wollenschläger/Pollert*, ZfA 1996, S. 547, 575.
[187] *Ascheid*, RGRK, 12. Aufl. 1992, § 613a BGB, Rnr. 199; *Däubler*, Tarifvertragsrecht, Rnr. 1549; Erman/*Hanau*, 9. Aufl. 1993, § 613a BGB, Rnr. 89; *Gamillscheg*, Kollektives Arbeitsrecht I, § 17 V 4b, S. 781; *Röder*, Betrieb 1980, S. 1980; Münch-Komm/*Schaub*, 3. Aufl. 1997, § 613a BGB, Rnr. 158; *Seiter*, AR-Blattei, Betriebsinhaberwechsel I, 1983, B VIII 5a aa; Soergel/*Raab*, 12. Aufl. 1997, § 613a BGB, Rnr. 104; MünchArbR/*Wank*, § 120, Rnr. 175.
[188] Siehe BAG 26. 9. 1979 AP Nr. 17 zu § 613a BGB (*Willemsen*) = EzA § 3 TVG Nr. 2 (*Gaul*) = SAE 1980, S. 63 (*Konzen*).
[189] Hierzu die Vorauflage in § 3, Rnr. 73; sowie zusammenfassend *Gamillscheg*, Kollektives Arbeitsrecht I, § 17 V 1b, S. 776f.
[190] *Hanau/Vossen*, in: Festschrift für Marie Luise Hilger/Hermann Stumpf (1983), S. 271, 272.
[191] *Gamillscheg*, Kollektives Arbeitsrecht I, § 17 V 1b, S. 777; *Gussen/Dauck*, Die Weitergeltung von Betriebsvereinbarungen und Tarifverträgen bei Betriebsübergang und Umwandlung, 2. Aufl. 1997, S. 131 ff.; *Hanau/Vossen*, in: Festschrift für Marie Luise Hilger/Hermann Stumpf (1983), S. 271, 272, 296; *Mengel*, Umwandlungen im Arbeitsrecht, 1997, S. 178f.; *Seiter*, AR-Blattei, Betriebsinhaberwechsel I, 1983, B VIII 4d; Soergel/*Raab*, 12. Aufl. 1997, § 613a BGB, Rnr. 103; *Wank*, NZA 1987, S. 505, 507; *Wiedemann*, in: Festschrift für Hans-Joachim Fleck (1988), S. 447, 453.
[192] Treffend *Gamillscheg*, Kollektives Arbeitsrecht I, § 17 V 1b, S. 777; ablehnend jedoch *Willemsen*, Anm. zu BAG AP Nr. 17 zu § 613a BGB.
[193] Treffend schon *Röder*, Betrieb 1980, S. 1980, 1981.

2. Rechtsgeschäftlicher Übergang

187 Nach dem Wortlaut in § 613a Abs. 1 Satz 1 BGB beschränkt sich die in § 613a Abs. 1 Satz 2 BGB angeordnete Transformation der Tarifnormen auf den Erwerb von Betrieben und Betriebsteilen durch Rechtsgeschäft (z.B. Kauf- und Pachtverträge). Hiervon werden jedoch die Fälle nicht erfaßt, in denen der Betrieb kraft Gesetzes oder Hoheitsakt übergeht.[194]

188 Zweifelhaft ist die Einbeziehung solcher Umstrukturierungen, in denen der Betrieb bzw. Betriebsteil im Wege einer **Gesamtrechtsnachfolge** auf einen neuen Rechtsträger übergeht. Da § 613a BGB lediglich subsidiäre Bedeutung für die Fälle besitzt, in denen der Übergang der Arbeitsverhältnisse nicht bereits aufgrund anderer gesetzlicher Tatbestände eintritt, lehnt eine verbreitete Auffassung die Anwendung von § 613a Abs. 1 Satz 1 BGB und damit auch die in § 613a Abs. 1 Satz 2–4 BGB angeordnete Transformation der Tarifnormen bei einer Gesamtrechtsnachfolge ab.[195] Eine derartige Auffassung hat zur Folge, daß die Transformation der Tarifnormen in das Einzelarbeitsverhältnis unterbleibt, wenn das Arbeitsverhältnis aufgrund eines Erbfalls sowie einer Verschmelzung und einer Spaltung auf einen neuen Rechtsträger übergeht. Im Hinblick auf das Tarifrecht tritt jedoch eine empfindliche Lücke ein, wenn der neue Rechtsträger an den zuvor geltenden Tarifvertrag nicht gebunden ist, was insbesondere dann der Fall sein kann, wenn der übernehmende Rechtsträger nicht mit derjenigen Tarifvertragspartei mitgliedschaftlich verbunden ist, die den zuvor für das Arbeitsverhältnis geltenden Verbandstarifvertrag abgeschlossen hat.

189 Deshalb ist eine entsprechende Anwendung von § 613a Abs. 1 Satz 2–4 BGB in denjenigen Fällen vorzugswürdig, in denen das Arbeitsverhältnis im Wege einer Gesamtrechtsnachfolge auf einen neuen Rechtsträger übergeht.[196] In diesem Sinne schreibt § 324 UmwG ausdrücklich vor, daß § 613a BGB unberührt bleibt. Der mißverständliche Wortlaut der Vorschrift darf nicht darüber hinwegtäuschen, daß der Gesetzgeber des Umwandlungsgesetzes der Auffassung war, daß die Tatbestände einer Verschmelzung und einer Spaltung von § 613a BGB erfaßt sind.[197]

3. Gegenstand der Transformation

190 **a) Erfaßte Tarifverträge.** § 613a Abs. 1 Satz 2 BGB beschränkt die Transformation auf die Rechtsnormen eines Tarifvertrages. Dabei ist es an sich gleichgültig, ob sie Bestandteil eines Firmen- oder eines Verbandstarif-

---

[194] Siehe hierzu näher statt aller MünchArbR/*Wank*, § 120, Rnr. 67 ff., m.w.N.
[195] So vor allem BAG 13. 7. 1994 AP Nr. 14 zu § 3 TVG Verbandszugehörigkeit (*Müller/Peters*).
[196] Ebenso BAG 5. 10. 1993 AP Nr. 42 zu § 1 BetrAVG Zusatzversorgungskassen (*Wiedemann/Müller*); a.A. *Kempen/Zachert*, § 3 TVG, Rnr. 49; sowie näher m.w.N. oben Rnr. 169 ff.
[197] Siehe die Ausschußbegründung, BT-Drucks. 12/7850, S. 145; ebenso *Heinze*, ZfA 1997, S. 1, 14 f.; *Hromadka/Maschmann/Wallner*, Der Tarifwechsel, 1996, Rnr. 335; *Lieb*, Arbeitsrecht, § 3 III 3 d, S. 96; *Lutter/Joost*, 1996, § 324 UmwG, Rnr. 20; *Schaub*, in: Festschrift für Otfried Wlotzke (1996), S. 103, 105 f.; hiergegen jedoch *Kempen/Zachert*, § 3 TVG, Rnr. 49.

vertrages sind.[198] Die Normen eines **Firmentarifvertrages** sind allerdings dann aus dem Anwendungsbereich von § 613a Abs. 1 Satz 2–4 BGB ausgeklammert, wenn die Voraussetzungen für ihre kollektivrechtliche Fortgeltung vorliegen.[199] Zumindest bei einer Gesamtrechtsnachfolge kommt eine Transformation der Normen eines Firmentarifvertrages nach § 613a Abs. 1 Satz 2 BGB deshalb nicht in Betracht.[200] Aufgrund der obigen Resultate gilt dies jedoch nicht bei einem Betriebsübergang im Wege der Einzelrechtsnachfolge (oben Rnr. 157 ff.)[201] und regelmäßig auch nicht bei einer Spaltung (oben Rnr. 155 f.).

b) Kein Eintritt in die Parteistellung. Die in § 613a Abs. 1 Satz 2 BGB getroffene Regelung beschränkt sich auf die Transformation der im Tarifvertrag enthaltenen Normen, ordnet allerdings keinen Übergang der Parteistellung an. Somit erlangt der Erwerber des Betriebes bzw. Betriebsteils bei einem Firmentarifvertrag nicht die Stellung einer Tarifvertragspartei. Hieraus folgt, daß ihm nicht das Recht zusteht, die Geltung des Firmentarifvertrages im Wege einer Kündigung zu beenden. Das Kündigungsrecht verbleibt bei dem Veräußerer.[202] **191**

c) Tarifgebundenheit als Voraussetzung der Transformation. Aus dem Sinnzusammenhang der Vorschrift folgt, daß eine Tarifbestimmung nur dann in das Arbeitsverhältnis transformiert wird, wenn sie vor dem Betriebsübergang als Rechtsnorm von außen auf das Arbeitsverhältnis einwirkte. **Normative Wirkung** entfaltete die Tarifnorm für das Arbeitsverhältnis nur, wenn eine **Tarifgebundenheit** bestand.[203] Galt sie bereits vor dem Betriebsübergang wegen einer **Bezugnahmeklausel** lediglich schuldrechtlich für das Arbeitsverhältnis, so ist § 613a Abs. 1 Satz 2 BGB nicht anwendbar. In diesem Fall greift § 613a Abs 1 Satz 1 BGB ein.[204] Zur Auslegung einer Bezugnahmeklausel im Falle eines Betriebsüberganges sowie den Auswirkungen einer späteren kollektiven Ordnung siehe unten Rnr. 276 ff. Da die Tarifnormen Bestandteil des Individualarbeitsvertrages werden, wird ihr Fortbestand bei einem **mehrfachen Betriebsübergang** durch § 613a **192**

---

[198] Siehe z. B. *Ascheid*, RGRK, 12. Aufl. 1992, § 613a BGB, Rnr. 200; *Pfeiffer*, KR, 4. Aufl. 1996, § 613a BGB, Rnr. 93.
[199] So *Lutter/Joost*, 1996, § 324 UmwG, Rnr. 18; *Moll*, NJW 1993, S. 2016, 2020.
[200] Ebenso *Lutter/Joost*, 1996, § 324 UmwG, Rnr. 18.
[201] A. A. *Moll*, NJW 1993, S. 2016, 2020.
[202] So auch die h. M. *Gamillscheg*, Kollektives Arbeitsrecht I, § 17 V 4b, S. 782; *Seiter*, Betriebsinhaberwechsel, 1980, S. 90 f.; *Soergel/Raab*, 12. Aufl. 1997, § 613a BGB, Rnr. 104; *Wank*, NZA 1987, S. 505, 508; für ein Kündigungsrecht des Erwerbers hingegen *Erman/Hanau*, 9. Aufl. 1993, § 613a BGB, Rnr. 91; *Hanau/Vossen*, in: Festschrift für Marie Luise Hilger/Hermann Stumpf (1983), S. 271, 283.
[203] *Soergel/Raab*, 12. Aufl. 1997, § 613a BGB, Rnr. 107.
[204] BAG 4. 3. 1993 AP Nr. 101 zu § 613a BGB; *Ascheid*, RGRK, 12. Aufl. 1997, § 613a BGB, Rnr. 201; *Erman/Hanau*, 9. Aufl. 1993, § 613a BGB, Rnr. 100; *Däubler*, Tarifvertragsrecht, Rnr. 1550; *Gamillscheg*, Kollektives Arbeitsrecht I, § 17 V 5, S. 784; *Hanau/Vossen*, in: Festschrift für Marie Luise Hilger/Hermann Stumpf (1983), S. 271, 294; *Hromadka/Maschmann/Wallner*, Der Tarifwechsel, 1996, Rnr. 327; *Moll*, NJW 1993, S. 2016, 2020; *Pfeiffer*, KR, 4. Aufl. 1996, § 613a BGB, Rnr. 93; *Schaub*, Arbeitsrechts-Handbuch, § 119 III 2, S. 1042; *Soergel/Raab*, 12. Aufl. 1997, § 613a BGB, Rnr. 108; MünchArbR/*Wank*, § 120, Rnr. 183.

Abs. 1 Satz 1 BGB herbeigeführt.[205] Für eine analoge Anwendung von § 613a Abs. 1 Satz 2 BGB[206] fehlen die methodischen Voraussetzungen.

d) Erfaßte Tarifbestimmungen. Die ausdrückliche Beschränkung der Transformation auf Rechtsnormen führt dazu, daß **schuldrechtliche Bestimmungen** eines Tarifvertrages, die lediglich Rechte und Pflichten zwischen den Tarifvertragsparteien begründen, nicht von § 613a Abs. 1 Satz 2 BGB erfaßt werden.[207] Das gilt selbst dann, wenn die schuldrechtlichen Regelungen eines Tarifvertrages als Vertrag zugunsten Dritter Regelungen zugunsten des Arbeitnehmers enthalten.[208] Dementsprechend besteht die Friedenspflicht aus dem beim Veräußerer geltenden Tarifvertrag nicht gegenüber dem Erwerber.[209] Da § 613a Abs. 1 Satz 2 BGB für die Transformation in das Individualarbeitsverhältnis ausschließlich verlangt, daß die Bestimmungen des Tarifvertrages vor dem Betriebsübergang das Arbeitsverhältnis normativ gestalteten, werden auch **dispositive Tarifnormen** Bestandteil des Arbeitsvertrages. Entsprechendes gilt für **nachwirkende Tarifnormen**.[210] Dies zwingt allerdings nicht zu der Annahme, daß sie nach der Transformation an dem gleichfalls in § 613a Abs. 1 Satz 2 BGB normierten zeitlich befristeten Abänderungsverbot teilhaben (siehe nachfolgend Rnr. 202). Eine normative Wirkung für das Arbeitsverhältnis entfalten Tarifnormen ebenfalls, wenn die Bindung an die **Tarifnormen durch § 3 Abs. 3 aufrechterhalten** wird. Auch in einem solchen Fall werden die Tarifnormen nach § 613a Abs. 1 Satz 2 BGB in das Arbeitsverhältnis transformiert.[211] Eine **Änderung des Betriebszwecks** infolge des Betriebsüberganges steht der Transformation der Tarifnormen nicht entgegen. Das folgt aus dem Zweck von § 613a Abs. 1 Satz 2–4 BGB, der eine Verschlechterung

---

[205] So BAG 20. 4. 1994 AP Nr. 108 zu § 613a BGB = SAE 1995, S. 200 *(Nicolai)*; ebenso Soergel/*Raab*, 12. Aufl. 1997, § 613a BGB, Rnr. 108.

[206] Hierfür *Moll*, RdA 1996, S. 275, 279.

[207] *Ascheid*, RGRK, 12. Aufl. 1992, § 613a BGB, Rnr. 190; Erman/*Hanau*, 9. Aufl. 1993, § 613a BGB, Rnr. 88; *Gussen/Dauck*, Die Weitergeltung von Betriebsvereinbarungen und Tarifverträgen bei Betriebsübergang und Umwandlung, 2. Aufl. 1997, S. 148; *Pfeiffer*, KR, 4. Aufl. 1996, § 613a BGB, Rnr. 94; *Hanau/Vossen*, in: Festschrift für Marie Luise Hilger/Hermann Stumpf (1983), S. 271, 291 f.; *Schaub*, Arbeitsrechts-Handbuch, § 119 II 1a, S. 1041; *Seiter*, AR-Blattei, Betriebsinhaberwechsel I, 1983, B VIII 5b; Staudinger/*Richardi*, 12. Aufl. 1989, § 613a BGB, Rnr. 167; MünchArbR/*Wank*, § 120, Rnr. 177; im Grundsatz auch *Gamillscheg*, Kollektives Arbeitsrecht I, § 17 V 2, S. 778.

[208] So MünchKomm/*Schaub*, 3. Aufl. 1997, § 613a BGB, Rnr. 149; a. A. *Däubler*, Tarifvertragsrecht, Rnr. 1536; wohl auch *Gamillscheg*, Kollektives Arbeitsrecht I, § 17 V 2, S. 778.

[209] Ebenso *Däubler*, Tarifvertragsrecht, Rnr. 1562; *Hanau/Vossen*, in: Festschrift für Marie Luise Hilger/Hermann Stumpf (1983), S. 271, 292.

[210] BAG 27. 11. 1991 AP Nr. 22 zu § 4 TVG Nachwirkung = EzA § 4 TVG Nachwirkung Nr. 15 *(Oetker)* = SAE 1993, S. 126 *(Krebs)*; *Däubler*, Tarifvertragsrecht, Rnr. 1543; *Gamillscheg*, Kollektives Arbeitsrecht I, § 17 V 4b, S. 781; Erman/*Hanau*, 9. Aufl. 1993, § 613a BGB, Rnr. 87; *Moll*, NJW 1993, S. 2016, 2020; *ders.*, RdA 1996, S. 275, 278; *Seiter*, AR-Blattei, Betriebsinhaberwechsel I, 1983, B VIII 5a cc; Soergel/*Raab*, 12. Aufl. 1997, § 613a BGB, Rnr. 107; *Stein*, Tarifvertragsrecht, Rnr. 184; a. A. *Ascheid*, RGRK, 12. Aufl. 1992, § 613a BGB, Rnr. 203; *Heinze*, in: Festschrift für Günter Schaub (1998), S. 275, 279f.; MünchArbR/*Wank*, § 120, Rnr. 178.

[211] *Däubler*, Tarifvertragsrecht, Rnr. 1543; *Stein*, Tarifvertragsrecht, Rnr. 184.

des kollektivvertraglich etablierten status quo aus Anlaß des Betriebsüberganges verhindern will.[212]

Hinsichtlich der in § 1 Abs. 1 aufgeführten Tarifnormen ist die Transformation in das Individualarbeitsverhältnis lediglich für **Inhaltsnormen** unumstritten.[213] Für die anderen Arten von Tarifnormen ist im Wege der Auslegung zu ermitteln, ob sie die Rechte und Pflichten des Arbeitsverhältnisses strukturieren. Da sich die Transformation auf die zur Zeit des Betriebsüberganges bestehenden Arbeitsverhältnisse beschränkt, kommt sie bei **Abschlußnormen** zumeist nicht in Betracht.[214] Umgekehrt bestehen regelmäßig keine Bedenken, solche Tarifnormen in die Individualarbeitsverträge zu inkorporieren, die die **Beendigung** des Arbeitsverhältnisses (z.B. Kündigungsfristen) betreffen.[215] Bei **Betriebsnormen** scheidet eine pauschale Lösung aus. Zwar wird es sich bei ihnen oftmals um solche handeln, die ausschließlich den Arbeitgeber als Adressaten vorsehen, so daß hierdurch nicht die Rechte und Pflichten des Arbeitsverhältnisses geregelt werden und dementsprechend eine Transformation in den Individualarbeitsvertrag ausscheidet,[216] die Figur der sog. Doppelnormen (zu ihr oben § 1, Rnr. 276 ff.) zeigt aber, daß Betriebsnormen auch die Rechtsstellung des einzelnen Arbeitnehmers ausgestalten können, so daß zumindest in diesen Fällen eine Transformation

---

[212] Ebenso BAG 5. 10. 1993 AP Nr. 42 zu § 1 BetrAVG Zusatzversorgungskassen (*Wiedemann/Müller*); *Hanau/Vossen*, in: Festschrift für Marie Luise Hilger/Hermann Stumpf (1983), S. 271, 288; *Hromadka/Maschmann/Wallner*, Der Tarifwechsel, 1996, Rnr. 338 ff.; *Kania*, Betrieb 1995, S. 625 ff.; a. A. *Rieble*, SAE 1995, S. 77, 79.

[213] Für die allg. Ansicht *Ascheid*, RGRK, 12. Aufl. 1992, § 613a BGB, Rnr. 192; *Erman/Hanau*, 9. Aufl. 1993, § 613a BGB, Rnr. 87; *Gamillscheg*, Kollektives Arbeitsrecht I, § 17 V 4b, S. 780; *Kempen/Zachert*, § 3 TVG, Rnr. 56; *Staudinger/Richardi*, 12. Aufl. 1989, § 613a BGB, Rnr. 168; weitergehend *Schaub*, Arbeitsrechts-Handbuch, § 119 II 1 a, S. 1041.

[214] *Binkert*, JZ 1979, S. 747, 751; *Erman/Hanau*, 9. Aufl. 1993, § 613a BGB, Rnr. 87; *Gussen/Dauck*, Die Weitergeltung von Betriebsvereinbarungen und Tarifverträgen bei Betriebsübergang und Umwandlung, 2. Aufl. 1997, S. 138; *Hanau/Vossen*, in: Festschrift für Marie Luise Hilger/Hermann Stumpf (1983), S. 271, 290; *Lorenz*, Betrieb 1980, S. 1745, 1747; *Seiter*, Betrieb 1980, S. 877, 878; *Staudinger/Richardi*, 12. Aufl. 1989, § 613 BGB, Rnr. 168; MünchArbR/*Wank*, § 120, Rnr. 177; differenzierend mit Recht *Ascheid*, RGRK, 12. Aufl. 1992, § 613a BGB, Rnr. 193; *Däubler*, Tarifvertragsrecht, Rnr. 1538; *Gamillscheg*, Kollektives Arbeitsrecht I, § 17 V 4b, S. 780; *Löwisch/Rieble*, § 3 TVG, Rnr. 83; MünchKomm/*Schaub*, 3. Aufl. 1997, § 613a BGB, Rnr. 154; *Soergel/Raab*, 12. Aufl. 1997, § 613a BGB, Rnr. 110.

[215] *Ascheid*, RGRK, 12. Aufl. 1992, § 613a BGB, Rnr. 194; *Erman/Hanau*, 9. Aufl. 1993, § 613a BGB, Rnr. 87; *Gussen/Dauck*, Die Weitergeltung von Betriebsvereinbarungen und Tarifverträgen bei Betriebsübergang und Umwandlung, 2. Aufl. 1997, S. 138 ff.; *Soergel/Raab*, 12. Aufl. 1997, § 613a BGB, Rnr. 11; a. A. *Staudinger/Richardi*, 12. Aufl. 1989, § 613a BGB, Rnr. 168.

[216] *Ascheid*, RGRK, 12. Aufl. 1992, § 613a BGB, Rnr. 195; *Hanau/Vossen*, in: Festschrift für Marie Luise Hilger/Hermann Stumpf (1983), S. 271, 290 f.; *Däubler*, Tarifvertragsrecht, Rnr. 1541; *Staudinger/Richardi*, 12. Aufl. 1989, § 613a BGB, Rnr. 168; im Grundsatz auch *Gussen/Dauck*, Die Weitergeltung von Betriebsvereinbarungen und Tarifverträgen bei Betriebsübergang und Umwandlung, 2. Aufl. 1997, S. 134 ff.; *Löwisch/Rieble*, § 3 TVG, Rnr. 83; weitergehend *Kempen/Zachert*, § 3 TVG, Rnr. 56: Einbeziehung, soweit der Regelungsgegenstand durch Einheitliche Arbeitsbedingungen regelbar ist.

in den Einzelarbeitsvertrag möglich ist.²¹⁷ Für **betriebsverfassungsrechtliche Normen** scheidet eine Transformation in den Einzelarbeitsvertrag indes aus, weil sie nicht die Rechte und Pflichten des Einzelarbeitsverhältnisses, sondern die Rechte und Pflichten der Betriebspartner regeln.²¹⁸ Auszuklammern von § 613a Abs. 1 Satz 2 BGB sind ebenfalls die tariflichen Bestimmungen über **Gemeinsame Einrichtungen**, da die Rechtsbeziehungen der Arbeitsvertragsparteien zu der Gemeinsamen Einrichtung zumeist nicht durch die Normen eines Tarifvertrages, sondern durch die Satzung der Gemeinsamen Einrichtung gestaltet werden.²¹⁹ Aufgrund der oftmals vorliegenden Allgemeinverbindlicherklärung entsprechender Tarifverträge ist der im Schrifttum verbreitet erwogene „Kompensationsanspruch" gegen den Erwerber²²⁰ allenfalls als ultima-ratio zu erwägen.

195 e) Spätere Änderung der Tarifbestimmung. Die Transformation erstreckt sich auf diejenige Fassung der Tarifnorm, die sie im Zeitpunkt des Betriebsüberganges besitzt. Die von § 613a Abs. 1 Satz 2 BGB angeordnete Transformation ist **statisch**, so daß spätere Änderungen der Tarifnorm keine Bedeutung besitzen.²²¹ Das entspricht dem Normzweck, da § 613a Abs. 1 Satz 2 BGB den kollektivrechtlichen status quo aufrechterhalten

---

²¹⁷ So mit Recht *Gamillscheg*, Kollektives Arbeitsrecht I, § 17 V 4b, S. 780; Münch-Komm/*Schaub*, 3. Aufl. 1997, § 613a BGB, Rnr. 156; Soergel/*Raab*, 12. Aufl. 1997, § 613a BGB, Rnr. 112.
²¹⁸ *Ascheid*, RGRK, 12. Aufl. 1992, § 613a BGB, Rnr. 196; Erman/*Hanau*, 9. Aufl. 1993, § 613a BGB, Rnr. 87; *Gussen/Dauck*, Die Weitergeltung von Betriebsvereinbarungen und Tarifverträgen bei Betriebsübergang und Umwandlung, 2. Aufl. 1997, S. 140ff.; *Hanau/Vossen*, in: Festschrift für Marie Luise Hilger/Hermann Stumpf (1983), S. 271, 290; MünchKomm/*Schaub*, 3. Aufl. 1997, § 613a BGB, Rnr. 155; Soergel/*Raab*, 12. Aufl. 1997, § 613a BGB, Rnr. 113; Staudinger/*Richardi*, 12. Aufl. 1989, § 613a BGB, Rnr. 168; weitergehend aber *Kempen*, BB 1991, S. 2006, 2009.
²¹⁹ BAG 19. 3. 1986 AP Nr. 49 zu § 613a BGB (*v. Stebut*) = SAE 1987, S. 140 (*Wank*); *Ascheid*, RGRK, 12. Aufl. 1992, § 613a BGB, Rnr. 197; Erman/*Hanau*, 9. Aufl. 1993, § 613a BGB, Rnr. 87; *Gussen/Dauck*, Die Weitergeltung von Betriebsvereinbarungen und Tarifverträgen bei Betriebsübergang und Umwandlung, 2. Aufl. 1997, S. 144ff.; *Hanau/Vossen*, in: Festschrift für Marie Luise Hilger/Hermann Stumpf (1983), S. 271, 291; *Kempen/Zachert*, § 3 TVG, Rnr. 56; *Schaub*, Arbeitsrechts-Handbuch, § 119 III 1, S. 1042; Soergel/*Raab*, 12. Aufl. 1997, § 613a BGB, Rnr. 114; Staudinger/*Richardi*, 12. Aufl. 1989, § 613a BGB, Rnr. 168; MünchArbR/*Wank*, § 120, Rnr. 177; siehe auch BAG 5. 10. 1993 AP Nr. 42 zu § 1 BetrAVG Zusatzversorgungskassen (*Wiedemann/Müller*); sowie *Moll*, RdA 1996, S. 275, 277f.
²²⁰ Siehe zuletzt *Moll*, RdA 1996, S. 275, 277f.; Soergel/*Raab*, 12. Aufl. 1997, § 613a BGB, Rnr. 114; sowie zuvor *Däubler*, Tarifvertragsrecht, Rnr. 1542; *Hanau/Vossen*, in: Festschrift für Marie Luise Hilger/Hermann Stumpf (1983), S. 271, 291; *Kempen*, BB 1991, S. 2006, 2009.
²²¹ BAG 13. 11. 1985 AP Nr. 46 zu § 613a BGB (*Scholz*) = SAE 1986, S. 208 (*v. Stebut*); BAG 1. 4. 1987 AP Nr. 64 zu § 613a BGB = SAE 1987, S. 301 (*Oetker*); *Ascheid*, RGRK, 12. Aufl. 1992, § 613a BGB, Rnr. 207; *Däubler*, Tarifvertragsrecht, Rnr. 1546; *Gamillscheg*, Kollektives Arbeitsrecht I, § 17 V 4b, S. 781 f.; *Kempen/Zachert*, § 3 TVG, Rnr. 59; *Moll*, NJW 1993, S. 2016, 2020; *ders*., RdA 1996, S. 275, 278 f.; *Pfeiffer*, KR, 4. Aufl. 1996, § 613a BGB, Rnr. 90; *Seiter*, AR-Blattei, Betriebsinhaberwechsel I, 1983, B VIII 3d; Soergel/*Raab*, 12. Aufl. 1997, § 613a BGB, Rnr. 115; MünchArbR/*Wank*, § 120, Rnr. 179; ebenso i. E. *Scholz*, in: Festschrift für Gerhard Müller (1981), S. 509, 535 f.

soll. Der Gesetzgeber entschied sich mit § 613a Abs. 1 Satz 2 BGB bewußt gegen eine Aufrechterhaltung der Tarifgebundenheit (kollektivrechtliche Lösung).

4. Ausschluß der Transformation und Ablösung durch Kollektivverträge

a) Allgemeines. Nach § 613a Abs. 1 Satz 3 BGB tritt die Transformation der Tarifnormen nicht ein, wenn die Arbeitsverhältnisse auch nach dem Betriebsübergang durch die Rechtsnormen eines Kollektivvertrages strukturiert werden. Diese Rechtsfolge ordnet § 613a Abs. 1 Satz 3 BGB im Interesse der Praktikabilität und einer einheitlichen Ordnung im Betrieb (Tarifeinheit im Betrieb) an.[222] Aufgrund des Normzwecks ist § 613a Abs. 1 Satz 3 BGB bei einem mehrfachen Betriebsübergang analog anzuwenden.[223] **196**

b) Art des ablösenden Kollektivvertrages. Der Ausschluß der Transformation bzw. die Ablösung der transformierten Tarifnorm setzt nicht die Gleichartigkeit des Kollektivvertrages voraus. Entgegen den Regeln zur Tarifkonkurrenz (siehe unten § 4, Rnr. 290) können die Normen eines Verbandstarifvertrages die Normen eines Firmentarifvertrages verdrängen.[224] Die Transformation einer in einem Firmen- oder Verbandstarifvertrag enthaltenen Tarifnorm kann auch durch eine im Betrieb des Erwerbers bestehende Betriebsvereinbarung ausgeschlossen sein.[225] Dem Abschluß einer Betriebsvereinbarung nach Betriebsübergang stehen die in den Arbeitsvertrag transformierten Normen nicht entgegen. Durch sie wird die Regelungssperre in § 77 Abs. 3 Satz 1 BetrVG nicht ausgelöst, da es sich bei ihnen nicht mehr um tarifliche Regelungen handelt und ihre Fortwirkung nicht das Ergebnis ausgeübter Tarifautonomie ist, so daß der Schutzzweck von § 77 Abs. 3 Satz 1 BetrVG nicht die Anwendung der letztgenannten Vorschrift erzwingt.[226] Ist eine tarifliche Regelung jedoch üblich, so verhin- **197**

---

[222] Siehe Reg. Begr., BT-Drucks. 8/3317, S. 11; BAG 19. 3. 1986 AP Nr. 49 zu § 613a BGB (v. *Stebut*) = SAE 1987, S. 140 *(Wank)*; BAG 20. 4. 1994 AP Nr. 108 zu § 613a BGB = SAE 1995, S. 200 *(Nicolai)*; *Ascheid*, RGRK, 12. Aufl. 1992, § 613a BGB, Rnr. 217; *Schaub*, Arbeitsrechts-Handbuch, § 119 III 1, S. 1042; Soergel/*Raab*, 12. Aufl. 1997, § 613a BGB, Rnr. 124.
[223] Ebenso *Moll*, RdA 1996, S. 275, 279; Soergel/*Raab*, 12. Aufl. 1997, § 613a BGB, Rnr. 125a.
[224] *Däubler*, Tarifvertragsrecht, Rnr. 1563; *Gamillscheg*, Kollektives Arbeitsrecht I, § 17 V 4c, S. 783; *Hanau/Vossen*, in: Festschrift für Marie Luise Hilger/Hermann Stumpf (1983), S. 271, 297; Soergel/*Raab*, 12. Aufl. 1997, § 613a BGB, Rnr. 128.
[225] So auch *Däubler*, Tarifvertragsrecht, Rnr. 1563; *Gamillscheg*, Kollektives Arbeitsrecht I, § 17 V 4c, S. 783; *Hanau/Vossen*, in: Festschrift für Marie Luise Hilger/Hermann Stumpf (1983), S. 271, 281 f.; *Henssler*, in: Festschrift für Günter Schaub (1998), S. 311, 321; *Hromadka/Maschmann/Wallner*, Der Tarifwechsel, 1996, Rnr. 363f.; *Kania*, Betrieb 1995, S. 625, 626; *Kempen*, BB 1991, S. 2006, 2010; *Pfeiffer*, KR, 4. Aufl. 1996, § 613a BGB, Rnr. 100; *Schiefer*, FA 1998, S. 270, 271 f.; Soergel/*Raab*, 12. Aufl. 1997, § 613a BGB, Rnr. 128; *Wank*, NZA 1987, S. 505, 510; *Zöllner*, Betrieb 1995, S. 1401, 1405.
[226] Wie hier *Kania*, Betrieb 1995, S. 625, 626; *Moll*, RdA 1996, S. 275, 283 f.; Soergel/*Raab*, 12. Aufl. 1997, § 613a BGB, Rnr. 128; *Zöllner*, Betrieb 1995, S. 1401, 1406.

dert § 77 Abs. 3 Satz 1 BetrVG die Ablösung durch eine Betriebsvereinbarung.[227]

198 **c) Zeitpunkt des Inkrafttretens der ablösenden Norm.** Für die in § 613a Abs. 1 Satz 3 BGB normierten Rechtsfolgen ist es unerheblich, ob die ablösenden Tarifnormen bereits zur Zeit des Betriebsüberganges galten oder erst zu einem späteren Zeitpunkt (z.B. innerhalb des ersten Jahres nach Betriebsübergang) in Kraft treten.[228] Während in dem ersten Fall die in § 613a Abs. 1 Satz 2 BGB angeordnete Transformation gänzlich unterbleibt, tritt sie im zweiten Fall zwar ein, die transformierten Tarifnormen werden aber durch die kollektivrechtliche Ordnung abgelöst. Ein zeitlicher und sachlicher Zusammenhang zwischen Betriebsübergang und nachfolgendem Kollektivvertrag ist nicht erforderlich.[229] Die Ablösung der transformierten Tarifnormen erfolgt sogar, wenn die neue kollektive Ordnung erst nach Ablauf der Ein-Jahres-Frist in § 613a Abs. 1 Satz 2 BGB geschaffen wird.[230]

199 **d) Tarifgebundenheit.** Zweifelhaft ist bei Rechtsnormen eines Tarifvertrages, ob ihre ablösende Wirkung bereits dann eintritt, wenn allein der Arbeitgeber (Erwerber) tarifgebunden ist.[231] Eine verbreitete Ansicht läßt das nicht ausreichen und verlangt eine **beiderseitige Tarifgebundenheit**.[232]

---

[227] So auch *Henssler*, in: Festschrift für Günter Schaub (1998), S. 311, 321f.; *Kania*, Betrieb 1995, S. 625, 626; *Moll*, RdA 1996, S. 275, 283f.; *Zöllner*, Betrieb 1995, S. 1401, 1406; für Zurückhaltung plädiert *Gamillscheg*, Kollektives Arbeitsrecht I, § 17 V 4c, S. 783.

[228] BAG 19. 3. 1986 AP Nr. 49 zu § 613a BGB *(v. Stebut)* = SAE 1987, S. 140 *(Wank)*; BAG 20. 4. 1994 AP Nr. 108 zu § 613a BGB = SAE 1995, S. 200 *(Nicolai)*; BAG 16. 5. 1995 AP Nr. 15 zu § 4 TVG Ordnungsprinzip; Erman/*Hanau*, 9. Aufl. 1993, § 613a BGB, Rnr. 93; *Hromadka/Maschmann/Wallner*, Der Tarifwechsel, 1996, Rnr. 358; Lutter/*Joost*, 1996, § 324 UmwG, Rnr. 22; *Moll*, NJW 1993, S. 2016, 2020; *Pfeiffer*, KR, 4. Aufl. 1996, § 613a BGB, Rnr. 98; *Seiter*, AR-Blattei, Betriebsinhaberwechsel I, 1983, B VIII 6b aa.

[229] So aber LAG Hamburg, AuR 1996, S. 75, 77.

[230] So mit Recht auch *Moll*, RdA 1996, S. 275, 282f.; *Zöllner*, Betrieb 1995, S. 1401, 1403.

[231] So *Zöllner*, Betrieb 1995, S. 1401, 1403f.; zustimmend *Heinze*, in: Festschrift für Günter Schaub (1998), S. 275, 289ff.; *Henssler*, in: Festschrift für Günter Schaub (1998), S. 311, 319ff.; *Hromadka/Maschmann/Wallner*, Der Tarifwechsel, 1996, Rnr. 354; *Moll*, RdA 1996, S. 275, 280ff.; *Schiefer*, FA 1998, S. 270, 271; in dieser Richtung bereits *Röder*, Betrieb 1980, S. 1980, 1982; sowie i.E. *Bauer*, in: Festschrift für Günter Schaub (1998), S. 19, 38ff.; ebenso mit Beschränkung auf die von einer DGB-Gewerkschaft abgeschlossenen Tarifverträge *Hanau*, ArbRGeg. Bd. 34 (1987), S. 21, 29f.; offengelassen von BAG 19. 3. 1986 AP Nr. 49 zu § 613a BGB *(v. Stebut)* = SAE 1987, S. 140 *(Wank)*.

[232] ArbG Lübeck, AuR 1997, S. 166 (LS); ArbG Mainz, DB 1996, 2500; *Ascheid*, RGRK, 12. Aufl. 1992, § 613a BGB, Rnr. 220; *Däubler*, Tarifvertragsrecht, Rnr. 1557; Erman/*Hanau*, 9. Aufl. 1993, § 613a BGB, Rnr. 95; *Gamillscheg*, Kollektives Arbeitsrecht I, § 17 V 4c, S. 782; *ders.*, in: Festschrift für Karl Kehrmann (1997), S. 247, 257; *Gussen/Dauck*, Die Weitergeltung von Betriebsvereinbarungen und Tarifverträgen bei Betriebsübergang und Umwandlung, 2. Aufl. 1997, S. 153ff.; *Kania*, Betrieb 1994, S. 529, 530; *ders.*, Betrieb 1995, S. 625, 626; *Kempen/Zachert*, § 3 TVG, Rnr. 60; Lutter/*Joost*, 1996, § 324 UmwG, Rnr. 22; *Pfeiffer*, KR, 4. Aufl. 1996, § 613a BGB, Rnr. 99; MünchKomm/*Schaub*, 3. Aufl. 1997, § 613a BGB, Rnr. 184; *ders.*, ZTR 1997, S. 245, 247; *Seiter*, AR-Blattei, Betriebsinhaberwechsel I, 1983, B VIII 6b bb; Soergel/*Raab*, 12. Aufl. 1997, § 613a BGB, Rnr. 125; *Wiedemann*, in:

Zwar ist der Zweck von § 613a Abs. 1 Satz 3 BGB auf eine Vereinheitlichung der beim Erwerber geltenden kollektivvertraglichen Regelungen gerichtet, das Erfordernis einer beiderseitigen Tarifgebundenheit rechtfertigt sich aber durch den Normzweck der Transformation. Ebenso wie § 613a Abs. 1 Satz 2 BGB nur eingreift, wenn die Tarifnorm für das Arbeitsverhältnis seine Wirkungen aufgrund ggf. notwendiger beiderseitiger Tarifgebundenheit entfaltet, setzt auch die im Betrieb des Erwerbers geltende kollektivvertragliche Regelung für die lösende Wirkung voraus, daß sie auf das Arbeitsverhältnis einwirkt. Dies folgt ferner aus § 613a Abs. 1 Satz 4 BGB, der für den Fall einer fehlenden beiderseitigen Tarifgebundenheit eine vorzeitige Abänderung der transformierten Tarifnormen ermöglicht. Sofern für die ablösende Wirkung eine beiderseitige Tarifgebundenheit notwendig ist, genügt es, wenn sie während des ersten Jahres nach Betriebsübergang erstmals eintritt.[233]

e) Inhalt der Tarifnorm. Im Hinblick auf den Schutzzweck von § 613a **200** Abs. 1 Satz 2 BGB greift der Ausschluß der Transformation nur ein, wenn die im Betrieb des Erwerbers geltende kollektivvertragliche Bestimmung hinsichtlich ihres **Regelungsgegenstandes** mit der nach § 613a Abs. 1 Satz 2 BGB transformierten Tarifnorm **deckungsgleich** ist.[234] Aufgrund des Normzwecks von § 613a Abs. 1 Satz 3 BGB (oben Rnr. 196) entfällt die Transformation unabhängig davon, ob die beim Erwerber geltende kollektivvertragliche Ordnung für den Arbeitnehmer günstiger ist.[235] Auch nachwirkende Tarifnormen können eine Transformation ausschließen.[236]

Festschrift für Hans-Joachim Fleck (1988), S. 447, 454; *Wieland,* Recht der Firmentarifverträge, 1998, S. 186 ff.; wohl auch BAG 20. 4. 1994 AP Nr. 108 zu § 613a BGB = SAE 1995, S. 200 *(Nicolai).*
[233] BAG 19. 3. 1986 AP Nr. 49 zu § 613a BGB *(v. Stebut)* = SAE 1987, S. 140 *(Wank);* ebenso MünchArbR/*Wank,* § 120, Rnr. 184; *Wiedemann,* in: Festschrift für Hans-Joachim Fleck (1988), S. 447, 455.
[234] BAG 20. 4. 1994 AP Nr. 108 zu § 613a BGB = SAE 1985, S. 200 *(Nicolai); Ascheid,* RGRK, 12. Aufl. 1989, § 613a BGB, Rnr. 224 f.; Erman/*Hanau,* 9. Aufl. 1989, § 613a BGB, Rnr. 96; *Gamillscheg,* Kollektives Arbeitsrecht I, § 17 V 4c, S. 783; *Pfeiffer,* KR, 4. Aufl. 1996, § 613a BGB, Rnr. 98; *Röder,* Betrieb 1980, S. 1980, 1981 f.; *Seiter,* AR-Blattei, Betriebsinhaberwechsel I, 1983, B VIII 6c bb; Soergel/*Raab,* 12. Aufl. 1997, § 613a BGB, Rnr. 126.
[235] Allg. Ansicht, siehe BAG 19. 3. 1986 AP Nr. 49 zu § 613a BGB *(v. Stebut)* = SAE 1987, S. 140 *(Wank);* BAG 16. 5. 1995 AP Nr. 15 zu § 4 TVG Ordnungsprinzip; *Ascheid,* RGRK, 12. Aufl. 1992, § 613a BGB, Rnr. 226; *Gamillscheg,* Kollektives Arbeitsrecht I, § 17 V 4c, S. 782; *Gussen/Dauck,* Die Weitergeltung von Betriebsvereinbarungen und Tarifverträgen bei Betriebsübergang und Umwandlung, 2. Aufl. 1997, S. 163; *Lieb,* Arbeitsrecht, § 3 III 4b, S. 98; *Moll,* NJW 1993, S. 2016, 2020; *Pfeiffer,* KR, 4. Aufl. 1996, § 613a BGB, Rnr. 98; MünchKomm/*Schaub,* 3. Aufl. 1997, § 613a BGB, Rnr. 190; *Seiter,* AR-Blattei, Betriebsinhaberwechsel I, 1983, B VIII 6a; Soergel/*Raab,* 12. Aufl. 1997, § 613a BGB, Rnr. 127; Staudinger/*Richardi,* 12. Aufl. 1989, § 613a BGB, Rnr. 171; *Wank,* NZA 1987, S. 505, 509; *Wiedemann,* in: Festschrift für Hans-Joachim Fleck (1988), S. 447, 455.
[236] *Ascheid,* RGRK, 12. Aufl. 1992, § 613a BGB, Rnr. 217; Erman/*Hanau,* 9. Aufl. 1993, § 613a BGB, Rnr. 95; *Hanau/Vossen,* in: Festschrift für Marie Luise Hilger/Hermann Stumpf (1983), S. 271, 282 f.; a. A. *Däubler,* Tarifvertragsrecht, Rnr. 1557.

5. Rechtswirkungen transformierter Tarifnormen und Inhaltsschutz

201 Mit ihrer Transformation in das Individualarbeitsverhältnis verlieren die Tarifnormen ihre normative Wirkung, sind Bestandteil des Individualarbeitsvertrages und unterliegen den hierfür geltenden Regeln. Die Vorschrift in § 4 Abs. 4 findet deshalb auf sie keine Anwendung (mehr).[237]

202 Da die Tarifnormen ihre unmittelbare und zwingende Wirkung mit der Transformation einbüßen, wären sie als Bestandteil des Individualarbeitsvertrages an sich frei abänderbar. Gegebenenfalls könnte eine abweichende einzelvertragliche Regelung einseitig durch Ausspruch einer Änderungskündigung herbeigeführt werden. Weil das mit den Vorgaben in Art. 3 Abs. 2 der EG-Richtlinie 77/187/EWG nicht vereinbar gewesen wäre, ordnet § 613 a Abs. 1 Satz 2 BGB an, daß die transformierten Tarifnormen vor Ablauf eines Jahres nach dem Betriebsübergang nicht zum Nachteil des Arbeitnehmers abgeändert werden dürfen. Diese Rechtsfolge bedarf jedoch einer durch den Normzweck gebotenen Einschränkung, wenn auch bei einer normativen Wirkung der Tarifnorm ihre individualrechtliche Abänderung möglich gewesen wäre. Deshalb erstreckt sich das zeitlich befristete Änderungsverbot nicht auf dispositive Tarifnormen und solche Tarifnormen, die das Arbeitsverhältnis im Zeitpunkt des Betriebsüberganges lediglich kraft Nachwirkung gestalteten. Ihnen wird durch die Transformation in den Individualarbeitsvertrag keine stärkere Rechtswirkung verliehen, als sie sie vor dem Betriebsübergang besaßen.[238] Die vorstehenden Ausführungen gelten entsprechend, wenn der Tarifvertrag ausdrücklich eine abweichende Abmachung gestattet.[239] Abreden, die für den Arbeitnehmer günstiger sind, werden durch § 613 a Abs. 1 Satz 2 BGB in keinem Fall ausgeschlossen.[240]

203 Aufgrund der individualrechtlichen Geltung der transformierten Tarifnormen ist ihre Wirkung für das Arbeitsverhältnis zeitlich unbegrenzt.[241] Die transformierten und nunmehr schuldvertraglich wirkenden Tarifnormen können indessen nach Ablauf eines Jahres auch zum Nachteil des Arbeit-

---

[237] Ebenso *Ascheid*, RGRK, 12. Aufl. 1992, § 613 a BGB, Rnr. 205; Soergel/*Raab*, 12. Aufl. 1997, § 613 a BGB, Rnr. 116; a. A. *Däubler*, Tarifvertragsrecht, Rnr. 1548; *Gamillscheg*, Kollektives Arbeitsrecht I, § 17 V 4 b, S. 781; *Hanau/Vossen*, in: Festschrift für Marie Luise Hilger/Hermann Stumpf (1983), S. 271, 293 f.; sowie *Gussen/Dauck*, Die Weitergeltung von Betriebsvereinbarungen und Tarifverträgen bei Betriebsübergang und Umwandlung, 2. Aufl. 1997, S. 152 f., der jedoch § 4 Abs. 4 dergestalt anpassen will, daß lediglich die Zustimmung der Gewerkschaft erforderlich ist.
[238] Wie hier *Däubler*, Tarifvertragsrecht, Rnr. 1543; *Gamillscheg*, Kollektives Arbeitsrecht I, § 17 V 4 b, S. 781; Löwisch/*Rieble*, § 3 TVG, Rnr. 84; *Moll*, RdA 1996, S. 275, 278; MünchKomm/*Schaub*, 3. Aufl. 1997, § 613 a BGB, Rnr. 167; *Seiter*, AR-Blattei, Betriebsinhaberwechsel I, 1983, B VIII 5 a cc; *Stein*, Tarifvertragsrecht, Rnr. 184.
[239] *Gussen/Dauck*, Die Weitergeltung von Betriebsvereinbarungen und Tarifverträgen bei Betriebsübergang und Umwandlung, 2. Aufl. 1997, S. 151 f.; *Hanau/Vossen*, in: Festschrift für Marie Luise Hilger/Hermann Stumpf (1983), S. 271, 293; Soergel/*Raab*, 12. Aufl. 1997, § 613 a BGB, Rnr. 104.
[240] *Seiter*, AR-Blattei, Betriebsinhaberwechsel I, 1983, B VIII 7 a aa.
[241] *Däubler*, Tarifvertragsrecht, Rnr. 1552; *Gamillscheg*, Kollektives Arbeitsrecht I, § 17 V 4 b, S. 782; *Seiter*, AR-Blattei, Betriebsinhaberwechsel I, 1983, B VIII 7 c aa.

nehmers geändert werden. Möglich ist dies nicht nur durch einvernehmliche Regelungen, sondern ebenfalls mittels einer Änderungskündigung. Vor Ende der Jahresfrist gestattet § 613a Abs. 1 Satz 4 BGB eine Abänderung zum Nachteil des Arbeitnehmers nur, wenn entweder der Tarifvertrag nicht mehr gilt oder bei fehlender beiderseitiger Tarifgebundenheit die Anwendung des neuen Tarifvertrages zwischen dem Erwerber und dem Arbeitnehmer vereinbart wird.

4. Abschnitt. Die (mittelbar) tarifbetroffenen Personen

Übersicht

Rnr.

A. **Bezugnahme auf Tarifvertrag im Einzelarbeitsvertrag** 204–264
   I. Bezugnahme ohne gesetzliche Zulassungsnorm 204–248
     1. Erscheinungsformen 205–209
     2. Zweck 210–212
     3. Die gesetzliche Erfassung der allgemeinen Bezugnahmeklausel 213–217
       a) Berufung auf den Tarifvertrag nach § 1 Abs. 2 TarifVO 214–216
       b) Entstehungsgeschichte des Tarifvertragsgesetzes ... 217
     4. Rechtsnatur der Bezugnahme 218–226
       a) Unterwerfungserklärung 219
       b) Kollisionsrechtliche Verweisung 220–223
       c) Tarifbindung durch gesetzliche Zulassungsnormen 224, 225
       d) Schuldrechtliche Abrede 226
     5. Zulässigkeit der Bezugnahme 227–232
       a) Verbot des Gemeingebrauchs? 228
       b) Bezugnahme bei bestehender Tarifgebundenheit . 229–232
     6. Bezugnahmeabrede 233–235
     7. Das Bezugnahmeobjekt 236–242
     8. Rechtsfolgen 243–248
       a) Auslegung 244, 245
       b) Rechtsverlust 246
       c) Änderung des Tarifvertrages 247
       d) Wegfall der Tarifgebundenheit 248
   II. Bezugnahme aufgrund gesetzlicher oder richterrechtlicher Zulassung 249–264
     1. Bedeutung 250, 251
     2. Rechtsnatur der Bezugnahme 252
     3. Zulässigkeit der Bezugnahme 253–259
       a) Personelle Voraussetzungen 254, 255
       b) Bezugnahmeabrede 256
       c) Einschlägiger Tarifvertrag 257
       d) Umfang der Bezugnahme 258, 259
     4. Das Bezugnahmeobjekt 260, 261
     5. Rechtsfolgen 262–264
B. **Bezugnahme durch betriebliche Einheitsregelung** 265–275
   I. Bezugnahme durch Betriebsvereinbarung 265–270
     1. Bezugnahme auf den ganzen Tarifvertrag 265–267
     2. Bezugnahme auf einzelne Tarifbestimmungen 268, 269
     3. Änderung des in Bezug genommenen Tarifvertrages 270

	Rnr.
II. Übernahme von Tarifverträgen durch betriebliche Übung	271–275
1. Entstehung	272
2. Umfang	273
3. Öffentlicher Dienst	274
4. Irrtümliche Tarifanwendung	275
C. Bezugnahme und Betriebsübergang	276–279
D. Andere Rechtsgrundlagen	280–288
I. Tarifliche Außenseiterklauseln	280, 281
II. Gleichbehandlungsgrundsatz	282–288
1. Gruppengleichheit	282
2. Allgemeine Gleichbehandlung	283–288

Schrifttum: *H.-J. Bauschke,* Zur Problematik tariflicher Bezugnahmeklauseln, ZTR 1993, S. 416–418; *Bertermann,* Der Lohnanspruch des in einer anderen Gewerkschaft organisierten Arbeitnehmers, BlStSozArbR 1952, S. 92–93; *ders.,* Der Anspruch auf Teuerungszuschlag, BlStSozArbR 1954, S. 61–62; *Kurt H. Biedenkopf,* Die Betriebsrisikolehre als Beispiel richterlicher Rechtsfortbildung, 1970; *Hans-Albrecht Bischoff,* Die Rechtsstellung des nichtorganisierten Arbeitnehmers, MuA 1950, S. 282; *P. Dahns,* Keine Wirkung tariflicher Ausschlußfristen gegenüber Außenseitern, DB 1959, S. 233–234; *Rolf Dietz,* Die Berufung auf den Tarifvertrag, 1933; *Gerhard Etzel,* Tarifordnung und Arbeitsvertrag, NZA 1989, Beil. Nr. 1, S. 19–31; *Holger M. Frieges,* Wegfall der Tarifbindung und einzelvertragliche Inbezugnahme von Tarifverträgen, Betrieb 1996, S. 1281–1283; *Björn Gaul,* Die einzelvertragliche Bezugnahme auf einen Tarifvertrag beim Tarifwechsel des Arbeitgebers, NZA 1998, S. 9–17; *Dieter Gaul,* Erstreckungsinhalt und Umfang einer tariflichen Bezugnahmeklausel auf den BAT, ZTR 1991, S. 188–197; *ders.,* Schranken der Bezugnahme auf einen Tarifvertrag, ZTR 1993, S. 355–364; *Jobst Gumpert,* Die praktische Anwendung des arbeitsrechtlichen Gleichbehandlungsgrundsatzes, BB 1959, S. 701–711; *ders.,* Tarifaußenseiter und Tarifausschlußklauseln, BB 1960, S. 100–103; *ders.,* Bezugnahme auf Tarifverträge in Arbeitsverträgen und Tarifverträgen, BB 1961, S. 1276–1278; *Peter Hanau,* Gemeingebrauch am Tarifvertrag? BAG (GS) AP Art. 9 GG Nr. 13, JuS 1969, S. 213–220; *Peter Hanau/Thomas Kania,* Die Bezugnahme auf Tarifverträge durch Arbeitsvertrag und betriebliche Übung, in: Festschrift für Günter Schaub (1998), S. 239–262; *Wilhelm Herschel,* Gratifikationsrückzahlung und Tarifnorm – zugleich ein Beitrag zu den Zulassungsnormen und zur Bezugnahme auf den Tarifvertrag, Betrieb 1967, S. 245–249; *ders.,* Die individualrechtliche Bezugnahme auf einen Tarifvertrag, Betrieb 1969, S. 659–663; *Gerrik von Hoyningen-Huene,* Die Bezugnahme auf den Tarifvertrag – ein Fall der Tarifbindung, RdA 1974, S. 138–152; *ders.,* Die Bezugnahme auf einen Firmentarifvertrag durch Betriebsvereinbarung, Betrieb 1994, S. 2026–2032; *Götz Hueck,* Zur kollektiven Gestaltung der Einzelarbeitsverhältnisse, in: Festschrift für Erich Molitor (1962), S. 203–228; *Walter Kraegeloh,* Zur Rechtsstellung des nicht tarifgebundenen Arbeitnehmers, BB 1952, S. 227–228; *Kerner* u. a. (Hrsg.), Gleichstellung von tarifgebundenen und nicht tarifgebundenen Arbeitnehmern, RAW 1953, S. 279–280; *Manfred Löwisch,* Blankettverweisung und Überraschungsklauseln, NZA 1985, S. 317; *W. Lucas,* Klagen nichtorganisierter Arbeitnehmer auf Eingruppierung nach der TOA unzulässig, RiA 1957, S. 40; *Hermann Meissinger,* Tarifgebundene und nicht tarifgebundene Arbeitnehmer im Gleichbehandlungsgrundsatz, BetrVerf. 1955, S. 1–4; *Paul Merker,* Kein Tariflohn für Außenseiter, Betrieb 1960, S. 263–266; *Gerhard Müller,* Auswirkungen von Lohnwellen auf das Arbeitsverhältnis. Ein besonderer Fall von Gleichbehandlungswirkung, Betrieb 1960, S. 322–326; *ders.,* Die Tragweite der tariflichen Bezugnahmeklauseln, RdA 1990, S. 321–325; *Wolfgang Nömeier,* Bezugnahme auf Tarifinhalte im Einzelarbeitsverhältnis, Diss. Regensburg 1990; *Wilhelm Reuß,* Tarifvertragliche Wirkung auf Außenseiter, Betrieb 1964, S. 1410–1413; *Hans-Dietrich Rewolle,* Unabdingbarkeit des Bundesurlaubsgesetzes, DB 1963, S. 483–484; *Roderich v. Rhein,* Die Bezugnahme auf einen Tarifvertrag im Einzelarbeitsvertrag und Betriebsvereinbarung, Diss. Köln 1969; *Reinhard Richardi,* Streitfragen aus dem Ersten Arbeitsrechtsbereinigungsgesetz, ZfA 1971, S. 73–113; *Rick,* Ist der Tariflohn die übliche Vergütung im Sinne des § 612 BGB?, AuR 1960, S. 369–371; *Schaefer,* Die individualrechtliche Bezugnahme auf tarifvertragliche Bestimmungen, Diss. Köln 1974; *Gerhard Schnorr*, Das arbeitsrechtliche Diskriminierungsverbot nach Art. 48 Abs. 2 EWG-Vertrag, AuR 1960, S. 161–168; *ders.*, Die arbeitsvertragliche Berufung auf einen Tarifvertrag nach § 13 BUrlG, AuR 1963, S. 193–200; *Ulrich Seibert*, Auslegung und Inhaltskontrolle arbeitsvertraglicher Verweisungen, NZA 1985, S. 730–733; *Eugen Stahlhacke*, Bezugnahme auf Tarifverträge in Betriebsvereinbarungen, Betrieb 1960, S. 579–582; *ders.*, Tarifliche Zulassungsnormen und nachwirkende Tarifverträge, Betrieb 1969, S. 1651–1654; *Gregor Thüsing*, Der Anspruch des Nichtorganisierten auf Tariflohn, ZTR 1997, S. 433–438; *Ernst Tophoven*, Die Frage der Anwendung von Tarifverträgen auf nichttarifgebundene Außenseiter, RdA 1953, S. 246–249; *W. Tzschaschel*, Die Rechtsstellung der nichtorganisierten Angestellten, RiA 1957, S. 178–180; *Otto Vielhaber*, Wirkung von Tarifverträgen auf Arbeitsverträge zwischen nichttarifgebundenen Arbeitgebern und Arbeitnehmern, BB 1950, S. 170–171; *Heinz Waechter*, Die Rechtsstellung des nichtorganisierten Arbeitnehmers, BlStSozArbR 1950, S. 248–249; *Leonhard Wenzel*, Neue Kündigungsschutzbestimmungen im Arbeitsrecht, MDR 1969, S. 881–889.

A. Bezugnahme auf Tarifvertrag im Einzelarbeitsvertrag

I. Bezugnahme ohne gesetzliche Zulassungsnorm

Die Bezugnahme auf den Tarifvertrag ist eine betriebseinheitlich oder individuell ausgestaltete Vertragsabrede, derzufolge eine tarifliche Regelung ganz oder teilweise für das Arbeitsverhältnis gelten soll. Man kann zwischen der allgemeinen Bezugnahme (Berufung, Verweisung) auf einen Tarifvertrag und der durch die §§ 622 Abs. 4 Satz 2 BGB, 13 Abs. 1 Satz 2 BUrlG, 4 Abs. 3 Satz 2 EFZG, 17 Abs. 3 BetrAVG, § 101 Abs. 2 Satz 3 ArbGG oder andere gesetzliche Zulassungsnormen eigens gestatteten Bezugnahme (zu ihr unten Rnr. 249 ff.) unterscheiden. Die allgemeine Bezugnahme ist vom Gesetz nicht (mehr) geregelt.

1. Erscheinungsformen

In weiten Bereichen der Privatwirtschaft und im öffentlichen Dienst generell ist eine Bezugnahme auf tarifliche Regelungen insbesondere in standardisierten schriftlichen Arbeitsverträgen anzutreffen. Sie beruht nicht zuletzt auf § 2 Abs. 1 Nr. 10 NachwG, der den Arbeitgeber verpflichtet, die schriftlichen Arbeitsbedingungen niederzulegen und hierbei die Aufnahme eines allgemeinen Hinweises auf die Tarifverträge verlangt, die auf das Arbeitsverhältnis anzuwenden sind. Ausgehend von dieser Praxis ist die allgemeine Bezugnahmeklausel nicht auf die Arbeitsverhältnisse nicht oder anders organisierter Arbeitnehmer beschränkt, sondern vielmehr wird oftmals gar nicht nach der Organisationszugehörigkeit unterschieden.

Angesichts der verbreiteten Vertragspraxis ist zwischen deklaratorischen und konstitutiven allgemeinen Bezugnahmen zu unterscheiden. Eine **deklaratorische** allgemeine **Bezugnahme** liegt vor, wenn sie die ohnehin geltende Rechtslage wiedergibt. Sie bewirkt keine zusätzliche rechtliche Bindung für die Arbeitsvertragsparteien. Deklaratorische Bedeutung besitzt eine allgemeine Bezugnahmeklausel bei denjenigen Arbeitsverhältnissen, für die der in Bezug genommene Tarifvertrag bereits kraft beiderseitiger Tarifgebundenheit oder aufgrund Allgemeinverbindlicherklärung gilt.[1] Konstitutive Bedeutung kann die allgemeine Bezugnahmeklausel erst dann erlangen, wenn die Tarifgebundenheit endet und die Regelungen des Tarifvertrages nicht mehr normativ auf das Arbeitsverhältnis einwirken. Hauptanwendungsfall einer **konstitutiven Bezugnahmeklausel** sind diejenigen Arbeitsverhältnisse, für die die tariflichen Regelungen keine normative Wirkung entfalten, insbesondere für diejenigen Arbeitsverhältnisse, bei denen eine normative Wirkung wegen der fehlenden Tarifgebundenheit des Arbeitnehmers zu verneinen ist.

207 Im Hinblick auf die Ausgestaltung der allgemeinen Bezugnahmeklausel ist zwischen einer **dynamischen** und einer **statischen Bezugnahme** zu unterscheiden, die ihrerseits jeweils eine sachliche und eine zeitliche Komponente umfassen. Eine dynamische Bezugnahmeklausel zeichnet sich dadurch aus, daß sie nicht auf einen konkreten Tarifvertrag Bezug nimmt, sondern entweder auf den jeweils einschlägigen Tarifvertrag (sachliche Dynamik) und/oder auf die jeweils aktuelle Fassung des Tarifvertrages (zeitliche dynamische Bezugnahme) verweist. In beiderlei Hinsicht kann die Bezugnahme indes auch statisch ausgestaltet sein, indem entweder ein konkret benanntes tarifliches Regelwerk und/oder das Regelwerk in einer bestimmten Fassung in Bezug genommen wird. Denkbar sind allerdings auch Bezugnahmeklauseln, die dynamische und statische Elemente miteinander kombinieren. Dies ist z. B. bei einer Klausel der Fall, die auf einen konkreten Tarifvertrag (sachlich-statische Bezugnahme) in seiner jeweils geltenden Fassung (zeitlich-dynamische Bezugnahme) für anwendbar erklärt.

208 Ob und in welchem Umfang eine konstitutive Bezugnahmeklausel einen dynamischen oder statischen Inhalt besitzt, ist im Wege der Auslegung zu ermitteln; ggf. ist auf das Instrument einer ergänzenden Vertragsauslegung zurückzugreifen. Dabei erlangt der Hinweis auf die für das Arbeitsverhältnis anzuwendenden Tarifverträge, wie er durch § 2 Abs. 1 Nr. 10 NachwG vorgeschrieben wird, besondere Bedeutung. Da die Niederschrift die bereits vereinbarten Vertragsbedingungen dokumentiert, besitzt sie als solche lediglich deklaratorische Bedeutung. Allerdings begründet die Aufnahme eines Tarifvertrages in die Niederschrift die widerlegbare Vermutung dafür, daß die Anwendung des Tarifvertrages für das Arbeitsverhältnis vereinbart wurde.[2] Im übrigen ist insbesondere im Hinblick auf die sachliche und/oder zeitliche Dynamik auf den erkennbar gewordenen Willen der Vertragsparteien und auf den mit der Bezugnahme verfolgten Zweck abzustellen.

209 Hinsichtlich des Regelungsumfangs der Bezugnahme ist zwischen einer **globalen Bezugnahme**, die auf alle fachlich und räumlich für den Betrieb einschlägigen Tarifverträge Bezug nimmt, und einer Klausel zu unterschei-

---

[1] So besonders deutlich BAG 26. 9. 1979 AP Nr. 17 zu § 613a BGB *(Willemsen)* = EzA § 3 TVG Nr. 2 *(Gaul)* = SAE 1980, S. 63 *(Konzen)*; wohl auch *Preis*, Grundfragen der Vertragsgestaltung im Arbeitsrecht, 1993, S. 392; für eine generelle konstitutive Wirkung jedoch *Hanau/Kania*, in: Festschrift für Günter Schaub (1998), S. 239, 248 f.
[2] Zur Beweiswirkung allg. EuGH 4. 12. 1997 AP Nr. 3 zu EWG-Richtlinie Nr. 91/533; *Schwarze*, NZA 1996, S. 685 ff.; ders., ZfA 1997, S. 43, 65 f.

2. Zweck

Die Bezugnahme erfüllt verschiedene Aufgaben. Sie ermöglicht dem 210
Arbeitgeber die **Gleichbehandlung** aller Belegschaftsmitglieder und damit die einheitliche Gestaltung der Arbeitsbedingungen im Betrieb.[4] Nach der Gewerkschaftszugehörigkeit muß nicht gefragt werden, wenn einheitlich allen Arbeitsverträgen dieselbe tarifliche Ordnung zugrunde gelegt wird. Dem nichtorganisierten Arbeitnehmer ermöglicht die Bezugnahme die Anerkennung der Gleichwertigkeit seiner Arbeitsleistung und seines sozialen Schutzbedürfnisses, ohne daß er einem Berufsverband beitreten muß. Deshalb hat die Bezugnahmeabrede regelmäßig den Zweck, eine Gleichstellung der nicht oder anders organisierten Arbeitnehmer mit denjenigen Arbeitnehmern herbeizuführen, für die die Tarifnormen im Betrieb kraft beiderseitiger Tarifgebundenheit gelten.[5] In diesem Fall, der in der Praxis die Regel bildet, besitzt die Bezugnahmeabrede die Qualität einer sog. Widerspiegelungsklausel[6] oder Gleichstellungsabrede.[7] Eine derartige Auslegung der Bezugnahmeklausel ist – vorbehaltlich abweichende Anhaltspunkte – stets anzunehmen, wenn der für den Betrieb fachlich und räumlich einschlägige Tarifvertrag in Bezug genommen wird.[8]

Der Zweck einer Gleichstellungsabrede beeinflußt insbesondere die 211
Auslegung der Bezugnahmeklausel im Hinblick auf die Frage, ob und in welchem Umfang sie dynamische Elemente enthält, was zunächst für die

---

[3] *Etzel*, NZA 1987, Beil. Nr. 1, S. 19, 25; *Schaub*, Arbeitsrechts-Handbuch, § 208 III 2, S. 1738; zur Teilbezugnahme siehe auch *D. Gaul*, ZTR 1991, S. 188, 193 f.; *ders.*, ZTR 1993, S. 355, 356 f.; für unzulässig halten diese Kempen/*Zachert*, § 3 VG, Rnr. 85 f.
[4] Treffend *Gamillscheg*, Kollektives Arbeitsrecht I, § 17 II 1a, S. 731; *Hanau/Kania*, in: Festschrift für Günter Schaub (1998), S. 239, 245 f.; sowie allg. *Preis*, Grundfragen der Vertragsgestaltung im Arbeitsrecht, 1993, S. 391.
[5] So zuletzt BAG 4. 9. 1996 AP Nr. 5 zu § 1 TVG Bezugnahme auf Tarifvertrag; sowie zuvor BAG 6. 4. 1955 AP Nr. 7 zu Art. 3 GG; BAG 22. 8. 1979 AP Nr. 3 zu § 611 BGB Deputat *(Herschel)*; BAG 20. 3. 1991 AP Nr. 20 zu § 4 TVG Tarifkonkurrenz *(Hanau/Kania)* = EzA § 4 TVG Tarifkonkurrenz Nr. 7 *(Vogg)* = SAE 1993, S. 74 *(Salje)*; BAG 21. 10. 1992 AP Nr. 1 zu § 1 TVG Tarifverträge: Milch-Käseindustrie; BAG 21. 10. 1992 AP Nr. 27 zu § 23a BAT; BAG 1. 6. 1995 AP Nr. 5 zu § 1 BAT-O; LAG Frankfurt/Main, NZA 1992, S. 840, 841; ebenso im Schrifttum *Etzel*, NZA 1987, Beil. Nr. 1, S. 19, 27; *Gamillscheg*, Kollektives Arbeitsrecht I, § 17 II 3, S. 733 f.; *v. Hoyningen-Huene*, RdA 1974, S. 138, 139; *B. Gaul*, NZA 1998, S. 9, 10; *D. Gaul*, ZTR 1991, S. 188, 194; Kempen/*Zachert*, § 3 VG, Rnr. 62; *Koberski/Clasen/Menzel*, § 3 TVG, Rnr. 35a; *Löwisch/Rieble*, § 3 TVG, Rnr. 99; *Preis*, Grundfragen der Vertragsgestaltung im Arbeitsrecht, 1993, S. 393; *Säcker/Oetker*, ZfA 1993, S. 1, 14 f.
[6] Begriff bei BAG 12. 12. 1990 AP Nr. 2 zu § 1 TVG Bezugnahme auf Tarifvertrag; *Dörner*, HzA, Gruppe 18/1, Rnr. 216.
[7] So *Otto*, Einführung in das Arbeitsrecht, 2. Aufl. 1997, S. 89; übernommen in BAG 4. 9. 1996 AP Nr. 5 zu § 1 TVG, Bezugnahme auf Tarifvertrag.
[8] BAG 4. 9. 1996 AP Nr. 5 zu § 1 TVG, Bezugnahme auf Tarifvertrag; *D. Gaul*, ZTR 1993, S. 355, 356 f.; *Säcker/Oetker*, ZfA 1993, S. 1, 15; *Schaub*, Arbeitsrechts-Handbuch, § 208 I 1, S. 1736; *Stein*, Tarifvertragsrecht, Rnr. 229.

zeitliche Dynamik Bedeutung besitzt.[9] Solange die Bezugnahme die Gleichstellung mit dem fachlich und räumlich einschlägigen Tarifvertrag herbeiführen will, wird selbst dann der Tarifvertrag in seiner jeweils geltenden Fassung in Bezug genommen, wenn die Vertragsparteien auf die ausdrückliche Formulierung einer sog. „Jeweiligkeitsklausel" verzichtet haben.[10] Nur bei einem derartigen Verständnis läßt sich der Zweck einer Gleichstellungsabrede verwirklichen. Dies gilt entsprechend in **sachlicher Hinsicht**. Selbst wenn sich die Vertragsparteien auf einen konkreten Tarifvertrag beziehen, würde der Zweck der Gleichstellungsabrede verfehlt, wenn ein Wechsel des fachlich und räumlich für den Betrieb einschlägigen Tarifvertrages ignoriert würde. Allerdings bedarf es in einer solchen Konstellation einer ergänzenden Auslegung der Bezugnahmeklausel.[11]

212 Die vorstehenden Grundsätze gelten nur, wenn der Abrede der Parteien keine Anhaltspunkte entnommen werden können, die eine abweichende Auslegung erzwingen. Das gilt insbesondere, wenn mit der Bezugnahme ein anderer Zweck als der einer Gleichstellung verfolgt wird. Sofern ausreichende Anhaltspunkte vorliegen, kann es durchaus dem übereinstimmenden Willen der Vertragsparteien entsprechen, den auf das Arbeitsverhältnis anzuwendenden Tarifvertrag in sachlicher oder zeitlicher Hinsicht zu konservieren. Dies kann insbesondere dann der Fall sein, wenn ein Wechsel des fachlich oder räumlich einschlägigen Tarifvertrages bevorsteht und der bisherige status quo vertraglich gesichert werden soll. Solange der Zweck der Bezugnahmeklausel allerdings darin besteht, eine Gleichstellung mit den im Betrieb beschäftigten tarifgebundenen Arbeitnehmern sicherzustellen, müssen eindeutige Anhaltspunkte dafür vorliegen, daß die Bezugnahmeklausel in sachlicher oder zeitlicher Hinsicht statisch auf den in Bezug genommenen Tarifvertrag verweist.[12] Für eine statische Bezugnahme kann es sprechen, daß auf einen Tarifvertrag mit bestimmter Datumsangabe verwiesen wird.[13]

---

[9] Kritisch gegenüber dynamischen Verweisungsklauseln *Preis*, Grundfragen der Vertragsgestaltung im Arbeitsrecht, 1993, S. 400 ff.

[10] So BAG 6. 4. 1955 AP Nr. 7 zu Art. 3 GG; BAG 22. 8. 1979 AP Nr. 3 zu § 611 BGB Deputat *(Herschel)*; BAG 29. 1. 1991 AP Nr. 23 zu § 18 BetrAVG; BAG 20. 3. 1991 AP Nr. 20 zu § 4 TVG Tarifkonkurrenz *(Hanau/Kania)* = EzA § 4 TVG Tarifkonkurrenz Nr. 7 *(Vogg)* = SAE 1993, S. 74 *(Salje)*; *Dörner*, HzA, Gruppe 18/1, Rnr. 220; *Etzel*, NZA 1987, Beil. Nr. 1, S. 19, 27; *Hanau/Kania*, in: Festschrift für Günter Schaub (1998), S. 239, 246; *Koberski/Clasen/Menzel*, § 3 TVG, Rnr. 48; *Löwisch/Rieble*, § 3 TVG, Rnr. 109; *G. Müller*, RdA 1990, S. 321, 323; *Säcker/Oetker*, ZfA 1993, S. 1, 15; *Schaub*, Arbeitsrechts-Handbuch, § 208 III 2, S. 1738; *Seibert*, NZA 1985, S. 730, 731; i.E. auch *Stein*, Tarifvertragsrecht, Rnr. 237; a.A. *Kempen/Zachert*, § 3 TVG, Rnr. 85.

[11] So auch BAG 4. 9. 1996 AP Nr. 5 zu § 1 TVG Bezugnahme auf Tarifvertrag; im Anschluß an *Säcker/Oetker*, ZfA 1993, S. 1, 15 f.; zustimmend *B. Gaul*, NZA 1998, S. 9, 13; *Hanau/Kania*, in: Festschrift für Günter Schaub (1998), S. 239, 247; ohne ausreichende Würdigung des Zwecks der Bezugnahme die gegenteiligen Äußerungen von *Hohenstatt*, Betrieb 1992, S. 1678, 1682 f.; *Kohte*, AuA 1997, S. 171, 171 f.; *B. Müller*, NZA 1989, S. 449, 452.

[12] BAG 29. 1. 1991 AP Nr. 23 zu § 18 BetrAVG; ähnlich *Gamillscheg*, Kollektives Arbeitsrecht I, § 17 II 4 d, S. 738.

[13] So LAG Frankfurt/Main, LAGE § 3 TVG Bezugnahme auf Tarifvertrag Nr. 2; *Dörner*, HzA, Gruppe 18/1, Rnr. 220; *Etzel*, NZA 1987, Beil. Nr. 1, S. 19, 27; *D. Gaul*, ZTR 1991, S. 188, 193; *Kempen/Zachert*, § 3 TVG Rnr. 89.

3. Die gesetzliche Erfassung der allgemeinen Bezugnahmeklausel

Das Tarifvertragsgesetz enthält keine allgemeine Vorschrift, die Rückschlüsse auf die Rechtswirkungen der allgemeinen Bezugnahme auf den Tarifvertrag erlaubt. Damit unterscheidet sich das geltende Tarifrecht grundlegend von der Rechtslage während der Weimarer Zeit. 213

a) Berufung auf den Tarifvertrag nach § 1 Abs. 2 TVVO.

§ 1 Abs. 1 TVVO hatte folgenden Wortlaut: 214

„Beteiligte Personen im Sinne des Abs. 1 sind Arbeitgeber und Arbeitnehmer, die Vertragsparteien des Tarifvertrags oder Mitglieder der vertragschließenden Vereinigungen sind oder bei Abschluß des Arbeitsvertrages gewesen sind oder die den Arbeitsvertrag unter Berufung auf den Tarifvertrag abgeschlossen haben."

Die Formulierung der „Tarifbeteiligung" leitete einen lebhaften und langwierigen Streit in Literatur und Rechtsprechung über die Rechtsnatur dieser arbeitsvertraglichen Berufung auf einen Tarifvertrag und über die von ihr erzeugten rechtlichen Wirkungen ein.[14] Die überwiegende Meinung sah die Berufung auf den Tarifvertrag als eine besondere, dem Tarifrecht angehörige Gestaltung des Arbeitsverhältnisses an und erachtete die durch die Berufung auf einen Tarifvertrag erlangte Tarifbeteiligung der durch die Verbandszugehörigkeit vermittelten Beteiligung an der Wirkung des Tarifvertrages gleich. Die Bezugnahme auf den Tarifvertrag wurde als eigenes tarifrechtliches Rechtsinstitut von obligatorischen Vertragsabreden gleichen Inhalts abzugrenzen versucht. Eine erhebliche Mindermeinung betrachtete die Berufung auf den Tarifvertrag als obligatorische Vertragsabrede, die nicht die Wirkung haben sollte, daß das Einzelarbeitsverhältnis der Normwirkung des in Bezug genommenen Tarifvertrags unterstellt wird. Folgerichtig wurde die unmittelbare und zwingende Wirkung der tarifvertraglichen Rechtsnormen für das Einzelarbeitsverhältnis abgelehnt.[15]

Die unterschiedlichen Betrachtungsweisen zur Rechtsnatur der Berufung auf den Tarifvertrag führten bereits damals in einer Vielzahl von Einzelfragen zu verschiedenen Ergebnissen. Umstritten war u.a., ob sich die Einzelarbeitsvertragsparteien auf Teile des Tarifvertrages beziehen konnten oder ob die Berufung eine Übernahme sämtlicher Vorschriften des Tarifvertrages voraussetzte. Die Theorie der „Normunterwerfung" mußte folgerichtig eine globale Bezugnahme fordern. Zweifelhaft war weiter, ob die Berufung gemäß § 1 Abs. 2 TVVO nur den räumlich, betrieblich und fachlich zuständigen Tarifvertrag in Bezug nehmen konnte oder ob es den Parteien des Einzelarbeitsvertrages gestattet war, auch auf nicht einschlägige Tarifverträge zu verweisen. Soweit in der Bezugnahme lediglich eine obligatorische Abrede gesehen wurde, hielt man die Berufung auf einen nicht einschlägigen Tarifvertrag für zulässig. Bestritten war schließlich, ob die Parteien des Einzelarbeitsvertrages die Berufungserklärung nachträglich beschränken oder aufheben konnten, ohne gleichzeitig das Arbeitsverhältnis zu kündigen.[16] 215

---

[14] Dazu ausführlich *Dietz*, Die Berufung auf den Tarifvertrag, 1933, S. 2 ff.
[15] Siehe die ausführliche Darstellung bei *Dietz*, Die Berufung auf den Tarifvertrag, 1933, S. 5 ff.
[16] Dazu die ausführliche Darstellung der verschiedenen Streitpunkte bei *Schaefer*, Die individualrechtliche Bezugnahme auf tarifvertragliche Bestimmungen, Diss. Köln 1974.

216 Die in der Weimarer Zeit diskutierten Entwürfe für ein Tarifvertragsgesetz orientierten sich an dem damals vorherrschenden kollektivrechtlichen Verständnis. Sowohl der seitens des Arbeitsrechtsausschusses vorgelegte Entwurf als auch der Gegenentwurf von *Nipperdey* kannten als eigenständige Gruppe der Tarifangehörigen diejenigen Arbeitgeber und Arbeitnehmer, die sich mit Zustimmung der Tarifvertragsparteien dem Tarifvertrag unterworfen haben.[17] Einen gänzlich anderen Weg beschritt indes der im Mai 1931 im Reichsarbeitsministerium erarbeitete Entwurf für ein Tarifvertragsgesetz. Er verzichtete auf das Institut der „Unterwerfungserklärung" und ersetzte es durch die Möglichkeit, dem Tarifvertrag im Betrieb allgemeine Geltung zu verschaffen.[18] Hierbei griff der Entwurf auf ein Regelungsmodell zurück, das bereits kurz zuvor in Österreich etabliert worden war.[19]

217 **b) Entstehungsgeschichte des Tarifvertragsgesetzes.** Bei der Vorbereitung des Gesetzes wurde die Übernahme der „Berufung auf den Tarifvertrag" aus der Tarifvertrags-Verordnung überwiegend abgelehnt. In dem Vorentwurf für den späteren Stuttgarter Entwurf war jedoch in § 5 Abs. 3 noch eine Regelung vorgeschlagen worden, die an die aus § 1 Abs. 2 TVVO bekannte Berufung anknüpfte und die Reformüberlegungen in der Weimarer Zeit fortführte. Im Falle einer Berufung der Arbeitsvertragsparteien sollte mangels abweichender Bestimmungen angenommen werden, „daß sie sich dem Tarifvertrag in seiner jeweils geltenden Fassung haben unterwerfen wollen".[20] Der spätere Stuttgarter Entwurf enthielt eine vergleichbare Bestimmung nicht mehr, die auch in den verschiedenen anderen Entwürfen nicht wiederkehrte. Diskutiert wurde jedoch die Möglichkeit eines Beitritts zum Tarifvertrag: „Arbeitgeber, die nicht dem vertragschließenden Arbeitgeberverband angehören, können mit Zustimmung der Tarifvertragsparteien dem Tarifvertrag beitreten".[21] Das Gesetz sah schließlich von jeder dahingehenden Regelung ab. Sie hätte sich allerdings auf ein regelungstechnisches Vorbild in dem schweizerischen Tarifrecht stützen können, das in Art. 322 OR die Möglichkeit eröffnet, sich durch einen Anschlußvertrag der unabdingbaren Rechtsgeltung eines Gesamtarbeitsvertrages zu unterstellen.[22]

4. Rechtsnatur der Bezugnahme

218 Die dogmatische Erfassung einer Bezugnahmevereinbarung ist streitig. Bemerkenswert sind insbesondere die Bestrebungen, mittels einer Unterwerfung die normative Wirkung der in Bezug genommenen Tarifbestimmungen auf Außenseiterarbeitsverhältnisse zu erstrecken.

219 **a) Unterwerfungserklärung.** Zu erwägen ist, die Bezugnahmeerklärung auf den Tarifvertrag in dogmatischer Anlehnung an die tarifrechtlichen

---

[17] Siehe § 11 Nr. 3 des Entwurfs des Arbeitsrechtsausschusses; § 8 Nr. 3 des Entwurfs von *Nipperdey*.
[18] § 12 des Entwurfs (oben Geschichte, Rnr. 14).
[19] Durch das Bundesgesetz zum Schutz der Arbeits- und Versammlungsfreiheit vom 5. 4. 1930 (BGBl. 1930, Gesetz Nr. 113, S. 546 ff.); näher zu diesem *Goldschmidt*, NZfA 1930, Sp. 333, 337 ff.
[20] Siehe oben Geschichte, Rnr. 26.
[21] *Herschel*, ZfA 1973, S. 183, 191.
[22] Hierzu auch *Herschel*, Betrieb 1969, S. 659.

Überlegungen während der Weimarer Zeit mit der Unterwerfungserklärung unter Allgemeine Geschäftsbedingungen[23] zu vergleichen.[24] In diese Richtung deutete bereits § 5 Abs. 3 des Vorentwurfs für den Stuttgarter Entwurf (oben Rnr. 217), wenn auch die Parallele zu den Allgemeinen Geschäftsbedingungen nicht gezogen wurde. Abgesehen davon, daß die Tarifvertragsnormen objektive Rechtsnormen darstellen, was für die Allgemeinen Geschäftsbedingungen nicht zutrifft, [25] erklärt der Vergleich die mit der Bezugnahme eintretenden Rechtsfolgen nicht und stößt deshalb mit Recht allgemein auf Ablehnung.[26]

b) Kollisionsrechtliche Verweisung. Bereits zur Zeit der Tarifvertrags-Verordnung wurde die Berufung auf den Tarifvertrag mit der kollisionsrechtlichen Verweisung („Rechtswahl") des internationalen Privatrechts verglichen[27] und hierüber versucht, die normative Wirkung der Tarifnormen auf das Arbeitsverhältnis auszudehnen.[28] Allerdings sollte die Vergleichbarkeit davon abhängen, daß sich die Bezugnahme auf einen Tarifvertrag als ganzen oder zumindest auf einen in sich geschlossenen Teilbereich erstreckte. Unter der Geltung des Tarifvertragsgesetzes wurde sie vor allem von *Herschel* wieder aufgegriffen,[29] der diese Parallele schon während der Geltung der Tarifvertrags-Verordnung gezogen hatte.[30]

Der Vergleich mit der kollisionsrechtlichen Verweisung ist für das geltende Tarifvertragsrecht nicht fruchtbar.[31] Nach deutschem internationalen Privatrecht sind die Parteien des Schuldvertrages in der Wahl des anwendbaren Rechts grundsätzlich unbeschränkt (Art. 27 EGBGB). Die Rechtswahl hat Vertragscharakter. Sie führt zur Unterwerfung des Vertrages unter die erwünschte Rechtsordnung mitsamt ihren zwingenden Regelungen, verändert aber nicht die Staatsangehörigkeit der beteiligten Personen. Sie verbietet den Parteien auch nicht, verschiedene Teile des Vertragsverhältnisses jeweils eigenem Recht zu unterstellen und das maßgebende Recht beliebig nachträglich zu ändern. Die kollisionsrechtliche Verweisungsregel bestätigt und un-

---

[23] Kritisch gegenüber der Figur der Unterwerfung insoweit Enneccerus/*Nipperdey*, Allgemeiner Teil des bürgerlichen Rechts Bd. II, 15. Aufl. 1960, § 163 VI 2, S. 1008 f.
[24] So noch *Herschel*, BArbBl. 1950, S. 377, 379; für eine „privatrechtliche Unterwerfungserklärung" bereits *ders.*, Tariffähigkeit und Unterwerfung, 1932, S. 58; die Parallele zu den Allgemeinen Geschäftsbedingungen ergibt sich aus den Überlegungen *Herschels* in: DR 1942, S. 753 ff. Aufgegriffen wurde die Parallele nochmals von *D. Gaul*, ZTR 1991, S. 188, 191 f.
[25] Für die herrschende Deutung siehe z. B. *Naendrup*, Die Teilnichtigkeit im Recht der allgemeinen Geschäftsbedingungen, 1966, S. 32 ff.; abweichend *Pflug*, Kontrakt und Status in der Recht der Allgemeinen Geschäftsbedingungen, 1986; sowie bedeutsam für die tarifrechtliche Diskussion *Herschel*, DR 1942, S. 753 ff.
[26] Siehe Löwisch/*Rieble*, § 3 TVG, Rnr. 104.
[27] *Dietz*, Die Berufung auf den Tarifvertrag, 1933, S. 5 ff.
[28] So deutlich *Herschel*, Betrieb 1969, S. 659, 662.
[29] *Herschel*, Betrieb 1967, S. 245, 248; *ders.*, Betrieb 1969, S. 659, 660; ebenso *Kohte*, AuA 1997, S. 171, 172; *Stahlhacke*, Betrieb 1967, S. 1983, 1986; *Schaub*, Arbeitsrechts-Handbuch, § 208 III 1, S. 1737; hierzu neigend auch *Däubler*, Tarifvertragsrecht, Rnr. 339; auf „Übergänge" zur Rechtswahl wie im internationalen Privatrecht weisen auch *Zöllner/Loritz*, Arbeitsrecht, § 37 I 7, S. 413 hin.
[30] Siehe *Herschel*, Tariffähigkeit und Tarifmacht, 1932, S. 58.
[31] Ablehnend auch Kempen/*Zachert*, § 3 TVG, Rnr. 68.

terstreicht mithin die Privatautonomie der Schuldvertragsparteien. Der Vergleich mit der Rechtswahl trägt jedoch zur Entscheidung der Frage, ob und in welchem Umfang eine Bezugnahme auf einen Tarifvertrag zulässig ist, und zur weiteren Frage, ob die Vertragsparteien durch diese Bezugnahme tarifgebunden werden, nichts bei.

222 Die Parallele zur kollisionsrechtlichen Verweisung leidet zudem darunter, daß die normativen Wirkungen der in Bezug genommenen Tarifbestimmungen auf das konkrete Arbeitsverhältnis ausgedehnt werden, ohne daß der kollisionsrechtliche Charakter der Verweisung näher begründet wird. Vor allem im Hinblick auf die Rechtswirkungen der in Bezug genommenen Ordnung bedürfte es zunächst eines Nachweises, daß die Arbeitsvertragsparteien die Bezugnahme auf den Tarifvertrag nicht im Sinne einer materiellrechtlichen Verweisung verstanden haben.[32] Für die letztgenannte Sichtweise sprechen die besseren Gründe, da es gerade für die materiellrechtliche Verweisung kennzeichnend ist, daß sich die gewählte Rechtsordnung nur gegenüber den dispositiven Normen des an sich anwendbaren Rechts durchsetzt. Für einen weitergehenden Willen im Sinne einer kollisionsrechtlichen Verweisung fehlen – unabhängig davon, ob er sich rechtlich überhaupt durchsetzen könnte – hinreichende Gründe.

223 Deshalb wählt auch der in der Vorauflage[33] hervorgehobene Gesichtspunkt, daß die Parallele zur kollisionsrechtlichen Verweisung die Prüfung rechtfertige, ob für die gewählte tarifrechtliche Ordnung ein sachlicher Anhaltspunkt vorliegt,[34] den falschen Ansatz. Der Rechtswahl mittels kollisionsrechtlicher Verweisung wird zwar die Wirksamkeit verweigert, wenn an der Herrschaft des gewählten Rechts kein anerkennenswertes Interesse besteht,[35] allerdings setzt dies voraus, daß die Vertragsparteien eine kollisionsrechtliche und nicht lediglich eine materiellrechtliche Verweisung gewollt haben. Im Fall einer materiellrechtlichen Verweisung entfällt die Notwendigkeit einer derartigen Schranke.

224 **c) Tarifbindung durch gesetzliche Zulassungsnormen.** Teilweise wird die Ansicht vertreten, der Gesetzgeber selbst habe bei der gesetzlich vorgesehenen Bezugnahme in den §§ 622 Abs. 4 Satz 2 BGB, 13 Abs. 1 Satz 2 BUrlG, 4 Abs. 4 Satz 2 EFZG, 17 Abs. 3 Satz 2 BetrAVG die normative Geltung des Tarifvertrages bestimmt. *v. Hoyningen-Huene*[36] beruft sich hierfür vor allem auf den Wortlaut der genannten Gesetzesvorschriften. Seiner Ansicht nach unterwerfen sich die Arbeitsvertragsparteien durch ihre Vereinbarung der vorgefertigten tariflichen Ordnung, die dann kraft Gesetzes durch die Bezugnahmeklauseln gilt; der Tarifvertrag gelte mithin unmittelbar und zwingend für die Beteiligten. Die Bezugnahmeerklärung sei zwar Teil des Arbeitsvertrages, bewirke aber die Geltung des Tarifvertrages. Daraus soll

---

[32] In dieser Richtung auch der Einwand von Kempen/*Zachert*, § 3 TVG, Rnr. 68; die Unterscheidung wird von *Herschel*, Betrieb 1969, S. 659, 660, zwar angesprochen, aber nicht vertieft gewürdigt.
[33] Siehe dort § 3, Rnr. 89.
[34] So zuvor auch *Herschel*, Betrieb 1969, S. 659, 661.
[35] So allg. z. B. *Kegel*, Internationales Privatrecht, 7. Aufl. 1995, § 18 I 1 c, S. 483 f.; aufgegriffen in § 10 Nr. 8 AGBG a. F.
[36] RdA 1974, S. 138, 142 ff.

folgen, daß auch die Personen, die aufgrund des Gesetzes auf den einschlägigen Urlaubs-, Entgeltfortzahlungs- oder Kündigungstarifvertrag Bezug nehmen, tarifgebunden sind.

Der Ansicht ist nicht zu folgen.[37] Sie führt zu einer nicht einleuchtenden **225** Unterscheidung zwischen Bezugnahmevereinbarungen auf Tarifverträge, in denen (zufällig) eine gesetzliche Zulassungsnorm ausgenutzt wird, und anderen Bezugnahmeabreden, in denen diese Voraussetzung fehlt. Der Charakter der Bezugnahme könnte geändert und die Tarifgebundenheit allein dadurch beseitigt werden, daß eine Kündigungs- oder Entgeltfortzahlungsregelung im neu gefaßten Tarifvertrag nicht mehr von der gesetzlichen Regel abweicht. Aus dem Wortlaut der gesetzlichen Zulassungsnormen ergibt sich nichts Gegenteiliges, da auch die lex contractus „Geltung" für die Vertragsparteien erlangt. Der kraft Bezugnahme geltende Tarifvertrag entfaltet keine unmittelbare Wirkung, denn er bedarf entsprechender Vertragsabrede, und keine zwingende Wirkung, denn seine Geltung für das Arbeitsverhältnis kann jederzeit aufgehoben oder eingeschränkt werden.[38] Soweit die Parteiautonomie eingeschränkt wird, geschieht dies durch die gesetzliche Zulassungsnorm selbst, die als Tatbestandsvoraussetzung für ein Abweichen vom zwingenden Gesetz verlangt, daß ein einschlägiger Tarifvertrag existiert, auf den dann im gesetzlich vorgeschriebenen Rahmen Bezug genommen werden darf. Die charakteristische Wirkung der Tarifgebundenheit, nämlich die Geltung der Tarifnormen ohne und gegen den Willen der Arbeitsvertragsparteien, tritt deshalb nicht ein.[39] Dementsprechend ist heute einhellig anerkannt, daß die aufgrund der gesetzlichen Zulassungsnormen vereinbarte Bezugnahme nicht die Tarifgebundenheit der Vertragsparteien bewirkt.[40]

d) Schuldrechtliche Abrede. Aufgrund der geringen Überzeugungskraft **226** der Versuche, über die allgemeine Bezugnahmeklausel die normative Wirkung der in Bezug genommenen Tarifbestimmungen für das Außenseiterarbeitsverhältnis zu begründen, hat sich mit Recht die Auffassung durchgesetzt, daß die allgemeine Bezugnahmeklausel nicht zur Tarifgebundenheit führt und deshalb die in Bezug genommenen Tarifbestimmungen nicht unmittelbar (normativ) auf das Arbeitsverhältnis einwirken.[41] Die Regeln des Tarifvertrages gelten zwischen den Parteien des Arbeitsverhältnisses kraft

---

[37] Ebenfalls ablehnend Kempen/*Zachert*, § 3 TVG, Rnr. 69 f.
[38] Nicht eindeutig insoweit *v. Hoyningen-Huene*, RdA 1974, S. 138.
[39] Ebenso *Berscheid*, GK-BUrlG, § 13 BUrlG, Rnr. 36; Dersch/Neumann, 8. Aufl. 1997, § 13 BUrlG, Rnr. 27; *Gumpert*, BB 1960, S. 100, 101; *ders.*, BB 1961, S. 1276, 1278; *ders.*, BB 1967, S. 1079, 1080; Hillebrecht/Spilger, KR, 4. Aufl. 1996, § 622 BGB, Rnr. 193; Leinemann/Linck, 1995, § 13 BUrlG, Rnr. 31; *Maus*, § 3 TVG, Rnr. 9, 12 f.; *Nikisch*, Arbeitsrecht II, § 71 V 2, S. 275; Staudinger/*Richardi*, 12. Aufl. 1989, Vorbem. zu §§ 611 ff. BGB, Rnr. 998.
[40] Zu § 13 BUrlG *Berscheid*, GK-BUrlG, § 13 BUrlG, Rnr. 36; Dersch/Neumann, 8. Aufl. 1997, § 13 BUrlG, Rnr. 27; Leinemann/Linck, 1995, § 13 BUrlG, Rnr. 31. Zu § 622 Abs. 4 BGB Staudinger/*Preis*, 13. Bearb. 1993, § 622 BGB, Rnr. 42.
[41] *D. Gaul*, ZTR 1991, S. 188, 191; *A. Hueck*, BB 1949, S. 354, 356; Kempen/*Zachert*, § 3 TVG, Rnr. 68; Koberski/Clasen/Menzel, § 3 TVG, Rnr. 53; *Maus*, § 3 TVG, Rnr. 12; *Stein*, Tarifvertragsrecht, Rnr. 232; Zöllner/Loritz, Arbeitsrecht, § 37 I 7, S. 413.

vertraglicher Abrede, die Bestandteil des Arbeitsvertrages ist. Die in Bezug genommenen Vorschriften des Tarifvertrages gestalten das Arbeitsverhältnis ausschließlich schuldvertraglich.[42] Sie wirken nicht anders als wenn die Vertragsparteien die Vorschriften als Vertragsbestimmung in den Arbeitsvertrag aufgenommen hätten.[43]

5. Zulässigkeit der Bezugnahme

227 Gegen die teilweise oder globale Übernahme von tariflichen Regelungen in das Einzelarbeitsverhältnis bestehen keine grundsätzlichen Bedenken.[44] Dies bestätigen nicht nur die gesetzlichen Zulassungsnormen, sondern auch § 613a Abs. 1 Satz 2 BGB. Die hiermit verbundenen Gefahren für die kollektive Koalitionsfreiheit sind zwar nicht zu verkennen,[45] sind aber im Hinblick auf die Privatautonomie hinzunehmen.[46]

228 **a) Verbot des Gemeingebrauchs?** Tarifverträge sind als Gesetze im weiteren Sinne nach § 5 UrhG urheberrechtlich nicht geschützt.[47] Eine gesetzliche Vorschrift, die – wie § 77 Abs. 3 BetrVG für Betriebsvereinbarungen – die Übernahme des Tarifvertrages in den Einzelarbeitsvertrag verbietet,[48] besteht nicht. Die Tarifvertragsparteien ihrerseits können die Bezugnahme auf den Tarifvertrag oder die Übernahme seines Inhalts in das Einzelarbeitsverhältnis nicht untersagen. Eine Normsetzungsbefugnis für die Arbeitsverhältnisse nichttarifgebundener Personen können die Tarifpartner nach allgemeiner Ansicht nicht in Anspruch nehmen.[49] Die Rechtsnormen des Tarifvertrags können für die Arbeitsverhältnisse der nichtorganisierten Arbeitnehmer keine begünstigenden oder belastenden Regelungen treffen, deshalb auch eine inhaltliche Übernahme nicht verhindern. Eine schuldrechtliche Tarifabrede, mit der der Arbeitgeberverband verpflichtet wird, die

---

[42] Anders *Schaub*, Arbeitsrechts-Handbuch, § 208 III 5, S. 1739, der ohne Begründung eine unmittelbare Geltung der Tarifnormen bejaht.
[43] Ebenso die h.M. vgl. BAG 7. 12. 1977 AP Nr. 9 zu § 4 TVG Nachwirkung (*Herschel*); *Dörner*, HzA, Gruppe 18/1, Rnr. 210; *D. Gaul*, ZTR 1993, S. 355, 356 f.; *Hueck/Nipperdey*, Arbeitsrecht II 1, § 23 B III, S. 483; *Kempen/Zachert*, § 3 TVG, Rnr. 68; *Koberski/Clasen/Menzel*, § 3 TVG, Rnr. 37; *Lieb*, Arbeitsrecht, § 6 II 1, S. 161; *Löwisch/Rieble*, § 3 TVG, Rnr. 104; *Maus*, § 3 TVG, Rnr. 12; *Stein*, Tarifvertragsrecht, Rnr. 232.
[44] Siehe BAG (GS) 29. 11. 1967 AP Nr. 13 zu Art. 9 GG = SAE 1969, S. 246 (*Wiedemann*); BAG 13. 11. 1959 AP Nr. 44 zu § 611 BGB Urlaubsrecht; LAG Düsseldorf (Köln), BB 1962, S. 922; LAG Düsseldorf, Betrieb 1962, S. 1647, 1648; ArbG Wilhelmshaven, AuR 1961, S. 190 (Leitsatz); ArbG Marburg, AuR 1964, S. 374; *Dörner*, HzA, Gruppe 18/1, Rnr. 209; *Nikisch*, Arbeitsrecht II, § 71 V 2, S. 275.
[45] Zu ihnen *Kempen/Zachert*, § 3 TVG, Rnr. 62 f., 71; *Koberski/Clasen/Menzel*, § 3 TVG, Rnr. 36.
[46] So i. E. auch *Stein*, Tarifvertragsrecht, Rnr. 241.
[47] Ebenso BAG 23. 3. 1957 AP Nr. 16 zu Art. 3 GG; BAG 11. 11. 1968 AP Nr. 14 Art. 9 GG (*Rüthers*) = SAE 1969, S. 226 (*Seiter*); *D. Gaul*, ZTR 1993, S. 355, 356; *Löwisch/Rieble*, § 1 TVG, Rnr. 22; *Schaub*, Arbeitsrechts-Handbuch, § 208 I, S. 1737.
[48] Zum Verbot tarifübernehmender Betriebsvereinbarungen BAG (GS) 3. 12. 1991 AP Nr. 51 zu § 87 BetrVG 1972 Lohngestaltung = EzA § 87 BetrVG 1972 Betriebliche Lohngestaltung Nr. 30 (*Gaul*) = SAE 1993, S. 97 (*Lieb*); *Gamillscheg*, Kollektives Arbeitsrecht I, § 7 III 2 a, S. 323; *GK/Kreutz*, § 77 BetrVG, Rnr. 110, m.w.N.
[49] Vgl. BAG (GS) 29. 11. 1967 AP Nr. 13 zu Art. 9 GG = SAE 1969, S. 246 (*Wiedemann*).

einzelnen Arbeitgeber anzuhalten, keine Bezugnahmevereinbarungen zu treffen, ist konstruktiv-juristisch denkbar, beeinflußt indes nicht die Gültigkeit entgegenstehender vertraglicher Einigungen und verstößt außerdem gegen das Differenzierungsverbot zwischen organisierten und nichtorganisierten Arbeitnehmern.[50]

b) Bezugnahme bei bestehender Tarifgebundenheit. Es ist zwischen der Bezugnahme auf einen fremden und der Bezugnahme auf den einschlägigen Tarifvertrag zu unterscheiden. Die Bezugnahme auf einen fremden Tarifvertrag erklärte das Bundesarbeitsgericht für zulässig, wenn die eigene Gewerkschaft keinen Tarifvertrag abgeschlossen hat.[51] *Nikisch* stimmt dem in seiner Anmerkung zu. Er hält es weiter für möglich, daß ein tarifgebundener Arbeitnehmer arbeitsvertraglich die eine oder die andere günstigere Arbeitsbedingung vereinbart, die aus einem anderen Tarifvertrag stammt; unzulässig soll es jedoch sein, wenn anstelle des kraft Organisationszugehörigkeit zuständigen Tarifvertrages die Geltung eines anderen im Ganzen ausbedungen wird, denn das hieße, die gesetzlichen Vorschriften über die Tarifgebundenheit ändern, was den Parteien eines Arbeitsvertrages nicht zustehe.

Dieser Einschränkung ist nicht zu folgen. Die Parteien des Einzelarbeitsverhältnisses können bis zur Grenze des Günstigkeitsprinzips nach § 4 Abs. 3 andere Tarifverträge an die Stelle des einschlägigen Tarifvertrages setzen,[52] soweit das nicht willkürlich geschieht.[53] Die Tarifgebundenheit beseitigt nicht die Vertragsfreiheit, sondern schränkt sie lediglich ein. Für die Bezugnahme auf ein günstigeres fremdes Tarifwerk können räumliche (das Unternehmen befindet sich in unmittelbarer Nachbarschaft mit einem großen Konzern) oder sachliche (das Unternehmen hat im Laufe der Zeit seine Branchenzugehörigkeit gewechselt) Gründe gegeben sein. An der Tarifgebundenheit und der Tarifzuständigkeit ändert sich entgegen der Ansicht von *Nikisch* auch bei einer Globalbezugnahme nichts.[54]

Die Bezugnahme auf den einschlägigen Tarifvertrag kann deklaratorische oder konstitutive Bedeutung haben. Die inhaltsgleiche Wiederholung oder die Bezugnahme auf den eigenen Tarifvertrag, der bereits kraft beiderseitiger Tarifgebundenheit seine Rechtswirkungen für das Arbeitsverhältnis entfaltet, schafft im Zweifel keinen zusätzlichen Geltungsgrund des Tarifwerks, sondern erspart nur die Frage nach der Gewerkschaftszugehörigkeit. Die Parteien des Einzelarbeitsverhältnisses können jedoch durch die Bezugnahme eine

---

[50] Vgl. dazu BAG (GS) 29. 11. 1967 AP Nr. 13 zu Art. 9 GG = SAE 1969, S. 246 *(Wiedemann)* sowie oben Einleitung, Rnr. 298 ff.; a. A. Löwisch/*Rieble*, § 3 TVG, Rnr. 99.
[51] BAG 10. 6. 1965 AP Nr. 13 zu § 9 TVG a. F. *(Nikisch)* = SAE 1966, S. 139 *(Biedenkopf)*; ohne diese Einschränkung jedoch nunmehr BAG 22. 3. 1994–1 ABR 47/93, n.v.
[52] BAG 22. 3. 1994–1 ABR 47/93, n.v.
[53] *Däubler*, Tarifvertragsrecht, Rnr. 336; *Dörner*, HzA, Gruppe 18/1, Rnr. 214; *Hanau/Kania*, in: Festschrift für Günter Schaub (1998), S. 239, 241 f.; Löwisch/*Rieble*, § 3 TVG, Rnr. 120; *Nikisch*, Arbeitsrecht II, § 71 V 2, S. 275; generell ablehnend jedoch Kempen/*Zachert*, § 3 TVG, Rnr. 76.
[54] Ebenso *v. Rhein*, Die Bezugnahme auf einen Tarifvertrag in Einzelarbeitsvertrag und Betriebsvereinbarung, Diss. Köln 1969; *Schaefer*, Die individualrechtliche Bezugnahme auf tarifvertragliche Bestimmungen, Diss. Köln 1974.

vertraglich garantierte Mindestregelung einführen, die dann durch eine Änderung des Tarifvertrags nicht beseitigt werden kann. Ob Arbeitsvertrag eine Garantieabrede enthält oder nicht, muß durch Auslegung ermittelt werden.[55]

232 Hiervon zu unterscheiden ist die Frage, ob die Bezugnahmeabrede in der Situation eine konstitutive Bedeutung erlangt, in der die Normen des Tarifvertrages nicht mehr kraft beiderseitiger Tarifgebundenheit ihre Rechtswirkungen für das Arbeitsverhältnis entfalten. Sofern der Zweck der allgemeinen Bezugnahmeklausel darin liegt, eine Gleichstellung der nicht organisierten mit den organisierten Arbeitnehmern herbeizuführen, dürfte dies, falls keine abweichenden Anhaltspunkte erkennbar sind, zu bejahen sein. Mit Beendigung der unmittelbaren Wirkung der Tarifnormen besitzt die Bezugnahmeabrede somit konstitutive Bedeutung, sofern hierfür entsprechende Anhaltspunkte erkennbar sind.

6. Bezugnahmeabrede

233 Die Bezugnahmeabrede kann nach vorherrschender Ansicht ausdrücklich oder stillschweigend[56] erfolgen und bedarf keiner Form.[57] Jedoch muß sie inhaltlich derart genau formuliert sein, daß der in Bezug genommene Tarifvertrag bestimmbar ist.[58] Die **Darlegungs- und Beweislast** für die Bezugnahmevereinbarung trifft im Streitfall denjenigen, der sich auf die Geltung des Tarifwerks oder einzelner Tarifbestimmungen beruft.[59] Im Zweifel bezieht sich die Bezugnahme auf den im Betrieb einschlägigen Tarifvertrag.[60]

234 Problematisch ist die rechtliche Würdigung eines im Arbeitsvertrag enthaltenen Hinweises auf die Tarifverträge, die auf das Arbeitsverhältnis anzuwenden sind: Zur Aufnahme eines derartigen Hinweises verpflichtet § 2 Abs. 1 Satz 2 Nr. 10 NachwG den Arbeitgeber. Da das Nachweisgesetz lediglich der Dokumentation der bereits getroffenen Abreden dient, liefert die entsprechende Formulierung in dem Arbeitsvertrag eine widerlegbare Ver-

---

[55] *Götz Hueck,* in: Festschrift für Erich Molitor (1962), S. 203, 217; exemplarisch BAG 28. 5. 1997 AP Nr. 6 zu § 1 TVG Bezugnahme auf Tarifvertrag *(Oetker);* weitgehend zugunsten einer vertraglichen Absicherung LAG Baden-Württemberg, BB 1967, S. 500, das im Zweifel von einem Bestandsschutz ausgeht.

[56] LAG Bremen, BB 1965, S. 495; LAG Hamm, AiB 1992, S. 539 f.; ebenso *Däubler,* Tarifvertragsrecht, Rnr. 335; *Gamillscheg,* Kollektives Arbeitsrecht I, § 17 II 2, S. 733; *Maus,* § 3 TVG, Rnr. 15; *Schaub,* Arbeitsrechts-Handbuch, § 208 III 1, S. 1737; *Stein,* Tarifvertragsrecht, Rnr. 231; gegen die Möglichkeit einer stillschweigenden Bezugnahmeklausel aber Kempen/Zachert, § 3 TVG, Rnr. 73; kritisch auch *Preis,* Grundfragen der Vertragsgestaltung im Arbeitsrecht, 1993, S. 393.

[57] *Däubler,* Tarifvertragsrecht, Rnr. 335; *Etzel,* NZA 1987, Beil. Nr. 1, S. 19, 27; *Herschel,* Betrieb 1969, S. 659, 661; *Schaub,* Arbeitsrechts-Handbuch, § 208 III 3, S. 1738; *Stein,* Tarifvertragsrecht, Rnr. 230.

[58] BAG 8. 3. 1995 AP Nr. 5 zu § 1 TVG Verweisungstarifvertrag; etwas eng ArbG Berlin, BB 1975, S. 559; wie hier *Dörner,* HzA, Gruppe 18/1, Rnr. 211; *Etzel,* NZA 1987, Beil. Nr. 1, S. 19, 25; *Gaul,* ZTR 1991, S. 188, 192; Kempen/Zachert, § 3 TVG, Rnr. 72; *Koberski/Clasen/Menzel,* § 3 TVG, Rnr. 39; *Schaub,* Arbeitsrechts-Handbuch, § 208 III 2, S. 1737; *Stein,* Tarifvertragsrecht, Rnr. 230.

[59] *Dörner,* HzA, Gruppe 18/1, Rnr. 211; Kempen/Zachert, § 3 TVG, Rnr. 74.

[60] Ebenso *Dörner,* HzA, Gruppe 18/1, Rnr. 212; *Etzel,* NZA 1987, Beil. Nr. 1, S. 19, 25 f.; *Gamillscheg,* Kollektives Arbeitsrecht I, § 17 II 4 c, S. 737; Kempen/Zachert, § 3 TVG, Rnr. 72, 75; zur Beweislast bei Vereinbarung vom Gesetz abweichender Urlaubsregelungen vgl. LAG Baden-Württemberg, DB 1967, S. 912.

mutung dafür, daß die Arbeitsvertragsparteien eine entsprechende Bezugnahmeabrede vereinbart haben.⁶¹

Die in Rnr. 233 dargelegte vorherrschende Ansicht ist allerdings im Lichte 235
der Erkenntnisse zum Gesetz zur Regelung des Rechts der Allgemeinen
Geschäftsbedingungen (AGB-Gesetz) kritisch zu überprüfen. Zwar ist das
Gesetz (siehe § 23 Abs. 1 AGBG) nicht auf das Arbeitsverhältnis anwendbar,
den dortigen Regelungen wird aber zunehmend eine Leitbildfunktion beigemessen, die auf das Arbeitsrecht ausstrahlt. So wird insbesondere auch im
Hinblick auf Verweisungen auf tarifvertragliche Bestimmungen die Beachtung des Bestimmtheitsgrundsatzes,⁶² die Möglichkeit der Kenntnisnahme⁶³
und ein Schutz vor Überraschung und Unklarheit gefordert.⁶⁴ Den Ansätzen
ist zunächst entgegenzuhalten, daß die Regelungen in § 2 AGBG im Vergleich zur allgemeinen Rechtsgeschäftslehre eine Erleichterung für die Einbeziehung Allgemeiner Geschäftsbedingungen bewirken. Deshalb ist eine
entsprechende Heranziehung des § 2 AGBG für die allgemeine Bezugnahmeklausel abzulehnen.⁶⁵ Das schließt aber nicht aus, das in § 5 AGBG niedergelegte Transparenzgebot als Ausdruck eines allgemeinen Rechtsgrundsatzes zu bewerten, welches deshalb auch die Auslegung der allgemeinen
Bezugnahmeklausel beeinflußt. Hieraus ist jedoch lediglich abzuleiten, daß
sich die allgemeine Bezugnahmeklausel auf den fachlich und räumlich einschlägigen Tarifvertrag bezieht. Soll auf einen anderen Tarifvertrag oder nur
auf einzelne Bestimmungen des Tarifvertrages Bezug genommen werden,
dann bedarf es hierfür einer eindeutigen Regelung. In diesem Sinne verhindert auch das für Allgemeine Arbeitsbedingungen geltende Verbot überraschender Klauseln,⁶⁶ daß solche Regelungen des in Bezug genommenen Tarifvertrages Bestandteil des Arbeitsvertrages werden, mit denen der Arbeitnehmer nicht zu rechnen brauchte.⁶⁷

7. Das Bezugnahmeobjekt

Im Rahmen ihrer Vertragsfreiheit können die Parteien des Einzelarbeits- 236
verhältnisses entscheiden, ob sie auf den räumlich, betrieblich und fachlich
einschlägigen oder auf einen fremden⁶⁸ Tarifvertrag, ob sie auf den ganzen

---

⁶¹ Siehe allg. EuGH 4. 12. 1997 AP Nr. 3 zu EWG-Richtlinie Nr. 91/533; *Schwarze*, NZA 1996, 685 ff.; *ders.*, ZfA 1997, S. 43, 65 f.; sowie Rnr. 208.
⁶² So LAG Niedersachen, Betrieb 1985, S. 708; ArbG Berlin, BB 1975, S. 559; ArbG Ludwigshafen, ARSt. 1969, S. 175.
⁶³ Hierfür *Hartlage-Laufenberg*, Fälle der Nichtgeltung einer durch Bezugnahme auf einen Tarifvertrag vereinbarten Ausschlußfrist wegen fehlender Kenntnis des Arbeitnehmers, Diss. Berlin 1986, S. 124 f.; *Stein*, Tarifvertragsrecht, Rnr. 242.
⁶⁴ *Seibert*, NZA 1985, S. 730, 732; ebenso *Dörner*, HzA, Gruppe 18/1, Rnr. 220: keine Einbeziehung überraschender Klauseln; so auch *D. Gaul*, ZTR 1993, S. 355, 357; *Löwisch*, NZA 1985, S. 317; *Löwisch/Rieble*, § 3 TVG, Rnr. 127; a. A. *Etzel*, NZA 1987, Beil. Nr. 1, S. 19, 27.
⁶⁵ Im Grundsatz ebenso *Preis*, Grundfragen der Vertragsgestaltung im Arbeitsrecht, 1993, S. 394 ff.; a. A. jedoch *Stein*, Tarifvertragsrecht, Rnr. 242.
⁶⁶ So grundsätzlich BAG 29. 11. 1995 AP Nr. 1 zu § 3 AGB-Gesetz.
⁶⁷ So auch *Preis*, Grundfragen der Vertragsgestaltung im Arbeitsrecht, 1993, S. 396.
⁶⁸ Die Zulässigkeit der Bezugnahme in diesem Fall bejahend *Dörner*, HzA, Gruppe 18/1, Rnr. 213; *Herschel*, Betrieb 1969, S. 659, 661; ebenso im Ansatz *Kempen/Zachert*, § 3 TVG, Rnr. 76.

Tarifvertrag oder nur auf einzelne Regelungen und ob sie auf den jeweiligen Inhalt Bezug nehmen wollen.[69] Verweist ein Arbeitsvertrag auf einzelne Bestimmungen eines Tarifvertrages, so ist im Zweifel anzunehmen, daß nur deren Geltung vereinbart ist.[70] Im Zweifel werden sich die Parteien des Arbeitsverhältnisses nach dem Tarifvertrag richten wollen, in dessen Geltungsbereich das Arbeitsverhältnis bei Tarifgebundenheit fallen würde, weil sich hier eine passende Regelung anbietet und der Arbeitnehmer den organisierten anderen Arbeitnehmern gleichgestellt werden will.[71] In diesem Fall sind die Tarifbestimmungen allerdings nur so anzuwenden, wie sie tarifrechtlich wirksam sind.[72]

237 Die Frage, ob die Parteien auf einen mangels Tariffähigkeit nicht wirksamen Tarifvertrag Bezug nehmen können, bejaht das Bundesarbeitsgericht[73] mit Recht. Allerdings bedarf es hierfür deutlicher Anhaltspunkte, die regelmäßig dann fehlen, wenn durch die Bezugnahmeabrede eine Gleichstellung mit den tarifgebundenen Arbeitnehmern herbeigeführt werden soll.[74] Die Bezugnahme auf einen unwirksamen Tarifvertrag ist nicht möglich, wenn der Inhalt des Tarifvertrags höherrangigen Normen oder allgemeinen Rechtsprinzipien widerspricht.[75] Ein geringfügiger Unterschied zwischen der Bezugnahme und der Wiederholung aller Tarifbedingungen im Arbeitsvertrag zeigt sich, wenn die Vorstellungen der Beteiligten über den Inhalt der Tarifnormen voneinander abweichen. Bei bloßer Bezugnahme liegt kein Dissens vor, weil die Vereinbarung nicht den Tarifinhalt, sondern lediglich seine Übernahme betrifft. Im Einzelfall kann § 119 BGB in Betracht kommen.[76]

238 **Sachlich** können die Vertragsparteien festlegen, ob für den Inhalt des Arbeitsvertrages der gesamte Tarifvertrag oder lediglich einzelne Bedingungen maßgebend sein sollten.[77] Erwähnt der Vertrag lediglich einzelne Punkte, so müssen besondere Umstände hinzutreten (z. B. eine betriebliche Übung), um die Anwendung des gesamten Tarifvertrages zu rechtfertigen.[78] Ist der Ar-

---

[69] Vgl. BAG 13. 11. 1959 AP Nr. 44 zu § 611 BGB Urlaubsrecht. Anderes galt früher im Rahmen von § 1 Abs. 2 TVVO; vgl. RAG ARS 11, S. 603; 14, S. 104 *(Nipperdey).*
[70] BAG 29. 7. 1986 AP Nr. 16 zu § 1 BetrAVG Zusatzversorgungskassen; BAG 23. 2. 1988 AP Nr. 17 zu § 1 BetrAVG Zusatzversorgungskassen.
[71] LAG Frankfurt, NZA 1992, S. 840, 841.
[72] Ebenso BAG 29. 1. 1975 AP Nr. 8 zu § 4 TVG Nachwirkung *(Wiedemann)* = SAE 1976, S. 85 *(Leipold); Däubler,* Tarifvertragsrecht, Rnr. 337; *Gamillscheg,* Kollektives Arbeitsrecht I, § 17 II 40, S. 737; *D. Gaul,* ZTR 1993, S. 355, 357; *Koberski/ Clasen/Menzel,* § 3 TVG, Rnr. 49; *Löwisch/Rieble,* § 3 TVG, Rnr. 110; *Stein,* Tarifvertragsrecht, Rnr. 244.
[73] BAG 7. 12. 1977 AP Nr. 9 zu § 4 TVG Nachwirkung *(Herschel).*
[74] BAG 7. 12. 1977 AP Nr. 9 zu § 4 TVG Nachwirkung *(Herschel).*
[75] So auch *Gumpert,* BB 1961, S. 1276, 1277.
[76] Ebenso *Gamillscheg,* Kollektives Arbeitsrecht I, § 17 II 4 c, S. 736; wie hier trotz des abweichenden dogmatischen Ansatzes *Herschel,* Betrieb 1969, S. 659, 662; im Ergebnis ebenso, aber mit abweichender Begründung *Seibert,* NZA 1985, S. 730, 731.
[77] Vgl. LAG Düsseldorf, BB 1962, S. 922; *D. Gaul,* ZTR 1993, S. 355, 356 f.
[78] Ebenso LAG Stuttgart, AP 1952, Nr. 67 *(Zigan);* LAG Berlin, DB 1968, S. 316 = AuR 1968, S. 218; LAG Hamm, Betrieb 1975, S. 1515; *Nikisch,* Arbeitsrecht II, § 71 V 2, S. 275; siehe auch BAG 23. 2. 1988 AP Nr. 17 zu § 1 BetrAVG Zusatzversorgungskassen.

beitsvertrag global unter Bezugnahme auf den geltenden Tarifvertrag abgeschlossen, so ist gleichzeitig auch eine tarifliche Ausschlußfrist vereinbart.[79] Gegen die Bezugnahme nicht tarifgebundener Parteien auf eine tarifliche Ausschlußfrist bestehen keine Bedenken.[80] Die allgemeine Bezugnahme umfaßt gleichfalls tarifliche Rückzahlungsklauseln.[81] Nach LAG Hamm[82] ist – sehr weitgehend – mit der Verweisung auf die „sonstigen allgemein geltenden Bestimmungen" ebenso auf eine Schriftformklausel für Kündigungen Bezug genommen, so daß ein Formmangel die Kündigung unwirksam macht. Ist der Tarifvertrag im Ganzen zum Vertragsinhalt gemacht und daneben zugleich eine Einstufung in eine bestimmte Vergütungsgruppe vorgenommen, so wird der Parteiwille, wenn etwas anderes nicht deutlich zum Ausdruck kommt, in der Regel auf die Gewährung der tariflich richtigen Vergütungsgruppe gerichtet sein.[83] Bei Bezugnahme auf einen Firmentarif kann davon ausgegangen werden, daß sich alle Arbeitsbedingungen sämtlicher Arbeitnehmer des Unternehmens nach dem Tarif richten sollen.[84] Die Gültigkeit der Bezugnahme auf einen Tarifvertrag hängt nicht davon ab, daß der in Bezug genommene Tarifvertrag vom Arbeitgeber ordnungsgemäß nach § 8 bekanntgemacht wurde.

Sollen für ein nichttarifgebundenes Arbeitsverhältnis nach dem Willen der Parteien die tarifvertraglichen Arbeitsbedingungen gelten, wird jedoch in bestimmten Punkten eine **besondere Parteivereinbarung** getroffen (z.B. über die Höhe des Arbeitsentgelts), so geht die besondere Vereinbarung den in Bezug genommenen Bestimmungen des Tarifvertrages vor.[85]

Zeitlich können die Parteien des Einzelarbeitsvertrages zulässig auf die jeweils geltende Fassung eines bestimmten Tarifvertrages Bezug nehmen (sog. Jeweiligkeitsklausel).[86] Die Unterwerfung nichttarifgebundener Personen unter den jeweils geltenden Tarifvertrag bedarf zwar keiner ausdrücklichen Erklärung,[87] muß sich aber wegen ihrer weittragenden Bedeutung eindeutig aus dem Einzelarbeitsvertrag ergeben. Nach Ansicht des Bundesarbeitsgerichts bindet die Übernahme in den Dienst „nach Maßgabe der einschlägigen Bestimmungen" beide Parteien auch an künftige Änderungen und Neuregelungen;[88] ebenso bei Unterwerfung unter die jeweilige tarifliche Versorgungsregelung.[89] Sofern die Anwendung des jeweils gelten-

---

[79] LAG Hamm, BB 1993, S. 1217 (LS).
[80] BAG 5. 11. 1963 AP Nr. 1 zu § 1 TVG Bezugnahme auf Tarifvertrag *(Herschel)* = SAE 1964, S. 81 *(Nikisch)*.
[81] LAG Bremen AP Nr. 60 zu § 611 BGB Gratifikation.
[82] AuR 1970, S. 286 (Leitsatz).
[83] BAG 4. 10. 1957 AP Nr. 7 zu § 1 TOA *(Neumann-Duesberg)*; BAG 10. 12. 1958 AP Nr. 46 zu § 3 TOA *(Neumann-Duesberg)*.
[84] LAG Düsseldorf, BB 1956, S. 889. Zu der früher bedeutsamen Frage, welche Wirkung die einzelvertragliche Bezugnahme auf einen den § 3 TOA abändernden Tarifvertrag hatte, vgl. BAG 29. 11. 1957 AP Nr. 31 zu § 3 TOA *(Neumann-Duesberg)*.
[85] LAG Hamm AP Nr. 2 zu § 21 HandwO *(Götz Hueck)* = SAE 1956, S. 120 *(Sabin)*.
[86] Siehe oben Rnr. 211 m. w. N.
[87] So allerdings LAG Düsseldorf, BB 1956, S. 595.
[88] BAG 6. 4. 1955 AP Nr. 7 zu Art. 3 GG.
[89] BAG 11. 7. 1961 AP Nr. 2 zu § 614 BGB Gehaltsvorschuß.

den Tarifvertrages vereinbart ist, kommt den nichtorganisierten Arbeitnehmern ebenfalls eine rückwirkend vereinbarte Erhöhung der Arbeitsentgelte zugute.[90]

241 Eine Bezugnahme auf einen **nicht mehr wirksamen** (nachwirkenden)[91] oder von Anfang an **unwirksamen Tarifvertrag** ist zulässig. Zu Unrecht verlangt das Bundesarbeitsgericht für die Bezugnahme auf einen nachwirkenden Tarifvertrag bei einem neu eintretenden Arbeitnehmer eine klare und ausdrückliche Vereinbarung.[92] Im Rahmen der Vertragsfreiheit können die Parteien entscheiden, ob sie das Normgut ihres Rechtsverhältnisses einem geltenden oder einem lediglich nachwirkenden Tarifvertrag entnehmen. An die Bezugnahme auf einen nachwirkenden Tarifvertrag können deshalb keine schärferen Anforderungen gestellt werden als im übrigen.[93]

242 Die allgemeine Bezugnahme auf den Tarifvertrag schließt eine **Schiedsklausel** nicht ohne weiteres ein, vielmehr müssen die Parteien nach § 101 Abs. 2 ArbGG ausdrücklich und schriftlich vereinbaren, daß die Klausel auch für sie gelten soll. Dazu genügt es indes, wenn in der schriftlichen Bezugnahme auf den Tarifvertrag die Schiedsklausel besonders hervorgehoben wird, sie muß nicht wiederholt werden.[94] Zulässigkeitsvoraussetzung für die wirksame Bezugnahme auf die Schiedsgerichtsvereinbarung ist nach § 101 Abs. 2 ArbGG, daß eine globale Bezugnahme auf den die Schiedsgerichtsklausel enthaltenen Tarifvertrag erfolgt.[95]

8. Rechtsfolgen

243 Vereinbaren die Parteien des Arbeitsvertrages allgemein die Anwendung des einschlägigen Tarifvertrages, so wird das Arbeitsverhältnis grundsätzlich, soweit möglich, mit gleichen Rechten und Pflichten ausgefüllt wie bei den organisierten Arbeitnehmern.[96]

244 a) Auslegung. Haben die Parteien des Einzelarbeitsvertrages auf einen Tarifvertrag Bezug genommen, so kann das Revisionsgericht die Auslegung der durch den Einzelarbeitsvertrag übernommenen Passagen des Tarifvertrages in vollem Umfang nachprüfen.[97] Sofern die Vertragsparteien mit der Be-

---

[90] LAG Bremen, AuR 1965, S. 29 (Leitsatz).
[91] Für den nachwirkenden Tarifvertrag siehe *Dörner*, HzA, Gruppe 18/1, Rnr. 215; *Etzel*, NZA 1987, Beil. Nr. 1, S. 19, 27; *Koberski/Clasen/Menzel*, § 3 TVG, Rnr. 40; ebenso für nicht mehr geltende Tarifregelungen BAG 1. 6. 1995 AP Nr. 5 zu § 1 BAT-O.
[92] BAG 6. 6. 1958 AP Nr. 1 zu § 4 TVG Nachwirkung *(Tophoven)* = SAE 1958, S. 6 *(Pischgode)*.
[93] Ebenso *Stein*, Tarifvertragsrecht, Rnr. 241 mit Fußn. 106.
[94] Ebenso Hueck/*Nipperdey*, Arbeitsrecht II 1, § 23 B IV 1, S. 484; *Nikisch*, Arbeitsrecht II, § 71 V 3, S. 276.
[95] Abweichend BAG 31. 10. 1963 AP Nr. 11 zu § 101 ArbGG *(Schwab)*; wie hier dagegen *Dersch/Volkmar/Müller*, § 101 ArbGG, Anm. 5 b; *Grunsky*, § 101 ArbGG, Rnr. 11.
[96] Ebenso LAG Frankfurt, BB 1972, S. 359.
[97] Vgl. BAG 6. 4. 1955 AP Nr. 7 zu Art. 3 GG; BAG 12. 8. 1959 AP Nr. 1 zu § 305 BGB *(Tophoven)*; BAG 29. 11. 1957 AP Nr. 31 zu § 3 TOA; BAG 21. 4. 1966 AP Nr. 1 zu § 53 BAT *(Farthmann)*; BAG 31. 3. 1966 AP Nr. 54 zu § 611 BGB Gratifikation *(Biedenkopf)* = SAE 1966, S. 231 *(Wolf)*; zur Auslegung der Bezugnahme-

zugnahmeklausel das Arbeitsverhältnis mit dem Inhalt des Tarifvertrages im Sinne einer Gleichstellung anreichern wollten, so sind für die in Bezug genommenen Tarifbestimmungen die allgemeinen Grundsätze zur Tarifvertragsauslegung heranzuziehen.[98]

In jedem Fall der Bezugnahme auf einen Tarifvertrag gilt die Bindungswirkung nach § 9 des Gesetzes zugleich für Rechtsstreitigkeiten zwischen einem organisierten Arbeitgeber und einem nichtorganisierten Arbeitnehmer (unten § 9, Rnr. 36). Die überwiegende Ansicht beschränkt die Bindungswirkung nach § 9 auf Arbeitsverträge zwischen einem tarifgebundenen und einem nicht tarifgebundenen Vertragspartner.[99] Eine derart weite Auslegung des § 9 mag im Interesse der Rechtseinheit geboten sein,[100] allerdings liegen die Voraussetzungen für eine entsprechende Gesetzesanwendung nicht vor (näher unten § 9, Rnr. 38). Möglich ist jedoch eine Auslegung der Bezugnahmeklausel in dem Sinne, daß die Arbeitsvertragsparteien auch die nach § 9 ergehenden Entscheidungen als für sich verbindlich anerkennen.[101] Dies ist insbesondere dann anzunehmen, wenn die Bezugnahmeklausel den Zweck einer Gleichstellungsabrede verfolgt.[102]

b) Rechtsverlust. In den Einzelvertrag nicht tarifgebundener Parteien kann ebenfalls eine tarifliche Ausschlußfrist aufgenommen werden; § 4 Abs. 4 Satz 3 steht nicht entgegen, da auch eine nichttarifliche Ausschlußfrist vereinbart werden kann.[103] Bei einer allgemeinen Bezugnahmevereinbarung kommen dem Arbeitnehmer die Verzichts- und Verwirkungsverbote nach § 4 Abs. 4 Satz 1 und 2 zugute,[104] wenn mit der Bezugnahme eine Gleichstellung mit den tarifgebundenen Arbeitnehmern verwirklicht werden soll. Zwar gelangt § 4 Abs. 4 Satz 1 und 2 nicht unmittelbar zur Anwendung,

---

klausel BAG 21. 10. 1992 AP Nr. 27 zu § 23a BAT; BAG 1. 6. 1995 AP Nr. 5 zu § 1 BAT-O.

[98] Ebenso *Etzel*, NZA 1987, Beil. Nr. 1, S. 19, 28; *Gamillscheg*, Kollektives Arbeitsrecht I, § 17 II 4a, S. 735; *Herschel*, Betrieb 1969, S. 659, 662f.; *Kempen/Zachert*, § 3 TVG, Rnr. 98; *Löwisch/Rieble*, § 3 TVG, Rnr. 116; insoweit auch *Stein*, Tarifvertragsrecht, Rnr. 234.

[99] So *Auffarth*, BetrVerf. 1956, S. 165, 168; *Maus*, § 9 TVG, Rnr. 1a; *Schnorr*, AuR 1963, S. 193, 195; noch weiter einschränkend auf tarifgebundene Parteien *Kempen/Zachert*, § 3 TVG, Rnr. 99; *Stein/Jonas/Schumann*, 20. Aufl. 1987, § 256 ZPO, Rnr. 195.

[100] Hierfür vor allem *Gamillscheg*, Kollektives Arbeitsrecht I, § 17 II 4a, S. 735; *Herschel*, Betrieb 1969, S. 659, 663.

[101] So *Löwisch/Rieble*, § 9 TVG, Rnr. 64.

[102] Ebenso *Stein*, Tarifvertragsrecht, Rnr. 262.

[103] BAG 5. 11. 1963 AP Nr. 1 zu § 1 TVG Bezugnahme auf Tarifvertrag *(Herschel)* = SAE 1964, S. 81 *(Nikisch)*; LAG Düsseldorf, Betrieb 1964, S. 1521; LAG Hamm, BB 1993, S. 1217 (LS); *Frohn*, Betrieb 1959, S. 432; *Koberski/Clasen/Menzel*, § 3 TVG, Rnr. 53; *Löwisch/Rieble*, § 3 TVG, Rnr. 107; *Pawelke*, Betrieb 1959, S. 432; i.E. auch *Kempen/Zachert*, § 3 TVG, Rnr. 95; abweichend *Dahns*, Betrieb 1959, S. 233 und 433.

[104] Ebenso im Ergebnis *Gamillscheg*, Kollektives Arbeitsrecht I, § 17 II 4a, S. 735; *v. Hoyningen-Huene*, RdA 1974, S. 138, 150; *Schnorr*, AuR 1963, S. 193, 196; *Stahlhacke*, GK-BUrlG, 4. Aufl. 1984, § 13 BUrlG, Rnr. 20; abweichend Dersch/Neumann, 8. Aufl. 1997, § 13 BUrlG, Rnr. 27; *Dörner*, HzA, Gruppe 18/1, Rnr. 221f.; *Etzel*, NZA 1987, Beil. Nr. 1, S. 19, 28; *Kempen/Zachert*, § 3 TVG, Rnr. 92f.; *Koberski/Clasen/Menzel*, § 3 TVG, Rnr. 53f.; *Löwisch/Rieble*, § 3 TVG, Rnr. 107; *Rewolle*, Betrieb 1963, S. 483; *Siara*, § 13 BUrlG, Anm. 3c.

wohl aber ist der Regelungsgehalt der Vorschrift im Wege der Auslegung Bestandteil der Bezugnahmeklausel.[105]

247 **c) Änderung des Tarifvertrages.** Die Kündigung des Tarifvertrages wirkt sich auf die Bezugnahmevereinbarung nicht aus. Auch der nachwirkende Tarifvertrag bleibt Bezugnahmeobjekt des Einzelarbeitsvertrages.[106] Ist auf den jeweiligen Tarifvertrag Bezug genommen worden, so müssen die Arbeitsvertragsparteien davor geschützt werden, daß die Unterwerfungserklärung einen Vertragsinhalt deckt, mit dem sie billigerweise nicht rechneten und nicht rechnen konnten.[107] Deshalb entschied das Bundesarbeitsgericht zu Recht, daß von der Erklärung, sich den jeweils geltenden Bestimmungen einer betrieblichen Ruhegeldregelung unterwerfen zu wollen, spätere Bestimmungen nur dann erfaßt würden, wenn sie im Bereich des Angemessenen bleiben.[108] Ob der Vertrag im Ganzen aufgelöst wird oder ob er dem neuen Inhalt des Tarifvertrages angepaßt werden kann, richtet sich nach den Grundsätzen über die Änderung der Geschäftsgrundlage.

248 **d) Wegfall der Tarifgebundenheit.** Zweifelhaft sind die Auswirkungen auf die Bezugnahmeklausel, wenn der Arbeitgeber tarifgebunden ist, die Bezugnahmeklausel den Zweck einer Gleichstellungsabrede besitzt und die Bindung des Arbeitgebers an den Tarifvertrag entfällt. Aufgrund des Zwecks der Gleichstellungsabrede kann dies zu einem Wegfall der Geschäftsgrundlage führen.[109] Bei einem Verbandsaustritt des Arbeitgebers bleiben die Tarifnormen zumindest solange anwendbar, bis der Tarifvertrag endet. Ob die Tarifnormen anschließend über die Bezugnahmeklausel wirken, ist abhängig von der kontroversen Frage der sich anschließenden analogen Anwendung von § 4 Abs. 5. Wird sie bejaht, so sind die Tarifnormen solange anzuwenden, bis sie durch eine andere Abmachung ersetzt werden.[110]

II. Bezugnahme aufgrund gesetzlicher oder richterrechtlicher Zulassung

249 In einer Reihe von Gesetzesbestimmungen erlaubt der Gesetzgeber den Tarifvertragsparteien, von gesetzlichen Mindestnormen auch zuungunsten der Arbeitnehmer abzuweichen (näher oben Einleitung, Rnr. 387ff.). In vergleichbarer Weise hat die richterliche Rechtsfortbildung Regeln geschaffen, die zwar für die Parteien des Einzelarbeitsvertrages und die Betriebspart-

---

[105] Treffend *Gamillscheg*, Kollektives Arbeitsrecht I, § 17 II 4a, S. 735.
[106] *Gamillscheg*, Kollektives Arbeitsrecht I, § 17 II 3, S. 734; *Löwisch/Rieble*, § 3 TVG, Rnr. 105; *Stein*, Tarifvertragsrecht, Rnr. 238; anderer Ansicht *Kempen/Zachert*, § 3 TVG, Rnr. 96.
[107] Im Ergebnis auch *Seibert*, NZA 1985, S. 730, 732f., der die Grenze in Anlehnung an § 319 BGB bei der offensichtlichen Unbilligkeit zieht; ablehnend gegenüber einer Schranke aber *Etzel*, NZA 1987, Beil. Nr. 1, S. 19, 27; *Gamillscheg*, Kollektives Arbeitsrecht I, § 17 II 4c, S. 736f.; wohl auch *Koberski/Clasen/Menzel*, § 3 TVG, Rnr. 47.
[108] BAG 14. 3. 1961 AP Nr. 78 zu § 242 BGB Ruhegehalt *(Zeuner)* = SAE 1961, S. 240 *(Heissmann)*; ebenso *Kempen/Zachert*, § 3 TVG, Rnr. 90.
[109] LAG Düsseldorf, Betrieb 1982, 808; *Löwisch/Rieble*, § 3 TVG, Rnr. 105.
[110] Siehe *Stein*, Tarifvertragsrecht, Rnr. 239; a. A. *Schwab*, BB 1994, S. 781, 784.

ner, nicht aber für die Tarifvertragsparteien zwingende Wirkung entfalten sollen (oben Einleitung, Rnr. 409 ff.). In beiden Fällen kann den Parteien des Einzelarbeitsvertrages gestattet werden, ebenfalls von der gesetzlichen Regel abzuweichen, wenn sie stattdessen die Geltung des einschlägigen Tarifvertrages vereinbaren. Eine solche Bezugnahmeerklärung setzt also das Einverständnis des Gesetzgebers und zusätzlich eine vom Gesetz abweichende tarifliche Ordnung voraus. Die Bezugnahme beruht aber allein auf der Legitition durch den Gesetzgeber, nicht etwa auf einem (zusätzlichen) Einverständnis der Tarifvertragsparteien. Das Vorhandensein eines räumlich, fachlich und betrieblich einschlägigen Tarifvertrages ist lediglich Tatbestandselement.

1. Bedeutung

Gesetzliche Bezugnahmeermächtigungen finden sich in den §§ 13 Abs. 1 Satz 2 BUrlG, 4 Abs. 4 Satz 2 EFZG, 622 Abs. 4 Satz 2 BGB, 17 Abs. 3 Satz 2 BetrAVG, § 7 Abs. 3 ArbZG, Art. 1 § 6 Abs. 2 BeschFG 1985, 89 a Abs. 2 SeemG, 21 a Abs. 2 JArbSchG sowie 48 Abs. 2, 101 Abs. 2 Satz 3 ArbGG. Eine Bezugnahme ist außerdem nach geltendem Recht in denjenigen Fällen zulässig, in denen die Rechtsprechung tarifdispositives Richterrecht geschaffen und den Einzelarbeitsvertragsparteien die Verweisung darauf gestattet hat.[111]

250

Die gesetzliche Bezugnahmeermächtigung soll es ermöglichen, im Unternehmen einheitliche Arbeitsbedingungen zu schaffen. Die Gleichstellung der tarifgebundenen und der tariffreien Arbeitnehmer ist teils betrieblich-organisatorisch veranlaßt (einheitliche Arbeitszeitregelung, einheitliche Betriebsferien), teils sozialpolitisch notwendig, um die organisierten Arbeitnehmer im Ergebnis nicht schlechter zu stellen als die nichtorganisierten Arbeitnehmer. Die gesetzlichen Bezugnahmeklauseln und die Übernahme des Rechtsinstituts in das Richterrecht bestätigen die Notwendigkeit einer einheitlichen Behandlung der gesamten Belegschaft ohne Rücksicht auf die Koalitionszugehörigkeit des einzelnen Arbeitnehmers.

251

2. Rechtsnatur der Bezugnahme

Die vertragliche Bezugnahme aufgrund gesetzlicher Ermächtigungsnormen unterscheidet sich nicht von der allgemeinen Verweisungsabrede (zu ihr oben Rnr. 218 ff.). Die gesetzlichen Zulassungsnormen sehen keine abgeschwächte Tarifwirkung vor, und die auf ihrer Grundlage abgeschlossenen Arbeitsverträge gelten nicht kraft Tarifbindung, sondern kraft schuldrechtlicher Gleichstellungsabrede.[112]

252

---

[111] Vgl. grundlegend BAG 31. 3. 1966 AP Nr. 54 zu § 611 BGB Gratifikation (*Biedenkopf*) = SAE 1966, S. 231 (*Wolf*); bestätigt in BAG 23. 2. 1967 AP Nr. 57 zu § 611 BGB Gratifikation (*A. Hueck*) = SAE 1967, S. 261 (*Bötticher*); *Lieb*, RdA 1972, S. 129, 130.

[112] Ebenso *Adomeit*, Rechtsquellenfragen im Arbeitsrecht, 1969, S. 161 (Generell gilt für eine solche Regelung, daß ihr Geltungsinhalt sich nach der Norm bestimmt, auf die verwiesen wird, dagegen ihr Geltungsmodus nach der Norm, die verweist); *Berscheid*, GK-BUrlG, § 13 BUrlG, Rnr. 36; *Dersch/Neumann*, 8. Aufl. 1997, § 13 BUrlG, Rnr. 27; *D. Gaul*, ZTR 1993, S. 355, 358; *Hillebrecht/Spilger*, KR, 4. Aufl.

3. Zulässigkeit der Bezugnahme

253 Die Bezugnahme auf den Tarifvertrag steht unter den inhaltlichen Rahmenbedingungen, die in den Zulassungsnormen genannt sind.

254 **a) Personelle Voraussetzungen.** Zweifelsfragen werfen die personellen Voraussetzungen für eine Bezugnahme auf. So enthalten die §§ 13 Abs. 1 Satz 2 BUrlG, 622 Abs. 4 Satz 2 BGB, Art. 1 § 6 Abs. 2 Satz 1 BeschFG 1985 die Formulierung „zwischen nicht tarifgebundenen Arbeitgebern und Arbeitnehmern". Damit ist die Vereinbarung einer Bezugnahme jedoch nicht auf solche Arbeitgeber beschränkt, die nicht tarifgebunden sind. Vielmehr soll zum Ausdruck gebracht werden, daß die Arbeitsvertragsparteien die Tarifbestimmung übernehmen können, wenn diese für das Arbeitsverhältnis nicht bereits kraft beiderseitiger Tarifgebundenheit gilt. Die Bezugnahme kann deshalb auch zwischen tarifgebundenen Arbeitgebern und nicht tarifgebundenen Arbeitnehmern vereinbart werden.[113] Nach h. M. soll eine Bezugnahmevereinbarung sogar dann zulässig sein, wenn die Arbeitsvertragsparteien tarifgebunden sind.[114] Konstitutive Bedeutung erlangt die Abrede allerdings auf dem Boden der Rechtsprechung des Bundesarbeitsgerichts erst für die während des Nachwirkungsstadiums neu in die entsprechende Gemeinschaft eintretenden Arbeitnehmer.

255 Anders ist die Rechtslage für die §§ 7 Abs. 3 Satz 1 ArbZG, 21a Abs. 2 JArbSchG, 89a Abs. 2 SeemG, da dort ausdrücklich auf den Betrieb eines nicht tarifgebundenen Arbeitgebers abgestellt wird. In den Betrieben eines tarifgebundenen Arbeitgebers ist eine Bezugnahme auf die vom Gesetz abweichende tarifliche Regelung für die nicht tarifgebundenen Arbeitsverhältnisse entbehrlich, da es für die Inanspruchnahme der tariflichen Öffnung ausschließlich auf die Tarifgebundenheit des Arbeitgebers ankommt.[115]

256 **b) Bezugnahmeabrede.** Die Bezugnahme auf den gesetzesvertretenden Tarifvertrag erfolgt im Einzelarbeitsvertrag, ohne daß hierbei Formerfordernisse zu beachten sind.[116] Sie kann stillschweigend oder konkludent vorgenommen werden.[117] Lediglich die Übernahme einer tariflichen Schiedsklausel bedarf wegen der besonderen Bedeutung des die Arbeitsgerichtsbarkeit ausschließenden Schiedsvertrages einer schriftlichen Vereinbarung (§ 101 Abs. 2 ArbGG).[118] Eine wörtliche Übernahme der Bestimmungen des Tarifvertrages ist nicht erforderlich; es genügt in jedem Fall eine allgemeine Verweisung auf den einschlägigen Tarifvertrag; sie muß aber so eindeutig sein, daß die Möglichkeit besteht, den anwendbaren Tarifvertrag zu ermitteln.[119]

1996, § 622 BGB, Rnr. 193; *Leinemann/Linck,* 1995, § 13 BUrlG, Rnr. 31; *Richardi,* Kollektivgewalt, S. 242; abweichend *v. Hoyningen-Huene,* RdA 1974, S. 138, 142 ff.

[113] Wie hier zu § 13 BUrlG *Berscheid,* GK-BUrlG, § 13 BUrlG, Rnr. 34; *Dersch/Neumann,* 8. Aufl. 1997, § 13 BurlG, Rnr. 26; *Leinemann/Linck,* 1995, § 13 BUrlG, Rnr. 38.

[114] *Dersch/Neumann,* 8. Aufl. 1997, § 13 BUrlG, Rnr. 26; *Leinemann/Linck,* 1995, § 13 BUrlG, Rnr. 38.

[115] *Neumann/Biebl,* 12. Aufl. 1995, § 7 ArbZG, Rnr. 42.

[116] So zu § 622 Abs. 4 BGB BAG 11. 8. 1988 AP Nr. 5 zu § 625 BGB.

[117] Ebenso zu § 622 Abs. 4 BGB BAG 11. 8. 1988 AP Nr. 5 zu § 625 BGB.

[118] Dazu oben Rnr. 242.

[119] ArbG Ludwigshafen, ARSt. 1969, S. 175 (Leitsatz).

Der einzelvertraglichen Abrede stehen betriebliche Arbeitsbedingungen (Gesamtzusagen und betriebliche Übungen) gleich.[120]

c) Einschlägiger Tarifvertrag. § 13 Abs. 1 Satz 2 BUrlG verlangt ausdrücklich die Bezugnahme auf den einschlägigen, also auf den räumlich, betrieblich, fachlich und persönlich eingreifenden Tarifvertrag, der gelten würde, wenn die Parteien tarifgebunden wären. Mit der Gleichstellungsabrede soll ausschließlich die fehlende Tarifgebundenheit ersetzt werden, jedoch keine andere Voraussetzung der Tarifwirkung. Die §§ 4 Abs. 4 Satz 2 EFZG, Art. 1 § 6 Abs. 1 BeschFG und 622 Abs. 4 Satz 2 BGB sprechen vom Geltungsbereich des in Bezug genommenen Tarifvertrages. Damit ist das gleiche gemeint. Es kann nur auf die Tarifregelungen Bezug genommen werden, die nach § 4 Abs. 1 für beiderseits Tarifgebundene Anwendung fänden.[121] Diese Voraussetzung folgt aus dem Grundgedanken der gesetzlichen Zulassungsnormen, die nur einen einschlägigen Tarifvertrag als gleichwertige Regelung der Arbeits- und Wirtschaftsbedingungen anerkennen.

d) Umfang der Bezugnahme. Soweit eine ausdrückliche gesetzliche oder richterrechtliche Ermächtigung zur einzelvertraglichen Anlehnung an den Tarifvertrag besteht, ist auch eine eingeschränkte Übernahme des Tarifvertrages in das Einzelarbeitsverhältnis erlaubt.[122] Allerdings muß sich die Bezugnahme auf die gesamte Teilregelung erstrecken, damit der nichtorganisierte Arbeitnehmer lediglich einer in sich ausgewogenen Regelung unterworfen wird.[123] Deshalb können die Parteien des Einzelarbeitsvertrages nach § 13 BUrlG nur die Gesamtregelung des Tarifvertrages über den Urlaub mit allen Vor- und Nachteilen übernehmen[124] oder gemäß § 622 Abs. 4 Satz 2 BGB die gesamte Kündigungsregelung vereinbaren. Eine summarische Übernahme des Tarifwerkes ist zu verlangen, wenn infolge der besonderen Bedingungen einer Branche die Ausgeglichenheit der Arbeitsbedingungen nur durch eine Globalbezugnahme herzustellen ist (z. B. die ungünstigen Arbeitszeitbedingungen durch besonders vorteilhafte Urlaubsregelungen ausgeglichen werden). Generell ist eine Globalbezugnahme indes nicht zu verlangen.[125] Ihrer bedarf es nur, wenn sie in der gesetzlichen Zulassungsnorm ausdrücklich gefordert wird.[126]

Ohne gesetzliche oder richterrechtliche Ermächtigung ist die einzelvertragliche Anlehnung an tarifdispositives Recht nur in der Weise möglich,

---

[120] BAG 15. 2. 1965 AP Nr. 6 zu § 13 BUrlG *(Götz Hueck)* = SAE 1965, S. 177 *(Adomeit)*; LAG Baden-Württemberg, Betrieb 1967, S. 912; *Schnorr*, AuR 1963, S. 193, 196.
[121] Ebenso *Kempen/Zachert*, § 3 TVG, Rnr. 79; *Schaub*, Arbeitsrechts-Handbuch, § 208 III 4, S. 1738; *Stein*, Tarifvertragsrecht, Rnr. 249; sowie trotz Bedenken *Gamillscheg*, Kollektives Arbeitsrecht I, § 17 II 4 e, S. 738 f.; a. A. *Dörner*, HzA, Gruppe 18/1, Rnr. 218.
[122] Ebenso LAG Hamburg, BB 1970, S. 1178, 1179 (allgemein ergänzende Bezugnahme auf brancheneinschlägigen Tarifvertrag umfaßt gegenüber § 622 Abs. 4 Satz 2 BGB verkürzte tarifliche Kündigungsfristen).
[123] Wie hier *Dörner*, HzA, Gruppe 18/1, Rnr. 218; *Kempen/Zachert*, § 3 TVG, Rnr. 87 f.; *Monjau*, BB 1970, S. 39, 41; *Wenzel*, MDR 1969, S. 881, 884.
[124] Ebenso *Dersch/Neumann*, 8. Aufl. 1997, § 13 BUrlG, Rnr. 23.
[125] So aber *Richardi*, ZfA 1971, S. 73, 84; *Stein*, Tarifvertragsrecht, Rnr. 249.
[126] So §§ 89a Abs. 2 SeemG, 48 Abs. 2 ArbGG.

daß der gesamte Tarifvertrag übernommen wird. In jedem Fall bleiben arbeitsvertragliche Verbesserungen zulässig, die über den in Bezug genommenen Tarifvertrag hinausgehen.

4. Das Bezugnahmeobjekt

260 Wie ausgeführt, ist die Bezugnahme nur unter der doppelten Voraussetzung rechtswirksam, daß sie die einschlägige tarifliche Regelung insgesamt übernimmt und sich auf den in dem Betrieb geltenden Tarifvertrag beschränkt. Sehr bestritten ist, ob ein Tarifvertrag im Nachwirkungszeitraum Bezugnahmeobjekt einer Verweisungsabrede sein kann. Teils wird die Nachwirkung dieser Tarifnormen überhaupt in Frage gestellt, teils wird die Möglichkeit der Bezugnahme auf den nur nachwirkenden Tarifvertrag verneint.[127] Beides ist nicht zutreffend. Der Tarifvertrag ist auch im Stadium der Nachwirkung geeignet, als Grundlage einer die Vorrangwirkung ebenfalls auslösenden neuen einzelvertraglichen Berufung auf den Tarifvertrag zu dienen und zwar gleichermaßen für organisierte und für nichtorganisierte Arbeitnehmer.[128]

261 Der nachwirkende Tarifvertrag ändert nicht seine Gültigkeit, sondern lediglich die Qualität seiner Rechtsgeltung. Kraft Tarifvertragsrecht entfaltet der abgelaufene Tarifvertrag für organisierte Arbeitnehmer und Arbeitgeber, die den Arbeitsvertrag erst nach Ablauf des Tarifvertrages eingehen, allerdings keine zwingende Wirkung; deshalb müssen auch organisierte Arbeitnehmer eine Bezugnahme vereinbaren. Das kann stillschweigend geschehen. Aus der gesetzlichen Zulassungsnorm kann sich ein anderer Wille des Gesetzgebers ergeben, so daß die Bezugnahme einen zwingend und unabdingbar wirkenden Tarifvertrag voraussetzt. Soweit das Gesetz jedoch nichts derartiges anordnet, ist die Bezugnahme im Interesse der Aufrechterhaltung einer einheitlichen Ordnung im Nachwirkungsstadium zulässig.

5. Rechtsfolgen

262 Die Rechtsfolgen der Bezugnahmeabrede aufgrund gesetzlicher Zulassung sind keine anderen als bei der allgemeinen Bezugnahmeklausel (zu dieser oben Rnr. 243 ff.). Entgegen der von *v. Hoyningen-Huene*[129] ausgeführten Ansicht ersetzt die Bezugnahme nicht die fehlende Tarifbindung. Die Gleichstellungsabrede führt nicht zur unmittelbaren und zwingenden Wirkung des in Bezug genommenen Tarifvertrages. Die Parteien können sich vielmehr im Wege einverständlicher Abrede oder durch Änderungskündigung von der Geltung der Tarifvertragsnormen befreien, ohne Rücksicht auf die Weitergeltung des Tarifvertrages im übrigen.

---

[127] So noch BAG 15. 2. 1965 AP Nr. 6 zu § 13 BUrlG (*Götz Hueck*) = SAE 1965, S. 177 (*Adomeit*); *Herschel*, RdA 1969, S. 211, 215; *ders.*, ZfA 1976, S. 89, 101; *Lieb*, ZfA 1970, S. 197, 204.
[128] Ebenso nunmehr BAG 27. 6. 1978 AP Nr. 12 zu § 13 BUrlG (*Wiedemann*); sowie Dersch/*Neumann*, 8. Aufl. 1997, § 13 BUrlG, Rnr. 21; *v. Hoyningen-Huene*, RdA 1974, S. 138, 150; *Leinemann/Linck*, 1995, § 13 BUrlG, Rnr. 33; *Stahlhacke*, Betrieb 1969, S. 1651, 1653; *Stein*, Tarifvertragsrecht, Rnr. 249; wohl auch *Boldt*, in: Festschrift Heymanns Verlag (1965), S. 227, 236.
[129] RdA 1974, S. 138.

Bei dynamischer Bezugnahmeabrede gilt der Inhalt des jeweiligen Tarif- 263
vertrages. Die Auslegung der in Bezug genommenen Tarifnormen hat
ebenso zu erfolgen wie bei den Regelungen des Tarifvertrages. Die bindende
Auslegung tarifvertraglicher Bestimmungen durch die Arbeitsgerichte nach
§ 9 ist auch für die Parteien des Einzelarbeitsvertrages, die auf den einschlägigen Tarifvertrag Bezug nehmen, als vereinbart anzusehen.[130] Bei umfassender Bezugnahme auf den Tarifvertrag ist zugleich eine tarifliche Ausschlußfrist verabredet.

Auf die durch die Gleichstellungsabrede begründeten Rechte kann entge- 264
gen § 4 Abs. 4 Satz 1 verzichtet werden, und sie können der gleichen Verwirkung wie einzelvertragliche Ansprüche unterliegen. Der Arbeitnehmer
vertraut jedoch darauf, daß er durch eine allgemeine Bezugnahmeerklärung
den tarifgebundenen Arbeitnehmern soweit wie möglich gleichgestellt und
ihm der Schutz der tariflichen Ordnung gewährt wird. Wenn der Arbeitgeber diese Erwartung nicht durch einen entsprechenden Hinweis zerstört, darf
sich der Arbeitnehmer darauf verlassen, daß ihm durch die Bezugnahmevereinbarung auch die gesetzliche Schutzwirkung des § 4 Abs. 4 Satz 1 und 2
zugebilligt wird.[131] Durch einen Aufhebungsvertrag können die Voraussetzungen der Bezugnahme beseitigt werden. Dann lebt das zwingende Gesetzesrecht wieder auf.

B. Bezugnahme durch betriebliche Einheitsregelung

I. Bezugnahme durch Betriebsvereinbarung

1. Bezugnahme auf den ganzen Tarifvertrag

Betriebsvereinbarungen, die tarifvertragliche Regelungen materieller Ar- 265
beitsbedingungen übernehmen, um sie auf alle Arbeitnehmer des Betriebes
auszudehnen, sind unzulässig. Allerdings vertrat die überwiegende Meinung
zu § 59 BetrVG 1952, daß es nicht gegen Sinn und Zweck der vorgenannten
Bestimmung verstoße, wenn eine Betriebsvereinbarung die tarifvertragliche
Regelung lediglich übernehme und damit auf die nicht tarifgebundenen Arbeitsverhältnisse erstrecke.[132] Diese Meinung kann angesichts der Entstehungsgeschichte zu § 77 BetrVG 1972[133] nicht aufrechterhalten werden.[134]

---

[130] Ebenso *Schnorr*, AuR 1963, S. 193, 195.
[131] Ebenso im Ergebnis *v. Hoyningen-Huene*, RdA 1974, S. 138, 150; *Schnorr*, AuR 1963, S. 193, 196; *Stahlhacke*, GK-BUrlG, 4. Aufl. 1984, § 13 BUrlG, Anm. 20; Voraufl., § 3 TVG, Rnr. 4; abweichend *Dersch/Neumann*, 8. Aufl. 1997, § 13 BUrlG, Rnr. 37; *Hueck/Nipperdey*, Arbeitsrecht II 1, § 23 IV 2, S. 485; *Rewolle*, Betrieb 1963, S. 483; *Siara*, § 13 BUrlG, Anm. 4 f., wendet sich zwar gegen die Anwendung des § 4 TVG, will im Ergebnis aber keinen Verzicht zulassen, sondern dies als Wegfall der Gesamtübernahme werten.
[132] Vgl. BAG 27. 3. 1963 AP Nr. 9 zu 59 BetrVG 1952 *(Neumann-Duesberg)*.
[133] BT-Drucks. VI/1786, S. 47.
[134] Ebenso LAG Hamburg, AuR 1996, S. 75, 76 f.; GK/*Kreutz*, § 77 BetrVG, Rnr. 110 m. w. N.; einschränkend aber für Firmentarifverträge *v. Hoyningen-Huene*, Betrieb 1994, S. 2026 ff.; hiergegen *Kempen/Zachert*, § 3 TVG, Rnr. 102.

Die Absicht des Gesetzgebers, eine Betriebsvereinbarung zur Allgemeinverbindlicherklärung des Tarifvertrages auf betrieblicher Ebene nicht zuzulassen, kommt mit hinreichender Deutlichkeit auch im System des Gesetzes zum Ausdruck (näher unten § 4, Rnr. 581 ff.).

266 § 77 Abs. 3 BetrVG enthält eine Art tarifdispositiven Rechts. Die Sperrwirkung für die Betriebsvereinbarung tritt nicht ein, soweit der Tarifvertrag eine Übernahme oder Ergänzung zuläßt (betriebsvereinbarungsdispositiver Tarifvertrag; sog. Öffnungsklausel).[135] Die aufgrund der tariflichen Zulassungsnorm abgeschlossene Betriebsvereinbarung kann ihrerseits wieder auf den Tarifvertrag Bezug nehmen.[136] Einer tarifübernehmenden Betriebsvereinbarung steht § 77 Abs. 3 BetrVG auch dann nicht entgegen, wenn sie für nicht tarifgebundene Arbeitgeber aufgrund einer speziellen Regelung ausdrücklich gestattet wird. Derartige Regelungen sind in den §§ 89 a Abs. 2 SeemG, 21 a Abs. 2 JArbSchG, 7 Abs. 3 ArbZG enthalten.

267 Keine Bedeutung besitzt das aus § 77 Abs. 3 BetrVG abzuleitende Verbot einer tarifübernehmenden Betriebsvereinbarung, wenn eine tarifliche Regelung weder besteht noch üblich ist, so daß § 77 Abs. 3 BetrVG nach Maßgabe der sog. Vorrangtheorie keine Anwendung findet. Greift § 77 Abs. 3 BetrVG nicht, so stehen einer Bezugnahme durch Betriebsvereinbarung keine grundsätzlichen Bedenken entgegen.[137] Im Unterschied zu dem Individualarbeitsvertrag ist die Aufnahme einer dynamischen Blankettverweisung auf einen Tarifvertrag in seiner jeweils geltenden Fassung wegen der hiermit verbundenen Entäußerung der Normsetzungsmacht regelmäßig unwirksam.[138]

2. Bezugnahme auf einzelne Tarifbestimmungen

268 Von der generellen Übernahme der tariflichen Ordnung auf die Betriebsebene durch Betriebsvereinbarung ist die Bezugnahme auf einzelne Tarifbestimmungen oder einzelne Regelungsbereiche des (jeweiligen) Tarifvertrages zu unterscheiden. Diese Bezugnahme hat nicht die Aufgabe, den personellen Geltungsbereich des Tarifvertrages auf die nicht tarifgebundenen Arbeitnehmer auszudehnen. Ihr Zweck liegt vielmehr entweder darin, an vom Tarifvertrag festgelegte Tatbestandsmerkmale (wie Arbeitszeit, Krankheit, Verhinderungsgrund, Urlaubsdauer, Wartezeit, Kindschaftsverhältnis usw.) anzuknüpfen und sie im Interesse einer einheitlichen Ordnung zu übernehmen oder den Tarifvertrag als Bemessungsgrundlage für eine eigenständige betriebliche Ordnung zu benutzen und sie durch eine „Jeweiligkeitsklausel" flexibel zu gestalten (z.B. durch Bezugnahme auf die tarifliche Normalentlohnung, auf das tarifliche Urlaubs- oder Kindergeld, auf tarifliche Ruhegeldordnungen usw.).

269 Eine solche Bezugnahme auf den Tarifvertrag scheitert nicht an § 77 Abs. 3 BetrVG.[139] Sein Gesetzeszweck erschöpft sich darin, Betriebsverein-

---

[135] Dazu unten § 4, Rnr. 587 ff.
[136] BAG 30. 11. 1973 AP Nr. 164 zu § 242 BGB Ruhegehalt.
[137] Siehe auch *D. Gaul*, ZTR 1993, S. 355, 362 f.; *Stein*, Tarifvertragsrecht, Rnr. 256.
[138] BAG 23. 6. 1992 AP Nr. 55 zu § 77 BetrVG 1972 *(Wiedemann/Arnold)*.
[139] Anderer Ansicht jedoch *Gamillscheg*, Kollektives Arbeitsrecht I, § 17 II 6, S. 740; *Kempen/Zachert*, § 3 TVG, Rnr. 101; *Stein*, Tarifvertragsrecht, Rnr. 256.

barungen zu verhindern, welche die Anwendung tariflicher Regelungen auf nicht tarifgebundene Arbeitnehmer in Art einer betrieblichen Allgemeinverbindlicherklärung ausdehnen. Eine solche Absicht fehlt in den genannten Fällen, in denen die Betriebsvereinbarung lediglich tarifvertragliche Tatbestandsmerkmale oder einzelne Regelungsbereiche mit einer eigenständigen Normsetzung abstimmt. Auch das vom Großen Senat des Bundesarbeitsgerichts aufgestellte Verbot der nachträglichen Änderung einer betrieblichen Ruhegeldordnung zu Lasten bereits aus dem aktiven Dienst ausgeschiedener Arbeitnehmer[140] steht der Bezugnahme auf die jeweilige Regelung des Tarifvertrages nicht entgegen. Der Große Senat hält einen Vorbehalt einer betrieblichen Ruhegeldordnung zugunsten späterer Änderungen durch Betriebsvereinbarung für unzulässig. Das Bestimmtheitserfordernis der Bezugnahme ist jedoch erfüllt, wenn auf den jeweils einschlägigen Tarifvertrag in einer Betriebsvereinbarung eindeutig Bezug genommen wird.

3. Änderung des in Bezug genommenen Tarifvertrages

Soweit eine Betriebsvereinbarung zulässig auf den Tarifvertrag, und zwar auf den jeweiligen Inhalt des Tarifvertrages, Bezug nimmt, müssen die gleichen Grenzen der Bezugnahme beachtet werden wie bei einer einzelvertraglichen Verweisung (siehe oben Rnr. 227 ff., 253 ff.). Die Bezugnahme deckt daher nur die Verweisung auf Regelungen, mit denen die Parteien billigerweise rechnen konnten und die sich inhaltlich und systematisch im Rahmen der bisherigen Regelung halten.[141]

II. Übernahme von Tarifverträgen durch betriebliche Übung

In vielen Unternehmen besteht eine betriebliche Übung, allen Arbeitnehmern, unabhängig davon, ob sie organisiert sind oder nicht, (mindestens) die Tarifbedingungen zu gewähren. Das betrifft insbesondere die Fälle, in denen der Arbeitgeber selbst tarifgebunden ist. Der kraft Betriebsübung in Bezug genommene Tarifvertrag gilt dann auch für die nichtorganisierten Arbeitnehmer, soweit die Geltung der Betriebsübung nicht im Einzelvertrag ausgeschlossen wurde, um sie für die Zukunft einzuschränken oder zu beseitigen.[142]

1. Entstehung

Wann eine betriebliche Übung existiert, läßt sich nur im Einzelfall ermitteln.[143] Gibt die Unternehmensleitung jeweils den neuen Tarifver-

---

[140] BAG (GS) 16. 3. 1956 AP Nr. 1 zu § 57 BetrVG 1952 = SAE 1956, S. 156 *(Molitor)*; kritisch dazu *Biedenkopf*, Tarifautonomie, S. 223; *Hueck/Nipperdey*, Arbeitsrecht II 2, § 65 C II 1, S. 1260; *Nikisch*, JZ 1967, S. 778, 780.
[141] Ebenso mit dem Hinweis auf einen (fiktiven) Vorbehalt der angemessenen Regelung BAG 17. 10. 1957 AP Nr. 29 zu § 242 Ruhegehalt *(Götz Hueck)*; BAG 14. 3. 1961 AP Nr. 78 zu § 242 BGB Ruhegehalt *(Zeuner)*; BAG 30. 11. 1973 AP Nr. 164 zu § 242 BGB Ruhegehalt; für den Fall einer Dienstordnung BAG 10. 3. 1967 AP Nr. 27 zu § 611 BGB Dienstordnungs-Angestellte *(Immand)*.
[142] Mit Einschränkungen Kempen/*Zachert*, § 3 TVG, Rnr. 106.
[143] Dazu *Seiter*, Die Betriebsübung, 1967.

trag oder seine Änderungen bekannt oder händigt sie das Tarifmaterial bei der Lohnvereinbarung aus, so kann damit eine betriebliche Übung begründet werden. Ein Rückschluß auf den Willen des Arbeitgebers ist möglich, wenn der fragliche Tarifvertrag mit Wissen und Willen des Arbeitgebers im Betrieb ausgelegt wurde.[144] Durch eine zwei Jahre lang gehandhabte Urlaubsregelung in Anlehnung an den einschlägigen Tarifvertrag kann ein einzelvertraglicher Anspruch auf Urlaubsgestaltung nach Maßgabe des Tarifvertrages entstehen.[145] Entlohnt ein nicht tarifgebundener Arbeitgeber seine Arbeitnehmer nach den Sätzen des einschlägigen Tarifvertrages und schließt er sich sechsmal den jeweiligen Tariflohnerhöhungen an, so ist infolge dieser ständigen betrieblichen Übung eine stillschweigende Vereinbarung entstanden, den Tariflohn zu zahlen[146]. Nach Ansicht des Bundesarbeitsgerichts ist die Regelung eines außer Kraft getretenen und nur noch nachwirkenden Tarifvertrages nicht schon dann als betriebsüblich anzuwenden, wenn bei der Begründung eines Arbeitsverhältnisses nach Ablauf des Tarifvertrages mit dem neu eingestellten Arbeitnehmer nichts anderes vereinbart ist.[147] Der Ansicht ist nicht zu folgen, da der Tarifvertrag auch im Nachwirkungszeitraum weiter gilt (siehe unten § 4, Rnr. 330 ff.).

2. Umfang

273 In welchem Umfang eine betriebliche Übung anzuerkennen ist, muß im Einzelfall ebenfalls ermittelt werden. Im Zweifel wird sich die betriebliche Übung nicht auf Regelungsgegenstände beziehen, die bislang in Lohn- und Manteltarifverträgen nicht geregelt wurden. Derart neue Fragenkomplexe sind von der Bezugnahmevereinbarung nicht ohne weiteres umfaßt.[148]

3. Öffentlicher Dienst

274 Im öffentlichen Dienst besteht seit vielen Jahren eine betriebliche Übung, die Arbeitnehmer gleich zu behandeln. Den nicht tarifgebundenen Arbeit-

---

[144] LAG Bremen, BB 1965, S. 495.
[145] LAG Baden-Württemberg, Betrieb 1969, S. 709; ebenso LAG Hamm, AiB 1992, 539 f., für die Gewährung eines 13. Monatseinkommens.
[146] LAG Berlin, BB 1965, S. 287; siehe exemplarisch LAG Hamburg, AuR 1996, S. 75, 76. Zu eng wohl LAG Frankfurt, BB 1957, S. 1001, und LAG Düsseldorf, BB 1961, S. 529, die beide einen jeweils neuen Verpflichtungswillen gegenüber den nichtorganisierten Arbeitnehmern verlangen; kritisch dazu auch *Seiter*, Betriebsübung, S. 43. Sehr zurückhaltend LAG Hamm, AuR 1968, S. 382: Wenn ein Unternehmen die Produktion einstellt und nur noch Handel betreibt, aus der bisherigen Anwendung des Tarifrechts der Produktion kein Anspruch auf Fortsetzung hergeleitet werden; in einem nicht tarifgebundenen Betrieb könne insoweit nicht auf den Gesichtspunkt der Übung als Rechtsnorm oder des betrieblichen Gewohnheitsrechts zurückgegriffen werden. Das Verhalten des Arbeitgebers unter anderen Betriebszwecken führe zu keinem entsprechenden Bindungswillen für die Zukunft. Die Tatsache allein, daß eine branchenübliche Tarifregelung besteht, macht diese nicht ohne weiteres betriebsüblich; so zutreffend BAG 1. 8. 1968 AP Nr. 10 zu § 620 BGB Probearbeitsverhältnis = SAE 1969, S. 12 *(Herschel)*.
[147] BAG 6. 6. 1958 AP Nr. 1 zu § 4 TVG Nachwirkung *(Tophoven)*.
[148] LAG Düsseldorf (Köln), Betrieb 1969, S. 88.

nehmern müssen dann ebenfalls alle Tarifleistungen gewährt werden.[149] Etwas anderes gilt, wenn im gleichen öffentlichen Betrieb ausnahmsweise zwei verschiedene Tarifverträge für einzelne Gruppen von Arbeitnehmern mit unterschiedlichem Inhalt nebeneinander gelten. Dann können sich die anders- oder nichtorganisierten Arbeitnehmer nicht auf einen Tarifvertrag berufen, unter dessen Geltungsbereich sie – Tarifgebundenheit vorausgesetzt – nicht fallen würden.[150]

4. Irrtümliche Tarifanwendung

Zur Entstehung einer betrieblichen Übung bei irrtümlicher Anwendung von Tarifbestimmungen vgl. *Hanau*, AcP Bd. 165 (1965), S. 220, 261; *Seiter*, Betriebsübung, 1967, S. 92 ff.; *Wiedemann*, Anm. zu BAG 13. 7. 1968 AP Nr. 8 zu § 242 BGB Betriebliche Übung, Anm. zu BAG 7. 8. 1967 AP Nr. 121 zu § 242 BGB Ruhegehalt und Anm. zu BAG 30. 9. 1968 AP Nr. 1 zu § 9 TV Arb. Bundespost; sowie LAG Berlin, Betrieb 1968, S. 316.

C. Bezugnahme und Betriebsübergang

Schwierig zu beantwortende Fragen löst der Betriebsübergang für Inhalt und Reichweite der Bezugnahmeklausel aus. Fest steht entsprechend der einhelligen Ansicht zunächst, daß § 613a Abs. 1 Satz 2 BGB keine Anwendung findet, wenn die Tarifnormen vor dem Betriebsübergang nicht unmittelbar auf das Arbeitsverhältnis einwirkten, sondern für dieses kraft einer im Arbeitsvertrag enthaltenen Bezugnahmeklausel galten. Einigkeit besteht insoweit ebenfalls, daß in einer derartigen Konstellation § 613a Abs. 1 Satz 1 BGB anzuwenden ist (oben Rnr. 192). Zweifelhaft sind jedoch die Rechtsfolgen, wenn nach dem Betriebsübergang (bzw. einer Rechtsnachfolge) in dem Betrieb ein anderer als der ursprünglich einschlägige Tarifvertrag eingreift.

Unproblematisch ist die Rechtslage bei einer in sachlicher Hinsicht dynamischen Bezugnahmeklausel. Sie führt dazu, daß das Bezugsobjekt ausgetauscht wird und der für die tarifgebundenen Arbeitsverhältnisse geltende (neue) Tarifvertrag kraft der Gleichstellungsabrede wirkt.[151] Nimmt die Bezugnahmeklausel, letztlich bedingt durch § 2 Abs. 1 Nr. 10 NachwG, auf einen konkreten Tarifvertrag Bezug, so könnte dies zu der Annahme verleiten, daß er auch nach dem Betriebsübergang (bzw. der Rechtsnachfolge) zur Anwendung gelangt. Allerdings muß es dem Willen der Arbeitsvertragsparteien entsprochen haben, eine statische Bezugnahme zu vereinbaren. Hieran fehlt es regelmäßig, wenn es sich bei der Bezugnahmeklausel um eine Gleichstellungsabrede handelte. In einem derartigen Fall kann der Zweck der Bezugnahmeklausel nur durch eine ergänzende Auslegung der-

---

[149] Ebenso *Kraegeloh*, BB 1952, S. 227; abweichend Hueck/Nipperdey, Arbeitsrecht II 1, § 23 B I 2, S. 480; LAG Hamm, BB 1952, S. 227 *(Kraegeloh)*; LAG Kiel, BB 1952, S. 58.
[150] LAG Düsseldorf, AP 1952, Nr. 191 *(Denecke)*.
[151] Statt aller *Gamillscheg*, Kollektives Arbeitsrecht I, § 17 V 5, S. 784 f.

selben aufrechterhalten werden. Wenn nach dem Betriebsübergang (bzw. der Rechtsnachfolge) für den Betrieb in fachlicher und/oder räumlicher Hinsicht ein anderer Tarifvertrag eingreift, dann ist eine ergänzende Auslegung der Bezugnahmeklausel vorzunehmen, so daß nunmehr derjenige Tarifvertrag in Bezug genommen wird, der im Fall einer beiderseitigen Tarifgebundenheit gelten würde.[152] Dies trifft indessen nicht zu, wenn dem Inhalt der Bezugnahmeklausel oder anderen Abreden der Arbeitsvertragsparteien ein abweichender Wille entnommen werden kann. Wenn der Erwerber nicht tarifgebunden ist, gelangen diese Grundsätze ebenfalls zur Anwendung.[153]

278 Der hier befürwortete Ansatz über eine Auslegung der Bezugnahmeklausel führt auch für die kontrovers diskutierte Problematik eine sachgerechte Lösung herbei, daß die bislang im Betrieb geltenden Tarifnormen durch eine andere kollektivvertragliche Ordnung gemäß § 613a Abs. 1 Satz 3 BGB abgelöst werden. Eine analoge Anwendung der vorgenannten Vorschrift zur Vermeidung einer Besserstellung der tariflichen Außenseiter[154] ist entbehrlich, da eine ergänzende Auslegung der Bezugnahmeklausel sicherstellt, daß die tariflichen Außenseiter ebenso gestellt werden, wie die beiderseits tarifgebundenen Arbeitsvertragsparteien.[155] Problematisch ist dieser Weg nur in zwei Konstellationen: Erstens tritt die Ablösung der bisherigen tariflichen Ordnung nicht durch einen Tarifvertrag, sondern durch eine Betriebsvereinbarung ein. Zweitens scheitert eine Ablösung durch eine neue tarifliche Ordnung daran, daß die beiderseitige Tarifgebundenheit fehlt. In beiden Fällen ist eine analoge Anwendung von § 613a Abs. 1 Satz 3 BGB vorzugswürdig.

279 Ein besonderes Problem wirft der Betriebsübergang darüber hinaus im Hinblick auf das in § 613a Abs. 1 Satz 2 BGB normierte einjährige Verschlechterungsverbot auf. Es kann allerdings nicht im Wege einer Analogie auf tarifliche Außenseiter angewendet werden, für die der Tarifvertrag kraft arbeitsvertraglicher Bezugnahmeklausel gilt. Wohl aber führt auch hier eine ergänzende Auslegung zu einem sachgerechten Ergebnis. Wenn es der Zweck der Bezugnahmeklausel ist, den tariflichen Außenseiter mit den tarifgebundenen Arbeitnehmern gleichzustellen, dann strahlt dieser Zweck ebenfalls auf die Rechtslage nach einem Betriebsübergang aus. Der für die

---

[152] Ebenso BAG, NZA 1997, 1066, 1070; *B. Gaul*, NZA 1998, S. 9, 17; *Hanau/Kania*, in: Festschrift für Günter Schaub (1998), S. 239, 257; *Hanau/Vossen*, in: Festschrift für Marie Luise Hilger/Hermann Stumpf (1983), S. 271, 294f.; *Kania*, Betrieb 1995, S. 625, 628; *Seiter*, Betriebsinhaberwechsel, 1980, S. 95; Staudinger/*Richardi*, 12. Aufl. 1989, § 613a BGB, Rnr. 181; *Wank*, NZA 1987, S. 505, 509; *Wiedemann*, in: Festschrift für Hans-Joachim Fleck (1988), S. 447, 455; i.E. auch *D. Gaul*, ZTR 1993, S. 355, 360f.; *Zöllner*, Betrieb 1995, S. 1401, 1407; mit Einschränkungen auch Kempen/Zachert, § 3 TVG, Rnr. 77, die jedoch verlangen, daß der Tarifvertrag mit derselben Gewerkschaft abgeschlossen worden ist.
[153] LAG Düsseldorf, ZTR 1993, S. 248 (LS).
[154] Hierfür *Gamillscheg*, Kollektives Arbeitsrecht I, § 17 V 5, S. 785; *Gussen/Dauck*, Die Weitergeltung von Betriebsvereinbarungen und Tarifverträgen bei Betriebsübergang und Umwandlung, 2. Aufl. 1997, S. 169; *Henssler*, in: Festschrift für Günter Schaub (1998), S. 311, 322f.
[155] *Zöllner*, Betrieb 1995, S. 1401, 1407; ebenso *B. Gaul*, NZA 1998, S. 9, 17; im Grundsatz auch *Kania*, Betrieb 1995, S. 625, 628.

vormals tarifgebundenen Arbeitnehmer im Anschluß an die Transformation der Tarifnormen eingreifende einjährige Änderungsschutz erfaßt zugleich die tariflichen Außenseiter, da anderenfalls der Zweck der Gleichstellungsabrede vereitelt würde.[156]

D. Andere Rechtsgrundlagen

I. Tarifliche Außenseiterklauseln

Die Tarifvertragsparteien können vereinbaren, daß die nichtorganisierten Arbeitnehmer den organisierten Arbeitnehmern gleichzustellen sind. Derartige tarifliche Außenseiterklauseln sind unbeschränkt zulässig.[157] Sie sind bei Wiedereinstellungsklauseln und Maßregelungsverboten am Ende von Arbeitskämpfen auch üblich.[158] Empfiehlt ein Arbeitgeberverband seinen Mitgliedern, die Tarifbedingungen ebenfalls den Außenseitern zu gewähren, so bindet dies die einzelnen Arbeitgeber nur verbandsrechtlich, es verschafft den nichtorganisierten Arbeitnehmern keinen tariflichen Anspruch. In der Empfehlung kann indes eine Interpretation des Tarifvertrages dahingehend liegen, daß eine tarifvertragliche Außenseiterklausel verabredet wurde. Eine derartige Bestimmung hat, anders als die Allgemeinverbindlicherklärung, keine unmittelbare Normenwirkung, sondern sie verpflichtet vielmehr die Tarifvertragsparteien nur schuldrechtlich zur Gleichstellung der gesamten Belegschaft. Die Gleichstellungsabrede gilt als Vertrag zugunsten Dritter, nämlich der Außenseiter, verschafft ihnen also einen eigenen unmittelbaren Rechtsanspruch auf die im Tarifvertrag geregelten Arbeitsbedingungen gegenüber der vertragsschließenden Partei. Der nichtorganisierte Arbeitgeber wird davon nicht betroffen.

Eine noch nicht geklärte Frage ist, wie weit die Tarifvertragsparteien verpflichtet sind, Gleichstellungsklauseln zu vereinbaren. Haben die Gewerkschaften die nichtorganisierten Arbeitnehmer aufgefordert, sich an einem Arbeitskampf zu beteiligen, so obliegt ihnen die Pflicht, in den Tarifvertrag eine Gleichstellung der nichtorganisierten Arbeitnehmer im Geltungsbereich des Tarifvertrages aufzunehmen, und zwar nicht nur in Wiedereinstellungsklauseln und Maßregelungsverboten[159] und nicht nur hinsichtlich der tatsächlich am Streik beteiligten Arbeitnehmer, denn mit der aktuellen oder potentiellen Unterstützung solidarisieren sich alle Arbeitnehmer zu einer „tariflichen Kampfgemeinschaft". Dann müssen sie auch alle entsprechend dem übernommenen Risiko die Vorteile des Tarifvertrages, der den Arbeitskampf beendet, erhalten.[160]

---

[156] Ebenso *Wiedemann*, in: Festschrift für Hans-Joachim Fleck (1988), S. 447, 454.
[157] BAG (GS) 29. 11. 1967 AP Nr. 13 zu Art. 9 GG; Kempen/*Zachert*, § 3 TVG, Rnr. 112; *Stein*, Tarifvertragsrecht, Rnr. 263; anderer Ansicht Hueck/*Nipperdey*, Arbeitsrecht II 1, § 23 B III, S. 463.
[158] Dazu oben § 1, Rnr. 491 ff.
[159] So *Biedenkopf*, Betriebsrisikolehre, S. 21; *Säcker*, Gruppenautonomie, S. 333.
[160] Siehe *Wiedemann*, RdA 1969, S. 321, 333; sowie oben Einleitung, Rnr. 252; a. A. Kempen/*Zachert*, § 3 TVG, Rnr. 113.

2. Gleichbehandlungsgrundsatz

282 a) **Gruppengleichheit.** Der Grundsatz der Gleichbehandlung gilt unbestritten, wenn es sich um das Verhältnis innerhalb der Gruppe der nichtorganisierten Arbeitnehmer handelt. Ein Recht auf Gleichbehandlung besteht, wenn in einem bestimmten Betrieb oder in einer Verwaltungseinheit in der Regel die tariflichen Leistungen an alle tarifgebundenen Arbeitnehmer erbracht werden. Sind die nichtorganisierten Arbeitnehmer grundsätzlich einbezogen, so darf ein einzelner nicht ohne triftigen Grund (bezüglich seiner Leistung oder Eignung) ausgenommen werden.[161]

283 b) **Allgemeine Gleichbehandlung.** Unbestritten ist der Arbeitgeber zur Gleichbehandlung von organisierten und nichtorganisierten Arbeitnehmern verpflichtet, soweit es sich um Leistungen handelt, die nicht auf dem Tarifvertrag beruhen (außer- und übertarifliche Leistungen). Der Grundsatz der Gleichbehandlung wird in § 75 Abs. 1 BetrVG wiederholt und wirkt sich sowohl auf das Einzelarbeitsverhältnis als auch auf die Rechtsstellung des Arbeitnehmers im Betrieb aus.

284 Nach herrschender Meinung ist der tarifgebundene Arbeitgeber nicht verpflichtet, aufgrund des Gleichheitssatzes seinen nichtorganisierten Arbeitnehmern das zu gewähren, was er aufgrund eines Tarifvertrages an die organisierten Arbeitnehmer leisten muß.[162] Der Anspruch auf die Tarifleistungen kann danach nur aus einem Tarifvertrag zugunsten Dritter, aus betrieblicher Übung, betrieblicher Gesamtzusage oder aus einem Einzelarbeitsvertrag fließen.[163] Zur Begründung wird angeführt, der Unterschied zwischen organisierten und nichtorganisierten Arbeitnehmern sei angesichts der §§ 3 Abs. 1 und 5 Abs. 1 des Gesetzes so wesentlich, daß die Andersbehandlung von nichtorganisierten Arbeitnehmern nicht als willkürliche bzw. sachlich nicht gerechtfertigte Differenzierung gelten könne.

285 Demgegenüber hielt eine verbreitete Ansicht in der Weimarer Zeit den tarifgebundenen Arbeitgeber für verpflichtet, die Arbeitsverträge mit den nichtorganisierten Arbeitnehmern, denen gegenüber die Unabdingbarkeit versagt, ebenfalls tarifgemäß zu gestalten.[164] Im Entwurf des Arbeitstarifgesetzes des Jahres 1921[165] war in § 16 ausdrücklich vorgesehen, daß für Arbeits-

---

[161] LAG Hamm, AP 1952 Nr. 123 *(Tophoven)*; LAG Hamburg, AP 1953, Nr. 159 *(Zigan)*; LAG Frankfurt, BB 1957, S. 1001; LAG Düsseldorf, BB 1961 S. 529; ebenso *Dörner*, HzA, Gruppe 18/1, Rnr. 227; *Gamillscheg*, Kollektives Arbeitsrecht I, § 17 I 2a, S. 714, § 17 II 6, S. 740; *Kempen/Zachert*, § 3 TVG, Rnr. 109; *Schaub*, Arbeitsrechts-Handbuch, § 206 IV 2, S. 1730; *Stein*, Tarifvertragsrecht, Rnr. 263; vgl. außerdem *Bötticher*, RdA 1953, S. 161, 164; *Hilger*, RdA 1975, S. 32, 34; *Götz Hueck*, Der Grundsatz der gleichmäßigen Behandlung im Privatrecht, 1958, S. 232 ff. Die Frage ist in BAG 20. 7. 1960 AP Nr. 7 zu § 4 TVG *(Götz Hueck)* = SAE 1960, S. 146 *(Lehna)* offengelassen.

[162] Stellvertretend *Dörner*, HzA, Gruppe 18/1, Rnr. 228; *Hueck/Nipperdey*, Arbeitsrecht II 1, § 23 I 2, S. 479 f.; *Kempen/Zachert*, § 3 TVG, Rnr. 111; *Schaub*, Arbeitsrechts-Handbuch, § 206 IV 2, S. 1730; *Stein*, Tarifvertragsrecht, Rnr. 263; *Zöllner/Loritz*, Arbeitsrecht, § 36 I 8, S. 414.

[163] Vgl. statt aller BAG 20. 7. 1960 AP Nr. 7 zu § 4 TVG *(Götz Hueck)* = SAE 1960, S. 146 *(Lehna)*.

[164] So *A. Hueck*, Recht des Tarifvertrages, 1920, S. 147 ff., 168; *Potthoff*, Arbeitsrecht 1923, Sp. 193, 198; *Sinzheimer*, Arbeitstarifgesetz, 1916, S. 101.

[165] Reichsarbeitsblatt 1921, Nr. 13, S. 491, 492.

verträge zwischen tarifangehörigen Arbeitgebern und nicht tarifangehörigen Arbeitnehmern der Tarifvertrag unmittelbar und zwingend gilt, wenn alle in dem räumlichen und fachlichen Geltungsbereiche des Tarifvertrages bestehenden tariffähigen Vereinigungen der Arbeitnehmer als Vertragsparteien an dem Tarifvertrag beteiligt sind und der Tarifvertrag diese Wirkung nicht ausschließt. Nach der Begründung des Gesetzesentwurfs sollte damit erreicht werden, daß die Bestimmungen des Tarifvertrages ohne weiteres für alle Betriebsangehörigen der Tarifbereiche gelten, also auch solche Arbeitsverträge erfassen, die in Tarifbetrieben mit Außenseitern geschlossen werden. In eine ähnliche Richtung ging der im Mai 1931 im Reichsarbeitsministerium ausgearbeitete Referentenentwurf.[166]

Zwei Grundsatzurteile des Bundesverfassungsgerichts und des Bundesarbeitsgerichts sowie die Neufassung der §§ 77, 87 BetrVG legen eine Überprüfung der heute herrschenden Meinung nahe.[167] Das Bundesverfassungsgericht hält es für mit Art. 3 Abs. 1 GG nicht vereinbar, daß nach § 34a EStG die Steuerfreiheit von Zuschlägen für Sonntags-, Feiertags- und Nachtarbeit davon abhängt, ob sie auf Tarifvertrag oder Einzelarbeitsvertrag beruht.[168] Die genannten Zuschläge waren früher steuerfrei, wenn sie sich aus einem einschlägigen Tarifvertrag ergaben und der tarifgebundene Arbeitgeber sie an einen ebenfalls tarifgebundenen Arbeitnehmer zahlte. War der Arbeitnehmer jedoch nicht organisiert und erhielt er den gleichen Zuschlag wie sein organisierter Arbeitskollege, so sollte die Steuerfreiheit nicht eingreifen. Für diese unterschiedliche steuerliche Behandlung läßt sich nach Ansicht des Bundesverfassungsgerichts ein sachlich einleuchtender Grund nicht finden. Noch deutlicher kommt die Verpflichtung zur Gleichbehandlung der organisierten und der nichtorganisierten Arbeitnehmer im Differenzierungsbeschluß des Bundesarbeitsgerichts zum Ausdruck:

„Die Gleichbehandlung von Organisierten und Nichtorganisierten in Entgeltfragen wird heute weitgehend als ein Ausdruck der sozialen Gerechtigkeit empfunden.... Die faktische Gleichbehandlung der Organisierten und Außenseiter führt nicht nur dazu, daß in vielen Fällen der Außenseiter auf das tarifliche Lohnniveau der Organisierten angehoben wird, sondern bringt es in ähnlicher Weise unter dem Gesichtspunkt der Zweckmäßigkeit und Gerechtigkeit auch mit sich, daß der Organisierte zusammen mit den Außenseitern ein einheitliches übertarifliches Lohnniveau erreicht".[169]

Die Rechtslage hat sich außerdem dadurch geändert, daß dem Betriebsrat nach § 87 Abs. 1 BetrVG 1972 ein begrenztes Mitbestimmungsrecht in dem Bereich der materiellen Arbeitsbedingungen zusteht. § 87 Abs. 1 Nr. 3 und 11 BetrVG betreffen jedenfalls materielle Arbeitsbedingungen. Nach dem Einleitungssatz des § 87 BetrVG ist das zwingende Mitbestimmungsrecht ausgeschlossen, wenn der Tarifvertrag eine einschlägige und ausreichende Regelung enthält. Würde der Inhalt des Tarifvertrages insoweit nicht zu

---

[166] Siehe oben Rnr. 216; sowie oben Geschichte, Rnr. 14.
[167] Für eine Verpflichtung zur Gleichbehandlung mit Nachdruck *Wiedemann*, RdA 1969, S. 321, 323 ff.; beschränkt auf die „tarifliche Kampfgemeinschaft" *Thüsing*, ZTR 1997, 433 ff.
[168] BVerfGE 25, S. 101, 110 = AP Nr. 4 zu § 34a EStG.
[169] BAG (GS) 29. 11. 1967 AP Nr. 13 zu Art. 9 GG = SAE 1969, S. 246 (*Wiedemann*).

§ 4   Wirkung der Rechtsnormen

gleich durch Gleichstellungsabrede den nichtorganisierten Arbeitnehmern zugute kommen, so wäre ihnen einerseits der Tarifschutz, andererseits das zwingende Mitbestimmungsrecht des Betriebsrates entzogen. Der Gesetzgeber ging bei der Neuregelung in den §§ 77, 87 BetrVG von der Gleichbehandlung der organisierten und nichtorganisierten Arbeitnehmer auch und gerade im tariflichen Bereich aus. Von dieser Vorstellung ist gleichermaßen die Regelung in § 146 Abs. 3 Satz 3 SGB III geprägt, der die „Anwendung" des Tarifvertrages auf den Arbeitnehmer für das Ruhen des Anspruches auf Arbeitslosengeld bzw. Kurzarbeitergeld (§ 174 SGB III) genügen läßt.

288   Trotz der vom Gesetzgeber unterstellten bzw. ihm im Einzelfall durch Art. 3 Abs. 1 GG auferlegten Pflicht zur Gleichbehandlung können die Bestrebungen, dem nicht organisierten Arbeitnehmer einen generellen Anspruch auf Gleichbehandlung zu verschaffen, nicht überzeugen, da hierdurch die grundsätzliche Wertentscheidung in den §§ 3 Abs. 1, 4 Abs. 1 unterlaufen wird (siehe auch oben Einleitung, Rnr. 255).

§ 4 Wirkung der Rechtsnormen

(1) Die Rechtsnormen des Tarifvertrages, die den Inhalt, den Abschluß oder die Beendigung von Arbeitsverhältnissen ordnen, gelten unmittelbar und zwingend zwischen den beiderseits Tarifgebundenen, die unter den Geltungsbereich des Tarifvertrages fallen. Diese Vorschrift gilt entsprechend für Rechtsnormen des Tarifvertrages über betriebliche und betriebsverfassungsrechtliche Fragen.

(2) Sind im Tarifvertrag gemeinsame Einrichtungen der Tarifvertragsparteien vorgesehen und geregelt (Lohnausgleichskassen, Urlaubsmarkenregelung usw.), so gelten diese Regelungen auch unmittelbar und zwingend für die Satzung dieser Einrichtung und das Verhältnis der Einrichtung zu den tarifgebundenen Arbeitgebern und Arbeitnehmern.

(3) Abweichende Abmachungen sind nur zulässig, soweit sie durch den Tarifvertrag gestattet sind oder eine Änderung der Regelungen zugunsten des Arbeitnehmers enthalten.

(4) Ein Verzicht auf entstandene tarifliche Rechte ist nur in einem von den Tarifvertragsparteien gebilligten Vergleich zulässig. Die Verwirkung von tariflichen Rechten ist ausgeschlossen. Ausschlußfristen für die Geltendmachung tariflicher Rechte können nur im Tarifvertrag vereinbart werden.

(5) Nach Ablauf des Tarifvertrages gelten seine Rechtsnormen weiter, bis sie durch eine andere Abmachung ersetzt werden.

Gesamtübersicht zu § 4

	Rnr.
1. Abschnitt. Inkrafttreten und Beendigung des Tarifvertrages	1–92
A. Inkrafttreten des Tarifvertrages	1–9
B. Beendigung des Tarifvertrages	10–92
2. Abschnitt. Geltungsbereich des Tarifvertrages	93–260
A. Allgemeines	93–114
B. Räumlicher Geltungsbereich	115–135

	Rnr.
C. Branchenmäßiger Geltungsbereich	136–173
D. Fachlicher Geltungsbereich	174–217
E. Persönlicher Geltungsbereich	218–227
F. Zeitlicher Geltungsbereich	228–260
3. Abschnitt. Das Verhältnis der Tarifvertragsnormen zu ranggleichen und rangniedrigeren Regelungen ...	261-650
A. Verhältnis zu gleichrangigen Regelungen	261–299
B. Einwirkung auf ungünstigere Individualabsprachen	300–380
C. Verhältnis zu günstigeren Individualabsprachen	381–545
D. Verhältnis zu rangniedrigeren Regelungen	546–650
4. Abschnitt. Der Rechtsverlust im Tarifvertragsrecht	651–873
A. Verzicht auf enstandene tarifliche Rechte	652–686
B. Verjährung, Verwirkung, Einwand der Arglist	687–711
C. Tarifvertragliche Ausschluß- oder Verfallklauseln	712–873

1. Abschnitt. Inkrafttreten und Beendigung des Tarifvertrages

Schrifttum: *Detlef Belling*, Die außerordentliche Anpassung von Tarifverträgen an veränderte Umstände, NZA 1996, S. 906–913; *Detlef Belling/Christian Hartmann*, Die Unzumutbarkeit als Begrenzung der Bindung an den Tarifvertrag, ZfA 1997, S. 87–144; *Volker Beuthien/Frank Meik*, Wenn Tariftreue unzumutbar wird, Betrieb 1993, S. 1518–1520; *Herbert Buchner*, Kündigung der Tarifregelungen über die Entgeltanpassung der Metallindustrie der östlichen Bundesländer, NZA 1993, S. 289–299; *ders.*, Die tarifrechtliche Situation bei Verbandsaustritt und bei Auflösung eines Arbeitgeberverbandes, RdA 1997, S. 259–267; *Wolfgang Däubler*, Die Anpassung von Tarifverträgen an veränderte wirtschaftliche Umstände, ZTR 1996, S. 241–245; *Erich Frey*, Das Schicksal des Tarifvertrages und seiner Auswirkungen bei Wegfall einer Tarifvertragspartei, RdA 1965, S. 363–367; *Martin Henssler*, Flexibilisierung der Arbeitsmarktordnung, ZfA 1994, S. 487–515; *Andrea Heßhaus*, Kündigung und Wegfall der Geschäftsgrundlage im Tarifvertragsrecht, Konstanz 1997; *Wolfgang Hromadka*, Reformbedarf im Tarifrecht?, in: Festschrift für Wlotzke (1996), S. 333–355; *Gilbert Kempff*, Tarifvertrag und Konjunktur, AiB 1993, S. 267–271; *Dieter Krischker*, Tarifverbandsauflösung und Tarifvertrag, Diss. Köln (1969); *Manfred Löwisch*, Tariföffnung bei Unternehmens- und Arbeitsplatzgefährdung, NJW 1997, S. 905–911; *René Alexander Lohs*, Anpassungsklauseln in Tarifverträgen, Frankfurt a. M. 1996; *ders.*, Tarifvertragliche Öffnungsklauseln, Betrieb 1996, S. 1722–1724; *Meissinger*, Tarifliche Folgen des Wechsels in der Person des Arbeitgebers, NZfA 1924, Sp. 522–525; *Cord Meyer*, Chancen und Grenzen der Anpassung von Tarifverträgen, RdA 1998, S. 142–155; *Dirk Neumann*, Kollektivvereinbarungen bei Unternehmenskonzentration, Betrieb 1960, S. 60–61; *Hartmut Oetker*, Das Dauerschuldverhältnis und seine Beendigung, 1994; *ders.*, Die Kündigung von Tarifverträgen, RdA 1995, S. 82–103; *Hansjörg Otto*, Die Kündigung des Tarifvertrages aus wirtschaftlichen Gründen, in: Festschrift für Kissel (1994), S. 787–812; *Adolf Schäfer*, Die Wirkungen der Verbandsauflösungen auf ein bestehendes Tarifvertragsverhältnis, Jena 1931; *Hugo Seiter*, Wechsel des Betriebsinhabers und Arbeitsverhältnis, AR-Blattei, Betriebsinhaberwechsel I; *Ralf Steffan*, Der praktische Fall – Arbeitsrecht: Ein (zu) langer Tarifvertrag, JuS 1993, S. 1027–1032; *Wolfgang Thiele*, Bemerkungen zur Kündigung von Gesamtvereinbarungen, RdA 1968, S. 424–427; *Hermann Unterhinninghofen*, Fristlose Kündigung der ostdeutschen Metalltarifverträge – „Hilfeschrei" oder „eklatanter Rechtsbruch"?, AuR 1993, S. 101–105; *Rolf Wank*, Empfiehlt es sich, die Regelungsbefugnisse der Tarifparteien im Verhältnis zu den Betriebsparteien neu zu ordnen?, NJW 1996, S. 2273–2282; *ders.*, Kündigung und Wegfall der Geschäftsgrundlage bei Tarifverträgen, in: Festschrift für Schaub (1998), S. 761–791; *Engelbert Winter/Wolfgang Zekam*, Außerordentliche Kündigung von Tarifverträgen, AuR 1997, S. 89–91; *Ulrich Zachert*, Probleme der Teilkündigung von Tarifverträgen im öffentlichen Dienst, AuR 1993, S. 294–297; *ders.*, Möglichkeiten der fristlosen Kündigung von Tarifverträgen in den neuen Bundesländern, NZA 1993, S. 299–301.

Übersicht

	Rnr.
A. Inkrafttreten des Tarifvertrages	1–9
I. Abgrenzungen	1–4
1. Wirksamwerden und Inkrafttreten	1
2. Rückwirkung	2
3. Inkrafttreten nach Wirksamwerden	3
4. Verlängerung und Verkürzung der Normwirkung, Stufentarifverträge	4
II. Frei geschlossener Tarifvertrag	5
III. Zustandekommen mittels Schiedsspruchs	6–9
1. kraft Unterwerfung	7
2. kraft Annahme	8
3. kraft Verbindlicherklärung	9
B. Beendigung des Tarifvertrages	10–92
I. Beendigungsgründe	10–74
1. Zeitablauf	11–13
a) Vereinbarte Geltungsfrist	11
b) Höchstlaufzeit	12
c) Verlängerungsklausel	13
2. Gegenstandslosigkeit	14
3. Aufhebungsvertrag	15–17
a) Grundsatz	15
b) Mehrgliedriger Tarifvertrag	16
c) Keine Aufhebung durch Schiedsspruch	17
4. Auflösende Bedingung	18, 19
a) Indexklausel	18
b) Revisionsklausel	19
5. Tarifvertragliche Revisions-, Härte-, Öffnungs-, Kündigungs- und Kleinbetriebsklauseln	20
6. Ordentliche Kündigung	21–25
a) Tarifvertragliche Regelung	21
b) Fehlende Kündigungsfrist im Tarifvertrag	22
c) Fehlender Kündigungstermin im Tarifvertrag	23
d) Teilkündigung	24
e) Mehrgliedriger Tarifvertrag	25
7. Außerordentliche Kündigung	26–73
a) Grundsatz	26–49
aa) Kündbarkeit	26
bb) Wichtiger Grund	27–30
cc) Unzumutbarkeit	31–37
dd) Kündigung als ultima ratio	38–40
ee) Abmahnung	41
ff) Beweislast	42
gg) Kündigung trotz Schiedsklausel	43
hh) Rücktritt	44
ii) Ausschlußfrist	45
jj) Nachwirkung	46
kk) Rechtsfolgen für die Arbeitsvertragsparteien	47
ll) Feststellungsklage und Arbeitskampf	48, 49
b) Einzelne wichtige Gründe für eine Kündigung	50–61
aa) Anfechtungsgründe	50
bb) Verlust der Tariffähigkeit	51
cc) Mehrgliedriger Tarifvertrag	52
dd) Schwere Pflichtverletzung	53, 54
ee) Änderung der wirtschaftlichen Verhältnisse	55–59
ff) Änderung der Rechtslage	60, 61

	Rnr.
c) Abgrenzung zum Wegfall der Geschäftsgrundlage	62–73
aa) Normative Wirkung des Tarifvertrages	63–65
bb) Tatbestandsseite	66–69
cc) Rechtsfolgen	70, 71
dd) Keine Anpassung durch die Gerichte	72
ee) Zusammenfassung	73
8. Ablösungsprinzip (lex posterior)	74
II. Keine Beendigungsgründe	75–89
1. Verlust der Tariffähigkeit	75
2. Untergang einer Tarifvertragspartei	76–84
a) Verbandstarifvertrag	76–83
aa) Meinungsstreit	76
bb) Rechtsprechung	77
cc) Literatur	78
dd) Stellungnahme	79–83
b) Firmentarifvertrag	84
3. Strukturänderungen	85–89
a) Verbandstarifvertrag	86, 87
aa) Unternehmensverträge	86
bb) Umwandlung und Betriebsübergang	87
b) Firmentarifvertrag	88, 89
III. Wirkung der Beendigung	90–92
1. Tarifnormen	90
2. Verpflichtungen	91
3. Endgültigkeit der Beendigung	92

A. Inkrafttreten des Tarifvertrages

I. Abgrenzungen

1. Wirksamwerden und Inkrafttreten

Die hier zu behandelnden Fragen gehören zugleich in den Sachzusammenhang „zeitlicher Geltungsbereich" (s. dazu unten Rnr. 228 ff.) und in den Sachzusammenhang der Wirkung der Beendigung eines Tarifvertrages (s. dazu unten Rnr. 90 ff.). Dabei muß stets unterschieden werden zwischen der Frage, ab wann der Tarifvertrag im Verhältnis zwischen den Tarifvertragsparteien wirksam wird (die Frage des Wirksamwerdens gehört ins allgemeine Vertragsrecht) und der Frage nach dem Inkrafttreten. Mit dem Wirksamwerden entsteht das Vertragsverhältnis zwischen den Tarifvertragsparteien mit allen sich daraus ergebenden Rechten und Pflichten zwischen ihnen. Mit dem Inkrafttreten entfalten die Tarifnormen ihre Wirkung gegenüber Dritten, also gegenüber den Verbandsmitgliedern. Wann der Tarifvertrag wirksam werden soll und wann seine Rechtsnormen in Kraft treten, können die Tarifvertragsparteien innerhalb im folgenden zu benennender Grenzen selbst bestimmen. Die Tarifwirkung kann mit dem Inkrafttreten der Tarifregelungen gekoppelt sein. Fehlt es an einer ausdrücklichen Regelung, so tritt der Tarifvertrag im Zweifel mit dem Wirksamwerden in Kraft.[1] Das Inkrafttreten kann jedoch auch auf einen späteren oder auf einen früheren Zeitpunkt gelegt wer-

---

[1] *Kempen*/Zachert, § 4 TVG, Rnr. 31.

den.² Auf diese Weise ist es möglich, daß schuldrechtliche Verpflichtungen schon mit dem Wirksamwerden des Tarifvertrages entstehen, während die Wirkung der tarifvertraglichen Normen erst zu einem späteren Zeitpunkt eintritt. Des weiteren hat die Unterscheidung Bedeutung für die Frage der Tarifgebundenheit ausscheidender Verbandsmitglieder. Für § 3 Abs. 3 kommt es darauf an, ob der betroffene Arbeitnehmer oder Arbeitgeber im Zeitpunkt des Wirksamwerdens des Tarifvertrages Verbandsmitglied war (vgl. § 3, Rnr. 50).

2. Rückwirkung

2   Soll das Inkrafttreten *vor* dem Wirksamwerden liegen, handelt es sich um eine Rückwirkung; dazu oben § 1, Rnr. 141 ff. und unten Rnr. 236 ff.; soll es *nach* dem Wirksamwerden eintreten, so kann sich der einzelne Arbeitgeber durch einen vorher wirksamen Austritt der Tarifbindung entziehen.³

3. Inkrafttreten nach Wirksamwerden

3   Liegt der Zeitpunkt des Inkrafttretens nach dem Wirksamwerden, so werden alle Arbeitsverhältnisse, die nach diesem Zeitpunkt begründet werden, von den Tarifvertragsnormen erfaßt. Zweifelhaft ist, inwieweit sie sich auf bereits bestehende Arbeitsverhältnisse erstrecken. Probleme ergeben sich insbesondere bei *Abschlußnormen* (vgl. § 1, Rnr. 479 ff.). Sieht z. B. ein Tarifvertrag die Einführung einer Schriftform für Arbeitsverträge vor, so werden im Zweifel alte Arbeitsverträge nicht erfaßt (s. unten Rnr. 255). Die Parteien des Arbeitsvertrages sind daher nicht verpflichtet, bestehende Arbeitsverträge den neuen Tarifbestimmungen anzupassen.⁴ Führt ein Tarifvertrag (zulässigerweise) eine Altersgrenze neu ein, ist weder die Beschäftigung aufgrund eines bestehenden Tarifvertrages jenseits der Altersgrenze nunmehr unwirksam noch besteht eine Pflicht zur Auflösung des bestehenden Arbeitsvertrages.⁵ – Wenn ein Tarifvertrag vorsieht, daß er vom Zeitpunkt des Inkrafttretens eines bestimmten Gesetzes an gelten soll und vereinbart ist, daß die Tarifvertragsparteien diesen Zeitpunkt feststellen sollen, so ist die Feststellung deklaratorisch und bedarf nicht der Schriftform.⁶

4. Verlängerung und Verkürzung der Normwirkung, Stufentarifverträge

4   Die Tarifvertragsparteien können die Normwirkung nicht verlängern,⁷ wohl aber verkürzen.⁸ Bei Stufentarifverträgen gilt die Regelung der folgen-

---

² Sachlich übereinstimmend *Däubler*, Tarifvertragsrecht, Rnr. 280 f.; Hueck/*Nipperdey*, Arbeitsrecht II 1, § 22 I 1, S. 460 (mit etwas abweichender Terminologie); *Kempen*/Zachert, § 4 TVG, Rnr. 30 ff.; Löwisch/*Rieble*, § 4 TVG, Rnr. 39 ff.; *Nikisch*, Arbeitsrecht II, § 78 VI 1, S. 377.
³ Löwisch/*Rieble*, § 4 TVG, Rnr. 39; s. auch oben § 3, Rnr. 55.
⁴ A. A. *Däubler*, Tarifvertragsrecht, Rnr. 281 (Auslegungsfrage); *Kempen*/Zachert, § 4 TVG, Rnr. 32.
⁵ A. A. LAG Düsseldorf 17. 5. 1966 AP Nr. 1 zu § 4 TVG Abschlußverbote; zweifelnd insoweit auch *Kempen*/Zachert, § 4 TVG, Rnr. 32.
⁶ BAG 23. 10. 1996, NZA 1997, S. 556.
⁷ BAG 29. 1. 1975 AP Nr. 8 zu § 4 TVG Nachwirkung; Löwisch/*Rieble*, § 4 TVG, Rnr. 43.
⁸ Löwisch/*Rieble*, § 4 TVG, Rnr. 44.

den Stufen schon jetzt, auch wenn die Rechtsfolgen erst zu einem späteren Zeitpunkt eintreten sollen.[9]

II. Frei geschlossener Tarifvertrag

Im Normalfall des frei geschlossenen Tarifvertrages wird der Vertrag mit seinem Abschluß, also mit formgültiger Unterzeichnung durch die Tarifvertragsparteien, wirksam. Wird eine Verlängerung vereinbart, dann beginnt der verlängerte Tarifvertrag mangels anderweitiger Abrede mit dem Ende der ursprünglichen Vertragszeit zu wirken.

III. Zustandekommen mittels Schiedsspruchs

Der Beginn der Wirksamkeit des Tarifvertrages hängt von der Ausgestaltung des Schlichtungsverfahrens ab (s. dazu im folgenden Rnr. 7 ff.). Sie kann teilweise nur durch Auslegung ermittelt werden.[10]

1. Kraft Unterwerfung

Ist der Schiedsspruch bindend, weil die Parteien von vornherein seine Annahme vereinbart haben (Zwangsschlichtung),[11] so entscheidet über das Wirksamwerden der Inhalt des Schiedsspruchs; im Zweifel wird der Tarifvertrag mit dem Tag wirksam, an dem der Schiedsspruch gefällt wird. Damit beginnen die Verpflichtungen der Tarifvertragsparteien (Friedens- und Tariferfüllungspflicht). Die Tarifnormen können zu einem früheren und oder zu einem späteren Zeitpunkt in Kraft treten, die Grenzen der Rückwirkung sind die gleichen wie beim frei geschlossenen Tarifvertrag.

2. Kraft Annahme

Enthält der Schiedsspruch eine Regelung über den Zeitpunkt des Wirksamwerdens, so ist diese maßgebend. Andernfalls ist anzunehmen, daß der Tarifvertrag mit dem Zugang der Annahmeerklärung desjenigen Vertragspartners wirksam wird, der sich gegenüber der Schlichtungsstelle zuletzt erklärt hat.[12] Auch hier ist zwischen dem Wirksamwerden des Tarifvertrages und dem Inkrafttreten der tariflichen Ordnung zu unterscheiden.

3. Kraft Verbindlicherklärung

Soweit ein Tarifvertrag durch Verbindlicherklärung des Schiedsspruchs zustandekommen kann, ist für den Beginn der Tarifwirkung die Wirksam-

---

[9] Löwisch/Rieble, § 4 TVG, Rnr. 40; s. ferner Gamillscheg, Kollektives Arbeitsrecht I, § 12 8 b, S. 503; Hanau/Kania, Betrieb 1995, S. 1229.
[10] Buchner, NZA 1993, S. 289, 297.
[11] S. oben § 1, Rnr. 240 f. sowie Löwisch/Rumler, in: Löwisch, Arbeitskampf- und Schlichtungsrecht, 1997, 170.11, Rnr. 8 f.
[12] Ebenso Hueck/Nipperdey, Arbeitsrecht II 1, § 22 I, S. 466; Nikisch, Arbeitsrecht II, § 78, S. 378, Anm. 89.

keit des Schiedsspruchs maßgebend. Der Zwangstarif ist an den Inhalt des Schiedsspruchs gebunden, zu dessen Inhalt der Beginn der Tarifwirkung gehört.

B. Beendigung des Tarifvertrages

I. Beendigungsgründe

10   Da der Tarifvertrag sich nach Funktion und Bedeutung in der Lebenswirklichkeit von den Schuldverträgen des bürgerlichen Rechts unterscheidet (s. dazu oben § 1, Rnr. 9, 763 ff.), kann der vielfach gebrauchte Satz, seine Beendigung richte sich nach den Vorschriften des Bürgerlichen Rechts, nur mit den gebotenen Einschränkungen Gültigkeit haben. Wenn diese Beendigungsgründe auch grundsätzlich herangezogen werden können, so müssen doch immer die Besonderheiten des Tarifvertrages beachtet werden (s. zur Doppelnatur oben § 1, Rnr. 190 ff.). Schon aus dem Rückgriff auf das allgemeine Schuldrecht folgt allerdings, daß die Berufung auf die Unzumutbarkeit allein nicht zur Beendigung des Tarifvertrages führen kann (s. unten Rnr. 31).

1. Zeitablauf

11   **a) Vereinbarte Geltungsfrist.** Der Tarifvertrag endet ohne weiteres durch Ablauf einer in ihm angegebenen Geltungszeit. Die Angabe im Tarifvertrag, wie lange er gelten soll, ist aber nicht erforderlich. Zuweilen ist im Tarifvertrag eine bestimmte Zeitdauer vorgesehen mit der Maßgabe, daß der Tarifvertrag als für eine bestimmte Zeit verlängert gilt, wenn er nicht rechtzeitig gekündigt wird. Die Bestimmung kann auch den Inhalt haben, daß der Tarifvertrag für eine gewisse Zeit gilt und nach deren Ablauf unter Einhaltung einer bestimmten Frist gekündigt werden kann. In beiden Fällen führt erst die Kündigung zur Beendigung des Tarifvertrages. Bei der Frist handelt es sich nur um eine *Mindestdauer,* für die der Tarifvertrag Geltung haben soll.

12   **b) Höchstlaufzeit.** Ebenso denkbar ist, daß die Tarifparteien eine Höchstlaufzeit, z. B. von zwei Jahren, vereinbaren, während deren aber mit bestimmten Fristen gekündigt werden kann. Dann endet der Tarifvertrag spätestens nach Ablauf der vereinbarten Frist, ohne daß es dazu einer Kündigung bedarf, jedoch ist seine Laufzeit innerhalb der Frist wegen der bestehenden Kündigungsmöglichkeit unbestimmt.

13   **c) Verlängerungsklausel.** Um eine tariflose Zeit zu vermeiden, hatte der Reichsarbeitsminister den Tarifvertragsparteien im Erlaß vom 24. Dezember 1929[13] empfohlen, im Tarifvertrag selbst oder in einem vor Beendigung abgeschlossenen Zusatzabkommen eine Verlängerungsklausel zu vereinbaren: der alte Tarif soll unverändert bis zum Abschluß des neuen Tarifs oder, falls ein solcher nicht zustande kommt, bis zu dem Tage fortgelten, an dem eine Vertragspartei der anderen die schriftliche Mitteilung zukommen läßt, daß sie die Verhandlungen über den Abschluß des neuen Tarifvertrags als endgültig gescheitert ansieht. Eine solche Verlängerungsklausel kann

---

[13] Reichsarbeitsblatt 1930 I, S. 3.

auch heute, wo die Nachwirkung der Tarifnormen ausdrücklich anerkannt ist, noch Bedeutung haben, da sie die volle zwingende Tarifwirkung bis zum Abschluß des neuen Tarifs oder bis zu einem bestimmten Zeitpunkt zur Folge hat (vgl. zur Nachwirkung unten Rnr. 320 ff.).

2. Gegenstandslosigkeit

Ein endgültiges Außerkrafttreten des Tarifvertrages ergibt sich nicht dadurch, daß er seinem Inhalt nach gegenstandslos wird (s. zum Ganzen unten Rnr. 75 ff.). Ist ein Firmentarifvertrag abgeschlossen worden und stellt der Rechtsträger des Unternehmens die Geschäftstätigkeit ein, so hat das keinen Einfluß auf den Fortbestand des Tarifvertrages. Auch die Löschung im Handelsregister führt noch nicht zum Wegfall des Tarifvertrages, da dann eine Nachwirkung eintritt. Wenn ein Verbandstarifvertrag für die Arbeitnehmer eines Unternehmens abgeschlossen wurde und das Unternehmen „wegfällt", tritt damit nicht bereits der Tarifvertrag außer Kraft.[14] 14

3. Aufhebungsvertrag

a) Grundsatz. Der Tarifvertrag kann auch durch Aufhebungsvertrag enden. Das BAG hatte dazu die Auffassung vertreten, daß der Aufhebungsvertrag formlos geschlossen werden könne.[15] Mit der heute überwiegenden Ansicht ist für den Aufhebungsvertrag als actus contrarius zum Abschluß des Tarifvertrages das Erfordernis der Schriftform gem. § 1 Abs. 2 zu bejahen (vgl. auch oben § 1, Rnr. 235).[16] Die Lage ist vergleichbar derjenigen beim abändernden Tarifvertrag, der den Geltungsbereich einschränkt. Für ihn bejaht das BAG das Schriftformerfordernis.[17] § 6 nennt Abschluß, Änderung und Aufhebung des Tarifvertrages gleichrangig nebeneinander. § 1 Abs. 2 dient der Rechtssicherheit; die Betroffenen sollen die Möglichkeit haben, von den für sie geltenden Normen Kenntnis zu nehmen. Auch sind nach § 7 Abs. 1 der Bundesminister für Arbeit und Sozialordnung sowie die obersten Arbeitsbehörden der Länder vom Außerkrafttreten eines jeden Tarifvertrages zu informieren; auch das belegt das Publizitätserfordernis für den Aufhebungsakt.[18] Konsequenterweise bezieht sich das Schriftformerfordernis auf den gesamten Tarifvertrag (s. oben § 1, Rnr. 231 f.), einschließlich des schuldrechtlichen Teils.[19] 15

b) Mehrgliedriger Tarifvertrag. Heben beim mehrgliedrigen Tarifvertrag (zu ihm § 1, Rnr. 176 ff.) nicht alle auf einer Seite stehenden Vertragsparteien den Tarifvertrag auf, so erreicht der Tarifvertrag zwischen den aufhebenden Parteien sein Ende; zwischen den Parteien, die am Vertrag 16

---

[14] *Schaub*, Arbeitsrechts-Handbuch, § 199 IV 1 f., S. 1671.
[15] BAG 8. 9. 1976 AP Nr. 5 zu § 1 TVG Form (*Wiedemann*); ebenso die Vorauflage, Rnr. 12.
[16] *Kempen/Zachert*, § 4 TVG, Rnr. 53; *Löwisch/Rieble*, § 1 TVG, Rnr. 378; *Koberski/Clasen/Menzel*, § 1 TVG, Rnr. 194.
[17] BAG 21. 3. 1973 AP Nr. 12 zu § 4 TVG Geltungsbereich; s. auch *Löwisch/Rieble*, § 1 TVG, Rnr. 378.
[18] *Däubler*, Tarifvertragsrecht, Rnr. 1442.
[19] A.A. *Meyer*, RdA 1982, S. 229, 236: Schriftform nur für den normativen Teil des Tarifvertrages.

festhalten, bleibt er bestehen. Zulässig ist jedoch hier auch eine Vereinbarung, daß die Aufhebung des Tarifvertrags zwischen zwei Tarifbeteiligten zugleich seine Beendigung auch gegenüber den anderen Tarifvertragsparteien herbeiführen soll. Diesen gegenüber tritt die Beendigung dann aufgrund der vereinbarten (auflösenden) Bedingung ein. Möglich ist auch, daß die Aufhebung eines mehrgliedrigen Tarifvertrages zwischen zwei Tarifvertragsparteien den anderen ein Recht zur außerordentlichen Kündigung gewährt (s. dazu unten Rnr. 52).

17 **c) Keine Aufhebung durch Schiedsspruch.** Eine Aufhebung kann während des Bestandes des Tarifvertrags nur durch freiwilligen Vertragsschluß herbeigeführt werden. Ein Schlichtungsspruch, der den Tarifvertrag aufhebt, scheidet aus, wenn eine Tarifpartei am Tarifvertrag festhält.[20]

4. Auflösende Bedingung

18 **a) Indexklausel.** Der Tarifvertrag endet mit dem Eintritt einer vereinbarten auflösenden Bedingung. Der Eintritt der Bedingung muß von den Normunterworfenen ohne weiteres festgestellt werden können. Es ist mit der Rechtssicherheit nicht zu vereinbaren, daß die Wirksamkeit des Tarifvertrages von Umständen abhängt, die der Normadressat nicht zweifelsfrei feststellen kann. Im Tarifvertrag kann deshalb nicht vorgesehen werden, daß er insgesamt oder in einzelnen Bestimmungen aus Anlaß einer an einer Indexklausel[21] gemessenen Preissteigerung außer Kraft treten soll.[22] Eine solche Bestimmung verstößt nicht gegen § 2 Abs. 1 Satz 1 Preisangaben- und Preisklauselgesetz (früher § 3 WährungsG),[23] da damit die Geldschuld gerade nicht automatisch an einem Preisindex gemessen wird (vgl. dazu oben Einl. vor § 1, Rnr. 379). Die Anpassung des Tarifvertrages kann jedoch durch ein besonderes Kündigungsrecht bei Erreichen eines bestimmten Kaufkraftschwundes sichergestellt werden.[24] Die Berechnungsart muß dann genau festliegen, z.B. durch Verweisung auf den Warenkorb des Statistischen Bundesamts.

19 **b) Revisionsklausel.** Die Preissteigerung kann zwischen den Tarifvertragsparteien ein Lossage- und Anpassungsrecht begründen (Revisionsklausel[25]), das einer Vertragspartei die Möglichkeit gibt, entweder neue Verhandlungen einzuleiten oder den Tarifvertrag fristgemäß zu beenden. Die Tarifvertragsparteien können selbst entscheiden, ob die eingetretene Veränderung des Lebenshaltungsindex zur Beendigung des Tarifvertrages führen soll oder nicht.

---

[20] *Löwisch/Rumler*, in: Löwisch, Arbeitskampf- und Schlichtungsrecht, 1997, 170.11, Rnr. 12.
[21] Zu der Vereinbarung von Index*verhandlungs*klauseln s. die Beispiele bei *Lohs*, Anpassungsklauseln, S. 23.
[22] A.A. *Kempen/Zachert*, § 4 TVG, Rnr. 54.
[23] Bei Indexklauseln mit unmittelbarer Bindung an die Preis- oder Produktivitätsentwicklung wird eine Genehmigungsbedürftigkeit nach § 3 Satz 2 WährungsG bejaht von Hueck/*Nipperdey*, Arbeitsrecht II 1, S. 359; *Löwisch*/Rieble, § 1 TVG, Rnr. 57; verneint von MünchKomm/*Schaub*, § 612 BGB, Rnr. 1188; *Nies*, RdA 1970, S. 169 ff.
[24] *Däubler*, Tarifvertragsrecht, Rnr. 439; *Löwisch*/Rieble, § 1 TVG, Rnr. 559.
[25] S. oben § 1, Rnr. 259 ff. sowie *Kempen/Zachert*, § 1 TVG, Rdnr. 52.

5. Tarifvertragliche Revisions-, Härte-, Öffnungs-, Kündigungs- und Kleinbetriebsklauseln

Allgemein kommen zur Anpassung des Tarifvertrages an veränderte Umstände Revisions-, Härte-, Öffnungs-, Kündigungs- und Kleinbetriebsklauseln in Betracht (s. zu Öffnungsklauseln im einzelnen oben § 1, Rnr. 259 ff.). **20**

6. Ordentliche Kündigung

Im Hinblick auf die Rechtsnatur des Tarifvertrages ist bei der Beendigung – wie bei der Auslegung – zwischen Zustandekommen und Wirkungsweise zu unterscheiden. Dem vertraglichen Zustandekommen steht als Beendigungstatbestand die Kündigung gegenüber; auf Gesetze anwendbare Rechtsfiguren, wie *„cessante ratione legis cessat lex ipsa"* gelten nicht. In Betracht kommen außerordentliche Kündigung (Rnr. 26 ff.) und ordentliche Kündigung, beide jeweils in Form der Beendigungskündigung und der Änderungskündigung (Rnr. 38), der Vollbeendigung und der Teilkündigung (Rnr. 24). **21**

a) Tarifvertragliche Regelung. Ist im Tarifvertrag eine Kündigung vorgesehen, so sind die dort vorgesehenen Bestimmungen über die Kündigung, die Kündigungsfrist und den etwaigen Kündigungstermin maßgebend. *Beispiel:* „Dieser Tarifvertrag kann ... ohne Einhaltung einer Frist jederzeit schriftlich gekündigt werden" (§ 74 Abs. 2 Satz 1 BAT).

Nimmt ein Firmentarifvertrag auf einen Verbandstarifvertrag bezug, so gelten auch die darin vorgesehenen Kündigungsfristen.[26] – Gesetzlich ist für die Kündigung **keine Form** vorgeschrieben. Durch Umkehrschluß ergibt sich aus § 1 Abs. 2, daß auch eine formlose Kündigung wirksam ist.[27] Ist eine Form vorgeschrieben, muß sie beachtet werden. Eine widerspruchslose Hinnahme der formlosen Kündigung kann allerdings einen Verzicht auf die Form oder eine nachträgliche stillschweigende vertragliche Aufhebung der Formabrede bedeuten. § 125 Satz 2 BGB gilt nicht. Eine unter Nichteinhaltung der Kündigungsfrist ausgesprochene Kündigung wirkt zum nächsten zulässigen Termin. Die Kündigungserklärung muß hinreichend deutlich sein.[28] In der Mitteilung eines Arbeitgeberverbandes, er habe sich aufgelöst, kann eine Kündigungserklärung enthalten sein.[29]

b) Fehlende Kündigungsfrist im Tarifvertrag. Auch wenn der Tarifvertrag keine Regelung über eine Kündigung (z.B. betr. Kündigungsfrist) enthält, ist er, wie allgemein anerkannt ist, kündbar.[30] Streitig ist allein, ob in diesen Fällen auch ohne wichtigen Grund eine fristlose Kündigung möglich ist oder ob die Kündigung an eine Frist gebunden ist. Eine ausdrückliche Regelung dazu findet sich im Gesetz nicht. Deshalb wurde früher überwie- **22**

---

[26] BAG 18. 6. 1997 AP Nr. 2 zu § 1 TVG Kündigung = NZA 1997, S. 1234.
[27] S. oben § 1, Rnr. 236 sowie *Däubler*, Tarifvertragsrecht, Rnr. 1433; *Kempen/Zachert*, § 4 TVG, Rnr. 52; *Oetker*, RdA 1995, S. 82, 99 f.; a. A. *Löwisch/Rieble*, § 1 TVG, Rnr. 379.
[28] BAG 26. 9. 1984 AP Nr. 21 zu § 1 TVG.
[29] BAG 15. 10. 1986 AP Nr. 4 zu § 3 TVG.
[30] Zur rechtsdogmatischen Konstruktion s. die Nachw. bei *Oetker*, RdA 1995, S. 82, 91.

gend angenommen, ein Tarifvertrag könne auch ohne eine Bestimmung über die Kündigung oder über die Laufzeit von beiden Seiten jederzeit ohne Einhaltung von Frist und Form gekündigt werden.[31] Teilweise wird diese Auffassung noch heute vertreten.[32] *Däubler*[33] macht die Lösung von einer Auslegung des Tarifvertrages abhängig; es komme darauf an, ob den Beteiligten an einer längerfristigen Lösung gelegen gewesen sei oder an einer bloßen Übergangsregelung. Sinnvollerweise ist analog § 77 Abs. 5 BetrVG, § 28 Abs. 2 SprAuG grundsätzlich von einer Kündigungsfrist von 3 Monaten auszugehen.[34]

23 **c) Fehlender Kündigungstermin im Tarifvertrag.** Enthält der Tarifvertrag eine Kündigungsfrist, aber keinen Termin, zu dem zu kündigen ist (z.B. Monatsschluß, Schluß des Vierteljahres), so kann zum jeweiligen Ende der Kündigungsfrist gekündigt werden; zur Berechnung vgl. § 187 Abs. 1 BGB.

24 **d) Teilkündigung.** Auch im Hinblick auf die Teilkündigung ist zu unterscheiden, ob der Tarifvertrag insoweit eine ausdrückliche Regelung enthält oder nicht. In der Praxis sehen Tarifverträge nicht selten die Möglichkeit einer Teilkündigung vor, z.B. für die Arbeitszeitregelung. Das ist zulässig.[35] **Fehlt** allerdings eine entsprechende **Vereinbarung** im Tarifvertrag, so ist eine Teilkündigung unzulässig. Aus der Tatsache, daß eine bestimmte Tarifregelung auch in einem selbständigen Tarifvertrag enthalten sein könnte, folgt nicht die Zulässigkeit einer Teilkündigung ohne besondere Vereinbarung.[36] Dabei würde verkannt, daß die Tarifvertragsparteien den Tarifvertrag als Ganzes werten. Fast immer enthalten Tarifverträge Kompromisse, d.h. eine Partei gibt in einer Frage nach, um in einem anderen, ihr besonders wichtig erscheinenden Punkt ihren Standpunkt durchsetzen zu können. Die Zulässigkeit von Teilkündigungen ohne besondere Vereinbarung im Tarifvertrag würde dieser Situation nicht Rechnung tragen.[37] Wenn demgegenüber für das Individualarbeitsrecht teilweise die Zulässigkeit einer Teilkündi-

---

[31] So *A. Hueck*, Tarifrecht, S. 37; Hueck/*Nipperdey*, Arbeitsrecht II 1, § 22 III 4, S. 470; *Sinzheimer*, Grundzüge, S. 253; s. zur geschichtlichen Entwicklung *Oetker*, RdA 1995, S. 82, 83 ff.
[32] *Koberski/Clasen/Menzel*, § 1 TVG, Rnr. 181.
[33] *Däubler*, Tarifvertragsrecht, Rnr. 1435.
[34] Ebenso BAG 10. 11. 1982 AP Nr. 8 zu § 1 TVG Form; andeutungsweise BAG 18. 6. 1997 AP Nr. 2 zu § 1 TVG Kündigung = NZA 1997, S. 1234; ebenso *Däubler*, Tarifvertragsrecht, Rnr. 1435; *Gamillscheg*, Kollektives Arbeitsrecht I, § 17 IV 4 c, S. 771; *Kempen/Zachert*, § 4 TVG, Rnr. 42; *Löwisch*/Rieble, § 1 TVG, Rnr. 360; *Oetker*, RdA 1995, S. 82, 91 f.; *Schaub*, Arbeitsrechts-Handbuch, § 199 IV 1 d, S. 1670; *Stein*, Tarifvertragsrecht, Rnr. 123.
[35] Allgemeine Ansicht, s. BAG 3. 12. 1985 AP Nr. 1 und 2 zu § 74 BAT; BAG 16. 8. 1990 AP Nr. 19 zu § 4 TVG Nachwirkung; *Däubler*, Tarifvertragsrecht, Rnr. 1448; *Kempen*/Zachert, § 4 TVG, Rnr. 51; *Koberski/Clasen/Menzel*, § 1 TVG, Rnr. 182; *Löwisch*/Rieble, § 1 TVG, Rnr. 362; *Oetker*, RdA 1995, S. 82, 98; *Zachert*, AuR 1993, S. 294.
[36] So aber *Löwisch*/Rieble, § 1 TVG, Rnr. 362; differenzierend *Koberski/Clasen/Menzel*, § 1 TVG, Rnr. 182 ff.; *Oetker*, RdA 1995, S. 82, 98 f.
[37] Ebenso *Däubler*, Tarifvertragsrecht, Rnr. 1448; *Kempen/Zachert*, § 4 TVG, Rnr. 51; *Nikisch*, Arbeitsrecht II, § 76 I 3, S. 350; *Steinmeyer*, Anm. zu BAG 16. 11. 1965 EzA § 4 TVG Nr. 9 = AP Nr. 30 zu § 4 TVG Ausschlußfristen; ähnlich *Zachert*, AuR 1993, S. 294.

gung bejaht wird,[38] so einmal nur in Bezug auf den abgrenzbaren Bereich von Sozialleistungen, zum anderen wegen der darauf nicht zugeschnittenen Konstruktion des § 2 KSchG. Folgerungen für Tarifverträge lassen sich daraus nicht ableiten.

e) Mehrgliedriger Tarifvertrag. Beim mehrgliedrigen Tarifvertrag 25 (dazu oben § 1, Rnr. 176ff. sowie oben Rnr. 16) hat im Zweifel[39] jede Vertragspartei selbständig das Recht zur Kündigung. Unter den übrigen Vertragsparteien bleibt der Tarifvertrag bestehen, vorbehaltlich des dann möglicherweise gegebenen außerordentlichen Kündigungsrechts (vgl. dazu unten Rnr. 52). Soll der gesamte Tarifvertrag beendet werden, so müssen alle Tarifvertragsparteien der einen Seite die Kündigungserklärung rechtzeitig an alle gegenüberstehenden Tarifparteien richten. Dabei finden die allgemeinen bürgerlich-rechtlichen Institute der Bevollmächtigung (berechtigtes Handeln für andere im fremden Namen) oder Ermächtigung (berechtigtes Handeln für andere im eigenen Namen) Anwendung.[40]

7. Außerordentliche Kündigung

a) Grundsatz. aa) Tarifverträge[41] können aus wichtigem Grund in an- 26 gemessener Frist oder mit sofortiger Wirkung[42] außerordentlich gekündigt werden.[43] Auch ein befristeter Tarifvertrag ist außerordentlich kündbar.[44] Die frühere restriktive Sicht ist heute überholt. Gewohnheitsrechtlich gilt der Satz, daß jedes **Dauerschuldverhältnis** vorzeitig aus wichtigem Grund beendet werden kann. Dieser Grundsatz ist in vielen Sondervorschriften enthalten und in Rechtsprechung und Schrifttum anerkannt;[45] er ist zwingend.[46]

bb) Ein **wichtiger Grund** liegt vor, wenn dem Kündigenden unter Be- 27 rücksichtigung aller Umstände des Einzelfalles und unter Abwägung der In-

---

[38] *Stahlhacke/Preis*, Kündigung und Kündigungsschutz im Arbeitsverhältnis, 6. Aufl. 1995, Rnr. 139; *Wank*, in: Hromadka, Änderung von Arbeitsbedingungen, 1989, S. 35, 48ff.; a. A. h. M.
[39] S. *Oetker*, RdA 1995, S. 82, 100f.
[40] Zur Vertretungsmacht beim *Abschluß* des Tarifvertrages s. BAG 18. 12. 1996 AP Nr. 1 zu § 1 TVG *(Löwisch)* m. Anm. *Buchner* AR-Blattei Tarifvertrag VIII Beendigung 1550.8 Nr. 4.
[41] Zu Kündigung und Wegfall der Geschäftsgrundlage bei Betriebsvereinbarungen s. BAG 10. 8. 1994 AP Nr. 86 zu § 112 BetrVG 1972.
[42] Zur Umdeutung in eine ordentliche Kündigung mit sofortiger Wirkung s. BAG 18. 6. 1997 AP Nr. 2 zu § 1 TVG Kündigung = NZA 1997, S. 1234.
[43] Heute allg. Ansicht; vgl. BAG 23. 4. 1957 AP Nr. 1 zu § 1 TVG; 5. 3. 1957 AP Nr. 1 zu § 1 TVG Rückwirkung; 14. 11. 1958 AP Nr. 4 zu § 1 TVG Friedenspflicht *(Tophoven)*; *Däubler*, Tarifvertragsrecht, Rnr. 1443; *Hensler*, ZfA 1994, S. 487, 490; *Hueck/Nipperdey*, Arbeitsrecht II 1, § 22 B I 5, S. 471; *Kempen/Zachert*, § 4 TVG, Rnr. 44; *Löwisch/Rieble*, § 1 TVG, Rnr. 365; *Nikisch*, Arbeitsrecht II, § 76 I 4, S. 351.
[44] BAG 18. 12. 1996 AP Nr. 1 zu § 1 TVG *(Löwisch)* und Anm. *Oetker*, JZ 1996, S. 206, 208.
[45] Vgl. RG 7. 2. 1930, RGZ 128, S. 1, 16; 30. 4. 1935, 148, S. 81, 92; 3. 2. 1936, 150, S. 193, 199; BAG 22. 6. 1962 AP Nr. 2 zu § 52 BetrVG 1952; 29. 5. 1964 AP Nr. 24 zu 59 BetrVG 1952; 18. 12. 1996 AP Nr. 1 zu § 1 TVG *(Löwisch)* = NZA 1997, S. 830 = JuS 1997, S. 1142 *(Reuter)*; *Oetker*, RdA 1995, S. 93f.
[46] *Oetker*, Das Dauerschuldverhältnis, S. 455ff.

teressen beider Vertragsteile sowie mit Rücksicht auf die Interessen der vom Tarifvertrag unmittelbar oder mittelbar betroffenen Personen die Fortsetzung nicht zugemutet werden kann, § 626 Abs. 1 BGB analog.

28 Der Grund muß **wichtig** sein, also von einiger Erheblichkeit. Zweifelhaft ist, aus welcher Sphäre der Grund herrühren muß. Hierbei ist zu beachten, daß das Institut der außerordentlichen Kündigung einmal in Konkurrenz zum Anfechtungsrecht (s. unten Rnr. 50) und zum Institut des Fehlens der Geschäftsgrundlage steht und zum anderen zum Unmöglichkeitsrecht und zum Institut des Wegfalls der Geschäftsgrundlage (s. unten Rnr. 62 ff.).

29 Gründe, die schon **beim Vertragsschluß** vorhanden waren, berechtigen in aller Regel nicht zur Beendigung des Tarifvertrages durch außerordentliche Kündigung oder wegen Fehlens der Geschäftsgrundlage; allenfalls wenn der Grund zwar vorhanden, aber nicht erkennbar war.

30 Soweit die Gründe nach Vertragsschluß entstanden sind, ist fraglich, ob nur Gründe zählen, die in den **Risikobereich** der Gegenseite fallen (insoweit unstreitig) oder auch Gründe, die in die neutrale Sphäre und dadurch in den Risikobereich beider Parteien fallen. Herkömmlicherweise wird der zweite Bereich ausgeklammert,[47] jedoch hat das überwiegend historische Gründe und ist sachlich nicht gerechtfertigt.

31 cc) Das Festhalten am Vertrag muß für die Partei **unzumutbar** sein.[48] Die Unzumutbarkeit ist ein Teilaspekt des wichtigen Grundes. Eine Berufung unmittelbar auf „Unmöglichkeit" oder „Unzumutbarkeit" ist nicht möglich. Zunächst muß geklärt werden, für wen die Unzumutbarkeit bestehen muß. Die Koalition selbst ist beispielsweise betroffen bei Pflichtverletzungen der Gegenpartei. Einzelne Mitglieder der Koalition sind betroffen, wenn das wirtschaftliche Ergebnis des Tarifabschlusses für sie untragbar ist. In diesen Fällen muß darauf abgestellt werden, ob die *Unzumutbarkeit für einen wesentlichen Teil der Verbandsmitglieder* besteht.[49] In der Literatur wird insoweit von unterschiedlichen Voraussetzungen ausgegangen. Manche nehmen Unzumutbarkeit an, wenn ein „Großteil der Mitglieder" betroffen ist,[50] andere bei Betroffensein der „überwiegenden Mehrheit",[51] andere bei der Mehrheit,[52] während nach wieder anderer Ansicht bereits zehn Prozent ausreichen.[53] *Otto* knüpft nicht an den Anteil der betroffenen Unternehmen an, sondern an die Zahl der betroffenen Arbeitnehmer.[54]

32 Schließlich wird neuerdings die Ansicht vertreten, das **einzelne Unternehmen** habe im Falle einer wirtschaftlichen Notlage ein Recht zur außerordentlichen Kündigung. Auch die Tarifvertragsparteien seien an die Grund-

---

[47] S. *Heßhaus*, Kündigung und Wegfall der Geschäftsgrundlage im Tarifvertragsrecht, S. 32, 188 f.
[48] Dazu insbes. *Belling/Hartmann*, ZfA 1997, S. 87 ff.
[49] S. *Wank*, in: Festschrift für Schaub (1998), S. 761, 769 f.
[50] *Buchner*, NZA 1993, S. 289, 298.
[51] *Belling/Hartmann*, ZfA 1997, S. 87, 113; *Oetker*, RdA 1995, S. 82, 90.
[52] *Hensslers*, ZfA 1994, S. 487, 491; *Hromadka*, in: Festschrift für Wlotzke (1996), S. 333, 352.
[53] *Steffan*, JuS 1993, S. 1027, 1029.
[54] *Otto*, in: Festschrift für Kissel (1994), S. 785, 805; dagegen *Oetker*, RdA 1995, S. 82, 95.

rechte und damit an das Verhältnismäßigkeitsprinzip gebunden.[55] Dieser Ansicht kann nicht gefolgt werden.[56] Jedoch ist bei existenzieller Notlage für einzelne Unternehmen eine Verhandlungspflicht des Verbandes zu bejahen. Hier kommt insbesondere in Betracht, daß die Tarifvertragsparteien *nachträglich* eine Öffnungsklausel für diese Unternehmen vereinbaren.[57] Auch ist daran zu denken, der Tarifvertragspartei die Möglichkeit zur „personellen Teilkündigung" zu geben, d. h. die Geltung der Tarifvertrages durch Kündigung für bestimmte Mitgliedsunternehmen zu beenden (s. unten Rnr. 39).

Nur soweit der Tarifvertrag bereits **Härteklauseln** vorsieht, aufgrund deren das einzelne Unternehmen wegen einer Existenzkrise vorübergehend nicht an den Tarifvertrag gebunden ist,[58] kann sich das einzelne Unternehmen darauf berufen. Ohne eine derartige Klausel muß der Verband die Unzumutbarkeit für seine Mitglieder geltend machen.[59]

Bei der Prüfung der Unzumutbarkeit ist zu beachten, daß dem Tarifvertrag eine Kartellwirkung und eine Ordnungsfunktion zukommt. Ist nur ein einzelnes Unternehmen nicht mehr in der Lage, die branchenangemessenen Tariflöhne zu zahlen, so hat der Tarifvertrag durchaus volkswirtschaftlich die Aufgabe der Markträumung von **Grenzbetrieben**.[60] Insofern ist es richtig, wenn das BAG meint, daß an das Vorliegen eines wichtigen Grundes besonders strenge Anforderungen zu stellen sind.[61] Das gilt in beiden Richtungen:[62] wenn unerwartet ein konjunktureller Aufschwung erfolgt, sind die Gewerkschaften nicht zur außerordentlichen Kündigung berechtigt; entwickelt sich die Wirtschaftslage unvorhergesehen ungünstig, berechtigt das den Arbeitgeberverband nicht zur außerordentlichen Kündigung.

Im übrigen ist die Unzumutbarkeit in zweierlei Hinsicht zu prüfen, nämlich im Hinblick auf den Kündigungsgrund und im Hinblick auf die verbleibende Zeitspanne. Das Festhalten am Tarifvertrag muß für die Partei auch angesichts der noch ausstehenden **Laufzeit** des Tarifvertrages unzumutbar sein. Bezüglich der Zeitspanne ist in die Abwägung einzubeziehen, ob eine Nachwirkung eintritt (s. unten Rnr. 46). Je kürzer die Zeitspanne bis zum Ablauf des Tarifvertrages ist (so etwa in den letzten Monaten eines Entgelttarifvertrages), desto höher sind die Hürden für die Unzumutbarkeit.[63] – Aus

---

[55] *Löwisch,* NJW 1997, S. 905, 906 f.; *ders.,* Anm. zu BAG 18. 12. 1996 AP Nr. 1 zu § 1 TVG; s. auch ansatzweise *Henssler,* ZfA 1994, S. 487, 493.
[56] *Wank,* in: Festschrift für Schaub (1998), S. 761, 771 ff.; s. auch *Otto,* in: Festschrift für Kissel (1994), S. 787, 797 f.
[57] *Däubler,* ZTR 1996, S. 241, 244; *Wank,* in: Festschrift für Schaub (1998), S. 761, 773.
[58] Dazu oben § 1, Rnr. 259 ff. sowie *Lieb,* NZA 1994, S. 289 ff.; *Wank,* NJW 1996, S. 2273, 2280 f.
[59] *Kempen*/*Zachert,* § 4 TVG, Rnr. 45.
[60] *Henssler,* ZfA 1994, S. 487, 491; *Lieb,* NZA 1995, S. 5, 6; *Wank,* NJW 1996, S. 2273, 2281; *ders.,* in: Festschrift für Schaub (1998), S. 761, 771; s. dazu auch *Rieble,* Anm. zu BAG 18. 12. 1996 EzA § 1 TVG Fristlose Kündigung Nr. 2.
[61] Vgl. BAG 19. 7. 1957 AP Nr. 1 zu § 52 BetrVG 1952; 29. 5. 1964 AP Nr. 24 zu § 59 BetrVG 1952; ebenso *Däubler,* Tarifvertragsrecht, Rnr. 1443; Hueck/Nipperdey, Arbeitsrecht II 1, § 22 B I 5, S. 472.
[62] Vgl. *Belling*/*Hartmann,* ZfA 1997, S. 87, 112; *Däubler,* ZTR 1996, S. 241.
[63] ArbG Wiesbaden 5. 2. 1997, AuR 1997, S. 121; *Kempen*/*Zachert,* § 4 TVG, Rnr. 45; *Löwisch*/*Rieble,* § 1 TVG, Rnr. 369; *Rieble,* Anm. zu BAG 18. 12. 1996 § 1 TVG Fristlose Kündigung Nr. 2.

dem Fehlen einer tarifvertraglichen Kündigungsklausel kann nicht der Schluß gezogen werden, ein Festhalten am Tarifvertrag sei zumutbar.[64]

36 Im Rahmen der Zumutbarkeit kommt es auch auf die **Vorhersehbarkeit** der Entwicklung für die Tarifvertragspartei an.[65] Zu Unrecht meinen *Belling/ Hartmann*,[66] die Vorhersehbarkeit für die Tarifvertragsparteien könne dem einzelnen Unternehmen nicht zugerechnet werden.

37 Als Maßstab für die Unzumutbarkeit wird unter dem Aspekt der **Verhältnismäßigkeit** teilweise angesehen, ob eine außerordentliche Änderungskündigung individualrechtlich zulässig wäre;[67] das wird jedoch der gebotenen kollektivrechtlichen Betrachtungsweise (s. oben Rnr. 31 ff.) nicht gerecht.

38 dd) Die außerordentliche Kündigung ist **ultima ratio**.[68] Die Partei, die kündigen will, muß zuvor versuchen, mildere, gleich geeignete Mittel auszuschöpfen. In Betracht kommt, soweit das im Einzelfall vertraglich möglich ist (s. oben Rnr. 24), eine Teilkündigung.[69] Auch müssen zunächst über- und außertarifliche Löhne gekürzt werden,[70] insbes. wenn insoweit ein Widerrufsvorbehalt vereinbart wurde. Einer Kündigung wegen Pflichtverletzung (verhaltensbedingte Kündigung) muß regelmäßig eine Abmahnung vorhergehen (s. unten Rnr. 41). Bezieht sich die Kündigung auf veränderte tatsächliche oder rechtliche Umstände (quasi betriebsbedingte Kündigung), so ist eine **Kündigung mit Änderungsvorschlag** ein milderes Mittel als die Beendigungskündigung.[71] Im einzelnen sind allerdings die Voraussetzungen, die an das Verhalten der änderungswilligen Tarifvertragspartei zu stellen sind, unklar. Einerseits würde es zu weit gehen, wenn der gesamte Tarifvertrag gekündigt werden müßte, obwohl sich eine Unzumutbarkeit regelmäßig nur aus der Anwendung bestimmter Klauseln ergibt. Da der Tarifvertrag aber ein Gesamtgefüge darstellt (s. oben Rnr. 24), kommt andererseits das bloße Herausbrechen einzelner Klauseln nicht in Betracht. Vorzuziehen ist daher die Lösung, daß die zur Kündigung entschlossene Partei bestimmte Klauseln zur Verhandlung stellt, woraufhin die Gegenseite ggf. über den gesamten Tarifvertrag neu verhandeln kann. Im übrigen wäre es zu viel verlangt, wenn die kündigende Partei zugleich einen konkreten Vorschlag machen müßte,[72] wie die Klauseln neu formuliert werden

---

[64] A. A. *Löwisch*/Rieble, § 1 TVG, Rnr. 369.
[65] *Däubler*, Tarifvertragsrecht, Rnr. 1444; *ders*., ZTR 1996, S. 241, 243; *Löwisch/ Rieble*, § 1 TVG, Rnr. 369; *Oetker*, RdA 1995, S. 82, 94; s. auch unten Rnr. 55 ff.
[66] *Belling/Hartmann*, ZfA 1997, S. 87, 115.
[67] *Belling/Hartmann*, ZfA 1997, S. 87, 116 f.
[68] BAG 18. 12. 1996 AP Nr. 1 zu § 1 TVG (*Löwisch*); BAG 18. 6. 1997 AP Nr. 2 zu § 1 TVG Kündigung.
[69] *Belling*, NZA 1996, S. 911; *Löwisch*, Anm. zu BAG 18. 12. 1996 AP Nr. 1 zu § 1 TVG.
[70] *Däubler*, ZTR 1996, S. 241; *Löwisch*, Anm. zu BAG 18. 12. 1996 AP Nr. 1 zu § 1 TVG; zu weiteren Möglichkeiten s. *Rieble*, Anm. zu BAG 18. 12. 1996 EzA § 1 TVG Fristlose Kündigung Nr. 2.
[71] BAG 18. 12. 1996 AP Nr. 1 zu § 1 TVG (*Löwisch*).
[72] Das entfiele, wenn man dem Vorschlag folgen würde, eine außerordentliche Kündigung mit Auslauffrist anzunehmen; s. *C. Meyer*, RdA 1998, S. 142, 150; jedoch widerspricht diese Lösung gerade dem Sinn der außerordentlichen Kündigung bei Existenzgefährdung.

sollen.⁷³ Die kündigende Tarifvertragspartei muß allerdings die Umstände darlegen, auf die sie ihre Änderungskündigung stützt und die Zielrichtung angeben, in die ihr Änderungsvorschlag geht und den Versuch einer Nachverhandlung unternehmen.⁷⁴ Die Gerichte können ohnehin nicht überprüfen, ob ein zumutbares Angebot vorliegt. Als Zeitrahmen für die Nachverhandlung ist – in Anlehnung an § 113 Abs. 3 BetrVG – an höchstens zwei Monate zu denken.⁷⁵

Als Möglichkeit, auf die Krise einzelner Mitgliedsunternehmen einzugehen, kommt in Betracht, für diese Unternehmen nachträglich eine **Öffnungsklausel** zu vereinbaren (s. dazu allgemein oben § 1, Rnr. 259 ff.) oder sie im Wege der Satzungsänderung zeitweise aus der Tarifzuständigkeit des Verbandes auszunehmen.⁷⁶ Eine andere Möglichkeit besteht darin, den Inhalt des Tarifvertrages für gefährdete Unternehmen abzuändern („firmenbezogener Tarifvertrag", s. dazu oben § 2, Rnr. 121, 140 ff.; s. ferner oben Rnr. 33). 39

Zwischen den Tarifvertragsparteien besteht eine Dauerrechtsbeziehung, aus der sich beiderseitige Rücksichtspflichten ergeben. Nach einer Kündigungserklärung der oben bezeichneten Art ist die Gegenseite zur Aufnahme von Verhandlungen verpflichtet. Kommt sie dieser Pflicht nicht nach, so ist die Partei, die die Änderungskündigung ausgesprochen hat, zur **Beendigungskündigung** berechtigt.⁷⁷ 40

ee) Da die außerordentliche Kündigung ultima ratio ist, muß ihr, wenn sie sich auf eine Pflichtverletzung der Gegenseite bezieht, in der Regel eine **Abmahnung** vorangehen.⁷⁸ Sie ist aber entbehrlich, wenn sich der anderen Seite der Pflichtverstoß und sein Gewicht geradezu aufdrängen müssen. 41

ff) Die kündigende Partei trägt die Darlegungslast und die **Beweislast** für das Vorliegen der die Kündigung rechtfertigenden Umstände.⁷⁹ Der Arbeitgeberverband muß also im Falle einer wirtschaftlichen Krise die konkret gefährdeten Betriebe benennen. 42

gg) Da das Recht zur außerordentlichen Kündigung nicht abdingbar ist, kann eine Partei trotz Durchführung des **Schlichtungsverfahrens** mit beiderseitigem Einlassungszwang noch eine außerordentliche Kündigung aussprechen.⁸⁰ Allerdings ergibt sich aus der Schiedsabrede, daß während des Laufs des Verfahrens das Kündigungsrecht ausgesetzt ist (s. unten Rnr. 55). 43

hh) Ein Recht zum **Rücktritt** besteht nicht; Rücktrittsfälle sind bei Dauerschuldverhältnissen mit dem Institut der außerordentlichen Kündigung zu lösen.⁸¹ Auch eine **Auflösungsklage** scheidet aus.⁸² 44

---

⁷³ So aber *Löwisch*, Anm. zu BAG 18. 12. 1996 AP Nr. 1 zu § 1 TVG, *Rieble*, Anm. zu BAG 18. 12. 1996 EzA § 1 TVG Fristlose Kündigung Nr. 2.
⁷⁴ Vgl. auch *Oetker*, Anm. zu BAG 18. 12. 1996, JZ 1998, S. 206, 208 f.
⁷⁵ *Löwisch*, Anm. zu BAG 18. 12. 1996 AP Nr. 1 zu § 1 TVG.
⁷⁶ Dazu *Lohs*, Anpassungsklauseln, S. 69 f.
⁷⁷ *Belling/Hartmann*, ZfA 1997, S. 87, 119 f.; *Heßhaus*, Kündigung, S. 184; *Oetker*, RdA 1995, S. 82, 98.
⁷⁸ *Oetker*, Anm. zu BAG 18. 12. 1996, JZ 1998, S. 206, 208; s. auch unten Rnr. 54.
⁷⁹ *Buchner*, NZA 1993, S. 289, 298.
⁸⁰ So zutr. *Henssler*, ZfA 1994, S. 487, 491; a. A. *Unterhinninghofen*, AuR 1993, S. 101, 103; *Zachert*, NZA 1993, S. 299, 301.
⁸¹ *Belling/Hartmann*, ZfA 1997, S. 87, 124.
⁸² *Oetker*, RdA 1995, S. 82, 91.

45 ii) Die **Ausschlußfrist** des § 626 Abs. 2 BGB eignet sich – jedenfalls bei Kündigung wegen wirtschaftlicher Notlage – nicht für eine Analogie.[83]

46 jj) Ob auch im Falle einer außerordentlichen Kündigung die **Nachwirkung** nach § 4 Abs. 5 eingreift,[84] ist sehr umstritten. Es mag widersprüchlich erscheinen, eine sofortige Kündigung anzuerkennen und andererseits die Nachwirkung des Tarifvertrages zu bejahen. Man muß jedoch zwischen den nicht durch Kündigung angegriffenen Bestimmungen des Tarifvertrages und den gekündigten Bestimmungen unterscheiden. Die nicht gekündigten Bestimmungen gelten weiter, insoweit tritt kein Nachwirkungsproblem auf. Würde man bezüglich der gekündigten Bestimmungen keine Nachwirkung eintreten lassen, dann würde entweder aufgrund Bezugnahme im Arbeitsvertrag die alte tarifliche Regelung fortgelten oder gem. § 612 Abs. 2 BGB müßte der übliche, d. h. in der Regel der bisherige Lohn gezahlt werden.[85] Vorzuziehen ist deshalb die Lösung, daß auch insoweit zwar eine Nachwirkung eintritt, daß sich die Arbeitgeber aber individualrechtlich durch außerordentliche Änderungskündigung teilweise von der Leistung bis zum Abschluß des neuen Tarifvertrages befreien können. Sinn hat diese Konstruktion allerdings nur, wenn man an eine Änderungskündigung nicht so hohe Anforderungen stellt wie das sonst nach der Rechtsprechung der Fall ist.[86] Wenn die außerordentliche Kündigung des Tarifvertrages berechtigt ist, so ist auch die außerordentliche Änderungskündigung des Arbeitsvertrages sozial gerechtfertigt; eine Nachprüfung im Einzelfall findet nicht statt.

47 kk) Im Falle eines Prozesses unter den Parteien des Arbeitsvertrages muß das Gericht das **Verfahren aussetzen**, bis die Tarifvertragsparteien aufgrund der Änderungskündigung zu einer neuen Regelung gefunden haben.[87] Der neue Tarifvertrag wird ohnehin eine rückwirkende Regelung enthalten.

48 ll) Hält eine Tarifvertragspartei die Kündigung durch die andere Partei für unwirksam, so kann sie nach § 2 Abs. 1 Nr. 1 ArbGG, § 9 TVG, § 256 Abs. 1 ZPO auf **Feststellung** klagen, daß der Tarifvertrag fortbesteht. Das Klagerecht ist auch nicht nach Ablauf eines längeren Zeitraums verwirkt.[88] Daneben ist ein Antrag auf Durchführung des Tarifvertrags möglich. Als Mittel des einstweiligen Rechtsschutzes kommt eine Regelungsverfügung in

---

[83] *Gamillscheg*, Kollektives Arbeitsrecht I, § 17 IV 4 c, S. 772; *Kempen/Zachert*, § 4 TVG, Rnr. 44 (anders bei Vertragsverletzung); *Wank*, in: Festschrift für Schaub (1998), S. 761, 775.
[84] Dafür: *Buchner*, NZA 1993, S. 289, 291; *Däubler*, ZTR 1996, S. 241, 245; *Heßhaus*, Kündigung und Wegfall der Geschäftsgrundlage im Tarifvertragsrecht, S. 154 ff.; *Löwisch*, NJW 1997, S. 905, 908; *Rieble*, Anm. zu BAG 18. 12. 1996 EzA § 1 TVG Fristlose Kündigung Nr. 2; *Wank*, in: Festschrift für Schaub (1998), S. 761, 766 f.; *Zachert*, NZA 1993, S. 299, 301; a. A. *Bauer/Diller*, Betrieb 1993, S. 1025, 1030; *Belling/Hartmann*, ZfA 1997, S. 87, 129 f.; *Oetker*, RdA 1995, S. 82, 95; *Steffan*, JuS 1993, S. 1027, 1029.
[85] Zu den weiteren Möglichkeiten s. *Wank*, in: Festschrift für Schaub (1998), S. 761, 776 f.
[86] *Wank*, in: Festschrift für Schaub (1998), S. 761, 777.
[87] S. *Belling/Hartmann*, NZA 1997, S. 87, 131 ff.
[88] *Löwisch*, Anm. zu BAG 18. 12. 1996 AP Nr. 1 zu § 1 TVG (entgegen Erwägungen des BAG); anders *Rieble*, Anm. zu BAG 18. 12. 1996 EzA § 1 TVG Fristlose Kündigung Nr. 2.

Betracht, § 62 Abs. 2 ArbGG i.V.m. § 940 ZPO.[89] Das Arbeitsgericht wird aber wohl eher das Verfahren nach § 148 ZPO aussetzen und die Parteien auf ihre Verhandlungspflicht verweisen. Die kündigende Partei selbst kann keine Leistungsklage[90] auf Abschluß eines neuen Tarifvertrages erheben, sondern nur eine Klage auf Feststellung, daß eine Verhandlungspflicht besteht.

Die Rechtmäßigkeit eines **Arbeitskampfs** als Reaktion auf die Kündigung hängt davon ab, ob die Kündigung ihrerseits wirksam ist oder nicht. Ist sie wirksam, so ist ein Arbeitskampf gerichtet auf Abschluß eines neuen Tarifvertrags (eventuell mit dem gleichen Inhalt) zulässig. Ist die Kündigung dagegen unwirksam, so besteht für beide Seiten weiterhin eine Friedenspflicht.[91] Ein Streik gegen eine unwirksame Arbeitgeberkündigung würde eine Rechtsfrage und keine Regelungsfrage betreffen und wäre daher unzulässig. Problematisch ist allerdings, daß bis zum Urteil über die Rechtmäßigkeit der Kündigung des Tarifvertrages eine Rechtsunsicherheit besteht. Wie sich diese Ungewißheit arbeitskampfrechtlich auswirkt, ist noch ungeklärt. 49

b) Einzelne wichtige Gründe für eine Kündigung. aa) Bei Vorliegen von Gründen, die die **Anfechtung** des Tarifvertrages nach §§ 119, 123 BGB rechtfertigen würden, findet keine Kündigung statt.[92] Jedoch kann sich die zur Anfechtung berechtigte Tarifpartei vom Tarifvertrag lossagen, wenn der Auflösungsgrund noch zur Zeit seiner Geltendmachung vorhanden ist. Die Unzumutbarkeit ist hier nicht zu prüfen,[93] da die außerordentliche Kündigung die Funktion der Anfechtung übernimmt.[94] 50

bb) Ob die Auflösung oder der **Verlust der Tariffähigkeit** einer Partei für die Gegenseite[95] ein Recht zur außerordentlichen Kündigung begründet, läßt das BAG[96] offen. In der Literatur wird für diesen Fall die Möglichkeit der außerordentlichen Kündigung teilweise abgelehnt: Andernfalls wären die betroffenen Arbeitnehmer schutzlos; dies solle durch § 3 Abs. 3 jedoch verhindert werden.[97] Der Fall kann jedoch nicht mit dem Austritt aus einem Arbeitgeberverband verglichen werden. Dort besteht die Partei weiter, hier fehlt es an einem Verband oder jedenfalls an einem tariffähigen Verband. Außerdem betrifft § 3 Abs. 3 die Ebene des einzelnen Mitglieds, während 51

---

[89] *Oetker*, RdA 1995, S. 82, 102.
[90] A.A. *C. Meyer*, RdA 1998, S. 142, 150.
[91] Ein Ende der Friedenspflicht wegen Vertragsbruchs durch eine unwirksame Kündigung bejahen demgegenüber *Heßhaus*, Kündigung und Wegfall der Geschäftsgrundlage im Tarifvertragsrecht, S. 215 ff.; *Otto*, in: Festschrift für Kissel (1994), S. 787, 807. Auf diesem Umweg käme man zu einem Arbeitskampf wegen einer Rechtsfrage. S. zum Ganzen auch *Rieble*, Anm. zu BAG 18. 12. 1996 EzA § 1 TVG Fristlose Kündigung Nr. 2.
[92] S. oben § 1, Rnr. 210, 243; für ein Anfechtungsrecht aber *MünchArbR/Löwisch*, § 249, Rnr. 34; für den Fall der persönlichen Beleidigung auch *Gamillscheg*, Kollektives Arbeitsrecht I, § 17 IV 4 d, S. 773.
[93] A.A. *Däubler*, Tarifvertragsrecht, Rnr. 1446.
[94] Vgl. zum Unterschied zwischen Anfechtung und Kündigung *Picker*, ZfA 1981, S. 1 ff.
[95] Zu Konsequenzen für den aufgelösten Verband selbst s. unten Rnr. 76 ff.
[96] BAG 15. 10. 1986 AP Nr. 4 zu § 3 TVG.
[97] *Däubler*, Tarifvertragsrecht, Rnr. 1447; *Kempen/Zachert*, § 4 TVG, Rnr. 50, § 2 TVG, Rnr. 24 ff.

hier die Ebene des Verbandes betroffen ist. Eine außerordentliche Kündigung ist in diesen Fällen möglich[98] (s. unten Rnr. 75).

52 **cc)** Beim **mehrgliedrigen Tarifvertrag** kann die Beteiligung einer Tarifpartei für die anderen so wesentlich sein, daß sie, wenn eine Vertragspartei aus den genannten Gründen ausscheidet, den Tarifvertrag außerordentlich kündigen können; vgl. dazu oben § 1, Rnr. 176 ff. Auch kann der Wegfall einer Partei als auflösende Bedingung vereinbart werden.[99]

53 **dd)** Das außerordentliche Kündigungsrecht kann auch aus einer schweren **Pflichtverletzung** einer Vertragspartei hergeleitet werden.[100] Dabei kommt vor allem ein Verstoß gegen die Friedenspflicht durch tarifwidrige Aussperrung oder tarifwidrigen Streik in Betracht. Die Verletzung der schuldrechtlichen Pflichten gibt allerdings nur dann einen Grund zur außerordentlichen Kündigung ab, wenn sie derart schwerwiegend ist, daß nicht nur eine Zusammenarbeit zwischen den Tarifvertragsparteien, sondern gerade das Weitergelten der Norm für eine der Tarifvertragsparteien unzumutbar ist.[101] Berücksichtigt man dies, so stellt die Ansicht von *Nikisch*[102] im Grunde keine Abweichung dar. *Nikisch* sah als primär bei Vertragsverletzungen die Schadensersatzpflicht an und betrachtete die Kündigungsmöglichkeit als Ausnahmefall. Dies ergibt sich aber schon aus dem ultima-ratio-Grundsatz.

54 Bei einer Verletzung der **Friedenspflicht** durch tarifwidrige Aussperrung oder tarifwidrigen Streik ist anhand des Einzelfalles, insbesondere unter Berücksichtigung der Schwere und des Umfangs der Vertragsverletzung, festzustellen, ob ein wichtiger Grund vorliegt.[103] Der Tarifvertrag wird abgeschlossen, um während einer gewissen Zeit den Arbeitsfrieden zu gewährleisten. Wird diesem gemeinsamen Zweck von einer Partei nicht Rechnung getragen, so kann das Festhalten an dem Vertrag für die andere Partei unzumutbar werden. Bei anderen, den Vertragszweck weniger gefährdenden Vertragsverletzungen ist eine **Abmahnung** notwendig, so z.B. bei Verstößen gegen die Einwirkungspflicht im Falle des Abschlusses einzelner tarifwidriger Arbeitsverträge durch Mitglieder. Schreitet in einem solchen Falle der Tarifpartner nach Aufforderung nicht oder in nicht ausreichendem Maße gegen die betreffenden Mitglieder ein, so rechtfertigt ein solches Verhalten regelmäßig nur dann die Kündigung aus wichtigem Grund, wenn es sich um einen wiederholten Verstoß trotz Abmahnung handelt, wenn der Wille zu weiteren Vertragsverletzungen erkennbar ist oder andere tatsächliche Umstände die Verletzung zu einer besonders schwerwiegenden machen (vgl. oben § 1, Rnr. 669).

55 **ee)** Im Hinblick auf eine **Veränderung der wirtschaftlichen Verhältnisse** ist zunächst danach zu unterscheiden, ob der Tarifvertrag diesen Punkt

---

[98] *Buchner*, RdA 1997, S. 259, 264.
[99] *Gamillscheg*, Kollektives Arbeitsrecht I, § 17 IV 4 e, S. 770.
[100] Ebenso BAG 14. 11. 1958 AP Nr. 4 zu § 1 TVG Friedenspflicht (*Tophoven*); *Däubler*, Tarifvertragsrecht, Rnr. 1445; *Hueck/Nipperdey*, Arbeitsrecht II 1, § 22 B 1 5, S. 472; *Kempen/Zachert*, § 4 TVG, Rnr. 47; *Löwisch/Rieble*, § 1 TVG, Rnr. 364.
[101] Ebenso *Stein*, Tarifvertragsrecht, Rnr. 124.
[102] *Nikisch*, Arbeitsrecht II, § 76 I 4, S. 352.
[103] S. BAG 14. 11. 1958 AP Nr. 4 zu § 1 TVG Friedenspflicht; *Oetker*, RdA 1995, S. 82, 94; *Schaub*, Arbeitsrechts-Handbuch, § 199 IV 1 e, S. 1670.

berücksichtigt oder nicht.[104] Die Tarifvertragsparteien können durch eine tarifvertragliche Indexklausel die Lohnentwicklung der Preisentwicklung anpassen. Dies verstößt nicht gegen § 3 Währungsgesetz.[105] Eine vertragliche Vorwegnahme kann auch durch **Revisionsklauseln** und ähnliche Klauseln erfolgen (s. oben § 1, Rnr. 259 ff.). Diese Klauseln können von **Schiedsklauseln** begleitet sein (z. B. „Können sich die Tarifvertragsparteien nicht einigen, kann eine Schiedskommission angerufen werden"). Dann ist wiederum zu unterscheiden, ob der Spruch der Schiedsstelle verbindlich ist oder nicht. Die Parteien können sich im voraus dem Schiedsspruch unterworfen haben oder der Tarifvertrag sieht vor, daß er bei Annahme durch beide Tarifparteien gilt.[106] Bei einer bloßen Revisionsklausel oder bei einer Revisionsklausel mit unverbindlichem Schiedsspruch ist den Parteien der Weg über die außerordentliche Kündigung (nach anderer Ansicht über den Wegfall der Geschäftsgrundlage) nicht verschlossen.[107] Im anderen Fall besteht die Gefahr, daß die Gegenpartei sich einer angemessenen Lösung verweigert; das Recht zur außerordentlichen Kündigung aus wichtigem Grund ist aber nicht abdingbar.

Man könnte daran denken zu unterscheiden, ob die Veränderungen in der Sphäre[108] einer der vertragsschließenden Parteien liegen (z. B. überraschend schwache Absatzlage in einem bestimmten Industriezweig, plötzliche Erhöhung der Arbeitsproduktivität und deshalb steigende Gewinne durch Einsatz neuer Maschinen), oder ob sie in der gesamtwirtschaftlichen Entwicklung begründet sind. Jedoch rechtfertigt auch eine in der **Sphäre der jeweiligen Tarifvertragspartei** liegende Veränderung der wirtschaftlichen Verhältnisse eine Kündigung des Tarifvertrages aus wichtigem Grund.[109] Hierher zählen etwa unvorhergesehene Kostensteigerungen (z. B. durch Rohstoffverknappung) oder unerwartete Ertragschancen (z. B. durch günstige Veränderung der Währungsparitäten). Der Sinn des Tarifvertrages liegt zwar darin, die Arbeitsbedingungen für den vorgesehenen Zeitraum zu stabilisieren und dem denkbaren Wechsel der wirtschaftlichen Umstände keinen Einfluß auf die ausgehandelten Tarifnormen zu geben. Insofern handelt es sich im Hinblick auf vorhersehbare Schwankungen um ein bewußt übernommenes Risiko. Die Möglichkeit, sich vom Vertrag loszusagen, besteht aber dann, wenn *eine nicht vorhersehbare Veränderung der beim Vertragsschluß vorausgesetzten Verhältnisse* eintritt (wie z. B. Verbot der Produktion; Liefersperre von Rohstoffen; Ölkrise).[110]

Eine durch die **allgemeine wirtschaftliche Entwicklung** bedingte Änderung der Verhältnisse (wie Erhöhung der an einem Preisindex gemessenen

---

[104] S. Löwisch/Rumler, in: Löwisch, Arbeitskampf- und Schlichtungsrecht, 1997, 170.11.
[105] Vgl. dazu Nies, RdA 1970, S. 169 (s. auch oben Rnr. 18).
[106] Löwisch/Rumler, in: Löwisch, Arbeitskampf- und Schlichtungsrecht, 1997, 170.11, Rnr. 8 ff.
[107] Buchner, NZA 1993, S. 289, 297 f.; Lohs, Anpassungsklauseln, S. 96 ff.; a. A. Däubler, Tarifvertragsrecht, Rnr. 1444; Kempff, AiB 1993, S. 267, 279; Unterhinninghofen, AuR 1993, S. 101, 103; Zachert, NZA 1993, S. 299, 301; im Ergebnis ebenso Otto, in: Festschrift für Kissel (1994), S. 787, 800.
[108] Vgl. Soergel/Wiedemann, vor § 323 BGB, Rnr. 4 ff.
[109] Kempen/Zachert, § 4 TVG, Rnr. 45.
[110] S. auch BAG 18. 12. 1996 AP Nr. 1 zu § 1 TVG Kündigung (Löwisch).

Lebenshaltungskosten) begründet grundsätzlich kein Recht zur Kündigung aus wichtigem Grund.[111] Das Risiko, daß das tarifvertraglich vereinbarte Lohnniveau von der allgemeinen Preisentwicklung „überrollt" wird, ist den Tarifvertragsparteien bewußt, und die Gewerkschaften versuchen, ihm durch kurzfristige Laufzeiten zu begegnen. Sinn des Tarifvertrages ist es, die Lohn- und Gehaltskosten sowie alle anderen durch die tarifliche Ordnung festgelegten Kostenfaktoren unveränderlich zu gestalten.

58 In der Literatur wird die Differenzierung zwischen Gründen in der Sphäre der Tarifvertragsparteien und Gründen in der allgemeinen Entwicklung vielfach nicht vorgenommen. Grundsätzlich werden aber an den wichtigen Grund aus den dargestellten Gründen **strenge Anforderungen** gestellt.[112]

59 Viel diskutiert wurde die außerordentliche Kündigung der Tarifverträge durch die sächsischen Metallarbeitgeber im März 1993.[113] Gründe für die Kündigung waren die geringere Produktivität der Ostbetriebe, der Einbruch der Aufträge aus Osteuropa und die abgeschwächte Konjunktur. In der Literatur wird dazu zum einen ausgeführt, die Gründe seien vorhersehbar gewesen, wie auch die Vereinbarung einer Revisionsklausel zeige; zum anderen lägen sie in der Arbeitgebersphäre und könnten daher nicht berücksichtigt werden.[114] Es ist zweifelhaft, ob das der einmaligen Situation beim Beitritt der neuen Bundesländer gerecht wird. Zwar waren beiden Tarifvertragsparteien die Risiken einer Prognose für Stufentarifverträge bewußt, aber das Abweichen der tatsächlichen Entwicklung von den allgemein geteilten Prognosen war in dieser Intensität nicht vorhersehbar.[115]

60 ff) Eine **Änderung der Rechtslage**[116] kann die außerordentliche Kündigung eines Tarifvertrages rechtfertigen.[117] Eine Anpassung der Tarifverträge kann notwendig werden,[118] wenn das Gesetz neue soziale Wertentscheidungen enthält.[119]

61 Nach anderer Auffassung besteht die angemessene Reaktion auf Änderungen der Rechtslage in der Berufung auf einen **Wegfall der Geschäfts-**

---

[111] *Henssler*, ZfA 1994, S. 487, 491; *Schaub*, Arbeitsrechts-Handbuch, § 199 IV 1 e, S. 1670; *Unterhinnighofen*, AuR 1993, S. 101, 104; *Winter/Zekau*, AuR 1997, S. 89, 97.
[112] *Däubler*, Tarifvertragsrecht, Rnr. 1444; *Henssler*, ZfA 1994, S. 487, 491; *Kempen/Zachert*, § 4 TVG, Rnr. 44 ff.; *Kempff*, AiB 1993, S. 268; *Löwisch/Rieble*, § 1 TVG, Rnr. 369.
[113] Dazu *Beuthien/Meik*, Betrieb 1993, S. 1518; *Buchner*, NZA 1993, S. 289; *Otto*, in: Festschrift für Kissel (1994), S. 787, 798, 805 ff.; *Rüthers*, NJW 1993, S. 1028; *Steffan*, JuS 1993, S. 1027, 1030; *Zachert*, NZA 1993, S. 300.
[114] *Beuthien/Meik*, Betrieb 1993, S. 1518; *Otto*, in: Festschrift für Kissel (1994), S. 787, 798; *Unterhinnighofen*, AuR 1993, S. 101, 105; *Zachert*, NZA 1993, S. 299, 301; offengelassen bei Buchner, NZA 1993, S. 289 ff.
[115] *Heßhaus*, Kündigung und Wegfall der Geschäftsgrundlage bei Tarifverträgen, S. 196 ff.
[116] Zum anfänglichen gemeinsamen Rechtsirrtum s. BAG 5. 3. 1957 AP Nr. 1 zu § 1 TVG Rückwirkung.
[117] Vgl. BAG 23. 4. 1957 AP Nr. 1 zu § 1 TVG und 5. 3. 1957 AP Nr. 1 TVG Rückwirkung zu einem Urlaubsabkommen, das unter Zugrundelegung des Hamburger Urlaubsgesetzes vereinbart worden ist, dessen Verfassungsmäßigkeit bestritten war.
[118] Zur Erheblichkeit der Änderung s. *Belling/Hartmann*, ZfA 1997, S. 87, 113 f.
[119] Vgl. (zu § 622 BGB a. F.) BAG 5. 8. 1971 AP Nr. 10 zu § 622 BGB *(Wiedemann)*.

grundlage.[120] Sie sei jedoch nur in seltenen Fällen zulässig.[121] Verenge der Gesetzgeber den tariflichen Regelungsspielraum, würden widerstreitende Tarifnormen nichtig; erweitere der Gesetzgeber den Regelungsspielraum der Tarifvertragsparteien, so könnten diese nachverhandeln. Für einen Rückgriff auf den Wegfall der Geschäftsgrundlage könnte sprechen, daß sich wirtschaftliche Veränderungen und Änderungen der Rechtslage insoweit unterscheiden, als die wirtschaftliche Entwicklung eher dem Risikobereich der einzelnen Tarifvertragspartei zuzurechnen ist und als damit auch das Risiko, ob die Kündigung durchgreift, der jeweils von der Entwicklung benachteiligten Partei zugewiesen werden kann. Eine Änderung der Rechtslage fällt demgegenüber in die beiden Parteien zuzurechnende Sphäre.[122] Dennoch besteht, wie im folgenden (Rnr. 62 ff.) dargelegt, (auch hier) kein Grund, auf das Institut des Wegfalls der Geschäftsgrundlage anstelle der außerordentlichen Kündigung zurückzugreifen.

c) Abgrenzung zum Wegfall der Geschäftsgrundlage. Ob neben der außerordentlichen Kündigung auch bei Tarifverträgen[123] eine Berufung auf den Wegfall der Geschäftsgrundlage möglich ist, ist streitig.[124] Allgemein gilt im Schuldrecht, daß bei Dauerschuldverhältnissen das Recht der außerordentlichen Kündigung die Berufung auf den Wegfall der Geschäftsgrundlage verdrängt.[125] Das BAG hat in seinen beiden letzten einschlägigen Urteilen[126] die Frage offengelassen.

62

aa) Teilweise wird gesagt, wegen der **normativen Wirkung des Tarifvertrages** sei das Institut des Wegfalls der Geschäftsgrundlage nicht anwendbar. Die tarifunterworfenen Arbeitgeber und Arbeitnehmer könnten in der Regel die Geschäftsgrundlage der vertragsschließenden Parteien (anders als im Zivilrecht die Vertragsparteien selbst) nicht erkennen.[127] Das BAG hat,

63

---

[120] BAG GS 17. 12. 1959 AP Nr. 21 zu § 616 BGB.
[121] *Löwisch*/Rieble, § 1 TVG, Rnr. 367.
[122] S. *Rüthers*, Betrieb 1970, S. 2120, 2123 f.
[123] Allgemein zur Konkurrenzlage im Schuldrecht s. *Oetker*, Das Dauerschuldverhältnis und seine Beendigung, 1994, S. 418 ff.
[124] Zum Fehlen der Geschäftsgrundlage s. oben Rnr. 29; für die grundsätzliche Anwendbarkeit der Geschäftsgrundlagenlehre BAG GS 17. 12. 1959 AP Nr. 21 zu § 616 BGB; *Belling*, NZA 1996, S. 906, 911; *Belling*/Hartmann, ZfA 1997, S. 87 ff.; *Buchner*, NZA 1993, S. 289, 295 f.; *ders.*, AR-Blattei Tarifvertrag VIII Beendigung 1550.8 Nr. 4; *Dütz*, Anm. zu ArbG Bonn 27. 5. 1986 EzA § 1 BeschFG 1985 Nr. 1; *Gamillscheg*, Kollektives Arbeitsrecht I, § 17 IV 4 c, S. 774; *Löwisch*/Rieble, § 1 TVG, Rnr. 367; *Otto*, in: Festschrift für Kissel (1994), S. 787, 790 ff., 802; *Zachert*, NZA 1993, S. 299, 301; dagegen *Bauer*/Diller, Betrieb 1993, S. 1090; *Däubler*, Tarifvertragsrecht, Rnr. 1444; *Hamacher*, Anm. zu BAG 18. 6. 1997 EzA § 1 TVG Fristlose Kündigung Nr. 3; *Kempen*/Zachert, § 4 TVG, Rnr. 49; *Oetker*, RdA 1995, S. 82, 98; *Wiedemann*, Anm. zu BAG 15. 12. 1976 AP Nr. 1 zu § 1 TVG Arbeitsentgelt; *Winter*/Zekau, AuR 1997, S. 89, 91; *Zachert*, RdA 1996, S. 140, 149.
[125] BGH 11. 4. 1957, BGHZ 24, S. 91, 95; *Haarmann*, Wegfall der Geschäftsgrundlage bei Dauerschuldverhältnissen, 1979, S. 170; *Soergel*/Wiedemann, BGB, 12. Aufl. 1990, Vorb. § 323, Rnr. 36.
[126] BAG 18. 12. 1996 AP Nr. 1 zu § 1 TVG (*Löwisch*); 18. 6. 1997 AP Nr. 2 zu § 1 TVG Kündigung = NZA 1997, S. 1234.
[127] S. BAG 15. 12. 1976 BAGE 28, S. 260, 267 = BAG AP Nr. 1 zu § 36 BAT = BAG AP Nr. 1 zu § 1 TVG Arbeitsentgelt; BAG 12. 4. 1957 AP Nr. 3 zu § 9 TVG; 30. 5. 1984 AP Nr. 3 zu § 9 TVG; BAG 12. 9. 1984 AP Nr. 135 zu § 1 TVG Ausle-

abgesehen von einer Entscheidung des Großen Senats im Jahre 1959,[128] bisher eine Berufung auf den Wegfall der Geschäftsgrundlage beim Tarifvertrag nicht zugelassen, sondern nur die außerordentliche Kündigung.[129]

64 An dem Ansatz ist folgendes richtig: Einerseits sollen Tarifverträge **wie Gesetze auszulegen** sein. Andererseits kann es dann aber keinen Wegfall der Geschäftsgrundlage des Gesetzes geben, sondern es könnte allein die Regel *„cessante ratione legis cessat lex ipsa"* eingreifen.[130] Diese Regel spielt jedoch in der Praxis der Rechtsprechung keine Rolle. Aus Gründen der Rechtssicherheit werden überholte Gesetze weitgehend ausdrücklich aufgehoben. Im übrigen trifft den Gesetzgeber eine Pflicht zur Beobachtung, ob sich seine dem Gesetz zugrundeliegenden Annahmen bewahrheiten.[131]

65 Folgt man einem mehr **vertragsrechtlichen Ansatz**,[132] wäre grundsätzlich die Berufung auf den Wegfall der Geschäftsgrundlage möglich. Für eine Stellungnahme bedarf es eines Vergleichs von Tatbestand und Rechtsfolgen beider Rechtsinstitute.

66 bb) Auf der **Tatbestandsseite** nähern sich jedenfalls in der neueren schuldrechtlichen Literatur beide Rechtsinstitute inzwischen insoweit einander an,[133] als auch bei einem Wegfall der Geschäftsgrundlage der Vertrag nicht ipso iure entfällt, sondern es einer **Erklärung** einer Partei bedarf, die sich darauf berufen will.[134] So kann bei Außerkrafttreten einer gesetzlichen Regelung, die der Tarifvertrag entweder in seinem Wortlaut enthält oder deren Vorhandensein er seinem Wortlaut nach erkennbar voraussetzt, der Tarifvertrag nur durch außerordentliche Kündigung beendet werden. Die Vertragsparteien haben aufgrund der Tarifautonomie die Entscheidungsbefugnis, ob sie das Bestehen der gesetzlichen Regelung als so wichtig für ihren Tarifvertrag ansehen, daß sie ihn nicht ohne sie gelten lassen wollen. Ist dies nicht der Fall, so besteht kein Grund, den Tarifvertragsparteien die Möglichkeit zu nehmen, am Tarifvertrag festzuhalten.[135]

67 Beide Tatbestände stimmen insoweit überein, als Gründe, die in der eigenen Sphäre der einen Vertragspartei liegen und ihr **zurechenbar** sind, weder

---

gung; 25. 9. 1987 AP Nr. 1 zu § 1 BeschFG. Gegen diese Argumentation zutr. *Oetker*, RdA 1995, S. 82, 89.
[128] BAG GS 17. 12. 1959 AP Nr. 21 zu § 616 BGB.
[129] S. auch BAG 5. 3. 1957 AP Nr. 1 zu § 1 TVG Rückwirkung; BAG 18. 12. 1996 AP Nr. 1 zu § 1 TVG Kündigung (*Löwisch*); 18. 6. 1997 AP Nr. 2 zu § 1 TVG Kündigung = NZA 1997, S. 1234.
[130] Zutr. *Hadding*, Anm. zu BAG 15. 12. 1976 AP Nr. 1 zu § 36 BAT; s. zu diesem Gedanken auch *Oetker*, RdA 1995, S. 82, 89 Fn. 126; allgemein *Löwer*, Cessante ratione legis cessat lex ipsa, 1989.
[131] BVerfG 8. 8. 1978 BVerfGE 49, S. 89 ff. (Kalkar); 1. 3. 1979 50, S. 290 ff. (MitbestG).
[132] S. zur Auslegung von Tarifverträgen oben § 1, Rnr. 763 ff.
[133] S. auch *Oetker*, RdA 1995, S. 82, 96.
[134] S. auch BAG 14. 7. 1961 AP Nr. 1 zu Art. 24 VerfNRW; BGH 26. 9. 1996 BGHZ 133, S. 316; *Belling*, NZA 1996, S. 906, 911 f.; *Belling/Hartmann*, ZfA 1997, S. 87, 101 f.; *Oetker*, Anm. zu BAG 18. 12. 1996, JZ 1998, S. 206, 207; Staudinger/*Kaiser*, vor §§ 346 ff. BGB, Rnr. 119; anders BGH 19. 11. 1971, NJW 1972, S. 152; *Hromadka*, in: Festschrift für Wlotzke (1996), S. 333, 353.
[135] Ebenso BAG 23. 4. 1957 AP Nr. 1 zu § 1 TVG; BAG 5. 3. 1957 AP Nr. 1 zu § 1 TVG Rückwirkung; anders noch BAG GS 17. 12. 1959 AP Nr. 21 zu § 616 BGB; Hueck/*Nipperdey*, Arbeitsrecht II 1, § 22 B I 5, S. 471.

zur außerordentlichen Kündigung noch zur Berufung auf den Wegfall der Geschäftsgrundlage berechtigen.[136] Desgleichen muß für beide Rechtsinstitute festgestellt werden, ob sich nach Gesetz, Vertrag oder ergänzender Vertragsauslegung eine bestimmte Risikoverteilung ergibt, die verbindlich ist. Schließlich verlangt die Berufung auf jedes der beiden Rechtsinstitute, daß der Grund *unvorhersehbar* war und daß das weitere Festhalten am Vertrag dem Grunde nach und der Zeitspanne nach *unzumutbar* ist.[137]

Unterschiede auf der Tatbestandsseite ließen sich dadurch begründen, daß **68** man dem Institut der außerordentlichen Kündigung nur Gründe in der Sphäre der Tarifvertragsparteien zuordnet, dagegen Gründe in der neutralen Sphäre (z.B. allgemeine Wirtschaftsentwicklung, Änderung von Gesetzen) dem Wegfall der Geschäftsgrundlage.[138] Es bestehen jedoch nur Gründe der historischen Entwicklung, aber keine Sachgründe, Änderungen in der neutralen Sphäre nicht der außerordentlichen Kündigung zuzuweisen.

Soweit schließlich beim Wegfall der Geschäftsgrundlage die Berufung auf **69** **einseitige Vorstellungen** der einen Partei zugelassen wird, der die andere Partei nicht widersprochen hat, entspricht das zwar einer verbreiteten Formel,[139] ist aber weder nach allgemeinem Schuldrecht noch nach Tarifvertragsrecht berechtigt.

cc) Im Hinblick auf die **Rechtsfolgen** wird die Daseinsberechtigung des **70** Instituts Wegfall der Geschäftsgrundlage damit begründet, daß es flexibler sei. Aber einerseits ist das Recht der außerordentlichen Kündigung flexibler, als es verbreitet dargestellt wird, und andererseits ist das Institut des Wegfalls der Geschäftsgrundlage im Tarifrecht unflexibler, als gesagt wird.

Für das Kündigungsrecht gilt längst das ultima-ratio-Prinzip: Eine Beendi- **71** gungskündigung ist erst zulässig, wenn kein gleich geeignetes, **milderes Mittel** zur Verfügung steht (s. oben Rnr. 38). Milderes Mittel gegenüber der Beendigungskündigung des Tarifvertrages wären die Teilkündigung oder eine außerordentliche Änderungskündigung. Da aber der Tarifvertrag ein Vertragsgefüge als Ergebnis von Verhandlungen ist, können nicht einzelne Teile isoliert abgeändert werden (s.o. Rnr. 24 zur Teilkündigung). In Betracht kommt daher nur, daß eine Tarifvertragspartei außerordentlich kündigt und zugleich Verhandlungen über den Abschluß eines geänderten Vertrages anbietet (Änderungskündigung in dem oben Rnr. 38 erläuterten Sinne).[140] Damit ergibt sich ein **Vorrang der Änderungskündigung vor der Beendigungskündigung**.[141] Allerdings könnte man annehmen, daß

---

[136] Vgl. allgemein für Verträge *Fikentscher*, Die Geschäftsgrundlage als Frage des Vertragsrisikos, 1971, S. 31 ff.; *Flume*, Allgemeiner Teil des Bürgerlichen Rechts, 2. Teil, 3. Aufl. 1979, S. 507 ff.
[137] Insofern genügt entgegen *Otto*, in: Festschrift für Kissel (1994), S. 787, 791 für die außerordentliche Kündigung nicht die schlichte Berufung auf einen wichtigen Grund.
[138] So *Heßhaus*, Kündigung und Wegfall der Geschäftsgrundlage bei Tarifverträgen, 1997, S. 188 f.
[139] S. z.B. BGH 29. 4. 1982 BGHZ 84, S. 1, 8 f.; *Enneccerus/Lehmann*, Recht der Schuldverhältnisse, 15. Aufl. 1958, § 41 II 4, S. 170; s. demgegenüber zutr. *Medicus*, Allgemeiner Teil des BGB, 7. Aufl. 1997, Rnr. 870.
[140] Vgl. BAG 18. 12. 1996 AP Nr. 1 zu § 1 TVG Kündigung (*Löwisch*).
[141] So auch *Buchner*, AR-Blattei Tarifvertrag VIII Beendigung 1550.8 Nr. 4; *Oetker*, RdA 1995, S. 82, 96; *Reuter*, JuS 1997, S. 1142.

sich bei der Berufung auf den Wegfall der Geschäftsgrundlage unmittelbar ein Anspruch auf Anpassung des Vertrages ergäbe.[142] Eine Analogie zu § 2 KSchG ist bei der Änderungskündigung von Tarifverträgen allerdings nicht möglich;[143] sie würde zu einem unzulässigen Eingriff in die Tarifautomomie führen.

72 dd) Probleme entstehen allerdings bei Tarifverträgen im Hinblick auf die Frage, wie die Änderung aussehen soll. Es kann mit Rücksicht auf die **Tarifautonomie** nicht Sache der Arbeitsgerichte sein, anstelle der Tarifvertragsparteien einen anderen **Vertragsinhalt** festzustellen.[144] Das Gericht kann vielmehr nur feststellen, daß ein wichtiger Grund gegeben ist (oder die Geschäftsgrundlage weggefallen ist) und daß ein Anspruch auf Neuverhandlung besteht. Das gilt unabhängig davon, ob sich die Änderung nur auf die Vergütungshöhe bezieht[145] oder auf einen gesamten Regelungskomplex (s. zur vergleichbaren Frage bei der Fortbildung von Tarifverträgen oben § 1, Rnr. 812ff.). Die **Anpassung** selbst ist Sache der Tarifvertragsparteien. Demgegenüber bejahen *Belling/Hartmann*[146] eine richterliche Anpassung, wenn die Verhandlungen gescheitert sind, allerdings nur wenn keine Parität als Funktionsvoraussetzung bestehe. Die dem zugrundeliegende Übertragung des Gedankens der „strukturellen Unterlegenheit" auf Tarifverträge ist jedoch abzulehnen.

73 ee) **Zusammenfassend** besteht für das Institut Wegfall der Geschäftsgrundlage jedenfalls im Tarifrecht kein Bedürfnis.[147] Manche Autoren und Gerichte wollen allerdings den Wegfall der Geschäftsgrundlage als einen Unterfall des wichtigen Grundes berücksichtigen;[148] für diese Verdoppelung von Rechtsinstituten besteht keine Veranlassung. Die gesetzlich geregelte außerordentliche Kündigung ist das speziellere Rechtsinstitut gegenüber der gewohnheitsrechtlich entwickelten Geschäftsgrundlagenlehre.[149] Die Tatbestandsvoraussetzungen und die Rechtsfolgen beider Rechtsinstitute stimmen

---

[142] Vgl. BGH 30. 3. 1984 BGHZ 91, S. 32, 36; anders *Däubler*, ZTR 1996, S. 241, 244 vom Ausgangspunkt Wegfall der Geschäftsgrundlage: Erst Verhandlungsobliegenheit, dann Kündigung.
[143] A. A. *Otto*, in: Festschrift für Kissel (1994), S. 787, 792ff.
[144] Bedenken insoweit auch bei BAG 23. 9. 1981 AP Nr. 19 zu § 611 BGB Lehrer/Dozenten; 10. 2. 1988 AP Nr. 12 zu § 33 BAT; 9. 11. 1988 AP Nr. 5 zu § 1 TVG Tarifverträge: Seeschiffahrt; *Belling*, NZA 1996, S. 906, 909f.; *Buchner*, NZA 1993, S. 289, 295; *ders.*, AR-Blattei Tarifvertrag VIII Beendigung 1550.8 Nr. 4; *Däubler*, ZTR 1996, S. 241, 244; *Gamillscheg*, Kollektives Arbeitsrecht I, § 17 IV 4 e, S. 775; *Henssler*, ZfA 1994, S. 487, 491; *Kempff*, AiB 1993, S. 267, 268; *Löwisch*, Anm. zu BAG 18. 12. 1996 AP Nr. 1 zu § 1 TVG Kündigung; *Löwisch*/Rieble, § 1 TVG, Rnr. 366; *Oetker*, RdA 1995, S. 82, 97; *Schaub*, Arbeitsrechts-Handbuch, § 199 IV 1 e, S. 1671; *Winter/Zekau*, AuR 1997, S. 89, 90. – *Kempen*/Zachert, § 4 TVG, Rnr. 43 lehnen aus diesem Grunde die Anwendbarkeit des Rechtsinstituts ab.
[145] Zweifelnd für diesen Fall *Otto*, in: Festschrift für Kissel (1994), S. 788, 793.
[146] *Belling/Hartmann*, ZfA 1997, S. 87, 103f.; einschränkend S. 121ff.
[147] Für einen Vorrang der außerordentlichen Kündigung *Bauer/Diller*, Betrieb 1993, S. 1085, 1090; *Frey*, AuR 1958, S. 155, 156; *Henssler*, ZfA 1994, S. 487, 494; *Kempen*/Zachert, § 4 TVG, Rnr. 49; *Oetker*, RdA 1995, S. 82, 97; *ders.*, Anm. zu BAG 18. 12. 1996, JZ 1998, S. 206, 207; *Winter/Zekau*, AuR 1997, S. 89, 91.
[148] *Löwisch*/Rieble, § 1 TVG, Rnr. 365; LAG Hamm 10. 1. 1996, ZTR 1996, S. 458, 459; LAG Brandenburg 24. 2. 1994, NZA 1995, S. 905, 906.
[149] *Buchner*, NZA 1993, S. 289, 294f.; *Henssler*, ZfA 1994, S. 489, 493f.

insofern überein, als die Fälle des Wegfalls der Geschäftsgrundlage besondere Fälle des wichtigen Grundes bilden. Alle diese Fälle lassen sich sachgerecht mit dem Institut der außerordentlichen Kündigung lösen.[150]

8. Ablösungsprinzip (lex posterior)

Ein Tarifvertrag kann auch dadurch entfallen, daß ein neuer Tarifvertrag zwischen denselben Tarifparteien abgeschlossen wird.[151] Insoweit gilt das sogenannte Ablösungsprinzip. Darauf, ob der neue Tarifvertrag günstiger ist als der bisherige, kommt es nicht an. Die Ablösung braucht sich nicht auf den gesamten alten Tarifvertrag zu beziehen, sie kann sich auch auf Teile des bisherigen Tarifvertrages beschränken. Die Tarifvertragsparteien können durch ausdrückliche Regelung die Ablösung verhindern und Teile des bisherigen Tarifvertrages wirksam bleiben lassen. **74**

II. Keine Beendigungsgründe

1. Verlust der Tariffähigkeit

Teilweise wird angenommen, der Verlust der Tariffähigkeit einer Partei führe dazu, daß der Tarifvertrag ersatzlos entfalle.[152] Dem ist nicht zuzustimmen; denn es genügt, daß die Tarifvertragsparteien zur Zeit des Abschlusses des Tarifvertrages tariffähig waren.[153] In Betracht kommt in diesem Fall jedoch ein außerordentliches Kündigungsrecht der anderen Tarifvertragspartei, wenn in dem Verlust der Tariffähigkeit eine wesentliche Vertragsverletzung liegt. Dies ist dann der Fall, wenn sich eine Partei während der Laufzeit des Tarifvertrages vorsätzlich selbst tarifunfähig macht mit der Folge, daß sie nunmehr nicht mehr mit den satzungsgemäßen Mitteln ihre Mitglieder zur Einhaltung des Tarifvertrages anhalten kann (s. oben Rnr. 51). **75**

2. Untergang einer Tarifvertragspartei

a) Verbandstarifvertrag. aa) Ob mit der Auflösung des Berufsverbandes die Wirkungen des Tarifvertrages entfallen, ist streitig. Die Rechtsprechung und eine verbreitete Ansicht im Schrifttum bejahen das.[154] Im einzelnen ist **streitig,** ob die Tarifgebundenheit der Mitglieder im Zeitpunkt des Auflösungsbeschlusses endet oder später; ob § 3 Abs. 3 gilt und ob eine Nachwirkung (§ 4 Abs. 5) stattfindet (S. zum Ganzen auch oben § 2, Rnr. 35 ff., § 3, Rnr. 52). **76**

---

[150] Ebenso *Däubler,* Tarifvertragsrecht, Rnr. 1443; *Steffan,* JuS 1993, S. 1027, 1038.
[151] BAG 30. 1. 1985 AP Nr. 9 zu § 1 TVG Tarifverträge: Einzelhandel = AuR 1985, S. 196; *Gamillscheg,* Kollektives Arbeitsrecht I, § 17 IV 4 c, S. 770.
[152] MünchArbR/*Löwisch,* § 248, Rnr. 58, 77; a. A. *Kempen/*Zachert, § 4 TVG, Rnr. 50, 55.
[153] Ebenso *Däubler,* Tarifvertragsrecht, Rnr. 61, 77, 91 f. unter Berufung auf den Rechtsgedanken des § 3 Abs. 3 TVG.
[154] So RAG 26. 10. 1929, ARS 8, S. 128, 139 (*Nipperdey*); 2. 3. 1932, 14, S. 475 (*Nipperdey*); 13. 2. 1932, 14, S. 595, 600 (*H. Stoll*); *A. Hueck,* Recht des Tarifvertrages, 1920, S. 79; *Jacobi,* Grundlehren des Arbeitsrechts, 1927, S. 218; *Nikisch,* Arbeitsrecht II, § 76 II 3, S. 355; *Richardi,* Kollektivgewalt, S. 219.

77 **bb)** Zu den hier zu entscheidenden Fragen äußert sich das Gesetz nicht. In der Entscheidung vom 25. 9. 1990 sieht das **BAG** die Rechte und Pflichten aus dem Tarifvertrag nicht schon mit dem Auflösungsbeschluß als erloschen an.[155]

78 **cc)** In der **Literatur** wird die Argumentation des älteren Schrifttums von *Kempen*[156] aufgegriffen. Die Friedenspflicht ende; aber die Tarifbindung bleibe nach § 3 Abs. 3 bestehen. Nach *Schaub* entfällt demgegenüber die unmittelbare und zwingende Wirkung des Tarifvertrages mit der Auflösung des Verbandes; § 3 Abs. 3 sei auch nicht entsprechend anwendbar.[157]

79 **dd)** Die Ansicht, die ein Entfallen der Wirkungen bejaht, stützt sich auf vereinsrechtliche und tarifvertragliche Gründe, die jedoch nicht zu überzeugen vermögen.[158] **Vereinsrechtlich** dienten §§ 49 Abs. 2 und 130 Abs. 2 BGB ausschließlich der vermögensrechtlichen Abwicklung, deshalb könne die Liquidation nicht auf die Aus- und Durchführung eines Tarifvertrages erstreckt werden. Der vom Verein oder der Gesellschaft verfolgte Zweck sei nicht Gegenstand der Liquidation, die Liquidatoren könnten deshalb nur vermögensmäßige Verpflichtungen erfüllen; die Richtigkeit dieser Auffassung werde durch die §§ 46, 47 BGB unterstützt.

80 Des weiteren wird geltend gemacht: Eine Fortgeltung des Tarifvertrages über den Untergang einer Tarifvertragspartei hinaus müßte **vom Gesetzgeber** angeordnet werden. Eine entsprechende Vorschrift fehle aber.[159] Eine Analogie zu § 3 Abs. 3 TVG scheide aus, da die Vorschrift eine andere Situation betreffe. Während sich diese Norm auf Verbandsmitglieder beziehe, seien hier Veränderungen beim Normgeber selbst betroffen. § 613 a BGB sei wegen seines besonderen europarechtlichen Bezuges nicht analogiefähig. Eine richterliche Rechtsfortbildung scheide aus, da eine derart wesentliche Entscheidung dem Gesetzgeber vorbehalten bleiben müsse. Schließlich sei eine von der Herrschaft der Tarifvertragsparteien abgelöste Tarifgeltung durch die Mitgliedschaft nicht mehr legitimiert.[160] Auch eine Nachwirkung gem. § 4 Abs. 5 TVG komme nicht in Betracht.[161]

81 Der Argumentation der Gegenmeinung **kann nicht gefolgt werden** (s. auch § 3, Rnr. 52, § 2, Rnr. 35 ff.). Bereits die Ausgangsüberlegungen des RAG und des BAG, daß sich der Liquidationszweck eines Verbandes in der Verteilung des Verbandsvermögens erschöpfe, trifft nicht zu. Die Liquidation umfaßt vielmehr die Abwicklung sämtlicher Verpflichtungen, die eine Körperschaft oder Gesellschaft zu erfüllen hat, vermögensrechtliche so gut wie nicht-vermögensrechtliche.[162] Eine abweichende Ansicht wird auch von

---

[155] BAG 25. 9. 1990 AP Nr. 8 zu § 9 TVG.
[156] *Kempen*/Zachert, § 3 TVG, Rnr. 37 ff.
[157] *Schaub*, Arbeitsrechts-Handbuch, § 199 IV 2 b, S. 1671.
[158] Ebenso *Blomeyer*, Anm. zu BAG 11. 11. 1970 SAE 1972, S. 109; *Buchner*, AR-Blattei Tarifvertrag III Entsch. 4; *ders.*, RdA 1997, S. 259, 263 ff.; *v. Stebut*, Anm. zu BAG 15. 10. 1986, SAE 1987, S. 203; s. auch *Löwisch*/Rieble, § 2 TVG, Rnr. 50.
[159] BAG 15. 10. 1986 AP Nr. 4 zu § 3 TVG; *Löwisch*/Rieble, § 2 TVG, Rnr. 106.
[160] *Löwisch*/Rieble, § 2 TVG, Rnr. 106.
[161] *Löwisch*/Rieble, § 2 TVG, Rnr. 106; a. A. BAG 15. 10. 1986 AP Nr. 4 zu § 3 TVG.
[162] *Buchner*, RdA 1997, S. 259, 263 f.

Rechtsprechung und Schrifttum im Verbandsrecht nicht vertreten.[163] Zwar trifft es zu, daß sich der Verbandszweck mit dem Eintritt in das Liquidationsstadium ändert; der Verband ist aber nicht in seiner rechtlichen Fähigkeit beschränkt, erneute Verpflichtungen einzugehen, alte zu erfüllen und auf die Mitglieder einzuwirken, die laufenden Verträge vereinbarungsgemäß durchzuführen. Entscheidend gegen die andere Ansicht spricht eine **arbeitsrechtliche Überlegung**. Dem Tarifvertrag kommt wie jeder (Teil)-Rechtsordnung eine Rechtssicherheits- und Ordnungsfunktion zu. Wenn die Tarifvertragsparteien von der ihnen eingeräumten Regelungsmacht Gebrauch machen, so müssen sie die in Anspruch genommene Hoheitsgewalt auch auszuüben. Zwar ist damit eine Verbandsauflösung während der Laufzeit des Tarifvertrages nicht verboten, aber die Liquidation umfaßt auch die Ausführung bereits übernommener tarifvertraglicher Pflichten.

Im Einzelfall kann der Auflösungsbeschluß die aufgelöste Partei zu einer außerordentlichen **Kündigung** berechtigen.[164] Das hängt davon ab, welche Gründe für den Auflösungsbeschluß maßgebend waren. Da § 3 Abs. 3 verhindern will, daß sich die Mitglieder eines Berufsverbandes den Wirkungen des Tarifvertrages durch Austritt aus dem Verband entziehen, soll es erst recht grundsätzlich nicht möglich sein, daß die Beständigkeit der geltenden tariflichen Ordnung durch einen Auflösungsbeschluß der Mitglieder des Berufsverbandes infrage gestellt werden kann.

Eine **Tarifbindung** nach § 3 Abs. 1 TVG besteht bis zur Beendigung des Liquidationsverfahrens oder bis zum Ablauf der Kündigungsfrist.[165] Das BAG bejaht offenbar eine Nachwirkung mit Wirkung vom Beschluß über die Auflösung an.[166] Von dem hier vertretenen Ansatz aus könnte eine Nachwirkung erst nach der Kündigung des Tarifvertrages eintreten.[167] Nach alledem führt der Untergang einer Tarifvertragspartei nicht dazu, daß die Wirkungen des Tarifvertrages entfallen.[168]

b) Firmentarifvertrag. Besteht ein Firmentarifvertrag, so wird er beim Tod des Arbeitgebers von dem Erben fortgesetzt, der das Unternehmen übernimmt (vgl. dazu oben § 3, Rnr. 147 f., 153 f.). Mit dem Regelungscharakter des Tarifvertrages ist es nicht vereinbar, einen Tarifvertrag unter der auflösenden Bedingung der Firmenführung durch den augenblicklichen Arbeitgeber abzuschließen.

3. Strukturänderungen

Strukturänderungen sind Maßnahmen, die (meist auf der Grundlage einer Satzungsänderung) die Rechtsform eines Unternehmensträgers oder seine

---

[163] S. MünchKomm/*Reuter,* § 49 BGB, Rnr. 8; Soergel/*Hadding,* § 49 BGB, Rnr. 3.
[164] Für eine ordentliche Kündigung *Buchner,* RdA 1997, S. 259, 264.
[165] *Buchner,* RdA 1997, S. 259, 264.
[166] BAG 15. 10. 1986 AP Nr. 4 zu § 3 TVG; vgl. auch BAG 13. 12. 1995 AP Nr. 3 zu § 3 TVG Verbandsaustritt.
[167] S. zur Nachwirkung im einzelnen *Buchner,* RdA 1997, S. 259, 266.
[168] Ebenso *Däubler,* Tarifvertragsrecht, Rnr. 60; Hueck/*Nipperdey,* ArbeitsrechtII 1, § 22 B 2, S. 474, Anm. 59; (im Ergebnis ebenso) Kempen/Zachert, § 3 TVG, Rnr. 39; v. *Stebut,* Anm. zu BAG 15. 10. 1986, SAE 1987, S. 203 ff.; *Stein,* Tarifvertragsrecht, Rnr. 126; *Heinrich Stoll,* AcP 133 (1931), S. 78, 87; *ders.,* JW 1930, S. 3500, 3502.

Organisation ändern. Dazu rechnen insbesondere die Aufnahme in einen Unternehmensverbund sowie die Umwandlung. Spätere Änderungen der Tarifzuständigkeit, z.B. durch Satzungsänderungen, führen nicht zur Unwirksamkeit bestehender Tarifverträge.[169] Allerdings kommt eine ordentliche Kündigung mit der Folge des § 4 Abs. 5 TVG in Betracht.

86 **a) Verbandstarifvertrag.** **aa)** Gesellschaftsrechtliche Strukturmaßnahmen, die die Identität des Rechtsträgers nicht berühren, lassen auch den Tarifvertrag weitergelten.[170] Hierzu zählen namentlich der Abschluß von **Unternehmensverträgen** (insbes. von Beherrschungs- und Gewinnabführungsverträgen) nach den §§ 291 ff., 230 ff. AktG sowie die Eingliederung nach den §§ 319 ff. AktG.

87 **bb)** Fragen der Tarifgebundenheit des Rechtsnachfolgers insbes. bei **Umwandlung** und **Betriebsübergang** werden oben, § 3, Rnr. 146 ff. erörtert.

88 **b) Firmentarifvertrag.** Die genannten Strukturmaßnahmen ändern an der Weitergeltung eines Firmentarifvertrages nichts. Der Rechtsnachfolger ist verpflichtet, den Firmentarifvertrag voll zu erfüllen. Der Unterschied zum Verbandstarifvertrag erklärt sich daraus, daß die Wirkung des Verbandstarifvertrages an die Mitgliedschaft des Rechtsträgers in der Arbeitgebervereinigung anknüpft, die Wirksamkeit des Firmentarifvertrages dagegen als mit dem Unternehmen selbst verbunden gedacht werden kann. Die Strukturänderung kann Anlaß zur ordentlichen oder zur außerordentlichen Kündigung des Tarifvertrages geben (vgl. dazu oben Rnr. 21 ff., 26 ff.).

89 Wenn ein **nicht organisierter Arbeitgeber** seine Position ändert und deshalb in den Zuständigkeitsbereich eines anderen Tarifvertrages fällt, wird der Geltungsbereich des Tarifvertrages in der Regel nicht berührt.[171]

III. Wirkung der Beendigung

1. Tarifnormen

90 Mit der Beendigung des Tarifvertrages verlieren die Rechtsnormenm des Tarifvertrages ihre verbindliche Kraft. Es tritt nunmehr die Nachwirkung gem. § 4 Abs. 5 ein (vgl. dazu unten Rnr. 320 ff.).

2. Verpflichtungen

91 Die schuldrechtlichen Verpflichtungen der Tarifvertragsparteien entfallen mit der Beendigung des Tarifvertrages. Dies gilt sowohl für die jedem Tarifvertrag immanente Friedens- und Durchführungspflicht als auch für alle sonstigen obligatorischen Bestimmungen, die nach Inhalt und Zweck das Bestehen eines Tarifvertrages voraussetzen. Aus dem Inhalt der schuldrechtlichen Verpflichtung kann sich aber auch ergeben, daß sie gerade erst nach Beendi-

---

[169] *Kempen*/Zachert, § 2 TVG, Rnr. 130 ff.
[170] Zur Änderung der Gesellschafterzusammensetzung s. BAG 18. 12. 1996 AP Nr. 1 zu § 1 TVG (*Löwisch*), sowie dazu Anm. *Buchner*, AR-Blattei Tarifvertrag VIII Beendigung 1550.8. Nr. 4.
[171] A. A. MünchArbR/*Löwisch*, § 248, Rnr. 77.

gung der Normwirkung des Tarifvertrages Bedeutung erlangen sollen. So können sich die Tarifvertragsparteien verpflichten, innerhalb einer gewissen Zeit nach Ablauf der Rechtsnormwirkung in Vertragsverhandlungen einzutreten und darüber hinaus bei deren Scheitern eine Schlichtungsstelle anzurufen. Mit diesen Vereinbarungen einhergehen wird meist die Verpflichtung, in dieser Zeit keine Kampfmaßnahmen durchzuführen oder einzuleiten.

3. Endgültigkeit der Beendigung

Ist ein Tarifvertag einmal beendet, so kann diese Beendigung nicht mehr rückgängig gemacht werden. Es bedarf vielmehr eines Neuabschlusses eines Tarifvertrages in der Form des § 1 Abs. 2 (Schriftform). Es genügt eine schriftliche Inkraftsetzung unter Bezugnahme auf den früheren Tarifvertrag; dessen Text braucht nicht wiederholt zu werden. Dagegen kann eine Kündigung vor Eintritt des Kündigungstermins im Einverständnis mit der gegnerischen Vertragspartei formlos zurückgenommen werden.[172]

2. Abschnitt. Geltungsbereich des Tarifvertrages

Übersicht

	Rnr.
A. Allgemeines	93–114
I. Begriff und Arten des Geltungsbereichs	93–105
1. Begriff	93–95
2. Arten	96–103
a) Einteilung in der Praxis	97
b) Einteilung in der Wissenschaft	98
c) Stellungnahme	99–103
aa) Erfordernis der Auslegung	99
bb) Betrieblicher, fachlicher und branchenmäßiger Geltungsbereich	100, 101
cc) Vier Arten von Geltungsbereichen	102
dd) Zusammenhang zwischen den Arten von Geltungsbereichen	103
3. Abgrenzung gegenüber ähnlichen Begriffen	104, 105
a) Tarifgebundenheit	104
b) Tarifzuständigkeit	105
II. Pflichten bei der Festlegung des Geltungsbereichs	106–114
1. Pflicht zur Bestimmung des Geltungsbereichs	106
2. Bestimmung nach sachlichen Gesichtspunkten	107–114
a) Tarifvertragliche Vereinbarungsbefugnis	107
b) Tarifpolitik	108
c) Grenzen der Vereinbarungsbefugnis	109–114
aa) Art. 3 Abs. 1 GG, Systemgerechtigkeit	109
bb) Herausnahme von Arbeitnehmergruppen	110–112
cc) Herausnahme einzelner Betriebe	113
dd) Rückwirkung	114

---

[172] Ebenso Hueck/*Nipperdey*, Arbeitsrecht II 1, § 22 B IV 2, S. 476; *Nikisch*, Arbeitsrecht II, § 76 III 3, S. 357.

	Rnr.
B. Räumlicher Geltungsbereich	115–135
I. Bestimmungskriterien für den räumlichen Geltungsbereich	116–130
1. Bezeichnung im Tarifvertrag	118–123
a) Bundes-, Landes-, Bezirks- und Ortstarife	118–120
b) Auslegung	121–123
2. Lage des Unternehmens	124–130
a) Schwerpunkt der Arbeitsverhältnisse	124–129
aa) Eigene Betriebsstätte	125
bb) Entsendung	126–128
cc) Entsendung an selbständige Betriebsstätte	129
b) Inländische Zweigstellen ausländischer Unternehmen	130
II. Grenzen des räumlichen Geltungsbereichs	131–132
1. Herausnahme einzelner Orte oder Gebietsteile	131
2. Erstreckung auf das Ausland	132
III. Ende der Tarifwirkung	133
IV. Besonderheiten und Einzelfälle	134–135
1. Besonderheiten	134
2. Einzelfälle	135
C. Branchenmäßiger Geltungsbereich	136–173
I. Allgemeines	136–150
1. Begriff	136, 137
2. Bestimmungskriterien	138–150
a) Maßgeblichkeit des Unternehmenszwecks	138–145
aa) Der Tarifvertrag	138–140
bb) Überwiegend im Betrieb zu leistende Arbeit	141–144
cc) Betrieb oder Unternehmen	145
b) Auslegung unter Berücksichtigung des Grundsatzes der Tarifeinheit	146
c) Anwendbarkeit der allgemeinen Auslegungskriterien	147–150
aa) Ständige Übung	147
bb) Lohntarifvertrag	148
cc) Anhang eines Tarifvertrages	149
dd) Nachträgliche Beschränkung	150
II. Sonderformen	151–160
1. „Mischbetrieb"	151
2. Betriebsabteilung	152–154
a) Selbständige Betriebsabteilung	152
b) Entscheidung der Tarifvertragsparteien	153, 154
3. Nebenbetrieb	155–157
a) Begriff	155
b) Tarifliche Behandlung	156, 157
aa) Auslegung	156
bb) Tarifeinheit	157
4. Mehrere selbständige Betriebe	158
5. Gemeinschaftsunternehmen	159
III. Besonderheiten und Einzelfälle	161–173
1. Besonderheiten	161
2. Einzelfälle	162–173
D. Fachlicher Geltungsbereich	174–217
I. Begriff und Bedeutung	174, 175

2. Abschnitt. Geltungsbereich des TV § 4

Rnr.

- II. **Zusammenspiel von allgemeinem und speziellem fachlichen Geltungsbereich** 176–181
  1. Beschränkung des allgemeinen fachlichen Geltungsbereichs 177
  2. Gewollte Beschränkung des speziellen gegenüber dem allgemeinen fachlichen Geltungsbereich 178
  3. Fortbildung des Tarifvertrags 179, 180
  4. Bestimmungskriterien für den allgemeinen fachlichen Geltungsbereich 181
- III. **Spezieller fachlicher Geltungsbereich** 182–216
  1. Bestimmungskriterien 182–198
     a) Allgemeines 182–184
        aa) Verwendung von Beispielen 182, 183
        bb) Spezielle Berufsausbildung oder Prüfung 184
     b) Widersprüche zwischen Titel, Vereinbarung und tatsächlicher Beschäftigung 189–194
        aa) Falsa demonstratio 190
        bb) Vorrang des Tarifvertrages 191–193
        cc) Hineinwachsen in eine höhere Tätigkeit 194
     c) Mischtätigkeit 195–197
     d) Ausnahmen unter dem Gesichtspunkt von Treu und Glauben 198
  2. Eingruppierung durch den Arbeitgeber 199–213
     a) Wirkung der Eingruppierung 199–203
        aa) Entwicklung und Meinungsstreit 199
        bb) Stellungnahme 200–202
        cc) Abgrenzungen 203
     b) Mitbestimmungsrecht des Betriebsrats 204
     c) Keine bestimmte Vergütungsgruppe 205, 206
     d) Rechtszustand bei ungünstiger Eingruppierung 207–210
        aa) Feststellungsklage 208, 209
        bb) Leistungsklage 210
     e) Zu günstige Eingruppierung 211–213
        aa) Bewußt unrichtige Eingruppierung 212
        bb) Irrtümlich unrichtige Eingruppierung 213
  3. Eingruppierung durch eine dritte Stelle 214, 215
     a) Problemstellung 214
     b) Schiedsgutachtervertrag 215, 216
- IV. **Anwendbarkeit von § 9 TVG, § 256 ZPO** 217

E. **Persönlicher Geltungsbereich** 218–227
- I. **Begriff und Bedeutung** 218
- II. **Unterteilung in Arbeiter und Angestellte** 219–221
- III. **Unterteilung in Männer und Frauen** 222–224
- IV. **Grenzen der Differenzierung** 225
- V. **Herausnahme einzelner Gruppen** 226, 227
  1. Allgemeine Auslegungsgrundsätze 226
  2. Einzelfälle 227

F. **Zeitlicher Geltungsbereich** 228, 260
- I. **Begriff und Bedeutung** 228, 229
  1. Begriff 228
  2. Dauer der Tarifverträge 229
- II. **Beginn der Tarifwirkung** 230–259
  1. Beginn mit Abschluß des Tarifvertrages 230–234
     a) Inhaltsnormen 231

	Rnr.
b) Abschlußnormen	232–234
aa) Abschlußnormen nach dem Inkrafttreten des Tarifvertrages	232
bb) Rückwirkung	233
cc) Betriebsnormen	234
2. Beginn der Tarifwirkung nach Abschluß des Tarifvertrages	235
3. Beginn der Tarifwirkung vor Abschluß des Tarifvertrages (Rückwirkung)	236–259
a) Zulässigkeit der Rückwirkung	237, 238
b) Rückwirkung als Frage der Auslegung	239–242
aa) Klare Vereinbarung	239
bb) Rückwirkung für Ausgeschiedene	240
cc) Ausschluß einzelner Bestimmungen von der Rückwirkung	241
dd) Mitgliedschaft bei Abschluß des mit Rückwirkung versehenen Tarifvertrages	242
c) Grenzen der Rückwirkung	243–246
aa) Verfassungsrechtliche Grenzen	244, 245
bb) Mangelnde Durchführbarkeit	246
d) Rückwirkung bei einzelnen Normarten	247–258
aa) Inhaltsnormen	247–253
bb) Abschlußnormen	254–256
cc) Betriebliche Normen	257
dd) Normen über Gemeinsame Einrichtungen	258
e) Rückwirkendes Außerkrafttreten einer Tarifordnung	259
III. Ende der Tarifwirkung	260

Schrifttum: *Roman Baudisch,* Zum Begriff des handwerklichen Nebenbetriebs, GewArch 1965, S. 217–221; *G. Beitzke,* Arbeitsverhältnisse bei inländischen Zweigstellen ausländischer Unternehmen, RdA 1951, S. 134–137; *ders.,* Normenkollision im Arbeitsrecht, Betrieb 1958, S. 224–227; *Michael Berger,* Direktionsrecht und Eingruppierung im öffentlichen Dienst, Diss. Köln (1969); *Rolf Birk,* Internationales Tarifvertragsrecht, in: Festschrift für Beitzke, Berlin u. a. 1979, S. 831–872; *ders.,* Das Arbeitskollisionsrecht der Bundesrepublik Deutschland, RdA 1984, S. 129–139; *Bormann,* Die rechtliche Bedeutung der tariflichen Eingruppierungsklausel, RdA 1951, S. 250–253; *ders.,* Die Rückwirkung des Tarifvertrages auf vor seinem Abschluß beendete Arbeitsverhältnisse, Betrieb 1956, S. 137–138; *Günter Bott,* Die neuere Rechtsprechung des Bundesarbeitsgerichts zu Fragen der Rückwirkung im Tarifrecht, in: Festschrift für Schaub (1998), S. 47–53; *Hans Henning Britze,* Die Rechtskriterien des Handwerksbetriebes nach neuerer Lehre und Rechtsprechung, Münster 1962; *Herbert Buchner,* Der zeitliche Geltungsbereich tarifvertraglicher Verfallklauseln, Betrieb 1967, S. 284–288; *Gustav Adolf Bulla,* Die Rechtsprechung der Arbeitsgerichte und Sozialgerichte zu Eingruppierungsstreitigkeiten von Angestellten und Arbeitern, Bd. I und II, Stuttgart 1962; *Heinz Bullmann,* Ein Beitrag zum Recht der Eingruppierung von Angestellten, RdA 1972, S. 209–210; *Claus-Wilhelm Canaris,* Die Vertrauenshaftung im deutschen Privatrecht, München 1971; *Horst Clemens,* Auswirkungen von drei Grundsatzentscheidungen des BAG auf die Eingruppierungspraxis bei Angestellten des öffentlichen Dienstes, ZTR 1987, S. 74–79; *Wolfgang Däubler,* Ost-Tarife oder West-Tarife? – Ein kollisionsrechtliches Problem, Betrieb 1991, S. 1622–1625; *ders.,* Arbeit im Westen nach Ost-Tarifen, ZTR 1992, S. 145–150; *Denekke,* Mitwirkung der Betriebsvertretungen bei Streitigkeiten aus dem Arbeitsverhältnis, NZFA 1929, S. 351–360; *Hermann Dersch,* Funktionsteilung und Wechselwirkung von Rechtsprechung und Verwaltung im Raume des Arbeitsrechts, RdA 1955, S. 124–129; *Ludwig Dieckhoff,* Die Rückwirkung von Tarifverträgen, Betrieb 1958, S. 1245–1247; *Rolf Dietz,* Selbständigkeit des Betriebsteils und des Nebenbetriebes, in: Festschrift für Arthur Nikisch (1958), S. 23–47; *ders.,* Tarifrechtliche Fragen aus Anlaß des Beitritts eines Arbeitgebers zu einem Arbeitgeberverband, in: Festschrift für H.C. Nipperdey (1965), Bd. II, S. 141–157; *Jürgen Dräger,* Tariffragen bei Änderung des Unternehmensgegenstandes durch Beschränkung auf bisherige Nebenbetriebe, BB 1970, S. 1141–1142; *Wilhelm Dütz,* Mitbestimmungssicherung bei Eingruppierung, AuR 1993, S. 33–39; *Gerhard Etzel,* Tarifordnung und Arbeitsvertrag, NZA Beil. 1/1987, S. 19–31; *ders.,* Die Entwicklung des Tarifrechts in der Rechtsprechung des Vierten Senats des Bundesarbeitsgerichts unter Günter Schaub, in: Festschrift für Schaub (1998), S. 173–191; *Feller,* Streitwert in Eingruppierungsstreitigkeiten, RdA 1964, S. 212–216; *ders.,* Der Sachverständige im Eingruppierungsprozeß, AuR 1965, S. 327–333; *Wolfgang Fikentscher,* Arbeitsstatut, Prorogation und die zugehörigen Grenzen der Privatautonomie, RdA 1969, S. 204–208; *B. Folger,* Allgemeinverbindlichkeit von Tarifverträgen mit organisatorisch beschränktem Geltungsbereich, RdA 1951, S. 350–351; *ders.,* Zustimmung zur Herabgruppierung der unkündbaren Arbeitnehmer im öffentlichen Dienst, RdA 1955, S. 103–105; *Robert Franke,* Bemerkungen zu der Rechtsprechung des Bundesarbeitsgerichts zu § 3 TOA, AuR 1955, S. 308–312; *ders.,* Grundsätzliche Bemerkungen über die Zulässigkeit einer konstitutiven Eingruppierung durch den Arbeitgeber, RdA 1957, S. 132–138; *ders.,* Nochmals zur Frage einer konstitutiven Eingruppierung, RdA 1958, S. 257–259; *ders.,* Kritische Bemerkungen zur Fassung des fachlichen Geltungsbereiches in den Bauarbeitertarifen, RdA 1966, S. 366–373; *Erich Frey,* Die Tarifeinstufung des Lochkartenpersonals, Betrieb 1960, S. 951–954; *ders.,* Das Schicksal des Tarifvertrages und seiner Auswirkungen bei Wegfall einer Tarifvertragspartei, RdA 1965, S. 363–367; *Ludwig Fröhler,* Zur Abgrenzung von Handwerk und Industrie, München 1965; *ders.,* Der Handwerksbegriff in der EWG, GewArch 1964, S. 145–148; *ders.,* Die Rechtsprechung des Bundesverwaltungsgerichts zur Abgrenzung von Handwerk und Industrie, GewArch 1965, S. 145–150; *Armin Frölich,* Eintritt und Beendigung der Nachwirkung von Tarifnormen, NZA 1992, S. 1105–1111; *Erwin Fromm,* An den Grenzen rationaler Rechtsfindung – Grundprobleme des Eingruppierungsrechts, ZTR 1989, S. 211–219; *Franz Gamillscheg,* Internationales Arbeitsrecht, Berlin 1959; *Dieter Gaul,* Grenzfragen der analytischen Arbeitsbewertung, RdA 1953, S. 137–141; *ders.,* Einstufungsgrundsätze bei wechselnden Arbeitsanforderungen, RdA 1954, S. 142–143; *ders.,* Der Geltungsbereich von Firmentarifverträgen bei bundesdeutschen Unternehmen mit Betrieben in der ehemaligen DDR, BB 1990, Beil. 37; *Wolfgang Gitter/Peter Schrader,* Der Vorrang von Tätigkeitsbeispielen vor allgemeinen Tätigkeitsmerkmalen in Eingruppierungstarifverträgen – eine Erwiderung auf Honnen, ZTR 1993, S. 62, ZTR 1993, S. 193–195; *Hans Gramm,* Tarifliche Eingruppierung bei Wechsel der Tätigkeit, Betrieb 1957, S. 140–142; *ders.,* AR-Blattei, Tarifliche Eingruppierung I; *Karl Gröbing,* Zur Eingruppierung von Angestellten im öffentlichen Dienst, AuR 1959, S. 74–78; *Harald Groß,* Die arbeitsrechtliche Stellung des Notstandsarbeiters, RdA 1952, S. 89–93; *ders.,* Das Lehrverhältnis nach der Bundeshandwerksordnung unter besonderer Berücksichtigung der Grundsätze des Lehrvertrages, AuR 1954, S. 101–105; *Jobst Gumpert,* Zulässige Abgrenzung der räumlichen und persönlichen Geltungsbereiches im Tarifvertrag, BB 1955, S. 606–607; *ders.,* Arbeiter oder Angestellter?, BB 1955, S. 349–350; *ders.,* Anwendung von Tarifverträgen in Mischbetrieben und in sachfremden Nebenbetrieben, BB 1959, S. 487–489; *Hans Hammerbacher,* Der Anspruch auf die „höhere" Grundvergütung des § 27 Abs. 5 Unterabschnitt 1 BAT, RdA 1965, S. 6–7; *Christoph E. Hauschka/Martin Henssler,* Ein „Billigarbeitsrecht" für die deutsche Seeschiffahrt?, NZA 1988, S. 597–601; *Wilhelm Heimeier,* Tarifverträge mit rückwirkender Kraft, Betrieb 1951, S. 134–135; *Horst-Eberhard Henke,* Die Tatfrage. Der unbestimmte Begriff im Zivilrecht und seine Revisibilität, Berlin 1966; *Martin Henssler,* Unternehmensumstrukturierung und Tarifrecht, in: Festschrift für Schaub (1998), S. 311–336; *Curt W. Hergenröder,* Der Arbeitskampf mit Auslandsberührung, Berlin 1987; *Wilhelm Herschel,* Zur Schiedsgerichtsbarkeit in Arbeitssachen, BB 1949, S. 449–451; *ders.,* Änderungskündigung bei falscher tariflicher Eingruppierung, BB 1962, S. 136–137; *Philipp Hessel,* Zur Frage der Nachwirkung tariflicher Arbeitszeitregelungen, RdA 1959, S. 259–262; *Michael Hoffmann,* Rückwirkung von Tarifverträgen auf beendete Arbeitsverhältnisse, ArbGeb 1952, S. 131–132; *ders.,* Zur Ausbildungsbeihilfe für Lehrlinge, BB 1959, S. 852–854; *ders.,* Tarifwirkung für später eingetretene Verbandsmitglieder, AuR 1964, S. 169–174; *Hannsjosef Hohn,* Ausländische Industriearbeiter und deutsches Recht, BB 1965, Beilage zu Heft 34; *Ernst-Jürgen Honnen,* Zum Vorrang von Beispielsmerkmalen vor allgemeinen Obermerkmalen in Eingruppierungstarifverträgen – zugleich eine Erwiderung auf Gitter/Schrader, ZTR 1992, S. 407, ZTR 1993, S. 62–65; *Alfred Hueck,* Der Geltungsbereich des Tarifvertrages, BB 1949, S. 355–356; *ders.,* AR-Blattei, Tarifvertrag IV, Geltungsbereich; *Götz Hueck,* Die arbeitsrechtliche Bedeutung der Bundeshandwerksordnung, RdA 1954, S. 14–21; *Abbo Junker,* Die Tarifgeltung als Problem der deutschen Integration, RdA 1992, S. 265–272; *Otto Ernst Kempen,* Zum interlokalen Tarifrecht zwischen den alten und den neuen Bundesländern, AuR 1991, S. 129–137; *Ludwig Kattenstroth,* Ausländische Arbeitnehmer in der Bundesrepublik Deutschland, BABl. 1966, S. 237–240; *H. Kauffmann,* Gerichtliche Nachprüfung der Eingruppierung in Gehaltsgruppen der Angestellten des öffentlichen Dienstes durch die Arbeitsgerichte?, NJW 1956, S. 446–448; *Peter Knevels,* Der Beginn der tariflichen Friedenspflicht beim Eintritt eines Betriebes in einen Arbeitgeberverband, Betrieb 1964, S. 1663–1666; *Hans-Jörg Köhres,* Zur Eingruppierung der Angestellten, insbesondere in der Gerichtsbarkeit, JVBl. 1965, S. 1–5; *Ewald Köst,* Die Rechtsstellung des Volontärs, Betrieb 1954, S. 413–415; *Michael H. Korinth,* Zur Entwicklung des Arbeitsrechts in den neuen Bundesländern im Jahr 1991, NZA 1992, S. 350–357; *Oskar Kreppner,* Handwerk oder Industrie, GewArch 1965, S. 49–54; *Kuck,* Die Nachprüfbarkeit der Gehaltseinstufung von Angestellten im öffentlichen Dienst, DÖD 1952, S. 29–30; *Friedrich-Karl Läge,* Europäische Tarifverträge, AWD des BB 1965, S. 145–149; *ders.,* Europäische Tarifverträge schon jetzt?, Betrieb 1965, S. 1595–1597; *Manfred Lieb,* Zur Rechtmäßigkeit von Unterstützungsarbeitskämpfen insbesondere im Druck- und Verlagsbereich, RdA 1991, S. 145–153; *Roland Manz,* Arbeitsrechtliche Besonderheiten im Baugewerbe, RdA 1967, S. 125–132; *Klaus-Peter Martens,* Tarifvertragliche Konzernregelung, RdA 1970, S. 173–182; *Helmut Maurer,* Eingruppierungskorrekturen nur durch Änderungskündigung?, NZA 1993, S. 721–723; *Gerhard Meyer-Hentschel,* Der Begriff des Handwerks in der Rechtsprechung, NJW 1958, S. 1321–1325; *K. A. Möller,* Das tarifliche Einstufungswesen in seiner praktischen Auswirkung, BlStSozArbR 1954, S. 11–13; *Erich Molitor,* Einstufungsfragen im Tarifvertragsrecht, BB 1958, S. 951–954; *H. Monjau,* Schwierigkeiten der Eingruppierungsstreitigkeiten, DÖD 1963, S. 1–5; *ders.,* Diskriminierungsverbot bei der Beschäftigung von Ausländern, RdA 1965, S. 81–85; *Dirk Neumann,* Darlegungslast, Substantiierungspflicht und Schlüssigkeitsprüfung im Eingruppierungsprozeß, NZA 1986, S. 729; *ders.,* Änderung der Rechtsprechung zum Arbeitsvorgang, ZTR 1987, S. 41–44; *Neumann-Duesberg,* Nachwirkung tariflicher Abweichungsgestattungen, Betrieb 1960, S. 235–237; *Jörg Neuner,* Die Rückwirkung von Tarifverträgen, ZfA 1998, S. 83–104; *Arthur Nikisch,* Zur rechtlichen Behandlung der Rote-Kreuz-Schwestern. Zugleich ein Beitrag zur Lehre vom Leiharbeitsverhältnis, in: Festschrift für Alfred Hueck (1959), S. 1–24; *A. Palme,* Abgrenzung des Begriffs des Angestellten, BlStSozArbR 1955, S. 61–62; *ders.,* Herabgruppierung oder Änderungskündigung von Angestellten im öffentlichen Dienst, RdA 1960, S. 1–3; *Karl Heinz Peifer,* Der räumliche Geltungsbereich der für das Beitrittsgebiet geschlossenen Tarifverträge des öffentlichen Dienstes, in: Festschrift für Schaub (1998), S. 557–569; *Fritz Poelmann,* Aus der Rechtsprechung des Bundesarbeitsgerichts zur Eingruppierung von Angestellten im öffentlichen Dienst, AuR 1964, S. 101–108, 137–141; *Berndt Popall,* Tarifliche Eingruppierung der Kraftfahrer, insbesondere in der Industrie Nordrhein-Westfalens, Betrieb 1954, S. 234–235; *Helmut Prasse,* Zur Abgrenzung von Handwerks- und Industriebetrieb, AuR 1956, S. 146–150; *Eberhard Preuss,* Streitwertfestsetzung bei Eingruppierungsstreitigkeiten und Festsetzung eines besonderen Streitwertes im Kosteninteresse, AuR 1962, S. 175–178; *Hans Reichel,* Abschlußverbote, insbesondere die Begrenzung der Lehrlingszahlen in den Betrieben, Betrieb 1955, S. 169–170; *ders.,* Zum Begriff des Volontärs, BB 1955, S. 224–225; *Rudolf Rentsch,* Über den Geltungsbereich des Gesamtarbeitsvertrages unter besonderer Berücksichtigung des Berufsverbandsprinzips und des Industrieverbandsprinzips, Züricher Beiträge zur Rechtswissenschaft, Heft 457, Zürich 1974; *Heinrich Repenning/Kurt Seip,* Eingruppierung und Vergütung der Angestellten im öffentlichen Dienst, 6. Auflage, Hannover, Bremen, Frankfurt 1967; *H. D. Rewolle,* Schiedsgerichtsbarkeit und Betriebsvereinbarungen, RdA 1950, S. 269–270; *ders.,* Zur Rechtsprechung des Bundesarbeitsgerichts zu § 3 TOA, RdA 1955, S. 210–213; *Reinhard Richardi,* Rechtsprobleme einer betriebsnahen Tarifpolitik, Jura 1971, S. 141–176; *Helmut Ridder,* Zur verfassungsrechtlichen Stellung der Gewerkschaften im Sozialstaat nach dem Grundgesetz für die Bundesrepublik Deutschland, Arbeits- und sozialrechtliche Studien, Heft 2, Stuttgart 1960; *Franz Ringer*, Grenzen der Allgemeinverbindlichkeit, AuR 1953, S. 44–47; *Monika Schlachter*, Gleichheitswidrige Tarifnormen, in: Festschrift für Schaub (1998), S. 651–673; *Karl Schlessmann*, Der Meister – Arbeiter oder Angestellter, Betrieb 1966, S. 462–464; *Herbert Schmeer*, Die Einstufung einzelner Arbeitnehmer in Vergütungsgruppen durch tarifliche Eingruppierungsstellen, BB 1956, S. 308–311; *Hans Schmidt*, Lehrlingsvergütung und Tarifvertrag im Handwerk, BB 1958, S. 989–990; *H. Schüler-Springorum*, Wer ist Angestellter?, BB 1958, S. 236–239; *Wilhelm-Josef Schumacher*, Der unbestimmte Rechtsbegriff im Tarifrecht, Betrieb 1960, S. 1008–1009; *ders.*, Die Rechtsnatur der Eingruppierung unter der Herrschaft des § 4 Abs. 1 Satz 1 TVG, AuR 1960, S. 306–308; *Roland Schwarze*, Die Bedeutung des Nachweisgesetzes für fehlerhafte tarifliche Eingruppierungen, RdA 1997, S. 343–351; *Eugen Stahlhacke*, Kollektive Einwirkung auf erworbene Rechte, RdA 1959, S. 266–273; *Ekkehart Stein*, Die Grenzen des dienstlichen Weisungsrechts, Tübingen 1965; *Werner Stückrath*, Rückwirkung von Tarifverträgen, RdA 1963, S. 87–88; *Barbara Veit*, Die Sicherung des Mitbestimmungsrechts des Betriebsrates bei Eingruppierungen, RdA 1990, S. 325–343; *Vielhaber*, Einstufungsgrundsätze bei wechselnden Arbeitsanforderungen, RdA 1953, S. 263–264; Schlußwort: RdA 1954, S. 220; *Waechter*, Tarifeinheit und Tarifkonkurrenz, BlStSozArbR 1951, S. 138–139; *Stefan Walz*, Multinationale Unternehmen und internationaler Tarifvertrag, Baden-Baden 1981; *Albrecht Weiss*, Arbeiter oder Angestellte?, BB 1951, S. 115–116; *Hans-Jürgen Wendt*, Das Recht der Notstandsarbeiter, AuR 1954, S. 172–175; *Wilhelm Wernet*, Zur Frage der Abgrenzung von Handwerk und Industrie, Münster 1965; *Franz H. Winter*, Handwerk oder Industrie, GewArch 1965, S. 1–5; *Hellmut Wißmann*, Die tarifliche Bewertung unterschiedlicher Tätigkeiten und das gemeinschaftsrechtliche Verbot der mittelbaren Geschlechtsdiskriminierung, in: Festschrift für Schaub (1998), S. 793–809; *Joachim Wittholz*, Lehrlingsvergütung und Tarifvertrag im Handwerk, BB 1958, S. 706–707; *U. Witting*, Die Tarifkonkurrenz, BABl. 1957, S. 544–548; *Georg Wolf*, Zur Eingruppierung der Angestellten im öffentlichen Dienst, RdA 1953, S. 253–258; *Frank Woltereck*, Rechtsfolgen fehlender Arbeitserlaubnis bei Beschäftigung ausländischer Arbeiter, Betrieb 1965, S. 779–780; *ders.*, Die Rechtsstellung ausländischer Arbeitnehmer in der Bundesrepublik, Betrieb 1965, S. 1909–1914; *Hans-Henning Zabel*, Europäische Tarifverträge und Gemeinsamer Markt, SozFortschritt 1958, S. 268–271.

S. auch die Literatur zu § 1, vor Rnr. 60

A. Allgemeines

I. Begriff und Arten des Geltungsbereichs

1. Begriff

§ 4 Abs. 1 Satz 1 bestimmt, daß dessen Rechtsnormen für die beiderseits **93** Tarifgebundenen gelten, „die unter den **Geltungsbereich** des Tarifvertrages fallen". Diese Aussage wird in Abs. 1 Satz 2 auf Betriebsnormen und betriebsverfassungsrechtliche Normen und in Abs. 2 auf Gemeinsame Einrichtungen erstreckt. Zum zeitlichen Geltungsbereich („nach Ablauf des Tarifvertrages") enthält Abs. 5 eine Sonderregelung.

Die Frage nach dem Geltungsbereich stellt sich **für alle Normen**. Allge- **94** mein kann man insoweit unterscheiden:
– persönlicher (z. B. „Kaufmann", „Arbeitnehmer")
– räumlicher (z. B. „Nordrhein-Westfalen")
– zeitlicher (z. B. „Inkrafttreten vierzehn Tage nach Verkündung")
und
– sachlicher Geltungsbereich (z.B. „Kleinbetriebe").

95 Für das TVG enthalten die genannten Vorschriften einen allgemeinen Hinweis auf den Geltungsbereich, also auf den **Wirkungsumfang der Sachregelungen** auf dem Gebiet der Arbeits- und Wirtschaftsbedingungen. Auch beim Geltungsbereich ist zwischen dem schuldrechtlichen und dem normativen Teil des Tarifvertrages zu unterscheiden. Der Geltungsbereich des schuldrechtlichen Teils, also des Vertrages zwischen den Tarifvertragsparteien, wirft wenig Probleme auf. § 4 bezieht sich auf den Geltungsbereich des normativen Teils. Erfaßt werden die im Tarifvertrag enthaltenen Rechtsnormen sowie andere Abreden, die in ihrer Wirkung einer tariflichen Rechtsnorm gleichkommen. Durch Auslegung wird sich im Zweifel ergeben, daß Protokollnotizen und Anhänge zu einem Tarifvertrag denselben Geltungsbereich wie der Tarifvertrag haben.[1]

2. Arten

96 In der **Terminologie** gibt es im Bereich der Tarifverträge Besonderheiten gegenüber der allgemeinen Begriffsbildung für Gesetze. Übereinstimmung besteht allerdings insoweit, als allgemein zwischen
- persönlichem,
- räumlichem und
- zeitlichem

Geltungsbereich unterschieden wird. Divergenzen gibt es demgegenüber beim Merkmal „sachlicher Geltungsbereich" (gem. der allgemeinen Terminologie für Gesetze). Auch wird unter dem persönlichen Geltungsbereich teilweise Unterschiedliches verstanden.

97 a) **Einteilung in der Praxis.** Die tarifliche Praxis unterscheidet, mit Ausnahme des öffentlichen Dienstes, vier Arten des Geltungsbereichs, nämlich neben dem persönlichen, räumlichen und zeitlichen Geltungsbereich den **fachlichen Geltungsbereich**. Hierbei wird auf den **Tarifbereich** bezug genommen (z. B. Eisen- und Stahlindustrie, Baugewerbe, Schrotthandel, Brauereien, Verlage, Bäckereihandwerk, Herstellung von Lederhandschuhen in Heimarbeit). Die Praxis rechnet hierzu auch die Beschränkung des Tarifvertrages auf *ein* Unternehmen (z. B. Deutsche Shell AG; Fa. Reemtsma; Martin Brinkmann AG).

98 b) **Einteilung in der Wissenschaft.** Die Einteilung nach dem persönlichen, räumlichen und zeitlichen Geltungsbereich findet sich auch in der **Wissenschaft**. Im übrigen werden aber, wie auch teilweise in der Rechtsprechung, andere Einteilungskriterien benutzt, die sich mehr am öffentlichen Dienst orientieren.[2] Beim sachlichen Geltungsbereich wird insoweit unterschieden:
- **betrieblicher** Geltungsbereich.

Er richtet sich nach dem wirtschaftlichen Hauptzweck des Betriebes. Bei verschiedenen Geschäftszweigen soll es auf die überwiegende Betriebstätigkeit ankommen.

---

[1] Vgl. LAG Hamm 17. 10. 1955 AP Nr. 2 zu § 21 HandwO (*Götz Hueck*)
[2] Vgl. dazu Hueck/*Nipperdey*, Arbeitsrecht II 1, § 26, S. 509 ff.; *Nikisch*, Arbeitsrecht II, § 78, S. 363 ff.; *Schaub*, Arbeitsrechts-Handbuch, § 203 IV, V, S. 1692 ff.

– **fachlicher** Geltungsbereich.
Er richtet sich nach der Art der tatsächlich geleisteten und geforderten Arbeit. In der neueren Literatur werden allerdings beide Merkmale als „fachlicher Geltungsbereich" zusammengefaßt.[3]

c) Stellungnahme. aa) Der Geltungsbereich eines Tarifvertrages ist jeweils durch **Auslegung** zu ermitteln. Deshalb empfiehlt sich eine Terminologie, die auf die Praxis bezug nimmt und zugleich einer wissenschaftlichen Systematik gerecht wird.

bb) Terminologisch vermögen weder die in der Praxis gehandhabte noch die in der Wissenschaft vorgeschlagene Unterscheidung voll zu überzeugen. Der Ausdruck „**betrieblicher Geltungsbereich**" ist irreführend, da es nicht auf den Betrieb, sondern auf das *Unternehmen* ankommt. Beim „betrieblichen" Geltungsbereich würde man erwarten, daß der Tarifvertrag an bestimmte Betriebe (wie Versorgungsbetriebe, Nahverkehrsbetriebe, landwirtschaftliche Betriebe) oder an bestimmte Merkmale der Betriebe (wie Haupt- oder Nebenbetriebe) anknüpft. Die Tarifverträge betreffen jedoch nicht einzelne Betriebe, sondern einzelne Unternehmen (allerdings schließt das nicht aus, daß im Einzelfall der Geltungsbereich eines Tarifvertrages tatsächlich auf einen Betrieb beschränkt wird). Für die Einteilung nach Wirtschaftszweigen ist auch der Begriff „**fachlicher Geltungsbereich**" unbefriedigend. Er bezeichnet ein Qualifikationsmerkmal für Arbeitnehmer, aber nicht für Arbeitgeber.

Über den tariflichen Geltungsbereich entscheidet die Zugehörigkeit des Unternehmens zu einem bestimmten Wirtschaftszweig. Es empfiehlt sich deshalb, von einem **branchenmäßigen** (wirtschaftssektoralen) **Geltungsbereich** zu sprechen. Dementsprechend unterscheiden auch die Eintragungen des beim Bundesminister für Arbeit und Sozialordnung geführten Tarifregisters nach Gewerbegruppen (z.B. öffentlicher Dienst und private Dienstleistungen; Bergbau, Salinenwesen und Torfgräberei; Industrie der Steine und Erden; Eisen, Metall- und Elektroindustrie; Verkehrswesen usw.). Im folgenden wird der Begriff des branchenmäßigen Geltungsbereichs zugrundegelegt, der sich gleichermaßen auf die private Wirtschaft und den öffentlichen Dienst beziehen soll. Eine mißverständliche Terminologie gibt es auch im Hinblick auf die Merkmale *fachlicher Geltungsbereich* und *persönlicher Geltungsbereich*. Hier empfiehlt es sich, innerhalb des persönlichen Geltungsbereichs i.w.S. zwischen der Tätigkeit des Arbeitnehmers (fachlicher Geltungsbereich) und den persönlichen Eigenschaften (persönlicher Geltungsbereich i.e.S.) zu unterscheiden (s. auch unten Rnr. 174ff.). Soweit der Tarifvertrag an persönliche Eigenschaften anknüpft (z.B. Verdienstsicherung für Arbeitnehmer über dem 45. Lebensjahr), sind dafür andere Gesichtspunkte maßgebend als bei der üblichen Unterteilung in einzelne Vergütungsgruppen.

---

[3] *Kempen/Zachert*, § 4 TVG, Rnr. 21 ff. („betrieblich-fachlicher Geltungsbereich"); *Löwisch/Rieble*, § 4 TVG, Rnr. 30 ff. *Gamillscheg*, Kollektives Arbeitsrecht I, § 17 III 1 a, S. 741 unterscheidet zwischen dem betrieblichen und dem fachlich/persönlichen Geltungsbereich.

102 **cc)** Gemäß dem Vorstehenden werden im folgenden **vier Arten** von Geltungsbereichen unterschieden. Außer nach dem persönlichen, dem räumlichen und dem zeitlichen Geltungsbereich wird nach dem branchenmäßigen Geltungsbereich abgegrenzt. Der persönliche Geltungsbereich gliedert sich seinerseits in den persönlichen Geltungsbereich i. e. S. und in den fachlichen Geltungsbereich.

103 **dd)** Räumlicher, branchenmäßiger und zeitlicher Geltungsbereich stehen beim Verbandstarifvertrag in *keinem* **Zusammenhang**. Dagegen besteht ein Sinnzusammenhang zwischen dem branchenmäßigen, dem fachlichen und dem persönlichen Geltungsbereich i. e. S. Die Prüfungsreihenfolge der verschiedenen Geltungsbereiche richtet sich nach arbeitsökonomischen Gesichtspunkten. Bei den drei zusammengehörigen Bestimmungsfaktoren geht man zweckmäßig vom weiteren zum engeren Merkmal vor.[4]

3. Abgrenzung gegenüber ähnlichen Begriffen

104 **a) Tarifgebundenheit.** Tarifgebundenheit und Geltungsbereich dürfen nicht verwechselt werden.[5] Daß beide Begriffe etwas Verschiedenes aussagen, ergibt sich schon aus § 4 Abs. 1. Die Tarifgebundenheit bezeichnet den Personenkreis, für den die Tarifvertragsparteien mit gesetzesgleicher Wirkung Regelungen treffen können. Dagegen gibt der Geltungsbereich an, welche Rechtsverhältnisse von einem konkreten Tarifvertrag erfaßt werden; vgl. dazu ausführlich oben § 3, Rnr. 6 ff.

105 **b) Tarifzuständigkeit.** Der Geltungsbereich unterscheidet sich auch von der Tarifzuständigkeit. Die Tarifzuständigkeit legt allgemein den Geschäftsbereich fest, innerhalb dessen eine tariffähige Partei Tarifverträge abschließen kann. Dagegen gibt der Geltungsbereich an, für welchen Teil ihres Geschäftsbereichs die Koalition einen konkreten Tarifvertrag abschließt; vgl. dazu oben § 2, Rnr. 43 ff.

II. Pflichten bei der Festlegung des Geltungsbereichs

1. Pflicht zur Bestimmung des Geltungsbereichs

106 Maßgebend für den Geltungsbereich des Tarifvertrages sind die **Abreden der Berufsverbände**. Da der Geltungsbereich auf andere Weise nicht festgestellt werden kann, sind die Vertragsparteien zur Festlegung eines Geltungsbereichs verpflichtet. Die Bestimmung braucht allerdings nicht ausdrücklich zu erfolgen. Es genügt, wenn sich der Geltungsbereich unter Berücksichtigung aller Auslegungskriterien (vgl. dazu oben § 1, Rnr. 781 ff.) ermitteln läßt. Ist auch dann der Geltungsbereich nicht festzustellen, so ist der Tarifvertrag wegen Unbestimmtheit und damit wegen Verstoßes gegen das Rechtsstaatsprinzip unwirksam.[6] Die Tarifvertragsparteien können auch um die Festlegung des Geltungsbereichs einen Arbeitskampf führen.[7]

---

[4] Vgl. zur Rangfolge auch *Witting*, BABl. 1957, S. 544.
[5] Unklar BAG 14. 2. 1973 AP Nr. 6 zu § 4 TVG Nachwirkung (*Wiedemann*).
[6] *Däubler*, Tarifvertragsrecht, Rnr. 253; allgem. zum Rechtsstaatsprinzip oben Einl. vor § 1, Rnr. 341.
[7] *Löwisch/Rieble*, § 4 TVG, Rnr. 22.

2. Bestimmung nach sachlichen Gesichtspunkten

a) Tarifvertragliche Vereinbarungsbefugnis. Nach bisher allgemeiner 107 Ansicht sind die Tarifvertragsparteien bei der Bestimmung des Geltungsbereichs innerhalb der Grenzen der Tarifzuständigkeit rechtlich nicht gebunden.[8] Gefolgert wird dies aus der den Tarifvertragsparteien zustehenden allgemeinen Vertragsfreiheit. Die tarifvertragliche Vereinbarungsbefugnis generell mit der allgemeinen zivilrechtlichen Vertragsfreiheit, die aus Art. 2 Abs. 1 GG abgeleitet wird, gleichzusetzen ist jedoch nicht sachgerecht. Die Befugnis zur Normsetzung und zur Regelung der Arbeits- und Wirtschaftsbedingungen folgt vielmehr aus der den Koalitionen durch Art. 9 Abs. 3 GG und durch die §§ 1 und 2 des Gesetzes überantworteten Autonomie, die ihre Grenzen in diesen Normen findet. Die den Berufsverbänden eingeräumten Rechte sind mit einer besonderen Pflichtenstellung verbunden. – Einschränkungen der Freiheit der Tarifvertragsparteien bei der Bestimmung des Geltungsbereichs ergeben sich aus dem höherrangigen Recht, insbes. aus dem Gleichheitssatz in seinen unterschiedlichen Ausprägungen (Art. 119 EGV, Art. 3 GG usw., im folgenden Rnr. 108 ff.).

b) Tarifpolitik. Die Bestimmung des Geltungsbereichs ist grundsätz- 108 lich eine Frage der Tarifpolitik, die zu bestimmen den Tarifvertragsparteien obliegt. Eine Bindung der Berufsverbände bei der Bestimmung des Geltungsbereichs ergibt sich jedoch daraus, daß es sich bei der Festlegung zumindest des normativen Teils des Tarifvertrages um Verhaltensregeln für eine Vielzahl von Personen, also materiell um Rechtsnormsetzung handelt. Die Koalitionen sind deshalb bei der Bestimmung des Geltungsbereiches in gleicher Weise an **höherrangiges Recht**, insbes. an die Grundrechte und allgemeine Rechtsprinzipien, gebunden wie der Gesetzgeber (s. Einl. vor § 1, Rnr. 198 ff., 341 ff.). Auch der Rechtsnormsetzung durch die Legislative sind Grenzen gesetzt. So bestimmt zwar grundsätzlich der Gesetzgeber die Merkmale, nach denen bei der Beurteilung des Gleichheitssatzes Sachverhalte als hinreichend gleich anzusehen sind, um sie gleich zu regeln;[9] dabei hat der Gesetzgeber aber eine sachgerechte Auswahl zu treffen.[10]

c) Grenzen der Vereinbarungsbefugnis. aa) Zweifelhaft ist, inwieweit 109 die Tarifvertragsparteien darüber hinaus bei der Bestimmung des Geltungsbereichs Bindungen im Hinblick auf eine **wirtschaftlich sinnvolle und**

---

[8] Vgl. BAG 9. 11. 1956 AP Nr. 1 zu § 3 TVG Verbandszugehörigkeit *(Tophoven); Buchner,* AR-Blattei, Tarifvertrag IV Geltungsbereich, unter A III 1; Hueck/*Nipperdey,* Arbeitsrecht II 1, § 26 V 1, S. 509; zurückhaltend allerdings hinsichtlich des räumlichen Geltungsbereichs bereits *Nikisch,* Arbeitsrecht II, § 78 II 1, S. 363, der aber Geltungsbereich und Tarifzuständigkeit nicht ausreichend abgrenzt.
[9] Vgl. BVerfG 7. 5. 1969 BVerfGE 25, S. 371, 400 = AP Nr. 1 zu § 15 Mitbest-ErgG, unter Hinweis auf BVerfG 29. 11. 1961 BVerfGE 13, S. 225, 228; vgl. weiter in diesem Zusammenhang BVerfG 20. 12. 1966 BVerfGE 21, S. 12, 26; 7. 5. 1968 BVerfGE 23, S. 242, 252.
[10] BVerfG 20. 12. 1966 BVerfGE 21, S. 26; s. im Hinblick auf die Abgrenzung zwischen Arbeitern und Angestellten BVerfG 16. 11. 1982 BVerfGE 62, S. 256; 30. 5. 1990 AP Nr. 28 zu § 622 BGB; allgem. zum Prüfungsmaßstab *Wank,* Arbeiter und Angestellte, 1992, S. 19 ff.

sozial gerechte Ordnung unterliegen.[11] Eine allgemeine Pflicht zu „politikfreundlichem Verhalten" in dem Sinne, daß die jeweilige Politik des Bundes- oder Landesgesetzgebers unterstützt werden müßte, besteht nicht. Grenzen ergeben sich aber aus **Art. 3 Abs. 1 GG** im Hinblick auf die *Systemgerechtigkeit*.[12]

110   bb) Der fachliche und persönliche Geltungsbereich muß als Anknüpfungspunkt sachliche Mindesterfordernisse aufweisen. Werden einzelne **Arbeitnehmergruppen** ohne ersichtlichen Grund aus dem Tarifvertrag ausgenommen, so kann dies einen Verstoß gegen den **Gleichheitssatz des Art. 3 Abs. 1 GG** darstellen (s. zum Ganzen ausführlich oben Einl. vor § 1, Rnr. 213 ff.). So wurden in der Vergangenheit vielfach Teilzeitbeschäftigte unterhalb einer bestimmten Stundenzahl aus dem Geltungsbereich von Tarifverträgen ausgenommen mit der Folge, daß ihnen dann auch untertarifliche Stundenlöhne gezahlt wurden. Das BAG hat das mit Recht als gleichheitswidrig angesehen.[13] Heute ist das Diskriminierungsverbot durch § 2 Abs. 1 BeschFG konkretisiert.

111   Eine neue Dimension erhält die Frage im Hinblick auf den **Gleichberechtigungssatz** nach Art. 119 EGV und die einschlägigen EG-Richtlinien sowie nach Art. 3 Abs. 2 GG und § 612 Abs. 3 BGB. Während Art. 119 EGV nur eine Gleichbehandlung bei „gleicher" Arbeit verlangt, stellt die Richtlinie 75/117/EWG auf „gleichwertige" Arbeit ab. Da nach Ansicht des EuGH diese Richtlinie Art. 119 EGV nur konkretisiert,[14] ist danach in Art. 119 EGV „gleich" als „gleichwertig" zu verstehen. Nach Gemeinschaftsrecht kann somit eine unzulässige Diskriminierung wegen des Geschlechts auch dann vorliegen, wenn die Tarifvertragsparteien unterschiedliche Tarifverträge mit jeweils unterschiedlichem fachlichen Geltungsbereich vereinbart haben, sofern etwa Männer für eine zwar ganz anders geartete, aber „gleichwertige" Arbeit einen höheren Lohn erhalten. – Dementsprechend nimmt § 612 Abs. 3 BGB auf „gleiche oder gleichwertige Arbeit" bezug (s. unten Rnr. 223 f.).

112   In der deutschen Rechtsordnung ist anerkannt, daß auch die Tarifvertragsparteien dem Gleichheitssatz (und seinen speziellen Ausprägungen, wie Gleichberechtigung von Mann und Frau, von Vollzeit- und Teilzeitbeschäftigten usw.) unterliegen (s. oben Einl. vor § 1, Rnr. 213 ff.). Den Tarifvertragsparteien wird aber bei der Festlegung des Geltungsbereichs des Tarifvertrags ein weiter **Beurteilungsspielraum** eingeräumt. Demgegenüber macht der EuGH bei der Überprüfung anhand des Art. 119 EGV keine Unter-

---

[11] Krit. *Kempen/Zachert*, § 4 TVG, Rnr. 15; *Waltermann*, RdA 1990, S. 138, 144.
[12] S. zur Systemgerechtigkeit BVerfG 24. 1. 1962 BVerfGE 13, S. 331, 340 = AP Nr. 74 zu Art. 3 GG; 14. 3. 1963 BVerfGE 15, S. 313, 318 ff.; 13. 12. 1966 BVerfGE 20, S. 374, 377 = AP Nr. 1 zu zu § 59 AVAVG; BVerfG 25. 2. 1969 BVerfGE 25, S. 236, 251. In späteren Urteilen hat das BVerfG die Bindung aus der Systemgerechtigkeit abgeschwächt; s. BVerfG 7. 11. 1972 BVerfGE 34, S. 103, 115; 1. 7. 1987 BVerfGE 76, S. 130, 139 f.; 23. 1. 1990 BVerfGE 81, S. 156, 207; 11. 2. 1992 BVerfGE 85, S. 238, 247; vgl auch BVerfG, NJW 1998, S. 2341.
[13] BAG 29. 8. 1989 AP Nr. 6 zu § 2 BeschFG 1985 (*Schüren/Kirsten*); 7. 3. 1995 AP Nr. 26 zu § 1 BetrAVG Gleichbehandlung (*Bauschke*); s. auch *Wank*, Arbeiter und Angestellte, 1992, S. 443.
[14] EuGH 25. 5. 1971, Slg. 1971, S. 445, 452 Defrenne I.

schiede danach, ob es sich um staatliche Gesetzgebung oder um die Anwendung von Tarifverträgen handelt.[15] Der EuGH bezieht in seine Beurteilung zu Unrecht die Tarifautonomie nicht ein; demgegenüber ist im deutschen Recht anerkannt, daß die Gerichte nicht unter Berufung auf den Gleichheitssatz die Tarifverträge auf ihre Zweckmäßigkeit der Gruppenbildung überprüfen dürfen[16] (vgl. zur Gruppenbildung ausführlich oben Einl. vor § 1, Rnr. 257 ff.).

cc) Ein **einzelner Betrieb** kann aus dem branchenmäßigen Geltungsbereich eines Tarifvertrages **herausgenommen** werden, wenn die Tarifvertragsparteien und der Arbeitgeber einverstanden sind.[17] Insbesondere ist es möglich, im Falle einer Unternehmenskrise auch ohne gesetzliche oder tarifliche Öffnungsklausel (zu tariflichen Öffnungsklauseln s. oben § 1, Rnr. 259 ff.) einen Betrieb – in der Regel nur vorübergehend – aus dem Geltungsbereich eines Tarifvertrages durch einen Ergänzungstarifvertrag auszunehmen. Im übrigen ergibt sich eine Grenze der Gestaltungsfreiheit der Koalitionen zur Festlegung des Geltungsbereichs auch hier aus Art. 3 Abs. 1 und 2 GG, nicht jedoch aus dem verbandsrechtlichen Gleichbehandlungsgrundsatz (vgl. zu dieser namentlich für den firmenbezogenen Verbandstarifvertrag wesentlichen Frage oben § 2, Rnr. 142 ff.).

113

dd) In zeitlicher Hinsicht wird allgemein eine Beschränkung bei der Festlegung des Geltungsbereichs anerkannt.[18] Die **Rückwirkung** von Tarifnormen ist nach dem Rechtsstaatsprinzip unter bestimmten Voraussetzungen zulässig (vgl. dazu unten Rnr. 236 ff.).

114

B. Räumlicher Geltungsbereich

Der räumliche Geltungsbereich der Tarifverträge variiert in den einzelnen Wirtschaftszweigen. In einigen Wirtschaftsbereichen werden die Tarifverträge generell auf Bundesebene abgeschlossen, so im Baugewerbe, im privaten Bank- und Versicherungsgewerbe, im öffentlichen Dienst sowie für die Arbeiter der Druckindustrie. In anderen Wirtschaftszweigen wird zwischen dem auf Bundesebene abgeschlossenen Manteltarifvertrag und regionalen Lohntarifverträgen differenziert; so in der chemischen Industrie und für die Angestellten der Druckindustrie. In der Mehrzahl der Wirtschaftszweige überwiegen die **regionalen Tarifverträge**; so in der Metallindustrie. In diesen Branchen ist der räumliche Geltungsbereich auch Gegenstand der Tarifpolitik: die Arbeitgeber drängen auf zentrale Tarifverhandlungen, die Gewerk-

115

---

[15] EuGH 8. 4. 1976 Slg. 1976, S. 455, 476 Defrenne II; 27. 6. 1990, Slg. 1990 I, S. 2591, 2611 Kowalska; 7. 2. 1991, Slg. 1991 I, S. 297, 318 Nimz; 28. 9. 1994, Slg. 1994 I, S. 4389, 4412 Coloroll Pensions; 15. 12. 1994, Slg. 1994 I, S. 5727, 5751 Helmig.
[16] BAG 9. 11. 1972 AP Nr. 36 zu § 242 BGB Gleichbehandlung (*Götz Hueck*); 3. 4. 1974 AP Nr. 2 zu § 1 TVG Tarifverträge: Metallindustrie (*Blomeyer*); *Däubler*, Tarifvertragsrecht, Rnr. 437.
[17] So BAG 9. 11. 1956 AP Nr. 1 zu § 3 TVG Verbandszugehörigkeit (*Tophoven*).
[18] Zur rückwirkenden Geltung eines Gesetzes für einen Tarifvertrag aufgrund deklaratorischer Feststellung der Geltung durch die Tarifvertragsparteien s. BAG 22. 10. 1996 AP Nr. 1 zu § 3 BAT-O.

schaften widersetzen sich dem, weil sie dann bei einem Arbeitskampf mit entsprechend breitflächigen Gegenmaßnahmen (Aussperrung) rechnen müssen.

I. Bestimmungskriterien für den räumlichen Geltungsbereich

116 Der räumliche Geltungsbereich eines Tarifvertrages für ein Unternehmen, einen Betrieb oder eine Betriebsstätte ist gegeben, wenn diese innerhalb des im Tarifvertrag als Geltungsbereich bezeichneten Raumes liegen. Der Geltungsbereich eines Tarifvertrages kann über den Bereich der kongruenten Tarifzuständigkeiten nicht hinausgehen (vgl. dazu oben § 2, Rnr. 47).

117 Im vorliegenden Zusammenhang werden Fragen des räumlichen Geltungsbereichs bezogen auf rein inländische Sachverhalte behandelt. Nach dem **Territorialitätsprinzip** erstreckt sich die Rechtssetzungsbefugnis der Tarifvertragsparteien auf das gesamte Gebiet der Bundesrepublik Deutschland. Eine Erstreckung über dieses Gebiet hinaus ist nur bei grenzüberschreitenden Sachverhalten möglich;[19] Einzelheiten dazu werden oben § 1, Rnr. 60 ff. erörtert.

1. Bezeichnung im Tarifvertrag

118 a) **Bundes-, Landes-, Bezirks- und Ortstarife.** Grundsätzlich bezeichnet der Tarifvertrag das Tarifgebiet, in dem er gelten soll. Je nach der Größe des angegebenen Gebietes gibt es Bundes-, Landes-, Bezirks- und Ortstarife. Auch eine räumliche Beschreibung derart, daß man einen Tarifvertrag für das „Lohngebiet Köln" vereinbart, ist möglich, wenn sich dieses Gebiet unter Berücksichtigung der bisherigen Tarifpraxis eindeutig bestimmen läßt.[20] Wird nur ein bestimmtes Unternehmen angegeben, so fallen räumlicher und branchenmäßiger Geltungsbereich zusammen.

119 Ist der räumliche Geltungsbereich einmal nach einem **Bezirk oder Kreis** bestimmt worden, so hat eine nachträgliche Änderung der Verwaltungsgrenze keine Bedeutung für den Geltungsbereich mehr.[21] Es liegt gleichsam eine statische Verweisung auf ein Gebiet vor, nicht eine dynamische („das jeweilige Gebiet").

120 Das Thema räumlicher Geltungsbereich bei Änderung der politischen Grenzen hat im Zuge der **Wiedervereinigung** große Bedeutung erlangt. So bestimmt Anlage I Kapitel XIX A III Nr. 1 Satz 2 des Einigungsvertrages, daß sich die Tarifverträge des öffentliches Dienstes nicht ipso iure auf die neuen Bundesländer erstrecken. Aber auch ohne eine derartige gesetzliche Regelung gilt, daß durch die Fusion von Tarifvertragsparteien der alten und der neuen Bundesländer Tarifverträge, deren Geltungsbereich sich bisher auf die alten Bundesländer erstreckte, nicht von selbst in den neuen Bundesländern gelten.[22]

---

[19] *Löwisch*/Rieble, Grundlagen, Rnr. 64.
[20] Vgl. LAG Kiel 20. 6. 1950 AP 1951, Nr. 179 (*Tophoven*).
[21] Vgl. RAG 23. 10. 1929 ARS 7, S. 283, 285 (*Nipperdey*); *Däubler*, Tarifvertragsrecht, Rnr. 254.
[22] Kreisgericht Schwerin-Stadt 7. 5. 1991, Betrieb 1991, S. 1468; *Koberski/Clasen/Menzel*, § 4 TVG, Rnr. 61 b; *Korinth*, NZA 1992, S. 356, 357.

2. Abschnitt. Geltungsbereich des TV 121–126 § 4

b) Auslegung. Fehlt eine ausdrückliche Bestimmung des räumlichen 121
Geltungsbereichs im Tarifvertrag, so müssen zunächst die sonstigen Vertragsbestimmungen zur Feststellung des Geltungsbereichs herangezogen werden. Wenn sich keine Anhaltspunkte im übrigen ergeben, kann die Tarifzuständigkeit zur Auslegung des Tarifvertrages benutzt werden. Im Zweifel werden die Tarifvertragsparteien den gesamten Spielraum, der ihnen durch ihre kongruenten Tarifzuständigkeiten eröffnet ist, ausschöpfen wollen. Abschlüsse von Bundes- und Bezirksverbänden oder Ortsgruppen gelten deshalb im Zweifel für den Bund, den Bezirk, den Ort. Wenn eine Regelung für einen kleineren Raum gelten soll, müssen dafür Anhaltspunkte bestehen. Ein solcher Anhaltspunkt ist vorhanden, wenn im Rahmen einer tariflichen Übung eine ältere Regelung durch eine neue ersetzt wird (Folgeregelung). Weiterhin ist regelmäßig von einer Abhängigkeit zwischen Manteltarifvertrag und zugehörigen Lohntarifverträgen in ihrem Geltungsbereich auszugehen (Anpassungsregelung). Unter Umständen gibt auch der Bereich des dem Tarifvertrag vorangehenden Arbeitskampfes einen Hinweis.

Stimmen die Wirkungskreise der beiden vertragschließenden Parteien 122
nicht überein, so ist der **engere Tätigkeitsraum** maßgebend, z. B. beim Abschluß eines Zentralverbandes mit einem provinzialen Verband.[23]

Anders als beim Verbandstarifvertrag erstreckt sich beim **Firmentarif-** 123
trag der räumliche Geltungsbereich auch auf später hinzu erworbene Betriebe. Die Parteien können aber auch die Beschränkung auf einen bestimmten Betrieb vereinbaren.[24]

2. Lage des Unternehmens

a) Schwerpunkt der Arbeitsverhältnisse. Der Tarifvertrag gilt für alle 124
in seinem Geltungsbereich gelegenen Betriebe. Auf den Sitz des Unternehmens kommt es nicht an; ausschlaggebend ist vielmehr der Schwerpunkt der Arbeitsverhältnisse.[25]

Wenn der Sitz des Arbeitgebers und die Betriebsstätte nicht im gleichen 125
Tarifgebiet liegen, so ist zu unterscheiden:

aa) Hat das Unternehmen an dem Arbeitsplatz eine **eigene Betriebsstätte**, Betriebsabteilung oder einen Nebenbetrieb, so gilt im Zweifel der für den geographischen Raum einschlägige Tarifvertrag.[26]

bb) Wird der Arbeitnehmer vom Arbeitgeber an einen Arbeitsort außer- 126
halb der Betriebsstätte entsandt, so ist zwischen vorübergehender und dauernder **Entsendung** zu unterscheiden; handelt es sich um eine vorüberge-

---

[23] Vgl. *Gumpert*, Anm. zu LAG Düsseldorf 17. 12. 1954, BB 1955, S. 606.
[24] *Däubler*, Tarifvertragsrecht, Rnr. 254.
[25] BAG 13. 6. 1957 AP Nr. 6 zu § 4 TVG Geltungsbereich (*Tophoven*); 3. 12. 1985 AP Nr. 5 zu § 1 TVG Tarifverträge: Großhandel; *Däubler*, Tarifvertragsrecht, Rnr. 255; *Etzel*, NZA Beil. 1/1987, S. 19, 22; *Kempen*/Zachert, § 4 TVG, Rnr. 18; *Koberski/Clasen/Menzel*, § 4 TVG, Rnr. 61a; Löwisch/*Rieble*, § 4 TVG, Rnr. 28.
[26] Ebenso LAG Hamm 21. 7. 1971, Betrieb 1971, S. 1822, 1823 (Schwerpunkt des Arbeitsverhältnisses, nämlich Arbeitsstätte maßgebend, soweit Betriebsstätte – hier: Zweigniederlassung – vorhanden); *Gamillscheg*, Kollektives Arbeitsrecht I, § 17 III 2 a, S. 743; vgl. früher RAG 4. 6. 1932, ARS 15, S. 456, 458 (*Nipperdey*); 7. 4. 1937 30, S. 40, 41; 26. 11. 1940 41, S. 9, 19.

hende Beschäftigung außerhalb des Tarifgebiets (Montage) oder wechselt der Arbeitnehmer seinen Arbeitsplatz dauernd (Reisender), so bleibt rechtlicher Sitz des Arbeitsverhältnisses die Betriebsstätte des Arbeitgebers.[27]

127 Zweifelhaft ist, welcher Tarifvertrag gilt, wenn ein Arbeitnehmer, der in den **neuen Bundesländern** nach Ost-Tarifvertrag beschäftigt wird, vorübergehend in ein altes Bundesland entsandt wird.[28] Das ist eine Frage des **interlokalen Tarifvertragsrechts**.[29] Der Fall ist nicht anders zu behandeln als ein entsprechender Fall innerhalb der alten oder der neuen Bundesländer, also wie vorstehend beschrieben. Eine analoge Anwendung von Vorschriften des internationalen Privatrechts verbietet sich und würde im übrigen auch zu keinem abweichenden Ergebnis führen.[30] Wenn beispielsweise § 1 Abs. 1 Buchst. a BAT-O bestimmt, daß der Tarifvertrag für Arbeitnehmer des Bundes gilt, deren Arbeitsverhältnisse im Beitrittsgebiet begründet sind, dann kommt es insoweit auf die überwiegende Lage des Arbeitsplatzes im Beitrittsgebiet an.[31] Der BAT-O gilt in der Regel nur dann fort, wenn der Angestellte durch die Arbeit im Geltungsbereich des BAT Aufgaben seiner bisherigen Dienststelle wahrnimmt.[32] Demgegenüber bejaht *Kempen*[33] eine analoge Anwendung des Art. 30 EGBGB, wobei er eine nicht nur vorübergehende Entsendung schon bei einer Entsendung von mehr als einem Monat annimmt (vgl. dazu oben Einl. vor § 1, Rnr. 63 ff.).

128 Ob auf das Arbeitsverhältnis eines in Berlin beschäftigten Angestellten des öffentlichen Dienstes der BAT oder der BAT-O anzuwenden ist, richtet sich grundsätzlich nach der Lage des Arbeitsplatzes und nicht nach der Zuständigkeit der Beschäftigungsbehörde.[34]

129 cc) Wird der Arbeitnehmer auf Dauer an einen bestimmten Ort entsandt, so wird sich dort meist eine **selbständige Betriebsstätte** oder Betriebsabteilung, also eine Organisationseinheit befinden, die das Direktionsrecht des Arbeitgebers ausübt. Es gilt dann der für diesen Ort einschlägige Tarifvertrag.[35] Existiert keine Betriebsstätte und bleibt der entsandte Arbeitnehmer der in einem anderen Tarifgebiet liegenden Direktionsgewalt des Arbeitgebers unterstellt, so gilt der dort einschlägige Tarifvertrag.

---

[27] BAG 3. 12. 1985, NZA 1986, S. 366; LAG Hamm 6. 2. 1970, BB 1970, S. 753; *Gamillscheg*, Kollektives Arbeitsrecht I, § 17 2a, S. 744; *Kempen/Zachert*, § 4 TVG, Rnr. 19; *Löwisch/Rieble*, § 4 TVG, Rnr. 28; *Schaub*, Arbeitsrechts-Handbuch, § 203 III 1 a, S. 1690.
[28] S. BAG 30. 7. 1992 AP Nr. 1 zu § 1 TVG Ang Bundespost; 24. 2. 1994 AP Nr. 1 zu § 1 BAT-O.
[29] *Schaub*, Arbeitsrechts-Handbuch, § 203 III 1 b, S. 1690; s. ferner *Däubler*, Betrieb 1991, S. 1622; *ders.*, ZTR 1992, S. 145; *Gaul*, BB 1990, Beil. 37; *Junker*, RdA 1992, S. 265; *Kempen*, AuR 1991, S. 129; s. zu den verschiedenen Fallvarianten *Peifer*, in: Festschrift für Schaub (1998), S. 557 ff.
[30] *Junker*, RdA 1992, S. 265 ff.
[31] *Koberski/Clasen/Menzel*, § 4 TVG, Rnr. 61 c.
[32] BAG 20. 3. 1997 AP Nr. 8 zu § 1 BAT-O.
[33] *Kempen*, AuR 1991, S. 129 ff.
[34] BAG 23. 2. 1995, NZA 1996, S. 109 = AP Nr. 2 zu § 1 TVG Ang. Bundespost; 1. 6. 1995 AP Nr. 5 zu § 1 BAT-O = NZA 1996, S. 322; 21. 9. 1995, NZA 1997, S. 1003.
[35] Vgl. LAG Düsseldorf 23. 8. 1956, BB 1957, S. 77; *Däubler*, Tarifvertragsrecht, Rnr. 258 f.

b) Inländische Zweigstellen ausländischer Unternehmen. In bezug 130 auf inländische Zweigstellen ausländischer Unternehmen gilt, sofern beide Seiten tarifgebunden sind, der einschlägige deutsche Tarifvertrag. Wenn die inländische Zweigstelle eines ausländischen Unternehmens einen Firmentarifvertrag abgeschlossen hat, gilt – bei beiderseitiger Tarifgebundenheit (§ 3 Abs. 1) – der deutsche Firmentarifvertrag (s. zum Ganzen oben § 1, Rnr. 65).

II. Grenzen des räumlichen Geltungsbereichs

1. Herausnahme einzelner Orte oder Gebietsteile

Im Rahmen der oben angegebenen Grenzen liegt die Bestimmung des 131 räumlichen Geltungsbereichs grundsätzlich im tarifpolitischen Ermessen der Tarifvertragsparteien; vgl. dazu oben Rnr. 106 ff. Insbesondere ist eine Herausnahme einzelner Orte oder Gebietsteile aus dem Geltungsbereich möglich.[36] Dies kann z.B. durch Nichtaufnahme in ein Ortsklassenverzeichnis geschehen.

2. Erstreckung auf das Ausland

Auch bei der Erstreckung des räumlichen Geltungsbereichs auf das Ausland 132 ist zu fragen, ob deutsches Recht anwendbar ist. Dies beurteilt sich nach den besprochenen Grundsätzen. Ist diese Frage zu bejahen, kann der Tarifvertrag seinen räumlichen Geltungsbereich auch auf das Ausland erstrecken (vgl. dazu oben § 1, Rnr. 62). Tarifverträge können sich auch ausschließlich auf im Ausland beschäftigte Arbeitskräfte beziehen.[37] In der Praxis kommt diese Fallgestaltung vor bei den Mitarbeitern der Gesellschaft für technische Zusammenarbeit (GTZ) und den Mitarbeitern des Goethe-Instituts; ferner in der Seeschiffahrt und im Luftverkehr[38] (s. zu weiteren Einzelheiten oben § 1, Rnr. 66 ff. sowie zum Europäischen Tarifvertrag oben § 1, Rnr. 96 ff.).

III. Ende der Tarifwirkung

Der Tarifvertrag endet, wenn der Sitz des Arbeitsverhältnisses nicht mehr 133 im Tarifgebiet liegt. Das gilt z.B. bei **Verlegung** des Unternehmens an einen anderen Ort außerhalb des Tarifgebiets oder für die Errichtung einer neuen Betriebsstätte oder Betriebsabteilung für bisherige Mitarbeiter im Außendienst. Eine Regelungslücke als Voraussetzung für eine Analogie zu § 3 Abs. 3 TVG besteht nicht.[39]

---

[36] BAG 9. 11. 1956 AP Nr. 1 zu § 3 TVG Verbandszugehörigkeit *(Tophoven)*.
[37] BAG 6. 12. 1990 AP Nr. 138 zu § 1 TVG Tarifverträge: Bau = NZA 1991, S. 387; BAG 11. 9. 1991 AP Nr. 29 zu Internat. Privatrecht Arbeitsrecht *(Arnold)* = NZA 1992, S. 321 m.w.N.; *Däubler,* Tarifvertragsrecht, Rnr. 1658 m.w.N.
[38] *Däubler,* Tarifvertragsrecht, Rnr. 1658.
[39] A. A. *Däubler,* Tarifvertragsrecht, Rnr. 264. Vielmehr tritt mit dem Ende der Tarifwirkung die Nachwirkung nach § 4 Abs. 5 ein; ebenso *Schaub,* Arbeitsrechts-Handbuch, § 203 III 3, S. 1691.

IV. Besonderheiten und Einzelfälle

1. Besonderheiten

134 Besonderheiten gelten im Hinblick auf den räumlichen Geltungsbereich für **betriebliche und betriebsverfassungsrechtliche Normen** und für **Normen über Gemeinsame Einrichtungen**. Bei betrieblichen und betriebsverfassungsrechtlichen Normen entscheidet im Zweifel die Lage des Betriebs oder der betriebsverfassungsrechtlich selbständigen Betriebsstätte. Für den Sitz der Gemeinsamen Einrichtung hat der räumliche Geltungsbereich des Tarifvertrages keine Bedeutung; zur Tarifwirkung genügt, daß die Gemeinsame Einrichtung im Tarifvertrag geschaffen wird oder daß darin ihre Rechtsbeziehungen geregelt werden.[40] Die einzelnen Personen, die von den Normen über die Gemeinsame Einrichtung betroffen werden, müssen allerdings dem räumlichen Geltungsbereich des Tarifvertrages angehören.

2. Einzelfälle

135 Bei **Montagetätigkeit** außerhalb der Betriebsstätte des Arbeitgebers bleibt grundsätzlich der Tarifvertrag maßgebend, in dessen Gebiet die Betriebsstätte des Arbeitgebers liegt.[41] Der für den Sitz des Betriebes räumlich geltende Lohntarifvertrag bleibt für Bauhandwerker auch dann maßgeblich, wenn sie vorübergehend auf eine im räumlichen Bereich eines anderen, günstigeren Tarifvertrages liegende Baustelle entsandt werden.[42]

C. Branchenmäßiger Geltungsbereich

I. Allgemeines

1. Begriff

136 Der branchenmäßige Geltungsbereich gibt an, welche Unternehmen innerhalb eines Tarifgebietes unter den Tarifvertrag fallen sollen. Er ist besonders wichtig, weil sowohl die Arbeitgebervereinigungen als auch die Gewerkschaften überwiegend nach Gewerbegruppen organisiert sind und mit ihren Tarifverträgen die Unternehmen eines bestimmten Wirtschaftszweiges erfassen wollen (**Industrieverbandsprinzip**).[43] Daher gibt es Tarifverträge für die Eisen- und Stahlindustrie, das Baugewerbe, den Schrotthandel, die Industriedererzeugung, die Brauereien, die Verlage, das Bäckerhandwerk, die Herstellung von Lederhandschuhen in Heimarbeit usw. Da der Geltungsbereich des Tarifvertrages nicht an unselbständige Betriebsstätten und nicht an Merkmale der Betriebe (wie Haupt- oder Nebenbetriebe) anknüpft, sondern an die Zugehörigkeit des Unternehmens zu einem bestimmten **Wirtschafts-**

---

[40] Ebenso *A. Hueck,* BB 1949, S. 354, 356.
[41] *Gamillscheg,* Kollektives Arbeitsrecht I, § 17 2a, S. 744.
[42] LAG Hamm 6. 2. 1970, BB 1970, S. 753.
[43] S. dazu auch *Wank/Ramrath,* NZA 1993, S. 345, 347.

zweig, handelt es sich um den wirtschaftssektoralen oder branchenmäßigen Geltungsbereich. Nur im öffentlichen Dienst sind teilweise einzelne Betriebe (Nahverkehrsbetriebe, Flughafenbetriebe) betroffen. – Die hier zugrundegelegte Begriffsbildung findet sich auch bei *Etzel*,[44] *Lieb*[45] und *Zöllner/Loritz*.[46]

In der **Literatur** wird **teilweise** eine **andere Begriffsbildung** vorgeschlagen. Danach ist zu unterscheiden zwischen dem betrieblich-fachlichen Geltungsbereich und dem persönlichen Geltungsbereich. Unter dem betrieblich-fachlichen Geltungsbereich ist danach das Tätigkeitsgebiet zu verstehen, auf das sich der einzelne Tarifvertrag bezieht. Das ist normalerweise eine Branche oder ein Teil einer Branche. Was hier als fachlicher Geltungsbereich bezeichnet wird, ist für diese Ansicht der persönliche Geltungsbereich[47]. Dabei stützt sich diese Ansicht auf den früheren § 116 Abs. 3 AFG; dort wurde mit „fachlich" die Branchenzugehörigkeit bezeichnet.[48]

2. Bestimmungskriterien

a) Maßgeblichkeit des Unternehmenszwecks. aa) Maßgebend ist in erster Linie der **Tarifvertrag selbst** und seine Auslegung. Dabei können die Tarifvertragsparteien auf eine fachliche Beschränkung der Tarifgeltung auch ganz verzichten, indem sie auf alle Mitglieder des tarifschließenden Arbeitgeberverbandes abstellen; z.B. § 1 Abs. 1 Satz 2 MTV für die Arbeiter und Angestellten der Metallindustrie Südbaden vom 8. 5. 1990.[49]

Auch die Abwicklung in der **Insolvenz** unterliegt dem branchenmäßigen Geltungsbereich.[50]

Auch Beschäftigungs- und **Qualifizierungsgesellschaften** in den neuen Bundesländern unterfallen dem Geltungsbereich von „Industrie"-Tarifverträgen. Soll das nicht der Fall sein, so muß sich dies durch Auslegung aus dem Sinn des Tarifvertrages ergeben; die rein begriffliche Bezugnahme auf den Gewerbebegriff und die damit nach verbreiteter Ansicht notwendig verbundene Gewinnerzielungsabsicht genügt nicht.[51]

bb) Soweit der Tarifvertrag, wie üblich, nur bestimmte wirtschaftliche Tätigkeitsfelder angibt (Tarifbereiche des Baugewerbes, des Bauaufbaugewerbes, der Baustoffgewerbe, des Glas- und Gebäudereinigungshandwerks usw.), muß festgestellt werden, welche Unternehmen erfaßt werden sollen. Die Rechtsprechung knüpft an die **überwiegend im Betrieb zu leistende Arbeit** an[52] oder an die Merkmale, die dem jeweiligen Unternehmen sein Gepräge geben.[53] Hierbei ist auch auf die Zahl der Arbeitsstunden pro Jahr

---

[44] *Etzel*, NZA Beil. 1/1987, S. 19, 21.
[45] *Lieb*, RdA 1991, S. 145, 146, Fußn. 6.
[46] *Zöllner/Loritz*, Arbeitsrecht, § 37 II 3, S. 415.
[47] Vgl. *Kempen*/Zachert, § 4 TVG, Rnr. 21.
[48] Für diese Ansicht s. *Däubler*, Tarifvertragsrecht, Rnr. 266; *Koberski/Clasen/Menzel*, § 4 TVG, Rnr. 62.
[49] S. Löwisch/*Rieble*, § 4 TVG, Rnr. 36.
[50] BAG 28. 1. 1987 AP Nr. 14 zu § 4 Geltungsbereich; *Kempen*/Zachert, § 4 TVG, Rnr. 25; Löwisch/*Rieble*, § 4 TVG, Rnr. 34.
[51] A. A. Löwisch/*Rieble*, § 4 TVG, Rnr. 33.
[52] So BAG 27. 11. 1963 AP Nr. 3 und 17. 2. 1971 Nr. 8 zu § 1 TVG Tarifverträge: Bau (*Bernert*).
[53] BAG 14. 4. 1971 AP Nr. 10 zu § 1 TVG Tarifverträge: Bau (*Herschel*).

abzustellen.[54] Bei der Auslegung der Tarifverträge sind die Satzungen der beteiligten Koalitionen sowie die Geschichte der Koalitionen mit heranzuziehen.[55] Im übrigen ist maßgebend, ob das Unternehmen nach Auffassung der Tarifvertragsparteien und nach allgemeiner Verkehrsauffassung zu dem entsprechenden Gewerbezweig zählt. Die genannten Merkmale haben dabei lediglich indiziellen Charakter. Ein Betrieb kann z. B. dem Großhandel zuzurechnen sein, auch wenn die Mehrzahl der Beschäftigten „fachfremde" Arbeiten (Büroarbeiten, Filmentwicklung) ausführt. Der Unternehmensgegenstand im Sinne der § 23 Abs. 3 Nr. 2 AktG, § 3 Abs. 1 Nr. 2 GmbHG und die Zugehörigkeit des Arbeitgebers zu einem Arbeitgeberverband sind nicht ausschlaggebend, geben jedoch wichtige Hinweise. Nennt der Tarifvertrag nicht bestimmte Produktionsgebiete, sondern umschreibt er den Geltungsbereich lediglich nach dem Wirtschaftszweig (vgl. § 1 MTV der Metallindustrie: alle Betriebe und Betriebsabteilungen der Metallindustrie, einschließlich der kunststoffverarbeitenden Industrie), so entscheidet das *Gesamtgepräge*. Auf den Willen der Unternehmensleitung, auf den außerbetrieblichen Verwendungszweck der Produkte[56] und auf die Organisationszugehörigkeit der Arbeitnehmer kommt es nicht an.

142 Auch die **Rechtsform** ist unerheblich, es sei denn, daß eine Rechtsform, wie etwa beim VVAG, nur für ein bestimmtes Unternehmensziel zur Verfügung steht.[57]

143 Ändert sich der **Unternehmenszweck** und fällt dadurch ein Betrieb aus dem branchenmäßigen Geltungsbereich, so endet die Bindung an diesen Tarifvertrag. Das gilt auch bei einem Tarifvertrag zur Regelung einer Gemeinsamen Einrichtung.[58]

144 **§ 3 Abs. 3** ist in diesem Fall nicht anwendbar.[59] Jedoch gilt § 4 Abs. 5 entsprechend.[60] Auch wenn sich im Gründungs- oder im Abwicklungsstadium die Tätigkeit ändert, ist die eigentliche branchenmäßige Ausrichtung maßgeblich.[61]

145 cc) Der Tarifvertrag kann **auf den Betrieb oder auf das Unternehmen abstellen**. Wird auf den einzelnen Betrieb bezug genommen,[62] so wird

---

[54] BAG 14. 8. 1986 AP Nr. 43 zu § 102 BetrVG 1972; *Däubler*, Tarifvertragsrecht, Rnr. 268.
[55] Vgl. auch *Kempen*/Zachert, § 4 TVG, Rnr. 24.
[56] BAG 17. 2. 1971 AP Nr. 9 zu § 1 TVG Tarifverträge: Bau (*Richardi*); LAG Frankfurt 14. 8. 1951 (*Tophoven*) AP 1953, Nr. 78.
[57] Vgl. dazu LAG Hamm 23. 10. 1951 AP 1953, Nr. 85 (*Rohlfing*).
[58] Hessisches LAG 7. 11. 1996 AR-Blattei Tarifvertrag III Tarifgebundenheit 1550.3 Nr. 13 (*Buchner*).
[59] BAG 10. 12. 1997 AP Nr. 20 und 21 zu § 3 TVG = NZA 1998, S. 484, 488; LAG Düsseldorf 7. 10. 1981, Betrieb 1982, S. 808; *Buchner*, Anm. zu BAG 4. 9. 1996 EzA § 3 TVG Bezugnahme auf Tarifvertrag Nr. 7; *Koberski/Clasen/Menzel*, § 4 TVG, Rnr. 66; a. A. *Däubler*, Tarifvertragsrecht, Rnr. 271.
[60] BAG 10. 12. 1997 AP Nr. 20 und 21 zu § 3 TVG = NZA 1998, S. 484, 488; *Frölich*, NZA 1992, S. 1105, 1108 m. w. N.; *Hanau*, ZfA 1990, S. 115; *Kempen*/Zachert, § 4 TVG, Rnr. 27; *Zöllner*/*Loritz*, Arbeitsrecht, § 37 II 2; a. A. *Buchner*, wie Vornote.
[61] BAG 2. 1. 1981 AP Nr. 14 zu § 4 TVG Geltungsbereich (*Zilius*); *Däubler*, Tarifvertragsrecht, Rnr. 273; Löwisch/*Rieble*, § 4 TVG, Rnr. 34.
[62] Im Zweifel ist der Betrieb maßgebend; so *Däubler*, Tarifvertragsrecht, Rnr. 254 ff.; *Kempen*/Zachert, § 4 TVG, Rnr. 18; Löwisch/*Rieble*, § 4 TVG, Rnr. 28; *Stein*, Tarifvertragsrecht, Rnr. 109.

dabei entsprechend dem Industrieverbandsprinzip an die fachliche Ausrichtung des Betriebs im Sinne des arbeitsrechtlichen Betriebsbegriffs angeknüpft.[63] Der Tarifvertrag kann aber auch auf das Unternehmen abstellen.[64] Das einzelne Unternehmen ist tariffähig und tarifgebunden. Es hängt vom Willen der Unternehmensleitung ab, ob das Unternehmen als ein Betrieb organisiert oder in mehrere Betriebsstätten aufgegliedert werden soll. Der Arbeitgeber könnte durch entsprechende Organisation des Unternehmens einen gewissen Einfluß darauf nehmen, welche Tarifverträge gelten.

b) Auslegung unter Berücksichtigung des Grundsatzes der Tarifeinheit. In den genannten Grenzen steht den Tarifvertragsparteien die Bestimmung des branchenmäßigen Geltungsbereichs frei (vgl. dazu oben Rnr. 106 ff.). Die Feststellung des Geltungsbereichs ist daher, wie bereits betont, eine Frage der Auslegung. Ergibt sich die Bestimmung nicht ausdrücklich aus dem Tarifvertrag, müssen alle methodischen Hilfsmittel der Auslegung herangezogen werden (vgl. dazu oben § 1, Rnr. 781 ff.). Auch das Prinzip der **Tarifeinheit** stellt *keinen Rechtssatz,* sondern nur einen, wenn auch sehr wichtigen, **Auslegungsgrundsatz** dar (vgl. zur Tarifkonkurrenz ausführlich unten Rnr. 264 ff.). Es besagt, daß in einem einheitlichen Unternehmen im Zweifel nur ein Tarifvertrag gelten soll. Ein Tarifvertrag für die Metallindustrie gilt deshalb für alle in Metallunternehmen tätigen Arbeitnehmer, gleichgültig ob sie tatsächlich mit den Metallprodukten beschäftigt sind oder etwa Lackierer- oder Maurertätigkeiten wahrnehmen. Die Tarifvertragsparteien können allerdings von dem Prinzip der Tarifeinheit abweichen.[65] Wollen die Tarifvertragsparteien innerhalb eines einheitlichen Unternehmens oder Betriebs vom Grundsatz der Tarifeinheit abweichen, so handelt es sich in Wirklichkeit nicht um eine Frage des branchenmäßigen Geltungsbereichs, sondern um eine Differenzierung im fachlichen Geltungsbereich; dies wird vom BAG übersehen. Eine Durchbrechung der unternehmenseinheitlichen Wirkung ist notwendig, wenn eine Tarifvertragspartei nach ihrer Satzung streng auf ein bestimmtes Gewerbe beschränkt ist und damit nur eine begrenzte Tarifzuständigkeit in Anspruch nimmt.[66]

c) Anwendbarkeit der allgemeinen Auslegungskriterien. Die allgemeinen Auslegungskriterien für Tarifverträge (s. oben § 1, Rnr. 781 ff.) gelten auch für die Auslegung des Geltungsbereichs. Im einzelnen kann auf folgende Anhaltspunkte hingewiesen werden:

aa) Bei der Auslegung kann eine **ständige übereinstimmende Übung** berücksichtigt werden.[67] Dabei muß jedoch beachtet werden, ob nicht eine rasch fortschreitende technische Entwicklung die bisherige Übung in Frage stellt.

---

[63] *Däubler,* Tarifvertragsrecht, Rnr. 268; *Gamillscheg,* Kollektives Arbeitsrecht I, § 17 III 3, S. 747; Löwisch/*Rieble,* § 4 TVG, Rnr. 38.
[64] S. BAG 28. 5. 1997 AP Nr. 6 zu § 1 TVG Bezugnahme auf Tarifvertrag *(Oetker)* = NZA 1997, S. 1066.
[65] BAG 19. 12. 1958 AP Nr. 6 zu § 4 TVG Tarifkonkurrenz *(Tophoven).*
[66] Vgl. BAG 26. 5. 1965 AP Nr. 2 zu § 1 TVG Tarifverträge: Graphisches Gewerbe *(Götz Hueck).*
[67] Vgl. LAG Hamm 22. 1. 1952 AP 1953 Nr. 128 *(Tophoven);* LAG und ArbG Kiel 20. 6. 1950 AP 1951 Nr. 179, 20. 3. 1950 Nr. 180 *(Tophoven);* Hueck/*Nipperdey,* Arbeitsrecht II 1, § 26 V 3, S. 514; allgemein s. oben § 1, Rnr. 807.

148 bb) Wird ein **Lohntarifvertrag** als Zusatz zu einem Manteltarifvertrag geschlossen, so hat er im Zweifel den gleichen branchenmäßigen Geltungsbereich wie der Manteltarifvertrag.[68]

149 cc) Der **Anhang** zu einem Tarifvertrag hat im Zweifel den gleichen Geltungsbereich wie dieser.[69]

150 dd) Der branchenmäßige Geltungsbereich von Tarifverträgen kann nur durch einen neuen Tarifvertrag **nachträglich beschränkt** werden.[70]

II. Sonderformen

1. „Mischbetrieb"

151 Wird in einem Unternehmen nur ein Produkt hergestellt, so ist es regelmäßig einfach, den branchenmäßigen Geltungsbereich festzustellen. Schwieriger wird dies bei einem Unternehmen, das mehrere Produkte herstellt (sog. Mischbetrieb). Für seine Zuordnung zu einem bestimmten Wirtschaftszweig ist nach dem hier einschlägigen Auslegungsgrundsatz der Tarifeinheit das Gesamtgepräge des Unternehmens maßgebend, das seinerseits von der überwiegend im Betrieb geleisteten Tätigkeit bestimmt wird.[71] Dabei spielen Umstände wie Umsatz, Wertschöpfung und Gewinn sowie Handelsregistereintragung, Gewerbeanmeldung und Registrierung bei der IHK sowie die Firmenbezeichnung grundsätzlich keine Rolle.[72] Da das Prinzip der Tarifeinheit lediglich einen Auslegungsgrundsatz darstellt, bleibt stets im Einzelfall zu prüfen, ob der Tarifvertrag für einen Mischbetrieb mit völlig verschiedenen, einzelnen sachlich oder zeitlich getrennten Geschäftszweigen wirklich anwendbar sein soll. Möglicherweise muß der branchenmäßige Geltungsbereich eines Tarifvertrages für diesen Fall in einen fachlichen umgedeutet werden.[73]

2. Betriebsabteilung

152 a) **Selbständige Betriebsabteilung.** Eine selbständige Betriebsabteilung zeichnet sich durch eine räumliche Trennung vom Hauptbetrieb, einen ei-

---

[68] BAG 13. 6. 1957 AP Nr. 6 und 12. 7. 1957 Nr. 7 *(Tophoven)* zu § 4 TVG Geltungsbereich; 29. 3. 1957 AP Nr. 4 zu § 4 TVG Tarifkonkurrenz *(Gumpert)*.
[69] LAG Hamm 17. 10. 1955 AP Nr. 2 zu § 21 HandwO *(Götz Hueck)*.
[70] BAG 21. 3. 1973 AP Nr. 12 zu § 4 TVG Geltungsbereich *(Kraft)* = SAE 1975, S. 118 *(Konzen)*.
[71] Vgl. dazu oben Rnr. 141 sowie BAG 29. 3. 1957 AP Nr. 4 *(Gumpert)*, 14. 12. 1958 Nr. 6 *(Tophoven)*; 2. 11. 1960 Nr. 8 zu § 4 TVG Tarifkonkurrenz *(Götz Hueck*; betr. die Frage, ob Industrie oder Handwerk überwiegt); 13. 6. 1957 AP Nr. 6 und 12. 7. 1957 Nr. 7 *(Tophoven)* zu § 4 TVG Geltungsbereich; 27. 11. 1963 AP Nr. 3, 17. 2. 1971 Nr. 9, 18. 4. 1973 Nr. 13 *(Monjau)*, 25. 2. 1987 Nr. 81 und 12. 12. 1988 Nr. 106 zu § 1 TVG Tarifverträge: Bau; 1. 1. 1956 AP Nr. 2 zu § 4 TVG Geltungsbereich; BAG 25. 11. 1987 AP Nr. 18 zu § 1 TVG Tarifverträge: Einzelhandel; *Gamillscheg*, Kollektives Arbeitsrecht I, § 17 III 3 b, S. 748; *Kempen/Zachert*, § 4 TVG, Rnr. 24; *Löwisch/Rieble*, § 4 TVG, Rnr. 31; *Stein*, Tarifvertragsrecht, Rnr. 111.
[72] *Koberski/Clasen/Menzel*, § 4 TVG, Rnr. 71; nach *Gamillscheg*, Kollektives Arbeitsrecht I, § 17 III 3 b, S. 748f. ergänzende Auslegung möglich.
[73] Vgl. in diesem Zusammenhang LAG Saarbrücken 24. 4. 1963, BB 1963, S. 937.

genen Betriebszweck und eine gewisse organisatorische Selbständigkeit gegenüber dem Hauptbetrieb aus. Die Grenzen gegenüber dem einheitlichen Betrieb einerseits und dem Nebenbetrieb andererseits sind dabei fließend.[74]

b) Entscheidung der Tarifvertragsparteien. Ob dem Hauptbetriebs- oder Unternehmenszweck abgewandte Abteilungen dem Tarifvertrag unterfallen sollen, **entscheiden** die **Tarifvertragsparteien** selbst.[75] Grundsätze aus anderen Rechtsgebieten, z. B. das für § 4 BetrVG maßgebliche Prinzip der Raumnähe, können nicht ohne weiteres herangezogen werden.[76] Für die selbständigen Betriebsabteilungen wird man in der Regel aufgrund des Prinzips der Tarifeinheit zu dem Auslegungsergebnis kommen, daß sie dem Tarifvertrag, der für den Hauptbetrieb oder das Unternehmen gilt, unterfallen sollen. Sonst entsteht für die selbständigen Betriebsabteilungen ein tarifloser Zustand, wenn sie von „ihrem" Tarifvertrag mangels Tarifzuständigkeit nicht erfaßt werden können. So sind beispielsweise selbständige Betriebsabteilungen Betriebe i. S. der Bautarife.[77] Unselbständige Betriebsabteilungen sind dem Betrieb zuzurechnen, in den sie eingegliedert sind.[78]

Ein Tarifvertrag kann auch **selbständige Betriebsabteilungen eines fremden Wirtschaftssektors** einbeziehen, weil dort überwiegend facheigene Arbeit geleistet wird. So geht der BRTV Bau 1971 vor, so daß baugewerbliche Betriebsabteilungen beliebiger anderer Branchen aufgrund der Allgemeinverbindlicherklärung der Bautarifwerke von den Sozialkassen des Baugewerbes in Anspruch genommen werden können.[79] Eine solche Erstreckung auf Betriebsabteilungen anderer Wirtschaftsbereiche ist aber nicht zu vermuten.

3. Nebenbetriebe

a) Begriff. Ein Nebenbetrieb ist gegeben, wenn die betreffende Organisationseinheit eine selbständige und voll ausgebildete arbeitstechnische Betriebsorganisation hat, also für sich betrachtet alle Merkmale eines Betriebes aufweist, der mit ihr verfolgte Zweck aber die Hilfeleistung für die mit dem Unternehmen erstrebte Produktion oder Dienstleistung ist.[80]

b) Tarifliche Behandlung. aa) Wie weit branchenfremde Nebenbetriebe dem Geltungsbereich des Tarifes für den Hauptbetrieb oder das Unternehmen unterfallen sollen, ist ebenfalls eine Frage der **Auslegung** des betreffenden Tarifvertrages.[81] Die Satzung der beiden Tarifvertragsparteien ist dabei nur insofern heranzuziehen, als sie Auskunft über die Grenzen der Ta-

---

[74] Vgl. *Tophoven,* Anm. zu BAG 31. 3. 1955 AP Nr. 1 zu § 4 TVG Geltungsbereich.
[75] Ebenso BAG 3. 2. 1965 AP Nr. 11 zu § 4 TVG Geltungsbereich (*Götz Hueck*).
[76] BAG 12. 7. 1957 AP Nr. 7 zu § 4 TVG Geltungsbereich (*Tophoven*); BAG 1. 2. 1963 AP Nr. 5 zu § 3 BetrVG 1952 (*Neumann-Duesberg*).
[77] BAG 11. 9. 1991 AP Nr. 20 zu § 4 TVG Geltungsbereich.
[78] *Koberski/Clasen/Menzel,* § 4 TVG, Rnr. 62 a.
[79] Vgl. BAG 8. 10. 1975 AP Nr. 25 zu § 1 TVG Tarifverträge: Bau (*Ottow*).
[80] Vgl. *Dietz,* in: Festschrift für Arthur Nikisch (1958), S. 44 ff.; Hueck/*Nipperdey,* Arbeitsrecht II 1, § 26 V 3, S. 517; BAG 5. 3. 1958 AP Nr. 8 und 3. 2. 1965 Nr. 11 zu § 4 TVG Geltungsbereich (*Götz Hueck*); 19. 12. 1958 AP Nr. 3 zu § 2 TVG (*Tophoven*).
[81] BAG 3. 2. 1965 AP Nr. 11 zu § 4 TVG Geltungsbereich (*Götz Hueck*).

rifzuständigkeit geben kann.⁸² Ergibt sich aus der Satzung bereits, daß für branchenfremde Nebenbetriebe keine Tarifzuständigkeit besteht, so werden die vorhandenen Tarifverträge dahin auszulegen sein, daß sich die Tarifvertragsparteien im Zweifel im Rahmen ihrer Satzung halten wollen. Die Frage, welche Auslegung des Tarifvertrages Platz greifen soll, taucht mithin nur auf, wenn die Satzung die prinzipielle Tarifzuständigkeit für derartige Nebenbetriebe vorsieht (vgl. dazu auch oben § 2, Rnr. 30).

157 bb) Nach dem Auslegungsgrundsatz der **Tarifeinheit** ist im Zweifel eine Ausdehnung des branchenmäßigen Geltungsbereichs auf branchenfremde Nebenbetriebe anzunehmen.⁸³ Die Tarifvertragsparteien wollen den ihnen eingeräumten Rechtssetzungsspielraum in der Regel voll ausschöpfen, da innerhalb der nach dem Industrieverbandsprinzip organisierten Berufsverbände ein Zugriff der facheigenen Koalition auf den Nebenbetrieb unter Umständen mangels Tarifzuständigkeit nicht möglich ist. Ausnahmen sind im Rahmen der Tarifautonomie zulässig.⁸⁴

4. Mehrere selbständige Betriebe

158 Mehrere selbständige Betriebe innerhalb eines Unternehmens, die nicht im Verhältnis von Nebenbetrieb zu Hauptbetrieb stehen, können, sofern sie verschiedenen Wirtschaftszweigen angehören, tariflich verschiedene Wege gehen.⁸⁵ Auch dies ergibt sich für die nach dem Industrieverbandsprinzip organisierten Berufsverbände aus der Tarifzuständigkeit.

5. Gemeinschaftsunternehmen

159 Ein Gemeinschaftsunternehmen ist eine Gesellschaft, an der ausschließlich andere Gesellschaften beteiligt sind. Unterliegen alle beteiligten Unternehmen demselben Tarifvertrag, so gilt dieser Tarifvertrag auch für das Gemeinschaftsunternehmen.⁸⁶ Soweit der arbeitstechnische Schwerpunkt des Gemeinschaftsbetriebs nicht völlig aus dem Rahmen fällt, ist davon auszugehen, daß er auch vom Geltungsbereich des Tarifvertrags der beteiligten Unternehmen erfaßt sein soll. Im übrigen ist das Gemeinschaftsunternehmen tarifrechtlich selbständig zu beurteilen, unabhängig davon, ob es ein funktional selbständiges Unternehmen oder nur ein Hilfsunternehmen der herrschenden Obergesellschaften bildet. Vom BAG⁸⁷ wird deshalb zutreffend ein abhängiges Gemeinschaftsunternehmen, das zum Zwecke der Herstellung

---

[82] Mißverständlich Hueck/*Nipperdey*, Arbeitsrecht II 1, § 26 V 3 d, S. 518, der die Frage des branchenmäßigen Geltungsbereichs mit der sich aus der Satzung ergebenden Tarifzuständigkeit vermengt.
[83] BAG 31. 3. 1955 AP Nr. 1 zu § 4 TVG Geltungsbereich *(Tophoven);* a. A. Hueck/*Nipperdey*, Arbeitsrecht II 1, § 26 3, S. 518.
[84] Vgl. BAG 6. 3. 1956 AP Nr. 1 zu § 7 AZO; BAG 3. 2. 1965 AP Nr. 11 zu § 4 TVG Geltungsbereich (*Götz Hueck*; betr. BRTV Bau).
[85] Vgl. BAG 31. 3. 1955 AP Nr. 1 zu § 4 TVG Geltungsbereich *(Tophoven);* 29. 3. 1957 AP Nr. 4 zu § 4 TVG Tarifkonkurrenz (*Gumpert*); LAG Hamm 16. 2. 1950 AP 1952, Nr. 212 *(Tophoven).*
[86] LAG Hamm 18. 2. 1992, Betrieb 1992, S. 2198 (betr. den Bausektor); *Däubler*, Tarifvertragsrecht, Rnr. 273 a.
[87] BAG 19. 9. 1973 AP Nr. 14 zu § 1 TVG Tarifverträge: Bau (*Hadding*).

und Belieferung von Transportbeton an die ein Bauunternehmen betreibenden Obergesellschaften gegründet worden war, nicht als Bauunternehmen i. S. des BRTV Bau angesprochen.

Die Lösung im Hinblick auf **betriebliche und betriebsverfassungsrechtliche Regelungen** ist streitig. Nach *Däubler*[88] soll sich häufig Tarifkonkurrenz ergeben, die nach den allgemeinen Grundsätzen zu lösen sei. *Löwisch*[89] stellt demgegenüber zutreffend fest, daß derartige Fragen bei Gemeinschaftsbetrieben nur einheitlich geregelt werden können, und zwar in einem Haustarifvertrag mit den Rechtsträgern des Gemeinschaftsunter-nehmens. 160

III. Besonderheiten und Einzelfälle

1. Besonderheiten

Für die betrieblichen und betriebsverfassungsrechtlichen Tarifnormen des § 3 Abs. 2 gilt die Abgrenzung des Betriebs nach § 4 BetrVG 1972, da die betriebliche Ordnung und die Betriebsverfassung für den einzelnen Betrieb einheitlich gelten sollen.[90] 161

2. Einzelfälle

Die Zahl der gerichtlichen Entscheidungen, die sich mit dem Geltungsbereich des Bundesrahmentarifvertrages für das **Baugewerbe** befassen, ist groß.[91] So ist z. B. die Ausführung von Glasstahlbetonarbeiten und das Verlegen von Glasbausteinen eine sonstige „bauliche Leistung" im Sinne des BRTV Bau; das gilt jedenfalls auch für Handwerksbetriebe, wenn nicht ein anderer für Handwerksbetriebe geltender Tarif in Frage kommt.[92] 162

Die Herstellung und das Aufstellen von Dachstühlen ist ebenso eine **baugewerbliche Tätigkeit**.[93] Als bauliche Leistung gelten weiter die Errichtung von Bauten aus selbstgefertigten Fertigteilen ohne Rücksicht darauf, ob die Bauelemente jeweils für ein bestimmtes Bauwerk hergestellt werden,[94] Abbrucharbeiten, wenn sie in einem unmittelbaren Zusammenhang mit anderen im Betrieb in erheblichem Umfang anfallenden baulichen Leistungen stehen[95] sowie das Verrohren von Schornsteinen.[96] Betriebe, in denen überwiegend Heizungsrohre isoliert werden, fallen unter den BRTV Bau 1971:[97] Auch der Innenausbau von Gebäuden mit Fertigteilen unterfällt dem Geltungsbereich des BRTV Bau.[98] Die Einweisung, Überwachung und Kon- 163

---

[88] *Däubler*, Tarifvertragsrecht, Rnr. 273 b.
[89] *Löwisch*/Rieble, § 2 TVG, Rnr. 54.
[90] Vgl. *Dietz*, in: Festschrift für Arthur Nikisch (1958), S. 41 ff.; Hueck/*Nipperdey*, Arbeitsrecht II 1, § 26 V 3, S. 518; zur Tarifkonkurrenz vgl. unten Rnr. 264 ff.
[91] S. im einzelnen *Koch*, Die Zusatzversorgungskasse des Baugewerbes, 1994, S. 25 ff.
[92] BAG 14. 1. 1970 AP Nr. 6 zu § 1 TVG Tarifverträge: Bau (*Richardi*).
[93] BAG 17. 2. 1971 AP Nr. 8 zu § 1 TVG Tarifverträge: Bau (G. *Berner*).
[94] BAG 14. 4. 1971 AP Nr. 10 zu § 1 TVG Tarifverträge: Bau (*Herschel*).
[95] BAG 4. 8. 1971 AP Nr. 11 (*Herschel*) und 10. 9. 1971 Nr. 24 (*Ottow*) zu § 1 TVG Tarifverträge: Bau.
[96] BAG 10. 10. 1973 AP Nr. 13 zu § 5 TVG (*Wiedemann*).
[97] BAG 14. 11. 1973 AP Nr. 17 zu § 1 TVG Tarifverträge: Bau (*Wiedemann*).
[98] LAG Düsseldorf (Köln) 5. 5. 1964, Betrieb 1964, S. 1452.

trolle von Arbeitnehmern eines Subunternehmers kann eine baugewerbliche Tätigkeit sein.[99]

164 Nicht unter den Geltungsbereich des **BRTV Bau** fallen: Isolierarbeiten im Schiff- und Waggonbau,[100] das Herstellen von Material (Eisenbiegerei),[101] das Betreiben einer Bauschreinerei, wenn die überwiegende Arbeitsleistung im betreffenden Betrieb und nicht auf der Baustelle durchgeführt wird,[102] die Fabrikation von Einrüstungselementen für Beton und Stahlbeton, also das Herstellen von Material, das zur Verwendung am Bau bestimmt ist,[103] das Aufstellen von Leitplanken an Straßen,[104] Bohrarbeiten eines Spezialbohrunternehmens für Straßen- und Bahndammdurchpressungen,[105] Ausstattungsarbeiten[106] sowie Tiefpflügearbeiten.[107] Allgemein verlangt die Rechtsprechung für bauliche Leistungen ein „Tätigwerden am erdverbundenen Bau selbst"; das bloße Herstellen von Material gilt nicht als bauliche Leistung.[108] – Für Betriebe, in denen von den Arbeitnehmern *nebeneinander* unter den BRTV Bau fallende und von diesem Tarifvertrag nicht erfaßte Tätigkeiten verrichtet werden, gilt der BRTV Bau nach der einschlägigen Protokollnotiz der Tarifvertragsparteien nur dann, wenn die überwiegende Arbeitszeit der Arbeitnehmer für die baugewerblichen Tätigkeiten aufgewendet wird; wie sich die verschiedenen Aufgaben auf Umsatz und Ertrag des Unternehmens auswirken, ist danach nicht entscheidend.[109] Vom Geltungsbereich des BRTV Bau werden nicht nur Betriebe erfaßt, in denen überwiegend auf die Erstellung von Bauten oder die Erbringung sonstiger baulicher Leistungen gerichtete Tätigkeiten betrieben werden, sondern auch selbständige baugewerbliche *Betriebsabteilungen* branchenfremder Betriebe; die Voraussetzungen dafür sind eine personelle Einheit sowie organisatorische Abgrenzbarkeit, eigene technische Betriebsmittel und ein selbständiger, spezifischer Zweck.[110]

165 Ein Betrieb, in dem sowohl baugewerbliche Tätigkeiten als auch handwerkliche Tätigkeiten durchgeführt werden („**sowohl-als-auch-Tätigkeiten**"), ist dann vom branchenmäßigen Geltungsbereich des Bautarifvertrages ausgenommen, wenn in nicht unerheblichem Umfang handwerkliche Arbeiten verrichtet werden.[111]

---

[99] BAG 11. 6. 1997 AP Nr. 200 zu § 1 TVG Tarifverträge: Bau = NZA 1997, S. 1353.
[100] BAG 19. 8. 1964 AP Nr. 1 zu § 1 TVG Tarifverträge: Bau (*Gerland*).
[101] BAG 27. 11. 1963 AP Nr. 3 zu § 1 TVG Tarifverträge: Bau.
[102] BAG 17. 2. 1971 AP Nr. 9 zu § 1 TVG Tarifverträge: Bau (*Richardi*).
[103] BAG 3. 2. 1965 AP Nr. 11 zu § 4 TVG Geltungsbereich (*Götz Hueck*).
[104] BAG 2. 10. 1973 AP Nr. 15 zu § 1 TVG Tarifverträge: Bau (*Blumensaat*).
[105] BAG 8. 5. 1974 AP Nr. 19 zu § 1 TVG Tarifverträge: Bau (*Ottow*).
[106] LAG Düsseldorf (Köln) 14. 5. 1968, Betrieb 1968, S. 1454.
[107] BAG 21. 1. 1976 AP Nr. 27 zu § 1 TVG Tarifverträge: Bau (*Beil*).
[108] Zur Anbringung von Zwischendecken s. BAG 17. 3. 1976 AP Nr. 28 zu § 1 Tarifverträge: Bau (*Henrich*) = BB 1976, S. 1175; zur Ausnahme des Kabelbaus aus dem BRTV Bau vgl. BAG 22. 1. 1975 AP Nr. 23 zu § 1 TVG Tarifverträge: Bau; zu Abbrucharbeiten BAG 4. 8. 1971 AP Nr. 11 (*Herschel*) und 11. 12. 1974 Nr. 21 zu § 1 TVG Tarifverträge: Bau; 24. 9. 1975 AP Nr. 11 zu § 4 TVG Tarifkonkurrenz (*Wiedemann*).
[109] So BAG 10. 9. 1975 AP Nr. 24 zu § 1 TVG Tarifverträge: Bau (*Ottow*); BSG 16. 12. 1971 AP Nr. 4 zu § 143 d AVAVG.
[110] Vgl. BAG 8. 10. 1975 AP Nr. 25 zu § 1 TVG Tarifverträge: Bau (*Ottow*).
[111] BAG 11. 12. 1996 AP Nr. 199 zu § 1 TVG Tarifverträge: Bau.

Zum Geltungsbereich des Tarifvertrages für die **Bekleidungsindustrie** äußert sich das LAG Hamm.[112] Mietbüchereien fallen nicht unter den Geltungsbereich des Manteltarifvertrages für den **Einzelhandel**, da ihr Hauptzweck nicht im Verkauf von Waren, sondern im Ausleihen von Büchern besteht.[113] 166

Der Begriff der Gaststätte im tariflichen Sinn und damit der Geltungsbereich des Tarifvertrages für das **Gaststättengewerbe** war Gegenstand von Entscheidungen des LAG Frankfurt,[114] wo zu entscheiden war, unter welchen Umständen eine Konditorei zum Gaststättengewerbe gezählt werden muß, und des BAG,[115] wonach der Gaststättentarifvertrag (nach damaligem Betriebsverfassungsrecht) auf Werkskantinen dann nicht anzuwenden ist, wenn das Werk dem Pächter genaue Anweisungen geben und weitgehende Kontrolle ausüben kann; vgl. heute § 87 Abs. 1 Nr. 8 BetrVG. 167

Nach Ansicht des BAG[116] umfaßt der Geltungsbereich des Tarifvertrages für das **graphische Gewerbe** nicht auch solche Betriebe, die sich vorrangig mit Kartographie beschäftigen. 168

Mit dem tarifvertraglichen Begriff des **Großhandels**, insbesondere der Abgrenzung vom Einzelhandel, hat sich das LAG Düsseldorf[117] beschäftigt, um den Begriff des **Handwerksbetriebes** im tarifvertraglichen Sinne ging es in Entscheidungen der Landesarbeitsgerichte Hamm und Mannheim.[118] Zur Differenzierung zwischen Industrie- und Handwerksbetrieb nehmen mehrere Entscheidungen des Bundesarbeitsgerichts ausführlich Stellung.[119] Für den Anwendungsbereich des Tarifvertrages kommt es dabei nicht entscheidend darauf an, ob der Arbeitgeber in der Handwerksrolle eingetragen ist; auch nicht darauf, in welchem Ausmaße er bei der Industrie- und Handelskammer einerseits und bei der Handwerkskammer andererseits Beiträge zu zahlen hat, sondern ob die überwiegende Tätigkeit der Arbeiter im Betriebe eine handwerkliche oder nichthandwerkliche ist. Ist ein Industriebetrieb in der Handwerksrolle eingetragen und Mitglied eines handwerklichen Fachverbandes, so ist er damit noch nicht an den Handwerkstarif gebunden.[120] Mit dem Begriff des „selbständigen Handwerkers" im Sinne des Tarifvertrages für die lederzeugende Industrie beschäftigt sich eine BAG-Entscheidung.[121] Ob ein Tarifvertrag für das Lohngewerbe auf einen Handwerksbetrieb anwendbar ist, richtet sich danach, ob der Betrieb überwiegend im Lohnauftrag für andere Unternehmen arbeitet; entscheidend ist somit die objektive Auftragssituation.[122] 169

---

[112] LAG Hamm 22. 1. 1952 AP 1953, Nr. 128 *(Tophoven)*.
[113] LAG Hamm 13. 3. 1959, BB 1959, S. 1063 *(Gumpert)*.
[114] LAG Frankfurt 11. 7. 1971, BB 1951, S. 726.
[115] BAG 31. 3. 1955 AP Nr. 1 zu § 4 TVG Geltungsbereich *(Tophoven)*.
[116] BAG 26. 5. 1965 AP Nr. 2 zu § 1 TVG Tarifverträge: Graphisches Gewerbe (*Götz Hueck*).
[117] Vgl. LAG Düsseldorf 6. 4. 1951, SAE 1952, Nr. 31 *(Tophoven)*.
[118] Vgl. LAG Hamm 23.10 1951 AP 1953, Nr. 85 *(Rohlfing)*; LAG Mannheim 21. 10. 1953 AP Nr. 1 zu § 1 HandwO *(Götz Hueck)*.
[119] BAG 29. 3. 1957 *(Gumpert)* AP Nr. 4 und 2. 11. 1960 *(Götz Hueck)* Nr. 8 zu § 4 TVG Tarifkonkurrenz; 17. 2. 1971 AP Nr. 9 zu § 1 TVG Tarifverträge: Bau *(Richardi)* und 21. 3. 1973 *(Kraft)* AP Nr. 12 zu § 4 TVG Geltungsbereich.
[120] LAG Hamm 10. 11. 1950, BB 1951, S. 194.
[121] Vgl. BAG 12. 1. 1956 AP Nr. 2 zu § 4 TVG Geltungsbereich.
[122] LAG Berlin 16. 8. 1963, BB 1964, S. 306.

170 Ist es der Zweck des Betriebes, Anschlüsse für Stromentnahmen herzustellen, so wird dieser Betrieb auch dann von dem Tarifvertrag für die **Metall- und Elektroindustrie** erfaßt, wenn er die zu verarbeitenden Kunststoffteile selbst preßt.[123]

171 Für die Zugehörigkeit eines Unternehmens zu einem Wirtschaftszweig ist im Rahmen des § 4 sein wirtschaftlicher **Hauptzweck** maßgebend.[124] Mit der Problematik der Charakterisierung eines **Nebenbetriebes** als selbständig befassen sich weitere Entscheidungen.[125] Der betriebliche Geltungsbereich eines **Lohntarifvertrages**, der als Zusatzvertrag zu einem Manteltarifvertrag abgeschlossen ist, ist der gleiche wie der des Manteltarifvertrages, wenn der Lohntarifvertrag nichts anderes besagt.[126]

172 Scheidet ein Betrieb aus dem branchenmäßigen Geltungsbereich eines Tarifvertrages aus, so bestehen die vorher begründeten Vorruhestandsverhältnisse weiter.[127]

173 Da Arbeitnehmer unter den Geltungsbereich des Tarifvertrages fallen, der für den Hauptzweck des Unternehmens gilt, können Arbeitnehmer mit branchenfremder Tätigkeit einen höheren Lohn erhalten, als wenn sie dem eigentlich einschlägigen Tarifvertrag unterfielen (z. B. der Koch in der Kantine eines Metallbetriebs erhält seinen Lohn nach dem Metalltarifvertrag und nicht nach dem Tarifvertrag der Nahrungsindustrie). Eine Ausgliederung („**outsourcing**") des branchenfremden Neben- oder Hilfsbetriebs führt dazu, daß die Arbeitnehmer nicht mehr dem bisherigen Tarifvertrag unterliegen. Diese Ausgliederung kann (seltener der Fall) durch Spaltung nach §§ 123 ff. UmwG oder durch Neugründung erfolgen.[128] Wenn der neue Rechtsträger nicht tarifgebunden ist, scheidet eine analoge Anwendung des § 3 Abs. 3 aus (s. oben § 3, Rnr. 19, 180). Eine analoge Anwendung des § 4 Abs. 5 kommt wegen der Geltung des § 613 a Abs. 1 Satz 2 bis 4 BGB nicht in Betracht.[129]

D. Fachlicher Geltungsbereich

I. Begriff und Bedeutung

174 Innerhalb des persönlichen Geltungsbereichs i. w. S. kann zwischen dem fachlichen Geltungsbereich und dem persönlichen Geltungsbereich i. e. S. unterschieden werden. – Der fachliche Geltungsbereich gibt an, für welche Arbeitnehmergruppen ein Tarifvertrag innerhalb eines Betriebs gelten soll.

---

[123] ArbG Wetzlar 23. 9. 1955, Betrieb 1956, S. 356.
[124] LAG Stuttgart, ARST 1956 XV, Nr. 582.
[125] Vgl. BAG 5. 3. 1958 AP Nr. 8 zu § 4 TVG Geltungsbereich *(Götz Hueck)* und LAG Saarbrücken 24. 4. 1963 AP Nr. 10 zu § 4 TVG Geltungsbereich.
[126] BAG 13. 6. 1957 AP Nr. 6 und 12. 7. 1957 Nr. 7 zu § 4 TVG Geltungsbereich *(Tophoven)*.
[127] BAG 14. 6. 1994 AP Nr. 2 zu § 3 Verbandsaustritt = SAE 1995, S. 75 *(Rieble)*.
[128] S. *Henssler*, in: Festschrift für Schaub (1998), S. 311 ff.
[129] Abl. BAG 26. 9. 1979 AP Nr. 17 zu § 613 a BGB *(Willemsen)* = SAE 1980, S. 63 *(Konzen)*; *Henssler*, in: Festschrift für Schaub (1998), S. 311, 316 sowie oben § 3, Rnr. 56, 182 ff.

Er stellt somit eine Konkretisierung des Personenkreises der Tarifgebundenen gegenüber dem branchenmäßigen Geltungsbereich dar. Die Aufteilung nach dem fachlichen Geltungsbereich dient der **Lohngerechtigkeit**.

Innerhalb des fachlichen Geltungsbereichs kann man im Interesse der Rechtsklarheit begrifflich-systematisch den **allgemeinen** fachlichen Geltungsbereich und den **speziellen fachlichen Geltungsbereich** unterscheiden. Der allgemeine fachliche Geltungsbereich betrifft eine Unterscheidung lediglich nach Berufen, so daß etwa alle Metallarbeiter, alle Lackierer oder alle Reinemachefrauen innerhalb eines Betriebes erfaßt werden. Dagegen nimmt der spezielle fachliche Geltungsbereich eine genauere Beschreibung der Art und Arbeit durch Bildung von einzelnen Lohngruppen (Lohnkategorien) vor. Die Terminologie in diesem Bereich ist streitig (vgl. oben Rnr. 97ff., 137).

II. Zusammenspiel von allgemeinem und speziellem fachlichen Geltungsbereich

Weder der allgemeine noch der besondere fachliche Geltungsbereich müssen im Tarifvertrag vorhanden sein, um den Kreis der unter die Tarifwirkung fallenden Personen zu bestimmen. Dies wird insbesondere bei Manteltarifverträgen vorkommen. Fehlt der spezielle fachliche Geltungsbereich, so ist allein der allgemeine maßgebend. Ist auch ein solcher nicht vorhanden, so unterliegen grundsätzlich unter Vorbehalt des persönlichen Geltungsbereichs alle Arbeitnehmer, die unter den brachenmäßigen Geltungsbereich fallen, der Tarifwirkung. Aus dem Vergleich von allgemeinem und speziellem fachlichen Geltungsbereich eines Tarifvertrages können sich auch Schlußfolgerungen für die Reichweite des einen oder anderen ergeben.

1. Beschränkung des allgemeinen fachlichen Geltungsbereichs (Lohngruppenkatalog)

Zunächst kann der Fall eintreten, daß den Tarifvertragsparteien die Fassung des allgemeinen fachlichen Geltungsbereichs zu weit geraten ist. Die Beschränkung des allgemeinen fachlichen Geltungsbereichs kann dann unter Umständen aus einer bestimmten Gestaltung des Lohngruppenkatalogs geschlossen werden, in der die betreffende Berufssparte nicht aufgeführt ist (teleologische Reduktion).[130] Eine Einschränkung des allgemeinen fachlichen Geltungsbereichs durch den speziellen ist aber nicht anzunehmen, wenn die Lohnstaffel die Gruppe „sonstige Arbeitnehmer" enthält. Dann erfaßt z. B. ein Handwerkertarif auch Arbeiten, die mit dem Handwerk nicht zusammenhängen.[131]

---

[130] Vgl. LAG Saarbrücken 24. 4. 1963 AP Nr. 10 zu § 4 TVG Geltungsbereich, das jedoch fälschlich hier eine Einschränkung des persönlichen Geltungsbereichs annimmt; LAG Bremen 1. 8. 1956 AP Nr. 1 zu § 4 TVG Tarifkonkurrenz *(Gumpert)*, sowie *Nikisch*, Arbeitsrecht II, § 78 IV 2, S. 374.
[131] Vgl. LAG Bremen 1. 8. 1956 AP Nr. 1 zu § 4 TVG Tarifkonkurrenz *(Gumpert)*.

2. Gewollte Beschränkung des speziellen gegenüber dem allgemeinen fachlichen Geltungsbereich

178 Wenn die einzelne Berufssparte, die unter den allgemeinen fachlichen Geltungsbereich paßt, in der Lohnstaffel nicht auftaucht, kann sich auch aus anderen Anhaltspunkten ergeben, daß sie unter den Tarifvertrag fallen soll. Es gelten dann zwar nicht die einzelnen Lohnbestimmungen für die Berufssparte, wohl aber andere Regelungen, die vom gleichen Tarifvertrag getroffen werden.

3. Fortbildung des Tarifvertrags

179 Nach den oben (§ 1, Rnr. 812 ff.) dargelegten Grundsätzen kommt eine Fortbildung bei tariflichen Vorschriften nur ausnahmsweise in Betracht. Eine verdeckte *Regelungslücke* liegt vor, wenn die Tarifvertragsparteien vergessen haben, die betreffende Berufssparte in den Lohngruppenkatalog aufzunehmen. Nach *Löwisch*[132] ist in diesem Fall eine Lückenschließung mit der Tarifautonomie nicht vereinbar. Die nicht unter den Katalog der Tätigkeiten einer Vergütungsgruppe fallenden Tätigkeiten müßten daher aus der jeweiligen Vergütungsgruppe ausgeklammert werden. Handelt es sich aber erkennbar nur um ein Versehen, so ist der Arbeitnehmer im Wege der Lückenfüllung sinngemäß in eine der ausgeführten Lohngruppen einzugruppieren.[133] Die Fortbildung des Tarifvertrags setzt allerdings voraus, daß das nicht erwähnte Arbeitsverhältnis von dem Tarifvertrag überhaupt erfaßt werden soll. Sie kommt nicht in Betracht, wenn die Tarifvertragsparteien von einer Festlegung tariflicher Mindestlöhne für Arbeitnehmer *bewußt* Abstand genommen haben.[134]

180 Möglich ist auch, daß der Geltungsbereich eines Tarifvertrages zwar zu weit formuliert ist, sich aber aus dem Sinn und Zweck des Tarifvertrages ein engerer Geltungsbereich ergibt. In diesem Fall ist eine teleologische Reduktion (= Restriktion) vorzunehmen.[135]

4. Bestimmungskriterien für den allgemeinen fachlichen Geltungsbereich

181 Unter dem Gesichtspunkt des allgemeinen fachlichen Geltungsbereichs werden alle Arbeitsverhältnisse von dem Tarifvertrag ergriffen, die nach der *Art der Arbeit* unter die Tarifregelung fallen. So kann innerhalb eines Betriebs je ein Tarifvertrag für kaufmännische und für technische Angestellte beste-

---

[132] *Löwisch*/Rieble, § 1 TVG, Rnr. 650.
[133] BAG 6. 2. 1957 AP Nr. 17, 16. 4. 1958 Nr. 35, 23. 3. 1960 Nr. 61 (*Neumann-Duesberg*), 31. 10. 1961 Nr. 80 und 30. 10. 1963 Nr. 107 (*Kirchner*) zu § 3 TOA; 2. 7. 1969 AP Nr. 25 zu §§ 22, 23 BAT (*Crisolli*); BAG 10. 10. 1984 AP Nr. 95 und 26. 8. 1987 Nr. 138 zu §§ 22, 23 BAT 1975; *Clemens*, ZTR 1989, S. 257; *Däubler*, Tarifvertragsrecht, Rnr. 622; Hueck/*Nipperdey*, Arbeitsrecht II 1, § 26 V 4, S. 522; *Schaub*, Arbeitsrechts-Handbuch, § 203 III 2 b, S. 1694; *Stein*, Tarifvertragsrecht, Rnr. 93.
[134] Ebenso BAG 12. 4. 1957 AP Nr. 3 zu § 9 TVG (*Tophoven*); 10. 12. 1965 Nr. 11 zu § 565 ZPO (*Bötticher*); 31. 3. 1973 Nr. 4 zu §§ 22, 23 BAT Lehrer (*Hölters*).
[135] Vgl. dazu im Hinblick auf Gesetze *Larenz*/Canaris, Methodenlehre der Rechtswissenschaft, Kap. 5 2 c), S. 210 ff. sowie BVerfG 7. 4. 1997 AP Nr. 100 zu Art. 100 GG.

hen. Weiterhin werden teilweise Zusatztarifverträge lediglich für einzelne Arbeitnehmergruppen getroffen.[136]

III. Spezieller fachlicher Geltungsbereich

Der spezielle fachliche Geltungsbereich hat besondere Bedeutung im öffentlichen Dienst („Eingruppierung").

1. Bestimmungskriterien

a) Allgemeines. aa) Als Auslegungshilfsmittel bei der Frage, ob eine bestimmte Tätigkeit in die eine oder andere Lohnkategorie fällt, sind die zu den Vergütungsgruppen aufgeführten, nicht abschließend gedachten **Beispiele heranzuziehen**. Sie ergänzen den regelmäßig vorangestellten abstrakten Oberbegriff. Die Beispiele zeigen, wie die Tarifvertragsparteien die einzelnen Berufs- und Tätigkeitsarten innerhalb der Stufenleiter der Lohnkategorien bewertet wissen wollten.[137] Im übrigen ist zu unterscheiden zwischen Beispielsfällen und anderen Tätigkeiten. Ist der Beispielsfall eindeutig umschrieben und übt der Arbeitnehmer eine Beispielstätigkeit aus, so erfüllt er die Voraussetzungen der Vergütungsgruppe, ohne daß es darauf ankommt, wie der Oberbegriff auszulegen ist und unabhängig davon, daß die Beispiele ausdrücklich nur als „Auslegungshilfe" bezeichnet worden sind.[138] Es liegt insoweit eine authentische Interpretation vor (vgl. dazu oben § 1, Rnr. 782 ff.).

Ist das Tätigkeitsbeispiel allerdings mehrdeutig, so muß es seinerseits im Hinblick auf den **Oberbegriff** ausgelegt werden;[139] dabei können die anderen Tätigkeitsbeispiele eine Hilfe bieten. Übt der Arbeitnehmer eine Tätigkeit aus, die nicht von einem Tätigkeitsbeispiel erfaßt wird, so ist zu prüfen, ob die Tätigkeit den Oberbegriff erfüllt; auch insoweit können die genannten Tätigkeitsbeispiele bei der Auslegung berücksichtigt werden.[140] Der Oberbegriff kann allerdings so unbestimmt sein, daß er von den Gerichten nicht angewandt werden kann, so daß er wegen Verstoßes gegen das Rechtsstaatsprinzip nichtig ist. Die Gerichte haben allerdings vor einer derartigen Nichtigerklärung bisher zurückgeschreckt (s. auch die Beispiele für unbestimmte Rechtsbegriffe oben § 1, Rnr. 367). Das BAG hat eine Eingruppierung nach Arbeiten schwieriger Art, Arbeiten höherwertiger Art und

---

[136] Nach der Übersicht „Tarifvertragliche Arbeitsbedingungen im Jahre 1997" des Bundesministeriums für Arbeit und Sozialordnung, Januar 1998, sind ca. 58% der Arbeitnehmer in Bereichen beschäftigt, für die gemeinsame Manteltarifverträge gelten; gemeinsame Entgelttarifverträge bestehen dagegen nur für ca. 11% der Arbeitnehmer.
[137] LAG Frankfurt 12. 3. 1952 AP Nr. 4 (*Dersch*).
[138] BAG 21. 10. 1987 AP Nr. 19 zu § 1 TVG Tarifverträge: Druckindustrie = Betrieb 1988, S. 1120; BAG 25. 9. 1991 AP Nr. 7 zu § 1 TVG Tarifverträge: Großhandel = NZA 1992, S. 273; 21. 7. 1993 AP Nr. 144 zu § 1 TVG Auslegung; 15. 6. 1994 AP Nr. 9 zu §§ 22, 23 BAT Krankenkasse; 10. 5. 1995 AP Nr. 1 zu § 1 TVG Tarifverträge: Medizinischer Dienst; *Däubler*, Tarifvertragsrecht, Rnr. 622; *Löwisch/Rieble*, § 1 TVG, Rnr. 648.
[139] BAG 8. 2. 1984 AP Nr. 134 zu § 1 TVG Auslegung; 4. 4. 1979 AP Nr. 1, 8. 2. 1984 Nr. 3, 7. 11. 1990 Nr. 41 zu § 1 TVG Tarifverträge: Einzelhandel; *Löwisch/Rieble*, § 1 TVG, Rnr. 649.
[140] BAG 11. 6. 1997 AP Nr. 1 zu § 291 BGB.

höchstwertiger Art für anwendbar erklärt, weil der Tarifvertrag weitere konkrete Merkmale enthielt, wie Berufserfahrung und Verantwortung.¹⁴¹ Zur **Bestimmung der zutreffenden Vergütungsgruppe** müssen zunächst die Voraussetzungen der Ausgangsgruppe geprüft werden. Sind diese erfüllt, sind die weiteren Merkmale der darauf aufbauenden höheren Vergütungsgruppe zu prüfen.¹⁴²

184 bb) **Erfordernis einer speziellen Berufsausbildung oder Prüfung.**
(1) Neben der Festlegung von Tätigkeitsmerkmalen kann für die Einordnung in eine Lohnkategorie weiterhin eine bestimmte Dauer der Tätigkeitsausübung oder eine spezielle Berufsausbildung oder Prüfung verlangt werden. In diesem Falle muß die Arbeit des Arbeitnehmers das **Tätigkeitsmerkmal** erfüllen, und er selbst muß den zusätzlichen Anforderungen gerecht werden, wenn die tarifvertraglichen Ansprüche entstehen sollen.¹⁴³ Die Tarifvertragsparteien sind jedoch bei der Aufstellung derartiger zusätzlicher Erfordernisse nicht vollkommen frei. Eine Begrenzung der Tarifautonomie ergibt sich sowohl aus Art. 3 Abs. 1 GG (s. oben Rnr. 110 sowie Einl. vor § 1, Rnr. 213 ff.) als auch aus Art. 12 Abs. 1 GG.¹⁴⁴ Das Erfordernis einer Prüfung oder speziellen Berufsausbildung kann deshalb für die Einordnung in eine bestimmte Lohnkategorie nur aufgestellt werden, wenn sachliche Gründe dafür sprechen. Bei der verfassungsrechtlichen Überprüfung von Gesetzen nach Art. 12 GG ist nach der Rechtsprechung des BVerfG zu beachten, daß subjektive Zulassungsvoraussetzungen nur unter besonderen Umständen aufgestellt werden dürfen.¹⁴⁵ Ist nach diesen Grundsätzen ein Prüfungserfordernis zur Einordnung in eine bestimmte Lohnkategorie überhaupt zulässig, so wird man dem Arbeitnehmer einen Anspruch darauf zugestehen müssen, diese Prüfung abzulegen, wenn er die entsprechende Tätigkeit einige Zeit ausgeübt hat. Dies gilt zumindest dann, wenn ein Nachholen der Prüfung im Tarifvertrag, wenn auch in einer Sollbestimmung, vorgesehen ist.¹⁴⁶ Der Arbeitgeber kann sich dann weder darauf berufen, daß die Arbeitsorganisation beeinträchtigt werde, noch daß der normale Lehrlingszugang sich vermindere, noch daß der Haushaltsplan keine Mittel dafür vorsehe.¹⁴⁷

185 Einen Anspruch auf die einem **Beamten** gewährte Zulage hat aber ein die gleiche Tätigkeit ausübender **Angestellter** dann nicht, wenn die Zulage ein Ausgleich dafür sein soll, daß der Beamte während der zur Vorbereitung auf die Prüfung notwendigen Studienzeit keine Dienstbezüge erhalten hat.¹⁴⁸

---

¹⁴¹ BAG 26. 2. 1980 AP Nr. 43 zu § 1 TVG Tarifverträge: Metallindustrie.
¹⁴² BAG 24. 9. 1980 AP Nr. 36 und 17. 8. 1994 AP Nr. 183 zu §§ 22, 23 BAT 1975.
¹⁴³ BAG 19. 7. 1961 AP Nr. 109 zu § 1 TVG Auslegung (*Neumann-Duesberg*); 13. 1. 1955 AP Nr. 3 (*Schnorr*) und 29. 6. 1960 Nr. 68 zu § 3 TOA; 31. 5. 1967 AP Nr. 1 (*Göller*) und 17. 1. 1973 Nr. 2 (*Crisolli*) zu § 25 BAT.
¹⁴⁴ S. Einl. vor § 1, Rnr. 307 ff. sowie Däubler, Tarifvertragsrecht, Rnr. 276; Kempen/Zachert, § 4 TVG, Rnr. 29.
¹⁴⁵ Vgl. dazu das „Apothekenurteil" BVerfG 11. 6. 1958 BVerfGE 7, S. 377, 407 = AP Nr. 13 zu Art. 12 GG; s. im einzelnen oben Einl. vor § 1, Rnr. 307 ff.
¹⁴⁶ BAG 15. 3. 1968 AP Nr. 1 zu § 59 MTB II Verwaltungseigene Prüfung (*Göller*).
¹⁴⁷ Vgl. dazu auch BAG 2. 12. 1970 AP Nr. 1 zu Art. 33 Abs. 2 GG.
¹⁴⁸ Vgl. dazu im einzelnen BAG 1. 3. 1968 AP Nr. 1 und 22. 10. 1969 Nr. 2 zu § 29 TV Ang Bundespost (beide mit Anm. *Distel*).

Eine weitere Ausnahme vom Prüfungserfordernis kann sich aus dem Gesichtspunkt von Treu und Glauben ergeben (s. dazu unten Rnr. 198).

Legt man an die rechtliche Gültigkeit eines **Prüfungserfordernisses** 186 strenge Maßstäbe an, so muß dies auch für die Beantwortung der Frage gelten, ob vom Tarifvertrag überhaupt ein Prüfungserfordernis vorgesehen wird. Daß der Arbeitnehmer eine Prüfung abgelegt hat, kann deshalb nur verlangt werden, wenn der Tarifvertrag es ausdrücklich bestimmt oder wenn er zumindest hinreichend deutliche Anhaltspunkte enthält. Für den Normalfall bleibt es bei einer Eingruppierung nach Tätigkeitsmerkmalen.[149] Ein Arbeitnehmer, der in einem anderen EG-Mitgliedstaat ein Hochschuldiplom erworben hat, das eine mindestens dreijährige Berufsausbildung abschließt, ist aufgrund der EG-Richtlinie vom 21. 12. 1988[150] gleichzubehandeln.

(2) Es steht den Tarifvertragsparteien frei, bestimmte **Fähigkeiten** (Wissen, Ausbildungs- oder Prüfungserfordernisse) zum Tatbestandsmerkmal einer Eingruppierungsnorm zu erheben, ohne gleichzeitig zu verlangen, daß dieses Wissen oder diese Fähigkeiten zur Erledigung der im konkreten Fall übertragenen Aufgaben erforderlich sind. Ein Rechtsgrundsatz, wonach ihre Eingruppierung außerdem eine den Merkmalen der betreffenden Vergütungsgruppe entsprechende Tätigkeit voraussetzt, besteht nicht, mag dies auch im allgemeinen der Sinn sog. Tätigkeitsmerkmale sein.[151] Es wird z. B. in einer Vergütungsgruppe eine abgeschlossene Banklehre oder eine gleichwertige kaufmännische Ausbildung gefordert, im übrigen jedoch nicht verlangt, daß dem Angestellten Aufgaben übertragen sind, die eine solche Ausbildung voraussetzen. Tarifliche Bezahlung und (überwiegende) Tätigkeit brauchen sich also nicht zu entsprechen. 187

(3) Setzt ein Tarifvertrag bestimmte Prüfungserfordernisse als Tätigkeits- 188 merkmal ein, so gilt dies im Zweifel auch für die **vertretungsweise** übernommene Tätigkeit. Die Vertretungszulage wird also nur dann bezahlt, wenn der Arbeitnehmer die Tätigkeitsmerkmale unter Einschluß der Prüfungserfordernisse erfüllt.[152]

b) Widersprüche zwischen Titel, Vereinbarung und tatsächlicher 189 **Beschäftigung.** Es können Widersprüche auftreten zwischen dem Titel, der dem Beschäftigten beim Abschluß des Arbeitsverhältnisses verliehen wird, der vertraglichen Vereinbarung hinsichtlich seiner Tätigkeit oder seines Arbeitsplatzes (der „auszuübenden" Tätigkeit) und der tatsächlichen Beschäftigung.

aa) Unproblematisch sind die Fälle, in denen dem Beschäftigten verliehene Titel von der vertraglich vereinbarten und der tatsächlich ausgeübten Tätigkeit abweicht. Hier handelt es sich um eine **falsa demonstratio** für die damit gemeinte Tätigkeit. Maßgeblich für die Eingruppierung ist folg- 190

---

[149] LAG Frankfurt 23. 9. 1949 AP 1951, Nr. 31 *(Tophoven)*; LAG Düsseldorf 8. 2. 1952 AP 1953, Nr. 26 *(Tophoven)*; Hueck/*Nipperdey*, Arbeitsrecht II 1, § 26 V 4 a, S. 522 mit Angaben zur Rechtsprechung des Reichsarbeitsgerichts in Fn. 41.
[150] ABl. EG 1989 Nr. L 19/16.
[151] So BAG 28. 3. 1962 AP Nr. 85, 18. 7. 1962 Nr. 86, 7. 11. 1962 Nr. 93 zu § 3 TOA; 31. 8. 1966 AP Nr. 1 zu § 1 TVG Tarifverträge: Banken *(Nies)*.
[152] So BAG 6. 6. 1973 AP Nr. 2 *(Crisolli)* und 18. 6. 1975 Nr. 4 zu § 9 MTB II.

lich nicht der Titel, sondern die vereinbarte und tatsächlich erbrachte Leistung.

191 **bb) Vorrang des Tarifvertrages.** Weicht die ausgeübte Tätigkeit von der auszuübenden Tätigkeit ab, so ist zwischen dem Entgeltproblem und dem Arbeitsplatzproblem zu unterscheiden. Das erste beantwortet die Frage, nach welchen Grundsätzen sich die Gegenleistung für den betreffenden Arbeitnehmer richtet. Das Arbeitsplatz- oder Tätigkeitsproblem entscheidet, welche Beschäftigung der Arbeitnehmer verlangen kann.

192 Hinsichtlich des **Entgelts** und der Eingruppierung gilt: der Tarifvertrag bestimmt das Entgelt im Zweifel nach der tatsächlich (überwiegend) erbrachten Tätigkeit. Der Arbeitnehmer kann also eine entsprechende Vergütung für die von ihm ausgeübte Tätigkeit für die Zeit, während der er sie wahrgenommen hat, auch verlangen, wenn dies der arbeitsvertraglichen Einstufung nicht entspricht oder eine vertraglich vorgenommene Höhergruppierung unwirksam ist.[153] Auf eine ausdrückliche Ernennung kommt es nicht an.[154] Ist die tatsächlich erbrachte Tätigkeit umgekehrt geringerwertig, als dies dem Arbeitsvertrag entspricht, so behält der Arbeitnehmer seinen vertraglichen Vergütungsanspruch nach § 615 Satz 1 BGB.[155] Solange der Vertrag nicht wirksam geändert ist, bleibt die vertraglich geschuldete Tätigkeit für den Vergütungsanspruch auch dann maßgebend, wenn der Tarifvertrag, wie üblich, an die tatsächlich erbrachte Tätigkeit anknüpft.

193 Hinsichtlich des Anspruchs auf eine **bestimmte Beschäftigung** gilt: welche Tätigkeit der Arbeitnehmer ausüben darf oder an welchem Arbeitsplatz er beschäftigt werden muß, bestimmt der Arbeitsvertrag. Der Tarifvertrag kann jedoch vorsehen, daß bestimmte fachliche Voraussetzungen („Können") oder bestimmte Tätigkeiten („Tun") bei der arbeitsvertraglichen Festlegung zu berücksichtigen sind. Eine tarifliche Abschlußnorm kann deshalb einen Anspruch auf einen bestimmten Arbeitsplatz oder eine spätere Höhergruppierung vorsehen.

194 **cc) Hineinwachsen in höherwertige Tätigkeit.** Die vom Arbeitnehmer auszuübende Tätigkeit kann im Wege der Vertragsänderung oder durch Änderungskündigung neu bestimmt werden. Die Einstufung in eine bestimmte Vergütungsgruppe unterliegt nicht dem Direktionsrecht, sondern bedeutet eine Vertragsänderung. Im übrigen muß bei der Zuweisung einer geringerwertigen Tätigkeit individualrechtlich zwischen Direktionsrecht und Vertragsänderung unterschieden werden.[156] Die Übertragung einer anderswertigen Tätigkeit bedarf der Zustimmung des Betriebsrats oder Personalrats.[157] Eine Vertragsänderung kann auch dann vorliegen, wenn der Arbeitnehmer infolge von Umständen, die vom Willen der Arbeitsvertragsparteien unabhängig sind (z.B. Gesetzesänderung, Ansteigen oder Nachlassen des Arbeitsanfalls usw.), in eine anderswertige Tätigkeit „hineinwächst" und der

---

[153] Vgl. BAG 7. 1. 1958 AP Nr. 1 zu § 4 TVG Lohngruppen *(Tophoven)*.
[154] BAG 23. 5. 1973 AP Nr. 69 *(Zängl)* und 16. 4. 1975 Nr. 86 zu §§ 22, 23 BAT.
[155] BAG 16. 2. 1966 AP Nr. 6 zu § 1 TVG Tarifverträge: BAVAV *(Crisolli); Gamillscheg,* Kollektives Arbeitsrecht I, § 18 I 2 b, S. 798.
[156] Vgl. *Wank,* Lean Management, 1995, S. 18 ff.
[157] Vgl. § 99 Abs. 1 BetrVG; § 76 Abs. 1 Nr. 2 und 3 BPersVG.

Arbeitgeber dies auf Dauer duldet.[158] Eine Besonderheit des öffentlichen Dienstrechts stellt der sogenannte **Bewährungsaufstieg** nach § 23 a BAT dar. Er bedeutet den Aufstieg in eine höhere Vergütungsgruppe, wenn während einer bestimmten Zeitdauer bestimmte Tätigkeiten ausgeübt werden und dabei keine Beanstandungen erfolgen.[159]

c) Mischtätigkeit. Entspricht die Tätigkeit eines Arbeitnehmers mehreren Tätigkeitsmerkmalen verschiedener Vergütungsgruppen (Mischtätigkeit), so muß der Tarifvertrag angeben oder dahingehend ausgelegt werden, welche Voraussetzungen für die Einstufung oder Höhergruppierung in eine bestimmte Vergütungsgruppe erfüllt sein müssen. Der Tarifvertrag kann beispielsweise vorsehen, daß 1/3 der auszuübenden Tätigkeit ausreicht.[160] Bei der Auslegung ist auf die überwiegende Tätigkeit abzustellen, also auf die Tätigkeit, die mehr als 50% der Arbeitszeit in Anspruch nimmt.[161] Schwankt der Anteil, so ist bei einfachen Tätigkeiten auf den Anteil innerhalb eines Monats, bei schwierigeren Tätigkeiten auf den Anteil innerhalb von sechs Monaten abzustellen.[162] 195

Wie bereits oben (Rnr. 182) ausgeführt, kommt es auf die konkreten Tätigkeitsbeispiele in der betreffenden Gehaltsgruppe an. Nur wenn das konkrete Tätigkeitsbeispiel **unbestimmte Rechtsbegriffe** enthält, ist für deren Verständnis auf die allgemeinen Tätigkeitsbeispiele zurückzugreifen.[163] Sind den Oberbegriffen Beispielstätigkeiten zugeordnet, so sind diese maßgebend, wenn sie im Tarifvertrag nur einmal in einer Lohngruppe aufgeführt werden.[164] 196

Speziell für den BAT gilt gem. dessen § 22, daß die gesamte nicht nur vorübergehend auszuübende Tätigkeit in **Arbeitsvorgänge** zu zerlegen ist.[165] Das BAG versteht unter einem Arbeitsvorgang eine unter Hinzurechnung der Zusammenhangstätigkeit und bei Berücksichtigung einer sinnvollen, vernünftigen Verwaltungsübung nach tatsächlichen Gesichtspunkten abgrenzbare rechtlich selbständig zu beurteilende Arbeitseinheit der zu einem bestimmten Ergebnis führenden Tätigkeit.[166] Die gesamte Tätigkeit ent- 197

---

[158] Unklar *Bullmann,* RdA 1972, S. 209. Zur *vorübergehenden Ausübung* einer höherwertigen Tätigkeit vgl. BAG 4. 10. 1972 AP Nr. 2 zu § 24 BAT *(Hadding);* s. auch *Gamillscheg,* Kollektives Arbeitsrecht I, § 18 I 2, S. 792.
[159] Dazu *Däubler,* Tarifvertragsrecht, Rnr. 652.
[160] S. das Beispiel BAG 6. 8. 1997 AP Nr. 7 zu § 12 AVR Diakonisches Werk.
[161] S. oben § 1, Rnr. 367 sowie BAG 21. 10. 1987 AP Nr. 19 zu § 1 TVG Tarifverträge: Druckindustrie; BAG 25. 9. 1991 AP Nr. 7 zu § 1 TVG Tarifverträge: Großhandel = NZA 1992, S. 273; *Däubler,* Tarifvertragsrecht, Rnr. 631; *Gamillscheg,* Kollektives Arbeitsrecht I, § 18 I 2, S. 796 m. w. N.; *Kempen/Zachert,* § 1 TVG, Rnr. 75.
[162] *Däubler,* Tarifvertragsrecht, Rnr. 631; *Schaub,* Arbeitsrechts-Handbuch, § 186 III 4 b, S. 1546 (betr. § 22 BAT).
[163] BAG 12. 12. 1984 AP Nr. 6 zu § 2 KSchG 1969; 21. 10. 1987 AP Nr. 19 zu § 1 TVG Tarifverträge: Druckindustrie; *Kempen/Zachert,* § 1 TVG, Rnr. 73.
[164] S. oben § 1, Rnr. 367 sowie *Etzel,* in: Festschrift für Schaub (1998), S. 173, 182; BAG 25. 9. 1991 AP Nr. 7 zu § 1 TVG Tarifverträge: Großhandel = NZA 1992, S. 273.
[165] BAG 6. 6. 1984 AP Nr. 90 zu §§ 22, 23 BAT 1975; 9. 7. 1997 AP Nr. 7 zu §§ 22, 23 BAT-O; 6. 8. 1997 AP Nr. 7 zu § 12 AVR Diakonisches Werk; weitere Nachw. bei *Etzel,* in: Festschrift für Schaub (1998), S. 173, 183 ff.; *Gamillscheg,* Kollektives Arbeitsrecht I, § 18 I 3, S. 796 f.
[166] BAG 29. 1. 1986 AP Nr. 115 zu §§ 22, 23 BAT 1975 *(Brox)* = NZA 1986, S. 751; 9. 7. 1997 AP Nr. 7 zu §§ 22, 23 BAT-O.

spricht den Tätigkeitsmerkmalen einer Tarifgruppe dann, wenn zeitlich mindestens zur Hälfte Arbeitsvorgänge anfallen, die für sich genommen die Anforderungen eines Tätigkeitsmerkmals oder mehrerer Tätigkeitsmerkmale dieser Vergütungsgruppe erfüllen.[167] Nur wenn die Erfüllung einer Anforderung in der Regel erst bei der Betrachtung mehrerer Arbeitsvorgänge festgestellt werden kann, sind diese für die Feststellung, ob die Anforderung erfüllt ist, zusammen zu bewerten. – Eine andere Bewertung gilt für **„Zusammenhangsarbeiten"**, d.h. für Tätigkeiten, die in sachlich notwendigem Zusammenhang mit einem bestimmten Hauptarbeitsvorgang stehen.[168] Keine Zusammenhangstätigkeit liegt vor, wenn zwar eine äußere Ähnlichkeit und funktionelle Zugehörigkeit zum gleichen Aufgabengebiet gegeben ist, die Einzeltätigkeiten aber von den Tarifvertragsparteien ausdrücklich verschiedenen Vergütungsgruppen zugewiesen werden.[169] Tatsächlich trennbare Tätigkeiten mit unterschiedlicher Wertigkeit können nicht zu einem Arbeitsvorgang zusammengefaßt werden.[170]

198   **d) Ausnahmen unter dem Gesichtspunkt von Treu und Glauben.** Erfüllt ein Arbeitnehmer nicht die Voraussetzungen, die für eine bestimmte Eingruppierung erforderlich sind, so kann die Berufung des Arbeitgebers auf das Fehlen dieser Voraussetzungen im Einzelfall **gegen Treu und Glauben** verstoßen. Dies kann zutreffen, wenn der Dienstherr nicht nur vorübergehend Dienstleistungen einer höheren Vergütungsgruppe fordert und entgegennimmt, die tarifliche Vergütung aber unter Nachweis auf eine fehlende Prüfung verweigert.[171] Die dazu ergangenen Urteile dürfen aber nicht verallgemeinert werden. Fehlt ein tarifvertragliches Tatbestandsmerkmal, so führt die Berufung auf Treu und Glauben grundsätzlich nicht dazu, daß gegebenenfalls die Erfüllung der Tarifnorm anzunehmen ist.[172] Anders liegt es, wenn der Arbeitgeber bei der Eingruppierung in eine bestimmte Vergütungsgruppe auf das Vorhandensein einer Ausbildungsvoraussetzung verzichtet.[173]

2. Eingruppierung durch den Arbeitgeber

199   **a) Wirkung der Eingruppierung. aa) Entwicklung und Meinungsstand.** Auf der Grundlage des § 3 Abs. 2 TOA hatte das Reichsarbeitsgericht in ständiger Rechtsprechung[174] die Ansicht vertreten, daß die Eingruppierung durch den Arbeitgeber konstitutiver Natur und von den Gerichten nicht zu überprüfen sei. Demgegenüber hat das Bundesarbeitsgericht sowohl

---

[167] S. die Beispiele für Arbeitsvorgänge bei *Schaub*, Arbeitsrechts-Handbuch, § 203 III 4 b, S. 1545.
[168] S. BAG 8. 6. 1960 AP Nr. 66 und 20. 2. 1963 Nr. 97 zu § 3 TOA; BAG 15. 2. 1984 AP Nr. 85 zu §§ 22, 23 BAT.
[169] Nachw. bei *Schaub*, Arbeitsrechts-Handbuch, § 203 III 4 b, S. 1545.
[170] BAG 20. 3. 1991 AP Nr. 156 und 20. 10. 1993 AP Nr. 172 zu §§ 22, 23 BAT 1975.
[171] BAG 16. 2. 1956 AP Nr. 10 (*Pohle*), 19. 6. 1957 Nr. 21, 23. 10. 1957 Nr. 28 und 23. 10. 1958 Nr. 41 (*Neumann-Duesberg*) zu § 3 TOA.
[172] So BAG 17. 1. 1973 AP Nr. 2 zu § 25 BAT (*Crisolli*) betr. Prüfungserfordernis.
[173] LAG Saarbrücken 20. 7. 1966, BB 1966, S. 1311.
[174] RAG 16. 1. 1940, ARS 38, S. 98; 29. 5. 1940 39, S. 419, 2. 7. 1940 S. 425, 10. 7. 1940, S. 429 (*Volkmar*); 7. 8. 1940 S. 440 (*Volkmar*); 7. 8. 1940 40, S. 192 (*Dersch*), 16. 10. 1940 40, S. 318; 22. 4. 1941 42, S. 10 (*Dersch*).

für die TOA als auch für § 22 BAT stets die Ansicht vertreten, daß der Tarifvertrag selbst unmittelbar die Gegenleistung des Arbeitgebers bestimme, die sich nach den Tätigkeitsmerkmalen der einzelnen Gruppen richte. Die Eingruppierung durch den Arbeitgeber habe nur **deklaratorische Bedeutung**. Die richtige Eingruppierung ergebe sich auch ohne dahingehende Erklärung des Arbeitgebers schlicht dadurch, daß der Arbeitnehmer bestimmte Tätigkeitsmerkmale erfülle.[175] Die Literatur folgt dem.[176]

bb) Stellungnahme. Die von der Rechtsprechung des Bundesarbeitsgerichts betonte „Tarifautomatik" darf nicht dahin verstanden werden, daß es sich um einen zwingenden Rechtssatz handelt. Das Sachproblem liegt nicht in der Wirkung des Tarifvertrages, die § 4 Abs. 1 beschreibt, sondern in der *Auslegung der einzelnen Tarifverträge*. Außerdem gibt es, wie überall, wenn Rechtsanwendung oder Rechtsgestaltung in Frage stehen, fließende Übergänge. 200

Der Tarifvertrag kann die Tatbestandsmerkmale der einzelnen Beschäftigungsgruppen mehr oder minder genau beschreiben. Eine genaue Aufzählung enthalten namentlich die Tarifverträge für den öffentlichen Dienst, teilweise heute auch Tarifverträge der Privatwirtschaft. Ein solcher Tarifvertrag ordnet *Normvollzug* an; die Arbeitsgerichte können deshalb die Tatbestandsvoraussetzungen und die Subsumtion wie sonst bei zwingendem Gesetzesrecht nachprüfen. Den Tarifvertragsparteien steht es jedoch frei, auf der Tatbestandsseite einen **Beurteilungsspielraum** offen zu halten und die Konkretisierung der Norm einem Dritten (Schieds- oder Akkordkommission) zu gestatten. Das Mitbestimmungsrecht des Betriebsrats nach § 87 Abs. 1 BetrVG wird ausgeschlossen, wenn ein Verfahren bereitgestellt wird, an dem die Arbeitnehmer gleichberechtigt beteiligt sind. Die Tarifvertragsparteien können gleichzeitig bestimmen, daß die von dieser Seite vorgenommene Eingruppierung für die Parteien bindend ist, vom Gericht also nicht nachgeprüft werden kann. Damit sind aber nur die äußersten Gegensätze tarifvertraglicher Gestaltungsmöglichkeiten beschrieben. Auch wenn der Tarifvertrag Normvollzug anordnet, wird durch unbestimmte Rechtsbegriffe ein intersubjektiv auf seine Richtigkeit nicht mehr kontrollierbarer Entscheidungsbereich geschaffen. Auf der anderen Seite kann auch ein tariflich vorgesehener Ermessensspielraum gerichtlich kontrolliert werden, wenn nämlich die vom Tarifvertrag vorgesehenen Entscheidungsgesichtspunkte nicht eingehalten sind. 201

Im Zweifel verlangt ein Tarifvertrag Normvollzug, will also **keinen Gestaltungsspielraum** einräumen; die Bindungskraft des Tarifvertrages endet dann dort, wo den Tarifvertragsnormen die Bestimmbarkeit fehlt. Im Ergebnis ist der Rechtsprechung und der herrschenden Meinung zuzustim- 202

---

[175] BAG 23. 9. 1954 AP Nr. 1 (*Neumann-Duesberg*), 26. 5. 1955 Nr. 6 (*Neumann-Duesberg*), 16. 2. 1956 Nr. 9 (*Neumann-Duesberg*), 10. 4. 1957 Nr. 18 (*Jesch*), 20. 4. 1960 Nr. 56 zu § 3 TOA; st. Rspr., s. BAG 12. 12. 1990 AP Nr. 1 zu § 12 AVR Diakonisches Werk; 18. 6. 1991 AP Nr. 92 zu § 99 BetrVG 1972; 26. 5. 1993 AP Nr. 3 zu § 12 AVR Caritasverband; 26. 10. 1994 AP Nr. 3 zu § 1 TVG Tarifverträge: Kirchen.

[176] So bereits Hueck/*Nipperdey*, Arbeitsrecht II 1, § 26 V 4, S. 523; *Nikisch*, Arbeitsrecht II, § 74 I, S. 311; heute *Däubler*, Tarifvertragsrecht, Rnr. 627; *Gamillscheg*, Kollektives Arbeitsrecht I, § 18 I 2 b, S. 797; Kempen/*Zachert*, § 1 TVG, Rnr. 77; *Löwisch*/Rieble, § 1 TVG, Rnr. 651.

men, daß die Eingruppierung durch den Arbeitgeber von den Arbeitsgerichten auf ihre Richtigkeit nachgeprüft werden kann.

203 **cc) Abgrenzungen.** Eine Rechtsgestaltung – und damit eine konstitutive Eingruppierungserklärung – ist den Arbeitsvertragsparteien dort möglich, wo das Günstigkeitsprinzip gemäß § 4 Abs. 3 gilt. Die Eingruppierung durch den Arbeitgeber kann eine offene oder verdeckte Rechtsgestaltung enthalten. Eine *offene* Rechtsgestaltung liegt vor, wenn der Arbeitgeber dem Arbeitnehmer die Vergütung nach einer höheren Vergütungsgruppe zusagt, als es der richtigen Eingruppierung entspricht. Um eine *verdeckte* Rechtsgestaltung im Gewande der Rechtsanwendung handelt es sich, wenn der Arbeitnehmer in eine bestimmte Vergütungsgruppe eingestuft wird, obwohl sich beide Parteien darüber einig sind, daß der Arbeitnehmer die Merkmale dieser Vergütungsgruppe nicht erfüllt. In beiden Fällen erhält der Arbeitnehmer eine übertarifliche Vergütung. Er wird allerdings dadurch nicht tarifrechtlich „höhergruppiert", denn die Höhergruppierung setzt die Zuweisung eines anderen Tätigkeitsbereiches voraus. Ob der Arbeitgeber an eine unbewußt zu Unrecht vorgenommene Eingruppierung gebunden ist, beurteilt sich im wesentlichen nach Vertrauensgrundsätzen (vgl. unten Rnr. 213).

204 **b) Mitbestimmung des Betriebsrats.** Der Betriebsrat hat in bezug auf jede Eingruppierung ein Zustimmungsverweigerungsrecht nach §§ 99 Abs. 1 Satz 1, 99 Abs. 2 Nr. 1 BetrVG. Der **Personalrat** hat gem. § 75 Abs. 1 Nr. 2 BPersVG ein allgemeines Mitbestimmungsrecht.[177] Dabei bezieht sich das Zustimmungsverweigerungsrecht nur auf die Eingruppierung und nicht auf die Einstellung als solche.[178] Wenn der Arbeitgeber eine Eingruppierung ohne die Zustimmung des Betriebsrats vorgenommen hat, kann der Betriebsrat im Mitbestimmungssicherungsverfahren nach § 101 BetrVG nicht die Aufhebung der Eingruppierung verlangen, sondern nur die nachträgliche Einholung seiner Zustimmung und, wenn die Zustimmung verweigert wird, die Durchführung des arbeitsgerichtlichen Zustimmungsersetzungsverfahrens nach § 99 Abs. 4 BetrVG.[179] Kommt es zu einem betriebsverfassungsrechtlichen Streit, dann hat der Ausgang dieses Verfahrens keine Präjudizwirkung für den Arbeitnehmer.[180] Macht der Arbeitgeber eine irrtümliche Eingruppierung rückgängig, so unterliegt das als „Umgruppierung" ebenfalls der Mitbestimmung des Betriebsrats.[181] Aus einer Verletzung des Mitbestimmungsrechts bei einer „korrigierenden Rückgruppierung" ergibt sich kein individualrechtlicher Anspruch des Arbeitnehmers auf die bisherige Vergütung.[182]

---

[177] *Däubler*, Tarifvertragsrecht, Rnr. 633; *Gamillscheg*, Kollektives Arbeitsrecht I, § 18 I 3 e, S. 800; Kempen/*Zachert*, § 1 TVG, Rnr. 78; *Löwisch*/Rieble, § 1 TVG, Rnr. 653.
[178] BAG 10. 2. 1976 AP Nr. 4 zu § 99 BetrVG 1972 (*Kraft*); *Däubler*, Tarifvertragsrecht, Rnr. 634; Kempen/*Zachert*, § 1 TVG, Rnr. 78; *Löwisch*/Rieble, § 1 TVG, Rnr. 653.
[179] BAG 22. 3. 1983 AP Nr. 6 zu § 101 BetrVG 1972; *Dütz*, AuR 1993, S. 33 ff.; Kempen/*Zachert*, § 1 TVG, Rnr. 78; demgegenüber lehnt *Veit*, RdA 1990, S. 325, 337 f. eine analoge Anwendung des § 101 BetrVG ab.
[180] BAG 15. 3. 1989 AP Nr. 23 zu § 1 TVG Tarifverträge: Druckindustrie; *Löwisch*/Rieble, § 1 TVG, Rnr. 655.
[181] BAG 20. 3. 1990 AP Nr. 79 zu § 99 BetrVG 1972.
[182] BAG 26. 8. 1992 AP Nr. 37 zu § 75 BPersVG; 6. 8. 1997 AP Nr. 7 zu § 12 AVR Diakonisches Werk. Zur Frage der Beweislast s. BAG 11. 6. 1997 AP Nr. 6 zu § 20 BMT – G II.

c) Keine bestimmte Vergütungsgruppe. Ist im Arbeitsvertrag keine 205
bestimmmte Vergütungsgruppe angesprochen worden, so hat der Arbeitnehmer gegen den Arbeitgeber keinen Anspruch darauf, ihn einzugruppieren.[183]

Bei **Allgemeinverbindlicherklärung** eines Entgelttarifvertrags kann eine 206
„Eingruppierung" dann erfolgen, wenn der Tarifvertrag allgemeine Grundsätze für die Entgeltzahlung nach der überwiegend ausgeübten Tätigkeit einer Vergütungsgruppe regelt, und die ausgeübte Tätigkeit von einem Tätigkeitsbeispiel erfaßt wird.[184]

d) Rechtsschutz bei ungünstiger Eingruppierung. Rechtsschutz ge- 207
genüber einer für ihn ungünstigen Eingruppierung kann der Arbeitnehmer durch Feststellungs- und Leistungsklage erhalten.

aa) Im Vordergrund steht in der Praxis die **Klage auf Feststellung** der 208
zutreffenden Eingruppierung gemäß § 256 ZPO („Eingruppierungsfeststellungsklage").[185] Es handelt sich dabei um ein konkretes Rechtsverhältnis im Sinne der angegebenen Bestimmung, da die Zugehörigkeit zu einer bestimmten Vergütungsgruppe für eine Reihe von wichtigen Fragen (Höhe des Entgeltes, Wohngeld, Tagegeld, Sozialzulagen) entscheidend ist. Damit ist auch ein rechtliches Interesse des Arbeitnehmers an der Feststellung der für ihn maßgebenden Vergütungsgruppe gegeben.[186] Eine Klage auf Einreihung in eine bestimmte Vergütungsgruppe ist in eine Feststellungsklage umzudeuten, daß dem Kläger die Ansprüche nach dieser Vergütungsgruppe zustehen.[187] In Eingruppierungsstreitigkeiten überläßt das Bundesarbeitsgericht dem Tatsachenrichter einen erheblichen Beurteilungsspielraum in tatsächlicher Beziehung.[188]

Für die Angestellten des **öffentlichen Dienstes** gelten keine besonderen 209
Grundsätze; auch ihre Eingruppierung kann durch die Arbeitsgerichte überprüft werden. Dabei sind haushaltsmäßige Bedenken unbeachtlich. Der auf dem Etat beruhende Stellenplan ist lediglich eine interne Verwaltungsangelegenheit und daher ohne Einfluß auf die unabdingbaren Tarifnormen.[189]

---

[183] BAG 18. 6. 1991 AP Nr. 105 zu § 99 BetrVG 1972 = Betrieb 1991, S. 2086 m. w. N.
[184] BAG 5. 3. 1997 AP Nr. 10 zu § 77 BetrVG 1972 Tarifvorbehalt.
[185] BAG 25. 9. 1991 AP Nr. 7 zu § 1 TVG Tarifverträge: Großhandel; 6. 8. 1997 AP Nr. 7 zu § 12 AVR Diakonisches Werk; *Däubler*, Tarifvertragsrecht, Rnr. 638; *Gamillscheg*, Kollektives Arbeitsrecht I, § 18 I 3 g, S. 799 m. w. N.; *Schaub*, Arbeitsrechts-Handbuch, § 203 III 2 b, S. 1694 sowie oben § 1, Rnr. 370.
[186] BAG 23. 9. 1954 AP Nr. 1 zu § 3 TOA *(Neumann-Duesberg)*.
[187] BAG 20. 4. 1960 AP Nr. 56 zu § 3 TOA.
[188] Vgl. BAG 10. 4. 1957 AP Nr. 18 *(Jesch)*, 13. 3. 1957 Nr. 19 *(Jesch)*, 9. 11. 1957 Nr. 29 *(Neumann-Duesberg)*, 5. 3. 1958 Nr. 38 *(Neumann-Duesberg)*, 2. 3. 1960 Nr. 60, 26. 6. 1963 Nr. 99 *(Spiertz)*, 30. 10. 1963 Nr. 107 *(Kirchner)* zu § 3 TOA; 16. 8. 1966 AP Nr. 6 zu § 22, 23 BAT *(Spiertz)*. Zur Revisibilität von unbestimmten Rechtsbegriffen vgl. allgemein *Poelmann*, AuR 1964, S. 137 ff.; *Henke*, Die Tatfrage. Der unbestimmte Begriff im Zivilrecht und seine Revisibilität, 1966. Zu den Anforderungen des BAG an die Darlegungslast für eine Höhergruppierung vgl. *Däubler*, Tarifvertragsrecht, Rnr. 638; *Kempen/Zachert*, § 1 TVG, Rnr. 74.
[189] BAG 23. 9. 1954 AP Nr. 1, 23. 9. 1954 Nr. 2 und 2. 12. 1955 Nr. 8 *(Neumann-Duesberg)* zu § 3 TOA; LAG Berlin 15. 7. 1952, RdA 1952, S. 354 *(Schnorr);* zustimmend *Neumann-Duesberg*, Anm. zu BAG 23. 9. 1954 AP Nr. 1 zu § 3 TOA; s. ferner *Etzel*, in: Festschrift für Schaub (1998), S. 173, 183 ff. sowie S. 188 ff.

210 **bb)** Bei einer für ihn ungünstigen Eingruppierung kann der Arbeitnehmer weiterhin auf Nachzahlung des ihm zustehenden Tarifentgelts klagen (**Leistungsklage**).[190] Jedoch ist eine rechtzeitige Klage empfehlenswert, weil in den meisten Fällen eine tarifliche Ausschlußfrist eingreift. Die Klage kann bereits mit der Aufnahme der Tätigkeit erhoben werden; der Arbeitnehmer braucht nicht eine ausdrückliche Eingruppierung durch den Arbeitgeber abzuwarten, doch ist ihm das anzuraten.[191]

211 **e) Zu günstige Eingruppierung.** Bei einer unrichtigen, aber für den Arbeitnehmer günstigeren Eingruppierung als nach dem Tarifvertrag gefordert, sind zwei Fälle zu unterscheiden.

212 **aa)** Wird ein Arbeitnehmer durch seinen Arbeitgeber **bewußt unrichtig** in eine zu hohe Gruppe eingruppiert, wenn auch im Gewande der Rechtsanwendung, so handelt es sich dabei um eine rechtsgeschäftliche Zusage, die Inhalt des Einzelarbeitsverhältnisses wird (vgl. dazu oben Rnr. 203). Diese rechtsgeschäftliche Zusage kann nur durch eine Änderungskündigung wieder rückgängig gemacht werden, wobei dann die Besonderheiten des § 2 KSchG zu beachten sind. Anders liegt es, wenn der Arbeitgeber dem Arbeitnehmer unter dem Vorbehalt einer Refinanzierbarkeit staatlicher Stellen eine Vergütung aus einer höheren Vergütungsgruppe zugesagt hat. Dann ist, wenn diese Refinanzierung nicht möglich ist, eine Änderung auch ohne Änderungskündigung möglich.[192] Wenn die Eingruppierung rechtsgeschäftlichen Charakter hat, wie regelmäßig im öffentlichen Dienst,[193] bedarf es einer Änderungskündigung.

213 **bb)** Bei einer **irrtümlich zu günstigen** Eingruppierung des Arbeitnehmers (falsche Tatbestandsfeststellung oder Subsumtion) hielt das BAG früher ebenfalls eine Änderungskündigung für erforderlich.[194] Sie sollte allerdings dann nicht sozialwidrig sein, wenn sie zu dem Zwecke erfolgte, die Bezahlung des Arbeitnehmers dem Tarifvertrag anzugleichen.[195] Diese Auffassung läßt sich mit dem Charakter der Eingruppierung als einem Akt der Rechtsanwendung nicht vereinbaren. Regelmäßig wird der Vertrag so auszulegen sein, daß der Arbeitnehmer „nach Tarif" besoldet wird, wobei dann lediglich zusätzlich die Besoldungsgruppe festgelegt wird. Bei der falschen Eingruppierung handelt es sich deshalb nicht, wie das BAG teilweise annimmt, um einen bloßen Motivirrtum.[196] Es ist widersprüchlich, die Eingruppierungserklärung des Arbeitgebers einerseits für deklaratorisch zu halten, zugunsten des Arbeitnehmers aber für konstitutiv. Grundsätzlich ist der Arbeitgeber daher

---

[190] S. oben § 1, Rnr. 371; s. auch *Gamillscheg*, Kollektives Arbeitsrecht I, § 18 I 2 b, S. 798.
[191] BAG 16. 1. 1991 AP Nr. 30 zu § 1 TVG Tarifverträge: Einzelhandel; *Däubler*, Tarifvertragsrecht, Rnr. 638.
[192] BAG 6. 8. 1997 AP Nr. 7 zu § 12 AVR Diakonisches Werk.
[193] *Schwarze*, RdA 1997, S. 343, 344.
[194] BAG 19. 10. 1961 AP Nr. 13 zu § 1 KSchG Betriebsbedingte Kündigung; 6. 10. 1965 Nr. 4 zu § 59 PersVG (*Herschel*); zustimmend *Herschel*, BB 1962, S. 137; *Folger*, RdA 1955, S. 103.
[195] Vgl. BAG 19. 10. 1961 AP Nr. 13 zu § 1 KSchG Betriebsbedingte Kündigung.
[196] S. auch *Löwisch*/*Rieble*, § 1 TVG, Rnr. 657; unzutr. *Däubler*, Tarifvertragsrecht, Rnr. 641; vgl. allgemein zum Irrtum im Privatrecht *Mayer-Maly*, AcP 170 (1970), S. 133.

auch für die Vergangenheit zur Korrektur der Eingruppierung berechtigt. Der Arbeitnehmer ist durch § 818 Abs. 3 BGB und bei Verschulden des Arbeitgebers durch c.i.c. geschützt.[197] Auch das Bundesarbeitsgericht folgt in einigen Entscheidungen dieser Auffassung.[198] Damit steht aber noch nicht fest, ob nicht im *Einzelfall* der Arbeitnehmer auch bei einer irrtümlichen Höhergruppierung einen einzelvertraglichen Anspruch auf den höheren Lohn haben kann, zu dessen Entziehung es einer Änderungskündigung bedarf. Sowohl ausdrücklich oder konkludent getroffene Abmachungen als auch durch Irrtum bedingte tatsächliche Verhaltensweisen können unter dem Gesichtspunkt des *Vertrauensschutzes* eine Bindung des Arbeitgebers für die Vergangenheit bewirken. Dabei kann dem Vertrauensschutz bei einem Verhalten, mit dem der Arbeitgeber zurechenbar einen Rechtsschein gesetzt hat, im Einzelfall ein geringeres Gewicht zukommen, als dies bei einer ausdrücklichen vertraglichen Vereinbarung der Fall ist.[199] Der Vertrauensschutz des Arbeitnehmers wird dann dem Recht des Arbeitgebers an der Durchführung der tariflichen Gestaltung vorzugehen haben, wenn der Arbeitnehmer einige Jahre bezahlt wurde und der Arbeitgeber die falsche Eingruppierung erkennen konnte.[200] Auch im Falle eines Vertrauensschutzes ist der Arbeitgeber aber grundsätzlich nicht gehindert, für die Zukunft nach der richtigen Eingruppierung vorzugehen (anders kann es etwa bei Pensionszusagen sein). – Nach § 2 Abs. 1 Nr. 5 NachwG ist der Arbeitgeber verpflichtet, den Arbeitnehmer schriftlich über die Bezeichnung oder die allgemeine Beschreibung der vom Arbeitnehmer zu leistenden Tätigkeit zu unterrichten.[201]

3. Eingruppierung durch eine dritte Stelle

a) Problemstellung. Früher waren Tarifklauseln verbreitet, nach denen die Eingliederung durch eine dritte Stelle vorgenommen oder überprüft werden sollte. Heute kommen solche Klauseln selten vor, haben eine gewisse Bedeutung aber zur Feststellung der Höhe einer Lohnminderung bei

---

[197] *Hromadka,* in: Festschrift für Söllner (1990), S. 105 ff.; *Löwisch/Rieble,* § 1 TVG, Rnr. 658.
[198] Vgl. zur „korrigierenden Rückgruppierung" BAG 30. 10. 1956 AP Nr. 15 zu § 3 TOA *(Neumann-Duesberg);* 2. 4. 1958 AP Nr. 11 zu § 611 BGB Ärzte, Gehaltsansprüche *(Larenz);* 23. 8. 1995, ZTR 1996, S. 196; BAG 26. 10. 1995 AP Nr. 7 zu § 1 BAT-O; 8. 8. 1996 AP Nr. 46 zu §§ 22, 23 BAT Lehrer; BAG 9. 7. 1997, NZA 1998, S. 494; *Freitag,* ZTR 1997, S. 257; *Gewehr,* ZTR 1997, S. 211; s. auch Rnr. 371 f.
[199] *Wiedemann,* Anm. zu BAG 30. 9. 1968 AP Nr. 1 zu § 9 TV Arb Bundespost; vgl. zum Vertrauensschutz des weiteren BAG 7. 8. 1967 AP Nr. 121 zu § 242 BGB Ruhegehalt *(Wiedemann);* BAG 31. 1. 1969 AP Nr. 26 zu § 1 FeiertagslohnzahlungsG *(Canaris); Canaris,* Die Vertrauenshaftung im deutschen Privatrecht, 1971, S. 392 ff.; *Hahn,* Die fehlerhafte Normenanwendung im Arbeitsverhältnis, 1976; s. auch *Gamillscheg,* Kollektives Arbeitsrecht I, § 18 I 2 b, S. 798; *Schwarze,* RdA 1997, S. 343 ff.
[200] Vgl. dazu auch *Neumann-Duesberg,* Anm. zu BAG 30. 10. 1956 AP Nr. 15 zu § 3 TOA. Vgl. für einen besonderen Fall BAG 14. 7. 1965 AP Nr. 5 *(Crisolli)* und 16. 2. 1966 Nr. 6 *(Crisolli)* zu § 1 TVG Tarifverträge: BAVAV.
[201] Zur Vereinbarkeit mit der Nachweis-Richtlinie und zur Beweislastverteilung s. EuGH 4. 12. 1997 Rs. C-253/96 Kampelmann, Betrieb 1997, S. 2617; s. ferner *Schwarze,* RdA 1997, S. 343, 348 ff. sowie oben § 1, Rnr. 372.

wegen Krankheit, Invalidität oder Unfall minderleistungsfähigen Arbeitnehmern.[202] Die rechtliche Problematik derartiger Klauseln besteht darin, daß nach §§ 4, 101 ArbGG in arbeitsgerichtlichen Streitigkeiten Schiedsgerichte nur in dem dort vorgesehenen, verhältnismäßig geringen Umfang (Bühnenkünstler usw.[203]) zulässig sind. Dies gilt sowohl für auf tarifvertraglicher Basis als auch für auf einzelvertraglicher Basis gebildete Schiedsgerichte. Eine Tarifklausel, die eine Entscheidung in Eingruppierungsangelegenheiten einer dritten Stelle überläßt, ist mithin immer dann nichtig, wenn es sich bei dieser Stelle um ein Schiedsgericht handelt (zur Zulässigkeit von Schiedsgerichten s. oben § 1, Rnr. 732 ff.).

215 **b) Schiedsgericht.** Um ein unzulässiges Schiedsgericht handelt es sich, wenn die allgemeinen Gerichte bei einer Überprüfung der Entscheidungen auf die Frage beschränkt sein sollen, ob die Entscheidung unsinnig ist oder gegen zwingende rechtsstaatliche Grundsätze verstößt.[204] Dagegen liegt eine Schiedsgutachtervereinbarung vor, wenn sich die Feststellung der dritten Person nur im tatsächlichen Bereich bewegt. Die in Betracht kommenden Rechtsfragen sind hier von den allgemeinen Gerichten unbeschränkt nachprüfbar.[205]

216 In der Mitte zwischen den Schiedsgerichten und den Schiedsgutachtern stehen die sogenannten **Regelungsausschüsse**, Ergänzungs- oder Konkretisierungsausschüsse. Sie sind üblich zur Feststellung von Minderleistungen, Realisierung der Akkorde des Tarifvertrages im Betrieb und auch bei Eingruppierungen. Bei diesen Ausschüssen überprüfen die allgemeinen Gerichte, ob man sich im Rahmen des Tarifvertrages gehalten hat. Ein gewisser Ermessensspielraum muß diesen Ausschüssen aus Gründen der Praktikabilität zugebilligt werden. Gegen die Beschränkungen der §§ 101 ff. ArbGG bestehen unter dem Gesichtspunkt des Art. 9 Abs. 3 GG Bedenken.[206]

IV. Anwendbarkeit von § 9 TVG, § 256 ZPO

217 Streitigkeiten nach § 9 können nur zwischen den **Tarifvertragsparteien** ausgetragen werden. Dies gilt auch für die Beseitigung von Zweifelsfragen hinsichtlich des fachlichen Geltungsbereichs.[207] Der Streit zwischen den Tarifvertragsparteien kann sich auf eine bestimmte Gruppe von Arbeitnehmern

---

[202] Die Zulässigkeit bejahen *Gamillscheg*, Kollektives Arbeitsrecht I, § 18 I 2, S. 795; *Löwisch*/Rieble, § 1 TVG, Rnr. 654.
[203] BAG 10. 4. 1996 AP Nr. 4 zu § 101 ArbGG 1979 = NZA 1996, S. 942.
[204] Vgl. § 110 Abs. 1 Nr. 2 ArbGG.
[205] Vgl. dazu BAG 16. 10. 1957 AP Nr. 27 zu § 3 TOA (*Neumann-Duesberg*), das in dem von ihm zu entscheidenden Fall unrichtig eine Schiedsgutachter- statt einer Schiedsgerichtsabrede annahm; vgl. zur Abgrenzung auch Hueck/*Nipperdey*, Arbeitsrecht II 1, § 26, S. 522 f.; *Borrmann*, RdA 1951, S. 250, 252; *Herschel*, BB 1949, S. 449; *Schmeer*, BB 1956, S. 308; 309; Erweiterter Eingruppierungsbeschluß Bremen 12. 11. 1951 AP Nr. 30 (*Neumann-Duesberg*); LAG Frankfurt 1. 8. 1961, BB 1962, S. 520 (Leitsatz); sowie oben zu § 1, Rnr. 468 ff.
[206] *Däubler*, Tarifvertragsrecht, Rnr. 1406; vgl. auch Kempen/*Zachert*, § 1 TVG, Rnr. 93.
[207] Vgl. BAG 19. 2. 1965 AP Nr. 4 zu § 8 TVG (*Schnorr v. Carolsfeld*) betr. Firmentarifvertrag für die Deutsche Lufthansa.

beschränken („Flugzeugwarte" und „Flugzeugwarte mit Kontrollerlaubnis"). Macht ein einzelner **Arbeitnehmer** seine Zugehörigkeit zu einer bestimmten Berufsgruppe geltend (normaler Eingruppierungsstreit, s. oben Rnr. 207ff.), so bleibt dies im Rahmen des Einzelarbeitsverhältnisses und wird bei einer Leistungsklage *incidenter* entschieden. Für eine Feststellungsklage, mit der geklärt werden soll, welcher Tarifvertrag auf ein Arbeitsverhältnis anzuwenden ist, besteht jedenfalls dann ein Feststellungsinteresse, wenn davon eine Entscheidung über mehrere Forderungen aus dem Arbeitsverhältnis abhängt.[208]

E. Persönlicher Geltungsbereich

I. Begriff und Bedeutung

Der persönliche Geltungsbereich[209] hat angesichts der starken Auffächerung des fachlichen Geltungsbereichs (s. oben Rnr. 176ff.) geringere Bedeutung. Im folgenden ist nur der persönliche Geltungsbereich i. e. S. gemeint im Gegensatz zum fachlichen Geltungsbereich. Von einem besonderen persönlichen Geltungsbereich sollte nur dort gesprochen werden, wo einzelne Personen oder Personengruppen vom Tarifvertrag nicht wegen fachlicher, sondern wegen **persönlicher Eigenschaften** (Alter, Schwerbehinderung, Familienstand, Wohnsitz) gesondert behandelt werden. Diese Sonderbehandlung kann *negativer Art* sein, so daß einzelne Personen von der Geltung des Tarifvertrages ausgenommen werden (etwa auszubildende Personen, insbesondere Jugendliche), aber *auch positiver Art*, so daß für die Geltung des Tarifvertrages hinsichtlich dieser Personen bestimmte Erfordernisse aufgestellt werden (Prüfungen, Fachschulbesuch). Fehlt es an einer solchen Bestimmung, decken sich fachlicher und persönlicher Geltungsbereich im Ergebnis. Diese Unterscheidungen werden in Rechtsprechung und Literatur nicht immer beachtet. So wird der persönliche Geltungsbereich teilweise mit der Tarifgebundenheit, teilweise mit dem allgemeinen fachlichen Geltungsbereich gleichgesetzt.[210] Im folgenden werden als Beispiele für Untergliederungen beim persönlichen Geltungsbereich diejenige nach Arbeitern und Angestellten sowie die nach Männern und Frauen genannt. Andere Gruppen, wie Beamte und Dienstordnungs-Angestellte (§ 1, Rnr. 109ff.), kirchliche Beamte und Angestellte (§ 1, Rnr. 155ff.) und Arbeiter bei Tendenzunternehmen (§ 1, Rnr. 130ff.) werden oben behandelt. Weitere Untergliederungen betreffen z.B. Vollzeitbeschäftigte und Teilzeitbeschäftigte (§ 1, Rnr. 297, 341ff.) sowie Arbeitnehmer und Arbeitnehmerähnliche (§ 1, Rnr. 311f. sowie die Kommentierung zu § 12a).

II. Unterteilung in Arbeiter und Angestellte

Früher war im Hinblick auf Personengruppen von Arbeitnehmern in Tarifverträgen eine Aufteilung in Arbeiter und Angestellte vorherrschend. Die

---
[208] BAG 28. 5. 1997 AP Nr. 6 zu § 1 TVG Bezugnahme auf Tarifvertrag (*Oetker*).
[209] S. zur Begriffsbildung oben Rnr. 96ff., 136f., ferner *Gamillscheg*, Kollektives Arbeitsrecht I, § 17 III 4, S. 758.
[210] Zum ersten Fall BAG 10. 6. 1965 AP Nr. 13 zu § 9 TVG (*Nikisch*).

Praxis nimmt davon mehr und mehr Abstand.²¹¹ So werden vermehrt einheitliche Manteltarifverträge, aber auch bereits Entgelttarifverträge für Arbeiter und Angestellte geschlossen.²¹² Während die Unterscheidung früher problemlos für zulässig gehalten wurde und sich auch in vielen arbeitsrechtlichen Gesetzen fand, hat sich das Rechtsbewußtsein insbesondere durch die beiden Entscheidungen des **Bundesverfassungsgerichts** zur Verfassungswidrigkeit der unterschiedlichen Grundkündigungsfristen für Arbeiter und Angestellte verändert.²¹³ Die beiden Regelungskomplexe Kündigung und Entgeltfortzahlung sind inzwischen durch den Gesetzgeber für Arbeiter und Angestellte vereinheitlicht worden (s. § 622 BGB und das Entgeltfortzahlungsgesetz). Im Gesetzesrecht besteht die Unterscheidung im wesentlichen noch für die betriebliche Mitbestimmung und für die Unternehmensmitbestimmung fort²¹⁴ sowie im Sozialversicherungsrecht vor allem in organisatorischer Hinsicht.²¹⁵

220 Das Bundesverfassungsgericht hat in den beiden oben genannten Entscheidungen offengelassen, inwieweit die für das Gesetzesrecht entwickelten Grundsätze auch für **Tarifverträge** gelten. Das BAG geht mit Recht davon aus, daß im Hinblick auf unterschiedliche Kündigungsfristen für Arbeiter und Angestellte in Tarifverträgen – bei entsprechendem Nachweis des sachlichen Grundes – weiterhin differenziert werden darf.²¹⁶

221 Ebenso wie für unterschiedliche tarifliche Kündigungsfristen ist beispielsweise auch für unterschiedliche **Weihnachtsgratifikationen** für Arbeiter und Angestellte eine besondere sachliche Rechtfertigung erforderlich.²¹⁷

III. Unterteilung in Männer und Frauen

222 Eine ausdrückliche Aufteilung von Tarifverträgen nach Männern und Frauen findet sich nicht. Die Aufteilung in **Lohngruppen** kann aber dazu führen, daß nach der Art der Tätigkeitsbeschreibung bestimmte Lohngruppen überwiegend auf Männer oder auf Frauen zutreffen mit der Folge einer mittelbaren Diskriminierung von Frauen.²¹⁸ Daraus kann sich eine Nichtigkeit des Tarifvertrags nach Art. 3 Abs. 2 GG oder eine Nichtanwendbarkeit

---

²¹¹ S. die Übersicht „Tarifvertragliche Arbeitsbedingungen im Jahre 1997" des Bundesministers für Arbeit und Sozialordnung, 1998; ferner *Däubler*, Tarifvertragsrecht, Rnr. 275; *Kempen*/*Zachert*, § 4 TVG, Rnr. 29; *Löwisch*/*Rieble*, § 4 TVG, Rnr. 37; s. zum Ganzen umfassend *Wank*, Arbeiter und Angestellte, 1992.
²¹² S. *Weyel*, NZA 1987, S. 765; Information RdA 1992, S. 339.
²¹³ BVerfG 16. 11. 1982 BVerfGE 62, S. 256 = AP Nr. 16 zu § 622 BGB; BVerfG 30. 5. 1990 BVerfGE 82, S. 126 = AP Nr. 28 zu § 622 BGB; umfassend *Wank*, Arbeiter und Angestellte, 1992, S. 5 ff., 12 ff., 74 ff.
²¹⁴ Dazu *Wank*, Arbeiter und Angestellte, S. 426 ff.
²¹⁵ Vgl. *Wank*, Arbeiter und Angestellte, S. 471 ff.
²¹⁶ BAG 2. 4. 1992 AP Nr. 38 zu § 622 BGB = NZA 1992, S. 886; 16. 9. 1993 AP Nr. 42 zu § 622 BGB *(Jansen)*; zust. *Wank*, NZA 1993, S. 961, 965 f. m. w. N. S. zum Ganzen oben Einl. vor § 1, Rnr. 238 ff.
²¹⁷ BAG 25. 1. 1984 AP Nr. 68 zu § 242 BGB Gleichbehandlung *(Herschel)* = NZA 1984, S. 323; s. auch *Wank*, Arbeiter und Angestellte, 1992, S. 27 ff.
²¹⁸ S. oben Rnr. 111 f., ferner Einl. vor § 1, Rnr. 232 ff.; sowie *Däubler*, Tarifvertragsrecht, Rnr. 439 ff.; *Kempen*/*Zachert*, Grundlagen, TVG, Rnr. 176 ff.; *Lorenz*, in: Festschrift für Wlotzke (1996), S. 45, 48 ff.

gem. Art. 119 EGV oder einer der EG-Richtlinien zur Gleichberechtigung ergeben.

Nach § 612 Abs. 3 BGB sind Tarifverträge nichtig, die unterschiedliche 223 Löhne für Männer und Frauen bei gleicher oder gleichwertiger Arbeit vorsehen. Um eine gleichwertige Arbeit handelt es sich nach der Auffassung des BAG,[219] „wenn Arbeitnehmer Tätigkeiten ausüben, die nach objektiven Maßstäben der Arbeitsbewertung denselben Arbeitswert haben. (Auch) insoweit ist ein Gesamtvergleich der Tätigkeiten erforderlich. Dabei ist der jeweils erforderliche Umfang von Vorkenntnissen und Fähigkeiten zu berücksichtigen. Die Tarifpraxis und die Verkehrsanschauung können Anhaltspunkte geben."[220] Das BAG hat z.B. das Merkmal „geringe körperliche Belastung" in § 3 Gruppe 2 des Lohnrahmenabkommens in der Eisen-, Metall- und Elektroindustrie NRW vom 26. 9. 1967/15. 4. 1970 dahingehend ausgelegt, daß es nicht mehr nur auf die Muskelarbeit ankomme, sondern auch auf die Arbeitspulsfrequenz.[221]

Auch wenn die Tätigkeiten in **verschiedenen Tarifverträgen** geregelt 224 sind, kann ein Vergleich möglich sein. Tarifverträge können insoweit gegen Art. 119 EGV[222] oder gegen Art. 3 Abs. 2 GG wegen mittelbarer Frauendiskriminierung verstoßen oder gegen Art. 3 Abs. 1 GG wegen eines Verstoßes gegen den allgemeinen Gleichheitssatz.[223]

IV. Grenzen der Differenzierung

Für die Herausnahme einzelner Personen aus dem persönlichen Geltungs- 225 bereich oder bei der Festlegung spezieller persönlicher Erfordernisse für die Geltung des Tarifvertrags müssen gewisse sachliche Mindestanforderungen an die Kriterien gestellt werden. Eine willkürliche Abgrenzung des persönlichen Geltungsbereichs ist den Tarifvertragspartnern mithin verwehrt.[224]

V. Herausnahme einzelner Gruppen

1. Allgemeine Auslegungsgrundsätze

Die Einschränkung des persönlichen Geltungsbereichs ergibt sich in aller 226 Regel aus einer ausdrücklichen, den Tarifvertrag einleitenden Bestimmung. Im übrigen ist sie eine Frage der Auslegung. Wie zur Terminologie oben vorgeschlagen, handelt es sich beim fachlichen Geltungsbereich um eine An-

---

[219] Unter Rückgriff auf die Begründung des Regierungsentwurfs, BT-Drucks. 8/3317, S. 10.
[220] BAG 23. 8. 1995 AP Nr. 48 zu § 612 BGB = SAE 1997, S. 182 (*Henssler/ Schaffner*).
[221] BAG 27. 4. 1988 AP Nr. 63 zu § 1 TVG Tarifverträge: Metallindustrie (*v. Hoyningen-Huene*).
[222] EuGH 27. 10. 1993 Rs. C 127/92 AP Nr. 50 zu Art. 119 EWG-Vertrag *Enderby*; krit. *Wißmann*, in: Festschrift für Schaub (1998), S. 793 ff.
[223] BAG 17. 10. 1995 AP Nr. 132 zu § 242 BGB Gleichbehandlung (*Wiedemann*).
[224] So auch *Dietz*, in: Festschrift für H.C. Nipperdey (1965), Bd. II, S. 141, 144; zustimmend *Richardi*, Juristische Analysen 1971, S. 141, 166.

knüpfung an die *beruflich-fachliche Tätigkeit*, beim persönlichen Geltungsbereich um eine Anknüpfung an die *persönliche Eigenschaft*. Daher liegt keine Beschränkung des persönlichen, sondern eine Beschränkung des fachlichen Geltungsbereichs vor, wenn eine bestimmte Gestaltung des Lohngruppenkatalogs darauf schließen läßt, daß einzelne Arbeitnehmergruppen von der Geltung des Tarifvertrages ausgeschlossen werden sollen.[225] Keine Einschränkung des persönlichen Geltungsbereichs liegt weiter bei der Formel vor, daß nur die Mitglieder des Verbandes von dem Tarifvertrag erfaßt werden. Es handelt sich hierbei um einen rechtlich bedeutungslosen Hinweis auf die Tarifgebundenheit, also eine neutrale Regel, und im Zweifel nicht um eine Differenzierungsklausel (zur Differenzierungsklausel vgl. die Einleitung vor § 1, Rnr. 298 ff.).

2. Einzelfälle

Während man früher sagen konnte, daß **Auszubildende** (Lehrlinge) nur dann unter den Geltungsbereich eines Tarifvertrages fielen, wenn dies ausdrücklich bestimmt war,[226] sind Auszubildende heute in den Geltungsbereich von Tarifverträgen regelmäßig mit einbezogen (s. dazu oben § 1, Rnr. 301 ff.). Das gilt allerdings nicht für in Studienordnungen vorgesehene Praktikantenverhältnisse.[227] **Heimarbeiter** fallen im allgemeinen nur dann unter den Tarifvertrag, wenn es besonders bestimmt ist.[228]

Arbeiter fallen selbst dann nicht in den persönlichen Geltungsbereich eines Tarifvertrages, der seine Geltung auch auf Arbeiter bezieht, wenn eine reine Angestelltengewerkschaft der einzige auf Arbeitnehmerseite abschließende Verband ist.[229] Vielfach werden **leitende Angestellte** vom Geltungsbereich des Tarifvertrages ausgenommen, wobei zur Abgrenzung meist auf § 5 Abs. 3 BetrVG verwiesen wird.[230]

Der persönliche Geltungsbereich eines Tarifvertrages für ein **Handwerk** kann auch Arbeitsverhältnisse solcher Arbeitnehmer umfassen, die keine mit dem Handwerk unmittelbar zusammenhängende Arbeit zu verrichten haben. Ein Tarifvertrag für das Schuhmachergewerbe, der für alle gewerblichen Arbeitnehmer und Heimarbeiter abgeschlossen worden ist und dessen Lohnstaffel sich auch auf sonstige Arbeitnehmer bezieht, ergreift somit auch das Arbeitsverhältnis einer Beifahrerin.[231] Wenn die Tarifnorm bestimmt, daß **Kanzleivorsteher** als Leiter von Kanzleien mit einem Personal von minde-

---

[225] Etwas anders in der Abgrenzung Hueck/*Nipperdey*, Arbeitsrecht II 1, § 26, S. 528; *Nikisch*, Arbeitsrecht II, § 78, S. 374; LAG Saarbrücken 24. 4. 1963 AP Nr. 10 zu § 4 TVG Geltungsbereich; LAG Bremen 1. 8. 1956 AP Nr. 1 zu § 4 TVG Tarifkonkurrenz (*Gumpert*); LAG Hamm 28. 8. 1968, AuR 1969, S. 349 (persönlicher Geltungsbereich soll berufsfremde Arbeitskräfte fernhalten).
[226] Vgl. LAG Hamm 29. 6. 1967, AuR 1968, S. 382 (Leitsatz); *Köst*, Betrieb 1954, S. 413, 414.
[227] BAG 19. 6. 1974 AP Nr. 3 zu § 3 BAT (*Weber*); *Schaub*, Arbeitsrechts-Handbuch, § 203 VI 1 a, S. 1695.
[228] Vgl. RAG 22. 2. 1936, ARS 27, S. 130; 11. 5. 1938 33, S. 154; 12. 12. 1939 38, S. 121; BAG 19. 6. 1957 AP Nr. 12 zu § 242 BGB Gleichbehandlung.
[229] LAG Frankfurt 9./10. 10. 1968, AuR 1970, S. 156.
[230] S. BAG 10. 4. 1991 AP Nr. 141 zu § 1 TVG Tarifverträge: Bau.
[231] LAG Bremen 1. 8. 1956, Betrieb 1956, S. 1040 = BB 1956, S. 1067.

stens 40 Kanzleikräften in die Vergütungsgruppe V b einzugruppieren sind, dann kommt es auf den Ist-Bestand an.[232] Mehrere Entscheidungen befassen sich mit der Entlohnung **Rotkreuzschwestern**.[233] Für die Eingruppierung in Vergütungsgruppe BK 1 des TV für die gewerblichen Kreditgenossenschaften vom 3. 8. 1961 wird eine den Tätigkeitsmerkmalen entsprechende überwiegende tatsächliche Tätigkeit oder Beschäftigung nicht verlangt; es genügt eine der Tarifnorm entsprechende Ausbildung.[234] Ein Verwaltungsangestellter hat grundsätzlich nur **Anspruch auf Beschäftigung** entsprechend den Merkmalen seiner Vergütungsgruppe, nicht etwa Anspruch auf Beschäftigung bei einer bestimmten Dienststelle eines bestimmten Dienstortes.[235] Ein Tarifvertrag kann den persönlichen Geltungsbereich auf **bestimmte Berufsgruppen** beschränken. Das kann sich aus dem Wortlaut, darüber hinaus aber auch daraus ergeben, daß beide Tarifvertragsparteien bestrebt sind, berufsfremde Arbeitskräfte fernzuhalten.[236] Bei fachbezogener Einschränkung ist für den persönlichen Geltungsbereich nicht der erlernte Beruf, sondern die ausgeübte Tätigkeit maßgebend.[237]

F. Zeitlicher Geltungsbereich

I. Begriff und Bedeutung

1. Begriff

Der zeitliche Geltungsbereich bestimmt den Anfang und das Ende der Tarifwirkung, genauer gesagt: Anfang und Ende der Wirkung der tariflichen Rechtsnormen; Vertragsdauer und Wirksamkeitsdauer brauchen sich nicht zu decken (vgl. im übrigen oben Rnr. 1 sowie § 1, Rnr. 140). Hinsichtlich des Beginns der Tarifwirkung lassen sich drei Fälle unterscheiden: Beginn mit Abschluß des Tarifvertrages, Beginn vor oder nach Abschluß des Tarifvertrages. Das gilt auch für Tarifverträge, die durch Schiedsspruch zustande gekommen sind. Weiterhin gelten für die einzelnen Arten der tarifvertraglichen Rechtsnormen jeweils gewisse Besonderheiten.

---

[232] BAG 11. 8. 1965 zu § 3 TOA (*Spiertz*).
[233] Vgl. BayVerfGH 13. 4. 1962 AP Nr. 1 zu § 611 BGB Rotes Kreuz; LAG Frankfurt 2. 7. 1952 AP 1953, Nr. 143 (*Krüger*); Nikisch, in Festschrift für A. Hueck (1959), S. 1. Zur Frage der sachlichen Zuständigkeit für die Ansprüche von Rotkreuzschwestern vgl. BAG 18. 2. 1956 AP Nr. 1 zu § 5 ArbGG 1953 (*Herschel*); LAG Hamburg 17. 10. 1956 AP Nr. 5 zu § 5 ArbGG (*Neumann-Duesberg*).
[234] BAG 31. 8. 1966 AP Nr. 1 zu § 1 TVG Tarifverträge: Banken (*Nies*).
[235] BAG 13. 9. 1967 AP Nr. 3 zu § 611 BGB Beschäftigungspflicht (*Zeiss*); vgl. zur Beschäftigungspflicht außerdem oben § 1, Rnr. 453.
[236] So LAG Hamm 28. 8. 1968, AuR 1969, S. 349. Der Einschränkung des persönlichen Geltungsbereichs (hier: Personal einer neben einer Kraftfahrzeug-Werkstatt betriebenen Tankstelle) kraft Auslegung stimmen zu: LAG Saarbrücken 24. 4. 1963 AP Nr. 10 zu § 4 TVG Geltungsbereich; ebenso LAG Bremen 1. 8. 1956 AP Nr. 1 zu § 4 TVG Tarifkonkurrenz.
[237] So LAG Düsseldorf (Köln) 5. 5. 1964, Betrieb 1964, S. 1452 = BB 1964, S. 1299.

2. Dauer der Tarifverträge

229 Tarifverträge können auf bestimmte Zeit oder für unbestimmte Zeit eingegangen werden. In den meisten Industrieländern überwiegt der Zeitvertrag, weil er den Arbeitsfrieden für eine bestimmbare Zeitspanne sichert. Der Zeitvertrag setzt allerdings voraus, daß es während der Laufzeit der Tarifverträge zu keinen schwerwiegenden wirtschaftlichen Erschütterungen kommt. Was die Laufzeit der Tarifverträge betrifft, so zeichnet sich auf internationaler Ebene eine Tendenz zu längeren, in der Bundesrepublik dagegen zu kürzeren Laufzeiten ab.[238] Die Laufzeit von zwölf Monaten bildet für Lohn- und Gehaltsabkommen in der Bundesrepublik, in Frankreich und in Japan die Regel. In der statistischen Häufigkeit folgen in der Bundesrepublik Lohn- und Gehaltstarifverträge mit 13monatiger Laufdauer, dann mit deutlichem Abstand andere Laufzeiten. Eine Ausnahme bildet der Tarifvertrag für die Schweizer Metallindustrie, der auf jeweils mehrere Jahre verlängert wird und eine absolute Friedenspflicht enthält. Anders als die Entgelttarifverträge haben die Manteltarifverträge (Rahmentarifverträge) üblicherweise eine Laufzeit von mehreren Jahren.

II. Beginn der Tarifwirkung

1. Beginn mit Abschluß des Tarifvertrags

230 Regelmäßig deckt sich der Beginn der Tarifwirkung und damit das Inkrafttreten des Tarifvertrages mit dem Abschluß des Tarifvertrages. Ein Auseinanderfallen kommt häufiger nur bei Tarifverträgen auf der Grundlage von Schlichtungssprüchen vor. Unproblematisch ist die Einwirkung auf die Rechtsverhältnisse, die nach Inkrafttreten des Tarifvertrages neu entstehen. Für die bei Inkrafttreten des Tarifvertrages schon bestehenden Arbeitsverhältnisse, für die ein Tarifvertrag im Zweifel auch gelten will,[239] ist hinsichtlich der einzelnen Arten der tarifvertraglichen Normen zu differenzieren.

231 a) *Inhaltsnormen.* Mit seinen Inhaltsnormen ergreift der Tarifvertrag für die Zukunft auch die Arbeitsverhältnisse, die bei Abschluß des Tarifvertrages *bestanden*. Es handelt sich um eine Rückwirkung, deren Zulässigkeit § 4 Abs. 1 für die Rechtsbeziehung zwischen Tarifgebundenen voraussetzt; der Tarifvertrag gilt ohne Rücksicht darauf, ob es sich um zukünftige oder bereits bestehende Rechtsbeziehungen handelt. Ansprüche aus diesem Tarifvertrag setzen voraus, daß sämtliche Tatbestandsmerkmale nach dem Inkrafttreten des Tarifvertrages erfüllt sind. Bei zeitlich gestreckten Tatbestandsmerkmalen (z.B. Tatbestandsmerkmale, die einen Anspruch auf eine Provision geben) kommt es für die Tarifwirkung im Zweifel auf das erste, den Anspruch *begründende,* Merkmal an.

232 b) *Abschlußnormen. aa)* Bei den Abschlußnormen muß durch Auslegung ermittelt werden, was von den Tarifvertragsparteien im einzelnen gewollt ist (vgl. dazu oben § 1, Rnr. 505). Häufig wird sich bei dieser Auslegung ergeben, daß die Abschlußnormen nur die **nach dem Inkrafttreten**

---

[238] Vgl. ILO, Collective bargaining (1973), S. 85, 86.
[239] Vgl. BAG 11. 12. 1974 AP Nr. 124 zu § 1 TVG Auslegung.

des **Tarifvertrages** neu begründeten Arbeitsverhältnisse erfassen sollen. Dies ist im Zweifel bei Formvorschriften anzunehmen. Es kann aber auch gewollt sein, daß die Abschlußnormen für die schon bestehenden Arbeitsverhältnisse ein Anpassungs- oder Nachholungsgebot enthalten. Dies wird regelmäßig bei Einstellungsgeboten der Fall sein.[240] Auch bei Formvorschriften läßt sich denken, daß die Tarifvertragsparteien den Parteien des Einzelarbeitsvertrages einen nachträglichen Anspruch etwa auf schriftliche Festlegung des Arbeitsvertrages oder einzelner Klauseln des Arbeitsvertrages geben wollen.

bb) Ergibt sich jedoch bei der Auslegung, daß die Tarifvertragsparteien die **Abschlußnormen** auf die *bestehenden* Arbeitsverhältnisse in der gleichen Weise angewendet wissen wollten wie auf die neu zu begründenden, so handelt es sich um ein Problem der **Rückwirkung**. Demgegenüber werden in der Literatur die Einwirkung von Abschlußnormen auf bereits bestehende Arbeitsverhältnisse und die Rückwirkung von Abschlußnormen getrennt diskutiert, wobei man jedoch zu den gleichen materiellen Ergebnissen kommt.[241] Ob die Tarifnorm aber ausdrücklich anordnet, die Abschlußnorm solle auf einen bestimmten Termin zurückwirken, oder ob im Tarifvertrag über die Frage nichts ausgesagt wird, macht sachlich keinen Unterschied. In beiden Fällen soll ein schon abgeschlossener Sachverhalt (Abschluß eines Arbeitsvertrages) nachträglich einer anderen Regelung unterworfen werden. Daß für die bereits bestehenden Arbeitsverhältnisse grundsätzlich die Rechtsfolge schon durch § 4 Abs. 1 ausgesprochen wird, kann nicht zu einer anderen Beurteilung führen. Auch der Gesetzgeber ist an die verfassungsrechtlichen Grenzen der Rückwirkung gebunden (vgl. dazu unten Rnr. 243 ff.).

cc) Wie die Inhaltsnormen die bestehenden Arbeitsverhältnisse, ergreifen **Betriebsnormen** und Normen für Gemeinsame Einrichtungen die schon bestehenden Betriebe und Gemeinsamen Einrichtungen.

2. Beginn der Tarifwirkung nach Abschluß des Tarifvertrages

Wird der Beginn der Wirksamkeit des Tarifvertrages später gelegt als der Abschluß des Tarifvertrages, so gelten im wesentlichen die gleichen Grundsätze. Der Tarifvertrag ergreift mit den oben genannten Ausnahmen die Rechtsverhältnisse, die bei Wirksamkeitsbeginn bestehen oder nachher begründet werden. Dagegen werden Arbeitsverträge, die zwar bei Abschluß des Tarifvertrages bestanden, aber vor dem Datum des Inkrafttretens beendet wurden, grundsätzlich nicht erfaßt (wegen der Einwirkung auf nachvertragliche Rechtsverhältnisse vgl. oben § 1, Rnr. 306f.).

3. Beginn der Tarifwirkung vor Abschluß des Tarifvertrages (Rückwirkung)

Das Rückwirkungsgebot (s. dazu auch oben § 1, Rnr. 141) ist eine Verhaltensanforderung, einen Sachverhalt für die Gegenwart und Zukunft so zu handhaben, als ob eine Verpflichtung schon in der Vergangenheit entstanden

---

[240] *Däubler*, Tarifvertragsrecht, Rnr. 281; *Kempen/Zachert*, § 4 TVG, Rnr. 32.
[241] Vgl. etwa die 4. Aufl., § 4, Rnr. 46 und 50; *Buchner*, AR-Blattei Tarifvertrag IV Geltungsbereich, unter F I; A. *Hueck*, BB 1949, S. 354; *Hueck/Nipperdey*, Arbeitsrecht II 1, § 22 A I 3, S. 465.

sei. Ein Rückwirkungsgebot hat also eine *fiktive* Wirkung für die Vergangenheit. In der Gegenwart kann es zu einer Anpassung in mehr oder minder großem Umfang führen.

237 **a) Zulässigkeit der Rückwirkung.** Die Befugnis zur Rückwirkung in dem ihr von Recht und Verfassung gezogenen Rahmen ergibt sich aus der Tarifmacht der Vertragspartner,[242] die ihnen neben der Möglichkeit zur materiellen Gestaltung der Arbeitsverhältnisse auch die Entscheidung über den Zeitpunkt des Inkrafttretens überläßt (s. oben § 1, Rnr. 140). Die Möglichkeit einer solchen Rückwirkung war schon in der früheren Rechtsprechung und Literatur anerkannt.[243] Man unterscheidet zwischen der *echten* und der *unechten Rückwirkung*.[244] Echte Rückwirkung liegt dann vor, wenn ein in der Vergangenheit liegender abgeschlossener Sachverhalt nachträglich anders geregelt wird. Von *unechter* Rückwirkung spricht man, wenn der geregelte Sachverhalt zwar in der Gegenwart liegt, durch die Regelung dieses Sachverhalts aber eine schon erworbene Rechtsposition nachträglich verändert wird. Der Zweite Senat des BVerfG unterscheidet zwischen Rückwirkung von Rechtsfolgen und tatbestandlicher Rückanknüpfung.[245]

238 Da es sich bei den Tarifnormen um kraft staatlicher Delegation ergangenes Recht handelt, gleichen sich insofern die Befugnisse des **Gesetzgebers** und die der **Tarifvertragsparteien**.[246] Die Tarifvertragsparteien müssen sich deshalb an die dem Gesetzgeber für die Rückwirkung gesetzten Grenzen halten (dazu unten Rnr. 243 ff., oben Einl. vor § 1, Rnr. 341).[247] Die Möglichkeit, schuldrechtliche Vereinbarungen mit Rückwirkung zu treffen, ergibt sich schon aus dem allgemeinen Zivilrecht. Es kann daher dahinstehen, ob auch in dieser Hinsicht die normensetzenden schuldrechtlichen Abreden den Rechtsnormen gleichzusetzen sind. Eine Rückwirkung schuldrechtlicher Abreden ist jedenfalls dann unmöglich, wenn es sich um Verhaltensanforderungen handelt.

239 **b) Rückwirkung als Frage der Auslegung. aa)** Ob dem Tarifvertrag und welchen Vereinbarungen im einzelnen eine Rückwirkung beigelegt werden sollte, ist durch Auslegung zu ermitteln. Im Interesse der Rechtssicherheit und der Rechtsklarheit bedarf es immer einer **klaren und unmißverständlichen Vereinbarung**, wenn dem Tarifvertrag Rückwirkung beigelegt werden soll.[248]

---

[242] Zur Rückwirkung von Betriebsvereinbarungen s. BAG 19. 9. 1995 AP Nr. 61 zu § 77 BetrVG 1972.
[243] S. dazu die Darstellung bei Hueck/*Nipperdey*, Arbeitsrecht II 1, § 23, S. 491 f., Fußnote 5 sowie BAG 20. 6. 1958 AP Nr. 2 zu § 1 TVG Rückwirkung *(Tophoven)*.
[244] S. die Nachw. bei *Stern*, Das Staatsrecht der Bundesrepublik Deutschland, Bd. I, § 20 IV, S. 651 ff.
[245] BVerfG 22. 3. 1983 BVerfGE 63, S. 343; dazu *Brüning*, NJW 1998, S. 1525; *Fiedler*, NJW 1988, S. 1624.
[246] BAG 23. 11. 1994 AP Nr. 12 zu § 1 TVG Rückwirkung; *Däubler*, Tarifvertragsrecht, Rnr. 284 ff.; *Gamillscheg*, Kollektives Arbeitsrecht I, § 17 IV 3, S. 761 ff.; *Löwisch*/Rieble, § 1 TVG, Rnr. 204.
[247] Zur Rechtsprechung s. *Louven*, Problematik und Grenzen rückwirkender Rechtsprechung des Bundesarbeitsgerichts, 1996.
[248] BAG 5. 3. 1957 AP Nr. 1 zu § 1 TVG Rückwirkung = SAE 1957, S. 116 *(Sabin)*; 19. 9. 1958 AP Nr. 1 zu § 611 BGB Deputat; 17. 9. 1957 AP Nr. 4 *(Neu-*

bb) Mit den Mitteln der Auslegung ist auch festzustellen, ob Arbeitsver- 240
hältnisse von der Rückwirkung betroffen werden sollen, die zwar bei Wirksamkeitsbeginn des Tarifvertrags bestanden haben, aber vor Abschluß des Tarifvertrages beendet worden sind (**Rückwirkung für Ausgeschiedene**). Hier bleibt vor allen Dingen zu entscheiden, ob eine solche Rückwirkung auf Ausgeschiedene auch bei völligem Schweigen des Tarifvertrages zu dieser Frage gemeint ist. Bei den die Arbeitnehmer *begünstigenden* Vereinbarungen, z. B. bei einer rückwirkenden Lohnerhöhung, ist im Zweifelsfall anzunehmen, daß sie allen bei Wirksamkeitsbeginn des Tarifvertrags tarifgebundenen Arbeitnehmern zukommen sollen.[249] Dies gilt auch, wenn nicht dem ganzen Tarifvertrag, sondern nur einzelnen Bestimmungen rückwirkende Kraft zukommen soll.[250] Bei einer Lohnherabsetzung und anderen die Stellung des Arbeitnehmers *verschlechternden* Abreden taucht dieses Problem zumeist nicht auf, da diese aus rechtlichen Gründen nicht zulässig sind (vgl. dazu sogleich unten Rnr. 243 ff.).

cc) Auch wenn dem Tarifvertrag insgesamt Rückwirkung zukommen 241
soll, können **einzelne Bestimmungen** ihrem Sinn und Zweck nach davon ausgeschlossen sein. Sind die den Arbeitnehmer schlechter stellenden rückwirkenden Abreden ausnahmsweise möglich, so muß aus Ordnungsgrundsätzen auch bei ihnen angenommen werden, daß die *ausgeschiedenen* Arbeitnehmer von ihnen erfaßt werden sollen. Prinzipiell wollen die Tarifvertragsparteien nämlich eine einheitliche Behandlung aller vom Tarifvertrag betroffenen Arbeitnehmer erreichen, soweit sie sich in vergleichbaren Positionen befinden. Wollen die Tarifvertragsparteien, was ihnen rechtlich unbenommen ist, die ausgeschiedenen Arbeitnehmer von der Tarifwirkung ausnehmen, so bedarf es einer ausdrücklichen Erklärung im Tarifvertrag.[251]

dd) Selbstverständlich müssen die ausgeschiedenen Arbeitnehmer im ge- 242
samten Rückwirkungszeitraum tarifgebunden gewesen sein.[252] Andernfalls würde eine vom Gesetzgeber nicht gewollte Erweiterung der Tarifgebundenheit eingeführt; sie ist jedoch in § 3 abschließend festgelegt. Wer beim **Abschluß** des mit Rückwirkung versehenen Tarifvertrages also **nicht mehr Mitglied** des tarifschließenden Verbandes ist, fällt nicht unter die Wirkung

---

mann-*Duesberg*) und 27. 11. 1958 Nr. 69 (*Tophoven*) zu § 1 TVG Auslegung; 20. 6. 1958 AP Nr. 2 (*Tophoven*) und 21. 7. 1988 Nr. 10 zu § 1 TVG Rückwirkung; *Däubler*, Tarifvertragsrecht, Rnr. 282; *Kempen/Zachert*, § 4 TVG, Rnr. 33.
[249] Vgl. RAG 7. 2. 1931, ARS 11, S. 281, 286 (*Nipperdey*); 13. 2. 1932 14, S. 389 (*Nipperdey*); BAG 5. 3. 1957 AP Nr. 1 zu § 1 TVG Rückwirkung; unentschieden BAG 4. 2. 1976 AP Nr. 40 zu § 242 BGB Gleichbehandlung (*Schwerdtner*).
[250] So BAG 19. 6. 1962 AP Nr. 5 zu § 1 TVG Rückwirkung; a. A. *Stückrath*, RdA 1963, S. 87, 88.
[251] Wie hier BAG 20. 6. 1958 AP Nr. 2 (*Tophoven*) und 19. 6. 1962 Nr. 5 zu § 1 TVG Rückwirkung; LAG Düsseldorf 16. 12. 1949 AP 1950, Nr. 173 (*Tophoven*); LAG Hannover 2. 12. 1952, AuR 1953, S. 154; Hueck/*Nipperdey*, Arbeitsrecht II 1, § 22 A I 3, S. 464; *Nikisch*, Arbeitsrecht II, S. 381; *Buchner*, AR-Blattei Tarifvertrag IV Geltungsbereich unter F I 3; *Borrmann*, Betrieb 1956, S. 137, 138; – a. A. *Heimeier*, Betrieb 1951, S. 134.
[252] S. auch *Neuner*, ZfA 1998, S. 83, 92.

des Tarifvertrages.²⁵³ Entsprechendes gilt bei nachträglichem Eintritt in den Verband. Der rückwirkende Tarifvertrag kann dem nachträglich eintretenden Arbeitnehmer²⁵⁴ keine Lohnerhöhung, dem nachträglich eintretenden Arbeitgeber keine nachträgliche Belastung verschaffen (vgl. dazu oben § 3, Rnr. 46).

243 **c) Grenzen der Rückwirkung.** Grenzen der Rückwirkung können sowohl rechtliche als auch tatsächliche sein, letztere dann, wenn eine Rückwirkung praktisch sinnlos ist. Dabei bleibt jedoch zu bedenken, daß eine tatsächliche Grenze im Ergebnis immer auch eine rechtliche Grenze darstellt, da die Rechtsordnung von niemand etwas Unmögliches verlangen kann.²⁵⁵

244 **aa)** Die Grenzen der Rückwirkung sind aus **verfassungsrechtlicher Sicht** angesichts des Rechtsnormcharakters der Tarifnormen die gleichen wie bei gewöhnlichen Gesetzen. Nach der Rechtsprechung des Bundesverfassungsgerichts²⁵⁶ ist eine **verschlechternde Rückwirkung grundsätzlich unzulässig**, da sie gegen das aus dem Rechtsstaatsgrundsatz des Art. 20 GG abgeleitete *Prinzip des Vertrauensschutzes* verstößt. Ein Vertrauenstatbestand auf der Seite des Normunterworfenen liegt ausnahmsweise dann nicht vor, oder das Vertrauen eines Normunterworfenen ist dann nicht schutzwürdig, wenn
(1) der Bürger im Zeitpunkt des Inkrafttretens der Norm mit einer Regelung rechnen mußte;²⁵⁷
(2) das geltende Recht unklar und verworren war;
(3) der Bürger sich nicht auf den durch eine ungültige Norm erzeugten Rechtsschein verlassen durfte;²⁵⁸
(4) zwingende Gründe des Gemeinwohls, die dem Gebot der Rechtssicherheit übergeordnet sind, eine Rückwirkungsanordnung rechtfertigen.²⁵⁹

245 Im Bereich des **Tarifvertragsrechts** ist hauptsächlich der unter (1) als Konkretisierung des Vertrauensschutzprinzips beschriebene Grundsatz von Bedeutung. Grundsätzlich können sich die Normunterworfenen auf den Bestand einer gültigen kollektiven Ordnung verlassen.²⁶⁰ Koalitionen können also grundsätzlich nicht rückwirkend Änderungen eines *bestehenden Tarifver-*

---

²⁵³ Vgl. BAG 30. 4. 1969 AP Nr. 6 zu § 1 TVG Rückwirkung ((betr. Tod des Arbeitnehmers) mit Anm. *Schnorr*) = SAE 1970, S. 138 *(Tomandl)*; BAG 12. 5. 1966 AP Nr. 13 zu § 611 BGB Bergbau *(Natzel)*; BAG 4. 10. 1962 AP Nr. 2 zu § 6 UrlaubsG Niedersachsen *(Maus)*; BAG 13. 12. 1995 AP Nr. 15 zu § 1 TVG Rückwirkung = NZA 1996, S. 767; LAG Düsseldorf 14. 5. 1968, Betrieb 1968, S. 988; sowie Hueck/*Nipperdey*, Arbeitsrecht II 1, § 22 A I 3, S. 463, Anm. 10 sowie oben § 3, Rnr. 36.
²⁵⁴ Vgl. BAG 13. 9. 1994 AP Nr. 11 zu § 1 TVG Rückwirkung.
²⁵⁵ *Neuner*, ZfA 1998, S. 83, 92 f.
²⁵⁶ BVerfG 4. 5. 1960 BVerfGE 11, S. 64, 72 f.; 31. 5. 1960 BVerfGE 11, S. 139, 145; 14. 11. 1961 BVerfGE 13, S. 206, 212; 19. 12. 1961 BVerfGE 13, S. 261, 270 f.; 16. 11. 1965 BVerfGE 19, S. 187, 195 ff. = AP Nr. 4 zu Art. 20 GG; 31. 3. 1965 BVerfGE 18, S. 429, 439; 13.51986 BVerfGE 72, S. 175, 196; 11. 10. 1988 BVerfGE 79, S. 29, 45 f.; 25. 5. 1993 BVerfGE 88, S. 384, 404; 23. 6. 1993 BVerfGE 89, S. 48, 66.
²⁵⁷ BVerfG 12. 11. 1958 BVerfGE 8, S. 274, 304; 14. 11. 1961 BVerfGE 13, S. 261, 272 f.; 16. 11. 1965 BVerfGE 19, S. 187, 196 = AP Nr. 4 zu Art. 20 GG.
²⁵⁸ BVerfG 14. 11. 1961 BVerfGE 13, S. 261, 272; 16. 11. 1965 BVerfGE 19, S. 187, 195, 197 = AP Nr. 4 zu Art. 20 GG.
²⁵⁹ BVerfG 14. 11. 1961 BVerfGE 13, S. 261, 271 f.
²⁶⁰ Zur Zerstörung des Vertrauens s. *Bott*, in: Festschrift für Schaub (1998), S. 47, 49 f.

trages vornehmen, gleichgültig ob sich die Änderung zugunsten der Arbeitnehmer oder zugunsten der Arbeitgeber auswirkt. Sowohl die einen als auch die anderen würden gleichermaßen in ihrem Vertrauen auf die kollektive Ordnung gestört, wodurch diese eine ihrer wertvollsten Funktionen, nämlich ihre Rechtssicherungsfunktion im Arbeitsleben, verlöre.[261] Die rückwirkende Vereinbarung eines Tarifvertrages wird sich mithin in der Regel auf einen bisher tariflosen Zustand beziehen und nur ausnahmsweise eine Regelung abändern.[262] Die Rückwirkung findet ihre Grenze am Ende des zeitlichen Geltungsbereichs des vorangehenden Tarifvertrages.

bb) Eine weitere Grenze für die Rückwirkung von Tarifverträgen bildet ihre tatsächliche Unmöglichkeit oder **mangelnde Durchführbarkeit**. Es sind dies die Fälle, in denen für die Vergangenheit an die Beteiligten Verhaltensanforderungen gestellt werden. So können z.B. nicht rückwirkend Vorschriften über das Verhalten der Arbeitnehmer im Betrieb erlassen werden. Weiterhin ist es nicht möglich, dem Betriebsrat ein Mitbestimmungsrecht für bereits vollzogene Maßnahmen einzuräumen, soweit eine tarifvertragliche Erweiterung der betrieblichen Mitwirkungsrechte überhaupt zulässig ist. Auch bei Abschlußgeboten ist eine Rückwirkung aus tatsächlichen Gründen unmöglich. Verpflichtet sich der Betriebsinhaber, gewisse Personen einzustellen, so kann die Nichtbeschäftigung der Arbeitnehmer in der Vergangenheit nicht beseitigt werden. Hauptanwendungsgebiet für eine Rückwirkung werden also Leistungspflichten, insbesondere Geldleistungspflichten sein.

d) Rückwirkung bei einzelnen Normarten. aa) Inhaltsnormen. Bei den Inhaltsnormen muß zunächst unterschieden werden zwischen solchen, die sich mit dem Entgelt des Arbeitnehmers beschäftigen, und sonstigen Inhaltsnormen. Bei den entgeltregelnden Inhaltsnormen ist wiederum zwischen rückwirkender Lohnherabsetzung und rückwirkender Lohnerhöhung zu unterscheiden.

Eine rückwirkende **Lohnherabsetzung** ist grundsätzlich, jedenfalls soweit sie das laufend gezahlte Entgelt betrifft, unzulässig.[263] Lohn oder Gehalt dient dem Großteil der Arbeitnehmer dazu, den laufenden Lebensunterhalt zu bestreiten. Um den überbezahlten Lohn zurückzahlen zu können, müßte der Arbeitnehmer also seine Lebensführung unter Umständen entscheidend einschränken.[264] Die entgegengesetzte Auffassung will dem Arbeitnehmer einen Schutz lediglich über die §§ 818 ff. BGB zukommen lassen.[265] Sie verkennt jedoch, daß der Arbeitnehmer auch dann in der weitaus größten Zahl der Fälle schon eine wirtschaftliche Disposition getroffen haben wird, wenn für den überbezahlten Lohn rein rechnerisch ein angesparter Gegenwert vor-

---

[261] Vgl. dazu Hueck/*Nipperdey*, Arbeitsrecht II 1, § 22 A I 3, S. 464; *Nikisch*, Arbeitsrecht II, § 73 II 6, S. 294; *Stahlhacke*, RdA 1959, S. 266, 269; *Wiedemann*, RdA 1959, S. 457.
[262] *Neuner*, ZfA 1998, S. 83, 96 f.
[263] Anders BAG 23. 11. 1994 AP Nr. 12 zu § 1 TVG Rückwirkung (*Wiedemann* und *Buchner*); dort ging es um eine Rückwirkung für 2 1/2 Monate.
[264] *Wiedemann*, RdA 1959, S. 456; grundsätzlich ebenso *Nikisch*, Arbeitsrecht II, § 78, S. 379.
[265] RAG 13. 2. 1932, ARS 14, S. 389, 392 (*Nipperdey*); Hueck/*Nipperdey*, Arbeitsrecht II 1, § 22 A I 3, S. 465, Anm. 13.

handen ist *(Vertrauensprinzip)*. Eine Ausnahme ist nur in engen zeitlichen Grenzen zulässig.[266]

249 Ein Vertrauensschutz bei Rückwirkung gilt nicht nur für Arbeitnehmer, sondern auch für **Arbeitgeber.** Einer rückwirkenden **Lohnerhöhung,** die eine Nachzahlungspflicht begründet, steht jedoch im Prinzip nichts entgegen, wenn der Arbeitgeber damit rechnen konnte oder mußte. Dies trifft insbesondere zu, wenn sich die Tarifverhandlungen auf einen längeren Zeitraum erstrecken und der neue Lohn- und Gehaltstarifvertrag dann rückwirkend in Kraft gesetzt wird. Mit der Beendigung eines Tarifvertrages verliert dieser für den Arbeitgeber seine Kostenbegrenzungsfunktion. Die Unternehmen sind in dieser Hinsicht nicht in gleichem Maße schutzwürdig wie die Arbeitnehmer, bei denen Lohn und Gehalt die Lebensgrundlage bilden. Allerdings trägt der Hinweis, der Arbeitgeber könne ja aus dem Arbeitgeberverband austreten,[267] nicht.[268]

250 Vielfach wird argumentiert, eine Erweiterung des durch eine Arbeitgeberleistung begünstigten Kreises von Arbeitnehmern als Sanktion wegen Verletzung des *Gleichheitssatzes* sei ohne weiteres möglich; denn der Gleichheitssatz habe schon immer gegolten, daher liege keine Rückwirkung vor.[269] Bei dieser Argumentation wird verkannt, daß sich aufgrund eines Wertewandels der Inhalt einer Norm mit der Zeit ändern kann.[270] Wenn Gesetzgeber und Rechtsprechung bislang eine bestimmte Differenzierung zwischen Arbeitnehmergruppen für zulässig gehalten haben, dann galt der Gleichheitssatz bisher mit diesem Inhalt. Ändert sich der Inhalt des Gleichheitssatzes, so verdient der Arbeitgeber insoweit Vertrauensschutz.

251 Im übrigen wird regelmäßig zu Unrecht als **Rechtsfolge** einer Verletzung des Gleichheitssatzes[271] angenommen,[272] die bisher Benachteiligten hätten nunmehr ebenfalls einen Anspruch auf die Leistung. Dabei wird die relationale Struktur des Gleichheitssatzes verkannt.[273] In der Vergangenheit waren bestimmte Arbeitnehmer zu Unrecht bevorzugt worden, und es geht darum, die ungerechtfertigte Privilegierung zu beseitigen (s. zum Ganzen Einl. vor § 1, Rnr. 263 ff.).[274]

---

[266] Zustimmend zu BAG 23. 11. 1994 AP Nr. 12 zu § 1 TVG Rückwirkung: *Wiedemann,* Anm. 1, *Buchner,* Anm. 2 zu diesem Urteil; *Buchner,* AR-Blattei ES 1550.6 Nr. 38; *Hromadka,* Anm. zu BAG 15. 11. 1995 AP Nr. 20 zu § 1 TVG Tarifverträge: Lufthansa; *Kempen/Zachert,* § 4 TVG, Rnr. 35; krit. unter dem Aspekt „Mißbrauch der Verbandsmacht" *Neuner,* ZfA 1998, S. 83, 97 ff.
[267] So *Däubler,* Tarifvertragsrecht, Rnr. 284.
[268] Ebenso *Kempen/Zachert,* § 4 TVG, Rnr. 34; *Neuner,* ZfA 1998, S. 83, 100.
[269] So BAG 16. 1. 1996 AP Nr. 223 zu Art. 3 GG = BB 1996, S. 939.
[270] S. auch BGH 18. 1. 1996 BGHZ 132, S. 6, 12 zur Rückwirkung von Wertewandel bei der Bürgschaft.
[271] Zu den Rechtsfolgen bei einer Verletzung des Gleichheitssatzes allgemein *Schlachter,* in: Festschrift für Schaub (1998), S. 651 ff.
[272] BAG 25. 4. 1995 AP Nr. 25 zu § 1 BetrAVG Gleichbehandlung = EzA § 1 BetrAVG Gleichbehandlung Nr. 8 (*Krause*); BAG 7. 11. 1995 AP Nr. 138 zu § 1 TVG Tarifverträge: Metallindustrie = Betrieb 1996, S. 1476; *Söllner,* Die Bedeutung des Gleichbehandlungsgrundsatzes in der Rechtsprechung des Bundesverfassungsgerichts, 1994, S. 17.
[273] S. *Maurer,* in: Festschrift für W. Weber (1975), S. 345, 354; *Hartmann,* DVBl. 1997, S. 1264 ff.; *Wank,* RdA 1998, S. 71, 78 ff.
[274] Demgegenüber stellt *Schlachter,* Festschrift für Schaub (1998), S. 651, 661 allein auf das Vertrauen der Normunterworfenen ab; s. jedoch auch ebenda S. 667 f.

Die Rechtsprechung des BAG zu sog. **wohlerworbenen Ansprüchen**, 252 also bereits entstandenen und fälligen, aber noch nicht abgewickelten Ansprüchen eines Arbeitnehmers hat sich durch eine Entscheidung des BAG von 1994[275] geändert. Während die Rechtsprechung bis dahin eine Rückwirkung für derartige Ansprüche abgelehnt hatte,[276] wird sie nunmehr bejaht (s. zu Einzelheiten oben § 1, Rnr. 141 ff.). Dadurch besteht nunmehr die Gefahr, daß durch Zulassung der Rückwirkung zu stark in Rechtspositionen der Arbeitnehmer eingegriffen wird. Die Regelungsmacht der Tarifvertragsparteien unterliegt insoweit dem Verhältnismäßigkeitsprinzip. Eine Rückwirkung wird daher nur für einen kurzen Zeitraum zulässig sein, ein Kernbestand an Rechtspositionen muß unantastbar bleiben.

Die Tarifvertragsparteien können auch **Eingruppierungsmerkmale** zum 253 Nachteil von Arbeitnehmern rückwirkend ändern, und zwar auch gegenüber Arbeitnehmern, die die früher notwendige Zeit teilweise zurückgelegt haben.[277] Tritt die Tarifbindung der Parteien erst zu einem bestimmten Zeitpunkt nach Vertragsschluß ein, so unterliegen die bis dahin entstandenen Ansprüche nicht der späteren *Ausschlußklausel* des Tarifvertrages.[278] Rückwirkend begründete Ansprüche werden erst mit Abschluß des Tarifvertrages *fällig*.[279]

Wenn ein Arbeitnehmer aufgrund des Tarifvertrages bereits **unkündbar** 254 geworden ist, so berühren in einem späteren Tarifvertrag festgelegte strengere Voraussetzungen seinen Status nicht mehr.[280] Das BAG[281] hat allerdings einen rückwirkenden Tarifvertrag für wirksam erklärt, der die Regelung über den Ausschluß der ordentlichen Kündigung modifiziert hatte, ohne die Unkündbarkeit im übrigen anzutasten. Ist einem Arbeitnehmer gekündigt worden und wäre er aufgrund eines späteren Tarifvertrages unkündbar, so ergreift auch ihn die Unkündbarkeit.[282]

bb) Abschlußnormen. Die Wirksamkeit von Rechtsgeschäften muß 255 grundsätzlich an den Rechtsnormen gemessen werden, die zur Zeit ihrer Vornahme bestehen. Ließe man eine Rückwirkung von Formvorschriften zu, so würden damit etwa alle bisher ohne Beachtung der Formvorschriften abgeschlossenen Verträge nichtig. Es besteht allerdings die Möglichkeit, rückwirkend erlassene Formvorschriften in Inhaltsnormen umzudeuten, nach denen Arbeitnehmer oder Arbeitgeber verlangen können, daß das betreffen-

---

[275] BAG 23. 11. 1994 AP Nr. 12 zu § 1 TVG Rückwirkung = NZA 1995, S. 844.
[276] BAG 28. 9. 1983 AP Nr. 9 zu § 1 TVG Rückwirkung; ebenso *Herschel*, Anm. zu diesem Urteil; ferner *Herschel*, Tariffähigkeit und Tarifmacht, 1932; *Siebert*, in: Festschrift für Nipperdey (1955), S. 119 ff.; *Stahlhacke*, RdA 1959, S. 266 ff.
[277] BAG 14. 6. 1995 AP Nr. 13 zu § 1 TVG Rückwirkung.
[278] BAG 26. 9. 1990 AP Nr. 109 zu 3 4 TVG Ausschlußfristen.
[279] S. *Bott*, in: Festschrift für Schaub (1998), S. 47, 51 m. N. aus der Rechtsprechung.
[280] BAG 16. 2. 1962 AP Nr. 11 zu § 4 TVG Günstigkeitsprinzip; *Gamillscheg*, Kollektives Arbeitsrecht I, § 17 IV 3 b, S. 765.
[281] BAG 15. 11. 1995 AP Nr. 20 zu 3 1 TVG Tarifverträge: Lufthansa.
[282] BAG 1. 12. 1977, Betrieb 1978, S. 701; *Schaub*, Arbeitsrechts-Handbuch, § 199 III 2 c, S. 1669.

de Rechtsgeschäft nachträglich bestätigt wird.[283] Darüber ist nach § 140 BGB zu entscheiden.

256 (1) **Abschlußgebote** sind einer Rückwirkung nicht zugänglich, da es unmöglich ist, dem Arbeitgeber für die Vergangenheit ein bestimmtes Verhalten vorzuschreiben. Es kommt aber unter Umständen eine Umdeutung derart in Betracht, daß Arbeitsverhältnisse nachträglich begründet werden müssen.

(2) **Abschlußverbote** können nicht mit Rückwirkung vereinbart werden. Aus rechtsstaatlichen Gründen geht es nicht an, eine Handlung, die zur Zeit ihrer Vornahme nicht zu beanstanden war, nachträglich für rechtswidrig und ungültig zu erklären.[284] Ebenso wie bei den Formvorschriften kann aber eine unzulässige Rückwirkungsklausel auch hier nach § 140 BGB in eine Beendigungsnorm umgedeutet werden. Der Arbeitgeber wird damit verpflichtet, die Arbeitsverhältnisse, die dem betreffenden Abschlußverbot widersprechen, aufzulösen.[285] Regelmäßig wird der Arbeitgeber dabei nur zur ordentlichen Kündigung berechtigt sein.

Eine außerordentliche Kündigung kommt in Betracht, wenn mit Rücksicht auf den Zweck des Verbots und die Länge der Kündigungsfrist eine ordentliche Kündigung nicht ausreicht.

257 cc) Bei der Regelung **betrieblicher Fragen** ist eine Rückwirkung *unmöglich*. Es wäre nicht sinnvoll, den Arbeitgeber für die Vergangenheit verpflichten zu wollen, bestimmte Einrichtungen zugunsten der Arbeitnehmer bereitzustellen (Schutzvorrichtungen) oder den Arbeitnehmer dazu anzuhalten, für die Vergangenheit gewisse Ordnungsvorschriften zu befolgen.[286] Das gleiche gilt für Normen über **betriebsverfassungsrechtliche Fragen**. Soweit eine Erweiterung der Mitbestimmungsrechte des Betriebsrats rechtlich zulässig ist, ist im einzelnen zu prüfen, wieweit eine Rückwirkung gewollt ist und wieweit eine Mitwirkungshandlung nach Durchführung der Maßnahme noch möglich ist. Wenn die Mitwirkungshandlung noch möglich ist, kann sich durch Auslegung ergeben, daß eine nachträgliche Kontrolle für die Gegenwart gemeint ist. Denkbar ist vor allem, mit der Tätigkeit im Rahmen der Betriebsverfassung zusammenhängende finanzielle Fragen rückwirkend zu regeln. So kann etwa den Betriebsratsmitgliedern auch für ihre in der Vergangenheit liegende Tätigkeit eine Erstattung der Auslagen zugebilligt werden.

258 dd) Bei den **Normen über Gemeinsame Einrichtungen** muß differenziert werden. Keine Bedenken bestehen im Rahmen der allgemeinen Regeln dagegen, dem Arbeitgeber rückwirkend eine Beitragspflicht aufzuerlegen, denn wenn eine Lohnerhöhung für die Vergangenheit möglich ist, muß

---

[283] Vgl. *Gamillscheg*, Kollektives Arbeitsrecht I, § 17 IV 3 b, S. 765; *A. Hueck*, BB 1949, S. 354, 355; Hueck/*Nipperdey*, Arbeitsrecht II 1, § 22, S. 465; *Nikisch*, Arbeitsrecht II, § 78, S. 380 sowie oben § 3, Rnr. 30.
[284] Abweichend nur *Reichel*, Betrieb 1955, S. 169.
[285] *A. Hueck*, BB 1949, S. 355; *Nikisch*, Arbeitsrecht II, § 78 VI 6, S. 380; *Wiedemann*, RdA 1959, S. 455.
[286] Ebenso *Buchner*, AR-Blattei, Tarifvertrag IV Geltungsbereich, unter F I 3; Hueck/*Nipperdey*, Arbeitsrecht II 1, § 22 II, S. 466; *Nikisch*, Arbeitsrecht II, § 78 VI 2, S. 380; *Wiedemann*, RdA 1959, S. 455.

ebenso eine arbeitgeberische Leistung in mediatisierter Form für die Vergangenheit möglich sein. Handelt es sich auf der Leistungsseite um rein finanzielle Zuwendungen, so können sie dem Arbeitnehmer ebenfalls für die Vergangenheit zukommen. Ist dagegen die Leistung der Gemeinsamen Einrichtung nicht nur finanzieller Art (Erholungsheim, Bibliothek usw.), so kann der Arbeitnehmer die Leistung der Gemeinsamen Einrichtung für die Vergangenheit nicht verlangen. Die **Allgemeinverbindlicherklärung** eines Tarifvertrages kann mit Rückwirkung ergehen, wenn bereits der abgeänderte Tarifvertrag für allgemeinverbindlich erklärt worden waren.[287]

e) Rückwirkendes Außerkraftsetzen einer Tarifordnung. Mit der Wirkung des früheren § 9 (jetzt § 10) konnte ein Tarifvertrag auch rückwirkend eine Tarifordnung verdrängen.[288] 259

III. Ende der Tarifwirkung

Der zeitliche Geltungsbereich endet mit der Beendigung des Tarifvertrages, wobei es gleichgültig ist, worauf diese Beendigung beruht (vgl. dazu im einzelnen oben Rnr. 10ff.). Einzelne Tarifbestimmungen können die Tarifvertragsparteien auch schon früher außer Kraft setzen. Nach Beendigung des Tarifvertrages tritt die sog. Nachwirkung ein (vgl. dazu unten Rnr. 320ff.). 260

3. Abschnitt
Das Verhältnis der Tarifvertragsnormen zu ranggleichen und rangniedrigeren Regelungen

Übersicht

	Rnr.
A. Verhältnis zu gleichrangigen Regelungen	261–299
I. Das Ablösungsprinzip (Zeitkollisionsregel)	261–264
1. Lex posterior derogat legi priori	261, 262
a) Ablösungsprinzip	261
b) Begrenzte Weitergeltung	262
2. Unterschied zum sog. Ordnungsprinzip	263, 267
II. Die Tarifkonkurrenz (Sachkollisionsregel)	265–299
1. Entwicklung	266, 267
a) Industrietarif	266
b) Vermeidung von Tarifkonkurrenzen	267
2. Voraussetzungen der Tarifkonkurrenz	268–280
a) Aufeinander abgestimmte Tarifverträge der gleichen Tarifvertragsparteien	269–270
b) Geltung für dasselbe Arbeitsverhältnis	271–278
c) Zeitliche Ablösung von Tarifverträgen	279
d) Selbstbeschränkungsklausel	280
3. Lösungsgrundsätze für die Tarifkonkurrenz	281–299
a) Qualität der Tarifnormen	281, 282

---

[287] BAG 25. 9. 1996 AP Nr. 30 zu § 5 TVG.
[288] So Hueck/*Nipperdey*, Arbeitsrecht II 1, § 22 A I 3, S. 465, Anm. 16; *Heimeier*, Betrieb 1951, S. 134, 135; – a. A. LAG Heidelberg 4. 2. 1950, Betrieb 1950, S. 183.

	Rnr.
aa) Ursprung der Tarifgebundenheit	281
bb) Zusammentreffen mit nachwirkendem Tarifvertrag	282
b) Günstigkeitsprinzip	283
c) Das Prinzip der Tarifeinheit	284–288
aa) Das einzelne Arbeitsverhältnis	284, 285
bb) Das einzelne Unternehmen	286–288
d) Spezialitätsprinzip	289–295
e) Konkurrenz betrieblicher und betriebsverfassungsrechtlicher Normen	296–298
f) Vorrang eines Tarifvertrages	299

B. Einwirkungen auf ungünstigere Individualabsprachen ... 300–380

I. Die unmittelbare Wirkung der Tarifnormen ... 300–368

1. Bedeutung und Abgrenzung	300–306
a) Geschichtliche Entwicklung	302–304
b) Abgrenzung zur zwingenden Wirkung	305, 306
2. Die unmittelbare Wirkung der einzelnen Tarifnormen	307–319
a) Formvorschriften	308
b) Abschlußnormen	309–314
aa) Art der Regelung	309
bb) Abschlußverbote	310–313
cc) Abschlußgebote	314, 315
c) Betriebliche und betriebsverfassungsrechtliche Normen	316
d) Regelung Gemeinsamer Einrichtungen	317
aa) Verhältnis zwischen Tarifnorm und Satzung	318
bb) Beitragsbeziehungen	319
3. Nachwirkung nach Abs. 5	320–368
a) Entwicklung	321–326
aa) TarifVO und AOG	321
bb) Heutiges Verständnis	322–325
cc) Lediglich nachwirkende Tarifverträge	326
b) Zweck der Vorschrift	327–329
c) Folgerungen	330–342
aa) Im Nachwirkungszeitraum begründete Rechtsverhältnisse	330–335
bb) Allgemeinverbindliche Tarifverträge	336
cc) Wegfall der Tarifwirkung	337–340
dd) Früher endende Arbeitsbedingungen	341
ee) Endgültige Ansprüche	342
d) Umfang der Nachwirkung	343–353
aa) Art der Tarifnormen	343
bb) Betriebliche und betriebsverfassungsrechtliche Normen	344
cc) Negative Inhaltsnormen und Abschlußnormen	345–347
dd) Gemeinsame Einrichtungen	348–352
ee) Rahmenkollektivverträge	353
e) „Andere Abmachung"	354–359
aa) Rechtsnatur	354
bb) Das Verhältnis zwischen alter und neuer Regelung	355
cc) Änderungsvertrag und Änderungskündigung	356–359
f) Dispositives Recht	360–363

3. Abschnitt. Verhältnis der Tarifvertragsnormen § 4

Rnr.

aa) Verstärkung der Nachwirkung 360, 361
bb) Beschränkung der Nachwirkung 362, 363
g) Lediglich nachwirkende Tarifverträge 364–367
    aa) Anpassungsmöglichkeit 365
    bb) Friedenspflicht 366, 367
    cc) Unterschied zwischen nachwirkenden und dispositiven Tarifnormen 368
II. Die zwingende Wirkung der Tarifnormen 369–380
  1. Regelfall: Zwingende Tarifbestimmungen 369
    a) Bedeutung und Abgrenzung 369–374
      aa) Zwingende Wirkung 369
      bb) Anwendungsvorrang 370–372
      cc) Anfechtung 373
    b) Umgehung 374
  2. Nachgiebige Tarifnormen (vertragsdispositives Tarifrecht) 375–380
    a) Gesetzliche Regelung 375–378
      aa) Abweichende Abmachungen 375
      bb) Öffnungsklauseln 376
      cc) Ergänzende Vereinbarungen 377
      dd) Mitwirkung eines Dritten 378
    b) Voraussetzungen 379
    c) Rechtsfolgen 380

C. Verhältnis zu günstigeren Individualabsprachen 381–545
  I. Das Günstigkeitsprinzip 381–498
    1. Inhalt und Bedeutung 382–404
      a) Die Entwicklung des Günstigkeitsprinzips 382
      b) Der Grundsatz der zwingenden Mindestbedingungen 383–388
        aa) Verbesserung der Tarifbedingungen 383–385
        bb) Arbeitsrechtliches Schutzprinzip 386
        cc) Verhinderung von Höchstbedingungen 387
        dd) Leistungsprinzip 388
      c) Gewährleistung durch die Verfassung 389–395
        aa) Verfassungsrechtliche Verankerung des Günstigkeitsprinzips 389–392
        bb) Stellungnahme 393–395
      d) Zwingende Mindestbedingungen und schuldrechtliche Abreden 396–404
        aa) Höchstlöhne 396, 397
        bb) Verbandsmacht 398–403
        cc) Ausschluß von Mindestlöhnen 404
    2. Der Anwendungsbereich des Günstigkeitsprinzips .. 405–424
      a) Auswirkungen auf verschiedene Tarifvertragsnormen 405–417
        aa) Inhaltsnormen 405
        bb) Abschlußgebote 406
        cc) Abschlußverbote 407
        dd) Beendigungsnormen 408
        ee) Negative Inhaltsnormen 409
        ff) Betriebsverfassungsrechtliche Normen 410
        gg) Normen über Gemeinsame Einrichtungen ... 411
        hh) Stellungnahme 412–417
      b) Sachlicher Wirkungsbereich des Günstigkeitsprinzips 418–424
        aa) Günstigere Betriebsvereinbarungen 419
        bb) Günstigere allgemeine Arbeitsbedingungen .. 420

	Rnr.
cc) Auswirkung auf vortarifliche Absprachen	421
dd) Öffentlicher Dienst	422
ee) Akkordlohn	423, 424
3. Begründung und Aufhebung günstigerer Einzelabsprachen	425–431
a) Begründung	425–428
aa) Einzelarbeitsvertrag, betriebliche Einheitsregelung, betriebliche Übung	425
bb) Verpflichtung	426
cc) Ankündigung	427
dd) Vergünstigung durch Tarifvertrag	428
b) Aufhebung oder Änderung	429–431
aa) Einvernehmliche Änderung von Individualrechtspositionen	429, 430
bb) Abänderung kollektiv gestalteter betrieblicher Einheitsregelungen	431
4. Günstigkeitsvergleich	432–478
a) Wandel des Günstigkeitsprinzips	433
aa) Quantitatives Verständnis	433
bb) Qualitatives Verständnis	434, 435
b) Grenzen der Unabdingbarkeit	436
aa) Keine Berücksichtigung außervertraglicher Umstände	436–439
bb) Auswirkungen der verschiedenen Vergleichsmethoden	440–442
cc) Systematische Argumentation	443
dd) Teleologische Argumentation	444
ee) Zusammenfassung	445
c) Das für den Vergleich maßgebliche Interesse	446–449
aa) Individualrechte	446
bb) Rechte der Belegschaft	447
cc) Sozialplanabfindungen	448
dd) Grundsätzlich keine Interessendefinition durch die Tarifvertragsparteien	449
d) Objektiver oder subjektiver Maßstab	451–466
aa) Objektiver Maßstab	451–453
bb) Subjektiver Maßstab	454–457
cc) Stellungnahme	458–466
e) Einzelvergleich oder Sachgruppenvergleich	467–474
aa) Zulässigkeit kompensatorischer Abreden	467–469
bb) Der Sachgruppenvergleich	470–473
cc) Urlaubstarifverträge	474
f) Relevanter Zeitpunkt: ex ante	475–477
aa) Zeitpunkt	475
bb) Wille der Parteien	476
cc) Rechtsfolge bei Teilunwirksamkeit	477
g) Unklarheitenregel	478
5. Die einzelvertragliche Verlängerung der Wochenarbeitszeit	479–498
a) Die Regelungsmacht der Tarifvertragsparteien	480–485
aa) Inhalt des rechtsgeschäftlichen Leistungsversprechens	480, 481
bb) Beschäftigungspolitische Zielsetzung der Koalitionen	482–484
cc) Grundrechtsverletzungen durch Höchstarbeitszeiten	485–491
b) Günstigkeit durch Wahlrecht	492–494
c) Stellungnahme	495–498

3. Abschnitt. Verhältnis der Tarifvertragsnormen § 4

Rnr.
II. Übertariflicher Lohn und Tariflohnerhöhung 499–545
 1. Tariflohn und Effektivlohn 499–505
  a) Bedeutung 499
  b) Gründe 500–505
 2. Regelung im Einzelarbeitsvertrag 506–508
  a) Das Beispiel Bewährungsaufstieg 507
  b) Maßgeblichkeit der Vertragsabsprache (Anrechnung einer Tariflohnerhöhung) 508
  c) Vertragsauslegung 509–517
   aa) Auslegungsgrundsätze 509
   bb) Einheitsprinzip 510, 511
   cc) Trennungsprinzip 512
   dd) Im-Zweifel-Grundsatz? 513–515
   ee) Gleichbehandlungsgrundsatz 516
   ff) Mitbestimmung des Betriebsrats 517
  d) Akkord und Tariflohnerhöhung 518–521
   aa) Allgemeines 518
   bb) Tariflohnerhöhung 519, 520
   cc) Übertariflicher Lohn 521, 522
  e) Tarifliche Arbeitszeitverkürzung und Arbeitsentgelt 523
 3. Regelung im Tarifvertrag: Besitzstandsklauseln 524–527
 4. Regelung im Tarifvertrag: Effektivklauseln 528–545
  a) Die Effektivgarantieklausel 529–532
  b) Die begrenzte Effektivklausel 533–542
   aa) Meinungsstand 534–536
   bb) Stellungnahme 537, 538
   cc) Vertragsergänzende begrenzte Effektivklausel 539, 540
   dd) Vertragsverdrängende begrenzte Effektivklausel 541
   ee) Partielles Abschlußverbot 542
  c) Die negative Effektivklausel 543–545

D. Verhältnis zu rangniedrigeren Regelungen 546–650

 I. Das Verhältnis des Tarifvertrags zur Betriebsvereinbarung 546–621
  1. Streitstand 546
  2. Verfassungsrechtliche Vorgaben 547
  3. Der Normzweck von § 4 Abs. 2 TVG, §§ 77 Abs. 3, 87 Abs. 1 BetrVG 548–554
   a) § 4 Abs. 3 TVG 549
   b) § 77 Abs. 3 BetrVG 550
   c) § 87 Abs. 1 Einleitungssatz BetrVG 551–554
  4. Die Regelungssperre des § 77 Abs. 3 BetrVG 555–601
   a) Allgemeines 555–561
   b) Voraussetzungen der Regelungssperre 562–573
    aa) Bestehende und übliche Tarifregelung 562–568
    bb) Arbeitsentgelte und sonstige Arbeitsbedingungen 569–573
   c) Folgen der Regelungssperre 574–586
    aa) Zuständigkeitsverlust 574, 575
    bb) Regelungsabreden 576, 577
    cc) Vortarifliche Betriebsvereinbarungen 578
    dd) Sperrwirkung bei Firmentarifverträgen 579
    ee) Umfang der Sperrwirkung 580
    ff) Ergänzungs- und Übernahmeverbot 581–584
    gg) Betriebliche Einheitsregeln 585, 586

Wank 1043

	Rnr.
d) Tarifliche Öffnungsklauseln (betriebsvereinbarungsdispositiver Tarifvertrag)	587–594
aa) Ausdrückliche Zulassung	588, 589
bb) Ergänzende Betriebsvereinbarung	590
cc) Grenzen der Delegationsbefugnis	591
dd) Schutz der negativen Koalitionsfreiheit	592–594
e) Klagemöglichkeit der Tarifvertragsparteien	595, 596
f) Geltung des § 77 Abs. 3 BetrVG	597
g) Reformvorschläge betr. gesetzlicher Öffnungsklauseln	598
h) Erweiterte Zulassung tariflicher Öffnungsklauseln	599–601
5. Der Tarifvorrang nach § 87 Abs. 1 Einleitungssatz BetrVG	602–610
a) Voraussetzungen des Tarifvorrangs	602
aa) Bestehen einer tariflichen Regelung	603, 604
bb) Sperrwirkung bei nachwirkendem Tarifvertrag	605
cc) Geltung im Betrieb	606
b) Folgen des Tarifvorrangs	607–610
aa) Freiwillige Betriebsvereinbarungen	607
bb) Ungünstigere Betriebsvereinbarungen	610
6. Vorrangtheorie, Zwei-Schranken-Theorie und TVG-Theorie (das Verhältnis von § 77 Abs. 3 zu § 87 Abs. 1 BetrVG)	611–620
a) TVG-Theorie	612
b) Vorrang-Theorie	613–615
c) Zwei-Schranken-Theorie	616–620
aa) Äußere Systematik	617
bb) Innere Systematik	618
cc) Entstehungsgeschichte	619
dd) Sinn und Zweck	620
7. Verhältnis des Tarifvertrages zur Betriebsvereinbarung im übrigen	621
II. Verhältnis des Tarifvertrages zur Dienstvereinbarung	622–626
1. Allgemeines	622
2. Der Tarifvorrang	623–626
a) Nachrang gegenüber dem Tarifvertrag	623, 624
b) Nichtigkeit einer Dienstvereinbarung	625
c) Streitigkeiten	626
III. Verhältnis zur betrieblichen Übung und zur betrieblichen Einheitsregelung (sog. Ordnungsprinzip)	627–630
1. Herkunft und Bedeutungswandel	627–629
2. Heutiger Stand	630
IV. Zusammenfassende Übersicht zu den Konkurrenzverhältnissen	631–650
1. Verhältnis des Tarifvertrages zum Grundgesetz	631
2. Verhältnis des Tarifvertrages zum einfachen Gesetz	632–640
a) Allgemeines	632–634
b) Die Kernbereichslehre	635–640
3. Verhältnis des Tarifvertrages zum nachfolgenden Tarifvertrag	641
4. Verhältnis des Verbandstarifvertrages zum Firmentarifvertrag	642
5. Verhältnis des Tarifvertrages zur Betriebsvereinbarung	643

3. Abschnitt. Verhältnis der Tarifvertragsnormen § 4

Rnr.
6. Verhältnis des Tarifvertrages zum Einzelarbeitsvertrag 644
7. Verhältnis des Tarifvertrages zur betrieblichen Einheitsregelung 645–650

Schrifttum (außer zu C.): *Klaus Adomeit*, Thesen zur betrieblichen Mitbestimmung nach dem neuen Betriebsverfassungsgesetz, BB 1972, S. 53–56; *Thomas Baumann*, Die Delegation tariflicher Rechtssetzungsbefugnisse, 1992; *Erich Becker*, Die Tarifnormen-Kollision, Leipzig 1924; *Walther Behrens/Klaus-Stefan Hohenstatt*, Nachwirkung betriebsverfassungsrechtlicher Normen nach Ablauf des Tarifvertrages (§ 4 Abs. 5 TVG), Betrieb 1991, S. 1877; *Karl Bieback*, Tarifrechtliche Probleme des Verbandswechsels von Arbeitgebern, Betrieb 1989, S. 477–482; *Wolfgang Blomeyer*, Der befristete Arbeitsvertrag als Problem der Gesetzesinterpretation, RdA 1967, S. 406–415; *ders.*, Das Günstigkeitsprinzip in der Betriebsverfassung, NZA 1996, S. 337–346; *Eduard Bötticher*, Die gemeinsamen Einrichtungen der Tarifvertragsparteien, Heidelberg 1966; *ders.*, Die Ausübung der Tarifmacht durch negative Inhaltsnormen, RdA 1968, S. 41–20; *Dietrich Boewer*, Das Initiativrecht des Betriebsrats in sozialen Angelegenheiten, Betrieb 1973, S. 522–528; *Gerhard Boldt*, Der Einfluß des Inkrafttretens des BUrlG auf bereits bestehende und auf nachwirkende Tarifverträge, in: Recht im Wandel, Festschrift Carl Heymanns Verlag (1965), S. 227–240; *Ralf Bommermann*, Übertarifliche Zulagen – Anrechenbarkeit und Mitbestimmung, Betrieb 1991, S. 2185–2190; *Ulrich Brötzmann*, Neues Tarifrecht duch flexible Arbeitszeitregelungen, Betrieb 1986, S. 593–597; *Hans Brox*, Die Bedeutung von Günstigkeitsklauseln in Kollektivvereinbarungen, BB 1966, S. 1190–1194; *Hans Brox/Bernd Rüthers*, Arbeitskampfrecht, 2. Aufl., Stuttgart 1982; *Herbert Buchner*, Der Umfang tariflicher Abschlußnormen, insbesondere ihre Abgrenzung zu den Normen über betriebliche Fragen, RdA 1966, S. 208–210; *ders.*, Die Reichweite der Regelungssperre aus § 77 Abs. 3 Satz 1 BetrVG, Betrieb 1997, S. 573–577; *ders.*, Vereinheitlichung tariflicher Strukturen im Unternehmens- und Konzernbereich, in: Festschrift für Schaub (1998), S. 75–93; *Richard Bühler*, Die Grenzen der Betriebsvereinbarung nach den §§ 56, 59 BetrVG, Diss. Köln (1971); *Gustav Adolf Bulla*, Das Prinzip der Sozialadäquanz im Arbeitsrecht, RdA 1962, S. 6–15; *Hans H. Butz*, Tarifrecht und Leistungsprinzip, Betrieb 1953, S. 400–402; *Lothar Clasen*, Differenzierte Tarifpolitik, BArbBl. 3/1994, S. 19–25; *Joachim Cuntz*, Die Unzulässigkeit von Betriebsvereinbarungen bei bestehender Tarifüblichkeit, Diss. Frankfurt (1969); *Wolfgang Däubler*, Tarifausstieg – Erscheinungsformen und Rechtsfolgen, NZA 1996, S. 225–233; *Roland Delbos*, Tarifkonkurrenz und Tarifeinheit, Diss. Würzburg (1970); *Deregulierungskommission*, Marktöffnung und Wettbewerb, Berichte 1990 und 1991, 1991; *Rolf Dietz*, Zeitautonomie und Tarifvertrag, BB 1955, S. 99–103; *ders.*, Verbot der Verabredung übertariflicher Arbeitsbedingungen durch Beschluß eines Arbeitgeberverbandes, Betrieb 1965, S. 591–598; *Rolf Dietz/Dieter Gaul/Marie Luise Hilger*, Akkord und Prämie, 2. Auflage, Heidelberg 1967; *Horst Ehmann/Thomas Lambrich*, Vorrang der Betriebs- vor der Tarifautonomie kraft des Subsidiaritätsprinzips?, NZA 1996, S. 346–356; *Horst Ehmann/Thomas Benedikt Schmidt*, Betriebsvereinbarungen und Tarifvertrag, NZA 1995, S. 193–203; *Rolf-Achim Eich*, Tarifverträge und Sozialpartnerbeziehungen am Beispiel der chemischen Industrie, NZA 1995, S. 149–155; *Wolfgang Enderlein*, Der kollektive Tatbestand als Voraussetzung für das Mitbestimmungsrecht des Betriebsrats in Fragen der betrieblichen Lohngestaltung, ZfA 1997, S. 313–375; *Gerhard Etzel*, Tarifordnung und Arbeitsvertrag, NZA Beil. 1/1987, S. 19–31; *ders.*, Zur Zulässigkeit tariflicher Effektivklauseln, AuR 1969, S. 257–269; *Hans Ulrich Evers*, Arbeitskampffreiheit, Neutralität, Waffengleichheit und Aussperrung, Hamburg 1969; *Friedhelm Farthmann*, Die Mitbestimmung des Betriebsrats bei der Regelung der Arbeitszeit, RdA 1974, S. 65–72; *Lorenz Fastrich*, Betriebsvereinbarung und Privatautonomie, RdA 1994, S. 129–140; *Herbert Fenn*, Der Grundsatz der Tarifeinheit, in: Festschrift für Kissel (1994), S. 213–238; *Erich Frey*, Tarifvertragliche Effektivklausel, Entscheidungen mit Anmerkungen, AuR 1968, S. 316–320; *Hans-Wolf Friedrich*, Nachwirkender Tarifvertrag und seine Ablösung durch einen Tarifvertrag eines anderen Arbeitgeberverbandes mit einer anderen Gewerkschaft – eine Fallstudie –, in: Festschrift für Schaub (1998), S. 193–203; *Armin Frölich*, Eintritt und Beendigung der Nachwirkung von Tarifnormen, NZA 1992, S. 1105–1111; *Hans*

Galperin, Wirkung und Unwirksamkeit der Änderungskündigung, Betrieb 1958, S. 799–803; S. 838–841; *ders.*, Arbeitsbereitschaft und Bereitschaftsdienst, Betrieb 1960, S. 695–698; S. 723–726; *Hans Gramm*, Das Ordnungsprinzip im kollektiven Arbeitsrecht, AuR 1961, S. 353–357; *ders.*, Tarifkonkurrenz, AR-Blattei, Tarifvertrag XII Tarifkonkurrenz (1969); *Karl Gröbing*, Zur Frage der Kündigung von Dienstordnungen, AuR 1960, S. 5–8; *Harald Gross*, Die arbeitsrechtliche Stellung des Notstandsarbeiters, RdA 1952, S. 89–93; *Manfred Großhauser*, Die Unzulässigkeit von Betriebsvereinbarungen nach § 59 Betriebsverfassungsgesetz, Diss. Köln (1970); *Jobst Gumpert*, Geht der Verbandstarif dem Firmentarif vor?, BB 1953, S. 115–116; *ders.*, Auslegung einer Tarifbestimmung über tarifliche Zuschläge zu bestehenden Zeitlöhnen, BB 1958, S. 771–773; *ders.*, Tarifaußenseiter und Tarifausschlußklauseln, BB 1960, S. 100–103; *Hans Hablitzel*, Zur Zulässigkeit von Betriebsvereinbarungen bei bestehender Tarifüblichkeit, Betrieb 1971, S. 2158–2163; *Peter Hanau*, Allgemeine Grundsätze der betrieblichen Mitbestimmung, RdA 1973, S. 281–294; *ders.*, Die Deregulierung von Tarifverträgen durch Betriebsvereinbarungen als Problem der Koalitionsfreiheit (Art. 9 Abs. 3 GG), RdA 1993, S. 1–11; *ders.*, Entwicklungslinien im Arbeitsrecht, Betrieb 1998, S. 69–79; *Hans Joachim Hansen*, Ist die begrenzte Effektivklausel wirklich eine unmögliche Konstruktion?, RdA 1985, S. 78–85; *Beate Heisig*, Arbeitsentgelt- und Arbeitszeitregelungen im Spannungsfeld zwischen tariflicher und betriebsvereinbarungsrechtlicher Normsetzungsbefugnis, 1991; *Martin Henssler*, Flexibilisierung der Arbeitsmarktordnung, ZfA 1994, S. 487–515; *ders.*, Umstrukturierungen und Tarifrecht, in: Festschrift für Schaub (1998), S. 311–336; *Wilhelm Herschel*, Fragen des Tarifrechts, BABl. 1950, S. 377–380; *ders.*, Bedeutung von Allgemeinverbindlicherklärungen von Effektivklauseln, BABl. 1956, S. 449–451; *ders.*, Privater Lohnstopp, Betrieb 1960, S. 292–293; *ders.*, Übertragung der Beamtenarbeitszeit auf Arbeitnehmer des öffentlichen Dienstes, AuR 1965, S. 65–70; *ders.*, Abschied von den formellen und materiellen Arbeitsbedingungen, AuR 1968, S. 129–135; *ders.*, Nochmals: Formelle und materielle Arbeitsbedingungen, AuR 1969, S. 65–72; *Philipp Hessel*, Die Nachwirkung von Tarifnormen, BB 1951, S. 1004; *ders.*, Zwei Grundsatzfragen aus dem Tarif- und Arbeitskampfrecht, BB 1955, S. 1028–1030; *ders.*, Allgemeinverbindlicherklärung eines Tarifvertrages mit Effektivklausel, AuR 1956, S. 155–158; *Walter Hiersemann*, Die Rolle des Geldfaktors beim Zeitakkord, BB 1959, S. 380–383; *Marie Luise Hilger*, Probleme zur Einführung von Kurzarbeit, BB 1950, S. 399–400; *dies.*, Änderung und Aufhebung betriebseinheitlich geltender Arbeitsbedingungen, BB 1958, S. 417–419; *dies.*, Arbeitstechnische Lohnfestsetzung zwischen formellen und materiellen Arbeitsbedingungen, BB 1969, S. 448–452; *Lorenz Höcker*, Tarifvertrag und Betriebsvereinbarung in sozialen Angelegenheiten, RdA 1956, S. 17–18; *Wolfgang Hölters*, Harmonie normativer und schuldrechtlicher Abreden in Tarifverträgen, Berlin 1973; *Klaus-Stefan Hohenstatt*, Problematische Ordnungsvorstellungen des BAG im Tarifrecht, Betrieb 1992, S. 1678–1683; *Axel Hoß*, Neue Rechtsprechung zur Anrechnung der Tariflohnerhöhung, NZA 1997, S. 1129–1138; *Gerrick v. Hoyningen-Huene*, Die Bezugnahme auf einen Firmentarifvertrag durch Betriebsvereinbarung, Betrieb 1994, S. 2026–2032; *Gerrick v. Hoyningen-Huene/U.Meier-Krenz*, Mitbestimmung trotz Tarifvertrages?, NZA 1987, S. 793–799; *Wolfgang Hromadka*, Die Gewerkschaften drängen in die Betriebe, ZRP 1970, S. 268–270; *ders.*, Tariffibel. Tarifvertrag, Tarifverhandlungen, Schlichtung, Arbeitskampf, 4. Aufl., Köln 1995; *ders.*, Zur Mitbestimmung bei allgemeinen übertariflichen Zulagen, Betrieb 1988, S. 2636–2646; *ders.*, Mitbestimmung bei übertariflichen Zulagen, Betrieb 1991, S. 2133–2139; *ders.*, § 77 Abs. 3 BetrVG und die teilmitbestimmte Betriebsvereinbarung, in: Festschrift für Schaub (1998), S. 337– 346; *Wolfgang Hromadka/Frank Maschmann/Franz Wallner*, Der Tarifwechsel – Tarifvertrag und Arbeitsvertrag bei Änderung von Verbandsmitgliedschaft, Betriebszweck und Betriebsinhaber, München 1996; *Alfred Hueck*, Der Geltungsbereich des Tarifvertrages, BB 1949, S. 354–356; *ders.*, Zulässigkeit und Wirkung einer tariflichen Effektivklausel, BB 1954, S. 776–779; *ders.*, AR-Blattei (1964), Tarifvertrag VI, Rechtswirkungen; *Götz Hueck*, Das Verhältnis des Tarifvertragsnormen zu ranggleichen und rangniederen Regelungen. Zur kollektiven Gestaltung der Einzelarbeitsverhältnisse, in: Festschrift für Molitor (1962), S. 203–228; *ders.*, Die Teilkündigung im Arbeitsrecht, RdA 1968, S. 201–208; *Günter Ide*, Arbeit – Arbeitsbereitschaft, Betrieb 1969, S. 173–176; *Hellmut Georg Isele*, Ordnungsprinzip oder Parteiwille?, JZ 1964, S. 113–120; *Volker Jahnke*, Tarifautonomie und Mitbestimmung,

3. Abschnitt. Verhältnis der Tarifvertragsnormen   § 4

1984; *Detlev Joost,* Lohnverluste bei Arbeitszeitverkürzung mit vollem Lohnausgleich –
BAG, NZA 1987, 848, JuS 1989, S. 274–280; *Abbo Junker,* Der Flächentarifvertrag im
Spannungsverhältnis von Tarifautonomie und betrieblicher Regelung, ZfA 1996,
S. 383–417; *ders.,* Individualwille, Kollektivgewalt und Staatsintervention im Arbeitsrecht, NZA 1997, S. 1305–1319; *Abbo Junker/Julia Wichmann,* Das Arbeitnehmer-Entsendegesetz – doch ein Verstoß gegen Europäisches Recht?, NZA 1996, S. 505–512; *Karl-Udo Kammann,* Das Ordnungsprinzip in der Rechtsprechung des Bundesarbeitsgerichts, RdA 1967, S. 401–406; *Thomas Kania,* Tarifeinheit bei Betriebsübergang?, Betrieb 1994, S. 529–534; *ders.,* Tarifpluralität und Industrieverbandsprinzip, Betrieb 1996, S. 1921–1924; *Hermann Kauffmann,* Normsetzungsbefugnis der Tarifpartner, NJW 1966, S. 1681–1686; *Otto Ernst Kempen,* Die Effektivklausel als Instrument tariflicher Sozialpolitik, AuR 1982, S. 50–54; *Dieter Kirchner,* Die Sperrwirkung von Tarifvertrag und Tarifübung für die Verwirklichung des Mitbestimmungsrechts des Betriebsrats nach § 87 BetrVG, BB 1972, S. 1279–1282; *Otto-Rudolf Kissel,* Das Spannungsfeld zwischen Betriebsvereinbarung und Tarifvertrag, NZA 1986, S. 73–80; *Walther Kleeberger,* Die Dienstordnung nach dem Gesetz zur Ordnung der Arbeit in öffentlichen Verwaltungen und Betrieben und ihre Aufhebbarkeit, RdA 1961, S. 267–270; *Peter Knevels,* Übertarifliche Lohnbestandteile und Tariflohnerhöhungen. Rechtsfolgen bei Vereinbarung übertariflicher Zulagen – Abbaumöglichkeiten, Betrieb 1967, S. 81–84; *Dieter Knigge,* Die Einschränkbarkeit des Günstigkeitsprinzips im arbeitsvertraglichen Verbandsgestaltungsrecht, Diss. Würzburg (1965); *Udo Knitter,* Möglichkeiten und Grenzen der Lohnanderung durch Tarifverträge, Düsseldorf 1961; *Ewald Köst,* Die Rechtsstellung des Volontärs, Betrieb 1954, S. 413–415; *Horst Konzen,* Die Tarifeinheit im Betrieb, RdA 1978, S. 146–155; *Michael Kort,* Arbeitszeitverlängertes „Bündnis für Arbeit" zwischen Arbeitgeber und Betriebsrat – Verstoß gegen die Tarifautonomie?, NJW 1997, S. 1476–1481; *Alfons Kraft,* Arbeitsvertrag und kollektive Kampfmaßnahmen, RdA 1968, S. 286–295; *ders.,* Die betriebliche Lohngestaltung im Spannungsfeld von Tarifautonomie, betrieblicher Mitbestimmung und Vertragsfreiheit, in: Festschrift für Molitor (1988), S. 207–223; *ders.,* Tarifkonkurrenz, Tarifpluralität und das Prinzip der Tarifeinheit, RdA 1992, S. 161–169; *Werner Kreis,* Die Zulässigkeit von Höchstarbeitsbedingungen, RdA 1961, S. 97–102; *Günther Küchenhoff,* Echte oder unechte Tarifkonkurrenz?, AuR 1965, S. 33–36; *Otto Kunze,* Begrenzte Effektivklauseln als Arbeitsbedingungen, AuR 1969, S. 225–234; *Johannes Dieter von Langen,* Von der Tarif- zur Betriebsautonomie, 1994; *Manfred Lieb,* Die Entwicklung des Arbeitsrechts im Jahre 1969, ZfA 1970, S. 179–239; *ders.,* Mehr Flexibilität im Tarifvertragsrecht?, „Moderne" Tendenzen auf dem Prüfstand, NZA 1994, S. 289–294; *Karl Linnenkohl,* Rechtsfragen der Neugestaltung der Arbeitszeit, BB 1989, S. 2472–2478; *ders.,* Lean Law – Die „ingeniöse" Nichtanwendung von Arbeitsrecht, BB 1994, S. 2077–2083; *Manfred Löwisch,* Deliktsschutz relativer Rechte, Berlin 1970; *ders.,* Neuabgrenzung von Tarifvertragssystem und Betriebsverfassung, JZ 1996, S. 812–821; *Manfred Löwisch/Volker Rieble,* Tarifvertragsrechtliche und arbeitskampfrechtliche Fragen des Übergangs vom Haustarif zum Verbandstarif, in: Festschrift für Schaub (1998), S. 457–576; *Martin Lorenz,* Differenzierte Tariflöhne und Auswirkungen auf die Beschäftigung, Betrieb 1995, S. 1712–1714; *Martin Lorenz/Lothar Clasen,* Viele kleine Bündnisse für Arbeit, BArbBl. 12/1996, S. 5–10; *Hans-Günter Magis,* Zum Günstigkeitsprinzip, Diss. Bonn (1966); *Dietrich Mann,* Die Konkurrenz von Tarifverträgen, BB 1957, S. 549–551; *Oswin Martinek,* Zur Verankerung des Koalitionsrechts im kollektiven Arbeitsrecht, in: Festschrift für H. Schmitz (1967), Bd. I, S. 146–160; *Hagen Materne,* Das Verhältnis zwischen Tarifvertrag und Betriebsvereinbarung, Diss. Berlin (1967); *Wilhelm Maus,* Mindest- und Höchstarbeitsbedingungen in Tarifverträgen, RdA 1958, S. 241–247; *Theo Mayer-Maly,* Übertariflicher Lohn und Tariflohnerhöhung, in: Festschrift für Hans Giger (1989), S. 469–480; *Karl-Heinz Mechtel,* Die Tarifüblichkeit nach § 59 BetrVG, Diss. Köln (1967); *Gerhard Memminger,* Die Konkurrenz von Tarifverträgen, Diss. München (1969); *Frank Meik,* Zu Problemen der Bildung und Entscheidung tariflicher Einigungsstellen bei konkurrierenden bzw. gleichlautenden Tarifverträgen, Betrieb 1990, S. 2522–2526; *Peter Meisel,* Übertarifliches Entgelt und Tariflohnerhöhung, BB 1991, S. 406–412; *Philip Merten,* Das Prinzip der Tarifeinheit als arbeitsrechtliche Kollisionsnorm, BB 1993, S. 572–579; *Erich Molitor,* Höchstbegrenzung von Tarifnormen, BB 1957, S. 85–88; *Wilhelm Moll,* Der Tarifvorrang im Betriebsverfassungsrecht, 1980; *Herbert*

§ 4 Wirkung der Rechtsnormen

Monjau, Senkung außertariflicher Löhne, Betrieb 1959, S. 707–709; *ders.*, Der Vorrang der Tarifvertragsparteien bei der Regelung materieller Arbeitsbedingungen, BB 1965, S. 632–634; *ders.*, Zulagen bei Tariflohnerhöhungen, Betrieb 1965, S. 1249–1251; *Bernd Müller*, Tarifkonkurrenz und Tarifpluralität, NZA 1989, S. 449–453; *Gerhard Müller*, Der Geltungsbereich des tarifrechtlichen Nachwirkungsgrundsatzes, Betrieb 1959, S. 84–85; *ders.*, Einflüsse des kollektiven Arbeitsrechts auf das Arbeitsverhältnis, Betrieb 1967, S. 903–909; 948–950; *Winfried Mummenhoff*, Die Sperrwirkung des Tarifvertrags nach den §§ 56 und 59 Betriebsverfassungsgesetz, Diss. Köln (1968); *Horst Neumann-Duesberg*, Nachwirkung tariflicher Abweichungsgestattungen, Betrieb 1960, S. 235–237; *ders.*, Rechtsfragen zur Mitwirkung des Betriebsrats bei Einstellungen und Ersteingruppierungen, Betrieb 1963, S. 1218–1221; *Arthur Nikisch*, Die sogenannte Effektivklausel bei tariflichen Lohnerhöhungen, BB 1956, S. 468–471; *ders.*, Tarifvertragliche Effektivklauseln, BB 1961, S. 1205–1207; *ders.*, Inhalt und Grenzen des tariflichen Günstigkeitsprinzips, Betrieb 1963, S. 1254–1257; *ders.*, Rechtsgutachten über die Bedeutung des tarifrechtlichen Günstigkeitsprinzips für die Vergütung der Musiker in den Kulturorchestern, Sonderschrift des Deutschen Bühnenvereins, Köln 1963; *Hans Carl Nipperdey*, Mindestbedingungen und günstigere Arbeitsbedingungen nach dem Arbeitsordnungsprinzip, in: Festschrift für Heinrich Lehmann (1937), S. 257–269; *ders.*, Unzulässigkeit von Höchstlöhnen in Tarifverträgen und Tarifordnungen der öffentlichen Hand, in: Festschrift für Wilhelm Herschel (1955), S. 1–26; *Hartmut Oetker*, Die Auswirkungen tariflicher Entgelterhöhungen für den Effektivverdienst im Zielkonflikt von individueller Gestaltungsfreiheit und kollektivrechtlicher Gewährleistung innerbetrieblicher Verteilungsgerechtigkeit, RdA 1991, S. 16–34; *ders.*, Nachwirkende Tarifnorm und Betriebsverfassung, in: Festschrift für Schaub (1998), S. 535–556; *Eduard Picker*, Die Tarifautonomie in der deutschen Arbeitsverfassung, in: Tarifautonomie – Informationsgesellschaft – globale Wirtschaft, 1997, S. 113 ff.; *Ulrich Preis*, Anrechnung und Widerruf über- und außertariflicher Entgelte – vertragsrechtlich betrachtet, in: Festschrift für Kissel (1994), S. 879–913; *Thilo Ramm*, Kollektive Änderungskündigung und Aussperrung, BB 1964, S. 1174–1179; *Ulrich Ramrath*, Die Mitbestimmung des Betriebsrats bei der angeblichen „Verrechnung" sogenannter „übertariflicher Zulagen" mit Tariflohnerhöhungen, Betrieb 1990, S. 2593–2602; *Hans Rehhahn*, Zur arbeitsrechtlichen Problematik von Zeitakkorden, AuR 1955, S. 325–334; *ders.*, Äquivalenzprinzip und Leistungszulagen, AuR 1956, S. 37–47; *ders.*, Akkordpreis, Akkordverdienst und Tariflohnerhöhung, AuR 1956, S. 171–176; *ders.*, Arbeitsrechtliche Fragen bei Stückakkorden, AuR 1956, S. 65–71; *ders.*, Methodenkritik an Akkordurteilen des Bundesarbeitsgerichts, AuR 1960, S. 65–70; *ders.*, Koalitionsfreiheit, AuR 1961, S. 289–298; *Hans Reichel*, Zum Begriff des Volontärs, BB 1955, S. 224–225; *ders.*, Die Beseitigung von Dienstordnungen und Betriebsordnungen, Betrieb 1958, S. 367–369; *Hermann Reichold*, Entgeltmitbestimmung als Gleichbehandlungsproblem, RdA 1995, S. 147–158; *Wilhelm Reuß*, Die Stellung des kollektiven autonomen Arbeitsrechts im Rechtssystem, AuR 1958, S. 321–331; *ders.*, Festschrift für Hans Carl Nipperdey zum 70. Geburtstag, AuR 1966, S. 97–101; *Dieter Reuter*, Die problematische Tarifeinheit – BAG, NZA 1991, 736, JuS 1992, S. 105–110; *ders.*, Referat K zum 61. DJT, Sitzungsberichte Bd. II/1, 1996; *Dieter Reuter/Siegmar Streckel*, Grundfragen der betriebsverfassungsrechtlichen Mitbestimmung, Frankfurt 1973; *Hans-Dietrich Rewolle*, Die Tarifgebundenheit der Vertragsparteien, Betrieb 1950, S. 11; *Reinhard Richardi*, Die arbeitsvertragliche Einheitsregelung und ihr Verhältnis zu Kollektivvereinbarungen, RdA 1965, S. 49–60; *ders.*, Die begrenzte Effektivklausel im Tarifvertrag, Betrieb 1969, S. 1986–1991; *ders.*, Kritische Anmerkungen zur Reform der Mitbestimmung des Betriebsrats in sozialen und personellen Angelegenheiten nach dem Regierungsentwurf, Betrieb 1971, S. 621–633; *ders.*, Der Große Senat des BAG zur Mitbestimmung bei der Anrechnung einer Tariflohnerhöhung über- und außertariflicher Zulagen, NZA 1992, S. 961–967; *ders.*, Empfiehlt es sich, die Regelungsbefugnisse der Tarifparteien im Verhältnis zu den Betriebsparteien neu zu ordnen?, Gutachten B zum 61. DJT, 1996; *Volker Rieble*, Krise des Flächentarifvertrages?, RdA 1996, S. 151 -158; *Hans-Jürgen Riegel*, Die arbeitszeitrechtliche und lohnrechtliche Behandlung des Bereitschaftsdienstes und der Rufbereitschaft, RdA 1964, S. 405–408; *Stephan Rotter*, Nachwirkung der Normen eines Tarifvertrags – Eine dogmatische Untersuchung, Heidelberg 1992; *Bernd Rüthers*, Die Spannung zwischen individualrechtlichen und kollektivrechtlichen Wertmaßstäben im Arbeitskampfrecht, AuR 1967, S. 129–138; *ders.*, Nachwirkungsprobleme bei Firmentarifverträgen desselben Arbeitgebers mit verschiedenen Gewerkschaften, in: Festschrift für G. Müller (1981), S. 445–457; *Klaus Rumpff*, Zur Zulässigkeit sogenannter begrenzter Effektivklauseln in Tarifverträgen, BB 1968, S. 1161–1166; *Franz-Jürgen Säcker*, Herabsetzung nichttariflicher Arbeitsbedingungen durch kollektive Änderungskündigung, Betrieb 1967, S. 1086–1092; *ders.*, Zur Interpretation der Öffnungsklausel des § 59 BetrVG, RdA 1967, S. 370–374; *ders.*, Kollektivgewalt und Individualwille bei der Gestaltung des Arbeitsverhältnisses, RdA 1969, S. 291–302; *ders.*, Die Regelung sozialer Angelegenheiten im Spannungsfeld zwischen tariflicher und betriebsvereinbarungsrechtlicher Normsetzungsbefugnis, ZfA 1972, Sonderheft, S. 41–70; *Franz Jürgen Säcker/Hartmut Oetker*, Alleinentscheidungsbefugnisse des Arbeitgebers in mitbestimmungspflichtigen Angelegenheiten aufgrund kollektivrechtlicher Dauerregelungen, RdA 1992, S. 16–28; *dies.*, Tarifeinheit im Betrieb – Ein Akt unzulässiger richterlicher Rechtsfortbildung?, ZfA 1993, S. 1–22; *dies.*, Grundlagen und Grenzen der Tarifautonomie, München 1992; *Günter Schaub*, Aktuelle Streitfragen zur Kostensenkung bei der Arbeitsvergütung, BB 1994, S. 2005–2011; *ders.*, Die Rechtsprechung des BAG zur Tarifkonkurrenz und zur Tarifpluralität, AuR 1996, S. 344–347; *ders.*, Wege und Irrwege aus dem Flächentarifvertrag, NZA 1998, S. 617–623; *Günther Schelp*, Tarifvertrag und Betriebsvereinbarung im Rahmen von § 59 des Betriebsverfassungsgesetzes, Betrieb 1962, S. 1242–1245; S. 1275–1277; *ders.*, Gemeinsame Einrichtungen der Tarifvertragsparteien, in: Festschrift für H. C. Nipperdey (1965), Bd. II, S. 579–607; *Martina K. Scheurer*, Beschäftigungssicherung, Handwörterbuch des Arbeitsrechts, Nr. 505; *Eckbert Schipprowski*, Die Regelungsabrede, 1995; *Monika Schlachter*, Herausforderungen der Tarifautonomie, ZIAS 1997, S. 101–122; *Gerhard Schmidt*, Der Einfluß eines Tarifvertragsabschlusses auf bestehende günstigere Abmachungen, RdA 1950, S. 336–337 und RdA 1952, S. 305–307; *Thomas Benedikt Schmidt*, Das Günstigkeitsprinzip in Tarifvertrags- und Betriebsverfassungsrecht, 1994; *Georg Schröder*, Tarifkonkurrenzen, Betrieb 1957, S. 632–633; S. 657–658; *ders.*, Arbeitszeitverlängerung durch Tarifvertrag, BB 1960, S. 53–56; *Hermann Schuldt*, Die Betriebsvereinbarung im Verhältnis zum Einzelarbeitsvertrag und zum Tarifvertrag, Berlin 1925; *Claus-Dieter Schwendy*, Abänderbarkeit betriebsverfassungsrechtlicher Rechtssätze durch Tarifvertrag und Betriebsvereinbarung, Hamburg 1969; *Hugo Seiter*, Die Betriebsübung, Düsseldorf 1967; *Wolfgang Siebert*, Kollektivnorm und Individualrecht im Arbeitsverhältnis, in: Festschrift für H. C. Nipperdey (1955), S. 119–145; *Reinhard Singer*, Neue Entwicklungen im Recht der Betriebsübung, ZfA 1993, S. 487–516; *Rüdiger Soltwedel*, Dezentrale Lohnfindung und gesamtwirtschaftliche Anpassung, in: BDA, Lohnverhandlungssysteme und makroökonomische Wirkungen, 1997, S. 15–33; *Heinz Spiertz*, Das Ordnungsprinzip im Arbeitsrecht, Diss. Köln (1971); *Eugen Stahlhacke*, Zulässigkeit und Wirkung tariflicher Effektivklauseln, RdA 1957, S. 446–451; *ders.*, Bezugnahme auf Tarifverträge in Betriebsvereinbarungen, Betrieb 1960, S. 579–582; *ders.*, Die Beeinflussung der Effektivlöhne durch Tarifverträge, RdA 1962, S. 223–229; *ders.*, Die Zulässigkeit der begrenzten Effektivklauseln im Tarifvertrag, Betrieb 1969, S. 791–796; *ders.*, Tarifliche Zulassungsnormen und nachwirkende Tarifverträge, Betrieb 1969, S. 1651–1654; *Bernd Stommel*, Günstigkeitsprinzip und Höchstbegrenzungen im Tarifrecht, Diss. Köln (1966); *Otto-Herbert Streng*, Tarifvertrag und Einzelarbeitsverhältnis, Diss. Erlangen-Nürnberg (1963); *Theodor Tomandl*, Probleme der kollektivvertraglichen Ist-Lohnregelung, ZAS 1969, S. 41–55; *Ernst Tophoven*, Verzicht auf Lohn- und Gehaltsspitzen, RdA 1953, S. 422–423; *Thomas Vielhaber*, Gewährleistung eines Mindestverdienstes bei Akkordarbeiten, BB 1949, S. 689–690; *Hans Jochen Vits*, Zur rechtlichen Beurteilung der sogenannten Effektivklausel, Betrieb 1961, S. 502–505; *Wolf-Dietrich Walker*, Möglichkeiten und Grenzen einer flexibleren Gestaltung von Arbeitsbedingungen, ZfA 1996, S. 353–381; *Bernhard Walter*, Betriebsverfassungsgesetz und tarifliche Praxis, BB 1953, S. 89–92; *Reimund Waltermann*, Zuständigkeiten und Regelungsbefugnisse im Spannungsfeld von Tarifautonomie und Betriebsautonomie, RdA 1996, S. 129–139; *ders.*, Rechtsetzung durch Betriebsvereinbarung zwischen Betriebsautonomie und Tarifautonomie, 1996; *Rolf Wank*, Tarifautonomie oder betriebliche Mitbestimmung?, RdA 1991, S. 129–139; *ders.*, Empfiehlt es sich, die Regelungsbefugnisse der Tarifparteien im Verhältnis zu den Betriebsparteien neu zu ordnen?, NJW 1996, S. 2273–2282; *ders.*, Der kollektive Tatbestand als ungeschriebenes Tatbestandsmerkmal des § 87 Abs. 1 BetrVG, in: Festschrift für Wiese

(1998), S. 617–631; *Hans Jürgen Wendt*, Das Recht des Notstandsarbeiters, AuR 1954, S. 172–175; *Joachim Weyand*, Möglichkeiten und Grenzen der Verlagerung tariflicher Regelungskompetenz auf die Betriebsebene, AuR 1989, S. 193–203; *ders.*, Die normativen Rahmenbedingungen der betrieblichen Lohngestaltung nach der Entscheidung des Großen Senats vom 3. 12. 1991, AuR 1993, S. 1–12; *Ulrike Wendeling-Schröder*, Referat K zum 61 DJT, Bd. II/1 Sitzungsberichte, 1996; *dies.*, Betriebliche Ergänzungstarifverträge, NZA 1998, S. 624–630; *Herbert Wiedemann*, Rationalisierungsschutz, Tarifmacht und Gemeinsame Einrichtung, RdA 1968, S. 420–424; *ders.*, Die deutschen Gewerkschaften – Mitgliederverband oder Berufsorgan?, RdA 1969, S. 321–336; *ders.*, Übertarifliches Entgelt und tarifliche Effektivklauseln, in: Gedächtnisschrift für Rolf Dietz (1973), S. 361–376; *ders.*, Tarifautonomie und staatliches Gesetz, in: Festschrift für Stahlhacke (1995), S. 675–692; *Herbert Wiedemann/Markus Arnold*, Tarifkonkurrenz und Tarifpluralität in der Rechtsprechung des Bundesarbeitsgerichts (Teil I), ZTR 1994, S. 399–410, (Teil II), ZTR 1994, S. 443–448; *Jörg Wiegand*, Die Gestaltung des Mitbestimmungsrechtes nach § 56 BetrVG durch Tarifvertrag und Betriebsvereinbarung, Diss. München (1964); *Günther Wiese*, Die Beschränkung der Sperrwirkung des § 59 BetrVG auf Arbeitsentgelte und sonstige Arbeitsbedingungen, RdA 1968, S. 41–47; *ders.*, Zur Mitbestimmung des Betriebsrats bei freiwilligen, jederzeit widerruflichen Zulagen und/oder auf diese anrechenbare Tariflohnerhöhungen, NZA 1990, S. 793–804; *ders.*, Mitbestimmungspflichtige kollektive Tatbestände bei der Anrechnung von Zulagen auf Tariflohnerhöhungen, RdA 1995, S. 355–362; *Andreas Witzig*, Der Grundsatz der Tarifeinheit und die Lösung von Tarifkonkurrenzen, Diss. Kiel (1992); *Otfried Wlotzke*, Das Günstigkeitsprinzip im Verhältnis des Tarifvertrages zum Einzelarbeitsvertrag und zur Betriebsvereinbarung, Heidelberg 1957; *Ulrich Zachert*, Für den Erhalt und die Fortentwicklung der Tarifautonomie, AuR 1993, S. 97–101; *ders.*, Rechtsfragen zu den aktuellen Tarifverträgen über Arbeitszeitverkürzung und Beschäftigungssicherung, AuR 1995, S. 1–13; *ders.*, Krise des Flächentarifvertrages?, RdA 1996, S. 140–151; *Albrecht Zeuner*, Günstigkeitsprinzip und Verbandsbeschluß zur Verhinderung übertariflicher Arbeitsbedingungen, Betrieb 1965, S. 63, 33; *Jürgen Ziepke*, Die Anrechnung von Tariflohnerhöhungen, BB 1981, 61–71; *Johannes Zmarzlik*, Grundbegriffe des Arbeitszeitschutzes, Betrieb 1967, S. 1264–1268; *ders.*, AR-Blattei SD 240, Arbeitszeit; *Wolfgang Zöllner*, Die Sperrwirkung des § 59 BetrVG, in: Festschrift für Nipperdey (1965), Bd. II, S. 699–720; *ders.*, Der Abbau einheitsvertraglicher Arbeitsbedingungen im nicht tariflich gesicherten Bereich (Bemerkungen zum arbeitskampfrechtlichen Symmetriegedanken und zum Ordnungsprinzip), RdA 1969, S. 250–256; *ders.*, Empfiehlt es sich, das Recht der Gemeinsamen Einrichtungen der Tarifvertragsparteien (§ 4 Abs. 2 TVG) gesetzlich näher zu regeln?, Gutachten zum 48. Deutschen Juristentag, Band 1, Teil G, S. 1–109.

A. Verhältnis zu gleichrangigen Regelungen

I. Das Ablösungsprinzip (Zeitkollisionsregel)

1. Lex posterior derogat legi priori

261 **a) Ablösungsprinzip.** Im Verhältnis von zwei zeitlich aufeinander folgenden Normen des gleichen Normgebers gilt, soweit dies beabsichtigt ist, das Ablösungsprinzip. Die Tarifvertragsparteien können danach jederzeit einen von ihnen selbst früher vereinbarten Tarifvertrag abändern, einschränken oder aufheben.[1] Die Tarifvertragsparteien können die Ablösung ausdrücklich normieren. Im übrigen ergibt die Auslegung des neuen Tarifvertrags, inwie-

---

[1] *Däub*ler, Tarifvertragsrecht, Rnr. 1471; *Koberski/Clasen/Menzel*, § 1 TVG, Rnr. 177.

weit der bisher geltende Tarifvertrag durch seinen Nachfolger ersetzt werden soll. Wichtig dafür ist insbes. die Ausgestaltung des Geltungsbereiches.² Die Geltung des Ablösungsprinzips ist vom Willen des früheren Normgebers unabhängig. Er kann eine spätere Normsetzung nicht blockieren und die von ihm geschaffene Ordnung nicht von vornherein für unabänderlich erklären.³ Daß das in der Rechtsquellentheorie unbestrittene Ablösungsprinzip für den Tarifvertrag gilt, entspricht allgemeiner Ansicht.⁴ Die Anerkennung des Ablösungsprinzips im Tarifvertragsrecht beruht auf dem insofern richtungweisenden Aufsatz von *Nipperdey*,⁵ der damit der Rechtssatztheorie des Tarifvertrags in einer Zeit zum Durchbruch verhelfen wollte, in der überwiegend angenommen wurde, die Tarifbestimmungen würden Inhalt der Einzelarbeitsverträge.⁶

b) Begrenzte Weitergeltung. Die Tarifvertragsparteien können vereinbaren, daß die bisher geltende Regelung räumlich, sachlich oder persönlich begrenzt weitergelten soll. Dann löst der neue Tarifvertrag die alte Ordnung nur in dem vorgesehenen Umfang ab. Das kann auch in der Weise geschehen, daß der alte Tarifvertrag für Arbeitsverhältnisse dann maßgebend bleiben soll, wenn er zu einem besseren Gesamteinkommen führt. *Brox*⁷ nennt diese Regelung „konstitutive Günstigkeitsklausel". Ein Fall des § 4 Abs. 3 liegt aber nicht vor, da das Günstigkeitsprinzip verschiedenrangige Regelungen voraussetzt.⁸ Im Ergebnis ist Brox zuzustimmen: Die Tarifvertragsparteien können dem Arbeitnehmer die Wahl eröffnen, sich hinsichtlich des Gesamteinkommens oder bestimmter Einkommensteile auf den alten oder auf den neuen Tarifvertrag zu berufen. – Da eine solche Regelung auf die Dauer schwer praktikabel ist, wird sie nur für einen Übergangszeitraum in Frage kommen.

2. Unterschied zum sog. Ordnungsprinzip

Nicht zu verwechseln mit dem Ablösungsprinzip ist das sehr bestrittene sog. Ordnungsprinzip. Danach soll es den Tarifvertragsparteien möglich sein, eine betriebseinheitliche Regelung der Arbeitsbedingungen (Betriebsvereinbarung, betriebliche Einheitsregelung, Gesamtzusage oder betriebliche Übung), auch wenn sie günstiger sind, ganz oder teilweise abzuändern; vgl. dazu unten Rnr. 627. Soweit das sog. Ordnungsprinzip überhaupt anerkannt wurde, galt es für rangverschiedene Ordnungen, die jedenfalls nach Ansicht des Bundes-

---

² *Däubler*, Tarifvertragsrecht, Rnr. 1473; *Götz Hueck*, in: Festschrift für Erich Molitor (1962), S. 203, 226; *Richardi*, Kollektivgewalt, S. 401; *Säcker*, Gruppenautonomie, S. 284, 223.
³ Anders die „Ewigkeitsklausel" in der Verfassung; dazu *Wank*, Rechtstheorie 1982, S. 465, 487 f.
⁴ Vgl. BAG 16. 12. 1954 AP Nr. 2 zu § 52 RegelungsG; 17. 12. 1959 AP Nr. 21 zu § 616 BGB; 1. 6. 1970 AP Nr. 143 zu § 242 BGB Ruhegehalt *(Sieg)*.
⁵ *Nipperdey*, in: Festschrift für Heinrich Lehmann (1937), S. 257, 264 ff.
⁶ Vgl. dazu RAG 12. 10. 1938, ARS 34, S. 136, 139 *(Nipperdey)* und die Wende der Rechtsprechung in RAG 6. 11. 1940, ARS 40, S. 443, 454 *(Nipperdey)*.
⁷ *Brox*, BB 1966, S. 1190, 1193.
⁸ Ebenso BAG 9. 12. 1957 AP Nr. 5 zu § 9 TVG; BAG 16. 2. 1962 AP Nr. 11 zu § 4 TVG Günstigkeitsprinzip; *Däubler*, Tarifvertragsrecht, Rnr. 1472.

arbeitsgerichts geltungsgleich sein mußten.⁹ Das Ablösungsprinzip hingegen gilt für ranggleiche, aber nicht notwendig geltungsbereichgleiche Ordnungen.

II. Die Tarifkonkurrenz (Sachkollisionsregel)

264 Wird ein Arbeitsverhältnis von mehreren Tarifverträgen erfaßt, so entsteht ein **Konkurrenzproblem**. In der Literatur werden insoweit terminologisch zwei Fallgestaltungen unterschieden, die Tarifkonkurrenz i. e. S. (dazu im folgenden Rnr. 265 ff.) und die Tarifpluralität (dazu unten Rnr. 271 ff.). In der unterschiedlichen Terminologie soll auch zum Ausdruck kommen, daß die Lösungen der Konkurrenzfrage in beiden Fällen unterschiedlich sind.

265 Die Tarifkonkurrenz entscheidet über den Vorrang eines von **mehreren Tarifverträgen**, die **denselben Sachverhalt** regeln wollen. Deshalb liegt kein Fall der Tarifkonkurrenz vor, wenn bereits die Auslegung ergibt, daß nur einer von mehreren Tarifverträgen gelten kann oder soll.

1. Entwicklung

266 a) **Industrietarif.** Bereits nach dem Tarifrecht der Weimarer Zeit und nach dem Recht der Tarifordnungen bestand in Wissenschaft und Rechtsprechung Übereinstimmung darüber, daß der Tarifvertrag im Zweifel nur die nach dem Produktionsziel bestimmten Unternehmen ergreifen sollte. Er sollte in aller Regel **Industrietarif**, **nicht Fachtarif** sein. Der fachliche Geltungsbereich, der sich nach der Art der Arbeitsleistung bestimmt, war grundsätzlich nur für die Anwendbarkeit der einzelnen Tarifbestimmungen auf die Arbeitnehmer maßgeblich, wenn der Tarifvertrag nach seinem branchenmäßigen Geltungsbereich den Betrieb erfaßte; vgl. dazu oben Rnr. 136. Daraus ergab sich zwar auch schon, daß Facharbeiter in berufsfremden Betrieben unter den für den Betrieb geltenden Branchentarif fielen, wenn dieser sie fachlich erfaßte. So unterstanden die Betriebsmaurer und Buchdrucker der chemischen Industrie dem Chemietarif und nicht dem Bautarif und dem Buchdruckertarif. Das galt aber – anders als heute – im Zweifel dann nicht, wenn innerhalb eines anders gearteten Hauptbetriebes selbständige Betriebsabteilungen bestanden, und es galt nicht für Nebenbetriebe; sie unterstanden dem Tarifvertrag ihres Wirtschaftszweiges (s. demgegenüber zum heutigen Zustand Rnr. 155 ff.). Tarifkonkurrenz war dann anzunehmen, wenn ein Fachtarif ausdrücklich seinen Geltungsbereich auf fachfremde Betriebe erstreckte, oder wenn ein Industrietarif entgegen der Regel auch fachfremde selbständige Betriebsabteilungen oder Nebenbetriebe erfaßte.

267 b) **Vermeidung von Tarifkonkurrenz.** Die Entwicklung nach 1945 drängte die häufigsten Fälle der Tarifkonkurrenz zurück, weil die Gewerkschaften nach dem **Industrieverbandsprinzip** organisiert sind und sich überschneidende Tarifverträge nach Möglichkeit vermieden werden.¹⁰ Die Begrenzung der Tarifzuständigkeit verhindert die beliebige Bestimmung des betrieblichen Geltungsbereichs; vgl. dazu oben § 2, Rnr. 43 f. Auch für selbständige Betriebsabteilungen und Nebenbetriebe wird heute grundsätzlich keine Ausnahme mehr gemacht.¹¹ Der auf der Gewerkschaftsseite zuständige

---

⁹ Vgl. BAG 20. 12. 1957 AP Nr. 11 zu Art. 44 Truppenvertrag; 4. 2. 1960 AP Nr. 7 zu § 4 TVG Günstigkeitsprinzip *(Tophoven)*; 26. 10. 1962 AP Nr. 87 zu § 242 BGB Ruhegehalt *(Götz Hueck)*; Hueck/Nipperdey, Arbeitsrecht II 1, § 30 VII 3, S. 591; kritisch dazu namentlich *Richardi*, Kollektivgewalt, S. 401; *Säcker*, Gruppenautonomie, S. 323.
¹⁰ Vgl. BAG 24. 9. 1975 AP Nr. 11 zu § 4 TVG Tarifkonkurrenz sowie oben Rnr. 136.
¹¹ S. auch *Buchner*, in: Festschrift für Schaub (1998), S. 75, 87 ff.

Berufsverband kann eine Regelung nur dahin treffen, daß der Geltungsbereich die Unternehmen erfaßt, deren Arbeitnehmer nach dem Industrieverbandsprinzip bei ihm organisiert sind; im Zweifel will er diese Unternehmen dann durchgehend ergreifen. Daher entsteht auch durch **Allgemeinverbindlicherklärung**, die die Nichtorganisierten miteinbezieht, regelmäßig keine Tarifkonkurrenz. Der Druckertarif, mag er ein einfacher oder ein für allgemeinverbindlich erklärter Tarifvertrag sein, erfaßt die Arbeitnehmer in Druckereien und Verlagen, und zwar nicht nur die Drucker, sondern auch die Arbeitnehmer anderer Fächer, nicht aber die Drucker in Unternehmen eines anderen Wirtschaftssektors (Chemie, Holz usw.), und zwar selbst dann nicht, wenn sie in diesen Industrien in selbständigen Druckabteilungen oder Drucknebenbetrieben tätig sind. Will ein Industrietarifvertrag (z.B. Chemietarif) mit einer Begrenzung seines fachlichen Geltungsbereichs in seinen Unternehmen Arbeitnehmer einer anderen Fachrichtung (z.B. Bauarbeiter) nicht erfassen, so fallen die Bauarbeiter in der Chemie nicht etwa unter den Bautarifvertrag, der sie nicht erfassen will, sondern sie sind überhaupt nicht tariflich erfaßt; vgl. zum Problem der Tarifzuständigkeit oben § 2, Rnr. 43 ff.; zur Bezugnahme oben § 3, Rnr. 204 ff.

2. Voraussetzungen der Tarifkonkurrenz

a) Aufeinander abgestimmte Tarifverträge der gleichen Tarifvertragsparteien. Keine Tarifkonkurrenz liegt vor, wenn mehrere Tarifverträge einander **ergänzen** sollen,[12] so wenn ein Tarifvertrag allgemeine Arbeitsbedingungen (Manteltarif), ein zweiter die Lohnsätze (Lohntarif) oder die Arbeitszeit oder den Urlaub regelt. Ein einziger Manteltarifvertrag kann auch durch zwei Lohntarifverträge ergänzt werden.[13]

Keine Tarifkonkurrenz liegt des weiteren vor, wenn anstelle einer sachlichen Aufgliederung eine **regionale Aufteilung** vorgenommen wird; wenn also z.B. neben einem Bundes- oder Landestarifvertrag Bezirkstarife oder andere Untertarife abgeschlossen werden. Soweit die zu regelnden Fragen bewußt und planmäßig auf mehrere Tarifverträge verteilt sind oder die Untertarife lediglich die allgemeinen Bestimmungen der Zentraltarife konkretisieren, kann es zu keiner Normenkollision kommen. Auslegungsschwierigkeiten bei der Anwendung mehrerer Tarifverträge, die nicht ausreichend auf einander abgestimmt sind, sind nach allgemeinen Grundsätzen zu lösen.[14]

Tarifkonkurrenz *liegt vielmehr nur vor, wenn dasselbe Sachgebiet in mehr als einem anwendbaren Tarifvertrag angesprochen wird*[15] *oder wenn dasselbe Arbeitsverhältnis von mehreren Tarifverträgen erfaßt wird.*[16]

---
[12] *Hromadka*, Tariffibel, S. 47 ff.; *Koberski/Clasen/Menzel*, § 3 TVG, Rnr. 32; *Wiedemann/Arnold*, ZTR 1994, S. 399, 400.
[13] Vgl. BAG 19. 12. 1958 AP Nr. 6 zu § 4 TVG Tarifkonkurrenz (*Tophoven*).
[14] Vgl. etwa BAG 24. 3. 1966 AP Nr. 7 zu § 50 BAT (*Spiertz*).
[15] Vgl. *Däubler*, Tarifvertragsrecht, Rnr. 1482.
[16] BAG 20. 3. 1991 AP Nr. 20 zu § 4 TVG Tarifkonkurrenz; *Kempen*/Zachert, § 4 TVG, Rnr. 117; *Hohenstatt*, Betrieb 1992, S. 1678, 1679; *Kraft*, RdA 1992, S. 161, 163; *Löwisch/Rieble*, § 4 TVG, Rnr. 274; *Witzel*, Tarifeinheit, S. 3.

271 **b) Geltung für dasselbe Arbeitsverhältnis.** Keine Tarifkonkurrenz liegt vor, wenn zwei verschiedene Gewerkschaften mit demselben Arbeitgeberverband je einen Tarifvertrag abschließen (sog. **Tarifpluralität**). Diese Fälle können auch heute vorkommen, wenn mehrere Gewerkschaften mit einem Arbeitgeberverband Tarifverträge abschließen; z. B. eine nach dem Industrieverbandsprinzip organisierte Gewerkschaft, wie die Deutsche Angestelltengewerkschaft, und eine christliche Gewerkschaft; oder eine allgemeine und eine berufsständisch ausgerichtete Gewerkschaft (z. B. für Ärzte, Fluglotsen). Eine Tarifkonkurrenz tritt auch bei identischem Geltungsbereich beider Tarifverträge nur in Ausnahmefällen ein, nämlich
(1) wenn der Arbeitgeber einen Firmen(zusatz)tarifvertrag abschließt;
(2) wenn Arbeitgeber und Arbeitnehmer ausnahmsweise doppelt organisiert sind;
(3) wenn einer der beiden Tarifverträge für allgemeinverbindlich erklärt wird;
(4) soweit die Tarifverträge betriebliche oder betriebsverfassungsrechtliche Fragen regeln, weil diese Normen nach § 3 Abs. 2 des Gesetzes auch für die nicht oder anders organisierten Arbeitnehmer gelten.

272 Soweit keiner der Ausnahmefälle vorliegt, gelten die mehreren Tarifverträge im gleichen Betrieb nebeneinander. Nicht zutreffend ist deshalb die Auffassung des BAG,[17] wonach es für die verdrängende Wirkung eines Tarifvertrages genügen soll, wenn er potentiell in einem Unternehmen für einige Arbeitnehmer gilt, weil der Arbeitgeber organisiert ist.

273 Das BAG stimmt in der Frage, wann Tarifpluralität vorliegt, mit der hier vertretenen Ansicht überein. Kontrovers ist dagegen, *wie die Fälle von Tarifpluralität zu lösen sind*. Während das BAG eine Konkurrenz mehrerer Tarifverträge im gleichen Betrieb um jeden Preis vermeiden möchte und daher einem Tarifvertrag gegenüber dem anderen den Vorrang einräumt, ist die Literatur ganz überwiegend anderer Ansicht: Im Falle von Tarifpluralität können die Tarifverträge der beiden konkurrierenden Gewerkschaften im selben Betrieb nebeneinander bestehen.

274 **Nach Ansicht des BAG liegt Tarifpluralität vor,** wenn innerhalb eines Betriebes mehrere Tarifverträge nebeneinander gelten, ohne daß sie auf einzelne Arbeitsverhältnisse gleichzeitig anwendbar sind.[18] Diese Definition stimmt mit der allgemein üblichen überein.[19] Tarifpluralität besteht nach Ansicht des BAG auch dann, wenn von den beiden konkurrierenden Tarifverträgen ein Verbandstarifvertrag nur kraft einzelvertraglicher Bezugnahme gilt, sofern der Arbeitgeber Verbandsmitglied ist.[20] Diese Ansicht ist abzulehnen; hier gilt der eine Tarifvertrag normativ, der andere schuldrechtlich, so

---

[17] BAG 24. 9. 1975 AP Nr. 11 zu § 4 TVG Tarifkonkurrenz (*Wiedemann*).
[18] BAG 14. 6. 1989 AP Nr. 16, 5. 9. 1990 Nr. 19, 20. 3. 1991 Nr. 20 zu § 4 TVG Tarifkonkurrenz.
[19] *Kempen/Zachert*, § 4 TVG, Rnr. 102; *Hohenstatt*, BB 1992, S. 1679, 1678; *Kraft*, RdA 1992, S. 161, 164; *Löwisch/Rieble*, § 4 TVG, Rnr. 284 f.; *Koberski/Clasen/Menzel*, § 3 TVG, Rnr. 33; *Wiedemann/Arnold*, ZTR 1994, S. 443.
[20] BAG 20. 3. 1991 AP Nr. 20 und 22. 9. 1993 Nr. 21 zu § 4 TVG Tarifkonkurrenz; BAG 26. 1. 1994 AP Nr. 22 zu § 4 TVG Tarifkonkurrenz = EzA § 4 Tarifkonkurrenz Nr. 9 (*Wank*); s. jedoch jetzt BAG 28. 5. 1997 = SAE 1998, S. 5 (*Schleusener*).

daß wegen § 4 Abs. 3 der für den Arbeitnehmer günstigere (einzelvertraglich vereinbarte) gilt.[21] Nach einer jüngeren Entscheidung des BAG[22] besteht Tarifpluralität auch zwischen einem allgemeinverbindlichen Tarifvertrag und einem einzelvertraglich vereinbarten Verbandstarifvertrag bei Verbandsmitgliedschaft des Arbeitgebers, wenn der allgemeinverbindlich erklärte Tarifvertrag das Verhältnis der Tarifparteien zu Gemeinsamen Einrichtungen regelt. Auch dies deckt sich nicht mit dem allgemein üblichen Verständnis von Tarifpluralität.[23] Keine Tarifpluralität besteht des weiteren nach Ansicht des BAG, wenn ein gem. § 4 Abs. 4 nachwirkender Tarifvertrag mit einem Tarifvertrag zusammentrifft, an den nur der Arbeitnehmer gem. § 3 Abs. 1 gebunden ist.[24]

Im Hinblick auf die Auflösung der Tarifpluralität gehen die Ansichten von BAG und Literatur auseinander. **Nach Ansicht des BAG** ist die Tarifpluralität nach den gleichen Grundsätzen **aufzulösen wie die Tarifkonkurrenz;** d. h. daß nach dem Spezialitätsprinzip nur einer von beiden konkurrierenden Tarifverträgen zum Zuge kommt.[25] Zur Begründung führt das BAG an: Durch das Nebeneinander zweier Tarifverträge im Betrieb ergäben sich praktische Schwierigkeiten, insbesondere, wenn die Tarifbindung über die Beitragspflicht des Arbeitgebers zu einer Sozialkasse entscheide.[26] Die Auflösung der Konkurrenz sei nach dem Grundsatz der Tarifeinheit geboten; er folge aus den übergeordneten Prinzipien der Rechtssicherheit und der Rechtsklarheit.[27]

Ein kleiner **Teil der Literatur** stimmt dem BAG zu.[28] *Koberski/Clasen/ Menzel* betonen die Sicherung des Betriebsfriedens. *Säcker/Oetker* halten das Nebeneinander zweier Tarifverträge für „kontraproduktiv".

Die herrschende Lehre lehnt die Auffassung des BAG mit Recht ab.[29] Die Rechtsprechung des BAG stellt eine unzulässige Rechtsfortbildung dar.[30] Wegen § 3 Abs. 1 besteht keine Regelungslücke; das Einzelarbeitsverhältnis ist für die Tarifbindung entscheidend, nur § 3 Abs. 2 enthält eine Sonder-

---

[21] *Kraft*, RdA 1992, S. 161, 167; *Wiedemann/Arnold*, ZTR 1994, S. 443, 446 f.
[22] BAG 26. 1. 1994 AP Nr. 22 zu § 4 TVG Tarifkonkurrenz = EzA § 4 TVG Tarifkonkurrenz Nr. 9 (*Wank*).
[23] *Däubler*, Tarifvertragsrecht, Rnr. 1498 ff.; *Kempen/Zachert*, § 4 TVG, Rnr. 118; wie das BAG Löwisch/*Rieble*, § 4 TVG, Rnr. 285.
[24] BAG 28. 5. 1997 AP Nr. 26 zu § 4 TVG Nachwirkung (*Kania*).
[25] BAG 29. 3. 1957 AP Nr. 4, 24. 9. 1975 Nr. 11, 29. 11. 1978 Nr. 12, 14. 6. 1989 Nr. 16 und 20. 3. 1991 Nr. 20 zu § 4 TVG Tarifkonkurrenz.
[26] BAG 14. 6. 1989 AP Nr. 16 und 5. 9. 1990 Nr. 19 zu § 4 TVG Tarifkonkurrenz.
[27] BAG 14. 6. 1989 AP Nr. 16, 5. 9. 1990 Nr. 19 und 20. 3. 1991 Nr. 20 zu § 4 TVG Tarifkonkurrenz.
[28] *Koberski/Clasen/Menzel*, § 3 TVG, Rnr. 29; *Säcker/Oetker*, ZfA 1993, S. 1, 9 ff.; ebenso *Schaub*, Arbeitsrechts-Handbuch, § 203 VII 3 b, S. 1697.
[29] *Däubler*, Tarifvertragsrecht, Rnr. 1498 ff.; *Fenn*, in: Festschrift für Kissel (1994), S. 213 ff.; *Hanau/Kania*, Anm. zu BAG 20. 3. 1991 AP Nr. 20 zu § 4 TVG Tarifkonkurrenz; *Hohenstatt*, Betrieb 1992, S. 1678; *Kraft*, RdA 1992, S. 161 ff.; *Kohte*, Anm. zu BAG 26. 1. 1994, SAE 1996, S. 14; Löwisch/*Rieble*, § 4 TVG, Rnr. 290 ff.; *Wank*, Anm. zu BAG 26. 1. 1994 EzA § 4 TVG Tarifkonkurrenz Nr. 9; *Wiedemann/Arnold*, ZTR 1994, S. 443 ff.
[30] Ausführlich *Fenn*, in: Festschrift für Kissel (1994), S. 213 ff.; ferner *Stein*, Tarifvertragsrecht, Rnr. 284.

vorschrift für Betriebsnormen.[31] Praktikabilitätsüberlegungen muß das Gericht zwar anstellen; sie allein können aber keine Rechtsfortbildung begründen.[32] Die BAG-Rechtsprechung bedeutet einen Eingriff in die kollektive Koalitionsfreiheit derjenigen Gewerkschaft, deren Tarifvertrag verdrängt wird. Ihr wird der Zugang zu einem bestimmten Unternehmen, u. U. zu einem ganzen Wirtschaftszweig versperrt.[33] Zugleich liegt auch ein Eingriff in die individuelle Koalitionsfreiheit desjenigen Arbeitnehmers vor, der unter den Geltungsbereich des verdrängten Tarifvertrages fällt.[34] Er wird gezwungen, die Koalition zu wechseln.[35] Wenn ein für allgemeinverbindlich erklärter Tarifvertrag verdrängt wird, verstößt das auch gegen § 5 Abs. 4.[36] Schließlich sind auch die vom BAG befürchteten praktischen Schwierigkeiten gering. Ist der Arbeitgeber über die Gewerkschaftszugehörigkeit eines Arbeitnehmers im unklaren, so darf er ihn wie einen Nichtorganisierten behandeln.[37]

278 Tarifpluralität kann sich auch bei einem **Betriebsübergang** zwischen dem gem. § 613 a Abs. 1 Satz 2 BGB fortgeltenden und dem beim Erwerber schon bisher einschlägigen Tarifvertrag ergeben. Eine Auflösung der Tarifpluralität nach dem Spezialitätsgrundsatz kommt nicht in Betracht, weil § 613 a Abs. 1 Satz 2–4 BGB eine abschließende Sonderregel enthält.[38]

279 **c) Zeitliche Ablösung von Tarifverträgen.** Keine Tarifkonkurrenz liegt vor, wenn ein späterer Tarifvertrag, der von denselben Tarifvertragsparteien abgeschlossen wurde, den früheren ausdrücklich oder infolge seines widersprechenden Inhalts aufhebt. Die neue Regelung tritt hier an die Stelle der bisherigen; vgl. dazu oben Rnr. 261. Eine Änderung kann auch ohne ausdrückliche Bestimmung angenommen werden, soweit die frühere Regelung mit der jetzigen unvereinbar ist oder die Neuregelung den Gegenstand offenbar abschließend behandeln will.[39]

280 **d) Selbstbeschränkungsklausel.** Keine Tarifkonkurrenz kann schließlich auftreten, wenn die Tarifvertragsparteien selbst bestimmen, daß ihr Tarifvertrag hinter einem bestimmten anderen Tarifvertrag zurücktreten soll.

---

[31] *Fenn,* in: Festschrift für Kissel (1994), S. 213, 229 ff.; *Hanau/Kania,* Anm. zu BAG 20. 3. 1991 AP Nr. 20 zu § 4 TVG Tarifkonkurrenz; *Kraft,* RdA 1992, S. 161, 167 f.; *Fogg,* Anm. zu BAG 20. 3. 1991 EzA § 4 TVG Tarifkonkurrenz Nr. 7.
[32] *Kraft,* AuR 1994, S. 391, 392.
[33] *Däubler,* Tarifvertragsrecht, Rnr. 1505; *Fenn,* in: Festschrift für Kissel (1994), S. 213, 234 f.; *Hanau/Kania,* Anm. zu BAG 20. 3. 1991 AP Nr. 20 zu § 4 TVG Tarifkonkurrenz; *Wiedemann/Arnold,* ZTR 1994, S. 443, 446.
[34] *Däubler,* Tarifvertragsrecht, Rnr. 1505; *Hanau/Kania,* Anm. zu BAG 20. 3. 1991 AP Nr. 20 zu § 4 TVG Tarifkonkurrenz; *Kraft,* RdA 1992, S. 161, 168; *Salje,* Anm. zu BAG 20. 3. 1991, SAE 1993, S. 79, 81; a. A. *Fenn,* in: Festschrift für Kissel (1994), S. 213, 232 f.
[35] Das rät ihm BAG 5. 9. 1990 AP Nr. 19 zu § 4 TVG Tarifkonkurrenz.
[36] *Fenn,* in: Festschrift für Kissel (1994), S. 213, 235 ff.; *Hohenstatt,* Betrieb 1992, S. 1678, 1682; *Kraft,* AuR 1994, S. 391, 392; *Löwisch/Rieble,* § 4 TVG, Rnr. 291; *Wiedemann/Arnold,* Anm. zu BAG 14. 6. 1989 AP Nr. 16 zu § 4 TVG Tarifkonkurrenz.
[37] *Reuter,* JuS 1992, S. 105, 106 f.
[38] *Kania,* Betrieb 1994, S. 521, 530 ff.; *Wank,* NZA 1987, S. 505 ff.; *ders.,* MünchArbR, § 120, Rnr. 180 ff. m. w. N.
[39] So *Nikisch,* Arbeitsrecht II, § 86 1 3, S. 478.

Die Tarifparteien können die vereinbarten Normen nach ihrem Willen nicht nur inhaltlich gestalten, sondern auch ihre Wirkungen beschränken und deshalb den Umfang des Geltungsbereichs festlegen. Die Tarifparteien können aber immer nur das Zurücktreten, niemals den Vorrang des Tarifvertrages vor einem anderen bestimmen, denn es fehlt ihnen das Recht, die Geltung der Normen anderer Tarifverträge auszuschließen.[40]

3. Lösungsgrundsätze für die Tarifkonkurrenz

a) Qualität der Tarifnormen. aa) Der **Ursprung der Tarifgebundenheit** ist für die Lösung der Tarifkonkurrenz ohne Bedeutung. Es macht daher keinen Unterschied, ob mit einem Tarifvertrag ein für allgemeinverbindlich erklärter Tarifvertrag oder ein einfacher Tarifvertrag zusammentrifft, und weiter, ob zwei für allgemeinverbindlich erklärte Tarifverträge aufeinander treffen, sowie schließlich, ob ein Arbeitgeber als Tarifvertragspartei einem Firmentarifvertrag und zugleich als Mitglied einem Verbandstarifvertrag unterworfen ist.[41]

bb) Die Qualität der Tarifnormen entscheidet über die Tarifkonkurrenz, wenn ein nach § 4 Abs. 1 voll wirksamer Tarifvertrag mit einem lediglich nach § 4 Abs. 5 **nachwirkenden Tarifvertrag** zusammentrifft. Der nachwirkende Tarifvertrag entfaltet nur eine beschränkte Schutzwirkung und muß deshalb gegenüber einem voll durchgreifenden Tarifvertrag zurücktreten, selbst wenn er im einzelnen eine sachlich günstigere Regelung für die Arbeitnehmer enthält.[42]

b) Günstigkeitsprinzip. Das Günstigkeitsprinzip nach § 4 Abs. 3 bietet keine Lösung für Fälle von Tarifkonkurrenz. Dieses Prinzip enthält eine Kollisionsregel für das Verhältnis von schwächeren zu stärkeren Rechtsnormen; es gilt aber nicht, wenn mehrere Regelungen von gleichem Rang zusammentreffen.[43]

c) Das Prinzip der Tarifeinheit. aa) Im Hinblick auf das **einzelne Arbeitsverhältnis** ist zu unterscheiden, ob **mehrere Tarifverträge derselben Verbände** miteinander konkurrieren oder mehrere Tarifverträge unterschiedlicher Verbände. Mehrere Tarifverträge derselben Parteien können nebeneinander maßgebend sein, wenn sie sich planmäßig ergänzen (Manteltarif, Lohntarif, Urlaubstarif); vgl. oben Rnr. 268 f.

Anders liegt es, wenn ein Arbeitsverhältnis von **mehreren** nicht aufeinander abgestimmten **Tarifverträgen verschiedener Koalitionen** betroffen wird. Dann muß die Tarifkonkurrenz ausgeräumt werden in der Art, daß einheitlich das eine oder das andere Tarifwerk gilt. Der angebliche Grundsatz der Tarifeinheit trägt zur Lösung der Tarifkonkurrenz nichts bei. Der Sache

---

[40] BAG 24. 9. 1975 AP Nr. 11 zu § 4 TVG Tarifkonkurrenz (*Wiedemann*).
[41] Nicht zutreffend deshalb LAG Hamm 5. 11. 1952, BB 1953, S. 115 (*Gumpert*). – Zur Tarifkonkurrenz bei *Verbandswechsel* vgl. oben zu § 3, Rnr. 55.
[42] Ebenso im Ergebnis BAG 4. 12. 1974 AP Nr. 2 zu § 3 TVG (*Wiedemann*).
[43] A. A. *Däubler*, Tarifvertragsrecht, Rnr. 1493 f. Wie hier *Bieback*, Betrieb 1989, S. 477, 479 f.; Hueck/*Nipperdey*, Arbeitsrecht II 1, § 33 III 3, S. 647; Hromadka/ Maschmann/Wallner, Tarifwechsel, Rnr. 158; Löwisch/*Rieble*, § 4 TVG, Rnr. 294; *dies.*, in: Festschrift für Schaub (1998), S. 457, 464 f.; *Wiedemann*/Arnold, ZTR 1994, S. 399, 406 m. w. N.

nach kann sich die Regelung des Arbeitsverhältnisses nicht mosaikartig aus mehreren Tarifverträgen zusammensetzen. Insbesondere kann der Arbeitnehmer nicht die jeweils günstigeren Bestimmungen für sich in Anspruch nehmen.[44]

286 bb) Für das **einzelne Unternehmen** oder die einzelne Betriebsstätte gibt es ebenfalls keinen Grundsatz des Inhalts, daß nur ein Tarifvertrag gelten könne oder daß ein Tarifvertrag ein Unternehmen insgesamt mit allen Arbeitsverhältnissen (möglichst in allen Betriebsabteilungen und Nebenbetrieben) erfassen müsse.[45] Vielmehr müssen mehrere Fallgestaltungen unterschieden werden.

287 Ein Nebeneinander mehrerer Tarifverträge in Form der Tarifkonkurrenz oder der Tarifpluralität tritt schon vielfach aus Gründen der Tarifzuständigkeit und aufgrund der Auslegung der Bestimmungen über den Geltungsbereich eines Tarifvertrages nicht auf. Ob die Tarifvertragsparteien alle Betriebsabteilungen und fachfremden Nebenbetriebe des Unternehmens einbeziehen können, richtet sich nach der Tarifzuständigkeit. Wenn für das Unternehmen samt Nebenbetrieben lediglich eine (Industrie)Gewerkschaft zuständig ist, so können hier lediglich Tarifverträge dieser Gewerkschaft gelten. Das hängt davon ab, wie die Einzelgewerkschaften nach ihrer Satzung jeweils ihren fachlichen Geltungsbereich bestimmen. Diese Regelungen sind typischerweise, jedenfalls innerhalb der DGB-Gewerkschaften, so aufeinander abgestimmt, daß nach ihnen für jedes Unternehmen nur eine Gewerkschaft zuständig ist; sog. **Industrieverbandsprinzip**.[46] Das wird dadurch erreicht, daß nicht auf die jeweils von dem einzelnen Arbeitnehmer ausgeübte Tätigkeit abgestellt wird, sondern auf den Zweck des Unternehmens. Bei Unternehmen mit verschiedenen Zwecken ist diejenige Betriebstätigkeit ausschlaggebend, die das Gesamtgepräge des Unternehmens bestimmt.

288 Soweit danach mehrere Tarifverträge zwischen denselben Koalitionen auf dasselbe Arbeitsverhältnis wirken, ohne daß sie sich ergänzen, ist diese Tarifkonkurrenz nach dem **Spezialitätsprinzip** (dazu im folgenden Rnr. 289) zu lösen. Wenn dagegen in einem Unternehmen auf verschiedene Arbeitsverhältnisse verschiedene Tarifverträge anwendbar sind (Tarifpluralität, dazu oben Rnr. 271), so ist dies hinzunehmen.

289 d) **Spezialitätsprinzip.** Für die Lösung der Tarifkonkurrenz gilt das Prinzip der betrieblichen, fachlichen, persönlichen und räumlichen Nähe, das Spezialitätsprinzip: lex specialis derogat legi generali. Der Eigenart und den besonderen Bedürfnissen der einzelnen Betriebe und ihrer Arbeitnehmer wird im Zweifel am besten Rechnung getragen, wenn der diesen Betrieben räumlich, betrieblich, fachlich und persönlich am nächsten stehende Tarifvertrag angewandt wird. Dieses Prinzip zur Auflösung von Tarifkonkurren-

---

[44] Ebenso *Konzen*, RdA 1976, S. 146, 154; *Kraft*, RdA 1992, S. 161, 165; *Wiedemann/Arnold*, ZTR 1994, S. 399, 402; *Witzig*, Tarifeinheit, S. 19 ff.

[45] Allgemein gegen den Grundsatz der Tarifeinheit *Hohenstatt*, Betrieb 1992, S. 1678, 1679.

[46] Dazu *Wank/Ramrath*, NZA 1993, S. 345, 347 (betr. § 11 ArbGG) sowie oben Rnr. 266 f.

zen wird von der Rechtsprechung[47] und von der ganz überwiegenden Literatur[48] vertreten. Im einzelnen sind folgende Konkurrenzverhältnisse zu unterscheiden:
- Firmentarifvertrag/Verbandstarifvertrag
- Tarifvertrag eines untergeordneten Verbandes/Tarifvertrag eines übergeordneten Verbandes
- unterschiedliche Nähe bei den einzelnen Kriterien.

Der **Firmentarifvertrag** geht als die speziellere Regelung dem Verbandstarif stets vor.[49] 290

Das Spezialitätsprinzip gilt auch im Fall einer Konkurrenz zwischen zwei Tarifverträgen, von denen der eine zwischen übergeordneten Verbänden, der andere zwischen untergeordneten Verbänden abgeschlossen wurde. Soweit der **untergeordnete Verband** selbständige Tariffähigkeit und Tarifzuständigkeit besitzt, kann er bewußt oder unbewußt vom Tarifvertrag eines Spitzenverbandes abweichen. Ob er damit gegen seine Verbandspflichten verstößt, ist eine verbandsinterne Frage; sie berührt nur das verbandsrechtliche Dürfen, nicht aber das tarifrechtliche Können.[50] Eine Rangordnung der Berufsverbände in der Legitimation zum Abschluß von Tarifverträgen entsprechend dem Grundsatz „Bundesrecht bricht Landesrecht" besteht nicht. Ist daher der Vorrang des Zentraltarifs im Untertarif nicht angeordnet, so gelten sie in der Reihenfolge: Orts-, Bezirks-, Landes- und Bundestarif.[51] 291

Bei den Kriterien der betrieblichen, fachlichen, persönlichen und räumlichen Nähe kann die Antwort jeweils **für das einzelne Kriterium unterschiedlich** ausfallen. Der betrieblich, fachlich oder persönlich engere Tarifvertrag geht nach dem Prinzip der Sachnähe dem betrieblich, fachlich oder 292

---

[47] BAG 22. 2. 1957 AP Nr. 2 (*Gumpert*), 29. 3. 1957 Nr. 4, 2. 11. 1960 Nr. 8, 24. 9. 1975 Nr. 11, 26. 10. 1983 Nr. 13, 14. 6. 1989 Nr. 16, 5. 9. 1990 Nr. 19, 20. 3. 1991 Nr. 20 (*Wiedemann*), 22. 9. 1993 Nr. 21, 26. 1. 1994 Nr. 22 zu § 4 TVG Tarifkonkurrenz; BAG 22. 2. 1957 AP Nr. 2 zu § 2 TVG (*Tophoven*); 5. 10. 1960 AP Nr. 24 zu § 1 TOA; 31. 3. 1960 AP Nr. 17, 21. 7. 1960 Nr. 18, 1. 12. 1960 Nr. 19 zu § 611 BGB Ärzte, Gehaltsansprüche; 26. 10. 1983 AP Nr. 3 zu § 3 TVG; 27. 8. 1986 AP Nr. 70, 24. 1. 1990 Nr. 126 zu § 1 TVG Tarifverträge: Bau.
[48] *Buchner*, in: Festschrift für Schaub (1998), S. 75, 83, 86, 91 f.; *Gamillscheg*, Kollektives Arbeitsrecht I, § 17 III 3 c (3), S. 755; *Gumpert*, BB 1953, S. 115; *Gramm*, AR-Blattei, Tarifkonkurrenz, Tarifvertrag XII, unter C VII; *Hromadka/Maschmann/Wallner*, Tarifwechsel, Rnr. 139; *Hueck/Nipperdey*, Arbeitsrecht II 1, § 33 III 4, S. 649; *Junker/Wichmann*, NZA 1996, S. 505, 509; *Mann*, BB 1957, S. 549, 555; *Nikisch*, Arbeitsrecht II, § 86 III 5, S. 485; *Schaub*, Arbeitsrechts-Handbuch, § 203 VII 2 c, S. 1697; *G. Schröder*, Betrieb 1957, S. 632, 657, 658; *Stein*, Tarifvertragsrecht, Rnr. 276; *Wiedemann/Arnold*, ZTR 1994, S. 399, 408; s. zu Einzelheiten *Löwisch/Rieble*, in: Festschrift für Schaub (1998), S. 457 ff.
[49] BAG 20. 3. 1991 AP Nr. 20 zu § 4 TVG Tarifkonkurrenz; *Buchner*, in: Festschrift für Schaub (1998), S. 75, 84 f.; *Hromadka/Maschmann/Wallner*, Tarifwechsel, Rnr. 143; *Kempen/Zachert*, § 4 TVG, Rnr. 131; *Junker/Wichmann*, NZA 1996, S. 505, 509; *Löwisch/Rieble*, § 4 TVG, Rnr. 306.
[50] Vgl. BAG 4. 5. 1955 AP Nr. 2 zu Art. 9 GG Arbeitskampf = SAE 1956, S. 12 (*Dietz*); BAG 22. 2. 1957 AP Nr. 2 zu § 2 TVG (*Tophoven*); *Hromadka/Maschmann/Wallner*, Tarifwechsel, Rnr. 138; *Hueck/Nipperdey*, Arbeitsrecht II 1, § 33 III 4, S. 649 f.; a. A. *Witting*, BArbBl. 1957, S. 546.
[51] So *Hueck/Nipperdey*, Arbeitsrecht II 1, § 33 III 4 b, S. 650, Anm. 38.

persönlich weiteren Tarifvertrag selbst dann vor, wenn der letztere räumlich enger begrenzt ist.[52]

293 Auch in der **Literatur** wird **überwiegend** das Spezialitätsprinzip zugrundegelegt.[53] Hierbei ist anerkannt, daß das Günstigkeitsprinzip nicht anwendbar ist.[54] Das Günstigkeitsprinzip gilt nicht bei ranggleichen Regelungen. Auch ist ein Günstigkeitsvergleich zwischen zwei Tarifverträgen nicht durchführbar. Eine Anwendung der „Rosinentheorie" würde die Absichten der Tarifvertragsparteien verfehlen. Als Verhandlungskompromiß ist der Tarifvertrag ein einheitliches Regelwerk.

294 **Von manchen Autoren** wird die Anwendung des Spezialitätsprinzips **abgelehnt**. So kritisiert *Bieback*[55] dessen vage Struktur. Nach *Rieble*[56] und *Witzig*[57] gilt das Spezialitätsprinzip nur für Normen desselben Normgebers und daher nicht zur Auflösung einer Tarifkonkurrenz. *Rieble* macht deshalb einen abweichenden Lösungsvorschlag.[58] Aus Art. 9 Abs. 3 GG, § 8 Abs. 1 und 2 des Gesetzes über die Mindestarbeitsbedingungen ergebe sich ein **Vorrang der mitgliedschaftlichen Legitimation**. Daraus folge:
– Verbandstarifvertrag vor allgemeinverbindlichem Tarifvertrag
– Vorrang des neuen Verbandstarifvertrages nach Verbandsübertritt des Arbeitgebers[59]
– bei Betriebsnormen Vorrang des Tarifvertrages der Gewerkschaft mit den meisten Mitgliedern im Betrieb.

Dem ist nicht zu folgen. Ist der allgemeinverbindliche Tarifvertrag spezieller, so wird dessen einheitliche Geltung auch dem Gedanken der einheitlichen Wettbewerbsbedingungen gerecht. Ein Verbandsübertritt darf nicht dazu führen, daß der Arbeitgeber sich dem eigentlich einschlägigen spezielleren Tarifvertrag entziehen kann. Im übrigen ist das Spezialitätsverhältnis bezogen auf den gesamten Tarifvertrag zu prüfen und nicht getrennt nach Inhaltsnormen und Betriebsnormen (s. auch Rnr. 296 ff.).

295 Wenn das Spezialitätsprinzip nicht zu einem bestimmten Ergebnis führt, wird von manchen Autoren subsidiär eine andere Lösung vorgeschlagen.

---

[52] So LAG Hamburg 26. 3. 1949, RdA 1949, S. 389 (*Nipperdey*); LAG Hamm 13. 1. 1967, Betrieb 1967, S. 689.
[53] *Kempen*/Zachert, § 4 TVG, Rnr. 129 ff.; *Hohenstatt*, Betrieb 1992, S. 1678, 1679; *Löwisch/Rieble*, § 4 TVG, Rnr. 216; *Meik*, Betrieb 1990, S. 2522, 2525; *Koberski/Clasen/Menzel*, § 3 TVG, Rnr. 29; *Säcker/Oetker*, ZfA 1993, S. 1, 19, 21; *Schaub*, Arbeitsrechts-Handbuch, § 203 VII 1 c, S. 1521 f.; *Wiedemann/Arnold*, ZTR 1994, S. 399, 408.
[54] *Gamillscheg*, Kollektives Arbeitsrecht I, § 17 III 3 c (2) (d), S. 755; *Hetzel*, NZA Beil. 1/1987, S. 19 f.; *Hohenstatt*, Betrieb 1992, S. 1678, 1679; *Löwisch/Rieble*, § 4 TVG, Rnr. 294 f.; *Merten*, BB 1993, S. 572, 573; *Müller*, NZA 1989, S. 449, 450; *Stein*, Tarifvertragsrecht, Rnr. 281.
[55] *Bieback*, Betrieb 1989, S. 477, 480
[56] *Löwisch/Rieble*, § 4 TVG, Rnr. 296.
[57] *Witzig*, Tarifeinheit, S. 84.
[58] *Löwisch/Rieble*, § 4 TVG, Rnr. 297 ff.; s. auch *B. Müller*, NZA 1989, S. 449, 452; *Zöllner/Loritz*, Arbeitsrecht, § 37 V 1 b, S. 421; dagegen *Hromadka/Maschmann/Wallner*, Tarifwechsel, Rnr. 136; eingehend *Wiedemann/Arnold*, ZTR 1994, S. 399, 407 f.
[59] Ebenso *Henssler*, in: Festschrift für Schaub (1998), S. 311, 325; *Kempen*/Zachert, § 3 TVG, Rnr. 29; a. A. *Bieback*, Betrieb 1989, S. 477; *Däubler*, Tarifvertragsrecht, Rnr. 1516 f.; *B. Müller*, NZA 1989, S. 449, 452.

Gegen die **subsidiäre Anwendung des Günstigkeitsprinzips**[60] sprechen die gleichen Argumente wie gegen die vorrangige Anwendung des Günstigkeitsprinzips. Nach *Etzel*[61] soll ein Wahlrecht des Arbeitnehmers dahingehend bestehen, welcher Tarifvertrag anwendbar sein soll (§ 316 BGB analog).[62] Auch diese Ansicht ist abzulehnen.[63] Ein Wahlrecht läuft im Ergebnis auf das Günstigkeitsprinzip für den Arbeitnehmer hinaus. Im übrigen stößt ein Wahlrecht bei Tarifverträgen über betriebsverfassungsrechtliche Fragen auf unüberwindbare Schwierigkeiten, denn diese Tarifverträge können nur betriebseinheitlich gelten. Wenn das Spezialitätsprinzip nicht zu einem eindeutigen Ergebnis führt, gilt das **Mehrheitsprinzip**.[64] Für Betriebsnormen, die notwendigerweise alle Arbeitnehmer erfassen müssen, ist auf die Zahl der Gewerkschaftsmitglieder abzustellen.[65] Dagegen wendet *Däubler*[66] ein, eine Minderheitsgewerkschaft habe auf diese Weise keine Chance, mit ihrer Tarifpolitik zur Geltung zu kommen. Das kann aber nicht dazu führen, daß die Tarifkonkurrenz nun gerade durch Geltung des Tarifvertrages der Minderheitsgewerkschaft gelöst werden müßte.[67]

e) **Konkurrenz betrieblicher und betriebsverfassungsrechtlicher Normen.** Gelten in einem Betrieb mehrere Tarifverträge, so braucht dies nicht notwendig zu einer Tarifkonkurrenz zu führen, wenn beispielsweise der eine Tarifvertrag lediglich die Angestellten, der andere die übrige Belegschaft betrifft. Es entstehen aber betriebsorganisatorische Harmonisierungsprobleme.

Konkurrieren Tarifverträge über **betriebliche und betriebsverfassungsrechtliche Fragen**, so sind zwei Fallgestaltungen zu unterscheiden. Wenn der Tarifvertrag, wie meist, neben den Normen über betriebliche und betriebsverfassungsrechtliche Fragen auch Inhalts- und Abschlußnormen enthält, so kann die Tarifkonkurrenz nach dem Spezialitätsprinzip gelöst werden.[68] Nach anderer Ansicht[69] gilt im Hinblick auf Betriebsnormen und betriebsverfassungsrechtliche Normen das Mehrheitsprinzip.

Wenn der Tarifvertrag allerdings **nur betriebliche** und **betriebsverfassungsrechtliche Fragen** regelt, ist der von *Nikisch*[70] vertretenen Lösung zu

---

[60] Zur primären Anwendung *Däubler*, Tarifvertragsrecht, Rnr. 1493 f.
[61] *Etzel*, NZA Beil. 1/1987, S. 19 f.
[62] Bedenken gegen diese Lösung jetzt auch bei *Kempen/Zachert*, § 4 TVG, Rnr. 135.
[63] *Bieback*, Betrieb 1989, S. 477, 480 f.; *Däubler*, Tarifvertragsrecht, Rnr. 1489; *Hromadka/Maschmann/Wallner*, Tarifwechsel, Rnr. 147; *Wiedemann/Arnold*, ZTR 1994, S. 399, 409.
[64] So BAG 22. 2. 1957 AP Nr. 2, 14. 6. 1989 Nr. 16, 20. 3. 1991 Nr. 20 zu § 4 TVG Tarifkonkurrenz; *Schaub*, Arbeitsrechts-Handbuch, § 203 VII 2 b, S. 1696; *Wiedemann/Arnold*, ZTR 1994, S. 399, 409; *Witzig*, Tarifeinheit, S. 103 ff. sowie die ältere Literatur.
[65] *Witzig*, Tarifeinheit, S. 104.
[66] *Däubler*, Tarifvertragsrecht, Rnr. 1492.
[67] So zutr. *Witzig*, Tarifeinheit, S. 105 f.
[68] Ebenso BAG 14. 6. 1989 AP Nr. 16, 5. 9. 1990 Nr. 19 und 30. 3. 1991 Nr. 20 zu § 4 TVG Tarifkonkurrenz.
[69] *Löwisch/Rieble*, § 4 TVG, Rnr. 303; *Koberski/Clasen/Menzel*, § 3 TVG, Rnr. 34; *Witzig*, Tarifeinheit, S. 100 ff.
[70] *Nikisch*, Arbeitsrecht II, § 86 III 6, S. 487.

folgen. Danach geht der Tarifvertrag vor, der von der Gewerkschaft abgeschlossen wurde, die näher zur Sache steht, d. h. von der Gewerkschaft, die nach Berufen der bei ihr organisierten Mitglieder und nach der Art der erfaßten Unternehmen das stärkere Recht zur Regelung dieser Fragen für sich in Anspruch nehmen kann.[71]

299 **f) Vorrang eines Tarifvertrages.** Die Lösung der Tarifkonkurrenz besteht darin, daß ein Tarifvertrag den Vorrang erhält. Dieser Vorrang äußert sich nicht in einer Verdrängung, sondern (wie im Verhältnis von Gemeinschaftsrecht zu nationalem Recht) in einem Anwendungsvorrang. Das bedeutet: Der vorrangige Tarifvertrag macht den nachrangigen, soweit er widerspricht, nicht unwirksam. Jedoch wirkt nur der vorrangige Tarifvertrag auf die Rechtsverhältnisse der Beschäftigten ein. Besteht der vorgehende Tarifvertrag nicht mehr, so setzt die Wirkung des nunmehr allein geltenden Tarifvertrages ein, wenn dessen Bestimmungen rechtswirksam sind.[72]

B. Einwirkungen auf ungünstigere Individualabsprachen

I. Die unmittelbare Wirkung der Tarifnormen

1. Bedeutung und Abgrenzung

300 Die Rechtsnormen des Tarifvertrages, die den Inhalt, den Abschluß oder die Beendigung von Arbeitsverhältnissen ordnen, gelten nach § 4 Abs. 1 Satz 1 des Gesetzes unmittelbar. Diese Anordnung gilt entsprechend für Tarifnormen, die betriebliche und betriebsverfassungsrechtliche Fragen sowie die Rechtsverhältnisse der Gemeinsamen Einrichtungen der Tarifvertragsparteien regeln; § 4 Abs. 1 Satz 2 und Abs. 2. **Unmittelbare Wirkung** bedeutet, daß die Tarifbestimmungen des normativen Teils wie anderes objektives Recht (automatisch) den Inhalt des Arbeitsverhältnisses gestalten, ohne daß es auf Billigung oder auch nur Kenntnis der Vertragsparteien ankommt. Erst recht bedarf es keiner Anerkennung, Unterwerfung oder Übernahme des Tarifvertrages durch die Parteien des Einzelarbeitsvertrages. Das wird vom BAG[73] vernachlässigt, wenn für eine tarifliche Vorschußleistung verlangt wird, daß der Arbeitgeber sie als solche kennzeichnet; auch der Rechtscharakter einer Leistung braucht von den Parteien des Arbeitsverhältnisses nicht anerkannt oder bestätigt zu werden. Gerade die unmittelbare Einwirkung ist es, die den Tarifnormen den Charakter objektiven Rechts verleiht. Nach § 4 Abs. 1 sind die Tarifnormen Gesetz im materiellen Sinn; vgl. dazu oben § 1, Rnr. 9.

301 Die Kombination von unmittelbarer und zwingender Wirkung, die nicht zu verwechseln sind und getrennt vorgesehen sein können, wird vielfach als

---

[71] Ähnlich *Gramm*, Tarifkonkurrenz, AR-Blattei, Tarifvertrag XII, unter C IX; *E. R. Huber*, Wirtschaftsverwaltungsrecht II, S. 442; *D. Mann*, BB 1957, S. 549, 551.
[72] BAG 19. 1. 1962 AP Nr. 11 zu § 5 TVG (*Nikisch*).
[73] BAG 11. 7. 1961 AP Nr. 2 zu § 614 BGB Gehaltsvorschuß.

Unabdingbarkeit bezeichnet.[74] Diese Bezeichnung hält Nikisch[75] mit Recht für irreführend, weil sie dem Wortsinn widerspreche; er bezeichnet die zwingende Wirkung der Tarifnormen als Unabdingbarkeit; so auch die überwiegende Lehre vor und in der Weimarer Zeit.[76] Da die Zusammenfassung von unmittelbarer und zwingender Wirkung keine dogmatische Erkenntnis bedeutet und keine Rechtsfolgen nach sich zieht, sollte auf den Ausdruck in diesem Zusammenhang verzichtet werden. Die Praxis verwendet das Wort „Unabdingbarkeit", um den unverzichtbaren Rechtsschutz gemäß § 4 Abs. 4, also die „gesteigerte" zwingende Wirkung des Gesetzes zu kennzeichnen.[77]

a) Geschichtliche Entwicklung. Die TarifVO bestimmte in § 1 Abs. 1, daß Arbeitsverträge zwischen tarifbeteiligten Personen insoweit unwirksam sind, als sie von der tariflichen Regelung abweichen, und daß an die Stelle unwirksamer Vereinbarungen die entsprechenden Bestimmungen des Tarifvertrages treten. Die herrschende, auch vom Reichsgericht und vom RAG[78] vertretene Meinung nahm deshalb in der Weimarer Zeit an, daß die Bestimmungen des Tarifvertrages Bestandteil der einzelnen Arbeitsverträge werden und in diese „eingehen".[79] Das hatte praktische Konsequenzen in der Frage, wie weit die Tarifbestimmungen nach Beseitigung des Tarifvertrages als Teil des Arbeitsvertrages weiter gelten (**Nachwirkungsroblem**) und wie weit die Parteien des Einzelarbeitsverhältnisses während der Laufzeit des Tarifvertrages auf bereits entstandene Ansprüche verzichten können (**Dispositionsproblem**). Sowohl die Nachwirkung als auch die Möglichkeit eines Erlaßvertrages wurden überwiegend anerkannt.

Dagegen sah man die auf der Grundlage des AOG erlassenen Tarifordnungen später einhellig als objektives Recht an, das die Rechtsverhältnisse wie sonstiges Gesetzesrecht ergreift. Deshalb lehnte die dann herrschende Meinung mit der Begründung, daß die Tarifnormen als reine Rechtsnormen den Inhalt der Arbeitsverhältnisse beherrschten, aber nicht in sie eingingen, die Nachwirkung ab.[80] Auf der anderen Seite wurde jedoch der Schutzgedanke des staatlichen Rechts dahin erweitert, daß ein Erlaßvertrag über Tariflohn gegen die von der zuständigen staatlichen Behörde erlassene Rechtsvorschrift verstoße und deshalb unwirksam sei.[81] Erst nach Beendigung des Arbeitsverhältnisses durfte auf noch ausstehenden Lohn verzichtet werden.[82]

---

[74] So von *A. Hueck/Richardi*, AR-Blattei, Tarifvertrag VI Rechtswirkungen, unter B; Hueck/Nipperdey, Arbeitsrecht II 1, § 27 I, S. 533, Anm. 1; *Siebert*, in: Festschrift für Hans Carl Nipperdey (1955), S. 122.
[75] *Nikisch*, Arbeitsrecht II, § 79 IV 1, S. 395.
[76] Vgl. *Jacobi*, Grundlehren, § 14, S. 224.
[77] Zur Unabdingbarkeit *gesetzlicher* Ansprüche vgl. LAG Rheinland-Pfalz 17. 12. 1970, BB 1971, S. 130; ArbG Düsseldorf 22. 9. 1970, Betrieb 1970, S. 2082; *Lepke*, BB 1971, S. 1509, 1511, 1513; *Trieschmann*, RdA 1976, S. 68, 70.
[78] Zuletzt RAG 13. 6. 1934, ARS 21, S. 69, 71 *(Nipperdey)*; 25. 7. 1936 27, S. 353, 362 *(Volkmar)*.
[79] Vgl. dazu ausführlich *Jacobi*, Grundlehren, § 14, S. 220 ff.
[80] So RAG 9. 1. 1937, ARS 29, S. 3.
[81] So RAG 13. 7. 1935, ARS 24, S. 93.
[82] So RAG 6. 9. 1939, ARS 37, S. 180, 185 *(Nipperdey)*.

304 Es ist zweifelhaft, ob die an sich zutreffende Auffassung vom Rechtscharakter der Tarifordnung zu den genannten Folgerungen zwang. Die Nachwirkung von gesetzlichen Vorschriften auf unter ihrer Geltung entstandene Rechtsverhältnisse ist auch sonst bekannt. Die Einschränkung von Erlaßverträgen beruht auf einer gesetzlichen Wertung des Schutzbedürfnisses der Arbeitnehmer, nicht auf rechtsquellentheoretischer Erkenntnis. – Das Gesetz hat die Streitfragen in § 4 Abs. 4 und 5 zutreffend gelöst. Es entspricht deshalb heute einhelliger Auffassung in Rechtstheorie und Rechtspraxis: **Die Rechtsnormen des Tarifvertrages gestalten den Inhalt des Arbeitsverhältnisses, werden aber nicht Bestandteil des Arbeitsvertrages.** Soweit die Tarifbestimmungen auch zwingend wirken, sind die positiven Tarifnormen zwingend ergänzende Rechtsnormen, die negativen Tarifnormen zwingend vernichtende Rechtsnormen. Unabhängig davon werden die auf Inhaltsnormen des Tarifvertrages gestützten privatrechtlichen Erfüllungs- und Schadenersatzansprüche des einzelnen Arbeitgebers und Arbeitnehmers aus dem Arbeitsverhältnis hergeleitet, auf das die Inhaltsnormen einwirken.

305 **b) Abgrenzung zur zwingenden Wirkung.** Es gibt Fälle, in denen die Tarifnorm nur unmittelbare Wirkung äußert, und andere, in denen lediglich eine zwingende Wirkung eintritt. Gestatten die Tarifparteien nach § 4 Abs. 3 vom Tarifvertrag abweichende Abmachungen oder ersetzen sie einen nachwirkenden Tarifvertrag, so fehlt die zwingende Wirkung. Trotzdem werden die Arbeitsverhältnisse unmittelbar tarifgemäß ausgestaltet, soweit und solange die Arbeitsvertragsparteien nichts Abweichendes vereinbaren. Wie das dispositive Gesetzesrecht, so hält der Tarifvertrag insoweit eine ergänzende Regelung bereit, die hinter eine etwas anderes besagende Parteivereinbarung zurücktritt.

306 Umgekehrt kann die **zwingende Wirkung** Platz greifen, **ohne** daß die positive, **unmittelbare** Einwirkung erfolgt. Das ist namentlich dann der Fall, wenn der Tarifvertrag negative Inhaltsnormen oder Abschlußverbote enthält, ohne daß eine konträre positive Regelung im Tarifvertrag zur Verfügung gestellt wird. Sieht der Tarifvertrag ein Verbot von Konkurrenzklauseln vor, so ist eine arbeitsvertraglich vereinbarte Konkurrenzklausel unwirksam, ohne daß irgendeine positive Bestimmung an ihre Stelle tritt. In diesen Fällen ordnet der Tarifvertrag lediglich an, welchen Inhalt der Arbeitsvertrag nicht haben darf oder welche Arbeitsverhältnisse nicht eingegangen werden dürfen.

2. Die unmittelbare Wirkung der einzelnen Tarifnormen

307 Das Gesetz ordnet in § 4 Abs. 1 und 2 die unmittelbare und zwingende Wirkung einheitlich für sämtliche Tarifnormen an. Das könnte den Eindruck erwecken, als ob die Rechtswirkung der Tarifnormen durchweg die gleiche sei. Das trifft indes nicht zu: im Rahmen des § 4 hat sich der Gesetzgeber in der Frage der unmittelbaren und zwingenden Wirkung, der Nachwirkung und beim Günstigkeitsprinzip unbewußt stets am Typus der Inhaltsnormen orientiert. Für die übrigen Normen muß folglich eine entsprechende Rechtsfolge jeweils überdacht werden. Die Auswirkungen sind verschieden, je nachdem, ob es sich um Inhaltsnormen oder um Abschlußnormen, um Rechtsnormen über betriebliche Fragen oder über betriebsverfassungsrechtliche Fragen oder schließlich um Rechtsnormen für Gemeinsame Einrichtungen handelt. Es ist daher notwendig, die verschiedenen denkbaren Bestandteile des normativen Teils eines Tarifvertrags hinsichtlich ihrer Wirkung getrennt zu behandeln.

a) **Formvorschriften.** Bei tariflichen Formvorschriften ist zu unterscheiden, ob sie konstitutive oder nur deklaratorische Wirkung haben. Das ist jeweils durch Auslegung zu ermitteln.[83] Formvorschriften über den **Abschluß** des Arbeitsvertrages haben im Zweifel nur deklaratorische Bedeutung.[84] Bei der Formulierung „Arbeitsverhältnisse müssen 3 Tage nach der Arbeitsaufnahme schriftlich vereinbart werden" hat das BAG[85] eine konstitutive Formvorschrift angenommen. Konstitutive tarifliche Formvorschriften, die also die Gültigkeit des Vertrages von der Einhaltung der Form abhängig machen, stehen gesetzlichen Vorschriften gleich. Ihre Verletzung hat Nichtigkeit des Vertrages nach § 125 Satz 1 BGB mit ex nunc-Wirkung zur Folge.[86] Ein Arbeitsvertrag, der nicht der tariflich vorgesehenen Form entspricht, ist fehlerhaft; er wird jedoch inhaltlich vom Geltungsbereich des Tarifvertrages erfaßt und kann nur für die Zukunft aufgelöst werden.[87] Tarifliche Formvorschriften für **Kündigungen** haben im Zweifel konstitutive Bedeutung.[88] Das Gleiche gilt für die Geltendmachung von Ansprüchen während einer Ausschlußfrist.

b) **Abschlußnormen. aa)** *Art der Regelung.* Bei Abschlußnormen (vgl. dazu oben § 1, Rnr. 479 ff.) handelt es sich um Tarifabreden, die die Verpflichtungen des Arbeitnehmers oder des Arbeitgebers außerhalb des positiven Inhalts des Arbeitsvertrages begründen (konstitutive Formvorschriften für den Abschluß, Abschlußverbote, Abschlußgebote, Wiedereinstellungsklauseln; s. § 1, Rnr. 479). Sie gehörten früher zum schuldrechtlichen Teil des Tarifvertrags und entfalten auch heute (wie die Wiedereinstellungsklausel gegenüber nicht organisierten Arbeitnehmern) teilweise nur schuldrechtliche Wirkung. Da der Verbandstarifvertrag von den Verbänden im eigenen Namen abgeschlossen wird und ein Vertrag zu Lasten Dritter im geltenden Recht nicht zulässig ist, konnten lediglich Einwirkungspflichten der Tarifparteien, nicht aber unmittelbare Pflichten für Arbeitgeber und Arbeitnehmer begründet werden. Diese Rechtslage hat das geltende Gesetz beseitigt.

bb) Bei **Abschlußverboten** (s. oben § 1, Rnr. 502) ist[89] nach dem von ihnen verfolgten Zweck zu unterscheiden zwischen Abschlußverboten, die dem Schutz einzelner Arbeitnehmer oder bestimmter Arbeitnehmergruppen

---

[83] BAG 17. 4. 1978 AP Nr. 1 und 24. 6. 1981 Nr. 2 zu § 4 TVG Formvorschriften; *Koberski/Clasen/Menzel*, § 1 TVG, Rnr. 370.
[84] *Däubler*, Tarifvertragsrecht, Rnr. 895; Kempen/Zachert, § 1 TVG, Rnr. 31.
[85] BAG 17. 4. 1978 AP Nr. 1 zu § 4 TVG Formvorschriften.
[86] BAG 15. 11. 1957 AP Nr. 2 zu § 125 BGB; 7. 7. 1955 AP Nr. 1 zu § 32 AOG Tarifordnung; BAG 24. 6. 1981 AP Nr. 2 zu § 4 TVG Formvorschriften; *Däubler*, Tarifvertragsrecht, Rnr. 858; *Koberski/Clasen/Menzel*, § 1 TVG, Rnr. 367; *Löwisch/Rieble*, § 1 TVG, Rnr. 543.
[87] BAG 17. 4. 1978 AP Nr. 1 zu § 4 TVG Formvorschriften.
[88] *Däubler*, Tarifvertragsrecht, Rnr. 935; Kempen/Zachert, § 1 TVG, Rnr. 31; Hueck/*Nipperdey*, Arbeitsrecht II 1, § 27 VI 1, S. 547; *Löwisch*/Rieble, § 1 TVG, Rnr. 546; *Nikisch*, Arbeitsrecht II, § 80 I 2, S. 402.
[89] So auch *Buchner*, RdA 1966, S. 208, 209.

dienen (z. B. Frauen, Jugendliche) und die deshalb den (negativen) Inhaltsnormen nahestehen, und Abschlußverboten, die die Zusammensetzung oder Gliederung der Belegschaft steuern und deshalb gleichzeitig (positive) Betriebsnormen darstellen. Abschlußverbote im Interesse der betroffenen Arbeitnehmer wirken nach § 134 BGB wie gesetzliche Verbote.[90]

311 Ob sich das Abschlußverbot auch auf **Außenseiter** erstreckt, hängt von der Absicht der Tarifvertragsparteien ab. Kann der Zweck nicht anders erreicht werden, als daß die gesamte Belegschaft erfaßt wird, dann erstreckt sich die Klausel auch auf die Nichtorganisierten. Anonsten ist eine Außenwirkung im Zweifel nicht anzunehmen.[91] Ein dem Abschlußverbot widersprechender Arbeitsvertrag ist vernichtbar. Diese Nichtigkeitsfolge entspricht im Zweifel dem Willen der Tarifparteien.[92]

312 Abschlußverbote, die **im Interesse der ganzen Belegschaft** ergehen, regeln z. B. die altersmäßige Zusammensetzung,[93] die Beschäftigung von Lehrlingen[94] oder Einstellungs- und Beförderungsrichtlinien.[95] Ihre Wirkung ist sehr umstritten. *Buchner*,[96] *Neumann-Duesberg*,[97] *Nikisch*[98] sowie *Zöllner*[99] nehmen an, die normative Wirkung der Regelung beziehe sich allein auf das sog. „betriebliche Rechtsverhältnis" und schränke den tarifgebundenen Arbeitgeber in seinem Recht zur freien Betriebsgestaltung ein, ohne unmittelbare Auswirkungen auf das Einzelarbeitsverhältnis herbeizuführen. Damit wird eine unmittelbare Wirkung dieser Abschlußnormen geleugnet. Dieser Ansicht stehen der Gesetzeswortlaut und der Schutz- und Ordnungsauftrag der Berufsverbände entgegen. Da die Tarifvertragsparteien durch betriebliche Normen die Gestaltung der Betriebsorganisation im übrigen steuern können, dürfen sie auch durch Abschlußverbote auf die Zusammensetzung der Belegschaft einwirken. Auch diese Abschlußverbote wirken folglich nach § 134 BGB wie gesetzliche Verbote; als Betriebsnorm gelten sie gemäß § 3 Abs. 2 auch gegenüber nichtorganisierten Arbeitnehmern.[100]

313 Ob sich das Abschlußverbot auch auf wirksam begründete Rechtsverhältnisse erstrecken soll, muß die Auslegung des Tarifvertrages ergeben. Im Zweifel bleiben **bereits abgeschlossene Arbeitsverträge**, die nach dem neuen Tarifvertrag nicht begründet werden dürften, wirksam.[101] Soll das aus-

---

[90] Ebenso *Däubler*, Tarifvertragsrecht, Rnr. 866; *Säcker/Oetker*, Tarifautonomie, S. 117.
[91] Vgl. *Buchner*, RdA 1966, S. 209; *Wiedemann*, RdA 1969, S. 321, 335.
[92] Vgl. LAG Frankfurt 24. 11. 1954, BB 1955, S. 765; *Kunze*, BB 1953, S. 58; *Reichel*, Betrieb 1955, S. 169, 170.
[93] Vgl. dazu LAG Düsseldorf 17. 5. 1966, Betrieb 1966, S. 987, 988.
[94] Vgl. dazu LAG Düsseldorf 19. 9. 1960 AP Nr. 1 zu § 4 TVG Lehrlingskalen (*Zöllner*).
[95] Vgl. dazu *Kunze*, BB 1953, S. 58.
[96] *Buchner*, RdA 1966, S. 209, 210.
[97] *Neumann-Duesberg*, Betrieb 1963, S. 1218, 1219.
[98] *Nikisch*, Arbeitsrecht II, § 80 I 4, S. 404.
[99] *Zöllner*, Anm. zu LAG Düsseldorf 19. 9. 1960 AP Nr. 1 zu § 4 TVG Lehrlingsskalen.
[100] Zur Bedeutung des Tarifverstoßes für die Mitbestimmung des Betriebsrats vgl. § 99 Abs. 2 Nr. 1 BetrVG 1972.
[101] S. *Koberski/Clasen/Menzel*, § 4 TVG, Rnr. 49.

nahmsweise anders sein, so ist der Arbeitgeber verpflichtet, den Arbeitsvertrag zum nächstmöglichen (ordentlichen) Kündigungstermin zu beenden.[102]

cc) Ein tarifvertragliches **Abschlußgebot** (z. B. Wiedereinstellungsklausel; vgl. zum Ganzen ausführlich oben § 1, Rnr. 480 ff.) stellt kein gesetzliches oder vertragliches Schuldverhältnis ex lege her, sondern gewährt bestimmten Arbeitnehmern einen klagbaren Anspruch auf Begründung eines Arbeitsverhältnisses und verpflichtet den Arbeitgeber, gewisse Arbeitnehmer einzustellen oder weiterzubeschäftigen.[103] Es ist nicht einzusehen, warum Abschlußgebote, wie *Nipperdey*[104] meinte, keine unmittelbare oder, wie *Nikisch*[105] sagte, keine zwingende Kraft haben können. Ob der Arbeitnehmer von seinem Anspruch Gebrauch macht, steht ihm frei; das hat mit der normativen Wirkung nichts zu tun. *Löwisch*[106] meint zu Unrecht, der durch Abschlußgebote ausgeübte Kontrahierungszwang überschreite die Grenzen der Tarifmacht.[107]

Verpflichtet der Tarifvertrag den Arbeitgeber lediglich, eine gewisse Zahl von Arbeitnehmern aus einer bestimmten Gruppe (ältere Arbeitnehmer, Auszubildende) zu beschäftigen, so kann darin **gleichzeitig eine betriebliche Norm** liegen (vgl. zu **Doppelnormen** ausführlich oben § 1, Rnr. 276 ff.). Auch solche Tarifnormen verpflichten den Arbeitgeber unmittelbar und zwingend. Die Einhaltung des Tarifvertrages kann allerdings nicht von einem bestimmten Arbeitnehmer, sondern nur vom Betriebsrat verlangt werden; § 80 Abs. 1 Nr. 1 BetrVG.[108]

c) Betriebliche und betriebsverfassungsrechtliche Normen. Das Gesetz bringt eine Erweiterung des normativen Teils, indem es anordnet, daß auch die Regelung betrieblicher oder betriebsverfassungsrechtlicher Fragen normativ wirken soll. Da solche Bestimmungen nicht oder nur mittelbar den Inhalt der Arbeitsverhältnisse betreffen, wurden sie nach früherem Recht zum obligatorischen Teil gezählt und begründeten nur Einwirkungspflichten der Verbände auf ihre Mitglieder. Nunmehr ist es möglich, im Rahmen der zwingenden Vorschriften des Betriebsverfassungsrechts durch Tarifvertrag den Arbeitgeber und den Betriebsrat **unmittelbar verpflichtende und berechtigende** Bestimmungen zu treffen, also beiden durch Gesetz im materiellen Sinn betriebliche oder betriebsverfassungsrechtliche Rechte und Pflichten aufzuerlegen. Soweit die betrieblichen Normen Dienstvorschriften enthalten, begründen sie unmittelbar Rechte und Pflichten zwischen den

---

[102] Im Ergebnis ebenso *A. Hueck*, BB 1949, S. 354, 355; abweichend *Nikisch*, Arbeitsrecht II, § 80 I 4, S. 404, der lediglich den Arbeitgeberverband als Tarifpartei für verpflichtet hält, bei seinen Mitgliedern auf baldige Kündigung dieser Arbeitsverhältnisse zu drängen.
[103] *Kempen/Zachert*, § 1 TVG, Rnr. 28 f.
[104] *Hueck/Nipperdey*, Arbeitsrecht II 1, § 27 VI 3, S. 548.
[105] *Nikisch*, Arbeitsrecht II, § 80 I 3, S. 402.
[106] *Löwisch*/Rieble, § 1 TVG, Rnr. 71.
[107] A. A. *Däubler*, Tarifvertragsrecht, Rnr. 871: die Bedeutung derartiger Abschlußgebote sei nicht höher einzuschätzen als die von Lohnerhöhungen oder von Arbeitszeitverkürzungen.
[108] Zur Frage, in welchen Fällen nach Arbeitskämpfen eine Wiedereinstellungspflicht besteht, vgl. den Beschluß des Großen Senats des BAG 21. 4. 1971 AP Nr. 43 zu Art. 9 GG Arbeitskampf, sowie oben zu § 1, Rnr. 492 ff.

Arbeitsvertragsparteien. Wie weit durch Betriebsnormen eine solche unmittelbare Erfüllungspflicht des Arbeitgebers gegenüber jedem einzelnen Arbeitnehmer begründet werden soll, muß die Auslegung des Tarifvertrages ergeben. Die Wirkung betrieblicher oder betriebsverfassungsrechtlicher Normen wird durch § 3 Abs. 2 des Gesetzes auf die nichtorganisierten Arbeitnehmer ausgedehnt; vgl. dazu ausführlich oben § 1, Rnr. 586 und § 3, Rnr. 127 ff. Hat eine betriebliche oder betriebsverfassungsrechtliche Regelung regelwidrig zugleich den Charakter einer Inhalts- oder Abschlußnorm, so führt der betriebliche oder betriebsverfassungsrechtliche Charakter der Doppelnorm dazu, daß die Tarifgebundenheit des Arbeitgebers allein genügt.[109]

317 **d) Regelung Gemeinsamer Einrichtungen.** Nach Absatz 2 der Vorschrift gelten die Tarifregelungen für Gemeinsame Einrichtungen der Tarifvertragsparteien unmittelbar und zwingend für die Satzung dieser Einrichtungen und das Verhältnis der Einrichtungen zu den tarifgebundenen Arbeitgebern und Arbeitnehmern. Die Bedeutung der Vorschrift ist noch nicht ganz geklärt.[110]

318 aa) Das **Verhältnis zwischen Tarifnorm und Satzung** einer Gemeinsamen Einrichtung ist mit demjenigen zwischen Tarifnorm und Einzelarbeitsverhältnis nicht zu vergleichen. Wird die Gemeinsame Einrichtung erst neu errichtet, so in der Regel nicht durch den Tarifvertrag, sondern auf der Grundlage des Tarifvertrages. Der Tarifvertrag enthält lediglich Verpflichtungen der Parteien, eine den Normen des Tarifvertrags entsprechende Gemeinsame Einrichtung ins Leben zu rufen. Enthält die Satzung Lücken, so werden diese ebenfalls nicht vom Tarifvertrag ausgefüllt. Das Statut richtet sich nach den dafür maßgebenden Organisationsgesetzen. Die Satzung der Körperschaft und des nicht-rechtsfähigen Vereins ist im wesentlichen nur aus sich selbst auszulegen.[111] Weicht die Satzung vom Tarifvertrag ab, so ist die Satzung, auch wenn darin eine Änderung des Tarifvertrags zu sehen ist, mit ihrem festgestellten Inhalt wirksam. Die Parteien des Tarifvertrags sind untereinander verpflichtet, eine Harmonisierung von Tarifnorm und Statut im Rahmen des gesetzlich Zulässigen herbeizuführen.[112] Gründung und Auflösung einer Gemeinsamen Einrichtung können durch Rechtsgeschäft zwischen den Tarifvertragsparteien erfolgen.[113] Eine unmittelbare Wirkung der Tarifnormen auf die Satzung scheidet infolgedessen aus.

319 bb) § 4 Abs. 2 des Gesetzes entfaltet seine volle Wirkung im Verhältnis der Gemeinsamen Einrichtung einerseits und dem Arbeitgeber und den Arbeitnehmern andererseits. Diese Rechtsbeziehungen werden durch die sie regelnden Tarifnormen gleichzeitig geschaffen wie auch inhaltlich ausgestal-

---

[109] Zustimmend LAG Frankfurt 12. 12. 1952 AP 1954, Nr. 150 *(Neumann-Duesberg)*; *Nikisch*, Arbeitsrecht II, § 80 III 2, S. 407; *Rewolle*, Betrieb 1950, S. 11; ablehnend *Herschel*, BABl. 1950, S. 377, 379.
[110] Vgl. dazu *Bötticher*, Die gemeinsamen Einrichtungen der Tarifvertragsparteien, 1966, S. 74 ff.; *Hueck/Richardi*, AR-Blattei, Tarifvertrag VI Rechtswirkungen, unter B IV; *Nikisch*, Arbeitsrecht II, § 80 IV, S. 408; *Zöllner*, Gutachten zum 48. DJT, 1970, S. G 49 ff.
[111] Vgl. BGH 6. 3. 1967 BGHZ 47, S. 172, 180.
[112] Vgl. BAG 22. 5. 1990 AP Nr. 1 zu § 242 BGB Ruhegehalt Zusatzversorgung.
[113] *Löwisch/Rieble*, § 4 TVG, Rnr. 118.

tet.[114] Geregelt werden also die **Beitragsbeziehungen** zwischen der Gemeinsamen Einrichtung und den verpflichteten Arbeitgebern[115] einerseits und zum anderen – in den klassischen Fällen der Lohnausgleichs-, Urlaubs- und Zusatzversorgungskassen – die **Ansprüche der Arbeitnehmer** gegen die Gemeinsame Einrichtung. Hierbei kann der Arbeitgeber als Zahlstelle für seine Arbeitnehmer zwischengeschaltet werden.[116]

3. Nachwirkung nach Abs. 5

Nach § 4 Abs. 1 Satz 1 wirken die Rechtsnormen des Tarifvertrages unmittelbar und zwingend auf die Arbeitsverhältnisse der Tarifgebundenen ein. Sie wirken also **wie Gesetze**, von außen, auf den Arbeitsvertrag und werden nicht zum Inhalt des Arbeitsvertrages. Das hat praktische Konsequenzen; es gelten die Grundsätze über die Wirkung von Gesetzesrecht und nicht die über die Wirkung von Vertragsrecht. § 4 Abs. 5 ordnet an, daß die Einwirkung über das Ende der Geltung des Tarifvertrages hinaus reicht; jedoch sind die Regeln für die Einwirkung auf Arbeitsverträge während der Laufzeit des Tarifvertrages und während der Nachwirkungsphase nicht identisch, was zu vielfältigen Auslegungsproblemen führt. Der Beginn der Einwirkung richtet sich nach dem Inkrafttreten des Tarifvertrages. Danach ergreift die unmittelbare Einwirkung die Rechtsverhältnisse, insbesondere die Arbeitsverhältnisse der tarifgebundenen Personen, die bei Beginn der Wirksamkeit des Tarifvertrages bestehen oder in der Zeit nach ihrem Wirksamkeitsbeginn bis zu ihrer Beendigung abgeschlossen werden; vgl. dazu oben Rnr. 228 ff. Die Einwirkung eines Tarifvertrages auf ein bisher nicht tariflich geregeltes bestehendes Arbeitsverhältnis begründet für die Arbeitsvertragsparteien kein außerordentliches Kündigungsrecht und kein Kündigungsrecht nach § 242 BGB wegen Wegfalls der Geschäftsgrundlage.[117] Die Beendigung der zwingenden Wirkung des Tarifvertrages fällt mit dem Ablauf des Tarifvertrages zusammen; vgl. dazu oben Rnr. 10 ff.

a) Entwicklung. aa) Die Frage der Nachwirkung der Tarifnormen nach der Beendigung des Tarifvertrages war bereits unter der Geltung der **Tarif-VO** und später für die Tarifordnungen nach dem **AOG** umstritten. Nach einer Ansicht sollten die Tarifnormen in die Arbeitsvertragsverhältnisse der tarifbeteiligten Arbeitnehmer und Arbeitgeber eingehen, damit zum Inhalt des Arbeitsverhältnisses werden und nach Beendigung des Tarifvertrages als arbeitsvertragliche Regeln mit der Möglichkeit der Abdingbarkeit weitergelten.[118] Die andere Auffassung verneinte ein solches Eingehen der tariflichen Regelungen in das Arbeitsverhältnis; sie nahm vielmehr an, daß die Tarifnormen wie alle echten Rechtsnormen auf die Arbeitsverhältnisse be-

---

[114] Vgl. dazu eingehend *Bötticher*, Gemeinsame Einrichtungen, S. 75.
[115] Löwisch/*Rieble*, § 4 TVG, Rnr. 108 ff.
[116] BAG 14. 12. 1977 AP Nr. 1 zu § 4 TVG Gemeinsame Einrichtungen; Löwisch/ *Rieble*, § 4 TVG, Rnr. 111.
[117] RAG 15. 5. 1929, ARS 6, S. 372, 374 *(A. Hueck)*; 22. 6. 1929 6, S. 511, 513 *(Nipperdey)*.
[118] Vgl. *Jacobi*, Grundlehren des Arbeitsrechts, 1927, S. 221, Anm. 3; *Kaskel*, Arbeitsrecht, 3. Aufl. 1927, S. 35.

herrschend einwirken; diese Normenwirkung höre aber mit der Beendigung des Tarifvertrages auf.[119] Die Rechtsprechung bejahte die Nachwirkung zunächst.[120] Das Reichsarbeitsgericht lehnte indes in einer späteren Entscheidung die Nachwirkung für die Betriebsordnung des AOG ab;[121] dies übertrug *Nipperdey* in seiner Anmerkung zu dieser Entscheidung auf Tarifordnungen.

322　**bb) Heutiges Verständnis.** Der Gesetzgeber wollte in Kenntnis dieser unterschiedlichen Auffassungen mit § 4 Abs. 5 erreichen, daß die ursprünglich herrschende Meinung im Ergebnis wieder hergestellt wird. Die Nachwirkung sollte zu einer „Umwandlung der zwingenden Tarifvertragsnormen bei Beendigung des Tarifvertrages in eine besondere Art dispositiven Rechts führen".[122] Trotz dieser klaren **gesetzgeberischen Absicht** blieb die Deutung der Nachwirkung weiter bestritten. Der Text hätte zur größeren Klarheit formuliert werden sollen: „Nach Ablauf des Tarifvertrages gelten seine Rechtsnormen zwar unmittelbar, aber nicht mehr zwingend weiter, bis sie durch eine andere Abmachung ersetzt werden."

323　Der früher bestehende Meinungsstreit betraf zwei Fragen: Zum einen, ob die Nachwirkung als **normative Geltung** oder als vertragliche Geltung zu verstehen ist (s. dazu oben Rnr. 321); zum anderen, ob bei normativer Geltung auch die zwingende Wirkung beibehalten wird oder nicht. Die erste Frage ist inzwischen geklärt. Zwar hatte noch *Nikisch*[123] angenommen, die tariflichen Arbeitsbedingungen würden Inhalt der Arbeitsverhältnisse und könnten aus diesem Grunde nur in diesen weiterwirken. Heute ist jedoch die normative Wirkung des Tarifvertrages in der Nachwirkungsphase allgemein anerkannt.[124] Überwiegend wird diese normative Wirkung auch so verstanden, daß nur die unmittelbare Geltung erhalten bleibt, aber **nicht die zwingende Wirkung**.[125] Nach *Kempen*[126] soll der Wortlaut der Vorschrift auch die Auslegung zulassen, daß auch die zwingende Wirkung erhalten bleibt. Das ist zwar richtig, jedoch widerspricht diese Auffassung eindeutig der Entstehungsgeschichte; s. oben Rnr. 321.

324　In **praktischer Konsequenz** bedeutet die normative Wirkung anstelle einer vertraglichen Wirkung, daß sich der nachwirkende Tarifvertrag auch auf Arbeitsverhältnisse erstreckt, die erst im Nachwirkungszeitraum begründet werden (s. zum Meinungsstreit unten Rnr. 330 ff.). Die Nachwirkung kommt außerdem auch für Regeln über betriebliche und betriebsverfas-

---

[119] So insbes. *H. Lehmann*, Tarifvertrag und Nachwirkung, 1927, S. 21 ff.; *Nipperdey*, in: Hueck/Nipperdey, Arbeitsrecht (3.–5. Aufl. 1932), Bd. II, S. 235, 240.
[120] Vgl. RAG 13. 6. 1934, ARS 21, S. 69, 71; 25. 7. 1936 27, S. 353, 362 (*Volkmar*); 2. 7. 1926 RGZ 114, S. 194, 195.
[121] RAG 9. 1. 1937, ARS 29, S. 3.
[122] So *Herschel*, ZfA 1973, S. 183, 193; *ders.*, ZfA 1976, S. 89, 94 ff.
[123] *Nikisch*, Arbeitsrecht II, § 79 III 2, S. 389.
[124] BAG 14. 2. 1973 AP Nr. 6, 28. 6. 1972 Nr. 7, 29. 1. 1975 Nr. 8, 7. 12. 1977 Nr. 9 zu § 4 TVG Nachwirkung; *Däubler*, Tarifvertragsrecht, Rnr. 1449 f.; Löwisch/Rieble, § 4 TVG, Rnr. 220 ff.
[125] BAG 14. 2. 1973 AP Nr. 6, 28. 6. 1972 Nr. 7, 29. 1. 1975 Nr. 8, 7. 12. 1977 Nr. 9 zu § 4 TVG Nachwirkung; *Däubler*, Tarifvertragsrecht, Rnr. 1449 f.; Löwisch/Rieble, § 4 TVG, Rnr. 220 ff.
[126] *Kempen*/Zachert, § 4 TVG, Rnr. 293.

sungsrechtliche Fragen sowie für Gemeinsame Einrichtungen in Betracht. Schließlich ist es möglich, auf die noch geltenden Tarifnormen auf der Grundlage des tarifdispositiven Gesetzesrechts bezug zu nehmen, soweit diese Normen nicht ihrerseits einen zwingend geltenden Tarifvertrag voraussetzen. Aus dem Wortlaut des § 4 Abs. 5 ergibt sich im übrigen, daß nur die Rechtsnormen des Tarifvertrages Nachwirkung entfalten können, nicht jedoch der schuldrechtliche Teil des Tarifvertrages.[127]

Streitig ist die dogmatische Erklärung für die in § 4 Abs. 5 TVG angeordnete Nachwirkung. Nach Ansicht des BAG **beruht die Nachwirkung nicht mehr auf Tarifrecht**, sondern auf staatlichem Recht.[128] Wenn man davon absieht, daß die Ausübung der Tarifautonomie insgesamt auf staatlicher Delegation beruht, so ist Rechtsgrund für die normative Wirkung im Nachwirkungszeitraum unverändert der Tarifvertrag.[129]

cc) Die Auslegung des § 4 Abs. 5 hat zusätzliche Bedeutung erlangt, nachdem die Tarifvertragsparteien dazu übergingen, **lediglich nachwirkende Tarifverträge** zu vereinbaren. Das Bundesarbeitsgericht lehnt die Gültigkeit von Tarifverträgen mit von vornherein nachwirkenden Normen ab.[130] Dieser Ansicht ist nicht zu folgen; vgl. dazu unten Rnr. 365.

b) Zweck der Vorschrift. Die Auslegung des § 4 Abs. 5 hat unter Berücksichtigung der Aufgaben des Tarifvertragssystems im allgemeinen sowie nach Wortlaut und Zweck der Vorschrift im besonderen zu erfolgen. Der Gesetzgeber wollte erreichen, daß die Arbeitsverhältnisse auch nach Beendigung des Tarifvertrages **nicht inhaltsleer** werden[131] oder durch dispositives Gesetzesrecht ergänzt werden müssen, sondern daß der Tarifvertrag weiterwirkt, bis eine andere kollektiv- oder einzelvertragliche Abrede an seine Stelle tritt. Das Gesetz will mithin eine Überbrückungshilfe schaffen, und zwar im Interesse der Arbeitnehmer, der Arbeitgeber sowie der Tarifvertragsparteien selbst. Dabei geht es nicht nur darum, daß überhaupt eine Regelung bereit gestellt wird, sondern auch darum, den bisherigen Standard beizubehalten. Es liegt zunächst im Interesse der **Arbeitnehmer**, wenn der Tarifvertrag, wenn auch nur dispositiv, weitergilt; denn dadurch wird eine einseitige Änderung durch den Arbeitgeber ausgeschlossen. Die Aufrechterhaltung des bisherigen Standards ist nicht davon abhängig, daß der Arbeitgeber ihn freiwillig gewährt oder daß entsprechende vertragliche oder gesetzliche Bestimmungen ihn dazu verpflichten.

---

[127] *Koberski/Clasen/Menzel*, § 4 TVG, Rnr. 187.
[128] BAG 14. 2. 1973 AP Nr. 6, 29. 1. 1975 Nr. 8, 7. 12. 1977 Nr. 9 zu § 4 TVG Nachwirkung; ebenso *Koberski/Clasen/Menzel*, § 4 TVG, Rnr. 181.
[129] *Gamillscheg*, Kollektives Arbeitsrecht I, § 18 VII 1 b, S. 874; *Kempen/Zachert*, § 4 TVG, Rnr. 295; *Herschel*, ZfA 1976, S. 94, 96; *Wiedemann*, Anm. zu BAG 14. 2. 1973 AP Nr. 6 und 29. 1. 1975 Nr. 8 zu § 4 TVG Nachwirkung; so wohl auch Löwisch/ *Rieble*, § 4 TVG, Rnr. 222, 224 f.; ausführlich *Rotter*, Nachwirkung, S. 34 ff., 46 ff., 99.
[130] Vgl. BAG 14. 2. 1973 AP Nr. 6 zu § 4 TVG Nachwirkung *(Wiedemann)* = AR-Blattei, Tarifvertrag IV Geltungsbereich, Entscheidung 12 *(Buchner)*; BAG 28. 6. 1972 AP Nr. 7 zu § 4 TVG Nachwirkung *(Wiedemann)* = AR-Blattei, Tarifvertrag VI Rechtswirkungen, Entscheidung 20 *(Richardi)*; BAG 29. 1. 1975 AP Nr. 8 zu § 4 TVG Nachwirkung *(Wiedemann)*.
[131] BAG 18. 3. 1992 AP Nr. 13 zu § 3 TVG im Anschluß an die Vorauflage, § 4, Rnr. 185.

328 Die Weitergeltung der tariflichen Ordnung liegt weiter im Interesse des **Arbeitgebers**, der nicht in der Lage ist, das vorhandene Regelungswerk und seine Ordnungswirkung kurzerhand zu ersetzen.

329 Die Weitergeltung dient schließlich den **Tarifvertragsparteien** selbst, die ohne Zeitdruck über einen neuen Tarifvertrag verhandeln und damit rechnen können, daß die Kontinuität der tariflichen Ordnung erhalten bleibt. Angesichts der Häufigkeit, mit der sich der Neuabschluß des Tarifvertrages verzögert,[132] besteht auch ein praktisches Bedürfnis nach einer **Überbrückungsregelung**.[133] Dies alles legt es nahe, § 4 Abs. 5 weit auszulegen. Wertungsgesichtspunkte, die gegen dieses Verständnis der Nachwirkung sprechen, sind nicht ersichtlich. Da die tarifvertragliche Ordnung, wenn auch nur dispositiv, aufrechterhalten werden soll, besteht kein Grund, sie nur als auf die bereits bestehenden Arbeitsverhältnisse beschränkt zu erachten und damit an die Stelle der bisher einheitlichen nun eine gespaltene Ordnung zu setzen. Die einheitliche Weitergeltung würde von der zusätzlichen und zufälligen Voraussetzung abhängen, daß der Arbeitgeber durchgehend eine vertragliche Bezugnahme auf den Tarifvertrag vorsieht.

330 c) **Folgerungen. aa)** Aus dem Gesagten folgt, daß sich die Nachwirkung des Tarifvertrags auch auf **Rechtsverhältnisse** erstreckt, **die im Nachwirkungszeitraum begründet werden**.

331 Das **BAG** verneint für diese Fälle eine Nachwirkung.[134] „Nachwirkung" setze begrifflich voraus, daß die Tarifnormen zuvor einmal als wirksames Tarifrecht gegolten haben.[135] Der Gesetzgeber habe gewollt, daß nachwirkende Tarifnormen jederzeit ersetzt werden können; deshalb solle der nachwirkende Tarifvertrag erst gar nicht auf neue Arbeitsverhältnisse einwirken. Dem BAG folgen *Zöllner/Loritz*[136] und *Rüthers*.[137] Nach Meinung von Rüthers hat § 4 Abs. 5 die Aufgabe, früher sich ergebende Nachwirkungsprobleme zu beseitigen; diese hätten aber nur bereits bestehende Arbeitsverhältnisse betroffen.

332 Der hier vertretenen Ansicht folgt das **überwiegende Schrifttum**.[138] Aus dem Begriff Nachwirkung läßt sich nichts ableiten. Auf nicht diskutierte Fragen kann die Entstehungsgeschichte kaum Antworten geben. Da dem

---

[132] Vgl. die Tabelle in RdA 1976, S. 256 betr. verzögerte Neuabschlüsse für 1975.
[133] Ebenso *Däubler*, Tarifvertragsrecht, Rnr. 1449 f.; *Hromadka/Maschmann/Wallner*, Tarifwechsel, Rnr. 248 f.; *Löwisch/Rieble*, § 4 TVG, Rnr. 220 ff.
[134] BAG 6. 6. 1958 AP Nr. 1, 13. 6. 1958 Nr. 2, 29. 1. 1975 Nr. 8, 13. 8. 1986 Nr. 13, 28. 1. 1987 Nr. 16 zu § 4 TVG Nachwirkung; 13. 6. 1958 AP Nr. 2 zu § 4 TVG Effektivklausel; 13. 6. 1958 AP Nr. 2 zu § 5 TVG; 15. 2. 1965 AP Nr. 6 zu § 13 BUrlG (*Götz Hueck*) = SAE 1965, S. 177 (*Adomeit*); 14. 2. 1991 AP Nr. 10 zu § 3 TVG; 13. 7. 1994 AP Nr. 14 zu 3 TVG Verbandszugehörigkeit.
[135] BAG 29. 1. 1975 AP Nr. 8 zu § 4 TVG Nachwirkung.
[136] *Zöllner/Loritz*, Arbeitsrecht, § 36 VI 2 b, S. 410.
[137] *Rüthers*, in: Festschrift für G. Müller (1981), S. 445, 450 f.
[138] *Buchner*, Anm. zu BAG 14. 2. 1983 AP Nr. 6 zu § 4 TVG Nachwirkung = AR-Blattei Tarifvertrag IV, Entscheidungen 12; *Däubler*, Tarifvertragsrecht, Rnr. 1464; *Gamillscheg*, Kollektives Arbeitsrecht I, § 18 VII 6, S. 880; *Kempen/Zachert*, § 4 TVG, Rnr. 52; *Herschel*, ZfA 1976, S. 89, 99; *Löwisch/Rieble*, § 4 TVG, Rnr. 226; *Wiedemann*, Anm. zu BAG 29. 1. 1975 AP Nr. 8 zu § 4 TVG Nachwirkung; ausführlich unten Rnr. 364 ff.

nachwirkenden Tarifvertrag weiterhin unmittelbare Wirkung zukommt, muß er auch für neu begründete Arbeitsverhältnisse gelten. Solange die Tarifvertragsparteien keine abweichende Regelung getroffen haben, gilt daher der nachwirkende Tarifvertrag.[139] Entscheidend ist immer die Auslegung des Tarifvertrages.[140] Bei der anderen Auffassung ergeben sich insbes. Probleme für Betriebsnormen, die notwendigerweise betriebseinheitlich gelten müssen.[141] Der Wortlaut der Vorschrift spricht gegen das BAG. Auch der Zweck der Überbrückungshilfe spricht für die hier vertretene Auffassung.[142]

Die praktische Bedeutung des Meinungsstreits ist allerdings deshalb gering, weil nach der Ansicht der Rechtsprechung eine pauschale **Verweisung** auf die geltenden Tarifverträge in den einzelnen Arbeitsverträgen dahin auszulegen ist, daß auch nachwirkende Tarifverträge erfaßt werden sollen.[143] Auch Auszubildende, deren Ausbildungsverhältnis sich nach Ablauf des Tarifvertrages in ein Arbeitsverhältnis verwandelt, werden vom nachwirkenden Tarifvertrag erfaßt.[144] Da alle Arbeitsverträge in der Regel eine derartige Verweisung enthalten, gelten im Ergebnis nach beiden Meinungen nachwirkende Tarifverträge auch für neu in den Betrieb eintretende Arbeitnehmer.

333

Manche Gesetze erlauben nur eine Abweichung durch Tarifvertrag, nicht aber durch Einzelvertrag (**tarifdispositives Recht**; vgl. dazu oben Einl. vor § 1, Rnr. 387 ff.). Es ist streitig, ob das Vorrangprinzip auch für nachwirkende Tarifverträge gilt. Abgelehnt wird die hier vertretene bejahende Ansicht von *Boldt*[145] sowie von *Däubler*.[146] Eine Abweichung vom Gesetz sei nur aufgrund eines voll wirksamen Tarifvertrages hinnehmbar. Das BAG[147] stimmt der Ansicht dagegen zu. Es hält eine erst im Nachwirkungszeitraum getroffene Vereinbarung gem. § 13 Abs. 1 Satz 2 BUrlG für zulässig. Das tarifliche Urlaubsrecht solle im Betrieb eine breite Anwendung finden.[148] Der Vorbehalt in § 13 Abs. 1 BUrlG belegt, daß die tarifliche Urlaubsregelung sachgerechter ist als die gesetzliche Hilfsregelung.

334

Streitig ist des weiteren, ob im Nachwirkungszeitraum auf den Tarifvertrag **einzelvertraglich bezug genommen** werden kann mit der Folge, daß dann ebenfalls der Vorrang des Tarifvertrags gegenüber dem Gesetz ausgelöst

335

---

[139] Löwisch/*Rieble*, § 4 TVG, Rnr. 226.
[140] *Rotter*, Nachwirkung, S. 102 f.
[141] Löwisch/*Rieble*, § 4 TVG, Rnr. 227.
[142] *Wiedemann*, Anm. zu BAG 29. 1. 1975 AP Nr. 8 zu § 4 TVG Nachwirkung.
[143] BAG 29. 1. 1975 AP Nr. 8 zu § 4 TVG Nachwirkung.
[144] BAG 19. 1. 1962 AP Nr. 11 zu § 5 TVG; 28. 1. 1987 AP Nr. 16 zu § 4 TVG Nachwirkung.
[145] *Boldt*, Recht im Wandel, in: Festschrift für den C. Heymanns Verlag (1965), S. 227, 239.
[146] *Däubler*, Tarifvertragsrecht, Rnr. 1461.
[147] BAG 27. 6. 1978 AP Nr. 12 zu § 13 BUrlG.
[148] Der Vorrangwirkung stimmen auch zu *Götz Hueck*, Anm. zu BAG 15. 2. 1965 AP Nr. 6 zu § 13 BUrlG; *Dersch/Neumann*, 7. Aufl. 1990, § 13 BUrlG, Rnr. 12; GK-BUrlG-*Berscheid*, 4. Aufl. 1992, § 13 BUrlG, Rnr. 18 ff.; *Trieschmann*, AuR 1966, S. 285, 286; *Wiedemann*, Anm. zu BAG 27. 6. 1978 AP Nr. 12 zu § 13 BUrlG; s. allgemein *Gamillscheg*, Kollektives Arbeitsrecht I, § 18 VII 2 c, S. 876; *Stein*, Tarifvertragsrecht, Rnr. 132.

wird.[149] Das BAG[150] sowie die überwiegende Literatur lassen die Bezugnahme zu.[151] Eine Zweiteilung der Belegschaft ist nicht wünschenswert und läuft der Ordnungsaufgabe des Tarifvertrages, die § 4 Abs. 5 unterstützen will, zuwider. Die Argumentation in einer BAG-Entscheidung,[152] da selbst bei Tarifbindung kraft Organisationszugehörigkeit ein nachwirkender Tarifvertrag nicht anwendbar wäre, könne dies erst recht nicht durch bloße einzelvertragliche Bezugnahme auf den abgelaufenen Tarifvertrag erreicht werden, geht von einem abweichenden und nicht zutreffenden Verständnis der Nachwirkung aus. Wie weit die gesetzlichen oder richterrechtlichen Zulassungsnormen ihrerseits einen unmittelbar und zwingend geltenden Tarifvertrag voraussetzen, muß für jede einzelne tarifdispositive Gesetzesnorm getrennt untersucht werden.

336   bb) Die Nachwirkung galt in dem oben beschriebenen Umfang auch für **Tarifordnungen**.[153] Bei einem für **allgemeinverbindlich** erklärten Tarifvertrag erfaßt die Nachwirkung auch nichtorganisierte Arbeitnehmer, sog. Außenseiter.[154] Wird nach dem für allgemeinverbindlich erklärten Tarifvertrag ein neuer Tarifvertrag geschlossen, der nicht für allgemeinverbindlich erklärt wird, so bleibt im Verhältnis zwischen Arbeitgeber und Nichtorganisiertem die nachwirkende Regelung bestehen.[155] Bleibt der Tarifvertrag bestehen, wird aber seine Allgemeinverbindlichkeit aufgehoben, so gilt er für Nichtorganisierte kraft Nachwirkung weiter, § 4 Abs. 5 analog.[156] Das folgt aus der Ordnungsfunktion des Tarifvertrages. Auch dient es den Interessen beider Arbeitsvertragsparteien.[157]

337   cc) Die Nachwirkung nach § 4 Abs. 5 tritt auch dann ein, wenn zwar nicht der Tarifvertrag beendet ist, aber eine andere **Voraussetzung der Tarifwirkung wegfällt**, so wenn der räumliche, betriebliche oder fachliche

---

[149] Das wird verneint von BAG 15. 2. 1965 AP Nr. 6 zu § 13 BUrlG (*Götz Hueck*); *Herschel*, NJW 1958, S. 1033 (zurückhaltender aber *ders.*, ZfA 1976, S. 89, 100); *Lieb*, ZfA 1970, S. 197, 205; *Zmarzlik*, AuR 1962, S. 148.

[150] BAG 27. 6. 1878 AP Nr. 12 zu § 13 BUrlG und BAG 27. 1. 1987 AP Nr. 42 zu § 99 BetrVG 1972.

[151] GK-BUrlG-*Berscheid*, § 13 BUrlG, Rnr. 41 (da sonst eine einheitliche Urlaubsregelung im Betrieb nicht erreicht werde); *Leinemann/Linck*, § 13 BUrlG, Rnr. 32 ff.; *Neumann/Dersch*, § 13 BUrlG, Rnr. 21; *Trieschmann*, AuR 1966, S. 287; *Stahlhacke*, Betrieb 1969, S. 1651, 1653; *Wiedemann*, Anm. zu BAG 27. 6. 1978 AP Nr. 12 zu § 13 BUrlG.

[152] BAG 15. 2. 1965 AP Nr. 6 zu § 13 BUrlG.

[153] So BAG 13. 11. 1957 AP Nr. 30 zu § 3 TOA; *Hueck/Nipperdey*, Arbeitsrecht II 1, § 27 IV 4, S. 540; a. A. *Nikisch*, Arbeitsrecht II, S. 233, 392.

[154] BAG 18. 6. 1980 AP Nr. 68 zu § 4 TVG Ausschlußfrist; *Däubler*, Tarifvertragsrecht, Rnr. 1456; *Gamillscheg*, Kollektives Arbeitsrecht I, § 18 VII 3 b, S. 876; *Kempen/Zachert*, § 4 TVG, Rnr. 297; *Koberski/Clasen/Menzel*, § 4 TVG, Rnr. 191; *Löwisch/Rieble*, § 4 TVG, Rnr. 245.

[155] BAG 27. 11. 1991 AP Nr. 22 zu § 4 TVG Nachwirkung = NZA 1992, S. 800; LAG Köln, Betrieb 1991, S. 2248; ebenso *Däubler*, Tarifvertragsrecht, Rnr. 1456; *Kempen/Zachert*, § 4 TVG, Rnr. 53; *Frölich*, NZA 1992, S. 1105, 1110.

[156] BAG 19. 1. 1962 AP Nr. 11 zu § 5 TVG; *Däubler*, Tarifvertragsrecht, Rnr. 1456; *Frölich*, NZA 1992, S. 1105, *Hueck/Nipperdey*, Arbeitsrecht II 1, § 36 A III 3, S. 690; *Kempen/Zachert*, § 4 TVG, Rnr. 53; *Koberski/Clasen/Menzel*, § 4 TVG, Rnr. 185; *Nikisch*, Arbeitsrecht II, S. 391, 511.

[157] BAG 18. 3. 1992 AP Nr. 13 zu § 3 TVG.

Geltungsbereich hinsichtlich eines Arbeitsverhältnisses (z.B. wegen Verlegung der Betriebsstätte) nicht mehr zutrifft.[158]

338 Ein besonderes Problem ergibt sich, wenn ein Arbeitgeber aus seinem Verband austritt. Auch wenn die Kündigungsfrist abgelaufen ist, gilt der Tarifvertrag für den Arbeitgeber solange weiter, bis der Tarifvertrag endet, § 3 Abs. 3. Man spricht hier von **Fortgeltung** zur Unterscheidung von der Nachwirkung nach § 4 Abs. 5. Zweifelhaft ist, ob sich an die Fortgeltungszeit nach § 3 Abs. 3 eine Nachwirkungszeit nach § 4 Abs. 5 anschließt. Beides zusammen kann, etwa bei einem Manteltarifvertrag, zu einer jahrelangen Bindung führen, obwohl der Arbeitgeber längst kein Verbandsmitglied ist; eine Fristenkumulation wird vom BAG[159] bejaht.

339 Nach *Rieble*[160] tritt in diesem Fall keine Nachwirkung ein. Der Wortlaut des § 3 Abs. 3 weise darauf hin, daß das Ende des Tarifvertrages die äußerste Grenze für eine weitere Geltung bedeute. *Lieb*[161] argumentiert, die Überbrückungsfunktion des § 4 Abs. 5 greife bei einem Verbandswechsel des Arbeitgebers nicht ein. Bedenken ergeben sich in der Tat aus Art. 9 Abs. 3 GG und dem Verhältnismäßigkeitsprinzip bei einer durch Kumulation beider Fristen überlangen Bindung. Jedoch bedarf es einer Gesetzesänderung, die eine Höchstfrist vorsieht.[162]

340 Verweist der nachwirkende Tarifvertrag auf einen anderen, der während des Nachwirkungszeitraums geändert wird, so bleibt der Inhalt des verweisenden Tarifvertrags unverändert.[163] Das ergibt sich aus der bloßen Überbrückungsfunktion der Nachwirkung.

341 dd) Haben die Tarifvertragsparteien vereinbart, daß die Wirkung einzelner Arbeitsbedingungen früher enden soll als der Tarifvertrag im Ganzen, so gilt für die **früher endenden Arbeitsbedingungen** das Nachwirkungsprinzip, während der Tarifvertrag im übrigen unmittelbar und zwingend weitergilt. Eine entsprechende Rechtsfolge greift Platz, wenn einzelne Bestimmungen länger gelten sollen als der Rest (z.B. über ein tarifliches Schiedsgericht).[164] Enthält der Tarifvertrag eine Verlängerungsklausel für den

---

[158] So BAG 27. 11. 1991 AP Nr. 22 zu § 4 TVG Nachwirkung; BAG 18. 3. 1992 AP Nr. 13, 2. 12. 1992 Nr. 14 zu § 3 TVG; *Bieback*, Betrieb 1989, S. 477, 478; *Frölich*, NZA 1992, S. 1105, 1107 ff.; *Kempen/Zachert*, § 4 TVG, Rnr. 58; *Koberski/Clasen/Menzel*, § 4 TVG, Rnr. 183.
[159] BAG 18. 3. 1992 AP Nr. 13 zu § 3 TVG (*Löwisch/Rieble*); BAG 13. 12. 1995, NZA 1996, S. 769; zustimmend *Däubler*, Tarifvertragsrecht, Rnr. 450 f.; *ders.*, NZA 1996, S. 225, 227 f.; *Hromadka/Maschmann/Wallner*, Tarifwechsel, Rnr. 254 f.; *Krebs*, Anm. zu BAG 27. 11. 1991 und 18. 3. 1992, SAE 1993, S. 133, 138 f.; *Frölich*, NZA 1992, S. 1105; *Zachert*, RdA 1996, S. 140, 150; s. auch oben § 3, Rnr. 78 ff.
[160] *Löwisch/Rieble*, § 4 TVG, Rnr. 242; ebenso *dies.*, Anm. zu BAG 18. 3. 1992 AP Nr. 13 zu § 3 TVG; *Bernstein*, Anm. zu BAG 13. 12. 1995 EzA § 3 TVG Nr. 11; *Oetker*, Gem. Anm. zu BAG 18. 3. 1992 EzA zu § 4 TVG Nachwirkung Nr. 14 und 27. 11. 1991 Nr. 15; *Schwab*, BB 1994, S. 781.
[161] *Lieb*, NZA 1994, S. 337, 338.
[162] *Wank*, NJW 1996, S. 2273, 2278 f. Nach *Rieble*, 64. Bitburger Gespräche, 1998, gilt die Jahresfrist nach § 613 a Abs. 1 BGB für § 3 Abs. 3 TVG analog.
[163] BAG 10. 11. 1982 AP Nr. 8 zu § 1 TVG Form mit zust. Anm. *Mangen*; ebenso *Däubler*, Tarifvertragsrecht, Rnr. 1457.
[164] Zur Frage der weiteren Tätigkeit eines tariflichen Schiedsgerichts nach Tarifbeendigung vgl. *Kirchner*, RdA 1966, S. 1 ff.

Fall, daß er nicht innerhalb einer bestimmten Frist gekündigt wird, so handelt es sich nicht um eine Nachwirkung, sondern um eine Fortsetzung der vollen Tarifwirkung.

342 ee) Zu trennen vom Nachwirkungsprinzip ist die Frage, welche Arbeitsbedingungen auch nach Ablauf des Tarifvertrages und deshalb auch nach Beendigung der Nachwirkung zwingend weitergelten (lebenslängliche Einstellung, Konkurrenzklausel, Pensionsansprüche usw.). Hier will der Tarifvertrag dem Arbeitnehmer oder dem Arbeitgeber einen **endgültigen Anspruch** verschaffen. Lediglich die Fälligkeit ist vom Zeitablauf oder vom Eintritt gewisser Bedingungen abhängig.

343 d) **Umfang der Nachwirkung. aa)** Wie im Rahmen des § 1 Abs. 1, so muß auch bei § 4 Abs. 5 danach differenziert werden, um welche **Art von Tarifnormen** es sich handelt.[165] Der knappe Text des Gesetzes entbindet den Rechtsanwender nicht davon, im Wege teleologischer Auslegung zu differenzieren. Ähnlich wie das Günstigkeitsprinzip ist auch die Nachwirkung in erster Linie für *Inhaltsnormen* gedacht. Die Bestimmung beschränkt sich jedoch nicht darauf.

344 bb) Auch **betriebliche** und **betriebsverfassungsrechtliche Normen** können nach allgemeiner Auffassung nachwirken, da der Zweck des Gesetzes, die vorhandene Regelung aufrechtzuerhalten, auch insoweit erfüllt werden kann.[166] Die andere Abmachung kann wegen der notwendigerweise betriebseinheitlichen Geltung nur eine kollektive Regelung sein. Das BAG macht allerdings Bedenken gegen die unbefristete Weitergeltung von Betriebsnormen geltend, die nur durch einen neuen, u. U. zu erkämpfenden Tarifvertrag abgelöst werden können.[167] Eine Nachwirkung betriebsverfassungsrechtlicher Normen wird von *Behrens/Hohenstatt*[168] abgelehnt. Betriebsverfassungsrechtliche Normen könnten nur durch einen Tarifvertrag abgelöst werden; daher käme der Nachwirkung eine vom Gesetz nicht beabsichtigte zwingende Wirkung zu. Angesichts des Mitbestimmungsstandards nach dem Betriebsverfassungsgesetz entfalle auch die Schutzfunktion der Nachwirkung. Dem ist entgegenzuhalten, daß die Nachwirkung nicht nur durch Tarifvertrag beendet werden kann. Die unbefristete Weitergeltung betriebsverfassungsrechtlicher Normen steht dem Gesetzeszweck näher als ihr ersatzloser Wegfall.[169] Eine zeitliche Beschränkung läßt sich durch eine an Sinn und Zweck orientierte variable Schranke im Wege teleologischer Reduktion erreichen.[170]

---

[165] A. A. BAG 18. 5. 1977 AP Nr. 4 zu § 4 BAT, weil der Wortlaut keinen Hinweis auf eine Unterscheidung enthalte.
[166] Ebenso BAG 26. 4. 1990 AP Nr. 57 zu Art. 9 GG = Betrieb 1990, S. 1919; *Däubler*, Tarifvertragsrecht, Rnr. 1453 f.; Hueck/*Nipperdey*, Arbeitsrecht II 1, § 27 IV 6, S. 541; *Kempen*/Zachert, § 4 TVG, Rnr. 55; Löwisch/*Rieble*, § 4 TVG, Rnr. 227, 237; *Nikisch*, Arbeitsrecht II, § 80, S. 406, 408; *Oetker*, in: Festschrift für Schaub (1998), S. 535, 537 ff. (m. w. N. in Fn. 10); *Rüthers*, in: Festschrift für G. Müller (1981), S. 445, 456; *Schröder*, BB 1960, S. 53.
[167] BAG 26. 4. 1990 AP Nr. 57 zu Art. 9 GG = Betrieb 1990, S. 1919, 1921 .
[168] *Behrens/Hohenstatt*, Betrieb 1991, S. 1877 f.
[169] Ebenso *Däubler*, Tarifvertragsrecht, Rnr. 1454.
[170] *Oetker*, in: Festschrift für Schaub (1998), S. 535, 552 ff.

cc) Für **negative Inhaltsnormen** und **Abschlußnormen** (Abschlußge- 345
bote und Abschlußverbote) oder für dispositives Tarifrecht, das für Betriebsvereinbarungen oder Einzelverträge offen ist, kann die Nachwirkung keine
Bedeutung erlangen, weil diese Vorschriften Tarifnormen voraussetzen, die
eingehalten werden müssen oder von denen abgewichen werden darf. Das
gilt unstreitig für Abschlußnormen, die ein bestimmtes Verhalten des Arbeitgebers festschreiben.[171] Ein Arbeitsvertrag, der der Abschlußnorm widerspricht, ist eine „andere Abmachung" i. S. der Vorschrift, die den Tarifvertrag verdrängt.[172]

Abschlußnormen und Beendigungsnormen, die den bereits Beschäftigten 346
Ansprüche gewähren, wirken nach. Der Arbeitgeber kann sich aber durch
Änderungskündigung davon befreien.[173] – Das BAG hat offengelassen, ob
sich für bestimmte Arbeitsbedingungen, wie z. B. Konkurrenzklauseln, aus
ihrer Rechtsnatur ergibt, daß sie nach Ablauf des Tarifvertrages zwingend
weitergelten.[174]

Welche Bedeutung die Aufhebung einer **Taröffnungsklausel** hat, muß 347
die Auslegung des aufhebenden Tarifvertrages ergeben. Es kann damit die
zwingende Wirkung der tariflichen Ordnung eingeführt oder die Vertragsfreiheit allgemein anerkannt werden.[175]

dd) Aus Gründen der Rechtssicherheit wird von niemand vertreten, daß 348
eine **Gemeinsame Einrichtung** mit Ablauf des Tarifvertrages ihre Rechtsgrundlage verliert und daher aufgelöst werden müsse. Vielmehr kann es nur
darum gehen, ob die Rechtsgrundlage für die Gemeinsame Einrichtung trotz
Wegfalls des Tarifvertrages bestehen bleibt, der Tarifvertrag insoweit also voll
wirkt, oder ob der Tarifvertrag nur nachwirkt. Für die einzelnen Arbeitnehmer bedeutet es keinen praktischen Unterschied, ob man annimmt, der Tarifvertrag sei noch voll gültig oder er wirke nur nach.[176] Die Möglichkeit der
Nachwirkung von Normen eines Tarifvertrags für Gemeinsame Einrichtungen wird vom BAG bejaht,[177] von *Herschel*[178] und *Zöllner*[179] verneint.

Die Möglichkeit der **Nachwirkung** ist zu **bejahen**. Daß es sich im 349
Nachwirkungszeitraum lediglich um dispositive Normen handelt, muß für
die Normen über Gemeinsame Einrichtungen ohne Bedeutung bleiben, da
durch einzelvertragliche Abreden weder das Leistungs- noch das Nutzungsverhältnis mit der Gemeinsamen Einrichtung abgeändert werden kann. Der
Arbeitgeber kann seine Beitragspflicht nicht durch Kündigung oder durch

---

[171] *Däubler*, Tarifvertragsrecht, Rnr. 452; *Kempen/Zachert*, § 4 TVG, Rnr. 58.
[172] *Löwisch/Rieble*, § 4 TVG, Rnr. 236.
[173] Unzutr. *Däubler*, Tarifvertragsrecht, Rnr. 1452, der einen ersatzlosen Wegfall befürchtet.
[174] BAG 29. 1. 1975 AP Nr. 8 zu § 4 TVG Nachwirkung.
[175] Teilweise abweichend *Neumann-Duesberg*, Betrieb 1960, S. 235, 237.
[176] *Däubler*, Tarifvertragsrecht, Rnr. 1456; *Lund*, Anm. zu BAG 3. 9. 1986 AP Nr. 12 zu § 4 TVG Nachwirkung; *Koberski/Clasen/Menzel*, § 4 TVG, Rnr. 207.
[177] BAG 12. 2. 1975 AP Nr. 12 zu § 4 TVG; ebenso *Bötticher*, Gemeinsame Einrichtungen, S. 67; *A. Hueck*, BB 1949, S. 354; *Löwisch/Rieble*, § 4 TVG, Rnr. 238; *Nikisch*, Arbeitsrecht II, § 80 IV, S. 409; differenzierend *Hueck/Richardi*, AR-Blattei, Tarifvertrag VI, unter H II 3.
[178] *Herschel*, NJW 1958, S. 1033.
[179] *Zöllner*, Gutachten G zum 48. DJT, S. 81 ff.

Vereinbarung mit der Gemeinsamen Einrichtung beenden; erst recht kommt eine Kündigung des Nutzungsverhältnisses gegenüber dem einzelnen Arbeitnehmer nicht in Betracht. Der Tarifvertrag gilt also im Außenverhältnis unverändert weiter, solange die Tarifvertragsparteien die Gemeinsame Einrichtung nicht auflösen. Er erstreckt sich auch auf Arbeitgeber und Arbeitnehmer, die die einschlägigen Voraussetzungen erst im Nachwirkungszeitraum erfüllen.[180]

350 Die Tarifvertragsparteien können die **Gemeinsame Einrichtung** durch einen neuen Tarifabschluß **auflösen**. Diese Auflösung kann sich bereits aus dem vorangehenden Tarifvertrag ergeben, etwa durch Ablauf einer bestimmten Frist, innerhalb derer kein neuer Tarifvertrag zustandekommt.[181] Ist dies nicht der Fall, so verlangt die Rechtssicherheit, daß die Auflösung der Gemeinsamen Einrichtung eigens beschlossen wird. Die Auflösung selbst geschieht nach Verbandsrecht.

351 Die **Kündigung** des Tarifvertrages beendet die Friedenspflicht zwischen den Kollektivvertragsparteien. Die Normen über Gemeinsame Einrichtungen können Gegenstand neuer Tarifverhandlungen und eines Arbeitskampfes werden.

352 **Scheidet ein Arbeitgeber** (im konkreten Fall eine GmbH) durch Verschmelzung mit anderen Gesellschaften aus dem betrieblichen Geltungsbereich eines Tarifvertrages **aus**, so erlischt auch das Versicherungsverhältnis des Arbeitnehmers zur Zusatzversorgungskasse als einer Gemeinsamen Einrichtung.[182] Nach einer Entscheidung des BAG gilt § 4 Abs. 5 nicht für die in § 4 Abs. 2 genannten Regelungen über Gemeinsame Einrichtungen, wenn der Arbeitgeber durch Änderung des Betriebszwecks aus dem betrieblichen Geltungsbereich des Tarifvertrages ausscheidet und keine Beiträge an die Gemeinsame Einrichtung mehr zu erbringen hat. Seine Beitragspflichten erlöschen, weil in Gemeinsame Einrichtungen nur Verbandsmitglieder aufgenommen werden können. Eine Zwangsmitgliedschaft würde Art. 9 Abs. 3 GG widersprechen. In diesem Falle erlöschen auch die Ansprüche des Arbeitnehmers aufgrund des Versicherungsverhältnisses, da zwischen der Beitragspflicht und diesen Ansprüchen ein unlösbarer Zusammenhang besteht.

353 ee) Registrierte **Rahmenkollektivverträge** der DDR unterlagen nicht der Nachwirkung; auch eine analoge Anwendung des § 4 Abs. 5 war ausgeschlossen.[183]

354 e) **„Andere Abmachung"**. aa) Die Nachwirkung findet ihr Ende, wenn die Tarifnormen durch eine andere Abmachung ersetzt werden. Über die **Rechtsnatur** der anderen Abmachung sagt das Gesetz nichts aus. Die andere Abmachung kann ein neuer Tarifvertrag sein (dazu oben Rnr. 265) oder – in den Grenzen der §§ 77, 87 BetrVG – eine Betriebsvereinbarung

---

[180] A. A. *Kempen*/Zachert, § 4 TVG, Rnr. 131.
[181] S. auch *Kempen*/Zachert, § 4 TVG, Rnr. 155.
[182] So BAG 5. 10. 1993 AP Nr. 42 zu § 1 BetrAVG Zusatzversorgungskasse = NZA 1994, S. 848, 850.
[183] BAG 13. 7. 1994 AP Nr. 11 zu § 1 TVG Tarifverträge DDR; *Koberski/Clasen/ Menzel*, § 4 TVG, Rnr. 210.

oder eine arbeitsvertragliche Vereinbarung.[184] Gegenüber Nichtorganisierten wird die Nachwirkung nicht dadurch beseitigt, daß ein neuer Tarifvertrag in Kraft tritt. Wechselt der Arbeitgeber in einen neuen Arbeitgeberverband, so werden die der bisher zuständigen Gewerkschaft angehörigen Arbeitnehmer nunmehr zu Außenseitern, für die es bei der Nachwirkung verbleibt.[185] Eine allgemeine Verweisungsklausel, die auf den jeweils für den Arbeitgeber geltenden Tarifvertrag bezug nimmt, kann die Nachwirkung des bisherigen Tarifvertrages nicht zugunsten der Geltung eines neuen Tarifvertrags verdrängen.[186] Ist ein Arbeitgeber nach § 4 Abs. 5 TVG an den bisherigen Tarifvertrag gebunden und gem. § 3 Abs. 1 TVG an einen neuen Tarifvertrag, der mit einer anderen Gewerkschaft geschlossen wurde, so tritt Tarifpluralität ein, da regelmäßig die meisten Arbeitnehmer (zunächst noch) an den früheren Tarifvertrag gebunden sind. Grundsätzlich müßte das BAG in diesem Fall die Grundsätze der Tarifeinheit anwenden (s. oben Rnr. 275). Im Falle der Nachwirkung läßt das BAG jedoch die Geltung beider Tarifverträge nebeneinander zu.[187] Eine nachwirkende Betriebsnorm oder betriebsverfassungsrechtliche Norm kann nur durch eine neue kollektive Regelung ersetzt werden; vgl. auch Rnr. 344.

bb) Das Verhältnis zwischen alter und neuer Regelung. Auslegungsprobleme entstehen, wenn ein nachwirkender allgemeiner Tarifvertrag durch eine **spezielle** kollektiv- oder einzelvertragliche **Ordnung** abgelöst wird und umgekehrt. Die Spezialregelung wird im Zweifel den nachwirkenden Tarifvertrag (teilweise) ersetzen wollen. Im übrigen gelten dann die Bestimmungen des alten Tarifvertrages unverändert für die Arbeitsverhältnisse weiter.[188] Für die Frage, ob eine allgemeine Neuregelung durch Kollektiv- oder Arbeitsvertrag einen nur nachwirkenden speziellen Tarifvertrag „aufsaugen" will, läßt sich keine Auslegungsregel aufstellen. Die Tarifvertragsparteien können in einem Zusatz- oder Sondertarifvertrag – für bestimmte Zeit oder für bestimmte Personen – vom allgemeinen Tarifvertrag abweichen. Wird der Zusatz- oder Sondertarifvertrag gekündigt, so ist es ebenfalls eine Frage der Auslegung, ob dieser Tarifvertrag nachwirkt oder ob der allgemeine Tarifvertrag wieder zwingend an seine Stelle treten soll und damit eine Nachwirkung verhindert.

cc) In erster Linie kommt individualrechtlich ein **Änderungsvertrag** als „andere Abmachung" in Betracht.[189] – Teilweise wird – unter Berufung auf den Wortlaut des § 4 Abs. 5 – vertreten, individualrechtlich könne die Nachwirkung nur durch eine einvernehmliche Abmachung beseitigt wer-

---

[184] S. Rnr. 356; BAG 24. 2. 1987 AP Nr. 21 zu § 77 BetrVG 1972; 18. 3. 1992 AP Nr. 13 zu § 3 TVG; Kempen/Zachert, § 4 TVG, Rnr. 55; Löwisch/Rieble, § 4 TVG, Rnr. 228; Koberski/Clasen/Menzel, § 4 TVG, Rnr. 191; Rotter, Nachwirkung, S. 54 f.
[185] Friedrich, in: Festschrift für Schaub (1998), S. 193, 196 f.
[186] BAG 4. 9. 1996 AP Nr. 5 zu § 1 TVG Bezugnahme auf Tarifvertrag; Friedrich, in: Festschrift für Schaub (1998), S. 193, 197 m. w. N.; Hromadka/Maschmann/Wallner, Tarifwechsel, Rnr. 298, 389.
[187] BAG 27. 11. 1991 AP Nr. 22 zu § 4 TVG Nachwirkung; s. dazu Kania, Betrieb 1995, S. 621; Hromadka/Maschmann/Wallner, Tarifwechsel, Rnr. 267.
[188] Vgl. LAG Düsseldorf 3. 12. 1954, BB 1955, S. 348.
[189] Ausführlich Hromadka/Maschmann/Wallner, Tarifwechsel, Rnr. 283 ff.

den.[190] Das trifft nicht zu. Mit der Einführung der Dispositivität nimmt § 4 Abs. 5 auf die allgemeinen vertragsrechtlichen Änderungsmöglichkeiten bezug. Daher erfüllt auch eine durch eine **Änderungskündigung** herbeigeführte Vertragsänderung diese Vorschrift. In Betracht kommen auch betriebliche Einheitsregelungen, Gesamtzusagen und betriebliche Übungen. Eine Individualabrede kann auch stillschweigend zustandekommen.[191]

357 Nach Ansicht des BAG[192] ist die **Anfechtung** einer abweichenden Abmachung gem. § 123 BGB möglich, wenn der Arbeitnehmer nur die Wahl zwischen zwei Übeln hatte, nämlich einer niedrigeren Vergütung oder Arbeitslosigkeit; eine Drohung und ein widerrechtlicher Erfolg lägen vor, weil keine Partei verpflichtet sei, eine nachteilige ablösende Abrede zu treffen. – Die Entscheidung widerspricht der ständigen Rechtsprechung, nach der es darauf ankommt, ob ein verständiger Arbeitgeber die Drohung ausgesprochen hätte.

358 Eine abweichende Vereinbarung ist im Individualvertrag nicht möglich, soweit die notwendigerweise einheitliche Geltung von **Betriebsnormen**, die die Belegschaft schützen sollen, zerstört würde. In diesem Fall kann die abweichende Vereinbarung nur durch Tarifvertrag erfolgen.[193] *Rüthers*,[194] *Kempen*[195] sowie *Koberski/Clasen/Menzel*[196] lassen auch eine Abänderung durch Betriebsvereinbarungen zu; s. dazu auch Rnr. 344.

359 Die **Nachwirkung** kann auch vor Beendigung des Tarifvertrages durch eine Vereinbarung **im Arbeitsvertrag ausgeschlossen** werden. Hierzu genügt jedoch nicht eine tarifwidrige Abmachung, denn diese ist im Zweifel endgültig unwirksam.[197] Nach Ansicht des LAG Mannheim[198] kann die Nachwirkung nur durch eine Vereinbarung nach dem Ablauf des Tarifvertrages ausgeschlossen werden. Es reicht jedoch aus, wenn schon vor Ablauf des Tarifvertrages deutlich vereinbart wird, daß im Nachwirkungszeitraum andere Bedingungen gelten sollen.

360 f) **Dispositives Recht. aa)** Es ist streitig, ob die Tarifvertragsparteien eine **Nachwirkung** auch **verstärken** können, so daß die zwingende Wirkung der Tarifnormen auch im Nachwirkungszeitraum erhalten bleibt. Dafür wird geltend gemacht, dieses Recht ergebe sich aus Art. 9 Abs. 3 GG.[199] Die Tarifparteien dürften auch die Friedenspflicht ausschließen.[200] Wenn man es den Tarifvertragsparteien erlaube, trotz fehlender Friedenspflicht lediglich nachwirkende Tarifverträge abzuschließen, so müsse man ihnen auch erlauben, die zwingende Geltung nachwirkender Bestimmungen zu vereinbaren.[201]

---

[190] So *Kempen*/*Zachert*, § 4 TVG, Rnr. 306.
[191] BAG 28. 6. 1972 AP Nr. 55 zu §§ 22, 23 BAT.
[192] BAG 28. 1. 1987 AP Nr. 16 zu § 4 TVG Nachwirkung.
[193] *Löwisch*/*Rieble*, § 4 TVG, Rnr. 230.
[194] *Rüthers*, in: Festschrift für G. Müller (1981), S. 445, 456.
[195] *Kempen*/*Zachert*, § 4 TVG, Rnr. 259.
[196] *Koberski*/*Clasen*/*Menzel*, § 4 TVG, Rnr. 191.
[197] Vgl. LAG Hamburg 30. 10. 1953, RdA 1954, S. 80 (Leitsatz).
[198] LAG Mannheim 4. 2. 1950 AP 1952, Nr. 171 (*Tophoven*); s. auch die Bedenken bei *Friedrich*, in: Festschrift für Schaub (1998), S. 193, 197 f.
[199] *Kempen*/*Zachert*, § 4 TVG, Rnr. 308.
[200] *Däubler*, Tarifvertragsrecht, Rnr. 527 ff., 1468.
[201] *Däubler*, Tarifvertragsrecht, Rnr. 1467; *Kempen*/*Zachert*, § 4 TVG, Rnr. 62.

§ 4 Abs. 5 ist jedoch insofern zwingendes Recht, als die Tarifvertragsparteien der Nachwirkung **keine zwingende Wirkung** beilegen können.[202] Eine zwingende Außenwirkung muß zwar nicht denknotwendig mit einer internen Bindung zwischen den Tarifvertragsparteien und damit einer Friedens- und Durchführungspflicht verbunden sein; sie sind aber bisher im deutschen Tarifvertragsrecht traditionell miteinander verknüpft. Diese Verknüpfung ist auch sinnvoll.

bb) § 4 Abs. 5 ist insofern nicht zwingendes Recht, als die **Tarifvertragsparteien** aus sachlichen Gründen eine **Nachwirkung ausschließen**,[203] befristen oder sachlich beschränken können.[204] Wer Rechtssetzungsbefugnisse ausüben darf, dem steht auch die Aufhebungsbefugnis als actus contrarius zu. Wenn eine Regelung sich nicht bewährt hat oder durch die Umstände überholt worden ist, muß den Tarifvertragsparteien die Möglichkeit gegeben sein, diese Regelung ersatzlos aufzuheben, weil eine sachliche Neuordnung vorübergehend oder für immer ausgeschlossen ist.

Ob die Nachwirkung nach § 4 Abs. 5 beseitigt werden soll, ist eine Frage der **Auslegung** des Tarifvertrages. Werden z.B. bestimmte Zulagen tariflich für die Zeit vom 1. Januar bis zum 31. März vereinbart, so ist eine Nachwirkung nach diesem Zeitpunkt offensichtlich nicht gewollt.[205] Die Einschränkung der Nachwirkung kann auch konkludent erfolgen.[206] Das ist z.B. der Fall, wenn die Tarifvertragsparteien eine Gemeinsame Einrichtung nicht mehr unterhalten.[207] Ein konkludenter Ausschluß der Nachwirkung liegt auch dann vor, wenn die Tarifvertragsparteien einen neuen Tarifvertrag mit engerem Anwendungsbereich vereinbaren und den alten Tarifvertrag insgesamt aufheben[208] oder wenn sie sich verpflichten, während einer längeren Kündigungsfrist Verhandlungen über den Abschluß eines dem gekündigten Tarifvertrag entsprechenden neuen Tarifvertrages zu führen.[209] Demgegenüber meint das LAG Nürnberg,[210] eine derartige Regelung müsse ausdrücklich getroffen werden. Gegen einen konkludenten Ausschluß der Nachwirkung sprechen sich auch *Lund*[211] und *Koberski/Clasen/Menzel*[212] aus Gründen

---

[202] Ebenso *Hessel*, BB 1951, S. 1004; *Löwisch/Rieble*, § 4 TVG, Rnr. 248.
[203] S. als Beispiel den Tarifvertrag zwischen der Deutschen Telekom AG und der Deutschen Postgewerkschaft, abgedr. bei *Wank*, Telearbeit, 1997, Rnr. 526.
[204] Allg. Ansicht; vgl. BAG 8. 5. 1974 AP Nr. 1 und 18. 9. 1974 Nr. 2 zu §§ 22, 23 BAT Zulagen; BAG 3. 9. 1986 AP Nr. 12, 16. 8. 1990 Nr. 19 zu § 4 TVG Nachwirkung; 8. 10. 1997, BB 1998, S. 648; *Däubler*, Tarifvertragsrecht, Rnr. 1467; *Gamillscheg*, Kollektives Arbeitsrecht I, § 18 VII 3, S. 876f.; Hueck/*Nipperdey*, Arbeitsrecht II 1, § 27 IV 9, S. 544; *Kempen*/Zachert, § 4 TVG, Rnr. 308; *Koberski/Clasen/Menzel*, § 4 TVG, Rnr. 287; *Löwisch/Rieble*, § 4 TVG, Rnr. 247; *Nikisch*, Arbeitsrecht II, § 79 III 6, S. 394; *Stein*, Tarifvertragsrecht, Rnr. 139; – abweichend *Herschel*, ZfA 1976, S. 89, 97; *Richardi*, Kollektivgewalt, S. 391, Anm. 29.
[205] Vgl. LAG Düsseldorf 24. 10. 1951, BB 1952, S. 173.
[206] BAG 3. 9. 1986 AP Nr. 12 und Nr. 14 (lediglich Hinweis) zu § 4 TVG Nachwirkung; 8. 10. 1997 BB 1998, S. 648; *Hromadka/Maschmann/Wallner*, Tarifwechsel, Rnr. 244; *Löwisch/Rieble*, § 4 TVG, Rnr. 247.
[207] BAG 3. 9. 1986 AP Nr. 12 zu § 4 TVG Nachwirkung.
[208] *Löwisch/Rieble*, § 4 TVG, Rnr. 247.
[209] BAG 8. 10. 1997 AP Nr. 29 zu § 4 TVG Nachwirkung = NZA 1998, S. 492.
[210] LAG Nürnberg 12. 5. 1989, NZA 1991, S. 279.
[211] *Lund*, Anm. zu BAG 3. 9. 1986 AP Nr. 12 zu § 3 TVG Nachwirkung.
[212] *Koberski/Clasen/Menzel*, § 4 TVG, Rnr. 187.

364 **g) Lediglich nachwirkende Tarifverträge.** Das Bundesarbeitsgericht hat die Möglichkeit, lediglich nachwirkende Tarifnormen zu schaffen, mehrfach abgelehnt.[213] Tarifverträge ohne Friedenspflicht könne es nicht geben. Tarifnormen müßten zunächst einmal gem. § 4 Abs. 1 unmittelbar und zwingend gegolten haben, damit sie nachwirken könnten. Schließlich hätten die Tarifvertragsparteien auch andere Möglichkeiten: Sie könnten Tarifverträge mit kürzerer Laufzeit oder mit sofortiger Kündigungsmöglichkeit vereinbaren[214] oder den alten Tarifvertrag wieder in Kraft setzen.[215]

365 Dieser Ansicht ist zuzugeben, daß die Zulassung lediglich nachwirkender Tarifverträge Bedenken unterliegt. Diese **Bedenken greifen** jedoch letztlich **nicht durch**.[216]

aa) Es ist sinnvoll, den Tarifvertragsparteien zu **ermöglichen**, nachwirkende Tarifverträge an die geänderten Umstände **anzupassen**; jedenfalls sollte die Tarifautonomie nicht aus begrifflichen Erwägungen eingeschränkt werden. Zwar ist nicht zu verkennen, daß von der Rechtsprechung des Bundesarbeitsgerichts eine erzieherische Wirkung im Hinblick auf die Beschleunigung neuer Tarifabschlüsse ausgehen soll, doch sollte dies nicht überbewertet werden. Die neue Bearbeitung umfangreicher Tarifwerke bedarf erheblicher Anstrengungen und eines gewissen Zeitaufwandes. Es erscheint sinnvoll, die Zwischenzeit durch Regelungen zu überbrücken, ohne der endgültigen Regelung vorzugreifen und die Verhandlungen durch eine Friedenspflicht zu behindern. Der Druck auf die Tarifvertragsparteien ist außerdem nicht groß, wenn diesen gleichzeitig die Möglichkeit zu kurzfristigen Abreden eingeräumt wird. Die vom Bundesarbeitsgericht selbst in seiner Leitentscheidung[217] vorgeschlagene Lösung, die Neuregelung kurz zu befristen, damit sich das gesamte Tarifwerk möglichst umgehend im Nachwirkungszustand befindet, klingt eher nach Gesetzesumgehung.[218]

---

[213] S. oben Rnr. 331; vgl. BAG 14. 2. 1973 AP Nr. 6 zu § 4 TVG Nachwirkung (*Wiedemann*), 28. 6. 1972 AP Nr. 7 zu § 4 TVG Nachwirkung = AP Nr. 55 zu §§ 22, 23 BAT (*Crisolli*); 10. 11. 1982 Nr. 8 zu § 4 TVG Nachwirkung (*Wiedemann*); 8. 5. 1974 AP Nr. 1 zu §§ 22, 23 BAT Zulagen; 19. 6. 1974 AP Nr. 3 zu § 3 BAT (*Hj. Weber*); 15. 5. 1974 AP Nr. 3 zu § 33 BAT; 10. 11. 1982 AP Nr. 8 zu § 1 TVG Form (*Mangen*). Dem BAG stimmen zu *Frölich*, NZA 1992, S. 1105,1109; *Koberski/Clasen/Menzel*, § 4 TVG, Rnr. 193; *Leipold*, Anm. zu BAG 29. 1. 1975, SAE 1976, S. 89; *Löwisch/Rieble*, § 4 TVG, Rnr. 249; *Richardi*, AR-Blattei, Tarifvertrag VI, Entscheidungen 20.
[214] *Frölich*, NZA 1992, S. 1105, 1109.
[215] *Koberski/Clasen/Menzel*, § 4 TVG, Rnr. 202.
[216] Ebenso *Buchner*, Anm. zu BAG 14. 2. 1973 AR-Blattei, Tarifvertrag IV, Entscheidungen 12; *Däubler*, Tarifvertragsrecht, Rnr. 1466; *Herschel*, ZfA 1976, S. 89, 96 f.; *Kempen/Zachert*, § 4 TVG, Rnr. 298; *Rotter*, Nachwirkung, S. 100 ff.; *Wiedemann*, Anm. zu BAG 14. 2. 1973 AP Nr. 6 und 29. 1. 1975 Nr. 8 zu § 4 TVG Nachwirkung.
[217] BAG 28. 6. 1972 AP Nr. 7 zu § 4 TVG Nachwirkung = AP Nr. 55 zu §§ 22, 23 BAT.
[218] Ebenso *Crisolli*, Anm. zu BAG AP Nr. 55 zu §§ 22, 23 BAT; *Däubler*, Tarifvertragsrecht, Rnr. 1466; *Herschel*, ZfA 1976, S. 89, 102.

bb) Gegen lediglich nachwirkende Tarifverträge wird des weiteren eingewandt, sie entbehrten der **Friedenspflicht** und müßen deshalb unwirksam sein. Dabei wird der Hinweis des Bundesarbeitsgerichts, die Friedenspflicht sei dem Tarifvertrag immanent, dem besonderen Problem nicht gerecht; denn anders als im Normalfall garantiert der nachwirkende Tarifvertrag ohnehin keine Arbeitskampfruhe. Nach Ansicht des BAG[219] ist auch die Änderung eines nachwirkenden Tarifvertrages unzulässig, sofern die Tarifparteien ihn im Zustand der Nachwirkung belassen. – Da die Tarifvertragsparteien nicht zum Abschluß von Tarifverträgen gezwungen werden können und damit den friedlosen Zustand beliebig aufrechterhalten dürfen, stellt die Abänderung nachwirkender Tarifverträge keine die Friedenspflicht gefährdende oder aushöhlende Maßnahme dar.[220]

366

367

cc) Das Bundesarbeitsgericht weist zutreffend auf den **Unterschied** zwischen bloß nachwirkenden und **dispositiven Tarifnormen** hin. Auch dispositive Tarifnormen wirken unmittelbar auf die Arbeitsverhältnisse der tarifgebundenen Personen ein und erfüllen eine nicht gering zu achtende Richtlinien- und Ordnungsfunktion. Lediglich nachwirkende Tarifnormen stellen jedoch gegenüber dem zwingenden und dem dispositiven Tarifvertragsrecht eine dritte Kategorie von Tarifvertragsnormen dar: Sie wirken ebenso wie dispositive Normen gegenüber den tarifgebundenen Personen als Regelungsvorschlag, erfüllen aber zwischen den Tarifvertragsparteien selbst keine Friedensfunktion.

368

II. Die zwingende Wirkung der Tarifnormen

1. Regelfall: Zwingende Tarifbestimmungen

a) Bedeutung und Abgrenzung. aa) Die Rechtsnormen des Tarifvertrages, die den Inhalt, den Abschluß oder die Beendigung von Arbeitsverhältnissen ordnen, gelten nach § 4 Abs. 1 Satz 1 des Gesetzes (im Zweifel) **zwingend**; diese Anordnung gilt entsprechend für Tarifnormen, die betriebliche und betriebsverfassungsrechtliche Fragen sowie Gemeinsame Einrichtungen der Tarifvertragsparteien regeln; § 4 Abs. 1 Satz 2 und Abs. 2. Die zwingende Wirkung führt zur Unwirksamkeit der tarifwidrigen Abänderung bestehender Arbeitsverhältnisse, des Abschlusses neuer tarifwidriger[221] Arbeitsverträge wie auch bestehender tarifwidriger Vertragsabreden. Auch Vertragsabsprachen, die den durch den Tarifvertrag gestalteten Arbeitsvertrag auf Zeit einschränken oder suspendieren sollen, sind nach § 4 Abs. 1 unwirksam.[222] Ein tarifwidriges Gewohnheitsrecht oder eine tarifwidrige betriebliche Übung

369

---

[219] BAG 7. 12. 1977 AP Nr. 9 zu § 4 TVG Nachwirkung; ebenso *Koberski/Clasen/ Menzel*, § 4 TVG, Rnr. 202.
[220] Ebenso *Däubler*, Tarifvertragsrecht, Rnr. 1466; *Gamillscheg*, Kollektives Arbeitsrecht I, § 18 VII 5, S. 879; *Herschel*, ZfA 1976, S. 89, 104; *Lieb*, Arbeitsrecht, 6. Aufl. 1997, Rnr. 506; *Stein*, Tarifvertragsrecht, Rnr. 141.
[221] Auch stillschweigender; vgl. LAG Frankfurt 25. 5. 1949, RdA 1949, S. 421 mit Anm. von *Koselke*.
[222] Vgl. BAG 25. 10. 1973 AP Nr. 42 zu § 616 BGB *(Thiele)* betr. Umwandlung eines normalen Arbeitsverhältnisses in eine Teilzeitbeschäftigung.

können sich nicht bilden. Ein Arbeitnehmer, der es ablehnt, sich einer tarifwidrigen Anordnung oder Vereinbarung entsprechend zu verhalten, verstößt nicht gegen seine arbeitsvertraglichen Pflichten.[223] Eine **Kündigung** durch den Arbeitgeber, die erfolgt, weil der Arbeitnehmer die Einhaltung des Tarifvertrages und des von ihm gestalteten Arbeitsverhältnisses verlangt, ist nach § 134 BGB nichtig. Ein entsprechendes Verbot ist auch ohne ausdrückliche Festsetzung Inhalt jeden Tarifvertrages. Umgekehrt kann untertarifliche Bezahlung dem Arbeitnehmer einen Grund zur außerordentlichen Kündiung nach § 626 BGB und einen dadurch entstehenden Folgen-Schadenersatzanspruch nach § 628 Abs. 2 BGB geben; die Frist des § 626 Abs. 2 BGB beginnt mit jedem Verstoß neu zu laufen. Die wirtschaftliche Lage eines Unternehmens oder der Haushalts- und Stellenplan einer Behörde können die zwingende Wirkung der Tarifbestimmungen nicht beeinträchtigen.[224] Die wirtschaftliche Tragbarkeit der Tariflohnregelung müssen die Tarifvertragsparteien verantworten und notfalls abweichende Vereinbarungen nach § 4 Abs. 3 zulassen.

370   bb) Die zwingende Wirkung eines Tarifvertrages kann man sich entweder als **verdrängende** oder als **vernichtende** vorstellen (**Anwendungsvorrang** oder vernichtende Konkurrenz); vgl. zur entsprechenden Problematik oben Rnr. 299. Der Unterschied zeigt sich, wenn die Tarifbindung wegfällt oder wenn die Tarifbedingungen ungünstiger werden als die ursprünglichen Vertragsabreden. Verdrängen die Tarifnormen ungünstigere Absprachen lediglich derart, daß diese latent bestehen bleiben, so sind die Arbeitsvertragsparteien nach dem Wegfall der Tarifnormen oder sobald die Vertragsabreden günstiger sind, § 4 Abs. 3, an den ursprünglichen Vertragsinhalt gebunden. Ist § 4 Abs. 1 dagegen so zu verstehen, daß ihm entgegenstehende Regeln entfallen, so kommt lediglich eine Nachwirkung des Tarifvertrages in Betracht. Früher ungünstigere und heute vielleicht vorteilhaftere Abreden (z.B. auf eine bestimmte Eingruppierung) leben nicht wieder auf. Die Frage läßt sich nicht generell entscheiden, sondern ihre Beantwortung hängt ab von der Auslegung des Tarifvertrages und der des Arbeitsvertrages.

371   Die Auslegung des Tarifvertrages wird im Zweifel zu dem Ergebnis führen, daß er die einzelvertraglichen Abmachungen **nur verdrängen**, aber nicht vernichten will.[225] Etwas anderes gilt aber, wenn sittenwidrige Vertragsbestimmungen unterbunden werden sollen.

372   Die Auslegung des Einzelarbeitsvertrages wird in der Regel ergeben, daß tarifwidrige Abreden nichtig sind und nicht etwa nach Jahr und Tag wieder aufleben sollen.[226] Entgegen dieser Auslegungsregel können die Parteien jedoch verabreden, daß der Einzelarbeitsvertrag weiter gelten soll. Dies kann auch konkludent geschehen.[227]

---

[223] BAG 7. 6. 1961 AP Nr. 108 zu § 1 TVG Auslegung.
[224] BAG 23. 9. 1954 AP Nr. 1 zu § 3 TOA (*Neumann-Duesberg*); s. zum Ganzen oben Rnr. 31 ff.
[225] Ebenso *Kempen*/*Zachert*, § 4 TVG, Rnr. 12.
[226] BAG 14. 2. 1991 AP Nr. 10 zu § 3 TVG = NZA 1991, S. 779; *Däubler*, Tarifvertragsrecht, Rnr. 1459; *Frölich*, NZA 1992, S. 1105, 1111.
[227] Ebenso *Götz Hueck*, in: Festschrift für Erich Molitor (1962), S. 203, 217.

cc) Die Unwirksamkeit der tarifwidrigen Vereinbarung führt im Zweifel 373 nicht zur Ungültigkeit des Arbeitsvertrages im übrigen; erst recht kommt eine **Anfechtung** des Vertrages wegen Irrtums über seine Rechtsfolgen oder eine ordentliche oder außerordentliche Kündigung nicht in Betracht.[228] Die restriktive Auslegung des § 139 BGB ist heute unbestritten, wenn die zwingende Vorschrift, gegen die die Vertragsabrede verstößt, gerade den Schutz des anderen Vertragsteils bezweckt, weil dann die Nichtigkeit des ganzen Vertrages dem Schutzzweck zuwiderlaufen würde. Die Arbeitsvertragsparteien können also nicht geltend machen, sie hätten den Arbeitsvertrag ohne den nichtigen Teil nicht abgeschlossen. Ist allerdings mit einer tarifwidrigen Abrede, z. B. einem Verzicht, eine andere, nicht den tarifgebundenen Inhalt des Arbeitsverhältnisses betreffende Vereinbarung, z. B. auf künftige Weiterbeschäftigung, so eng verbunden, daß beide nach dem Willen der Vertragsparteien eine einheitliche und untrennbare Abmachung bilden sollen, so kann gemäß § 139 BGB unter Umständen die Nichtigkeit dieser gesamten (Sonder)Abrede eintreten. Auch dann verfällt nur der innerlich zusammengehörende Teil des Arbeitsvertrages der Nichtigkeit, nicht der gesamte übrige Vertrag.

b) Umgehung. Die zwingende Wirkung des Tarifvertrages schließt Um- 374 gehungsgeschäfte aus. Hierher gehört der durch § 4 Abs. 4 ausdrücklich für rechtsunwirksam erklärte Verzicht auf entstandene tarifliche Rechte; vgl. dazu unten Rnr. 652 ff. Die Frage der Gesetzesumgehung ist eine Frage der Gesetzesauslegung für den besonderen Fall, daß ein Gesetzestatbestand (der Tatbestand des umgangenen Gesetzes) wegen seiner Rechtsfolge in ungewöhnlicher Weise gemieden, ein anderer (der Tatbestand des ergangenen oder erstrebten Gesetzes) wegen seiner entgegengesetzten Rechtsfolge hergestellt worden ist; so die heute überwiegende Ansicht.[229] Der ausgeschaltete Rechtssatz ist in unserem Fall die zwingende Tarifnorm, der erstrebte Rechtssatz der „tariffreie Raum", d. h. die einzelvertragliche Abrede durch die Parteien des Arbeitsvertrages.[230] Eine Umgehungsabsicht oder ein Umgehungsbewußtsein braucht nicht vorzuliegen. Wie weit sich ein Tarifvertrag zwingende Wirkung zulegen will, ist nach allgemeinen Grundsätzen der Auslegung zu ermitteln.[231] In allen Fällen können die Arbeitsgerichte die sachliche Berechtigung einer tariflichen Öffnungsklausel nachprüfen.

2. Nachgiebige Tarifnormen (vertragsdispositives Tarifrecht)

a) Gesetzliche Regelung. Nach § 4 Abs. 3 sind abweichende Abma- 375 chungen nur zulässig, soweit sie durch den Tarifvertrag gestattet sind oder eine Änderung der Regelungen zugunsten des Arbeitnehmers enthalten.

---

[228] Vgl. Hueck/*Nipperdey*, Arbeitsrecht II 1, § 28 I, S. 533, Anm. 2; Kempen/Zachert, § 4 TVG, Rnr. 11; *Nikisch*, Arbeitsrecht II, § 79 IV 1, S. 395.
[229] Vgl. statt aller Soergel/*Kegel,* vor Art. 3 EGBGB, Rnr. 136, mit Zusammenstellung des Schrifttums zur Gesetzesumgehung vor Rnr. 132.
[230] Vgl. besonders eklatante Verstöße in RAG, ARS 5, S. 103, 108; 6, S. 449, 450 (*Nipperdey*).
[231] Vgl. dazu oben § 1, Rnr. 763 ff.; *Nikisch*, Arbeitsrecht II, § 81 II 2, S. 412.

aa) Das Gesetz spricht allgemein von „**abweichenden Abmachungen**". Ebenso wie in Abs. 5 („andere Abmachungen") ist der Ausdruck umfassend zu verstehen. In Betracht kommen tarifliche Öffnungsklauseln für Betriebsvereinbarungen und für Einzelverträge. Im Hinblick auf Betriebvereinbarungen wird § 4 Abs. 3 durch §§ 77, 87 BetrVG verdrängt; diese Thematik wird deshalb hier nicht behandelt; siehe dazu unten Rnr. 546 ff.

376 **bb)** § 4 Abs. 3 betrifft nur noch das Verhältnis des Tarifvertrages zu Einzelvereinbarungen. In der Praxis dürften derartige **Öffnungsklauseln** allerdings kaum vorkommen.[232] Der Tarifvertrag kann Abweichungen allgemein oder für einzelne Fälle enthalten. Die Öffnungsklausel bedarf keiner besonderen Rechtfertigung,[233] unterliegt aber der allgemeinen Kontrolle nach Art. 3 Abs. 1 GG; s. oben Einl. vor § 1, Rnr. 213 ff. Ebenso wie im Verhältnis Tarifvertrag/Betriebsvereinbarung gibt es eine Grenze für den Umfang der Delegation:[234] Der Tarifvertrag darf nicht in allen seinen Bestimmungen dispositiv gestaltet werden.

377 **cc)** In der Praxis findet sich die Gestattung abweichender Vereinbarungen selten, der Hinweis auf **ergänzende Vereinbarungen** dagegen häufig. Mittelbar wird ein der Gestattung entsprechender Erfolg durch die Abgrenzung des räumlichen, betrieblichen oder persönlichen Geltungsbereichs des Tarifvertrages erreicht. Die unterschiedlichen Leistungen der Arbeitnehmer werden durch differenzierte Lohngruppen oder Sonderlohngruppen berücksichtigt. Das hat den Vorteil, daß gerade die schwächsten Arbeitnehmergruppen nicht aus dem Schutz der Tarifbedingungen herausgenommen werden, vielmehr eine ihrer Leistungsfähigkeit angepaßte zwingende Tarifentlohnung vorgesehen ist. Hierbei handelt es sich dann um eine zwar unterdurchschnittliche, aber tarifliche Entlohnung. Von untertariflicher Bezahlung sollte man nur sprechen, wenn die minderleistungsfähigen Arbeitnehmer ihre Arbeitsbedingungen selbständig aushandeln müssen; eine tarifliche Öffnungsklausel kann hier nur in Ausnahmefällen als sachlich gerechtfertigt angesehen werden,[235] so z. B. in Bezug auf Arbeitnehmer, für die ein Angebotsüberhang besteht.[236]

378 **dd)** Kein Fall einer tariflichen Öffnungsklausel liegt vor, wenn der Tarifvertrag die nähere Festsetzung der Entlohnung oder anderer Arbeitsbedingungen von der **Mitwirkung eines Dritten** (z. B. der Betriebsvertretung) abhängig macht.[237] Ist in einem Betrieb keine Betriebsvertretung vorhanden, so muß durch Auslegung ermittelt werden, ob die Minderentlohnung ausgeschlossen sein soll, wenn die Kontrolle durch den Betriebsrat aus irgendeinem Grunde nicht durchführbar ist.

---

[232] Ebenso *Däubler*, Tarifvertragsrecht, Rnr. 185.
[233] *Löwisch/Rieble*, § 4 TVG, Rnr. 131, 143.
[234] S. *Wank*, NJW 1996, S. 2273, 2280.
[235] Über die Unzulässigkeit von Abschlagsklauseln für weibliche Arbeitnehmer vgl. BAG 23. 3. 1957 AP Nr. 17, 28. 11. 1958 AP Nr. 39 zu Art. 3 GG.
[236] *Löwisch/Rieble*, § 4 TVG, Rnr. 123.
[237] *Hueck/Nipperdey*, Arbeitsrecht II 1, § 29 II, S. 563, Anm. 2, hält eine derartige Tarifbestimmung ohne weiteres für zulässig; *Nikisch*, Arbeitsrecht II, § 81 III 3, S. 415, 416, äußert Bedenken, ob die Tarifparteien ihre Befugnis, zwingende Rechtsnormen zu erlassen, auf andere Stellen delegieren können. Vgl. zur Delegation im übrigen oben § 1, Rnr. 258 ff.

b) Voraussetzungen. Teilweise wird vertreten, die Gestattung im Tarifvertrag müsse ausdrücklich erfolgen.[238] – Die zwingende Wirkung des Tarifvertrages ist das Normale und ist deshalb zu vermuten. Es bedarf deshalb eines besonderen Nachweises, daß die Tarifvertragsparteien die Vereinbarung von Abweichungen gestattet haben; deshalb wird **nur in Ausnahmefällen** von einer **konkludenten Gestattung** ausgegangen werden können.[239] Die Gestattung kann sich daraus ergeben, daß der Tarifvertrag dispositives Gesetzesrecht wiederholt. Sind im Tarifvertrag Sollvorschriften enthalten, so kann bei hinreichender Bestimmtheit unmittelbare Geltung angenommen werden; abweichende Vereinbarungen sind gestattet. Kannvorschriften in einem Tarifvertrag begründen keinen unmittelbaren Anspruch. Bei Ermessensmißbrauch kann jedoch ein Erfüllungs- oder Schadensersatzanspruch gegeben sein. Der Grundsatz der Gleichbehandlung ist zu beachten. Die Voraussetzungen, Beschränkungen und Bedingungen, an die die Gestattung geknüpft ist, gehören gleichfalls zum normativen Teil. Fehlen sie oder sind die Bedingungen nicht erfüllt, so wird die unzulässige Abrede von den Tarifnormen verdrängt.

c) Rechtsfolgen. Die Zulassung von Abweichungen im Tarifvertrag betrifft den normativen Teil. Sie bedeutet in dem rechtlich zulässigen und tariflich festgelegten Umfang die Gestaltung der Arbeitsbedingungen als dispositives Recht, die Gewährung der Vertragsfreiheit an die Arbeitsvertragsparteien. Solange diese keine abweichende Bestimmung treffen, gelten die Tarifnormen kraft ihrer unmittelbaren Wirkung. Diese tritt nicht ein, wenn bereits vor Inkrafttreten des Tarifvertrages oder vor Entstehen der Tarifbindung widersprechende arbeitsvertragliche Abmachungen bestanden, die von der tariflichen Öffnungsklausel gedeckt sind.[240] Die Tarifwirkung wird beseitigt, wenn und soweit die Arbeitsvertragsparteien von der gewährten Vertragsfreiheit Gebrauch machen und vom Tarifvertrag abweichende Vereinbarungen treffen. Dazu ist aber bei bestehendem Arbeitsvertrag, wenn der Tarifvertrag nichts anderes bestimmt, eine vertragliche Abrede oder eine vorherige Kündigung des Arbeitsvertrages erforderlich. Mit der Kündigung kann das Angebot der neuen tariflich zulässigen Bedingung verbunden werden. Verliert die Individualabrede ihre Gültigkeit, so treten die entsprechenden Tarifbestimmungen in die entstandene Lücke.

C. Verhältnis zu günstigeren Individualabsprachen

Schrifttum (zu C.): *Klaus Adomeit*, Das Günstigkeitsprinzip – neu verstanden, NJW 1984, S. 26–27; *Detlev W. Belling*, Das Günstigkeitsprinzip im Arbeitsrecht, Berlin 1984; *Peter Bengelsdorf*, Tarifliche Arbeitszeitbestimmungen und Günstigkeitsprinzip, ZfA 1990, S. 563–606; *Ralf Bergner*, Die Zulässigkeit kollektivvertraglicher Arbeitszeitregelungen und ihr Verhältnis zu abweichenden individualvertraglichen Vereinbarungen im Lichte des Günstigkeitsprinzips, Berlin 1995; *Helmuth Bertermann*, Auswirkungen des tariflich geregelten Zeitlohnes auf den Akkordlohn, BlStSozArbR

---

[238] So *Däubler*, Tarifvertragsrecht, Rnr. 194; *Löwisch/Rieble*, § 4 TVG, Rnr. 133.
[239] S. auch *Koberski/Clasen/Menzel*, § 4 TVG, Rnr. 96.
[240] Vgl. LAG Hannover 22. 10. 1952, BB 1953, S. 146.

1953, S. 124; *Kurt Hans Biedenkopf*, Grenzen der Tarifautonomie, Karlsruhe 1964; *Wolfgang Blomeyer*, Das Günstigkeitsprinzip in der Betriebsverfassung, NZA 1996, S. 337–346; *Burkhard Boemke*, Privatautonomie im Arbeitsvertragsrecht, NZA 1993, S. 532–538; *Eduard Bötticher*, Die gemeinsamen Einrichtungen der Tarifvertragsparteien, Heidelberg 1966; *Hans Bohn*, Tarifliche Regelung der Akkordsätze, Betrieb 1950, S. 119; *ders.*, Die Akkorde innerhalb des Arbeitsvertrages, RdA 1952, S. 16–18; *Herbert Buchner*, Tarifliche Arbeitszeitbestimmungen und Günstigkeitsprinzip, Betrieb 1990, S. 1715–1723; *ders.*, Die Umsetzung der Tarifverträge im Betrieb, RdA 1990, S. 1–18; *ders.*, Beschäftigungssicherung unter dem Günstigkeitsprinzip, Betrieb Beil. 12/1996, S. 1–15; *Rudolf Buschmann*, Die Günstigkeit der Nachtarbeit, NZA 1990, S. 387–388; *ders.*, Die Günstigkeit der Beschäftigungssicherung unter dem Günstigkeitsprinzip, Betrieb Beil. 12/1996, S. 1–15; *Hans H. Butz*, Tarifrecht und Leistungsprinzip, Betrieb 1953, S. 400–402; *Wolfgang Däubler*, Der Arbeitsvertrag – ein Mittel zur Verlängerung der Wochenarbeitszeit?, Betrieb 1989, S. 2534–2538; *ders.*, Abschaffung der Tarifautonomie mit Hilfe des Günstigkeitsprinzips?, AuR 1996, S. 347–354; *Rolf Dietz*, Zeitakkord und Tarifvertrag, BB 1955, S. 99–103; *ders.*, Verbot der Verabredung übertariflicher Arbeitsbedingungen durch Beschluß eines Arbeitgeberverbandes, Betrieb 1965, S. 591–598; *Rolf Dietz/Dieter Gaul/Marie Luise Hilger*, Akkord und Prämie, 2. Auflage, Heidelberg 1967; *Horst Ehmann/Thomas Benedikt Schmidt*, Betriebsvereinbarungen und Tarifverträge, NZA 1995, S. 193–203; *Gerhard Etzel*, Tarifordnung und Arbeitsvertrag, NZA Beil. 1/1987, S. 19–31; *Hans Ulrich Evers*, Arbeitskampffreiheit, Neutralität, Waffengleichheit und Aussperrung, Hamburg 1969; *Hans Galperin*, Wirkung und Unwirksamkeit der Änderungskündigung, Betrieb 1958, S. 799–803; *ders.*, Begriff und Legitimität der Aussperrung, BB 1965, S. 93–99; *Wolfgang Gitter*, Zum Maßstab des Günstigkeitsvergleichs, in: Festschrift für Otfried Wlotzke (1996), S. 297–311; *Meinhard Heinze*, Tarifautonomie und sogenanntes Günstigkeitsprinzip, NZA 1991, S. 329–336; *Wilhelm Herschel*, Übertragung der Beamtenarbeitszeit auf Arbeitnehmer des öffentlichen Dienstes, AuR 1965, S. 65–70; *Philipp Hessel*, Allgemeinverbindlicherklärung eines Tarifvertrages mit Effektivklausel, AuR 1956, S. 155–158; *Wolfgang Hölters*, Harmonie normativer und schuldrechtlicher Abreden in Tarifverträgen, Berlin 1973; *Wolfgang Hromadka*, Privat- versus Tarifautonomie – ein Beitrag zur Arbeitszeitdiskussion, Betrieb 1992, S. 1042–1047; *Gerrick v. Hoyningen-Huene/Ulrich Meier-Krenz*, Flexibilisierung des Arbeitsrechts durch Verlagerung tariflicher Regelungskompetenzen auf die Betriebe, ZfA 1988, S. 293–318; *Alfred Hueck/Gerrick v. Hoyningen-Huene*, Kündigungsschutzgesetz, 12. Auflage, München 1997; *Detlev Joost*, Tarifliche Grenzen der Verkürzung der Wochenarbeitszeit, ZfA 1984, S. 173–194; *Renate Käppler*, Tarifvertragliche Regelungsmacht, NZA 1991, S. 745–754; *Walter Kaskel/Hermann Dersch*, Arbeitsrecht, 4. Aufl., Berlin 1932; *Hermann Kauffmann*, Normsetzungsbefugnis der Tarifpartner, NJW 1966, S. 1681–1686; *Wolfhard Kohte*, Über den Umgang mit Tarifverträgen, BB 1986, S. 397–408; *Michael Kort*, Arbeitszeitverlängerndes „Bündnis für Arbeit" zwischen Arbeitgeber und Betriebsrat – Verstoß gegen die Tarifautonomie?, NJW 1997, S. 1476–1481; *Alfons Kraft*, Arbeitsvertrag und kollektive Kampfmaßnahmen, RdA 1968, S. 286–295; *Stefan Krauss*, Günstigkeitsprinzip und Autonomiebestreben am Beispiel der Arbeitszeit, Bayreuth 1995; *ders.*, Der bunte Korb der Günstigkeit, NZA 1996, S. 294–296; *Werner Kreis*, Die Zulässigkeit von Höchstarbeitsbedingungen, RdA 1961, S. 97–102; *Günther Küchenhoff*, Verbandsautonomie, Grundrechte und Staatsgewalt, AuR 1963, S. 321–324; *Karl Linnenkohl/Hans-Jürgen Rauschenberg/Dirk A. Reh*, Abschied vom „Leber-Kompromiß" durch das Günstigkeitsprinzip?, BB 1990, S. 628–631; *Manfred Löwisch*, Der Deliktsschutz relativer Rechte, Berlin 1970; *ders.*, Die Zulässigkeit freiwilliger Samstagsarbeit nach dem Günstigkeitsprinzip, Betrieb 1989, S. 1185–1188; *ders.*, Dienstleistungsarbeit mit freiwilligen Mitarbeitern, NZA 1989, S. 959–960; *ders.*, Die Freiheit zu arbeiten – nach dem Günstigkeitsprinzip, BB 1991, S. 59–63; *Oswin Martinek*, Zur Verankerung des Koalitionsrechts im kollektiven Arbeitsrecht, in: Festschrift für H. Schmitz (1967), Bd. I, S. 146–160; *Wilhelm Maus*, Mindest- und Höchstarbeitsbedingungen in Tarifverträgen, RdA 1958, S. 241–247; *Erich Molitor*, Höchstbegrenzung von Tarifnormen, BB 1957, S. 85–88; *Gerhard Müller*, Einflüsse des kollektiven Arbeitsrechts auf das Arbeitsverhältnis, Betrieb 1967, S. 903–909; *Arthur Nikisch*, Die sogenannte Effektivklausel bei tariflichen Lohnerhöhungen, BB 1956, S. 468–471; *ders.*, Inhalt und Grenzen des tariflichen Günstigkeitsprinzips, Betrieb

3. Abschnitt. Verhältnis der Tarifvertragsnormen § 4

1963, S. 1254–1257; *Hans Carl Nipperdey*, Unzulässigkeit von Höchstnormen in Tarifverträgen und Tarifordnungen der öffentlichen Hand, in: Festschrift für Wilhelm Herschel (1955), S. 1–26; *Hans-Jürgen Papier*, Der verfassungsrechtliche Rahmen für Privatautonomie im Arbeitsrecht, RdA 1989, S. 137–144; *Thilo Ramm*, Kollektive Änderungskündigung und Aussperrung, BB 1964, S. 1174–1179; *ders.*, Die Rechtsprechung des BAG, JZ 1966, S. 214–222; *Hans Rehhahn*, Äquivalenzprinzip und Leistungszulagen, AuR 1956, S. 37–47; *ders.*, Methodenkritik an Akkordurteilen des Bundesarbeitsgerichts, AuR 1960, S. 65–70; *Volker Rieble*, Arbeitsmarkt und Wettbewerb, 1996; *Wilhelm Reuß*, Die Stellung des kollektiven autonomen Arbeitsrechts im Rechtssystem, AuR 1958, S. 321–331; *ders.*, Kollektivrechtliche und (gebündelte) individualrechtliche Arbeitskampfmittel, JZ 1965, S. 348–351; *ders.*, Festschrift für Hans Carl Nipperdey zum 70. Geburtstag, AuR 1966, S. 97–101; *Reinhard Richardi*, Arbeitszeitverlängerung nach dem Tarifvertrag in der Metallindustrie, Betrieb 1990, S. 1613–1618; *ders.*, Kollektivvertragliche Arbeitszeitregelungen, ZfA 1990, S. 211–243; *ders.*, Empfiehlt es sich, die Regelungsbefugnisse der Tarifparteien im Verhältnis zu den Betriebsparteien neu zu ordnen?, Gutachten B zum 61. Deutschen Juristentag, 1996; *Bernd Rüthers*, Die Spannung zwischen individualrechtlichen und kollektivrechtlichen Wertmaßstäben im Arbeitskampfrecht, AuR 1967, S. 129–138; *Franz-Jürgen Säcker*, Herabsetzung nichttariflicher Arbeitsbedingungen durch kollektive Änderungskündigung, Betrieb 1967, S. 1086–1092; *ders.*, Gruppenautonomie und Übermachtkontrolle im Arbeitsrecht, Berlin 1972; *Franz Jürgen Säcker/Hartmut Oetker*, Grundlagen und Grenzen der Tarifautonomie, München 1992; *dies.*, Höchstnormenbeschlüsse der Koalitionen zwischen Freiheitsschutz und Verbandsautonomie, ZfA 1996, S. 85–113; *Günther Schelp*, Tarifvertrag und Betriebsvereinbarung im Rahmen von § 59 des Betriebsverfassungsgesetzes (I), Betrieb 1962, S. 1242–1245; *ders.*, Gemeinsame Einrichtungen der Tarifvertragsparteien, in: Festschrift für H. C. Nipperdey (1965), Bd. II, S. 579–607; *Wilfried Schlüter*, Die Grenzen der Tarifmacht bei der Regelung der Wochenarbeitszeit, in: Festschrift für Walter Stree und Johannes Wessels zum 70. Geburtstag (1993), S. 1061–1084; *Thomas Benedikt Schmidt*, Das Günstigkeitsprinzip im Tarifvertrags- und Betriebsverfassungsrecht, Berlin 1994; *Peter R. Schulze*, Das Günstigkeitsprinzip im Tarifvertragsrecht, Diss. Bremen 1984; *Ulrike Schweibert*, Die Verkürzung der Wochenarbeitszeit durch Tariföffnungsklauseln, Baden-Baden 1994; *Hugo Seiter*, Streikrecht und Aussperrungsrecht, Tübingen 1975; *Wolfgang Siebert*, Kollektivnorm und Individualrecht im Arbeitsverhältnis, in: Festschrift für H.C. Nipperdey (1955), S. 119–145; *Karsten Tech*, Günstigkeitsprinzip und Günstigkeitsbeurteilung im Arbeitsrecht, Diss. Kiel 1987; *Hans-Joachim Tyska*, Die Zulässigkeit untertariflicher Löhne unter dem Blickpunkt von Tariföffnungsklauseln und Günstigkeitsprinzip, AuR 1985, S. 276–283; *Thomas Vielhaber*, Gewährleistung eines Mindestverdienstes bei Akkordarbeiten, BB 1949, S. 689–690; *Bernhard Weller*, Massenänderungskündigung und Kampfparität, AuR 1967, S. 76–82; *Herbert Wiedemann*, Das Arbeitsverhältnis als Austausch- und Gemeinschaftsverhältnis, Karlsruhe 1966; *ders.*, Die deutschen Gewerkschaften – Mitgliederverband oder Berufsorgan?, RdA 1969, S. 321–336; *ders.*, Leistungsprinzip und Tarifvertragsrecht, in: Festschrift für das BAG (1979), S. 635–660; *Otfried Wlotzke*, Das Günstigkeitsprinzip im Verhältnis des Tarifvertrages zum Einzelarbeitsvertrag und zur Betriebsvereinbarung, Heidelberg 1957; *Ulrich Zachert*, Aufhebung der Tarifautonomie durch „freiwillige Regelungen" im Arbeitsvertrag?, Betrieb 1990, S. 986–989; *Albrecht Zeuner*, Günstigkeitsprinzip und Verbandsbeschluß zur Verhinderung übertariflicher Arbeitsbedingungen, Betrieb 1965, S. 630–633; *Wolfgang Zöllner*, Der Abbau einheitsvertraglicher Arbeitsbedingungen im nicht gesicherten Bereich (Bemerkungen zum arbeitskampfrechtlichen Symmetriegedanken und zum Ordnungsprinzip), RdA 1969, S. 250–256; *ders.*, Empfiehlt es sich, das Recht der gemeinsamen Einrichtungen der Tarifvertragsparteien (§ 4 Abs. 2 TVG) gesetzlich näher zu regeln?, Gutachten zum 48. Deutschen Juristentag, 1970, Teil G, S. 1–109; *ders.*, Die Zulässigkeit einzelvertraglicher Verlängerung der tarifvertraglichen Wochenarbeitszeit, Betrieb 1989, S. 2121–2126

I. Das Günstigkeitsprinzip

381 Das Günstigkeitsprinzip sichert den Parteien des Arbeitsvertrages in Form einer Kollisionsregel eine *sachliche Vorrangkompetenz:* Arbeitgeber und Arbeitnehmer verbleibt stets ein Bereich zur eigenständigen Gestaltung des Arbeitsverhältnisses, wenn sich dies für den Arbeitnehmer günstiger auswirkt.

1. Inhalt und Bedeutung

382 **a) Die Entwicklung des Günstigkeitsprinzips.** Nach § 1 Abs. 1 Satz 2 **TarifVO 1918** waren Vereinbarungen, die von der tariflichen Regelung abwichen, nur wirksam, wenn sie im Tarifvertrag grundsätzlich zugelassen waren oder wenn sie eine Änderung der Arbeitsbedingungen zugunsten des Arbeitnehmers enthielten und im Tarifvertrag nicht ausdrücklich ausgeschlossen waren. Geschah dies, so enthielt der Tarifvertrag gleichzeitig Mindest- und Höchstarbeitsbedingungen. Das Gesetz enthielt daher lediglich eine *Auslegungsregel* für den Kollektivvertrag[241]. Im Verhältnis zu Betriebsvereinbarungen war streitig, ob diese vom Tarifvertrag abweichen durften; soweit das als zulässig angesehen wurde, wandte man das Günstigkeitsprinzip auch auf das Verhältnis der beiden Kollektivvereinbarungen zueinander an.[242] Nach § 32 Abs. 2 Satz 2 **AOG 1934** konnten die Bestimmungen der Tarifordnung lediglich Mindestarbeitsbedingungen vorsehen, das Günstigkeitsprinzip wurde *zwingend* festgelegt. Darin sollte auch das in der damaligen Arbeitsverfassung geltende Leistungsprinzip zum Ausdruck kommen. Die **Entwürfe zum TVG** kehrten ausnahmslos zum Rechtszustand gemäß § 1 Abs. 1 Satz 2 TarifVO zurück. Erst in einer der letzten Ausschußberatungen machte *Herschel* einen Änderungsvorschlag; vgl. dazu oben zur Entstehungsgeschichte des Gesetzes, Rnr. 39. Der Vorsitzende *Richter* (SPD) stellte die Streichung des letzten Halbsatzes zur Diskussion: „Der Gesichtspunkt, daß durch diesen Halbsatz die tarifliche Vereinbarung von Höchstlöhnen ermöglicht wird, ließ die Streichung nicht unbedingt zweckmäßig erscheinen." Die Fassung des Redaktionsausschusses des Ausschusses für Arbeit vom 26. 10. 1948 stimmt bereits mit dem heutigen Gesetzestext überein. Eine Begründung für die endgültige Gesetzesfassung existiert nicht. Die Entstehungsgeschichte des Gesetzes beweist aber, daß die Abweichung von den ursprünglichen Entwürfen bewußt geschah.

383 **b) Der Grundsatz der zwingenden Mindestbedingungen. aa)** Nach § 4 Abs. 3 sind die Tarifbedingungen im Verhältnis zu einzelvertraglichen Abreden nur **einseitig zwingend**: sie schließen lediglich eine Verschlechterung, nicht aber eine Verbesserung aus, sind also zugunsten des Arbeitnehmers dispositives Recht. Daraus folgt keine Verpflichtung des Arbeitgebers, im Arbeitsvertrag höhere Löhne oder sonstige bessere Arbeitsbedingungen zu gewähren. Die abweichende Ansicht von *Rehhahn*,[243] wonach

---

[241] Ausführlich zur Geschichte des Günstigkeitsprinzips *Schmidt,* Günstigkeitsprinzip, S. 25 ff.; *Tech,* Günstigkeitsprinzip, S. 5 ff.; s. auch oben Einl. vor § 1, Rnr. 472.
[242] Vgl. *Kaskel/Dersch,* Arbeitsrecht, S. 83; *Nikisch,* Arbeitsrecht II, § 82 I 2, S. 419.
[243] *Rehhahn,* AuR 1956, S. 37.

dem einzelnen Arbeitnehmer ein Rechtsanspruch auf einen übertariflichen, leistungsadäquaten Lohn zustehe, wird allgemein abgelehnt; sie verändert den tariflichen Mindestlohn zum Richtsatzlohn und stört die Friedens- und Ordnungsfunktion, die dem Tarifvertrag nach dem Willen der Tarifvertragsparteien regelmäßig zukommt.[244]
Der Tarifvertrag kann bestimmen, daß **überdurchschnittliche Leistungen** eigens zu entlohnen sind. Eine solche tarifliche Regelung ist wirksam. Sie verpflichtet im Zweifel die Parteien des Arbeitsvertrages zur Aufstellung einer dem Tarifvertrag systemkonformen Leistungsordnung. Die Konkretisierung hat systemimmanent, d. h. auf der Grundlage der Wertungen des Tarifvertrages zu erfolgen. Außerdem ist der Grundsatz der Gleichbehandlung zu beachten. Enthält der Tarifvertrag keine Anknüpfungspunkte für die Lohnermittlung, so ist die Tarifnorm nur vollziehbar, wenn im Wege der Auslegung ein System für die Leistungsordnung festzustellen ist. Eine Tarifvertragsbestimmung, die eine Entlohnung nach besonders qualifizierten Leistungen vorschreibt, hat normative Bedeutung, auch wenn der Tarifvertrag damit den Parteien des Einzelarbeitsvertrages einen gewissen Beurteilungsspielraum einräumt (vgl. dazu oben § 1, Rnr. 211 ff., 265 (Bestimmungsklausel)), innerhalb dessen der Leistungslohn vereinbart werden muß. Der Anspruch auf den Leistungslohn ist ein tarifrechtlicher. Die Höhe des jeweiligen Zuschlags unterliegt folglich nicht der freien Vereinbarung und auch nicht dem Ermessen des Arbeitgebers, sondern sie ist aufgrund objektiver Beurteilung der Leistung festzustellen.[245] Eine arbeitsvertragliche Senkung der Löhne auf das niedrigste Niveau ist bei entsprechender überdurchschnittlicher Leistung unwirksam.

Denkbar, wenn auch in der Praxis selten, sind Tarifvertragsvorschriften, die eine **Kürzung des Leistungslohnes** bei gleichbleibender Leistung erlauben. Das kommt namentlich anläßlich einer Änderung des Lohnsystems (gewisse arbeitstechnische Vorgänge, z. B. im Flugzeugbau, sind akkordfeindlich, so daß ein Umsetzen von Akkord- auf Zeitlohn notwendig wird) und für am Umsatz orientierte Löhne oder Lohnzuschläge in Betracht. Dann kann der Arbeitgeber den Lohn trotz gleichbleibender Leistung und im Zweifel ohne Änderungskündigung senken. Entscheidend sind die Voraussetzungen, die der Tarifvertrag vorsieht. Das gilt, soweit der Tarifvertrag das Mitbestimmungsrecht des Betriebsrats nach § 87 Abs. 1 Nr. 10 BetrVG verdrängt und verdrängen kann.

bb) § 4 Abs. 3 ist Ausschnitt einer umfassenden Kollisionsnorm, die allgemein als Günstigkeitsprinzip bezeichnet wird. Beim Zusammentreffen mehrerer arbeitsrechtlicher **Gestaltungsfaktoren verschiedenen Ranges** kann im Zweifel die rangniedrigere Regelung zugunsten des Arbeitnehmers von der ranghöheren abweichen. Die arbeitsrechtlichen Schutzregeln enthalten nur einseitig zwingendes Recht. Das Prinzip selbst ist unbestritten, streitig ist dagegen seine Grundlage. Sie ist im **arbeitsrechtlichen Schutz-**

---

[244] So Hueck/Nipperdey, Arbeitsrecht II 1, § 30 II, S. 580; Nikisch, Arbeitsrecht II, § 83 I 3, S. 440; Richardi, Kollektivgewalt, S. 372; Wlotzke, Günstigkeitsprinzip, S. 51.
[245] Zutreffend Nikisch, Arbeitsrecht II, § 83 I 4, S. 440, mit Hinweisen auf die Rechtsprechung des Reichsarbeitsgerichts.

prinzip zu sehen.[246] Ihm widerspräche es, wenn die Arbeitsbedingungen aufgrund des Gesetzes, des Tarifvertrages oder der Betriebsvereinbarungen Höchstbedingungen wären. Andere Autoren führen das Günstigkeitsprinzip auf das **Sozialstaatsprinzip**[247] zurück oder auf die freiheitlich-rechtsstaatlichen Elemente der geltenden Wirtschafts- und Sozialverfassung.[248]

cc) Die Vorschrift hat aber speziell für das Verhältnis vom Tarifvertrag zum Einzelarbeitsvertrag eine weitergehende Bedeutung. Sie führt zu einer formellen Einschränkung der Tarifautonomie und garantiert damit gleichzeitig die Freiheit der individuellen Selbstbestimmung der Vertragspartner; so die herrschende Meinung.[249] Die heute in § 4 Abs. 3 vorgesehene zwingende Wirkung des Günstigkeitsprinzips **verhindert**, daß die Tarifvertragsparteien ihre Arbeitsbedingungen gleichzeitig zu **Mindest- und Höchstbedingungen** erklären können. Das Günstigkeitsprinzip hat damit nicht nur den Rang einer *Auslegungsregel*, sondern bildet eine *formelle Schranke* der tariflichen Regelungsmacht. Allerdings ist es den sozialen Gegenspielern nicht verwehrt zu versuchen, die in Betracht kommenden Arbeits- und Wirtschaftsbedingungen abschließend zu regeln. Es besteht für sie auch keine Verpflichtung, nur Basis- oder Mindestbedingungen zu vereinbaren und für individualisierende und leistungsbezogene Vertragsabsprachen bewußt Raum zu lassen.[250] Das Günstigkeitsprinzip garantiert keinen bestimmten „tariffreien" Raum.[251] Die Vertragsfreiheit wird von § 4 Abs. 3 nicht gegenständlich gewährleistet, sondern lediglich formal verbürgt: den Parteien des Einzelarbeitsvertrages verbleibt potentiell ein Gestaltungsspielraum für günstigere Abreden. Diese können zugunsten einzelner Arbeitnehmer, für eine Gruppe oder zugunsten der ganzen Belegschaft zustande kommen. Die Motivation für übertarifliche Leistungen sowie ihr Umfang spielen keine Rolle.

dd) Von *Nipperdey*,[252] *Nikisch*[253] und *Siebert*[254] wird das Günstigkeitsprinzip mit dem **Leistungsprinzip** begründet. *Siebert* nahm sogar an, daß das Günstigkeitsprinzip in seinem zwingenden Charakter auf die Gewährleistung des Leistungsprinzips beschränkt sei. Dieser Ansicht ist nicht zu folgen.[255] Das

---

[246] BAG GS 16. 9. 1986 AP Nr. 17 zu § 77 BetrVG 1972; Kempen/Zachert, § 4 TVG, Rnr. 164; *Stein*, Tarifvertragsrecht, Rnr. 589; *Wiedemann*, Arbeitsverhältnis, S. 13 ff.; s. auch oben Einl. vor § 1, Rnr. 360.
[247] *Gerhard Müller*, Betrieb 1967, S. 903, 905; *Ramm*, JZ 1966, S. 214, 218.
[248] *Säcker*, Gruppenautonomie, S. 293; zum Zusammenhang mit dem *Leistungsprinzip* s. unten Rnr. 388.
[249] Vgl. BAG 15. 12. 1960 AP Nr. 2 und Nr. 3 zu § 4 TVG Angleichungsrecht; 21. 4. 1961 AP Nr. 5 zu § 4 TVG Effektivklausel; 15. 12. 1960 AP Nr. 9 zu § 4 TVG Günstigkeitsprinzip; 3. 4. 1957 AP Nr. 6 zu § 611 BGB Gratifikation; 30. 10. 1963 AP Nr. 85 zu § 242 BGB Ruhegehalt; Hueck/*Nipperdey*, Arbeitsrecht II 1, § 300 I 2, S. 572; *Maus*, RdA 1958, S. 246; *Nikisch*, Arbeitsrecht II, § 83 I 3, S. 420; *Richardi*, Kollektivgewalt, S. 365; *Reuß*, AuR 1958, S. 321, 326; *Wlotzke*, Günstigkeitsprinzip, S. 22 ff.
[250] In dieser Richtung jedoch *Dietz*, Freiheit und Bindung im kollektiven Arbeitsrecht, S. 13, 21; wohl auch *Hessel*, AuR 1956, S. 157; *Nikisch*, BB 1956, S. 468, 470; *Wlotzke*, Günstigkeitsprinzip, S. 63.
[251] Zutr. *Richardi*, Kollektivgewalt, S. 407.
[252] Hueck/*Nipperdey*, Arbeitsrecht II 1, § 30 I 2, S. 572.
[253] *Nikisch*, Arbeitsrecht II, § 82 I 3, S. 421.
[254] *Siebert*, in: Festschrift für Nipperdey (1955), S. 119, 126.
[255] Krit. auch *Däubler*, Tarifvertragsrecht, Rnr. 198; Kempen/Zachert, § 4 TVG, Rnr. 162.

Günstigkeitsprinzip hat weitergehende Bedeutung. Es ermöglicht nicht nur die Vereinbarung besserer Arbeitsbedingungen aufgrund besonderer Leistungen der Arbeitnehmer, sondern es gestattet auch bessere Arbeitsbedingungen aus anderen Gründen.[256] Die besonderen sozialen Verhältnisse und die individuellen Leistungen des Arbeitnehmers sind nicht die einzigen Gründe, sondern nur die wichtigsten Beispiele für die Motive übertariflicher Arbeitsbedingungen; weiter kommen z. B. in Betracht die Verknappung von Arbeitskräften und dadurch bedingte Lohnangebote, besonders eilige Aufträge und deshalb gezahlte Lohnzulagen. Schlechthin *alle übertariflichen Arbeitsbedingungen* ohne Rücksicht auf die besonderen Motive, die ihrer Vereinbarung zugrunde liegen, *werden vom Günstigkeitsprinzip erfaßt*. Unabhängig von Anlaß oder Motivation soll dem einzelnen Arbeitnehmer die Chance erhalten bleiben, durch privatautonome Gestaltung günstigere Bedingungen zu erlangen, und dem Arbeitgeber die Möglichkeit, auf dem Arbeitsmarkt – besonders gute – Arbeitskräfte zu gewinnen. Die Anerkennung der **Privatautonomie** trägt derartige Absprachen, nicht das Leistungsprinzip. Beim Akkordlohn, der reiner Leistungslohn ist, zeigt sich in der Praxis deutlich, daß verbreitet mit übertariflichen Faktoren gearbeitet wird, so daß ein Bedürfnis für eine übertarifliche Entlohnung auch bei einem tariflichen Leistungslohnsystem nicht geleugnet werden kann. Dabei spielen vielfach weder leistungsmäßige noch soziale Gesichtspunkte eine Rolle. Dazu kommt, daß der normative Inhalt des Leistungsprinzips ungeklärt ist.[257]

c) Gewährleistung durch die Verfassung. aa) Manche Autoren nehmen an, das Günstigkeitsprinzip werde durch die Verfassung umfassend gewährleistet; andere bejahen eine beschränkte Gewährleistung; von wieder anderen wird eine verfassungsrechtliche Gewährleistung verneint. Das BAG[258] hat eine verfassungsrechtliche Gewährleistung im Anschluß an *Nipperdey* bejaht.[259]

Abgelehnt wird die verfassungsrechtliche Gewährleistung von *Dietz*,[260] *Gamillscheg*,[261] *Koberski/Clasen/Menzel*,[262] *Nikisch*,[263] *Zeuner*.[264] Bejahend haben sich *Bergner*,[265] *Nipperdey*,[266] *Martinek*,[267] *Reuß*,[268] *Schelp*[269] und *Schmidt*[270] sowie die nachstehend genannten Autoren geäußert.

---

[256] Zutr. *Stahlhacke*, in der 4. Aufl. dieses Kommentars, § 4, Rnr. 190.
[257] Vgl. dazu *Hölters*, Harmonie normativer und schuldrechtlicher Abreden in Tarifverträgen 1972, S. 167 ff.; *Wiedemann*, in: Festschrift für das BAG (1979), S. 635 ff.
[258] BAG 15. 12. 1960 AP Nr. 2 und 3 zu § 4 TVG Angleichungsrecht (*Küchenhoff*).
[259] BAG GS 16. 9. 1986 AP Nr. 17 zu § 77 BetrVG nimmt zu der Frage nicht Stellung, sondern referiert nur.
[260] *Dietz*, Betrieb 1965, S. 591, 593.
[261] *Gamillscheg*, Kollektives Arbeitsrecht I, § 18 V 3 a (3), S. 844.
[262] *Koberski/Clasen/Menzel*, § 4 TVG, Rnr. 107 a.
[263] *Nikisch*, Betrieb 1963, S. 1254, 1255.
[264] *Zeuner*, Betrieb 1965, S. 630, 632.
[265] *Bergner*, Arbeitszeitregelungen, S. 56 ff.
[266] *Hueck/Nipperdey*, Arbeitsrecht II 1, § 13 VII 2, S. 232.
[267] *Martinek* in: Festschrift für Hans Schmitz, Bd. 1 (1967), S. 146, 151.
[268] *Reuß*, AuR 1958, S. 321, 326.
[269] *Schelp*, Betrieb 1962, S. 1242.
[270] *Schmidt*, Günstigkeitsprinzip, S. 60 ff., 66 f.

391 Nach der Ansicht *Bellings*[271] ist das Günstigkeitsprinzip verfassungsrechtlich in Art. 9 Abs. 3 GG, Art. 2 Abs. 1 GG und in Art. 3 Abs. 1 GG verankert (S. 86). Die doppelte Zielrichtung des **Art. 9 Abs. 3 GG**, der sowohl die individuelle als auch die kollektive Koalitionsfreiheit garantiere, finde sich in der Gegenüberstellung von Günstigkeitsprinzip und Unabdingbarkeitsgrundsatz wieder (S. 67). Konflikte zwischen den beiden gleichrangigen Gewährleistungen seien mit Hilfe des Übermaßverbotes im Sinne einer Optimierung zu lösen (S. 69). Die kollektive Gestaltung der Arbeitsbedingungen diene dazu, das Übergewicht der Arbeitgeber auszugleichen. Werde dieser Zweck erreicht, so dürften Tarifvertragsnormen günstigeren Vereinbarungen durch den Einzelvertrag nicht mehr im Wege stehen. Eine weitergehende Anwendung des Unabdingbarkeitsgrundsatzes verstoße gegen das Übermaßverbot und wäre durch den Zweck des Art. 9 Abs. 3 GG nicht legitimiert (S. 69 f.). Das Günstigkeitsprinzip sei außerdem Bestandteil der Vertragsfreiheit, **Art. 2 Abs. 1 GG** und stehe damit unter dem Schrankenvorbehalt dieses Grundrechts.[272] Dieser rechtfertige aber nur in einem wirtschaftlichen Krisenfall eine gesetzliche Ermächtigung der Tarifvertragsparteien, Höchstnormen festzusetzen (S. 76 ff.). Eine verfassungsrechtliche Verankerung ergebe sich auch aus **Art. 2 Abs. 1, 3 Abs. 1 GG**, die das Leistungsprinzip garantierten. Individuelle Gerechtigkeit verlange die Berücksichtigung der individuellen Leistung (S. 82 ff.).

392 Auch *Däubler* und *Zachert* halten eine völlige Abschaffung des Günstigkeitsprinzips wegen Verstoßes gegen Art. 9 Abs. 3 GG für unzulässig.[273] *Däubler* stützt sich außerdem auf Art. 2 Abs. 1 GG.

393 **bb)** Heute dürfte wohl Einigkeit insoweit bestehen, als die **völlige Abschaffung des Günstigkeitsprinzips** durch den Gesetzgeber als **unzulässig** angesehen wird. Soweit ein sachwidriger Eingriff in die Tarifautonomie angenommen wird,[274] ist dem entgegenzuhalten, daß Art. 9 Abs. 3 GG den Tarifvertragsparteien nicht die Gestaltung der Arbeits- und Wirtschaftsbedingungen durch Mindestbedingungen garantiert; es liegt daher gar kein Eingriff in den Schutzbereich des Art. 9 Abs. 3 GG vor.

394 Eine Aufhebung des Günstigkeitsprinzips ist aber unter dem Gesichtspunkt des Eingriffs in die Arbeitsvertragsfreiheit unzulässig. Dabei kann nicht auf Art. 2 Abs. 1 GG zurückgegriffen werden,[275] da für die Arbeitsvertragsfreiheit **Art. 12 Abs. 1 GG** das speziellere Grundrecht ist.[276] Ein genereller Ausschluß des Günstigkeitsprinzips durch den Gesetzgeber kommt schon deshalb nicht in Betracht, weil nicht gegen alle übertariflichen Arbeitsbedingungen zugleich Gemeinwohlerwägungen im Sinne des Art. 12 Abs. 1 GG

---

[271] *Belling*, Günstigkeitsprinzip, S. 64 ff.
[272] *Belling*, Günstigkeitsprinzip, S. 70 f.; zustimmend *Däubler*, Tarifvertragsrecht, Rnr. 197. *Schweibert*, Wochenarbeitszeit, S. 234 ff. zieht zu Recht auch Art. 12 Abs. 1 GG heran.
[273] *Däubler*, Tarifvertragsrecht, Rnr. 197; *Kempen/Zachert*, § 4 TVG, Rnr. 164.
[274] *Kempen/Zachert*, § 4 TVG, Rnr. 164; dem folgend *Däubler*, Tarifvertragsrecht, Rnr. 197.
[275] So aber *Belling*, Günstigkeitsprinzip, S. 70 ff.; *Däubler*, Tarifvertragsrecht, Rnr. 197.
[276] BVerfG 7. 2. 1990, BVerfGE 81, S. 242, 255; *Boemke*, NZA 1993, S. 532, 533; *Papier*, RdA 1989, S. 137, 138; *Schweibert*, Wochenarbeitszeit, S. 236 f.

angeführt werden können. Vielmehr muß in jedem Einzelfall geprüft werden, ob Gemeinwohlbelange vorliegen und ob sie den Ausschluß günstigerer Regelungen rechtfertigen (vgl. aber zu Art. 12 GG oben Einl. vor § 1, Rnr. 307ff. sowie zu Art. 2 GG oben Einl. vor § 1, Rnr. 212).

Soweit es um die Freiheit der Tarifvertragsparteien selbst geht, das Günstigkeitsprinzip generell auszuschließen, kommt eine derartige Freiheit wegen des verfassungsrechtlichen Schutzes der Arbeitsvertragsfreiheit aus Art. 12 Abs. 1 GG nicht in Betracht. Einer entsprechenden Delegation durch den Gesetzgeber steht der Parlamentsvorbehalt entgegen, nach dem der Gesetzgeber alles Wesentliche selbst zu regeln hat.

d) Zwingende Mindestbedingungen und schuldrechtliche Abreden. **aa)** Da die Tarifvertragsparteien nicht normativ im Tarifvertrag Tarifbedingungen den Charakter von Höchstarbeitsbedingungen geben können, ist es ihnen auch verwehrt, schuldrechtlich eine Abrede zu treffen, die die Tarifvertragsparteien verpflichtet, Tariflöhne als **Höchstlöhne** zu behandeln. § 4 Abs. 3 will die Gestaltungsmacht der Tarifvertragsparteien begrenzen; damit wäre es nicht vereinbar, wenn sich die Vertragspartner gegenseitig verpflichten könnten, den Abschluß besserer Arbeitsbedingungen zu verhindern.[277]

Nach Ansicht *Zacherts*[278] sind allerdings schuldrechtliche Einschränkungen des Günstigkeitsprinzips in § 4 Abs. 3 nicht ausdrücklich untersagt; ein Ausschluß des Günstigkeitsprinzips durch die Tarifvertragsparteien selbst sei daher unbedenklich. Ein entsprechender Wille müsse aber im Tarifvertrag ausdrücklich geäußert werden; einseitige Beschlüsse reichten nicht aus. Dem liegt die Annahme zugrunde, daß akzeptable Arbeitsbedingungen für den Arbeitnehmer nur auf kollektiver Ebene erreicht werden könnten. Das Problem, daß die Arbeitsvertragsfreiheit des einzelnen Arbeitnehmers eingeschränkt wird, wird nicht gesehen.[279] Gerade den Bereich, in dem der Arbeitnehmer selbst Verbesserungen erreichen kann, dem Willen der Tarifvertragsparteien zu unterstellen, widerspräche aber dem Verbot des Ausschlusses des Günstigkeitsprinzips im normativen Teil.

bb) Umstritten ist die Auswirkung des Günstigkeitsprinzips auf die **Verbandsmacht.** Nach überwiegender Ansicht sind Verbandsbeschlüsse, insbesondere Arbeitgeberverbandsbeschlüsse, durch die die Mitglieder angehalten werden, die Tarifbedingungen nicht zu überschreiten (sog. **Höchstnormenbeschlüsse**), wegen Verstoßes gegen zwingendes Tarifrecht unwirksam.[280] Andere Autoren halten Höchstnormenbeschlüsse für wirksam.[281]

---

[277] *Buchner,* Betrieb 1990, S. 1715, S. 1723; *Däubler,* Tarifvertragsrecht, Rnr. 195; *Joost,* ZfA 1984, S. 173, 190f.; *Richardi,* Betrieb 1990, S. 1612, 1614; *Säcker/Oetker,* ZfA 1996, S. 85, 94 f.
[278] *Kempen/Zachert,* § 4 TVG, Rnr. 172.
[279] Vgl. *Kempen/Zachert,* § 4 TVG, Rnr. 164.
[280] So im Ergebnis *Belling,* Günstigkeitsprinzip, S. 96 ff.; *Biedenkopf,* Tarifautonomie, S. 75; *Butz,* Betrieb 1953, S. 400, 401; *Däubler,* Tarifvertragsrecht, Rnr. 195; *Kempen/Zachert,* § 4 TVG, Rnr. 172; *Herschel,* AuR 1965, S. 65, 68; *Hueck/Nipperdey,* Arbeitsrecht II 1 § 30 I 4, S. 575; *Joost,* ZfA 1984, S. 173, 191 f.; *Kauffmann,* NJW 1966, S. 1681, 1683; *Koberski/Clasen/Menzel,* § 4 TVG, Rnr. 180 b; *Kreis,* RdA 1961, S. 97, 99; *Küchenhoff,* AuR 1963, S. 321, 323; *Löwisch/Rieble,* § 4 TVG, Rnr. 217 f.; *Maus,* RdA 1958, S. 214, 246; *Nikisch,* Betrieb 1963, S. 1254; *Nipperdey,* in: Fest-

399 (1) Gegen die Wirksamkeit solcher Beschlüsse soll vor allem das **Homogenitätsprinzip** sprechen, nach dem verbandsintern nicht beschlossen werden dürfe, was verbandsextern tarifwidrig sei.[282] Grundsätzlich ähnlich hält *Nikisch*[283] eine Anweisung des Arbeitgeberverbandes, die tariflichen Arbeitsbedingungen nicht zugunsten der einzelnen Arbeitnehmer zu ändern, für unwirksam. Ein Beschluß, der nur darauf abziele, die Zahlung übertariflicher Löhne in vernünftigen Grenzen zu halten, oder ein Verbandsbeschluß, der den Mitgliedern untersage, ganz allgemein und ohne Rücksicht auf die Leistung übertarifliche Löhne zu zahlen, sei jedoch nicht zu beanstanden. Das gelte erst recht für eine in diese Richtung gehende Empfehlung. *Belling* sieht Höchstnormenbeschlüsse durch die rechtliche Bindung der Verbände an staatliche Gerechtigkeitsvorstellungen gehindert.[284] Zwar könne sich der einzelne Arbeitgeber entschließen, die tarifvertraglichen Regelungen als Höchstnormen zu behandeln. Der Satzungsautonomie könne aber nicht der gleiche Spielraum wie der Vertragsfreiheit eingeräumt werden.

400 (2) Die Frage lautet, ob § 4 Abs. 3 *jede* Rechtsbindung verbietet, die die Chance des einzelnen Arbeitnehmers beeinträchtigt, günstigere Einzelabreden einzugehen, oder ob das Gesetz lediglich die Gestaltungsbefugnis der *Tarifvertragsparteien* einschränkt. Entgegen der herrschenden Meinung ist in § 4 Abs. 3 lediglich eine Grenze der Tarifautonomie zu sehen. Die abweichende Meinung läßt sich nicht überzeugend begründen und führt zu ungereimten Ergebnissen.

401 Aus der **Entstehungsgeschichte des Gesetzes** folgt nur, daß eine in dem Lemgoer Entwurf vorgesehene Regelung, im Interesse des öffentlichen Dienstes die Vereinbarung von Höchstarbeitsbedingungen zuzulassen, bewußt abgeändert und in die endgültige Fassung des Gesetzes nicht übernommen wurde. Daraus ergibt sich nur, daß im *Tarifvertrag* keine Einengung der Vertragsfreiheit des einzelnen Arbeitgebers und Arbeitnehmers vorgenommen werden darf. Die weitere Berufung auf die loyale Durchführungspflicht gegenüber dem Tarifvertragspartner ist zumindest nicht stichhaltig, wenn bei den Tarifvertragsverhandlungen zum Ausdruck gebracht wird, daß die Koalition ihre Mitglieder verpflichten will, von den Tarifbedingungen überhaupt nicht oder nur in bestimmtem Umfang abzuweichen. Der Vorwurf illoyalen Verhaltens kann im übrigen in jedem Fall erhoben werden. Werden die Tarifbedingungen strikt eingehalten, so kann man den Arbeitgebern entgegenhalten, sie müßten das Günstigkeitsprinzip beachten und bessere Bedingungen anbieten. Werden dagegen die Effektivlöhne kurz nach dem Tarifabschluß freiwillig angehoben, so gilt dies erst recht als wider-

---

schrift für Herschel (1955), S. 9; *Reuß*, AuR 1958, S. 321, 326; *Säcker/Oetker*, ZfA 1996, S. 85, 104; *Schulze*, Günstigkeitsprinzip, S. 198 ff.; *Wlotzke*, Günstigkeitsprinzip, S. 24 ff.
[281] *Dietz*, Betrieb 1965, S. 591, 594; *Gamillscheg*, Kollektives Arbeitsrecht I, § 18 V 3 (b), S. 845; *Molitor*, BB 1957, S. 85, 86; *Richardi*, Kollektivgewalt, S. 373 ff.; *Zeuner*, Betrieb 1965, S. 630, 631.
[282] *Belling*, Günstigkeitsprinzip, S. 102; *Nipperdey*, in: Festschrift für Herschel (1955), S. 9.
[283] *Nikisch*, Arbeitsrecht II, § 82 I 4, S. 422.
[284] *Belling*, Günstigkeitsprinzip, S. 97 ff.

sprüchlich, weil bei den Tarifverhandlungen kein größeres Entgegenkommen gezeigt wurde. Sicher enthält das Günstigkeitsprinzip weiter keine Beschränkung der Verbandsautonomie zugunsten der einzelnen Mitglieder und, wie das Bundesverwaltungsgericht[285] überzeugend dargelegt hat, keine Einschränkung der Organisationsgewalt der Länder gegenüber ihren Gemeinden und gemeindlichen Zweckverbänden. Welche Mehrheitserfordernisse in einem Arbeitgeberverband für einen Höchstnormenbeschluß notwendig sind, kann hier offenbleiben. Das Gesetz steht jedenfalls einem einstimmigen Beschluß nicht entgegen. Die Vereinbarkeit des öffentlichen Ausgleichungsrechts mit Art. 28 Abs. 2 GG wird vom BVerwG bejaht. Die Einwände *Molitors*[286] und *Nikischs*[287] gegen das angebliche „Prinzip der Homogenität von Verbandsexternum mit Verbandsinternum" sind unbegründet. § 4 Abs. 3 will weder das private Vereinsrecht noch das öffentliche Organisationsrecht beeinflussen. Eine tragfähige Begründung für die hier bekämpfte Ansicht müßte dem § 4 Abs. 3 ein Kartellverbot oder eine Freiheitsgarantie zugunsten des Arbeitnehmers entnehmen: Der Arbeitnehmer soll keinen verhandlungsfähigen Arbeitgeber antreffen, der sich rechtlich und tatsächlich gehindert sieht, die Möglichkeit oder Notwendigkeit günstigerer Arbeitsbedingungen mit ihm auch nur zu diskutieren. Eine so weitgehende Deutung des Günstigkeitsprinzips hätte notwendig zur Folge, daß jede Höchstnormabrede verboten ist, auch eine solche, die nur den über- oder außertariflichen Bereich betrifft. In einem Arbeitgeberverband dürften folglich z. B. keine Beschlüsse gefaßt werden, daß in der Branche bestimmte Leistungen nicht oder nur unter bestimmten Voraussetzungen eingeführt werden, daß die Effektivlöhne sich in einem vorgegebenen Rahmen halten müssen usw. Das Gesetz ist seiner Entstehungszeit, seiner Anlage und seinem Zweck nach **kein Gesetz gegen Wettbewerbsbeschränkungen** auf dem Arbeitsmarkt. Es kann auch kein generelles Verbot enthalten, die Lohn- und Gehaltsbedingungen sowie die übrigen Arbeitsbedingungen in gewissem Umfang zu vereinheitlichen. Vielmehr ist abzuwägen zwischen dem zweifellos berechtigten Arbeitnehmerinteresse und dem tarifpolitischen Interesse der privaten Unternehmer und der öffentlichen Haushalte. Die Abwägung muß berücksichtigen, ob und inwieweit für die Arbeitgeber triftige Gründe der Stabilitäts-, Tarif- und Haushaltspolitik gegeben sind, die eine Einschränkung des Verhandlungsspielraums der einzelnen Arbeitgeber und damit auch der Arbeitnehmer in angemessenem Umfang erfordern. Soweit dies zu bejahen ist, können Höchstbedingungen durch entsprechende Beschlüsse oder Gesetze eingeführt werden. § 4 Abs. 3 trägt zu dem dargelegten Wertungsproblem nichts bei; es kann sich deshalb auch nicht empfehlen, das Günstigkeitsprinzip anders denn als Schranke der Normsetzungsbefugnis der Tarifvertragsparteien selbst zu verstehen.

(3) Der Hinweis auf das geltende Tarifvertragssystem, das die Tarifvertragsparteien als verbindlich anerkennen müssen, auf die **Sozialverfassung** und auf den Öffentlichkeitsbezug der Arbeit der Koalitionen trägt nicht das

---

[285] BVerwG 8. 3. 1974 AP Nr. 10 zu § 4 TVG Angleichungsrecht (*Wiedemann*).
[286] *Molitor*, BB 1957, S. 85, 87.
[287] *Nikisch*, Arbeitsrecht II, § 82 I 1, S. 422.

Ergebnis, daß Höchstnormenbeschlüsse unwirksam sind. Das Günstigkeitsprinzip kann im Einzelfall faktisch durch die Entscheidung des einzelnen Arbeitgebers ausgeschlossen werden, wenn dieser für sich beschließt, die Tarifnormen als Höchstnormen zu behandeln. Allein dadurch, daß eine solche Entscheidung durch ein Kollektiv gefällt wird, sind noch nicht die staatlichen Gerechtigkeitsvorstellungen gefährdet. Zwar hat ein solcher Verbandsbeschluß weiterreichende Auswirkungen als der eines einzelnen Arbeitgebers; das entspricht aber gerade dem Sinn jeder Verbandsgründung.

403 (4) Auch die von der herrschenden Meinung erzielten **Ergebnisse** vermögen nicht zu überzeugen. Ein Unternehmen kann beschließen, seinen Arbeitnehmern nur den Tariflohn oder jeweils nur eine bestimmte Spanne über dem Tariflohn zu zahlen. Ein derartiger Beschluß kann auch im herrschenden Unternehmen eines Vertragskonzerns gefaßt werden. Es läßt sich dann durch Weisung nach § 308 Abs. 1 AktG in allen abhängigen (Aktien-) Gesellschaften durchsetzen. Wenn es in der Privatwirtschaft ein „konzernrechtliches Angleichungsrecht" gibt, ist nicht einzusehen, warum das gleiche nicht auch für den öffentlichen Dienst vorgesehen werden kann. Das Bundesverwaltungsgericht[288] weist überzeugend darauf hin, daß einheitliche Grundsätze der öffentlichen Haushaltswirtschaft verbindlich durchgesetzt werden müssen. Würde das Günstigkeitsprinzip nach § 4 Abs. 3 außerhalb der normativen und schuldrechtlichen Gestaltungsbefugnis der Tarifvertragsparteien gelten, so müßten davon auch nichttarifgebundene Arbeitgeber betroffen werden. Die Einschränkung der Privatautonomie nichttarifgebundener Personen liegt jedoch außerhalb des Geltungsbereichs des Gesetzes. Die hier bekämpfte Ansicht würde weiter zu dem ungereimten Ergebnis führen, daß sich nichttarifgebundene Arbeitgeber über Lohn- und Gehaltsrichtlinien verständigen könnten, tarifgebundene Arbeitgeber dagegen nicht und daß tariffreie Körperschaften und Anstalten des öffentlichen Rechts an Angleichungsgesetze gebunden wären, tarifgebundene juristische Personen hingegen nicht.

404 cc) Durch Tarifvertrag kann nicht festgestellt werden, daß für eine bestimmte Berufsgruppe **ausschließlich einzelvertragliche** Lohn- und **Gehaltsabreden** gelten sollen. Ein Streik zum Ausschluß von Mindestlöhnen und zur Einführung des Prinzips arbeitsvertraglicher Lohnvereinbarung ist nicht zulässig. Eine solche Streikforderung widerspricht dem jedem Tarifvertrag innewohnenden Schutzzweck, nämlich der Festlegung von Mindestbedingungen. § 4 Abs. 3 gestattet nicht, daß der Tarifvertrag funktionslos wird, indem die Festsetzung von Mindestlöhnen generell ausgeschlossen ist. Es ist unerheblich, ob mit dem Streik zusätzlich weitere Kampfziele verfolgt werden.[289]

2. Der Anwendungsbereich des Günstigkeitsprinzips

405 a) **Auswirkungen auf verschiedene Vertragsnormen.** aa) Das Günstigkeitsprinzip des § 4 Abs. 3 wurde ursprünglich so verstanden, daß es nur auf das Verhältnis arbeitsvertraglicher Abmachungen zu tariflichen Inhalts-

---

[288] BVerwG 8. 3. 1974 AP Nr. 10 zu § 4 TVG Angleichungsrecht (*Wiedemann*).
[289] Vgl. dazu BAG 4. 5. 1955 AP Nr. 2 zu Art. 9 GG Arbeitskampf.

normen zugeschnitten ist.²⁹⁰ Nach heutiger Sicht ist das Günstigkeitsprinzip jedoch **nicht nur bei Inhaltsnormen** anwendbar.²⁹¹ Die Rechtslage im Hinblick auf *Formvorschriften, negative Inhaltsnormen,* partielle oder generelle *Abschlußverbote, betriebliche* und *betriebsverfassungsrechtliche* Normen ist allerdings streitig.

bb) Nach *Däubler* und *Tech*²⁹² dürfen **Abschlußgebote** (zu ihnen s. oben § 1, Rnr. 479 ff.) zugunsten der erfaßten Arbeitnehmergruppe überschritten werden.

cc) Mehr Beachtung in der Literatur finden **Abschlußverbote** (zu ihnen s. oben § 1, Rnr. 502 ff.). Sie sollen wegen der ihnen zugrundeliegenden Schutzfunktion einer Günstigkeitsbeurteilung – zumindest im Ergebnis – entzogen sein.²⁹³ Allerdings könne ein Abschlußverbot die Möglichkeiten der Arbeitsvertragsparteien unzulässig einschränken.²⁹⁴

dd) *Däubler* hält auch Verbesserungen gegenüber tarifvertraglichen **Beendigungsnormen** (zu ihnen s. oben § 1, Rnr. 511 ff.) durch einen verstärkten Bestandsschutz für denkbar.²⁹⁵

ee) Auf **negative Inhaltsnormen** soll das Günstigkeitsprinzip nach neuerer Betrachtung ebenfalls anwendbar sein.²⁹⁶ Negative Inhaltsnormen lassen sich oft auch positiv formulieren, weshalb *Joost* von negativen Inhaltsnormen nur sprechen will, wenn eine arbeitsvertragliche Regelung ganz ausgeschlossen sei.²⁹⁷ Zwar könne eine Verbesserung nur gegenüber einer anderen, bestehenden Regelung festgestellt werden, nicht aber gegenüber einem regelungslosen Zustand. Man könne aber die untersagte arbeitsvertragliche Regelung der betroffenen Arbeitsbedingungen mit der tarifvertraglichen Situation vergleichen.²⁹⁸ Negative und positive Inhaltsnormen seien als zwei Seiten einer Medaille hinsichtlich des Günstigkeitsprinzips gleichzubehandeln; es bestehe kein sachlicher Unterschied, der die Nichtanwendung bei negativen Inhaltsnormen rechtfertige.²⁹⁹

---

²⁹⁰ So Kempen/Zachert, § 4 TVG, Rnr. 165; *Linnenkohl/Rauschenberg/Reh,* BB 1990, S. 628, 630.
²⁹¹ *Däubler,* Tarifvertragsrecht, Rnr. 190 ff.; Löwisch/Rieble, § 4 TVG, Rnr. 171 ff.; Schlüter, in: Festschrift für Stree und Wessels (1993), S. 1061, 1070 f.
²⁹² *Däubler,* Tarifvertragsrecht, Rnr. 190 ff.; *Tech,* Günstigkeitsprinzip, S. 75 ff.
²⁹³ *Däubler,* Tarifvertragsrecht, Rnr. 190; Kempen/Zachert, § 4 TVG, Rnr. 166; *Krauss,* Günstigkeitsprinzip, S. 74 f.; *Schweibert,* Wochenarbeitszeit, S. 170 f.
²⁹⁴ *Löwisch,* Betrieb 1989, S. 1185, 1186; Löwisch/Rieble, § 4 TVG, Rnr. 172 ff.; *Tech,* Günstigkeitsprinzip, S. 78.
²⁹⁵ *Däubler,* Tarifvertragsrecht, Rnr. 190; *ders.,* AuR 1996, S. 347, 348; für eine Anwendung des Günstigkeitsprinzips auch *Krauss,* Günstigkeitsprinzip, S. 76 f.
²⁹⁶ *Joost,* ZfA 1984, S. 173, 189 f.; *Krauss,* Günstigkeitsprinzip, S. 76 f.; *Schmidt,* Günstigkeitsprinzip, S. 92 f.; *Schweibert,* Wochenarbeitszeit, S. 165 ff.; *Tech,* Günstigkeitsprinzip, S. 80 ff.; a. A. LAG Düsseldorf 17. 5. 1966 AP Nr. 1 zu § 4 TVG Abschlußverbote; Hueck/Nipperdey, Arbeitsrecht II 1, § 30 I 2, S. 572, Anm. 2; *Nikisch,* Arbeitsrecht II, § 82 II 1, S. 423; *Richardi,* Kollektivgewalt, S. 382; *Wlotzke,* Günstigkeitsprinzip, S. 26 ff.
²⁹⁷ *Joost,* ZfA 1984, S. 173, 188 f.
²⁹⁸ *Joost,* ZfA 1984, S. 173, 189.
²⁹⁹ *Joost,* ZfA 1984, S. 173, 190; ebenso *Schlüter,* in: Festschrift für Stree und Wessels (1993), S. 1069, 1070; ferner *Tech,* Günstigkeitsprinzip, S. 80 ff.; dagegen *Schulze,* Günstigkeitsprinzip, S. 66 f.

410 ff) Für **betriebsverfassungsrechtliche Normen** und **Betriebsnormen** (zu ihnen s. oben § 1, Rnr. 555 ff.) – zum Teil wird nur von Betriebsnormen gesprochen – wird die Anwendung des Günstigkeitsprinzips inzwischen überwiegend bejaht.[300] So lasse sich z. B. die Rechtsposition einzelner Arbeitnehmer durch die Aufstellung zusätzlicher Zustimmungserfordernisse des Betriebsrats (Betriebsverfassungsnorm) verstärken.[301] Bei Betriebsnormen soll die Anwendbarkeit des Günstigkeitsprinzips von der Reichweite dieser Normgruppe abhängen. Sofern man eine einheitliche Geltung verlange, gelte das nur, soweit es um Mindestbedingungen für alle gehe.[302] Dem entspreche auch die Regelung in § 28 Abs. 2 Satz 2 SprAuG für das Verhältnis von Richtlinien zu vertraglichen Abreden.[303] Das Günstigkeitsprinzip stoße allerdings an seine Grenze, wenn die Betriebsnorm dem Kollektivschutz der Belegschaft diene. Einzelne günstigere Absprachen könnten sich hier nicht durchsetzen.[304]

411 gg) Zu Normen über **Gemeinsame Einrichtungen** wird die Ansicht vertreten, es sei unannehmbar, daß durch die Ablehnung des Günstigkeitsprinzips eine Verteilungsgerechtigkeit zwischen Arbeitnehmern verschiedener Unternehmen hergestellt würde.[305] Die Anwendung des Günstigkeitsprinzips bedeute keinen Vertrag zu Lasten Dritter. Die Beitragsbeziehung zwischen dem Arbeitgeber und der Gemeinsamen Einrichtung stehe im Dienste individueller oder betrieblicher Rechtsverhältnisse und könne deshalb hinter günstigeren Regelungen zurücktreten.[306]

412 hh) **Stellungnahme.** (1) In der Literatur wird teilweise vertreten, daß das Günstigkeitsprinzip weder für Abschlußnormen noch für negative Inhaltsnormen gelte. Dabei ist zunächst das Verhältnis zwischen **Abschlußnormen** und negativen Inhaltsnormen zu klären. **Negative Inhaltsnormen** betreffen die inhaltliche Ausgestaltung des Arbeitsverhältnisses, während Abschlußnormen bereits vorher greifen. So verhindert z. B. ein Abschlußverbot von vornherein das Zustandekommen eines Arbeitsvertrages. Eine negative Inhaltsnorm schließt dagegen nur bestimmte Inhalte innerhalb eines bestehenden Arbeitsverhältnisses aus[307] (vgl. oben § 1, Rnr. 252, 505).

413 Wie oben dargelegt, ist das Günstigkeitsprinzip zwar dem Grundsatz nach, nicht aber in einer bestimmten Ausformung verfassungsrechtlich geschützt (vgl. auch oben Einl. vor § 1, Rnr. 212 sowie § 1, Rnr. 253). Das Grundrecht der Berufsfreiheit des Arbeitnehmers muß gegen das Grundrecht der Koalitionen aus Art. 9 Abs. 3 GG abgewogen werden. Von daher kann das Günstigkeitsprinzip bei Abschlußnormen und negativen Inhaltsnormen aus-

---

[300] *Däubler*, Tarifvertragsrecht, Rnr. 191 f.; *Krauss*, Günstigkeitsprinzip, S. 80 ff.; *Löwisch*, BB 1991, S. 59, 61; *Löwisch/Rieble*, § 4 TVG, Rnr. 176 ff.; *Schweibert*, Wochenarbeitszeit, S. 171 f.; a. A. *Kempen/Zachert*, § 4 TVG, Rnr. 167; *Schlüter*, in: Festschrift für Stree und Wessels (1993), S. 1069, 1071; *Schmidt*, Günstigkeitsprinzip, S. 79 ff.; *Tech*, Günstigkeitsprinzip, S. 87 ff., 90 ff.; *Wlotzke*, Günstigkeitsprinzip, S. 29 ff.
[301] *Däubler*, Tarifvertragsrecht, Rnr. 191.
[302] *Löwisch*, BB 1991, S. 59, 61; *Löwisch/Rieble*, § 4 TVG, Rnr. 176 f.; vgl. auch *Däubler*, Tarifvertragsrecht, Rnr. 192.
[303] *Löwisch*, BB 1991, S. 59, 61; *Löwisch/Rieble*, § 4 TVG, Rnr. 178.
[304] *Löwisch/Rieble*, § 4 TVG, Rnr. 179.
[305] *Löwisch/Rieble*, § 4 TVG, Rnr. 183 ff.
[306] *Löwisch/Rieble*, § 4 TVG, Rnr. 185.
[307] *Joost*, ZfA 1984, 173, 187, 188.

geschlossen werden, wenn nur so der Zweck der tariflichen Regelung verwirklicht werden kann.

Abschlußnormen greifen auf einer der inhaltlichen Gestaltung des Arbeitsverhältnisses vorgelagerten Ebene ein.[308] Der Arbeitsvertrag regelt derartige Fragen überhaupt nicht. Wenn es darum geht, ob ein Arbeitnehmer entgegen einem Abschlußverbot eingestellt werden kann, ist die Frage von der Regelung und Ausgestaltung des Arbeitsverhältnisses unabhängig. Zwar ist es möglich, daß das Abschlußverbot die Grenzen der Tarifmacht überschreitet und deshalb unwirksam ist. Das ist aber eben keine Frage der Günstigkeit arbeitsvertraglicher Abreden.

(2) Nach teilweise vertretener Ansicht ist das Günstigkeitsprinzip nicht auf betriebliche und betriebsverfassungsrechtliche Normen anwendbar. **Betriebliche Normen** betreffen den Arbeitnehmer als Mitglied der Belegschaft, betriebsverfassungsrechtliche Normen umfassen die Organisation der Betriebsverfassung und die Rechte der Arbeitnehmervertretung. Betriebliche Normen sind dadurch gekennzeichnet, daß sie aus tatsächlichen oder rechtlichen Gründen einheitlich gelten müssen. Deshalb wird auch ihre Wirkung auf nicht tarifgebundene Arbeitnehmer erstreckt (§ 3 Abs. 2). Sie gestalten eine einheitliche Gesamtordnung, die nicht durch Einzelabweichungen zunichte gemacht werden darf. Allerdings sind Abweichungen denkbar, wenn durch eine betriebliche Norm (nur) ein Mindeststandard eingeräumt werden soll.[309] In solchen Fällen schadet die individuelle Verbesserung der Gesamtregelung nicht. Allerdings muß ein großer Teil der Betriebsnormen betriebseinheitlich gelten, wenn sie nicht ihren Sinn verlieren sollen, so z. B. Rauchverbote oder Torkontrollen.

Bei **betriebsverfassungsrechtlichen Normen** ist zu prüfen, ob eine Verbesserung gegenüber dem Mindeststandard dazu führen würde, daß dadurch ihr Zweck verfehlt würde. Das ist beispielsweise der Fall, wenn ein Tarifvertrag eine Verteilung der Wochenarbeitszeit durch Betriebsvereinbarung zuläßt.[310]

(3) Auch gegenüber der tariflichen Regelung **Gemeinsamer Einrichtungen** (zu ihnen s. oben § 1, Rnr. 609 ff.) sind günstigere Abmachungen (z. B. Sonderkonditionen oder der Anschluß für Außenstehende) nur möglich, wenn der Tarifvertrag und die Satzung der Gemeinsamen Einrichtung dies vorsehen. Durch einen günstiger ausgestalteten Einzelarbeitsvertrag kann sich der Arbeitgeber nicht der Beitragspflicht gegenüber der Gemeinsamen Einrichtung entziehen; insofern können die Normen über die Gemeinsamen Einrichtungen nicht durch vorteilhaftere Abreden zwischen dem Arbeitgeber und dem Arbeitnehmer beeinflußt oder verdrängt werden.[311] Der Arbeitge-

---

[308] *Wlotzke*, Günstigkeitsprinzip, S. 28.
[309] Löwisch/*Rieble*, § 4 TVG, Rnr. 177.
[310] BAG 18. 12. 1997 AP Nr. 46 zu § 2 KSchG 1969 (*Wiedemann*) = AuR 1998, S. 212 (*Zachert*); ebenso *Däubler*, Tarifvertragsrecht, Rnr. 191 f.; Kempen/*Zachert*, § 4 TVG, Rnr. 167; *Schlüter*, in: Festschrift für Stree und Wessels, S. 1061, 1071; *Wiedemann*, Anm. a. a. O.; *Wlotzke*, Günstigkeitsprinzip, S. 29 f.
[311] BAG 5. 12. 1958 AP Nr. 1 zu § 4 TVG Ausgleichskasse (*Tophoven*); *Bötticher*, Die gemeinsamen Einrichtungen der Tarifvertragsparteien, S. 76, 77; Hueck/*Nipperdey*, Arbeitsrecht II 1, § 30 X 6, S. 614; *Schelp*, in: Festschrift für H. C. Nipper-

ber kann seiner Belegschaft zusätzlich zu ihren Ansprüchen gegenüber der Gemeinsamen Einrichtung Leistungen gewähren. Da er jedoch der Gemeinsamen Einrichtung gegenüber beitragspflichtig bleibt und eine Günstigkeitsverrechnung nicht stattfindet, fehlt ein Anreiz für derartige Sonderzuwendungen.

418 b) **Sachlicher Wirkungsbereich des Günstigkeitsprinzips.** Das Gesetz spricht zwar nur von Abmachungen „zwischen Arbeitnehmer und Arbeitgeber". Es entspricht jedoch gefestiger Ansicht in Rechtsprechung und Schrifttum, daß eine inhaltlich gleiche Kollisionsregel für das Verhältnis des Tarifvertrags zur Betriebsvereinbarung, zur betrieblichen Einheitsregelung und zur betrieblichen Übung gilt.[312]

419 aa) Grundsätzlich können auch **günstigere Betriebsvereinbarungen** einem Tarifvertrag vorgehen; in weiten Bereichen ist jedoch die Anwendung des Günstigkeitsprinzips im Verhältnis von Tarifvertrag zu Betriebsvereinbarung deshalb ausgeschlossen, weil Betriebsvereinbarungen gemäß §§ 77 Abs. 3, 87 Abs. 1 BetrVG unzulässig sind (s. zum Ganzen ausführlich unten Rnr. 546 ff.).[313] Zwar sind auch Betriebsvereinbarungen „abweichende Abmachungen" i. S. des § 4 Abs. 3. Ursprünglich wurde daher auch das Günstigkeitsprinzip auf das Verhältnis auf Betriebsvereinbarungen zu Tarifverträgen angewandt.[314] Einige Autoren vertreten diese Ansicht heute erneut.[315] Überwiegend wird die Auffassung aber mit Recht abgelehnt, da die spätere spezielle Regelung durch das Betriebsverfassungsgesetz § 4 Abs. 3 TVG vorgeht[316] (s. aber auch unten Rnr. 621).

420 bb) **Allgemeine Arbeitsbedingungen** sind ebenfalls Abmachungen i. S. des § 4 Abs. 3.[317] Verbesserungen gegenüber dem Tarifvertrag sind auch aufgrund des Gleichbehandlungsgrundsatzes und aufgrund betrieblicher Übung möglich (s. auch unten Rnr. 425).[317]

421 cc) Der Gesetzgeber mag bei der Formulierung in erster Linie an abweichende Vereinbarungen von Arbeitsvertragsparteien gedacht haben, die **nach dem Inkrafttreten des Tarifvertrages** getroffen werden, weil die Arbeitsvertragsparteien dann auf der Grundlage des bekannten Tarifvertrages die Besonderheiten des Einzelarbeitsverhältnisses berücksichtigen können. Wer-

---

dey (1965), Bd. II, S. 598; *Tech*, Günstigkeitsprinzip, S. 93 ff.; *Zöllner*, Gutachten zum 48. DJT, 1970, S. G 100, 102.
[312] Ebenso BAG 10. 12. 1965 AP Nr. 1 zu § 4 TVG Tariflohn und Leistungsprämie.
[313] *Belling*, Günstigkeitsprinzip, S. 157 ff., 168; *Däubler*, Tarifvertragsrecht, Rnr. 199; *Kempen/Zachert*, § 4 TVG, Rnr. 175; *Löwisch/Rieble*, § 4 TVG, Rnr. 161 ff.
[314] *A. Hueck*, NZfA 1923, Sp. 96 f.; *Dietz*, RdA 1949, S. 162, 164 f.
[315] *Blomeyer*, NZA 1996, S. 337, 344 ff.; *Ehmann/Schmidt*, NZA 1995, S. 193, 197; *Schmidt*, Günstigkeit, S. 56 ff.
[316] *Däubler*, Tarifvertragsrecht, Rnr. 234; *Fitting/Kaiser/Heither/Engels*, § 77 BetrVG, Rnr. 86; *Heinze*, NZA 1995, S. 6; *Hess/Schlochauer/Glaubitz*, § 77 BetrVG, Rnr. 159; *Hromadka*, Betrieb 1987, S. 1991, 1993; *Kissel*, NZA 1995, S. 1, 4; *Konzen*, NZA 1995, S. 913, 915; *Kraft*, in: Festschrift für Molitor (1988), S. 207, 216; *Neumann*, RdA 1990, S. 257, 259; *Schlachter*, RdA 1993, S. 313, 314; *Waltermann*, Rechtsetzung durch Betriebsvereinbarung, 1996, S. 260 ff.; *Wank*, NJW 1996, S. 2273, 2275; *Weyand*, AuR 1993, S. 1, 5; *Zachert*, AuR 1993, S. 97, 99.
[317] *Däubler*, Tarifvertragsrecht, Rnr. 199; *Kempen/Zachert*, § 4 TVG, Rnr. 175.

3. Abschnitt. Verhältnis der Tarifvertragsnormen   422, 423   § 4

den die günstigeren Abmachungen nach dem Inkrafttreten des Tarifvertrages getroffen, so sind sie wirksam in dem Sinne, daß die bis zu dieser Vereinbarung bestehende unmittelbare Wirkung der Tarifnorm insoweit aufhört. Der Sinn des Günstigkeitsprinzips würde aber verfehlt, wenn man den Wortlaut nicht auch auf **vortarifliche Vertragsabreden** ausdehnen würde. Auch sie müssen, soweit sie günstiger sind, bestehen bleiben und die abweichenden Tarifnormen ersetzen. Das entspricht heute allgemeiner Ansicht.

dd) Öffentlicher Dienst. § 19 ArbZG enthält ausdrücklich einen Tarifvorbehalt. Die Übertragung der Arbeitszeitbestimmungen, die für Beamte gelten, auf Arbeitnehmer ist nur möglich, soweit tarifvertragliche Regelungen nicht bestehen. Damit kommt es auf Günstigkeitserwägungen nicht mehr an.   422

ee) Ist im Tarifvertrag **Akkordlohn** vorgesehen, so ist der Akkordrichtsatz weder Mindestlohn noch Garantielohn, sondern Richtlinie für die Akkordvereinbarung. Der im Tarifvertrag festgesetzte Stundenlohn ist nur dann Mindestlohn für den Akkordarbeiter, wenn das im Tarifvertrag eindeutig bestimmt wird.[318] Vielfach ist im Tarifvertrag eine entsprechende Sicherung für den Akkordarbeiter, der ohne einen in seiner Person liegenden Grund den geregelten Akkord nicht erfüllt, vorgesehen. Häufig ist in der Praxis die Klausel, daß der Akkordarbeiter bei entsprechender Leistung einen bestimmten Prozentsatz über den Lohn des Zeitlohnarbeiters verdienen soll.[319] Ein tariflicher Mindestverdienst des Akkordarbeiters wird häufig durch eine Akkordrichtsatzklausel bewirkt, nach der der Akkord so angesetzt werden muß, daß der Arbeiter bei normaler Leistung mindestens diesen Satz verdienen muß. Überschreitet der Akkordlohn den Akkordrichtsatz, so ist der tatsächliche Verdienst tariflicher Lohn, sofern er auf der übernormalen Leistung des Akkordarbeiters beruht.[320] Die normative Wirkung der Akkordlohnklausel geht nach Ansicht des BAG dahin, daß das Produkt von Zeitfaktor und Geldfaktor bei Normalleistung den tariflichen Akkordrichtsatz erreicht, ohne Rücksicht darauf, ob der Geldfaktor ein Sechzigstel des Akkordrichtsatzes beträgt.[321] Nach Meinung des BAG kann der Tarifvertrag darüber hinaus den Geldfaktor für Akkordarbeit in einem Tarifvertrag festlegen.[322] Die Ansicht des BAG wird durch § 87 Abs. 1 Nr. 11 BetrVG bestätigt. Wenn die Festsetzung von Geldfaktoren Gegenstand einer Betriebsvereinbarung   423

---

[318] BAG 17. 10. 1962 AP Nr. 16 zu § 611 BGB Akkordlohn; LAG Hamm 27. 4. 1954 AP Nr. 2 zu § 611 BGB Akkordlohn (*Zigan*); LAG Düsseldorf 9. 11. 1954, BB 1955, S. 66, 67; Bertermann, BlStSozArbR 1953, S. 124; *Roesch*, BlStSozArbR 1952, S. 264, 265.
[319] Vgl. BAG 28. 6. 1961 AP Nr. 15 zu § 611 BGB Akkordlohn; *Bohn*, Betrieb 1950, S. 119; ders., RdA 1952, S, 16, 17; *Dietz*, BB 1955, S. 99, 102; *Vielhaber*, BB 1949, S. 689.
[320] Vgl. BAG 24. 7. 1958 AP Nr. 6 und 28. 6. 1961 AP Nr. 15 zu § 611 BGB Akkordlohn.
[321] So BAG 24. 7. 1958 AP Nr. 4, 24. 7. 1958 AP Nr. 5, 24. 7. 1958 AP Nr. 6, 24. 7. 1958 AP Nr. 7, 17. 11. 1959 AP Nr. 12 und 28. 6. 1961 AP Nr. 15 zu § 611 BGB Akkordlohn; *Dietz*, in: Dietz/Gaul/Hilger, Akkord und Prämie (2. Aufl., 1967), S. 269 ff.; abweichend *Rehhahn*, AuR 1960, S. 65.
[322] BAG 17. 10. 1962 AP Nr. 16 zu § 611 BGB Akkordlohn (*Gaul*); abweichend *Dietz*, in: Akkord und Prämie, S. 275.

sein kann, gehört sie erst recht zum Regelungsbereich der Tarifvertragsparteien.

424 Auch für den Akkordarbeiter gilt § 4 Abs. 3; **übertarifliche Lohnbestandteile** sind möglich, wenn die Parteien des Einzelarbeitsvertrages bei objektiv richtigen Zeiten einen erhöhten Geldfaktor zugrunde legen. Ebenso kann einzelvertraglich festgelegt werden, daß dem Arbeitnehmer eine bestimmte Zahl von Minuten vorgegeben und ihm mit dem tariflichen Richtsatz zu vergüten sind. Eine solche Zusage liegt nicht schon dann vor, wenn ohne Rücksicht auf die tarifliche Fixierung des Geldfaktors die Zeiten bestimmt werden, denen ein nicht auf den tariflichen Richtsatz bezogener Geldfaktor zugeordnet wird; der Arbeitnehmer kann sich nicht hinsichtlich des einen Teils einer einheitlichen vertraglichen Bestimmung auf den Arbeitsvertrag und hinsichtlich des anderen auf den Tarifvertrag berufen.[323]

3. Begründung und Aufhebung günstigerer Einzelabsprachen

425 **a) Begründung. aa)** Die verbesserten Arbeitsbedingungen können ausdrücklich oder stillschweigend vereinbart werden. Sie können auf dem **Einzelarbeitsvertrag**, auf einer **betrieblichen Einheitsregelung** oder auf einer **betrieblichen Übung** beruhen. Auch der in einem Wirtschaftszweig allgemein bestehende Brauch kann zum Inhalt des Arbeitsvertrages werden.[324] Die Motive für die Besserstellung können verschiedenster Art sein (persönliche Leistung, Arbeitserschwernisse, soziale Lage); sie spielen für die Geltung des Günstigkeitsprinzips nach § 4 Abs. 3 keine Rolle. Für den Abschluß günstigerer Vereinbarungen bestehen keine gesetzlichen Formvorschriften. Tarifliche Formvorschriften gelten nur, wenn sich aus dem Tarifvertrag ergibt, daß eine bindende Rahmenregelung für das gesamte Arbeitsverhältnis geschaffen werden soll. Eine nur für die übertariflichen Bestandteile des Arbeitsverhältnisses vorgesehene tarifliche Formvorschrift würde den Abschluß günstigerer Arbeitsbedingungen unbillig behindern; sie ist wegen Überschreitung der Tarifmacht nichtig.

426 **bb)** Eine **Verpflichtung** zu übertariflichen Leistungen besteht grundsätzlich nicht; vgl. dazu oben Rnr. 387. Sie kann sich für den Arbeitgeber jedoch aus einer betrieblichen Einheitsregelung, einer Betriebsübung oder aus dem Grundsatz der Gleichbehandlung ergeben.[325] Der allgemeine Charakter der Tarifbedingungen bedeutet keine Verpflichtung der Arbeitgeber, im Arbeitsvertrag gegebenenfalls günstigere Bedingungen zu vereinbaren. Er bedeutet auch keine schuldrechtliche Verpflichtung der Arbeitgeber-Tarifpartei, gegebenenfalls auf den Abschluß günstigerer Arbeitsverträge durch seine Mitglieder hinzuwirken (s. oben Rnr. 398 ff.).

---

[323] Ebenso *Dietz*, in: Akkord und Prämie, S. 276. Zur Frage, wie sich eine Tariflohnerhöhung auf den Akkordarbeiter auswirkt, vgl. BAG 24. 7. 1958 AP Nr. 7 zu § 611 BGB Akkordlohn (*Gaul*).
[324] *Nikisch*, Arbeitsrecht II, § 83 I 5, S. 441.
[325] Zum Verhältnis von Gleichbehandlungsgebot und zusätzlichen Leistungen vgl. *Götz Hueck*, Gleichbehandlung, S. 127 ff.; *Wiedemann*, Arbeitsverhältnis, S. 100.

cc) Ob auch eine bloße **Ankündigung** des Arbeitgebers, etwa des Inhalts, daß er bis auf weiteres bestimmten Gruppen von Arbeitnehmern Zulagen in bestimmter Höhe zahlen werde, zur Verpflichtung ausreicht, bestimmt sich nach den Umständen.[326] Ein Arbeitskampf zur Erzielung übertariflicher Leistungen ist während der Geltung des Tarifvertrags widerrechtlich. Im Bereich des Betriebs verbietet ihn außerdem § 74 Abs. 2 BetrVG 1972.[327]

dd) Kein übertarifliches Entgelt liegt vor, wenn der **Tarifvertrag selbst** eine Besserstellung unter bestimmten Voraussetzungen vorsieht (vgl. oben Rnr. 384). Selbst wenn im Tarifvertrag dafür nur eine Rahmenregelung geschaffen ist, erhält der Arbeitnehmer dadurch einen unabdingbaren Anspruch auf die tarifliche Entlohnung. Das Schicksal dieses tarifvertraglichen „Überlohnes" hängt ebenso wie das eines tariflich vorgesehenen Mindestentgelts vom Bestehen des Tarifvertrages ab. Eine willkürliche Festsetzung oder Änderung durch die Parteien des Einzelarbeitsvertrages ist unwirksam. Sieht der Tarifvertrag kein Festsetzungsverfahren vor, so muß in Streitfällen das Gericht entscheiden.[328] Eine Herabsetzung dieses Tarifentgelts ist nur zulässig, wenn die Voraussetzungen des Tarifvertrages nicht mehr vorliegen.[329]

b) Aufhebung oder Änderung. aa) Die im Individualarbeitsvertrag, in betrieblichen Einheitsregelungen oder in einer betrieblichen Übung enthaltenen günstigeren Abmachungen können vertraglich zwischen Arbeitgeber und Arbeitnehmer nach § 305 BGB jederzeit abgeändert und aufgehoben werden; die Arbeitsvertragsparteien können zu den Tarifregeln zurückkehren. Ein **einseitiges Änderungsrecht des Arbeitgebers besteht nicht**. Mangels Zustimmung des Arbeitnehmers muß er infolgedessen fristgerecht kündigen (Änderungskündigung) und neue Arbeitsbedingungen anbieten. Eine Teilkündigung des Arbeitsverhältnisses kommt nach h. M.[330] nur dann in Betracht, wenn ausdrücklich oder stillschweigend etwas anderes vereinbart ist. Die Vereinbarung der Zulässigkeit einer solchen Teilkündigung ist dann nichts anderes als ein vom Arbeitnehmer akzeptierter Widerrufsvorbehalt des Arbeitgebers.[331] Ein solcher Widerruf darf nur nach billigem Ermessen gem. § 315 BGB erfolgen.[332] Hat sich der Arbeitgeber bei der Gewährung einer freiwilligen Zulage zum Tariflohn den jederzeitigen Widerruf wirksam vorbehalten, so kann er im Falle einer Tariflohnerhöhung die Zulage auch so kürzen, daß der zuletzt gezahlte Effektivlohn unterschritten wird, sofern diese Kürzung billigem Ermessen entspricht.[333]

---

[326] Vgl. dazu LAG Hamm 6. 4. 1954, BB 1954, S. 443.
[327] Vgl. BAG 17. 12. 1976 AP Nr. 52 zu Art. 9 GG Arbeitskampf.
[328] Ebenso *Nikisch*, Arbeitsrecht II, § 83 I 4, S. 440.
[329] Vgl. zu einer Anpassungsklausel BAG 10. 11. 1976 AP Nr. 1 zu § 1 TVG Tarifverträge: Brauereien.
[330] S. für alle *Hromadka*, RdA 1992, S. 234, 251; anders *Wank* in: Hromadka, Änderung von Arbeitsbedingungen, 1989, S. 35, 48 ff.
[331] Vgl. *Hueck/v. Hoyningen-Huene*, § 2 KSchG, Rnr. 20; *Götz Hueck*, RdA 1968, S. 201, 206.
[332] BAG 9. 6. 1967 AP Nr. 5 zu § 611 BGB Lohnzuschläge.
[333] So LAG Baden-Württemberg 16. 12. 1965, Betrieb 1966, S. 272.

430 Nach § 2 KSchG 1969 kann der Arbeitnehmer sich **unter Vorbehalt** seiner Rechte bereit erklären, bis zur Entscheidung des Kündigungsschutzprozesses vorläufig zu den neuen Arbeitsbedingungen zu arbeiten. Allerdings muß er binnen drei Wochen nach Zugang der Kündigung die Kündigungsschutzklage gemäß § 4 KSchG erheben und innerhalb der Fristen des § 2 Satz 2 KSchG den Vorbehalt erklären. Mit der Formulierung des § 2 Satz 2 KSchG wird klargestellt, daß der Arbeitnehmer entweder die Weiterarbeit verweigern oder einen entsprechenden Vorbehalt zum Ausdruck bringen muß. Die Änderung als solche unterliegt dem Kündigungsschutz. Das BAG[334] bejaht ein dringendes betriebliches Interesse an der Änderungskündigung (s. aber auch oben Rnr. 213: einseitige Abänderung der falschen Eingruppierung), wenn die Höherstufung des Arbeitnehmers irrtümlich erfolgt ist und der Arbeitgeber grundsätzlich seine Arbeitnehmer dem Tarif entsprechend eingruppiert und entlohnt; die Zulässigkeit einer Änderungskündigung wird von der Rechtsprechung abgelehnt, wenn der Arbeitgeber zunächst besondere Leistungen des Arbeitnehmers anerkennt, die gleichen Leistungen später jedoch nicht mehr als besondere, eine übertarifliche Bezahlung rechtfertigende Leistung beurteilt.[335]

431 bb) Zur **Abänderung kollektiv gestalteter betrieblicher Einheitsregelungen** oder betrieblicher Übungen durch den Arbeitgeber wurden drei Regelungsinstrumente diskutiert: die Aggressivaussperrung, die kollektive Massenänderungskündigung und die Änderung durch Firmentarifvertrag oder Betriebsvereinbarung. Das Reicharbeitsgericht behandelte die kollektive Änderungskündigung des Arbeitgebers als **Aggressivaussperrung**.[336] Gegen diese begriffliche Gleichstellung von Massenänderungskündigung und Kampfmaßnahme haben sich das Bundesarbeitsgericht und der überwiegende Teil der Literatur ausgesprochen.[337] Die Deutung der kollektiven Massenänderungskündigung durch den Arbeitgeber war früher schon zweifelhaft, weil jeder betroffene Arbeitnehmer die kollektive Aktion für seine Person dadurch entscheiden konnte, daß er sich mit dem Änderungsangebot des Arbeitgebers einverstanden erklärte.[338] Nach der Neufassung des § 2 KSchG 1969 scheidet eine Deutung als Arbeitskampf aus, weil die betroffenen Arbeitnehmer weiterarbeiten können, ohne ihren sozialen Besitzstand zu

---

[334] BAG 24. 5. 1960 AP Nr. 2, 12. 1. 1961 Nr. 10 und 25. 4. 1963 Nr. 17 zu § 620 BGB Änderungskündigung (*A. Hueck*) und BAG 20. 10. 1983 AP Nr. 13 zu § 1 KSchG Betriebsbedingte Kündigung (*A. Hueck*), bestätigt durch BAG 15. 3. 1991 AP Nr. 28 zu § 2 KSchG 1969 = Betrieb 1992, S. 280.
[335] Vgl. im übrigen die Kommentare zu § 2 KSchG 1969.
[336] Vgl. RAG 1. 2. 1930, ARS 8, S. 359, 363 (*Dersch*); 23. 4. 1932 15, S. 121, 122 (*Nipperdey*); *Ramm*, BB 1964, S. 1174, 1179; *Reuß*, JZ 1965, S. 348, 349; ders., AuR 1966, S. 97; *Weller*, AuR 1967, S. 76, 80.
[337] Vgl. BAG 28. 1. 1955 AP Nr. 1 zu Art. 9 GG Arbeitskampf; 1. 2. 1957 AP Nr. 4 zu § 56 BetrVG 1952; 14. 10. 1960 AP Nr. 25 zu § 123 GewO; 8. 2. 1957 AP Nr. 1 zu § 1 TVG Friedenspflicht; *Brox*/*Rüthers*, Arbeitskampfrecht, 2. Aufl. 1982, Rnr. 70 ff., 548; *Evers*, Arbeitskampffreiheit, Neutralität, Waffengleichheit und Aussperrung (1969), S. 63 ff.; *Galperin*, Betrieb 1958, S. 799; ders., BB 1965, S. 93; *Kraft*, RdA 1968, S. 286, 288, 293; *Löwisch*, Deliktsschutz relativer Rechte, 1970, S. 196 ff.; *Säcker*, Betrieb 1967, S. 1086, 1087; ders., Gruppenautonomie, S. 371 ff.; *Zöllner*, RdA 1969, S. 250, 256.
[338] Vgl. *Wiedemann*, RdA 1969, S. 321, 334.

verlieren, wenn sie eine entsprechende Vorbehaltserklärung abgeben. Eine kollektive Massenänderungskündigung ist zulässig.[339] Die Massenänderungskündigung zwecks Abbaus einheitsvertraglicher Arbeitsbedingungen fügt sich allerdings in die Zielrichtung des § 2 KSchG schwer ein.[340] Der Kündigungsschutz ist individuell ausgestattet. Jeder Rechtsstreit ist nach den individuellen Eigentümlichkeiten zu beurteilen, und es können auch unterschiedliche Rechtsfolgen ausgesprochen werden. Dem deutschen Prozeßrecht ist eine Zusammenfassung in Form einer Gruppenkündigungsklage (*class action*) – oder eine Rechtskrafterstreckung in diesem Zusammenhang – unbekannt. Man könnte eine Analogie zu § 9 erwägen. Notwendige Konsequenz der gegenwärtigen Rechtslage ist, daß die geplante Kollektivordnung sich u. U. einheitlich nicht ändern läßt, weil einige Arbeitnehmer den Kündigungsschutzprozeß erfolgreich, andere erfolglos betreiben werden. Daraus folgt zwar nicht die rechtliche Unwirksamkeit der individualrechtlich gedeuteten Massenänderungskündigungen; dieses Mittel erscheint jedoch wegen der zu erwartenden tatsächlichen Komplikationen nicht ausreichend, eine bisher betriebseinheitliche Ordnung zu modifizieren. Die Änderungskündigung kann deshalb nur sekundäre Funktionen erfüllen; vgl. ausführlich unten Rnr. 645 ff. zur Frage der Änderung einer betriebseinheitlichen Ordnung im Wege der Betriebsvereinbarung und/oder des Firmentarifvertrages.

4. Günstigkeitsvergleich

Tarifnormen gelten gem. §§ 3 Abs. 1, 4 Abs. 1 für die Mitglieder der Tarifvertragsparteien unmittelbar und zwingend. Bei tarifgebundenen Arbeitgebern und Arbeitnehmern kann jedoch aus vielfältigen Gründen das Bedürfnis entstehen, vom Tarifvertrag abweichende Regelungen zu treffen. Daß diese Regelungen für den Arbeitnehmer ungünstiger sind als die tariflichen Regelungen, soll durch die unmittelbare und zwingende Wirkung der Tarifnormen gerade verhindert werden. Im übrigen aber sind Tarifnormen der Idee nach zum Schutze des Arbeitnehmers geltende Mindestnormen. Gelingt es dem Arbeitnehmer, im Einzelfall günstigere Regelungen zu erreichen, so besteht für den tariflichen Schutz kein Grund. Eine Abweichung vom Tarifvertrag ist einmal möglich aufgrund tarifvertraglicher Öffnungsklauseln (§ 4 Abs. 3 1. Alt.) und zum anderen aufgrund einer Vereinbarung günstigerer Arbeitsbedingungen, als sie die tarifliche Regelung vorsieht (§ 4 Abs. 3 2. Alt.).

a) Wandel des Günstigkeitsprinzips. aa) Dieses Günstigkeitsprinzip des § 4 Abs. 3 2. Alt. wurde lange Zeit vor allem **quantitativ** verstanden. Günstiger war – und ist – es, bei gleicher Arbeitsleistung mehr zu verdienen oder ohne Entgeltverlust mehr Urlaub zu haben. In diesen Fällen kommt dem Arbeitnehmer meßbar mehr an Leistungen zu, als er nach der tarifvertraglichen Regelung verlangen könnte; die Günstigkeit der vertraglichen Abrede steht außer Zweifel. Die Fragen nach dem Maßstab und nach dem

---

[339] So auch *Seiter*, Streikrecht und Aussperrungsrecht, 1975, S. 299 ff.; *Zöllner*, RdA 1969, S. 250, 254; abweichend *Rüthers*, AuR 1967, S. 129, 135; *Reuß*, JZ 1965, S. 348, 350 und ausführlich *Säcker*, Gruppenautonomie, S. 392, 395 ff.
[340] BAG 30. 1. 1970 AP Nr. 142 zu § 242 BGB Ruhegehalt.

Inhalt des Günstigkeitsprinzips in diesem Sinne konnte bis vor einigen Jahren als weitgehend geklärt angesehen werden.

434 **bb)** In den letzten Jahren ist aber eine **neue Interpretation des Günstigkeitsprinzips** diskutiert worden (s. auch Einl. vor § 1, Rnr. 68). Über das enge Verständnis hinaus sollen sich auch solche einzelvertraglichen Abreden durchsetzen, die den Arbeitnehmer zwar nicht einseitig begünstigen, die von ihm aber gewünscht und der tarifvertraglichen Regelung vorgezogen werden. So soll sich ein Arbeitnehmer – in gewissen Grenzen – zu einer höheren als der tarifvertraglich vorgesehenen Wochenarbeitszeit verpflichten können; zwar sei er aufgrund dessen zu einer höheren Leistung verpflichtet, aber er erhalte den für ihn günstigeren Mehrverdienst. Entsprechende Überlegungen finden sich zu der Frage, ob tarifvertragliche Urlaubsansprüche, die den gesetzlichen Mindesturlaub überschreiten, „abgekauft" werden können. Die **qualitative Dimension des Günstigkeitsprinzips neuer Art** zeigt sich auch bei der beiderseitigen Verkürzung der Kündigungsfristen oder bei einer Regelung über die Lage der Arbeitszeit.

435 Im Hinblick auf Maßstab und Inhalt des Günstigkeitsprinzips ergeben sich aufgrund des Günstigkeitsprinzips neuer Art Veränderungen. Die neue Sicht des Günstigkeitsprinzips hat in der Literatur zunehmend Anhänger gefunden, die sich allerdings jeweils auf **unterschiedliche Begründungsansätze** stützen. Sie ist aber auch auf Ablehnung gestoßen.

b) Grenzen der Unabdingbarkeit. Das Günstigkeitsprinzip stößt angesichts der Unabdingbarkeit tarifvertraglicher Normen an Grenzen.

436 **aa) Keine Berücksichtigung außervertraglicher Umstände.** (1) Nach allgemeiner Ansicht sind für den Günstigkeitsvergleich ausschließlich die tarifvertragliche Regelung und der Inhalt der abweichenden Vereinbarung heranzuziehen.[341] Die außerhalb dieser Bestimmungen liegenden gesamten wirtschaftlichen Verhältnisse des Arbeitnehmers sind nicht zu berücksichtigen.[342] So soll sich mit Hilfe des Günstigkeitsprinzips eine **untertarifliche Entlohnung** zur Vermeidung von Arbeitslosigkeit nicht durchsetzen lassen. Bei einer Gesamtbetrachtung der wirtschaftlichen Verhältnisse eines Arbeitnehmers könne man zwar durchaus argumentieren, daß eine untertariflich entlohnte Stelle besser ist als Arbeitslosigkeit, diese „Gesamtbetrachtung" sei aber nicht zulässig. Die Kompensation für den Verzicht des Arbeitnehmers müsse sich direkt aus der abweichenden Abrede ergeben.[343]

437 Zur Begründung wird ausgeführt, daß eine abweichende Betrachtung den Vorrang des Kollektivwillens vor dem Individualwillen im Bereich der tariflichen Mindestbedingungen mißachte. Tarifvertragliche Normen dienten nicht allein dem Individualschutz, sondern auch der organisierten Arbeitnehmerschaft im ganzen.[344] Die Durchsetzungskraft der Gewerkschaften

---

[341] *Belling*, Günstigkeitsprinzip, S. 170 ff.; *Däubler*, Tarifvertragsrecht, Rnr. 201; *Schmidt*, Günstigkeitsprinzip, S. 128; *Schweibert*, Wochenarbeitszeit, S. 183 ff.; *Tyska*, AuR 1985, S. 276, 280; *Wlotzke*, Günstigkeitsprinzip, S. 73 ff.; *Zöllner*, Betrieb 1989, S. 2121, 2125.
[342] S. auch BAG 18. 12. 1997 AP Nr. 46 zu § 2 KSchG 1969 (*Wiedemann*).
[343] *Belling*, Günstigkeitsprinzip, S. 170 ff.
[344] *Tyska*, AuR 1985, S. 276, 281; s. auch oben Einl. vor § 1, Rnr. 13 ff. zur Ordnungsfunktion und Rnr. 20 ff. zu gesamtgesellschaftlichen Anforderungen.

werde durch Unterschreitung der Mindestbedingungen gefährdet, wodurch die Schutzfunktion des Tarifvertrages für die Gesamtheit der tarifgebundenen Arbeitnehmer bedroht werde. Gerade in Krisenzeiten komme es auf ein einheitliches Auftreten an, um nicht eine allgemeine Lohnkonkurrenz aufkommen zu lassen, was gerade durch die Unabdingbarkeit tarifvertraglicher Normen verhindert werden soll.[345]

(2) Die h. M. ist von *Adomeit*[346] angegriffen worden. Er wendet sich gegen **438** das Argument der Sicherung der Tarifautonomie in **Krisenzeiten**, indem er die Anerkennung eines eigenen Interesses der Tarifvertragsparteien, das nicht das der Organisierten ist, ablehnt. Weiterhin stellt er fest, daß bei derartigen Krisen die Tarifautonomie eben nicht funktioniert hat. Wenn die Tarifvertragsparteien das Interesse der Arbeitnehmer gröblich verletzten, indem sie wirtschaftliche Notwendigkeiten nicht berücksichtigen, werde „Wohltat Plage". Es müsse dem Arbeitnehmer selbst überlassen bleiben, die Günstigkeit zu beurteilen, zumindest aber könne das eine gesamte Belegschaft für sich entscheiden.[347]

Zunächst ist darauf hinzuweisen, daß die Alternative nicht drohende Ar- **439** beitslosigkeit ist, sondern der drohende Verlust des Arbeitsplatzes; das betrifft nur diejenigen Arbeitnehmer, die keine neue Stelle finden. Des weiteren ist *Adomeit* entgegenzuhalten, daß es zwar kein schützenswertes Interesse der Tarifvertragsparteien gibt, das nicht ein Interesse der Organisierten ist, daß es aber ein vom Individualinteresse verschiedenes Interesse der gesamten tarifgebundenen Arbeitnehmerschaft geben kann. Dieses Gesamtinteresse leitet sich aus der Vielzahl von Einzelinteressen ab, kann aber dem Wunsch einzelner Arbeitnehmer gegebenenfalls entgegenlaufen. *Adomeit* weist aber mit dem Vorwurf, die Tarifautonomie habe versagt, darauf hin, daß die Verfolgung von Gesamtinteressen für eine ganze Reihe von Arbeitnehmern erhebliche Nachteile bewirken kann. Das Argument, die Tarifautonomie müsse funktionsfähig bleiben, darf nicht unkritisch dazu benutzt werden, den Arbeitnehmer an jede Tarifpolitik unabänderlich zu binden. Es ist fraglich, ob nicht vielmehr die Arbeitnehmer durch abweichende Vereinbarungen ihre Unzufriedenheit mit tarifvertraglichen Regelungen kundtun und so die Verbände zur Beachtung ihres (Einzel)interesses bewegen können. Sollten die Abweichungen nicht so zahlreich sein, daß die gewerkschaftliche Verhandlungsposition nachhaltig geschwächt wird, so kann die Tarifautonomie das Ausscheren verkraften. Sind die Abweichungen aber so häufig, daß die Gewerkschaften tatsächlich an Durchsetzungskraft verlieren, so haben sie ein derart starkes Interesse ihrer Mitglieder nicht berücksichtigt, daß einiges dafür spricht, die Ziele in der nächsten Tarifrunde anders zu setzen. Dieses Spannungsfeld zwischen Gesamt- und Einzelinteresse wird im folgenden bei der Frage nach der Perspektive bei der Günstigkeitsbewertung eine Rolle spielen (s. unten Rnr. 451 ff.).

bb) Auswirkungen der verschiedenen Vergleichsmethoden. Zu- **440** nächst soll noch einmal der Unterschied einer alle Umstände umfassenden

---

[345] *Belling*, Günstigkeitsprinzip, S. 170 f.; vgl. auch *Tyska*, AuR 1985, S. 276, 281.
[346] *Adomeit*, NJW 1984, S. 26 f.; jüngst auch *Buchner*, Betrieb Beil. 12/1996, S. 1, 10 f.
[347] *Adomeit*, NJW 1984, S. 26, 27.

Günstigkeitsbetrachtung gegenüber der engeren Auffassung herausgestellt werden. Nach der engeren Sichtweise werden allein die Inhalte der tarifvertraglichen und der abweichenden Vereinbarung zum Vergleich herangezogen. Dabei muß sich nach einer Auffassung von Günstigkeit durch die Abweichung für den Arbeitnehmer eine **reine Besserstellung** gegenüber der tarifvertraglichen Regelung ergeben. Der Arbeitnehmer gewinnt einen Vorteil, ohne dafür eine Gegenleistung zu erbringen.

441 Nach einer anderen Auffassung von Günstigkeit sind auch **kompensatorische Vereinbarungen** möglich, d.h., daß der Arbeitnehmer für den erstrebten Vorteil auf eine andere Position verzichtet, sich insgesamt aber besser steht. Gegenüber dem Tarifvertrag ist die abweichende Regelung teils vorteilhaft, teils unvorteilhaft. Die Günstigkeit ergibt sich erst durch eine Bewertung des Tausches.

442 Einen anderen Vergleichsgegenstand benutzt man, wenn man die arbeitsvertragliche Regelung mit der **Alternative Arbeitslosigkeit** vergleicht und so die Günstigkeit des Vertrages begründet (s. oben Rnr. 438). Gegenüber dem Tarifvertrag hat der Arbeitnehmer hier nur Nachteile, die Vorteile liegen nur mittelbar darin, daß er einen bestimmten Arbeitsplatz findet oder behält. Seine Stellung ist im Ergebnis schlechter, als sie nach dem Tarifvertrag wäre.

443 cc) **Systematische Argumentation.** Gegenüber den anderen Betrachtungsweisen zeichnet sich der Vergleich zwischen Arbeitsvertrag und Arbeitslosigkeit also dadurch aus, daß der Arbeitnehmer im Ergebnis schlechter steht, als wenn die tarifvertragliche Regelung eingriffe. Gegen die Zulässigkeit derartiger Vereinbarungen spricht ein **systematisches Argument**. Wenn sie gem. § 4 Abs. 3 2. Alt. möglich wären, also wegen der sonst drohenden Arbeitslosigkeit als günstigere Vereinbarung angesehen werden könnten, stellte sich zunächst die Frage nach dem Sinn der Unterscheidung der beiden Alternativen des § 4 Abs. 3. Nach § 4 Abs. 3 2. Alt. wären dann letztlich alle Vereinbarungen möglich, die den Arbeitnehmer gegenüber der tarifvertraglichen Gestaltung seines Arbeitsverhältnisses schlechter stellen. Die Möglichkeit der Öffnungsklausel gem. § 4 Abs. 3 1. Alt. behielte keinen eigenen Anwendungsbereich. Dies Ergebnis wäre schon deshalb wenig sinnvoll, weil beide Alternativen dasselbe besagten; es ist aber unhaltbar, wenn man bedenkt, daß die Alternativen unterschiedliche Tatbestandsvoraussetzungen enthalten. Die erste Alternative soll weiterreichendere Abweichungen vom Tarifvertrag ermöglichen als die zweite. Für andere als dem Arbeitnehmer günstige Vereinbarungen ist die Zulassung durch die Tarifvertragsparteien erforderlich. Fallen die Sachgruppen der beiden Alternativen zusammen, so wird ihre Unterscheidung sinnlos.

444 dd) **Teleologische Argumentation.** Neben diesem systematischen Argument ergibt sich die Unanwendbarkeit des § 4 Abs. 3 2. Alt. auf solche Fälle auch aus dem **Sinn und Zweck der Unabdingbarkeit** gem. § 4 Abs. 1, der auch bei der Festlegung des Anwendungsbereichs seiner Ausnahmeregelung zu berücksichtigen ist. Die Ausnahme kann nicht so weit ausgedehnt werden, daß die Regel völlig ausgehöhlt wird. Vertragsgestaltungen, die den Arbeitnehmer schlechter stellen als die tarifvertragliche Regelung, sollen durch die Anordnung der zwingenden Wirkung (§ 4 Abs. 1) gerade verhindert werden. Die Gewerkschaften verlören ihre Schlagkraft, wenn der Arbeitgeber mit der Behauptung, sein Unternehmen befinde sich in einer wirtschaftlichen Notlage, die Arbeitsbedingungen gemeinsam mit den auf den Arbeitsplatz angewiesenen und deshalb wehrlosen Arbeitnehmern verschlechtern könnte. Die Arbeitnehmer stünden dann den Arbeitgebern genauso machtlos gegenüber wie vor Schaffung des Tarifvertragssystems. Durch eine solche Interpretation des Günstigkeitsprinzips würde also der Schutz der Arbeitnehmer praktisch aufgehoben.[348] Nun kann man zwar nicht-tarifgebundene Arbeitnehmer an solchen Vertragsschlüssen nicht hindern, und es ist auch möglich, daß Arbeitnehmer aus der Gewerkschaft austreten, um dann diesen Weg zu gehen. Davon würde aber das Tarifvertragssystem mit der grundsätzlich zwingenden Wirkung tarifvertraglicher Normen nicht berührt. Wenn sich also eine genügende Anzahl von Arbeitnehmern zusammenfindet, können sie sich gegen den Druck des Arbeitgebers und die Lohnkonkurrenz anderer Arbeitnehmer dank der zwingenden Wirkung des Tarifvertrages durchsetzen. Wollte man diese Wirkung tarifvertraglicher Normen außer Kraft setzen, so würde damit letztlich die Tarifautonomie aus den Angeln gehoben. Die notwendige Flexibilität tarifvertraglicher Regelungen bietet nach dieser Ansicht § 4 Abs. 1 1. Alt., wonach auch Abweichungen zuungunsten der Arbeitnehmer möglich sind, wenn das im Tarifvertrag vorgesehen ist.

ee) Zusammenfassung. Demnach sind untertarifliche Vereinbarungen unzulässig, nach denen der Arbeitnehmer auch bei einer Gesamtbetrachtung seiner wirtschaftlichen Verhältnisse schlechter steht als nach der tarifvertraglichen Regelung. Das steht nicht im Widerspruch dazu, daß der formale Anknüpfungspunkt allein in der vertraglichen Abmachung besteht (s. oben Rnr. 436). Es muß sich also jedenfalls im Vergleich zwischen dem Tarifvertrag und der abweichenden Regelung eine Besserstellung des Arbeitnehmers ergeben, ein Vergleich mit dem Zustand der Arbeitslosigkeit scheidet aus.

c) Das für den Vergleich maßgebliche Interesse. aa) Weiterhin muß geklärt werden, wessen Interesse für die Beurteilung der Günstigkeit maßgeblich ist. Dabei kommt es darauf an, ob die Tarifnorm dem Arbeitnehmer ein **Individualrecht** einräumt, oder ob es sich um eine Betriebsnorm handelt, die der Belegschaft ein Recht zuwendet.[349] Günstigere Individualrechte können sich aus dem Arbeitsvertrag, einer Betriebsübung oder Betriebsvereinbarung ergeben. Es ist dann allein das **Interesse des betroffenen Arbeitnehmers** entscheidend.[350] Die zur TarifVO von 1918 vertretenen Ansicht, daß das Gesamtinteresse der Arbeitnehmerschaft maßgeblich ist, kann jedenfalls für die heutige verfassungs- und arbeitsrechtliche Situation

---

[348] *Kohte*, BB 1986, S. 397, 405; Hueck/*Nipperdey*, Arbeitsrecht II 1, § 30 VIII 3 b, S. 601; *Nikisch*, Arbeitsrecht II, § 82 IV, S. 430 f.; *Schweibert*, Wochenarbeitszeit, S. 184; *Tyska*, AuR 1985, S. 276, 281.
[349] Löwisch/*Rieble*, § 4 TVG, Rnr. 187 f., 191 f.
[350] *Belling*, Günstigkeitsprinzip, S. 174 f.; *Bergner*, Arbeitszeitregelungen, S. 32; Kempen/*Zachert*, § 4 TVG, Rnr. 186; *Schmidt*, Günstigkeitsprinzip, S. 116; *Schweibert*, Wochenarbeitszeit, S. 178 ff.

nicht gelten. Das Günstigkeitsprinzip dient der Beschränkung der Kollektivmacht zugunsten der Privatautonomie. Es geht allein um das Wohl des einzelnen Arbeitnehmers. Dabei können zwar Rechte Dritter einer Abmachung entgegenstehen, auf ein Interesse anderer kommt es aber für die Günstigkeitsbeurteilung nicht an.

447 bb) Geht es um eine **Verpflichtung des Arbeitgebers gegenüber der Belegschaft**, so kommen als verdrängende Regelungen auch nur solche Bestimmungen in Betracht, die kollektive Rechte begründen, d. h. Regelungen aus Betriebsvereinbarungen. Aufgrund der Sperrwirkung der §§ 87 Abs. 1, 77 Abs. 3 BetrVG stellt sich die Günstigkeitsfrage bei Betriebsvereinbarungen nur selten. Sie kann aber z. b. für eine Sozialplanregelung relevant werden, da gem. § 112 Abs. 1 Satz 3 BetrVG § 77 Abs. 3 BetrVG auf Sozialpläne nicht anzuwenden ist. Festzuhalten ist danach, daß jedenfalls Individualrechte auch nach Individualinteressen beurteilt werden. Eine Rechtsposition eines Arbeitnehmers kann ihm nicht mit dem Argument entzogen werden, daß die abweichende Betriebsvereinbarung für den Rest oder einen größeren Teil der Belegschaft günstiger ist.

448 cc) Für den Fall der Abweichung einer **Sozialplanabfindung** von einer entsprechenden tarifvertraglichen Abfindung betont *Rieble* an einer Stelle, daß sich die andere Abmachung nur durchsetzen kann, wenn sie gerade für den einzelnen Arbeitnehmer günstiger ist; er stellt an anderer Stelle aber fest, daß ein betrieblicher Sozialplan einen tarifvertraglichen mit geringerem Gesamtvolumen ohne weiteres verdrängen kann, auch wenn einzelne Arbeitnehmer eine geringere Abfindung erhalten.[351] Die erste Aussage ist zutreffend. Soweit es um Individualrechte geht, zählt das Individualinteresse. Dabei bleibt es auch dann, wenn die Regelung für einen größeren Kreis von Arbeitnehmern oder die Gesamtbelegschaft gilt. Dieser Planungszusammenhang ändert nichts am Individualcharakter der eingeräumten Rechtsposition.

449 dd) Nach Ansicht *Käpplers*[352] definieren die Tarifvertragsparteien in ihren Normen das Interesse des Arbeitnehmers. Dieser Interessendefinition habe sich der Arbeitnehmer durch seinen Verbandseintritt unterworfen, er sei aus mitgliedschaftlichen Gründen daran gebunden.[353] **Mindestinteressen an Urlaubs- und Arbeitszeit seien nicht abkaufbar**. Das gelte zumindest soweit, wie die Tarifvertragsparteien den Geltungsanspruch nicht selbst zurücknehmen (so z. B. in den Tarifverträgen in der Metallindustrie, die Abweichungen von der 37-Stunden-Woche in gewissem Rahmen zulassen).[354] Dagegen wendet sich *Schlüter*, der in Höchstarbeitszeiten einen Grundrechtseingriff der Tarifvertragsparteien sieht und der deshalb die mitgliedschaftliche Bindung unter dem Gesichtspunkt des Grundrechtsverzichts prüft.[355]

450 Gegen eine Verabsolutierung der Ansicht Käpplers spricht: Wenn die Tarifvertragsparteien die Arbeitnehmerinteressen verbindlich festlegen könnten,

---

[351] Löwisch/*Rieble*, § 4 TVG, Rnr. 188 einerseits, Rnr. 192 andererseits.
[352] *Käppler,* NZA 1991, S. 745 ff.
[353] *Käppler,* NZA 1991, S. 745, 753; vgl. auch *Kempen/Zachert*, § 4 TVG, Rnr. 186.
[354] *Käppler,* NZA 1991, S. 745, 753 f.
[355] *Schlüter,* in: Festschrift für Stree und Wessels (1993), S. 1061, 1082 f. Ausführlich unten, Rnr. 495 ff.

so würden sie damit auch über die Reichweite des **Günstigkeitsprinzips** bestimmen, das doch **Schranke ihrer Regelungsmacht** ist. Eine Schranke kann aber nicht von Kriterien abhängen, die diejenigen aufstellen, deren Macht gerade beschränkt werden soll.[356] Allerdings kann sich aus einer objektiven Sicht ergeben, daß ein bestimmter Inhalt des Tarifvertrages zu dessen legitimen Zielen gehört (s. dazu unten Rnr. 498).

d) Objektiver oder subjektiver Maßstab. aa) Für die Beurteilung der **451** Günstigkeit ist, wenn man dem Günstigkeitsprinzip alter Art folgt, ein **objektiver Maßstab** heranzuziehen.[357] Dadurch soll gewährleistet werden, daß die Tarifnormen einheitlich gelten.[358] Außerdem soll der Arbeitnehmer vor nur scheinbar günstigeren Bedingungen geschützt werden, die er nur auf Druck des Arbeitgebers hin akzeptiert.[359] Es kommt darauf an, wie ein verständiger Arbeitnehmer unter Berücksichtigung der Verkehrsanschauung und der Grundsätze und Wertungen der Arbeitsrechtsordnung den Arbeitsvertrag einschätzt.[360] Die subjektiven Anschauungen des betroffenen Arbeitnehmers sind hierbei nur ein – wenn auch wichtiges – Indiz.[361] Auch *Joost* befürwortet die Anwendung des objektiven Maßstabes, um den Schutz des Arbeitnehmers vor sich selbst zu gewährleisten.[362] Er wendet sich aber gegen die Einführung der „Grundsätze der Arbeitsrechtsordnung" oder der „Anschauungen seines (des Arbeitnehmers) Berufsstandes" in die Günstigkeitsbetrachtung, da auf diesem Wege Gesamtinteressen zur Geltung kommen, von denen sich der Arbeitnehmer mit Hilfe des Günstigkeitsprinzips gerade lösen wolle. Die Schranke der Kollektivmacht könne nicht von Kollektivinteressen abhängen.[363] Mit dem objektiven Maßstab ist aber nur gemeint, daß das Gericht für die Beurteilung als günstiger einen Maßstab braucht, der nicht von der subjektiven Einschätzung der Richter abhängen kann.

Ambivalente Bedingungen, also Bedingungen, die sich sowohl als gün- **452** stiger als auch als ungünstiger erweisen können, setzen sich nur dann gegenüber der tariflichen Regelung durch, wenn im voraus feststellbar ist, daß sie sich für den Arbeitnehmer vorteilhaft auswirken.[364]

---

[356] *Bergner*, Arbeitszeitregelungen, S. 41 f.
[357] *Belling*, Günstigkeitsprinzip, S. 175; *Bengelsdorf*, ZfA 1990, S. 563, 595; *Däubler*, Tarifvertragsrecht, Rnr. 209; *ders.*, AuR 1996, S. 347, 349; *Kort*, NJW 1997, S. 1476, 1479; *Linnenkohl/Rauschenberg/Reh*, BB 1990, S. 628, 629; *Schlüter*, in: Festschrift für Stree und Wessels (1993), S. 1061, 1075; *Tech*, Günstigkeitsprinzip, S. 124 ff.
[358] *Däubler*, Tarifvertragsrecht, Rnr. 209.
[359] *Belling*, Günstigkeitsprinzip, S. 175; *Däubler*, Tarifvertragsrecht, Rnr. 209; *Schlüter*, in: Festschrift für Stree und Wessels (1993), S. 1061, 1075.
[360] *Belling*, Günstigkeitsprinzip, S. 177; ähnlich *Gamillscheg*, Kollektives Arbeitsrecht I, § 18 V 5 b), S. 855 f.; *Löwisch/Rieble*, 4 TVG, Rnr. 203; *Schlüter*, in: Festschrift für Stree und Wessels (1993), S. 1061, 1075; *Schmidt*, Günstigkeitsprinzip, S. 125; a. A. *Bengelsdorf*, ZfA 1990, 563, 596.
[361] *Belling*, Günstigkeitsprinzip, S. 176; *Kempen/Zachert*, § 4 TVG, Rnr. 186; *Koberski/Clasen/Menzel*, § 4 TVG, Rnr. 112 e; zur Interessenbewertung durch die Tarifvertragsparteien selbst dagegen *Stein*, Tarifvertragsrecht, Rnr. 603.
[362] *Joost*, ZfA 1984, 173, 178.
[363] *Joost*, ZfA 1984, 173, 179
[364] *Hueck/Nipperdey*, Arbeitsrecht II 1, § 30 X 5, S. 615; *Nikisch*, Arbeitsrecht II, § 82 IV 6, S. 435.

453 Streitig ist unter den Vertretern der objektiven Beurteilungsmethode, welche Regelung im Falle einer **günstigkeitsneutralen** Abweichung des Arbeitsvertrages vom Tarifvertrag gilt. Nach einer Ansicht gilt wegen der grundsätzlich zwingenden Wirkung der Tarifvertragsnormen die tarifvertragliche Regelung.[365] Jedoch kann man in solchen Fällen die vertragliche Abrede gelten lassen, da der Arbeitnehmerschutz, der der objektiven Beurteilung zugrundeliegt, nicht gefährdet ist (s. auch unten Rnr. 465).[366]

454 bb) In jüngerer Zeit wird vereinzelt an Stelle eines objektiven der **subjektive Maßstab** für maßgeblich gehalten.[367] Nach *Heinze*[368] kommt es für den Günstigkeitsvergleich allein darauf an, ob der Arbeitnehmer dem Arbeitgeber in einer hinreichend starken Verhandlungsposition gegenüberstand, so daß die Privatautonomie gewahrt blieb und ihre Verdrängung durch kollektive Regelungen unnötig ist. Welchen Inhalt die abweichende vertragliche Vereinbarung habe, sei unerheblich, wenn das **Verhandlungsgleichgewicht** gewahrt blieb und die Abweichung noch sozialstaatskonform ist.[369] Maßstab dafür sei das gesamte Tarifvertragssystem. *Heinze* betont ausdrücklich, daß es auf eine branchen- und flächenübergreifende Betrachtung tarifvertraglicher Mindeststandards ankomme.[370]

455 Durch diese zweite Prüfungsstufe erfolgt allerdings eine erhebliche Objektivierung bei der Beurteilung. *Heinze* betont selbst, daß durch sie auch der Schutz des Arbeitnehmers vor sich selbst gewährleistet werden soll.[370] Damit greift er ein entscheidendes Argument der h. M. für eine objektive Beurteilung auf. Allerdings ist der von ihm gewählte Maßstab des gesamten Tarifvertragssystems zu vage, um einen wirklichen Schutz des Arbeitnehmers gewährleisten zu können. Bei einer flächen- und branchenübergreifenden Betrachtung werden zu unterschiedliche Arbeitsbedingungen gemischt, als daß für den konkreten Fall noch eine sinnvolle Begrenzung der Abschlußmöglichkeiten der Arbeitsvertragsparteien festgestellt werden könnte. Die Bedürfnisse und Probleme der einzelnen Branchen sind viel zu verschieden, als daß für sie ein gemeinsamer Nenner des Arbeitnehmerschutzes gefunden werden könnte, der sich wesentlich von gesetzlichen Mindestvorgaben unterscheidet. In diesem Fall könnte man aber für arbeitsvertragliche Abweichungen direkt die gesetzlichen Mindeststandards als Grenzen benennen.

456 Auch *Bergner* will bei der Günstigkeitsbeurteilung eine subjektive Perspektive zugrunde legen.[371] Nach objektiven Kriterien könnte man die Frage nach der Günstigkeit bei **kompensatorischen Regelungen** gar nicht ent-

---

[365] *Däubler*, Tarifvertragsrecht, Rnr. 213; *Löwisch/Rieble*, § 4 TVG, Rnr. 207.
[366] *Bengelsdorf*, ZfA 1990, S. 563, 597 f.; *v. Hoyningen-Huene/Meier-Krenz*, ZfA 1988, S. 293, 313; *Joost*, ZfA 1984, S. 173, 182 f.; *Zöllner*, Betrieb 1990, S. 2121, 2126.
[367] *Bergner*, Arbeitszeitregelungen, S. 36 ff.; *Gitter*, in: Festschrift für Wlotzke (1996), S. 297, 300 ff.; *Heinze*, NZA 1991, S. 329 ff.; *Krauss*, Günstigkeitsprinzip, S. 110 ff.; *ders.*, NZA 1986, S. 294, 295.
[368] *Heinze,* NZA 1991, S. 329 ff.
[369] *Heinze*, NZA 1991, S. 329, 333 ff.
[370] *Heinze*, NZA 1991, S. 329, 334.
[371] *Bergner*, Arbeitszeitregelungen, S. 36 ff.

scheiden. Es träten bloße Wertungen an die Stelle rechtlicher Kriterien. Wolle man auf den Vergleich solcher Regelungen nicht überhaupt verzichten, so könne nur die subjektive Beurteilung des Arbeitnehmers maßgeblich sein. Daraus ergebe sich auch kein Verstoß gegen prozeßrechtliche Grundsätze, da die Maßgeblichkeit der Arbeitnehmersicht im Günstigkeitsprinzip angelegt sei (S. 39). Die einheitliche Geltung der Tarifvertragsnormen könnten die Koalitionen ohnehin wegen der Vielzahl von Außenseitern nicht erzwingen (S. 40f.). Dagegen wird allerdings eingewandt, daß der Arbeitnehmer durch den freiwilligen Beitritt zur Koalition an die Zielsetzungen der Tarifpartner gebunden ist.[372] Dem hält *Bergner* entgegen, daß das Maß der Bindung nicht durch den Beitritt bestimmt wird, sondern der Beitritt nur in ein System erfolgt, dessen Inhalt und Grenzen schon bestimmt sind (S. 41 f.). Außerdem stehe es gerade nicht im Widerspruch zum Verbandszweck, wenn der Arbeitnehmer für sich bessere Arbeitsbedingungen erreichen könne. Ein Vorrang der Koalitionen bei der Bestimmung von Zielsetzungen für Arbeitsbedingungen sei nicht gegeben. Es gehe gerade darum, die Kollektivmacht zugunsten der Privatautonomie zu beschränken. Gegen einen möglichen Druck des Arbeitgebers stünden rechtliche Wege offen, so daß man dem Arbeitnehmer nicht generell die Entscheidungsfreiheit absprechen könne (S. 48). Das Argument, der Arbeitnehmer müsse vor sich selbst geschützt werden, greife nicht, da die Privatautonomie auch Selbstschädigungen zulasse (S. 45 ff.). Nur in Extremfällen werde in die Vertragsfreiheit eingegriffen. Der Schutz wichtiger Rechtsgüter des Arbeitnehmers sei Sache des Gesetzgebers.

Schweibert steht beiden Maßstäben in ihrer Reinform kritisch gegenüber.[373] Sie will die jeweiligen Nachteile durch eine Kombination beider Betrachtungsweisen vermeiden. Grundsätzlich komme es auf die persönliche Einschätzung des Arbeitnehmers an, durch eine **objektiv-hypothetische Kontrolle** könne aber sichergestellt werden, daß der Arbeitnehmer nicht dem Druck des Arbeitgebers nachgegeben habe (S. 208 f.).

cc) **Stellungnahme.** Da es im Rahmen des Günstigkeitsprinzips um günstigere Abreden für konkrete, einzelne Arbeitnehmer geht, liegt es in der Tat nahe, auch deren Beurteilungsperspektive für maßgeblich zu erklären. Eine – vom zwingenden gesetzlichen Schutz abgesehen – uneingeschränkte subjektive Beurteilung könnte aber **Auswirkungen auf die Tarifautonomie** haben, die ihrer verfassungsrechtlichen Position nicht gerecht werden; sie entspricht auch nicht dem Gebot des Arbeitnehmerschutzes.

Sowohl die Privat- als auch die Tarifautonomie sind im Grundgesetz verankert. Während die Privatautonomie nach Art. 2 Abs. 1 GG geschützt ist und sich der Schutz speziell der Arbeitsvertragsfreiheit aus Art. 12 Abs. 1 GG ergibt, garantiert Art. 9 Abs. 3 GG u. a. auch den Koalitionen die autonome Regelung der Arbeits- und Wirtschaftsbedingungen. Die Koalitionsfreiheit und mit ihr die Tarifautonomie dienten in ihrer Entstehungszeit – und dienen noch heute – dem Ausgleich der gestörten Vertragsparität im Arbeitsleben. Entstehungsgrund und Existenzberechtigung der Tarifautonomie leiten

---

[372] *Käppler*, NZA 1991, S. 745, 751 ff.
[373] *Schweibert*, Wochenarbeitszeit, S. 203 ff.

sich aus der **Sicherung der Privatautonomie** ab.[374] Eine Rechtssetzung durch das Kollektiv ist grundsätzlich nur insoweit notwendig, als der einzelne seine Interessen nicht mit hinreichender Macht vertreten kann. Auch nach einem Verbandsbeitritt verliert das Koalitionsmitglied nicht das Recht zur privatautonomen Gestaltung seiner Arbeitsbedingungen.

460 Die kollektive Gestaltung der Arbeitsbedingungen ist neben der privatautonomen Gestaltung im Grundgesetz eigenständig gesichert. Die **Tarifautonomie** darf nicht so weit zurückgedrängt werden, daß sie ihre **Funktionsfähigkeit** verliert. Durch eine zu weitgehende Anerkennung einzelvertraglicher Abweichungen könnten die Tarifpartner an Verhandlungsstärke einbüßen, wodurch dann die Schutzfunktion des Tarifvertrages gefährdet würde.

461 Einer Günstigkeitsbeurteilung nach subjektivem Maßstab steht daher die Gefahr der **Aushöhlung des Tarifvertragssystems** entgegen. Gegen die objektive Beurteilung kann auch nicht eingewandt werden, daß ein Koalitionsmitglied, das mit der Verbandspolitik unzufrieden ist, aus dem Verband austreten und dann beliebige Abreden treffen kann. Auch das objektiv verstandene Günstigkeitsprinzip läßt dem Mitglied genügend Spielraum für eigene abweichende Vertragsgestaltungen.

462 Für eine objektive Bewertung spricht vor allem auch der **Schutz des Arbeitnehmers** vor der Übermacht des Arbeitgebers. Besonders in wirtschaftlichen Krisenzeiten liegt es nahe, daß Arbeitnehmer sich von der Günstigkeit vertraglicher Abweichungen vom Tarifvertrag aus Furcht vor Nachteilen „überzeugen" lassen.

463 Gegen den subjektiven Ansatz spricht schließlich, daß die **metasprachliche** Entscheidung, welches von zwei Regelungssystemen gelten soll, nicht einer der betroffenen Parteien überantwortet werden kann.

464 Unproblematisch sind demnach Vereinbarungen, die die **Interessenbewertung der Tarifvertragsparteien aufgreifen und fortführen**. Eine geringere Arbeitszeit, mehr Urlaub oder eine weitergehende Garantie des freien Wochenendes liegen bei entsprechenden Vereinbarungen der Tarifpartner auf ihrer Linie und bestätigen so das Verhandlungsergebnis. Schwierigkeiten bereiten dagegen vertragliche Abreden, die der **tarifvertraglichen Interessenbewertung widersprechen**. Hier wird die Tarifautonomie empfindlich berührt; die oben angeführten Bedenken gegen abweichende Abreden schlagen in diesem Falle durch. Welchem Interesse der Vorrang zukommt, kann nur eine Abwägung für die jeweilige Fallgruppe ergeben (s. zur Arbeitszeitverkürzung unten Rnr. 479 ff.).

465 Vertragliche Abreden, die der Interessenbewertung der Tarifvertragsparteien **neutral** gegenüberstehen, sind wiederum unproblematisch. Eine Abweichung, die der tarifvertraglichen Interessenbewertung nicht entgegenläuft, schadet der Verhandlungsfähigkeit der Tarifpartner nicht. Zurückhaltung ist jedoch bei der Bewertung einer vertraglichen Abweichung als neutrale Abweichung geboten. Von neutralen Regelungen wird z. B. bei vertraglichen

---

[374] Siehe zum Verhältnis der Tarif- zur Privatautonomie oben Einl. vor § 1, Rnr. 2 ff. sowie *Heinze*, NZA 1991, S. 329, 330 f.; *v. Hoyningen-Huene/Meier-Krenz*, ZfA 1988, S. 293, 311.

Änderungen der Lage der Arbeitszeit gesprochen.[375] Diese Bewertung ist jedoch in dieser Allgemeinheit zweifelhaft. Die Arbeit vor und nach den üblichen Arbeitszeiten des Tages – z.B. zwischen 18.30 und 20.00 Uhr – oder die Arbeit am Wochenende wird von den Gewerkschaften als negativ bewertet. Sie soll nach Möglichkeit vermieden oder zumindest finanziell oder durch Freizeitausgleich besonders entlohnt werden. Bei einer solchen tarifvertraglichen Bewertung sind vertragliche Abreden, die die Arbeitszeit verschieben, nicht neutral, mag auch der Arbeitnehmer gute Gründe dafür haben, daß er andere Arbeitszeiten vorzieht.

Auf die **Wahlmöglichkeit** des Arbeitnehmers bei Abschluß des Arbeitsvertrages oder zu einem späteren Zeitpunkt (Rückkehrmöglichkeit) kommt es nicht an.[376] Bei einer neutralen Regelung ist die Abweichung gestattet. Der Arbeitnehmer muß sich in diesem Bereich selbst überlegen, ob er später zur tarifvertraglichen Regelung zurückkehren will und wie er dies sicherstellen kann. Das entspricht auch der Handhabung bei vertraglichen Abreden, die die tarifvertragliche Interessenbewertung fortführen. Auch in diesem Bereich verlangt man zur Begründung der Günstigkeit nicht, daß der Arbeitnehmer durch besondere vertragliche Klauseln ohne weiteres zu den tarifvertraglichen Arbeitsbedingungen zurückkehren kann. Die Zulässigkeit einer der tarifvertraglichen Interessenbewertung widersprechenden vertraglichen Regelung hängt ebenfalls nicht von der Rückkehrmöglichkeit des Arbeitnehmers ab, sondern von der Abwägung der kollidierenden Interessen der Tarifvertragsparteien einerseits und des Arbeitnehmers andererseits.

e) Einzelvergleich oder Sachgruppenvergleich. aa) (1) Zur Frage nach dem Vergleichsgegenstand gehört auch, welche Regelungen oder Regelungsgruppen des Arbeits- und des Tarifvertrages einander gegenübergestellt werden sollen. Dieses Thema wird akut, wenn die Regelwerke nicht lediglich in einem Punkt voneinander abweichen oder eines in allen Abweichungen Verbesserungen enthält, sondern der Arbeitsvertrag auch untertarifliche Arbeitsbedingungen enthält, die durch übertarifliche Vorteile **kompensiert** werden sollen. Daß auch solche Arbeitsverträge einem Günstigkeitsvergleich unterzogen werden können, war lange Zeit unbestritten. Inzwischen mehren sich aber die Stimmen, die eine solche Kompensation von vornherein nicht zulassen wollen.[377] Diese Ansicht führt dann nach *Däubler* zu einem Einzelvergleich, d.h. dem ausschließlichen Vergleich konkreter einzelner Arbeitsbedingungen, wenn nicht die Tarifvertragsparteien Regelungsbereiche verknüpfen.[378] *Belling* will dagegen die übertariflichen Bedingungen nach § 139 BGB beurteilen, während er die untertariflichen für

---

[375] Löwisch/*Rieble*, § 4 TVG, Rnr. 208.
[376] Für die Notwendigkeit einer Wahlmöglichkeit *Löwisch*, BB 1991, S. 59, 62f.; Löwisch/*Rieble*, § 4 TVG, Rnr. 212f.; offengelassen bei *Buchner*, Betrieb 1990, S. 1415, 1722; ablehnend *Bengelsdorf*, ZfA 1990, S. 563, 599f.; vgl. auch *Schlüter*, in: Festschrift für Stree und Wessels (1993), S. 1061, 1084; s. auch unten Rnr. 492ff. sowie oben § 1, Rnr. 334.
[377] *Belling*, Günstigkeitsprinzip, S. 181; *Däubler*, Tarifvertragsrecht, Rnr. 206; *Linnenkohl/Rauschenberg/Reh*, BB 1990, S. 628, 629; *Tech*, Günstigkeitsprinzip, S. 111 ff.
[378] *Däubler*, Tarifvertragsrecht, Rnr. 206.

nichtig hält.³⁷⁹ Das entspricht einem Einzelvergleich, bei dem aber der Wille der Arbeitsvertragsparteien, bestimmte Bedingungen zusammenhängend zu regeln, berücksichtigt wird. *Linnenkohl/Rauschenberg/Reh* befürworten einen Gesamtvergleich, d.h. einen Vergleich aller Bedingungen der tarifvertraglichen und der abweichenden Regelung.³⁸⁰ Gemeinsam ist diesen Auffassungen, daß sich von kompensatorischen Vereinbarungen höchstens der günstigere Teil durchsetzen kann.

468 (2) Es ist zunächst zu klären, ob kompensatorische Abreden überhaupt zulässig sein sollen, bevor dann die zu vergleichenden Regelungen bestimmt werden. Die bisher h.M. bejaht die Möglichkeit solcher Abreden, weil der Tarifvertrag nicht eine bestimmte Menge von unabdingbaren Einzelpositionen begründe, sondern die Normen eine Einheit bildeten, die dem Arbeitnehmer eine bestimmte arbeitsrechtliche **Gesamtposition** verschafft. Nur diese Gesamtposition dürfe nicht verschlechtert werden.³⁸¹ Dagegen wenden sich *Linnenkohl/Rauschenberg/Reh*, die Tarifnormen für eine „Kette konkreter Schutzpositionen" halten, deren verschiedene Mindeststandards nicht zu einer Gesamtposition zusammengezogen werden könnten. Ebenso argumentiert *Däubler*, daß aus § 4 Abs. 3 nicht hervorgehe, daß untertarifliche Arbeitsbedingungen möglich sind, wenn sie durch entsprechende oder größere Vorteile kompensiert werden.³⁸² *Belling* sieht darüber hinaus durch solche Vereinbarungen die Schutz- und Ordnungsfunktion des Tarifvertrages gefährdet.³⁸³ Es bestehe die Gefahr einer Übervorteilung der Arbeitnehmer, und es werde den Tarifvertragsparteien erschwert, die von ihnen für richtig befundene Politik zu verfolgen.³⁸⁴ Den Tarifvertragsparteien stehe jeweils die Auswahl der Maßnahmen frei, die sie zur Erreichung des Verbandszweckes einsetzen wollen. Was sie als Mindestbedingungen erreichen, gelte unter allen Umständen.³⁸⁵ Entscheidend gegen die Möglichkeit kompensatorischer Vereinbarungen spreche aber die „unüberwindbare Schwierigkeit", einen sicheren Maßstab für die Günstigkeitsbewertung zu finden.³⁸⁶ Es lasse sich nicht sagen, wie groß der Vorteil sein müsse, damit die untertarifliche Regelung ausgeglichen wird. Eine Entscheidung des Richters beeinträchtige daher sowohl die Tarif- als auch die Privatautonomie.

469 (3) Die Frage nach der Kompensationsmöglichkeit stellt sich in den Fällen, in denen die vermeintlich günstigere Regelung im Arbeitsvertrag der tarifvertraglichen Interessenbewertung widerspricht. Wird die tarifvertragliche Interessenbewertung fortgeführt oder ist die abweichende vertragliche Regelung neutral, so sind kompensatorische Vorteile nicht erforderlich, um die

---

³⁷⁹ *Belling*, Günstigkeitsprinzip, S. 188.
³⁸⁰ *Linnenkohl/Rauschenberg/Reh*, BB 1990, S. 628, 629.
³⁸¹ Ausführlich *Krauss*, Günstigkeitsprinzip, S. 107 ff.; s. auch *Bergner*, Arbeitszeitregelungen, S. 26 ff.; *Gitter*, in: Festschrift für Wlotzke (1996), S. 297, 306 f.; *Schmidt*, Günstigkeitsprinzip, S. 121 f.; *Schweibert*, Wochenarbeitszeit, S. 189 ff.; *Wlotzke*, Günstigkeitsprinzip, S. 82; Voraufl., § 4, Rnr. 243.
³⁸² *Linnenkohl/Rauschenberg/Reh*, BB 1990, S. 628, 629; *Däubler*, Tarifvertragsrecht, Rnr. 206.
³⁸³ *Belling*, Günstigkeitsprinzip, S. 183; so auch *Tech*, Günstigkeitsprinzip, S. 111.
³⁸⁴ Vgl. auch *Tech*, Günstigkeitsprinzip, S. 114 f.
³⁸⁵ *Belling*, Günstigkeitsprinzip, S. 183.
³⁸⁶ *Belling*, Günstigkeitsprinzip, S. 183 ff.

Günstigkeit der vertraglichen Abrede zu begründen. Im Fall der Abweichung von der tarifvertraglichen Interessenbewertung kommt es auf eine **Interessenabwägung** an. Dem Interesse des Arbeitnehmers an einer ihm besonders zusagenden Gestaltung seiner Arbeitsbedingungen steht das Interesse der Tarifvertragsparteien an einer Gestaltung der Arbeitsbedingungen nach ihren Vorstellungen gegenüber (s. zur Arbeitszeitverkürzung unten Rnr. 479 ff.).

bb) Der Sachgruppenvergleich. (1) Läßt man also mit der h. M. kompensatorische Vereinbarungen zu, so scheidet ein Einzelvergleich der Arbeitsbedingungen aus, da auf diesem Wege der Ausgleich einer untertariflichen Regelung auf anderem Gebiet nicht erfaßt werden kann. Möglich sind dann noch der Gesamtvergleich oder der sogenannte Sachgruppenvergleich. Der **Gesamtvergleich** wird allgemein abgelehnt, weil dadurch zum einen die unterschiedlichsten Arbeitsbedingungen entgegen dem Willen der Arbeitsvertragsparteien einander gegenübergestellt würden, und zum anderen die Bewertung der Günstigkeit bei einer solchen Vielzahl von Vergleichspunkten unsicher und von einer schwer nachvollziehbaren richterlichen Wertung abhängig wäre.[387]

(2) Nach der Methode des **Sachgruppenvergleichs** sollen diejenigen vertraglichen Arbeitsbedingungen den Tarifnormen gegenübergestellt werden, die in einem inneren Zusammenhang miteinander stehen. Woher sich dieser innere Zusammenhang ergibt, wird unterschiedlich begründet. Er könne zum einen objektiv bestehen, so z.B., wenn eine Bestimmung offenbar keine eigenständige Existenz führt, „sondern mit anderen wesensverwandten eine Einheit bildet".[388] Er könne aber auch subjektiver Art sein, wenn die Arbeitsvertragsparteien eine Abhängigkeit vereinbart haben. Ob dies der Fall ist, sei durch Auslegung des Vertrages festzustellen.[389] Teilweise wird darauf abgestellt, ob die Tarifvertragsparteien die jeweiligen Arbeitsbedingungen zusammenhängend regeln wollten.[390] Diese Anknüpfung an den Willen der Tarifvertragsparteien beruht auf der Ablehnung kompensatorischer Regelungen. Es geht den Vertretern dieser Auffassung darum, daß kein Austausch unter den tarifvertraglichen Bedingungen im Sinne eines Abkaufens stattfindet. Wie oben dargelegt wurde, sind kompensatorische Vereinbarungen aber grundsätzlich zulässig. Welche Arbeitsbedingungen zusammenhängen sollen, entscheiden also die Parteien des Arbeitsvertrages. Kann man auch durch Auslegung keinen übereinstimmenden Willen feststellen, so kommt es auf den objektiven Zusammenhang an.

(3) Haben die Vertragsparteien einen Sachzusammenhang hergestellt, so kommt es nicht darauf an, ob sie gleichartige oder ungleichartige Arbeitsbedingungen gegeneinander aufwiegen, um sich in verschiedenen Punkten entgegenzukommen. Es ist möglich, auch heterogene Bedingungen in Be-

---

[387] *Belling*, Günstigkeitsprinzip, S. 179; *Däubler*, Tarifvertragsrecht, Rnr. 204; *Wlotzke*, Günstigkeitsprinzip, S. 83 f.; vgl. auch *Schmidt*, Günstigkeitsprinzip, S. 123 f.
[388] *Bengelsdorf*, ZfA 1990, S. 563, 593 f.; *Bergner*, Arbeitszeitregelungen, S. 31; *Wlotzke*, Günstigkeitsprinzip, S. 85 f.
[389] *Bengelsdorf*, ZfA 1990, S. 563, 594; *Bergner*, Arbeitszeitregelungen, S. 31.
[390] *Däubler*, Tarifvertragsrecht, Rnr. 206; Kempen/*Zachert*, § 4 TVG, Rnr. 188; Löwisch/*Rieble*, § 4 TVG, Rnr. 198 ff.; *Zachert*, Betrieb 1990, S. 986, 989.

ziehung zu setzen, wie z. B. übertariflichen Lohn und Verkürzung der tariflichen Kündigungsfrist. Fehlt es an einer – auch stillschweigenden oder durch Betriebsübung ersetzten – Vertragsabsprache, so werden nur die sich **sachlich entsprechenden Regelungen** des Arbeitsvertrages und des Tarifvertrages miteinander verglichen. Welche Regeln in einem objektiven Sachzusammenhang stehen, ergibt die Auslegung des Arbeitsvertrages und des Tarifvertrages; maßgebend ist vor allem, ob die Bestimmungen denselben Gegenstand betreffen, hilfsweise die Verkehrsanschauung. Dauer des Urlaubs, Länge der Wartezeit und Höhe des Urlaubsgeldes gehören zusammen; ebenso tariflicher Grundlohn und tarifliche Lohnzuschläge, Barlohn und Deputate.[391] Vergütungsgruppe und Vergütungsdienstalter stehen im inneren Zusammenhang.[392] Dagegen vergütet eine übertarifliche Bezahlung in der Regel nicht tariflich eigens zu entlohnende Überstunden.[393]

473 (4) Erst wenn feststeht, welche Regelungen einander entsprechen sollen, kommt es zum Günstigkeitsvergleich nach § 4 Abs. 3. Ist der innere Zusammenhang zwischen den Einzelregelungen nicht gegeben, liegen also namentlich ihrer Art nach **verschiedene Arbeitsbedingungen** vor, so sind die einzelnen Bestimmungen beider Regelungen zu vergleichen. Es wird dann die ungünstigere Bestimmung des Arbeitsvertrages durch die entsprechend günstigere des Tarifvertrages ersetzt; im übrigen wird die vorteilhaftere Bestimmung des Arbeitsvertrages als begünstigend aufrecht erhalten. Fällt beim Gruppenvergleich die Entscheidung zugunsten des Arbeitsvertrages aus, so verdrängen dessen Bestimmungen die Tarifnormen; fällt sie dagegen zugunsten des Tarifvertrages aus, so ist der Arbeitsvertrag nach § 4 Abs. 1 und 3 unwirksam, und zwar insoweit, als der Arbeitgeber nur ein einheitliches Rechtsgeschäft eingehen wollte. Der Arbeitnehmer kann folglich nicht einzelne günstigere Bedingungen herausnehmen.[394]

474 cc) Die früher häufig schwierig zu entscheidende Frage des Günstigkeitsvergleichs zwischen Landesurlaubsgesetzen und **Urlaubstarifverträgen** hat angesichts der in § 13 BUrlG begründeten Vorrangstellung des Tarifvertrages vor dem BUrlG an Bedeutung verloren.[395] Ein Günstigkeitsvergleich kommt heute nur noch bei den §§ 1, 2 und 3 Abs. 1 BUrlG in Betracht.[396]

475 f) **Relevanter Zeitpunkt: ex ante. aa)** Maßgebender **Zeitpunkt** für den Günstigkeitsvergleich ist der Augenblick, in dem die beiden einander widersprechenden Regelungen zum ersten Mal einander gegenübergestellt

---

[391] Ebenso *Nikisch*, Arbeitsrecht II, § 82 IV 5, S. 434; *Wlotzke*, Günstigkeitsprinzip, S. 86.
[392] RAG 1. 11. 1939, ARS 37, S. 433, 437.
[393] LAG Frankfurt 23. 11. 1949 AP 1950, Nr. 199 *(Denecke)* und 7. 12. 1949 Nr. 228 *(Nikisch)*; LAG München 23. 11. 1949 AP 1952, Nr. 10 *(Denecke)*; LAG Frankfurt 22. 8. 1951 AP 1952, Nr. 133 *(Denecke)*; LAG Hamm 10. 10. 1951, BB 1952, S. 30, 31; LAG Mannheim 30. 9. 1953 AP 1954, Nr. 131 *(Denecke)*.
[394] S. auch Kempen/*Zachert*, § 4 TVG, Rnr. 164; Löwisch/*Rieble*, § 4 TVG, Rnr. 201.
[395] Vergleiche aus der früheren Rechtsprechung namentlich BAG 20. 7. 1961 AP Nr. 3 zu § 10 UrlaubsG Hamburg *(Götz Hueck)*; BAG 12. 12. 1962 AP Nr. 4 zu § 10 UrlaubsG NRW.
[396] Zur Auslegung dieser Normen vgl. die Kommentare zum BUrlG.

werden können.[397] Unzulässig ist ein Vergleich *ex post*, sei es nach Auflösung des Arbeitsverhältnisses, sei es nach Ablauf bestimmter Abrechnungszeiträume.[398] Eine Kompensation untertariflicher und übertariflicher Vertragsleistungen im Zeitlauf ist erlaubt, wenn sich im voraus und mit Sicherheit feststellen und berechnen läßt, daß in der Gesamtsituation des Arbeitnehmers eine Verbesserung eintritt.[399] Die Berechnung braucht nicht zu ergeben, daß die vom Tarifvertrag abweichende Vertragsklausel den Arbeitnehmer in jedem denkbaren Zeitpunkt günstiger stellt.[400] Dem Günstigkeitsvergleich muß jedoch ein angemessener und übersehbarer Zeitraum zugrunde gelegt werden; er kann nicht auf die gesamte Dauer des Arbeitsverhältnisses oder auf unbestimmte Zeit ausgedehnt sein. Welcher **Vergleichszeitraum** angemessen ist, richtet sich nach der Art der jeweiligen Leistung. Keine Bedenken bestehen, wenn dem Arbeitnehmer für die späteren Kompensationsleistungen sofort ein unentziehbares Anwartschaftsrecht erwächst, das von den Tarifvertragsparteien und vom Arbeitgeber nicht mehr beeinträchtigt werden kann. Bleibt dagegen ungewiß, ob die übertariflichen Leistungen den Arbeitnehmer innerhalb des gewählten Vergleichszeitraums besserstellen (ob er z. B. durch Überstundenvergütung einen übertariflichen Lohn erhält), so muß die Erfüllung der Voraussetzungen für übertarifliches Entgelt ausschließlich vom Willen des Arbeitnehmers abhängen; andernfalls ist § 4 Abs. 3 verletzt. Für die Zukunft zugesagte vertragliche Verbesserungen können deshalb in der Regel nicht angerechnet werden, weil nicht sicher ist, ob der Arbeitnehmer dann dem Betrieb noch angehört, und weil der Tarifvertrag unter Umständen das gleiche Niveau erreichen kann.[401]

bb) Davon zu trennen ist die Frage, ob jeweils wechselnde und bei längerer Dauer des Arbeitsverhältnisses unterschiedliche Regelungen, soweit das Gesetz dies zuläßt, nach dem **Willen der Parteien** Anwendung finden sollen. Das hängt ausschließlich von der Auslegung der Parteierklärungen ab.

cc) Wie überall beim Günstigkeitsvergleich ist auch hier von der Frage nach der Zulässigkeit zeitlicher Kompensationsgeschäfte die Frage zu trennen, welche **Rechtsfolge** eintritt, wenn ein Teil der Vertragsabreden gegen § 4 Abs. 3 verstößt. Wenn der Tarifvertrag für alle Arbeitnehmer einen Jahresurlaub von 27 Tagen vorsieht, der Arbeitnehmer aufgrund einzelvertraglicher Abrede nur einen Urlaub von 25 Tagen, dafür aber bei einer Betriebszugehörigkeit von 5 Jahren einen Urlaub von 30 Tagen erhält, so hat er in den ersten 5 Jahren einen Urlaubsanspruch nach dem Tarifvertrag. Regelmä-

---

[397] *Däubler*, Tarifvertragsrecht, Rnr. 207; *Etzel*, NZA Beil. 1/1987, S. 19, 24; Kempen/*Zachert*, § 4 TVG, Rnr. 189; Löwisch/*Rieble*, § 4 TVG, Rnr. 214.
[398] Ebenso BAG 20. 7. 1961 AP Nr. 3 zu § 10 UrlaubsG Hamburg *(Götz Hueck)*; BAG 12. 4. 1972 AP Nr. 13 zu § 4 TVG Günstigkeitsprinzip *(Wiedemann)* = SAE 1973, S. 2 *(Herschel)*; *Nikisch*, Arbeitsrecht II, § 82 IV 5, S. 436; *Wlotzke*, Günstigkeitsprinzip, S. 92.
[399] Vgl. ebenso für *Pauschalabgeltung* zwingender gesetzlicher Ansprüche BAG 22. 10. 1973 AP Nr. 31 zu § 1 FeiertagslohnzahlungsG *(Herschel)*.
[400] Abweichend insofern *Richardi*, Kollektivgewalt, S. 381.
[401] Abweichend hier *Wlotzke*, Günstigkeitsprinzip, S. 95, der eine an Gewißheit grenzende Wahrscheinlichkeit genügen läßt.

ßig wird gemäß § 139 BGB ein innerer Zusammenhang zwischen den verschiedenen zeitlichen Auswirkungen der Vertragsregelung bestehen, so daß die Teilnichtigkeit sich auf die gesamte Vertragsregelung, soweit sie den Urlaub betrifft, auswirkt.[402] Handelt es sich um eine betriebliche Einheitsregelung mit dem gleichen Inhalt, so begünstigt sie alle Arbeitnehmer, die bereits 5 Jahre im Betrieb tätig sind; sie ersetzt insoweit die entsprechenden tariflichen Bestimmungen. Ob die betriebseinheitliche Regelung dann insgesamt weiter bestehen kann, bestimmt sich auch hier nach den zu § 139 BGB entwickelten Grundsätzen. Eine entsprechende Anpassung kann notwendig werden.

478   g) **Unklarheitenregel.** Läßt sich nicht feststellen, ob die getroffene Vereinbarung für den einzelnen Arbeitnehmer günstiger oder ungünstiger ist als die entsprechende tarifliche Regelung, so muß es bei der Regel, also bei der zwingenden Geltung der Tarifnormen, bleiben.[403]

5. Die einzelvertragliche Verlängerung der Wochenarbeitszeit

479   Die neueren Tendenzen zum Günstigkeitsprinzip sind zu einem großen Teil am Problem der einzelvertraglichen Verlängerung der wöchentlichen Arbeitszeit entwickelt worden. Über die zuvor behandelten Fragen hinaus sind zu dieser Einzelfrage besondere Lösungsansätze vertreten worden. Zum Teil wird die Frage nach der Günstigkeit der einzelvertraglich verlängerten Wochenarbeitszeit nicht gestellt, weil den Tarifvertragsparteien bereits die Regelungsmacht für sie abgesprochen wird. Dabei werden unterschiedliche Begründungen vertreten. Nach diesen Ansätzen sollen beliebige einzelvertragliche Abreden möglich sein, ohne daß man das Günstigkeitsprinzip bemühen muß.

480   a) **Regelungsmacht der Tarifvertragsparteien. aa) Inhalt des rechtsgeschäftlichen Leistungsversprechens.** *Richardi* vertritt für den Bereich der Verlängerung der wöchentlichen Arbeitszeit die Ansicht, daß Art und Umfang der Leistung Teil des rechtsgeschäftlichen Leistungsversprechens und damit einer **Regelung der Tarifvertragsparteien** entgegen dem Willen der Arbeitsvertragsparteien **entzogen** seien.[404] *Richardi* sieht Arbeitszeitverlängerungen nicht als Günstigkeitsfrage. Es gehe nicht um ein geändertes Verhältnis von Leistung und Gegenleistung, sondern um den Umfang der Leistungspflicht, die sich dann mittelbar auch auf die Gegenleistung auswirkt. Der erforderliche Vergleichsmaßstab, das Verhältnis zwischen Leistung und Gegenleistung, versage im Fall der Arbeitszeitregelung.[405] Andererseits stellt *Richardi* ausdrücklich fest, daß auch die Dauer der Arbeitszeit zu den

---

[402] Zutreffend *Nikisch,* Arbeitsrecht II, § 82 IV 6, S. 436; abweichend BAG 12. 4. 1972 AP Nr. 13 zu § 4 Günstigkeitsprinzip *(Wiedemann).*
[403] BAG 12. 4. 1972 AP Nr. 13 zu § 4 TVG Günstigkeitsprinzip *(Wiedemann);* LAG Hamm 18. 3. 1952 AP 1953, Nr. 99 *(Tophoven);* Hueck/*Nipperdey,* Arbeitsrecht, II 1, § 30 X 5, S. 613; *Nikisch,* Arbeitsrecht II, § 82 IV 7, S. 437; *Tech,* Günstigkeitsprinzip, S. 159 f.; *Wlotzke,* Günstigkeitsprinzip, S. 102.
[404] *Richardi,* Betrieb 1990, S. 1613, 1615 f.; *ders.,* ZfA 1990, S. 211, 232 f.; *ders.,* Gutachten zum 61. DJT 1996, S. B 93; a. *A. Bergner,* Arbeitszeitregelungen, S. 134 f.; *Hromadka,* Betrieb 1992, S. 1042, 1043; *Löwisch,* BB 1991, S. 59, 60 f. sowie oben § 1, Rnr. 331.
[405] *Richardi,* ZfA 1990, S. 211, 232; *ders.,* Betrieb 1990, S. 1613, 1616 f.

Arbeitsbedingungen gehöre, die durch Tarifvertrag geändert werden können.[406] Nach dem zuvor Gesagten ist dies nur so zu verstehen, daß die Tarifvertragsparteien Regelarbeitszeiten letztlich nur i.S. von Empfehlungen aufstellen können. Ein Widerspruch bleibt dennoch bestehen, weil Richardi einerseits die Arbeitszeit zu den tarifvertraglich regelbaren Arbeitsbedingungen zählt und auf diese das Günstigkeitsprinzip für anwendbar hält, andererseits aber die Entscheidung über die Arbeitszeit als der inhaltlichen Gestaltung des Arbeitsvertrages vorgelagert ansieht.

Demgegenüber muß Ausgangspunkt der Überlegungen sein, daß die **Arbeitszeit** zu den Arbeitsbedingungen gehört und damit **tarifvertraglich regelbar** ist. Ob sie zwingend regelbar ist, ist keine Frage der Regelungsmacht für diesen Bereich überhaupt, sondern betrifft die Reichweite der Regelungsbefugnis.

bb) **Beschäftigungspolitische Zielsetzung der Koalitionen.** Eine weitere Ansicht knüpft an die Zielsetzung der Tarifvertragsparteien bei der Arbeitszeitverkürzung an. Entsprechend den gewerkschaftlichen Erklärungen wird für die Verkürzung der Wochenarbeitszeit in der Tarifrunde 1990 in der Metallindustrie eine **beschäftigungspolitische Zielsetzung** angenommen. Beschäftigungspolitische Fragen sollen aber nach dieser Meinung nicht zum Aufgabenbereich der Tarifvertragsparteien gehören, sie hätten für entsprechende Normen **keine Regelungsmacht.**[407]

Abgesehen davon, daß es fraglich ist, ob die gewerkschaftliche Motivation zur gemeinsamen Zielsetzung der Tarifvertragsparteien erklärt werden kann, wird diese Ansicht der verfassungsrechtlich gewährleisteten Regelungsbefugnis der Koalitionen nicht gerecht. Gem. Art. 9 Abs. 3 Satz 1 GG können die Koalitionen die Arbeits- und Wirtschaftsbedingungen ihrer Branche regeln. Innerhalb dieses Bereiches steht ihnen die Regelungsmacht aber unabhängig von der Motivation im Einzelfall zu. Die Dauer der wöchentlichen Arbeitszeit gehört ohne Zweifel zu den Arbeitsbedingungen und ist damit tarifvertraglich regelbar. Außerdem ist zu berücksichtigen, daß beschäftigungspolitische Zielsetzungen auf seiten der Gewerkschaften ihren arbeitslosen Mitgliedern zugute kommen können, deren Interessen von den Gewerkschaften schließlich auch verfolgt werden können und sollen.

Ein weiterer Einwand geht dahin, daß die Tarifvertragsparteien zu einer sinnvollen, branchenübergreifenden Beschäftigungspolitik gar **nicht in der Lage** seien. Versteht man die gewerkschaftliche Politik dahin, daß die Arbeit innerhalb eines Wirtschaftszweiges auf mehr Köpfe verteilt werden soll, so ist das eine Aufgabe, der die Koalitionen gerecht werden können. Innerhalb ihres Wirkungsbereichs können sie Gesamtinteressen berücksichtigen und mit Aussicht auf Erfolg branchenweit gesetzte Ziele verfolgen. Insgesamt ist daher festzuhalten, daß Arbeitszeitverkürzungen unter beschäftigungspolitischen Aspekten von der Regelungsmacht der Tarifvertragsparteien erfaßt werden.[408]

---

[406] *Richardi*, Betrieb 1990, S. 1613, 1615.
[407] *Bengelsdorf*, ZfA 1990, S. 563, 570 f.; *Joost*, ZfA 1984, S. 181 f.; *Rieble*, Arbeitsmarkt und Wettbewerb, Rnr. 1133; *Zöllner*, Betrieb 1989, S. 2121, 2121 f.
[408] *Bergner*, Arbeitszeitregelungen, S. 124; *Henssler*, ZfA 1998, S. 1, 23; *Käppler*, NZA 1991, S. 745, 748; *Säcker/Oetker*, Grundlagen, 1992, S. 277; *Schlüter*, in: Fest-

485 **cc) Grundrechtsverletzungen durch Höchstarbeitszeiten.** (1) Nach einer anderen Argumentation sollen Höchstarbeitszeiten den **Unternehmer in seinem Grundrecht aus Art. 12 Abs. 1 Satz 1 GG** verletzen, indem ihm ungerechtfertigt höhere Kosten und Koordinierungsprobleme auferlegt würden.[409] Außerdem müsse der Unternehmer bei Mangel an Fachkräften seine Tätigkeit einschränken; dies liege nicht im Interesse des Gemeinwohls und sei auch nicht verhältnismäßig.[410] Ein Gemeinwohlinteresse, wie es eine Berufsausübungsregelung voraussetzt, werde mangels wirtschaftlicher Gesamtwirkung nicht verfolgt, es handele sich vielmehr um Partikularinteressen.[411] Außerdem seien Arbeitszeitverkürzungen zur Bekämpfung der Arbeitslosigkeit ungeeignet und zumindest für die Gruppe rarer Fachkräfte auch nicht erforderlich.[413] Schließlich sei ein derart erheblicher Eingriff unverhältnismäßig im engeren Sinne.

486 *Hromadka* sieht zwar über die Verfolgung von Gemeinwohlzwecken Berufsausübungsregelungen auch dann als zulässig an, wenn sie im Interesse der Mitglieder der Tarifvertragsparteien liegen. Er verneint aber auf beiden Seiten ein solches Interesse. Die Arbeitgeber hätten sich solange und soweit wie möglich gegen die Regelung gewehrt, die Arbeitnehmer benötigten zum Schutz ihrer Interessen jedenfalls kein Verbot längerer Arbeitszeiten.[412]

487 (2) Eine Grundrechtsverletzung wird auch im Hinblick auf die **Berufsausübungsfreiheit der Arbeitnehmer** angenommen. Deren Freiheit, so lange zu arbeiten und so viel zu verdienen wie sie möchten, werde unverhältnismäßig eingeschränkt.[413] Nach dieser Ansicht überschreiten Normen über Höchstarbeitszeiten die Tarifmacht und sind daher unwirksam; auf Günstigkeitserwägungen komme es nicht mehr an.

488 Auch *Schlüter* sieht in Höchstarbeitszeiten einen Grundrechtseingriff zu Lasten der Arbeitnehmer.[414] Einen wirksamen Grundrechtsverzicht lehnt *Schlüter* ab, weil der Arbeitnehmer nicht mit dem Bewußtsein in den Verband eintrete, den Tarifvertragsparteien beliebige Grundrechtseingriffe zu ermöglichen (S. 1083).

489 *Buchner*[415] weist ebenfalls darauf hin, daß die Beschränkung der Vertragsfreiheit durch Höchstarbeitszeiten in erster Linie den Arbeitnehmer betrifft. Der **Unternehmer wird nur mittelbar eingeschränkt**, soweit er andere Personen heranziehen will. Er habe gegen einen Arbeitnehmer, der die tarifvertragliche Arbeitszeit einhalten will, keinen Anspruch auf die von ihm als

---

schrift für Stree und Wessels (1993), S. 1061, 1066 f.; *Schweibert*, Wochenarbeitszeit, S. 54 ff.; *Waltermann*, NZA 1993, S. 754, 756 ff. sowie oben § 1, Rnr. 330; zu weit aber *Däubler*, Betrieb 1989, S. 2534, 2535, nach dem die Tarifvertragsparteien die von ihnen verfolgten Zwecke selbst bestimmen.
[409] *Bengelsdorf*, ZfA 1990, S. 563, 572; *Rieble*, Arbeitsmarkt und Wettbewerb, Rnr. 1133; *Zöllner*, Betrieb 1989, S. 2121, 2122.
[410] *Zöllner*, Betrieb 1989, S. 2121, 2123; a. A. *Schweibert*, Wochenarbeitszeit, S. 104 ff.
[411] *Bengelsdorf*, ZfA 1990, S. 563, 573.
[412] *Hromadka*, Betrieb 1992, S. 1042, 1045.
[413] *Bengelsdorf*, ZfA 1990, S. 563, 576; *Bergner*, Arbeitszeitregelungen, S. 128; *Hromadka*, Betrieb 1992, S. 1042, 1044; *Zöllner*, Betrieb 1989, S. 2121, 2122; a. A. *Käppler*, NZA 1991, S. 745, 748 ff.; *Schweibert*, Wochenarbeitszeit, S. 130 ff., 133 ff.
[414] *Schlüter*, in: Festschrift für Stree und Wessels (1993), S. 1061, 1082 f.
[415] *Buchner*, Betrieb 1990, S. 1715 ff.

Arbeitgeber gewünschte Arbeitszeit. Wolle der Arbeitnehmer aber mehr arbeiten, sei primär er in seiner Berufsfreiheit eingeschränkt. Eröffne man ihm – z.B. über das Günstigkeitsprinzip – eine Wahlmöglichkeit, so entfalle die Grundrechtsbeeinträchtigung. Der Arbeitgeber wäre dann ebenfalls nicht beeinträchtigt, da er vom Arbeitnehmer eine längere Arbeitszeit nicht verlangen könne.

Auch *Buchner* sieht in einer Höchstarbeitszeitregelung, die nicht unter Gesundheitsschutzaspekten notwendig ist, eine nicht verfassungsgemäße Beschränkung der Berufsausübungsfreiheit des Arbeitnehmers. Er versteht aber das Günstigkeitsprinzip als Möglichkeit, dem Individualinteresse des Arbeitnehmers Rechnung zu tragen und so die Verfassungsmäßigkeit von Arbeitszeitnormen zu gewährleisten.[416]

(3) Zuzustimmen ist *Buchner* zunächst darin, daß Regelungen über Höchstarbeitszeiten den Arbeitgeber nur als Reflex treffen.[417] Entweder will der Arbeitnehmer nicht mehr arbeiten, wogegen der Arbeitgeber nichts unternehmen könnte, oder er will mehr arbeiten, wobei dann in erster Linie er selbst beschränkt ist, während dem Arbeitgeber noch die Einstellung anderer Arbeitskräfte möglich ist. Es kommt also in verfassungsrechtlicher Hinsicht allein auf die Berufsausübungsfreiheit des Arbeitnehmers an. Bevor man aber die Einschränkung des Arbeitnehmers verfassungswidrig nennt, muß man die Möglichkeiten zur Durchsetzung seiner Interessen im einfachrechtlichen Bereich ausschöpfen. Wenn der Arbeitnehmer mit Hilfe des Günstigkeitsprinzips längere Arbeitszeiten vereinbaren kann, ist die Arbeitszeitregelung eben nicht verfassungswidrig.[418] Dabei kann die grundrechtliche Gewährleistung aus Art. 12 Abs. 1 Satz 1 GG entsprechend der Ansicht *Buchners* eine dahingehende Auslegung des Günstigkeitsprinzips stützen. Es wird auf diesem Weg nicht isoliert die tarifvertragliche Arbeitszeitregelung an Art. 12 Abs. 1 Satz 1 GG gemessen, sondern auch ihre einfachgesetzliche Beschränkung durch das Günstigkeitsprinzip mit in die Betrachtung einbezogen. Dieses Vorgehen trägt dem Grundsatz des **Anwendungsvorranges des einfachen Rechts** Rechnung. Das Günstigkeitsprinzip macht in seinem Anwendungsbereich tarifvertragliche Regelungen zu halbzwingenden Normen. Wenn es für die Verfassungsmäßigkeit gerade darauf ankommt, ob Abweichungen möglich sind, kann man bei der Bewertung der Wirkung einer tarifvertraglichen Norm die gesetzlich vorgesehene Regel für Abweichungen nicht außer acht lassen. Die in § 4 Abs. 1 angeordnete zwingende Wirkung von Tarifnormen ist immer mit dem Günstigkeitsprinzip (§ 4 Abs. 3 2. Alt.) zusammenzulesen, ansonsten betrachtet man nur einen Teil des Ganzen. Ebenso wie eine Regelung mit Öffnungsklausel (§ 4 Abs. 2 1. Alt.) der verfassungsrechtlichen Gewährleistung der Berufsausübung gerecht würde, ist die „gesetzliche Öffnungsklausel", das Günstigkeitsprinzip, geeignet, verfassungsrechtlichen Ansprüchen zu genügen. Zusammengefaßt bedeutet das: Man müßte zwar Höchstarbeitsbedingungen, die nicht nach den

---

[416] *Buchner*, Betrieb 1990, S. 1715, 1718 f.; vgl. auch *Bengelsdorf*, ZfA 1990, S. 563, 579 ff.
[417] *Buchner*, Betrieb 1990, S. 1715, 1718; so auch *Bergner*, Arbeitszeitregelungen, S. 128; a. A. *Schweibert*, Wochenarbeitszeit, S. 102.
[418] *Bergner*, Arbeitszeitregelungen, S. 129; s. auch oben § 1, Rnr. 335.

üblichen Kriterien des Art. 12 Abs. 1 GG gerechtfertigt sind, als verfassungswidrig ansehen. Soweit aber das TVG mit dem Günstigkeitsprinzip einen Weg eröffnet, der tarifvertraglichen Regelung den Charakter als zwingende Höchstarbeitsbedingung zu nehmen, ist dem Grundrecht des Arbeitnehmers aus Art. 12 Abs. 1 Satz 1 GG genüge getan. Man muß also zunächst die Günstigkeitsfrage stellen; erst wenn sich die arbeitsvertragliche Regelung danach nicht durchsetzt, kann die Tarifnorm an Art. 12 Abs. 1 GG gemessen werden.

492 **b) Günstigkeit durch Wahlrecht.** Speziell zur Lage und Dauer der Arbeitszeit wird die Auffassung vertreten, daß gegenüber einer starren tarifvertraglichen Norm eine im Arbeitsvertrag vorgesehene Wahlmöglichkeit für den Arbeitnehmer die günstigere Regelung sei.[419] Es gehe um Fragen der privaten Lebensgestaltung, bei denen nach *Löwisch* grundsätzlich der Tarifvertrag gelten soll. Eine günstigere arbeitsvertragliche Bestimmung sei allerdings dann gegeben, wenn dem Arbeitnehmer ein Wahlrecht zwischen der tarifvertraglichen und der arbeitsvertraglichen Gestaltung der Arbeitsbedingungen eingeräumt wird. Dabei verweist *Löwisch* auf die Entscheidung des Großen Senats des BAG vom 7. 11. 1989,[420] nach der eine Altersgrenze für die Beendigung des Arbeitsvertrages, die eine Betriebsvereinbarung vorsieht, durch eine höhere arbeitsvertragliche Altersgrenze im Wege des Günstigkeitsvergleichs verdrängt wird.[421] Allerdings müsse die Wahlmöglichkeit durch den Arbeitnehmerschutz begrenzt werden, wobei den Tarifvertragsparteien über die gesetzlichen Schutzbestimmungen hinaus ein Beurteilungsspielraum zuzuerkennen sei.[422] Außerdem hält *Löwisch* das Wahlrecht nur dann für günstiger, wenn dem Arbeitnehmer die Möglichkeit eingeräumt wird, zur tarifvertraglichen Regelung zurückzukehren.[423] Die Günstigkeit gründe sich nur auf die persönliche Situation des Arbeitnehmers, die sich ändern könne; für diesen Fall müsse der Arbeitnehmer vor einer nunmehr ungünstigeren Gestaltung seiner Arbeitsbedingungen geschützt werden.

493 Nach Ansicht *Buchners* genügt es, wenn der Arbeitnehmer **bei Abschluß des Arbeitsvertrages** die Wahl hatte.[424] Außerdem weist Buchner darauf hin, daß im Falle der arbeitsvertraglichen Erhöhung des Rentenalters die Wahlmöglichkeit automatisch entstehe, ohne daß sie vertraglich zugesagt werden müßte. Das Recht zur ordentlichen Kündigung sichere dem Arbeitnehmer die Möglichkeit, jederzeit in den Ruhestand zu gehen. Demgegen-

---

[419] *Löwisch*, Betrieb 1989, S. 1185, 1187; *ders.*, NZA 1989, S. 959, 960; *ders.*, BB 1991, S. 59, 62; s. auch *Löwisch/Rieble*, § 4, Rnr. 208; *Bengelsdorf*, ZfA 1990, S. 563, 598 ff.; *Bergner*, Arbeitszeitregelungen, S. 146 ff.; *Buchner*, Betrieb 1990, S. 1715, 1720; *Schmidt*, Günstigkeitsprinzip, S. 140 ff.; a. A. *Buschmann*, NZA 1990, S. 387, 388; *Däubler*, AuR 1996, S. 347, 351 f.; *Schlüter*, in: Festschrift für Stree und Wessels (1993), S. 1061, 1077 f.
[420] BAG 7. 11. 1989 AP Nr. 46 zu § 77 BetrVG 1972.
[421] *Löwisch*, BB 1991, S. 59, 62; *Löwisch/Rieble*, § 4 TVG, Rnr. 208.
[422] *Löwisch*, BB 1991, S. 59, 62; *Löwisch/Rieble*, § 4 TVG, Rnr. 209 ff.
[423] *Löwisch*, BB 1991, S. 59, 62 f.; *Löwisch/Rieble*, § 4 TVG, Rnr. 212 f.; noch offengelassen in Betrieb 1989, S. 1185, 1187 und NZA 1989, S. 959, 960; a. A. *Bergner*, Arbeitszeitregelungen, S. 149 f.
[424] *Buchner*, Betrieb 1990, S. 1715, 1722; vgl. auch *ders.*, RdA 1990, S. 1, 10.

über sei eine Änderung der vertraglichen Absprache über die Wochenarbeitszeit nur im Wege der Änderungskündigung möglich, was für den Arbeitnehmer erhebliche Risiken bedeute. Ob deshalb eine Kündigungsmöglichkeit zwingende Voraussetzung für die Annahme der Günstigkeit der arbeitsvertraglichen Regelung ist, läßt *Buchner* offen.[425]

Buschmann und *Däubler* lehnen diese Ansicht ab, weil sie wegen des **Kräfteungleichgewichts** zwischen den Arbeitsvertragsparteien nicht von einer tatsächlichen Entscheidungsfreiheit des Arbeitnehmers ausgehen.[426] *Schlüter* erhebt den Einwand, daß sich der Günstigkeitsvergleich auf zwei verschiedene inhaltliche Regelungen beziehe und die Wahlmöglichkeit auf einer anderen Ebene liege.[427] Andernfalls könnten z. B. gesundheitsschädliche Arbeitszeiten durch eine vertragliche Rückkehrmöglichkeit zur tarifvertraglichen Regelung wirksam vereinbart werden.[428]

c) **Stellungnahme.** Es wurde bereits darauf hingewiesen, daß Verlängerungen der wöchentlichen Arbeitszeit oder die Vereinbarung von Wochenendarbeit oder Arbeit am Abend keine neutralen Regelungen sind; siehe oben Rnr. 465 f. Sie laufen der tarifvertraglichen Interessenbewertung entgegen. Daher sind solche Abreden der oben beschriebenen Interessenabwägung zu unterziehen. Für die Verlängerung der wöchentlichen Arbeitszeit über die tarifliche Arbeitszeit hinaus ergibt sich dabei folgendes:

Zunächst muß festgestellt werden, welche rechtliche Bedeutung die Angabe einer Wochenarbeitszeit im Tarifvertrag hat. Sie kann bloße Bemessungsgrundlage sein oder bloße Regelarbeitszeit.[429] In diesem Fall sind einzelvertragliche Abweichungen ohne weiteres möglich. Nur wenn die Wochenarbeitszeit tarifvertraglich als Höchstarbeitszeit gedacht ist, stellt sich das Problem.

(1) **Für die Wirksamkeit der vertraglichen Abrede** spricht, daß die Arbeit für den einzelnen von zentraler Bedeutung ist. Sie dient dem Lebensunterhalt und der Selbstverwirklichung. Dabei kommt es entscheidend auch auf die Dauer der Tätigkeit an.

(2) **Gegen die Wirksamkeit der vertraglichen Abrede** spricht im Falle der Höchstarbeitszeit die Zielsetzung der Tarifvertragsparteien, die vorhandene Arbeit auf möglichst viele Arbeitnehmer zu verteilen und neue Arbeitsplätze zu schaffen. Dieses Regelungsziel ist nicht zu erreichen, wenn durch vertragliche Arbeitszeitverlängerung die Arbeit auf die bereits beschäftigten Arbeitnehmer konzentriert wird. Zwei Aspekte sind hier von Bedeutung: Zum einen handelt es sich in Zeiten hoher Arbeitslosigkeit um ein *wichtiges Ziel*, möglichst vielen Menschen Beschäftigungsmöglichkeiten zu schaffen. Zum anderen wird dieses Ziel durch vertragliche Arbeitszeitverlängerungen nicht nur unerheblich beeinträchtigt. Vielmehr besteht die Gefahr,

---

[425] *Buchner*, Betrieb 1990, S. 1715, 1722.
[426] *Buschmann*, NZA 1990, S. 387, 388; *Däubler*, Tarifvertragsrecht, Rnr. 221.
[427] *Schlüter*, in: Festschrift für Stree und Wessels (1993), S. 1061, 1078.
[428] *Schlüter*, in: Festschrift für Stree und Wessels (1993), S. 1061, 1078; *Hromadka*, Betrieb 1992, S. 1042, 1047.
[429] S. oben § 1, Rnr. 320 ff. sowie *Buchner*, Anm. zu BAG 17. 6. 1997 EzA § 99 BetrVG 1972 Einstellung Nr. 4.

daß das angestrebte Ziel *völlig verfehlt* wird. Jedenfalls wenn der Tarifvertrag die Wochenarbeitszeit als Höchstarbeitszeit vorsieht, muß eine **Abwägung** zwischen der in Art. 9 Abs. 3 GG gewährleisteten Tarifautonomie und dem Grundrecht des Arbeitnehmers aus Art. 12 GG stattfinden. Sie führt hier dazu, daß der Günstigkeitsvergleich nach § 4 Abs. 3 deshalb nicht eingreift, weil die Tarifvertragsparteien den Spielraum der Privatautonomie einschränken können, wie sie das auch bei negativen Inhaltsnormen, Abschlußnormen oder Betriebsnormen tun können (s. oben § 1, Rnr. 332).

Eine Kontrolle anhand der Verfassung kann allerdings dazu führen, daß eine Höchstarbeitszeitregelung, die den einzelnen Arbeitnehmern nicht aus besonderem Grund eine Abweichung erlaubt, verfassungswidrig ist (s. oben § 1, Rnr. 335).

II. Übertariflicher Lohn und Tariflohnerhöhung

1. Tariflohn und Effektivlohn

a) Bedeutung. Die tatsächlich gezahlten Löhne liegen teilweise über den von den Tarifvertragsparteien festgesetzten Mindestnormen. Im deutschen Schrifttum wird von „**Effektivverdiensten**", gelegentlich auch von „Lohnauftrieb" gesprochen; im anglo-amerikanischen Schrifttum nennt man die gleiche Erscheinung *wage drift*. Im Rahmen der Effektivverdienste kann man über- und außertarifliche Vorteile unterscheiden. Übertarifliche Leistungen verbessern die bereits in einem Sockelbetrag vom Tarifvertrag selbst garantierten Löhne, Zuschläge, Urlaubstage usw. Außertarifliche Leistungen sind ihrer Art nach im einschlägigen Tarifvertrag nicht vorgesehen (z. B. Ruhegeld). Rechtsgrundlage dieser zusätzlichen Leistungen des Arbeitgebers bilden Individualabreden, betriebliche Arbeitsbedingungen (betriebliche Einheitsregelung, Gesamtzusage oder betriebliche Übung) und, soweit die §§ 77, 87 BetrVG nicht entgegenstehen, Betriebsvereinbarungen. Die Höhe der zusätzlichen Leistungen variiert mit der jeweiligen Unternehmensgröße (sie steigt mit der Unternehmensgröße), sie schwankt zwischen den einzelnen Industriegruppen (und zwar bis zu über 50 v. H.), und sie unterscheidet sich stark nach Akkord- und Zeitlöhnern (bei Akkordlöhnern bedeutend höher).[430] Die Entwicklung der Effektivlöhne im Vergleich zu den Tariflöhnen verläuft außerdem im Zeitablauf sehr unterschiedlich. Das Ausmaß der Effektivlohnsteigerungen entspricht keineswegs stets dem der Tariflohnerhöhungen. – Die Sparzwänge der letzten Jahre haben dazu geführt, daß bei den Tariflöhnen nur geringe nominale Steigerungen stattgefunden haben, während die übertariflichen und die außertariflichen Löhne teils erheblich reduziert wurden.[431] Diese Lohnbestandteile erfüllen eine *Pufferfunktion*. Zum ei-

---

[430] Vgl. dazu *Külp*, Lohnbildung im Wechselspiel zwischen politischen und wirtschaftlichen Kräften, 1965, S. 197, 206 ff.; *Weiss*, Koalitionsfreiheit und betriebsnahe Tarifverträge 1973, S. 27, 28 (mit Angaben für die Metallindustrie) sowie Einl. vor § 1, Rnr. 46; allgemein zur dezentralen Lohnfindung *Soltwedel*, in: Lohnverhandlungssysteme und makroökonomische Wirkungen, 1997, S. 15 ff. m. w. N.
[431] Nach einer Untersuchung des Instituts der deutschen Wirtschaft und des Instituts für Arbeitsmarkt- und Berufsforschung zahlten 1998 in den alten Bundesländern nur

nen erlauben sie – besser als die Tariflöhne – eine Reaktion auf Konjunkturschwankungen (s. unten Rnr. 505). Zum anderen findet sich gerade hier die – von den Kritikern des Verbandstarifvertrags vielfach nicht wahrgenommene – Differenzierung nach der Leistungskraft des einzelnen Unternehmens.

b) Gründe. Die Gründe für die Erscheinung des Wagedrift sind unterschiedlicher Art.[432] Sie sind von Land zu Land, von Branche zu Branche und selbst von Fall zu Fall zu verschieden, um eine einzige und allgemein gültige Erklärung zu ermöglichen. Die auf diese Weise erfolgende Korrektur der Tariflöhne läßt sich auf unterschiedliche Gründe zurückführen.

Einmal sind es die **Tarifverträge selbst**, die Abänderungen notwendig machen. Sie sind räumlich, zeitlich, betrieblich und personell zu wenig differenziert, um einheitlich angewandt zu werden.[433] Während sich die Vereinigten Staaten von Amerika und Japan im wesentlichen auf Firmentarifverträge eingestellt haben, bildet in Europa und in Australien der übergreifende Branchen-Tarifvertrag die Regel (vgl. dazu oben Einl. vor § 1, Rnr. 34). Bei einem für den ganzen Wirtschaftssektor geltenden Tarifvertrag muß auf die unterschiedliche Produktivität der einzelnen Betriebe und auf die wirtschaftliche Lage von Grenzbetrieben Rücksicht genommen werden. Die Nivellierungstendenzen der Gewerkschaften zwischen den einzelnen Lohn- und Leistungsgruppen werden von der Industrie durch innerbetriebliche Differenzierung wieder aufgehoben.

Die fehlende Differenzierung in Tarifverträgen hat dazu geführt, daß der Verbandstarif insgesamt kritisiert worden ist.[434] Hieraus werden unterschiedliche Schlüsse gezogen. Teils wird gefordert, der Tarifvertrag selbst müsse stärker differenzieren. Andere fordern Öffnungsklauseln für betriebliche Regelungen oder – durch Abschaffung des § 77 Abs. 3 BetrVG – von vorneherein eine Verlagerung der Lohnfindung auf die Betriebe (s. unten Rnr. 546ff.).

Die Einwände sind im Rechtstatsächlichen überzogen. Der Einheitstarif ist eine Spezialität der Metallbranche, gilt aber in den anderen Branchen nicht in diesem Maße. Auch liegt ein großer Teil der Lohnfindung inzwischen – legal – in den Betrieben; das Mitbestimmungsrecht des Betriebsrats nach § 87 Abs. 1 Nr. 10 BetrVG wurde in der Rechtsprechung immer mehr ausgedehnt und umfaßt nach der Rechtsprechung des BAG[435] auch den übertariflichen Lohn. Unabhängig davon wird in den Betrieben vielfach – unter Verstoß gegen § 77 Abs. 3 BetrVG – auch die Lohnhöhe festgesetzt.

Ein anderer Grund für den übertariflichen Lohn ergibt sich aus den **Leistungen der Arbeitnehmer.** So kann der Arbeitgeber für eine besonders

---
noch 48,9 Prozent der tarifgebundenen Betriebe übertarifliche Löhne, gegenüber 60,6 Prozent 1993, FAZ v. 25. 6. 1998, S. 17.

[432] Vgl. *Külp,* Lohnbildung, S. 220ff.; *Däubler,* Tarifvertragsrecht, Rnr. 575.

[433] *Däubler,* Tarifvertragsrecht, Rnr. 575; s. jedoch auch *Clasen,* BArbBl. 3/1994, S. 19; *Lorenz,* Betrieb 1995, S. 1712; *Schlachter,* ZIAS 1997, S. 101, 103; *Zachert,* AuR 1993, S. 97, 99.

[434] S. die Nachw. in dem Gutachten von *Richardi* sowie in den Referaten von *Reuter* und *Wendeling-Schröder,* Empfiehlt es sich, die Regelungsbefugnis der Tarifparteien im Verhältnis zu den Betriebsparteien neu zu ordnen?, Verhandlungen des 61. DJT, 1996, Bd. I und II; ferner die Literatur unten zu Rnr. 546.

[435] BAG 17. 12. 1985 AP Nr. 5 zu § 87 BetrVG Tarifvorrang (*Kraft*).

tüchtige Belegschaft durch Zusatzlöhne Leistungsanreize schaffen, die Bindung an den Betrieb vergrößern und auch innerhalb des Betriebs gruppenspezifische Differenzierungen schaffen. Von Bedeutung ist auch die Situation auf dem den Betrieb umgebenden Arbeitsmarkt.

505 Schließlich haben betriebliche Sozialleistungen auch die Funktion eines **Lohnpuffers**. Bei guter Konjunktur können Fachkräfte angeworben werden. Bei rückläufiger Konjunktur ist der Tariflohn unantastbar; die Unternehmen können dann nur bei den Nebenleistungen sparen. Dieses Mittel der Lohndifferenzierung ist auch sinnvoll. Eine Rechtsprechung, die hier zuviel an Flexibilität beseitigt, entzieht dem tariflichen Lohnfindungssystem insgesamt den Boden.

2. Regelung im Einzelarbeitsvertrag

506 Übertarifliche Löhne und Entgelte werden von einer Tariflohnerhöhung nicht automatisch berührt (vgl. dazu unten Rnr. 508). Bleibt der bisherige Gesamtlohn hinter dem in dem neuen Tarifvertrag vereinbarten Lohn zurück, so ist jetzt mindestens der Tariflohn zu zahlen. Immer aber entsteht die Frage, ob und wie sich die Tariflohnerhöhung im übrigen auf die bisherige Lohnzahlung auswirken soll. Ein ähnliches Problem entsteht, wenn eine Tariflohnerhöhung durch Eintritt in eine neue Beschäftigungsgruppe (z. B. durch Vollendung weiterer Berufsjahre) bedingt ist. Die Tariflohnerhöhung kann sich in beiden Fällen in dreifacher Weise auswirken: die übertarifliche Zulage kann mit dem Inkrafttreten einer neuen tariflichen Lohnregelung *wegfallen*; sie kann auf die neuen Tariflöhne *angerechnet* werden; sie kann schließlich zu einer entsprechenden oder proportionalen *Erhöhung* des Gesamtlohnes führen.

507 **a) Das Beispiel Bewährungsaufstieg.** Die Problematik kann am Beispiel des Bewährungsaufstiegs verdeutlicht werden.

Für die Entscheidung, ob ein Arbeitnehmer des öffentlichen Dienstes am Bewährungsaufstieg gemäß § 23a BAT teilnehmen kann, sind zwei Fragen zu trennen:

(1) Zunächst handelt es sich um eine Frage der Auslegung des Tarifvertrages, ob ein Arbeitnehmer, dem eine übertarifliche Vergütung durch entsprechende Höhergruppierung eingeräumt ist, auch an dem Bewährungsaufstieg teilnehmen kann. Das BAG hat diese Frage zunächst[436] bejaht, dann aber[437] in ständiger Rechtsprechung verneint.[438] Nach Ansicht des Gerichts kommt es auf die tatsächlich ausgeübte Tätigkeit an, genauer: auf die tarifliche Bewertung der nach dem Arbeitsvertrag auszuübenden Tätigkeit für das Aufrücken eines Angestellten im Wege des Bewährungsaufstiegs. Nach der Auslegung durch das BAG knüpft der BAT also an die tariflich richtige, nicht an die irrtümlich oder beabsichtigt übertarifliche Eingruppierung an.

---

[436] BAG 15. 5. 1968 AP Nr. 1 zu § 23a BAT.
[437] Von BAG 28. 8. 2968 AP Nr. 2 zu § 23a BAT an.
[438] Vgl. BAG 28. 8. 1968 AP Nr. 2 *(Göller)*, 4. 6. 1969 Nr. 6 *(Spiertz)*, 10.12.69 Nr. 9 *(Göller)* und 31. 3. 1971 Nr. 10 *(Spiertz)* zu § 23a BAT.

(2) Möglich ist eine einzelvertragliche Vereinbarung, die ohne Rücksicht auf die tariflich normierten Voraussetzungen, also außertariflich eine Teilnahme am Bewährungsaufstieg zusichert.[439] Eine solche Nebenabrede muß die in § 4 Abs. 2 BAT vorgeschriebene Schriftform einhalten.[440]

b) Maßgeblichkeit der Vertragsabsprache (Anrechnung einer Tariflohnerhöhung). Wie in dem vorgenannten Beispiel **entscheidet** auch allgemein über den Einfluß der Tariflohnerhöhung auf eine außertarifliche Bezahlung **der Einzelarbeitsvertrag.** Die Parteien haben es in der Hand, den Wegfall, die Anrechnung oder die entsprechende oder sogar proportionale Erhöhung vorzusehen. Der Inhalt des Einzelarbeitsvertrages kann von einer betrieblichen Einheitsregelung oder einer betrieblichen Übung gestaltet werden.[441] Da die Vertragsparteien des Einzelarbeitsvertrages darüber entscheiden können, ob Vergünstigungen zustande kommen, können sie auch verabreden, in welchem Umfang veränderten sozialen Verhältnissen Rechnung getragen werden soll. Der Arbeitsvertrag kann eine ausdrückliche *Anrechnungsklausel* enthalten. Das kann auch durch die Abrede geschehen, daß die Zulage zum „augenblicklichen Tariflohn" gewährt werde.[442] Auch ein *Widerrufsvorbehalt* ermöglicht eine Anrechnung.[443] Allerdings ist auch bei besonders hohen Zuschlägen kein stillschweigender Vorbehalt anzunehmen.[444] Schließlich kann auch der *Tarifvertrag* die Anrechnung vorsehen.[445] Enthält der Arbeitsvertrag keine ausdrückliche Anrechnungsklausel und keinen Widerrufsvorbehalt und fehlt es an einer tariflichen Anrechnungsklausel, so ergibt sich regelmäßig im Wege der *ergänzenden Vertragsauslegung,* daß eine Anrechnung übertariflicher Zulagen zulässig ist.[446] Anrechnung bedeutet insoweit nicht, daß der Arbeitgeber – wie bei der Aufrechnung – eine Erklärung abzugeben hätte; vielmehr vollzieht sich rein rechnerisch eine Kürzung des übertariflichen Lohns um den Betrag der Tariflohnerhöhung.

c) Vertragsauslegung. aa) Auslegungsgrundsätze. Wie oben (Rnr. 506) ausgeführt, kann sich eine Tariflohnerhöhung auf dreierlei Weise auf den individualvertraglich vereinbarten Lohn auswirken. Enthält der Individualvertrag darüber eine klare Aussage, so verbleibt es dabei. Meist ist das

---

[439] Vgl. BAG 26. 11. 1969 AP Nr. 8 zu § 23 a BAT *(Spiertz).*
[440] Zur Frage, ob der Arbeitgeber, der irrtümlich übertarifliche Löhne erbrachte, weil er sich dazu kraft Tarifvertrages oder kraft Einzelarbeitsvertrages für verpflichtet hielt, für die Vergangenheit oder für die Zukunft an sein Verhalten kraft Vertrauensschutzes des Arbeitnehmers gebunden ist, vgl. oben § 1, Rnr. 245.
[441] Vgl. BAG 26. 4. 1961 AP Nr. 5 zu § 4 TVG Effektivklausel *(Götz Hueck).*
[442] BAG 28. 10. 1964 AP Nr. 8 zu § 4 TVG Übertariflicher Lohn und Tariflohnerhöhung.
[443] BAG 7. 2. 1995 AP Nr. 6 zu § 4 TVG Verdienstsicherung; *Däubler,* Tarifvertragsrecht, Rnr. 577; Kempen/*Zachert,* § 4 TVG, Rnr. 204.
[444] BAG 16. 7. 1976 AP Nr. 7 zu § 611 BGB Lohnzuschläge; Kempen/*Zachert,* § 4 TVG, Rnr. 204.
[445] BAG 3. 3. 1993 AP Nr. 151 zu § 611 BGB Gratifikation; s. zu tariflichen Anrechnungsklauseln *Gamillscheg,* Kollektives Arbeitsrecht I, § 18 VI 4, S. 871.
[446] BAG 1. 11. 1956 AP Nr. 5, 13. 11. 1963 Nr. 7, 28. 10. 1964 Nr. 8, 11. 8. 1965 Nr. 9, 19. 7. 1978 Nr. 10 zu § 4 TVG Übertariflicher Lohn und Tariflohnerhöhung; BAG 7. 2. 1996 AP Nr. 55 zu § 87 BetrVG 1972 Lohngestaltung; *Schaub,* Arbeitsrechts-Handbuch, § 204 VI 3, S. 1705.

jedoch nicht der Fall. Dann muß der Individualvertrag ausgelegt werden.[447] Dabei ist auf den Sinn der Zulage abzustellen.[448]

510 **bb) Einheitsprinzip.** Entscheidend ist, ob der *Zweck* der Zulage und der Zweck des erhöhten tarifvertraglichen Entgeltbestandteils *identisch* sind. Ist das der Fall, so findet im Zweifel eine Anrechnung statt.[449] Man kann hier mit *Oetker* vom „Einheitsprinzip" sprechen. Die tarifliche Vergütung bildet mit den zusätzlichen Entgeltbestandteilen eine Einheit.[450]

511 Das Einheitsprinzip ist anwendbar, d. h. eine Anrechnung findet statt bei **übertariflichen Zulagen**.[451] Durch sie geben die Parteien des Arbeitsvertrages zu erkennen, daß sie die tariflichen Geldfaktoren zwar der Zahl nach für ausreichend, der Höhe nach aber nicht für ausreichend halten.[452] Die Rechtsprechung stellt darauf ab, ob durch eine übertarifliche Zulage besondere Leistungen des Arbeitnehmers abgegolten werden sollen oder besondere Umstände neben dem Tariflohn zu berücksichtigen sein sollen.[453]

512 **cc) Trennungsprinzip.** Stimmen der Zweck der Zulage und der Zweck des erhöhten Tarifentgelts nicht überein, so findet keine Anrechnung statt.[454] Wenn im Einzelvertrag der Effektivverdienst genannt wird, so hat dies lediglich eine rechnerische Funktion. Die einzelnen Vergütungsbestandteile richten sich teils nach der Rechtsgrundlage Tarifvertrag und teils nach der Rechtsgrundlage Arbeitsvertrag.[455] Das Verhältnis dieser Bestandteile zueinander richtet sich ausschließlich nach dem Individualvertrag.[456] Das Trennungsprinzip gilt, d. h. es findet im Zweifel keine Anrechnung statt bei außertariflichen Zulagen und bei besonderen Leistungszulagen. Hierzu gehören Zulagen wegen besonderer Leistungen (Fleiß, Qualität der Arbeit, Pünktlichkeit, Zuverlässigkeit)[457] sowie Zulagen wegen besonderer Arbeits-

---

[447] BAG 6. 3. 1958 AP Nr. 6 zu § 4 TVG Übertariflicher Lohn und Tariflohnerhöhung; 24. 7. 1958 AP Nr. 7 zu § 611 BGB Akkordlohn; allgem. Ansicht, s. u.a. *Joost*, JuS 1989, S. 274, 277; *Meyer*, Betrieb 1990, S. 1086, 1087; *Oetker*, RdA 1991, S. 16, 21 ff. m. w. N.; *Richardi*, NZA 1992, S. 961, 964.

[448] BAG 23. 1. 1980 AP Nr. 12 und 4. 6.1980 Nr. 13 zu § 4 TVG Übertariflicher Lohn und Tariflohnerhöhung; 3. 6. 1987 AP Nr. 58 zu § 1 TVG Tarifverträge: Metallindustrie; ebenso die obengenannten Autoren; aktueller Überblick bei *Hoß*, NZA 1997, S. 1129 ff.

[449] LAG Schleswig-Holstein 21. 1. 1987, Betrieb 1987, S. 642; *Joost*, JuS 1989, S. 274, 277; *Oetker*, RdA 1991, S. 16, 22.

[450] Ebenso BAG 13. 11. 1963 AP Nr. 7 zu § 4 TVG Übertariflicher Lohn und Tariflohnerhöhung; 10. 3. 1982 AP Nr. 47 zu § 242 BGB Gleichbehandlung.

[451] Zur Auslegung, wenn der Arbeitsvertrag tariffeste und nicht tariffeste Leistungen enthält, s. *Loritz*, Anm. zu BAG 23. 3. 1993 AP Nr. 32 zu § 87 BetrVG 1972 Tarifvorrang.

[452] *Oetker*, RdA 1991, S. 16, 22.

[453] BAG 21. 10. 1987 AP Nr. 59 zu § 1 TVG Tarifverträge: Metallindustrie.

[454] *Joost*, JuS 1989, S. 274, 277; *Oetker*, RdA 1991, S. 16, 22 („Trennungsprinzip").

[455] *Oetker*, RdA 1991, S. 16, 21; im Ergebnis ebenso BAG 23. 1. 1980 AP Nr. 12 zu § 4 TVG Übertariflicher Lohn und Tariflohnerhöhung; BAG 22. 9. 1992 AP Nr. 55 zu § 87 BetrVG 1972 Lohngestaltung.

[456] BAG 14. 2. 1968 AP Nr. 7 zu § 4 TVG Effektivklausel; *Oetker*, RdA 1991, S. 16, 19 f.

[457] *Kempen/Zachert*, § 4 TVG, Rnr. 207.

erschwernisse oder Arbeitsumstände (wie Zuschläge für Mehrarbeit, Schmutzzulage, Montagezulage) und Sozialzulagen (betr. Alter, kinderreiche Familie usw.).[458] Es ist unerheblich, ob die Arbeitsvertragsparteien von der besonderen Leistung und Fähigkeit des einzelnen Arbeitnehmers überzeugt waren (*echte Leistungszulage*) oder ob sie das übertarifliche Entgelt nur als Leistungszulage behandelt wissen wollten (*unechte Leistungszulage*).[459] Allerdings ist auch bezüglich einer echten Leistungszulage eine vertragliche Vereinbarung des Inhalts zulässig, daß sie auf eine spätere Tariflohnerhöhung ganz oder teilweise anzurechnen ist.[460]

(1) Bei **außertarifliche Zulagen** geben die Arbeitsvertragsparteien durch die fehlende Anknüpfung an tarifvertraglich erfaßte Sachverhalte zu erkennen, daß sie das tarifliche Lohnsystem als unvollkommen ansehen und deshalb zusätzliche Vergütungselemente für erforderlich halten.[461]

(2) **Besondere Leistungszulagen**[462] knüpfen regelmäßig an einen Erfolg der Arbeitsleistung an, der von den tariflichen Geldfaktoren nicht erfaßt wird.[463] Die Rechtsprechung stimmt mit der dargelegten Differenzierung überein. In beiden Fällen findet keine Anrechnung statt.[464]

dd) Lassen sich die Zwecke der Lohnbestandteile nach den vorstehenden Grundsätzen ermitteln und einander zuordnen, läßt sich auch die Frage der Anrechnung klar entscheiden. Oft läßt sich der Zweck aber nicht deutlich feststellen. Dann kommt es darauf an, ob im Zweifel die eine oder die andere Gestaltung gelten soll. Nach Ansicht der Rechtsprechung zieht die Tariflohnerhöhung grundsätzlich keine verhältnismäßige Erhöhung des übertariflichen Lohns nach sich, falls die Zulage nicht als selbständiger Lohnbestandteil vereinbart wurde.[465] Demgegenüber wird in der Literatur teilweise[466] die Anwendung einer **im Zweifel** geltenden Regel abgelehnt; alles hänge von den Umständen des Einzelfalles ab.

---

[458] Kempen/*Zachert*, § 4 TVG, Rnr. 209.
[459] Vgl. BAG 21. 10. 1954 AP Nr. 3 zu § 611 BGB Akkordlohn (*A. Hueck*).
[460] *Nikisch*, Arbeitsrecht II, § 83 III 2, S. 446.
[461] *Oetker*, RdA 1991, S. 16, 22.
[462] S. z.B. BAG 10. 12. 1965 AP Nr. 1 zu § 4 TVG Tariflohn und Leistungsprämie; BAG 1. 11. 1956 AP Nr. 5, 28. 10. 1964 Nr. 8, 11. 8. 1965 Nr. 9, 19. 7. 1978 Nr. 10, 22. 8. 1979 Nr. 11, 4. 6. 1980 Nr. 13 zu § 4 TVG Übertariflicher Lohn und Tariflohnerhöhung; *Gamillscheg*, Kollektives Arbeitsrecht I, § 18 VI 1 b (4), S. 864; *Hueck/Nipperdey*, Arbeitsrecht II/1, § 30, S. 596.
[463] *Oetker*, RdA 1991, S. 16, 22; zu den Fallgruppen s. *Sauerbier*, AR-Blattei SD Tariflohnerhöhung, Rnr. 144 ff.
[464] BAG 4. 6. 1980 AP Nr. 13 zu § 4 TVG Übertariflicher Lohn und Lohnerhöhung; 3. 6. 1987 AP Nr. 58 zu § 1 TVG Tarifverträge: Metallindustrie.
[465] BAG 19. 7. 1978 AP Nr. 10 und 22. 8. 1979 Nr. 11 zu § 4 TVG Übertariflicher Lohn und Tariflohnerhöhung; 3. 6. 1987 AP Nr. 58 zu § 1 TVG Tarifverträge: Metallindustrie; 22. 9. 1992 AP Nr. 55 zu § 87 BetrVG 1972 Lohngestaltung; ebenso *Meisel*, BB 1991, S. 406, 407; *Koberski/Clasen/Menzel*, § 4 TVG, Rnr. 33; ähnlich *Oetker*, RdA 1991, S. 16, 23. Nach *Lieb*, Anm. zu BAG 13. 2. 1990, SAE 1990, 221 und 13. 2. 1990, SAE 1990, 226 trägt ein Arbeitnehmer, der sich gegen eine Anrechnung wendet, die Beweislast für entsprechende Anhaltspunkte; ebenso *Sauerbier*, AR-Blattei SD Tariflohnerhöhung, Rnr. 164; krit. *Gamillscheg*, Kollektives Arbeitsrecht I, § 18 VI 1 b (4) (c), S. 866.
[466] *Joost*, JuS 1989, S. 274, 277; *Meyer*, Betrieb 1990, S. 1086, 1087.

514 In der Tat sind zunächst alle **Indizien** für die Auslegung auszuschöpfen[467]. Nach Ansicht des BAG spielt die *Vertragspraxis* keine Rolle. Auch wenn der Arbeitgeber bei Tariflohnerhöhungen mehrfach die Gesamtvergütung aufgestockt habe, lasse sich daraus keine Verpflichtung des Arbeitgebers für die Zukunft ableiten.[468] Im Unterschied zur betrieblichen Übung bei vorbehaltlos gewährten Gratifikationen gehe es hier nicht um eine Fortzahlung, sondern um eine kontinuierliche Erhöhung, die einer ausdrücklichen Vereinbarung bedürfe.[469] Für den öffentlichen Dienst nimmt das BAG an, daß aus Haushaltsgründen im Zweifel davon auszugehen sei, daß der Arbeitgeber nur die tariflich vorgesehenen Leistungen erbringen wolle. Deshalb könne der Arbeitnehmer nicht mit dem Bestand der übertariflichen Leistung rechnen.[470] Ein Indiz für die Nichtanrechnung kann darin bestehen, daß der Arbeitgeber bei der Lohnanrechnung die Zulage besonders ausgewiesen hat.[471] Umgekehrt liegt in der Vereinbarung eines Monatslohns in einer Summe ein Indiz gegen ein Anrechnungsverbot.[472]

515 Es ist unzutreffend, wenn die Rechtsprechung dahingehend kritisiert wird[473], daß einer Anrechnung praktisch keine Grenzen gesetzt seien; das BAG berücksichtige nicht den beiderseitigen Parteiwillen, sondern vorrangig die Zielsetzung des Arbeitgebers. Dem ist entgegenzuhalten: Da der Arbeitgeber den Zweck der zusätzlichen Leistung bestimmt, kann er auch die Frage der Anrechnung regeln.

516 ee) Bei der Anrechnung der Tariflohnerhöhung muß der Arbeitgeber den **Gleichbehandlungsgrundsatz** beachten.[474]

517 ff) Eine der umstrittensten Fragen bei der Anrechnung ist die nach dem **Mitbestimmungsrecht des Betriebsrats**, das bei der Anrechnung gem. § 87 Abs. 1 Nr. 10 BetrVG zu beachten ist.[475] Voraussetzung ist in jedem Falle, daß eine *kollektive Maßnahme* vorliegt.[476] Leitgedanke ist insoweit, daß

---

[467] *Gamillscheg*, Kollektives Arbeitsrecht I, § 18 VI 1 b, S. 864 ff.; Kempen/*Zachert*, § 4 TVG, Rnr. 208.
[468] BAG 19. 7. 1978 AP Nr. 10, 4. 6. 1980 Nr. 13 (*Herschel*) und 8. 12. 1982 Nr. 15 zu § 4 TVG Übertariflicher Lohn und Tariflohnerhöhung; 22. 9. 1992 AP Nr. 55 zu § 87 BetrVG 1972 Lohngestaltung; ebenso *Etzel*, NZA Beil. 1/1987, S. 19, 30; *Koberski/Clasen/Menzel*, § 4 TVG, Rnr. 32; krit. Kempen/*Zachert*, § 4 TVG, Rnr. 211.
[469] S. auch *Oetker*, RdA 1993, S. 16, 23.
[470] BAG 6. 3. 1984 AP Nr. 16, 24. 3. 1993 Nr. 38 zu § 242 BGB Betriebliche Übung; krit. Kempen/*Zachert*, § 4 TVG, Rnr. 212; *Singer*, ZfA 1993, S. 487, 498 ff.
[471] BAG 6. 3. 1958 AP Nr. 6 zu § 4 TVG Übertariflicher Lohn und Tariflohnerhöhung; *Richardi*, NZA 1992, S. 961, 964.
[472] BAG 22. 9. 1992 AP Nr. 55 zu § 87 BetrVG 1972 Lohngestaltung; Kempen/*Zachert*, § 4 TVG, Rnr. 208.
[473] *Preis*, in: Festschrift für Kissel (1994), S. 879, 890 f.
[474] BAG 22. 8. 1979 AP Nr. 11 zu § 4 TVG Übertariflicher Lohn und Tariflohnerhöhung; 4. 2. 1981 AP Nr. 45, 10. 3. 1982 Nr. 47 und 9. 6. 1982 Nr. 51 zu § 242 BGB Gleichbehandlung; ebenso *Joost*, JuS 1989, S. 274, 279; *Sauerbier*, AR-Blattei SD Tariflohnerhöhung, Rnr. 130 ff.; allgemein zur Bindung von Tarifverträgen an den Gleichheitssatz oben Einl. vor § 1, Rnr. 213 ff.
[475] Dazu BAG 3. 12. 1991 GS AP Nr. 51, 3. 12. 1991 AP Nr. 52, 11. 8. 1992 Nr. 53, 22. 9. 1992 Nr. 54, 22. 9. 1992 Nr. 55, 22. 9. 1992 Nr. 56, 22. 9. 1992 Nr. 57, 22. 9. 1992 Nr. 60, 27. 10. 1992 Nr. 61, 23. 3. 1993 Nr. 64 zu § 87 BetrVG 1972 Lohngestaltung.
[476] BAG 3. 12. 1991 AP Nr. 51 zu § 87 BetrVG 1972 Lohngestaltung; s. auch

der Arbeitgeber über die Gewährung überhaupt, über die Beendigung der Gewährung und über das Zulagenvolumen mitbestimmungsfrei entscheidet. Ein Mitbestimmungsrecht besteht daher nicht, wenn keine *neuen Verteilungsgrundsätze* geschaffen werden. Dementsprechend besteht kein Mitbestimmungsrecht, wenn das Zulagenvolumen vollständig aufgezehrt wird oder wenn die Tariflohnerhöhung vollständig und gleichmäßig auf die Zulagen angerechnet wird.[477] Wenn der Arbeitgeber allerdings anläßlich der Tariflohnerhöhung bereits eine Entscheidung über eine künftige Neuverteilung der angerechneten Zulagen trifft und damit eine einheitliche Konzeption verwirklicht, soll nach der Rechtsprechung trotz vollständiger und gleichmäßiger Anrechnung ein Mitbestimmungsrecht bestehen.[478] Ein Mitbestimmungsrecht besteht, wenn sich die Verteilungsgrundsätze ändern und für eine anderweitige Anrechnung oder Kürzung ein Regelungsspielraum verbleibt. Das ist der Fall, wenn gegenüber den Gruppen von Arbeitnehmern eine unterschiedliche Anrechnung erfolgt.[479] Dagegen widerspricht es dem eigenen Ansatz, wenn das BAG ein Mitbestimmungsrecht auch für den Fall bejaht, daß der Arbeitgeber allen Arbeitnehmern gegenüber eine gleichmäßige Kürzung vornimmt;[480] dabei werden keine Verteilungsgrundsätze geändert. Die bloße Tatsache, daß der Arbeitgeber anläßlich der Kürzung auf die Aufstellung neuer Verteilungsgrundsätze verzichtet, bedeutet keine Schaffung neuer Verteilungsgrundsätze.[481] Demgegenüber verneint das BAG ein Mitbestimmungsrecht nur für den Fall, daß die Zulagen in einem einheitlichen und gleichen Verhältnis zum jeweiligen Tariflohn stehen und die Tariflöhne um den gleichen Prozentsatz erhöht werden.[482]

Enderlein, ZfA 1997, S. 313 ff.; *Hromadka*, Anm. zu BAG 23. 3. 1993 AP Nr. 64 zu § 87 BetrVG 1972 Lohngestaltung; *Wank*, in: Festschrift für Wiese (1998), S. 617 ff.; *Wiese*, RdA 1995, S. 355 ff.

[477] BAG GS 3. 12. 1991 AP Nr. 51, 3. 12. 1991 Nr. 52 zu § 87 BetrVG 1972 Lohngestaltung; ebenso Hess/Schlochauer/*Glaubitz*, § 87 BetrVG, Rnr. 488; *Hromadka*, Betrieb 1988, S. 2636, 2644; *Kraft*, in: Festschrift für Molitor (1988), S. 207, 221; *Ramrath*, Betrieb 1990, S. 2593; *Wank*, Anm. zu BAG 3. 6. 1987, SAE 1989, S. 325; *Wiese*, NZA 1990, S. 793.

[478] BAG 11. 8. 1992 AP Nr. 53, 17. 1. 1995 Nr. 71 zu § 87 BetrVG 1972 Lohngestaltung; dagegen *Kreßel*, Anm. zu BAG 14. 2. 1995, SAE 1996, S. 100, 102.

[479] *Bommermann*, Betrieb 1991, S. 2185, 2189; *Hromadka*, Betrieb 1991, S. 2133 ff.; *Meisel*, BB 1991, S. 406, 410; GK/*Wiese*, § 87 BetrVG, Rdnr. 330.

[480] BAG GS 3. 12. 1991 AP Nr. 51 zu § 87 BetrVG 1972 Lohngestaltung.

[481] So noch zutr. BAG 4. 6. 1980 (4. Senat) AP Nr. 13 zu § 4 TVG Übertariflicher Lohn und Tariflohnerhöhung; krit. gegenüber der BAG-Rechtsprechung *Eich*, NJW 1980, S. 1340; 1342; GK/*Wiese*, § 87 BetrVG, Rnr. 770; Hess/Schlochauer/*Glaubitz*, § 87 BetrVG, Rnr. 490; *Hönsch*, BB 1988, S. 2312, 2314; *Hromadka*, Betrieb 1991, S. 2133, 2139; *Kraft*, in: Festschrift für Molitor (1988), S. 207, 221; *Lieb*, Anm. zu BAG 13. 2. 1990, SAE 1990, S. 226, 230; *ders.*, Anm. zu BAG 11. 8. 1992, SAE 1993, S. 114 ff.; *Loritz*, Anm. zu BAG 23. 3. 1993 AP Nr. 26 zu § 87 BetrVG 1972 Tarifvorrang; *Meisel*, BB 1991, S. 406, 410; *Oetker*, RdA 1991, S. 16, 25; *Ramrath*, Betrieb 1990, S. 2593 ff.; *Stege/Weinspach*, § 87 BetrVG, Rnr. 174 b; *Wank*, Anm. zu BAG 3. 6. 1987, SAE 1989, S. 325; *Wiese*, NZA 1990, S. 793; *Ziepke*, BB 1981, S. 61, 72; wie das BAG Fitting/*Kaiser/Heither/Engels*, § 87 BetrVG, Rnr. 325.

[482] BAG GS 3. 12. 1991 AP Nr. 51 zu § 87 BetrVG 1972 Lohngestaltung; ebenso BAG 23. 3. 1993 AP Nr. 26 zu § 87 BetrVG 1972 Tarifvorrang = NZA 1993, S. 806, 808.

518 d) **Akkord und Tariflohnerhöhung. aa) Allgemeines.** Beim Geldakkord wird für die Erbringung einer Arbeitsleistung ein bestimmter Geldbetrag zugesagt. Die Arbeitsleistung kann als Stückakkord, Gewichtsakkord, Flächenakkord, Maßakkord oder Pauschalakkord festgelegt sein.[483] Beim Zeitakkord dagegen wird für eine Arbeitsleistung eine bestimmte Zeit zugrundegelegt, die vergütet wird. Damit hängt der Akkordlohn von zwei Faktoren ab, dem Zeit- und dem Geldfaktor. Die meisten Tarifverträge legen des weiteren einen Akkordrichtsatz fest. Er entspricht dem Stundenverdienst eines Akkordarbeiters bei Normalleistung; er ist zusammengesetzt aus Grundlohn und Akkordrichtsatzzuschlag.

519 bb) Die Frage, welchen Einfluß eine **Tariflohnerhöhung** auf den Zeitakkord hat, ist seit einer Entscheidung des BAG aus dem Jahre 1954[484] lebhaft umstritten. Entgegen seiner früheren Rechtsprechung geht das BAG davon aus, daß beim Zeitakkord der Geldfaktor weder an den jeweiligen tariflichen Stundenlohn oder Akkordrichtsatz gebunden ist, noch daß die für eine Arbeitsverrichtung vorzugebende Zeit diejenige Zeit sein muß, die der normale Arbeiter unter normalen Bedingungen für diese Arbeitsverrichtung benötigt. Ein Zeitakkord liege daher auch dann vor, wenn die vorgegebenen Zeiten objektiv unrichtig seien. Eine Erhöhung des tariflichen Zeitlohns erhöht also nicht in jedem Fall automatisch auch den Geldfaktor.[485] Eine tarifliche Erhöhung der Zeitlöhne und der Akkordrichtsätze hat mithin keine automatische Erhöhung der Akkordlöhne zur Folge, wenn die Effektivlöhne auch unter Berücksichtigung der neuen Ansätze noch über dem tariflich gesicherten Mindestsatz liegen.

520 Wird dagegen im Tarifvertrag nicht nur der Akkordrichtsatz, sondern auch der **Geldfaktor festgelegt**, so muß die Tariflohnerhöhung für den tariflich entlohnten Arbeitnehmer eine Erhöhung des Effektivverdienstes nach sich ziehen. Das BAG weist zutreffend darauf hin, daß sonst die alleinige Regelung des Zeitlohns in Wirtschaftszweigen, in denen überwiegend im Zeitakkord gearbeitet wird, nicht verständlich sei. Der Tarifvertrag enthält gleichzeitig ein Verbot, unbewußt unrichtige Zeitvorgaben aus Anlaß der Tariflohnerhöhung zu korrigieren.

521 cc) **Übertariflicher Lohn.** Die Parteien des Arbeitsvertrages können *bewußt* überhöhte Zeitvorgaben oder einen erhöhten Geldfaktor zugrundelegen. Sie können auch vereinbaren, daß die Zeiten unter allen Umständen als richtig gelten.[486] In den Fällen, in denen auch der Geldfaktor vom Tarifvertrag festgelegt wird, entscheidet für den Günstigkeitsvergleich das Produkt darüber, ob der Tarifvertrag oder die Einzelvertragsabrede bei einer Tariflohnerhöhung vorgeht. Beim Günstigkeitsvergleich kann keine isolierte Betrachtung der Einzelbestimmungen vorgenommen werden; der Zeitfaktor kann nicht aus dem Arbeitsvertrag und der Geldfaktor aus dem Tarifvertrag

---

[483] *Schaub*, Arbeitsrechts-Handbuch, § 64 II, S. 456.
[484] BAG 28. 11. 1954 AP Nr. 1 zu § 611 BGB Akkordlohn (*Tophoven*).
[485] BAG 14. 7. 1958 AP Nr. 4, 24. 7. 1958 Nr. 5, 24. 7. 1958 Nr. 6, 24. 7. 1958 Nr. 7, 17. 11. 1959 Nr. 12, 28. 6. 1961 Nr. 15, 17. 10. 1962 Nr. 16 zu § 611 BGB Akkordlohn.
[486] BAG 24. 7. 1958 AP Nr. 5 zu § 611 BGB Akkordlohn.

genommen werden oder umgekehrt. Stellt sich beim Günstigkeitsvergleich heraus, daß für den Arbeitnehmer insgesamt auch nach der Tariflohnerhöhung der Einzelarbeitsvertrag bessere Bedingungen bietet, so wirkt sich die Änderung des Akkordrichtsatzes nicht aus. Der Tarifvertrag verbürgt lediglich Mindestbedingungen; der Arbeitnehmer hat einen tarifvertraglichen Anspruch darauf, daß bei Normalleistung der Akkordrichtsatz verdient werden kann.

Im übrigen entscheidet bei einer Tariflohnerhöhung ebenso wie beim Zeitlöhner der durch Auslegung zu ermittelnde Inhalt des Einzelvertrages über dessen weiteres Schicksal. Dabei ist im Zweifel davon auszugehen, daß die bisher übertarifliche Entlohnung infolge des Anziehens der Tariflöhne nicht aufgehoben werden soll. Zu entscheiden bleibt lediglich, ob eine Aufsaugung des übertariflichen Lohnbestandteils vorgenommen oder der einzelvertragliche Lohn jeweils in einer bestimmten Höhe oder in einem bestimmten Proporz über dem Tariflohn liegen muß.[487] Maßgebend ist eine ausdrückliche Vertragsabrede. Für die Auslegung des Vertrages gelten ähnliche Überlegungen wie beim Zeitlohn.

e) Tarifliche Arbeitszeitverkürzung und Arbeitsentgelt. Über den Einfluß einer Arbeitszeitverkürzung auf die übertariflichen Bestandteile des Lohns entscheidet der *Einzelarbeitsvertrag*. Er kann eine – ausdrückliche oder konkludente – Regelung des Inhalts enthalten, daß die Höhe des auf die Kalenderzeit abgestellten Lohns von der Dauer der Arbeitsleistung abhängig gemacht wird. Ist dieser Zusammenhang nicht erkennbar, so würde sich nach dem Wortlaut der Regelung ergeben, daß die Bezahlung inbesondere bei einem Monatslohn gleich bleibt und die Arbeitszeit nicht. Dem Sinn der Regelung nach stehen jedoch Zeit und Geld in Beziehung zueinander. Eine *ergänzende Vertragsauslegung* ergibt dann, daß auch der Lohn verhältnismäßig herabgesenkt wird.[488] Im Hinblick auf eine ausdrückliche oder konkludente Anrechnungsklausel folgt daraus, daß eine Anrechnung nicht nur bezüglich der eventuellen Nominallohnerhöhung vorgenommen werden darf, sondern auch bezüglich der *rechnerischen Lohnerhöhung*, die sich daraus ergibt, daß für den vollen Lohn weniger Arbeitszeit aufgewandt zu werden braucht (Arbeitszeitverkürzung mit Lohnausgleich).[489] Im Gegensatz dazu hat der Erste Senat des BAG angenommen, die Anrechnungsklausel beziehe sich nicht auf die rechnerische Lohnerhöhung. Das ergebe sich aus dem Sprachgebrauch.[490] Er verneint eine Divergenz, da sich die Entscheidung des Vierten Senats nur auf den Stundenlohn, nicht auf den Monatslohn bezogen habe.

---

[487] Vgl. BAG 24. 7. 1958 AP Nr. 7 zu § 611 BGB Akkordlohn (*Gaul*).
[488] S. zum Ganzen *Brötzmann*, NZA 1986, S. 593, 595; *Gamillscheg*, Kollektives Arbeitsrecht I, § 18 VI 1 d, S. 866 f.; *Kempen/Zachert*, § 4 TVG, Rnr. 227; *Ziepke*, Anrechung und Widerruf übertariflicher Entgeltbestandteile, 1993, S. 33 ff.; *Wank*, Anm. zu BAG 3. 6. 1987, SAE 1989, S. 322.
[489] BAG 3. 6. 1987 AP Nr. 58 zu § 1 TVG Tarifverträge: Metallindustrie (*Lund*) = SAE 1989, S. 322 (*Wank*); BAG 28. 10. 1987, BB 1988, S. 702 (jeweils 4. Senat); s. auch *Brox/Müller*, Anm. zu BAG 16. 9. 1987 AP Nr. 15 zu § 4 TVG Effektivklauseln; *Wank*, Anm. zu BAG 3. 6. 1987, SAE 1989, S. 325.
[490] BAG 7. 2. 1996 AP Nr. 85 zu § 87 BetrVG 1972 Lohngestaltung = SAE 1997, S. 309 (*Waltermann*) = EzA Nr. 55 zu § 87 BetrVG 1972 Betriebliche Lohngestaltung (*Kraft*).

Bestehen für Arbeiter und Angestellte unterschiedliche Regelungen, so folgt die genannte Lösung auch aus **Art. 3 Abs. 1 GG**: Wenn bei Arbeitern ausdrücklich mit der Arbeitszeit eine Lohnminderung einhergeht (so beim Stundenlohn), dann wäre es gleichheitswidrig, diesen Zusammenhang nicht auch bei den Angestellten (mit Monatslohn) zu wahren. Die entgegenstehende frühere Rechtsprechung[491] ist überholt; die Entscheidung betrifft zwar einen Fall der tariflichen Lohnerhöhung bei Arbeitern, wobei sich im Wege der ergänzenden Vertragsauslegung auch für die Angestellten eine Lohnkürzung ergab, der Gedanke ist jedoch auf übertarifliche Zulagen zu übertragen. Bei anderer Betrachtung würden aus unterschiedlichen Abrechnungstechniken weitreichende rechtliche Schlußfolgerungen gezogen.[492] Da die Höhe der übertariflichen Zulage allein vom Einzelarbeitsvertrag und nicht vom Tarifvertrag abhängt, ist es gleichgültig, welche Aussage der *Tarifvertrag* insoweit trifft. Wenn also der Tarifvertrag bestimmt, daß durch die tariflich vereinbarte Arbeitszeitverkürzung der Wochenlohn nicht gemindert werden soll, hat das keine Auswirkungen auf den übertariflichen Lohn.[493] Wenn der Tarifvertrag eine Erhöhung der übertariflichen Zulage zur Erhaltung des bisherigen Lohnniveaus vorsieht, so liegt darin eine unwirksame Effektivklausel.[494]

3. Regelung im Tarifvertrag: Besitzstandsklauseln

524   In vielen Tarifverträgen wird bestimmt, daß bisher bestehende günstigere Arbeitsbedingungen durch das Inkrafttreten der neuen Regelung „nicht berührt werden" oder „aus Anlaß dieses Tarifvertrages nicht verschlechtert werden" sollen.[495] Hierbei ist zu unterscheiden, worauf die günstigeren Arbeitsbedingungen beruhen. Ergeben sie sich aus dem **Einzelarbeitsvertrag** oder aus einer betrieblichen Einheitsregelung oder einer betrieblichen Übung, so hat die Klausel deklaratorische Bedeutung; sie gibt das wieder, was § 4 Abs. 3 besagt: Günstigere Individualvereinbarungen gehen dem Tarifvertrag vor. Insofern bestehen gegen diese Klauseln keine Bedenken.[496] Das gilt nicht für eine Klausel des Inhalts, der Tarifvertrag dürfe nicht Anlaß sein, von vertraglichen Möglichkeiten zum Abbau übertariflicher Leistungen Gebrauch zu machen: Der übertarifliche Lohnbestandteil geht den Tarifver-

---

[491] BAG 23. 6. 1965 AP Nr. 1 zu § 611 BGB Wochenlohn (*Nikisch*).
[492] Kempen/Zachert, § 4 TVG, Rnr. 227.
[493] BAG 23. 6. 1965 AP Nr. 1 zu § 611 BGB Wochenlohn (*Nikisch*).
[494] BAG 16. 9. 1987 AP Nr. 15 zu § 4 TVG Effektivklausel; krit. Kempen/Zachert, § 4 TVG, Rnr. 227.
[495] Vgl. aus der Rechtsprechung BAG 17. 4. 1959 AP Nr. 1 zu § 4 TVG Günstigkeitsprinzip (*Tophoven*); 24. 7. 1958 AP Nr. 7 und 17. 11. 1959 Nr. 12 zu § 611 BGB Akkordlohn (*Gaul*); 26. 6. 1965 AP Nr. 1 zu § 611 BGB Wochenlohn (*Nikisch*); 6. 3. 1956 AP Nr. 1 und 1. 2. 1963 AP Nr. 8 zu § 59 BetrVG (*Dietz*); 11. 8. 1965 AP Nr. 9 zu § 4 TVG Übertariflicher Lohn und Tariflohnerhöhung (*Götz Hueck*); BAG 4. 2. 1960 AP Nr. 7 zu § 4 TVG Günstigkeitsprinzip; 9. 12. 1957 AP Nr. 5 zu § 9 TVG (*Tophoven*).
[496] Ebenso Etzel, NZA Beil. 1/1987, S. 19, 31; Kempen/Zachert, § 4 TVG, Rnr. 226; Koberski/Clasen/Menzel, § 4 TVG, Rnr. 47; Schaub, Arbeitsrechts-Handbuch, § 203 VI 4, S. 1530; Sauerbier, AR-Blattei SD Tariflohnerhöhung, Rnr. 193; Söllner, Arbeitsrecht, § 15 V 1 b, S. 127.

trag nichts an; die Klausel ist daher eine unzulässige begrenzte Effektivklausel.[497] Von dem Verbot für den Tarifvertrag, auf die einzelvertragliche Vereinbarung zuzugreifen, gibt es zwei Ausnahmen. **Verdienstsicherungsklauseln** können dem Arbeitnehmer für eine Übergangszeit den bisherigen Gesamtverdienst garantieren, wenn der Tarifvertrag an den Arbeitsvertrag nur tatbestandlich anknüpft; so z. B. wenn das Urlaubsentgelt oder die Überstundenvergütung vom letzten Gesamtverdienst berechnet werden.[498] In diesem Fall wird nicht der Gesamtverdienst als solcher garantiert, sondern es wird kraft Tarifvertrags ein erhöhtes Tarifentgelt gezahlt. Zulässig sind des weiteren Verdienstsicherungsklauseln für Arbeitnehmer, die ihren bisherigen Effektivlohn behalten sollen, wenn sie – insbes. altersbedingt – auf einen **schlechter entlohnten Arbeitsplatz** umgesetzt werden.[499] Im Unterschied zur – unzulässigen – Effektivklausel geht es hier nur um die Feststellung der Berechnungsgrundlage für den neuen Lohn und nicht um die Aufstockung des Effektivlohns.[500] Die Verdienstsicherungsklausel will nur einen Abbau des Effektivlohns bei einer Tätigkeitsveränderung verhindern. Unzulässig sind demgegenüber Effektivgarantieklauseln, die das übertarifliche Entgelt auf Dauer festschreiben wollen.[501]

Bezieht sich die Verdienstsicherungsklausel auf eine **Betriebsvereinbarung**, so gilt – anders als im Verhältnis zum Einzelarbeitsvertrag nach § 4 Abs. 3 – das Günstigkeitsprinzip nicht; s. unten Rnr. 556. Insoweit enthält der Tarifvertrag aber eine – zulässige – Öffnungsklausel nach § 77 Abs. 3 Satz 2 BetrVG.

Im Verhältnis des neuen Tarifvertrags zu einem **früheren Tarifvertrag** gilt die Verdienstsicherungsklausel in aller Regel nicht. Der Tarifvertrag kann aber ausnahmsweise – ausdrücklich – vorsehen, daß der Arbeitnehmer zwischen der alten und der neuen Tarifregelung wählen kann. Eine derartige sog. *konstitutive Günstigkeitsabrede* ist zwar ungewöhnlich, aber zulässig.[502]

4. Regelung im Tarifvertrag: Effektivklauseln

Anrechnungsklauseln im Einzelarbeitsvertrag können dazu führen, daß eine von den Gewerkschaften erreichte Tariflohnerhöhung im Endergebnis ins Leere geht. Die Gewerkschaften haben deshalb in der Vergangenheit versucht, Regelungen mit dem Inhalt durchzusetzen, daß eine Anrechnung der

---

[497] S. dazu unten Rnr. 533 ff.; *Stein*, Tarifvertragsrecht, Rnr. 333; *Wiedemann*, Anm. zu BAG 5. 9. 1985 AP Nr. 1 zu § 4 TVG Besitzstand; *Zöllner/Loritz*, Arbeitsrecht, § 36 IV 4, S. 404 f.; a. A. BAG 5. 9. 1985 AP Nr. 1 zu § 3 TVG Besitzstand; *Däubler*, Tarifvertragsrecht, Rnr. 587 ff.
[498] BAG 31. 5. 1972 AP Nr. 16 zu § 611 BGB Bergbau; 9. 12. 1997, NZA 1998, S. 661; *Gamillscheg*, Kollektives Arbeitsrecht I, § 18 VI 3, S. 870; abl. *Brox/Müller*, Anm. zu BAG 16. 9. 1987 AP Nr. 15 zu § 4 TVG Effektivklausel.
[499] BAG 16. 4. 1980 AP Nr. 9 zu § 4 TVG Effektivklausel; 28. 5. 1980 AP Nr. 8 zu § 1 TVG Tarifverträge: Metallindustrie; *Däubler*, Tarifvertragsrecht, Rnr. 587; *Kempen/Zachert*, § 4 TVG, Rnr. 223 ff.; *Löwisch/Rieble*, § 1 TVG, Rnr. 538; *Lieb*, Arbeitsrecht, § 6 I 3 b, S. 148 f.; *Zöllner/Loritz*, Arbeitsrecht, § 36 IV 3, S. 404.
[500] BAG 16. 4. 1980 AP Nr. 9 zu § 4 TVG Effektivklausel.
[501] *Löwisch/Rieble*, § 1 TVG, Rnr. 538.
[502] S. *Brox*, BB 1966, S. 1190; *Däubler*, Tarifvertragsrecht, Rnr. 1473.

Tariflohnerhöhung auf den übertariflichen Lohn nicht stattfinden darf. Bei dieser Formulierung wäre die Unzulässigkeit der Regelung ins Auge gesprungen. Die Gewerkschaften sind daher dazu übergegangen, diesen Regelungsgehalt umzuformulieren in Form von Effektivgarantieklauseln (dazu unten Rnr. 529 ff.) und begrenzten Effektivklauseln (dazu unten Rnr. 533 ff.). An der Unzulässigkeit der Regelung ändert die Umformulierung des Gedankens nichts.

529 **a) Die Effektivgarantieklausel.** Die stärkste Form der Effektivklausel, die sog. Effektivgarantieklausel oder allgemeine Effektivklausel, bewirkt, daß erstens die bisher geleisteten Effektivlöhne oder andere Arbeitsbedingungen zu unabdingbaren *tariflichen Mindestlöhnen* werden und zweitens, daß dieser Betrag *um die Tariflohnerhöhung aufgestockt* wird. In der Praxis werden derartige Effektivklauseln heute nicht mehr vereinbart. In Rechtsprechung und Schrifttum werden sie nahezu einhellig abgelehnt:[503] „(Die Effektivklausel) macht aber die bisher gezahlten (übertariflichen oder tariflich nicht geregelten) Löhne nicht zu Tariflöhnen. Wollte sie dies tun, so würde sie nach anerkannten Grundsätzen des Tarifrechts unzulässig und deshalb rechtsunwirksam sein".[504]

530 Die ganz h. M. stützt sich vor allem auf zwei Argumente:
– In der Effektivgarantieklausel liege ein Verstoß gegen den **Gleichheitssatz**; es werde nicht mehr gleicher Lohn für gleiche Arbeit gezahlt.[505]
– Der Tarifvertrag müsse den **Mindestlohn** festlegen und dürfe als kollektive Regelung nicht an den Individuallohn anknüpfen.[506]

Nur vereinzelt werden Effektivklauseln für zulässig gehalten.[507] Der Gleichbehandlungsgrundsatz werde nicht verletzt; die Effektivklauseln enthielten allgemeine Regeln für die Lohnberechnung.

531 Effektivgarantieklauseln sind wegen Überschreitung der **Grenzen der Tarifmacht** nichtig. Tarifverträge können den Inhalt des Arbeitsvertrages tarifrechtlich regeln, Einzelarbeitsverträge den Inhalt des Einzelarbeitsvertrages individualvertraglich. Regeln über das Verhältnis zweier Regelungsebe-

---

[503] Vgl. BAG 13. 6. 1958 AP Nr. 2 zu § 4 TVG Effektivklausel (*Tophoven*).
[504] Ebenso BAG 14. 2. 1968 AP Nr. 7 und 16. 4. 1980 Nr. 9 zu § 4 TVG Effektivklausel; ebenso *Bulla*, RdA 1962, S. 6, 13; *Gumpert*, BB 1958, S. 771; *Hansen*, RdA 1985, S. 78; *Herschel*, BArbBl. 1956, S. 450; *A. Hueck*, BB 1954, S. 776, 778; *Hueck/Nipperdey*, Arbeitsrecht II 1, § 30 VIII 3 d, S. 603; *Joost*, JuS 1989, S. 274, 278; *Löwisch/Rieble*, § 1 TVG, Rnr. 538 f.; *Reuter*, Anm. zu BAG 3. 6. 1987 EzA § 4 TVG Metallindustrie Nr. 31; *Sauerbier*, AR-Blattei SD Tariflohnerhöhung, Rnr. 199; *Stahlhacke*, RdA 1957, S. 446, 450; *ders.*, RdA 1962, S. 223, 224; *Viets*, Betrieb 1961, S. 502, 503. Noch weitergehend in ihrer Ablehnung sind *Nikisch*, Arbeitsrecht II, § 83 IV 3, S. 452; *ders.*, BB 1956, S. 468, 469; *ders.*, BB 1961, S. 1205; *Richardi*, Kollektivgewalt, S. 412 ff.; *Wlotzke*, Günstigkeitsprinzip, S. 64 ff.
[505] S. MünchArbR/*Löwisch*, § 252, Rnr. 58; *Joost*, JuS 1989, S. 274, 278; a. A. *Stein*, Tarifvertragsrecht, Rnr. 338.
[506] *Joost*, JuS 1989, S. 274, 278; *Zöllner/Loritz*, Arbeitsrecht, § 36 IV 3, S. 404; ebenso *Mayer-Maly*, in: Festschrift für Hans Giger (1989), S. 469, 471 (mit Hinweisen zum schweizerischen und zum österreichischen Arbeitsrecht); *Söllner*, Arbeitsrecht, § 15 V 1 a, S. 126.
[507] *Däubler*, Tarifvertragsrecht, Rnr. 592 ff.; *Kempen/Zachert*, § 4 TVG, Rnr. 221 f.; *Kempen*, AuR 1992, S. 50, 52 ff.; krit. auch *Gamillscheg*, Kollektives Arbeitsrecht I, § 18 VI 2 c, S. 868.

nen zueinander sind Kollisionsnormen und damit Meta-Normen.[508] Sie können nicht auf einer der beiden Regelungsebenen normiert werden, sondern nur auf einer Meta-Ebene; also z.B. durch den Gesetzgeber in Form des § 4 Abs. 3. Deshalb kann der Individualvertrag nicht regeln, was Inhalt des Tarifvertrages ist, der Tarifvertrag nicht, was Inhalt einer außertariflichen Abrede ist. Einer inhaltlichen Überprüfung derartiger Tarifklauseln bedarf es nicht; sie sind wegen Regelungsanmaßung unwirksam.

Kein Argument ergibt sich daraus, daß nach § 1 Abs. 1 der Tarifvertrag 532 den Inhalt von Arbeitsverhältnissen regeln darf. Die übertarifliche oder außertarifliche Regelung erhält ihren Sinn gerade dadurch, daß sie nicht der Regelung durch den Tarifvertrag untersteht.

b) Die begrenzte Effektivklausel. Eine andere Form, individualrechtli- 533 che Anrechnungsklauseln über Tarifverträge wieder aufzuheben, liegt in begrenzten Effektivklauseln. Danach muß die bisherige übertarifliche, arbeitsvertragliche Zulage „erhalten" bleiben oder darf nicht „aufgesogen" werden. Der Unterschied zur Effektivgarantieklausel liegt darin, daß der Anspruch auf den übertariflichen Lohn normativ begründet wird, aber weiterhin als arbeitsvertraglicher Lohn geschuldet wird. *Nikisch* hatte schon 1956[509] erkannt, daß dies ein Widerspruch in sich ist. Dem ist das BAG gefolgt.[510]

aa) Meinungsstand. Das BAG argumentiert wie folgt:[511] 534
– Die Regel verstoße gegen Art. 3 Abs. 1 GG, weil unterschiedliche Mindestlöhne zustandekommen.
– Die individualvertraglichen Vereinbarungen seien der kollektiven Regelung entzogen.
– Es liege ein Verstoß gegen das Schriftformgebot des § 1 Abs. 2 TVG vor, weil die Höhe der Löhne nicht beitragsmäßig dem Tarifvertrag zu entnehmen sei.[512]

Des weiteren wird darauf hingewiesen, daß die Tarifvertragsparteien dem Arbeitgeber nicht die individualrechtlich bestehende Möglichkeit nehmen könnten, übertarifliche Löhne abzubauen.[513] Effektivklauseln drängten den Parteien des Arbeitsvertrages einen Vertragsinhalt auf, den sie nicht vereinbart hätten, was gegen Art. 12 GG verstoße.[514]

---

[508] Vgl. *Wank*, Rechtstheorie 1982, S. 465, 473f.
[509] *Nikisch*, BB 1956, S. 468; ebenso BB 1961, S. 1205.
[510] BAG 14. 2. 1968 AP Nr. 7 zu § 4 TVG Effektivklausel (*Bötticher*) = SAE 1968, S. 109 (*Knevels*); BAG 16. 4. 1980 AP Nr. 9 und 16. 9. 1987 Nr. 15 zu § 4 TVG Effektivklausel; ebenso die ganz überwiegende Literatur, *Brox/Müller*, Anm. zu BAG 16. 9. 1987 AP Nr. 15 zu § 4 TVG Effektivklausel; Buchner, AR-Blattei D Tarifvertrag V Inhalt B Effektivklausel; *Knevels*, Anm. zu BAG 14. 2. 1968, SAE 1968, S. 115; *Löwisch*/Rieble, § 1 TVG, Rnr. 531ff.; *Mayer-Maly*, in: Festschrift für Hans Giger (1989) S. 469, 471; *Richardi*, Betrieb 1969, S. 1986, 1991; *Tomandl*, ZAS 1969, S. 41; *Zöllner/Loritz*, Arbeitsrecht, § 36 IV 2, S. 402f.
[511] BAG 14. 2. 1968 AP Nr. 7 zu § 4 TVG Effektivklausel; bestätigt durch BAG 16. 4. 1980 AP Nr. 9 und 16. 9. 1987 Nr. 15 zu § 4 TVG Effektivklausel; BAG 10. 3. 1982 AP Nr. 47 zu § 242 BGB Gleichbehandlung; 21. 7. 1993 AP Nr. 144 zu § 1 TVG Auslegung.
[512] Gegen alle drei Argumente *Gamillscheg*, Kollektives Arbeitsrecht I, § 18 VI 2 c, S. 869.
[513] *Zöllner/Loritz*, Arbeitsrecht, § 36 IV 2, S. 402f.
[514] *Löwisch/Rieble*, § 4 TVG, Rnr. 536.

535 Andere halten begrenzte Effektivklauseln für zulässig.[515] Dabei macht sich *Däubler*[516] zum Verteidiger der Arbeitgeber. Art. 3 Abs. 1 GG sei nicht verletzt, da keine willkürliche Differenzierung vorliege; die übertarifliche Zulage gehe schließlich auf den Arbeitgeber zurück, der nicht willkürlich handele. Es fehle auch an einem Eingriff in die Arbeitsvertragsbeziehungen, da nur eine Regelung von Anspruchsmodalitäten erfolge[517] (aber wenn einer Anrechnungsklausel die Wirkung genommen wird, dürfte es sich wohl kaum noch um eine bloße „Modalität" handeln). Ein Verstoß gegen § 1 Abs. 2 liege nicht vor, weil die Lohnhöhe bestimmbar sei.[518]

536 Kritisch äußern sich auch Lieb und Söllner. *Lieb*[519] hält es für unverständlich, daß sich die Tariflohnerhöhung im Ergebnis überhaupt nicht auswirke; *Söllner*[520] meint, das BAG habe Überlegungen zu den Effektivgarantieklauseln zu Unrecht auf die begrenzten Effektivklauseln übertragen.

537 **bb) Stellungnahme.** Auch begrenzte Effektivklauseln überschreiten die **Grenzen der Tarifmacht.** Es bleibt sich gleich, ob einzelvertragliche Zulagen zu tariflichen umfunktioniert werden oder ob sie als individualvertragliche bestehen bleiben, aber nur mit der ihnen durch den Tarifvertrag zugestandenen geringeren Wirkung. Übertarifliche Zulagen und Anrechnungsklauseln gehören zusammen. Der Arbeitsvertrag könnte auch vorsehen, daß die Zulage nur bis zum Ablauf des Tarifvertrages geschuldet wird und daß sie anschließend angesichts des neuen Tarifabschlusses in neuer Höhe neu vereinbart wird. Die Gegenansicht will nach Art einer Rosinentheorie diesen Zusammenhang zerstören. Der Arbeitgeber soll nur das eine Mal die Freiheit haben, eine übertarifliche Zulage zu gewähren; anschließend könne ihn der Tarifvertrag verpflichten, diese Zulage für alle Zeiten weiterzuzahlen. Auch der Zusammenhang derart, daß die übertarifliche Zulage gerade im Hinblick auf eine ganz bestimmte derzeitige tarifliche Lohnhöhe gezahlt wird, würde zerstört. Ehrlicher ist insoweit die Aussage von *Zachert*, angesichts des strukturellen Übergewichts des Arbeitgebers sei ein Ausgleich durch Tarifvertrag erforderlich.[521] Das bedeutet mit anderen Worten, daß es neben dem Tarifvertrag keinen Spielraum für Privatautonomie gibt.

538 Das **BAG** hat zuletzt entschieden,[522] bei der Auslegung von Tarifnormen sei davon auszugehen, daß die Tarifvertragsparteien keine nach der Senatsrechtsprechung unwirksame Effektivklausel vereinbaren wollten (zur gesetzeskonformen Auslegung s. oben § 1, Rnr. 802). Dieser Grundsatz gelte ausnahmsweise nicht, wenn im Tarifvertrag deutlich der Wille der Tarifver-

---

[515] So LAG Hamburg 12. 7. 1990, AuR 1991, S. 120; *Däubler*, Tarifvertragsrecht, Rnr. 592 ff.; *Gamillscheg*, Kollektives Arbeitsrecht I, § 18 2c, S. 869; *Hansen*, RdA 1985, S. 78 ff.; *Kempen*, AuR 1982, S. 50, 52 ff.; *Kempen/Zachert*, § 4 TVG, Rnr. 221 f.
[516] *Däubler*, Tarifvertragsrecht, Rnr. 597.
[517] *Däubler*, Tarifvertragsrecht, Rnr. 594.
[518] *Däubler*, Tarifvertragsrecht, Rnr. 602; ebenso Kempen/Zachert, § 4 TVG, Rnr. 221.
[519] *Lieb*, Arbeitsrecht, § 6 II 3 a, S. 147.
[520] *Söllner*, Arbeitsrecht, § 15 V 1 a, S. 127.
[521] Kempen/Zachert, § 4 TVG, Rnr. 222.
[522] BAG 21. 7. 1993 AP Nr. 144 zu § 1 TVG Auslegung.

tragsparteien zum Ausdruck komme, durch eine der Rechtsprechung widersprechende Tarifnorm die Rechtsprechung zum Überdenken ihres Standpunkts zu veranlassen.

cc) Auch eine **vertragsergänzende begrenzte Effektivklausel** in Form einer *tariflichen Auslegungsregel* ist unzulässig, nach der der Arbeitnehmer *im Zweifel* einen Anspruch auf ein Arbeitsentgelt hat, das dem linear um die Tariflohnerhöhung gestiegenen Vertragsentgelt entspricht.[523] 539

Soweit im Schrifttum die **Zulässigkeit** einer Effektivgarantieklausel verneint und die einer vertragsergänzenden begrenzten Effektivklausel bejaht wird, ist zweifelhaft, ob die Tarifvertragsparteien nicht auch bei der begrenzten Effektivklausel ihr Verständnis an die Stelle des Verständnisses der Vertragsparteien setzen. Allerdings ist den Tarifvertragsparteien unbenommen, eine Auslegungsregel zu normieren, die tatsächlich dem mußmaßlichen Willen der Parteien des Einzelvertrages gerecht wird. 540

dd) **Vertragsverdrängende begrenzte Effektivklausel.** Die Tarifvertragsparteien müssen bereits vorhandene Absprachen über die Behandlung über- oder außertariflicher Entgelte respektieren. Sieht der Arbeitsvertrag oder die betriebliebe Einheitsregelung eine Dynamisierung der übertariflichen Lohnbestandteile vor – entweder als parallel oder als proportional verschobenes Ist-Lohn-Niveau –, so ist eine tarifliche Verrechnungsklausel rechtswidrig. Verlangt der Arbeitsvertrag umgekehrt den Wegfall oder die teilweise Aufsaugung des übertariflichen Entgelts, so vermag der Tarifvertrag diese Abrede nicht zu beseitigen; es kann offen bleiben, wie weit er einen Regelungsgegenstand überhaupt vorfindet. Vorschläge, den Individualarbeitsvertrag in eine Abrede auf übertarifliche Entlohnung und in eine Abrede auf Wegfall oder Anrechnung bei Tariflohnerhöhung aufzuspalten, sind abzulehnen.[524] Dabei wird vernachlässigt, daß der Tarifvertrag die vorhandene Ausgestaltung des Arbeitsvertrages hinnehmen muß. Entgegen dem Vorschlag von *Böttcher*[525] kann eine Tarifnorm einzelvertragliche Aufsaugungsabreden für die Vergangenheit nicht verdrängen. Dabei spielt es keine Rolle, ob man die Effektivklausel als positive oder als negative Inhaltsnorm charakterisiert. Der Tarifvertrag hat nicht die Aufgabe, ein aus den verschiedensten Gründen bestehendes Lohngefälle gegen den erkennbaren Willen der Parteien des Einzelarbeitsvertrages tariflich fortzusetzen, indem er die einzelvertragliche Abrede verdrängt und durch eine ihm richtig erscheinende Regelung ersetzt. 541

ee) Nichtig ist auch ein **partielles** tarifliches **Abschlußverbot**, das den Arbeitsvertragsparteien vorschreibt, Verträge in Zukunft nur derart auszuge- 542

---

[523] BAG 18. 8. 1971 AP Nr. 8 zu § 4 TVG Effektivklausel (*Wiedemann*); *Buchner*, AR-Blattei D Tarifvertrag V Inhalt B; *Richardi*, Betrieb 1969, S. 1986, 1991; *ders.*, NZA 1992, S. 961, 964; *Tomandl*, ZAS 1969, S. 41, 44; a. A. *Butz*, BB 1958, S. 428, 430; *Kunze*, AuR 1969, S. 225, 229; *Rumpff*, BB 1968, S. 1164, 1166; *Stahlhacke*, RdA 1957, S. 446, 449; *ders.*, RdA 1962, S. 223, 226; *ders.*, Betrieb 1969, S. 791 ff.; *Viets*, Betrieb 1961, S. 502, 504; Vorauflage, § 4, Rnr. 268.
[524] Vgl. insbesondere *Stahlhacke*, RdA 1962, S. 223, 225; *ders.*, Betrieb 1969, S. 791, 793.
[525] *Böttcher*, Anm. zu BAG 14. 2. 1968 AP Nr. 7 zu § 4 TVG Effektivklausel.

stalten, daß der über- oder außertarifliche Besitzstand des Arbeitnehmers gewahrt bleibt.[526]

543 **c) Die negative Effektivklausel.** Ebenso wie es die Regelungsmacht der Tarifvertragsparteien übersteigt, dem Arbeitgeber eine Anrechnung der Tariflohnerhöhung auf die übertarifliche Zulage zu verbieten (s. oben Rnr. 523), so übersteigt es ihre Regelungsmacht, dem Arbeitgeber eine entsprechende Anrechnung vorzuschreiben.[527] Einer vertiefenden Argumentation bedarf es nicht, da diese Tarifregelung gegen § 4 Abs. 3 verstößt.

544 An der Unzulässigkeit nehmen auch Verrechnungsklauseln als *Auslegungsregeln* für zweifelhafte Fälle teil.[528]

545 Tarifliche Anrechnungsnormen sind dagegen zulässig, soweit die übertariflichen Lohnbestandteile aufgrund von **Betriebsvereinbarungen** geschuldet werden.[529] Zulässig ist auch eine Tarifbestimmung des Inhalts, daß der Tarifvertrag dem Arbeitnehmer Leistungen nur insoweit gewährt, als der Arbeitnehmer nicht schon übertarifliche Leistungen erhält. Hier wird nur die tarifliche Leistung selbst geregelt und die individualvertragliche Leistung nur zum Bezugspunkt genommen. – Angesichts der Tatsache, daß Effektivklauseln unwirksam sind und in den letzten Jahren auch keine neuen Versuche unternommen worden sind, kann wegen der Einzelfälle auf die Vorauflage verwiesen werden.

D. Verhältnis zu rangniedrigeren Kollektivordnungen

I. Das Verhältnis des Tarifvertrags zur Betriebsvereinbarung

1. Streitstand

546 Das Verhältnis von Tarifautonomie zu betrieblicher Regelungsmacht ist schon seit langem Gegenstand einer intensiven Diskussion. Sie kreiste lange Zeit um die Auslegung der §§ 77 Abs. 3, 87 BetrVG und läßt sich schlagwortartig am Streit zwischen Vorrangtheorie und Zwei-Schranken-Theorie festmachen (s. unten Rnr. 611 ff.). In den letzten Jahren wurde die Diskussi-

---

[526] BAG 14. 2. 1968 AP Nr. 7 zu § 4 TVG Effektivklausel; *Dietz*, Freiheit und Bindung im kollektiven Arbeitsrecht, S. 21; *Wiedemann*, in: Gedächtnisschrift für Rolf Dietz (1973), S. 189 ff.

[527] BAG 18. 8. 1971 AP Nr. 8 zu § 4 TVG Effektivklausel (*Wiedemann*) = SAE 1973, S. 4 (*Lieb*); ferner BAG 16. 9. 1987 AP Nr. 15 zu § 4 TVG Effektivklausel; 1. 3. 1956 AP Nr. 10 zu § 4 TVG Übertariflicher Lohn und Tariflohnerhöhung; 26. 2. 1986 AP Nr. 12 zu § 4 TVG Ordnungsprinzip; ebenso *Koberski/Clasen/Menzel* TVG, Rnr. 45; *Richardi*, NZA 1992, S. 961, 964; *Sauerbier*, AR-Blattei SD Tariflohnerhöhung, Rnr. 207 f.; *Schaub*, Arbeitsrechts-Handbuch, § 204 VI 4, S. 1531; *Zöllner/Loritz*, Arbeitsrecht, § 36 IV 2, S. 403 f.

[528] BAG 18. 8. 1971 AP Nr. 8 zu § 4 TVG Effektivklauseln; *Sauerbier*, AR-Blattei SD Tariflohnerhöhung, Rnr. 208; a. A. *Söllner*, Arbeitsrecht, § 15 V 1 c, S. 127 sowie die 4. Aufl. dieses Kommentars.

[529] BAG 26. 2. 1986 AP Nr. 12 zu § 4 TVG Ordnungsprinzip; 23. 10. 1985 AP Nr. 33 zu § 1 TVG Tarifverträge: Metallindustrie (unter Berufung auf das Ordnungsprinzip).

on verstärkt wieder aufgegriffen.⁵³⁰ Auf der einen Seite wurden Defizite des Tarifvertrags, insbes. des Verbandstarifvertrages, beklagt. Auf der anderen Seite soll nach Meinung einiger Autoren die Verlagerung der Regelungskompetenz auf die Betriebsparteien als die bessere Lösung stehen. Das wird teils als Ergebnis des geltenden Rechts dargestellt,⁵³¹ teils werden insoweit rechtspolitische Forderungen erhoben.⁵³² Von der Verlagerung auf die Betriebsebene verspricht man sich⁵³³ geringere Kosten für die Unternehmen, mehr *Flexibilität* bei den Arbeitsbedingungen und stärker auf den einzelnen Betrieb zugeschnittene Bedingungen sowie die Erleichterung von „Bündnissen für Arbeit"⁵³⁴ in dem Sinne, daß Arbeitnehmern gegen Lohnkürzungen⁵³⁵ Arbeitsplätze für eine bestimmte Zeit zugesichert werden. Die Widersprüche einer Verlagerung der Regelungskompetenz zum geltenden Rechtssystem werden dabei nicht gesehen; insbesondere nicht, daß der Arbeitskampf den Tarifvertragsparteien vorbehalten ist und sich nicht mit der Betriebsverfassung verträgt.⁵³⁶ Nach überwiegender Meinung ist demgegenüber am Flächentarifvertrag festzuhalten.⁵³⁷ Die Lösung besteht (von möglichen Randkorrekturen abgesehen) nicht in einem Eingreifen des Gesetzgebers; sondern die Tarifvertragsparteien selbst können durch mehr Differenzierungen beim Geltungsbereich der Tarifverträge sowie durch Öffnungsklauseln im Hinblick auf betriebliche Absprachen selbst für die gewünschte Flexibili-

---

⁵³⁰ Zusammenstellung der Literatur bei *Picker,* in: Tarifautonomie – Informationsgesellschaft – globale Wirtschaft, 1997, S. 113 ff., Fn. 3.
⁵³¹ *Adomeit,* NJW 1984, S. 837; *Blomeyer,* NZA 1996, S. 337; *Ehmann/Schmidt,* NZA 1995, S. 193; *Ehmann/Lambrich,* NZA 1996, S. 346; *Reuter,* RdA 1994, S. 152; *ders.,* ZfA 1995, S. 1.
⁵³² Andere rechtspolitische Forderungen betreffen insbesondere die Änderung des § 3 Abs. 2, die Beseitigung der Kumulation von § 3 Abs. 3 und § 4 Abs. 5 sowie eine Beschränkung der Allgemeinverbindlicherklärung; s. Einl. vor § 1, Rnr. 66 ff. sowie u. a. *Deregulierungskommission,* Marktöffnung und Wettbewerb, 1993, Rnr. 597, 599, 601; Zehntes Hauptgutachten der *Monopolkommission,* 1992/93, BT-Drucks. 12/8323; *Kronenberger Kreis,* Mehr Markt im Arbeitsrecht; *Möschel,* WuW 1995, S. 704; Gegenkritik bei *Henssler,* ZfA 1994, S. 487; *Junker,* ZfA 1996, S. 383, 393 ff.; *Lieb,* NZA 1994, S. 289; *Linnenkohl,* BB 1994, S. 2077; *Richardi,* Gutachten B zum 61. DJT, 1996, S. 13 ff.; *Wank,* NJW 1996, S. 2273, 2280 ff.
⁵³³ So – von unterschiedlichen Ausgangspunkten aus – *Buchner,* RdA 1990, S. 4; *Ehmann/Schmidt,* NZA 1995, S. 193, 196; *Kissel,* NZA 1994, S. 591; *Linnenkohl,* BB 1994, S. 2077, 2078; *Reuter,* RdA 1991, S. 199; *ders.,* RdA 1994, S. 154; *Rüthers,* RdA 1994, S. 177; *Simitis,* RdA 1994, S. 175.
⁵³⁴ S. Handwörterbuch des Arbeitsrecht-*Scheuer,* Stichwort „Beschäftigungssicherung"; *Linnenkohl,* BB 1994, S. 2077, 2080; zu tarifvertraglicher Standortsicherung s. *Lorenz/Clasen,* BArbBl. 12/1996, S. 5 ff.; *Zachert,* AuR 1995, S. 1 ff.
⁵³⁵ Zu den Kosten des Standorts Deutschlands s. *Schaub,* BB 1994, S. 2005.
⁵³⁶ *Richardi,* § 77 BetrVG, Rnr. 228 ff.; *Rieble,* Arbeitsmarkt und Wettbewerb, 1996, S. 447 ff.; *Schlachter,* ZIAS 1997, S. 101, 115; *Wank,* NJW 1996, S. 2273, 2282; *Zöllner,* in: Festschrift für Nipperdey (1965), S. 700 ff.
⁵³⁷ *Blanke,* in: Festschrift für Gnade (1992), S. 25, 30 f.; *Eich,* NZA 1995, S. 149, 150; *Hanau,* RdA 1993, S. 1, 5 f.; *Heinze,* NZA 1995, S. 5; *Henssler,* ZfA 1994, S. 487; *Joost,* JuS 1989, S. 274, 275; *Junker,* ZfA 1996, S. 383; *Kissel,* NZA 1986, S. 73, 74; *ders.,* NZA 1995, S. 1, 4; *Konzen,* NZA 1994, S. 913; *Lieb,* NZA 1994, S. 289; *Neumann,* RdA 1990, S. 257, 259; *Richardi,* Verhandlungen des 61. DJT, 1996, Bd. 1, S. B 9 ff.; *Walker,* ZfA 1996, S. 353; *Waltermann,* RdA 1996, S. 129; *Wank,* NJW 1996, S. 2273; *Wiedemann,* RdA 1997, S. 297 ff.; *Zachert,* AuR 1995, S. 1, 6; *ders.,* RdA 1996, S. 140.

tät sorgen.[538] Im Krisenfall sind sowohl die Betriebsparteien als auch die Tarifvertragsparteien an der Lösung zu beteiligen.

2. Verfassungsrechtliche Vorgaben

547 Überlegungen zum Verhältnis von Tarifvertrag zu Betriebsvereinbarung (und anderen Kollektivvereinbarungen im Rang unter dem Tarifvertrag) müssen von den verfassungsrechtlichen Vorgaben, insbesondere von Art. 9 Abs. 3 GG, ausgehen.[539] Sie sind nicht nur für rechtspolitische Vorschläge von Bedeutung, sondern auch für die Auslegung des geltenden Rechts. Autoren, die durch neuartige Auslegungen des geltenden Rechts das Verhältnis der tariflichen Regelungsebene zur betrieblichen umkehren wollen, verstoßen gegen den **Grundsatz der verfassungskonformen Auslegung** in Form der Inhaltsbestimmung.[540] Danach ist von mehreren nach einfachem Recht möglichen Auslegungsvarianten eines Gesetzes diejenige zu wählen, die der Verfassung am nächsten kommt. Unter den verschiedenen Formen der Mitgestaltung der Arbeitnehmer bei ihren Arbeitsbedingungen (Unternehmensmitbestimmung; Regelung durch Tarifvertrag; Mitbestimmung durch Betriebsvereinbarung) hat das Grundgesetz eine Mitbestimmung durch „Koalitionen zur Wahrung und Förderung der Arbeits- und Wirtschaftsbedingungen" privilegiert. Eine entstehungsgeschichtliche Auslegung ergibt, daß damit nur die Parteien auf der Tarifebene gemeint sind und nicht die Betriebsparteien.[541] Es trifft auch nicht zu, daß das Bundesverfassungsgericht im Mitbestimmungsurteil tarifliche und betriebliche Regelungsebene gleichgestellt habe. In dem Kontext des Urteils wird nur ausgeführt, daß es dem Gesetzgeber freistehe, das Ziel der Beteiligung der Arbeitnehmer an der Gestaltung ihrer Arbeitsbedingungen über Tarifverträge oder über Unternehmensmitbestimmung zu erreichen.[542] Von betrieblicher Mitbestimmung ist in diesem Kontext nicht die Rede.[543] Im Hinblick auf das Verhältnis von Tarifvertrag zu Betriebsvereinbarung ergibt sich aus Art. 9 Abs. 3 GG, daß zwar verschiedene Formen des Miteinanders möglich sind und daß dem Gesetzgeber ein Regelungsspielraum zusteht.[544] Ein Übergewicht oder Vorrang der Koalitionen muß aber gewahrt bleiben.[545] Die verfassungsrechtli-

---

[538] *Wiedemann*, RdA 1997, S. 297, 298.
[539] S. dazu allgemein oben Einl. vor § 1, Rnr. 87 ff.; im folgenden geht es nur um die Konkurrenz zur Betriebsverfassung.
[540] Dazu *Wank*, Grenzen richterlicher Rechtsfortbildung, 1978, S. 97 ff.
[541] *Kissel*, NZA 1986, S. 73 f.; *Wank*, NJW 1996, S. 2273, 2274 f.; a. A. (Koalitionszweckgarantie) *Ehmann/Lambrich*, NJW 1996, S. 346, 349 f.
[542] Vgl. BVerfG 1. 3. 1979 BVerfGE 50, S. 290, 371.
[543] Einen grundgesetzlichen Schutz der „Betriebsautonomie" bejahen *Ehmann/ Schmidt*, NZA 1995, S. 195; *Ehmann/Lambrich*, NZA 1996, S. 349; *Reuter*, RdA 1991, S. 201; ders., RdA 1994, S. 163 f.; ders., ZfA 1995, S. 57 ff.; ders., in: Festschrift für Schaub (1998), S. 605 ff. – Gegen diesen Ansatz *Heinze*, Betrieb 1996, S. 732; *Kempen*, Arbeitsrecht der Gegenwart 30 (1993), S. 101 ff.; *Richardi*, Gutachten B zum 61. DJT, 25 ff.; *Rieble*, RdA 1996, S. 151, 152 f.; *Zachert*, AuR 1995, S. 363 f.
[544] S. im einzelnen *Löwisch*, JZ 1996, S. 812, 818.
[545] *Hanau*, RdA 1993, S. 1, 4; *Kittner*, in: Festschrift für Schaub (1998), S. 389, 405 f.; *Löwisch*, JZ 1996, S. 812, 817 f.; *Richardi*, Gutachten B zum 61. DJT, 1996, S. 29; *Säcker/Oetker*, Grundlagen und Grenzen der Tarifautonomie, 1992, S. 95, 99; *Wiedemann*, in: Festschrift für Stahlhacke (1995), S. 675, 682.

chen Vorgaben wirken sich inbes. bei der Auslegung der §§ 77 Abs. 3, 87 BetrVG aus im Hinblick auf Vorrang- oder auf Zwei-Schranken-Theorie, Günstigkeitsprinzip im Verhältnis Tarifvertrag zu Betriebsvereinbarung, Öffnungsklauseln und Umfang der Delegation auf die Parteien der Betriebsvereinbarung.

3. Der Normzweck von § 4 Abs. 3 TVG, §§ 77 Abs. 3, 87 Abs. 1 BetrVG

Im einfachen Recht wird das Verhältnis von Tarifvertrag zu Betriebsvereinbarung an drei Stellen geregelt, nämlich in § 4 Abs. 3 TVG einerseits und in §§ 77 Abs. 3, 87 Abs. 1 BetrVG andererseits. 548

a) **§ 4 Abs. 3 TVG.** § 4 Abs. 3 läßt „abweichende Abmachungen" in zwei Fällen zu: einmal, wenn sie durch den Tarifvertrag gestattet sind (Öffnungsklausel, s. oben § 1, Rnr. 259 ff. sowie unten Rnr. 587 ff.), und zum anderen, wenn sie für den Arbeitnehmer günstiger als die tarifliche Regelung sind.[546] Vor dem Inkrafttreten des Betriebsverfassungsgesetzes war § 4 Abs. 3 die einzige Regelung zum Verhältnis von Tarifvertrag zu Betriebsvereinbarung. Damals konnte man ableiten, daß der Tarifvertrag jede beliebige abweichende Betriebsvereinbarung zulassen konnte und daß eine für den Arbeitnehmer günstigere Betriebsvereinbarung einem Tarifvertrag vorgeht.[547] Wie § 4 Abs. 3 damals auszulegen war, kann heute dahinstehen.[548] Mit dem Inkrafttreten des gegenüber dem Gesetz neueren Betriebsverfassungsgesetzes im Jahre 1952 gingen die darin enthaltenen Kollisionsregeln § 4 Abs. 3 vor.[549] Wenn man also heute § 4 Abs. 3 TVG auslegen will, so ist das nur mit Hilfe der Ergänzung durch §§ 77 Abs. 3, 87 Abs. 1 BetrVG möglich. Nur soweit nach diesen Vorschriften keine Sperrwirkung eintritt, kann § 4 Abs. 3 TVG eingreifen (s. dazu unten Rnr. 621). 549

b) **§ 77 Abs. 3 BetrVG.** Der Normzweck des § 77 Abs. 3 BetrVG ist offensichtlich und unbestritten. „Arbeitsentgelte und sonstige Arbeitsbedingungen, die durch Tarifvertrag geregelt sind oder üblicherweise geregelt werden, können nicht Gegenstand einer Betriebsvereinbarung sein", § 77 Abs. 3 Satz 1 BetrVG. Hiernach reicht für die Sperrwirkung des Tarifvertrags sowohl ein bestehender Tarifvertrag als auch eine Tarifüblichkeit der Regelung. Daraus folgt, daß das Betriebsverfassungsgesetz verhindern will, daß die Betriebsräte die Position von Ersatzgewerkschaften erhalten.[550] Nach Ansicht des Großen Senats des BAG[551] ist Zweck des § 77 Abs. 3 BetrVG die Sicherung der ausgeübten und aktualisierten Tarifautonomie vor einer Aushöhlung und Bedeutungsminderung durch Betriebsvereinbarungen. Es gehe um die Erhaltung und Stärkung der Funktionsfähigkeit der Koalitionen.[552] 550

---

[546] Günstigkeitsprinzip, s. dazu oben Rnr. 381 ff.
[547] *Dietz*, RdA 1949, S. 162, 164 f.; *A. Hueck*, NZfA 1923, Sp. 96 f.
[548] S. aber *Ehmann/Lambrich*, NZA 1996, S. 346, 347 f.
[549] *Richardi*, § 77 BetrVG, Rnr. 225.
[550] S. *Hromadka*, in: Festschrift für Schaub (1998), S. 337, 343; *Wank*, RdA 1991, S. 129, 136 f.
[551] BAG 3. 12. 1991 GS AP Nr. 51 zu § 87 BetrVG 1972 Lohngestaltung m. w. N. aus der Rechtsprechung.
[552] GK/*Kreutz*, § 77 BetrVG, Rnr. 66 m. w. N.

Andere Normzwecke sind nicht ersichtlich. Weder geht es um den Schutz der Arbeitnehmer (er könnte durch die eine oder durch die andere oder durch eine Kumulation beider Regelungen erreicht werden), noch um die Einheit der überbetrieblichen Ordnung im Allgemeininteresse oder um die Gleichheit der Wettbewerbsbedingungen für die einzelnen Unternehmen oder den Arbeitsfrieden im Betrieb.[553]

551 c) § 87 Abs. 1 Einleitungssatz BetrVG. Nach § 87 Abs. 1 Einleitungssatz BetrVG hat der Betriebsrat, „soweit eine gesetzliche oder tarifliche Regelung nicht besteht, in folgenden Angelegenheiten mitzubestimmen". Während § 77 Abs. 3 BetrVG nur das Verhältnis von Tarifvertrag zu Betriebsvereinbarung regelt, geht § 87 Abs. 1 BetrVG sowohl auf das Verhältnis von Betriebsvereinbarung zum Gesetz als auch auf das Verhältnis von Tarifvertrag zu Betriebsvereinbarung ein. Daraus wird teilweise der Schluß gezogen, beiden Kollisionsregeln müsse derselbe Zweck zugrundeliegen. So soll nach Ansicht des BAG[554] das Mitbestimmungsrecht des Betriebsrats entfallen, wenn die Arbeitnehmerinteressen durch im Betrieb anwendbare gesetzliche oder tarifliche Vorschriften ausreichend berücksichtigt sind.[555] Da das Mitbestimmungsrecht des Betriebsrats auch gegenüber einer *gesetzlichen Regelung* zurücktreten soll und eine Bedrohung der gesetzgeberischen Zuständigkeit durch den Abschluß von Betriebsvereinbarungen nicht zu befürchten sei, könne von einem Institutionenschutz durch § 87 Abs. 1 BetrVG nicht gesprochen werden. Das könnte darauf hindeuten, daß § 87 Abs. 1 BetrVG keine Regelungssperre enthält, sondern lediglich eine zwingende Kollisionsnorm; die Mitbestimmung wird insoweit zurückgedrängt, wie der Sozialschutz der Arbeitnehmer bereits anderweitig gewährleistet ist. Hält man bei bestimmten Konstellationen den Schutz des Arbeitnehmers nicht für ausreichend, darf dann die Betriebsvereinbarung doch den Tarifvertrag verdrängen.

552 Dem liegt eine nicht überzeugende Sicht zugrunde. Zwar erschwert die gleichzeitige Aufnahme von Tarifvorrang und Gesetzesvorrang in einer Norm die Auslegung. Jedoch darf aus dieser Gleichzeitigkeit nicht der Schluß gezogen werden, daß dem Tarifvorrang der gleiche Regelungszweck zugrundeliege wie dem Gesetzesvorrang.[556] Im **Verhältnis von Betriebsvereinbarung zu Gesetz** ist die Regelung Ausdruck dessen, daß der Gesetzgeber gerade nicht von einer Allzuständigkeit der Betriebsparteien ausging. Ist die Materie schon durch Gesetz geregelt, erübrigt sich eine Regelung durch Betriebsvereinbarung.[557] Insoweit gilt auch nicht das Günstigkeitsprinzip. Die Betriebsparteien sollen auf dem Feld der materiellen Arbeitsbedingungen von vornherein nur dann tätig werden dürfen, wenn das Gesetz andernfalls eine Schutzlücke lassen würde.

553 Im **Verhältnis von Betriebsvereinbarung zu Tarifvertrag** verwirklicht dagegen § 87 Abs. 1 BetrVG nur den Gedanken, der auch § 77 Abs. 3

---

[553] So aber *Zöllner*, in: Festschrift für Nipperdey (1965), Bd. II, S. 699, 700 ff.
[554] BAG 3. 12. 1991 GS AP Nr. 51 zu § 87 BetrVG 1972 Lohngestaltung.
[555] Ebenso GK/*Wiese*, § 87 BetrVG, Rnr. 47 m. w. N.
[556] Zutr. *Moll*, Tarifvorrang, S. 18 ff.; *Richardi*, § 87 BetrVG, Rnr. 143.
[557] BAG 24. 2. 1987 AP Nr. 21 zu § 77 BetrVG 1972.

BetrVG zugrundeliegt: Die Betriebsräte sollen keine Ersatzgewerkschaften sein. Auch hier wurde auf die Anwendung des Günstigkeitsprinzips verzichtet. Würde man § 87 Abs. 1 BetrVG als Ausdruck des Arbeitnehmerschutzes sehen, so wäre dieser Verzicht unverständlich. Es geht aber darum, daß gerade günstigere Betriebsvereinbarungen den zukünftigen Tarifvertag präjudizieren könnten und daß sich Betriebsräte gegenüber Gewerkschaften profilieren könnten; eben das soll durch die Regelung verhindert werden.[558]

Ein Unterschied zwischen § 77 Abs. 3 BetrVG und § 87 Abs. 1 BetrVG **554** besteht allerdings in folgendem: Nach § 77 Abs. 3 BetrVG wird die Betriebvereinbarung verdrängt entweder durch einen konkreten Tarifvertrag oder bei Tarifüblichkeit. Für § 87 Abs. 1 BetrVG reicht dagegen nur ein bestehender Tarifvertrag, die Tarifüblichkeit genügt nicht. Im übrigen aber verfolgen § 77 Abs. 3 und § 87 Abs. 1 BetrVG den gleichen Normzweck, nämlich in Konkretisierung des Art. 9 Abs. 3 GG den Tarifvertragsparteien den Vorrang vor den Betriebsparteien einzuräumen.[559]

4. Die Regelungssperre des § 77 Abs. 3 BetrVG

a) Allgemeines. (1) Nach § 77 Abs. 3 BetrVG können Arbeitsentgelte **555** und sonstige Arbeitsbedingungen, die durch Tarifvertrag geregelt sind oder üblicherweise geregelt werden, nicht mehr Gegenstand einer Betriebsvereinbarung sein. Das gilt allerdings nicht, wenn ein Tarifvertrag den Abschluß ergänzender Betriebsvereinbarungen zuläßt (Öffnungsklausel; dazu unten Rnr. 587ff.). Nach allgemeiner Auffassung will die Vorschrift den Tarifvertragsparteien eine **Rechtssetzungsprärogative** hinsichtlich der kollektivrechtlichen Gestaltung der Arbeitsverhältnisse gewährleisten. In dem vom Betriebsverfassungsgesetz genannten Umfang soll bei Inanspruchnahme der tariflichen Regelungskompetenz die Zuständigkeit der Betriebsvertragsparteien entfallen.

(2) Dem Normzweck der Vorschrift entsprechend (s. oben Rnr. 550) be- **556** steht eine **absolute Sperrwirkung.** Das *Günstigkeitsprinzip gilt nach h. M. nicht.*[560] Die durch die Verfassung hervorgehobene Tarifautonomie[561] soll gegenüber einer betrieblichen Regelung privilegiert werden; durch diese Spezialvorschrift wird § 4 Abs. 3 TVG verdrängt. Dadurch werden die Zuständigkeiten auf tariflicher und auf betrieblicher Ebene klar voneinander

---

[558] *Wank,* RdA 1991, S. 129, 136ff.; s. auch *Hromadka,* in: Festschrift für Schaub (1998), S. 337, 345f.
[559] *Fitting/Kaiser/Heither/Engels,* § 87 BetrVG, Rnr. 49.; *Richardi,* § 77 BetrVG, Rnr. 228ff., § 87, Rnr. 150ff.
[560] *Däubler,* Tarifvertragsrecht, Rnr. 234; *Fitting/Kaiser/Heither/Engels,* § 77 BetrVG, Rnr. 86; GK/*Kreutz,* § 77 BetrVG, Rnr. 78, 109; *Heinze,* NZA 1995, S. 6; *Hess/Schlochauer/Glaubitz,* § 77 BetrVG, Rnr. 159; *Hromadka,* Betrieb 1987, S. 1991, 1993f.; *Kissel,* NZA 1995, S. 1, 4; *Konzen,* NZA 1995, S. 913, 915; *Kraft,* in: Festschrift für Molitor (1988), S. 207, 216; *Neumann,* RdA 1990, S. 257, 259; *Richardi,* § 77 BetrVG, Rnr. 262; *Rieble,* RdA 1996, S. 151, 153; *Schlochauer,* RdA 1993, S. 313, 314; *Waltermann,* Rechtsetzung durch Betriebsvereinbarung, 1996, S. 260ff.; *Weyand,* AuR 1993, S. 1, 5; *Zachert,* AuR 1993, S. 97, 99.
[561] *Wank,* RdA 1991, S. 129, 130; *Weyand,* AuR 1993, S. 6; *Zachert,* AuR 1993, S. 99.

abgegrenzt. Interessenkonflikte zwischen Gewerkschaften und Betriebsräten, zwischen Arbeitnehmern und Arbeitgebern werden vermieden.

557 Gegenüber dieser h. M. wird in der Literatur neuerdings vereinzelt die Geltung des **Günstigkeitsprinzips** nicht nur im Verhältnis kollektivrechtlicher Normen zu Regelungen im Einzelvertrag, sondern auch **im Verhältnis von Tarifvertrag zu Betriebsvereinbarung** bejaht.[562] So will *Blomeyer*[563] gegenüber einem Tarifvertrag günstigere Betriebsvereinbarungen insoweit zulassen, als es nicht das verfassungsrechtliche Übermaßverbot zum Schutz der Tarifautonomie erfordere. Beim Günstigkeitsvergleich müsse auf die Gesamtheit aller Betroffenen abgestellt werden. Erforderlich sei zumindest die Begünstigung einiger Arbeitnehmer bei neutraler Wirkung auf andere.[564] *Ehmann*[565] hält das Günstigkeitsprinzip für einen verfassungsrechtlich garantierten Grundsatz, der das gesamte kollektive Arbeitsrecht strukturiere. Zwar stütze er sich auf Art. 2 Abs. 1 GG und damit auf die Privatautonomie; diese könne aber im Arbeitsrecht nur als Gruppenautonomie verwirklicht werden. Beim Günstigkeitsvergleich will Ehmann auf den Sachgruppenvergleich und auf den einzelnen Arbeitnehmer bezug nehmen.[566]

558 Diese Ansicht ist abzulehnen.[567] Das **Günstigkeitsprinzip** betrifft allein das Aufeinandertreffen von **Privatautonomie und kollektiver Regelungsmacht** und nicht die Frage, welche von zwei kollektivrechtlichen Gestaltungsformen den Vorrang genießen soll. Daß die einfachgesetzliche Regelung den Tarifvertragsparteien einen Vorrang einräumt, steht im Einklang mit der Verfassung; bezüglich der Einzelheiten der Ausgestaltung hat der Gesetzgeber einen weitgehenden Gestaltungsspielraum.

559 Mit dem *Wortlaut* des § 77 Abs. 3 BetrVG ist die Gegenansicht nicht vereinbar. Ein Vergleich von § 4 Abs. 3 und § 77 Abs. 3 BetrVG in systematischer Auslegung ergibt im Umkehrschluß, daß bei § 77 Abs. 3 BetrVG gerade kein Günstigkeitsprinzip gilt. *Entstehungsgeschichtlich* läßt sich feststellen, daß dem Gesetzgeber des BetrVG 1952 das Günstigkeitsprinzip bekannt war; wenn er keine dem § 4 Abs. 3 entsprechende Formulierung ins Gesetz aufgenommen hat, so deshalb, weil er die Anwendung des Günstigkeitsprinzips nicht wollte. *Sinn und Zweck* des § 77 Abs. 3 BetrVG – Stärkung der Tarifvertragsparteien – würde die Anwendung des Günstigkeitsprinzips widersprechen. Gerade mit günstigeren Betriebsvereinbarungen könnten die Parteien der Betriebsebene den Tarifvertragsparteien Konkurrenz machen und die Tarifautonomie aushöhlen.

560 (3) § 77 Abs. 3 BetrVG gilt seinem Wortlaut nach nur für Betriebsvereinbarungen; auf **Regelungsabreden** erstreckt sich die Vorschrift nicht[568] (dazu

---

[562] *Blomeyer*, NZA 1996, S. 337, 344 ff.; *Ehmann/Schmidt*, NZA 1995, S. 193, 197; *Reuter*, RdA 1993, S. 193, 199; *Th. B. Schmidt*, Das Günstigkeitsprinzip im Tarifvertrags- und Betriebsverfassungsrecht, 1994, S. 56 ff.
[563] *Blomeyer*, NZA 1996, S. 337 ff.
[564] *Blomeyer*, NZA 1996, S. 337, 345.
[565] *Ehmann/Schmidt*, NZA 1995, S. 193, 198.
[566] *Ehmann/Schmidt*, NZA 1995, S. 193, 200 f.
[567] S. auch *Rieble*, RdA 1996, S. 151, 153; *Walker*, ZfA 1996, S. 353, 373.
[568] *Fitting/Kaiser/Heither/Engels*, § 77 BetrVG, Rnr. 90; *Kreutz*, Grenzen der Betriebsautonomie, 1979, S. 220 ff.; *Moll*, Tarifvorrang, S. 54 ff.; GK/*Kreutz*, § 77

unten Rnr. 576). Für Sozialpläne gilt § 77 Abs. 3 BetrVG gem. § 112 Abs. 1 Satz 4 BetrVG nicht.[569]

(4) § 77 Abs. 3 BetrVG gilt nur im Verhältnis zu Betriebsvereinbarungen, aber nicht im Verhältnis zu betrieblichen **Einheitsregeln**, Gesamtzusagen oder betrieblichen Übungen. Deshalb scheidet als Gesetzeszweck die Gewährleistung der Einheit der überbetrieblichen Ordnung der Arbeitsbedingungen[570] genauso aus wie die Befriedung der Betriebe.[571] Es ist nicht zu verkennen, daß die Regelung durch betriebseinheitliche Absprachen umgangen werden kann, da es dem Arbeitgeber im Rahmen des Günstigkeitsprinzips erlaubt ist, im Benehmen mit dem Betriebsrat vom Tarifvertrag abweichende Arbeitsbedingungen einzuführen. Die wirtschaftlichen Unterschiede sind dann nur gering. Allerdings haben betriebliche Einheitsregelungen und Gesamtzusagen eine andere Rechtsqualität und einen anderen Ordnungseffekt als Betriebsvereinbarungen. 561

b) Voraussetzungen der Regelungssperre. aa) Bestehende und übliche Tarifregelung. Die Sperrwirkung des Tarifvertrages und damit der Verlust betrieblicher Regelungszuständigkeit tritt ein, wenn entweder der Tarifvertrag für den Betrieb konkret gilt[572] oder wenn eine Regelung des Sachgegenstandes üblicherweise in Tarifverträgen vorgenommen wird.[573] Die Sperrwirkung hängt wegen der „Üblichkeit" im Ergebnis nicht von der Tarifgebundenheit des Arbeitgebers oder des Arbeitnehmers ab.[574] Maßgeblich ist vielmehr, ob das Unternehmen – Tarifgebundenheit des Arbeitgebers und der Arbeitnehmer unterstellt – unter den räumlichen, zeitlichen, branchenmäßigen und fachlichen Geltungsbereich des Tarifvertrages fallen würde. 562

Besteht z. B. aktuell oder üblicherweise ein Tarifvertrag nur für Betriebe des Einzelhandels, so kann eine Betriebsvereinbarung in Betrieben des Versandhandels geschlossen werden.[575] Enthält die tarifliche Ordnung keine Vorschriften für Personen im Ausbildungsverhältnis, so tritt insoweit keine Sperrwirkung ein. 563

Gesetzeszweck des § 77 Abs. 3 ist die privilegierte Zuständigkeit der Tarifvertragsparteien im Bereich der materiellen Arbeitsbedingungen. Sie kann nicht davon abhängen, ob ein Betrieb effektiv vom Tarifvertrag erfaßt wird.[576] Nach einer anderen Ansicht ist aber die Tarifbindung des Arbeitgebers erforderlich.[577] Erst diese Tarifbindung gebe Auskunft darüber, ob die Regelungskompetenz der Tarifvertragsparteien durch konkurrierende Betriebsvereinbarungen beeinträchtigt werden könne. Allerdings ist die Tarifbindung bei Firmentarifverträgen und bei Allgemeinverbindlicherklärungen ohnehin stets gegeben und ist nach dieser Ansicht nur in den sonstigen Fällen zu prüfen. 564

BetrVG, Rnr. 114; *Wiese*, in: Festschrift für das BAG (1979), S. 661, 664 f.; a. A. MünchArbR/*Matthes*, § 318, Rnr. 71.
[569] S. dazu auch BAG 13. 4. 1994 AP Nr. 118 zu § 1 TVG Tarifverträge: Metallindustrie.
[570] So aber BAG 27. 3. 1963 AP Nr. 9 zu § 59 BetrVG 1952.
[571] So BAG 21. 2. 1967 AP Nr. 26 zu § 59 BetrVG 1952.
[572] *Buchner*, Betrieb 1997, S. 573 ff.; *Fitting/Kaiser/Heither/Engels*, § 77 BetrVG, Rnr. 67.
[573] *Fitting/Kaiser/Heither/Engels*, § 77 BetrVG, Rnr. 80 ff.
[574] BAG 24. 1. 1996 AP Nr. 8 zu § 77 BetrVG 1972 Tarifvorbehalt = EzA § 77 BetrVG 1972 Nr. 55 (*Fischer*); *Fitting/Kaiser/Heither/Engels*, § 77 BetrVG, Rnr. 68; *Kempen*/Zachert, TVG, Grundlagen, Rnr. 254, 261, 267; *Hess*/Schlochauer/Glaubitz, § 77 BetrVG, Rnr. 141; *Löwisch*, § 77 BetrVG, Rnr. 50; a. A. *Ehmann/Schmidt*, NZA 1995, S. 196; GK/*Kreutz*, § 77 BetrVG, Rnr. 83, 100; *Richardi*, in: Festschrift für Schaub (1998), S. 639, 644 ff.
[575] So BAG 1. 2. 1963 AP Nr. 8 zu § 59 BetrVG 1952.
[576] *Hess*; *Löwisch*; *Kempen*, alle a. a. O.
[577] So *Ehmann/Schmidt*, NZA 1995, S. 193, 196; GK/*Kreutz*, § 77 BetrVG, Rnr. 83, 100.

565 Im Hinblick auf die **Tarifüblichkeit** verlangte das BAG,[578] daß die tarifliche Ordnung für die Branche **repräsentativ** sei. Die Zahl der in den tarifgebundenen Betrieben regelmäßig beschäftigten Arbeitnehmer müsse größer sein als die Zahl der in den nicht tarifgebundenen Betrieben regelmäßig Beschäftigten. Dem folgen *Richardi*[579] und *Löwisch*.[580] Die Vermutung, daß die Arbeitnehmer durch eine tarifliche Regelung besser gestellt werden, greife nur, wenn der Regelung von der Zahl der erfaßten Arbeitnehmer her besonderes Gewicht zukomme.[581] Eine derartige Vermutung liegt dem Gesetz nicht zugrunde. Die heutige BAG-Rechtsprechung und die überwiegende Meinung im Schrifttum lehnen das Erfordernis der Repräsentativität mit Recht ab.[582] Es kann weder auf die Zahl der tatsächlich normativ betroffenen Arbeitsverhältnisse noch auf den durch Bezugnahmeerklärungen erweiterten Umfang der Anwendung des Tarifvertrags noch auf den Organisationsgrad der Arbeitgeber oder der Arbeitnehmerschaft in der betreffenden Branche ankommen. Das würde die Rechtssicherheit erheblich einschränken, da sich die einzelnen rechtstatsächlichen Unterlagen von den Parteien der Betriebsvereinbarung, deren Zuständigkeit davon abhängen würde, nicht beschaffen lassen. Außerdem widerspricht es dem Gesetzeszweck, die Rechtssetzungsprärogative der Tarifvertragsparteien, die durch § 77 Abs. 3 BetrVG gewährleistet und gestärkt werden soll, vom Organisationsgrad der Arbeitgeber oder der Arbeitnehmer abhängig zu machen. Nach dem Sinn des Gesetzes kommt es nicht auf die Üblichkeit der Anwendung des Tarifvertrages, sondern auf die Üblichkeit der Regelungen an.[583] Das Mehrheitsprinzip hat seinen Platz nur im Rahmen der Allgemeinverbindlicherklärung.[584]

566 Ob für die Bejahung der Tarifüblichkeit eine **einmalige Regelung** genügt oder ob erst mehrere aufeinanderfolgende Tarifverträge eine Tarifüblichkeit begründen, läßt sich nicht generell festlegen.[585] Die Üblichkeit einer tariflichen Regelung in einem bestimmten räumlichen Geltungsbereich kann Sperrwirkung über dieses Gebiet hinaus nicht erzeugen; demgegenüber bejaht das BAG[586] eine Tarifüblichkeit für ein größeres Tarifgebiet durch den Abschluß mehrerer Firmentarifverträge. In einer Entscheidung bejaht das BAG[587] die Tarifüblichkeit für das Land Niedersachsen, obwohl für dieses Land ein Tarifvertrag noch nie abgeschlossen worden war, sondern lediglich in anderen Ländern der Bundesrepublik die Arbeitsbedingungen durch Tarifvertrag geregelt waren.[588]

567 Auch ein einmaliger Abschluß eines Tarifvertrages kann die Tarifüblichkeit begründen, wenn er lange genug gilt und sich die Regelung eingebürgert hat.[589] Tarifüblichkeit ist auch bei einem einmaligen Abschluß zu bejahen, wenn anzunehmen ist, daß

---

[578] Früher BAG 6. 12. 1963 AP Nr. 23 zu § 59 BetrVG 1952 (*Götz Hueck*).
[579] *Richardi*, § 77 BetrVG, Rnr. 255.
[580] *Löwisch*, § 77 BetrVG, Rnr. 50.
[581] *Galperin/Löwisch*, § 77 BetrVG, Rnr. 82.
[582] BAG 13. 8. 1980 AP Nr. 2 zu § 77 BetrVG 1972; *Däubler*, Tarifvertragsrecht, Rnr. 232; *Däubler/Kittner/Klebe/Berg*, § 77 BetrVG, Rnr. 71; *Fitting/Kaiser/Heither/Engels*, § 77 BetrVG, Rnr. 69; *GK/Kreutz*, § 77 BetrVG, Rnr. 101; *Hess/Schlochauer/Glaubitz*, § 77 BetrVG, Rnr. 150 f.; *Zöllner*, in: Festschrift für Nipperdey (1965), S. 699, 712, 716.
[583] *Hess/Schlochauer/Glaubitz*, § 77 BetrVG, Rnr. 150 f.
[584] *Däubler*, Tarifvertragsrecht, Rnr. 232.
[585] Vgl. dazu BAG 6. 12. 1963 AP Nr. 23 zu § 59 BetrVG 1952 (*Götz Hueck*); *Richardi*, § 77 BetrVG, Rnr. 257; *Fitting/Kaiser/Heither/Engels*, § 77 BetrVG, Rnr. 80; *GK/Thiele* (Loseblatt, Stand Juni 1985), § 77 BetrVG, Rnr. 95; sehr einschränkend *Zöllner*, in: Festschrift für Nipperdey (1965), Bd. II, S. 706 ff.
[586] BAG 16. 9. 1960 AP Nr. 1 zu § 2 ArbGG Betriebsvereinbarung (*Auffarth*).
[587] BAG 6. 12. 1963 AP Nr. 23 zu § 59 BetrVG 1952 (*Götz Hueck*).
[588] Kritisch zu beiden Entscheidungen *Nikisch*, Arbeitsrecht III, § 112 IV 4; AR-*Blanke/Thiele*, in: GK, § 77 BetrVG, Rnr. 97 und *Zöllner*, in: Festschrift für Nipperdey (1965), Bd. II, S. 699, 712.
[589] *Däubler/Kittner/Klebe/Berg*, § 77 BetrVG, Rnr. 44; *Fitting/Kaiser/Heither/Engels*, § 77 BetrVG, Rnr. 80; *Hess/Schlochauer/Glaubitz*, § 77 BetrVG, Rnr. 148 f.; *GK/Kreutz*, § 77 BetrVG, Rnr. 97; *Richardi*, § 77 BetrVG, Rnr. 257.

die Tarifvertragsparteien die Arbeitsbedingungen auch künftig wieder tariflich regeln werden.[590] Nicht ausreichend ist dagegen, daß die Tarifvertragsparteien erstmals über den Abschluß eines Tarifvertrages verhandeln oder daß sie derartige Verhandlungen ankündigen.[591] Die Tarifüblichkeit entfällt, wenn davon ausgegangen werden kann, daß in dem betreffenden Bereich über diese Arbeitsbedingungen keine tariflichen Regelungen mehr geschlossen werden.[592] Das ist etwa der Fall, wenn sich eine Tarifpartei auflöst oder sich durch Satzungsänderung für unzuständig erklärt.[593] Eine Tarifüblichkeit entfällt auch, wenn die Tarifvertragsparteien die entsprechenden Arbeitsbedingungen in dem neuen Tarifvertrag nicht mehr regeln und dies nicht nur deshalb geschieht, weil zur Zeit eine Einigung nicht mehr zu erzielen ist.[594]

bb) Arbeitsentgelte und sonstige Arbeitsbedingungen. Nach dem Wortlaut des § 77 Abs. 3 BetrVG bezieht sich die Sperrwirkung zum einen auf „Arbeitsentgelte" und zum anderen auf „sonstige Arbeitsbedingungen". Die nicht eindeutige Formulierung des Gesetzes läßt offen, was unter den sonstigen Arbeitsbedingungen zu verstehen ist. Drei Ansichten werden dazu vertreten; es handele sich um
- sämtliche Arten von Arbeitsbedingungen, also sowohl um materielle als auch um formelle Arbeitsbedingungen,
- alle Arbeitsbedingungen, die Inhaltsnormen eines Tarifvertrages sein können oder
- nur um materielle Arbeitsbedingungen.

Der Streit wirkt sich auch aus bei der Argumentation bezüglich Vorrangtheorie oder Zwei-Schranken-Theorie.

(1) Die Theorie der umfassenden Sperrwirkung wird vertreten vom BAG.[595] Sie weist darauf hin, daß der Begriff der sonstigen Arbeitsbedingungen nach dem Wortlaut nicht eingeschränkt sei.[596] Die Unterscheidung zwischen materiellen und formellen Arbeitsbedingungen sei nur für das BetrVG 1952 folgerichtig gewesen. Aus der wörtlichen Übernahme des § 59 BetrVG 1952 lasse sich aber nichts ableiten; der Gesetzgeber sei sich offenbar des Problems gar nicht bewußt gewesen. Der Zweck des § 77 Abs. 3 BetrVG – die Vorrangkompetenz für die Tarifvertragsparteien – verbiete eine Differenzierung nach der Art der Arbeitsbedingungen.[597]

(2) Für eine Sperrwirkung für alle Arbeitsbedingungen, die Gegenstand tariflicher Inhaltsnormen sein können, sprechen sich andere Autoren aus.[598]

---

[590] BAG 24. 2. 1987 AP Nr. 21 zu § 77 BetrVG 1972; GK/*Kreutz*, § 77 BetrVG, Rnr. 96; *v. Hoyningen-Huene/Meier-Krenz*, NZA 1987, S. 793, 795; *Koberski/Clasen/Menzel*, § 1 TVG, Rnr. 140.
[591] BAG 22. 5. 1979 AP Nr. 13 zu § 118 BetrVG 1972; 23. 10. 1985 AP Nr. 33 zu § 1 TVG Tarifverträge: Metallindustrie; *Däubler*, Tarifvertragsrecht, Rnr. 233; *Däubler/Kittner/Klebe/Berg*, § 77 BetrVG, Rnr. 44; *Fitting/Kaiser/Heither/Engels*, § 77 BetrVG, Rnr. 81; GK/*Kreutz*, § 77 BetrVG, Rnr. 97; *v. Hoyningen-Huene/Meier-Krenz*, NZA 1987, S. 793, 795.
[592] *Fitting/Kaiser/Heither/Engels*, § 77 BetrVG, Rnr. 83; *Hess*/Schlochauer/Glaubitz, § 77 BetrVG, Rnr. 157f.; *Kempen*/Zachert, TVG, Grundlagen, Rnr. 265; *Richardi*, § 77 BetrVG, Rnr. 258.
[593] *Fitting/Kaiser/Heither/ Engels*, § 77 BetrVG, Rnr. 84; GK/*Kreutz*, § 77 BetrVG, Rnr. 99; *Richardi*, § 77 BetrVG, Rnr. 259.
[594] *Fitting/Kaiser/Heither/Engels*, § 77 BetrVG, Rnr. 83.
[595] BAG 9. 4. 1991 AP Nr. 1 zu § 77 BetrVG 1972 Tarifvorbehalt; ebenso *Däubler*, Tarifvertragsrecht, Rnr. 230; *Fitting/Kaiser/Heither/Engels*, § 77 BetrVG, Rnr. 63; GK/*Kreutz*, § 77 BetrVG, Rnr. 73 ff.; *Kempen*/Zachert, TVG, Grundlagen, Rnr. 276; *Löwisch*, § 77 BetrVG, Rnr. 45; *v. Hoyningen-Huene/Meier-Krenz*, NZA 1987, S. 793, 794 f.; *Kreutz*, Betriebsautonomie, S. 211 ff.
[596] BAG 9. 4. 1991 AP Nr. 1 zu § 77 BetrVG 1972 Tarifvorbehalt; GK/*Kreutz*, § 77 BetrVG, Rnr. 73.
[597] BAG 9. 4. 1991 AP Nr. 1 zu § 77 BetrVG 1972 Tarifvorbehalt; *Däubler*, Tarifvertragsrecht, Rnr. 230; GK/*Kreutz*, § 77 BetrVG, Rnr. 74.
[598] *Däubler/Kittner/Klebe/Berg*, § 77 BetrVG, Rnr. 35; *Heinze*, NZA 1989, S. 41, 45.

§ 4 572–575   Wirkung der Rechtsnormen

572 (3) Zum BetrVG 1952 nahm die h. M. an, die Sperrwirkung beziehe sich (nur) auf materielle Arbeitsbedingungen.[599] Sie wird weiterhin von einigen Autoren vertreten.[600] Im Wortlaut werden die „sonstigen Arbeitsbedingungen" nicht isoliert genannt, sondern in der Doppelformel „Arbeitsentgelt und sonstige Arbeitsbedingungen", was darauf schließen läßt, daß die sonstigen Arbeitsbedingungen mit den Arbeitsentgelten vergleichbar sein müssen (so ist ein „sonstiges Recht" in § 823 Abs. 1 BGB nicht irgendein Recht, sondern nur ein mit den enumerierten Rechtsgütern vergleichbares). Die Zusammenstellung von Arbeitsentgelt und sonstigen Arbeitsbedingungen spricht auf das Synallagma und damit auf materielle Arbeitsbedingungen an. Eine systematische Auslegung ergibt, daß die formellen Arbeitsbedingungen im Zweifel in die Hand der Betriebspartner gehören und deshalb auch zur Zuständigkeit des Betriebsrats zählen. Entstehungsgeschichtlich ist zu berücksichtigen, daß man unter der Geltung des BetrVG 1952 unter den Arbeitsbedingungen i. S. des § 59 nur die materiellen Arbeitsbedingungen verstand. Diese Regelung wurde in § 77 Abs. 3 BetrVG 1972 nahezu wörtlich übernommen.[601] Zweck des § 77 Abs. 3 BetrVG ist es, die Vorrangstellung der Tarifvertragsparteien zu sichern und die Betriebsvereinbarung als Mittel der Lohnpolitik auszuschalten.[602] Einer Monopolstellung auch bei den formellen Arbeitsbedingungen bedarf es nicht. Deren Ausgestaltung orientiert sich an Bedürfnissen des einzelnen Betriebs. Sie können am besten im jeweiligen Betrieb nach Kriterien des Vernünftigen und Zweckmäßigen entschieden werden.

573 (4) Vergleich der Ansichten: Die Schwierigkeiten einer Abgrenzung zwischen formellen und materiellen Arbeitsbedingungen sind zwar anzuerkennen, schlagen aber letztlich gegen die hier vertretene Ansicht nicht durch.[603] Materielle Arbeitsbedingungen betreffen das Verhältnis von Leistung und Gegenleistung, und zwar unabhängig davon, ob sich dieses Verhältnis quantitativ bestimmen läßt (wie bei Lohn- und Gehaltsregelungen, Arbeitszeitregelungen) oder nicht (wie bei Sonderzuwendungen und Altersversorgung). Formelle Arbeitsbedingungen regeln den organisatorischen Ablauf bei der Arbeitsleistung. Gegen die Anknüpfung an Inhaltsnormen spricht, daß diese Unterscheidung wegen des Doppelcharakters von Tarifnormen, die sowohl Inhalts- als auch Betriebsnormen sind (wie z. B. Arbeitszeitregelungen; vgl. oben § 1, Rnr. 314ff., 319ff.) zur Abgrenzung ungeeignet ist.[604]

574 c) **Folgen der Regelungssperre. aa) Zuständigkeitsverlust** im allgemeinen. Wortlaut und Systematik von § 4 Abs. 3 TVG und § 77 Abs. 3 BetrVG ergeben: Die Vereinbarung von für den Arbeitnehmer günstigeren Arbeitsbedingungen durch Einzelarbeitsvertrag oder betriebliche Einheitsregelung ist nach § 4 Abs. 3 TVG zulässig. Dagegen schließt § 77 Abs. 3 BetrVG im Verhältnis zu Betriebsvereinbarungen jede Betriebsvereinbarung aus, ganz gleich, ob sie für den Arbeitnehmer günstiger oder ungünstiger wäre (s. oben Rnr. 556).

575 Das **Günstigkeitsprinzip** im Verhältnis Tarifvertrag zu Einzelarbeitsvertrag ist allerdings insoweit analogiefähig, als es auch im Verhältnis Betriebsvereinbarung zu Einzelarbeitsvertrag anwendbar ist. In beiden Fällen geht es um die einzelvertragliche Abmachung gegenüber einem Kollektivvertrag.[605]

---

[599] Nachweise s. 4. Aufl. dieses Kommentars, § 4, Rnr. 293.
[600] *Heisig*, Arbeitsentgelt und Arbeitszeitregelungen, S. 195; *Hess*/Schlochauer/ Glaubitz, § 77 BetrVG, Rnr. 132 f.; *Jahnke*, Tarifautonomie, S. 142 ff.; *Richardi*, § 77 BetrVG, Rnr. 240; *Wank*, RdA 1991, S. 129, 133 sowie in einem *obiter dictum* von BAG 24. 2. 1987 AP Nr. 21 zu § 77 BetrVG 1972.
[601] *Heisig*, Arbeitsentgelt, S. 196 ff.; *Jahnke*, Tarifautonomie, S. 143 f.
[602] *Hess*/Schlochauer/Glaubitz, § 77 BetrVG, Rnr. 133.
[603] A. A. *Herschel*, AuR 1968, S. 129; ders., AuR 1969, S. 65.
[604] *Heisig*, Arbeitsentgelt und Arbeitszeitregelungen, S. 195.
[605] BAG GS 16. 9. 1986 AP Nr. 17 und 7. 11. 1989 Nr. 46 zu § 77 BetrVG 1972; GK/*Kreutz*, § 77 BetrVG, Rnr. 199 ff.; *Fitting/Kaiser/Heither/Engels*, § 77 BetrVG,

**bb) Zweifelhaft ist, ob § 77 Abs. 3 BetrVG nur (normative) Betriebsver- 576
einbarungen** von der Mitbestimmung des Betriebsrats ausschließt oder auch
alle anderen Formen einer Mitbestimmung des Betriebsrats, insbes. durch
Regelungsabreden (= Betriebsabsprachen). Während sich der Wortlaut
eindeutig nur auf Betriebsvereinbarungen bezieht, könnte aus dem Sinn der
Vorschrift eine weitergehende Sperrwirkung folgen.

(1) Nach einer Ansicht schließt § 77 Abs. 3 BetrVG auch Betriebsabsprachen aus.[606] Die Sicherung der Vorrangkompetenz dürfe sich nicht auf die
normative Gestaltung durch Betriebsvereinbarung beschränken, sondern
müsse sich insgesamt auf die Gestaltungsbefugnisse der Betriebsparteien beziehen. Anderenfalls sei eine Umgehung des § 77 Abs. 3 BetrVG möglich.
Die Tarifautonomie werde auch durch konkurrierende Betriebsabsprachen
bedroht, da sie wie Betriebsvereinbarungen wirkten.

(2) Nach anderer Ansicht bezieht sich die Sperrwirkung nur auf Betriebsvereinbarungen.[607]

(3) Auszugehen ist vom Wortlaut des § 77 Abs. 3 Satz 1 BetrVG, der aus- 577
drücklich nur von Betriebsvereinbarungen spricht und insoweit eindeutig ist.
Wer hiervon abweichen will, trägt die „Argumentationslast". Aus Sinn und
Zweck des Tarifvorrangs folgt eine solche Notwendigkeit eines Abweichens
vom Wortlaut nicht, denn die Normsetzungsprärogative der Tarifvertragsparteien bleibt unangetastet. Die normative Einwirkung auf Arbeitsverhältnisse ist praktisch und dogmatisch verschieden von einer Verpflichtung des
Arbeitgebers, auf dem Gebiet der Einzelverträge in bestimmter Weise zu
verfahren, wie sie durch formlose Mitgestaltung des Betriebsrats herbeigeführt werden kann.[608] Weiterhin kann nicht eingewandt werden, wenn im
Rahmen des § 87 Abs. 1 BetrVG – wegen § 77 Abs. 3 BetrVG – die Befugnis zum Abschluß einer Betriebsvereinbarung entfalle, sei die verbleibende
Mitbestimmungsmöglichkeit des Betriebsrats sinnlos, weil die Betriebsvereinbarung nun einmal die wichtigste Ausübungsform des Mitbestimmungsrechts sei und weil ferner die Wirkung eines Spruchs der Einigungsstelle unklar sei. Der Verlust der Fähigkeit zum Abschluß einer Betriebsvereinbarung
ist eine Folge des Tarifvorrangs, und die verbleibenden Mitbestimmungsmöglichkeiten können durchaus noch einen gewissen Schutzzweck entfalten.
Auch die Frage der Wirkung eines Spruches der Einigungsstelle erscheint

---

Rnr. 166; *Reichold*, RdA 1995, S. 150; *Richardi*, § 77 BetrVG, Rnr. 132 ff.; a.A. *Leinemann*, Betrieb 1990, S. 735; *Reuter*, RdA 1991, S. 197.
[606] So *Däubler*, Tarifvertragsrecht, Rnr. 249; *Däubler/Kittner/Klebe/Berg*, § 77 BetrVG, Rnr. 78 (anders Vorauflage); *Hanau*, RdA 1973, S. 281, 285; MünchArbR/*Matthes*, § 318, Rnr. 71; *Richardi*, § 77 BetrVG, Rnr. 276 f.; *Zachert*, RdA 1999, S. 140, 145.
[607] So BAG 24. 1. 1996 AP Nr. 8 zu § 77 BetrVG 1972 Tarifvorbehalt (*Moll*); 5. 3. 1997 AP Nr. 10 zu § 77 BetrVG 1972 Tarifvorbehalt; *Adomeit*, BB 1972, S. 53; *Fitting/Kaiser/Heither/Engels*, § 77 BetrVG, Rnr. 90; GK/*Kreutz*, § 77 BetrVG, Rnr. 114; *Hromadka*, Betrieb 1987, S. 1991, 1993; *Kempen/Zachert*, TVG, Grundlagen, Rnr. 275; *Kraft*, in: Festschrift für Molitor (1988) S. 207, 219; *Jahnke*, Tarifautonomie, S. 150; *Kirchner*, BB 1972, S. 1279, 1282; *Moll*, Tarifvorrang, S. 54 ff.; *Waltermann*, RdA 1996, S. 129, 132, 138; *Zöllner/Loritz*, Arbeitsrecht, § 47 IV 5 d, S. 571; weitere Nachw. bei *Schiprowski*, Die Regelungsabrede, 1995, S. 108.
[608] Vgl. dazu *Richardi*, Kollektivgewalt, S. 289; abweichend *Richardi*, § 77 BetrVG, Rnr. 277.

nicht unlösbar. Zwar kann man nicht das Einigungsstellenverfahren einfach ausschließen mit der Begründung, der Spruch der Einigungsstelle habe notwendigerweise den Charakter einer Betriebsvereinbarung.[609] Doch kann man dem Spruch der Einigungsstelle lediglich die Wirkung einer – verbindlichen – betrieblichen Absprache beilegen, denn § 77 Abs. 2 Satz 2 Halbs. 2 BetrVG enthält nur die Formulierung „... soweit Betriebsvereinbarungen auf einem Spruch der Einigungsstelle beruhen ...", sagt aber nicht, daß verbindliche Sprüche der Einigungsstelle nur die Wirkung einer Betriebsvereinbarung haben könnten.[610] Nach alledem steht nichts im Wege, formlose Mitgestaltungsmöglichkeiten von § 77 Abs. 3 BetrVG unberührt zu lassen.

578   cc) **Vortarifliche Betriebsvereinbarungen.** Die Sperrwirkung des Tarifvertrages erfaßt alle Betriebsvereinbarungen, die nach Inkrafttreten des Tarifvertrages abgeschlossen werden. Sie ergreift aber auch vortarifliche Betriebsvereinbarungen. Auch insoweit gilt das Günstigkeitsprinzip nicht.[611] Abweichend meint *Schaub*,[612] die Auslegung des Tarifvertrages sei entscheidend. Günstigere Betriebsvereinbarungen würden nur beseitigt, wenn der Tarifvertrag dies deutlich besage. Es ist aber genau umgekehrt. Grundsätzlich werden auch bestehende Betriebsvereinbarungen verdrängt; ausnahmsweise kann der Tarifvertrag eine abweichende Regelung ausdrücklich vorsehen.[613]

579   dd) **Sperrwirkung bei Firmentarifverträgen.** Zum Teil wird angenommen, die Sperrwirkung des § 77 Abs. 3 BetrVG gehe nur von Verbandstarifverträgen und nicht auch von Firmentarifverträgen aus.[614] Den Firmentarifverträgen solle keine ebenso starke Vorrangkompetenz eingeräumt werden wie den Verbandstarifverträgen. Anderenfalls würden die Arbeitgeberverbände einer verstärkten Konkurrenz durch Firmentarifverträge ausgesetzt, was die überbetriebliche Ordnung der Arbeitsbedingungen zerstören würde. Die Ansicht ist abzulehnen. Der Wortlaut des § 77 Abs. 3 BetrVG nimmt Firmentarifverträge nicht aus. Systematisch gehören Differenzierungen zwischen Verbands- und Firmentarifverträgen ins Tarifvertragsgesetz und nicht ins Betriebsverfassungsgesetz. Entstehungsgeschichtlich läßt sich für diese Ansicht nichts anführen. Zweck der Vorschrift ist nicht die Einhaltung einer überbetrieblichen Ordnung, sondern die Sicherung der aktualisierten Tarifautonomie, die auch durch Firmentarifverträge erfolgen kann.[615]

580   ee) Der **Umfang der Sperrwirkung** richtet sich nach dem Inhalt der tariflichen Regelung, wie er sich aus einer Auslegung des Tarifvertrages er-

---

[609] So *Galperin*, Leitfaden zum BetrVG 1972, S. 105.
[610] S. auch GK/*Wiese*, § 87 BetrVG, Rnr. 47 f.
[611] *Fitting/Kaiser/Heither/Engels*, § 77 BetrVG, Rnr. 167; GK/*Kreutz*, § 77 BetrVG, Rnr. 111 m. w. N.; *Hess*/Schlochauer/Glaubitz, § 77 BetrVG, Rnr. 81; *v. Hoyningen-Huene/Meier-Krenz*, NZA 1987, S. 793, 795; *Koberski/Clasen/Menzel* § 1 TVG, Rnr. 149; *Richardi*, Kollektivgewalt, S. 327; *ders.*, § 77 BetrVG, Rnr. 263; *Säcker*, ZfA Sonderheft 1972, S. 41, 69. Das BAG hat die Frage in BAG 11. 1. 1983 AP Nr. 5 zu § 36 BAT offengelassen.
[612] *Schaub*, Arbeitsrechts-Handbuch, § 231 II 5 d, S. 1684.
[613] Ablehnend auch *Richardi*, § 77 BetrVG, Rnr. 263; GK/*Kreutz*, § 77 BetrVG, Rnr. 111.
[614] So *Hess*/Schlochauer/Glaubitz, § 77 BetrVG, Rnr. 145.
[615] *Fitting/Kaiser/Heither/Engels*, § 77 BetrVG, Rnr. 70; GK/*Kreutz*, § 77 BetrVG, Rnr. 85; *Richardi*, § 77 BetrVG, Rnr. 242.

gibt.[616] Nach Ansicht des **BAG**[617] wird ein Mitbestimmungsrecht des Betriebsrats nur durch eine tarifliche Regelung ausgeschlossen, die die Angelegenheit abschließend regelt. Die für die Friedenspflicht herausgearbeiteten Grundsätze können auch hier berücksichtigt werden (vgl. dazu oben § 1, Rnr. 664 ff.). Besteht beispielsweise keine tarifliche oder tarifübliche Regelung über die Kurzarbeit, kann sie durch Betriebsvereinbarung angeordnet werden.[618] Beschränkt sich die tarifliche Regelung auf den Zeitlohn, so wird eine Betriebsvereinbarung über die Entgeltsätze bei Akkord- oder Prämienlohn nicht ausgeschlossen.[619] Echte Leistungsprämien können betrieblich geregelt werden, wenn der Tarifvertrag keine gegenständlich entsprechenden Regelungen enthält.[620] Das gleiche gilt für Modalitäten des Lohnanspruchs (Bestimmungen über Zeit, Ort und Art der Auszahlung der Arbeitsentgelte). Enthält der Tarifvertrag Bestimmungen über die Beendigung des Arbeitsverhältnisses (Befristung, Kündigung), so steht das einer Betriebsvereinbarung über die Festsetzung einer festen Altersgrenze, bei deren Erreichen die Arbeitsverhältnisse ohne weiteres enden, nicht entgegen.[621]

ff) Ergänzungs- und Übernahmeverbot. Die Sperrwirkung verhindert nicht nur eigenständige, abweichende Betriebsvereinbarungen, sondern auch Betriebsvereinbarungen, die Tarifverträge ergänzen oder auch nur übernehmen. Zu § 59 BetrVG 1952 wurde nahezu einhellig die Auffassung vertreten, daß eine derartige Übernahme zulässig sei.[622] Diese Meinung wird heute noch von einigen Autoren[623] vertreten. Die Rechtslage habe sich gegenüber früher nicht geändert. Die neue Auffassung sei lediglich in der Begründung zum Regierungsentwurf geäußert worden und nicht in den Gesetzeswortlaut übernommen worden.

Überwiegend wird demgegenüber die Sperrwirkung für diese Fälle bejaht.[624] Die gegenüber § 59 BetrVG 1952 geänderte Gesetzesfassung soll verhindern, „daß der persönliche Geltungsbereich von Tarifverträgen auf einem anderen als dem hierfür vorgesehenen Weg der Allgemeinverbindlicherklärung nach dem Tarifvertragsgesetz ausgedehnt wird".[625] Die herrschende Meinung entspricht dem Zweck der Regelungssperre. Sie führt zu einem Kompetenzverlust der Betriebsparteien.

Abweichend hält das **BAG**[626] – auf der Grundlage der Vorrangtheorie (dazu unten Rnr. 613) – die Übernahme einer tariflichen Regelung für zulässig, soweit es um Mit-

---

[616] *Fitting/Kaiser/Heither/Engels*, § 77 BetrVG, Rnr. 74 ff.; GK/*Kreutz*, § 77 BetrVG, Rnr. 88 ff.; *Löwisch*, § 77 BetrVG, Rnr. 48; *Richardi*, § 77 BetrVG, Rnr. 264 ff..
[617] BAG GS 3. 12. 1991 AP Nr. 51 zu § 87 BetrVG 1972 Lohngestaltung.
[618] Vgl. BAG 1. 2. 1957 AP Nr. 1 zu § 32 SchwBeschG; 15. 12. 1961 AP Nr. 1 (*Neumann-Duesberg*), 10. 7. 1969 Nr. 2, 7. 4. 1970 Nr. 3 zu § 615 BGB Kurzarbeit (*Söllner*); BAG 5. 3. 1974 AP Nr. 1 zu § 87 BetrVG 1972 Kurzarbeit (*Wiese*).
[619] Vgl. BAG 18. 3. 1964 AP Nr. 4 zu 56 BetrVG 1952 Entlohnung; 29. 5. 1964 AP Nr. 24 zu § 59 BetrVG 1952; BAG 14. 11. 1974 AP Nr. 1 zu § 87 BetrVG 1972 (*Richardi*).
[620] Ebenso *Fitting/Kaiser/Heither/Engels*, § 77 BetrVG, Rnr. 78; Hueck/*Nipperdey*, Arbeitsrecht II 2, § 70 B IV 2, S. 1401; *Monjau*, BB 1965, S. 632, 634; GK/*Thiele*, § 77 BetrVG, Rnr. 101; *Zöllner*, in: Festschrift für Nipperdey (1965), Bd. II, S. 699, 717.
[621] So BAG 25. 3. 1971 AP Nr. 5 zu § 57 BetrVG 1952.
[622] S. für alle BAG 27. 3. 1963 AP Nr. 9 zu § 59 BetrVG 1952 (*Neumann-Duesberg*).
[623] *Hess*/Schlochauer/Glaubitz, § 77 BetrVG, Rnr. 162 und *Stege/Weinspach*, § 77 BetrVG, Rnr. 21.
[624] *Fitting/Kaiser/Heither/Engels*, § 77 BetrVG, Rnr. 87; *Löwisch*, § 77 BetrVG, Rnr. 54; GK/*Kreutz*, § 77 BetrVG, Rnr. 110 m. w. N.; *v. Hoyningen-Huene*, Betrieb 1994, S. 2026, 2027 m. w. N.; *v. Hoyningen-Huene/Meier-Krenz*, NZA 1987, S. 793, 795; *Jahnke*, Tarifautonomie. S. 149; *Richardi*, § 77 BetrVG, Rnr. 272 ff.
[625] BT-Drucks. VI/1783, S. 47.
[626] BAG 23. 6. 1992 AP Nr. 55 zu § 77 BetrVG 1972.

bestimmungsrechte nach § 87 BetrVG geht. In diesem Fall sollen auch Blankettverweisungen auf den Tarifvertrag zulässig sein, da die Betriebsparteien auch nicht gehindert wären, den Tarifvertrag abzuschreiben. Blankettverweisungen seien jedenfalls möglich, wenn ein enger Sachzusammenhang zwischen dem Tarifvertrag und der regelungsbedürftigen betrieblichen Angelegenheit bestehe.

584 Nach *von Hoyningen-Huene*[627] muß differenziert werden. Grundsätzlich sei eine Übernahme des Tarifvertrags unzulässig, es gebe aber Ausnahmefälle.

(1) So sei eine Bezugnahme zulässig, wenn es an einer tariflichen Regelung für den Betrieb fehlt, so z. B. weil der Betrieb aus dem räumlichen Geltungsbereich eines Tarifvertrages fällt. Hier sei eine Beeinträchtigung der Tarifautonomie durch die Bezugnahme ausgeschlossen. Dem ist im Ergebnis zuzustimmen; doch greift in diesem Fall § 77 Abs. 3 BetrVG von vornherein nicht ein (s. oben Rnr. 562).

(2) Eine Bezugnahme sei auch zulässig, wenn der Tarifvertrag den Abschluß ergänzender Betriebsvereinbarungen ausdrücklich zulasse. Das ergibt sich aus § 77 Abs. 3 Satz 2 BetrVG.

(3) Eine Bezugnahme auf einen Firmentarifvertrag sei stets zulässig, weil im Abschluß eines Firmentarifvertrags die Vereinbarung einer Öffnungsklausel i. S. des § 77 Abs. 3 Satz 2 BetrVG liege. Mit dem Abschluß eines Firmentarifvertrags zeigten Arbeitgeber und Gewerkschaft, daß sie eine betriebliche Sonderregelung für erforderlich halten. Eine „ausdrückliche Zulassung" muß im Tarifvertrag selbst zum Ausdruck kommen. Soll eine Bezugnahme auf Betriebsvereinbarungen möglich sein, so können die Parteien des Firmentarifvertrags dies normieren.

(4) Schließlich sei eine Bezugnahme zulässig, soweit es um Angelegenheiten aus dem Katalog des § 87 BetrVG gehe. § 87 Abs. 1 BetrVG schließe die Mitbestimmung nur in dem Umfang aus, wie die Tarifregelung reiche. Dem Zweck des § 77 Abs. 2 BetrVG entspricht diese Einschränkung nicht.

585 **gg) Die Regelungssperre des § 77 Abs. 3 BetrVG gilt nicht für betriebliche Einheitsregeln.**[628] Sie gilt ebensowenig für Gesamtzusagen und betriebliche Übungen. Der Arbeitgeber kann im Benehmen mit der Arbeitnehmerschaft vom Tarifvertrag abweichende (günstigere) Arbeitsbedingungen einführen.

586 Streitig ist, ob und wann eine nach § 77 Abs. 3 BetrVG unwirksame Betriebsvereinbarung nach § 140 BGB in eine Gesamtzusage umgedeutet werden kann.[629] Nach Ansicht des BAG muß die Erklärung des Arbeitgebers daraufhin überprüft werden, ob ihr der hypothetische Wille entnommen werden könne, sich gegebenenfalls gegenüber den Arbeitnehmern zu binden. Hierbei sei eine strenge Prüfung geboten. Eine frühere BAG-Entscheidung hatte als Indizien die Freiwilligkeit der Leistung, die Befriedung von Unruhen in der Belegschaft oder die Unkündbarkeit der Betriebsvereinbarung genannt.[630] Nach Ansicht der Literatur ist zu prüfen, ob der Arbeitgeber die Leistungen auch in Kenntnis der Nichtigkeit der Betriebsvereinbarung gewähren wollte oder ob er die Leistungen der Belegschaft auf jeden Fall zukommen lassen wollte.[631]

587 **d) Tarifliche Öffnungsklausel (betriebsvereinbarungsdispositiver Tarifvertrag).** Nach § 77 Abs. 3 Satz 2 BetrVG gilt der Tarifvorbehalt nicht, „wenn ein Tarifvertrag den Abschluß ergänzender Betriebsvereinbarungen ausdrücklich zuläßt".

---

[627] *v. Hoyningen-Huene*, Betrieb 1994, S. 2026, 2029 ff.
[628] BAG 13. 8. 1980 AP Nr. 2 zu § 77 BetrVG 1972; *Fitting/Kaiser/Heither/Engels*, § 77 BetrVG, Rnr. 89; *GK/Kreutz*, § 77 BetrVG, Rnr. 113 m. w. N.; *Richardi*, § 77 BetrVG, Rnr. 279; allg. Ansicht.
[629] BAG 24. 1. 1996 AP Nr. 8 zu § 77 BetrVG 1972 Tarifvorbehalt (*Moll*); 5. 3. 1997 AP Nr. 10 zu § 77 BetrVG 1972 Tarifvorbehalt; *Belling/Hartmann*, NZA 1998, S. 673.
[630] BAG 23. 8. 1989 AP Nr. 42 zu § 77 BetrVG 1972 (*Hromadka*); s. auch *Moll*, Anm. zu BAG 24. 1. 1996 AP Nr. 8 zu § 77 BetrVG 1972 Tarifvorbehalt.
[631] *Fischer*, Anm. zu BAG 24. 1. 1996 EzA § 77 BetrVG 1972; *Fitting/Kaiser/Heither/Engels*, § 77 BetrVG, Rnr. 92; *GK/Kreutz*, § 77 BetrVG, Rnr. 105; *Linnenkohl*, BB 1994, S. 2077, 2079; *MünchArbR/Matthes*, § 319, Rnr. 84.

aa) Das Gesetz verlangt eine ausdrückliche Zulassung. Durch eine eindeutige positive Bestimmung im Tarifvertrag muß klargestellt sein, daß eine ergänzende Betriebsvereinbarung zulässig sein soll.[632] Eine stillschweigende Zulassung genügt nicht.[633] Im Einzelfall kann sich diese positive Aussage aber auch ohne einen wörtlichen Hinweis auf die Zulässigkeit von Betriebsvereinbarungen ergeben.[634] Unwirksam ist es aber, wenn die Tarifvertragsparteien einer in Abweichung vom Tarifvertrag ohne Öffnungsklausel geschlossenen Tarifvereinbarung nachträglich zustimmen.[635] Die tarifvertragliche Ermächtigung[636] bleibt im Nachwirkungszeitraum des Tarifvertrages erhalten.[637]

bb) Absatz 3 Satz 2 läßt nur „**ergänzende**" Betriebsvereinbarungen zu. Der Wortlaut weicht ab von § 4 Abs. 3 TVG, wonach „abweichende Abmachungen" zulässig sind, also nicht nur Ergänzungen. Überwiegend wird dennoch eine umfassende Delegationsbefugnis bejaht.[638]

cc) Grenzen der Delegationsbefugnis. (1) Teilweise wird angenommen, daß die Delegationsbefugnis der Tarifvertragsparteien nur geringen Einschränkungen unterliegt. Nach *Schwarze*[639] liegt die Grenze nur im Rechtsmißbrauch (S. 226); für die Tarifvertragsparteien bestehe keine Regelungspflicht (S. 224 ff.). Nach Ansicht von *von Hoyningen-Huene/Meier-Krenz*,[640] ist die Verlagerung von Regelungsbefugnissen auf die Betriebsebene nur in einem engen Kernbereich unzulässig. Die Tarifvertragsparteien hätten, wie sich aus der Rechtsprechung des Bundesverfassungsgerichts ergebe,[641] kein Monopol zur Regelung der Arbeits- und Wirtschaftsbedingungen. Nur eine uneingeschränkte Kompetenzverlagerung gefährde die Tarifautonomie. Ähnlich meint *Kreutz*,[642] auch der Verzicht auf die Sperrwirkung stelle eine Ausübung der Tarifautonomie dar.

---

[632] BAG 6. 3. 1958 AP Nr. 1 (*Tophoven*), 20. 12. 1961 Nr. 7, 1. 2. 1963 Nr. 8 (*Dietz*), 6. 12. 1963 Nr. 23 und 21. 2. 1967 Nr. 26 zu § 59 BetrVG 1952 (*G. Hueck*); 17. 12. 1959 AP Nr. 80 zu § 1 TVG Auslegung.
[633] *Fitting/Kaiser/Heither/Engels*, § 77 BetrVG, Rnr. 104; GK/*Kreutz*, § 77 BetrVG, Rnr. 127; *Kempen/Zachert*, TVG, Grundlagen, Rnr. 249; *Hess/Schlochauer/Glaubitz*, § 77 BetrVG, Rnr. 163; *Richardi*, § 77 BetrVG, Rnr. 285.
[634] BAG 20. 12. 1961 AP Nr. 7 zu § 59 BetrVG 1952.
[635] *Kittner*, in: Festschrift für Schaub (1998), S. 389, 414 ff.
[636] Zur Frage der Grenzen einer derartigen Delegation s. oben § 1, Rnr. 204 ff. sowie nachfolgend Rnr. 591. Zur Frage der Wirkung der Bezugnahme auf den Tarifvertrag vgl. oben § 3, Rnr. 204 ff.
[637] Ebenso *Fitting/Kaiser/Heither/Engels*, § 77 BetrVG, Rnr. 108; GK/*Kreutz*, § 77 BetrVG, Rnr. 138; *Richardi*, § 77 BetrVG, Rnr. 289.
[638] So *Fitting/Kaiser/Heither/Engels*, § 77 BetrVG, Rnr. 106; *Gamillscheg*, Kollektives Arbeitsrecht I, § 18 III 2 b, S. 812; GK/*Kreutz*, § 77 BetrVG, Rnr. 131; *Hess/Schlochauer/Glaubitz*, § 77 BetrVG, Rnr. 164; *Lieb*, NZA 1994, S. 289, 290; *Richardi*, § 77 BetrVG, Rnr. 284; *Walker*, ZfA 1995, S. 353, 360; *Waltermann*, RdA 1996, S. 129, 135 f.; *Wendeling-Schröder*, NZA 1998, S. 624; i. E. auch BAG 12. 8. 1982 AP Nr. 5 und 18. 8. 1987 Nr. 23 zu § 77 BetrVG 1972; 28. 2. 1984 AP Nr. 4 zu § 87 BetrVG 1972 Tarifvorrang; krit. *Zachert*, RdA 1996, S. 140, 145.
[639] *Schwarze*, Der Betriebsrat im Dienst der Tarifparteien, S. 203 ff., 226.
[640] *v. Hoyningen-Huene/Meier-Krenz*, ZfA 1988, S. 293, 305 f.
[641] BVerfG 1. 3. 1979 BVerfGE 50, S. 290, 371.
[642] GK/*Kreutz*, § 77 BetrVG, Rnr. 133.

(2) Die überwiegende Meinung hält mit Recht eine derart weitgehende „**Selbstentäußerung**" **für unzulässig.**[643] Auch das BAG hat angedeutet, daß es Fälle geben könne, in denen der Verzicht auf eine inhaltliche Ausgestaltung der Arbeitsbedingungen zugunsten der Betriebsparteien die Grenze der tariflichen Regelungsbefugnis überschreitet.[644] Im konkreten Fall hat das BAG einen Spielraum zwischen 37 und 40 Stunden Wochenarbeitszeit für zulässig gehalten. Diese Entscheidung hat breite Zustimmung gefunden.[645] Nach h. M. muß der Schwerpunkt der Regelung im Tarifvertrag selbst liegen. Der Tarifvertrag muß Inhalt, Zweck und Ausmaß der erteilten Ermächtigung selbst bestimmen, er darf sich nicht auf eine bloße Namensregelung beschränken. Das ergibt sich aus einer Analogie zu Art. 80 Abs. 1 Satz 1 GG. Wenn § 77 Abs. 3 BetrVG nur „ergänzende" Betriebsvereinbarungen für zulässig erklärt, so können das zwar im Einzelfall auch abweichende Betriebsvereinbarungen sein, insgesamt aber muß sich die Regelung durch Betriebsvereinbarung als Ergänzung der tariflichen Ordnung darstellen.[646]

dd) Schutz der negativen Koalitionsfreiheit. Wenn ein Tarifvertrag eine Regelung der Arbeitszeit durch Betriebsvereinbarung in einem Fall zuläßt, in dem keine originäre Regelungskompetenz der Betriebsvertragsparteien besteht, so verletzt der Tarifvertrag die negative Koalitionsfreiheit der nicht tarifgebundenen Arbeitnehmer des Betriebs. Das BAG[647] entschied allerdings in Anschluß an den Leber-Rüthers-Kompromiß[648] anders. Die Außenseiter würden nicht von den Normen des Tarifvertrags erfaßt, sondern nur von der Betriebsvereinbarung.[649] Der Betriebsrat habe eine Allzuständigkeit jedenfalls für freiwillige Betriebsvereinbarungen.[650]

Dem ist folgendes entgegenzuhalten: Die Zuständigkeit des Betriebsrats beruht auf zwei Voraussetzungen; zum einen muß die Regelungssperre des § 77 Abs. 3 BetrVG durch eine tarifliche Zulassung beseitigt sein; zum an-

---

[643] S. oben § 1, Rnr. 204 ff. sowie *Baumann,* Die Delegation tariflicher Rechtssetzungsbefugnisse, 1992, S. 54, 60; *Däubler,* Tarifvertragsrecht, Rnr. 243; *Kempen/Zachert,* TVG, Grundlagen, Rnr. 266; *Hess/Schlochauer/Glaubitz,* § 77 BetrVG, Rnr. 168; *Jahnke,* Tarifautonomie, Rnr. 201 f.; *Kittner,* in: Festschrift für Schaub (1998), S. 389, 408 ff.; *Linnenkohl,* BB 1989, S. 2472, 2473; *Rieble,* RdA 1996, S. 151, 153 f.; *Säcker/Oetker,* RdA 1992, S. 16, 25 f.; *Waltermann,* RdA 1996, S. 129, 136 f.; *Wank,* NJW 1996, S. 2273, 2280; *Zachert,* RdA 1996, S. 140, 142; rechtspolitische Bedenken bei *Kissel,* NZA 1989, S. 73, 78 ff.
[644] BAG 18. 8. 1987 AP Nr. 23 zu § 77 BetrVG 1972.
[645] *Buchner,* NZA 1986, S. 377, 379 f.; *Däubler,* Tarifvertragsrecht, Rnr. 705; *Heisig,* Arbeitsentgelt und Arbeitszeitregelungen, S. 303 ff.; *v. Hoyningen-Huene/Meier-Krenz,* ZfA 1988, S. 293, 306; *Linnenkohl,* BB 1989, S. 2472, 2473 m. w. N. zum Streitstand in Fußn. 7; *Weyand,* AuR 1989, S. 193, 196 f.
[646] S. auch *Baumann,* Die Delegation tariflicher Rechtssetzungsbefugnisse, S. 90 ff., 100.
[647] BAG 18. 8. 1987 AP Nr. 23 zu § 77 BetrVG 1972.
[648] Dazu *Gamillscheg,* Kollektives Arbeitsrecht I, § 18 III 2 d, S. 813 ff.; *Waltermann,* RdA 1996, S. 129, 134.
[649] S. zum Leber-Rüthers-Kompromiß oben § 1, Rnr. 325.
[650] Dem BAG stimmen zu *Fitting/Kaiser/Heither/Engels,* § 77 BetrVG, Rnr. 106; GK/*Wiese,* § 88 BetrVG, Rnr. 7, 11; *Heisig,* Arbeitsentgelt, S. 349 ff. (unter Hinweis auf § 3 Abs. 2 TVG); *v. Hoyningen-Huene/Meier-Krenz,* ZfA 1988, S. 293, 303 f.; *Weyand,* AuR 1989, S. 193, 197 f.; *Zöllner,* ZfA 1988, S. 265, 275.

deren muß den Betriebsvereinbarungsparteien unabhängig davon eine Regelungskompetenz zustehen. Die Regelung im Tarifvertrag erfüllt nur die erste der beiden Voraussetzungen. Eine Delegation für die Betriebsparteien, eine **Regelung auch für Außenseiter** zu treffen, kann der Tarifvertrag nicht vorsehen. Der Tarifvertrag selbst erfaßt nur Tarifgebundene und keine Außenseiter, daher kann er auch keine Normsetzungsbefugnis betr. Außenseiter delegieren (*nemo plus iuris ...*).[651] Eine Ausnahme gilt nur für die Fälle des § 3 Abs. 2. Eine einheitliche Regelung der Dauer der Arbeitszeit erfüllt nicht notwendig die Voraussetzungen des § 3 Abs. 2. Jedoch sind Ausnahmen aus arbeitsmarktpolitischen Gründen möglich.

Die originäre Zuständigkeit der Betriebsparteien kann im Hinblick auf ein erzwingbares Mitbestimmungsrecht des Betriebsrats (§ 87 BetrVG) oder im Hinblick auf eine freiwillige Mitbestimmung (§ 88 BetrVG) bestehen. Da die Dauer der Arbeitszeit vom Katalog des § 87 Abs. 1 BetrVG nicht erfaßt wird, kommt nur eine **freiwillige Mitbestimmung** in Betracht. Auch wenn der Wortlaut des § 88 BetrVG insoweit offen ist, normiert die Vorschrift jedoch keine Allzuständigkeit.[652] Eine Regelungskompetenz für die Dauer der Arbeitszeit besteht nicht (vgl. auch oben § 1, Rnr. 325).[653]

e) **Klagemöglichkeit der Tarifvertragsparteien.** Wenn sich die Betriebsparteien nicht an die tariflichen Vorgaben einer Öffnungsklausel halten, so steht den Gewerkschaften nach Ansicht des BAG nicht zu, die Unwirksamkeit der Betriebsvereinbarung arbeitsgerichtlich feststellen zu lassen.[654] Das BAG stellt mit Recht fest, daß ihnen dazu die Antragsbefugnis fehlt. Antragsbefugt ist nur, wer behauptet, Träger des streitbefangenen Rechts zu sein; Gewerkschaften machen aber keine betriebsverfassungsrechtlichen Rechte geltend. Das Betriebsverfassungsgesetz weist den Koalitionen auch keine allgemeine Aufsichtsfunktion über Betriebsvereinbarungen zu. Diese Rechtsprechung greift auch nicht in den Kernbereich der Tarifautonomie ein.[655] Allerdings haben die Tarifvertragsparteien eine Einwirkungspflicht.[656]

Gegen diese Rechtsprechung wird vorgebracht, die Tarifvertragsparteien müßten sich gegen Eingriffe der Betriebsparteien in tarifliche Regelungsbefugnisse wehren können; der gesetzlich vorgesehene Vorrang der tariflichen

---

[651] *Lieb*, NZA 1994, S. 289, 290; *Löwisch/Rieble*, Anm. zu BAG 18. 8. 1987, SAE 1988, S. 103, 104f.; *Wank*, Anm. zu BAG 2. 12. 1987 AP Nr. 52–54 zu § 1 Feiertagslohnzahlungsg.
[652] Ausführlich *Waltermann*, Rechtsetzung durch Betriebsvereinbarung, 1996, S. 148 ff.; *ders.*, RdA 1996, S. 129, 134; *Wank*, NJW 1996, S. 2273, 2280; s. ferner *Canaris*, AuR 1966, S. 129 ff.
[653] Kritisch gegenüber der Rechtsprechung äußern sich *Joost*, Anm. zu BAG 20. 11. 1987 AP Nr. 2 zu § 620 BGB Altersgrenze; *Lieb*, NZA 1994, S. 289, 290; *Linnenkohl*, BB 1989, S. 2472, 2473; *Löwisch*, § 77 BetrVG, Rnr. 53; *Richardi*, ZfA 1990, S. 230 ff.; *Schüren*, RdA 1988, S. 138, 142 f.; *Wank*, Anm. zu BAG 2. 12. 1987 AP Nr. 52–54 zu § 1 FeiertagslohnzahlungsG; *ders.*, NJW 1996, S. 2273, 2280 f.
[654] BAG 18. 8. 1987 AP Nr. 6 und 23. 2. 1988 Nr. 9 zu § 81 ArbGG 1979; *Germelmann/Matthes/Prütting*, § 81 ArbGG, Rnr. 68; *Löwisch/Rieble*, § 4 TVG, Rnr. 73; a. A. *Däubler*, Tarifvertragsrecht, Rnr. 1384 ff.
[655] BVerfG (2. Kammer des 1. Senats) 29. 6. 1993, NZA 1984, S. 34.
[656] Dazu allgemein oben § 1, Rnr. 716 sowie *Walker*, in: Festschrift für Schaub (1998), S. 743, 745.

Rechtssetzugsbefugnis dürfe nicht sanktionslos unterlaufen werden.[657] Dabei werden allerdings rechtspolitische Wünsche mit dem geltenden Recht verwechselt. Die Gewerkschaften sind im Verfahren nach § 23 Abs. 1 BetrVG im Hinblick auf einen Antrag auf Auflösung des Betriebsrats antragsbefugt.[658] Allerdings bedeutet der Abschluß einer Betriebsvereinbarung, die gegen tarifliche Vorgaben über die Verteilung der Arbeitszeit verstößt, noch keinen groben Verstoß i. S. des § 23 Abs. 1 BetrVG jedenfalls dann, wenn infolge des unübersichtlichen Tarifwerks der Verstoß für Nichtjuristen nur schwer erkennbar ist. In diesem Fall genügt es als Sanktion, daß die Betriebsvereinbarung unwirksam ist, die Auflösung des Betriebsrats wäre eine unverhältnismäßige Sanktion.[659]

597 f) Geltung des § 77 Abs. 3 BetrVG. In der Praxis wird gegen § 77 Abs. 3 BetrVG vielfach verstoßen. Auf betrieblicher Ebene werden Abreden getroffen, die gegen die Regelungssperre verstoßen. Einige Autoren ziehen daraus den Schluß, daß § 77 Abs. 3 BetrVG nicht mehr gelte.[660] Würde man dem folgen, so dürften insbesondere die Vorschriften der StVO über die Geschwindigkeitsbegrenzung längst nicht mehr gelten. Die Verstöße können nur Anlaß sein, über den Sinn der Kompetenzverteilung nach geltendem Recht nachzudenken.

598 g) Reformvorschläge[661] **betr. gesetzliche Öffnungsklauseln.** Für einige Autoren, insbes. aus Kreisen der Wirtschaftswissenschaft, ist die Kompetenzverteilung zwischen Tarifparteien und Betriebsparteien im geltenden Recht überholt; es müßten mehr Kompetenzen auf die Betriebsparteien verlagert werden. Sofern nicht ohnehin für die Abschaffung des § 77 Abs. 3 BetrVG plädiert wird,[662] wird vorgeschlagen, der Gesetzgeber solle entweder generell[663] oder für eine Reihe von Fällen Öffnungsklauseln vorsehen. Gedacht ist insbesondere an Öffnungsklauseln
– für besondere Personengruppen, insbes. Langzeitarbeitslose[664]
– existenzbedrohte Betriebe (s. dazu oben Rnr. 20).

Es ist nicht ersichtlich, warum es des gesetzlichen Eingriffs bedarf, um für Regelungen zu sorgen, die Angelegenheit der Tarifparteien selber sind.

---

[657] *Grunsky*, Betrieb 1990, S. 526 ff.; *Matthießen*, Betrieb 1988, S. 285 ff.; *Koberski/Clasen/Menzel* § 1 TVG, Rnr. 143 a.
[658] BAG 22. 6. 1993 AP Nr. 22 zu § 23 BetrVG 1972.
[659] S. insbes. den Fall Viessmann, ArbG Marburg 7. 8. 1996, NZA 1996, S. 1331; dazu *Buchner*, NZA 1996, S. 1304; *Heinze*, NZA 1997, S. 1,4; *Junker*, NZA 1997, S. 1306, 1314; *Kort*, NJW 1997, S. 1476, 1477; *Linnenkohl*, BB 1994, S. 2077, 2081; *Rieble*, RdA 1996, S. 151, 154; zu § 23 BetrVG s. insoweit BAG 22. 6. 1993 AP Nr. 22 zu 23 BetrVG 1972 = EzA § 23 BetrVG 1972 Nr. 35 (*Kittner*).
[660] *Ehmann/Schmidt*, NZA 1995, S. 193, 194; *Reuter*, RdA 1991, S. 193, 195 (*cessante ratione legis*).
[661] Allgemein zu den Reformvorschlägen im Tarifrecht oben Einl. vor § 1, Rnr. 67.
[662] So *Langen*, Von der Tarif- zur Betriebsautonomie, 1994, S. 112 ff.
[663] So die Arbeitsgemeinschaft selbständiger Unternehmer, zit. nach *Hensler*, ZfA 1994, S. 487, 496; *Monopolkommission*, 10. Hauptgutachten 1992/93, Nr. 205, S. 63 und Nr. 937, S. 376, BT-Drucks., 12/8323; dagegen *Buchner*, NZA 1986, S. 380; *Hanau*, RdA 1993, S. 1; *Heinze*, NZA 1995, S. 5, 7; *Henssler*, ZfA 1994, S. 487, 511; *Junker*, ZfA 1996, S. 383, 394 f.; *Konzen*, NZA 1995, S. 913, 919; *Linnenkohl*, BB 1988, S. 1459; *Meier-Krenz*, Betrieb 1987, S. 2149; *Richardi*, Gutachten B zum 61. DJT, 1996, S. 43 f.; *Walker*, ZfA 1996, S. 353, 369 f.; *Wank*, NJW 1996, S. 2273, 2280; *Wiedemann*, in: Festschrift für Stahlhacke (1995), S. 675, 683;
[664] *Deregulierungskommission*, Rnr. 599 ff.; dazu *Eich*, NZA 1995, S. 149, 152; *Henssler*, ZfA 1994, S. 487, 512.

h) Erweiterte Zulassung tariflicher Öffnungsklauseln. Unabhängig von der 599 Frage gesetzlicher Öffnungsklauseln wird vorgeschlagen, die Tarifparteien sollten in viel stärkerem Maße als bisher durch Öffnungsklauseln Kompetenzen auf die Betriebsebene verlagern. Auch insoweit wird gedacht an Öffnungsklauseln betr. besondere Personengruppen, betr. existenzgefährdete Betriebe, aber auch an Bereiche wie Arbeitszeit, Lohn usw.[665] Alle diese Vorschläge müssen sich zunächst an Art. 9 Abs. 3 GG messen lassen (s. oben Rnr. 547). Des weiteren ist zu berücksichtigen, daß durch diese Öffnungsklauseln keine Erweiterung der Kompetenzen des Betriebsrats möglich ist (s. oben Rnr. 592 ff.). Sofern für Kerngebiete die Zuständigkeit der Tarifparteien erhalten bleibt (s. oben Rnr. 593) und eine Erstreckung auf Außenseiter durch Bezugnahmeklauseln oder Regelungsabreden erfolgt, bestehen grundsätzlich gegen derartige zusätzliche Öffnungsklauseln keine Bedenken.[666]

Die tarifliche Öffnungsklausel ist eine betriebsverfassungsrechtliche Norm, 600 die über den Ablauf des Tarifvertrages hinaus gem. § 4 Abs. 5 TVG wirksam bleibt (**Nachwirkung**). Bis zum Abschluß eines neuen Tarifvertrages können noch Betriebsvereinbarungen geschlossen und geändert werden.[667] Eine aufgrund einer tariflichen Öffnungsklausel abgeschlossene Betriebsvereinbarung ist in ihrer Laufzeit auf die Dauer des die Öffnungsklausel enthaltenden Tarifvertrags beschränkt.[668] Tritt ein neuer Tarifvertrag mit gleichem Regelungsgegenstand wie der bisherige, aber ohne Öffnungsklausel, in Kraft, so greift die Regelungssperre des § 77 Abs. 3 BetrVG wieder unbeschränkt ein.[669]

Der neue Tarifvertrag kann aber die Fortgeltung oder Nachwirkung sol- 601 cher Betriebsvereinbarungen gestatten, die zu seinem Vorläufer ergänzend abgeschlossen wurden. Enthält der nachfolgende Tarifvertrag eine gleichlautende Ermächtigungsgrundlage, so ist es eine Frage der Auslegung dieses Tarifvertrages, ob er eine Ergänzung durch bereits bestehende Betriebsvereinbarungen zulassen will; des weiteren ist es eine Frage der Auslegung der Betriebsvereinbarung, ob sie sich Wirkung nur für den gerade gültigen Tarifvertrag oder für den jeweils gültigen Tarifvertrag zulegen will.[670]

5. Der Tarifvorrang nach § 87 Abs. 1 Einleitungssatz BetrVG

a) Voraussetzungen des Tarifvorrangs. Der Betriebsrat hat ein Mit- 602 bestimmungsrecht nach § 87 BetrVG nur, „soweit eine tarifliche Regelung nicht besteht", § 87 Abs. 1 Einleitungssatz BetrVG.

aa) Bestehen einer tariflichen Regelung. Anders als nach § 77 Abs. 3 603 BetrVG muß hier eine verdrängende tarifliche Regelung konkret bestehen, Tarifüblichkeit reicht nicht. Der Umfang der tariflichen Regelung ist durch Auslegung des Tarifvertrages zu ermitteln. Maßgebend ist, ob vom Stand-

---

[665] Vgl. *Weyand*, AuR 1989, S. 193 ff.
[666] *Wank*, NJW 1996, S. 2273, 2280 ff. m. w. N.
[667] *Däubler/Kittner/Klebe/Berg*, § 77 BetrVG, Rnr. 77; *Fitting/Kaiser/Heither/Engels*, § 77 BetrVG, Rnr. 108; GK/*Kreutz*, § 77 BetrVG, Rnr. 138; *Hess*/Schlochauer/Glaubitz, § 77 BetrVG, Rnr. 165 f.; *Richardi*, § 77 BetrVG, Rnr. 289 ff.
[668] BAG 25. 8. 1983 AP Nr. 7 zu § 77 BetrVG 1972; GK/*Kreutz*, § 77 BetrVG, Rnr. 131.
[669] *Däubler*, Tarifvertragsrecht, Rnr. 248; GK/*Kreutz*, § 77 BetrVG, Rnr. 139.
[670] Vgl. BAG 14. 12. 1966 AP Nr. 27 zu § 59 BetrVG 1952 (*Rüthers*); 25. 8. 1983 AP Nr. 7 zu § 77 BetrVG 1972; GK/*Kreutz*, § 77 BetrVG, Rnr. 140: abweichend *Däubler*, Tarifvertragsrecht, Rnr. 248: im Zweifel bleibe die Betriebsvereinbarung in Kraft.

punkt der Tarifvertragsparteien aus eine Ergänzung oder Konkretisierung der Bestimmungen des Tarifvertrages erforderlich ist. Die Sperrwirkung greift nur ein, wenn der Tarifvertrag einigermaßen vollständige, aus sich heraus anwendbare Regelungen enthält.[671] Da die Rechtsprechung dieses Erfordernis eng auslegt, wird der Mitbestimmung des Betriebsrats breiter Raum gewährt.[672] Daß die Tarifregelung noch auslegungsbedürftig ist, hindert die Sperrwirkung nicht, der Vorrang des Tarifvertrages ist vom Gesetzgeber gewollt.[673] Zu weit geht die Ansicht, der Tarifvertrag müsse die Angelegenheit selbst so weit regeln, daß der Arbeitgeber sie nur noch zu vollziehen brauche.[674] Demgegenüber reicht eine Rahmenvorschrift für die Sperrwirkung nicht aus.[675] Auch eine Regelung, die dem Arbeitgeber ein Alleinentscheidungsrecht zuweist, löst keine Sperrwirkung aus.[676] Davon sollen nach teilweise vertretener Ansicht Ausnahmen möglich sein.[677]

604 Der Tarifvertrag kann eine Sachregelung und eine **Verfahrensregelung** enthalten. Fehlt eine Verfahrensregelung, so gilt das Mitbestimmungsverfahren des § 87 BetrVG. Aus dem Vorrang des Tarifvertrages läßt sich entnehmen, daß eine tarifliche Verfahrensregel dem Gesetz auch dann vorgeht, wenn sie Mitbestimmungsrechte des Betriebsrats abschwächt.[678] Allerdings kann die Verfahrensregelung im Tarifvertrag nicht in einer bloßen Delegation der im Gesetz genannten Angelegenheiten allein an den Arbeitgeber bestehen. Die Tarifvertragsparteien dürfen sich nicht darauf beschränken, die Mitbestimmung des Betriebsrats auszuschließen, sondern müssen eine eigene sachliche Regelung treffen.[679] Das folgt unmittelbar aus dem Gesetz, auf die Auslegung des Tarifvertrages kommt es nicht an.[680]

---

[671] BAG 6. 7. 1962 AP Nr. 7 zu § 37 BetrVG 1952; 8. 2. 1963 AP Nr. 4 und 15. 5. 1964 Nr. 5 zu § 56 BetrVG 1952 Akkord (*Dietz*); 5. 3. 1974 AP Nr. 1 zu § 87 BetrVG 1972 Kurzarbeit (*Wiese*); 31. 8. 1982 AP Nr. 2 zu § 87 BetrVG 1972 Auszahlung; 4. 8. 1981 AP Nr. 1 (*Mayer-Maly*); 4. 7. 1989 AP Nr. 20 (*Rotter*) zu § 87 BetrVG 1972 Tarifvorrang; *Fitting/Kaiser/Heither/Engels*, § 87 BetrVG, Rnr. 35 ff.
[672] *Feuder*, Betrieb 1993, S. 2231, 2233; *Hanau*, in: Düwell u. a., Betriebsvereinbarung, 1995, S. 67, 101; *Zachert*, RdA 1996, S. 140, 145.
[673] Ebenso Hess/Schlochauer/*Glaubitz*, § 87 BetrVG, Rnr. 58; *Koberski/Clasen/Menzel* § 1 TVG, Rnr. 138.
[674] *Kempen*/Zachert, TVG, Grundlagen Rnr. 215; GK/*Wiese*, § 87 BetrVG, Rnr. 52 f. (unter Berufung auf den Schutzzweck des § 87 Abs. 1 BetrVG).
[675] BAG 3. 4. 1979 AP Nr. 2 zu § 87 BetrVG 1972; 4. 8. 1981 AP Nr. 1 zu § 87 BetrVG 1972 Tarifvorrang; GK/*Wiese*, § 87 BetrVG, Rnr. 53; allgemeine Ansicht.
[676] BAG 17. 12. 1985 AP Nr. 5 und 4. 7. 1989 Nr. 20 zu § 87 BetrVG 1972 Tarifvorrang; *Fitting/Kaiser/Heither/Engels*, § 87 BetrVG, Rnr. 38; GK/*Wiese*, § 87 BetrVG, Rnr. 52, 57; Hess/Schlochauer/*Glaubitz*, § 87 BetrVG, Rnr. 60; *Löwisch*, § 87 BetrVG, Rnr. 30 (einschränkend); MünchArbR/*Matthes*, § 324, Rnr. 17; *Richardi*, § 87 BetrVG, Rnr. 164.
[677] *Löwisch*, AuR 1987, S. 97, 109; *ders.*, § 87 BetrVG, Rnr. 30; *Rieble*, Anm. zu BAG 18. 4. 1989 AP Nr. 18 zu § 87 BetrVG 1972 Tarifvorrang.
[678] Ebenso *Farthmann*, RdA 1974, S. 65, 69, a. A. *Simitis/Weiss*, Betrieb 1973, S. 1240, 1247.
[679] Allgemeine Ansicht; vgl. *Hartmann*, RdA 1974, S. 65, 69; *Fitting/Kaiser/Heither/Engels*, § 87 BetrVG, Rnr. 38; GK/*Wiese*, § 87 BetrVG, Rnr. 56; *Hanau*, BB 1972, S. 499, 500; MünchArbR/*Matthes*, § 324, Rnr. 17; *Preis*, Betrieb 1973, S. 474, 477; *Richardi*, § 87 BetrVG, Rnr. 163; *Simitis/Weiss*, Betrieb 1973, S. 1240, 1247; *Wiese*, in: Festschrift für das BAG (1979), S. 661, 675 f.
[680] So aber BAG 23. 3. 1962 AP Nr. 1 zu § 56 BetrVG 1952 Akkord (*Dietz*).

bb) Sperrwirkung bei nachwirkendem Tarifvertrag. Ein bloß nach- 605
wirkender Tarifvertrag entfaltet keine Sperrwirkung nach § 87 Abs. 1
BetrVG.[681] Allgemein gilt, daß dispositive tarifliche Regelungen das Mitbestimmungsrecht des Betriebsrats nicht ausschließen. Da der Zweck des § 4
Abs. 5 TVG darin besteht, eine Regelungslücke zu verhindern, kann die
Lücke durch eine Betriebsvereinbarung gefüllt werden. Eine Sperrwirkung
kann aber im Nachwirkungszeitraum wegen Tarifüblichkeit nach § 77
Abs. 3 BetrVG eintreten.[682]

cc) Geltung im Betrieb. Umstritten ist, wann man davon sprechen kann, daß 606
eine tarifliche Regelung im Betrieb „gilt". Die Frage verliert dadurch etwas an Bedeutung, daß viele Tarifvertragsregelungen als betriebliche und betriebsverfassungsrechtliche Normen über § 3 Abs. 2 auch für nichttarifgebundene Arbeitnehmer gelten.[683]

(1) Am weitesten geht die Ansicht, nach der sowohl der Arbeitgeber als auch
sämtliche Arbeitnehmer tarifgebunden sein müssen.[684] – Gegen diese Ansicht
spricht, daß sie unpraktikabel ist.[685] Der Tarifvorbehalt liefe leer.[686] Diese Meinung
würde zu einer verfehlten Differenzierung zwischen tarifgebundenen Arbeitnehmern
(Sperrwirkung tritt ein) und nicht tarifgebundenen Arbeitnehmern (keine Sperrwirkung) führen.[687]

(2) Nach einer anderen Ansicht tritt die Sperrwirkung ein, wenn im wesentlichen
alle Arbeitnehmer – sei es kraft Tarifbindung, sei es kraft Bezugnahmeklausel im Arbeitsvertrag – tarifgemäß behandelt werden[688]. In der Praxis wird diese Voraussetzung
(bei Tarifbindung des Arbeitgebers) regelmäßig erfüllt sein, da eine Bezugnahmeklausel im Arbeitsvertrag allgemein üblich ist. Als normative Voraussetzung ist dieses Erfordernis abzulehnen; es ist schwer bestimmbar, was im wesentlichen alle Arbeitnehmer sind.

(3) Nach zutr. h. M. genügt die Tarifbindung des Arbeitgebers.[689] In der Regel
wird der tarifgebundene Arbeitgeber den Tarifvertrag auch tatsächlich anwenden;
wenn nicht, können die Arbeitnehmer durch ihren Gewerkschaftsbeitritt die Anwendung des Tarifvertages erzwingen.

b) Folgen des Tarifvorrangs. aa) Freiwillige Betriebsvereinbarun- 607
gen. Soweit der Vorrang des § 87 Abs. 1 Eingangssatz BetrVG reicht, entfällt das Mitbestimmungsrecht des Betriebsrats. Damit wird zunächst nur das
erzwingbare Mitbestimmungsrecht erfaßt, also ein Mitbestimmungsrecht, das

---

[681] BAG 13. 7. 1977 AP Nr. 2 zu § 87 BetrVG Kurzarbeit; 24. 11. 1987 AP Nr. 6
zu § 87 BetrVG 1972 Auszahlung; 14. 2. 1989 AP Nr. 8 zu § 87 BetrVG 1972 Akkord; *Fitting/Kaiser/Heither/Engels,* § 87 BetrVG, Rnr. 33; GK/*Wiese,* § 87 BetrVG,
Rnr. 46; *Hess*/Schlochauer/Glaubitz, § 87 BetrVG, Rnr. 53; *Richardi,* § 87 BetrVG,
Rnr. 152, alle m. w. N.
[682] So die Zwei-Schranken-Theorie; anders die Vorrangtheorie; s. unten
Rnr. 611 ff.
[683] *Löwisch,* § 87 BetrVG, Rnr. 31.
[684] GK/*Wiese,* § 87 BetrVG, Rnr. 49; *Jahnke,* Tarifautonomie, S. 163 f.; *Wiese,* in:
Festschrift für das BAG (1979), S. 661, 670 ff.
[685] *Richardi,* § 87 BetrVG, Rnr. 155.
[686] *Däubler,* Tarifvertragsrecht, Rnr. 237; Hess/Schlochauer/*Glaubitz,* § 87 BetrVG,
Rnr. 55.
[687] Für diese Differenzierung allerdings *Jahnke,* Tarifautonomie, S. 163.
[688] *Richardi,* § 87 BetrVG, Rnr. 156.
[689] BAG 24. 2. 1987 AP Nr. 21 zu § 77 BetrVG 1972; 24. 11. 1987 AP Nr. 6 zu
§ 87 BetrVG 1972 Auszahlung; *Däubler,* Tarifvertragsrecht, Rnr. 237; Däubler/
Kittner/*Klebe,* § 87 BetrVG, Rnr. 30; *Fitting/Kaiser/Heither/Engels,* § 87 BetrVG,
Rnr. 34; *Kempen*/Zachert, TVG, Grundlagen, Rnr. 283; Hess/Schlochauer/*Glaubitz,*
§ 87 BetrVG, Rnr. 55.

notfalls vor die Einigungsstelle gebracht werden kann. § 88 BetrVG enthält keine entsprechende Einschränkung; von daher ist streitig, ob und inwieweit der Tarifvertrag eine Sperrwirkung auch gegenüber freiwilligen Betriebsvereinbarungen entfaltet. Umstritten ist insoweit, ob eine freiwillige Betriebsvereinbarung über die in § 87 Abs. 1 BetrVG aufgeführten Gegenstände in der Weise geschlossen werden kann, daß der Inhalt eines Tarifvertrages wiederholt und auf die gesamte Belegschaft erstreckt wird. Ebenfalls unklar ist, ob eine freiwillige Betriebsvereinbarung mit gegenüber dem Tarifvertrag für den Arbeitnehmer günstigeren Regelung zulässig ist.

608 Wie schon nach altem Recht,[690] geht die überwiegende Meinung davon aus, daß freiwillige Betriebsvereinbarungen von der Sperrwirkung nicht erfaßt werden.[691] Nach der Gegenansicht[692] wird durch freiwillige Betriebsvereinbarungen der Tarifvorrang insgesamt in Frage gestellt. Der Schutzgedanke des § 87 BetrVG sei nur auf die Vermeidung einer Schutzlücke gerichtet.

609 Die h. M. verweist mit Recht auf den Wortlaut der §§ 87, 88 BetrVG. Die Einschränkung hat ihre systematische Stellung im Bereich der erzwingbaren Mitbestimmung. Die Tarifnormen sollen nur einen Mindestschutz gewährleisten. Unabhängig von der Lösung zu § 87 BetrVG ist aber zu beachten, daß im übrigen § 77 Abs. 3 BetrVG eingreift. In dessen Anwendungsbereich schließt diese Vorschrift auch freiwillige Betriebsvereinbarungen aus.[693] Demnach sind im Endergebnis aus § 87 und § 77 BetrVG die Übernahme materieller Arbeitsbedingungen aus einem Tarifvertrag und dessen Vereinbarung unter Beachtung des Günstigkeitsprinzips in freiwilligen Betriebsvereinbarungen nicht möglich. Die Zulässigkeit freiwilliger Betriebsvereinbarungen im Bereich formeller Arbeitsbedingungen bleibt zwar von § 77 Abs. 3 und § 87 Abs. 1 Einleitungssatz BetrVG unberührt; doch können solche Betriebsvereinbarungen am Günstigkeitsprinzip scheitern, weil sie günstigkeitsneutral sind.[694]

610 bb) **Ungünstigere Betriebsvereinbarungen** sind nur zulässig, wenn sie durch den Tarifvertrag gestattet werden.[695] (Soweit Tarifvorbehalt und Tarifvorrang nicht eingreifen, bleibt Raum für das Günstigkeitsprinzip im Verhältnis von Tarifvertrag und Betriebsvereinbarung nach § 4 Abs. 3, s. unten Rnr. 621.) Später ergehende tarifliche Regelungen setzen jedenfalls ihnen widersprechende ungünstigere Regelungen außer Kraft.[696]

6. Vorrangtheorie, Zwei-Schranken-Theorie und TVG-Theorie (das Verhältnis von § 77 Abs. 3 zu § 87 Abs. 1 BetrVG)

611 Umstritten ist, ob die Regelungssperre des § 77 Abs. 3 BetrVG auch in den Fällen der Mitbestimmung nach § 87 Abs. 1 BetrVG eingreift. Erheblich ist diese Streitfrage insbesondere im Falle eines nur nachwirkenden Tarifvertrages sowie wenn es an einer tatsächlichen tariflichen Ordnung im Betrieb fehlt. Hierzu werden drei Ansichten vertreten.

612 a) **TVG-Theorie.** Nach der einen Ansicht[697] muß im Verhältnis zwischen Tarifvertragsgesetz und Betriebsverfassungsgesetz zwischen Inhaltsnormen und Betriebs-

---

[690] S. die Nachw. in der Vorauflage, Rnr. 286.
[691] *Fitting/Kaiser/Heither/Engels*, § 87 BetrVG, Rnr. 32; GK/*Wiese*, § 87 BetrVG, Rnr. 47 f.; Hess/Schlochauer/*Glaubitz*, § 87 BetrVG, Rnr. 62; MünchArbR/*Matthes*, § 324, Rnr. 21 ff.; *Richardi*, § 87 BetrVG, Rnr. 169 f.
[692] *Däubler*, Tarifvertragsrecht, Rnr. 239.
[693] *Fitting/Kaiser/Heither/Engels*, § 88 BetrVG, Rnr. 4.
[694] Vgl. *Dietz/Richardi*, § 77 BetrVG, Rnr. 104.
[695] Vgl. BAG 17. 10. 1962 AP Nr. 16 zu § 611 BGB Akkordlohn; Hess/Schlochauer/*Glaubitz*, § 87 BetrVG, Rnr. 83 f.
[696] Ebenso GK/*Wiese*, § 87 BetrVG, Rnr. 25; *Säcker*, ZfA 1972, Sonderheft, S. 41, 68.
[697] *Heinze*, NZA 1989, S. 41 ff.; *Jahnke*, Tarifautonomie, S. 174; *Richardi*, Kollektivgewalt, S. 236 f.

3. Abschnitt. Verhältnis der Tarifvertragsnormen   613–615 § 4

normen unterschieden werden. In bezug auf Inhaltsnormen griffen die Schranken aus § 77 Abs. 3 und aus § 87 Abs. 1 BetrVG nebeneinander. Für Betriebsnormen dagegen gälte nur § 87 Abs. 1 BetrVG. Diese Theorie wurde später nicht mehr aufgegriffen.

b) Vorrang-Theorie. Nach einer zweiten Ansicht ist § 87 Abs. 1 BetrVG inso- **613** weit Spezialvorschrift, als in den Fällen des § 87 BetrVG § 77 Abs. 3 BetrVG nicht zum Zuge kommt („Vorrangtheorie"). Die praktische Konsequenz ist, daß in weitergehendem Umfang der Abschluß von Betriebsvereinbarungen möglich ist; also auch im Nachwirkungszeitraum und immer dann, wenn keine aktuelle tarifliche Regelung besteht.[698]

Während das BAG die Frage anfangs noch offengelassen hatte,[699] hat es sich später **614** der Vorrangtheorie angeschlossen.[700] Der Große Senat hat dies bekräftigt.[701] In der Literatur wird diese Ansicht von einer Reihe von Autoren vertreten.[702] Für diese Ansicht wird angeführt, der Wortlaut des § 87 Abs. 3 BetrVG erfasse nicht die Mitbestimmung, sondern untersage nur den Abschluß von Betriebsvereinbarungen. Säcker[703] meint, § 87 Abs. 1 BetrVG schließe ein Mitbestimmungsrecht des Betriebsrats nur bei bestehenden Tarifverträgen aus. Würde man daneben § 77 Abs. 3 BetrVG anwenden, so wäre § 87 Abs. 1 mißverständlich. Bezüglich der äußeren Systematik wird darauf hingewiesen, daß § 77 Abs. 3 BetrVG im Ersten Abschnitt des Vierten Teils, „Allgemeines", steht und § 87 Abs. 1 BetrVG im Dritten Abschnitt; daraus ergebe sich der Charakter des § 87 Abs. 1 BetrVG als Spezialvorschrift.[704]

Zur inneren Systematik ist nach der Vorrangtheorie § 112 Abs. 1 Satz 4 BetrVG ein **615** Beleg dafür, daß auch sonst § 77 Abs. 3 BetrVG nicht überall gilt.[705] Auch habe der Gesetzgeber in § 88 Nr. 3 BetrVG eine Sonderregelung gegenüber dem sonst unanwendbaren § 77 Abs. 3 BetrVG geschaffen.[706] Schließlich sei § 87 Abs. 1 BetrVG bei Anwendung der Zwei-Schranken-Theorie überflüssig.[707] Entstehungsgeschichtlich sei zu berücksichtigen, daß nach einem Vorschlag des Bundesrats in § 87 BetrVG die Formulierung aufgenommen werden sollte: „§ 77 Abs. 3 BetrVG ist anzuwenden".[708] Die Bundesregierung ging darauf nicht ein. Fabricius[709] schließt daraus, die Bundesregierung habe eine Regelung dieses Inhalts nicht gewollt. Was den Sinn und Zweck der beiden konkurrierenden Vorschriften angeht, so wird er übereinstimmend im

---

[698] § 77 Abs. 3 BetrVG wird allerdings im Falle eines *Mischtatbestandes* nicht ausgeschlossen, also wenn die Betriebsvereinbarung sowohl Fragen der erzwingbaren Mitbestimmung als auch mitbestimmungsfreie Fragen regelt, BAG 22. 6. 1993 AP Nr. 22 zu § 23 BetrVG 1972; 5. 3. 1997 AP Nr. 10 zu § 77 BetrVG 1972 Tarifvorbehalt.
[699] BAG 14. 11. 1974 AP Nr. 1 zu § 87 BetrVG 1972 (*Richardi*).
[700] BAG 24. 2. 1987 AP Nr. 21 zu § 77 BetrVG 1972 (*Richardi*).
[701] BAG GS 3. 12. 1991 AP Nr. 51 und 52 zu § 87 BetrVG 1972 Lohngestaltung = NZA 1992, S. 749; s. ferner BAG 24. 1. 1996 AP Nr. 8 zu § 77 BetrVG 1972 Tarifvorbehalt (*Moll*); 5. 3. 1997 AP Nr. 10 zu § 77 BetrVG 1972 Tarifvorbehalt.
[702] Däubler/Kittner/Klebe/*Berg*, § 77 BetrVG, Rnr. 66; Ehmann/Schmidt, NZA 1995, S. 193, 197; *Fabricius*, RdA 1973, S. 125, 126; *Farthmann*, RdA 1974, S. 65, 71 f.; *Gast*, BB 1987, S. 1249; *Kempen*/Zachert, TVG, Grundlagen, Rnr. 279; v. Hoyningen-Huene/Meier-Krenz, NZA 1987, S. 793, 799; MünchArbR/*Matthes*, § 318, Rnr. 68 f.; *Säcker*, ZfA Sonderheft 1972, S. 44, 64; *T. D. Schmidt*, Das Günstigkeitsprinzip im Tarifvertrags- und Betriebsverfassungsrecht, 1994, S. 103; Weiss/Weyand, § 77 BetrVG, Rnr. 29.
[703] *Säcker*, ZfA 1972, Sonderheft, S. 41, 65.
[704] BAG 24. 2. 1987 AP Nr. 21 zu § 77 BetrVG 1972 (*Richardi*); *Birk*, Anm. zu BAG 14. 11. 1974 EzA § 87 BetrVG Initiativrecht; *Farthmann*, RdA 1974, S. 65, 72; *Reuter/Streckel*, Grundfragen der betriebsverfassungsrechtlichen Mitbestimmung, 1973, S. 33.
[705] BAG 24. 2. 1987 AP Nr. 21 zu § 77 BetrVG 1972 (*Richardi*).
[706] BAG 24. 2. 1987 AP Nr. 21 zu § 77 BetrVG 1972 (*Richardi*).
[707] *Farthmann*, RdA 1974, S. 65, 72; *Gast*, BB 1987, S. 1249 f.; v. Hoyningen-Huene/Meier-Krenz, NZA 1987, S. 793, 798; *Säcker*, ZfA, Sonderheft 1972, S. 41, 66.
[708] Stellungnahme des Bundesrats zum Entwurf eines Betriebsverfassungsgesetzes, BT-Drucks. VI/1786, S. 64.
[709] *Fabricius*, RdA 1973, S. 125, 126.

Schutz der Tarifautonomie gesehen. Später hat das BAG den Zweck des § 87 Abs. 1 BetrVG allerdings anders erklärt.[710] Es stellte nunmehr den Schutz des Arbeitnehmers in den Vordergrund, der durch das Mitbestimmungsrecht des Betriebsrats gewahrt werde. Dieser Schutz könne nur dann entfallen, wenn ein gleichwertiger Schutz durch einen aktuellen Tarifvertrag erreicht werde.

616   c) **Zwei-Schranken-Theorie.** Nach der zutr. Gegenansicht sind § 77 Abs. 3 und § 87 Abs. 1 BetrVG nebeneinander anwendbar (Zwei-Schranken-Theorie). Sie wird von einer Reihe von Autoren vertreten.[711] Nach dem Wortlaut schließt § 87 Abs. 1 BetrVG ein „Mitbestimmungsrecht" des Betriebsrats aus, § 77 Abs. 3 BetrVG dagegen, enger, nur eine Betriebsvereinbarung.

617   aa) Die **äußere Systematik** spricht jedenfalls nicht für eine Spezialvorschrift im engeren Sinne. Spezialität ist bildlich zu vergleichen einem engeren und einem weiteren Kreis; die Spezialvorschrift enthält alle Merkmale der allgemeinen Vorschrift sowie zusätzliche Merkmale.[712] Man könnte also allenfalls von einer Spezialvorschrift i.w. S. sprechen. Wenn man allerdings, wie das BAG, für beide Vorschriften unterschiedliche Normzwecke annimmt (hier Schutz der Tarifautonomie, Schutz der Arbeitnehmer dort), so kann nicht einmal von einer Spezialvorschrift i.w. S. die Rede sein.

618   bb) Zur **inneren Systematik** läßt sich anführen: Wenn das Gesetz im Falle des Sozialplans, also in einem der wichtigsten Fälle des Mitbestimmungsrechts in materiellen Angelegenheiten, § 77 Abs. 3 BetrVG ausdrücklich ausschließt, dann ist die Vorschrift ansonsten stets anwendbar.[713] – Verneint man, daß § 77 Abs. 3 BetrVG Betriebsvereinbarungen über vermögensbildende Maßnahmen verbietet, so entsteht im Hinblick auf § 88 Nr. 3 BetrVG kein Konkurrenzproblem. – Geht man mit der h. M. davon aus, daß sich § 77 Abs. 3 BetrVG nur auf materielle Arbeitsbedingungen bezieht, so bleibt für § 87 Abs. 3 BetrVG genügend Anwendungsspielraum für formelle Arbeitsbedingungen. Aber auch im Bereich der materiellen Arbeitsbedingungen ist § 87 Abs. 1 Einleitungssatz BetrVG durch § 77 Abs. 3 BetrVG weder überflüssig noch in seinem Regelungsbereich eingeschränkt. Während sich nämlich § 77 Abs. 3 BetrVG nur auf Betriebsvereinbarungen bezieht, erfaßt § 87 Abs. 1 BetrVG die gesamte Mitbestimmung. Auch bezieht sich § 77 Abs. 3 BetrVG, anders als § 87 BetrVG, auch auf die freiwillige Betriebsvereinbarung. – Umgekehrt hat, wenn man der Vorrangtheorie folgt, § 77 Abs. 3 BetrVG keine praktische Bedeutung. Im Bereich der sozialen Angelegenheiten werden dann nur freiwillige Betriebsvereinbarungen nach § 88 BetrVG ausgeschlossen, dagegen sind Betriebsvereinbarungen aufgrund erzwingbarer Mitbestimmung nach § 87 BetrVG (beispielsweise im Falle eines nachwirkenden Tarifvertrages) zulässig – ein widersprüchliches Ergebnis.

619   cc) **Entstehungsgeschichtlich** läßt sich die Untätigkeit der Bundesregierung nach dem Vorschlag des Bundesrats damit erklären, daß nach Meinung der Bundesregierung § 77 Abs. 3 BetrVG im Rahmen des § 87 BetrVG ohnehin gilt.[714]

620   dd) Entscheidend für die Zwei-Schranken-Theorie sprechen **Sinn und Zweck** der beiden konkurrierenden Vorschriften. Die Argumentation der Vorrangtheorie ist

---

[710] BAG 31. 1. 1984 AP Nr. 3 zu § 87 BetrVG 1972 Tarifvorrang (*Wiedemann*); 3. 12. 1991 AP Nr. 21 zu § 77 BetrVG 1972 Lohngestaltung.
[711] *Fitting/Kaiser/Heither/Engels*, § 77 BetrVG, Rnr. 98; § 87 BetrVG, Rnr. 40; GK/*Wiese*, § 77 BetrVG, Rnr. 47; *Heinze*, NZA 1995, S. 5, 6; *Hess/Schlochauer/ Glaubitz*, § 87 BetrVG, Rnr. 63; *Hromadka*, Betrieb 1987, S. 1992; *Joost*, ZfA 1993, S. 267; *Richardi*, § 77 BetrVG, Rnr. 231 ff.; *Stege/Weinspach*, 7. Aufl. 1994, § 87 BetrVG, Rnr. 35 ff.; *Waltermann*, Rechtsetzung durch Betriebsvereinbarung, 1996, S. 285 ff.; *ders.*, RdA 1996, S. 129, 138; *Wank*, RdA 1991, S. 129 ff.; *ders.*, NJW 1998, S. 2273, 2276.
[712] Vgl. *Wank*, Die Auslegung von Gesetzen, 1996, § 13.
[713] *Dietz/Richardi*, § 77 BetrVG, Rnr. 181; *Hromadka*, Betrieb 1987, S. 1991, 1992; *Kirchner*, BB 1972, S. 1279, 1281; *Moll*, Der Tarifvorrang im Betriebsverfassungsrecht, 1980, S. 36; *Wiese*, Anm. zu BAG 24. 2. 1978, SAE 1989, S. 6, 7, 9.
[714] *Hanau*, RdA 1973, S. 281, 284; *Wiese*, Anm. zu BAG 24. 2. 1978, SAE 1989, S. 6, 7.

3. Abschnitt. Verhältnis der Tarifvertragsnormen

in sich widersprüchlich. Beide Vorschriften müssen auf zwei Fragen hin geprüft werden; materiellrechtlich, ob der Arbeitnehmer Schutz genießt und kompetenzrechtlich, wie dieser Schutz verwirklicht werden soll, ob durch Gesetz, Tarifvertrag oder betriebliche Mitbestimmung. Das BAG stellt demgegenüber unter Außerachtlassung des Kompetenzgedankens einseitig darauf ab, daß bei Anwendung des § 77 Abs. 3 im Rahmen des § 87 Abs. 1 BetrVG der Arbeitnehmer schutzlos sei – dabei wäre dieser Gedanke des Arbeitnehmerschutzes auch unabhängig von § 87 Abs. 1 BetrVG bei § 77 Abs. 3 BetrVG zu bedenken.[715] Im Kern läuft der Streit darauf hinaus, was bei bloßer Tarifüblichkeit gilt. Hierbei geht es darum, inwieweit durch Betriebsvereinbarungen spätere Tarifverträge präjudiziert werden. Wenn die Betriebsparteien eine für die Arbeitnehmer vorteilhafte Betriebsvereinbarung schließen, so fällt es bei späteren Tarifverhandlungen schwer, eine davon abweichende Regelung zu vereinbaren. Auch die Regelungsgegenstände und die Art der Regelung könnten bei einer Zurückdrängung des § 77 Abs. 3 BetrVG durch Betriebsvereinbarungen vorweggenommen werden. Es muß daher zwischen dem Gesetzeszweck Tarifautonomie einerseits und dem Zweck Schutz des Arbeitnehmers durch eine konkrete Regelung andererseits abgewogen werden. Folgt man der Vorrangtheorie, dann besteht zunächst, solange der Tarifvertrag noch gilt, eine Sperre gegenüber Betriebsvereinbarungen. Im Nachwirkungszeitraum dürfen dann Betriebsvereinbarungen abgeschlossen werden. Tritt dann ein neuer Tarifvertrag in Kraft, verdrängt er wieder die inzwischen abgeschlossenen Betriebsvereinbarungen. Eine Theorie, die zu einem solchen Wechselbad führt, ist nicht überzeugend. Vor allem spricht gegen sie, daß auf die Tarifvertragsparteien während der Tarifverhandlungen nicht durch präjudiziell wirkende Betriebsvereinbarungen weiterer Druck ausgeübt werden soll.

7. Verhältnis des Tarifvertrags zur Betriebsvereinbarung im übrigen

Wie dargelegt, müssen § 4 Abs. 3 TVG und § 77 Abs. 3 BetrVG sowie § 87 Abs. 1 BetrVG in ihrem Zusammenwirken gesehen werden. Das bedeutet: In ihrem Anwendungsbereich schließen die beiden Vorschriften aus dem Betriebsverfassungsgesetz § 4 Abs. 3 TVG aus. Soweit diese Vorschriften nicht eingreifen, gilt § 4 Abs. 3 TVG. Danach sind gegenüber dem TVG für den Arbeitnehmer günstigere „abweichende Abmachungen" zulässig. Abweichende Abmachungen sind auch Betriebsvereinbarungen; d. h. daß in diesem, beschränkten Bereich im Verhältnis des Tarifvertrages zur Betriebsvereinbarung das *Günstigkeitsprinzip* gilt.

II. Verhältnis des Tarifvertrags zur Dienstvereinbarung

1. Allgemeines

Nach § 73 Abs. 1 Satz 1 BPersVG sind Dienstvereinbarungen nur zulässig, wenn das Gesetz sie ausdrücklich vorsieht.[716] Gegenstand einer Dienstvereinbarung können daher nur die in § 75 Abs. 3 BPersVG aufgeführten Angelegenheiten sein. Da § 75 Abs. 3 BPersVG nur Tatbestände anführt, die der unbedingten Mitbestimmung des Personalrats unterliegen, da aber anderer-

---

[715] Zum gemeinsamen Zweck beider Vorschriften *Wank*, RdA 1991, S. 129, 136f.; s. auch *Kissel*, NZA 1995, S. 1, 5; *Lieb*, ZfA 1978, S. 179, 206; *Zachert*, RdA 1996, S. 140, 144.
[716] Vgl. dazu *Grabendorff/Windscheid/Ilbertz/Wiedmaier*, BPersVG (8. Aufl. 1995), § 73, Rnr. 1; *Hueck/Nipperdey*, Arbeitsrecht II 2, § 64 VII 1, S. 1244.

seits Dienstvereinbarungen auch nur über diese Tatbestände abgeschlossen werden können, kennt das Personalvertretungsrecht – anders als das Betriebsverfassungsrecht – nur die notwendige und nicht auch die freiwillige Dienstvereinbarung.[717] Vereinbarungen zwischen dem Dienststellenleiter und dem Personalrat über andere als die genannten Angelegenheiten sind keine Dienstvereinbarungen, sondern Abreden ohne normativen Charakter, die lediglich eine Selbstbindung der Parteien bewirken.[718]

2. Der Tarifvorrang

623 a) **Nachrang gegenüber dem Tarifvertrag.** Die Dienstvereinbarung ist ebenso wie die Betriebsvereinbarung dem Tarifvertrag nachgeordnet. Nach § 75 Abs. 3 BPersVG sind Dienstvereinbarungen über die dort aufgeführten Regelungstatbestände nur möglich, soweit keine Regelung durch Gesetz oder Tarifvertrag besteht. Eine tarifliche Regelung schließt das Mitbestimmungsrecht des Personalrats und damit das Recht, Dienstvereinbarungen einzugehen, aus. Darüberhinaus entzieht § 75 Abs. 5 BPersVG den Personalvertretungsorganen die Regelungskompetenz bezüglich der Arbeitsentgelte und sonstigen Arbeitsbedingungen nicht nur, wenn bereits eine tarifliche Regelung besteht, sondern auch, wenn derartige Angelegenheiten üblicherweise tariflich geregelt werden. Dies gilt nur für den Fall nicht, daß ein Tarifvertrag den Abschluß ergänzender Dienstvereinbarungen ausdrücklich zuläßt. Die Regelung entspricht damit derjenigen in § 77 Abs. 3 BetrVG. Die betriebsverfassungsrechtlichen Probleme zur Konkurrenz zwischen § 77 Abs. 3 und § 87 Abs. 1 BetrVG treten hier nicht auf.

624 Durch die Regelung **soll verhindert werden**, daß sich die Verwaltung nach der Kündigung eines Tarifvertrages einer tariflichen Regelung durch **Abschluß von Dienstvereinbarungen** entzieht. Weiter soll ausgeschlossen werden, daß die Arbeitsbedingungen der nichtorganisierten Angestellten und Arbeiter normativ durch Dienstvereinbarungen an tarifliche Regelungen angepaßt werden.[719] Der absolute Vorrang des Tarifvertrages soll eine einheitliche Regelung der Arbeitsbedingungen gewährleisten.[720] Die Personalräte sollen den tarifschließenden Gewerkschaften keine Konkurrenz machen dürfen, der Initiativvorrang der Gewerkschaften soll gesichert werden.[721] – Das Recht der Dienstvereinbarung entspricht, wie dargelegt, weitgehend den Grundsätzen, die für die Betriebsvereinbarung gelten.[722]

625 b) **Nichtigkeit einer Dienstvereinbarung.** Eine Dienstvereinbarung, die den in § 73 Abs. 3 und 5 BPersVG statuierten Vorrang des Tarifvertrags mißachtet, ist nichtig. Wird nach Abschluß einer Dienstvereinbarung ein Tarifvertrag geschlossen, durch den von der Dienstvereinbarung getroffene

---

[717] Ebenso *Fitting/Heyer/Lorenzen*, BPersVG, 4. Aufl. 1975, § 64, Rnr. 110.
[718] *Grabendorff/Windscheid/Ilbertz/Wiedmaier*, § 73 BPersVG, Rnr. 2.
[719] Vgl. *Walter/Witzer*, Dienstvereinbarung im Tarifvertrag, Die Personalvertretung 1965, S. 205, 207.
[720] *Grabendorff/Windscheid/Ilbertz/Wiedmaier*, § 75 BPersVG, Rnr. 229.
[721] *Dietz/Richardi*, § 75 BPersVG, Rnr. 175, 189.
[722] Vgl. *Dietz/Richardi*, § 75 BPersVG, Rnr. 175 ff.; *Grabendorff/Windscheid/Ilbertz/Wiedmaier*, § 75 BPersVG, Rnr. 228 ff.; MünchArbR/*Germelmann*, § 361, Rnr. 25.

Gegenstände anders geregelt werden, so tritt die Dienstvereinbarung außer Kraft.[723]

c) Streitigkeiten. Bei Streitigkeiten über das Bestehen oder Nichtbestehen von Dienstvereinbarungen – insbesondere auch im Hinblick auf den Vorrang des Tarifrechts – entscheidet das Verwaltungsgericht gem. § 83 Abs. 1 Nr. 4 BPersVG im Beschlußverfahren. **626**

III. Verhältnis zur betrieblichen Übung und zur betrieblichen Einheitsregelung (sog. Ordnungsprinzip)

1. Herkunft und Bedeutungswandel

Für die Abänderbarkeit einer Art von arbeitsrechtlichen Regelung durch eine andere gibt es kein einheitliches Prinzip. *Nipperdey* hat die Frage, wie eine kollektive allgemeine arbeitsrechtliche Regelung eine andere ablöst sowie die Frage, was beim Aufeinandertreffen von einzelvertraglichen Vereinbarungen mit kollektiven Gestaltungsmitteln gilt, mit Hilfe von *Ordnungsprinzip, Leistungsprinzip* und *Spezialitätsprinzip* zu lösen versucht.[724] *Siebert*[725] hat das Ordnungsprinzip zu einer allgemeinen Kollisionsnorm für kollektivrechtliche und individualrechtliche Gestaltungsmittel erweitert: Wenn eine bestehende allgemeine betriebliche Ordnung (Tarifvertrag, Betriebsvereinbarung, allgemeine Arbeitsbedingungen, betriebliche Übung) mit einer neuen echt kollektivrechtlichen Regelung des gleichen Bereichs zusammentreffe, so werde die alte Ordnung verdrängt. **627**

Das Bundesarbeitsgericht hat das Ordnungsprinzip früher in seiner Rechtsprechung mehrfach zur Begründung herangezogen.[726] In einer Entscheidung des Großen Senats[727] hat das BAG das Ordnungsprinzip jedenfalls als Kollisionsregel für das Verhältnis von Betriebsvereinbarung und vertraglicher Einheitsregelung abgelehnt. Daher dürfte es nach Ansicht des BAG wohl auch im Verhältnis von Tarifvertrag und vertraglicher Einheitsregelung nicht mehr anwendbar sein. **628**

Im **Schrifttum** wurde das Ordnungsprinzip nur von einer Mindermeinung als Argument verwandt.[728] **629**

2. Heutiger Stand

In der heutigen Diskussion spielt das Ordnungsprinzip keine Rolle mehr. Das Verhältnis der verschiedenen Regelungsebenen zueinander kann vielmehr nur je für sich betrachtet werden. Im einzelnen gelten **630**
– allgemeine Rangregeln (die ranghöhere Norm verdrängt die rangniedrigere)
– allgemeine Ablösungsregeln (lex posterior; lex specialis)

---

[723] Vgl. *Grabendorff/Windscheid/Ilbertz/Wiedmaier*, § 75 BPersVG, Rnr. 236 sowie zu der entsprechenden Problematik bei Betriebsvereinbarungen oben Rnr. 578.
[724] *Nipperdey*, in: Festschrift für Heinrich Lehmann (1937), S. 257.
[725] *Siebert*, in: Festschrift für Nipperdey (1955), S. 199,126.
[726] Nachweise in der Vorauflage, Rnr. 309.
[727] BAG GS 16. 9. 1986 AP Nr. 17 zu § 77 BetrVG 1972.
[728] Nachw. in der Vorauflage dieses Kommentars, Rnr. 310.

– spezielle Rangregeln (§ 4 Abs. 3 TVG, § 77 Abs. 3 BetrVG, § 87 Abs. 1 BetrVG,
– allgemeine Regeln über zwingendes und dispositives Recht
– speziell für das Arbeitsrecht das Günstigkeitsprinzip des § 4 Abs. 3 TVG.
Wie sich diese Regeln im einzelnen auswirken, soll in der folgenden Gesamtübersicht aufgezeigt werden.

IV. Zusammenfassende Übersicht zu den Konkurrenzverhältnissen

1. Verhältnis des Tarifvertrages zum Grundgesetz

631 Im Verhältnis des Tarifvertrags zum Grundgesetz ist allgemein anerkannt, daß Tarifverträge der Grundrechtsbindung unterliegen, wenn auch die rechtsdogmatische Begründung streitig ist (s. zum Ganzen oben Einl. vor § 1, Rnr. 198 ff.).

2. Verhältnis des Tarifvertrages zum einfachen Gesetz

632 **a) Allgemeines.** Im Verhältnis des Tarifvertrags zum einfachen Gesetz (s. oben Einl. vor § 1, Rnr. 357) muß danach unterschieden werden, ob es sich um ein zwingendes oder um ein (tarif)dispositives Gesetz handelt. Innerhalb des *zwingenden Gesetzesrechts* sind zweiseitig zwingende und einseitig zugunsten des Arbeitnehmers zwingende Vorschriften (s. oben Einl. vor § 1, Rnr. 382) gleichzubehandeln. Insoweit gilt der *Vorrang des Gesetzes*. Allerdings liegt der Sinn der Ausgestaltung als zwingendes Recht darin, den Arbeitnehmer zu schützen und nicht darin, eine bestimmte Regelung allseits verbindlich zu schaffen. Fehlt es an einer ausdrücklichen gesetzlichen Bestimmung, so gilt deshalb die Auslegungsregel, daß die günstigere rangniedrigere Regelung vorgeht (s. oben Einl. vor § 1, Rnr. 360).[729] Deshalb sind tarifliche Regelungen, die zugunsten des Arbeitnehmers vom zwingenden Gesetzesrecht abweichen, zulässig.

633 Von einem **dispositiven Gesetz** kann durch Tarifvertrag abgewichen werden, wobei es gleichgültig ist, ob die Abweichung zugunsten oder zu Ungunsten des Arbeitnehmers erfolgt (s. oben Einl. vor § 1, Rnr. 383). Neuere Gesetze lassen ausdrücklich zu, daß dann, wenn der Einzelvertrag eine Bezugnahmeklausel enthält, auch die jeweilige ungünstigere tarifliche Regelung den Einzelvertrag ergreift; so z. B. § 13 Abs. 1 Satz 2 BUrlG; § 7 ArbZG. Anderenfalls würde die ungünstigere Regelung nur tarifgebundene Arbeitnehmer treffen. Die Tarifvertragsparteien können dispositives Gesetzesrecht auch in den Tarifvertrag übernehmen, und zwar konstitutiv oder deklaratorisch (s. oben Einl. vor § 1, Rnr. 384 ff.).

634 Innerhalb der dispositiven Gesetze gibt es solche, die insgesamt dispositiv sind und andere, die nur für Tarifverträge, aber nicht für Einzelarbeitsverträge dispositiv sind (**tarifdispositive Gesetze**), s. z. B. § 622 Abs. 4 Satz 2 mit Abs. 5 BGB (s. oben Einl. vor § 1, Rnr. 387 ff.). Der Gesetzgeber traut den Tarifvertragsparteien eine angemessene Regelung in Abweichung vom Gesetz zu, nicht aber den Parteien des Einzelarbeitsvertrages.

635 **b) Die Kernbereichslehre.** Besonders umstritten ist die Frage, inwieweit der Gesetzgeber in Tarifverträge eingreifen darf, sei es in künftige, sei es in bestehende Tarifverträge. Früher wurde verbreitet von einer Kernbereichslehre ausgegangen. Das Bundesverfassungsgericht hatte in mehreren Entscheidungen ausgeführt, daß die Tarifautonomie sei in einem Kernbereich (s. zur Kernbereichslehre in der Rechtsprechung des BVerfG ausführlich Einl. vor § 1, Rnr. 104 ff.) geschützt.[730] Im Schrifttum wurde diese unklare Aussage in zweierlei Hinsicht interpretiert.

---

[729] S. auch *Gamillscheg*, Kollektives Arbeitsrecht I, § 18 V 1 a, S. 835 f.
[730] BVerfG 26. 6. 1991, BVerfGE 84, S. 212; 2. 3. 1993 88, S. 103; 10. 1. 1995 92, S. 26; 4. 7. 1995 92, S. 365; 14. 11. 1995 93, S. 352; 24. 4. 1996 94, S. 268.

3. Abschnitt. Verhältnis der Tarifvertragsnormen 636–638 § 4

Nach der einen Ansicht ist die Tarifautonomie **nur in einem Kernbereich** ge- **636** schützt.[731] Dieser war also dem Eingriff des Gesetzgebers entzogen. Im übrigen aber hatte der Gesetzgeber einen weitgehenden Spielraum für Eingriffe in Tarifverträge. Nach einer anderen Ansicht ist die **Tarifautonomie** angesichts der Schrankenlo- **637** sigkeit des Grundrechts aus Art. 9 Abs. 3 GG **umfassend geschützt**; besonders intensiv im Kernbereich, aber auch sonst.[732]
In seinen neueren Entscheidungen hat das *Bundesverfassungsgericht* die Kernbereichs- **638** lehre nicht mehr aufgegriffen[733]. In der Entscheidung zur Gewerkschaftswerbung durch Betriebsratsvorsitzende[734] hat es die Kernbereichslehre ausdrücklich aufgegeben. Damit wird Art. 9 Abs. 3 GG endlich in die allgemeine Grundrechtsdogmatik zurückgeführt. Im einzelnen bedeutet das: Der Schutzbereich ist, wie bei anderen Grundrechten auch, weit zu verstehen und nicht auf einen Kernbereich („Unerläßlichkeit") beschränkt („koalitionsspezifische Betätigung"). Des weiteren ist zwischen der Ausgestaltung des Grundrechts durch den Gesetzgeber einerseits, für die besondere, bisher noch nicht im einzelnen geklärte Schranken gelten[735] und dem Eingriff in das Grundrecht andererseits zu unterscheiden (s. auch oben Einl. vor § 1, Rnr. 107ff., 130ff.). Auch wenn Art. 9 Abs. 3 GG ein schrankenlos gewährleistetes Grundrecht ist (die Schranken aus Art. 9 Abs. 2 GG beziehen sich nur auf Abs. 1 und können nicht auf Abs. 3 übertragen werden), so unterliegt doch auch dieses Grundrecht Schranken, wie jedes andere Grundrecht auch. Allerdings werden sowohl die bisherige Ansicht bezüglich gesetzesfester Kernbereich/gesetzesoffener Randbereich als auch die von der Einheitsschranke (gesetzliche Eingriffe in die Tarifautonomie sind so gut wie ausgeschlossen); dem heutigen Stand der Grundrechtsdogmatik nicht gerecht (s. auch oben Einl. vor § 1, Rnr. 125ff., 144). Auch die früher vom Bundesverfassungsgericht verwandte Einheitsformulierung, wie: dem Betätigungsfeld der Koalitionen dürften nur solche Schranken gezogen werden, die im konkreten Fall zum Schutze anderer Rechtsgüter von der Sache her geboten seien,[736] ist überholt. Die Schranken der Tarifautonomie ergeben sich vielmehr aus der **„je-desto-Formel"**. Dafür gibt es zwei Gründe.
– Als Schrankenregelung gilt für alle Grundrechte das **Verhältnismäßigkeitsprinzip.** Alle Grundrechte haben einen inneren Kern der Grundrechtsausübung und Ausübungen, die sich immer weiter von diesem Kern entfernen. So hat das Bundesverfassungsgericht in einer Entscheidung zu Befristungsvorschriften im Hochschulbereich zutreffend ausgeführt:[737] „Im Rahmen der Verhältnismäßigkeitsprüfung kommt es wesentlich auf den Gegenstand der gesetzlichen Regelung an. Der Grundrechtsschutz ist nicht für alle koalitionsmäßigen Betätigungen gleich intensiv. Die Wirkkraft des Grundrechts nimmt vielmehr in dem Maße zu, in dem eine

---

[731] *Caspar,* Die gesetzliche und verfassungsrechtliche Stellung der Gewerkschaften im Betrieb, 1980, S. 78; *Gröbing,* AuR 1986, S. 297ff.; *Lübbe-Wolff,* Betrieb Beil. 9/1988, S. 2, 3; *Hanau,* Arbeitsrecht der Gegenwart 17 (1980), S. 49; *Herschel,* AuR 1981, S. 265, 268; *Konzen,* Arbeitsrecht der Gegenwart 18 (1980), S. 19, 27ff.; *Reuter,* RdA 1994, S. 152, 162 (hier: „Nur-Kernbereich-Theorie").
[732] *Zachert,* NZA 1994, S. 529, 533 (hier: „Überall-ist-Kernbereich-Theorie"); zur Kritik an dieser Ansicht s. die Nachw. bei *Gamillscheg,* Kollektives Arbeitsrecht I, § 6 III 2 b, S. 229, Fn. 86.
[733] BVerfG 26. 6. 1991, BVerfGE 84, S. 212, 228 = JZ 1992, S. 48 (*Richardi*); 2. 3. 1993 88, S. 103, 114; 10. 1. 1995 92, S. 26, 38 = JZ 1995, S. 507 (*Lagoni*); 4. 7. 1995 92, S. 365, 393 = JZ 1995, S. 1169 (*Lieb*); s. auch oben Einl. vor § 1, Rnr. 116ff.
[734] BVerfG 14. 11. 1995, BVerfGE 93, S. 352 = BVerfG, JZ 1996, S. 627 (*Wank*) = EzA Art. 9 GG Nr. 60 (*Thüsing*); s. auch *Hanau,* ZIP 1996, S. 447; *Heilmann,* AuR 1996, S. 121; *Wiedemann,* EWiR 1996 Art. 9 GG, S. 357.
[735] BVerfG 10. 1. 1995 AP Nr. 76 zu Art. 9 GG (*Wank*); dazu *Butzer,* RdA 1994, S. 375, 380; *Thüsing,* Anm. zu BVerfG 14. 11. 1995 EzA Art. 9 GG Nr. 60; *Wiedemann,* in: Festschrift für Stahlhacke (1995), S. 675, 680ff.
[736] Vgl. BVerfG 14. 4. 1964, BVerfGE 17, S. 319, 333f.; 30. 11. 1965 19, S. 303, 321ff.; 26. 5. 1970 28, S. 295, 304; 18. 12. 1974 38, S. 281, 305; 19. 2. 1975 38, S. 386, 393; 1. 3. 1979 50, S. 290, 368; 17. 2. 1981 57, S. 220, 246.
[737] BVerfG 24. 4. 1996, BVerfGE 94, S. 268, 284f.

Materie aus Sachgründen am besten von Tarifvertragsparteien geregelt werden kann ...".[738]

- Der **Schutzbereich** des Art. 9 Abs. 3 GG wurde im Lauf der Zeit **immer weiter ausgedehnt**. Aus einem bloßen Individualgrundrecht auf Bildung einer Koalition wurde als nächstes ein Koalitionsgrundrecht, und das nicht nur im Hinblick auf die Existenz, sondern auch im Hinblick auf jede Art von Betätigung der Koalitionen. In der Entscheidung zur Werbung durch einen Betriebsratsvorsitzenden[739] wird denn auch die Weite des Schutzbereichs gegenüber der BAG-Rechtsprechung hervorgehoben. Mit dieser Erweiterung des Schutzbereichs ist jedoch die ursprüngliche schrankenlose Gewährleistung in keiner Weise mehr vereinbar. Die Gegenansicht[740] läßt die gesamte Entwicklungsgeschichte des Art. 9 Abs. 3 GG außer acht.

Im Ergebnis bedeutet das: Je weiter sich die Grundrechtsausübung vom Kern des Art. 9 Abs. 3 GG entfernt, desto geringere Anforderungen sind an die Zulässigkeit eines (gesetzgeberischen) Eingriffs zu stellen.[741]

639 Des weiteren ist problematisch, inwieweit der Gesetzgeber in bestehende oder zukünftige Tarifverträge eingreifen darf. Soweit der Gesetzgeber in **zukünftige Tarifverträge** eingreift, ist sein Gestaltungsspielraum am größten. Die Tarifvertragsparteien können sich beim nächsten Tarifabschluß auf die gesetzlichen Rahmendaten einstellen.[742]

640 Soweit der Gesetzgeber in **bestehende Tarifverträge** eingreift, bedarf es nicht nur der Rechtfertigung für den Eingriff überhaupt,[743] sondern auch der Rechtfertigung dafür, weshalb der Gesetzgeber nicht die nächsten Tarifabschlüsse abwarten kann.[744] Ob das Gesetz in laufende Tarifverträge eingreifen will, kann im Gesetz ausdrücklich geregelt sein („bestehende Tarifverträge bleiben unberührt") und ist andernfalls eine Frage der Auslegung.

3. Verhältnis des Tarifvertrages zum nachfolgenden Tarifvertrag

641 Das Verhältnis von einem Tarifvertrag zu dem nachfolgenden Tarifvertrag bestimmt sich ausschließlich nach dem Ablösungsgrundsatz (vgl. oben Rnr. 261), d.h. der spätere Tarifvertrag tritt an die Stelle des vorhergehenden ohne Rücksicht darauf, ob die frühere tarifliche Ordnung günstiger war.[745] Das ist heute auch durch § 4 Abs. 5 geklärt, der gerade davon ausgeht, daß der nachwirkende Tarif auch durch einen neuen Tarif abgelöst wird. Hier gilt der allgemeine Grundsatz der Rechtsquellenlehre: *lex posterior derogat legi priori*.

4. Verhältnis des Verbandstarifvertrages zum Firmentarifvertrag

642 Das Verhältnis von Verbandstarifvertrag zum Firmentarifvertrag,[746] gleichgültig ob dieser vorher bereits bestand oder später abgeschlossen wird, be-

---

[738] S. auch *Hufen*, Anm. zu BVerfG 24. 4. 1996 SAE 1997, S. 137, 138.
[739] BVerfG 14. 11. 1995, BVerfGE 93, S. 352.
[740] *Zachert*, NZA 1994, S. 529 ff.
[741] *Wank*, Anm. zu BVerfG 10. 1. 1995 AP Nr. 76 zu Art. 9 GG; *ders.,* Anm. zu BVerfG 14. 11. 1995, JZ 1996, S. 629, 631.
[742] *Wank*, Anm. zu BVerfG 10. 1. 1995 AP Nr. 76 zu Art. 9 GG; s. auch oben Einl. vor § 1, Rnr. 147 ff..
[743] Der Bestandsschutz für geschlossene Tarifverträge gehört nicht zum – nahezu eingriffsfesten – Kernbereich der Tarifautonomie; s. *Wiedemann*, in: Festschrift für Stahlhacke (1995), S. 675, 688; a. A. *Kempen*, AuR 1985, S. 374, 383; *Oppolzer/Zachert*, BB 1993, S. 1353, 1359; *Zuleger*, AuR 1992, S. 231, 232.
[744] *Wank*, Anm. zu BVerfG 10. 1. 1995 AP Nr. 76 zu Art. 9 GG; s. oben Einl. vor § 1, Rnr. 145 ff.
[745] *Gamillscheg*, Kollektives Arbeitsrecht I, § 18 V 1 c, S. 841.
[746] Zur rechtspolitischen Abwägung s. *Hensche*, Arbeitsrecht der Gegenwart 34 (1997), S. 35, 46 ff.; *Wank*, NJW 1996, S. 2273, 2276.

stimmt sich weder nach dem Günstigkeitsprinzip noch nach dem Ablösungsgrundsatz. Hier finden vielmehr die für die Tarifkonkurrenz entwickelten Grundsätze Anwendung, nach denen der Firmentarif dem Verbandstarifvertrag vorgeht.[747]

5. Verhältnis des Tarifvertrages zur Betriebsvereinbarung

Das Verhältnis des Tarifvertrags zu einer Betriebsvereinbarung wird, wie dargelegt (oben Rnr. 611 ff.) von § 4 Abs. 3 TVG, § 77 Abs. 3 BetrVG und § 87 Abs. 1 BetrVG bestimmt. Zusammengefaßt ergibt sich – unter Zugrundelegung der Zwei-Schranken-Theorie – : Ein bestehender Tarifvertrag schließt grundsätzlich materielle Arbeitsbedingungen in einer Betriebsvereinbarung aus. Das Gleiche gilt auch im Falle von Tarifüblichkeit, und zwar auch im Rahmen des § 87 Abs. 1 BetrVG (hier anders die Vorrangtheorie). Nur soweit weder § 77 Abs. 3 noch § 87 Abs. 1 BetrVG eingreifen, geht eine günstigere Betriebsvereinbarung dem Tarifvertrag vor, § 4 Abs. 3 TVG (s. oben Rnr. 621). 643

6. Verhältnis des Tarifvertrages zum Einzelarbeitsvertrag

Im Verhältnis des Tarifvertrages zu einem Einzelarbeitsvertrag[748] gilt das Günstigkeitsprinzip, § 4 Abs. 3 TVG. Das bedeutet: Der Tarifvertrag hat zwingende Wirkung. Eine davon zu Lasten des Arbeitnehmers abweichende Regelung durch Einzelvertrag ist unwirksam, § 4 Abs. 1 TVG. Nur wenn insoweit die Regelung für den Arbeitnehmer günstiger ist, geht sie dem Tarifvertrag vor (zur Frage, was insoweit „günstiger" bedeutet, s. oben Rnr. 432 ff.). Der Tarifvertrag kann eine Öffnungsklausel für eine Abweichung durch den Arbeitsvertrag enthalten, und zwar auch bezüglich einer verschlechternden Abweichung.[749] 644

7. Verhältnis des Tarifvertrages zur betrieblichen Einheitsregelung

Lassen sich somit für die verschiedenen Kollisionsfälle klare Aussagen treffen, so verbleibt ein zweifelhafter Bereich. Kollidieren **betriebliche Einheitsregeln** (dasselbe gilt für Regelungen aufgrund einer betrieblichen Übung) mit einem Tarifvertrag, so sind zwei Betrachtungen möglich. Entweder man behandelt sie wie echte individualvertragliche Regelungen; dann gilt (nur) das Günstigkeitsprinzip nach § 4 Abs. 3. Oder aber man sieht sie angesichts des kollektiven Regelungscharakters als eine kollektive Regelung an und wendet die Grundsätze über das Verhältnis zweier kollektiver Ordnungen zueinander auch auf diese Fallgestaltungen an.[750] – Die Lösung ist für 645

---

[747] Vgl. dazu oben Rnr. 289 ff.; sowie zum Übergang vom Haustarif zum Verbandstarif *Löwisch/Rieble*, in: Festschrift für Schaub (1998), S. 457 ff. und umgekehrten Fall *Bauer*, in: Festschrift für Schaub (1998), S. 19, 44; *Schaub*, NZA 1998, S. 617 f.
[748] Zur rechtspolitischen Abwägung s. *Wank*, NJW 1996, S. 2273, 2277 einerseits, *Boemke*, NZA 1993, S. 532; *Heinze*, NZA 1996, S. 729, 733; *Zöllner*, AcP 196 (1996), S. 1, 19 ff. andererseits.
[749] BAG 18. 6. 1997 AP Nr. 24 zu § 1 TVG Tarifverträge: Lufthansa.
[750] So – auch nach der Entscheidung des Großen Senats (unten Rnr. 648) – *Gamillscheg*, Kollektives Arbeitsrecht I, § 18 V 6, S. 860 ff.

die Kollision von Einheitsregeln mit Betriebsvereinbarungen und mit Tarifverträgen getrennt zu betrachten.

646 Für die Kollision von betrieblichen Einheitsregeln und Individualvereinbarungen wurden in der Literatur im wesentlichen zwei Ansichten vertreten. Nach der einen Ansicht gilt auch für betriebliche Einheitsregelungen, daß sie Bestandteile des Arbeitsvertrages sind, und damit gilt der Grundsatz pacta sunt servanda[751] (hier: *individualrechtliche Theorie*). Das bedeutet, daß eine Betriebsvereinbarung derartige Regelungen nicht ablösen und verschlechtern darf. Änderungen zu Lasten des Arbeitnehmers sind entweder nur einvernehmlich oder auf dem Wege einer Änderungskündigung möglich.

647 Nach der anderen Ansicht stehen betriebliche Einheitsregelungen einer Betriebsvereinbarung nahe. Wäre die Regelung von einer Betriebsvereinbarung geschaffen worden, so würde das Ablösungsprinzip gelten (*lex posterior*). Das heißt, eine neue Betriebsvereinbarung könnte auch eine verschlechternde Regelung gegenüber der betrieblichen Einheitsregelung enthalten[752] (hier: *kollektivrechtliche Theorie*). Dann müsse Gleiches auch für die ablösende Betriebsvereinbarung gegenüber einer betrieblichen Einheitsregelung gelten.

648 Der **Große Senat des BAG** hat die Frage mit einem Sowohl-als-auch entschieden.[753] Etwa bis zur Mitte der Entscheidungsgründe wird dargelegt, daß auch betriebliche Einheitregelungen Vertragsabreden seien. Anschließend vollzieht die Argumentation eine Wende. Nunmehr wird betont, daß betriebliche Einheitsregelungen kollektiv wirken. Daraus zieht der Große Senat die Folgerung, daß einerseits dem individualrechtlichen Charakter der Regelung Rechnung getragen werden müsse, andererseits aber auch dem kollektivrechtlichen. Im Ergebnis sind nach dieser Rechtsprechunng (nur) *umstrukturierende verschlechternde Betriebsvereinbarungen* gegenüber betrieblichen Einheitsregelungen zulässig.[754] Das bedeutet: Hat die Einheitsregelung *kollektiven Bezug*, dann darf sie durch eine Betriebsvereinbarung abgelöst werden. Diese muß ihrem Inhalt nach aber den sich nach bisherigem Recht ergebenden *Dotierungsrahmen* (die Gesamtsumme der Verpflichtungen) einhalten; sie darf aber innerhalb dieses Dotierungsrahmens Umstrukturierungen vornehmen.[755] So darf z.B. die Regelung bei den Jubiläumszuwendungen zu Lasten der Arbeitnehmer verschlechtert werden, wenn gleichzeitig die Ruhegeldregelung um denselben Betrag verbessert wird. Das BAG hat diese Ansicht auf das von ihm neu kreierte „kollektive Günstigkeitsprinzip" ge-

---

[751] *Belling*, Das Günstigkeitsprinzip im Arbeitsrecht, S. 145 ff.; *Däubler*, AuR 1984, S. 1, 15 ff.; *Richardi*, § 77 BetrVG, Rnr. 161 f.; *G. Hueck* in: Festschrift für Molitor (1988), S. 203, 222 ff.; *Richardi*, RdA 1983, S. 201, 210 ff.

[752] Auch nach der Entscheidung des Großen Senats vertreten von *Blomeyer*, Betrieb 1987, S. 634, 638; *Fastrich*, RdA 1994, S. 129, 134 ff.; *Joost*, RdA 1989, S. 7, 17 f.; *Reuter*, RdA 1951, S. 193, 198; vgl. § 116 Gutachten D zum 59. DJT 1992, Arbeitskreis Deutsche Rechtseinheit im Arbeitsrecht.

[753] BAG GS 16. 9. 1986 AP Nr. 17 zu § 77 BetrVG 1972.

[754] Zur Unzulässigkeit einer ablösenden Betriebsvereinbarung zum Nachteil von Ruheständlern s. BAG 13. 5. 1997 AP Nr. 65 zu § 77 BetrVG 1972 = ZIP 1998, S. 119.

[755] Überblick über den Meinungsstand bei *Fitting/Kaiser/Heither/Engels*, § 77 BetrVG, Rnr. 36; GK/*Kreutz*, § 77 BetrVG, Rnr. 152 ff.

stützt, das allerdings in der Literatur – mit Recht – so gut wie keinen Befürworter gefunden hat.[756]

Diese Rechtsprechung stellt allerdings keine Kollisionsregel des objektiven Rechts auf; vielmehr soll die Befugnis zum Erlaß einer ablösenden Betriebsvereinbarung nur dann gegeben sein, wenn sie sich durch Auslegung aus der Einheitsregelung ergibt. Damit erweist sich die Theorie nach ihrer eigenen Aussage als Gedankenspielerei. Wenn sich dasselbe Ergebnis ohnehin durch Auslegung der betrieblichen Einheitsregelung ergibt, bedarf es dieser Theorie nicht. Einen Sinn erhält die Rechtsprechung des Großen Senats nur dann, wenn man sie im Wege wohlwollender Auslegung in diesem Punkte nicht ernst nimmt. Der Achte Senat hat in einer späteren Entscheidung[757] den richtigen Weg gefunden. Wenn die betriebliche Einheitsregelung nicht ohnehin ausdrücklich einen „Betriebsvereinbarungsvorbehalt" enthält, so ist ein derartiger Vorbehalt in jede kollektive Einheitsregelung hineinzulesen.[758] **649**

Damit ist die Frage offen, wie im Verhältnis des **Tarifvertrags zur betrieblichen Einheitsregelung** zu entscheiden ist. Theoretisch sind auch hier drei Lösungen denkbar, die individualrechtliche, die kollektivrechtliche und die des umstrukturierenden Tarifvertrags im Fall eines Tarifvertragsvorbehalts. In der Praxis reduziert sich das Problem auf Betriebe ohne Betriebsrat. Ist nämlich ein Betriebsrat vorhanden, liegt der Regelung ein „kollektiver Tatbestand" zugrunde[759] und handelt es sich um eine Frage aus dem Katalog des § 87 Abs. 1 BetrVG, so unterliegt die Regelung der Mitbestimmung des Betriebsrats; wird das Mitbestimmungsrecht nicht beachtet, ist sie unwirksam. Inzwischen dürften in allen Fällen ursprünglich einseitige Regelungen durch Betriebsvereinbarungen ersetzt sein. Für deren Verhältnis zum Tarifvertrag gelten aber die oben genannten Kollisionsregeln (s. oben Rnr. 611 ff.). Nur wenn also kein Betriebsrat besteht und eine betriebliche Einheitsregelung gilt, stellt sich die Frage, ob ein Tarifvertrag sie – gegebenenfalls auch zuungunsten des Arbeitnehmers – ablösen darf. Hier sollte die Entscheidung anders ausfallen als im Verhältnis der Einheitsregelung zur ablösenden Betriebsvereinbarung. In diesem Verhältnis gilt vielmehr das **Günstigkeitsprinzip** gem. § 4 Abs. 3.[760] **650**

---

[756] S. u. a. *Belling*, Betrieb 1987, S. 1888; *Blomeyer*, Betrieb 1987, S. 634, 636; *Däubler*, Tarifvertragsrecht, Rnr. 203; *Richardi*, Betrieb 1990, S. 1613, 1616; *ders.*, NZA 1990, S. 331, 333 f.; *Zöllner/Loritz*, Arbeitsrecht, § 6 a II 2 c, S. 87; s. auch *Gamillscheg*, Kollektives Arbeitsrecht I, § 18 V 6 b, S. 860 Fn. 470: „irregeleitete Dogmatik".

[757] BAG 3. 11. 1987 AP Nr. 25 zu § 77 BetrVG 1972 = EzA § 77 BetrVG 1972 Nr. 20 mit Anmerkung *Wank*.

[758] S. zu diesem Gedanken *Kempen*, Betrieb 1987, S. 986, 989; *Moll*, NZA 1988, Beil. 1, S. 17, 27; *Richardi*, Kollektivgewalt, S. 403 ff.; krit. *Fastrich*, RdA 1994, S. 129, 1131 f.

[759] Dazu im einzelnen *Enderlein*, ZfA 1997, S. 313 ff.; *Wank*, in: Festschrift für Wiese (1998), S. 617 ff.; *Wiese*, RdA 1995, S. 355 ff.

[760] So auch BAG GS 16. 9. 1986 AP Nr. 17 zu § 77 BetrVG 1972; ebenso *Däubler*, Tarifvertragsrecht, Rnr. 200, 1479 ff.; *Kempen/Zachert*, § 4 TVG, Rnr. 180.

4. Abschnitt
Der Rechtsverlust im Tarifvertragsrecht

Übersicht

	Rnr.
Vorbemerkung	651
A. Der Verzicht auf entstandene tarifliche Rechte	652–686
I. Der Verzicht	652–674
1. Die Entstehungsgeschichte des § 4 Abs. 4 Satz 1	652–654
a) Reichsarbeitsgericht	652
b) Entwürfe zum TVG	653
c) Einschränkung der Vertragsfreiheit	654
2. Voraussetzungen des Verzichtsverbots	655–667
a) Verzicht im Sinne des § 4 Abs. 4 Satz 1	655
aa) Art der Verfügung	655
bb) Kein Zwang zur Geltendmachung	656
cc) Nur begründete Ansprüche	657
b) Prozessualer Anspruchsverzicht	658
c) Verzicht in Ausgleichsquittung	659–661
d) Einzelfragen	662–667
3. Rechtsfolgen bei Verstoß gegen das Verzichtsverbot	668
4. Verzicht auf andere Ansprüche	669–674
a) Nachwirkung	669
b) Allgemeinverbindlicherklärung	670
c) Tarifordnung	671
d) Bezugnahme auf den Tarifvertrag	672
e) Mindestarbeitsbedingungen	673
f) Bindende Festsetzung nach § 19 HAG	674
II. Der Vergleichs-Verzicht	675–686
1. Umfang des Verzichtsverbots	676–683
a) Prozeßvergleich	676
b) Streitigkeiten über Wirksamkeit, Auslegung und Eingruppierung	677, 678
aa) Einigung über Auslegung des Tarifvertrages	677
bb) Eingruppierungsstreitigkeiten	678
c) Tatsachenvergleich	680–683
2. Billigung durch die Tarifvertragsparteien	684–686
a) Billigung	684
b) Prozeßbevollmächtigte	685
c) Für allgemeinverbindlich erklärte Tarifverträge	686
B. Verjährung, Verwirkung, Einwand der Arglist	687–711
I. Verjährung	687–692
1. Die Verjährungsfristen des § 196 Abs. 1 Nr. 8 und 9 BGB	687, 688
a) Verjährung von Entgeltansprüchen	687
b) Verkürzung der Verjährungsfrist	688
2. Unterbrechung nach § 209 BGB	689–692
II. Verwirkung	693–702
1. Ausschluß der Einwendung illoyaler Verspätung	693–697
a) Anlaß der Vorschrift	693
b) Illoyale Verspätung	694
c) Handeln oder Unterlassen	695
d) Unzulässige Rechtsausübung	696, 697
2. Beschränkung auf tarifliche Ansprüche	698–702
a) Tarifliche Ansprüche	698–701
b) Bindende Festsetzungen	702

4. Abschnitt. Rechtsverlust im Tarifvertragsrecht § 4

Rnr.

III. **Der Einwand der allgemeinen Arglist** .... 703 –711
  1. Das Verbot des Rechtsmißbrauchs nach § 242 BGB   703
  2. Einzelfragen 704–711
    a) Berufung auf Verjährung 704, 705
    b) Untertarifliches Entgelt 706
    c) Unkenntnis der Gewerkschaftszugehörigkeit 707
    d) Mangelnde Unterrichtung über bestehende Ansprüche 708, 709
    e) Urlaub 710
    f) Nichteinhaltung einer tariflichen Schriftform 711

C. **Tarifvertragliche Ausschluß- oder Verfallklauseln** ... 712–873
  I. **Inhalt, Zweck und Rechtscharakter** 712–725
    1. Geschichtliche Entwicklung 712
    2. Begriff 713
    3. Rechtscharakter 714–719
    4. Verfallklauseln in der Tarifpraxis 720
    5. Zweck 721
      a) Rechtssicherheit 721–723
      b) Kritik 724, 725
  II. **Abgrenzung zu anderen Rechtsinstituten** 726–729
    1. Verjährung 726, 727
    2. Verwirkung 728
    3. Fristen für die Geltendmachung 729
  III. **Bedeutung des § 4 Abs. 4 Satz 3** 730–732
    1. Auslegung 730, 731
      a) Frühere Auslegung 730
      b) Heutige Rechtslage 731
    2. Analoge Anwendung auf Verjährungsfristen 732
  IV. **Gültigkeit** 733–783
    1. Kenntnis der Normunterworfenen 733
    2. Aushang durch den Arbeitgeber 734, 735
      a) Aushang als Wirksamkeitsvoraussetzung 734
      b) Schadensersatzanspruch bei Nichtaushang 735, 736
    3. Möglicher sachlicher Umfang ihrer Wirkung 737–764
      a) Problematik und Lösungswege 737–742
        aa) Praxis 739
        bb) Rechtsprechung 740
        cc) Stellungnahme 741, 742
      b) Ansprüche aus Einzelvertrag 743–748
        aa) Über- und außertarifliche Leistungen 746, 747
        bb) Vorbehalt der einzelvertraglich günstigeren Abrede 748
      c) Betriebsvereinbarung und andere kollektive Tatbestände 749–751
        aa) Zukünftige Ansprüche aus nachfolgender Betriebsvereinbarung 749
        bb) Bestehende Ansprüche aus vorhergehenden betrieblichen Arbeitsbedingungen 750
        cc) Rechte des Betriebsratsmitglieds 751
      d) Wirkung gegenüber gesetzlichen Ansprüchen ... 752–759
        aa) Meinungsstreit 752–756
        bb) Stellungnahme 757, 758
        cc) Übergegangene Ansprüche 759
      e) Einzelfälle 760, 761
      f) Ausschlußfristen in der Insolvenz 762
    4. Möglicher persönlicher Umfang ihrer Wirkung 765–772
      a) Differenzierung zwischen Arbeitsvertragsparteien 765–767

Wank   1179

	Rnr.
aa) Generelle Zulässigkeit	765, 766
bb) Unzulässigkeit im Einzelfall	767
b) Bezugnahme durch nichtorganisierte Arbeitnehmer	769–771
aa) Generelle Erstreckung des Tarifvertrages	769
bb) Teilweise Übernahme des Tarifvertrages	770
cc) Arbeitsvertragliche Ausschlußklauseln ohne Anbindung an den Tarifvertrag	771
c) Rechtsnachfolger des Berechtigten	772
5. Möglicher zeitlicher Umfang der Wirkung	773–778
a) Anordnung der Rückwirkung	773–776
aa) Konkurrierende Ordnungen	773, 774
bb) Rückwirkendes Inkrafttreten	775, 776
b) Rückwirkung bei Koalitionsbeitritt	777
c) Rückwirkung bei Allgemeinverbindlicherklärung	778
6. Unverschuldete Fristversäumnis	779
7. Inhaltskontrolle	780–783
a) Rechtsprechung	780
b) Literatur	781
c) Stellungnahme	782
aa) Willkürverbot	782
bb) Verhältnismäßigkeit	783
V. Unzulässige Berufung auf die Ausschlußfrist	784–796
1. Allgemeiner Grundsatz	784
2. Vom Anspruchsgegner veranlaßte Fristversäumung	785–793
a) Doloses Verhalten	786–791
aa) Zusage	786
bb) Treuwidrige Verhinderung	787–791
b) Andere Fälle	792
3. Persönliche Ausnahmesituationen beim Arbeitnehmer	794–796
a) Existenzgefährdung	794
b) Kündigungsdruck	795
c) Geltendmachung von Urlaub	796
VI. Analoge Anwendung des § 390 Satz 2 BGB	797, 798
VII. Auslegung	799–870
1. Grundsätze	799–801
a) Enge Auslegung	799, 800
b) Sonstige Auslegungsgrundsätze	801
2. Einzelfälle	802–810
a) Ansprüche aus dem Arbeitsverhältnis	802–804
aa) Persönlicher Umfang	803
bb) Sachlicher Umfang	804
b) Ansprüche aus mit Strafe bedrohten Handlungen	808
c) Andere Ansprüche	809
d) Nicht betroffene Ansprüche	810
3. Fristbeginn	811–837
a) Fälligkeit	811–824
aa) Schadensersatzansprüche wegen eigener Schäden	814
bb) Regreßansprüche	815, 816
cc) Freistellungsansprüche	817
dd) Erstattungsansprüche	818–820
ee) Anspruch auf Vertragsstrafe	821–823
ff) Anspruch aus fingiertem Arbeitsvertrag	824

4. Abschnitt. Rechtsverlust im Tarifvertragsrecht § 4

Rnr.
b) Mangelnde Abrechnung 825–828
c) Unkenntnis bezüglich des Anspruchs 829
d) Vertragsende 830–833
e) Mehrere Verfallfristen 834
f) Zweistufige Verfallklausel 835–837
4. Geltendmachung 838–870
   a) Fehlen einer besonderen Formvorschrift 839–845
      aa) Angabe des Grundes 841, 842
      bb) Angabe der Höhe 843
      cc) Ausnahmen 844, 845
   b) Schriftliche Geltendmachung 846–853
      aa) Zweck der Bestimmung 846, 847
      bb) Klageerhebung 848–852
      cc) Erklärung zu Protokoll 853
   c) Gerichtliche Geltendmachung 854–860
      aa) Allgemeines 854–857
      bb) Gerichtliche Geltendmachung durch Kündigungsschutzklage 858–860
   d) Zweistufige Verfallklausel 861–870
VIII. Berücksichtigung von Amts wegen 871–873

Schrifttum: *Fritz Auffarth,* Die Abgrenzung des Vergleichsverzichts nach § 4 Abs. 4 Satz 1 TVG, BABl. 1957, S. 382–384; *J.-H. Bauer,* Beiderseitige und einseitige Ausschlußfristen, NZA 1987, S. 440–442; *Friedrich Becker/Peter Bader,* Bedeutung der gesetzlichen Verjährungsfristen und tariflichen Ausschlußfristen im Kündigungsrechtsstreit, BB 1981, S. 1709–1716; *Rudolf Beer,* Zur Auslegung tariflicher Ausschlußfristen, AuR 1964, S. 174–178; *Burkhard Boemke,* Kündigungsschutzklage (§ 4 KSchG) und allgemeine Feststellungsklage (§ 256 ZPO), RdA 1995, S. 211–229; *Borrmann,* Ausschluß der Verwirkung tariflicher Rechte, BB 1951, S. 1011–1012; *Herbert Buchner,* Der zeitliche Geltungsbereich tarifvertraglicher Verfallklauseln, Betrieb 1967, S. 284–288; *Reinhard Busse,* Die Ausschlußfrist im Geflecht arbeitsrechtlicher Gestaltungsfaktoren, 1991; *Paul Dahns,* Keine Wirkung tarifvertraglicher Ausschlußfristen gegenüber Außenseitern, Betrieb 1959, S. 233–234; *ders.,* Zur Wirkung tarifvertraglicher Ausschlußfristen gegenüber Außenseitern, Betrieb 1959, S. 433; *Ludwig Diekhoff,* Aufrechnung mit Forderungen nach nicht Ablauf einer noch tarifvertraglichen Ausschlußfrist?, BB 1958, S. 1056; *ders.,* Sind Ausschlußfristen einer noch geltenden Tarifordnung auf tarifvertragliche Ansprüche anwendbar?, BB 1958, S. 592; *ders.,* Zur Frage der Fortgeltung von Ausschlußfristen einer Tarifordnung, BB 1958, S. 771; *ders.,* Können Ansprüche aus Tarifordnungen verwirken?, Betrieb 1959, S. 112; *ders.,* Wahrung einer tariflichen Ausschlußfrist für Lohnansprüche durch Kündigungsschutzklage?, BB 1962, S. 1039–1040; *ders.,* Zulässigkeit tariflicher Verfallfristen für unabdingbare gesetzliche Urlaubsansprüche, BB 1967, S. 1082; *Helmut Endemann,* Die Grenzen des Verbotes einer Verwirkung von Tarifansprüchen, AuR 1955, S. 106–111; *Diethelm Erdmann,* Anwendung tariflicher Ausschlußfristen auch für Ansprüche aus unerlaubter Handlung?, Betrieb 1968, S. 352–354; *Gerhard Etzel,* Die Anwendung des § 390 Satz 2 BGB auf tariflich verfallene Forderungen, BB 1986, S. 1291–1294; *ders.,* Tarifliche Ausschlußfristen und Ansprüche aus unerlaubten Handlungen, RdA 1968, S. 179–184; *ders.,* Tarifordnung und Arbeitsvertrag, NZA 1987, Beil. 1, S. 19–31; *Martin Fenski,* Die Pflicht des Arbeitgebers zum Hinweis auf tarifvertragliche Ausschlußfristen, BB 1987, S. 2293–2297; *Erwin Folger,* Verzicht auf Lohn und Gehaltsspitzen, RdA 1953, S. 422; *Klaus Forsen,* Die Ausschlußfristen im Arbeitsrecht, Diss. Köln (1966); *Erich Frey,* Zur Frage des Vergleichsverzichts im Tarifvertragsrecht, AuR 1956, S. 343–344; *Otto Frey,* Bemerkungen zu Tarifverträgen, AuR 1956, S. 302–305; *Peter Frohn,* Zur Wirkung tarifvertraglicher Ausschlußfristen gegenüber Außenseitern, Betrieb 1959, S. 432–433; *Dieter Gaul,* Tarifliche Ausschlußfristen. Bedeutung und Verhältnis zur Verjährung und Verwirkung, Heidelberg 1964; *Willy Görner,* Ist § 7 TVG für die Anwendung tariflicher Ausschlußfristen von Bedeutung?, RdA 1954, S. 380–382; *Hans Güntner,* Gesetzliches und richterliches Billigkeitsrecht. Unzulässige

Rechtsausübung und Verwirkung im Arbeitsrecht, AuR 1957, S. 169–182, 321–330, 364–370; *ders.*, Die gesetzliche Verwirkung der Feiertagsvergütung und die terminologische Erweiterung des Verwirkungsbegriffs i. S. unzulässiger Rechtsausübung, AuR 1957, S. 17–19, 42–48; *ders.*, Der Einfluß der Kündigungsschutzklage auf die Verjährung von Lohn- und Gehaltsansprüchen, BB 1962, S. 1044–1046; *Haberkorn*, Die Fortgeltung von Ausschlußfristen in Tarifordnungen, NJW 1954, S. 89–91; *Helmut Habig*, Ist der Verzicht auf Gehaltsspitzen uneingeschränkt zulässig?, SozVers 1966, S. 332–333; *Peter Hanau/Thomas Kania*, Die Bezugnahme auf Tarifverträge durch Arbeitsvertrag und betriebliche Übung, in: Festschrift für Schaub (1998), S. 239–262; *Fritz Haueisen*, Unzulässige Rechtsausübung und öffentlich-rechtliche Ausschlußfristen, NJW 1957, S. 729–731; *Egon Hausen*, Der Verzichtvergleich des § 4 Absatz 4 Satz 1 des Tarifvertragsgesetzes, Diss. Köln (1970); *Heller*, Nochmals: Unzulässige Rechtsausübung und öffentlich-rechtliche Ausschlußfristen, NJW 1957, S. 1222–1223; *Wilhelm Herschel*, Tarifanspruchsvergleich und vereinbarter Tatbestand, BABl. 1952, S. 269–271; *ders.*, Beweislastregelung in Tarifverträgen und Betriebsvereinbarungen, Betrieb 1966, S. 227–229; *Hans F. Hinrichs*, Der Einwand der unzulässigen Rechtsausübung gegenüber tariflichen Lohnrechten, Diss. Göttingen (1958); *Hans G. Joachim*, Die Einrede der Arglist gegenüber Tarifansprüchen, RdA 1954, S. 1–9; *Karl-Heinz Kiefer*, Ausschlußfristen – überholte Regelungen?, NZA 1988, S. 785–789; *Ulrich Koch*, Der fehlende Hinweis auf tarifliche Ausschlußfristen und seine Folgen, in: Festschrift für Schaub (1998), S. 421–441; *Walter Kraegeloh*, Das Verbot des Verzichts auf entstandene tarifliche Rechte, BB 1950, S. 239–240; *ders.*, Der Vergleichsverzicht zu § 4 Abs. 4 S. 1 TVG, BB 1950, S. 565–567; *ders.*, Ausschlußfristen für die Geltendmachung tariflicher Rechte, Betrieb 1951, S. 38; *Reinhold Krevet*, Tarifliche Ausschlußfristen und Ansprüche aus unerlaubten Handlungen, BB 1969, S. 185–186; *Otto Kunze*, Zur Frage des Verzichts und der Verwirkung von Tarifansprüchen, RdA 1951, S. 227–229; *Karl A. Langer*, Gesetzliche und vereinbarte Ausschlußfristen im Arbeitsrecht, München 1993; *Heinrich Leser*, Die Verfallklausel im Baugewerbe. Zu § 9 TV Bau, AuR 1955, S. 356–361; *ders.*, Zur Anwendung von Ausschlußfristen einer noch geltenden Tarifordnung auf tarifvertragliche Ansprüche, BB 1958, S. 700; *ders.*, Vergleich über tatsächliche Voraussetzungen tariflicher Ansprüche, BB 1958,S. 812–814; *ders.*, Tarifliche Ausschlußfristen und Arbeitgeberansprüche, Betrieb 1959, S. 1196–1197; *ders.*, Arbeitgeberansprüche und tarifliche Ausschlußfristen, BB 1961, S. 1088; *ders.*, Tarifliche Ausschlußfrist und Ansprüche aus unerlaubter Handlung, BB 1968, S. 171–174; *Bodo Lintz*, Anspruchsverlust infolge der Ausschlußfrist nach dem BAT, DÖV 1963, S. 187–193; *Gerhard Lüke*, Arbeitsgerichtliche Kündigungsschutzklage und Verjährung des Gehaltsanspruchs, NJW 1960, S. 1333–1334; *Claus Müller*, Die Ausschlußfrist des § 70 Abs. 2 BAT, RdA 1968, S. 471–481; *Benno Natzel*, Tarifliche Ausschlußfristen im Rahmen eines Kündigungsschutzverfahrens, Betrieb 1962, S. 67–69; *Dirk Neumann*, Rechtsfragen zur Ausgleichsquittung, Betrieb 1960, S. 1453–1456; *Günter Neumann*, Grundsätzliches über Verzicht, Verwirkung, Arglist und Ausschlußklausel, BB 1949, S. 490–492; *Ansgar Pawelke*, Zur Wirkung tarifvertraglicher Ausschlußfristen gegenüber Außenseitern, Betrieb 1959, S. 432–433; *Ulrich Preis*, Auslegung und Inhaltskontrolle von Ausschlußfristen in Arbeitsverträgen, ZIP 1989, S. 885–900; *Otto Rappenecker*, Tarifliche Verfallklauseln für gesetzliche Mindestansprüche, insbesondere für gesetzliche Mindesturlaubsansprüche, AuR 1967, S. 257–263; *Gerhard Reinecke*, Rückforderung von überzahltem Arbeitsentgelt und tarifliche Ausschlußfristen, in: Festschrift für Schaub (1998), S. 593–604; *Hans-Dietrich Rewolle*, Verzicht und Verwirkung von Tarifansprüchen, RdA 1950, S. 8–10; *ders.*, Unterbricht die Erhebung der Kündigungsschutzklage die Verjährung der Lohn- und Gehaltsansprüche?, Betrieb 1980, S. 1696–1698; *Rudolf Reyer*, Ausschlußfristen in Tarifverträgen, BlStSozArbR 1971, S. 186–190; *Reinhart Richardi*, Ausschlußfristen bei unabdingbaren gesetzlichen Ansprüchen, insbes. dem Urlaubsanspruch, RdA 1962, S. 62–65; *Hans Rothe*, Ausschlußfristen im Urlaubsrecht, Betrieb 1957, S. 481–482; *Eugen Savaète*, Der Vergleich in arbeitsrechtlichen Streitfällen, AuR 1958, S. 257–268; *Günter Schaub*, Die Berücksichtigung tariflicher Verfallfristen im Rahmen der Drittschuldnerklage, NJW 1965, S. 2329–2332; *ders.*, Aufrechnung und tarifliche Verfallfristen, NJW 1967, S. 91–94; *K. H. Schmidt*, Ansprüche nach der Urlaubsmarkenregelung im Baugewerbe, BB 1957, S. 825–827; *ders.*, Zur Behauptungs- und Beweislast, insbes. bei Ausschlußfristen und Verwirkung, RdA 1963, S. 88–92; *ders.*, Zur Aufrechnung mit Ansprüchen, die aufgrund von tariflichen Ausschlußfristenklauseln verfallen sind, Betrieb 1966, S. 1769–1771; *Wolf Dieter Schulte,* Rechtsfragen der Ausgleichsquittung bei Beendigung des Arbeitsverhältnisses, Betrieb 1981, S. 937–943; *Hans-Heinrich Schumann,* Zur Berücksichtigung tariflicher Ausschlußfristen bei Lohnansprüchen aus Endabrechnung, BB 1966, S. 905–906; *ders.,* Zur Fälligkeit von Schadenersatzansprüchen bei Schlechtarbeit unter besonderer Berücksichtigung tariflicher Ausschlußfristen, Betrieb 1967, S. 1319–1321; *Wolfgang Siebert,* Einrede der Arglist gegenüber Tarifansprüchen, BB 1955, S. 70–71; *Eugen Stahlhacke,* Aufrechnung und tarifliche Verfallfristen, BB 1967, S. 760–762; *ders.,* Geltendmachung von Ansprüchen, die einer tariflichen Ausschlußfrist unterliegen, und Beginn des Laufes von Ausschlußfristen, BB 1967, S. 1487–1490; *ders.,* Der Streitgegenstand der Kündigungsschutzklage und ihre Kombination mit einer allgemeinen Feststellungsklage, in: Festschrift für Wlotzke (1996), S. 173–189; *Hermann Tack,* Der Vergleich über Tariflohnansprüche, Diss. Köln (1957); *Adolf Tamm,* Die Verwirkungsklauseln in den Tarifverträgen, RdA 1959, S. 450–453; *Werner Tegtmeyer,* Der Geltungsbereich des Verwirkungsgedankens, AcP 142 (1936), S. 203–232; *Werner Thomas,* Der Verzicht auf tarifliche Ansprüche im arbeitsgerichtlichen Verfahren unter besonderer Berücksichtigung des Vergleichsabschlusses, Diss. Köln (1961); *Bogislav Tilka,* Lohnverzicht aus steuerlichen Gründen, AuR 1956, S. 151–152; *Hermann Trappe,* Die „Ausgleichsquittung" in der Rechtsprechung, BlStSozVersArbR 1965, S. 222–224; *Günther Trieschmann,* Der Vergleich über tatsächliche Voraussetzungen tariflicher Ansprüche und das Erfordernis seiner Billigung durch die Tarifvertragsparteien, RdA 1959, S. 87–94; *Peter Vögele,* Die Ausschlußfrist des § 70 BAT in der Rechtsprechung des BAG, NZA 1988, S. 190–193; *ders.,* Ausschlußfristen – überholte Regelungen?, NZA 1989, S. 590–591; *R. Vogier,* Die Wirkung von Ausgleichsquittungen bei Beendigung des Arbeitsverhältnisses, Betrieb 1966, S. 1689–1691; *Heinz Waechter,* Verzicht, Verwirkung und Ausschlußfristen. Eine Betrachtung des § 4 Abs. 4 TVG, BlStSozVersArbR 1949, S. 250–251; *ders.,* Tarifliche Ausschlußklauseln in der Rechtsprechung des Bundesarbeitsgerichts, Betrieb 1966, S. 1808–1810; *Bernhard Walter,* Die Billigung des Vergleichs im Tarifrecht, Betrieb 1950, S. 439; *Hansjörg Weber,* Die Ausschlußfrist im Arbeitsrecht, 1983; *Herbert Weder,* Verzicht und Verwirkung im Arbeitsrecht, AuR 1953, S. 218–219; *Joachim Weyand,* Tarifliche Ausschlußfristen in Arbeitsrechtsstreitigkeiten, 2. Aufl., Kissing 1995; *Herbert Wiedemann,* Rechtssicherheit – ein absoluter Wert? Gedanken zum Bestimmtheitserfordernis zivilrechtlicher Tatbestände, in: Festschrift für Larenz (1973), S. 199–215; *Herbert Zinn,* Die Verfallklausel im Tarifvertrag, Diss. Köln (1976)

Vorbemerkung

§ 4 Abs. 4 TVG enthält eine Regelung zu den Fällen eines Verlusts entstandener Rechte aus einem Tarifvertrag, und zwar betreffend
– Verzicht,
– Verwirkung und
– Ausschlußfristen.
Andere Verlustgründe, wie Verjährung und Arglisteinwand, sind nicht geregelt, gehören aber ebenfalls in diesen Zusammenhang.

Zweck von Abs. 4 Satz 1 und 2 ist es, dem Arbeitnehmer einmal entstandene tarifliche Rechte zu erhalten. Es wird befürchtet, daß er ohne diese Vorschriften in einer zu schwachen Vertragsposition ist (Satz 1) oder daß die Gerichte ihm unter Berufung auf § 242 BGB (Verwirkung, Satz 2) Ansprüche absprechen könnten. Satz 3 läßt einen Rechtsverlust (durch Ausschlußfristen) ausdrücklich zu, beschränkt ihn aber auf tarifliche Regelungen.

A. Der Verzicht auf entstandene tarifliche Rechte

I. Der Verzicht

1. Entstehungsgeschichte des § 4 Abs. 4 Satz 1

652 a) **Reichsarbeitsgericht.** Während der Geltung der TarifVO von 1918, die eine entsprechende Bestimmung nicht vorsah, hielt das **Reichsarbeitsgericht** einen Verzicht auf bereits entstandene tarifliche Lohnansprüche für zulässig; soweit der Arbeitnehmer jedoch unter einem wirtschaftlichen Druck gestanden, insbesondere für den Fall der Wahrnehmung seiner Rechte eine Kündigung befürchtet habe und der Arbeitgeber dies erkennen konnte, deutete das Reichsarbeitsgericht das Verhalten des Arbeitnehmers nicht als Verzichtserklärung. Da der Arbeitnehmer nach Beendigung des Arbeitsverhältnisses wirtschaftlich nicht mehr von seinem Arbeitgeber abhängt, wurden von diesem Zeitpunkt an gegen die Annahme einer Verzichtserklärung, besonders durch Unterzeichnung einer Ausgleichsquittung, keine Bedenken erhoben.[1] Als an die Stelle der Tarifverträge die Tarifordnungen traten, änderte das Reichsarbeitsgericht seine Rechtsprechung und erklärte den Tariflohnverzicht jedenfalls während der Dauer des Arbeitsverhältnisses für unwirksam.[2] Ein Tariflohnverzicht nach Beendigung des Arbeitsverhältnisses galt allgemein als zulässig, weil der Arbeitnehmer keinem Druck mehr ausgesetzt sei. Die Frage, inwieweit die Parteien sich über tarifliche Ansprüche vergleichen konnten, war damals strittig.

653 b) **Entwürfe zum TVG.** Auch in den verschiedenen Entwürfen des geltenden TVG findet sich ursprünglich der Wortlaut: „Auch der Verzicht auf entstandene tarifliche Ansprüche ist während der Dauer des Arbeitsverhältnisses nichtig". Auf einen Vorschlag von *Herschel* hin sollte dieser Satz eine größere Elastizität erhalten.[3] Daraufhin hat der Redaktionsausschuß die jetzt gültige Fassung des § 4 Abs. 4 Satz 1 entworfen. Protokolle, die eine nähere Begründung für die Änderung enthalten könnten, bestehen im übrigen nicht.

654 c) **Einschränkung der Vertragsfreiheit.** Das Gesetz enthält eine praktisch erhebliche Einschränkung der Vertragsfreiheit der tarifgebundenen Arbeitnehmer.[4] Anderswo ist im Vertragsrecht ein Verzicht auf entstandene Rechte allgemein zulässig. Aus der Tarifautonomie folgt nicht, daß man auf den durch sie gewährten Schutz nicht verzichten kann. Das Gesetz steht mit Art. 2 Abs. 1 GG in Einklang.[5] Zu der Sondervorschrift § 4a Abs. 1 Satz 5 EFZG s. die Kommentare zum Entgeltfortzahlungsgesetz.

---

[1] Vgl. die geschichtliche Entwicklung bei *Nikisch,* Arbeitsrecht II, § 84 I, S. 456 ff.; bereits 1923 abweichend *Nipperdey,* Beiträge zum Tarifrecht, S. 18 ff.
[2] Vgl. dazu *Hueck/Nipperdey/Dietz,* § 32 AOG, Rnr. 208 ff.
[3] Sitzungsbericht des Ausschusses für Arbeit vom 13. 10. 1948; vgl. oben Geschichte Rnr. 14.
[4] Das verkennen *Kempen*/Zachert, § 4 TVG, Rnr. 240.
[5] Zur Verfassungsmäßigkeit ausführlich *W. Thomas,* Der Verzicht auf tarifliche Ansprüche, 1961, S. 1 ff.

2. Voraussetzungen des Verzichtsverbots

a) Verzicht im Sinne des § 4 Abs. 4 Satz 1. aa) Das Gesetz spricht 655 nur von „*Verzicht*" auf tarifliche Rechte. Nach dem Zweck des Gesetzes fallen auch andere Verfügungen des Arbeitnehmers mit vergleichbarer Wirkung darunter. Dazu gehören der **Erlaßvertrag** und das **negative Schuldanerkenntnis** i. S. des § 397 Abs. 1 und 2 BGB. Darüber hinaus ist die Vorschrift auf alle Verträge zu erstrecken, die in ihrer Wirkung einem Erlaß gleich stehen; d. h. auf Verträge, die zwar die Forderung des Arbeitnehmers unberührt lassen, ihr aber die Durchsetzbarkeit nehmen. Hierzu gehören die nachträgliche Vereinbarung einer fehlenden Klagbarkeit (*pactum de non petendo*) und die Stundung.[6] Eine Vereinbarung, daß der Arbeitnehmer seine Klage auf tarifvertragliche Leistungen zurückzunehmen habe und keine neue Klage erheben dürfe, kommt einem Verzicht gleich und unterliegt daher § 4 Abs. 4 Satz 1 TVG.[7] Zu weit geht die Ansicht, die Verträge einbezieht, durch die die Forderung des Arbeitnehmers entwertet werden könnte, wie privative Schuldübernahme (§§ 414, 415 BGB) oder Leistung an Erfüllungs statt (§ 364 BGB).[8] Vom Verzichtsverbot wird auch nicht der Fall erfaßt, daß Arbeitnehmer dem Arbeitgeber ihre Forderung darlehnsweise überlassen.[9]

bb) § 4 Abs. 4 Satz 1 enthält das *Verbot,* auf bestehende oder zukünftige 656 Rechte zu verzichten, enthält aber **kein Gebot**, wirkliche oder vermeintliche Ansprüche geltend zu machen. Weder die Tarifvertragsparteien noch eine staatliche Behörde sind von sich aus legitimiert, Ansprüche von tarifgebundenen Personen in oder außerhalb von Prozessen zu verfolgen. Nur nach § 25 HAG steht dem Land, vertreten durch die oberste Arbeitsbehörde oder die von ihr bestimmte Stelle, eine Klagebefugnis zu. Sie kann im eigenen Namen den Anspruch auf Nachzahlung eines Minderbetrages an den Berechtigten gerichtlich geltend machen. Einen ähnlichen Entgeltschutz sieht § 11 des Gesetzes über die Festsetzung von Mindestarbeitsbedingungen vom 11. 1. 1952[10] vor. Hat ein Arbeitgeber die Mindestarbeitsbedingungen nicht eingehalten, so kann ihn die oberste Arbeitsbehörde des Landes oder die von ihr bestimmte Stelle auffordern, innerhalb einer in der Aufforderung festzusetzenden Frist die bestehenden Ansprüche zu befriedigen und den Leistungsnachweis vorzulegen. Derartige Mindestbedingungen sind in Deutschland bisher allerdings nicht festgesetzt worden.

cc) Kein Verzicht im Sinne von § 4 Abs. 4 liegt vor, wenn der Arbeit- 657 nehmer auf einen tariflichen Anspruch „verzichtet", den er **ohne schlüssige Begründung** geltend gemacht hat. Hier mag subjektiv ein Verzicht vorliegen, jedoch fehlt es objektiv an der Aufgabe eines zur Entstehung gelangten tariflichen Anspruchs.[11] Das gleiche gilt nicht beim Streit über die

---

[6] Löwisch/*Rieble*, § 4 TVG, Rnr. 258.
[7] BAG 19. 11. 1996 AP Nr. 9 zu § 4 TVG Verdienstsicherung.
[8] So Löwisch/*Rieble*, § 4 TVG, Rnr. 259.
[9] A. A. *Däubler*, Tarifvertragsrecht, Rnr. 1306; *Kempen*/Zachert, § 4 TVG, Rnr. 242; s. auch *Gamillscheg*, Kollektives Arbeitsrecht I, § 18 II 1 c, S. 803.
[10] BGBl. I S. 17.
[11] W. *Thomas*, Der Verzicht auf tarifliche Ansprüche, S. 74.

Auslegung des Tarifvertrages. In diesem Fall soll die Entscheidung gerade von der Billigung der Tarifvertragsparteien abhängen.

658 **b) Prozessualer Anspruchsverzicht.** Hat der Arbeitnehmer einen unverzichtbaren tariflichen Anspruch geltend gemacht, so ist die Klagerücknahme zulässig, weil sie zunächst nur prozessuale Folgen hat (§ 271 ZPO) und, von einigen materiellrechtlichen Nebenwirkungen abgesehen, die Ansprüche als solche unberührt läßt. Dagegen ist der prozessuale Anspruchsverzicht (§ 306 ZPO), da er praktisch zum Verlust des Anspruchs führt, nach Abs. 4 Satz 1 unwirksam; ein Verzichtsurteil darf nicht ergehen. Das gleiche gilt für das auf eine negative Feststellungsklage des Arbeitgebers hin abgegebene prozessuale Anerkenntnis nach § 307 ZPO.[12] Verpflichtet sich der Arbeitnehmer, die Klage zurückzunehmen, so ist der Vertrag nichtig, wenn darin gleichzeitig ein Verzicht auf den geltendgemachten Anspruch enthalten ist.[13]

659 **c) Verzicht in Ausgleichsquittung.** Unterschreibt der Arbeitnehmer bei seinem Ausscheiden eine sogenannte Ausgleichsquittung, und erkennt er damit an, daß er weitere Ansprüche gegen den Arbeitgeber nicht habe, so kann darin ein **Erlaßvertrag** liegen, wenn dem Arbeitgeber noch Ansprüche zustehen. Soweit die Ausgleichsquittung auch tarifliche Ansprüche umfaßt, ist sie unwirksam.[14] Wird sie dennoch abgegeben, so ist zu prüfen, ob sie ein negatives Schuldanerkenntnis oder einen Erlaßvertrag nach § 397 BGB enthält. Das setzt voraus, daß der Arbeitnehmer ein entsprechendes Erklärungsbewußtsein hatte und die Textfassung der Ausgleichsquittung den entsprechenden Anspruch eindeutig bezeichnet.[15] Aber auch wenn dies zutrifft, sind die unverzichtbaren Tarifansprüche wegen § 4 Abs. 4 Satz 1 TVG von der Geltung der Ausgleichsquittung ausgenommen.

660 Teilweise wird die Ansicht vertreten, eine Ausgleichsquittung könne teilweise hinsichtlich der über- oder außertariflichen Ansprüche wirksam sein; aber wegen **§ 139 BGB** sei im Zweifel die gesamte Ausgleichquittung „nichtig".[16] Im Regelfall ist jedoch keine Unwirksamkeit der gesamten Klausel nach § 139 BGB anzunehmen; die Parteien hätten die Ausschlußfristen auch unter Ausschluß der tariflichen Ansprüche vereinbart.[17] Wenn das Ziel der Ausgleichsquittung ist, Klarheit über die Anspruchsgrundlage zu verschaffen, so könnte es wenigstens noch teilweise, nämlich für den übertariflichen Anspruch, erreicht werden; bei Unwirksamkeit der gesamten Klausel würde dieses Ziel völlig verfehlt.[18]

---

[12] Löwisch/Rieble, § 4 TVG, Rnr. 262.
[13] Hueck/Nipperdey, Arbeitsrecht II 1, § 31 I 3, S. 619, Fn. 17; Nikisch, Arbeitsrecht II, § 84 II 2, S. 460, Fn. 26; Tophoven, Anm. zu LAG Mannheim 8. 7. 1953 AP 1954, Nr. 34.
[14] Löwisch/Rieble, § 4 TVG, Rnr. 257.
[15] BAG 29. 6. 1978 AP Nr. 5 und 3. 5. 1979 AP Nr. 6 zu § 4 KSchG 1969; LAG Hamm 14. 12. 1984, Betrieb 1985, S. 818; zur Auslegung vgl. Preis, AuR 1979, S. 97.
[16] Däubler, Tarifvertragsrecht, Rnr. 1305; Kempen/Zachert, § 4 TVG, Rnr. 246.
[17] Etzel, NZA Beil. 1/1987, S. 25.
[18] Zum Recht der Ausgleichsquittung vgl. allgemein Dirk Neumann, Betrieb 1960, S. 1453; Leser, BB 1962, S. 601, der überzeugend für den Regelfall die Ausgleichsquittung als „deklaratorisch" erklärt und einen Anspruch des Arbeitgebers auf Abgabe einer konstitutiven Ausgleichsquittung ablehnt; ferner Blens/Vandieken, Probleme der

Eine Ausgleichsquittung, in der ein Arbeitnehmer erklärt, daß er keine 661
weiteren Ansprüche gegen den Arbeitgeber habe, bedeutet grundsätzlich
nicht den Verzicht auf den **Kündigungsschutz**. Das gilt allerdings dann
nicht, wenn in der Ausgleichsquittung auf die Ansprüche aus dem Arbeitsverhältnis und seiner Beendigung verzichtet wird; darin liegt eine einverständliche Beendigung des Arbeitsverhältnisses.[19]

d) **Einzelfragen**. Ein Lohnverzicht aus Anlaß eines **Betriebsübergangs** 662
ist nach der Rechtsprechung des Bundesarbeitsgerichts nur zulässig, wenn
dafür bei Anlegung eines strengen Maßstabs sachliche Gründe vorliegen.[20]
Nach Meinung des EuGH ist ein Verzicht auf die Rechte aus der Betriebsübergangs-Richtlinie 77/187/EWG selbst dann unwirksam, wenn die
Nachteile aus dem Verzicht durch entsprechende anderweitige Vorteile ausgeglichen werden.[21]

Teilweise wird ein Verzicht auf tarifliche Ansprüche unter Berufung auf 663
das **Günstigkeitsprinzip** zugelassen, wenn der Arbeitnehmer dadurch seinen Arbeitsplatz sichert. Dem ist nicht zu folgen (s. oben Rnr. 438 f.).

Der Verzicht auf tarifliche Lohn- und Gehaltsspitzen um wirtschaftlich 664
bedeutungslose Beträge zwecks **Einsparung von Steuern und Sozialabgaben** ist wirksam.[22] Allerdings ist er nach § 32 Abs. 4 Satz 5 EStG steuerlich
unbeachtlich.

Eine zwischen einem Arbeiter und seinem Arbeitgeber arbeitsvertraglich 665
vereinbarte Klausel, daß für den Fall der rechtswidrigen Auflösung des Arbeitsvertrages durch den Arbeitnehmer ein Teil des rückständigen Lohnes
verwirkt ist, ist weder eine verbotene Verwirkung nach § 4 Abs. 4 Satz 2
noch ein unzulässiger Verzicht im Sinne des § 4 Abs. 4 Satz 1. Eine solche
Vertragsklausel ist eine dem Rechtsinstitut der Vertragsstrafe gleichzustellende Abrede, die tarifrechtlich zulässig ist.[23]

Bei einem Verzicht auf die Einhaltung tariflicher Formvorschriften, ins- 666
besondere auf die tarifliche **Schriftform bei Kündigung**, handelt es sich in
Wahrheit um einen (einverständlichen) Verstoß gegen zwingendes Tarifrecht.[24] Mit einem Verzicht auf bestehende Rechte hat ein solches Einverständnis zwischen den Arbeitsvertragsparteien nichts zu tun. Ist die Formvorschrift konstitutiv, so ist das Rechtsgeschäft nichtig. Der Berufung auf die
Nichtigkeit kann unter Umständen der Einwand der Arglist entgegenstehen;

Ausgleichsquittung, BlStSozArbR 1971, S. 282; Kibler, ZIAS 1995, S. 51 ff.; *Plander*,
Betrieb 1986, S. 1873 ff.; *Schulte*, Betrieb 1981, S. 937; zur Gültigkeit einer Ausgleichsquittung vgl. weiter LAG Baden-Württemberg 20. 6. 1956, BB 1957, S. 473;
LAG Baden-Württemberg 8. 7. 1966, Betrieb 1966, S. 1198; rechtsvergleichend
Marraud/Birk/Kibler, ZIAS 1995, S. 38 ff.
[19] Vgl. LAG Düsseldorf 15. 11. 1957, BB 1958, S. 451; LAG Düsseldorf 22. 1. 1963, Betrieb 1963, S. 770.
[20] BAG 27. 4. 1988 AP Nr. 71 zu § 613 a BGB.
[21] EuGH 10. 2. 1988 Rs. 324/86, Slg. 1988, S. 739 („Daddy's Dance Hall"); ebenso der Gerichtshof der EFTA, EFTAGH 25. 9. 1996 EWiR Art. 1 RL 77/187/EWG 3/97, S. 617 (*Blomeyer*).
[22] BSG 27. 11. 1986 BSGE 61, S. 54; BSG 27. 4. 1988 AP Nr. 71 zu § 613 a BGB; *Gamillscheg*, Kollektives Arbeitsrecht I, § 18 II 1 b, S. 803; *Kempen/Zachert*, § 4 TVG, Rnr. 244.
[23] So BAG 18. 11. 1960 AP Nr. 1 zu § 4 TVG Vertragsstrafe (*A. Hueck*).
[24] Vgl. LAG Frankfurt 1. 6. 1954, BB 1954, S. 837.

denkbar ist weiter eine (nicht formgebundene) Vertragsaufhebung durch beide Parteien.

667 Ausgleichsquittungen erfassen Ruhelohnansprüche nur, wenn dies ausdrücklich vereinbart wurde.[25]

3. Rechtsfolgen bei Verstoß gegen das Verzichtsverbot

668 § 4 Abs. 4 Satz 1 bestimmt, ein Verzicht auf entstandene tarifliche Rechte sei nur in einem von den Tarifvertragsparteien gebilligten Vergleich zulässig. Daraus folgt, daß der Verzicht auf entstandene tarifliche Rechte dann, wenn diese Voraussetzungen nicht eingehalten sind, unzulässig ist. Ein entgegenstehendes Rechtsgeschäft ist nichtig; der Verzicht entbehrt der rechtlichen Wirkung. Der verzichtende Arbeitnehmer behält die entstandenen, d. h. fälligen tariflich begründeten Ansprüche, wie wenn er nicht verzichtet hätte. Ein Verzicht des Arbeitgebers ist gemäß § 4 Abs. 3 in der Regel zulässig und wirksam. Neben der Unwirksamkeit nach Abs. 4 Satz 1 hat die Frage der Anfechtbarkeit oder Sittenwidrigkeit der Verzichtserklärungen des Arbeitnehmers (infolge seiner wirtschaftlichen Abhängigkeit oder einer bestimmten Drucksituation) keine praktische Bedeutung mehr.

4. Verzicht auf andere Ansprüche

669 a) **Nachwirkung.** Kein Verzicht im Sinne von Abs. 4 liegt vor, wenn der Arbeitnehmer tarifliche Ansprüche aufgibt, die aufgrund der in § 4 Abs. 5 gesetzlich normierten Nachwirkung entstehen. Das Verzichtsverbot unterstreicht und verstärkt die unabdingbare Wirkung der Rechtsnormen des Tarifvertrages; mit dem Wegfall der zwingenden Wirkung kann der Arbeitnehmer auf kraft Nachwirkung entstandene tarifliche Ansprüche verzichten.[26]

670 b) **Allgemeinverbindlicherklärung.** Für Ansprüche, die aus einem für allgemeinverbindlich erklärten Tarifvertrag erwachsen, gilt das Verzichtsverbot unbeschränkt.

671 c) **Tarifordnung.** Über Ansprüche, die durch Tarifordnung gestaltet wurden, enthält das Gesetz keine Bestimmung. Das BAG hat die Frage dahingestellt gelassen.[27] Die Frage war im Schrifttum sehr bestritten. Nach Ansicht von Hueck/*Nipperdey*[28] galten zum Verzicht über Ansprüche aus Tarifordnungen die zum AOG entwickelten Grundsätze; danach war der Verzicht nach Beendigung des Arbeitsverhältnisses möglich. Demgegenüber wollte *Nikisch*[29] auch die Ansprüche des Arbeitnehmers aus Tarifordnungen nach Beendigung des Arbeitsverhältnisses für unverzichtbar erklären. Die Streitfrage hat ihre Bedeutung verloren.

---

[25] BAG 9. 11. 1973 AP Nr. 163 zu § 242 BGB Ruhegehalt (*Herschel*).
[26] Ebenso W. *Thomas*, Der Verzicht auf tarifliche Ansprüche, S. 72.
[27] Vgl. BAG 23. 9. 1954 AP Nr. 1 zu § 3 TOA (*Neumann-Duesberg*); 21. 12. 1954 Nr. 1 zu § 611 BGB Ärzte, Gehaltsansprüche (*Schnorr*); 23. 9. 1965 AP Nr. 1 zu § 5 UrlaubG Niedersachsen (*Dersch*).
[28] Hueck/*Nipperdey*, Arbeitsrecht II 1, § 31 I 5, S. 619.
[29] *Nikisch*, Arbeitsrecht II, § 84 II 3, S. 460.

d) Bezugnahme auf den Tarifvertrag. Ob § 4 Abs. 4 Satz 1 und 2 **672** auch für Ansprüche gilt, die durch einzelvertragliche Bezugnahme auf den Tarifvertrag zum Inhalt des Arbeitsvertrages werden, ist bestritten.[30] Aus der Inbezugnahme erwachsen jedenfalls keine *gesetzlich* gesicherten Ansprüche. Eine Anwendung des § 4 Abs. 4 Satz 1 und 2 ließe sich mit einer Auslegung der Bezugnahmeklausel,[31] mit dem Vertrauensschutz des Arbeitnehmers auf Gleichbehandlung[32] oder mit einer analogen Anwendung des Gesetzes begründen. Da die Vorschrift jedoch nur die Wirksamkeit kollektiv begründeter tariflicher Rechte schützen will, greift sie im Falle der Bezugnahme nicht ein.[33]

e) Mindestarbeitsbedingungen. Nach § 8 Abs. 3 des Gesetzes über die **673** Festsetzung von Mindestarbeitsbedingungen vom 11. 1. 1952[34] ist ein Verzicht auf entstandene Rechte aus den Mindestarbeitsbedingungen nur durch Vergleich zulässig. Er bedarf der Billigung der obersten Arbeitsbehörde des Landes oder der von ihr bestimmten Stelle.

f) Bindende Festsetzung nach § 19 HAG. Ein Verzicht auf Rechte, **674** die aufgrund einer bindenden Festsetzung eines Beschäftigten entstanden sind, ist gemäß § 19 Abs. 3 HAG[35] nur in einem von der obersten Arbeitsbehörde des Landes oder der von ihr bestimmten Stelle gebilligten Vergleich zulässig. Die Verwirkung solcher Rechte ist ausgeschlossen.[36]

II. Der Vergleichs-Verzicht

Eine Ausnahme von der Nichtigkeit des Verzichts ist in § 4 Abs. 1 Satz 1 **675** gemacht, wenn der Verzicht in einem Vergleich erfolgt, der von den Tarifvertragsparteien gebilligt wird. Vergleich im materiellen Sinn ist gemäß § 779 BGB ein (schuldrechtlicher) Vertrag, durch den der Streit oder die Ungewißheit der Parteien über ein Rechtsverhältnis im Wege gegenseitigen Nachgebens beseitigt wird. Objektive Ungewißheit ist dabei nicht erforderlich; es genügt eine lediglich subjektive Ungewißheit, selbst wenn diese nur auf einer Seite vorliegt. Der Grundsatz, daß der Vergleich – abgesehen vom Fall der Billigung durch die Tarifvertragsparteien – dann unzulässig ist, wenn er gleichzeitig einen Verzicht auf entstandene tarifliche Rechte enthält, wür-

---

[30] Es wird bejaht von *v. Hoyningen-Huene*, RdA 1974, S. 138, 150; *Schnorr*, AuR 1963, S. 193, 196; GK/*Berschied*, § 13 BUrlG, Rnr. 36 ff.; differenzierend zwischen pauschaler und einzelner Bezugnahme *Gamillscheg*, Kollektives Arbeitsrecht I, § 18 II 1 b, S. 802.
[31] So *Däubler*, Tarifvertragsrecht, Rnr. 1314, der dies im Einzelfall für möglich hält; allgemein zur Auslegung von Bezugnahmeklauseln *Hanau/Kania*, in: Festschrift für Schaub (1998), S. 239, 245 ff.
[32] So 4. Aufl., § 4, Rnr. 335.
[33] LAG Schleswig-Holstein 26. 2. 1981, Betrieb 1981, S. 900; Hueck/*Nipperdey*, Arbeitsrecht II 1, § 23 IV 2, S. 485; *Kempen*/Zachert, § 4 TVG, Rnr. 243; *Dersch*/ *Neumann*, § 13 BUrlG, Rnr. 27; *Schaub*, Arbeitsrechts-Handbuch, § 73 III 4, S. 534.
[34] BGBl. I S. 17.
[35] Vom 29. 10. 1974, BGBl. I S. 2879.
[36] Vgl. zum früheren Recht, das eine allgemeine Bezugnahme auf die gesetzlichen Vorschriften über den Tarifvertrag vorsah, auch BAG 22. 10. 1964 AP Nr. 1 zu § 25 HAG.

de sich auch ohne gesetzliche Bestimmung aus der Unzulässigkeit des Verzichts ergeben. Denn die Erfüllung des Vergleichsvertrages erfolgt, wenn der Berechtigte weniger erhält, als ihm tariflich zusteht, gänzlich oder teilweise durch einen Erlaßvertrag, mögen auch beide Verträge äußerlich zusammenfallen.

1. Umfang des Verzichtsverbots

676 **a) Prozeßvergleich.** Das Verzichtsverbot erstreckt sich auch auf einen vor den Arbeitsgerichten geschlossenen Prozeßvergleich. Dieser ist unwirksam, wenn in ihm materiell-rechtlich ein Verzicht auf entstandene tarifliche Rechte enthalten ist und die Billigung der Tarifvertragsparteien nicht vorliegt. Ein solcher Prozeßvergleich beendet den Rechtsstreit nicht und ist kein geeigneter Vollstreckungstitel. Sollte eine vollstreckbare Ausfertigung von einem (noch) nicht gebilligten Vergleich trotzdem erteilt worden sein, kann der Schuldner nach den §§ 732, 768 ZPO Rechtsbehelfe einlegen. Die Einbeziehung des Prozeßvergleichs in § 4 Abs. 4 Satz 1 entspricht heute allgemeiner Ansicht.[37] Die zwingende Wirkung des Tarifvertrages nach § 4 Abs. 1 wäre gefährdet, wenn nicht auch der Prozeßvergleich von besonderen Voraussetzungen abhängig wäre.

677 **b) Streitigkeiten über Wirksamkeit, Auslegung und Eingruppierung. aa)** Ein ohne Billigung der Tarifvertragsparteien unzulässiger Vergleich liegt namentlich vor, wenn sich Arbeitgeber und Arbeitnehmer über die **Auslegung**, den Geltungsbereich oder die Wirksamkeit **des Tarifvertrages** „einigen". Erst recht ist ein Vergleich unwirksam, wenn der Arbeitgeber die Leistung der tariflichen Ansprüche im Vergleichswege zu umgehen versucht, oder wenn der Vergleich im Hinblick auf die Unsicherheit der Verwirklichung tariflicher Ansprüche (§ 779 Abs. 2 BGB) geschlossen werden soll.

678 **bb)** Ein Vergleich, der das Arbeitsverhältnis für die Zukunft in objektiv tarifwidriger Weise gestalten soll, ist ohne Billigung der Tarifvertragsparteien nichtig. Das gilt für einen Vergleich in **Eingruppierungsstreitigkeiten**. Auch hier kann nach Rechts- und Tatsachenvergleich differenziert werden.[38] Arbeitnehmer und Arbeitgeber können zwar die Art und den Umfang der ausgeübten Tätigkeit in der Vergangenheit bestätigen, aber weder die einschlägige Vergütungsgruppe festlegen, noch rechtliche Bewertungen vornehmen.

679 Fraglich ist, ob der Vergleich über die Anwendung des Tarifvertrages im Einzelfall durch die Zustimmung der Tarifvertragsparteien Wirksamkeit erlangen kann. Das wurde von *Nipperdey*[39] verneint, weil die Tarifvertragsparteien einer tarifwidrigen Abrede keine Wirksamkeit verleihen könnten. Demgegenüber wies *Nikisch*[40] überzeugend darauf hin, daß die Auslegung von unbestimmten Rechtsbegriffen, namentlich von Eingruppierungsmerkmalen, häufig nicht mit absoluter Überzeugungskraft erfolgen kann, daß die

---

[37] Abweichend früher *Kunze,* RdA 1951, S. 287.
[38] Löwisch/*Rieble,* § 4 TVG, Rnr. 265.
[39] Hueck/*Nipperdey,* Arbeitsrecht II 1, § 31 II, S. 620, Fn. 23; ebenso RAG 19. 1. 1935, ARS 23, S. 151 (*Nipperdey*) und 17. 5. 1939 39, S. 107 *(Nipperdey).*
[40] *Nikisch,* Arbeitsrecht II, § 84 III 3, S. 463.

Mitwirkung der Tarifvertragsparteien dafür bürgt, den Arbeitnehmer nicht bewußt unrichtig einzugruppieren, und daß das Ziel einer sachgerechten und von den Tarifvertragsparteien kontrollierten Regelung von Grenzfällen in anderer Weise nicht erreicht werden kann; insofern kann man von einer authentischen Auslegung (s. oben § 1, Rnr. 783 f.) sprechen.

c) Tatsachenvergleich. Zu unterscheiden ist zwischen dem (unzulässigen) Rechtsvergleich und dem (zulässigen) Tatsachenvergleich. Die Unterscheidung kommt zwar im Wortlaut des Gesetzes nicht zum Ausdruck, entspricht aber seinem Sinn. Oft betrifft der Streit oder die Ungewißheit die tatsächlichen Voraussetzungen des tariflichen Anspruchs (z. B. die Zahl der Überstunden, den Umfang von Nacht- und Sonntagsarbeit, die Art und Qualität der ausgeführten Arbeit, die Höhe der Akkordergebnisse usw.). Ein Vergleich, der eine solche objektive und subjektive Ungewißheit über die tatsächlichen Voraussetzungen des tariflichen Anspruchs im Wege des gegenseitigen Nachgebens ausräumen soll, fällt *nicht* unter das Verzichtsverbot des Abs. 4 Satz 1, auch nicht während des Bestehens des Arbeitsverhältnisses (h. M., s. Rnr. 682 f.).[41] 680

Ein *Teil der Literatur* lehnt die Differenzierung ab.[42] Nach dieser Ansicht deckt der Gesetzeswortlaut die Unterscheidung nicht, sie lasse sich auch praktisch kaum überzeugend durchführen. Das Gesetz habe dem Bedürfnis nach einer gütlichen Einigung bereits dadurch Rechnung getragen, daß es den von den Tarifvertragsparteien gebilligten Vergleich als wirksam anerkenne. Dem praktischen Bedürfnis nach Verständigung in Einzelfragen könne auch dadurch Rechnung getragen werden, daß die – meist ohnehin schon beteiligten – Verbandvertreter zustimmen; sie müßten allerdings hierzu bevollmächtigt werden.[43] 681

Die *Rechtsprechung* steht auf dem hier vertretenen Standpunkt.[44] Das Bedürfnis nach gütlicher Einigung gehe dem Schutzbedürfnis des Arbeitnehmers vor. Auch werde die Tarifautonomie durch einen Tatsachenvergleich nicht berührt.[45] 682

Eine Begründung für die von der *herrschenden Meinung* vorgenommene teleologische Reduktion des § 4 Abs. 4 Satz 1 ist unter verschiedenen Ge- 683

---

[41] Zur ähnlichen Problematik beim Sozialplan s. BAG 31. 7. 1996 AP Nr. 103 zu § 112 BetrVG 1972.
[42] *Auffarth*, BArbBl. 1957, S. 382, 383; *Gunkert*, BB 1956, S. 721, 722; *Kempen*/*Zachert*, § 4 TVG, Rnr. 247; *Hausen* , Der Verzichts-Vergleich des § 4 Abs. 4 Satz 1 des TVG, Diss. Köln (1970); *Herschel*, BArbBl. 1950, S. 377, 379; *ders.*, BArbBl. 1952, S. 269 ff.; *Kunze*, RdA 1951, S. 227, 228; *Trieschmann*, RdA 1959, S. 87, 93; *Zachert*, Anm. zu BAG 5. 11. 1997 AP Nr. 17 zu § 4 TVG.
[43] *Däubler*, Tarifvertragsrecht, Rnr. 1311 sieht die Gefahr der Gesetzesumgehung. Es könne aber Fälle geben, in denen die tatsächlichen Voraussetzungen für die tariflichen Ansprüche nicht oder nur mit größtem Aufwand zu klären sind.
[44] BAG 21. 12. 1972 AP Nr. 1 zu § 9 LohnFG; 20. 8. 1980 AP Nr. 12 zu § 6 LohnFG; 5. 11. 1997 AP Nr. 17 zu § 4 TVG = NZA 1998, S. 434.
[45] In der Literatur stimmen dieser Auffassung zu: *E. Frey*, AuR 1956, S. 343, 344; *Gamillscheg*, Kollektives Arbeitsrecht I, § 18 II 1 c, S. 803 ff.; *MünchArbR/Hanau*, § 73, Rnr. 3; *Hohn*, BB 1957, S. 478; *Hueck*/*Nipperdey*, Arbeitsrecht II 1, § 31 II 5, S. 622; *Kaskel*/*Dersch*, Arbeitsrecht, S. 77; *Lieser*, BB 1958, S. 812, 814; *MünchArbR/Löwisch*, § 267, Rnr. 14; *Nikisch*, Arbeitsrecht II, § 84 III 3, S. 464; *Rewolle*, RdA 1950, S. 8, 9.

sichtspunkten versucht worden. Der Grund liegt letztlich darin, daß das Bedürfnis nach gütlicher Einigung in solchen Fällen dem Schutzbedürfnis des Arbeitnehmers vorgeht. Das Gesetz nimmt dem Arbeitnehmer auch sonst nicht jegliche Dispositionsbefugnis hinsichtlich seiner tariflichen Rechte. Der Anspruchsberechtigte hat es in der Hand, durch Verschweigen seiner Tarifbindung, durch absichtliches Verstreichenlassen tariflicher Ausschluß- oder Verjährungsfristen, durch Einklagen einer Teilforderung, durch Klagerücknahme oder Verzicht auf die Urteilsvollstreckung praktisch auf tarifliche Rechte zu verzichten, ebenso wie er über den ausgezahlten Lohn frei verfügen kann. Der Arbeitnehmerschutz geht mithin nicht bis zur sozialen Entmündigung.[46] Deshalb ist es berechtigt, den § 4 Abs. 4 Satz 1 einschränkend auszulegen, um Tatsachenvergleiche zu ermöglichen und damit in ihrem Ausgang ungewisse Prozesse zu beenden oder ganz zu vermeiden. Der Vergleich verstößt gegen das Verzichtsverbot, wenn die Einigung über den Tatbestand vorgetäuscht ist, um das Gesetz zu umgehen. Beweisschwierigkeiten gehen nicht zu Lasten des Arbeitnehmers.[47]

2. Billigung durch die Tarifvertragsparteien

684 **a) Billigung.** Der vom Gesetz erfaßte Vergleichs-Verzicht ist nur rechtswirksam, wenn sämtliche Tarifvertragsparteien ihn einzeln oder gemeinsam billigen. Der Terminus „Billigung" ist der zivilrechtlichen Gesetzessprache unbekannt. Das BGB spricht von Einwilligung oder Genehmigung und bezeichnet beide zusammen als Zustimmung; vgl. §§ 182 ff. BGB. Die Wirksamkeit des Vergleichs-Verzichts bedarf einer ausdrücklich erklärten Zustimmung im Sinne von § 182 BGB.[48]

685 **b) Prozeßbevollmächtigte.** Ob die Prozeßbevollmächtigten der Parteien die Billigung der Tarifvertragsparteien aussprechen können, hängt davon ab, ob die Tarifvertragsparteien sie zur Erklärung der Billigung bevollmächtigt haben oder nicht. Es ist zulässig, daß eine Tarifvertragspartei ganz allgemein ihren Vertretern die Vollmacht gibt, in ihrem Namen die Billigung auszusprechen. Jedoch muß es sich immer um die im einzelnen Fall erklärte Billigung eines konkreten Vergleichs handeln, die an die Bestimmungen der §§ 182 ff. BGB gebunden ist. Eine generelle Zustimmung, in der die Tarifvertragsparteien erklären, daß sie jedem Vergleich ihre Billigung erteilen, ist unwirksam.[49] Eine solche Handhabung würde gegen den Sinn und Zweck des Gesetzes verstoßen und sich über die Rechte der einzelnen Arbeitnehmer und Arbeitgeber hinwegsetzen, die eine Garantie erhalten sollen, daß die Tarifvertragsparteien den einzelnen konkreten Vergleich nach seinem Inhalt prüfen und darüber entscheiden. Der allgemein vertretenen Ansicht widerspricht - nicht überzeugend – *Rieble*.[50] So wie die Tarifvertragsparteien

---

[46] Einseitig *Trieschmann*, RdA 1959, S. 91 ff.
[47] Vgl. BAG 21. 12. 1972 AP Nr. 1 zu § 9 LohnFG *(Trieschmann)*.
[48] Ebenso BAG 25. 7. 1962 AP Nr. 114 zu § 1 TVG Auslegung; *Däubler*, Tarifvertragsrecht, Rnr. 1313; *Löwisch/Rieble*, § 4 TVG, Rnr. 267; *Nipperdey*, RdA 1949, S. 81, 87; *W. Thomas*, Der Verzicht auf tarifliche Ansprüche, S. 108 ff. – a. A. *Herschel*, BArbBl. 1950, S. 377, 379; *Kraegeloh*, BB 1950, S. 565, 566.
[49] Ebenso *Däubler*, Tarifvertragsrecht, Rnr. 1314.
[50] *Löwisch/Rieble*, § 4 TVG, Rnr. 266.

ihre Tarifnormen von vornherein dispositiv erlassen könnten, so könnten sie die Dispositivität auch auf den Fall des – gegebenenfalls gerichtlichen – Vergleichs beschränken.

c) Für allgemeinverbindlich erklärte Tarifverträge. Das Verzichtsverbot gilt auch für Vergleiche über Ansprüche, die sich aus für allgemeinverbindlich erklärten Tarifverträgen ergeben. 686

B. Verjährung, Verwirkung, Einwand der Arglist

I. Verjährung

1. Die Verjährungsfristen des § 196 Abs. 1 Nr. 8 und 9 BGB

a) **Verjährung von Entgeltansprüchen.** Die Entgeltansprüche aus dem tariflich gestalteten Arbeitsverhältnis verjähren nach § 196 Abs. 1 Nr. 8 und 9 BGB in zwei Jahren; die Verjährung beginnt gemäß § 201 BGB mit dem Schluß des Jahres, in dem der Anspruch entstanden ist. Auch die Ansprüche der Angestellten im öffentlichen Dienst verjähren in zwei Jahren; die vierjährige Verjährung des § 197 BGB bezieht sich nur auf öffentlich-rechtliche Bezüge.[51] 687

b) **Verkürzung der Verjährungsfrist.** Durch Arbeitsvertrag kann die Verjährungsfrist weder ausgeschlossen noch verlängert werden; § 225 BGB. Dagegen kann die Verjährungsfrist grundsätzlich durch Individualabsprache **abgekürzt** werden. Da sich auf diesem Wege aber der Zweck des § 4 Abs. 4 Satz 1 und 3 vereiteln ließe, ist eine Verkürzung der Verjährungsfrist für Rechte aus einem Arbeitsvertrag, der der Tarifbindung unterliegt, nur in einem Tarifvertrag möglich.[52] *Koberski/Clasen/Menzel*[53] halten dagegen eine vertragliche Vereinbarung für zulässig, die keiner Stütze im Tarifvertrag bedürfe. Die herrschende Meinung finde im Wortlaut des Gesetzes keine Stütze. Das Betriebsverfassungsgesetz habe die Frage in § 77 Abs. 4 für Ansprüche aus einer Betriebsvereinbarung in dieser Weise geregelt. Dem hält *Löwisch*[54] mit Recht entgegen, daß die Nennung der Verjährung in § 77 Abs. 4 BetrVG keinen Umkehrschluß erlaubt. Der Gesetzgeber des Betriebsverfassungsgesetzes habe sich vielmehr an die tarifliche Lage anlehnen und bestehende Unklarheiten beseitigen wollen.[55] 688

---

[51] Vgl. BAG 2. 12. 1955 AP Nr. 8 zu § 3 TOA *(Neumann-Duesberg)*, wonach sich an der privatrechtlichen Natur des Dienstverhältnisses auch dadurch nichts ändert, daß der Angestellte möglicherweise hoheitliche Aufgaben erledigt und strafrechtlich wie disziplinarrechtlich als Beamter behandelt wurde, sowie BAG 16. 12. 1959 AP Nr. 25 zu § 256 ZPO *(Pohle)*.
[52] Allgemeine Ansicht; Hueck/*Nipperdey*, Arbeitsrecht II 1, § 32 III 3, S. 633; Kempen/Zachert, § 4 TVG, Rnr. 252; Löwisch/*Rieble*, § 4 TVG, Rnr. 273; *Nikisch*, Arbeitsrecht II, § 85 III, S. 476, 477; vgl. dazu unten Rnr. 732.
[53] *Koberski/Clasen/Menzel*, § 4 TVG, Rnr. 133.
[54] *Löwisch*, MünchArbR § 267, Rnr. 23.
[55] Vgl. Begründung des Regierungsentwurfs zum BetrVG 1972, BT-Drucks. VI/1786, S. 47.

2. Unterbrechung nach § 209 BGB

689 Die Klage auf Feststellung des Fortbestandes des Arbeitsverhältnisses oder die Kündigungsschutzklage unterbrechen die Verjährung eines sich aus §§ 611, 615 BGB ergebenden Lohnanspruchs nicht.[56] Das Ergebnis wird teilweise als unbefriedigend angesehen, eine abweichende Ansicht wird auf Analogien gestützt. *Kempen*[57] bejaht eine *Analogie zu § 202 BGB,* da der im Kündigungsschutzprozeß verklagte und schließlich unterlegene Arbeitnehmer als „vorübergehend zur Verweigerung der Leistung Berechtigter angesehen werden könnte". Andere stützen sich auf eine Analogie zu *§ 209 BGB.*[58] *Becker/Bader* sehen die Regelungslücke darin, daß die Vorschriften des BGB über die Unterbrechung keine auf die vergütungsrechtlichen Auswirkungen von Kündigungsrechtsstreitigkeiten Bedacht nehmende Sonderregelung enthielten. Eine Analogie zu § 209 Abs. 1 BGB sei deshalb gerechtfertigt, weil der Gesetzgeber durch Bezugnahme auf die Feststellungsklage zu erkennen gegeben habe, daß der Gläubiger seine Ansprüche gegen den Eintritt der Verjährung auch durch eine Klage sichern könne, die nicht unmittelbar zu einem Vollstreckungstitel führe. Nach *Rewolle* ist es das Gesamtziel des Kündigungsschutzprozesses, alle Ansprüche aus dem Arbeitsverhältnis zu sichern.

690 Die Frage, welche Auswirkungen die Erhebung einer Kündigungsschutzklage auf die gesetzlichen Verjährungsfristen hat, stellt sich in ähnlicher Weise bei tariflichen Ausschlußfristen; s. dazu unten Rnr. 848 ff., 854 ff. In beiden Fällen kommt man nicht daran vorbei, daß es sich bei der Kündigungsschutzklage um eine Feststellungsklage handelt, die nicht den Anspruch auf Lohnzahlung zum Gegenstand hat. Allerdings dürfte rechtstatsächlich eine auf das Fortbestehen des Arbeitsverhältnisses erhobene Klage vor allem dazu dienen, materiellrechtliche Ansprüche zu sichern. Auch ist es prozeßökonomisch zweifelhaft, den Arbeitnehmer zu einer zweiten Klage zu zwingen.

691 Trotz dieser Bedenken sind die einschlägigen Vorschriften der **§§ 202, 208 ff. BGB nicht analogiefähig.** Unabhängig davon, wie man sich zum Streitgegenstand im Kündigungsschutzprozeß stellt, ist der Lohnanspruch nicht Gegenstand eines solchen Prozesses. Daher liegt in der Kündigungsschutzklage keine Klage auf Befriedigung oder auf Feststellung des Lohnanspruchs gem. § 209 Abs. 1 BGB.

692 Die Problematik ist des weiteren im Zusammenhang mit dem **Weiterbeschäftigungsanspruch** zu sehen. Sofern die Sondervorschrift des § 102 Abs. 5 BetrVG eingreift, ergeben sich von vornherein keine Probleme. Der Große Senat des BAG[59] bejaht allerdings trotz der Spezialregelung in § 102 Abs. 5 BetrVG in Rechtsfortbildung einen materiellrechtlichen Weiterbe-

---

[56] So BAG 1. 2. 1960 AP Nr. 1 zu § 209 BGB (*A. Hueck*) = SAE 1960, S. 77 (*Larenz*); 29.5.1961 AP Nr. 2 zu § 209 BGB; 10. 4. 1963 AP Nr. 23 zu § 615 (*Herschel*); *Hueck/v. Hoyningen-Huene,* § 4 KSchG, Rnr. 17; *Natzel,* Betrieb 1960, S. 176, 177; *Trieschmann,* AuR 1964, S. 31, 32.
[57] *Kempen/Zachert,* § 4 TVG, Rnr. 253.
[58] *Becker/Bader,* BB 1981, S. 1709 ff.; *Rewolle,* Betrieb 1980, S. 1696.
[59] BAG GS 27. 2. 1985 AP Nr. 14 zu § 611 BGB Beschäftigungspflicht; ebenso *Kempen/Zachert,* § 4 TVG, Rnr. 253 a. E.

schäftigungsanspruch.⁶⁰ Entgegen der Ansicht des Großen Senats kann die Weiterbeschäftigung nicht mit einem materiellrechtlichen Anspruch begründet werden – dessen Vorliegen ist ja gerade streitig! –, sondern nur mit den Vorschriften des einstweiligen Rechtsschutzes (einstweilige Verfügung im Form der Regelungsverfügung, vorläufige Vollstreckbarkeit). Auch in diesem Fall sind jedoch drei Klagen erforderlich (die Kündigungsschutzklage, die Klage auf Weiterbeschäftigung und die Lohnklage), so daß die Verjährung des Lohnanspruchs trotz Geltendmachung des Weiterbeschäftigungsanspruchs möglich ist.

II. Verwirkung

1. Ausschluß der Einwendung illoyaler Verspätung

a) Anlaß der Vorschrift. Gemäß § 4 Abs. 4 Satz 2 TVG ist die Verwirkung tariflicher Rechte ausgeschlossen. Die Vorschrift richtet sich wohl gegen die frühere Rechtsprechung des Reichsarbeitsgerichts, die – wenn auch mit großer Vorsicht – aus § 242 BGB in gewissen Fällen die Verwirkung tariflicher Ansprüche abgeleitet hatte.

b) Illoyale Verspätung. Unter Verwirkung wird heute allgemein ein Rechtsmißbrauch durch illoyal verspätete Rechtsausübung verstanden. Dabei ist der Zeitablauf niemals allein entscheidend, sondern es müssen weitere Umstände hinzutreten, die die jetzige Geltendmachung des Rechts als dem Rechtsgegner gegenüber unzumutbar erscheinen lassen.⁶¹

c) Handeln oder Unterlassen. Innerhalb des üblichen Verwirkungsbegriffs sind zwei Tatbestände zu unterscheiden. Die Verwirkung kann deshalb eingreifen, weil sich der Rechtsinhaber in einen unerträglichen Widerspruch zu seinem eigenen früheren **untätigen Verhalten** setzt, wenn und weil der Verpflichtete angesichts der Umstände nicht mehr mit der Geltendmachung des Rechts zu rechnen brauchte und die Rechtsausübung für den Betroffenen unzumutbar ist.⁶² Des weiteren kann eine Verwirkung vorliegen, wenn der Berechtigte den Eindruck, er werde sein Recht nicht mehr geltend machen, durch **positive Handlungen** oder Erklärungen verstärkt hat; in diesem Fall ist die Verwirkung ein Tatbestand des widersprüchlichen Verhaltens.⁶³ Der bloße Zeitablauf, z. B. das lange Verschweigen des Anspruchs, genügt für die Verwirkung in beiden Fällen nicht. Auch insofern ist § 4 Abs. 4 Satz 2 eng auszulegen; die Vorschrift verhindert die Berufung auf ein

---

⁶⁰ Abl. MünchArbR/*Wank*, § 118, Rnr. 88ff. m. w. N.
⁶¹ Vgl. Soergel/*Teichmann*, § 242 BGB, Rnr. 332 mit Nachweisen zu Rechtsprechung und Schrifttum. Über dieses Verständnis des Verwirkungsbegriffs besteht zu § 4 Abs. 4 Satz 2 TVG Einigkeit; vgl. BAG 22. 6. 1956 AP Nr. 9 zu § 611 BGB Urlaubsrecht (*Dersch*); 13. 11. 1957 AP Nr. 7 zu § 611 BGB Ärzte, Gehaltsansprüche (*Schnorr von Carolsfeld*); 16. 4. 1958 AP Nr. 35 zu § 3 TOA (*Neumann-Duesberg*); 17. 7. 1958 AP Nr. 10 zu § 611 BGB Lohnanspruch (*Tophoven*); 18. 11. 1960 AP Nr. 1 zu § 4 TVG Vertragsstrafe (*A. Hueck*); Hueck/*Nipperdey*, Arbeitsrecht II 1, § 32 I 2, S. 627; *Nikisch*, Arbeitsrecht II, § 85 I 4, S. 470.
⁶² So Soergel/*Teichmann*, § 242 BGB, Rnr. 336.
⁶³ Vgl. *Larenz/Wolf*, Allgemeiner Teil des Bürgerlichen Rechts, 8. Aufl. 1997, § 16 III 3 b, Rnr. 46.

venire contra factum proprium nicht. Eine Kenntnis der tariflichen Ansprüche ist nicht erforderlich; die Unkenntnis des Arbeitnehmers muß bei der Würdigung des Gesamtverhaltens berücksichtigt werden.[64]

696 **d) Unzulässige Rechtsausübung.** Die hier vorgenommene Unterscheidung zwischen illoyal verspäteter Rechtsausübung bei bloß untätigem Verhalten und durch Handlungen oder Erklärungen, durch die der Berechtigte den Eindruck verstärkt oder erweckt, er werde sein Recht nicht mehr geltend machen, wird von *Kempen*[65] und *Däubler*[66] nicht geteilt. § 4 Abs. 4 Satz 1 erkläre den viel weitergehenden ausdrücklichen vertraglichen Verzicht für unbeachtlich, obwohl dieser einen noch größeren Widerspruch zur späteren Geltendmachung des Anspruchs darstelle als nur ein allgemeines widersprüchliches Verhalten i. S. des § 242 BGB. *Däubler* meint, daß die Effektivität des Tarifvertrages unabhängig vom subjektiven Verhalten der Arbeitsvertragsparteien gesichert werden solle.

697 Demgegenüber folgt aus der oben dargelegten Unterscheidung innerhalb des Verwirkungsbegriffs, daß der Einwand der **unzulässigen Rechtsausübung** im übrigen durch die Vorschrift nicht ausgeschlossen ist. Das gilt insbesondere von der Einrede der gegenwärtigen (allgemeinen) Arglist oder unzulässigen Rechtsausübung infolge eines *venire contra factum proprium*.[67] Eine zwischen einem Arbeiter und seinem Arbeitgeber arbeitsvertraglich vereinbarte Klausel, daß für den Fall der rechtswidrigen Auflösung des Arbeitsvertrages durch den Arbeitnehmer ein Teil des rückständigen Lohns verwirkt ist, ist keine von der Vorschrift verbotene Abrede.[68]

2. Beschränkung auf tarifliche Ansprüche

698 **a) Tarifliche Ansprüche.** Die Verwirkung von Ansprüchen ist nach § 4 Abs. 4 Satz 3 nur für tarifliche Ansprüche ausgeschlossen. Unbestritten gilt das Verbot unabhängig davon, ob die Parteien kraft Verbandszugehörigkeit oder Allgemeinverbindlicherklärung oder nach § 3 Abs. 2 oder 3 an den Tarifvertrag gebunden sind. Dagegen gilt der Ausschluß der Verwirkung nicht für über- oder außertarifliche Ansprüche.[69]

699 Haben nicht oder nur einseitig organisierte Parteien in ihrem Arbeitsvertrag ganz oder teilweise auf **einen Tarifvertrag bezug genommen**, so unterliegen die Ansprüche aus dem Arbeitsvertrag den üblichen Verwirkungsregeln.[70] Auch durch eine allgemeine Bezugnahme auf den einschlägi-

---

[64] Vgl. BAG 1. 8. 1958 AP Nr. 10, 18. 12. 1964 Nr. 36 zu § 242 BGB Verwirkung; 24. 11. 1958 AP Nr. 42 zu § 3 TOA; 19. 12. 1958 AP Nr. 4 zu § 611 BGB Urlaubskarten.
[65] *Kempen*/Zachert, § 4 TVG, Rnr. 248.
[66] *Däubler*, Tarifvertragsrecht, Rnr. 318 ff.
[67] Ebenso BAG 23. 12. 1957 AP Nr. 4 zu § 242 BGB Verwirkung; 9. 8. 1990 AP Nr. 46 zu § 615 BGB; *Löwisch*/Rieble, § 4 TVG, Rnr. 269 f.; vgl. dazu unten Rnr. 703 ff.
[68] BAG 18. 11. 1960 AP Nr. 1 zu § 4 TVG Vertragsstrafe (*A. Hueck*).
[69] So *Borrmann*, BB 1951, S. 1011; *Etzel*, NZA 1987, Beil. 1, S. 25; Hueck/*Nipperdey*, Arbeitsrecht II 1, § 32 I 3, S. 629; *Kempen*/Zachert, § 4 TVG, Rnr. 249; *Nikisch*, Arbeitsrecht II, § 85 V 5, S. 472.
[70] Vgl. LAG Bremen 12. 7. 1950, SAE 1951, S. 70 (*Sabin*); LAG Frankfurt 15. 5. 1951, SAE 1951, S. 118 (*Dietz*).

gen Tarifvertrag werden die Arbeitnehmer den organisierten Arbeitnehmern nicht gleichgestellt (vgl. oben Rnr. 672).

Die Vorschrift gilt auch für Ansprüche aus einem **nachwirkenden Tarif-** 700 **vertrag**, da die Rechtsnormen des Tarifvertrages gemäß § 4 Abs. 5 in ihrer Rechtsnatur unverändert, lediglich mit eingeschränkter, nämlich dispositiver Wirkung, fortbestehen.[71]

Nach dem Wortlaut des Gesetzes können auch tariflich ausgestaltete 701 Rechte der *Arbeitgeber* nicht verwirkt werden. Dagegen sieht *Däubler*[72] die Vorschrift als reine Arbeitnehmerschutzvorschrift, die entgegen ihrem Wortlaut restriktiv zu handhaben sei. Die Möglichkeit einer Verwirkung tariflicher Rechte des Arbeitgebers ergibt sich jedoch aus dem Zusammenhang mit der zwingenden Wirkung des Tarifvertrages.[73]

b) Bindende Festsetzungen. Bindende Festsetzungen nach § 19 HAG 702 sind gemäß § 19 Abs. 3 HAG Tarifverträgen gleichgestellt. Die Verwirkung von Rechten, die aufgrund einer bindenden Festsetzung zugunsten eines Beschäftigten entstanden sind, ist im Gesetz jetzt ausdrücklich ausgeschlossen.

III. Der Einwand der (allgemeinen) Arglist

1. Das Verbot des Rechtsmißbrauchs nach § 242 BGB

Vom Einwand der Verwirkung ist der Einwand der gegenwärtigen 703 (allgemeinen) Arglist oder der unzulässigen Rechtsausübung zu unterscheiden; vgl. dazu Rnr. 697; eine Berufung hierauf ist trotz § 4 Abs. 4 zulässig.[74] Das rechtsethische Prinzip des Verbots unredlicher oder mißbräuchlicher Rechtsausübung gilt in der gesamten Rechtsordnung. Das Arbeitsrecht im allgemeinen und das Tarifrecht im besonderen sind von der Geltung der Innenschranken jeder Rechtsausübung nicht ausgenommen. Auch hier verdienen der *institutionelle und der individuelle Rechtsmißbrauch* keinen gerichtlichen Schutz. Der Unterschied zu der in § 4 Abs. 4 Satz 2 ausgeschlossenen Verwirkung besteht darin, daß es hier nicht auf den Zeitablauf ankommt, sondern auf die mißbräuchliche Interessendurchsetzung.[75]

2. Einzelfragen

a) Berufung auf Verjährung. In der Berufung auf die Verjährung kann 704 für sich allein kein Verstoß gegen Treu und Glauben gesehen werden. Wenn

---

[71] A. A. *Däubler*, Tarifvertragsrecht, Rnr. 1321 in Parallele zum Verzicht; dagegen *Kempen*/Zachert, § 4 TVG, Rnr. 249.
[72] *Däubler*, Tarifvertragsrecht, Rnr. 1322.
[73] Zutr. Löwisch/*Rieble*, § 4 TVG, Rnr. 269.
[74] Ebenso Löwisch/*Rieble*, § 4 TVG, Rnr. 270; a. A. *Däubler*, Tarifvertragsrecht, Rnr. 1318 ff. und *Kempen*/Zachert, § 4 TVG, Rnr. 248.
[75] Aus der Rechtsprechung der Arbeitsgerichte vgl. namentlich BAG 15. 9. 1954 AP Nr. 1 zu § 242 BGB Unzulässige Rechtsausübung – Verwirkung; 7. 12. 1956 AP Nr. 1 zu § 817 BGB; 21. 12. 1954 AP Nr. 1 zu § 611 BGB Ärzte, Gehaltsansprüche (*Schnorr*); 22. 6. 1954 AP Nr. 9 zu § 611 BGB Urlaubsrecht (*Dersch*); 2. 5. 1961 AP Nr. 82 zu § 611 BGB Urlaubsrecht (*Zeuner*); 17. 5. 1958 AP Nr. 10 zu § 611 BGB Lohnanspruch (*Tophoven*).

der Schuldner gewußt hat, daß die Forderung bestand, so entkräftet das die Verjährungseinrede nicht. In der Geltendmachung der Verjährung durch den Arbeitgeber liegt keine Verletzung seiner Fürsorgepflicht.[76] Für die Verjährung ist es auch gleichgültig, ob die rechtzeitige Klageerhebung ohne Verschulden des Gläubigers unterblieben ist. Dagegen kann die Verjährungseinrede durch den Einwand der unzulässigen Rechtsausübung entkräftet werden, wenn der Schuldner durch sein Verhalten den Gläubiger von der rechtzeitigen Erhebung der Klage abgehalten hat.[77] Das Verhalten desjenigen, der sich auf die Verjährung oder die Ausschlußfrist berufen will, muß allerdings ganz besonders zu mißbilligen sein.[78]

705 Ein Verstoß gegen Treu und Glauben liegt nicht schon vor, wenn die **Lohnberechnung** und die dementsprechende Auszahlung **unrichtig** erfolgt sind. Wohl aber ist das Verhalten dann ursächlich für die verspätete Geltendmachung des Anspruchs, wenn der Arbeitgeber in Verletzung seiner Fürsorgepflicht dem Arbeitnehmer keine Möglichkeit bietet, sich über die Grundsätze der Lohnberechnung zu unterrichten, oder trotz ausdrücklicher Anfrage nicht für Klarstellung sorgt. Die Einrede der Verjährung verstößt deshalb gegen Treu und Glauben und kann nicht beachtet werden, wenn der öffentliche Dienstherr die Arbeitnehmer über die ihnen zustehenden Ansprüche nicht hinreichend unterrichtet hat.[79] Der Einwand der unzulässigen Rechtsausübung entfällt jedoch, wenn der Gläubiger nach dem Wegfall der den Einwand begründenden Umstände die Klage binnen einer nach Treu und Glauben zu bestimmenden, regelmäßig kurzen Frist erhoben hat.[80] Hat der Arbeitgeber den Tarifvertrag im Betrieb nicht ausgelegt, so genügt dies allein nicht, um die Berufung auf die Verjährung wegen Rechtsmißbrauchs auszuschließen.[81]

706 **b) Untertarifliches Entgelt.** Da § 4 Abs. 1 und 4 erreichen wollen, daß dem Arbeitnehmer unter allen Umständen ein Anspruch auf tarifliche Vergütung zusteht und daß dieses Entgelt auch tatsächlich geleistet wird, liegt in der **Geltendmachung des Tariflohns** kein Rechtsmißbrauch. Zur Begründung der Einrede der Arglist gegenüber Ansprüchen aus einem Tarifvertrag reicht deshalb das Vorbringen nicht aus, daß der Arbeitnehmer sich längere Zeit mit einem untertariflichen Lohn zufriedengegeben und keine höheren Ansprüche geltend gemacht habe[82] oder daß der Arbeitnehmer die untertarifliche Bezahlung selbst gewünscht habe, um die Arbeitsstelle zu erhalten.[83] Da der unselbständig Beschäftigte während der Dauer des Arbeitsverhältnisses unter einem gewissen Druck steht, kann der Arbeitgeber nicht

---

[76] BAG 16. 12. 1959 AP Nr. 25 zu § 256 ZPO (*Pohle*).
[77] BAG 24. 5. 1957 AP Nr. 2 zu § 198 BGB (*Larenz*); 28. 5. 1964 AP Nr. 6 zu § 242 BGB Unzulässige Rechtsausübung – Verwirkung (*A. Hueck*); 24. 11. 1958 AP Nr. 42 zu § 3 TOA (*Neumann-Duesberg*).
[78] BAG 16. 8. 1983 AP Nr. 131 zu § 1 TVG Auslegung, m. w. N.
[79] BAG 4. 12. 1956 AP Nr. 16 zu § 3 TOA (*Neumann-Duesberg*); BAG 24. 5. 1974 AP Nr. 6 zu § 242 BGB Ruhegehalt – VBL.
[80] BAG 24. 11. 1958 AP Nr. 42 zu § 3 TOA (*Neumann-Duesberg*).
[81] Abweichend LAG München 27. 3. 1953, AMBl. des Bayer. Staatsministeriums für Arbeit und soziale Fürsorge 1954, C 190.
[82] BAG 23. 9. 1954 AP Nr. 1 zu § 3 TOA (*Neumann-Duesberg*).
[83] LAG Mannheim 17. 12. 1951 AP 1952, Nr. 112 (*Herschel*); vgl. auch LAG Hamm 8. 11. 1957, Betrieb 1958, S. 311.

darauf vertrauen, daß Nachforderungen unterbleiben.[84] Das LAG Baden-Württemberg[85] hat Arglist der den tariflichen Mindestlohn fordernden Arbeitnehmerin bejaht, wenn der Arbeitgeber mit der völlig berufsfremden Arbeitnehmerin auf deren Bitten untertariflichen Lohn vereinbart hatte, um ihr die Möglichkeit zu bieten, bestimmte berufliche Kenntnisse und Erfahrungen zu erwerben, damit sie eine berufliche Umstellung vornehmen könne. Ähnlich meint das Bundesarbeitsgericht,[86] ein Volontärarzt handle arglistig, wenn er seiner arbeitsvertraglichen Pflicht, Zuweisung ausbildungswidriger Arbeit dem Personalamt zu melden, nicht nachkommt und später trotzdem den Tariflohn fordert.[87] Die genannten Urteile dürfen keinesfalls verallgemeinert werden, selbst wenn sie für den gegebenen Fall das Richtige trafen. Umgekehrt ist es nicht zutreffend, für den institutionellen oder individuellen Rechtsmißbrauch zu verlangen, daß jeweils die tatbestandlichen Voraussetzungen des § 826 BGB gegeben sein müssen.[88]

c) Unkenntnis der Gewerkschaftszugehörigkeit. Kein arglistiges Verhalten liegt vor, wenn der Arbeitnehmer seine Gewerkschaftszugehörigkeit nicht offenbart oder den späteren Beitritt *nicht mitteilt,* weil er sonst seine Kündigung befürchten muß.[89] Anders liegt es, wenn der Arbeitnehmer auf Befragen seine Gewerkschaftszugehörigkeit wahrheitswidrig verneint[90] oder wenn der Arbeitgeber infolge Verschweigens der Gewerkschaftszugehörigkeit nicht mehr von der tariflich vorgesehenen Möglichkeit der Lohnherabsetzung für Minderleistungsfähige Gebrauch machen kann.[91] Das LAG Mannheim[92] verneint Arglist, wenn der Arbeitnehmer der Gewerkschaft beitritt, ohne den Arbeitgeber zu benachrichtigen, und erst einige Monate später den Tariflohn fordert, sofern er bei der Geltendmachung der Tariflohnforderung eine Kündigung zu erwarten hatte.

d) Mangelnde Unterrichtung über bestehende Ansprüche. Der praktisch wichtigste Fall des Rechtsmißbrauchs liegt vor, wenn das Verhalten des Schuldners dazu führt, daß der verjährte Anspruch dem Gläubiger nicht bekannt ist. Das gilt für beide Parteien des Arbeitsverhältnisses. Die Einrede der Verjährung ist rechtsmißbräuchlich, wenn der Dienstherr seine Arbeitnehmer über die ihnen zustehenden Ansprüche nicht hinreichend unterrichtet hat.[93]

---

[84] BAG 11. 12. 1957 AP Nr. 7 zu § 9 TVG *(Tophoven);* BAG 23. 9. 1954 AP Nr. 1 zu § 3 TOA *(Neumann-Duesberg);* LAG Frankfurt 8.2.1956, BB 1956, S. 464.
[85] LAG Baden-Württemberg 29. 1. 1957, BB 1957, S. 711.
[86] BAG 21. 12. 1954 AP Nr. 1 zu § 611 BGB Ärzte, Gehaltsansprüche *(Schnorr).*
[87] Vgl. auch LAG München 24. 11. 1953 AP 1954, Nr. 143: Nachforderung des Tariflohns durch einen Volontärarzt nach Ablauf von einigen Monaten soll arglistig sein.
[88] So aber LAG Freiburg 8. 6. 1954, bei: *Siebert,* BB 1955, S. 70, 71; ferner *Endemann,* AuR 1955, S. 106, 111; *Joachim,* RdA 1954, S. 1, 8.
[89] Vgl. LAG Mannheim 17. 12. 1951 AP 1952, Nr. 112 *(Herschel);* LAG Hamm 11. 1. 1955, BB 1955, S. 161.
[90] Zutreffend *Nikisch,* Arbeitsrecht II, § 85 I, S. 472, Fn. 25; vgl. auch *Knevels,* BB 1965, S. 336, 338; *Wagner,* Betrieb 1953, S. 170; unrichtig LAG Hannover 23. 11. 1950 AP 1952, Nr. 8 *(Heimeier).*
[91] Vgl. *Wagner,* Betrieb 1953, S. 170, 171; *Grüll,* BlStSozArbR 1952, S. 73.
[92] LAG Mannheim 17. 12. 1951 AP 1952, Nr. 112 *(Herschel).*
[93] BAG 4. 12. 1956 AP Nr. 16 zu § 3 TOA *(Neumann-Duesberg);* BVerwG 26. 1. 1966, DÖD 1966, S. 115.

709 Umgekehrt handelt der Arbeitnehmer, der sich nicht in die Überstundenliste einträgt und auch selbst keine Aufzeichnungen macht, arglistig, wenn er Überstundenbezahlung verlangt.[94] Arglistig kann auch die Berufung auf den Ablauf der tarifvertraglichen Ausschlußfrist durch einen Arbeitnehmer sein, der eine erhebliche Überzahlung erhalten hat, dies erkennt und dennoch seinem Arbeitgeber nicht anzeigt.[95]

710 **e) Urlaub.** Verstößt der Arbeitgeber gegen ein tarifliches Verbot, indem er statt Gewährung von Freizeit eine durch Gesetz oder Tarifvertrag verbotene Abgeltung des Urlaubs gewährt, so steht nach Ansicht des BAG[96] seinem Rückforderungsanspruch aus Bereicherung die Vorschrift des § 817 Satz 2 BGB entgegen.[97] Die Geltendmachung eines Urlaubsabgeltungsanspruchs kann rechtsmißbräuchlich sein, wenn der Arbeitnehmer im Urlaubsjahr in kaum nennenswertem Umfang gearbeitet hat.[98] Für die Einrede der unzulässigen Rechtsausübung gegenüber einem Anspruch des Arbeitnehmers auf Urlaubsabgeltung genügt nicht allein, daß der Arbeitnehmer auf seinen Wunsch hin vorzeitig ausgeschieden ist.[99] Der die Verwirkung des Urlaubsabgeltungsanspruchs regelnde § 7 Abs. 4 Satz 2 BUrlG ist durch das Gesetz zur Änderung des HAG vom 29. 10. 1974[100] ersatzlos gestrichen worden.

711 **f) Nichteinhaltung einer tariflichen Schriftform.** Die Berufung auf die Formnichtigkeit eines Vertrages wegen Verletzung der vom Tarifvertrag vorgeschriebenen Schriftform kann gegen § 242 BGB verstoßen.[101]

C. Tarifvertragliche Ausschluß- oder Verfallklausel

I. Inhalt, Zweck und Rechtscharakter

1. Geschichtliche Entwicklung

712 Tarifvertragliche Verfallklauseln sind keine Erfindung des neuzeitlichen Tarifvertragsrechts, sondern haben ihre Vorbilder in schon zu früheren Zeiten gebräuchlichen einzelvertraglichen Verfallklauseln. Hier wie dort besteht

---

[94] So LAG München 29. 1. 1954, Betrieb 1955, S. 291 = AMBl. des Bayer. Staatsministeriums für Arbeit und soziale Fürsorge 1954, C 185; vgl. zu dieser Entscheidung auch *Siebert*, BB 1955, S. 70.
[95] BAG 11. 6. 1980 AP Nr. 7 zu § 70 BAT.
[96] BAG 29. 1. 1954 AP Nr. 1 zu § 817 BGB.
[97] Abweichend früher LAG Stuttgart 26. 3. 1954, BB 1954, S. 319; vgl. auch *Güntner*, AuR 1957, S. 176.
[98] BAG 2. 5. 1961 AP Nr. 82 zu § 611 BGB Urlaubsrecht (*Zeuner*); anders BAG 8. 3. 1984 AP Nr. 14 zu § 3 BUrlG, Rechtsmißbrauch; *Leinemann/Linck*, § 1 BUrlG, Rnr. 98.
[99] Vgl. LAG Kiel 18. 10. 1950 AP 1952, Nr. 100 (*Nikisch*).
[100] BGBl. I S. 2879.
[101] Vgl. BAG 15. 11. 1957 AP Nr. 2 zu § 125 BGB; 5. 8. 1969 AP Nr. 18 zu § 794 ZPO; 16. 5. 1972 AP Nr. 11 zu § 4 TVG (*Kraft*); LAG Kiel 9. 12. 1969, BB 1970, S. 1095; ferner BAG 9. 2. 1972 AP Nr. 1 zu § 4 BAT: keine unzulässige Rechtsausübung, wenn die Parteien an das Schriftformerfordernis offensichtlich nicht gedacht haben.

eine vergleichbare Interessenlage: die gesetzlichen Verjährungsfristen werden vielfach als unerträglich lang empfunden, was sich daraus erklärt, daß der historische Gesetzgeber des 19. Jahrhunderts keine industrielle Massengesellschaft und nicht das Phänomen der Bürokratisierung vor Augen hatte.[102] Die zusehends auftauchenden Verfallklauseln wurden ermöglicht durch das Institut der Vertragsfreiheit. Diese läßt zwar nach § 225 Abs. 2 BGB auch eine tarifliche Verkürzung der Verjährungsfristen zu, jedoch wurde in der tarifvertraglichen Praxis davon nur selten Gebrauch gemacht. Diese auf den ersten Blick erstaunliche Entwicklung beruht zum einen darauf, daß mit der Berufung auf eine Verjährungsfrist unter Rechtskundigen zumeist der offene oder unterschwellige Vorwurf eines unlauteren Verhaltens verbunden ist, zum anderen in den weiterreichenden Rechtsfolgen der Verfallklauseln; vgl. dazu unten Rnr. 737 ff.

2. Begriff

Verfallklauseln[103] sind Vereinbarungen, die einen Anspruch oder ein sonstiges Recht erlöschen lassen, wenn diese nicht innerhalb einer gewissen Zeit in bestimmter Form geltend gemacht werden. In Rechtspraxis und Literatur ist eine Reihe von Begriffen gebräuchlich, wie z. B. Verfallsfrist, Präklusivfrist, Ausschlußklausel und Verwirkungsfrist. Gegen den Ausdruck Verwirkungsfrist spricht, daß es sich bei der Verwirkung um ein eigenes Rechtsinstitut handelt,[104] gegen den Ausdruck Ausschlußklausel, daß er mit der Tarifausschlußklausel verwechselt werden kann, die Außenseiter von Tarifbindungen ausschließen will.[105] 713

3. Rechtscharakter

Über die Wirkung und den Charakter der Ausschlußfrist besteht weitgehend Einigkeit. Als Inhaltsnorm wirkt sie nach Ablauf des Tarifvertrages nach.[106] Trotz dieser begrifflichen Klarheit ist der Rechtscharakter der Ausschlußfristen *umstritten*. 714

Das **Bundesarbeitsgericht** vertrat lange Zeit in ständiger Rechtsprechung die Auffassung, Ausschlußfristen beträfen nicht den Inhalt des Rechtsanspruchs, sondern hinderten ähnlich wie die Verjährungsfristen nur seine Geltendmachung nach Ablauf der Befristung.[107] Die Auffassung des Bundes- 715

---

[102] Vgl. dazu *Gaul*, Ausschlußfristen, S. 40 ff.
[103] Im folgenden sind nur tarifliche Verfallklauseln gemeint; zur gesetzlichen Ausschlußfrist gem. § 265 AGB DDR s. BAG 23. 1. 1997 AP Nr. 1 zu § 265 AGB-DDR; zu einer einzelvertraglichen Verfallklausel s. BAG 29. 11. 1995 AP Nr. 1 zu § 3 AGB-Gesetz; zur Verfallklausel in einem Formularvertrag BAG 17. 6. 1997 AP Nr. 2 zu § 74b HGB = NZA 1998, S. 258.
[104] *Gaul*, Ausschlußfristen, S. 39.
[105] *Weber*, Ausschlußfrist, S. 15.
[106] BAG 23. 6. 1961 AP Nr. 27 zu § 4 TVG Ausschlußfristen (*A. Hueck*).
[107] BAG 23. 6. 1961 AP Nr. 27 zu § 4 TVG Ausschlußfristen (*A. Hueck*); 28. 10. 1960 AP Nr. 81 zu § 611 BGB Urlaubsrecht; 28. 6. 1960 AP Nr. 6 zu § 4 TVG Ausschlußfristen (*Schelp*); ebenso schon das Reichsarbeitsgericht; vgl. RAG 5. 9. 1936, ARS 28, S. 264; kritisch dazu *Herschel*, DAR 1935, S. 278; *ders.*, JZ 1961, S. 237; *ders.*, Anm. zu BAG 30. 10. 1962 AP Nr. 1 zu § 4 TVG Ordnungsprinzip; *Schelp*, Anm. zu BAG 30. 3. 1962 AP Nr. 28 zu § 4 TVG Ausschlußfristen.

arbeitsgerichts erklärt sich aus dem Bestreben, eine Auseinandersetzung mit der Frage zu vermeiden, ob die Tarifvertragsparteien für zwingende *gesetzliche* und für *einzelvertragliche* Ansprüche überhaupt Verfallfristen vereinbaren können. Hier wollte das Bundesarbeitsgericht Bedenken gegen seine Entscheidung für die weite rechtliche Ausdehnung für die Verfallklauseln mit dem Hinweis beschwichtigen, daß der Inhalt des Anspruchs nicht betroffen sei; vgl. dazu im einzelnen unten Rnr. 752 ff.

716 Bis heute hat das Bundesarbeitsgericht noch nicht eindeutig erklärt, daß es seine Ansicht aufgegeben habe, die Ausschlußfrist beträfe nur die Geltendmachung des Rechts. Es gibt jedoch bereits mehrere Urteile, die in *obiter dicta* ohne Verweis auf die bislang beim Bundesarbeitsgericht herrschende Ansicht davon sprechen, daß sich die Ausschlußfrist auf den Inhalt des Rechts auswirkt. Diese Urteile enthalten keinen Hinweis auf die Auswirkungen, die diese Rechtsprechung im Hinblick auf die Frage hat, ob die Ausschlußfristen auch zwingende gesetzliche Ansprüche erfassen dürfen; s. dazu unten Rnr. 752 ff. In einem Urteil aus dem Jahre 1984[108] stellt das Bundesarbeitsgericht im Leitsatz fest, daß zumindest durch einen Einzelvertrag der gesetzliche Urlaubsanspruch nicht einer Ausschlußklausel unterstellt werden kann. Das Bundesarbeitsgericht weist jedoch ausdrücklich darauf hin, daß dies durch eine tarifliche Ausschlußklausel weiterhin möglich sei. Der 6. Senat geht in dieser Entscheidung in einem *obiter dictum* (unter III C der Gründe) auch auf die Frage ein, ob es bei der Verfallklausel um den Inhalt oder nur um die Geltendmachung des Rechts geht: „Zutreffend hat das LAG dargelegt, daß zum Inhalt eines Rechts auch die Dauer gehört, innerhalb derer es ausgeübt werden kann." Ohne die Ausschlußfrist bestehe der Anspruch auf Urlaubsabgeltung in dem vom Gesetz gegebenen Umfang. Durch die Verfallsfrist werde demgegenüber der Anspruch *inhaltlich* beschränkt und erlösche mit Fristablauf. *Weber* beklagt in seiner Anmerkung zu diesem Urteil zutreffend, daß es keinen ausdrücklichen Hinweis darauf gibt, daß damit die bislang herrschende Auffassung des Bundesarbeitsgerichts aufgegeben werde.

717 In einer Entscheidung des Bundesarbeitsgerichts aus dem Jahre 1990[109] heißt es zu der Frage, ob bereits entstandene Ansprüche aus einem tariflich nicht erfaßten Arbeitsverhältnis unter die Ausschlußklausel eines erst später wirksam gewordenen Tarifvertrages fallen (s. dazu unten Rnr. 777): „Eine spätere Ausschlußklausel greift in die Substanz eines Anspruchs ein, weil dieser nach Abschluß der Ausschlußfrist erlischt und die dann entstehende Rechtslage einem Erfüllungstatbestand gleichkommt. Rechtsbefristung ist die materielle Rechtsbeschränkung und gehört, weil sie das Recht materiell schwächt, zur inhaltlichen Gestaltung selbst." In der Sache hat das Bundesarbeitsgericht damit die frühere Rechtsprechung aufgegeben und bezieht Verfallklauseln auf den Inhalt tariflicher Ansprüche.

718 In der **Literatur** werden Ausschlußklauseln von Fälligkeit und Verjährung abgegrenzt, die den Anspruch in seiner Existenz unberührt lassen; jedoch

---

[108] BAG 5. 4. 1984 AP Nr. 16 zu § 13 BUrlG *(Weber)*.
[109] BAG 11. 7. 1990 AP Nr. 108 zu § 4 TVG Ausschlußfristen = EzA § 4 TVG Ausschlußfristen Nr. 84.

werden Ausschlußklauseln, Fälligkeit und Verjährung zum Inhalt des Rechts gezählt.[110]

In den Verfallklauseln ist eine **Inhaltsbestimmung des Anspruchs** zu sehen. Es handelt sich bei ihnen um einen Unterfall der Befristung, wie sie in zahlreichen Einzelbestimmungen des BGB aufgeführt ist. Abgesehen von diesen Sonderbestimmungen sind Verfallfristen aufgrund der allgemeinen Vertragsfreiheit zulässig. Dem steht die Fassung des § 4 Abs. 4 Satz 3 nicht entgegen, in der es heißt, „Ausschlußfristen für die *Geltendmachung* tariflicher Rechte". Die richtige rechtsdogmatische Einordnung ist Sache der Rechtswissenschaft und nicht des Gesetzgebers.

4. Verfallklauseln in der Tarifpraxis

Es gibt heute kaum eine tarifvertragliche Regelung ohne Verfallklauseln.[111] Klassische Beispiele sind § 9 RTV Bau und § 70 BAT.[112] Die Verfallklauseln können *Ansprüche*, aber auch andere Rechte, so z. B. die Ausübung eines *Gestaltungsrechts*, zum Gegenstand haben. Dem Arbeitnehmer kann eine Ausschlußfrist für den Nachweis der anzurechnenden Vordienstzeiten gesetzt werden.[113] Verfallklauseln können auf einzelne Ansprüche, so z. B. auf Mehrarbeitsvergütung, tarifliche Feiertagszuschläge usw., gerichtet sein, aber auch die gesamten „Ansprüche aus dem Arbeitsvertrag" erfassen. Heute werden fast ausschließlich Verfallklauseln vereinbart, die für die beiderseitigen Ansprüche gelten, also sowohl die der Arbeitnehmer als auch die der Arbeitgeber. Es werden sowohl einstufige als auch zweistufige Verfallklauseln verwandt; zu der Unterscheidung s. unten Rnr. 846 ff.

5. Zweck

a) Rechtssicherheit. Die Verfallklauseln dienen ebenso wie Verjährung und Verwirkung der Rechtssicherheit und dem Rechtsfrieden.[114] Der Schuldner soll sich darauf verlassen können, nach Ablauf der Verfallfrist nicht mehr in Anspruch genommen zu werden. Der Nichtschuldner, der möglicherweise schon erfüllt hat, wird vor einem Beweisnotstand bewahrt. Der Gläubiger vermag während der Verfallfrist die Begründetheit und Erfolgsaussichten seines in Betracht kommenden Anspruchs zu prüfen. Der Schuldner darf dieses Recht deshalb nicht seinerseits einseitig verkürzen.[115]

In der *Literatur* wird teilweise hervorgehoben, daß an die Stelle der Individualautonomie die Tarifautonomie trete. Soweit die Aufgabe der Wahrung und Förderung der Arbeits- und Wirtschaftsbedingungen eine rasche Abwicklung der beiderseitigen Ansprüche im Arbeitsverhältnis rechtfertige, seien daher Ausschlußfristen zulässig.[116]

---

[110] So *Weber*, Ausschlußfrist, S. 21 ff.; ebenso *Busse*, Ausschlußfrist, S. 18 ff.
[111] Vgl. die tarifvertraglichen Texte bei *Gaul*, Ausschlußfristen, S. 97 ff.; *Weyand*, Ausschlußfristen, Anhang 2.
[112] Vgl. dazu insbesondere G. *Müller*, RdA 1968, S. 471 sowie die Kommentare zum BAT.
[113] Vgl. dazu BAG 4. 11. 1965 AP Nr. 1 zu § 19 BAT (*Spiertz*).
[114] *Langer*, Ausschlußfristen, Rnr. 1, 105.
[115] Vgl. LAG Düsseldorf 6. 9. 1974, Betrieb 1974, S. 1915 (betr. § 16 Abs. 2 BRTV Bau: keine Ablehnung der Forderung des Arbeitnehmers vor deren Geltendmachung).
[116] *Kempen/Zachert*, § 4 TVG, Rnr. 254.

723 Andere unterscheiden zwischen den Zwecken Rechtssicherheit und Rechtsklarheit einerseits und *Rechtsfrieden* andererseits.[117] Der Zweck der Rechtsklarheit sei eher dazu gedacht, die Vernichtung von streitigen oder unklaren Ansprüchen zu rechtfertigen; er sei jedoch allein nicht ausreichend, um auch die Vernichtung von zwischen den Parteien unstreitig bestehenden Ansprüchen zu rechtfertigen. Die Trennung zwischen den Zwecken der Rechtssicherheit und des Rechtsfriedens kann bei der Problematik der zweistufigen Ausschlußklauseln wieder aufgegriffen werden. Bei der zweiten Stufe geht es immer um Konstellationen, in denen der Anspruchsgegner den Anspruch bereits kennt und somit in seinem Vertrauen nicht mehr so uneingeschränkt schutzwürdig ist, wie es der Zweck der Rechtssicherheit voraussetzen würde; zur zweistufigen Verfallklausel s. unten Rnr. 848 ff.

724 **b) Kritik.** Die Zweckrichtung der Verfallklauseln wird teilweise kritisiert.[118] Es wird geltend gemacht, die Verfallklauseln berücksichtigten zu einseitig die Interessen des Arbeitgebers und dienten mehr dem Profitstreben des Unternehmens als dem Rechtsfrieden. Dem ist zuzugeben, daß die innere Rechtfertigung tariflicher Verfallklauseln, wenn diese ausschließlich für Ansprüche der Arbeitnehmer gelten, nicht allein mit der Überlegung begründet werden kann, der Arbeitgeber müsse entsprechend disponieren und kalkulieren können.[119] Die Vereinbarung von Verfallklauseln findet ihre Rechtfertigung jedoch in den technischen Notwendigkeiten der Industrie- und Wirtschaftsstruktur. Angesichts der vielfach starken Fluktuation in einzelnen Unternehmen liegt es im Interesse der Arbeitsvertragsparteien, wenn noch vor Ablauf der Verjährungsfristen Klarheit über vorhandene Ansprüche gewonnen wird. Diesem Zweck der Verfallklauseln entspricht es, sie auf alle Ansprüche aus dem Arbeitsverhältnis auszudehnen. Die Verfallklauseln werden von den Tarifverträgen heute überwiegend zweiseitig, also gleichmäßig für Arbeitgeber und für Arbeitnehmer vorgesehen. Der Ablauf der Ausschlußfrist wirkt sich dann nicht nur zugunsten des Arbeitgebers, sondern auch zugunsten des Arbeitnehmers aus (z. B. gegenüber Regreß- und Erstattungsansprüchen des Unternehmens).[120]

725 Das „soziale Unbehagen" gegenüber den Ausschlußklauseln betrifft auch heute noch Fälle, in denen das Unternehmen seine intellektuelle Überlegenheit gegenüber den Arbeitnehmen ausnutzen kann, indem etwa Abrechnungsvorgänge einer sehr kurzen Ausschlußfrist unterstellt werden, innerhalb derer sich der Arbeitnehmer keinen ausreichenden Überblick über die Voraussetzungen eines etwaigen Anspruchs verschaffen kann. Angesichts der EDV-Abrechnung und der zunehmenden Kompliziertheit der Gehalts- und Zulagenstruktur wird es dem Arbeitnehmer immer weniger möglich, die ihm vorgelegten Abrechnungen überhaupt und im übrigen rechtzeitig zu

---

[117] *Weber*, Ausschlußfrist, S. 18 ff.; *Busse*, Ausschlußfrist, S. 25 ff.
[118] Vgl. *Frey*, AuR 1964, S. 340; *Gaul*, Ausschlußfristen, S. 93; *Herschel*, Anm. zu LAG Düsseldorf 17. 6. 1949 AP 1951, Nr. 82; *Potthoff*, JW 1930, S. 740; *Tamm*, RdA 1959, S. 450, 452, sowie allgemein zur Überbewertung der Rechtssicherheit *Wiedemann*, in: Festschrift für Karl Larenz (1973), S. 199, 210.
[119] So aber LAG Düsseldorf 17. 6. 1949 AP 1951, Nr. 82; *Franke*, JW 1935, S. 1306; *Haberkorn*, NJW 1954, S. 89, 90.
[120] Vgl. z. B. BAG 14. 6. 1974 AP Nr. 20 zu § 670 BGB *(Wiedemann)*.

kontrollieren[121]. Insoweit ist eine gerichtliche Kontrolle der tariflichen Verfallklauseln auf ihre Vereinbarkeit mit dem Grundsatz der Verhältnismäßigkeit angebracht; vgl. dazu unten Rnr. 783.

II. Abgrenzung zu anderen Rechtsinstituten

1. Verjährung

Wie ausgeführt, hat die Verfallklausel die doppelte Funktion, den Schuldner nach Zeitablauf vor Inanspruchnahme zu schützen und den Nichtschuldner, der unter Umständen schon erfüllt hat, vor einem Beweisnotstand zu bewahren.[122] Ein rechtsdogmatischer Unterschied zwischen Verjährung und Verfallklauseln besteht nach der hier vertretenen Auffassung darin, daß die *Verjährungsfrist das Recht selbst unberührt läßt* und lediglich seiner Geltendmachung Schranken setzt, während das Recht nach Ablauf der Ausschlußfrist untergeht.[123] Ein praktischer Unterschied zwischen beiden Rechtsinstituten besteht darin, daß Leistungen nach Ablauf der Verjährungsfrist nicht zurückgefordert werden können; vgl. § 222 BGB. Dagegen kann dasjenige, was in Unkenntnis einer schon abgelaufenen Ausschlußfrist geleistet worden ist, zurückgefordert werden, es sei denn, die Ausschlußfrist erstreckt sich auf sämtliche beiderseitigen Ansprüche. 726

Die Unterscheidung zwischen Verjährung und Verfallklauseln wird auch vom **Bundesarbeitsgericht**[124] betont. Mit dem Ablauf der Verfallsfrist erlösche die Forderung; Ausschlußfristen seien stets von Amts wegen zu berücksichtigen. Demgegenüber bestehe die Forderung nach Ablauf der Verjährung fort; dem Schuldner stehe nur die Einrede der Verjährung zu. Verjährungsvorschriften sollen in erster Linie verhindern, daß Ansprüche nach längerem Zeitablauf geltend gemacht werden, wenn Beweismittel abhanden gekommen sein können. Diese Zielsetzung des Gesetzgebers werde dadurch verstärkt, daß Ansprüche zur Vermeidung tariflicher Ausschlußfristen alsbald geltend gemacht werden müßten. 727

2. Verwirkung

Während bei der Ausschlußfrist der bloße Fristablauf und bei der Verjährung der Fristablauf zusammen mit der Geltendmachung die Rechtsfolge auslösen, reicht ein bestimmter Fristablauf für den Verwirkungstatbestand nicht aus. Bei diesem Sonderfall der unzulässigen Rechtsausübung müssen besondere Umstände hinzutreten, welche die verspätete Geltendmachung unter dem Gesichtspunkt von Treu und Glauben als illoyal erscheinen lassen (illoyale Verspätung). Die Rechtsfolgen der Verwirkung bestimmen sich nach dem Einzelfall. Die Aufnahme des Wortes "Verwirkung" in den Tat- 728

---

[121] *Kempen*/Zachert, § 4 TVG, Rnr. 256 f.
[122] Anderer Ansicht *Forsen*, Ausschlußfristen, S. 18; *Zöllner*, Anm. zu BAG 9. 3. 1966 AP Nr. 31 zu § 4 TVG Ausschlußfristen.
[123] *Weyand*, Ausschlußfristen, Rnr. 3.
[124] BAG 11. 7. 1990 AP Nr. 108 zu § 4 TVG Ausschlußfristen = EzA § 4 TVG Ausschlußfristen Nr. 84; s. auch *Langer*, Ausschlußfristen, Rnr. 9 ff.

bestand des § 4 Abs. 4 Satz 2 bedeutet die Verwendung eines *terminus technicus* durch den Gesetzgeber.[125]

3. Fristen für die Geltendmachung

729 Es gibt Verfallklauseln, die den Grund des Anspruchs betreffen, es gibt aber auch solche, die sich lediglich auf das Rechenwerk beziehen. Verfehlt ist es deshalb, in solchen Fristen, welche die Beanstandung rein technischer Fehler in einer Lohn- oder Gehaltsabrechnung oder die Nichtübereinstimmung des in einer solchen Abrechnung genannten Betrages mit der tatsächlichen Auszahlung betreffen, keine Verfallfristen im Sinne des § 4 Abs. 4 Satz 3 zu sehen.[126] Sinn und Zweck des § 4 Abs. 4 Satz 3 erfordern eine Einbeziehung auch dieser Klauseln und damit ein Verbot ihrer einzelvertraglichen oder betrieblichen Vereinbarung. Auch das Bundesarbeitsgericht und die Landesarbeitsgerichte haben diese Funktion nicht von dem Geltungsbereich des § 4 Abs. 4 Satz 3 ausgenommen.[127]

III. Bedeutung des § 4 Abs. 4 Satz 3

1. Auslegung

730 **a) Frühere Auslegung.** Zur **Weimarer Zeit** und unter der Herrschaft des AOG waren Verfallfristen für tarifvertragliche Rechte oder für Rechte aus der Tarifordnung sowohl in Arbeitsverträgen als auch in Betriebsvereinbarungen und in Arbeitsordnungen zulässig.[128] Diese Klauseln mußten allerdings hinter eine Verfallklausel in einem Tarifvertrag oder in einer Tarifordnung zurücktreten.

731 **b) Heutige Rechtslage.** Gegenüber dieser Sperrwirkung tariflicher Verfallklauseln vor dem Inkrafttreten des Gesetzes hat der Gesetzgeber den Tarifvertragsparteien eine Monopolstellung eingeräumt. Zu beachten ist aber immer, daß Ausschlußfristen nur dann ausschließlich in Tarifverträgen vereinbart werden müssen, wenn es sich tatsächlich auch um die Geltendmachung „tariflicher Rechte" handelt. Das sind solche Rechte, die von dem erklärten Willen der Tarifvertragsparteien getragen werden und kraft einer Tarifbindung für die Tarifangehörigen bindend sind. § 4 Abs. 4 Satz 3 gilt deshalb nicht für Ansprüche, die kraft Bezugnahme Nichtorganisierter auf einen Tarifvertrag bestehen. Hier kann die Ausschlußfrist auch arbeitsvertraglich vereinbart werden, was meist stillschweigend geschehen wird.[129]

---

[125] Vgl. dazu ausführlich oben Rnr. 693 ff.; ferner *Langer*, Ausschlußfristen, Rnr. 13 f. sowie zur Verwirkung im übrigen Soergel/*Teichmann*, § 242 BGB, Rnr. 332 ff.
[126] Anderer Ansicht Hueck/*Nipperdey*, Arbeitsrecht II 1, § 32 III 2, S. 633.
[127] Vgl. BAG 13. 12. 1955 AP Nr. 1 zu § 14 TOB; 22. 7. 1959 AP Nr. 6 zu § 198 BGB *(Larenz)*; LAG Baden-Württemberg 30. 11. 1962 AP Nr. 29 zu § 4 TVG Ausschlußfristen.
[128] Vgl. RAG 11. 2. 1931, ARS 11, S. 301; 8. 7. 1931 12, S. 536; 22. 3. 1933 18, S. 99; 24. 1. 1934 20, S. 119; 7. 12. 1935 26, S. 229; 20. 6. 1936 27, S. 313; 10. 11. 1937 32, S. 199; 27. 2. 1940 38, S. 355; *Kümmerlein*, Die Versuche kollektiver Regelung der Nachforderung von Tariflohn, Mannheim 1933, S. 16 ff.; *Franke*, JW 1935, S. 1306; Hueck/*Nipperdey*/*Dietz*, § 32 AOG, Bem. 174 a-c.
[129] Vgl. BAG 23. 6. 1961 AP Nr. 27 zu § 4 TVG Ausschlußfristen; 5. 11. 1963 AP Nr. 1 zu § 1 TVG Bezugnahme auf Tarifvertrag; *Frohn*, Betrieb 1959, S. 432;

2. Analoge Anwendung auf Verjährungsfristen

Im Widerspruch zum Wortlaut des § 4 Abs. 4 Satz 3 und ungeachtet des rechtsdogmatischen Unterschieds zwischen beiden Rechtsinstituten muß diese Vorschrift analog auch auf die Verjährungsfristen angewendet werden. Entgegen § 225 BGB, wonach Verjährungsfristen durch Parteiabrede abgekürzt werden können, ist damit die **Abkürzung von Verjährungsfristen** hinsichtlich der Geltendmachung tarifvertraglich gestalteter Rechte nur in Tarifverträgen zulässig. Daß der Gesetzgeber die Abkürzung von Verjährungsfristen in § 4 Abs. 4 Satz 3 nicht ausdrücklich erwähnt hat, dürfte einem Redaktionsversehen zuzuschreiben sein, das angesichts des bei Verjährungs- und Ausschlußfristen identischen Rechtssicherheitsinteresses korrigierbar ist.[130] Im übrigen ist es denkbar, diese Rechtsfolge bereits einem weit verstandenen Unabdingbarkeitsprinzip des § 4 Abs. 3 zu entnehmen. Es handelt sich um dieselbe Diskussion, wie sie bereits oben (zu Rnr. 688) dargestellt wurde.[131]

IV. Gültigkeit

1. Kenntnis der Normunterworfenen

Keine Gültigkeitsvoraussetzung für die tariflichen Verfallklauseln ist die Kenntnis der Arbeitsvertragsparteien. Hier gilt nichts anderes als für die übrigen tarifvertraglichen Rechtsnormen, auf die sich gerade wegen ihres Rechtsnormcharakters der allgemeine Grundsatz übertragen läßt, daß sich niemand auf Gesetzesunkenntnis berufen kann.[132] Auch das Nachweisgesetz erfordert keine Angabe von Ausschlußfristen.[133] Dies gilt auch für den für allgemeinverbindlich erklärten Tarifvertrag; zur besonderen Problematik der Bedeutung der Kenntnis für den Fristbeginn und die Fälligkeit s. unten Rnr. 829.

2. Aushang durch den Arbeitgeber

a) Aushang als Wirksamkeitsvoraussetzung. Nach der Rechtsprechung des Bundesarbeitsgerichts gelten die Ausschlußfristen auch, wenn der Arbeitgeber seiner

---

Hueck/Nipperdey, Arbeitsrecht II 1, § 32 III 1, S. 633; Pawelke, Betrieb 1959, S. 432; sowie unten Rnr. 743 ff.
[130] Wie hier LAG Hamm 21. 11. 1952, BB 1953, S. 59; Hueck/Nipperdey, Arbeitsrecht II 1, § 32 III 3, S. 633; Larenz, Anm. zu BAG AP 1953, Nr. 106; Nikisch, Arbeitsrecht II, § 85 III, S. 476 S. 476.
[131] Eine analoge Anwendung wird abgelehnt von Koberski/Clasen/Menzel, § 4 TVG, Rnr. 133, die Verkürzung sei durch jede Art von vertraglicher Vereinbarung möglich.
[132] Vgl. BAG 13. 4. 1956 AP Nr. 2, 23. 6. 1961 Nr. 27, 30. 3. 1962 Nr. 28, 16. 11. 1965 Nr. 30, 8. 1. 1970 Nr. 43 zu § 4 TVG Ausschlußfristen; 27. 3. 1963 AP Nr. 9 zu § 59 BetrVG; 6. 7. 1972 AP Nr. 1 zu § 8 TVG (Herschel); 15. 6. 1972 AP Nr. 14 zu § 242 BGB Auskunftspflicht (Arbeitgeber grundsätzlich nicht verpflichtet, Unkenntnis entgegenzuwirken); 28. 1. 1970 AP Nr. 1 zu § 70 BAT (Göller); Langer, Ausschlußfristen, Rnr. 146 f.; Weyand, Ausschlußfristen, Rnr. 7.
[133] Wank, RdA 1996, S. 21, 24; s. auch Schwarze, ZfA 1997, S. 43, 56 f. Die überwiegende Literatur sieht demgegenüber die Aufzählung in § 2 Abs. 1 Satz 2 NachweisG nicht als abschließend an; so Kliemt, EAS B 3050, Rdnr. 15, 24 b; Lörcher, AuR 1994, S. 450, 453; Preis, NZA 1997, S. 10, 14. Von daher hält Koch in: Festschrift für Schaub (1998), S. 421, 438 eine Ausschlußklausel für „wesentlich".

Verpflichtung zur **Auslegung** des Tarifvertrages nach § 8 nicht nachgekommen ist.[134] § 8 kommt damit keine konstitutive Wirkung zu, im Gegensatz zur öffentlichen Bekanntmachung der Allgemeinverbindlicherklärung nach § 5 Abs. 7. Demgegenüber werden teilweise im Hinblick auf die nur kraft Allgemeinverbindlicherklärung dem Tarifvertrag unterworfenen Außenseiter Bedenken geltend gemacht.[135] Während es den Mitgliedern der Tarifvertragsparteien zuzumuten sei, sich um die Kenntnis der Bestimmungen des Tarifvertrages zu bemühen, sei eine solche Anforderung in bezug auf die Außenseiter zumindest nicht selbstverständlich; demgemäß will *Zöllner* die Publikation des Tarifvertrages für die Außenseiter im Gegensatz zu den Organisierten als Wirksamkeitsvoraussetzung ansehen. Dieser Ansicht ist nicht zu folgen, weil sie im Ergebnis zu einer mit § 8 nicht zu vereinbarenden Differenzierung zwischen organisierten und nichtorganisierten Arbeitnehmern führt. Die Auslegung des Tarifvertrages ist mithin weder für die Organisierten noch für die kraft Allgemeinverbindlicherklärung Tarifgebundenen als Wirksamkeitsvoraussetzung der Ausschlußfristen anzusehen. Die Nichtauslegung kann höchstens für die Frage von Bedeutung sein, ob der Arbeitgeber sich nach diesem Versäumnis einer unzulässigen Rechtsausübung schuldig macht, wenn er sich auf die Ausschlußfrist beruft; vgl. dazu unten Rnr. 792.

735 **b) Schadensersatzanspruch bei Nichtaushang.** *§ 8* kann auch *nicht als Schutzgesetz* im Sinne des § 823 Abs. 2 BGB oder als gesetzliche Konkretisierung der Fürsorgepflicht mit der Folge angesehen werden, daß der Arbeitgeber bei Nichtauslegung des Tarifvertrages schadensersatzpflichtig werde und gemäß § 249 BGB den Arbeitnehmer so zu stellen habe, als hätte er die Verfallklausel eingehalten.[136]

736 Nach anderer Ansicht wird der Arbeitnehmer gem. § 249 BGB i. V. m. positiver Vertragsverletzung bei einer Pflichtverletzung des Arbeitgebers so gestellt, als hätte er die Ausschlußfrist eingehalten. Andernfalls stünden Arbeitnehmer schlechter als andere Vertragspartner im Bürgerlichen Recht.[137] Nach einer weiteren Ansicht[138] sind zwar die Grundsätze der Inhaltskontrolle allgemeiner Arbeitsbedingungen hier nicht anwendbar, es müsse aber eine allgemeine richterliche Billigkeitskontrolle stattfinden. Nach einer anderen Ansicht[139] kann sich der Arbeitgeber wegen Obliegenheitsverletzung dem Arbeitnehmer gegenüber im Einzelfall auf die für ihn günstigen Bestimmungen nicht berufen.

3. Möglicher sachlicher Umfang ihrer Wirkung

737 **a) Problematik und Lösungswege.** Bei der Beurteilung der Reichweite von Verfallklauseln muß zunächst differenziert werden zwischen der Auslegung der tariflichen Verfallklausel (im Zweifel will sie alle Ansprüche erfassen) und der rechtlichen Zulässigkeit einer Erstreckung auf bestimmte Ansprüche. Im einzelnen geht es um:
– tarifliche Ansprüche
– einzelvertragliche Ansprüche
  – übertarifliche/außertarifliche

---

[134] Vgl. BAG 5. 11. 1963 AP Nr. 1 zu § 1 TVG Bezugnahme auf Tarifvertrag; 8. 1. 1970 AP Nr. 43 zu § 4 TVG Ausschlußfristen; LAG Düsseldorf 18. 6. 1962, Betrieb 1962, S. 1146, 1147.

[135] Vgl. *Lieb,* Anm. zu BAG 8. 1. 1970 AP Nr. 43 zu 4 TVG Ausschlußfristen; *Zöllner,* DVBl. 1958, S. 124 ff.

[136] S. dazu unten § 8, Rnr. 16 mit Nachweisen sowie BAG 8. 1. 1970 AP Nr. 43 zu § 4 TVG Ausschlußfristen; 6. 7. 1972 AP Nr. 1 zu § 8 TVG (*Herschel*); 15. 10. 1985 AP Nr. 12 zu § 1 BetrAVG Zusatzversorgungskassen; ebenso *Gaul,* Anm. zu BAG 30. 9. 1970 AP Nr. 2 zu § 70 BAT; *Hueck/Nipperdey*, Arbeitsrecht II, § 25 II 1, 2; *Lindena,* Betrieb 1988, S. 1114, 1115; *Weyand,* Ausschlußfristen, Rnr. 101.

[137] *Fenski,* BB 1987, S. 2293 ff.

[138] *Däubler*, Tarifvertragsrecht, Rnr. 1367.

[139] *Kempen/Zachert*, § 4 TVG, Rnr. 286; s. auch *Langer*, Ausschlußfristen, Rnr. 215; ArbG Frankfurt a. M. 19. 2. 1988, Betrieb 1988, S. 1951.

- betriebverfassungsrechtliche Ansprüche
- gesetzliche Ansprüche
- aus zwingendem Recht/aus tarifdispositivem Recht

Im Hinblick auf tarifliche Ansprüche geht es allenfalls um das Auslegungsproblem, ob nur bestimmte oder alle tariflichen Ansprüche erfaßt sein sollen; dagegen bestehen keine Probleme hinsichtlich der Zulässigkeit derartier Klauseln. Bezüglich der anderen genannten Bereiche besteht dagegen Streit.

aa) Die Tarifvertragsparteien beschränken in der Regel die Ausschlußfristen nicht nur auf die tarifvertraglichen Rechte; vielmehr ist es in der **Praxis** weitgehend üblich, die Ausschlußfristen auch auf *einzelvertragliche* Ansprüche, insbesondere auf über- und außertarifliche Arbeitsbedingungen, sowie auf *gesetzliche* Ansprüche und auf Ansprüche aus betrieblichen Arbeitsbedingungen (Betriebsvereinbarung, betriebliche Einheitsregelung, Gesamtzusage und betriebliche Übung) auszudehnen.

bb) Der Meinungsstand ist zu den verschiedenen oben genannten Bereichen einer Erstreckung der Verfallklauseln auf andere Ansprüche jeweils unterschiedlich. Deshalb wird darauf bei den einzelnen Anspruchsarten eingegangen. Die **Rechtsprechung** hält eine Ausdehnung bei allen genannten Bereichen für zulässig.[140]

cc) Stellungnahme. Im Verhältnis zu *einzelvertraglichen* Ansprüchen krankt die bisherige Betrachtung der tariflichen Verfallklauseln daran, daß sie zu sehr unter dem Gesichtspunkt einer Beschneidung von einzelnen Ansprüchen gesehen wird und die Befugnis der Tarifvertragsparteien, den einzelnen Arbeitsverhältnissen eine *Rahmenordnung* zu geben, demgegenüber vernachlässigt wird. Die Tarifvertragsparteien können im Rahmen der Tarifmacht vorschreiben, wie der Einzelarbeitsvertrag auszusehen hat; vgl. dazu oben § 1, Rnr. 457 ff. Dies ist für andere Formalien, wie etwa die Schiedsklausel oder eine tarifvertraglich vorgeschriebene Schriftform oder eine Gerichtsstandsvereinbarung, niemals bestritten worden. Deutet man die Verfallklausel in diesem Sinne, so müßte sie bei genauer Fassung lauten: „Hiermit wird festgelegt, daß für alle Einzelarbeitsverträge für bestimmte Ansprüche eine Verfallklausel des Inhalts ... gilt." Ob die Tarifvertragsparteien eine Ausdehnung der Verfallklauseln auf die oben erwähnten Anspruchsgruppen wollen, ist zunächst eine Frage der *Auslegung*. In Anbetracht der Ordnungsfunktion des Tarifvertrages ist dies im Zweifel anzunehmen. Daran schließt sich die Frage nach den *Grenzen der Tarifmacht* an.

---

[140] Vgl. für *übertarifliche* Ansprüche BAG 23. 11. 1954 AP Nr. 1, 26. 8. 1960 Nr. 6, 3. 2. 1961 Nr. 14, 23. 6. 1961 Nr. 27, 30. 3. 1962 Nr. 28, 16. 8. 1967 Nr. 37, 3. 12. 1970 Nr. 45 zu § 4 TVG Ausschlußfristen; für Ansprüche aus *Betriebsvereinbarungen* BAG 30. 10. 1962 AP Nr. 1 zu § 4 TVG Ordnungsprinzip; für *gesetzliche* Ansprüche BAG 23. 11. 1954 AP Nr. 1, 26. 8. 1960 Nr. 6, 3. 2. 1961 Nr. 14, 23. 6. 1961 Nr. 27, 30. 3. 1962 Nr. 28, 16. 8. 1967 Nr. 37, 19. 11. 1968 Nr. 40, 6. 5. 1969 Nr. 42, 8. 2. 1972 Nr. 49 und 10. 1. 1974 Nr. 54 zu § 4 TVG Ausschlußfristen; 5. 11. 1963 Nr. 1 zu § 1 TVG Bezugnahme auf Tarifvertrag; 28. 10. 1960 Nr. 81 zu § 611 BGB Urlaubsrecht; 28. 10. 1960 Nr. 1 zu Art. 10 UrlaubsG Bayern; 3. 12. 1971 AP Nr. 9 zu § 7 BUrlG Abgeltung (*Thiele*).

742 Im Verhältnis zu *betriebsverfassungsrechtlichen Ansprüchen* ist grundsätzlich davon auszugehen, daß eine Erstreckung möglich ist. Bei *gesetzlichen* Ansprüchen müssen mehrere Fallgestaltungen auseinander gehalten werden.

743 **b) Ansprüche aus Einzelvertrag.** Die Rechtsprechung hält eine Ausdehnung der Verfallklauseln auf einzelvertragliche Ansprüche grundsätzlich für zulässig.[141] Demgegenüber muß jedoch differenziert werden. Die tariflichen Verfallklauseln ergreifen im Zweifel nicht die **Grundlagen des Arbeitsverhältnisses.** Der Arbeitnehmer kann deshalb uneingeschränkt geltend machen, daß er nicht richtig eingruppiert wurde, daß er zu Unrecht nicht höhergruppiert wurde, daß seine Versetzung dem Tarifvertrag widersprach usw.[142] Von der tarifvertraglichen Verfallklausel werden im Zweifel nur die sich aus dem jeweiligen Stammrecht ergebenden *Einzelansprüche* oder Einzelrechte erfaßt.

744 In der Literatur wird teilweise[143] zwischen dem Grund- und dem Betriebsverhältnis zwischen Arbeitnehmer und Arbeitgeber unterschieden. Vertragsansprüche aus dem Grundverhältnis, also statusbestimmende Vertragsansprüche, würden grundsätzlich nicht erfaßt. Das Argument allerdings, daß die Anwendbarkeit einer Ausschlußfrist Tarifgebundenheit voraussetze, die wiederum nur dann vorliege, wenn ein Arbeitsverhältnis überhaupt besteht, trägt nicht. Dagegen wird mit Recht auf die Grenzen der Tarifmacht abgestellt, die insbesondere bestimmt werden durch das Grundrecht auf freie Entfaltung der Persönlichkeit und andere Arbeitnehmergrundrechte. Danach unterliegen nicht dem Weisungsrecht und damit auch nicht tariflichen Ausschlußklauseln neben den Fragen der Eingruppierung und der Höhergruppierung folgende Fälle:
– Verschaffung einer Altersversorgung[144]
– laufende Versorgungsbezüge[145]
– Vergütungsansprüche aus schöpferischer Sonderleistung[146]
– Ansprüche wegen Eingriffs in das allgemeine Persönlichkeitsrecht[147]
– Vergleichs-Abfindungen nach §§ 9, 10 KSchG[148]
– Auskunftsansprüche nach § 87 c Abs. 2, 3 HGB.[149]

Löwisch[150] widerspricht dem Ansatz, kommt aber unter Berufung auf das Verhältnismäßigkeitsprinzip in vielen Fällen zum gleichen Ergebnis.

---

[141] Vgl. BAG 23. 11. 1954 AP Nr. 1, 26. 8. 1960 Nr. 6, 3. 2. 1961 Nr. 14, 23. 6. 1961 Nr. 27, 30. 3. 1962 Nr. 28, 16. 8. 1967 Nr. 37, 3. 12. 1970 Nr. 45 zu § 4 TVG Ausschlußfristen.
[142] Vgl. BAG 14. 7. 1965 AP Nr. 5 zu § 1 TVG Tarifverträge: BAVAV (*Crisolli*).
[143] *Kempen*/Zachert, § 4 TVG, Rnr. 266; s. auch *Weyand*, Ausschlußfristen, Rnr. 25.
[144] BAG 16. 6. 1955 AP Nr. 5, 4. 8. 1955 Nr. 6, 4. 8. 1955 Nr. 7 zu § 242 BGB Ruhegehalt – VBL.
[145] BAG 29. 3. 1983 AP Nr. 11 zu § 70 BAT; BAG 28. 7. 1992 AP Nr. 18 zu § 1 BetrAVG Gleichbehandlung; LAG Hamm 24. 2. 1987, Betrieb 1987, S. 1254.
[146] BAG 21. 6. 1979 AP Nr. 4 zu § 9 ArbNErfG = EzA § 4 TVG Ausschlußfristen Nr. 41.
[147] BAG 25. 4. 1972 AP Nr. 9 zu § 611 BGB Öffentlicher Dienst.
[148] BAG 13. 1. 1982 AP Nr. 7 zu § 9 KSchG 1969.
[149] BAG 23. 3. 1982 AP Nr. 18 zu § 87c HGB = EzA § 87 c HGB Nr. 4.
[150] *Löwisch*/Rieble, § 1 TVG, Rnr. 461 ff.

Nach Ansicht der *Rechtsprechung* gelten Ausschlußfristen dagegen in folgenden Fällen:
- Anspruch auf Rückzahlung überzahlten Entgelts aus § 812 BGB[151]
- Anspruch auf Erteilung eines Zeugnisses.[152]

aa) Daß eine Einbeziehung der Einzelansprüche aus dem Arbeitsvertrag in die tarifvertraglichen Verfallklauseln zulässig ist und in welchem Umfang, wurde oben dargelegt. Bei der Auslegung der tarifvertraglichen Verfallklausel kann sich jedoch ergeben, daß zwischen **übertariflichen und außertariflichen Leistungen** zu unterscheiden ist. Regelmäßig wollen die Tarifvertragsparteien diejenigen Ansprüche aus dem Einzelarbeitsvertrag mit erfassen, die tarifliche Ansprüche modifizieren (*übertarifliche Leistungen*). Bei diesen Ansprüchen muß der betroffene Arbeitnehmer mit dem Eingreifen einer Verfallklausel rechnen; er weiß, daß er nach Tarif besoldet wird und sein Gehalt vielleicht nur unwesentlich in einem Punkt von der tariflichen Regelung abweicht.

Aber auch *außertarifliche* Leistungen sollen jedenfalls regelmäßig erfaßt werden.[153]

bb) Bei der hier befürworteten Betrachtung der Verfallklauseln kommt ein Verstoß gegen das Günstigkeitsprinzip nicht in Betracht; jeder Arbeitnehmer darf die Verfallklausel, soweit sie zu seinen Lasten eingreift, **einzelvertraglich abbedingen** und durch eine ihm günstigere Verfallklausel oder eine verfallklauselfreie Regelung ersetzen.

c) Betriebsvereinbarung und andere kollektive Tatbestände. aa) Zukünftige Ansprüche aus nachfolgender Betriebsvereinbarung. Unbedenklich ist die Vereinbarung tariflicher Verfallfristen für zukünftige Ansprüche aus Betriebsvereinbarungen.[154] Bei ihnen besteht unter keinem Gesichtspunkt ein Bedürfnis nach Vertrauensschutz für die einzelnen Arbeitnehmer oder die Betriebspartner. Für die Fälle der §§ 77, 87 BetrVG ist das Primat des Tarifvertrages gegenüber der Betriebsvereinbarung ausdrücklich anerkannt. Auch in anderen Fällen ergibt sich eine Legitimation zur Festlegung der Formalien von Ansprüchen aus einer Betriebsvereinbarung aus der Rahmenordnungszuständigkeit der Tarifvertragsparteien.

bb) Die Rahmenordnungskompetenz gibt den Koalitionen auch die Befugnis, Ansprüche aus vorangegangenen betrieblichen Arbeitsbedingungen (Betriebsvereinbarungen, betriebliche Einheitsregelungen, Gesamtzusage und betriebliche Übung) **nachträglich** einer **Verfallklausel** zu unterwerfen.[155] Der Arbeitnehmer kann sich hier nicht auf einen schutzwürdigen Vertrauenstatbestand berufen. Es gibt keinen Vertrauensschutz auf den Bestand einer bestimmten Verfahrensgestaltung.[156] Für den Arbeitnehmer ist es mit keinen Belastungen verbunden, sich in angemessener Zeit nach dem Eintritt der

---

[151] BAG 26. 4. 1978 AP Nr. 64 zu § 4 TVG Ausschlußfristen = BB 1979, S. 987.
[152] BAG 23. 2. 1983 AP Nr. 10 zu § 70 BAT; auch Ansprüche nach Beendigung des Arbeitsverhältnisses stünden mit dem Arbeitsverhältnis im Zusammenhang.
[153] Ebenso *Kempen/Zachert*, § 4 TVG, Rnr. 264.
[154] Ebenso *Kempen/Zachert*, § 4 TVG, Rnr. 268.
[155] Ebenso *Kempen/Zachert*, § 4 TVG, Rnr. 268.
[156] Vgl. BVerfG 31. 5. 1960 BVerfGE 11, S. 139, 145 ff.; 26. 2. 1969 25, S. 269, 290.

Anspruchsberechtigung nach der jeweils gültigen Verfahrensregelung zu erkundigen.[157]

751 cc) Betriebsverfassungsrechtliche Rechte, die sich aus der Stellung als **Betriebsratsmitglied** ergeben, werden von Verfallklauseln nicht erfaßt.[158] Diese Rechte, wie z. B. Aufwendungsersatzansprüche eines Betriebsratsmitglieds, beruhen nicht auf dem Arbeitsverhältnis.

752 **d) Wirkung gegenüber gesetzlichen Ansprüchen. aa)** Ob tarifliche Verfallklauseln auch gesetzliche Ansprüche erfassen, ist **streitig**. Es lassen sich drei Ansichten feststellen. Nach einer Ansicht, die insbesondere von der Rechtsprechung vertreten wird, ist die Erstreckung weitgehend zulässig. Eine andere Meinung lehnt die Erstreckung insgesamt ab. Nach einer – auch hier vertretenen – vermittelnden Meinung ist eine Erstreckung nur in bezug auf tarifdispositives Gesetzesrecht zulässig.

753 Das Bundesarbeitsgericht begründet seine Auffassung zugunsten einer Einbeziehung auch der unabdingbaren gesetzlichen Ansprüche mit der Überlegung, Ausschlußfristen bezögen sich nicht auf das *Recht als solches*, sondern lediglich auf seine Geltendmachung.[159] Diese Rechtsprechung bezieht sich beispielsweise auf die Lohnfortzahlung,[160] den Nachteilsausgleich,[161] die Urlaubsabgeltung[162] oder den Zeugnisanspruch.[163]

754 Zu trennen davon ist die Frage, ob eine *einzelvertragliche* Ausschlußfrist auf den gesetzlichen Urlaubsanspruch Anwendung finden kann. Das wird vom Bundesarbeitsgericht[164] mit Recht verneint. In seiner Begründung geht das Bundesarbeitsgericht, wie oben unter Rnr. 716 bereits dargestellt, darauf ein, daß zum Inhalt eines Rechts auch die Dauer gehört, innerhalb deren es ausgeübt werden kann. Diese Begründung greift jedoch nicht nur die Rechtsprechung zu einzelvertraglichen Verfallklauseln an, sondern macht gleichzeitig eines der Hauptargumente zunichte, warum tarifliche Ausschlußklauseln überhaupt in zwingende gesetzliche Ansprüche eingreifen können. In einem Urteil vom 24. 3. 1988[165] will der 2. Senat dann auch einer weitergehenden Interpretation des Urteils des 6. Senats begegnen, indem er feststellt, der 6. Senat habe sich nur auf die Aussage beschränkt, daß eine Abweichung von § 13 Abs. 1 BUrlG nur in Tarifverträgen möglich sei. Soweit *Schaub*[166] dem Urteil vom 5. 4. 1984 entnehmen will, daß einzelvertragliche Verfallsfristen grundsätzlich keine gesetzlichen Ansprüche erfassen können, geht dies zu weit; es muß vielmehr zwischen zwingenden und dispositiven gesetzlichen Ansprüchen unterschieden werden.[167]

---

[157] Ebenso im Ergebnis, wenn auch mit anderer Begründung BAG 30. 10. 1962 AP Nr. 1 zu § 4 TVG Ordnungsprinzip (*Herschel*).
[158] Ebenso BAG 30. 1. 1973 AP Nr. 3 zu § 40 BetrVG 1972 (*Buchner*).
[159] Vgl. oben Rnr. 715 sowie zu dieser Rechtsprechung *Richardi*, RdA 1962, S. 62.
[160] BAG 24. 5. 1973 AP Nr. 52 und 7. 12. 1983 Nr. 84 zu § 4 TVG Ausschlußfrist.
[161] BAG 18. 12. 1984 AP Nr. 11 zu § 113 BetrVG 1972.
[162] BAG 20. 4. 1989 AP Nr. 47 zu § 7 BUrlG Abgeltung.
[163] BAG 23. 2. 1983 AP Nr. 10 zu § 70 BAT.
[164] BAG 5. 4. 1984 AP Nr. 16 zu § 13 BUrlG (*Weber*).
[165] BAG 24. 3. 1988 AP Nr. 1 zu § 241 BGB.
[166] *Schaub*, Arbeitsrechts-Handbuch, § 205 I 2, S. 1342.
[167] *Preis*, ZIP 1989, S. 885, 891.

Die Auffassung der Rechtsprechung, wonach Verfallklauseln durchweg 755 auf gesetzliche Ansprüche erstreckt werden können, wird von einigen Autoren geteilt.[168] Auch *Löwisch*[169] hält tarifliche Ausschlußklauseln grundsätzlich auch für unabdingbare gesetzliche Ansprüche für möglich. Sie seien jedoch unzulässig, wenn sie so kurz bemessen sind, daß der Berechtigte seinen Anspruch nicht effektiv geltend machen kann. Nach *Preis*[170] ist ein Wertungswiderspruch zu § 225 Satz 2 BGB festzustellen. Verjährung und Verfallklauseln dienten grundsätzlich den gleichen Zwecken, die Unterschiede in den Rechtsfolgen seien zu vernachlässigen. *Preis* will das Problem über eine Inhaltskontrolle der Vereinbarungen lösen.

Das Bundesarbeitsgericht hat seine Auffassung zugunsten einer Einbeziehung der unabdingbaren gesetzlichen Ansprüche mit der Überlegung begründet, Ausschlußfristen bezögen sich nicht auf das *Recht als solches*, sondern lediglich auf seine *Geltendmachung*.[171] Diese Begründung hält jedoch dogmatischen Überlegungen nicht stand und ist unzureichend. Deshalb erachten auch einige Autoren sowie Landesarbeitsgerichte die Einbeziehung zwingender gesetzlicher Ansprüche in die Verfallklauseln wegen Verstoßes gegen das Unabdingbarkeitsprinzip für unzulässig.[172] Andere Autoren folgen dem Bundesarbeitsgericht.[173] *Richardi*[174] hält übertarifliche einzelvertragliche Vereinbarungen deshalb für zulässig, weil sie für das Verhältnis des Kollektivvertrages zum Einzelvertrag eine selbständige Regelungsmaterie darstellten; sie übten in den rechtlichen Beziehungen zwischen dem Arbeitgeber und den Arbeitnehmern eine Ordnungsfunktion aus. Der Begriff der selbständigen Regelungsmaterie ist jedoch allein wenig aussagekräftig.

bb) Stellungnahme. Soweit es sich um gesetzliche Ansprüche handelt, 757 die das Arbeitsverhältnis gestalten, muß sich die Frage nach der Zulässigkeit tariflicher Ausschlußklauseln gegenüber zwingenden gesetzlichen Ansprüchen nach der Ausgestaltung des jeweiligen Gesetzes richten.[175] Die

---

[168] So von MünchArbR/*Hanau*, § 73, Rnr. 10.
[169] *Löwisch/Rieble*, § 1 TVG, Rnr. 465 ff.
[170] *Preis*, ZIP 1989, S. 885, 891 f.
[171] Vgl. oben Rnr. 715 sowie zu dieser Rechtsprechung *Richardi*, RdA 1962, S. 62.
[172] *Borrmann*, Betrieb 1955, S. 509; *Dersch/Neumann*, § 13 BUrlG, Rnr. 73; *Frey*, AuR 1964, S. 340, 341; *Herschel*, JZ 1961, S. 237, 238; *ders.*, Anm. zu BAG 30. 10. 1962 AP Nr. 1 zu § 1 TVG Ordnungsprinzip; *ders.*, Anm. zu BAG 5. 11. 1963 AP Nr. 1 zu § 1 TVG Bezugnahme auf Tarifvertrag; *Kaskel/Dersch*, Arbeitsrecht, S. 79; *Maus*, Das neue Urlaubsrecht, 1963, Anm. 180; *Schelp*, Anm. zu BAG 30. 3. 1962 AP Nr. 28 zu § 4 TVG Ausschlußfristen; *Schelp/Trieschmann*, Das Arbeitsverhältnis im Krankheitsfalle, 1958, S. 100, 101, 160; *Trieschmann*, AuR 1963, S. 312; *E. Wolf*, Anm. zu BAG 8. 2. 1972 AP Nr. 49 zu § 4 TVG Ausschlußfristen.
[173] *Beer*, AuR 1964, S. 174, 175; *Frosen*, Diss. Köln, S. 86; *Gotzen*, Anm. zu BAG 30. 3. 1962, SAE 1962, S. 217; *A. Hueck*, Anm. zu BAG 26. 8. 1960 AP Nr. 6 und 23. 6. 1961 Nr. 27 zu § 4 TVG Ausschlußfristen; *Hueck/Nipperdey*, Arbeitsrecht I, § 49 VIII 3, S. 456, Fn. 126; *Leser*, AR-Blattei, Ausschlußfristen I, unter E II 1; *Molitor*, Anm. zu BAG 27. 11. 1958, SAE 1959, S. 142; *Neumann-Duesberg*, Anm. zu BAG 7. 7. 1960 AP Nr. 24 zu § 1 ArbKrankhG; *Nikisch*, Arbeitsrecht II, § 85 II, S. 476; *ders.*, Anm. zu BAG 5. 11. 1963, SAE 1964, S. 83; *Richardi*, RdA 1962, S. 62, 64; *Tophoven*, Anm. zu BAG 23. 11. 1954 AP Nr. 1 zu § 4 TVG Ausschlußfristen; *Wächter*, Betrieb 1966, S. 1808.
[174] *Richardi*, Kollektivgewalt, S. 426.
[175] Vgl. *Rappenecker*, AuR 1967, S. 257, 260.

Frage ist identisch mit dem Problem des tarifdispositiven Rechts. In verschiedenen neueren Gesetzen gestattet der Gesetzgeber den Tarifvertragsparteien ausdrücklich, von der gesetzlichen Regelung abzuweichen; vgl. dazu oben Einl. vor § 1, Rnr. 387 ff. Angesichts dieser weitgehenden Überantwortung sozialpolitischer Entscheidungen an die Tarifvertragsparteien kann davon ausgegangen werden, daß der Gesetzgeber hier mit dem Mehr, nämlich der Vereinbarungsmöglichkeit von Art und Umfang der zu erbringenden Arbeitgeberleistung, den Tarifvertragsparteien auch das Weniger, nämlich die Möglichkeit, Ausschlußfristen zu vereinbaren, delegieren wollte; der geringere Eingriff in den gesetzlichen Regelungsvorschlag ist ebenfalls erlaubt.[176] Dem Gesetzgeber war beim Erlaß der neueren Gesetze die ständige Rechtsprechung des Bundesarbeitsgerichts zu den tariflichen Ausschlußfristen bekannt. Die Nichterwähnung von Ausschlußfristen in den betreffenden Bestimmungen, welche Art und Umfang des Anspruchs der Disposition der Tarifvertragsparteien überlassen, kann damit für diese Gesetze als Billigung der bisherigen Rechtsprechung verstanden werden.

758 Daneben ist anerkannt, daß es Fälle des **verdeckt tarifdispositiven Rechts** gibt; vgl. dazu Einl. vor § 1, Rnr. 407. Inwieweit hier Verfallklauseln vereinbart werden dürfen, kann nur im Einzelfall beantwortet werden. Dabei erscheint es möglich, daß man hinsichtlich der Ausschlußfristen zu einer weiterreichenden Tarifdispositivität kommt als bei inhaltlichen Abweichungen von der gesetzlichen Regelung. Systematisch ergeben sich so drei Stufen arbeitsgesetzlicher Regelungen: *erstens*: tariffestes Recht; *zweitens*: Gesetze, die zwar tariflichen Verfallklauseln unterworfen werden können, aber nicht inhaltlich abgeändert werden können; *drittens*: Gesetze, die sowohl inhaltlich durch Tarifverträge abgeändert werden als auch tariflichen Ausschlußklauseln unterworfen werden können. – Diese Differenzierung wird von der neueren Literatur geteilt.[177]

759 cc) Tarifliche Ausschlußfristen gelten auch für den **Rechtsnachfolger**, auf den der Anspruch kraft vertraglicher Vereinbarung oder kraft Gesetzes übergeht; vgl. §§ 404, 412 BGB.[178] Auch der Träger der Krankenversicherung, auf den der Lohnfortzahlungsanspruch gem. § 115 SGB X, oder die private Versicherungsgesellschaft, auf die der Anspruch des Arbeitgebers gegen den Arbeitnehmer auf Schadensersatz wegen unerlaubter Handlung übergeht, muß sich die tarifvertragliche Ausschlußfrist entgegenhalten lassen.[179] Der Rechtsnachfolger muß sich daher besonders sorgfältig nach dem Vorhandensein etwaiger tarifvertraglicher Ausschlußfristen erkundigen, um keinen Rechtsverlust zu erleiden. Nach Ansicht des Bundesarbeitsgerichts

---

[176] So BAG 3. 12. 1970 AP Nr. 9 zu § 5 BUrlG (*Thiele*) = SAE 1972, S. 41 (*Misera*).
[177] Vgl. *Däubler*, Tarifvertragsrecht, Rnr. 1337; *Kempen*/Zachert, § 4 TVG, Rnr. 269; *Weber*, Ausschlußfrist, S. 51 ff.; ders., Anm. zu BAG 5. 4. 1984 AP Nr. 16 zu § 13 BUrlG.
[178] Ebenso *Kempen*/Zachert, § 4 TVG, Rnr. 272.
[179] Vgl. BAG 24. 5. 1973 AP Nr. 52 (*Brackmann*) und 15. 11. 1973 Nr. 53 (*Hessel*) zu § 4 TVG Ausschlußfristen; 19. 11. 1968 AP Nr. 40 zu § 4 TVG Ausschlußfristen (*Sieg*/*Gärtner*); *Weyand*, Ausschlußfristen, Rnr. 93 ff.

beginnt eine Ausschlußfrist, die an das Ausscheiden aus dem Arbeitsverhältnis anknüpft, auch im Falle eines Betriebsübergangs zu laufen.[180]

e) Einzelfälle. Im folgenden werden in alphabetischer Reihenfolge Fälle aufgeführt, in denen das Bundesarbeitsgericht die Anwendbarkeit einer tariflichen Ausschlußklausel bejaht oder verneint hat.

Der *Verfallklausel* sind nach der Rechtsprechung *unterworfen* (wenn sich die Verfallklausel ihrem Wortlaut nach auf „alle Ansprüche aus dem Arbeitsverhältnis" erstrecken soll):
- Anspruch auf Arbeitnehmerweiterbildung[181]
- Auskunftsanspruch nach § 87 c Abs. 2, 3 HGB[182]
- Betriebsänderungen, Abfindungsanspruch gem. § 113 Abs. 2 und 3 BetrVG[183]
- Erstattungsanspruch des Arbeitgebers gegen den Arbeitnehmer auf Lohnsteuer[184]
- Feiertagslohnzahlungsanspruch[185]
- Gehaltsvorschuß[186]
- Hausarbeitstag[187]
- Karenzentschädigung[188]
- Konkursausfallgeld[189]
- Krankengeldzuschuß[190]
- Lohnfortzahlung im Krankheitsfall[191]
- Mehrarbeitsvergütung gem. § 15 AZO[192]
- Provisionsanspruch[193]
- Rückzahlung wegen Entgeltüberzahlung[194]
- Sozialplanabfindung[195]
- Straftat, Anspruch aus vorsätzlich begangener strafbarer Handlung[196]
- Unerlaubte Handlung[197]

---

[180] BAG 10. 8. 1994 AP Nr. 126 zu § 4 TVG Ausschlußfristen.
[181] BAG 24. 10. 1995 AP Nr. 11 zu § 7 BildungsurlaubsG NRW.
[182] BAG 23. 3. 1982 AP Nr. 18 zu § 87 c HGB.
[183] BAG 20. 6. 1978 AP Nr. 3 und 7 zu § 113 BetrVG 1972.
[184] BAG 14. 6. 1974 AP Nr. 20 zu § 670 BGB (*Wiedemann*) und 5. 3. 1981 AP Nr. 9 zu § 70 BAT.
[185] BAG 12. 3. 1971 AP Nr. 9 zu § 1 FeiertlohnzahlungsG Berlin.
[186] BAG 22. 10. 1980 AP Nr. 68 zu § 4 TVG Ausschlußfristen.
[187] BAG 23. 6. 1961 AP Nr. 27 zu § 4 TVG Ausschlußfristen.
[188] BAG 18. 12. 1984 AP Nr. 87 zu § 4 TVG Ausschlußfristen.
[189] BAG 8. 8. 1979 AP Nr. 67 zu § 4 TVG Ausschlußfristen.
[190] BAG 7. 7. 1960 AP Nr. 24 zu § 1 ArbkrankhG; 30. 3. 1962 AP Nr. 28 zu § 4 TVG Ausschlußfristen.
[191] BAG 24. 5. 1973 AP Nr. 52 (*Brackmann*) und 15. 11. 1973 Nr. 53 (*Hessel*) zu § 4 TVG Ausschlußfristen.
[192] BAG 26. 8. 1960 AP Nr. 6 zu § 4 TVG Ausschlußfristen.
[193] BAG 27. 11. 1984 AP Nr. 89 zu 4 TVG Ausschlußfristen.
[194] BAG 11. 6. 1980 AP Nr. 7 zu § 70 BAT, 26. 11. 1978 Nr. 64 zu § 4 TVG Ausschlußfristen; dazu *Reinecke*, in: Festschrift für Schaub (1998), S. 593 ff. m. w. N.
[195] BAG 30. 11. 1994 AP Nr. 88 zu § 112 BetrVG 1972.
[196] BAG 6. 5. 1969 AP Nr. 42 und 12. 7. 1972 Nr. 51 zu § 4 TVG Ausschlußfristen.
[197] BAG 26. 5. 1981 AP Nr. 71 zu § 4 TVG Ausschlußfristen; BAG 16. 9. 1997 AP Nr. 54 zu § 72 a ArbGG 1979 Grundsatz.

- Urlaubsabgeltung[198]
- Urlaubsanspruch[199]
- Verkehrsunfall[200]
- Vertragsstrafe[201]
- Zeugnisanspruch.[202]

761 Nicht erfaßt werden nach der Rechtsprechung folgende Ansprüche:
- Abfindung gem. §§ 9, 10 KSchG[203]
- Altersversorgung[204]
- Ansprüche aus der Tätigkeit als Betriebsratsmitglied[205]
- Eingruppierung[206]
- Erfindungen und schöpferische Sonderleistungen[207]
- Kaufvertrag[208]
- Lohnnachweiskarte, Herausgabe der[209]
- Mietvertrag[210]
- Persönlichkeit – Persönlichkeitsrecht[211]
- Schadensersatzanspruch wegen Verursachung eines Rentennachteils[212]
- Sonderfonds, ärztliche[213]
- Versorgungsbezüge.[214]

762 **f) Ausschlußfristen in der Insolvenz.** Bisher wurde bezüglich Ausschlußfristen in der Insolvenz danach unterschieden, ob es sich um Konkursforderungen i.S. des § 61 Nr. 3 AO oder um Masseschulden gemäß § 59 Abs. 1 Nr. 1 KO handelt. Während für die Konkursforderungen die Aus-

---

[198] BAG 3. 2. 1971 AP Nr. 9 zu § 7 BUrlG Abgeltung; der Abgeltungsanspruch sei an dieselben Voraussetzungen gebunden wie der Urlaubsanspruch, dazu BAG 17. 1. 1995 AP Nr. 66 zu § 7 BUrlG = NJW 1995, S. 2244.
[199] BAG 28. 10. 1960 AP Nr. 81 zu § 611 BGB Urlaubsrecht; 3. 12. 1970 AP Nr. 9 zu § 5 BUrlG (*Thiele*); 17. 1. 1985 AP Nr. 9 zu § 7 BUrlG (*Söllner*); 5. 2. 1979 AP Nr. 7 zu § 11 BUrlG; 23. 6. 1961 AP Nr. 27 und 30. 3. 1962 Nr. 28 zu § 4 TVG Ausschlußfristen.
[200] BAG 19. 11. 1968 AP Nr. 39 zu § 4 TVG Ausschlußfristen.
[201] BAG 7. 11. 1969 AP Nr. 1 zu § 340 BGB; die Frist beginne erst, wenn der Arbeitgeber dem Arbeitnehmer erklärt, er werde die Vertragsstrafe geltend machen.
[202] BAG 17. 2. 1988 AP Nr. 17 zu § 630 BGB; 23. 2. 1983 AP Nr. 10 zu § 70 BAT; s. auch LAG Köln 17. 6. 1994, AR-Blattei ES Nr. 37 zu 1850 Zeugnis: in der Geltendmachung des Anspruchs auf Nichterfüllung der Erteilung eines einfachen Zeugnisses ist nicht zugleich auch der Berichtigungsanspruch im Hinblick auf die Erteilung eines qualifizierten Zeugnisses enthalten.
[203] BAG 13. 1. 1982 AP Nr. 7 zu § 9 KSchG.
[204] BAG 4. 8. 1955 AP Nr. 7 zu § 242 Ruhegehalt VBL.
[205] BAG 30. 1. 1973 AP Nr. 3 zu § 40 BetrVG (*Buchner*); a.A. insoweit *Weber*, Ausschlußfrist, S. 79 ff.
[206] BAG 19. 10. 1963 AP Nr. 1 zu § 1 TVG Tarifverträge BAVAV.
[207] BAG 18. 1. 1969 AP Nr. 41 zu § 4 TVG Ausschlußfristen.
[208] BAG 20. 1. 1982 AP Nr. 72 zu § 4 TVG Ausschlußfristen.
[209] LAG Düsseldorf 13. 11. 1953, BB 1954, S. 29; der Anspruch auf richtige Ausfüllung der Lohnnachweiskarte wird jedoch von der Ausschlußfrist erfaßt, so LAG Stuttgart 12. 12. 1952 AP 1954 Nr. 31.
[210] BAG 20. 1. 1982 AP Nr. 72 zu § 4 TVG Ausschlußfristen.
[211] BAG 25. 4. 1972 AP Nr. 9 zu § 611 BGB Öffentlicher Dienst.
[212] BAG 19. 7. 1983 AP Nr. 1 zu § 1 BetrAVG Zusatzversorgungskassen.
[213] BAG 19. 10. 1983 AP Nr. 37 zu § 611 BGB Ärzte, Gehaltsansprüche.
[214] BAG 29. 3. 1983 AP Nr. 11 zu § 70 BAT; s. aber auch BAG 19. 7. 1983 AP Nr. 1 zu § 1 BetrAVG Zusatzversorgungskassen.

schlußfristen nicht galten, sollten sie auf Masseschulden uneingeschränkt anzuwenden sein, da für diese Fälle kein gesondertes konkursrechtliches Verfahren galt.[215]

Das Bundesarbeitsgericht[216] hatte zunächst noch offengelassen, ob tarifliche Ausschlußfristen im Konkursfall anzuwenden sein sollten, ihre Anwendung jedoch als fraglich erklärt. Der Zweck, über den Bestand von Ansprüchen Klarheit zu verschaffen, greife im Konkursfall nicht ein. Später[217] entschied das Bundesarbeitsgericht: Besteht das Arbeitsverhältnis des Arbeitnehmers im Zeitpunkt der Konkurseröffnung noch fort und arbeitet der Arbeitnehmer beim Konkursverwalter als Rechtsnachfolger seines früheren Arbeitgebers weiter, so gelten insoweit die Tarifnormen einschließlich etwaiger Ausschlußfristen fort. Gagel folgerte bereits in seiner Anmerkung,[218] daß gleiches auch für Lohnforderungen des Arbeitnehmers zu § 49 Abs. 1 Nr. 3 a KO gelten müsse. Schied der Arbeitnehmer dagegen vor der Konkurseröffnung aus dem Betrieb aus, so hatte er seine zum Zeitpunkt der Konkurseröffnung über das Vermögen des Arbeitnehmers bestehenden Ansprüche gemäß §§ 138 ff. KO als Gläubiger im Konkursverfahren geltend zu machen. Die Ausschlußfristen galten nicht mehr. Im vorliegenden Fall handelte es sich um Abfindungsforderungen aus § 113 Abs. 3 BetrVG, die nicht den Lohnansprüchen zuzurechnen und keine Masseforderungen waren. Konkursrechtliche Verfahrensvorschriften verdrängten hier im Zweifel die Ausschlußklausel.[219]

Wegen der Abschaffung der Konkursvorrechte durch das neue Insolvenzrecht kann nicht mehr zwischen Konkursforderungen und Masseschulden unterschieden werden. Jedoch werden gem. § 123 Abs. 2 InsO Verbindlichkeiten aus einem Sozialplan nach § 123 Abs. 1 InsO als Masseverbindlichkeiten i. S. des § 55 InsO angesehen, die nach § 53 InsO vorweg zu berichtigen sind. In entsprechender Anwendung der bisherigen Grundsätze müßte demnach das Verfahren über den Sozialplan auch auf solche Ausschlußfristen anwendbar sein, die sich auf Ansprüche aus dem Sozialplan beziehen. Das Bundesarbeitsgericht hat bisher nur für tarifliche Ausschlußfristen, die allgemeine Ansprüche aus dem Arbeitsverhältnis betreffen, entschieden, daß diese auch für einen Anspruch auf Zahlung einer einmaligen Abfindung aus einem Sozialplan anläßlich der Beendigung des Arbeitsverhältnisses gelten.[220] Im übrigen ist bisher nicht entschieden, inwieweit Ausschlußfristen nach Abschaffung der Konkursvorrechte eingreifen.

4. Möglicher persönlicher Umfang ihrer Wirkung

a) Differenzierung zwischen den Arbeitsvertragsparteien. aa) In ihrem persönlichen Geltungsbereich können die Ausschlußfristen sowohl die Ansprüche der (tarifgebundenen) Arbeitnehmer als auch die der Arbeitgeber

---

[215] Ebenso *Däubler*, Tarifvertragsrecht, Rnr. 1370 ff.; *Kempen*/*Zachert*, § 4 TVG, Rnr. 272.
[216] BAG 8. 6. 1982 AP Nr. 78 zu § 4 TVG Ausschlußfristen (*Gagel*).
[217] BAG 18. 12. 1984 AP Nr. 88 zu § 4 TVG Ausschlußfristen (*Zeuner*).
[218] *Gagel*, Anm. zu BAG 8. 6. 1983 AP Nr. 78 zu § 4 TVG Ausschlußfristen.
[219] S. BAG 22. 9. 1982 AP Nr. 42 zu § 1 TVG Tarifverträge: Bau.
[220] BAG 30. 11. 1995, NZA 1995, S. 643.

erfassen. Entscheidend ist dabei allein der erkennbar geäußerte Wille der Tarifvertragsparteien.[221]

766　Dies widerspricht nicht dem Grundsatz der **Parität**. Dieser Grundsatz ist nichts anderes als eine Ausprägung des Gleichheitsgrundsatzes des Art. 3 Abs. 1 GG, an den die Tarifvertragsparteien bei der Rechtssetzung gebunden sind.[222] Für die Ungleichbehandlung von Arbeitnehmern und Arbeitgebern in bezug auf die Ausschlußfristen können jedoch sachliche Gründe bestehen; dann ist sie nicht willkürlich. Der einzelne Arbeitnehmer ist in der großen Mehrzahl der Fälle nur bei *einem* Arbeitgeber beschäftigt, er kann daher zumeist die Ansprüche, die er gegen diesen Arbeitgeber hat, im Auge behalten. Dagegen hat der durchschnittliche Arbeitgeber eine Vielzahl von Arbeitnehmern; infolgedessen läßt es sich trotz organisatorischer Hilfsmittel nicht vermeiden, daß Ansprüche gelegentlich übersehen werden oder daß eine falsche Berechnung erfolgt. Infolge des Zwanges zur Kalkulation, vor dem der Arbeitgeber steht, ist es daher in stärkerem Maße angebracht, die Geltendmachung der Ansprüche der Arbeitnehmer durch Ausschlußfristen zu beschränken. Einseitige tarifliche Ausschlußfristen, nach denen nur Ansprüche des Arbeitnehmers und nicht auch Ansprüche des Arbeitgebers verfallen, verstoßen daher nicht gegen Art. 3 Abs. 1 GG. Das entspricht der ständigen Rechtsprechung des BAG[223] und der überwiegenden Meinung in der Literatur.[224] Das BAG[225] sieht den Gleichheitssatz auch nicht als verletzt an, wenn die Tarifvertragsparteien die Ausschlußfristen in den Tarifverträgen für gewerbliche Arbeitnehmer und für Angestellte eines bestimmten Wirtschaftszweiges unterschiedlich geregelt haben.

767　bb) **Im Einzelfall** sind hingegen Umstände denkbar, unter denen eine Differenzierung zwischen Arbeitgeber- und Arbeitnehmeransprüchen im Hinblick auf Verfallklauseln **sachfremd**, d. h. willkürlich wäre und damit gegen das Gleichheitsgebot des Art. 3 Abs. 1 GG verstieße. Solche Sonderfälle sind bisher noch nicht entschieden worden und lassen sich im vorhinein auch nicht kategorisieren.[226]

768　Sollte sich ein Verstoß einer Verfallklausel gegen Art. 3 Abs. 1 GG ergeben, so kann dies nicht zu einer Erweiterung der Verfallklausel auf die bisher

---

[221] BAG 27. 9. 1967 AP Nr. 1 zu § 1 TVG Tarifverträge: Fernverkehr *(Crisolli); Gaul*, Ausschlußfristen, S. 49; *Herschel*, AP 1951, Nr. 82; Hueck/*Nipperdey*, Arbeitsrecht II 1, § 32 III 3, S. 638; *Leser*, Betrieb 1959, S. 1196; *ders.*, BB 1961, S. 1088; *ders.*, AR-Blattei, Ausschlußfristen I, unter F I; – anderer Ansicht ArbG Essen 13. 4. 1961, BB 1961, S. 676; ArbG Hamburg 7. 10. 1950, AP 1951, Nr. 210 *(Tophoven)*.
[222] Vgl. Hueck/*Nipperdey*, Arbeitsrecht II 2, § 47 B V 2, S. 928 ff.
[223] BAG 27. 9. 1967 AP Nr. 1 zu § 1 TVG Tarifverträge: Fernverkehr; 15. 1. 1967 AP Nr. 3 zu § 390 BGB; 10. 12. 1989 AP Nr. 97 zu § 611 BGB Haftung des Arbeitnehmers; 4. 12. 1997 AP Nr. 143 zu § 4 TVG Ausschlußfristen = NZA 1998, S. 431.
[224] *H. Bauer*, NZA 1987, S. 440 ff.; *Busse*, Ausschlußfrist, S. 210 ff.; Hueck/*Nipperdey*, Arbeitsrecht II/1, § 32 III 5 f; *Leser*, AR-Blattei D, Ausschlußfristen im Arbeitsrecht, F I 2; MünchArbR/*Hanau*, § 73, Rnr. 9; *Schaub*, Arbeitsrechts-Handbuch, § 205 II 2 b, S. 1714; *Trinkner*, BB 1967, S. 1375, 1376; Vorauflage, Rnr. 390; a. A. *Däubler*, Tarifvertragsrecht, Rnr. 1334; *Kempen/Zachert*, § 4 TVG, Rnr. 258; *Langer*, Ausschlußfristen, Rnr. 122.
[225] BAG 4. 12. 1997 AP Nr. 143 zu § 4 TVG Ausschlußfristen.
[226] Zu weitgehend in dieser Hinsicht *Trinkner*, BB 1967, S. 1375.

nicht betroffenen Arbeitgeber- oder Arbeitnehmeransprüche führen. Vielmehr ist die Verfallklausel in diesen Fällen gänzlich unwirksam.[227]

b) Bezugnahme durch nichtorganisierte Arbeitnehmer. aa) Unter den personellen Geltungsbereich der Verfallklauseln fallen auch Nichtorganisierte, die kraft Einzelarbeitsvertrags auf die tariflichen Verfallklauseln Bezug genommen haben. Meist wird dies in der Art geschehen, daß die **gesamte** tarifvertragliche **Regelungsmaterie** in den Arbeitsvertrag aufgenommen wird.[228]

bb) Auch eine **teilweise Übernahme** des Tarifvertrages durch Außenseiter ist möglich. Ob bei dieser teilweisen Übernahme auch Verfallklauseln mit einbezogen werden sollen, ist durch Auslegung zu ermitteln.

cc) Arbeitsvertragliche Ausschlußklauseln ohne Anbindung an den Tarifvertrag unterliegen einer Inhaltskontrolle nach § 138 BGB;[229] in einem nicht ausgehandelten Arbeitsverhältnis greift eine Inhaltskontrolle nach §§ 315, 242 BGB.[230] Das Bundesarbeitsgericht hält eine arbeitsvertragliche Verfallklausel von zwei Monaten für zulässig.[231]

c) Rechtsnachfolger des Berechtigten. Zum personellen Geltungsbereich der Ausschlußfrist gehört auch der Rechtsnachfolger des Anspruchsberechtigten. Ausschlußfristen gehören zu den Einwendungen, mit denen eine „übergegangene Forderung" behaftet sein kann und die nach § 404 BGB dem neuen Gläubiger entgegengehalten werden können.[232] Der gute Glaube des Neugläubigers ist nach § 404 BGB nicht geschützt. Dem auf einen Versicherungsträger übergegangenen Anspruch des Arbeitgebers gegen den Arbeitnehmer auf Schadensersatz wegen einer unerlaubten Handlung kann eine tarifliche Ausschlußfrist entgegengehalten werden, unabhängig davon, ob die Versicherungsgesellschaft tatsächlich in der Lage war, den Anspruch zuvor geltend zu machen.[233] Wird der Versicherungsgesellschaft das Bestehen der Ausschlußfrist vom Arbeitgeber nicht mitgeteilt, so betrifft dieses Versäumnis nur das Verhältnis des Versicherungsträgers zum Versicherungsnehmer.

5. Möglicher zeitlicher Umfang der Wirkung

a) Anordnung der Rückwirkung. aa) Ein erster Fall von **konkurrierenden Ordnungen** liegt dann vor, wenn eine kollektive Ordnung, die schon eine Verfallklausel enthielt, durch eine andere kollektive Ordnung mit einer kürzeren Verfallklausel ersetzt wird. Hier ist in Heranziehung der

---

[227] A. A. *Trinkner*, BB 1967, S. 1375; ArbG Essen, BB 1963, S. 676; ArbG Hamburg AP 1951 Nr. 210 *(Tophoven)*.
[228] Vgl. BAG 5. 11. 1963 AP Nr. 1 zu § 1 TVG Bezugnahme auf Tarifvertrag; BAG 10. 6. 1965 AP Nr. 13 zu § 9 TVG *(Nikisch); v. Hoyningen-Huene*, RdA 1974, S. 138, 151.
[229] MünchArbR/*Hanau*, § 73, Rnr. 10.
[230] BAG 24. 3. 1988 AP Nr. 1 zu § 241 BGB; krit. *Preis*, ZIP 1989, S. 885 ff.; wegen der Möglichkeit der Inhaltskontrolle greift § 3 AGBGB nicht ein.
[231] BAG 26. 9. 1990 AP Nr. 103 zu § 4 TVG Ausschlußfristen = EzA § 4 TVG Ausschlußfristen Nr. 87; dagegen *Preis*, ZIP 1989, S. 899; s. ferner *Kramer*, BB 1997, S. 731, 733 f.
[232] Vgl. BAG 19. 11. 1968 AP Nr. 40 zu § 4 TVG Ausschlußfristen *(Sieg)*.
[233] Vgl. BAG 24. 5. 1973 AP Nr. 52 zu § 4 TVG Ausschlußfristen.

Grundsätze des intertemporalen Privatrechts Art. 169 Abs. 2 EGBGB analog anzuwenden.[234]

774 Eine neue kollektive Ordnung mit Verfallklausel kann aber weiterhin eine ältere kollektive Ordnung ersetzen, die keine Verfallklausel enthielt. Es entspricht jedoch dem Sinn der Ablösung einer kollektiven Ordnung durch eine andere, daß *alle* Fragen, auch die Verfahrensfragen, nach den Vorschriften der neuen Ordnung behandelt werden. Mit der materiellen Änderung, welche die neue Ordnung bringt, muß der Arbeitnehmer sich auch mit den verfahrensrechtlichen Bestimmungen vertraut machen.[235] Es gilt hier das Gleiche wie bei der Einführung von tariflichen Verfallklauseln für Rechte aus einer Betriebsvereinbarung. Der Arbeitnehmer kann nicht darauf vertrauen, daß ihm für die Geltendmachung seiner Rechte eine unbestimmte Zeit zur Verfügung steht; vgl. oben Rnr. 750. – Eine Kontrolle findet aber nach den allgemeinen Grundsätzen über die Rückwirkung von Tarifverträgen statt.

775 bb) Ähnliches gilt, wenn für bisherige einzelvertragliche Ansprüche ein neuer Tarifvertrag mit Verfallklausel oder wenn eine bloße Verfallklausel erstmals eingeführt wird. Insofern besteht ein Auslegungsproblem und ein Problem der Inhaltskontrolle. Die bis zum Zeitpunkt der Tarifgeltung entstandenen Ansprüche werden von der Klausel jedenfalls dann nicht erfaßt, wenn sich die Klausel keine ausdrückliche Rückwirkung beimißt.[236] Auch wenn der Tarifvertrag ausdrücklich **Rückwirkung** vorsieht, kann er noch eine Übergangsregelung für Altfälle enthalten. Fehlt es an einer ausdrücklichen Regelung zur Rückwirkung, ist eine Rückwirkung zu verneinen.

776 Im übrigen findet eine **Inhaltskontrolle rückwirkender Ausschlußklauseln** nach den Grundsätzen über rückwirkende Tarifverträge statt (vgl. oben Einl. vor § 1, Rnr. 341, oben Rnr. 236 ff.). Eine Rückwirkung ist jedenfalls dann zulässig, wenn eine angemessene Zeitspanne nach Inkrafttreten des Tarifvertrages bleibt und die Rechtsausübung nicht unzumutbar beeinträchtigt wird.[237] Selbstverständlich ist es nicht zulässig, die Verfallklausel so abzufassen, daß der Rückwirkungszeitraum länger als die Verfallfrist ist, da dadurch für den Berechtigten unzulässigerweise eine Verhaltenspflicht für die Vergangenheit begründet würde. Auch darf die Verfallfrist nicht nur unwesentlich länger als der Rückwirkungszeitraum sein.[238]

777 b) **Rückwirkung bei Koalitionsbeitritt.** Tritt ein bisher weder unmittelbar noch mittelbar tarifunterworfener Arbeitnehmer einer Koalition bei und wird sein Arbeitsverhältnis dann von einem Tarifvertrag erfaßt, der eine Verfallklausel enthält, so ist zu klären, in welcher Weise sie auf bereits entstandene und fällige Ansprüche einwirkt. Vier Lösungen sind denkbar:

---

[234] Ebenso *Däubler*, Tarifvertragsrecht, Rnr. 1342.
[235] Ebenso BAG 30. 10. 1962 AP Nr. 1 zu § 4 TVG Ordnungsprinzip *(Herschel)*.
[236] BAG 26. 9. 1990 AP Nr. 109 zu § 4 TVG Ausschlußfristen = EzA § 4 TVG Ausschlußfrist Nr. 87; BAG 26. 9. 1990 AP Nr. 9 zu § 2 BeschFG 1985 = EzA § 4 TVG Ausschlußfristen Nr. 89; ebenso *Löwisch*/Rieble, § 1 TVG, Rnr. 471.
[237] Ebenso BAG 14. 7. 1965 AP Nr. 5 zu § 1 TVG Tarifverträge BAVAV; *Kempen*/Zachert, § 4 TVG, Rnr. 275; *Stein*, Tarifvertragsrecht, Rnr. 643; einschränkend *Weyand*, Ausschlußfristen, Rnr. 42f.
[238] S. hierzu *Buchner*, Betrieb 1967, S. 284, 286.

(1) Die Verfallklausel greift voll ein; dann ist der Anspruch angesichts der kurzen Verfallfristen möglicherweise sofort erloschen.
(2) Den Parteien des Arbeitsverhältnisses ist eine angemessene Nachfrist zuzubilligen.[239]
(3) Die Tarifklausel beginnt mit dem Eintritt in den Berufsverband neu zu laufen.
(4) Die Verfallklausel ist für den Anspruch ohne Bedeutung.

Die Lösungen zu (1) und (4) scheiden von vornherein aus. Mit dem Eintritt in den tarifschließenden Verband erlangen die Tarifnormen unmittelbare und zwingende Wirkung für das bestehende Arbeitsverhältnis des beitretenden Arbeitnehmers. Durch § 4 Abs. 1 werden nicht nur künftige Abmachungen, sondern auch die schon bestehenden Rechte und Pflichten des Arbeitsverhältnisses inhaltlich bestimmt und damit tarifunterworfene Rechte und Pflichten. Dies kann jedoch nur für die Zukunft gelten. Die in einem obiter dictum geäußerte Ansicht des BAG[240] ist abzulehnen, weil die Ersetzung der tarifvertraglichen Frist durch eine „angemessenen Frist" dem Zweck der tarifvertraglichen Verfallklausel und dem Gedanken der Rechtssicherheit widerspricht. Für die Entscheidung, ob in dieser Situation eine im Vergleich zur tarifvertraglichen längere oder kürzere Frist angemessen ist, lassen sich keine Anhaltspunkte gewinnen. Richtig ist daher die zu (3) genannte Lösung. Sie entspricht der Regel des intertemporalen Rechts für den vergleichbaren Fall der Neueinführung anweichender Verjährungsfristen.[241] Das Arbeitsverhältnis des neu eingetretenen Arbeitnehmers wird also nicht rückwirkend von der Ausschlußfrist erfaßt. Der Arbeitgeber muß allerdings stets mit der Tarifgebundenheit des Arbeitnehmers rechnen, also alle Verfallklauseln beachten, wenn er selbst tarifgebunden ist.

c) Rückwirkung bei Allgemeinverbindlicherklärung. Auch eine Allgemeinverbindlicherklärung kann rückwirkend in Kraft tretende Verfallklauseln enthalten; an die Stelle des Abschlußtages des Tarifvertrages tritt die Verkündung der Allgemeinverbindlicherklärung.[242]

6. Unverschuldete Fristversäumnis

Ob nach Ablauf der vereinbarten Frist die Geltendmachung des Anspruchs *schlechthin ausgeschlossen* sein soll (absolute Ausschlußfrist) oder ob sie im Falle unverschuldeter tatsächlicher oder rechtlicher Verhinderung an der Geltendmachung *unverzüglich nachgeholt* werden kann, ist im letzteren Sinne zu entscheiden. Wenn die Tarifvertragsparteien zu so scharfen Sanktionen greifen, wie sie die Verfallklauseln darstellen, müssen sie einen gewissen Toleranzspielraum einhalten, innerhalb dessen das Interesse des Anspruchsberechtigten am Bestand seines Rechts dem Rechtssicherheitsinteresse des

---

[239] So BAG 24. 4. 1958 AP Nr. 1 zu § 16 JugSchG Niedersachsen in einem *obiter dictum*.
[240] BAG 24. 4. 1958 AP Nr. 1 zu § 16 JugSchG Niedersachsen.
[241] Ebenso BAG 11. 7. 1990 AP Nr. 108 zu § 4 TVG Ausschlußfristen = EzA § 4 TVG Ausschlußfristen Nr. 84; *Däubler*, Tarifvertragsrecht, Rnr. 1342.
[242] Ebenso LAG Bayern (Nürnberg) 22. 4. 1966, BB 1966, S. 1062; a. A. *Leser*, AR-Blattei, Ausschlußfristen I, unter G V 8.

Vertragspartners vorgeht. Der Aufstellung eines *allgemeinen Fristenhemmungsprinzips* bedarf es dazu nicht.[243] Eine tatsächliche oder rechtliche Verhinderung an der Geltendmachung des Rechts liegt noch nicht bei bloßer Unkenntnis der Verfallklausel vor.[244] Sie kann aber bei der Verfallklausel für die Geltendmachung eines Urlaubsanspruchs dann vorliegen, wenn der Arbeitnehmer während der gesamten Verfallfrist arbeitsunfähig krank war.[245] An die Verhinderung können im Urlaubsrecht deshalb geringere Anforderungen gestellt werden, weil die Verfallfrist aus urlaubsrechtlichen Gesichtspunkten (Verhinderung einer „Aufstapelung" des Urlaubs) und nicht so sehr aus Gründen der Rechtssicherheit geschaffen wurde. Für die Hemmung oder Unterbrechung des Ablaufs einer Ausschlußfrist bestehen keine gesetzlichen Bestimmungen. Die Regeln über die Hemmung und Unterbrechung der Verjährung (§ 202 ff. und 208 ff. BGB) sind entsprechend anzuwenden.[246]

7. Inhaltskontrolle

780 **a) Rechtsprechung.** Nach der Rechtsprechung soll stets geprüft werden, ob eine Ausschlußfrist wegen Verstoßes gegen die guten Sitten (§ 138 BGB), die soziale Ordnung (Art. 20, 28 GG) sowie gegen Treu und Glauben (§ 242 BGB) unzulässig ist.[247]

781 **b) Literatur.** Ausschlußfristen sind nach der Literatur generell einer gerichtlichen Inhaltskontrolle zugänglich. Demgegenüber unterliegen nach *Löwisch*[248] Ausschlußfristen ebensowenig wie andere Tarifnormen einer allgemeinen Inhaltskontrolle. Aus der Bindung der Tarifnormen an die Grundrechte folge nur, daß Ausschlußfristen verhältnismäßig sein müßten und nicht willkürlich differenzieren dürften. Damit könnten jedoch nur offenkundige Mißgriffe der Tarifvertragsparteien aufgefangen werden.

782 **c) Stellungnahme. aa)** Maßstab einer Inhaltskontrolle ist zunächst das **Willkürverbot** des Art. 3 GG. Die Verfallfristen dürfen nicht ohne sachlichen Grund Arbeitgeber und Arbeitnehmer ungleich behandeln. Die unsachliche Ungleichheit kann in der einseitigen Geltung der Verfallfristen für den Arbeitnehmer, in der unterschiedlichen Länge der Ausschlußfrist (für den Arbeitgeber länger, für den Arbeitnehmer kürzer) und in der verschiedenartigen Form der Geltendmachung liegen.

783 **bb)** Einen weiteren Maßstab zur Prüfung der tariflichen Verfallfristen stellt der aus dem Rechtsstaatsprinzip abgeleitete Grundsatz der **Verhältnismä-**

---

[243] So aber *Säcker,* ZZP 80 (1967), S. 421 ff.
[244] Vgl. LAG Hamm 3. 4. 1950 AP 1951, Nr. 58 *(Tophoven).*
[245] Vgl. BAG 6. 6. 1968 AP Nr. 5 zu § 3 BUrlG Rechtsmißbrauch.
[246] So für § 203 Abs. 2 BGB ausdrücklich BAG 8. 3. 1976 AP Nr. 4 zu § 496 ZPO *(Wiedemann);* für die Unterbrechung durch Anmeldung des Anspruches im Konkursverfahren ArbG Hamm 13. 6. 1972, Betrieb 1972, S. 1926; zurückhaltend dagegen BAG 14. 2. 1977 AP Nr. 5 zu § 70 BAT; sowie allgemein *Gaul,* Ausschlußfristen, S. 75 ff.
[247] Vgl. RAG 5. 9. 1936, ARS 28, S. 264; 10. 11. 1937 32, S. 199, 201 *(Nipperdey);* 11. 6. 1938 33, S. 284, 289 *(Nipperdey);* BAG 13. 4. 1956 AP Nr. 2 und 16. 11. 1965 Nr. 30 *(Götz Hueck)* zu § 4 TVG Ausschlußfristen; LAG Baden-Württemberg 26. 2. 1965, Betrieb 1965, S. 557; LAG Düsseldorf 25. 5. 1951, Betrieb 1951, S. 528; LAG Frankfurt 4. 8. 1949 AP 1950, Nr. 57 *(Tophoven).*
[248] *Löwisch*/Rieble, § 1 TVG, Rnr. 470; ebenso *Langer,* Ausschlußfristen, Rnr. 218.

ßigkeit dar. Der Verhältnismäßigkeitsgrundsatz, bei dem die Zweck-Mittel-Relation zwischen Verfallklauseln und erstrebtem Erfolg überprüft werden muß, findet nach zwei Richtungen Anwendung. *Erstens* muß der erstrebte Ordnungszweck in einem vernünftigen Verhältnis zu der Möglichkeit des Anspruchsberechtigten stehen zu entdecken, daß er überhaupt einen Anspruch hat. So können die Verfallfristen für Ansprüche, die sich aus einer Schlechtleistung ergeben, nicht kürzer sein als die Zeitspanne, innerhalb derer der Fehler normalerweise entdeckt wird. *Zweitens* muß die Länge der Verfallklausel in einem ausgewogenen Verhältnis zur Schwere des Rechtsverlustes stehen, die dem Betroffenen bei der Versäumung der Verfallfrist droht. So müssen besondere Anforderungen an die Länge der Verfallfrist gestellt werden, wenn es sich um Ansprüche handelt, welche die Existenzgrundlage des Berechtigten bilden. Verfallfristen für den Grundarbeitslohn müssen deshalb länger bemessen sein als es z. B. solche für Sonderzuwendungen sein können.

V. Unzulässige Berufung auf die Ausschlußfrist

1. Allgemeiner Grundsatz

Die Berücksichtigung einer tariflichen Ausschlußklausel kann in Ausnahmefällen wegen Verstoßes gegen Treu und Glauben (§ 242 BGB) unterbleiben.[249] Wann dies der Fall ist, kann nur im Wege der *Einzelfallkontrolle* ermittelt werden. Zum Teil wird dabei das Rechtsinstitut der unzulässigen Rechtsausübung herangezogen, zum Teil werden diese Sonderfälle als mißbräuchliche Ausnutzung einer Rechtsposition betrachtet; im ersteren Sinne *Nipperdey*,[250] im zweiten Sinne *Gaul*.[251] Der vom LAG Düsseldorf[252] zur Problemlösung bevorzugte § 162 BGB stellt selbst nur eine Ausprägung des Prinzips von Treu und Glauben dar und vermag zudem nur einen Teil der in Betracht kommenden Treueverstöße zu erfassen.[253] Ein Verstoß gegen Treu und Glauben wurde z. B. bejaht bei einer Arbeitnehmerin, die ihre Vergütung nach ihrem Ausscheiden aus dem Dienst weiter erhielt.[254] Hat der Arbeitnehmer Änderungen beim Familienstand anzuzeigen (z. B. nach § 29 BAT), so beginnt die Ausschlußfrist erst mit der ordnungsgemäßen Mitteilung des Arbeitnehmers.[255] Aus der großen Menge der Einzelfälle sollen im folgenden einige herausgegriffen werden.

---

[249] Allg. Ansicht; vgl. BAG 28. 1. 1970 AP Nr. 1 zu § 70 BAT (*Göller*); 18. 2. 1992 AP Nr. 115 zu § 4 TVG Ausschlußfristen.
[250] Hueck/*Nipperdey*, Arbeitsrecht II 1, § 32 III 3, S. 638, Fn. 42.
[251] *Gaul*, Ausschlußfristen, S. 68; wohl auch BAG 18. 1. 1969 AP Nr. 41 zu § 4 TVG Ausschlußfristen (*Götz Hueck*) = SAE 1970, S. 57 (*Hofmann*); BAG 6. 5. 1969 AP Nr. 42 zu § 4 TVG Ausschlußfristen (*Rittner*); LAG Düsseldorf 29. 4. 1968, Betrieb 1968, S. 1909.
[252] LAG Düsseldorf 16. 12. 1964, BB 1965, S. 456.
[253] Vgl. LAG Düsseldorf 29. 4. 1968, Betrieb 1968, S. 1909.
[254] BAG 11. 6. 1980 AP Nr. 7 zu § 70 BAT; s. auch BAG 28. 2. 1979 AP Nr. 6 zu § 70 BAT sowie *Reinecke*, in: Festschrift für Schaub (1998), S. 593, 598 ff.
[255] BAG 16. 11. 1989 AP Nr. 8 zu § 29 BAT; dazu *Reinecke*, in: Festschrift für Schaub (1998), S. 593, 600 ff.

2. Vom Anspruchsgegner veranlaßte Fristversäumung

785 Eine erste Fallgruppe der mißbräuchlichen Ausnutzung einer Rechtsposition liegt dann vor, wenn der Berechtigte die fristgemäße Geltendmachung seines Rechts unterließ (*objektive Voraussetzung*) und er hierzu durch ein Verhalten des Anspruchsverpflichteten veranlaßt wurde (*subjektive Voraussetzung*). Für diesen subjektiven Tatbestand genügt ein unbeabsichtigtes Verhalten eines Verpflichteten, aufgrund dessen ein objektiver Dritter in der Lage des Berechtigten darauf vertrauen konnte, der Verpflichtete werde sich nicht auf die Ausschlußfrist berufen.[256] Wer, sei es auch ohne Absicht, durch Abgabe eines Schuldanerkenntnisses bewirkt, daß ein Gläubiger die Schriftform einer Ausschlußklausel nicht einhält, kann sich nicht mit Erfolg auf den Ablauf der Ausschlußfrist berufen.[257] Häufig wird jedoch auch ein doloses Handeln des Verpflichteten vorliegen.[258]

786 **a) Doloses Verhalten. aa)** Eine Berufung auf die Verfallklausel ist dann unzulässig, wenn der Arbeitnehmer darauf vertrauen durfte, der Arbeitgeber werde sich nicht auf die Ausschlußfrist berufen, etwa weil er eine besondere **Zusage** abgegeben hatte.[259] Weiter kann dies z. B. der Fall sein, wenn eine Behörde wegen eines bestimmten Anspruchskomplexes generell allen Arbeitnehmern gegenüber auf die Einrede der Verjährung verzichtet, bei einer späteren Geltendmachung dann aber einwendet, sie habe nicht auf die Einhaltung tariflicher Ausschlußfristen verzichten wollen.

787 **bb)** Der Schuldner muß sich das Gebot von Treu und Glauben entgegenhalten lassen, wenn er den Vertragspartner durch sein Verhalten **treuwidrig daran hindert**, den Anspruch geltend zu machen oder geltend machen zu können.[260] Das ist zu bejahen bei einer falschen Schilderung des Unfallhergangs, die bezweckt, daß der Berechtigte seine Anspruchsberechtigung nicht erkennt.[261] Treuwidrig handelt weiter der Arbeitnehmer, der die dem Arbeitgeber zustehenden Ansprüche verschweigt und ihm dadurch die Möglichkeit nimmt, eine Ausschlußfrist einzuhalten; das gilt jedenfalls für Ansprüche aus einer vorsätzlichen strafbaren Handlung (Diebstahl).[262] Rechtsmißbräuchlich handelt schließlich der Arbeitgeber, der eine geschuldete Abrechnung verzögert und dem Arbeitnehmer dadurch die Geltendmachung der Ansprüche unmöglich macht.[263] Die Frist beginnt in den genannten Fällen erst mit dem Wegfall des Hindernisses für die Geltendmachung zu laufen.

---

[256] Vgl. BAG 27. 3. 1963 AP Nr. 9 zu § 59 BetrVG 1952 (*Neumann-Duesberg*); *Gaul*, Ausschlußfristen, S. 69.
[257] BAG 3. 8. 1971 AP Nr. 66 zu § 611 BGB Haftung des Arbeitnehmers.
[258] S. dazu im folgenden Rnr. 786 ff.; vgl. aus der Rechtsprechung BAG 15. 3. 1960 AP Nr. 11 zu § 4 TVG Ausschlußfristen; 28. 1. 1970 AP Nr. 1 zu § 70 BAT; 6. 9. 1972 AP Nr. 2 zu § 4 BAT; 9. 11. 1973 AP Nr. 77 zu §§ 22, 23 BAT (*Göller*).
[259] BAG 27. 3. 1963 AP Nr. 9 zu § 59 BetrVG 1952; 26. 8. 1960 AP Nr. 6 zu § 4 TVG Ausschlußfristen; 22. 12. 1971 AP Nr. 2 zu § 6 LohnFG (*Täns*); LAG Düsseldorf 24. 4. 1953, Betrieb 1953, S. 847; 16. 1. 1963 BB 1963, S. 729.
[260] *Weyand*, Ausschlußfristen, Rnr. 302.
[261] BAG 10. 8. 1967 AP Nr. 37 zu § 4 TVG Ausschlußfristen (*Herschel*).
[262] BAG 6. 5. 1969 AP Nr. 42 zu § 4 TVG Ausschlußfristen (*Rittner*).
[263] Vgl. BAG 24. 6. 1960 AP Nr. 5 (*A. Hueck*); 23. 6. 1961 Nr. 27 (*A. Hueck*); 10. 8. 1967 Nr. 37 (*Herschel*) und 18. 1. 1969 Nr. 41 (*Götz Hueck*) zu § 4 TVG Ausschlußfristen; *Langer*, Ausschlußfristen, Rnr. 212.

Hat der Arbeitgeber zu erkennen gegeben, **er werde auch ohne fristgerechte Geltendmachung leisten**, so kann er sich nicht nachträglich auf die Verfallklausel berufen.[264] Ein Fall des dolosen Verhaltens liegt vor, wenn der Arbeitgeber durch einen falschen Aushang selbst die Unklarheit herbeigeführt hat[265] oder wenn eine Behörde ihren Bescheiden eine unrichtige Rechtsansicht zugrunde legt und sie sich durch Berufen auf die Ausschlußfrist in Widerspruch mit ihrem eigenen Verhalten setzt.[266]

Nicht auf die Verfallklausel berufen kann sich der Arbeitgeber, wenn er den Arbeitnehmer **über den Tarifvertrag getäuscht hat**. Allerdings genügt eine bloß unzutreffende Auskunft des Arbeitgebers nicht, um die Ausschlußfrist entfallen zu lassen.[267] Nicht gefolgt werden kann dem in der Rechtsprechung gelegentlich vertretenen Standpunkt,[268] die Ausschlußfrist sei unanwendbar, wenn über die Anwendung der Tarifbedingungen auf das Arbeitsverhältnis in rechtlicher und tatsächlicher Hinsicht kein Zweifel bestehe und der Arbeitgeber sich trotzdem bewußt oder grob fahrlässig über den Tarifvertrag hinwegsetze, so daß die Berufung auf die Klausel eine offensichtliche Umgehung des Tarifvertrages sanktioniere. Es ist auch Zweck der Ausschlußfristen, daß derjenige, dem ein tariflicher Anspruch zusteht, tätig wird und ihn geltend macht, um die tarifliche Ordnung zu verwirklichen. Der Arbeitgeber kann auch nicht durch die einseitige Erklärung, er zahle unter Vorbehalt, den Beginn der Ausschlußfrist hinausschieben.[269]

Gibt der Arbeitgeber zu verstehen, die Zahlung restlicher Gehaltsansprüche hänge nur von der noch im Prozeß zu klärenden **Wirksamkeit** oder Unwirksamkeit **der Kündigung** ab, so beginnt nach Rechtskraft des Urteils im Kündigungsschutzprozeß die Ausschlußfrist nicht von neuem zu laufen. Nach § 242 BGB ist der Gläubiger verpflichtet, binnen kürzester Zeit Klarheit zu schaffen und Klage zu erheben.[270]

Beiderseitiges bewußtes Hinweggehen über den Tarifvertrag läßt die Verfallklausel unberührt. Wer sich außerhalb der Rechtsordnung stellt, kann nicht deren hilfreiches Eingreifen im Notfall erwarten. Wenn das Bundesarbeitsgericht einem Arbeitgeber die Berufung auf die Verfallklausel verwehrte, als dieser bewußt unrichtige Angaben über das Kleben von Urlaubsmarken gemacht hatte, was der Arbeitnehmer erkennen konnte, so ist dies aus einem poenalen Motiv heraus zu verstehen. Die Urlaubsmarkenregelung sollte unbedingt durchgeführt werden; ein beiderseitiges Hinweggehen über die Regelung wäre einem unzulässigen Verzicht auf die Rechte des Arbeitnehmers nahegekommen.[271]

---

[264] Vgl. BAG 18. 2. 1992 AP Nr. 115 zu § 4 TVG Ausschlußfristen; LAG Hamm 13. 5. 1960, BB 1960, S. 783.
[265] BAG 23. 6. 1961 AP Nr. 27 zu § 4 TVG Ausschlußfristen (*A. Hueck*).
[266] BAG 26. 6. 1962 AP Nr. 1 zu § 6a RegelungsG Berlin.
[267] BAG 22. 1. 1997 AP Nr. 27 zu § 70 BAT = NZA 1997, S. 445.
[268] Vgl. LAG Frankfurt 11. 10. 1950, Betrieb 1951, S. 272; LAG Düsseldorf 18. 3. 1955, Betrieb 1955, S. 511; ArbG Göttingen 9. 3. 1953, RdA 1953, S. 400.
[269] BAG 27. 3. 1996 AP Nr. 26 zu § 70 BAT.
[270] Vgl. BAG 3. 12. 1970 AP Nr. 46 zu § 4 TVG Ausschlußfristen (*Schnorr von Carolsfeld*) = SAE 1972, S. 26 (*Söllner*).
[271] Vgl. BAG 19. 12. 1958 AP Nr. 4 zu § 611 BGB Urlaubskarten.

792 **b) Andere Fälle.** Wenn § 8 auch ohne Sanktion geblieben ist (s. oben Rnr. 734 ff.), so kann er bei Verstoß gegen tarifliche Ausschlußklauseln Bedeutung erlangen: der Arbeitgeber, der gegen § 8 verstoßen hat und eine mündliche Nachforderung des Arbeitnehmers entgegennimmt und sich später – nach Fristablauf – auf die Formvorschrift beruft, handelt arglistig, denn er hätte den Arbeitnehmer sofort auf die Form hinweisen müssen.[272] Das bloße Nichtauslegen des Tarifvertrages allein dagegen reicht zur Berufung auf Rechtsmißbrauch nach § 242 BGB nicht aus; vgl. dazu oben Rnr. 734. Nicht ausreichend ist es weiter, wenn der Arbeitgeber den Arbeitnehmer bei der mündlichen Geltendmachung eines Anspruchs nicht auf die vorgeschriebene tarifliche Schriftform für die Geltendmachung hinweist[273] oder überhaupt einen Hinweis auf die Verfallklausel unterläßt.[274] Den Inhalt des Tarifvertrages muß der Arbeitnehmer kennen oder sich darüber informieren.[275]

793 Hat ein Arbeitgeber zugesagt, im Hinblick auf einen **Musterprozeß** sich auch in den noch nicht entschiedenen oder noch nicht rechtshängig gewordenen Fällen an die ausstehende gerichtliche Entscheidung zu halten, so kann er sich in diesen Fällen nicht mehr auf die Ausschlußfrist berufen.[276] Dagegen sind tarifliche Ausschlußfristen für die Zukunft wieder zu beachten, wenn sich im Betrieb die tatsächlichen Grundlagen für die Vereinbarung über den Musterprozeß erkennbar erheblich geändert haben.[277] Zu weit geht es dagegen, wenn teilweise in der Literatur angenommen wird, eine Berufung auf die Ausschlußfrist sei auch dann nicht möglich, wenn ohne ausdrückliche oder stillschweigende Musterprozeßvereinbarung einige Verfahren aktiv betrieben würden, denen Pilotcharakter zukomme.[278] Der einzelne Betroffene muß sich selbst darum kümmern, ob ein Musterprozeß vorliegt und welche Konsequenzen er haben soll.

3. Persönliche Ausnahmesituationen beim Arbeitnehmer

794 **a) Existenzgefährdung.** Ein weiterer Anwendungsbereich des § 242 BGB kann in Betracht kommen, wenn ein Anspruch nach Grund und Höhe unbestritten ist und bei Ausnutzung der Ausschlußfrist die wirtschaftliche Existenz des Arbeitnehmers gefährdet wäre.[279]

795 **b) Kündigungsdruck.** Ebenso ist zu entscheiden, wenn der Arbeitnehmer während der Ausschlußfrist unter einem starken Kündigungsdruck stand.[280] Allerdings muß es sich um mehr als den "normalen" Kündigungsdruck handeln, unter dem jeder Arbeitnehmer bei der Geltendmachung von Rechten infolge seiner wirtschaftlichen und persönlichen Abhängigkeit steht, sondern um eine darüber hinausgehende besondere Drucksituation (z. B.

---

[272] So zutreffend Hueck/*Nipperdey*, Arbeitsrecht II 1, § 32 III 3, S. 639, Anm. 42.
[273] BAG 30. 3. 1962 AP Nr. 28 zu § 4 TVG Ausschlußfristen *(Schelp)*.
[274] BAG 3. 12. 1970 AP Nr. 9 zu § 5 BUrlG *(Thiele)*.
[275] Vgl. BAG 13. 4. 1956 AP Nr. 2 und 30. 3. 1962 AP Nr. 28 zu § 4 TVG Ausschlußfristen; 27. 3. 1963 AP Nr. 9 zu § 59 BetrVG 1952; 9. 11. 1973 AP Nr. 77 zu §§ 22, 23 BAT *(Göller)*.
[276] *Weyand*, Ausschlußfristen, Rnr. 304 ff.
[277] BAG 18. 2. 1992 AP Nr. 115 zu § 4 TVG Ausschlußfristen.
[278] So *Däubler*, Tarifvertragsrecht, Rnr. 1368; *Kempen*/Zachert, § 4 TVG, Rnr. 287.
[279] LAG Berlin 30. 1. 1978, Betrieb 1979, S. 120; RAG 27. 2. 1940, ARS 38, S. 355, 362; *Nikisch*, Arbeitsrecht II, § 29 VIII 2 c, S. 100; *Weyand*, Ausschlußfristen, Rnr. 712.
[280] Ebenso *Kempen*/Zachert, § 4 TVG, Rnr. 286; *Schaub*, Arbeitsrechts-Handbuch, § 205, VII 2, S. 1721.

infolge Alters geringe Chance für eine angemessene anderweitige Unterbringung usw.).

c) Geltendmachung von Urlaub. Eine tarifliche Verfallklausel des Inhalts, daß ein nicht geltend gemachter Urlaub drei Monate nach Ablauf des Urlaubsjahres erlischt, ist nicht anwendbar, wenn der Arbeitnehmer infolge langdauernder Erkrankung an der Geltendmachung des Urlaubs gehindert war. Der Sinn einer urlaubsrechtlichen Verfallklausel unterscheidet sich von den üblichen tarifvertraglichen Ausschlußfristen.[281]

796

VI. Analoge Anwendung des § 390 Satz 2 BGB

Ist die tarifvertragliche Ausschlußfrist abgelaufen und liegt kein Sonderfall der unzulässigen Berufung auf die Ausschlußfrist vor, so kann mit Forderungen, die im Zeitpunkt der Aufrechnungserklärung infolge Ablaufens der Ausschlußfrist erloschen sind, **nicht mehr aufgerechnet** werden. Im Hinblick auf die Verjährung von Forderungen enthält § 390 Satz 1 BGB ebenfalls die Regelung, daß eine Aufrechnung mit einer verjährten Forderung nicht möglich ist. Jedoch läßt § 390 Satz 2 BGB die Aufrechnung dann zu, wenn die Forderung zu der Zeit, in der sich die Forderungen gegenüber standen, noch nicht verjährt war. Diese aus dem Verjährungsrecht stammende Vorschrift kann auf Verfallklauseln nicht analog übertragen werden.

797

Die Frage war lange Zeit sehr umstritten. Durch Vorlagebeschluß des BAG[282] wurde die Rechtsfrage dem Gemeinsamen Senat der obersten Gerichtshöfe des Bundes vorgelegt. Daraufhin erklärte der VII. Zivilsenat des Bundesgerichtshofs, er halte an der in BGHZ 26, S. 304 geäußerten Rechtsansicht nicht fest (darin hatte der Bundesgerichtshof die analoge Anwendung des § 390 Satz 2 BGB bejaht). Entsprechend wurde das Verfahren vor dem Gemeinsamen Senat nach § 14 Satz 1 RsprEinhG eingestellt.[283] Das BAG weist in seinem Vorlagebeschluß[284] überzeugend darauf hin, daß die tariflichen Ausschlußfristen nach dem ihnen von den Kollektivvertragsparteien gegebenen Sinn und Zweck mit Fristablauf zum völligen Untergang der davon erfaßten Ansprüche führen sollen. Der in Frage stehende Anspruch soll ein für allemal dem Streit der Parteien des Arbeitsverhältnisses entrückt sein; Beweisunterlagen brauchen nach Abschluß der Ausschlußfrist nicht mehr aufbewahrt zu werden.

798

VII. Auslegung

1. Grundsätze

a) Enge Auslegung. Nach Rechtsprechung und überwiegender Ansicht im Schrifttum sind tarifliche Ausschlußklauseln grundsätzlich eng auszulegen, weil dem Gläubiger tarifvertragliche (oder einzelvertragliche oder gesetzlich

799

---

[281] So BAG 6. 6. 1968 AP Nr. 5 zu § 3 BUrlG Rechtsmißbrauch.
[282] BAG 30. 3. 1973 AP Nr. 4 zu § 390 BGB (*Wiedemann*).
[283] Vgl. BAG 30. 3. 1973 AP Nr. 4 und 5 zu § 390 BGB (*Wiedemann*) = SAE 1975, S. 58 (*Misera*).
[284] BAG 30. 3. 1973 AP Nr. 4 zu § 390 BGB.

begründete) Ansprüche genommen werden; entsprechend seien die im Tarifvertrag enthaltenen Ausnahmeregelungen für Ausschlußfristen weit auszulegen.[285]

800 In Anbetracht der **Ordnungsfunktion** der Verfallklauseln könnte es sinnvoll erscheinen, den Verfallklauseln einen möglichst weitgefaßten Anwendungsbereich zu geben. Dafür spricht das mit den Ausschlußklauseln verfolgte Rechtssicherheitsinteresse. Die Rechtsprechung betont jedoch zutreffend das **Rechtsschutzinteresse** der Normadressaten: der einzelne Vertragspartner soll die Ausschlußfrist nur dann wahren müssen, wenn eindeutig erkennbar ist, welche Ansprüche von ihr erfaßt werden und welche nicht. Auslegungsmaßstab muß daher die Vorhersehbarkeit für die typisch betroffene Vertragsgruppe sein: der Verständnishorizont des durchschnittlichen Arbeitnehmers oder Arbeitgebers. Das wird mit der Maxime der „engen Auslegung" zutreffend berücksichtigt. Allerdings kann dieser Grundsatz erst Platz greifen, wenn die Mittel der Auslegung erschöpft sind und dabei kein eindeutiges Ergebnis zu erzielen war.

801 b) **Sonstige Auslegungsgrundsätze.** Ausschlußfristen dürfen wegen ihrer möglicherweise einschneidenden Rechtsfolgen nicht formal ausgelegt werden.[286] Dies darf jedoch auf der anderen Seite nicht dazu führen, daß der von ihnen aufgestellte Grundsatz ins Gegenteil umgekehrt wird. So entbindet eine vom Arbeitgeber erklärte Leistungsverweigerung den Arbeitnehmer nicht von der Einhaltung der Ausschlußfristen.[287]

2. Einzelfälle

802 a) **Ansprüche aus dem Arbeitsverhältnis.** Im Zuge des Bemühens der Tarifvertragsparteien, möglichst viele Ansprüche durch die Ausschlußklausel zu erfassen, hat sich die Formulierung: „Alle Ansprüche aus dem Arbeitsverhältnis" durchgesetzt.[288]

803 aa) **Persönlicher Umfang.** Unter „allen Ansprüchen aus dem Arbeitsverhältnis" müssen sowohl die Ansprüche des Arbeitnehmers als auch die des Arbeitgebers verstanden werden.[289] Es kann sich allerdings aus anderen Um-

---

[285] So BAG 17. 7. 1958 AP Nr. 10 zu § 611 BGB Lohnanspruch; AP Nr. 27. 3. 1958 4 und 27. 3. 1958 Nr. 5 zu § 670 BGB *(Schnorr von Carolsfeld)* = SAE 1959, S. 29 *(Horst);* 10. 10. 1957 AP Nr. 12 zu § 1 TVG Auslegung; 13. 12. 1955 AP Nr. 1 zu § 14 TOB; 16. 11. 1965 AP Nr. 30 und 7. 11. 1968 Nr. 38 *(Sieg/Gärtner) zu* § 4 TVG Ausschlußfristen = SAE 1970, S. 9 *(Söllner);* LAG Hamm 19. 9. 1950 AP 1951, Nr. 182 *(Tophoven);* LAG Hamm 1. 7. 1952, BB 1952, S. 718; LAG Düsseldorf 8. 12. 1970, Betrieb 1971, S. 1310; LAG Kiel 23. 11. 1954 AP Nr. 1 zu § 4 TVG Ausschlußfristen *(Tophoven); Gaul,* Ausschlußfristen, S. 48; Hueck/Nipperdey, Arbeitsrecht II 1, § 32 III 3, S. 635; *Leser,* Betrieb 1959, S. 1196, 1197; *ders.,* BB 1961, S. 1088; *ders.,* BB 1968, S. 171; *Waechter,* Betrieb 1966, S. 1808; – krit. dazu *Hofmann,* Anm. zu BAG 18. 1. 1969, SAE 1970, S. 60; *Söllner,* Anm. zu BAG 19. 11. 1968, SAE 1970, S. 11; *H. P. Westermann,* Anm. zu BAG 7. 11. 1969 AP Nr. 1 zu § 340 BGB.
[286] Vgl. RAG 8. 7. 1936, ARS 27, S. 284, 287 *(Nipperdey);* 8. 8. 1936 28, S. 59; 20. 2. 1937 29, S. 68, 70 *(Volkmar);* Hueck/Nipperdey, Arbeitsrecht II 1, § 32 III 3, S. 635; bedenklich RAG 27. 12. 1935, ARS 25, S. 222.
[287] BAG 27. 3. 1963 AP Nr. 9 zu § 59 BetrVG 1952.
[288] Vgl. § 9 BRTV-Bau.
[289] BAG 1. 12. 1967 AP Nr. 17 zu § 670 BGB *(Isele);* 22. 2. 1972 AP Nr. 3 zu § 70 BAT *(Spiertz).*

ständen, z. B. aus der Tatsache, daß die Geltendmachung der Ansprüche bei der Firmenleitung vorgesehen ist, ergeben, daß nur die Ansprüche der Arbeitnehmer gemeint sind.[290] Entscheidend bleibt also letzten Endes auch hier der erkennbar geäußerte Wille der Tarifvertragsparteien.[291] Sind keine sonstigen Anhaltspunkte vorhanden, so ist anzunehmen, daß die Verfallklauseln nicht einseitig auf Arbeitnehmeransprüche beschränkt sind.[292]

bb) Sachlicher Umfang.[293] In Anbetracht der Ordnungsfunktion der Verfallklauseln sind mit „Ansprüche aus dem Arbeitsverhältnis" oder „Ansprüche aus dem Arbeitsvertrag" grundsätzlich alle denkbaren Ansprüche gemeint, die mit dem Arbeitsverhältnis im Zusammenhang stehen. Darunter fallen auch Ansprüche aus dem **Arbeitnehmerfindungsgesetz**. Falls in diesem schon Fristen enthalten sind, wie z. B. in § 6 ArbNErfG für die Inanspruchnahme durch den Arbeitgeber, stellen die tariflichen Verfallklauseln Verlängerungen oder Verkürzungen der Verfallfrist dar. Dabei bleibt jedoch zu beachten, daß nach § 22 ArbNErfG die Ansprüche aus diesem Gesetz zugunsten der Arbeitnehmer auch für Kollektivvereinbarungen unabdingbar sind.[294]

(2) In der Rechtsprechung des BAG und im Schrifttum ist die Frage stark umstritten, ob auch Ansprüche, die sowohl auf der *Verletzung arbeitsvertraglicher Pflichten* als auch auf einer **vorsätzlichen strafbaren Handlung** beruhen, unter die Ausschlußfristen fallen. Der 4. Senat des BAG[295] vertritt dazu die Auffassung, Ansprüche aus unerlaubter Handlung fielen auch dann nicht unter die Verfallklausel „Ansprüche aus dem Arbeitsverhältnis" oder „Ansprüche aus dem Arbeitsvertrag", wenn der Schadenersatzanspruch aus unerlaubter Handlung mit einem vertraglichen Schadenersatzanspruch zusammenfällt.[296] Dieser Auffassung sind der 1. Senat,[297] der 3. Senat[298] und der 5. Senat[299] mit Recht entgegengetreten.[300] Daß für konkurrierende vertragliche

---

[290] Vgl. BAG 27. 9. 1967 AP Nr. 1 zu § 1 TVG Tarifverträge: Fernverkehr *(Crisolli);* LAG Düsseldorf 2. 1. 1959, BB 1959, S. 447.
[291] LAG Düsseldorf 2. 1. 1959, BB 1959, S. 447; ArbG Hamm, 1. 2. 1962 BB 1962, S. 336; BAG 15. 3. 1960 AP Nr. 13 zu § 611 BGB Akkordlohn; LAG Stuttgart 17. 9. 1954 AP Nr. 2 zu § 611 BGB Haftung des Arbeitnehmers *(A. Hueck).*
[292] BAG 10. 8. 1967 AP Nr. 37 zu § 4 TVG Ausschlußfristen.
[293] Zum sachlichen Umfang der Klausel „Alle Ansprüche aus dem Arbeitsverhältnis" vgl. zunächst oben Rnr. 737 ff.
[294] *Reimer/Schade/Schippel,* Das Recht der Arbeitnehmererfindung, 6. Aufl. 1993, § 22 ArbNErfG, Rnr. 2 f.
[295] BAG 28. 6. 1967 AP Nr. 36 zu § 4 TVG Ausschlußfristen.
[296] Ebenso *Etzel,* RdA 1968, S. 179, 180 ff.; *Krevet,* BB 1969, S. 185; *Langer,* Ausschlußfristen, Rnr. 129; *C. Müller,* RdA 1968, S. 471, 472 ff.; *E. Wolf,* Anm. zu BAG 8. 2. 1972 AP Nr. 49 zu § 4 TVG Ausschlußfristen.
[297] BAG 6. 5. 1969 AP Nr. 42 *(Rittner)* und 8. 2. 1972 Nr. 49 *(E. Wolf)* zu § 4 TVG Ausschlußfristen; 30. 9. 1970 AP Nr. 2 *(Göller)* und 22. 2. 1972 Nr. 3 *(Spiertz)* zu § 70 BAT.
[298] BAG 10. 8. 1967 AP Nr. 37 zu § 4 TVG Ausschlußfristen.
[299] BAG 10. 1. 1974 AP Nr. 54 zu § 4 TVG Ausschlußfristen *(Wiedemann).*
[300] Ebenso Erdmann, Betrieb 1968, S. 352 ff.; *Herschel,* Anm. zu BAG 10. 8. 1967 AP Nr. 37 zu § 4 TVG Ausschlußfristen; *Leser,* BB 1968, S. 171, 173; *Rittner,* Anm. zu BAG 6. 5. 1969 AP Nr. 42 zu § 4 TVG Ausschlußfristen; *Sieg,* Anm. zu BAG 28. 6. 1967 AP Nr. 36 zu § 4 TVG Ausschlußfristen; weitere Nachweise bei BAG 10. 8. 1967 AP Nr. 37, 6. 5. 1969 Nr. 42 und 10. 1. 1974 Nr. 54 zu § 4 TVG Ausschlußfristen sowie oben Rnr. 737.

und deliktische Schadenersatzansprüche verschiedene Vejährungsfristen gelten (§§ 195 ff., 852 BGB), ist kein Argument dafür, unerlaubte Handlungen aus den Ausschlußfristen auszuklammern, zumal Wechselwirkungen zwischen den verschiedenen Ansprüchen auch sonst durchaus anerkannt sind.[301]

806 Nach Ansicht der Rechtsprechung werden auch **Lohnsteuererstattungsansprüche**[302] sowie überzahlte Krankenkassenbeiträge[303] erfaßt.[304]

807 (3) Bei der Auslegung ist allein maßgebend, was die Parteien mit der weitgehenden Fassung der Verfallklauseln beabsichtigt haben.[305] Soweit zwingende rechtliche Erfordernisse nicht im Wege stehen, ist dem Willen der Tarifvertragsparteien zur Geltung zu verhelfen. Dem Ziel der Verfallklauseln, Rechtsklarheit und Rechtssicherheit herbeizuführen, entspricht es am ehesten, wenn alle Ansprüche aus einem **einheitlichen Lebensvorgang** nach einer gewissen Zeit jedem rechtlichen Streit entzogen sind. Anknüpfungspunkt ist deshalb für die Tarifvertragsparteien weniger die Art des Anspruchs als vielmehr der Anlaß seines jeweiligen Entstehens.[306] Hat ein Arbeitnehmer z. B. Eigentum seines Arbeitgebers anläßlich der Ausführung der Arbeit beschädigt und ist er dafür unter Berücksichtigung der Grundsätze über die schadensgeneigte Arbeit ersatzpflichtig, so würde ihm schwerlich einleuchten, wenn man ihm einige Zeit nach Ablauf der Verfallfrist, nachdem er sich darauf eingestellt hat, daß er nicht mehr in Anspruch genommen werden kann, die Auskunft gäbe, daß zwar die vertraglichen Ansprüche seines Arbeitgebers verfallen seien, er aber dennoch unter dem Gesichtspunkt der unerlaubten Handlung den von ihm angerichteten Schaden wiedergutzumachen habe. Daß zwischen Arbeits- und Tarifvertragsparteien nicht die rechtliche Klassifizierung, sondern der Lebenssachverhalt im Vordergrund steht, hat sich auch in § 2 Abs. 1 Satz 3 ArbGG niedergeschlagen, wonach Ansprüche aus unerlaubten Handlungen, die mit dem Arbeitsverhältnis in Zusammenhang stehen, ebenfalls in die Zuständigkeit der Arbeitsgerichte fallen.[307]

808 **b) Ansprüche aus mit Strafe bedrohten Handlungen.** Fraglich ist, ob mit Ansprüchen aus mit Strafe bedrohten Handlungen nur solche gemeint sind, bei denen sich die Straftat unmittelbar gegen den Arbeitgeber richtet, oder ob auch sonstige strafbare Handlungen ausreichen.[308] Nach der ersten Auffassung könnte ein Verstoß gegen § 823 Abs. 2 BGB in Verbindung mit den Verkehrsvorschriften nicht unter die Verfallklausel fallen, da diese keine Schutzgesetze zugunsten des Arbeitgebers darstellen. Es erscheint

---

[301] Vgl. dazu *Georgiades,* Die Anspruchskonkurrenz im Zivilrecht und Zivilprozeßrecht, 1968.
[302] BAG 14. 6. 1974 AP Nr. 20 und 20. 3. 1984 Nr. 22 zu § 670 BGB.
[303] BAG 15. 3. 1960 AP Nr. 11 zu § 4 TVG Ausschlußfristen.
[304] Ebenso *Weyand,* Ausschlußfristen, Rnr. 139; a. A. *Kempen/Zachert,* § 4 TVG Rnr. 270: Die Ansprüche seien im Kern öffentlich-rechtlich.
[305] Vgl. *Herschel,* Anm. zu BAG 10. 8. 1967 AP Nr. 37 zu § 4 TVG Ausschlußfristen; *ders.,* in: Festschrift für Molitor (1962), S. 162, 184; *Kempen/Zachert,* § 4 TVG, Rnr. 254 ff.; *Hagemeier,* in: Festschrift für Molitor (1962), S. 162, 184.
[306] Vgl. BAG 10. 8. 1967 AP Nr. 37 zu § 4 TVG Ausschlußfristen.
[307] A. A. *Kiefer,* NZA 1988, S. 785, 787.
[308] Zu vorsätzlich begangenen strafbaren Handlungen s. BAG 6. 5. 1969 AP Nr. 42 und 12. 7. 1972 Nr. 51 zu § 4 TVG Ausschlußfristen.

aber zweifelhaft, ob die Tarifvertragsparteien an den Begriff „Schutzgesetze" anknüpfen wollten; vielmehr ist wahrscheinlicher, daß sie bei dieser Regelung bestimmte Handlungskomplexe im Auge hatten. Alle Ansprüche aus diesem Komplex – aus welchen Gründen die Strafdrohung auch immer bestand – sollten später ausgeschlossen sein als die anderen Ansprüche. Der Grund dafür dürfte darin zu sehen sein, daß dem Gläubiger Gelegenheit gegeben werden sollte, das Strafverfahren abzuwarten, um nach Klärung der Schuldfrage die Entscheidung darüber treffen zu können, ob eine Geltendmachung der Ansprüche tunlich sei. Dieser Grund liegt bei Verkehrsverstößen in verstärktem Maße vor, da Schadenersatzansprüche dieser Art nach Erfahrungen der Praxis zu den typischen Sachverhalten des Arbeitslebens gehören.[309] Da Anknüpfungspunkt für die tariflichen Verfallklauseln ein einheitlicher Lebensvorgang ist, entfallen mit den deliktischen Ansprüchen auch eventuell bestehende vertragliche Ansprüche.

c) Andere Ansprüche. Ansprüche wegen unzulässigen Abkaufs von Mehrarbeit und damit wegen ungerechtfertigter Herabsetzung des Tariflohns fallen nicht unter die in einer Verfallklausel genannten „Forderungen wegen Mehrarbeit".[310] Ausschlußfristen für „Beschwerden wegen unrichtiger Ermittlungen oder Errechnung des Lohnes" betreffen nur die vom Irrtum über die Arbeitstatsachen und die vom Rechenirrtum beeinflußte Lohnermittlung und Lohnabrechnung, nicht dagegen die untertarifliche Bezahlung.[311]

d) Nicht betroffene Ansprüche. Nicht unter die Verfallklausel „Ansprüche aus dem Arbeitsvertrag" fallen Ansprüche aus Verletzung des Persönlichkeitsrechts (Schmerzensgeld), soweit damit nicht eine Verletzung der vertraglichen Fürsorgepflicht geltend gemacht wird;[312] des weiteren nicht Ansprüche auf Karenzentschädigung, die regelmäßig erst wesentlich später als nach Ablauf der Verfallfrist entstehen.[313] Nicht unter die Ausschlußfrist des § 70 Abs. 2 BAT § 67 Abs. 2 MTA) fallen Ansprüche des Arbeitnehmers gegen den Arbeitgeber auf Verschaffung einer Zusatzversorgung oder Schadensersatzansprüche gegen den Arbeitgeber wegen unterlassener Zusatzversorgung.[314] Allgemein werden im Zweifel nicht von der Verfallklausel erfaßt die Ansprüche auf Herausgabe des Eigentums (z. B. der Anspruch auf Herausgabe der Lohnnachweiskarte im Baugewerbe[315]).

---

[309] So auch BAG 29. 11. 1957 AP Nr. 3 zu § 4 TVG Ausschlußfristen; kritisch *Sieg* und *Gärtner*, Anm. zu BAG 19. 11. 1968 AP Nr. 40 zu § 4 TVG Ausschlußfristen.
[310] BAG 17. 7. 1958 AP Nr. 10 zu § 611 BGB Lohnanspruch; *Waechter*, Betrieb 1966, S. 1808.
[311] BAG 10. 10. 1957 AP Nr. 12 zu § 1 TVG Auslegung.
[312] BAG 25. 4. 1972 AP Nr. 9 zu § 611 BGB Öffentlicher Dienst; vgl. dazu auch *Wiese*, ZfA 1971, S. 273, 278.
[313] BAG 24. 4. 1970 AP Nr. 25 zu § 74 HGB *(Simitis)*; sowie auch nicht Ansprüche aus der Tätigkeit als Betriebsratsmitglied, BAG 30. 1. 1973 AP Nr. 3 zu § 40 BetrVG *(Buchner)*.
[314] BAG 12. 1. 1974 AP Nr. 5, 24. 5. 1974 Nr. 6, 15. 5. 1974 Nr. 7 zu § 242 BGB Ruhegehalt – VBL.
[315] Vgl. LAG Düsseldorf 13. 11. 1953, BB 1954, S. 29; LAG Stuttgart 12. 12. 1952, AP 1954, Nr. 31; *Schmidt*, BB 1957, S. 825, 826 (wohl aber der Leistungsanspruch auf richtige Ausfüllung der Lohnnachweiskarte; so LAG Düsseldorf 15. 7. 1970, Betrieb 1970, S. 1934). Zum Verhältnis von § 70 zur ADO für übertarifliche Angestellte vgl. LAG Berlin 5. 9. 1974, AuR 1975, S. 154 (Leitsatz).

3. Fristbeginn

811 **a) Fälligkeit.** Die tarifliche Ausschlußfrist beginnt frühestens mit der Fälligkeit des Anspruchs. Durch die Erklärung, er zahle nur unter Vorbehalt, kann der Arbeitgeber den Beginn der Ausschlußfrist nicht hinausschieben.[316] Bei Mutter- oder Stammrechten ist der nach Zeitabschnitten oder nach anderen Voraussetzungen entstehende *Einzelanspruch* maßgebend. Die Frist für Ansprüche beginnt dann zu laufen, wenn der Anspruchsberechtigte den Anspruch rechtlich und tatsächlich geltend machen kann.[317]

812 In der Literatur wird vielfach gefragt, ob es bei dem objektiven Fälligkeitsbegriff des § 271 BGB bleiben kann, oder ob für Ausschlußklauseln ein **spezifischer Fälligkeitsbegriff** mit subjektiven Elementen gilt. Die Rechtsprechung erscheint uneinheitlich; sie hat sich aber teilweise auch außerhalb des Bereichs der Schadensersatzansprüche (dazu näher unten Rnr. 814 ff.) und teilweise bei Bereicherungsansprüchen[318] mehr einem subjektiven Fälligkeitsbegriff zugewendet. Nach Ansicht des Bundesarbeitsgerichts[319] entspricht es dem Zweck solcher Fristen, daß der damit verbundene Rechtsverlust nur dann eintritt, wenn der Berechtigte die anspruchsbegründenden Tatsachen kennt oder ohne Fahrlässigkeit kennen konnte. Die notwendigen Differenzierungen seien aufgrund der jeweiligen Tarifrechtslage und der hierdurch beeinflußten Möglichkeit subjektiv-tatsächlicher Geltendmachung anhand des allgemeinen Zwecks von Ausschlußklauseln vorzunehmen.[320]

813 In der Literatur wird teilweise[321] ein subjektiver Fälligkeitsbegriff vertreten. Er wird begründet mit der Unübersichtlichkeit der Abrechnungsvorgänge und des Tarifsystems. Im übrigen müßten auf der Arbeitgeberseite höhere Anforderungen an das Kennenmüssen gestellt werden, da dort meist eine Personalabteilung tätig werde. Durch den subjektiven Ansatz wird jedoch die Funktion der Ausschlußklauseln ausgehebelt.[322] Im übrigen spielt die Höhe des Anspruchs nur selten eine Rolle. Es reicht aus, wenn der Anspruch dem Grunde nach geltend gemacht wird.

814 **aa)** Bei Schadensersatzansprüchen **wegen eigener Schäden** ist zunächst erforderlich, daß der Schaden entstanden ist.[323] Weiterhin ist Voraussetzung der Fälligkeit, daß der Arbeitgeber den Schaden kennt oder kennen muß.[324] Die Stellungnahme der Rechtsprechung ist nicht einheitlich.[325] Knüpft der

---

[316] BAG 27. 3. 1996 AP Nr. 26 zu § 70 BAT.
[317] S. zum Ganzen *Kiefer*, NZA 1988, S. 785; *Vögele*, NZA 1988, S. 190; *ders.*, NZA 1989, S. 590; zum Fristbeginn bei der zweistufigen Ausschlußklausel s. unten Rnr. 835.
[318] BAG 14. 9. 1994 AP Nr. 127 zu § 4 TVG Ausschlußfristen = NZA 1995, S. 897.
[319] BAG 16. 11. 1965 AP Nr. 30, 12. 7. 1972 Nr. 51, 26. 5. 1981 Nr. 71, 16. 5. 1984 Nr. 85, 27. 11. 1984 Nr. 89, 19. 3. 1986 Nr. 95 zu § 4 TVG Ausschlußfristen; 22. 2. 1972 AP Nr. 3 zu § 70 BAT.
[320] BAG 16. 5. 1984 AP Nr. 85 zu § 4 TVG Ausschlußklauseln.
[321] *Vögele*, NZA 1988, S. 190 ff.
[322] *Kiefer*, NZA 1988, S. 190 ff.; *Löwisch*/Rieble, § 1 TVG, Rnr. 486; *Reinecke*, in: Festschrift für Schaub (1998), S. 593, 597.
[323] BAG 25. 1. 1967 AP Nr. 35 zu § 4 TVG Ausschlußfristen (*Sieg*).
[324] *Kempen*/Zachert, § 4 TVG, Rnr. 282.
[325] Vgl. BAG 3. 2. 1961 AP Nr. 14, 16. 3. 1966 Nr. 32, 16. 3. 1966 Nr. 33, 8. 1. 1970 Nr. 43 und 16. 12. 1971 Nr. 48 zu § 4 TVG Ausschlußfristen; BAG 18. 1. 1966

Tarifvertrag den Beginn der Frist an die Ablehnung durch den Vertragspartner, so ist die erstmalige eindeutige Mitteilung des ablehnenden Standpunktes maßgebend.³²⁶

bb) Die Verfallfrist für **Regreßansprüche** beginnt zu laufen, wenn der Arbeitgeber den entstandenen Schaden kennt oder kennen muß. Das bedeutet einerseits, daß die Frist nicht vor der Möglichkeit der Kenntnis der Schlechterfüllung beginnt, andererseits aber auch nicht erst dann, wenn der Arbeitgeber selbst von einem Dritten in Anspruch genommen wird. Der Arbeitgeber ist zu einer internen Kontrolle verpflichtet, ob eine Vertragspflichtverletzung des Arbeitnehmers vorliegt. Zu unterscheiden ist dabei zwischen offenen und verdeckten Schäden.

Die Rechtsprechung des Bundesarbeitsgerichts war zunächst widersprüchlich.³²⁷ Die im Text dargestellte Auffassung entspricht aber **nunmehr einhelliger Ansicht** in Rechtsprechung und Schrifttum. In einem Urteil vom 1974³²⁸ stellte das BAG fest, daß Schadensersatzansprüche erst dann fällig werden, wenn der betreffende Anspruch entstanden ist und wenigstens einigermaßen beziffert werden kann. Nach einem Urteil von 1981³²⁹ wird ein Schadensersatzanspruch des Arbeitgebers erst fällig, wenn er feststellbar ist und geltend gemacht werden kann. Dies ist der Fall, sobald der Geschädigte in der Lage ist, sich den erforderlichen Überblick ohne schuldhaftes Zögern zu verschaffen. Allerdings hat das BAG später³³⁰ festgestellt, es bestehe kein allgemeiner Rechtsgrundsatz des Inhalts, daß der Arbeitgeber stets gehalten sei, einen zur selbständigen Erledigung bestimmter Arbeitsleistungen verpflichteten Arbeitnehmer fortlaufend zu überwachen und dessen einzelne Arbeiten jeweils unverzüglich nach ihrem Abschluß zu überprüfen. Vielmehr könnten Art und Umfang der Kontrollpflicht des Arbeitgebers nur von der jeweiligen Fallgestaltung her bestimmt werden. Diesen Ausführungen ist zuzustimmen, wobei die Unterscheidung zwischen **offenen und verdeckten Schäden** zugrundezulegen ist. Der Arbeitgeber hat zwar eine Kontrollpflicht, sie bezieht sich aber nur auf bei der erforderlichen Prüfung feststellbare Mängel. Bei versteckten Mängeln ist die Schlechtleistung erst dann feststellbar, wenn der Arbeitgeber erfährt, daß er für die Mängel des Werkes im Sinne des § 633 BGB gegenüber seinem Auftraggeber einzustehen hat.³³¹

AP Nr. 37 zu § 611 BGB Haftung des Arbeitnehmers; LAG Düsseldorf 15. 7. 1970, Betrieb 1970, S. 1935 (Arbeitgeber muß sich von einem noch nicht entdeckten und noch nicht gerügten Schaden infolge fehlerhafter Arbeit Kenntnis verschaffen); LAG Baden-Württemberg (Mannheim) 15. 11. 1965, Betrieb 1966, S. 1022 (Fälligkeit ist gegeben, wenn der Anspruch seinem Bestand nach feststellbar und seine Geltendmachung möglich ist).
³²⁶ Vgl. LAG Baden-Württemberg 29. 11. 1958, BB 1959, S. 489; BAG 18. 1. 1966 AP Nr. 37 zu § 611 BGB Haftung des Arbeitnehmers.
³²⁷ Vgl. BAG 3. 2. 1961 AP Nr. 14 zu § 4 TVG Ausschlußfristen (*G. Hueck*) einerseits, 16. 3. 1966 AP Nr. 32 zu § 4 TVG Ausschlußfristen (*G. Hueck*) andererseits und dann wiederum 20. 10. 1970 AP Nr. 44 zu § 4 TVG Ausschlußfristen (*Lieb*).
³²⁸ BAG 17. 10. 1974 AP Nr. 55 zu § 4 TVG Ausschlußfristen (*Wiedemann*).
³²⁹ BAG 26. 5. 1981 AP Nr. 71 zu § 4 TVG Ausschlußfristen.
³³⁰ BAG 16. 5. 1984 AP Nr. 85 zu § 4 TVG Ausschlußfristen (*Seibert/Lück*).
³³¹ BAG 24. 4. 1974 AP Nr. 4 zu § 611 BGB Akkordkolonne = BB 1974, S. 1208.
– Im Ergebnis stimmen mit der hier vertretenen Meinung überein LAG Düsseldorf
(Fortsetzung der Fußnote nächste Seite)

817 cc) Bei **Freistellungsansprüchen** des Arbeitnehmers tritt die Fälligkeit im bürgerlichrechtlichen Sinne ebenfalls mit Eintritt des Schadens ein.[332] Die Verfallfrist beginnt dagegen erst mit der tatsächlichen Inanspruchnahme des Arbeitnehmers durch den Dritten. Die Ungleichbehandlung von Arbeitnehmer und Arbeitgeber in dieser Hinsicht ist dadurch gerechtfertigt, daß dem Arbeitnehmer nicht zugemutet werden kann, sich selbst beim Arbeitgeber einer Verletzungshandlung zu bezichtigen, bevor er nicht weiß, ob er auch tatsächlich in Anspruch genommen wird.[333] Muß nach einer Verfallklausel der auf Freistellung gerichtete Schadensersatzanspruch geltend gemacht werden, so läuft keine neue Ausschlußfrist, wenn der Freistellungsanspruch in einen Zahlungsanspruch übergeht.[334]

818 dd) Nach ständiger Rechtsprechung kann ein Arbeitgeber, der vom Finanzamt wegen zu wenig einbehaltener Lohnsteuer in Anspruch genommen wird, vom Arbeitnehmer die **Erstattung** der für diesen gezahlten Lohnsteuer verlangen.[335] Bezüglich des Beginns der Verfallfrist hatte das Bundesarbeitsgericht[336] ursprünglich ausgeführt, die tarifliche Ausschlußfrist beginne bereits mit der Abrechnung und Auszahlung des Lohnes und nicht erst mit der späteren Nachforderung der nicht einbehaltenen Steuerbeträge durch das Finanzamt zu laufen. Spätere Entscheidungen[337] sind davon mit Recht wieder abgerückt. Der Erstattungsanspruch des Arbeitgebers gegen den Arbeitnehmer wird fällig mit dem Erlaß des Haftungsbescheides und der Abführung der Steuern.

819 Das Beschreiten des **Rechtswegs** zum Finanzgericht hemmt den Fristablauf nicht. Unabhängig von der Ausschlußfrist ist in derartigen Fällen zu prüfen, ob der Arbeitgeber nicht seine Fürsorgepflicht verletzt hat, indem er den Lohnsteuerabzug nicht richtig berechnet hat. Bei schuldhafter Verletzung der Fürsorgepflicht ist der Arbeitgeber dem Arbeitnehmer zum Ersatz des daraus entstandenen Vertrauensschadens verpflichtet, der mit der zu wenig abgeführten Steuer nicht identisch ist.

820 Verstößt eine Leistung an Arbeitnehmer gegen den **Gleichheitssatz**, so kann die ungerechtfertigte Privilegierung den Arbeitgeber zur Rückforderung berechtigen. In diesem Fall muß er aber nach Ansicht des Bundesarbeitsgerichts von dem Zeitpunkt an, in dem ihm die mögliche Unwirksam-

---

(Fortsetzung der Fußnote von Seite 1233)
29. 4. 1974, Betrieb 1974, S. 1870, 1871; *Kempen/Zachert*, § 4 TVG, Rnr. 277 f.; wohl auch *Hofman*, Anm. zu BAG 16. 3. 1966 SAE 1967, S. 57; *Stahlhacke*, BB 1967, S. 1487, 1489; *Weyand*, Ausschlußfristen, Rnr. 175 f.
[332] *Weyand*, Ausschlußfristen, Rnr. 180; anderer Ansicht BAG 18. 1. 1966 AP Nr. 37 zu § 611 BGB Haftung des Arbeitnehmers.
[333] Im Ergebnis ebenso BAG 18. 1. 1966 AP Nr. 37 zu § 611 BGB Haftung des Arbeitnehmers (G. *Hueck*).
[334] BAG 16. 3. 1995 AP Nr. 129 zu § 4 TVG Ausschlußfristen = Betrieb 1995, S. 1667.
[335] Vgl. BGH AP Nr. 5 zu § 5 ZPO; BAG 27. 3. 1958 AP Nr. 1, 27. 3. 1958 Nr. 2, 27. 3. 1958 Nr. 4, 27. 3. 1958 Nr. 5 (Hinweis), 24. 10. 1958 Nr. 7, 17. 3. 1960 Nr. 8, 23. 3. 1961 Nr. 9, 19. 12. 1963 Nr. 15, 1. 12. 1967 Nr. 17, 5. 12. 1969 Nr. 18, 14. 6. 1974 Nr. 20 und 20. 3. 1984 Nr. 22 zu § 670 BGB.
[336] BAG 1. 12. 1967 AP Nr. 17 zu § 670 BGB (*Isele*) = SAE 1968, S. 165 (*Lieb*).
[337] BAG 5. 12. 1969 AP Nr. 18 (*Weitnauer*) und 14. 6. 1974 Nr. 20 (*Wiedemann*) zu § 670 BGB sowie schließlich BAG 20. 3. 1984 AP Nr. 22 zu § 670 BGB.

keit der Regelung bewußt wird, den Anspruch geltend machen; andernfalls greift die Ausschlußfrist ein.³³⁸

ee) Ist der Anspruch auf eine für den Fall des Vertragsbruchs vereinbarte **Vertragsstrafe** nach der maßgeblichen tariflichen Verfallklausel innerhalb einer bestimmten Frist nach Fälligkeit geltend zu machen, so soll die Ausschlußfrist nach Ansicht des BAG³³⁹ erst zu laufen beginnen, wenn der Arbeitgeber dem Arbeitnehmer erklärt, daß er die Strafe verlange. Die unterschiedliche Behandlung gegenüber Schadensersatzansprüchen des Arbeitgebers soll dadurch gerechtfertigt sein, daß es sich bei dem Vertragsstrafenanspruch um einen verhaltenen Anspruch handele, der zwar schon fällig sei, jedoch erst auf Verlangen des Arbeitgebers erfüllbar werde.

Davon abweichend geht nach *Löwisch*³⁴⁰ der Erfüllungsanspruch mit Ablauf der für ihn geltenden Ausschlußfrist unter, denn er bleibe auch nach dem Entstehen des Strafanspruchs erfüllbar. Von diesem Zeitpunkt an bestehe kein Wahlrecht mehr, und die Ausschlußfrist für den Strafanspruch beginne zu laufen.

Beide Lösungen sind abzulehnen.³⁴¹ Der Arbeitnehmer muß sich nach dem Sinn und Zweck der Verfallklauseln darauf verlassen können, daß nicht nur die primäre Leistung innerhalb des vorgesehenen Zeitraums geltend gemacht wird, sondern auch die Vertragsstrafe. Die dem Arbeitgeber zustehende Wahlmöglichkeit kann nicht zu einer darüberhinausgehenden Erweiterung seiner Rechte führen.³⁴²

ff) Lohnforderungen aus einem nach § 10 Abs. 1 AÜG **fingierten Arbeitsvertrag**, die der Arbeitnehmer gegenüber dem Entleiher geltend macht, werden nach Ansicht des Bundesarbeitsgerichts³⁴³ erst fällig, wenn der Entleiher seine Schuldnerstellung eingeräumt hat. Richtig ist, daß die schwierig zu beantwortende Frage, ob ein Arbeitsverhältnis mit dem Verleiher oder dem Entleiher besteht, nicht auf dem Rücken des Arbeitnehmers ausgetragen werden soll.³⁴⁴

b) Mangelnde Abrechnung. Der Fälligkeitstermin ist dann nicht für den Beginn der Ausschlußfrist entscheidend, wenn der Arbeitgeber dem Arbeitnehmer eine Abrechnung zu erteilen hat und ohne Abrechnung eine Überprüfung des ausgezahlten Betrages unmöglich oder unzumutbar ist. Unsicherheit besteht über die richtige rechtsdogmatische Einordnung der Lösung.³⁴⁵ Das Bundesarbeitsgericht hat entschieden,³⁴⁶ daß sich der Arbeitgeber nach Treu und Glauben nicht auf eine Versäumung der Ausschlußfrist berufen könne, solange er noch nicht die notwendige Abrechnung erteilt ha-

---

³³⁸ BAG 28. 5. 1996 AP Nr. 143 zu § 3 1 TVG Tarifverträge: Metallindustrie.
³³⁹ BAG 7. 11. 1969 AP Nr. 1 zu § 340 BGB (*H. P. Westermann*) = SAE 1972, S. 93 (*W. Blomeyer*).
³⁴⁰ *Löwisch*/Rieble, § 1 TVG, Rnr. 491.
³⁴¹ Gegen die Ansicht des BAG auch *Kempen*/Zachert, § 4 TVG, Rnr. 279.
³⁴² Kritisch zur BAG-Entscheidung v. 7. 11. 1969 auch *W. Blomeyer*, SAE 1971, S. 94,95, der allerdings der Entscheidung im Ergebnis zustimmt.
³⁴³ BAG 27. 7. 1983 AP Nr. 6 zu § 10 AÜG.
³⁴⁴ Vgl. *Wank*, Anm. zu BAG 15. 6. 1983, SAE 1985, S. 74, 78.
³⁴⁵ *Kiefer*, NZA 1988, S. 766 ff. spricht von einem Scheinproblem.
³⁴⁶ BAG 24. 6. 1960 AP Nr. 5, 23. 6. 1961 Nr. 27, 10. 8. 1967 Nr. 37 und 18. 1. 1969 Nr. 41 zu § 4 TVG Ausschlußfristen.

be. Richtig ist demgegenüber, daß die Fälligkeit bis zur Abrechnung hinausgeschoben wird.[347]

826 Allerdings ist der Lauf der Verfallfrist nur solange gehemmt, wie die fehlende Abrechnung noch verlangt werden kann. Wenn der Arbeitnehmer den Anspruch auf Abrechnung also nicht innerhalb der Ausschlußfrist geltend macht, so beginnt in dem Zeitpunkt der Lauf der Frist für den Zahlungsanspruch.

827 Hat der Arbeitgeber eine Abrechnung erteilt, so ist der darin enthaltene Auszahlungsbetrag zwischen den Parteien streitlos gestellt.[348] Das bedeutet, daß der Arbeitnehmer diesen Betrag nicht innerhalb der tariflichen Ausschlußfrist geltend zu machen braucht.[349] Entgegen der Ansicht des Bundesarbeitsgerichts[350] gehört auch das Aufmaß der Akkordarbeiten zur Lohnabrechnung beim Akkord.

828 Zu einer Hemmung der Frist kommt es nicht, wenn der Arbeitnehmer auch ohne eine gesetzlich oder tariflich vorgesehene Lohnabrechnung die Ansprüche hätte rechtzeitig geltend machen können, z. B. im Wege der Stufenklage. Kennt der Arbeitnehmer die Stundenzahl, so kann er rechtzeitig nicht bezahlte Überstunden geltend machen und auch gegebenenfalls Klage erheben.[351]

829 **c) Unkenntnis bezüglich des Anspruchs.** Für Ansprüche eines Arbeitnehmers aus einer Gruppenlebensversicherung beginnt die Ausschlußfrist erst zu laufen, wenn der Arbeitnehmer von seinem Anspruch sichere **Kenntnis** hat.[352]

830 **d) Vertragsende.** Neben der Fälligkeit wird für den Fristbeginn auch häufig auf das Vertragsende, auf das Ausscheiden aus dem Betrieb, abgestellt. In diesem Fall ist im Zweifel nicht die tatsächliche, sondern die **rechtliche Beendigung** des Arbeitsverhältnisses gemeint.[353] Beim Wiedereinstellungsanspruch nach Entlassung wegen Schlechtwetters im Baugewerbe beginnt die Frist erst, wenn die Möglichkeit der Wiedereinstellung gegeben war.[354] Schwebt über die Beendigung des Arbeitsverhältnisses ein Rechtsstreit, so beginnt die Frist u. U. erst mit der Rechtskraft des Urteils.[355] Auch bei Vertragsbruch beginnt die Ausschlußfrist mit dem rechtlichen Ende des Arbeitsverhältnisses.[356]

831 Nach einer neuen Entscheidung des Bundesarbeitsgerichts[357] kann der Arbeitnehmer einen Anspruch schon vor Beendigung des Arbeitsverhältnisses schriftlich geltend machen, wenn eine zweistufige tarifliche Ausschlußklausel

---

[347] So auch LAG Baden-Württemberg 6. 3. 1986, Betrieb 1986, S. 2677.
[348] BAG 20. 10. 1982 AP Nr. 76 zu § 4 TVG Ausschlußfrist.
[349] BAG 29. 5. 1985 AP Nr. 92 zu § 4 TVG Ausschlußfristen.
[350] BAG 6. 11. 1985 AP Nr. 93 zu § 4 TVG Ausschlußfristen.
[351] Vgl. LAG Baden-Württemberg 30. 11. 1962 AP Nr. 29 zu § 4 TVG Ausschlußfristen.
[352] ArbG Ludwigshafen 8. 12. 1971, ARSt 1972, S. 66, Nr. 74.
[353] BAG 3. 12. 1970 AP Nr. 45 zu § 4 TVG Ausschlußfrist (*Herschel*); BAG 30. 3. 1989 EzA § 4 TVG Ausschlußfristen Nr. 79; Hueck/*Nipperdey*, Arbeitsrecht II 1, § 32 III 3, S. 637; *Tophoven*, AP 1954, Nr. 33; *Leser*, AuR 1955, S. 356, 358.
[354] LAG Düsseldorf 9. 11. 1954, BB 1955, S. 66.
[355] Vgl. BAG 3. 12. 1970 AP Nr. 45 zu § 4 TVG Ausschlußfristen (*Herschel*); ArbG Hamburg 12. 4. 1960, BB 1960, S. 905.
[356] LAG Düsseldorf 21. 1. 1970, Betrieb 1970, S. 981.
[357] BAG 23. 3. 1996 AP Nr. 134 zu § 4 TVG Ausschlußfristen.

eine schriftliche Geltendmachung nach Beendigung des Arbeitsverhältnisses vorsieht. Allerdings beginnt die im Tarifvertrag vorgesehene Bedenkzeit für den Arbeitgeber dann erst ab Fälligkeit des Anspruchs zu laufen.

Auch bei pauschalem Abstellen auf die Beendigung des Arbeitsverhältnisses für den Beginn der Verfallfrist können mit einer entsprechenden Klausel nicht die Ansprüche gemeint sein, die zur Zeit der Beendigung des Arbeitsverhältnisses **noch nicht fällig**, vielleicht noch nicht einmal entstanden sind; in diesen Fällen kann die Ausschlußfrist erst mit Fälligkeit des Anspruchs zu laufen beginnen. Das entspricht im Zweifel auch dem Willen der Tarifvertragsparteien.[358] Bei Ansprüchen auf Karenzentschädigung ist zu prüfen, ob für sie die Ausschlußfrist paßt.[359]

Knüpft eine tarifliche Ausschlußfrist an das Ausscheiden aus dem Arbeitsverhältnis an, so gilt der Fall des **Betriebsübergangs** für den Arbeitgeber als Ausscheiden aus dem Arbeitsverhältnis; Ansprüche gegen den Arbeitgeber unterliegen ab dem Zeitpunkt des Betriebsübergangs der Ausschlußfrist.[360]

e) Mehrere Verfallfristen. Sieht der Tarifvertrag eine Ausschlußfrist für das laufende Arbeitsverhältnis und eine zweite – meist kürzere – für die Geltendmachung von Ansprüchen nach Beendigung des Arbeitsverhältnisses vor, so muß der Gläubiger nach Beendigung des Arbeitsverhältnisses seine Ansprüche nicht erneut geltend machen, wenn er sie bereits vor Beendigung rechtzeitig erhoben hat.[361] Ist das Arbeitsverhältnis beendet, so gilt allein die Zweitfrist, selbst wenn die erste an sich noch läuft. Der Arbeitnehmer hat also seine Ansprüche, sofern er sie nicht bereits geltend gemacht hat, in jedem Falle innerhalb der für den Fall der Beendigung des Arbeitsverhältnisses maßgebenden Frist geltend zu machen. Bei regelmäßig wiederkehrenden Ansprüchen genügt die einmalige Geltendmachung.[362] Etwas anderes gilt dann, wenn über die Beendigung des Arbeitsverhältnisses noch ein Kündigungsschutzstreit schwebt. In diesem Fall greift eine kürzere Verfallklausel bei Beendigung des Arbeitsverhältnisses gegenüber der allgemeinen längeren Verfallklausel für das Laufen des Arbeitsverhältnisses nicht Platz.[363]

f) Zweistufige Verfallklausel. In manchen Fällen enthält der Tarifvertrag eine zweistufige Verfallklausel. In einer ersten Stufe muß der Anspruch der anderen Vertragspartei gegenüber *geltend gemacht* werden, in einer zweiten Stufe bedarf es der *gerichtlichen Geltendmachung*. Zweifelhaft ist, wann die Frist für die zweite Stufe zu laufen beginnt. Im Regelfall sieht der Tarifvertrag vor, daß die Frist mit der Ablehnung der Ansprüche durch den Anspruchsgegner läuft. Fehlt es an einer derartigen Regelung im Tarifvertrag, so bejaht die Rechtsprechung im Zweifel eine derartige Regelung durch Auslegung.[364]

---

[358] So BAG 18. 1. 1969 AP Nr. 41 *(G. Hueck)* und 17. 10. 1974 Nr. 55 *(Wiedemann)* zu § 4 TVG Ausschlußfristen.
[359] Verneint von BAG 24. 4. 1970 AP Nr. 25 zu § 74 HGB für den MTV der säge- und holzverarbeitenden Industrie.
[360] BAG 10. 8. 1994 AP Nr. 126 zu § 4 TVG Ausschlußfristen.
[361] Zutreffend LAG Hamm 17. 2. 1956, BB 1956, S. 499.
[362] Vgl. ArbG Wesel 18. 2. 1964, BB 1964, S. 512.
[363] BAG 3. 12. 1970 AP Nr. 45 zu § 4 TVG Ausschlußfristen *(Herschel)*.
[364] Ständige Rechtsprechung, s.u.a. BAG 13. 9. 1984 AP Nr. 86 und 8. 8. 1985 Nr. 94 zu § 4 TVG Ausschlußfristen.

836 Erfolgt die schriftliche Geltendmachung durch den Arbeitgeber im Rahmen einer Kündigungsschutzklage, so gilt das *Bestreiten* der Ansprüche im Prozeß als Ablehnung; die zweite Frist läuft.[365] Das wird damit begründet, daß der (auf Feststellung des Fortbestehens des Arbeitsverhältnisses gerichtete) Antrag des Arbeitnehmers als Geltendmachung der Lohnansprüche gewertet wird und daß dann der Antrag auf Klageabweisung gleichbehandelt werden müsse.[366] Nach der Rechtsprechung[367] soll das aber dann nicht gelten, wenn der Tarifvertrag eine „ausdrückliche Ablehnung" fordert. Diese Differenzierung ist abzulehnen.[368] Die Tarifvertragsparteien sollten das Verhältnis der Kündigungsschutzklage zu den Ausschlußfristen selbst klar regeln.

837 Wenn nach dem Tarifvertrag der Anspruch zwei Monate nach Beendigung des Arbeitsverhältnisses schriftlich geltend zu machen ist, so kann der Anspruch bereits vor der Entscheidung über die Beendigung des Arbeitsverhältnisses geltend gemacht werden. Die tariflich vorgesehene Bedenkzeit des Arbeitgebers beginnt allerdings erst im Zeitpunkt der Fälligkeit des Anspruchs zu laufen.[369]

4. Geltendmachung

838 Im Hinblick auf die Art der Geltendmachung finden sich sowohl Klauseln, die eine „Geltendmachung" verlangen, als auch solche, die eine „schriftliche Geltendmachung" oder eine „gerichtliche Geltendmachung" verlangen sowie Klauseln, die ein zweistufiges Verfahren voraussetzen.

839 **a) Fehlen einer besonderen Formvorschrift.** Bei Fehlen einer besonderen Formvorschrift braucht sich der Arbeitnehmer nicht an den Arbeitgeber zu wenden, es genügt vielmehr jede Erklärung gegenüber einem zur Entgegennahme solcher Meldungen zuständigen Angestellten, wie z. B. dem Polier.[370] Allerdings sehen einige Tarifverträge für die Geltendmachung **besondere Adressaten** vor, wie z. B. das Lohnbüro, die Betriebsbuchhaltung, die Personalabteilung oder den zuständigen Vorgesetzten, und zwar auch für die formlose Geltendmachung.[371]

840 Der Gläubiger kann die Ansprüche entweder persönlich oder durch einen Bevollmächtigten geltend machen. Wegen § 174 BGB empfiehlt es sich, eine schriftliche Vollmacht zu erteilen. Der **Betriebsrat** hat insoweit keine allgemeine Vollmacht, so daß eine Geltendmachung durch den Betriebrat nicht genügt.[372] Möglich ist es dagegen, den Betriebsrat im Einzelfall zu be-

---

[365] BAG 4. 5. 1977 AP Nr. 60 und 8. 8. 1985 Nr. 94 zu § 4 TVG Ausschlußfristen; zuletzt BAG 16. 3. 1995 AP Nr. 129 zu § 4 TVG Ausschlußfristen = Betrieb 1995, S. 1667.
[366] S. BAG 13. 9. 1984 AP Nr. 86 zu § 4 TVG (*Herschel*).
[367] BAG 4. 5. 1977 AP Nr. 60 zu § 4 TVG Ausschlußfristen, bestätigt durch BAG 8. 8. 1985 AP Nr. 94 zu § 4 TVG Ausschlußfristen.
[368] Ebenso *Wiedemann*, Anm. zu BAG 4. 5. 1977 AP Nr. 60 zu § 4 TVG Ausschlußfristen.
[369] BAG 27. 3. 1996 AP Nr. 134 zu § 4 TVG Ausschlußfristen.
[370] Vgl. LAG Kiel 23. 11. 1954 AP Nr. 1 zu § 4 TVG Ausschlußfristen (*Tophoven*).
[371] Vgl. *Weber*, Ausschlußfrist, S. 98 m. w. N.
[372] A. A. BAG 7. 12. 1962 AP Nr. 23 zu § 1 HausArbTagsG NRW, allerdings für die Geltendmachung von Ansprüchen aus dem Hausarbeitstagsgesetz NRW, ohne daß eine Ausschlußfrist zu beachten war; offengelassen in BAG 5. 4. 1995 AP Nr. 130 zu

vollmächtigen. Allerdings kann der Betriebsrat durch den Tarifvertrag zur Geltendmachung von Ansprüchen bevollmächtigt werden. Im übrigen können Ansprüche durch vollmachtlose Vertreter i. S. des § 179 BGB in Geschäftsführung ohne Auftrag geltend gemacht werden. Auch eine Geltendmachung *gegenüber* dem Betriebsrat ist nicht möglich.[373] Die Frist läuft auch dann ab, wenn sich der Arbeitnehmer (beim Fehlen einer ausdrücklichen und für ihn klar erkennbaren Zuständigkeitsregelung) mit einer Beschwerde an den Betriebsrat als gesetzliches Beschwerdeorgan der Arbeitnehmerschaft (§ 80 Abs. 1 Nr. 2 BetrVG) wendet.[374]

aa) Der sachliche Inhalt der Mitteilung muß bestimmten Voraussetzungen entsprechen. Es genügt nicht jede Mitteilung, aus der die Unzufriedenheit des Beschäftigten mit der Vergütung für den Unternehmer deutlich hervorgeht.[375] Zur Geltendmachung gehört vielmehr auch die **Spezifizierung** des Anspruchs.[376] Es braucht zwar keine genaue rechtliche Begründung gegeben zu werden, der Anspruch muß aber dem Grunde nach individualisiert werden, so daß der Vertragspartner erkennen kann, welche Forderungen erhoben werden. Der Gläubiger kommt dem regelmäßig durch Beschreibung oder Angabe des tatsächlichen Vorgangs nach, aus dem sich der Anspruch ergeben soll (z. B. Nachzahlung von Urlaubsgeld, Bezahlung von Überstunden oder Feiertagen, Schadenersatz wegen mangelhafter Akkordarbeit auf der Baustelle in X). Zu strenge Voraussetzungen stellt der 1. Senat[377] mit der Forderung auf, der Anspruch müsse nach Grund und Höhe genau spezifiziert werden.[378] Zu großzügig läßt der 5. Senat[379] die Anmeldung einer bezifferten Forderung genügen. Der Anspruch muß *sachlich* konkretisiert werden. Der Klarstellungsfunktion der Ausschlußfrist wird nicht genügt, wenn ein Arbeitnehmer dem Grunde nach alle bestehenden Restforderungen geltend macht.[380] Die Geltendmachung von Lohnfortzahlungsansprüchen anläßlich einer früheren Krankheit umfaßt nicht auch Ansprüche aus einer späteren Krankheit.[381] *Eine rechtliche* Begründung der Forderung ist nicht erforderlich; sie kann deshalb nachgebracht oder nach Ablauf der Ausschlußfrist noch geändert werden (z. B. Übergang von gesetzlicher zu vertraglicher Rechtsgrundlage[382]).

---

§ 4 TVG Ausschlußfristen. Wie hier *Gaul*, Tarifliche Ausschlußfrist, S. 63; *Rieble*, Anm. zu BAG 5. 4. 1995 EzA § 4 TVG Ausschlußfristen Nr. 111 = AP Nr. 130 zu § 4 TVG Ausschlußfristen; a. A. *Kempen/Zachert*, § 4 TVG, Rnr. 280, unter Berufung auf § 80 Abs. 1 Nr. 1 BetrVG.
[373] So auch *Kempen/Zachert*, § 4 TVG, Rnr. 280.
[374] A. A. *Gaul*, Ausschlußfristen, S. 62 f.
[375] So zu einer Aufforderung des Betriebsrats an den Arbeitgeber, seine Maßnahme „noch einmal zu überdenken", BAG 5. 4. 1995 AP Nr. 130 zu § 4 TVG Ausschlußfristen = NZA 1995, S. 1068; ebenso BAG 10. 12. 1997, Betrieb 1998, S. 682 zu der Bitte eines Angestellten „um Prüfung", ob die Voraussetzungen eines Anspruchs vorliegen.
[376] Ebenso *Kempen/Zachert*, § 4 TVG, Rnr. 281; *Löwisch/Rieble*, § 1 TVG, Rnr. 501; *Weyand*, Ausschlußfristen, Rnr. 224 ff.
[377] BAG 24. 6. 1960 AP Nr. 5 zu § 4 TVG Ausschlußfristen.
[378] Ähnlich LAG Düsseldorf 22. 6. 1960, Betrieb 1961, S. 140.
[379] BAG 9. 9. 1965 AP Nr. 3 zu § 611 BGB Akkordkolonne *(Götz Hueck)*.
[380] Vgl. ArbG Krefeld 3. 2. 1959, BB 1959, S. 489.
[381] BAG 26. 10. 1994 AP Nr. 22 zu § 70 BAT.
[382] Ebenso BAG 9. 9. 1965 AP Nr. 3 zu § 611 BGB Akkordkolonne *(Götz Hueck)*.

842 Eine **Kündigungsschutzklage genügt**, um die tarifliche Ausschlußfrist für Gehaltsansprüche zu wahren;[383] s. aber auch unten Rnr. 854 betr. „gerichtliche Geltendmachung".

843 bb) Eine Geltendmachung (Erhebung) im Sinne tariflicher Ausschlußfristen setzt weiter voraus, daß dem Schuldner wenigstens annähernd angegeben wird, **in welcher Höhe** Forderungen gegen ihn erhoben werden, damit er sich über sein Verhalten schlüssig werden kann.[384] Zur Geltendmachung im Sinne tariflicher Ausschlußfristen genügt es nicht, daß dem Schuldner irgendein Betrag mitgeteilt wird, der erheblich unter dem Betrag bleibt, den der Gläubiger eigentlich von ihm verlangen will.[385] Ebenso wie bei der Mahnung kann eine Zuvielforderung die Geltendmachung als unbestimmt erscheinen lassen.[386] Im Falle einer Anspruchshäufung muß jeder einzelne Anspruch annähernd beziffert werden.[387]

844 cc) Eine **Angabe zur Höhe** der Forderung ist bei der Geltendmachung **entbehrlich**, wenn dem Schuldner die Höhe der geltend zu machenden Forderung ohnehin bekannt ist[388] oder wenn der Schuldner durch eigenes Verhalten bewirkt hat, daß der Gläubiger von seinen Ansprüchen nicht rechtzeitig Kenntnis erhält.[389] Auch wenn die Parteien nur über den Anspruchsgrund streiten, ist die Angabe der Höhe entbehrlich.[390]

845 Keine Geltendmachung im Sinne einer Ausschlußfrist ist anzuerkennen, wenn der Gläubiger erklärt, **er behalte sich** die Durchsetzung seiner Ansprüche **vor**. Das folgt aus dem Sinn tariflicher Ausschlußfristen, die innerhalb bestimmter Fristen klarstellen sollen, ob noch Ansprüche erhoben werden oder nicht.[391]

846 b) **Schriftliche Geltendmachung. aa)** Häufig verlangen Tarifverträge schriftliche Geltendmachung gem. **§ 125 Satz 1 BGB. Sinn** einer derartigen Vorschrift ist es, dem Schuldner den geltend gemachten Anspruch derart vor Augen zu führen, daß er sich mit seinem Umfang und Inhalt in Ruhe vertraut machen und die Rechtslage mit Dritten besprechen kann;[392] auf der anderen Seite soll dem Gläubiger die formelle Klageerhebung zunächst erspart werden.

847 Darüber hinaus dient das Schriftformerfordernis Beweiszwecken. Daraus folgt *Kempen*,[393] der Anspruch sei in allen Fällen wirksam geltend gemacht,

---

[383] BAG 10. 4. 1963 AP Nr. 23 zu § 615 BGB (*Herschel*); 16. 6. 1976 AP Nr. 56 und 16. 6. 1976 Nr. 57 zu § 4 TVG Ausschlußfristen (*Wiedemann*).
[384] BAG 24. 6. 1960 AP Nr. 5, 16. 3. 1966 Nr. 33, 28. 6. 1967 Nr. 36, 8. 1. 1970 Nr. 43, 16. 12. 1971 Nr. 48, 8. 2. 1972 Nr. 49 und 17. 10. 1974 Nr. 55 zu § 4 TVG Ausschlußfristen; 9. 9. 1965 AP Nr. 23 zu § 615 BGB (*Herschel*); 9. 9. 1965 AP Nr. 3 zu § 611 BGB Akkordkolonne.
[385] BAG 8. 2. 1972 AP Nr. 49 zu § 4 TVG Ausschlußfristen (*Wolf*).
[386] *Löwisch*/*Rieble*, § 1 TVG, Rnr. 501.
[387] Vgl. BAG 30. 5. 1972 AP Nr. 50 zu § 4 TVG Ausschlußfristen.
[388] Vgl. BAG 16. 12. 1971 AP Nr. 48, 8. 2. 1972 Nr. 49 und 17. 10. 1974 Nr. 55 zu § 4 TVG Ausschlußfristen.
[389] BAG 24. 6. 1960 AP Nr. 5, 23. 6. 1961 Nr. 27, 10. 8. 1967 Nr. 37, 27. 10. 1970 Nr. 44 und 8. 2. 1972 Nr. 49 zu § 4 TVG Ausschlußfristen.
[390] BAG 7. 9. 1982 AP Nr. 7 zu § 44 BAT.
[391] Vgl. LAG Berlin 20. 1. 1956, BB 1956, S. 499.
[392] So BAG 10. 1. 1974 AP Nr. 54 zu § 4 TVG Aussschlußfristen.
[393] *Kempen*/*Zachert*, § 4 TVG, Rnr. 283.

in denen sich die rechtzeitige Geltendmachung anderweitig beweisen lasse, wie z. B. durch Zeugen. Auch *Däubler*[394] wendet sich gegen die Vorstellung des Bundesarbeitsgerichts,[395] wonach die Schriftform Wirksamkeitsvoraussetzung ist. Die Schriftform habe – wie beim Abschluß des Arbeitsvertrages – keine konstitutive Bedeutung, so daß der Aspruch auch dann wirksam geltend gemacht worden sei, wenn es an einer nach § 126 BGB erforderlichen Unterschrift fehle oder wenn er nur mündlich geltend gemacht werde. Durch diese Ansicht wird der Beweiszweck letztlich negiert. Vielmehr führt der Formverstoß zur Nichtigkeit nach § 125 Satz 1 BGB.[396] Da Zweck der Ausschlußklausel die schnelle Herstellung von Rechtsfrieden ist, verträgt es sich damit nicht, wenn die Parteien zunächst einen Streit über die mündliche Geltendmachung austragen müßten.

bb) Schriftliche Geltendmachung liegt auch vor, wenn der Gläubiger sofort **Klage erhebt**. Manche Tarifverträge sehen **zweistufige Verfallklauseln** vor;[397] danach ist der Klageerhebung die schriftliche Geltendmachung vorangeschaltet. Daraus folgt aber nicht, daß der Tarifvertrag die schriftliche Geltendmachung als zwingende zusätzliche Verfahrensstufe will, sondern nur umgekehrt, daß zur Wahrung der Rechte (auch) eine Klageerhebung erforderlich ist.[398]

Im Hinblick auf den Streitgegenstand sind für **Kündigungsschutzklage**, Weiterbeschäftigung und weitere Zahlung des Lohns gem. §§ 611, 615 BGB jeweils eigene Anträge erforderlich. Streng genommen reicht daher die Erhebung der Kündigungsschutzklage nicht als Geltendmachung des Lohnanspruchs aus. Allerdings führt die Klage dem Arbeitgeber vor Augen, daß der Arbeitnehmer den Fortbestand des Arbeitsverhältnisses und die sich aus der Fortgeltung ergebenden Lohnansprüche behauptet. Im Hinblick auf die Funktion der Ausschlußfrist genügt deshalb – unabhängig von der Frage des Streitgegenstandes – die Kündigungsschutzklage als Geltendmachung der entsprechenden Lohnansprüche.[399] In einer Entscheidung[400] aus dem Jahre 1977 stellt das Bundesarbeitsgericht dazu klar, daß grundsätzlich die Kündigungsschutzklage genügt, sofern nicht ausnahmsweise ein anderer Wille des Arbeitnehmers erkennbar sei.[401] Es ist nicht erforderlich, daß die Klage auch zulässig ist; die Zustellung der Klageschrift bedeutet bereits die schriftliche Geltendmachung.[402]

---

[394] *Däubler*, Tarifvertragsrecht, Rnr. 1358.
[395] BAG 12. 2. 1981 AP Nr. 1 zu § 5 BAT.
[396] So auch *Löwisch/Rieble*, § 1 TVG, Rnr. 504; ebenso *Langer*, Ausschlußfristen, Rnr. 190; *Weyand*, Ausschlußfristen, Rnr. 236.
[397] Zu ihnen im einzelnen oben Rnr. 835 ff.
[398] BAG 24. 6. 1960 AP Nr. 5 zu § 4 TVG Ausschlußfristen; 24. 7. 1969 AP Nr. 48 zu § 611 BGB Haftung des Arbeitnehmers; a. A. *Jansen*, Anm. zu BAG 24. 6. 1960, SAE 1961, S. 12.
[399] Vgl. BAG 16. 6. 1976 AP Nr. 56 und 16. 6. 1976 Nr. 57 zu § 4 TVG Ausschlußfristen (*Wiedemann*), allerdings noch eingeschränkt: je nach den Umständen des Falles; *Langer*, Ausschlußfristen, Rnr. 191.
[400] BAG 4. 5. 1977 AP Nr. 60 zu § 4 TVG Ausschlußfristen.
[401] So jetzt auch st. Rspr., s. u. a. BAG 8. 8. 1985 AP Nr. 94 zu § 4 TVG Ausschlußfristen; BAG 7. 11. 1991 AP Nr. 114 zu § 4 TVG Ausschlußfristen = EzA § 4 TVG Ausschlußfristen Nr. 92.
[402] *Löwisch*/Rieble, § 1 TVG, Rnr 505.

850 Demgegenüber soll nach Ansicht des 3. Senats[403] im **öffentlichen Dienst** die Kündigungsschutzklage nur dann für die Wahrung der Ausschlußfrist ausreichen, wenn der Arbeitgeber dies nach den Umständen des Einzelfalles auch als Geltendmachung der Entgeltansprüche ansehen konnte. Das Schriftformerfordernis müsse für jede Ausschlußklausel gesondert ausgelegt werden, und damit auch speziell für § 70 BAT. Der 5. Senat[404] hat demgegenüber ausdrücklich offengelassen, ob für Privatwirtschaft und öffentlichen Dienst insoweit unterschiedliche Grundsätze gelten. Jedenfalls müsse sich auch der Dienstherr darauf einstellen, daß mit der Kündigungsschutzklage auch die zukünftigen Lohnforderungen angemeldet werden. Die Differenzierung durch den 3. Senat wird in der Literatur[405] mit Recht kritisiert.

851 Erhebt der Anspruchsberechtigte, anstatt den Anspruch schriftlich geltend zu machen, sofort Klage, so kommt ihm **§ 270 Abs. 3 ZPO** nicht zugute.[406] Diese Vorschrift kann nur denjenigen begünstigen, der auf die Mitwirkung der Gerichte angewiesen ist, um Fristen zu wahren. Das trifft für die Verjährung zu, weil eine außergerichtliche Geltendmachung des Rechts den Ablauf der Verjährungsfrist nicht hindert, gilt jedoch nicht für die Verfallklausel, wenn der Tarifvertrag dem Gläubiger gerade eine andere, und zwar einfachere Art der Geltendmachung zur Verfügung stellt. Genügt für die Wahrung einer tarifvertraglichen Ausschlußfrist ein einfacher oder eingeschriebener Brief und wählt der Anspruchsberechtigte stattdessen die Klage, so wird daher die Ausschlußfrist dann nicht gewahrt, wenn die Klage zwar vor Ablauf der Ausschlußfrist eingereicht, jedoch erst nach deren Ablauf dem Schuldner „demnächst" zugestellt wird.[407] Die entgegenstehende Ansicht von *Däubler*[408] bleibt ohne Begründung und ohne Auseinandersetzung mit der entgegenstehenden Rechtsprechung.

852 Nach *Löwisch*[409] bestimmen die Tarifvertragsparteien, ob § 270 Abs. 3 ZPO anzuwenden ist. Es sei eine **Auslegungsfrage**, ob es für die gerichtliche Geltendmachung ausreiche, wenn die Klage demnächst zugestellt werde. Da die Vorschrift auf materielle Ausschlußfristen grundsätzlich anwendbar sei, sofern die Geltendmachung lediglich der Wahrung von Rechten dient, müßten die Tarifvertragsparteien nach dem Grundsatz der engen Auslegung von Ausschlußfristen deutlich machen, daß sie dem Gläubiger das Risiko verspäteter Zustellung aufbürden wollen. – Grundsätzlich stimmt *Löwisch* mit der hier dargelegten Ansicht überein: Wenn die Klage nur die schriftliche Geltendmachung ersetzt, so handelt der Gläubiger auf eigenes Risiko, die Klage muß rechtzeitig und nicht erst demnächst zugestellt werden.

---

[403] BAG 16. 6. 1976 AP Nr. 57 zu § 4 TVG Ausschlußfristen.
[404] BAG 21. 6. 1978 AP Nr. 65 zu § 4 TVG Ausschlußfristen.
[405] *Becker/Bader*, BB 1981, S. 1709 f.; *Weyand*, Ausschlußfristen, Rnr. 270.
[406] BAG 4. 11. 1969 AP Nr. 3 (*Götz/Hueck*) und 8. 3. 1976 Nr. 4 (*Wiedemann*) zu § 496 ZPO; 18. 1. 1974 AP Nr. 4 zu § 345 ZPO (*Grunsky*); 13. 2. 1974 AP Nr. 4 zu § 70 BAT (alle noch zu § 261 b Abs. 3 und § 496 Abs. 3 ZPO); *Langer*, Ausschlußfristen, Rnr. 191.
[407] Ebenso *Kempen/Zachert*, § 4 TVG, Rnr. 283.
[408] *Däubler*, Tarifvertragsrecht, Rnr. 1360.
[409] *Löwisch*/Rieble, § 1 TVG, Rnr. 510.

cc) Eine schriftliche Geltendmachung liegt auch dann vor, wenn der 853 Gläubiger in einem anhängigen Verfahren eine entsprechende Erklärung **zu Protokoll** gibt. Dagegen ist die Schriftform nicht gewahrt, wenn der Arbeitgeber bei der Polizei Anzeige erstattet und in der Anzeige die Höhe seines angeblichen Anspruchs im einzelnen beziffert, weil der Vertragspartner davon nur mündlich Kenntnis erhält.[410] Ebensowenig ist eine Forderung ordnungsgemäß geltend gemacht, wenn der Arbeitgeber den Personalrat davon unterrichtet, daß er gegen bestimmte Arbeitnehmer Forderungen erheben werde.[411]

c) Gerichtliche Geltendmachung. aa) Verlangt der Tarifvertrag eine 854 gerichtliche Geltendmachung des Anspruchs, so muß der Kläger nach Ablauf der Ausschlußfrist darlegen und beweisen, daß er den Anspruch innerhalb der Frist – gegebenenfalls in der gehörigen Form – erhoben hat. § 261 b Abs. 3 ZPO gilt entsprechend.[412] Die gerichtliche Geltendmachung kann auch durch Streitverkündung erfolgen.[413]

Grundsätzlich reicht zur Geltendmachung eine unzulässige Feststellungs- 855 klage zum Lohnanspruch nicht aus. Unterblieb allerdings zunächst eine **Bezifferung** des Anspruch und wurde diese später **nachgeholt**, so ergeben sich daraus keine Nachteile für den Kläger. Eine allgemeine Statusklage nach § 256 ZPO, die lediglich die Begründung eines Arbeitsverhältnisses feststellen lassen soll, ohne Bezug auf einen konkreten Beendigungsgrund zu nehmen, wahrt hingegen eine Verfallklausel in der Regel nicht.[414]

Die fristwahrende Wirkung der Klageerhebung soll nach Ansicht des 856 Bundesarbeitsgerichts[415] entfallen, wenn die **Klage zurückgenommen** wurde. Nach der Rechtsprechung[416] gilt § 212 Abs. 2 BGB nicht, wenn die Klage zurückgenommen und vor Ablauf von 6 Monaten neu erhoben wird; die Frist dürfte in aller Regel abgelaufen sein. Wird bei einer zweistufigen tariflichen Verfallklausel die Verfallfrist wahrende Klage zurückgenommen, so führt eine erneute Klage nach Ablauf der Ausschlußfrist nicht dazu, daß die Verfallfrist als durch die erste Klage eingehalten gilt. § 212 Abs. 2 Satz 1 BGB ist nicht anzuwenden.[417] Eine tarifliche Verfallfrist gleicht der Verjährung gerade nicht, da nach deren Ablauf die Forderung erlischt; zudem ist die Verfallklausel von Amts wegen zu berücksichtigen. Die zweistufige Verfallklausel hat darüber hinaus insbesondere den Zweck, dem Schuldner die Möglichkeit zu geben, im einzelnen zu prüfen, ob der vom Gläubiger erhobene Anspruch begründet ist und Aussicht auf Erfolg hat. Damit kann eine gerichtliche Geltendmachung nur vorliegen, wenn die ein-

---

[410] BAG 10. 1. 1974 AP Nr. 54 zu § 4 TVG Ausschlußfristen (*Wiedemann*).
[411] BAG 14. 6. 1974 AP Nr. 20 zu § 670 BGB *(Wiedemann)*.
[412] Vgl. Hueck/*Nipperdey*, Arbeitsrecht II 1, § 32 III 3, S. 637; *Schmidt*, RdA 1963, S. 88, 91.
[413] BAG 18. 1. 1966 AP Nr. 37 zu § 611 BGB Haftung des Arbeitnehmers.
[414] BAG 25. 10. 1989 AP Nr. 39 zu § 72a ArbGG 1979 Grundsatz.
[415] BAG 24. 5. 1973 AP Nr. 52 zu § 4 TVG Ausschlußfristen (*Brackmann*).
[416] BAG 11. 7. 1990 AP Nr. 108 zu § 4 TVG Ausschlußfristen = BB 1991, S. 351 = EzA § 4 TVG Ausschlußfristen Nr. 84 sowie BAG 7. 11. 1991 AP Nr. 114 zu § 4 TVG Ausschlußfristen = EzA § 4 Ausschlußfristen Nr. 93.
[417] BAG 11. 7. 1990 AP Nr. 141 zu § 4 TVG Ausschlußfristen, unter Aufgabe von BAG 24. 5. 1973 AP Nr. 52 zu § 4 TVG.

gereichte Klage zu einer Bereinigung der Streitigkeit führen würde. Zur Begründung kann des weiteren darauf verwiesen werden,[418] daß der Tarifvertrag mit der Ausgestaltung der Ausschlußfrist als Klagefrist auf das Prozeßrecht bezug nimmt. Das Prozeßrecht läßt die Klagerücknahme auf den Zeitpunkt der Klageerhebung zurückwirken, § 269 Abs. 3 ZPO. Auch muß die Klagerücknahmefiktion des § 54 Abs. 5 Satz 4 ArbGG beachtet werden: Wenn beide Parteien nicht zur Güteverhandlung erscheinen und nicht binnen 6 Monaten ein Termin zur streitigen Verhandlung beantragt wird, so gilt die Klage als zurückgenommen, und die Ausschlußfrist ist nicht gewahrt.

857   In einem vom Bundesarbeitsgericht entschiedenen Fall[419] erfolgte unter Geltung einer zweistufigen Verfallklausel zwischen der ersten und der zweiten Stufe ein **Betriebsinhaberwechsel**; der Arbeitnehmer hatte die Forderung gegenüber dem bisherigen Arbeitgeber schriftlich und gegenüber dem neuen Arbeitgeber gerichtlich geltend gemacht. Entsprechend dem Grundgedanken des § 613 a BGB ist in einem solchen Fall die Frist gewahrt.

858   **bb) Gerichtliche Geltendmachung durch Kündigungsschutzklage.**
(1) Im Hinblick auf das Erfordernis der Geltendmachung sind zwei Fälle zu unterscheiden. Wird nur allgemein eine Geltendmachung verlangt, so liegt in der Erhebung der Kündigungsschutzklage zugleich die Geltendmachung; s. oben Rnr. 842. Streitig ist dagegen der Fall, daß der Tarifvertrag eine „gerichtliche Geltendmachung" fordert. Nach der Rechtsprechung des **Bundesarbeitsgerichts** liegt in der Erhebung der Kündigungsschutzklage noch keine gerichtliche Geltendmachung des Anspruchs.[420] In einer Entscheidung aus dem Jahre 1978[421] hat das Bundesarbeitsgericht ausdrücklich die Auffassung des LAG Hamburg[422] abgelehnt, das darauf hingewiesen hatte, daß ja auch sonst die Kündigungsschutzklage mit der schriftlichen Geltendmachung von Entgeltansprüchen gleichgesetzt werde. Das Bundesarbeitsgericht meint, dem Zwang, Lohnklagen vor Abschluß des Kündigungsschutzverfahrens geltend zu machen, könne wie folgt begegnet werden: Der Arbeitgeber könne sich bereit erklären, auf die Fristversäumung bei Entgeltansprüchen, die vom Fortbestand des Arbeitsverhältnisses abhängen, vor Ablauf einer mit Beendigung des Kündigungsschutzprozesses laufenden Frist nicht berufen zu wollen. – Der Arbeitgeber ist allerdings zu einer derartigen Erklärung nicht verpflichtet. Die Rechtsprechung stützt sich auf den unterschiedlichen Streitgegenstand von Kündigungsschutzklage als Feststellungsklage und Leistungsklage für den Lohnanspruch; die Gerichte seien nicht befugt, von eindeutigen Verfallklauseln im Einzelfall aus Billigkeitsgründen abzuweichen.[423]

---

[418] *Löwisch*/Rieble, § 1 TVG, Rnr. 508.
[419] BAG 21. 3. 1991 AP Nr. 49 zu § 615 BGB = Betrieb 1991, S. 1886.
[420] So BAG 9. 3. 1966 AP Nr. 31 (*Zöllner*) und 8. 1. 1970 Nr. 43 (*Lieb*) zu § 4 TVG Ausschlußfristen = SAE 1966, S. 235 (*Schnorr*) und SAE 1970, S. 274 (*Konzen*); 6. 7. 1972 AP Nr. 1 zu § 8 TVG (*Herschel*), st. Rspr., s. BAG 22. 2. 1978 AP Nr. 63 und 13. 9. 1984 Nr. 86 zu § 4 TVG Ausschlußfristen.
[421] BAG 22. 2. 1978 AP Nr. 63 zu § 4 TVG Ausschlußfristen.
[422] ArbG Hamburg 29. 4. 1977 AP Nr. 62 zu § 4 TVG Ausschlußfristen.
[423] BAG 8. 1. 1970 AP Nr. 43 zu § 4 TVG Ausschlußfristen.

(2) Der Rechtsprechung des BAG stimmt die **Literatur** teilweise zu.[424] 859
Bedenken haben demgegenüber *Zöllner*[425] und *Lieb* geäußert.[426] Sie halten das Ergebnis für unbillig, durch das dem Arbeitnehmer neben dem Risiko des Kündigungsschutzprozesses auch noch das Risiko eines Lohnzahlungsstreits aufgebürdet wird. – Häufig finden sich Stellungnahmen zu dem verwandten Problem, ob die Verjährung einer Lohnforderung durch die Erhebung einer Kündigungsschutzklage unterbrochen wird; vgl. dazu oben Rnr. 689.

(3) Will der Arbeitnehmer während der Dauer des Kündigungsschutzprozesses weiterhin bei seinem Arbeitgeber beschäftigt werden, so muß er zusätzlich einen entsprechenden Antrag auf **Weiterbeschäftigung** stellen. Sie läßt sich einmal verwirklichen nach § 102 Abs. 5 BetrVG und zum anderen (nach der Rechtsprechung) aufgrund des sog. materiellrechtlichen Weiterbeschäftigungsanspruchs, den der Große Senat in Rechtsfortbildung entwickelt hat.[427] Jedenfalls wenn das Arbeitsgericht dem Kläger im Wege des einstweiligen Rechtsschutzes einen Weiterbeschäftigungsanspruch zuerkannt hat, ist es ihm auch zumutbar, die Lohnzahlungsklage zu erheben. Allerdings ist die Rechtslage bei Anwendung des § 102 Abs. 5 BetrVG und gemäß dem materiellrechtlichen Weiterbeschäftigungsanspruch unterschiedlich: In dem einen Fall wird dem Arbeitnehmer bis zur Beendigung des Rechtsstreits in erster Instanz die Weiterbeschäftigung erlaubt, nach der Rechtsprechung des Großen Senats dagegen bis zu diesem Zeitpunkt nicht, sondern erst nach einem die Klage zusprechenden Urteil erster Instanz. 860

d) Zweistufige Verfallklausel. Einige Tarifverträge begnügen sich im Hinblick auf Verfallklauseln nicht damit, daß sie eine Geltendmachung des Anspruchs verlangen, sondern sie setzen eine Geltendmachung der Ansprüche in zwei Stufen voraus (zweistufige Verfallklausel). In einer ersten Stufe muß der Anspruchsteller seinen Anspruch (entsprechend den oben unter Rnr. 835 ff. dargestellten Grundsätzen) innerhalb einer ersten Frist schriftlich geltend machen. Erweist sich diese Geltendmachung als fruchtlos, so beginnt eine zweite Frist zu laufen, innerhalb derer der Anspruchsteller verpflichtet ist, eine den Anforderungen an die gerichtliche Geltendmachung (s. oben Rnr. 854 ff., 858 ff.) entsprechende Klage einzureichen. Nach Meinung des Bundesarbeitsgerichts[428] ist es die Aufgabe der zweistufigen Ausschlußklausel, alsbald Klarheit über streitige Forderungen zu verschaffen und unnötige Rechtsstreitigkeiten zu vermeiden. 861

Die zweistufige Verfallklausel führt in der Praxis zu **Problemen**. Für die schriftliche Geltendmachung wird es als ausreichend angesehen, daß der Anspruchsteller eine Kündigungsschutzklage erhebt (s. oben Rnr. 848), für eine gerichtliche Geltendmachung soll dies jedoch nicht ausreichen; s. oben Rnr. 858. Folgt man dem, so ergibt sich folgendes Problem: Reicht der Ar- 862

---

[424] Hueck/*Nipperdey*, Arbeitsrecht II 1, § 32 III 3, S. 636; *Schnorr*, SAE 1966, S. 235; *Weyand*, Ausschlußfristen, Rnr. 272.
[425] *Zöllner*, Anm. zu BAG 9. 3. 1960 AP Nr. 31 zu § 4 TVG Ausschlußfristen.
[426] *Lieb*, Anm. zu BAG 8. 1. 1970 AP Nr. 43 zu § 4 TVG Ausschlußfristen.
[427] BAG GS 27. 2. 1985 AP Nr. 14 zu § 611 BGB Beschäftigungspflicht.
[428] BAG 16. 3. 1995 AP Nr. 129 zu § 4 TVG Ausschlußfristen = Betrieb 1995, S. 1667, 1668.

beitnehmer die Kündigungsschutzklage ein, so erfüllt er damit zwar die erste Stufe der Anforderungen einer zweistufigen Verfallklausel, nämlich die Schriftform, jedoch nicht auch die zweite Stufe, die gerichtliche Geltendmachung. Die zweite Stufe der Frist beginnt zu laufen, wenn der Arbeitgeber erklärt, er beantrage Abweisung der Kündigungsschutzklage. Nach vielen Tarifverträgen hängt der Fristbeginn für die zweite Stufe nur von der Ablehnung der Ansprüche des Arbeitnehmers durch den Arbeitgeber ab.[429]

863 Der **Klageabweisungsantrag** des Arbeitgebers wird als Ablehnung der Erfüllung der Lohnansprüche gewertet.[430] Dies gilt allerdings nach der Rechtsprechung nicht für den Fall, daß im Tarifvertrag eine „ausdrückliche Ablehnung" gefordert wird.[431] Da der Antrag des Arbeitnehmers auf Feststellung, daß das Arbeitsverhältnis fortbesteht, als für eine formlose oder schriftliche Geltendmachung der von der Kündigung abhängigen Lohnansprüche gewertet wird, muß der Antrag auf Klageabweisung gleich behandelt werden.[432] Wenn auch die Gleichbehandlung der Klageanträge sinnvoll ist, so führt sie doch dazu, daß für den Arbeitnehmer die Ausschlußfrist für seinen Lohnanspruch zu laufen beginnt, ohne daß er diesen Anspruch ausdrücklich geltend gemacht hat. Die Rechtslage ist damit für ihn äußerst undurchsichtig.[433] Teilweise wird vertreten, die herkömmlichen zweistufigen Ausschlußklauseln seien entsprechend auszulegen:[434] Sie seien auf den Normalfall von Zahlungsansprüchen zugeschnitten, nicht aber auf die Fälle, in denen sich der Arbeitnehmer durch die Erhebung einer Kündigungsschutzklage ohnehin bereits gerichtlicher Hilfe bedient. In diesen Fällen bedürfe es keiner zusätzlichen Warnung für den Arbeitgeber mehr.

864 Rechtsdogmatisch ist die Rechtsprechung zu der gerichtlichen Geltendmachung bei Ausschlußfristen folgerichtig. Nach der Lehre vom punktuellen **Streitgegenstand** betrifft die Kündigungsschutzklage allein die Frage, ob eine bestimmte Kündigung wirksam ist und nicht auch, welche Folgen sich daraus für das Arbeitsverhältnis insgesamt und für den Lohnanspruch im besonderen ergeben. Neben der Kündigungsschutzklage ist unter bestimmten Voraussetzungen auch eine allgemeine Klage auf Feststellung des Bestehens des Arbeitsverhältnisses möglich, so z. B. wenn mehrere Kündigungserklärungen vorliegen.[435] Auch in diesem Fall betrifft der Streitgegenstand jedoch nur das Bestehen des Arbeitsverhältnisses und nicht die Folgeansprüche aus

---

[429] S. dazu oben Rnr. 834 sowie BAG 13. 9. 1984 AP Nr. 86 zu § 4 TVG Ausschlußfristen und BAG 16. 3. 1995 AP Nr. 129 zu § 4 TVG Ausschlußfristen = Betrieb 1995, S. 1667f.
[430] St. Rspr., s. inbes. BAG 8. 8. 1985 AP Nr. 94 zu § 4 TVG Ausschlußfrist (*Herschel*); ebenso *Langer*, Ausschlußfristen, Rnr. 203; krit. *Weyand*, Ausschlußfristen, Rnr. 276.
[431] S. BAG 4. 5. 1977 AP Nr. 60 und 8. 8. 1985 Nr. 94 zu § 4 TVG Ausschlußfristen mit abl. Anm. *Wiedemann*; näher dazu oben Rnr. 836.
[432] S. BAG 8. 8. 1985 AP Nr. 94 zu § 4 TVG Ausschlußfristen und ebenso *Herschel*, in seiner Anmerkung dazu.
[433] Dazu *Däubler*, Tarifvertragsrecht, Rnr. 1363.
[434] Vgl. *Becker/Bader*, BB 1981, S. 1709, 1712.
[435] S. zur Abgrenzung zwischen der Kündigungsschutzklage und der allgemeinen Feststellungsklage BAG 13. 3. 1997 AP Nr. 38 zu § 4 Kündigungsschutzgesetz 1969 sowie *Boemke*, RdA 1995, S. 211; *Stahlhacke*, in: Festschrift für Wlotzke (1996), S. 173.

dem Arbeitsverhältnis. Bei beiden Arten von Klagen ist somit der Streitgegenstand ein anderer als bei der Klage auf Lohnzahlung. Von daher läßt sich kaum begründen, warum die Einreichung einer Kündigungsschutzklage die Frist für die gerichtliche Geltendmachung wahren soll.

Die vordergründig zwingende rechtsdogmatische Lösung ist jedoch unbefriedigend. Im Regelfall muß der Arbeitnehmer, der meint, daß ihm zu Unrecht gekündigt wurde, **drei Anträge** stellen:
- den Antrag auf Feststellung, daß eine bestimmte Kündigung unwirksam ist,
- den Antrag auf Verurteilung zur Weiterbeschäftigung und
- den Antrag auf Verurteilung zur Zahlung von Lohn während des Weiterbeschäftigungszeitraums.

Aber selbst wenn der Arbeitnehmer alle drei Anträge stellt, kann er nicht sicher sein, genug getan zu haben. Steht beispielsweise dem Arbeitnehmer im Jahr der Kündigung noch Erholungsurlaub zu, so muß jedenfalls im darauffolgenden Jahr der Antrag auf Erfüllung des Urlaubsabgeltungsanspruchs zusätzlich gestellt werden.[436] In den drei oben genannten Anträgen ist er nach Ansicht des Bundesarbeitsgerichts nicht enthalten. Zur Beseitigung dieser mißlichen Situation kommen mehrere Möglichkeiten in Betracht.

Man könnte vertreten, daß es allein **Sache der Tarifvertragsparteien** ist, eine eindeutigere und für den einzelnen Arbeitnehmer verständliche Rechtslage zu schaffen.[437] Es ist unverständlich, daß die Gewerkschaften in vielen Fällen, in denen sie eine unbefriedigende Rechtslage beklagen (Widerrufsmöglichkeit beim Aufhebungsvertrag, Benachteiligung von Teilzeitbeschäftigten, Verfallklauseln) nicht für entsprechend geänderte Tarifverträge sorgen. Es kann nicht Aufgabe der Rechtsprechung sein, Hilfskonstruktionen zu entwickeln, wenn die Tarifvertragsparteien selbst es in der Hand haben, Abhilfe zu schaffen.

In Betracht kommt auch, daß die Rechtsprechung, wie in der Literatur zum Teil vorgeschlagen, angesichts der unbefriedigenden Regelung durch die Tarifvertragsparteien vom Zweck der Ausschlußklausel her eine **vom Streitgegenstand unabhängige Betrachtung** vornimmt und auch hinsichtlich der Lohnansprüche die gerichtliche Geltendmachung durch die Kündigungsschutzklage (oder durch die allgemeine Feststellungsklage) als erfüllt ansieht.[438]

Der Arbeitnehmer kann auch den Spieß umdrehen und die Kündigungsschutzklage mit dem Antrag verbinden festzustellen, daß der Arbeitgeber die sich aus der Unwirksamkeit der Kündigung ergebenden Folgen (betr. Weiterbeschäftigung, Entgeltzahlung, Urlaub usw.) zu tragen habe. Wenn er einen derartigen Antrag stellt, so wird der Ablauf von Ausschlußfristen gehemmt.

Schließlich könnte der Richter im Rahmen der Aufklärungspflicht nach **§ 139 ZPO** verpflichtet sein, den Arbeitnehmer auf die Notwendigkeit ei-

---

[436] So BAG 17. 1. 1995 AP Nr. 66 zu § 7 BUrlG Abgeltung = NJW 1995, S. 2244.
[437] So *Wiedemann*, Anm. zu BAG 4. 5. 1977 AP Nr. 60 zu § 4 TVG Ausschlußfristen.
[438] Vgl. insoweit *Wiedemann*, in: Festschrift für Larenz (1973), S. 199, 210.

ner gesonderten Lohnklage hinzuweisen. Die Grenzen der Aufklärungspflicht sind umstritten. Sicher darf sich der Richter nicht einer einseitigen Rechtsberatung schuldig machen, ansonsten ist eine Ablehnung wegen Befangenheit möglich. Im Hinblick auf eine Aufklärungspflicht betr. Stellung von Anträgen wird teilweise eine restriktive Auffassung vertreten.[439] Andere bejahen eine weitergehende Aufklärungspflicht.[440] Neue Anträge, qualitative Klagebeschränkungen usw. sind danach nur insoweit anzuregen, als dadurch das Prozeßziel bei unjuristischer Betrachtungsweise nicht verändert werde; die 1952 vom BGH vertretene Auffasung sei zu eng. – Wie dargelegt, ist bei unjuristischer Betrachtungsweise für den Arbeitnehmer Prozeßziel, nicht nur die Unwirksamkeit der Kündigung feststellen zu lassen, sondern auch seine daraus resultierenden Ansprüche zu wahren. Im Hinblick auf die Zahl der nötigen Anträge und die Unübersichtlichkeit der Rechtsprechung können dabei durchaus Fehler unterlaufen. Daher setzt sich ein Richter nicht dem Vorwurf der Befangenheit aus, der den klagenden Arbeitnehmer im Kündigungsschutzprozeß auf die zur Wahrung seiner Ansprüche zusätzlich nötigen Anträge hinweist. Vertrauensschutzinteressen des Arbeitgebers werden dadurch nicht verletzt.

870   Nach Ansicht des Arbeitsgerichts Freiburg[441] sind einzelvertragliche Ausschlußfristen dahingehend zu überprüfen, ob sie **inhaltlich ausgewogen** sind. Eine einzelvertraglich vereinbarte zweistufige Ausschlußfrist hält das Gericht nicht für inhaltlich ausgewogen, wenn in der ersten Stufe für die Geltendmachung keine zeitliche Frist vorgesehen ist, aber für die gerichtliche Geltendmachung dann die Frist von einem Monat vorgeschrieben wird.

VIII. Berücksichtigung von Amts wegen

871   Ausschlußfristen des Tarifvertrages sind **von Amts wegen** zu beachten.[442] Das gebietet die Rechtsnatur der Ausschlußfrist, die das Recht in seinem zeitlichen Umfang begrenzt. Daraus folgt die Anwendung der Ausschlußfrist durch den Richter schon in den Fällen, in denen sich aus dem Parteivortrag ergibt, daß tarifliche Normen die Entscheidung beeinflussen könnten; § 293 ZPO. Das anzuwendende Tarifrecht hat der Richter gegebenenfalls von Amts wegen zu ermitteln.

872   Aus dem Grundsatz, daß tarifvertragliche Klauseln betr. Ausschlußfristen in jedem Stadium des Verfahrens von Amts wegen zu berücksichtigen sind, folgt allerdings **keine** Verpflichtung des Gerichts, von sich aus **Nachprüfungen** darüber anzustellen, ob im Streitfall ein Tarifvertrag eingreift. Eine Partei, die sich auf den Ablauf einer tariflichen Ausschlußfrist beruft, muß die

---

[439] S. *Jauernig*, Zivilprozeßrecht, 24. Aufl. München 1993, § 25 VII 5, S. 81: ein Hinweis betr. Ergänzung oder Änderung eines Antrags sei nur in Ausnahmefällen zulässig (unter Hinweis auf BGH 25. 9. 1952 BGHZ 7, S. 211 ff.).
[440] So *Rosenberg/Schwab/Gottwald*, Zivilprozeßrecht, 15. Aufl., München 1993, § 78 III 1 b, S. 429.
[441] ArbG Freiburg 10. 10. 1988, EzA § 4 TVG Ausschlußfristen Nr. 80.
[442] Vgl. BAG 15. 3. 1960 AP Nr. 9 zu § 15 AZO; 27. 3. 1963 AP Nr. 9 zu § 59 BetrVG; 13. 5. 1970 AP Nr. 56 zu § 611 BGB Haftung des Arbeitnehmers (*Hanau*) = SAE 1971, S. 125 (*Kreutz*); *Weyand*, Ausschlußfristen, Rnr. 326 ff.

Voraussetzungen des anzuwendenden Tarifvertrages in den Tatsacheninstanzen darlegen.[443] Wird dem Gericht jedoch im Laufe eines Rechtsstreits, und zwar sogar erst nach einmaliger oder mehrmaliger Zurückverweisung der Sache durch das Revisionsgericht, bekannt, daß das streitige Arbeitsverhältnis einem Tarifvertrag unterliegt, so muß das Gericht eine in diesem Tarifvertrag enthaltene Ausschlußfrist beachten. Es muß allerdings, um eine Überraschungsentscheidung zu vermeiden, den Parteien Gelegenheit geben, zur Frage der Ausschlußfrist Stellung zu nehmen.[444]

Die übersehene Anwendung einer Ausschlußklausel begründet keinen Anspruch auf Niederschlagung der **Gerichtskosten** im Sinne von § 7 GKG.[445]

873

§ 5 Allgemeinverbindlichkeit

(1) **Der Bundesminister für Arbeit und Sozialordnung kann einen Tarifvertrag im Einvernehmen mit einem aus je drei Vertretern der Spitzenorganisationen der Arbeitgeber und Arbeitnehmer bestehenden Ausschuß auf Antrag einer Tarifvertragspartei für allgemeinverbindlich erklären, wenn**
1. **die tarifgebundenen Arbeitgeber nicht weniger als 50 vom Hundert der unter den Geltungsbereich des Tarifvertrages fallenden Arbeitnehmer beschäftigen und**
2. **die Allgemeinverbindlicherklärung im öffentlichen Interesse geboten erscheint.**

Von den Voraussetzungen der Ziffern 1 und 2 kann abgesehen werden, wenn die Allgemeinverbindlicherklärung zur Behebung eines sozialen Notstandes erforderlich erscheint.

(2) **Vor der Entscheidung über den Antrag ist Arbeitgebern und Arbeitnehmern, die von der Allgemeinverbindlicherklärung betroffen würden, den am Ausgang des Verfahrens interessierten Gewerkschaften und Vereinigungen der Arbeitgeber sowie den obersten Arbeitsbehörden der Länder, auf deren Bereich sich der Tarifvertrag erstreckt, Gelegenheit zur schriftlichen Stellungnahme sowie zur Äußerung in einer mündlichen und öffentlichen Verhandlung zu geben.**

(3) **Erhebt die oberste Arbeitsbehörde eines beteiligten Landes Einspruch gegen die beantragte Allgemeinverbindlicherklärung, so kann der Bundesminister für Arbeit und Sozialordnung dem Antrag nur mit Zustimmung der Bundesregierung stattgeben.**

(4) **Mit der Allgemeinverbindlicherklärung erfassen die Rechtsnormen des Tarifvertrages in seinem Geltungsbereich auch die bisher nicht tarifgebundenen Arbeitgeber und Arbeitnehmer.**

(5) **Der Bundesminister für Arbeit und Sozialordnung kann die Allgemeinverbindlicherklärung eines Tarifvertrages im Einvernehmen mit**

---

[443] BAG 15. 6. 1993 AP Nr. 34 zu § 59 KO; 15. 6. 1993 AP Nr. 123 zu § 4 TVG Ausschlußfristen.
[444] So BAG 12. 7. 1972 AP Nr. 51 zu § 4 TVG Ausschlußfristen.
[445] Vgl. BAG 28. 11. 1972 AP Nr. 5 zu § 7 GKG 1957; 12. 7. 1972 AP Nr. 51 zu § 4 TVG Ausschlußfristen.

dem in Abs. 1 genannten Ausschuß aufheben, wenn die Aufhebung im öffentlichen Interesse geboten erscheint. Die Absätze 2 und 3 gelten entsprechend. Im übrigen endet die Allgemeinverbindlichkeit eines Tarifvertrages mit dessen Ablauf.

(6) Der Bundesminister für Arbeit und Sozialordnung kann der obersten Arbeitsbehörde eines Landes für einzelne Fälle das Recht der Allgemeinverbindlicherklärung sowie der Aufhebung der Allgemeinverbindlichkeit übertragen.

(7) Die Allgemeinverbindlicherklärung wie die Aufhebung der Allgemeinverbindlichkeit bedürfen der öffentlichen Bekanntmachung.

Übersicht

	Rnr.
A. Allgemeines	1–29
I. Sinn und Zweck der Allgemeinverbindlicherklärung	1–6
1. Sozialpolitische Funktion	2, 3
2. Kartellwirkung	4, 5
3. Gesetzesersatz	6
II. Geschichtliche Entwicklung und praktische Bedeutung	7–11
III. Der Allgemeinverbindlicherklärung vergleichbare Rechtsinstitute	12–18
1. Besondere Regelungen im Heimarbeitsgesetz	12, 13
2. Österreichisches und schweizerisches Recht sowie das Recht europäischer Nachbarstaaten	14–18
IV. Verfassungsmäßigkeit	19–29
B. Rechtsnatur der Allgemeinverbindlicherklärung	30–50
I. Gesetzestheorie oder Vertragstheorie	31, 32
II. Rechtsetzung oder Verwaltungsakt	33–50
1. Meinungsstand in der Literatur	34
a) Verwaltungsakt	34
b) Rechtsverordnung	35
c) Doppelnatur	36–38
2. Rechtsprechung	39–42
a) Bundesarbeitsgericht	39, 40
b) Verwaltungsgerichte	41
c) Bundesverfassungsgericht	42
3. Stellungnahme	43–50
C. Materielle Voraussetzungen der Allgemeinverbindlicherklärung	51–77
I. Bestehen eines Tarifvertrages	52–63
1. Gültige tarifliche Bestimmungen	52
a) Gültiger Tarifvertrag	52, 53
b) Nachwirkender Tarifvertrag	54
2. Änderung des Tarifvertrages	55–63
a) Bindung an die Tarifnormen	56–59
b) Änderungen des Geltungsbereichs des Tarifvertrages	60
aa) Erweiterung	61
bb) Einschränkung	62, 63
II. 50 v. H. – Klausel	64–67
1. Grundsatz	64–66
a) 50% der Arbeitnehmer	64
b) Feststellung der Zahl	65
c) Prüfung von Amts wegen	66
2. Besonderheiten beim Firmentarifvertrag	67

	Rnr.
III. Öffentliches Interesse	68–74
1. Verbandstarifvertrag	68–73
2. Firmentarifvertrag	74
IV. Ausnahmefall: Sozialer Notstand	75–77
1. Entstehungsgeschichte und Zweck der Ausnahmebestimmung	75
2. Tatbestand des sozialen Notstands	76, 77
D. Formelle Voraussetzungen der Allgemeinverbindlicherklärung	78–101
I. Antrag einer Tarifvertragspartei	79–81
II. Zuständige Behörde	82–84
III. Sofortige Ablehnung des Antrages	85
IV. Verfahren unter Einschaltung des Tarifausschusses	86–101
1. Vorbereitung der Tätigkeit des Tarifausschusses	87–89
a) Vorbereitung der Sitzung	87
b) Bekanntmachung	88
c) Übermittlung	89
2. Bildung und Zusammensetzung des Tarifausschusses	90–94
a) Mitglieder	90
b) Persönliche Voraussetzungen	91
c) Keine Verpflichtung zur Annahme	92
d) Verschiedene Mitglieder	93
e) Beauftragter des Ministeriums	94
3. Tätigkeit des Tarifausschusses	95–97
a) Gewissenhafte Erfüllung	95
b) Stimmenmehrheit	96
c) Unterschrift	97
4. Endgültige Entscheidung	98–101
a) Ablehnung durch den Tarifausschuß	98
b) Zustimmung durch den Tarifausschuß	99
c) Einspruch	100
d) Bekanntmachung	101
E. Beginn und Ende der Allgemeinverbindlicherklärung	102–106
I. Beginn	102–106
1. Festsetzung durch den Bundesminister	102, 103
2. Rückwirkung	104, 105
3. Beginn der Wirksamkeit des Tarifvertrages	106
II. Ende	107–126
1. Ablauf des Tarifvertrages	108–111
a) Bedeutung des Begriffs „Ablauf"	109, 110
b) Anzeige des Außerkrafttretens	111, 112
2. Aufhebung	113–116
a) Öffentliches Interesse	113
b) Oberste Landesarbeitsbehörde	114
c) Sozialer Notstand	115
d) Wegfall der Voraussetzungen	116
3. Änderungen des Tarifvertrages	117–120
a) Änderung in sachlicher Hinsicht	117–121
aa) Wirkung der geänderten Bestimmungen	118
bb) Wirkung der bisherigen Bestimmungen	119
cc) Wirkung der nicht geänderten Bestimmungen	120, 121
b) Änderung des Geltungsbereichs	122–124
4. Nachwirkung	125, 126
F. Wirkungen der Allgemeinverbindlicherklärung	127–162
I. Erweiterung der Tarifgebundenheit	127–146
1. Sonstige Voraussetzungen	128

	Rnr.
2. Arbeitnehmer-Entsendung	129
a) Entsende-Richtlinie und Arbeitnehmer-Entsendegesetz	130, 131
b) Regelungen des EGBGB	132–138
c) Regelungen eines für allgemeinverbindlich erklärten Tarifvertrages als Eingriffsnormen	139–141
d) Arbeitnehmer-Entsendegesetz	142–144
3. Rechtswirkungen	145
4. Tarifkonkurrenz	146
II. Erstreckung auf Nicht- und Andersorganisierte	147–156
1. Grundsatz	147
2. Allgemeinverbindlicherklärung von Tarifverträgen über Gemeinsame Einrichtungen	148–154
a) Allgemeinverbindlicherklärung als Grundlage	148–151
b) Unzulässigkeit von Differenzierungsklauseln	152
c) Stufenregelung	153
d) Mehrgliedriger Tarifvertrag	154
3. Allgemeinverbindlicherklärung von Schiedsklauseln	155, 156
III. Keine Allgemeinverbindlicherklärung schuldrechtlicher Abreden	157–159
1. Keine Erstreckung auf schuldrechtliche Abreden	157
2. Keine schuldrechtlichen Ansprüche	158
3. Keine Feststellungsklage	159
IV. Auslegung der Allgemeinverbindlicherklärung	160–162
G. Mängel der Allgemeinverbindlicherklärung und Rechtsweg	163–177
I. Allgemeines	164, 165
II. Der Rechtsschutz im einzelnen	166–177
1. Tarifvertragsparteien	166
a) Ablehnung der Allgemeinverbindlicherklärung	166
b) Erlaß einer Allgemeinverbindlicherklärung	167–171
2. Rechtsschutz der anderen Koalitionen	172–174
3. Rechtsschutz der Außenseiter	175–177
H. Die Allgemeinverbindlicherklärung de lege ferenda	178–180

Schrifttum: *Martin Aigner*, Ausgewählte Probleme im Zusammenhang mit der Erteilung der Allgemeinverbindlicherklärung von Tarifverträgen, Betrieb 1994, S. 2545–2547; *Siegfried Ansey/Wolfgang Koberski*, Die Allgemeinverbindlicherklärung von Tarifverträgen, AuR 1987, S. 230–237; *Fritz Auffarth*, Anfechtbarkeit und Rechtsnatur der Allgemeinverbindlicherklärung von Tarifverträgen, BABl. 1957, S. 756–758; *Ludger Backhaus/Ulrich Wenner*, Können Tarifparteien auf Allgemeinverbindlicherklärung eines Tarifvertrags klagen?, Betrieb 1988, S. 115–119; *Peter Badura*, Verfassungsrechtliche Grundlagen der Allgemeinverbindlicherklärung von Tarifverträgen, BlStSozArbR 1978, S. 353–355; *Rainer Bechtold*, Zur Anwendung des Kartellverbots auf wettbewerbsbeschränkende Tarifverträge, RdA 1983, S. 99–101; *Berger*, Die Allgemeinverbindlicherklärung als Rechtsverordnung, DVBl. 1956, S. 858–859; *Karl August Bettermann*, Die Allgemeinverbindlicherklärung eines Tarifvertrages: Rechtsschutz, Rechtskontrolle und Rechtsnatur, RdA 1959, S. 245–256; *ders.*, Rechtssetzungsakt, Rechtssatz und Verwaltungsakt, in: Festschrift für H. C. Nipperdey (1965), Bd. II, S. 723–743; *Eduard Bötticher*, Die gemeinsamen Einrichtungen der Tarifvertragsparteien, Heidelberg 1966; *Bernd Braun/Rainer Jäckel*, Ist die Allgemeinverbindlicherklärung nach § 5 TVG verfassungsmäßig?, Betrieb 1972, S. 1338–1340; *Wolfgang Däubler*, Der Richtlinienvorschlag zur Entsendung von Arbeitnehmern, EuZW 1993, S. 370–374; *ders.*, Ein Anti-Dumping-Gesetz für die Bauwirtschaft, Betrieb 1995, S. 726–731; *ders.*, Die Entsende-Richtlinie und ihre Umsetzung in das deutsche Recht, EuZW 1997, S. 613; *Heinz Dieter Degen*, Die Allgemeinverbindlicherklärung von Tarifverträgen, die gemeinsame Einrichtungen der Tarifvertragsparteien betreffen, Diss. Köln (1966); *Hans-*

Allgemeinverbindlichkeit § 5

Jörg Dellmann, Die Allgemeinverbindlicherklärung von Tarifverträgen. Staatliche Rechtsetzung oder Mitwirkung des Staates im Rahmen erweiterter Autonomie der Sozialpartner? Diss. Köln (1966); *ders.*, Allgemeinverbindlicherklärung von Tarifverträgen und erweiterte Autonomie, AuR 1967, S. 138–149; *Hajo Duken*, Normerlaßklage und fortgesetzte Normerlaßklage, NVwZ 1993, S. 546–548; *Gerhard Etzel*, Tarifordnung und Arbeitsvertrag, NZA 1987, Beil. 1, S. 19–31; *E. Frey*, Tarifvertragliche Verweisung auf andere künftige Tarifverträge, AuR 1958, S. 306–307; *Armin Frölich*, Eintritt und Beendigung der Nachwirkung von Tarifnormen, NZA 1992, S. 1105–1111; *Lüder Gerken/Manfred Löwisch/Volker Rieble*, Der Entwurf eines Arbeitnehmer-Entsendegesetzes in ökonomischer und rechtlicher Sicht, BB 1995, S. 2370–2375; *Heinz Goldschmidt*, Tarifvertragsgesetz und Allgemeinverbindlichkeit von Tarifverträgen, BABl. 1950, S. 14–17; *Rolf Gross*, Zur Rechtsnatur der Allgemeinverbindlicherklärung, NJW 1965, S. 283–284; *Jobst Gumpert*, Rechtsmittel gegen die Allgemeinverbindlicherklärung von Tarifverträgen, BB 1954, S. 261–263; *ders.*, Nachprüfung der Allgemeinverbindlicherklärung von Tarifverträgen durch Arbeitsgerichte oder Verwaltungsgerichte, BB 1959, S. 271–275; *Peter Häberle*, Öffentliches Interesse als juristisches Problem, Bad Homburg 1970; *Peter Hanau*, Gemeinsame Einrichtungen von Tarifvertragsparteien als Instrument der Verbandspolitik, RdA 1970, S. 161–168; *ders.*, Das Arbeitnehmer-Entsendegesetz, NJW 1996, S. 1369–1373; *ders.*, Lohnunterbietung („Sozialdumping") durch Europarecht, in: Festschrift für Ulrich Everling, Bd. 1, Baden-Baden 1995, S. 415–431; *Frank Sven Heilmann*, Das Arbeitsvertragsstatut, Konstanz 1991; *Friedrich Heither*, Das kollektive Arbeitsrecht der Schweiz, Stuttgart 1964; *Wilhelm Herschel*, Änderung eines allgemeinverbindlichen Tarifvertrages, in: Festschrift für Alfred Hueck (1959), S. 105–122; *ders.*, Zur Rechtsnatur der Allgemeinverbindlicherklärung eines Tarifvertrages, RdA 1959, S. 361–366; *ders.*, Kosten der Veröffentlichung einer Allgemeinverbindlicherklärung von Tarifverträgen, BB 1963, S. 391; *ders.*, Die Behinderung der Allgemeinverbindlicherklärung von Tarifverträgen, AuR 1966, S. 193–198; *ders.*, Vom Wesen der Allgemeinverbindlicherklärung von Tarifverträgen, RdA 1983, S. 162–164; *Philipp Hessel*, Die Rechtsnatur der Allgemeinverbindlicherklärung, BB 1956, S. 790–791; *Roland Hönsch*, Die Neuregelung des Internationalen Privatrechts aus arbeitsrechtlicher Sicht, NZA 1988, S. 113–119; *Hans Hojbauer*, Der Rechtscharakter der Tarifverträge und der Allgemeinverbindlicherklärung, Berlin 1974; *Dieter Hold*, Arbeitnehmer-Entsendegesetz gegen Lohndumping und illegale Beschäftigung im Baugewerbe, AuA 1996, S. 113–117; *Gerrick v. Hoyningen-Huene*, Die Allgemeinverbindlicherklärung der Vorruhestandsverträge im Baugewerbe, BB 1986, S. 1909–1914; *Alfred Hueck*, Allgemeinverbindlichkeit von Tarifverträgen, Betrieb 1949, S. 431–432; *Walther Hug*, Die neue schweizerische Gesetzgebung über den Gesamtarbeitsvertrag und dessen Allgemeinverbindlicherklärung, RdA 1958, S. 86–89; *Abbo Junker/Julia Wichmann*, Das Arbeitnehmer-Entsendegesetz – Doch ein Verstoß gegen Europäisches Recht?, NZA 1996, S. 505–512; *Karl Kehrmann/Matthias Spirolke*, Entwurf eines Arbeitnehmer-Entsendegesetzes für die Bauwirtschaft, AiB 1995, S. 621–624; *Dieter Kirchner*, Wann erscheint die Allgemeinverbindlicherklärung von Tarifverträgen im öffentlichen Interesse geboten?, AuR 1959, S. 295–298; *ders.*, Die richterliche Nachprüfung der Allgemeinverbindlicherklärung, AuR 1959, S. 336–339; *Wolfgang Koberski/Maria Jotzies*, Allgemeinverbindlicherklärung von Tarifverträgen, AuR 1991, S. 193–195; *von Köhler*, Ist eine Allgemeinverbindlicherklärung anfechtbar?, DVBl. 1956, S. 712–714 und S. 860; *Folkmar Koenigs*, Lohngleichheit am Bau? – Zu einem Arbeitnehmer-Entsendegesetz, Betrieb 1995, S. 1710–1711; *ders.*, Rechtsfragen des Arbeitnehmer-Entsendegesetzes und der EG-Entsenderichtlinie, Betrieb 1997, S. 225–231; *Walter Kraegeloh*, Voraussetzungen und Umfang der Allgemeinverbindlicherklärungen von Tarifverträgen, BB 1952, S. 90–92; *Herbert Kronke*, Regulierungen auf dem Arbeitsmarkt, Baden-Baden 1990; *Hildegard Krüger*, Die Rechtsnatur der Allgemeinverbindlichkeitserklärung, RdA 1957, S. 46–51; *Günther Küchenhoff*, Verbandsautonomie, Grundrechte und Staatsgewalt, AuR 1963, S. 321–334; *Manfred Lieb*, Rechtsnatur und Mängel der Allgemeinverbindlicherklärung eines Tarifvertrags, RdA 1957, S. 260–264; *ders.*, Die Rechtsnatur der Allgemeinverbindlicherklärung von Tarifverträgen als Problem des Geltungsbereichs autonomer Normensetzung, Diss. München (1960); *Bodo Lindena/Helmut Höhmann*, Viel Diskussion mit wenig Sachverstand, Arbeitgeber 1988, S. 465–467 und S. 564–566; *dies.*, Allgemeinverbindlichkeit von Tarifverträgen, Sonderheft Arbeitgeber 3/

1989; *Heinrich Lund*, Die Änderung der Verordnung zur Durchführung des Tarifvertragsgesetzes, Betrieb 1989, S. 626–628; *ders.*, Allgemeinverbindlicherklärung von Tarifverträgen und Verwaltungsverfahrensgesetz, Betrieb 1977, S. 1312–1319; *Christian Mäßen/Reinhold Mauer*, Allgemeinverbindlicherklärung von Tarifverträgen und verwaltungsgerichtlicher Rechtsschutz, NZA 1996, S. 121–126; *Matthias May*, Die verfassungsmäßige Zulässigkeit der Bindung von Außenseitern durch Tarifverträge, Diss. Frankfurt (1989); *Theo Mayer-Maly/Franz Marhold*, Östereichisches Arbeitsrecht, Bd. II, Wien 1991; *Gerhard Müller*, Rangverhältnis zwischen allgemeinverbindlichen und dritten Tarifverträgen, Betrieb 1989, S. 1970–1973; *Heinz-Dietrich Müller*, Die Frage der Allgemeinverbindlicherklärung von Kollektivschiedsverträgen, RdA 1954, S. 58–59; *Gerd Nacken*, Tarifverträge über das Ende der Arbeitszeit und § 1 GWB, WuW 1988, S. 475–488; *Nipperdey/Heussner*, Die Rechtsnatur der Allgemeinverbindlicherklärung von Tarifverträgen, in: Staatsbürger und Staatsgewalt, Verwaltungsrecht und Verwaltungsgerichtsbarkeit in Geschichte und Gegenwart, Jubiläumsschrift zum hundertjährigen Bestehen der deutschen Verwaltungsgerichtsbarkeit und zum zehnjährigen Bestehen des Bundesverwaltungsgerichts (1963), S. 211–237; *Hansjörg Otto/Roland Schwarze*, Tarifnormen über Gemeinsame Einrichtungen und deren Allgemeinverbindlicherklärung, ZfA 1995, S. 639–698; *Peter Pulte*, AR-Blattei SD 1550.10., Allgemeinverbindlichkeit des Tarifvertrages; *Manfred Rehbinder*, Schweizerisches Arbeitsrecht, 12. Aufl., Bern 1995; *Hans Reichel*, Zwanzig Jahre Allgemeinverbindlicherklärung von Tarifverträgen, BABl. 1969, S. 359–372; *ders.*, Die Aufhebung von Tarifordnungen und Lohngestaltungsanordnungen, BABl. 1968, S. 301–305; *Dieter Reuter*, Das Verhältnis von Individualautonomie, Betriebsautonomie und Tarifautonomie, RdA 1991, S. 193–205; *Franz Ringer*, Zehn Jahre Allgemeinverbindlicherklärung von Tarifverträgen, AuR 1959, S. 289–294; *Karl-Heinz Sahl/Brigitte Stang*, Das Arbeitnehmer-Entsendegesetz und die Europäische Entsenderichtlinie, AiB 1996, S. 652–661; *Günther Schelp*, Gemeinsame Einrichtungen der Tarifvertragsparteien, in: Festschrift für H. C. Nipperdey (1965), Bd. II, S. 579–607; *Monika Schlachter*, Allgemeinverbindlich-Erklärung des Vorruhestandstarifvertrages im Baugewerbe, BB 1987, S. 758–760; *Martin Selmayr*, Die gemeinschaftsrechtliche Entsendefreiheit und das deutsche Entsendegesetz, ZfA 1996, S. 615–658; *Hans Spanner*, Wieder einmal: Zur Rechtsnatur der Allgemeinverbindlicherklärung von Tarifverträgen, DÖV 1965, S. 154–158; *Eugen Stahlhacke*, Neufassung der Verordnung zur Durchführung des Tarifvertragsgesetzes, NZA 1989, S. 334–336; *ders.*, Die Allgemeinverbindlicherklärung von Tarifverträgen über das Arbeitszeitende im Verkauf, NZA 1988, S. 344–347; *Brigitte Straeter*, Die Allgemeinverbindlicherklärung von Tarifverträgen, Diss. Würzburg (1967); *Willi Thiele*, Zur Rechtsnatur der Allgemeinverbindlicherklärung, AuR 1958, S. 18–22; *Oskar Tschira/Walter Schmitt Glaeser*, Verwaltungsprozeßrecht, 14. Aufl., Stuttgart 1994; *Felix Walz*, Die Allgemeinverbindlicherklärung von Gesamtvereinbarungen mit besonderer Berücksichtigung der Bundesbeschlüsse über die Allgemeinverbindlicherklärung von Gesamtarbeitsverträgen und ähnlichen Abmachungen, Aarau 1948; *Stefan Walz*, Multinationale Unternehmen und internationaler Tarifvertrag, eine arbeitskollisions-rechtliche Untersuchung, Baden-Baden 1981; *H. Wawretzko*, Für allgemeinverbindlich erklärte Tarifverträge sind Rechtsverordnungen, Arbeitgeber 1959, S. 299–301; *Gerhard Webers*, Das Arbeitnehmer-Entsendegesetz, Betrieb 1996, S. 574–577; *Paul Well*, Die Allgemeinverbindlichkeitserklärung von Tarifverträgen, Heidelberg 1926; *Gerd Werner*, Arbeitsstudie und Tarifrecht, BB 1962, S. 340–343; *Wertenbruch*, Zur Rechtsnatur der Allgemeinverbindlicherklärung, RdA 1959, S. 67–68; *Herbert Wiedemann*, Zur Wirksamkeit der Allgemeinverbindlicherklärung von Vorruhestandstarifverträgen, RdA 1987, S. 262–269; *Norbert Wimmer*, Die Gestaltung internationaler Arbeitsverhältnisse durch kollektive Normverträge, Baden-Baden 1992; *Witting*, Das „öffentliche Interesse" bei der Allgemeinverbindlicherklärung von Tarifverträgen, BABl. 1950, S. 227–228; *Wolfgang Wonneberger*, Die Funktionen der Allgemeinverbindlicherklärung von Tarifverträgen, Heidelberg 1992; *Ulrich Zachert*, Deregulierung des Tarifvertragsrechts – ein taugliches Mittel zur Lösung der Arbeitsmarktprobleme?, Betrieb 1991, S. 1221–1226; *ders.*, Tarifvertrag: Eine problemorientierte Einführung, Köln 1979; *Wolfgang Zöllner*, Die Rechtsnatur der Allgemeinverbindlicherklärung von Tarifverträgen, Betrieb 1967, S. 334–340; *ders.*, Die Wirkung der Normen über gemeinsame Einrichtungen der Tarifvertragsparteien, RdA 1967, S. 361–370.

A. Allgemeines

I. Sinn und Zweck der Allgemeinverbindlicherklärung

Die Allgemeinverbindlicherklärung erfüllt einen wichtigen sozialpolitischen Zweck, sie führt eine Kartellwirkung herbei und sie ersetzt vorläufig für einen begrenzten Bereich ein allgemeines Arbeitsgesetzbuch. **1**

1. Sozialpolitische Funktion

Die Allgemeinverbindlicherklärung hat eine erhebliche sozialpolitische Bedeutung zugunsten der nichtorganisierten Arbeitnehmer.[1] Sie sollen nicht in die Lage gebracht werden, zu sozial nicht vertretbaren Bedingungen arbeiten zu müssen. Durch die Allgemeinverbindlicherklärung kann bezogen auf Entgelt-Tarifverträge allen eine **angemessene Vergütung** im Sinne einer Sicherung des Existenzminimums verschafft werden; darüber hinaus können sozial verträgliche und angemessene Mindestarbeitsbedingungen gewährleistet werden.[2] Dieser Zweck könnte zwar auch durch ein Vorgehen nach dem Gesetz über die Festsetzung von Mindestarbeitsbedingungen[3] erreicht werden,[4] doch erscheint die Erweiterung des Geltungsbereichs bestehender Tarifverträge nach § 5 sachgerechter als die Festsetzung von Mindestarbeitsbedingungen für einzelne Wirtschaftszweige und Beschäftigungsarten. **2**

Allgemeinverbindlicherklärungen gelten für zahlreiche Wirtschaftsgruppen, und zwar neben dem Gaststättengewerbe, dem Einzelhandel und der Textilindustrie für folgende Wirtschaftsbereiche: Land- und Forstwirtschaft; Fischerei; Steine und Erden, Keramik, Glas; Eisen- und Stahlerzeugung, Metallverarbeitung; Holz; Papier; Leder; Schuhe; Bekleidung; Baugewerbe; Handel; Straßenverkehr, Spedition, Schiffahrt; Luftfahrt; Entsorgung, Reinigung und Körperpflege, Wissenschaft, Sport, Kunst, Publizistik; sonstige private Dienstleistungen. Von den zur Zeit gültigen rund 47 000 Tarifverträgen sind 543 allgemeinverbindlich.[5] **3**

Eine wichtige Aufgabe von Allgemeinverbindlicherklärungen besteht darin, die tariflichen Außenseiter auf der Arbeitgeberseite zu verpflichten, Beiträge zu den **Gemeinsamen Einrichtungen** zu erbringen, denn ohne deren Beitragsaufkommen wären sie nur teilweise funktionsfähig.[6] Langfri-

---

[1] BGH 3. 12. 1992, NJW 1993, S. 1010, 1011 f.; *Gamillscheg*, Kollektives Arbeitsrecht I, § 19 a, S. 884; *Kempen/Zachert*, § 5 TVG, Rnr. 4; *Koberski/Clasen/Menzel*, § 5 TVG, Rnr. 3; *Wiedemann*, RdA 1987, S. 262, 265 f.
[2] BVerwG 3. 11. 1988, NJW 1989, S. 1495, 1498.
[3] BGBl. 1952 I, S. 17.
[4] Einschränkend MünchArbR/*Löwisch*, § 261, Rnr. 2.
[5] S. Verzeichnis der für allgemeinverbindlich erklärten Tarifverträge (BMA), Stand 1. 7. 1998; ferner zum Stand 1. 1. 1998 BABl. 3/1998, S. 40; Information RdA 1998, S. 174 f., 180; Beispiele für Allgemeinverbindlicherklärungen RdA 1998, S. 51.
[6] BVerwG 3. 11. 1988, NJW 1989, S. 1495, 1498; *Bötticher*, Die gemeinsamen Einrichtungen der Tarifvertragsparteien, S. 67; *Kempen/Zachert*, § 5 TVG, Rnr. 5; *May*, Bindung von Außenseitern; *Stein*, Tarifvertragsrecht, Rnr. 200.

stig bahnt sich ein „Funktionswandel" der Allgemeinverbindlicherklärung an.[7] Wurde deren sozialpolitische Dimension zu Beginn der Nachkriegszeit nur wenig beachtet,[8] so finden sich heute in immer stärkerem Maße neben Allgemeinverbindlicherklärungen über Entgelt-Tarifverträge auch solche, die ausschließlich einen Bereich tariflicher Sozialpolitik betreffen. Gerade im Baugewerbe lassen sich so branchenspezifische Nachteile ausgleichen.

2. Kartellwirkung

4 Nach § 3 Abs. 1 können die Berufsverbände tarifliche Regelungen mit gesetzesgleicher Wirkung grundsätzlich nur für Mitglieder treffen. Die Tarifautonomie erstreckt sich nicht unmittelbar auf die nichtorganisierten Arbeitnehmer und Arbeitgeber (vgl. oben § 1, Rnr. 555 ff.; § 3, Rnr. 18 f., 24 ff.). Eine Ausnahme sieht das Gesetz in § 3 Abs. 2 für die Regelung betrieblicher und betriebsverfassungsrechtlicher Fragen vor (s. oben § 3, Rnr. 127 ff.). Im Bereich der Nichtorganisierten besteht damit ein Wettbewerbsvorteil auf dem Güter- und Dienstleistungsmarkt, der es dem Arbeitgeber eher ermöglicht, Arbeitnehmer zu ihm genehmen Bedingungen zu beschäftigen.[9]

5 Diese Rechtslage kann sich im Arbeitsleben zuungunsten der Arbeitnehmer auswirken. So können tarifgebundene Arbeitgeber in der Zeit schwacher Konjunktur versucht sein, möglichst nicht Gewerkschaftsmitglieder, sondern nichtorganisierte Arbeitnehmer einzustellen, um die tariflichen Arbeitsbedingungen unterschreiten zu können. Die Folge wäre, daß gerade die organisierten Arbeitnehmer in größerer Zahl arbeitslos wären und daß sich die Anziehungskraft der Gewerkschaften mindern würde. Auch im Verhältnis der Arbeitgeber untereinander können sich unerwünschte Nebenwirkungen einstellen. Nicht tarifgebundene Arbeitgeber, die sowohl organisierte als auch nichtorganisierte Arbeitnehmer zu untertariflichen Bedingungen beschäftigen, sind gegenüber ihren tarifgebundenen Konkurrenten im Vorteil und können Wettbewerbsvorteile durch die geringe Kostenbelastung ihrer Produktion erzielen.[10] Aus diesem Grunde hat die Entscheidung über die Allgemeinverbindlicherklärung auch eine **wettbewerbliche Dimension**.[11]

---

[7] *Wiedemann*, RdA 1987, S. 262, 264; ausführlich *Kempen/Zachert*, § 5 TVG, Rnr. 7 ff.
[8] S. die Nachw. bei *Wiedemann*, RdA 1987, S. 262, 264 Fn. 8.
[9] MünchArbR/*Löwisch*, § 261, Rnr. 3.
[10] *Schaub*, Arbeitsrechts-Handbuch, § 207, S. 1730; *Kempen/Zachert*, § 5 TVG, Rnr. 1 f.
[11] Ebenso *Ansey/Koberski*, AuR 1987, S. 230, 236; *Gamillscheg*, Kollektives Arbeitsrecht I, § 19 2 c, S. 885; *Kempen/Zachert*, § 5 TVG, Rnr. 2; *Koberski/Clasen/Menzel*, § 5 TVG, Rnr. 62; *Koberski/Jotzies*, AuR 1991, S. 193; MünchArbR/ *Löwisch*, § 261, Rnr. 5 f.; vgl. auch OVG Berlin 15. 3. 1957 AP Nr. 3 zu § 5 TVG; ablehnend BAG 24. 1. 1979 AP Nr. 16 zu § 5 TVG, das die Einbeziehung wettbewerbsrechtlicher Aspekte ablehnt, und der BGH 3. 12. 1992, NJW 1993, S. 1010, 1011 f.; ebenso unter Verweis auf die dafür geltenden Normen des staatlichen Wettbewerbsrechts BVerfG 15. 7. 1980 AP Nr. 17 zu § 5 TVG; zustimmend *Etzel*, NZA 1987, Beil. 1, S. 19, 21; *v. Hoyningen-Huene*, BB 1986, S. 1909, 1910 und *Nacken*, WuW 1988, S. 475, 483 f.; vgl. jedoch jüngst BAG 28. 3. 1990 AP Nr. 25 zu § 5 TVG = NZA 1990, S. 781, 782, wo das BAG die Allgemeinverbindlicherklärung einer Altersversorgung u. a. damit begründete, daß eine „Verzerrung von Belastungen" auf der Arbeitgeberseite drohe.

A. Allgemeines 6, 7 § 5

Allerdings begründet der Wettbewerbsaspekt für sich gesehen noch kein „öffentliches Interesse" an der Allgemeinverbindlicherklärung.[12] Zur Vermeidung solcher Lohndrückerei und Schmutzkonkurrenz[13] stellt § 3 Abs. 3 (s. dazu oben § 3, Rnr. 26 ff., 45 ff.) kein geeignetes Mittel dar. Im Gegensatz zu § 1 Abs. 2 TarifVO,[14] wonach sich tarifgebundene Arbeitnehmer und Arbeitgeber durch Verbandsaustritt und anschließenden Abschluß eines Arbeitsvertrages von den Wirkungen des Tarifvertrages befreien konnten, läßt zwar § 3 Abs. 3 die Tarifgebundenheit in jedem Fall bis zur Beendigung des Tarifvertrages fortgelten (s. oben § 3, Rnr. 48 ff.), so daß der Verbandsaustritt nicht mehr zum Fortfall der Tarifwirkungen führt. Doch die Tarifbindung endet nach Ablauf des Tarifvertrags. Dann können die oben genannten Erscheinungen auch nicht durch allgemeine oder beschränkte Organisationsklauseln – den Gegensatz zu den Tarifausschlußklauseln – vermieden werden, da derartige Klauseln aus koalitionsrechtlichen Gründen unwirksam sind (s. oben Einleitung vor § 1, Rnr. 292). Die Allgemeinverbindlicherklärung soll den Unzuträglichkeiten entgegentreten, die sich aus der mangelnden Tarifgebundenheit von Arbeitgebern und Arbeitnehmern ergeben.

3. Gesetzesersatz

Indem die Allgemeinverbindlicherklärung bestimmte Arbeitsbedingungen, 6 wie etwa Verfallklauseln und Vorschriften über das Verhalten von Arbeitgebern und Arbeitnehmern sowie einzelne Vertragspflichten, auf weite Teile der Arbeitnehmerschaft erstreckt, führt sie praktisch zu einer Teilkodifizierung des Individualarbeitsrechts. Damit bildet sie nicht zuletzt im Arbeitsleben einen vorläufigen Ersatz für ein bislang fehlendes allgemeines Arbeitsgesetzbuch.[15]

II. Geschichtliche Entwicklung und praktische Bedeutung

Die Allgemeinverbindlicherklärung wurde durch die TarifVO vom 7 23. 12. 1918, die auch erstmals die Unabdingbarkeit von Tarifnormen festlegte, eingeführt und bürgerte sich rasch ein.[16] In den zehn Jahren des Bestehens der **TarifVO** wurden mehr als 25 000 Allgemeinverbindlicherklärungen ausgesprochen. Ende 1928 waren 1829 Tarifverträge (1929 schon 1846) für allgemeinverbindlich erklärt. Dies entspricht einem Anteil von 20,5%. Bei den Angestelltentarifen waren sogar 44,7% für allgemeinverbindlich erklärt

---

[12] *Schlachter*, BB 1987, S. 758, 759.
[13] BVerwG 3. 11. 1988 AP Nr. 23 zu § 5 TVG; *Bechtold*, RdA 1983, S. 99, 101; *Däubler*, Tarifvertragsrecht, Rnr. 1244; *Kempen/Zachert*, § 5 TVG, Rnr. 1; *Wiedemann*, RdA 1987, S. 262, 265.
[14] Verordnung über Tarifverträge, Arbeiter- und Angestelltenausschüsse und Schlichtung von Arbeitsstreitigkeiten vom 23. 12. 1918, RGBl. 1918, Nr. 287, S. 1456.
[15] Vgl. auch MünchArbR/*Löwisch*, § 261, Rnr. 3; *Wonneberger*, Funktion, S. 100; zum Stand der Beratungen zu einem Arbeitsvertragsgesetz s. Gutachten D zum 59. DJT 1992; *Griese*, NZA 1996, S. 803 ff.
[16] RGBl. 1918, S. 1356; verfassungsrechtliche Absicherung des Tarifvertragsrechts durch Art. 165 Abs. 1 der Weimarer Reichsverfassung.

worden (789 Tarifverträge). Im ganzen galten damals für etwas mehr als die Hälfte aller von Tarifverträgen erfaßten Arbeitnehmer allgemeinverbindliche Tarifverträge.

8   Der Beginn der **nationalsozialistischen** Gewaltherrschaft bedeutete die Abschaffung der Allgemeinverbindlicherklärung in der bis dahin bestehenden Form. 1934 wurde die Möglichkeit, Tarifverträge abzuschließen, durch das Gesetz zur Regelung der nationalen Arbeit beseitigt.[17] Zunächst wurde nur die Regelung der für alle Arbeitsverhältnisse geltenden Mindestarbeitsbedingungen in die Hände des zuständigen Reichstreuhänders der Arbeit gelegt (§ 32 des Gesetzes zur Ordnung der nationalen Arbeit). Dessen Kompetenz wurde im Laufe der Naziherrschaft durch die Lohngestaltungsverordnung auch auf die rechtsverbindliche Festlegung von Höchstbedingungen für Arbeitsverhältnisse erweitert.[18]

9   In Anknüpfung an den Zustand der Weimarer Zeit ging bei der Wiedereinführung des Tarifvertragsrechts **nach 1945** von Anfang an das Bestreben dahin, die Allgemeinverbindlicherklärung auch im neuen Tarifrecht wieder für zulässig zu erklären.[19] In Bayern und Baden wurde dies sogar in der Verfassung festgelegt (Art. 169 Abs. 2 Bayerische Verfassung; Art. 38 Abs. 2 Verfassung für Baden). Die bundesrechtliche Grundlage dafür wurde aber erst durch § 5 TVG geschaffen.

10 Die **praktische Bedeutung** der Allgemeinverbindlicherklärung lag und liegt vor allem darin, daß sie in einigen Branchen für alle Arbeitnehmer einen angemessenen Standard an Arbeitsbedingungen erlaubt, wie er andernfalls mangels Tarifbindung der Arbeitgeber nicht bestünde. Die Anzahl der allgemeinverbindlichen Tarifverträge betrug (jeweils zum 1. Januar) 1975 448; sie stieg bis 1980 auf 608 und ging bis 1990 auf 536 zurück. Nach der Wiedervereinigung stieg die Zahl der allgemeinverbindlichen Tarifverträge in den neuen Bundesländern von 7 (1951) auf 144 (1997). Am 1. 7. 1998 waren unter den rund 47 000 in das Tarifregister eingetragenen Tarifverträgen 543 allgemeinverbindlich, von denen 148 auch in den neuen Bundesländern gelten. Unter den 543 Tarifverträgen sind 298 Ursprungstarifverträge und 245 Änderungs- und Ergänzungstarifverträge.[20]

11 Zentrale Bedeutung im Wirtschaftsleben erlangte die Allgemeinverbindlicherklärung in bestimmten **Wirtschaftszweigen**, wie etwa im Baugewerbe und in den Baunebengewerben sowie im Groß- und Einzelhandel. Daneben spielen auch das Handwerk, das Bewachungsgewerbe und die Textilindustrie eine gewichtige Rolle.[21] Insgesamt machen diese Branchen ca. 80% aller allgemeinverbindlich erklärten Tarifverträge aus. Ein direkter Zusammenhang zwischen der Stärke des Organisationsgrades und der Häufigkeit von Allge-

---

[17] § 64 des Gesetzes zur Ordnung der nationalen Arbeit, RGBl. 1934, S. 45.
[18] RGBl. 1938, S. 691.
[19] Zu der Entwicklung des Tarifvertragsrechts in der Nachkriegszeit vgl. *Wonneberger*, Funktionen, S. 7 ff.
[20] Alle Angaben aus dem „Verzeichnis der für allgemeinverbindlich erklärten Tarifverträge", Stand 1. 7. 1998, BABl. Heft 9/1998, S. 45 ff.
[21] Ausführliche Aufstellung der für allgemeinverbindlich erklärten Tarifverträge nach Wirtschaftsgruppen in BABl. Heft 9/1998, S. 45 ff. und bei *Koberski/Clasen/Menzel*, § 5 TVG, Rnr. 2.

meinverbindlicherklärungen läßt sich hier nicht erkennen. Die Allgemeinverbindlicherklärung wird weit überwiegend nur für Tarifverträge beantragt, die Materien betreffen, in denen bereits für den Vorgängertarif eine Allgemeinverbindlicherklärung bestand.[22]

III. Der Allgemeinverbindlicherklärung vergleichbare Rechtsinstitute

1. Besondere Regelungen im Heimarbeitsgesetz

Ein der Allgemeinverbindlicherklärung ähnliches Rechtsinstitut findet sich im Heimarbeitsgesetz vom 14. 3. 1951[23] in der Fassung vom 29. 10. 1974.[24] Nach § 19 HAG können die Heimarbeitsausschüsse Entgelte und sonstige Vertragsbedingungen mit bindender Wirkung für alle Beteiligten festsetzen, falls Gewerkschaften und Vereinigungen der Auftraggeber für den Zuständigkeitsbereich des Heimarbeitsausschusses nicht bestehen oder nur eine Minderheit der Auftraggeber und Beschäftigten umfassen. Nach § 22 HAG können Mindestarbeitsbedingungen für fremde Hilfskräfte durch Entgeltausschüsse festgesetzt werden, wenn die Entgelte der Hausgewerbetreibenden oder Gleichgestellten durch eine Entgeltregelung festgelegt sind. Diese Feststellungen haben gemäß § 19 Abs. 3 Satz 1 HAG und § 22 Abs. 2 Satz 1 in Verbindung mit § 19 Abs. 3 Satz 1 HAG die Wirkung einer Allgemeinverbindlicherklärung gemäß § 5. Die durch diese Bestimmungen erzeugte Kartellwirkung ist sogar effektiver als die der Allgemeinverbindlicherklärung, da nach § 25 HAG die Länder eine besondere Klagebefugnis zur Geltendmachung der festgesetzten Löhne haben. Ein entsprechender Einfluß auf die Arbeitsverhältnisse der nichtorganisierten Arbeitnehmer ist in § 5 demgegenüber nicht vorgesehen.

Im Gegensatz zum früheren Recht sieht das HAG für den Fall, daß eine tarifliche Regelung nach § 17 HAG zustande kommt, keine Sonderform der Allgemeinverbindlicherklärung mehr vor. Diese Tarifverträge können nunmehr nach § 5 für allgemeinverbindlich erklärt werden.

2. Österreichisches und schweizerisches Recht sowie das Recht anderer europäischer Nachbarstaaten

Die Regelungen in europäischen Nachbarstaaten zeigen, daß auch hier das Institut der Allgemeinverbindlicherklärung als ein wesentliches Element des Tarifvertragsrechts anerkannt ist.[25]

Eine der Allgemeinverbindlicherklärung entsprechende, wenn auch nicht ganz gleichartige Einrichtung kennt das **österreichische Recht**[26] in der sogenannten „Satzung", wie die durch Beschluß des Einigungsamtes für allgemein maßgebend erklärten Bestimmungen des Kollektivvertrages genannt werden. Auf Antrag einer kollektivvertragsfähigen Körperschaft, die auch Ta-

---

[22] Vgl. dazu im einzelnen *Reichel*, BArbBl. 1969, S. 359, 370.
[23] BGBl. I S. 191.
[24] BGBl. I S. 2879.
[25] Zu Österreich und Frankreich s. *Gamillscheg*, Kollektives Arbeitsrecht I, § 19 1 b, S. 882.
[26] §§ 18–21 ArbVG vom 14. 12. 1973, BGBl. 1974/22.

rifpartner ist, erläßt das sog. Bundeseinigungsamt eine Rechtsverordnung.[27] Durch diese werden die normativen Bestandteile der Tarifverträge als unmittelbar rechtsverbindliche Mindestarbeitsbedingungen festgesetzt.

16 Auch in der **Schweiz**, in der die verfassungsrechtlichen Grundlagen in Art. 34 der Bundesverfassung geregelt sind, hat das Streben nach möglichst vollständiger Durchführung der Tarifnormen bereits 1941 zur Einführung der Allgemeinverbindlicherklärung geführt.[28] Man hat aber auch versucht, die Nichtorganisierten auf dem Wege individueller Anerkennung der Tarifverträge, insbesondere durch Anschlußverträge, der tariflichen Ordnung zu unterstellen. Neu geregelt wurde das Institut der Allgemeinverbindlicherklärung durch das am 1. 1. 1957 in Kraft getretene Gesetz über die Allgemeinverbindlicherklärung von Gesamtarbeitsverträgen.[29] Das Gesetz regelt sehr eingehend die Voraussetzungen der Allgemeinverbindlicherklärung.[30]

17 Nur die normativen Bestandteile des Arbeitsvertrages können durch eine Allgemeinverbindlicherklärung geregelt werden, die alle nichttarifgebundenen Arbeitgeber und Arbeitnehmer erfaßt.[31] Daneben besteht jedoch – unter besonders engen Voraussetzungen – auch die Möglichkeit, Ausgleichskassen und ähnliche Einrichtungen zu errichten.[32]

18 Auch in den meisten **anderen europäischen Nachbarstaaten** ist die Möglichkeit einer Ausdehnung von tarifvertraglichen Regelungen mittels eines staatlichen Anwendungsbefehls auf Nichttarifgebundene (Außenseiter) bekannt.[33] In Frankreich und Spanien besteht sogar die Möglichkeit, den Geltungsbereich des Tarifvertrages zu erweitern und andere Branchen einzubeziehen.[34] Die Ursachen für die Festlegung der Allgemeinverbindlichkeit sind jedoch unterschiedlich; geht es einigen Staaten vornehmlich um die Festlegung von Mindestarbeitsbedingungen, so wollen andere in erster Linie den Ursprungstarifvertrag sichern.[35] Insgesamt bildet die Allgemeinverbindlicherklärung im kontinentaleuropäischen Raum in fast allen Ländern das Kernstück staatlicher Einflußnahme auf die Arbeitsbeziehungen.[36]

IV. Verfassungsmäßigkeit

19 In den siebziger Jahren ist die Verfassungsmäßigkeit des Instituts der Allgemeinverbindlicherklärung angezweifelt worden.[37]

---

[27] Mayer-Maly/*Marhold,* Österreichisches Arbeitsrecht Bd. II, S. 49 ff., 87 ff.
[28] Bundesbeschluß vom 1. 10. 1941.
[29] v. 28. 9. 1956; vgl. auch Art. 34 Abs. 2 der Schweizerischen Bundesverfassung.
[30] Vgl. dazu *Hug,* Die neue schweizerische Gesetzgebung über den Gesamtarbeitsvertrag und dessen Allgemeinverbindlichkeit, RdA 1958, S. 86 ff.; *Kronke,* Regulierungen, S. 331 f.; Zanetti, RdA 1973, S. 77, 84 ff.
[31] Zu deren Rechtsnatur *Rehbinder,* Schweizerisches Arbeitsrecht, S. 204.
[32] Vgl. dazu *Heither,* Das kollektive Arbeitsrecht der Schweiz, S. 124.
[33] Einen Überblick über die meisten europäischen Staaten vermittelt *Kronke,* Regulierungen, S. 301 ff.
[34] *Däubler,* Tarifvertragsrecht, Rnr. 1288; *Kronke,* Regulierungen, S. 314, 332 ff.; Zachert, Betrieb 1991, S. 1221, 1223 f.
[35] Ausführlich *Wonneberger,* Funktionen, S. 12 ff.
[36] So das Resümee von *Kronke,* Regulierungen, S. 348.
[37] ArbG Solingen, Vorlagebeschluß an das BVerfG 26. 7. 1974, BB 1974, S. 1919; Braun/*Jöckel,* Betrieb 1972, S. 1338 ff.; ausführlich zu den verfassungsrechtlichen Bedenken an der Allgemeinverbindlicherklärung *May,* Bindung von Außenseitern.

Bis zu dem grundlegenden Beschluß des Bundesverfassungsgerichts vom 12. 3. 1977 war die Verfassungsmäßigkeit der Allgemeinverbindlicherklärung vor allem vor dem Hintergrund von **Art. 80 GG** problematisch, denn Teile der Literatur[38] und das Bundesverwaltungsgericht[39] sahen die Allgemeinverbindlicherklärung als Rechtsverordnung an. Nach Art. 80 GG muß das eine Rechtsverordnung ermöglichende Gesetz jedoch Inhalt, Zweck und Ausmaß der Ermächtigung umschreiben. Diesen Anforderungen würde § 5 TVG nicht gerecht werden. 20

Weitere verfassungsrechtliche Bedenken ergaben sich im Hinblick auf die **Koalitionsfreiheit**, und zwar die negative Koalitionsfreiheit der tariflichen Außenseiter[40] und die Publizität des Verfahrens; im übrigen knüpften sie an die Frage der Rechtsnatur der Allgemeinverbindlicherklärung an, die sich nicht ohne weiteres in die anerkannten Formen legislativer Gestaltung – Gesetz, Rechtsverordnung und Satzung – einordnen ließ.[41] 21

Diese Bedenken sind unbegründet. Soweit Art. 9 Abs. 3 GG in Rede steht, ist dem entgegenzuhalten, daß einerseits die Tarifautonomie der Koalitionen in ihrem Kern nicht betroffen ist. „Die ‚Normsetzungsprärogative' der Koalitionen gilt nicht schrankenlos".[42] Subsidiäre Eingriffe des Staates in die Arbeits- und Wirtschaftsbedingungen sind zu einer den besonderen Erfordernissen des jeweiligen Sachbereichs entsprechenden Regelung – soweit sie sich in den Grenzen der Koalitionsfreiheit hält – nicht schlechthin ausgeschlossen (vgl. dazu oben Einleitung vor § 1, Rnr. 131).[43] 22

Auch wird die **negative Koalitionsfreiheit** der Arbeitnehmer durch die gesetzliche Regelung der Allgemeinverbindlicherklärung nicht betroffen, denn Zwang oder Druck, sich einer anderen als der vertragschließenden oder keiner Koalition anzuschließen, wird durch sie nicht ausgeübt. Im Gegenteil wird der Nichtorganisierte regelmäßig durch eine Allgemeinverbindlicherklärung in den Genuß des Tarifrechts kommen, ohne eine Notwendigkeit zu sehen, einer Gewerkschaft beitreten zu müssen.[44] 23

Soweit jedoch durch einen für allgemeinverbindlich erklärten Tarifvertrag **Gemeinsame Einrichtungen** der Tarifvertragsparteien vorgesehen sind, hat die fehlende Mitgliedschaft des Arbeitgebers den Nachteil, daß er nicht wie 24

---

[38] Vgl. nur *Lieb*, RdA 1957, S. 260; *ders.*, Rechtsnatur, S. 81 ff.; *Richardi*, Kollektivgewalt, S. 170 ff. m. w. Nachw.
[39] BVerwG 6. 6. 1958 AP Nr. 6 und 1. 8. 1958 Nr. 7 zu § 5 TVG.
[40] Ausführlich dazu *Wiedemann*, Anm. zu BVerfG 15. 7. 1980 AP Nr. 17 zu § 5 TVG.
[41] *Kempen/Zachert*, § 5 TVG, Rnr. 38; vgl. auch noch zu den jüngst aufgeworfenen europarechtlichen Fragen im Zusammenhang mit der Anwendung deutscher allgemeinverbindlicher Tarifverträge nach dem AEntG auf ausländische Arbeitsverhältnisse *Junker/Wichmann*, NZA 1996, S. 505 ff. und *Deinhart*, RdA 1996, S. 339 ff.; gegen die Verfassungsmäßigkeit des AEntG im Hinblick auf die Koalitionsfreiheit ausländischer Arbeitnehmer *Gerken/Löwisch/Rieble*, BB 1995, S. 2370, 2374.
[42] BVerfG 24. 5. 1977 BVerfGE 44, S. 322, 341 ff. = AP Nr. 15 zu § 5 TVG.
[43] Ein Gesetzentwurf der SPD (BT-Drucks. 13/4888) nach dem Bundesrats, wonach der Bundesarbeitsminister ohne Allgemeinverbindlicherklärung Mindestentgelte durch Rechtsverordnungen festlegen könnte, wurde vom Arbeits- und Sozialausschuß des Deutschen Bundestages am 4. 12. 1996 abgelehnt.
[44] *Kempen/Zachert*, § 5 TVG, Rnr. 39; *Koberski/Clasen/Menzel*, § 5 TVG, Rnr. 14 m. w. Nachw.

seine organisierten Kollegen, die Mitglieder eines Berufsverbandes sind, die Wahrnehmung seiner Interessen kontrollieren kann. Dennoch ist der Auffassung des Bundesverfassungsgerichts zuzustimmen, das darin nur einen gewissen Druck sieht, sich auch zur Wahrnehmung von Rechten einer Koalition anzuschließen, der jedoch noch nicht die Schwelle zu einer Verletzung der negativen Koalitionsfreiheit überschreite.[45]

25 Ob es für die Form staatlicher Rechtssetzungsakte einen „**Typenzwang**"[46] gibt, gegen den die Allgemeinverbindlicherklärung als Rechtssetzungsakt verstößt, brauchte das Bundesverfassungsgericht nicht zu klären. Nach Auffassung des Bundesverfassungsgerichts ist jedenfalls die Allgemeinverbindlicherklärung als typisches Rechtsinstitut im Bereich der Regelung der Arbeits- und Wirtschaftsbedingungen anerkannt. Es war bereits im TVG vom 9. 4. 1949 und in der Weimarer Tradition vorgeprägt und ist daher auch im Regelungsbereich von Art. 9 Abs. 3 GG verfassungsgemäß.[47]

26 Ebensowenig wird das **Demokratieprinzip** verletzt, denn für die von der Allgemeinverbindlicherklärung betroffenen Arbeitnehmer besteht Gelegenheit, ihre Interessen im Rahmen des Verfahrens schriftlich und mündlich vorzutragen.[48] Die für die Ausübung dieser Beteiligungsrechte notwendige Publizität wird dadurch gewahrt, daß die jeweiligen Anträge gemäß § 4 Abs. 1 Satz 1 DVO im Bundesanzeiger zu veröffentlichen sind. Letztlich bestehen auch keine Bedenken im Hinblick auf eine fehlende **Bekanntmachung** des Tarifvertrages,[49] denn seit der Änderung der DVO zum TVG vom 19. 12. 1988[50] wird die Allgemeinverbindlicherklärung im Bundesanzeiger bekanntgemacht. Die Tarifparteien sind gemäß § 5 Abs. 2 DVO TVG verpflichtet, den Außenseitern auf Anforderung den Text des zur Allgemeinverbindlicherklärung bestehenden Tarifvertrages zu überlassen,[51] und der Tarifvertrag kann über das Tarifregister oder die Tarifvertragsparteien eingesehen werden. Gem. § 9 Abs. 2 DVO TVG besteht schließlich für die durch die Allgemeinverbindlicherklärung gebundenen Arbeitgeber die Verpflichtung, „die für allgemeinverbindlich erklärten Tarifverträge an geeigneter Stelle im Betrieb auszulegen".[52]

27 Nach der Entscheidung des Bundesverfassungsgerichts, daß es sich bei der Allgemeinverbindlicherklärung auch nicht um eine Rechtsverordnung, son-

---

[45] BVerfG 15. 7. 1980 AP Nr. 17 zu § 5 TVG; ferner unten Rnr. 151; s. jedoch auch *Gamillscheg*, Kollektives Arbeitsrecht I, § 19 3, S. 888.
[46] Anm. *Kempen* zu BVerfG 24. 5. 1977, AuR 1977, S. 383; ausführlich zu der Frage eines numerus clausus von Rechtssetzungsformen im Zusammenhang mit der Allgemeinverbindlicherklärung *May*, Bindung von Außenseitern, S. 110 ff.
[47] BVerfG 24. 5. 1977 und 15. 7. 1980 AP Nr. 15 und 17 zu § 5 TVG; Anm. *Kempen*, AuR 1977, S. 383 f.
[48] § 5 Abs. 2 TVG.
[49] Art. 82 Abs. 1 Satz 2 GG.
[50] BGBl. I, S. 2307; zur geänderten DVO ausführlich *Lund*, Betrieb 1989, S. 626 f.; kritisch *Stahlhacke*, NZA 1989, S. 335.
[51] Zu den in diesem Zusammenhang zu tragenden Erstattungskosten s. *Koberski/Clasen/Menzel*, § 5 TVG, Rnr. 139.
[52] Vgl. jedoch die verfassungsrechtlichen Bedenken des Hessischen LAG 19. 11. 1995, LAGE § 5 TVG Nr. 3, wegen des Veröffentlichungsverfahrens von Allgemeinverbindlicherklärungen im Bereich des § 4 Abs. 2 TVG.

dern um einen „**Normsetzungsakt eigener Art**" handelt, bedarf es keiner Prüfung von § 5 TVG anhand des Art. 80 GG.[53]

Insgesamt ist das Institut der Allgemeinverbindlicherklärung daher als verfassungsgemäß anzusehen.[54] In einer früheren Entscheidung[55] hatte das Bundesverfassungsgericht bereits die bindenden Festsetzungen von Heimarbeitsausschüssen nach § 19 HAG in vollem Umfang für verfassungskonform erklärt und dabei ausdrücklich auch auf die Allgemeinverbindlicherklärung nach § 5 bezug genommen.[56]

Das schließt nicht aus, daß eine Allgemeinverbindlicherklärung **im Einzelfall Grundrechte** der Betroffenen **verletzen kann**.[57]

B. Rechtsnatur der Allgemeinverbindlicherklärung

Die Rechtsnatur der Allgemeinverbindlicherklärung ist seit ihrer Einführung umstritten. Von einer Klärung der Streitfragen kann bis zum heutigen Tag nur für einen Teilbereich gesprochen werden. Von der Entscheidung dieser Streitfrage hängt einerseits ab, welche Gerichtsbarkeit zuständig ist, und andererseits, welche Normen zu einer Überprüfung ihrer Rechtmäßigkeit heranzuziehen sind.

I. Gesetzestheorie oder Vertragstheorie

Während der Weimarer Zeit lag der Schwerpunkt der Auseinandersetzungen bei der Frage, welchen Einfluß der Ablauf oder die Änderung des für allgemeinverbindlich erklärten Tarifvertrags auf die Wirkung der Allgemeinverbindlicherklärung hat.

Der frühere Streit zwischen der **Gesetzestheorie**[58] und der **Vertragstheorie**[59] ist durch die Entscheidung des Gesetzgebers für die Vertragstheorie

---

[53] BVerfG 24. 5. 1977 AP Nr. 15 zu § 5 TVG; so auch BAG 2. 3. 1965 AP Nr. 12, 10. 10. 1973 Nr. 13 und 19. 3. 1975 Nr. 14 zu § 5 TVG; anders noch die Vorauflage, § 5 TVG, Rnr. 8.

[54] BVerfG 24. 5. 1977 AP Nr. 15 zu § 5 TVG; BAG 24. 1. 1979 AP Nr. 16 und BVerfG 15. 7. 1980 AP Nr. 17 zu § 5 TVG (*Wiedemann*); BVerfG 10. 9. 1991, ZTR 1992, S. 21; ebenso BAG 10. 10. 1973 AP Nr. 13 und 19. 3. 1975 Nr. 14 zu § 5 TVG.

[55] BVerfG 27. 2. 1973 AP Nr. 7 zu § 19 HAG.

[56] Zur Verfassungsmäßigkeit der bindenden Festsetzungen durch die Heimarbeitsausschüsse nach den §§ 19, 22 HAG vgl. ferner BAG 10. 3. 1972 AP Nr. 6 zu § 19 HAG (*H. Schneider*); *Etzel*, Betrieb 1967, S. 1321; *H. Schneider*, in: Festschrift für Philipp Möhring (1965), S. 521, 541.

[57] So auch *Däubler*, Tarifvertragsrecht, Rnr. 1247; vgl. dazu BAG 28. 3. 1990 AP Nr. 25 zu § 5 TVG = NZA 1990, S. 781, 784; vgl. auch BAG, aaO, zu den sich aus europarechtlicher Sicht ergebenden Bedenken; ferner speziell zu möglichen Verletzungen einzelner Grundrechte BVerfG 24. 5. 1977 BVerfGE 44, S. 322 = AP Nr. 15 zu § 5 TVG (betr. Art. 2 GG); BVerfG 15. 7. 1980 BVerfGE 55, S. 7 = AP Nr. 17 zu § 5 TVG (betr. Art. 12 Abs. 1 GG); BAG 20. 3. 1990 AP Nr. 25 zu § 5 TVG (betr. Art. 14 GG).

[58] *Jacobi*, Grundlehren, S. 127; *A. Hueck*, Tarifrecht, 1922, S. 77; *Erdmann*, Arbeitsvertrag, 1923, S. 80; *Sinzheimer*, Grundzüge, 2. Aufl. 1927, S. 272; *Potthoff*, Arbeitsrecht, 1929, S. 579.

[59] RAG 6. 12. 1930, ARS 11, S. 273, 277 und 22. 4. 1931 12, S. 183, 184 (*Nipperdey*); *Meissinger*, NZFA 1921, Sp. 129 ff.; *Wölbling*, DJZ 1919, S. 310.

überholt: Wenn nach § 5 Abs. 5 Satz 3 die Wirkung der Allgemeinverbindlicherklärung mit Ablauf des Tarifvertrages endet, dann ist der Tarifvertrag die maßgebliche Rechtsgrundlage.[60]

II. Rechtssetzung oder Verwaltungsakt

33 Damit ist allerdings eine andere Frage im Hinblick auf die Rechtsnatur der Allgemeinverbindlicherklärung noch nicht geklärt.[61] Die Entscheidung für die sog. Vertragstheorie besagt noch nicht, ob die Allgemeinverbindlicherklärung als Verwaltungsakt oder als Rechtsverordnung aufzufassen ist oder ob ihr – differenziert nach den von ihr Betroffenen – ein Doppelcharakter zukommt. Praktische Bedeutung hat diese Frage für den Rechtsschutz der Beteiligten, da zur Kontrolle von Verwaltungsakten andere Mittel und damit auch andere Fristen zur Verfügung stehen als zum Vorgehen gegen Rechtssätze.

1. Meinungsstand in der Literatur

34 **a) Verwaltungsakt.** Eine früher wohl überwiegende Meinung sieht in der Allgemeinverbindlicherklärung einen Verwaltungsakt; es handele sich um eine einmalige Anordnung der Erstreckung eines konkreten Tarifvertrages auf Nichtorganisierte; es würden also keine abstrakten Rechtssätze aufgestellt.[62] Folgt man dem, so muß gegen die Allgemeinverbindlicherklärung vor dem Verwaltungsgericht[63] im Wege der Anfechtungsklage vorgegangen werden.[64] Diese Klagen könnten nach Maßgabe des § 42 Abs. 2 VwGO sowohl die beteiligten Verbände als auch die Außenseiter erheben; das hinge allein von der nach der Möglichkeitstheorie zu beurteilenden *Klagebefugnis* ab, die für die Genannten zu bejahen sei. Gegen die Ablehnung der Allgemeinverbindlicherklärung stünde hiernach die Verpflichtungsklage in Form der Versagungsgegenklage zur Verfügung.[65] Den Klagen bräuchte kein Widerspruchsverfahren vorauszugehen.[66] Sie müßten aber innerhalb eines Monats nach Erlaß der Allgemeinverbindlicherklärung erhoben werden; andernfalls würde die Allgemeinverbindlicherklärung – außer im Falle der Nichtigkeit – unanfechtbar.[67] Die Arbeitsgerichte wären unter Zugrundelegung dieser Ansicht wegen der Tatbestandswirkung an die Allgemeinverbindlicherklärung gebunden, solange sie nicht durch ein Verwaltungsgericht aufgehoben ist.[68]

---

[60] Ebenso *Kempen*/Zachert, § 5 TVG, Rnr. 27; Hueck/*Nipperdey*, Arbeitsrecht II 1, § 34 III, S. 665 f.; *Nikisch*, Arbeitsrecht II, § 87 II 3, S. 494.
[61] Anders aber *Nikisch*, Arbeitsrecht II, § 87 II 3, S. 494.
[62] OVG Berlin 15. 3. 1957 AP Nr. 3 zu § 5 TVG; *Dersch*, in: Festschrift für H. C. Nipperdey (1955), S. 215 ff.; *E. R. Huber*, Wirtschaftsverwaltungsrecht, Bd. II, S. 451; *A. Hueck*, Betrieb 1949, S. 431; *Kaskel/Dersch*, Arbeitsrecht, S. 97; *Nikisch*, Arbeitsrecht II, § 87 II 2, 3, S. 492 ff.
[63] § 40 Abs. 1 VwGO.
[64] § 42 Abs. 1 VwGO.
[65] §§ 40 Abs. 1, 42 Abs. 1 und 2 VwGO.
[66] §§ 68 ff. VwGO.
[67] § 74 VwGO.
[68] *Kopp*, VwGO, 10. Aufl. 1994, § 121, Rnr. 5; *ders*,. VwVfG, 6. Aufl. 1996, vor § 35, Rnr. 25 ff.

B. Rechtsnatur der Allgemeinverbindlicherklärung

b) Rechtsordnung. Andere sehen die Allgemeinverbindlicherklärung als Rechtsverordnung an; die Allgemeinverbindlicherklärung gestalte die arbeitsrechtlichen Beziehungen einer unbestimmten Vielzahl von Arbeitnehmern und Arbeitgebern in abstrakter und genereller Weise. Die Erstreckung von Rechtsnormen auf bisher Nichtbetroffene sei Rechtssetzung.[69] Ein verwaltungsgerichtliches Vorgehen[70] direkt gegen die Allgemeinverbindlicherklärung wäre hiernach nur in der Weise möglich, in der das allgemeine Verwaltungsrecht und Verwaltungsprozeßrecht Rechtsschutz gegen Rechtsnormen gewähren. Der Rechtsschutzsuchende könnte gegen die Allgemeinverbindlicherklärung nur mit der Normenkontrollklage nach § 47 VwGO vorgehen.[71] Auch eine Klage auf Erlaß der Allgemeinverbindlicherklärung wäre nicht möglich.[72] Wenn das Bundesverwaltungsgericht neuerdings eine Klagemöglichkeit bejaht, so stützt es sich in erster Linie darauf, daß das Bundesverfassungsgericht bislang nur die Gesetzgebung von Art. 19 Abs. 4 GG ausgenommen habe, weil für diese eine verfassungsgerichtliche Normenkontrolle bestehe, deren Regelungen abschließende Bedeutung beizumessen sei. Diese Erwägungen hätten für den Erlaß von Normen durch die Exekutive keine Bedeutung. Da die Rechtswidrigkeit von Normen stets ihre Nichtigkeit zur Folge habe, könnten die Nichtorganisierten jedenfalls in jedem arbeitsgerichtlichen Verfahren, in dem Normen des für allgemeinverbindlich erklärten Tarifvertrags entscheidungserheblich sind, die Rechtswidrigkeit und daher Unwirksamkeit der Allgemeinverbindlicherklärung geltend machen. Die Inzidentkontrolle durch das Arbeitsgericht sei unbeschränkt möglich. Allerdings beziehe sie sich nur auf eine Wirkung *inter partes*.[73]

c) Doppelnatur. Bis zu der Entscheidung des Bundesverfassungsgerichts ging die vorherrschende Lehre von einer Doppelnatur der Allgemeinverbindlicherklärung aus und verband damit die von einem Verwaltungsakt ausgehende Auffassung mit derjenigen, die in der Allgemeinverbindlicherklärung einen Rechtssetzungsakt sieht. Die Vertreter dieser Auffassung sind sich darin einig, daß die Allgemeinverbindlicherklärung *gegenüber den Tarifvertragsparteien* einen Verwaltungsakt darstellt.[74]

---

[69] BVerwG 6. 6. 1958 BVerwGE 7, S. 82 = AP Nr. 6 zu § 5 TVG (*Tophoven*); BVerwG 1. 8. 1958 BVerwGE 7, S. 188 = AP Nr. 7 zu § 5 TVG; OVG Münster 7. 9. 1973, NJW 1974, S. 253 = JuS 1974, S. 334; Nr. 11; *Bettermann*, RdA 1959, S. 245; *ders.*, in: Festschrift für H. C. Nipperdey, Bd. II (1965), S. 723; *Braun/Jäckel*, Betrieb 1972, S. 1338; *Krüger*, RdA 1957, S. 46; *Lieb*, RdA 1957, S. 260; *ders.*, Rechtsnatur der Allgemeinverbindlicherklärung, Diss. München (1960), S. 76 ff.; *Richardi*, Kollektivgewalt, S. 169 ff.; *Volkmar*, Allgemeiner Rechtssatz und Einzelakt, 1962, S. 202; *Wertenbruch*, RdA 1959, S. 67; *Zöllner*, Betrieb 1967, S. 334.
[70] § 40 Abs. 1 VwGO.
[71] Ausführlich zur Normenkontrollklage *Tschira/Schmitt Glaeser*, Verwaltungsprozeßrecht, 14. Aufl. 1997, Rnr. 402 ff.
[72] Anders *Bettermann*, in: Festschrift für H. C. Nipperdey, Bd. II (1965), S. 723, 739 ff.; so auch in Abkehr von früheren Entscheidungen (BVerwG 1. 8. 1958 BVerwGE 7, S. 188; 26. 1. 1962 13, S. 328 f.) BVerwG 3. 11. 1988 BVerwGE 80, S. 355 = AP Nr. 23 zu § 5 TVG.
[73] Dazu *Backhaus/Wenner*, Betrieb 1988, S. 115, 117.
[74] *Nipperdey/Heussner*, in: Staatsbürger und Staatsgewalt (1963), S. 211 ff.; *Hueck/Nipperdey*, Arbeitsrecht II 1, S. 660; *Dellmann*, Die Allgemeinverbindlicherklärung von
(Fortsetzung der Fußnote nächste Seite)

37 Aber auch nach der grundlegenden Entscheidung des Bundesverfassungsgerichts wird in der Literatur die Auffassung vertreten, daß die Allgemeinverbindlicherklärung eine rechtliche Doppelnatur habe.[75] Der Regelungscharakter der Allgemeinverbindlicherklärung fließe daraus, daß der zuständige Bundes- oder Landesminister im Einzelfalle feststellt, ob die Tarifvertragsparteien ihre Normsetzung auf die Außenseiter erstrecken dürfen.

38 Im *Verhältnis zum Außenseiter* soll der Allgemeinverbindlicherklärung hingegen Normsetzungscharakter zukommen.

2. Rechtsprechung

39 **a) Bundesarbeitsgericht.** Das Bundesarbeitsgericht hat sich ebenfalls gegen den Verwaltungsaktscharakter der Allgemeinverbindlicherklärung *im Verhältnis zu den Nichtorganisierten* ausgesprochen.[76] Zwar hat das Bundesarbeitsgericht[77] zunächst festgehalten, es lasse die Entscheidung, was die Allgemeinverbindlicherklärung im Verhältnis zu den Nichtorganisierten darstelle – wenn nicht einen Verwaltungsakt –, offen. Die weiteren Ausführungen in diesem Urteil legen jedoch nahe, daß das Bundesarbeitsgericht insoweit eine Rechtsverordnung annimmt. Es spricht vom Vorliegen einer Dauerregelung für eine unbestimmbare Zahl von Personen";[78] allgemeine Regeln über den Anwendungsbereich von Normen seien notwendig selbst Normen;[79] die Allgemeinverbindlicherklärung unterliege im Verhältnis zu den Außenseitern der gerichtlichen Nachprüfung wie alle Rechtsnormen.[80] Das Bundesarbeitsgericht hat die Allgemeinverbindlicherklärung im Verhältnis zu den Außenseitern damit als Rechtsnorm charakterisiert. Wenn man auf die bisher aus dem Verfassungsrecht bekannten Typen von Rechtsnormen zurückgreift, so liegt es nahe anzunehmen, daß das Bundesarbeitsgericht im Verhältnis zu den tariflichen Außenseitern von dem Vorliegen einer Rechtsverordnung ausgeht. Eine endgültige Klärung bringen jedoch zwei nachfolgende Entscheidungen des Bundesarbeitsgerichts, in denen es ausdrücklich feststellt, daß es für eine Allgemeinverbindlicherklärung nicht auf die Voraussetzungen des Art. 80 GG ankomme. Bei der Allgemeinverbindlicherklärung handele es sich um eine Rechtssetzung eigener Art, die Rechtsregeln kraft staatlicher Gewalt schaffe.[81]

(Fortsetzung der Fußnote von Seite 1265)
Tarifverträgen, Diss. Köln (1966); *ders.*, AuR 1967, S. 138, 145; *Lund*, Betrieb 1977, S. 1314; *H. Schneider*, in: Festschrift für Philipp Möhring (1965), S. 521, 534; *Söllner*, Arbeitsrecht, 11. Aufl. 1994, § 18 I 7, S. 135; vgl. auch *Brox*, in: Festschrift für Julius von Gierke (1950), S. 39, 61 ff.; *Herschel*, in: Festschrift für Bogs (1959), S. 155, 127.

[75] *Achterberg*, Allgemeines Verwaltungsrecht, 2. Aufl. 1986, S. 422; *Badura*, BlStSozArbR 1978, S. 353, 355; *Schaub*, Arbeitsrechts-Handbuch, § 207, S. 1734; *Wolf*, Anm. zu BVerwG 3. 11. 1988, SAE 1989, S. 242 f.; *Herschel*, RdA 1983, S. 162 ff.; weitere Nachweise bei *Wonneberger*, Funktionen, S. 115 Fn. 307.
[76] BAG 3. 2. 1965 BAGE 17, S. 59, 66, 67 = AP Nr. 12 zu § 5 TVG.
[77] BAG 3. 2. 1965 BAGE 17, S. 59, 66, 67.
[78] BAG 3. 2. 1965 BAGE 17, S. 59, 66.
[79] BAG 3. 2. 1965 BAGE 17, S. 59, 67.
[80] BAG 3. 2. 1965 BAGE 17, S. 59, 69.
[81] BAG 10. 10. 1973 AP Nr. 13 und 19. 3. 1975 Nr. 14 zu § 5 TVG *(Wiedemann)*; so auch zuletzt BAG 28. 3. 1990 AP Nr. 25 zu § 5 TVG = NZA 1990, S. 781.

B. Rechtsnatur der Allgemeinverbindlicherklärung

Unklar ist, wie das Bundesarbeitsgericht den Rechtscharakter der Allgemeinverbindlicherklärung im *Verhältnis zu den Tarifvertragsparteien* einordnet. Während teilweise angenommen wird, auch das Bundesarbeitgericht orientiere sich an der Lehre von der Doppelnatur der Allgemeinverbindlicherklärung,[82] wird auf der anderen Seite angenommen, daß es entweder an expliziten Aussagen zu der Rechtsnatur gegenüber den Tarifvertragsparteien fehle[83] oder gar daß auch danach ein einheitlicher Rechtssetzungsakt vorliege.[84]

b) Verwaltungsgerichte. In der jüngeren Rechtsprechung der Verwaltungsgerichte wird die Allgemeinverbindlicherklärung im Verhältnis zu den Tarifvertragsparteien als Rechtssetzungsakt eigener Art angesehen.[85]

c) Bundesverfassungsgericht. Das Bundesverfassungsgericht charakterisiert die Allgemeinverbindlicherklärung im Verhältnis zu den nicht tarifgebundenen Arbeitnehmern als einen Rechtssetzungsakt eigener Art zwischen autonomer Regelung und staatlicher Rechtssetzung, der auf Art. 9 Abs. 3 GG gründe[86] und als typisches Rechtsinstitut für den Bereich einer Regelung der Arbeits- und Wirtschaftsbedingungen von der Verfassung anerkannt werde (vgl. dazu oben Rnr. 19 ff.). Für die Rechtsnatur der Allgemeinverbindlicherklärung im Verhältnis zu den Tarifvertragsparteien findet sich in der Entscheidung des Bundesverfassungsgerichts keine explizite Aussage.[87]

3. Stellungnahme

Soweit es die *Berufsverbände* angeht, ist deren Recht zu autonomer Normsetzung betroffen. Der Bundesminister für Arbeit und Sozialordnung als oberste Verwaltungsbehörde des Bundes oder die oberste Landesarbeitsbehörde entscheiden über einen konkreten Antrag auf Allgemeinverbindlicherklärung und regeln dabei insoweit einen Einzelfall mit verbindlicher Außenwirkung; es liegt eine konkrete und individuelle Regelung in bezug auf den gestellten Antrag vor, so daß sich in Blickrichtung auf die beteiligten Verbände von einem **Verwaltungsakt** sprechen ließe.

Bei dieser Betrachtungsweise bliebe jedoch außer Betracht, daß damit eine Rechtssetzungsbefugnis über den mitgliedschaftlichen Bereich hinaus aner-

---

[82] *Lund*, Betrieb 1977, S. 1314; *Schaub*, Arbeitsrechts-Handbuch, § 207, S. 1734, der auf BAG 2. 3. 1965 AP Nr. 12, 10. 10. 1973 Nr. 13, 19. 3. 1975 Nr. 14 zu § 5 TVG und BAG 28. 3. 1990 AP Nr. 25 zu § 5 TVG = NJW 1990, 3036 ff. = NZA 1990, S. 781 ff. verweist.
[83] *Backhaus/Wenner*, Betrieb 1988, S. 115; *Koberski/Clasen/Menzel*, § 5 TVG, Rnr. 21; *May*, Bindung von Außenseitern, S. 94 Fn. 1.
[84] *Däubler*, Tarifvertragsrecht, Rnr. 1283 unter Verweis auf BAG 28. 3. 1990 AP Nr. 25 zu § 5 TVG = NZA 1990, 781; so auch i. E. *Wonneberger*, Funktionen, S. 117, der der Ansicht ist, daß durch die Entscheidung des BVerfG jedenfalls das theoretische Fundament der Doppelnaturlehre verworfen worden sei; dem zustimmend *Mäßen/Mauer*, NZA 1996, S. 121, 122 und i. E. auch *Backhaus/Wenner*, Betrieb 1988, S. 115, 116 f.
[85] BVerwG 3. 11. 1988 AP Nr. 23 zu § 5 TVG; VGH Baden-Württemberg 15. 7. 1986, DÖV 1986, S. 1066; ausführlich *Koberski/Clasen/Menzel*, § 5 TVG, Rnr. 25 ff.
[86] BVerfG 24. 5. 1977 AP Nr. 15 zu § 5 TVG; so auch VGH Baden-Württemberg 15. 7. 1986, DÖV 1986, S. 1066; *Gamillscheg*, Kollektives Arbeitsrecht I, § 19 10 a, S. 904; vgl. auch LAG Hamm 20. 12. 1991, LAGE § 5 TVG Nr. 2.
[87] A. A. *Schaub*, Arbeitsrechts-Handbuch, § 207, S. 1734, der der Auffassung ist, daß durch diese Entscheidung die Theorie von der Doppelnatur der Allgemeinverbindlicherklärung „verfassungsrechtlich abgesichert" sei; vgl. dagegen *Mäßen/Mauer*, NZA 1996, S. 121, 122.

kannt würde; der die *Außenseiter* bindende Geltungsbefehl liegt nach der zutreffenden Auffassung des Bundesverfassungsgerichts jedoch zwingend in staatlicher Hand.[88] Die Deutung als Verwaltungsakt würde dem Phänomen der Allgemeinverbindlicherklärung mithin nicht gerecht, denn für die Nichtorganisierten wird objektives Recht geschaffen, indem sich nunmehr die Geltung der Tarifnormen auch auf sie erstreckt. Die Regelung des persönlichen Geltungsbereichs einer Norm erfolgt ihrerseits durch eine **Norm**.[89] Insoweit liegt nicht bloß ein unselbständiger staatlicher Mitwirkungsakt an autonomer Rechtssetzung vor;[90] insbesondere läßt sich keine Parallele zur kommunalaufsichtlichen Genehmigung einer Gemeindesatzung ziehen. Bei ihr stimmt die Aufsichtsbehörde der Ausübung einer bereits vorhandenen Rechtssetzungsmacht der Gemeinde zu. Bei der Allgemeinverbindlicherklärung jedoch werden bereits für einen Personenkreis gültig erlassene Normen auf Personen erstreckt, denen gegenüber die Fähigkeit zur Rechtssetzung grundsätzlich nicht besteht.[91] Der Staat bedient sich lediglich inhaltlich der tarifvertraglichen Vereinbarung.[92]

45   Hiernach erscheint es weiterhin möglich, der Allgemeinverbindlicherklärung eine **Doppelnatur** als Verwaltungsakt und als Rechtsakt zuzusprechen; auf das Antragsrecht der Tarifvertragsparteien ergeht im Verfahren der Allgemeinverbindlicherklärung durch den zuständigen Minister eine Entscheidung, in der man die konkret-individuelle Regelung eines Einzelfalles mit Außenwirkung sehen könnte.[93]

46   Hiergegen läßt sich einwenden, daß – jedenfalls im Hinblick auf den Rechtsschutz – ein staatlicher Akt **entweder Rechtssetzung oder Rechtsanwendung** durch Verwaltungsakt sein kann, nicht aber beides zugleich.[94] Folgt man der Lehre von der Doppelnatur der Allgemeinverbindlicherklärung, so können Tarifgebundene dagegen nur mit einer Anfechtungsklage vorgehen oder eine Allgemeinverbindlicherklärung nur durch eine Verpflichtungsklage erstreiten. Außenseiter könnten eine verwaltungsgerichtliche Klärung nur durch eine Normenkontrollklage erreichen. Im übrigen wären sie, wie die Tarifvertragsparteien, auf eine Inzidentkontrolle durch die Arbeitsgerichte angewiesen.

47   Bei dieser Lösung kann der Fall eintreten, daß dieselbe Allgemeinverbindlicherklärung als Verwaltungsakt gegenüber den Tarifvertragsparteien unanfechtbar wäre, während die tariflich nicht Gebundenen die Allgemeinverbindlicherklärung nach § 47 VwGO überprüfen lassen könnten.

48   Eine abweichende Betrachtung ist auch nicht wegen der rechtlichen Ausgestaltung des Antragsrechts der Tarifvertragsparteien geboten. Es steht eher

---

[88] BVerfG 24. 5. 1977 AP Nr. 15 zu § 5 TVG; s. auch *Backhaus/Wenner*, Betrieb 1988, S. 115, 117.
[89] *Bettermann*, in: Festschrift für Hans Carl Nipperdey Bd. II (1965), S. 734.
[90] *Löwisch/Rieble*, § 5 TVG, Rnr. 53 f.
[91] Art. 9 Abs. 3 GG, § 3 Abs. 1 TVG.
[92] *Wonneberger*, Funktionen, S. 117.
[93] So *Kopp*, VwVfG, 6. Aufl. 1996, § 35, Rnr. 31; *Wolf*, Anm. zu BVerwG 3. 11. 1988, SAE 1989, S. 242 f.; auf eine ablehnende Entscheidung beschränkt: *Kempen/Zachert*, § 5 TVG, Rnr. 31 und *Badura*, BlStSozArbR 1978, S. 355; ablehnend *Bachof*, in: Festschrift für Werner Weber (1974), S. 522.
[94] *Bettermann*, in: Festschrift für H. C. Nipperdey Bd. II (1965), S. 779.

in der Nähe zu einem Initiativrecht im Gesetzgebungsverfahren. Daneben bestehen weitere Möglichkeiten, das Antragsrecht rechtlich einzuordnen, die nicht zur Bejahung eines Verwaltungsaktes führen.[95] Eine Aufspaltung in zwei Einzelakte wäre auch nicht mit dem Wortlaut von § 5 Abs. 1 und 4 vereinbar, der nicht nur theoretisch von einer **einheitlich ergehenden Entscheidung** des Ministers ausgeht;[96] vielmehr erfolgt die ministerielle Entscheidung auch in der Rechtswirklichkeit *uno actu*.[97] Aber selbst ein weites Wortlautverständnis würde sich jedenfalls nicht mit der durch die Allgemeinverbindlicherklärung verfolgten Intention des Gesetzgebers vereinbaren lassen, die Erstreckung der Rechtsnormen des Tarifvertrages auf Außenseiter zu erreichen. Eine positive oder negative Entscheidung auf die Initiative einer Tarifvertragspartei hin greift nicht direkt in deren Rechte ein, so daß weder eine Notwendigkeit besteht noch es dem gesetzgeberischen Willen entsprechen kann, daß im Falle einer Allgemeinverbindlicherklärung der Sache und dem Umfang nach völlig unterschiedliche Rechtswirkungen und Rechtsschutzmöglichkeiten bestehen. Damit werden also auch die Fälle erfaßt, in denen eine negative Entscheidung über einen Antrag getroffen wird. Wenngleich hier im Ergebnis keine Rechtssetzung erfolgt, so hat die Entscheidung dennoch eine die Rechtssetzung betreffende Frage derart zum Gegenstand, als sie – wie *Bettermann*[98] treffend feststellt – zu einem negativen Rechtssetzungsakt führt. Das „Ja" oder das „Nein" über den Antrag kann – gerade auch aufgrund der obengenannten Bedenken – überdies nicht für die rechtliche Einordnung der Entscheidung maßgeblich sein.

Überdies führt die Bewertung als Verwaltungsakt einerseits und als Rechtsnorm andererseits zu weiteren kaum nachvollziehbaren **Unterschieden in den Auswirkungen**, die sich bei einer Anwendung des Verwaltungsverfahrensgesetzes ergeben. Das gesamte Instrumentarium rechtlicher Handlungsmöglichkeiten im Rahmen des Verwaltungsverfahrens – man denke nur an die Rücknahme- und Widerrufsmöglichkeit sowie die Möglichkeit einer Wiederaufnahme[99] – und die unterschiedliche Auswirkung von rechtlichen Mängeln eines Verwaltungsaktes und denen eines Rechtssetzungsaktes lassen sich mit den durch die Erklärung einer Allgemeinverbindlicherklärung beabsichtigten Rechtswirkungen nicht in Einklang bringen. Im Ergebnis ist der Auffassung von der Doppelnatur der Allgemeinverbindlicherklärung nicht mehr zu folgen. Vielmehr liegt ein Rechtssetzungsakt eigener Art vor. – Welche Konsequenzen sich daraus für den Rechtsschutz ergeben, wird im einzelnen unter G. aufgezeigt (Rnr. 163 ff.).

---

[95] So auch VGH Baden-Württemberg 15. 7. 1986, DÖV 1986, S. 1067; das BVerwG (3. 11. 1988 AP Nr. 23 zu § 5 TVG) weist in diesem Zusammenhang auf das Petitionsrecht des Art. 17 GG hin.
[96] *Ansey/Koberski*, AuR 1987, S. 230, 231.
[97] *Backhaus/Wenner*, Betrieb 1988, S. 115, 117; *Herschel*, RdA 1983, S. 162.
[98] *Bettermann*, in: Festschrift für Nipperdey Bd. II (1965), S. 758.
[99] Vgl. dazu *Lund*, Betrieb 1977, S. 1314, 1318 f.

C. Materielle Voraussetzungen der Allgemeinverbindlicherklärung

51 Der Bundesminister für Arbeit und Sozialordnung kann einen gültigen Tarifvertrag für allgemeinverbindlich erklären, wenn die tarifgebundenen Arbeitgeber nicht weniger als 50 vom Hundert der unter den Geltungsbereich des Tarifvertrages fallenden Arbeitnehmer beschäftigen und die Allgemeinverbindlicherklärung im öffentlichen Interesse geboten erscheint. Von den beiden letztgenannten Voraussetzungen kann abgesehen werden, wenn die Allgemeinverbindlicherklärung zur Behebung eines sozialen Notstands erforderlich erscheint, § 5 Abs. 1 Satz 2.

I. Bestehen eines Tarifvertrages

1. Gültige tarifliche Bestimmungen

52 a) **Gültiger Tarifvertrag.** Es muß ein gültiger Tarifvertrag nach dem TVG bestehen.[100] Gleichgültig ist das Zustandekommen dieses Tarifvertrags (vgl. zum Zustandekommen eines Tarifvertrags auch durch Schlichtungsspruch oben § 1, Rnr. 107). Der Tarifvertrag muß allen rechtlichen Erfordernissen entsprechen; so müssen die formellen Voraussetzungen – beispielsweise Tariffähigkeit und Tarifzuständigkeit der vertragschließenden Parteien – und die materiellen Voraussetzungen – beispielsweise kein Verstoß gegen höherrangiges Recht – gegeben sein.[101]

53 Sind Tarifnormen unwirksam – etwa wegen Verstoßes gegen die Verfassung oder gegen Tarifrecht – werden sie auch durch die Allgemeinverbindlicherklärung nicht wirksam; es tritt also **keine Heilung** durch eine Allgemeinverbindlicherklärung ein.[102]

54 b) **Nachwirkender Tarifvertrag.** Ein Bedürfnis für die Allgemeinverbindlicherklärung besteht wegen der Langwierigkeit der einem Tarifvertragsabschluß vorausgehenden Vertragsverhandlungen auch bei einem nachwirkenden Tarifvertrag.[103] Diesem Bedürfnis stehen keine rechtsdogmatischen Bedenken entgegen, wenn man auch dem nachwirkenden Tarifvertrag Rechtsnormcharakter zuerkennt; vgl. dazu oben § 4, Rnr. 322 ff. Beim nachwirkenden Tarifvertrag ist jedoch besonders zu prüfen, ob die Voraussetzungen für den Erlaß der Allgemeinverbindlicherklärung auch tatsächlich vorliegen. Wenn der voll wirksame Tarifvertrag nicht für allgemeinverbind-

---

[100] *Däubler*, Tarifvertragsrecht, Rnr. 1248; *Gamillscheg*, Kollektives Arbeitsrecht I, § 19 4 b, S. 889; *Kempen/Zachert*, § 5 TVG, Rnr. 10; MünchArbR/*Löwisch*, § 261, Rnr. 21.
[101] *Koberski/Clasen/Menzel*, § 5 TVG, Rnr. 32 ff. Zu den Erfordernissen eines wirksamen Tarifvertrags vgl. im einzelnen § 1, Rnr. 2 ff.
[102] Vgl. auch *Gamillscheg*, Kollektives Arbeitsrecht I, § 19 IV b, S. 890; *Kempen/Zachert*, § 5 TVG, Rnr. 12; *Koberski/Clasen/Menzel*, § 5 TVG, Rnr. 33; MünchArbR/*Löwisch*, § 261, Rnr. 32.
[103] *Däubler*, Tarifvertragsrecht, Rnr. 1248; *Gamillscheg*, Kollektives Arbeitsrecht I, § 19 4 a, S. 889; Kempen/*Zachert*, § 5 TVG, Rnr. 12; *Schaub*, Arbeitsrechts-Handbuch, § 207, S. 1732.

C. Materielle Voraussetzungen der Allgemeinverbindlicherklärung 55–59 § 5

lich erklärt worden war, so wird im Zweifel die Allgemeinverbindlicherklärung auch im Nachwirkungszeitraum nicht sinnvoll sein.

2. Änderungen des Tarifvertrages

Problematisch ist, inwieweit die Allgemeinverbindlicherklärung vom vorliegenden Tarifvertrag abweichen darf. Dabei ist zu unterscheiden, ob von den Tarifnormen inhaltlich abgewichen wird oder ob ihr Geltungsbereich abgeändert werden soll. 55

a) Bindung an die Tarifnormen. Die Befugnis zur Allgemeinverbindlicherklärung hat nicht zum Inhalt, daß Tarifbestimmungen, die für allgemeinverbindlich erklärt werden sollen, inhaltlich abgeändert werden. Die anordnende Behörde ist vielmehr an den Inhalt der Tarifvertragsnormen gebunden und darf insbesondere keine neuen Normen hinzufügen.[104] 56

Umstritten ist, ob die Allgemeinverbindlicherklärung in der Weise erfolgen kann, daß einzelne Tarifnormen ausgenommen werden, ob also eine nur **teilweise Allgemeinverbindlicherklärung** möglich ist. 57

Überwiegend hält man dies mit der Begründung für zulässig, daß die zuständige Behörde von der Allgemeinverbindlicherklärung auch ganz absehen könne; daher könne sie auch nur einzelne Teile des Tarifvertrags für allgemeinverbindlich erklären.[105] Im übrigen wird darauf abgestellt, daß es ohnehin in der Hand der Tarifvertragsparteien liege, ihre Tarifvereinbarungen in getrennten Verträgen zusammenzufassen und dementsprechend nach deren Wahl Anträge auf Allgemeinverbindlichkeit zu stellen.[106] 58

Dem ist nicht zu folgen. Der Tarifvertrag soll nicht zuletzt einheitliche Arbeitsbedingungen für einen bestimmten Wirtschaftszweig schaffen; er stellt dazu **Gesamtregelungen** auf. Dem widerspräche es, wollte man für Nichtorganisierte und Organisierte unterschiedliche tarifliche Mindestbedingungen zulassen. Weiter ist zu beachten, daß der konkrete tarifliche Regelungskomplex Niederschlag eines Interessenausgleichs ist, der auf Grund des modellhaften Kräftegleichgewichts der Tarifvertragsparteien in der Regel als angemessen und gerecht anzusehen ist (s. oben § 1, Rnr. 216ff.). Löst man einzelne Normen aus diesem Zusammenhang, so könnte dies zu einer Störung des zuvor durch die Tarifvertragsparteien sorgfältig ausgehandelten Systems führen. Auch bei einem Einverständnis der Tarifvertragsparteien kann nichts anderes gelten. Das Interesse der Außenseiter, in den Genuß des ausgewogenen Systems der tariflichen Arbeitsbedingungen zu kommen, ist von der Interessenlage der Tarifvertragsparteien verschieden. Diese sind zum Teil eher geneigt, Nichtorganisierte von den Wohltaten eines Tarifvertrages fernzuhalten, als sie daran teilhaben zu lassen. Mit Recht sieht das OVG Münster im Falle einer nur teilweise erfolgenden Allgemeinverbindlicherklärung die Gefahr einer Diskriminierung der organisierten Arbeitnehmer.[107] 59

---

[104] *Däubler*, Tarifvertragsrecht, Rnr. 1269; *Gamillscheg*, Kollektives Arbeitsrecht I, § 19 4 c, S. 890.
[105] Kempen/*Zachert*, § 5 TVG, Rnr. 13; Hueck/*Nipperdey*, Arbeitsrecht II 1, § 35 II 4, S. 674 f.; Löwisch/*Rieble*, § 5 TVG, Rnr. 22 ff.; MünchArbR/*Löwisch*, § 261, Rnr. 22 f.
[106] *Kempen*/Zachert, § 5 TVG, Rnr. 13; MünchArbR/*Löwisch*, § 261, Rnr. 23; *Stahlhacke*, NZA 1988, S. 344, 347.
[107] OVG Münster 23. 9. 1983, BB 1984, S. 723, 724.

Demnach müssen die Tarifvertragsnormen in ihrer Gesamtheit, so wie sie sind, für allgemeinverbindlich erklärt werden.[108] Dies entspricht auch einer unbefangenen Betrachtung des Gesetzeswortlauts: § 5 Abs. 1 ordnet an, daß ein Tarifvertrag für allgemeinverbindlich erklärt werden kann; § 5 Abs. 4 spricht davon, daß die Rechtsnormen des Tarifvertrages in seinem Geltungsbereich auf Außenseiter erstreckt werden. Von einer Einschränkung ist nicht die Rede. Die von der Gegenauffassung betonte Möglichkeit der Tarifvertragsparteien, die Regelungen in getrennten Tarifverträgen zusammenzufassen, ist zwar gegeben; aber aus der Dispositionsfreiheit auf seiten der Tarifvertragsparteien folgt nicht eine Dispositionsfreiheit des Arbeitsministers.[109]

60 **b) Änderungen des Geltungsbereichs des Tarifvertrages. aa)** Grundsätzlich reicht der Geltungsbereich der Allgemeinverbindlicherklärung so weit wie der Tarifvertrag. Durch die Allgemeinverbindlicherklärung kann der Geltungsbereich des Tarifvertrages nicht erweitert werden.[110]

61 Das gilt selbst dann, wenn die Tarifvertragsparteien eine **Erweiterung** wünschen sollten, etwa wenn sie entsprechende Regelungen für ein Nachbargebiet oder für verwandte Berufsgruppen anstreben. Auch ein vorhandener sozialer Notstand, bei dem für eine Erweiterung des Geltungsbereichs dringende öffentliche Interessen sprechen könnten, vermag an dieser Rechtslage nichts zu ändern. Vielmehr müssen die Tarifvertragsparteien den Tarifvertrag auf den von ihnen gewünschten Geltungsbereich ausdehnen und dann dessen Allgemeinverbindlicherklärung beantragen.[111]

62 **bb)** Demgegenüber ist es statthaft, den Geltungsbereich – räumlich, fachlich, betrieblich oder persönlich – einzuschränken.[112] Zwar spricht hierfür nicht der Gesetzeswortlaut – § 5 Abs. 4 besagt, daß die Tarifnormen im Geltungsbereich des Tarifvertrages auf Außenseiter erstreckt werden –, doch sind sachliche Gründe für eine gegenteilige Auffassung nicht ersichtlich. Der von den Tarifvertragsparteien gefundene Interessenkompromiß wird nicht beeinträchtigt. Eine solche **Einschränkungsmöglichkeit** erscheint auch zweckmäßig; so ist denkbar, daß ein Tarifvertrag in seinem fachlichen Geltungsbereich zwei verwandte Berufsgruppen erfaßt; wenn nun in einer Berufsgruppe ein Organisationsgrad von 80%, in der anderen ein solcher von 15% besteht, insgesamt immerhin also der Organisationsgrad mehr als 50% beträgt, so kann es sich anbieten, trotz Vorliegens der Voraussetzungen die

---

[108] So auch *Däubler,* Tarifvertragsrecht, Rnr. 1271; ähnlich *Gamillscheg,* Kollektives Arbeitsrecht I, § 19 4 c, S. 891; *Nikisch,* Arbeitsrecht II, § 87 II 4 b, S. 496; *Stein,* Tarifvertragsrecht, Rnr. 218.
[109] I. E. ebenso *Däubler,* Tarifvertragsrecht, Rnr. 1271.
[110] *Däubler,* Tarifvertragsrecht, Rnr. 1269; *Pulte,* AR-Blattei SD 1550.10, Rnr. 33.
[111] Vgl. RAG 8. 11. 1930, ARS 11, S. 18, 20 (*Nipperdey*); 23. 12. 1931 14, S. 108, 109 (*Nipperdey*); 24. 5. 1933 18, S. 447 (*Nipperdey*); Hueck/*Nipperdey,* Arbeitsrecht II 1, § 35 II 3, S. 673; *Schaub,* Arbeitsrechts-Handbuch, § 207, S. 1735.
[112] Ebenso RAG 24. 5. 1933, ARS 18, S. 447 (*Nipperdey*); BAG 26. 10. 1983 AP Nr. 3 zu § 3 TVG; 14. 10. 1987 AP Nr. 88 zu § 1 TVG Tarifverträge: Bau; *Däubler,* Tarifvertragsrecht, Rnr. 1271; *Gamillscheg,* Kollektives Arbeitsrecht I, § 19 4 c, S. 891 f.; *Kempen*/Zachert, § 5 TVG, Rnr. 13; Hueck/*Nipperdey,* Arbeitsrecht II 1, § 35 II 5, S. 675; Löwisch/*Rieble,* § 5 TVG, Rnr. 26; *Nikisch,* Arbeitsrecht II, § 87 II 4 a, S. 496; *Koberski*/Clasen/Menzel, § 5 TVG, Rnr. 136.

Allgemeinverbindlicherklärung nur auf die stärker organisierte Berufsgruppe beschränkt auszusprechen.[113]

Ein wichtiger Anwendungsfall einer zulässigen Einschränkung des persönlichen Geltungsbereichs liegt vor, wenn Arbeitsverhältnisse von der Allgemeinverbindlicherklärung ausgenommen werden, die unter andere Tarifverträge fallen (**Einschränkungsklauseln**).[114] 63

II. 50 v. H.-Klausel

1. Grundsatz

a) 50% der Arbeitnehmer. Die tarifgebundenen Arbeitgeber müssen 64 mindestens 50% der unter den Geltungsbereich des Tarifvertrags fallenden Arbeitnehmer beschäftigen. Nach früherem Recht mußte der Tarifvertrag für die Gestaltung der Arbeitsbedingungen des Berufskreises im Tarifgebiet überwiegende Bedeutung erlangt haben. Die jetzige Fassung ist auf Verlangen der Militärregierung gewählt worden, die das Ermessen der Behörden einschränken wollte. Sie bedeutet teils eine Verschärfung, teils aber auch eine Erleichterung gegenüber dem früheren Recht. Früher mußte die Mehrheit der artgleichen Arbeitsverhältnisse im Tarifgebiet bereits tarifgemäß gestaltet sein; es war aber nicht notwendig, daß es sich dabei um Arbeitsverhältnisse zwischen tarifgebundenen Arbeitgebern und Arbeitnehmern handelte; vielmehr genügte es, daß sich die Tarifbedingungen tatsächlich durchgesetzt hatten, so daß auch Arbeitsverhältnisse von Außenseitern mitzurechnen waren, sofern sie einen tarifgemäßen Inhalt hatten. Heute dagegen kommt es ausschließlich auf die Zahl der Arbeitnehmer an, die in tarifgebundenen Betrieben mit Arbeiten, die in den betrieblich-branchenmäßigen Geltungsbereich des Tarifvertrages fallen, beschäftigt werden. Sie muß mindestens die Hälfte der Gesamtzahl der in den Geltungsbereich des Tarifvertrages fallenden Arbeitnehmer betragen. Sofern auf Arbeitgeberseite mehrere Verbände Tarifpartner sind, sind die Beschäftigten der Mitgliedsfirmen zu addieren.[115] Nicht nötig ist, daß die in den tarifgebundenen Betrieben beschäftigten Arbeitnehmer ihrerseits tarifgebunden sind; sie können unorganisiert sein und deshalb untertarifliche Arbeitsbedingungen vereinbart haben, so daß – vor allem unter Berücksichtigung der bei nichttarifgebundenen Arbeitgebern beschäftigten Arbeitnehmer – nicht notwendig die Mehrzahl aller Arbeitsverhältnisse tarifgemäß gestaltet zu sein braucht. Insbesondere ist es nicht maßgeblich, wenn Gewerkschaftsmitglieder gegenüber nicht tarifgebundenen Arbeitgebern den Abschluß tarifentsprechender oder vielleicht sogar noch günstigerer Arbeitsverträge durchgesetzt haben. Sie werden, da sie nicht in einem tarifgebundenen Betrieb beschäftigt sind, nicht mitgerechnet.

b) Feststellung der Zahl. Ob die erforderliche Zahl erreicht ist, hat der 65 Bundesminister für Arbeit und Sozialordnung vor der Entscheidung über die

---
[113] Vgl. auch *Pulte*, AR-Blattei SD 1550.10., Rnr. 34.
[114] BAG 20. 3. 1993 AP Nr. 20 zu § 4 TVG Tarifkonkurrenz; 26. 10. 1983 AP Nr. 3 zu § 3 TVG; Löwisch/*Rieble*, § 5 TVG, Rnr. 26.
[115] BAG 15. 4. 1958 AP Nr. 3 zu § 91 a ZPO; *Däubler*, Tarifvertragsrecht, Rnr. 1252; *Koberski/Clasen/Menzel*, § 5 TVG, Rnr. 53; *Wonneberger*, Funktionen, S. 67.

Allgemeinverbindlicherklärung festzustellen. Als Unterlage dafür wird in erster Linie ein Nachweis des oder der tarifbeteiligten Verbände über die Zahl ihrer Mitglieder und der von ihnen im Geltungsbereich des Tarifvertrags beschäftigten Arbeitnehmer in Betracht kommen; daneben kann beispielsweise auf das Zahlenmaterial statistischer Ämter, der Handwerkskammern, der Industrie- und Handelskammern oder der Bundesanstalt für Arbeit zurückgegriffen werden.[116] Kann das zahlenmäßige Verhältnis der in tarifgebundenen Betrieben beschäftigten Arbeitnehmer zu den in anderen Betrieben beschäftigten nicht genau festgestellt werden, so genügt nach Ausschöpfung aller Erkenntnismittel eine sorgfältige Schätzung.[117]

66 **c) Prüfung von Amts wegen.** Ob die erforderliche Zahl erreicht ist, hat das Arbeitsgericht von Amts wegen zu prüfen, da die Rechtswirksamkeit der Allgemeinverbindlicherklärung davon abhängt, daß sie sich im Rahmen der gesetzlichen Ermächtigung hält. Die allgemeine Behauptung einer Prozeßpartei, daß die tarifgebundenen Arbeitgeber weniger als 50 v. H. der in den Geltungsbereich des Tarifvertrages fallenden Arbeitnehmer beschäftigen, genügt allerdings nicht, eine Nachprüfungspflicht der Gerichte für Arbeitssachen zu begründen. Es ist davon auszugehen, daß der Bundesminister für Arbeit und Sozialordnung und die obersten Arbeitsbehörden der Länder eine Allgemeinverbindlicherklärung nur unter Beachtung der gesetzlichen Voraussetzungen aussprechen.[118] „Es spricht ein erster Anschein für die Rechtmäßigkeit der Allgemeinverbindlicherklärung".[119] Deren vermutete Richtigkeit kann erst durch ein entsprechend konkretes Parteivorbringen erschüttert werden.[120]

2. Besonderheiten beim Firmentarifvertrag

67 Handelt es sich um einen Firmentarifvertrag, so ist die hier behandelte Voraussetzung stets gegeben, da nur das eine Unternehmen in Frage steht und dieses tarifgebunden ist.[121] Andererseits kann aber ein Firmentarifvertrag immer nur für das Unternehmen, für das er abgeschlossen ist, für allgemeinverbindlich erklärt werden, da der Bundesminister für Arbeit und Sozialordnung das Tarifgebiet nicht ausdehnen kann. Eben deshalb wird die Allgemeinverbindlicherklärung des Firmentarifvertrages meist an dem Fehlen eines öffentlichen Interesses scheitern; doch ist sie, wenn ausnahmsweise ein öffentliches Interesse gegeben ist, als zulässig anzusehen.[122]

---

[116] BAG 11. 6. 1975 AP Nr. 29 zu § 2 TVG; *Koberski/Clasen/Menzel*, § 5 TVG, Rnr. 52; *Kempen/Zachert*, § 5 TVG, Rnr. 14; *Wonneberger*, Funktionen, S. 67.
[117] BAG 11. 6. 1975 AP Nr. 29 zu § 2 TVG; *Däubler*, Tarifvertragsrecht, Rnr. 1252; *Koberski/Clasen/Menzel*, § 5 TVG, Rnr. 52; *Leipold*, Anm. zu BAG 24. 1. 1979, SAE 1980, S. 221; MünchArbR/*Löwisch*, § 261, Rnr. 35; ausführlich dazu *Wiedemann*, Anm. zu BAG 24. 1. 1979 AP Nr. 16 und 15. 7. 1980 Nr. 17 zu § 5 TVG.
[118] Vgl. BAG 14. 6. 1967 AP Nr. 13 zu § 91 a ZPO; 19. 3. 1975 AP Nr. 4 zu § 5 TVG (*Wiedemann*).
[119] LAG Hamm 20. 12. 1991, LAGE § 5 TVG Nr. 2.
[120] BAG 24. 1. 1979 AP Nr. 16 zu § 5 TVG.
[121] MünchArbR/*Löwisch*, § 261, Rnr. 33.
[122] Abweichend nur *Kraegeloh*, BB 1952, S. 91; s. auch unten Rnr. 74.

III. Öffentliches Interesse

1. Verbandstarifvertrag

Die Allgemeinverbindlicherklärung muß im öffentlichen Interesse geboten 68 erscheinen. Diese Voraussetzung war unter der Herrschaft der Tarifverordnung im Gesetz nicht ausdrücklich vorgesehen. Aber der Reichsarbeitsminister war auch beim Vorliegen der überwiegenden Bedeutung nicht zur Allgemeinverbindlicherklärung gezwungen, sondern traf seine Entscheidung nach pflichtgemäßem Ermessen. Er berücksichtigte also auch damals das öffentliche Interesse. Während aber früher der Reichsarbeitsminister die Allgemeinverbindlicherklärung nur abzulehnen pflegte, wenn besondere Gründe dagegen sprachen, darf heute der Bundesminister für Arbeit und Sozialordnung sie nur anordnen, wenn das **öffentliche Interesse sie positiv fordert**. Ebenso wie der Begriff des „Wohls der Allgemeinheit", ist der des „öffentlichen Interesses"[123] nicht allgemeingültig zu definieren.[124] Unter anderem sind gesamtwirtschaftliche Daten und die gesamten wirtschaftlichen und sozialen Verhältnisse und Eigenarten des betreffenden Wirtschaftszweiges zu berücksichtigen.[125]

Bisher hat die Verwaltungspraxis ein öffentliches Interesse **bejaht**, wenn 69 ohne eine Allgemeinverbindlicherklärung eine Aushöhlung des Tarifvertrages droht, allen Arbeitnehmern Mindestarbeitsbedingungen gewährleistet werden sollen oder ein gesetzgeberisches Interesse[126] nachvollzogen wird.[127] Das gesetzgeberische Interesse muß dem Schutzzweck der Allgemeinverbindlicherklärung entsprechen.[128] Dazu finden sich in der Rechtsprechung nur wenige konkretisierende Stellungnahmen, was in erster Linie darauf zurückzuführen ist, daß wegen des dem Ministerium zugebilligten „außerordentlich weiten Beurteilungsspielraums"[129] keine Notwendigkeit bestand, das Merkmal näher auszuleuchten.

---

[123] Ausführlich hierzu *Häberle*, Öffentliches Interesse als juristisches Problem, 1970.
[124] *Wonneberger*, Funktionen, S. 69 m. w. Nachw. in Fn. 169; ferner *v. Hoyningen-Huene*, BB 1986, 1909, 1910; anschaulich *Ansey/Kobersky*, AuR 1987, S. 230, 232 f.
[125] BAG 24. 1. 1979 AP Nr. 16, 28. 3. 1990 Nr. 25 zu § 5 TVG; vgl. dazu auch *Gamillscheg*, Kollektives Arbeitsrecht I, § 19 5 b, S. 894; *Hueck/Nipperdey*, Arbeitsrecht II 1, § 35 IV, S. 677; *Nikisch*, Arbeitsrecht II, § 88 I 3, S. 504 f.; ausführlich *Koberski/Clasen/Menzel*, § 5 TVG, Rnr. 56 f.; Beispiele für nicht berücksichtigungsfähigen Kriterien bei *MünchArbR/Löwisch*, § 261, Rnr. 80.
[126] Ein öffentliches Interesse könnte z. B. verneint werden, wenn ein Tarifvertrag ohne Kostenentlastung an anderer Stelle entgegen § 4 EFZG eine Lohnfortzahlung bei Krankheit in voller Höhe vorsieht; s. auch die Entscheidung des Tarifausschusses beim Bundesministerium für Arbeit und Sozialordnung in seiner Sitzung vom 14. 8. 1997.
[127] *Wiedemann*, RdA 1987, S. 262, 266.
[128] BVerwG 3. 11. 1988 BVerwGE 80, 355 = AP Nr. 23 zu § 5 TVG; BAG 28. 3. 1990 AP Nr. 25 zu § 5 TVG; OVG Berlin 15. 2. 1957 AP Nr. 3 zu § 5 TVG; MünchArbR/*Löwisch*, § 261, Rnr. 79.
[129] BAG 28. 3. 1990 AP Nr. 25 zu § 5 TVG = NZA 1990, S. 781, 782 unter Hinweis auf weitere unveröffentl. BAG-Entscheidungen; vgl. auch BAG 11. 6. 1975 AP Nr. 29 zu § 2 TVG; BAG 24. 1. 1979 AP Nr. 16 zu § 5 TVG; BAG 3. 11. 1988 AP Nr. 23 zu § 5 TVG = ZTR 1989, S. 109; VGH Baden-Württemberg 15. 7. 1986, JA 1987, S. 391, 392; ausführlich *Wonneberger*, Funktionen, S. 69 ff.

70 Ist ein öffentliches Interesse zu bejahen, so liegt es dennoch in der Hand des Ministers für Arbeit und Soziales, ob er eine Allgemeinverbindlicherklärung abgeben möchte; so kann der Minister beispielsweise das Vorliegen anderer sozialstaatlicher Kriterien in seinen **Beurteilungsspielraum** aufnehmen.[130] Auch gegenläufige Interessen der Nichtorganisierten[131] und des Arbeitsmarktes sowie gegenläufige Wettbewerbsinteressen sind einzubeziehen, denn die Allgemeinverbindlicherklärung soll nicht nur die Partikularinteressen der Koalitionen schützen.[132]

71 Öffentliches Interesse im Sinne des § 5 Abs. 1 Ziff. 2 erfordert nicht, daß ein sozialer Notstand vorliegt. Das ergibt sich aus der Existenz von § 5 Abs. 1 Satz 2. Erforderlich ist aber, daß ein Allgemeininteresse die Ausdehnung der Tarifgebundenheit gebietet. Es ist jeweils zu fragen, ob die Allgemeinverbindlicherklärung unter Beachtung ihrer Zielsetzungen (s. oben Rnr. 1 ff.) dazu geeignet ist, für eine nicht unerhebliche Anzahl von Arbeitnehmern drohende Nachteile abzuwenden.[133]

72 Besteht diese Gefahr nicht, ist z. B. die große Masse der Arbeitnehmer ohnehin tarifgebunden, so kann sich das öffentliche Interesse vor allem dann ergeben, wenn die Arbeitsbedingungen der Nichtorganisierten unter dem Durchschnittsniveau vergleichbarer Tätigkeiten in anderen Berufszweigen liegen und angemessene **soziale Arbeitsbedingungen** für sie gewährleistet werden sollen. Dagegen besteht regelmäßig kein Allgemeininteresse daran, die Außenseiter allgemein auf das Niveau des konkreten Tarifvertrages anzuheben.

73 Für eine **zusätzliche Arbeitgeberleistung** (Altersversorgung, Berufsbildung, Vermögensbildung) ist in der Regel ein öffentliches Interesse zu bejahen, denn sie entspricht einer wünschenswerten sozialpolitischen Entwicklung.[134] Ohne staatliche Unterstützung in rechtlicher und tatsächlicher Hinsicht ließen sich solche sozialpolitisch wünschenswerten Einrichtungen einerseits kaum verwirklichen, und andererseits drohte eine Verzerrung der Belastungen, wenn die organisierten Arbeitgeber auch die Beiträge für die organisierten Arbeitnehmer der tariflich nicht gebundenen Arbeitgeber aufzubringen hätten.[135]

---

[130] BVerwG 3. 11. 1988 BVerwGE 80, 355 = Betrieb 1989, S. 529 = NJW 1989, S. 1495; BAG 2. 3. 1965 AP Nr. 12, 24. 5. 1977 Nr. 15 zu § 5 TVG; *Däubler*, Tarifvertragsrecht, Rnr. 1253; *Kempen/Zachert*, § 5 TVG, Rnr. 15; *Schlachter*, BB 1987, S. 758, 759 f.; *Stein*, Tarifvertragsrecht, Rnr. 204 f.; *Wiedemann*, RdA 1987, S. 262, 267; ausführlich zu den zu berücksichtigenden Interessen MünchArbR/*Löwisch*, § 261, Rnr. 76 ff.; krit. zum Beurteilungsspielraum *Gamillscheg*, Kollektives Arbeitsrecht I, § 19 5 b, S. 894 ff.
[131] BVerfG 24. 5. 1977 AP Nr. 15 zu § 5 TVG.
[132] *Wiedemann*, RdA 1987, S. 262, 266.
[133] *Kempen/Zachert*, § 5 TVG, Rnr. 15: „beachtliche Zahl"; *Däubler*, Tarifvertragsrecht, Rnr. 1253: „nicht ganz unbedeutende Zahl".
[134] Ebenso bezüglich einer zusätzlichen betrieblichen Altersversorgung BAG 28. 3. 1990 AP Nr. 25 zu § 5 TVG = NZA 1990, S. 781, 782.
[135] Vgl. bereits oben Rnr. 3; BVerfG 15. 7. 1980 AP Nr. 17 zu § 5 TVG; BAG 28. 3. 1990 AP Nr. 25 zu § 5 TVG = NZA 1990, S. 781, 782; *Kempen/Zachert*, § 5 TVG, Rnr. 15; *Koberski/Clasen/Menzel*, § 5 TVG, Rnr. 60; *Wiedemann*, RdA 1987, S. 262, 266 f.; ausführlich *Wonneberger*, Funktionen, S. 92 ff.; ähnlich *v. Hoyningen-Huene*, BB 1986, S. 1909, 1910, der jedoch eine Verhinderung unterschiedlicher Belastungen nicht vom Zweck der Allgemeinverbindlicherklärung als gedeckt ansieht.

2. Firmentarifvertrag

Bei einem Firmentarifvertrag wird meist kein öffentliches Interesse an der Allgemeinverbindlichkeit vorliegen. Ausnahmsweise kann es dann gegeben sein, wenn es sich um ein großes, in einem umgrenzten Raum aufgrund seiner Wirtschaftskraft dominierendes Unternehmen handelt, bei dem ein Großteil der örtlichen Bevölkerung beschäftigt ist. Dann gelten die für den Verbandstarifvertrag aufgestellten Grundsätze.

IV. Ausnahmefall. Sozialer Notstand

1. Entstehungsgeschichte und Zweck der Ausnahmebestimmung

Die genannten Voraussetzungen der 50 v.H.-Klausel und des öffentlichen Interesses waren im Gesetz vom 9. 4. 1949 auf Verlangen der Militärregierungen festgelegt worden. Diese Fassung des Gesetzes hat sich in der Praxis als zu eng erwiesen, insbesondere für die Verhältnisse in der Landwirtschaft.[136] Dort haben die Arbeitgeberverbände vielfach so geringe Mitgliederzahlen, daß die Zahl der bei tarifgebundenen Arbeitgebern beschäftigten Arbeitnehmer keine 50% der unter den Geltungsbereich des Tarifvertrags fallenden Arbeitnehmer beträgt. Gerade in Gebieten oder Wirtschaftszweigen, deren Organisationsgrad schwach ist, können aber die Arbeitsbedingungen besonders zu wünschen übrig lassen. Die zwangsweise Ausdehnung eines wenn auch nur für eine kleinere Zahl geltenden Tarifvertrags ist dann angebracht. Dem sucht der durch Gesetz vom 11. 1. 1952 eingefügte Satz 2 des § 5 Abs. 1 Rechnung zu tragen, indem er für die Allgemeinverbindlicherklärung ausreichen läßt, daß sie zur Behebung eines sozialen Notstands erforderlich erscheint. Ein öffentliches Interesse ist in diesem Fall stets gegeben.[137] Diese zweite Möglichkeit, eine Allgemeinverbindlicherklärung anzuordnen, besteht aber nur für besondere Ausnahmefälle. Bisher ist auf diese Regelung noch nie zurückgegriffen worden.[138]

2. Tatbestand des sozialen Notstands

Um einen sozialen Notstand festzustellen, darf nicht auf einen Vergleich mit den in anderen Branchen üblichen Arbeitsbedingungen zurückgegriffen werden;[139] dies würde weder dem Ausnahmecharakter der Vorschrift noch ihrem Wortlaut gerecht werden.[140]

Ein sozialer Notstand liegt dann vor, wenn die Löhne so niedrig liegen, daß die Arbeitnehmer nicht in der Lage sind, ihre notwendigen sozialen und wirtschaftlichen Bedürfnisse zu befriedigen, wenn etwa die **Voraussetzun-**

---

[136] Vgl. die Begründung des Gesetzentwurfs zur Änderung des TVG, Drucksache 1 Nr. 2396 des Deutschen Bundestages; *Däubler*, Tarifvertragsrecht, Rnr. 1254; *Koberski/Clasen/Menzel*, § 5 TVG, Rnr. 65.
[137] MünchArbR/*Löwisch*, § 261, Rnr. 38.
[138] *Ansey/Kobersky*, AuR 1987, S. 230, 232; *Däubler*, Tarifvertragsrecht, Rnr. 1254.
[139] So aber *Däubler*, Tarifvertragsrecht, Rnr. 1254.
[140] *Hueck/Nipperdey*, Arbeitsrecht II 1, § 36 V, S. 678f.

gen für die Gewährung von **Sozialhilfe** vorliegen.[141] Das gleiche gilt, wenn sonstige Arbeitsbedingungen so ungünstig sind, daß sie eine unsoziale Ausbeutung der Arbeitnehmer darstellen, z.B. eine Gefahr für die Gesundheit der Arbeitnehmer bedeuten oder starke, den Arbeitsfrieden gefährdende soziale Spannungen mit sich bringen oder zu sonstigen Mißständen, etwa einer unerwünschten Landflucht, Anlaß geben.[142] Es handelt sich dabei um eine Bewertungsfrage, bei deren Beantwortung die gesamten Umstände, auch die Leistungsfähigkeit der in Betracht kommenden Arbeitgeber, zu berücksichtigen sind.

D. Formelle Voraussetzungen der Allgemeinverbindlicherklärung

78   Das bei der Allgemeinverbindlicherklärung zu beachtende Verfahren richtet sich einmal nach den in § 5 getroffenen Regelungen, zum anderen nach der Verordnung zur Durchführung des Tarifvertragsgesetzes (DVO), die auf Grund von § 11 erlassen wurde.[143]

I. Antrag einer Tarifvertragspartei

79   Zwingende Voraussetzung jeder Allgemeinverbindlicherklärung ist der Antrag einer Tarifvertragspartei. Eine bestimmte Frist ist weder nach dem TVG noch nach der DVO vorgesehen, so daß ein Antrag auch noch im Nachwirkungszeitraum des Tarifvertrages gestellt werden kann.[144] Zwar ist eine **Begründung** des Antrags nicht gesetzlich vorgesehen, jedoch allein schon aus praktischen Gesichtspunkten geboten. Erst dadurch wird den Beteiligten und Betroffenen die Möglichkeit gegeben, zu dem gestellten Antrag substantiiert Stellung zu nehmen; und den Mitgliedern des Tarifausschusses wird eine Möglichkeit gegeben, sich vorab zu informieren.[145] Der Bundesminister für Arbeit und Sozialordnung darf die Allgemeinverbindlicherklärung nicht von Amts wegen aussprechen.[146]

80   Beim **mehrgliedrigen Tarifvertrag** kommt es darauf an, ob die Parteien auf der einen Seite eine Tarifvertragspartei im Sinne des Gesetzes darstellen; im Regelfall ist jeder der beteiligten Verbände antragsberechtigt. Dies ergibt

---

[141] Ebenso *Ansey/Kobersky*, AuR 1987, S. 230, 232; *Gamillscheg*, Kollektives Arbeitsrecht I, § 19 5 c, S. 897; *Koberski/Clasen/Menzel*, § 5 TVG, Rnr. 65; *Wonneberger*, Funktionen, S. 105; ähnlich *Kempen/Zachert*, § 5 TVG, Rnr. 16: „wesentliche soziale Verzerrungen"; vgl. auch § 1 Abs. 2 Buchst. b des Gesetzes über die Festsetzung von Mindestarbeitsbedingungen; dazu *Fitting*, RdA 1952, S. 6.
[142] So auch Drucksache 1 Nr. 2396; *Straeter*, Die Allgemeinverbindlicherklärung von Tarifverträgen, S. 55; so wohl auch MünchArbR/*Löwisch*, § 261, Rnr. 38; einschränkend *Wonneberger*, Funktionen, S. 105 f.
[143] Neufassung vom 16. 1. 1989, BGBl. I, S. 76; dazu *Lund*, Betrieb 1989, S. 626 und *Stahlhacke*, NZA 1989, S. 335; für einen subsidiären Rückgriff auf das VwVfG *Däubler*, Tarifvertragsrecht, Rnr. 1256; MünchArbR/*Löwisch*, § 261, Rnr. 52; *Koberski/Clasen/Menzel*, § 5 TVG, Rnr. 71 f.; BT-Drucks. 7/910.
[144] MünchArbR/*Löwisch*, § 261, Rnr. 55.
[145] *Koberski/Clasen/Menzel*, § 5 TVG, Rnr. 50.
[146] *Däubler*, Tarifvertragsrecht, Rnr. 1257.

sich aus der Auslegung des Tarifvertrages; vgl. zum mehrgliedrigen Tarifvertrag § 1, Rnr. 176 ff. Dagegen sind im Gegensatz zum früheren Recht andere Verbände, deren Mitglieder von der Allgemeinverbindlicherklärung betroffen werden, nicht antragsberechtigt. Das Gesetz stellt also stärker auf den Willen der Vertragsparteien ab. Nicht nötig ist, daß beide Parteien den Antrag stellen, was allerdings in der Praxis häufig geschieht.[147] Die vom Gesetz verliehene Antragsberechtigung wird von etwa bestehenden schuldrechtlichen Abreden nicht betroffen. So enthalten viele Tarifverträge die Verpflichtung, die Allgemeinverbindlicherklärung **gemeinsam** zu **beantragen**. Dies kann einmal die Bedeutung haben, daß die Allgemeinverbindlicherklärung auf jeden Fall beantragt werden soll, und zwar gemeinsam durch beide Tarifvertragsparteien; zum anderen aber auch die Bedeutung, daß die Entscheidung darüber, ob die Allgemeinverbindlicherklärung beantragt werden soll, noch offen bleibt, auf jeden Fall aber die Tarifvertragsparteien nur gemeinsam handeln können. Im ersteren Fall hat jede Tarifvertragspartei die schuldrechtliche Verpflichtung, an dem Antrag mitzuwirken, insbesondere die notwendigen statistischen Unterlagen für den Antrag beizubringen, anderenfalls eine Tarifvertragsverletzung vorliegt. Beide oben genannten Verpflichtungen sind unbedenklich zulässig.[148] Sie können zweckmäßig sein, um leichter die Unterlagen für den Nachweis der Voraussetzungen der Allgemeinverbindlicherklärung zu schaffen. Auch wird der Bundesminister für Arbeit und Sozialordnung beim gemeinsamen Antrag beider Parteien eher geneigt sein, das öffentliche Interesse zu bejahen.

Der Antrag kann in jeder Lage des Verfahrens bis zur Entscheidung über die Allgemeinverbindlicherklärung **zurückgenommen** werden.[149] Dem laufenden Verfahren wird – soweit alle gestellten Anträge zurückgenommen werden – der Boden entzogen; es ist zu beenden.

II. Zuständige Behörde

Zuständig für die Allgemeinverbindlicherklärung ist grundsätzlich der Bundesminister für Arbeit und Sozialordnung. Er kann aber nach Absatz 6 das Recht zur Allgemeinverbindlicherklärung und ebenso zu ihrer Aufhebung der obersten Arbeitsbehörde eines Landes (in der Regel also dem **Arbeitsministerium des Landes**) übertragen. Eine solche Delegation kommt in Betracht, wenn der räumliche Geltungsbereich des Tarifvertrages nicht oder nur unwesentlich über ein Land hinausgeht (§ 12 DVO). Dementsprechend wird in der Praxis von der Delegationsmöglichkeit Gebrauch gemacht, wenn nicht mehr als zwei Bundesländer betroffen sind.[150]

Dem während des Gesetzgebungsverfahrens geäußerten Wunsch des Länderrats, daß in derartigen Fällen die oberste Landesarbeitsbehörde ohne wei-

---

[147] *Ansey/Kobersky*, AuR 1987, S. 230, 233; *Däubler*, Tarifvertragsrecht, Rnr. 1257.
[148] Vgl. dazu ein § 1, Rnr. 178; ebenso Hueck/*Nipperdey*, Arbeitsrecht II 1, § 36 II 1 a, S. 680; *Herschel*, AuR 1966, S. 193, 197; MünchArbR/*Löwisch*, § 261, Rnr. 57; a. A. *Bötticher*, Die gemeinsamen Einrichtungen, S. 112; *ders.*, BB 1965, S. 1077, 1078.
[149] Ebenso *Däubler*, Tarifvertragsrecht, Rnr. 1258; *Koberski/Clasen/Menzel*, § 5 TVG, Rnr. 47; *Stahlhacke*, NZA 1988, S. 344, 347.
[150] *Ansey/Kobersky*, AuR 1987, S. 230, 233; MünchArbR/*Löwisch*, § 261, Rnr. 74.

teres zuständig sein sollte, hat der Wirtschaftsrat nicht stattgegeben, doch hat der Ausschuß für Arbeit des Wirtschaftsrats durch seinen Berichterstatter in der Vollsitzung die Erwartung aussprechen lassen, daß der Direktor der Verwaltung für Arbeit in derartigen Fällen von seinem Delegationsrecht weitgehend Gebrauch macht. Die Übertragung darf aber nicht generell, sondern nur für einzelne Fälle erfolgen. Insbesondere enthält die Ermächtigung der Landesarbeitsbehörde zum Erlaß der Allgemeinverbindlicherklärung nicht auch die Befugnis zu ihrer Aufhebung.

84 Ist die Delegation erfolgt, so **entscheidet die oberste Landesarbeitsbehörde selbständig.** Dem Bundesminister für Arbeit und Sozialordnung steht ein Weisungsrecht nicht zu; er ist nicht Dienstaufsichtsbehörde gegenüber der obersten Landesarbeitsbehörde. Wohl aber kann er, wenn die Interessen der Allgemeinheit ihm dies nötig erscheinen lassen, die Delegation für die Zukunft widerrufen und nunmehr eine von der obersten Landesarbeitsbehörde abgelehnte Allgemeinverbindlicherklärung seinerseits durchführen, wozu dann aber ein neuer Antrag und ein neues Verfahren nötig sind. Ebenso kann er eine von der obersten Landesbehörde angeordnete Allgemeinverbindlicherklärung nach § 5 Abs. 5 wieder aufheben.[151]

III. Sofortige Ablehnung des Antrags

85 Wird ein Antrag auf Allgemeinverbindlicherklärung gestellt, unterzieht ihn die zuständige Behörde (in der Regel der Bundesminister für Arbeit und Sozialordnung) einer Vorprüfung. Sie kann den Antrag, ohne das Verfahren in ein weiteres Stadium zu überführen, sofort ablehnen. Eine solche sofortige Ablehnung kommt namentlich in Betracht, wenn die Voraussetzungen der Allgemeinverbindlicherklärung offensichtlich nicht vorliegen (§ 4 Abs. 2 DVO), insbesondere, wenn der Tarifvertrag selbst offensichtlich unwirksam ist,[152] weil keine Tariffähigkeit vorliegt oder weil offenbar keine 50% erreicht werden.[153] Im Regelfalle wird vor einer Zurückweisung auf die bestehenden Bedenken hingewiesen, um dem Antragsteller die Möglichkeit zu geben, den Antrag entsprechend neu zu fassen. Eine letztlich doch erfolgende Zurückweisung ist gemäß § 8 Satz 2 DVO zu begründen. Eine Abweisung des Antrags ist durch den Bundesminister für Arbeit und Sozialordnung gemäß § 11 DVO im Bundesanzeiger bekannt zu machen (zu Rechtsmitteln s. unten Rnr. 166 ff.).

IV. Verfahren unter Einschaltung des Tarifausschusses

86 Für das gesamte Verfahren der Allgemeinverbindlicherklärung kommt es nicht darauf an, ob der Bundesminister für Arbeit und Sozialordnung oder die oberste Landesarbeitsbehörde zuständig ist; sinngemäß gelten jeweils die gleichen Vorschriften, § 12 Satz 2 DVO.

---

[151] Bedenken gegen die Subdelegationsbefugnis äußert *Zöllner*, Betrieb 1967, S. 334, 339.
[152] *Däubler*, Tarifvertragsrecht, Rnr. 1267; *Koberski/Clasen/Menzel*, § 5 TVG, Rnr. 69.
[153] MünchArbR/*Löwisch*, § 261, Rnr. 71 f.

D. Formelle Voraussetzungen der Allgemeinverbindlicherklärung

1. Vorbereitung der Tätigkeit des Tarifausschusses

a) Vorbereitung der Sitzung. Lehnt die zuständige Behörde (in der Regel der Bundesminister für Arbeit und Sozialordnung) den Antrag nicht sofort ab, und erwägt sie den Ausspruch der Allgemeinverbindlicherklärung, so muß sie die Entscheidung des Tarifausschusses herbeiführen. Der Bundesminister für Arbeit und Sozialordnung bereitet die Sitzung des Tarifausschusses vor, indem er das zur Entscheidung notwendige Material beschafft, auf die Beseitigung von Formfehlern, die Klarstellung von Anträgen sowie die Ergänzung des Sachverhalts hinwirkt.

b) Bekanntmachung. Der Antrag ist in diesem Fall im Bundesanzeiger bekanntzumachen. Dabei bestimmt der Bundesminister für Arbeit und Sozialordnung eine Frist, in der Einwendungen und sonstige Stellungnahmen erfolgen können; diese soll mindestens drei Wochen betragen. Ferner ist der Termin für die Verhandlungen des Tarifausschusses zu bestimmen und ebenfalls im Bundesanzeiger zu veröffentlichen, § 4 Abs. 1 TVG, § 6 Abs. 1 DVO.

c) Übermittlung. Der Wortlaut der Bekanntmachung ist den Tarifvertragsparteien, bei mehrgliedrigen Tarifverträgen allen Beteiligten, und den obersten Arbeitsbehörden der Länder, deren Gebiet der Tarifvertrag berührt, unverzüglich zu übermitteln. Um den Arbeitgebern und Arbeitnehmern, die von der Allgemeinverbindlicherklärung betroffen würden, die Möglichkeit zu der ihnen im Gesetz gestatteten Stellungnahme zu verschaffen, gibt ihnen § 5 DVO das Recht, von einer der Tarifvertragsparteien eine Abschrift des Tarifvertrages gegen Erstattung der Selbstkosten zu verlangen.

2. Bildung und Zusammensetzung des Tarifausschusses

a) Mitglieder. Der Tarifausschuß wird beim Bundesminister für Arbeit und Sozialordnung gemäß § 1 DVO gebildet. Dazu werden als Mitglieder je drei Vertreter der Spitzenorganisationen der Verbände der Arbeitnehmer und Arbeitgeber bestellt (§ 2 Abs. 2 TVG und § 2 DVO); in der Regel sind dies Funktionäre oder sonstige Vertreter dieser Organisationen. Für jedes Mitglied können ein oder mehrere Stellvertreter benannt werden. Alle Mitglieder des Tarifausschusses werden von den Spitzenorganisationen vorgeschlagen. Die Vorschläge sind für den Bundesminister für Arbeit und Sozialordnung bindend. Sind daher nur so viele Vorschläge abgegeben, wie Mitglieder zu ernennen sind, so muß der Bundesminister für Arbeit und Sozialordnung sie bestellen.

b) Persönliche Voraussetzungen. Über persönliche Voraussetzungen der Mitglieder des Tarifausschusses schweigt das Gesetz. Allgemeinen Rechtsgrundsätzen gemäß, die in § 21 ArbGG und § 5 HAG ihren Ausdruck gefunden haben, wird man neben fachlicher Qualifikation und persönlicher Tauglichkeit verlangen müssen, daß sich die Vorgeschlagenen im Besitz der Fähigkeit zur Bekleidung öffentlicher Ämter (§ 45 StGB) befinden. Diese Voraussetzungen kann der Bundesminister für Arbeit und Sozialordnung überprüfen und die Ernennung bei etwaigen Mängeln ablehnen oder aufheben.[154]

---

[154] Vgl. *Koberski/Clasen/Menzel*, § 5 TVG, Rnr. 82.

92 **c) Keine Verpflichtung zur Annahme.** Für die Vorgeschlagenen besteht keine Verpflichtung zur Annahme der Bestellung. Doch ist anzunehmen, daß die Verbände von vornherein nur solche Personen vorschlagen, deren Bereitschaft zur Annahme des Amts gewiß ist. Die Mitglieder des Tarifausschusses werden gemäß § 1 Satz 2 DVO für eine Dauer von vier Jahren berufen.

93 **d) Verschiedene Mitglieder.** Der Tarifausschuß muß nicht ständig in gleicher Besetzung tagen. Es können verschiedene Mitglieder herangezogen werden, wobei es in der Regel auf die anstehenden Sachfragen und die Abkömmlichkeit der einzelnen Personen ankommen dürfte. Insbesondere läßt sich daran denken, unter dem Gesichtspunkt der Befangenheit solche Mitglieder nicht mitwirken zu lassen, die Körperschaften oder Verbänden angehören, deren Interessen durch die Allgemeinverbindlicherklärung direkt berührt werden; vgl. auch § 42 ZPO, § 54 Abs. 3 VwGO.

94 **e) Beauftragter des Ministeriums.** Nicht als Mitglied des Tarifausschusses betrachtet das Gesetz den Beauftragten des Bundesministers für Arbeit und Sozialordnung, der die Beratungen und Verhandlungen des Tarifausschusses leitet; vgl. § 5 Abs. 1 Satz 1 des Gesetzes sowie § 2 Abs. 1 DVO. Er kann zwar seine Meinung zum Ausdruck bringen, doch steht ihm kein Stimmrecht zu.

3. Tätigkeit des Tarifausschusses

95 **a) Gewissenhafte Erfüllung.** Die Mitglieder des Tarifausschusses werden auf die gewissenhafte Erfüllung ihrer Obliegenheiten verpflichtet (siehe § 1 Abs. 1 Nr. 1 und § 2 Abs. 2 Nr. 2 des Gesetzes über die förmliche Verpflichtung nichtbeamteter Personen – VerpflichtungsG vom 2. 3. 1974).[155] Zu den Pflichten der Mitglieder zählt das Schweigen über die nichtöffentlichen Beratungen des Ausschusses; ferner ist das Gebot der Nichtverletzung und Nichtverwertung fremder Geheimnisse zu beachten. In Betracht kommen vor allem Geschäfts- und Betriebsgeheimnisse, die das Tarifausschußmitglied in dieser Eigenschaft erfährt.

96 **b) Stimmenmehrheit.** Der Tarifausschuß ist nur in vollständiger Besetzung beschlußfähig; dazu gehört in diesem Zusammenhang auch der Beauftragte des Ministeriums; vgl. § 5 Abs. 1 Satz 1 des Gesetzes und § 2 Abs. 2 DVO. Aufgrund der paritätischen Zusammensetzung sind die Einflußmöglichkeiten von Arbeitgeber- und Arbeitnehmerseite gleich groß. Ein die Allgemeinverbindlicherklärung bejahender Beschluß des Tarifausschusses muß mit absoluter Stimmenmehrheit, also mit mindestens vier Stimmen, ergehen. Eine Stimmabgabe abwesender Mitglieder ist nicht zulässig. Der Beauftragte des Ministeriums hat selbst bei Stimmengleichheit keine Möglichkeit zu einem Stichentscheid; § 3 Abs. 1 DVO. Die Verhandlungen vor dem Tarifausschuß sowie die Anhörung der Beteiligten erfolgen öffentlich. Nur die Beratungen erfolgen unter Ausschluß der Öffentlichkeit; § 2 Abs. 1 Satz 2 DVO. Einwendungen und Stellungnahmen können dem Tarifausschuß in den öffentlichen Verhandlungen vorgebracht werden. Alle Arbeit-

---

[155] BGBl. I, S. 547.

geber und Arbeitnehmer, die von der Allgemeinverbindlicherklärung betroffen würden, alle interessierten Verbände und die obersten Landesarbeitsbehörden können sich äußern. Der Tarifausschuß kann auch Darlegungen anderer Personen und Verbände zulassen, braucht es aber nicht; § 6 Abs. 3 DVO. Überwiegend wird es sich daher um die während der vom Bundesministerium für Arbeit und Sozialordnung gesetzten Frist eingereichten schriftlichen Äußerungen handeln (s. oben Rnr. 87ff.). Doch kann der Tarifausschuß auch andere Schriftsätze und mündliche Äußerungen berücksichtigen.[156]

c) Unterschrift. Die Beschlüsse des Ausschusses sind schriftlich niederzulegen und von allen Tarifausschußmitgliedern zu unterschreiben. Ist ein Mitglied an der Unterschrift verhindert, so ist das von dem ältesten Mitglied der Seite, der das verhinderte Mitglied angehört, unter dem Beschluß zu vermerken; § 3 Abs. 2 DVO. Diese Bestimmung dürfte lediglich eine Ordnungsvorschrift darstellen, so daß die Gültigkeit des Beschlusses hiervon nicht abhängt. Eine Niederschrift über den Verlauf der Verhandlungen und Beratungen ist nicht vorgesehen. Ebensowenig ist eine Begründung des Beschlusses vorgesehen oder gar die Möglichkeit einer *dissenting opinion* der überstimmten Mitglieder. Sie müssen den Mehrheitsbeschluß mitunterschreiben.[157]

4. Endgültige Entscheidung

a) Ablehnung durch den Tarifausschuß. Die Allgemeinverbindlicherklärung erfolgt nicht durch den Tarifausschuß. Nur ist die Allgemeinverbindlicherklärung ohne Zustimmung des Tarifausschusses nicht möglich. Der Bundesminister für Arbeit und Sozialordnung nimmt die Allgemeinverbindlicherklärung vor. Dazu kann er weitere Ermittlungen anstellen und Auskünfte einholen. In aller Regel wird jedoch das erforderliche Material bereits durch das Verfahren vor dem Tarifausschuß aufbereitet sein. Der Bundesminister für Arbeit und Sozialordnung ist jedoch in negativer Weise an die Entscheidung des Tarifausschusses gebunden. Lehnt der Tarifausschuß nämlich die Allgemeinverbindlicherklärung ab – das ist bereits dann der Fall, wenn sich keine Stimmenmehrheit für die Allgemeinverbindlicherklärung ergibt –, muß der Bundesminister für Arbeit und Sozialordnung den Antrag ablehnen; § 5 Abs. 1 TVG, § 7 Abs. 1 DVO.

b) Zustimmung durch den Tarifausschuß. Anders ist die Rechtslage, wenn der Tarifausschuß sich für die Allgemeinverbindlicherklärung ausspricht. An diese Entscheidung ist der Bundesminister nicht gebunden. Er nimmt nunmehr eine selbständige pflichtgemäße Prüfung des Antrags vor. Kommt er zu einer negativen Entscheidung, weil er entweder die 50%-Klausel oder den Tatbestand der unbestimmten Rechtsbegriffe (öffentliches Interesse oder sozialer Notstand) für nicht erfüllt hält oder trotz Bejahung dieser Voraussetzung nach pflichtgemäßem Ermessen eine Allgemeinverbindlicherklärung als nicht angebracht ansieht, weist er, was in der Praxis ei-

---

[156] Vgl. *Koberski/Clasen/Menzel*, § 5 TVG, Rnr. 99.
[157] Vgl. *Koberski/Clasen/Menzel*, § 5 TVG, Rnr. 106.

nen Ausnahmefall darstellt,[158] den Antrag zurück. Die Ablehnung ist allen Tarifvertragsparteien und den Mitgliedern des Tarifausschusses unter Angabe von Gründen unverzüglich mitzuteilen (§ 8 DVO). Diese Entscheidung ist endgültig. Es kann nur ein neuer Antrag mit neuen Unterlagen und Gründen eingebracht werden, über den dann in einem neuen Verfahren zu entscheiden ist; zur gerichtlichen Nachprüfung siehe unten Rnr. 166 ff.

100 **c) Einspruch.** Will der Bundesminister für Arbeit und Sozialordnung nach der positiven Stellungnahme des Tarifausschusses die Allgemeinverbindlicherklärung vornehmen, so kommt es darauf an, ob die oberste Arbeitsbehörde eines beteiligten Landes Einspruch gegen die Allgemeinverbindlicherklärung erhoben hat. Ist das der Fall, kann die Allgemeinverbindlicherklärung nur mit Zustimmung der Bundesregierung erfolgen (§ 5 Abs. 3). Nur eine Ablehnung des Antrags durch den Bundesminister für Arbeit und Sozialordnung ist ohne Einschaltung der Bundesregierung möglich. Gibt die Bundesregierung keine Zustimmung, so muß der Bundesminister für Arbeit und Sozialordnung von der Allgemeinverbindlicherklärung absehen. Die Entscheidung ist den Tarifvertragsparteien und den Ausschußmitgliedern unter Angabe von Gründen unverzüglich mitzuteilen. Liegt ein solcher Einspruch einer obersten Landesbehörde nicht vor, kann der Bundesminister für Arbeit und Sozialordnung dem Antrag in eigener Verantwortung stattgeben.

101 **d) Bekanntmachung.** Sowohl die Ablehnung als auch die Vornahme der Allgemeinverbindlicherklärung bedürfen der Bekanntmachung im Bundesanzeiger; § 11 DVO. Dies ist der konstitutive Akt für das Wirksamwerden der Allgemeinverbindlicherklärung. Nicht bekannt zu machen ist dagegen der für allgemeinverbindlich erklärte Tarifvertrag selbst.[159] Kenntnis von dessen Inhalt ist gemäß § 8 des Gesetzes oder § 9 DVO zu erlangen. Die Allgemeinverbindlicherklärung wird darüber hinaus in das für alle einsehbare Tarifregister eingetragen; § 6.[160]

E. Beginn und Ende der Allgemeinverbindlicherklärung

I. Beginn

1. Festsetzung durch den Bundesminister

102 Den Beginn der Allgemeinverbindlicherklärung setzt gem. § 7 DVO der Bundesminister für Arbeit und Sozialordnung im Benehmen mit dem Tarifausschuß fest. Hierbei bestehen verschiedene Möglichkeiten. Der Beginn kann für das Wirksamwerden der Erklärung, also mit der Publikation, angeordnet werden. Es kommt auch ein Termin nach der Publikation in Betracht.

---

[158] *Ansey/Koberski*, AuR 1987, S. 230, 234; *Däubler*, Tarifvertragsrecht, Rnr. 1268; *Stahlhacke*, NZA 1988, S. 344.
[159] BAG 2. 3. 1965 AP Nr. 12 zu § 5 TVG.
[160] Zur Benachrichtigung der Tarifvertragsparteien vgl. § 15 Abs. 1 DVO.

E. Beginn und Ende der Allgemeinverbindlicherklärung

Sofern es an einer entsprechenden Festlegung des Beginns der Allgemeinverbindlicherklärung fehlt, soll nach der Auffassung des Bundesarbeitsgerichts der Tag der Ausgabe des Bundesanzeigers ausschlaggebend sein.[161]

2. Rückwirkung

§ 7 Satz 2 DVO bestimmt, daß der Beginn der Allgemeinverbindlichkeit, sofern es sich nicht bloß um die Erneuerung oder Änderung einer Allgemeinverbindlicherklärung handelt, in der Regel nicht vor den Tag der öffentlichen Bekanntmachung des Antrags gelegt werden soll.[162] Nunmehr besteht nach der Änderung der DVO vom 16. 1. 1989 auch eine Bekanntmachungsverpflichtung gem. § 4 DVO dahingehend, daß die Allgemeinverbindlicherklärung mit Rückwirkung ergehen kann. Die sachliche Berechtigung des § 7 Satz 2 DVO liegt darin, daß die Betroffenen jedenfalls von diesem Zeitpunkt an mit der Allgemeinverbindlicherklärung rechnen müssen. Hierbei handelt es sich jedoch um eine Sollvorschrift, deren Verletzung nicht ohne weiteres zur Unwirksamkeit der Terminfestsetzung führt. Es sind vielmehr die rechtsstaatlichen Grundsätze anzuwenden, die allgemein für die Rückwirkung von Normen und insbesondere von tarifvertraglichen Normen gelten.[163]

Danach kommt es zunächst darauf an, ob der Außenseiter **mit der Rückwirkung rechnen** konnte. Das ist insbesondere der Fall, wenn ein früher für allgemeinverbindlich erklärter Tarifvertrag erneuert oder geändert wird.[164] Dagegen ist es bei einer in einem bestimmten Wirtschaftssektor erstmals erfolgenden Allgemeinverbindlicherklärung nur dann der Fall, wenn bei der Veröffentlichung des Antrags im Bundesanzeiger auf diese Möglichkeit hingewiesen worden ist.[165]

3. Beginn der Wirksamkeit des Tarifvertrages

Da die Allgemeinverbindlicherklärung immer auf einen bestimmten Tarifvertrag bezogen ist, kann sie vor dem Beginn der Wirksamkeit dieses Tarifvertrages nicht wirksam werden; eine Rückdatierung vor den Zeitpunkt des Inkrafttretens des Tarifvertrags ist nicht möglich. Dabei kommt es jedoch nicht auf den Tarifabschluß an, da der Tarifvertrag sich selbst entweder Rückwirkung beilegen oder ein zeitlich späteres Inkrafttreten anordnen

---

[161] BAG 3. 11. 1982 AP Nr. 18 zu § 5 TVG; für eine entsprechende Anwendung von Art. 82 Abs. 2 GG *Koberski/Clasen/Menzel*, § 5 TVG, Rnr. 121.
[162] Vgl. dazu BAG 1. 3. 1956 AP Nr. 1 zu § 4 TVG Effektivklausel (*Tophoven*).
[163] Siehe dazu oben § 4, Rnr. 238; BAG 3. 11. 1982 AP Nr. 18 zu § 5 TVG = Betrieb 1983, S. 722; 25. 9. 1996 AP Nr. 30 zu § 5 TVG (*Louven*); Däubler, Tarifvertragsrecht, Rnr. 1275; *Kempen/Zachert*, § 5 TVG, Rnr. 22; *Koberski/Clasen/Menzel*, § 5 TVG, Rnr. 125; LAG Hamm 20. 12. 1991, LAGE § 5 TVG Nr. 2; zu weitgehend Hueck/Nipperdey, Arbeitsrecht II 1, § 36 II 5, S. 685; MünchArbR/*Löwisch*, § 261, Rnr. 40.
[164] BAG 25. 9. 1996 AP Nr. 30 zu § 5 TVG (*Louven*) = EWiR § 5 TVG 1/97, 129 (*Wonneberger*).
[165] BAG 3. 11. 1982 AP Nr. 18 zu § 5 TVG = Betrieb 1983, S. 722, 723; zustimmende Anm. von *Brox* zu BAG 3. 11. 1982, SAE 1983, S. 123 f.; BAG 25. 9. 1996 AP Nr. 30 zu § 5 TVG (*Louven*).

kann.[166] Das folgt daraus, daß die Allgemeinverbindlicherklärung lediglich bereits gültige Normen auf bisher nicht Normunterworfene ausdehnt, also von der Existenz solcher auszudehnender Rechtssätze abhängig ist.[167] Allerdings muß sich auch der für allgemeinverbindlich erklärte rückwirkende Tarifvertrag an den obengenannten Grundsätzen messen lassen.[168]

II. Ende

107 Die Allgemeinverbindlichkeit endet entweder mit ihrer Aufhebung (§ 5 Abs. 5 Satz 1) oder mit Ablauf des Tarifvertrages (§ 5 Abs. 5 Satz 3) oder mit Ablauf ihrer Befristung.[169]

1. Ablauf des Tarifvertrages

108 Die Allgemeinverbindlicherklärung endet mit Ablauf des Tarifvertrages; § 5 Abs. 5 Satz 3. Mit dieser Bestimmung ist der frühere Meinungsstreit zwischen Gesetzes- und Vertragstheorie beigelegt.

109 **a) Bedeutung des Begriffs „Ablauf".** Wenn das Gesetz vom Ablauf des Tarifvertrages spricht, meint es damit nicht nur das Ende des Tarifvertrages durch Verstreichen der in ihm vorgesehenen Zeit, sondern jede Beendigung des Tarifvertrages, gleich wodurch diese eintritt (s. oben § 4, Rnr. 10 ff.). Dabei kommen insbesondere in Betracht: Aufhebungsvereinbarung, ordentliche oder außerordentliche Kündigung, Eintritt einer auflösenden Bedingung. Bei Teilkündigungen kann für den verbleibenden Tarifvertrag die Allgemeinverbindlicherklärung gültig bleiben.[170] Die Allgemeinverbindlichkeit endet bei Beendigung des Tarifvertrages von selbst, ohne daß es einer besonderen Erklärung des Bundesministers für Arbeit und Sozialordnung oder eines sonstigen Aktes bedürfte.

110 Bei **mehrgliedrigen Tarifverträgen** liegt der Ablauf im Sinne des Gesetzes erst vor, wenn der Tarifvertrag zwischen allen Beteiligten beendet ist.[171] Das Ausscheiden eines einzelnen Verbandes schadet nicht, mag er auch für noch so viele Mitglieder zuständig sein. Diese Mitglieder werden in bezug auf den Tarifvertrag Außenseiter und unterstehen nunmehr der Allgemeinverbindlicherklärung. Das Ausscheiden eines Verbandes kann dem Bundesminister für Arbeit und Sozialordnung aber Anlaß geben, die Allgemeinverbindlicherklärung aufzuheben; s. unten Rnr. 113 ff.

111 **b) Anzeige des Außerkrafttretens.** Nach § 7 DVO haben die Tarifvertragsparteien das Außerkrafttreten der von ihnen abgeschlossenen Verträge anzuzeigen. Ist dies geschehen, wird das Ende der Allgemeinverbindlicherklärung bekannt gemacht; dies hat jedoch nur deklaratorische Bedeu-

---

[166] Insoweit ungenau RG 30. 9. 1921 RGZ 103, S. 23, 27.
[167] Vgl. auch *Nikisch*, Arbeitsrecht II, § 88 III 2, S. 509.
[168] MünchArbR/*Löwisch*, § 261, Rnr. 45.
[169] Vgl. die befristete Allgemeinverbindlicherklärung für den Tarifvertrag nach dem Arbeitnehmer-Entsendegesetz, unten Rnr. 131.
[170] Vgl. dazu unten Rnr. 120 sowie LAG Düsseldorf 13. 10. 1960, Betrieb 1960, S. 1395.
[171] Vgl. *Däubler*, Tarifvertragsrecht, Rnr. 1277; *Kempen*/Zachert, § 5 TVG, Rnr. 21; *Mewes*, NZfA 1930, Sp. 215, 224.

tung. Ferner erfolgt eine Eintragung ins Tarifregister (§ 6) und eine Mitteilung an die Tarifvertragsparteien.

Ob diese gesetzliche Regelung glücklich ist, erscheint zweifelhaft. Nicht immer kommen die Verbände ihren Mitteilungspflichten pünktlich nach, so daß Unsicherheit entstehen kann, ob die im Tarifregister angegebene Allgemeinverbindlicherklärung tatsächlich noch gilt; so hält auch das Bundesverfassungsgericht den Umstand, daß zwischen dem Wegfall der Allgemeinverbindlicherklärung und deren Veröffentlichung mitunter Monate liegen, für rechtsstaatlich bedenklich.[172] Einen praktikableren Weg hat man im schweizerischen Recht beschritten. Danach tritt die Allgemeinverbindlichkeit – entsprechend der Gesetzestheorie – erst durch den Ausspruch der Behörde außer Kraft; diese ist aber kraft Gesetzes verpflichtet, die Allgemeinverbindlichkeit sofort nach Außerkrafttreten des Tarifvertrages aufzuheben. Damit wird sowohl der Verbandsautonomie als auch der Rechtsklarheit Genüge getan.[173]

2. Aufhebung

a) Öffentliches Interesse. Die Allgemeinverbindlicherklärung kann aufgehoben werden, wenn die Aufhebung im öffentlichen Interesse geboten erscheint (§ 5 Abs. 5 Satz 1). Termine oder Fristen sieht das Gesetz nicht vor. Der Bundesminister für Arbeit und Sozialordnung bedarf für die Aufhebungsentscheidung der Zustimmung des Tarifausschusses (§ 5 Abs. 5 Satz 1 in Verbindung mit Abs. 1). Demgegenüber ist ein Antrag der Tarifvertragsparteien nicht notwendig; die Tarifvertragsparteien mögen oftmals eine Aufrechterhaltung der Allgemeinverbindlicherklärung wünschen, während das öffentliche Interesse ihre Beseitigung verlangt. Andererseits nötigt der Antrag einer Tarifvertragspartei auf Aufhebung oder die Zurückziehung des ursprünglich gestellten Antrags auf Allgemeinverbindlicherklärung den Bundesminister für Arbeit und Sozialordnung nicht zur Aufhebung einer einmal wirksam ausgesprochenen Allgemeinverbindlicherklärung. Für das Verfahren gelten die Vorschriften über den Erlaß der Allgemeinverbindlicherklärung (§ 5 Abs. 2 und 3 und die entsprechenden Bestimmungen der DVO) entsprechend; § 5 Abs. 5 Satz 2, § 10 DVO.

b) Oberste Landesarbeitsbehörde. Der Bundesminister für Arbeit und Sozialordnung kann auch Allgemeinverbindlicherklärungen aufheben, deren Erlaß an die oberste Landesarbeitsbehörde delegiert worden war.

c) Sozialer Notstand. Für die Aufhebung einer Allgemeinverbindlicherklärung, die auf Grund des § 5 Abs. 1 Satz 2 zur Behebung eines sozialen Notstands erfolgt ist, gilt nichts anderes. Bei Beratung des Gesetzes von 1952 war allerdings angeregt worden, eine so angeordnete Allgemeinverbindlicherklärung solle aufhebbar sein, wenn sie zur Behebung des sozialen Notstands nicht mehr erforderlich erscheine. Dieser Vorschlag ist aber mit Recht abgelehnt worden. Die Aufhebung der Allgemeinverbindlicherklärung durch den Minister ist deshalb in allen Fällen nur möglich, wenn sie im öffentlichen Interesse geboten erscheint, das heißt, wenn ein besonderes öf-

---

[172] Relativierend *Däubler*, Tarifvertragsrecht, Rnr. 1281.
[173] Vgl. *Schweingruber*, Das Arbeitsrecht der Schweiz, S. 113.

fentliches Interesse an der Aufhebung besteht, was bei bloßem Fortfall des sozialen Notstands nicht zuzutreffen braucht.

116 **d) Wegfall der Voraussetzungen.** Ein öffentliches Interesse an der Aufhebung liegt nicht schon stets dann vor, wenn die Voraussetzungen der Allgemeinverbindlicherklärung weggefallen sind.[174] Treten zum Beispiel aus einem Arbeitgeberverband mehrere Großfirmen aus und ist das Zahlenverhältnis des § 5 Abs. 1 Ziff. 1 nicht mehr gegeben, so kann trotzdem ein öffentliches Interesse an der Aufhebung der Allgemeinverbindlicherklärung fehlen.

3. Änderungen des Tarifvertrages

117 **a) Änderung in sachlicher Hinsicht.** Trotz der Allgemeinverbindlichkeit können die Tarifvertragsparteien die Tarifvertragsnormen in sachlicher Hinsicht jederzeit ändern, da sie die Regelungsbefugnis behalten.[175]

118 **aa) Wirkung der geänderten Bestimmungen.** Die abgeänderten Bestimmungen nehmen aber nicht an der Allgemeinverbindlichkeit teil, da die Tarifvertragsparteien ihrerseits keine allgemeinverbindlichen Normen festsetzen können, sondern dafür die Mitwirkung der Behörde unentbehrlich ist.[176] Für die geänderten Bestimmungen muß also eine erneute Allgemeinverbindlicherklärung erfolgen, damit sie für die Nichtorganisierten wirksam werden. Eine solche Änderung der Allgemeinverbindlicherklärung ist auch zulässig, wenn der Bundesminister für Arbeit und Sozialordnung gleichzeitig den bisherigen Geltungsbereich der Allgemeinverbindlicherklärung einschränken will. Dies kann er ebenso, wie er diese Einschränkung des Geltungsbereichs schon von Anfang an vornehmen kann.[177] Auch kann er eine ursprünglich vorgesehene Beschränkung nunmehr beseitigen, wobei er allerdings im Rahmen des tariflichen Geltungsbereichs bleiben muß. In all diesen Fällen müssen sämtliche formellen und materiellen Voraussetzungen einer Allgemeinverbindlicherklärung gegeben sein.

119 **bb) Wirkung der bisherigen Bestimmungen.** Die bisherigen Bestimmungen gelten für die Nichtorganisierten nicht mehr aufgrund der Allgemeinverbindlicherklärung, da diese Bestimmungen tariflich nicht mehr in Kraft sind und die tarifliche Geltung notwendige Voraussetzung für die Wirksamkeit der Allgemeinverbindlicherklärung gegenüber Außenseitern ist.[178] Dagegen gelten die bisherigen Bestimmungen kraft Nachwirkung.[179]

120 **cc) Wirkung der nicht geänderten Bestimmungen.** Hinsichtlich der Geltung der nicht geänderten Tarifvertragsnormen für die Außenseiter ist zu differenzieren. Der Wegfall der Geltung einzelner tariflicher Bestimmungen für die Außenseiter kann den gesamten alten Tarifvertrag unter Umständen

---

[174] So auch *Däubler*, Tarifvertragsrecht, Rnr. 1279; Kempen/*Zachert*, § 5 TVG, Rnr. 25; anders MünchArbR/*Löwisch*, § 261, Rnr. 90.
[175] Vgl. *Däubler*, Tarifvertragsrecht, Rnr. 1278; Hueck/*Nipperdey*, Arbeitsrecht II 1, § 34 II 4, S. 662 ff.; *Nikisch*, Arbeitsrecht II, § 87 III 3, 4, S. 500 ff.; *Schaub*, Arbeitsrechts-Handbuch, § 207, S. 1735 f.
[176] So auch *Däubler*, Tarifvertragsrecht, Rnr. 1278; Kempen/Zachert, § 5 TVG, Rnr. 24.
[177] Vgl. dazu oben Rnr. 62 und RAG 18. 3. 1931, ARS 11, S. 415, 417.
[178] *Däubler*, Tarifvertragsrecht, Rnr. 1278.
[179] Kempen/Zachert, § 5 TVG, Rnr. 26; vgl. dazu unten Rnr. 125.

gegenstandslos machen, so daß aus diesem Grunde die Tarifwirkung entfällt. Das ist dann der Fall, wenn der alte Tarif ohne die Bestimmungen, die geändert wurden, nicht mehr als sinnvolle Regelung des von den Tarifvertragsparteien in Angriff genommenen Regelungsbereichs angesehen werden kann.[180] Handelt es sich jedoch um Normen, die mit der Änderung in keinem Zusammenhang stehen, so bleibt die Allgemeinverbindlichkeit dieser Normen bestehen.[181] Eine Parallele zu § 3 Abs. 3 ist nicht möglich, denn die Tarifvertragsparteien haben, da eine ausdrückliche Gesetzesvorschrift fehlt, für die durch Allgemeinverbindlicherklärung tarifgebundenen Außenseiter keine neue Rechtssetzungsbefugnis.[182]

Der Bundesminister für Arbeit und Sozialordnung wird jede Änderung des Tarifvertrages daraufhin überprüfen müssen, ob, sofern nicht auch die abgeänderten Normen für allgemeinverbindlich erklärt werden, die Aufrechterhaltung der **Allgemeinverbindlichkeit für den verbleibenden Teil** des Tarifvertrages angebracht ist. Die Verwaltungspraxis des Bundesministers für Arbeit und Sozialordnung wird von der Ansicht bestimmt, jegliche Änderung des Tarifvertrags beseitige die Allgemeinverbindlichkeit des bestehenbleibenden Teils. Darunter leidet die Flexibilität tarifvertraglicher Regelungen, da allgemeinverbindliche Tarifverträge infolgedessen kaum noch geändert werden.[183]

b) Änderung des Geltungsbereichs. Erweitern die Tarifvertragsparteien den räumlichen, betrieblichen, fachlichen oder persönlichen Geltungsbereich, so wird die Allgemeinverbindlicherklärung hiervon nicht berührt.

Die Nichtorganisierten innerhalb des bisherigen Geltungsbereichs bleiben weiterhin tarifgebunden. Die Nichtorganisierten in dem erweiterten Geltungsbereich fallen aber erst dann unter die Tarifwirkung, wenn insoweit der Tarif ebenfalls für allgemeinverbindlich erklärt worden ist. **Beschränken** die Tarifparteien den Geltungsbereich, so werden die Nichtorganisierten insoweit frei, jedoch bleibt im übrigen die Allgemeinverbindlicherklärung in Kraft.

Die Allgemeinverbindlichkeit erlischt auch nicht, wenn ein Tarifvertrag mit bestimmter Zeitdauer vor deren Ablauf durch Vereinbarung verlängert wird.

4. Nachwirkung

Fällt die Allgemeinverbindlichkeit aus den oben dargelegten Gründen weg (siehe oben Rnr. 108 ff.), so tritt für die nichtorganisierten Arbeitnehmer

---

[180] *Frölich*, NZA 1992, S. 1105, 1106.
[181] Großzügiger *Pulte*, AR-Blattei SD 1550.10., Rnr. 55: kein so enger sachlicher Zusammenhang, daß deren Weitergeltung dem Willen der Tarifvertragsparteien oder dem Zweck des Tarifvertrages widersprechen würde.
[182] Zum Ganzen siehe BAG 16. 11. 1965 AP Nr. 30 zu § 4 TVG Ausschlußfristen (*Götz Hueck*) = SAE 1967, S. 52 (*Hofmann*); LAG Hamm 18. 10. 1963 AP Nr. 2 zu § 5 TVG TV-Änderung; ArbG Krefeld 4. 12. 1957 AP Nr. 1 zu § 5 TVG TV-Änderung (*Tophoven*); *Däubler*, Tarifvertragsrecht, Rnr. 1278; *Kempen*/Zachert, § 5 TVG, Rnr. 24; Hueck/Nipperdey, Arbeitsrecht II, § 34, S. 663, Fn. 17; *Nikisch*, Arbeitsrecht II, § 87, S. 501; *Schnorr*, AP 1954, Nr. 133; *Schaub*, Arbeitsrechts-Handbuch, § 207, S. 1735 f.; abweichend *Herschel*, in: Festschrift für Alfred Hueck (1959), S. 105, 113.
[183] So auch *Däubler*, Tarifvertragsrecht, Rnr. 1278; *Kempen*/Zachert, § 5 TVG, Rnr. 24.

und Arbeitgeber gemäß § 4 Abs. 5 Nachwirkung ein.[184] Die Regelung des § 4 Abs. 5 knüpft einzig an die Beendigung des Tarifvertrages an, ohne die Nachwirkung auf die Arbeitsverhältnisse zu beschränken, in denen die Tarifbindung auf der Verbandszugehörigkeit beruhte.[185] Endet die Tarifbindung aufgrund einer Aufhebung gemäß § 5 Abs. 5 Satz 1 TVG, so besteht die Nachwirkung analog § 4 Abs. 5 TVG.[186]

126 Die Nachwirkung endet durch eine die nachwirkenden Tarifnormen ersetzende **andere Abmachung**. Eine solche ist bei tariflichen Außenseitern nicht schon in dem Inkrafttreten eines neuen Tarifvertrages zu sehen; es muß sich um einen für allgemeinverbindlich erklärten Tarifvertrag handeln. Nur er kann die nachwirkenden Tarifnormen des früheren, allgemeinverbindlichen Tarifvertrages ablösen.[187]

F. Wirkungen der Allgemeinverbindlicherklärung

I. Erweiterung der Tarifgebundenheit

127 Die Allgemeinverbindlicherklärung dehnt die Tarifgebundenheit auf die nichtorganisierten Arbeitnehmer und Arbeitgeber aus. Dies geschieht unabhängig von ihrer Kenntnis.[188] Diese werden nunmehr tarifgebunden im Sinne des § 3, wie der Wortlaut des Absatzes 4 („bisher nicht tarifgebunden") zeigt.[189]

1. Sonstige Voraussetzungen

128 Damit der Tarifvertrag für die nichtorganisierten Arbeitnehmer und Arbeitgeber wirksam wird, müssen alle sonstigen Voraussetzungen vorliegen, die für die Einwirkung des Tarifvertrags auf ein Arbeitsverhältnis notwendig sind. Sie werden durch die Allgemeinverbindlicherklärung nicht ersetzt. So kann die Allgemeinverbindlicherklärung namentlich nicht den räumlichen, betrieblichen, fachlichen oder persönlichen Geltungsbereich eines Tarifvertrags ausdehnen. Ebenso verhält es sich mit der Tarifzuständigkeit. Eine Allgemeinverbindlicherklärung kann deshalb nicht auf Arbeitgeber ausgedehnt werden, die nur eine Teilkonzession im Gaststättengewerbe besitzen, wenn der den Tarifvertrag abschließende Arbeitgeberverband nur Mitglieder auf-

---

[184] BAG 19. 1. 1962 AP Nr. 11 zu § 5 TVG; 18. 6. 1980 AP Nr. 68 zu § 4 TVG Ausschlußfristen und 27. 11. 1991 AP Nr. 22 zu § 4 TVG Nachwirkung; LAG Berlin 19. 10. 1990, NZA 1991, S. 278; ArbG Krefeld 4. 12. 1957 AP Nr. 1 zu § 5 TVG TV-Änderung (*Tophoven*); *Däubler*, Tarifvertragsrecht, Rnr. 1280; *Kempen*/Zachert, § 5 TVG, Rnr. 26; vgl. zur Nachwirkung im einzelnen § 4, Rnr. 320 ff.
[185] BAG 18. 6. 1980 AP Nr. 68 zu § 4 TVG Ausschlußfristen; *Frölich*, NZA 1992, S. 1105, 1106.
[186] BAG 18. 3. 1992 AP Nr. 13 zu § 3 TVG = NZA 1992, S. 700.
[187] BAG 27. 11. 1991 AP Nr. 22 zu § 4 TVG Nachwirkung = NZA 1992, S. 800, 802; LAG Berlin 5. 12. 1994, NZA 1995, S. 1174, 1175.
[188] BAG 16. 8. 1983 AP Nr. 131 zu § 1 TVG Auslegung = Betrieb 1984, S. 55.
[189] Allgemeine Ansicht: *Hueck/Nipperdey*, Arbeitsrecht II 1, § 34 II 3 und IV 1, S. 662 und 666; *Koberski/Clasen/Menzel*, § 5 TVG, Rnr. 153; *Nikisch*, Arbeitsrecht II, § 87 III 1, 2, S. 495, 500; vgl. auch *Richardi*, Kollektivgewalt, S. 173.

nimmt, die im Besitz einer Vollkonzession sind. Hier fehlt es schon am Geltungsbereich.[190]

2. Arbeitnehmer-Entsendung

Die Allgemeinverbindlicherklärung kann, wie der Tarifvertrag selbst, Ausstrahlungen auf Arbeitsverhältnisse haben, die ganz oder teilweise im Ausland abgewickelt werden.[191] Die Ausstrahlung auf im Ausland abgewickelte, aber dem deutschen Arbeitsstatut unterliegende Arbeitsverhältnisse muß sich bereits aus dem Tarifvertrag selbst ergeben, sie kann nicht erst mit der Allgemeinverbindlicherklärung herbeigeführt werden.

a) Entsende-Richtlinie und Arbeitnehmer-Entsendegesetz. In jüngerer Zeit ist die Diskussion um die Allgemeinverbindlicherklärung vor allem im Zusammenhang mit der grenzüberschreitenden Tätigkeit von Unternehmern aufgelebt, die sich die Vorteile ihrer geringen heimatlichen Lohn- und Lohnnebenkosten auf dem deutschen Markt zunutze machten.[192]

Die Überlegungen gingen in erster Linie dahin, daß sich die Problematik der den ausländischen Unternehmen zukommenden Kostenvorteile nur durch eine besondere nationale Regelung lösen lasse, denn eine im Hinblick auf diese Problematik lange geplante europäische **Entsenderichtlinie** kam lange Zeit nicht zustande. Inzwischen hat sie der Rat am 24. 9. 1996 erlassen.[193] Die möglichen Bezüge dieser ausländischen Arbeitsverhältnisse zu unterschiedlichen nationalstaatlichen Rechtsordnungen ließen die damit zusammenhängenden rechtlichen Fragen als so schwer auflösbar erscheinen, daß der Gesetzgeber ein spezielles Gesetz erließ,[194] das am 1. 3. 1996 in Kraft trat (**Arbeitnehmer-Entsendegesetz**). Es wurde befristet bis zum 1. 9. 1999. Auf einen Antrag der Tarifparteien hin hat der Bundesminister für Arbeit und Sozialordnung einen Mindestlohn-Tarifvertrag des **Baugewerbes** für allgemeinverbindlich erklärt, der am 1. 1. 1997 beginnt und (nach Verlängerung) gem. § 7 ohne Nachwirkung am 31. 8. 1999 endet.[195]

b) Regelungen des EGBGB. Da zweifelhaft ist, ob das Arbeitnehmer-Entsendegesetz mit dem EG-Recht in Einklang steht (s. unten Rnr. 142),

---

[190] Nur im Ergebnis richtig LAG Kiel 30. 11. 1956, BB 1957, S. 612.
[191] Vgl. RAG 3. 7. 1929, ARS 6, S. 568, 29. 5. 1929, S. 574 (*Dersch*); RAG 1. 4. 1931, ARS 12, S. 111 (*Flatow*) = JW 1932, S. 605 (*Kahn-Freund*); RAG 28. 5. 1932, ARS 15, S. 308 (*Dersch*); *Gamillscheg*, Internationales Arbeitsrecht, 1959, Nr. 339; MünchArbR/*Löwisch*, § 261, Rnr. 21 und § 247, Rnr. 6, 3; zweifelnd *Heilmann*, Arbeitsvertragsstatut, S. 138 f. – Zu den Fragen des internationalen Tarifvertragsrechts s. § 1, Rnr. 60 ff.
[192] Vgl. statt vieler *Däubler*, BB 1995, S. 726, 726 f.; *ders.*, EuZW 1993, S. 370, 371; „Lohndumping"; anders *Gerken/Löwisch/Rieble*, BB 1995, S. 2370.
[193] Richtlinie 96/71/EG des Europäischen Parlaments und des Rates vom 16. 12. 1996, abgedr. EuZW 1997, S. 623; dazu § 1, Rnr. 75; ausführlich zu ihrem Inhalt *Däubler*, EuZW 1993, S. 370 ff.; *ders.*, EuZW 1997, S. 613.
[194] AEntG vom 26. 2. 1996, BGBl. I 1996, S. 227; dazu § 1, Rnr. 74; ähnliche Regelungen gibt es bereits in anderen Mitgliedstaaten, vgl. dazu *Kehrmann/Spirolke*, AiB 1995, S. 621, 622.
[195] S. zur Allgemeinverbindlicherklärung (ohne die Verlängerung) BAnz. Nr. 215 v. 16. 11. 1996; krit. *Koenigs*, Betrieb 1997, S. 225 ff.

stellt sich die Frage nach dem Schicksal einer Allgemeinverbindlicherklärung eines Tarifvertrages auf der Grundlage dieses Gesetzes für den Fall seiner Nichtanwendbarkeit. Insoweit zeigt sich, daß sich entsprechende Lösungen auch unabhängig vom Arbeitnehmer-Entsendegesetz aus dem EGBGB ableiten lassen. Zum einen kann bereits nach internationalem Privatrecht deutsches Arbeitsrecht anwendbar sein; jedenfalls ist es aber insoweit der Fall, als die Rechtsnormen des für allgemeinverbindlich erklärten Tarifvertrags Eingriffsnormen im Sinne des Art. 34 EGBGB sind.

133   Zunächst steht es den Parteien des Arbeitsverhältnisses frei, das in ihrem Verhältnis anzuwendende Recht frei zu wählen, wobei jedoch Art. 30 Abs. 1 EGBGB die Rechtswahl durch die sog. **objektive Anknüpfung** beschränkt: durch die (subjektive) Rechtswahl darf dem Arbeitnehmer nicht der Schutz genommen werden, der ihm durch das nach Art. 30 Abs. 2 zu bestimmende objektive Vertragsstatut gewährt wird.

134   Das objektive Vertragsstatut bestimmt sich in erster Linie danach, wo der Arbeitnehmer **gewöhnlich** seiner **Tätigkeit** nachgeht (lex loci labori). Vorübergehende Entsendungen in einen anderen Staat haben dabei außer Betracht zu bleiben,[196] so daß für die von der Bundesregierung vor allem ins Auge gefaßte Problematik konkreter Werk- oder Dienstleistungsprojekte in jedem Fall nur eine vorübergehende Entsendung vorläge und damit das Recht des Heimatstaates Anwendung fände,[197] sofern der Arbeitnehmer anschließend die Tätigkeit wieder in seinem Heimatland aufnimmt.

135   Wird der Arbeitnehmer dagegen eigens angestellt, um beispielsweise für den englischen Arbeitgeber permanent und nicht nur projektbezogen in der Bundesrepublik zu arbeiten, so ist eben diese der Ort, an dem er gewöhnlich seiner Tätigkeit nachgeht.[198] Das objektive Arbeitsstatut eines Arbeitnehmers schließlich, dessen nationaler Einsatzort ständig wechselt, bestimmt sich nach Art. 30 Nr. 2 EGBGB: Es richtet sich danach, wo sich der Sitz der einstellenden Niederlassung befindet.

136   Nach Art. 30 Abs. 2 Nr. 3 EGBGB kommt das Heimatrecht des Arbeitnehmers nur dann nicht zur Anwendung, wenn sein Arbeitsverhältnis eine **engere Verbindung** zu seinem Arbeitsort aufweist. Das richtet sich nach der bisherigen Rechtsprechung beispielsweise nach dem Sitz des Arbeitgebers, dem Wohnsitz des Arbeitnehmers, dem Ort des Vertragsschlusses oder der Sprachfassung des Arbeitsvertrages.[199] All diese Kriterien sind jeweils für sich gesehen nicht ausschlaggebend, sondern sollen im Zusammenwirken mit anderen eine Festlegung des Statuts nach Nr. 3 ermöglichen. Für die die Motivation des Gesetzgebers bildenden Fälle würde es regelmäßig zu einer Anknüpfung an das Recht des Entsendestaates kommen, was regelmäßig zunächst auch einen grundsätzlichen Lohnkostenvorteil des ausländischen Anbieters zu bedeuten scheint.

137   Dabei darf jedoch nicht übersehen werden, daß die alleinige Geltung des Rechts des Heimatortes eine Durchbrechung nach Art. 34 EGBGB erfahren

---

[196] Zu der umstr. Frage, wann jeweils nur von einer vorübergehenden Entsendung gesprochen werden kann, s. *Heilmann,* Das Arbeitsvertragsstatut, S. 143 f.
[197] *Deinert,* RdA 1996, S. 339, 341.
[198] Vgl. Palandt/*Heldrich,* 57. Aufl. 1998, Art. 30 EGBGB, Rnr. 7.
[199] *Heilmann,* Arbeitsvertragsstatut, S. 61 m. w. N.

und damit zu einem anderen Ergebnis führen kann. Deutsches Recht ist auf diese Arbeitsverhältnisse dann anwendbar, wenn es sich um sog. **Eingriffsnormen** handelt. Das sind solche Regelungen, die dem Schutz des Arbeitnehmers als der schwächeren Partei dienen und weiterhin im öffentlichen (staats- und wirtschaftspolitischen) Interesse in Privatrechtsverhältnisse eingreifen.[200] Es fragt sich, ob neben den Regelungen beispielsweise zu Arbeitszeit, Mutterschutz und Schwerbehinderung[201] auch zwingende Eingriffsnormen im dem gerade hier interessierenden Bereich der Entlohnung existieren, die geeignet sind, die für den ausländischen Anbieter existierenden Vorteile wieder – zumindest in der Form eines Mindestlohnes – zu relativieren. Die sich grundsätzlich nach dem Vertragsstatut richtende Höhe der Entlohnung[202] könnte nach deutschem Tarifrecht zu bestimmen sein, wenn die Allgemeinverbindlicherklärung tarifvertragliche Lohnregelungen zu Eingriffsnormen i. S. des Art. 34 EGBGB werden läßt.

Dem normalen **Tarifvertrag** kommt – unabhängig von dessen persönlichem Anwendungsbereich – schon deswegen **kein Charakter einer Eingriffsnorm** i. S.des Art. 34 EGBGB zu, weil durch die kollektive Vertragsgestaltung Ungleichgewichtslagen des Vertragsverhältnisses aufgelöst und damit keine weitergehenden im öffentlichen Interesse stehenden Vorstellungen verwirklicht werden sollen.[203] Trotz der teilweise auch im öffentlichen Interesse stehenden Regelungen in Tarifverträgen wird deren mangelnde Qualität als Eingriffsnorm i. S. des Art. 34 EGBGB auch daran deutlich, daß sich die hierdurch ergebenden Vorteile nicht als das Ergebnis eines staatlichen Anwendungsbefehls darstellen, sondern aus der bestehenden Tarifbindung ergeben.[204]

c) **Regelungen eines für allgemeinverbindlich erklärten Tarifvertrages als Eingriffsnormen.** Ob die Rechtsnormen eines für allgemeinverbindlich erklärten Tarifvertrages zwingende Eingriffsnormen i.S. des Art. 34 EGBGB darstellen, ist bisher durch die Rechtsprechung nicht eindeutig geklärt. Die Entscheidung des Bundesarbeitsgerichts, die das Arbeitsverhältnis eines dem jugoslawischen Recht unterfallenden Arbeitnehmers betraf,[205] kann für die Ablehnung der Einordnung von für allgemeinverbindlich erklärten Tarifnormen unter Art. 34 EGBGB nicht herangezogen werden.[206] Das Gericht hat sich mit der Frage einer Anerkennung von allgemeinverbindlichen Tarifverträgen als Eingriffsnormen i. S. des Art. 34 EGBGB nicht auseinandergesetzt, sondern nur festgestellt, daß der Tarifver-

---

[200] *Heilmann*, Arbeitsvertragsstatut, S. 110 f.; MünchKomm/*Martiny*, Art. 34 EGBGB, Rnr. 12.
[201] Ausführlich *Heilmann*, Arbeitsvertragsstatut, S. 121 ff.
[202] MünchKomm/*Martiny*, Art. 30 EGBGB, Rnr. 55.
[203] Zutreffend *Deinert*, RdA 1996, S. 339, 344.
[204] Vgl. auch BAG 24. 8. 1989 AP Nr. 30 zu Internationales Privatrecht, Arbeitsrecht = Betrieb 1990, S. 1666, 1668; *Deinert*, RdA 1996, S. 339, 344.
[205] BAG 4. 5. 1977 AP Nr. 30 zu § 1 Tarifverträge: Bau.
[206] *Hanau*, in: Festschrift für Everling (1995), S. 415, 427 f.; *Wimmer*, Die Gestaltung internationaler Arbeitsverhältnisse, S. 140; a. A. *Däubler*, Betrieb 1995, S. 726, 727; *Koberski/Clasen/Menzel*, § 5 TVG, Rnr. 166 und *Schaub*, Arbeitsrechts-Handbuch, § 207 V 1, Fn. 28, S. 1735.

trag aufgrund seiner Zugehörigkeit zur deutschen Privatrechtsordnung nicht anwendbar sei.[207]

140 In der Literatur werden die Normen eines für allgemeinverbindlich erklärten Tarifvertrages fast einhellig als Eingriffsnormen i. S. des Art. 34 EGBGB bezeichnet.[208]

141 Sofern man die Anwendbarkeit von allgemeinverbindlichen Tarifverträgen im Rahmen des Art. 30 EGBGB grundsätzlich bejaht, gilt es jedoch noch zu bedenken, daß es für die ausländischen Arbeitnehmer in der Bundesrepublik noch an einer wichtigen Voraussetzung fehlt: Während sowohl bei deutschen als auch bei entsandten Arbeitnehmern die Allgemeinverbindlicherklärung gleichermaßen die fehlende Organisationszugehörigkeit ersetzt, wird es für letztere – wegen des Betriebssitzes des Arbeitgebers im Ausland – regelmäßig an der Zugehörigkeit zum räumlichen Geltungsbereich des Tarifvertrages fehlen. Dies wird dadurch verhindert, daß in dem Tarifvertrag das Arbeitsortsprinzip festgeschrieben wird, d. h. der Tarifvertrag findet auf jedes Arbeitsverhältnis Anwendung, welches eine Arbeitsverrichtung im Tarifgebiet zum Gegenstand hat.[209]

142 **d) Arbeitnehmer-Entsendegesetz.** Das neue Arbeitnehmer-Entsendegesetz (AEntG),[210] das nur für das Baugewerbe i. S. der Baubetriebe-VO gilt,[211] bestätigt nur die oben bereits festgestellte international zwingende Wirkung allgemeinverbindlicher Tarifverträge.[212] Aufgrund der drängenden Problematik, die ein weiteres Zuwarten hinsichtlich einer gesamteuropäischen Lösung nicht mehr möglich erscheinen ließ, wurde das Arbeitnehmer-Entsendegesetz erlassen, obwohl dessen Vereinbarkeit mit EG-Recht nicht ganz zweifelsfrei ist.[213] Einer Zahl von ca. 200 000 arbeitslosen heimischen Bauarbeitern standen 1996 200 000 entsandte Arbeitnehmer gegenüber, die in dem Bereich der von ihnen besuchten Baustellen bisher quasi „Inseln fremden Rechts" bilden.[214]

143 Unter den Voraussetzungen des § 1 Abs. 1 AEntG wird ein einen einheitlichen **Mindestlohn** festlegender Tarifvertrag als zwingend i. S. des

---

[207] Vgl. auch *Heilmann*, Arbeitsvertragsstatut, S. 138: „eingeschränkte Präzedenzwirkung".
[208] *Däubler*, Tarifvertragsrecht, Rnr. 1698; *Deinert*, RdA 1996, S. 339, 345; *Kempen/Zachert*, § 5 TVG, Rnr. 10, 33; *Hönsch*, NZA 1988, S. 113, 117; *Walz*, Multinationale Unternehmen, 1981, S. 154; einschränkend *Heilmann*, Arbeitsvertragsstatut, S. 138; *Hickl*, NZA 1997, S. 513, 514; zu der Vereinbarkeit der Sichtweise der h. M. mit der völkerrechtlichen Verpflichtung aus dem Europäischen Schuldvertragsübereinkommen (EVÜ) s. *Däubler*, Betrieb 1995, S. 726, 727 und *Hanau*, in: Festschrift für Everling (1995), S. 415, 428 f.
[209] So *Deinert*, RdA 1996, S. 339, 345.
[210] S. oben § 1, Rnr. 74 sowie die Kommentare von *Koberski/Sahl/Hold* und *Kretz* sowie die Darstellungen bei *Hold*, AuA 1996, S. 113 ff. und *Sahl*, AiB 1996, S. 652 ff.
[211] Kritisch zu dieser Beschränkung auf die Bauwirtschaft *Hold*, AuA 1996, S. 113, 117; *Kehrmann/Spirolke*, AiB 1995, S. 621, 623 f. und *Koenigs*, BB 1995, S. 1710, 1711.
[212] Ausführlich *Deinert*, RdA 1996, S. 339, 348.
[213] Dagegen etwa *Junker/Wichmann*, NZA 1996, S. 505, 507 f.; *Koenigs*, Betrieb 1995, S. 1710, 1711; *Gerken/Löwisch/Rieble*, BB 1995, S. 2370, 2372 ff.; *Selmayr*, ZfA 1996, S. 615 ff.; a. A. *Hanau*, NJW 1996, S. 1369, 1371 f.; *Kehrmann/Spirolke*, AiB 1995, S. 621, 622; *Sahl*, AiB 1996, S. 652, 654 und *Webers*, Betrieb 1996, S. 574, 577.
[214] *Sahl*, AiB 1996, S. 652, 653.

Art. 34 EGBGB angesehen. Der Notwendigkeit, daß der Anwendungsbereich des Tarifvertrages dem Arbeitsortsprinzip zu folgen hat, wird durch eine entsprechende Festschreibung in § 1 Abs. 1 Nr. 2 AEntG Rechnung getragen. Durch die von § 1 Abs. 4 AEntG festgeschriebene Regelung, daß der betrieblich-fachliche Geltungsbereich nach der im Inland ausgeübten Tätigkeit und nicht nach dem Betriebszweck des ausländischen Unternehmens zu bestimmen ist, werden Mißbrauchsfälle vermieden.[215] Der wesentliche Gewinn des Arbeitnehmer-Entsendegesetzes liegt in den dadurch erreichten stärkeren Kontroll- und Durchsetzungsinstrumentarien hinsichtlich des zwingend festgelegten Lohnniveaus (§ 2 AEntG). Zur **Überwachung** des Gesetzes erhalten die zuständigen Behörden umfangreiche Kontroll- und Betretungsrechte sowie die Möglichkeit zu einem grenzüberschreitenden Datenaustausch mit anderen Behörden.[216] Dennoch werden wohl auch künftig „findige Unternehmer" Mittel und Wege suchen, sich den Regelungen des Arbeitnehmer-Entsendegesetzes zu entziehen. Bereits aus der heutigen Praxis ist die Vereinbarung von Rückzahlungsklauseln, von bloßen Teilzahlungen oder von Verrechnungen mit den vom Arbeitgeber – in der Form von Naturalien – erbrachten Leistungen bekannt.[217]

3. Rechtswirkungen

Die Rechtswirkungen des Tarifvertrags werden durch die Allgemeinverbindlicherklärung nicht verändert. Seine Bestimmungen gelten im erweiterten Rahmen unmittelbar und zwingend; vgl. dazu oben § 4, Rnr. 300 ff.

4. Tarifkonkurrenz

Ob die nichtorganisierten Arbeitnehmer oder Arbeitgeber bereits Mitglieder eines anderen Verbandes sind, ist ohne Bedeutung.[218] Die Allgemeinverbindlicherklärung kann aber Mitglieder anderer Verbände, für die bereits ein Tarifvertrag besteht, von ihrer Geltung ausnehmen (s. oben Rnr. 63). Ist das nicht der Fall, und hat dieser Verband einen Tarifvertrag für seine Mitglieder geschlossen, so ist nach den Grundsätzen der Tarifkonkurrenz (s. oben § 4, Rnr. 159 ff.) zu entscheiden, welcher Tarifvertrag für die Andersorganisierten gilt.[219] Weder kann insoweit ein allgemeinverbindlicher Tarifvertrag anderen Tarifverträgen vorgehen[220] noch besteht ein Vorrang der Tarifbindung nach

---

[215] *Deinert*, RdA 1996, S. 339, 348.
[216] § 2 Abs. 3 AEntG; nach dem bisherigen – äußerst geringen – Erfahrungen mit dem AEntG besonders kritisch dagegen *Sahl*, AiB 1996, S. 652, 656.
[217] Vgl. *Hold*, AuA 1996, S. 113, 117.
[218] Ebenso Hueck/*Nipperdey*, Arbeitsrecht II 1, § 34, S. 666; *Nikisch*, Arbeitsrecht II, § 87 III, S. 499.
[219] Vgl. dazu BAG 26. 1. 1994 AP Nr. 22 zu § 4 Tarifkonkurrenz = NZA 1994, S. 1038, 1040 f. m. w. Nachw.; *Pulte*, AR-Blattei SD 1550.10., Rnr. 45 f.; *Wiedemann*, Anm. zu BAG 24. 9. 1975 AP Nr. 11 zu § 4 TVG Tarifkonkurrenz und *Müller*, Betrieb 1989, S. 1970 ff. Zur Tarifkonkurrenz bei Allgemeinverbindlicherklärung ferner *Hromadka/Maschmann/Wallner*, Der Tarifwechsel, 1996, Rnr. 136; *Stein*, Tarifvertragsrecht, Rnr. 271.
[220] Anders G. *Müller*, Betrieb 1989, S. 1970, 1972.

§ 3 Abs. 1 gegenüber derjenigen nach § 5 TVG.[221] Vielmehr gilt auch insoweit das Spezialitätsprinzip.

II. Erstreckung auf Nicht- und Andersorganisierte

147 **1. Grundsatz**

Die Rechtswirkungen des für allgemeinverbindlich erklärten Tarifvertrages entsprechen völlig denen des ursprünglichen Tarifvertrags. Dies gilt für den gesamten normativen Teil, also nicht nur wie vor 1933 für die Inhaltsnormen, sondern auch für die Abschlußnormen, Betriebsnormen und Betriebsverfassungsnormen. Auch dispositive Normen des Tarifvertrages können für allgemeinverbindlich erklärt werden; ebenso Gerichtsstandsklauseln.[222]

2. Allgemeinverbindlicherklärung von Tarifverträgen über Gemeinsame Einrichtungen

148 a) **Allgemeinverbindlicherklärung als Grundlage.** Auch tarifvertragliche Regeln, die Rechte und Pflichten der einzelnen Arbeitgeber und Arbeitnehmer gegenüber den von den Tarifvertragsparteien geschaffenen **Gemeinsamen Einrichtungen** begründen, können für allgemeinverbindlich erklärt werden, da eine Allgemeinverbindlicherklärung für sämtliche Rechtsnormen, nicht etwa nur für die in § 1 Abs. 1 genannten Vorschriften, möglich ist.[223]

149 In Anknüpfung an die Tarifregelungen der Weimarer Zeit hat der Gesetzgeber in § 4 Abs. 2 lediglich die Lohnausgleichs- und Urlaubskassen ausdrücklich als Betätigungsfeld Gemeinsamer Einrichtungen anerkannt. Grundsätzlicher Gegenstand Gemeinsamer Einrichtungen ist mithin die (unmittelbare) materielle und soziale Absicherung der Arbeitnehmer.[224] Der gemeinsame Grundkonsens in Literatur und Rechtsprechung läßt sich in Anlehnung an diese Vorstellung des Gesetzgebers jedenfalls dahingehend formulieren, daß die Einrichtung dem Nutzen des Arbeitnehmers dienen und ihm insbesondere unmittelbar Leistungen materieller und immaterieller Art erbringen muß.[225]

150 Die Gemeinsamen Einrichtungen sind, wie insbesondere *Bötticher*[226] herausgearbeitet hat, auf eine Allgemeinverbindlicherklärung angelegt; sie drän-

---

[221] Anders Löwisch/*Rieble*, § 4 TVG, Rnr. 299 f.; *B. Müller*, NZA 1989, S. 449, 452; Zöllner/*Loritz*, Arbeitsrecht, § 37 V 1 b, S. 421.
[222] Vgl. BAG 19. 3. 1975 AP Nr. 14 zu § 5 TVG (*Wiedemann*).
[223] Vgl. BAG 5. 12. 1978 AP Nr. 1 (*Tophoven*) und 3. 2. 1965 Nr. 2 zu § 4 TVG Ausgleichskasse; 2. 3. 1965 Nr. 12 (*A. Hueck*), 10. 10. 1973 Nr. 13 und 19. 3. 1975 Nr. 14 (*Wiedemann*) zu § 5 TVG; 14. 11. 1973 Nr. 16 zu § 1 TVG Tarifverträge: Bau (*Wiedemann*); *Bötticher*, Gemeinsame Einrichtungen, S. 70 ff.; *Hanau*, RdA 1970, S. 161; Hueck/*Nipperdey*, Arbeitsrecht II 1, § 34, S. 671; *Koberski/Clasen/Menzel*, § 5 TVG, Rnr. 36 und 60; MünchArbR/*Löwisch*, § 261, Rnr. 9 ff.; *Zöllner*, Gutachten zum 48. DJT, S. 90 ff.; anders früher Hueck/*Nipperdey* (6. Aufl.), Arbeitsrecht II, S. 481, 482; *Nikisch*, Arbeitsrecht II, § 87, S. 497; *Maus*, § 5 TVG, Anm. 41; 4. Aufl., § 5, Anm. 31.
[224] Otto/*Schwarze*, ZfA 1995, S. 639, 654.
[225] Umfangr. Nachw. bei Otto/*Schwarze*, ZfA 1995, S. 654 f.
[226] *Bötticher*, Die gemeinsamen Einrichtungen der Tarifparteien.

gen geradezu auf Einbeziehung des gesamten Berufsstandes. Je nach dem Organisationsgrad ist die **Allgemeinverbindlicherklärung Grundlage der Gemeinsamen Einrichtung**, wenn nur mit Hilfe der Nichtorganisierten ausreichende Mittel für deren Funktionieren zusammengebracht werden können. Deshalb verpflichten sich die Parteien eines Tarifvertrages über eine Gemeinsame Einrichtung regelmäßig zu einer gemeinschaftlichen Beantragung der Allgemeinverbindlicherklärung. In diesem Zusammenhang wäre es auch vertretbar, die Wirksamkeit des Tarifvertrages von der aufschiebenden Bedingung einer Allgemeinverbindlicherklärung abhängig zu machen.[227]

Verfassungsrechtliche Bedenken bestehen nicht,[228] da die Nichtorganisierten durch die Heranziehung zu Beiträgen nicht stärker belastet werden als bei der Allgemeinverbindlicherklärung von Inhaltsnormen, die ihnen eine Leistungspflicht auferlegen. Art. 9 Abs. 3 GG wäre nur verletzt, wenn die nicht organisierten Arbeitnehmer oder Arbeitgeber durch die Allgemeinverbindlicherklärung Mitglieder der Gemeinsamen Einrichtungen würden. Eine Zwangsmitgliedschaft darf durch Tarifvertrag nicht begründet werden.[229] Tatsächlich werden aber nur die Berufsverbände – denen die erforderliche Rechtsfähigkeit jedenfalls insoweit zuzuerkennen ist – selbst Mitglieder der Gemeinsamen Einrichtungen.[230] Bei den „Beiträgen" handelt es sich nur um Zahlungen, die der Aufbringung von Mitteln für tarifliche Leistungen dienen, die aber zu keinem Zusammenschluß zu einem Verband führen.

b) Unzulässigkeit von Differenzierungsklauseln. Daß die Nichtorganisierten nicht anders behandelt werden dürfen als Verbandsmitglieder, folgt schon aus der Unzulässigkeit von Differenzierungsklauseln,[231] denn damit fehlt es an einem gültigen, erstreckbaren Tarifinhalt. Die Allgemeinverbindlicherklärung stellt keine höheren Anforderungen an die Zweckbindung des Sondervermögens und die Konkretisierung der Beitrags- und Leistungsbemessung als das Tarifvertragsrecht im übrigen. Die gemeinsame Kontrolle durch die Tarifvertragsparteien reicht im Hinblick auf die Nichtorganisierten aus. Bei der Ermessensausübung darf nicht nach der Verbandszugehörigkeit differenziert werden; s. zum öffentlichen Interesse an der Allgemeinverbindlicherklärung oben Rnr. 68.

c) Stufenregelung. Zulässig ist es, den Tarifvertrag so zu gestalten, daß bestimmte Regelungen im Hinblick auf das Gleichgewicht zwischen der Beitrags- und Leistungsseite erst mit Allgemeinverbindlicherklärung Geltung erlangen sollen[232] **(Stufenregelung).**

---

[227] MünchArbR/*Löwisch*, § 261, Rnr. 11.
[228] Ausführlich BAG 28. 3. 1990 AP Nr. 25 zu § 5 TVG = NZA 1990, S. 781 ff.; s. oben Rnr. 24.
[229] BAG 5. 12. 1958 AP Nr. 1 zu § 4 TVG Ausgleichskasse; 2. 3. 1965 AP Nr. 12 zu § 5 TVG.
[230] Vgl. etwa § 3 der Satzung der Urlaubs- und Lohnausgleichskasse Bau; § 4 der Satzung der Zusatzversorgungskasse Bau.
[231] *Schaub*, Arbeitsrechts-Handbuch, § 207, S. 1731; dagegen *Kempen*/*Zachert*, § 5 TVG, Rnr. 9, die aus „organisationspolitischen Gründen" den Gewerkschaften gerade deren Anwendung empfehlen.
[232] Vgl. *Bötticher*, Gemeinsame Einrichtungen, S. 68; *Zöllner*, Gutachten zum 48. DJT, S. 95.

154 d) Mehrgliedriger Tarifvertrag. Bei einem **mehrgliedrigen Tarifvertrag**, der häufig zur Errichtung einer Gemeinsamen Einrichtung führt, liegen die Voraussetzungen für die Allgemeinverbindlicherklärung schon dann vor, wenn die aus den Einzelverträgen tarifgebundenen Arbeitgeber zusammengenommen nicht weniger als 50 von 100 der unter den Geltungsbereich des Tarifvertrages fallenden Arbeitnehmer beschäftigen. Diese erweiternde Auslegung entspricht dem Sinn und Zweck der Allgemeinverbindlicherklärung.[233]

3. Allgemeinverbindlicherklärung von Schiedsklauseln

155 Auch soweit im Tarifvertrag eine Einzelschiedsklausel enthalten ist, kann dieser für allgemeinverbindlich erklärt werden.[234]

156 Für die Allgemeinverbindlicherklärung auch von Einzelschiedsklauseln spricht zunächst der gegenüber dem Arbeitsgerichtsgesetz von 1926 abweichende Wortlaut von § 101 Abs. 2 ArbGG 1953, wonach die Vereinbarung der Einzelschiedsklausel für tarifgebundene Personen gilt. Tarifgebunden sind auch die Nichtorganisierten, für die ein Tarifvertrag für allgemeinverbindlich erklärt wurde. Des weiteren folgt dies auch aus dem Sinn der Allgemeinverbindlicherklärung, die Arbeitsverhältnisse in einer Branche einheitlich zu ordnen. Diese Ordnungsfunktion würde unterlaufen, wenn bei zwei im Betrieb nebeneinander tätigen Arbeitnehmern in dem einen Fall ein Schiedsgericht zur Entscheidung einer Rechtsstreitigkeit zuständig wäre, in dem anderen Fall das Arbeitsgericht. Gegen die Allgemeinverbindlicherklärung von Schiedsklauseln kann auch nicht eingewandt werden, daß die betroffenen Außenseiter auf diese Weise ihrem gesetzlichen Richter entzogen würden. Abgesehen davon, daß dieser Einwand in gleicher Weise für die auf Grund des § 3 tarifgebundenen Arbeitgeber und Arbeitnehmer gelten würde, entspricht das in § 102 ff. ArbGG geregelte Schiedsgerichtsverfahren in jeder Hinsicht rechtsstaatlichen Anforderungen und stellt sicher, daß der einzelne die Garantie normengerechter Rechtsanwendung hat. Gegen das Verbot des Ausschlusses des gesetzlichen Richters, Art. 101 Abs. 1 Satz 2 GG, wird nicht verstoßen, da den Parteien die Möglichkeit einer Aufhebungsklage vor dem Arbeitsgericht eingeräumt ist. Die weite Fassung des § 110 Abs. 1 Nr. 2 ArbGG, wonach die Aufhebungsklage bereits begründet ist, wenn der Schiedsspruch auf Verletzung einer Rechtsnorm beruht, umfaßt auch die Tarifvertragsnormen, so daß hier eine unbeschränkte Überprüfung der Schiedsgerichte durch die staatlichen Arbeitsgerichte möglich ist.[235] Die Möglichkeit, Schiedsklauseln für allgemeinverbindlich zu erklären, kann auch nicht mit der Begründung verneint werden, es sei den Nichtorganisierten unzumutbar, sich einem Gericht zu unterwerfen, das mit Vertretern der

---

[233] Vgl. dazu ausführlich *Lieb*, Anm. zu BAG 14. 6. 1967, SAE 1968, S. 56, 59.
[234] *Hueck/Nipperdey*, Arbeitsrecht II 1, § 34, S. 668 ff.; *Dersch/Volkmar*, Arbeitsgerichtsgesetz, § 101, Anm. 4 c; *Fitting*, BABl. 1953, S. 572, 579; *ders.*, BB 1955, S. 321, 322; *Koberski/Clasen/Menzel*, § 5 TVG, Rnr. 37; anderer Ansicht die 4. Aufl., Anm. 32; *H. D. Müller*, RdA 1954, S. 58; *Dietz/Nikisch*, § 101 ArbGG, Anm. 25; *Butz*, Betrieb 1954, Beilage 4 zu Heft 7, S. 2; zweifelnd *Nikisch*, Arbeitsrecht II, § 87, S. 497.
[235] BAG 27. 5. 1970 AP Nr. 1 zu § 110 ArbGG (*Baumgärtel*).

Verbände besetzt ist. Eine solche Argumentation spricht im Grunde gegen die Möglichkeit der Allgemeinverbindlicherklärung generell, da man ebenso sagen könnte, es sei für die Nichtorganisierten unzumutbar, sich Normen zu unterwerfen, die von den Verbänden gesetzt worden sind.

III. Keine Allgemeinverbindlicherklärung schuldrechtlicher Abreden

1. Keine Erstreckung auf schuldrechtliche Abreden

Die Allgemeinverbindlicherklärung ergreift nicht schuldrechtliche Abreden.[236] Eine ausdrückliche Anordnung der Allgemeinverbindlicherklärung wäre unwirksam. Dies ergibt sich schon aus dem Wortlaut des Gesetzes. § 5 Abs. 4 spricht nur von der ausgedehnten Anwendung der Rechtsnormen des Tarifvertrages. Die Nichtorganisierten werden deshalb durch die Allgemeinverbindlicherklärung auch nicht den körperschaftlichen Pflichten gegenüber einer Tarifvertragspartei unterworfen. Bezüglich der Nichtorganisierten bestehen für die Verbände keine Durchführungs- und Einwirkungspflichten. Für dritte Verbände wird im Bereich der Allgemeinverbindlicherklärung keine Friedenspflicht erzeugt.

2. Keine schuldrechtlichen Ansprüche

Umgekehrt erwerben die Nichtorganisierten keine schuldrechtlichen Ansprüche aus dem Tarifvertrag; durch die Allgemeinverbindlicherklärung wird der Tarifvertrag für sie nicht zum Vertrag mit Schutzwirkung zu ihren Gunsten. Eine ganz andere Frage ist es, ob die Tarifvertragsparteien einzelne schuldrechtliche Rechte zugunsten nichtorganisierter Arbeitnehmer vereinbaren können; vgl. dazu oben § 1, Rnr. 751. Aus solchen Bestimmungen können die Nichtorganisierten aber dann unabhängig von der Allgemeinverbindlicherklärung Rechte herleiten.

3. Keine Feststellungsklage

Wegen der auch nach der Allgemeinverbindlicherklärung fehlenden schuldrechtlichen Einbeziehung der Nichtorganisierten ist auch eine Feststellungsklage zwischen Tarifvertragsparteien und Nichtorganisierten über die Auslegung oder den Geltungsbereich einer Tarifnorm nicht zulässig.[237] Zwischen den Tarifvertragsparteien und den Nichtorganisierten fehlt es an einem Rechtsverhältnis. Nach § 256 ZPO kann ein Rechtsverhältnis zwar auch von einem nicht daran beteiligten Dritten zum Gegenstand des Prozesses gemacht werden; doch ist dazu notwendig, daß die Feststellung dieses Rechtsverhältnisses nicht nur für seine rechtliche Stellung im allgemeinen, sondern gerade für seine Beziehung zu einer der am Rechtsverhältnis betei-

---

[236] Vgl. ArbG Göttingen 29. 12. 1953 AP Nr. 2 zu § 5 TVG (*Tophoven*); *Däubler*, Tarifvertragsrecht, Rnr. 1249; *Koberski/Clasen/Menzel*, § 5 TVG, Rnr. 38.
[237] RAG 20. 2. 1929, ARS 5, S. 232, 27. 2. 1929, S. 403; 13. 4. 1929 6, S. 15, 10. 5. 1929, S. 59, 15. 5. 1929, S. 62, 8. 6. 1929, S. 500.

ligten Parteien von Bedeutung ist. Eine solche Beziehung besteht aber bei Verbandstarifverträgen nicht.[238]

IV. Auslegung der Allgemeinverbindlicherklärung

160 Von der Auslegung der Allgemeinverbindlicherklärung ist die Auslegung der Tarifnormen selbst zu unterscheiden. Für beide brauchen nicht notwendig die gleichen Auslegungsgrundsätze zu gelten.

161 Da die Allgemeinverbindlicherklärung die Wirkungen eines Rechtssatzes hat, ist sie nach den für Rechtssätze geltenden Kriterien auszulegen.[239] Dabei kann auch die Entstehungsgeschichte herangezogen werden. Soweit Protokollnotizen und Anlagen ausdrücklich als Bestandteile des Tarifvertrages bezeichnet worden sind, werden sie auch von der Allgemeinverbindlicherklärung erfaßt.[240] Die im Rahmen des Prozesses, der schließlich zur Allgemeinverbindlicherklärung geführt hat, entstandenen Protokolle und Berichte können als Auslegungshilfe zum Verständnis der Allgmeinverbindlicherklärung herangezogen werden. Insbesondere können sie zum Verständnis der den Minister bewegenden Motive verwertet werden.

162 Ist ein Manteltarifvertrag für allgemeinverbindlich erklärt worden, so bezieht sich diese Erklärung auch dann nicht auf den zugehörigen Lohntarifvertrag, wenn in dem Manteltarifvertrag auf den Lohntarifvertrag verwiesen wird.[241]

G. Mängel der Allgemeinverbindlicherklärung und Rechtsweg

163 Aufgrund der sowohl gegenüber den Tarifvertragsparteien als auch gegenüber den Außenseitern einheitlich zu treffenden rechtlichen Einordnung der Allgemeinverbindlicherklärung sind auch deren Rechtsmängel und der dagegen bestehende Rechtsweg einheitlich zu beurteilen.[242]

I. Allgemeines

164 Ein Interesse an gerichtlichem Schutz gegenüber einer Allgemeinverbindlicherklärung kann sich entweder aufgrund ihrer Erteilung oder Nichterteilung ergeben; weiterhin ist danach zu differenzieren, ob eine der Tarifvertragsparteien oder ein Außenseiter eine Erteilung der Allgemeinverbindlicherklärung oder deren Nichtigerklärung erstrebt.

165 Ein Rechtsschutz gegen oder auf Erteilung einer Allgemeinverbindlicherklärung ist vor allen Dingen deswegen problematisch, weil es sich sowohl im Erteilungs- als auch im Nichterteilungsfalle um eine Frage der Normsetzung

---

[238] Hueck/*Nipperdey*, Arbeitsrecht II 1, § 34 IV 3 b, S. 667; *Nikisch*, Arbeitsrecht II, § 87 III 2, S. 499.
[239] *Schaub*, Arbeitsrechts-Handbuch, § 207, S. 1734; s. oben § 1, Rnr. 763 ff.
[240] *Gamillscheg*, Kollektives Arbeitsrecht I, § 19 4 a, S. 889.
[241] LAG Kiel 26. 3. 1954 AP Nr. 1 zu § 5 TVG (*Tophoven*); ArbG Göttingen 29. 12. 1953 AP Nr. 2 zu § 5 TVG (*Tophoven*).
[242] Vgl. oben Rnr. 43 ff.; anders noch die Vorauflage, Rnr. 100 ff., die von einer Doppelnatur der Allgemeinverbindlicherklärung ausging.

handelt. Einen direkten Rechtsschutz gegen Normen bietet die VwGO nur im Wege der Normenkontrollklage (§ 47 VwGO); aber ein Rechtsschutz gegen eine abgelehnte Allgemeinverbindlicherklärung, also gegen einen negativen Akt der Normsetzung, ist im Bereich des verwaltungsgerichtlichen Rechtsschutzes nicht vorgesehen. – Für beide Parteien besteht im Rahmen einer arbeitsgerichtlichen Streitigkeit die Möglichkeit einer Inzidenterkontrolle auch einer bereits mehrere Jahre bestehenden Allgemeinverbindlicherklärung,[243] die dazu führen kann, daß das Arbeitsgericht die Allgemeinverbindlicherklärung für unwirksam hält und sie deshalb nicht anwendet. Soweit das Interesse des Klägers jedoch gerade auf eine umfassend wirkende Unwirksamkeit gerichtet sein sollte, ist ihm eine nur *inter partes* wirkende Feststellung der Unwirksamkeit durch das Arbeitsgericht nicht dienlich.

II. Der Rechtsschutz im einzelnen

1. Tarifvertragsparteien

a) Ablehnung der Allgemeinverbindlicherklärung. Eine Rechtsverletzung auf seiten der Tarifvertragsparteien kann sich zunächst daraus ergeben, daß die von ihnen beantragte Allgemeinverbindlicherklärung abgelehnt wird. Die Fehler des die Allgemeinverbindlicherklärung genehmigenden Ministers können in erster Linie darin liegen, daß er sein Ermessen bezüglich der Erklärung falsch ausgeübt hat. Er könnte sich von sachfremden Erwägungen haben leiten lassen oder angenommen haben, er sei zu einer Überprüfung des Tarifvertrages in vollem Umfang verpflichtet.[244] In zwei Entscheidungen aus dem Jahre 1958[245] hatte das Bundesverwaltungsgericht die Allgemeinverbindlicherklärung als Rechtssetzungsakt qualifiziert und daraus den Schluß gezogen, daß aufgrund dieser Rechtsnatur der Allgemeinverbindlicherklärung weder eine verwaltungsgerichtliche Überprüfung ihrer selbst noch ein verwaltungsgerichtlicher Rechtsschutz gegen deren Ablehnung möglich sei.

b) Erlaß einer Allgemeinverbindlicherklärung. Die Verfolgung eines Anspruchs auf einen Normerlaß im Verwaltungsrechtswege ist nach der jüngeren Rechtsprechung des Bundesverwaltungsgerichts nunmehr – jedenfalls im Bereich der Rechtsverordnungen – aufgrund der Rechtsschutzgarantie des Art. 19 Abs. 4 GG anerkannt.[246] Diese Änderung ist im Zusammenhang mit dem Wandel des Verständnisses des Bundesverwaltungsgerichts von den Schutzinteressen der Normunterworfenen zu sehen: Vertrat das Bundesverwaltungsgericht früher die Auffassung, daß der Normerlaß jeweils nur dem Allgemeinwohl dienen könne, so wird jetzt anerkannt, daß der Normerlaß auch Individualinteressen dienen kann. Dies ist insbesondere dann der Fall, wenn dem Bürger bei einem Normerlaß Mitwirkungsrechte – beispielsweise in der Form von Antrags- und Anhörungsrechten – gesetzlich zuerkannt

---

[243] BAG 24. 1. 1979 AP Nr. 16 zu § 5 TVG.
[244] *Däubler*, Tarifvertragsrecht, Rnr. 1284; vgl. oben Rnr. 68 ff.
[245] BVerwG 1. 8. 1958 BVerwGE 7, S. 82 ff. und 6. 6. 1958 7, S. 188 ff. = AP Nr. 7 und Nr. 6 zu § 5 TVG.
[246] BVerwG 3. 11. 1988 AP Nr. 23 zu § 5 TVG.

werden. Daß damit eine verwaltungsrechtliche Streitigkeit i. S. des § 40 VwGO und keine Verfassungsstreitigkeit vorliegt, begründet das Bundesverwaltungsgericht damit, daß es nicht um den Erlaß eines formellen Gesetzes, sondern um den einer untergesetzlichen Norm gehe.[247] Im Rahmen des Verfahrens könnten Fehler gemacht worden sein, die eine Verletzung von auch den Kläger schützenden Normen darstellen. In diesen Fällen kann er sein Interesse an einem korrekten Verfahren und einer ermessensfehlerfreien Entscheidung mit einer verwaltungsgerichtlichen Klage verfolgen. Nach einer Entscheidung des Bundesverwaltungsgerichts dient § 5 auch den Interessen der Tarifvertragsparteien mit der Folge, „daß die antragstellende Tarifvertragpartei einen diesem Schutzzweck entsprechenden Anspruch auf rechtsfehlerfreie Entscheidung über ihren Antrag hat".[248] Da es sich (wie oben Rnr. 43 ff.) dargelegt, bei der Allgemeinverbindlicherklärung nicht um einen Verwaltungsakt handelt, sondern um einen Rechtssetzungsakt eigener Art, ist die **Feststellungsklage** nach § 43 VwGO die richtige Klageart. Sie ist gegenüber einer Leistungsklage zwar subsidiär; da es jedoch eine Klage auf Normerlaß nicht gibt, ist sie möglich. Das festzustellende Rechtsverhältnis liegt in der durch den Antrag der Tarifpartei bedingten Beteiligung am Normerlaß.[249]

168 Auch im Falle des **Erlasses** einer **Allgemeinverbindlicherklärung** kann eine Tarifvertragspartei in ihren Rechten verletzt sein und einen Anspruch auf Rechtsschutz haben. Insbesondere ist vorstellbar, daß ihre Beteiligungsrechte nicht beachtet wurden oder die Allgemeinverbindlicherklärung des Ministers nicht dem normativen Inhalt des Tarifvertrages oder dessen persönlichem oder räumlichem Geltungsbereich entspricht. Der Rechtsschutz ist jedoch hinsichtlich des Rechtsweges und der Klageart schwieriger zu bestimmen. Weder das TVG noch die DVO ergeben eine spezielle Rechtsschutzmöglichkeit, aber ein wie auch immer gearteter Rechtsschutz ist nach Art. 19 Abs. 4 GG geboten.

169 Zunächst böte es sich aufgrund der – für den verfassungsrechtlichen Schutz vorausgesetzten – Rechtswegerschöpfung an, eine Normenkontrollklage gem. § 47 VwGO anzustrengen. Ihr stehen jedoch mehrere Gesichtspunkte entgegen: Eine Normenkontrollklage ist nur gegen Landesrecht möglich, die Erklärung des Bundesministers stellt jedoch Bundesrecht dar. Geht es um eine Erklärung des Landesministers (vgl. oben Rnr. 82), so handelt es sich zwar um Landesrecht, aber es fehlt an der landesrechtlichen Anordnung der Normenkontrolle.

170 Dennoch wäre es sachwidrig, sich für einen Anspruch auf eine Allgemeinverbindlicherklärung an das Verwaltungsgericht und für einen Schutz gegen eine Allgemeinverbindlicherklärung an das Bundesverfassungsgericht wenden zu müssen.[250] Im Gegensatz zum verwaltungsgerichtlichen Schutz, der eine

---

[247] Vgl. auch *Mäßen/Mauer*, NZA 1996, S. 121.
[248] BVerwG 3. 11. 1988 AP Nr. 23 zu § 5 TVG m. w. Nachw.; vgl. dagegen VGH Baden-Württemberg 15. 7. 1986, DÖV 1986, S. 1066; weitere umfangr. Nachw. zum Streitstand bei *Wonneberger*, Funktionen, S. 135 Fn. 374.
[249] Ausführlich *Mäßen/Mauer*, NZA 1996, S. 121, 122; a. A. *Duken*, NVwZ 1993, S. 546, 547: Leistungsklage.
[250] MünchArbR/*Löwisch*, § 261, Rnr. 103.

umfassende Rechtsschutzmöglichkeit durch eine erschöpfende Prüfung zu bieten vermag, kann das Bundesverfassungsgericht nur die Verletzung von Grundrechten prüfen.[251] Im Bereich der Frage einer Zulässigkeit der Allgemeinverbindlicherklärung geht es aber gerade um die Klärung typisch **verwaltungsrechtlicher Fragen**, so daß der sich (nur) nach der Verletzung von Grundrechten bemessende Schutz durch das Bundesverfassungsgericht fehl am Platze wäre. Also führt der Schutz gegen eine Allgemeinverbindlicherklärung ebenfalls vor das Verwaltungsgericht.[252]

Allerdings ist fraglich, welche Klageart hier zu wählen ist, da das Bundesverwaltungsgericht die Überprüfung der Gültigkeit einer Norm nicht als feststellbares Rechtsverhältnis i. S. des § 43 VwGO ansieht.[253] Während einige eine nur *inter partes* wirkende Feststellungsklage *sui generis* annehmen wollen,[254] sehen andere mit Recht auch gegen eine Allgemeinverbindlicherklärung eine **Feststellungsklage** i. S. des § 43 VwGO als richtige Klageart an.[255]

2. Rechtsschutz der anderen Koalitionen

Das Interesse anderer, nicht an dem zur Allgemeinverbindlichkeit führenden Verfahren beteiligter Koalitionen an einer gerichtlichen Überprüfung der Allgemeinverbindlicherklärung kann sich daraus ergeben, daß ihre tarifpolitischen Zielsetzungen mit der den gleichen räumlichen, persönlichen oder betrieblichen Bereich betreffenden Allgemeinverbindlicherklärung **konkurrieren**.[256] Konkret kann sich die Frage stellen, welcher der betroffenen Koalitionen eine Allgemeinverbindlicherklärung zugute kommt, was vor allem für den Fall von konkurrierenden, tarifvertraglich festgelegten Gemeinsamen Einrichtungen der Fall sein kann, denn diese sind – wie bereits dargelegt – oftmals gerade auf eine Allgemeinverbindlicherklärung angelegt und ohne sie kaum vorstellbar (vgl. oben Rnr. 3). Im übrigen besteht die Gefahr, daß sich Mitglieder an dem jeweils „erfolgreicheren" Verband orientieren. Die durch eine Koalitionspluralität auftretende Konkurrenz zwingt den Staat, sich im Rahmen der Prüfung einer Allgemeinverbindlicherklärung seiner Neutralitätspflicht entsprechend zu verhalten; d. h. die Interessen aller mittel- und unmittelbar betroffenen Koalitionen sind zu berücksichtigen.

Deren Verletzung ist auf dem Verwaltungsrechtswege, und zwar ebenfalls mit der **Feststellungsklage**, geltend zu machen.[257] Das feststellungsfähige Rechtsverhältnis ergibt sich aus dem nach § 5 Abs. 2 TVG und § 6 Abs. 3 DVO den anderen Koalitionen zustehenden Verfahrens- und Beteiligungs-

---

[251] *Mäßen/Mauer*, NZA 1996, S. 121, 123.
[252] MünchArbR/*Löwisch*, § 261, Rnr. 104.
[253] BVerwG 27. 11. 1964, DÖV 1965, S. 169; s. auch *Kopp*, VwGO, 10. Aufl. 1994, § 43, Rnr. 8 m. w. Nachw.
[254] *Maurer*, in: Festschrift für Kern (1968), S. 305 ff.; *Löwisch/Rieble*, § 5 TVG, Rnr. 120.
[255] OVG Münster 23. 9. 1983, BB 1984, S. 723; *Mäßen/Mauer*, NZA 1966, S. 121, 123; *Wonneberger*, Funktionen, S. 146.
[256] *Löwisch/Rieble*, § 5 TVG, Rnr. 66; *Mäßen/Mauer*, NZA 1996, S. 121, 123 f.
[257] Die auf der Annahme, daß es sich bei der Allgemeinverbindlicherklärung um einen Verwaltungsakt handelt, beruhende in der Vorauflage vertretene Auffassung wird aufgegeben.

rechten, wodurch ein hinreichend konkretes Rechtsverhältnis zwischen den Koalitionen und dem zuständigen Minister geschaffen wird.[258]

174 Die verwaltungsgerichtliche Entscheidung, die den zuständigen Minister zu einem Normerlaß oder zu einer Neubescheidung verpflichtet, hat erst dann Bedeutung für die Normunterworfenen, wenn entscheidungsgemäß eine Erklärung durch den Minister erfolgt. Ein die Nichtigkeit der Allgemeinverbindlicherklärung feststellendes Verwaltungsgerichtsurteil hat – im Gegensatz zu einer Normenkontrollklage gem. § 47 VwGO – gem. § 121 VwGO nur Wirkung *inter partes*.[259] Die Arbeitsgerichte können bei der im Rahmen einer Klage erfolgenden Inzidenterkontrolle zu einer anderen Entscheidung gelangen.[260]

3. Rechtsschutz der Außenseiter

175 Vor allem die Gemeinsamen Einrichtungen können bei den tariflichen Außenseitern zu einem Interesse an einer verwaltungsgerichtlichen Überprüfung der Allgemeinverbindlicherklärung führen; sind doch gerade für die durch eine Allgemeinverbindlicherklärung betroffenen Arbeitgeber mit der Einbeziehung nicht unerhebliche Geldleistungspflichten verbunden.

176 Aufgrund des Rechtsnormcharakters der Allgemeinverbindlicherklärung scheiden auch für sie die Anfechtungs- und die Leistungsklage als verwaltungsgerichtliche Rechtsschutzformen aus. Eine Normenkontrollklage scheitert ebenfalls aus den oben bereits genannten Gründen. Die aufgrund eines feststellungsfähigen Rechtsverhältnisses für die am Verfahren der Allgemeinverbindlicherklärung beteiligten Koalitionen mögliche Feststellungsklage kommt aber für die tariflichen Arbeitgeber- und Arbeitnehmer-Außenseiter auch nicht in Betracht; denn im Gegensatz zu den Vorgenannten haben sie keine Beteiligungsrechte, die zwischen ihnen und dem zuständigen Minister ein entsprechendes Rechtsverhältnis zu begründen vermögen.[261] Die Allgemeinverbindlicherklärung führt nur zu einer Begründung von Rechtsbeziehungen zwischen den von der Allgemeinverbindlicherklärung betroffenen Arbeitgebern und Arbeitnehmern.[262]

177 Wirksamkeit und Umfang der aus dem für allgemeinverbindlich erklärten Tarifvertrag erwachsenden Rechte und Pflichten sind nur inzidenter – bezogen auf die maßgebliche Tarifnorm – im arbeitsgerichtlichen Verfahren überprüfbar.

---

[258] *Löwisch*/Rieble, § 5 TVG, Rnr. 123; *Mäßen/Mauer*, NZA 1996, S. 121, 124; vgl. dagegen *Wonneberger*, Funktionen, S. 160.

[259] A. A. *Schaub*, Arbeitsrechts-Handbuch, § 207 IV 1, S. 1734: Tatbestandswirkung für die Arbeitsgerichte.

[260] Aus diesem Grunde schlagen *Mäßen/Mauer*, NZA 1996, S. 121, 125 f. eine analoge Anwendung von § 9 TVG vor, um eine Wirkung *inter omnes* zu erreichen; vgl. dagegen *Backhaus/Wenner*, Betrieb 1988, S. 115, 117; ebenso BVerwG 6. 6. 1958 AP Nr. 6 zu § 5 TVG (*Tophoven*).

[261] *Mäßen/Maurer*, NZA 1996, S. 121, 125; so i. E. auch *v. Hoyningen-Huene*, BB 1986, S. 1909, 1913; vgl. auch bereits zu den grunds. Bedenken hinsichtlich eines Rechtsschutzbedürfnisses der Außenseiter im verwaltungsgerichtlichen Verfahren *Löwisch*/Rieble, § 5 TVG, Rnr. 124.

[262] *Mäßen/Mauer*, NZA 1996, S. 121, 125; *Wonneberger*, Funktion, S. 137 und 157 f.

H. Die Allgemeinverbindlicherklärung de lege ferenda

Schon seit längerem wird über Sinn und Nutzen des Rechtsinstituts der Allgemeinverbindlicherklärung diskutiert.[263] Sogar ihre Verfassungsmäßigkeit insbesondere im Hinblick auf das Grundrecht der negativen Koalitionsfreiheit wird angezweifelt. Einigen geht es darum, die Allgemeinverbindlicherklärung gänzlich abzuschaffen. Von ihr drohe eine Gefährdung des Mittelstands; überdies sei eine Allgemeinverbindlicherklärung in einer Marktwirtschaft **systemfremd**.[264] Andere wiederum schlagen vor, das öffentliche Interesse im Sinne des § 5 Abs. 1 restriktiv zu interpretieren – ein öffentliches Interesse soll nur noch dann zu bejahen sein, wenn es um das Funktionieren einer Gemeinsamen Einrichtung geht oder darum, einen gesetzlichen Auftrag zu verfolgen.[265] Andere wollen die Möglichkeit schaffen, eine Allgemeinverbindlicherklärung in Fällen akuter **Arbeitsplatzgefährdung** aufzuheben.[266] Regelmäßig ist die Allgemeinverbindlicherklärung dann Gegenstand der Diskussion, wenn die Konjunktur schwach und die Arbeitslosigkeit hoch ist. Von der Abschaffung dieses überflüssigen Instruments des Kartellschutzes verspricht man sich allgemein eine Senkung der (Lohn-)Kosten, eine konjunkturfördernde Steigerung des Wettbewerbs und neue Arbeitsplätze.

Zu Recht weist die **Gegenmeinung**[267] darauf hin, daß die Bedeutung der Allgemeinverbindlicherklärung überzeichnet wird. Man darf sich jedoch andererseits auch nicht von der geringen Gesamtzahl über die weiterhin bestehende Notwendigkeit von Allgemeinverbindlicherklärungen täuschen lassen; in bestimmten Branchen ist die Allgemeinverbindlicherklärung aus sozialpolitischen Gründen **unverzichtbar**.[268] Die Interessen aller Beteiligten finden über die Anhörungs- und Mitwirkungsrechte im Verfahren der Allgemeinverbindlicherklärung hinreichend Berücksichtigung. Überdies ist die Allgemeinverbindlicherklärung ohne den Willen der Tarifvertragsparteien praktisch nicht durchsetzbar, denn sie ist nur mit der Zustimmung des paritätisch besetzten Tarifausschusses möglich.[269]

Im Verfahren, in dem der Minister nicht bloß den verlängerten Arm der Koalition bildet, werden nicht nur Partikular-, sondern auch **Allgemeininteressen** berücksichtigt. Auch der von der Abschaffung der Allgemeinverbindlicherklärung erwartete Erfolg – mehr Markt und dadurch eine größere

---

[263] *Kronenberger Kreis*, Mehr Markt im Arbeitsrecht; *Möschel*, ZRP 1988, S. 48; *Monopolkommission*, 10. Hauptgutachten 1992/93, BT-Drucks. 12/8323 Nr. 949; *Sölter*, Arbeitslosigkeit und Tarifautonomie, 1985, S. 63, 162 f.
[264] So der Leiter des Mittelstandsinstituts *Hamer*, FAZ v. 8. 10. 1995, S. 19.
[265] *Reuter*, RdA 1991, S. 193, 203.
[266] So die fünf Wirtschaftsforschungsinstitute in ihrer Frühjahrsdiagnose 1983, DIW Wochenbericht Nr. 18–191983; für eine Einschränkung der Möglichkeit einer Allgemeinverbindlicherklärung auch die von der Bundesregierung eingesetzte sog. „Deregulierungskommission", Marktöffnung und Wettbewerb, 1991, Rnr. 601 ff.
[267] *Gamillscheg*, Kollektives Arbeitsrecht I, § 19 1 c, S. 883 f.; *Henssler*, ZfA 1994, S. 487, 513 f.; *Hromadka*, in: Festschrift für Wlotzke (1996), S. 333, 347 f.; *Lindena/Höhmann*, Arbeitgeber 1988, S. 566; *Schlachter*, ZIAS 1997, S. 101, 116; *Richardi*, Gutachten B zum 61. DJT, 1996, S. 13; *Zachert*, Betrieb 1991, S. 1225.
[268] So auch *Aigner*, Betrieb 1994, S. 2545, 2547.
[269] *Ansey/Koberski*, AuR 1987, S. 230, 236.

§ 6 Tarifregister

Flexibilität der starren Tarifkartelle – wird sich, wie die Erfahrung aus anderen Bereichen zeigt, in denen es *de facto* keine Allgemeinverbindlicherklärung gibt, nicht einstellen. Durch die Allgemeinverbindlicherklärung werden gleiche, kalkulierbare Bedingungen auf seiten der Arbeitgeber und der Arbeitnehmer geschaffen, ökonomische Prozesse werden planbarer und berechenbarer.[714] Von seiten der verbandsfreien Arbeitgeber wird selbst gesagt, daß regelmäßig Tarifbedingungen übernommen und diese nachgerade als Mindestbedingungen betrachtet werden. Auf seiten der Arbeitgeber besteht in der Regel auch kein Bedarf an Wettbewerbsverzerrungen durch ein „Lohndumping" der nichttarifgebundenen Arbeitgeber, was sich schon darin zeigt, daß der Antrag auf eine Allgemeinverbindlicherklärung oftmals von beiden Seiten gemeinsam gestellt wird. Insgesamt stünde einer kurzfristigen und kaum nennenswerten Entlastung einer geringen Zahl von Arbeitgebern ein wesentlich größerer langfristiger gesamtökonomischer Schaden gegenüber.

§ 6 Tarifregister

Bei dem Bundesminister für Arbeit und Sozialordnung wird ein Tarifregister geführt, in das der Abschluß, die Änderung und die Aufhebung der Tarifverträge sowie der Beginn und die Beendigung der Allgemeinverbindlichkeit eingetragen werden.

Übersicht

	Rnr.
I. Entstehungsgeschichte	1–4
II. Zweck des Tarifregisters	5
III. Zuständigkeit	6,7
IV. Ablehnung der Eintragung und Prüfungsrecht	8–10
V. Inhalt des Tarifregisters	11–18
1. Abschluß von Tarifverträgen	11, 12
2. Änderung von Tarifverträgen	13
3. Aufhebung von Tarifverträgen	14
4. Allgemeinverbindliche Tarifverträge	15, 16
5. Unrichtige oder unzulässige Eintragungen	17
6. Sonstige einzutragende Tatsachen	18
VI. Rechtswirkungen der Eintragung	19–21
VII. Öffentlichkeit und Auskunftspflicht	22–27

Schrifttum: *Hermann Boedler/Heinz Keiser,* 30 Jahre Tarifregister, BArbBl. 1979, Heft 9, S. 22–29; *Karl Lichtenstein,* Das Tarifregister, BetrR 1956, S. 329–330; *Bodo Lindena,* Publizität von Tarifverträgen, Betrieb 1988, S. 1114–1118; *ders.,* Tarifvertragsparteien und Tarifregister, Arbeitgeber 1988, S. 736–739; *ders.,* EDV-Tarifarchiv, CR 1989, S. 951–954; *Heinrich Lund,* Die Änderung der Verordnung zur Durchführung des Tarifvertragsgesetzes, Betrieb 1989, S. 626–628; *Günther Schelp,* Die Bedeutung des Tarifregisters beim Bundesministerium für Arbeit und Sozialordnung, BArbBl. 1964, S. 212–224; *Eugen Stahlhacke,* Neufassung der Verordnung zur Durchführung des Tarifvertragsgesetzes, NZA 1989, S. 334–336; *Wolfgang Zöllner,* Zur Publikation von Tarifvertrag und Betriebsvereinbarung, DVBl. 1958, S. 124–127.

---

[714] *Zachert,* Betrieb 1991, S. 1221, 1226

I. Entstehungsgeschichte

Gemeinsam mit den Mitteilungs- und Übersendungspflichten in § 7 regelt § 6 die Führung des Tarifregisters. Die Bestimmungen werden ergänzt durch die §§ 14 bis 16 DVO-TVG, die aufgrund der Ermächtigungsgrundlage in § 11 Nr. 1 erlassen wurden. Auch das österreichische Recht kennt die Einrichtung eines Tarifregisters (siehe § 14 Abs. 5 ArbVG). Zur Rechtslage in der ehem. DDR unten § 13 Rnr. 6 ff. **1**

Das Tarifregister kann sich auf eine lange tarifrechtliche Tradition stützen. Vorgesehen war es bereits im Tarifrecht der Weimarer Republik; es beschränkte sich damals jedoch auf diejenigen Tarifverträge, die für allgemeinverbindlich erklärt worden waren (§ 5 Abs. 1 TVVO; sowie die Bestimmungen über die Führung des Tarifregisters in der Fassung der Anordnung vom 8. August 1927, RABl. Bd. 7, Amtl. Teil, S. 361). **2**

Die Ausdehnung des Tarifregisters auf alle Tarifverträge, wie sie § 6 festschreibt, sah bereits vor Inkrafttreten des Tarifvertragsgesetzes das Tarifrecht in den Ländern Bayern, Württemberg-Baden, Baden und Württemberg-Hohenzollern vor. Die dort geltenden Bestimmungen zeichneten sich dadurch aus, daß sie die Registrierung des Tarifvertrages zur Voraussetzung für seine Rechtswirksamkeit erhoben.[1] Eine vergleichbare Regelung enthielt auch das Tarifvertragsgesetz für Groß-Berlin, das die Rechtswirksamkeit von Tarifverträgen von einer Eintragung im Tarifregister abhängig machte, wenn die Tarifvertragsparteien ihre Tariffähigkeit gegenüber der Arbeitsbehörde nicht nachgewiesen hatten.[2] Anders war demgegenüber bereits die Rechtslage in Rheinland-Pfalz, das zwar ebenfalls die Führung eines Tarifregisters vorsah, die Eintragung des Tarifvertrages in dieses aber nicht zur Wirksamkeitsvoraussetzung erhob.[3] **3**

Die ersten Entwürfe zum Tarifvertragsgesetz griffen die Bestrebungen in den Ländern zu einer Ausdehnung des Tarifregisters auf. Sowohl der Lemgoer-Entwurf als auch der Stuttgarter-Entwurf sahen aber – im Unterschied zu der später Gesetz gewordenen Regelung und den vom Deutschen Gewerkschaftsbund vorgelegten Gegenentwürfen (zu ihnen oben Geschichte, Rnr. 33) – noch ausdrücklich vor, daß der Tarifvertrag erst mit seiner Registrierung rechtswirksam sein sollte (§ 8 Abs. 2 Lemgoer-Entwurf, § 5 Abs. 3 Stuttgarter Entwurf). Gestützt wurde dies auf zwei Gründe. Erstens verwies die Begründung des Lemgoer-Entwurfs auf die von der Manpower-Devision herausgegebenen „Empfehlungen an die Zonenkommandeure über die grundlegenden Prinzipien für den Abschluß und den Inhalt von Tarif- **4**

---

[1] So ausdrücklich § 3 Nr. 1 Satz 2 des Landesgesetzes von Baden über die Aufhebung des Lohnstopp v. 23. 11. 1948 (GVBl. S. 215); § 3 Abs. 1 Satz 2 des Gesetzes von Württemberg-Hohenzollern über die Aufhebung des Lohnstops v. 25. 2. 1949 (RegBl. S. 80); Amtliche Erläuterungen zu Nr. 6 der Verordnung der Militärregierung für Bayern über Abschluß und Inhalt von Tarifverträgen v. 22. 5. 1946, ABl. BayArbMin. 1946, S. 75, 78; sowie *Maus*, § 6 TVG, Rnr. 2; ebenso bereits der von *Sulzer* und *Lotmar* im Jahre 1902 vorgelegte Entwurf für ein Tarifvertragsgesetz
[2] So § 6 Abs. 2 des Tarifvertragsgesetzes für Groß-Berlin vom 12. 9. 1950 (GVBl. S. 417).
[3] Siehe § 7 des Landesgesetzes über den Tarifvertrag v. 24. 2. 1949 (GVBl. S. 82); hierzu *Kraegeloh*, RdA 1949, S. 369, 373.

Kollektivverträgen" vom 12. April 1946, gegen die eine rein deklaratorische Bedeutung der Eintragung im Tarifregister verstoßen würde.[4] Zweitens berief sich der Lemgoer-Entwurf auf allgemeine Grundsätze der Selbstverwaltung, nach denen die Kontrolle durch eine höhere Verwaltungsbehörde unerläßlich sei – wo diese Grenze überschritten werde, ende die Selbstverwaltung und beginne die Anarchie.[5] Die Bestrebungen, die Eintragung im Tarifregister gemeinsam mit den zum Tarifvertrag führenden Willenserklärungen der Parteien zum rechtsgeschäftlichen Tatbestand des Tarifvertrages zu erheben,[6] stießen jedoch namentlich in den Diskussionen zu den seitens des Zentralamtes für Arbeit vorgelegten Entwürfen auf verbreitete Kritik[7] und konnten sich in den weiteren Beratungen zum Tarifvertragsgesetz nicht durchsetzen.[8] Sie wurden erstmals in dem Referentenentwurf vom 11. Oktober 1948 aufgegeben (siehe Geschichte Rnr. 37). Die nunmehr geltende Fassung der Vorschrift geht zurück auf Art. 4 Abs. 1 des Ersten Arbeitsrechtsbereinigungsgesetzes vom 14. August 1969,[9] durch den zur Bereinigung des Wortlauts[10] die Wendung „Direktor der Verwaltung für Arbeit" durch die Formulierung „Bundesminister für Arbeit und Sozialordnung" ersetzt wurde.

II. Zweck des Tarifregisters

5   Die Führung des Tarifregisters dient zunächst den **Informationsinteressen** des Bundesministeriums für Arbeit und Sozialordnung, das sich auf diese Weise einen Überblick über die Entwicklung der tariflichen Arbeitsbedingungen verschaffen kann.[11] Bedeutsamer ist jedoch, daß die durch das Tarifregister vermittelte Publizität wesentliche **Grundsätze des Rechtsstaatsprinzips** und damit die Legitimation tarifvertraglicher Normsetzung sichert. Wie das Bundesverfassungsgericht in ständiger Rechtsprechung für Gesetze ausführt, verlangt das Rechtsstaatsprinzip, daß Gesetze zugänglich publiziert sein müssen, weil anderenfalls die Normadressaten ihr Verhalten nicht danach ausrichten können.[12] Im Grundsatz gilt das auch, wenn der Staat Vereinbarungen Privater mit normativer Kraft ausstattet. Das Bundesverfassungs-

---

[4] Näher hierzu *Nautz,* Die Durchsetzung der Tarifautonomie in Westdeutschland, 1985, S. 50; sowie im Anschluß daran die Verordnungen der Militärregierung in Bayern und Württemberg-Baden, siehe die Nachweise bei *Nautz,* S. 185, Fn. 43.
[5] Oben Geschichte, Rnr. 23.
[6] Zu den damaligen Erwägungen auch *Hessel,* RdA 1949, S. 43, 44; *Fechner,* RdA 1950, S. 129, 133.
[7] Siehe *Bührig,* RdA 1948, S. 11, 14f.; *Fettback,* RdA 1949, S. 404, 405f.; *Nipperdey,* BB 1948, S. 157, 159; *Sitzler,* RdA 1948, S. 8, 11; die Begründung des Gewerkschaftsratsentwurfs vom 7. 9. 1948, ZfA 1973, S. 129, 147 = Geschichte, Rnr. 33; sowie ausführlich *Nautz,* Die Durchsetzung der Tarifautonomie in Westdeutschland, 1985, S. 78, 82, 89f., 91f., 93, 94f., 96, 107, 112, 115f., 120.
[8] Siehe insoweit auch *Herschel,* ZfA 1973, S. 183, 196; *Nipperdey,* RdA 1949, S. 81, 82; *Storch,* BB 1949, S. 688.
[9] BGBl. I S. 1106.
[10] Reg. Begr., BT-Drucks. V/3913, S. 12.
[11] Jährliche Auswertungen des Tarifregisters werden im Bundesarbeitsblatt veröffentlicht; siehe z. B. für das Jahr 1996 *Lorenz/Clasen,* BArbBl. 1997, Heft 4, S. 5ff.
[12] Zuletzt BVerfGE 90, S. 60, 85.

gericht betont allerdings gleichfalls, daß bei der Ausgestaltung der Publizität ein erheblicher Spielraum besteht, dessen Grenzen lediglich durch die Funktion der Publikation vorgegeben sind. Es genügt, daß das Publikationsverfahren so ausgestaltet ist, daß es seinen rechtsstaatlichen Zweck erfüllt, der Öffentlichkeit bzw. den Normunterworfenen die verläßliche Kenntnisnahme von dem geltenden Recht zu ermöglichen.[13] Die Führung des Tarifregisters muß deshalb im Zusammenhang mit der Pflicht zur Auslegung der Tarifverträge im Betrieb (§ 8) sowie dem Einsichtsrecht in das Tarifregister und die registrierten Tarifverträge (§ 16 Satz 1 DVO-TVG; hierzu unten Rnr. 22 ff.) gesehen werden. Das Tarifregister erfüllt somit nicht nur ein allgemeines Interesse, sich über das Bestehen, den Inhalt und den Geltungsbereich aller Tarifverträge zu unterrichten, sondern stellt für die normativen Bestimmungen des Tarifvertrages sicher, daß den Publizitätsanforderungen des Rechtsstaatsprinzips Rechnung getragen wird.[14] Diese werden zusätzlich durch das Nachweisgesetz abgesichert, das in § 2 Abs. 1 Nr. 10 ausdrücklich vorsieht, daß die vom Arbeitgeber geschuldete Unterrichtung des Arbeitnehmers auch die Angabe der Tarifverträge umfaßt, die auf das Arbeitsverhältnis anzuwenden sind.[15]

III. Zuständigkeit

Das Tarifregister wird beim **Bundesministerium** für Arbeit und Sozialordnung geführt.[16] Daneben unterhalten die Spitzenorganisationen der Sozialpartner (BDA und DGB) eigene Tarifregister.[17]

Tarifregister bei den **obersten Arbeitsbehörden der Länder**[18] sieht das Gesetz nicht vor. Ihre Führung ist jedoch zulässig,[19] was sich indirekt aus § 7 Abs. 1 Satz 2 ergibt, da die Übersendungs- und Mitteilungspflichten der Tarifvertragsparteien nach dieser Vorschrift auf die obersten Arbeitsbehörden der Länder, auf deren Bereich sich der Tarifvertrag erstreckt, ausgedehnt wird. Über das Verfahren bei der Führung eines Landestarifregisters, insbe-

---

[13] BVerfGE 65, 283 (291); BVerfGE 90, S. 60, 85.
[14] Grdl. wies hierauf bereits *Zöllner*, DVBl. 1958, S. 124 ff., hin; vgl. insofern auch *Löwisch/Rieble*, § 6 TVG, Rnr. 4 und 7; mit deutlichen Vorbehalten aber *Gröbing*, AuR 1982, S. 116, 118 f.; für das österreichische Recht *Floretta/Strasser*, § 14 ArbVG, Anm. 1; speziell zu allgemeinverbindlichen Tarifverträgen BVerfGE 44, S. 322, 350 f.; BVerfG NZA 1992, S. 125; BAG 28. 3. 1990 AP Nr. 25 zu § 5 TVG; kritisch zur Ausgestaltung de lege lata *Stahlhacke*, HzA Gruppe 18, Rnr. 470.
[15] Ebenso Art. 2 Abs. 2 lit. j der Richtlinie 91/533/EWG, ABl. EG Nr. L 288 v. 18. 10. 1991, S. 32 = EAS A 3330.
[16] Zur Technik der Registrierung *Schelp*, BArbBl. 1964, S. 212, 215 f.
[17] Zum Tarifregister der BDA siehe *Lindena*, CR 1989, S. 951 ff. Auswertungen aus dem beim Wirtschafts- und Sozialwissenschaftlichen Institut des DGB geführten Tarifarchiv werden jährlich in den WSI-Mitteilungen publiziert; vgl. z. B. für das Jahr 1996 *Bispinck/WSI-Tarifarchiv*, WSI-Mitt. 1997, S. 69 ff.
[18] Siehe z. B. für Brandenburg Nr. V 9 der Bekanntmachung der Geschäftsbereiche der obersten Landesbehörden, GVBl. Brandenburg 1994 Teil II, S. 924: Geschäftsbereich des Ministeriums für Arbeit, Soziales, Gesundheit und Frauen.
[19] *Lindena*, Betrieb 1988, S. 1114, 1115; *Stahlhacke*, HzA Gruppe 18, Rnr. 468; sowie bereits *Herschel*, ArbBlBritZ 1949, S. 22, 25; *Maus*, § 6 TVG, Rnr. 5; näher zu den Tarifregistern der Länder *Schelp*, BArbBl. 1964, S. 212, 214 f.

sondere im Hinblick auf das Einsichtsrecht, fehlen gesetzliche Regelungen.[20] Da die §§ 14 bis 16 DVO-TVG nicht analog angewendet werden können, steht die Gewährung von Auskunft und Einsicht im pflichtgemäßen Ermessen der jeweiligen Landesbehörde;[21] ggf. wird dieses durch allgemeine Verwaltungsvorschriften sowie den Gleichheitssatz (Art. 3 Abs. 1 GG) eingeschränkt. Die gegenteilige Ansicht, die den Anspruch auf Auskunft und Einsicht (§ 16 DVO-TVG) auf die Landesregister ausdehnt,[22] steht im Widerspruch zu deren Zweck. Die Pflicht zur Übersendung und Mitteilung an die obersten Arbeitsbehörden der Länder wurde eingeführt, um die Tätigkeit der Länderbehörden zu unterstützen.[23] Einen weitergehenden Zweck kann auch das im Hinblick hierauf errichtete Landesregister nicht besitzen. Werden Tarifregister von den obersten Arbeitsbehörden der Länder geführt, so ersetzt die Eintragung in ein solches Landesregister nicht die Eintragung in das beim Bundesministerium für Arbeit und Sozialordnung geführte Tarifregister.[24]

IV. Ablehnung der Eintragung und Prüfungsrecht

8   Das Bundesministerium für Arbeit und Sozialordnung hat die **Amtspflicht**, ihm bekanntgewordene eintragungsfähige Tatsachen einzutragen. Die Verpflichtung der Tarifvertragsparteien zur Anmeldung der eintragungsfähigen Tatsachen ist erzwingbar (dazu unten § 7, Rnr. 14ff.).

9   Ob dem Bundesministerium für Arbeit und Sozialordnung ein **Prüfungsrecht** bei der Führung des Tarifregisters zusteht, ist dem Gesetz nicht zweifelsfrei zu entnehmen. Da das Tarifregister weder einen positiven noch einen negativen Rechtsschein auslöst (siehe unten Rnr. 21), würde eine allgemeine Rechtmäßigkeitskontrolle die vor allem aus der Entstehungsgeschichte deutlich werdende Funktion des Tarifregisters überschreiten und mit den Grundprinzipien eines Systems autonom ausgehandelter Arbeitsbedingungen im Widerspruch stehen.[25] Allerdings erstreckt sich die Eintragungspflicht des Bundesministeriums für Arbeit und Sozialordnung nur auf

---

[20] Die badische Tarifregisterverordnung v. 20. 1. 1949 (GVBl. S. 72) sowie die entsprechende Verordnung in Rheinland-Pfalz v. 23. 8. 1949 (GVBl. S. 509) wurden durch § 2 des Gesetzes über die Erstreckung des Tarifvertragsgesetzes v. 23. 4. 1953 (BGBl. I S. 156) aufgehoben. Dies gilt entsprechend für die Verordnung zur Durchführung des Tarifvertragsgesetzes für Groß-Berlin v. 5. 10. 1950 (VOBl. I S. 469), sie wurde mit der Übernahme des Tarifvertragsgesetzes im Land Berlin (GVBl. 1975 S. 194) aufgehoben.
[21] Löwisch/Rieble, § 6 TVG, Rnr. 11; ähnlich Lindena, Betrieb 1988, S. 1114, 1117.
[22] So im Ergebnis Maus, § 6 TVG, Rnr. 6.
[23] So die Amtl. Begr. zur erstmaligen Einführung der Übersendungs- und Mitteilungspflicht durch die Verordnung vom 31. 5. 1920, vgl. Verhandlungen der verfassunggebenden Deutschen Nationalversammlung, Drucks. Nr. 3023, zu § 6 b.
[24] Ebenso Herschel, ArbBlBritZ 1949, S. 22, 25; Kempen/Zachert, § 6 TVG, Rnr. 2; Koberski/Clasen/Menzel, § 6 TVG, Rnr. 8; Lindena, Betrieb 1988, S. 1114, 1115; Maus, § 6 TVG, Rnr. 5.
[25] So bereits mit Nachdruck Fettback, RdA 1949, S. 404, 406; gegen ein inhaltliches Prüfungsrecht auch Löwisch/Rieble, § 6 TVG, Rnr. 9; a.A. jedoch Maus, § 6 TVG, Rnr. 20 f., der ein umfassendes Recht der Tarifregisterbehörde bejaht, jeden Tarifvertrag auf seine Rechtswirksamkeit zu überprüfen; in diesem Sinne auch Nikisch, Arbeitsrecht II, § 77 II 3, S. 360, wonach die Registerbehörde einen Tarifvertrag nicht eintragen dürfe, an dessen Gültigkeit sie begründete Zweifel habe.

V. Inhalt des Tarifregisters

Tarifverträge im Sinne des Tarifvertragsgesetzes, so daß das Recht zur Überprüfung besteht, ob es sich bei der angemeldeten Vereinbarung um einen Tarifvertrag im Rechtssinne handelt. Das Prüfungsrecht umfaßt deshalb die Frage, ob die Vereinbarung von tariffähigen Parteien im Sinne von § 2 Abs. 1 getroffen wurde[26] und ihre Tarifzuständigkeit vorlag.[27] In beiden Konstellationen ist die rechtliche Existenz der gesamten Abrede in Frage gestellt. Zweifelhaft ist, ob sich das Prüfungsrecht auch auf die Wahrung der durch § 1 Abs. 1 aufgestellten inhaltlichen Grenzen für Tarifverträge bezieht. Im Hinblick auf die Funktion des Tarifregisters ist das nur zu bejahen, wenn der Vertrag insgesamt nicht mehr den durch § 1 Abs. 1 aufgestellten Anforderungen entspricht. Die Registerbehörde kann die Eintragung in diesem Fall nur mit der Begründung ablehnen, es handele sich bei dem Vertrag lediglich um eine sonstige kollektivvertragliche Abrede, die zwar dem sachlich-gegenständlichen Anwendungsbereich des Art. 9 Abs. 3 Satz 1 GG unterfällt, die aber nicht die Voraussetzungen in § 1 Abs. 1 erfüllt.

Gesetzlich nicht geregelt ist die Frage, ob und welche **Rechtsschutzmöglichkeiten** den Tarifvertragsparteien bei einer Ablehnung der Eintragung durch den Bundesminister für Arbeit und Sozialordnung zustehen. Soweit die Eintragung abgelehnt wird, weil der Bundesminister die Tariffähigkeit oder die Tarifzuständigkeit der Vereinigung bestreitet, empfiehlt sich das Beschlußverfahren nach § 9 in Verbindung mit § 2a Abs. 1 Nr. 4 ArbGG.[28] In allen anderen Fällen bleibt nur die allgemeine Leistungsklage vor dem Verwaltungsgericht, da die Ablehnung der Eintragung keinen regelnden Charakter und aus diesem Grunde nicht die Qualität eines Verwaltungsaktes besitzt.[29]

V. Inhalt des Tarifregisters

1. Abschluß von Tarifverträgen

§ 6 nennt zunächst den Abschluß des Tarifvertrages als eintragungspflichtige Tatsache. Damit das Tarifregister seine Funktion erfüllen kann, umfaßt der „Abschluß" alle Tatsachen, die für den Geltungsbereich des Tarifvertrages von Bedeutung sind. Hierzu gehören – wie § 14 DVO-TVG klarstellt – neben der Angabe der Tarifvertragsparteien, des fachlichen und regionalen Geltungsbereichs des Tarifvertrages,[30] auch der **Zeitpunkt** seines Abschlusses und seines Inkrafttretens. Hieraus folgt im Umkehrschluß, daß der **Wortlaut des Tarifvertrages** nicht zu den einzutragenden Tatsachen gehört.[31] Ur- oder Abschriften der Tarifverträge, die nach § 7 Abs. 1 Satz 1

---

[26] *Koberski/Clasen/Menzel,* § 6 TVG, Rnr. 3; *Löwisch/Rieble,* § 6 TVG, Rnr. 9.
[27] So die Voraufl. § 6 Rnr. 3.
[28] *Kempen/Zachert,* § 6 TVG, Rnr. 5; *Koberski/Clasen/Menzel,* § 6 TVG, Rnr. 3; *Löwisch/Rieble,* § 6 TVG, Rnr. 10.
[29] *Däubler,* Tarifvertragsrecht, Rnr. 1293; *Kempen/Zachert,* § 6 TVG, Rnr. 5; *Koberski/Clasen/Menzel,* § 6 TVG, Rnr. 3; *Löwisch/Rieble,* § 6 TVG, Rnr. 10.
[30] Die Eintragung des räumlichen Geltungsbereiches sah § 5 Abs. 1 Satz 1 TVVO noch ausdrücklich vor.
[31] Ebenso für die Einbeziehung von Firmentarifverträgen BAG 16. 5. 1995 AP Nr. 15 zu § 4 TVG Ordnungsprinzip; *Däubler,* Tarifvertragsrecht, Rnr. 1291; Kem-

dem Bundesminister für Arbeit und Sozialordnung zu übersenden sind, müssen jedoch als Anlagen zum Tarifregister (im Tarifarchiv) aufbewahrt werden, da nur so die jederzeitige Einsichtnahme in die registrierten Tarifverträge (§ 16 Satz 1 DVO-TVG) möglich ist.[32]

12   Einzutragen ist jede Vereinbarung, die die Rechtsqualität eines Tarifvertrages besitzt, also sowohl Verbands- als auch Firmentarifverträge.[33] Nicht einzutragen sind sonstige Vereinbarungen, die nach ihrem Inhalt zwar „Arbeits- und Wirtschaftsbedingungen" regeln, nicht aber dem nach § 1 Abs. 1 zulässigen Inhalt von Tarifverträgen entsprechen. Wegen der Funktion des Tarifregisters sind Vorverträge zu Tarifverträgen ebenfalls nicht einzutragen.

2. Änderung von Tarifverträgen

13   Bei einer Änderung von Tarifverträgen genügen Angaben zu den in Rnr. 11 aufgeführten Punkten für die Eintragung in das Tarifregister.[34] Ebenso wie bei dem Abschluß von Tarifverträgen ist auch bei ihrer Änderung der Wortlaut der abgeänderten Bestimmungen nicht in das Tarifregister einzutragen, sondern lediglich zu den Registerakten zu nehmen.

3. Aufhebung von Tarifverträgen

14   Die Aufhebung des Tarifvertrages als einzutragende Tatsache ist aufgrund der Funktion des Tarifregisters in einem weiten Sinne zu verstehen.[35] Hierzu gehört jeder Beendigungstatbestand.[36] Einzutragen ist nicht nur die einvernehmliche Aufhebung des Tarifvertrages durch die Tarifvertragsparteien, sondern ebenso seine einseitige Beendigung durch eine ordentliche oder außerordentliche Kündigung.[37] Zu den einzutragenden Aufhebungstatbeständen gehören schließlich solche, in denen der Tarifvertrag automatisch endet, ohne daß es hierfür einer auf seine Aufhebung gerichteten Willenserklärung bedarf. Bei befristeten Tarifverträgen ist deshalb der Zeitpunkt einzutragen, zu dem die Beendigung des Tarifvertrages eintreten soll. Ist der Tarifvertrag mit einer auflösenden Bedingung versehen, so ist sowohl diese als auch die Tatsache des Bedingungseintritts einzutragen.[38] Ebenfalls einzutragen ist der Fortfall einer Tarifvertragspartei, da dieser Umstand zur Beendigung des Tarifvertrages führt.[39]

4. Allgemeinverbindliche Tarifverträge

15   Bei Tarifverträgen, die für allgemeinverbindlich erklärt wurden, erweitert § 6 den Kreis der einzutragenden Tatsachen auf den Beginn und die Beendi-

---

pen/*Zachert*, § 6 TVG, Rnr. 3; *Lindena*, Betrieb 1988, S. 1114, 1115; *Löwisch/Rieble*, § 6 TVG, Rnr. 6; *Maus*, § 6 TVG, Rnr. 10; *Schelp*, BArbBl. 1964, S. 212.
[32] Ebenso Kempen/*Zachert*, § 6 TVG, Rnr. 3.
[33] *Löwisch/Rieble*, § 6 TVG, Rnr. 5.
[34] So auch *Maus*, § 6 TVG, Rnr. 11.
[35] Zutreffend bereits *Schelp*, BArbBl. 1964, S. 212; ebenso Kempen/*Zachert*, § 6 TVG, Rnr. 3.
[36] Ebenso bereits *Maus*, § 6 TVG, Rnr. 12; *Nikisch*, Arbeitsrecht II, § 77 II 2, S. 359; sowie Kempen/*Zachert*, § 6 TVG, Rnr. 3.
[37] *Löwisch/Rieble*, § 6 TVG, Rnr. 5; sowie bereits *Maus*, § 6 TVG, Rnr. 12; *Schelp*, BArbBl. 1964, S. 212.
[38] *Schelp*, BArbBl. 1964, S. 212.
[39] *Maus*, § 6 TVG, Rnr. 12; *Schelp*, BArbBl. 1964, S. 212.

VI. Rechtswirkungen der Eintragung 16–20 § 6

gung der Allgemeinverbindlichkeit. Ergänzend schreibt § 15 Abs. 2 DVO-TVG vor, daß die Bekanntmachungen des Bundesministers für Arbeit und Sozialordnung im Bundesanzeiger über den Antrag auf Allgemeinverbindlicherklärung (§ 4 Abs. 1 DVO-TVG) im Tarifregister vermerkt werden sollen.

Die **Änderung der Allgemeinverbindlichkeitserklärung** erwähnt das 16 Gesetz im Gegensatz zur Änderung des Tarifvertrages nicht ausdrücklich. Die Notwendigkeit ihrer Eintragung ergibt sich aber daraus, daß eine Änderung der Allgemeinverbindlichkeit einen teilweisen Neuerlaß oder eine teilweise Aufhebung oder eine Kombination von beidem bedeutet und die Eintragung nötig ist, um die Richtigkeit und Vollständigkeit des Registers zu erhalten.[40]

5. Unrichtige oder unzulässige Eintragungen

Unrichtige oder unzulässige Eintragungen sind wegen der Funktion des 17 Tarifregisters von Amts wegen zu berichtigen.

6. Sonstige einzutragende Tatsachen

Neben den in § 6 sowie in § 15 DVO-TVG genannten Tatsachen sind 18 die bindenden Festsetzungen der Heimarbeitsausschüsse in das Tarifregister einzutragen (§ 19 Abs. 3 Satz 1 HAG). Dies gilt entsprechend hinsichtlich der Mindestarbeitsbedingungen für fremde Hilfskräfte (§ 22 Abs. 2 HAG).

VI. Rechtswirkungen der Eintragung

Die **Rechtswirksamkeit der Tarifverträge** sowie ihrer Änderungen 19 und Aufhebungen sind nicht von der Eintragung im Tarifregister abhängig.[41] Hiergegen spricht nicht nur die Entstehungsgeschichte des Tarifvertragsgesetzes (siehe oben Rnr. 2f.), sondern zudem die Funktion des Tarifregisters, das lediglich die Publizität der Tarifverträge sicherstellen, nicht aber eine allgemeine hoheitliche Rechtmäßigkeitskontrolle ermöglichen soll.[42]

Das gilt auch für die Eintragung des Beginns, der Änderung und der Be- 20 endigung der Allgemeinverbindlichkeit. Die unterlassene Eintragung im Tarifregister strahlt nicht auf die Rechtswirksamkeit der Allgemeinverbindlichkeitserklärung aus.[43] Wirksamkeitsvoraussetzung ist ausschließlich die Bekanntma-

---

[40] Ebenso *Schaub*, Arbeitsrecht-Handbuch, § 209 III 3, S. 1740; sowie schon Hueck/*Nipperdey*, Arbeitsrecht II 1, § 24 I 1 e, S. 499; *Maus*, § 6 TVG, Rnr. 13; *Nikisch*, Arbeitsrecht II, § 77 II 2, S. 360; *Schelp*, BArbBl. 1964, S. 212f.
[41] Für die allg. Ansicht BAG 16. 5. 1995 AP Nr. 15 zu § 4 TVG Ordnungsprinzip; *Däubler*, Tarifvertragsrecht, Rnr. 1291; *Herschel*, ArbBlBritZ 1949, S. 22, 25; Hueck/*Nipperdey*, Arbeitsrecht II/1, § 24 I 2 a, S. 500; *Kaskel/Dersch*, Arbeitsrecht, § 13 III 3, S. 58; *Kempen/Zachert*, § 6 TVG, Rnr. 4; *Kowerski/Clasen/Menzel*, § 6 TVG, Rnr. 6; *Lindena*, Betrieb 1988, S. 1114, 1115; *Löwisch/Rieble*, § 6 TVG, Rnr. 8; *Maus*, § 6 TVG, Rnr. 26; *Nikisch*, Arbeitsrecht II, § 77 II 1, S. 359; *Schaub*, Arbeitsrecht-Handbuch, § 209 III 3, S. 1740; *Schelp*, BArbBl. 1964, S. 212, 213; *Stein*, Tarifvertragsrecht, Rnr. 3; *Zöllner*, DVBl. 1958, S. 124, 125. Zur abweichenden Rechtslage in der ehem. DDR unten § 13 Rnr. 6 ff.
[42] So mit Nachdruck bereits *Fettback*, RdA 1949, S. 404, 406; siehe aber auch *Zöllner*, DVBl. 1958, S. 124, 125 Fn. 11.
[43] So auch bereits die allg. Ansicht zu § 5 Abs. 1 TVVO, siehe statt aller Hueck/*Nipperdey*, Arbeitsrecht II, 3./5. Aufl. 1932, S. 326; *Jacobi*, Arbeitsrecht, S. 118; *Molitor*, Tarifvertrags-Verordnung, 1930, § 5 TVVO, Rnr. 1.

Oetker 1313

chung im Bundesanzeiger (§ 5 Abs. 7). Dementsprechend ordnet § 15 Abs. 2 DVO-TVG an, daß die in den §§ 4 Abs. 1, 11 DVO-TVG genannten Bekanntmachungen in das Tarifregister lediglich eingetragen werden „sollen".

21 Das Tarifregister entfaltet weder eine negative noch eine positive Publizitätswirkung.[44] Auch **irrtümliche Eintragungen** lösen keine Rechtswirkungen aus.[45] Insbesondere erlaubt die fehlende Eintragung eines Tarifvertrages nicht die Schlußfolgerung, daß ein einschlägiger Tarifvertrag nicht vorhanden ist. Denkbar ist, daß die Arbeitsvertragsparteien vereinbaren, daß sich ihr Arbeitsverhältnis nach den Bestimmungen eines eingetragenen Tarifvertrages richten soll. Dann sind diese maßgebend, auch wenn der Tarifvertrag irrtümlich eingetragen oder zu Unrecht nicht gelöscht wurde, aber nur, weil und soweit das dem Willen der Arbeitsvertragsparteien entspricht.

VII. Öffentlichkeit und Auskunftspflicht

22 Aus der Funktion des Tarifregisters folgt, daß dieses öffentlich ist, d. h. **jedermann** kann das Tarifregister und die registrierten Tarifverträge einsehen.[46] § 16 Satz 1 DVO-TVG gewährt das Einsichtsrecht „jedem", ohne daß ein berechtigtes Interesse glaubhaft gemacht werden muß.[47] Insofern gelten dieselben Grundsätze, die für die Einsicht in das Handelsregister und das Vereinsregister anerkannt sind.[48] Ein Konflikt mit datenschutzrechtlichen Normen und eine hieraus eventuell abzuleitende Restriktion des Einsichtsrechts[49] kommt wegen Art und Inhalt der im Tarifregister und den in registrierten Tarifverträgen enthaltenen Informationen nicht in Betracht. Das Einsichtsrecht erstreckt sich nicht nur auf das Tarifregister, sondern auch auf die im Tarifarchiv verwahrten Tarifverträge.[50] Hierdurch ist sichergestellt, daß der einzelne von der Existenz eines Tarifvertrages und von seinem Inhalt Kenntnis erlangen kann. In zeitlicher Hinsicht ist das Einsichtsrecht, obwohl nicht mehr ausdrücklich normiert,[51] auf die Dienststunden des Ministeriums beschränkt.[52]

23 Nach § 16 Satz 2 DVO-TVG erteilt der Bundesminister für Arbeit und Sozialordnung auf Anfrage **Auskunft über die Eintragungen**. Der Wort-

---

[44] Ebenso *Koberski/Clasen/Menzel*, § 6 TVG, Rnr. 7; *Lindena*, Betrieb 1988, S. 1114, 1115; *Löwisch/Rieble*, § 6 TVG, Rnr. 8; *Maus*, § 6 TVG, Rnr. 26; *Nikisch*, Arbeitsrecht II, § 77 II 3, S. 360; *Schaub*, Arbeitsrecht-Handbuch, § 209 III 1, S. 1740; *Schelp*, BArbBl. 1964, S. 212, 213; in der Sache auch Kempen/*Zachert*, § 6 TVG, Rnr. 4. Ebenso bereits zu § 5 Abs. 1 TVVO Hueck/*Nipperdey*, Arbeitsrecht II, 3./5. Aufl. 1932, S. 326 Fn. 1.
[45] Ebenso *Maus*, § 6 TVG, Rnr. 27; *Schelp*, BArbBl. 1964, S. 212, 213.
[46] So bereits auch § 5 Abs. 2 TVVO.
[47] *Koberski/Clasen/Menzel*, § 6 TVG, Rnr. 1; *Lindena*, Betrieb 1988, S. 1114, 1117; *Maus*, § 6 TVG, Rnr. 6; *Schaub*, Arbeitsrecht-Handbuch, § 209 III 1, S. 1740; *Schelp*, BArbBl. 1964, S. 212, 213.
[48] Für das Handelsregister BGHZ 108, S. 32, 36; Schlegelberger/*Hildebrandt/Steckhan*, HGB, 5. Aufl. 1973, § 9 HGB, Rnr. 3; Staub/*Hüffer*, HGB, 4. Aufl. 1983, § 9 HGB, Rnr. 7.
[49] Siehe allg. *Hirte*, MittDPatAnw. 1993, S. 292, 294 f., m. w. N.
[50] *Koberski/Clasen/Menzel*, § 6 TVG, Rnr. 9; *Lindena*, Betrieb 1988, S. 1114, 1117.
[51] So aber noch § 13 Abs. 1 DVO-TVG 1949; sowie bereits § 5 Abs. 2 Satz 1 TVVO und § 7 Satz 1 der Bestimmungen über die Führung des Tarifregisters in der Fassung vom 8. 8. 1927, RABl. Bd. 7, Amtl. Teil, S. 361.
[52] *Schaub*, Arbeitsrecht-Handbuch, § 209 III 1, S. 1740.

laut der Bestimmung ist dabei so gefaßt, daß aus ihm ein Auskunftsanspruch des Bürgers gegen die das Tarifregister führende Behörde abzuleiten ist.[53] Gegebenenfalls steht dem Gericht bei der Ermittlung des einschlägigen Tarifvertrages ebenfalls dieser Weg offen (§ 46 Abs. 2 ArbGG i. V. mit den §§ 495, 293 ZPO).[54] Da § 16 Satz 1 DVO-TVG ausdrücklich zwischen dem Tarifregister und den registrierten Tarifverträgen unterscheidet, folgt aus der Beschränkung in § 16 Satz 2 DVO-TVG, daß sich die Auskunft nur auf die gemäß § 6 und § 15 Abs. 2 DVO-TVG vorgenommenen Eintragungen in das Tarifregister erstreckt. Über den Inhalt der registrierten Tarifverträge muß deshalb keine Auskunft erteilt werden.[55] Wird die Auskunft in dem durch § 16 Satz 2 DVO-TVG umschriebenen Umfang ganz oder teilweise verweigert, so kann sie mittels einer allgemeinen Leistungsklage vor den Verwaltungsgerichten durchgesetzt werden.

Ein Anspruch auf Erteilung einer ggf. beglaubigten **Abschrift der Eintragung**, der noch in § 16 Satz 2 DVO-TVG 1969 enthalten war, besteht seit der Neufassung der Durchführungsverordnung im Jahre 1988 nicht mehr.[56] Dies gilt auch für den noch in § 16 Satz 3 DVO-TVG 1969 vorgesehenen Negativattest.[57] Die nunmehr in § 16 Satz 2 DVO-TVG enthaltene Regelung, die sich auf ein allgemeines Auskunftsrecht über die Eintragungen im Tarifregister beschränkt, kann nur so verstanden werden, daß hierdurch die vormals in § 16 Satz 2 und 3 DVO-TVG 1969 enthaltenen Rechtspositionen[58] durch das Auskunftsrecht abgelöst werden sollten.

Über die **Modalitäten der Auskunft** schweigt § 16 Satz 2 DVO-TVG. Die im Schrifttum geäußerte These, es könne eine Abschrift über die Eintragung des Tarifvertrages verlangt werden,[59] findet im Wortlaut des Verordnungstextes keine Stütze. Allenfalls aus einer entsprechenden ständigen Übung der Registerbehörde kann über Art. 3 Abs. 1 GG ein derartiger Anspruch abgeleitet werden. Die Auskunft kann ansonsten sowohl mündlich als auch schriftlich erteilt werden.[60]

Aus der Öffentlichkeit des Tarifregisters einschließlich des Tarifarchivs, das die registrierten Tarifverträge umfaßt, folgt, daß demjenigen, der in das Tarifregister bzw. in die registrierten Tarifverträge Einsicht nimmt, das Recht zur **Anfertigung von Notizen** zusteht.[61] Dieses Recht reicht so weit, wie

---

[53] *Lund*, Betrieb 1989, S. 626, 628.
[54] Zur Anwendbarkeit von § 293 ZPO bei Tarifverträgen vgl. BAG 29. 3. 1957 AP Nr. 4 zu § 4 TVG Tarifkonkurrenz (*Gumpert*) = SAE 1958, 217 (*Frey*); sowie *Herschel*, in: Festschrift für Erich Molitor (1962), S. 161, 193 f.
[55] Zutreffend *Däubler*, Tarifvertragsrecht, Rnr. 1292; *Lund*, Betrieb 1989, S. 626, 628.
[56] Ebenso *Löwisch/Rieble*, § 6 TVG, Rnr. 7; a. A. die in Fn. 61 genannten Autoren.
[57] Ebenso *Stahlhacke*, NZA 1989, S. 334, 335; *Lund*, Betrieb 1989, S. 626, 628; a. A. *Koberski/Clasen/Menzel*, § 6 TVG, Rnr. 1.
[58] Diese waren bereits in § 7 Satz 2 und 3 der Bestimmungen über die Führung des Tarifregisters in der Fassung vom 8. 8. 1927 enthalten und wurden von § 14 Satz 2 und 3 DVO-TVG 1949 übernommen.
[59] So *Kempen/Zachert*, § 6 TVG, Rnr. 6; *Koberski/Clasen/Menzel*, § 6 TVG, Rnr. 1; *Stahlhacke*, NZA 1989, S. 334, 335.
[60] Zutreffend *Lund*, Betrieb 1989, S. 626, 628.
[61] *Koberski/Clasen/Menzel*, § 6 TVG, Rnr. 9; *Lindena*, Betrieb 1988, S. 1114, 1117; *Löwisch/Rieble*, § 6 TVG, Rnr. 7; ebenso für das Handelsregister BGHZ 108, S. 32, 36.

ein Einsichtsrecht besteht – es umfaßt, da schutzbedürftige Belange Dritter nicht entgegenstehen, deshalb das Recht, von den registrierten Tarifverträgen innerhalb der Diensträume selbst Abschriften anzufertigen. Zweifelhaft ist, ob dem Einsichtnehmenden in dem durch § 16 Satz 1 DVO-TVG festgelegten Umfang auch das Recht zur Anfertigung von Fotokopien zusteht.[62] Im Hinblick auf die Öffentlichkeit des Tarifregisters, das Fehlen entgegenstehender Belange und den Zweck des Registers, die Zugänglichkeit der Eintragungen und der Tarifverträge sicherzustellen, ist dies zu bejahen und entspricht zudem der vorherrschenden Ansicht für das Handelsregister.[63] Die **Kosten** hierfür muß jedoch der Einsichtnehmende tragen. Lehnt die Registerbehörde die Anfertigung handschriftlicher Notizen ab oder verweigert sie die Herausgabe der Akten zwecks Anfertigung einer Fotokopie in den Diensträumen, so kann hiergegen eine allgemeine Leistungsklage vor den Verwaltungsgerichten erhoben werden.

27 Ergänzend erlegt § 15 Abs. 1 DVO-TVG dem Bundesminister für Arbeit und Sozialordnung gegenüber den Tarifvertragsparteien eine **Mitteilungspflicht** auf. Diese beschränkt sich aber auf solche Tarifverträge, die für allgemeinverbindlich erklärt wurden. Sie bezieht sich zudem nur auf die Eintragung der Allgemeinverbindlichkeitserklärung, die Aufhebung der Allgemeinverbindlichkeit sowie die Eintragung der Mitteilungen über das Außerkrafttreten und über die Änderung allgemeinverbindlicher Tarifverträge.

§ 7 Übersendungs- und Mitteilungspflicht

(1) **Die Tarifvertragsparteien sind verpflichtet, dem Bundesminister für Arbeit und Sozialordnung innerhalb eines Monats nach Abschluß kostenfrei die Urschrift oder eine beglaubigte Abschrift sowie zwei weitere Abschriften eines jeden Tarifvertrages und seiner Änderungen zu übersenden; sie haben ihm das Außerkrafttreten eines jeden Tarifvertrages innerhalb eines Monats mitzuteilen. Sie sind ferner verpflichtet, den obersten Arbeitsbehörden der Länder, auf deren Bereich sich der Tarifvertrag erstreckt, innerhalb eines Monats nach Abschluß kostenfrei je drei Abschriften des Tarifvertrages und seiner Änderungen zu übersenden und auch das Außerkrafttreten des Tarifvertrages innerhalb eines Monats mitzuteilen. Erfüllt eine Tarifvertragspartei die Verpflichtungen, so werden die übrigen Tarifvertragsparteien davon befreit.**

(2) **Ordnungswidrig handelt, wer vorsätzlich oder fahrlässig entgegen Abs. 1 einer Übersendungs- oder Mitteilungspflicht nicht, unrichtig, nicht vollständig oder nicht rechtzeitig genügt. Die Ordnungswidrigkeit kann mit einer Geldbuße geahndet werden.**

---

[62] Hierfür *Koberski/Clasen/Menzel*, § 6 TVG, Rnr. 9; *Löwisch/Rieble*, § 6 TVG, Rnr. 7.
[63] So z. B. Staub/*Hüffer*, HGB, 4. Aufl. 1983, § 9 HGB, Rnr. 7; *Nickel*, GK-HGB, § 9 HGB, Rnr. 9; *Glanegger/Niedner/Renkl/Ruß*, HGB, 2. Aufl. 1990, § 9 HGB, Rnr. 1 a; Baumbach/*Hopt*, HGB, 29. Aufl. 1995, § 9 HGB, Rnr. 1; *Bokelmann*, MünchKomm. HGB, § 9 HGB, Rnr. 10; offengelassen in BGHZ 108, S. 32, 36, der zwar über den Umfang des Einsatzes technischer Reproduktionsgeräte nicht abschließend entschied, zugleich aber feststellte, daß der Einsichtnehmende nicht auf handschriftliche Notizen verwiesen werden kann.

(3) **Verwaltungsbehörde im Sinne des § 36 Abs. 1 Nr. 1 des Gesetzes über Ordnungswidrigkeiten ist die Behörde, der gegenüber die Pflicht nach Abs. 1 zu erfüllen ist.**

Übersicht

	Rnr.
I. Entstehungsgeschichte und Normzweck	1, 2
II. Rechtsnatur der Pflichten	3
III. Inhalt der Pflichten	4–9
1. Übersendungspflicht	4, 5
2. Mitteilungspflicht	6
3. Form der Übersendung bzw. Mitteilung	7, 8
4. Frist für die Übersendung und die Mitteilung	9
IV. Adressaten der Pflichten	10–13
1. Arbeitgeber	10
2. Verbände	11, 12
a) Verbände mit eigener Rechtspersönlichkeit	11
b) Nichtrechtsfähige Personenvereinigungen	12
3. Spitzenorganisationen	13
V. Erfüllung der Übersendungs- und Mitteilungspflichten	14
VI. Durchsetzung der Übersendungs- und Mitteilungspflichten	15–25
1. Verwaltungsvollstreckung	15
2. Ordnungswidrigkeit	16–25
a) Tatbestand	16
b) Verschulden	17, 18
c) Täterschaft	19–22
aa) Juristische Person	20
bb) Personenhandelsgesellschaft	21
cc) Nichtrechtsfähiger Verein und BGB-Gesellschaft	22
d) Geldbuße	23, 24
e) Zuständigkeit und Verfahren	25
f) Rechtsmittel	26

Schrifttum: Siehe die Angaben bei § 6.

I. Entstehungsgeschichte und Normzweck

Die in § 7 Abs. 1 geregelten Übersendungs- und Mitteilungspflichten gehen zurück auf die Verordnung vom 31. Mai 1920,[1] durch die ein entsprechender § 6b in die Tarifvertrags-Verordnung eingefügt wurde.[2] Bereits damals erstreckte sich die Übersendungs- und Mitteilungspflicht nicht nur auf allgemeinverbindliche, sondern auf sämtliche Tarifverträge. Das Tarifvertragsgesetz griff den Regelungsansatz der Tarifvertragsverordnung zunächst nicht auf; die Übersendungs- und Mitteilungspflichten waren lediglich

---

[1] RGBl. 1920 S. 1128.
[2] Später geändert durch das Gesetz zur Änderung der Tarifvertrags-Verordnung vom 28.2.1928, RGBl. 1928 Teil I, S. 46; siehe ferner die Bestimmungen über die Übersendung und Mitteilung von Tarifverträgen vom 1. 3. 1928, RGBl. 1928 Teil I, S. 48.

in § 17 DVO-TVG 1949[3] festgelegt. Erst das Erste Arbeitsrechtsbereinigungsgesetz vom 14. August 1969[4] übernahm sie als § 6a in das Tarifvertragsgesetz. Die Absätze 2 und 3 brachten in der Neuregelung vom 14. August 1969 die Umstellung der für die Verletzung der Übersendungs- und Mitteilungspflichten bisher in § 10 des Gesetzes und in § 17 DVO-TVG 1949 vorgesehenen Strafen auf das System des Ordnungswidrigkeitenrechts.[5]

2   Begründet wurde die Übersendungs- und Mitteilungspflicht bei ihrer Aufnahme in die Tarifvertrags-Verordnung mit der Notwendigkeit, eine zentrale Sammelstelle zur Auskunft für Arbeitgeber, Arbeitnehmer und Berufsvereinigungen zu schaffen.[6] Die Übersendungs- und Mitteilungspflichten gegenüber der obersten Arbeitsbehörde der Länder diente hingegen einer Unterstützung ihrer behördlichen Tätigkeit.[7] Dieser Zweck ist auch heute noch maßgebend.[8] Zusammen mit dem Tarifregister und dem Einsichtsrecht in das Tarifregister einschließlich die registrierten Tarifverträge (§ 16 Satz 1 DVO-TVG sowie oben § 6 Rnr. 22ff.) sichert § 7 die aus dem Rechtsstaatsprinzip folgenden Publizitätsanforderungen für Rechtsnormen. Durch diese Bestimmungen und die in § 8 niedergelegte Pflicht des Arbeitgebers zur Auslegung der im Betrieb maßgebenden Tarifverträge ist sichergestellt, daß jeder Normunterworfene von den für sein Arbeitsverhältnis maßgebenden Tarifnormen Kenntnis erlangen kann (siehe auch oben § 6, Rnr. 5).

II. Rechtsnatur der Pflichten

3   Die Pflichten in Abs. 1 sind *öffentlich-rechtliche* gegenüber dem Staat.[9] Ihr Inhalt ergibt sich aus dem Gesetz. Die Erfüllung der Übersendungs- und Mitteilungspflicht liegt zudem im wohlverstandenen Interesse der Tarifvertragsparteien und der tarifgebundenen Personen; eine Verletzung der Pflicht würde die Führung des Tarifregisters und des Tarifarchivs erschweren.

III. Inhalt der Pflichten

1. Übersendungspflicht

4   Von jedem Tarifvertrag einschließlich seiner Änderung sind die Urschrift oder eine beglaubigte Abschrift sowie zwei weitere Abschriften zu übersenden. Die Übersendungspflicht erstreckt sich nur auf Tarifverträge im Sinne

---

[3] WiGBl 1949 S. 89.
[4] BGBl. I S. 1106.
[5] Reg. Begr., BT-Drucks. V/3913, S. 12.
[6] Verhandlungen der verfassunggebenden Deutschen Nationalversammlung, Drucks. 3023.
[7] Verhandlungen der verfassunggebenden Deutschen Nationalversammlung, Drucks. 3023.
[8] Siehe z. B. Löwisch/*Rieble*, § 7 TVG, Rnr. 6.
[9] Hueck/*Nipperdey*, Arbeitsrecht II 1, § 24 II 2, S. 501; Kempen/*Zachert*, § 7 TVG, Rnr. 1; Löwisch/*Rieble*, § 7 TVG, Rnr. 2; *Schelp*, BArbBl. 1964, S. 212, 213.

III. Inhalt der Pflichten 5–7 § 7

des § 1 Abs. 1, gleichgültig, ob es sich um normativ wirkende oder lediglich um schuldrechtliche Abreden handelt.[10] Nicht zu übersenden sind sonstige kollektivvertragliche Abreden zwischen den Koalitionen.[11] Der Übersendungspflicht unterliegen ferner nicht Vorverträge zu Tarifverträgen.[12] Wegen des Sinn und Zwecks der Übersendungspflicht ist bei Tarifverträgen, die auf andere Tarifverträge Bezug nehmen, auch der in bezug genommene Tarifvertrag zu übersenden,[13] und zwar unabhängig davon, ob der Tarifvertrag einen anderen Tarifvertrag insgesamt oder nur hinsichtlich einzelner seiner Bestimmungen in bezug nimmt.

§ 7 Abs. 1 dehnt die Übersendungspflicht auf Änderungen des Tarifvertrages aus. Dies umfaßt alle inhaltlichen Änderungen eines bestehenden Tarifvertrages. Keine Übersendungspflicht besteht hingegen, wenn sich die Parteien des Tarifvertrages ändern, insoweit kommt lediglich eine Mitteilungspflicht in Betracht.[14] 5

2. Mitteilungspflicht

Für das Außerkrafttreten des Tarifvertrages verpflichtet § 7 Abs. 1 Satz 1 6
die Tarifvertragsparteien zu einer Mitteilung. Sie umfaßt in erster Linie die Kündigung eines Tarifvertrages, aber auch den Eintritt anderer Rechtstatsachen, die zum Außerkrafttreten des Tarifvertrages führen. Entsprechendes gilt nicht nur für den Eintritt einer auflösenden Bedingung, sondern auch für den Zeitablauf bei befristeten Tarifverträgen.[15] Die Mitteilungspflicht erstreckt sich jedoch nicht auf den Grund des Außerkrafttretens, sondern lediglich auf das Außerkrafttreten als solches, wobei zusätzlich der Tag des Außerkrafttretens anzugeben ist.[16] Nicht mitzuteilen ist die einvernehmliche Aufhebung eines Tarifvertrages; es greift bereits die Übersendungspflicht ein, da der actus contrarius ein eigenständiger Tarifvertrag ist.[17]

3. Form der Übersendung bzw. Mitteilung

Die gegenüber dem Bundesminister für Arbeit und Sozialordnung zu er- 7
füllende **Übersendungspflicht** nach Abs. 1 Satz 1 umfaßt wahlweise entweder die Urschrift und zwei Abschriften oder drei Abschriften, von denen eine beglaubigt sein muß. Sofern hinsichtlich eines Exemplars der Abschriften eine Beglaubigung notwendig ist,[18] müssen nicht die in § 42 BUrkG aufgestellten Voraussetzungen erfüllt sein.[19] Es reicht aus, daß sich aus der Be-

---

[10] Löwisch/*Rieble*, § 7 TVG, Rnr. 2.
[11] Treffend Löwisch/*Rieble*, § 7 TVG, Rnr. 2.
[12] *Koberski/Clasen/Menzel*, § 7 TVG, Rnr. 2.
[13] *Koberski/Clasen/Menzel*, § 7 TVG, Rnr. 3; Löwisch/*Rieble*, § 7 TVG, Rnr. 2.
[14] Anderer Ansicht jedoch *Koberski/Clasen/Menzel*, § 7 TVG, Rnr. 2; Löwisch/ *Rieble*, § 7 TVG, Rnr. 3, die auch insoweit eine Übersendungspflicht bejahen.
[15] Anders für befristete Tarifverträge Löwisch/*Rieble*, § 7 TVG, Rnr. 4.
[16] *Koberski/Clasen/Menzel*, § 7 TVG, Rnr. 5.
[17] Ebenso Löwisch/*Rieble*, § 7 TVG, Rnr. 4.
[18] So erstmals § 17 Abs. 1 Satz 1 DVO-TVG 1949.
[19] So auch *Koberski/Clasen/Menzel*, § 7 TVG, Rnr. 4; Löwisch/*Rieble*, § 7 TVG, Rnr. 1; abweichend noch § 5 Abs. 1 Satz 2 des Stuttgarter Entwurfs, der eine amtliche Beglaubigung verlangte, siehe oben Geschichte, Rnr. 27.

Oetker 1319

glaubigung ergibt, daß die Abschrift mit der Urschrift übereinstimmt. Hinsichtlich der weiteren (zwei) Abschriften ist keine Beglaubigung erforderlich. Soweit die Übersendungspflicht nach Abs. 1 Satz 2 gegenüber der obersten Arbeitsbehörde des Landes zu erfüllen ist, genügt die Übersendung von drei Abschriften, ohne daß eine von ihnen beglaubigt sein muß.

8 Für die **Mitteilungspflicht** verzichtet das Gesetz auf die Aufstellung von Formerfordernissen. Die Mitteilung kann deshalb in beliebiger Form, also mündlich oder schriftlich erfolgen.

4. Frist für die Übersendung und die Mitteilung

9 Sowohl für die Übersendung als auch für die Mitteilung legt § 7 Abs. 1 Satz 1 eine Frist von einem Monat fest. Für die Fristberechnung sind die §§ 187, 188, 193 BGB anzuwenden. Die Frist beginnt hinsichtlich der **Übersendungspflicht** mit dem Tag des Abschlusses des Tarifvertrages zu laufen. Dieser kann ggf. vor dem Zeitpunkt liegen, zu dem der Tarifvertrag in Kraft tritt. Bezüglich der **Mitteilungspflicht** knüpft das Gesetz für den Fristbeginn an das Außerkrafttreten an. Gemeint ist der Zeitpunkt, zu dem der Tarifvertrag endet. Bei einer ordentlichen Kündigung beginnt die Frist zur Mitteilung deshalb erst mit dem Ablauf der Kündigungsfrist. Unerheblich ist in diesem Zusammenhang, ob der Tarifvertrag gemäß § 4 Abs. 5 TVG nachwirkt; die Mitteilungspflicht setzt nicht erst mit dem Ablauf des Nachwirkungsstadiums ein.

IV. Adressaten der Pflichten

1. Arbeitgeber

10 Die Übersendungs- und Mitteilungspflichten werden den Tarifvertragsparteien auferlegt. Bei einem Firmentarifvertrag unterliegt deshalb der einzelne Arbeitgeber als Partei des Firmentarifvertrages der Mitteilungs- und Übersendungspflicht.[20]

2. Verbände

11 **a) Verbände mit eigener Rechtspersönlichkeit.** Soweit die Tarifvertragspartei mit eigener Rechtspersönlichkeit ausgestattet ist, ist nur die juristische Person verpflichtet.[21] Eine unmittelbare Pflichtigkeit der Organe von juristischen Personen ist im Verwaltungsrecht nur ausnahmsweise ausdrücklich gesetzlich geregelt und im übrigen nur in den Fällen der sog. Durchgriffshaftung gegeben.[22]

12 **b) Nichtrechtsfähige Personenvereinigungen.** Ist die Tarifvertragspartei eine nichtrechtsfähige Personenvereinigung (nicht eingetragener Ver-

---

[20] Hueck/*Nipperdey*, Arbeitsrecht II 1, § 24 II 1, S. 501; Kempen/*Zachert*, § 7 TVG, Rnr. 2; Löwisch/*Rieble*, § 7 TVG, Rnr. 8.
[21] Kempen/*Zachert*, § 7 TVG, Rnr. 2; ebenso Löwisch/*Rieble*, § 7 TVG, Rnr. 8.
[22] *Forsthoff*, Lehrbuch des Verwaltungsrechts Bd. I, 10. Aufl. 1973, § 10, 2, S. 184; *Pestalozza*, Formenmißbrauch des Staates, 1973, S. 90 ff.; *Wolff/Bachof/Stober*, Verwaltungsrecht I, 10. Aufl. 1994, § 34 II 3, S. 453.

ein, bürgerlichrechtliche Gesellschaft, Personenhandelsgesellschaft), so sind Adressaten der Pflichten in § 7 Abs. 1 die nach Satzung oder Gesellschaftsvertrag zur Vertretung berufenen Personen.[23] Dies war so ausdrücklich noch in § 6a Abs. 1 Satz 4 der Regierungsvorlage[24] vorgesehen. Satz 4 wurde aber „mit Rücksicht auf das Ordnungswidrigkeitengesetz" gestrichen.[25] Daraus folgt, daß nach Auffassung des Gesetzgebers für die Frage, wer im öffentlichen Recht bei nichtrechtsfähigen Personenvereinigungen verpflichtet ist, wie im Ordnungswidrigkeitenrecht nach allgemeinen verbandsrechtlichen Grundsätzen auf die unmittelbare Pflichtigkeit der Mitglieder abzustellen ist. Es sind also die nach Satzung oder Gesellschaftsvertrag zur Vertretung berufenen Mitglieder persönlich verpflichtet.

3. Spitzenorganisationen

Spitzenorganisationen unterliegen nur dann der Übersendungs- und Mitteilungspflicht, wenn sie den Tarifvertrag im eigenen Namen (§ 2 Abs. 3) abschließen.[26] Schließen sie hingegen im Namen der ihnen angeschlossenen Verbände Tarifverträge ab (§ 2 Abs. 2), so werden sie nicht selbst Partei des Tarifvertrages und sind nicht Adressat der Übersendungs- und Mitteilungspflicht. Tarifvertragspartei im Sinne von § 7 Abs. 1 ist in diesem Fall ausschließlich der angeschlossene Verband, in dessen Namen die Spitzenorganisation den Tarifvertrag abgeschlossen hat. Möglich ist jedoch, daß die Vollmacht zum Abschluß des Tarifvertrages auch die Vertretungsmacht zur Erfüllung der Pflichten aus § 7 Abs. 1 beinhaltet. Dies befreit den bevollmächtigenden Verband jedoch nicht von der Erfüllung seiner öffentlich-rechtlichen Pflichten gegenüber dem Staat. Ebensowenig wird die Spitzenorganisation aufgrund der Bevollmächtigung selbst zum Adressaten der Übersendungs- und Mitteilungspflichten.

V. Erfüllung der Übersendungs- und Mitteilungspflichten

Nach § 7 Abs. 1 Satz 3 genügt es, wenn die Übersendungs- und Mitteilungspflicht durch eine der Tarifvertragsparteien erfüllt wird. Tunlichst werden diese absprechen, wer von ihnen den Abschluß oder die Änderung mitteilt, die Abschriften übersendet und über das Außerkrafttreten informiert. Da nur die Erfüllung der Pflicht durch eine der Tarifvertragsparteien die andere befreit, reicht eine Abrede allein zur Entlastung nicht aus.[27]

---

[23] Ebenso Kempen/*Zachert*, § 7 TVG, Rnr. 2; Löwisch/*Rieble*, § 7 TVG, Rnr. 8.
[24] BT-Drucks. V/3913.
[25] Schriftlicher Bericht des Ausschusses für Arbeit, BT-Drucks. V/4376, S. 3.
[26] Ebenso Löwisch/*Rieble*, § 7 TVG, Rnr. 8.
[27] Kempen/*Zachert*, § 7 TVG, Rnr. 3; Koberski/Clasen/*Menzel*, § 7 TVG, Rnr. 8.

VI. Durchsetzung der Übersendungs- und Mitteilungspflichten

1. Verwaltungsvollstreckung

15 Die Erfüllung der Übersendungs- und Mitteilungspflichten kann mit den Instrumenten der Verwaltungsvollstreckung durchgesetzt werden. Bezüglich der Pflichten aus § 7 Abs. 1 Satz 1 richten sich die Einzelheiten nach dem Verwaltungsvollstreckungsgesetz des Bundes; hinsichtlich § 7 Abs. 1 Satz 2 sind die entsprechenden Bestimmungen der Bundesländer anzuwenden. Als Zwangsmittel kommt vor allem das Zwangsgeld (§ 11 VwVG) in Betracht. Die Sanktionierung des Verstoßes gegen § 7 Abs. 1 Satz 1 und 2 als Ordnungswidrigkeit (§ 7 Abs. 2) steht der Verwaltungsvollstreckung nicht entgegen (§ 13 Abs. 6 VwVG). Absprachen der Tarifvertragsparteien über die Erfüllung der Übersendungs- und Mitteilungspflichten sind von der Behörde nicht zu beachten, sie entfalten nur im Innenverhältnis zwischen den Tarifvertragsparteien eine Rechtswirkung.

2. Ordnungswidrigkeit

16 **a) Tatbestand.** Eine Verletzung der Übersendungs- und Mitteilungspflichten, die bereits seit der erstmaligen gesetzlichen Etablierung durch § 6b TVVO als Ordnungswidrigkeit (damals noch Ordnungsstrafe) ausgestaltet ist, liegt bei völliger Untätigkeit, bei Fristüberschreitung und bei unrichtiger oder unvollständiger Information bzw. Übersendung vor. Die Übersendungspflicht ist z.B. nicht ordnungsgemäß erfüllt, wenn keine der Abschriften beglaubigt ist oder die Abschriften sachliche Fehler aufweisen.

17 **b) Verschulden.** Ordnungswidrig ist nicht nur die vorsätzliche Verletzung der Übersendungs- und Mitteilungspflicht. § 7 Abs. 2 bezieht ausdrücklich (vgl. § 10 OWiG) auch den fahrlässigen Pflichtenverstoß in den Ordnungswidrigkeitentatbestand ein. Ein Verschulden der Tarifvertragspartei kann zu verneinen sein, wenn über die Erfüllung der Übersendungs- und Mitteilungspflicht eine Abrede getroffen wurde und eine Tarifvertragspartei abredewidrig ihre Pflicht nicht erfüllt hat.[28] Entsprechendes gilt bei einem abredewidrigen Verhalten der Spitzenorganisationen.

18 Nach § 11 Abs. 2 OWiG handelt ein Täter nicht vorwerfbar, wenn er bei Begehung der Handlung oder bei der Unterlassung das Bestehen oder die Anwendbarkeit einer Rechtsvorschrift nicht kannte und er den Irrtum nicht vermeiden konnte. Im Hinblick auf die Pflichten des § 7 Abs. 1 wird man davon auszugehen haben, daß eine Unkenntnis für die Tarifvertragsparteien immer vermeidbar ist; wer Tarifverträge abschließt, muß sich über diese Pflicht informieren.

19 **c) Täterschaft.** Hinsichtlich der Täterschaft ist zu unterscheiden, ob es sich um eine juristische Person (unten Rnr. 20), eine Personenhandelsgesellschaft (unten Rnr. 21) oder um eine BGB-Gesellschaft (unten Rnr. 22) handelt.

---

[28] Ebenso Löwisch/*Rieble*, § 7 TVG, Rnr. 10.

aa) Juristische Person. Sofern die Tarifvertragspartei eine juristische Person ist, können die Organe gemäß § 9 Abs. 1 Nr. 1 OWiG zur Rechenschaft gezogen werden; das persönliche Merkmal (im Sinne des § 7 Abs. 1 die Stellung als Tarifvertragspartei) ist nach dem Gesetz auf sie anzuwenden.

bb) Personenhandelsgesellschaft. Gleiches gilt nach § 9 Abs. 1 Nr. 2 OWiG für den vertretungsberechtigten Gesellschafter einer Personenhandelsgesellschaft. Hier wirkt sich die Vorstellung des Gesetzgebers aus, daß OHG und KG an die juristische Person angenähert sind.[29]

cc) Nichtrechtsfähiger Verein und BGB-Gesellschaft. Beim nichtrechtsfähigen Verein und der bürgerlichrechtlichen Gesellschaft ist der Gesetzgeber davon ausgegangen, daß diese keine persönlichen Eigenschaften aufweisen können, da sie keine rechtliche Selbständigkeit haben. Vielmehr ist hier das persönliche Merkmal (Tarifvertragspartei) unmittelbar in der Person der Mitglieder gegeben.[30] Die nach Satzung oder Gesellschaftsvertrag zuständigen Personen können, sofern sie Mitglieder sind, unmittelbar und persönlich herangezogen werden. Nichtmitglieder können zwar unter den besonderen Voraussetzungen des § 9 Abs. 2 OWiG verantwortlich sein,[31] jedoch handelt es sich bei den Tarifvertragsparteien regelmäßig nicht um „Betriebe" bzw. „Unternehmen"; § 9 Abs. 2 OWiG besitzt deshalb nur bei Firmentarifverträgen einen Anwendungsbereich.

d) Geldbuße. Die Höhe der Geldbuße beträgt bei **vorsätzlichem** Verstoß zwischen 5,– DM und 1000,– DM (§ 17 Abs. 1 OWiG), bei **fahrlässigem** Verstoß zwischen 5,– DM und 500,– DM (§ 17 Abs. 2 OWiG).

Als Nebenfolge kann gegen die juristische Person, den nichtrechtsfähigen Verein und die Personenhandelsgesellschaft, nicht jedoch gegen die Gesellschaft bürgerlichen Rechts, eine Geldbuße verhängt werden (§ 30 Abs. 1 OWiG). Sind die Organe haftbar, besteht gemäß § 30 Abs. 1 OWiG zusätzlich die Möglichkeit, den Verband zu belangen. Scheidet die Heranziehung der Organe aus tatsächlichen Gründen aus, so kann die Geldbuße gemäß § 30 Abs. 4 OWiG allein gegen den Verband verhängt werden, sofern die Voraussetzungen des § 30 Abs. 1 OWiG im übrigen vorliegen.

e) Zuständigkeit und Verfahren. Die **Zuständigkeit** zur Verfolgung der Ordnungswidrigkeit (§ 36 Abs. 1 Nr. 1 OWiG) ist in § 7 Abs. 3 geregelt. Zuständig ist entweder der Bundesminister für Arbeit und Sozialordnung oder aber die oberste Arbeitsbehörde des Landes gegenüber der die Übersendungs- und Mitteilungspflicht nach § 7 Abs. 1 Satz 2 besteht. Die Verfolgung liegt im pflichtgemäßen Ermessen der Behörden; es gilt das **Opportunitätsprinzip**. Solange das Verfahren bei der Behörde anhängig ist, kann sie es einstellen (§ 47 Abs. 1 OWiG).

f) Rechtsmittel. Gegen den Bußgeldbescheid kann innerhalb von zwei Wochen nach Zustellung schriftlich oder zur Niederschrift bei der Behörde, die den Bußgeldbescheid erlassen hat, **Einspruch** eingelegt werden (§ 67

---

[29] *Cramer*, KarlsruherKomm., OWiG, 1989, § 9 OWiG, Rnr. 27.
[30] *Cramer*, KarlsruherKomm., OWiG, 1989, § 9 OWiG, Rnr. 27; *Göhler*, OWiG, 10. Aufl. 1992, § 9 OWiG, Rnr. 11.
[31] *Cramer*, KarlsruherKomm., OWiG, 1989, § 9 OWiG, Rnr. 27, 37 ff.; *Göhler*, OWiG, 10. Aufl. 1992, § 9 OWiG, Rnr. 11, 16 ff.

Abs. 1 OWiG). Nach dem Einspruch kann die Behörde bis zur Übersendung der Akten an die Staatsanwaltschaft den Bußgeldbescheid zurücknehmen (arg. e § 69 Abs. 3 Satz 1 OWiG). Will die Behörde das Verfahren weiter betreiben, hat sie die Akten an die Staatsanwaltschaft zu übersenden (§ 69 Abs. 3 Satz 1 OWiG). Diese kann das Verfahren einstellen, die Sache an die Verwaltungsbehörde zurückgeben[32] oder die Akten dem Richter vorlegen (§ 69 Abs. 4 OWiG). Im letzteren Falle entscheidet über den Einspruch das Amtsgericht (§ 68 Abs. 1 Satz 1 OWiG) in dem in den §§ 71 ff. OWiG geregelten Hauptverfahren.

§ 8 Bekanntgabe des Tarifvertrages

Die Arbeitgeber sind verpflichtet, die für ihren Betrieb maßgebenden Tarifverträge an geeigneter Stelle im Betrieb auszulegen.

Übersicht

	Rnr.
I. Entstehungsgeschichte	1
II. Normzweck	2
III. Inhalt der Auslegungspflicht	3–12
1. Anforderungen an das Auslegen	3–5
2. Tarifverträge	6, 7
3. Adressat der Auslegungspflicht	8–11
aa) Arbeitgeber	9
bb) Tarifbindung	10, 11
4. Zeitraum der Auslegungspflicht	12
IV. Verletzung der Auslegungspflicht	13–20
1. Tarifvertragliche Durchführungspflicht	13
2. Keine Ordnungswidrigkeit	14
3. Keine Wirksamkeitsvoraussetzung	15
4. Kein Schutzgesetz i. S. von § 823 Abs. 2 BGB	16
5. Auslegungspflicht und arbeitsvertragliche Nebenpflichten	17, 18
6. Berufung auf die Tarifnorm	19, 20

Schrifttum: *Rolf Dockhorn*, Die Auslegung bzw. der Aushang der Tarifverträge, AuR 1953, S. 150–152; *Martin Fenski*, Die Pflicht des Arbeitgebers zum Hinweis auf tarifvertragliche Ausschlußfristen, BB 1987, S. 2293–2297; *Willy Görner*, Ist § 7 TVG für die Anwendung tariflicher Ausschlußfristen von Bedeutung, RdA 1954, S. 380–382; *Ulrich Koch*, Der fehlende Hinweis auf tarifliche Ausschlußfristen und seine Folgen, in: Festschrift für Günter Schaub (1998), S. 421–441; *Bodo Lindena*, Publizität von Tarifverträgen, Betrieb 1988, S. 1114–1118; *ders.*, Wer gibt Auskunft über Tarifvertragsinhalte?, Arbeitgeber 1988, S. 638–639; *Schatter*, Die Bekanntgabe des Tarifvertrages, RdA 1952, S. 468–469.

I. Entstehungsgeschichte

1 Die Pflicht des Arbeitgebers, die für den Betrieb maßgebenden Tarifverträge im Betrieb auszulegen, war in der Tarifvertrags-Verordnung noch nicht vorgesehen, die damit von den zuvor unterbreiteten Entwürfen für eine ge-

---

[32] Hierzu im einzelnen *Göhler*, OWiG, 10. Aufl. 1992, § 69 OWiG, Rnr. 44 ff.

II. Normzweck

setzliche Regelung des Tarifrechts abwich.[1] Auf sie verzichteten auch die vom Arbeitsausschuß für ein einheitliches Arbeitsrecht und von *Nipperdey* im Jahre 1923 bzw. 1924 vorgelegten Reformentwürfe. Die Auslegungspflicht wurde erstmals 1949 durch das Tarifvertragsgesetz gesetzlich etabliert und war der Sache nach in allen Vorentwürfen enthalten (vgl. § 11 Lemgoer Entwurf; § 9 Stuttgarter Entwurf; § 9 Gewerkschaftsratsentwurf). Allerdings verpflichteten sie den Arbeitgeber noch zu einem „Aushang" der Tarifverträge. Erst die Beratungen im Ausschuß für Arbeit des Wirtschaftsrates des Vereinigten Wirtschaftsgebietes über den Initiativantrag der SPD-Fraktion führten zu dem nunmehr geltenden Gesetzeswortlaut, ohne daß die publizierten Materialien hierfür eine Begründung enthalten.[2] Die ursprünglich neben dem Tarifvertragsgesetz bestehenden Tarifvertragsgesetze in Berlin und in Rheinland-Pfalz sahen in § 7 bzw. in § 8 ebenfalls eine Pflicht des Arbeitgebers zur Bekanntmachung des Tarifvertrages vor. Während jedoch § 7 des Tarifvertragsgesetzes für Groß-Berlin[3] eine Bekanntgabe „in geeigneter Form" vorschrieb, verpflichtete § 8 Abs. 1 des rheinland-pfälzischen Landesgesetzes über den Tarifvertrag[4] zu einem Aushang „an gut sichtbarer Stelle". Auch das österreichische Tarifrecht kennt mit § 15 ArbVG eine § 8 entsprechende Pflicht des tarifgebundenen Arbeitgebers zur Auslage des Tarifvertrages.[5]

II. Normzweck

Die Pflicht zur Auslage der Tarifverträge dient – wie bereits die Begründung des Lemgoer-Entwurfs betonte[6] – der Information der im Betrieb beschäftigten Arbeitnehmer, um sie auf diese Weise in die Lage zu versetzen, sich über das für sie maßgebende Tarifrecht zu unterrichten. In Verbindung mit den Bestimmungen zum Tarifregister (§§ 6 und 7) stellt die Pflicht zur Auslegung der Tarifverträge sicher, daß den rechtsstaatlichen Anforderungen an die Publizität von Rechtsnormen ausreichend Rechnung getragen wird.[7] Da dem einzelnen Arbeitnehmer durch die Auslage der für den Betrieb maßgebenden Tarifverträge die Möglichkeit geschaffen wird, ihren Inhalt zur Kenntnis zu nehmen, dient die Norm zumindest auch in dem Sinne dem Individualschutz, daß der einzelne Arbeitnehmer aufgrund seiner hierdurch erlangten Kenntnis von den tarifvertraglich festgelegten Rechten diese ausüben kann.[8] Flankiert wird § 8 durch das Nachweisgesetz, das in § 2 Abs. 1 Nr. 10

---
[1] Siehe die Entwürfe von *Lotmar/Sulzer* (Nr. III), *Rosenthal* (§ 3) und *Sinzheimer* (§ 4).
[2] Oben Geschichte, Rnr. 37; siehe aber *Herschel*, ZfA 1973, S. 183, 196, wonach Praktikabilitätserwägungen für die Änderung maßgebend waren.
[3] VOBl. I 1950 S. 417.
[4] GVBl. 1949 S. 82.
[5] Näher *Floretta/Strasser*, ArbVG, 1975, § 15 ArbVG.
[6] Siehe oben Geschichte, Rnr. 23.
[7] In diesem Sinne bereits Hueck/*Nipperdey,* Arbeitsrecht II 1, § 25 II, S. 502; *Nikisch*, Arbeitsrecht II, § 77 I 2, S. 357; sowie BAG 10. 11. 1982 AP Nr. 8 zu § 1 TVG Form (*Mangen*); siehe auch oben § 6 Rnr. 5.
[8] Deutlich den Individualschutz hervorhebend *Däubler*, Tarifvertragsrecht, Rnr. 1294; *Fenski*, BB 1987, S. 2293, 2296; Kempen/*Zachert*, § 8 TVG, Rnr. 1; *Koch*, in: Festschrift für Günter *Schaub* (1998), S. 421, 428 f.; Löwisch/*Rieble*, § 8 TVG, Rnr.

(Fortsetzung der Fußnote auf S. 1326)

ausdrücklich vorsieht, daß die Unterrichtung des Arbeitnehmers die Angabe der Tarifverträge umfaßt, die für das Arbeitsverhältnis maßgebend sind.[9]

III. Inhalt der Auslegungspflicht

1. Anforderungen an das Auslegen

3   Im Unterschied zu anderen Arbeitsschutzgesetzen, die dem Arbeitgeber die Wahl belassen, ob er die jeweiligen Bestimmungen im Betrieb „auslegt" oder „aushängt" (so z.B. § 16 ArbZG, § 47 JArbSchG, § 18 MuSchG), beschränkt § 8 die Pflicht des Arbeitgebers auf die Auslegung der Tarifverträge. § 9 Abs. 2 DVO-TVG wiederholt für allgemeinverbindlich erklärte Tarifverträge die Auslegungspflicht; wegen § 8 besitzt diese Bestimmung jedoch lediglich deklaratorische Bedeutung. Eine parallele Regelung enthält § 77 Abs. 2 Satz 3 BetrVG für die Betriebsvereinbarung; auch § 11 Abs. 1 MindArbbG beschränkt sich auf eine Auslegung der für den Betrieb maßgebenden Mindestarbeitsbedingungen. Für Vereinbarungen zwischen dem Sprecherausschuß der leitenden Angestellten und dem Arbeitgeber fehlt eine vergleichbare Regelung.

4   Das Wort „auslegen" ist nicht wörtlich zu verstehen, vielfach wird ein „Aushang" zweckmäßig sein.[10] Die geeignete Stelle bestimmt der Arbeitgeber nach pflichtgemäßem Ermessen; entscheidendes Kriterium ist, daß sämtliche Arbeitnehmer ohne besondere Mühe die Möglichkeit der Kenntnisnahme haben.[11] Es reicht deshalb aus, wenn der Tarifvertrag allen Arbeitnehmern in der Personalabteilung zugänglich ist.[12] Auch die Bekanntmachung, der Tarifvertrag könne beim Betriebsrat eingesehen werden, genügt.[13] Diese Erleichterung gegenüber der Verwendung des Begriffs „Auslegen" im allgemeinen Sprachgebrauch ist durch die Bedürfnisse der Praxis geboten.[14] Erforderlich, aber auch ausreichend ist stets ein deutlicher Hinweis (z.B. im Arbeitsvertrag), wo die Tarifverträge eingesehen werden können, und daß der Arbeitnehmer ungehindert Zutritt zu den Räumlichkeiten hat, in denen sich die Tarifverträge befinden.

(Fortsetzung der Fußnote von S. 1325)
10; sowie bereits LAG Hannover, RdA 1953, S. 237; *Dockhorn*, AuR 1953, S. 150, 151; a.A. *Hueck/Nipperdey*, Arbeitsrecht II 1, § 25 II 1, S. 504; *Schaub*, Arbeitsrecht-Handbuch, § 209 IV 2, S. 1741.
[9] Ebenso Art. 2 Abs. 2 lit. j der Richtlinie 91/533/EWG, ABl. EG Nr. L 288 v. 10. 10. 1991, S. 32 = EAS A 3330.
[10] Exemplarisch ArbG Berlin, EntschKalender 1956, Fachgr. 3, S. 182: Wand eines Abstellraums.
[11] Ebenso zu § 77 Abs. 2 Satz 3 BetrVG GK/*Kreutz* § 77 BetrVG, Rnr. 43.
[12] BAG 5. 11. 1963 AP Nr. 1 zu § 1 TVG Bezugnahme auf Tarifvertrag (*Herschel*) = SAE 1964, 81 (*Nikisch*); LAG Düsseldorf, DB 1962, S. 1146, 1147; LAG Hamm, ARSt. XII Nr. 85; ArbG Berlin, EntschKalender 1969, Fachgr. 3, S. 325 f.; *Lindena*, Arbeitgeber 1988, S. 638, 639; *Schaub*, Arbeitsrecht-Handbuch, § 209 IV 1, S. 1740; kritisch Kempen/*Zachert*, § 8 TVG, Rnr. 1.
[13] So auch LAG Hannover, RdA 1953, S. 237; *Schaub*, Arbeitsrecht-Handbuch, § 209 IV 1, S. 1740.
[14] Anderer Ansicht Löwisch/*Rieble*, § 8 TVG, Rnr. 6, die die Möglichkeit einer „unbefangenen" Kenntnisnahme verlangen; in diesem Sinne auch *Däubler*, Tarifvertragsrecht, Rnr. 1297; kritisch ebenfalls Koberski/Clasen/Menzel, § 8 TVG, Rnr. 3.

III. Inhalt der Auslegungspflicht   5–8   § 8

Durch tarifvertragliche Regelungen kann die Bestimmung modifiziert **5**
werden.[15] Denkbar ist z.B. die Etablierung einer Pflicht des Arbeitgebers,
dem Arbeitnehmer die im Betrieb maßgebenden Tarifverträge auszuhändigen.
Rechtlich zulässig ist auch eine Bestimmung in Firmentarifverträgen,
die die Einhaltung des § 8 zur konstitutiven Voraussetzung für das Inkrafttreten
des Tarifvertrages erhebt, oder aber die Geltung einer Tarifbestimmung
im Betrieb unter den Vorbehalt stellt, daß der Tarifvertrag im Betrieb
ausgelegt wurde.[16] Wiederholt der Tarifvertrag lediglich den Gesetzeswortlaut,
so liegt im Zweifel eine sog. neutrale Regel[17] vor.

2. Tarifverträge

Die Auslegungspflicht erfaßt alle für den Betrieb maßgebenden Tarifverträge. **6**
Unerheblich ist, ob es sich um normative oder um schuldrechtliche
Bestimmungen handelt.[18] Die Pflicht zur Auslegung erstreckt sich angesichts
des einschränkungslosen Gesetzeswortlauts deshalb auch auf solche Tarifverträge,
die ausschließlich schuldrechtliche Absprachen zwischen den Tarifvertragsparteien
beinhalten; es genügt bei ihnen, daß sie für den Betrieb maßgebend
sein sollen. Es muß sich jedoch stets um einen Tarifvertrag im Sinne
des § 1 Abs. 1 handeln. Sonstige Vereinbarungen der Koalitionen, die zwar
dem sachlich-gegenständlichen Bereich des Art. 9 Abs. 3 Satz 1 GG unterfallen,
nicht jedoch die Qualität eines Tarifvertrages besitzen, sind nicht nach
§ 8 im Betrieb auszulegen.[19]

Die Auslegungspflicht umfaßt auch solche Tarifverträge, auf die in einem **7**
Tarifvertrag Bezug genommen wird.[20] Nur so kann § 8 seinen Zweck erfüllen,
den Arbeitnehmern die Kenntnisnahme von dem für den Betrieb maßgebenden
Tarifrecht zu ermöglichen. Der in bezug genommene Tarifvertrag
soll jedoch nach der Rechtsprechung des Bundesarbeitsgerichts dann nicht
der Auslegungspflicht unterliegen, wenn der für den Betrieb maßgebende
Tarifvertrag nur auf einzelne jeweils geltende Normen eines anderen Tarifvertrages
verweist.[21] Dem kann nur eingeschränkt zugestimmt werden. Zwar
muß der Arbeitgeber nicht den gesamten nur teilweise in bezug genommenen
Tarifvertrag auslegen, wohl aber muß für den Arbeitnehmer die Möglichkeit
bestehen, innerhalb des Betriebes von den einzelnen in bezug genommenen
Tarifbestimmungen Kenntnis zu erlangen. Sie sind angesichts des
Zwecks des § 8 ebenfalls auszulegen.

3. Adressat der Auslegungspflicht

Hinsichtlich des Adressaten der Auslegungspflicht steht nach dem Wortlaut **8**
des § 8 fest, daß dies der Arbeitgeber ist. Zweifelhaft ist allerdings, ob für das

---

[15] Siehe bereits Hueck/*Nipperdey*, Arbeitsrecht II 1, § 25 II 5, S. 504.
[16] Vgl. ArbG Berlin, EntschKalender 1961, Fachgr. 3, S. 417 f.
[17] Zu dieser allg. oben § . . .
[18] Ebenso Löwisch/*Rieble*, § 8 TVG, Rnr. 2.
[19] So auch Löwisch/*Rieble*, § 8 TVG, Rnr. 5.
[20] BAG 10. 11. 1982 AP Nr. 8 zu § 1 TVG Form (*Mangen*); *Däubler*, Tarifvertragsrecht,
Rnr. 1296; Kempen/*Zachert*, § 8 TVG, Rnr. 2; *Koberski/Clasen/Menzel*, § 8
TVG, Rnr. 6; Löwisch/*Rieble*, § 8 TVG, Rnr. 5.
[21] BAG 10. 11. 1982 AP Nr. 8 zu § 1 TVG Form (*Mangen*).

Eingreifen der Pflicht zur Auslegung bereits die Tarifbindung des Arbeitgebers genügt oder darüber hinaus noch weitere Voraussetzungen erfüllt sein müssen.

9 **a) Arbeitgeber.** Zur Auslegung der Tarifverträge verpflichtet das Gesetz den Arbeitgeber. Hiermit ist diejenige Person gemeint, die als Arbeitgeber mit den im Betrieb beschäftigten Arbeitnehmern arbeitsvertraglich verbunden ist. Nur sie können den Bindungen eines Tarifvertrages „im Betrieb" unterliegen. Da das Gesetz ausweislich der Formulierung „ihre" eine Kongruenz von Arbeitsvertrag und Betriebsinhaberschaft unterstellt, bereiten diejenigen Konstellationen Schwierigkeiten, in denen zwischen arbeitsvertraglicher Stellung und Betriebsinhaberschaft kein Gleichlauf besteht. Aufgrund des Sachzusammenhanges der Auslegungspflicht mit der Bindung an den Tarifvertrag ist auch in derartigen Fallgestaltungen ausschließlich der Arbeitsvertragspartner Adressat der Auslegungspflicht.

10 **b) Tarifbindung.** Da § 8 die Auslegungspflicht nur in den Fällen statuiert, in denen für den Betrieb ein Tarifvertrag maßgebend ist, steht fest, daß die Pflicht zur Auslegung stets besteht, wenn der Arbeitgeber gemäß § 3 Abs. 1 an den Tarifvertrag gebunden ist.[22] Teilweise wird darüber hinaus verlangt, daß zusätzlich zumindest ein in dem Betrieb beschäftigter Arbeitnehmer tarifgebunden ist.[23] Hiergegen spricht der Gesetzeswortlaut. Er stellt auf die *für den Betrieb maßgebenden* und nicht auf *die im Betrieb geltenden* Tarifverträge ab. Zudem führt die Forderung nach der Tarifgebundenheit mindestens eines Arbeitnehmers dazu, daß schuldrechtliche Tarifverträge der Auslegungspflicht entzogen werden, obwohl für eine derartige Restriktion von § 8 keine Anhaltspunkte erkennbar sind. Maßgebend ist der Tarifvertrag für den Betrieb auch dann, wenn er für allgemeinverbindlich erklärt wurde, da in diesem Fall die bisher nicht tarifgebundenen Arbeitgeber den Rechtsnormen des Tarifvertrages unterliegen (§ 5 Abs. 4) und der Tarifvertrag damit für ihre Betriebe maßgebend ist. § 9 Abs. 2 DVO-TVG stellt das ausdrücklich klar.

11 Zweifelhaft ist, ob § 8 eingreift, wenn der Tarifvertrag bei nicht tarifgebundenen Arbeitgebern im Betrieb nur deshalb anzuwenden ist, weil auf ihn im Rahmen einer arbeitsvertraglichen Bestimmung Bezug genommen wird. Da die Auslegungspflicht nach § 8 untrennbar mit der tarifrechtlichen Bindung des Arbeitgebers an einen Tarifvertrag verbunden ist und die arbeitsvertragliche Bezugnahmeklausel lediglich dazu führt, daß die Regelungen des Tarifvertrages integraler Bestandteil des Arbeitsvertrages werden (siehe oben § 3, Rnr. 226), greift § 8 nicht ein.[24] Der Arbeitgeber ist aber nicht davon entbunden, den Arbeitnehmer bei einer entsprechenden Nach-

---

[22] Statt aller *Schaub*, Arbeitsrecht-Handbuch, § 209 IV 1, S. 1740.
[23] So Kempen/*Zachert*, § 8 TVG, Rnr. 2; *Koberski/Clasen/Menzel*, § 8 TVG, Rnr. 6; Löwisch/*Rieble*, § 8 TVG, Rnr. 2; ebenso im Grundansatz *Däubler*, Tarifvertragsrecht, Rnr. 1295; *Lindena*, Betrieb 1988, S. 1114, 1115; *ders.*, Arbeitgeber 1988, S. 638, 639, es sei denn, die Tarifbindung des Arbeitgebers genügt für die Geltung der Tarifnorm im Betrieb.
[24] So bereits *Herschel*, Anm. zu BAG AP Nr. 1 zu § 1 TVG Bezugnahme auf Tarifvertrag; *Nikisch*, SAE 1964, S. 83, 84; sowie *Däubler*, Tarifvertragsrecht, Rnr. 1295; *Lindena*, Betrieb 1988, S. 1114, 1115; *ders.*, Arbeitgeber 1988, S. 638, 639; *Koberski/Clasen/Menzel*, § 8 TVG, Rnr. 7; Löwisch/*Rieble*, § 8 TVG, Rnr. 4; offengelassen in BAG 5. 11. 1963 AP Nr. 1 zu § 1 TVG Bezugnahme auf Tarifvertrag (*Herschel*) = SAE 1964, 81 (*Nikisch*).

frage aufgrund seiner arbeitsvertraglichen Nebenpflichten über den Inhalt der für das Arbeitsverhältnis maßgebenden Regelungen zu unterrichten.[25]

4. Zeitraum der Auslegungspflicht

Die Pflicht zur Auslegung des Tarifvertrages beginnt mit dem Zeitpunkt, zu dem er nach Maßgabe seines Inhalts im Betrieb seine Wirkung entfaltet. Erst dann ist er für den Betrieb „maßgebend". Die Maßgeblichkeit des Tarifvertrages für den Betrieb endet nicht mit seinem Außerkrafttreten, sondern erst, wenn er für den Betrieb keine Rechtswirkungen mehr entfaltet. Die Auslegungspflicht besteht deshalb, bis die Nachwirkung gemäß § 4 Abs. 5 endet.[26]

IV. Verletzung der Auslegungspflicht

1. Tarifvertragliche Durchführungspflicht

Die Einhaltung der Pflicht zur Auslegung des Tarifvertrages ist Bestandteil der tariflichen Durchführungspflicht.[27] Deshalb besitzt die vertragsschließende Gewerkschaft beim Firmentarifvertrag gegen den Arbeitgeber einen einklagbaren Anspruch auf Erfüllung der Auslegungspflicht. Beim Verbandstarifvertrag richtet sich der Anspruch der Gewerkschaft gegen den Arbeitgeberverband, auf die Verpflichtung des Verbandes, auf seine Mitglieder dahingehend einzuwirken, daß sie der Auslegungspflicht genügen.[28]

2. Keine Ordnungswidrigkeit

Im Unterschied zu den §§ 16 Abs. 1 ArbZG, 47 JArbSchG und 18 Abs. 1 MuSchG verzichtet das Tarifvertragsgesetz darauf, die Einhaltung der Auslegungspflicht durch einen entsprechenden Ordnungswidrigkeitentatbestand sicherzustellen (so aber § 22 Abs. 1 Nr. 8 ArbZG, § 59 Abs. 1 Nr. 7 JArbSchG, § 21 Abs. 1 Nr. 8 MuSchG), obwohl es die ersten Entwürfe zum Tarifvertragsgesetz noch als erforderlich ansahen, die Einhaltung der Auslegungspflicht durch die Gewerbeaufsichtsämter zu überwachen (so § 11 Abs. 2 Lemgoer-Entwurf, § 9 Abs. 2 Stuttgarter Entwurf, § 9 Abs. 2 Gewerkschaftsratsentwurf). Im Rahmen der Beratungen des Ausschusses für Arbeit des Wirtschaftsrates des Vereinigten Wirtschaftsgebietes über den Initiativantrag der SPD-Fraktion, der gleichfalls noch diese Regelung enthielt, wurde eine Streichung der entsprechenden Bestimmung beschlossen.[29]

---

[25] *Herschel*, Anm. zu BAG AP Nr. 1 zu § 1 TVG Bezugnahme auf Tarifvertrag; sowie *Däubler*, Tarifvertragsrecht, Rnr. 1295; *Lindena*, Betrieb 1988, S. 1114, 1115. Weitergehend § 2 Abs. 1 Nr. 10 NachwG, der eine Unterrichtungspflicht unabhängig von einer Nachfrage des Arbeitnehmers vorsieht.
[26] Ebenso *Löwisch/Rieble*, § 8 TVG, Rnr. 3.
[27] *Hueck/Nipperdey*, Arbeitsrecht II 1, § 25 II, S. 503; *Kempen/Zachert*, § 8 TVG, Rnr. 9; *Nikisch*, Arbeitsrecht II, § 77 I 1, S. 358; *Koberski/Clasen/Menzel*, § 8 TVG, Rnr. 4; *Lindena*, Betrieb 1988, S. 1114, 1116; *ders.*, Arbeitgeber 1988, S. 638, 639; *Löwisch/Rieble*, § 8 TVG, Rnr. 11; *Maus*, § 7 TVG, Rnr. 3; *Schatter*, RdA 1952, S. 468.
[28] *Hueck/Nipperdey*, Arbeitsrecht II 1, § 25 II, S. 503; *Kempen/Zachert*, § 8 TVG, Rnr. 9; *Koberski/Clasen/Menzel*, § 8 TVG, Rnr. 4; *Maus*, § 7 TVG, Rnr. 3; *Schaub*, Arbeitsrecht-Handbuch, § 209 IV 1, S. 1740; *Schatter*, RdA 1952, S. 468.
[29] Oben Geschichte, Rnr. 39; siehe insoweit auch *Maus*, § 7 TVG, Rnr. 3. Eine Überwachung durch die Gewerbeaufsichtsämter enthielt noch § 8 Abs. 2 des rheinland-pfälzischen Landesgesetzes über den Tarifvertrag v. 24. 2. 1949 (GVBl. S. 82).

Eine Begründung hierfür ist den publizierten Materialien nicht zu entnehmen.[30]

3. Keine Wirksamkeitsvoraussetzung

15 Obwohl § 8 gemeinsam mit den Vorschriften zum Tarifregister (§§ 6 und 7) sicherstellt, daß den Normunterworfenen eine Kenntnisnahme der für sie geltenden Tarifnormen möglich ist, ist die Auslegung des Tarifvertrages im Betrieb – vorbehaltlich abweichender Abreden – keine Voraussetzung für seine Rechtswirksamkeit.[31] Dies gilt auch beim Firmentarifvertrag.[32]

4. Kein Schutzgesetz i. S. von § 823 Abs. 2 BGB

16 Wenngleich die Pflicht zur Auslegung des Tarifvertrages dem Interesse der Arbeitnehmer dient, von dem Inhalt des Tarifvertrages Kenntnis zu erlangen, reicht der hierdurch vermittelte Individualschutz nicht aus, um § 8 die Qualität eines Schutzgesetzes im Sinne von § 823 Abs. 2 BGB zuzubilligen. Dies folgt allerdings nicht bereits aus dem Hinweis, daß § 8 den Charakter einer Ordnungsvorschrift besitzt[33] oder der Individualschutz nicht eigentlicher Normzweck[34] bzw. ein bloßer Reflex[35] ist. Voraussetzung für ein Schutzgesetz im Sinne von § 823 Abs. 2 BGB ist, daß der Individualschutz gerade durch die Begründung eines Schadensersatzanspruches vom Gesetz erkennbar gewollt ist.[36] Hierfür lassen sich aus § 8 keine Anhaltspunkte entnehmen. Es ist nicht ersichtlich, daß die Norm den Eintritt eines Vermögensschadens verhindern soll, den der Arbeitnehmer dadurch erleidet, daß er infolge der unterbliebenen Auslegung des Tarifvertrages von seinem Inhalt keine Kenntnis erhält.[37] Deshalb ist § 8 – im Ergebnis entsprechend der höchstrichterli-

---

[30] Siehe aber *Herschel*, ZfA 1973, S. 183, 197, wonach die Regelung der Rechtsfolgen bewußt anderen Rechtsmaterien überlassen bleiben sollte.
[31] Allgemeine Ansicht vgl. LAG Düsseldorf, DB 1955, S. 511; LAG Düsseldorf, DB 1962, S. 1146, 1147; LAG Hamm, ARSt. XII Nr. 85; ArbG Duisburg, ARSt. IX Nr. 339 = ARSt. XI Nr. 367; *Däubler*, Tarifvertragsrecht, Rnr. 1298; *Hueck/Nipperdey*, Arbeitsrecht II 1, § 25 II, S. 503; *Kempen/Zachert*, § 8 TVG, Rnr. 3; *Koch*, in: Festschrift für Günter Schaub (1998), S. 421, 434 f.; *Konzen*, SAE 1970, S. 276, 277; *Löwisch/Rieble*, § 8 TVG, Rnr. 8; *Nikisch*, Arbeitsrecht II, § 77 I 2, S. 358; *Nipperdey*, RdA 1949, S. 81, 89; *Stein*, Tarifvertragsrecht, Rnr. 3; *Zöllner*, DVBl. 1958, S. 124, 125.
[32] Ebenso die ganz überwiegende Ansicht zum Recht der Betriebsvereinbarung, vgl. GK/*Kreutz* § 77 BetrVG, Rnr. 42 m.w.N. *Gröbing*, AuR 1982, S. 116, 118 Fn. 36, hält die gegenteilige Ansicht bei Firmentarifverträgen immerhin für erwägenswert.
[33] Hierauf abstellend BAG 8. 1. 1970 AP Nr. 43 zu § 4 TVG Ausschlußfristen (*Lieb*) = SAE 1970, 274 (*Konzen*); BAG 6. 7. 1972 AP Nr. 1 zu § 8 TVG 1969 (*Herschel*); kritisch jedoch mit Recht bereits *Herschel*, Anm. zu BAG AP Nr. 1 zu § 8 TVG 1969; sowie *Däubler*, Tarifvertragsrecht, Rnr. 1300; *Kempen/Zachert*, § 8 TVG, Rnr. 4; *Koch*, in: Festschrift für Günter Schaub (1998), S. 421, 428 ff.; *Lindena*, Betrieb 1988, S. 1114, 1115.
[34] So *Görner*, RdA 1954, S. 380 f.; *Hueck/Nipperdey*, Arbeitsrecht II 1, § 25 II 1, S. 503 f.; *Nikisch*, Arbeitsrecht II, § 77 I 3, S. 358.
[35] So die Vorauflage bei Rnr. 2.
[36] Vgl. BGHZ 66, S. 388, 390 f.; BGH NJW 1980, S. 1792 f.; BGH ZIP 1991, S. 1597, 1598 f.; *Erman/Schiemann*, BGB, 9. Aufl. 1993, § 823 BGB, Rnr. 157; *Palandt/Thomas*, BGB, 57. Aufl. 1998, § 823 BGB, Rnr. 141; *Staudinger/Schäfer*, BGB, 12. Aufl. 1986, § 823 BGB, Rnr. 589; siehe auch *Canaris*, in: Festschrift für Karl Larenz (1983), S. 27, 47 ff.
[37] So auch in der Begründung *Kempen/Zachert*, § 8 TVG, Rnr. 5; *Lindena*, Betrieb 1988, S. 1114, 1115 f.

IV. Verletzung der Auslegungspflicht   17, 18 § 8

chen Rechtsprechung und der überwiegenden Ansicht im Schrifttum – kein
Schutzgesetz im Sinne von § 823 Abs. 2 BGB.³⁸

5. Auslegungspflicht und arbeitsvertragliche Nebenpflichten

Zweifelhaft ist, ob § 8 als eine Konkretisierung der arbeitsvertraglichen Ne- 17
benpflichten (Fürsorgepflicht) zu verstehen ist. Das Bundesarbeitsgericht verwandte insofern in einer älteren Entscheidung die mißverständliche Formulierung, daß in § 7 a. F. die Fürsorgepflicht des Arbeitgebers zum Ausdruck
komme, sie jedoch lediglich besage, daß der Arbeitgeber verpflichtet sei,
dem Arbeitnehmer auf dessen Anforderung hin den einschlägigen Tarifvertrag zugänglich zu machen.³⁹ Dieser Ansatz wird teilweise dahingehend präzisiert, daß § 8 gerade keine Konkretisierung der Fürsorgepflicht darstelle.⁴⁰
Aus ihr folge nicht, daß der Arbeitgeber von sich aus dem Arbeitnehmer die
Kenntnis von den für das Arbeitsverhältnis einschlägigen Vorschriften verschaffen muß.⁴¹ Im Lichte des Nachweisgesetzes ist dies überprüfungsbedürftig,
denn immerhin sieht § 2 Abs. 1 Nr. 10 des Gesetzes zwingend vor, daß sich die
vom Arbeitgeber geschuldete Unterrichtung auf die Angabe der Tarifverträge
erstreckt, in denen die Arbeitsbedingungen des Arbeitnehmers geregelt sind.

Selbst wenn eine Pflicht des Arbeitgebers zur Mitteilung der für den Be- 18
trieb maßgebenden Tarifverträge bejaht wird, führt dies nicht zwingend dazu, daß eine Verletzung der Auslegungspflicht zu einem Schadensersatzanspruch wegen einer Positiven Vertragsverletzung führt.⁴² Hiergegen spricht
vor allem der Zweck der Vorschrift, dem Arbeitnehmer eine Kenntnisnahme

---

³⁸ BAG 30. 9. 1970 AP Nr. 2 zu § 70 BAT (*Gaul*); LAG Düsseldorf, DB 1962,
S. 1146, 1147; LAG Kiel, DB 1954, S. 132; ArbG Marburg, ARSt. XV Nr. 576;
Hueck/Nipperdey, Arbeitsrecht II 1, § 25 II 1, S. 503 f.; *Kempen/Zachert*, § 8 TVG,
Rnr. 5; *Koberski/Clasen/Menzel*, § 8 TVG, Rnr. 11, 13; *Lindena*, Betrieb 1988,
S. 1114, 1115 f.; *Maus*, § 7 TVG, Rnr. 5; *Nikisch*, Arbeitsrecht II, § 77 I 3, S. 358;
ders., SAE 1964, S. 83, 84; *Schatter*, RdA 1952, S. 468 f.; a. A. LAG Hannover, RdA
1953, S. 237; ArbG Heide, ARSt. IX Nr. 340; *Däubler*, Tarifvertragsrecht, Rnr.
1300 f.; *Dockhorn*, AuR 1953, S. 150, 151; *Löwisch*, Arbeitsrecht, Rnr. 282; *ders.*,
MünchArbR III, § 250, Rnr. 8; *Löwisch/Rieble*, § 8 TVG, Rnr. 10; kritisch auch
Herschel, Anm. zu BAG AP Nr. 1 zu § 8 TVG 1969. Die Entscheidung BAG 8. 1.
1970 AP Nr. 43 zu § 4 TVG Ausschlußfrist (*Lieb*) = SAE 1970, 274 (*Konzen*) kann für
diese These nicht herangezogen werden, da das Bundesarbeitsgericht dort lediglich einen Schadensersatzanspruch wegen einer Verletzung des § 7 verneint, dessen eventuelle Rechtsgrundlage aber offenläßt. Wie hier auch die überwiegende Ansicht zu § 77
Abs. 2 Satz 3 BetrVG, vgl. GK/*Kreutz* § 77 BetrVG, Rnr. 44.
³⁹ BAG 5. 11. 1963 AP Nr. 1 zu § 1 TVG Bezugnahme (*Herschel*) = SAE 1964, 81
(*Nikisch*); so auch schon *Neumann-Duesberg*, RdA 1953, S. 237, 238.
⁴⁰ So vor allem LAG Kiel, DB 1954, S. 132; *Hueck/Nipperdey*, Arbeitsrecht II 1,
§ 25 II 2, S. 504; *Nikisch*, Arbeitsrecht II, § 77 I 3, S. 358 f.; a. A. jedoch *Dockhorn*,
AuR 1953, S. 150, 151.
⁴¹ LAG Düsseldorf, DB 1955, S. 511; *Hueck/Nipperdey*, Arbeitsrecht II 1, § 25 II 2,
S. 504; *Koberski/Clasen/Menzel*, § 8 TVG, Rnr. 5.
⁴² So im Ergebnis auch BAG 5. 11. 1963 AP Nr. 1 zu § 1 TVG Bezugnahme auf
Tarifvertrag (*Herschel*) = SAE 1964, 81 (*Nikisch*); BAG 22. 11. 1963 AP Nr. 6 zu
§ 611 BGB Öffentlicher Dienst = SAE 1964, 119 (*Heissmann*); ArbG Marburg, ARSt.
XV Nr. 576; ebenso *Kempen/Zachert*, § 8 TVG, Rnr. 6; *Lindena*, Betrieb 1988,
S. 1114, 1116; *Nikisch*, SAE 1964, S. 83, 84; a. A. ArbG Stade, ARSt. XI Nr. 103;
ArbG Wilhelmshaven, BB 1953, S. 831; *Däubler*, Tarifvertragsrecht, Rnr. 1301; *Dockhorn*, AuR 1953, S. 150, 151; *Maus*, § 7 TVG, Rnr. 6; ebenso für tarifliche Außenseiter *Fenski*, BB 1987, S. 2293, 2296 f.

des Tarifvertrages zu ermöglichen, nicht aber zugleich zu verhindern, daß der Arbeitnehmer infolge seiner Unkenntnis einen Vermögensnachteil erleidet. Etwas anderes gilt erst, wenn der Arbeitgeber dem Arbeitnehmer auf dessen Nachfrage verheimlicht, daß für das Arbeitsverhältnis ein Tarifvertrag anzuwenden ist.[43] Der Schadensersatzanspruch resultiert in diesem Fall aber nicht aus einer Verletzung der Auslegungspflicht, sondern aus der wahrheitswidrigen Beantwortung der vom Arbeitnehmer gestellten Frage.

6. Berufung auf die Tarifnorm

19 Breite Diskussionen löste die Problematik aus, ob sich der Arbeitgeber auf eine tarifliche Ausschlußfrist und den mit ihrem Ablauf verbundenen Rechtsverlust berufen kann, wenn er die Pflicht zur Auslegung des Tarifvertrages verletzt hat. Da § 8 lediglich erreichen soll, daß der Arbeitnehmer von den für den Betrieb maßgebenden Tarifnormen Kenntnis nehmen kann, verstößt die Berufung auf eine Tarifnorm selbst dann nicht gegen Treu und Glauben, wenn der Arbeitgeber seinen Pflichten nach § 8 nicht nachgekommen ist.[44] Etwas anderes kann gelten, wenn der Arbeitgeber die Anwendbarkeit des Tarifvertrages für das Arbeitsverhältnisses auf ausdrückliche Nachfrage des Arbeitnehmers verschweigt.[45]

20 Ein anderes Resultat kommt in Betracht, wenn der Arbeitnehmer gegen eine im Tarifvertrag enthaltene Pflicht verstößt, der Arbeitgeber jedoch die Pflicht aus § 8 verletzt hat. In dieser Konstellation ist zu erwägen, daß sich der Arbeitnehmer auf seine Unkenntnis berufen kann.[46]

§ 9 Feststellung der Rechtswirksamkeit

Rechtskräftige Entscheidungen der Gerichte für Arbeitssachen, die in Rechtsstreitigkeiten zwischen Tarifvertragsparteien aus dem Tarifvertrag oder über das Bestehen oder Nichtbestehen des Tarifvertrages ergangen sind, sind in Rechtsstreitigkeiten zwischen tarifgebundenen Parteien so-

---

[43] In diesem Sinne auch BAG 5. 11. 1963 AP Nr. 1 zu § 1 TVG Bezugnahme auf Tarifvertrag (*Herschel*) = SAE 1964, 81 (*Nikisch*); BAG 22. 11. 1963 AP Nr. 6 zu § 611 BGB Öffentlicher Dienst = SAE 1964 (*Heissmann*); Kempen/Zachert, § 8 TVG, Rnr. 6; Koberski/Clasen/Menzel, § 8 TVG, Rnr. 11; *Schaub*, Arbeitsrecht-Handbuch, § 209 IV 2, S. 1559; wohl auch Hueck/Nipperdey, Arbeitsrecht II 1, § 25 II 4, S. 504.
[44] BAG 5. 11. 1963 AP Nr. 1 zu § 1 TVG Bezugnahme auf Tarifvertrag (*Herschel*) = SAE 1964, 81 (*Nikisch*); BAG 6. 7. 1972 AP Nr. 1 zu § 8 TVG 1969 (*Herschel*); zustimmend *Nikisch*, SAE 1964, S. 83, 84; sowie schon *Görner*, RdA 1954, S. 380, 381 f.; a. A. *Koch*, in: Festschrift für Günter Schaub (1998), S. 421, 435 f.; im Ergebnis auch Kempen/Zachert, § 8 TVG, Rnr. 7, die zur Begründung auf die Verletzung einer Obliegenheit abstellen; ablehnend gegenüber diesem Ansatz *Däubler*, Tarifvertragsrecht, Rnr. 1302; kritisch gegenüber der h. M. auch *Herschel*, Anm. zu BAG AP Nr. 1 zu § 8 TVG 1969; differenzierend Hueck/Nipperdey, Arbeitsrecht II 1, § 21 VI Fn. 46, S. 460, § 25 II 3, S. 504, der dem Arbeitgeber eine Berufung auf den Tarifvertrag bei einer Verletzung der Auslegungspflicht verwehrt, wenn der Tarifvertrag nach § 3 Abs. 2 oder wegen seiner Allgemeinverbindlichkeit im ganzen Betrieb gilt; zustimmend hierzu *Lieb*, Anm. zu BAG AP Nr. 32 zu § 4 TVG Ausschlußfrist.
[45] BAG 5. 11. 1963 AP Nr. 1 zu § 1 TVG Bezugnahme auf Tarifvertrag (*Herschel*) = SAE 1964, 81 (*Nikisch*); siehe insoweit auch BAG 30. 3. 1962 AP Nr. 28 zu § 4 TVG Ausschlußfrist (*Schelp*) = SAE 1962, 215 (*Gotzen*).
[46] Bejahend für das Recht der Betriebsvereinbarung z. B. *Matthes*, MünchArbR III, § 319, Rnr. 18.

I. Entstehungsgeschichte 1 § 9

wie zwischen diesen und Dritten für die Gerichte und Schiedsgerichte bindend.

Übersicht

	Rnr.
I. Entstehungsgeschichte	1–5
II. Normzweck	6
III. Dogmatik der Bindungswirkung	7–13
IV. Anforderungen an die bindende Entscheidung	14–29
1. Prozeß zwischen den Tarifvertragsparteien	14–16
a) Zweigliedriger Tarifvertrag	14, 15
b) Mehrgliedriger Tarifvertrag	16
2. Tarifvertragliche Rechtsstreitigkeit	17–22
3. Rechtsstreitigkeit über die Tariffähigkeit und Tarifzuständigkeit	23
4. Rechtskräftige Entscheidungen	24–29
a) Urteile	24, 25
b) Sprüche von Schiedsgerichten	26–28
c) Vergleiche	29
V. Umfang der Bindungswirkung	30–41
1. Sachlicher Umfang	30–33
2. Persönlicher Umfang	34–39
a) Beiderseits tarifgebundene Personen	34
b) Rechtsstreitigkeiten zwischen tarifgebundenen Personen und Dritten	35–37
c) Streitigkeiten zwischen nichtorganisierten Personen	38
d) Rechtsnachfolger	39
3. Adressaten der Bindung	40, 41
VI. Beendigung der Bindungswirkung	42, 43
1. Ablauf oder Änderung des Tarifvertrages	42
2. Veränderte Umstände	43
VII. Pflicht zur Übersendung der rechtskräftigen Urteile	44

Schrifttum: *Fritz Auffarth*, Die Bindungswirkung von Urteilen in Tarifstreitigkeiten nach § 8 TVG, BetrVerf. 1956, S. 165–169; *Hans Brox*, Die subjektiven Grenzen der Rechtskraft und das Tarifvertragsrecht, JuS 1961, S. 252–256; *Wilhelm Dütz*, Kollektivrechtliche Fragestellungen im Arbeitsgerichtsverfahren, ArbRGeg. Bd. 20, Dok. 1982 (1983), S. 33–59; *Rüdiger Krause*, Rechtskrafterstreckung im kollektiven Arbeitsrecht, 1996; *Dieter Maywald*, Rechtsstreitigkeiten zwischen Tarifvertragsparteien über die Gültigkeit oder die Auslegung von Tarifnormen, Diss. Hamburg 1965; *Volker Rieble*, Tarifnormenkontrolle durch Verbandsklage, NZA 1992, S. 250–257; *Klaus Schreiber*, Der Schiedsvertrag in Arbeitsstreitigkeiten, ZfA 1983, S. 31–48.

I. Entstehungsgeschichte

Die in § 9 (früher § 8) aufgenommene Regelung geht zurück auf die wörtlich nahezu deckungsgleiche Bestimmung in § 7 des Stuttgarter Entwurfs.[1] Auf sie verzichtete indes der von dem Gewerkschaftsrat vorgelegte Entwurf: Erstens sei die Sachautorität bei Entscheidungen des Obersten Arbeitsgerichts ausreichend. Zweitens könne es im Interesse der Sache erforderlich sein, eine frühere Entscheidung zu korrigieren und drittens sei eine Bindung an rechts-

1

---
[1] ZfA 1973, S. 129, 139.

kräftige Entscheidungen unterer Gerichte unhaltbar.² Im Rahmen der Beratungen im Ausschuß für Arbeit des Wirtschaftsrates für das Vereinigte Wirtschaftsgebiet über den von der SPD-Fraktion unterbreiteten Initiativantrag konnte sich aber *Herschel* mit seinem Antrag auf Aufnahme einer § 9 bzw. § 7 des Stuttgarter Entwurfs entsprechenden Regelung durchsetzen.³ Bis auf geringe Abweichungen sahen auch die anfänglich noch geltenden Tarifvertragsgesetze einzelner Länder eine § 9 entsprechende Regelung vor.⁴

2   Ihre nunmehr geltende Fassung erhielt die Vorschrift durch Art. 4 Nr. 4 des Ersten Arbeitsrechtsbereinigungsgesetzes;⁵ zur Bereinigung des Gesetzeswortlautes⁶ traten die „Gerichte für Arbeitssachen" an die Stelle der „Arbeitsgerichtsbehörden". Im Rahmen der Neufassung des Tarifvertragsgesetzes vom 25. August 1969⁷ wurde des weiteren die in § 8 a.F. enthaltene Einbeziehung der von Schiedsgutachterstellen getroffenen Entscheidungen in die Bindungswirkung gestrichen,⁸ da diese bereits mit Inkrafttreten des Arbeitsgerichtsgesetzes im Jahre 1953 ihre Rechtsgrundlage verloren hatten.⁹

3   Verständlich ist § 9 nur vor dem Hintergrund der Rechtslage unter der Geltung der Tarifvertrags-Verordnung. Erstens war damals umstritten, ob überhaupt eine Feststellungsklage aus dem Tarifvertrag über den Inhalt einzelner Bestimmungen oder über das Bestehen oder Nichtbestehen des Tarifvertrages zulässig war. Gegen die Zulässigkeit einer Feststellungsklage wurde eingewandt, es könne keinen Rechtsstreit über die Auslegung einer Norm geben.¹⁰ Die Möglichkeit einer solchen Feststellungsklage wurde aber dann vom Reichsarbeitsgericht in ständiger Rechtsprechung und von der überwiegenden Meinung in der Literatur anerkannt.¹¹ Zweitens fehlte dem damaligen Tarifrecht eine gesetzliche Regelung, die die Frage nach den Auswirkungen eines zwischen den Tarifvertragsparteien ergangenen Feststellungsurteils auf die Einzelarbeitsverhältnisse der tarifgebundenen Mitglieder der Tarifvertragsparteien beantwortete. Das Reichsarbeitsgericht erwog bereits in seiner Grundsatzentscheidung vom 8. Juli 1929 eine prozessuale Erstreckung der Rechtskraft auf Dritte, ließ diesen Ansatz jedoch zunächst noch

---

² ZfA 1973, S. 129, 148.
³ ZfA 1973, S. 129, 153; siehe insoweit auch *Herschel*, ZfA 1973, S. 183, 197 f.
⁴ So § 8 des Tarifvertragsgesetzes für Groß-Berlin v. 12. 9. 1950 (VOBl. I S. 417); § 9 des rheinland-pfälzischen Landesgesetzes über den Tarifvertrag v. 24. 2. 1949 (GVBl. S. 82).
⁵ Gesetz vom 14. 8. 1969, BGBl. I S. 1106.
⁶ So die Reg. Begr., BT-Drucks. V/3913, S. 12.
⁷ BGBl. I S. 1323.
⁸ Rechtsgrundlage hierfür war Art. 7 Satz 2 Erstes Arbeitsrechtsbereinigungsgesetz, der auch zur Streichung von Vorschriften berechtigte, die infolge Zeitablaufs überholt waren.
⁹ Zuvor folgte diese aus Art. X KRG Nr. 21 in Verbindung mit den §§ 106 f. ArbGG 1926.
¹⁰ So z. B. *Hofkesbring*, NZfA 1928, Sp. 163 ff.
¹¹ Für die st. Rspr. des Reichsarbeitsgerichts vgl. RAG ARS 2, S. 103, 107; RAG ARS 4, S. 53, 55; RAG ARS 5, S. 280, 282; RAG ARS 6, S. 524, 526 f.; aus dem Schrifttum vor allem *Sinzheimer*, ArbR 1927, Sp. 915 ff.; Hueck/Nipperdey, Arbeitsrecht II, 3./5. Aufl. 1932, § 11 III, S. 130 f, mit zahlreichen Nachw. in Fn. 6; monographisch aus der damaligen Diskussion *Metzen*, Feststellungsklagen auf Auslegung des normativen Tarifvertragsteils, 1930.

dahingestellt.¹² Das Gericht stützte sich für die Bejahung einer Einwirkung auf das Individualarbeitsverhältnis ausschließlich auf die Einwirkungspflicht der Tarifvertragsparteien. Seien diese aufgrund eines Feststellungsurteils verpflichtet, den Tarifvertrag mit einem bestimmten Inhalt durchzuführen, so könne die auf das Arbeitsverhältnis einwirkende Tarifnorm keinen anderen, als den im Verfahren zwischen den Parteien des Tarifvertrages festgestellten Inhalt besitzen.¹³ Für die Annahme, das Gericht habe hierdurch dem Feststellungsurteil normative Wirkung beigemessen,¹⁴ lassen sich der Entscheidung indessen keine Anhaltspunkte entnehmen. Vielmehr ging es dem Reichsarbeitsgericht in erster Linie um die Verhinderung einer Diskrepanz zwischen der den Tarifvertragsparteien obliegenden Durchführungspflicht und dem Inhalt des durch den Tarifvertrag gestalteten Einzelarbeitsverhältnisses.

§ 9 beschränkt sich nicht auf eine Übernahme der vom Gesetzgeber vorgefundenen Tarifrechtsdogmatik,¹⁵ sondern baut auf der damaligen Rechtslage auf und erweitert diese.¹⁶ Während das Tarifrecht der Weimarer Zeit die Auswirkungen eines Feststellungsurteils auf die Arbeitsverhältnisse der tarifgebundenen Parteien des Einzelarbeitsverhältnisses beschränkte, beinhaltet § 9 eine Ausdehnung auf Rechtsstreitigkeiten zwischen tarifgebundenen Parteien und Dritten. Zum anderen blieb auf der Grundlage der höchstrichterlichen Rechtsprechung in der Weimarer Zeit unklar, ob und in welchem Umfang die Gerichte an das zwischen den Tarifvertragsparteien ergangene Feststellungsurteil gebunden waren, oder ob sich die Bindung auf die tarifgebundenen Arbeitsvertragsparteien beschränkte. § 9 bewirkt hinsichtlich dieser Problematik eine bemerkenswerte Klarstellung, da er die Bindung für alle Gerichte sowie die Schiedsgerichte und Schiedsgutachterstellen festschreibt.¹⁷

Die in § 9 angeordnete Bindungswirkung des Feststellungsurteils steht in einem untrennbaren Sachzusammenhang mit anderen Bestimmungen für das arbeitsgerichtliche Verfahren. Zu nennen ist zunächst § 2 Abs. 1 Nr. 1 ArbGG, der für die in § 9 genannten Streitigkeiten zwischen den Tarifvertragsparteien den Rechtsweg zu den Arbeitsgerichten eröffnet. Die vormals in § 16 Abs. 2 Satz 2 und § 35 Abs. 2 Satz 2 ArbGG 1953 enthaltenen Sonderbestimmungen für die Besetzung der Kammern bei den Arbeitsgerichten bzw. Landesarbeitsgerichten (sog. große Kammer) wurden wegen eines fehlenden praktischen Bedürfnisses durch die Beschleunigungsnovelle im Jahre 1979¹⁸ aufgehoben. Bei den in § 9 genannten Streitigkeiten ist die Berufung unabhängig vom Streitwert zuzulassen (§ 64 Abs. 3 Nr. 2 lit. a ArbGG) und die Nichtzulassung der Revision ist mit der Nichtzulassungsbeschwerde an-

---

¹² RAG ARS 6, S. 241, 242 f.; siehe aber später RAG ARS 11, S. 101, wo in dem Leitsatz festgestellt wird, daß das Feststellungsurteil auch zwischen den Mitgliedern der Verbände Rechtskraft schafft; für eine Erweiterung der subjektiven Rechtskraft vor allem auch *Sinzheimer*, ArbR 1927, Sp. 915, 919 ff.
¹³ RAG ARS 6, S. 241, 243; ebenso RAG ARS 11, S. 101, 104.
¹⁴ So Löwisch/*Rieble*, § 9 TVG, Rnr. 55 f.
¹⁵ So aber *Bogs*, in: Festschrift für Julius von Gierke (1950), S. 39, 64; treffend hiergegen *Brox*, JuS 1961, S. 252, 253.
¹⁶ Mit Recht spricht *Herschel*, ZfA 1973, S. 183, 197, lediglich von einer Anknüpfung an Gewachsenes; ebenso schon *Nipperdey*, RdA 1949, S. 81, 89.
¹⁷ Siehe insoweit auch *Herschel*, ZfA 1973, S. 183, 197 f.
¹⁸ BGBl. I S. 545; siehe hierzu Reg. Begr., BT-Drucks. 8/1567, S. 30, 31.

fechtbar (§ 72a Abs. 1 Nr. 1 ArbGG). Die Regelung in § 9 wird ergänzt durch § 63 ArbGG, der eine Übersendung rechtskräftiger Urteile anordnet, die in den in § 9 genannten Streitigkeiten zwischen den Tarifvertragsparteien ergehen. Dies gilt für erstinstanzliche Urteile der Arbeitsgerichte sowie für solche im Rahmen eines Berufungs- (§ 64 Abs. 7 ArbGG) bzw. eines Revisionsverfahrens (§ 72 Abs. 6 ArbGG).

II. Normzweck

6 Der Rückblick auf die Tarifrechtsdogmatik der Weimarer Zeit und die gegenüber dem vormaligen Rechtszustand in § 9 zu verzeichnenden Modifikationen beeinflussen auch den Normzweck der in § 9 angeordneten Bindungswirkung. Während die Judikatur des Reichsarbeitsgerichts noch von dem materiellrechtlich geprägten Anliegen beherrscht war, eine Divergenz zwischen tarifvertraglicher Einwirkungspflicht und den Rechtswirkungen der Tarifnormen für das Einzelarbeitsverhältnis zu verhindern, besitzt die in § 9 an die Gerichte und Schiedsgerichte adressierte Bindungswirkung einen prozessualen Normzweck. Sie dient – wie das Bundesarbeitsgericht bereits in einer Entscheidung vom 8. November 1957 hervorhob[19] – der Prozeßökonomie, da hierdurch eine Vielzahl von Einzelstreitigkeiten vermieden werden.[20] Die Bindungswirkung sichert zudem eine einheitliche Anwendung der Tarifverträge durch die Gerichte und fördert damit das Interesse an Rechtssicherheit und Rechtsklarheit.[21] Die im Weimarer Tarifrecht diskutierte inhaltliche Diskrepanz von tarifvertraglicher Einwirkungspflicht und den Rechtswirkungen der Tarifnormen auf das Einzelarbeitsverhältnis erlangt durch die in § 9 getroffene Problemlösung keine praktische Relevanz mehr.

III. Dogmatik der Bindungswirkung

7 Schwierigkeiten bereitet die präzise rechtsdogmatische Erfassung der durch § 9 vermittelten Bindungswirkung. Unstreitig ist, daß es sich bei § 9 **nicht** um einen Fall der **Prozeßstandschaft** handelt.[22] Die Tarifvertragsparteien prozessieren in ihrer eigenen Angelegenheit; sie handeln nicht im Auftrage und nicht unmittelbar im Interesse ihrer Mitglieder. Demgemäß haben die später von der Rechtskraftwirkung Betroffenen keine prozessualen Rechte in diesem Verfahren, wie etwa das Recht auf rechtliches Gehör.[23] Die Vorschrift in § 9 kann nicht mit der Verbandsklage nach § 13 UWG verglichen werden, wonach Schadensersatz und Unterlassungsansprüche aus den §§ 1, 3

---

[19] BAG 8. 11. 1957 AP Nr. 7 zu § 256 ZPO (*Tophoven*); sowie BAG 19. 2. 1965 AP Nr. 4 zu § 8 TVG (*Schnorr v. Carolsfeld*).
[20] So auch *Dütz*, ArbRGeg. Bd. 20, Dok. 1982 (1983), S. 30, 37; *Wiedemann/Moll*, Anm. zu BAG AP Nr. 1 zu § 9 TVG 1969.
[21] *Dütz*, ArbRGeg. Bd. 20, Dok. 1982 (1983), S. 33, 37; ausschließlich hierauf abstellend *Koberski/Clasen/Menzel*, § 9 TVG, Rnr. 1.
[22] Ebenso *Dütz*, ArbRGeg. Bd. 20, Dok. 1982 (1983), S. 33, 36; *Konzen*, in: Festschrift für Albrecht Zeuner (1994), S. 401, 423; *Prütting*, RdA 1989, S. 257, 262.
[23] *Zeuner*, Rechtliches Gehör, materielles Recht und Urteilswirkungen, 1974, S. 29f.; sowie *Dütz*, ArbRGeg. Bd. 20, Dok. 1982 (1983), S. 33, 40f.; *Grunsky*, § 2 ArbGG, Rnr. 62.

III. Dogmatik der Bindungswirkung

UWG von Verbänden zur Förderung gewerblicher Interessen geltend gemacht werden können. Zwar ähneln sich die beiden Vorschriften darin, daß bei § 13 UWG der Verband bei einem Eingriff in den satzungsgemäßen Interessenbereich nicht als Prozeßstandschafter, sondern ebenfalls aus eigenem Recht klagt, doch fehlen gerade die Wirkungen des § 9. Die Verbandsklage nach § 13 UWG gibt keine Einrede der Rechtskraft und Rechtshängigkeit gegenüber anderen Klageberechtigten.[24]

Aufgegriffen wurde die in § 9 normierte Bindungswirkung im Recht der Verbandsklage nach den §§ 13ff. AGBG. § 21 AGBG ordnet eine über die unmittelbar am Rechtsstreit Beteiligten hinausgehende Bindung an die rechtskräftige gerichtliche Entscheidung an, die jedoch unter dem Vorbehalt steht, daß sich der betroffene Vertragsteil auf das Unterlassungsgebot beruft. Obwohl das dogmatische Fundament dieser Bindungswirkung keineswegs geklärt ist, deutet die vorherrschende Ansicht die in § 21 AGBG getroffene Regelung als eine Erweiterung der Rechtskraft.[25] Dies entspricht ebenfalls der ganz überwiegenden Auffassung zu § 31 Abs. 1 BVerfGG, der eine Bindung der Staatsorgane an die Entscheidungen des Bundesverfassungsgerichts vorschreibt. Unabhängig von der kontrovers diskutierten Reichweite der Bindung (Tenor oder auch die Gründe)[26] besteht weitgehend Einvernehmen darüber, daß § 31 Abs. 1 BVerfGG eine Ausdehnung der Rechtskraft in subjektiver Hinsicht bewirkt.[27]

Überwiegend wird die durch § 9 fixierte Bindungswirkung ebenfalls als eine **Erweiterung der subjektiven Rechtskraft** bewertet, da andere als die Prozeßparteien an das Urteil gebunden sind, und dementsprechend die Rechtskraft des zwischen den Tarifvertragsparteien ergangenen Urteils in subjektiver Hinsicht erweitert wird. Diese dogmatische Deutung ist nicht nur im Schrifttum vorherrschend,[28] sie entspricht auch der älteren

---

[24] BGH GRUR 1960, S. 379, 380; *Erdmann*, Großkomm. UWG, 1991 § 13 UWG, Rnr. 25; Baumbach/*Hefermehl*, Wettbewerbsrecht, 20. Aufl. 1998, § 13 UWG, Rnr. 7; sowie schon RGZ 120, S. 47, 49.
[25] Siehe statt aller MünchKomm/*Gerlach*, BGB, § 21 AGBG, Rnr. 5, mit zahlr. Nachweisen in Fn. 28.
[26] Stellvertretend BGHZ 13, S. 265, 271 ff., mit zahlr. Nachweisen
[27] So *Brox*, in: Festschrift für Willi Geiger (1974), S. 809, 813 f.; *Kadenbach*, AöR Bd. 80 (1955/1956), S. 385, 411 f.; *Maunz/Bethge*, in: Maunz/Schmidt-Bleibtreu/Klein/Ulsamer/Bethge/Winter, BVerfGG, § 31 Rnr. 19; *Rupp*, in: Festschrift für Kern (1968), S. 403, 405; *H. Schneider*, DVBl. 1954, S. 184, 186; *Scheuner*, DÖV 1954, S. 641, 644 f.; abweichend BGHZ 13, 265, 278 f., der von einer Wesensverschiedenheit zu der Frage der Rechtskraft ausgeht; kritisch auch *Kriele*, Theorie der Rechtsgewinnung, 1967, S. 294 ff.
[28] *Brox*, JuS 1961, S. 252, 253; *Dütz*, ArbRGeg. Bd. 20, Dok. 1982 (1983), S. 33, 37 f.; *Germelmann/Matthes/Prütting*, § 2 ArBGG, Rnr. 19; *Gramm*, DB 1962, S. 1698; *Hirte*, ZZP Bd. 101 (1991), S. 11, 44; *Kempen/Zachert*, § 9 TVG, Rnr. 1; *Maus* § 8 TVG, Rnr. 15; *Maywald*, Rechtsstreitigkeiten, S. 43 ff.; *Konzen*, in: Festschrift für Albrecht Zeuner (1994), S. 401, 425; *Krause*, Rechtskrafterstreckung im kollektiven Arbeitsrecht, 1996, S. 99 ff.; *Schnorr v. Carolsfeld*, Anm. zu BAG AP Nr. 4 zu § 8 TVG; Stein/Jonas/*Leipold*, ZPO, 20. Aufl. 1989, § 325 ZPO, Rnr. 101; Stein/Jonas/*Schumann*, ZPO, 20. Aufl. 1987, § 256 ZPO, Rnr. 191; ebenso zum Tarifrecht der Tarifvertrags-Verordnung *Sinzheimer*, ArbR 1927, Sp. 915, 919 ff.; hiergegen jedoch *Bötticher*, in: Hundert Jahre Deutsches Rechtsleben Bd. I (1960), S. 511, 523; sowie zuletzt *Löwisch/Rieble*, § 9 TVG, Rnr. 55 ff.; *Schreiber*, ZfA 1983, S. 31, 46.

Rechtsprechung des Bundesarbeitsgerichts.[29] Irritationen löste jedoch das Urteil des Bundesarbeitsgerichts vom 28. September 1977 aus. In ihm lehnte das Gericht expressis verbis eine über § 322 Abs. 1 ZPO hinausgehende Erweiterung der Reichweite der materiellen Rechtskraft ab und sah den Sinn von § 9 in der Herbeiführung einer mit § 318 ZPO vergleichbaren materiellen Bindungswirkung.[30] In neueren Entscheidungen deutet das Bundesarbeitsgericht indes die in § 9 angeordnete Bindungswirkung – ohne sich mit dem Urteil vom 28. September 1977 auseinanderzusetzen – wiederum als eine über die §§ 325 ff. ZPO hinausgehende Ausdehnung der Rechtskraftwirkungen der Entscheidungen zwischen den Tarifvertragsparteien.[31]

10   Der Versuch des Bundesarbeitsgerichts in dem Urteil vom 28. September 1977, den rechtsdogmatischen Gehalt von § 9 mittels **§ 318 ZPO** aufzuhellen, kann nicht überzeugen. Die letztgenannte Vorschrift bewirkt eine Selbstbindung des Gerichts an von ihm selbst getroffene Entscheidungen; sie führt – wie *Wiedemann/Moll* treffend hervorheben – zu einer bloßen Innenbindung des entscheidenden Gerichts.[32] Zudem ist der Telos der durch § 318 ZPO bewirkten Bindung nicht auf die Regelung in § 9 übertragbar. Die Bindungswirkung in § 318 ZPO verhindert widersprechende Entscheidungen desselben Gerichts innerhalb desselben Verfahrens zwischen denselben Parteien. Über diese Selbstbindung des Gerichts geht § 9 weit hinaus; sie zielt auf andere Verfahren (Parteien) ab und ordnet eine Bindung anderer Gerichte an. Insofern liegt eine Parallele zu § 31 Abs. 1 BVerfGG und § 47 Abs. 6 Satz 2 VwGO näher.

11   Abzulehnen ist auch der bereits von *Bogs* entwickelte und von *Nikisch* aufgegriffene Versuch, die Bindungswirkung auf die normative Wirkung des Tarifvertrages zurückzuführen und eine **Reflexwirkung des Urteils** anzunehmen.[33] Dieser Ansatz, der letztlich die praeter legem vom Reichsarbeitsgericht entwickelte Konzeption (siehe oben Rnr. 3) fortführt, steht im Widerspruch zu der Ausdehnung der Bindungswirkung auf Rechtsstreitigkeiten zwischen tarifgebundenen Personen und Dritten. Dementsprechend konzediert auch *Bogs*, daß § 9 insoweit eine Ausdehnung der subjektiven Rechtskraft bewirkt.[34] Gegen die Differenzierung führen *Brox* und *Dütz* mit Recht

---

[29] So vor allem BAG 15. 11. 1957 AP Nr. 1 zu § 8 TVG (*Tophoven*); BAG 14. 10. 1960 AP Nr. 10 zu Art. 9 GG Arbeitskampf (*Wieczorek, Gift*) = SAE 1961, 130 (*Herschel*); BAG 19. 2. 1965 AP Nr. 4 zu § 8 TVG (*Schnorr v. Carolsfeld*).
[30] BAG 28. 9. 1977 AP Nr. 1 zu § 9 TVG 1969 (*Wiedemann*) = SAE 1978, 295 (*Bickel*).
[31] So BAG 30. 5. 1984 AP Nr. 3 zu § 9 TVG 1969 (*Wiedemann*); BAG 10. 5. 1989 AP Nr. 6 zu § 2 TVG Tarifzuständigkeit = EzA § 256 ZPO Nr. 32 (*Otto*); BAG 25. 9. 1990 AP Nr. 8 zu § 9 TVG 1969.
[32] *Wiedemann/Moll*, Anm. zu BAG AP Nr. 1 zu § 9 TVG 1969; ebenso *Dütz*, ArbRGeg. Bd. 20, Dok. 1982 (1983), S. 33, 37; *Konzen*, in: Festschrift für Albrecht Zeuner (1994), S. 401, 425; *Krause*, Rechtskrafterstreckung im kollektiven Arbeitsrecht, 1996, S. 99 mit Fn. 110; *Löwisch/Rieble*, § 9 TVG, Rnr. 58.
[33] *Bogs*, in: Festschrift für Julius von Gierke (1950), S. 39, 64 f.; sowie *Auffarth*, BetrVerf. 1956, S. 165, 169; *Nikisch*, Arbeitsrecht II, § 69 III 7 c, S. 226; ablehnend auch *Krause*, Rechtskrafterstreckung im kollektiven Arbeitsrecht, 1996, S. 103 ff.
[34] *Bogs*, in: Festschrift für Julius von Gierke (1950), S. 39, 65 f.; ebenso *Nikisch*, Arbeitsrecht II, § 69 III 7 c, S. 226 f.

III. Dogmatik der Bindungswirkung

an, daß es an einem überzeugenden Grund fehlt, die durch § 9 vermittelte Bindungswirkung angesichts des einheitlichen Regelungsgehalts der Norm einerseits materiellrechtlich, andererseits prozessual zu deuten.[35]

Gegen ein **materiellrechtliches Normfundament**, welches *Bötticher* sogar dahin ausdehnt, daß er der gerichtlichen Entscheidung selbst normative Wirkung beilegt,[36] spricht der Gesetzeswortlaut, der sich deutlich von den konstruktiven Ansätzen der Weimarer Zeit abhebt.[37] § 9 ordnet gerade nicht an, daß die rechtskräftige gerichtliche Entscheidung integraler Bestandteil der Tarifbestimmung wird oder wie diese wirkt, sondern sieht auf der Rechtsfolgenebene eine Bindung anderer Gerichte vor. Die Rechtsfolgenanordnung zwingt dazu, die Bindungswirkung als ein prozessuales Phänomen zu verstehen. Soll die gerichtliche Entscheidung dieselbe Rechtsnatur wie die überprüfte Rechtsnorm besitzen und nicht nur die Gerichte, sondern alle Normunterworfenen binden, so bedarf es hierfür einer ausdrücklichen Anordnung des Gesetzgebers,[38] die im Fall des § 9 jedoch fehlt.

Zuzugeben ist den Kritikern einer auf die Rechtskraft rekurrierenden Begründung, daß die verbreitet anzutreffende Aussage, § 9 beinhalte eine über § 325 ZPO hinausgehende Erweiterung der Rechtskraft, mißverständlich ist. Verfehlt ist allerdings der Vorwurf des Bundesarbeitsgerichts in der Entscheidung vom 28. September 1977, § 9 wolle ersichtlich keine Abweisung der Klage ohne Sachentscheidung durch Prozeßurteil. Diese zweifelsohne zutreffende Aussage geht am Kern der Problematik vorbei, da die vom Bundesarbeitsgericht angeführte Rechtsfolge nur bei einer Identität des Streitgegenstandes eintritt, die im Fall des § 9 nicht vorliegt.[39] Eine Erweiterung der Rechtskraft tritt insoweit ein, als daß die im Verfahren nach § 9 ergehende rechtskräftige Entscheidung präjudizielle Wirkung für die in dieser Vorschrift genannten Rechtsstreitigkeiten entfaltet.[40] Nur insoweit ordnet § 9 eine Erweiterung der subjektiven Rechtskraft der Entscheidung an.

---

[35] *Brox,* JuS 1961, S. 252, 253; *Dütz,* ArbRGeg. Bd. 20, Dok. 1982 (1983), S. 33, 38.
[36] *Bötticher,* in: Hundert Jahre Deutsches Rechtsleben Bd. I (1960), S. 511, 523; ebenso Löwisch/*Rieble,* § 9 TVG, Rnr. 55 ff.
[37] Dies würdigt nicht hinreichend Löwisch/*Rieble,* § 9 TVG, Rnr. 56.
[38] Siehe § 31 BVerfGG, der in Abs. 1 eine generelle Bindung an die Entscheidung des Bundesverfassungsgerichts festlegt, die Gesetzeskraft in Abs. 2 aber nur für Entscheidungen in bestimmten Verfahren anordnet; zu dieser Differenzierung bereits *Scheuner,* DÖV 1954, S. 641, 645. Anders jedoch § 47 Abs. 6 Satz 2 VwGO, der sich auf die Anordnung der allgemeinen Verbindlichkeit des Beschlusses beschränkt, diesen jedoch nicht in den Rang der für nichtig erklärten Rechtsnorm erhebt.
[39] So treffend *Wiedemann/Moll,* Anm. zu BAG AP Nr. 1 zu § 9 TVG 1969.
[40] Ebenso *Otto,* RdA 1989, S. 247, 252 Fn. 50; *Wiedemann/Moll,* Anm. zu BAG AP Nr. 1 zu § 9 TVG 1969; treffend zu § 21 AGBG MünchKomm/*Gerlach,* BGB, § 21 AGBG, Rnr. 5: Verrechtlichung einer faktischen Präjudizialität; so auch mit Nachdruck zu § 31 Abs. 1 BVerfGG *Kriele,* Theorie der Rechtsgewinnung, 1967, S. 299 ff.; *H. Schneider,* DVBl. 1954, S. 184, 186; allg. zur Präjudizialität *Rosenberg/Schwab/Gottwald,* Zivilprozeßrecht, 15. Aufl. 1993, § 154 III, S. 928.

IV. Anforderungen an die bindende Entscheidung

1. Prozeß zwischen den Tarifvertragsparteien

14 a) **Zweigliedriger Tarifvertrag** Es muß ein Urteil in einem Prozeß zwischen den Tarifvertragsparteien vorliegen. Damit sind nur Verfahren gemeint, in denen sich diejenigen als Partei gegenüberstehen, die auch als Vertragspartner auf verschiedenen Seiten standen.[41] Es genügt also nicht ein Urteil zwischen mehreren Parteien eines Tarifvertrages, die sich auf derselben Vertragsseite befinden. Gleichgültig ist, ob sich die Parteien eines Verbands- oder Firmentarifvertrages gegenüberstehen. Spitzenorganisationen sind nur dann Tarifvertragspartei im Sinne von § 9, wenn sie den Tarifvertrag im eigenen Namen abgeschlossen haben (§ 2 Abs. 3).[42] Rechtsstreitigkeiten zwischen Verbänden, die sich dem Spitzenverband angeschlossen haben, können in dieser Konstellation nicht die in § 9 angeordnete Bindungswirkung auslösen.[43] Das gilt entsprechend für Rechtsstreitigkeiten, die Unterverbände der jeweiligen Tarifvertragsparteien führen.[44]

15 Bei einem Verbandstarifvertrag genügt ein Urteil zwischen einer Tarifvertragspartei und einem einzelnen Arbeitgeber oder Arbeitnehmer grundsätzlich nicht.[45] Auch wenn entsprechende Feststellungsklagen im Einzelfall zulässig sein sollten,[46] besitzen hierauf bezogene Entscheidungen nicht die Wirkung des § 9. Es lassen sich indes Ausnahmefälle denken, in denen ein Bedürfnis zur analogen Heranziehung der Vorschrift besteht. So wirkt z. B. die in einem Rechtsstreit zwischen einer Tarifvertragspartei und ihrem Mitglied ergangene rechtskräftige Entscheidung eines ordentlichen Gerichts, derzufolge die Mitgliedschaft zu einem bestimmten Zeitpunkt endete, nach Ansicht des Bundesarbeitsgerichts auch für und gegen die andere Tarifvertragspartei und deren Mitglieder.[47]

16 b) **Mehrgliedriger Tarifvertrag.** Handelt es sich um einen selbständigen mehrgliedrigen Tarifvertrag (zu diesem oben § 1, Rnr....) und nahm auf der mehrgliedrigen Seite nur ein Verband an dem Feststellungsprozeß teil, so wirkt das Feststellungsurteil nur für und gegen den am Prozeß beteiligten

---

[41] *Dütz,* ArbRGeg. Bd. 20, Dok. 1982 (1983), S. 33, 38; Kempen/*Zachert,* § 9 TVG, Rnr. 2; Stein/Jonas/*Schumann,* ZPO, 20. Aufl. 1987, § 256 ZPO, Rnr. 192.

[42] *Krause,* Rechtskrafterstreckung im kollektiven Arbeitsrecht, 1996, S. 106; *Löwisch/Rieble,* § 9 TVG, Rnr. 14.

[43] Anders im Falle einer Vertretung durch die Spitzenorganisation (§ 2 Abs. 2).

[44] *Auffarth,* BetrVerf. 1956, S. 165, 167; *Maywald,* Rechtsstreitigkeiten, S. 46 f.

[45] *Auffarth,* BetrVerf. 1956, S. 165, 167; *Dersch/Volkmar,* ArbGG, 6. Aufl. 1955, § 2 ArbGG, Rnr. 39; *Dütz,* ArbRGeg. Bd. 20, Dok. 1982 (1983), S. 33, 38; *Germelmann/Matthes/Prütting,* § 2 ArbGG, Rnr. 21; Kempen/*Zachert,* § 9 TVG, Rnr. 2; *Krause,* Rechtskrafterstreckung im kollektiven Arbeitsrecht, 1996, S. 281 f.; *Maus,* § 8 TVG, Rnr. 8.

[46] Siehe hierzu *Hueck*/Nipperdey, Arbeitsrecht I, § 97 IV 2 Fn. 38, S. 924.

[47] BAG 14. 10. 1960 AP Nr. 10 zu Art. 9 GG Arbeitskampf; hierzu auch *Brox,* JuS 1961, S. 252, 254 ff.; *Bötticher,* JZ 1961, S. 387 ff.; *Krause,* Rechtskrafterstreckungen im kollektiven Arbeitsrecht, 1996, S. 282 f.; siehe auch oben § 3, Rnr. 109 ff.

IV. Anforderungen an die bindende Entscheidung 17 § 9

Verband und seine Mitglieder.[48] Daraus folgt, daß die am Prozeß nicht beteiligte Tarifvertragspartei mangels Rechtskrafterstreckung ihrerseits mit der Gegenpartei ebenfalls einen Prozeß beginnen und unter Umständen ein abweichendes Urteil herbeiführen kann, das dann nach § 9 für die an diesem Prozeß beteiligten Verbände und ihre Angehörigen im Verhältnis zueinander bindend ist. Dieses Ergebnis mag zwar unerfreulich sein, ist aber dadurch bedingt, daß Rechtskraft grundsätzlich nur zwischen den am Prozeß beteiligten Parteien („inter partes") eintritt. Zudem ist zu bedenken, daß beim mehrgliedrigen Tarifvertrag jeder der auf der mehrgliedrigen Seite stehenden Verbände autonom bleibt und durch nachträgliche Änderung mit dem Vertragspartner eine abweichende Vereinbarung für seine Verbandsangehörigen herbeiführen kann. Im allgemeinen besteht deshalb auch zwischen auf der gleichen Seite beteiligten Verbänden keine notwendige Streitgenossenschaft im Sinn des § 62 ZPO.[49] Eine solche wird man nur annehmen können, wenn sich die auf einer Seite stehenden Verbände zu einer gemeinsamen Prozeßführung verpflichtet haben, was kaum der Fall sein wird.[50] Beim Einheitstarifvertrag (zu diesem oben § 1, Rnr....) dagegen gilt § 9.[51]

2. Tarifvertragliche Rechtsstreitigkeit

Es muß sich um einen Prozeß „aus dem Tarifvertrag oder über das Bestehen oder Nichtbestehen des Tarifvertrages" handeln. Bei Streitigkeiten über das **Bestehen oder Nichtbestehen des Tarifvertrages** sind nur Feststellungsurteile denkbar. Das nach § 256 ZPO erforderliche Feststellungsinteresse ergibt sich aus der Stellung der Tarifvertragsparteien im Rahmen der tariflichen Ordnung und der tariflichen Regelung.[52] Ein Rückgriff auf § 9 zur Begründung des Feststellungsinteresses ist dogmatisch verfehlt, da diese Norm lediglich die Rechtswirkungen des Urteils regelt, nicht aber die Voraussetzungen einer zulässigen Klage ersetzt; die (abstrakte) Möglichkeit einer Feststellungsklage wird jedoch von § 9 gedanklich vorausgesetzt.[53] Ein Feststellungsinteresse ist auch dann noch zu bejahen, wenn der Tarifvertrag ge- 17

---

[48] Ebenso BAG 28. 9. 1977 AP Nr. 1 zu § 9 TVG 1969 (*Wiedemann/Moll*) = SAE 1978, 295 (*Bickel*); *Auffarth*, BetrVerf. 1956, S. 165, 167 f.; *Däubler*, Tarifvertragsrecht, Rnr. 166; *Dersch/Volkmar*, ArbGG, 6. Aufl. 1955, § 2 ArbGG, Rnr. 39; *Dütz*, ArbRGeg. Bd. 20, Dok. 1982 (1983), S. 33, 39 f.; *Germelmann/Matthes/Prütting*, § 2 ArbGG, Rnr. 21; *Grunsky*, § 2 ArbGG, Rnr. 62; *Hueck*/Nipperdey, Arbeitsrecht I, § 97 IV 2 Fn. 38, S. 923; Kempen/Zachert, § 9 TVG, Rnr. 2; *Koberski/Clasen/Menzel*, § 9 TVG, Rnr. 11; *Krause*, Rechtskrafterstreckung im kollektiven Arbeitsrecht, 1996, S. 269 f., 317 ff.; *Maus*, § 8 TVG, Rnr. 9; *Maywald*, Rechtsstreitigkeiten, S. 47; Stein/Jonas/Schumann, ZPO, 20. Aufl. 1987, § 256 Rnr. 195; *Wiedemann/Moll*, Anm. zu BAG AP Nr. 1 zu § 9 TVG 1969.
[49] BAG 28. 9. 1977 AP Nr. 1 zu § 9 TVG 1969 (*Wiedemann/Moll*) = SAE 1978, 295 (*Bickel*); sowie schon *Herschel*, in: Festschrift für Erich Molitor (1962), S. 161, 196.
[50] *Hueck*/Nipperdey, Arbeitsrecht I, § 97 IV 2 Fn. 38, S. 923.
[51] BAG 15. 7. 1986 AP Nr. 1 zu Art. 3 LPVG Bayern; *Germelmann/Matthes/Prütting*, § 2 ArbGG, Rnr. 21; *Maywald*, Rechtsstreitigkeiten, S. 47 f.
[52] BAG 15. 11. 1957 AP Nr. 1 zu § 8 TVG; LAG Berlin, BB 1960, S. 1391; *Dütz*, ArbRGeg. Bd. 20, Dok. 1982 (1983), S. 33, 40; *Herschel*, BB 1977, S. 1161, 1162; *Koberski/Clasen/Menzel*, § 9 TVG, Rnr. 10; *Wiedemann/Moll*, Anm. zu BAG AP Nr. 1 zu § 9 TVG 1969.
[53] Zutreffend bereits *Wiedemann/Moll*, Anm. zu BAG AP Nr. 1 zu § 9 TVG 1969.

kündigt worden ist und lediglich kraft Gesetzes nachwirkt.[54] Kein Anwendungsfall von § 9 ist demgegenüber die Streitigkeit über die Notwendigkeit eines Tarifvertrages.[55]

18 Rechtsstreitigkeiten **aus dem Tarifvertrag** sind solche über die Auslegung des Tarifvertrages.[56] Der Unterschied gegenüber der Streitigkeit über das Bestehen oder Nichtbestehen des Tarifvertrages ist nur ein quantitativer, denn der Sache nach handelt es sich immer um die Feststellung, daß ein Tarifvertrag mit einem bestimmten Inhalt zwischen den Parteien besteht. Auch bei den Auslegungsstreitigkeiten kommen im Rahmen von § 9 grundsätzlich nur Feststellungsurteile in Betracht. Zwar sind Leistungsklagen zur Realisierung von Vereinbarungen möglich, aber da sich § 9 nur auf den Urteilstenor erstreckt (siehe unten Rnr. 24), haben Urteile, die die Tarifvertragsparteien zu einer Leistung verpflichten, für die Parteien, auf die sich die Bindung des § 9 erstreckt, keine Bedeutung.[57]

19 Der Rechtsstreit zwischen den Tarifvertragsparteien muß sich auf einen Tarifvertrag beziehen, der nach seinem Regelungsinhalt als ein solcher zu qualifizieren ist. Streitigkeiten zwischen den Parteien einer kollektivvertraglichen Abrede, die nach ihrem Inhalt keinen Tarifvertrag im Sinne von § 1 Abs. 1 darstellt, sind nicht von § 9 erfaßt. Dies berührt zwar nicht die Zulässigkeit etwaiger Feststellungsklagen, steht jedoch einer auf § 9 gestützten Bindungswirkung der gerichtlichen Entscheidung entgegen.

20 Da § 9 einschränkungslos Tarifverträge erfaßt, greift die Bindungswirkung unabhängig davon ein, ob sich die Streitigkeit zwischen den Tarifvertragsparteien auf normative oder obligatorische Tarifbestimmungen bezieht.[58] Die weite Fassung des Gesetzes war gerade von dem Bestreben geleitet, die Bindungswirkung auch auf Feststellungsurteile über die schuldrechtlichen Bestimmungen eines Tarifvertrages auszudehnen.[59] Bei ihnen versagte nämlich der materiellrechtliche Begründungsansatz des Reichsarbeitsgerichts. Denkbar ist die Bindungswirkung bei obligatorischen Tarifbestimmungen, wenn sie schuldrechtliche Ansprüche zugunsten Dritter (§ 328 BGB) begründen sollen.[60]

21 § 9 stellt hinsichtlich der Streitigkeit zwar auf den Tarifvertrag ab, jedoch folgt aus dem Sinn und Zweck der Norm, daß die Streitigkeit nicht den Tarifvertrag als Ganzes erfassen muß. Es genügt, wenn eine **einzelne Tarifnorm** den Streitgegenstand bildet, die z.B. auf ihre Rechtswirksamkeit

---

[54] BAG 23. 3. 1957 AP Nr. 18 zu Art. 3 GG; BAG 28. 9. 1977 AP Nr. 1 zu § 9 TVG 1969 (*Wiedemann/Moll*) = SAE 1978, 295 (*Bickel*); Kempen/*Zachert*, § 9 TVG, Rnr. 1; *Krause*, Rechtskrafterstreckung im kollektiven Arbeitsrecht, 1996, S. 285 ff.; *Stein*, Tarifvertragsrecht, Rnr. 398.
[55] Überzeugend BAG 21. 3. 1995 – 1 AZR 448/94, n.v.
[56] BAG 7. 11. 1995 AP Nr. 1 zu § 3 TVG Betriebsnormen; Löwisch/*Rieble*, § 9 TVG, Rnr. 9; *Maus*, § 8 TVG, Rnr. 11.
[57] So bereits *Auffarth*, BetrVerf. 1956, S. 165, 168.
[58] Ebenso *Dütz*, ArbRGeg. Bd. 20, Dok. 1982 (1983), S. 33, 38; Koberski/Clasen/*Menzel*, § 9 TVG, Rnr. 5; *Krause*, Rechtskrafterstreckung im kollektiven Arbeitsrecht, 1996, S. 290 ff.; *Maus*, § 8 TVG, Rnr. 12; *Nikisch*, Arbeitsrecht II, § 69 III 7 c, S. 227; Stein/Jonas/*Schumann*, ZPO, 20. Aufl. 1987, § 256 ZPO Rnr. 193; für eine Beschränkung auf Tarifnormen jedoch Germelmann/Matthes/*Prütting*, § 2 ArbGG, Rnr. 20; Kempen/*Zachert*, § 9 TVG, Rnr. 3; Löwisch/*Rieble*, § 9 TVG, Rnr. 17.
[59] *Herschel*, ZfA 1973, S. 183, 197.
[60] Siehe näher *Maywald*, Rechtsstreitigkeiten, S. 60 ff.

IV. Anforderungen an die bindende Entscheidung 22–24 § 9

überprüft werden soll oder deren Auslegung zwischen den Tarifvertragsparteien umstritten ist.[61]

Um eine Streitigkeit im Sinn von § 9 handelt es sich beispielsweise bei der Frage, ob eine genau bestimmte, in ihrer Zusammensetzung zweifelsfrei feststehende und von den anderen Arbeitnehmern klar abgrenzbare Gruppe nach dem Willen der Tarifvertragsparteien die Merkmale einer Lohngruppe eines Tarifvertrages erfüllt, dagegen im Regelfall nicht, wenn es um die Einstufung eines einzelnen Arbeitnehmers geht.[62]

3. Rechtsstreitigkeit über die Tarifzuständigkeit und Tariffähigkeit

Die Vorschrift des § 9 ist analog anzuwenden für im Beschlußverfahren nach § 2a Abs. 1 Nr. 4 in Verbindung mit § 97 ArbGG ergehende Entscheidungen über die Tariffähigkeit sowie bei Entscheidungen über die Tarifzuständigkeit einer Vereinigung.[63] Hierfür spricht vor allem die Bedeutung von Tariffähigkeit und Tarifzuständigkeit im Tarifvertrags- und darüber hinaus im Arbeitskampfrecht, die im Interesse der Rechtsklarheit sich widersprechende gerichtliche Entscheidungen auf diesem Gebiet verbietet. Zudem wird hierdurch eine Wertung konsequent fortgedacht, die bereits in der in § 97 Abs. 3 ArbGG angeordneten analogen Anwendung von § 63 ArbGG zum Ausdruck gelangt.

4. Rechtskräftige Entscheidungen

a) Urteile Die Bindungswirkung des § 9 geht von rechtskräftigen Urteilen aus bzw. von rechtskräftigen Beschlüssen nach § 2a Abs. 1 Nr. 4, § 97 ArbGG bei Streitigkeiten über die Tariffähigkeit bzw. die Tarifzuständigkeit.[64] Von welcher Instanz sie herrühren, ist gleichgültig.[65] Es besteht keine Notwendigkeit, den Prozeß bis zur letzten Instanz zu betreiben, um die Bindungswirkung herbeizuführen.[66] Hierdurch kann allerdings die bei der Ge-

---

[61] BAG 28. 9. 1977 AP Nr. 1 zu § 9 TVG 1969 (*Wiedemann/Moll*) = SAE 1978, 249 (*Bickel*); Dütz, ArbRGeg. Bd. 20, Dok. 1982 (1983), S. 33, 38; Kempen/*Zachert*, § 9 TVG, Rnr. 1, 3; Löwisch/*Rieble*, § 9 TVG, Rnr. 22; *Stein*, Tarifvertragsrecht, Rnr. 397.
[62] BAG 19. 2. 1965 AP Nr. 4 zu § 8 TVG (*Schnorr v. Carolsfeld*).
[63] Ebenso BAG 10. 5. 1989 AP Nr. 6 zu § 2 TVG Tarifzuständigkeit = EzA § 256 ZPO Nr. 32 (*Otto*); Kempen/*Zachert*, § 9 TVG, Rnr. 3; *Krause*, Rechtskrafterstreckung im kollektiven Arbeitsrecht, 1996, S. 325 f.; Löwisch/*Rieble*, § 9 TVG, Rnr. 5; weitergehend *Dütz*, ArbRGeg. Bd. 20, Dok. 1982 (1983), S. 33, 41 ff.; *Prütting*, RdA 1991, S. 257, 266, die in diesen Fällen zugunsten einer Rechtskrafterstreckung für und gegen jedermann plädieren; ebenso auch noch BAG 15. 3. 1977 AP Nr. 24 zu Art. 9 GG (*Wiedemann*) = SAE 1978, 37 (*Kraft*) = § 2 TVG Nr. 12 (*Dütz*); BAG 25. 11. 1986 AP Nr. 36 zu § 2 TVG = EzA § 2 TVG Nr. 17 (*Schulin*), jeweils für Entscheidungen über die Tariffähigkeit; ablehnend gegenüber einer Analogie aber *Leinemann*, GK-ArbGG, § 97 ArbGG, Rnr. 69.
[64] Kempen/*Zachert*, § 9 TVG, Rnr. 4.
[65] *Dersch/Volkmar*, ArbGG, 6. Aufl. 1955, § 2 ArbGG, Rnr. 39; Kempen/*Zachert*, § 9 TVG, Rnr. 4; *Maus*, § 8 TVG, Rnr. 2; *Nipperdey*, RdA 1949, S. 81, 89.
[66] Anders früher § 9 des Gesetzes über den Tarifvertrag im Lande Rheinland-Pfalz v. 24. 2. 1949 (GVBl. S. 82), der eine „höchstrichterliche Entscheidung" verlangte; hierzu *Kraegeloh*, RdA 1949, S. 369, 374.

setzesentstehung bereits kritisierte⁶⁷ Rechtsfolge eintreten, daß nicht nur das Bundesarbeitsgericht an seine eigenen rechtskräftigen Entscheidungen, sondern unter Umständen auch an das rechtskräftige Urteil eines Arbeitsgerichts gebunden ist.

25 Das Gesetz knüpft die Erweiterung der Rechtskraft ausschließlich an das Vorliegen einer rechtskräftigen Entscheidung. Deswegen kommen alle Urteile in Betracht, die einen Rechtsstreit zwischen den Tarifvertragsparteien rechtskräftig abschließen. Hierzu gehören bei alleiniger Betrachtung des Wortlauts von § 9 nicht nur Endurteile. Anerkenntnis-, Verzichts- und Versäumnisurteile sind zwar ebenfalls der Rechtskraft fähige Entscheidungen, jedoch ist deren Erlaß in einem von § 9 erfaßten Rechtsstreit nur nach Maßgabe der zivilprozessualen Normen statthaft.⁶⁸ Stets ist erforderlich, daß die Entscheidung inhaltlich zu dem Tarifvertrag Stellung nimmt; ein Prozeßurteil löst deshalb nicht die Bindungswirkung aus.⁶⁹

26 **b) Sprüche von Schiedsgerichten.** Nach dem Wortlaut von 9 genügt es nicht allein, daß eine rechtskräftige Entscheidung vorliegt. Es ist vielmehr notwendig, daß diese von einem Gericht für Arbeitssachen herrührt. Problematisch ist deshalb, ob endgültige Sprüche von Schiedsgerichten ebenfalls an der durch § 9 erweiterten Rechtskraft partizipieren. Dies war bereits unter der alten Gesetzesfassung umstritten. Während das Schrifttum geteilter Ansicht war,⁷⁰ befürwortete das Bundesarbeitsgericht in dem Urteil vom 20. Mai 1960 die Einbeziehung von Sprüchen der Schiedsgerichte in den Anwendungsbereich des § 8 a. F. unter Hinweis auf ihre Rechtskraftwirkungen.⁷¹ Auch im neueren Schrifttum bildete sich bislang keine überwiegende Ansicht heraus.⁷² Der Hinweis auf § 108 Abs. 4 ArbGG, der den Sprüchen der Schiedsgerichte die Wirkungen eines rechtskräftigen Urteils beilegt, hilft nur scheinbar weiter.⁷³ Fest steht damit lediglich, daß eine „rechtskräftige Entscheidung" vorliegt. Das darüber hinaus von § 9 geforderte Merkmal einer *arbeitsgerichtlichen* Entscheidung wird hierdurch nicht erfüllt.

27 Gegen eine unmittelbare Anwendung von § 9 spricht die ausdrückliche Nennung der „Gerichte für Arbeitssachen". Aus einem Vergleich mit den

---

⁶⁷ Siehe oben Rnr. 1; kritisch auch *Auffarth*, BetrVerf. 1956, S. 165, 167.
⁶⁸ Ablehnend für die genannten Urteile deshalb Löwisch/*Rieble*, § 9 TVG, Rnr. 44 ff.; sowie bereits *Maywald*, Rechtsstreitigkeiten, S. 31 f.
⁶⁹ *Grunsky*, ArbGG, § 2 ArbGG, Rnr. 62.
⁷⁰ Für eine Anwendung des § 8 a. F. *Gramm*, DB 1962, S. 1698, 1699; *Herschel*, BB 1952, S. 258; *ders.*, in: Festschrift für Erich Molitor (1962), S. 161, 194; *Maus*, § 8 TVG, Rnr. 3; *Maywald*, Rechtsstreitigkeiten, S. 85 ff.; ablehnend jedoch *Auffarth*, BetrVerf. 1956, S. 165, 167; *Dersch/Volkmar*, ArbGG, 6. Aufl. 1955, § 2 ArbGG, Rnr. 39; *Fitting*, BB 1955, S. 321 f.
⁷¹ BAG 20. 5. 1960 AP Nr. 8 zu § 101 ArbGG 1953 (*Jauernig*) = SAE 1961, 185 (*Tophoven*).
⁷² Gegen die Anwendung von § 9 Kempen/*Zachert*, § 9 TVG, Rnr. 4; *Löwisch*, ZZP Bd. 103 (1990), S. 22, 28; Löwisch/*Rieble*, § 9 TVG, Rnr. 35 f.; *Rieble*, NZA 1992, S. 250, 253; Stein/Jonas/*Schumann*, ZPO, 20. Aufl. 1987, § 256 ZPO, Rnr. 194; zugunsten einer Einbeziehung der Schiedssprüche jedoch *Däubler*, Tarifvertragsrecht, Rnr. 167; Germelmann/Matthes/*Prütting*, § 108 ArbGG, Rnr. 31; *Grunsky*, § 108 ArbGG, Rnr. 9; *Schreiber*, ZfA 1983, S. 31, 44.
⁷³ Treffend *Fitting*, BB 1955, S. 321, 322.

IV. Anforderungen an die bindende Entscheidung 28, 29 § 9

Adressaten der Bindung sowie aus der Legaldefinition der „Gerichte für Arbeitssachen" in § 1 ArbGG folgt, daß nur rechtskräftige Entscheidungen staatlicher Gerichte die Bindungswirkung auslösen können. Die Entstehungsgeschichte der Vorschrift bekräftigt diese Auslegung. Die Abkehr von den „Arbeitsgerichtsbehörden" durch Art. 4 Nr. 4 des Ersten Arbeitsrechtsbereinigungsgesetzes ließ sich nur bei isolierter Betrachtung von § 9 als Oberbegriff für die dort genannten Adressaten verstehen. Ein Rückblick auf die zur Zeit der Entstehung des Tarifvertragsgesetzes geltende Rechtslage zeigt, daß hierunter nur staatliche Gerichte zu verstehen waren. Das Kontrollratsgesetz Nr. 21, das damals das arbeitsgerichtliche Verfahren ausformte, verwies in Art. X ausdrücklich auf das Arbeitsgerichtsgesetz aus dem Jahre 1926, das bereits den Begriff der Arbeitsgerichtsbehörden kannte und ihn, vergleichbar mit § 1 ArbGG, in § 1 ArbGG 1926 als Oberbegriff für die staatlichen Arbeitsgerichte verwandte, obwohl das damalige Gesetz Schiedsgerichte anerkannte (§§ 91 ff. ArbGG 1926).

Eine entsprechende Anwendung von § 9 scheidet ebenfalls aus.[74] Ungeachtet der teleologischen Bedenken gegenüber einer Analogie[75] fehlt bereits eine planwidrige Unvollständigkeit. Dies folgt aus der ausdrücklichen Erwähnung der Schiedsgerichtsbarkeit in § 9 und den verfahrensrechtlichen Bestimmungen in den §§ 101 ff. ArbGG. Erstens beschränkt § 108 Abs. 4 ArbGG die urteilsgleichen Wirkungen des Schiedsspruches ausdrücklich auf die Parteien des Schiedsverfahrens und stellt den Schiedsspruch nicht generell mit einem arbeitsgerichtlichen Urteil gleich. Zweitens verzichten die §§ 101 ff. ArbGG auf die Anordnung einer entsprechenden Anwendung von § 63 ArbGG. Angesichts der Regelungstechnik in § 97 Abs. 3 ArbGG hätte eine vergleichbare Regelung nahegelegen, wenn der Gesetzgeber der Auffassung gewesen wäre, daß Schiedssprüche eine über die Verfahrensbeteiligten hinausreichende Rechtskraftwirkung besitzen sollen. 28

c) Vergleiche. Nicht unter § 9 fällt ein Vergleich.[76] Dies war auch schon vor der Neufassung der Vorschrift herrschende Meinung.[77] Es ist jedoch zu untersuchen, ob nicht eine vergleichsweise zustande gekommene authentische Interpretation des Tarifvertrages oder ein Vergleich über das Bestehen oder Nichtbestehen des Tarifvertrages vorliegt, die beide eine Abänderung des Tarifvertrages bedeuten. Eine solche Abänderung gilt, da sie selbst die Qualität eines Tarifvertrages besitzt, für alle tarifunterworfenen Personen, aber auch nur für diese,[78] sofern nicht der Tarifvertrag bei tariflichen Außenseitern aufgrund einer Bezugnahmeklausel integraler Bestandteil des Einzelarbeitsvertrages ist. 29

---

[74] So im methodischen Ansatz *Maywald*, Rechtsstreitigkeiten, S. 85 ff.; ebenso *Kempen/Zachert*, § 9 TVG, Rnr. 4.
[75] Siehe bereits *Auffarth*, BetrVerf. 1956, S. 165, 167; *Fitting*, BB 1955, S. 321 f.; sowie *Löwisch/Rieble*, § 9 TVG, Rnr. 36 f.
[76] *Kempen/Zachert*, § 9 TVG, Rnr. 4; *Löwisch/Rieble*, § 9 TVG, Rnr. 48; *Stein/Jonas/Schumann*, ZPO, 20. Aufl. 1987, § 256 ZPO, Rnr. 194.
[77] Siehe *Hueck/Nipperdey/Stahlhacke*, § 8 TVG, Rnr. 4; sowie *Auffarth*, BetrVerf. 1956, S. 165, 167; *Brox*, JuS 1961, S. 252, 253; *Maywald*, Rechtsstreitigkeiten, S. 74 ff.; *Nikisch*, Arbeitsrecht II, § 69 III 7 c, S. 227; a. A. aber *Maus*, § 8 TVG, Rnr. 4.
[78] So auch *Maywald*, Rechtsstreitigkeiten, S. 75; *Nikisch*, Arbeitsrecht II, § 69 III 7 c, S. 227.

V. Umfang der Bindungswirkung

1. Sachlicher Umfang

30 Die Vorschrift erweitert nur die *subjektiven*, nicht auch die *objektiven* Grenzen der Rechtskraft;[79] § 322 Abs. 1 ZPO bleibt durch § 9 unberührt.[80] Dementsprechend tritt keine Bindungswirkung hinsichtlich der Gründe oder der mitentschiedenen Vorfragen ein.[81] Es bleibt bei der allgemeinen Regelung der Zivilprozeßordnung, die nur den Urteilstenor in Rechtskraft erwachsen läßt.[82] Dies hindert indes nicht, nach allgemeinen zivilprozessualen Grundsätzen die Urteilsgründe zur Auslegung des Tenors heranzuziehen.[83]

31 § 9 erstreckt die Bindungswirkung generell auf „Rechtsstreitigkeiten". Aus der Gesetzessystematik sowie dem Normzweck folgt, daß es sich um eine Rechtsstreitigkeit aus dem Tarifvertrag oder über das Bestehen oder Nichtbestehen eines Tarifvertrages oder einer einzelnen Tarifnorm handeln muß.

32 Die objektiven Grenzen der Rechtskraft bewirken, daß die Bindungswirkung des § 9 nur in Prozessen eintritt, die denselben Tarifvertrag betreffen.[84] Es genügt deshalb nicht, wenn es sich um eine ähnliche oder sogar gleich formulierte Bestimmung eines anderen Tarifvertrages handelt, wie auch die Tarifvertragsparteien selbst in bezug auf andere, wenn auch im Wortlaut übereinstimmende, Tarifverträge durch die Rechtskraft eines Urteils nicht gebunden werden.

33 Das Vorliegen einer rechtskräftigen Entscheidung ist von dem nach § 9 gebundenen Gericht oder Schiedsgericht abweichend von § 23 AGBG nicht erst aufgrund einer Einrede, sondern von Amts wegen zu berücksichtigen.[85] Erlangt das Gericht während des Verfahrens Kenntnis von einem noch nicht rechtskräftig abgeschlossenen Rechtsstreit zwischen den Tarifvertragsparteien, der die Bindungswirkung des § 9 auslösen könnte, so kann es den Rechtsstreit gemäß § 148 ZPO aussetzen.[86] Hat das nach § 9 gebundene Gericht oder Schiedsgericht in Unkenntnis seiner Bindung eine Entscheidung getroffen oder ergeht erst nach Abschluß des Rechtsstreits eine von § 9 erfaßte rechtskräftige Entscheidung, so wird die Rechtsverbindlichkeit der vom gebundenen Gericht gefällten Entscheidung hierdurch nicht berührt.

---

[79] *Dütz*, ArbRGeg. Bd. 20, Dok. 1982 (1983), S. 33, 40; *Maus*, § 8 TVG, Rnr. 5; Stein/Jonas/*Schumann*, ZPO, 20. Aufl. 1987, § 256 ZPO, Rnr. 193.
[80] Treffend insoweit BAG 28. 9. 1977 AP Nr. 1 zu § 9 TVG 1969 (*Wiedemann/Moll*) = SAE 1978, 249 (*Bickel*).
[81] A. A. *Schnorr v. Carolsfeld*, Arbeitsrecht, § 2 B III 4 b, S. 66.
[82] Ebenso *Dersch/Volkmar*, ArbGG, 6. Aufl. 1955, § 2 ArbGG, Rnr. 39; *Grunsky*, § 2 ArbGG, Rnr. 62; *Kempen/Zachert*, § 9 TVG, Rnr. 5; *Koberski/Clasen/Menzel*, § 9 TVG, Rnr. 2; *Löwisch/Rieble*, § 9 TVG, Rnr. 67; *Maus*, § 8 TVG, Rnr. 5; *Maywald*, Rechtsstreitigkeiten, S. 49 ff.
[83] *Maus*, § 8 TVG, Rnr. 5.
[84] *Koberski/Clasen/Menzel*, § 9 TVG, Rnr. 8; *Krause*, Rechtskrafterstreckung im kollektiven Arbeitsrecht, 1996, S. 307 f.; sowie bereits *Auffarth*, BetrVerf. 1956, S. 165, 168; *Maus*, § 8 TVG, Rnr. 14.
[85] *Maywald*, Rechtsstreitigkeiten, S. 71.
[86] *Dütz*, ArbRGeg. Bd. 20, Dok. 1982 (1983), S. 33, 41; *Grunsky*, § 2 ArbGG, Rnr. 62; *Löwisch/Rieble*, § 9 TVG, Rnr. 75; *Maywald*, Rechtsstreitigkeiten, S. 74.

V. Umfang der Bindungswirkung   34–36 § 9

Eine rechtskräftige Entscheidung in einem Rechtsstreit zwischen den Tarifvertragsparteien entfaltet jedoch aufgrund einer entsprechenden Anwendung von § 79 Abs. 2 Satz 2 und 3 BVerfGG die Kraft eines Vollstreckungshindernisses,[87] allerdings nur soweit dies dort vorgesehen ist, da rechtskräftige Entscheidungen zwischen den Tarifvertragsparteien keinen stärkeren Einfluß auf abgeschlossene Verfahren besitzen können als Entscheidungen des Bundesverfassungsgerichts.[88]

2. Persönlicher Umfang

a) Beiderseits tarifgebundene Personen. Die Bindungswirkung des 34 § 9 gilt zunächst für einen Rechtsstreit zwischen tarifgebundenen Parteien. Ob eine Partei tarifgebunden ist, beurteilt sich ausschließlich nach Maßgabe des Tarifvertragsgesetzes.[89] Es sind dies in erster Linie die Mitglieder der Tarifvertragsparteien (§ 3 Abs. 1 und 3), aber auch Gemeinsame Einrichtungen (§ 4 Abs. 2). Im Falle der Allgemeinverbindlicherklärung gehören dazu ebenfalls die durch § 5 Abs. 4 erfaßten Außenseiter.[90] Nach § 3 Abs. 2 reicht es bei betrieblichen und betriebsverfassungsrechtlichen Normen aus, daß der Arbeitgeber tarifgebunden ist. Gegebenenfalls genügt auch die nach § 3 Abs. 3 fingierte Tarifbindung.[91] Durch eine arbeitsvertragliche Bezugnahme auf den Tarifvertrag wird keine Tarifgebundenheit vermittelt, sondern lediglich der Inhalt des Tarifvertrages in den Einzelarbeitsvertrag transformiert (siehe oben § 1, Rnr....). In Betracht kommt eine Bindungswirkung nach § 9 jedoch trotzdem, da sie auf Rechtsstreitigkeiten zwischen tarifgebundenen Personen und Dritten ausgedehnt wird (siehe unten Rnr. 36). Nicht zu den tarifgebundenen Personen im Sinne von § 9 gehören wegen der Regelung in § 3 Abs. 1 die Parteien eines Tarifvertrages. In zeitlicher Hinsicht genügt es, wenn die Tarifgebundenheit im Zeitpunkt der Entstehung des Anspruchs vorliegt.[92]

b) Rechtsstreitigkeiten zwischen tarifgebundenen Personen und 35 **Dritten.** Die bindende Wirkung erstreckt sich auch auf Rechtsstreitigkeiten zwischen tarifgebundenen Personen und Dritten. Unter dem Begriff des Dritten sind zunächst nach einhelliger Ansicht die Rechtsnachfolger von tarifgebundenen Personen und nach § 328 BGB begünstigte Personen zu verstehen.[93]
Problematisch ist die Bindungswirkung, wenn der Tarifvertrag für das 36 Einzelarbeitsverhältnis lediglich aufgrund einer **Bezugnahmeklausel** anzu-

---

[87] Löwisch/Rieble, § 9 TVG, Rnr. 74; sowie bereits Maywald, Rechtsstreitigkeiten, S. 72 f.
[88] Zutreffend Maywald, Rechtsstreitigkeiten, S. 72 f.
[89] Statt aller Schreiber, ZfA 1983, S. 31, 47.
[90] So schon Bogs, in: Festschrift für Julius von Gierke (1950), S. 39, 65; sowie jüngst Krause, Rechtskrafterstreckung im kollektiven Arbeitsrecht, 1996, S. 120.
[91] Krause, Rechtskrafterstreckung im kollektiven Arbeitsrecht, 1996, S. 283 f.
[92] Krause, Rechtskrafterstreckung im kollektiven Arbeitsrecht, 1996, S. 308 ff.
[93] Auffarth, BetrVerf. 1956, S. 165, 168; Dütz, ArbRGeg. Bd. 20, Dok. 1982 (1983), S. 33, 39; Hueck/Nipperdey, Arbeitsrecht I, § 97 IV 2 Fn. 38, S. 924; Kempen/Zachert, § 9 TVG, Rnr. 6; Koberski/Clasen/Menzel, § 9 TVG, Rnr. 9; Wiedemann/Moll, Anm. zu BAG AP Nr. 1 zu § 9 TVG 1969.

wenden ist. Dogmatisch sind die Bestimmungen des Tarifvertrages integraler Bestandteil des Einzelarbeitsvertrages (siehe oben § 3, Rnr. 226), so daß es sich bei formaler Betrachtung des Gesetzeswortlauts bereits nicht um eine Streitigkeit „aus dem Tarifvertrag", sondern um eine solche „aus dem Arbeitsvertrag" handelt.[94] Eine derartige Auslegung würde dem Zweck der Bindungswirkung allerdings nur unzureichend Rechnung tragen. Eine Rechtsstreitigkeit aus dem Tarifvertrag liegt auch vor, wenn der Inhalt einer Tarifnorm sachlich umstritten ist.[95] Dies gilt jedoch nur dann, wenn zumindest eine der Vertragsparteien kraft des Tarifrechts an den Tarifvertrag gebunden ist.[96] Zu diesem Ergebnis gelangt auch *Rieble*. Er lehnt zwar die Anwendung von § 9 ab, legt jedoch die Bezugnahmeklausel so aus, daß die Arbeitsvertragsparteien auf Entscheidungen nach § 9 TVG Bezug nehmen.[97] Aufgrund der hier befürworteten Konstruktion bedarf es dieser Auslegung nicht. Der dogmatische Ansatz über die Auslegung der Bezugnahmeklausel erweist sich jedoch stets dann als erforderlich, wenn keine der Vertragsparteien tarifgebunden ist.[98]

37   Schließlich entspricht es dem Zweck der Vorschrift, unter Dritten auch solche Personen zu verstehen, die in keiner vertraglichen Beziehung zu den Tarifgebundenen stehen. So tritt die Bindungswirkung z.B. ebenfalls ein, wenn ein tarifgebundener Arbeitnehmer aufgrund unerlaubter Handlung als Schadensersatz Lohnausfall in Höhe des Tariflohns von dem Schädiger fordert.[99] Eine Bindungswirkung der Entscheidung ist des weiteren für den Betriebsrat und die Einigungsstelle zu erwägen.[100]

38   **c) Streitigkeiten zwischen nichtorganisierten Personen.** Nach dem Wortlaut von § 9 tritt die Bindungswirkung nur ein, wenn mindestens eine Prozeßpartei an den Tarifvertrag gebunden ist; sie ist also zu verneinen, wenn auf beiden Seiten des Rechtsstreits tarifliche Außenseiter stehen, mögen sie auch in dem Einzelarbeitsvertrag auf einen Tarifvertrag Bezug genommen haben. Deshalb wird die Anwendung von § 9 überwiegend abge-

---

[94] In diesem Sinne wohl Stein/Jonas/*Schumann,* ZPO, 20. Aufl. 1987, § 256 ZPO, Rnr. 195.
[95] Ebenso *Auffarth,* BetrVerf. 1956, S. 165, 168; *Dütz,* ArbGeg. Bd. 20, Dok. 1982 (1983), S. 33, 39; *Hueck*/*Nipperdey,* Arbeitsrecht I, § 97 IV 2 Fn. 38, S. 924; *Konzen,* in: Festschrift für Albrecht Zeuner (1994), S. 401, 424; *Maus,* § 8 TVG, Rnr. 17; *Nikisch,* Arbeitsrecht II, § 69 III 7 c, S. 226; *Wiedemann*/*Moll,* Anm. zu BAG AP Nr. 1 zu § 9 TVG 1969.
[96] Treffend deshalb *Krause,* Rechtskrafterstreckung im kollektiven Arbeitsrecht, 1996, S. 310 ff.; *Nikisch,* Arbeitsrecht II, § 69 III 7 c, S. 226 Fn. 89; *Schreiber,* ZfA 1983, S. 43, 47.
[97] Löwisch/*Rieble,* § 9 TVG, Rnr. 64; ebenso *Stein,* Tarifvertragsrecht, Rnr. 262; hiergegen jedoch Stein/Jonas/*Schumann,* ZPO, 20. Aufl. 1987, § 256 ZPO, Rnr. 195.
[98] So auch *Auffarth,* BetrVerf. 1956, S. 165, 168; *Däubler,* Tarifvertragsrecht, Rnr. 166.
[99] Ebenso *Bogs,* in: Festschrift für Julius von Gierke (1950), S. 39, 66; *Konzen,* in: Festschrift für Albrecht Zeuner (1994), S. 401, 424; *Maus,* § 8 TVG, Rnr. 17; *Nikisch,* Arbeitsrecht II, § 69 III 7 c, S. 226; *Wiedemann*/*Moll,* Anm. zu BAG AP Nr. 1 zu § 9 TVG 1969; a. A. *Krause,* Rechtskrafterstreckung im kollektiven Arbeitsrecht, 1996, S. 323 f.
[100] Näher *Krause,* Rechtskrafterstreckung im kollektiven Arbeitsrecht, 1996, S. 319 ff.

lehnt.[101] Zweifelhaft ist jedoch, ob § 9 über den Wortlaut hinausgehend bei Rechtsstreitigkeiten zwischen Außenseitern entsprechend angewendet werden kann.[102] Die ausdrücklich genannte Voraussetzung, daß an dem Rechtsstreit mindestens eine tarifgebundene Partei beteiligt sein muß, spricht gegen die Annahme einer planwidrigen Regelungslücke.

d) Rechtsnachfolger. Schließlich sind nach § 9 auch die Rechtsnachfolger der unter a) bis c) aufgeführten Personen an die rechtskräftige gerichtliche Entscheidung gebunden, da § 325 ZPO entsprechend anzuwenden ist.[103] Dies gilt nicht für Streitigkeiten zwischen Nichtorganisierten und Tarifvertragsparteien.

3. Adressaten der Bindung

§ 9 beschränkt die Bindungswirkung auf Gerichte und Schiedsgerichte. Die in § 9 genannten rechtskräftigen Entscheidungen wirken nicht – wie § 47 Abs. 6 Satz 2 VwGO – für und gegen jedermann („inter omnes");[104] sie besitzen keine allgemeine Verbindlichkeit. Darüber hinaus ist die durch § 9 vermittelte Bindung deutlich enger als bei § 31 Abs. 1 BVerfGG, der zusätzlich die Verfassungsorgane des Bundes und der Länder sowie die Behörden in die Bindung einbezieht. Da § 9 die Bindungswirkung einschränkungslos auf die „Gerichte" erstreckt, gilt sie nicht nur für die Arbeitsgerichtsbarkeit. Durch eine rechtskräftige Entscheidung sind nach § 9 auch die ordentlichen Gerichte, die Sozialgerichte, die Finanzgerichte sowie die Verwaltungsgerichte gebunden.[105] Da das Gesetz die Bindungswirkung auf die Gerichte beschränkt, erstreckt sie sich – anders als § 31 Abs. 1 BVerfGG für die Entscheidungen des Bundesverfassungsgerichts ausspricht – nicht auf die Verwaltung.[106] Erst wenn die Entscheidung der Verwaltung, z.B. über die Allgemeinverbindlichkeit eines Tarifvertrages, gerichtlich überprüft wird, entfaltet § 9 gegenüber dem Verwaltungsgericht seine Bindungswirkung.

In die Bindungswirkung sind auch die Schiedsgerichte einbezogen, wenn sie in bürgerlichen Rechtsstreitigkeiten nach § 101 ArbGG einen Schiedsspruch fällen. Die ursprüngliche Nennung der Schiedsgutachterstellen entfiel im Rahmen der Neufassung des Tarifvertragsgesetzes (siehe oben Rnr. 2). Eine entsprechende Anwendung von § 9 war im Beitrittsgebiet (Art. 3 EVertr.) bis zur Auflösung der Schiedsstellen für Arbeitsrecht zu erwägen, da es systemwidrig gewesen wäre, sie von der Bindungswirkung auszunehmen und ihnen ein Abweichen von den in § 9 genannten Entscheidungen zu gestatten.

---

[101] So *Auffarth*, BetrVerf. 1956, S. 165, 168; *Dütz*, ArbRGeg. Bd. 20, Dok. 1982 (1983), S. 33, 39; Kempen/*Zachert*, § 9 TVG, Rnr. 6; *Maus*, § 8 TVG, Rnr. 17.
[102] So die Vorauflage bei Rnr. 5; sowie *Germelmann/Matthes/Prütting*, § 2 ArbGG, Rnr. 22; *Krause*, Rechtskrafterstreckung, S. 315 f.; ablehnend jedoch *Dütz*, ArbRGeg. Bd. 20, Dok. 1982 (1983), S. 33, 39; *Schreiber*, ZfA 1983, S. 31, 47.
[103] Ebenso Stein/Jonas/*Schumann*, ZPO, 20. Aufl. 1987, § 256 ZPO, Rnr. 195; a.A. *Schreiber*, ZfA 1983, S. 31, 47 f.
[104] *Dütz*, ArbRGeg. Bd. 20, Dok. 1982 (1983), S. 33, 41, *Prütting*, RdA 1991, S. 257, 261 Fn. 44.
[105] *Herschel*, ZfA 1973, S. 183, 197; Löwisch/*Rieble*, § 9 TVG, Rnr. 70.
[106] Anderer Ansicht Löwisch/*Rieble*, § 9 TVG, Rnr. 71.

VI. Beendigung der Bindungswirkung

1. Ablauf oder Änderung des Tarifvertrages

42 Die Bindungswirkung endet grundsätzlich mit Ablauf des Tarifvertrages. Bei einer Änderung des Tarifvertrages endet sie nur, wenn die Entscheidung gerade den Punkt betraf, in dem der Tarifvertrag abgeändert wurde. Aus dem Gesetzeswortlaut ist nicht zu entnehmen, ob die Bindungswirkung während des Nachwirkungszeitraumes fortbesteht. Sowohl im Hinblick auf den Zweck der Bindungswirkung als auch wegen des Ziels der Nachwirkung ist dies zu bejahen.[107]

2. Veränderte Umstände

43 Eine Beendigung der Bindungswirkung läßt sich auch denken, wenn sich die tatsächlichen Umstände, die bei Erlaß der die Bindung auslösenden Entscheidung vorlagen, geändert haben. Allgemeine Grundsätze lassen sich dazu nicht aufstellen. Jedenfalls muß der neu eintretende Umstand bewirken, daß der Streitgegenstand nunmehr ein anderer wäre, wenn die Tarifvertragsparteien den früheren Rechtsstreit im jetzigen Zeitpunkt wiederholten. Dies ergibt sich daraus, daß § 9 für die objektiven Grenzen der Rechtskraft an der allgemeinen zivilprozessualen Regelung festhält.[108]

VII. Pflicht zur Übersendung der rechtskräftigen Urteile

44 Rechtskräftige Urteile, die die Bindungswirkung nach § 9 auslösen, sind gemäß § 63 ArbGG alsbald der obersten Landesbehörde und dem Bundesminister für Arbeit und Sozialordnung in vollständiger Form abschriftlich zu übersenden, um die Durchführung von § 9 sicherzustellen. Seit der Änderung der Vorschrift durch die Beschleunigungsnovelle[109] ist die Reichweite von § 63 ArbGG deckungsgleich mit § 9, auch § 63 ArbGG erfaßt nunmehr nur noch Rechtsstreitigkeiten zwischen den Tarifvertragsparteien. Die Vorschrift gilt für alle Instanzen (vgl. die §§ 64 Abs. 7, 72 Abs. 6 ArbGG); jedoch ist stets erforderlich, daß das Urteil rechtskräftig ist.

§ 10 Tarifvertrag und Tarifordnungen

(1) **Mit dem Inkrafttreten eines Tarifvertrages treten Tarifordnungen und Anordnungen auf Grund der Verordnung über die Lohngestaltung vom 25. Juni 1938 (RGBl. I S. 692) und ihrer Durchführungsverordnung vom 23. April 1941 (RGBl. I S. 222), die für den Geltungsbereich des Tarifvertrages oder Teile desselben erlassen worden sind, außer Kraft, mit Ausnahme solcher Bestimmungen, die durch den Tarifvertrag nicht geregelt worden sind.**

---

[107] Ebenso *Herschel,* Anm. zu LAG Düsseldorf EzA § 9 TVG Nr. 1; wohl auch BAG 23. 3. 1957 AP Nr. 18 zu Art. 3 GG.
[108] Ebenso zu § 31 Abs. 1 BVerfGG *Rupp,* in: Festschrift für Eduard Kern (1968), S. 403, 405.
[109] BGBl. I S. 545.

I. Entstehungsgeschichte 1 § 10

(2) Der Bundesminister für Arbeit und Sozialordnung kann Tarifordnungen und die in Abs. 1 bezeichneten Anordnungen aufheben; die Aufhebung bedarf der öffentlichen Bekanntmachung.

Übersicht

	Rnr.
I. Entstehungsgeschichte	1–3
II. Beendigung der Rechtswirkungen	4–10
1. Allgemeines	4, 5
2. Außerkrafttreten wegen eines Tarifvertrages	6
3. Aufhebung durch behördliche Anordnung	7–10
III. Rechtslage im Beitrittsgebiet	11
IV. Text der fortgeltenden Tarifordnungen	12–14

Schrifttum: *Martin Baring*, Sind noch Dienststrafen gegen Angestellte und Lohnempfänger des öffentlichen Dienstes zulässig, DVBl. 1960, S. 235–238; *H. A. Bischoff*, Die Verdrängung einer Tarifordnung durch Tarifvertrag, BB 1951, S. 393–395; *Robert Franke*, Bemerkungen zur Rechtsprechung des Bundesarbeitsgerichts zu § 3 TOA, AuR 1955, S. 308–312; *ders.*, Zur Problematik des § 9 TVG, AuR 1957, S. 200–202; *ders.*, Zur Problematik des § 9 TVG, RdA 1957, S. 55–57; *Otto Frey*, Die Verdrängung der Tarifordnung durch den Tarifvertrag, Die Quelle 1951, S. 520–521; *Hans Galperin*, Probleme des § 9 TVG, RdA 1955, S. 368–371; *Karl Gröbing*, Zur Aufhebung der Tarifordnungen und Anordnungen, der Allgemeinen Dienstordnungen sowie der sonstigen Dienstordnungen durch den Tarifvertrag, AuR 1964, S. 272–275; *Philipp Hessel*, Die Verdrängung einer Tarifordnung durch Tarifvertrag, BB 1951, S. 590–591; *H. Koriath*, Das Außerkrafttreten von Tarifbestimmungen, BArbBl. 1956, S. 267–268; *Walter Kraegeloh*, Tarifvertrag und Aufhebung von Tarifordnungen, Betrieb 1950, S. 337; *ders.*, Ablösung von Tarifordnungen durch Tarifvertrag, Betrieb 1951, S. 722–723; *Karl Lichtenstein*, Tarifordnung – Tarifvertrag, BetrR 1956, S. 327–329; *Poelmann*, Tarifvertrag und Aufhebung von Tarifordnungen, Betrieb 1950, S. 107; *Hans Reichel*, Die Aufhebung von Tarifordnungen und Lohngestaltungsanordnungen, BArbBl. 1968, S. 301–305; *Gerhard Schnorr*, Tarifverträge und Tarifordnungen, BB 1949, 508; *H. Sturn*, Tarifverträge und Tarifordnungen, BB 1949, S. 423–424; *Heinz Trabandt*, Tarifvertrag und Aufhebung von Tarifordnungen (Bizone), BB 1949, S. 740–741; *Vielhaber*, Tarifvertrag und Aufhebung von Tarifordnungen, Betrieb 1950, S. 131; *Witting*, Zu § 9 des Tarifvertragsgesetzes, BArbBl. 1950, S. 191–192; *Herbert Zigan*, Weitergeltung und Ablösung der Tarifordnungen, AR-Blattei D, Tarifordnung I, 1965; *ders.*, Die Aufhebung der Tarifordnungen und Lohngestaltungsanordnungen, AR-Blattei D, Tarifordnung II, 1968.

I. Entstehungsgeschichte

Das Kontrollratsgesetz Nr. 40 hob zwar mit Wirkung ab dem 1. Januar 1947 das „Gesetz zur Ordnung der nationalen Arbeit" (AOG) auf, die aufgrund von § 32 Abs. 2 AOG erlassenen Tarifordnungen sowie die Anordnungen aufgrund der in § 10 Abs. 1 genannten Verordnung blieben jedoch zunächst in Kraft.[1] Dies galt auch für Tarifverträge aus der Zeit vor dem

---

[1] Zur einhelligen Ansicht BAG 4. 10. 1957 AP Nr. 7 zu § 1 TOA (*Neumann-Duesberg*); *Baring*, DVBl. 1960, S. 235, 236; *Hueck/Nipperdey*, Arbeitsrecht II 1, § 13 IV 1, S. 220; *Nipperdey*, BB 1948, S. 157, 159; *Sitzler*, RdA 1948, S. 8, 9. Dies wurde seinerzeit auch in der Sowjetischen Besatzungszone so gesehen, vgl. *Helm*, ArbuSozFürs. 1947, S. 12, 13; sowie inzident der SMAD-Befehl Nr. 61 v. 14. 3. 1947, abgedruckt in: ArbuSozFürs. 1947, S. 168.

1. Mai 1934 (Inkrafttreten des AOG), deren Weitergeltung der Reichsarbeitsminister aufgrund der Ermächtigung in § 72 AOG angeordnet hatte; sie wurden wie Tarifordnungen behandelt.² Infolgedessen entwickelte sich vor Inkrafttreten des Tarifvertragsgesetzes eine lebhafte Diskussion über das Verhältnis zwischen fortgeltenden Tarifordnungen und neu abgeschlossenen Tarifverträgen.³

2 Sämtliche Entwürfe zum Tarifvertragsgesetz sahen eine Klärung der Rechtslage als erforderlich an.⁴ Die vorgelegten Vorschläge wichen jedoch stark voneinander ab. Während § 4 des Lemgoer Entwurfs das Prioritätsprinzip zur Auflösung einer im Einzelarbeitsverhältnis auftretenden Konkurrenz vorschlug, sah § 4 des Stuttgarter Entwurfs neben einer Ermächtigung der obersten Arbeitsbehörde zur Aufhebung von Tarifordnungen (Abs. 2) ihr generelles Außerkrafttreten mit Inkrafttreten eines Tarifvertrages vor (Abs. 1). Dies sollte ausdrücklich auch für diejenigen Arbeitsverhältnisse gelten, die nicht dem Tarifvertrag unterlagen.

3 Die in § 10 getroffene Regelung setzte sich erst in den Beratungen des Ausschusses für Arbeit des Wirtschaftsrats des Vereinigten Wirtschaftsgebiets durch. Nachdem zunächst eine § 4 des Stuttgarter Entwurfs nahekommende Regelung vorgeschlagen wurde,⁵ verabschiedete der Ausschuß für Arbeit schließlich eine weniger weitgehende Fassung, die die Reichweite des Außerkrafttretens aufgrund eines Tarifvertrages modifizierte. Erstens entfiel die ausdrückliche Anordnung, daß die Tarifordnung auch für tarifliche Außenseiter außer Kraft treten sollte⁶ und zweitens wurde aufgenommen, daß solche Bestimmungen nicht außer Kraft treten, die in dem Tarifvertrag Entsprechung fanden.⁷ Damit entschied sich der Gesetzgeber bewußt gegen die dritte Möglichkeit, nach der die Aufhebung oder Abänderung der Tarifordnung durch den Tarifvertrag selbst möglich sein sollte,⁸ vielmehr war stets eine eigenständige tarifvertragliche Regelung notwendig, die kraft Gesetzes zur vollständigen oder teilweisen Verdrängung der Tarifordnung bzw. Lohngestaltungsanordnung führte. Seine nunmehr geltende Fassung erhielt § 10 durch Art. 4 Nr. 1 des Ersten Arbeitsrechtsbereinigungsgesetzes vom 14. August 1969.⁹ Er ersetzte die Formulierung „Direktor der Verwaltung für Arbeit" in § 9 a. F. durch die nunmehr im Gesetz enthaltene Behördenbezeichnung.

---

² BAG 14. 2. 1957 AP Nr. 1 zu § 32 AOG Weitergeltung von TV als TO (*Tophoven*); BAG 19. 12. 1968 AP Nr. 16 zu § 101 ArbGG 1953 (*A. Hueck*); *Hueck/Nipperdey/Stahlhacke*, § 9 TVG, Rnr. 3; sowie näher zur Transformation alter Tarifverträge *Hueck/Nipperdey/Dietz*, AOG, 4. Aufl. 1943, § 72 AOG.
³ Siehe aus damaliger Zeit z. B. *Bühring*, RdA 1948, S. 11, 14; *Sitzler*, RdA 1948, S. 8, 10 f.
⁴ Vgl. auch *Herschel*, ArbBlBritZ 1949, S. 22, 25; *Nipperdey*, RdA 1949, S. 81, 89.
⁵ ZfA 1973, S. 129, 152.
⁶ Demzufolge entbrannte um diese Frage ein lebhafter Streit; vgl. hierzu *Hueck/Nipperdey*, Arbeitsrecht II 1, § 19 H II, S. 411 f.; *Nikisch*, Arbeitsrecht II, § 69 V 4, S. 233, jeweils mit zahlr. Nachw.
⁷ Oben Geschichte, Rnr. 39. Eine § 10 entsprechende Bestimmung enthielt § 9 des Tarifvertragsgesetzes für Groß-Berlin v. 12. 9. 1950, VOBl. S. 417.
⁸ So aber § 5 Abs. 1 des Landesgesetzes von Rheinland-Pfalz über den Tarifvertrag v. 24. 2. 1949, GVBl. S. 82 ff.; hierzu *Kraegeloh*, RdA 1949, S. 369, 373 f.
⁹ BGBl. I S. 1106.

II. Beendigung der Rechtswirkungen

1. Allgemeines

§ 10 unterscheidet zwei Formen, durch die Tarifordnungen und Lohnge- 4
staltungsanordnungen ihre Geltungskraft für das Einzelarbeitsverhältnis verlieren können: entweder das Inkrafttreten eines Tarifvertrages (Abs. 1) oder eine Aufhebung seitens des Bundesministers für Arbeit und Sozialordnung (Abs. 2). Das Außerkrafttreten der Tarifordnungen bzw. Lohngestaltungsanordnungen beruht somit entweder auf der gesetzlich angeordneten Verdrängung durch einen Tarifvertrag, tritt also kraft Gesetzes ein,[10] oder auf einer behördlichen Entscheidung. Die Regelung in § 10 Abs. 2 erwies sich im Hinblick auf die notwendige Bereinigung als erforderlich, wenn die Tarifordnung nicht aufgrund eines Tarifvertrages nach § 10 Abs. 1 außer Kraft tritt.[11]

Eine Fortgeltung der Tarifordnung bzw. Lohngestaltungsanordnung bzw. 5
einzelner ihrer Bestimmungen konnte darüber hinaus wegen des Vorbehalts in Art. 132 Abs. 1 GG zu verneinen sein. Dogmatisch besaßen Tarifordnungen die Rechtsnatur einer staatlichen Rechtsverordnung, die objektives Recht setzte[12] – sie waren ein Akt der Gesetzgebung und damit staatliches Gesetz im materiellen Sinne.[13] Deshalb bestehen keine Bedenken, sie als „Recht" im Sinne von Art. 132 Abs. 1 GG zu bewerten.[14] Aufgrund ihres Inhalts sind sie gemäß Art. 125 GG Bundesrecht geworden[15] und blieben als Rechtsverordnungen in Kraft.[16] Diese Sichtweise wird nachträglich durch Anl. I Kap. VIII Sachgeb. H Abschnitt III Nr. 2 und 3 EVertr. bestätigt, der die mit Maßgaben versehenen Tarifordnungen, die heute noch fortgelten (siehe unten Rdnr. 12 ff.), als im Beitrittsgebiet in Kraft zu setzendes Bundesrecht qualifiziert.

2. Außerkrafttreten wegen eines Tarifvertrages

Das in § 10 Abs. 1 vorgesehene Außerkrafttreten der Tarifordnungen 6
und Lohngestaltungsanordnungen durch Tarifvertrag löste in den ersten Jahren nach Inkrafttreten des Tarifvertragsgesetzes zahlreiche Zweifelsfragen aus, die inzwischen ihre praktische Relevanz verloren haben. Eine ausführliche Darstellung und Würdigung der damaligen Diskussion kann deshalb unterbleiben.[17] Festzuhalten ist aus den damals erzielten Resultaten, daß die Tarifordnungen bzw. Lohngestaltungsanordnungen nur entspre-

---

[10] Treffend *Gröbing*, AuR 1964, S. 272, 273.
[11] *Herschel*, ArbBlBritZ 1949, S. 22, 25.
[12] RAG ARS 44, S. 300, 303; für eine normative Wirkung der Tarifordnung z. B. auch BAG 4. 10. 1957 AP Nr. 7 zu § 1 TOA (*Neumann-Duesberg*).
[13] *Hueck/Nipperdey/Dietz*, AOG, 4. Aufl. 1943, § 32 AOG, Rnr. 118.
[14] Anderer Ansicht ohne Begründung *Schnorr v. Carolsfeld*, Arbeitsrecht, § 2 D 2, S. 78; siehe allg. in: Bonner Kommentar zum GG, Art. 123 GG, Anm. II 2; *Maunz*, in: Maunz/Dürig, Grundgesetz, Art. 123 GG, Rnr. 6.
[15] Ausdrücklich a. A. jedoch *Baring*, DVBl. 1960, S. 235, 236.
[16] So auch Hueck/Nipperdey, Arbeitsrecht II 1, § 19 H I, S. 411.
[17] Siehe statt dessen die ausführliche Problemaufbereitung bei Hueck/Nipperdey, Arbeitsrecht II 1, § 19 H, S. 410 ff.

chend dem fachlichen, regionalen und personellen Geltungsbereich des Tarifvertrages außer Kraft traten und der Tarifvertrag zudem inhaltlich die in der Tarifordnung bzw. Lohngestaltungsanordnung geregelten Fragen in sich aufnehmen mußte.[18] Des weiteren entsprach es der vom Bundesarbeitsgericht gebilligten überwiegenden Auffassung, daß die Tarifordnung bzw. Lohngestaltungsanordnung durch den Tarifvertrag nicht nur für die tarifgebundenen Arbeitsvertragsparteien, sondern auch für die tariflichen Außenseiter außer Kraft trat.[19] Gleichwohl sollten die außer Kraft getretenen Bestimmungen der Tarifordnungen bzw. Lohngestaltungsanordnungen die Arbeitsverhältnisse der tariflichen Außenseiter aufgrund einer entsprechenden Anwendung von § 4 Abs. 5 TVG kraft Nachwirkung unverändert gestalten,[20] obwohl der Widerspruch zu dem mit § 10 Abs. 1 verfolgten Bereinigungsgedanken[21] unverkennbar ist.[22] Gerechtfertigt ist diese Durchbrechung wegen der anderenfalls entstehenden „Inhaltsleere" des Arbeitsverhältnisses sowie wegen der Schutzfunktion der Tarifordnungen. Insbesondere bei nichttarifgebundenen Arbeitgebern erweist sich die Nachwirkung als unerläßlich.

3. Aufhebung durch behördliche Anordnung

7   Die heutige Bedeutungslosigkeit von § 10 Abs. 1 liegt vor allem darin begründet, daß mit der auf § 10 Abs. 2 (§ 9 Abs. 2 a. F.) gestützten Generalbereinigung durch § 1 der Verordnung über die Aufhebung von Tarifordnungen und Lohngestaltungsanordnungen vom 17. April 1968,[23] die am 1. Januar 1971 in Kraft trat,[24] nahezu sämtliche Tarifordnungen und Lohngestaltungsanordnungen, soweit diese nicht bereits zuvor nach § 10 Abs. 1

---

[18] Vgl. BAG 12. 4. 1957 AP Nr. 3 zu § 9 TVG (*Tophoven*); sowie näher *Hueck/Nipperdey/Stahlhacke*, § 9 TVG, Rnr. 2.
[19] Für die st. Rspr. zuletzt BAG 10. 6. 1965 AP Nr. 13 zu § 9 TVG (*Nikisch*) = SAE 1966, 139 (*Biedenkopf*); sowie *Hueck/Nipperdey*, Arbeitsrecht II 1, § 19 H II, S. 412; *Nikisch*, Arbeitsrecht II, § 69 V 4, S. 233, jeweils mit zahlr. Nachw.
[20] So BAG 13. 11. 1957 AP Nr. 30 zu § 3 TOA (*Neumann-Duesberg*); BAG 10. 6. 1965 AP Nr. 13 zu § 9 TVG (*Nikisch*) = SAE 1966, 139 (*Biedenkopf*); LAG Mannheim AP 1952 Nr. 171; LAG Heidelberg BB 1950, S. 214; LAG Frankfurt BB 1951, S. 615; ArbG Berlin EntschKalender 1956, Fachgr. 3, S. 162; ArbG Berlin EntschKalender 1957, Fachgr. 3, S. 563 f.; *Hueck/Nipperdey*, Arbeitsrecht II 1, § 19 H V, S. 413; *Hueck/Nipperdey/Stahlhacke*, § 9 TVG, Rnr. 2; *Kaskel/Dersch*, Arbeitsrecht, § 16 II 1 d, S. 104; *Koberski/Clasen/Menzel*, § 10 TVG, Rnr. 4; *Lichtenstein*, BetrR 1956, S. 327, 328; ablehnend jedoch LAG Hamm AP 1952 Nr. 14; LAG Düsseldorf ARSt. XIV Nr. 324; *Bischoff*, BB 1951, S. 393, 394; *Galperin*, RdA 1955, S. 368, 369; *Kraegeloh*, Betrieb 1950, S. 337; *ders.*, Betrieb 1951, S. 722, 723; *Nikisch*, Arbeitsrecht II, § 69 V 4, S. 234, § 79 III 4, S. 392.
[21] Vgl. BAG 12. 4. 1957 AP Nr. 3 zu § 9 TVG (*Tophoven*); sowie *Kraegeloh*, Betrieb 1950, S. 337; *Witting*, BArbBl. 1950, S. 191 f.
[22] Treffend *Biedenkopf*, SAE 1966, S. 142, 143.
[23] BAnz. Nr. 78 v. 24. 4. 1968, S. 1; geändert durch die Verordnung v. 10. 12. 1970, BAnz. Nr. 234 v. 16. 12. 1970, S. 1. Zu den zuvor erfolgten Anordnungen, mit denen einzelne Tarifordnungen und Lohngestaltungsanordnungen aufgehoben wurden, vgl. die Auflistung in der Voraufl. unter Rnr. 3.
[24] Hierzu *Reichel*, BArbBl. 1968, S. 301 ff.; *Zigan*, AR-Blattei D, Tarifordnung II.

II. Beendigung der Rechtswirkungen 8–10 § 10

außer Kraft getreten waren, aufgehoben wurden.[25] Ausgenommen blieben lediglich die Tarifordnung für die deutschen Theater vom 27. Oktober 1937, die Tarifordnung für die deutschen Kulturorchester vom 30. März 1938 sowie die Tarifordnung für die Mitglieder von Kurkapellen vom 1. August 1939.[26] Sie betreffen die Alters- und Hinterbliebenenversorgung und gelten unverändert fort. Zur Rechtslage im Beitrittsgebiet (Art. 3 EVertr.) siehe unten Rdnr. 11.

Soweit eine Tarifordnung oder Lohngestaltungsanordnung aufgrund einer Anordnung nach § 10 Abs. 2 aufgehoben wurde, verlor sie ihre Kraft, normativ auf die ihrem Geltungsbereich unterliegenden Einzelarbeitsverhältnisse einzuwirken. Die bei einem Außerkrafttreten aufgrund tarifvertraglicher Regelung (§ 10 Abs. 1) diskutierte Frage, ob hiervon auch die Arbeitsverhältnisse der tariflichen Außenseiter erfaßt werden,[27] ist für ein Außerkrafttreten durch behördliche Anordnung ohne Bedeutung. In dieser Konstellation tritt die Tarifordnung bzw. die Lohngestaltungsanordnung für alle Arbeitsverhältnisse außer Kraft, weil der aufhebende Rechtsakt eine personell uneingeschränkte Geltungskraft besitzt. 8

Ebenso wie im Rahmen von § 10 Abs. 1 bleibt zu überlegen, ob die Tarifordnung bzw. Lohngestaltungsanordnung die zuvor von ihr erfaßten Einzelarbeitsverhältnisse nach der Aufhebung noch kraft Nachwirkung analog § 4 Abs. 5 TVG beeinflußt, bis die entsprechenden Bestimmungen durch eine andere Abmachung ersetzt werden. Im Hinblick auf die Überbrückungsfunktion der Nachwirkung ist dies, nicht anders als im Rahmen eines Außerkrafttretens durch Tarifvertrag nach § 10 Abs. 1,[28] auch bei einer Aufhebung nach § 10 Abs. 2 zu bejahen.[29] 9

Vor der Aufhebung einer Tarifordnung bzw. Lohngestaltungsanordnung soll der Bundesminister für Arbeit und Sozialordnung die obersten Arbeitsbehörden der Länder, auf deren Bereich sich die Tarifordnung bzw. Lohngestaltungsanordnung erstreckt, sowie den Tarifausschuß[30] anhören (§ 13 Satz 1 DVO-TVG). Eine Wirksamkeitsvoraussetzung für die Aufhebung ist dies jedoch nicht.[31] Die in § 10 Abs. 2 Halbs. 2 vorgeschriebene öffentliche Bekanntmachung der Aufhebung erfolgt im Bundesanzeiger (§ 13 Satz 2 DVO-TVG), sie ist Voraussetzung für die Rechtswirksamkeit der Aufhebung.[32] 10

---

[25] In Berlin (West) geschah dies gestützt auf § 9 Abs. 2 des Tarifvertragsgesetzes für Groß-Berlin v. 12. 9. 1950 durch die Verordnung v. 12. 11. 1968, GVOBl. S. 1587; geändert durch die Verordnung v. 18. 12. 1970, GVOBl. S. 2044.
[26] Wiedergabe der Tarifordnungen unten Rnr. 12 ff.
[27] Siehe die Nachweise in Fn. 19.
[28] Siehe oben Rnr. 6.
[29] Ebenso LAG Berlin EntschKalender 1967, Fachgr. 4, S. 65, 66; ArbG Berlin EntschKalender 1969, Fachgr. 3, S. 388; *Hueck/Nipperdey/Stahlhacke*, § 9 TVG, Rnr. 3; *Kaskel/Dersch*, Arbeitsrecht, § 16 II 1 d, S. 104; *Koberski/Clasen/Menzel*, § 10 TVG, Rnr. 4; *Lichtenstein*, BetrR 1956, S. 327, 328; *Maus*, § 9 TVG, Rnr. 22; *Zigan*, AR-Blattei D, Tarifordnung II, B; a. A. *Nikisch*, Arbeitsrecht II, § 79 III 4, S. 392.
[30] Zu ihm siehe die §§ 1–3 DVO-TVG.
[31] *Hueck/Nipperdey/Stahlhacke*, § 9 TVG, Rnr. 3; *Zigan*, AR-Blattei D, Tarifordnung I, D I.
[32] *Hueck/Nipperdey/Stahlhacke*, § 9 TVG, Rnr. 3; *Maus*, § 9 TVG, Rnr. 22.

III. Rechtslage im Beitrittsgebiet

11 Im Unterschied zu § 31 Nr. 2 des Gesetzes über die Inkraftsetzung von Rechtsvorschriften der Bundesrepublik Deutschland in der Deutschen Demokratischen Republik (InkrG) vom 21. Juni 1990,[33] der das Tarifvertragsgesetz mit Wirkung ab dem 1. Juli 1990 in der ehem. DDR ohne § 10 in Kraft setzte, trat das Tarifvertragsgesetz nach Art. 8 EVertr. mit dem 3. Oktober 1990 im Beitrittsgebiet (Art. 3 EVertr.) ohne diese Einschränkung in Kraft. Die Maßgaben zum Inkrafttreten des Tarifvertragsgesetzes (Anl. I Kap. VIII Sachgeb. A Abschnitt III Nr. 14 EVertr.)[34] besitzen für § 10 keine Bedeutung. Die vollständige Inkraftsetzung des Tarifvertragsgesetzes im Beitrittsgebiet einschließlich § 10 erweist sich unter Berücksichtigung der Regelung in § 31 Nr. 2 InkrG nur als sinnvoll, wenn Art. 8 EVertr. den Geltungsbereich der in Rnr. 7 genannten Tarifordnungen auch auf das Beitrittsgebiet erstreckte, während diese dort zuvor nicht galten. Dementsprechend versieht Anl. I Kap. VIII Sachgeb. H Abschnitt III Nr. 2 und 3 EVertr. das Inkrafttreten der Tarifordnung für die deutschen Theater und der Tarifordnung für deutsche Kulturorchester ausdrücklich mit der Maßgabe, daß die Regelungen erst seit dem 1. Januar 1991 Anwendung finden und für die vorherige Zeit keine Anwartschaften begründet werden konnten.

IV. Text der fortgeltenden Tarifordnungen

12 **Tarifordnung für die deutschen Theater** (vom 27. Oktober 1937 (Reichsarbeitsblatt S. VI 1080; zu den Maßgaben des Einigungsvertrages siehe Anl. I Kap VIII Sachgeb. H Abschnitt III Nr. 2 und 3 EVertr.)

Erlassen auf Grund des § 32 Abs. 2, § 33 des Gesetzes zur Ordnung der nationalen Arbeit vom 20. Januar 1934 (Reichsgesetzbl. I S. 45) und des § 18 Abs. 2 des Gesetzes zur Ordnung der Arbeit in öffentlichen Verwaltungen und Betrieben vom 23. März 1934 (Reichsgesetzbl. I S. 220).

§ 1 Geltungsbereich. (1) Jeder Rechtsträger eines Theaters (Theaterunternehmer) im Deutschen Reich ist verpflichtet, für die in seinem Theaterbetrieb beschäftigten Bühnenschaffenden eine Alters- und Hinterbliebenenversicherung nach Maßgabe der folgenden Bestimmungen abzuschließen und die erfolgte Versicherung jedem einzelnen Bühnenschaffenden schriftlich mitzuteilen.

(2) Die Versicherungsanstalt und die Versicherungsbedingungen (Satzung) bestimmt der Reichsminister für Volksaufklärung und Propaganda im Einvernehmen mit den beteiligten Reichsministern. Er bestimmt auch den Zeitpunkt, von dem an die Versicherung auf Grund dieser Tarifordnung zu erfolgen hat.

(3) Bühnenschaffende im Sinne dieser Tarifordnung sind kulturschaffende Personen, die nach dem Reichskulturkammergesetz und seinen Durchführungsverordnungen zur Mitgliedschaft bei der Reichstheaterkammer (Fachschaft Bühne) verpflichtet sind, insbesondere: Bühnenleiter, Einzeldarsteller, Kapellmeister, Spielleiter, Dramaturgen, Singchordirektoren, Repetitoren, Inspizienten, Einhelfer und Personen in ähnlicher Stellung, technische Vorstände (wie Vorstände des Maschinenwesens, des Dekorations- und Kostümwesens und Personen in ähnlicher Stel-

---

[33] GBl. I S. 357.
[34] Hierzu unten § 13 Rnr. 28 ff.

lung, soweit sie dem Betrieb verantwortlich vorstehen), ferner künstlerische Beiräte, Mitglieder des Chors und der Tanzgruppe und Theaterfriseure.

§ 2 Mehrere Vertragsverhältnisse. Ist der Bühnenschaffende auf Grund eines mit einem anderen Theaterunternehmer abgeschlossenen Anstellungsvertrages bereits nach § 1 versichert, so besteht eine Versicherungspflicht aus weiteren Anstellungsverhältnissen nur insoweit, als die bereits bestehende Versicherung das in den Versicherungsbedingungen vorgesehene versicherungspflichtige Höchstgehalt nicht erreicht.

§ 3 Ausnahmen von der Versicherungspflicht. Der vom Reichs- und Preußischen Arbeitsminister bezeichnete Sondertreuhänder der Arbeit kann nach Anhören des Präsidenten der Reichstheaterkammer Ausnahmen von der Verpflichtung zur Versicherung durch schriftliche Anordnung zulassen.

§ 4 Anteilige Beitragspflicht. Die Versicherungsbeiträge werden je zur Hälfte vom Theaterunternehmer und vom Bühnenschaffenden getragen. Der Theaterunternehmer ist verpflichtet, die Versicherungsbeiträge an die Versicherungsanstalt abzuführen.

§ 5 Inkrafttreten. Diese Tarifordnung tritt mit dem Tage der Veröffentlichung[35] in Kraft.

Tarifordnung für die deutschen Kulturorchester (vom 30. März 1938, Reichsarbeitsblatt S. VI 597; zu den Maßgaben des Einigungsvertrages siehe Anl. I Kap VIII Sachgeb. H Abschnitt III Nr. 2 und 3 EVertr.) – Auszug –

Erlassen auf Grund des § 18 Abs. 2 des Gesetzes zur Ordnung der Arbeit in öffentlichen Verwaltungen und Betrieben vom 23. März 1934 (Reichsgesetzbl. I S. 220).

§ 20 Alters- und Hinterbliebenenversorgung. (1) Der Dienstberechtigte ist verpflichtet, die Musiker nach den Bestimmungen der Satzung der Versorgungsanstalt der deutschen Kulturorchester zu versichern und die vollzogene Anmeldung der Musiker bei der Versorgungskasse jedem einzelnen Musiker schriftlich mitzuteilen. Hat der Musiker bei Inkrafttreten der Tarifordnung bereits aus dem Anstellungsverhältnis einen Anspruch auf Versorgung, so ist der Dienstberechtigte von der Verpflichtung nach Satz 1 befreit (Versicherungsfreiheit kraft Tarifordnung); die Verpflichtung nach Satz I tritt jedoch ein, wenn auf Grund einer Vereinbarung unter den Beteiligten das bisherige Versorgungsverhältnis entweder aufgelöst oder auf die Versorgungsanstalt der deutschen Kulturorchester übergeleitet wird.

(2) Die Beiträge entfallen je zur Hälfte auf den Dienstberechtigten und auf den Musiker. Der Dienstberechtigte hat die vom Musiker zu entrichtende Beitragshälfte im Wege des Abzugs vom Diensteinkommen einzubehalten und zusammen mit seiner Beitragshälfte an die Versorgungsanstalt abzuliefern.

(3) Der vom Reichsarbeitsminister bestellte Sondertreuhänder der Arbeit kann nach Anhören des Präsidenten der Reichsmusikkammer Ausnahmen von der Verpflichtung zur Versicherung durch schriftliche Anordnung zulassen.

Tarifordnung zur Ergänzung der Tarifordnung für die Mitglieder von Kurkapellen (vom 1. August 1939, Reichsarbeitsblatt S. VI 1343)

Erlassen gemäß § 32 Abs. 2 und § 33 des Gesetzes zur Ordnung der nationalen Arbeit vom 20. Januar 1934 (Reichsgesetzbl. I S. 45) und § 18 des Gesetzes zur Ordnung der Arbeit in öffentlichen Verwaltungen und Betrieben vom 23. März 1934 (Reichsgesetzbl. I S. 220)

§ 1 Soweit in einer Kurkapelle Musiker oder Kapellmeister beschäftigt werden, die in der Spielzeit, die der Tätigkeit in der Kurkapelle vorangig, von der Tarif-

---

[35] Veröffentlicht am 15. November 1937.

ordnung für die deutschen Kulturorchester erfaßt wurden und in dieser Zeit bei der Versorgungsanstalt der deutschen Kulturorchester oder bei der Versorgungsanstalt der deutschen Bühnen versichert gewesen sind, ist die Badeverwaltung verpflichtet, diese Musiker nach den Bestimmungen der Satzung der Versorgungsanstalt der deutschen Kulturorchester zu versichern und die vollzogene Anmeldung jedem einzelnen Musiker schriftlich mitzuteilen. Die Verpflichtung zur Versicherung entfällt, sobald feststeht, daß der Musiker in der auf seine Tätigkeit in der Kurkapelle folgenden Spielzeit nicht wieder in einem Kulturorchester tätig sein wird. Der Musiker ist verpflichtet, die hierfür notwendigen Feststellungen unverzüglich zu treffen und sie der Badeverwaltung mitzuteilen.

§ 2 (1) Die Beiträge entfallen je zur Hälfte auf die Badeverwaltung und auf die Musiker.

(2) Sind die Bezüge des Musikers während der Tätigkeit in der Kurkapelle geringer als diejenigen, nach denen sich bisher die an die Versorgungsanstalt der deutschen Kulturorchester oder an die Versorgungsanstalt der deutschen Bühnen abzuführenden Beiträge berechneten, so sind die Beiträge in alter Höhe auch für die Dauer der Kurkapellentätigkeit weiter abzuführen. In diesem Falle entfällt auf den Musiker der Anteil an den Beiträgen, den er zu tragen hätte, wenn die Beiträge nach den tatsächlich von der Badeverwaltung bezahlten Bezügen berechnet würden; der Restbeitrag ist von der Badeverwaltung zu zahlen.

(3) Die Badeverwaltung hat die vom Musiker zu entrichtenden Beitragsanteile im Wege des Abzugs vom Diensteinkommen einzubehalten und zusammen mit ihren Beitragsanteilen an die Versorgungsanstalt abzuliefern.

§ 3 Der vom Reichsarbeitsminister bestellte Sondertreuhänder der Arbeit für die kulturschaffenden Berufe kann Ausnahmen von der Verpflichtung zur Versicherung durch schriftliche Anordnung zulassen.

§ 4 Diese Tarifordnung tritt mit Wirkung vom 1. Mai 1939 in Kraft.

§ 11 Durchführungsbestimmungen

Der Bundesminister für Arbeit und Sozialordnung kann unter Mitwirkung der Spitzenorganisationen der Arbeitgeber und der Arbeitnehmer die zur Durchführung des Gesetzes erforderlichen Verordnungen erlassen, insbesondere über:
1. **die Errichtung und die Führung des Tarifregisters und des Tarifarchivs;**
2. **das Verfahren bei der Allgemeinverbindlicherklärung von Tarifverträgen und der Aufhebung von Tarifordnungen und Anordnungen, die öffentlichen Bekanntmachungen bei der Antragstellung, der Erklärung und Beendigung der Allgemeinverbindlichkeit und der Aufhebung von Tarifordnungen und Anordnungen sowie die hierdurch entstehenden Kosten;**
3. **den in § 5 genannten Ausschuß.**

1 § 11 ermächtigt den Bundesminister für Arbeit und Sozialordnung zum Erlaß von Durchführungsverordnungen. Das Tarifvertragsgesetz führt damit eine Tradition des Weimarer Tarifrechts fort, das allerdings eine mit § 11 vergleichbare allgemeine Ermächtigungsgrundlage noch nicht kannte. Die Durchführungsbestimmungen beschränkten sich damals noch auf Regelungen zur Führung des Tarifregisters (vgl. oben § 6 Rdnr. 2). Während der Lemgoer-Entwurf in § 12 noch eine tatbestandlich offene allgemeine Ermächtigungsgrundlage vorschlug, präzisierten die späteren Entwürfe

in Anlehnung an das Vorbild in § 11 des Stuttgarter-Entwurfs die Reichweite der Ermächtigungsgrundlage. Auf die Einführung eines Zustimmungserfordernisses seitens der Spitzenorganisationen wurde bewußt verzichtet, da anderenfalls der Erlaß einer Durchführungsverordnung unmöglich gemacht werden könnte, wenn sich das Einvernehmen nicht herstellen ließe.[1]

Die derzeit geltende Fassung von § 11 entspricht weitgehend § 10 a. F. Die in § 10 Nr. 1 a. F. normierte Ermächtigung hinsichtlich der Verpflichtung der Tarifvertragsparteien zur Übersendung der Tarifverträge, hob Art. 4 Abs. 1 des Ersten Arbeitsrechtsbereinigungsgesetzes vom 14. August 1969[2] auf, da der entsprechende Sachverhalt durch § 6a (= § 7 n. F.) geregelt wurde. Zugleich paßte das Erste Arbeitsrechtsbereinigungsgesetz die Bezeichnung der ermächtigten Behörde an.

Die in § 11 genannten Punkte sowie die in § 7 enthaltene Verpflichtung der Tarifvertragsparteien fanden zunächst in der Verordnung zur Durchführung des Tarifvertragsgesetzes vom 7. Juni 1949[3] eine Regelung, die durch die Verordnung vom 12. April 1967[4] geändert wurde. Infolge der Neufassung des Tarifvertragsgesetzes aufgrund des Ersten Arbeitsrechtsbereinigungsgesetzes vom 14. August 1969 erließ der Bundesminister für Arbeit und Sozialordnung unter Berücksichtigung der im Ersten Arbeitsrechtsbereinigungsgesetz enthaltenen Änderungen die Verordnung zur Durchführung des Tarifvertragsgesetzes vom 20. Februar 1970.[5] Sie wurde durch die Änderungsverordnung vom 19. Dezember 1988[6] in zahlreichen Punkten modifiziert, wobei sich die Änderungen im wesentlichen auf die Klarstellung einiger Zweifelsfragen beschränkten, die sich im Hinblick auf die Allgemeinverbindlicherklärung von Tarifverträgen ergeben hatten.[7] Am 16. Januar 1989 wurde die Durchführungsverordnung in ihrer seit dem 23. Dezember 1988[8] geltenden Fassung neu bekanntgemacht.[9] Der Inhalt der Verordnung ist im Zusammenhang mit den materiellen Vorschriften des Tarifvertragsgesetzes erläutert.

Zum Erlaß der Durchführungsverordnung ermächtigt § 11 den Bundesminister für Arbeit und Sozialordnung. Er kann sie nicht allein, sondern nur unter Mitwirkung der Spitzenorganisationen der Arbeitgeber und Arbeitnehmer erlassen.[10] Das Gesetz beschränkt sich auf die vage Voraussetzung einer Mitwirkung. Im Hinblick auf die im allgemeinen Verwaltungsrecht übliche Terminologie wird hiermit eine abgeschwächte Form der Beteiligung umschrieben, die unterhalb des Einvernehmens bzw. der Zustimmung

---

[1] Vgl. ZfA 1973, S. 129, 153; siehe auch *Herschel*, ZfA 1973, S. 183, 199.
[2] BGBl. I S. 1106.
[3] WiGBl. S. 89.
[4] BGBl. I S. 478.
[5] BGBl. I S. 193.
[6] BGBl. I S. 2307.
[7] BGBl. I S. 77; hierzu *Lund*, Betrieb 1989, S. 626 ff.; *Stahlhacke*, NZA 1989, S. 334 ff.
[8] Tag des Inkrafttretens der Änderungsverordnung vom 19. 12. 1988, vgl. Art. 4 der Änderungsverordnung.
[9] BGBl. I S. 76.
[10] Zum Begriff der Spitzenorganisation vgl. unten § 12.

anzusiedeln ist.[11] Hieraus wird verbreitet abgeleitet, daß bereits die Anhörung der jeweiligen Spitzenorganisationen dem gesetzlich vorgeschriebenen Mitwirkungserfordernis genügt.[12] Denkbar ist indes auch ein extensiveres Verständnis, das den Bundesminister für Arbeit und Sozialordnung vor Erlaß einer Durchführungsverordnung zusätzlich zu einer Beratung bzw. Erörterung mit den Spitzenorganisationen verpflichtet, wie dies z. B. § 72 BPersG für die „Mitwirkung" des Personalrats vorschreibt. Hierfür spricht die Entstehungsgeschichte, da durch die Beschränkung auf eine „Mitwirkung" lediglich zum Ausdruck gebracht werden sollte, daß die Spitzenorganisationen nicht zustimmen müssen.[13] Da das Gesetz den Erlaß der Durchführungsverordnung nicht mit dem Einvernehmen oder einer Zustimmung der Spitzenorganisationen verknüpft, bildet ihre Beteiligung keine Voraussetzung für den rechtswirksamen Erlaß der Durchführungsverordnung.[14] Ein Hinweis auf die stattgefundene Mitwirkung der Spitzenorganisationen in der Durchführungsverordnung selbst muß nicht, kann aber erfolgen.[15]

5   Die Durchführungsverordnung vom 16. Januar 1989 beschränkt sich auf eine Konkretisierung der in § 11 Nr. 1 bis 3 genannten Materien. Sie besitzen ausweislich des Gesetzeswortlauts („insbesondere") für die Reichweite der Ermächtigungsgrundlage lediglich exemplarische Bedeutung. § 11 ermächtigt den Bundesminister für Arbeit und Sozialordnung deshalb auch zum Erlaß weiterer Durchführungsbestimmungen, deren Inhalte nicht den in der Ermächtigungsgrundlage ausdrücklich benannten Sachgebieten zugerechnet werden können.[16] Wegen der durch Art. 80 Abs. 1 GG gezogenen Grenzen im Hinblick auf die Bestimmtheit einer Ermächtigungsgrundlage zum Erlaß von Rechtsverordnungen muß sich die Durchführungsverordnung aber stets auf eine Konkretisierung des Tarifvertragsgesetzes beschränken.[17] Dabei zeigt die Begründung zu § 12 des Lemgoer-Entwurfs, daß mittels der Durchführungsverordnung keine wichtigen materiellen Ergänzungen, sondern lediglich formelle Nebenbestimmungen der obersten Verwaltungsbehörde übertragen werden sollen.[18] Diese Grenze würde überschritten, wenn die Durchführungsverordnung z. B. die Voraussetzungen für die Tariffähigkeit festlegt.[19]

§ 12 Spitzenorganisationen

Spitzenorganisationen im Sinne dieses Gesetzes sind – unbeschadet der Regelung in § 2 – diejenigen Zusammenschlüsse von Gewerkschaften oder von Arbeitgebervereinigungen, die für die Vertretung der Arbeitnehmer oder Arbeitgeberinteressen im Arbeitsleben des Bundesgebiets wesentliche Bedeutung haben. Ihnen stehen gleich Gewerkschaften

---

[11] Kempen/Zachert, § 11 TVG, Rnr. 1; Löwisch/Rieble, § 11 TVG, Rnr. 3.
[12] So die Voraufl. unter Rnr. 1; ebenso Löwisch/Rieble, § 11 TVG, Rnr. 3.
[13] Siehe insoweit Herschel, ZfA 1973, S. 183, 199.
[14] Ebenso Löwisch/Rieble, § 11 TVG, Rnr. 3.
[15] So z. B. die Änderungsverordnung v. 19. 12. 1988, BGBl. I S. 2307.
[16] Einhellige Ansicht vgl. Löwisch/Rieble, § 11 TVG, Rnr. 2
[17] Kempen/Zachert, § 11 TVG, Rnr. 3; Löwisch/Rieble, § 11 TVG, Rnr. 2
[18] Siehe ZfA 1973, S. 129, 137
[19] Löwisch/Rieble, § 11 TVG, Rnr. 2.

oder Arbeitgebervereinigungen, die keinem solchen Zusammenschluß angehören, wenn sie die Voraussetzungen des letzten Halbsatzes in Satz 1 erfüllen.

Übersicht

	Rnr.
I. Entstehungsgeschichte	1, 2
II. Bedeutung der Legaldefinition	3, 4
III. Spitzenorganisationen im Sinne von Satz 1	5–9
1. Zusammenschlüsse von Vereinigungen	5
2. Wesentliche Bedeutung des Zusammenschlusses	6–9
IV. Gleichgestellte Vereinigungen	10
V. Behandlung als Spitzenorganisation	11, 12

I. Entstehungsgeschichte

§ 12 wurde durch das Änderungsgesetz vom 11. Januar 1952[1] als § 10a in das Tarifvertragsgesetz eingefügt. Seine im Regierungsentwurf noch nicht vorgesehene Aufnahme in das Änderungsgesetz geht zurück auf eine Initiative der Fraktionen von CDU/CSU, FDP und DP, die im Rahmen der II. Lesung einen entsprechenden Änderungsantrag (Umdruck Nr. 308) einbrachten, und der vom Ausschuß für Arbeit dem Deutschen Bundestag zur Beschlußfassung unterbreitet wurde.[2]

Bis zur Einfügung von § 12 (= § 10a a.F.) wurde allgemein davon ausgegangen, daß die in § 2 enthaltene Bestimmung des Begriffs der Spitzenorganisation auch für die §§ 5 und 11 maßgebend ist.[3] Die Umschreibung in § 2 Abs. 2 umfaßt aber nicht die Deutsche Angestellten Gewerkschaft (DAG), da sie kein Zusammenschluß von einzelnen Gewerkschaften darstellt, sondern Arbeitnehmer verschiedener Angestelltenberufe in einer Einheitsorganisation vereinigt, ohne ihrerseits einer Dachorganisation anzugehören. Für die Tariffähigkeit ist dieser Umstand bedeutungslos, da sie nach § 2 Abs. 1 vorliegt. Es bestanden aber Bedenken gegen ihre Mitwirkung im Rahmen der §§ 5 und 11. Deshalb wurde § 12 in das Tarifvertragsgesetz eingefügt. Zugleich wurde der Begriff der Spitzenorganisation, soweit diese im Rahmen des Gesetzes als repräsentative sozialpolitische Faktoren zur Mitwirkung bei staatlichen Hoheitsakten berufen sind, enger gefaßt.[4]

II. Bedeutung der Legaldefinition

§ 12 Satz 1 besitzt den Charakter einer Legaldefinition für die Spitzenorganisationen[5] und stellt ihnen in § 12 Satz 2 andere Verbände gleich.

---

[1] BGBl. I S. 19
[2] BT-Drucks. I/2779; zu den Motiven siehe den Bericht des Abgeordneten *Sabel*, Verhandlungen des Deutschen Bundestages, I. Wahlperiode, Stenographische Berichte, S. 7314.
[3] Siehe z.B. *Hueck/Nipperdey*, 2. Aufl. 1951, § 5 TVG, Rnr. 11, § 10 TVG, Rnr. 1
[4] Siehe den Bericht des Abgeordneten *Sabel*, Verhandlungen des Deutschen Bundestages, I. Wahlperiode, Stenographische Berichte, S. 7314 (C)
[5] Vergleichbar bereits § 3 Abs. 2 des saarländischen Gesetzes über Tarifverträge und Schlichtungswesen v. 22. 6. 1950 (ABl. S. 597), der in Gestalt einer Legaldefinition
(Fortsetzung der Fußnote auf S. 1362)

Wie der Gesetzeswortlaut ausdrücklich hervorhebt, gilt die Legaldefinition nicht für den Bereich von § 2;[6] demgemäß verbleibt es sowohl für die Frage der Tariffähigkeit wie auch für die Haftung bei der dortigen Regelung. Da andererseits § 12 den Begriff der Spitzenorganisation nur „im Sinne dieses Gesetzes" bestimmt, ist sein Anwendungsbereich auf das Tarifvertragsgesetz beschränkt. Das Tarifvertragsgesetz erwähnt die Spitzenorganisationen – von § 2 abgesehen – nur in § 5 Abs. 1 und § 11 sowie in § 1 DVO-TVG. Folglich hat die Begriffsbestimmung des § 12 lediglich Bedeutung für die Zusammensetzung des Tarifausschusses (§ 5 Abs. 1, § 1 DVO-TVG) und die Mitwirkung beim Erlaß von Durchführungsverordnungen (§ 11).

4 Sofern andere gesetzliche Vorschriften eine Beteiligung von „Spitzenorganisationen" vorschreiben (z.B. § 98 Abs. 2 AktG, §§ 5 Abs. 1, 33 Abs. 1 HAG; §§ 4a Abs. 2 lit. a, 6 Abs. 1 bis 3 Montan-MitbestG) ist grundsätzlich eine eigenständige, dem Telos der jeweiligen Beteiligungsnorm gerecht werdende Auslegung erforderlich. Dies schließt jedoch – wie das Bundesarbeitsgericht für die Auslegung von § 37 Abs. 7 BetrVG mit Recht hervorhob[7] – nicht aus, daß sich der Gesetzgeber bei einer uneingeschränkten Übernahme des Begriffs an dem durch § 12 vorgeformten Begriffsverständnis orientiert hat.[8] Eine Verbindlichkeit der Legaldefinition kommt jedoch nicht in Betracht, notwendig ist stets eine Überprüfung anhand des teleologischen Normfundaments. Deshalb ist es nicht gerechtfertigt, für Spitzenorganisationen im Sinne von § 37 Abs. 7 BetrVG ebenfalls die Tariffähigkeit zu verlangen.[9] Eine abweichende Beurteilung kommt nur in Betracht, wenn das Gesetz – wie z.B. in § 11 ArbnErfG – ausdrücklich auf die Legaldefinition in § 12 Bezug nimmt.

III. Spitzenorganisationen im Sinne von Satz 1

1. Zusammenschlüsse von Vereinigungen

5 In § 2 werden als Spitzenorganisationen „Zusammenschlüsse von Gewerkschaften und von Vereinigungen der Arbeitgeber" bezeichnet. Insoweit stimmt die Legaldefinition in § 12 mit § 2 überein. Hieraus folgt, daß nur solche Vereinigungen als Spitzenorganisationen im Sinne von § 12 in Betracht kommen, wenn die in ihnen zusammengeschlossenen Verbände (Gewerkschaften oder Arbeitgebervereinigungen) ihrerseits tariffähig sind.[10]

(Fortsetzung der Fußnote von S. 1362)
auf § 6 des Gesetzes v. 30. 6. 1949 (ABl. S. 743) verwies, der hierunter den Zusammenschluß der Berufsorganisationen der Arbeitgeber bzw. der Arbeitnehmer verstand

[6] Hueck/*Nipperdey*, Arbeitsrecht II 1, § 20 IV 1, S. 438 Fn. 64; *Maus*, § 10a TVG, Anm. 2
[7] BAG 18. 12. 1973 AP Nr. 7 zu § 37 BetrVG 1972
[8] In diesem Sinne auch Kempen/*Zachert*, § 12 TVG, Rnr. 2
[9] Ebenso Löwisch/*Rieble*, § 12 TVG, Rnr. 8
[10] So auch Löwisch/*Rieble*, § 12 TVG, Rnr. 3

III. Spitzenorganisationen im Sinne von Satz 1

2. Wesentliche Bedeutung des Zusammenschlusses

Die Legaldefinition beschränkt für ihren Geltungsbereich die Spitzenorganisationen auf solche Zusammenschlüsse, die für die Vertretung der Arbeitnehmer- oder Arbeitgeberinteressen im Arbeitsleben des Bundesgebietes (also nicht bloß eines örtlich beschränkten Gebietes) wesentliche Bedeutung haben. Die Tariffähigkeit im Sinne von § 2 Abs. 2 eröffnet deshalb nicht automatisch die in § 5 Abs. 1 und § 11 vorgesehenen Mitwirkungsrechte.[11] Durch diese Einschränkung wird der Kreis der Spitzenorganisationen außerordentlich eng gezogen. Das erscheint berechtigt und entspricht der Handhabung vor der Einfügung von § 12 (= § 10a a. F.) in das Tarifvertragsgesetz. Da der Tarifausschuß lediglich je drei Vertreter der Arbeitgeber und der Arbeitnehmer umfaßt (vgl. § 1 DVO-TVG), kann er nur von den wichtigsten Spitzenorganisationen des ganzen Bundesgebiets gebildet werden.[12] Dasselbe gilt, wenn nicht praktische Unzuträglichkeiten entstehen sollen, für die Mitwirkung beim Erlaß von Durchführungsverordnungen. Nur solche Zusammenschlüsse sind hier zur Mitwirkung berufen, die infolge Zahl der Mitglieder, ihres Ansehens in der Öffentlichkeit und ihres sonstigen Einflusses auf die Gestaltung der Sozialpolitik dazu besonders geeignet sind.

Verfassungsrechtliche Bedenken gegen die hiermit verbundene Einschränkung an der Mitwirkung bei der staatlichen Normsetzung bestehen nicht.[13] Art. 9 Abs. 3 Satz 1 GG verbietet es nicht, daß der Staat bei einer Entscheidung hinsichtlich der Mitwirkung der Koalitionen nach sachlichen Gesichtspunkten differenziert. Angesichts der Notwendigkeit einer effizienten Normsetzung und der überregionalen Bedeutung der in § 5 Abs. 1 und § 11 vorgesehenen Mitwirkung ist der Rückgriff auf die „wesentliche Bedeutung im Arbeitsleben des Bundesgebiets" nicht zu beanstanden. Auch aus Art. 11 EMRK in Verbindung mit Art. 14 EMRK kann keine weitergehende Rechtsposition abgeleitet werden.[14]

Ob ein Verband eine wesentliche Bedeutung hat, ist Tatfrage und hängt davon ab, ob es mit Rücksicht auf seine Mitgliederzahl, seine wirtschaftliche Bedeutung usw. dem Normzweck entspricht, ihm eine Vertretung im Tarifausschuß oder wenigstens eine Mitwirkung bei den Vorschlägen über dessen Zusammensetzung oder eine Mitwirkung beim Erlaß von Durchführungsverordnungen einzuräumen.[15] Dabei muß der mit der Neuregelung beabsichtigte Zweck, den Kreis der zur Mitwirkung im Rahmen der §§ 5 und 11 berufenen Verbände einzuschränken (vgl. oben Rdnr. 2), berücksichtigt werden.

Es genügt nicht, wenn die wesentliche Bedeutung nur in bestimmten Teilen, z.B. einem Land, des Bundesgebiets besteht.[16] Das ist auch für die

---

[11] *Koberski/Clasen/Menzel*, § 12 TVG, Rnr. 3
[12] Siehe den Bericht des Abgeordneten *Sabel*, Verhandlungen des Deutschen Bundestages, I. Wahlperiode, Stenographische Berichte, S. 7314 (C)
[13] Zutreffend Löwisch/*Rieble*, § 12 TVG, Rnr. 2
[14] Siehe EGMR EuGRZ 1975, S. 562ff. – Nationale Belgische Polizeigewerkschaft
[15] In diesem Sinne auch Löwisch/*Rieble*, § 12 TVG, Rnr. 6; *Maus*, § 10a TVG, Anm. 4
[16] Kempen/*Zachert*, § 12 TVG, Rnr. 4; Löwisch/*Rieble*, § 12 TVG, Rnr. 6; *Maus*, § 10a TVG, Anm. 4

Fälle anzunehmen, in denen die Befugnis zur Allgemeinverbindlichkeitserklärung der obersten Arbeitsbehörde eines Landes nach § 5 Abs. 6 übertragen ist. Allerdings gelten dann die §§ 1 bis 11 DVO-TVG „sinngemäß" (§ 12 Satz 2 DVO-TVG). Da die Übertragung nach § 12 Satz 1 DVO-TVG nur zulässig ist, wenn der räumliche Geltungsbereich des in Frage stehenden Tarifvertrages nicht oder nur unwesentlich über den Bereich des Landes hinausgeht, könnte man § 1 DVO-TVG in dem Sinne entsprechend anwenden, daß die Spitzenorganisationen des betreffenden Landesgebietes, wenn solche vorhanden sind, beteiligt werden müssen und deshalb eine wesentliche Bedeutung für das Arbeitsleben im Landesgebiet genügt.[17] Hiergegen spricht aber, daß § 12 für die Fälle der Übertragung nach § 5 Abs. 6 keine Ausnahme vorsieht und § 1 DVO-TVG keine selbständige Begriffsbestimmung für die Spitzenorganisationen enthält. Deshalb ist § 12 für die Übertragungsfälle nicht abzuwandeln.[18]

IV. Gleichgestellte Vereinigungen

10   Die bedeutendere Neuerung des § 12 liegt in seinem zweiten Satz, in dem Verbände, die keine Zusammenschlüsse von Vereinigungen und somit keine Spitzenorganisationen sind, diesen in bezug auf die oben genannten Funktionen gleichgestellt werden. Es handelt sich um einfache Gewerkschaften und Arbeitgeberverbände, die unmittelbar nur Arbeitnehmer oder Arbeitgeber und Verbände zu Mitgliedern haben, die aber ihrerseits keiner Spitzenorganisation angehören. In Betracht kommen nur tariffähige Vereinigungen, die die Voraussetzungen des § 2 Abs. 1 erfüllen, und die – wie der letzte Halbsatz von § 12 Satz 2 betont – zudem wesentliche Bedeutung im Arbeitsleben des Bundesgebiets besitzen.

V. Behandlung als Spitzenorganisation

11   Ist im Einzelfall zweifelhaft, ob eine wesentliche Bedeutung für das Arbeitsleben im Bundesgebiet vorliegt, so entscheidet der Bundesminister für Arbeit und Sozialordnung, im Fall des § 5 Abs. 6 die oberste Arbeitsbehörde des Landes, nach pflichtgemäßem Ermessen,[19] wobei bezüglich der „wesentlichen Bedeutung" ein Beurteilungsspielraum zuzubilligen ist.[20] Die Entscheidung durch eine Gerichtsinstanz ist zwar erwogen worden, bisher aber nicht vorgesehen. In der Begründung zum Regierungsentwurf des Arbeitsgerichtsgesetzes 1953 war allerdings angekündigt worden, in das zunächst noch nicht vorgesehene Beschlußverfahren die Feststellung sowohl der Tariffähigkeit als auch der Eigenschaft als Spitzenorganisation einzubeziehen.[21] Das Arbeitsgerichtsgesetz beschränkte sich indes auf ein Verfahren

---

[17] Hierfür aber Löwisch/Rieble, § 12 TVG, Rnr. 6
[18] Ebenso *Maus*, § 12 TVG, Rnr. 4
[19] Hueck/*Nipperdey*, Arbeitsrecht II 1, § 20 IV 1, S. 438 Fn. 64; Löwisch/*Rieble*, § 12 TVG, Rnr. 7; *Maus*, § 10a TVG, Anm. 4
[20] So auch Löwisch/*Rieble*, § 12 TVG, Rnr. 7
[21] Siehe Reg. Begr., BT-Drucks. I/3516, S. 24

für die Feststellung der Tariffähigkeit, ohne daß aus den Materialien eine Erläuterung für diese Einschränkung ersichtlich ist.[22] Dieses Verfahren kann auf die Feststellung der Eigenschaft als Spitzenorganisation nicht angewendet werden.[23] Wenn der Bundesminister für Arbeit und Sozialordnung die Vereinigung trotz wesentlicher Bedeutung für das Arbeitsleben im Bundesgebiet im Unterschied zu anderen Vereinigungen ausschließt, so besteht die Möglichkeit einer gerichtlichen Überprüfung. In dem Beteiligungsausschluß kann eine sachlich nicht gerechtfertigte Diskriminierung der Koalition zu erblicken sein, die mit Art. 3 Abs. 1 GG unvereinbar ist.[24] Gegebenenfalls kann dies vor dem Verwaltungsgericht mittels einer Feststellungsklage geltend gemacht werden.[25]

12

§ 12 a Arbeitnehmerähnliche Personen

(1) Die Vorschriften dieses Gesetzes gelten entsprechend

1. für Personen, die wirtschaftlich abhängig und vergleichbar einem Arbeitnehmer sozial schutzbedürftig sind (arbeitnehmerähnliche Personen), wenn sie auf Grund von Dienst- oder Werkverträgen für andere Personen tätig sind, die geschuldeten Leistungen persönlich und im wesentlichen ohne Mitarbeit von Arbeitnehmern erbringen und

   a) überwiegend für eine Person tätig sind oder

   b) ihnen von einer Person im Durchschnitt mehr als die Hälfte des Entgelts zusteht, das ihnen für ihre Erwerbstätigkeit insgesamt zusteht; ist dies nicht voraussehbar, so sind für die Berechnung, soweit im Tarifvertrag nichts anderes vereinbart ist, jeweils die letzten sechs Monate, bei kürzerer Dauer der Tätigkeit dieser Zeitraum, maßgebend,

2. für die in Nummer 1 genannten Personen, für die die arbeitnehmerähnlichen Personen tätig sind, sowie für die zwischen ihnen und den arbeitnehmerähnlichen Personen durch Dienst- oder Werkverträge begründeten Rechtsverhältnisse.

(2) Mehrere Personen, für die arbeitnehmerähnliche Personen tätig sind, gelten als eine Person, wenn diese mehreren Personen nach der Art eines Konzerns (§ 18 des Aktiengesetzes) zusammengefaßt sind oder zu einer zwischen ihnen bestehenden Organisationsgemeinschaft oder nicht nur vorübergehenden Arbeitsgemeinschaft gehören.

(3) Die Absätze 1 und 2 finden auf Personen, die künstlerische, schriftstellerische oder journalistische Leistungen erbringen, sowie auf Perso-

---

[22] Vgl. den Schriftlichen Bericht des Ausschusses für Arbeit, BT-Drucks. I/4372, S. 1, 4
[23] Hueck/*Nipperdey*, Arbeitsrecht II 1, § 20 IV 1, S. 438 Fn. 64
[24] Löwisch/*Rieble*, § 12 TVG, Rnr. 7; siehe auch im Hinblick auf Art. 14 EMRK ᴱGMR EuGRZ 1975, S. 562 ff. – Nationale Belgische Polizeigewerkschaf
[25] So auch Löwisch/*Rieble*, § 12 TVG, Rnr. 7; in diesem Sinne auch schon Hueck/*Nipperdey*, Arbeitsrecht II 1, § 20 IV 1, S. 438 Fn. 64; zu weitgehend Kempen/*Zachert*, § 12 TVG, Rnr. 4, die eine (auf Beteiligung gerichtete) allgemeine Leistungsklage für möglich erachten

nen, die an der Erbringung, insbesondere der technischen Gestaltung solcher Leistungen unmittelbar mitwirken, auch dann Anwendung, wenn ihnen abweichend von Absatz 1 Nr. 1 Buchstabe b erster Halbsatz von einer Person im Durchschnitt mindestens ein Drittel des Entgelts zusteht, das ihnen für ihre Erwerbstätigkeit insgesamt zusteht.

(4) Die Vorschrift findet keine Anwendung auf Handelsvertreter im Sinne des § 84 des Handelsgesetzbuchs.

Übersicht

	Rnr.
A. Allgemeines	1–31
I. Arbeitnehmerähnliche im Verhältnis zu Arbeitnehmern und Selbständigen	1–2
II. Unterteilung innerhalb der Gruppe der Arbeitnehmerähnlichen	3–16
1. Formale Abgrenzung	4
2. Inhaltliche Abgrenzung	5
a) TVG, ArbGG, BUrlG und BeschäftigtenschutzG	5
b) Heimarbeiter	6
c) Einfirmenvertreter	9
d) Keine Zuordnung einzelner Berufsgruppen	12
3. Dogmatikbegriff des Arbeitnehmerähnlichen?	13
4. Zusammenfassung	16
III. Entstehungsgeschichte	17–23
1. Vorgeschichte	17
2. Entstehungsgeschichte i. e. S.	19
3. Kompetenz des Bundesgesetzgebers	21
4. Gesetzgeberische Zielgruppe	23
IV. Verhältnis zur Verfassung und zu anderen Gesetzen	24–31
1. Verhältnis zu Art. 9 Abs. 3 GG	24
a) Garantie der Tarifautonomie	24
b) Einfluß auf die Gegnerunabhängigkeit	26
2. Verhältnis zu Art. 3 Abs. 1 GG	27
3. Verhältnis zum GWB	28
4. Verhältnis zum HAG	29
5. Verhältnis zum HGB	30
6. Verhältnis zum ArbGG, zum BUrlG und BeschäftigtenschutzG	31
B. Tatbestandliche Voraussetzungen	32–77
I. Der Anwendungsbereich des § 12a	32–58
1. Der allgemeine Begriff der arbeitnehmerähnlichen Person	33
a) Bedeutung für die Auslegung des § 12a	33
b) Der allgemeine Begriff des Arbeitnehmerähnlichen außerhalb des § 12a	40
aa) Abgrenzungskriterien	41
bb) Stellungnahme	42
2. Abgrenzung zu Arbeitnehmern	43
3. Abgrenzung zu Selbständigen	49
4. Bereichsausnahmen	50
a) Heimarbeiter	50
b) Handelsvertreter	51
aa) Ausnahmeregelung in Abs. 4	51

	Rnr.
bb) Rechtspolitische Beurteilung	52
cc) Verfassungswidrigkeit	53
c) Freie Berufe	58
II. Die einzelnen Tatbestandsvoraussetzungen	59–77
1. Zwingendes Recht	59
2. Überflüssigkeit des Oberbegriffs des Arbeitnehmerähnlichen	60
3. Die Tatbestandsvoraussetzungen im einzelnen	61
a) Vertragstypen	61
aa) Dienst- oder Werkvertrag	61
bb) Pacht- oder Lizenzvertrag	62
cc) Werklieferungsvertrag	63
dd) Auftrag	64
b) Die Vertragspartner der arbeitnehmerähnlichen Personen	65
aa) Organisationsgemeinschaft	67
bb) Arbeitsgemeinschaft	68
c) Persönlicher Einsatz der eigenen Arbeitskraft	71
d) Handeln nur für eine Person	72
aa) Verdienstrelation	73
bb) Künstlerische, schriftstellerische oder journalistische Leistungen	74
cc) Erwerbstätigkeit	75
dd) Wechsel der Tarifgebundenheit	77
C. Rechtsfolgen	78–92
I. Tarifvertragsparteien	79
II. Tarifvertragsnormen	80–89
1. Inhaltsnormen	81
2. Abschluß- und Beendigungsnormen	83
a) Abschlußnormen	83
b) Beendigungsnormen	85
3. Normen zu betrieblichen und betriebsverfassungsrechtlichen Fragen	87
a) Betriebliche Normen	87
b) Betriebsverfassungsrechtliche Normen	88
4. Normen für Gemeinsame Einrichtungen	89
III. Gemeinsame Tarifverträge für Arbeitnehmer und arbeitnehmerähnliche Personen	90
IV. Arbeitskampfrechtliche Fragen	91–92
1. Volle Arbeitskampffähigkeit	91
2. Sympathiearbeitskämpfe	92

Schrifttum: *Antje Ady,* Das Recht der „freien Mitarbeiter", Film und Recht 1974, S. 91–95; *Clemens Appel/Petra Frantzioch,* Sozialer Schutz in der Selbständigkeit, AuR 1998, S. 93–98; *Ulf Berger-Delhey/Klaus Alfmeier,* Freier Mitarbeiter oder Arbeitnehmer, NZA 1991, S. 257–260; *Volker Beuthien/Thomas Wehler,* Stellung und Schutz der freien Mitarbeiter im Arbeitsrecht, RdA 1978, S. 2–10; *Burchard Bösche/Herbert Grimberg,* Rechtsfragen der Außendiensttätigkeit, in: Festschrift für Albert Gnade (1992), S. 377–402; *Rolf Achim Eich,* Die Kollektivierung freier Berufe, Betrieb 1973, S. 1699–1704; *Helmut Endemann,* Die arbeitnehmerähnlichen Personen, AuR 1954, S. 210–214; *Rolf-Dieter Falkenberg,* Arbeitnehmerähnliche Personen, AR-Blattei (D), Arbeitnehmerähnliche Personen; *Karla Fohrbeck/Andreas Johannes Wiesand/Frank Woltereck,* Arbeitnehmer oder Unternehmer? Zur Rechtssituation der Kulturberufe, Berlin 1976; *Alfred Gerschel,* Tarifverträge für arbeitnehmerähnliche freie Mitarbeiter, Film und Recht 1973, S. 538–544; *Peter Girth,* Zur gesetzlichen Regelung der Tariffähigkeit „arbeitnehmerähnlicher Personen", Film und Recht 1974, S. 510–512; *Gert Griebeling,* Der Begriff des Arbeitnehmers, RdA 1998, S. 208–216; *Peter Hanau,* Die Anforderungen an die Selbständigkeit des Versicherungsvertreters nach den §§ 84, 92 HGB, in: Mannheimer Vorträge zur Versicherungswissenschaft 69, 1997, S. 5–16; *ders.*, Entwicklungslinien im Arbeitsrecht, Betrieb 1998, S. 69–79; *Peter Hanau/Kerstin Strick*, Qual der Wahl – Arbeitnehmer oder Selbständiger, AuA 1998, S. 185–189; *Karl v. Hase/Mark Lembke*, Das Selbstbeurlaubungsrecht arbeitnehmerähnlicher Personen, BB 1997, S. 1095–1101; *Günter Herrmann/Bernhard Riepenhausen*, Diskussionsreferate „Der freie Mitarbeiter bei Rundfunk, Presse und Bühne", Film und Recht 1988, S. 83–94; *Wilhelm Herschel*, Zur Arbeitnehmereigenschaft der Film- und Fernsehschaffenden, UFITA 36 (1962), S. 115–127; *ders.*, Die arbeitnehmerähnliche Person, Betrieb 1977, S. 1185–1189; *ders.*, Neue Fragen zur arbeitnehmerähnlichen Person, AuR 1982, S. 336–339; *Marie Luise Hilger*, Zum „Arbeitnehmer-Begriff", RdA 1989, S. 1–7; *Norbert Horn/Martin Henssler*, Der Vertriebsfranchisenehmer als selbständiger Unternehmer, ZIP 1998, S. 589–600; *Wolfgang Hromadka*, Arbeitnehmerbegriff und Arbeitsrecht, NZA 1997, S. 569–580; *ders.*, Arbeitnehmerähnliche Personen, NZA 1997, S. 1249–1256; *Heinz Hübner/Manfred Rehbinder/Friedrich-Wilhelm v. Sell/Otto Kunze*, Freie Mitarbeiter in den Rundfunkanstalten, Köln 1973; *Wolf Hunold*, Arbeitsrecht im Außendienst, München 1993; *Ulrike Kindle*, Der Arbeitgeberverband des privaten Rundfunks, Arbeitgeber 1994, S. 876–877; *Hans-Jürgen Kretschmer*, Die Regelungsvorhaben zur Bekämpfung der „Scheinselbständigkeit" aus Sicht der sozialgerichtlichen Praxis, RdA 1997, S. 327–333; *Thomas Kreuder*, Arbeitnehmereigenschaft und „neue Selbständigkeit" im Lichte der Privatautonomie, AuR 1996, S. 386–394; *Otto Kunze*, Die Stellung der ständigen freien Mitarbeiter der Rundfunkanstalten in rechtlicher und rechtspolitischer Sicht, in: Freie Mitarbeiter in den Rundfunkanstalten, Köln 1973, S. 55–86; *ders.*, Der neue § 12a des Tarifvertragsgesetzes. Eine kritische Würdigung, UFITA 74 (1975), S. 19–40; *Manfred Lieb*, Die Schutzbedürftigkeit arbeitnehmerähnlicher Personen. Überlegungen zur individual- und kollektivrechtlichen Stellung sogenannter freier Mitarbeiter aus Anlaß des geplanten § 12a TVG, RdA 1974, S. 257–269; *ders.*, Rechtsformzwang und Rechtsformverfehlung im Arbeitsrecht, RdA 1975, S. 49–53; *ders.*, „Unternehmerähnliche Arbeitnehmer". Überlegungen zur Rechtsstellung der im Angestelltenverhältnis tätigen Mitarbeiter des Werbeaußendienstes der Versicherungswirtschaft unter besonderer Berücksichtigung ihrer Abgrenzung zum selbständigen Vertreter, ZVersWiss 1976, S. 207–233; *ders.*, Zur Problematik der Provisionsfortzahlung in Urlaubs-, Krankheits- und Feiertagsfall, Betrieb 1976, S. 2207–2211; *Manfred Löwisch*, Arbeitskampf- und Schlichtungsrecht, Heidelberg 1997; *Heinrich Lund*, Tarifautonomie für arbeitnehmerähnliche Personen, BABl. 1974, S. 682–684; *Claus Maier*, Arbeitnehmerähnliche Personen im Tarifrecht, Film und Recht 1973, S. 378–380; *Wilhelm Maus*, Die „freien Mitarbeiter" der Deutschen Rundfunk- und Fernsehanstalten, Film und Recht 1968, S. 367–376; *Markus Mayer*, Zur Öffnung des persönlichen Geltungsbereichs von Tarifverträgen für Heimarbeiter und Handelsvertreter, Betriebs-Berater 1993, S. 1513–1514; *Gerhard Müller*, Zur arbeitsrechtlichen Problematik der Rechtsbeziehungen des Spitzenfilmdarstellers, in: Aktuelles Filmrecht, Bd. 2 (1959), S. 153–168; *Albrecht Götz v. Olenhusen*, Die arbeitnehmerähnliche Person im Presse- und Medienrecht, Zeitschrift zum Urheber- und Medienrecht 1988, S. 557–561; *ders.*, Die Freien Mitarbeiter der Medien und § 12a Tarifvertragsgesetz, Film und Recht 1975, S. 98–102; *Matthias Pauly*, Tarifautonomie für Handelsvertreter?, Frankfurt a. M. u. a. 1992; *Jörg Peter*, Kernfragen der Telearbeit, Betrieb 1998, S. 573–579; *Ulrich Peters/Eveline Höpfner*, Scheinselbständigkeit, DANgVers 1997, S. 65–76; *Heide M. Pfarr*, Die arbeitnehmerähnliche Person – Neue Selbständigkeit und deren arbeitsrechtliche Beurteilung –, in: Festschrift für Karl Kehrmann (1997), S. 75–98; *Ulrich Preis*, Arbeitsrechtliche Probleme der Telearbeit, in: Stern/Prütting (Hrsg.), Die Zukunft der Medien hat schon begonnen - rechtlicher Rahmen und neue Teledienste im Digitalzeitalter, Köln 1998, S. 75–107; *Hans Reichel*, Rechtsfragen zur Tariffähigkeit, RdA 1972, S. 143–152; *ders.*, Änderung des Tarifvertragsgesetzes, Betrieb 1975, S. 102–107; *Bernhard Riepenhausen*, Tarifvertrag zum Urhebervertragsrecht, Film und Recht 1976, S. 310–314; *Ulrich Rosenfelder*, Der arbeitsrechtliche Status des freien Mitarbeiters, Berlin 1982; *Bernd Rüthers*, Tendenzschutz der Rundfunkanstalten und Arbeitsrechtsschutz der ständigen freien Mitarbeiter, Film und Recht 1983, S. 64–77; *ders.*, Rundfunkfreiheit und Arbeitsrechtsschutz, RdA 1985, S. 129–146; *Harald Schliemann*, Flucht aus dem Arbeitsverhältnis - falsche oder echte Selbständigkeit?, RdA 1997, S. 322–326; *Peter Schwerdtner*, Handelsvertreterrecht und Handelsvertreterwirklichkeit, BlStSozArbR 1972, S. 17–23; *Norbert Seidl,* Die arbeitnehmerähnlichen Personen im Urlaubsrecht, BB 1970, S. 971–975; *Joachim N. Stolterfoht,* Die Selbständigkeit des Handelsvertreters, Düsseldorf 1973; *ders.,* Tarifautonomie für arbeitnehmerähnliche Personen?, Betrieb 1973, S. 1068–1076; *Torsten Tiefenbacher,* Arbeitnehmerähnliche Personen, AR-Blattei SD Nr. 120; *Gustav Wachter,* Wesensmerkmale der arbeitnehmerähnlichen Person, Berlin 1980; *Rolf Wank,* Die freien Mitarbeiter bei den Rundfunkanstalten und das Bundesverfassungsgericht, RdA 1982, S. 363–371; *ders.,* Arbeitnehmer und Selbständige, München 1988; *ders.,* Forschungsbericht, Empirische Befunde zur „Scheinselbständigkeit", Juristischer Teil (Hrsg. Bundesministerium für Arbeit und Sozialordnung), Bonn 1997; *Peter Wedde,* Forschungsbericht, Entwicklung der Telearbeit – arbeitsrechtliche Rahmenbedingungen (Hrsg. Bundesministerium für Arbeit und Sozialordnung), Bonn 1997; *ders.,* Telearbeit, 2. Aufl. 1994; *Herbert Wiedemann,* Das Arbeitsverhältnis als Austausch- und Gemeinschaftsverhältnis, Karlsruhe 1966; *ders.,* Die „arbeitgeberähnlichen" leitenden Angestellten im Betriebsverfassungsrecht, RdA 1972, S. 207–217; *Günther Wiese,* Buchautoren als arbeitnehmerähnliche Personen, Wien 1980; *Otfried Wlotzke,* Neuerungen im gesetzlichen Arbeitsrecht. Das Gesetz zur Änderung des Heimarbeitsgesetzes und anderer arbeitsrechtlicher Vorschriften, Betrieb 1974, S. 2252–2260; *Frank Wolterek,* Wo der Sozialstaat versagt: „Freie Mitarbeit", AuR 1973, S. 129–135; *Ulrich Zachert,* Die Sicherung und Gestaltung des Normalarbeitsverhältnisses durch Tarifvertrag, Baden-Baden 1989; *Albrecht Zeuner,* Überlegungen zum Begriff des Arbeitnehmers und zum Anwendungsbereich arbeitsrechtlicher Regeln, RdA 1975, S. 84–88.

A. Allgemeines

I. Arbeitnehmerähnliche im Verhältnis zu Arbeitnehmern und Selbständigen

Die übrigen Bestimmungen des Gesetzes (außer § 12a) enthalten Regelungen über Tarifverträge für Arbeitsverhältnisse. Betroffene sind damit (außer den Arbeitgebern) *Arbeitnehmer.* Der Gegenbegriff zum Arbeitnehmer ist der des *Selbständigen.*[1] Insoweit spielt es keine Rolle, um welchen Vertragstyp es sich im einzelnen handelt, ob um (freien) Dienstvertrag, um Werkvertrag, Werklieferungsvertrag oder irgendeinen anderen schuldrechtlichen Vertrag.[2] Die Unterscheidung dient nur dem Zweck der Abgrenzung vom Arbeitnehmer; Binnendifferenzierungen des Schuldrechts spielen insoweit keine Rolle. Die früher verbreitete Gegenüberstellung von Arbeitnehmern und freien Dienstnehmern war zu eng. Eine Abgrenzung zu freien Mitarbeitern empfiehlt sich nicht, da es insoweit nicht um einen Rechtsbegriff handelt. Soweit im Hinblick auf Medienunternehmen von freien Mitarbeitern die Rede ist (s. z. B. unten Rnr. 23), umfaßt dieser untechnische Begriff sowohl unabhängige Selbständige als auch abhängige Selbständige (= Arbeitnehmerähnliche). 1

§ 12a als nachträglich eingefügte Bestimmung nimmt auf eine Zwischengruppe bezug, auf die *Arbeitnehmerähnlichen.* Wie sich diese Zwischengruppe zu den beiden Gruppen der Arbeitnehmer und der Selbständigen verhält, geht aus der gesetzlichen Regelung nicht auf Anhieb hervor. Zwei Interpretationen sind möglich: 2

---

[1] *Wank,* Arbeitnehmer und Selbständige, S. 3.
[2] Dagegen kommen für § 12a nur bestimmte Vertragstypen in Betracht, s. unten Rnr. 61 ff.

(1) Es gibt ein Kontinuum der Formen von Beschäftigung:
Arbeitnehmer – Arbeitnehmerähnliche – Selbständige.[3] Bei dieser Betrachtungsweise müßte es Abgrenzungskriterien in beiden Richtungen geben; z.B. entweder
Arbeitnehmer – persönlich abhängig, aber nicht wirtschaftlich abhängig
Arbeitnehmerähnlicher – nicht persönlich abhängig, aber wirtschaftlich abhängig
oder
Selbständiger – wirtschaftlich unabhängig
Arbeitnehmerähnlicher – wirtschaftlich abhängig.
Beide Gegenüberstellungen treffen nicht zu. Auch Arbeitnehmerähnliche sind persönlich abhängig; viele Selbständige sind wirtschaftlich abhängig.[4]

(2) Ein anderes Verständnis geht dahin, daß es nur zwei Haupttypen von Beschäftigten gibt, Arbeitnehmer und Selbständige. Die Arbeitnehmerähnlichen bilden eine Untergruppe der Selbständigen, so daß die Aufteilung so aussieht: bestimmte wirtschaftlich abhängige Selbständige (= Arbeitnehmerähnliche) – sonstige Selbständige.[5]

Dieses Verständnis liegt, wie zu zeigen sein wird, § 12a zugrunde wie auch den anderen für Arbeitnehmerähnliche geltenden Vorschriften. Es ist auch in der Literatur allgemein anerkannt, so daß der gegen den zeitgemäßen Arbeitnehmerbegriff (s. unten Rnr. 45) gerichtete Hinweis auf drei nebeneinander stehende Gruppen von Beschäftigten irreführend ist.

II. Unterteilung innerhalb der Gruppe der Arbeitnehmerähnlichen

3   § 12a Abs. 1 Nr. 1 am Anfang suggeriert, daß es eine klar definierte Gruppe der Arbeitnehmerähnlichen gibt. Es hat danach den Anschein, als ob § 12a Abs. 1 Nr. 1 am Anfang eine Legaldefinition des Arbeitnehmerähnlichen enthält, nämlich eine Person, die
– wirtschaftlich abhängig und
– vergleichbar einem Arbeitnehmer sozial schutzbedürftig ist.
Ob es soziologisch eine eigene Kategorie der Arbeitnehmerähnlichen gibt, kann hier dahinstehen. Juristisch ist, entgegen der scheinbaren Aussage in § 12a Abs. 1, „Arbeitnehmerähnliche" nur ein Sammelbegriff für höchst unterschiedliche Erscheinungsformen.

1. Formale Abgrenzung

4   Man kann rein formal danach fragen, welche Gesetze den Ausdruck „Arbeitnehmerähnliche" (oder, wie § 12a, „arbeitnehmerähnliche Personen") verwenden. Das ist nur in wenigen Gesetzen der Fall, nämlich in:

---

[3] S. – mißverständlich – *Hromadka*, NZA 1997, S. 569, 576; anders *ders.*, NZA 1997, S. 1249, 1253; s. auch *Hanau*, AuA 1998, S. 185, 188; *ders.*, Selbständigkeit des Versicherungsvertreters, S. 7.
[4] S. zum Ganzen *Wank*, Forschungsbericht, S. 86ff.
[5] *Wank*, Arbeitnehmer und Selbständige, S. 235ff.; vgl. auch BAG 16. 7. 1997 AP Nr. 37 zu § 5 ArbGG 1979.

A. Allgemeines 5–8 § 12a

- § 12a TVG
- § 5 Abs. 1 Satz 2 ArbGG: „sonstige Personen, die wegen ihrer wirtschaftlichen Unselbständigkeit als arbeitnehmerähnliche Personen anzusehen sind"
- § 2 Satz 2 BUrlG: „Personen, die wegen ihrer wirtschaftlichen Unselbständigkeit als arbeitnehmerähnliche Personen anzusehen sind"
- § 1 Abs. 2 Nr. 1, 2. Halbs. Beschäftigtenschutzgesetz: „ferner Personen, die wegen ihrer wirtschaftlichen Unselbständigkeit als arbeitnehmerähnliche Personen anzusehen sind."

Ein einfacher Vergleich zeigt, daß zwar alle Bestimmungen möglicherweise dieselbe Personengruppe meinen. In § 5 Abs. 1 Satz 2 ArbGG, § 2 Satz 2 BUrlG und § 1 Abs. 2 Nr. 1 2. Halbs. Beschäftigentenschutzgesetz einerseits wird aber nur auf die wirtschaftliche Abhängigkeit abgestellt, in § 12a TVG andererseits auf wirtschaftliche Abhängigkeit und soziale Schutzbedürftigkeit, so daß fraglich ist, ob sich insoweit ein gemeinsamer Begriff bilden läßt.

2. Inhaltliche Abgrenzung

a) TVG, ArbGG, BUrlG und Beschäftigtenschutz. TVG, ArbGG, 5 BUrlG und BeschäftigtenschutzG lassen sich immerhin insoweit zusammenfassen, als sie als gemeinsames Merkmal die wirtschaftliche Abhängigkeit des Beschäftigten als kennzeichnendes Merkmal enthalten.

b) Heimarbeiter. Wenn man allerdings nicht nur berücksichtigt, wer 6 ausdrücklich als Arbeitnehmerähnlicher bezeichnet wird, sondern fragt, wer der Sache nach Arbeitnehmerähnlicher ist, so erweitert sich die Zahl der gesetzlichen Regelungen. Bei diesem Ausgangspunkt gehören zu den Arbeitnehmerähnlichen des weiteren:
- die **Heimarbeiter** und die ihnen Gleichgestellten (s. Rnr. 7 ff.)
- **Einfirmenvertreter,** § 92a HGB (s. unten Rnr. 9 ff.), mit folgenden Anknüpfungen:
  - Mindestarbeitsbedingungen
  - Zuständigkeit der Arbeitsgerichte, § 5 Abs. 3 ArbGG, ferner
  - bis Ende 1998:
    Forderungen als Masseschulden, § 59 Abs. 1 Nr. 3c KO oder vorrangige Konkursforderungen, § 61 Abs. 1 Nr. 1c KO.

Für **Heimarbeiter** i. w. S. (im einzelnen gehören dazu drei Gruppen, näm- 7 lich,
- Heimarbeiter i. e. S., § 2 Abs. 1 HAG
- Heimarbeitern Gleichgestellte, § 1 Abs. 2, § 2 Abs. 3 HAG
- Heimarbeiter von Heimarbeitern, § 2 Abs. 2 HAG)

sieht das Gesetz eine eigene Definition vor. So lautet z. B. die des Heimarbeiters i. e. S. (§ 2 Abs. 1 HAG):
- selbstgewählte Arbeitsstätte
- Arbeit allein oder mit seinen Familienangehörigen
- im Auftrag von Gewerbetreibenden oder Zwischenmeistern
- erwerbsmäßig
- Überlassung der Arbeitsergebnisse an die Auftraggeber.

Das Gesetz enthält sich einer Aussage zu der Frage, wie der Heimarbeiter 8 im Verhältnis zu den Kategorien von Arbeitnehmern und Selbständigen ein-

Wank 1371

zuordnen ist. Es ist zweifelhaft, ob die bloße Tatsache der **selbstgewählten Arbeitsstätte** es rechtfertigt, eine eigene Kategorie von Beschäftigten zu bilden und sie der Anwendung des Arbeitsrechts zu entziehen. Wie das Beispiel der Außendienstmitarbeiter[6] schon immer zeigt, gehört Arbeit an der Betriebsstätte des Arbeitgebers nicht zu den zwingenden Merkmalen für den Arbeitnehmer. Am Beispiel des Telebeschäftigten wird ersichtlich, daß auch die Arbeit zu Hause an der Arbeitnehmereigenschaft nichts zu ändern braucht.[7] Der Hinweis auf das Sonderrecht der Heimarbeiter übersieht, daß für diese nur ein sehr begrenzter arbeitsrechtlicher Schutz zur Verfügung steht.[8] Rechtspolitisch ist nach der Daseinsberechtigung des Heimarbeitsgesetzes überhaupt zu fragen. Im geltenden Recht gibt es jedenfalls die eigene Kategorie des Heimarbeiters, der rechtsdogmatisch als wirtschaftlich abhängiger Selbständiger anzusehen ist.

9 c) **Einfirmenvertreter.** Für Einfirmenvertreter sieht das Gesetz bestimmte Sondervorschriften vor, die dazu führen, daß jedenfalls bestimmte Einfirmenvertreter zu den Arbeitnehmerähnlichen gezählt werden. Andererseits nimmt § 12a Abs. 4 – verfassungswidrig (s. unten Rnr. 53) – Handelsvertreter, also auch die schutzbedürftigen Einfirmenvertreter, vom Geltungsbereich des § 12a aus mit der Folge, daß für sie zwar andere Vorschriften über Arbeitnehmerähnliche gelten, aber keine Tarifverträge geschlossen werden können. Geht man von der Verfassungswidrigkeit des § 12a Abs. 4 aus, so unterliegen jedenfalls arbeitnehmerähnliche Handelsvertreter dem § 12a.

10 Innerhalb der **Gruppe der Handelsvertreter** gibt es nach der gesetzlichen Regelung drei Untergruppen, nämlich
– selbständige Handelsvertreter, § 84 Abs. 1 HGB,
– angestellte Handelsvertreter, § 84 Abs. 2 HGB,
– Einfirmenvertreter als arbeitnehmerähnliche Handelsvertreter.[9]

11 Für Einfirmenvertreter sieht § **92a HGB** vor, daß der Justizminister eine Rechtsverordnung über Mindestarbeitsbedingungen erlassen kann. Sie ist aber bisher nicht erlassen worden und ist auch nicht geplant, so daß die Regelung toter Buchstabe bleibt. § 92a HGB hat aber Bedeutung als Anknüpfungspunkt für weitere Vorschriften. So besteht eine Zuständigkeit der Arbeitsgerichte – außer für angestellte Vertreter – nur für diejenigen Einfirmenvertreter, die während der letzten sechs Monate der Vertragsdauer im Durchschnitt weniger als 2000 DM Vergütung und Aufwendungsersatz bezogen haben, § 5 Abs. 3 Satz 1 ArbGG. Hier wird also einer Untergruppe der Arbeitnehmerähnlichen der Zugang zu den Arbeitsgerichten verwehrt. Forderungen von Einfirmenvertretern, deren monatlicher Verdienst 1000 DM nicht über-

---

[6] *Bösche/Grimberg*, in: Festschrift für Gnade (1992), S. 377 ff.; *Hunold*, Arbeitsrecht im Außendienst, 1993.
[7] *Wank*, Telearbeit, 1997, Rnr. 283 ff. m.w.N.; ferner *Peter*, Betrieb 1998, S. 573 f.; *Preis*, in: Zukunft der Medien, 1998, S. 74, 83 f.; *Wedde*, Forschungsbericht, S. 26 f.; *ders.*, Telearbeit, S. 99 ff.
[8] S. die Zusammenstellung bei *Schmidt/Koberski/Tiemann/Wascher*, Heimarbeitsgesetz, 4. Aufl. 1998, Anhang zu § 19.
[9] *Wank*, in: Martinek/Semler, Handbuch des Vertriebsrechts, 1996, § 7, Rnr. 38 ff., 53 ff.

steigt, waren nach den bis Ende 1998 geltenden Vorschriften der §§ 59 Abs. 1 Nr. 3c und 61 Abs. 1c KO Masseschulden oder vorrangige Konkursforderungen. In der ab 1. 1. 1999 geltenden InsO sind diese Sonderregelungen nicht mehr enthalten.

d) Keine Zuordnung einzelner Berufsgruppen. Über die gesetzlichen 12 Sonderregelungen für einzelne Berufsgruppen hinaus ist es nicht möglich, **allgemeine Aussagen** zur Arbeitnehmerähnlichkeit bestimmter Berufsgruppen zu machen.[10] Eine Abgrenzung nach der Verkehrsanschauung ist nicht möglich. Eine bestimmte Anschauung in der Bevölkerung besteht nicht; ihr dürfte bereits der Begriff des Arbeitnehmerähnlichen kaum bekannt sein. Eine Verkehrsanschauung unter Juristen hat sich über die einzelnen Sonderregelungen hinaus nicht gebildet. Man ist sich nur insoweit einig, als wirtschaftliche Abhängigkeit des Betroffenen bestehen muß. Wie diese wirtschaftliche Abhängigkeit zu bestimmen ist, ist jedoch streitig. Daher sind die Berufsgruppen-Kataloge, die sich zum Teil in den Kommentaren zum BUrlG und zum ArbGG finden, für die Entscheidung im Einzelfall nur begrenzt hilfreich. Für § 12a geben die Erläuterungen zu anderen Vorschriften betr. Arbeitnehmerähnliche nichts her, da § 12a einen eigenen Begriff des Arbeitnehmerähnlichen enthält.

3. Dogmatikbegriff des Arbeitnehmerähnlichen?

Fraglich ist, ob es über den genannten Gesetzesbegriff des Arbeitnehmer- 13 ähnlichen hinaus einen allgemeinen Dogmatikbegriff des Arbeitnehmerähnlichen gibt.[11] Die Rechtsprechung und ein Teil der Literatur nehmen das an.[12] Ein solcher allgemeiner Begriff könnte in zwei Richtungen bedeutsam sein.

Einmal könnte er bei der **Auslegung der genannten Gesetzesbestim-** 14 **mungen** helfen. Der allgemeine Dogmatikbegriff des Arbeitnehmers hat diese Funktion, da es keine gesetzliche Definition des Arbeitnehmers gibt. Die oben genannten Gesetze enthalten aber allesamt jeweils eine eigene Legaldefinition des Arbeitnehmerähnlichen. Insofern könnte ein allgemeiner Dogmatikbegriff nur dazu dienen, die genannten Gesetze zu konkretisieren, müßte sich aber immer auf der Grundlage der genannten Legaldefinitionen bewegen. Der Gewinn, den ein allgemeiner Dogmatikbegriff des Arbeitnehmerähnlichen unter diesen Umständen brächte, wäre zweifelhaft.

Zum anderen könnte der allgemeine Begriff des Arbeitnehmerähnlichen 15 bei der **Auslegung anderer Gesetze** helfen. Allerdings nehmen die arbeitsrechtlichen Gesetze ausdrücklich auf Arbeitnehmer und teilweise auch auf Heimarbeiter bezug, aber eben nicht auf Arbeitnehmerähnliche. In Betracht kommt daher nur eine analoge Anwendung bestimmter für Arbeitnehmer

---

[10] *Wank*, Arbeitnehmer und Selbständige, S. 237; s. für Franchisenehmer *Horn/ Henssler*, ZIP 1998, S. 589, 598 ff.
[11] S. zu Gesetzesbegriffen und Dogmatikbegriffen *Wank*, Die juristische Begriffsbildung, 1985, S. 63 ff.
[12] S. z.B. BAG 11. 4. 1997 AP Nr. 30 zu § 5 ArbGG 1979; *Hanau/Strick*, AuA 1998, S. 185, 188; *Hromadka*, NZA 1997, S. 1249, 1252 ff.; *Schaub*, Arbeitsrechts-Handbuch, § 9 I 1a, S. 62; a. A. MünchArb*R/Richardi*, § 28, Rnr. 2.

geltender Gesetze auf Arbeitnehmerähnliche.[13] Zwar wird verbreitet behauptet, daß der allgemeine Begriff des Arbeitnehmerähnlichen diese Aufgabe erfüllen könnte und daß Arbeitnehmerähnliche auf diese Weise einen angemessenen sozialen Schutz erhalten könnten.[14] Dieser Hinweis suggeriert einen Schutz, der im geltenden Recht nicht besteht. Bislang wurde noch nicht einmal umfassend zusammengestellt, bei welchen Gesetzen eine analoge Anwendung in Betracht kommt.[15] Auch neuere Untersuchungen beschränken sich auf die Feststellung, daß es nur einige wenige konkrete Rechtsfolgen gibt, die an das Vorliegen der Eigenschaft als Arbeitnehmerähnlicher anknüpfen, und geben im übrigen nur Anregungen für weitere Forschungen.[16] Angesichts der Tatsache, daß Rechtsprechung und Literatur zwar einen allgemeinen Tatbestand des Arbeitnehmerähnlichen annehmen, daran aber so gut wie keine Rechtsfolgen knüpfen, hat der Begriff – abgesehen von den wenigen gesetzlichen Regelungen – unter Schutzgesichtspunkten keine eigene Daseinsberechtigung (s. jedoch unten Rnr. 40 ff.).

4. Zusammenfassung

16   Wie dargelegt, sollte man die Suche nach einem allgemeinen Dogmatikbegriff des Arbeitnehmerähnlichen aufgeben. Aber auch der Gesetzesbegriff des Arbeitnehmerähnlichen ist nicht klar umrissen. Folgende Kriterien spielen in den einschlägigen Gesetzen eine Rolle: Selbstgewählter Arbeitsplatz, ohne Mitarbeit von anderen, wirtschaftliche Abhängigkeit, soziale Schutzbedürftigkeit. Das läßt es fraglich erscheinen, ob es wenigstens einen allgemeinen Begriff des Arbeitnehmerähnlichen überhaupt gibt und ob § 12a ihn liefert.

III. Entstehungsgeschichte

1. Vorgeschichte

17   Der Gesetzgeber hat schon frühzeitig erkannt, daß es außerhalb der Gruppe der Arbeitnehmer abhängige Beschäftigte gibt, die eines gewissen arbeitsrechtlichen Schutzes bedürfen.[17] Die erste gesetzliche Regelung findet sich in **§ 136 Gewerbeordnung** des Norddeutschen Bundes (der dem heutigen § 119b GewO entspricht), durch den Hausgewerbetreibende im Wege einer gesetzlichen Fiktion in den Kreis der Arbeiter aufgenommen wurden und dadurch dem für gewerbliche Arbeiter geltenden Lohnschutz unterfielen. Einen weiteren Schritt auf dem Wege zum Schutz dieser Personengruppe stell-

---

[13] S. als Beispiel die Erstreckung des nachvertraglichen Wettbewerbsverbots auf Arbeitnehmerähnliche in BAG AP Nr. 44 zu § 611 BGB Konkurrenzklausel = EzA § 74 HGB Nr. 59 = Betrieb 1997, S. 1979.
[14] *Hromadka*, NZA 1997, S. 1249, 1255 f.; krit. *Pfarr*, in: Festschrift für Kehrmann (1997), S. 75, 76.
[15] S. auch *Hromadka*, NZA 1997, S. 569, 579; *ders.*, NZA 1997, S. 1249, 1255 f.; ferner *Schaub*, Arbeitsrechts-Handbuch, § 9 II 1a, S. 63.
[16] *Appel/Frantzioch*, AuR 1988, S. 93, 95, 98; *Pfarr*, in: Festschrift für Kehrmann (1997), S. 75, 88 ff.; s. auch *Gamillscheg*, RdA 1998, S. 8; *Hanau*, Betrieb 1998, S. 74; *Schliemann*, RdA 1997, S. 322.
[17] *Endemann*, AuR 1954, S. 210; *Hromadka*, NZA 1997, S. 1249 ff.

A. Allgemeines   18–20 § 12a

te das Heimarbeitsgesetz vom 20. 12. 1911 dar, das für Heimarbeiter partiell ein Schutzbedürfnis vergleichbar dem für Arbeitnehmer anerkannte.

Der in § 12a verwandte Begriff des Arbeitnehmerähnlichen tauchte zum ersten Mal in § 5 Abs. 1 des **Arbeitsgerichtsgesetzes** von **1926** auf. Darin wurden arbeitnehmerähnliche Personen definiert als solche, die, ohne in einem Arbeitsverhältnis zu stehen, im Auftrag und auf Rechnung anderer Arbeit leisten. Mit der Novellierung des Arbeitsgerichtsgesetzes im Jahre 1953 wurde diese sehr weit gefaßte Begriffsbestimmung geändert. Von nun an galten auch alle Beschäftigten als Arbeitnehmer im Sinne des Gesetzes, die wegen ihrer wirtschaftlichen Unselbständigkeit als arbeitnehmerähnliche Personen anzusehen waren. Diese Formulierung wurde in das heutige Arbeitsgerichtsgesetz (in § 5 Abs.1 Satz 2) sowie in § 2 Abs. 2 BUrlG und in § 1 Abs. 2 Nr. 1 BeschäftigtenschutzG übernommen. 18

2. Entstehungsgeschichte i. e. S.

Die gesetzgeberischen Vorbereitungen der Vorschrift reichen in die 6. Legislaturperiode zurück. Der ursprüngliche Referentenentwurf ist durch Erörterung mit den beteiligten Verbänden und den Ressorts sowie in den Ausschußberatungen mehrfach geändert worden (vgl. dazu oben Geschichte, Rnr. 72ff.). Das den § 12a enthaltende Gesetz zur Änderung des Heimarbeitsgesetzes wurde am 11. 6. 1974 in zweiter und dritter Lesung vom Bundestag angenommen. Nachdem der vom Bundesrat angerufene Vermittlungsausschuß die vom Bundestag beschlossene Gesetzesfassung bestätigt hatte, erteilte der Bundesrat am 18. Oktober 1974 dem Gesetz seine Zustimmung, so daß es am 1. November 1974 in Kraft treten konnte.[18] Da Erfahrungen auf diesem Gebiet noch fehlten, beauftragte der Bundestag die Regierung, bis zum 30. Juni 1975 einen Erfahrungsbericht vorzulegen.[19] Diese Frist ist in der Zwischenzeit um zwei Jahre verlängert worden. Inzwischen wurde die Berichtspflicht aufgehoben. 19

In der Folgezeit wurden aber vor allen Dingen im Bereich der Medien zahlreiche Tarifverträge geschlossen.[20] So haben z.B. alle zur ARD gehörenden Rundfunkanstalten in der Zwischenzeit entsprechende Tarifverträge vereinbart.[21] Darüberhinaus wurde schon im Jahre 1988, also nur vier Jahre nach dem Start des privaten Rundfunks, der Tarifverband Privater Rundfunk gegründet, dem gegenwärtig über 20 **Rundfunk- und Fernsehunternehmen** angehören.[22] Dieser Verband hat zwischenzeitlich Tarifverträge mit den entsprechenden Gewerkschaften im Hinblick auf die Arbeitnehmer der privaten Medienanstalten geschlossen; ein Tarifvertrag zum Schutz der arbeitnehmerähnlichen Beschäftigten steht noch aus; insoweit liegt lediglich ein Forderungskatalog der Gewerkschaften vor. 20

---

[18] Vgl. dazu eingehend *Lund*, BABl. 1974, S. 682; ferner *Wiese*, Buchautoren, S. 9 Fn. 3.
[19] BT-Drucks. 7/2025, S. 8; vgl. dazu *Reichel*, Betrieb 1975, S.102, 104.
[20] S. *Pfarr*, in: Festschrift für Kehrmann (1997), S. 75, 86f.
[21] Zu den weiteren Tarifverträgen s. *Zachert*, Sicherung und Gestaltung des Normalarbeitsverhältnisses durch Tarifvertrag, Baden-Baden 1989, S. 19, 135f.
[22] Ausführlich dazu *Kindle*, Arbeitgeber 1994, S. 877f.

3. Kompetenz des Bundesgesetzgebers

21 Die Kompetenz des Bundesgesetzgebers zum Erlaß des § 12a wurde teilweise in Frage gestellt.[23] In Betracht kommt eine konkurrierende Gesetzgebungszuständigkeit nach Art. 74 Nr. 12 GG; danach ist der Bund zur Gesetzgebung auf dem Gebiet des Arbeitsrechts zuständig. Daraus läßt sich zwar sicher keine Kompetenz ableiten, die Rechtsverhältnisse selbständiger Beschäftigter zu regeln.[24] Wenn der Bundesgesetzgeber jedoch den Arbeitnehmern verwandte Berufsgruppen dem Arbeitsrecht unterstellen will, weil er dies aufgrund der sozialen Wirklichkeit für angemessen hält, so liegt dies im Rahmen der Gesetzgebungskompetenz des Art. 74 Nr. 12 GG. Der persönliche Geltungsbereich des Arbeitsrechts ist seinerseits Bestandteil dieses Rechtsgebietes. Gegen die Ausdehnung der Tarifautonomie auf die arbeitnehmerähnlichen Personen bestehen daher keine Bedenken.[25]

22 Gegen die Regelung des § 12a läßt sich auch nicht einwenden, der Bundesgesetzgeber greife damit in die **Organisation der Landesrundfunkanstalten** ein, so daß deshalb die Gesetzgebungszuständigkeit fehle.[26] Wenn § 12a Auswirkungen auf die Organisation der Veranstalter von Rundfunksendungen hat, so ist das nicht anders zu werten als Folgen von Kündigungsvorschriften oder Regelungen zur Sicherheit am Arbeitsplatz für die Organisation von Produktions- und Dienstleistungsunternehmen. Von einer unzulässigen Regelung des Rundfunk- oder Presserechts durch den Bundesgesetzgeber kann man nicht sprechen. Auch die Fiktion des § 12a Abs. 2 verstößt nicht gegen die Verfassung.[27] Dadurch wird nicht die länderrechtliche Organisation der Rundfunkanstalten berührt, auch kein gemeinsamer (tarifvertraglicher) Arbeitgeber begründet, sondern lediglich eine unwiderlegliche Vermutung für das Tatbestandsmerkmal der wirtschaftlichen Abhängigkeit von einer Person eingeführt (vgl. dazu unten Rnr. 66 ff.).

4. Gesetzgeberische Zielgruppe

23 Die Bedeutung des § 12a ist primär im Bereich der „freien Mitarbeiter" der Rundfunkanstalten zu suchen. § 12a trägt die amtliche Überschrift „Arbeitnehmerähnliche Personen". Sie erweckt damit den Eindruck, eine allgemeine Definition der arbeitnehmerähnlichen Personen zu enthalten und die Tarifautonomie auf sie auszudehnen. Aus dem Ausschluß der wichtigen Gruppe der Handelsvertreter in Abs. 4, aus dem Aufbau des Gesetzes, insbesondere aus den in Abs. 2 und 3 vorgenommenen Erweiterungen, sowie aus den Vorarbeiten des Gesetzgebers[28] ergibt sich jedoch, daß eine bestimmte Zielgruppe angesprochen werden sollte, nämlich die sog. freien Mitarbeiter der

---

[23] So *Maier*, Film und Recht 1973, S. 378, 380.
[24] Vgl. *Hamann/Lenz*, GG, 3. Aufl., Art. 74, Anm. B 21; v. Mangoldt/*Klein*, GG, 2. Aufl., Art. 74, Anm. XXV, 2; *Degenhart*, in: Sachs, GG, 1996, Art. 74, Rnr. 48.
[25] Ebenso *Wiese*, Buchautoren, S. 14 ff.
[26] Anders auch insoweit *Maier*, Film und Recht 1973, S. 378, 379.
[27] Abweichend *Maier*, Film und Recht 1973, S. 378, 380; wie hier BT-Drucks. 7/2382.
[28] Stellungnahme des Ausschusses für Arbeit und Sozialordnung, BT-Drucks. 7/2025, S. 6.

A. Allgemeines 24 § 12a

Medien, der Kunst sowie in Wissenschaft und Forschung, und auch insofern eine einzelne Untergruppe, nämlich die **freien Mitarbeiter** bei den **Rundfunk- und Fernsehanstalten** in der Bundesrepublik.[29] Ob sich bei dieser Zielsetzung nicht ein anderer Gesetzesaufbau empfohlen hätte, der die eigentlichen Normadressaten nicht vornehmlich in die Ausnahmetatbestände der Norm aufnimmt, muß hier offenbleiben. Der Absicht des Gesetzgebers, den im Bereich des Art. 5 GG tätigen Personenkreis zu bevorzugen, ist jedoch bei der Auslegung und Anwendung der Bestimmung Rechnung zu tragen.

IV. Verhältnis zur Verfassung und zu anderen Gesetzen

1. Verhältnis zu Art. 9 Abs. 3 GG

a) **Garantie der Tarifautonomie.** Nach überwiegender Meinung steht 24 das individuelle und kollektive **Grundrecht des Art. 9 Abs. 3 GG** auch den arbeitnehmerähnlichen Personen zu.[30] Dieser Ansicht ist zu folgen. Zweifellos können sich auch arbeitnehmerähnliche Personen zu Berufsverbänden zusammenschließen oder bestehenden Berufsverbänden beitreten, um ihre Arbeits- und Wirtschaftsbedingungen zu fördern. Fraglich könnte sein, ob der Tarifvertrag als Mittel der Verbesserung der Arbeits- und Wirtschaftsbedingungen auch für die arbeitnehmerähnlichen Personen verfassungsrechtlich gewährleistet ist. Das ist deshalb zweifelhaft, weil die historische Entwicklung den eigentlichen Arbeitnehmer-Koalitionen galt[31] und weil Tarifverträge ohne die neue gesetzliche Grundlage in § 12a – außer für Heimarbeiter – bisher nicht abgeschlossen wurden und wohl auch nicht vereinbart werden konnten.[32] Auf der anderen Seite ist jedoch zu bedenken, daß das Grundrecht der Koalitionsfreiheit im Laufe der Zeit einen Bedeutungswandel erfahren hat, daß die vergleichbare soziale Situation eine weite Auslegung der Koalitionsfreiheit fordert und daß das Bundesverfassungsgericht die Einbeziehung einer Teilgruppe der arbeitnehmerähnlichen Personen, nämlich der Heimarbeiter, in den Geltungsbereich des Art. 9 Abs. 3 GG bereits bestätigt hat.[33] Es ist nicht zu befürchten, daß Art. 9 Abs. 3 GG dadurch seine Konturen gegenüber rein wirtschaftlichen Zusammenschlüssen verliert, die sich nach einhelliger Ansicht nicht auf die Koalitionsfreiheit berufen können.[34] Unternehmer, die sich zu Kartellen oder ähnlichen Zwecken zusammenschließen, wollen damit ihre Stellung am Markt sichern oder verbessern. Arbeitnehmerähnliche Personen sind indes

---

[29] Vgl. dazu *Hübner/M. Rehbinder/v. Sell/Kunze*, in: Freie Mitarbeiter in den Rundfunkanstalten, 1974.
[30] Vgl. *Hueck/Nipperdey*, Arbeitsrecht II 1, § 6 III 1 b, S. 103; *Maus*, RdA 1968, S. 367, 373; *Nikisch*, Arbeitsrecht II, § 8 II 3, S. 22; *Pfarr*, in: Festschrift für Kehrmann (1997), S. 75, 85; *Reichel*, RdA 1972, S. 143, 145; *Schwerdtner*, BlStSozArbR 1972, S. 17, 22; *Wiese*, Buchautoren, S. 17 ff.; abweichend *Lieb*, RdA 1974, S. 257, 267; *Stolterfoht*, Betrieb 1973, S. 1068, 1072.
[31] *Lieb*, RdA 1974, S. 257, 267.
[32] *Stolterfoht*, Betrieb 1973, S. 1068, 1072.
[33] Vgl. BVerfG 27. 2. 1973, BVerfGE 34, S. 307, 316 = AP Nr. 7 zu § 19 HAG.
[34] Vgl. statt aller *v. Münch/Kunig*, in: Bonner Kommentar, 4. Aufl., Art. 9 GG, Rnr. 123.

nicht vom Markt, sondern von bestimmten Personen der Marktgegenseite abhängig.

25 Nicht nur, daß auch das von Deutschland ratifizierte **IAO-Übereinkommen Nr.** 141 über die Verbände ländlicher Arbeitskräfte vom 23. 6. 1975[35] die Vereinigungsfreiheit für landwirtschaftliche Arbeitskräfte unabhängig von dem Umstand festlegt, ob sie selbständig oder Arbeitnehmer sind, und damit auch selbständigen Unternehmern Koalitionsfreiheit einräumt, auch das **Bundesverfassungsgericht**[36] hat eindeutig festgestellt, daß auch selbständige Unternehmer, die sich in wirtschaftlicher Abhängigkeit befinden, des Schutzes der Sozialordnung bedürfen. Zu dieser Sozialordnung zählen jedoch nicht nur die vom Gericht in erster Linie angesprochenen staatlichen Regelungen, sondern auch und gerade Tarifverträge, da sie die Verwirklichung einer gerechten Sozialordnung auf einer unteren Ebene und damit häufig sachnäher ermöglichen. Daraus folgt andererseits aber auch, daß die Gewerkschaften niemand in den Schutzbereich eines Tarifvertrages einbeziehen können, dem die soziale Schutzbedürftigkeit fehlt.[37] Tarifverträge für wirtschaftlich unabhängige Unternehmer sind daher ausgeschlossen.

26 **b) Einfluß auf die Gegnerunabhängigkeit.** Der Beitritt von arbeitnehmerähnlichen Personen zu Gewerkschaften berührt nicht deren Gegnerunabhängigkeit.[38] Da das Heimarbeitsgesetz, insbesondere § 17 HAG, von Gewerkschaften spricht, folgt daraus, daß die Gewerkschaften jedenfalls diese Teilgruppe der arbeitnehmerähnlichen Personen als Mitglieder aufnehmen können, ohne ihre Tariffähigkeit zu verlieren. Entsprechendes gilt für alle anderen arbeitnehmerähnlichen Personen.

2. Verhältnis zu Art. 3 Abs. 1 GG

27 Die Sonderregelung in § 12a Abs. 3 verstößt nicht gegen den Gleichheitssatz. Der Gesetzgeber hat festgestellt, daß die Bindung an nur einen Auftraggeber für diese Personengruppe nicht typisch ist, daß aber ein vergleichbares Schutzbedürfnis besteht. Die Unterscheidung beruht damit auf einem sachlichen Grund.[39]

3. Verhältnis zum GWB

28 § 12a stellt eine Bereichsausnahme von § 1 GWB dar.[40] Die Vorschrift nimmt Unternehmer, die möglicherweise von § 1 GWB betroffen werden, vom Kartellverbot aus. Das bedeutet allerdings nicht, daß das GWB für die arbeitnehmerähnlichen Personen generell unanwendbar wird. Einmal ver-

---

[35] BGBl. 1977 II, S. 482.
[36] BVerfG 7. 2. 1990 AP Nr. 65 zu Art. 12 GG.
[37] BAG 2. 10. 1990 AP Nr. 1 zu § 12a TVG = AiB 1991, S. 128 *(U. Mayer)*.
[38] Ebenso *Lieb*, RdA 1974, S. 257, 267; *Kunze*, in: Freie Mitarbeiter in den Rundfunkanstalten, 1973, S. 82; vgl. dazu ausführlich oben § 2, Rnr. 243 ff.
[39] Ebenso *Wiese*, Buchautoren, S. 26 ff.
[40] Vgl. *Kunze*, UFITA 74 (1975), S. 19, 37; *Lieb*, RdA 1974, S. 257, 262; *Stolterfoht*, Betrieb 1973, S. 1068, 1074.

langt § 12a nur eine Ausnahme von § 1 GWB zu Zwecken kollektiver Vereinbarungen mit der Marktgegenseite. Zum anderen bleiben andere Vorschriften, die diesem Zweck nicht entgegenstehen, wie § 27 GWB, auch für arbeitnehmerähnliche Personen anwendbar.

4. Verhältnis zum HAG

Für die in Heimarbeit Beschäftigten und die ihnen gleichgestellten Personen gilt das Gesetz trotz seines weiterreichenden Wortlauts nicht.[41] Welche Voraussetzungen gegeben sein müssen, damit das Gesetz keine Anwendung findet, ergibt sich nicht aus § 12a TVG, sondern aus § 1 HAG. 29

5. Verhältnis zum HGB

Zwar werden Handelsvertreter von der Anwendung des § 12a TVG in Abs. 4 ausdrücklich ausgeschlossen. Da diese Vorschrift jedoch verfassungswidrig ist (s. unten Rnr. 53) und eine Heilung des Verfassungsverstoßes in anderer Weise als durch Einbeziehung in § 12a nicht in Betracht kommt, gilt § 12a auch für diejenigen Handelsvertreter, die keine Arbeitnehmer im Sinne des § 84 Abs. 2 HGB sind. 30

6. Verhältnis zum ArbGG, zum BUrlG und zum BeschäftigtenschutzG

Arbeitnehmerähnliche Personen im Sinne des § 12a TVG sind sicher auch solche im Sinne des § 5 Abs. 1 ArbGG[42] sowie im Sinne des § 2 BUrlG[43] und des BeschäftigtenschutzG. Für § 5 ArbGG ergibt sich dies daraus, daß ein Tarifvertrag das Beschäftigungsverhältnis zwischen der arbeitnehmerähnlichen Person und dem Auftraggeber regeln kann und daß Rechtsstreitigkeiten zwischen den Tarifvertragsparteien und damit notwendig auch aus dem Einzelbeschäftigungsverhältnis vor die Arbeitsgerichte gehören.[44] Die Vorschriften des § 12a TVG einerseits und des § 2 BUrlG andererseits stehen in keinem notwendigen Auslegungszusammenhang. Der der Tarifautonomie unterstellte Personenkreis wird jedoch im Zweifel auch als schutzbedürftig im Sinne des Urlaubsrechts anzusehen sein. Die in § 12a TVG begünstigte Gruppe wird im Urlaubsrecht unbestritten als Beispiel für arbeitnehmerähnliche Personen genannt, nämlich Künstler, Musiker, Schriftsteller, Zeitungsberichterstatter, sowie freie Mitarbeiter beim Rundfunk.[45] Das Beschäftigtenschutzgesetz nimmt ersichtlich auf die bereits vorgefundenen Gesetze bezug und erfaßt daher in § 1 Abs. 2 Nr. 1 zweiter Halbs. denselben Personenkreis. 31

---

[41] Ebenso *Kunze,* UFITA 74 (1975), S. 19, 22; *Reichel,* Betrieb 1975, S. 102, 103.
[42] Vgl. dazu *Germelmann/Matthes/Prütting,* § 5 ArbGG, Rnr. 21; *Grunsky,* § 5 ArbGG, Rnr. 16 ff.
[43] Vgl. dazu *Dersch/Neumann,* § 2 BUrlG, Rnr. 67, 70 ff.; *Bleistein,* GK-BUrlG, § 2, Rnr. 52 ff.
[44] Vgl. § 2 Abs. 1 Nr. 1 und 2 ArbGG.
[45] Vgl. *Dersch/Neumann,* § 2 BUrlG, Rnr. 87.

B. Tatbestandliche Voraussetzungen

I. Der Anwendungsbereich des § 12a

32 § 12a bezieht sich nur auf Arbeitnehmerähnliche im Sinne dieses Gesetzes. Damit ist zu klären, wie sich der Begriff des Arbeitnehmerähnlichen in § 12a zu einem allgemeinen Begriff des Arbeitnehmerähnlichen verhält, ferner wie er sich zum Begriff des Arbeitnehmers verhält und wie zum Begriff des Selbständigen.

1. Der allgemeine Begriff der arbeitnehmerähnlichen Person

33 a) Bedeutung für die Auslegung des § 12a. § 12a Abs. 1 Nr. 1 definiert den Arbeitnehmerähnlichen doppelt. Vom Wortlaut her sieht es so aus, als ob es einen allgemeinen Begriff des Arbeitnehmerähnlichen gebe und als ob das Gesetz von diesem Arbeitnehmerähnlichen eine Untergruppe erfassen wollte. So gesehen gibt es also einen Oberbegriff des Arbeitnehmerähnlichen im allgemeinen,

Arbeitnehmerähnlicher im allgemeinen =
- wirtschaftlich abhängig und
- vergleichbar einem Arbeitnehmer sozial schutzbedürftig,

und den Unterbegriff des Arbeitnehmerähnlichen im Sinne des § 12a, nämlich nach § 12a Abs. 1 und § 12a Abs. 3:

Arbeitnehmerähnlicher i.S. des § 12a Abs. 1, 3 =
- Dienst- oder Werkvertrag
- persönliche Leistungserbringung, im wesentlichen ohne Arbeinehmer
- überwiegend für eine Person tätig (s. auch § 12a Abs. 2)
- alternativ
  - von einer Person mehr als die Hälfte des Entgelts (Nr. 1 Buchst. b) oder
  - Künstler usw.
  von einer Person mindestens ein Drittel des Entgelts (Abs. 3).

Der Sprachlogik nach würde § 12a demnach stets eine doppelte Prüfung zunächst des Oberbegriffs und dann des Unterbegriffs erfordern.[46]

34 Die **Auslegung** ergibt jedoch, daß es nur auf den Unterbegriff des Arbeitnehmerähnlichen im Sinne dieses Gesetzes ankommt. Eine Prüfung, ob auch der Oberbegriff erfüllt ist, ist überflüssig. Andererseits ist aber auch der Unterbegriff gesetzgebungstechnisch mißlungen, so daß eine teleologische Auslegung beim Unterbegriff erforderlich ist. Der Oberbegriff des Arbeitnehmerähnlichen kann insoweit zur Auslegung mit herangezogen werden.

35 Der *Wortlaut* würde allerdings für die entgegenstehende Auffassung sprechen. Eine *systematische Auslegung* ergibt aber, daß dieses zweispurige Verfahren sinnlos wäre. Zunächst müßte der Interpret das Merkmal „wirtschaftliche Abhängigkeit" überprüfen. Dazu wäre er auf Hilfskriterien angewiesen, wie

---

[46] So *Koberski/Clasen/Menzel,* § 12a TVG, Rnr. 33; *Kunze,* UFITA 74 (1975), S. 19, 21, 33 ff.; *Lund,* BArbBl. 1974, S. 682, 683; *Wiese,* Buchautoren, S. 31 ff.

z.B., daß der Beschäftigte nur von einem Auftraggeber abhängig ist. Genau das steht aber in Abs. 1 Nr. 1 Buchst. a. Also müßte man überlegen, ob es daneben noch andere Kriterien für eine wirtschaftliche Abhängigkeit gibt. Selbst wenn man zusätzliche fände, so dürfte es darauf aber nicht ankommen. Arbeitnehmerähnlicher i. S. des Gesetzes ist nämlich nur, wer (auch) die Zusatzkriterien erfüllt; das zuvor gefundene Merkmal wäre damit spätestens nach Anwendung der Zusatzkriterien überflüssig. Würde man demgegenüber versuchen, dem Oberbegriff eine eigene Bedeutung zu geben und vielleicht ein anderes Kriterium für wirtschaftliche Abhängigkeit zugrundelegen, so würde man vielleicht Personengruppen ausschließen, die nach Buchst. a und b gerade gemeint sind. Das bedeutet im Ergebnis: Der Oberbegriff des Arbeitnehmerähnlichen in § 12a Abs. 1 Satz 1 Einleitung ist – als selbständiges Tatbestandsmerkmal – überflüssig.

Das ergibt auch ein Vergleich mit einer ähnlichen Satzkonstruktion in einem anderen Gesetz, nämlich in *§ 5 Abs. 3 BetrVG*. Auch dort verwendet das Gesetz scheinbar einen allgemeinen Oberbegriff des leitenden Angestellten und einen Unterbegriff des leitenden Angestellten im Sinne des Betriebsverfassungsgesetzes. Das BAG hatte auch anfangs den Versuch unternommen, nacheinander beide Begriffe zu prüfen und hat sich dabei in den Wirren eines Oberbegriffs verstrickt, den es letztlich doch nur mit Hilfe des Unterbegriffs konkretisieren konnte.[47] Wie heute aber allgemein anerkannt ist, ist die Prüfung des Oberbegriffs des leitenden Angestellten überflüssig:[48] Es kommt nur auf den Unterbegriff des leitenden Angestellten in diesem Gesetz an, wie er durch Abs. 3 und 4 definiert wird. **36**

Auch die *Entstehungsgeschichte* des § 12a führt zu dem Ergebnis, daß der Gesetzgeber keineswegs einen allgemeinen Begriff des Arbeitnehmerähnlichen aufstellen wollte. Vielmehr wollte er nur für eine bestimmte Zielgruppe, nämlich für die in Abs. 2 und 3 genannten Personen, die Kriterien genauer bestimmen.[49] **37**

Auch *Sinn und Zweck* sprechen dafür, daß das Gesetz nur die Frage regeln wollte, ob für Arbeitnehmerähnliche Tarifverträge geschlossen werden können, und nicht zugleich einen allgemeinen Begriff des Arbeitnehmerähnlichen aufstellen wollte. Sinn hätte dies ohnehin nur für Arbeitsgerichtsgesetz und Bundesurlaubsgesetz gehabt, und dann wäre es richtiger gewesen, diese Gesetze unmittelbar zu ändern und nicht mittelbar auf dem Weg des §12a. Damit bleibt festzuhalten: Wer i. S. des Oberbegriffs Arbeitnehmerähnlicher ist, spielt für die Anwendung des § 12a keine Rolle. **38**

Nach der Gegenansicht ist vor der Anwendung der konkreten Kriterien zunächst zu prüfen, ob der Beschäftigte wirtschaftlich abhängig und vergleichbar einem Arbeitnehmer sozial schutzbedürftig ist; außerdem ist danach als ungeschriebenes Tatbestandsmerkmal die Dauer der Tätigkeit zu prüfen.[50] Zur **39**

---

[47] BAG 5. 3. 1974 AP Nr. 1, 19. 11. 1974 Nr. 3, 28. 1. 1975 Nr. 5, 1. 6. 1976 Nr. 15 zu § 5 BetrVG 1972.
[48] So bereits *Wiedemann*, RdA 1972, S. 210, 213 ff.; s. jetzt auch BAG 29. 1. 1980 AP Nr. 22, 23. 1. 1986 Nr. 30 und 12. 3. 1987 Nr. 35 zu § 5 BetrVG 1972; *Hess*/Schlochauer/Glaubitz, § 5 BetrVG, Rnr. 35f.; GK/*Kraft*, § 5 BetrVG, Rnr. 70.
[49] BT-Drucks. 7/975, S. 20.
[50] *Wiese*, Buchautoren, S. 37 ff.

Bestimmung des Oberbegriffs sind die Unterbegriffe heranzuziehen. Anwendbar ist das Gesetz aber nur auf diejenigen, die die Unterbegriffe erfüllen. – Im praktischen Endergebnis wird von beiden Ansichten derselbe Personenkreis erfaßt. Allerdings kann die Gegenansicht dazu führen, daß aufgrund des selbständig interpretierten Oberbegriffs Personen ausgeschlossen werden, die der Gesetzgeber erfassen wollte.

40 **b) Der allgemeine Begriff des Arbeitnehmerähnlichen außerhalb des § 12a.** Unabhängig von der Auslegung des § 12a könnte es aber geboten sein, sich Gedanken über einen **allgemeinen Begriff des Arbeitnehmerähnlichen** zu machen. Dabei könnte das TVG als das jüngste Gesetz zu dieser Personengruppe zum Verständnis herangezogen werden.

41 aa) Für die **Abgrenzung** der arbeitnehmerähnlichen von selbständig tätigen Personen bieten sich drei Unterscheidungsmerkmale an: die wirtschaftlich-soziale Stellung, das Gesamteinkommen sowie schließlich einzelne Berufsbilder. Der Gesetzgeber hat sich in verschiedenen Gesetzen unterschiedlich entschieden. In den §§ 12a TVG, § 5 Abs. 1 ArbGG, § 1 Abs. 2 Nr. 1 2. Halbs. BeschäftigtenschutzG und § 2 BUrlG wird die wirtschaftlich-soziale Stellung herangezogen. Die wirtschaftliche Abhängigkeit von einem bestimmten Auftraggeber gilt als maßgebliches Kriterium für die Arbeitnehmerähnlichkeit.[51] In § 5 Abs. 3 Satz 1 ArbGG i. V. m. § 92a HGB wird dagegen für Einfirmenvertreter eine bestimmte Verdiensthöhe (von zur Zeit nicht mehr als 2000 DM) zur Kennzeichnung des Personenkreises benutzt, der als Arbeitnehmer im Sinne des ArbGG gelten soll. *Hromadka* will danach abgrenzen, ob der Beschäftigte vom Auftraggeber ein Entgelt erhält, das zwischen einem Drittel und dem vollen Betrag der Bezugsgröße nach § 18 SGB IV liegt.[52] Noch weitergehend stellt *Lieb*[53] ausschließlich auf die Höhe des Gesamteinkommens und damit auf die Abhängigkeit von fremder Daseinsvorsorge ab. Das geht über § 92a HGB hinaus, denn diese Vorschrift setzt ein Vertragsverhältnis ausschließlich mit einem Unternehmer (Einfirmenvertreter) voraus. Am Berufsbild schließlich orientiert sich das Recht der Heimarbeiter (vgl. § 1 HAG). Teilweise wird dieses Abgrenzungsmerkmal auch in § 12a Abs. 3 des Gesetzes benutzt.

42 bb) Aus alledem wird klar, daß der Arbeitnehmerähnliche keine klar umrissene Rechtsfigur ist. Auch § 12a bietet wegen seiner besonderen Tatbestandsvoraussetzungen nur wenig Hilfe für eine verallgemeinernde Definition. Insbesondere ist der häufig geäußerte Hinweis auf die Verkehrsanschauung unergiebig, da es zu Rechtsbegriffen keine Verkehrsanschauung gibt; und ein Abstellen auf die Umstände des Einzelfalles bedeutet, daß der Jurist vor seiner Abgrenzungsaufgabe kapituliert.

---

[51] Vgl. BAG 8. 6. 1967 AP Nr. 6 zu § 611 BGB Abhängigkeit; BAG 11. 4. 1997 AP Nr. 30 zu § 5 ArbGG 1979; BAG 16. 7. 1997 AP Nr. 37 zu § 5 ArbGG 1979; *Falkenberg*, Betrieb 1969, S. 1409, 1412; *Maus*, RdA 1968, S. 367, 372 ff.; *Seidel*, BB 1970, S. 971; *Woltereck*, AuR 1973, S. 129, 130.
[52] *Hromadka*, NZA 1997, S. 1249, 1254.
[53] *Lieb*, RdA 1974, S. 261, 268.

2. Abgrenzung zu Arbeitnehmern

Da arbeitnehmerähnliche Personen keine eigenständige Gruppe von Erwerbstätigen darstellen, sondern nur eine Untergruppe der Selbständigen,[54] muß die Prüfung wie folgt verlaufen (s. oben Rnr. 2): Zunächst ist nach den allgemeinen Kriterien zu prüfen, ob die Beschäftigten Arbeitnehmer oder Selbständige sind.[55] Handelt es sich um Arbeitnehmer, so gilt das Gesetz für sie unmittelbar, ohne Rückgriff auf § 12a. Sind sie Selbständige, so ist weiter zu prüfen, ob es sich um bestimmte wirtschaftlich abhängige Selbständige handelt – dann gilt das TVG über § 12a für sie entsprechend; ist das nicht der Fall, so gilt das Gesetz für sie nicht. 43

Hierbei kommt es entscheidend darauf an, wie allgemein zwischen Arbeitnehmern und Selbständigen abgegrenzt wird. Folgt man der Rechtsprechung des BAG und der h. M., so ist die **persönliche Abhängigkeit** entscheidend.[56] Wenn jemand Arbeitnehmertätigkeit ausübt, bei der ihm von seinem Auftraggeber viel Spielraum gelassen wird, müßte ihn das BAG als Selbständigen qualifizieren, da es nach Ansicht des BAG nur auf die persönliche Unabhängigkeit ankommt, selbst wenn diese aus teologischer Sicht Randfragen betrifft und der Beschäftigte im übrigen wirtschaftlich voll abhängig ist. In einem zweiten Schritt würde der Selbständige dann – nach den Kriterien des § 12a – als Arbeitnehmerähnlicher im Sinne des Gesetzes eingeordnet. 44

Folgt man der neueren Gegenansicht, dann ist nicht die persönliche Abhängigkeit entscheidend, sondern die freiwillige Übernahme des **Unternehmerrisikos,** bei Ausgewogenheit von unternehmerischen Chancen und Risiken.[57] Beschäftigte, die zwar persönlichen Entscheidungsspielraum haben, aber keinen unternehmerischen Entscheidungsspielraum, werden nach dieser Auffassung eher als nach der des BAG den Arbeitnehmern zugerechnet, so daß das Gesetz für sie unmittelbar gilt. Diese neuere Ansicht liegt den aktuellen Gesetzesentwürfen zur Abgrenzung von Arbeitnehmern und Selbständigen zugrunde.[58] 45

Schwierigkeiten bereitet vor allem die Abgrenzung von teilzeitbeschäftigten Arbeitnehmern einerseits und arbeitnehmerähnlichen Personen andererseits, wenn die teilzeitbeschäftigten Arbeitnehmer in den Betriebsablauf nicht oder nur vorübergehend eingegliedert sind. **Teilzeitbeschäftigte** werden nach bisher überwiegender Ansicht als Arbeitnehmer behandelt und sämtlichen Vorschriften des Arbeitsrechts unterworfen, obwohl sich diese Gesetze 46

---

[54] *Wank,* Arbeitnehmer und Selbständige, S. 235.
[55] MünchArbR/*Richardi,* § 28, Rnr. 10; *Stein,* Tarifvertragsrecht, Rnr. 654.
[56] St. Rspr. seit BAG 28. 2. 1962 AP Nr. 1 zu § 611 BGB Abhängigkeit; s. ferner *Berger-Delhey/Alfmeier,* NZA 1991, 257 ff.; *Griebeling,* RdA 1998, S. 208, 211 ff.; *Hilger,* RdA 1989, S. 1 ff.; zu den Kriterien des BAG und des BSG *Petersen/Höpfner,* DAngVers 1997, S. 65, 67 ff.
[57] *Wank,* Arbeitnehmer und Selbständige; *ders.,* Betrieb 1990, S. 90; *ders.,* in: Martinek/Semler, Handbuch des Vertriebsrechts, § 7, Rnr. 44 ff.; *ders.,* Forschungsbericht, m.w.N. zu dieser Ansicht in Gesetzgebungsvorschlägen (S. 62 ff.), in Rechtsprechung (S. 79 ff.) und Literatur (S. 82).
[58] Dazu *Kretschmer,* RdA 1997, S. 327 ff.; siehe zur aktuellen Diskussion auch *Griebeling,* RdA 1998, S. 208, 215 f.; *Schliemann,* RdA 1997, S. 322 ff.

am Typ des ganzzeitbeschäftigten Arbeitnehmers orientieren.⁵⁹ Man könnte darüber diskutieren, ob man die Teilzeitbeschäftigten oder die Kurzzeitbeschäftigten nicht der Gruppe der arbeitnehmerähnlichen Personen zuweisen sollte, damit über die Anwendbarkeit arbeitsrechtlicher Normen im einzelnen entschieden werden kann. Solange aber für Arbeitnehmerähnliche so gut wie keine arbeitsrechtlichen Schutznormen vorhanden sind, muß man die Teilzeitbeschäftigten als Arbeitnehmer qualifizieren, deren Einzelarbeitsverträge oder Rahmen-Arbeitsverträge von den Tarifvertragsparteien nach § 1 ausgestaltet werden können. Das hat deshalb praktische Bedeutung, weil für diesen Personenkreis dann die Mindestvoraussetzungen des § 12a Abs. 1 und Abs. 3 nicht vorzuliegen brauchen.

47 In Zweifelsfällen soll nach der Ansicht des Bundesarbeitsgerichts der ausdrücklich erklärte **Parteiwille** entscheiden.⁶⁰ Dem ist nur mit Einschränkungen zu folgen. Im Rahmen der Abgrenzung von echten Arbeitsverhältnissen und arbeitnehmerähnlichen Rechtsverhältnissen geht der Arbeitnehmerschutz vor. Der Dienstherr ist in der Regel für die Ausgestaltung des Vertrages im einzelnen verantwortlich und verfügt außerdem über die sachlichen Grundlagen des Vertragsschlusses. Nur wenn also etwa gleichstarke Kriterien für die Einordnung als unabhängiger Selbständiger oder als Arbeitnehmerähnlicher vorliegen, kann der Parteiwille den Ausschlag geben. Insoweit kann auf die freiwillige Übernahme des Unternehmerrisikos abgestellt werden:⁶¹ Wenn dem Beschäftigten beide Vertragsformen angeboten wurden⁶² und er sich für Selbständigkeit entschieden hat, muß er sich daran festhalten lassen.⁶³

48 Da im übrigen sowohl für Arbeitnehmer als auch für arbeitnehmerähnliche Personen Tarifverträge geschlossen werden können, tritt die Abgrenzung dieser beiden Gruppen voneinander in den Hintergrund. Sie hat lediglich insoweit Bedeutung, als es darum geht, festzustellen, ob in einem konkreten Tarifvertrag von dessen Regelungen sowohl Arbeitnehmer als auch arbeitnehmerähnliche Personen erfaßt werden.⁶⁴ Dabei ist es jeweils eine Frage des Einzelfalles, ob von dem Tarifvertrag nur Arbeitnehmer oder auch Arbeitnehmerähnliche geschützt werden.⁶⁵

3. Abgrenzung zu Selbständigen

49 Viel wichtiger als die Abgrenzung zu den Arbeitnehmern ist die zu den Selbständigen, da nur in diesem Fall die Rechtsfolgen anders sind (es gibt keine Tarifverträge für unabhängige Selbständige). Die Prüfung, ob die Beschäftigtengruppe aus Selbständigen besteht, geht der Prüfung des § 12a vor-

---

⁵⁹ Kritisch dazu *Wiedemann*, Das Arbeitsverhältnis als Austausch- und Gemeinschaftsverhältnis, S. 13 ff.
⁶⁰ Vgl. BAG 8. 6. 1967 AP Nr. 6 *(Schnorr)*, 28. 6. 1973 Nr. 10 *(G. Hueck)* und 14. 2. 1974 Nr. 12 *(Lieb)* zu § 611 BGB Abhängigkeit; ebenso LAG Saarbrücken 8. 11. 1967 AP Nr. 7 zu § 611 BGB Abhängigkeit.
⁶¹ *Wank*, Forschungsbericht, S. 77.
⁶² Zur unterschiedlichen Vergütungshöhe s. BAG 21. 1. 1998, NZA 1998, S. 594.
⁶³ S. auch *Wank*, Anm. zu BAG 11. 12. 1996 EWiR § 242 BGB 5/97, 829.
⁶⁴ Vgl. dazu auch *Mayer*, BB 1993, S. 1513 und unten Rnr. 90.
⁶⁵ BAG 2. 10. 1990 AP Nr. 1 zu § 12a TVG.

aus: Nur wenn es sich nicht um Arbeitnehmer, sondern um Selbständige handelt, kann § 12a angewandt werden.

4. Bereichsausnahmen

a) Heimarbeiter. Für die in Heimarbeit Beschäftigten und die ihnen 50 Gleichgestellten bleibt es bei den Sonderregelungen der §§ 17 ff. HAG.[66]

b) Handelsvertreter. aa) Handelsvertreter sind durch **Abs. 4** ausdrück- 51 lich ausgenommen worden. Diese Einschränkung war ursprünglich im Gesetzentwurf nicht enthalten. Die Änderung während des Gesetzgebungsverfahrens erfolgte im wesentlichen auf Veranlassung der Verbände dieser Personen.[67]

bb) Die Entscheidung des Gesetzgebers ist **rechtspolitisch zweifelhaft.** 52 Sie läßt sich jedenfalls nicht auf den Hinweis stützen, Handelsvertreter seien bereits durch § 92a HGB genügend geschützt, da Mindestverdienstgrenzen in Ausführung dieser Bestimmungen weder in den vergangenen Jahren festgesetzt wurden noch mit ihrem Erlaß in absehbarer Zeit zu rechnen ist.[68] Bisher ist nur eine definitorische Verdienstgrenze zur Abgrenzung der Zuständigkeit der Arbeitsgerichte festgelegt worden.[69]

cc) Die Herausnahme der Handelsvertreter aus der Tarifautonomie ist 53 darüber hinaus wegen Verstoßes gegen Art. 3 Abs. 1 GG als **verfassungswidrig** einzustufen.[70] Geht man davon aus, daß es auch oder besser gerade unter den Handelsvertretern und anderen Vertriebsmittlern viele Erwerbstätige gibt, die zwar als selbständige Unternehmer gemäß § 84 Abs. 1 HGB einzustufen sind, ansonsten aber in einer Abhängigkeit von einem Auftraggeber stehen, die ihre Dispositionsmacht über ihre Arbeitskraft erheblich beschränkt, so trifft dieser Befund genau auf die zuvor beschriebene Zielgruppe des § 12a zu, die wirtschaftlich einem Arbeitnehmer vergleichbaren Selbständigen. Dies gilt in erster Linie, wenn auch nicht nur, für die Einfirmenvertreter gemäß § 92a HGB.

Der Bereichsausnahme des Abs. 4 steht das Verfassungsgebot des **Art. 9** 54 **Abs. 3 GG** gegenüber, nach dem die Vereinigungen der Handelsvertreter in der Lage sein müssen, den notwendigen Schutz für ihre Mitglieder selbst zu schaffen.[71] Der Gesetzgeber ist daher verpflichtet, für arbeitnehmerähnliche Handelsvertreter ein Tarifsystem zur Verfügung zu stellen, aufgrund dessen sie in die Lage versetzt werden, ihre wirtschaftliche Abhängigkeit und die daraus resultierende Unterlegenheit durch kollektive Maßnahmen auszugleichen.

Dem kann auch nicht entgegengehalten werden, daß die **Verbände** der 55 Handelsvertreter bei der Schaffung des § 12a darauf drängten, die Bereichs-

---

[66] Ebenso *Kunze*, UFITA 74 (1975), S. 19, 22; *Mayer*, BB 1993, S. 1513; *Reichel*, Betrieb 1974, S. 102, 103.
[67] Vgl. *Hölscher*, Sten. Berichte 7/721, 1; *Schmidt*, Sten. Berichte 7/2867; gegen die Einbeziehung der Handelsvertreter auch *Stolterfoht*, Betrieb 1973, S. 1068, 1072.
[68] Vgl. *Reichel*, Betrieb 1975, S. 102, 103.
[69] Zur Situation der Handelsvertreter vgl. eingehend *Schwerdtner*, BlStSozArbR 1972, S. 17 ff.
[70] *Pauly*, Handelsvertreter, S. 65 ff.
[71] *Löwisch/Rieble*, § 12a TVG, Rnr. 5.

ausnahme aufzunehmen. Einerseits übersieht dieses Argument, daß es dadurch unmöglich gemacht wird, daß sich neue Verbände etablieren, die dann zum Abschluß entsprechender Tarifverträge bereit sind; andererseits ist es auch nicht möglich, auf verfassungsrechtliche Rechte ohne weiteres zu verzichten. Die Rechtsprechung des Bundesverfassungsgerichts zum entschädigungslosen Wettbewerbsverbot für Handelsvertreter[72] macht deutlich, in welchem Umfang Handelsvertreter dem Schutz der Sozialordnung aufgrund ihrer Abhängigkeit unterliegen müssen. Da der Schutz grundrechtlicher Positionen häufig nur durch das Eingreifen staatlicher Institutionen gesichert werden kann,[73] muß der Staat, soweit eine Möglichkeit zur Selbsthilfe besteht, diese auch zur Verfügung stellen und darf sie nicht ausschließen.[74]

56 Schließlich kann diesem Argument auch nicht damit begegnet werden, daß nach **§ 92a HGB** Mindestarbeitsbedingungen für Einfirmenvertreter festgelegt werden können. Abgesehen davon, daß derartige Bedingungen bisher weder bestehen noch geplant sind, erfordert die durch Art. 9 Abs. 3 GG gewährte Tarifautonomie keine staatlichen Regelungen, sondern die Möglichkeit zur staatsfreien Regelung der Arbeits- und Wirtschaftsbedingungen.[75]

57 Der Streit um die Verfassungswidrigkeit des § 12a Abs. 4 verliert an Bedeutung, wenn man bestimmte schutzbedürftige Handelsvertreter als **Arbeitnehmer**[76] einstuft.[77] Da vor der Qualifizierung als Arbeitnehmerähnlicher immer die Aufgliederung zwischen Arbeitnehmern und Selbständigen steht, kann sich bei dieser Vorprüfung bereits eine weitgehende Abhängigkeit des Handelsvertreters ergeben.

58 **c) Freie Berufe.** Zweifelhaft ist, ob das Gesetz außerdem eine verdeckte Bereichsausnahme hinsichtlich der freien Berufe enthält, die ihre Tätigkeit nach staatlichen Ausbildungs- und Berufsregeln und unter berufsständischer Aufsicht ausüben (Rechtsanwälte, Ärzte, Zahnärzte, Wirtschaftsprüfer, Architekten usw.). Während der Gesetzgebungsarbeiten war an tarifvertragliche Regeln für die freien Berufe im engeren Sinn nicht gedacht worden. Teilweise wird argumentiert, ihre Tätigkeit unterscheide sich von der legislatorischen Zielgruppe so stark, daß sie von der Erweiterung der Tarifautonomie nicht betroffen werden könnten, selbst wenn die Voraussetzungen des § 12a im übrigen vorliegen (z. B. ein Anwalt berät überwiegend ein großes Unter-

---

[72] BVerfG 7. 2. 1990 BVerfGE 81, S. 242 = AP Nr. 65 zu Art. 12 GG.
[73] BVerfG 7. 2. 1990 BVerfGE 81, S. 242, 255; BVerfG 19. 10. 1993 AP Nr. 35 zu Art. 2 GG.
[74] Vgl. *Pauly*, Handelsvertreter, S. 70; in dieser Richtung auch *Kempen*/*Zachert*, § 12a TVG, Rnr. 2f.; MünchArbR/*Richardi*, § 28, Rnr. 10; *Wank*, Arbeitnehmer, S. 267; demgegenüber geht *Mayer*, Betrieb 1993, S. 1513, 1514 wie selbstverständlich von der Verfassungsmäßigkeit der Bereichsausnahme aus; gegen eine verfassungsrechtliche Garantie aus Art. 9 Abs. 3 GG in bezug auf Handelsvertreter auch *Lieb*, RdA 1974, S. 257, 267.
[75] *Löwisch*/*Rieble*, § 12a TVG, Rnr. 6.
[76] S. zum Handelsvertreter auch *Wank*, in: Martinek/Semler, Handbuch des Vertriebsrechts, 1996, § 7 III, Rnr. 96ff.; *ders.*, in: Forschungsbericht, S. 96ff.
[77] Vgl. ArbG Nürnberg 31. 7. 1996, NZA 1997, S. 37 = AuR 1996, S. 417 = AiB 1996, S. 677 *(Meyer)*; s. dazu auch *Kreuder*, AuR 1996, S. 388; LAG Nürnberg 25. 2. 1998, AuA 1998, S. 210 (zurückverwiesen durch BAG 16. 6. 1998 – 5 AZR 255/98 –).

nehmen; ein Architekt wird nur für einen Bauträger tätig usw.).[78] Es ist auch richtig, wenn *Wlotzke*[79] darauf hinweist, daß sich nur solche Gruppen arbeitnehmerähnlicher Personen zum Zwecke der Vereinbarung tarifvertraglicher Regelungen organisieren werden, deren Interessen sich kollektiv zusammenfassen lassen und deren Beschäftigungsverhältnisse wenigstens zum großen Teil typisierbar und damit auch tarifierbar sind. Dennoch besteht kein Grund für eine teleologische Reduktion des § 12a im Hinblick auf Angehörige der freien Berufe. Bei der Argumentation wird meist allein auf das Berufsbild, auf die freiberufliche Tätigkeit, auf das Auftreten nach außen (gegenüber Kunden, Mandanten, Patienten) abgestellt. Bei § 12a geht es jedoch um das Innenverhältnis, also um die Arbeitsbedingungen abhängig beschäftigter Freiberufler. Gerade sie bedürfen angesichts zunehmender aufgedrängter „Selbständigkeit" der Möglichkeit des Tarifabschlusses.

II. Die einzelnen Tatbestandsvoraussetzungen

1. Zwingendes Recht

Das Gesetz stellt die Voraussetzungen für den arbeitnehmerähnlichen Status in § 12a Abs. 1 und 3 endgültig und zwingend fest. Es handelt sich nicht um tarifdispositives Recht; der Tarifvertrag kann also die Mindestvoraussetzungen des § 12a seinerseits nicht unterschreiten.[80] Dagegen kann ein Tarifvertrag Regelungen unabhängig vom Status für eine bestimmte Art der Mitarbeit vorsehen. Für Arbeitnehmer und Arbeitnehmerähnliche i.S. des § 12a gilt die Regelung dann normativ; für andere Beschäftigte kann im Einzelarbeitsvertrag auf den Tarifvertrag bezug genommen werden mit der Folge, daß die tariflichen Regelungen als AGB gelten.[81]

2. Überflüssigkeit des Oberbegriffs des Arbeitnehmerähnlichen

Da die Merkmale des allgemeinen Oberbegriffs im Einleitungssatz des § 12a Abs. 1 überflüssig sind (s. oben Rnr. 33 ff.), bedarf es dazu auch keiner Kommentierung. Was gemeint ist, ergibt sich allein und abschließend aus den übrigen in § 12a genannten Voraussetzungen, wobei die Merkmale des Oberbegriffs („wirtschaftlich abhängig und vergleichbar einem Arbeitnehmer sozial schutzbedürftig") Leitlinien für die Auslegung sind. Konkrete Voraussetzungen sind nach dem Gesetz:
– Dienst- oder Werkvertrag
– für eine andere Person
  – entweder i.S. von Abs. 1 Nr. 1
  – oder i.S. von Abs. 2
  – oder i.S. von Abs. 1 Nr. 2
– persönliche Leistungserbringung und im wesentlichen ohne Mitarbeit von Arbeitnehmern

---

[78] Vgl. dazu auch *Eich*, Betrieb 1973, S. 1699, 1701.
[79] *Wlotzke*, Betrieb 1974, S. 2252, 2258.
[80] S. BAG 2. 10. 1990 AP Nr. 1 zu § 12a TVG *(Otto)*.
[81] Weitergehend (verfassungskonforme Auslegung) *Stein*, Tarifvertragsrecht, Rnr. 655.

– alternativ:
  – nur für eine Person oder
  – von einer Person mehr als die Hälfte des Entgelts oder
  – von einer Person mindestens ein Drittel des Entgelts.

3. Die Tatbestandsvoraussetzungen im einzelnen

61 **a) Vertragstypen. aa)** Die Beschäftigung muß durch **Dienst- oder Werkvertrag** erfolgen. Zumindest für den Bereich des § 12a ist damit der Streit beigelegt, ob ein arbeitnehmerähnliches Dauerrechtsverhältnis auch durch einen oder mehrere Werkverträge begründet werden kann.[82] Zwar kann es bei der systematischen Verbindung des Werkvertragsrechts mit dem Tarifwesen zu Schwierigkeiten kommen, doch ist in der Praxis die Unterscheidung zwischen Dienstverträgen einerseits und Werkverträgen andererseits in manchen Fällen unklar und fließend, so daß die Entscheidung des Gesetzgebers sinnvoll erscheint.[83]

62 **bb)** Ob **Pacht- oder Lizenzverträge** oder ähnliche Verträge ein arbeitnehmerähnliches Rechtsverhältnis begründen können, ist zweifelhaft.[84] Der Wortlaut des Gesetzes spricht dafür, eine ausdehnende Auslegung nur vorsichtig vorzunehmen. Sie kommt in Betracht, wenn ein gemischtes Vertragsverhältnis mit überwiegendem Dienst- oder Werkvertragscharakter vorliegt.

63 **cc)** Problematisch ist die Behandlung von echten **Werklieferungsverträgen**. Angesichts ihrer systematischen Stellung im BGB könnte man annehmen, sie würden vom Gesetz erfaßt. Weiterhin läßt sich anführen, es sei wenig sinnvoll, danach zu unterscheiden, wer das Material für das Werk beschaffe. Andererseits steht der echte Werklieferungsvertrag nach § 651 Abs. 1 BGB in enger Verwandtschaft zum Kaufvertrag, und Kaufverträge fallen sicher nicht unter die Tarifautonomie. Berücksichtigt man den Grundgedanken des § 12a, daß es auf die abhängige Verwertung der eigenen Arbeitskraft ankommt, so spricht angesichts des engen Wortlauts der Vorschrift mehr für eine Nichteinbeziehung von Werklieferungsverträgen nach § 651 Abs. 1 BGB.[85] Dies gilt nicht für unechte Werklieferungsverträge nach § 651 Abs. 2 BGB.

64 **dd)** Ebenfalls nicht erfaßt wird der **Auftrag** nach § 662 BGB. Dagegen ist ein Geschäftsbesorgungsvertrag ein Dienst- oder Werkvertrag mit besonderem Inhalt und unterliegt daher der Tarifautonomie.[86]

65 **b) Die Vertragspartner der arbeitnehmerähnlichen Personen.** Die Frage, wer Vertragspartner des Arbeitnehmerähnlichen sein muß, damit die

---

[82] Verneinend RAG 22. 9. 1930, ARS 10, S. 208, 210 *(Gerstel); Boldt/Röhsler*, § 2 BUrlG, Anm. 62; einschränkend *Dersch/Neumann*, § 2 BUrlG, Rnr. 81; bejahend BAG 8. 6. 1967 AP Nr. 6 zu § 611 BGB Abhängigkeit *(Schnorr); Falkenberg*, Betrieb 1969, S. 1409; *Seidel*, BB 1970, S. 971, 973; vgl. zum Ganzen *Kunze*, in: Freie Mitarbeiter in den Rundfunkanstalten, S. 65.
[83] Zutreffend *Wlotzke*, Betrieb 1974, S. 2252, 2258.
[84] Vgl. BAG 13. 9. 1956 AP Nr. 2 zu § 5 ArbGG 1953 (Lizenzverhältnis); LAG Düsseldorf 12. 3. 1987 AP Nr. 6 zu § 5 ArbGG 1979 (Pachtverhältnis).
[85] Ebenso *Stolterfoht*, Betrieb 1973, S. 1068, 1071; *Wlotzke*, Betrieb 1974, S. 2252, 2258; a. A. Tiefenbacher, AR-Blattei SD Nr. 120, Rnr. 16.
[86] Abweichend *Koberski/Clasen/Menzel*, § 12a TVG, Rnr. 35.

B. Tatbestandliche Voraussetzungen 66–68 § 12a

Voraussetzungen des § 12a erfüllt sind, wird im Gesetz an drei Stellen geregelt. Abs. 1 Nr. 1 spricht von „anderen Personen". Damit sind zumindest natürliche und juristische Personen gemeint. Abs. 2 ergänzt das dahingehend, daß auch Konzerne, Organisationsgemeinschaften und Arbeitsgemeinschaften vom Begriff der Person umfaßt werden. Schließlich erstreckt Abs. 1 Nr. 2 die Anwendung des Gesetzes auf Arbeitnehmerähnliche, die für einen anderen Arbeitnehmerähnlichen aufgrund Dienst- oder Werkvertrags tätig sind.

Die wirtschaftliche Abhängigkeit und damit die arbeitnehmerähnliche Beziehung knüpft regelmäßig an das Rechtsverhältnis des Betroffenen zu einer bestimmten einzelnen Person an. Um den mit der Regelung bezweckten Schutz umfassend zu gewährleisten, werden in Abs. 2 **mehrere Auftraggeber** zusammengefaßt. Das Gesetz nennt in erster Linie die Zusammenfassung „nach der Art eines Konzerns (§ 18 AktG)". Die Formulierung soll darauf hindeuten, daß es sich bei den unter einheitlicher Leitung tätig werdenden Unternehmen nicht um Aktiengesellschaften oder Kommanditgesellschaften auf Aktien handeln muß. Auch der Konzern, dem eine abhängige GmbH oder eine abhängige Personengesellschaft angehören, wird von der Vorschrift erfaßt. Wie überall verlangt der Konzernbegriff auch hier die Zusammenfassung mehrerer Unternehmen unter einheitlicher Leitung.[87] 66

aa) Wenn das Gesetz die **Organisationsgemeinschaft** nennt, entspricht dies der Regelung in § 92a Abs. 2 Satz 1 HGB, die als Vorbild diente; die zu § 92a Abs. 2 Satz 1 HGB entwickelten Gesichtspunkte lassen sich übertragen. Es kommt danach darauf an, daß die verschiedenen Personen ihren Geschäftsbetrieb ganz oder teilweise in gemeinsamer Organisation führen.[88] Mehrere Zeitungsverleger können zum Beispiel gemeinsam einen Journalisten- oder Fotografenstab heranziehen. Auf das Vorhandensein einer gesellschaftlichen Organisation mit gemeinsamen Organen kommt es nicht an.[89] 67

bb) Die gesetzliche Formulierung bezüglich einer **Arbeitsgemeinschaft** erklärt sich aus der gesetzgeberischen Absicht, die freien Mitarbeiter bei den Rundfunkanstalten in der Bundesrepublik einzubeziehen. Angesichts der föderalen Struktur des Rundfunk- und Fernsehwesens wären diese Beschäftigten in manchen Fällen nicht von der erweiterten Tarifautonomie betroffen worden, wenn sie für mehrere Rundfunk- und Fernsehanstalten gleichzeitig arbeiten. Dabei ist vor allem an die „Arbeitsgemeinschaft der Rundfunkanstalten Deutschlands" (ARD) gedacht.[90] Den Mitarbeitern der Rundfunk- und Fernsehanstalten soll es nicht schaden, wenn sie für vier oder mehrere verschiedene Anstalten gleichzeitig tätig werden. Allerdings muß die Arbeitsgemeinschaft den Beschäftigten gegenüber ein einheitliches und gleichförmiges Verhalten an den Tag legen.[91] 68

---

[87] Ebenso Löwisch/Rieble, § 12a TVG, Rnr. 13; nicht zutreffend Kunze, UFITA 74 (1975), S. 19, 29.
[88] Vgl. Schlegelberger/Schröder, 5. Aufl. 1973, § 92a HGB, Rnr. 10.
[89] Ebenso Kempen/Zachert, § 12a TVG, Rnr. 21; abweichend Reichel, Betrieb 1975, S. 102, 104.
[90] Vgl. den Bericht des Ausschusses für Arbeits- und Sozialordnung, BT-Drucks. 7/2025, S. 6.
[91] Vgl. Lund, BABl. 1974, S. 682, 684.

69 Die Fiktion des § 12a Abs. 2 gilt nach dem Wortlaut umfassend und nicht nur zur Begründung der Tarifgebundenheit. Daraus wird gefolgert, die in § 12a Abs. 2 genannten Vereinigungen oder Kooperationsformen seien für das Beschäftigungsverhältnis der arbeitnehmerähnlichen Personen in jeder Hinsicht als eine Person anzusehen. Es bestehe mithin ein Rechtsverhältnis zwischen dem Auftraggeberkollektiv einerseits und den beschäftigten Personen andererseits. Die mehreren Auftraggeber würden kraft Gesetzes zu Gesamtschuldnern für die Vergütung der arbeitnehmerähnlichen Personen zusammengefaßt, wobei unter ihnen ein Ausgleich nach § 426 BGB stattzufinden habe.[92] Dem ist nicht zuzustimmen. Die gesetzliche Fiktion bezweckt lediglich, den **Geltungsbereich** des Gesetzes nach Abs. 1 Nr. 1 Buchst. a und b zu **erweitern**. Ist also zum Beispiel jemand als freier Mitarbeiter für verschiedene Unternehmen eines Konzerns tätig und bezieht er von einem Unternehmen 25 v. H., von einem anderen 30 v. H. der gesamten Einkünfte aus seiner Erwerbstätigkeit, so wird zum Zweck der Berechnung der Verdienstrelation angenommen, es handle sich um einen einzigen Auftraggeber, so daß von einem Satz von 55 v. H. auszugehen ist. Nach der Entstehungsgeschichte waren Eingriffe in das System des geltenden Vertragsrechts weder beabsichtigt noch sind sie im Wortlaut zum Ausdruck gekommen. Rechtsbeziehungen bestehen daher nur zwischen den arbeitnehmerähnlichen Personen und ihren einzelnen Auftraggebern, nicht aber zu den verschiedenen Kooperationsformen der Auftraggeber. Die Vorschrift führt nicht zur Tariffähigkeit des Konzerns (vgl. dazu oben § 2, Rnr. 105 ff.). Die Fiktion dient ausschließlich Berechnungszwecken.[93]

70 Wenn ein Arbeitnehmerähnlicher für einen anderen Arbeitnehmerähnlichen tätig wird, so muß auf Seiten des Auftraggebers des Arbeitnehmerähnlichen dieser Begriff nach § 12a erfüllt sein. Des weiteren muß der zwischen den Parteien bestehende Vertrag ein Dienst- oder Werkvertrag sein (zu den Erweiterungen über den Wortlaut hinaus s. oben Rnr. 62 ff.).

71 c) Persönlicher Einsatz der eigenen Arbeitskraft. Die vertragliche Leistung muß persönlich und im wesentlichen ohne Mitwirkung von Arbeitnehmern erbracht werden; vgl. Abs. 1 Nr. 1. Dieses Tatbestandsmerkmal ist Ausdruck der Wertung, daß der Gesetzgeber den Schutz des wirtschaftlich abhängigen Einsatzes der eigenen Arbeitskraft zur Existenzsicherung bezweckt. Typische Unternehmer, die sich einer arbeitsteiligen Organisation bedienen, kommen nicht in den Genuß des § 12a. Eine geringfügige Mitarbeit von Hilfskräften schadet nicht. Unschädlich ist sicher die familienrechtliche Mitarbeit des Ehegatten, weil es hier schon am Merkmal der Mitarbeit eines „Arbeitnehmers" fehlt (vgl. dazu im übrigen oben § 1, Rnr. 288, 290). Der Charakter der persönlichen Arbeitsleistung wird auch durch die zeitweilige Beschäftigung von Aushilfskräften nicht beeinträchtigt. Bei auf Dauer beschäftigten Arbeitnehmern wird man auf ihre Anzahl, auf die ihnen übertragenen Aufgabengebiete und die Arbeitszeit abzustellen haben. Die Erledigung von Schreibarbeiten durch eine Sekretärin steht der Anwendung

---

[92] So *Kunze*, UFITA 74 (1975), S. 19, 31.
[93] Ebenso im Ergebnis *Lund*, BABl. 1974, S. 682, 684; *Koberski/Clasen/Menzel*, § 12a TVG, Rnr. 44; *Wlotzke*, Betrieb 1974, S. 2252, 2258.

des § 12a zum Beispiel nicht entgegen. Jedoch dürfte die Anwendung bei Beschäftigung nur weniger Mitarbeiter ausscheiden, wenn sie die berufstypische Primäraufgabe (mit)erbringen.[94]

d) Handeln nur für eine Person. Wirtschaftliche Abhängigkeit beschreibt einen Zustand, nämlich den Verlust an Selbstbestimmungsmöglichkeiten. Diese Folge tritt bei der arbeitnehmerähnlichen Person dadurch ein, daß sie keine Stellung am Markt erlangen kann, sondern ihre Verdienstmöglichkeiten auf **einen oder mehrere bestimmte Verträge** stützt. Für die wirtschaftliche Abhängigkeit ist die absolute Höhe des Entgelts ohne Bedeutung. Wer abhängig ist, ist in der Regel ein schwächerer Verhandlungspartner und muß sich daher in den Haupt- und Nebenbedingungen nach den Vorschlägen des anderen Vertragspartners richten. Die Abhängigkeit muß immer zu einer bestimmten Person oder bestimmten Personen festgestellt werden. In der Regel wird es eine einzige natürliche oder juristische Person sein.[95] Das Abhängigkeitsverhältnis wird aber weder begrifflich noch tatsächlich dadurch ausgeschlossen, daß Beschäftigungsverhältnisse zu mehreren Auftraggebern bestehen.[96] Allerdings sinkt mit einer steigenden Anzahl verschiedener Auftraggeber die Wahrscheinlichkeit, durch Bezüge von nur einer Person im wirtschaftlichen Freiheitsspielraum eingeengt zu werden. Gerade dieser Gesichtspunkt des Angewiesenseins auf eine Person oder einzelne Personen ist jedoch charakteristisch für ein Abhängigkeitsverhältnis. 72

aa) Nach Buchst. b ist Voraussetzung, daß der arbeitnehmerähnlichen Person von einem Auftraggeber im Durchschnitt **mehr als die Hälfte des Entgelts** zusteht, das ihr für ihre Erwerbstätigkeit insgesamt zufällt. Das ist vom Gesetzgeber großzügiger ausgestaltet, als es in der bisherigen Rechtsprechung beurteilt wurde.[97] 73

bb) Werden **künstlerische, schriftstellerische oder journalistische Leistungen** erbracht – das gilt auch für die unmittelbare Mitwirkung bei der technischen Gestaltung solcher Leistungen –, so genügt es nach Absatz 3, wenn mindestens ein Drittel des Entgelts aus der gesamten Erwerbstätigkeit von einem Auftraggeber bezogen wird. Diese Privilegierung der im Bereich des Art. 5 GG tätigen Personen ist im gesetzgeberischen Verfahren vom Bundestagsausschuß für Arbeit und Sozialordnung eingeführt worden.[98] Damit wird der Begriff der arbeitnehmerähnlichen Person stark verwässert, weil das bisher wesentliche Kriterium, nämlich die Abhängigkeit von einem anderen Unternehmen und das Ausgerichtetsein der Rechtsfolgen auf ein einzelnes Beschäftigungsverhältnis, aufgegeben wurde. Es kann jetzt die Situation eintreten, daß ein Beschäftigter, der bei drei verschiedenen Auftraggebern Verdienstmöglichkeiten besitzt, als arbeitnehmerähnliche Person gilt. Von der tarifvertraglichen Gestaltung wird dann nicht nur ein Hauptbeschäfti- 74

---

[94] Vgl. auch *Wiese*, Buchautoren, S. 56 ff. sowie die Regelung in § 2 HAG.
[95] Vgl. *Wlotzke*, Betrieb 1974, S. 2252, 2257.
[96] Ebenso *Kunze*, UFITA 74 (1975), S. 19, 23.
[97] Vgl. BAG 8. 6. 1967 AP Nr. 6 zu § 611 BGB Abhängigkeit; 22. 8. 1989 AP Nr. 7 zu § 5 ArbGG 1979; LAG Saarbrücken 8. 11. 1967 AP Nr. 7 zu § 611 BGB Abhängigkeit.
[98] Vgl. den Ausschußbericht BT-Drucks. 7/2025, S. 6; *Hölscher*, Sten. Berichte 7/7211; dazu *Reichel*, Betrieb 1975, S. 102, 103.

gungsverhältnis, sondern es werden davon mehrere gleichgewichtige Beschäftigungsverhältnisse nebeneinander erfaßt.

75 cc) Die Verdienstrelation ist im Verhältnis zu den Einkünften aus **Erwerbstätigkeit** festzustellen. Was in diesem Zusammenhang als Einkünfte aus Erwerbstätigkeit anzusehen sind, ist nicht ganz zweifelsfrei. Teilweise will man auch Einkünfte aus gewerblichen Schutzrechten wie Arbeitnehmererfindungen, Nutzungsrechten und Urheberrechten darunter fassen, weil sie – obschon Einkünfte aus Vermögen – durch frühere Tätigkeit des Beschäftigten entstanden sind.[99] Auch werden Einkünfte aus Renten, Pensionen, betrieblichen Zusatzversorgungen usw. zu den Einkünften aus Erwerbstätigkeit gezählt.[100] Dem kann nicht zugestimmt werden. Einkünfte aus Erwerbstätigkeit stehen im Gegensatz zu solchen aus Vermögen. Miet- und Pachteinnahmen sowie Einkünfte aus Kapitalvermögen bleiben sicher außer Betracht. Dabei kann es nicht darauf ankommen, ob dieses Vermögen durch frühere Erwerbstätigkeit angesammelt worden ist oder nicht. Dann kann diese Unterscheidung aber auch bei Immaterialgüterrechten und bei der Altersversorgung keine Rolle spielen. Einkünfte aus Erwerbstätigkeit sind daher nur solche, die unmittelbar auf dem Einsatz der Arbeitskraft beruhen. Zu den Einkünften aus Erwerbstätigkeit zählen auch solche aus Arbeitsverhältnissen, freien Dienstverhältnissen oder anderer beruflicher Tätigkeit.[101]

76 Wie die Materialien zu § 12a zeigen,[102] ging der Gesetzgeber davon aus, daß ein unmittelbarer Zusammenhang zwischen der Erwerbstätigkeit und den Einkünften bestehen muß;[103] dies ist nur konsequent, da die frühere Tätigkeit einer Person nicht ihren jetzigen Status beeinflussen darf. Eine Ausnahme ist nach der Rechtsprechung nur insoweit anzunehmen, als der Betroffene über Einkünfte verfügt, die ihn völlig unabhängig machen.[104] Andererseits darf die bloße Tatsache, daß jemand wohlhabend ist, ihn nicht vom Schutz des Art. 9 Abs. 3 GG ausnehmen. Dieses Problem betrifft allerdings nicht die Frage der Verdienstrelation, sondern die, ob eine Person überhaupt einem Arbeitnehmer vergleichbar sozial schutzbedürftig sein kann.[105]

77 dd) Die Tarifgebundenheit setzt das Vorliegen der im Gesetz genannten Tatbestandsmerkmale, insbesondere der maßgeblichen Verdienstrelation im jeweiligen Zeitpunkt voraus. Auch bei einer erst später möglich werdenden Berechnung tritt die Tarifwirkung rückwirkend für den Zeitpunkt ein, für den die Voraussetzungen vorlagen. Schwankt das maßgebliche Einkommen, so führt dies unter Umständen zu einem ständigen **Wechsel** von Tarifgebundenheit und Aussetzen **der Tarifwirkung**.[106] Der Wechsel wird nicht

---

[99] Vgl. *Kunze,* UFITA 74 (1975), S. 19, 33.
[100] Vgl. auch *Koberski/Clasen/Menzel,* § 12a TVG, Rnr. 39.
[101] Ebenso *Wiese,* Buchautoren, S. 66 f., jedoch abw. betr. urheberrechtliche Nutzungsrechte.
[102] BT-Drucks. 7/975, S. 20.
[103] Ebenso *Pauly,* Handelsvertreter, S. 170; *Wlotzke,* Betrieb 1974, S. 2252, 2257.
[104] BAG 2. 10. 1990 AP Nr. 1 zu § 12a TVG; s. auch *Wiese,* Buchautoren, S. 80 f. Ablehnend *Wank,* Arbeitnehmer und Selbständige, S. 241.
[105] Vgl. hierzu *Hase/Lembke,* BB 1997, S. 1095, 1096.
[106] Vgl. *Eich,* Betrieb 1973, S. 699, 700; *Wlotzke,* Betrieb 1974, S. 2252, 2258; kritisch dazu *Kunze,* UFITA 74 (1975), S. 19, 32.

dadurch gemildert, daß der Tarifvertrag nach § 3 Abs. 3 oder nach § 4 Abs. 5 nachwirkt. Da gerade die Tarifgebundenheit wegfällt, kann § 4 Abs. 5 nicht eingreifen, und da der Wegfall automatisch eintritt, kommt auch eine analoge Anwendung des § 3 Abs. 3 nicht in Betracht. Das gilt auch, wenn die arbeitnehmerähnliche Person echter Arbeitnehmer wird. Der Tarifvertrag kann an den Voraussetzungen der Tarifwirkung nichts ändern. Er vermag allerdings mittelbar das Herauswachsen aus dem Status als arbeitnehmerähnliche Person im Sinne des § 12a dadurch zu beeinflussen, daß er den Beschäftigten eine im wesentlichen gleichbleibende Verdienstmöglichkeit gewährleistet (Schutz des Beschäftigungsrahmens; vgl. dazu unten Rnr. 82).

C. Rechtsfolgen

Die Rechtsverhältnisse zwischen den oben bezeichneten Auftraggebern und den arbeitnehmerähnlichen Personen können durch einen Tarifvertrag ausgestaltet werden.[107]

I. Tarifvertragsparteien

Tarifvertragsparteien sind einerseits die einzelnen Auftraggeber und deren Verbände sowie andererseits Berufsverbände der arbeitnehmerähnlichen Personen oder Gewerkschaften, denen arbeitnehmerähnliche Personen beigetreten sind.[108] In Betracht kommen namentlich die einzelnen Rundfunkanstalten, der Tarifverband Privater Rundfunk, der Bundesverband Deutscher Zeitungsverleger, der Verband Deutscher Zeitschriftenverleger, die Rundfunk-Fernseh-Union, der Deutsche Journalistenverband, die IG Medien und die ÖTV. Zwischen den Tarifvertragsparteien gelten die allgemeinen Regeln hinsichtlich der notwendigen oder möglichen Rechte und Pflichten der Tarifvertragsparteien (vgl. dazu oben § 1, Rnr. 658 ff.).

II. Tarifvertragsnormen

Nach § 12a gelten die übrigen Vorschriften des Gesetzes „entsprechend". Das bedeutet, daß im einzelnen zu überprüfen und zu entscheiden ist, welche Tarifnormen für die Rechtsverhältnisse der arbeitnehmerähnlichen Personen geschaffen werden können.

1. Inhaltsnormen

Der Tarifvertrag kann den Inhalt des **einzelnen Dienst- oder Werkvertrags** im gleichen Umfang und mit den gleichen Grenzen regeln wie denjenigen eines Arbeitsvertrages. Das bedeutet, daß insbesondere für Entgelt und

---

[107] Kritisch zur Gesetzesfassung *Kunze,* UFITA 74 (1975), S. 19, 34.
[108] Ebenso *Kunze,* in: Freie Mitarbeiter in den Rundfunkanstalten, S. 82, 83; *Lieb,* RdA 1974, S. 257, 267; *Lund,* BArbBl. 1974, S. 682; *Reichel,* Betrieb 1975, S. 102, 104.

Nebenleistungen zwingende Mindestgrenzen festgelegt werden können, von denen der Einzelvertrag nur zugunsten der arbeitnehmerähnlichen Person abweichen darf.[109]

82 Der Tarifvertrag kann darüber hinaus das durch die Aneinanderreihung einzelner Verträge entstehende Dauerrechtsverhältnis gestalten. Dieses **Rahmen-Beschäftigungsverhältnis** ist kein gesetzliches Schuldverhältnis,[110] sondern ein auf Privatautonomie beruhendes tarifvertragliches Rechtsverhältnis. Einigkeit besteht darüber, daß der Tarifvertrag sich nicht auf die Festlegung von Entgeltsätzen für die einzelnen Verträge zu beschränken braucht, sondern daß er an die gesamte Dauerbeziehung ein System sozialrechtlicher Ansprüche und Pflichten anknüpfen kann.[111]

2. Abschluß- und Beendigungsnormen

83 **a) Abschlußnormen.** Der Tarifvertrag kann ein solches Rahmen-Beschäftigungsverhältnis auch einführen, indem er den Auftraggebern des Dienst- oder Werkvertrages die Pflicht auferlegt, unter bestimmten Voraussetzungen ein Dauerrechtsverhältnis anzubieten. Die arbeitnehmerähnlichen Personen erhalten dadurch einen Anspruch auf bestimmte – nach Zeitdauer, Verdiensthöhe oder Tätigkeit abgestufte – „Beschäftigungseinheiten". Eine derartige tarifvertraglich garantierte **Mindestbeschäftigung** wirkt sich wie ein den besonderen Verhältnissen der arbeitnehmerähnlichen Personen angepaßter Arbeitsplatzschutz aus. Ein solches Rahmenbeschäftigungsverhältnis ist mit den „Orientierungsrahmen" vergleichbar, in denen die Rundfunk- und Fernsehanstalten freien Produzenten eine bestimmte Zahl von Aufträgen für die Zukunft zusichern und ihnen damit eine kontinuierliche Planung ermöglichen.

84 Gegen derartige tarifvertragliche Beschäftigungsansprüche sind Bedenken erhoben worden. Die Berechtigung der Tarifvertragsparteien zur Vereinbarung von Abschlußnormen wurde – mit Ausnahme von Formvorschriften – von einigen Autoren[112] in Frage gestellt; die Dispositionsfreiheit der Medien müsse im Interesse effektiver Meinungsbildung erhalten bleiben. In der Vorauflage sind diese Bedenken zurückgewiesen worden. Inzwischen ergibt sich jedoch aufgrund der Rechtsprechung des Bundesverfassungsgerichts, daß derartige Abschlußnormen nur unter Berücksichtigung der **Medienfreiheit** der entsprechenden Unternehmen zulässig sind. Aufgrund des Verfassungsauftrags und der Verfassungsgarantie des Art. 5 Abs. 1 GG müsse den Medien die Freiheit bleiben, im Interesse einer effektiven Meinungsbildung ihre dafür erforderlichen Dispositionen zu treffen.[113] Bei zu engen tarifliche Vorgaben könnten Gefahren für die Rundfunkfreiheit eintreten, so als ob die Anstalten verpflichtet wären, nur mit festangestellten Arbeitnehmern zu arbeiten. Die-

---

[109] Ebenso *Kempen*/*Zachert*, § 12a TVG, Rnr. 22.
[110] Ebenso *Lieb*, RdA 1974, S. 257, 266; abweichend *Kunze*, in: Freie Mitarbeiter in den Rundfunkanstalten, S. 75; *ders.*, UFITA 74 (1975), S. 19, 27 ff.
[111] Vgl. auch *Wlotzke*, Betrieb 1974, S. 2252, 2258 ff.
[112] *Kunze*, in: Freie Mitarbeiter in den Rundfunkanstalten, S. 83; *ders.*, UFITA 74 (1975), S. 19, 35; *Lieb*, RdA 1974, S. 257, 266.
[113] BVerfG 13. 1. 1982, BVerfGE 59, S. 231, 268; dazu *Wank*, RdA 1982, S. 363 ff.; *ders.*, Forschungsbericht, S. 41 ff., 108 ff.

sen Bedenken kann aber entweder durch eine Befristung oder durch eine kündigungsrechtliche Regelung (s. Rnr. 86) Rechnung getragen werden.

b) Beendigungsnormen. Der Tarifvertrag kann sowohl den einzelnen Dienst- oder Werkvertrag als auch das Rahmenbeschäftigungsverhältnis ausgestalten. Dabei kann vorgesehen werden, daß die **Kündigung** des Rahmenvertrages keiner gerichtlichen Kontrolle unterliegen soll, wenn sie aus journalistischen, künstlerischen oder sonstigen mit der Berufsausübung zusammenhängenden Gründen erfolgt, daß aber alle anderen Kündigungsgründe entsprechend § 1 Abs. 2 KSchG und ebenso eine Änderungskündigung nach § 2 KSchG sozial gerechtfertigt sein müssen. 85

Auch bei den Beendigungsnormen ist die Rechtsprechung des Bundesverfassungsgerichts zu Art. 5 Abs. 1 GG zu berücksichtigen. Grundsätzlich sind zwar tarifliche Vereinbarungen über die Beendigung von Arbeitsverhältnissen auch im grundrechtlich geschützten Bereich der Medien möglich, doch muß bei diesen Regelungen immer im Auge behalten werden, daß die **Rundfunkautonomie** als verfassungstragendes Gut (Art. 5 Abs. 1 GG) gegen die schutzwürdigen Interessen der Beschäftigten und damit auch gegen deren Schutz durch das Tarifvertragssystem abgewogen werden muß.[114] 86

3. Normen zu betrieblichen und betriebsverfassungsrechtlichen Fragen

a) Betriebliche Normen. Soweit arbeitnehmerähnliche Personen in die betriebliche Ordnung eingegliedert sind, kommen für sie allgemeine wie spezielle betriebliche Normen in Betracht.[115] 87

b) Betriebsverfassungsrechtliche Normen. Durch die §§ 5 und 6 BetrVG werden nur die Heimarbeiter, nicht jedoch andere arbeitnehmerähnliche Personen in den Geltungsbereich des Betriebsverfassungsgesetzes einbezogen. Daran kann der Tarifvertrag nichts ändern; deshalb kann er auch den arbeitnehmerähnlichen Personen gem. § 12a kein aktives oder passives Wahlrecht zur Betriebsvertretung verleihen und sie nicht den Mitbestimmungs- und Mitwirkungsbefugnissen des Betriebsrats unterstellen. Da den Tarifvertragsparteien jedoch eine allgemeine betriebsverfassungsrechtliche Kompetenz zusteht (vgl. dazu oben § 1, Rnr. 555 ff.), können sie für die arbeitnehmerähnlichen Personen eine Sondervertretung einrichten, der allerdings keine Normsetzungsbefugnisse nach dem BetrVG verliehen werden können.[116] 88

4. Normen für Gemeinsame Einrichtungen

Für arbeitnehmerähnliche Personen können Gemeinsame Einrichtungen errichtet werden; sie können jedoch auch in die für die Arbeitnehmer selbst geschaffenen Gemeinsamen Einrichtungen aufgenommen werden.[117] 89

---

[114] Zu weitgehend allerdings *Kempen*/Zachert, § 12a TVG, Rnr. 7.
[115] *Stein*, Tarifvertragsrecht, Rnr. 656; a. A. Löwisch/*Rieble*, § 12a TVG, Rnr. 20.
[116] Ebenso *Däubler*, Tarifvertragsrecht, Rnr. 319; *Kempen*/Zachert, § 12a TVG, Rnr. 24.
[117] Ebenso *Lieb*, RdA 1974, S. 257, 266, der zutreffend darauf hinweist, daß sich das Instrument der Gemeinsamen Einrichtung für die arbeitnehmerähnlichen Personen geradezu aufdrängt; vgl. auch Löwisch/*Rieble*, § 12a TVG, Rnr. 21.

III. Gemeinsame Tarifverträge für Arbeitnehmer und arbeitnehmerähnliche Personen

90 Umstritten ist die Frage, ob in ein und demselben Tarifvertrag sowohl Arbeitsverhältnisse als auch Rechtsverhältnisse arbeitnehmerähnlicher Personen geregelt werden können. Nach Ansicht von *Lieb*[118] ist die Rechtssetzungsbefugnis nach § 12a und die der Arbeitnehmer- und Arbeitgeberverbände wesensverschieden, weil sich die letztere aus Art. 9 Abs. 3 GG ergebe, die erstere dagegen nicht. Daher könnte eine Tarifvertragspartei nicht ohne Zustimmung der anderen Partei den Abschluß eines einheitlichen Tarifvertrags für beide Personengruppen verlangen. Dem ist nicht zu folgen. Der Tarifvertrag ist entweder rechtlich zulässig, dann kann er auch erzwungen werden, oder er ist es nicht, dann ändert auch die Zustimmung des Gegners nichts an der Unstatthaftigkeit. Weiter ist zu bedenken, daß Arbeitnehmer und arbeitnehmerähnliche Personen derselben Gewerkschaft angehören können. Die Rechtssetzungsmacht der Berufsverbände, die nur durch höherrangiges Recht beschränkt wird, hat für beide Personengruppen grundsätzlich den gleichen Umfang. Wenn es daher den Verbänden zweckmäßig erscheint, ist gegen einen einheitlichen Tarifabschluß nichts einzuwenden.[119]

IV. Arbeitskampfrechtliche Fragen

1. Volle Arbeitskampffähigkeit

91 Eine Folge der entsprechenden Anwendbarkeit des Gesetzes auf die in § 12a genannten Personen ist, daß die arbeitnehmerähnlichen Personen Tarifverträge durch Streik erkämpfen können und daß Auftraggeber Aussperrungsmaßnahmen gegen sie ergreifen können, soweit dies im übrigen zulässig ist.[120] Das Recht zum Streik folgt außerdem als Komplementärgarantie zur Tarifautonomie aus Art. 9 Abs. 3 GG. Erkennt man dies an, ist eine Beschränkung der Arbeitskampfmaßnahmen darauf, nur neue Aufträge ablehnen zu dürfen, nicht zu begründen.[121] § 12a ordnet zwar nicht ausdrücklich eine Suspendierung von bestehenden Vertragspflichten an, aus dem inneren Zusammenhang von Tarifrecht und Arbeitskampfrecht ergibt sich aber, daß der Gesetzgeber mit der Zuerkennung der Tarifautonomie auch die Mittel zu ihrer Verwirklichung zur Verfügung stellt. Ein rechtmäßiger Streik der arbeitnehmerähnlichen Personen bedeutet daher keinen Bruch laufender

---

[118] *Lieb*, RdA 1974, S. 257, 267.
[119] Im Ergebnis ebenso *Däubler*, Tarifvertragsrecht, Rnr. 319; *Kempen/Zachert*, § 12a TVG, Rnr. 22; *Kunze*, UFITA 74 (1975), S. 19, 36.
[120] MünchArbR/*Otto*, § 278, Rnr. 57; ablehnend *Eich*, Betrieb 1973, S. 1699, 1701; *Stolterfoht*, Betrieb 1973, S. 1068, 1073.
[121] Abweichend *Lieb*, RdA 1974, S. 257, 268, der eine Arbeitsverweigerung im Rahmen eines laufenden Dienst- oder Werkvertrags für einen unzulässigen Vertragsbruch hält.

Berlin-Klausel 1 § 12b

Dienst- oder Werkverträge.[122] Zuzugeben ist allerdings, daß ein Arbeitskampf arbeitnehmerähnlicher Personen allein unwahrscheinlich und kaum von praktischem Interesse ist.

2. Sympathiearbeitskämpfe

Trotz der Zulässigkeit von Arbeitskämpfen arbeitnehmerähnlicher Personen wird teilweise argumentiert, daß Sympathiearbeitskämpfe von Arbeitnehmern für sie oder umgekehrt von arbeitnehmerähnlichen Personen zugunsten der Arbeitnehmer nicht erlaubt seien. Wegen der unterschiedlichen rechtlichen und sozialen Stellung beider Personengruppen gelte der Solidaritätsgedanke weder für Sympathiearbeitskämpfe noch im Rahmen der Regeln des Betriebsrisikos. Sympathiearbeitskämpfe beider Personengruppen füreinander seien daher ausgeschlossen.[123] Demgegenüber ist das BAG in einer Entscheidung[124] bereits davon ausgegangen, daß ein solcher Sympathiearbeitskampf in einer Ausnahmesituation zulässig sei. Weitergehend ist angesichts der Gleichstellung von Arbeitnehmern und Arbeitnehmerähnlichen in § 12a allgemein die Zulässigkeit von gegenseitigen Sympathiearbeitskämpfen zu bejahen.[125]

92

§ 12b Berlin-Klausel

Dieses Gesetz gilt auch im Land Berlin, sofern es im Land Berlin in Kraft gesetzt wird. Rechtsverordnungen, die auf Grund dieses Gesetzes erlassen worden sind oder erlassen werden, gelten im Land Berlin nach § 14 des Dritten Überleitungsgesetzes vom 4. Januar 1952 (Bundesgesetzblatt I S. 1).

Die Berlin-Klausel war in der ursprünglichen Fassung des Tarifvertragsgesetzes nicht enthalten, sie wurde erst durch Art. II § 1 des Gesetzes zur Änderung des Heimarbeitsgesetzes und anderer arbeitsrechtlicher Vorschriften vom 29. Oktober 1974[1] in das Tarifvertragsgesetz eingefügt. Nachdem dieses Gesetz mit dem Berliner Landesgesetz vom 14. November 1974[2] in Berlin (West) übernommen wurde, trat kurze Zeit später aufgrund des Übernahmegesetzes vom 16. Januar 1975[3] das Tarifvertragsgesetz in der Fassung vom 25. August 1969 einschließlich seiner Ergänzungen durch das Heimarbeitsänderungsgesetz auch in Berlin (West) am 26. Januar 1975[4] in Kraft. Die gleichzeitige Übernahme der Durchführungsverordnung vom

1

---

[122] Ebenso *Kempen/Zachert*, § 12a TVG, Rnr. 25; *Kunze*, UFITA 74 (1975), S. 19, 36; *Löwisch/Rieble*, in: Löwisch, Arbeitskampf- und Schlichtungsrecht, 1997, ¹70.2, Rnr. 268; *Reichel*, Betrieb 1975, S. 102, 104.
[123] *Girth*, Film und Recht 1974, S. 510, 512; *Kunze*, UFITA 74 (1975), S. 19, 37; *Lieb*, RdA 1974, S. 257, 267.
[124] BAG 5. 3. 1985 AP Nr. 85 zu Art. 9 GG Arbeitskampf.
[125] A. A. *Kempen/Zachert*, § 12a TVG, Rnr. 2
[1] BGBl. I S. 2879.
[2] GVBl. S. 2722.
[3] GVBl. S. 194.
[4] Vgl. Art. III des Übernahmegesetzes vom 16. 1. 1975.

20. Februar 1970⁵ beendete die gesetzliche Sonderentwicklung des Tarifrechts in Berlin (West).

2   Ausgangspunkt der gesetzlichen Strukturierung des Tarifrechts in Berlin (West) war die am 29. April 1946 in Kraft getretene Verordnung zur Errichtung eines Tarifregisters vom 16. Februar 1946.⁶ Neben der dort enthaltenen deklaratorischen Bestimmung, nach der die bis zur Kapitulation des Deutschen Reiches geltenden Tarifordnungen und Lohnsätze weiterhin in Kraft blieben (§ 1),⁷ legalisierte § 2 die abgeschlossenen Tarifverträge in den durch den Befehl der Alliierten Kommandantur vom 14. Januar 1946 (BK/O [46] 14) gezogenen Grenzen. Die Tarifverträge unterlagen jedoch anfänglich einem umfassenden Genehmigungserfordernis (§ 2) und wurden erst mit der Eintragung in das Tarifregister rechtswirksam (§ 3).

3   Eine vollständige Kodifizierung erfuhr das Tarifrecht in Berlin (West) erst durch das Tarifvertragsgesetz für Groß-Berlin vom 12. September 1950,⁸ das am 28. September 1950 unter Aufhebung der Verordnung vom 16. Februar 1946 in Kraft trat. Es lehnte sich eng an das damals im Vereinigten Wirtschaftsgebiet geltende Tarifvertragsgesetz vom 9. April 1949 an. Hervorzuheben ist als Abweichung jedoch die in § 6 des Gesetzes enthaltene Bestimmung für das Tarifregister. Hatten die Tarifvertragsparteien ihre Tariffähigkeit nicht gegenüber der Arbeitsverwaltung nachgewiesen, so trat die Rechtswirksamkeit der getroffenen Vereinbarungen erst nach erfolgter Eintragung in das Tarifregister ein (§ 6 Abs. 2). Einsprüche gegen die Nichteintragung eines Tarifvertrages wurden im arbeitsgerichtlichen Beschlußverfahren entschieden (§ 6 Abs. 3). Entsprechend der Konzeption des Tarifvertragsgesetzes ergänzte die am 19. Oktober 1950 in Kraft getretene Durchführungsverordnung vom 5. Oktober 1950,⁹ die ihrerseits durch eine Verordnung vom 24. November 1967¹⁰ geändert wurde, das Tarifvertragsgesetz für Groß-Berlin. Bis zum Inkrafttreten des Übernahmegesetzes vom 16. Januar 1975¹¹ blieb das Tarifvertragsgesetz für Groß-Berlin vom 12. September 1950 unverändert.

4   Die mit dem Heimarbeitsänderungsgesetz eingeleitete Vereinheitlichung des Tarifrechts in der Bundesrepublik Deutschland und im Land Berlin (West) trug einer Entschließung des Deutschen Bundestages vom 26. Juni 1969¹² Rechnung, in der die Bundesregierung im Anschluß an die Verabschiedung des Ersten Arbeitsrechtsbereinigungsgesetzes gebeten wurde, die Möglichkeiten zur Einführung eines einheitlichen Tarifrechts in der Bundesrepublik Deutschland und im Land Berlin (West) zu prüfen.¹³ Damit griff der Gesetzgeber ein Anliegen auf, das bereits bei der Erstreckung des Ta-

---

⁵ GVBl. 1975 S. 196; berichtigt: GVBl. 1975 S. 652.
⁶ VOBl. 1946 S. 144.
⁷ Siehe zur Fortgeltung der Tarifordnungen oben § 10 Rnr. 1 mit den Nachweisen in Fn. 1.
⁸ VOBl. S. 417.
⁹ VOBl. S. 469.
¹⁰ GVBl. S. 1660.
¹¹ GVBl. S. 194.
¹² Vgl. Verhandlungen des Deutschen Bundestages, 5. Wahlperiode, Stenographische Berichte, S. 13551 (C). Zum Inhalt des Antrags siehe die Beschlußempfehlung des BT-Ausschusses für Arbeit, BT-Drucks. V/4376, S. 5.
¹³ Reg. Begr., BT-Drucks. 7/975, S. 21.

rifvertragsgesetzes auf die Länder der ehem. französischen Zone verfolgt,[14] damals jedoch mit Rücksicht auf die exponierte Lage Berlins und etwaige politische Nachteile zurückgestellt wurde.[15]

In praktischer Hinsicht bewirkte die Vereinheitlichung des Tarifrechts, daß die Allgemeinverbindlicherklärung für in Berlin geltende Tarifverträge aus eigenem Recht nur noch durch den Bundesminister für Arbeit und Sozialordnung ausgesprochen werden konnte. Die oberste Arbeitsbehörde des Landes Berlin (West) war hierzu fortan nur noch aufgrund einer Delegation (§ 5 Abs. 6 i. V. mit § 12 DVO-TVG 1970) zuständig. Ferner mußten seitdem auch die in Berlin (West) geltenden Tarifverträge in das beim Bundesminister für Arbeit und Sozialordnung geführte Tarifregister eingetragen werden. 5

Mit der Aufhebung der alliierten Vorbehaltsrechte durch Art. 7 des Vertrages über die abschließende Regelung in bezug auf Deutschland vom 12. September 1990[16] ist § 12b gegenstandslos geworden.[17] Nach § 1 des Sechsten Überleitungsgesetzes vom 25. September 1990,[18] das am 3. Oktober 1990 in Kraft trat,[19] gilt das Bundesrecht seitdem in Berlin uneingeschränkt. Zudem hob § 4 Abs. 1 Nr. 2 des Sechsten Überleitungsgesetzes auch die in § 12b Satz 2 in bezug genommene Vorschrift in § 14 des Dritten Überleitungsgesetzes auf. Änderungen des Tarifvertragsgesetzes und seiner Durchführungsverordnung gelten seitdem wie jedes Bundesgesetz automatisch auch in Berlin (West). 6

§ 13 Inkrafttreten

(1) **Dieses Gesetz tritt mit seiner Verkündung in Kraft.**

(2) **Tarifverträge, die vor dem Inkrafttreten dieses Gesetzes abgeschlossen sind, unterliegen nunmehr diesem Gesetz.**

Übersicht

	Rnr.
I. Inkrafttreten des Tarifvertragsgesetzes bis zur Vereinigung Deutschlands	1–5
1. Inkrafttreten im Vereinigten Wirtschaftsgebiet	1
2. Transformation des Tarifvertragsgesetzes in Bundesrecht	2
3. Erstreckung auf die Länder der ehem. französischen Zone und das Saarland	3, 4

---

[14] Siehe § 2 des Regierungsentwurfs zum Gesetz über die Erstreckung des Tarifvertragsgesetzes, BT-Drucks. I/4032, S. 4, 5.
[15] Vgl. den Schriftlichen Bericht des Ausschusses für Arbeit, veröffentlicht als Anlage 3 zum Stenographischen Bericht der 256. Sitzung, Verhandlungen des Deutschen Bundestages, I. Wahlperiode, Stenographische Berichte, S. 12414.
[16] BGBl. II S. 1317; ratifiziert am 15. 3. 1991, BGBl. II S. 587.
[17] Allg. Ansicht vgl. Kempen/*Zachert*, § 12b TVG; *Koberski/Clasen/Menzel*, § 12b TVG, Rnr. 2; *Löwisch/Rieble*, § 12b TVG, Rnr. 1. Die Vorschrift kann künftig mit einer neuen Regelung belegt werden, vgl. die Begründung zum Sechsten Überleitungsgesetz vom 25. 9. 1990, BT-Drucks. 11/7824, S. 6.
[18] BGBl. I S. 2106.
[19] Vgl. § 5 Abs. 1 des Sechsten Überleitungsgesetzes sowie die Bekanntmachung vom 3. 10. 1990, BGBl. I S. 2153.

§ 13 Inkrafttreten

	Rnr.
a) Französische Zone	3
b) Saarland	4
4. Inkrafttreten späterer Änderungen	5
II. Inkrafttreten des Tarifvertragsgesetzes im Beitrittsgebiet	6–41
1. Rechtsentwicklung in der ehem. DDR bis zum 1. Juli 1990	6–21
a) Rechtslage in der Sowjetischen Besatzungszone	6–9
b) Die Kollektivvertrags-Verordnung	10, 11
c) Das Gesetzbuch der Arbeit	12–14
d) Das Arbeitsgesetzbuch	15–18
e) Das Gewerkschaftsgesetz vom 6. März 1990	19
f) Nicht registrierte Tarifverträge aus der Zeit vor dem 1. Juli 1990	20, 21
2. Inkraftsetzung des Tarifvertragsgesetzes in der ehem. DDR	22–27
a) Vorgaben des 1. Staatsvertrages und des Verfassungsgrundsätzegesetzes	22–24
b) Übergangsregelungen zum Inkrafttreten des Tarifvertragsgesetzes	25, 26
c) Das Tarifrecht bis zum 3. Oktober 1990	27
3. Maßgaben des Einigungsvertrages zum Inkrafttreten des Tarifvertragsgesetzes	28–40
a) Anwendungsbereich der Maßgaben des Einigungsvertrages	28, 29
b) Rechtswirkungen fortgeltender Rahmenkollektivverträge bzw. Tarifverträge alten Rechts	30–33
c) Außerkrafttreten des Rahmenkollektivvertrages bzw. Tarifvertrages alten Rechts	34–37
d) Rationalisierungsschutzabkommen	38–40
4. Behandlung der nach dem 1. Juli 1990 bis zum Beitritt abgeschlossenen Tarifverträge	41
III. Vor Inkrafttreten des Tarifvertragsgesetzes abgeschlossene Tarifverträge	42–46

Schrifttum: *Ulf Berger-Delhey,* Die Tarifverträge der Presse im geeinigten Deutschland, AfP 1990, S. 186–188; *Wolfgang Däubler,* Ost-Tarife oder West-Tarifverträge – Ein kollisionsrechtliches Problem, Betrieb 1991, S. 1622–1625; *ders.,* Arbeit im Westen nach Ost-Tarifen, ZTR 1992, S. 145–150; *ders.,* Kollektivvereinbarungen aus der früheren DDR – ein Ärgernis?, BB 1993, S. 427–433; *Dieter Gaul,* Der Geltungsbereich von Firmentarifverträgen bei bundesdeutschen Unternehmen mit Betrieben in der ehemaligen DDR, BB 1990, Beil. Nr. 37, S. 29–32; *Peter Hanau,* Zum Anwendungsbereich des BAT-Ost, ZTR 1993, S. 443–446; *Armin Höland,* Kollektivverträge im Übergangsjahr 1990, AuA 1996, S. 84–89; *Otto Ernst Kempen,* Zum interlokalen Tarifrecht zwischen den alten und den neuen Bundesländern, AuR 1991, S. 129–137; *Wolfhard Kohte,* Betriebskollektivverträge und Betriebsverfassungsrecht, JuS 1993, S. 545–551; *Holger Kranzusch,* Der Geltungsbereich des TVAng-Ost der Deutschen Bundespost, ZTR 1992, S. 288–290; *Gernod Meinel,* Probleme des Tarif- und Kollektivvertragsrechts in den neuen Bundesländern, AR-Blattei, Systematische Darstellungen 1550.14, Tarifvertrag XIV, 1992; *Angela Merz-Gintschel,* Die Rahmenkollektivverträge in der Ablösung im Rechtssystem der ehemaligen DDR, BB 1991, S. 1479–1482; *Günter Schaub,* Die Ablösung kollektivrechtlicher Vereinbarungen in den neuen Bundesländern, BB 1991, S. 685–687; *Friedrich Schindele,* Zur Wirksamkeit von vor dem 1. 7. 1990 in den neuen Bundesländern abgeschlossenen Sozialprogrammen, BB 1992, S. 1211–1213; *Monika Schlachter,* Rahmenkollektivverträge und Tarifverträge in der Übergangszeit des Jahres 1990, in: v. Maydell/Wank (Hrsg.), Transformation der Arbeitsrechtsordnung in den neuen Bundesländern, 1996, S. 49–65.

I. Inkrafttreten des Tarifvertragsgesetzes bis zur Vereinigung Deutschlands

1. Inkrafttreten im Vereinigten Wirtschaftsgebiet

Die Vorschrift (= § 11 a. F.) betraf zunächst das Inkrafttreten des Tarifvertragsgesetzes in der Fassung vom 9. April 1949. Die Verkündung erfolgte am 22. April 1949,[1] es trat anfänglich, da vom Wirtschaftsrat für das Vereinigte Wirtschaftsgebiet verabschiedet, nur für die Länder der amerikanischen und der britischen Besatzungszone (sog. Bi-Zone) in Kraft. Zur damaligen Rechtslage in der französischen Besatzungszone siehe oben Geschichte, Rnr. 47–51.

2. Transformation des Tarifvertragsgesetzes in Bundesrecht

Mit dem Inkrafttreten des Grundgesetzes für die Bundesrepublik Deutschland und dem Zusammentritt des Deutschen Bundestages galt das Tarifvertragsgesetz vom 9. April 1949 nach Art. 123 GG fort und wurde gemäß Art. 125 GG innerhalb seines Geltungsbereichs, d. h. innerhalb der ehem. amerikanischen und britischen Besatzungszone, (partielles) Bundesrecht, so daß es seitdem nur durch Bundesgesetz geändert werden konnte. Die Befugnis zum Erlaß der Durchführungsverordnung (§ 11 = § 10 a. F.) ging gemäß Art. 129 GG auf die nunmehr zuständige Behörde, d. h. den Bundesminister für Arbeit und Sozialordnung über.

3. Erstreckung auf die Länder der ehem. französischen Zone und das Saarland

a) Französische Zone. In den Ländern der ehem. französischen Besatzungszone[2] trat das Tarifvertragsgesetz zunächst nicht in Kraft,[3] von der Ermächtigung hierzu in Art. 127 GG machte die Bundesregierung keinen Gebrauch.[4] Vor allem im Hinblick auf die Ablösung alter Tarifordnungen sowie den Abschluß bundesweit geltender Tarifverträge wurde aber eine rasche Beseitigung der Rechtszersplitterung als vordringlich empfunden.[5] Das Gesetz über die Erstreckung des Tarifvertragsgesetzes vom 23. April 1953[6] verwirklichte dieses Ziel und erstreckte das Tarifvertragsgesetz nebst seiner vorherigen Änderung vom 11. Januar 1952[7] und der Durchführungsverordnung vom 7. Juni 1949 auf die Länder der ehem. französischen Besatzungszone,[8] so daß das Tarifvertragsgesetz ab dem 29. Mai

---

[1] WiGBl. S. 55.
[2] Es handelte sich um die ehemaligen Länder Baden, Württemberg-Hohenzollern, Rheinland-Pfalz sowie den bayerischen Kreis Lindau.
[3] Zur dortigen Rechtslage siehe oben Geschichte Rnr. 47–51.
[4] Siehe *Scheerer*, AuR 1953, S. 144, 145.
[5] *Hering*, RdA 1952, S. 107 f.; *A. Hueck*, RdA 1952, S. 467; sowie die Reg. Begr. zum Erstreckungsgesetz, BT-Drucks. I/4032, S. 3 f.
[6] BGBl. I S. 156.
[7] Siehe hierzu oben Geschichte, Rnr. 59–62.
[8] Zu den hierdurch auftretenden Abweichungen gegenüber dem bisherigen Rechtszustand *Scheerer*, AuR 1953, S. 144 ff.

1953[9] für das gesamte damalige Bundesgebiet galt. Zugleich hob das Gesetz vom 23. April 1953 die zuvor geltenden landesrechtlichen Bestimmungen auf.

4 **b) Saarland.** Im Saarland trat das Tarifvertragsgesetz vom 9. April 1949 einschließlich seiner Änderung durch das Gesetz vom 11. Januar 1952 sowie die Durchführungsverordnung vom 7. Juni 1949 durch § 1 Nr. 1 und 2 des Gesetzes zur Einführung von Bundesrecht auf den Gebieten der Arbeitsbedingungen und des Familienlastenausgleichs vom 30. Juni 1959[10] am 6. Juli 1959[11] in Kraft. Zugleich hob § 2 Nr. 1 dieses Gesetzes das zuvor zur Angleichung an das Recht der Bundesrepublik Deutschland erlassene Tarifvertragsgesetz vom 22. Dezember 1956[12] sowie die dazugehörende Durchführungsverordnung vom 27. Februar 1957[13] auf.

4. Inkrafttreten späterer Änderungen

5 Das Inkrafttreten der nach dem Jahre 1949 erfolgten Änderungen des Tarifvertragsgesetzes ergibt sich aus den jeweiligen Änderungsgesetzen.[14] Aufgrund der Ermächtigung in Art. 7 Satz 1 Nr. 2 des Ersten Arbeitsrechtsbereinigungsgesetzes vom 14. August 1969[15] gab der Bundesminister für Arbeit und Sozialordnung am 25. August 1969 eine Neufassung des Tarifvertragsgesetzes unter Berücksichtigung der bis dahin eingefügten Änderungen bekannt.[16]

II. Inkrafttreten des Tarifvertragsgesetzes im Beitrittsgebiet

1. Rechtsentwicklung in der ehem. DDR bis zum 1. Juli 1990

6 **a) Rechtslage in der Sowjetischen Besatzungszone.** Ein durch Autonomie geprägtes Tarifvertragsrecht war in der ehem. DDR schon aufgrund der wirtschaftsverfassungsrechtlichen Vorgaben unbekannt. Um die Anpassung der staatlichen Arbeitsbedingungen an die branchenspezifischen Besonderheiten zu ermöglichen, wurde statt dessen das Institut der Kollektivverträge geschaffen, das trotz sprachlicher Parallelen aufgrund seiner völlig anderen Konzeption keine Ähnlichkeiten mit dem tradierten Tarifvertragsrecht aufwies.[17]

---

[9] Das Gesetz trat einen Monat nach seiner Verkündung in Kraft, die Verkündung erfolgte am 29. 4. 1953.
[10] BGBl. I S. 361.
[11] Das Inkrafttreten des Gesetzes bestimmte sich nach dem Ende der Übergangszeit nach Art. 3 des Saarvertrages. Nach der Bekanntmachung v. 30. 6. 1959 (BGBl. I S. 401) trat diese am 5. 7. 1959 um 24.00 Uhr ein.
[12] ABl. S. 1708.
[13] ABl. S. 225.
[14] Im einzelnen siehe oben Geschichte, Rnr. 59–62, 65–71, 72–76.
[15] BGBl. I S. 1106.
[16] BGBl. 1969 I S. 1323.
[17] So bereits *Bogs*, in: Festschrift für Julius von *Gierke* (1950), S. 39, 46; so auch für die Sicht in der ehem. DDR *Schaum*, ArbuSozFürs. 1950, S. 561; *Schneider*, Geschichte des Arbeitsrechts in der Deutschen Demokratischen Republik, 1957, S. 35.

II. Inkrafttreten im Beitrittsgebiet   7, 8   § 13

Die Fundamente für das Recht kollektiver Normenverträge wurden bereits durch Befehle der Sowjetischen Militärverwaltung gelegt, die die bis zur Vereinigung Deutschlands geltende Rechtslage für Kollektivverträge in der ehem. DDR hinsichtlich ihrer Grundstrukturen prägte. Im Anschluß an den SMAD-Befehl Nr. 2 vom 10. Juni 1945 und den SMAD-Befehl Nr. 180 vom 22. Dezember 1945[18] schuf erstmals der SMAD-Befehl Nr. 61 vom 14. März 1947[19] in der Sowjetischen Besatzungszone eine allgemeine Grundlage für den Abschluß von „Tarifverträgen", für die sich schon damals der Begriff des Kollektivvertrages herausbildete. Sein Zweck lag vor allem in der Beseitigung der unter der Herrschaft des Gesetzes zur Ordnung der nationalen Arbeit aufgrund von § 32 AOG erlassenen Tarifordnungen, deren Fortgeltung trotz der Aufhebung der gesetzlichen Grundlage durch das Kontrollratsgesetz Nr. 40 auch in der sowjetischen Besatzungszone bejaht wurde.[20] Zuvor wurde bereits die organisatorische Grundlage für den Aufbau eines neuen Tarifregisters gelegt.[21]   7

Die Rechtslage nach dem SMAD-Befehl Nr. 61 vom 14. März 1947 zeichnete sich neben dem eingeschränkten sachlichen Regelungsbereich für Kollektivverträge (Nr. 3), dem allgemeinen Genehmigungsvorbehalt (Nr. 4) und der Registrierung als Wirksamkeitsvoraussetzung (Nr. 8)[22] dadurch aus, daß Kollektivverträge nicht den Charakter freiheitlicher Tarifverträge besaßen. Dies folgte vor allem aus der eingeschränkten Befugnis zum Abschluß von Kollektivverträgen.[23] Sie wurden zwischen den „Freien Deutschen Gewerkschaften" und den Betriebsverwaltungen bzw. ihren Vereinigungen[24] oder den Handwerkskammern bzw. den Industrie- und Handelskammern abgeschlossen (Nr. 5). Bei den Kammern handelte es sich aufgrund ihrer Zusammensetzung indes nicht um gleichgewichtige Gegenspieler der Gewerkschaften; ihre Organe wurden majorisiert durch Vertreter der Gewerkschaften und der öffentlichen Körperschaften.[25] Der bewußt eingeleitete Bruch mit der tradierten Vorstellung einer Tariffähigkeit,[26] der   8

---

[18] Zu ihnen *Schaum*, ArbuSozFürs. 1947, S. 168, 169; *Schneider*, Geschichte des Arbeitsrechts in der Deutschen Demokratischen Republik, 1957, S. 33 f.
[19] Abgedruckt in: ArbuSozFürs. 1947, S. 168; hierzu *Schaum*, ArbuSozFürs. 1947, S. 168 ff.; *Schneider*, Geschichte des Arbeitsrechts in der Deutschen Demokratischen Republik, 1957, S. 34 ff.
[20] So *Helm*, ArbuSozFürs. 1947, S. 12, 13 f.; sowie inzident der SMAD-Befehl Nr. 61 vom 14. 3. 1947.
[21] Siehe *Schaum*, ArbuSozFürs. 1946, S. 178 f.; sowie den Tarifregisterplan, abgedruckt in: ArbuSozFürs. 1946, S. 209 f.
[22] Zu den Wirksamkeitsvoraussetzungen siehe auch noch *Schaum*, ArbuSozFürs. 1947, S. 412 ff.
[23] Treffend Hueck/*Nipperdey*, Arbeitsrecht II 1, § 13 VI, S. 230.
[24] Hierbei handelte es sich nicht um Arbeitgebervereinigungen im klassischen Sinne siehe *Bogs*, in: Festschrift für Julius von Gierke (1950), S. 39, 47 Fn. 25; *Schaum*, ArbuSozFürs. 1947, S. 168, 169.
[25] *Bogs*, in: Festschrift für Julius von Gierke (1950), S. 39, 47 f.; *Rüthers*, Arbeitsrecht und politisches System, 1972, S. 129; *Schneider*, Geschichte des Arbeitsrechts in der Deutschen Demokratischen Republik, 1957, S. 35 f.; vgl. exemplarisch später § 5 Abs. 2 der Verordnung zur Errichtung der Industrie- und Handelskammer v. 6. 8. 1953, GBl. DDR S. 917. Versuch einer Rechtfertigung bei *Schaum*, ArbuSozFürs. 1947, S. 205 ff.
[26] *Nikisch*, RdA 1948, S. 4, 7; *Schaum*, ArbuSozFürs. 1947, S. 168, 169 f.

durch die Nichtzulassung von Arbeitgeberverbänden[27] verstärkt wurde, führte mit Recht zu der Feststellung, daß die Kollektivverträge als ein Institut des öffentlichen Rechts anzusehen waren.[28] Zudem bewirkte der als Anlage zu dem SMAD-Befehl Nr. 61 vom 14. März 1947 beigefügte Musterkollektivvertrag[29] eine erhebliche Eingrenzung des Gestaltungsspielraums, da den dort festgelegten Arbeitsbedingungen der Charakter von Mindestarbeitsbedingungen beigemessen wurde.[30] Eine nahezu vollständige Ausschaltung einer Autonomie im Verständnis des klassischen Tarifrechts wurde ferner dadurch bewirkt, daß „Verhandlungen" auf der Grundlage eines behördlich genehmigten Entwurfs der zuständigen Industriegewerkschaft geführt werden mußten.[31] Charakteristisch für das Kollektivvertragsrecht war zudem, daß die in den Kollektivverträgen festgelegten Arbeitsbedingungen zwingendes Recht darstellten, die auch nicht zugunsten des Arbeitnehmers in dem Einzelarbeitsvertrag abbedungen werden konnten,[32] und darüber hinaus für alle vom fachlichen und regionalen Geltungsbereich des Kollektivvertrages erfaßten Arbeitsverhältnisse ohne Rücksicht auf die Organisationszugehörigkeit der Arbeitsvertragsparteien verbindlich waren.[33]

9 Der Kollektivvertrag besaß aufgrund der vorstehend skizzierten Grundstruktur von Beginn an keine Gemeinsamkeiten mit dem in der Weimarer Zeit entwickelten Institut des Tarifvertrages und dem Tarifvertragsrecht der Bundesrepublik Deutschland. Mit ihm stimmte lediglich seine äußere Form überein.[34] Die kollektivvertraglichen Regelungen übernahmen zwar funktional die Aufgabe von Tarifverträgen, indem sie im Rahmen der staatlichen Ordnung die Arbeitsbedingungen branchenspezifisch präzisierten, ihr Zustandekommen und ihre Rechtswirkungen zeigen aber, daß sie lediglich den Charakter delegierter Rechtssetzungsmacht zur Durchführung und Konkretisierung staatlicher Normen besaßen,[35] die durch das Genehmigungs- und Registrierungserfordernis unter der Vormundschaft der staatlichen Verwaltung

---

[27] Hierzu *Nikisch,* RdA 1948, S. 4, 6; *Schaum,* ArbuSozFürs. 1947, S. 205; *Schneider,* Geschichte des Arbeitsrechts in der Deutschen Demokratischen Republik, 1957, S. 35.
[28] *Nikisch,* RdA 1948, S. 4, 7; *Schaum,* ArbuSozFürs. 1949, S. 274, 276; sowie *ders.,* ArbuSozFürs. 1950, S. 418, 419.
[29] Abgedruckt in: ArbuSozFürs. 1947, S. 191 f.
[30] *Haas,* AuR 1953, S. 12; *Schaum,* ArbuSozFürs. 1947, S. 168, 170.
[31] Siehe *Bogs,* in: Festschrift für Julius von Gierke (1950), S. 39, 48; *Nikisch,* RdA 1948, S. 4, 7.
[32] *Schaum,* ArbuSozFürs. 1947, S. 168, 170; *Schneider,* Geschichte des Arbeitsrechts in der Deutschen Demokratischen Republik, 1957, S. 37 f.; einschränkend aber *Schaum,* ArbuSozFürs. 1947, S. 412, 414.
[33] *Bogs,* in: Festschrift für Julius von Gierke (1950), S. 39, 49 f.; *Mohr,* ArbuSozFürs. 1949, S. 8; *Nikisch,* RdA 1948, S. 4, 8; *Schneider,* Geschichte des Arbeitsrechts in der Deutschen Demokratischen Republik, 1957, S. 37 f.; *Schnorr,* ArbuSozFürs. 1948, S. 476 ff.
[34] Treffend *Mampel,* Arbeitsverfassung und Arbeitsrecht in Mitteldeutschland, 1966, S. 62; sowie *Jacobi,* ArbuSozFürs. 1954, S. 408; *Schaum,* ArbuSozFürs. 1950, S. 559, 561; *Schneider,* Geschichte des Arbeitsrechts in der Deutschen Demokratischen Republik, 1957, S. 35.
[35] So auch *Bogs,* in: Festschrift für Julius von Gierke (1950), S. 39, 51; *Pleyer,* ZHR Bd. 125 (1963), S. 81, 89.

II. Inkrafttreten im Beitrittsgebiet   10 § 13

standen; der Gedanke einer Regelungsautonomie wäre mit den Funktionsmechanismen einer staatlich gelenkten Wirtschaftsordnung ohnehin unvereinbar gewesen.[36] Es trifft deshalb durchaus zu, wenn zeitgenössische Stimmen die Kollektivverträge als „Tarifverträge" einer neuen Entwicklung qualifizierten.[37] Die rechtliche Ordnung für Kollektivverträge war ein konsequenter Ausdruck der völlig veränderten wirtschaftsverfassungsrechtlichen Vorgaben.

b) Die Kollektivvertrags-Verordnung. Eine ausführliche Strukturierung des Rechts der Kollektivverträge führte trotz der vorstehend skizzierten Ansätze erst die aufgrund von § 16 Abs. 2 des Gesetzes der Arbeit vom 19. April 1950[38] erlassene Verordnung über Kollektivverträge vom 8. Juni 1950[39] herbei, die hierunter Tarifverträge, Betriebsverträge und (nur für private Betriebe vorgesehene) Betriebsvereinbarungen verstand. Die Kollektivvertrags-Verordnung zeichnete sich dadurch aus, daß sie im wesentlichen die bisherige Rechtslage fortschrieb.[40] Alle kollektivvertraglichen Vereinbarungen galten zwingend für alle Beschäftigten im Geltungsbereich des Kollektivvertrages (§ 2) und bedurften zu ihrer Rechtswirksamkeit der Zustimmung, Bestätigung und Registrierung (§ 5 i. V. mit § 16).[41] Zum Abschluß waren lediglich die Zentralvorstände der Gewerkschaften und die staatlichen Organe bzw. für private Unternehmen und Betriebe[42] die überwiegend mit Vertretern der staatlichen Organe und des FDGB besetzten Industrie- und Handelskammern[43] bzw. die Handwerkskammern[44] berechtigt.[45] In Fortführung der bisherigen Rechtslage begründete der Kollektivvertrag zweiseitig zwingendes Recht, von dem durch individuelle Vereinbarung auch nicht zugunsten des Arbeitnehmers abgewichen werden

---

[36] *Bogs*, in: Festschrift für Julius von Gierke (1950), S. 39, 51 f.; sowie später *Rüthers*, Arbeitsrecht und politisches System, 1972, S. 128.
[37] So *Schaum*, ArbuSozFürs. 1947, S. 168, 170; siehe auch *Nikisch*, RdA 1948, S. 4, 7 f.; *Schneider*, Geschichte des Arbeitsrechts in der Deutschen Demokratischen Republik, 1957, S. 35.
[38] GBl. DDR S. 349.
[39] GBl. DDR S. 493; hierzu *Jacobi*, ArbuSozFürs. 1954, S. 408 ff.; *Schaum*, ArbuSozFürs. 1950, S. 289 ff., 418 f.; 559 ff.; *Schneider*, Geschichte des Arbeitsrechts in der Deutschen Demokratischen Republik, 1957, S. 88 ff.; *Schnorr*, RdA 1951, S. 352; sowie *Haas*, AuR 1953, S. 12.
[40] So auch Hueck/*Nipperdey*, Arbeitsrecht II 1, § 13 VI, S. 230.
[41] Siehe auch *Schaum*, ArbuSozFürs. 1950, S. 418.
[42] Zur Rechtslage in den Privatbetrieben *Jacobi*, ArbuSozFürs. 1954, S. 408.
[43] Siehe § 5 der Verordnung über die Industrie- und Handelskammern der Bezirke v. 22. 9. 1958, GBl. DDR I S. 688; sowie zuvor § 3 Abs. 2 Nr. 5 der Verordnung v. 6. 8. 1953, GBl. DDR S. 91.
[44] Siehe zunächst § 15 Abs. 1 lit. d) des Gesetzes zur Förderung des Handwerks v. 9. 8. 1950, GBl. DDR S. 827; sowie später § 2 Nr. 2 lit. i) des nach der Verordnung v. 20. 8. 1953 (GBl. DDR S. 942) verbindlichen Statuts der Handwerkskammern. In den Organen der Handwerkskammern war zwar keine Majorisierung durch Vertreter staatlicher Organe und des FDGB anzutreffen, die staatliche Einflußnahme jedoch dadurch sichergestellt, daß die Handwerkskammern nach § 3 Satz 2 der Verordnung v. 20. 8. 1953 den Weisungen der Räte der Bezirke unterstanden.
[45] Hiernach verbleibende Lücken für private Unternehmen und Betriebe wurden durch die Ergänzungsbestimmung vom 4. 9. 1952 (GBl. DDR S. 841) und die hier vorgesehenen Tarifkommissionen geschlossen.

durfte.[46] Eine gegenteilige Sichtweise verletze – so das Oberste Gericht in einem Urteil vom 17. November 1961 – das Prinzip des demokratischen Zentralismus und führe unvermeidlich zu Störungen des Planablaufs.[47] In den volkseigenen und ihnen gleichgestellten Betrieben verlor der Tarifvertrag allerdings wegen der zunehmenden staatlichen Rechtssetzung nahezu völlig seine Bedeutung.[48] In den Vordergrund trat zunehmend der „Betriebsvertrag" als Instrument zur Durchführung staatlicher Plankennziffern.[49]

11 Geändert wurde die Kollektivvertrags-Verordnung durch die Änderungsverordnung vom 14. Dezember 1956.[50] Durch sie trat der Begriff des „Betriebskollektivvertrages" an die Stelle des „Betriebsvertrages",[51] und es wurde durch Einfügung eines § 5a in die Kollektivvertrags-Verordnung das Registrierungserfordernis für Betriebskollektivverträge und Betriebsvereinbarungen aufgehoben.

12 **c) Das Gesetzbuch der Arbeit.** Das Gesetzbuch der Arbeit (GBA) vom 12. April 1961[52] knüpfte in rechtlicher Hinsicht an die Kollektivvertrags-Verordnung an,[53] wiederbelebte jedoch wegen einer Zurücknahme der staatlichen Regulierung der Arbeitsbedingungen die Figur des Rahmenkollektivvertrages,[54] der auf der Grundlage der gesetzlichen Bestimmungen die besonderen Arbeits- und Lohnbedingungen für die Verwaltungen und die verstaatlichte Wirtschaft enthielt (§ 6 Abs. 2 Satz 1 GBA). Er wurde zwischen staatlichen Organen und den Organen des FDGB abgeschlossen. Sein Inhalt war für alle Betriebe und „Werktätigen" verbindlich (§ 6 Abs. 2 Satz 2 GBA), die Möglichkeit einer einzelvertraglichen Abweichung zugunsten des „Werktätigen" bestand nicht.[55] Sein Inkrafttreten war von einer Registrierung beim Komitee für Arbeit und Löhne abhängig (§ 6 Abs. 3 GBA). Ergänzt wurde der Rahmenkollektivvertrag durch Betriebskollektivverträge, die nach § 13 GBA zwischen dem Betriebsleiter und der Betriebsgewerkschaftsleitung zur „allseitigen Erfüllung der Betriebspläne" abgeschlossen wurden.

13 Für die damals noch bestehenden *Privatbetriebe* erfuhren die Kollektivverträge durch die Verordnung vom 29. Juni 1961[56] eine Neuregelung. Die Verordnung enthielt zwar dem Namen nach eine Bestimmung für „Ta-

---

[46] OG OGA 3, S. 181, 184f.; *Jacobi,* ArbuSozFürs. 1954, S. 408; *Schaum,* ArbuSozFürs. 1950, S. 289, 290; sowie BezG Halle, in: Entscheidungen in Arbeitsstreitigkeiten Bd. 1, S. 64, 66.
[47] OG OGA 3, S. 181, 185; treffend auch *Pleyer,* ZHR Bd. 125 (1963), S. 81, 86.
[48] *Jacobi,* ArbuSozFürs. 1954, S. 408, 409f.; siehe auch die Verordnung v. 20. 5. 1952, GBl. DDR S. 384, mit einem Musterkollektivvertrag.
[49] So bereits *Schnorr,* RdA 1951, S. 107, 108.
[50] GBl. DDR 1957 I S. 2.
[51] So in der Terminologie zuvor schon § 5 Abs. 1 der Verordnung v. 20. 5. 1952, GBl. 1952, S. 384; sowie die Verordnung v. 17. 12. 1952, GBl. DDR 1953, S. 1332.
[52] GBl. DDR I S. 27.
[53] Zur Aufhebung der Kollektivvertrags-Verordnung siehe Anlage 1 Nr. 9 der Verordnung v. 29. 6. 1961, GBl. DDR II S. 279.
[54] Siehe *Noack,* ArbuSozFürs. 1959, S. 601, 602; *Schneider,* StuR 1959, S. 468, 482.
[55] *Mampel,* Arbeitsverfassung und Arbeitsrecht in Mitteldeutschland, 1966, S. 62.
[56] GBl. DDR II S. 316.

rifverträge", jedoch lehnte sie sich eng an die Rechtslage für Rahmenkollektivverträge an. Tarifverträge im Sinne der Verordnung vom 29. Juni 1961 waren für die Privatbetriebe und die „Werktätigen" verbindlich (§ 5 Abs. 2 Satz 3), bedurften der Zustimmung durch die staatlichen Behörden sowie den Bundesvorstand des FDGB (§ 5 Abs. 3) und traten erst mit ihrer Registrierung in Kraft (§ 5 Abs. 4). Abgeschlossen wurden die „Tarifverträge" zwischen den Leitungen der Gewerkschaften und den Industrie- und Handelskammern[57] bzw. den Handwerkskammern[58] oder übergeordneten Leitungen (§ 5 Abs. 1). Zur Ausfüllung betrieblicher Regelungsbedürfnisse sah § 6 der Verordnung vom 29. Juni 1961 den Abschluß von Betriebsvereinbarungen vor, die den gesetzlichen Bestimmungen und den Tarifverträgen entsprechen mußten und deshalb lediglich die Aufgabe besaßen, verbliebene Regelungslücken auf betrieblicher Ebene zu schließen. Diese Konzeption wurde auch in der Verordnung vom 25. August 1967[59] aufrechterhalten, die an die Stelle der Verordnung vom 29. Juni 1961 trat; leichte Korrekturen nahm § 2 der Verordnung jedoch hinsichtlich der Zustimmungsbedürftigkeit von „Tarifverträgen" vor, sie bedurften fortan nur noch einer Bestätigung durch das Staatliche Amt für Arbeit und Löhne (§ 2 Abs. 4 Satz 1). Eine abermalige Neuregelung durch die am 1. Juni 1976 in Kraft getretene Verordnung vom 3. Juni 1976[60] beschränkte sich auf eine Bezugnahme auf das Gesetzbuch der Arbeit (§ 1) und regelte in § 2 nur noch den Abschluß von „Tarifverträgen".

Eine besondere rechtliche Behandlung erfuhren ursprünglich auch Betriebe mit *staatlicher Beteiligung*. Bei ihnen blieb die Anwendung des Rahmenkollektivvertrages nach § 3 der Verordnung vom 29. Juni 1961[61] zunächst noch einer ausdrücklichen staatlichen Anordnung vorbehalten.[62] Dieses Erfordernis wurde später durch die Verordnung vom 25. August 1967[63] aufgehoben, an seine Stelle trat eine Übernahmevereinbarung, die zwischen dem Leiter des zuständigen zentralen Staatsorgans und dem Zentralvorstand der jeweiligen Gewerkschaft abgeschlossen wurde (§ 2 Abs. 1). Die Übernahmevereinbarung bedurfte der Bestätigung und Registrierung durch das Staatliche Amt für Arbeit und Löhne (§ 2 Abs. 3 Satz 1). § 9 Abs. 2 der Verordnung vom 3. Juni 1976[64] beseitigte durch Aufhebung der Verordnung vom 25. August 1967 diese Sonderbehandlung der Betriebe mit staatlicher Beteiligung.

d) Das Arbeitsgesetzbuch. Die im Gesetzbuch der Arbeit und in den ergänzenden Verordnungen festgelegte Grundstruktur des Rahmenkollektiv-

---

[57] Zu den Rechtsgrundlagen siehe oben Fn. 43.
[58] Für die Handwerkskammern siehe zunächst die in Fn. 44. aufgeführten Rechtsgrundlagen; sowie § 2 Abs. 3 des nach der Verordnung v. 21. 2. 1973 (GBl. DDR I S. 126) verbindlichen Statuts für die Handwerkskammern der Bezirke. Sie blieben den Räten der Bezirke unterstellt, siehe § 8 Abs. 2 des Statuts.
[59] GBl. DDR II S. 579.
[60] GBl. DDR I S. 280.
[61] GBl. DDR II S. 315.
[62] Zuvor wurde noch der Abschluß einer entsprechenden betrieblichen Vereinbarung für zulässig erachtet, so *Schildhauer*, Arbeitsrecht 1959, S. 72, 73f.
[63] GBl. DDR II S. 577.
[64] GBl. DDR I S. 280.

vertrages wurde auch in dem am 1. Januar 1978 in Kraft getretenen Arbeitsgesetzbuch (AGB) vom 16. Juni 1977[65] fortgeführt.[66] Die insoweit einschlägigen §§ 10, 11 und 14 AGB hatten folgenden Wortlaut:

§ 10

(1) Die Minister und die Leiter der anderen zentralen Staatsorgane haben gemeinsam mit den Zentralvorständen der Industriegewerkschaften und Gewerkschaften für die Werktätigen ihrer Verantwortungsbereiche die notwendigen arbeitsrechtlichen Bestimmungen in Rahmenkollektivverträgen zu vereinbaren.

(2) Die Minister und die Leiter der anderen zentralen Staatsorgane sind berechtigt, in Übereinstimmung mit dem Bundesvorstand des Freien Deutschen Gewerkschaftsbundes bzw. den Zentralvorständen der Industriegewerkschaften und Gewerkschaften arbeitsrechtliche Bestimmungen, die über ihren Verantwortungsbereich hinaus gelten, zu erlassen, wenn das in Rechtsvorschriften vorgesehen ist oder sie durch den Ministerrat hierzu besonders beauftragt sind.

(3) Die Minister und die Leiter der anderen zentralen Staatsorgane haben in Zusammenarbeit mit den Zentralvorständen der Industriegewerkschaften und Gewerkschaften die Übereinstimmung der Rahmenkollektivverträge und der von ihnen erlassenen arbeitsrechtlichen Bestimmungen mit den Erfordernissen der gesellschaftlichen Entwicklung zu gewährleisten.

§ 11

Die zentralen Organe gesellschaftlicher Organisationen und sozialistischen Genossenschaften können mit den zuständigen Zentralvorständen der Industriegewerkschaften und Gewerkschaften für die bei ihnen beschäftigten Werktätigen die notwendigen arbeitsrechtlichen Bestimmungen in Rahmenkollektivverträgen vereinbaren. Anderen Organen und Einrichtungen kann diese Befugnis durch das für die Bestätigung und Registrierung von Rahmenkollektivverträgen zuständige zentrale Staatsorgan in Übereinstimmung mit dem zuständigen Zentralvorstand der Industriegewerkschaft bzw. Gewerkschaft erteilt werden.

§ 14

(1) In den Rahmenkollektivverträgen sind die besonderen Bestimmungen über den Arbeitslohn, die Arbeitszeit und den Erholungsurlaub sowie weitere arbeitsrechtliche Bestimmungen, insbesondere im Zusammenhang mit der Intensivierung der Produktion, für die Werktätigen der Zweige bzw. Bereiche der Volkswirtschaft, für bestimmte Personengruppen oder für bestimmte Gebiete zu vereinbaren.

(2) Die Rahmenkollektivverträge einschließlich der Nachträge werden mit der Bestätigung und Registrierung durch das zuständige zentrale Staatsorgan rechtswirksam. Sie treten mit dem Tag der Bestätigung und Registrierung in Kraft, soweit nichts anderes vereinbart ist, und gelten bis zum Inkrafttreten eines neuen Rahmenkollektivvertrages bzw. Nachtrages.

(3) Rahmenkollektivverträge sind neu abzuschließen, wenn die Anwendung der in ihnen enthaltenen Bestimmungen durch Ergänzung, Änderung oder Aufhebung wesentlich beeinträchtigt ist.

(4) Die Minister und die Leiter der anderen zentralen Staatsorgane, die zentralen Organe gesellschaftlicher Organisationen und sozialistischer Genossenschaften und die zum Abschluß von Rahmenkollektivverträgen befugten Organe oder Einrichtungen haben die Rahmenkollektivverträge einschließlich der Nachträge zu veröf-

---

[65] GBl. DDR I S. 185.
[66] Siehe allg. *Merz-Gintschel*, BB 1991, S. 1479 ff.; *Sahr/Hantsche*, Grundsätze des sozialistischen Arbeitsrechts, 1983, S. 29 ff.; ergänzend auch die – soweit ersichtlich – unveröffentlichte Ordnung über den Inhalt und den Abschluß von Kollektivverträgen v. 1. 10. 1977, die zwischen dem Ministerrat der DDR und dem FDGB abgeschlossen wurde, zu ihr *Deubner/Spötter*, AuA 1978, S. 561 ff.

fentlichen. Sie sind den Gewerkschaftsleitungen durch die Betriebe kostenlos zur Verfügung zu stellen. Sie müssen den Werktätigen zugänglich sein.

Auch unter der Geltung des Arbeitsgesetzbuches wurden Rahmenkollektivverträge erst mit ihrer Registrierung[67] rechtswirksam, sie besaß konstitutive Bedeutung.[68] Ebenso wie nach den früheren Rechtsgrundlagen schufen Rahmenkollektivverträge objektives Recht,[69] das einer Disposition durch die Vertragsparteien entzogen war[70] und für alle Arbeitsverhältnisse unabhängig von der Organisationszugehörigkeit der Arbeitsvertragsparteien galt.[71] Ferner zeigt die Regelung in § 14 Abs. 2 Satz 2 AGB, daß eine nahtlose zeitliche Abfolge der Rahmenkollektivverträge sichergestellt war, so daß eine dem Tarifvertragsrecht der Bundesrepublik Deutschland vergleichbare Figur der Nachwirkung (§ 4 Abs. 5) angesichts dieser Gesetzeslage entbehrlich war.[72] 16

Entsprechend der früheren Konzeption wurden die Bestimmungen des Arbeitsgesetzbuches durch die Verordnung über die Anwendung des Arbeitsgesetzbuches in Handwerks- und Gewerbebetrieben und Einrichtungen vom 3. November 1977[73] ergänzt. Hiernach wurden die besonderen Arbeits- und Lohnbedingungen in Handwerks- und Gewerbebetrieben sowie in Einrichtungen nichtsozialistischer Eigentumsformen in „Tarifverträgen" vereinbart (§ 2 Abs. 1). Abgeschlossen wurden diese – wie bisher – zwischen den Organen der Gewerkschaften und den Industrie- und Handelskammern bzw. den Handwerkskammern (§ 2 Abs. 2); im übrigen galten die Bestimmungen des Arbeitsgesetzbuches über Rahmenkollektivverträge für „Tarifverträge" und damit das Bestätigungs- und Registrierungserfordernis in § 14 Abs. 2 AGB entsprechend (§ 2 Abs. 3). Das Institut der Betriebsvereinbarung wurde ebenfalls fortgeführt (§ 4). 17

Das Arbeitsgesetzbuch vom 10. Juni 1977 sowie die ergänzende Verordnung vom 3. November 1977 blieben zunächst unverändert. Erst das im Vorfeld der Währungs-, Wirtschafts- und Sozialunion verabschiedete und am 1. Juli 1990 in Kraft getretene Gesetz zur Änderung und Ergänzung des Arbeitsgesetzbuches vom 22. Juni 1990[74] führte zur Aufhebung der Bestimmungen über den Rahmenkollektivvertrag.[75] Ebenso wurde die Verordnung vom 3. November 1977 durch § 17 Nr. 5 der Verordnung über die Ände- 18

---

[67] Hierfür war das Staatssekretariat für Arbeit und Löhne zuständig; § 13 Abs. 2 Satz 1 des Statuts v. 13. 6. 1973, GBl. DDR I S. 369.
[68] BAG 13. 2. 1992 AP Nr. 1 zu § 1 TVG Tarifverträge: DDR; *Müller-Glöge*, HzA Gruppe 24, Rnr. 18; *Merz-Gintschel*, BB 1991, S. 1479 f.; *Schaub*, BB 1991, S. 685, 686.
[69] BAG 13. 2. 1992 AP Nr. 1 zu § 1 TVG Tarifverträge: DDR; BAG 21. 5. 1992 AP Nr. 2 zu § 1 TVG Tarifverträge: DDR; BAG 10. 3. 1993 AP Nr. 26 zu § 72a ArbGG 1979.
[70] *Belling*, Das Günstigkeitsprinzip im Arbeitsrecht, 1984, S. 41 f.; *Oetker*, in: Zivilrecht im Einigungsvertrag, 1991, Rnr. 914 m. w. N.
[71] *Merz-Gintschel*, BB 1991, S. 1479, 1480.
[72] Dies galt bereits seit § 4 der Kollektivvertrags-Verordnung; siehe *Schaum*, ArbuSozFürs. 1950, S. 289, 291.
[73] GBl. DDR I S. 370.
[74] GBl. DDR I S. 371.
[75] Siehe vor allem Nr. 2 der Anlage zu § 1 des Gesetzes v. 22. 6. 1990.

§ 13 19, 20 Inkrafttreten

rung oder Aufhebung von Rechtsvorschriften vom 28. Juni 1990[76] mit Wirkung ab dem 1. Juli 1990 aufgehoben.

19 **e) Das Gewerkschaftsgesetz vom 6. März 1990.** Eine erste Abkehr von den durch das Arbeitsgesetzbuch festgelegten Grundstrukturen des Kollektivvertragsrechts bewirkte zuvor bereits das am 12. März 1990 in Kraft getretene Gesetz über die Rechte der Gewerkschaften vom 6. März 1990.[77] Ohne die Bestimmungen des Arbeitsgesetzbuches bzw. der Verordnung vom 3. November 1977 zu modifizieren, ermöglichte es nicht nur die Bildung unabhängiger Gewerkschaften (§ 2 Abs. 1),[78] sondern berechtigte diese in § 3 Satz 1, über alle die Arbeits- und Lebensbedingungen der „Werktätigen" betreffenden Fragen Verträge und Vereinbarungen abzuschließen; es gewährleistete die Tarifautonomie (§ 3 Abs. 2). In Ausführung des neugefaßten Art. 44 Abs. 3 der DDR-Verfassung, der das Streikrecht der Gewerkschaften garantierte, verpflichtete § 17 des Gesetzes vom 6. März 1990 die „Tarifvertragsparteien" zur Vereinbarung eines Schlichtungsverfahrens. Durch § 7 Nr. 7 des Gesetzes über die Änderung oder Aufhebung von Gesetzen vom 28. Juni 1990[79] wurde das Gewerkschaftsgesetz vom 6. März 1990 aufgehoben.

20 **f) Nicht registrierte Tarifverträge aus der Zeit vor dem 1. Juli 1990.** Keine ausdrückliche legislative Behandlung erfuhren in der Übergangsphase diejenigen Tarifverträge und sonstigen Abkommen, die in der Zeit vor dem 1. Juli 1990 abgeschlossen wurden, bei denen aber die nach § 14 AGB erforderliche Registrierung unterblieb, weil sie entweder nicht beantragt oder aber von der zuständigen Behörde[80] unter der Geltung von § 14 AGB nicht mehr vorgenommen wurde. Das Bundesarbeitsgericht lehnte es in seiner Grundsatzentscheidung vom 13. Februar 1992 ab, derartige Tarifverträge als rechtswirksam anzuerkennen.[81] Für seine Ansicht stützte sich der 8. Senat vor allem auf die bis zum 1. Juli 1990 geltende Bestimmung in § 14 Abs. 2 AGB, der die Registrierung zur Wirksamkeitsvoraussetzung erhob. Da die Vorschrift bis zum 1. Juli 1990 geltendes Recht gewesen sei, hätte nur ein registrierter Tarifvertrag verbindliche Wirkungen entfalten können. Eine abweichende Bewertung befürwortete jedoch der 3. Senat des Bundesarbeitsgerichts, wenn der Tarifvertrag zwar vor dem 1. Juli 1990 abgeschlossen wurde, er aber erst zu diesem Tag in Kraft treten sollte. In dieser

---

[76] GBl. DDR I S. 509.
[77] GBl. DDR I S. 110.
[78] Siehe auch die Garantie in § 1 des Gesetzes zur Änderung der Verfassung v. 6. 3. 1990, GBl. DDR I S. 109.
[79] GBl. DDR I S. 483.
[80] Näher zur Zuständigkeit, insbesondere in der Zeit nach dem 9. 11. 1989 *Oetker*, VIZ 1992, S. 371 f.
[81] BAG 13. 2. 1992 AP Nr. 1 zu § 1 TVG Tarifverträge: DDR; bestätigt durch BAG 21. 5. 1992 AP Nr. 2 zu § 1 TVG Tarifverträge: DDR; BAG 24. 11. 1993 AP Nr. 2 zu § 1 TVG Tarifverträge: Bergbau; BAG 28. 4. 1994 AP Nr. 13 zu Art. 20 Einigungsvertrag; ebenso *Ascheid*, NZA 1993, S. 97, 99; *Koberski/Clasen/Menzel*, Einführung, Rnr. 6f; *Löwisch/Rieble*, § 13 TVG, Rnr. 5; *Meinel*, AR-Blattei, Systematische Darstellungen 1550.14, Tarifvertrag XIV, Rnr. 16; sowie bereits BezG Leipzig, AuA 1991 Sonderheft Rechtsprechung, S. 33 ff.; ArbG Berlin, ZTR 1991, S. 334 f.; *Schaub*, BB 1991, S. 685 f.

Konstellation habe es für die Rechtswirksamkeit des Tarifvertrages keiner Registrierung bedurft.[82] Ungeachtet der Einwände gegenüber dieser Rechtsprechung,[83] die insbesondere der am 1. Juli 1990 in der ehem. DDR in Kraft getretenen Regelung in § 13 Abs. 2 keinen Anwendungsbereich beläßt, besagt sie lediglich, daß vor dem 1. Juli 1990 abgeschlossene, aber nicht registrierte überbetriebliche Kollektivverträge keine kollektivrechtlichen Ansprüche zugunsten der Arbeitnehmer begründen konnten. Eine andere Rechtslage gilt jedoch, wenn der unwirksame Tarifvertrag nach dem 30. Juni 1990 von den vertragsschließenden Parteien im Rahmen eines neuen Tarifvertrages bestätigt wurde.[84] Darüber hinaus bleibt auch bei dem Ansatz der höchstrichterlichen Rechtsprechung zu prüfen, ob Ansprüche von Arbeitnehmern aus individualarbeitsrechtlichen Gesichtspunkten heraus begründet sind, wenn der Arbeitgeber in Kenntnis der Rechtsunwirksamkeit des „Tarifvertrages" Leistungen erbracht hatte. Als Anspruchsgrundlage kommen neben einer Gesamtzusage oder einer betrieblichen Übung auch der arbeitsrechtliche Gleichbehandlungsgrundsatz in Betracht.[85]

2. Inkraftsetzung des Tarifvertragsgesetzes in der ehem. DDR

a) Vorgaben des 1. Staatsvertrages und des Verfassungsgrundsätzegesetzes. Den endgültigen Bruch mit dem früheren Kollektivvertragsrecht leitete der Vertrag über die Schaffung einer Währungs-, Wirtschafts- und Sozialunion vom 18. Mai 1990[86] ein. Er enthielt nicht nur die Gewährleistung, zur Wahrung und Förderung der Arbeits- und Wirtschaftsbedingungen Vereinigungen zu bilden (Art. 2 Abs. 1 Satz 2), sondern legte in Art. 17 zugleich fest, daß in der DDR Koalitionsfreiheit, Tarifautonomie und Arbeitskampfrecht entsprechend dem Recht der Bundesrepublik Deutschland gelten. Konkretisierend hielten die im Gemeinsamen Protokoll zum 1. Staatsvertrag enthaltenen und gemäß Art. 4 Abs. 1 Satz 1 des 1. Staatsvertrages verbindlichen Generellen Leitsätze zur Sozialunion fest:

1. Jedermann hat das Recht, zur Wahrung und Förderung der Arbeits- und Wirtschaftsbedingungen Vereinigungen zu bilden, bestehenden Vereinigungen beizutreten, aus solchen Vereinigungen auszutreten und ihnen fernzubleiben. Ferner

---

[82] BAG 28. 6. 1994 AP Nr. 16 zu § 1 TVG Tarifverträge: DDR.
[83] Gegenteiliger Ansicht zuvor namentlich BezG Rostock LAGE § 14 AGB-DDR 1977 Nr. 1 und 2; sowie im Schrifttum für die Wirksamkeit der nicht registrierten Tarifverträge *Däubler*, AiB 1990, S. 364, 365; *ders.*, Tarifvertragsrecht, Rnr. 1798 ff.; *Oetker*, in: Zivilrecht im Einigungsvertrag, 1991, Rnr. 917; *Wank*, RdA 1991, S. 1, 13; *Wolter*, BB 1990, Beil. Nr. 40, S. 37, 44; *ders.*, Betrieb 1991, S. 43, 46; zur Kritik an der Rechtsprechung des Bundesarbeitsgerichts *Däubler*, BB 1993, S. 427, 428 f.; *Oetker*, VIZ 1992, S. 371 f.; *Schlachter*, in: v. Maydell/Wank, Transformation der Arbeitsrechtsordnung in den neuen Bundesländern, 1996, S. 49, 53 ff.; kritisch auch der 3. Senat des Bundesarbeitsgerichts, siehe BAG 28. 6. 1994 AP Nr. 16 zu § 1 TVG Tarifverträge: DDR.
[84] Exemplarisch mit ausführlicher Begründung BAG 20. 4. 1994 AP Nr. 9 zu § 1 TVG Tarifverträge: DDR *(Zachert);* offengelassen zuvor von BAG 24. 11. 1993 AP Nr. 2 zu § 1 TVG Tarifverträge: Bergbau.
[85] Ebenso *Däubler*, BB 1993, S. 427, 432; *ders.*, Tarifvertragsrecht, Rnr. 1802; *Schaub*, BB 1991, S. 685, 686; sowie exemplarisch BezG Chemnitz, AuA 1992, S. 379.
[86] GBl. DDR I S. 332.

wird das Recht gewährleistet, sich in den Koalitionen zu betätigen. Alle Abreden, die diese Rechte einschränken, sind unwirksam. Gewerkschaften und Arbeitgeberverbände sind in ihrer Bildung, ihrer Existenz, ihrer organisatorischen Autonomie und ihrer koalitionsgemäßen Betätigung geschützt.

2. Tariffähige Gewerkschaften und Arbeitgeberverbände müssen frei gebildet, gegnerfrei, auf überbetrieblicher Grundlage organisiert und unabhängig sein sowie das geltende Tarifrecht als für sich verbindlich anerkennen; ferner müssen sie in der Lage sein, durch Ausüben von Druck auf den Tarifpartner zu einem Tarifabschluß zu kommen.

3. Löhne und sonstige Arbeitsbedingungen werden nicht vom Staat, sondern durch freie Vereinbarungen von Gewerkschaften, Arbeitgeberverbänden und Arbeitgebern festgelegt.

23 Dementsprechend verpflichtete sich die DDR in Nr. IV 6 der Anlage II zum 1. Staatsvertrag, das Tarifvertragsgesetz bis zum 1. Juli 1990 in Kraft zu setzen, zur Aufhebung des Gewerkschaftsgesetzes vom 6. März 1990 (Nr. III 1 der Anlage III zum 1. Staatsvertrag) und zur entsprechenden Änderung des Arbeitsgesetzbuches (Nr. III 7 der Anlage III zum 1. Staatsvertrag). Zugleich sah Nr. I Abs. 2 der Anlage II zum 1. Staatsvertrag vor, daß sich die Inkraftsetzung der Gesetze auch auf die zu ihrer Durchführung erlassenen Rechtsverordnungen erstreckt.

24 Bereits vor dem Inkrafttreten des 1. Staatsvertrages[87] legte das am 17. Juni 1990 in Kraft getretene Verfassungsgrundsätzegesetz vom 17. Juni 1990[88] in Art. 4 fest:

(1) Jedermann hat das Recht, zur Wahrung und Förderung, insbesondere zur Regelung der Arbeits- und Wirtschaftsbedingungen Vereinigungen zu bilden, ihnen beizutreten, aus solchen Vereinigungen auszutreten und ihnen fernzubleiben.

(2) Tariffähige Gewerkschaften und Arbeitgeberverbände müssen frei gebildet, auf überbetrieblicher Grundlage organisiert sein sowie das Arbeitskampfrecht und das geltende Tarifrecht als verbindlich anerkennen.

25 **b) Übergangsregelung zum Inkrafttreten des Tarifvertragsgesetzes.** Neben den Änderungen des Arbeitsgesetzbuches,[89] der Aufhebung des Gewerkschaftsgesetzes[90] und der Verordnung vom 3. November 1977[91] erfolgte die Umsetzung der staatsvertraglichen Vorgaben für das Tarifvertragsrecht vor allem durch das Gesetz über die Inkraftsetzung von Rechtsvorschriften vom 21. Juni 1990, das am 1. Juli 1990 in Kraft trat. Sein § 31 legte fest, daß das Tarifvertragsgesetz auch in der DDR Anwendung findet, versah dies jedoch mit folgenden Maßgaben:

1. Bestimmungen des Gesetzes, die die obersten Arbeitsbehörden der Länder betreffen, finden bis zur Bildung von Ländern keine Anwendung.
2. § 10 ist gegenstandslos.

---

[87] Nach der Bekanntmachung vom 18. 7. 1990 (GBl. DDR I S. 953) war dies der 30. 6. 1990.
[88] GBl. DDR I S. 299.
[89] Siehe vor allem Nr. 2 der Anlage zu § 1 des Gesetzes v. 22. 6. 1990, GBl. DDR I S. 371.
[90] § 7 Nr. 7 des Gesetzes über die Änderung oder Aufhebung von Gesetzen vom 28. 6. 1990, GBl. DDR I S. 483.
[91] § 17 Nr. 5 der Verordnung über die Änderung oder Aufhebung von Rechtsvorschriften v. 28. 6. 1990, GBl. DDR I S. 509.

3. Bis zum Abschluß eines neuen Tarifvertrages ist der geltende Rahmenkollektivvertrag oder Tarifvertrag mit allen Nachträgen und Zusatzvereinbarungen weiter anzuwenden, soweit eine Registrierung entsprechend dem Arbeitsgesetzbuch erfolgt ist. Der Rahmenkollektivvertrag oder Tarifvertrag tritt ganz oder teilweise außer Kraft, wenn für denselben Geltungsbereich oder Teile desselben ein neuer Tarifvertrag in Kraft tritt. Bestimmungen bisheriger Rahmenkollektiv- oder Tarifverträge, die im neuen Tarifvertrag nicht aufgehoben oder ersetzt werden, gelten weiter.

Wegen der Regelung in Nr. 1 Abs. 2 der Anlage II zum 1. Staatsvertrag sowie in § 2 Abs. 1 InkrG galt seit dem 1. Juli 1990 in der ehem. DDR auch die Durchführungsverordnung zum Tarifvertragsgesetz vom 19. Dezember 1988.

Damit galt für die noch vor dem 1. Juli 1990 bestehenden Rahmenkollektivverträge sowie für die nach den Bestimmungen des Arbeitsgesetzbuches registrierten Tarifverträge zur Verhinderung eines tariflosen Zustandes[92] eine Übergangsbestimmung, die sich hinsichtlich ihrer Regelungstechnik nicht nur an die in § 10 Abs. 1 enthaltene Vorschrift für Tarifordnungen anlehnte, sondern die kurze Zeit später auch von den Parteien des Einigungsvertrages aufgegriffen wurde. Ihr Inhalt wird deshalb dort erläutert (siehe Rnr. 28 ff.).

c) Das Tarifvertragsrecht bis zum 3. Oktober 1990. In der Zeit zwischen dem 1. Juli 1990 und dem 3. Oktober 1990 richtete sich das Tarifvertragsrecht der ehem. DDR in erster Linie nach den Bestimmungen des Tarifvertragsgesetzes. Zu beachten waren bei ihrer Anwendung jedoch zwei Besonderheiten. Erstens waren das Tarifvertragsgesetz sowie die Maßgaben zum Inkrafttreten des Tarifvertragsgesetzes so auszulegen und anzuwenden, daß sie im Einklang mit den Vorgaben des 1. Staatsvertrages und des Verfassungsgrundsätzegesetzes standen.[93] Zweitens blieb ungeregelt, nach welchen rechtlichen Regelungen die zum Abschluß des Tarifvertrages führenden Willenserklärungen zu behandeln waren, da der Allgemeine Teil des BGB in der Übergangsphase bis zum Beitritt in der ehem. DDR noch nicht galt. Ebenso wie für den Abschluß von Individualarbeitsverträgen während dieses Stadiums kann zwar nicht unmittelbar auf die allgemeinen Bestimmungen des damals noch geltenden Zivilgesetzbuches zurückgegriffen werden, jedoch erscheint ihre analoge Anwendung vorzugswürdig, soweit der Charakter des Tarifvertrages als Normenvertrag dem nicht entgegensteht.[94]

3. Maßgaben des Einigungsvertrages zum Inkrafttreten des Tarifvertragsgesetzes

a) Anwendungsbereich der Maßgabe des Einigungsvertrages. In der kurzen Übergangsphase zwischen dem Abschluß des Vertrages über die

---

[92] BAG 10. 3. 1993 AP Nr. 26 zu § 72a ArbGG 1979; *Koberski/Clasen/Menzel*, Einführung, Rnr. 6 e.
[93] Ebenso zu § 31 InkrG BAG 13. 7. 1994 AP Nr. 11 zu § 1 TVG Tarifverträge: DDR; BAG 13. 12. 1995 AP Nr. 1 zu § 31 MantelG DDR *(Schlachter);* sowie ausführlich *Oetker*, in: Festschrift für Eugen Stahlhacke (1995), S. 363, 376 ff.
[94] Offengelassen von BAG 13. 7. 1994 AP Nr. 12 zu § 1 Tarifverträge: DDR; zu Individualarbeitsverträgen siehe *Oetker*, in: Zivilrecht im Einigungsvertrag, 1991, Rnr. 139, 140; sowie allg. *Thiel/Sander*, in: Arbeitsrecht-Lehrbuch, 3. Aufl. 1986, S. 48 f.; exemplarisch OG AuA 1990, S. 203.

§ 13 29   Inkrafttreten

Schaffung einer Währungs-, Wirtschafts- und Sozialunion bis zum Wirksamwerden des Beitritts konnte sich das für das bundesdeutsche Arbeitsrecht charakteristische Normengefüge zur inhaltlichen Gestaltung der Arbeitsverhältnisse nicht ausreichend entfalten. Zur Verhinderung eines anderenfalls eintretenden tariflosen Zustandes[95] sieht die Maßgabe des Einigungsvertrages zum Inkrafttreten des Tarifvertragsgesetzes (Anl. I Kap. VIII Sachgeb. A Abschnitt III Nr. 14 EVertr.) in Übereinstimmung mit der Regelung in § 31 Nr. 3 InkrG eine zeitlich unbegrenzte Fortgeltung der nach dem alten Recht abgeschlossenen Rahmenkollektivverträge und Tarifverträge vor und trifft darüber hinaus eine Sonderbestimmung für Rationalisierungsschutzabkommen. Sie hat folgenden Wortlaut:

> „Bis zum Abschluß eines neuen Tarifvertrages ist der geltende Rahmenkollektivvertrag oder Tarifvertrag mit allen Nachträgen und Zusatzvereinbarungen weiter anzuwenden, soweit eine Registrierung entsprechend dem Arbeitsgesetzbuch erfolgt ist. Der Rahmenkollektivvertrag oder Tarifvertrag tritt ganz oder teilweise außer Kraft, wenn für denselben Geltungsbereich oder Teile desselben ein neuer Tarifvertrag in Kraft tritt. Bestimmungen bisheriger Rahmenkollektivverträge oder Tarifverträge, die im neuen Tarifvertrag nicht aufgehoben oder ersetzt sind, gelten weiter.
> Rationalisierungsschutzabkommen, die vor dem 1. Juli 1990 abgeschlossen und registriert worden sind, treten ohne Nachwirkung am 31. Dezember 1990 außer Kraft; soweit Arbeitnehmer bis zum 31. Dezember 1990 die Voraussetzungen der Rationalisierungsschutzabkommen erfüllt haben, bleiben deren Ansprüche und Rechte vorbehaltlich neuer tarifvertraglicher Regelungen unberührt. Die Regelungen des Artikel 20 des Vertrages und der dazu ergangenen Anlagen bleiben unberührt."

29   Da die Maßgabe des Einigungsvertrages auf die Registrierung nach dem Arbeitsgesetzbuch der ehem. DDR abstellt, sind hiermit sowohl die in § 14 AGB geregelten Rahmenkollektivverträge als auch die nach der Verordnung über die Anwendung des Arbeitsgesetzbuches in Handwerks- und Gewerbebetrieben und Einrichtungen nichtsozialistischer Eigentumsformen vom 3. November 1977 abgeschlossenen Tarifverträge gemeint, da nur bei ihnen vor dem 1. Juli 1990 eine Registrierung entsprechend den Bestimmungen des Arbeitsgesetzbuches möglich war. Nicht unter den Anwendungsbereich der Maßgabe des Einigungsvertrages zum Inkrafttreten des Tarifvertragsgesetzes fallen hingegen diejenigen Tarifverträge, die ab dem 1. Juli 1990 unter der Geltung des in der ehem. DDR zu diesem Zeitpunkt in Kraft getretenen Tarifvertragsgesetzes[96] abgeschlossen wurden. Ihre Fortgeltung wird durch eine entsprechende Anwendung von § 13 Abs. 2 vermittelt.[97] Da die Maßgabe des Einigungsvertrages zum Inkrafttreten des Tarifvertragsgesetzes auf die nach den Bestimmungen des Arbeitsgesetzbuches registrierten Rahmenkollektivverträge und Tarifverträge alten Rechts abstellt, werden von ihr zudem diejenigen Vereinbarungen zwischen Gewerk-

---

[95] Mit dieser Zweckbestimmung auch BAG 10. 3. 1993 AP Nr. 26 zu § 72a ArbGG 1979; sowie bereits *Oetker*, in: Zivilrecht im Einigungsvertrag, 1991, Rnr. 911.
[96] Siehe oben Rnr. 22 ff.
[97] *Wlotzke/Lorenz*, BB 1990, Beil. Nr. 35, S. 1, 5; i. E. auch *Däubler*, Tarifvertragsrecht, Rnr. 1803; *Löwisch/Rieble*, § 13 TVG, Rnr. 3; *Wank*, RdA 1991, S. 1, 13.

schaften und einzelnen Arbeitgebern oder Arbeitgeberverbänden nicht erfaßt, die nach dem Inkrafttreten des Gewerkschaftsgesetzes vom 6. März 1990,[98] aber vor dem 1. Juli 1990 abgeschlossen, nicht aber nach den damals noch geltenden Bestimmungen des Arbeitsgesetzbuches der ehem. DDR registriert wurden.

b) Rechtswirkungen fortgeltender Rahmenkollektivverträge bzw. Tarifverträge alten Rechts. Hinsichtlich der Rechtswirkungen der von der Übergangsvorschrift des Einigungsvertrages zum Inkrafttreten des Tarifvertragsvergesetzes erfaßten Rahmenkollektivverträge und Tarifverträge alten Rechts kann angesichts des nahezu identischen Wortlauts und desselben Regelungszwecks weitgehend auf die zu § 10 bzw. § 9 a. F. in Judikatur und Doktrin entwickelten Grundsätze[99] zurückgegriffen werden. Den Bestimmungen des Rahmenkollektivvertrages bzw. Tarifvertrages alten Rechts unterliegen ohne Rücksicht auf die Organisationszugehörigkeit alle Arbeitsverhältnisse, die von dem fachlichen, persönlichen und regionalen Geltungsbereich des Rahmenkollektivvertrages bzw. Tarifvertrages erfaßt sind.[100] Der Rahmenkollektivvertrag bzw. Tarifvertrag alten Rechts begründet während seiner Fortgeltung nur noch **Mindestarbeitsbedingungen.** Sein früherer Charakter als zweiseitig zwingendes Recht[101] steht weder mit der Funkion des Rahmenkollektivvertrages in einer freiheitlich verfaßten Wirtschaftsordnung noch mit der verfassungsrechtlichen Garantie der Vertragsfreiheit im Einklang. Die kontroversen Diskussionen über die rechtsdogmatische Fundierung des Günstigkeitsprinzips für Tarifverträge dürfen nicht darüber hinwegtäuschen, daß die Übergangsregelung des Einigungsvertrages lediglich einen tariflosen Zustand verhindern soll, so daß die fortgeltenden Rahmenkollektivverträge bzw. Tarifverträge alten Rechts nach Sinn und Zweck lediglich den Charakter einseitig zwingenden Rechts besitzen dürfen. Dies rechtfertigt die analoge Anwendung des in § 4 Abs. 3 normierten Günstigkeitsprinzips auf fortgeltende Rahmenkollektivverträge und Tarifverträge alten Rechts.[102]

Die in § 77 Abs. 3 BetrVG bzw. § 87 Abs. 1 Einleitungssatz BetrVG normierte **Sperrwirkung** eines Tarifvertrages für **Betriebsvereinbarungen** wird durch fortgeltende Rahmenkollektivverträge und Tarifverträge alten Rechts nicht ausgelöst.[103] In Anlehnung an die Grundsätze, die das Bundes-

---

[98] Zu diesem siehe oben Rnr. 19.
[99] Zu ihnen siehe oben § 10, Rnr. 6 ff.
[100] *Däubler*, Tarifvertragsrecht, Rnr. 1780; *Müller-Glöge*, HzA Gruppe 24, Rnr. 38; *Schlachter*, in: v. Maydell/Wank (Hrsg.), Transformation der Arbeitsrechtsordnung in den neuen Bundesländern, 1996, S. 49, 57.
[101] Siehe oben Rnr. 8, 10, 12 und 16.
[102] Ebenso *Däubler*, Tarifvertragsrecht, Rnr. 1781; *Hanau/Preis*, in: Das Arbeitsrecht der neuen Bundesländer, 1991, I.2, S. 1, 16; *Meinel*, AR-Blattei, Systematische Darstellungen 1550.14, Tarifvertrag XIV, Rnr. 22; *Müller-Glöge*, HzA Gruppe 24, Rnr. 37; *Schlachter*, in: v. Maydell/Wank (Hrsg.), Transformation der Arbeitsrechtsordnung in den neuen Bundesländern, 1996, S. 49, 57 f.; i. E. auch *Löwisch/Rieble*, § 10 TVG, Rnr. 8.
[103] Ebenso *Müller-Glöge*, HzA Gruppe 24, Rnr. 38; *Schlachter*, in: v. Maydell/Wank (Hrsg.), Transformation der Arbeitsrechtsordnung in den neuen Bundesländern, 1996, S. 49, 58; anderer Ansicht für § 77 Abs. 3 BetrVG *Däubler*, Tarifvertragsrecht, Rnr. 1781.

arbeitsgericht zu den nach § 9 TVG a. F. fortgeltenden Tarifordnungen herausgearbeitet hat,[104] konnten Rahmenkollektivverträge bzw. Tarifverträge alten Rechts die grundlegend anders konzeptionierte Gestaltung des Betriebsverfassungsrechts nicht berücksichtigen. Dieses Resultat entspricht dem Normzweck des Tarifvorbehalts bzw. des Tarifvorranges. Sowohl Rahmenkollektivverträge als auch Tarifverträge alten Rechts sind nicht das Ergebnis eines koalitionsautonomen Einigungsprozesses und partizipieren deshalb nicht an dem verfassungsrechtlichen und einfachgesetzlichen Schutz der Tarifautonomie.[105]

32 Beim **Betriebsübergang** ist § 613a Abs. 1 S. 2 bis 4 BGB auf die nach der Maßgabe des Einigungsvertrages zum Inkrafttreten des Tarifvertragsgesetzes fortgeltenden Rahmenkollektivverträge bzw. Tarifverträge alten Rechts entsprechend anzuwenden.[106] Durch § 613a Abs. 1 S. 2 bis 4 BGB soll der durch Kollektivverträge strukturierte Inhalt des Arbeitsverhältnisses für eine Übergangsphase aufrechterhalten bleiben. Die hiermit intendierte Absicherung des status quo erfolgt nicht zum Schutz der Tarifautonomie, sondern im Interesse des Arbeitnehmerschutzes. Er trägt der auch für Rahmenkollektivverträge und Tarifverträge alten Rechts geltenden rechtsdogmatischen Besonderheit Rechnung, daß die kollektivvertraglichen Regelungen kein Bestandteil des Arbeitsvertrages sind, sondern als Rechtsnormen von außen auf diesen einwirken.[107] Die Regelungen des Rahmenkollektivvertrages bzw. Tarifvertrages alten Rechts entfalten bei einer analogen Anwendung von § 613a Abs. 1 S. 2 bis 4 BGB keine normative Wirkung mehr, sondern werden integraler Bestandteil des Einzelarbeitsverhältnisses. Nach Ablauf der Ein-Jahres-Frist können sie auch zum Nachteil des Arbeitnehmers verändert werden. Zu einem früheren Zeitpunkt ist dies erst zulässig, wenn der Rahmenkollektivvertrag bzw. Tarifvertrag alten Rechts durch einen neu abgeschlossenen Tarifvertrag außer Kraft tritt.

33 Da Rahmenkollektivverträge bzw. Tarifverträge alten Rechts während ihrer durch die Maßgabe des Einigungsvertrages zum Inkrafttreten des Tarifvertragsgesetzes bewirkten Fortgeltung die Funktion noch nicht vorhandener Tarifverträge übernahmen,[108] sind sie als „Tarifverträge" im Sinne von § 72a ArbGG zu bewerten.[109]

---

[104] Siehe BAG 15. 12. 1961 AP Nr. 1 zu § 56 BetrVG Arbeitszeit *(Küchenhoff)* = SAE 1963, 15 *(Neumann-Duesberg);* BAG 1. 2. 1963 AP Nr. 8 zu § 59 BetrVG *(Wlotzke);* BAG 6. 12. 1963 AP Nr. 23 zu § 59 BetrVG *(G. Hueck)* = SAE 1964, 166 *(Neumann-Duesberg);* sowie ausführlich *Mummenhoff,* Die Sperrwirkung des Tarifvertrages nach den §§ 56 und 59 Betriebsverfassungsgesetz, Diss. Köln 1968, S. 37ff., 56ff.
[105] Zu diesem Schutzzweck des Tarifvorranges BAG (GS) 3. 12. 1991 AP Nr. 51 zu § 87 BetrVG 1972 Lohngestaltung = SAE 1993, 114 *(Lieb)* = EzA § 87 BetrVG 1972 Betriebl. Lohngestaltung Nr. 30 *(Gaul).*
[106] Ebenso *Däubler,* Tarifvertragsrecht, Rnr. 1784; *Müller-Glöge,* HzA Gruppe 24, Rnr. 38; *Schlachter,* in: v. Maydell/Wank (Hrsg.), Transformation der Arbeitsrechtsordnung in den neuen Bundesländern, 1996, S. 49, 58; sowie bereits *Oetker,* in: Zivilrecht im Einigungsvertrag, 1991, Rnr. 920.
[107] So mit Recht BAG 13. 2. 1992 AP Nr. 1 zu § 1 TVG Tarifverträge: DDR; BAG 21. 5. 1992 AP Nr. 2 zu § 1 TVG Tarifverträge: DDR; sowie BAG 10. 11. 1993 AP Nr. 4 zu Einigungsvertrag Anlage I Kap. VIII.
[108] BAG 10. 3. 1993 AP Nr. 26 zu § 72a ArbGG 1979.
[109] BAG 10. 3. 1993 AP Nr. 26 zu § 72a ArbGG 1979.

c) **Außerkrafttreten des Rahmenkollektivvertrages bzw. Tarifver- 34 trages alten Rechts.** Die Fortgeltung der Rahmenkollektivverträge und Tarifverträge alten Rechts steht nach Anl. I Kap. VIII Sachgeb. A Abschnitt III Nr. 14 Abs. 1 EVertr. – ebenso wie dies § 10 Abs. 1 für Tarifordnungen vorsieht – unter der auflösenden Bedingung, daß für denselben Geltungsbereich oder Teile desselben ein neuer Tarifvertrag in Kraft tritt. Lediglich soweit der neue Tarifvertrag die zuvor geltenden Bestimmungen nicht ersetzt, gelten diese fort. Ist der fachliche, personelle oder regionale Geltungsbereich des neuen Tarifvertrages enger als der des Rahmenkollektivvertrages bzw. des Tarifvertrages alten Rechts, so sind die letztgenannten Rechtsquellen für die von dem Geltungsbereich des neuen Tarifvertrages nicht erfaßten Arbeitsverhältnisse unverändert anzuwenden.

Die Übergangsregelung verlangt eine eigenständige tarifliche Regelung. 35 Die Tarifvertragsparteien können sich in Anlehnung an die Judikatur zu § 10 Abs. 1[110] nicht auf die Aufhebung des Rahmenkollektivvertrages beschränken,[111] sondern müssen hinsichtlich des jeweiligen Sachgebiets ein eigenes Regelwerk etablieren, das den Schutzzweck des fortgeltenden Rahmenkollektivvertrages bzw. des Tarifvertrages alten Rechts verwirklicht. Nur in diesem Rahmen besitzen die Tarifvertragsparteien die Befugnis, einzelne Bestimmungen aufzuheben, ohne daß für die konkrete Vorschrift eine ersetzende tarifliche Regelung vereinbart wird. Ansonsten ist der Rahmenkollektivvertrag bzw. der Tarifvertrag alten Rechts der Disposition durch die Tarifvertragsparteien entzogen. Sie können diesen weder aufheben, noch steht ihnen das Recht zu, das durch den Rahmenkollektivvertrag geschaffene Regelwerk inhaltlich zu verändern.

Da der Tarifvertrag die bisherigen Regelungen im Rahmenkollek- 36 tivvertrag bzw. Tarifvertrag alten Rechts ersetzt, tritt der Rahmenkollektivvertrag bzw. Tarifvertrag alten Rechts hinsichtlich aller von seinem Geltungsbereich zuvor erfaßten Arbeitsverhältnisse außer Kraft, die von dem fachlichen und regionalen Geltungsbereich des neuen Tarifvertrages erfaßt werden.[112] Problematisch ist – ebenso wie bei dem Außerkrafttreten alter Tarifordnungen – die Rechtslage für diejenigen Arbeitsverhältnisse, die aufgrund fehlender Tarifgebundenheit des Arbeitgebers oder des Arbeitnehmers nicht dem Schutz des neuen Tarifvertrages unterfallen. Da das Bundesarbeitsgericht den Normzweck von § 4 Abs. 5 generell in der Verhinderung eines tariflosen Zustandes erblickt[113] und die Norm auch dann entsprechend anwendet, wenn die fingierte Tarifgebundenheit nach § 3 Abs. 3 oder die Allgemeinverbindlichkeit eines Tarifver-

---

[110] Siehe vor allem BAG 12. 4. 1957 AP Nr. 3 zu § 9 TVG *(Tophoven)* = SAE 1958, 21 *(Tophoven)*.
[111] Hierfür aber Löwisch/*Rieble*, § 10 TVG, Rnr. 9; wie hier *Müller-Glöge*, HzA Gruppe 24, Rnr. 40; *Schlachter*, in: v. Maydell/Wank (Hrsg.), Transformation der Arbeitsrechtsordnung in den neuen Bundesländern, 1996, S. 49, 59 f.
[112] Ebenso Löwisch/*Rieble*, § 10 TVG, Rnr. 8; *Meinel*, AR-Blattei, Systematische Darstellungen 1550.14, Tarifvertrag XIV, Rnr. 25; *Müller-Glöge*, HzA Gruppe 24, Rnr. 40; zu § 10 siehe oben § 10 Rnr. 6.
[113] BAG 18. 3. 1992 AP Nr. 13 zu § 3 TVG *(Löwisch/Rieble)* = EzA § 4 TVG Nachwirkung Nr. 14 *(Oetker)*.

trages endet,[114] sprechen die besseren Gründe dafür, die Regelung des § 4 Abs. 5 auch in der Konstellation entsprechend anzuwenden, daß der bisherige Rahmenkollektivvertrag bzw. Tarifvertrag alten Rechts außer Kraft tritt, ohne daß der ersetzende (neue) Tarifvertrag seine Schutzwirkung für das Arbeitsverhältnis entfaltet.[115] Angesichts der parallelen Regelungstechnik und desselben Normzwecks fehlen hinreichende Sachgründe, die Rechtslage für die Maßgabe des Einigungsvertrages anders zu beurteilen als dies von der Rechtsprechung des Bundesarbeitsgerichts und der vorherrschenden Lehre im Rahmen von § 10 Abs. 1 befürwortet wird.[116] Bestätigt wird eine derartige Analogie durch die Maßgabe des Einigungsvertrages zur Fortgeltung von Rationalisierungsschutzabkommen.[117] Für sie ordnet Anl. I Kap. VIII Sachgeb. A Abschnitt III Nr. 14 Abs. 2 EVertr. eine befristete Fortgeltung an und schließt eine Nachwirkung des Rationalisierungsschutzabkommens explizit aus. Aus dem Fehlen einer vergleichbaren Regelung für die in dem vorangehenden Absatz genannten Rahmenkollektivverträge und Tarifverträge alten Rechts läßt sich ableiten, daß die Parteien des Einigungsvertrages das Problem der Nachwirkung gesehen hatten, sie aber für Rahmenkollektivverträge und Tarifverträge alten Rechts nicht ausschließen wollten. Des weiteren ist aus dem ausdrücklichen Ausschluß einer Nachwirkung bei Rationalisierungsschutzabkommen zu folgern, daß die Parteien des Einigungsvertrages davon ausgingen, daß die nach dem Arbeitsgesetzbuch registrierten Abkommen prinzipiell einer Nachwirkung fähig sind, da anderenfalls ein Ausschluß ihrer Nachwirkung nicht notwendig gewesen wäre.

37   Eine Nachwirkung lehnte das Bundesarbeitsgericht indes zu der wörtlich mit der Maßgabe des Einigungsvertrages übereinstimmenden Regelung in § 31 Nr. 3 InkrG ab. Der 4. Senat sprach in dem Urteil vom 13. Juli 1994[118] zwar zu Recht aus, daß die Übereinstimmung des Geltungsbereichs des neuen Tarifvertrages mit dem Rahmenkollektivvertrag für sein Außerkrafttreten ausreicht, jedoch soll der Rahmenkollektivvertrag für das Arbeitsverhältnis keine Nachwirkung entfalten, wenn die Arbeitsvertragsparteien nicht an die Bestimmungen des neuen Tarifvertrages gebunden sind.[119] Zu überzeugen vermag diese Judikatur nicht. Mit dem unterstellten Willen des DDR-Gesetzgebers, er habe mit § 31 Nr. 3 InkrG eine abschließende Regelung für die Rechtswirkungen der Rahmenkollektivverträge und der Tarifverträge alten Rechts

---

[114] BAG 18. 3. 1992 AP Nr. 13 zu § 3 TVG *(Löwisch/Rieble)* = EzA § 4 TVG Nachwirkung Nr. 14 *(Oetker);* BAG 27. 11. 1991 AP Nr. 22 zu § 4 TVG Nachwirkung = SAE 1993, 133 *(Krebs)* = EzA § 4 TVG Nachwirkung Nr. 15 *(Oetker).*
[115] Ebenso *Däubler,* Tarifvertragsrecht, Rnr. 1787; *Hanau/Preis,* in: Das Arbeitsrecht der neuen Bundesländer, 1991, I.2, S. 1, 16; *Oetker,* in: Zivilrecht im Einigungsvertrag, 1991, Rnr. 924; *Müller-Glöge,* HzA Gruppe 24, Rnr. 42; *Schlachter,* in: v. Maydell/Wank (Hrsg.), Transformation der Arbeitsrechtsordnung in den neuen Bundesländern, 1996, S. 49, 59; a. A. *Dörner/Widlak,* NZA 1991, Beil. Nr. 1, S. 43, 49; *Wolter,* DB 1991, S. 43, 46.
[116] Zu § 10 Abs. 1 siehe oben § 10, Rnr. 6.
[117] So auch *Däubler,* Tarifvertragsrecht, Rnr. 1786; *Hanau/Preis,* in: Das Arbeitsrecht der neuen Bundesländer, 1991, I.2, S. 1, 16.
[118] BAG 13. 7. 1994 AP Nr. 11 zu § 1 TVG Tarifverträge: DDR.
[119] BAG 13. 7. 1994 AP Nr. 11 zu § 1 TVG Tarifverträge: DDR; bestätigt durch BAG 13. 12. 1995 AP Nr. 1 zu § 31 MantelG DDR *(Schlachter).*

II. Inkrafttreten im Beitrittsgebiet 38–40 § 13

etabliert, und die hieraus abgeleitete Schlußfolgerung, es handele sich um eine planvolle Regelungslücke, begibt sich das Gericht in Widerspruch zu der vergleichbaren Regelung im Einigungsvertrag. Auf der Grundlage seiner Judikatur bleibt unverständlich, warum die Maßgabe des Einigungsvertrages zum Inkrafttreten des Tarifvertragsgesetzes für Rationalisierungsschutzabkommen die Nachwirkung ausdrücklich ausschließt. Sie ist nur sinnvoll, wenn ein Rahmenkollektivvertrag oder Tarifvertrag alten Rechts grundsätzlich eine Nachwirkung entfalten kann. Da § 4 Abs. 5 – wie das Bundesarbeitsgericht treffend hervorhebt – nicht unmittelbar anwendbar ist, kann sich die Nachwirkung nur aus einer entsprechenden Anwendung von § 4 Abs. 5 ergeben. Deshalb regelt die Maßgabe des Einigungsvertrages (und auch § 31 Nr. 3 InkrG) ausschließlich die Fortgeltung des Rahmenkollektivvertrages bzw. Tarifvertrages alten Rechts als eigene Rechtsquelle und enthält keine Aussage zugunsten eines generellen Ausschlusses einer Nachwirkung.

d) Rationalisierungsschutzabkommen. Die in Anl. I Kap. VIII Sachgeb. A Abschnitt III Nr. 14 Abs. 2 EVertr. vorgesehene Sonderregelung, die lediglich solche Rationalisierungsschutzabkommen erfaßt, die vor dem 1. Juli 1990 abgeschlossen und entsprechend den Bestimmungen des Arbeitsgesetzbuches (§ 14 Abs. 2 AGB) registriert wurden, ist inzwischen infolge Zeitablaufs überholt. Sie begrenzte die Fortgeltung für die Zeit bis zum 31. Dezember 1990 und ordnete unabhängig von der Existenz eines ersetzenden Tarifvertrages ein Außerkrafttreten des Rationalisierungsschutzabkommens an.[120] Eine Nachwirkung der entsprechenden Bestimmungen des Rationalisierungsschutzabkommens schlossen die Parteien des Einigungsvertrages ausdrücklich aus. 38

Da die Sonderregelung in der Maßgabe des Einigungsvertrages zum Inkrafttreten des Tarifvertragsgesetzes durch die Beschränkung auf vor dem 1. Juli 1990 abgeschlossene Abkommen ausdrücklich auf die nach § 14 AGB registrierten Rationalisierungsschutzabkommen abstellt, erfaßt sie nicht diejenigen Tarifverträge, die nach dem 30. Juni 1990 auf der Grundlage des am 1. Juli 1990 in der ehem. DDR in Kraft getretenen Tarifvertragsgesetzes abgeschlossenen wurden und die z. T. umfangreiche Schutzvorschriften bei Rationalisierungsmaßnahmen enthalten.[121] Bei ihnen war die von § 14 Abs. 2 AGB vorgeschriebene Registrierung rechtlich nicht mehr möglich, da die entsprechende Vorschrift des Arbeitsgesetzbuches mit seiner Novellierung im Juni 1990 aufgehoben worden war (siehe oben Rdnr. 18). 39

Aus dem Erfordernis einer Registrierung für die von der Maßgabe des Einigungsvertrages erfaßten Rationalisierungsschutzabkommen folgt zudem, daß sie nur die befristete Fortgeltung von **überbetrieblichen** Rationalisierungsschutzabkommen anordnet. Nur für diese sah § 14 AGB eine Registrierung vor. Für betriebliche und deshalb nicht nach § 14 AGB registrierungsfähige Sozialprogramme zum Schutz vor rationalisierungsbedingten 40

---

[120] Näher zum Inhalt dieser Maßgabe *Oetker*, in: Zivilrecht im Einigungsvertrag, 1991, Rnr. 926 ff.; zum Begriff des Rationalisierungsschutzabkommens BAG 21. 5. 1992 AP Nr. 2 zu § 1 TVG Tarifverträge: DDR.
[121] Ebenso *Schlachter*, in: v. Maydell/Wank (Hrsg.), Transformation der Arbeitsrechtsordnung in den neuen Bundesländern, 1996, S. 49, 60.

Oetker 1419

Entlassungen entfaltet die Maßgabe des Einigungsvertrages zum Inkrafttreten des Tarifvertragsgesetzes keine Geltung.[122] Angesichts des ausdrücklichen Rückgriffs auf die Registrierung des Rationalisierungsschutzabkommens ist für eine entsprechende Anwendung der einigungsvertraglichen Maßgabe kein Raum.[123]

4. Behandlung der nach dem 1. Juli 1990 bis zum Beitritt abgeschlossenen Tarifverträge

41 Aufgrund der ausdrücklichen Bezugnahme auf eine nach dem Arbeitsgesetzbuch der ehem. DDR erfolgte Registrierung findet die Maßgabe des Einigungsvertrages zum Inkrafttreten des Tarifvertragsgesetzes keine Anwendung auf diejenigen Tarifverträge, die zwischen dem 1. Juli 1990 und dem 3. Oktober 1990 auf der Grundlage des in der DDR damals in Kraft gesetzten Tarifvertragsgesetzes abgeschlossen wurden. Mit der Erstreckung des Tarifvertragsgesetzes durch den Einigungsvertrag auf das Beitrittsgebiet unterliegen die vor dem 3. Oktober 1990 rechtswirksam abgeschlossenen Tarifverträge nach § 13 Abs. 2 den Bestimmungen des Tarifvertragsgesetzes.[124] Insoweit gelten keinen anderen Grundsätze als sie bei der Erstreckung des Tarifvertragsgesetzes auf die Länder der ehem. französischen Zone, das Saarland und Berlin (West) anzuerkennen waren.

III. Vor Inkrafttreten des Tarifvertragsgesetzes abgeschlossene Tarifverträge

42 Seine Hauptbedeutung besaß § 13 Abs. 2 anfänglich für solche Tarifverträge, die vor dem 22. April 1949 abgeschlossen worden waren. Für die Zukunft, also vom 22. April 1949 an, unterstellte § 13 Abs. 2 diese dem neuen Tarifvertragsgesetz. Die Frage, ob ein solcher (Alt-)Tarifvertrag rechtswirksam vorlag, ob er z.B. zu einer Wirksamkeit der Registrierung bedurfte, richtete sich ausschließlich nach dem alten Recht.[125] § 13 Abs. 2 setzte deshalb einen bei Inkrafttreten des Tarifvertragsgesetzes rechtswirksam bestehenden Tarifvertrag voraus.

43 Dagegen bestimmten sich die späteren Rechtswirkungen des (Alt-)Tarifvertrages nach dem neuen Tarifvertragsgesetz. Dementsprechend nahmen auch Abschlußnormen, Betriebsnormen und betriebsverfassungsrechtliche Normen an der Unabdingbarkeit teil. Verzichte, Verwirkungen und Ausschlußfristen waren nur noch unter den Beschränkungen des § 4 Abs. 4 wirksam, die Nachwirkung der Tarifnormen war anzuerkennen.

44 Ebenso konnte ein (Alt-)Tarifvertrag nunmehr für allgemeinverbindlich erklärt werden. Zu diesem Zweck hatten die Tarifvertragsparteien innerhalb

---

[122] So auch *Däubler*, Tarifvertragsrecht, Rnr. 1792.
[123] Hierfür aber *Schlachter*, RdA 1993, S. 313, 325.
[124] *Wlotzke/Lorenz*, BB 1990, Beil. Nr. 35, S. 1, 5; i.E. auch *Däubler*, Tarifvertragsrecht, Rnr. 1803; Löwisch/*Rieble*, § 13 TVG, Rnr. 3; *Meinel*, AR-Blattei, Systematische Darstellungen 1550.14, Tarifvertrag XIV, Rnr. 14; *Müller-Glöge*, HzA Gruppe 24, Rnr. 36; *Wank*, RdA 1991, S. 1, 13.
[125] Kempen/*Zachert*, § 13 TVG.

III. Vor Inkrafttreten abgeschlossene Tarifverträge   45, 46   § 13

von zwei Monaten nach dem Inkrafttreten der DVO-TVG 1949 dem Direktor der Verwaltung für Arbeit die Urschrift oder eine beglaubigte Abschrift aller noch in Kraft befindlichen Tarifverträge einzureichen (§ 18 Abs. 2 DVO-TVG 1949).

Spätere Urteile zu (Alt-)Tarifverträgen konnten die Rechtswirkungen des § 9 besitzen, während die Bedeutung von Urteilen aus der Zeit vor dem 22. April 1949 nach dem zuvor geltenden Recht zu beurteilen war. Auch ein (Alt-)Tarifvertrag konnte mit Inkrafttreten des Tarifvertragsgesetzes nach § 10 Abs. 1 eine mit ihm kollidierende Tarifordnung außer Kraft setzen.[126] **45**

Seit dem Inkrafttreten des Tarifvertragsgesetzes besaß § 13 Abs. 2 vor allem dann eine Bedeutung, wenn das Tarifvertragsgesetz nach dem 22. April 1949 in anderen Teilen der Bundesrepublik Deutschland in Kraft gesetzt wurde. Sofern Tarifverträge in den Ländern der ehem. französischen Besatzungszone, im Saarland, in Berlin sowie in der ehem. DDR vor dem jeweiligen Inkrafttreten des Tarifvertragsgesetzes rechtswirksam entstanden waren, beurteilen sie sich seit diesem Zeitpunkt nach den Bestimmungen des Tarifvertragsgesetzes. Dies gilt insbesondere auch für solche Tarifverträge, die im Beitrittsgebiet zwischen dem 1. Juli 1990 und dem 3. Oktober 1990 abgeschlossen wurden.[127] **46**

---

[126] So auch LAG Frankfurt, AP 1950 Nr. 59; LAG Hamm, AP 1951 Nr. 1; LAG Kiel, AP 1951 Nr. 57; LAG Stuttgart, AP 1953 Nr. 79; *Maus*, § 11 TVG, Anm. 2; *Sturn*, BB 1949, S. 423; abweichend LAG Mannheim, AP 1952 Nr. 171.
[127] Siehe die Nachweise in Fn. 124.

Anhang

Übersicht

A. Ergänzende Rechtsvorschriften zum Tarifvertragsgesetz
- Verordnung zur Durchführung des Tarifvertragsgesetzes vom 23. Dezember 1988 .... Anhang 1

B. Internationale Abkommen und Gemeinschaftsrecht
- Europäische Sozialcharta vom 18. Oktober 1961 (Auszug) .... Anhang 2
- Konvention zum Schutze der Menschenrechte und Grundfreiheiten vom 4. November 1950 (Auszug) .... Anhang 3
- Vertrag zur Gründung der Europäischen Gemeinschaft vom 25. März 1957 (Auszug) .... Anhang 4
- Protokoll des EU-Vertrages über die Sozialpolitik sowie das Abkommen zwischen den Mitgliedstaaten der Europäischen Gemeinschaft mit Ausnahme des Vereinigten Königreichs Großbritannien und Nordirland über die Sozialpolitik .... Anhang 5
- Vertrag zur Gründung der Europäischen Gemeinschaft vom 25. März 1957 – konsolidierte Fassung mit den Änderungen durch den Vertrag von Amsterdam vom 2. Oktober 1997 .... Anhang 6
- ILO-Übereinkommen Nr. 87 über die Vereinigungsfreiheit und den Schutz des Vereinigungsrechts vom 9. Juli 1948 .... Anhang 7
- ILO-Übereinkommen Nr. 98 über die Anwendung der Grundsätze des Vereinigungsrechtes und des Rechtes zu Kollektivverhandlungen vom 1. Juli 1949 .... Anhang 8
- ILO-Übereinkommen Nr. 135 über Schutz und Erleichterung für Arbeitnehmervertreter im Betrieb vom 23. Juni 1971 .... Anhang 9
- Allgemeine Erklärung der Menschenrechte vom 10. Dezember 1938 (Auszug) .... Anhang 10
- Internationaler Pakt über bürgerliche und politische Rechte vom 19. Dezember 1966 (Auszug) .... Anhang 11
- Internationaler Pakt über wirtschaftliche, soziale und kulturelle Rechte vom 19. Dezember 1966 (Auszug) .... Anhang 12

C. Satzungsrecht der Koalitionen
- Satzung der Bundesvereinigung der Deutschen Arbeitgeberverbände .... Anhang 13
- Satzung des Deutschen Gewerkschaftsbundes .... Anhang 14

A. Ergänzende Vorschriften zum Tarifvertragsgesetz

Anhang 1

Verordnung zur Durchführung des Tarifvertragsgesetzes
Vom 23. Dezember 1988 (BGBl. 1989 I S. 77)

Erster Abschnitt. Tarifausschuß

§ 1. Der Bundesminister für Arbeit und Sozialordnung errichtet den in § 5 TVG vorgesehenen Ausschuß (Tarifausschuß). Er bestellt für die Dauer von vier Jahren je drei Vertreter der Spitzenorganisationen der Arbeitgeber und der Arbeitnehmer als Mitglieder sowie mindestens je drei weitere als stellvertretende Mitglieder auf Grund von Vorschlägen dieser Organisationen.

§ 2. (1) Die Verhandlungen und Beratungen des Tarifausschusses leitet ein Beauftragter des Bundesministers für Arbeit und Sozialordnung. Die Verhandlungen sind öffentlich, die Beratungen nicht öffentlich.

(2) Der Tarifausschuß ist beschlußfähig, wenn alle Mitglieder anwesend sind.

§ 3. (1) Die Beschlüsse des Tarifausschusses bedürfen der Stimmen der Mehrheit seiner Mitglieder. Der Beauftragte des Bundesministers für Arbeit und Sozialordnung hat kein Stimmrecht.

(2) Die Beschlüsse des Tarifausschusses sind schriftlich niederzulegen und von den Mitgliedern, die bei dem Beschluß mitgewirkt haben, zu unterschreiben. Ist ein Mitglied verhindert, seine Unterschrift beizufügen, so ist dies von dem lebensältesten Mitglied der Seite, der das verhinderte Mitglied angehört, unter dem Beschluß zu vermerken.

Zweiter Abschnitt. Allgemeinverbindlicherklärung und Aufhebung der Allgemeinverbindlichkeit

§ 4. (1) Der Bundesminister für Arbeit und Sozialordnung macht einen Antrag auf Allgemeinverbindlicherklärung eines Tarifvertrages im Bundesanzeiger bekannt und weist in der Bekanntmachung darauf hin, daß die Allgemeinverbindlicherklärung mit Rückwirkung ergehen kann. Er bestimmt dabei eine Frist, während der zu dem Antrag schriftlich Stellung genommen werden kann. Die Frist soll mindestens drei Wochen vom Tage der Bekanntmachung an gerechnet betragen. Der Bundesminister für Arbeit und Sozialordnung teilt den Tarifvertragsparteien und den obersten Arbeitsbehörden der Länder, auf deren Bereich sich der Tarifvertrag erstreckt, den Wortlaut der Bekanntmachung mit.

(2) Abweichend von den Vorschriften des Absatzes 1 kann der Bundesminister für Arbeit und Sozialordnung einen Antrag auf Allgemeinverbindlich-

erklärung abweisen, wenn die Voraussetzungen des § 5 Abs. 1 TVG offensichtlich nicht vorliegen.

§ 5. Ist ein Antrag auf Allgemeinverbindlicherklärung bekanntgemacht worden, so können Arbeitgeber und Arbeitnehmer, die von der Allgemeinverbindlicherklärung betroffen werden würden, von einer der Tarifvertragsparteien eine Abschrift des Tarifvertrages gegen Erstattung der Selbstkosten verlangen. Ist die Allgemeinverbindlicherklärung eines Änderungstarifvertrages beantragt worden, so ist auch eine Abschrift des geänderten Tarifvertrages zu übersenden. Selbstkosten sind die Papier- und Vervielfältigungs- oder Druckkosten sowie das Übersendungsporto.

§ 6. (1) Der Bundesminister für Arbeit und Sozialordnung beruft den Tarifausschuß zu einer Verhandlung über den Antrag auf Allgemeinverbindlicherklärung ein und macht den Zeitpunkt der Verhandlung im Bundesanzeiger bekannt. Der Zeitpunkt der Verhandlung muß nach Ablauf der Frist zur Stellungnahme (§ 4 Abs. 1 Satz 2) liegen.

(2) Der Bundesminister für Arbeit und Sozialordnung gibt den Mitgliedern des Tarifausschusses von den Stellungnahmen Kenntnis.

(3) Den in § 5 Abs. 2 TVG Genannten ist in der Verhandlung Gelegenheit zur Äußerung zu geben; der Tarifausschuß kann Äußerungen anderer zulassen. Die Äußerung in der Verhandlung setzt eine vorherige schriftliche Stellungnahme nicht voraus.

§ 7. Die Allgemeinverbindlicherklärung bedarf des Einvernehmens mit dem Tarifausschuß. Mit der Allgemeinverbindlicherklärung bestimmt der Bundesminister für Arbeit und Sozialordnung im Benehmen mit dem Tarifausschuß den Zeitpunkt des Beginns der Allgemeinverbindlichkeit. Dieser liegt, sofern es sich nicht um die Erneuerung oder Änderung eines bereits für allgemeinverbindlich erklärten Tarifvertrages handelt, in aller Regel nicht vor dem Tage der Bekanntmachung des Antrages.

§ 8. Der Bundesminister für Arbeit und Sozialordnung teilt seine Entscheidung über den Antrag den Tarifvertragsparteien im Falle der Ablehnung auch den Mitgliedern des Tarifausschusses, die bei der Verhandlung über den Antrag mitgewirkt haben, mit. Die ablehnende Entscheidung ist zu begründen.

§ 9. (1) Arbeitgeber und Arbeitnehmer, für die der Tarifvertrag infolge der Allgemeinverbindlicherklärung verbindlich ist, können von einer der Tarifvertragsparteien eine Abschrift des Tarifvertrages gegen Erstattung der Selbstkosten verlangen. § 5 Satz 2 und 3 gilt entsprechend.

(2) Die in Absatz 1 genannten Arbeitgeber haben die für allgemeinverbindlich erklärten Tarifverträge an geeigneter Stelle im Betrieb auszulegen.

§ 10. Erwägt der Bundesminister für Arbeit und Sozialordnung die Aufhebung der Allgemeinverbindlichkeit eines Tarifvertrages, so gibt er den Tarifvertragsparteien und den obersten Arbeitsbehörden der Länder, auf deren Bereich sich der Tarifvertrag erstreckt, innerhalb einer bestimmten Frist Gelegenheit zur schriftlichen Stellungnahme. § 4 Abs. 1 und die §§ 6 bis 8 gelten sinngemäß.

§ 11. Die Allgemeinverbindlicherklärung, die Rücknahme oder Ablehnung des Antrages auf Allgemeinverbindlicherklärung, die Aufhebung der Allgemeinverbindlichkeit sowie Mitteilungen der Tarifvertragsparteien über das Außerkrafttreten und über die Änderung allgemeinverbindlicher Tarifverträge werden vom Bundesminister für Arbeit und Sozialordnung im Bundesanzeiger bekanntgemacht. Die Mitteilung über das Außerkrafttreten eines allgemeinverbindlichen Tarifvertrages braucht nicht bekanntgemacht zu werden, wenn der Tarifvertrag nur für eine bestimmte Zeit abgeschlossen war und diese Tatsache mit der Allgemeinverbindlicherklärung bekanntgemacht worden ist.

§ 12. Der Bundesminister für Arbeit und Sozialordnung kann der obersten Arbeitsbehörde eines Landes für dessen Bereich das Recht zur Allgemeinverbindlicherklärung oder zur Aufhebung der Allgemeinverbindlichkeit eines Tarifvertrages mit regional begrenztem Geltungsbereich übertragen. Die Vorschriften der §§ 1 bis 11 gelten sinngemäß.

Dritter Abschnitt. Aufhebung von Tarifordnungen und Anordnungen

§ 13. Der Bundesminister für Arbeit und Sozialordnung soll vor der Aufhebung einer Tarifordnung oder einer Anordnung (§ 10 Abs. 2 TVG) die obersten Arbeitsbehörden der Länder, auf deren Bereich sich die Tarifordnung oder Anordnung erstreckt, sowie den Tarifausschuß hören. Er macht die Aufhebung im Bundesanzeiger bekannt.

Vierter Abschnitt. Tarifregister

§ 14. Bei der Eintragung des Abschlusses von Tarifverträgen in das Tarifregister werden die Tarifverträge durch die Angabe der Tarifvertagsparteien, des Geltungsbereichs sowie des Zeitpunktes ihres Abschlusses und ihres Inkrafttretens bezeichnet.

§ 15. (1) Der Bundesminister für Arbeit und Sozialordnung benachrichtigt die Tarifvertagsparteien von der Eintragung der Allgemeinverbindlicherklärung, der Aufhebung der Allgemeinverbindlichkeit sowie von der Eintragung ihrer Mitteilungen über das Außerkrafttreten und über die Änderung allgemeinverbindlicher Tarifverträge.

(2) Die Bekanntmachungen nach § 4 Abs. 1 und § 11 sollen im Tarifregister vermerkt werden.

§ 16. Die Einsicht des Tarifregisters sowie der registrierten Tarifverträge ist jedem gestattet. Der Bundesminister für Arbeit und Sozialordnung erteilt auf Anfrage Auskunft über die Eintragungen.

Fünfter Abschnitt. Kosten

§ 17. Das Verfahren bei der Allgemeinverbindlicherklärung und bei der Beendigung der Allgemeinverbindlichkeit von Tarifverträgen ist kostenfrei.

Sechster Abschnitt. Schlußbestimmungen

§ 18. (Inkrafttreten, Außerkrafttreten)

B. Internationale Abkommen und Gemeinschaftsrecht

Anhang 2

Europäische Sozialcharta[1]
Vom 18. Oktober 1961 (BGBl. 1964 II S. 1262)
(Auszug)

Art. 5. Das Vereinigungsrecht. Um die Freiheit der Arbeitnehmer und Arbeitgeber zu gewährleisten oder zu fördern; örtliche, nationale oder internationale Organisationen zum Schutze ihrer wirtschaftlichen und sozialen Interessen zu bilden und diesen Organisationen beizutreten, verpflichten sich die Vertragsparteien, diese Freiheit weder durch das innerstaatliche Recht noch durch dessen Anwendung zu beeinträchtigen. Inwieweit die in diesem Artikel vorgesehenen Garantien auf die Polizei Anwendung finden, bestimmt sich nach innerstaatlichem Recht. Das Prinzip und gegebenenfalls der Umfang der Anwendung dieser Garantien auf die Mitglieder der Streitkräfte bestimmen sich gleichfalls nach innerstaatlichem Recht.

Art. 6. Das Recht auf Kollektivverhandlungen. Um die wirksame Ausübung des Rechtes auf Kollektivverhandlungen zu gewährleisten, verpflichten sich die Vertragsparteien,
1. gemeinsame Beratungen zwischen Arbeitnehmern und Arbeitgebern zu fördern;
2. Verfahren für freiwillige Verhandlungen zwischen Arbeitgebern oder Arbeitgeberorganisationen einerseits und Arbeitnehmerorganisationen ande-

---

[1] Die Europäische Sozialcharta ist gemäß Art. 3 Abs. 2 des Gesetzes zur Europäischen Sozialcharta vom 18. 10. 1961 (BGBl. II S. 1261) nach der Bekanntmachung vom 9. 8. 1965 (BGBl. II S. 1122) am 26. 2. 1965 in Kraft getreten. Die in dem Gesetz zur Europäischen Sozialcharta enthaltenen Vorbehalte der Bundesrepublik Deutschland hinsichtlich ihrer Zustimmung betreffen lediglich die Art. 4 Abs. 4, 7 Abs. 1, 8 Abs. 2 und 4, 10 Abs. 4 der Europäischen Sozialcharta.

rerseits zu fördern, soweit dies notwendig und zweckmäßig ist, mit dem Ziele, die Beschäftigungsbedingungen durch Gesamtarbeitsverträge zu regeln;
3. die Einrichtung und die Benutzung geeigneter Vermittlungs- und freiwilliger Schlichtungsverfahren zur Beilegung von Arbeitsstreitigkeiten zu fördern;

und anerkennen

4. das Recht der Arbeitnehmer und der Arbeitgeber auf kollektive Maßnahmen einschließlich des Streikrechts im Falle von Interessenkonflikten, vorbehaltlich etwaiger Verpflichtungen aus geltenden Gesamtarbeitsverträgen.

Anhang 3

Konvention zum Schutze der Menschenrechte und Grundfreiheiten[1]

Vom 4. November 1950 (BGBl. 1952 II S. 686)

Zuletzt geändert durch das Protokoll Nr. 8 vom 19. März 1985
(BGBl. 1989 II S. 546)
(Auszug)

Art. 11. (1) Alle Menschen haben das Recht, sich friedlich zu versammeln und sich frei mit anderen zusammenzuschließen, einschließlich des Rechts zum Schutze ihrer Interessen Gewerkschaften zu bilden und diesen beizutreten.

(2) Die Ausübung dieser Rechte darf keinen anderen Einschränkungen unterworfen werden als den vom Gesetz vorgesehenen, die in einer demokratischen Gesellschaft im Interesse der äußeren und inneren Sicherheit, zur Aufrechterhaltung der Ordnung und zur Verbrechensverhütung zum Schutze der Gesundheit und der Moral oder zum Schutze der Rechte und Freiheiten anderer notwendig sind. Dieser Artikel verbietet nicht, daß die Ausübung dieser Rechte für Mitglieder der Streitkräfte, der Polizei oder der Staatsverwaltung gesetzlichen Einschränkungen unterworfen wird.

(...)

---

[1] Die Konvention ist gemäß Bekanntmachung vom 15. 12. 1953 (BGBl. 1954 II S. 14) am 3. 9. 1953 in Kraft getreten; die Ratifizierung durch die Bundesrepublik Deutschland vom 5. 12. 1952 erfolgte unter dem Vorbehalt, daß Art. 7 Abs. 2 der Konvention nur in den Grenzen von Art. 103 Abs. 2 GG angewendet wird. Die Konvention gilt für die *Bundesrepublik Deutschland, Irland, Liechtenstein, Norwegen, Österreich, Malta, Frankreich, Finnland, San Marino, Bulgarien, Ungarn, Slowakei, Tschechische Republik* und *Schweiz* (jeweils versehen mit einem Vorbehalt bzw. einer Erklärung), ferner für *Dänemark* (mit Grönland), *Island, Luxemburg, Schweden, Vereinigtes Königreich, Türkei, Niederlande, Belgien, Italien, Zypern, Portugal, Spanien* und *Polen*. Für *Griechenland* ist die Konvention gemäß Bek. v. 23. 1. 1975 mit Wirkung v. 28. 11. 1974 erneut in Kraft getreten. Die Nachweise über das jeweilige Inkrafttreten sind im Fundstellennachweis B zum BGBl. II (abgeschlossen am 31. Dezember 1993), S. 274 ff., aufgeführt. Siehe auch das Gesetz über die Konvention vom 7. 8. 1952 (BGBl. II S. 685, 953), wonach die Konvention „mit Gesetzeskraft" verkündet wurde.

Art. 14. Der Genuß der in der vorliegenden Konvention festgelegten Rechte und Freiheiten muß ohne Unterschied des Geschlechts, der Rasse, Hautfarbe, Sprache, Religion, politischen oder sonstigen Anschauungen, nationaler oder sozialer Herkunft, Zugehörigkeit zu einer nationalen Minderheit, des Vermögens, der Geburt oder des sonstigen Status gewährleistet werden.

Art. 15. (1) Im Falle eines Krieges oder eines anderen öffentlichen Notstandes, der das Leben der Nation bedroht, kann jeder der Hohen Vertragschließenden Teile Maßnahmen ergreifen, welche die in dieser Konvention vorgesehenen Verpflichtungen in dem Umfang, den die Lage unbedingt erfordert, und unter der Bedingung außer Kraft setzen, daß diese Maßnahmen nicht in Widerspruch zu den sonstigen völkerrechtlichen Verpflichtungen stehen.

(2) Die vorstehende Bestimmung gestattet kein Außerkraftsetzen des Artikels 2 außer bei Todesfällen, die auf rechtmäßige Kriegshandlungen zurückzuführen sind, oder der Artikel 3, 4 (Absatz 1) und 7.

(3) Jeder Hohe Vertragschließende Teil, der dieses Recht der Außerkraftsetzung ausübt, hat den Generalsekretär des Europarats eingehend über die getroffenen Maßnahmen und deren Gründe zu unterrichten. Er muß den Generalsekretär des Europarats auch über den Zeitpunkt in Kenntnis setzen, in dem diese Maßnahmen außer Kraft getreten sind und die Vorschriften der Konvention wieder volle Anwendung finden.

(...)

Anhang 4

Vertrag zur Gründung der Europäischen Gemeinschaft

Vom 25. März 1957 (BGBl. II S. 766)
In der Fassung des Vertrages über die Europäische Union vom 7. 2. 1992
(BGBl. II S. 1253)
(Auszug)

Art. 117. Die Mitgliedstaaten sind sich über die Notwendigkeit einig, auf eine Verbesserung der Lebens- und Arbeitsbedingungen der Arbeitskräfte hinzuwirken und dadurch auf dem Wege des Fortschritts ihre Angleichung zu ermöglichen.

Sie sind der Auffassung, daß sich eine solche Entwicklung sowohl aus dem eine Abstimmung der Sozialordnung begünstigenden Wirken des Gemeinsamen Marktes als auch aus den in diesem Vertrag vorgesehenen Verfahren sowie aus der Angleichung ihrer Rechts- und Verwaltungsvorschriften ergeben wird.

Art. 118. Unbeschadet der sonstigen Bestimmungen dieses Vertrags hat die Kommission entsprechend seinen allgemeinen Zielen die Aufgabe, eine enge Zusammenarbeit zwischen den Mitgliedstaaten in sozialen Fragen zu fördern, insbesondere auf dem Gebiet

- der Beschäftigung,
- des Arbeitsrechts und der Arbeitsbedingungen,
- der beruflichen Ausbildung und Fortbildung,
- der sozialen Sicherheit,
- der Verhütung von Berufsunfällen und Berufskrankheiten,
- des Gesundheitsschutzes bei der Arbeit,
- des Koalitionsrechts und der Kollektivverhandlungen zwischen Arbeitgebern und Arbeitnehmern.

Zu diesem Zweck wird die Kommission in enger Verbindung mit den Mitgliedstaaten durch Untersuchungen, Stellungnahmen und die Vorbereitung von Beratungen tätig, gleichviel ob es sich um innerstaatliche oder um internationale Organisationen gestellte Probleme handelt.

Vor Abgabe der in diesem Artikel vorgesehenen Stellungnahmen hört die Kommission den Wirtschafts- und Sozialausschuß.

Art. 118a. (1) Die Mitgliedstaaten bemühen sich, die Verbesserung insbesondere der Arbeitsumwelt zu fördern, um die Sicherheit und die Gesundheit der Arbeitnehmer zu schützen, und setzen sich die Harmonisierung der in diesem Bereich bestehenden Bedingungen bei gleichzeitigem Fortschritt zum Ziel.

(2) Als Beitrag zur Verwirklichung des Ziels gemäß Absatz 1 erläßt der Rat gemäß dem Verfahren des Artikels 189c und nach Anhörung des Wirtschafts- und Sozialausschusses unter Berücksichtigung der in den einzelnen Mitgliedstaaten bestehenden Bedingungen und technischen Regelungen durch Richtlinien Mindestvorschriften, die schrittweise anzuwenden sind.

Diese Richtlinien sollen keine verwaltungsmäßigen, finanziellen oder rechtlichen Auflagen vorschreiben, die der Gründung und Entwicklung von Klein- und Mittelbetrieben entgegenstehen.

(3) Die aufgrund dieses Artikels erlassenen Bestimmungen hindern die einzelnen Mitgliedstaaten nicht daran, Maßnahmen zum verstärkten Schutz der Arbeitsbedingungen beizubehalten oder zu treffen, die mit diesem Vertrag vereinbar sind.

Art. 118b. Die Kommission bemüht sich darum, den Dialog zwischen den Sozialpartnern auf europäischer Ebene zu entwickeln, der, wenn diese es für wünschenswert halten, zu vertraglichen Beziehungen führen kann.

Art. 119. Jeder Mitgliedstaat wird während der ersten Stufen den Grundsatz des gleichen Entgelts für Männer und Frauen bei gleicher Arbeit anwenden und in der Folge beibehalten.

Unter „Entgelt" im Sinne dieses Artikels sind die üblichen Grund- oder Mindestlöhne und -gehälter sowie alle sonstigen Vergütungen zu verstehen, die der Arbeitgeber auf Grund des Dienstverhältnisses dem Arbeitnehmer mittelbar oder unmittelbar in bar oder in Sachleistungen zahlt.

Gleichheit des Arbeitsentgelts ohne Diskriminierung auf Grund des Geschlechts bedeutet,

a) daß das Entgelt für eine gleiche nach Akkord bezahlte Arbeit auf Grund der gleichen Maßeinheit festgesetzt wird;

b) daß für eine nach Zeit bezahlte Arbeit das Entgelt bei gleichem Arbeitsplatz gleich ist.

Art. 120. Die Mitgliedstaaten werden bestrebt sein, die bestehende Gleichwertigkeit der Ordnungen über die bezahlte Freizeit beizubehalten.

Art. 121. Nach Anhörung des Wirtschafts- und Sozialausschusses kann der Rat einstimmig der Kommission Aufgaben übertragen, welche die Durchführung gemeinsamer Maßnahmen insbesondere auf dem Gebiet der sozialen Sicherheit der in den Artikeln 48 bis 51 aus- oder einwandernden Arbeitskräfte betreffen.

Anhang 5

Protokoll des Vertrages über die Europäische Union über die Sozialpolitik

Vom 7. Februar 1992 (BGBl. II S. 1253)

DIE HOHEN VERTRAGSPARTEIEN –
IN ANBETRACHT DESSEN, daß elf Mitgliedstaaten, nämlich das Königreich Belgien, das Königreich Dänemark, die Bundesrepublik Deutschland, die Griechische Republik, das Königreich Spanien, die Französische Republik, Irland, die Italienische Republik, das Großherzogtum Luxemburg, das Königreich der Niederlande und die Portugiesische Republik, auf dem durch die Sozialcharta von 1989 vorgezeichneten Weg weitergehen wollen; daß sie zu diesem Zweck untereinander ein Abkommen beschlossen haben; daß dieses Abkommen diesem Protokoll beigefügt ist; daß durch dieses Protokoll und das genannte Abkommen dieser Vertrag, insbesondere die Bestimmungen, welche die Sozialpolitik betreffen und Bestandteil des gemeinschaftlichen Besitzstands sind, nicht berührt wird –

1. kommen überein, diese elf Mitgliedstaaten zu ermächtigen, die Organe, Verfahren und Mechanismen des Vertrags in Anspruch zu nehmen, um die erforderlichen Rechtsakte und Beschlüsse zur Umsetzung des genannten Abkommens untereinander anzunehmen und anzuwenden, soweit sie betroffen sind.

2. Das Vereinigte Königreich Großbritannien und Nordirland ist nicht beteiligt, wenn der Rat über die Vorschläge, welche die Kommission aufgrund dieses Protokolls und des genannten Abkommens unterbreitet, berät und diese annimmt.
Abweichend von Artikel 148 Absatz 2 des Vertrags kommen die Rechtsakte des Rates nach diesem Protokoll, die mit qualifizierter Mehrheit anzunehmen sind, mit einer Mindeststimmenzahl von vierundvierzig Stimmen zustande. Einstimmig anzunehmende Rechtsakte des Rats sowie solche Rechtsakte, die eine Änderung des Kommissionsvorschlags bedeuten, bedürfen der Stimmen aller Mitglieder des Rates mit Ausnahme des Vereinigten Königreichs Großbritannien und Nordirland.

Rechtsakte des Rates und finanzielle Folgen mit Ausnahme von Verwaltungskosten für die Organe gelten nicht für das Vereinigte Königreich Großbritannien und Nordirland.
3. Dieses Protokoll wird dem Vertrag zur Gründung der Europäischen Gemeinschaft beigefügt.

Abkommen zwischen den Mitgliedstaaten der Europäischen Gemeinschaft mit Ausnahme des Vereinigten Königreichs Großbritannien und Nordirland über die Sozialpolitik

Die unterzeichneten elf Hohen VERTRAGSPARTEIEN, nämlich das Königreich Belgien, das Königreich Dänemark, die Bundesrepublik Deutschland, die Griechische Republik, das Königreich Spanien, die Französische Republik, Irland, die Italienische Republik, das Großherzogtum Luxemburg, das Königreich der Niederlande und die Portugiesische Republik, (im folgenden als „Mitgliedstaaten" bezeichnet) –
IN DEM WUNSCH, die Sozialcharta von 1989 ausgehend vom gemeinschaftlichen Besitzstand umzusetzen,
IN ANBETRACHT des Protokolls über die Sozialpolitik –
SIND wie folgt ÜBEREINGEKOMMEN:

Art. 1. Die Gemeinschaft und die Mitgliedstaaten haben folgende Ziele: die Förderung der Beschäftigung, die Verbesserung der Lebens- und Arbeitsbedingungen, einen angemessenen sozialen Schutz den sozialen Dialog, die Entwicklung des Arbeitskräftepotentials im Hinblick auf ein dauerhaft hohes Beschäftigungsniveau und die Bekämpfung von Ausgrenzungen. Zu diesem Zweck führen die Gemeinschaft und die Mitgliedstaaten Maßnahmen durch, die der Vielfalt der einzelstaatlichen Gepflogenheiten, insbesondere in den vertraglichen Beziehungen, sowie der Notwendigkeit, die Wettbewerbsfähigkeit der Wirtschaft der Gemeinschaft zu erhalten, Rechnung tragen.

Art. 2. (1) Zur Verwirklichung der Ziele des Artikels 1 unterstützt und ergänzt die Gemeinschaft die Tätigkeit der Mitgliedstaaten auf folgenden Gebieten:
– Verbesserung insbesondere der Arbeitsumwelt zum Schutz der Gesundheit und der Sicherheit der Arbeitnehmer,
– Arbeitsbedingungen,
– Unterrichtung und Anhörung der Arbeitnehmer,
– Chancengleichheit von Männern und Frauen auf dem Arbeitsmarkt und Gleichbehandlung am Arbeitsplatz,
– berufliche Eingliederung der aus dem Arbeitsmarkt ausgegrenzten Personen unbeschadet des Artikels 127 des Vertrags zur Gründung der Europäischen Gemeinschaft (im folgenden als „Vertrag" bezeichnet).
(2) Zu diesem Zweck kann der Rat unter Berücksichtigung der in den einzelnen Mitgliedstaaten bestehenden Bedingungen und technischen Regelungen durch Richtlinien Mindestvorschriften erlassen, die schrittweise anzuwenden sind. Diese Richtlinien sollen keine verwaltungsmäßigen, finan-

ziellen oder rechtlichen Auflagen vorschreiben, die der Gründung und Entwicklung von kleinen und mittleren Unternehmen entgegenstehen.

Der Rat beschließt gemäß dem Verfahren des Artikels 189 c des Vertrags nach Anhörung des Wirtschafts- und Sozialausschusses.

(3) In folgende Bereichen beschließt der Rat dagegen einstimmig auf Vorschlag der Kommission nach Anhörung des Europäischen Parlaments und des Wirtschafts- und Sozialausschusses:
– soziale Sicherheit und sozialer Schutz der Arbeitnehmer,
– Schutz der Arbeitnehmer bei Beendigung des Arbeitsvertrags,
– Vertretung und kollektive Wahrnehmung der Arbeitnehmer- und Arbeitgeberinteressen, einschließlich der Mitbestimmung, vorbehaltlich des Absatzes 6,
– Beschäftigungsbedingungen der Staatsangehörigen dritter Länder, die sich rechtmäßig im Gebiet der Gemeinschaft aufhalten,
– finanzielle Beiträge zur Förderung der Beschäftigung und zur Schaffung von Arbeitsplätzen, und zwar unbeschadet der Bestimmungen über den Sozialfonds.

(4) Ein Mitgliedstaat kann den Sozialpartnern auf deren gemeinsamen Antrag die Durchführung von aufgrund der Absätze 2 und 3 angenommenen Richtlinien übertragen.

In diesem Fall vergewissert sich der Mitgliedstaat, daß die Sozialpartner spätestens zu dem Zeitpunkt, zu dem eine Richtlinie nach Artikel 189 umgesetzt sein muß, im Weg einer Vereinbarung die erforderlichen Vorkehrungen getroffen haben; dabei hat der Mitgliedstaat alle erforderlichen Maßnahmen zu treffen, um jederzeit gewährleisten zu können, daß die durch diese Richtlinie vorgeschriebenen Ergebnisse erzielt werden.

(5) Die aufgrund dieses Artikels erlassenen Bestimmungen hindern einen Mitgliedstaat nicht daran, strengere Schutzmaßnahmen beizubehalten oder zu treffen, die mit dem Vertrag vereinbar sind.

(6) Dieser Artikel gilt nicht für das Arbeitsentgelt, das Koalitionsrecht, das Streikrecht sowie das Aussperrungsrecht.

Art. 3. (1) Die Kommission hat die Aufgabe, die Anhörung der Sozialpartner auf Gemeinschaftsebene zu fördern, und erläßt alle zweckdienlichen Maßnahmen, um den Dialog zwischen den Sozialpartnern zu erleichtern, wobei sie für Ausgewogenheit bei der Unterstützung der Parteien sorgt.

(2) Zu diesem Zweck hört die Kommission vor Unterbreitung von Vorschlägen im Bereich der Sozialpolitik die Sozialpartner zu der Frage, wie eine Gemeinschaftsaktion gegebenenfalls ausgerichtet werden sollte.

(3) Hält die Kommission nach dieser Anhörung eine Gemeinschaftsmaßnahme für zweckmäßig, so hört sie die Sozialpartner zum Inhalt des in Aussicht genommenen Vorschlags. Die Sozialpartner übermitteln der Kommission eine Stellungnahme oder gegebenenfalls eine Empfehlung.

(4) Bei dieser Anhörung können die Sozialpartner der Kommission mitteilen, daß sie den Prozeß nach Artikel 4 in Gang setzen wollen. Die Dauer des Verfahrens darf höchstens neun Monate betragen, sofern die betroffenen

Sozialpartner und die Kommission nicht gemeinsam eine Verlängerung beschließen.

Art. 4. (1) Der Dialog zwischen den Sozialpartnern auf Gemeinschaftsebene kann, falls sie es wünschen, zur Herstellung vertraglicher Beziehungen, einschließlich des Abschlusses von Vereinbarungen, führen.

(2) Die Durchführung der auf Gemeinschaftsebene geschlossenen Vereinbarungen erfolgt entweder nach den jeweiligen Verfahren und Gepflogenheiten der Sozialpartner und der Mitgliedstaaten oder – in den durch Artikel 2 erfaßten Bereichen – auf gemeinsamen Antrag der Unterzeichnungsparteien durch einen Beschluß des Rates auf Vorschlag der Kommission.

Sofern nicht die betreffende Vereinbarung eine oder mehrere Bestimmungen betreffend einen der in Artikel 2 Absatz 3 genannten Bereiche enthält und somit ein einstimmiger Beschluß erforderlich ist, beschließt der Rat mit qualifizierter Mehrheit.

Art. 5. Unbeschadet der anderen Bestimmungen des Vertrags fördert die Kommission im Hinblick auf die Erreichung der Ziele des Artikels 1 die Zusammenarbeit zwischen den Mitgliedstaaten und erleichtert die Abstimmung ihres Vorgehens in den durch dieses Abkommen erfaßten Bereichen der Sozialpolitik.

Art. 6. (1) Jeder Mitgliedstaat stellt die Anwendung des Grundsatzes des gleichen Entgelts für Männer und Frauen bei gleicher Arbeit sicher.

(2) Unter „Entgelt" im Sinne dieses Artikels sind die üblichen Grund- oder Mindestlöhne und -gehälter sowie alle sonstigen Vergütungen zu verstehen, die der Arbeitgeber aufgrund des Dienstverhältnisses dem Arbeitnehmer unmittelbar oder mittelbar in bar oder in Sachleistungen zahlt.

Gleichheit des Arbeitsentgelts ohne Diskriminierung aufgrund des Geschlechts bedeutet,
a) daß das Entgelt für eine gleiche nach Akkord bezahlte Arbeit aufgrund der gleichen Maßeinheit festgesetzt wird,
b) daß für eine nach Zeit bezahlte Arbeit das Entgelt bei gleichem Arbeitsplatz gleich ist.

(3) Dieser Artikel hindert einen Mitgliedstaat nicht daran, zur Erleichterung der Berufstätigkeit der Frauen oder zur Verhinderung bzw. zum Ausgleich von Benachteiligungen in ihrer beruflichen Laufbahn spezifische Vergünstigungen beizubehalten oder zu beschließen.

Art. 7. Die Kommission erstellt jährlich einen Bericht über den Stand der Verwirklichung der in Artikel 1 genannten Ziele sowie über die demographische Lage in der Gemeinschaft. Sie übermittelt diesen Bericht dem Europäischen Parlament, dem Rat und dem Wirtschafts- und Sozialausschuß.

Das Europäische Parlament kann die Kommission um Bericht zu Einzelproblemen ersuchen, welche die soziale Lage betreffen.

Erklärungen zum Abkommen über die Sozialpolitik

1. Erklärung zu Artikel 2 Absatz 2

Die elf Hohen Vertragsparteien stellen fest, daß in den Erörterungen über Artikel 2 Absatz 2 dieses Abkommens Einvernehmen darüber bestand, daß die Gemeinschaft beim Erlaß von Mindestvorschriften zum Schutze der Sicherheit und der Gesundheit der Arbeitnehmer nicht beabsichtigt, Arbeitnehmer kleiner und mittlerer Unternehmen in einer den Umständen nach nicht gerechtfertigten Weise zu benachteiligen.

2. Erklärung zu Artikel 4 Absatz 2

Die elf Hohen Vertragsparteien erklären, daß die erste der Durchführungsvorschriften zu den Vereinbarungen zwischen den Sozialpartnern auf Gemeinschaftsebene nach Artikel 4 Absatz 2 die Erarbeitung des Inhalts dieser Vereinbarungen durch Tarifverhandlungen gemäß den Regeln eines jeden Mitgliedstaats betrifft und daß diese Vorschrift mithin weder eine Verpflichtung der Mitgliedstaaten, diese Vereinbarungen unmittelbar anzuwenden oder diesbezügliche Umsetzungsregeln zu erarbeiten, noch eine Verpflichtung beinhaltet, zur Erleichterung ihrer Anwendung die geltenden innerstaatlichen Vorschriften zu ändern.

Anhang 6

Vertrag zur Gründung der Europäischen Gemeinschaft

Vom 25. März 1957[1] (BGBl. II S. 766)

Konsolidierte Fassung mit den Änderungen durch den Vertrag von Amsterdam (ABl. EG Nr. C 340 v. 10. 11. 1997, S. 173)

(Auszug)

Art. 136 [Verbesserung und Angleichung der Lebens- und Arbeitsbedingungen] Die Gemeinschaft und die Mitgliedstaaten verfolgen eingedenk der sozialen Grundrechte, wie sie in der am 18. Oktober 1961 in Turin unterzeichneten Europäischen Sozialcharta und in der Gemeinschaftscharta der sozialen Grundrechte der Arbeitnehmer von 1989 festgelegt sind, folgende Ziele: die Förderung der Beschäftigung, die Verbesserung der Lebens- und Arbeitsbedingungen, um dadurch auf dem Wege des Fortschritts ihre

---

[1] Der Vertrag vom Amsterdam vom 16. Juni 1997 sieht zahlreiche Änderungen des EG-Vertrages vor, die nach Art.14 des Vertrages vom Amsterdam am 1. Tag des 2. auf die Hinterlegung der letzten Ratifizierungsurkunde folgenden Monats in Kraft treten. Mit diesem Tag werden zugleich die Artikel, Titel und Abschnitte des EG-Vertrages nach Maßgabe der dem Vertrag vom Amsterdam beigefügten Übereinstimmungstabelle umnummeriert (Art. 12 des Vertrages von Amsterdam). Die für das Arbeits- und Sozialrecht bedeutsamen Bestimmungen des neu gefaßten EG-Vertrages besitzen die hier abgedruckte Fassung und Nummerierung.

Angleichung zu ermöglichen, einen angemessenen sozialen Schutz, den sozialen Dialog, die Entwicklung des Arbeitskräftepotentials im Hinblick auf ein dauerhaft hohes Beschäftigungsniveau und die Bekämpfung von Ausgrenzungen.

Zu diesem Zweck führen die Gemeinschaft und die Mitgliedstaaten Maßnahmen durch, die der Vielfalt der einzelstaatlichen Gepflogenheiten, insbesondere in den vertraglichen Beziehungen, sowie der Notwendigkeit, die Wettbewerbsfähigkeit der Wirtschaft der Gemeinschaft zu erhalten, Rechnung tragen.

Sie sind der Auffassung, daß sich eine solche Entwicklung sowohl aus dem eine Abstimmung der Sozialordnungen begünstigenden Wirken des Gemeinsamen Marktes als auch aus den in diesem Vertrag vorgesehenen Verfahren sowie aus der Angleichung ihrer Rechts- und Verwaltungsvorschriften ergeben wird.

Art. 137 [Zusammenarbeit in sozialen Fragen] (1) Zur Verwirklichung der Ziele des Artikels 136 unterstützt und ergänzt die Gemeinschaft die Tätigkeit der Mitgliedstaaten auf folgenden Gebieten:
- Verbesserung insbesondere der Arbeitsumwelt zum Schutz der Gesundheit und der Sicherheit der Arbeitnehmer,
- Arbeitsbedingungen,
- Unterrichtung und Anhörung der Arbeitnehmer,
- berufliche Eingliederung der aus dem Arbeitsmarkt ausgegrenzten Personen, unbeschadet des Artikels 150;
- Chancengleichheit von Männern und Frauen auf dem Arbeitsmarkt und Gleichbehandlung am Arbeitsplatz.

(2) Zu diesem Zweck kann der Rat unter Berücksichtigung der in den einzelnen Mitgliedstaaten bestehenden Bedingungen und technischen Regelungen durch Richtlinien Mindestvorschriften erlassen, die schrittweise anzuwenden sind. Diese Richtlinien sollen keine verwaltungsmäßigen, finanziellen oder rechtlichen Auflagen vorschreiben, die der Gründung und Entwicklung von kleinen und mittleren Unternehmen entgegenstehen.

Der Rat beschließt gemäß dem Verfahren des Artikels 251 nach Anhörung des Wirtschafts- und Sozialausschusses sowie des Ausschusses der Regionen.

Der Rat kann zur Bekämpfung sozialer Ausgrenzung gemäß diesem Verfahren Maßnahmen annehmen, die dazu bestimmt sind, die Zusammenarbeit zwischen den Mitgliedstaaten durch Initiativen zu fördern, die die Verbesserung des Wissensstandes, die Entwicklung des Austausches von Informationen und bewährten Verfahren, die Förderung innovativer Ansätze und die Bewertung von Erfahrungen zum Ziel haben.

(3) In folgenden Bereichen beschließt der Rat dagegen einstimmig auf Vorschlag der Kommission nach Anhörung des Europäischen Parlaments und des Wirtschafts- und Sozialausschusses sowie des Ausschusses der Regionen:
- soziale Sicherheit und sozialer Schutz der Arbeitnehmer,
- Schutz der Arbeitnehmer bei Beendigung des Arbeitsvertrags,

– Vertretung und kollektive Wahrnehmung der Arbeitnehmer- und Arbeitgeberinteressen, einschließlich der Mitbestimmung, vorbehaltlich des Absatzes 6,
– Beschäftigungsbedingungen der Staatsangehörigen dritter Länder, die sich rechtmäßig im Gebiet der Gemeinschaft aufhalten,
– finanzielle Beiträge zur Förderung der Beschäftigung und zur Schaffung von Arbeitsplätzen, und zwar unbeschadet der Bestimmungen über den Sozialfonds.

(4) Ein Mitgliedstaat kann den Sozialpartnern auf deren gemeinsamen Antrag die Durchführung von aufgrund der Absätze 2 und 3 angenommenen Richtlinien übertragen.

In diesem Fall vergewissert sich der Mitgliedstaat, daß die Sozialpartner spätestens zu dem Zeitpunkt, zu dem eine Richtlinie nach Artikel 249 umgesetzt sein muß, im Weg einer Vereinbarung die erforderlichen Vorkehrungen getroffen haben; dabei hat der Mitgliedstaat alle erforderlichen Maßnahmen zu treffen, um jederzeit gewährleisten zu können, daß die durch diese Richtlinie vorgeschriebenen Ergebnisse erzielt werden.

(5) Die aufgrund dieses Artikels erlassenen Bestimmungen hindern die Mitgliedstaaten nicht daran, strengere Schutzmaßnahmen beizubehalten oder zu treffen, die mit diesem Vertrag vereinbar sind.

(6) Dieser Artikel gilt nicht für das Arbeitsentgelt, das Koalitionsrecht, das Streikrecht sowie das Aussperrungsrecht.

Art. 138 [Verbesserung der Arbeitsumwelt; Mindestvorschriften]
(1) Die Kommission hat die Aufgabe, die Anhörung der Sozialpartner auf Gemeinschaftsebene zu fördern, und erläßt alle zweckdienlichen Maßnahmen, um den Dialog zwischen den Sozialpartnern zu erleichtern, wobei sie für Ausgewogenheit bei der Unterstützung der Parteien sorgt.

(2) Zu diesem Zweck hört die Kommission vor Unterbreitung von Vorschlägen im Bereich der Sozialpolitik die Sozialpartner zu der Frage, wie eine Gemeinschaftsaktion gegebenenfalls ausgerichtet werden sollte.

(3) Hält die Kommission nach dieser Anhörung eine Gemeinschaftsmaßnahme für zweckmäßig, so hört sie die Sozialpartner zum Inhalt des in Aussicht genommenen Vorschlags. Die Sozialpartner übermitteln der Kommission eine Stellungnahme oder gegebenenfalls eine Empfehlung.

(4) Bei dieser Anhörung können die Sozialpartner der Kommission mitteilen, daß sie den Prozeß nach Artikel 139 in Gang setzen wollen. Die Dauer des Verfahrens darf höchstens neun Monate betragen, sofern die betroffenen Sozialpartner und die Kommission nicht gemeinsam eine Verlängerung beschließen.

Art. 139 [Dialog zwischen den Sozialpartnern] (1) Der Dialog zwischen den Sozialpartnern auf Gemeinschaftsebene kann, falls sie es wünschen, zur Herstellung vertraglicher Beziehungen, einschließlich des Abschlusses von Vereinbarungen, führen.

(2) Die Durchführung der auf Gemeinschaftsebene geschlossenen Vereinbarungen erfolgt entweder nach den jeweiligen Verfahren und Gepflo-

genheiten der Sozialpartner und der Mitgliedstaaten oder – in den durch Artikel 137 erfaßten Bereichen – auf gemeinsamen Antrag der Unterzeichnerparteien durch einen Beschluß des Rates auf Vorschlag der Kommission.

Sofern nicht die betreffende Vereinbarung eine oder mehrere Bestimmungen betreffend einen der in Artikel 137 Absatz 3 genannten Bereiche enthält und somit ein einstimmiger Beschluß erforderlich ist, beschließt der Rat mit qualifizierter Mehrheit.

Art. 140 [**Fördermaßnahmen der Kommission**] Unbeschadet der sonstigen Bestimmungen dieses Vertrags fördert die Kommission im Hinblick auf die Erreichung der Ziele des Artikels 136 die Zusammenarbeit zwischen den Mitgliedstaaten und erleichtert die Abstimmung ihres Vorgehens in allen unter dieses Kapitel fallenden Bereichen der Sozialpolitik, insbesondere auf dem Gebiet
– der Beschäftigung,
– des Arbeitsrechts und der Arbeitsbedingungen,
– der beruflichen Ausbildung und Fortbildung,
– der sozialen Sicherheit,
– der Verhütung von Berufsunfällen und Berufskrankheiten,
– des Gesundheitsschutzes bei der Arbeit,
– des Koalitionsrechts und der Kollektivverhandlungen zwischen Arbeitgebern und Arbeitnehmern.

Zu diesem Zweck wird die Kommission in enger Verbindung mit den Mitgliedstaaten durch Untersuchungen, Stellungnahmen und die Vorbereitung von Beratungen tätig, gleichviel ob es sich um innerstaatliche oder um internationalen Organisationen gestellte Probleme handelt.

Vor Abgabe der in diesem Artikel vorgesehenen Stellungnahmen hört die Kommission den Wirtschafts- und Sozialausschuß.

Art. 141 [**Gleiches Entgelt für Männer und Frauen**] (1) Jeder Mitgliedstaat stellt die Anwendung des Grundsatzes des gleichen Entgelts für Männer und Frauen bei gleicher oder gleichwertiger Arbeit sicher.

(2) Unter „Entgelt" im Sinne dieses Artikels sind die üblichen Grund- oder Mindestlöhne und -gehälter sowie alle sonstigen Vergütungen zu verstehen, die der Arbeitgeber aufgrund des Dienstverhältnisses dem Arbeitnehmer unmittelbar oder mittelbar in bar oder in Sachleistungen zahlt.

Gleichheit des Arbeitsentgelts ohne Diskriminierung aufgrund des Geschlechts bedeutet,

a) daß das Entgelt für eine gleiche nach Akkord bezahlte Arbeit aufgrund der gleichen Maßeinheit festgesetzt wird,
b) daß für eine nach Zeit bezahlte Arbeit das Entgelt bei gleichem Arbeitsplatz gleich ist.

(3) Der Rat beschließt gemäß dem Verfahren des Artikels 251 und nach Anhörung des Wirtschafts- und Sozialausschusses Maßnahmen zur Gewährleistung der Anwendung des Grundsatzes der Chancengleichheit und der Gleichbehandlung von Männern und Frauen in Arbeits- und Beschäfti-

gungsfragen, einschließlich des Grundsatzes des gleichen Entgelts bei gleicher oder gleichwertiger Arbeit.

(4) Im Hinblick auf die effektive Gewährleistung der vollen Gleichstellung von Männern und Frauen im Arbeitsleben hindert der Grundsatz der Gleichbehandlung die Mitgliedstaaten nicht daran, zur Erleichterung der Berufstätigkeit des unterrepräsentierten Geschlechts oder zur Verhinderung bzw. zum Ausgleich von Benachteiligungen in der beruflichen Laufbahn spezifische Vergünstigungen beizubehalten oder zu beschließen.

Art. 142 [Bezahlte Freizeit] Die Mitgliedstaaten sind bestrebt, die bestehende Gleichwertigkeit der Ordnungen über die bezahlte Freizeit beizubehalten.

Art. 143 [Kommissionsberichte] Die Kommission erstellt jährlich einen Bericht über den Stand der Verwirklichung der in Artikel 136 genannten Ziele sowie über die demographische Lage in der Gemeinschaft. Sie übermittelt diesen Bericht dem Europäischen Parlament, dem Rat und dem Wirtschafts- und Sozialausschuß.

Das Europäische Parlament kann die Kommission um Berichte zu Einzelproblemen ersuchen, welche die soziale Lage betreffen.

Art. 144 [Übertragung von Aufgaben auf die Kommission] Nach Anhörung des Wirtschafts- und Sozialausschusses kann der Rat einstimmig der Kommission Aufgaben übertragen, welche die Durchführung gemeinsamer Maßnahmen insbesondere auf dem Gebiet der sozialen Sicherheit der in den Artikeln 39 bis 42 erwähnten aus- oder einwandernden Arbeitskräfte betreffen.

Art. 145 [Bericht über die soziale Lage] Der Jahresbericht der Kommission an das Europäische Parlament hat stets ein besonderes Kapitel über die Entwicklung der sozialen Lage in der Gemeinschaft zu enthalten.

Das Europäische Parlament kann die Kommission auffordern, Berichte über besondere, die soziale Lage betreffende Fragen auszuarbeiten.

Anhang 7

Übereinkommen Nr. 87 der Internationalen Arbeitsorganisation über die Vereinigungsfreiheit und den Schutz des Vereinigungsrechts[1]

Vom 9. Juli 1948 (BGBl. II S. 2072)

(Übersetzung)

Die Allgemeine Konferenz der Internationalen Arbeitsorganisation, die vom Verwaltungsrate des Internationalen Arbeitsamtes nach San Francisco einberufen wurde und am 17. Juni 1948 zu ihrer einunddreißigsten Tagung zusammengetreten ist,

hat beschlossen, verschiedene Anträge betreffend die Vereinigungsfreiheit und den Schutz des Vereinigungsrechts, eine Frage, die den siebenten Gegenstand ihrer Tagesordnung bildet, in der Form eines Übereinkommens anzunehmen.

Davon ausgehend, daß die Präambel zur Verfassung der Internationalen Arbeitsorganisation die „Anerkennung des Grundsatzes der Vereinigungsfreiheit" unter den Mitteln aufzählt, die geeignet sind, die Lage der Arbeitnehmer zu verbessern und den Frieden zu sichern,

daß die Erklärung von Philadelphia erneut bekräftigt hat, daß „die Freiheit der Meinungsäußerung und die Vereinigungsfreiheit unerläßliche Voraussetzungen eines anhaltenden Fortschrittes sind",

daß die internationale Arbeitskonferenz auf ihrer dreißigsten Tagung einstimmig die Grundsätze angenommen hat, welche die Grundlage der internationalen Regelung bilden sollen,

daß die allgemeine Versammlung der Vereinten Nationen sich auf ihrer zweiten Tagung diese Grundsätze zu eigen gemacht und die Internationale Arbeitsorganisation ersucht hat, weiterhin alles zu tun, um die Annahme eines oder mehrerer internationaler Übereinkommen zu ermöglichen,

nimmt die Konferenz heute, am 9. Juli 1948, das folgende Übereinkommen an, das als Übereinkommen über die Vereinigungsfreiheit und den Schutz des Vereinigungsrechtes, 1948, bezeichnet wird.

Teil I. Vereinigungsfreiheit

Art. 1. Jedes Mitglied der Internationalen Arbeitsorganisation, für das dieses Übereinkommen in Kraft ist, verpflichtet sich, die folgenden Bestimmungen zur Anwendung zu bringen.

Art. 2. Die Arbeitnehmer und die Arbeitgeber ohne jeden Unterschied haben das Recht, ohne vorherige Genehmigung Organisationen nach eigener

---

[1] Nach der Bekanntmachung vom 2. 5. 1958 (BGBl. II S. 113) ist das Übereinkommen am 20. 3. 1958 in der Bundesrepublik Deutschland in Kraft getreten; vgl. das Gesetz zum Übereinkommen Nr. 87 der Internationalen Arbeitsorganisation vom 9. 7. 1948 über die Vereinigungsfreiheit und den Schutz des Vereinigungsrechts vom 20. 12. 1956 (BGBl. II S. 2072).

Wahl zu bilden und solchen Organisationen beizutreten, wobei lediglich die Bedingung gilt, daß sie deren Satzungen einhalten.

Art. 3. (1) Die Organisationen der Arbeitnehmer und der Arbeitgeber haben das Recht, sich Satzungen und Geschäftsordnungen zu geben, ihre Vertreter frei zu wählen, ihre Geschäftsführung und Tätigkeit zu regeln und ihr Programm aufzustellen.

(2) Die Behörden haben sich jedes Eingriffes zu enthalten, der geeignet wäre, dieses Recht zu beschränken oder dessen rechtmäßige Ausübung zu behindern.

Art. 4. Die Organisationen der Arbeitnehmer und der Arbeitgeber dürfen im Verwaltungswege weder aufgelöst noch zeitweilig eingestellt werden.

Art. 5. Die Organisationen der Arbeitnehmer und der Arbeitgeber sind berechtigt, Verbände und Zentralverbände zu bilden und sich solchen anzuschließen. Die Organisationen, Verbände und Zentralverbände haben das Recht, sich internationalen Organisationen der Arbeitnehmer und der Arbeitgeber anzuschließen.

Art. 6. Die Bestimmungen der Artikel 2, 3 und 4 finden auf die Verbände und Zentralverbände von Organisationen der Arbeitnehmer und der Arbeitgeber Anwendung.

Art. 7. Der Erwerb der Rechtspersönlichkeit durch Organisationen der Arbeitnehmer und der Arbeitgeber, ihre Verbände und Zentralverbände darf nicht an Bedingungen geknüpft werden, die geeignet sind, die Anwendung der Bestimmungen der Artikel 2, 3 und 4 zu beeinträchtigen.

Art. 8. (1) Die Arbeitnehmer und die Arbeitgeber und ihre Organisationen haben sich gleich anderen Personen und organisierten Gemeinschaften bei Ausübung der ihnen durch dieses Übereinkommen zuerkannten Rechte an die Gesetze zu halten.

(2) Die in diesem Übereinkommen vorgesehenen Rechte dürfen weder durch die innerstaatliche Gesetzgebung noch durch die Art ihrer Anwendung geschmälert werden.

Art. 9. (1) Die innerstaatliche Gesetzgebung bestimmt, inwieweit die in diesem Übereinkommen vorgesehenen Rechte auf das Heer und die Polizei Anwendung finden.

(2) Die Ratifikation dieses Übereinkommens durch ein Mitglied läßt bereits bestehende Gesetze, Entscheidungen, Gewohnheiten oder Vereinbarungen, die den Angehörigen des Heeres und der Polizei irgendwelche in diesem Übereinkommen vorgesehene Rechte einräumen, nach dem Grundsatz des Artikels 19 Absatz 8 der Verfassung der Internationalen Arbeitsorganisation unberührt.

Art. 10. In diesem Übereinkommen bezeichnet der Ausdruck „Organisation" jede Organisation von Arbeitnehmern oder von Arbeitgebern, welche die Förderung und den Schutz der Interessen der Arbeitnehmer oder der Arbeitgeber zum Ziele hat.

Teil II. Schutz des Vereinigungsrechtes

Art. 11. Jedes Mitglied der Internationalen Arbeitsorganisation, für das dieses Übereinkommen in Kraft ist, verpflichtet sich, alle erforderlichen und geeigneten Maßnahmen zu treffen, um den Arbeitnehmern und den Arbeitgebern die freie Ausübung des Vereinigungsrechts zu gewährleisten.

Teil III. Verschiedene Bestimmungen

Art. 12. (1) Für die in Artikel 35 der Verfassung der Internationalen Arbeitsorganisation in der Fassung der Abänderungsurkunde von 1946 bezeichneten Gebiete, mit Ausnahme der Gebiete nach Absatz 4 und 5 des genannten Artikels in seiner neuen Fassung, hat jedes Mitglied der Organisation, das dieses Übereinkommen ratifiziert, dem Generaldirektor des Internationalen Arbeitsamtes mit seiner Ratifikation oder so bald wie möglich nach der Ratifikation eine Erklärung zu übermitteln, welche die Gebiete bekannt gibt,

a) für die es die Verpflichtung zur unveränderten Durchführung des Übereinkommens übernimmt,

b) für die es die Verpflichtung zur Durchführung der Bestimmungen des Übereinkommens mit Abweichungen übernimmt, unter Angabe der Einzelheiten dieser Abweichungen,

c) in denen das Übereinkommen nicht durchgeführt werden kann, und in diesem Falle die Gründe dafür,

d) für die es sich die Entscheidung vorbehält.

(2) Die Verpflichtungen nach Absatz 1, a) und b) dieses Artikels gelten als Bestandteil der Ratifikation und haben die Wirkung einer solchen.

(3) Jedes Mitglied kann die in der ursprünglichen Erklärung nach Absatz 1, b), c) und d) dieses Artikels mitgeteilten Vorbehalten jederzeit durch eine spätere Erklärung ganz oder teilweise zurückziehen.

(4) Jedes Mitglied kann dem Generaldirektor zu dem Zeitpunkt, in dem das Übereinkommen nach Artikel 16 gekündigt werden kann, eine Erklärung übermitteln, durch die der Inhalt jeder früheren Erklärung in sonstiger Weise abgeändert und die in dem betreffenden Zeitpunkt in bestimmten Gebieten bestehende Lage angegeben wird.

Art. 13. (1) Fällt der Gegenstand dieses Übereinkommens unter die Selbstregierungsbefugnisse eines außerhalb des Mutterlandes gelegenen Gebietes, so kann das für die internationalen Beziehungen dieses Gebietes verantwortliche Mitglied im Benehmen mit dessen Regierung dem Generaldirektor des Internationalen Arbeitsamtes eine Erklärung übermitteln, durch die es die

Verpflichtungen aus diesem Übereinkommen im Namen des betreffenden Gebietes übernimmt.

(2) Eine Erklärung betreffend die Übernahme der Verpflichtungen aus diesem Übereinkommen kann dem Generaldirektor des Internationalen Arbeitsamtes üb2ermittelt werden

a) von zwei oder mehr Mitgliedern der Organisation für ein ihnen gemeinsam unterstelltes Gebiet,

b) von jeder nach der Charta der Vereinten Nationen oder auf Grund einer anderen Bestimmung für die Verwaltung eines Gebietes verantwortlichen internationalen Behörde und zwar für das betreffende Gebiet.

(3) In den dem Generaldirektor des Internationalen Arbeitsamtes nach den vorstehenden Absätzen dieses Artikels übermittelten Erklärungen ist anzugeben, ob das Übereinkommen in dem betreffenden Gebiet mit oder ohne Abweichungen durchgeführt wird; teilt die Erklärung mit, daß die Durchführung des Übereinkommens mit Abweichungen erfolgt, so sind die Einzelheiten dieser Abweichungen anzugeben.

(4) Das beteiligte Mitglied, die beteiligten Mitglieder oder die beteiligte internationale Behörde können jederzeit durch eine spätere Erklärung auf das Recht der Inanspruchnahme jeder in einer früheren Erklärung mitgeteilten Abweichung ganz oder teilweise verzichten.

(5) Das beteiligte Mitglied, die beteiligten Mitglieder oder die beteiligte internationale Behörde können dem Generaldirektor zu jedem Zeitpunkt, in dem dieses Übereinkommen nach Artikel 16 gekündigt werden kann, eine Erklärung übermitteln, durch die der Inhalt jeder früheren Erklärung in sonstiger Weise abgeändert und die in dem betreffenden Zeitpunkt bestehende Lage in bezug auf die Durchführung dieses Übereinkommens angegeben wird.

Teil IV. Schlußbestimmungen

Art. 14. Die förmlichen Ratifikationen dieses Übereinkommen sind dem Generaldirektor des Internationalen Arbeitsamtes zur Eintragung mitzuteilen.

Art. 15. (1) Dieses Übereinkommen bindet nur diejenigen Mitglieder der Internationalen Arbeitsorganisation, deren Ratifikation durch den Generaldirektor eingetragen ist.

(2) Es tritt in Kraft zwölf Monate, nachdem die Ratifikationen zweier Mitglieder durch den Generaldirektor eingetragen worden sind.

(3) In der Folge tritt dieses Übereinkommen für jedes Mitglied zwölf Monate nach der Eintragung seiner Ratifikation in Kraft.

Art. 16. (1) Jedes Mitglied, das dieses Übereinkommen ratifiziert hat, kann es nach Ablauf von zehn Jahren, gerechnet von dem Tag, an dem es zum erstenmal in Kraft getreten ist, durch Anzeige an den Generaldirektor des Internationalen Arbeitsamtes kündigen. Die Kündigung wird von diesem eingetragen. Ihre Wirkung tritt erst ein Jahr nach der Eintragung ein.

(2) Jedes Mitglied, das dieses Übereinkommen ratifiziert hat und innerhalb eines Jahres nach Ablauf des im vorigen Absatz genannten Zeitraumes von zehn Jahren von dem in diesem Artikel vorgesehenen Kündigungsrecht keinen Gebrauch macht, bleibt für einen weiteren Zeitraum von zehn Jahren gebunden. In der Folge kann es dieses Übereinkommen jeweils nach Ablauf eines Zeitraumes von zehn Jahren nach Maßgabe dieses Artikels kündigen.

Art. 17. (1) Der Generaldirektor des Internationalen Arbeitsamtes gibt allen Mitgliedern der Internationalen Arbeitsorganisation Kenntnis von der Eintragung aller Ratifikationen, Erklärungen und Kündigungen, die ihm von den Mitgliedern der Organisation mitgeteilt werden.

(2) Der Generaldirektor wird die Mitglieder der Organisation, wenn er ihnen von der Eintragung der zweiten Ratifikation, die ihm mitgeteilt wird, Kenntnis gibt, auf den Zeitpunkt aufmerksam machen, in dem dieses Übereinkommen in Kraft tritt.

Art. 18. Der Generaldirektor des Internationalen Arbeitsamtes übermittelt dem Generalsekretär der Vereinten Nationen zwecks Eintragung nach Artikel 102 der Charta der Vereinten Nationen vollständige Auskünfte über alle von ihm nach Maßgabe der vorausgehenden Artikel eingetragenen Ratifikationen, Erklärungen und Kündigungen.

Art. 19. Der Verwaltungsrat des Internationalen Arbeitsamtes hat nach Inkrafttreten dieses Übereinkommens jeweils bei Ablauf eines Zeitraumes von zehn Jahren der Allgemeinen Konferenz einen Bericht über die Durchführung dieses Übereinkommens zu erstatten und zu prüfen, ob die Frage seiner gänzlichen oder teilweisen Abänderung auf die Tagesordnung der Konferenz gesetzt werden soll.

Art. 20. (1) Nimmt die Konferenz ein neues Übereinkommen an, welches das vorliegende Übereinkommen ganz oder teilweise abändert, und sieht das neue Übereinkommen nichts anderes vor, so gelten folgende Bestimmungen:

a) Die Ratifikation des neugefaßten Übereinkommens durch ein Mitglied schließt ohne weiteres die sofortige Kündigung des vorliegenden Übereinkommens in sich ohne Rücksicht auf Artikel 16, vorausgesetzt, daß das neugefaßte Übereinkommen in Kraft getreten ist.

b) Vom Zeitpunkt des Inkrafttretens des neugefaßten Übereinkommens an kann das vorliegende Übereinkommen von den Mitgliedern nicht mehr ratifiziert werden.

(2) Indessen bleibt das vorliegende Übereinkommen nach Form und Inhalt jedenfalls in Kraft für die Mitglieder, die dieses, aber nicht das neugefaßte Übereinkommen ratifiziert haben.

Art. 21. Der französische und der englische Wortlaut dieses Übereinkommens sind in gleicher Weise maßgebend.

Anhang 8

Übereinkommen Nr. 98 der Internationalen Arbeitsorganisation über die Anwendung der Grundsätze des Vereinigungsrechtes und des Rechts zu Kollektivverhandlungen[1]

Vom 1. Juli 1949 (BGBl. II S. 1122)

(Übersetzung)

Die Allgemeine Konferenz der Internationalen Arbeitsorganisation, die vom Verwaltungsrat des Internationalen Arbeitsamtes nach Genf einberufen wurde und am 8. Juni 1949 zu ihrer zweiunddreißigsten Tagung zusammengetreten ist,
hat beschlossen, verschiedene Anträge anzunehmen betreffend die Anwendung der Grundsätze des Vereinigungsrechts und des Rechtes zu Kollektivverhandlungen, eine Frage, die den vierten Gegenstand ihrer Tagesordnung bildet, und
dabei bestimmt, daß diese Anträge die Form eines internationalen Übereinkommens erhalten sollen.
Die Konferenz nimmt heute, am 1. Juli 1949, das folgende Übereinkommen an, das als Übereinkommen über das Vereinigungsrecht und das Recht zu Kollektivverhandlungen, 1949, bezeichnet wird.

Art. 1. (1) Die Arbeitnehmer sind vor jeder gegen die Vereinigungsfreiheit gerichteten unterschiedlichen Behandlung, die mit ihrer Beschäftigung in Zusammenhang steht, angemessen zu schützen.

(2) Dieser Schutz ist insbesondere gegenüber Handlungen zu gewähren, die darauf gerichtet sind,

a) die Beschäftigung eines Arbeitnehmers davon abhängig zu machen, daß er keiner Gewerkschaft beitritt oder aus einer Gewerkschaft austritt,

b) einen Arbeitnehmer zu entlassen oder auf sonstige Weise zu benachteiligen, weil er einer Gewerkschaft angehört oder weil er sich außerhalb der Arbeitszeit oder mit Zustimmung des Arbeitgebers während der Arbeitszeit gewerkschaftlich betätigt.

Art. 2. (1) Den Organisationen der Arbeitnehmer und der Arbeitgeber ist in bezug auf ihre Bildung, Tätigkeit und Verwaltung gebührender Schutz gegen jede Einmischung von der anderen Seite, sowohl seitens der Organisationen wie auch ihrer Vertreter oder Mitglieder, zu gewähren.

(2) Als Einmischung im Sinne dieses Artikels gelten Handlungen, die darauf gerichtet sind, von einem Arbeitgeber oder von einer Organisation von

---

[1] Nach der Bekanntmachung vom 25. 7. 1957 (BGBl. II S. 1231) ist das Übereinkommen in der Bundesrepublik Deutschland am 8. 6. 1957 in Kraft getreten; vgl. das Gesetz zum Übereinkommen Nr. 98 der Internationalen Arbeitsorganisation vom 1. 7. 1949 über die Anwendung der Grundsätze des Vereinigungsrechtes und des Rechtes zu Kollektivverhandlungen vom 23. 12. 1955 (BGBl. II S. 1122).

Arbeitgebern abhängige Organisationen von Arbeitnehmern ins Leben zu rufen oder Organisationen von Arbeitnehmern durch Geldmittel oder auf sonstige Weise zu unterstützen, um sie unter den Einfluß eines Arbeitgebers oder einer Organisation von Arbeitgebern zu bringen.

Art. 3. Soweit erforderlich, sind den Landesverhältnissen angepaßte Einrichtungen zu schaffen, um den Schutz des Vereinigungsrechtes im Sinne der vorangehenden Artikel zu gewährleisten.

Art. 4. Soweit erforderlich, sind den Landesverhältnissen angepaßte Maßnahmen zu treffen, um im weitesten Umfang Entwicklung und Anwendung von Verfahren zu fördern, durch die Arbeitgeber oder Organisationen von Arbeitgebern einerseits und Organisationen von Arbeitnehmern anderseits freiwillig über den Abschluß von Gesamtarbeitsverträgen zur Regelung der Lohn- und Arbeitsbedingungen verhandeln können.

Art. 5. (1) Die innerstaatliche Gesetzgebung bestimmt, inwieweit die in diesem Übereinkommen vorgesehenen Rechte auf das Heer und die Polizei Anwendung finden.

(2) Die Ratifikation dieses Übereinkommens durch ein Mitglied läßt bereits bestehende Gesetze, Entscheidungen, Gewohnheiten oder Vereinbarungen, die den Angehörigen des Heeres und der Polizei irgendwelche in diesem Übereinkommen vorgesehenen Rechte einräumen, nach dem Grundsatz des Artikels 19, Absatz 8 der Verfassung der Internationalen Arbeitsorganisation unberührt.

Art. 6. Dieses Übereinkommen läßt die Stellung der öffentlichen Beamten unberührt und darf in keinem für die Rechte und die Rechtsstellung dieser Beamten irgendwie nachteiligen Sinn ausgelegt werden.

Art. 7. Die förmlichen Ratifikationen dieses Übereinkommens sind dem Generaldirektor des Internationalen Arbeitsamtes zur Eintragung mitzuteilen.

Art. 8. (1) Dieses Übereinkommen bindet nur diejenigen Mitglieder der Internationalen Arbeitsorganisation, deren Ratifikation durch den Generaldirektor eingetragen ist.

(2) Es tritt in Kraft zwölf Monate nachdem die Ratifikationen zweier Mitglieder durch den Generaldirektor eingetragen worden sind.

(3) In der Folge tritt dieses Übereinkommen für jedes Mitglied zwölf Monate nach der Eintragung seiner Ratifikation in Kraft.

Art. 9. (1) In den dem Generaldirektor des Internationalen Arbeitsamtes nach Artikel 35 Absatz 2 der Verfassung der Internationalen Arbeitsorganisation übermittelten Erklärungen hat das beteiligte Mitglied die Gebiete bekanntzugeben,
a) für die es die Verpflichtung zur unveränderten Durchführung der Bestimmungen des Übereinkommens übernimmt,

b) für die es die Verpflichtung zur Durchführung der Bestimmungen des Übereinkommens mit Abweichungen übernimmt, unter Angabe der Einzelheiten dieser Abweichungen,
c) in denen das Übereinkommen nicht durchgeführt werden kann, und in diesem Falle die Gründe dafür,
d) für die es sich die Entscheidung bis zu einer weiteren Prüfung der Lage in bezug auf die betreffenden Gebiete vorbehält.

(2) Die Verpflichtungen nach Absatz 1 a) und b) dieses Artikels gelten als Bestandteil der Ratifikation und haben die Wirkung einer solchen.

(3) Jedes Mitglied kann die in der ursprünglichen Erklärung nach Absatz 1 b), c) und d) dieses Artikels mitgeteilten Vorbehalte jederzeit durch eine spätere Erklärung ganz oder teilweise zurückziehen.

(4) Jedes Mitglied kann dem Generaldirektor zu jedem Zeitpunkt, in dem das Übereinkommen nach Artikel 11 gekündigt werden kann, eine Erklärung übermitteln, durch die der Inhalt jeder früheren Erklärung in sonstiger Weise abgeändert und die in dem betreffenden Zeitpunkt in bestimmten Gebieten bestehende Lage angegeben wird.

Art. 10. (1) In den dem Generaldirektor des Internationalen Arbeitsamtes nach Artikel 35 Absätze 4 und 5 der Verfassung der Internationalen Arbeitsorganisation übermittelten Erklärungen ist anzugeben, ob das Übereinkommen in dem betreffenden Gebiet mit oder ohne Abweichungen durchgeführt wird; teilt die Erklärung mit, daß die Durchführung des Übereinkommens mit Abweichungen erfolgt, so sind die Einzelheiten dieser Abweichungen anzugeben.

(2) Das beteiligte Mitglied, die beteiligten Mitglieder oder die beteiligte internationale Behörde können jederzeit durch eine spätere Erklärung auf das Recht der Inanspruchnahme jeder in einer früheren Erklärung mitgeteilten Abweichung ganz oder teilweise verzichten.

(3) Das beteiligte Mitglied, die beteiligten Mitglieder oder die beteiligte internationale Behörde können dem Generaldirektor zu jedem Zeitpunkt, in dem dieses Übereinkommen nach Artikel 11 gekündigt werden kann, eine Erklärung übermitteln, durch die der Inhalt jeder früheren Erklärung in sonstiger Weise abgeändert und die in dem betreffenden Zeitpunkt bestehende Lage in bezug auf die Durchführung dieses Übereinkommens angegeben wird.

Art. 11. (1) Jedes Mitglied, das dieses Übereinkommen ratifiziert hat, kann es nach Ablauf von zehn Jahren, gerechnet von dem Tag, an dem es zum erstenmal in Kraft getreten ist, durch Anzeige an den Generaldirektor des Internationalen Arbeitsamtes kündigen. Die Kündigung wird von diesem eingetragen. Ihre Wirkung tritt erst ein Jahr nach der Eintragung ein.

(2) Jedes Mitglied, das dieses Übereinkommen ratifiziert hat und innerhalb eines Jahres nach Ablauf des im vorigen Absatz genannten Zeitraumes von zehn Jahren von dem in diesem Artikel vorgesehenen Kündigungsrecht keinen Gebrauch macht, bleibt für einen weiteren Zeitraum von zehn Jahren gebunden. In der Folge kann es dieses Übereinkommen jeweils nach Ablauf eines Zeitraumes von zehn Jahren nach Maßgabe dieses Artikels kündigen.

Art. 12. (1) Der Generaldirektor des Internationalen Arbeitsamtes gibt allen Mitgliedern der Internationalen Arbeitsorganisation Kenntnis von der Eintragung aller Ratifikationen, Erklärungen und Kündigungen, die ihm von den Mitgliedern der Organisation mitgeteilt werden.

(2) Der Generaldirektor wird die Mitglieder der Organisation, wenn er ihnen von der Eintragung der zweiten Ratifikation, die ihm mitgeteilt wird, Kenntnis gibt, auf den Zeitpunkt aufmerksam machen, in dem dieses Übereinkommen in Kraft tritt.

Art. 13. Der Generaldirektor des Internationalen Arbeitsamtes übermittelt dem Generalsekretär der Vereinten Nationen zwecks Eintragung nach Artikel 102 der Charta der Vereinten Nationen vollständige Auskünfte über alle von ihm nach Maßgabe der vorausgehenden Artikel eingetragenen Ratifikationen, Erklärungen und Kündigungen.

Art. 14. Der Verwaltungsrat des Internationalen Arbeitsamtes hat nach Inkrafttreten dieses Übereinkommens jeweils bei Ablauf eines Zeitraumes von zehn Jahren der Allgemeinen Konferenz einen Bericht über die Durchführung dieses Übereinkommens zu erstatten und zu prüfen, ob die Frage seiner gänzlichen oder teilweisen Abänderung auf die Tagesordnung der Konferenz gesetzt werden soll.

Art. 15. (1) Nimmt die Konferenz ein neues Übereinkommen an, welches das vorliegende Übereinkommen ganz oder teilweise abändert, und sieht das neue Übereinkommen nichts anderes vor, so gelten folgende Bestimmungen:
a) die Ratifikation des neugefaßten Übereinkommens durch ein Mitglied schließt ohne weiteres die sofortige Kündigung des vorliegenden Übereinkommens in sich ohne Rücksicht auf Artikel 11, vorausgesetzt, daß das neugefaßte Übereinkommen in Kraft getreten ist.
b) Vom Zeitpunkt des Inkrafttretens des neugefaßten Übereinkommens an kann das vorliegende Übereinkommen von den Mitgliedern nicht mehr ratifiziert werden.

(2) Indessen bleibt das vorliegende Übereinkommen nach Form und Inhalt jedenfalls in Kraft für die Mitglieder, die dieses, aber nicht das neugefaßte Übereinkommen ratifiziert haben.

Art. 16. Der französische und der englische Wortlaut dieses Übereinkommens sind in gleicher Weise maßgebend.

Anhang 9

Übereinkommen Nr. 135 der Internationalen Arbeitsorganisation über Schutz und Erleichterungen für Arbeitnehmervertreter im Betrieb[1]

Vom 23. Juni 1971 (BGBl. II S. 953)

(Übersetzung)

Die Allgemeine Konferenz der Internationalen Arbeitsorganisation, die vom Verwaltungsrat des Internationalen Arbeitsamtes nach Genf einberufen wurde und am 2. Juni 1971 zu ihrer sechsundfünfzigsten Tagung zusammengetreten ist,

nimmt Kenntnis von den Bestimmungen des Übereinkommens über das Vereinigungsrecht und das Recht zu Kollektivverhandlungen, 1949, das den Schutz der Arbeitnehmer vor jeder gegen die Vereinigungsfreiheit gerichteten unterschiedlichen Behandlung im Zusammenhang mit ihrer Beschäftigung betrifft,

hält es für erwünscht, diese Bestimmungen in bezug auf Arbeitnehmervertreter zu ergänzen,

hat beschlossen, verschiedene Anträge anzunehmen betreffend Schutz und Erleichterungen für Arbeitnehmervertreter im Betrieb, eine Frage, die den fünften Gegenstand ihrer Tagesordnung bildet, und

dabei bestimmt, daß diese Anträge die Form eines internationalen Übereinkommens erhalten sollen.

Die Konferenz nimmt heute, am 23. Juni 1971, das folgende Übereinkommen an, das als Übereinkommen über Arbeitnehmervertreter, 1971, bezeichnet wird.

Art. 1. Die Arbeitnehmervertreter im Betrieb sind gegen jede Benachteiligung, einschließlich Kündigung, die auf Grund ihrer Stellung oder Betätigung als Arbeitnehmervertreter oder auf Grund ihrer Zugehörigkeit zu einer Gewerkschaft oder ihrer gewerkschaftlichen Betätigung erfolgt, wirksam zu schützen, sofern sie im Einklang mit bestehenden Gesetzen oder Gesamtarbeitsverträgen oder anderen gemeinsam vereinbarten Regelungen handeln.

Art. 2. (1) Den Arbeitnehmervertretern sind im Betrieb Erleichterungen zu gewähren, die geeignet sind, ihnen die rasche und wirksame Durchführung ihrer Aufgaben zu ermöglichen.

(2) Hierbei sind die Eigenart des in dem betreffenden Land geltenden Systems der Arbeitsbeziehungen sowie die Erfordernisse, die Größe und die Leistungsfähigkeit des betreffenden Betriebs zu berücksichtigen.

---

[1] Nach der Bekanntmachung vom 9. 11. 1973 (BGBl. II S. 1595) ist das Übereinkommen in der Bundesrepublik Deutschland am 26. 9. 1974 in Kraft getreten; vgl. das Gesetz zum Übereinkommen Nr. 135 der Internationalen Arbeitsorganisation vom 23. 6. 1971 über Schutz und Erleichterungen für Arbeitnehmervertreter im Betrieb, BGBl. II S. 953).

(3) Die Gewährung solcher Erleichterungen darf das wirksame Funktionieren des betreffenden Betriebs nicht beeinträchtigen.

Art. 3. Als „Arbeitnehmervertreter" im Sinne dieses Übereinkommens gelten Personen, die auf Grund der innerstaatlichen Gesetzgebung oder Praxis als solche anerkannt sind, und zwar
a) Gewerkschaftsvertreter, d. h. von Gewerkschaften oder von deren Mitgliedern bestellte oder gewählte Vertreter, oder
b) gewählte Vertreter, d. h. Vertreter, die von den Arbeitnehmern des Betriebs im Einklang mit Bestimmungen der innerstaatlichen Gesetzgebung oder von Gesamtarbeitsverträgen frei gewählt werden und deren Funktionen sich nicht auf Tätigkeiten erstrecken, die in dem betreffenden Land als ausschließliches Vorrecht der Gewerkschaften anerkannt sind.

Art. 4. Durch die innerstaatliche Gesetzgebung, durch Gesamtarbeitsverträge, Schiedssprüche oder gerichtliche Entscheidungen kann bestimmt werden, welche Art oder Arten von Arbeitnehmervertretern Anspruch auf den Schutz und die Erleichterungen haben, die in diesem Übereinkommen vorgesehen sind.

Art. 5. Sind in einem Betrieb sowohl Gewerkschaftsvertreter als auch gewählte Vertreter tätig, so sind nötigenfalls geeignete Maßnahmen zu treffen, um zu gewährleisten, daß das Vorhandensein gewählter Vertreter nicht dazu benutzt wird, die Stellung der beteiligten Gewerkschaften oder ihrer Vertreter zu untergraben, und um die Zusammenarbeit zwischen den gewählten Vertretern und den beteiligten Gewerkschaften und ihren Vertretern in allen einschlägigen Fragen zu fördern.

Art. 6. Die Durchführung dieses Übereinkommens kann durch die innerstaatliche Gesetzgebung, durch Gesamtarbeitsverträge oder auf irgendeine andere, den innerstaatlichen Gepflogenheiten entsprechende Art und Weise erfolgen.

Art. 7. Die förmlichen Ratifikationen dieses Übereinkommens sind dem Generaldirektor des Internationalen Arbeitsamtes zur Eintragung mitzuteilen.

Art. 8. (1) Dieses Übereinkommen bindet nur diejenigen Mitglieder der Internationalen Arbeitsorganisation, deren Ratifikation durch den Generaldirektor eingetragen ist.
(2) Es tritt in Kraft zwölf Monate nachdem die Ratifikationen zweier Mitglieder durch den Generaldirektor eingetragen worden sind.
(3) In der Folge tritt dieses Übereinkommen für jedes Mitglied zwölf Monate nach der Eintragung seiner Ratifikation in Kraft.

Art. 9. (1) Jedes Mitglied, das dieses Übereinkommen ratifiziert hat, kann es nach Ablauf von zehn Jahren, gerechnet von dem Tag, an dem es zum erstenmal in Kraft getreten ist, durch Anzeige an den Generaldirektor des Internationalen Arbeitsamtes kündigen. Die Kündigung wird von diesem eingetragen. Ihre Wirkung tritt erst ein Jahr nach der Eintragung ein.

(2) Jedes Mitglied, das dieses Übereinkommen ratifiziert hat und innerhalb eines Jahres nach Ablauf des im vorigen Absatz benannten Zeitraumes von zehn Jahren von dem in diesem Artikel vorgesehenen Kündigungsrecht keinen Gebrauch macht, bleibt für einen weiteren Zeitraum von zehn Jahren gebunden. In der Folge kann es dieses Übereinkommen jeweils nach Ablauf eines Zeitraumes von zehn Jahren nach Maßgabe dieses Artikels kündigen.

Art. 10. (1) Der Generaldirektor des Internationalen Arbeitsamtes gibt allen Mitgliedern der Internationalen Arbeitsorganisation Kenntnis von der Eintragung aller Ratifikationen und Kündigungen, die ihm von den Mitgliedern der Organisation mitgeteilt werden.

(2) Der Generaldirektor wird die Mitglieder der Organisation, wenn er ihnen von der Eintragung der zweiten Ratifikation, die ihm mitgeteilt wird, Kenntnis gibt, auf den Zeitpunkt aufmerksam machen, in dem dieses Übereinkommen in Kraft tritt.

Art. 11. Der Generaldirektor des Internationalen Arbeitsamtes übermittelt dem Generalsekretär der Vereinten Nationen zwecks Eintragung nach Artikel 102 der Charta der Vereinten Nationen vollständige Auskünfte über alle von ihm nach Maßgabe der vorausgehenden Artikel eingetragenen Ratifikationen und Kündigungen.

Art. 12. Der Verwaltungsrat des Internationalen Arbeitsamtes hat, sooft er es für nötig erachtet, der Allgemeinen Konferenz einen Bericht über die Durchführung dieses Übereinkommens zu erstatten und zu prüfen, ob die Frage seiner gänzlichen oder teilweisen Abänderung auf die Tagesordnung der Konferenz gesetzt werden soll.

Art. 13. (1) Nimmt die Konferenz ein neues Übereinkommen an, welches das vorliegende Übereinkommen ganz oder teilweise abändert, und sieht das neue Übereinkommen nichts anderes vor, so gelten folgende Bestimmungen:
a) Die Ratifikation des neugefaßten Übereinkommens durch ein Mitglied schließt ohne weiteres die sofortige Kündigung des vorliegenden Übereinkommens in sich ohne Rücksicht auf Artikel 9, vorausgesetzt, daß das neugefaßte Übereinkommen in Kraft getreten ist.
b) Vom Zeitpunkt des Inkrafttretens des neugefaßten Übereinkommens an kann das vorliegende Übereinkommen von den Mitgliedern nicht mehr ratifiziert werden.

(2) Indessen bleibt das vorliegende Übereinkommen nach Form und Inhalt jedenfalls in Kraft für die Mitglieder, die dieses, aber nicht das neugefaßte Übereinkommen ratifiziert haben.

Art. 14. Der französische und der englische Wortlaut dieses Übereinkommens sind in gleicher Weise maßgebend.

Anhang 10

Allgemeine Erklärung der Menschenrechte[1]

Vom 10. Dezember 1948
(Auszug)

Art. 23 [Recht auf Arbeit und gleichen Lohn, Koalitionsfreiheit]

1. Jeder Mensch hat das Recht auf Arbeit, auf freie Berufswahl, auf angemessene und befriedigende Arbeitsbedingungen sowie auf Schutz gegen Arbeitslosigkeit.
2. Alle Menschen haben ohne jede unterschiedliche Behandlung das Recht auf gleichen Lohn für gleiche Arbeit.
3. Jeder Mensch, der arbeitet, hat das Recht auf angemessene und befriedigende Entlohnung, die ihm und seiner Familie eine der menschlichen Würde entsprechende Existenz sichert und die, wenn nötig, durch andere soziale Schutzmaßnahmen zu ergänzen ist.
4. Jeder Mensch hat das Recht, zum Schutze seiner Interessen Berufsvereinigungen zu bilden und solchen beizutreten.

Anhang 11

Internationaler Pakt über bürgerliche und politische Rechte[2]

Vom 19. Dezember 1966 (BGBl. 1973 II S. 1534)
(Auszug)

Art. 22. (1) Jedermann hat das Recht, sich frei mit anderen zusammenzuschließen sowie zum Schutz seiner Interessen Gewerkschaften zu bilden und ihnen beizutreten.

(2) Die Ausübung dieses Rechts darf keinen anderen als den gesetzlich vorgesehenen Einschränkungen unterworfen werden, die in einer demokratischen Gesellschaft im Interesse der nationalen oder der öffentlichen Sicherheit, der öffentlichen Ordnung (ordre public), zum Schutz der Volksgesundheit, der öffentlichen Sittlichkeit oder zum Schutz der Rechte und Freiheiten anderer notwendig sind. Dieser Artikel steht gesetzlichen Einschränkungen der Ausübung dieses Rechts für Angehörige der Streitkräfte oder der Polizei nicht entgegen.

(3) Keine Bestimmung dieses Artikels ermächtigt die Vertragsstaaten des Übereinkommens der Internationalen Arbeitsorganisation von 1948 über die Vereinigungsfreiheit und den Schutz des Vereinigungsrechts, gesetzgeberi-

---

[1] Internationale Quelle: Resolution 217 (III) Universal Declaration of Human Rights in: United Nations, General Assembly, Official Records third Session (part I) Resolutions (Doc. A/810) S. 71.
[2] Der internationale Pakt über bürgerliche und politische Rechte ist mit Ausnahme seines Artikels 41 am 23. 3. 1976 – auch für die Bundesrepublik Deutschland (gemäß Bekanntmachung vom 14. 6. 1976, BGBl. 1976 II S. 1068) – in Kraft getreten.

sche Maßnahmen zu treffen oder Gesetze so anzuwenden, daß die Garantien des oben genannten Übereinkommens beeinträchtigt werden.

Anhang 12

Internationaler Pakt über wirtschaftliche, soziale und kulturelle Rechte[1]

Vom 19. Dezember 1966 (BGBl. 1973 II S. 1570)
(Auszug)

Art. 6. (1) Die Vertragsstaaten erkennen das Recht auf Arbeit an, welches das Recht jedes einzelnen auf die Möglichkeit, seinen Lebensunterhalt durch frei gewählte oder angenommene Arbeit zu verdienen, umfaßt, und unternehmen geeignete Schritte zum Schutz dieses Rechts.

(2) Die von einem Vertragsstaat zur vollen Verwirklichung dieses Rechts zu unternehmenden Schritte umfassen fachliche und berufliche Beratung und Ausbildungsprogramme sowie die Festlegung von Grundsätzen und Verfahren zur Erzielung einer stetigen wirtschaftlichen, sozialen und kulturellen Entwicklung und einer produktiven Vollbeschäftigung unter Bedingungen, welche die politischen und wirtschaftlichen Grundfreiheiten des einzelnen schützen.

Art. 7. Die Vertragsstaaten erkennen das Recht eines jeden auf gerechte und günstige Arbeitsbedingungen an, durch die insbesondere gewährleistet wird
a) ein Arbeitsentgelt, das allen Arbeitnehmern mindestens sichert
  i) angemessenen Lohn und gleiches Entgelt für gleichwertige Arbeit ohne Unterschied; insbesondere wird gewährleistet, daß Frauen keine ungünstigeren Arbeitsbedingungen als Männer haben und daß sie für gleiche Arbeit gleiches Entgelt erhalten,
  ii) einen angemessenen Lebensunterhalt für sie und ihre Familien in Übereinstimmung mit diesem Pakt;
b) sichere und gesunde Arbeitsbedingungen;
c) gleiche Möglichkeiten für jedermann, in seiner beruflichen Tätigkeit entsprechend aufzusteigen, wobei keine anderen Gesichtspunkte als Beschäftigungsdauer und Befähigung ausschlaggebend sein dürfen;
d) Arbeitspausen, Freizeit, eine angemessene Begrenzung der Arbeitszeit, regelmäßiger bezahlter Urlaub sowie Vergütung gesetzlicher Feiertage.

Art. 8. (1) Die Vertragsstaaten verpflichten sich, folgende Rechte zu gewährleisten:
a) das Recht eines jeden, zur Förderung und zum Schutz seiner wirtschaftlichen und sozialen Interessen Gewerkschaften zu bilden oder einer Ge-

---

[1] Der internationale Pakt über wirtschaftliche, soziale und kulturelle Rechte ist am 3. 1. 1976 – u. a. auch für die Bundesrepublik gemäß Bekanntmachung vom 9. 3. 1976 (BGBl. II S. 428) – in Kraft getreten.

werkschaft eigener Wahl allein nach Maßgabe ihrer Vorschriften beizutreten. Die Ausübung dieses Rechts darf nur solchen Einschränkungen unterworfen werden, die gesetzlich vorgesehen und in einer demokratischen Gesellschaft im Interesse der nationalen Sicherheit oder der öffentlichen Ordnung oder zum Schutz der Rechte und Freiheiten anderer erforderlich sind;

b) das Recht der Gewerkschaften, nationale Vereinigungen oder Verbände zu gründen, sowie deren Recht, internationale Gewerkschaftsorganisationen zu bilden oder solchen beizutreten;

c) das Recht der Gewerkschaften, sich frei zu betätigen, wobei nur solche Einschränkungen zulässig sind, die gesetzlich vorgesehen und in einer demokratischen Gesellschaft im Interesse der nationalen Sicherheit oder der öffentlichen Ordnung oder zum Schutz der Rechte und Freiheiten anderer erforderlich sind;

d) das Streikrecht, soweit es in Übereinstimmung mit der innerstaatlichen Rechtsordnung ausgeübt wird.

(2) Dieser Artikel schließt nicht aus, daß die Ausübung dieser Rechte durch Angehörige der Streitkräfte, der Polizei oder der öffentlichen Verwaltung rechtlichen Einschränkungen unterworfen wird.

(3) Keine Bestimmung dieses Artikels ermächtigt die Vertragsstaaten des Übereinkommens der Internationalen Arbeitsorganisation von 1948, über die Vereinigungsfreiheit und den Schutz des Vereinigungsrechts gesetzgeberische Maßnahmen zu treffen oder Gesetze so anzuwenden, daß die Garantien des oben genannten Übereinkommens beeinträchtigt werden.

C. Satzungsrecht der Koalitionen

Anhang 13

Satzung der Bundesvereinigung der Deutschen Arbeitgeberverbände

(in der von der Mitgliederversammlung am 6. Dezember 1961 beschlossenen und am 11. Dezember 1969, 7. Dezember 1971, 16. März 1978, 10. Dezember 1981, 12. Dezember 1985, 14. Dezember 1989, 13. Dezember 1990 sowie am 12. Dezember 1996 geänderten Fassung)

I. Name, Sitz, Geschäftsjahr und Zweck

§ 1. (1) Zur Wahrung ihrer gemeinschaftlichen sozialpolitischen Belange bilden die sozialpolitischen Organisationen der Arbeitgeber in der Bundesrepublik Deutschland eine Arbeitsgemeinschaft unter dem Namen:

„Bundesvereinigung der Deutschen Arbeitgeberverbände."

(2) Sie hat ihren Sitz in Köln.

(3) Das Geschäftsjahr ist das Kalenderjahr.

(4) Die Bundesvereinigung der Deutschen Arbeitgeberverbände (im folgenden „Bundesvereinigung" genannt) soll in das Vereinsregister des zuständigen Amtsgerichts eingetragen werden.

§ 2. Die Bundesvereinigung hat die Aufgabe, solche gemeinschaftlichen sozialpolitischen Belange zu wahren, die über den Bereich eines Landes oder den Bereich eines Wirtschaftszweiges hinausgehen und die von grundsätzlicher Bedeutung sind. Wirtschaftszweige im Sinne dieser Satzung sind:
a) die Industrie (einschließlich Bergbau),
b) das Handwerk,
c) die Landwirtschaft,
d) der Groß- und Außenhandel,
e) der Einzelhandel,
f) das private Bankgewerbe,
g) die privaten Versicherungsunternehmen,
h) das Verkehrsgewerbe,
i) das sonstige Gewerbe.

§ 3. Die Selbständigkeit der Mitglieder darf auf tarifpolitischem Gebiet nicht durch Maßnahmen der Bundesvereinigung und ihrer Organe eingeschränkt werden. Empfehlungen auf diesem Gebiet sind jedoch zulässig, sofern sie vom Vorstand der Bundesvereinigung einstimmig beschlossen werden.

II. Mitgliedschaft

§ 4. (1) Die Mitgliedschaft ist freiwillig.

(2) Mitglieder können werden:
a) die für die Bundesrepublik Deutschland bestehenden fachlichen Zusammenschlüsse privater Arbeitgeber und Vereinigungen von ihnen, die sozialpolitische Aufgaben zu erfüllen haben,
b) die in der Bundesrepublik Deutschland bestehenden überfachlichen sozialpolitischen Landeszusammenschlüsse privater Arbeitgeber.

(3) Andere sozialpolitische Organisationen von Arbeitgebern können als Mitglieder aufgenommen werden, wenn der Vorstand der Bundesvereinigung die Aufnahme beschließt.

§ 5. (1) Über die Aufnahme-Anträge entscheidet der Vorstand.

(2) Gegen eine Entscheidung des Vorstandes kann innerhalb von 6 Wochen Einspruch eingelegt werden. Über den Einspruch entscheidet die Mitgliederversammlung.

(3) Der Beitritt wird durch schriftliche Anerkennung der Satzung und der sich aus ihr ergebenden Verbindlichkeiten vollzogen.

§ 6. (1) Die Mitglieder der Bundesvereinigung sind an die satzungsgemäß zustande gekommenen Beschlüsse der Bundesvereinigung und ihrer Organe gebunden, soweit nicht § 25 etwas anderes bestimmt.

(2) Sie sind verpflichtet, der Bundesvereinigung und deren Organen gewissenhaft und fristgerecht alle erforderlichen Auskünfte zu geben und sie über alle wichtigen Ereignisse in ihrem Bereich fortlaufend zu unterrichten.

§ 7. (1) Der Austritt aus der Bundesvereinigung ist nur zum Schlusse eines Geschäftsjahres zulässig. Die Austrittserklärung muß der Geschäftsführung spätestens 12 Monate vor Ablauf des Geschäftsjahres durch eingeschriebenen Brief zugegangen sein.

(2) Ein Mitglied kann durch Beschluß des Vorstandes ausgeschlossen werden, wenn es sich einer Handlung schuldig gemacht hat, die:
a) gegen die Bestimmungen dieser Satzung verstößt, insbesondere, wenn es seiner Beitragspflicht nicht nachkommt,
b) geeignet ist, das Ansehen der Bundesvereinigung oder ihrer Organe gröblich zu schädigen.

(3) Innerhalb einer Frist von 4 Wochen nach Zustellung des Ausschließungsbeschlusses steht dem Mitglied ein durch eingeschriebenen Brief an die Geschäftsführung einzulegender Einspruch an die Mitgliederversammlung zu. Die Frist ist gewahrt, wenn der eingeschriebene Brief innerhalb der Frist bei der Post aufgegeben worden ist.

§ 8. Bei Beendigung der Mitgliedschaft besteht kein Anspruch an das Vermögen der Bundesvereinigung.

§ 9. (1) Die Kosten der Bundesvereinigung werden durch Beiträge der Mitglieder gedeckt. Die Beitragsbemessung soll grundsätzlich auf der Grundlage der der Berufsgenossenschaft gemeldeten Lohn- und Gehaltssummen erfolgen. Das Nähere regelt eine von der Mitgliederversammlung zu beschließende Beitragsordnung.

(2) Bis zur Festsetzung der Beitragsordnung kann der Vorstand im Wege der Umlage vorläufige Beiträge zur Deckung der Unkosten erheben, die bei der endgültigen Beitragserhebung angerechnet werden.

III. Organe der Bundesvereinigung

§ 10. (1) Organe der Bundesvereinigung sind:
A) die Mitgliederversammlung,
B) der Vorstand,
C) das Präsidium,
D) die Geschäftsführung.

(2) In die Organe der Bundesvereinigung können nur Personen entsandt oder berufen werden, die von Arbeitnehmerorganisationen unabhängig sind.

A) Mitgliederversammlung

§ 11. (1) Die Mitgliederversammlung besteht aus den Vertretern der beteiligten Organisationen.

(2) Jede Organisation hat mindestens 1 Vertreter.

(3) Übersteigt bei einem Mitglied nach § 4 Ziffer 2 Absatz a) (fachliche Organisation) die Zahl der bei seinen Betrieben beschäftigten Arbeiter und Angestellten (ohne Einbeziehung der beschäftigten Familienangehörigen) 100000, so ist für jede angefangenen weiteren 100000 ein weiterer Vertreter zur Mitgliederversammlung zu bestellen.

(4) Das gleiche gilt für Mitglieder nach § 4 Ziffer 2 Absatz b) (Landeszusammenschlüsse), jedoch nur insoweit, als die diesen angeschlossenen Organisationen nicht bereits durch ein Mitglied nach § 4 Ziffer 2 Absatz a) (fachliche Organisation) erfaßt sind.

§ 12. (1) Die Mitgliederversammlung ist zuständig:

a) für die Wahl des Präsidenten, der Stellvertreter des Präsidenten einschließlich des Schatzmeisters (Vizepräsidenten) sowie bis zu zwanzig weiteren Mitgliedern des Präsidiums gemäß § 18 Abs. 1 Satz 1,

b) für die Wahl bis zu sechzehn weiterer Vorstandsmitglieder,

c) für die Wahl von zwei Rechnungsprüfern,

d) für die Genehmigung des Haushaltsplanes, den Erlaß der Beitragsordnung und die Festsetzung des Mitgliedsbeitrages,

e) für die Entlastung der in § 10 unter B, C und D genannten Organe,

f) für die Abänderung der Satzung,

g) für die Beschlußfassung über die Auflösung der Bundesvereinigung,

h) für die Beschlußfassung über solche Angelegenheiten von grundsätzlicher Bedeutung, die ihr zu diesem Zweck vom Vorstand übertragen werden,

i) für die Entscheidung über Einsprüche gemäß § 5 Ziffer 2 und § 7 Ziffer 3.

(2) Die unter Abs. 1a und b genannten Organmitglieder und die Rechnungsprüfer werden auf zwei Jahre gewählt. Sie bleiben bis zur Neuwahl im Amt. Zuwahlen und Nachwahlen gelten für den Rest der Amtszeit. Wiederwahl ist zulässig.

(3) Eine ordentliche Mitgliederversammlung, in der über die Regularien Beschluß gefaßt wird, findet alljährlich innerhalb der letzten drei Monate eines Geschäftsjahres statt.

(4) Außerordentliche Mitgliederversammlungen können vom Präsidenten einberufen werden. Sie müssen einberufen werden, wenn ein Viertel der Vertreter der Mitglieder die Einberufung unter Angabe des Zwecks schriftlich bei der Geschäftsführung beantragt.

B) Vorstand

§ 13. (1) Der Vorstand der Bundesvereinigung besteht aus den Vorsitzenden der Mitglieder oder an ihrer Stelle je einem anderen von ihnen ständig beauftragten Vorstandsmitglied ihre Verbandes. Mitglieder sind ferner der jeweilige Präsident des Instituts der deutschen Wirtschaft, der jeweilige Sprecher des Vorstandes der Walter-Raymond-Stiftung und der Vorsitzende des

Vorstandes der Hanns Martin Schleyer-Stiftung sowie bis zu sechzehn weitere Persönlichkeiten, die durch die Mitgliederversammlung gewählt werden (§ 12 Abs. 1 b).

(2) Für jedes Mitglied des Vorstandes zu Abs. 1 Satz 1 ist ein Stellvertreter zu benennen.

(3) Die Vertreter der einzelnen Wirtschaftszweige sind verpflichtet, nicht die Sonderbelange ihrer fachlichen Organisationen, sondern die Gesamtbelange des betreffenden Wirtschaftszweiges zu vertreten.

(4) Wird in dieser Satzung auf den Vorstand Bezug genommen, so ist jeweils, mit Ausnahme der Erwähnung im § 17, der Vorstand im Sinne des § 13 gemeint.

§ 14. Der Vorstand ist für alle Angelegenheiten der Bundesvereinigung zuständig, soweit sie nicht durch zwingende gesetzliche Vorschriften oder durch Bestimmungen der Satzung anderen Organen vorbehalten sind. Der Vorstand beschießt insbesondere die Richtlinien für die Arbeit der Bundesvereinigung und hat in diesem Zusammenhang das Recht, Präsidium, Geschäftsführung und die Ausschüsse der Bundesvereinigung zur Bearbeitung bestimmter, ihm wesentlich erscheinender Aufgaben zu veranlassen.

§ 15. (1) Der Vorstand kann für bestimmte Aufgaben Ausschüsse einsetzen und ihre Zusammensetzung regeln. § 10 Abs. 2 gilt entsprechend. Er hat u. a. hierbei die Belange der Mitgliedsverbände angemessen zu berücksichtigen.

(2) Die Zahl der Mitglieder eines Ausschusses richtet sich nach der diesem Ausschuß zugewiesenen Aufgabe. Sie soll von Fall zu Fall festgesetzt werden.

(3) In jedem Ausschuß führt ein von dem Vorstand auszuwählender Fachmann den Vorsitz.

(4) Der Vorstand kann sich eine Geschäftsordnung geben.

§ 16. Der Vorstand kann einem früheren Vorsitzenden (Präsidenten) die Bezeichnung „Ehrenpräsident der Bundesvereinigung der Deutschen Arbeitgeberverbände" verleihen. Der Ehrenpräsident hat das Recht, an allen Veranstaltungen der Organe der Bundesvereinigung mit beratender Stimme teilzunehmen.

§ 17. Vorstand der Bundesvereinigung im Sinne des BGB sind der Präsident und seine Stellvertreter (Vizepräsidenten). Gerichtlich und außergerichtlich wird die Bundesvereinigung durch den Präsidenten und einen Vizepräsidenten gemeinsam oder durch zwei Vizepräsidenten gemeinsam vertreten.

C) Präsidium

§ 18. (1) Das Präsidium der Bundesvereinigung besteht aus dem Präsidenten, bis zu acht Stellvertretern des Präsidenten einschließlich des Schatzmeisters (Vizepräsidenten) sowie bis zu zwanzig weiteren Präsidialmitgliedern, die von der Mitgliederversammlung aus der Mitte des Vorstandes gewählt werden (§ 12 Abs. 1 a).

Das Präsidium kann bis zu sechs weitere Personen kooptieren, ferner ein vom Bundesverband der Deutschen Industrie vorzuschlagendes Mitglied seines Präsidiums, für die § 12 Abs. 1 entsprechend gilt.

Außerdem gehören dem Präsidium der jeweilige Präsident des Instituts der deutschen Wirtschaft und der jeweilige Sprecher des Vorstandes der Walter-Raymond-Stiftung sowie der jeweilige Vorsitzende des Vorstandes der Hanns Martin Schleyer-Stiftung an.

(2) Im Präsidium sollen insgesamt sieben Vertreter dem Wirtschaftszweig Industrie, fünf den übrigen Wirtschaftszweigen und sieben den überfachlichen Landeszusammenschlüssen der Bundesvereinigung angehören. Drei Vizepräsidenten sollen dem Wirtschaftszweig Industrie angehören.

(3) Der Schatzmeister hat die Aufgabe, das Präsidium und den Vorstand in allen finanziellen Angelegenheiten der Bundesvereinigung zu beraten.

(4) Das Präsidium leitet die Tätigkeit der Bundesvereinigung im Rahmen der Richtlinien des Vorstands, soweit dieser sich Entscheidungen nicht selbst vorbehält.

§ 19. Ausschußarbeit

(1) Zum Beginn einer jeden Wahlperiode sind die Ausschußmitglieder vom Ausschußvorsitzenden neu zu berufen.

(2) Die Ausschüsse berichten Vorstand und Präsidium über ihre Arbeit. Sie leiten die Berichte über die Geschäftsführung der Bundesvereinigung.

(3) Auf Anforderung von Vorstand oder Präsidium oder in Fragen von wesentlicher Bedeutung hat der Ausschuß seine Beschlüsse diesen Organen zur Entscheidung vorzulegen.

D) Geschäftsführung

§ 20. (1) Zur Erledigung der laufenden Geschäfte der Bundesvereinigung wird eine Geschäftsführung unter Leitung eines oder mehrere Geschäftsführer eingerichtet.

(2) Die Geschäftsführer werden auf Vorschlag des Präsidenten vom Vorstand berufen.

(3) Die Anstellungsverträge der Geschäftsführer und der Mitglieder der Geschäftsführung werden von dem Präsidenten und einem seiner Stellvertreter abgeschlossen. Die sonstigen für die Erledigung der Geschäfte notwendigen Arbeitskräfte werden von dem vom Präsidenten dazu bevollmächtigten Geschäftsführer bestellt.

IV. Gemeinsame Bestimmungen für die Versammlungen der Mitglieder, des Vorstandes und des Präsidiums

§ 21. (1) Die Vertreter der Mitglieder werden zu den Mitgliederversammlungen durch den Präsidenten schriftlich und unter Mitteilung der Tagesordnung eingeladen. Das gleiche gilt für die Sitzungen des Vorstandes.

(2) Bei Einladungen zu Mitgliederversammlungen muß zwischen der Aufgabe der vollständigen Einladung zur Post und dem Tage der Versammlung eine Frist von mindestens zwei Wochen liegen. In besonderen, vom Präsidenten für dringend erachteten Fällen kann diese Frist bis auf drei Tage abgekürzt werden. Über Gegenstände, die nicht in der Tagesordnung mitgeteilt sind, und über Anträge, die nicht spätestens drei Tage vor dem Tage der Versammlung der Geschäftsführung schriftlich zugegangen sind, darf ein Beschluß nur gefaßt werden, wenn sich die Versammlung mit einfacher Mehrheit der abgegebenen Stimmen damit einverstanden erklärt. Dies gilt nicht für Anträge auf Abänderung der Satzung und Auflösung der Bundesvereinigung.

§ 22. (1) Die Mitgliederversammlungen, die Sitzungen des Vorstandes und des Präsidiums werden von dem Präsidenten, bei dessen Verhinderung von einem seiner Stellvertreter, geleitet. Der Leiter bestimmt die Reihenfolge der zu beratenden Gegenstände und die Art und Weise der Abstimmungen. Personenwahlen sind grundsätzlich in geheimer Abstimmung vorzunehmen.

(2) Bei den Mitgliederversammlungen, den Sitzungen des Vorstandes und des Präsidiums hat jeder anwesende Vertreter eine Stimme. Schriftliche Stimmenübertragung ist zulässig.

(3) Soweit nicht zwingende gesetzliche oder Satzungsbestimmungen entgegenstehen, entscheidet die einfache Mehrheit der abgegebenen Stimmen. Bei Stimmengleichheit ist der Antrag abgelehnt.

§ 23. (1) Beschlüsse über die Abänderung der Satzungen bedürfen einer Mehrheit von zwei Drittel der abgegebenen Stimmen.

(2) Beschlüsse über die Auflösung der Bundesvereinigung bedürfen einer Mehrheit von drei Viertel der abgegebenen Stimmen. Die Versammlung ist für die Auflösung der Bundesvereinigung nur dann beschlußfähig, wenn mindestens drei Viertel der Vertreter der Mitglieder anwesend sind. Ist diese Voraussetzung nicht vorhanden, so findet die Abstimmung über den Auflösungsantrag in einer vier Wochen später neu zu berufenden Mitgliederversammlung statt, bei welcher eine Mehrheit von drei Viertel ohne Rücksicht auf die Zahl der anwesenden Vertreter zur Beschlußfassung genügt.

§ 24. (1) Die Mitglieder üben ihr Stimmrecht durch ihre bestellten Vertreter aus. Vertretung auf Grund einfacher schriftlicher Vollmacht ist in den Versammlungen der Mitglieder der Bundesvereinigung zulässig.

(2) Geschäftsführer der Mitglieder haben in den Mitgliederversammlungen der Bundesvereinigung beratende Stimme, sofern sie nicht Bevollmächtigte eines Mitglieds sind.

(3) Die Versammlungen der Mitglieder der Bundesvereinigung, des Vorstandes und des Präsidiums sind ohne Rücksicht auf die Zahl der erschienenen und vertretenen Mitglieder beschlußfähig, soweit nicht zwingende gesetzliche Bestimmungen oder Bestimmungen der Satzung entgegenstehen.

(4) Über die Beschlüsse der Mitgliederversammlungen und der Sitzungen des Vorstandes der Bundesvereinigung ist eine vom Präsidenten und dem

Geschäftsführer zu unterzeichnende Niederschrift zu führen, die den Mitgliedern der Bundesvereinigung in Abschrift mitzuteilen ist.

§ 25. Kommt ein Beschluß in einer Mitgliederversammlung oder in einer Sitzung des Vorstandes gegen den geschlossenen Einspruch der Vertreter eines Wirtschaftszweiges zustande, so kann dieser Wirtschaftszweig verlangen, daß seine Stellungnahme und die Begründung hierzu mit dem Beschluß gleichzeitig bekanntgegeben werden. Er hat außerdem das Recht, seinen Standpunkt selbst zu vertreten.

V. Schlußbestimmungen

§ 26. Gerichtsstand ist Köln.

§ 27. (1) Im Falle der Auflösung der Bundesvereinigung wird die Abwicklung der Geschäfte vom Präsidenten und seinen Stellvertretern durchgeführt.

(2) Das verbleibende Vermögen ist gemäß Beschluß der letzten Mitgliederversammlung zu verwenden.

Anhang 14

Satzung des Deutschen Gewerkschaftsbundes

(Die vom 3. Außerordentlichen Bundeskongreß 1971 in Düsseldorf beschlossene Neufassung der Satzung wurde vom 9. Ordentlichen Bundeskongreß 1972 in Berlin, vom 10. Ordentlichen Bundeskongreß 1975 in Hamburg, vom 11. Ordentlichen Bundeskongreß 1978 in Hamburg, vom 14. Ordentlichen Bundeskongreß 1990 in Hamburg, vom 15. Ordentlichen Bundeskongreß 1994 in Berlin, vom 5. Außerordentlichen Bundeskongreß 1996 in Dresden und zuletzt vom 16. Ordentlichen Bundeskongreß 1998 in Düsseldorf geändert)

§ 1 Name und Sitz

1. Die Vereinigung der Gewerkschaften führt den Namen Deutscher Gewerkschaftsbund.
2. Der Bund hat seinen Sitz in Düsseldorf.

§ 2 Zweck, Aufbau und Aufgaben des Bundes

1. a) Der Bund vereinigt die Gewerkschaften zu einer wirkungsvollen Einheit und vertritt ihre gemeinsamen Interessen.

   b) Der Bund und die in ihm vereinigten Gewerkschaften vertreten die gesellschaftlichen, wirtschaftlichen, sozialen und kulturellen Interessen der Arbeitnehmerinnen und der Arbeitnehmer.

   c) Der Bund und die in ihm vereinigten Gewerkschaften bekennen sich zur freiheitlich-demokratischen Grundordnung der Bundesrepublik Deutschland. Sie setzen sich für die Sicherung und den Ausbau des so-

zialen Rechtsstaates und die weitere Demokratisierung von Wirtschaft, Staat und Gesellschaft ein.
d) Der Bund und die in ihm vereinigten Gewerkschaften bekennen sich zur Schaffung eines vereinten Europas mit demokratischer Gesellschaftsordnung.
e) Der Bund gibt sich ein Grundsatzprogramm und ein Aktionsprogramm.

2. a) Der Bund und die in ihm vereinigten Gewerkschaften sind demokratisch aufgebaut.
b) Sie sind unabhängig von Regierungen, Parteien, Religionsgemeinschaften, Verwaltungen und den Arbeitgebern.
c) Die im Bund vereinigten Gewerkschaften sind Teile der einheitlichen Gewerkschaftsbewegung. Der Organisationsaufbau, die Aufgaben und Ziele der Gewerkschaften sind in ihren Satzungen niedergelegt. Die Satzungen der Gewerkschaften dürfen der Bundessatzung nicht widersprechen.

3. Politische Aufgaben des Bundes sind:
a) In der allgemeinen Gewerkschafts-, Gesellschafts- und Gleichstellungspolitik insbesondere:
der Ausbau und die Sicherung des sozialen und demokratischen Rechtsstaates und seiner freiheitlich-demokratischen Grundordnung;
das Eintreten für eine allgemeine und weltweite kontrollierte Abrüstung, für die Verwirklichung und Erhaltung des Friedens und der Freiheit im Geiste der Völkerverständigung;
die Stärkung der internationalen freien Gewerkschaftsbewegung;
die Bemühungen um Fortschritte in der europäischen Einigung,
die Förderung der sozialen Integration der ausländischen Arbeitnehmerinnen und der Arbeitnehmer;
die Verteidigung der freiheitlich-demokratischen Grundordnung, der einzelnen demokratischen Grundrechte und der Unabhängigkeit der Gewerkschaftsbewegung;
die Wahrnehmung des Widerstandsrechts (Art. 20 Abs. 4 Grundgesetz);
b) in der Sozialpolitik insbesondere:
die Vertretung der Interessen der Arbeitnehmerinnen und der Arbeitnehmer in der nationalen und internationalen Sozial- und Gesundheitspolitik einschließlich des Umweltschutzes;
in der Sozialversicherung einschließlich Selbstverwaltung;
in der Arbeitsmarktpolitik und Arbeitssicherheit;
im Arbeits- und Sozialrecht, Betriebsverfassungs- und Personalvertretungsrecht;
im Rechtsschutz;
c) in der Wirtschaftspolitik insbesondere:
die Vertretung der Interessen der Arbeitnehmerinnen und der Arbeitnehmer in der nationalen und internationalen Wirtschaftspolitik;
bei der Demokratisierung der Wirtschaft und der Verwaltung durch umfassende Verwirklichung der Mitbestimmung der Arbeitnehmerinnen und der Arbeitnehmer,

in der Vermögenspolitik, Wirtschaftsplanung;
Konjunktur- und Strukturpolitik;
Geld-, Finanz- und Steuerpolitik;
Preis-, Wettbewerbs- und Verbraucherpolitik;
d) in der Frauenpolitik insbesondere:
Gleichstellungspolitik, partnerschaftliches Verhalten, Frauenförderung in Politik, Bildung, Ausbildung und Wirtschaft sowie verstärkte Einforderung von familienergänzenden Einrichtungen. Dabei sollen Frauen in den Gremien und Delegationen, in denen der DGB die Benennungskompetenz bzw. Einflußmöglichkeiten hat, mindestens entsprechend ihrem Anteil an der Mitgliedschaft in Mandaten vertreten sein;
e) in der Jugendpolitik:
die Vertretung der Interessen von Jugendlichen und jungen Erwachsenen. Die gewerkschaftliche Jugendarbeit hat die Aufgabe, Entwicklungs- und Identitätsprozesse junger Menschen durch ein vielfältiges Angebot zu unterstützen und sie dadurch für die Vertretung ihrer Interessen und die Mitarbeit in Gewerkschaft und Gesellschaft zu aktivieren. Als Teil des Deutschen Gewerkschaftsbundes ist die DGB-Jugend eigenständiger Jugendverband. Die Entscheidungsstrukturen sind in Richtlinien festgelegt;
f) in der Bildungs- und Kulturpolitik:
die Vertretung der Interessen der Arbeitnehmerinnen und der Arbeitnehmer durch Förderung einer fortschrittlichen nationalen und internationalen Bildungs- und Kulturpolitik, insbesondere Schul- und Hochschulpolitik, Berufs- und Weiterbildungspolitik, politische Bildung, gewerkschaftliche Schulung und Bildung auf allen Ebenen mit dem Ziel der Verwirklichung von Chancengleichheit, sozialer Gerechtigkeit und Demokratisierung;
g) die Vertretung und Koordinierung der gemeinsamen Interessen, insbesondere: die dem Bund durch Gesetze zugewiesenen Befugnisse in der Wirtschaft, im sozialen Bereich, im kulturellen Bereich, in den sonstigen Körperschaften, Institutionen und Verwaltungen sowie in der Arbeits-, Sozial-, Verwaltungs- und Finanzgerichtsbarkeit auszuüben und die sich hieraus ergebenden Aufgaben wahrzunehmen;
den Bundestag, den Bundesrat, die Länderparlamente, die Regierungen und Behörden sowie die Organe der europäischen Gemeinschaften über die gewerkschaftlichen Auffassungen zu aktuellen Fragen, die Interessen der Arbeitnehmerinnen und der Arbeitnehmer berühren, zu unterrichten und ihnen Forderungen zu unterbreiten;
die Wahrnehmung der Funktion als Spitzenorganisation in Fragen des Beamten- und Besoldungsrechts;
die Wahrnehmung der gemeinsamen Aufgaben der Gewerkschaften für die Arbeiter, die Angestellten, die Beamten, die Frauen, die Jugend und die Seniorinnen und Senioren;
die Wahrnehmung der dem Bund zugewiesenen Aufgaben in den Organen der europäischen Gemeinschaften.

4. Organisationsaufgaben des Bundes sind im besonderen:

a) die Vorbereitung und Durchführung von Maßnahmen in Wahrnehmung des Widerstandsrechts (Art. 20 Abs. 4 Grundgesetz) zur Verteidigung der freiheitlich-demokratischen Grundordnung, der einzelnen Grundrechte und der Unabhängigkeit der Gewerkschaftsbewegung;

b) die Aus- und Fortbildung von Mitgliedern und Funktionären der Gewerkschaften durch Unterhaltung eigener Schulen des Bundes sowie örtlicher und überörtlicher Kultur-, Bildungs- und Berufsbildungseinrichtungen in Ergänzung zur Bildungsarbeit der Gewerkschaften;

c) die Errichtung von Rechtsstellen. Die Rechtsstellen arbeiten, soweit gesetzlich zulässig, auf den Gebieten der ordentlichen, der Verwaltungs-, der Finanz-, der Arbeits- und der Sozialgerichtsbarkeit. Sie werden nach den Richtlinien des Bundesvorstandes tätig.
Die mit der Rechtsberatung und Prozeßvertretung Beauftragten sind im Sinne des Arbeitsgerichtsgesetzes, des Sozialgerichtsgesetzes, der Verwaltungsgerichtsordnung, der Bundesdisziplinarordnung und der Finanzgerichtsordnung zur Prozeßvertretung vor den Gerichten für Arbeitssachen, den Gerichten der Sozialgerichtsbarkeit, der Disziplinargerichtsbarkeit, den Verwaltungsgerichten und den Finanzgerichten befugt;

d) die Wahrnehmung der Öffentlichkeitsarbeit des Bundes;

e) die Förderung von gemeinwirtschaftlichen, gemeinnützigen und genossenschaftlichen Bestrebungen;

f) die Erarbeitung von Grundsätzen für die Tarifpolitik;

g) die Schaffung von Richtlinien zur Führung und Unterstützung von Arbeitskämpfen;

h) die Abgrenzung und Änderung der Organisationsgebiete der Gewerkschaften;

i) die Schlichtung von Streitigkeiten zwischen den Gewerkschaften,

j) die Errichtung gemeinsamer Verwaltungseinrichtungen für den Bund und die Gewerkschaften;

k) die Koordinierung der Leistungen und Unterstützungen der Gewerkschaften für ihre Mitglieder;

l) die Koordinierung von Anlage und Verwertung des Gewerkschaftsvermögens;

m) die Koordinierung der Gehalts- und Anstellungsbedingungen für die Angestellten des Bundes und der Gewerkschaften;

n) die Unterstützung der Gewerkschaften bei der Erfüllung außerordentlicher Aufgaben.

5. Dem Bund können durch Bundeskongreß und Bundesausschuß weitere Aufgaben zugewiesen werden.

6. Zur Erfüllung der Aufgaben hat der Bund die technischen und personellen Voraussetzungen unter Anwendung der Grundsätze einer modernen und rationellen Verwaltung und Organisation zu schaffen.

§ 3 Mitgliedschaft

1. In den Bund können nur Gewerkschaften aufgenommen werden, die die Satzung des Bundes anerkennen und deren Satzungen nicht der Satzung des Bundes widersprechen.
2. Über die Aufnahme in den Bund entscheidet der Bundesausschuß mit Zweidrittelmehrheit seiner stimmberechtigten Mitglieder.
   Eine Gewerkschaft kann in den Bund nur aufgenommen werden in Übereinstimmung mit der Gewerkschaft oder den Gewerkschaften, die für diesen Organisationsbereich bereits Mitglied des Bundes sind.
3. Die Gewerkschaften des Bundes haben dessen Satzung einzuhalten und die Beschlüsse der Organe des Bundes (Bundeskongreß, Bundesausschuß und Bundesvorstand) durchzuführen.
4. Eine Gewerkschaft, die der Satzung des Bundes zuwiderhandelt oder gegen die Beschlüsse der Organe des Bundes verstößt, kann durch Beschluß einer Zweidrittelmehrheit der Mitglieder des Bundesausschusses aus dem Bund ausgeschlossen werden. Das gleiche gilt für eine Gewerkschaft, die sich einem Schiedsverfahren nicht stellt oder dessen Spruch nach der Verwerfung einer etwaigen Beschwerde nicht anerkennt.
5. Gegen den Ausschluß ist innerhalb von 3 Monaten die Berufung der betroffenen Gewerkschaft an den nächsten Bundeskongreß zulässig.
   In diesem Fall ruhen ihre Rechte und Pflichten bis zur Entscheidung durch den Bundeskongreß.
6. Der freiwillige Austritt einer Gewerkschaft aus dem Bund ist nur am Jahresschluß nach vorausgegangener sechsmonatiger Kündigung zulässig. An den Sitzungen der Organe der Gewerkschaften, in denen über ihren Austritt beraten oder Beschluß gefaßt wird, nehmen Vertreter des Bundesvorstandes mit beratender Stimme teil.
7. Ausgeschlossene oder ausgetretene Gewerkschaften verlieren mit dem Tage ihres Ausscheidens jeden Anspruch auf alle Vermögensteile und Einrichtungen des Bundes.

§ 4 Beiträge

1. Zur Erfüllung seiner Aufgaben haben die Gewerkschaften an den Bund Beiträge in Höhe von 12 vom Hundert des Beitragsaufkommens zu zahlen. Das Beitragsaufkommen setzt sich aus den von den Mitgliedern der Gewerkschaften gezahlten Beiträgen (Voll-, Anerkennungs-, freiwillige Beiträge) zusammen.
2. Die Beiträge sind vierteljährlich nachträglich an den Bund zu entrichten.
3. Der Bundesausschuß erläßt eine Beitragsordnung.
4. Ausgeschlossene oder ausgetretene Gewerkschaften zahlen ihre Beiträge bis zu dem Zeitpunkt, zu dem der Ausschluß oder der Austritt wirksam wird. § 3, Ziff. 5, letzter Satz bleibt unberührt.
5. Zur Deckung außerordentlicher Ausgaben des Bundes können vom Bundesausschuß mit Zweidrittelmehrheit seiner stimmberechtigten Mitglieder Sonderbeiträge beschlossen werden.

§ 5 Solidaritätsfonds

1. Der Bund richtet einen Solidaritätsfonds ein. Nach vom Bundesausschuß zu beschließenden Richtlinien werden hieraus Bundeshilfen gewährt und besondere gewerkschaftliche Aktionen unterstützt.
2. Die Gewerkschaften zahlen hierfür Beiträge. Die Höhe dieser Beiträge beschließt der Bundesausschuß.
3. Der Bundesausschuß beschließt über Richtlinien und die Verwendung der Mittel aus dem Solidaritätsfonds. Bis zu einer in den Richtlinien festgelegten Höhe kann der Bundesvorstand Vorabbewilligungen vornehmen.

§ 6 Organe des Bundes

Die Organe des Bundes sind:
Bundeskongreß,
Bundesausschuß,
Bundesvorstand,
Revisionskommission.

§ 7 Bundeskongreß

1. Der Bundeskongreß ist das höchste Organ des Bundes.
2. Jedes vierte Jahr findet ein ordentlicher Bundeskongreß statt. Innerhalb von drei Monaten vor einem ordentlichen Bundeskongreß sollen keine ordentlichen Gewerkschaftstage und dürfen keine Bundes-Frauen- und Bundes-Jugendkonferenzen sowie Landesbezirkskonferenzen des Bundes stattfinden.
3. Aufgaben des Bundeskongresses sind:
    a) die allgemeinen Richtlinien der Gewerkschaftspolitik festzulegen und das Grundsatzprogramm zu beschließen;
    b) die Tätigkeitsberichte des Bundesvorstandes und der Revisionskommission entgegenzunehmen und über die Entlastung zu beschließen;
    c) Satzungsänderungen zu beschließen;
    d) über die dem Bundeskongreß vorliegenden Anträge zu beschließen;
    e) über die dem Bundeskongreß vorliegenden Einsprüche und Berufungen zu beschließen;
    f) den Geschäftsführenden Bundesvorstand zu wählen;
    g) die Mitglieder der Revisionskommission zu wählen.
4. Ein außerordentlicher Bundeskongreß ist einzuberufen auf Beschluß des Bundesausschusses oder auf Antrag von mehr als der Hälfte der Gewerkschaften oder auf Antrag von Gewerkschaften, die mehr als die Hälfte der Mitglieder vertreten.
5. Die Delegierten zum Bundeskongreß und ihre Stellvertreterinnen bzw. Stellvertreter werden von den Gewerkschaften nach demokratischen Grundsätzen gewählt; dabei soll die Mitgliederstruktur, insbesondere auch der Frauenanteil in der jeweiligen Gewerkschaft, berücksichtigt werden.

Satzung des Deutschen Gewerkschaftsbundes

Die Delegierten und ihre Stellvertreterinnen bzw. Stellvertreter behalten ihr Mandat bis zum nächsten ordentlich Bundeskongreß.
6. Der Bundeskongreß besteht aus 400 Delegierten. Die Zahl der auf jede Gewerkschaft entfallenden Delegierten ermittelt der Bundesvorstand nach der Zahl der Mitglieder, für die Beiträge an den Bund abgeführt wurden. Der Bundesvorstand legt jeweils fest, welcher Abrechnungszeitraum von 12 Monaten der Ermittlung zugrunde gelegt wird.
7. Der Bundeskongreß ist mindestens zwölf Wochen vor seinem Beginn auszuschreiben. Die Tagesordnung wird vom Bundesvorstand vorgeschlagen. Bei außerordentlichen Bundeskongressen kann die Frist durch den Bundesvorstand abgekürzt werden. Die Ausschreibung erfolgt fristgemäß in Publikationen des Bundes und soll auch in den Presseorganen der Gewerkschaften erfolgen.
8. Anträge an den Bundeskongreß können gestellt werden von:
den Vorständen der Gewerkschaften,
dem Bundesvorstand,
den Landesbezirksvorständen,
dem Bundes-Frauenausschuß,
dem Bundes-Jugendausschuß.
Der Bundesvorstand setzt die Frist zur Einreichung der Anträge fest, in der sie an ihn einzusenden sind.
9. Der Bundesvorstand wählt vor dem Bundeskongreß aus den Delegierten eine Antragsberatungskommission, in der alle Gewerkschaften vertreten sein müssen. Die Antragsberatungskommission berät die Anträge für den Bundeskongreß vor. An ihren Sitzungen können die Mitglieder des Bundesvorstandes beratend teilnehmen.
10. Die Mitglieder des Bundesausschusses, des Bundesvorstandes, der Revisionskommission, die Landesbezirksvorsitzenden sowie je 3 Vertreterinnen bzw. Vertreter des Bundes-Frauen- und Bundes-Jugendausschusses nehmen mit beratender Stimme am Bundeskongreß teil.
11. Der Bundeskongreß gibt sich eine Geschäftsordnung und wählt ein Präsidium.
Über seine Verhandlungen und Beschlüsse ist ein Wortprotokoll aufzunehmen.

§ 8 Bundesausschuß

1. Höchstes Organ des Bundes zwischen den Bundeskongressen ist der Bundesausschuß.
2. Der Bundesausschuß besteht aus 70 jeweils von den Gewerkschaften zu entsendenden Mitgliedern, dem Bundesvorstand und den Landesbezirksvorsitzenden. Für die Landesbezirksvorsitzenden sind ständige Vertreterinnen bzw. Vertreter zu benennen.
Jede Gewerkschaft entsendet mindestens 2 Mitglieder. Die Verteilung der außerdem von den Gewerkschaften zu entsendenden Mitglieder wird nach der Zahl der Mitglieder, für die an den Bund Beiträge abgeführt worden sind, im Höchstzahlverfahren ermittelt. Es gilt der Abrechnungs-

zeitraum gemäß § 7 Ziff. 6. Bei der Benennung der zu entsendenden Mitglieder der Gewerkschaften soll der jeweilige Frauenanteil ihrer Mitgliedschaft berücksichtigt werden.
Je eine Vertreterin bzw. ein Vertreter des Bundes-Frauen- und Bundes-Jugendausschusses nimmt an den Sitzungen mit beratender Stimme teil.
3. Aufgaben des Bundesausschusses sind:
   a) zu gewerkschaftspolitischen und organisatorischen Fragen Stellung zu nehmen und Beschlüsse zu fassen;
   b) den Haushalt des Bundes zu beschließen;
   c) zwischen den Bundeskongressen notwendige Ergänzungswahlen zu den Organen des Bundes mit Zweidrittelmehrheit seiner stimmberechtigten Mitglieder vorzunehmen;
   d) über eine Abberufung eines Mitglieds des Geschäftsführenden Bundesvorstandes mit Zweidrittelmehrheit seiner stimmberechtigten Mitglieder zu beschließen. Hiergegen hat die bzw. der Abberufene ein Einspruchsrecht an den Bundeskongreß, der endgültig entscheidet.
   Von der Entscheidung des Bundesausschusses an ruhen die Rechte und Pflichten der bzw. des Abberufenen;
   e) über den Einspruch von Mitgliedern der Landesbezirksvorstände und Kreisvorstände gegen ihre Abberufung durch den Bundesvorstand zu entscheiden;
   f) über notwendige Sonderbeiträge an den Bund zu beschließen;
   g) über Richtlinien gemäß § 5 Ziff. 1 und die Verwendung der Mittel aus dem Solidaritätsfonds zu beschließen;
   h) über Aufnahme oder Ausschluß einer Gewerkschaft zu beschließen;
   i) Richtlinien für die Abgrenzung von Organisationsgebieten und eine Veränderung der Organisationsbezeichnung zu beschließen;
   j) eine Schiedsgerichtsordnung zu beschließen;
   k) die Gehalts- und Anstellungsbedingungen der Angestellten des Bundes zu bestätigen.
4. Der Bundesausschuß tagt mindestens einmal im Jahr. Beantragt ein Drittel der Vertreterinnen bzw. der Vertreter der Gewerkschaften im Bundesausschuß oder beantragen Gewerkschaften, die mehr als ein Drittel aller Mitglieder der Gewerkschaften repräsentieren, die Einberufung einer Sitzung mit bestimmten Tagesordnungspunkten, so hat der Bundesvorstand diesem Antrag stattzugeben und die beantragten Punkte auf die Tagesordnung zu setzen.
Darüber hinaus ist er einzuberufen, wenn eine Entscheidung des Bundesausschusses herbeigeführt werden muß und diese nicht bis zur nächsten ordentlichen Sitzung aufgeschoben werden kann.
5. Den Vorsitz im Bundesausschuß führt die bzw. der Bundesvorsitzende oder die bzw. der stellvertretende Vorsitzende.

§ 9 Bundesvorstand

1. Der Bundesvorstand besteht aus der bzw. dem Vorsitzenden, der bzw. dem stellvertretenden Vorsitzenden, drei weiteren hauptamtlichen Vor-

standsmitgliedern und aus den Vorsitzenden der im Bund vereinigten Gewerkschaften.

2. Der Bundesvorstand vertritt den Bund nach innen und außen. Er ist an die Satzung des Bundes und an die Beschlüsse von Bundeskongreß und Bundesausschuß gebunden.

3. Die bzw. der Vorsitzende, die bzw. der stellvertretende Vorsitzende und die drei weiteren Vorstandsmitglieder bilden den Geschäftsführenden Bundesvorstand, der im Rahmen der vom Bundesvorstand beschlossenen Geschäftsordnung die Geschäfte des Bundes führt. Der Geschäftsführende Bundesvorstand ist berechtigt, Sofortmaßnahmen zu beschließen, wenn die Entscheidung unaufschiebbar ist.

4. Den Vorsitz im Bundesvorstand führt die bzw. der Vorsitzende oder die bzw. der stellvertretende Vorsitzende.

5. Aufgaben des Bundesvorstandes sind:

a) die sich aus der Satzung und den Beschlüssen der Organe ergebenden gewerkschaftspolitischen und organisatorischen Aufgaben und Aufträge zu erfüllen;

b) darauf zu achten, daß die Satzung eingehalten wird und eine vertrauensvolle Zusammenarbeit im Bund erfolgt;

c) Maßnahmen in Wahrnehmung des Widerstandsrechts (Art. 20 Abs. 4 Grundgesetz) vorzubereiten und durchzuführen. Stehen dem rechtzeitigen Zusammentritt des Bundesvorstandes unüberwindliche Hindernisse entgegen, so ist an seiner Stelle der Geschäftsführende Bundesvorstand zur Beschlußfassung berufen;

d) Ort und Termin für den Bundeskongreß zu bestimmen, die Tagesordnung vorzuschlagen und die Frist zur Einreichung der Anträge festzusetzen;

e) den Bundeskongreß auszuschreiben und einen schriftlichen Bericht zu erstatten,

f) den Bundesausschuß zu seinen Sitzungen einzuberufen und die Tagesordnung aufzustellen;

g) den Landesbezirkskonferenzen Vorschläge für die Wahl der bzw. des Landesbezirksvorsitzenden und der bzw. des stellvertretenden Landesbezirksvorsitzenden zu unterbreiten;

h) die Mitglieder der Landesbezirksvorstände zu bestätigen. Die Bestätigung kann versagt werden, wenn ein gewerkschaftspolitischer oder ein in der Person liegender Grund es erfordert;

i) über die Abberufung eines Mitglieds des Vorstandes eines DGB-Landesbezirks oder eines DGB-Kreises aus seinem Amt zu entscheiden, wenn diesem ein Organ des Landesbezirks oder des Kreises mit Zweidrittelmehrheit oder der Bundesvorstand das Vertrauen entzogen hat. Handelt es sich um die Vertreterin oder den Vertreter einer Gewerkschaft, so ist das Einvernehmen mit der zuständigen Organisation herbeizuführen. Betroffene sind vorher zu hören. Gegen die Abberufung haben Betroffene das Recht des Einspruchs an den Bundesausschuß. Dieser entscheidet endgültig. Bis zur Entscheidung durch den Bundesausschuß ruhen die Rechte und Pflichten;

j) Richtlinien für die Wahrnehmung der gemeinsamen Aufgaben der Gewerkschaften und für die Geschäftsführung innerhalb des Bundes sowie nach sonstigen Bestimmungen dieser Satzung zu beschließen;

k) Ausschüsse und Kommissionen einzurichten;

l) die Personal- und Finanzhoheit aller Einrichtungen des Bundes auszuüben.

6. Der Bundesvorstand tagt regelmäßig einmal monatlich. Die Vorsitzenden der Gewerkschaften können als ständige Vertreterinnen bzw. Vertreter mit Stimmrecht ein persönlich benanntes Vorstandsmitglied ihrer Gewerkschaften entsenden, wenn sie nicht an den Sitzungen teilnehmen können.

Die Landesbezirksvorsitzenden werden in der Regel mit beratender Stimme zu den Sitzungen hinzugezogen.

7. Zum Abschluß von für den Bund verbindlichen Geschäften und Verträgen sowie zur Geltendmachung von Rechtsansprüchen ist die Unterschrift der Vorsitzenden bzw. des Vorsitzenden, im Verhinderungsfalle der bzw. des stellvertretenden Vorsitzenden sowie eines weiteren Mitglieds des Geschäftsführenden Bundesvorstandes erforderlich. Der Geschäftsführende Bundesvorstand kann in seiner Geschäftsordnung befristet und/oder funktionsbezogen sowie auf bestimmte Rechtsgeschäfte beschränkt Handlungsvollmachten an Beschäftigte des Bundes erteilen.

8. Der Bundesvorstand ist berechtigt, beim Vorstand einer Gewerkschaft den Ausschluß eines Mitgliedes zu beantragen. Das Verfahren richtet sich nach der Satzung der zuständigen Gewerkschaft.

§ 10 Revisionskommission

1. Die aus drei Mitgliedern bestehende Revisionskommission überwacht die Kassenführung und die Jahresabrechnung des Bundes und erstattet dem Bundesausschuß und dem Bundeskongreß über die vorgenommenen Prüfungen Bericht.

2. Die Revision der Kasse des Bundes erfolgt jedes Vierteljahr. Die Revisionskommission ist berechtigt, jederzeit weitere Revisionen vorzunehmen.

3. Zu Mitgliedern der Revisionskommission dürfen keine Angestellten des Bundes gewählt werden.

§ 11 Landesbezirke

1. Zur Erfüllung der gemeinsamen gewerkschaftlichen Aufgaben werden Landesbezirke eingerichtet.
Der Bundesvorstand bestimmt im Einvernehmen mit dem Bundesausschuß deren Zahl und Abgrenzungen.

2. Organe der Landesbezirke sind:
   a) die Landesbezirkskonferenzen,
   b) die Landesbezirksvorstände.

3. Die bzw. der Landesbezirksvorsitzende und die bzw. der stellvertretende Landesbezirksvorsitzende bilden den Geschäftsführenden Landesbezirksvorstand, der im Rahmen der vom Landesbezirksvorstand beschlossenen Geschäftsordnung die Geschäfte führt.

4. Für die Organe der Landesbezirke sind die Bundessatzung, die Beschlüsse des Bundeskongresses, des Bundesausschusses und des Bundesvorstandes verbindlich.

5. Die Landesbezirkskonferenzen finden alle vier Jahre, aber spätestens drei Monate vor dem jeweiligen Bundeskongreß statt. Sie bestehen aus gewählten Mitgliedern der Gewerkschaften. Dabei soll die Mitgliederstruktur, insbesondere auch der Frauenanteil in der jeweiligen Gewerkschaft, berücksichtigt werden.

Die Mitglieder des Landesbezirksvorstandes, die Revisionskommission, die Vorsitzenden der Kreisvorstände und je drei Vertreterinnen bzw. Vertreter des Landes-Frauen- und Landes-Jugendausschusses nehmen mit beratender Stimme an den Landesbezirkskonferenzen teil.

Die Landesbezirkskonferenzen geben sich eine Geschäftsordnung und wählen ein Präsidium. Der Bundesvorstand beschließt Richtlinien für die Zahl der Delegierten, das Verfahren der Aufteilung der Delegierten auf die Gewerkschaften, die Einberufung und Durchführung der Landesbezirkskonferenzen.

6. Aufgaben der Landesbezirkskonferenzen sind:

   a) die Beschlußfassung über den Geschäfts- und Kassenbericht des Landesbezirksvorstandes;

   b) die Wahl der bzw. des Landesbezirksvorsitzenden, der hauptamtlichen und der weiteren Mitglieder des Landesbezirksvorstandes sowie der aus drei Mitgliedern bestehenden Revisionskommission;

   c) gewerkschaftspolitische und organisatorische Anträge und Anregungen an den Bundesvorstand zu richten;

   d) die Unterbreitung von Vorschlägen für die Landesgesetzgebung und Stellungnahme zu landespolitischen Fragen, die Interessen von Arbeitnehmerinnen und Arbeitnehmern berühren.

7. Eine außerordentliche Landesbezirkskonferenz ist einzuberufen auf Beschluß des Landesbezirksvorstandes oder auf Antrag von mehr als der Hälfte der im Landesbezirk vertretenen Gewerkschaften oder auf Antrag von Gewerkschaften, die mehr als die Hälfte der Mitglieder im Landesbezirk vertreten.

8. Anträge an die Landesbezirkskonferenzen können gestellt werden von:
den Vorständen der Gewerkschaften auf Landesbezirksebene,
dem Landesbezirksvorstand,
dem Landes-Frauenausschuß,
dem Landes-Jugendausschuß,
den Kreisvorständen im Landesbezirk.
Der Landesbezirksvorstand setzt die Frist zur Einreichung der Anträge fest.

9. Die Landesbezirksvorstände bestehen aus der bzw. dem Landesbezirksvorsitzenden, der bzw. dem stellvertretenden Landesbezirksvorsitzenden, je einer Bezirksleiterin bzw. einem Bezirksleiter der im Landesbezirk vertretenen Gewerkschaften, der Sprecherin bzw. dem Sprecher des Landes-Frauen- und Landes-Jugendausschusses sowie höchstens fünf weiteren Mitgliedern.

Die im Landesbezirksvorstand vertretenen Gewerkschaften sowie der Landes-Frauen- und der Landes-Jugendausschuß können im Verhinderungsfalle ihrer ordentlichen Mitglieder im Landesbezirksvorstand deren ständige Vertreterinnen bzw. Vertreter entsenden, die dann an den Sitzungen mit Stimmrecht teilnehmen.

Die Bezirksleiterin bzw. der Bezirksleiter wird von der jeweiligen Gewerkschaft benannt.

10. Aufgaben der Landesbezirksvorstände sind:
    a) den Bund innerhalb des Landesbezirks zu vertreten,
    b) Vorschläge für die Landesgesetzgebung zu unterbreiten und Stellung zu landespolitischen Fragen zu nehmen, die Interessen von Arbeitnehmerinnen bzw. Arbeitnehmern berühren sowie entsprechende Forderungen zu erheben;
    c) die gemeinsamen gewerkschaftspolitischen und organisatorischen Aufgaben im Sinne der Satzung im Landesbezirk zu erfüllen;
    d) Weisungen des Bundesvorstandes im Landesbezirk durchzuführen;
    e) dem Bundesvorstand Bericht zu erstatten;
    f) die Anträge der Kreise und des Landesbezirks dem Bundesvorstand zur Weiterbehandlung vorzulegen;
    g) für die Arbeit der Kreise Anweisungen zu geben, ihre Arbeit zu unterstützen, zu koordinieren und zu überprüfen;
    h) den Kreisdelegiertenversammlungen Vorschläge für die Wahl der bzw. des Kreisvorsitzenden zu unterbreiten;
    i) die Mitglieder der Kreisvorstände zu bestätigen. Die Bestätigung kann versagt werden, wenn ein gewerkschaftspolitischer oder ein in der Person liegender Grund es erfordert.
11. Für die Revisionskommission gilt § 10 sinngemäß.
12. Die personellen und sachlichen Kosten der Landesbezirke und Kreise trägt der Bund. Jeder Landesbezirk erhält für sich und die in seinem Bereich bestehenden Kreisgeschäftsstellen einen Haushalt. Die Landesbezirksvorstände sind für den Haushalt verantwortlich zuständig.

§ 12 Kreise

1. Der Bund richtet im Einvernehmen und auf Vorschlag der Landesbezirksvorstände Kreisgeschäftsstellen ein.
2. Organe der Kreise sind:
    a) die Kreisdelegiertenversammlungen,
    b) die Kreisvorstände.

3. Für die Organe der Kreise sind die Bundessatzung und die Beschlüsse von Bundeskongreß, Bundesausschuß, Bundesvorstand, Landesbezirkskonferenz und Landesbezirksvorstand bindend.
4. Die Kreisdelegiertenversammlungen finden alle vier Jahre, aber spätestens drei Monate vor der jeweiligen Landesbezirkskonferenz statt.

   Die Kreisdelegiertenversammlungen bestehen aus gewählten Mitgliedern der Gewerkschaften. Dabei soll die Mitgliederstruktur, insbesondere auch der Frauenanteil in der jeweiligen Gewerkschaft, berücksichtigt werden.

   Außerdem nehmen die Mitglieder des Kreisvorstandes, die Revisionskommission und je drei Vertreterinnen bzw. Vertreter des Kreis-Frauen- und Kreis-Jugendausschusses mit beratender Stimme an den Kreisdelegiertenversammlungen teil.

   Die Kreisdelegiertenversammlungen geben sich eine Geschäftsordnung und wählen ein Präsidium.

   Der Bundesvorstand beschließt Richtlinien für die Zahl der Delegierten, die Einberufung und die Durchführung der Kreisdelegiertenversammlungen.
5. Aufgaben der Kreisdelegiertenversammlungen sind:

   a) die Beschlußfassung über den Geschäfts- und Kassenbericht des Kreisvorstandes;

   b) alle vier Jahre Wahl der bzw. des Kreisvorsitzenden, der weiteren Mitglieder des Kreisvorstandes und der aus drei Mitgliedern bestehenden Revisionskommission;

   c) gewerkschaftspolitische und organisatorische Anträge und Anregungen an den Landesbezirksvorstand zu richten;

   d) die Unterbreitung von Vorschlägen, Stellungnahmen und Forderungen zu örtlichen, regionalen und landespolitischen Fragen, die Interessen von Arbeitnehmerinnen bzw. Arbeitnehmern berühren.
6. Eine außerordentliche Kreisdelegiertenversammlung ist einzuberufen auf Beschluß des Kreisvorstandes oder auf Antrag von mehr als der Hälfte der im Kreis vertretenen Gewerkschaften oder auf Antrag von Gewerkschaften, die mehr als die Hälfte der Mitglieder im Kreis vertreten.
7. Anträge an die Kreisdelegiertenversammlungen können gestellt werden von:

   den Vorständen der Gewerkschaften im Kreis,
   dem Kreisvorstand,
   den Ortskartell-Vorständen,
   dem Kreis-Frauenausschuß,
   dem Kreis-Jugendausschuß.

   Der Kreisvorstand setzt die Frist zur Einreichung der Anträge fest.
8. Die Kreisvorstände bestehen aus der bzw. dem hauptamtlichen Vorsitzenden, die bzw. der die Geschäfte führt, je einer Vertreterin bzw. einem Vertreter der im Bereich des Kreises vertretenen Gewerkschaften, der Sprecherin bzw. dem Sprecher des Kreis-Frauen- und des Kreis-Jugendausschusses und höchstens drei weiteren Mitgliedern. Eine ständige Vertretung mit Stimmrecht ist möglich.

Die bzw. der Kreisvorsitzende und die weiteren Mitglieder werden von der Kreisdelegiertenversammlung gewählt. Die Vertreterinnen bzw. Vertreter der im Kreis vertretenen Gewerkschaften werden von den zuständigen Vorständen ihrer Gewerkschaft benannt.

9. Aufgaben der Kreisvorstände sind:
    a) den Bund im Kreis zu vertreten;
    b) die Unterbreitung von Vorschlägen, Stellungnahmen und Forderungen zu örtlichen, regionalen und landespolitischen Fragen, die Interessen von Arbeitnehmerinnen und Arbeitnehmern berühren;
    c) alle gemeinsamen gewerkschaftspolitischen und organisatorischen Aufgaben im Kreis zu behandeln und Anträge an den Landesbezirk und an den Bund zu stellen;
    d) die Weisungen von Bundesvorstand und Landesbezirksvorstand durchzuführen;
    e) die Gewerkschaften bei der Erfüllung ihrer Aufgaben zu unterstützen.

10. Für die Revisionskommission gilt § 10 sinngemäß.

11. Nach Bedarf können die Kreisvorstände innerhalb ihrer Bereiche im Einvernehmen mit dem Landesbezirksvorstand Ortskartelle bilden.

12. Der Bund kann mit einer Gewerkschaft vereinbaren, daß deren örtliche Geschäfte und Kassenführung ganz oder teilweise durch seine Kreise übernommen werden. Der Bund kann auch mit einer Gewerkschaft vereinbaren, daß sie eine andere Gewerkschaft in bestimmten Bereichen unterstützt.
    Es kann auch vereinbart werden, daß durch die Verwaltungsstelle einer Gewerkschaft die Geschäftsführung für den DGB-Kreis ganz oder teilweise übernommen wird. In diesem Falle tritt an die Stelle der bzw. des hauptamtlichen Vorsitzenden eine ehrenamtliche Kreisvorsitzende bzw. ein ehrenamtlicher Kreisvorsitzender.
    Zwischen dem Bund und den Gewerkschaften soll durch eine sinnvolle Koordination sichergestellt werden, daß in allen Organisationsbereichen eine ausreichende gewerkschaftliche Betreuung durch gegenseitige Unterstützung gewährleistet wird.

§ 13 Beschlußfähigkeit, Abstimmungen, Stimmberechtigung, Wahlen

1. Die Organe des Bundes, der Landesbezirke und der Kreise sind beschlußfähig, wenn mehr als die Hälfte der stimmberechtigten Mitglieder des Organs anwesend ist. Die Beschlußfähigkeit wird von der bzw. von dem Vorsitzenden des Organs festgestellt.

2. Soweit durch diese Satzung nicht anders geregelt, bedürfen Beschlüsse der einfachen Mehrheit der abgegebenen Stimmen. Stimmenthaltungen und die Abgabe ungültiger Stimmen gelten als nicht abgegebene Stimmen.

3. Satzungsänderungen bedürfen der Zweidrittelmehrheit der stimmberechtigten Mitglieder eines Bundeskongresses.

4. Stimmberechtigt im Bundeskongreß, in den Landesbezirkskonferenzen und Kreisdelegiertenversammlungen ist diejenige bzw. derjenige, der bzw.

dem nach Prüfung durch die Mandatsprüfungskommission das Stimmrecht durch Beschluß des Organs zuerkannt worden ist.

5. Bei Wahlen zu Organen des Bundes, der Landesbezirke und der Kreise ist gewählt, wer in geheimer Abstimmung die meisten abgegebenen Stimmen und mehr als die Hälfte der Stimmen der Stimmberechtigten erhält. Ergibt sich keine Mehrheit der Stimmberechtigten, so findet ein zweiter Wahlgang statt, in dem gewählt ist, wer die meisten abgegebenen Stimmen erhält. Bei Stimmengleichheit wird die Wahl wiederholt. Stimmenthaltung und die Abgabe ungültiger Stimmen gelten als nicht abgegebene Stimmen.

6. Nähere Einzelheiten regeln Geschäfts- und Wahlordnungen, die vom Bundeskongreß, den Landesbezirkskonferenzen und den Kreisdelegiertenversammlungen beschlossen werden.

§ 14 Offizielle Bekanntmachungen

Die offiziellen Bekanntmachungen des Deutschen Gewerkschaftsbundes erfolgen in den Publikationsorganen des Deutschen Gewerkschaftsbundes und der Gewerkschaften.

§ 15 Abgrenzung der Organisationsbereiche

1. Für die Abgrenzung der Organisationsbereiche der Gewerkschaften werden vom Bundesausschuß auf Vorschlag des Bundesvorstandes Richtlinien für die Abgrenzung von Organisationsbereichen und eine Veränderung der Organisationsbezeichnung geschaffen, die ein Bestandteil dieser Satzung sind. Der Bundesausschuß beschließt die Richtlinien und ihre Änderungen mit Zweidrittelmehrheit seiner Mitglieder.

2. Die in den Satzungen der Gewerkschaften angegebenen Organisationsbereiche und Organisationsbezeichnungen können nur mit Zustimmung des Bundesausschusses rechtswirksam geändert werden. Von der Änderungsabsicht sind die betroffenen Gewerkschaften und der Bundesvorstand unverzüglich zu informieren.

§ 16 Schiedsverfahren

1. Streitigkeiten zwischen den im Bund vereinigten Gewerkschaften, die trotz Vermittlung des Bundesvorstandes nicht geschlichtet werden können, sind durch Schiedsverfahren zu entscheiden.

2. Der Bundesausschuß beschließt eine Schiedsgerichtsordnung, die Bestandteil dieser Satzung ist (Anlage 2).

§ 17 Geschäftsjahr

Als Geschäftsjahr gilt das Kalenderjahr.

§ 18 Auflösung des Bundes

1. Der Bund kann nur aufgelöst werden, wenn ein mit diesem Tagesordnungspunkt einberufener Bundeskongreß hierüber mit einer Mehrheit von vier Fünfteln seiner stimmberechtigten Mitglieder entscheidet.

2. Über die Verwendung des vorhandenen Bundesvermögens entscheidet in diesem Fall der Bundeskongreß.

§ 19 Inkrafttreten

Diese Satzung tritt am 1. Juli 1971 in Kraft.

Anlage 1
Richtlinien für die Abgrenzung von Organisationsbereichen und die Veränderung der Organisationsbezeichnung gem. § 15 Ziff. 1 der DGB-Satzung

(beschlossen vom DGB-Bundesausschuß am 11. 3. 1992; mit Rücksicht auf die nunmehr in § 16 der Satzung enthaltenen Bezeichnungen und die dazu beschlossene Schiedsgerichtsordnung sind in den Richtlinien die Begriffe Schiedsverfahren und Schiedsspruch durch Schiedsgerichtsverfahren und Schiedsurteil ersetzt worden)

1. Grundsätze

a) Die Organisationszuständigkeit der einzelnen Gewerkschaften ergibt sich grundsätzlich aus ihrer Satzung in Verbindung mit der Satzung des DGB.
b) Änderungen der in den Satzungen der Gewerkschaften angegebenen Organisationsbereiche und Organisationsbezeichnungen bedürfen zu ihrer Wirksamkeit des Verfahrens gem. § 15 Ziff. 2 der DGB-Satzung.
c) bei solchen beabsichtigten Satzungsänderungen sind die hiervon berührten Gewerkschaften und der DGB-Bundesvorstand zum frühestmöglichen Zeitpunkt zu informieren.
c) Zwischen Gewerkschaften auftretende Streitigkeiten über Organisationszuständigkeiten sind im Interesse der betroffenen Gewerkschaftsmitglieder und zur Vermeidung negativer Auswirkungen auf den Bund möglichst schnell im Wege von Verhandlungen zwischen den Vorständen der beteiligten Gewerkschaften zu lösen. Der Bundesvorstand ist über Verlauf und Ergebnis zu unterrichten.
Bleiben Verhandlungen ohne Ergebnis, ist unverzüglich ein Vermittlungs- bzw. Schiedsgerichtsverfahren nach § 16 der DGB-Satzung einzuleiten und durchzuführen.
e) Schiedsurteile des Schiedsgerichtsverfahrens nach § 16 der DGB-Satzung interpretieren die Satzungen der Gewerkschaften den DGB im Innenverhältnis und mit verbindlicher Wirkung nach außen.
f) Die von einem Schiedsurteil betroffenen Gewerkschaften sind verpflichtet, alle erforderlichen Maßnahmen zu treffen, um das Schiedsurteil wirksam werden zu lassen und den Organisationsstreit zu beenden.

2. Kriterien zur Organisationsabgrenzung

Die nachfolgend aufgeführten Kriterien dienen als Orientierungspunkte bei einer notwendig werdenden Abgrenzung und bedürfen im Einzelfall gegebenenfalls der Verknüpfung sowie der Ergänzung durch Hilfskriterien.

a) **Kriterien zur Organisationsabgrenzung sind:**
- Die DGB-Satzung
- Die Beachtung des Prinzips „ein Betrieb – eine Gewerkschaft"
- Die Satzungen der betroffenen Gewerkschaften
- Die bisherige Organisationspraxis

b) **Kriterien zur Organisationsabgrenzung können u. a. sein:**
- Optimierung der Betreuung von Gewerkschaftsmitgliedern
- Ursprungsart (pflanzlich, tierisch, mineralisch) und Materialart (Rohstoffart, Art der Zwischen- bzw. Halbprodukte) von Gütern
- Herstellungsverfahren, Be- und Verarbeitungsgrad von Gütern
- Verwendungsart und Verwendungszweck von Gütern
- Produktionswirtschaftlicher Zusammenhang
- Der wirtschaftliche Schwerpunkt bzw. das wirtschaftliche Gepräge von Betrieben, hilfsweise Unternehmen
- Art der Dienstleistung
- Öffentliche Aufgaben

c) **Kriterien zur Organisationsabgrenzung sind grundsätzlich nicht:**
- Änderungen der Unternehmensorganisation, z. B. Aufspaltung, Zusammenlegung, Änderung der Rechtsform
- Eintritt in einen und/oder Austritt aus einem Arbeitgeberverband
- Entscheidungen und Vereinbarungen von Belegschaften/Betriebsstätten über die Organisationszugehörigkeit.

Anlage 2

Schiedsgerichtsordnung gem. § 16 der DGB-Satzung (beschlossen vom DGB-Bundesausschluß am 2. 12. 1997)

1. Vermittlungsverfahren

Bei Streitigkeiten zwischen den im Bund vereinigten Gewerkschaften führt der Geschäftsführende Bundesvorstand auf Ersuchen einer der streitenden Parteien ein Vermittlungsverfahren vor der Vermittlungsstelle durch. Die andere(n) Partei(en) ist/sind verpflichtet, an dem Vermittlungsverfahren teilzunehmen und sich auf den Streitgegenstand einzulassen.

a) Die Vermittlungsstelle besteht aus jeweils zwei von den streitenden Parteien benannten Beisitzerinnen bzw. Beisitzern und der bzw. dem Vorsitzenden, die bzw. der vom Geschäftsführenden Bundesvorstand benannt wird.

b) Die bzw. der Vorsitzende lädt zu den Sitzungen der Vermittlungsstelle ein und nimmt die notwendigen Anordnungen für das Verfahren vor, z. B. hinsichtlich des Hinzuziehens von Sachverständigen.

c) Der wesentliche Verlauf und das Ergebnis der Verhandlungen vor der Vermittlungsstelle sind zu protokollieren. Das Protokoll ist den streitenden Parteien zuzustellen. Kommt zwischen den Parteien eine Einigung zustande, ist sie schriftlich niederzulegen und von den Mitgliedern der Vermittlungsstelle zu unterzeichnen. Die Einigung hat die Wirkung eines Schiedsurteils.

2. Einleitung eines Schiedsgerichtsverfahrens

Bleibt das Vermittlungsverfahren insgesamt oder zum Teil erfolglos, findet auf Antrag einer der streitenden Parteien ein Schiedsgerichtsverfahren vor dem Schiedsgericht statt.

3. Besetzung des Schiedsgerichts

Das Schiedsgericht besteht aus jeweils bis zu drei von den streitenden Parteien benannten Beisitzerinnen bzw. Beisitzern, einer bzw. einem unparteiischen Vorsitzenden und zwei unparteiischen stellvertretenden Vorsitzenden. Die bzw. der Vorsitzende muß die Befähigung zum Richteramt haben. Die bzw. der Vorsitzende sowie die stellvertretenden Vorsitzenden des Schiedsgerichts werden vom Bundesvorstand für die Dauer von zwei Jahren gewählt. Der Beschluß des Bundesvorstandes bedarf der Einstimmigkeit. Wiederwahlen der bzw. des Vorsitzenden und der stellvertretenden Vorsitzenden sind möglich. Fällt die bzw. der Vorsitzende und/oder eine bzw. einer der stellvertretenden Vorsitzenden oder beide stellvertretenden Vorsitzenden aus der Leitung des Schiedsgerichts aus, hat der Bundesvorstand eine Nachwahl vorzunehmen. Auch hier gilt das Erfordernis der Einstimmigkeit.

4. Verfahren vor dem Schiedsgericht

a) Die bzw. der Vorsitzende hat u.a. die nachfolgenden Aufgaben:
Sie bzw. er nimmt die Einladung zu den Sitzungen des Schiedsgerichts vor. Auf ihre bzw. seine Anordnung hin sind die mündlichen Verhandlungen des Schiedsgerichts durch schriftliche Stellungnahmen vorzubereiten. Die bzw. der Vorsitzende entscheidet über die Ladung von Zeugen und Sachverständigen sowie über die Erhebung von Beweisen.
b) Die Parteien können sich vor dem Schiedsgericht vertreten lassen und bis zu drei Sachverständige hinzuziehen. Die Vertretung durch einen Rechtsanwalt ist zulässig. Über die Anhörung der Sachverständigen und ihre Anwesenheit in der mündlichen Verhandlung entscheidet das Schiedsgericht mit Mehrheit.
c) Über die Sitzung des Schiedsgerichts ist ein Protokoll anzufertigen, das den wesentlichen Gang der Verhandlungen und die Entscheidungen der bzw. des Vorsitzenden und des Schiedsgerichts wiedergibt. Die Protokolle sind den Parteien zuzustellen.

5. Abschluß des Schiedsgerichtsverfahrens

a) Das Schiedsgerichtsverfahren kann durch eine Einigung beendet werden. Der Inhalt dieser Einigung ist schriftlich niederzulegen und von den Mitgliedern des Schiedsgerichts zu unterzeichnen. Im übrigen gilt die Regelung zu 1.c) der Richtlinien entsprechend.
b) Kommt eine Einigung nicht zustande, wird das Schiedsgerichtsverfahren durch Schiedsurteil beendet. Hierbei haben alle Mitglieder des Schiedsgerichts Stimmrecht. Eine Stimmenthaltung ist nicht zulässig. Das Schiedsgericht entscheidet mit einfacher Mehrheit.

c) Erforderlichenfalls sind im Schiedsurteil Übergangszeiten und Regelungen für die Betreuung der Mitglieder, die Betriebsrats- bzw. Personalratsarbeit sowie die Entsendung von Arbeitnehmervertretern in Aufsichtsräten in das Schiedsurteil aufzunehmen. Ferner kann eine Regelung dafür getroffen werden, daß gegenüber der Gewerkschaft, deren bisherige Organisationsarbeit endet, ein finanzieller Ausgleich vorgenommen wird.
d) Das Schiedsurteil hat unter den Parteien die Wirkung eines rechtskräftigen Urteils.
e) Das Schiedsurteil bedarf der Schriftform. Er muß den der Entscheidung zugrundeliegenden Sachverhalt und eine Begründung enthalten. Das Schiedsurteil ist von der bzw. dem Vorsitzenden sowie den stellvertretenden Vorsitzenden zu unterzeichnen und den Parteien zuzustellen.

6. Durchführung des Schiedsurteils

a) Die unterliegende Partei ist verpflichtet, alle im Hinblick auf den Streitgegenstand ergriffenen Maßnahmen unverzüglich einzustellen und keine neuen Maßnahmen in diesem Sinne zu ergreifen.
b) Sie hat in Fällen der Abgrenzung von Organisationsbereichen ihre Mitglieder im umstrittenen Organisationsbereich unter ausführlicher Darlegung des Schiedsurteils, seiner Gründe und seiner Folgen im Einvernehmen mit der obsiegenden Partei aufzufordern, in die zuständige Gewerkschaft überzutreten. Die unterliegende Partei ist in Fällen der Abgrenzung von Organisationsbereichen ferner verpflichtet, nach außen hin nicht mehr als zuständige Gewerkschaft in Erscheinung zu treten, insbesondere keine neuen Tarifverträge abzuschließen.

7. Rechtsmittel

a) Innerhalb einer Frist von vier Wochen nach Zustellung des Schiedsurteils kann der Bundesvorstand von den am Verfahren beteiligten Gewerkschaften und vom Geschäftsführenden Bundesvorstand mit dem Antrag angerufen werden, das Schiedsurteil aufzuheben, die Sache zur erneuten Verhandlung und Entscheidung an das Schiedsgericht zurückzuverweisen oder die Durchführung eines erneuten Schiedsgerichtsverfahrens anzuordnen.
b) Dieser Antrag kann nur darauf gestützt werden, daß das Schiedsgerichtsverfahren nicht ordnungsgemäß eingeleitet wurde, das Schiedsgericht nicht entsprechend den Richtlinien besetzt war, Verfahrensverstöße im Sinne der Ziffern 4 und 5 der Richtlinien vorliegen oder das Schiedsurteil gegen die Satzung des DGB verstößt.
c) Die Anrufung des Bundesvorstandes hat hinsichtlich des Schiedsurteils keine aufschiebende Wirkung.

Sachverzeichnis

Fettgedruckte Zahlen verweisen auf die Paragraphen des Gesetzes,
magere Zahlen auf die Randziffern der Erläuterungen.

Abfindungen 1, 405
Abgeltungsanspruch
– Urlaub s. Urlaubsabgeltungsanspruch
Abkommen
– außertarifliche s. Übereinkünfte der Sozialpartner
– internationale s. dort
Abkommen über die Sozialpolitik s. Elferabkommen
Ablösungsprinzip (Zeitkollisionsregel, lex posterior) **1**, 309, **4**, 74, 261 ff.
Abmahnung 4, 41, 51
Abrechnung 1, 363
Abschlag 1, 365
Abschluß des Tarifvertrages
– Tariffähigkeit **2**, 15
– Tarifzuständigkeit **2**, 45
– Unterorganisationen **2**, 200
Abschlußfreiheit 1, 182 ff.
Abschlußgebote
– Abgrenzung **1**, 480 f.
– Arbeitskampffolgen **1**, 491 ff.
  s. auch dort
– Bedeutung **1**, 482 ff.
– Begriff **1**, 480 f.
– Besetzungsregeln s. dort
– Bestimmtheitsgebot **1**, 486 f.
– einseitig zwingende Tarifvertragsnormen **1**, 271
– Gleichheitsgebot **1**, 488 f.
– Günstigkeitsprinzip **4**, 406, 412 ff.
– Inhalt **1**, 490
– Neueinstellungsgebote **1**, 483
– Quotenregelungen s. dort
– Rückwirkung **4**, 256
– Übernahmeklauseln **1**, 484
– unmittelbare Wirkung **4**, 314 f.
– Weiterbeschäftigungsklauseln **1**, 491
– Wiedereinstellungsklauseln **1**, 482, 491 ff.
– Zulässigkeit **1**, 485 ff.
– Zustimmungsverweigerungsrecht des Betriebsrates **1**, 275
Abschlußnormen 1, 479 ff.
– Abschlußgebote s. dort
– Abschlußverbote s. dort

– Begriff **1**, 479
– Betriebsübergang **3**, 194
– Inkrafttreten **4**, 3, 232 f.
– Nachwirkung **4**, 345 f.
– Rückwirkung **4**, 255 f.
– Tarifgebundenheit **3**, 30
– unmittelbare Wirkung **4**, 309 ff.
Abschlußverbote
– Abgrenzung **1**, 504 ff.
– Beendigungsnormen **1**, 505
– Beschäftigungsverbote **1**, 502
– Betriebsnormen **1**, 506
– (negative) Inhaltsnormen **1**, 252, 505, 510
– allseitig zwingende Tarifvertragsnormen **1**, 271
– Bedeutung **1**, 503
– Begriff **1**, 502
– Doppelcharakter **1**, 278
– als Effektivklausel **4**, 542
– Günstigkeitsprinzip **4**, 407, 412 ff.
– Rechtsfolgen **1**, 508 ff.
– Rückwirkung **4**, 256
– unmittelbare Wirkung **4**, 310 ff.
– Verbotsnorm **1**, 250
– Zulässigkeit **1**, 507
– Zustimmungsverweigerungsrecht des Betriebsrates **1**, 275
Absperrklauseln s. auch Organisationsklauseln
– Begriff **Einleitung**, 287
Abstandsklauseln
– Begriff **Einleitung**, 290
Abwicklungsstadium von Arbeitsverträgen
– Gegenstand von Tarifvertragsnormen **1**, 306 f.
Abzüge 1, 364
action individuelle excercée syndicalement 1, 726
ad-hoc-Koalitionen
– Gründungsverbände **2**, 214
– Grundrechtsschutz **2**, 212
– Tariffähigkeit **2**, 213
adverse discrimination 1, 488

1481

Sachverzeichnis

fette Ziffern = §§

Änderungskündigung
- Eingruppierungsfehler **1**, 371 f.

Akkord 1, 380 ff.
- arbeitswissenschaftlicher **1**, 383
- ausgehandelter **1**, 383
- Begriff **1**, 380
- Betriebsratsmitbestimmung **1**, 385 f.
- Einzelakkord **1**, 382
- Formen der Akkordvergütung **1**, 380
- Geldakkord **1**, 381
- Geldfaktor **1**, 384
- Gruppenakkord **1**, 382
- Mindesteinkommen **1**, 388
- Zeitakkord **1**, 381
  - Vorgabezeit **1**, 381, 383

Akkordausgangslohn 1, 384

Akkordrichtsatz 1, 384

Akt öffentlicher Gewalt
- Tarifverträge
  - Verfassungsbeschwerde, Zulässigkeit **Einleitung**, 355, **1**, 14

Aktiengesellschaft, europäische 1, 97 f.

Allgemeine Anstellungsbedingungen
- Tarifvertrag **1**, 2

Allgemeine Erklärung der Menschenrechte Einleitung, 190

Allgemeines Persönlichkeitsrecht Einleitung, 211 ff.
- individuelle Vertragsfreiheit **Einleitung**, 212
  - Günstigkeitsprinzip, Abgrenzung **Einleitung**, 212
- Verhandlungspflicht **Einleitung**, 211
- Vertretungsverbot **Einleitung**, 211

Allgemeinverbindlicherklärung (AVE)
- Ablauf des Tarifvertrages **5**, 108
- Ablehnung des Antrags **5**, 85
- Änderung des Tarifvertrages durch AVE **5**, 55 ff.
- angemessene Vergütung **5**, 2
- Antrag **5**, 79 ff.
- Arbeitnehmer-Entsendegesetz **5**, 131, 142 ff.
- Arbeitnehmer-Entsendung **5**, 129 ff.
- Aufhebung **5**, 113 ff.
- Auslegung **5**, 160 ff.
- Außenrecht, Rechtsschutz **5**, 175
- Beginn der AVE **5**, 102 ff.
- de lege ferenda **Einleitung**, 71, **5**, 178 ff.
- Doppelnatur **5**, 36 ff., 45
- EGBGB **5**, 133 ff.
- Eingriffsnormen **5**, 137 ff.
- Einschränkung **Einleitung**, 71
- Ende der AVE **5**, 107 ff.
- Entsenderichtlinie **5**, 129 ff.
- Erstreckung auf Nicht- und anders Organisierte **5**, 147 ff.
- Erweiterung der Tarifgebundenheit **5**, 127 ff.
- Firmentarifvertrag **5**, 67, 74
- Fünfzig-Prozent-Klausel **5**, 64 ff.
- Gemeinsame Einrichtungen **1**, 650 ff., **5**, 3, 24, 148 ff.
- geschichtliche Entwicklung und praktische Bedeutung **5**, 7 ff.
- Gesetzesersatz **5**, 6
- Gesetzestheorie **5**, 31 f.
- gültiger Tarifvertrag als Voraussetzung **5**, 52
- Heimarbeitsgesetz **5**, 12 f.
- Kartellwirkung **5**, 4
- Koalitionsfreiheit **5**, 21 ff.
- Mängel der AVE **5**, 163 ff.
- mehrgliedriger Tarifvertrag **5**, 110, 154
- Nachbarstaaten **5**, 18
- Nachwirkung **5**, 125 f.
- Nichtorganisierte **5**, 147 ff.
- Normsetzung eigener Art **5**, 27
- öffentliches Interesse **5**, 68 ff.
- Österreich **5**, 15
- Rechtsnatur **5**, 30 ff.
- Rechtssetzung, AVE als **5**, 33 ff.
- Rechtsverordnung **5**, 35
- Rechtsweg **5**, 163 ff.
- Reformvorschläge **Einleitung**, 71, **5**, 178 ff.
- Rückwirkung **5**, 104 f.
- Schiedsklauseln **5**, 155 f.
- schuldrechtliche Abreden **5**, 157 ff.
- Schweiz **5**, 16
- Sinn und Zweck der AVE **5**, 1 ff.
- sozialer Notstand **5**, 75 ff., 115
- sozialpolitische Funktion **5**, 2
- Stufenregelung **5**, 153
- Tarifausschuß **5**, 86 ff.
  - Bildung und Zusammensetzung **5**, 90 ff.
  - Entscheidung **5**, 98 ff.
  - Tätigkeit **5**, 95 ff.
  - Vorbereitung der Tätigkeit **5**, 87 ff.
- Tarifgebundenheit **3**, 145
- Tarifkonkurrenz **5**, 146

magere Ziffern = Randnummern

– Tarifvertrag als Voraussetzung der AVE **5**, 52 ff.
– Ablauf des Tarifvertrages **5**, 109
– Änderungen eines Tarifvertrages **5**, 55 ff., 117 ff.
– Bestehen eines Tarifvertrages **5**, 52 f.
– nachwirkender Tarifvertrag **5**, 54
– Tarifvertrag nach Abführung des Lohnzuschlags an Lohnausgleichskasse **1**, 421
– Tarifvertrag über vermögenswirksame Leistungen **1**, 421
– teilweise AVE **5**, 57 ff.
– Verbandstarifvertrag **5**, 68
– Verfassungsmäßigkeit **5**, 19 ff., 151
– vergleichbare Rechtsinstitute **5**, 12 ff.
– Vertragstheorie **5**, 31 f.
– Verwaltungsakt, AVE als **5**, 33 ff., 43 ff.
– Voraussetzungen
   – materielle **5**, 51 f.
   – formelle **5**, 78 ff.
– Wegfall der **5**, 116
– wettbewerbliche Dimension der AVE **5**, 5
– Wirkungen der AVE **5**, 127 ff.
– zuständige Behörde **5**, 82 ff.

allgemeinverbindliche Tarifverträge 4, 336, 670, 778
Allgemeinverbindlichkeit 4, 206
Alternativverhalten, hypothetisches 1, 757
Altersgrenzen
– Entscheidungen des Bundesarbeitsgerichts **Einleitung**, 120, 325, **1**, 518 ff., 527
– gesetzliche Vorgaben
   – Art. 2 SGB VI ÄndG **1**, 523
   – § 41 Abs. 4 Satz 3 SGB VI n. F. **1**, 521 ff.
   – Bedeutung **1**, 522 ff.
   – Entstehungsgeschichte **1**, 521
– tarifvertragliche
   – Beendigungsnorm **1**, 517 ff.
   – Berufsfreiheit **Einleitung**, 325, **1**, 526 ff.
   – Günstigkeitsprinzip **1**, 532
   – Inhaltsnorm **1**, 336
   – Rechtsprechungsentwicklung **1**, 518 ff.
   – Sachgrunderfordernis **1**, 525
– zwingendes Recht **Einleitung**, 378
Altersteilzeit 1, 337 ff.

Sachverzeichnis

Altersversorgung, betriebliche
– Gleichberechtigung **Einleitung**, 233
Amerikanische Besatzungszone Geschichte, 19 ff.
analytisches Arbeitsbewertungsverfahren 1, 360
Änderung der Rechtslage 4, 71
Änderungskündigung 4, 38, 71
Andeutungstheorie 1, 771
Anerkennungstheorie 1, 46
Anfechtung
– Tarifvertrag **1**, 210, **4**, 50
Angestellte
– kirchliche s. kirchliche Beamte/Angestellte
Angleichung nach oben
– Verstoß gegen Geschlechtergleichbehandlung **Einleitung**, 153, 187, 264 ff.
Anpassungsklauseln 1, 269
Anrechnung
– Urlaubstage **Einleitung**, 122 f.
Anrechnung einer Tariflohnerhöhung (s. übertariflicher Lohn) **4**, 508 ff.
Anschlußtarifvertrag
– Begriff **1**, 58
– Tariffähigkeit **2**, 16
– Vertragsparteien **1**, 181
Anspruchsverzicht, prozessualer 4, 658
Anstellungsbedingungen, Allgemeine
– Tarifvertrag **1**, 2
Anwendungsvorrang 4, 299, 370
Antitrust-Politik Einleitung, 36
Anwesenheitsprämie 1, 394, 495
Apotheken-Urteil Einleitung, 329
Arbeiter und Angestellte Einleitung, 220, 243, **4**, 219 ff.
Arbeiterkammern 2, 233 f.
Arbeitgeber 1, 291
Arbeitgeberbegriff
– Tariffähigkeit **2**, 96 f.
Arbeitgebervereinigungen
– Aufnahmeanspruch **2**, 185
– Ausschluß aus **2**, 194
– Druckausübungsfähigkeit **2**, 315 f.
– Gegnerunabhängigkeit **2**, 250
– Organisationsstruktur **2**, 180
– Tariffähigkeit, Voraussetzungen für **2**, 170
– Verhandlungsgemeinschaft **2**, 181

1483

Sachverzeichnis

fette Ziffern = §§

Arbeitnehmer
- Begriff **1**, 286 ff.

arbeitnehmerähnliche Personen
- Abschlußnormen **12 a**, 83
- Anwendungsbereich **12 a**, 32 f.
- Arbeitnehmer **12 a**, 1, 32 f., 43 ff.
- Arbeitsgemeinschaft **12 a**, 68
- Arbeitsgerichtsgesetz **12 a**, 5, 31
- Arbeitskampf **12 a**, 91 f.
- Arbeitskampffähigkeit **12 a**, 91
- Arbeitskraft, Einsetzung der eigenen **12 a**, 71
- Auftrag **12 a**, 64
- Beendigungsnormen **12 a**, 85
- Begriff **12 a**, 32 ff.
  - Dogmatikbegriff **12 a**, 13
  - Oberbegriff **12 a**, 60
- Bereichsausnahmen **12 a**, 50 ff.
- Beschäftigtenschutzgesetz **12 a**, 5, 31
- betriebliche Normen **12 a**, 87 ff.
- betriebsverfassungsrechtliche Normen **12 a**, 89
- Bundesurlaubsgesetz **12 a**, 5, 31
- Dienst- oder Werkvertrag **12 a**, 61
- Dogmatikbegriff des Arbeitnehmerähnlichen **12 a**, 13
- Einfirmenvertreter **12 a**, 9
- Entstehungsgeschichte des § 12 a **12 a**, 17 ff.
- Erwerbstätigkeit **12 a**, 75
- Freie Berufe **12 a**, 58
- gemeinsame Tarifverträge für Arbeitnehmer und arbeitnehmerähnliche Personen **12 a**, 90
- Handelsgesetzbuch **12 a**, 30
- Handelsvertreter **12 a**, 51 ff.
- Heimarbeiter **12 a**, 6, 50
- Heimarbeitsgesetz **12 a**, 29
- Inhaltsnormen **12 a**, 81
- Kartellgesetz (GWB) **12 a**, 28
- Kompetenz des Bundesgesetzgebers **12 a**, 5, 21
- künstlerische, schriftstellerische und journalistische Tätigkeit **12 a**, 74
- Organ, Organisationsgemeinschaft **12 a**, 67
- Pachtvertrag **12 a**, 62
- Rechtsfolgen des § 12 a **12 a**, 78 ff.
- Selbständige **12 a**, 1, 49
- Sympathiearbeitskampf **12 a**, 92
- Tariffähigkeit **2**, 210
- Tarifvertragsnormen **1**, 311 f., **12 a**, 80 ff.
- Tarifvertragsparteien **12 a**, 79
- Unterteilung innerhalb der Gruppe der Arbeitnehmerähnlichen **12 a**, 3 ff.
- Verdienstrelation **12 a**, 73
- Verhältnis des § 12 a zu anderen Gesetzen **12 a**, 24 ff.
- Verhältnis des § 12 a zur Verfassung **12 a**, 24 ff.
- Verhältnis der Arbeitnehmerähnlichen zu Arbeitnehmern und Selbständigen **12 a**, 1, 43 ff.
- Vertragspartner **12 a**, 65 ff.
- Vertragstypen **12 a**, 61
- Voraussetzungen des § 12 a **12 a**, 32 ff.
- Vorgeschichte des § 12 a **12 a**, 17
- Wechsel der Tarifbindung **12 a**, 77
- Werklieferungsvertrag **12 a**, 63
- Zielgruppe, gesetzgeberische **12 a**, 23

Arbeitnehmer-Entsendegesetz **1**, 74 f.

Arbeitnehmerfreizügigkeit Einleitung, 153

Arbeitnehmergesellschaften
- Tariffähigkeit **2**, 97

Arbeitnehmerschutzgesetze s. auch Schutzprinzip, arbeitsrechtliches
- einseitig zwingendes Gesetzesrecht **Einleitung**, 360

Arbeitnehmerschutzprinzip Einleitung, 360, 363, 365 s. auch Schutzprinzip, arbeitsrechtliches

Arbeitnehmerschutzvorschriften, staatliche
- Auslegung **Einleitung**, 143

Arbeitnehmerüberlassung, grenzüberschreitende **1**, 72

Arbeitsbedingungen
- formelle **1**, 316
- materielle **1**, 316

Arbeitsbeschaffungsmaßnahmen
- Gegenstand von Tarifvertragsnormen **1**, 300
- Verfassungsmäßigkeit des § 249 AFG **Einleitung**, 118

Arbeitsbewertung **1**, 359 f.

Arbeitsbewertungsverfahren Einleitung, 48, **1**, 360
- analytische Verfahren **1**, 360
- Merkmale **Einleitung**, 256 ff.
- summarische Verfahren **1**, 360

Arbeitsentgelt
- Abgeltungsverbot **1**, 362
- Abschlag **1**, 365

magere Ziffern = Randnummern

Sachverzeichnis

- Abrechnung **1**, 363
- Abzüge **1**, 364
- Akkord **1**, 380 ff. s. auch dort
- Arbeitsbewertung s. dort
- Art der Lohnzahlung **1**, 366
- Begriff **Einleitung**, 157 f.
- Diskriminierung(sverbot) s. dort
- Eingruppierung **1**, 367 ff. s. auch dort
- einmalige Zuwendung **1**, 407
- Entgeltsystem **1**, 356 ff. s. auch dort
- Fälligkeit **1**, 374
- Lohnabtretungsverbot s. dort
- Lohnüberzahlungen **1**, 376
- Nettolohnvereinbarung **1**, 375
- Ort der Lohnzahlung **1**, 366
- Provision **1**, 387
- Rückforderung von Entgelt **1**, 376
- Sondervergütungen **1**, 389 ff.
- Verdienstsicherung
  - Indexklauseln **1**, 377
  - sonstige Formen **1**, 378
- Vorschuß **1**, 365
- Zuschläge **1**, 379

Arbeitsförderungs-Reformgesetz
- Eingliederungsvertrag **1**, 310

Arbeitsgemeinschaft
- Tarifgebundenheit **3**, 91 f.

Arbeitsgerichte
- Verfassungskontrolle von Tarifverträgen **Einleitung**, 354, 356

Arbeitsgestaltung, menschengerechte 1, 452

Arbeitskampf
- Auslegungsstreitigkeiten von Tarifverträgen **1**, 833
- Beteiligung Nichtorganisierter **Einleitung**, 251
- Firmentarifvertrag **2**, 129 ff.
- Friedenspflicht s. dort
- Gemeinwohlbindung **Einleitung**, 346
- Kampfparität **1**, 217 f.
- Kleinarbeitgeber **2**, 102 ff.
- nach Kündigung eines Tarifvertrages **4**, 49
- Notdienstvereinbarungen
  - Verhandlungspflicht **1**, 182
- Öffnungszeiten **Einleitung**, 460 f.
- Rationalisierungsschutz **Einleitung**, 458
- Sondervergütungen **1**, 397
- Tarifzuständigkeit **2**, 59, 83 ff.
- Tarifwilligkeit **2**, 299

- Vorbedingung funktionierender Tarifautonomie **Einleitung**, 37 ff.

Arbeitskampfbereitschaft 2, 301 ff.

Arbeitskampffolgen 1, 491 ff.
- Benachteiligungsverbot s. dort
- Gleichstellungspflicht **1**, 501
- Maßregelungsverbot s. dort
- Risikoverteilungsklauseln s. dort
- Wiedereinstellungsklauseln s. dort

Arbeitskampfgesetz Einleitung, 132

Arbeitskampfrecht
- Arbeitskampfbereitschaft **2**, 305
- Tariffähigkeit **2**, 82 ff.

arbeitskampfrechtliches Risiko 1, 430

Arbeitskampfregeln 1, 741 f.
- tarifdispositives Richterrecht **Einleitung**, 424

Arbeitskampfvereinbarungen
- Tarifvertrag **1**, 7

Arbeitslohn s. Arbeitsentgelt

Arbeitsmarktökonomik Einleitung, 15

Arbeitsorganisationsgesetze
s. Organisationsgesetze, arbeitsrechtliche

Arbeitsplatzgestaltung
- Betriebsnormen **1**, 574

Arbeitsplatzsicherung
- Betriebsnormen **1**, 575

Arbeitsplatzverteilung
- Betriebsnormen **1**, 579

arbeitsrechtliches Schutzprinzip
s. Schutzprinzip, arbeitsrechtliches

Arbeitsrechtliches Beschäftigungsförderungsgesetz Einleitung, 82
- Anrechnung von Urlaubstagen **Einleitung**, 122 f.
- Insolvenz **Einleitung**, 124
- krankheitsbedingte Fehlzeiten
  - Entgeltfortzahlung **1**, 431 f.
- Sondervergütungen **1**, 396

Arbeitsrechtsbereinigungsgesetz, Erstes Geschichte, 65 ff.

Arbeitsrechtsregelungsgesetze, Evangelische Landeskirchen 1, 124

Arbeitsregelungen
- einseitig erlassene **1**, 23

Arbeitsschutz 1, 451

Arbeitsschutzregeln
- Betriebsnormen **1**, 573

1485

Sachverzeichnis

fette Ziffern = §§

Arbeits- und Wirtschaftsbedingungen Einleitung, 95 ff.
- Regelungsinhalt **Einleitung**, 98 ff.
- Umfang **Einleitung**, 99 ff.
  - Auswirkung auf Unternehmensführung **Einleitung**, 101 f.
  - Vermögenspolitik **Einleitung**, 100
- Regelungsziel **Einleitung**, 96 f.
  - Ordnungsaufgabe **Einleitung**, 96 f.
  - sekuritätspolitische Gewerkschaftsinteressen **Einleitung**, 96

Arbeitsverhältnis
- Gegenstand von Tarifvertragsnormen **1**, 285 ff.
- atypische Arbeitsverhältnisse **1**, 296 ff.
  - befristete Arbeitsverhältnisse **1**, 298
  - Leiharbeit **1**, 289
  - staatlich geförderte Arbeitsverhältnisse **1**, 300
  - Teilzeitbeschäftigte **1**, 297
- Ausbildungsverhältnisse **1**, 301 ff. s. auch dort
- nachvertragliche Rechtsverhältnisse s. dort
- Normalarbeitsverhältnisse **1**, 285 ff.
  - Arbeitgeber **1**, 291
  - Arbeitnehmer **1**, 286 ff.
  - Familienangehörige **1**, 288
  - fehlerhafte Arbeitsverhältnisse **1**, 295 s. auch dort
  - Nebenabreden **1**, 294
  - Öffentlicher Dienst **1**, 289
  - Vertragsverhältnisse **1**, 292 ff.
- Schwerpunkt des Arbeitsverhältnisses **4**, 49

Arbeitsverträge
- befristete s. befristete Arbeitsverträge

Arbeitsvertragsstatut
- kollektivvertraglich erzwungene Rechtswahl **1**, 84 f.

Arbeitsvorschriften
- Doppelcharakter **1**, 281

Arbeitszeitflexibilisierung 1, 56, 355

Arbeitszeitkonten Einleitung, 322, **1**, 339, 355

Arbeitszeitkorridor 1, 355

Arbeitszeitrecht
- Gesetz zur Vereinheitlichung und Flexibilisierung des Arbeitszeitrechts **Einleitung**, 82

Arbeitszeitregelungen, tarifvertragliche
- Arbeitszeit nach Arbeitsanfall **Einleitung**, 365, **1**, 346
- Berufsfreiheit **Einleitung**, 319 ff.
  - Dauer der wöchentlichen Arbeitszeit **Einleitung**, 321 f.
  - Lage der Arbeitszeit **Einleitung**, 323 f.
- Betriebsnormen **1**, 581 f.
- Doppelcharakter **1**, 277
- Einzelfragen **1**, 347 ff.
  - Arbeitszeitflexibilisierung **1**, 355
  - Kurzarbeit **1**, 353
  - Lage **1**, 347 ff.
  - Mehrarbeit **1**, 352
  - Lebensarbeitszeit s. dort
- Tarifmacht **Einleitung**, 320
- Teilzeitarbeit s. dort
- Wochenarbeitszeit s. dort

Arbeitszeitverkürzung 4, 523

Arbeitszeitverteilungen 1, 581 f.

Arglisteinwand 4, 703

Aufbau von Tarifverträgen 1, 317

Aufgaben des Tarifvertrages
s. Funktion des Tarifvertrages

Aufhebungsvertrag über Tarifvertrag 4, 15
- Form **1**, 235

auflösende Bedingung 4, 18

Auflösung des Berufsverbandes
- Tariffähigkeit **2**, 33 ff.

Auflösungsbeschluß 4, 76 ff.

Auflösungsklage 4, 44

Aufrechnung
- gegen vermögenswirksame Leistungen **1**, 418

Aufwandsentschädigung, pauschalierte 1, 411

Aufwendungsersatz 1, 411

Ausbildungskosten
- Rückzahlung s. Rückzahlungsklauseln

Ausbildungsverhältnisse
- Gegenstand von Tarifvertragsnormen **1**, 301 ff.
  - Auszubildende **1**, 302
  - Praktikanten **1**, 303 ff.
  - Volontäre **1**, 303 ff.

Ausgeschiedene, Rückwirkung für 4, 240

Ausgestaltungsgesetz
- Abgrenzung zu Eingriffsgesetz **Einleitung**, 131 ff.

magere Ziffern = Randnummern

Sachverzeichnis

- Rechtfertigung **Einleitung**, 134
- verfassungswidriges **Einleitung**, 135
Ausgleichsregelungen, Betriebsnormen 1, 579 ff.
- Arbeitsplatzverteilung **1**, 579
- Arbeitszeitverteilung **1**, 581 f.
- Auswahlrichtlinien **1**, 580
- Besetzungsregelungen, quantitative **1**, 579
- Vergütungsverteilung **1**, 583
Ausgleichsquittung 4, 659
ausländische Tarifverträge, Geltung 1, 81 f.
ausländisches Recht
- Rechtsnatur des Tarifvertrages **1**, 35 ff.
- Verhandlungsanspruch **1**, 187
Auslegung von Tarifvertragsnormen
- Allgemeine Auslegungsgrundsätze **1**, 767 ff.
- Auslegungsgrenze **1**, 797
- Auslegungsmittel **1**, 781 ff.
- Entstehungsgeschichte **1**, 803 ff.
- Gesamtabwägung **1**, 810
- Sinn, Zweck **1**, 809
- Systematik **1**, 798 ff.
- Wortlaut **1**, 782 ff.
- Auslegungsziel **1**, 778 ff.
- Bedeutung der Entstehungsgeschichte **1**, 778 f.
- Im Zweifel für die Arbeitnehmerseite? **1**, 780
- Besonderheiten des Tarifvertrages **1**, 767 ff.
- Elemente der Vertragsauslegung und der Gesetzesauslegung **1**, 767
- Literatur **1**, 773 f.
- Rechtsprechung **1**, 769 ff.
- schuldrechtlicher und normativer Teil **1**, 768
- Stellungnahme **1**, 775 ff.
- Besondere Auslegungsprobleme **1**, 818 ff.
- Gleichheitssatzverstoß **1**, 823 f. s. auch Gleichheitsverstoß, Rechtsfolgen
- Rückwirkung **1**, 825 s. auch dort
- Verweisung **1**, 822 s. auch dort
- Wegfall der Geschäftsgrundlage **1**, 819 ff. s. auch dort
- Fortbildung von Tarifverträgen s. dort
- Gemeinwohlbindung **Einleitung**, 352
- Gesetzes- oder Vertragsauslegung **1**, 763 ff.
- Inhaltskontrolle s. dort
- prozeßrechtliche Fragen s. prozeßrechtliche Behandlung von Tarifverträgen
Auslegungsregeln
- tarifvertraglich vereinbarte **1**, 464
Ausschlußfrist (bei Kündigung eines Tarifvertrages) **4**, 45
Ausschlußklauseln, tarifliche 4, 712 ff.
- Abgrenzung zu anderen Rechtsinstituten **4**, 726 ff.
- Abrechnung, mangelnde **4**, 825 ff.
- Ansprüche aus dem Arbeitsverhältnis **4**, 802 ff.
- Ansprüche aus Betriebsvereinbarungen **4**, 749 ff.
- Ansprüche aus Einzelarbeitsvertrag **4**, 743 ff.
- Ansprüche aus mit Strafe bedrohten Handlungen **4**, 808
- Ansprüche aus Gesetz **4**, 752 ff.
- Auslegung von Ausschlußklauseln **1**, 790, **4**, 799 ff.
- Aufrechnung **4**, 797 ff.
- Ausnahmesituationen beim Arbeitnehmer **4**, 794 ff.
- Begriff **4**, 713
- Berücksichtigung von Amts wegen **4**, 871 ff.
- Betriebsvereinbarung **4**, 749 ff.
- Bezugnahme **4**, 769
- Einzelfälle **4**, 760 f.
- Fristbeginn **4**, 811 ff.
- Fristversäumnis **4**, 779, 785 ff.
- Geltendmachung **4**, 838 ff.
- gerichtliche **4**, 854 ff.
- schriftliche **4**, 846 ff.
- des Urlaubsanspruchs **1**, 440
- gesetzliche Ansprüche **4**, 752 ff.
- Gültigkeit **4**, 733 ff.
- Inhaltskontrolle **4**, 780 ff.
- Insolvenz **4**, 762 ff.
- Kritik **4**, 724 f.
- Rechtscharakter **4**, 714
- Tarifpraxis **4**, 720
- Umfang ihrer Wirkung **4**, 737 ff., 765 ff.
- unzulässige Berufung auf Ausschlußklauseln **4**, 784 ff.
- zeitlicher Umfang der Wirkung **4**, 773 ff.

1487

Sachverzeichnis

fette Ziffern = §§

- Zweck **4**, 721 ff.
- zweistufiges Verfahren **4**, 835 ff., 848, 861 ff.

Außenseiterklauseln
- Anwendung des Tarifvertrages **3**, 280 f.
- Begriff **Einleitung**, 291
- Zulässigkeit **1**, 663

Außerkrafttreten, rückwirkendes 4, 259

außerordentliche Kündigung eines Tarifvertrages 4, 26 ff.
- Abgrenzung zum Wegfall der Geschäftsgrundlage **4**, 61, 62 ff.
- Abmahnung **4**, 41
- Änderung der Rechtslage **4**, 60
- Änderung der wirtschaftlichen Verhältnisse **4**, 55 ff.
- Arbeitskampf **4**, 49
- Ausschlußfrist **4**, 45
- Beweislast **4**, 42
- einzelne wichtige Gründe **4**, 50 ff.
- Feststellungsklage **4**, 48
- Grenzbetrieb **4**, 34
- Grundsatz **4**, 26 ff.
- Nachwirkung **4**, 46
- Pflichtverstoß **4**, 53 f.
- Risikobereich **4**, 30, 56
- ultima ratio **4**, 38 ff.
- Unzumutbarkeit **4**, 31 ff.
- Verhältnismäßigkeit **4**, 37 ff.
- Verhandlungspflicht **1**, 182
- Vorhersehbarkeit **4**, 36
- wichtiger Grund **4**, 27 ff.
- Wirkung **4**, 90 ff.

außertarifliche Abkommen
- Sozialpartner s. Übereinkünfte der Sozialpartner

Aussperrungsbeschluß Einleitung, 88, 104, 107 ff., 133, **1**, 216

Ausstrahlungswirkung
- Verfassung **Einleitung**, 203

Auswahlrichtlinien
- Betriebsnormen **1**, 580
- Erlaß durch Arbeitgeber **1**, 23

Auszubildende 1, 302

Baden Geschichte, 49
bargeldlose Lohnzahlung,
  s. Lohnzahlung, bargeldlose
Bauindustrie, -gewerbe
- Geltungsbereich **4**, 163 ff.

- kürzere Kündigungsfristen für Arbeiter **1**, 548
- Sozialkassenverfahren **1**, 466

Beamte
- kirchliche s. kirchliche Beamte/Angestellte
- Tarifverträge **1**, 109, 289

Beamteneinsatz auf bestreikten Arbeitsplätzen Einleitung, 110

Bedaux-System 1, 383
Bedienungsgeld 1, 406
Bedingung, auflösende 4, 18 f.

Beendigung
- Firmentarifverträge **2**, 127
- Tariffähigkeit, Verlust der **2**, 38 f.

Beendigung des Tarifvertrages 1, 247, **4**, 10 ff.
- Firmentarifverträge **2**, 227
- Wirkung der Beendigung **4**, 90 ff.
- keine Beendigungsgründe **4**, 75 ff.
- Tariffähigkeit, Verlust der **2**, 38 f.

Beendigungskündigung 4, 38 ff.

Beendigungsnormen 1, 511 ff.
- Altersgrenzen s. dort
- Betriebsübergang **3**, 194
- Berufsunfähigkeit **1**, 533
- einseitig zwingende Tarifvertragsnormen **1**, 271
- Erwerbsunfähigkeit **1**, 533
- Günstigkeitsprinzip **4**, 408, 412 ff.
- Kündigung **1**, 534 ff.
- Tarifgebundenheit **3**, 31
- Zeitarbeitsverträge s. dort

befristete Arbeitsverträge
- einseitig zwingendes Gesetzesrecht **Einleitung**, 364
- Beschäftigungsförderungsgesetz **1**, 514
- Hochschulrahmengesetz **Einleitung**, 372, **1**, 515
- Verfassungsmäßigkeit des § 1 BeschFG **Einleitung**, 119
- Gegenstand von Tarifvertragsnormen **1**, 298, 511 ff.
- Tarifbindung **1**, 516
- tarifdispositives Richterrecht **Einleitung**, 422
- wissenschaftliches Personal **Einleitung**, 98, **1**, 515

Befristungsregeln, tarifvertragliche
- Abschlußverbote **1**, 503

magere Ziffern = Randnummern

Sachverzeichnis

- Beendigungsnormen **1**, 511 ff., 516
- Betriebsnormen **1**, 578
- **begünstigende Tarifvertragsnormen 1**, 254
- **Beitrittsgebiet (ehem. DDR)**
  - Arbeitsgesetzbuch **13**, 15 ff.
  - Gesetzbuch der Arbeit **13**, 12 ff.
  - Gewerkschaftsgesetz vom 6. März 1990 **13**, 19
  - Einigungsvertrag, Maßgaben des
    - Anwendungsbereich **13**, 28 f.
    - Betriebsübergang **13**, 32
    - Rahmenkollektivvertrag
      - Außerkrafttreten **13**, 34
      - Betriebsübergang **13**, 32
      - Betriebsvereinbarung, Sperrwirkung für **13**, 31
      - Nachwirkung **4**, 353 ff., **13**, 36 f.
      - Rechtswirkungen **13**, 30
    - Rationalisierungsschutzabkommen **13**, 38 ff.
  - Inkraftsetzung des TVG in der ehem. DDR
    - Tarifrecht bis zum 3. Oktober 1990 **13**, 27
    - Übergangsregelung **13**, 25
    - Verfassungsgrundsätzegesetz **13**, 22 ff.
    - Vorgaben des Staatsvertrages **13**, 22 ff.
  - Inkrafttreten des TVG im Beitrittsgebiet **Geschichte**, 79 f.
  - Kollektivvertrags-Verordnung **13**, 10 f.
  - Nicht registrierte Tarifverträge vor dem 1. Juli 1990 **13**, 20 f.
  - Sowjetische Besatzungszone **13**, 6 ff.
  - Tarifordnungen **10**, 11
  - Tarifverträge vor Beitritt **13**, 41
- **Bekanntgabe**
  - Adressat **8**, 8
  - Arbeitgeber **8**, 9
  - arbeitsvertragliche Pflichten **8**, 17 f.
  - Auslage **8**, 3 f.
  - Betriebsvereinbarung **1**, 242
  - Entstehungsgeschichte **8**, 1
  - fehlende Tarifgebundenheit **8**, 10
  - Normzweck **8**, 2
  - Ordnungswidrigkeit **8**, 14
  - Pflichtverletzung **8**, 13 ff.
  - Schutzgesetz **8**, 16
  - Tarifdispositivität **8**, 5
- Tarifgebundenheit **8**, 10
- Tarifverträge **1**, 242, **8**, 6 f.
- Tarifvertragliche Durchführungspflicht **8**, 13
- Verwirkung **8**, 19 f.
- Wirksamkeitsvoraussetzung **8**, 15
- Zeitraum **8**, 12
- **Bekleidungsindustrie**
  - Öffnungsklauseln **1**, 262
- **belastende Tarifvertragsnormen 1**, 254
- **Benachteiligungsverbote Einleitung**, 235 ff., **1**, 491, 494 ff. s. auch Gleichheitsgebote
- **Berlin (West)**
  - Berlin-Klausel **12 b**, 1
  - Inkrafttreten des TVG **Geschichte**, 53 f., 77 f., **12 b**, 6
  - TVG-Berlin **12 b**, 3
- **Berufsausbildung(srecht)**
  - s. Ausbildungsverhältnisse
- **Berufsausbildungsanordnungen**
  - Begriff **Einleitung**, 428
  - Konkurrenz zum Tarifvertrag **Einleitung**, 429
- **Berufsfreiheit Einleitung**, 307 ff.
  - Regelungen durch den Gesetzgeber **Einleitung**, 307 f.
  - Regelungen durch die Tarifvertragsparteien **Einleitung**, 309 ff.
  - Eingriffstatbestand **Einleitung**, 311
  - Einzelfälle **Einleitung**, 318 ff.
    - Altersgrenzen **Einleitung**, 325, **1**, 526 ff. s. auch dort
    - Arbeitszeit **Einleitung**, 319 ff. s. Arbeitszeitregelungen, tarifvertragliche
    - Nebentätigkeitsverbot **Einleitung**, 335 f.
    - qualitative Besetzungsklauseln **Einleitung**, 326 ff. s. auch Besetzungsklauseln, qualitative
    - quantitative Besetzungsklauseln **Einleitung**, 331
    - Rückzahlungsklauseln **Einleitung**, 332, **1**, 403
    - Wettbewerbsverbote **Einleitung**, 337 ff.
    - Interessenabwägung **Einleitung**, 317
    - Interessenwahrnehmung **Einleitung**, 312 ff.

1489

Sachverzeichnis

fette Ziffern = §§

- Allgemeininteressen **Einleitung**, 316
- Interessen der Arbeitnehmer **Einleitung**, 313
- Interessen des Arbeitgebers **Einleitung**, 314
- Interessen Dritter **Einleitung**, 315
- Zuständigkeit **Einleitung**, 310

Berufsorgan
- öffentlicher Status der Berufsverbände **Einleitung**, 349

Berufsunfähigkeit 1, 533

Berufsverband
- ad-hoc-Koalitionen s. dort
- Arbeitnehmerähnliche Personen **2**, 178, 210
- Arbeitsgerichtsgesetz **2**, 163 ff.
- Arbeitskampfbereitschaft **2**, 301 ff.
- Auflösung des Berufsverbands
  - Tarifgebundenheit **3**, 54
- Aufnahmeanspruch **2**, 183 ff.
- Ausschluß aus **2**, 188 ff.
- Austrittsfreiheit **2**, 218
- Begriff **2**, 155
- Bestandsschutz **Einleitung**, 88
- Beitrittsfreiheit **2**, 218
- Belegschaft des Betriebes **2**, 289
- Betriebsverfassungsgesetz **2**, 167
- Delegiertenversammlung **2**, 273
- Demokratische Organisation **2**, 271 ff.
- Druckausübungsfähigkeit
  - Arbeitgeberseite **2**, 315 f.
  - Diskussionsstand **2**, 306 ff.
  - Gewerkschaften **2**, 310 ff.
  - räumlicher Maßstab **2**, 314
  - Sekundärrechte **2**, 326
  - Tarifvertragsrecht **2**, 317 ff.
- Einheitlichkeit der Voraussetzungen **2**, 170
- freie Berufe **2**, 211
- freiwilliger Zusammenschluß **2**, 215 ff.
- Fusion des Berufsverbands
  - Tarifgebundenheit **3**, 55
- Gegnerunabhängigkeit
  - Abgrenzungskriterien **2**, 241 f.
  - Arbeitgeberverbände **2**, 250
  - Arbeitnehmerverbände **2**, 247 f.
  - Arbeitsdirektor **2**, 248
  - Aufgabe der Gegnerunabhängigkeit **2**, 238 ff.
- Entwicklung des Erfordernisses der Gegnerunabhängigkeit **2**, 235 ff.
- Finanzielle Unabhängigkeit **2**, 251 f.
- Kirchliche Unabhängigkeit **2**, 266 f.
- leitende Angestellte **2**, 249
- Mitbestimmung **2**, 257 ff.
- Mitgliedsbeiträge, gewerkschaftliche **2**, 255
- Organisatorische Unabhängigkeit **2**, 253
- Parteipolitische Unabhängigkeit **2**, 266 f.
- Personelle **2**, 243 ff.
- Rechtsfolgen bei Verletzung der Gegnerunabhängigkeit **2**, 268 ff.
- Staatliche Unabhängigkeit **2**, 265
- Zusammenarbeit, kooperative **2**, 254 f.
- Gemischtgewerbliche Verbände **2**, 285
- Gesellenausschüsse **2**, 229
- Gründungsverband **2**, 169, 197
- Handwerkskammer **2**, 230, 288
- Industrieverbandsprinzip **2**, 54, 282 ff.
- Innungen **2**, 225 ff.
- Koalitionsfreiheit **2**, 162
- Koalitionstypenzwang **2**, 283
- Kreishandwerkerschaft **2**, 230
- leitende Angestellte **2**, 206 ff.
- Mitgliederzahl **2**, 177
- Mitgliedschaft **2**, 175 ff.
- Normativvoraussetzungen **2**, 156 ff.
- öffentlich-rechtliche Körperschaft **2**, 219
- Organisationsstruktur **2**, 179
- Privatrechtliche Verfassung **2**, 198
- Rechtsordnung, Anerkennung der **2**, 327 ff.
- Spitzenorganisation, Zugehörigkeit zu **2**, 281
- Standesvertretungen **2**, 288
- Tarifwilligkeit s. dort
- Überbetriebliche Organisation **2**, 275 ff.
- Unterorganisation **2**, 199 ff.
- Vereinigungsbegriff **2**, 171 ff.
- Vermögensorganisation **2**, 195 f.
- Wirtschaftsvereinigungen **2**, 220 ff.
- Zielsetzung **2**, 286 ff., 290
- Zwangsverbände **2**, 216

Beschäftigungsförderungsgesetz, arbeitsrechtliches s. arbeitsrechtliches Beschäftigungsförderungsgesetz

magere Ziffern = Randnummern

Sachverzeichnis

Beschäftigungspflicht 1, 453
Beschäftigungssituation
- Einfluß von Tarifverträgen **Einleitung**, 59 ff.
Beschäftigungsverbot s. auch Inhaltsnormen, negative
- Abgrenzung zu Abschlußverboten **1**, 502
- Doppelcharakter **1**, 278
- Verbotsnorm **1**, 250
Beschlußverfahren 1, 729 f.
Beschränkungsverbot
- Arbeitnehmerfreizügigkeit **Einleitung**, 153
Besetzungsregeln
- Doppelcharakter **1**, 279
- Gleichheitsgebot **1**, 488
- Neueinstellungsgebote **1**, 483, 487
- qualitative
  - Abgrenzung zu Eingruppierungsvorschriften **1**, 577
  - Begriff **Einleitung**, 326
  - Berufsfreiheit **Einleitung**, 326 ff.
  - Betriebsnormen **1**, 576 f.
  - Rechtscharakter der Normen **Einleitung**, 328
  - Ziel der Normen **Einleitung**, 327
- quantitative
  - Begriff **Einleitung**, 331
  - Berufsfreiheit **Einleitung**, 331
  - Betriebsnormen **1**, 579
Besitzsstandsklausel 4, 524
Bestandsschutz
- Berufsverbände **Einleitung**, 88
- Rückwirkung **Einleitung**, 341
Bestimmtheitsgebot, Bestimmtheitsgrundsatz
- Abschlußgebote **1**, 486 f.
- Bindung der Tarifvertragsparteien **Einleitung**, 341; **1**, 194, 796
Bestimmungsklausel
- Abgrenzung zur Delegation **1**, 203 f., 211
- Begriff **1**, 211, 265
- Rechtscharakter **1**, 212
- Rechtsprechung **1**, 211
- Wirkung **1**, 215
- Zulässigkeit **1**, 213 f.
bestreikte Arbeitsplätze, Beamteneinsatz Einleitung, 110
Betrieb
- Tarifzuständigkeit **2**, 54

betriebliche Normen s. Betriebsnormen
betriebliche Sozialleistungen
- Anrechnung auf vermögenswirksame Leistungen **1**, 419
betriebliche Übung
- Bezugnahme auf Tarifvertrag **3**, 271 ff.
Betriebsabteilung 4, 129, 152 ff.
Betriebsänderungen
- Tarifmacht **Einleitung**, 459
betriebsnahe Tarifpolitik 1, 684
Betriebsnormen
- allseitig zwingende Tarifvertragsnormen **1**, 271
- Beispiele **1**, 561, 563
- Besetzungsregeln, qualitative **Einleitung**, 328 s. auch dort
- Betriebsübergang **3**, 194
- Entwicklung **1**, 555 ff.
- Fallgruppen **1**, 572 ff.
- Günstigkeitsprinzip **4**, 410, 415
- Inhalt **1**, 565 ff.
- Konkretisierung des Gleichheitsgebotes **Einleitung**, 250
- Nachwirkung **4**, 344
- Praktische Bedeutung **3**, 129
- Rechtsprechung **1**, 561 f.
- Rechtswirkungen **1**, 584 ff.
- Regelungsumfang **3**, 141 ff.
- Rückwirkung **4**, 257
- Tarifgebundenheit
  - Bedeutung des § 3 Abs. 2 **3**, 127
  - Dogmatische Einordnung **3**, 128
  - Geltungsvoraussetzung **3**, 130
  - Gemeinsamer Betrieb **3**, 131
- Unmittelbare Wirkung **4**, 316
- Verfassungsmäßigkeit **1**, 564, **3**, 133 ff.
- zeitlicher Geltungsbereich **4**, 234
Betriebsrisiko(lehre) 1, 429 f.
Betriebsübergang 1, 275
- Ablösung
- Art des Kollektivvertrages **3**, 197
- Inhalt der Tarifnorm **3**, 200
- Tarifgebundenheit **3**, 199
- Regelungsgegenstand **3**, 200
- Zeitpunkt des Inkrafttretens **3**, 198
- Abschlußnormen **3**, 194
- Änderungen des Tarifvertrages **3**, 195
- Arbeitsverhältnisse, erfaßte **3**, 185
- Auffangcharakter des § 613a BGB **3**, 184
- Ausschlußfrist **4**, 759, 833
- Beendigungsnormen **3**, 194

Sachverzeichnis

fette Ziffern = §§

- Betriebsnormen **3**, 194
- betriebsverfassungsrechtliche Normen **3**, 194
- Betriebszweck, Änderung des **3**, 193
- Bezugnahme auf Tarifvertrag **3**, 276 ff.
- dispositive Tarifnormen **3**, 193
- Dogmatik des § 613 a BGB **3**, 183
- Firmentarifvertrag **3**, 190
- Gemeinsame Einrichtungen **3**, 194
- Gesamtrechtsnachfolge **3**, 188 f.
- Inhaltsnormen **3**, 194
- Lohnverzicht **4**, 662
- nachwirkende Tarifnormen **3**, 193
- Parteistellung **3**, 191
- Rechtsfortbildung **3**, 186
- Rechtsgeschäft **3**, 187
- Rechtswirkungen der Transformation **3**, 201 ff.
- schuldrechtliche Bestimmungen des Tarifvertrages **3**, 193
- Tarifgebundenheit als Voraussetzung **3**, 192 f.
- Tarifpluralität **4**, 278
- Verbandstarifvertrag **3**, 190
- verlängerte Tarifgebundenheit **3**, 193

Betriebsvereinbarung
- Bezugnahme auf Tarifvertrag **3**, 265 ff.

betriebsverfassungsrechtliche Normen
- allseitig zwingende Tarifvertragsnormen **1**, 271
- Bedeutung **1**, 588
- Begriff **1**, 587
- Betriebsübergang **3**, 194
- Betriebsverfassungsgesetz **1**, 590 ff.
- Einschränkung der Beteiligungsrechte **1**, 598
- Entstehungsgeschichte **1**, 589 ff.
- Erweiterung der Beteiligungsrechte **1**, 598 ff.
- Günstigkeitsprinzip **4**, 410, 416
- Mitbestimmung am Arbeitsplatz **1**, 605
- Mitwirkungsorgane, zusätzliche **1**, 606
- Nachwirkung **4**, 344
- Organisation der Betriebsverfassung **1**, 596
- Personelle Angelegenheiten **1**, 602
- Rückwirkung **4**, 257
- Soziale Angelegenheiten **1**, 599 ff.
- Sprecherausschüsse **1**, 607 f.
- Tarifvertrags-Verordnung **1**, 588

- Tendenzschutz **1**, 606
- unmittelbare Wirkung **4**, 316
- Unternehmensverfassung **1**, 593 ff.
- Verhaltensvorschriften **1**, 597
- Wirtschaftliche Angelegenheiten **1**, 603

Bewährungsaufstieg 4, 194, 507

Beweislastverteilung
- Gleichheitsverstoß **Einleitung**, 279 ff.
- Kündigungsgrund **4**, 42
- Richtlinie **Einleitung**, 280

Bezugnahme auf Tarifvertrag,
s. auch Verweisung
- Änderung des Tarifvertrages **3**, 247
- Arbeitsnachweis **3**, 234
- Auslegung **3**, 208, 211 f., 244 f.
- bestehende Tarifgebundenheit **3**, 229 ff.
- Bestimmtheitsgrundsatz **3**, 235
- betriebliche Übung **3**, 271 ff.
- Betriebsübergang **3**, 276 ff.
- Betriebsvereinbarung **3**, 265 ff.
- Beweislast **3**, 233
- Bezugnahmeabrede **3**, 233 ff.
- Bezugnahmeobjekt **3**, 236 ff.
- Darlegungslast **3**, 233
- deklaratorische **3**, 206
- dynamische **3**, 207
- Entstehungsgeschichte des TVG **3**, 217
- Erscheinungsformen **3**, 205 ff.
- Gemeingebrauch **3**, 228
- Gleichbehandlung **3**, 210
- globale **3**, 209
- irrtümliche Tarifanwendung **3**, 275
- konstitutive **3**, 206
- im Nachwirkungszeitraum **4**, 335
- öffentlicher Dienst **3**, 274
- punktuelle **3**, 209
- Rechtskrafterstreckung **3**, 245, **9**, 36 f.
- Rechtsnatur
  - kollisionsrechtliche Verweisung **3**, 220 ff.
  - normative Wirkung **3**, 224 f.
  - schuldrechtliche Abrede **3**, 226
  - Unterwerfungserklärung **3**, 219
- Rechtsverlust **3**, 246
- Schiedsklausel **3**, 242
- statische Bezugnahme **3**, 207
- Tarifgebundenheit, Wegfall der **3**, 248
- Tarifvertrags-Verordnung **3**, 214 ff.
- Transparenzgebot **3**, 235

magere Ziffern = Randnummern

Sachverzeichnis

- überraschende Klauseln **3**, 235
- Urheberrecht **3**, 228
- Verwirkung und Verzicht **4**, 672
- Zulässigkeit **3**, 227 ff.
- Zulassungsnormen s. dort
- Zweck **3**, 210 ff.

Bildungsurlaub 1, 443 f.

Bilka
- Entscheidung **Einleitung**, 166, 180
- Test **Einleitung**, 170

Blankettverweisung
- Bestimmtheitsgrundsatz **Einleitung**, 341
- Zulässigkeit **1**, 198 ff.

Britische Besatzungszone
Geschichte, 19 ff.

Bühnenschiedsgerichtsbarkeit 1, 468

Bündnis für Arbeit 1, 21

Bürgschaftsentscheidung Einleitung, 75, **1**, 223

Bundes-Angestelltentarifvertrag
- mehrgliedriger Tarifvertrag **1**, 176

Bundesanstalt für Arbeit
- Vermittlungsmonopol **Einleitung**, 83

Bundesanstalt für Post und Telekommunikation
- Tariffähigkeit **1**, 168

Bundesanstaltpostgesetz 1, 168

Bundeslotsenkammer
- Tariffähigkeit **2**, 231

Bundestarifvertrag 1, 52

Bundesurlaubsgesetz
- Anrechnung von Urlaubstagen **Einleitung**, 122 f.

Chemische Industrie
- Altersteilzeit **1**, 339
- Arbeitszeitkorridor **1**, 355
- außertarifliche Abkommen **1**, 19
- kürzere Kündigungsfristen für Arbeiter **1**, 548
- Öffnungsklauseln **1**, 262
- Schlichtungsstellen **1**, 19
- Teilzeit-Tarifvertrag **1**, 341
- Unterstützungsverein **1**, 19
- Wettbewerbsverbote **1**, 308

Civil Rights Act 1964 Einleitung, 165

Clayton Act Einleitung, 36

closed shop Klauseln 1, 81

collective bargaining
- Begriff **1**, 1

deklaratorische Übernahme
- tarifvertragliche von Gesetzesrecht **Einleitung**, 384 ff.

Delegation 1, 202 ff. s. auch Öffnungsklauseln
- Abgrenzung zu Bestimmungsklauseln **1**, 203 f., 211
- Arten **1**, 203
- Begriff **1**, 202
- Voraussetzungen **1**, 204 ff.
- Einschränkungen aus der Stellung des Delegatars **1**, 206
- formale, inhaltliche Anforderungen **1**, 205

Delegationstheorien
- Rechtsnatur der Tarifvertrages **1**, 43 ff.
- unmittelbare Grundrechtsbindung **Einleitung**, 200

Delegationsverbot
- Wesentlichkeitstheorie **Einleitung**, 310

Demokratieprinzip Einleitung, 343 f.

Deputat 1, 362

Deregulierung s. Reformvorschläge, Tarifrecht

Deregulierungskommission Einleitung, 66

Deutsche Bundespost
- Manteltarifvertrag **1**, 168
- Personalbemessungssystem, Zeitzuschläge **1**, 574

Deutsche Postbank
- Manteltarifvertrag **1**, 168

Deutsche Telekom
- Manteltarifvertrag **1**, 168

DGB
- Einstellungsbedingung **1**, 23

Dienstleistungsfreiheit 1, 72

Dienstordnungen
- Satzungsrecht **1**, 111
- Verhältnis zum Tarifvertrag **Einleitung**, 358, 430, **1**, 2, 23, 110, 112 ff.
- Vorrang zwingenden Gesetzesrechts **Einleitung**, 121

Dienstordnungs-Angestellte 1, 110, 112

Dienstvereinbarung 4, 622 ff.

Dienstvorschriften
- Doppelcharakter **1**, 281

Differenzierungsklauseln
- Begriff **Einleitung**, 289
- Entwicklung **Einleitung**, 299 ff.

1493

Sachverzeichnis

fette Ziffern = §§

- negative Koalitionsfreiheit **Einleitung**, 298 ff.
- Zulässigkeit
  - tarifvertragsrechtliche **Einleitung**, 441 ff., **1**, 662, 752
  - verfassungsrechtliche **Einleitung**, 301 ff.

Direktionsrecht 1, 446 ff.
- tarifvertragliche Erweiterung/Ausgestaltung **1**, 446
- Betriebsratsmitbestimmung **1**, 449
- Billigkeitskontrolle **1**, 450
- Kündigungsschutz **1**, 447
- Kurzarbeit **1**, 448

Diskriminierung(sverbot)
- Deutsches Recht s. Gleichheitsgebote, Gleichheitsverstoß
- Europäisches Recht
  - Freizügigkeit **Einleitung**, 153, 236
    - Tätigkeit im nicht europäischen Drittland **Einleitung**, 153
  - Geschlecht, Diskriminierung aufgrund des **Einleitung**, 151, 230 ff.
    - Bindung der Tarifvertragsparteien **Einleitung**, 155, 214
    - Geltungsrahmen **Einleitung**, 216 f.
  - mittelbare Diskriminierung **Einleitung**, 171 ff.
    - Begriff **Einleitung**, 218, 234
    - Teilzeitbeschäftigte s. dort
    - Voraussetzungen **Einleitung**, 167 ff.
  - persönlicher Geltungsbereich **4**, 222 ff.
  - Rechtsfolgen **Einleitung**, 185 ff.
    - Anpassung **Einleitung**, 187
    - Konkurrenzen **Einleitung**, 188
    - Nichtigkeit **Einleitung**, 185 f.
  - Rechtsprechung des EuGH **Einleitung**, 154, 163, **4**, 111
  - umgekehrte Diskriminierung **Einleitung**, 151, 184, **1**, 488
  - unmittelbare Diskriminierung **Einleitung**, 156 ff.
    - Arbeitsbedingungen, sonstige **Einleitung**, 158
    - Arbeitsentgelt, Begriff **Einleitung**, 157 f.
    - Benachteiligungsabsicht **Einleitung**, 160
    - Beurteilungsspielraum **4**, 112
  - Gleichwertigkeit der Arbeit **Einleitung**, 159 ff., 225, **4**, 111
  - horizontale Wirkung **Einleitung**, 156
  - System beruflicher Einstufung **Einleitung**, 162
  - zeitliche Geltung **Einleitung**, 161
  - verdeckte Diskriminierung **Einleitung**, 167, 214
  - Staatsangehörigkeit **Einleitung**, 236

dispositive Tarifvertragsnormen 1, 272 f.
- erzwungen **1**, 273
- Nachwirkung **4**, 368
- vereinbart **1**, 272

dispositives Gesetzesrecht
- allseitig **Einleitung**, 383 ff.
  - Abdingbarkeit **Einleitung**, 383
  - Begriff **Einleitung**, 357
  - Übernahme, deklaratorisch, konstitutiv **Einleitung**, 384 ff.
- Nachwirkung **4**, 360 ff.
- tarifdispositiv s. tarifdispositives Recht

Dissens 1, 210

Doppelcharakter des Tarifvertrages 1, 190 ff.
- Tarifvertrag als Gesetz **1**, 191 ff.
- Tarifvertrag als Vertrag **1**, 208 ff.

Doppelgrundrecht
- Art. 9 Abs. 3 GG **Einleitung**, 88 ff.

Drei-Stufen-Theorie Einleitung, 307 f.
- Besetzungsregeln, qualitative **Einleitung**, 329

Drittschadensliquidation 1, 755

Drittwirkung der Grundrechte
s. Grundrechtsbindung

Druckindustrie
- Besetzungsklauseln, qualitative **Einleitung**, 326, 330
- Tarifvertrag über rechnergesteuerte Textsysteme **1**, 279

Durchführungspflicht
- Bedeutung **1**, 706 f.
- Begriff **1**, 705
- Bekanntgabe des Tarifvertrages **8**, 13
- Durchsetzung der Tarifvertragsnormen s. dort
- Einschränkung **1**, 710
- Einwirkungspflicht **1**, 716 f., 723
  s. auch dort
- Erweiterung **1**, 709
- Geltungsgrund **1**, 708 ff.

magere Ziffern = Randnummern

Sachverzeichnis

- Grenzen **1**, 715
- Inhalt **1**, 711 f.
- Konzernweisung **1**, 718
- Rechte der Verbandsmitglieder **1**, 661
- Umfang **1**, 713 f.

Durchführungsverordnung
- Entstehungsgeschichte **11**, 1 ff.
- Ermächtigung **11**, 4
- Regelungsinhalt **11**, 5
- Spitzenorganisationen **11**, 4

Durchgriff, umgekehrter 1, 718
Durchsetzung der Tarifvertragsnormen 1, 719 ff.
- Beschlußverfahren **1**, 729 f.
- Mitglied vs. gegnerischer Verband **1**, 725
- Überkreuzklage **1**, 719
- Verband vs. gegnerisches Mitglied **1**, 726 ff.
- Verband vs. Verband **1**, 720 ff.
- Erfüllungsklage **1**, 722 ff.
- Feststellungsklage **1**, 721
- Verbandsklage **1**, 719

Ecklohn
- Begriff **1**, 53

Effektivklauseln 4, 528 ff.
- begrenzte Effektivklauseln **4**, 533 ff.
- Effektivgarantieklauseln **4**, 529
- negative Effektivklauseln **4**, 543 ff.
- und Mindestarbeitsbedingungen **Einleitung**, 18
- Vermögensbildung **1**, 419

Effizienzlohntheorien Einleitung, 45 f.

Ehefrauenzulage
- Gleichberechtigung **Einleitung**, 233

Eigentumsgarantie Einleitung, 340
Eigenverpflichtungen 1, 663
Eingliederungsverhältnisse
- Gegenstand von Tarifvertragsnormen **1**, 310

eingliedriger Tarifvertrag 1, 57
Eingriffsgesetz
- Abgrenzung zu Ausgestaltungsgesetz **Einleitung**, 131 ff.
- Inhalt **Einleitung**, 133
- Rechtfertigung **Einleitung**, 136

Eingruppierung 1, 367 ff.
- Beispielstätigkeiten **1**, 367
- Betriebsratsbeteiligung **1**, 373
- Eingruppierungsfehler **1**, 371 f.
- Klagemöglichkeiten **1**, 370

- Mischtätigkeiten **1**, 367
- Mitbestimmung des Betriebsrats **4**, 204
- Tarifautomatik **1**, 369
- tarifvertragliche Qualifizierungsmerkmale **1**, 368
- zu günstige Eingruppierung **4**, 211
- zu ungünstige Eingruppierung **4**, 207

Eingruppierungsrichtlinien 1, 23
Eingruppierungsvorschriften
- Abgrenzung von qualitativen Besetzungsregeln **1**, 577

Einheitstarifvertrag 1, 179 f., 181
Einigungsstelle, betriebsverfassungsrechtliche 1, 743
Einigungsvertrag s. Beitrittsgebiet
einseitig zwingendes Recht s. auch zwingendes Gesetzes-, Richterrecht, zwingende Tarifvertragsnormen
- befristete Arbeitsverhältnisse, § 1 BeschFG **Einleitung**, 119

Einstellungsbedingungen
- des DGB **1**, 23

Einstellungsgebote s. Abschlußgebote
Einstellungsverfahren
- diskriminierendes **Einleitung**, 233

Einstiegstarife 1, 259
Einwand der Arglist 4, 703 ff.
Einwirkungspflicht
- Abgrenzung zur Konzernweisung **1**, 718
- Durchführungspflicht **1**, 705, 716 f., 723 f.
- Erfüllungspflicht **1**, 663
- Friedenspflicht **1**, 669

Einzelakkord 1, 382
Einzelfallgesetz 1, 249
Einzelrechtsnachfolge
- Tarifgebundenheit **3**, 178 f.

Einzelschiedsverfahren 1, 723
Elferabkommen Einleitung, 30, 151 f., **1**, 101, 103 ff.
Enderby, Entscheidung **Einleitung**, 166, 216
Endgültigkeit der Beendigung des Tarifvertrages 4, 92
Entgelt s. Arbeitsentgelt
Entgeltabtretung(sverbot) Einleitung, 469
Entgeltausfallprinzip 1, 431, 438
Entgeltfortzahlung
- Allgemeines **1**, 428
- Anrechnung von Urlaubstagen **Einleitung**, 122 f.

1495

Sachverzeichnis

fette Ziffern = §§

- arbeitskampfrechtliches Risiko **1**, 430
- Betriebsrisiko(lehre) **1**, 429 f.
- Differenzierung zwischen Arbeitern und Angestellten **Einleitung**, 243
- Feiertage **1**, 431 f.
- Krankheit **1**, 431 f.
- Sondervergütungen **1**, 394 ff.
- Urlaub **1**, 433 ff. s. auch dort
- Verweisung, deklaratorische, konstitutive auf § 4 Abs. 1 EFZG **1**, 795

Entgeltfortzahlungsgesetz
- Anrechnung von Urlaubstagen **Einleitung**, 122 f.
- einseitig zwingendes Recht **Einleitung**, 368 f.

Entgeltrichtlinie s. Gleichbehandlungsrichtlinie

Entgeltsystem 1, 356 ff.
- Bedeutung **1**, 358
- Inhalt **1**, 357

Entgelttarifvertrag
- Begriff **1**, 53 f., 357

Entgeltverwendung(sabrede) Einleitung, 468

Entgeltverzicht Einleitung, 470
s. auch Verzicht

Entlohnung
- übertarifliche **Einleitung**, 46
- untertarifliche **Einleitung**, 47

Entsendeproblematik 1, 72 ff.

Entsenderichtlinie 1, 75

Entsendung 4, 126 ff.

Entstehungsgeschichte 4, 302 ff., 652 ff.

Erfüllungsklage
- Verband vs. Verband **1**, 722 ff.

ergänzende Tarifverträge 4, 268

Erlaß 1, 23

Ersatzdienst
- Sondervergütungen **1**, 392

Ertragsbeteiligung der Arbeitnehmer
- Gegenstand von Tarifvertragsnormen **1**, 294

Erwerbsunfähigkeit 1, 533

Erziehungsurlaub
- tarifvertragliche Sonderzahlung **Einleitung**, 366, **1**, 392

Europäische Aktiengesellschaft 1, 97 f.

Europäische Sozialcharta Einleitung, 193

Europäische Tarifverträge 1, 96 ff.
- Ermächtigungen für die EG **1**, 102 ff.
- Europäisches Tarifvertragsrecht **1**, 104
- Rechtsvereinheitlichung **1**, 103
- Ermächtigungen für die Sozialpartner **1**, 105 ff.
- Rechtsgrundlagen **1**, 96 ff.
- Abkommen über die Sozialpolitik **1**, 101
- Art. 118 b EWGV **1**, 99
- Gemeinschaftscharta der Sozialen Grundrechte der Arbeitnehmer **1**, 100
- Tarifvertrag der S. E. **1**, 97 f.

Europäische Union s. Europäisches Gemeinschaftsrecht

Europäisches Gemeinschaftsrecht
- Dienstleistungsfreiheit **1**, 72
- Diskriminierung(sverbot) s. dort
- Elferabkommen **Einleitung**, 30, 151 f., **1**, 101, 103 ff.
- Entsenderichtlinie **1**, 75
- Europäische Tarifverträge s. dort
- Freizügigkeit **Einleitung**, 153
- Gemeinschaftscharta der Sozialen Grundrechte der Arbeitnehmer **1**, 99
- Gleichbehandlung s. auch Diskriminierung(sverbot)
- allgemein **Einleitung**, 153
- Richtlinien **Einleitung**, 152
- Umsetzung durch Sozialpartner **Einleitung**, 152
- Sozialabkommen s. Elferabkommen
- Sozialcharta **Einleitung**, 193
- sozialer Dialog **Einleitung**, 30

Facharztbeschluß Einleitung, 310

Fachhochschule
- Tarifverträge **1**, 289

Fälligkeit
- Vergütungsanspruch **1**, 374

falsa demonstratio 1, 787

Familienangehörige
- Arbeitsverhältnisse **1**, 288

fehlerhafte Arbeitsverhältnisse
- Gegenstand von Tarifvertragsnormen **1**, 295
- Verstoß gegen Abschlußverbot **1**, 508

Fehlzeiten
- berechtigte
- vermögenswirksame Leistungen **1**, 418

magere Ziffern = Randnummern

- Differenzierung zwischen Arbeitern und Angestellten **Einleitung**, 220, 243
- krankheitsbedingte s. krankheitsbedingte Fehlzeiten

Feiertag
- Entgeltfortzahlung **1**, 431 f.

Feiertagsarbeit 1, 350

Fernauslösung für Montagearbeiter 1, 411

Feststellungsklage
- Auslegung einer Tarifnorm **1**, 829
- beschränkte **1**, 830 f.
- auf Fortbestehen des Tarifvertrags **4**, 48
- Verband vs. Verband **1**, 721

Filmschaffende
- Tarifordnung
  - allgemeines Persönlichkeitsrecht **Einleitung**, 211

firmenbezogener Verbandstarifvertrag 1, 51
- Aufgabe **2**, 141
- Differenzierungsmöglichkeiten **2**, 149 f.
- Erscheinungsformen **2**, 140
- Friedenspflicht **2**, 151 ff.
- Gleichheitssatz **2**, 143
- verbandsrechtlicher Gleichbehandlungsgrundsatz **2**, 144
- Zulässigkeit **2**, 142

Firmentarifvertrag 1, 1
- Abgrenzung zur Betriebsvereinbarung **1**, 162
- Abschluß **2**, 125
- Arbeitskampf **2**, 129 ff.
- Beendigung **2**, 127
- Begriff **1**, 50
- Bundesanstalt für Post und Telekommunikation **1**, 163 ff.
- Einzelrechtsnachfolge **3**, 157 ff.
- Friedenspflicht **2**, 134 ff.
- Geltungsbereich **4**, 123
- Gesamtrechtsnachfolge **3**, 153 f., **4**, 84
- Inhalt **2**, 126
- Mitgliedschaftliche Bindung **2**, 128
- Koalitionsfreiheit **2**, 130 ff.
- öffentlich-rechtliche Körperschaft **2**, 219
- Rechtsnachfolge **3**, 152 ff.
- Schutz des Firmentarifvertrages **1**, 163 ff.
- Spaltung **3**, 155 f.
- Strukturänderungen **2**, 75, **4**, 88

Sachverzeichnis

- Tarifgebundenheit **3**, 14
- Tarifzuständigkeit **2**, 56, 79
- Verbandsdisziplin **2**, 114 ff.
- Verbandstarifverträge, firmenbezogene s. dort
- Verbreitung **2**, 122, 124
- verlängerte Tarifgebundenheit **3**, 80 ff.
- Verschmelzung **3**, 153 f.
- Vertragsparteien **1**, 161 ff., **2**, 121

Flächenakkord 1, 380

Flächentarifvertrag
- Begriff **1**, 52

Flaggen-Zweitregister
- Entscheidung **Einleitung**, 111 f., 135
- § 21 Abs. 4 Satz 2 FlRG **1**, 60 f.

Flexibilität der Tarifnormen Einleitung, 32

Flucht in den Arbeitgeberverband 1, 684

Form, Formvorschriften
- Aufhebungsvertrag **4**, 15
- deklaratorische oder konstitutive Bedeutung **4**, 308
- Kündigung
  - Festlegung durch Tarifvertrag **1**, 542
- Kündigungserklärung **4**, 21, 308
- Schiedsspruch s. dort
- Tarifvertrag **1**, 227 ff.
- Schriftform s. dort

formelle Arbeitsbedingungen
- Begriff **1**, 316

Formvorschriften, tarifvertragliche 1, 458 ff.
- Auslegung **1**, 459
- Bedeutung **1**, 458
- Nachweispflicht **1**, 461
- Nebenabreden **1**, 460

Fortbildung von Tarifverträgen 1, 812 ff.
- Grundsätze **1**, 812 ff.
- Lückenfeststellung **1**, 815 f.
- Allgemeines **1**, 815
- Besonderheiten bei Sonderzuwendungen **1**, 816
- Lückenschließung **1**, 817

Fortbildungskosten s. Rückzahlungsklauseln

Fortgeltung 4, 338 f.

Frankreich
- Bekanntgabe des Tarifvertrages **1**, 242
- Rechtsnatur des Tarifvertrages **1**, 38
- Schriftform des Tarifvertrages **1**, 227

1497

Sachverzeichnis

fette Ziffern = §§

- Tariferfüllungsklage **1**, 726
- Verhandlungsanspruch **1**, 187

Französiche Besatzungszone
Geschichte, 47 ff., 63
Freie Berufe
- Tariffähigkeit **2**, 97
- Vereinigungen **2**, 211

Freizügigkeit Einleitung, 153
Freizügigkeitsverordnung Einleitung, 153, 236
Friedensabkommen, Schweizer **1**, 699
Friedensfunktion des Tarifvertrages Einleitung, 27 ff.
Friedenspflicht
- Begriff **1**, 664
- Durchführung **1**, 704
- firmenbezogene Verbandstarifverträge **2** 151 ff.
- Firmentarifvertrag **2**, 134 ff.
- Geltungsgrund **1**, 665 f.
- Inhalt **1**, 667 ff.
  - Einwirkungspflicht **1**, 669
  - Ersatzmaßnahmen **1**, 670
  - Garantiepflicht **1**, 669
  - Unterlassungspflicht **1**, 668
  - vertragstreues Verhalten **1**, 669
- Tarifgebundenheit **3**, 59
- Umfang der gesetzlichen Friedenspflicht **1**, 671 ff.
  - Einzelfragen **1**, 686 ff.
  - gegenständlich: relative Friedenspflicht **1**, 681 ff.
  - personell **1**, 671 ff.
  - zeitlich: Arbeitskampf **1**, 674 ff.
- Umfang der verabredeten Friedenspflicht **1**, 699 ff.
  - sachlich: absolute Friedenspflicht **1**, 699 ff.
  - zeitlich **1**, 703
- Verbandstarifvertrag **1**, 155
- Verletzung der Friedenspflicht als Kündigungsgrund **4**, 54
- Vertrag mit Schutzwirkung zugunsten Dritter **1**, 661

Fürsorgepflicht des Arbeitgebers **1**, 445
Funktion des Tarifvertrages Einleitung, 2 ff.
- Friedensfunktion **Einleitung**, 27 ff.
- Gesamtgesellschaftliche Aufgaben **Einleitung**, 20 ff.
- Gesellschaftspolitische Aufgaben **Einleitung**, 30 ff.
- Ordnungsfunktion **Einleitung**, 13 ff.
- Arbeits- und Wirtschaftsbedingungen **Einleitung**, 96 f.
- Bedeutung **Einleitung**, 13 ff.
- Grundlagen **Einleitung**, 16 ff.
- Schutzfunktion **Einleitung**, 3 ff.
- Verteilungsfunktion **Einleitung**, 7 ff.
- Einkommensgerechtigkeit **Einleitung**, 9 ff.
- Lohngerechtigkeit **Einleitung**, 7 f.

Funktionsnachfolge
- unmittelbare Grundrechtsbindung **Einleitung**, 200

Garantiepflicht 1, 663, 669
Gartenbau 1, 548
Gastmitgliedschaft 3, 101
Gebotsnormen 1, 250
Gegenstandslosigkeit eines Tarifvertrages 4, 14
Gegengewichtsprinzip 1, 216
Gegnerunabhängigkeit
- gewerkschaftliche Vertrauensleute, Unterstützung **Einleitung**, 447
- Gewerkschaftsbeiträge, Einziehung **Einleitung**, 452
- Richtigkeitsgewähr **1**, 219
- s. im übrigen Berufsverbände

Gehaltsrahmentarifvertrag 1, 53
Gehaltstarifvertrag
- Begriff **1**, 53 f.

Geldakkord 1, 381
Geldfaktor
- Akkord **1**, 384

Geldwertstabilität Einleitung, 51
Geltungsbereich des Tarifvertrages **4**, 93 ff.
- Abgrenzung gegenüber ähnlichen Begriffen **4**, 104
- Allgemeines **4**, 93 ff.
- Arten **4**, 96 ff.
- Begriff **4**, 93
- Besonderheiten **4**, 161
- Bestimmung des Geltungsbereichs **4**, 107 ff.
- betrieblicher **4**, 98, 100
- Betriebsabteilung **4**, 152 f.
- branchenmäßiger **4**, 101, 136 ff.
- Auslegung **4**, 146 ff.
- baugewerbliche Tätigkeit **4**, 163 ff.
- Begriff **4**, 136

magere Ziffern = Randnummern **Sachverzeichnis**

- Besonderheiten und Einzelfälle 4, 161 ff.
- Bestimmungskriterien 4, 138 ff.
- Betrieb oder Unternehmen 4, 145
- Betriebsabteilung 4, 152 ff.
- Gemeinschaftsunternehmen 4, 159
- Industrieverbandsprinzip 4, 136
- mehrere selbständige Betriebe 4, 158
- Mischbetrieb 4, 151
- Nebenbetrieb 4, 155 ff., 171
- Sonderformen 4, 151 ff.
- Tarifeinheit 4, 146
- Unternehmenszweck 4, 138 ff.
- fachlicher 4, 97 f., 100, 174 ff.
  - allgemeiner fachlicher 4, 176 ff.
  - Arbeitsvorgang 4, 197
  - Begriff und Bedeutung 4, 174 f.
  - Bestimmungskriterien 4, 181
  - Eingruppierung durch den Arbeitgeber (s. Eingruppierung) 4, 199 ff.
  - Eingruppierung durch eine dritte Stelle 4, 214 ff.
  - Fortbildung des Tarifvertrages 4, 179 f.
  - Lohngruppenkatalog 4, 177
  - Mischtätigkeit 4, 195
  - spezieller fachlicher Geltungsbereich 4, 176 ff., 182 ff.
  - Widersprüche zwischen Titel, Vereinbarung und tatsächlicher Beschäftigung 4, 189 ff.
  - Zusammenhangsarbeiten 4, 197
  - Zusammenspiel von allgemeinem und speziellem fachlichen Geltungsbereich 4, 176 ff.
- persönlicher 1, 108 ff., 4, 94, 218 ff.
  - Begriff und Bedeutung 4, 218
  - Grenzen der Differenzierung 4, 225
  - Herausnahme einzelner Gruppen 4, 110, 226 f.
  - Unterteilung in Arbeiter und Angestellte 4, 219 ff.
  - Unterteilung in Männer und Frauen 4, 222 ff.
- Pflicht zur Bestimmung des Geltungsbereich 4, 106 ff.
- räumlicher 1, 60 ff., 4, 94, 115 ff.
  - ausländische Tarifverträge 1, 81 f.
  - Auslegung 4, 121
  - Besonderheiten und Einzelfälle 4, 134 f.
  - Bestimmungskriterien 4, 116 ff.
- Bezeichnung im Tarifvertrag 4, 118
- deutsche Tarifverträge 1, 63 ff.
- Ende der Tarifwirkung 4, 133
- Grenzen des räumlichen Geltungsbereichs 4, 131 f.
- inländische Zweigstelle 4, 130
- internationale Tarifverträge 1, 91 ff. s. dort
- Kollisionsrecht, tarifvertragliches s. dort
- Lage des Unternehmens 4, 124
- neue Bundesländer 4, 127
- Rechtsgrundlagen 1, 60 f.
- Rückwirkung 4, 114
- Schwerpunkt des Arbeitsverhältnisses 4, 124 ff.
- Sonderformen 4, 151 ff.
- Systemgerechtigkeit 4, 109
- Territorialitätsgrundsatz 1, 62
- Vereinbarungsbefugnis, Grenzen der 4, 109 ff.
- Wiedervereinigung 4, 124
- zeitlicher 1, 140 ff., 4, 94, 228 ff.
  - Abschlußnormen 4, 232 ff.
  - Beginn der Tarifwirkung 4, 230 ff.
  - nach Abschluß des Tarifvertrages (s. Rückwirkung) 4, 236 ff.
  - vor Abschluß des Tarifvertrages 4, 235
  - Begriff und Bedeutung 4, 228 f.
  - Ende der Tarifwirkung 4, 260
  - Inhaltsnormen 4, 231
  - Rückwirkung 1, 141 ff., 4, 233, 236 ff. s. auch dort
  - Zuständigkeit 1, 140

Geltungsbereich, deutsche Tarifverträge 1, 63 ff.
- Auslandstätigkeit 1, 76 ff.
  - ausländisches Unternehmen/ ausländischer Arbeitsvertrag 1, 80
  - deutsches Unternehmen/ausländischer Arbeitsvertrag 1, 79
  - deutsches Unternehmen/deutscher Arbeitsvertrag 1, 77 f.
- Inlandstätigkeit 1, 64 ff.
  - ausländisches Unternehmen/ausländischer Arbeitsvertrag 1, 72 ff.
  - ausländisches Unternehmen/ deutscher Arbeitsvertrag 1, 65
  - deutsches Unternehmen/ausländischer Arbeitsvertrag 1, 66 ff.

1499

Sachverzeichnis

fette Ziffern = §§

Geltungszeit eines Tarifvertrages 4, 11
Gemeinsame Einrichtung
– Allgemeinverbindlicherklärung 1, 650 ff., 3, 126
– allseitig zwingende Tarifvertragsnormen 1, 271
– Aufgaben 1, 618 f.
– Aufsichtsbefugnisse 1, 633
– Ausland 1, 623
– Außenwirkung 1, 614
– Bedeutung 1, 620 f.
– Beendigung
  – Auflösungsfolgen 1, 640
  – Auflösungsgründe 1, 639
  – Nachwirkung 1, 641 f.
– Begriff 1, 610 ff.
– Beiträge 1, 624, 3, 117
– Beitragserhöhungen 1, 626
– Bestehende Körperschaften 1, 632
– Betriebsübergang 3, 194
– Bindung anderer Personen 1, 635
– Einrichtung 1, 611
– Einzelarbeitsverhältnis 1, 649
– Ermächtigung an Organe 3, 120 f.
– Finanzierung 1, 648
– Formerfordernisse bei Gründung 1, 638
– Gegenstand von Tarifvertragsnormen 1, 303
– Gemeinsamkeit 1, 612
– Genehmigungserfordernisse 1, 633
– Gewerkschaftszugehörigkeit 1, 622
– Gründung 1, 637 f.
– Lohn/Entgeltverwendung **Einleitung**, 468, 1, 362
– mehrgliedriger Tarifvertrag 1, 654
– Mitgliedschaft Dritter 1, 616
– Mittelverwendung 1, 647, 3, 117
– Nachwirkung 1, 641 f.
– Organisationsformen 1, 615, 631
– Organisationsstruktur 1, 636
– Prozessuale Fragen 1, 655 f.
– Rechtsform 1, 629
– Regelungsdichte des Tarifvertrages 3, 119 ff.
– Rückwirkung von Normen 4, 258
– Satzung und Tarifvertrag 1, 634, 3, 115 ff.
– Schlichtungsstelle 1, 19
– Tarifgebundenheit 1, 643 ff., 3, 17, 114 ff., 122 ff.
– Tarifmacht 1, 627

– Tarifnormen 1, 617
– Überbetrieblicher Charakter 1, 615
– Überschüsse 1, 625
– Unterstützungsverein 1, 19
– Verhältnis zwischen Tarifnorm und Satzung 4, 317 ff.
– zeitlicher Geltungsbereich 4, 234
– Zweckbindung 1, 613
– Zweckfestsetzung 1, 624 f., 3, 116
Gemeinschaftscharta der Sozialen Grundrechte der Arbeitnehmer 1, 99
Gemeinschaftsunternehmen 4, 159 f.
Gemeinwohlbindung der Tarifvertragsparteien Einleitung, 345 ff.
– Ableitungsmöglichkeiten **Einleitung**, 348 ff.
– Inhalt **Einleitung**, 352
– Sanktionen **Einleitung**, 353
Gemeinwohlverträglichkeit s. auch Gemeinwohlbindung
– tarifvertraglicher Regelungen **Einleitung**, 351
Gemischtgewerbliche Verbände 2, 285
generelle Tarifvertragsnormen 1, 249
Gerichtsstandsvereinbarungen
– tarifvertraglich vereinbarte **Einleitung**, 392, 1, 466 f.
gesamtgesellschaftliche Aufgaben des Tarifvertrages Einleitung, 20 ff.
– Bedeutung **Einleitung**, 20 ff.
– Verantwortung **Einleitung**, 25 f.
Gesamthafenbetrieb
– Tariffähigkeit 2, 96
Gesamtrechtsnachfolge s. Rechtsnachfolge
Gesamtschiedsverfahren 1, 732 s. auch Schiedsverfahren
Gesamtvereinbarung
– Begriff 1, 1
gesamtwirtschaftliche Verteilungstheorie Einleitung, 10
gesamtwirtschaftliches Gleichgewicht
– Gemeinwohlbindung der Tarifvertragsparteien **Einleitung**, 347
Geschäftsführung
– Einfluß durch Tarifvertrag **Einleitung**, 456 ff.
Geschichte
– Änderungsgesetz 1952 **Geschichte**, 59 ff.

magere Ziffern = Randnummern

Sachverzeichnis

- Amerikanische Besatzungszone **Geschichte**, 19
- Arbeitsgemeinschaft der Arbeitgeber **Geschichte**, 24
- Arbeitsrechtsbereinigungsgesetz, Erstes **Geschichte**, 65 ff.
- Ausschuß für Arbeit **Geschichte**, 39, 41
- Baden **Geschichte**, 49
- Beitrittsgebiet **Geschichte**, 79 f.
- Bekanntgabe des Tarifvertrages **8**, 1
- Berlin (West) **Geschichte**, 53 f., 77 f., **12 b**, 2 ff.
- Bezugnahme auf Tarifvertrag **3**, 217
- Britische Besatzungszone **Geschichte**, 19
- Entwürfe in der Weimarer Republik **Geschichte**, 12 ff.
- Fortgeltung als Bundesrecht **Geschichte**, 58
- Französische Besatzungszone **Geschichte**, 47 ff., 63
- Genehmigung der Alliierten **Geschichte**, 44 ff.
- Gewerbeordnung **Geschichte**, 1 ff.
- Gewerkschaftsentwürfe **Geschichte**, 28 ff.
- Heimarbeitsänderungsgesetz **Geschichte**, 72 ff.
- Länderrat, Vorentwurf **Geschichte**, 26
- Lemgoer Entwurf **Geschichte**, 22 f.
- Lindau, Bayerischer Kreis **Geschichte**, 51
- Nationalsozialismus **Geschichte**, 15 ff.
- Rechtskrafterstreckung **9**, 1 ff.
- Redaktionskommission **Geschichte**, 40
- Rheinland-Pfalz **Geschichte**, 48
- Saarland **Geschichte**, 52, 64
- Sowjetische Besatzungszone **Geschichte**, 55 ff.
- SPD-Fraktion, Entwurf **Geschichte**, 37
- Spitzenorganisationen **2**, 332
- Stuttgarter-Entwurf **Geschichte**, 27
- Tarifgebundenheit **3**, 1 ff., 45
- Tarifordnungen, Aufhebung von **10**, 1 ff.
- Tarifregister **6**, 1 ff.
- Tarifvertragsverordnung **Geschichte**, 7 ff.
- Verbreitung **Geschichte**, 4
- Verwaltung für Arbeit **Geschichte**, 38
- Vorentwürfe vor 1918
  - Deutscher Juristentag **Geschichte**, 6
  - Lotmar/Sulzer **Geschichte**, 6
  - Rosenthal **Geschichte**, 6
  - Sinzheimer **Geschichte**, 6
  - Wölbling **Geschichte**, 6
- Wirtschaftsrat **Geschichte**, 43
- Württemberg-Hohenzollern **Geschichte**, 50

Geschlechtergleichbehandlung s. Diskriminierung(sverbot)

Gesellenausschüsse 2, 229

gesellschaftspolitische Aufgaben des Tarifvertrages Einleitung, 30 ff.

Gesellschaftsverfassung
- Einfluß durch obligatorische Abreden **Einleitung**, 455
- Einfluß durch Tarifvertrag **Einleitung**, 454

Gesetz der konstanten Lohnquote Einleitung, 10 f.

Gesetz zur Vereinheitlichung und Flexibilisierung des Arbeitszeitrechts Einleitung, 82

Gesetzessinntheorie 1, 812

gesetzesvertretendes Arbeitsrecht Einleitung, 389

Gesetzgebungspflicht Einleitung, 113 ff.

gesetzesvertretendes Richterrecht Einleitung, 358, 415

Gesetzgebungszuständigkeit
- konkurrierende **Einleitung**, 129

Gestaltungserklärungen, einseitige
- Form **1**, 236

Gewalt, öffentliche s. öffentliche Gewalt

Gewerbeordnung Geschichte 1 ff.

Gewerkschaften
- Aufnahmeanspruch **2**, 183 ff.
- Ausschluß aus Gewerkschaft **2**, 188 ff.
- Druckausübungsfähigkeit **2**, 310 ff.
- Gegnerunabhängigkeit **2**, 247 ff.
- Mitgliedsbeiträge **2**, 255
- Tariffähigkeit **2**, 96, 154 ff.

gewerkschaftliche Betätigung im Betrieb, Entscheidung **Einleitung**, 116

gewerkschaftliche Vertrauensleute Einleitung, 445 ff.
- Entwicklung **Einleitung**, 445
- Zulässigkeit unterstützender Tarifvertragsnormen **Einleitung**, 446 f.
- Grenzen **Einleitung**, 448 ff.

1501

Sachverzeichnis

fette Ziffern = §§

Gewerkschaftsbeiträge
- Einziehung **Einleitung**, 452, **1**, 362

Gewerkschaftsverbote Einleitung, 3

Gewerkschaftszugehörigkeit
- Gleichbehandlungsgebote **Einleitung**, 248, 256

Gewinnbeteiligung von Arbeitnehmern 1, 425

Gewissensfreiheit Einleitung, 282

Glaubensfreiheit Einleitung, 282

Gleichbehandlung s. auch Diskriminierung(sverbot), s. auch Gleichheitsgebote
- allgemein **Einleitung**, 153

Gleichbehandlungsgrundsatz
- Anwendung des Tarifvertrages **3**, 282 ff.
- arbeitsrechtlicher **Einleitung**, 216 f.

Gleichbehandlungsrichtlinien
- Durchführungspflicht der Mitgliedstaaten **Einleitung**, 186
- Gleichwertigkeit der Arbeit **Einleitung**, 159
- horizontale Wirkung **Einleitung**, 156
- mittelbare Diskriminierung **Einleitung**, 164
- System beruflicher Einstufung **Einleitung**, 162
- umgekehrte Diskriminierung **Einleitung**, 184, **1**, 488

Gleichberechtigung s. Gleichheitsgebote, s. Diskriminierung(sverbot)

Gleichgewichtsprinzip 1, 216

Gleichheitsgebote Einleitung, 213 ff., s. auch Diskriminierung(sverbot)
- Abschlußgebote **1**, 488 f.
- Beweislastverteilung **Einleitung**, 279 f.
- Differenzierungs-, Tarifausschlußklauseln **Einleitung**, 444
- Geltungsrahmen **Einleitung**, 216 f.
- Gestaltungsspielraum der Tarifvertragsparteien **Einleitung**, 220 f., **4**, 110, 112
- Gruppenbildung **Einleitung**, 256 ff.
  - Bewertungsvorgaben **Einleitung**, 258 ff.
- Inhalt **Einleitung**, 222 ff.
- Rechtfertigungsformen **Einleitung**, 219
- Rechtsfolgen bei Verstoß s. Gleichheitsverstoß, Rechtsfolgen
- sachlicher Grund **Einleitung**, 227 ff.
- Fehlzeiten **Einleitung**, 243
- Gewerkschaftszugehörigkeit **Einleitung**, 248
- Kündigungsfristen **Einleitung**, 238 ff.
- Organisierte, Nichtorganisierte **Einleitung**, 248 ff.
- Teilzeitbeschäftigte **Einleitung**, 244 ff.
- spezielle **Einleitung**, 226
- Benachteiligungsverbot (Art. 3 Abs. 3 GG) **Einleitung**, 235 ff.
- Geschlechtergleichbehandlung **Einleitung**, 230 ff., 235
- Lohngleichheit **Einleitung**, 232 ff.
- Staatsangehörigkeit, Diskriminierung aufgrund der **Einleitung**, 236
- Verfassungsbindung **Einleitung**, 214
- Verhältnis zu konkretisierenden Vorschriften **Einleitung**, 215
- Verletzungsformen **Einleitung**, 218, 234, 237

Gleichheitssatz s. Gleichheitsgebote

Gleichheitsverstoß s. auch Gleichheitsgebote
- Klagemöglichkeiten **Einleitung**, 278
- Rechtsfolgen **Einleitung**, 261 ff., **1**, 823 f.
  - Nichtigkeit **Einleitung**, 263 ff.
    - Anpassung „nach oben" **Einleitung**, 264 ff.
  - Rückwirkung **Einleitung**, 266, 269 ff.
  - Zuständigkeit **Einleitung**, 267 f.
- Schadenersatzanspruch **Einleitung**, 276 f.
- Teilnichtigkeit **Einleitung**, 263
- Umdeutung **Einleitung**, 262
- verfassungskonforme Auslegung **Einleitung**, 262

Gleichstellungsabrede Einleitung, 402, **1**, 196

Gleichstellungsklauseln
- Begriff **Einleitung**, 291

Goethe-Institut 1, 718

Gratifikationen s. Sondervergütungen

Gratifikationsrückzahlungen s. Sondervergütungen, Rückzahlung

Grenzbetrieb 4, 34

Grenzen der Tarifautonomie 4, 537

magere Ziffern = Randnummern   **Sachverzeichnis**

Großbritannien
- Rechtsnatur des Tarifvertrages **1**, 36
- Gründungsverband **2**, 169, 197, 214
- **Grundordnung des kirchlichen Dienstes im Rahmen kirchlicher Arbeitsverhältnisse 1**, 124
- **Grundrechtsbindung der Tarifvertragsparteien Einleitung**, 198 ff.
- Allgemeines **Einleitung**, 198
- Gleichheitsgebote **Einleitung**, 205, 214
- mittelbare **Einleitung**, 202 ff.
- unmittelbare **Einleitung**, 199 ff., 214
- **Grundrechtsverzicht Einleitung**, 207, 209
- **Grundwehrdienst**
- Sondervergütungen **1**, 392, 399
- **Gruppenakkord 1**, 382
- **Gruppenarbeitsverhältnis**
- Tarifgebundenheit **3**, 93 ff.
- **Gruppenbildung**
- Gleichheitsgebote, **Einleitung**, 256 ff.
- Gestaltungsspielraum der Tarifvertragsparteien **Einleitung**, 220 f.
- gewerkschaftliche Betätigung **Einleitung**, 256
- Pflicht **Einleitung**, 260
- politische Betätigung **Einleitung**, 256
- mittelbare Diskriminierung **Einleitung**, 172 ff.
- Arbeitsmarktorientierung **Einleitung**, 182
- **Günstigkeitsprinzip 4**, 283, 381 ff.
- Abschlußnormen **4**, 406 f., 412 ff.
- Akkordlohn **4**, 423 f.
- allgemeine Arbeitsbedingungen **4**, 420
- Altersgrenzen **1**, 532
- Anwendungsbereich **4**, 405 ff.
- Abschlußnormen **4**, 406 f.
- Beendigungsnormen **4**, 408
- betriebliche und betriebsverfassungsrechtliche Normen **4**, 410, 415 f.
- Inhaltsnormen **4**, 405, 409
- Normen über Gemeinsame Einrichtungen **4**, 411, 417
- Arbeitnehmerschutzprinzip, Abgrenzung **Einleitung**, 360
- Aufhebung oder Änderung **4**, 429 ff.
- Begründung und Aufhebung günstigerer Einzelabsprachen **4**, 425 ff.

- Berücksichtigung der Beschäftigungssituation **Einleitung**, 68
- Betriebsvereinbarungen **4**, 419, 557 ff.
- betriebsverfassungsrechtliche Normen **4**, 410, 415 f.
- Dienstordnungen **Einleitung**, 430
- Einzelvergleich oder Sachgruppenvergleich **4**, 467 ff.
- Entwicklung des Prinzips **4**, 382
- freiwillige Verpflichtung zur Mehrarbeit **Einleitung**, 322
- Gemeinsame Einrichtungen **4**, 411
- Grenzen der Unabdingbarkeit **4**, 436 ff.
- Grundsatz **4**, 383 ff.
- Günstigkeitsvergleich **4**, 432 ff.
- Höchstarbeitszeit **1**, 333 ff.
- Höchstlohn **4**, 396 ff.
- Höchstnormenbeschlüsse **4**, 398 ff.
- individuelle Vertragsfreiheit, Abgrenzung **Einleitung**, 212
- Inhalt und Bedeutung **4**, 382 ff.
- Inhaltsnormen **4**, 408 f., 412
- negative **1**, 251, 253
- kirchliche Tarifverträge **1**, 123
- Leistungsprinzip **4**, 388
- maßgebliches Interesse **4**, 446 ff.
- objektiver oder subjektiver Maßstab **4**, 451 ff.
- öffentlicher Dienst **4**, 422
- relevanter Zeitpunkt **4**, 475 ff.
- sachlicher Wirkungsbereich **4**, 418 ff.
- schuldrechtliche Abreden **4**, 396 ff.
- Selbstbestimmungsrecht der Arbeitsvertragsparteien **Einleitung**, 471 f.
- subjektiver Maßstab **4**, 454
- Tariflohnerhöhung (s. übertariflicher Lohn) **4**, 499 ff.
- Uminterpretation **Einleitung**, 84
- Unklarheitenregel **4**, 478
- veränderte Interpretation **Einleitung**, 68
- Verfassung, Gewährleistung durch die **Einleitung**, 212, **4**, 389 ff.
- Verlängerung der Wochenarbeitszeit **4**, 479 ff.
- Verstoß gegen Abschlußverbot **1**, 508
- vortarifliche Absprachen **4**, 421
- Wahlrecht **4**, 492 ff.
- Wochenarbeitszeit **4**, 479 ff.

Güteklauseln 1, 471 f.

Sachverzeichnis

fette Ziffern = §§

Härte(fall)klauseln 1, 269, **4**, 20, 33
Haftung
- Spitzenorganisationen **2**, 351 ff.

Handelsgewerbe
- Tariffähigkeit **2**, 97

Handwerkskammern
- Tariffähigkeit **2**, 230

Hausgewerbe
- Gegenstand von Tarifvertragsnormen **1**, 312

Haushaltszulage
- Gleichberechtigung **Einleitung**, 233

Haustarifvertrag s. Firmentarifvertrag

Heimarbeitsänderungsgesetz Geschichte 72 ff.

Heimarbeitsverhältnisse
- Gegenstand von Tarifvertragsnormen **1**, 312

Helmig, Entscheidung **Einleitung**, 166, 178

Hochschule
- Tarifverträge **1**, 289

Hochschulrahmengesetz, Entscheidung **Einleitung**, 107, 117, 133, 137, **1**, 515

Hochseefischerei
- Schiedsgericht **1**, 468

Höchstarbeitszeiten
- Begriff **1**, 323 f.
- Zulässigkeit der Vereinbarung **Einleitung**, 322, **1**, 328 ff.
- Grenzen **1**, 333 ff.
- Zuständigkeit **1**, 329 ff.

Höchstlaufzeit eines Tarifvertrages 4, 12

ILO
- Empfehlung Nr. 91 **Einleitung**, 91
- Übereinkommen Nr. 98 **Einleitung**, 191
- Übereinkommen Nr. 111 **Einleitung**, 236
- Übereinkommen Nr. 140 **1**, 443

Indexklauseln 1, 377, **4**, 18

Indexkündigungsklauseln 1, 377

Indexlöhne
- tarifvertragliche **Einleitung**, 379

Individualbereich s. Individualsphäre

Individualnormen 1, 249

Individualsphäre
- kollektivfreie **Einleitung**, 431 f.

Industrieverbandsprinzip 2, 54, 282 ff., **4**, 136, 267, 287

Inflation
- Anspruchsinflation **Einleitung**, 57

Inflationstheorie Einleitung, 52 ff.

inflatorische Lücke Einleitung, 53

Inhaltskontrolle
- Individualvertrag **1**, 223
- Tarifvertrag
- als Gesetz **1**, 192
- als Vertrag **1**, 226
- Auslegung **1**, 811
- gesamtgesellschaftliche Aufgabe von Tarifverträgen **Einleitung**, 25
- mittelbare Grundrechtsbindung **Einleitung**, 210

Inhaltsnormen
- Arbeitgeberrechte und -pflichten **1**, 445 ff.
- Arbeitsschutz **1**, 451
- Beschäftigung **1**, 453
- Direktionsrecht **1**, 446 ff.
  s. auch dort
- menschengerechte Arbeitsgestaltung **1**, 452
- Arbeitnehmerpflichten **1**, 454 ff.
  - Loyalitätspflicht **1**, 456
  - Sorgfaltspflicht **1**, 455
- Arbeitsentgelt s. dort
- Arbeitszeitregelungen s. dort
- Begriff **1**, 314 f.
- Benachteiligungsverbote s. dort
- Besetzungsregeln, qualitative **Einleitung**, 328 s. auch dort
- Betriebsübergang **1**, 275
- einseitig zwingende Tarifvertragsnormen **1**, 271
- Entgeltfortzahlung s. dort
- Günstigkeitsprinzip **4**, 405, 412
- Maßregelungsverbote s. dort
- negative **1**, 250 ff., 510
- Pflichten der Arbeitsvertragsparteien **1**, 316 ff.
- Rahmenvorschriften **1**, 457 ff.
- Rückwirkung **4**, 231, 247
- Vermögensbeteiligung s. dort
- Vermögensbildung s. dort

Inkrafttreten des Gesetzes
- Änderungen des Gesetzes **13**, 5
- Alttarifverträge **13**, 42 ff.
- Beitrittsgebiet **Geschichte**, 79 f.
  s. auch dort
- Berlin (West) **Geschichte**, 77 f.
- Transformation in Bundesrecht **13**, 2

magere Ziffern = Randnummern **Sachverzeichnis**

– Französische Besatzungszone
 Geschichte, 63, **13**, 3
– Saarland **Geschichte**, 64, **13**, 4
– Vereinigtes Wirtschaftsgebiet
 Geschichte, 46, **13**, 1
Inkrafttreten eines Tarifvertrages
 4, 1 ff.
innere Pressefreiheit 1, 133
Innungen
– Innungsverbände **2**, 340
– Tariffähigkeit **2**, 27 ff., 225 ff.
Insolvenz
– Ausschlußklauseln **4**, 762 ff.
– Kündigung **Einleitung**, 124
Internationale Abkommen Einleitung, 189 ff.
– Allgemeine Erklärung der Menschenrechte **Einleitung**, 190
– Auslegungsrichtlinie **Einleitung**, 196 f.
– Europäische Sozialcharta **Einleitung**, 193, **1**, 100
– Europäisches Sozialabkommen **1**, 101
– ILO s. dort
– Internationaler Pakt über wirtschaftliche, soziale und kulturelle Rechte **Einleitung**, 194 f.
– Konvention zum Schutze der Menschenrechte und Grundfreiheiten **Einleitung**, 192
Internationale Tarifverträge 1, 91 ff.
– Begriff **1**, 91
– Konzerntarifverträge **1**, 92 ff.
 s. auch dort
Internationaler Pakt über wirtschaftliche, soziale und kulturelle Rechte Einleitung, 194 f.
Investivlöhne Einleitung, 100
Italien
– automatische Lohnanpassung **1**, 377

Jahresarbeitszeitkontenmodell 1, 355
Jenkins, Entscheidung **Einleitung**, 166
Jubiläumsgratifikation 1, 408
Juristische Person
– Tarifgebundenheit **3**, 88

Kalanke, Entscheidung **Einleitung**, 237, **1**, 488
Kampfmaßnahme
– Begriff **1**, 675
Kapitalbeteiligung von Arbeitnehmern 1, 426

**Kartellwirkung des Tarifvertrages
 Einleitung**, 34 ff.
– allseitig zwingendes Recht **Einleitung**, 371
– Vereinbarkeit mit Wettbewerbsrecht
 Einleitung, 36
Kaufkrafttheorie Einleitung, 60
Kernbereichslehre Einleitung, 104 ff., **4**, 635 ff.
Kinderzulage
– Gleichberechtigung **Einleitung**, 233
Kirchen
– Tariffähigkeit **2**, 101
kircheneigene Ordnungen 1, 122 ff.
– kircheneigenes Regelungsverfahren
 1, 124 ff.
– kirchliche Tarifverträge **1**, 123
kirchliche Beamte/Angestellte
– Anwendbarkeit von Tarifvertragsrecht
 1, 23, 115 ff.
– kircheneigene Ordnungen s. dort
– Mitarbeitervereinigungen **1**, 128
– staatskirchenrechtliche Grundlage
 1, 118 ff.
kirchliche Tarifverträge 1, 123
Klagemöglichkeiten s. Durchsetzung der Tarifvertragsnormen
Kleinbetriebsklauseln 1, 259, 269, **4**, 20
Koalitionen s. auch Berufsverbände
– ad-hoc-Koalitionen **2**, 212 ff.
– Bestandsschutz **Einleitung**, 88
– Interessenwahrungsauftrag **Einleitung**, 3
– leitende Angestellte **2**, 207, 249
– Tariffähigkeit **2**, 24 ff.
Koalitionsbetätigungsgarantie Einleitung, 91 ff., s. auch Tarifautonomie
– Organisationsfreiheit **Einleitung**, 91
– Tariffähigkeit **Einleitung**, 94
– Verhandlungsanspruch **1**, 184
– Zwillingsgrundrecht **Einleitung**, 93, 103
Koalitionsbildungsgarantie Einleitung, 88 ff.
Koalitionsfreiheit s. auch Tarifautonomie
– Firmentarifvertrag **2**, 130 ff.
– individuelle **Einleitung**, 87, 126, 285 ff.
– innere **Einleitung**, 87
– Koalitionsbetätigungsgarantie s. dort
– Koalitionsbildungsgarantie s. dort

1505

Sachverzeichnis

fette Ziffern = §§

- kollektive **Einleitung**, 88 ff., 126
- negative **Einleitung**, 126, 294
- Verfassungsgarantie **Einleitung**, 87 ff.
- Zwillingsgrundrecht **Einleitung**, 93, 103

Koalitionsgesetz Einleitung, 132
Koalitionstypenzwang 2, 53, 283
Koalitionsvereinbarungen 1, 18 ff.
- Rechtscharakter **1**, 22
- Verbreitung **1**, 19 ff.

kollektivfreie Individualsphäre
s. Individualsphäre, kollektivfreie

Kollektivvereinbarung, Kollektivvertrag s. auch Tarifvertrag
- Begriff **1**, 1

Kollisionsrecht
- tarifvertragliches **1**, 83 ff.
- Arbeitsvertragsstatut **1**, 84 f.
- Tarifvertragsstatut **1**, 86 ff.
  s. auch dort

Kombinationstheorie 1, 150
konkrete Normenkontrolle
- Tarifverträge **Einleitung**, 354

Konkurrenzverbot s. Wettbewerbsverbote

konkurrierende Gesetzgebungszuständigkeit Einleitung, 129

konstitutive Übernahme
- tarifvertragliche von Gesetzesrecht **Einleitung**, 384 ff.

Kontoführungsgebühren
- Erstattung **1**, 366

Kontrahierungszwang
s. auch Abschlußgebote
- einseitiger **1**, 480

Konvention zum Schutze der Menschenrechte und Grundfreiheiten Einleitung, 192

Konzern
- Tariffähigkeit **1**, 167 f., **2**, 105 ff.
- Bundesanstaltpostgesetz **1**, 168

Konzern-Einwirkungspflicht 1, 95
Konzernhaustarifvertrag 1, 93
Konzerntarifverträge 1, 92 ff., 167 f.
- Konzern-Einwirkungspflicht **1**, 95
- Paralleltarifverträge **1**, 93
- Rechtswahl **1**, 94

Korridorlösung, tarifliche
- Begriff **Einleitung**, 69
- Entgelt **1**, 357

korrigierende Rückgruppierung 1, 371

Kowalska, Entscheidung **Einleitung**, 175

krankheitsbedingte Fehlzeiten
- Entgeltfortzahlung **1**, 431 f.
- Sondervergütungen **1**, 394 ff.

Kreishandwerkerschaft
- Tariffähigkeit **2**, 230

Kündigung von Arbeitsverträgen
- Arbeitsrechtliches Beschäftigungsförderungsgesetz
- Insolvenz **Einleitung**, 124
- außerordentliche s. außerordentliche Kündigung
- Beendigungsnormen **1**, 534 ff.
- ordentliche Kündigung **1**, 535 ff.
  - Erstreckung des Kündigungsschutzes auf den kündigungsschutzfreien Bereich **1**, 539 a
  - Sozialauswahl **1**, 536
  - Unkündbarkeitsklausel **1**, 537 ff.
- Kündigung aus wichtigem Grund **1**, 540
- Verfahrensregeln **1**, 541 ff.
  - Betriebsratsmitbestimmung **1**, 552 ff.
  - Form **1**, 542
  - Kündigungsfristen **1**, 543 ff.
    s. auch dort

Kündigung, außerordentliche, eines Tarifvertrages (s. außerordentliche Kündigung)

Kündigung, ordentliche, eines Tarifvertrages (s. ordentliche Kündigung)

Kündigungsfristen (für Arbeitsverträge)
- Arbeiter, Angestellte **Einleitung**, 220, 238 f., **1**, 543, 794
- tarifvertragliche Differenzierung **1**, 548 ff.
- Bezugnahme, arbeitsvertragliche **1**, 547
- Vereinheitlichung, Verfassungsmäßigkeit **1**, 543
- Verkürzung **1**, 546
- Verlängerung **1**, 544 f., 551

Kündigungsfristen (für Tarifverträge) 4, 22

Kündigungsklausel 4, 20

Kündigungsschutz
- tarifliche Ausgestaltung des Direktionsrechts **1**, 447

Kündigungstermin 4, 23

magere Ziffern = Randnummern

Sachverzeichnis

Kurzarbeit 1, 353
– Sondervergütungen **1**, 398
– tarifvertragliche Ausgestaltung des Direktionsrechts **1**, 448
– vermögenswirksame Leistungen **1**, 418
Kurzarbeitsklauseln
– Doppelcharakter **1**, 280

Ladenöffnungszeiten
– Berufsfreiheit des Arbeitgebers **Einleitung**, 323
Langzeitarbeitslose
– sachliche Abbedingung des Tarifvertrages bei Einstellung **Einleitung**, 70
Laufzeit 4, 35
Lebensarbeitszeit 1, 336 ff.
– Altersgrenzenregelungen, tarifvertragliche **1**, 336 s. auch dort
– Altersteilzeit **1**, 337 ff.
– Vorruhestand **1**, 337 ff.
Lebensstandardprinzip 1, 438
Leber-Kompromiß 1, 204, 262, 325
Lehrlingsskala 1, 279, 503
Leiharbeit
– Gegenstand von Tarifvertragsnormen **1**, 299
Leistungsbewertungsverfahren Einleitung, 48, 256 ff.
Leistungsklage
– Verband vs. Verband **1**, 722 ff.
Leistungslohn 1, 53
Leistungsstörungen
– Tarifvertrag **1**, 210
Leitende Angestellte
– Gegnerunabhängigkeit **2**, 249
– Koalitionsfreiheit **2**, 207
– Tariffähigkeit **2**, 208
– Vereinigungen **2**, 206 ff.
Lemgoer Entwurf
– betriebliche, betriebsverfassungsrechtliche Normen **1**, 556
– Entstehung Geschichte, 22 f.
lex posterior 4, 261
Lohn s. Arbeitsentgelt
Lohnabtretung(sverbot) Einleitung, 469, **1**, 362
Lohnausfallprinzip s. Entgeltausfallprinzip
Lohnausgleichskasse
– Allgemeinverbindlicherklärung **1**, 421
– Eigentumsgarantie **Einleitung**, 340
– Lohnverwendungsklauseln **1**, 362

Lohnbildung Einleitung, 40 ff.
– tarifvertragliche Ebene **Einleitung**, 41 ff.
– Determinanten **Einleitung**, 41 ff.
– übertarifliche Entlohnung **Einleitung**, 46
– untertarifliche Entlohnung **Einleitung**, 47
Lohndifferenzierung, tarifliche 1, 54
Lohndiskriminierung s. Diskriminierung(sverbot)
Lohndrift Einleitung, 46, **4**, 499 ff.
Lohnerhöhung 4, 249, 499 ff.
Lohnersatzleistungen für arbeitskampfbedingte Lohnausfälle Einleitung, 113 ff.
Lohngerechtigkeit Einleitung, 7 f.
Lohnherabsetzung 4, 248 s. auch Lohnminderung
Lohnkosteninflation Einleitung, 55
Lohnkürzung
– Schlechtleistung **1**, 364
Lohnminderung, rückwirkende
– Eigentumsgarantie **Einleitung**, 340
Lohnquote Einleitung, 9 ff.
Lohnrahmentarifvertrag 1, 53
Lohnspanne Einleitung, 46
Lohnstruktur Einleitung, 7, 48 ff.
– Differenzierung **Einleitung**, 48
– gesamtwirtschaftlich **Einleitung**, 48
– innerbetrieblich **Einleitung**, 48
– Flexibilität **Einleitung**, 49 f.
Lohntarifvertrag
– Begriff **1**, 53 f., 357
Lohnüberzahlungen 1, 376
Lohn- und Arbeitsbedingungen Einleitung, 99
Lohnverwendung(sabrede) Einleitung, 468, **1**, 362, 417
Lohnverzicht Einleitung, 479
s. auch Verzicht
Lohnzahlung
– bargeldlose **Einleitung**, 370, **1**, 366
Lotsenbrüderschaft
– Tariffähigkeit **2**, 231
Loyalitätspflicht des Arbeitnehmers 1, 456
Lüth-Urteil Einleitung, 203
Luxemburg
– Verhandlungsanspruch **1**, 187

1507

Sachverzeichnis

fette Ziffern = §§

Mächtigkeit, soziale
s. Sozialmächtigkeit
mandatarische Theorie 1, 42
Manteltarifvertrag
– Begriff **1**, 55 f.
Marschall, Entscheidung Einleitung, 237
Maßakkord 1, 380
Massenänderungskündigungen
– Friedenspflicht **1**, 670
Maßnahmen der medizinischen Vorsorge und Rehabilitation
– Anrechnung von Urlaubstagen **Einleitung**, 122 f.
Maßregelungsverbote 1, 491, 496 ff.
materielle Arbeitsbedingungen
– Begriff **1**, 316
Mehrarbeit 1, 352
Mehrarbeitsverbot s. Höchstarbeitszeit
Mehrarbeitszuschläge
– Teilzeitbeschäftigte **Einleitung**, 214, 220, 247
mehrgliedriger Tarifvertrag
– Anschlußtarifvertrag s. dort
– Aufhebungsvertrag **4**, 16
– Begriff **1**, 57, 176
– Gemeinsame Einrichtungen **1**, 654
– Konzern **2**, 105 ff.
– Kündigung **4**, 25, 52
– Rechte, Pflichten der Tarifvertragsparteien **1**, 658
– Rechtskrafterstreckung **9**, 16
– selbständige Tarifverträge/Einheitstarifvertrag **1**, 177 ff.
– Tariffähigkeit **2**, 17
– Tarifgebundenheit **3**, 15
Mehrheitsprinzip 4, 295
Meinungsfreiheit Einleitung, 283
menschengerechte Arbeitsgestaltung 1, 452
Menschenrechte
– Allgemeine Erklärung **Einleitung**, 190
– Konvention zum Schutze der Menschenrechte und Grundfreiheiten **Einleitung**, 192
– Pakt **Einleitung**, 194 f.
Menülösung
– Begriff **Einleitung**, 69
– Entgelt **1**, 357
Metallarbeiterstreik
– schleswig-holsteinischer **1**, 675, 757

Metallindustrie
– Altersteilzeit **1**, 339
– Einführung flexibler Arbeitszeiten **1**, 277, 355
– kürzere Kündigungsfristen für Arbeiter **1**, 548
– Öffnungsklauseln **1**, 262
– Schlichtungsabkommen **1**, 675 f.
Mindestarbeitsbedingungen Einleitung, 129, 143
Mindestarbeitszeit 1, 323 f.
Mindestdauer eines Tarifvertrages 4, 11
Mindesteinkommen 1, 388
Mindestkarenzentschädigung Einleitung, 339
Mischbetrieb 4, 151
Mischtätigkeit 4, 165, 195 ff.
Mitbestimmung
– Tariffähigkeit **2**, 117 ff.
Mitbestimmungsurteil
– Eigentumsgarantie **Einleitung**, 340
Mitbestimmungsrechte des Betriebsrats 4, 204
Mitgliedschaft ohne Tarifbindung
– Satzungsautonomie **3**, 23
– Tarifgebundenheit **3**, 9, 102
– Tarifgemeinschaft **2**, 20
– Tarifzuständigkeit **2**, 64 f.
– Teiltariffähigkeit **2**, 19
– Unterorganisation **2**, 20
Monopolkommission Einleitung, 66
Mutterschutzfristen
– Sondervergütungen **1**, 393
Mutterschutzgesetz
– zwingendes Gesetzesrecht **Einleitung**, 375

nachgiebige Tarifnormen 4, 375 ff.
Nachtarbeitsverbot für Frauen, Entscheidung Einleitung, 236
Nachtschicht 1, 349
nachvertragliche Rechtsverhältnisse
– Gegenstand von Tarifvertragsnormen **1**, 306 ff.
Nachweispflicht 1, 461
Nachwirkung 4, 46, 320 ff.
– Abschlußnormen **4**, 345
– allgemeinverbindliche Tarifverträge **4**, 336
– andere Abmachung **4**, 354 ff.

magere Ziffern = Randnummern

– auf tarifdispositivem Recht beruhende Tarifvertragsbestimmungen **Einleitung**, 406
– Ausschluß der Nachwirkung **4**, 362 f.
– betriebliche oder betriebsverfassungsrechtliche Normen **4**, 343
– Betriebsübergang **3**, 193
– dispositives Recht **4**, 360
– Entwicklung **4**, 321 ff.
– Folgerungen **4**, 330 ff.
– Friedenspflicht **1**, 679 f.
– Gemeinsame Einrichtungen **1**, 641 f., **4**, 348 ff.
– im Nachwirkungszeitraum begründete Rechtsverhältnisse **4**, 330 ff.
– Kündigung eines Tarifvertrages **4**, 46
– lediglich nachwirkende Tarifverträge **1**, 274, **4**, 326, 364 ff.
– normative Wirkung **4**, 321, 323
– Rahmenkollektivvertrag **13**, 36 f., **4**, 46
– Umfang der Nachwirkung **4**, 343 ff.
– verlängerte Tarifgebundenheit **3**, 78
– Verlust der Tariffähigkeit **2**, 39
– Verlust der Tarifzuständigkeit **2**, 80
– Vorschläge zur Begrenzung **Einleitung**, 67
– Umfang der Nachwirkung **4**, 343 ff.
– zwingende Tarifvertragsnormen **1**, 271
National Labor Relations Act 1, 37
Nationalsozialismus Geschichte, 15 ff.
Naturalleistungen 1, 362
Nebenbetrieb
– Geltungsbereich des Tarifvertrages **4**, 155 ff.
– Tarifzuständigkeit **2**, 55
Nebentätigkeitsverbot
– Begriff **Einleitung**, 335
– Berufsfreiheit **Einleitung**, 335 f.
– Privatsphäre **Einleitung**, 465
negative Inhaltsnormen
s. Inhaltsnormen, negative
negative Koalitionsfreiheit
– Tarifgebundenheit **3**, 25, 137
Nettolohnvereinbarung 1, 375
Neueinstellungsgebote 1, 483
Neutralitätsgesetz Einleitung, 113 ff.
Nichtigkeit
– Tarifverträge **1**, 244 f.
Nichtorganisierte
– Arbeitskampfbeteiligung **Einleitung**, 251

– Gleichbehandlungsgebot **Einleitung**, 248 ff.
Nimz, Entscheidung Einleitung, 187
Nominallohn Einleitung, 51
Normenkontrolle, konkrete
– Tarifverträge **Einleitung**, 354
normergänzende, -ersetzende Absprachen 1, 745 ff.
– Einzelfragen **1**, 749 ff.
– Einrichtungen der Tarifvertragsparteien **1**, 749 f.
– Erstreckung auf Außenseiter **1**, 751
– Sekuritätspolitische Klauseln **1**, 752
– Inhalt **1**, 745
– Zulässigkeit **1**, 746 ff.
Normsetzung durch Tarifvertrag
s. Doppelcharakter des Tarifvertrages
Normsetzungshypothek
– unmittelbare Grundrechtsbindung **Einleitung**, 201
Normsetzungsprärogative
– Koalitionen **Einleitung**, 119, 144
Normzweck
– § 4 Abs. 5 **4**, 322, 327 ff.
– §§ 4 Abs. 2 TVG, §§ 77 Abs. 3, 87 Abs. 1 BetrVG **4**, 548 ff.
Notdienstvereinbarungen
– Verhandlungspflicht **1**, 182
Notfallklausel
– Begriff **Einleitung**, 69

obligatorischer Teil, Tarifvertrag
s. Tarifvertragsparteien, Rechte, Pflichten
öffentliche Gewalt s. Akt öffentlicher Gewalt
öffentlich-rechtliche Körperschaft
– Tariffähigkeit **2**, 219
Öffentlicher Dienst
– Abfindungen **1**, 405
– Altersversorgung **1**, 308
– Eingruppierungsfehler **1**, 371
– Gegenstand von Tarifvertragsnormen **1**, 289
– Umzugskostenerstattung **1**, 411
Öffnungsklauseln 1, 258 ff.
s. auch Delegation
– Abgrenzung **1**, 259 ff.
– Einstiegstarife **1**, 259
– gesetzliche **1**, 261
– Kleinbetriebsklauseln **1**, 259

1509

Sachverzeichnis

fette Ziffern = §§

- Optionen **1**, 260
- Rahmenregelung **1**, 260
- Revisionsklauseln **1**, 259
- Anlässe für Öffnungsklauseln **1**, 263
- Anpassung des Tarifvertrages **4**, 20
- Arten **Einleitung,** 69, **1**, 260 f.
- Bedeutung **1**, 262
- Begriff **1**, 258
- betr. einzelvertragliche Vereinbarung **4**, 376
- betriebsvereinbarungsdispositiver Tarifvertrag **4**, 585 ff.
- chemische Industrie **1**, 262
- Friedenspflicht **1**, 684
- Rechtslehre **Einleitung,** 84
- Reformvorschläge **4**, 598 f.
- Sonderregelung für einzelne Unternehmen **4**, 39
- Urteile **Einleitung,** 83
- Verfassungsmäßigkeit **Einleitung,** 84
- Zulässigkeit **1**, 264

Öffnungszeiten
- Tarifmacht **Einleitung,** 460

ökonomische Wirkungen des Tarifvertrages Einleitung, 51 ff.
- Beschäftigungssituation **Einleitung,** 59 ff.
- Preisniveaustabilität **Einleitung,** 51 ff.
- Unternehmenspolitik **Einleitung,** 64 f.

Österreich
- Bekanntgabe des Tarifvertrages **1**, 242
- Schriftform des Tarifvertrages **1**, 227
- Zulässigkeit dynamischer Verweisungen **1**, 198
- Zulassungsnormen **1**, 266

Optionslösung
- Begriff **Einleitung,** 69
- Entgelt **1**, 357

Ordensangestellte 1, 117

ordentliche Kündigung eines Tarifvertrages 4, 21 ff.
- Form **4**, 21
- Frist **4**, 22
- Teilkündigung **4**, 24
- Termin **4**, 23
- Verlust der Tariffähigkeit **2**, 38, 42

Ordnungsfunktion des Tarifvertrages Einleitung, 13 ff.
- Anwendungsfälle **Einleitung,** 217
- Arbeits- und Wirtschaftsbedingungen **Einleitung,** 96 f.
- Bedeutung **Einleitung,** 13 ff.
- Grundlagen **Einleitung,** 16 ff.

Ordnungsnormen 1, 559
Ordnungsprinzip 4, 263, 627 ff.
Ordnungsregelungen, Betriebsnormen 1, 573 ff.
- Arbeitsplatzgestaltung **1**, 574
- Arbeitsplatzsicherung **1**, 575
- Arbeitsschutzregeln **1**, 573
- Befristungsregelungen **1**, 578
- Besetzungsregeln, qualitative **1**, 576 f.

Ordnungsvorschriften
- Doppelcharakter **1**, 281
- staatliche
  - Auslegung **Einleitung,** 143

Organisationsfreiheit der Koalitionen Einleitung, 91

Organisationsgesetze, arbeitsrechtliche
- allseitig, (zweiseitig) zwingendes Recht **Einleitung,** 360 f.

Organisationsklauseln, tarifvertragliche
- Abschlußverbote **1**, 507
- Begriffe, **Einleitung,** 286 ff.

Organisationsvorschriften, staatliche
- Auslegung **Einleitung,** 143

Organisierte
- Gleichheitsgebote **Einleitung,** 248 ff.

Ortskräfte 1, 66
outsourcing 4, 173

Paralleltarifvertrag 1, 93
s. auch Anschlußtarifvertrag
Parlamentsvorbehalt
- Berufsfreiheit **Einleitung,** 310
- Demokratieprinzip **Einleitung,** 344

pauschalierte Aufwandsentschädigung 1, 411

Persönlichkeitsrecht, allgemeines
s. allgemeines Persönlichkeitsrecht

Personalbemessungssystem, Bundespost
- Zeitzuschläge **1**, 574

Personengesellschaften
- Tariffähigkeit **2**, 14, 98
- Tarifgebundenheit **3**, 90

Personenhandelsgesellschaft
- Arbeitgeber **1**, 291

Pflicht zur gegenseitigen Rücksichtnahme 1, 445
Pflichtverletzung 4, 53

magere Ziffern = Randnummern **Sachverzeichnis**

Popularklage Einleitung, 356, **1**, 14
Portugal
– Verhandlungsanspruch **1**, 187
Postreform, zweite 1, 168
Postunternehmen
– Tariffähigkeit **2**, 99
Praktikum
– Gegenstand von Tarifvertragsnormen **1**, 303 ff.
Preisniveaustabilität Einleitung, 51 ff.
Pressefreiheit
– innere **1**, 133
Privatrechtscharakter des Tarifvertrages 1, 11
Privatsphäre Einleitung, 465 ff.
Prorogationsfreiheit
– tarifdispositives Gesetzesrecht **Einleitung**, 392, **1**, 466 f.
Protokollnotizen
– Schriftform **1**, 233
Provision 1, 387 f.
Prozeßvergleich 4, 676 ff.
prozeßrechtliche Behandlung von Tarifverträgen 1, 826 ff.
– Arbeitskampf **1**, 833
– Feststellungsklage **1**, 829 ff.
  – Auslegung einer Tarifnorm **1**, 829
  – beschränkte **1**, 830 f.
– laufende Tarifverhandlungen **1**, 832
– Revisionsinstanz **1**, 827 f.
– Tatsacheninstanz **1**, 826
prozessuale Vorschriften
– tarifvertraglich vereinbarte
  – Einzelschiedsklauseln **1**, 468 ff.
  – Gerichtsstandsvereinbarungen **1**, 466 f.
  – Globalregelungen **1**, 475 ff.
    s. auch dort
  – Güteklauseln **1**, 471 f.
  – Schiedsgutachtenklausel **1**, 471, 473 f.
  – Zulässigkeit **1**, 465

Qualifizierungsgesellschaften 4, 140
qualitative Besetzungsregeln,
  s. Besetzungsregeln, qualitative
quantitative Besetzungsregeln,
  s. Besetzungsregeln, quantitative
Quotenregelungen
– Gleichheitsgebote **Einleitung**, 237, **1**, 488
– Neueinstellungsgebot **1**, 483, 487
– tarifvertragliche **1**, 503

Rahmenkollektivvertrag
  s. Beitrittsgebiet
Rahmentarifvertrag s. Manteltarifvertrag
Rationalisierungsschutz
– Tarifmacht **Einleitung**, 458
Rationalisierungsschutzabkommen
– Abfindungen **1**, 405
– Beitrittsgebiet s. dort
– Besetzungsklauseln, qualitative **Einleitung**, 327, 330, **1**, 279
– Globalregelung **1**, 476 f.
Reallohn
– Begriff **Einleitung**, 51
Rechtsetzungsmonopol
– der Tarifvertragsparteien **Einleitung**, 144
rechtsgeschäftliche Selbstbindung 1, 41
Rechtsgeschäftslehre
– Anwendbarkeit auf Tarifvertrag **1**, 4
Rechtskontrolle von Tarifverträgen 1, 192, 226
Rechtskrafterstreckung
– Ablauf des Tarifvertrages **9**, 42
– Adressat der Bindung **9**, 40 ff.
– Änderung des Tarifvertrages **9**, 42
– Arbeitsgerichtliches Verfahren **9**, 5
– Außenseiter, tarifliche **9**, 38
– Beendigung **9**, 42 f.
– Bezugnahmeklausel **9**, 36 f.
– Dogmatik **9**, 7 ff.
– Entstehungsgeschichte **9**, 1 ff.
– Gerichte **9**, 40
– Mehrgliedriger Tarifvertrag **9**, 16
– Normzweck **9**, 6
– Persönlicher Umfang **9**, 34 ff.
– Prozeßstandschaft **9**, 7
– Rechtsnachfolger **9**, 39
– Rechtsstreitigkeit **9**, 17 ff.
– Reflexwirkung **9**, 11
– Sachlicher Umfang **9**, 36 ff.
– Schiedsgerichte **9**, 26 ff., 41
– Schiedsspruch **1**, 735
– Selbstbindung (§ 318 ZPO) **9**, 10
– subjektive Rechtskraft **9**, 9
– Tariffähigkeit **9**, 23
– Tarifgebundenheit **9**, 34 ff.
– Tarifzuständigkeit **9**, 23
– Übersendungspflicht **9**, 44
– Urteile **9**, 24 f.
– Veränderung der Umstände **9**, 43
– Verbandsklage **9**, 7 f.

1511

Sachverzeichnis

fette Ziffern = §§

- Vergleich **9**, 29
- Zweigliedriger Tarifvertrag **9**, 14 f.
- **Rechtslage, Änderung der 4**, 60 f.
- **Rechtsnachfolger**
  - Betriebsübergang s. dort
  - Mitgliedschaft **3**, 43, 163 ff.
  - Rechtskrafterstreckung **9**, 39
  - Tarifgebundenheit
    - Bedeutung des § 3 Abs. 3 TVG **3**, 19, 166, 180
    - Bedeutung des § 613 a BGB **3**, 159 f., 168 ff.
  - Einzelrechtsnachfolge **3**, 157 ff., 178 f.
  - Firmentarifvertrag **3**, 152 ff.
  - Gesamtrechtsnachfolge
    - Betriebsübergang **3**, 188 f.
    - Firmentarifvertrag **3**, 153 f.
    - Verbandstarifvertrag **3**, 162 ff.
  - Spaltung **3**, 155 f., 174 ff.
  - Tatbestände **3**, 147
  - Verbandstarifvertrag **3**, 161 ff.
  - Verschmelzung **3**, 153 f.
- Tarifkonkurrenz **3**, 181
- **Rechtsnatur des Tarifvertrages** s. Tarifvertrag, Rechtsnatur
- **Rechtsnormen**
- staatliche
  - Vorrang gegenüber Tarifvertrag **Einleitung**, 425
- **Rechtsnormenvertrag 1**, 42
- **Rechtsschutz** s. Durchsetzung der Tarifvertragsnormen
- **Rechtsstaatsprinzip**
  - Bindung der Tarifvertragsparteien **Einleitung**, 341
  - unbestimmte Rechtsbegriffe **1**, 194
- **Rechtsverhältnisse, nachvertragliche** s. nachvertragliche Rechtsverhältnisse
- **Rechtsverlust im Tarifvertragsrecht 4**, 651 ff.
- **Rechtswahl**
  - Konzerntarifvertrag **1**, 94
- **Rechtswahlklauseln**
  - Doppelcharakter **1**, 282
- **Rechtswegerschöpfung**
  - Verfassungsbeschwerden, Tarifverträge **Einleitung**, 355
- **Redaktionsstatute 1**, 138 f.
- **Redaktionsvolontäre**
  - Ausbildungsordnung **1**, 134
- **REFA 1**, 383
- **Referenzprinzip 1**, 431, 438

Reformvorschläge, Tarifrecht Einleitung, 66 ff., **4**, 598, **5**, 178 ff.
Regelarbeitszeit 1, 322
Regelungssperre des § 77 Abs. 3 BetrVG 4, 555 ff.
- Allgemeines **4**, 555
- Folgen **4**, 574 ff.
- Geltung des § 77 Abs. 3 BetrVG **4**, 597
- Klagemöglichkeit der Tarifvertragsparteien **4**, 595
- Reformvorschläge **4**, 598
- Tarifliche Öffnungsklauseln **4**, 587, 598 f.
- Voraussetzungen **4**, 562 ff.

regionale Aufteilung von Tarifverträgen **4**, 269
Regionaltarifvertrag 1, 52
Revisionsklauseln 1, 259, **4**, 19 f., 55
Rheinland-Pfalz Geschichte, 48
Richterrecht
- gesetzesvertretendes s. gesetzesvertretendes Richterrecht
- tarifdispositives s. tarifdispositives Richterrecht
- zwingendes s. zwingendes Richterrecht

Richtigkeitsgewähr
- Arbeitskampf **Einleitung**, 39, **1**, 173, 217 f.
- Individualvertrag **1**, 221 ff.
- tarifdispositives Gesetzesrecht **Einleitung**, 389
- Tarifverträge **Einleitung**, 221, **1**, 216

Richtlinien Einleitung, 152
richtlinienkonforme Auslegung
- Geschlechtergleichbehandlung **Einleitung**, 215

Rinner-Kühn, Entscheidung **Einleitung**, 180
Risikoverteilungsklauseln 1, 499 f.
Rückanknüpfung, tatbestandliche Einleitung, 146
Rückbewirkung von Rechtsfolgen Einleitung, 146
Rückerstattung
- Sondervergütungen s. dort

Rückforderung von Entgelt 1, 376
Rückgewährverpflichtungen zu Unrecht empfangener Sondervergütungen 1, 410
Rückgruppierung, korrigierende 1, 371

magere Ziffern = Randnummern

Sachverzeichnis

Rücktritt 4, 44
Rückwirkung von Tarifverträgen
- abgewickelte Ansprüche **1**, 146
- Arten
  - echte **Einleitung**, 146, 341, **1**, 145
  - Rückanknüpfung, tatbestandliche **Einleitung**, 146, **1**, 145
  - Rückbewirkung von Rechtsfolgen **Einleitung**, 146, **1**, 145
  - unechte **Einleitung**, 146, 341, **1**, 145
- Auslegung **4**, 239 ff.
- Betriebsübergang **1**, 147
- einzelne Normarten **4**, 247 ff.
- Entwicklung **1**, 142 ff.
- gesetzliche Eingriffe in Tarifverträge **Einleitung**, 146 ff.
- Grenzen **1**, 141, **4**, 114, 243 ff.
- Mehrbelastung
  - Nichtigkeit wegen Gleichheitsverstoßes **Einleitung**, 266, 269 ff.
- Ruhestandsverhältnisse **1**, 309
- tarifvertraglicher Regelungen **Einleitung**, 341, **1**, 141 ff., 825
- Vertrauensschutz **1**, 145
- Wirksamwerden **4**, 2
- Zulässigkeit **4**, 237 ff.

Rückzahlungsklauseln
- Arbeitsvertragsgesetzentwurf **Einleitung**, 333, **1**, 404
- Ausbildungskosten **1**, 403 f.
- Begriff **Einleitung**, 332, **1**, 400
- Berufsfreiheit **Einleitung**, 332 ff.
- Gratifikationen **1**, 401 f.
- tarifdispositives Richterrecht **Einleitung**, 420 ff., **1**, 401, 404
- Umzugskosten **1**, 411
- vermögenswirksame Leistungen **1**, 418

Ruhestandsverhältnis
- Gegenstand von Tarifvertragsnormen **1**, 306 ff.

Saarland Geschichte, 52, 64
sächsische Metallarbeitgeber 4, 59
Satzungsautonomie
- Tarifzuständigkeit **2**, 60 ff.

Satzungsauslegung
- Tarifzuständigkeit **2**, 68 ff.

Schadenersatzanspruch Einleitung, 276 f., **1**, 754 ff.
Schadensliquidation im Drittinteresse 1, 755
Schätzakkord 1, 383

Scheinselbständigkeit 1, 72
Schichtarbeit 1, 348 f.
- Nachtschicht s. dort

Schiedsgerichte
- Rechtskrafterstreckung **9**, 26 ff., 41

Schiedsgerichtsvertrag
- Tarifvertrag **1**, 7

Schiedsgutachtenklausel 1, 471, 473 f.
Schiedsgutachtervereinbarung 4, 215
Schiedsklausel 4, 43, 55

Schiedsspruch
- keine Aufhebung eines Tarifvertrages durch Schiedsspruch **4**, 17
- Schriftform **1**, 5, 240 f.
- Verbindlicherklärung **1**, 241
- Zustandekommen eines Tarifvertrages mittels Schiedsspruchs **4**, 6 ff.

Schiedsverfahren 1, 732 ff.
- Bedeutung **1**, 734
- Inhalt **1**, 733
- Wirkungen **1**, 735

schleswig-holsteinischer Metallarbeiterstreik 1, 675, 757

Schlichtungsabkommen
- Friedenspflicht **1**, 703
- Metallindustrie **1**, 675 f.
- Schriftform **1**, 232
- Tarifvertrag **1**, 1, 7

Schlichtungsspruch 4, 17
Schlichtungsstelle, tarifvertragliche 1, 743

Schlichtungsrecht
- Tariffähigkeit **2**, 81

Schlichtungsverfahren 1, 737 ff.
- Abgrenzungen **1**, 740
- Arten **1**, 738
- Kündigung trotz Schlichtungsverfahrens **4**, 43
- Sondertarifverträge **1**, 739

Schöning-Kougebetopoulou, Entscheidung Einleitung, 153

Schriftform
- Betriebsvereinbarungen **1**, 227
- für Arbeitsvertrag, Rückwirkung **4**, 3, 255
- Tarifvertrag **1**, 5, 227 ff.
  - Entwicklung **1**, 227
  - Inhalt **1**, 229 f.
  - Rechtsfolgen **1**, 239
  - Umfang **1**, 231 ff.
  - Änderungen des Tarifvertrages **1**, 234

1513

Sachverzeichnis

fette Ziffern = §§

- Aufhebung des Tarifvertrages **1**, 235 f.
- Bezugnahme **1**, 237
- einseitige Gestaltungserklärungen **1**, 236
- Protokollnotizen **1**, 233
- schuldrechtliche Abreden **1**, 232
- Verweisung **1**, 237
- Vorvertrag **1**, 238
- Zweck **1**, 228
- tarifvertraglich vereinbarte **1**, 458 ff.

schuldrechtlicher Teil, Tarifvertrag s. Tarifvertragsparteien

Schule
- Tarifverträge **1**, 289

Schutzfunktion des Tarifvertrages Einleitung, 3 ff.

Schutzprinzip, arbeitsrechtliches s. auch Arbeitnehmerschutzprinzip
- Berücksichtigung von Arbeitnehmerinteressen **1**, 445
- einseitig zwingendes Gesetzesrecht **Einleitung**, 357, 359 f., 364
- Entgeltfortzahlung **1**, 428
- kirchliche Beamte/Angestellte **1**, 117

Schutzregelungen s. Ordnungsregelungen, Betriebsnormen

Schweden
- Verhandlungsanspruch **1**, 187

Schweiz
- Verhandlungsanspruch **1**, 187

Schweizer Friedensabkommen 1, 699 ff.

selbständige Betriebe 4, 158
Selbstbeschränkungsklausel 4, 280
sekuritätspolitische Bestimmungen
- Begriff **Einleitung**, 440
- Zulässigkeit **1**, 752

sekuritätspolitische Gewerkschaftsinteressen
- Arbeits- und Wirtschaftsbedingungen **Einleitung**, 96

sekuritätspolitische Maßnahmen
- Solidaritätsbeitrag **Einleitung**, 295 ff.

Selbstbestimmungsrecht Einleitung, 471 f.

Selbstregulierung der Wirtschaft Einleitung, 30

Sicherungsklauseln
- Begriff **Einleitung**, 290

soft law 1, 22
Solidaritätsbeitrag Einleitung, 295 ff.

Solidarnormen s. Betriebsnormen, Entwicklung

Sonderkündigungsschutz
- gewerkschaftliche Vertrauensleute **Einleitung**, 450

Sondervergütungen
- Abfindungen **1**, 405
- Anwesenheitsprämie **1**, 394, 495
- Aufwendungsersatz **1**, 411
- Auslegung **1**, 791
- Bedienungsgeld **1**, 406
- Begriff **1**, 389
- einmalige Zuwendung **1**, 407
- Fortbildung tarifvertraglicher Regelungen **1**, 816
- Jubiläumsgratifikation **1**, 408
- Kürzung/Ausschluß von Sondervergütungen **1**, 391 ff.
  - Arbeitskampf **1**, 397
  - Erfordernis tatsächlicher Arbeitsleistung **1**, 391
  - Ersatzdienst **1**, 392
  - Erziehungsurlaub **1**, 392
  - Grundwehrdienst **1**, 392, 399
  - krankheitsbedingte Fehlzeiten **1**, 394 ff.
  - Kurzarbeit **1**, 398
  - Mutterschutzfristen **1**, 393
  - Teilzeitbeschäftigung **1**, 392
  - unbezahlter Urlaub **1**, 392
- Rückerstattung s. Rückzahlungsklauseln
- Rückgewährverpflichtung zu Unrecht empfangener Leistungen **1**, 410
- Streikbruchprämie **1**, 497 f.
- Teilanspruch **1**, 390
- Teilzeitbeschäftigte **Einleitung**, 247
- Urlaubsgeld **1**, 409
- Weihnachtsgeld **1**, 409 s. auch dort

Sonntagsarbeit 1, 350
Sorgfaltspflicht des Arbeitnehmers 1, 455
Sowjetische Besatzungszone Geschichte, 55 ff., **13**, 6 ff.
Sozialabkommen s. Elferabkommen
Sozialauswahl 1, 536
Sozialbindung
- Tarifautonomie **Einleitung**, 349

Sozialcharta, europäische Einleitung, 193

soziale Mächtigkeit s. Sozialmächtigkeit

magere Ziffern = Randnummern

Sachverzeichnis

sozialer Dialog Einleitung, 30
Sozialkassenentscheidung 1, 73
Sozialkassenverfahren
– Baugewerbe **1**, 466
Sozialleistungen, betriebliche
– Anrechnung auf vermögenswirksame Leistungen **1**, 419
Sozialmächtigkeit
– Arbeitgeberseite **1**, 163 f.
– Gewerkschaft **1**, 219
Sozialpartner
– Übereinkünfte s. Übereinkünfte der Sozialpartner
Sozialstaatsprinzip Einleitung, 342
Sozialversicherungsträger
– Dienstordnungen s. dort
Spaltung
– Tarifgebundenheit **3**, 155 f., 174 ff.
Spanien
– Verhandlungsanspruch **1**, 187
Spannenklauseln
– Begriff **Einleitung**, 290
Spannungsklauseln Einleitung, 380
Spezialitätsprinzip 4, 289 ff.
Sphäre einer Tarifpartei 4, 56
Spitzenorganisationen
– Abschluß von Tarifverträgen **2**, 338 ff.
– außerhalb des TVG **2**, 334
– Begriff **1**, 6
– Durchführungsverordnung **11**, 4
– Entstehungsgeschichte **2**, 3 f., 332 ff.
– fehlende satzungsmäßige Festlegung **2**, 341
– fehlende Tariffähigkeit der Mitglieder **2**, 335 ff.
– Haftung **2**, 351 ff.
– Innungsverbände **2**, 340
– Legaldefinition in § 12
  – Bedeutung **12**, 3 f.
  – Beteiligung durch Bundesminister **12**, 11 f.
  – Entstehungsgeschichte **12**, 1 f.
  – Gleichgestellte Vereinigungen **12**, 10 f.
  – Wesentliche Bedeutung **12**, 6 ff.
  – Zusammenschluß **12**, 5
– Organisation **2**, 335 ff.
– Rechtsfolgen für Tarifverträge **2**, 342 ff.
– Satzung **2**, 338
– Tariffähigkeit der Mitglieder **2**, 281, 344 f., **3**, 112 f.

– Tarifgebundenheit **3**, 155 f., 174 ff.
– Tarifverträge **1**, 169 ff.
– Übersendung von Tarifverträgen **7**, 13
– Vertretung beim Abschluß von Tarifverträgen **2**, 346 ff.
– Zusammenschlüsse von Spitzenorganisationen **2**, 337
Spitzenverbände s. Spitzenorganisationen
Staatsangehörigkeit
– Diskriminierung, aufgrund der Staatsangehörigkeit **Einleitung**, 236
Staatskirchenrecht 1, 118 ff.
Staatsvertrag 2, 5 ff.
Stabilitätsgesetz
– zwingendes Recht **Einleitung**, 377
Stationierungsstreitkräfte
– Tariffähigkeit **2**, 100
Steinkohlebergbau
– Teilzeit-Tarifvertrag **1**, 341
Streik s. Arbeitskampf
Streikbruchprämie 1, 497 f.
Strukturänderungen 4, 85 ff.
– Firmentarifvertrag **4**, 88
– Verbandstarifvertrag **4**, 86
Stufenregelung
– Lohnerhöhung **1**, 357
Stufentarifvertrag
– Begriff **1**, 59
– Normwirkung **4**, 4
– Tarifgebundenheit, verlängerte **3**, 60
Stufentheorie s. Drei-Stufen-Theorie
Stuttgarter-Entwurf Geschichte, 27
Subsidiarität
– Verfassungsbeschwerden, Tarifverträge **Einleitung**, 355
Süßwarenindustrie
– Arbeitszeitflexibilisierung **1**, 355
summarische Arbeitsbewertungsverfahren 1, 360
supranationale Tarifverträge
s. Europäische Tarifverträge
Systemgerechtigkeit 4, 109 ff.

Tabu-Zone
– Alleinzuständigkeit der Sozialpartner **Einleitung**, 140 f.
Tarifausschlußklauseln
– Begriff **Einleitung**, 288 ff.
– Zulässigkeit **Einleitung**, 301 ff., 441 ff., **1**, 752
Tarifaußenseiterklauseln 1, 154, 501
Tarifautomatik 1, 53, 369

1515

Sachverzeichnis

fette Ziffern = §§

Tarifautonomie s. auch Koalitionsfreiheit
- Allgemeines **Einleitung**, 1 ff.
- Aufgaben **Einleitung**, 2 ff.
- Ausgestaltung **Einleitung**, 131 f.
- Begriff **Einleitung**, 1
- Förderungspflicht des Staates **Einleitung**, 131
- Gesetzgebungspflicht **Einleitung**, 113 ff.
- Innenschranken **Einleitung**, 431 ff.
  - rechtsdogmatische Grundlagen **Einleitung**, 431 ff.
  - Schutz der individuell Normunterworfenen **Einleitung**, 465 ff.
  - Schutz der kollektiven Vertragsgegenseite **Einleitung**, 436 ff. s. auch Vertragsgegenseite (kollektive)
  - Wirkungsebenen **Einleitung**, 437 ff.
- Schranken **Einleitung**, 103 ff.
  - Ausgestaltung **Einleitung**, 107 ff.
    - Aussperrungsbeschluß **Einleitung**, 108 f.
    - Beamteneinsatz auf Arbeitsplätzen, Entscheidung **Einleitung**, 110
    - Einschätzungsprärogative des Gesetzgebers **Einleitung**, 113
    - Flaggen-Zweitregister, Entscheidung **Einleitung** 111 f.
    - gewerkschaftliche Betätigung im Betrieb, Entscheidung **Einleitung**, 116
    - Hochschulrahmengesetz, Entscheidung **Einleitung,** 117, **1**, 515
    - Lohnersatzleistungen für Lohnausfälle, Entscheidung **Einleitung**, 113 ff.
    - unerledigte Fälle **Einleitung**, 118 ff.
  - Eingriff **Einleitung**, 107 ff.
    - gewerkschaftliche Betätigung im Betrieb, Entscheidung **Einleitung**, 116
    - Hochschulrahmengesetz, Entscheidung **Einleitung**, 117, **1**, 515
  - Entwicklung **Einleitung**, 104 ff.
  - Grenze **Einleitung**, 112, 113, 117
  - Sonderstellung **Einleitung**, 129 ff.
- staatliches Gesetz, Regelungsbefugnis, Abgrenzung s. Tarifautonomie, Schranken
- Teilgewährleistungen **Einleitung**, 125 ff.
- Umfang **Einleitung**, 99 ff.
- Verfassungsgarantie **Einleitung**, 87 ff.
- Zuständigkeitsverteilung zwischen Gesetzgeber und Kollektivvertragsparteien **Einleitung**, 129 ff.

tarifdispositives Gesetzesrecht
- Abgrenzung **Einleitung**, 390 ff.
  - Konkretisierung, tarifvertragliche **Einleitung**, 393
  - Prorogationsfreiheit **Einleitung**, 392
  - Zeit-Kollisionsregel **Einleitung**, 390
  - Zulassungsnormen des BetrVG 1972 **Einleitung**, 391
- Bedeutung **Einleitung**, 388 f.
- Begriff **Einleitung**, 357, 387
- befristetes Arbeitsverhältnis, § 1 BeschFG **Einleitung**, 119
- Geltungsbereich **Einleitung**, 400 ff.
- Konkurrenz zu neuem Gesetzesrecht **Einleitung**, 398 f.
- nachwirkende Tarifverträge **4**, 334
- Pflicht zur Tarifdispositität **Einleitung**, 395
- Umfang **Einleitung**, 396 f.
- verdeckt tarifdispositives Gesetzesrecht **Einleitung**, 407 f.
- Zulässigkeit **Einleitung**, 394

tarifdispositives Richterrecht Einleitung, 409 ff.
- Begriff **Einleitung**, 409
- Begründung **Einleitung**, 415
- Einzelbeispiele **Einleitung**, 419 ff.
  - Arbeitskampfregeln **Einleitung**, 424
  - befristete Arbeitsverträge **Einleitung**, 422
  - Rückerstattung von Sondervergütungen **Einleitung**, 420 ff., **1**, 401, 404
  - Wettbewerbsverbot **Einleitung**, 423
- Geltungsbereich **Einleitung**, 417 f.
- Grenzen der Tarifdispositivität **Einleitung**, 412 ff.
- Pflicht zur Tarifdispositivität **Einleitung**, 411
- Zulässigkeit **Einleitung**, 411 ff.

magere Ziffern = Randnummern

Sachverzeichnis

Tarifeinheit 4, 146, 157, 284 ff.
Tariffähigkeit
- Abschluß des Tarifvertrages **2**, 15
- ad-hoc-Koalitionen **2**, 213
- Antragsberechtigung **2**, 91 f.
- Anschlußtarifvertrag **2**, 16
- arbeitnehmerähnliche Personen **2**, 210, **12 a**
- Arbeitsgerichtsverfahren **2**, 87
- Arbeitskampfrecht **2**, 82 ff.
- Auflösung des Berufsverbandes **2**, 33 ff.
- Begriff **2**, 8 ff.
- Beratung und Unterstützung **2**, 23
- Berufsverbände s. dort
- Betriebsverfassungsrecht **2**, 93
- Bundesanstalt für Post und Telekommunikation **1**, 168
- Bundeslotsenkammer **2**, 231
- einzelner Arbeitgeber **1**, 163 ff.
  - Arbeitgeberbegriff **2**, 96 f.
  - Dispositivität **2**, 111
  - Entstehungsgeschichte **2**, 94
  - Freie Berufe **2**, 97, 211
  - Gesamthafenbetrieb **2**, 96
  - gespaltene Arbeitgeberstellung **2**, 96
  - Gewerkschaften **2**, 101, 219
  - Handelsgewerbe **2**, 97
  - Kirchen **2**, 101
  - Kleinarbeitgeber **2**, 102 ff.
  - Koalitionsfreiheit **2**, 95
  - Konzern **2**, 105 ff.
  - Mitbestimmung **2**, 117 ff.
  - Mitgliedschaftliche Bindung **2**, 128
  - öffentliche Körperschaften **2**, 99, 219
  - Personengesellschaften **2**, 14, 98
  - Postunternehmen **2**, 99
  - Stationierungsstreitkräfte **2**, 100
  - Tarifwilligkeit **2**, 21
  - Tendenzunternehmen **2**, 101
  - Verbandsdisziplin **2**, 114 ff.
  - Verbandszugehörigkeit **2**, 112 f.
  - Verlust der Tariffähigkeit **2**, 41
- Entstehungsgeschichte **2**, 2, 94
- Fehlen der Tariffähigkeit **2**, 15
- Festlegung **2**, 18 ff.
- Feststellung **2**, 88 f.
- Geschäftsfähigkeit **2**, 13 f.
- Gewerkschaften **2**, 101
- Handwerkskammer **2**, 230
- Innungen **2**, 27 ff., 225 ff.
- Kirchen **2**, 101
- Kleinarbeitgeber **2**, 102 ff.
- Koalitionen **2**, 24 ff.
- Konzern **1**, 167 f., **2**, 105 ff.
- Kreishandwerkerschaft **2**, 230
- leitende Angestellte **2**, 206 ff.
- Lotsenbrüderschaft **2**, 231
- Mehrgliedriger Tarifvertrag **2**, 17
- Nicht-Berufsverbände **2**, 224
- Nicht-Koalitionen **2**, 27 ff.
- Öffentliche Körperschaften **2**, 99
- Personengesellschaften **2**, 14, 98
- Postunternehmen **2**, 99
- Rechtsfähigkeit **2**, 11 f.
- Rechtskrafterstreckung **9**, 23
- Satzung **2**, 18
- Schlichtungsrecht **2**, 81
- Spitzenorganisationen **1**, 169 ff.
  s. auch dort
- Staatsvertrag **2**, 5 ff.
- Tarifunfähigkeit, gewollte **2**, 22 f., 298
- Tarifwilligkeit s. dort
- Tarifzuständigkeit **2**, 51 f.
- Teiltariffähigkeit **2**, 19, 296
- Tendenzunternehmen **2**, 101
- Unteilbarkeit **2**, 19
- Unterorganisation **2**, 201 f.
- verbandsangehörige Arbeitgeber **1**, 166
- Verbandszugehörigkeit **2**, 112 f.
- Verfassungsmäßigkeit **2**, 30
- Verlust der Tariffähigkeit **2**, 31 ff., 4, 51, 75

Tarifgebundenheit
- Abgrenzung zum Geltungsbereich **4**, 104
- abschließende Regelung **3**, 9, 18
- alleinige Tarifgebundenheit des Arbeitgebers
  - Bedeutung des § 3 Abs. 2 **3**, 127
  - Dogmatische Einordnung **3**, 128
  - Geltungsvoraussetzung **3**, 130
  - Gemeinsamer Betrieb **3**, 131
  - Praktische Bedeutung **3**, 129
  - Regelungsumfang **3**, 141 ff.
  - Verfassungsmäßigkeit **3**, 133 ff.
- Allgemeinverbindlichkeit **3**, 145, **5**
- Anfechtung des Arbeitsvertrages **3**, 85
- Arbeitgeber **3**, 83, 87
- Arbeitsgemeinschaft **3**, 91 f.
- Aufspaltung **3**, 19
- Ausländische Rechtsordnungen **3**, 3 ff.
- Beendigung
  - Ausschluß **3**, 106 ff.
  - Austrittserklärung **3**, 105

1517

Sachverzeichnis

fette Ziffern = §§

- Beendigung des Arbeitsverhältnisses **3**, 44
- Gerichtliche Entscheidung **3**, 109 ff.
- Insolvenz **3**, 44
- Kündigung **3**, 42
- Mitgliedschaft **3**, 41, 104 ff.
- Rechtsnachfolger **3**, 43
- Spaltung **3**, 44
- Tarifdispositivität **3**, 21
- Tod **3**, 42
- Zeitpunkt **3**, 104
- Beginn
  - Abschluß des Tarifvertrages **3**, 28
  - Abschlußnormen **3**, 30
  - Beendigungsnormen **3**, 31
  - Rückwirkung der Tarifgebundenheit **3**, 29
  - Rückwirkung des Tarifvertrages **3**, 36 ff.
  - späterer Verbandsbeitritt **3**, 29 ff.
  - Tarifdispositivität **3**, 21
  - Vereinbarungen mit Mitglied **3**, 32
  - Vertrag zugunsten Dritter **3**, 40
- Begriff **3**, 6
- Betriebsübergang s. dort
- Bezugnahme auf Tarifvertrag s. dort
- Demokratieprinzip **3**, 26
- Dispositivität des § 3 **3**, 9, 18, 35
- Entstehungsgeschichte **3**, 1 ff., 45
- Erbfall **3**, 19
- Firmentarifvertrag **3**, 14
- formwechselnde Umwandlung **3**, 19
- Gastmitgliedschaft **3**, 101
- Gemeinsame Einrichtung **1**, 643 ff., **3**, 17, 114 ff.
- Gleichbehandlungsgrundsatz **3**, 282 ff.
- Gruppenarbeitsverhältnis **3**, 93 ff.
- Gutgläubigkeit **3**, 86
- Insolvenz **3**, 44
- Juristische Person **3**, 88 f.
- Kenntnis von Tarifvertrag **3**, 33 f.
- Konzern **3**, 89
- mehrgliedriger Tarifvertrag **3**, 15
- Mitgliedschaft **3**, 84, 100
- Mitgliedschaft ohne Tarifbindung **3**, 9, 102
- mitgliedschaftliche Pflichten **3**, 10 ff.
- NATO-Truppenstatut **3**, 16
- negative Koalitionsfreiheit **3**, 25, 127
- Persönlicher Geltungsbereich und Tarifgebundenheit **3**, 8
- Personengesellschaft **3**, 90
- Personenkreis **3**, 22
- Rechtskrafterstreckung **9**, 34 ff.
- Rechtsnachfolger **3**, 19, 46 s. auch dort
- Rechtsschein **3**, 103
- Rechtswirklichkeit **3**, 27
- Rückwirkung des Tarifvertrages **3**, 36 ff.
- Satzungsautonomie **3**, 23
- Spaltung **3**, 44
- Spitzenorganisation, Mitglieder der **3**, 112 f.
- Tarifdispositivität **3**, 20 ff.
- Verbandsmitglieder, Begrenzung auf **3**, 24 ff.
- Verlängerung nach § 3 Abs. 3
  - Abschluß des Arbeitsvertrages **3**, 50
  - Beendigung der Verlängerung
    - Kündigung **3**, 74
    - maximale Bindungsdauer **3**, 68 f.
    - nachträgliche Änderungen **3**, 70 f.
    - Nachwirkung **3**, 78
    - Protokollnotizen **3**, 71
    - Relativität der Beendigung **3**, 62
    - unbefristete Tarifverträge **3**, 66
    - Verlängerung befristeter Tarifverträge **3**, 64 f.
    - Zeitablauf des Tarifvertrages **3**, 63
    - Zeitpunkt der Beendigung **3**, 67
  - Beendigung der Mitgliedschaft **3**, 48
  - Betriebsübergang **3**, 193
  - Entstehungsgeschichte **3**, 45
  - Friedenspflicht **3**, 59
  - Nachwirkung **3**, 78
  - Normzweck **3**, 46
  - personelle Reichweite **3**, 57
  - Personenidentität **3**, 49
  - Rechtsnachfolge **3**, 46
  - Satzungsänderung **3**, 53
  - schuldrechtlicher Teil **3**, 59
  - Stufentarifverträge **3**, 60
  - Tarifkonkurrenz s. auch dort
    - Firmentarifvertrag **3**, 82
    - Verbandswechsel **3**, 80
  - Tarifnormen **3**, 58
  - Tarifzuständigkeit **3**, 51
  - übrige Voraussetzungen der Tariffähigkeit **3**, 51
  - Untergang des Rechtsträgers **3**, 49
  - Unternehmensumstrukturierungen **3**, 56

magere Ziffern = Randnummern **Sachverzeichnis**

- Verbandsauflösung **3**, 54
- Verbandsfusion **3**, 55
- verbandsrechtliche Bindungen **3**, 61
- Verbandszugehörigkeit, Wechsel der **3**, 52
- Verfassungsmäßigkeit **3**, 47
- Verschmelzung **3**, 49
- Verschmelzung **3**, 19, 49
- Zeitpunkt **3**, 96 ff.

Tarifgemeinschaft
- Mitgliedschaft ohne Tarifbindung **2**, 20

Tarifkonkurrenz (Sachkollisionsregel) **4**, 264 ff.
- betriebliche Normen **4**, 296 ff.
- Entwicklung **4**, 266 ff.
- Günstigkeitsprinzip **4**, 283
- Industrietarif **4**, 266
- Lösungsgrundsätze **4**, 281 ff.
- Selbstbeschränkungsklausel **4**, 280
- Spezialitätsprinzip **4**, 289 ff.
- „Spitzentarifvertrag"/Mitgliederverbandstarifvertrag **1**, 173 f.
- Tarifeinheit **4**, 284 ff.
- Tarifpluralität **4**, 271 ff.
- verlängerte Tarifgebundenheit **3**, 80 ff.
- Voraussetzungen **4**, 268 ff.
- Vorrang eines Tarifvertrages **4**, 299

tarifliche Lohndifferenzierung 1, 54
Tarifpolitik, betriebsnahe 1, 684
Tarifordnungen
- Aufhebung von
  - Beendigung **10**, 4 f.
  - Beitrittsgebiet **10**, 11
  - Behördliche Anordnung **10**, 7 f.
  - Entstehungsgeschichte **10**, 1 ff.
  - Kulturorchester **10**, 13
  - Kurkapellen **10**, 14
  - Tarifvertrag **10**, 6
  - Theater **10**, 12
- Verzicht auf Ansprüche aus **4**, 671

Tariföffnungsklauseln 4, 347
tarifpolitische Tätigkeit der Koalitionen Einleitung, 127
Tarifpluralität 4, 271 ff.
Tarifpraxis 1, 24 ff.
- Inhalt der Tarifverträge **1**, 31 ff.
- Umfang der betroffenen Arbeitsverhältnisse **1**, 29 f.
- Zahl der Tarifverträge **1**, 25 ff.

Tarifregister 1, 25 ff.
- Abschluß des Tarifvertrages **6**, 11 f.
- Abschrift der Eintragung **6**, 24

- Änderung des Tarifvertrages **6**, 13
- Allgemeinverbindlicherklärung von Tarifverträgen **6**, 15 f.
- Aufhebung von Tarifverträgen **6**, 14
- Auskunft über Eintragungen **6**, 23, 25
- Bundesländer **6**, 7
- Einsichtsrecht **6**, 22
- Eintragungspflicht **6**, 8
- Entstehungsgeschichte **6**, 1 ff.
- Kosten **6**, 26
- Mitteilungspflicht **6**, 27, **7**, 6, 8, 9
- Notizen **6**, 26
- Öffentlichkeit **6**, 22
- Prüfungsrecht **6**, 9
- Rechtsschutz **6**, 10
- Rechtswirkungen der Eintragung **6**, 19 ff.
- Übersendungspflicht
  - Arbeitgeber **7**, 10
  - Durchsetzung **7**, 15 ff.
  - Entstehungsgeschichte **7**, 1
  - Erfüllung der Pflicht **7**, 14
  - Form **7**, 7
  - Frist **7**, 9
  - Normzweck **7**, 2
  - Ordnungswidrigkeit **7**, 16 ff.
  - Rechtsnatur **7**, 3
  - Spitzenorganisationen **7**, 13
  - Umfang **7**, 4 f.
  - Verbände **7**, 11 f.
  - Verwaltungsvollstreckung **7**, 15
- unrichtige Eintragungen **6**, 17
- Zuständigkeit **6**, 6 f.
- Zweck des Tarifregisters **6**, 5

Tarifsperre
- Arbeitsbeschaffungsmaßnahmen **Einleitung**, 118
- Eingriff in die Tarifautonomie **Einleitung**, 133
- Hochschulrahmengesetz **Einleitung**, 117, 372
- Verfassungsverbot **Einleitung**, 143

Tarifunfähigkeit, gewollte 2, 22 f.
Tarifverhandlungen, laufende
- Überprüfung durch Gerichte **1**, 832

Tarifverhandlungsebenen, internationaler Vergleich Einleitung, 34

Tarifvertrag
- Abgrenzungen **1**, 17 ff.
- einseitig erlassene Arbeitsregelungen **1**, 23
- Übereinkommen zwischen den Sozialpartnern **1**, 17 ff.

1519

Sachverzeichnis

fette Ziffern = §§

- Arten **1**, 49 ff.
- Auslegung s. Auslegung von Tarifvertragsnormen
- Beendigung s. dort
- Begriff **1**, 1
- Bekanntgabe **1**, 242
- Doppelcharakter s. Doppelcharakter des Tarifvertrages
- Einordnung **1**, 9 ff.
  - Bundes-, Landesrecht **1**, 12
  - Einzelfragen **1**, 13 ff.
  - Gesetz im materiellen Sinne **1**, 9 f.
  - Institut des Privatrechts **1**, 11
- europäischer s. europäische Tarifverträge
- Form s. dort
- Internationaler s. Internationale Tarifverträge
- mehrgliedriger s. mehrgliedriger Tarifvertrag
- Nichtigkeit **1**, 244 f.
- Parteien **1**, 148 ff.
- persönlicher Geltungsbereich s. Geltungsbereich des Tarifvertrages
- räumlicher Geltungsbereich s. Geltungsbereich des Tarifvertrages
- Rechtsnatur **1**, 34 ff.
- Teilnichtigkeit s. dort
- unechter **1**, 227
- Voraussetzungen **1**, 2 ff.
  - Inhalt **1**, 7 f.
  - Parteien **1**, 6
  - Schriftform **1**, 5
  - Vertrag **1**, 2 ff.
- zeitlicher Geltungsbereich s. Geltungsbereich des Tarifvertrages

Tarifvertrag mit Mantelbestimmungen 1, 55

tarifvertragliche Organisationsklauseln s. Organisationsklauseln, tarifvertragliche

Tarifvertragsinhalt 1, 7 f.

Tarifvertragsnormen
- Arten **1**, 248 ff.
  - Einteilung nach dem Inhalt **1**, 249 ff.
    - begünstigende **1**, 254
    - belastende **1**, 254
    - Gebotsnormen **1**, 250
    - generelle Normen **1**, 249
    - Individualnormen **1**, 249
    - Inhaltsnormen s. dort
    - nicht erstreikbare **1**, 255
    - Verbotsnormen **1**, 250
  - Einteilung nach dem Geltungsbereich **1**, 267 ff.
    - betrieblicher Geltungsbereich **1**, 269
    - personeller Geltungsbereich **1**, 267 f.
  - Einteilung nach der Vollständigkeit **1**, 256 ff.
    - Bestimmungsklauseln **1**, 265
    - Öffnungsklauseln **1**, 258 ff.
    - Verweisung(sklauseln) **1**, 257
    - Zulassungsnormen **1**, 266
  - Einteilung nach der Wirkung **1**, 270 ff.
    - dispositive Tarifvertragsnormen **1**, 272 f. s. auch dort
    - nachwirkende Tarifvertragsnormen **1**, 274
    - zwingende Tarifvertragsnormen **1**, 271
  - mit Doppelcharakter **1**, 276 ff.
    - Beispiele **1**, 277 ff.
    - Folgeprobleme **1**, 284
    - Zulässigkeit **1**, 276
- Gegenstand **1**, 285 ff.
  - arbeitnehmerähnliche Personen **1**, 311 f.
  - Arbeitsverhältnisse **1**, 285 ff. s. auch dort
  - Ausbildungsverhältnisse **1**, 301 s. auch dort
  - Eingliederungsverhältnisse **1**, 310
  - nachvertragliche Rechtsverhältnisse **1**, 306 ff. s. auch dort
  - sonstige Anknüpfungspunkte **1**, 313

Tarifvertragsverordnung Geschichte, 7 ff.

Tarifvertragsparteien 1, 6, 148 ff.
- normergänzende, -ersetzende Absprachen **1**, 745 ff. s. auch dort
- Rechte, Pflichten **1**, 657 ff.
  - Arten **1**, 663 ff.
    - Annexregelungen **1**, 663 b
    - Erfüllungspflichten **1**, 663
    - Folgepflichten **1**, 663 a
  - Dritter **1**, 659 ff.
    - Rechte nichtorganisierter Arbeitsvertragspartner **1**, 662 f.
    - Rechte organisierter Mitglieder **1**, 660 f.
  - eigene **1**, 658
  - Durchführungspflicht s. dort
  - Friedenspflicht s. dort

magere Ziffern = Randnummern   **Sachverzeichnis**

- Schadenersatzanspruch s. dort
- sonstige schuldrechtliche Absprachen **1**, 753

Tarifvertragsstatut 1, 86 ff.
- objektive Anknüpfung **1**, 87 f.
- subjektive Anknüpfung **1**, 89 f.

Tarifvorrang, § 87 Abs. 1 BetrVG 4, 602 ff.
- Folgerungen **4**, 607 ff.
- Voraussetzungen **4**, 601 ff.

tarifwidrige Absprachen Einleitung, 47

Tarifwilligkeit
- Arbeitskampfrecht **2**, 299
- satzungsmäßige Verlautbarung **2**, 292 f.
- Schlichtungsrecht **2**, 300
- Tarifzuständigkeit **2**, 297
- Teiltariffähigkeit **2**, 296
- Umfang **2**, 296
- Verfassungsrecht **2**, 298
- Voraussetzung für Tariffähigkeit **2**, 291 ff.

Tarifwirkung
- Beginn **4**, 230 ff.
- Ende **4**, 260

Tarifzuständigkeit
- Antragsberechtigung § 97 ArbGG **2**, 91 f.
- Arbeitskampf **2**, 59, 83 ff.
- Aufgabe **2**, 49
- Beginn, **2**, 78
- Berufsprinzip **2**, 54
- Beschränkung **2**, 58
- Betrieb **2**, 54
- Betriebsstätten **2**, 55
- Betriebsverfassungsrecht **2**, 93
- Fehlen **2**, 45
- Feststellung **2**, 90
- Firmentarifvertrag **2**, 56, 75 f., 79
- Industrieverbandsprinzip **2**, 54
- Kompetenzkonflikt **2**, 68 ff.
- Mischbetriebe **2**, 56
- Mitgliedschaft ohne Tarifbindung **2**, 64 f.
- Nebenbetrieb **2**, 55
- personeller Umfang **2**, 63 ff.
- räumliche Festlegung **2**, 62
- Rechtskrafterstreckung **9**, 23
- sachliche Eingrenzung **2**, 66
- Satzungsauslegung **2**, 71 ff.
- Satzungsautonomie **2**, 60 ff.
- Schiedsverfahren **2**, 57, 68 ff.
- Strukturänderungen **2**, 74 ff.
- Tariffähigkeit **2**, 51 f.
- Tarifwilligkeit s. dort
- Unternehmen **2**, 54
- Unterorganisationen **2**, 203
- Verbandstarifvertrag **2**, 53, 77, 80
- Vertragspartner, Beschränkung der Tarifzuständigkeit auf **2**, 67
- Wegfall **2**, 46, 79 f.
- Wirksamkeitsvoraussetzung **2**, 43 ff.

Teilnichtigkeit
- Tarifverträge **1**, 210, 246

Teilzeitarbeit
- Arbeitszeit nach Arbeitsanfall **Einleitung**, 365, **1**, 346
- Diskriminierung aufgrund des Geschlechts **Einleitung**, 168, 175 ff., 234, 237, 244 ff.
  - Ausnahmen von der Gleichstellung **Einleitung**, 247
  - Gegenstand der richterlichen Diskriminierungskontrolle **Einleitung**, 246
  - Rechtsgrundlage zur Gleichstellung **Einleitung**, 245
  - Überstunden **Einleitung**, 178, 247
- Entwicklung **1**, 341 f.
- Gegenstand von Tarifvertragsnormen **1**, 297
- Inhalte **1**, 341 f.
- Sondervergütungen **1**, 392
- tarifliche Abweichungen vom BeschFG **1**, 344 ff.
  - Abweichungen zugunsten der Arbeitnehmer **1**, 345
  - Abweichungen zuungunsten der Arbeitnehmer **1**, 346
- Teilzeitquote **1**, 343

Telekom s. Deutsche Telekom

Tendenzunternehmen 1, 130 ff.
- Allgemeines **1**, 130
- Redaktionsstatute **1**, 138 f.
- Regelung der Betriebsverfassung **1**, 136 f.
- Regelung der Unternehmensverfassung **1**, 135
- Regelung des Arbeitsverhältnisses **1**, 131 ff.
- Ausbildungsordnung von Redaktionsvolontären **1**, 134
- berufsspezifische Schutzinteressen **1**, 132

Sachverzeichnis

fette Ziffern = §§

- Weisungsrecht des Arbeitgebers **1**, 133
- Tariffähigkeit **2**, 101

Territorialitätsgrundsatz 1, 62

Textilindustrie
- kürzere Kündigungsfristen für Arbeiter **1**, 548

transnationale Tarifverträge 1, 91 ff.
s. auch Internationale Tarifverträge

Treuepflicht des Arbeitnehmers 1, 456

Treuhandanstalt
- Vereinbarungen **1**, 23

Truckverbot s. Warenkreditierungsverbot

Überkreuzklage 1, 719
Übermaßverbot Einleitung, 205, 209
Übernahmeklauseln 1, 484
Überstunden s. Mehrarbeit
übertarifliche Entlohnung Einleitung, 46
- Gleichberechtigung **Einleitung**, 233

Übertariflicher Lohn und Tariflohnerhöhung 4, 499 ff.
- Akkord **4**, 518 ff.
- Anrechnung einer Tariflohnerhöhung **4**, 508 ff.
- Besitzstandsklausel **4**, 524
- Bewährungsaufstieg **4**, 507
- Effektivklausel **4**, 528 ff.
  - begrenzte Effektivklausel **4**, 533 ff.
  - Effektivgarantieklausel **4**, 529
  - negative Effektivklausel **4**, 543
- Effektivlohn **4**, 499
  - Mitbestimmung des Betriebsrats **4**, 517
- Regelung im Einzelarbeitsvertrag **4**, 506 ff.
- tarifliche Arbeitszeitverkürzung **4**, 523

Übertragungslehre s. Delegationstheorien

ultima-ratio-Prinzip 1, 184

Umdeutung
- Gleichheitsverstoß, **Einleitung**, 262

umgekehrte Diskriminierung Einleitung, 151, 184, **1**, 488

umgekehrter Durchgriff 1, 718

Unabdingbarkeit 4, 301, 305, 369 ff.
- Grenzen durch das Günstigkeitsprinzip **4**, 436 ff.

unbezahlter Urlaub
- Sondervergütungen **1**, 392

unechter Tarifvertrag 1, 227

Unerläßlichkeitsformel Einleitung, 104, **4**, 635 ff.

Unfallverhütungsvorschriften
- Begriff **Einleitung**, 426
- Konkurrenz zum Tarifvertrag **Einleitung**, 427

unfreundliche Akte
- Friedenspflicht **1**, 675

Ungleichbehandlung s. Gleichheitsgebote

Unkündbarkeitsklausel 1, 537 ff.

Unmittelbare Wirkung von Tarifnormen 4, 300 ff.
- Abgrenzung zur zwingenden Wirkung **4**, 305 f.
- Abschlußnormen **4**, 309 ff.
- betriebliche und betriebsverfassungsrechtliche Normen **4**, 316
- Formvorschriften **4**, 308
- Gemeinsame Einrichtungen **4**, 317 ff.
- geschichtliche Entwicklung **4**, 302 ff.
- Nachwirkung s. dort **4**, 320 ff.

Unmöglichkeit der Leistung Einleitung, 463, 466

Untergang einer Tarifvertragspartei 4, 76
- Firmentarifvertrag **4**, 84, 88
- Verbandstarifvertrag **4**, 76, 86

Untermaßverbot Einleitung, 204, 210, 435

Unternehmen
- Geltungsbereich **4**, 145
- Tarifzuständigkeit **2**, 54

Unternehmensautonomie
- Abgrenzung zur Tarifautonomie **Einleitung**, 456

Unternehmenspolitik
- Einfluß von Tarifverträgen **Einleitung**, 64 f.

Unternehmenstarifvertrag
s. Firmentarifvertrag

Unternehmensverfassung
- Einfluß durch obligatorische Abreden **Einleitung**, 455
- Einfluß durch Tarifvertrag **Einleitung**, 454

Unternehmensvertrag 4, 86

Unterorganisation
- Abschluß von Tarifverträgen **2**, 200
- Parteifähigkeit **2**, 204
- Tariffähigkeit **2**, 201 f.

1522

magere Ziffern = Randnummern Sachverzeichnis

- Tarifzuständigkeit **2**, 203
- Tatsächliches **2**, 199 f.

Unterstützungsverein
- Chemische Industrie **1**, 19

untertarifliche Arbeitsbedingungen
- Langzeitarbeitslose **Einleitung**, 70

untertarifliche Entlohnung Einleitung, 47, **4**, 706

Unterwerfungstheorie 1, 42

Unzumutbarkeit
- Differenzierungs-, Tarifausschlußklauseln **Einleitung**, 442
- Einfluß auf Gültigkeit des Tarifvertrages **Einleitung**, 461 ff.
- Privatsphäre **Einleitung**, 466
- als Voraussetzung der außerordentlichen Kündigung **Einleitung**, 463, **4**, 31 ff.

Urabstimmung 1, 675 f.

Urlaub
- Abgeltungsanspruch
- allseitig zwingendes Gesetzesrecht **Einleitung**, 367, **1**, 436
- Anrechnung von Urlaubstagen **Einleitung**, 122 f.
- Bezugnahme auf tarifvertragliche Regelung im Einzelarbeitsvertrag **1**, 436
- Bildungsurlaub **1**, 443 f.
- Entgeltfortzahlung **1**, 433 ff.
- gesetzlicher Mindesturlaub **1**, 436 ff.
- Günstigkeitsvergleich **1**, 441
- Schwerbehindertengesetz
  - zwingendes Recht **Einleitung**, 376
- tarifdispositives Recht **1**, 434
- unbezahlter
  - Sondervergütungen **1**, 392
- Urlaubsübertragung **1**, 439
- Verfallklauseln für Geltendmachung **1**, 440
- Zusatzurlaub, tariflicher **1**, 442

Urlaubsgeld 1, 409

Ursprungstarifvertrag
- Begriff **1**, 58

Verbandsausschluß
- Firmentarifvertrag **2**, 114 ff.

Verbandsautonomie
- Abgrenzung zur Tarifautonomie **Einleitung**, 1

Verbandsklage 1, 719

verbandspolitische Tätigkeit
- Berufsverbände **Einleitung**, 126

Verbandstarifvertrag
- Abschluß **1**, 157 ff.
- Vertretungsbefugnis **1**, 158 ff.
- Begriff **1**, 51
- firmenbezogener **1**, 51 s. auch dort
- Tarifvertrag **1**, 1
- Vertragsparteien **1**, 148 ff.
- Wirkungen **1**, 152 ff.

Verbandstheorie 1, 149 f.

Verbotsnormen 1, 250

verdeckt dispositives Gesetzesrecht s. dispositives Gesetzesrecht, verdeckt

Verdienstsicherung
- Indexklauseln **1**, 377
- sonstige Formen **1**, 378

Verdienstsicherungsklausel 4, 525 ff.

Vereinigte Staaten
- Rechtsnatur des Tarifvertrages **1**, 37
- Verhandlungsanspruch **1**, 187

Vereinigungsfreiheit Einleitung, 90

Vereinsrecht (betr. Abwicklung) **4**, 79 ff.

Verfallklauseln (s. Ausschlußklauseln) **4**, 703 ff.

Verfassungsbeschwerde
- Tarifverträge **Einleitung**, 355, **1**, 14

Verfassungsgarantie
- Tarifautonomie **Einleitung**, 87 ff.

verfassungskonforme Auslegung
- Gleichheitsverstoß **Einleitung**, 262

Verfassungskontrolle von Tarifverträgen
- Grundgesetz **Einleitung**, 354 f.
- gerichtliche Zuständigkeit **Einleitung**, 354 f.
  - Arbeitsgerichte **Einleitung**, 354
  - Verfassungsbeschwerden **Einleitung**, 355, **1**, 14
- Länderverfassungen **Einleitung**, 356
- gerichtliche Zuständigkeit
  - Arbeitsgerichte **Einleitung**, 356
  - bayerischer Verfassungsgerichtshof **Einleitung**, 356, **1**, 14

Verfassungsrecht
- Eigenständigkeit des Tarifvertragsrechts **Einleitung**, 435
- Einfluß auf Tarifverträge **Einleitung**, 434

1523

Sachverzeichnis

fette Ziffern = §§

verfassungsrechtliche Grundsätze
- Bindung der Tarifvertragsparteien **Einleitung**, 341 ff.
- Demokratieprinzip **Einleitung**, 343 f.
- Gemeinwohlbindung **Einleitung**, 345 ff. s. auch dort
- Rechtsstaatsprinzip **Einleitung**, 341
- Sozialstaatsprinzip **Einleitung**, 342

Vergleich
- Rechtskrafterstreckung **9**, 29

Vergleichsgruppe
- Begriff **Einleitung**, 172
- Bildung **Einleitung**, 179

Vergleichs-Verzicht 4, 675 ff.

Vergütungsgruppen s. Eingruppierung

Vergütungsordnungen
- Doppelcharakter **1**, 283

Vergütungstarifvertrag
- Begriff **1**, 53 f., 357

Vergütungsverteilung 1, 583

Verhältnis der Tarifvertragsnormen
- zu betrieblichen Einheitsregeln **4**, 627 ff., 645 ff.
- zur betrieblichen Übung **4**, 627 ff.
- zur Betriebsvereinbarung **4**, 546 ff., 621, 643
  - Klagemöglichkeit der Tarifvertragsparteien **4**, 595 f.
  - Normzweck von § 4 Abs. 3 TVG, §§ 77, 87 BetrVG **4**, 548 ff.
  - Regelungssperre des § 77 Abs. 3 BetrVG **4**, 555 ff.
  - tarifliche Öffnungsklauseln (betriebsvereinbarungsdispositiver Tarifvertrag) **4**, 587 ff.
  - Tarifvorrang nach § 87 Abs. 1 BetrVG **4**, 602 ff.
  - verfassungsrechtliche Vorgaben **4**, 547
  - Vorrangtheorie **4**, 613 ff.
  - Zwei-Schranken-Theorie **4**, 616 ff.
- zur Dienstvereinbarung **4**, 622 ff.
- zum einfachen Gesetz **4**, 632 ff.
- zum Einzelarbeitsvertrag **4**, 644
- zu gleichrangigen Regelungen **4**, 261 ff.
- zum Grundgesetz **4**, 631
- zu Individualabsprachen **4**, 300 ff.
  - zu günstigeren **4**, 381 f.
  - zu ungünstigeren **4**, 300 ff.
- zum nachfolgenden Tarifvertrag **4**, 641
- zu rangniedrigeren Regelungen **4**, 546 ff.
- Verhältnis von Verbandstarifvertrag zu Firmentarifvertrag **4**, 642

Verhältnisse, wirtschaftliche 4, 55

Verhandlungsanspruch 1, 182 ff.
- ausländische Rechtsordnungen **1**, 187
- Begründung des Verhandlungsanspruchs **1**, 184 ff.
- Gebot der Verhandlungsbereitschaft **1**, 182 f.
- Inhalt **1**, 188 f.
- Schlichtungsverfahren **1**, 737

Verhandlungsbereitschaft
- Gebot **1**, 182 f.

Verhandlungsebenen Einleitung, 34

Verhandlungsgemeinschaft 2, 181

Verhandlungspflicht der Tarifvertragsparteien s. auch Verhandlungsanspruch
- allgemeines Persönlichkeitsrecht **Einleitung**, 211

Verjährung 4, 687 ff.

Verlängerung und Verkürzung der Normwirkung 4, 4

Verlängerungsklausel 4, 13

Verlust der Tariffähigkeit 4, 51, 75

Vermittlungsmonopol
- Bundesanstalt für Arbeit **Einleitung**, 82

Vermögensbeteiligung
- Entwicklung **1**, 412
- Formen **1**, 424
- Gegenstand von Tarifvertragsnormen **1**, 294
- Gewinnbeteiligung **1**, 425
- Grenzen **1**, 424
- Kapitalbeteiligungen **1**, 426
- Tarifvertragspraxis **1**, 427
- Ziel **1**, 424

Vermögensbildung
- Allgemeinverbindlicherklärung **1**, 421
- Bedeutung **1**, 416
- Begriff **1**, 414
- Besonderheiten **1**, 423
- Bezugnahme auf tarifvertragliche Regelungen in Arbeitsverträgen **1**, 422
- Entwicklung **1**, 412, 415
- Lohn-/Entgeltverwendung **Einleitung**, 468

magere Ziffern = Randnummern — **Sachverzeichnis**

- Privatsphäre **Einleitung**, 465
- tarifvertragliche Gestaltung **1**, 417 ff.

Vermögenspolitik
- durch Tarifvertragsparteien **Einleitung**, 100

vermögenswirksame Leistungen
s. Vermögensbildung

Verpflichtungen aus dem Tarifvertrag 4, 91

Verschmelzung
- Tarifgebundenheit **3** 19, 49, 153 f.

Verteilungsfunktion des Tarifvertrages Einleitung, 7 ff.
- Einkommensgerechtigkeit **Einleitung**, 9 ff.
- Lohngerechtigkeit **Einleitung**, 7 f.

Verteilungsgerechtigkeit
- Gleichheitssatz **Einleitung**, 214

Verteilungsregelungen s. Ausgleichsregelungen, Betriebsnormen

Vertrag mit Lastwirkungen für Dritte 1, 659, 727

Vertrag mit Schutzwirkung zugunsten Dritter
- Verbandstarifvertrag **1**, 155 f., 661, 755

Vertrag zugunsten Dritter 1, 660, 662, 725, 751

vertragsdispositves Tarifrecht 4, 375 ff.

Vertragsgegenseite (kollektive)
- Schutz **Einleitung**, 436 ff.
- Schwächung **Einleitung**, 453 ff.
  - Einfluß auf die Geschäftsführung **Einleitung**, 456 ff.
    - Allgemeines **Einleitung**, 456
    - Einzelfragen **Einleitung**, 457 ff.
  - Einfluß auf die Unternehmensverfassung **Einleitung**, 454 f.
  - unzumutbare Belastungen **Einleitung**, 461 ff. s. auch Unzumutbarkeit
- Unterstützung **Einleitung**, 440 ff.
  - Differenzierungs-, Tarifausschlußklauseln **Einleitung**, 441 ff.
  - gewerkschaftliche Vertrauensleute **Einleitung**, 445 ff. s. auch dort
  - Gewerkschaftsbeiträge, Einziehung **Einleitung**, 452

Vertragsgesetzgebung 1, 208 f.

Vertragstheorie 1, 41, 48

Vertrauensleute, gewerkschaftliche
s. gewerkschaftliche Vertrauensleute

Vertretungstheorie 1, 150

Vertretungsverbot
- allgemeines Persönlichkeitsrecht **Einleitung**, 211

Verweisung
- auf Tarifverträge
  - einzelvertragliche
    - Einzelschiedsklauseln **1**, 470
    - Gleichbehandlungsgebote **Einleitung**, 217
    - Kündigungsfristen **1**, 547
    - auf nachwirkende Tarifverträge **4**, 333
    - Prorogationsabrede **1**, 467
    - Tarifvertrag für vermögenswirksame Leistungen **1**, 422
    - tarifvertragliche Urlaubsregelungen **1**, 435
    - Voraussetzungen **Einleitung**, 401 ff.
  - gesetzliche **1**, 197
  - durch Tarifvertrag
    - Auslegung **1**, 792 ff., 822
    - Begriff **1**, 195, 257
    - Bestimmtheitsgrundsatz **Einleitung**, 341
    - Blankettverweisung s. dort
    - deklaratorische **1**, 195, 257
    - dynamische **1**, 198 ff., 792 ff.
    s. auch Blankettverweisung
    - Formerfordernis **1**, 197, 237
    - konstitutive **1**, 195, 257, 792 ff.
    - statische **1**, 196

Verwirkung 4, 693 ff.

Verzicht auf entstandene tarifliche Rechte 4, 652 ff.
- Ausgleichsquittung **4**, 659 ff.
- Einzelfragen **4**, 662 ff.
- Entstehungsgeschichte des § 4 Abs. 4 Satz 1 **4**, 652 ff.
- prozessualer Anspruchsverzicht **4**, 658
- Rechtsfolgen bei Verstoß gegen das Verzichtsverbot **4**, 668
- Vergleichs-Verzicht **4**, 675 ff.
- Verzicht auf andere als tarifliche Ansprüche **4**, 669 ff.
- Voraussetzungen des Verzichtsverbots **4**, 655 ff.

völkerrechtliche Verträge
s. Internationale Abkommen

völkerrechtskonforme Auslegung Einleitung, 196 f.

1525

Sachverzeichnis

fette Ziffern = §§

Volontariat
- Gegenstand von Tarifvertragsnormen **1**, 303 ff.

Voraussetzungen für Kollektivvereinbarungen Einleitung, 33 ff.
- Allgemeines **Einleitung**, 33
- Arbeitskampf **Einleitung**, 37 ff.
- Tarifkartell **Einleitung**, 34 ff.

Vorgabezeit
- Zeitakkord **1**, 381, 383

Vorrangtheorie 4, 611 ff.

Vorruhestand
- Belastungsquote **Einleitung**, 306
- Gegenstand von Tarifvertragsnormen **1**, 306
- Inhaltsnorm **1**, 337 ff.

Vorschuß 1, 365

Vor-Tarifvertrag
- Zulässigkeit **1**, 3

Vorvertrag
- Form **1**, 238
- zum Tarifvertrag **1**, 3

VW
- Teilzeit-Tarifvertrag **1**, 341

Währungsgesetz
- zwingendes Gesetzesrecht **Einleitung**, 379 f.

Warenkreditierungsverbot Einleitung, 370, **1**, 362

Warnstreik 1, 677

Wegezeitvergütung 1, 411

Wegfall der Geschäftsgrundlage
- Abgrenzung zwischen Kündigung und Wegfall der Geschäftsgrundlage **4**, 62 ff.
- Änderung der Rechtsgrundlage **4**, 61
- Anwendbarkeit auf Tarifverträge **1**, 819 ff.
- Rechtsfolgen **4**, 70 ff.
- Tatbestand **4**, 66 ff.
- Unzumutbarkeit **Einleitung**, 463, 466
- wichtiger Grund **4**, 28 ff.

Weihnachtsgeld 1, 409, 495

Weimarer Republik
- Reformentwürfe **Geschichte**, 12 ff.
- Schlichtungsrecht **Geschichte**, 10
- Tarifvertragsverordnung **Geschichte**, 7 ff.
- Verbreitung von Tarifverträgen **Geschichte**, 11

Weiterbeschäftigungsklauseln 1, 491

Werkstarifvertrag s. Firmentarifvertrag

Wertsicherungsklauseln
- tarifvertragliche **Einleitung**, 379

Wesensgehalt
- Ausgestaltungsgesetze
  - Rechtfertigung **Einleitung**, 134

Wesentlichkeitstheorie
- Berufsfreiheit
  - Regelungen durch Tarifvertragsparteien **Einleitung**, 310
- Delegation durch Tarifvertrag **1**, 205
- Demokratieprinzip **Einleitung**, 344

Wettbewerbsregeln
- kaufmännische
  - verdeckt tarifdispositives Gesetzesrecht **Einleitung**, 408

Wettbewerbsverbote
- Arbeitsvertragsgesetzentwurf **Einleitung**, 337
- Berufsfreiheit **Einleitung**, 337 ff.
- Gegenstand von Tarifvertragsnormen **1**, 308
- Inhaltsnorm, negative **1**, 251
- Privatsphäre **Einleitung**, 465
- tarifdispositives Richterrecht **Einleitung**, 423

wichtiger Grund Einleitung, 463, **4**, 28 ff.

Wiederaufnahmeklauseln Einleitung, 67

Wiedereinstellungsklauseln 1, 482, 492 ff.

Willensmängel 1, 210, 243

Wirksamwerden des Tarifvertrages 4, 1 ff.

wirtschaftspolitische Tätigkeit der Koalitionen Einleitung, 127

Wirtschaftsvereinigungen
- Tariffähigkeit **2**, 220 ff.

wissenschaftlicher Sozialismus Einleitung, 10

wissenschaftliches Personal
- befristete Arbeitsverträge **Einleitung**, 98, 372, **1**, 515

Wochenarbeitszeit 1, 320 ff.
- Bemessungsgrundlage **1**, 321
- Dauer **1**, 325 ff.
- und Günstigkeitsprinzip **4**, 479 ff.
- Höchstarbeitszeit **1**, 323 f., 328 ff.
  s. auch dort

magere Ziffern = Randnummern

Sachverzeichnis

- Mindestarbeitszeit **1**, 323 f.
- Regelarbeitszeit **1**, 322

Wochenendarbeit 1, 350
Work-Faktor-Berechnung 1, 383
Württemberg-Hohenzollern Geschichte, 50
Zeitablauf 4, 11 ff.
Zeitakkord 1, 381
- Vorgabezeit **1**, 381, 383

Zeitarbeitsverträge 1, 511 ff.
s. auch befristete Arbeitsverträge

Zeit-Kollisionsregel
- tarifdispositives Gesetzesrecht **Einleitung**, 390

Zeitlohn 1, 53
Zeitverträge s. befristete Arbeitsverträge
Zeitzuschläge
- Personalbemessungssystem der Bundespost **1**, 574

Zulage 1, 379
Zulassungsnormen
- Bedeutung **3**, 250 f.
- Begriff **Einleitung**, 387, **1**, 266
- Betriebsnormen, Entwicklung **1**, 559
- BetrVG 1972
  - tarifdispositives Gesetzesrecht **Einleitung**, 391
- Bezugnahmeabrede **3**, 256
- Bezugnahmeobjekt **3**, 260 f.
- Rechtsfolgen **3**, 262 ff.
- Rechtsnatur der Bezugnahme **3**, 252
- Tarifvertrag **3**, 257
- Umfang der Bezugnahme **3**, 258 f.

Zusatzurlaub, tariflicher 1, 442
Zusatzversorgung
- Dachdeckerhandwerk **1**, 308
- Öffentlicher Dienst **1**, 308

Zuschläge 1, 379
Zuständigkeitsverteilung
- Gesetzgeber und Kollektivvertragsparteien **Einleitung**, 129 ff.
  - ausschließliche Zuständigkeit der Tarifvertragsparteien **Einleitung**, 129
  - Gegenstand der Regelung **Einleitung**, 137 ff.
  - Inhalt der Regelung **Einleitung**, 143 ff.
  - Notzuständigkeit des Staates **Einleitung**, 129
  - zeitliche Wirkung der Regelung **Einleitung**, 145 ff.
  - Zielrichtung der Regelung **Einleitung**, 130 ff.

Zustimmungsverweigerungsrecht des Betriebsrates 1, 275
Zwangsschlichtung Einleitung, 37
Zwangsschlichtungsverfahren 1, 241
Zwei-Schranken-Theorie 4, 611, 616 ff.
zweiseitig zwingendes Gesetzesrecht
s. zwingendes Gesetzesrecht
Zweiter Weg 1, 123
Zwillingsgrundrecht, Tarifautonomie Einleitung, 93, 103, 110, 127, **1**, 184
zwingende Tarifvertragsnormen 1, 271
Zwingende Wirkung der Tarifnormen 4, 369 ff.
- Bedeutung und Abgrenzung **4**, 369 ff.
- Nachwirkung **4**, 323
- Umgehung **4**, 374
- vertragsdispositives Tarifrecht **4**, 375 ff.

zwingendes Gesetzesrecht
- allseitig, zweiseitig
  - Auslegung **Einleitung**, 359 ff.
  - Begriff **Einleitung**, 357
  - Einzelfälle **Einleitung**, 363 ff.
  - Altersgrenzen **Einleitung**, 378
  - Arbeitszeit nach Arbeitsanfall, § 4 Abs. 1 Satz 2 BeschFG **Einleitung**, 365
  - befristete Arbeitsverträge **Einleitung**, 364, 372
  - Entgeltfortzahlungsgesetz **Einleitung**, 368 f.
  - Erziehungsurlaub, § 15 Abs. 3 BErzGG **Einleitung**, 366
  - Gesellschafts-, Kapitalmarktrecht **Einleitung**, 363
  - Grundsätze des Arbeitsrechts **Einleitung**, 363
  - Kartellverbot **Einleitung**, 371
  - Kündigungsschutzgesetz **Einleitung**, 373 f.
  - Mutterschutzgesetz, **Einleitung**, 375
  - Lohnzahlung, bargeldlose **Einleitung**, 370
  - Rechtsprinzipien **Einleitung**, 363

Sachverzeichnis

fette Ziffern = §§

- Schwerbehindertengesetz **Einleitung**, 376
- Stabilitätsgesetz **Einleitung**, 377
- Urlaubsabgeltungsanspruch, § 3 Abs. 1 BUrlG **Einleitung**, 367
- Verfassung **Einleitung**, 363
- Währungsgesetz **Einleitung**, 379 f.
- Warenkreditierungsverbot, § 115 Abs. 2 GewO **Einleitung**, 370
- Wirkung **Einleitung**, 362
- einseitig
- allgemein **Einleitung**, 382
- befristete Arbeitsverträge **Einleitung**, 364
- Begriff **Einleitung**, 357
- Entgeltfortzahlungsgesetz **Einleitung**, 368 f.
- Konkurrenz zu neuem Gesetzesrecht **Einleitung**, 398
- Kündigungsschutzgesetz **Einleitung**, 373

zwingendes Richterrecht
- gesetzesvertretendes **Einleitung**, 358

Buchanhang

Aus der Reihe
„Beck'sche Kommentare zum Arbeitsrecht"

Hueck, Götz/Hoyningen-Huene, Gerrick von/Linck, Rüdiger
Kündigungsschutzgesetz
Kommentar. Begr. v. Hueck, Alfred. 12. vollst. neubearb. Aufl. 1997.
XV, 766 S. Ln DM 118,– ISBN 3-406-40568-1

Buchner, Herbert/Becker, Ulrich
Mutterschutzgesetz und Bundeserziehungsgeldgesetz
Kommentar. Bearb. v. Bulla, Gustav A. 6. neubearb. Aufl. 1998.
XXV, 863 S. Ln DM 148,– ISBN 3-406-32058-9

Richardi, Reinhard
Betriebsverfassungsgesetz
Mit Wahlordnung. Kommentar. Begr. v. Dietz, Rolf.
7. vollst. neubearb. Aufl. 1998.
XXV, 2147 S. Ln mit Ln-Erg.-Ord. DM 298,– ISBN 3-406-42664-6

Germelmann, Claas H./Matthes, Hans C./Prütting, Hanns
Arbeitsgerichtsgesetz
Kommentar. 3. Aufl. ca. 1480 S. Ln ca. DM 240,– ISBN 3-406-43908-X

Neumann, Dirk/Biebl, Josef
Arbeitszeitgesetz
Kommentar. Begr. u. bis z. 11. Aufl. fortgef. v. Denecke, J.
12. neubearb. Aufl. 1995.
IX, 320 S. Ln DM 88,– ISBN 3-406-39761-1

Schmidt, Klaus/Koberski, Wolfgang/Tiemann, Barbara
Heimarbeitsgesetz
Kommentar. Unter Mitarb. v. Wascher, Angelika. Begr. v. Maus, Wilhelm. 4. vollst. neubearb. Aufl. 1998. XXVIII, 515 S. Ln DM 140,–
ISBN 3-406-42744-8

Neumann, Dirk/Pahlen, Ronald
Schwerbehindertengesetz
Gesetz zur Sicherung der Eingliederung Schwerbehinderter in Arbeit, Beruf und Gesellschaft. Kommentar. Begr. v. Gotzen, Otfried/Wilrodt, Hermann. 9. neubearb. Aufl. 1999. XXIII, 843 S. Ln DM 148,–
ISBN 3-406-43223-9

Verlag C. H. Beck · 80791 München

Aus der Reihe
„Beck'sche Kommentare zum Arbeitsrecht"

Dersch, Hermann / Neumann, Dirk
Bundesurlaubsgesetz
Nebst allen anderen Urlaubsbestimmungen des Bundes und der Länder.
Kommentar. 8. neubearb. Aufl. 1997. XX, 589 S. Ln DM 98,–
ISBN 3-406-36973-1

Blomeyer, Wolfgang / Otto, Klaus
Gesetz zur Verbesserung der betrieblichen Altersversorgung
Kommentar. 2. neubearb. Aufl. 1997. XXIX, 1867 S. Ln DM 328,–
ISBN 3-406-42711-1

Schmitt, Jochem
Entgeltfortzahlungsgesetz
Kommentar. 3. neubearb. Aufl. 1997. XXVI, 506 S. Ln DM 120,–
ISBN 3-406-42687-5

Schüren, Peter
Arbeitnehmerüberlassungsgesetz
Kommentar. Unter Mitw. v. Feuerborn, Andreas / Hamm, Wolfgang.
1994. XXVIII, 789 S. Ln DM 160,– ISBN 3-406-38002-6

Koberski, Wolfgang / Sahl, Karl H. / Hold, Dieter
Arbeitnehmer-Entsendegesetz
Kommentar. 1997. XV, 232 S. Ln DM 86,– ISBN 3-406-41426-5

Hoyningen-Huene, Gerrick von
Die kaufmännischen Hilfspersonen
Handlungshilfen, Handelsvertreter, Handelsmakler. Systematischer
Kommentar der §§ 59–104 HGB. 1996. XIV, 623 S. Sonderdr. aus Münchener Kommentar z. HGB, Bd. I Ln DM 138,– ISBN 3-406-41020-0

Rittweger, Stephan
Altersteilzeit
Kommentar. Unter Mitarb. v. Bois, Joerg. 1999. XI, 209 S. Ln DM 88,–
ISBN 3-406-44545-4

Verlag C. H. Beck · 80791 München

Gagel · SGB III Arbeitsförderung

Fortführung des Kommentars von Gagel, Arbeitsförderungsgesetz

Herausgegeben von Dr. Alexander Gagel, Vorsitzender Richter am Bundessozialgericht a. D.

Bearbeitet von Klaus Bepler, Richter am Bundesarbeitsgericht; Dr. Karl-Jürgen Bieback, Professor an der Hochschule für Wirtschaft und Politik Hamburg; Dr. Ingwer Ebsen, Professor an der Universität Frankfurt/Main; Dr. Maximilian Fuchs, Professor an der Katholischen Universität Eichstätt; Dr. Christine Fuchsloch, Richterin am Sozialgericht Hamburg; Dr. Alexander Gagel, Vorsitzender Richter am Bundessozialgericht a. D.; Dr. Jürgen Kruse, Professor an der Evangelischen Fachhochschule Nürnberg; Klaus Lauterbach, Richter am Landessozialgericht Sachsen-Anhalt; Stephan Niewald, Richter am Sozialgericht Berlin; Dr. Susanne Peters-Lange, Wiss. Mitarbeiterin am Forschungsinstitut für Sozialrecht der Universität Köln; Horst Seinmeyer, Richter am Hessischen Landessozialgericht Darmstadt; Ute Winkler, Präsidentin des Landessozialgerichts Sachsen-Anhalt

4. Auflage. 1999
Rund 2.000 Seiten. Loseblattwerk in Leinenordner
Erscheint im Frühjahr 1999
ISBN 3 406 45042 3

Mit der aktuellen 14. Ergänzungslieferung wird der „Gagel" auf das **neue Recht der Arbeitsföderung** umgestellt. Die Vorschriften des SGB III sind nahezu vollständig kommentiert. Mit **Stand 1. 1. 1999** werden die Zusammenhänge des schwierigen Rechtsgebietes in bewährter Weise übergreifend erläutert, u. a.:

- Eingliederung von Arbeitnehmern
- Die Abfindung bei Beendigung von Arbeitsverhältnissen
- Vorzeitiger und gleitender Übergang in den Ruhestand
- Arbeitslosengeld, Arbeitslosenhilfe
- Arbeitsentgelt bei Insolvenz
- Förderung der Berufsausbildung und der Aufnahme einer selbständigen Tätigkeit

Informativ

für alle • Arbeits- und Sozialgerichte • Rechtsanwälte, Steuer- und Rentenberater • Personalabteilungen und Betriebsräte • Gewerkschaften und Arbeitgeberverbände • Träger der Arbeitsförderung und • alle Behörden, die mit der Bundesanstalt für Arbeit zusammenarbeiten, also insbesondere • Sozialversicherungsträger, Kreise, Städte und Gemeinden.

Verlag C. H. Beck · 80791 München